Geld-, Bank- und Finanzmarkt-Lexikon der Schweiz

Max Boemle
Max Gsell
Jean-Pierre Jetzer
Paul Nyffeler
Christian Thalmann

Geld-, Bank- und Finanzmarkt-Lexikon der Schweiz

VERLAG:SKV

1. Auflage 2002   ISBN 3-286-11301-8

© Verlag SKV, Zürich
www.verlagskv.ch

Zitiervorschlag:
Boemle, M./Gsell, M.: Geld-, Bank- und Finanzmarkt-
Lexikon der Schweiz, Zürich 2002

Alle Rechte vorbehalten.
Ohne Genehmigung des Verlages ist es nicht
gestattet, das Buch oder Teile daraus in irgendeiner
Form zu reproduzieren.

Lektorat: Christian Elber, Corinne Rudolphi,
Bettina Beeler

Gestaltung und Produktion: Peter Heim

Datenbank-Design und Realisation Web-Anwendung:
Schaer Thun AG und Think Software AG

Printed in Switzerland

Vorwort

Das vorliegende Geld-, Bank- und Finanzmarkt-Lexikon der Schweiz will einem breiten Kreis von Interessierten als umfassende, zuverlässige und schnell zugängliche Informationsquelle dienen. Einmal soll es die täglichen, praktischen Informationsbedürfnisse der in der Finanzbranche Beschäftigten, der Kunden von Finanzinstituten und der Leser der Wirtschaftspresse abdecken. Gleichzeitig richtet es sich an Juristen, die öffentliche Verwaltung, an Studierende der Rechts- und Wirtschaftswissenschaften sowie andere Auszubildende des Bank- und Finanzfachs. Unter besonderer Beachtung der speziellen schweizerischen Verhältnisse trägt es der Globalisierung der Märkte, der Internationalisierung der Geschäfte, der multimedialen Elektronisierung des Vertriebs von Finanzmarktprodukten und -informationen und dem in letzter Zeit drastisch veränderten rechtlichen und regulatorischen Umfeld Rechnung. Von dem letztmals 1987 in 4. Auflage erschienenen Handbuch des Geld-, Bank- und Börsenwesens der Schweiz (Ott Verlag Thun), das, allerdings unter Berücksichtigung der seither eingetretenen Veränderungen, für einzelne Partien als Referenz dienen konnte, unterscheidet es sich durch seine Konzeption als Lexikon, durch seinen Umfang und durch seinen Inhalt. Trotz der Breite des behandelten Stoffes will das Lexikon als Buch handlich sein.

Auf allgemeine Begriffe der Volkswirtschaft haben wir verzichtet, ebenso auf steuerliche Aspekte, soweit diese keinen direkten Bezug zu den Finanzinstituten und -märkten aufweisen. Desgleichen ist die Aufzeichnung historischer Entwicklungen sowohl aus Platzgründen als auch mit Blick auf die Konzeption des Werkes als Lexikon bewusst ausgeklammert worden.

Juristische Begriffe und Sachverhalte, die Basis für das Verständnis von Bankgeschäften oder Transaktionen an Finanzmärkten bilden (insbesondere, wenn sie unter den entsprechenden Sachbegriffen verwendet werden), sind als selbstständige Stichworte aufgenommen und erklärt.

Die rund 600 Sachwortaufsätze werden durch mehr als 650 Begriffsumschreibungen und rund 2400 Definitionen ergänzt. Über 2250 gekennzeichnete Verweise (↑) halten die Texte knapp, sie sollen wichtige Anschlussinformationen verschaffen.

Jeder einzelne Sachwortaufsatz soll einen möglichst umfassenden Überblick zum behandelten Thema vermitteln, weshalb Überschneidungen mit andern Beiträgen nicht zu vermeiden waren.

In jüngster Zeit ist die Zahl angelsächsischer Begriffe, Ausdrücke und Redewendungen, die im Bank- und Finanzgeschäft Verwendung finden, exponentiell gestiegen. Wir haben sie, sofern von allgemeiner Bedeutung, übersetzt und erklärt oder durch (↑) Verweisung in den Zusammenhang gebracht.

Auf Literaturangaben und Hinweise auf die Gerichtspraxis wird bewusst weit gehend verzichtet, ebenso auf Statistiken, sofern sie nicht Thema des Artikels selbst sind.

Vorwort

Als Autoren konnten wir mehr als 280 fachkundige Persönlichkeiten aus allen einschlägigen Gebieten für die Mitarbeit gewinnen. Sachwortaufsätze und Begriffe, sofern diese von einigem Umfang sind, wurden persönlich gezeichnet. Die Autoren sind damit für deren Inhalt allein verantwortlich.

Die Materie ist komplex und ständig in Bewegung. Darum kann ein solches Werk eigentlich nie fertig, Vollständigkeit somit kein Anspruch sein. Man muss die Arbeit auf einen gesetzten Zeitpunkt hin für momentan abgeschlossen erklären. Redaktionsschluss war der 31. März 2002.

Es ist unsere Absicht, das Werk möglichst auf dem Stand des Wissens bzw. des aktuellen Vokabulars zu halten und es entsprechend in zeitlich angemessenen Intervallen aufzudatieren und zu überarbeiten.

Wir hoffen, mit dem neuen Lexikon das grosse Bedürfnis, das offensichtlich dafür besteht, zu befriedigen und für alle Benutzer, unter Beachtung der wissenschaftlichen Genauigkeit, ein praxisbezogenes, zeitgemässes und handliches Nachschlagewerk geschaffen zu haben.

Ein solch anspruchsvolles Projekt ist eine vernetzte organisatorische Aufgabe, die von Verlag, Hauptautoren, Autoren und Administration eine hohe Einsatz- und verständnisvolle Kooperationsbereitschaft sowie rationelle Arbeitsinstrumente verlangt. Leistungsfähige, interaktive elektronische Tools ermöglichen ein effizientes Arbeiten. Wir haben die Teilbereiche Geld-, Bank- und Finanzmärkte der Schweiz mit ihrer nationalen und internationalen Verflechtung in «Portale», Fachbereiche gleichsam, strukturiert. Dank der besonders intensiven Mitwirkung der Schweizerischen Nationalbank, des Sekretariats der Eidg. Bankenkommission, der Schweizerischen Bankiervereinigung, der SWX Swiss Exchange, der SIS Swiss Financial Services Group AG und dank grossem Einsatz von Einzelpersonen als Koordinatoren aus der Credit Suisse, der Zürcher Kantonalbank, der UBS AG, der Bank Vontobel, der Telekurs, den Bankinstituten der Universitäten Zürich und St. Gallen sowie von Almafin Jaeger, a SunGard Company, St. Gallen, konnte koordiniert und damit zeiteffizient gearbeitet werden. Speziell erwähnenswert ist die Hauptmitarbeit von Felix Huber, UBS Warburg, Zürich, Dr. Stefan Jaeger, Almafin Jaeger, a SunGard Company, St. Gallen, sowie Dr. Richard T. Meier, Sbx Exchange, Zürich.

Die Hauptadministration wurde im Sekretariat von Dr. Max Gsell verrichtet. Die Erfassung des Stichwortverzeichnisses, der Kontakt, die Koordination und die umfangreiche Korrespondenz mit den Autoren lag in den Händen von Irène Gsell und Verena Weisser. Vorbereitungsarbeiten leistete David Belz. Für die Hauptautoren arbeiteten Karin Bachem, Hanna Daepp, Irène Gsell, Elisabeth Steiner und Verena Leisser.

Die Koordinationsarbeiten innerhalb der «Portale» und die Kommunikation mit der Hauptadministration dieser Fachbereiche leisteten Thomas Bollinger, Achim Bucher, Dr. Theodoro Cocca, Hanna Daepp, Alex Eggli, Rolf Gertsch, Felix Huber, Kurt Hunn, Bernhard Lüchinger, Dr. Richard T. Meier, Elisabeth Meyerhans, Fritz Stahel und PD Dr. Christoph Winzeler.

Im Verlag lag die Projektleitung bei Peter Heim, Produktionsleiter. Für das Lektorat zuständig waren Corinne Rudolphi, Christian Elber und Bettina Beeler.

Dank finanzieller Unterstützung durch die Schweizerische Nationalbank, die Stiftung Finanzplatz Schweiz, die Jubiläumsstiftung der Credit Suisse Group, die Zürcher Kantonalbank und die RBA-Holding konnte ein wesentlicher Teil der Sekretariats- und Administrationskosten gedeckt werden. Die Hauptadministration basierte unentgeltlich auf der Logistik der VALIANT HOLDING.

Wir danken allen, die zum Gelingen des Werkes beigetragen haben.

Prof. Dr. Max Boemle
Dr. Max Gsell
Dr. Jean-Pierre Jetzer
Paul Nyffeler
Dr. Christian Thalmann

Die Hauptautoren und Herausgeber

Prof. Dr. oec. HSG Max Boemle
ist em. Ordinarius für Finanzmanagement an der Universität Freiburg und Honorarprofessor an der Ecole des HEC der Universität Lausanne. Er verfügt über eine langjährige Erfahrung als Dozent und Experte in der beruflichen Weiterbildung, im Wirtschaftsjournalismus und in der Unternehmensberatung. Verfasser mehrerer Fachbücher und zahlreicher Beiträge in Sammelwerken und Fachzeitschriften.

Dr. rer. pol. Max Gsell
ist Präsident der RBA-Holding, Bern, Mitglied des Verwaltungsratsausschusses der Schweizerischen Bankiervereinigung, Basel, Verwaltungsrat der VALIANT HOLDING, Bern, sowie zahlreicher KMU, Vizepräsident der Pfandbriefbank Schweizerischer Hypothekarinstitute, bis 2002 Vizepräsident des Verwaltungsrates der Telekurs-Holding, langjähriger Direktionspräsident der Spar+Leihkasse in Bern, Experte und Hauptexperte an den Eidg. Bankfachprüfungen (heute: Berufs- und höhere Fachprüfungen in Bank, Versicherung und Finanzplanung, BVF). Mitautor von Bankfachbüchern.

Dr. oec. HSG Jean-Pierre Jetzer
ist Direktor der Schweizerischen Nationalbank, Zweiganstalt St. Gallen. Seit 1989 übt er einen Lehrauftrag für Volkswirtschaftslehre an der Universität St. Gallen aus, und seit 1996 ist er Dozent für Bankfachlehre an der Akademie St. Gallen sowie Experte an den Eidg. Bankfachprüfungen (heute: Berufs- und höhere Fachprüfungen in Bank, Versicherung und Finanzplanung, BVF). Mitverfasser verschiedener ökonomischer Publikationen.

Paul Nyffeler
ist stellvertretender Vorsitzender der Geschäftsleitung und Bereichsleiter Kommerz der VALIANT BANK, Bern, Mitglied der Geschäftsleitung VALIANT HOLDING, Bern, Verwaltungsrat verschiedener KMU; langjähriger Experte und Hauptexperte an den Eidg. Bankfachprüfungen (heute: Berufs- und höhere Fachprüfungen in Bank, Versicherung und Finanzplanung, BVF). Mitautor von Bankfachbüchern.

Dr. iur. Christian Thalmann
ist Rechtsanwalt und war von 1966 bis 1998 Rechtskonsulent des Schweizerischen Bankvereins in Zürich und Basel. Er ist seit 1982 Lehrbeauftragter, seit 1996 Privatdozent für Bankrecht und Handelsrecht an der Universität Zürich und seit 1997 Fachrichter (Kammer Banken und Versicherungen) am Handelsgericht des Kantons Zürich. Verschiedene Publikationen zu bankrechtlichen Fragen.

Die Hauptmitarbeiter

Felix M. Huber, Executive Director/Legal Counsel, Leiter Rechtsdienst für Unternehmensfinanzierungen und Kapitalmarkt (CF & CM LEGAL), UBS Warburg, Zürich. Mitautor von Küng/Huber/Kuster, Kommentar zum Börsengesetz, Zürich 1998, erste Nachlieferung 2002.

Stefan Jaeger, Dr. oec. HSG, General Manager, SunGard Trading and Risk Systems Switzerland, Zürich, und Managing Director von Almafin Jaeger, a SunGard Company, St. Gallen; Autor verschiedener internationaler Fachartikel, Co-Autor des Buches «Asset- und Liability-Management, Erfolgsstrategie für Banken», Zürich 1995, sowie Lehrbeauftragter an der Universität St. Gallen, St. Gallen.

Richard T. Meier, Dr. oec. publ., ist in der SWX Swiss Exchange zuständig für den Bereich «International & Research». Er promovierte 1974 mit einer Dissertation zum Thema «Automatisierung der Effektenbörse». Im Jahre 1979 wurde er CEO der Zürcher Börse. Er war massgeblich an der Konsolidierung der Schweizer Börsen beteiligt. Er war und ist in verschiedenen schweizerischen und internationalen Börsengremien tätig. Er ist Autor verschiedener Publikationen, Fachartikel und Gutachten.

Hans-Dieter Vontobel, Dr. iur., 1991 bis 2002 Präsident des Verwaltungsrates der Vontobel Holding AG, 1988 bis 1991 Delegierter des Verwaltungsrates der Vontobel Holding AG, 1984 bis 1989 Vorsitzender der Geschäftsleitung der Bank J. Vontobel & Co. AG. 1997 bis Ende 2001 Präsident des Stiftungsrates der Swiss Banking School, Zürich.

Die Mitarbeiterinnen und Mitarbeiter

Carole Ackermann, Dr. oec. HSG, Head of Corporate Communications and Investor Relations, Saurer AG, Winterthur

Kurt Aeberhard, Dr. rer. pol., Mitglied der Geschäftsleitung, Neue Aargauer Bank, Aarau

Marcel Livio Aellen, Dr. iur., Fürsprecher, stv. Leiter Abteilung Börsen und Märkte, Eidg. Bankenkommission, Bern

Roman von Ah, Dr. rer. pol., Geschäftsleiter, Swissca Portfolio Management AG, Zürich

Nicole Allenspach, lic. oec. HSG, Wissenschaftliche Mitarbeiterin, Schweizerische Nationalbank, Zürich

Christoph Ammann, VR-Präsident, SIS Swiss Financial Services Group AG, Zürich

Manuel Ammann, Prof. Dr. oec., Universität St. Gallen, St. Gallen

Kurt Amonn, Prof. Dr. iur., Bern

Kurt Amsler, Dr. rer. pol., Präsident, Verband Schweizerischer Kantonalbanken, Basel

Marlene Amstad, Dr. oec., Mitglied des Kaders, Forschung, Schweizerische Nationalbank, Zürich

Terenzio Angelini, Dr. oec. HSG, Amtsleiter Finanzverwaltung, Kanton St. Gallen, Direktionsmitglied Institut für Finanzwirtschaft und Finanzrecht, Universität St. Gallen

Thomas Bachmann, Dr. oec. publ., Direktionspräsident, ATAG Asset Management AG, Bern

Dina Balleyguier, Vizedirektorin, Leiterin Kontrollstelle Geldwäschereigesetz, Eidg. Finanzverwaltung, Bern

Ernst Baltensperger, Prof. Dr. rer. pol., Volkswirtschaftliches Institut, Universität Bern, Bern

Jürg Baltensperger, Vizedirektor, Institutional Asset Management, Lombard Odier Darier Hentsch & Cie – Private Bankers, Zürich

André Bamat, lic. oec., Geschäftsführer, Swiss Interbank Clearing AG, Zürich

Robert Bareder, Chief Financial Officer, HSBC Guyerzeller Bank AG, Feldmeilen

Jürg Bärlocher, Dr. oec. publ., Wissenschaftlicher Mitarbeiter, Schweizerische Nationalbank, Zürich

Paul Bättig, VR-Präsident, Pfandbriefbank Schweiz. Hypothekarinstitute, Zürich

Daniel Baumann, Dr. iur., Legal & Compliance, Credit Suisse, Zürich

Max Baumann, Geschäftsführer, Swiss Funds Association SFA, Basel

Daniel Baur, lic. oec. publ., Research Assistant, Swiss Banking Institute, Universität Zürich, Zürich

Die Mitarbeiterinnen und Mitarbeiter

Urs Behnisch, Prof. Dr. iur., Rechtsanwalt, BBLP Meyer Lustenberger Rechtsanwälte, Zürich

Giorgio Behr, Prof. Dr. iur., Präsident des Stiftungsrats Swiss GAAP FER, Professor für BWL, Universität St. Gallen, St. Gallen

Uwe Behr, Dipl.-Kfm. (Univ.), Leiter Kredit-Risiko-Management, KPMG Fides Peat, Zürich

Ruedi Berger, Dr. sc. techn., Direktor, RBA-Service, Gümligen

Beat Bernet, Prof. Dr. oec. publ., Direktor, Schweiz. Institut für Banken und Finanzen, Universität St. Gallen, St. Gallen

Werner Bernet, lic. oec. HSG, Direktor, Schweizer Reisekasse REKA, Bern

Peter Bertschinger, dipl. Wirtschaftsprüfer, Partner, KPMG Fides Peat, Zürich

Urs Bertschinger, Prof. Dr. iur., Bär & Karrer, Zürich

Marcel Beutler, Dr. oec. HSG, Vice President, SunGard Trading & Risk Systems, St. Gallen

Rolf Beyeler, dipl. Wirtschaftsprüfer, CFO, Valiant Holding, Bern

Stefan Bichsel, Präsident SFA, Delegierter des Verwaltungsrates und CEO, Swissca Holding AG, Bern

Alois Bischofberger, Managing Director, volkswirtschaftlicher Berater und Chefökonom, Credit Suisse Group, Zürich

Jacques Bischoff, Dr. iur., Geschäftsführer, Telekurs Europay, Wallisellen

Niklaus Blattner, Prof. Dr. rer. pol., Mitglied des Direktoriums, Schweizerische Nationalbank, Bern

Peter Böckli, Prof. Dr. iur., Advokat (selbstständig), Böckli Bodmer & Partner, Basel

Bruno Bohlhalter, Mitglied der Geschäftsleitung, Credit Suisse Banking, Zürich

Guido Boller, Dr. oec. HSG, Vizedirektor, Leiter Monetäre Statistik, Schweizerische Nationalbank, Zürich

Thomas Bollinger, lic. oec. HSG, Consultant, Almafin Jaeger, a SunGard Company, St. Gallen

Susanne Bonomo, Dr. oec. publ., Assistant to the Executive Director, IWF, Swiss Office, Washington, D.C., 20341 USA

Susanne Borer, lic. rer. pol., Investor Relations, Vontobel Holding AG, Zürich

Markus Boss, Dipl. Bankfachmann, Vorsitzender der Geschäftsleitung, Regiobank Solothurn, Solothurn

Claude Bourqui, Prof. Dr. rer. pol., dipl. Wirtschaftsprüfer, a.o. Professor Universität St. Gallen, Gastprofessor Universität Lausanne, Mitglied des Verwaltungsrats Ernst & Young

Thomas Brun, Vizedirektor, Institutional Asset Management, Lombard Odier Darier Hentsch & Cie – Private Bankers, Zürich

Jürg Bucher, lic. rer. pol., stellvertretender Leiter, Postfinance, Bern

Roland von Büren, Prof. Dr. iur., Rechtsanwalt, Ordinarius für Handels-, Wettbewerbs- und Immaterialgüterrecht, Universität Bern, Präsident der Eidg. Wettbewerbskommission, Gümligen

Werner Burger, Dr. oec. publ., Mitglied der Direktion, Zürcher Kantonalbank, Zürich

Arthur Bürgi, eidg. dipl. Wirtschaftsprüfer, Präsident, OBTG Ostschweizerische Bürgschafts- und Treuhandgenossenschaft, St. Gallen

Hans-Jürg Büttler, Prof. Dr. oec. publ., Wissenschaftlicher Berater, Schweizerische Nationalbank, Zürich

Ancillo Canepa, dipl. Wirtschaftsprüfer, Mitglied der Geschäftsleitung, Ernst & Young, Zürich

Werner de Capitani, Dr. iur., Rechtsanwalt, Herrliberg

Michael Christen, lic. rer. pol., Quantitativer Finanzanalyst, CSFS Investment Management, Winterthur

Die Mitarbeiterinnen und Mitarbeiter

Teodoro Cocca, Dr. oec. publ., Oberassistent, Swiss Banking Institute, Universität Zürich, Zürich

Alfons Cortés, Verwaltungsrats-Delegierter, Unifinanz AG, Sevelen

Peter Cosandey, lic. iur., Partner, KPMG Fides Peat, Zürich

Vincent Crettol, Vizedirektor, Leiter Wertschriften- und Goldoperationen, Schweizerische Nationalbank, Bern

Peter Csoport, Dr. oec. publ., Oberassistent, Swiss Banking Institute, Universität Zürich, Zürich

Felice De Grandi, lic. iur., Mitglied der Geschäftsleitung, Schweizer Verband der Raiffeisenbanken, St. Gallen

Hanspeter Dietzi, Prof. Dr. iur., Deputy Group General Counsel, UBS AG, Zürich, Titularprofessor an der Universität Basel

Barbara Döbeli, Dr. oec. publ., Wissenschaftliche Mitarbeiterin, Schweizerische Nationalbank, Zürich

Jean Nicolas Druey, em. Prof. Dr. iur., Universität St. Gallen, Basel

Hervé Dubois, Vizedirektor, Abteilungsleiter Kommunikation, WIR Bank, Basel

Marco Durrer, Dr. rer. pol., Executive Vice President, Member of Group Management, Head of Marketing & Distribution, Lombard Odier Darier Hentsch & Cie – Private Bankers, Zürich

Markus Eberle, lic. rer. pol., Direktor, OZ Bankers AG, Pfäffikon

Willy Egeli, lic. oec. HSG, Präsident, Schweiz. Verband Creditreform, St. Gallen

Alex Eggli, Zürcher Kantonalbank, Zürich

Rolf Enderli, Generaldirektor, Group Treasurer, UBS AG, Zürich

Matteo Facchinetti, lic. rer. pol., Wissenschaftlicher Mitarbeiter, Schweizerische Nationalbank, Zürich

Andreas M. Fischer, PD Dr. oec., Wissenschaftlicher Berater, Schweizerische Nationalbank, Zürich

Walter Fluck, Mitglied der Geschäftsleitung (bis 31.12.01), Credit Suisse Banking, Zumikon

Robert Fluri, lic. rer. pol., Vizedirektor, Statistische Analysen, Schweizerische Nationalbank, Zürich

Dominique Folletête, Fürsprecher, Member of the Executive Board, Credit Suisse Banking, Zürich

Peter Forstmoser, Prof. Dr. iur., Rechtsanwalt, Universität Zürich/Niederer Kraft & Frey, Zürich

Fritz Frey, Präsident des Verwaltungsrates, Swiss Bankers Travelers Cheque Centre, Bern

Paul-Robert Frey, Executive Director, Head Accounting Policy, UBS AG, Zürich

Werner Frey, Dr. phil., Unternehmensberater, Zürich/CEO European Securities Forum, London

Max Friedli, Dr. phil., Direktor, Bundesamt für Verkehr, Bern

Barend Fruithof, eidg. dipl. Marketingleiter/Executive MBA HSG, Vorsitzender der Geschäftsleitung, VISECA Card Services SA, Glattbrugg

Markus Gähwiler, lic. oec. HSG, Wissenschaftlicher Mitarbeiter, Schweizerische Nationalbank, Zürich

Daniel Garcia, Rechtsanwalt, Associate Director, UBS AG, Zürich

Bruno Gehrig, Prof. Dr. rer. pol., Vizepräsident des Direktoriums, Schweizerische Nationalbank, Zürich

Hans Geiger, Prof. Dr. oec. publ., Ordinarius, Swiss Banking Institute, Universität Zürich, Zürich

Hansueli Geiger, Fürsprecher, Bereichsleiter Bewilligungen, Eidg. Bankenkommission, Bern

Claudio Generali, lic. rer. pol., Präsident des Verwaltungsrates, Banca del Gottardo, Lugano

Rolf Gertsch, Fürsprecher, Wissenschaftlicher Adjunkt, Eidg. Bankenkommission, Bern

Die Mitarbeiterinnen und Mitarbeiter

Guido Giese, Dr. math. ETH, Dipl. Phys., Dipl. Volkswirt, Leiter Markt-Risiko-Management, KPMG Fides Peat, Zürich

Mario Giovanoli, Prof. Dr. iur., General Counsel, Bank für Internationalen Zahlungsausgleich, Basel

Marc Gössi, Manager Financial Services, PwC Consulting AG, Zürich

Mary-France Goy, Zentralsekretärin, Schweiz. Bankpersonalverband, Bern

Yvonne B. Graf-Cathomen, Director, Head Shipping Desk Europe + CIS, Credit Suisse, Basel

Willi Grau, dipl. Wirtschaftsprüfer, Partner, PricewaterhouseCoopers AG, Zürich

Ulrich Grete, Dr. iur., Verwaltungsratspräsident, AHV-Ausgleichsfonds, Zürich

Alfred Gruber, Mag., MBA, Lehman Brothers, Fixed Incom Division, London

Andreas Grünbichler, Prof. Dr. rec. soc. oec., Direktor, Schweiz. Institut für Banken und Finanzen, Universität St. Gallen, St. Gallen

Rochus Gubser, Mitglied der Direktion, Chefexperte Immobilienbewertungen, Zürcher Kantonalbank, Zürich

Thomas Gulich, Dr. oec. publ., Managing Director, Credit Suisse Leasing, Zürich

Peter Gurtner, Dr. oec. HSG, Direktor, Bundesamt für Wohnungswesen, Grenchen

Christian Gut, Managing Director, Global Head Trade Finance/Financial Institutions, Credit Suisse, Zürich

Corinne Gutknecht, lic. iur., Assistentin am Institut für Bankenrecht, Universität Bern, Bern

Heinz Haeberli, CEO, Vorsitzender der Konzernleitung, SIS Swiss Financial Services Group AG, Zürich

Barbara Haeringer, lic. oec. publ., Research Assistant, Swiss Banking Institute, Universität Zürich, Zürich

Kuno Hämisegger, Dr. rer. pol., Delegierter für Public Affairs Schweiz, Schweizerische Bankiervereinigung, Basel

Hanspeter Häni, lic. rer. pol., Ombudsman, Stiftung Schweiz. Bankenombudsman, Zürich

Jochen Hartwig, Dr. rer. pol., Wissenschaftlicher Mitarbeiter, Lehrbeauftragter, Universität St. Gallen, St. Gallen

Markus Häusermann, Fürsprecher/Notar, Partner, Häusermann + Partner, Bern

Christine Hehli Hidber, Dr. iur., Advokatin, Legal Counsel, UBS AG, Zürich

Carl Helbling, Prof. Dr. oec., dipl. Wirtschaftsprüfer, em. Prof. Universität Zürich, VR-Präsident, Schweizerische Treuhandgesellschaft, Zürich

Daniel Heller, Dr. rer. pol., Direktor, Leiter Systemstabilität und Überwachung, Schweizerische Nationalbank, Zürich

Peter L. Heller, Direktor, CFO, Privatbank von Graffenried AG, Bern

Heinrich Henckel, Dr. iur., CEO, SWX Swiss Exchange, Zürich

Germain Hennet, lic. rer. pol., Mitglied der Geschäftsleitung, Schweizerische Bankiervereinigung, Basel

Thorsten Hens, Prof. Dr. rer. pol., Lehrstuhlinhaber für Finanzmarkttheorie & Monetäre Theorie, Institut für Empirische Wirtschaftsforschung, Universität Zürich, Zürich

Erwin Heri, Prof. Dr. rer. pol., Universität Basel, Basel

Eric Hess, Fürsprecher, Abt. internat. Steuerrecht/Doppelbesteuerung, Eidg. Steuerverwaltung, Bern

Markus Hess, Dr. iur. Rechtsanwalt, Geschäftsführer des Schweiz. Leasingverbandes, Zürich

Christine Hirszowicz, Prof. Dr. oec. publ., Swiss Banking Institute, Universität Zürich, Zürich

Stefan Hoffmann, Mitglied der Direktion, Leiter Bereich Volkswirtschaft/Geschäftsführer SPPS, Schweizerische Bankiervereinigung, Basel

Andreas Hubschmid, Fürsprecher, Mitglied der Geschäftsleitung, Schweizerische Bankiervereinigung, Basel

Die Mitarbeiterinnen und Mitarbeiter

Karl Hug, Direktor, Leiter Ressort Geldmarkt und Devisenhandel, Schweizerische Nationalbank, Zürich

Konrad Hummler, Dr. iur., Geschäftsführender Teilhaber, Wegelin & Co. Privatbankiers, St. Gallen

Antoinette Hunziker-Ebneter, lic. oec., Vorsitzende der SWX Gruppe, Zürich, CEO virt-x, London

Eva Hüpkes, Dr. iur., LL.M., D.E.S., Leiterin Regulierungsfragen, Eidg. Bankenkommission, Bern

Hubert Huschke, Dr. ing., Brissago

Katja Imboden, Fürsprecherin, Legal Counsel, UBS AG, Zürich

Franz Jaeger, Prof. Dr. oec. HSG, Geschäftsleitender Direktor, FEW-HSG, St. Gallen

Thomas J. Jordan, PD, Dr. rer. pol., stv. Direktor, Leiter Ressort Forschung, Schweizerische Nationalbank, Zürich

Urs Joss, Director, Ressortleiter, Credit Suisse Financial Services, Zürich

Joseph Jung, Dr. phil. I, Dozent, Head Foundations and Corporate History, Credit Suisse Group, Zürich

Matthias Kälin, Stv. Direktor, Präsident der Schweiz. Komm. für Standardisierungen im Finanzbereich, UBS AG, Zürich

Hans-Mathias Käppeli-Gebert, lic. oec. HSG, Mitglied der Geschäftsleitung, Neue Aargauer Bank, Aarau

Christoph Kaserer, Prof. Dr., Lehrstuhl für Internationales Management und Internationale Kapitalmärkte, Technische Universität München, München

René Kästli, Prof. Dr. rer. pol., Inhaber, Kästli Consulting, Jona

Hans-Peter Kellenberger, Direktor, Factors AG, Zürich

Andreas Keller, RA lic. iur., Associate Director, UBS AG, Zürich

Hans-Christoph Kesselring, Dr. oec. publ., Direktor, Leiter Zahlungsverkehr/Abwicklung/Depotgeschäft, Schweizerische Nationalbank, Bern

Sabine Kilgus, Dr. iur., LL.M, Rechtsanwältin, Homburger, Zürich, Lehrbeauftragte Universität Zürich und St. Gallen

Gebhard Kirchgässner, Prof. Dr. rer. soc., Direktor, Ordinarius für VWL und Ökonometrie, SIAW-HSG, Universität St. Gallen, St. Gallen

Pascal Kistler, Dr. iur., Legal Counsel, Credit Suisse Asset Management, Zürich

Peter Klauser, Dr. iur., Direktor, Stellvertreter des Vorstehers des I. Departements, Schweizerische Nationalbank, Zürich

Andreas Knörzer, Direktor, Leiter Sustainable Investment, Bank Sarasin & Cie, Basel

Hanspeter Koch, Fachspezialist, Produkteentwicklung + Numismatik, Swissmint, Bern

Beat H. Koenig, Iffwil

Thomas Koller, Prof. Dr. iur., Ordinarius, Zivilistisches Seminar, Universität Bern, Bern

Marzena Kopp-Podlewski, lic. oec. publ., Research Assistant, Swiss Banking Institute, Universität Zürich, Zürich

Pascal Koradi, lic. oec. publ., Leiter Tresorerie, Neue Aargauer Bank, Brugg

Georg Kramer, Dr. oec. publ., VR-Delegierter, Vorsitzender der Geschäftsleitung, Telekurs Holding AG, Zürich

Alexander E. Krebs, Dr. rer. pol., Partner, Capvis Equity Partners AG, Zürich

Georg Krneta, Dr. iur., Fürsprecher, Advokaturbüro Krneta & Partner, Bern

Hans Kuhn, Dr. iur., LL.M., Leiter Rechtsdienst, Schweizerische Nationalbank, Zürich

Richard Kühn, Prof. Dr. rer. pol., Institut für Marketing und Unternehmungsführung, Universität Bern, Bern

Roger M. Kunz, PD, Dr. rer. pol., Universität Basel, Basel

Caesar Lack, Dr. rer. pol., Wissenschaftlicher Mitarbeiter, Schweizerische Nationalbank, Zürich

Simon Lamprecht, lic. oec. publ., Wissenschaftlicher Assistent, Institut für Schweizerisches Bankwesen, Universität Zürich, Zürich

Massimo S. Lattmann, Dr. Ing. ETH, Chairman & Senior Partner, Venture Partners AG, Zürich

Peter Lautenschlager, Dr. oec. publ., Senior Risk-Controller, Credit Risk Management, Zürcher Kantonalbank, Zürich

Christoph Lengwiler, Prof. Dr. oec. publ., Institutsleiter, IFZ Institut für Finanzdienstleistungen Zug der Hochschule für Wirtschaft HSW Luzern, Zug

Michael F. Lichtlen, Dr. oec. publ., Ressort Bretton-Woods-Institutionen, Schweizerische Nationalbank, Zürich

Florian Linner, lic. oec. publ., Research Assistant, Swiss Banking Institute, Universität Zürich, Zürich

Mario Marti, lic. iur. Fürsprecher, Assistent, Institut für Bankrecht der Universität Bern, Bern

Ernst P. Martin, Dr. phil. h.c., Experte für Urkunden und Kriminaltechnik, Basel

Hans Rudolf Matter, lic. rer. pol., Vorsitzender der Geschäftsleitung, Bank Coop, Basel

Martin Maurer, Dr. rer. pol., Geschäftsführer, Verband der Auslandsbanken in der Schweiz, Zürich

Sita Mazumder, Dr. oec. publ., Oberassistentin Swiss Banking Institute, Universität Zürich, Zürich

Stephan E. Meier, Präsident SFAA, Executive Director, UBS Global Asset Management, Zürich

Christoph Menzel, lic. oec. HSG, Direktor, Leiter Ressort Statistik, Schweizerische Nationalbank, Zürich

Conrad Meyer, Prof. Dr. oec. publ., Ordinarius für Betriebswirtschaftslehre, Direktor des Instituts für Rechnungswesen und Controlling, Universität Zürich, Zürich

Elisabeth Meyerhans, lic. oec. HSG, Leiterin Corporate Communications, Vontobel Holding AG, Zürich

Serge Montangero, Senior Manager, Assurance & Advisory, Deloitte & Touche SA, Genf

Markus Mooser, eidg. dipl. Versicherungsfachmann, Sales Manager, Die Mobiliar, Bern

Jacqueline Morard, Rechtsanwältin, stv. Direktorin, SWX Swiss Exchange, Zürich

Rudolf Mosberger, Zürcher Kantonalbank, Zürich

Dewet Moser, lic. rer. pol., stv. Direktor, Leiter Risikomanagement, Schweizerische Nationalbank, Zürich

Thomas Moser, Dr. oec. publ., Mitglied des Kaders, Schweizerische Nationalbank, Zürich

Claudio Müller, Betriebsökonom HWV, Leiter ImmoConsult, Zürcher Kantonalbank, Zürich

Jeannette Müller, lic. rer. pol., Wissenschaftliche Mitarbeiterin, Schweizerische Nationalbank, Zürich

Robert Müller, lic. oec. publ., Mitglied des Kaders, Analysen, Schweizerische Nationalbank, Zürich

Roland Müller, lic. oec. publ., Stellvertretender Direktor, Leiter Compliance, Centrum Bank AG, Vaduz

Walter Näf, Dr. rer. pol., Mitglied des Kaders, Ressort Bretton-Woods-Institutionen, Schweizerische Nationalbank, Zürich

Eugen Niesper, CEO, Telekurs Financial, Zürich

Peter Nobel, Prof. Dr. rer. publ., Rechtsanwalt, Nobel & Hug, Rechtsanwälte, Zürich

Matthäus den Otter, Dr. iur., stv. Abteilungsleiter, Eidg. Bankenkommission, Bern

Mauro Palazzesi, lic. oec., lic. iur., dipl. Wirtschaftsprüfer, Leiter Business Advisory Services, KPMG Fides Peat, Zürich

Die Mitarbeiterinnen und Mitarbeiter

Marcel Peter, dipl. ès. sc. écon., Wissenschaftlicher Mitarbeiter, Schweizerische Nationalbank, Zürich

Martin Peter, Executive Director, Chief Compliance Officer Switzerland, UBS AG, Zürich

Michel Peytrignet, ès. sc. écon. Dr., Direktor und Leiter Bereich Volkswirtschaft, Schweizerische Nationalbank, Zürich

Rolf Pfenninger, Mitglied der Direktion, Produkteverantwortlicher Int. Geschäft, Zürcher Kantonalbank, Zürich

Dominik Pfoster, lic. rel. int., Wissenschaftlicher Mitarbeiter, Credit Suisse Group, Zürich

Jean-Marc Piaz, Dr. oec. publ., Wissenschaftlicher Assistent, Swiss Banking Institute, Universität Zürich, Zürich

Rita Portmann, Rechtsanwältin, LL.M., UBS AG, Zürich

Rolf Portmann, Dr. iur., Fürsprecher, Vizepräsident und Delegierter, Handels- und Industrieverein des Kantons Bern, Bern

Christian Rahn, Dr. iur., LL.M., Partner, Rahn & Bodmer, Zürich

Philippe Ramuz-Moser, dipl. Bankfach-Experte, Eidg. Bankenkommission, Bern

Reto Rauschenberger, Dr. oec. publ., Unternehmensberater, Ernst & Young, Zürich

Matthias Reinhart, Geschäftsleiter, VZ VermögensZentrum AG, Zürich

Georg Rich, Prof. Dr. rer. pol., Universität Bern (bis 30.11.2001, Schweizerische Nationalbank, Zürich)

Andrea Rieger Münger, Fürsprecherin, LL.M., Rechtskonsulentin, UBS AG, Zürich

Enzo Rossi, Dr. rer. pol., Mitglied des Kaders, Forschung, Schweizerische Nationalbank, Zürich

Jean-Pierre Roth, Dr. ès. sc. écon., Präsident des Direktoriums, Schweizerische Nationalbank, Zürich

Urs Ph. Roth, Dr. iur., Vorsitzender der Geschäftsleitung, Schweizerische Bankiervereinigung, Basel

Edith Röthlisberger, dipl. Bankfachexpertin, Eidg. Bankenkommission, Bern

Rolf Rufer, Mitglied der Direktion, Leiter Recoverymanagement, Zürcher Kantonalbank, Zürich

Flemming Ruud, Prof. PhD, Ordinarius der Universität Zürich und Extraordinarius der Universität St. Gallen für Interne und Externe Revision, Geschäftsführender Direktor des Instituts für Accounting, Controlling und Auditing der Universität St. Gallen, St. Gallen

Alexandra Salib, lic. iur., Advokatin, Prokuristin, Schweizerische Bankiervereinigung, Basel

René Saluz, Dr. oec. HSG, Leiter Accounting Advisory, KPMG Fides Peat, Zürich

Lydia Saxer Waser, Dr. oec. publ., Mitglied der Geschäftsleitung, GE Capital Bank, Brugg

Jakob Schaad, Dr. oec. publ., Mitglied des Kaders, Schweizerische Nationalbank, Zürich

Kurt Schärer, Delegierter ERG und Exportfinanzierungen, Staatssekretariat für Wirtschaft, Bern

Daniel Scheibler, Dr. rer. pol., Direktor, Leiter Makro- und Aktienresearch, Bank Sarasin & Cie AG, Zürich

Henner Schierenbeck, Prof. Dr. rer. pol. Dr. h.c., Ordinarius für Bankmanagement und Controlling, WWZ der Universität Basel, Basel

Doris Schiesser-Gachnang, Dr. oec., Mitglied des Kaders, Schweizerische Nationalbank, Zürich

Bernd Schips, Prof. Dr. rer. pol., Leiter Konjunkturforschungsstelle der ETH, Zürich

Thomas Schlup, lic. oec. HSG, Vizedirektor, Leiter der Abteilung Zahlungsbilanz, Schweizerische Nationalbank, Zürich

Walter Schmid, Dr. iur., Projektleiter, Eidg. Finanzverwaltung, Bern

Roger Schmidt, dipl. Verwaltungswirtschafter, Leiter/Chef Kommissariat Falschgeld, Bundesamt für Polizei, Bern

Valerio Schmitz Esser, Dr. rer. pol., Portfoliomanager, Credit Suisse Asset Management, Zürich

Meinrad Schnellmann, Mitglied der Geschäftsleitung (bis 30. April 02), Spezialist für nichtkotierte Aktien, Regiobank Luzern, Luzern

Leo Schuster, Dipl.-Kfm., Dr. rer. pol., o. Univ.-Professor, Katholische Universität Eichstätt-Ingolstadt, Ingolstadt

Umberto Schwarz, Dr. ès. sc. écon., Vizedirektor, Ressort Bretton-Woods-Institutionen, Schweizerische Nationalbank, Zürich

Pius Schwegler, dipl. Wirtschaftsprüfer, Vorsitzender der Geschäftsleitung, RBA-Holding, Bern

Renate Schwob, Dr. iur., Director, Legal & Compliance, Credit Suisse, Zürich

Pietro Scialdone, lic. oec. publ., Research Assistant, Swiss Banking Institute, Universität Zürich, Zürich

Georg Sellerberg, Dr. oec. publ., Direktor, Bank Julius Bär & Co. AG, Zürich

Luc P. Seydoux, Dr. iur., MBA, Mitglied der Direktion, Leiter Credit Risk Management Gesamtbank, Zürcher Kantonalbank, Zürich

Daniel Bernhard Sigrist, dipl. Math. ETH, lic. oec. HSG, Leiter Risikomanagement, Eidg. Bankenkommission, Bern

Erwin Sigrist, Direktor, Leiter Bereich Abwicklung und Informatik, Schweizerische Nationalbank, Zürich

Robert Simmen, Dr. iur., Rechtsanwalt, Geschäftsführer ZEK und IKO, Büro Prof. Giger und Dr. Simmen, Zürich

Kai Simon-Keuenhof, Manager Financial Services, PwC Consulting AG, Basel

Christian Spielmann, lic. rer. pol., Wissenschaftlicher Mitarbeiter, Schweizerische Nationalbank, Zürich

Erich Spörndli, Dr. oec. publ., Direktor, Stellvertreter des Vorstehers des III. Departements, Schweizerische Nationalbank, Zürich

Klaus Spremann, Prof. Dr. rer. nat., Direktor, Schweiz. Institut für Banken und Finanzen, Universität St. Gallen, St. Gallen

Fritz Stahel, lic. oec. HSG, Director im Economic Research & Consulting, Credit Suisse, Zürich

Urs Stähli, Direktor, ISSA Secretariat, ISSA, c/o UBS AG, Zürich

Markus Staub, Dr. rer. pol., Mitglied der Direktion, Schweizerische Bankiervereinigung, Basel

Elizabeth Steiner, lic. oec. publ., Wissenschaftliche Mitarbeiterin, Schweizerische Nationalbank, Zürich

Bernhard Stettler, Dr. phil. hist., Head Group Media & Political Advisory, UBS AG, Basel

Charles Stettler, Mitglied der Generaldirektion, Zürcher Kantonalbank, Zürich

Franz Stirnimann, lic. rer. pol., Vizedirektor, Leiter Abteilung Börsen/Märkte, Eidg. Bankenkommission, Bern

Conrad Stockar, Dr. iur., Eidg. Steuerverwaltung, Bern

Carsten Stolz, Dr. rer. pol., Leiter Financial Relations, Basler Versicherungen, Basel

Felix Stotz, Dr. iur., Rechtsanwalt, Leiter Anlagefonds, Eidg. Bankenkommission, Bern

Rodolfo Straub, Mitglied der Direktion, Leiter Kapitalmarkt, Zürcher Kantonalbank, Zürich

Kurt Streit, CEO, Valiant Holding, Bern

Balz Stückelberger, lic. iur., Assistent des Vorsitzenden der Geschäftsleitung, Schweizerische Bankiervereinigung, Basel

Jürg Stucki, dipl. Betriebsökonom FH, Direktor, Leiter Firmenkunden Mittelland, Branchenverantwortlicher Tourismus, UBS AG, Bern

Andy Sturm, lic. rer. pol., Vizedirektor, Leiter Finanzmarktinfrastruktur, Schweizerische Nationalbank, Zürich

André Suter, Dr. iur., Mitglied der Geschäftsleitung, Berner Kantonalbank, BEKB/BCBE, Bern

Peter Thomann, lic. rer. pol., Vizedirektor, Chef Bundestresorerie, Eidg. Finanzverwaltung, Bern

Mireille Tissot, lic. iur., Mitglied der Direktion, Schweizerische Bankiervereinigung, Basel

Roland Tornare, Direktor, Bereich Bargeld, Schweizerische Nationalbank, Bern

Eric Trüeb, Associate Director, Investment Professional, Capvis Equity Partners AG, Zürich

Leendert van Stipriaan, lic. iur., Advokat, Legal & Compliance, Credit Suisse, Basel

Antoine Veyrassat, lic. oec. publ., Mitglied des Kaders, Geldmarkt und Devisenhandel, Schweizerische Nationalbank, Zürich

Matthias Villiger, dipl. Bankfach-Experte, Leiter Überwachung 2, Eidg. Bankenkommission, Bern

Pierin Vincenz, Dr. oec., Vorsitzender der Geschäftsleitung, Raiffeisen-Gruppe, St. Gallen

Rudolf Volkart, Prof. Dr. oec. publ., Ordinarius für BWL, Direktor ISB, Swiss Banking Institute, Universität Zürich, Zürich

Peter Vollenweider, lic. oec. HSG, Associate, Dept Capital Markets, Credit Suisse First Boston, Zürich

Niklas Wagner, Dr. rer. pol., Wissenschaftlicher Assistent, TU-München, München

Andreas, Walther, Dr. oec. HSG, Direktor, OZ Bankers, Pfäffikon

Mathias Walti, lic. rer. publ. HSG, Vice President, AIG Global Investment Corp., Zürich

Peter Weibel, Dr. oec. publ., CEO, PricewaterhouseCoopers AG, Zürich

Urs Wenzel, lic. iur., Rechtsanwalt, UBS AG, Zürich

Peter Werder, Mitglied der Direktion, Leiter Marketing & Verkauf, Eidg. Versicherungs AG, Zürich

Martin Wetter, Dr. iur., Mitglied der Geschäftsleitung, Credit Suisse, Zürich

Daniel Wettstein, Direktor, Leiter Ressort Abwicklung, Schweizerische Nationalbank, Zürich

Marianne Widmer, lic. rer. pol., Wissenschaftliche Beamtin, Eidg. Finanzverwaltung, Bern

Thomas Wiedmer, Dr. rer. pol., Direktor, Stellvertreter des Vorstehers des II. Departements, Schweizerische Nationalbank, Bern

Wolfgang Wiegand, Prof. Dr. iur., Ordinarius, Zivilistisches Seminar, Institut für Bankrecht, Universität Bern, Bern

Michèle Winistörfer, Dr. iur., Legal & Compliance, Credit Suisse, Zürich

Christoph Winzeler, PD Dr. iur., LL.M., Advokat, Mitglied der Direktion, Schweizerische Bankiervereinigung, Basel

Matthias Wirth, lic. rer. pol., Mitglied der Direktion, Leiter Ausbildung, Schweizerische Bankiervereinigung, Basel

Walter Wirz, Mitglied der Geschäftsleitung, CFO, Telekurs Holding AG, Zürich

Edgar Wolhauser, Rechtsanwalt, LL.M., Stv. Direktor Ernst & Young AG, Legal Services, Bern

Kilian Wunder, Dr. iur., Rechtsanwalt, Baker & McKenzie Rechtsanwälte, Zürich

Walter von Wyl, Direktor, Co-Head Steuern Konzern, UBS AG, Zürich

David Wyss, Dr. iur., Leiter Untersuchungsverfahren, Eidg. Bankenkommission, Bern

Markus Zeder, lic. oec. publ., Research Assistant, Swiss Banking Institute, Universität Zürich, Zürich

Markus Zimmerli, Dr. rer. pol., Mitglied des Kaders, Ressort Statistik, Schweizerische Nationalbank, Zürich

Hans-Georg Zimmermann, Dr., Senior Principal Research Scientist, Siemens AG, München

Die Mitarbeiterinnen und Mitarbeiter

Heinz Zimmermann, Prof. Dr. rer. pol., Ordinarius für Finanzmarkttheorie, WWZ, Abteilung Finanzmarkttheorie, Universität Basel, Basel

Stephan Zimmermann, Generaldirektor, UBS AG, Zürich

Dieter Zobl, Prof. Dr. iur., Ordinarius, Universität Zürich, Zürich

Manfred Zobl, Dr. iur., Präsident der Konzernleitung (bis März 2002), Rentenanstalt/Swiss Life, Rüschlikon

Daniel Zuberbühler, Fürsprecher, Direktor des Sekretariats der Eidg. Bankenkommission, Bern

Urs Zulauf, Dr. iur., Vizedirektor, Leiter Rechtsdienst, Eidg. Bankenkommission, Bern

Mathias Zurlinden, Dr. rer. pol., Wissenschaftlicher Berater, Schweizerische Nationalbank, Zürich

Hinweise für die Benutzer

Zur Alphabetik
Die alphabetische Reihenfolge wird auch bei zusammengesetzten Wörtern immer eingehalten. Dies gilt sowohl für Begriffe, die durch Bindestrich (-) oder Querstrich (/) verbunden sind, als auch für solche, die aus mehreren, durch Leerschlag getrennten Wörtern bestehen.
Zum Beispiel:
Euro-Währungen
E. v.
Event-Kommunikation
BIZ (Ratio)
B/L
Black/Scholes
Agency **fe**e
Agency **fu**tures
Agency**-T**heorie

Die Umlaute ä, ö und ü werden in der Alphabetik wie die Grundlaute a, o und u behandelt.
Zum Beispiel:
Ohne Obligo
Ökobanken
Ombudsmann

Ziffern und Zahlen werden behandelt wie das Wort, das sie darstellen. 3 wird nach drei aufgelöst.
Zum Beispiel:
Drei-Jahres-Regel

Zusammengesetzte Begriffe wie «goldene Bankregel» oder «feste Wechselkurse» sind in der Regel unter dem Adjektiv alphabetisch eingeordnet.

Zum Beispiel:
Goldene Bankregel
Feste Wechselkurse
Alternative Kapitalanlagen

Wird der gesuchte Begriff unter dem Adjektiv nicht gefunden, so empfiehlt sich, das Substantiv nachzuschlagen.
Zum Beispiel:
Revision, interne
Bankenkommission, Eidg.
Doppelbesteuerung, internationale

Zu den Abkürzungen
(vgl. Abkürzungsverzeichnis auf S. XXI)
Die häufigsten Abkürzungen, insbesondere von Gesetzen, sind im Abkürzungsverzeichnis enthalten. Allgemein gebräuchliche Abkürzungen (wie usw.) wurden nicht ins Abkürzungsverzeichnis aufgenommen.

Im Finanzwesen übliche Abkürzungen wie SWX oder Libor sind im Lexikon selber erklärt.

Gross- und Kleinschreibung
Der Duden 1 «Die deutsche Rechtschreibung» hat die Schreibweise der meisten Wörter vorgegeben. Wortverbindungen von deutschen Wörtern mit zumeist englischen Wörtern fehlen aber häufig, englische Ausdrücke, die noch nicht eingedeutscht wurden, fehlen im Duden gänzlich.
Das Lektorat, in Übereinstimmung mit den Herausgebern, hat sich für folgende Regeln entschieden:

Alle fremdsprachigen Nomen beginnen gross, zusammengesetzte Nomen werden durch Leerschlag getrennt, wobei die weiteren Wortteile klein geschrieben werden.
Zum Beispiel:
Affluents
Asset backed securities
Dual branding

Ausnahmen von dieser Regel betreffen Institutionen und Organisationen. Zum Beispiel:
American Stock Exchange
Financial Stability Forum
International Organization of Securities Commissions

Wortverbindungen von deutschen Wörtern mit fremdsprachigen Wörtern werden mit Bindestrich verbunden. Zum Beispiel:
Buy-side-Analyst.

Hinweis an die Leserinnen
Die Finanz-, Bank- und Börsenwelt unterscheidet nicht zwischen Mann und Frau. Wenn im Lexikon nur vom Käufer oder Eigentümer die Rede ist, gilt das auch für alle Käuferinnen oder Eigentümerinnen. Wir bitten Sie um Verständnis für diese sprachliche Vereinfachung im Interesse der besseren Lesbarkeit.

Zum Schluss ein rechtlicher Hinweis
Die Herausgeber und der Verlag sind sich bewusst, dass jedes Lexikon Lücken und Fehler aufweist. Dies gilt auch für das vorliegende Werk, das dem Leser eine Orientierungshilfe geben kann, aber vertiefte Abklärungen im Einzelfall nicht überflüssig machen will. Im Gegensatz zu wissenschaftlichen Nachschlagewerken, welche Bücher und Zeitschriftenaufsätze zum behandelten Stichwort umfassend aufführen, wurde bewusst auf Literaturangaben weit gehend verzichtet. Falls solche vorhanden sind, beschränken sich diese grundsätzlich auf ausgewählte, neuere Buch-Publikationen. Die Herausgeber, die Autoren und der Verlag müssen trotz der bei der Bearbeitung angewendeten Sorgfalt eine Haftung für die Richtigkeit der in diesem Lexikon gemachten Aussagen ablehnen. Sie sind den Lesern dankbar für Hinweise auf Lücken und Fehler im Text. Solche Hinweise sind zu richten an: Verlag SKV, Stichwort Bankenlexikon, Postfach, 8027 Zürich.

Abkürzungen

ABRG	Bundesgesetz über die Bildung steuerbegünstigter Arbeitsbeschaffungsreserven vom 20.12.1985
ABV	Verordnung über die ausländischen Banken in der Schweiz vom 21.10.1996 (Auslandbankenverordnung)
AFG	Bundesgesetz über die Anlagefonds vom 18.03.1994 (Anlagefondsgesetz)
AFV	Verordnung zum Bundesgesetz über die Anlagefonds vom 19.10.1994/ 25.10.2000
AFV-EBK	Verordnung der Eidgenössischen Bankenkommission über die Anlagefonds vom 24.01.2000
AGB	Allgemeine Geschäftsbedingungen
AK	Aktienkapital
BankG	Bundesgesetz über die Banken und Sparkassen vom 08.11.1934/22.04.1999
BankV	Verordnung zum Bundesgesetz über die Banken und Sparkassen vom 17.05.1972/04.10.1999
BEHG	Bundesgesetz über die Börsen und den Effektenhandel vom 24.03.1995 (Börsengesetz)
BEHV	Verordnung zum Bundesgesetz über die Börsen und den Effektenhandel vom 02.12.1996/27.10.1999 (Börsenverordnung)
BEHV-EBK	Verordnung der Eidgenössischen Bankenkommission über die Börsen und den Effektenhandel vom 25.06.1997 (Börsenverordnung-EBK)
BG	Bundesgesetz
BGE	Bundesgerichtsentscheid
BRB	Bundesratsbeschluss
BRKG	Bundesgesetz über die Risikokapitalgesellschaften vom 08.10.1999
BV	Bundesverfassung
BVG	Bundesgesetz über die berufliche Alters-, Hinterlassenen- und Invalidenvorsorge vom 15.06.1982
CHF	Schweizer Franken
DBG	Bundesgesetz über die direkte Bundessteuer vom 14.12.1990/24.03.2000
E	Entwurf
EBK	Eidgenössische Bankenkommission
EG	Einführungsgesetz
ESTV	Eidgenössische Steuerverwaltung
FER	Fachempfehlungen zur Rechnungslegung
FusG	Bundesgesetz über Fusion, Spaltung, Umwandlung und Vermögensübertragung (Fusionsgesetz) E vom 20.08.2000

Abkürzungen

GeBüV	Verordnung über die Führung und Aufbewahrung der Geschäftsbücher vom 24. 04. 2002
GwG	Bundesgesetz zur Bekämpfung der Geldwäscherei im Finanzsektor vom 10. 10. 1997 (Geldwäschereigesetz)
HRV	Handelsregisterverordnung 09. 06. 1992/29. 09. 1997
IAS	International Accounting Standards, Ausgabe 2002
IFRS	International Financial Reporting Standards
IPRG	Bundesgesetz über das internationale Privatrecht vom 18. 12. 1987/ 26. 06. 1998
i. V. m.	in Verbindung mit
KG	Bundesgesetz über Kartelle und andere Wettbewerbsbeschränkungen vom 06. 10. 1995
KKG	Bundesgesetz über den Konsumkredit vom 23. 03. 2001
Komm.	Gesetzeskommentar
KR	Kotierungsreglement vom 24. 01. 1996/17. 04. 2002
MünzV	Münzverordnung vom 12. 04. 2000
MWSTG	Bundesgesetz über die Mehrwertsteuer vom 02. 09. 1999
NBG	Bundesgesetz über die Schweizerische Nationalbank vom 23. 12. 1953/ 15. 12. 1978 (Nationalbankgesetz)
OR	Bundesgesetz über das Schweizerische Obligationenrecht vom 30. 03. 1911/15. 12. 2000
PfG	Pfandbriefgesetz vom 25. 06. 1930/16. 12. 1994
PfV	Pfandbriefverordnung vom 23. 01. 1931/26. 09. 1988
RRV EBK	Richtlinien der Eidgenössischen Bankenkommission zu den Rechnungslegungsvorschriften der Art. 23 bis 27 BankV vom 14. 12. 1994
SBVg	Schweizerische Bankiervereinigung
SchKG	Bundesgesetz über Schuldbetreibung und Konkurs vom 11. 04. 1889/ 24. 03. 2000
SNB	Schweizerische Nationalbank
SR	Systematische Sammlung des Bundesrechts (Systematische Rechtssammlung)
StG	Bundesgesetz über die Stempelabgaben vom 27. 06. 1973/19. 03. 1999
StGB	Schweizerisches Strafgesetzbuch vom 21. 12. 1937/24. 03. 2000
StHG	Bundesgesetz über die Harmonisierung der direkten Steuern vom 14. 12. 1990
Swiss GAAP FER	Fachempfehlungen zur Rechnungslegung 2002
SWX	Schweizer Börse (Swiss Exchange)
UEK	Übernahmekommission
UEV/UEK	Verordnung der Übernahmekommission über öffentliche Kaufangebote vom 21.07.1997
US GAAP	Generally Accepted Accounting Principles in den USA
UWG	Bundesgesetz gegen den unlauteren Wettbewerb vom 19. 12. 1986/ 24. 09. 2000
VE	Vorentwurf
V	Verordnung
VSB	Vereinbarung über die Standesregeln zur Sorgfaltspflicht der Banken von 1998
VSt	Verordnung über die Stempelabgaben vom 03. 12. 1973/09. 03. 1998
VStG	Bundesgesetz über die Verrechnungssteuer (VStG) vom 15. 10. 1965/ 15. 12. 2000
VwVG	Bundesgesetz über das Verwaltungsverfahren vom 20. 12. 1963
WPH	Schweizer Handbuch der Wirtschaftsprüfung (Zürich 1998)
WZG	Bundesgesetz über die Währung und die Zahlungsmittel vom 22. 12. 1999
ZGB	Schweizerisches Zivilgesetzbuch vom 10. 12. 1907/24.03.2000

AAA
↑Rating.

ABA
Abk. f. ↑American Bankers Association.

Abbröckeln
In der ↑Börsensprache Ausdruck für langsame, leichte Kursrückgänge.

Abgabebetrug
↑Steuerhinterziehung.

Abgabeneigung
In der ↑Börsensprache Ausdruck für einen Überhang an Verkaufsaufträgen, der mässige Kursrückgänge auslöst.

Abgeld
↑Disagio.

Ablauforganisation
Bei der Ablauforganisation geht es darum, die Arbeitsabläufe und -prozesse zu beschreiben und zu strukturieren. Lange Zeit galt bei Banken die Aufbauorganisation als strategische Frage, mit der sich Verwaltungsrat und Geschäftsleitung zu beschäftigen hätten, während die Ablauforganisation eine untergeordnete Aufgabe für die Organisationsabteilung sei. Diese Philosophie führte zu heterogenen Lösungen, Ressourcenverschwendung und niedriger Arbeitsproduktivität, insbesondere in der Phase, in der die Banken ihre Strukturen von einer funktionalen auf eine kundenorientierte Sicht neu ausrichteten. Die «Business process reengineering»-Bewegung, die nach der Industrie auch die Bankbranche erfasste, löste eine kräftige Gegenbewegung aus. Der neue Leitsatz lautete nun in Umkehrung der traditionellen Sicht «Structure follows process». Ein anderes Schlagwort, das die neue Sicht verdeutlicht, ist «Lean production». Die drei Kernpunkte der *Prozessorientierung* sind die Prozess-Idee, die Triage-Idee und die informationelle Vernetzung. Auch in Banken verwendet man heute vermehrt den Ausdruck Prozessorganisation statt Ablauforganisation. Das übergeordnete Ziel der Prozessorganisation ist die Effizienz des Bankbetriebes, die sich in den folgenden Teilzielen äussert: geringe Kosten, kurze Warte- und rasche Durchlaufzeiten, Gewährleistung einer angemessenen Qualität und einer hohen Sicherheit und Betriebsbereitschaft. Die zeitliche Gestaltung der Ablauforganisation ist unter dem Stichwort «Just in time» zu einer kritischen Erfolgsgrösse der Prozessgestaltung erklärt worden, deren Optimierung oft auch zur Erreichung der andern Teilziele führe. Da auch die Ablauforganisation einem laufenden Wandel unterworfen ist, darf das Kriterium der Effizienz nicht statisch definiert werden; Effizienz der Ablauforganisation bedeutet auch, dass eine Bank die Prozesse effizient anpassen kann.

Das Teilziel der Sicherheit geniesst in Banken einen besonderen Stellenwert, der seinen Niederschlag findet in der Aufmerksamkeit, welche die Aufsichtsbehörden dem Thema «↑Internes Kontrollsystem» zukommen lassen. Im Bereich der Ablauforganisation geht es insbesondere um die Themen: Unterteilung der Arbeitsabläufe, Funktionentrennung und «Vier-Augen-Prinzip». Im Zweifelsfall geht das Teilziel «Sicherheit» dem Teilziel «geringe Kosten» vor.

Die Organisationslehre unterscheidet einerseits zwischen Kernprozessen und andererseits Support- und Führungsprozessen. Beispiele für *Kernprozesse* einer Bank sind die Kundenakquisition, die Vermögensverwaltung, die Kreditgewährung. Eine wichtige Aufgabe der Organisation der Kernprozesse besteht in der Bestimmung der personellen und technischen Kapazität, welche die qualitative und quantitative Bewältigung der Bedürfnisse der Bankkunden auch zu Spitzenzeiten zu konkurrenzfähigen Kosten gewährleistet. Wo diese Zielsetzung nicht erreichbar scheint, muss die Strategie der Bank (To do the right thing) überdacht werden. Zur Meisterung der gestiegenen Anforderungen an die Organisation der Arbeitsabläufe, welche die verschiedenen, vertikal gegliederten Verantwortungsbereiche horizontal durchdringen, wird häufig vorgeschlagen, für die Kernprozesse der Bank Prozessverantwortliche zu bestimmen, welche die Kompetenz und Verantwortung für die gesamte Wertschöpfungskette «vom Kunden bis zum Kunden» übernehmen.

Die Bankprozesse unterscheiden sich von industriellen Geschäftsprozessen durch vier Besonderheiten:

1. Da Information aus einer technischen Sicht die einzige Ressource der Bank ist, und damit gleichzeitig einziger Rohstoff und einziges Produkt, ist der Einfluss der Informations- und Telekommunikationstechnologie auf die Bankprozesse viel grösser als in industriellen Firmen. Information dient nicht nur der Prozesssteuerung, sondern sie ist auch gesteuerte Ressource. Prozessgestaltung ist in der Bank immer auch Informationssystemgestaltung.
2. Da der Informationsaustausch mit den Kunden in vielen Geschäftsbereichen vermehrt elektronisch und über Telekommunikationsmittel erfolgt, kann sich die Prozessgestaltung nicht auf den internen Bereich der Bank beschränken, sondern muss die Schnittstelle zum Kunden und allenfalls dessen eigene, interne Geschäftsprozesse mit einbeziehen. Die höchsten Rationalisierungs- und Nutzenpotenziale liegen für Bank und Kunde häufig gerade bei dieser Schnittstelle, vor allem wenn es gelingt, Medienbrüche zu vermeiden und die Durchgängigkeit der Prozesse sicherzustellen (↑Straight through processing [STP]).
3. Dieser Umstand bringt eine weitere Besonderheit von strategischer Relevanz mit sich: Die Kundenschnittstelle, die jede Bank aus Konkurrenzgründen möglichst exklusiv und proprietär gestalten möchte, verlangt nach allgemeinen Branchen-Standards, welche den Kunden technisch weniger abhängig macht von einer einzelnen Bank. Typische Beispiele hierzu sind die ↑Kredit- und ↑Debitkarten, die Geldausgabeautomaten (↑Bancomat) und die entsprechenden Kassengeräte im Detailhandel (↑Point of sale terminal). Ähnliches gilt bei vielen Applikationen im ↑Internet, in Zukunft auch im Bereich der digitalen Signatur (↑Digitale Zertifikate und digitale Signatur) und weiteren Geschäftsbereichen.
4. Die vierte Besonderheit der Bankprozesse liegt schliesslich in der Existenz einer grossen Interbanken- oder «Street side»-Sphäre. Immer dann, wenn eine Geschäftstransaktion nicht nur zwischen der Bank und ihrem Kunden stattfindet, sondern wenn eine weitere Partei Teil der Transaktion ist, und diese dritte Partei nicht auch Kunde der gleichen Bank ist, besteht der Bedarf nach einem Prozess zwischen der eigenen Bank und der Bank dieser Drittpartei. Der häufigste Fall ist der ↑Zahlungsverkehr, doch gibt es auch weitere Geschäftsarten mit diesem Bedarf nach einer Integration der eigenen Prozesse mit dieser «Street side»-Infrastruktur (z.B. Devisen- und Wertpapierhandel und -abwicklung). Die Bank soll ihre Geschäftsprozesse also nicht nur auf ihre internen Bedürfnisse und auf die Schnittstellen und Prozesse ihrer Kunden ausrichten, sondern sie muss sich auch gleichzeitig mit ihren Konkurrenten im In- und Ausland auf technische Standards und Verfahrensstandards einigen und ihre Prozesse mit denjenigen der Konkurrenten abstimmen. Die «Street-side»-Infrastrukturen werden teilweise von den Banken in Gemeinschaftswerken betrieben (z.B. ↑S.W.I.F.T., ↑SIS Swiss Financial Services Group AG) oder von unabhängigen Dritten als Dienstleistungen im Wettbewerb angeboten (z.B. Reuters Handelssysteme).

Vor allem kleinere und mittlere Banken sehen sich aus Gründen von Skaleneffekten gezwungen, ihre Fertigungstiefe zu reduzieren und auch Produktionsprozesse auszulagern. Solche Aufgaben können von irgendwelchen externen Dienstleistern übernommen werden, wobei die von den Aufsichtsbehörden festgelegten Regeln des Outsourcings (↑Outsourcing von Bankdienstleistungen) einzuhalten sind. Oft kann es sich als vorteilhaft erweisen, wenn der externe Dienstleister über den Bankenstatus verfügt. Man spricht in diesem Falle von einer ↑Transaktionsbank.

In den letzten Jahren hat sich im Finanzmarkt zusätzlich ein Trend etabliert, der den Banken einen Teil ihrer Wertschöpfung und damit Ablauforganisation entzogen hat: Grosse Kunden, insbesondere ↑institutionelle Anleger, haben die Kontrolle über Teile der früher bankinternen Prozesse übernommen und diese an Dritte übertragen. In diesem Falle des «Outsourcing durch den Kunden» spricht man nicht von Transaktionsbank, sondern von ↑Desintermediation der Wertschöpfungskette. Der häufigste Fall ist das Global-custody-Geschäft (↑Global custodian, Global custody). Durch Global custody versucht der Kunde nicht nur seine Kosten (und die entsprechenden Erlöse der Bank) zu reduzieren, er verkleinert damit auch seine Abhängigkeit von der Bank im Vermögensverwaltungsgeschäft und erhöht damit den Wettbewerbsdruck in einem traditionellen «Frontgeschäft». Aus dem ehemaligen «↑Back office» ist ein strategisches Erfolgsfeld geworden.

Hans Geiger

Abmahnungspflichten
↑Aufklärungspflichten der Banken.

ABS
Abk. f. ↑Asset backed securities.

Absatzfinanzierung
↑Abzahlungsgeschäft; ↑Factoring; ↑Leasing.

Absatzkredit
↑Abzahlungsgeschäft; ↑Factoring; ↑Industriefinanzierung; ↑Kleinkredit; ↑Konsumkredit; ↑Leasing.

Absatzorganisation
↑Vertriebspolitik.

Abschlag
↑Diskont.

Abschlagsdividende
↑Interimsdividende.

Abschlussbestätigung
↑Trade confirmation.

Abschlussbuchungen
Die periodengerechte Erfassung von Aufwand und Ertrag ist ein Grundsatz der ordnungsmässigen Rechnungslegung (BankV 24 II). Zur korrekten Ermittlung des Periodenerfolgs sind deshalb *zeitliche* und *sachliche* Abgrenzungen vorzunehmen. Die zeitliche Abgrenzung verlangt, dass die zeitraumbezogen anfallenden Aufwendungen und Erträge auch entsprechend dem Ertragsanfall erfasst werden (Matching of cost and revenue). Zu diesen Aufwendungen gehören ↑Aktiv- und ↑Passivzinsen, Raumaufwand, im Voraus vereinnahmte Kommissionserträge, aufgelaufene unbezahlte Kommissionserträge, ↑Agios und ↑Disagios. Die sachliche Abgrenzung verlangt, dass Aufwendungen, die zur Erzielung eines bestimmten Ertrags gemacht worden sind und entsprechend im Ertrag anfallen, in der ↑Erfolgsrechnung zu berücksichtigen sind.
Zu den Abschlussbuchungen zählen auch die verschiedenen Bewertungskorrekturen wie ↑Abschreibungen auf dem Anlagevermögen, ↑Wertberichtigungen und Rückstellungen, die Zuweisung an die ↑Reserve für allgemeine Bankrisiken, die Bildung von ↑stillen Reserven in der Position übrige Rückstellungen, die Auflösung von stillen Reserven sowie Entnahmen aus der Reserve für allgemeine Bankrisiken zur Verbesserung des auszuweisenden Jahreserfolgs. *Max Boemle*

Abschluss im Börsenhandel
Der Abschluss im Börsenhandel wird auch Trade genannt. An der Schweizer Börse SWX (↑SWX Swiss Exchange): Geschäft in ↑Effekten (Kauf oder Verkauf), das börslich oder ausserbörslich getätigt wird.

Abschlusskurse
Preise, zu denen an der Schweizer Börse SWX-Effekten (↑SWX Swiss Exchange) gehandelt werden.

Abschlussmeldung
↑Trade report.

Abschnitt, Appoint
Bezeichnung für einen einzelnen ↑Titel bei in grösserer Zahl ausgegebenen, gleichartigen ↑Wertpapieren.
In der ↑Banksprache auch Bezeichnung für einzelne ↑Wechsel.

Abschöpfung
Über ↑Repos (↑Repo-Geschäft der SNB) schafft die Schweizerische ↑Nationalbank (SNB) einerseits ↑Liquidität, indem die ↑Geschäftsbanken von der Nationalbank während der Laufzeit des Geschäfts einen kurzfristigen Franken-Kredit erhalten. Für die Dauer des Repo-Geschäfts erhöht sich bei den Banken die Liquidität. Nach Ablauf des Geschäfts sinkt sie wieder, falls die Nationalbank das Repo-Geschäft nicht erneuert. Anderseits ist es aber auch möglich, über Repos (Verkauf von ↑Wertpapieren gegen Franken) Liquidität abzuschöpfen.

Abschreibungen
Mit den Abschreibungen wird der durch Nutzung oder Zeitablauf entstandene Wertverzehr von Gegenständen aus dem Anlagevermögen erfolgswirksam erfasst. Die Abschreibungen gemäss BankV 25a I umfassen die betriebsnotwendigen Abschreibungen auf den Beteiligungen und Sachanlagen, auf aktivierten Objekten des Finanzierungsleasings und ↑immateriellen Werten.
Die Abschreibungen sollen entsprechend der erwarteten Dauer der Nutzung festgesetzt werden, wobei den Banken die Abschreibungsmethode – entweder linear, d.h. gleichbleibend von den ursprünglichen Anschaffungskosten, oder degressiv vom jeweiligen ↑Buchwert – freigestellt ist. Im Einzelabschluss von Banken – mit Ausnahme von Instituten mit Börsenkotierung – können die Abschreibungen höher angesetzt werden als es dem betriebswirtschaftlichen Wertverzehr entspricht, wodurch ↑stille Reserven gebildet werden. Wird in einer späteren Rechnungsperiode auf Abschreibungen verzichtet, ist dies als Auflösung von stillen Reserven zu betrachten.
In der Bilanz wird bei der direkten Abschreibung der um die jährlichen Werteinbussen verminderte Buchwert (Restwert) erfasst. Bei der indirekten Abschreibung bleiben die Anschaffungskosten unverändert und die kumulierten Abschreibungen werden in einer Vorkolonne abgezogen. Der ↑Anlagespiegel (Tabelle D), welcher nach den RRV-EBK auf dem indirekten Abschreibungsver-

Absicherung

fahren beruht, ermöglicht einen Vergleich der Anschaffungswerte mit der jährlichen Abschreibungsquote und den kumulierten Abschreibungen und gibt somit Aufschluss über die Abschreibungspolitik der Bank. Mit einem Abschluss nach dem True-and-fair-view-Konzept (↑True and fair view) sind jährliche Abschreibungen, welche über dem betriebswirtschaftlichen Wertverzehr liegen, grundsätzlich nicht vereinbar, weil die mit überhöhten Abschreibungen verbundene Bildung von stillen Reserven nicht zulässig ist. *Max Boemle*

Absicherung
↑Hedge.

Absicherungsfonds
↑Hedge fund.

Absicherungsstrategie
↑Hedging-Strategie.

Absichtserklärung
↑Letter of intent.

Absorption
↑Fusion.

Abstempelung von Wertpapieren
Wenn Forderungs- oder ↑Beteiligungsrechte physisch in Urkunden verbrieft werden, kann zur Vermeidung eines Wertpapierneudrucks nach einer Änderung der Firmenbezeichnung des ↑Emittenten oder des ↑Nennwertes die Veränderung mit einem Stempelaufdruck festgehalten werden. Bei Änderung der Firmenbezeichnung wird auf die Abstempelung jedoch vielfach verzichtet. Nachdem in der Regel ↑Aktien und ↑Obligationen nicht mehr als ↑Wertpapiere verbrieft werden, entfällt eine Abstempelung.

Abstimmen
↑Matching.

Abstraktes Schuldversprechen
Ein Rechtstitel, aufgrund dessen gefordert werden kann, ohne dass der Entstehungsgrund der Forderung angegeben oder nachgewiesen werden muss, z.B. der ↑Wechsel.

Abtretung
Die Abtretung einer Forderung (Zession) ist die Übertragung der Forderung durch Vertrag zwischen dem bisherigen Gläubiger (Zedent) und dem neuen Gläubiger (Zessionar). Die Abtretung kann entgeltlich oder unentgeltlich (z.B. aufgrund einer Schenkung) erfolgen.
Nach schweizerischem Recht bedarf die Zession zu ihrer Gültigkeit der *schriftlichen Form* (OR 165 I); dagegen wirkt der Schuldner aus der abgetretenen Forderung beim Vertragsabschluss nicht mit; die Zession ist ohne Wissen und Willen des Schuldners zulässig. Der Zedent ist verpflichtet, dem Zessionar die Schuldurkunde und alle vorhandenen Beweismittel auszuhändigen und ihm die zur Geltendmachung der abgetretenen Forderung nötigen Aufschlüsse zu erteilen (OR 170 II).

Alle Forderungen, auch nicht fällige oder zukünftige, sind abtretbar, sofern die Abtretbarkeit nicht durch Gesetzesvorschrift, durch die Natur des Rechtsverhältnisses, wie vor allem bei familienrechtlichen Unterhaltsansprüchen oder durch Parteiabrede ausgeschlossen ist (OR 164 I). Durch Abrede zwischen Gläubiger und Schuldner kann die Abtretbarkeit jeder Forderung ausgeschlossen oder eingeschränkt werden. Grundsätzlich wirken solche Abreden auch gegenüber dem Zessionar, sofern er nicht die Forderung im Vertrauen auf ein schriftliches Schuldversprechen erworben hat, das ein Verbot der Abtretung nicht enthält (OR 164 II). In allen anderen Fällen ist die Zession einer nicht abtretbaren Forderung ungültig.

Mit der abgetretenen Forderung gehen auch die *Nebenrechte* über, die, wie die Zinsen, mit der Forderung zusammenhängen oder die zur Sicherung der Forderung dienen (OR 170 I und III). Mangels anderer Abrede geht nicht bloss der laufende, sondern auch der rückständige Zins mit der Hauptforderung auf den Zessionar über. Bei den Sicherungsrechten muss sich der Bürge oder der Pfandsteller den Gläubigerwechsel in gleicher Weise gefallen lassen wie der Schuldner selbst. Als Nebenrecht, welches mit der abgetretenen Forderung auf den Zessionar übergeht, ist auch der ↑Eigentumsvorbehalt anzusehen; die Zession der Kaufpreisforderung umfasst zugleich auch die Übertragung des ↑Eigentums am Kaufgegenstand auf den Zessionar.

Im Folgenden sind die Wirkungen der Abtretung beschrieben.

1. Das Rechtsverhältnis zwischen Zedent und Schuldner
Durch die Abtretung überträgt der Zedent seine Gläubigerrechte auf den Zessionar. Neuer Gläubiger ist also der Zessionar, und der Schuldner kann sich nur noch durch Zahlung an den neuen Gläubiger rechtsgültig befreien. Zum Schutz des Schuldners bestehen immerhin folgende Ausnahmen:
– Der gutgläubige Schuldner, dem die Zession nicht oder noch nicht angezeigt worden ist, kann mit befreiender Wirkung an den Zedenten zahlen. Deshalb hat der Zessionar ein grosses Interesse an der unverzüglichen Anzeige der Zession an den Schuldner. Die Zessionsnotifikation bedarf keiner besonderen Form und kann sowohl vom Zessionar als auch vom Zedenten ausgehen.
– Es kann zwischen Zedent und Zessionar streitig sein, wer Gläubiger ist. In diesem Fall braucht

der Schuldner weder gegenüber dem Zedenten noch gegenüber dem Zessionar zu erfüllen, sondern kann sich durch gerichtliche Hinterlegung befreien. Wenn der Schuldner in einem solchen Fall an den einen oder andern leistet, tut er dies, sobald er vom Streit zwischen Zedent und Zessionar Kenntnis hat, auf eigene Gefahr, d.h. er riskiert unter Umständen, zweimal zahlen zu müssen (OR 168 II).

2. Das Verhältnis zwischen Zessionar und Schuldner
Massgebend sind dafür vor allem zwei Grundsätze:
– Wenn der Zessionar vom Schuldner Erfüllung verlangen will, so muss er sich durch die schriftliche Zessionsurkunde als Gläubiger ausweisen und sie bei Empfang der Leistung, zusammen mit dem quittierten Schuldschein, an den Schuldner herausgeben.
– Der Zedent kann dem Zessionar nicht *mehr* Rechte abtreten oder verschaffen, als er selber aus dem Schuldverhältnis gegenüber dem Schuldner ableiten konnte. Die Rechtsstellung des Schuldners soll durch die Zession nicht verschlechtert werden. Es stehen ihm gegenüber dem Zessionar sämtliche *Einreden* zu, die er ohne Zession *gegenüber seinem ursprünglichen Gläubiger* hätte erheben können (OR 169). Er kann also dem Zessionar entgegenhalten, die abgetretene Forderung sei überhaupt nicht entstanden (z.B. wegen Formmangels des Vertrages) oder sie sei unverbindlich wegen eines Willensmangels (Irrtum, Täuschung, Drohung); der Schuldner kann ferner den Untergang der Forderung durch Erfüllung, Erlass usw., die mangelnde Erfüllung der Gegenpartei oder z.B. bei Kauf Mängel der Kaufsache geltend machen. Er kann sogar die abgetretene Forderung mit einer Gegenforderung verrechnen, die er gegen den Zedenten erworben hat, bevor er von der Abtretung Kenntnis erhielt; diese Gegenforderung darf nur nicht später fällig werden als die abgetretene Forderung (OR 169 II). Die Banken pflegen sich vom Schuldner den Empfang der ↑Notifikation der Abtretung bestätigen zu lassen. Diese Bestätigung seitens des Schuldners hat nicht etwa die Wirkung, dass der Schuldner damit auf die Einreden verzichtet, die ihm gegenüber dem Zedenten zustanden. Immerhin kann sich die Bank bestätigen lassen, dass keine Verrechnungsansprüche bestehen. Neben all diesen Einreden, die ihm gegenüber dem ursprünglichen Gläubiger zustanden, kann der Schuldner eventuell auch *Einreden* geltend machen, die ihm *gegenüber dem Zessionar* zustehen, so z.B. die Zession sei wegen Nichtbeachtung der schriftlichen Form oder wegen fehlender Abtretbarkeit der Forderung ungültig. Der Schuldner kann selbstverständlich auch mit Gegenforderungen verrechnen, die er gegen den Zessionar zustehen.

Wegen der grossen Zahl von Einreden aller Art, die ein Zessionar gewärtigen muss, ist im Wertpapierrecht das ↑Indossament als besonderes Übertragungsmittel ausgebildet worden, das den Erwerber eines ↑Wertpapiers wesentlich günstiger stellt als den gewöhnlichen Zessionar und dadurch die Zirkulation der Wertpapiere erleichtert.

3. Das Verhältnis zwischen Zedent und Zessionar
Bei entgeltlicher Zession ist mangels anderer Abrede die gesetzliche Regel massgebend, dass der Zedent für den Bestand der Forderung zur Zeit der Abtretung, nicht aber für die Zahlungsfähigkeit des Schuldners, das heisst für die Einbringlichkeit der Forderung, haftet (OR 171 I und II).
In den Abtretungsformularen der Banken ist immer die Gewährleistungspflicht für Bestand und Einbringlichkeit vorgesehen. Bei der Sicherungszession spielt allerdings die Haftung für Einbringlichkeit keine praktische Rolle, wenn der Zedent zugleich Kreditschuldner ist. Anders verhält es sich, wenn Kreditnehmer und Zedent verschiedene Personen sind.
↑Zessionskredit; ↑Factoring; ↑Globalzession.

Abwartend
In der ↑Börsensprache Ausdruck für unentschlossenes Verhalten der Marktteilnehmer; sie warten auf die Publikation wichtiger Ereignisse, z.B. Zinsentscheid der ↑Notenbank oder Unternehmungsinformationen. Das Verhalten ist meist mit einer ↑Seitwärtsbewegung der ↑Kurse verbunden.

Abwehrmassnahmen
↑Poison pills.

Abwehrmassnahmen der Zielgesellschaft
↑Zielgesellschaften (↑Target) im Sinne des BEHG sind ↑juristische Personen (Aktiengesellschaften) mit Sitz in der Schweiz, deren ↑Beteiligungspapiere mindestens teilweise an einer ↑Börse in der Schweiz kotiert sind (BEHG 22 I). Ist eine Zielgesellschaft Gegenstand eines feindlichen (oder auch freundlichen) Übernahmeangebots, kann sie im Rahmen von verschiedenen Bestimmungen des BEHG und des Aktienrechts Massnahmen zur Abwehr eines Übernehmers ergreifen. Abwehrmassnahmen haben zum Zweck, die Zielgesellschaft ökonomisch bzw. rechtlich für einen Übernehmer unattraktiv zu gestalten, sodass entweder der offerierte Preis für das Angebot prohibitiv steigt, die Übernahme betriebswirtschaftlich keinen Sinn mehr ergibt oder der Übernehmer aus rechtlichen Gründen in seiner aktuellen oder späteren unternehmerischen Handlungsfähigkeit eingeschränkt wird.
Bis zum ersten unfreundlichen Übernahmeangebot unter Schweizer Recht (↑Übernahmekodex) gegenüber Holvis 1995 waren Abwehrmassnahmen, insbesondere in Form von *Proxy fights*

(↑ Proxy) im Vorfeld einer Generalversammlung, v. a. in den USA geläufig. Unter der Herrschaft des BEHG sind in jüngster Zeit (2000–2002) mit Big Star – Tsufa, Intersport – Stancroft Trust, Model – Axantis, InCentive – Sulzer, Altin – CreInvest, Hansa – ENR, MultiPapiers – Baumgartner Papiers erneut verschiedene unfreundliche Übernahmeangebote (Hostile tender offers) erfolgt, während deren Verlauf auch Abwehrmassnahmen ergriffen wurden. Abwehrmassnahmen der Zielgesellschaft sind im schweizerischen Recht insbesondere im Vergleich zu den USA (↑ Poison pills, mit welchen die Akquisitionskosten eines feindlichen Übernehmers massiv erhöht werden sollen) weit weniger umfassend möglich und daher nur bedingt wirksam. Sie vermögen aber im Einzelfall eine erhebliche Signalwirkung im Markt zu erzielen, sodass ihnen eine nicht zu unterschätzende faktische Wirksamkeit in der öffentlichen Meinung zukommt. Weil sie den Verwaltungsrat (VR) und die Geschäftsleitung (GL) der Zielgesellschaft erheblich binden, sind Abwehrmassnahmen aber ökonomisch meistens wenig effizient.

Im schweizerischen Kapitalmarktrecht spielen sich Abwehrmassnahmen auf verschiedenen rechtlichen Ebenen ab: Einerseits kann durch eine vorausblickende *Gestaltung der Statuten* eine Zielgesellschaft vorsorglich «gehärtet» und dem Verwaltungsrat ein gut ausgestattetes Abwehrinstrumentarium zur Verfügung gestellt werden, das er bei Bedarf einsetzen kann. Anderseits können aufgrund des BEHG nach Veröffentlichung eines Angebots Abwehrmassnahmen durch die Generalversammlung (GV) beschlossen werden. Diese sind der ↑ Übernahmekommission (UEK) im Voraus anzuzeigen. Sie dürfen weder gesetzeswidrig sein (UEV [Übernahmeverordnung]-UEK 35) noch das Gesellschaftsrecht verletzten. Von diesen beiden Ebenen weit gehend unabhängig können durch die Zielgesellschaft auch *ökonomische Massnahmen,* wie etwa ↑ Kurspflege, Market making und Rückkauf eigener Aktien als Massnahmen, welche den Aktienkurs und die ↑ Liquidität bzw. den ↑ Free float beeinflussen, oder Absprachen mit freundlich gesinnten Investoren vorgenommen werden. Letzteres kann bei einem Übernahmeangebot auch zur Einsetzung eines ↑ *White knight* führen, der als konkurrierender Anbieter, jedoch mit parallelen wirtschaftlichen Interessen wie die Zielgesellschaft, eine eigene, meist höhere Übernahmeofferte veröffentlicht und so das ursprüngliche, unfreundliche Übernahmeangebot obsolet werden lässt.

Im Rahmen des schweizerischen Aktienrechts und der Statutengestaltung ist es ausserhalb eines Angebots einer Zielgesellschaft erlaubt, die Prozentsätze der Eintragungslimite (OR 685d) und der Stimmrechtsbegrenzung (OR 692) derart tief festzulegen, dass ein unfreundlicher Übernehmer mit seiner Beteiligung keinen massgebenden Einfluss über das Stimmrecht ausüben kann. Auch die in den meisten Statuten von ↑ Publikumsgesellschaften enthaltenen Gruppenklauseln, wonach Aktionäre, die unter sich verbunden sind, als Gruppe der Höchststimmenzahl unterstehen, sind zulässig. Bei der Handhabung dieser statutarischen Mittel im Einzelfall ist der VR für die Gleichbehandlung der Aktionäre verantwortlich (OR 717). Aber auch die Aufnahme von *petrifizierenden Klauseln* in die Statuten, d. h. von qualifizierten Mehrheitserfordernissen, die über die gesetzlichen ↑ Quoren hinausgehen, ist in gewissem Rahmen möglich (OR 704). Um einer unerwünschten Minderheit die Einflussnahme über die GV zu verwehren, können sodann auch Präsenzquoren für besondere GV-Beschlüsse oder spezifische Anforderungen an das gesetzliche Recht des Aktionärs zur Einberufung einer GV (OR 699) und zur Traktandierung (OR 700), etwa durch eine Pflicht zur Einreichung von Traktandierungsvorschlägen bis spätestens 45 Tage vor der GV, in die Statuten aufgenommen werden. Aber auch spezifische Wählbarkeitsvoraussetzungen für den VR, wie z. B. keine Zugehörigkeit zu einzelnen VR-Mitgliedern zu einem Konkurrenzunternehmen oder die nur teilweise Erneuerung des VR *(Staggered board)* bzw. die Unzulässigkeit einer gleichzeitigen Abwahl des gesamten VR (OR 710), sind zulässige statutarische Vorkehren zur Abwehr eines möglichen unfreundlichen Übernahmeangebots. Ausserhalb der Statuten stellt das Eingehen von ↑ Aktionärbindungsverträgen mit freundlich gesinnten Aktionären durch den VR ebenso eine zulässige Abwehrmassnahme dar.

Im Rahmen des BEHG sind Abwehrmassnahmen des VR während eines Übernahmeangebots, mithin zwischen dessen Ankündigung und der Veröffentlichung des Ergebnisses, nur zulässig, wenn der Aktiv- oder Passivbestand der Gesellschaft nicht in bedeutender Weise verändert wird. Beschlüsse der GV unterliegen dieser Beschränkung nicht (BEHG 29 II und UEV-UEK 34–36). Aufgrund dieser gesetzlichen Regelung ist der VR im Übernahmekampf rechtlich stark eingeschränkt. Insbesondere ist die Veräusserung von *Crown jewels,* d. h. von betriebsnotwendigen oder massgebenden Geschäftsteilen, allenfalls noch unter entsprechender öffentlicher Propaganda zur Abschreckung des Übernehmers (Scorched earth), bzw. unter Eingehung eines Lock-up-Agreements verboten. Aber auch das ↑ *Greenmailing,* d. h. der Rückkauf eines massgebenden Paketes ↑ eigener Aktien vom Anbieter gegen Bezahlung einer erheblichen ↑ Prämie und unter Erfüllung von Forderungen des Anbieters durch die Zielgesellschaft stellt eine unzulässige Abwehrmassnahme dar. Eine *Gegenofferte der Zielgesellschaft* auf Anteile des Anbieters zwecks gegenseitiger beteiligungsmässiger Verflechtung (Pac man defense, ähnlich dem Flip-over-poison-pill-Plan) ist nur zulässig, sofern dadurch der Aktiv- und Passivbestand der Zielgesellschaft nicht bedeutend verändert wird. Vereinbarungen mit den Mitgliedern des VR und der GL über unüblich hohe Abgangsentschädigungen für den Fall des Ausscheidens aus der Zielgesellschaft (↑ *Golden parachutes*) können ebenfalls verboten sein, weil sie zu einer erheblichen Änderung des Aktiv- und Passivbestandes führen. Im Voraus an die Aktionäre der Zielgesellschaft zugeteilte ↑ Bezugs- und Optionsrechte, die erst im Zeitpunkt einer Übernahme ausübbar werden *(Poison pills)*, sind unzulässig. Dementsprechend darf der VR ein vor dem Übernahmeangebot geschaffenes genehmigtes oder ↑ bedingtes Kapital nicht zur Ausgabe von ↑ Optionen oder ↑ Obligationen ohne Vorwegzeichnungsrecht einsetzen. Die GV demgegenüber kann Änderungen im Aktiv- oder Passivbestand der Gesellschaft genehmigen und den VR situationsbezogen, aber nicht vorsorglich auch zu Statutenänderungen im Zusammenhang mit der Vinkulierung und Stimmrechtsbeschränkung sowie zu petrifizierenden Klauseln ermächtigen. Für die Beurteilung der Zulässigkeit von Abwehrmassnahmen ist primär der Zivilrichter zuständig. Dennoch regelt in der Praxis die Übernahmekommission einen Übernahmekampf und konkurrierende Offerten eingehend und gibt auch zu den Abwehrmassnahmen der Zielgesellschaft Empfehlungen ab, die an die EBK als zweite Instanz und letztlich im Verwaltungsgerichtsverfahren an das Bundesgericht weitergezogen werden können. *Felix M. Huber*

Abwertung
↑ Aufwertung, Abwertung.

Abwicklung
↑ Settlement; ↑ Clearing- und Abwicklungssysteme; ↑ Clearing and settlement.

Abzahlung
Ratenweise Bezahlung eines geschuldeten Betrages. ↑ Abzahlungsgeschäft; ↑ Amortisation; ↑ Amortisationshypothek; ↑ Annuität.

Abzahlungsgeschäft
Die Begriffe Abzahlungs-, Teilzahlungs- und Ratengeschäft werden meistens synonym und im Zusammenhang mit Kaufgeschäften verwendet. Sie erfassen vertragliche Abmachungen, welche die Übertragung einer Sache zu ↑ Eigentum eines Käufers oder das Erbringen einer Dienstleistung gegen Entrichtung des Entgelts in Teilzahlungen bezwecken. Abzahlungskredite werden im Gegensatz zu den frei verwendbaren ↑ Kleinkrediten zweckgebunden gewährt. Sie dienen der Finanzierung dauerhafter Konsumgüter (Autos, Möbel, Haushalt- und Freizeitgeräte, Unterhaltungselektronik, Heimcomputer usw.) und von Dienstleistungen (Kursen, Ferien usw.). Soweit sie von Konsumentinnen und Konsumenten und nicht für berufliche oder gewerbliche Zwecke in Anspruch genommen werden, handelt es sich um ↑ Konsumkredite. Auch Verträge, die formell als Miet-, Miete-Kauf- und Leasingverträge abgeschlossen werden, können den Charakter von Abzahlungsgeschäften annehmen, sofern das Eigentum an der gemieteten Sache auf den Mieter übergehen soll. Werden Abzahlungsgeschäfte zur Beschaffung gewerblicher Güter und von Dienstleistungen abgeschlossen, so sind sie den ↑ produktiven Krediten zuzuordnen.

1. Arten
Abzahlungsgeschäfte werden in einem mehrstufigen Prozess abgewickelt, an dem sich verschiedene Parteien, nämlich Käufer, Verkäufer und Drittfinanzierer, beteiligen können. Dieser Systematik folgend lassen sich solche Geschäfte einteilen in:
– *Selbstfinanzierte Abzahlungsgeschäfte.* An ihnen beteiligen sich zwei Parteien, ein Verkäufer, meistens ein Einzelhändler, und ein Käufer. Der Verkäufer gewährt dem Kunden einen Abzahlungskredit in eigener Regie, d. h. er übernimmt alle mit der Kreditgewährung zusammenhängenden Funktionen, wie Kreditfähigkeitsprüfung, Kreditentscheid, Vertragsabschluss, Finanzierung, Risiko und Rateninkasso. Zur Finanzierung setzt er eigene Mittel ein oder er nimmt von seiner ↑ Geschäftsbank einen ↑ Zessionskredit in Anspruch, für den die Bank seine Guthaben aus Abzahlungsverkäufen bevorschusst. Liegt eine solche Absatzfinanzierung vor, so hat der Käufer die Ratenzahlungen meistens direkt an die Bank, zu Gunsten des Kontos des Verkäufers, zu leisten. Selbstfinanzierte Abzahlungsgeschäfte verursachen dem Warenverkäufer erheblichen Aufwand, der häufig ausserhalb seiner Kernkompetenz liegt. Mit dem Aufkommen der bankmässigen Konsumfinanzierung büssten die selbstfinanzierten Abzahlungsgeschäfte deshalb an Bedeutung ein. Grössere Einzelhandels- und Versandgeschäfte, die über eine entsprechende Finanzierungsinfrastruktur verfügen, setzen sie immer noch als wichtiges Absatzförderungsinstrument ein.
– *Drittfinanzierte Abzahlungsgeschäfte.* Abzahlungsgeschäfte werden heute vorwiegend als Dreiparteien-Vertragsverhältnisse abgeschlossen. Neben dem Käufer und Verkäufer tritt ein Finanzierungsinstitut oder eine Bank als dritte Partei in das Vertragsverhältnis ein. Der Verkäufer zediert seine Forderung aus dem Abzahlungskaufvertrag samt allenfalls vereinbarter Sicherheiten (z. B. ↑ Eigentumsvorbehalt, Ansprüche aus Fahrzeug-Kaskoversicherung) an das Finanzierungsinstitut. Dieses überweist den vereinbarten Barkaufpreis an den Verkäufer. Der Käufer kann die Ratenzahlungen in der Höhe des

Barkaufpreises samt Zinszuschlag mit schuldbefreiender Wirkung nur noch an das Finanzierungsinstitut leisten. Dank dieser Konstruktion entlastet sich der Verkäufer von allen mit der Finanzierung zusammenhängenden Aufgaben und vom ↑ Kreditrisiko. Ausnahmsweise wird der Verkäufer bis zur Tilgung des Abzahlungskredites mitverpflichtet. Solche sog. Händlerobligos, zu denen sich die Warenverkäufer aufgrund ihrer Absatzinteressen bereit erklären, finden sich vorwiegend im Autogewerbe und werden meistens nur beim Vorliegen eines erhöhten ↑ Delkredererisikos seitens des Kunden errichtet.

2. Wirtschaftliche Aspekte
Das Abzahlungsgeschäft ist neben den Kleinkrediten die typische Form der mittelfristigen Konsumentenfinanzierung. Es erlaubt Privaten, die nicht auf ein angespartes Guthaben zurückgreifen wollen oder können, die Deckung des Bedarfs im Zeitpunkt grösster Dringlichkeit.
– *Interessenlage der Nachfrager und Anbieter.* Das Kosten-Nutzen-Verhältnis aus einem Abzahlungsgeschäft ist für die Konsumentin oder den Konsumenten dann ausgeglichen, wenn die Vorteile aus der rechtzeitigen Verfügbarkeit des benötigten Gutes die zu bezahlende Summe an ↑ Zins und Kosten mindestens aufwiegen. Da Abzahlungsgeschäfte einen speziellen Abwicklungsprozess voraussetzen, können nicht alle beliebigen Güter auf ↑ Abzahlung erworben werden. Die Auswahl der Konsumentinnen und Konsumenten, die von dieser Finanzierungsvariante Gebrauch machen möchten, reduziert sich auf jene Anbieterinnen und Anbieter, die eine solche Möglichkeit selbst (↑ Selbstfinanzierung) oder durch Zusammenarbeit mit Dritten (Drittfinanzierung) offerieren. Die Anbieterinteressen konzentrieren sich beim Abzahlungsgeschäft auf die Absatzförderung. Abzahlungsgeschäfte ermöglichen, auch mit jenen Konsumentinnen und Konsumenten ins Geschäft zu kommen, deren situative Liquiditätslage den Erwerb eines bestimmten Wirtschaftsgutes ohne solche Überbrückungshilfe nicht zulassen würde. Dazu kommt, dass die Vermittlung von Abzahlungsgeschäften an eine Drittfinanzierungsinstitution in der Regel mit einer Provisionszahlung verbunden ist und dem Warenverkäufer somit eine zusätzliche Einnahmenquelle erschliesst.
– *Geschäftsabwicklung.* Abzahlungsgeschäfte werden grundsätzlich wie Konsumkredite abgewickelt. Der Prozess umfasst die Phasen Akquisition, Kreditprüfung, Vertragsabschluss, Mahnwesen und ↑ Inkasso. Der selbstfinanzierende Einzelhandel preist die Abzahlungsmöglichkeit häufig als zusätzlichen Vorteil in der Produktewerbung an und macht den Käufer anlässlich des Verkaufsgesprächs darauf aufmerksam. Geht der Käufer auf das Angebot ein, so hat er die zur Kreditprüfung erforderlichen Angaben zu seinen wirtschaftlichen, beruflichen und persönlichen Verhältnissen gegenüber dem Verkäufer zu beantworten. Die anschliessende Kreditprüfung, das Mahn- und Inkassowesen werden je nachdem, ob es sich um ein selbst- oder drittfinanziertes Abzahlungsgeschäft handelt, vom Verkäufer oder von einer Finanzierungsinstitution wahrgenommen. Den Kauf- und Finanzierungsvertrag kann der Käufer beim Verkäufer unterzeichnen, der die ausreichende ↑ Kreditfähigkeit entweder selbst festgestellt oder vom Drittfinanzierer mitgeteilt erhalten hat. Abzahlungskäufer stellen in der Regel keine Kreditsicherheiten. Zur Eingrenzung des Risikos vereinbaren die Parteien meistens einen ↑ Eigentumsvorbehalt, der dem Verkäufer oder dem Abtretungsgläubiger bis zur vollständigen Tilgung des Kaufpreises das Eigentum am finanzierten Gut vorbehält. Mit einer ↑ Restschuldversicherung können die Risiken Tod, Krankheit, Unfall, Arbeitslosigkeit, mit einer Delkredereversicherung die ↑ Zahlungsunfähigkeit eines Schuldners abgedeckt werden. Für selbstfinanzierte Abzahlungsgeschäfte kommen solche Versicherungen meistens aus Kostengründen nicht zum Einsatz.
– *Volumenmässige Entwicklung.* Abzahlungsgeschäfte waren in der ersten Hälfte des 20. Jahrhunderts noch eine dominierende Form des Konsumkredites, seit den 60er-Jahren büssten sie im

Statistik der Volkswirtschaftsdirektion des Kantons Zürich

Jahr	Bewilligungsinhaber	Konsumkredite/Darlehen		Abzahlungsverträge	
		Anzahl	Betrag in CHF	Anzahl	Betrag in CHF
1960	90	34 270	46 985 147	49 716	51 212 417
1970	83	91 944	332 249 854	39 483	70 365 928
1980	47	104 272	1 002 470 299	14 057	66 474 423
1990	50	86 757	1 541 331 927	4 588	45 633 075
1995	35	49 535	826 951 240	3 712	52 495 800
2000	32	30 754	561 615 100	7 607	84 114 551
2001	38	36 250	617 618 000	6 988	95 349 000

Vergleich zu den Kleinkrediten ihre Bedeutung jedoch kontinuierlich ein.

Gemäss der von der Aufsicht über die Darleiher und Kreditvermittler im Kanton Zürich geführten Statistik hat sich das Volumen der Vertragsabschlüsse der Kleinkredite von 1960 bis zum Jahre 2001 rund um das Dreizehnfache vermehrt. Das Volumen der Abzahlungsverträge jedoch ist lediglich um den Faktor 1,8 angestiegen. Diese Entwicklung gründet in erster Linie darin, dass die Konsumenten die ↑blanko gewährten, frei verwendbaren Kleinkredite zunehmend bevorzugten. Seit den 60er-Jahren beeinträchtigten ausserdem die einschränkenden Vorschriften des Abzahlungsrechts (OR 226a ff.), die für Kleinkredite in der Regel nicht galten, die Attraktivität der Abzahlungsgeschäfte. Schliesslich entwickelten sich die Leasingverträge (↑Leasing), die den Konsumenten zwar nur ein Recht auf Nutzung und nicht auf Eigentum am Finanzierungsobjekt einräumen, zur gesellschaftlich besser akzeptierten, modernen Alternative zu den Teilzahlungsverträgen.

3. Gesetzliche Vorschriften

Das am 01.01.1963 in Kraft getretene Abzahlungsrecht (OR 226a bis m) unterstellt die Abzahlungsgeschäfte Bestimmungen, welche die Konsumentinnen und Konsumenten vor unüberlegten Kreditentscheiden bewahren sollten. Nicht erfasst werden Teilzahlungsverträge über gewerblich, industriell oder für eine berufliche Tätigkeit genutzte Güter. Zu den Schutzvorschriften gehören u.a. die obligatorische Zustimmung des Ehegatten zum Vertrag (OR 226b), ein während 5 Tagen ohne Kostenfolge auszuübendes Verzichtsrecht des Abzahlungskäufers (OR 226c), eine gemäss OR 226d vom Bundesrat festzusetzende gesetzliche Mindestanzahlung (25% für Möbel, 30% für übrige Gegenstände) und maximale Vertragslaufzeit (30 Monate für Möbel, 24 Monate für übrige Gegenstände), Bestimmungen zum Verzug des Käufers (OR 226h), zur Stundung durch den Richter (OR 226k) und zum ↑Gerichtsstand (OR 226l). Aus der gesetzlichen Festlegung des Geltungsbereiches (OR 226m) auf Abzahlungsverträge, Miet-Kauf-Verträge und Rechtsgeschäfte, mit denen «gleiche wirtschaftliche Zwecke» verfolgt werden, resultieren Unklarheiten, inwieweit auch Miet- und Leasingverträge sowie nicht zweckgebundene Kleinkredite, die von Konsumgüterhändlern vermittelt und häufig zur Finanzierung der bei ihnen gekauften Waren verwendet werden, unterstellt werden müssten.

Das ab 01.01.2003 gültige, revidierte ↑Konsumkreditgesetz, das die Konsumkredite auf Bundesebene einheitlich regelt, löst die Bestimmungen des Abzahlungsrechts ab. Neu gelten für Abzahlungsgeschäfte grundsätzlich die gleichen Vorschriften wie für die nicht zweckgebundenen Kleinkredite.

4. Historisches

Abzahlungsgeschäfte gab es bereits in den frühesten Formen des Wirtschaftslebens. Sie waren bereits in der Antike bei Liegenschaftsgeschäften und im Mittelalter für Staats- und Kriegsanleihen, Landkäufe sowie im Steuerwesen bekannt. Die ungeregelten Abzahlungskäufe, das *Anschreiben* und *Ankreiden* im «Büchlein» des Krämers oder auf dem «Knebel» (die Schuldbeträge wurden auf einem Holzstück eingeritzt), waren über Jahrhunderte eine verbreitete Form der Kreditierung in laufender Rechnung durch Einzelhändler und Handwerker. Solche Kredite wurden zumeist an Konsumenten, ohne jegliche Abmachung über Termine und Rückzahlungsmodalitäten, allein auf Treu und Glauben gewährt. Wegen der Kleinräumigkeit der Märkte und der geringen Mobilität der Bevölkerung hielt sich das Delkredererisiko in Grenzen. Mit dem Aufkommen der industriellen Massenproduktion entwickelten sich die Abzahlungsgeschäfte zur planmässigen Vertriebsmethode. Gegen Ende des 19. Jahrhunderts entstanden die ersten auf Teilzahlungsfinanzierungen spezialisierten Institutionen, sog. Warenkredithäuser oder Abzahlungsbasare, aus denen sich im 20. Jahrhundert das moderne, nach bankmässigen Kriterien betriebene Teilzahlungsgeschäft entwickelte. *Lydia Saxer Waser*

Lit.: Bleise, H. J.: Geschichte der Teilzahlung, in Handbuch der Teilzahlungswirtschaft, Frankfurt a. M. 1959. – Giger, H.: Systematische Darstellung des Abzahlungsrechts, Zürich 1972. – Giger, H.: Ratenkredit als legislatorisches Problem. Ein Alternativentwurf, Zürich 1983. – Giger, H.: Das drittfinanzierte Abzahlungsgeschäft, Zürich 1993. – Schaerer, H.: Das Abzahlungsgeschäft. Ein Beitrag zur Wirtschafts- und Sozialproblematik des Konsumkredits, Winterthur 1960.

Abzahlungskredit
↑Konsumkredit.

Abzinsen
Synonym für diskontieren (↑Diskont).

Abzinsungsfaktor
↑Abzinsen heisst Ermitteln des ↑Barwertes, ↑Gegenwartswertes oder Kapitalwertes einer oder mehrerer künftiger Zahlungen mittels Zinseszinsrechnung. Das Gegenteil von Abzinsen ist das ↑Aufzinsen.

Der Abzinsungsfaktor wird auch Diskontierungsfaktor genannt (Formel siehe ↑Barwert).

Accelerated bookbuilding
↑Emissionsgeschäft.

Accrual bond
Ein Accrual bond ist eine verzinste Anleihe, bei welcher der aufgelaufene ↑Zins der Anleihe nicht

ausbezahlt, sondern zum Nominalwert hinzugefügt wird. Die Zinszahlungen für die gesamte ↑Laufzeit erfolgen somit mit der Rückzahlung des Nominalwertes bei ↑Endfälligkeit der Anleihe.

Accrual-Methode
Amortisationsmethode. Methode zur Bewertung von festverzinslichen Schuldtiteln, welche mit Halteabsicht bis zur ↑Endfälligkeit erworben worden sind. Ein ↑Agio bzw. ↑Disagio in der ↑Bilanzposition wird über die ↑Laufzeit verteilt in die ↑Erfolgsrechnung einbezogen.
Für die Abgrenzung der Agios bzw. Disagios von festverzinslichen Schuldtiteln wird auch die Bezeichnung Amortized-cost-Methode verwendet.

Acid teste
↑Quick ratio.

A-conto-Dividende
↑Interimsdividende.

Acquirer
Im Zahlkartengeschäft Unternehmung, die den Einsatz von Karten bei den Akzeptanzstellen (z.B. Detailhandel, Tankstellen) ermöglicht sowie die flächendeckende Akzeptanz sicherstellt. Der Acquirer übernimmt für die Akzeptanzstelle die Zahlungsabwicklung (↑Autorisierung, ↑Clearing and settlement) des ↑Kreditkartenprocessings für die an den Karteninhaber getätigten Verkäufe von Waren und Dienstleistungen.

ADB
Abk. f. Asian Development Bank, Asiatische Entwicklungsbank. ↑Entwicklungsbanken.

Added value services
Added value services (auch Value added services, Mehrwertdienstleistungen) sind in Kombination mit einer Primärleistung angebotene Sekundärleistungen. Der Verbund von Primär- und Sekundärleistungen wird auch als Leistungsbündel bezeichnet. Das Ziel dieser *Leistungsbündel* ist es, einer bestimmten Zielgruppe einen höheren «Wert» (Value) zu vermitteln als Konkurrenzangebote mit gleicher Primärleistung. Der Begriff Wert bezieht sich auf das Verhältnis zwischen gefordertem Preis und dem vom Kunden individuell wahrgenommenen Zusatznutzen des Added value services. Added value services können sowohl entgeltlich als auch unentgeltlich angeboten werden.
Added value services bieten dem Anbieter eine bessere Differenzierung im Wettbewerbsumfeld und eine Gelegenheit zur Kompensation der anderweitig aufgrund von Automatisierungstendenzen rückläufigen Kundenkontakte und damit die Chance zur Festigung der Kundenbindung. Zur Erreichung dieses Ziels ist es jedoch notwendig, dass die entwickelten Added value services einen spürbaren Kundennutzen stiften, der sich klar von Wettbewerbsangeboten abhebt.
Beispiele für Added value services sind vielfältig und reichen von Rabatten für Hotels, Restaurants, Kinos, Veranstaltungen über die Integration einer Cafeteria in die Bankfiliale bis zur Übernahme aller Zulassungsmodalitäten beim Abschluss eines Kredits zum Erwerb eines neuen Autos.

Beat Bernet

Additional closing
↑Stabilisierung (des Kurses nach Emission).

Additional margin
Der Begriff Additional margin bezeichnet die ↑Einschussmarge, die auf das ↑Margin account einbezahlt werden muss, um die Höhe der Initial margin wieder herzustellen. Wird diese Sicherheitsleistung durch den Halter einer Derivatposition nicht geleistet, wird die ↑Position ↑glattgestellt. ↑Margins dienen zur Sicherstellung der ↑Deckung von Verlusten aus den täglichen Kursschwankungen von börsengehandelten ↑Derivaten.

Add on
Kalkulatorische Grösse zur Abdeckung des während der Reaktionszeit der Bank bestehenden zusätzlichen ↑Kreditrisikos für ↑Termingeschäfte in Form von Schwankungen der Wiederbeschaffungskosten. Die Wiederbeschaffungskosten entsprechen dem zu zahlenden Preis zur Ersetzung einer offenen Derivateposition. ↑Derivate.

A découvert
↑Découvert.

ADELA Investment Company S.A.
↑Entwicklungsbanken.

Ad-hoc-Publizität
Aufgrund des Kotierungsreglements der ↑SWX Swiss Exchange (KR 72) hat die kotierte Gesellschaft die Pflicht, den Markt über *kursrelevante Tatsachen* zu informieren, die in ihrem Tätigkeitsbereich eingetreten und nicht öffentlich bekannt sind. Diese rechtlich eigenständige, durch alle ↑Emittenten unabhängig von ihrer Grösse und wirtschaftlichen Bedeutung gleichermassen aktiv wahrzunehmende Bekanntgabepflicht will den Umfang, die Qualität und die Intensität der kapitalmarktbezogenen Information verbessern. Die Ad-hoc-Publizität soll gewährleisten, dass der Emittent die Öffentlichkeit in fairer und transparenter Weise frühzeitig über massgebliche Veränderungen in seinem Einflussbereich informiert, und der Anleger jederzeit die Möglichkeit hat, die Vermögens-, Finanz- und Ertragslage eines Emit-

tenten zu beurteilen. Darüber hinaus bestehen in der ↑Banken- und Anlagefondsgesetzgebung weitere Publizitäts- und Meldepflichten (↑Meldepflichten im Bank- und Finanzmarktbereich). Diese, wie auch die strafrechtlichen Bestimmungen des Kapitalmarktrechts, insbesondere das Insiderhandelsverbot (StGB 161, ↑Insidergeschäft) und der Straftatbestand der ↑Kursmanipulation (StGB 161bis), hängen funktional und inhaltlich eng mit der Ad-hoc-Publizitätspflicht zusammen. Die Pflicht zur Ad-hoc-Publizität gilt für in- und ausländische Emittenten nur nach erfolgter Kotierung in der Schweiz und betrifft somit überwiegend den ↑Sekundärmarkt. Sie erstreckt sich auf alle Arten von ↑Valoren, gilt also für ↑Beteiligungs-, Forderungsrechte und ↑Derivate, welche der betreffende Emittent kotiert hat. Die Kursrelevanz von Tatsachen ergibt sich bei ↑Aktien, ↑Obligationen, Derivaten oder mehreren ↑Effekten in gleichem Masse. Die Ad-hoc-Publizitätspflicht greift nicht bei Emittenten, die noch nicht (z. B. Private-equity-Gesellschaften, ↑Private equity) oder nicht mehr kotiert sind (z. B. nach einem ↑Squeeze out gemäss BEHG 33 bzw. nach einem ↑Going private). Sie gilt unabhängig davon, in welchem Segment der SWX Swiss Exchange die Valoren kotiert sind. Aufgrund von BEHG 1, 2 lit. b, 5 III und 8 II erstreckt sie sich unzweifelhaft auch auf Valoren, die an der ↑Berner Börse zugelassen sind. Ebenso ist die schweizerische Ad-hoc-Publizitätspflicht auch von Emittenten zu beachten, die an der neuen paneuropäischen Handelsplattform ↑Virt-x zum Handel zugelassen sind, obwohl dort zur Sicherstellung von Transparenz und zur Vermeidung von Marktmissbräuchen die weit detaillierteren, englischen Regeln der ↑Financial Services Authority (FSA) Anwendung finden. Bei Mehrfachkotierungen kommen im Sinne von «Best practice» die strengsten lokalen Regeln der Ad-hoc-Publizität zur Anwendung.

Bei der Erfüllung der Ad-hoc-Publizitätspflicht muss der Emittent unterscheiden zwischen Tatsachen und Informationen (Hard facts) einerseits und Prognosen sowie subjektiven Wertungen (Soft information) anderseits. Obschon die Qualität dieser beiden Arten von Informationen unterschiedlich ist, sind im Zweifelsfall alle Arten kursrelevanter Informationen zu veröffentlichen, weil ihre Grenzen fliessend sind. Blosse Ideen, Planungsvarianten und Absichten sind keine veröffentlichungspflichtigen Tatsachen, es sei denn, sie bekämen automatisch und nach kurzer Zeit den Charakter von Tatsachen. Kursrelevante Tatsachen sind in klarer Sprache, inhaltlich korrekt und nicht irreführend zu veröffentlichen. In der Kapitalmarktpraxis können insbesondere die folgenden Tatbestände die Ad-hoc-Publizitätspflicht auslösen:

– Wesentliche Änderungen der Konzernstruktur (Allianzen, Beteiligungsnahmen), der Unternehmensstrategie oder der Unternehmensorganisation
– Bedeutender Wechsel in der geschäftlichen Tätigkeit (Kernkompetenzen, Produkte-Pipelines) oder Stilllegung von Betrieben (insbesondere bei Streiks)
– Veränderungen und Anpassungen der ↑Kapitalstruktur (Kapitalerhöhungen und -herabsetzungen, Aktienrückkäufe, Veränderungen in der Aktienstruktur, wie Eintragung von Ausländern, Einführung von ↑Einheits- oder ↑Stimmrechtsaktien)
– Akquisitionen, ↑Fusionen, Devestitionen (↑Spin-off) oder Reorganisationen (Rechtsformumwandlungen)
– Erhebliche Veränderungen der Gewinnsituation sowie im Geschäftsverlauf
– Erhebliche, unerwartete Änderung der ↑Ausschüttungspolitik (Reduktion, Verzicht oder Ersatz der ↑Dividende)
– Absehbare oder bevorstehende Sanierungssituationen (insbesondere Einleitung von Nachlassstundung oder Konkurs)
– Unerwartete Vorkommnisse mit möglichen Auswirkungen auf die Geschäftstätigkeit des Emittenten
– Erhebliche und unvorhergesehene personelle Veränderungen und Neubesetzungen in Verwaltungsrat, Geschäftsleitung und Revisionsstelle (allenfalls auch von bedeutenden Beratern, Managern auf Zeit).

↑Gewinnwarnungen sind zu veröffentlichen, wenn der Emittent selbst eine Erwartungshaltung auf eine positive Gewinnsituation geweckt hat. Die Veröffentlichung von Gewinnwarnungen hat in der Praxis meistens erhebliche kursrelevante Auswirkungen.

Der Emittent hat aufgrund von KR 72 II auch die Möglichkeit, die Bekanntgabe einer kursrelevanten Information hinauszuschieben, wenn die neue Tatsache auf einem Plan oder Entschluss des Emittenten beruht und deren Verbreitung geeignet ist, die berechtigten Interessen des Emittenten zu beeinträchtigen. Dieser *Bekanntgabeaufschub* ist aber nur statthaft, wenn die Unternehmensleitung alle ihr zumutbaren Massnahmen zur Geheimhaltung der kursrelevanten Tatsachen getroffen hat. Er fällt automatisch dahin, wenn ein Leck entstanden ist. Dem Bekanntgabeaufschub kann insbesondere eine bevorstehende Fusion, bei der die Due-diligence-Sorgfaltsprüfung (↑Due diligence) noch nicht abgeschlossen ist, oder ein Sanierungsplan unterliegen.

Die Veröffentlichung von kursrelevanten Tatsachen ist grundsätzlich ausserhalb der ↑Börsenzeiten vorzunehmen, um eine Sistierung des Handels durch die SWX Swiss Exchange zu vermeiden. In der Praxis wird nur bei Tatsachen von geringer Kursrelevanz von diesem Grundsatz abgewichen. Insbesondere Swiss-Market-Index-Gesellschaften

sind standardmässig dazu übergegangen, kursrelevante Tatsachen frühmorgens zu veröffentlichen und eine diese Informationen vertiefende Pressekonferenz auf den gleichen Tag während dem Börsenhandel anzukündigen. Dabei muss aber sichergestellt sein, dass an der Pressekonferenz nicht weitere Tatsachen mit erneuter Kursrelevanz bekannt gegeben werden.
In welcher *Form* die Ad-hoc-Publizitätsmitteilung erfolgt, ist nicht vorgeschrieben. Normalerweise wird eine Pressemitteilung veröffentlicht. Im Zusammenhang mit einem öffentlichen Übernahmeangebot nach BEHG kann die Ad-hoc-Mitteilung aber auch durch die Voranmeldung vorgenommen werden, womit die Frist für die Durchführung des Angebots zu laufen beginnt. In jedem Fall muss der Emittent seine geplante Ad-hoc-Mitteilung 90 Minuten vor Beginn des Handels oder vor Bekanntgabe der kursrelevanten Tatsachen schriftlich der ↑Zulassungsstelle SWX übermitteln. Bei der Veröffentlichung muss die Gleichbehandlung aller Marktteilnehmer sichergestellt sein, was insbesondere die vorzeitige Abgabe der Informationen an Analysten und Banken (Selective disclosure) verbietet. Melde- und Vollzugsorgan für die Ad-hoc-Publizitätspflicht und Adressatin der geplanten Mitteilung ist die SWX-Zulassungsstelle als Überwachungsorgan, die auch Voruntersuchungen von Insiderfällen für die Strafbehörden vornehmen kann. Die EBK als Aufsichtsbehörde ist zweitinstanzlich für die Adhoc-Publizität zuständig (BEHG 34 und 35 I) und kann ebenfalls Voruntersuchungen durch die SWX-Zulassungsstelle anordnen.
Aus Verletzung der Ad-hoc-Publizitätspflicht kann eine durch den Anleger einklagbare, zivilrechtliche Haftung entstehen. In der Rechtslehre ist jedoch die dafür anwendbare Haftungsgrundlage umstritten, da sie entweder ausservertraglich (OR 41), gesellschaftsrechtlich (OR 752) oder durch eine reine Vertrauenshaftung begründet sein kann. Die ausservertragliche Haftung kann insbesondere dann gegeben sein, wenn eine Norm des Kotierungs- oder des Börsenrechts sowie des Strafrechts verletzt wurde bzw. die (Nicht-)Veröffentlichung einer kursrelevanten Tatsache sittenwidrig, und diese Verletzung der Mitteilungspflicht auch kausal für einen Vermögensschaden des Anlegers war. Die Vertrauenshaftung kann sich insbesondere aus geweckten Erwartungen (ZGB 2) oder aus entsprechenden internationalen Regeln ergeben.

Felix M. Huber

Ad-hoc-Syndikat
↑Emissionsgeschäft.

Adjustable long term puttable securities (ALPS)
↑ALPS.

Adjusted duration
Der Begriff Adjusted duration (↑Duration) beschreibt eine Modified duration, die implizite Optionsrechte einer festverzinslichen Position (wie das ↑Kündigungsrecht des ↑Emittenten) berücksichtigt und eine entsprechende Korrektur in der Berechnung der Duration vornimmt.

Adjustieren
In der ↑Finanzanalyse bedeutet Adjustieren eine Bereinigung von ↑Kursen, Gewinnen und ↑Dividenden von ↑Aktien entsprechend den Veränderungen des ↑Aktienkapitals (Kapitalerhöhung, Aktienteilung, ↑Split-up). Durch Adjustieren werden die aktuellen Kennziffern je Aktie mit denen früherer Jahre vergleichbar gemacht, d. h. die durch Kapitalveränderungen bedingten Kursschwankungen korrigiert. Dadurch wird die langfristige Kursentwicklung so dargestellt, dass sie ausschliesslich die jeweilige Börsentendenz widerspiegelt.
Die Adjustierung erfolgt durch den sog. *Adjustierungsfaktor*, auch *Bereinigungsfaktor* oder *Berichtigungskoeffizient* genannt. Dieser wird wie folgt berechnet:

$$\frac{\text{Kurs nach Bezugsrechtsabgang}}{\text{Kurs vor Bezugsrechtsabgang}}$$

Beispiel: Eine Gesellschaft erhöht ihr Aktienkapital von CHF 16 auf 20 Mio. durch Ausgabe von 80000 neuen Aktien zu CHF 50 nominal zum ↑Ausgabepreis von CHF 100. Kurs der alten Aktien vor Kapitalerhöhung bzw. vor Bezugsrechtsabgang: CHF 185; ↑Schlusskurs des ↑Bezugsrechts am ersten Tag des ↑Bezugsrechtshandels: CHF 17; Schlusskurs der Aktie ↑ex Anrecht: CHF 168.

Adjustierungsfaktor: $\dfrac{168}{185} = 0{,}908$

Notierten die Aktien bis zum Tag der Abtrennung des Bezugsrechtes höchst CHF 194 und tiefst CHF 121, dann betragen nach der Kapitalerhöhung die adjustierten Kursextreme
CHF 176.20 (= CHF 194 · 0,908) und
CHF 109.90 (= CHF 121 · 0,908).
Auch die übrigen Kennziffern je Aktie werden nach dem gleichen Verfahren adjustiert. Wird z. B. auch auf dem erhöhten Kapital die Dividende von CHF 7 beibehalten, so ergibt sich für das Vorjahr ein Dividendenbetrag von adjustiert CHF 6.36.
Selbstverständlich sind bei jeder Kapitalerhöhung sämtliche zurückliegenden Werte jeweils neu zu adjustieren, was in der Praxis mit kumulierten Adjustierungsfaktoren erfolgt.

Max Boemle

Adjustierter Futureskurs
Der adjustierte Futureskurs (↑Futures) entspricht dem Kassapreis des ↑Basiswertes, der im Futureskurs enthalten ist, unter Bereinigung von Verzin-

sung und Kosten der Wertpapierhaltung sowie Umrechnungsfaktoren.

AD-Linie
↑Advance/Decline-Linie.

ADR
Abk. f. ↑American depositary receipts.

Adressat
Im Wechselverkehr der ↑Bezogene beim ↑gezogenen Wechsel.

Adresse, erste
Kreditnehmer bzw. Schuldner von höchster ↑Bonität. Bei ersten Adressen wird die *langfristige* ↑Kreditwürdigkeit und ↑Kreditfähigkeit als über jeden Zweifel erhaben beurteilt. ↑Rating; ↑Rating der Banken.

Advance/Decline-Linie (A/D-Linie)
Die Advance/Decline-Linie (A/D-Line) stellt die Saldierung der Zahl steigender ↑Aktien abzüglich der Zahl fallender Aktien dar. Sie kann für eine bestimmte Zeitperiode erhoben werden (wie z.B. für 10 Handelstage) oder kumulativ sein, d.h. zeitlich nach hinten offen.
Die A/D-Line ist bei der Umkehr eines Aufwärtstrends ein vorauseilender ↑Indikator. Die ↑Marktbreite sinkt, während die kapitalisierungsgewichteten Indizes steigen, bevor der Index seinen ↑Trend wendet und der A/D-Line nach unten folgt. Bei der Umkehr eines fallenden Trends erfüllt die A/D-Line die Funktionen eines vorauseilenden Indikators nicht regelmässig. *Alfons Cortés*

Advance payment guarantee
↑Bankgarantie.

AEX Aktienindex der Amsterdamer Börse
Der ↑Aktienindex der Amsterdamer Börse AEX ist der Index der an der ↑*Euronext Amsterdam* notierten niederländischen Standardwerte. Der Index enthält im Regelfall 25 ↑Aktien und wird nach der streubesitzadjustierten ↑Börsenkapitalisierung gewichtet. Per Anfang März wird das Gewicht eines einzelnen ↑Titels auf maximal 10% gekappt. Der AEX ist ein Kursindex, d.h., Kursabschläge nach regulären Dividendenzahlungen werden nicht korrigiert. Der Startwert des AEX wurde mit 100 Indexpunkten per 03.01.1983 festgelegt.

AEX (FTA)
↑Indexderivate.

Affaires liées
Auch Ordres liés oder Zug-um-Zug-Transaktion. Zwei oder mehrere ↑Börsenaufträge werden miteinander verknüpft, sodass der zweite Auftrag (z.B. ein Kauf) nur nach Durchführung des ersten (z.B. ein Verkauf) erfolgen kann.

Affluents
In der ↑Bank- und ↑Börsensprache Ausdruck für die vermögende Mittelschicht, den reichen Mittelstand, wohlhabende Kunden.

AFG
Abk. f. ↑Bundesgesetz über die Anlagefonds.

A forfait
↑Forfaitierung.

Afrikanische Entwicklungsbank
↑Entwicklungsbanken.

AGB
Abk. f. ↑Allgemeine Geschäftsbedingungen.

Agency fee
Im ↑Emissionsgeschäft die Entschädigung für den ↑Agenten (englische Bezeichnung Agent). Agents sind Banken oder Effektenhändler, die, ohne Mitglied des Emissionssyndikats zu sein, aufgrund einer Vereinbarung mit dem ↑Lead-Manager Effekten aus der Emission im Namen des Emittenten an Dritte verkaufen oder den Verkauf vermitteln. Die Ageny fee wird dem Agent meistens beim ↑Closing durch den Lead-Manager ausbezahlt. ↑Emissionsgeschäft.

Agency futures
Kurzbezeichnung für Terminkontrakte auf ↑Bonds, die von der U.S. Federal Agency ausgegeben werden. Agency futures sind Terminkontrakte (↑Termingeschäft) auf langfristige Anleihen von Schuldnern höchster ↑Bonität (AAA). ↑Rating.

Agency-Theorie
Die Agency-Theorie untersucht die Beziehungen zwischen den Eigentümern einer Gesellschaft (englische Bezeichnung ↑Principals) und den mit der Leitung der Gesellschaft beauftragten Managern (Agents) sowie die sich aus dieser Beziehung, insbesondere der Informationsasymmetrie, ergebenden Interessenkonflikte. Die sich aus den Effizienzverlusten der Prinzipal-Agenten-Beziehungen ergebenden Kosten werden als Agencykosten bezeichnet. ↑Corporate governance.

Agent
Bei Effekten- oder Euronotes-Emissionen, aber auch bei ↑Konsortialkrediten, bezeichnet man den Konsortialführer oder ↑Lead-Manager häufig als Agent. Ihm obliegen zum Beispiel die Konditionenfixierung, alle Auszahlungen und die Überwachung des ↑Schuldendienstes. ↑Emissionsgeschäft; ↑Securities lending and borrowing.

AGI Aktienindex der Athener Börse
Der *ASE General Index (AGI)* umfasst im Regelfall 60 der an der ↑*Athens Stock Exchange (ASE)* notierten ↑Aktien griechischer ↑Emittenten. Die Aktien des Indexes werden nach ihrer vollen ↑Börsenkapitalisierung gewichtet. Neben dem AGI wird der *FTSE/ASE 20* als Blue-chip-Index mit 20 Aktien der grössten griechischen Gesellschaften berechnet. Im Gegensatz zum AGI wird dieser Index nach der streubesitzadjustierten Börsenkapitalisierung gewichtet. Sowohl der AGI als auch der FTSE/ASE 20 sind Kursindizes, d. h., Kursabschläge nach regulären Dividendenzahlungen werden nicht korrigiert.

Agio
Der Begriff Agio (Ital. aggio = Aufgeld) wird in drei verschiedenen Bedeutungen verwendet:
1. Mehrpreis, um den der Ausgabebetrag eines ↑Wertpapiers bzw. der Rückzahlungsbetrag eines ↑Darlehens oder Kredits, den ↑Nennwert oder Nominalbetrag bzw. den erhaltenen Kreditbetrag überschreitet. Das Agio wird meistens in Prozenten ausgedrückt. Ein bei der Ausgabe von ↑Aktien erzielter Mehrerlös muss nach Deckung der Ausgabekosten in die allgemeine Reserve gelegt werden, soweit er nicht zu ↑Abschreibungen oder Wohlfahrtszwecken verwendet wird. (OR 624, 671).
2. Das Agio einer ↑Option gibt an, um wie viele Prozente der Bezug des ↑Basiswertes über den Call-Optionsschein teurer ist als der direkte Erwerb; es ist das Entgeld für den Hebeleffekt (↑Leverage) der Option.
3. Die Differenz zwischen dem ↑Inventarwert und dem ↑Börsenwert eines Fondsanteils wird auch als Agio bezeichnet.

Gegenteil: ↑Disagio.

Agrarkredit
↑Landwirtschaftskredit.

AHV-Fonds
↑Ausgleichsfonds der AHV.

AIBD
Abk. f. ↑Association of International Bond Dealers.

AIMR
Abk. f. ↑Association for Investment Management and Research.

Akkreditiv
Das Akkreditiv ist ein Sicherungsmittel im internationalen ↑Zahlungsverkehr. Es kann auch mit einem ↑Kreditgeschäft verbunden sein. Das klassische ↑Dokumenten-Akkreditiv kommt im internationalen Austausch von Waren, Dienstleistungen oder anderen Leistungen zur Anwendung. Es ist die schriftliche Verpflichtung einer Bank, im Auftrag des Käufers einer Ware oder Leistung dem Verkäufer innerhalb einer genau festgelegten Frist einen bestimmten Betrag zu zahlen, falls der Begünstigte innerhalb der vorgeschriebenen Frist die im Akkreditiv verlangten Dokumente einreicht. Die Beteiligten befassen sich dabei ausschliesslich mit Dokumenten und nicht mit den dem Akkreditiv zugrunde liegenden Verträgen und Waren.
Es sind verschiedene Formen von Akkreditiven üblich. Die grösste Sicherheit für den Verkäufer in Bezug auf den Zahlungseingang bietet das im Auftrag des Käufers von einer Bank im Ausland eröffnete, unwiderrufliche, durch eine erstklassige Bank im Land des Verkäufers *bestätigte Akkreditiv*. Beim unbestätigten Akkreditiv übernimmt der Verkäufer das politische Risiko und das ↑Transferrisiko mit dem Käuferland.
Beim *Sichtakkreditiv* erhält der Begünstigte die Zahlung bei Einreichung der Dokumente. Wenn dem Käufer ein Kredit eingeräumt werden soll, kommt das Akzeptakkreditiv oder ein Deferred-payment-Akkreditiv zur Anwendung.
Die Akkreditivkosten werden meistens zwischen Käufer und Verkäufer aufgeteilt. Das Akkreditiv wird im Gesetz nicht erwähnt. Seine Beurteilung erfolgt nach OR mit den Bestimmungen über den einfachen Auftrag (OR 394–406) und die Anweisung (OR 466–471). Da internationale Normen für das Akkreditivgeschäft fehlten, hat die ↑Internationale Handelskammer in Paris die «Einheitlichen Richtlinien und Gebräuche für Dokumenten-Akkreditive» ERA geschaffen. Sie werden von den Banken in den meisten Ländern angewendet.

Rolf Pfenninger

Akkumulations- und Distributionstheorie
↑Börsentheorien.

Akkumulieren
In der ↑Finanzanalyse Empfehlung, ↑Aktien vor allem bei einem vorübergehenden Kursrückgang zu- bzw. nachzukaufen.

Akkumulierungsfonds
↑Thesaurierungsfonds.

Akquisitionswährung
Wird bei Firmenübernahmen der Kaufpreis statt in bar in Aktien des Käufers beglichen, spricht man von Akquisitionswährung. ↑Initial public offering (IPO).

Aktenvernichtung
Kaufleute sind verpflichtet, die Geschäftsbücher, die Buchungsbelege und die Geschäftskorrespondenz während 10 Jahren aufzubewahren. Die Aufbewahrungsfrist beginnt mit dem Ablauf des

Geschäftsjahres, in dem die letzten Eintragungen vorgenommen wurden, die Buchungsbelege entstanden sind und die Geschäftskorrespondenz ein- und ausgegangen ist (OR 962). Dokumente, die für die interne Verwaltung des Unternehmens oder für die Rechtsbeziehung mit Kunden, Lieferanten usw. von grundsätzlicher Bedeutung sind wie Verträge, sog. Basisakten usw. sind während der ganzen Dauer der Unternehmung bzw. der Beziehung und darüber hinaus während mindestens weiterer 10 Jahre aufzubewahren. Nach Ablauf dieser Frist können die Akten unter Vorbehalt der nachstehend erwähnten Ausnahmen vernichtet werden.

Vorübergehend auferlegte der dringliche Bundesbeschluss betreffend die historische und rechtliche Untersuchung des Schicksals der infolge der nationalsozialistischen Herrschaft in die Schweiz gelangten Vermögenswerte vom 13.12.1996 den Banken und anderen Unternehmungen eine Pflicht zur Aufbewahrung aller Akten, die der erwähnten Untersuchung dienlich sein konnten. Solche Akten durften nicht vernichtet, ins Ausland gebracht oder sonstwie schwer zugänglich gemacht werden. Praktisch lief dies für die Banken auf ein Aktenvernichtungsverbot für alle im Zeitpunkt des Inkrafttretens des Bundesbeschlusses vorhandenen Unterlagen hinaus. Ende 2001 ist dieser Beschluss ausser Kraft getreten. Seither dürfen Banken ihre Akten nach Ablauf der gesetzlichen Aufbewahrungspflicht wieder vernichten. Eine Ausnahme gilt für ↑*nachrichtenlose Vermögenswerte*. Sobald eine Kundenbeziehung nachrichtenlos wird, muss die Bank nach den revidierten Richtlinien der Schweizerischen ↑Bankiervereinigung über die Behandlung nachrichtenloser Konten (in Kraft seit 01.07.2000) die Originaldokumente und die vorhandenen und später anfallenden Transaktionsbelege bis zur Ablieferung an eine vom Gesetzgeber zu bezeichnende Stelle bzw. bis zur Wiederherstellung des Kontakts mit dem Kunden auch über die gesetzliche Aufbewahrungsfrist hinaus aufbewahren. Es wird erwartet, dass die bevorstehende Gesetzgebung über die nachrichtenlosen Vermögenswerte diese Regelung bestätigen wird. Die Richtlinien der Bankiervereinigung empfehlen den Banken auch, die wichtigsten *Daten von saldierten Kundenbeziehungen* über die gesetzliche Frist von 10 Jahren hinaus aufzubewahren.

Aktie (als Anlagepapier)

Die Aktie verkörpert rechtlich (↑Aktie [rechtliche Aspekte]) und wirtschaftlich einen Anteil am ↑Eigenkapital und am Erfolg einer Aktiengesellschaft. Dieser Anteil ist grundsätzlich in seinem Wert veränderlich und deshalb vom ↑Nennwert der Aktie unabhängig. Werden die Anteilsrechte in Form von negoziablen ↑Effekten verurkundet, wird die Aktie ein Instrument der ↑Kapitalanlage. Die Aktie als Anlagepapier zeichnet sich durch ihre Eignung zur langfristigen Anlage aus. Als Anteil am Aktienkapital eines Unternehmens bringt sie Mitgliedschaftsrechte wie Stimm- und Wahlrecht an der Generalversammlung mit sich. Die Aktie verschafft ihrem Inhaber aber auch Vermögensrechte wie zum Beispiel das Recht auf Gewinnanteil, das ↑Bezugsrecht bei Kapitalerhöhungen und einen Anteil am Liquidationsergebnis (↑Liquidationsgewinn). Unter dem Aspekt der langfristigen Kapitalanlage erscheinen die Mitgliedschaftsrechte der Aktien oft als vernachlässigbar, während bei den Vermögensrechten das Recht auf Gewinnanteil am bedeutsamsten ist. Grundsätzliches Ziel der Kapitalanlage bildet die substanzielle Wertbeständigkeit; darüber hinaus soll die Aktie Kapitalgewinne aufbauen (↑Selbstfinanzierung) und/oder laufende Erträge (↑Dividenden) abwerfen. Im Rahmen der Kapitalanlage muss auch der ↑Shareholder value betrachtet werden. In dieser Perspektive, also unter Berücksichtigung der Aktionärsinteressen, hat die Wertsteigerung des Unternehmens Priorität. Kurssteigerungen und attraktive Dividenden sollen den Shareholder value steigern.

Der ↑Kurs einer Aktie ist vor allem abhängig von der ↑Ertragskraft des einzelnen Unternehmens. Es gibt eine Reihe von Massstäben und Indikatoren zur Beurteilung der Ertragskraft (↑Aktienanalyse). Neben einzelbetrieblichen Faktoren beeinflussen auch gesamtwirtschaftliche Entwicklungen den Aktienkurs. Mit der Beurteilung des Aktienkursniveaus und des Kursverlaufs beschäftigt sich die Aktienanalyse.

Bei einer Gliederung der verschiedenen Anlagepapiere werden die Aktien als ↑Beteiligungspapiere oft den ↑festverzinslichen Wertpapieren gegenübergestellt. Aktien unterliegen zwar stärkeren Kursschwankungen als die festverzinslichen Papiere, bieten aber besseren Schutz gegen starke Kaufkraftschwankungen. Während festverzinsliche Papiere jeweils zum Nennwert zurückbezahlt werden, ermöglichen Aktien den Erhalt der Kaufkraft und verkörpern als Anteil am Unternehmensvermögen einen Sachwert (↑Sachwertanalyse). Die Erfahrung zeigt, dass sich Aktien von solid finanzierten und gut geführten Unternehmen aus Branchen mit intakten gesamtwirtschaftlichen Entwicklungsaussichten in der Regel als wertbeständig erweisen, ungeachtet der vielfältigen ökonomischen und politischen Schwierigkeiten der letzten Jahrzehnte. Aktien gleichen langfristig nicht nur die ↑Inflationsraten aus, sondern vermögen darüber hinaus auch einen realen Wertzuwachs zu erzielen. Die Erfahrungen der Vergangenheit dürfen jedoch nicht unbesehen in die Zukunft projiziert werden. Bei hohen Inflationsraten wird es für die Unternehmen zusehends schwieriger, die Ertragskraft zu erhalten, die wichtigster Garant für die Erhaltung der Vermögenssubstanz ist.

In der Kapitalanlage werden von den Kapitalanlegern je nach deren ↑Anlageziel verschiedene Typen von Aktien favorisiert: Renditeaktien, die einen überdurchschnittlichen Ertrag abwerfen, Wertaktien mit hohem ↑Substanzwert und niedriger Gewinnvolatilität (↑Value stocks), Wachstumsaktien, ↑defensive Aktien, ↑zyklische Werte (Aktien). Von Sondersituationen (Special situations) wird gesprochen, wenn aus bestimmten Gründen eine Bewegung des Kurses erwartet wird (z.B. Übernahmeerwartungen, Änderungen der ↑Kapitalstruktur, neue Produkte). Bezüglich des Kriteriums der ↑Marktgängigkeit gibt es Aktien, die täglich rege gehandelt werden (↑Marktbreite). Dazu gehören vor allem die ↑Blue chips. Wer in Blue chips investiert, setzt auf Unternehmen mit ausgezeichneter ↑Bonität, solider Finanzstruktur, hoher Ertragskraft und hoher ↑Börsenkapitalisierung. ↑Small caps und ↑Mid caps hingegen weisen eine kleinere oder mittlere Börsenkapitalisierung auf (↑Marktenge), was nicht heisst, dass sie unter Performanceaspekten weniger interessant als die Blue chips sein müssen.

Hans-Dieter Vontobel

Lit.: Auckenthaler, Ch.: *Theorie und Praxis des modernen Portfolio-Managements*, Bern 1994. – Boemle, M.: *Unternehmungsfinanzierung*, Zürich 2002. – Bruns, Ch./Meyer-Bullerdiek, F.: *Professionelles Portfoliomanagement*, Stuttgart 2000. – Gehrig, B./Zimmermann, H.: *Fit for Finance*, Zürich 2001.

Aktie (rechtliche Aspekte)

Das Wort Aktie hat eine doppelte Bedeutung. Man bezeichnet damit einerseits den Anteil an einer Aktiengesellschaft (AG) und andererseits das ↑Wertpapier, welches diesen Anteil verkörpert und die Handelbarkeit des Anteils erleichtert.

1. Die Aktie als rechtlicher Anteil an einer AG

Charakteristisch für die AG ist das Vorhandensein eines zahlenmässig fixierten *Grundkapitals* (bestehend aus Aktien- und gegebenenfalls Partizipationsscheinkapital) und die *Haftungsbeschränkung der Gesellschafter* (Aktionäre) auf die Einbringung (↑Liberierung) ihres Anteils (OR 680, ↑Einzahlungspflicht der Aktionäre). Das Grundkapital muss mindestens CHF 100 000 (Schweizer Währung) betragen (OR 621), wovon 20% bei ↑Namenaktien und 100% bei ↑Inhaberaktien, jedenfalls aber CHF 50 000, einbezahlt sein müssen (OR 632 I und II, OR 685). Für den nicht einbezahlten Betrag haftet der Aktionär bis zur Volleinzahlung seines Anteils. Die Aktienrechtsreform hat die Funktion der Aktie in der AG nicht geändert. Mit der Erhöhung des ↑Aktienkapitals auf CHF 100 000 wurde der ↑Geldentwertung und der Entwicklung der Wirtschaft Rechnung getragen. Für Unternehmer, die ihre Haftung beschränken und nicht soviel ↑Eigenkapital aufwenden wollen oder können, bietet sich die GmbH an, die ein Stammkapital von nur CHF 20 000 erfordert (OR 773).

Werden Aktien bei der Gründung einer AG oder bei einer ordentlichen oder genehmigten ↑Kapitalerhöhung (OR 650, 651, 653) öffentlich zur ↑Zeichnung angeboten, so hat die Gesellschaft einen ↑Emissionsprospekt zu veröffentlichen. Der Inhalt dieses Prospektes wird in OR 652 I zwingend und umfassend beschrieben. Die bei der Erstellung des Emissionsprospektes mitwirkenden Personen unterliegen der persönlichen ↑Prospekthaftung (OR 752).

Die Aktie lautet auf eine *ziffernmässig bestimmte Teilsumme des Aktienkapitals* (Nominalbetrag oder ↑Nennwert), mindestens aber auf 1 Rappen (OR 622 IV). Der Nennwert ist vom ↑Substanzwert einer Aktie zu unterscheiden. Letzterer richtet sich nach dem Nettovermögen der Gesellschaft. Der innere Wert einer Aktie berücksichtigt ausserdem die Ertragskraft einer Gesellschaft. Dieser kann so über oder unter dem Nennwert liegen. Das Letztere trifft zu, wenn die ursprüngliche Kapitaleinlage infolge von Verlusten oder Entwertungen nicht mehr vollständig vorhanden ist. Die Börsenkapitalisierung ist der Wert des Unternehmens, der sich aus dem Total des ↑Kurswertes sämtlicher ↑Beteiligungspapiere eines Unternehmens ergibt. Die Herabsetzung des Nennwertes bleibt im Fall einer ↑Sanierung vorbehalten (OR 622 IV), wobei das Stimmrecht dem ursprünglichen Nennwert entsprechend beibehalten werden kann (OR 692 III). Im schweizerischen Recht nicht zulässig ist die nennwertlose Aktie (↑Quotenaktie), die in angelsächsischen Ländern verbreitet ist.

Die Zerlegung des Nominalwertes einer Aktie in zwei oder mehrere Gesellschaftsanteile nennt man «Splitten» (Aktiensplit, ↑Split-up); der Titel wird «leichter», wie man in der ↑Börsensprache sagt. Die Aktie muss aber auch nach dem Split nominell mindestens auf 1 Rappen lauten. Die Auszahlung der ↑Dividende bemisst sich nicht nach dem Nennwert der Aktie, sondern nach dem auf den Nennwert einbezahlten Betrag. Die Dividende wird in der Regel in ↑bar ausgeschüttet, ausnahmsweise können Naturaldividenden sinnvoll sein.

Die Aktie gewährt dem Aktionär *Mitgliedschafts- und Vermögensrechte* gegenüber der Aktiengesellschaft.

Die *Migliedschaftsrechte* verleihen dem Aktionär den Anspruch, bei Gesellschaftsangelegenheiten mitzuwirken. Diese sind in Mitwirkungs- und Schutzrechte zu unterteilen:

– *Mitwirkungsrechte.* Der Aktionär wirkt einerseits mit durch das Stimmrecht (OR 692) und andererseits durch die Teilnahme an der Generalversammlung (OR 689). Das Recht auf Teilnahme an der Generalversammlung umfasst das Recht auf Einladung und Bekanntgabe der Traktanden sowie das Recht auf Beteiligung, das Recht auf Anträge (OR 700 I und II), das Recht auf Beteiligung, das Meinungsäusserungsrecht und das Recht, sich vertreten zu lassen (OR 692).

Aktie (rechtliche Aspekte)

– Seine *Schutzrechte* übt der Aktionär aus durch die Einsichts- und Auskunftsrechte (OR 696, 697), das Recht auf Sonderprüfung (OR 697a), das Recht, die Generalversammlung einberufen zu lassen (OR 699 III), das Anfechtungsrecht (OR 706), das Recht zur Verantwortlichkeitsklage (OR 752), das Recht, die Auflösung aus wichtigen Gründen zu verlangen (OR 736 Ziff. 4), und durch das Recht auf Vertretung im Verwaltungsrat (OR 709 I).

Das Gesetz sieht vor, dass die Aktionäre ihre Stimmrechte nach dem Verhältnis des gesamten Nennwertes der ihnen gehörenden Aktien ausüben (OR 692 I). Die Statuten können aber das Stimmrecht unabhängig vom Nennwert nach der Zahl der jedem Aktionär gehörenden Aktien festsetzen, sodass auf jede Aktie eine Stimme entfällt (OR 693 I). Falls die Gesellschaft verschiedene Aktienkategorien mit unterschiedlichem Nennwert der Aktien aufweist, führt das zur Privilegierung der Aktien mit kleinerem Nennwert (↑Stimmrechtsaktien). Die Beherrschung einer AG durch einzelne ↑Grossaktionäre kann statutarisch durch die Beschränkung der Stimm- und Vertretungsrechte von Besitzern mehrerer Aktien vermieden werden (OR 627 Ziff. 10, OR 692 II). ↑Minderheitsaktionäre können durch den Abschluss eines ↑Aktionärsbindungsvertrags eine AG beherrschen (↑Aktienminderheiten).

In der Aktienrechtsrevision wurde der ↑Partizipationsschein als stimmrechtslose Aktie geschaffen (OR 656a). Der Partizipationsschein verfügt über einen Nennwert, aber über kein Stimmrecht. Er ist der Aktie sehr nahe, denn die Bestimmungen über das Aktienkapital, die Aktien und den Aktionär gelten, soweit gesetzlich nicht anders vorgesehen, auch für das Partizipationskapital, den Partizipationsschein und den Partizipanten (OR 656a II).

Zu den *Vermögensrechten* des Aktionärs zählen der *Anspruch auf Dividende* (OR 660 I), das ↑*Bezugsrecht* (OR 652b, 656g) bei der ordentlichen und genehmigten Kapitalerhöhung und bei der Partizipationskapitalerhöhung, das *Vorwegzeichnungsrecht* bei der bedingten Kapitalerhöhung (OR 653c), das *Recht auf die Liquidationsquote* (OR 660 II, OR 745) und *das Recht auf Bauzinsen* (OR 676). Der Dividendenanspruch stellt das wichtigste Vermögensrecht des Aktionärs dar. Dividenden dürfen nur aus dem Bilanzgewinn, der sich aus dem Jahresgewinn des vergangenen Jahres und aus dem Gewinnvortrag (noch nicht ausgeschütteter Gewinn früherer Jahre) zusammensetzt, und aus hierfür gebildeten Reserven ausgerichtet werden (OR 660 II, OR 675 II). Die ↑Interimsdividende (Zwischendividende), die aufgrund einer Schätzung des voraussichtlichen Jahresergebnisses festgesetzt wird, ist im schweizerischen Recht nicht zulässig.

Der Schutz des Bezugsrechtes von neuen Aktien bei Kapitalerhöhung wurde in der Aktienrechtsreform erheblich gestärkt (OR 652b II, OR 652e Ziff. 4, OR 652 f). Das Bezugsrecht kann nur im Rahmen eines Kapitalerhöhungsbeschlusses entzogen werden. Es bedarf dazu eines Beschlusses der Generalversammlung mit qualifiziertem Mehr (OR 704 Ziff. 6). Das Bezugsrecht darf nur aus wichtigen Gründen aufgehoben werden. Wichtig ist ein Grund, wenn er sich sachlich im Interesse der Gesellschaft rechtfertigen lässt. Das Gesetz erwähnt hierzu die Übernahme von Unternehmen, Unternehmensteilen oder Beteiligungen sowie die Beteiligung der Arbeitnehmer. Dem Grundsatz der Gleichbehandlung wird Rechnung getragen, indem das Aufheben des Bezugsrechts niemanden in unsachlicher Weise begünstigen oder benachteiligen darf. Bei der bedingten Kapitalerhöhung gibt die Gesellschaft ↑Wandel- oder ↑Optionsanleihen aus, wobei das Bezugsrecht entzogen wird. Das revidierte Aktienrecht gibt den Aktionären dabei ein Vorwegzeichnungsrecht (OR 653c), das jedoch beschränkt oder aufgehoben werden kann, wenn ein wichtiger Grund vorliegt. Dies ist der Fall, wenn die Anleihen zu Marktbedingungen ausgegeben werden oder wenn die durch die Ausübung der Wandel- oder Optionsrechte bewirkte Kapitalerhöhung nur geringfügig ist.

Eine Gesellschaft kann *verschiedene Aktienkategorien* schaffen, die sowohl bezüglich der Vermögensrechte als auch hinsichtlich des Stimmrechts von der Bemessung nach der Kapitalbeteiligung abweichen. Innerhalb der einzelnen Kategorien sind die Aktien rechtlich gleichgestellt. Die Grundform einer Aktie ist die ↑Stammaktie. Mit ihr erhält der Aktionär je nach Nennwert der Aktie das zahlenmässig entsprechende Stimmrecht (OR 692). Jedem Aktionär mit nur einer Aktie steht mindestens eine Stimme zu. Eine mögliche Beschränkung dieses Stimmrechts sieht OR 692 II vor, wonach die Statuten (Gross-)Aktionäre in ihrem Stimmrecht begrenzen können. Die ↑Vorzugsaktie (OR 654, 656) privilegiert den Aktionär in vermögensrechtlicher Hinsicht. Die Vorrechte werden in den Statuten festgehalten. Sie können sich auf den Dividendenbezug, auf die Beteiligung am Liquidationsüberschuss oder auf die Bezugsrechte bei der Ausgabe neuer Aktien erstrecken. Besonders geeignet sind Vorzugsaktien für ↑Sanierungen; denn ohne Vergünstigungen wird wohl kaum jemand neues Kapital einschiessen. Die Privilegierung des Stimmrechtes erfolgt durch die Stimmrechtsaktie (OR 693). Dabei können die Statuten unabhängig vom Nennwert vorsehen, dass sich das Stimmrecht nach der Anzahl der Aktien bemisst. Werden Aktien mit unterschiedlichem Nennwert ausgegeben, so erzielen Stimmrechtsaktien im Verhältnis zu den Stammaktien mit demselben Kapitalaufwand ein Mehrfaches an Stimmkraft. Dabei darf der Nennwert der Stimmrechtsaktien das Zehnfache des Nennwertes der Stammaktien nicht übersteigen. Gibt es in einer

Aktie (rechtliche Aspekte)

Gesellschaft mehrere Aktionärsgruppen mit unterschiedlicher Rechtsstellung, so hat jede Gruppe Anspruch auf die Wahl mindestens eines Vertreters im Verwaltungsrat (OR 709).

2. Die Aktie als Wertpapier

Das Aktienrecht verlangt nicht, dass der Kapitalanteil der AG in einem Wertpapier verkörpert ist. Die Berechtigung des Aktionärs ergibt sich in diesem Fall aus dem Eintrag in das Aktienbuch. Bei kleinen Familienaktiengesellschaften ist es recht häufig, dass die Kapitalanteile an der AG nicht in einem Wertpapier verbrieft werden, sondern in einem Ausweis über eine bestimmte Anzahl von Aktien, so genannte ↑Zertifikate. Die Verkörperung der Aktionärsrechte in einer Urkunde erhöht die Handelbarkeit der Aktien (unpersönlich und leicht übertragbar), doch sind auch nichtverbriefte Aktienrechte übertragbar, und zwar durch ↑Abtretung.

Die Urkunde ist an eine bestimmte *Form* gebunden. Der Aktientitel bestand ursprünglich aus dem ↑Mantel sowie aus den Nebenpapieren, nämlich den ↑Coupons und dem ↑Talon. Die Coupons berechtigten den Aktionär zum Bezug von Dividenden oder zum Bezugsrecht und der Talon zum Bezug von neuen Coupons. Der heutige Trend hin zur papierlosen Gesellschaft beeinflusst das Wertpapierrecht nachhaltig. So werden die Wertpapiere mehr und mehr zu ↑Wertrechten. Damit sind nichtverurkundete Rechte mit gleicher Funktion gemeint (BEHG 2). Ob eine Gesellschaft mit Wertpapieren oder Wertrechten arbeitet, entscheidet sich mit der Börsenkotierung. Eine kleine Gesellschaft hat ein überschaubares Aktionariat und wird diesem Wertpapiere ausstellen. Eine ↑Publikumsgesellschaft ist um eine Vereinfachung der Handelbarkeit bemüht und wird mit Wertrechten arbeiten. Zwischen dem Wertpapier und dem Wertrecht ist die Namenaktie mit aufgeschobenem Titeldruck einzuordnen; dabei wird im Normalfall kein Titel ausgestellt, sondern nur ausnahmsweise auf ausdrückliches Verlangen des Aktionärs. Träger dieses Systems ist die ↑SIS SegaIntersettle AG (SEGA), ein Gemeinschaftswerk der schweizerischen Banken, welche die ↑Sammelverwahrung und die buchmässige Girierung (↑Girieren) ↑fungibler Titel wie ↑Notes, ↑Obligationen oder Aktien übernimmt. Aktientitel bestehen grundsätzlich keine mehr, sondern sollen nur auf besonderen Wunsch des Aktionärs ausgegeben werden. Rechtlich ist der Titeldruck aufgeschoben, faktisch aber soll er aufgehoben und die Aktienbestände nur noch EDV-buchmässig geführt werden. Dies dreifach: erstens bei der Gesellschaft im Aktienregister pro Aktionär, zweitens bei die Aktien verwaltenden Bank pro Aktionär und drittens bei der SIS SegaIntersettle AG als Sammelbestände. Die SEGA verdrängt somit das System der Einwegzertifikate mehr und mehr. Nach diesem System wird pro Aktionär jeweils ein einziges Aktienzertifikat ausgestellt. Bei der Aktienübertragung wird das bisherige Zertifikat vernichtet (darum «Einweg») und durch ein neu auszustellendes ersetzt. Das Aktienbuch ist dabei zentral für die Bestimmung des Berechtigten, denn das Zertifikat hat keine Transportfunktion mehr, sondern nur noch Beweisfunktion.

Neben der Form der Urkunde ist ihre Art von Bedeutung. Die Aktie lautet entweder auf den Inhaber oder auf den Namen des Aktionärs (OR 622). Der Unterschied ist namentlich bedeutsam für die Übertragbarkeit und die Kraftloserklärung des Titels:

– Inhaberaktien sind ↑Inhaberpapiere. Ihr Vorteil ist der Eigentumserwerb durch blosse Übergabe der Aktienurkunde (OR 967 I). Nachteilig ist, dass auch der nichtberechtigte Inhaber die darin verbrieften Rechte ausüben kann (OR 689a II). Inhaberaktien dürfen erst ausgegeben werden, wenn sie voll liberiert sind (OR 683).

– Namenaktien sind gesetzliche ↑Ordrepapiere (BGE 120 IV, 278, OR 967 II). Berechtigt ist nicht jeder Inhaber wie bei der Inhaberaktie, sondern nur der auf der Aktienurkunde als berechtigt Bezeichnete. Übertragen wird die Namenaktie durch die Übergabe des Titels, verbunden mit einem ↑Indossament auf der Urkunde (OR 684). Bei der Namenaktie mit aufgeschobenem Titeldruck findet die Übertragung auf dem Wege der Zession im Rahmen des Girosystems statt (↑Wertrechte, ↑SIS Namenaktienmodell). Die Ausübung der Rechte setzt grundsätzlich die formelle Anerkennung des Aktionärs durch die Gesellschaft voraus. Die Anerkennung manifestiert sich durch die Eintragung des Aktienerwerbs im Aktienbuch (OR 686).

– Vinkulierte Namenaktien (↑Vinkulierte Aktien) sind Ordrepapiere und unterscheiden sich von der gewöhnlichen Namenaktie durch ihre erschwerte Übertragbarkeit. Die Anerkennung als Aktionär hängt von der Erfüllung bestimmter Bedingungen ab. Die Vinkulierungsproblematik war ein zentraler Punkt in der Aktienrechtsreform und wurde zugunsten der erleichterten Übertragbarkeit von Namenaktien gelöst. Das neue Aktienrecht unterscheidet zwischen den börsenkotierten (OR 685d) und den nicht börsenkotierten Namenaktien (OR 685b).

Börsenkotierte Namenaktien und die mit ihnen verbundenen Vermögensrechte sind frei übertragbar. Doch ist die Ausübung der Mitgliedschaftsrechte an die Eintragung des Aktionärs im Aktienbuch gebunden. Die Gesellschaft kann die Eintragung nur ablehnen, wenn die Statuten eine prozentmässige Begrenzung der Namenaktien vorsehen, für die ein Erwerber als Aktionär anerkannt werden muss, und diese Begrenzung überschritten wird (OR 685d I). Überdies kann ein Aktionär abgewiesen werden, wenn er nicht ausdrücklich erklärt, dass er die Aktien im eigenen Namen und auf eigene Rechnung erworben hat. Nach Art. 2 der Schlussbestimmungen zum 26. Titel des OR kann die Gesellschaft ausländische Aktionäre ausschliessen, wenn deren Anerkennung sie daran hindern könnte, durch Bundesgesetze geforderte Nachweise über die Zusammensetzung des Kreises der Aktionäre zu erbringen. Sowohl bei der Prozent- als auch der Ausländerklausel ist der Grundsatz der relativen Gleichbehandlung zu beachten. Das heisst, dass Differenzierungen oder Ausnahmen nach einheitlichen und sachgerechten Kriterien erfolgen müssen, wie beispielsweise bei Zulassung von Aktionären mit grösseren Prozentsätzen oder von ausländischen Mitarbeitern.

Bei nicht börsenkotierten Namenaktien kann die Gesellschaft einen Aktionär aus wichtigen Gründen ablehnen, wobei diese sachlicher Natur sein müssen. Mit der Ablehnung wird – in diesem Fall – die Übertragung der Aktie verhindert (OR 685c I). Ohne Grund darf ein Aktionär abgelehnt werden, wenn die Gesellschaft dem Veräusserer anbietet, die Aktien zum wirklichen Wert im Zeitpunkt des Gesuches zu übernehmen. Noch ungeklärt ist, inwieweit dabei alle Aktionäre gleich zu behandeln sind.

Rektaaktien sind echte Namenpapiere, welche nur durch Zession (OR 165) übertragbar sind. Sie sind in der Praxis nur selten anzutreffen.

Abhanden gekommene Aktientitel können kraftlos erklärt werden. (↑Amortisation.)

3. Aktie und Aktienhandel

Beim Handel mit börsenkotierten Namenaktien besteht ein Interessenkonflikt. Einerseits sind Börsen, Banken und Effektenhändler, aber auch die kotierte Gesellschaft an einem möglichst freien und transparenten Handel interessiert, andererseits möchten gewisse Gesellschaften über die Vinkulierung den Erwerb ihrer Aktien einschränken oder gar für gewisse Interessenten ausschliessen. Der Gesetzgeber hat darum bei börsenkotierten Namenaktien bewusst darauf verzichtet, den Übergang von Mitgliedschafts- und Vermögensrechten einheitlich zu regeln. Während der bisherige Aktionär die Aktie frei übertragen (OR 685 f) und der Erwerber die mit ihr verbundenen Forderungsrechte (insbesondere das Recht auf Dividende) sofort ausüben kann, führt ein Verkauf der Aktie an der Börse zunächst einmal zu einer Suspendierung der Mitgliedschaftsrechte. Die Veräussererbank muss der Gesellschaft jeden Verkauf melden (OR 685c), und gestützt auf diese Meldung löscht die Gesellschaft den Namen des bisherigen Aktionärs im Aktienbuch. Umgekehrt müssen der Käufer und dessen Bank der Gesellschaft keine Meldung über den Aktienerwerb machen. Die Gesellschaft erfährt also den Namen des neuen Aktionärs nicht, solange dieser kein Gesuch um Eintragung ins Aktienbuch stellt. Es entstehen so genannte Dispoaktien. Zum ↑Dispobestand zählen auch die Aktien derjenigen Erwerber, die das Gesuch zwar gesellt haben, aber von der Gesellschaft noch nicht als Aktionäre anerkannt worden sind (OR 685f III).

Bedeutende Dispobestände widersprechen den Interessen der Gesellschaft. Diese möchte ihre Aktionäre kennen und mit ihnen kommunizieren können. Unbefriedigend ist auch, dass das Stimmrecht aus Dispoaktien an der Generalversammlung nicht ausgeübt werden kann. Im Auftrag der Gesellschaften bemühen sich die Banken darum, dass ihre Kunden, die kotierte Namenaktien erworben haben, ein Eintragungsgesuch an die Gesellschaft richten und sich als Aktionäre im Aktienbuch eintragen lassen. Auch der von economiesuisse herausgegebene Swiss code of best practice for ↑Corporate governance empfiehlt den Depotbanken, so vorzugehen. Doch lassen sich viele Erwerber, die keinen Einfluss auf die Führung des Unternehmens nehmen wollen, sondern an der Aktie nur als Vermögensanlage interessiert sind, aber auch Erwerber, die ihren Namen aus Diskretionsgründen der Gesellschaft gegenüber nicht offen legen wollen, auch duch mehrmalige Aufforderung ihrer Bank nicht dazu bewegen, ein Eintragungsgesuch zu stellen. In der Praxis versuchen gewisse Gesellschaften, dieses Prolem dadurch zu lösen, dass sie die treuhänderische Eintragung von Aktien solcher Erwerber auf einen ↑Nominee zulassen, der die Aktien an der Generalversamlung vertritt (↑SIS Nominee-Modell).

Hanspeter Dietzi

Aktienanalyse

Die Aktienanalyse dient dazu, die Kauf- oder Verkaufswürdigkeit einer ↑Aktie zu bestimmen. Sie soll helfen, das Ziel einer maximalen ↑Rendite zu erreichen. Obwohl sich die Entwicklung einer Aktie nie mit Sicherheit voraussagen lässt, kann die Aktienanalyse doch dazu beitragen, die Entscheidqualität zu verbessern. In der Aktienanalyse wird zwischen fundamentaler und technischer Analyse unterschieden.

1. Fundamentale Analyse

Die ↑fundamentale Analyse basiert auf der Annahme, dass der ↑Kurs einer Aktie durch ihren ↑inneren Wert bestimmt wird. Um dessen Entwicklung verfolgen zu können, müssen sämtliche gesamtwirtschftlichen, branchen- und unternehmensspezifischen Faktoren in die Betrachtung miteinbezogen werden. Dafür sind verschiedene Teilanalysen notwendig. Bei der volkswirtschaftlichen Betrachtungsweise stehen Konjunkturverlauf, Geldmengen- und Zinsentwicklung, politische Ereignisse u.Ä. im Zentrum. In der Branchenanalyse sollen diejenigen Branchen mit dem grössten Wachstumspotenzial ermittelt werden. Benötigt werden dazu unter anderem Einschätzungen über die Stabilität der Branche, den

Konkurrenzdruck, die Abhängigkeit von anderen Ländern oder über technologische und strukturelle Veränderungen. Anschliessend soll in der Einzel- bzw. Unternehmensanalyse die Kaufwürdigkeit eines einzelnen ↑Titels ermittelt werden. Die Beurteilung der einzelnen Aktie erfolgt anhand verschiedener Bewertungskennzahlen wie ↑PEG, ↑PBR, ↑EV/EBITDA, ↑Dividendenrendite. Eine wichtige Informationsquelle bildet dabei der ↑Geschäftsbericht; qualitativ sind Informationen über Management, Produktsortiment, Forschung und Entwicklung von Interesse; quantitativ sind Kennzahlen über ↑Kapitalstruktur, Kostenstruktur und vor allem die Gewinn- und Rentabilitätsentwicklung relevant. Ist der innere Wert eines Titels ermittelt, wird er mit dem aktuellen Börsenkurs verglichen. Eine Aktie wird dann als attraktiv bewertet, wenn der innere Wert den Börsenkurs übersteigt; in einem solchen Fall spricht man von einem unterbewerteten Titel.

Die meisten Unternehmen publizieren ihre Zahlen heute quartalsweise. Die veröffentlichten Daten bilden dabei die Basis für die Zukunftsschätzungen der Analysten. Massenpsychologische Effekte finden keinen Eingang in die fundamentale Analyse.

2. Technische Analyse
Bei der ↑technischen Analyse geht es darum, die Entwicklung der Preise, ↑Volumina und das Verhalten der Marktteilnehmer zu untersuchen. Wenn davon ausgegangen wird, dass sich die Marktteilnehmer immer wieder ähnlich verhalten, lässt sich ihr zukünftiges Verhalten aufgrund von vergangenen Erfahrungen abschätzen. Die technische Analyse setzt voraus, dass alle bisherigen Informationen über eine Aktie in deren Kurs enthalten sind. Weiter wird angenommen, dass sich Aktienkurse in ↑Trends bewegen. Somit lässt sich anhand des bisherigen Kursverlaufs der zukünftige ableiten; dadurch wird die Wahl des geeigneten Zeitpunkts für eine Anlageentscheidung erleichtert. Mit der Annahme von Trends widerspricht die technische Analyse der Random-walk-Hypothese. Diese besagt, dass die Entwicklung der Aktienkurse willkürlich ist und zukünftige Kurse nicht von vergangenen ableiten lassen. Die Zusammenfassung von Kursen können als ↑Charts dargestellt werden; ↑Liniencharts, Balkencharts, ↑Point & figure charts oder auch die ↑Candlestick charts zeigen mögliche Ausprägungen.

Die technische Analyse lässt sich in die Gesamtmarktanalyse und die Einzelwertanalyse unterteilen. In der Gesamtmarktanalyse sollen Trends innerhalb des Marktes erkannt werden. Dabei kommen verschiedene Techniken zur Anwendung wie die ↑Dow-Theorie, die ↑Elliott-Wave-Theorie, der gleitende Durchschnitt, die ↑Advance/Decline-Linie sowie Odd lot rate und Short interest rate. Nach dem Gesamtmarkt sollen in der Einzelwertanalyse die Branche und die Aktien mit dem höchsten Kurspotenzial ausfindig gemacht werden. Dabei kommen auch Methoden wie die der relativen Stärke, der Momentumindikatoren (↑Momentum) und der Kurs- und Umsatzanalysen zum Einsatz.

Während bei der fundamentalen Analyse die subjektive Sichtweise des Analysten einfliessen kann, ist die technische Analyse relativ objektiv. Die technische Analyse soll aber die fundamentale nicht ersetzen. Die besten Prognosen stützen sich auf beide. Die fundamentale Analyse erlaubt vor allem eine Entscheidung über die Kaufwürdigkeit einer Aktie (↑Stockpicking), während die technische Analyse besonders bei der Wahl des optimalen Kauf- oder Verkaufzeitpunkts hilfreich ist.

Hans-Dieter Vontobel

Aktienanleihen
↑Strukturierte Produkte.

Aktienaufteilung
↑Split-up.

Aktienbewertung
↑Aktienanalyse; ↑Analyse von Bankaktien; ↑Wertpapieranalyse.

Aktienbuch
↑Aktie (rechtliche Aspekte).

Aktienderivate
Unter Aktienderivaten (↑Derivate) versteht man Finanzinstrumente, deren Auszahlungsfunktion vom Preis einer ↑Aktie abhängig ist, die jedoch keinerlei direkte Aktionärsrechte beinhalten. Die wichtigsten Formen von Aktienderivaten sind Call options (↑Call), Put options (↑Put) und Futureskontrakte (↑Futures).

Aktieneinführung
↑Kotierung.

Aktieneinziehung
↑Aktien konnten unter dem Aktienrecht bis 1992 aufgrund einer besonderen Statutenbestimmung zur direkten Vernichtung einer Mitgliedschaftsstelle unter Verzicht auf ein formelles Kapitalherabsetzungsverfahren eingezogen werden. Dieser Vorgang wurde auch – unpräzis – als Aktienamortisation bezeichnet.

Im Rahmen einer Sanierung können Aktionäre aus freien Stücken einen Teil ihrer Aktien zur Vernichtung einliefern. Eine Aktieneinlieferung mit nachfolgender Vernichtung kann auch im Rahmen einer formellen Kapitalherabsetzung (↑Grundkapitalherabsetzung) erfolgen.

Aktienfonds
Allgemeine Bezeichnug für in- und ausländische ↑Anlagefonds, die in ↑Aktien und sonstige Beteiligungswertpapiere und -wertrechte anlegen. Gemäss Praxis der EBK müssen ↑Fonds mindestens zwei Drittel ihres ↑Fondsvermögens (ohne flüssige Mittel) in Aktien anlegen, wenn sie sich als Aktienfonds bezeichnen wollen.

Aktienhandel
↑Börsenhandel.

Aktienindex
Ein *Aktienindex* dokumentiert die Wertentwicklung eines Aktienportfolios, das für den Aktienmarkt als solchen oder für einzelne Segmente des Aktienmarktes repräsentativ ist. Methodisch ähnelt ein Aktienindex einem Konsumentenpreisindex, der die Preisentwicklung eines repräsentativen Warenkorbes nachzeichnet. Ebenso wie ein Konsumentenpreisindex fasst ein Aktienindex eine Vielzahl von Preisinformationen in einer Zeitreihe zusammen. Mit einem Aktienindex lässt sich die Kursentwicklung des Aktienmarktes rasch erfassen und kommunizieren, wenn auch unter bewusstem Verzicht auf die zahlreichen Einzelinformationen, welche in die Indexberechnung einfliessen.

1. Funktionen von Aktienindizes
In der Praxis des Börsenhandels und der ↑Kapitalanlage erfüllen Aktienindizes vier wesentliche Funktionen:
– *Informationsfunktion.* Als Barometer der ↑Börse orientiert ein Aktienindex die ↑Kapitalmarktteilnehmer mit einer einzigen Zeitreihe über die allgemeine Kursentwicklung des Aktienmarktes
– *Messlattenfunktion.* Im aktiven ↑Portfolio management dient ein Aktienindex als Vergleichsportfolio, an dessen ↑Rendite das Ergebnis des ↑Portfolio managers gemessen wird
– *Anlagefunktion.* Im passiven Portfolio management liefert ein Aktienindex das Musterportfolio für eine Aktienanlage
– *Handelsfunktion.* Zahlreiche Aktienindizes dienen als Grundlage für handelbare Finanzprodukte wie ↑Futures, ↑Optionen, Optionsscheine, ↑Zertifikate und ↑Exchange traded funds (ETF).
Während Aktienindizes bis nach dem Zweiten Weltkrieg nahezu ausschliesslich der Information der Marktteilnehmer über das Börsengeschehen dienten, gewannen die weiteren Funktionen mit den praktischen Anwendungen der modernen Finanzmarkttheorie an Bedeutung. So vergleicht etwa das *Jensen-Mass* die Rendite eines aktiv verwalteten Portfolios mit der risikoadjustierten Marktrendite. Jensen (1968, 1969) verwendete den ↑Standard & Poor's 500 Index (S&P 500) als Substitut für das nicht beobachtbare Marktportfolio.

Im Zuge der Debatte um informationseffiziente ↑Kapitalmärkte wurde 1974 in den USA der erste ↑Indexfonds aufgelegt. Dieser Fonds hatte erstmals zum Ziel, einen Indexkorb möglichst exakt nachzubilden. Der Handel in Indexfutures wurde 1982 am Kansas City Board of Trade mit einem ↑Kontrakt auf den S&P 500 aufgenommen. ↑Indexoptionen auf den S&P 100 folgten 1983 am ↑Chicago Board Options Exchange (CBOE). Der Handel in Exchange traded funds begann 1993 mit den Standard & Poor's depositary receipts (SPDR) an der American Stock Exchange (↑AMEX). Wegen ihrer vielfältigen Einsatzmöglichkeiten sind Aktienindizes aus der Praxis der Kapitalanlage nicht mehr wegzudenken.

2. Arten von Aktienindizes
Nach der rechnerischen Behandlung der ausgeschütteten ↑Dividenden unterscheidet sich ein Aktienkursindex von einem Aktienperformanceindex:
– Ein *Aktienkursindex* misst die reine Kursentwicklung des ↑Indexportfolios, ohne Berücksichtigung der ausgeschütteten Dividenden. Ein Aktienkursindex geht damit von der Vorstellung aus, dass die Dividenden konsumiert und nicht in das Indexportfolio reinvestiert werden. Die meisten Aktienindizes, auf die Futures gehandelt werden (z.B. S&P 500, Nasdaq 100, Topix, FTSE 100, CAC 40, SMI), sind Kursindizes.
– Demgegenüber zeigt ein *Aktienperformanceindex* die Wertentwicklung des Indexportfolios unter Berücksichtigung der ausgeschütteten Dividenden. Dem Aktienperformanceindex liegt die Annahme zu Grunde, dass alle Dividenden sofort in das Indexportfolio reinvestiert werden. Beim schweizerischen ↑Swiss Performance Index (SPI) und beim Deutschen Aktienindex (↑DAX) handelt es sich um Performanceindizes. Dank ausreichender Kapazitäten zur elektronischen Datenverarbeitung sind heute nahezu alle Aktienindizes sowohl als Kursindex als auch als Performanceindex verfügbar. So berechnet beispielsweise die Schweizer Börse (↑SWX Swiss Exchange) zusätzlich zum ↑Swiss Market Index (SMI) und SPI den Swiss Market Index cum Dividende (SMIC) als Performanceindex und den Swiss Performanc Index ex Dividende (SPIX) als Kursindex.

Die Menge der ↑Beteiligungspapiere, über deren Kursentwicklung der Index informieren soll, stellt die *Grundgesamtheit* des Aktienindexes. Das *Indexportfolio* oder der *Indexkorb* ist die Menge der ↑Titel, aus denen der Index tatsächlich berechnet wird. Enthält das Indexportfolio sämtliche Papiere der Grundgesamtheit, liegt ein *Index mit Vollerhebung* vor. Umfasst der Indexkorb hingegen nur eine Auswahl der Grundgesamtheit, handelt es sich um einen *Stichprobenindex oder Auswahlindex*. In der Schweiz enthält beispielsweise der SPI alle an der Schweizer Börse oder ↑Virt-x gehandelten ↑Aktien von Schweizer und Liechtensteiner ↑Emittenten (ohne ↑Investmentgesellschaften). Der SMI umfasst dagegen nur eine Auswahl von bis zu 30 Aktien dieser Grundgesamtheit. Aktienindizes werden heute nur noch selten isoliert berechnet. Die Verfügbarkeit von Rechnerkapazität und die differenzierten Informationsbedürfnisse der Kapitalmarktteilnehmer haben die Verbreitung von *Aktienindexfamilien* gefördert. In einer Aktienindexfamilie besteht ein *Gesamtmarktindex* und ein System von modular aufgebauten *Subindizes*. Diese Subindizes können nach Unternehmensgrösse (↑Blue chips, ↑Mid caps, ↑Small caps), Ländern und Regionen, Branchen oder weiteren renditebestimmenden Merkmalen (z.B. ↑Value stocks und ↑Growth stocks) abgegrenzt sein. Die Indizes in einer Aktienindexfamilie zeichnen sich durch methodische Homogenität aus. Da Indizes in einer Aktienindexfamilie meist jeweils als Kursindex und als Performanceindex sowie in verschiedenen ↑Währungen berechnet werden, kann der Umfang einer solchen Indexfamilie tausende von einzelnen Indizes umfassen. Zu den weltumfassenden Indexfamilien zählen Morgan Stanley Capital International (MSCI), Financial Times Stock Exchange (FTSE), Dow Jones Global und Standard & Poor's Global.

3. Auswahl des Indexkorbes
Zur Auswahl der Titel des Indexkorbes kommt bei den meisten Indizes ein zweistufiges Verfahren zur Anwendung. In einem ersten Schritt definiert der Indexanbieter *allgemeine Zulassungskriterien,* die ein Titel erfüllen muss, um grundsätzlich in den Index aufgenommen werden zu können. Hierbei können qualitative Kriterien (z.B. Domizil des Emittenten, Ort der Börsennotierung, Titelgattung) und quantitative Kriterien (z.B. ↑Börsenkapitalisierung, ↑Streubesitz, Handelsumsatz) unterschieden werden. In einem zweiten Schritt steht der Indexanbieter vor der Alternative, den Indexkorb aus allen Titeln zusammenzustellen, welche die allgemeinen Zulassungskriterien erfüllen, oder eine repräsentative Auswahl zu treffen. Im ersten Fall liegt ein Index mit Vollerhebung vor, im zweiten Fall ein Stichprobenindex.
Die Auswahl der Aktien für einen Stichprobenindex erfolgt üblicherweise nach dem *Abschneideverfahren*. Dabei werden nach dem Konzentrationsprinzip nur diejenigen Titel in den Index aufgenommen, die den grössten Beitrag zum Untersuchungsmerkmal liefern. Die Titel der Grundgesamtheit werden dabei nach einem oder mehreren quantitativen Untersuchungsmerkmalen geordnet. Beginnend mit dem grössten Merkmalswert werden zusätzliche Titel so lange in den Indexkorb aufgenommen, bis entweder eine festgelegte Anzahl von Titeln oder ein vorgegebener Repräsentationsgrad erreicht ist. Die zur Auswahl eines Indexkorbes am häufigsten herangezogenen Merkmale sind die Börsenkapitalisierung, der ↑Marktwert des Streubesitzes und der ↑Börsenumsatz einer Aktie.

In der Praxis der Indexkonstruktion kommen zahlreiche Varianten des Abschneideverfahrens zur Anwendung. Zur Auswahl des Indexkorbes für den *Swiss Market Index (SMI)* errechnet die Schweizer Börse zunächst den Marktanteil jedes Titels an der Streubesitzkapitalisierung und am Börsenumsatz des Gesamtmarktes. Das Abschneideverfahren wird dann anhand des durchschnittlichen Marktanteils vorgenommen, wobei nicht mehr als 30 Titel im Indexkorb enthalten sein dürfen. Für den Indexkorb des *Deutschen Aktienindexes (DAX)* erstellt die ↑Deutsche Börse je eine Rangliste aller Titel nach Börsenkapitalisierung und Börsenumsatz. Auf der Grundlage dieser beiden Listen entscheidet dann eine Indexkommission über die Auswahl der 30 Aktien des Indexkorbes. Dabei können neben den Listenplätzen der Titel weitere Kriterien wie etwa die Branchenzusammensetzung berücksichtigt werden. *Morgan Stanley Capital International (MSCI)* füllt den Indexkorb nach Branchen innerhalb eines Landes auf. Danach soll in jedem Land jede Branche zu 85% der Streubesitzkapitalisierung abgedeckt werden, wobei die Anzahl der Titel im Indexkorb nicht vorgegeben ist.

Neben den Auswahlverfahren, die auf einem Abschneideverfahren beruhen, sind einige bekannte Indizes zu erwähnen, deren Indexkorb ohne publizierte Handlungsanweisung von einem Fachgremium zusammengestellt wird. Beim amerikanischen *Standard & Poor's 500* entscheidet die Indexkommission nach den Kriterien Börsenkapitalisierung innerhalb einer Branche, ausreichender Streubesitz, Börsenumsatz und finanzielle Verfassung des Unternehmens. Weiterhin soll die Branchenzusammensetzung des S&P 500 diejenige der amerikanischen Volkswirtschaft widerspiegeln. Über die Zusammensetzung des französischen *CAC 40* entscheidet die Indexkommission nach den Kriterien Börsenkapitalisierung, Streubesitz, Börsenumsatz, ↑Geld-Brief-Spanne und ↑Volatilität des Titels.

Aufgrund der unterschiedlichen relativen Kursentwicklung der Aktien eines Indexkorbes muss die einmal gewählte Indexzusammensetzung in periodischen Abständen überprüft und ggf. angepasst werden. Diese *periodischen Korbrevisionen* erfolgen quartalsweise (z.B. MSCI, FTSE), halbjährlich (z.B. ↑MDAX, ↑DAX 100, ↑MIB 30, IBEX 35), jährlich (z.B. SMI, DAX, Stoxx 50, Euro Stoxx 50) oder in unregelmässigen Abständen (z.B. S&P 500). Von diesen Korbrevisionen sind *ereignisbezogene Auswechslungen* zu unterscheiden, die durch das Ausscheiden von Titeln durch Konkurse und Unternehmenszusammenschlüsse oder durch die vorzeitige Aufnahme von Neuemissionen ausgelöst werden.

4. Indexformeln und Gewichtung
Neben der Auswahl des Indexkorbes ist die *Gewichtung* das wichtigste Konstruktionsmerkmal eines Aktienindexes. In Hinblick auf dieses Merkmal sind kursgewichtete, gleichgewichtete und kapitalisierungsgewichtete Indizes zu unterscheiden.
Ein *kursgewichteter Index* bildet das arithmetische Kursmittel der im Indexkorb enthaltenen Aktien. Formal ist der Indexstand eines kursgewichteten Indexes I^K_T mit N Aktien zum Zeitpunkt T:

$$I^K_T = \left(\frac{1}{N}\sum_{i=1}^{N} P_{iT}\right) K_T$$

Dabei bezeichnet P_{iT} den Kurs der Aktie i zum Zeitpunkt T. Der *Verkettungsfaktor* K_T wird in der Indexformel mitgeführt, um Adjustierungen bei Verwaltungshandlungen der Emittenten (Splits und ↑Bezugsrechte) und bei Auswechslungen im Indexkorb in der Zeitreihe zu ↑adjustieren. Die Funktion des Verkettungsfaktors kann auch von einem *Divisor* erfüllt werden.
Kursgewichtete Indizes nach der aufgeführten Gleichung zeigen die Wertentwicklung eines Portfolios, das von jedem Titel eine identische Stückzahl enthält. Damit kommt dem Titel mit dem höchsten ↑Kurs das grösste Gewicht zu, was sich sachlich nicht rechtfertigen lässt. Kursgewichtete Indizes hatten in früheren Zeiten den Vorteil, dass sie mit geringem Rechenaufwand innerhalb kurzer Zeit berechnet werden konnten. Dieser Vorteil ist mit den heutigen Möglichkeiten der elektronischen Datenverarbeitung hinfällig.
Das bekannteste Beispiel für einen kursgewichteten Index ist der seit 1896 berechnete ↑Dow Jones Industrial Average (DJIA). Der Index konnte sich trotz seiner methodischen Defizite als Barometer der ↑New Yorker Börse behaupten, da die Kurse der meisten amerikanischen Standardwerte zwischen USD 20 und 100 notieren. Steigt der Kurs einer Aktie über USD 100, nimmt die Gesellschaft in der Regel einen Split vor, um das Kursniveau in die übliche ↑Bandbreite zurückzuführen. Diese Usanz sorgte bislang dafür, dass sich der Einfluss der Kursgewichtung des DJIA in Grenzen hielt. Der japanische ↑Nikkei 225 wird nach dem gleichen Ansatz berechnet.
Gleichgewichtete Aktienindizes weisen jeder Aktie des Indexkorbes den gleichen Einfluss auf den Indexstand zu. Nach der Art der Durchschnittsberechnung ist der geometrisch gleichgewichtete vom arithmetisch gleichgewichteten Index zu unterscheiden. Der *geometrisch gleichgewichtete* Index

$$I^G_T = \sqrt[N]{\prod_{i=1}^{N} \frac{P_{iT}}{P_{i0}}}$$

entspricht dem geometrischen Mittel der N Kursmesszahlen

$$\frac{P_{iT}}{P_{i0}}$$

wobei P_{iT} den Kurs der *Berichtsperiode* und P_{i0} den Kurs der *Basisperiode* bezeichnet. Geometrische Indizes sind heute nahezu bedeutungslos geworden. Als Beispiele seien der Financial Times 30 und der frühere Value-line-Index genannt.
Der *arithmetisch gleichgewichtete* Index

$$I^{Gl}_T = \frac{1}{N}\sum_{i=1}^{N} \frac{P_{iT}}{P_{i0}}$$

bildet das arithmetische Mittel der N Kursmesszahlen

$$\frac{P_{iT}}{P_{i0}}$$

Ein arithmetisch gleichgewichteter Index zeigt die Kursentwicklung eines Portfolios, in das zur Basisperiode identische Geldbeträge in jede Aktie investiert werden. Sobald die Aktien des Portfolios einen unterschiedlichen Kursverlauf nehmen, verschieben sich ihre Gewichte zu Gunsten der Titel mit der besten Kursentwicklung. Ein arithmetisch gleichgewichteter Index muss daher in Abständen verkettet werden, um die identische Gewichtung seiner Titel wieder herzustellen.
Kursgewichtete und gleichgewichtete Aktienindizes können grundsätzlich von einzelnen Marktteilnehmern nachgebildet werden. Bezogen auf den gesamten Aktienmarkt sind diese Indizes jedoch nicht investierbar, da nicht alle Marktteilnehmer dasselbe kursgewichtete oder gleichgewichtete Portfolio halten können. Wegen ihrer fehlenden *Makrokonsistenz* können kursgewichtete oder gleichgewichtete Indizes nicht als Approximation des Marktportfolios im Sinne der Kapitalmarkttheorie herangezogen werden.
Die grösste ökonomische Aussagekraft liefert ein Aktienindex, der nach der Börsenkapitalisierung gewichtet ist. *Kapitalisierungsgewichtete Indizes* werden in der Praxis nach der Formel von Laspeyres, der Formel von Paasche oder nach der Wertindexformel berechnet.
Der *Laspeyres-Index* misst die Kursentwicklung eines Portfolios, das in der Basisperiode zusammengestellt und seitdem nicht mehr umgeschichtet wurde. Die Laspeyres-Formel

$$I^{La}_T = \frac{\sum_{i=1}^{N} P_{iT} Q_{i0}}{\sum_{i=1}^{N} P_{i0} Q_{i0}} K^{La}_T$$

teilt den Wert des Portfolios zu Kursen der Berichtsperiode P_{iT} durch seinen Wert zu Kursen der Basisperiode P_{i0}. Die Aktienstückzahlen Q_{i0} entsprechen in Zähler und Nenner der Anzahl Aktien, welche das Unternehmen in der Basisperiode ausstehend hatte. Da sich die Zusammensetzung des Indexes und die Anzahl der ausgegebenen Aktien im Lauf der Zeit ändert (z.B. durch Splits), muss der Laspeyres-Index in periodischen Abständen verkettet werden. Um Indexsprünge durch solche Anpassungen zu vermeiden, wird der Verkettungsfaktor K^{La}_T in der Formel mitgeführt. Der *Paasche-Index* misst die Kursentwicklung eines Portfolios mit den Aktienstückzahlen der Berichtsperiode. Die Paasche-Formel

$$I^{Pa}_T = \frac{\sum_{i=1}^{N} P_{iT} Q_{iT}}{\sum_{i=1}^{N} P_{i0} Q_{iT}} K^{Pa}_T$$

teilt ebenso wie die Laspeyres-Formel den Kurswert des Portfolios der Berichtsperiode durch den Kurswert der Basisperiode. Im Unterschied zur Laspeyres-Formel setzt sich dieses Portfolio jedoch nicht aus den Aktienstückzahlen der Basisperiode, sondern aus den Stückzahlen der Berichtsperiode Q_{iT} zusammen. Auch der Paasche-Index muss bei Veränderungen der Indexzusammensetzung verkettet werden, weshalb der Verkettungsfaktor K^{Pa}_T in der Formel mitgeführt wird.
Der *Wertindex* zeichnet die Entwicklung der Börsenkapitalisierung des Indexkorbes nach. Die Wertindexformel

$$I^{We}_T = \frac{\sum_{i=1}^{N} P_{iT} Q_{iT}}{\sum_{i=1}^{N} P_{i0} Q_{i0}} K^{We}_T$$

teilt die Börsenkapitalisierung des Indexkorbes der Berichtsperiode durch die Börsenkapitalisierung der Basisperiode. Im Gegensatz zu den Formeln von Laspeyres und Paasche ist bei einem Split keine Indexkorrektur erforderlich, da dieses Ereignis keinen Einfluss auf die Börsenkapitalisierung hat. Da auch der Wertindex bei Veränderungen der Indexzusammensetzung verkettet werden muss, wird der Verkettungsfaktor K^{We}_T in der Formel mitgeführt.
Kapitalisierungsgewichtete Indizes in der dargestellten Form können in der Praxis problematische Eigenschaften aufweisen: In stark konzentrierten Aktienmärkten (z.B. Finnland) führt das Gewichtungsschema dazu, dass der Index von wenigen grossen Gesellschaften dominiert wird. Einige Indexberechner legen daher eine *Kappungsgrenze* fest, die das Gewicht eines einzelnen Titels beschränkt. So ist beispielsweise der DAX auf 15% gekappt; die Blue-chip-Indizes Stoxx 50 und Euro Stoxx 50 weisen eine Kappungsgrenze von 10% auf. Andere Berechner führen eine gekappte Version ihrer Indizes parallel zur ungekappten Version (z.B. bei den Indizes der Helsinki Stock Exchange und beim britischen FTSE 100).
Ein zusätzliches Problem stellt sich bei kapitalisierungsgewichteten Indizes, wenn Aktien mit geringem *Streubesitz* ein höheres Gewicht zugewiesen bekommen, als es ihrer Bedeutung im Aktienhandel entspricht. Beispiele für Aktien mit geringem Streubesitz sind die europäischen Telefongesellschaften, an denen der Staat bedeutende ↑Anteile hält. Um diesem Kritikpunkt zu begegnen, sind zahlreiche Indexberechner dazu übergegangen, nur die im Streubesitz befindlichen Aktien in die Indexberechnung einfliessen zu lassen. In den Formeln von Laspeyres und Paasche sowie in der Wertindexformel werden dazu die Anzahl der ausgegebenen Aktien mit einem *Streubesitzfaktor* multipliziert. Zu den Indizes, die bereits vollumfänglich auf Streubesitzgewichtung umgestellt sind, zählen ↑Stoxx (seit September 2001), FTSE (seit Juni 2001), MSCI (zweistufige Umsetzung November 2001 und Mai 2002) sowie die Indizes der Schweizer Börse (September 2001). Die Indizes der Deutschen Börse wurden im Juni 2002 auf eine Gewichtung nach dem Streubesitz umgestellt.

Valerio Schmitz Esser

Aktienindexzertifikate
↑Indexderivate.

Aktienkapital
Das Aktienkapital bildet die Grundlage für die vermögensrechtlichen Schutzbestimmungen der Gesellschaft. Es ist eine in den Statuten fest umschriebene und im Handelsregister publizierte Grösse und beträgt mindestens CHF 100000. Das Aktienkapital muss im Zeitpunkt der Gründung bei Inhaberaktien in jedem Fall vollständig, bei Namenaktien bis zu 20%, mindestens aber mit CHF 50000, einbezahlt werden.
Das Aktienkapital übernimmt eine indirekte Garantiefunktion für die ↑Gläubiger, indem bestimmte Massnahmen zur Erhaltung des Gesellschaftsvermögens als Haftungssubstrat mit dem Aktienkapital verknüpft sind. Zusätzlich zum Aktienkapital kann die Gesellschaft in den Statuten ein Partizipationskapital vorsehen. Für die Summe von Aktien- und Partizipationskapital verwenden gewisse Autoren den Begriff des *Grundkapitals*.

Aktienkapitaleinzahlungen
↑Depositenstelle für Aktienkapitaleinzahlungen.

Aktienkorb-Optionsschein
↑Basket option.

Aktienkultur
Man spricht von Aktienkultur (Equity culture), wenn in einem Land Aktienanlagen weit verbreitet sind. Das klassische Land der Aktienkultur sind die USA, wo private Anlagen in ↑Aktien (und ↑Aktienfonds) zur persönlichen ↑Altersvorsorge gehören. Eine Umfrage im Jahre 2000 hat ergeben, dass 32% der Schweizer zwischen 18 und 74 Jahren Aktien besitzen. Der Wert hat sich innerhalb der letzten 10 Jahre annähernd verdreifacht und

gehört zu den höchsten der Welt. Dazu haben die ausgezeichnete ↑Performance der Schweizer Aktien in den 90er-Jahren und der Technologie-Boom beigetragen.

Aktienmantel

Der Begriff wird in zwei verschiedenen Bedeutungen verwendet:
1. Das rein formale Gebilde einer wirtschaftlich vollständig liquidierten, rechtlich aber noch nicht aufgelösten Aktiengesellschaft (Mantelgesellschaft). Durch den Kauf eines Aktienmantels wird oft versucht, die Kosten für die Gründung einer neuen Aktiengesellschaft, namentlich die Stempelabgabe, zu umgehen. Rechtsgeschäfte über leere Aktienmäntel sind widerrechtlich und deshalb nach OR 20 nichtig. Nimmt eine solche Mantelgesellschaft eine aktive Tätigkeit auf, ist diese Aktiengesellschaft jedoch wie eine Gesellschaft mit Gründungsmängeln zu behandeln. Auch beim Kauf eines Aktienmantels ist die Emissionsabgabe geschuldet. Ein Aktienmantel entsteht auch, wenn eine Aktiengesellschaft «auf Vorrat» gegründet wird, ohne Absicht, die statutarische Zweckbestimmung zu erfüllen.
2. Die Aktienurkunde (Hauptbogen) ohne ↑Couponsbogen und ↑Talon.

↑Mantel.

Aktienmarktanomalie

↑Börsenpsychologie.

Aktienmarktindikatoren

Aktienmarktindikatoren (↑Aktienindex) dienen zur Beurteilung von Stand und Entwicklung des Aktienmarktes. Dazu zählen die Aktienindizes in den verschiedenen Varianten, Informationen über die Bewertung des Aktienmarktes, z. B. die durchschnittliche ↑Price earnings ratio (PER), Price earnings growth ratio (PEG) und die ↑Dividendenrendite des Gesamtmarktes oder gewisser Marktsegmente wie SMI-Titel, ↑Small caps, ↑Mid caps oder von Marktsektoren (Finanzwerte, Pharmawerte usw.).

Aktienmehrheit

Der Aktionär oder die Aktionäre, die aufgrund ihres Anteils am Grundkapital die Gesellschaft kontrollieren. Theoretisch genügt hierfür eine Stimme mehr als die Hälfte der Aktienstimmen. Praktisch sind bei börsenkotierten ↑Publikumsgesellschaften auch mehr oder weniger grosse Minderheitspakete zur Beherrschung ausreichend, da erfahrungsgemäss an Generalversammlungen nur ein Teil der Aktien vertreten ist. Denn gemäss OR 703 fasst die Generalversammlung ihre Beschlüsse, soweit das Gesetz oder die Statuten es nicht anders bestimmen, mit der absoluten Mehrheit der vertretenen Aktienstimmen.

Die Erhaltung der Aktienmehrheit durch verschiedene Minderheitsaktionäre kann durch einen ↑Aktionärbindungsvertrag (Poolvertrag) gesichert werden.

Liegt die Aktienmehrheit bei einer anderen Aktiengesellschaft, bezeichnet man diese als ↑Muttergesellschaft. ↑Holdinggesellschaft; ↑Konzern.

Hanspeter Dietzi

Aktienminderheit

Aktionäre, deren Anteil am Aktienkapital nicht erlaubt, auf die Unternehmensleitung beherrschend Einfluss zu nehmen, bilden die Aktienminderheit. Dank der Bildung von ↑Stimmrechtsaktien (OR 693 I) kann auch eine kapitalmässige Aktienminderheit die Gesellschaft rechtlich beherrschen. Falls der Aktienbesitz stark gestreut ist, genügt unter Umständen eine starke Aktienminderheit, um die Gesellschaft massgeblich zu beeinflussen.

Mittels ↑Aktionärbindungsvertrag schliessen sich ↑Minderheitsaktionäre zusammen, um gemeinsam das Stimmrecht nach gewissen Grundsätzen auszuüben. Damit erlangen sie einen erhöhten Einfluss auf die Gesellschaftsleitung. Das Aktienrecht schützt den Minderheitsaktionären wie folgt:
1. Für die folgenden wichtigen Beschlüsse der Generalversammlung verlangt OR 704 mindestens zwei Drittel der vertretenen Stimmen und die absolute Mehrheit der vertretenen Aktiennennwerte: Die Änderung des Gesellschaftszweckes; die Einführung der Stimmrechtsaktien; die Beschränkung der Übertragbarkeit von Namenaktien; die genehmigte oder bedingte Kapitalerhöhung; die Kapitalerhöhung aus Eigenkapital, gegen Sacheinlage oder zwecks Sachübernahme und die Gewährung von besonderen Vorteilen; die Einschränkung oder Aufhebung von Bezugsrechten; die Verlegung des Sitzes der Gesellschaft; die Auflösung der Gesellschaft ohne Liquidation. Die Aktienminderheit kann somit das Zustandekommen dieser Beschlüsse unter Umständen verhindern. (↑Sperrminorität.)
2. Beschlüsse der Generalversammlung, die zwingende Rechte des Aktionärs entziehen oder beschränken oder die Kontrollrechte des Aktionärs übermässig beschneiden, sind nichtig (OR 706b). Jeder Aktionär hat gemäss OR 706 das Recht, Beschlüsse der Generalversammlung anzufechten, die durch Verletzung von Gesetz oder Statuten die Aktionärsrechte entziehen oder beschränken, den Aktionären in unsachlicher Weise ihre Rechte entziehen oder beschränken, welche die Aktionäre ungleich behandeln oder benachteiligen, ohne dass dies durch den Gesellschaftszweck zu rechtfertigen ist, oder welche die Gewinnstrebigkeit der Gesellschaft ohne Zustimmung sämtlicher Aktionäre aufheben.

Das Urteil, das einen solchen Beschluss der Generalversammlung aufhebt, wirkt für und gegen alle Aktionäre. Das revidierte Aktienrecht regelt in OR 706 die Verfahrensbestimmungen. Damit ein einzelner Aktionär wegen des erheblichen Kostenrisikos nicht davor zurückschreckt, seine Rechte wahrzunehmen, sieht OR 706 III vor, dass der Richter die Kosten bei Abweisung der Klage nach seinem Ermessen auf die Gesellschaft und den Kläger verteilen kann. So wird das Missverhältnis zwischen Kostenrisiko und finanziellen Chancen gemildert. Das Aktienrecht gewährt somit der Aktienminderheit schlagkräftige Instrumente, um ihren Schutz zu gewährleisten.

3. Das frühere Recht enthielt in aOR 646 eine Aufzählung von *wohlerworbenen* Rechten. Wohlerworbene Rechte sind Individualrechte des Aktionärs. Sie stehen ihm unabhängig von der Kapitalbeteiligung zu und können ihm ohne seine Zustimmung nicht entzogen werden. Neben den wohlerworbenen Rechten des einzelnen Aktionärs gibt es auch solche für die Aktienminderheit, Rechte also, die einer ganzen Aktionärskategorie nicht entzogen werden können, so zum Beispiel das Recht auf mindestens einen Vertreter pro Aktienkategorie im Verwaltungsrat (OR 709). Das revidierte Aktienrecht hat aOR 646 ersatzlos gestrichen und erwähnt den Begriff wohlerworbene Rechte im Gesetzestext nicht. Damit war aber eine materielle Änderung der Rechtslage nicht beabsichtigt. Wohlerworbene (unentziehbare) Rechte können sich aus dem Gesetz oder aus den Statuten ergeben. Innerhalb der wohlerworbenen Rechte lassen sich zwei Kategorien unterscheiden, nämlich die absolut und die relativ wohlerworbenen Rechte. Die absolut wohlerworbenen Rechte sind gegen den Willen des Aktionärs in keiner Weise beschränkbar. Die relativ wohlerworbenen Rechte sind solche, die nur dem Grundsatz nach geschützt sind und deren konkreter Umfang sich im Einzelfall aus einer Interessenabwägung des Aktionärs einerseits und der Gesellschaft andererseits ergibt. Als Beispiel möge das Recht auf Dividende dienen. Absolut wohlerworben ist das Recht jedes Aktionärs auf Gewinnstrebigkeit der Gesellschaft. So kann eine Abkehr von diesem Prinzip angefochten werden (OR 706). Die Schutz- und die Mitwirkungsrechte der Aktionäre sind absolut wohlerworben. Relativ wohlerworben dagegen ist das Recht auf Auszahlung der Dividende. Dieses Recht kann von der Generalversammlung oder vom Verwaltungsrat in zahlreicher Weise beschränkt werden.

4. Ein weiterer Schutz der Minderheit ergibt sich auch aus dem das Aktienrecht allgemein beherrschenden Grundsatz der Gleichbehandlung der Aktionäre. Damit soll eine unbegründete Benachteiligung der Minderheit durch eine Mehrheit verhindert werden.

5. Die Haftungsbestimmungen in OR 752 bis 761 geben dem einzelnen Aktionär zusätzlich das Recht, gegen die Gründungsverantwortlichen, den Verwaltungsrat, die mit der Geschäftsführung oder Liquidation befassten Personen und gegen die Revisionsstellen Verantwortlichkeitsklage zu erheben. Diese Vorschriften dienen u. a. dem Minderheitenschutz. *Hanspeter Dietzi*

Aktienoption

Der Begriff der Aktienoption hat verschiedene Bedeutungen. Im Optionengeschäft (↑Eurex, Deutsche Terminbörse usw.) wird darunter das Recht verstanden, eine bestimmte Anzahl Aktien zum vereinbarten Kurs während eines bestimmten Zeitraumes (↑Amerikanische Option) oder an einem bestimmten Termin zu kaufen (Call option) oder zu verkaufen (Put option).

Aktienoptionsrechte können auch mit einer Anleihe verbunden werden (↑Optionsanleihe), wobei es sich stets um amerikanische Optionen handelt.

Aktienoptionen können auch anstelle oder zusätzlich zu einer Bardividende ausgegeben werden (Aktionärsoptionen, ungenau Gratisoptionen genannt). Sie dienen auch als erfolgsabhängiger, an der Aktienkursentwicklung orientierter Gehaltsbestandteil, vor allem für Führungskräfte (↑Stock-option-Pläne). Aktionärsoptionen werden auch zwecks ↑Aktienrückkauf ausgegeben, und zwar als Putoptionen.

Aktienpaket

Als Aktienpaket bezeichnet man eine grössere Anzahl von ↑Aktien einer Aktiengesellschaft im ↑Eigentum einzelner Aktionäre. Dabei sind folgende Stufen zu unterscheiden: einfache Minderheit, qualifizierte Minderheit (↑Sperrminorität bei der AG), einfache Mehrheit, qualifizierte Mehrheit, 98% der Aktien (↑Squeeze out), 100% der Aktien. Von Stufe zu Stufe steigt in der Regel die subjektive Einschätzung der Beteiligung. ↑Paketzuschlag.

Aktienpool

↑Aktionärbindungsvertrag.

Aktienregister

↑Aktie (rechtliche Aspekte); ↑SAG SIS Aktienregister AG.

Aktienrendite

↑Rendite; ↑Dividendenrendite.

Aktienrückkauf

↑Rückkauf eigener Aktien.

Aktiensplit, -splitting
↑Split-up.

Aktienstempel
↑Stempelabgaben im Finanzgeschäft.

Aktientausch, Aktienaustausch
↑Aktienumtausch.

Aktienumtausch
Die Bezeichnung wird für verschiedene Vorgänge gebraucht:
1. Umtausch von Aktienurkunden, z.B. nach einem Neudruck infolge Änderung des ↑Nennwertes bzw. der Firma
2. Umtausch von Aktienurkunden, wenn die Rechtsnatur durch Generalversammlungsbeschluss geändert worden ist (z.B. Umwandlung von Inhaberaktien in ↑Namenaktien)
3. Umtausch von Aktien der übernommenen Gesellschaft bei einer ↑Fusion.

Aktienwarrant
Bezeichnung für Aktienoptionsscheine, die vor allem im Zusammenhang mit ↑Optionsanleihen verwendet wird.

Aktienzertifikat
↑Zertifikat.

Aktienzusammenlegung
Umstrukturierung des ↑Aktienkapitals einer Gesellschaft durch Zusammenlegung (↑Aktienumtausch) mehrerer bisheriger Aktien in eine ↑neue Aktie oder durch Vereinheitlichung von Vorzugs- und ↑Stammaktien zu einer einzigen Aktienkategorie. Die Handelbarkeit der neuen Titel kann durch eine Aktienzusammenlegung erschwert werden. Demgegenüber haben Aktiensplits (↑Split-up) zum Zwecke der Erhöhung der Handelsliquidität in der Kapitalmarktpraxis weit grössere Bedeutung als Aktienzusammenlegungen erlangt, insbesondere nachdem am 01.05.2001 durch eine Revision von OR 622 IV der neue ↑Mindestnennwert für Aktien auf CHF 0.01 gesenkt wurde.

Aktionärbindungsvertrag
Aktionärbindungsverträge (ABV) – auch ↑Poolverträge, Aktionärskonsortien oder ↑Syndikate genannt – sind Verträge zwischen Aktionären unter sich oder mit Dritten und haben in erster Linie die Ausübung von Aktionärsrechten zum Inhalt. Sie sind gesetzlich nicht geregelt, von Lehre und Rechtsprechung jedoch als zulässig anerkannt und in der Praxis sehr verbreitet.

1. Ziel und Inhalt
Aus dem Aktienrecht selbst ergeben sich für den Aktionär weder gegenüber den anderen Aktionären noch gegenüber der Gesellschaft irgendwelche Pflichten, mit Ausnahme der Liberierungspflicht (↑Liberierung). Rechte und Pflichten zwischen den Aktionären werden daher in Aktionärbindungsverträgen vereinbart. Auf diese Weise wird die kapitalbezogene Mitgliedschaft in der Aktiengesellschaft durch personalistische Elemente ergänzt. Durch die gemeinsame Geltendmachung von Aktionärsrechten kann zudem die Position von ↑Minderheitsaktionären gestärkt oder eine gemeinsam gehaltene Mehrheit sichergestellt werden. Schliesslich können Aktionärbindungsverträge zur Einflussnahme auf eine Gesellschaft durch Dritte, die selbst keine ↑Aktien halten, dienen.

Typische Inhalte von Aktionärbindungsverträgen betreffen die (einheitliche) Ausübung der Stimmrechte in der Generalversammlung und allenfalls im Verwaltungsrat sowie Erwerbsrechte und Anbietungspflichten bei der Veräusserung von Aktien. Weitere häufige Vertragselemente sind spezielle Treuepflichten, Konkurrenzverbote, die Pflicht zur Übernahme von Aktien, Rechte und Pflichten zu Arbeitsleistungen gegenüber der Gesellschaft, zur Übernahme der Geschäftsführung oder zur Lieferung von Sachwerten sowie die Verpflichtung, für Gesellschaftsschulden persönlich aufzukommen oder dafür mitzuhaften.

2. Rechtliche Qualifikation
Soweit Aktionärbindungsverträge – was meist der Fall ist – ein gemeinsames Vorgehen wie beispielsweise die einheitliche Stimmabgabe regeln, sind sie als Gesellschaftsverträge, in der Regel als einfache Gesellschaften, zu qualifizieren. Geht es nur um den Austausch von Leistungen zwischen den Beteiligten oder darum, dass eine Partei im Interesse der andern tätig werden soll, handelt es sich um Schuldverträge. Dies trifft etwa dann zu, wenn ein Vertrag lediglich einseitige oder gegenseitige Anbietungspflichten und Erwerbsrechte beinhaltet oder wenn sich eine Partei verpflichtet, ihre Aktionärsrechte entsprechend den Weisungen der anderen auszuüben. Der Aktionärbindungsvertrag bindet die Vertragsparteien nur untereinander. Die Aktiengesellschaft selbst braucht den Bindungsvertrag nicht zu beachten, und sie kann daraus keine Rechte ableiten. Ihr und Dritten gegenüber ist daher auch ein vertragswidriges Verhalten einer Vertragspartei verbindlich. So ist beispielsweise eine Stimmabgabe oder eine Aktienveräusserung in Verletzung eines Aktionärbindungsvertrages rechtsgültig und kann weder von der Gesellschaft noch vom benachteiligten Vertragspartner angefochten werden.

3. Form, Dauer und Beendigung
Für die Begründung von Aktionärbindungsverträgen gilt Formfreiheit, wobei in der Praxis meist die einfache Schriftform und gelegentlich die Form der öffentlichen Urkunde eingehalten wird. Ein Aktio-

närbindungsvertrag kann auf bestimmte oder auf unbestimmte Dauer abgeschlossen werden, wobei die längstmögliche Dauer umstritten ist. Zulässig sein dürfte ein Vertrag für etwa 20 Jahre oder auf Lebenszeit einer Vertragspartei, allenfalls auch für die Dauer der Aktionärsstellung. Hingegen sind Verträge auf ewige Dauer und wohl auch solche auf Dauer der Aktiengesellschaft nicht möglich und nach Ablauf einer gewissen Zeit kündbar. Die Modalitäten der Beendigung richten sich nach den vertraglichen Vereinbarungen oder, falls solche nicht bestehen oder nicht rechtsgültig sind, nach den entsprechenden gesetzlichen Bestimmungen. Verträge auf bestimmte Dauer enden normalerweise mit Zeitablauf, solche auf unbestimmte Zeit aufgrund einer Kündigung. Ausserordentliche Beendigungsgründe (insbesondere Rücktritt oder Kündigung aus wichtigem Grund oder zufolge Unmöglichkeit) sind bei allen Arten von Aktionärbindungsverträgen denkbar, ebenso Kündigungen wegen übermässiger Bindung oder zufolge Verletzung der Persönlichkeit. Bei Aktionärbindungsverträgen in der Form von einfachen Gesellschaften ist zu beachten, dass diese jederzeit auf sechs Monate hinaus gekündigt werden können, falls der Vertrag keine Kündigungsmöglichkeit und keinen Endtermin vorsieht.

4. Durchsetzbarkeit
Ist die Verletzung von Vertragspflichten durch eine Partei voraussehbar, kann ihre Einhaltung durch richterlichen Befehl sichergestellt werden. Doch sind drohende Verletzungen in der Regel nicht zum Voraus zu erkennen, und da einmal vorgenommene vertragswidrige Handlungen nicht rückgängig gemacht werden können, hat der Geschädigte von Gesetzes wegen nur Anspruch auf Schadenersatz. Um die Erfüllung von Aktionärbindungsverträgen trotzdem sicherzustellen, hat die Praxis verschiedene Hilfsmittel entwickelt. Häufig ist die Vereinbarung von Konventionalstrafen. Andere Möglichkeiten sind die gemeinsame Hinterlegung der gebundenen Aktien, die fiduziarische Übertragung der belasteten Aktien an einen Dritten oder deren Überführung in das Gesamteigentum aller Beteiligten. Mit der Einbringung aller Aktien in eine ↑Holdinggesellschaft kann eine noch grössere Sicherheit erlangt werden, allerdings unter Preisgabe der direkten Aktionärsrechte, welche an die Holdinggesellschaft übergehen.
Aktionärbindungsverträge enthalten häufig Schiedsklauseln. Grund dafür sind vor allem das Geheimhaltungsinteresse und das schnellere Verfahren vor Schiedsgerichten.

5. Schranken der Zulässigkeit und börsenrechtliche Folgen
Aktionärbindungsverträge sind unter anderem rechtswidrig, wenn mit ihnen die Umgehung von Stimmrechtsbeschränkungen oder statutarischen Vinkulierungsvorschriften (↑Vinkulierte Aktie) beabsichtigt wird. Ist ein Verwaltungsratsmitglied Vertragspartei, dann gehen bei Ausübung des Verwaltungsratsmandats seine Pflichten zur Interessenwahrung zu Gunsten der Gesellschaft den Pflichten aus dem Aktionärbindungsvertrag vor. Grundsätzlich können Aktionärbindungsverträge auch bei Sittenwidrigkeit unwirksam sein, doch liegt im Umstand, dass durch eine Stimmbindung die freie Meinungsbildung eingeschränkt wird, in der Regel keine Sittenwidrigkeit.
Bei Gesellschaften mit börsenkotierten Aktien sind die Vertragsparteien eines Aktionärbindungsvertrags unter gewissen Umständen «in gemeinsamer Absprache mit Dritten handelnde Personen» oder eine «organisierte Gruppe» im Sinne des Börsengesetzes. Sie unterliegen dann nach Massgabe der Bestimmungen des Börsenrechts Meldepflichten (↑Meldepflichten im Bank- und Finanzmarktbereich) und ↑Angebotspflichten. *Peter Forstmoser*

Aktionärskonsortium
↑Aktionärbindungsvertrag.

Aktionärsoptionen
↑Aktienoption.

Aktionärspflege
↑Investor relations.

Aktionärsvertreter
Aktionärsvertreter im Sinne des Gesetzes ist eine natürliche Person, die Aktionärsinteressen im Verwaltungsrat wahrnimmt, so als Vertreter einer Aktionärskategorie, wenn die Aktiengesellschaft mehrere Aktienkategorien mit unterschiedlichen Stimm- oder Vermögensrechten hat (OR 709 I), oder als Vertreter von Minderheiten, wenn die Statuten ausdrücklich eine solche Bestimmung enthalten.
Aktionärsvertreter ist jedoch auch das Verwaltungsratsmitglied, das eine Gesellschaft, die Aktionärseigenschaft hat, in diesem Gremium vertritt (OR 707 III), oder das aufgrund eines fiduziarischen Mandatsverhältnisses die Interessen eines Aktionärs im Verwaltungsrat wahrnimmt.

Aktionärswert
↑Shareholder value.

Aktive Anlagestrategie
Unter einer ↑Anlagestrategie versteht man jene Grundsätze, nach denen der ↑Portfolio manager das Anlagemanagement ausrichtet. Dabei hat er die Wahl zwischen einer aktiven oder einer passiven Anlagestrategie. Diese Entscheidung hängt wiederum davon ab, welche Annahmen er über die Effizienz der ↑Finanzmärkte (↑Effizienter Markt) trifft. Ein Portfolio manager geht dann von ineffi-

zienten Finanzmärkten aus, wenn er im Markt Anomalien feststellt oder es Marktteilnehmer gibt, die sich nicht rational verhalten. In einer solchen Situation wählt der Portfolio manager oft eine aktive Anlagestrategie. Sein Ziel ist es, den Markt zu schlagen und eine Überperformance zu erreichen. Dabei wird ein Aktienindex als ↑Benchmark gewählt, bei dem eine möglichst hohe ↑Korrelation mit dem entsprechenden Markt besteht.

Damit das ↑Portfolio eine höhere ↑Performance als der Benchmark erzielt, kann der Portfolio manager verschiedene Techniken einsetzen. Bei Aktien kann das ↑Timing berücksichtigt werden. Dabei werden die Zeitpunkte für Käufe und Verkäufe nach verschiedenen Methoden gewählt (beispielsweise mit der Trend-Methode oder mit der Methode der Contrary opinion). Bei der Titelselektion wird, gestützt auf die Ergebnisse der fundamentalen ↑Aktienanalyse, eine Gewichtung vorgenommen. Aktien, die als attraktiv gelten, werden im Portfolio übergewichtet, während unattraktive untergewichtet oder gar nicht vorhanden sind (↑Stockpicking).

Neben der Selektion von Einzeltiteln können auch Gruppenrotationen von Marktsektoren (Länder, Branchen oder Gruppen von Aktientypen) vorgenommen werden. Bei verzinslichen ↑Wertpapieren lässt sich eine ↑Überrendite nur erzielen, indem Zinssatzänderungen ausgenutzt werden. Dafür braucht es Prognosen zur Richtung, dem Ausmass und dem Zeitpunkt der Zinsänderungen. Solche Prognosen werden durch die ↑fundamentale und ↑technische Analyse bereitgestellt. Während sich die fundamentale Analyse mit möglichen Einflüssen auf den Zinssatz beschäftigt, versucht die technische Analyse das Bild der Zinssatzentwicklungen zu interpretieren. Dabei können auch Szenario-Techniken zum Einsatz kommen. Bei der Titelselektion werden über- und unterbewertete Papiere durch die grafische Darstellung von Renditekurven ausfindig gemacht, wobei die Renditekurve die Renditestruktur in Abhängigkeit der ↑Restlaufzeit abbildet. Befindet sich ein Titel über der Renditekurve, ist er kaufenswert und umgekehrt *(Bond picking)*. Beim Bond swapping werden kurzfristige Marktanomalien ausgenutzt, indem zeitgleich Käufe und Verkäufe zweier oder mehrerer Titel getätigt werden.

Eine aktive Anlagestrategie verlangt nach einer häufigen Umschichtung des Portfolios. In der Praxis lässt sich beobachten, dass der Unterhalt eines aktiven ↑Portfoliomanagements aufwändig und hinsichtlich der ↑Transaktionskosten und ↑Management fee relativ teuer ist. Durch die im Portfolio vorgenommene Gewichtung wird das ↑unsystematische Risiko erhöht. Dies ist dann gerechtfertigt, wenn die Erhöhung des Risikos in einer höheren Performance resultiert. Oft wird das Risiko von den Marktteilnehmern aufgrund von vermuteten Informationsvorsprüngen tiefer eingeschätzt, als es tatsächlich ist. In der Praxis gelingt es selten, mit einem aktiven Portfoliomanagement den Markt zu schlagen. Die Mehrheit der Portfolio manager, die eine aktive Strategie fahren, erreichen eine Performance, die tiefer liegt als jene des Benchmarks. ↑Passive Anlagestrategie.

Hans-Dieter Vontobel

Lit.: Auckenthaler, Ch.: Theorie und Praxis des modernen Portfolio-Managements, Bern 1996. – Bruns, Ch./Meyer-Bullerdiek, F.: Professionelles Portfoliomanagement, Stuttgart 2000. – Gast, Ch.: Asset Allocation – Entscheidungen im Portfolio-Management, Bern 1998. – Lottenbach, W.: Der Anlageentscheidungsprozess im internationalen Portfolio Management, St. Gallen 1995

Aktivenüberhang
↑Aktivlastigkeit.

Aktives Konto
Bankkonto (Kreditoren- oder Debitorenrechnung), auf dem Umsatz stattfindet. Kreditorenrechnungen sind für die Bank Ertrag bringend, wenn ein Mindestguthaben (↑Bodensatz) unterhalten und Verkehr über das Konto gelenkt wird. Wenn eine Umsatzkommission (↑Bankprovision) vereinbart wurde, sind aktive Konti für die Banken auch deswegen interessant. Betriebs*kredit*konten sind immer aktive Konti, denn über sie wickelt sich der grösste Teil des laufenden Geldverkehrs ab.

Das Gegenteil des aktiven Kontos ist das inaktive Konto, über das nur ein geringer oder überhaupt kein Verkehr abgewickelt wird.

Aktivgeschäfte
Bankgeschäfte, die sich auf der Aktivseite der ↑Jahresrechnung bei Banken niederschlagen, d.h. ↑Kreditgeschäfte, aber auch eigene Anlagegeschäfte der Bank (Kauf von ↑Wertpapieren oder Beteiligungen). Der Gegensatz dazu sind die ↑Passivgeschäfte. Die Strukturierung der Aktiv- und Passivgeschäfte erfolgt über das ↑Asset and liability management (ALM). Nicht in der Bankbilanz enthaltene Geschäfte sind ↑bilanzneutrale Geschäfte.

Aktivlastigkeit
Von Aktivlastigkeit (auch Aktivenüberhang genannt) spricht man, wenn bei einer Bank, meistens bei einer Geschäftsstelle, mehr Kredite nachgefragt und bewilligt werden als ↑Kundengelder eingehen. Die fehlenden Passiven werden von der Zentrale zur Verfügung gestellt, welche sie – unter interner Zinsverrechnung und je nach Situation – an Geschäftsstellen mit ↑Passivlastigkeit weiterleitet oder am Geld- oder Kapitalmarkt aufnimmt. ↑Refinanzierung.

Aktivsaldo
Differenz, um die bei einem Bestandeskonto die Sollseite grösser ist als die Habenseite. In der Erfolgsrechnung ist der Aktivsaldo der Überschuss der Ertragskonten über die Aufwandkonten (↑Reingewinn).

Aktivzinsen
Zinserträge, im Gegensatz zu ↑Passivzinsen (Zinsaufwendungen).

AKV
Abk. f. Allgemeine Kreditvereinbarungen (AKV). ↑Internationaler Währungsfonds (IWF).

Akzept
Unter Akzept versteht man die Annahme eines ↑gezogenen Wechsels durch den ↑Bezogenen, der damit wechselmässig verpflichtet wird. Die Annahmeerklärung («angenommen» oder «akzeptiert» und Unterschrift des Bezogenen) wird auf die Vorderseite des ↑Wechsels, gewöhnlich links aussen, quer oder unter die Adresse des Bezogenen geschrieben. Schon die blosse Unterschrift auf der Vorderseite des Wechsels gilt als Akzept.
Auch der akzeptierte Wechsel wird als Akzept bezeichnet.

Akzeptakkreditiv
↑Dokumenten-Akkreditiv.

Akzeptant
Der ↑Bezogene eines ↑Wechsels wird durch die unterschriftlich übernommene Verpflichtung, den Wechsel bei ↑Verfall einzulösen, zum Annehmer oder Akzeptant. Er wird dadurch gegenüber dem jeweiligen Wechselinhaber und dem Aussteller wechselrechtlich verpflichtet (OR 1018).

Akzeptauftrag
Als Akzeptauftrag gilt an der ↑SWX Swiss Exchange die Erklärung der Annahme derjenigen bereits im zentralen ↑Auftragsbuch befindlichen Aufträge, die den vom Urheber des Akzeptauftrages gegebenen Spezifikationen («Attributen») entsprechen. Der Akzeptauftrag wird nicht ins Auftragsbuch aufgenommen. Falls er nicht sofort oder nur teilweise ausgeführt werden kann, wird er bzw. der verbleibende Teil vom ↑Börsensystem automatisch gelöscht (Art. 14 Börsenordnung).

Akzeptkredit
Kurzfristiger Kredit, bei dem die Bank sich verpflichtet, die vom ↑Kreditnehmer ausgestellten und auf die Bank ↑gezogenen Wechsel zu akzeptieren. Im ↑Kreditvertrag wird festgelegt, bis zu welcher ↑Kreditlimite und mit welcher Höchstlaufzeit die Bank die auf sie gezogenen Wechsel akzeptiert. Der Kreditnehmer verpflichtet sich, die erforderliche ↑Deckung auf das Fälligkeitsdatum der Wechsel bei der Bank bereitzustellen. Die Bank wird zwar wechselrechtlich Hauptschuldnerin der Wechsel, übernimmt aber unter dem Akzeptkredit vorerst nur eine ↑Eventualverpflichtung und gewährt damit einen ↑Verpflichtungskredit. Sie muss nur dann Mittel zur Verfügung stellen, wenn der Kreditnehmer bei ↑Fälligkeit der Wechsel den Wechselbetrag nicht angeschafft hat.

Akzessorische Sicherheit
Sicherungsrechte, die mit einer Forderung derart verbunden sind, dass sie kraft Gesetzes der Forderung, zu deren Sicherheit sie bestellt sind, folgen und z. B. bei Zession der gesicherten Forderung auf den Zessionar übergehen (akzessorisch = hinzukommend). Sie gehen mit dem Erlöschen der Forderung unter (z. B. ↑Bürgschaften und ↑Pfandrechte).
Hingegen gelten Sicherheiten in Form von Garantien (↑Bankgarantie), Sicherungszessionen oder sicherheitshalber übereigneten ↑Grundpfandtiteln nicht als akzessorisch.

A la baisse
In der ↑Börsensprache Ausdruck für eine ↑Tendenz rückläufiger ↑Kurse oder für ein Verhalten von Anlegern, die mit sinkenden Kursen rechnen. Gegenteil: ↑A la hausse.

A la hausse
In der ↑Börsensprache Ausdruck für eine ↑Tendenz steigender ↑Kurse oder für ein Verhalten von Anlegern, die mit höheren Kursen rechnen. Gegenteil: ↑A la baisse.

A la lyonnaise
↑Emissionsgeschäft.

ALCO
Abk. f. Asset and Liability Committee. Teilnehmer des Asset and Liability Committee sind in der Regel die Geschäftsleitung und Verantwortliche des ALM (↑Asset and liability management) der ↑Bank sowie allenfalls externe ALM-Berater. Das ALCO trifft sich in regelmässigen Abständen (oftmals monatlich) und hat die Diskussion des ALM zur Zielsetzung.

Allfinanz
Allfinanz steht für das *branchenübergreifende Zusammenrücken* (Konvergenz) von Bank- und Versicherungsgeschäft sowie bank- und versicherungsnahen Dienstleistungen. Insbesondere in den 90er-Jahren bekam der Trend hin zur Allfinanz in Europa Aufwind. Die Annäherung von Bank- und Versicherungsgeschäft ist indessen nicht neu. Dokumente aus dem Jahre 976 lassen erstmals auf das Entstehen von Finanzdienstleistungen mit *Bank- und Versicherungscharakter* schliessen. Diese waren für den Aufschwung der maritimen

Handelsbeziehungen des Stadtstaates Venedig von grosser Bedeutung. Der Seewechsel beispielsweise war ein Finanzierungs- und Risikodeckungsvertrag zwischen einem ↑Gläubiger und einem zur See fahrenden Handelsreisenden. Nur nach erfolgreicher und wohlbehaltener Rückkehr in den Ausgangshafen schuldete der Handelsreisende dem Gläubiger das gesamte ↑Darlehen zuzüglich sehr hoher ↑Zinsen. Während für den Gläubiger entweder eine äusserst interessante ↑Rendite oder sonst ein Totalverlust herausschaute (ähnlich wie bei einem ↑Optionsgeschäft), hatte der Schuldner für sein Vorhaben eine finanzielle Sicherheit, die er sich mit der hohen ↑Risikoprämie erkaufte. Missglückte nämlich seine Handelsreise, schuldete er dem Gläubiger für den entstandenen Schaden nichts oder – je nach Vereinbarung – nur einen Teil des ursprünglichen Darlehens. Später wurden weitere Finanzdienstleistungsinstrumente, die Bank- und Versicherungseigenschaften vereinigten, entwickelt. Die Ursprünge solcher Finanzdienstleistungen liegen also weit zurück, nämlich in der Zeit der Entwicklung der grossen Warenumschlagplätze am Mittelmeer.

1. Entwicklung
Heute werden Finanzdienstleistungen in erster Linie von Banken und Versicherungen sowie bank- und versicherungsverwandten Anbietern erbracht. Die branchenspezifische Unterteilung des Finanzdienstleistungsangebots ist nicht Folge von Präferenzen der Nachfrage, sondern primär von übergeordneten *aufsichtsrechtlichen Interessen*. Solche Interessen erschwerten beispielsweise die in der Schweiz im 19. Jahrhundert einsetzende Annäherung zwischen Bank- und Versicherungsinstituten. Gegen Ende des vorletzten Jahrhunderts wurde im In- und Ausland die branchenspezifische Staatsaufsicht eingeführt. Ihr Zweck war es, über die Sicherheit sowohl der Einlagen der Bankkunden als auch der Forderungsansprüche der Versicherungsnehmer zu wachen. Das Bank- und das Versicherungsgeschäft werden seitdem nach unterschiedlichen Kriterien beaufsichtigt.
In den letzten Jahrzehnten begann sich diese aufsichtsrechtlich erzeugte Trennung von Bank- und Versicherungsgeschäft *aufzuweichen*. In England gründete im Jahre 1965 die Barclays Bank die eigene Lebensversicherungsgesellschaft Barclays Life. In den USA versuchten in den 80er-Jahren Unternehmen mit unterschiedlicher Branchenzugehörigkeit, aber ähnlichem Kundenstamm, zu kooperieren und ihren Kunden umfassende Finanzdienstleistungen (Financial services) anzubieten.
Im gleichen Zeitraum begannen sich auch in Europa die Grenzen zwischen Banken und Versicherungen zu verwischen. Getrieben von der sich abzeichnenden *Sättigung einzelner Assekuranzmärkte* begannen Versicherungsgesellschaften zunehmend in traditionelle Domänen der Banken einzudringen. Dabei nahmen sie bankähnliche Dienstleistungen – wie z. B. ↑gemischte Lebensversicherungen mit fonds- oder indexgebundenen Sparplänen, Hypothekarkredite oder auf Fremdwährungen lautende Policen – in ihr Angebot auf. Damit setzte ein Wettbewerb zwischen Versicherungen und Banken um die Ersparnisbildung der Bevölkerung ein, den viele Versicherer zunächst für sich entschieden. Die *Banken* sahen sich veranlasst, verlorenes Terrain im Vorsorgegeschäft durch Innovation wieder zurückzugewinnen. Einige von ihnen gründeten eigene Lebensversicherungsgesellschaften. Später wich dieser Verdrängungswettbewerb zwischen Banken und Versicherungen teilweise unterschiedlichen branchenübergreifenden Kooperationsstrategien. Heute koexistieren im Allfinanz-Geschäft Verdrängungswettbewerb und unterschiedliche partnerschaftliche Geschäftsstrategien zwischen Banken, Versicherungen und anderen branchenverwandten Anbietern.

2. Unterschiedliche Geschäftsmodelle
Allfinanz-Dienstleistungen werden von einem einzigen Anbieter oder gemeinsam von mehreren Unternehmen, die auf unterschiedliche Art und Weise kooperieren können, erbracht. In Europa ist Allfinanz teilweise länderspezifisch ausgeprägt. Die Entwicklung ist von den Strukturen der nationalen Banken- und Versicherungsbranchen, den steuer- und aufsichtsrechtlichen Rahmenbedingungen und dem jeweiligen Vorsorgesystem beeinflusst. In *Frankreich* z. B. hat sich schon früh der Verkauf von ↑fondsgebundenen Lebensversicherungen und steuerbegünstigten Lebensversicherungen über den Bankschalter bewährt. Dabei gelang es insbesondere den in ländlichen Gebieten stark vertretenen genossenschaftlich organisierten Banken und den grossen Geldinstituten, ihr weit verzweigtes Filialnetz für den Verkauf von konzerneigenen, stark standardisierten Personen- und Sachversicherungen erfolgreich zu nutzen. Im Weiteren ist in Frankreich der Versicherungsaussendienst weniger stark verbreitet als in anderen Ländern, wodurch der Verkauf von Policen über den Bankschalter begünstigt wurde. In den *Niederlanden* dagegen spielen unabhängige ↑Makler im gesamten Distributionskonzept der wichtigsten Allfinanzkonglomerate eine bedeutende Rolle. Sie nennen eine kompetente und unabhängige Beratung als ihren komparativen Vorteil gegenüber konzerneigenen, abhängigen Verkaufskanälen wie z. B. Aussendienst, Bankschalter oder Direct marketing. In der *Schweiz* mutierte Allfinanz von einem primär durch Verdrängungswettbewerb zwischen Banken und Versicherungen geprägten Markt zu einer Branche mit vielfältigen Kooperations- und Angebotsmodellen. Diese reichen von der losen funktionsbezogenen Kooperation zwi-

schen zwei oder mehreren wirtschaftlich und rechtlich unabhängigen Unternehmen, zur strategischen Beteiligung an Finanzdienstleistern oder der vollständigen wirtschaftlichen Integration von bestehenden Finanzdienstleistern bis hin zur Gründung einer Versicherung, Bank oder eines Vermögensverwaltungsinstituts durch ein branchenfremdes Unternehmen.

Kurz ausgedrückt kann Allfinanz heute verstanden werden als das Erbringen branchenübergreifender Finanzdienstleistungen und deren koordiniertes Anbieten *aus einer Hand* auf vielfältigen Distributionswegen. Allfinanz bedeutet ein breites, aber nicht zwingend vollständiges Angebot von Finanzdienstleistungen. Branchenübergreifend kooperieren können Banken, Versicherungen, ↑Vorsorgeeinrichtungen, ↑Vermögensverwalter, Warenhäuser usw. Dabei deckt der Begriff Finanzdienstleistungen im weitesten Sinne Beratung, Problemlösungs- und Vermittlungsfähigkeit, Vertrauenswürdigkeit, Service und Erreichbarkeit bei der Lösung finanzieller Fragestellungen ab, was – branchenübergreifend betrachtet – in eine lebensphasenbeziehungsweise unternehmenszyklusbezogene umfassende Finanzberatung für den Kunden mündet.

Allfinanz kann aus einer funktionalen und einer institutionellen Optik betrachtet werden. *Funktional* und aus Kundensicht betrachtet, bündelt Allfinanz nutzenstiftende versicherungs- und banktypische Elemente wie Risikodeckung, ↑Fremdfinanzierung, Vermögensaufbau und -erhaltung, Beratung usw. zu einer Gesamtleistung. Damit wird versucht, den Gesamtnutzen für den Kunden zu erhöhen. Sichtbarste Bestrebung der Allfinanz-Dienstleister, den Kundennutzen so neu zu bündeln, ist die gegenseitige Öffnung der Vertriebsstrukturen (↑Cross selling) und der gemeinsame Aufbau zusätzlicher Vertriebsstrukturen (Multichannel-Management). In der *institutionellen Optik* werden die geeigneten wirtschaftlichen und rechtlichen Kooperationsformen und -tiefen und Geschäftsmodelle für die gemeinsame Erbringung der Dienstleistungen betrachtet. Dabei werden z.B. die traditionellen, branchenspezifischen Dienstleistungen über die Absatzkanäle des Kooperationspartners vertrieben. Es können aber auch Bank- und Versicherungsprodukte zu neuen Dienstleistungspaketen geschnürt werden – wie z.B. die Kombination eines Autoleasing- und eines Motorfahrzeugversicherungsvertrags – und am Kaufort des Gutes abgeschlossen werden. Weder beim Cross selling noch beim Schnüren von Produktpaketen werden die zugrunde liegenden bank- beziehungsweise versicherungsspezifischen Dienstleistungen in ihrem Kern verändert. Es lassen sich jedoch auch neuartige Finanzdienstleistungen für anspruchsvolle, latent vorhandene finanzwirtschaftliche Bedürfnisse von Privat- und Firmenkunden entwickeln. Dabei werden die versicherungs- und bankspezifischen unternehmerischen Möglichkeiten neu gebündelt.

3. Einflussfaktoren

Wirtschaftliche und demografische Entwicklungen, der Wandel der Kundenbedürfnisse und der Fortschritt in der Informations- und Kommunikationstechnologie (ICT) sind entscheidende Auslöser und Triebkräfte der Konvergenz im Finanzdienstleistungsbereich. Das *Wirtschaftswachstum* fördert den allgemeinen Wohlstand und lässt das Volkseinkommen steigen. Damit nehmen die zu verwaltenden Vermögen zu. Der Wandel der Familienstrukturen erfordert eine kompetente Vorsorge-, Erb-, Steuer- und Nachfolgeberatung. Das in vielen Ländern abnehmende Wachstum der Bevölkerung verändert die *Alterspyramide*. Einer wachsenden Zahl Rentenbezüger steht eine abnehmende oder eine langsamer wachsende Zahl Erwerbstätiger gegenüber. Dadurch geraten staatliche, nach dem ↑Umlageverfahren finanzierte Altersvorsorgesysteme in Schwierigkeiten. Somit wächst das Bedürfnis, die staatliche ↑Altersvorsorge durch weitere vermögensbildende, -vermehrende und -erhaltende Massnahmen wie Kollektivsparen in der ↑beruflichen Vorsorge oder eigenverantwortlichen, langfristig orientierten Vermögensaufbau zu ergänzen. Während bei älteren Generationen oft ein von existenziellen Krisen und Schwierigkeiten geprägter, traditioneller Umgang in finanziellen Belangen vorherrscht, haben jüngere Generationen dazu ein offeneres Verhältnis und entwickeln neue Bedürfnisse. Sie wünschen einen raschen, vielfältigen und günstigen Zugang zu Finanzdienstleistungen, Vergleichs- und Auswahlmöglichkeiten, eine hohe Abwicklungs- und Servicequalität, so viel ↑Standardisierung wie möglich und, wo sinnvoll, eine individuell zugeschnittene Beratung. Durch den weltwirtschaftlichen Wandel und die *Öffnung der Märkte* bläst den kleineren, mittleren und grossen Unternehmen ein zunehmend eisiger Konkurrenzwind entgegen. Mit umfassenden Finanzdienstleistungen lässt sich auch das ↑Risiko-, Finanz- und Anlagemanagement der Unternehmen optimieren.

Vor allem der Fortschritt in der *Informations- und Kommunikationstechnologie (ICT)* ermöglicht die Verbesserung des Distributionsnetzes. Die einzelnen Finanzdienstleistungsbestandteile, deren Bündelung und die Distribution der Gesamtleistung lassen sich neu gestalten. Alle Bemühungen dienen letztlich dazu, den Kunden je nach Ausgangslage durch möglichst standardisierte Produkte auf der einen Seite und durch individuell zugeschnittene, aus einer Hand angebotene Dienstleistungen auf der anderen Seite einen möglichst hohen Nutzen zu einem jeweils attraktiven Preis-Leistungs-Verhältnis zu stiften. Der Fortschritt in der ICT wird somit den Wandel der Finanzdienst-

leistungsindustrie wesentlich prägen. Durch das Zusammenführen von Bank- und Versicherungskompetenzen lassen sich auf verschiedenen Stufen der Dienstleistungserbringung *neue Geschäftsmodelle* entwickeln, welche die traditionelle, bank- und versicherungsspezifische Form der Befriedigung der Kundenbedürfnisse ergänzen. Allfinanz wird die Entwicklung neuer, alternativer Geschäftsmodelle vorantreiben, mit dem Ziel, den Kunden Mehrnutzen in Form von besseren Dienstleistungspaketen und relativen Kostenvorteilen zu bieten und letztlich den Unternehmenswert der kooperierenden Finanzdienstleister zu steigern.
↑Risikovorsorge (Allfinanz).   *Erwin Heri*

Allgemeine Geschäftsbedingungen (AGB)
Unter Allgemeinen Geschäftsbedingungen (AGB) versteht man Vertragsklauseln, die *von einer Vertragspartei (dem Verwender) vorformuliert* werden und dazu bestimmt sind, *einer unbestimmten Vielzahl zu schliessender Verträge* zugrunde gelegt zu werden. AGB regeln im Allgemeinen blosse Nebenpunkte des Vertrages (z.B. rechtsgültige Zustellung von Mitteilungen an die zuletzt bekannte Adresse), nicht aber Hauptpunkte wie Kreditdauer und -höhe, ↑Zinssätze usw.; Ausnahmen sind aber denkbar (z.B. Deckungsausschlussklauseln in Versicherungsverträgen). Sie haben eine grosse praktische Bedeutung, da heute zahlreiche Verträge in allen Wirtschaftsbereichen unter Beizug von AGB abgeschlossen werden, und zwar nicht bloss im *Verbraucherrecht*, sondern auch bei *Verträgen unter Geschäftsleuten*. Verwender von AGB sind üblicherweise die Anbieter einer Ware oder Dienstleistung; im kommerziellen Bereich tritt aber öfter auch der Leistungsbezüger als Verwender auf (z.B. Einkäufer-AGB von Grossfirmen). Eine ganz besonders erhebliche Tragweite haben AGB im Bankwesen, weil die Banken sämtlichen Rechtsgeschäften mit ihren Kunden AGB zugrunde legen und diese Banken-AGB wichtige Vertragspunkte zum Gegenstand haben (z.B. Schadenabwälzungsklauseln bei Legitimationsmängeln, allgemeine ↑Pfandklauseln).

1. Funktion von AGB
AGB haben verschiedene Funktionen: Mit ihrer Hilfe will der Verwender seine Geschäftsbeziehungen zu einer Vielzahl von Kunden einheitlich gestalten (*Standardisierungsfunktion*). Sodann dienen AGB in aller Regel dazu, dem Vertragsgegner bestimmte Vertragsklauseln aufzuzwingen (*Diktatfunktion*). Die einzelnen AGB-Klauseln sind in der Praxis denn auch nicht verhandelbar, sondern die AGB müssen vom Kunden als Ganzes akzeptiert werden, wenn er auf den Vertragsschluss nicht verzichten will (Prinzip des «Take it or leave it!»). Erreicht wird dieses Ziel vom Verwender oft, indem er vor Vertragsschluss die Bedeutung der AGB gegenüber dem potenziellen Kunden herunterspielt (*Überrumpelungs- bzw. Täuschungsfunktion*) oder – so etwa im Bankwesen – weil dem Kunden Ausweichmöglichkeiten fehlen, da sämtliche namhaften Branchenmitglieder ähnliche AGB verwenden (*faktisches Konditionenkartell*).

2. Rechtliche Grundprobleme von AGB
Da AGB nicht ausgehandelt, sondern vom Verwender einseitig diktiert werden, entsprechen sie nicht dem klassischen Vertragsmodell, das vom Paradigma der gegenseitigen übereinstimmenden Willensäusserungen (Konsens) als Resultat freier Verhandlungen zweier formell gleichgestellter Parteien ausgeht. Da AGB im Regelfall von der marktstärkeren Partei für eine unbestimmte Vielzahl von Rechtsgeschäften verwendet werden, präsentieren sie sich eher wie hoheitlich erlassene Gesetzesnormen denn wie Vertragsklauseln. Vielfach sind sie *unklar abgefasst, einseitig, unausgewogen* und oft sogar *täuschend*. Aus diesen Gründen ist in der Rechtswissenschaft seit Jahrzehnten unbestritten, dass AGB nicht ausschliesslich nach den gewöhnlichen Regeln des Vertragsrechts beurteilt werden können; notwendig sind vielmehr spezifische Normen zum Schutze des Vertragsgegners, welche die allgemeinen Normen des Vertragsrechts ergänzen.

3. Die Rechtslage in der Schweiz im Überblick
Im Unterschied zu den meisten andern europäischen Ländern verfügt die Schweiz über keine umfassende gesetzliche AGB-Regelung. Insbesondere hat es die Schweiz bisher unterlassen, die EU-Richtlinie 93/13 vom 05.04.1993 über missbräuchliche Klauseln in Verbraucherverträgen (ABl.EG L 95 vom 21.04.1993, 29–34) autonom nachzuvollziehen. Das schweizerische Recht kennt nur vereinzelte Gesetzesnormen, welche AGB-Fragen regeln (vgl. etwa OR 256 II a, OR 288 II a, UWG 8). Europaweit bildet daher die Schweiz eine eigentliche *negative Schutzoase*, insbesondere in Bezug auf Konsumenten-AGB.
Seit Jahrzehnten wird versucht, den gesetzlichen Schutzlücken wenigstens teilweise mit geeigneten richterlichen AGB-Regeln zu begegnen. Die Wirksamkeit dieser Versuche ist allerdings eher gering geblieben, da die Rechtsprechung immer noch vor einer – in der Rechtswissenschaft längst postulierten – offenen AGB-Inhaltskontrolle zurückschreckt und die Konturen der in der Rechtsprechung anerkannten AGB-Kontrollinstrumente relativ unscharf geblieben sind. Dies hat zur Folge, dass der Vertragsgegner im Streitfall kaum verlässlich abschätzen kann, ob ihm gegen einseitige und unausgewogene AGB gerichtlich Schutz gewährt wird. Anders als in andern europäischen Ländern hat sich in der Praxis auch das Instrument des *Verbandsklagerechts*, welches im Bereich des Konsumentenrechts theoretisch existiert (UWG 8 i.V.m. UWG 9 und UWG 10 II b), als unwirksam

erwiesen. Verwender haben somit in der Schweiz (noch) eine gute Chance, ihre AGB (zumindest faktisch) gegenüber den Kunden durchsetzen zu können.

Im Folgenden soll dargelegt werden, wie in einem vertragsrechtlichen Streit zwischen einem Kunden und einem Verwender mithilfe von allgemeinen vertragsrechtlichen Gesetzesnormen sowie der von Rechtsprechung und Lehre entwickelten spezifischen Regeln AGB systematisch überprüft werden können. Zu unterscheiden sind dabei vier verschiedene Kontrollebenen:

– *Die Konsens- bzw. Geltungskontrolle erster Stufe.* AGB werden nur Vertragsbestandteil, wenn bzw. soweit sie in den Vertrag einbezogen werden; d.h. sie müssen vom Konsens der Parteien gedeckt sein. In der Praxis scheitert der gültige Einbezug von AGB vielfach schon am Umstand, dass der Verwender dem Vertragsgegner die AGB nicht vor Vertragsschluss aushändigt oder diesem nicht zumindest ausdrücklich die Möglichkeit einräumt, von den AGB rechtzeitig und in Ruhe Kenntnis zu nehmen (so i.d.R. bei AGB, auf welche der Verwender erst nach Vertragsschluss Bezug nimmt [*nachgeschobene AGB*]). Im Weiteren unterliegen AGB auch den allgemeinen gesetzlichen Bestimmungen der Willensmängelanfechtung (OR 23ff.) und der Übervorteilung (OR 21).

– *Die Auslegungskontrolle.* An sich gültig in den Vertrag einbezogene AGB-Klauseln sind zunächst nach den allgemeinen Interpretationsregeln des Vertragsrechts auszulegen. Massgebend ist dabei in erster Linie der *übereinstimmende wirkliche Wille der Parteien*. Fehlt es daran oder lässt sich eine solche Übereinstimmung nicht feststellen, so kommt das *Vertrauensprinzip* zur Anwendung, nach dem eine Vertragsbestimmung so auszulegen ist, wie sie nach ihrem Wortlaut und Zusammenhang sowie den gesamten Umständen *nach Treu und Glauben* verstanden werden durfte und musste. Führen die allgemeinen Interpretationsregeln zu keinem Resultat, so kommt die von der Rechtsprechung und Lehre entwickelte AGB-spezifische *Unklarheitenregel* zum Tragen. Nach dieser Regel sind AGB-Klauseln im Zweifel zu Ungunsten des Verwenders auszulegen («in dubio contra stipulatorem»; vgl. dazu auch VVG 33).

– *Die Konsens- bzw. Geltungskontrolle zweiter Stufe.* Steht fest, welchen Sinn eine an sich gültig in den Vertrag einbezogene AGB-Klausel hat, so findet eine zweite Konsenskontrolle statt. AGB werden in aller Regel von den Parteien im vorvertraglichen Stadium nicht miteinander besprochen; der formale Einbezug der AGB erfolgt seitens des Kunden im Allgemeinen ohne Verhandlung und Diskussion der einzelnen AGB-Klauseln (*Global-* oder *Totaleinbezug*). In diesem Fall kann der materiell gültige Einbezug einzelner AGB-Klauseln an der *Ungewöhnlichkeitsregel* scheitern: Eine AGB-Klausel ist ungewöhnlich und daher trotz pauschaler Zustimmung vom Konsens nicht gedeckt, wenn sie einen *subjektiv* (d.h. für den konkreten Vertragsgegner) und *objektiv* ungewöhnlichen (d.h. geschäftsfremden) Inhalt hat. Letzteres kann selbst dann der Fall sein, wenn – wie bei einem faktischen Konditionenkartell – eine Klausel branchenüblich ist (so z.B. die berüchtigten Schadenabwälzungsklauseln bei Legitimationsmängeln in den ↑ Allgemeinen Geschäftsbedingungen der Banken, [↑ Legitimationsprüfung]). Auf die Ungewöhnlichkeitsregel kann sich allerdings nur berufen, wer *unerfahren* oder *schwach* ist. Als schwache Partei gilt dabei nach bundesgerichtlicher Rechtsprechung immerhin auch diejenige, welche unabhängig von ihrer wirtschaftlichen Leistungsfähigkeit oder anderen Umständen, die sie als stärkere Partei erscheinen lassen, gezwungen ist, AGB als Vertragsbestandteil zu akzeptieren, weil sie andernfalls kaum einen Vertragspartner findet.

– *Die Inhaltskontrolle.* Als Letztes ist zu prüfen, ob gültig in den Vertrag einbezogene AGB-Klauseln inhaltlich zulässig sind. Massgebend sind hierbei zunächst die allgemeinen Inhaltsschranken des Vertragsrechts (OR 19, 20). Eine AGB-spezifische Inhaltsschranke ergäbe sich sodann aus UWG 8. Nach dieser Bestimmung handelt unlauter, wer vorformulierte AGB verwendet, die in irreführender Weise zum Nachteil einer Vertragspartei von der unmittelbar oder sinngemäss anwendbaren gesetzlichen Ordnung erheblich abweichen oder eine der Vertragsnatur erheblich widersprechende Verteilung von Rechten und Pflichten vorsehen. In der Praxis ist allerdings UWG 8 weit gehend wirkungslos geblieben, weil das Kriterium der «irreführenden Weise» eine allzu hohe Schranke aufstellt. In der Rechtswissenschaft wird seit langem eine umfassende AGB-spezifische Inhaltskontrolle gestützt auf das in OR 19 II aufgeführte Kriterium der öffentlichen Ordnung postuliert. Bei der Konkretisierung des Kriteriums der *öffentlichen Ordnung* könnte auf verschiedene Elemente zurückgegriffen werden: *grundlegende Wertungs- und Ordnungsprinzipien der Gesamtrechtsordnung*, der konkrete *Vertragszweck*, der Gesichtspunkt der *Risikobeherrschung* (so z.B. bei den Schadenabwälzungsklauseln im Falle von Legitimationsmängeln) sowie das *Transparenzgebot*. Die Zukunft wird zeigen, ob das Bundesgericht gelegentlich dieses Postulat verwirklichen wird.

Thomas Koller

Lit.: Fuhrer, St.: Kommentierung von Art. 33 VVG, in: Honsell, H./Vogt, N. P./Schnyder, A. K. (Hrsg.): *Kommentar zum Schweizerischen Privatrecht, Bundesgesetz über den Versicherungsvertrag (VVG)*, Basel, Genf, München 2001. – Kramer,

E. A.: *Berner Kommentar Band VI/1/1*, Bern 1986, Art. 1 OR N 173ff. – Kramer, E. A.: *Berner Kommentar Band VI/1/2/1a*, Bern 1991, Art. 19–20 OR N 270ff. – Schwenzer, I.: *Schweizerisches Obligationenrecht, Allgemeiner Teil*, Bern 2000.

Allgemeine Geschäftsbedingungen der Banken

Mit der ↑ Kontoeröffnung wird zwischen der Bank und dem Kunden eine Geschäftsverbindung begründet. Bei dieser Gelegenheit unterzeichnet der Kunde die Basisdokumente, welche die Geschäftsverbindung als Ganzes regeln. Sie bilden den Rahmen für die gleichzeitig oder später abzuschliessenden konkreten Bankverträge. So hält die Bank bei der Kontoeröffnung regelmässig die Unterschrift des Kunden als Identifikationsinstrument fest; ebenso nimmt sie von den Weisungen des Kunden für die Zustellung der Korrespondenz Kenntnis oder sie nimmt ↑ Vollmachten des Kunden zu den Akten. Auch die Allgemeinen Geschäftsbedingungen der Bank zählen zu diesen Basisdokumenten. Sie regeln diejenigen Grundsätze über den gegenseitigen Geschäftsverkehr, die für alle Kunden in gleicher Weise formuliert werden können.

1. Zur Terminologie
Die Banken wickeln eine grosse Zahl der ↑ Bankgeschäfte auf der Grundlage von Formularen ab, die dem Kunden beim Abschluss des einzelnen Geschäfts zur Unterzeichnung vorgelegt werden und als vorformulierte Verträge rechtlich den Charakter von allgemeinen Geschäftsbedingungen haben (↑ Allgemeine Geschäftsbedingungen [AGB]). Spricht man von den Allgemeinen Geschäftsbedingungen einer Bank, so meint man aber regelmässig nicht diese Formulare, sondern nur das bei der Eröffnung eines Kontos ausgehändigte und vom Kunden anerkannte Basisdokument.

2. Zum Text der AGB der Banken
Die Allgemeinen Geschäftsbedingungen der Schweizer Banken sind im Gegensatz zu jenen der deutschen und österreichischen Banken nicht vereinheitlicht. Zwar hatte die Schweizerische ↑ Bankiervereinigung im Jahre 1966 einen Mustertext formuliert und ihren Mitgliedern empfohlen, sich für ihre AGB an diesem Mustertext zu orientieren. Sowohl dem Gegenstand wie auch dem Inhalt der Regelung, nicht aber ihrem Wortlaut nach, entsprachen die AGB der Mehrzahl der Banken diesen Musterbedingungen. Im Anschluss an die Untersuchung der (damaligen) Kartellkommission über die gesamtschweizerisch wirkenden Vereinbarungen im Bankgewerbe aus dem Jahre 1989 nahm die Bankiervereinigung ihre Empfehlung zurück. Die AGB der Schweizer Banken folgen aber auch heute noch im Wesentlichen den ehemaligen Musterbedingungen. In jüngster Zeit haben einzelne Banken neue Problemfelder zum Gegenstand einer Regelung in ihren AGB gemacht (↑ Bankkundengeheimnis, ↑ Securities lending and borrowing [SLB]).

3. Der Gegenstand der Regelung
Die klassischen AGB der Schweizer Banken sind sehr knapp formuliert. Sie wollen nicht einen ganzen Geschäftsbereich umfassend ordnen, sondern beschränken sich auf einige wesentliche Regeln, die thematisch an folgende Sachbereiche anknüpfen:
1. Die Geschäftsverbindung als solche
2. Das Konto als Instrument der Verbuchung und Kontrolle
3. Die Haftung für Schäden insbesondere aus Unregelmässigkeiten bei der Anbahnung und Abwicklung der Geschäfte.

Von der *Geschäftsverbindung* als solcher handeln die Klauseln über das Recht der Bank zur ↑ Kündigung der Geschäftsbeziehung und von Krediten, die Gleichstellung der Samstage mit den Feiertagen, das anwendbare Recht und den ↑ Gerichtsstand und die Änderung der Allgemeinen Geschäftsbedingungen. Vom ↑ *Konto und von der* ↑ *Kontoführung* im weitesten Sinn handeln die Klauseln über den Kontokorrentverkehr, das ↑ Pfand- und Verrechnungsrecht der Bank (↑ Pfandklausel, ↑ Generalpfandklausel), die Rückbelastung von unbezahlten ↑ Wechseln und ↑ Checks, die Fremdwährungskonten (↑ Fremdwährungskonto [Kundenkonto]), die Adressierung der Mitteilungen der Bank, die Pflicht des Kunden zur Prüfung der Mitteilungen der Bank und die Pflicht des Kunden zur Beanstandung fehlerhaft ausgeführter Aufträge. Von der *Haftung für Schäden* handeln die Klauseln über die Verbindlichkeit der der Bank bekannt gegebenen Unterschriftenregelung, die Folgen des Verlusts der Handlungsfähigkeit des Kunden, die Folgen des Nichterkennens von Legitimationsmängeln (↑ Legitimationsprüfung), die Folgen aus Übermittlungsfehlern und die Folgen der Nichtausführung oder verspäteten Ausführung von Aufträgen.

4. Würdigung
Die AGB sind eine notwendige Folge des Massengeschäftes, das ein individuelles Aushandeln der Vertragsbedingungen zwischen dem Kunden und der Bank ausschliesst. Einzelne Klauseln, insbesondere diejenigen über das Pfand- und Verrechnungsrecht, die Fremdwährungskonten, die Folgen der Nichterkennung von Legitimationsmängeln und der Nichtausführung oder verspäteten Ausführung von Aufträgen sind seit Jahren Gegenstand teils kritischer, teils verständnisvoller Beurteilung durch Lehre und Justiz. Eine ausgewogene Würdigung der einzelnen Klauseln setzt

die Kenntnis der betrieblichen Erfordernisse des Bankgeschäfts voraus. *Christian Thalmann*
Lit.: *Thalmann, Ch.: Die Bedeutung Allgemeiner Geschäftsbedingungen im schweizerischen Bankverkehr, in: Giger, H./Schluep, W. R.: Allgemeine Geschäftsbedingungen in Doktrin und Praxis, Zürich 1982.*

Allgemeine Kreditvereinbarungen (AKV)
↑Internationaler Währungsfonds (IWF); ↑G 10.

Allgemeine Liquidität
↑Liquidität (Allgemeines und Aufsichtsrechtliches).

All-in-fee
Die All-in-fee findet in der an einen Finanzdienstleister delegierten ↑Vermögensverwaltung und im Anlagefondsgeschäft Anwendung. Sie ist eine Gebühr, die sämtliche mit der Verwaltung, mit Kauf, Verkauf und Verwahrung von ↑Wertpapieren anfallenden Kosten und sonstige Aufwendungen einschliesst. Ausgenommen sind in der Regel Stempelabgaben und Mehrwertsteuer, allfällige ausländische ↑Courtagen und Gebühren sowie erweiterte Beratungsleistungen (z.B. Steuerberatung). Die All-in-fee ist eine Gesamtkostenpauschale; sie kann auch als Kostendach angesehen werden.

All Ordinaries Index
Der *All Ordinaries Index* mit 500 ↑Aktien galt lange Zeit als Leitindex der ↑*Australian Stock Exchange (ASX)*. Mit der Umstellung der australischen ↑Index futures auf den *Standard & Poor's/ASX 200 (S&P/ASX 200)* hat dieser Index die Nachfolge des All Ordinaries angetreten. Der S&P/ASX 200 enthält stets 200 ↑Titel und wird seit Oktober 2002 nach der streubesitzadjustierten ↑Börsenkapitalisierung gewichtet. Um die Geschichte des All Ordinaries zu erhalten, wurde der S&P/ASX 200 zum 31.03.2000 mit der Indexzeitreihe des All Ordinaries verknüpft. Die Zeitreihe des All Ordinaries beginnt mit 500 Indexpunkten am 31.12.1979. ↑Aktienindex.

All-or-nothing-Option
Gehört zu den ↑binären Optionen, die ein nicht stetiges Auszahlungsprofil aufweisen. Bei ↑Verfall zahlt eine All-or-nothing-Option einen festgelegten Betrag aus, der unabhängig davon, wie tief die Option im Geld ist, konstant ist. Im Fall, dass die Option nicht im Geld endet, findet keine Auszahlung statt.

ALM
Abk. f. ↑Asset and liability management.

Al pari
↑Pari, al pari.

Alpha
Das Alpha misst den Durchschnitt der *unsystematischen* Renditen von ↑Effekten. Die *marktbezogene* Rendite wird dagegen durch den ↑Beta-Faktor gemessen. ↑Portfolio-Alpha.

Alphafaktor
Im ↑Capital asset pricing modell (CAPM) gibt der Alphafaktor die risikoadjustierte Über- (im Falle eines positiven ↑Alphas) beziehungsweise Unterrendite (bei einem negativen Alpha) einer Anlage oder eines ↑Portfolios an und dient somit als Performance-Mass (↑Performance, ↑Portfolio management [Aktienfonds]). ↑Jensen-Alpha.

ALPS
Abk. f. ↑Adjustable long term puttable securities (ALPS). Börsenbezeichnung für langfristige Frankenanleihen, die in US-Dollar zu einem festen, bei der ↑Emission festgesetzten ↑Wechselkurs verzinst werden. Die Verzinsung wird nach Ablauf einer bestimmten ↑Periode aufgrund eines ↑Referenzzinssatzes angepasst.

Alternative Banken
↑Ökobanken.

Alternative Handelssysteme
↑Handelssysteme; ↑Alternative trading system (ATS).

Alternative Kapitalanlagen
In der Sprache der ↑Vermögensverwaltung werden traditionelle Anlageklassen, also Aktien, Obligationen und Geldmarktprodukte, sowie nicht traditionelle oder alternative Kapitalanlagen unterschieden.
Für die Abgrenzung werden verschiedene Kriterien wie Rendite-, Risiko- und Korrelationsverhalten beigezogen, weiter auch ↑Liquidität und Transparenz.
Alternative Kapitalanlagen lassen sich kategorisieren: ↑Private equity, ↑Hedge funds, ↑Commodities, Real estate (↑Immobilien als Kapitalanlage) und ↑High yield bonds.
Private equity wird definiert als eine Finanzierungsart, bei welcher nicht kotierten Unternehmen in einer entscheidenden Phase ihrer Entwicklung ohne ausreichende Sicherheiten mittel- bis langfristig Kapital und, bei Bedarf, Managementunterstützung zur Verfügung gestellt wird. Es besteht von vornherein die Absicht, die Beteiligung wieder zu veräussern, um einen dem eingegangenen Risiko entsprechenden hohen Gewinn zu realisieren. Strengere Richtlinien der Banken bei der Vergabe von Unternehmenskrediten und der demzufolge grössere notwendige Anteil von ↑Eigenkapital, aber auch die Aussicht auf hohe Kapitalgewinne haben die Nachfrage nach Private-equity-Anlagen sowohl bei ↑institutionellen Anle-

gern als auch bei privaten ↑Investoren in den letzten Jahren deutlich erhöht. Als Beteiligungsformen werden unterschieden: ↑Direktinvestitionen in einzelne Gesellschaften, Investitionen in einen Private-equity-Fonds sowie Investitionen in ein Fund-of-funds-Konzept. Bei Direktinvestitionen verzichtet der Investor auf den Einbezug von Intermediären. Der Investor trägt das gesamte Risiko allein, d. h., er evaluiert die Beteiligung und betreut sie während des gesamten Investitionszeitraums bis zum Ausstieg. Hohe Kapitaleinlagen in der Anfangsphase und kaum Rückflüsse sind charakteristisch für diese Investitionsart. Eine ↑Diversifikation kann nur erreicht werden, wenn in eine genügend grosse Anzahl von Projekten investiert werden kann. Anders sieht es beim Investment in einen Fund (Private equity fund) aus. Diese sind meist als Teilhaberschaft mit begrenzter Haftung organisiert. Das ist zu vergleichen mit einer Kommanditgesellschaft bzw. mit einer Limited partnership (L.P.). Die Investoren treten als Limited partner auf, die Investment-Manager als General partner. Letztere sind für die Auswahl der Unternehmen, die Strukturierung und die Betreuung des Beteiligungsportfolios verantwortlich. Der Investitionsprozess wird von Spezialisten durchgeführt. Als J-Kurven-Effekt bezeichnet man die Tatsache, dass die Zahlungsströme aufgrund von ↑Management fees und schlechten Investments zu Beginn rasch zu Kosten respektive Verlusten führen, während sich der Erfolg von guten Beteiligungen in der Regel erst nach etwa 5–7 Jahren einstellt.

Der ↑Fund of funds investiert als Dachgesellschaft in verschiedene Private equity funds. Die Dachgesellschaft tritt als Limited partner diverser Beteiligungsgesellschaften auf. Bei Direktanlagen und Anlagen in Limited partnerships ist die Liquidität sehr gering. Es besteht jedoch ein ↑Sekundärmarkt. Funds werden meistens mit einem Discount auf den ↑inneren Wert gehandelt. Direktanlagen werden an Investoren mit strategischem Interesse zum höchstmöglichen Preis veräussert. Bei börsenkotierten Fund of funds ist die Liquidität höher, die gehandelten Volumen sind jedoch immer noch gering. Der *J-Kurven-Effekt* ist aufgrund des hohen Diversifikationsgrades von Fund of funds weniger stark. Private equity ist nicht zu verwechseln mit ↑Venture capital, obwohl die beiden Begriffe oft synonym verwendet werden.

Hedge funds zeigen ganz andere Charakteristika. Als ↑Hedge wird normalerweise eine Absicherung einer Anlage vor bestimmten, potenziellen Ereignissen bezeichnet. Ein solches Ereignis, beispielsweise eine Zinsänderung, ein Börseneinbruch oder eine Wechselkursveränderung, kann durch spezielle Finanztransaktionen oder durch den Einsatz von ↑Derivaten (↑Futures, ↑Optionen, Warrants) abgesichert werden.

Hedge funds haben damit aber wenig zu tun. Sie sind zwar ebenfalls in der Lage, in derivative Instrumente zu investieren und Leerverkäufe zu tätigen. Dies erfolgt jedoch nicht zur Absicherung, sondern aus Anlagegründen (↑Leverage). Hedge funds zielen auf eine positive und risikoeffiziente Wertentwicklung ab, und zwar unabhängig vom Marktumfeld. Die absolute Rendite unter Einsatz eines aktiven ↑Risikomanagements steht in jedem Fall im Vordergrund. Der Hedge-fund-Manager profitiert von einer gewinnabhängigen Entlöhnung. Von wesentlicher Bedeutung ist ferner, dass der Hedge-fund-Manager eigenes Kapital zu gleichen Bedingungen in den Fund anlegt, wie das Investoren tun. Ein wichtiger Punkt ist die «Survivorship bias». Die Regulierung von Hedge funds ist je nach Domizil unterschiedlich. Während Onshore funds registriert sind und in diesem Rahmen automatisch einer Kontrolle unterliegen, ist die Erfassung und Überprüfung von ↑Offshore funds schwieriger. Die Hedge-fund-Manager geben die Performancezahlen weit gehend auf freiwilliger Basis bekannt. Eine objektive und systematische Erfassung durch eine unabhängige Stelle, wie dies bei den ↑Aktienindices der Fall ist, gibt es nicht. Die Versuchung, schlechte Performancezahlen nicht zu publizieren, liegt daher nahe. Wenn ein Fund seine Daten nicht mehr an die Datenbank liefert, fällt er aber aus der Statistik. Die rigide Handhabung der Administration und des Audits sind hier von vordringlicher Wichtigkeit.

Die Auffächerung in verschiedene Stilrichtungen und Strategien ist vielfältig. Es gibt keine einheitlich definierten Kategorien. Trotz der verschiedenen Klassifizierungssysteme lassen sich prinzipiell fünf verschiedene *Hedge-funds-Stilrichtungen* unterscheiden. Daneben stehen die «Multimanager-Produkte» oder auch Fund of funds. Im Folgenden werden die repräsentativen Strategien kurz vorgestellt. Dies sind Long-short-Strategie, Global-macro-Strategie, Event-driven-Strategien, marktneutrale Strategien, Commodity trading advisors (CTA) und Multi-Manager-Produkte. Bei *Long-short-Strategien* steht das Investment in Aktien und ↑Aktienderivate im Vordergrund. Long short hedge funds setzen ↑Fremdkapital ein und variieren ihren Investitionsgrad je nach Markteinschätzung. Beim *Global-macro-Ansatz* wird versucht, eine opportunistische Position zu fahren, die auf gesamtwirtschaftliche Entwicklungen verschiedener Märkte und Branchen setzt. Dies erfolgt mithilfe von Analysen und Prognosen für ↑Zinssätze, ↑Währungen, Aktien, Rohstoffe und ↑monetäre Entwicklungen. Die *Event-driven-Strategien* spekulieren auf spezifische (Einzel-)Vorkommnisse, bei denen sie mitunter auch als Katalysator wirken. Als konkrete Ereignisse lassen sich Firmenübernahmen, ↑Fusionen sowie finanzielle oder operative ↑Restrukturierungen nennen. *Marktneutrale Strategien* versuchen, vorwiegend durch Arbitragegeschäfte (↑Arbitrage) positive Renditen zu erzielen, indem sie ↑Marktrisiken absichern. Die *Commodity trading advisors* (CTA) und Managed-futures-Fonds werden häufig als separate Anlagekategorie dargestellt. Die Strategien von Managed futures sind mit den Globalmacro-Strategien vergleichbar. Sie konzentrieren sich im Allgemeinen auf ↑Long und ↑Short positions in Derivaten aus dem Commodity- oder *Aktienbereich*.

Fund of funds oder *Multi-Manager-Produkte* fassen verschiedene Hedge funds in einem ↑Portfolio zusammen. Der Diversifikationseffekt spiegelt sich dabei in einer breit gestreuten Investition über alle Stilrichtungen wider oder wird durch die Abbildung spezifischer Stil-, Länder- oder Risikoschwerpunkte reflektiert.

Die Erwirtschaftung attraktiver Erträge bei geringer ↑Volatilität und moderaten Verlustrisiken machen Hedge funds für den Investor interessant. Die Bedeutung als Portfolioergänzung dürfte sowohl bei institutionellen Anlegern als auch bei privaten Investoren weiter zunehmen. Im Gegensatz zu Private equity greifen Hedge funds meist auf kotierte Aktien, Anleihen oder deren Derivate zurück. Durch spezielle Anlagetechniken heben sie sich jedoch von einem traditionellen Portfolio ab. Die Hedge funds stellen somit streng genommen nicht eine eigene Anlageklasse dar. Sie sind vielmehr als alternative Anlagemethode zu betrachten.

Als *Commodities* bezeichnet man grundsätzlich jegliche Art börsennotierter Handelswaren. Diese lassen sich den drei Kategorien Agrarprodukte, Metalle und Energie zuordnen. Der Diversifikationseffekt für das Gesamtportfolio und die Vermutung längerfristig steigender Commodity-Preise im Umfeld einer global wachsenden Wirtschaft lassen diese Anlagekategorie interessant erscheinen. Während traditionelle Anlagen wie Aktien und Anleihen im Wesentlichen auf Zinsveränderungen reagieren, hängen die Commodity-Preise weit gehend von Angebot und Nachfrage ab. Im angelsächsischen Raum hat sich diese Anlageklasse etabliert, während man ein Commodity exposure in Portfolios von privaten und institutionellen Anlegern auf dem europäischen Festland selten antrifft.

Immobilien-Anlagen (Real estate) lassen sich in drei Hauptkategorien unterteilen: Industrie- und Büroraum, Wohnraum sowie Land und Wald. Die jüngsten Marktbewegungen zeigen einen Trend zur aktiven Bewirtschaftung der Immobilien-Portfolios. Entsprechend folgen diese Portfolios einem projektorientierten Ansatz. Die Realisierung von Kapitalgewinnen steht neben Einnahmen aus Miete und Pacht im Vordergrund.

High yield bonds sind hoch verzinsliche Anleihen, die von massgebenden Rating-Agenturen (↑Rating) beurteilt werden, von mindestens einer dieser Agenturen jedoch nicht die Qualifikation «Investment grade» erhalten, also mit BB+ (S&P) bzw. Ba1 (Moody's) oder tiefer eingestuft sind.

↑Zinsendienst und ↑Rückzahlung unterliegen spezifischen Risiken, weshalb diese Obligationen als spekulativ betrachtet werden müssen.

High yield bonds umfassen Anleihen sowohl von Staaten, Gebietskörperschaften und Unternehmen. Neben der traditionellen Verbriefung trifft man auch ↑strukturierte Produkte an. Zusätzlich zum ↑Zinsänderungsrisiko existieren bei High yield bonds erhebliche ↑Kreditrisiken sowohl systematischer wie nicht systematischer Natur sowie potenziell signifikante ↑Liquiditätsrisiken. Die Kreditrisiken sind in der Regel umso höher zu veranschlagen, je tiefer das Rating der Anleihe steht. Im spekulativen Bereich muss davon ausgegangen werden, dass insgesamt das Kreditrisiko einer Anleihe das Zinsänderungsrisiko dominiert. Mit unterschiedlichen Faktoren der Preisbildung vermindert sich in systematischer Weise die Korrelation zu Obligationenmärkten mit blossen Zinsänderungsrisiken (im Idealfall zum U.S.-Treasury-Markt). Die Bedeutung gut diversifizierter High-yield-bond-Anlagen liegt in signifikant höheren ↑Umlaufrenditen bei geringer Korrelation zu den traditionellen Märkten. *Mathias Walti*

Alternative risk transfer

Unter dem Begriff Alternative risk transfer (ART) werden versicherungsbasierte Lösungen zur Absicherung von finanziellen Risiken verstanden. Im Mittelpunkt steht insbesondere die Absicherung der Gesamtbilanz anstelle der bisherigen Einzelrisikoabsicherung auf der Basis eines Risikoausgleichs über die gesamte ↑Laufzeit des Kontraktes. Alternative risk transfer steht vor dem Hintergrund einer Erweiterung des traditionellen Erst- und Rückversicherungsgeschäfts. Im Gegensatz zu Finanzmarktabsicherungen steht ein deutlich weiter gefasster Risikobegriff im Zentrum. Die Absicherung nicht gehandelter und nicht versicherbarer Risiken (es können auch mehrere Risikoklassen in eine ART-Lösung integriert werden) ermöglicht es den Unternehmen, einen substanziellen Risikotransfer vorzunehmen, dessen Effizienz höher als bei traditionellen Industrieversicherungen ist. *Stephan Jaeger*

Alternative trading system (ATS)

Alternative trading systems (ATS) sind elektronische Wertschriftenhandelssysteme (↑Handelssystem), die potenzielle Käufer und Verkäufer unter ↑Desintermediation der klassischen Brokerfunktion zusammenbringen.

Mangelnde Anpassungsfähigkeit, vor allem der traditionellen US-amerikanischen Wertschriftenmärkte in den 1980er- und 90er-Jahren, liessen Alternative trading systems entstehen, die in erster Linie im Vergleich mit ↑Präsenzbörsen aber auch mit ↑NASDAQ Vorteile in den Bereichen ↑Transaktionskosten, Geschwindigkeit und Zugänglichkeit aufweisen.

ATS werden oft in zwei Hauptgruppen aufgeteilt: erstens die Crossing systems (z.B. POSIT), die Kauf- und Verkaufaufträge ohne Preisangabe während bestimmten Zeitfenstern zu einem von den Börsenkursen (↑Kurs) abgeleiteten ↑Mittelkurs zu einer Handelstransaktion zusammenführen, und zweitens die ↑Electronic communication networks (ECN). *Werner Frey*

Altersrente
↑Leibrente.

Alterssparkonto, Alterssparheft
Mit dem Alterssparkonto, Alterssparheft bieten die meisten Banken ein ↑Sparkonto, Sparheft an, das nur einer durch das Lebensalter (meist ab 60 Jahren) begrenzten Kundengruppe eröffnet wird. In der Regel verzinsen die Banken die Einlagen auf dem Alterssparkonto oder Alterssparheft höher als jene auf dem gewöhnlichen Sparkonto bzw. Sparheft. Das Alterssparkonto bzw. Alterssparheft profitiert ebenfalls vom gesetzlichen ↑Konkursprivileg nach BankG 37a (↑Sparkassengeschäft).

Altersvorsorge
Der Begriff Altersvorsorge bedeutet im übertragenen Sinne die Sicherstellung des Einkommens für die Zeit nach der Pensionierung. Die Altersvorsorge beruht in der Schweiz auf dem so genannten Dreisäulenkonzept, das im Jahre 1972 in die Bundesverfassung (BV 34^{quater}) aufgenommen wurde.

1. Die Aufgaben der drei Säulen bezüglich der Altersvorsorge
Die erste Säule, die staatliche Vorsorge (AHV), soll das Existenzminimum im Alter sichern. Die zweite Säule, die ↑berufliche Vorsorge mit der Pensionskasse, hat zum Ziel, zusammen mit den Leistungen aus der ersten Säule die Erhaltung des gewohnten Lebensstandards im Alter in angemessener Weise zu ermöglichen. Die ↑dritte Säule schliesslich dient der individuellen Selbstvorsorge.
– *Erste Säule:* Die Höhe der AHV-Altersrente hängt im Wesentlichen von der durchschnittlichen AHV-pflichtigen Lohnsumme ab, die der Rentenberechtigte über sämtliche Beitragsjahre (Männer 44 Beitragsjahre, Frauen je nach Jahrgang 42 oder 43 Jahre) hinweg gesehen erzielt hat. Derzeit (Stand 2002) betragen die ordentlichen Renten für Einzelpersonen im Minimum CHF 12 360 pro Jahr, im Maximum CHF 24 720. Für Ehepaare ist die Höchstrente auf zusammen CHF 37 080 jährlich plafoniert. Fehlende Beitragsjahre bewirken eine prozentuale Kürzung der ordentlichen Renten. Diese Rentenbeträge werden vom Bundesrat periodisch der Lohn- bzw. Preisentwicklung angepasst.
– *Zweite Säule:* Die zweite Säule wird im so genannten ↑Kapitaldeckungsverfahren finanziert. Dies im Gegensatz zum ↑Umlageverfahren in der ersten Säule. Das gesetzliche Leistungsziel der zweiten Säule ist es, bis zu einer klar definierten Lohngrenze – im 2002 liegt diese bei CHF 74 160 pro Jahr – zusammen mit der ersten Säule eine Gesamtrente von 60% des durchschnittlichen Lohnes zu gewähren. Mit der Erfüllung der gesetzlichen Mindestvorschriften kann dieses Ziel aber allenfalls nur bei einem Teil der Versicherten erreicht werden. Insbesondere Personen mit einem Jahreseinkommen, das diese Lohngrenze übersteigt, kommen mit der gesetzlichen Lösung folglich im Alter mit AHV- und Pensionskassenrente auf weniger als 60% ihres durchschnittlichen Einkommens. Fortschrittliche Unternehmen haben daher Pensionskassenlösungen für ihre Mitarbeiter, die über den obligatorischen Minimalleistungen liegen. Verbessern lassen sich die Pensionskassenaltersleistungen etwa auch durch freiwillige Einkäufe während der Erwerbszeit. Solche freiwilligen Pensionskasseneinkäufe lohnen sich auch aus steuerlicher Hinsicht, können sie doch bis zu einer bestimmten Limite vom steuerbaren Einkommen abgezogen werden. Darüber hinaus besteht die Möglichkeit, die Altersleistungen im Rahmen der freiwilligen dritten Säule weiter zu verbessern.
– *Dritte Säule:* In der dritten Säule, der privaten Selbstvorsorge, wird unterschieden zwischen der gebundenen Vorsorge (Säule 3a) und der freien Vorsorge (Säule 3b). Die Säule 3a hat klar definierte Vorgaben und ist an strikte Auflagen, beispielsweise bezüglich Verfügbarkeit der Gelder und Höhe der erlaubten Einzahlungen, gebunden. Im Gegenzug geniesst die Säule 3a grosse steuerliche Privilegien, indem etwa die Einzahlungen bis zu einer bundesrätlich festgelegten Limite vom steuerbaren Einkommen abgezogen werden dürfen. Für Erwerbstätige mit Pensionskasse beträgt diese Limite aktuell (Stand 2002) CHF 5 933 pro Jahr; Erwerbstätige ohne Pensionskasse und Selbstständige dürfen maximal 20% ihres Einkommens, höchstens aber CHF 29 664 einzahlen. Die Säule 3b hingegen ist viel flexibler als die Säule 3a, bietet dafür allerdings auch weniger Steuerprivilegien. Im weiteren Sinn gehört auch sonstiges Privatvermögen wie ↑Wertschriften und ↑Immobilien zur Säule 3b, da diese im Notfall ja liquidiert und damit das notwendige Einkommen im Alter finanziert werden könnte.

2. Altersvorsorge heute und in Zukunft
Altersarmut gibt es auch in der Schweiz, einem der reichsten Länder in der Welt. Sie droht zu einem gesellschaftlichen Problem zu werden, denn schon heute leben viele Altersrentner im oder am Rande des Existenzminimums. Seit Einführung der beruflichen Vorsorge im Jahre 1975 hat sich die finan-

zielle Situation der Altersrentner und Altersrentnerinnen zwar etwas gebessert. Allerdings darf dies nicht darüber hinwegtäuschen, dass die Renten aus erster und zweiter Säule heute häufig nicht genügen, das vom Gesetzgeber definierte Leistungsziel – nämlich den gewohnten Lebensstandard aufrechtzuerhalten – zu erreichen.

Ein weiterer Problemkreis besteht darin, dass das Vertrauen der Schweizer Bevölkerung in die staatliche AHV aufgrund der Finanzierungsprobleme, die angesichts der zunehmenden Überalterung vorhersehbar sind, zunehmend schwindet. Auch in der zweiten Säule zeichnen sich aufgrund der allgemein steigenden Lebenserwartung Finanzierungsprobleme ab. Im Rahmen der anstehenden 1. Revision des Gesetzes über die berufliche Vorsorge (BVG) wird denn auch bereits heftig über eine Senkung des Renten-Umwandlungssatzes debattiert. Dies hätte für viele eine namhafte Reduktion der zukünftigen Altersrente aus der zweiten Säule zur Folge.

Der freiwilligen Selbstvorsorge (dritte Säule) im System der Altersvorsorge kommt aufgrund der beschriebenen Problemkreise eine immer wichtigere Bedeutung zu. Sie muss die staatliche Altersvorsorge nicht nur ergänzen, sondern dereinst vielleicht sogar ersetzen. Die Erhaltung der staatlichen Vorsorge im bisherigen Umfang wird denn auch eine echte Herausforderungen für den Gesetzgeber in den nächsten Jahren sein. Ob das angesichts der demografischen Entwicklung gelingt, muss sich erst noch weisen. Wer sich auf seine eigenen Ersparnisse besinnt und die Vorsorge möglichst auf privater Basis plant, ist in jedem Fall besser beraten. *Matthias Reinhart*

Altlastenrisiken
Altlastenrisiken sind in der Bilanz nicht erfasste, verdeckte oder stille Lasten aus einer zu erwartenden Vermögenseinbusse, die bei der Geschäftstätigkeit in einer unter Umständen schon länger zurückliegenden Rechnungsperiode entstanden sind. In der Regel handelt es sich um Umweltschäden (z. B. kontaminierte Böden), nicht bereinigte Ertragsschwächen von Tochtergesellschaften, unterlassener Gebäudeunterhalt oder unzureichende Ausstattung von Personalvorsorgeeinrichtungen.

Es ist bei Firmenübernahmen wichtig, im Rahmen einer Due-diligence-Prüfung (↑ Due diligence) solche Altlastenrisiken zu erfassen. Sie vermindern den Unternehmenswert. *Max Boemle*

American Bankers Association (ABA)
US-amerikanische Vereinigung der Banken mit landesweiter Verbreitung (mehr als 90% der US-Banken sind Mitglieder). Die American Bankers Association wurde 1875 gegründet und hat ihren Sitz in Washington DC. Ihre Tätigkeit umfasst allgemeine, weit gespannte Verbandsarbeit, Informationsbereitstellung, Ausbildung usw. für die Mitglieder.

American depositary receipts (ADR)
Unter einem American depositary receipt (ADR) ist ein für eine amerikanische Bank (Depositary bank) auf den Namen des Anlegers lautendes ↑ Zertifikat zu verstehen, welches Aktien einer ausländischen Gesellschaft repräsentiert, die entweder bei der Depositary bank oder einer von dieser beauftragten Bank (Custodian bank, ↑ Depotbank) hinterlegt worden sind. Diese Zertifikate lauten auf American depositary shares, ADS, (↑ Shares). Ein ADR-Programm kann so ausgestaltet werden, dass eine Aktie einer ausländischen Gesellschaft bei einem die amerikanischen Usanzen übersteigenden ↑ Kurswert mehreren ADS entspricht. Auf diese Weise konnten bis zur Revision der Nennwertvorschriften im Jahr 2000 schwere Aktien (↑ Schweres Papier) schweizerischer Gesellschaften de facto gesplittet werden.

American depositary receipts werden im Rahmen von ADR-Programmen ausgegeben, wobei zwischen nicht geförderten (unsponsored) und geförderten (sponsored) Programmen unterschieden wird. «Unsponsored» ADR-Programme dienen ausschliesslich für nicht börsenkotierte ↑ Emissionen. Sie gehen auf die Initiative von Effektenhändlern und Banken zurück und bedürfen nicht der Zustimmung des Unternehmens. Sie haben nur eine untergeordnete Bedeutung. Grundlage eines «sponsored» ADR-Programms ist eine Vereinbarung zwischen der Depositary bank und der ausländischen Gesellschaft, Deposit agreement, genannt. Die Initiative geht von der ausländischen Gesellschaft aus, welche auch für die Kosten aufkommt. Die Gesellschaft verpflichtet sich, sämtliche US-Offenlegungsvorschriften zu beachten.

Die Vorteile eines ADR-Programms für den amerikanischen Anleger liegen im Angebot von ausländischen Aktien zu den in US-Märkten üblichen Kursen sowie in der Auszahlung der Dividenden in US-Dollar. Für die Gesellschaft können mit ADR neue Anlegerkreise erschlossen werden, insbesondere ↑ institutionelle Anleger, welche aufgrund von Anlagevorschriften nur US-Wertpapiere erwerben dürfen. *Max Boemle*

American Institute of Banking
Grösstes Banken-Ausbildungszentrum der Welt. Es wird von der ↑ American Bankers Association (ABA) betrieben.

American Stock Exchange (AMEX)
↑ AMEX.

Amerikanische Option
Eine amerikanische Option beinhaltet das Recht des Käufers, eine bestimmte Menge eines ↑ Basiswertes zu einem bestimmten Preis während der

↑Optionsfrist zu kaufen (im Falle einer Call option, ↑Call) beziehungsweise zu verkaufen (im Falle einer Put option, ↑Put). Die Ausübung kann, im Gegensatz zur ↑European option, *jederzeit* innerhalb der Optionsfrist erfolgen.

Amerikanisches Tenderverfahren
↑Bundestender.

AMEX
Die American Stock Exchange (AMEX) ist nach der New York Stock Exchange (NYSE) und dem ↑NASDAQ die drittgrösste Aktienbörse der USA. Neben Einzelwerten werden an der AMEX zahlreiche börsengehandelte ↑Fonds oder ↑Exchange traded funds (ETF) gehandelt.
Links: www.amex.com

Am-Geld-Option
↑At the money option.

Am kurzen Ende
↑Kurzfristig.

Am langen Ende
↑Langfristig.

Amortisation
Der Begriff hat verschiedene Bedeutungen: Tilgung von Schuldverpflichtungen (↑Tilgungsplan), ↑Annuität, ↑Amortisationshypothek, Kraftloserklärung von Wertpapieren, eine besondere Form des Rückkaufs von Aktien im Hinblick auf deren Vernichtung, veralteter Ausdruck für ↑Abschreibungen (Amortisationskonto).

Amortisationsanleihen
Anleihen, die nach einem festgelegten ↑Tilgungsplan zurückbezahlt werden, entweder in festen Tilgungsraten oder durch ↑Auslosung. Amortisationsanleihen sind auf dem schweizerischen Kapitalmarkt nicht mehr üblich.

Amortisationsdauer
↑Payback-Periode.

Amortisationshypothek
Hypothek (↑Hypothekargeschäft), die durch regelmässige Tilgungen während einer bestimmten Frist zurückbezahlt werden muss. Die Tilgung kann in Form von Amortisationsquoten oder ↑Annuitäten erfolgen. Nachrangige Hypotheken sind praktisch ausschliesslich als Amortisationshypotheken ausgestaltet.

Amortisationsmethode
↑Accrual-Methode.

Amortized-cost-Methode
↑Accrual-Methode.

Amsterdamer Börse
Die Amsterdamer Börse geht auf das Gründungsjahr 1602 zurück und gilt als älteste ↑Börse Europas. Im gleichen Jahr wurde die VOC, die holländisch-ostindische Compagnie, als erste Aktiengesellschaft der Welt gegründet. Heute ist die Amsterdamer Börse Teil von ↑Euronext.
Links: www.euronext.com

Amtshilfe
Durch Amtshilfe unterstützen sich Behörden gegenseitig in ihrer Tätigkeit und ihren Verfahren. Dabei geht es um die *gemeinsame Anwendung von Verwaltungsrecht*. Es gibt Amtshilfe zwischen inländischen und mit ausländischen Behörden, i.d.R. aber nur unter Behörden der gleichen Art (z.B. der ↑Finanzmarktaufsicht).

1. Grundsätzliches
Amtshilfe ist zu unterscheiden von ↑*Rechtshilfe* (in Strafsachen). Teilweise betreffen beide dieselben Vorgänge (z.B. Kapitalmarktdelikte wie ↑Insiderhandel oder ↑Kursmanipulation). Wichtig ist die grenzüberschreitende Amtshilfe nicht zuletzt in der *Finanzmarktaufsicht* geworden. Global tätige Unternehmen und ein globales Geschäft bedingen fast zwangsläufig die grenzüberschreitende Vernetzung auch der Aufsicht. Entsprechend hat die Schweiz ihre einschlägigen Gesetze seit den 1990er-Jahren angepasst. Schrittmacher waren der ↑Basler Ausschuss für Bankenaufsicht, die ↑Financial Action Task Force on Money Laundering (FATF) und schliesslich die Europäische Union.
Ausländischen *Steuerbehörden* leistet die Schweiz Amtshilfe nur zur Bekämpfung des Missbrauchs von ↑Doppelbesteuerungsabkommen. Als Ausnahme sehen die Doppelbesteuerungsabkommen mit den USA und Deutschland die Amtshilfe auch zur Unterstützung nationaler Steuerbetrugsverfahren vor.
In der Finanzmarktaufsicht unterhält die Schweiz einen Amtshilfeverkehr mit ausländischen Behörden der Banken-, Börsen- und Anlagefondsaufsicht sowie der Geldwäschereibekämpfung.

2. Bankenaufsicht
Für die grenzüberschreitende ↑Bankenaufsicht erhielt die EBK (↑Bankenkommission, Eidg.) 1994 eine ausdrückliche Grundlage (BankG 23^{sexies}). Gemäss dieser darf die EBK ausländischen Finanzmarktaufsichtsbehörden Amtshilfe leisten, wenn die nachfolgenden Bedingungen erfüllt sind:
– Erstens dürfen die ins Ausland gehenden Informationen ausschliesslich zur direkten Beaufsichtigung von Banken oder anderen Finanzintermediären Verwendung finden (Grundsatz der Spezialität). Mit anderen Finanzintermediären sind v.a. ↑Effektenhändler gemeint. Anlass zur Amtshilfe ist regelmässig ein Verfahren gegen

den Finanzintermediär, nicht gegen einen seiner Kunden. Meist geht es dabei um die ↑Eigenkapitalisierung, die Überwachung der systemischen Risiken und die ↑Organisation der Bank. Nur ausnahmsweise betrifft die Amtshilfe auch ihre Kunden (so etwa beim Vorliegen von ↑Klumpenrisiken).
– Zweitens muss die um Amtshilfe nachsuchende Behörde im Ausland an das Amts- oder Berufsgeheimnis gebunden sein. So bleibt das ↑Bankkundengeheimnis bei der Leistung von Amtshilfe grundsätzlich unangetastet. Kann die ausländische Behörde das nicht gewährleisten, darf die EBK keine Amtshilfe leisten (BGE 126 II 136ff.).
– Drittens kann der ausländischen Behörde, wenn eine Straftat Gegenstand der übermittelten Informationen ist, erlaubt werden, diese an die zuständige Strafverfolgungsbehörde ihres Landes weiterzugeben. Voraussetzung ist, dass die Rechtshilfe in Strafsachen nicht ausgeschlossen wäre bzw. deren materielle Voraussetzungen erfüllt sind. Über die Erlaubnis zur Weiterleitung entscheidet die EBK zusammen mit dem Bundesamt für Justiz.

Betrifft die Amtshilfe Daten von Kunden, so haben diese Anspruch auf eine *anfechtbare Verfügung* und können sich dagegen vor Bundesgericht zur Wehr setzen.

Seit 1999 erlaubt das Gesetz auch ↑*Vor-Ort-Kontrollen* ausländischer Beamter in der Schweiz (BankG 23[septies]), aber nur für die konsolidierte Aufsicht über einen Bank- oder Finanzkonzern. Zu Kundendossiers im Einlagen- und Vermögensverwaltungsgeschäft haben ausländische Beamte keinen Zugang; sie müssen die entsprechenden Informationen gegebenenfalls auf dem Amtshilfeweg von der EBK anfordern.

Weil Amtshilfe und Vor-Ort-Kontrollen verwaltungsrechtliche Verfahren sind, muss der *Grundsatz der Verhältnismässigkeit* angewendet werden. Das heisst etwa, keine Amtshilfe zu leisten, wenn der damit verbundene Aufwand (auch für die Bank) in einem Missverhältnis zum Gegenstand des Verfahrens steht.

3. Börsenaufsicht
Für die grenzüberschreitende Aufsicht der EBK (↑Börsenaufsicht) über die Effektenhändler und den ↑Effektenhandel gilt zunächst dieselbe Regelung *wie für die Banken* (BEHG 38). Hinzu kommt Folgendes:
– Die Amtshilfe dient nicht selten der Aufklärung von Kapitalmarktdelikten wie Insiderhandel und Kursmanipulation. In diesem Fall gehen der Strafverfolgung jeweils Abklärungen durch die Börse und Verfügungen der EBK voraus (BEHG 6 II). Schon zum Zeitpunkt dieser Abklärungen dürfen Informationen auf dem Amtshilfeweg einer ausländischen Behörde übermittelt werden (BGE 125 II 72 f.). Die entsprechenden Einschränkungen und Bedingungen gelten auch hier (Grundsatz der Spezialität, Wahrung des Amts- oder Berufsgeheimnisses, Einhaltung der materiellen Rechtshilfevoraussetzungen). Praktisch hat so die börsenrechtliche Amtshilfe die Rechtshilfe in Strafsachen aus dem Bereich der Kapitalmarktdelikte verdrängt.
– Ausgeschlossen ist für den Bereich des Effektenhandels die Weiterleitung von Informationen über Personen, die offensichtlich nicht in die zu untersuchende Angelegenheit verwickelt sind (BEHG 38 III Satz 2). Diese Bestimmung ist eine besondere Ausprägung des Grundsatzes der Verhältnismässigkeit, der im Verwaltungsrecht und so auch in der Börsenaufsicht generell Anwendung beansprucht.

Die Regelung der *Vor-Ort-Kontrollen* wurde für Effektenhändler und Börsen wie für die Banken 1999 nach denselben gesetzlichen Bestimmungen (BEHG 38a) eingeführt.

4. Anlagefondsaufsicht
Für die Aufsicht der EBK über die Anlagefonds (↑Anlagefondsaufsicht) gilt dasselbe wie für die Banken (AFG 63).

5. Geldwäschereibekämpfung
Der *Kontrollstelle für die Bekämpfung der* ↑*Geldwäscherei* (↑Geldwäschereigesetz) obliegt eine sachlich begrenzte Aufsicht über die ihr unterstellten ↑Selbstregulierungsorganisationen und Finanzintermediäre (GwG 18). In deren Rahmen kann sie unter denselben Voraussetzungen wie die EBK in der Banken- und Börsenaufsicht mit ausländischen Finanzmarktaufsichtsbehörden zusammenarbeiten (GwG 31).

Christoph Winzeler
Lit.: Althaus A.: *Amtshilfe und Vor-Ort-Kontrolle*, Bern 2001. – Dietzi H.: *Schweizerisches Börsenrecht*, Basel, Genf und München 2002. – Nobel P.: *Schweizerisches Finanzmarktrecht*, Bern 1997. – Winzeler Ch.: *Banken- und Börsenaufsicht*, Basel, Genf und München 2000.

Analyse der Jahresrechnung von Banken

Ziel der Analyse von Jahresabschlüssen (nach OR Jahresrechnungen) ist es, entscheidungsrelevante Informationen über die gegenwärtige Ertrags-, Vermögens- und Finanzlage und die künftige Entwicklung eines Unternehmens zu gewinnen.

Im Vordergrund des Interesses der *Bankgläubiger* steht die ↑Bonität oder ↑Kreditwürdigkeit einer Bank. Nachdem die in den letzten Jahren immer dichter gewordenen bankengesetzlichen Vorschriften ausgeprägt auf die Vermeidung von Bankinsolvenzen ausgerichtet sind und die Einhaltung dieser Vorschriften durch die Aufsichtsbehörden (↑Aufsicht, Aufsichtsbehörde) überwacht wird, dient eine transparente Rechnungslegung nicht so sehr dem Gläubigerschutz als dem allgemeinen Schutz des Vertrauens in das Bankensystem (↑Bankensystem [Allgemeines]) und dessen Glieder (Systemschutz; ↑Systemstabilität, Förderung der). Angesichts der grossen Zahl von kleinen und mittleren Anlegern unter den Bankaktionären ist deshalb der *Eigentümerschutz* durch die Rechnungslegungsvorschriften wichtiger. Sie sind in erster Linie an einer zweckmässigen Abschlussanalyse interessiert.

Die Auswertung der veröffentlichten Jahresrechnungen von Banken war bis zur Revision der BankV 1994 wegen des ungenügenden und überdies betriebswirtschaftlich unbefriedigenden Detaillierungsgrades der Jahresrechnung, des Fehlens eines Anhangs sowie der Freiräume in der Darstellung und Bewertung von beschränktem Nutzen. Die geltenden, gegenüber dem Aktienrecht wesentlich strengeren ↑Rechnungslegungsvorschriften für Banken erlauben – trotz den noch verbliebenen Möglichkeiten zur Beeinflussung des auszuweisenden Erfolgs – eine möglichst zuverlässige Beurteilung der Jahresrechnung.

Die Qualität der durch die Jahresrechnung vermittelten Informationen wird durch das Rechnungslegungskonzept, d.h. aktien- bzw. bankenrechtliche Normen, True-and-fair-view-Konzept (für die ↑Konzernrechnung zwingend), sowie durch die ↑International Accounting Standards (IAS) massgeblich beeinflusst. Zudem bestehen – je nach Rechnungslegungsnormen – unterschiedliche Ermessensspielräume bei der Darstellung und Bewertung wie die Beurteilung der ↑Ausfallrisiken, Festlegung der Nutzungsdauer des Anlagevermögens, der Rückstellungen sowie weitere Einwirkungen durch die Gestaltung verschiedener Sachverhalte (z.B. ↑Window dressing, ↑Asset backed securities, Kauf statt ↑Leasing).

Im Hinblick auf eine zuverlässige Beurteilung der wirtschaftlichen Lage der Bank sind deshalb erkennbare Informationsmängel zu beheben und bilanzpolitische Massnahmen zur zielgerichteten Beeinflussung der Jahresrechnung (z.B. Glättung der Gewinnschwankungen) zu bereinigen. So ist der ausgewiesene Jahresgewinn um die Veränderung der ↑Reserven für allgemeine Bankrisiken zu korrigieren, weil die als ausserordentlicher Aufwand verbuchte Zuweisung bereits eine ↑Gewinnverwendung darstellt. Auch die Zuweisungen an die «übrigen Rückstellungen» sind als Bildung von ↑stillen Reserven betriebswirtschaftlich als Gewinnelement aufzurechnen. Die umfangreichen und schlecht überschaubaren Datenmengen einer Jahresrechnung werden in der Abschlussanalyse entsprechend der Informationsbedürfnisse zu wenigen, aber aussagekräftigen Grössen – zu Kennzahlen – verdichtet, wobei bankenspezifische, insbesondere ergebnisorientierte, Kennzahlen unerlässlich sind.

1. Kennzahlen zur Ertragsstruktur
Nach BankV 25a sind die Erträge nach vier Quellen aufzugliedern: Zinsengeschäft, Kommissions- und ↑Dienstleistungsgeschäft, Handelsgeschäft und ↑übriger ordentlicher Erfolg. Während in Handels- und Industrieunternehmungen der Umsatz oder die Gesamtleistung als Ausgangspunkt der Erfolgsanalyse dient, ist in der Bankabschlussanalyse der *Ertrag aus dem ordentlichen Bankgeschäft (Betriebsertrag oder Geschäftsertrag)* die entsprechende Grösse. Die Anteile der einzelnen Sparten im Geschäftsertrag variieren naturgemäss stark von Bankengruppe zu Bankengruppe. Zu beachten ist, dass im zeitlichen Vergleich Handelserfolg sowie Kommissionsertrag im Wertschriften- und Anlagengeschäft erheblich volatiler sind als etwa der Zinsenüberschuss. Besonders zu beachten ist bei der Analyse des «übrigen ordentlichen Erfolgs» das Ergebnis aus Veräusserung von ↑Finanzanlagen, weil es sich in der Regel um nicht wiederkehrende Erträge handelt.

Zu den wichtigsten Kennzahlen der Ertragsanalyse zählt die ↑*Zinsmarge*: diese wird auf verschiedene Weise berechnet, z.B. als ↑Zinsüberschuss in Prozenten der Bilanzsumme oder der zinstragenden Aktiven, ferner – betriebswirtschaftlich korrekt – als Differenz zwischen den aktiven und den passiven Zinssätzen (↑Zinsspread) oder dem effektiven Zinsertrag abzüglich kalkulatorischer Zinsaufwand. Bei internationalen Abschlussvergleichen ist zu beachten, dass nach IAS der Erfolg aus dem Zinsengeschäft unter Berücksichtigung des Aufwandes für die ↑Risikovorsorge auszuweisen ist. Eine wichtige Schlüsselgrösse der ↑Ertragskraft ist der ↑*Bruttogewinn* als Differenz zwischen dem Geschäftsertrag und dem ↑Geschäftsaufwand. Als Komplementärgrösse zur Bruttogewinnmarge wird häufig die ↑*Cost income ratio* verwendet, welche den Anteil des Geschäftsaufwandes ohne Risikovorsorge im Kreditgeschäft, Wertberichtigungen, aber einschliesslich Abschreibungen auf dem Anlagevermögen am Geschäftsertrag ausdrückt. Besondere Aufmerksamkeit verdient die im Gliederungsschema (BankV 25a) etwas farblos als *Zwischenergebnis* bezeichnete Grösse. Es handelt sich um den Betriebserfolg vor Steuern und dem ausserordentlichen Ergebnis. Dieser ist zur Beurteilung der Ertragskraft wesentlich besser geeignet als der ausgewiesene Jahresgewinn, weil es betriebs- oder ↑periodenfremde Aufwendungen und Erträge, wie die Bildung und Auflösung von stillen Reserven und Rückstellungen sowie Gewinne aus der Veräusserung von Beteiligungen und Sachanlagen ausklammert.

2. Wirtschaftlichkeitskennzahlen
Die Effizienz der Leistungserstellung wird anhand von Pro-Kopf-Daten beurteilt, indem der Bruttogewinn oder das Zwischenergebnis sowie einzelne

Aufwand- oder Ertragspositionen auf die Anzahl Mitarbeiter (teilzeitbereinigt) umgerechnet werden.

3. Renditekennzahlen
Investoren beachten vor allem die *Rendite des Eigenkapitals (↑Return on equity [ROE])*. Beim Vergleich unter Banken ist allerdings zu beachten, dass die Aussagekraft dieser Kennzahl einerseits von der Zuverlässigkeit der Berechnungselemente ↑Reingewinn und ↑Eigenkapital abhängt und anderseits ↑Rendite und ↑Risiko stets gemeinsam betrachtet werden sollten *(Return on risk adjusted capital [RORAC])*. Der Jahresgewinn in Beziehung gesetzt zur ↑Bilanzsumme ergibt den *↑Return on assets (ROA)*. Soll der an den Mindestanforderungen gemessene hohe Betrag an bankengesetzlich anrechenbaren Eigenmitteln bei der Renditeberechnung neutralisiert werden, wird der *Return on required equity (RORE)* ermittelt.

4. Bilanzkennzahlen
Das *Bilanzsummenwachstum*, früher ein wichtiger ↑Indikator für die Bedeutung einer Bank, wird in den letzten Jahren weniger beachtet. Ein wichtiger Massstab der finanziellen Stabilität ist die Eigenmittelausstattung, beurteilt am Anteil des Eigenkapitals an der Bilanzsumme. Die Kennzahlen Tier 1 und 2 (Tier-1-, Tier-2-Kapital) können dagegen aufgrund der veröffentlichten Abschlusszahlen nicht ermittelt werden. Anders als in der Abschlussanalyse von Handels- und Industrieunternehmungen sind die *Liquiditätskennzahlen* von Banken von geringem Interesse, nachdem die Einhaltung der Zahlungsbereitschaft von der Aufsichtsbehörde überwacht wird. Im *↑Interbankgeschäft* interessiert vor allem die Entwicklung der ↑Nettoposition Forderungen, Verpflichtungen. Für die Beurteilung der Finanzierung des *Kundengeschäfts* wird als Kennzahl das Verhältnis der ↑Kundengelder zu den Ausleihungen herangezogen. Ergänzende Informationen vermittelt die Mittelflussrechnung. Über die Qualität des Kreditgeschäftes geben im ↑Anhang zum Bankjahresabschluss (BankV 25c I Ziff. 3.9) Tabelle E (gemäss RRV-EBK) «Wertberichtigungen und Rückstellungen, Schwankungsreserven für Kreditrisiken» sowie – sofern die Angaben gemacht werden – die Entwicklung der ertragslosen Ausleihungen (↑Non performing loans) in Prozenten der Ausleihungen und die nicht durch vorhandene ↑Wertberichtigungen gedeckten Verluste wertvolle Aufschlüsse.

5. Kennzahlen zum indifferenten Geschäft
In den letzten Jahren haben zahlreiche Banken vor allem das Vermögensverwaltungsgeschäft ausgeweitet, weshalb freiwillige Informationen über die ↑betreuten Kundenvermögen (Funds under management) sowie Anzahl und Gliederung der Kundendepots zur Abrundung des anhand der Abschlussanalyse gewonnenen Bildes erwünscht sind.
Max Boemle

Analyse von Bankaktien
Bei der Analyse von ↑Bankaktien ist zusätzlich zu den allgemeinen Grundsätzen der ↑Aktienanalyse einigen branchenspezifischen Besonderheiten Rechnung zu tragen.

1. Das Bankgeschäft
Die ursprüngliche Funktion einer Bank besteht in der Zahlungs- und Kreditvermittlung. Die Bank nimmt Gelder entgegen und leiht sie an andere Wirtschaftssubjekte wieder aus. Die Höhe der Beträge, die Risiken und die Fristigkeiten der eingenommenen und ausgegebenen Gelder sind in der Regel nicht deckungsgleich. D.h., Banken erfüllen die Funktion der Liquiditäts-, Betrags-, ↑Risiko- und ↑Fristentransformation. Im Weiteren betreiben sie Handelsgeschäfte auf eigene Rechnung. Seit einigen Jahren rückt aber das bilanzneutrale Geschäft (indifferentes Geschäft) zunehmend in den Vordergrund, nämlich die ↑Vermögensverwaltung für Dritte und die Vermittlung von Wertschriftentransaktionen am ↑Primär- und ↑Sekundärmarkt. Diese Geschäfte werden begünstigt durch den strukturellen Wandel und die damit einhergehende ↑Securitization. Bei der Analyse von Bankaktien ist deshalb zu berücksichtigen, dass – von zyklischen Schwankungen abgesehen – den indifferenten Aktivitäten (↑Dienstleistungsgeschäfte) ein höheres Wachstumspotenzial zugeschrieben wird als dem traditionellen ↑Bankgeschäft.

2. Das Risiko
Das ↑Risiko bildet einen integralen Bestandteil des Bankgeschäfts. Die Geschäfte weisen unterschiedliche Risikostrukturen auf, höhere im Kommerzkreditgeschäft, geringere im Anlagegeschäft für Privatkunden. Deshalb ist bei der Bewertung von Banken der Bilanz- und der Ausserbilanzstruktur, d.h. dem Risikoprofil, besondere Beachtung zu schenken.

3. Die Eigenmittel
Den Eigenmitteln einer Bank kommt eine grosse Bedeutung zu (↑Eigene Mittel). Die internationalen und die schweizerischen Regeln verlangen mit Blick auf den Gläubigerschutz die Unterlegung der Geschäfte der Bank mit ↑Eigenkapital. Dabei wird auf das ↑Gegenparteirisiko abgestellt. Bei keiner anderen Branche sind die diesbezüglichen Auflagen so rigoros (↑Eigenmittelanforderungen). Aufgrund der Vorschriften bilden die Eigenmittel also auch heute noch das knappe Gut, das den Expansionsspielraum der Bank (auch die Übernahme von ↑Beteiligungen) limitiert.
Wie andere marktwirtschaftliche Unternehmen streben auch die Banken an, Gewinn bringend

zu wirtschaften. Das Management definiert die mittelfristigen Ziele oftmals durch die angestrebte Eigenmittelrendite (↑Eigenkapitalrentabilität). In diesem Zusammenhang ist in den letzten Jahren der Begriff der Nachhaltigkeit aufgekommen. Kurzfristigen Ausschlägen nach oben und unten soll weniger Beachtung geschenkt werden. Das Management soll an den längerfristig erzielbaren Werten gemessen werden. Es ist eine Aufgabe des Bankanalysten zu beurteilen, ob die gesetzten Ziele auch realistisch sind. Die Eigenmittelrentabilität in den einzelnen Geschäftsfeldern fällt stark unterschiedlich aus (↑Segmentberichterstattung); dies hat sich auch in der Bewertung niederzuschlagen.

4. Unternehmensstrategie und Prognosen
Die Banken erbringen ↑Finanzdienstleistungen. Ihre Produkte sind in der Regel nicht einmalig, sondern standardisiert und damit leicht nachzuahmen; Wettbewerbsvorteile aufgrund von Produkteinnovationen sind somit meist nur kurzfristig zu erzielen. Im Gegensatz zu vielen Industriebetrieben können die Banken in ihrer Planung nicht auf den Bestellungseingang von Gütern abstellen. Vielmehr hängt die künftige Entwicklung stark von makroökonomischen Faktoren wie Zins- und Wirtschaftsumfeld, aber auch strukturellen Veränderungen und regulatorischen Faktoren ab. Wie jedes andere Unternehmen setzt die Bankleitung aber auch selbst Impulse mit der geschäftspolitischen Strategie (z.B. Forcierung des Anlagegeschäfts oder der Verzicht auf die Vergabe von internationalen Krediten), dem Marketing und der Imagepflege. Ein besonderes Augenmerk muss auf die Ambitionen im Technologiebereich (z.B. ↑Electronic banking) gelegt werden. Diese Investitionen können unabdingbar sein, um im Wettbewerb zu bestehen. Sie sind in der Regel sehr kostspielig und übersteigen unter Umständen die Finanzkraft eines einzelnen kleineren Instituts bei weitem. In diesem Fall gilt es zu beurteilen, ob sinnvolle Kooperationen die Höhe der Investitionen begrenzen können.

5. Die Geschäftsfelder – unterschiedliche Qualität der Erträge
Die in Europa zumeist vorherrschende ↑Universalbank betreibt neben dem ↑Aktivgeschäft, zumeist das Retail- und Kommerzgeschäft genannt, auch das indifferente Geschäft mit den ↑Geschäftsfeldern ↑Private banking, institutionelles ↑Asset management, Investmentfonds und ↑Investment banking.
Die Analyse von Bankaktien kann sich nicht nur auf die Bilanz beschränken, der Analyse der Erträge kommt ein sehr hohes Gewicht zu.
Im Retail- und Kommerzgeschäft fallen die (Zins-)Margen eher bescheiden aus. Diese Aktivität bindet in der Regel viel Eigenkapital, sodass hohe zweistellige Eigenmittelrenditen kaum zu erzielen sind. Zudem leidet dieses Geschäft in rezessiven Zeiten unter stark zunehmenden Kreditausfällen. Mit der Einführung des risikoadjustierten Pricing in den 90er-Jahren hat sich in diesem – in der Schweiz während langer Zeit unprofitablen – Geschäft eine bemerkenswerte Ertragstrendwende eingestellt. Diese Aktivität gilt als relativ stabil, aber die Wachstumsaussichten sind beschränkt. Das Gewinnpotenzial im Retailgeschäft (↑Retail banking) wird zudem limitiert durch hohe Investitionserfordernisse im Technologiebereich als Folge der vermehrten Automatisierung der Dienstleistungen und des Abbaus der persönlichen Beratung.

Das Private banking für vermögende Kunden gilt als die Ertragsperle im Bankenbereich. Die Höhe der verwalteten Vermögen, die durchschnittliche Depotgrösse, der Anteil an Kunden, die ihrem Institut eine Vermögensverwaltungsvollmacht anvertraut haben, und auch die Fähigkeit der Bank, Neugelder im ↑Onshore- und ↑Offshore-Banking zu akquirieren, sind wichtige Kriterien zur Beurteilung der Profitabilität und des Wachstumspotenzials in diesem Bereich. In der Vergangenheit war der persönliche Service ausschlaggebend für den Erfolg im Private banking. Letztlich kommt es aber auch auf die allumfassende Service (integrale Vermögensverwaltung; Family office) und die ↑Performance der Anlagen an.

Das Private banking gilt als wachstumsträchtig, risikoarm, und es bindet sehr wenig Eigenkapital. Dadurch lassen sich sehr hohe Eigenmittelrenditen erzielen. Deshalb versuchen die meisten Institute – und vermehrt Versicherungen – dieses attraktive Geschäftsfeld auszubauen. Die Preise für Akquisitionen haben sich deshalb stark erhöht. Hohe Goodwillabschreibungen (↑Goodwill) sind die Folge.

Mit dem Ausbau der privaten beruflichen Vorsorge geht ein Boom im Pensionskassengeschäft einher. Dies, wie auch die ↑Securitization, begünstigt den institutionellen Anlage- und Fondsbereich. Die Wachstumsperspektiven sind also gut; allerdings ist hier auch die Transparenz am grössten (↑Anlagefonds) aufgrund der weit verbreiteten Performance-Vergleiche. Im institutionellen Bereich (↑Institutionelle Anleger) werden prestigeträchtige Mandate oft zu sehr bescheidenen Konditionen eingegangen. Im Fondsgeschäft ist der Vertrieb sehr aufwendig. Die Gewinnmargen sind deshalb deutlich tiefer als im Private banking.

Das ↑Investment banking nach angelsächsischer Manier hat sich in den 90er-Jahren stark entwickelt. Dieses Geschäftsfeld zeichnet sich jedoch durch starke Schwankungen und damit hohe Risiken aus. Während in guten Jahren deutlich zweistellige Eigenkapitalrenditen ausgewiesen werden, können Börseneinbrüche usw. innert kürzester Zeit zu grossen Verlusten führen. Bei der längerfristigen Beurteilung des Investment banking sind neben der Einschätzung der ↑Risikobereitschaft auch den Kriterien wie kritische Masse in den Schlüsselmärkten oder attraktive Nischenpositionierung Beachtung zu schenken. Gewinnprognosen für das Investment banking sind in der Regel mit grosser Unsicherheit behaftet, was bei der Bewertung berücksichtigt werden sollte.

6. Bewertungsansätze
Es gibt eine Vielzahl möglicher Bewertungsmethoden für Bankaktien. Die Ansätze haben den einzelnen Geschäftsfeldern mit ihren unterschiedlichen Risiken und Gewinnperspektiven Rechnung zu tragen. Ein branchenweiter Vergleich von Kennzahlen über wenige Jahre wie Kurs-/Buchwert- (↑Price book value ratio) oder ↑Kurs-/Gewinn-Verhältnis (↑Price earnings ratio [PER]) ohne Berücksichtigung der Risikostruktur und der ↑Ertragskraft der einzelnen Geschäftsfelder wird diesen Faktoren sicherlich nicht voll gerecht.

Bei der Bestimmung des ↑fairen Werts anhand der Sum-of-parts-Berechnung geht man hingegen differenziert auf die einzelnen Geschäftsfelder ein. Die einzelnen Bereiche werden individuell bewertet anhand abdiskontierter Gewinne oder ↑Cashflows wie auch anhand von Durchschnitts-Kurs-/Buchwert- oder Kurs-/Gewinn-Verhältnissen vergleichbarer Konkurrenten. Für das Vermögensverwaltungsgeschäft können auch die Akquisitionspreise für Depotvolumen herangezogen werden, wobei die eingesetzten Eigenmittel noch berücksichtigt werden müssen. Je nach Diversifikationsgrad wird bei dieser Methode noch ein Diversifikationsabschlag in Abzug gebracht.

Der Required-return-Ansatz stellt auf die verlangte Eigenmittelrendite (nicht zu verwechseln mit ↑Return on required equity) ab, die das Wachstumspotenzial und auch die gesellschaftsspezifischen Risikoaspekte angemessen berücksichtigt.
↑Analyse der Jahresrechnung von Banken.

Susanne Borer

Analyst, Analytiker
↑Finanzanalyst.

Anchoring
↑Börsenpsychologie.

Anerkannte Börse
Internationale Anleihen, die bereits an einer von der ↑SWX Swiss Exchange anerkannten ↑Börse kotiert sind, werden in einem vereinfachten Verfahren zum Handel an der SWX zugelassen und sind in der Schweiz auch besonderen Publizitätsgrundsätzen unterworfen. Massgebend ist das gestützt auf KR 77 erlassene Reglement für die Handelszulassung von internationalen Anleihen an der SWX Swiss Exchange (revidiert 28.02.2001). Als anerkannte Börsen gelten gemäss Beschluss des Verwaltungsratsausschusses der SWX vom 04.05.1995 alle Börsen, die Vollmitglieder der ↑Fédération Internationale des Bourses de Valeurs (FIBV) und/oder der ↑Federation of European Securities Exchanges (FESE) sind.

Anfechtungsklage
Auch paulianische Anfechtung genannt. Wie der ↑Arrest hat auch die Anfechtungsklage den Gläubigerschutz in der Zwangsvollstreckung zum Ziel. Geht es beim Arrest um die Verhinderung einer nachteiligen Vermögensverschiebung, so geht es bei der Anfechtung um die Wiederherstellung eines früheren Vermögensstandes. Das Mittel dazu ist eine vom Richter erwirkte Ungültigerklärung von Rechtsgeschäften, durch die der Schuldner sein Vermögen zum Nachteil seiner ↑Gläubiger vermindert hat (Schenkungen, ↑Gläubigerbegünstigung). Jede Anfechtung setzt somit objektiv eine Schädigung von Gläubigern infolge einer vom Schuldner herbeigeführten Verminderung seines Vermögens voraus. Doch genügt dies allein noch nicht. Es muss stets einer der im Gesetz näher umschriebenen Tatbestände erfüllt sein.

Die gesetzlichen Anfechtungstatbestände lassen sich in drei Gruppen einteilen. Dabei ist praktisch bedeutsam, dass die Anforderungen an die Anfechtbarkeit steigen, die Anfechtung mithin von Gruppe zu Gruppe schwieriger wird.

– Am einfachsten ist die «*Schenkungsanfechtung*» durchzusetzen. Sie erfasst nach SchKG 286 Freigebigkeitsakte, die der Schuldner innerhalb des letzten Jahres vor der Pfändung oder der Konkurseröffnung vorgenommen hat. Mit Ausnahme der gebräuchlichen Gelegenheitsgeschenke unterliegen ihr alle Schenkungen und sonstigen unentgeltlichen Verfügungen, insbesondere auch die so genannten gemischten Schenkungen, bei denen die vom Schuldner empfangene Gegenleistung zu seiner eigenen Leistung in einem Missverhältnis steht. Der Anfechtung bedarf aber nur, was bereits vollzogen ist; blosse Schenkungsversprechen werden nämlich durch die Ausstellung eines ↑Verlustscheins oder durch Konkurseröffnung schon nach OR 250 II ohne weiteres aufgehoben.

– Schwieriger ist es, mit der «*Überschuldungsanfechtung*» zum Ziel zu kommen. Sie will bestimmte Rechtshandlungen erfassen, mit denen ein nachgewiesenermassen überschuldeter Schuldner innerhalb der erwähnten einjährigen Frist einzelne Gläubiger bevorzugt hat. SchKG 287 I erklärt folgende Begünstigungshandlungen als anfechtbar: die Begründung eines ↑Pfandrechts zur Sicherung einer schon bestehenden eigenen Verbindlichkeit, deren Erfüllung sicherzustellen der Schuldner nicht schon früher verpflichtet war; die Tilgung einer Geldschuld auf ungewohnte Weise, nämlich anders als durch ↑Bargeld oder andere übliche ↑Zahlungsmittel (↑Check), etwa durch Hingabe einer Sache oder ↑Abtretung einer Forderung an ↑Zahlungs statt, oder durch Übernahme einer Forderung gegen den Gläubiger, um diesem die ↑Verrechnung zu ermöglichen; ferner die Bezahlung einer noch nicht fälligen Schuld. Von dieser Art Anfechtung kann sich der begünstigte Gläubiger allerdings entlasten, indem er beweist, dass er die Vermögenslage des Schuldners, d.h. den Zustand seiner Überschuldung, nicht gekannt hat; dann schliesst SchKG 287 II die Anfechtbarkeit aus.

– Am ausgedehntesten ist der Anwendungsbereich der *«Absichtsanfechtung»* gemäss SchKG 288. Ihr ist jede beliebige innerhalb der letzten fünf Jahre vor der Pfändung oder Konkurseröffnung vorgenommene Handlung ausgesetzt, mit welcher der Schuldner in erkennbarer Weise beabsichtigt, seine Gläubiger zu benachteiligen oder Einzelne von ihnen zum Nachteil anderer zu begünstigen. Das hervorstechende Merkmal dieses Anfechtungstatbestandes liegt in der Benachteiligung- bzw. Begünstigungsabsicht des Schuldners und in der Erkennbarkeit derselben für den Leistungsempfänger. Die Notwendigkeit, auch diese beiden subjektiven Voraussetzungen nachzuweisen, macht diese Anfechtung oft sehr schwierig. Immerhin genügt es nach der Rechtsprechung des Bundesgerichts darzutun, dass sich der Schuldner über die schädigende Folge seiner Handlungsweise hat Rechenschaft geben können und müssen und dass auch der Begünstigte bei Anwendung der durch die Umstände gebotenen Sorgfalt den Eintritt dieser verpönten Folge voraussehen konnte und musste. Dem Vertragspartner des Schuldners wird damit eine gewisse Erkundigungspflicht auferlegt, die jedoch niemals so weit gehen kann, dass sie den normalen Geschäftsablauf beeinträchtigen würde. Zur «Absichtsanfechtung» wird man regelmässig erst greifen, wenn die leichteren Anfechtungsmöglichkeiten versagen, etwa weil die angefochtene Handlung schon zu weit zurückliegt. Sie wird z.B. Erfolg zeitigen, wo der Schuldner nachträglich einen ↑Blankokredit oder ein ↑Darlehen durch Bestellung eines Pfandes oder Abtretung einer Forderung sicherstellt, oder wo er dem Darleiher Sachen verkauft, damit dieser die Kaufpreisschuld mit seiner Darlehensforderung verrechnen kann. Selbst der Austausch gleichwertiger Leistungen schliesst die Anfechtbarkeit nicht aus, wenn die empfangene Leistung vom Schuldner in einer die Gläubiger schädigenden Weise verwendet wurde.

Die *Legitimation zur Anfechtung* steht nach SchKG 285 II der Konkursverwaltung oder einem Konkursgläubiger zu, der sich dieses Recht im Sinne von SchKG 260 von der Masse hat abtreten lassen, ausserhalb des Konkurses jedem Inhaber eines Pfändungsverlustscheins. In der Regel wird es durch Klage ausgeübt, gelegentlich aber auch durch Einrede, z.B. gegenüber einer Widerspruchs-, Aussonderungs- oder Kollokationsklage des Begünstigten. Der Anfechtungsanspruch richtet sich stets gegen diejenigen Personen, die mit dem Schuldner die anfechtbaren Rechtsgeschäfte abgeschlossen haben oder von ihm in anfechtbarer Weise befriedigt worden sind, aber auch gegen ihre Erben sowie gegen bösgläubige dritte Rechtsnachfolger; nur die Rechte gutgläubiger Dritter bleiben gewahrt (SchKG 290). Das Anfechtungsrecht ist verwirkt nach Ablauf von zwei Jahren seit der Zustellung des Pfändungsverlustscheins bzw. seit der Konkurseröffnung (SchKG 292, in der seit 01.01.1997 gültigen Fassung).

Die *Wirkung* der erfolgreichen Anfechtung beschränkt sich auf die Bedürfnisse der hängigen Zwangsvollstreckung. Es geht einzig darum, das der Vollstreckung dienende Vermögen des Schuldners in dem Umfang wiederherzustellen, in dem es sich ohne die nun ungültig erklärte Handlung befunden hätte. Darum verpflichtet SchKG 291 denjenigen, der durch eine anfechtbare Rechtshandlung Vermögen des Schuldners erworben hat, dieses zurückzugeben, d.h. in das Vollstreckungssubstrat, dem es entzogen wurde, wieder einzuliefern. Für nicht mehr vorhandene Vermögensgegenstände ist Wertersatz zu leisten, ausser im Falle unverschuldeter Wertverminderung oder des Untergangs der Sache durch Zufall. Nur der gutgläubige Empfänger einer Schenkung braucht bloss die bei ihm noch vorhandene Bereicherung herauszugeben. Anderseits muss natürlich auch dem Rückgabepflichtigen seine eigene Gegenleistung zurückerstattet werden. Dies allerdings nur, soweit sie sich noch in den Händen des Schuldners befindet oder dieser durch sie bereichert ist; darüber hinaus kann der Anspruch auf Rückerstattung der Gegenleistung nur noch als Ersatzforderung (im Konkurs als Konkursforderung) gegen den Schuldner geltend gemacht werden. Musste ein Gläubiger infolge erfolgreicher Anfechtung der Tilgung seiner Forderung die empfangene Leistung zurückgeben, so lebt seine ursprüngliche Forderung wieder auf und damit zumindest auch eine allfällige ↑Bürgschaft, während dies für andere mit der Forderung verbundene Nebenrechte noch umstritten ist.

Mit diesen klassischen Anfechtungstatbeständen verwandt ist die *Anfechtung der Verrechnung* nach SchKG 214. Sie ist zulässig, wenn ein Schuldner des ↑Gemeinschuldners, welcher dessen ↑Zahlungsunfähigkeit kannte, vor der Konkurseröffnung eine Forderung gegen ihn erworben hat, um sich oder einem andern durch die (grundsätzlich erlaubte [↑Vinkulierte Aktie]) Verrechnung unter Beeinträchtigung der Konkursmasse einen Vorteil zuzuwenden.

Alle Anfechtungsansprüche können auch im *Nachlassverfahren mit Vermögensabtretung* geltend gemacht werden. *Kurt Amonn*

Angebotspflicht
Gesetzliche Pflicht (BEHG 32) zur Unterbreitung eines ↑öffentlichen Kauf- oder Tauschangebots für alle ↑Beteiligungspapiere durch eine natürliche oder juristische Person, die mehr als 33^1/$_3$% der Stimmrechte an einer kotierten Gesellschaft mit Sitz in der Schweiz (↑Zielgesellschaft) hält. Dabei spielt es keine Rolle, ob die Stimmrechte ausübbar sind oder nicht (etwa wegen einer Prozent-Vinkulierung [↑Vinkulierte Aktie]). Statutarisch kann der gesetzliche Grenzwert auf 49% angehoben werden (↑Opting up) oder die Angebotspflicht ganz ausgeschlossen werden (↑Opting out).

Angebotsprospekt
↑Prospektpflicht.

Anhang im Bankjahresabschluss
Mit der Revision des Aktienrechts wurde – internationalen Rechnungslegungsnormen (EU-↑Bankbilanzrichtlinie, ↑International Accounting Standards [IAS], ↑Generally Accepted Accounting Principles der USA [US GAAP]) folgend – der Anhang neben Bilanz und ↑Erfolgsrechnung als dritter obligatorischer Bestandteil der ↑Jahresrechnung eingeführt. Der Anhang gemäss OR 663e ersetzt die früher vorgeschriebenen «ergänzenden Angaben zur Jahresbilanz» (so genannte «Angaben unter dem Bilanzstrich»), welche jedoch wegen ihres geringen Umfangs als blosses Anhängsel zur Bilanz kaum beachtet worden sind. Wegen der gegenüber den aktienrechtlichen Vorschriften erheblich erweiterten Informationspflichten hat der Anhang in der Bankenrechnungslegung eine grosse Bedeutung.

Die Funktion des Anhangs
Als integrierender Bestandteil der ↑Jahresrechnung erfüllt der Anhang vier Funktionen.
1. *Die Interpretationsfunktion:* Die von BankV 25c l Ziff. 2 (nicht aber vom OR) vorgeschriebene Angabe der angewandten Grundsätze der Rechnungslegung und der Bewertungsmethoden sowie allfälliger Abweichungen von den Grundsätzen ordnungsmässiger Rechnungslegung (OR 662 III) dient dem besseren Verständnis von Bilanz und Erfolgsrechnung. Der Verwaltungsrat kann dadurch Fehldeutungen der Abschlusszahlen vorbeugen.
2. *Die Korrekturfunktion:* Im Anhang sind Änderungen in der Darstellung der Jahresrechnung und in den Bewertungsgrundlagen zu umschreiben und, soweit dies Gesetz oder Fachempfehlungen verlangen (Swiss GAAP FER 3/6), zu quantifizieren. Damit soll die zeitliche und zwischenbetriebliche Vergleichbarkeit verbessert werden.
3. *Die Entlastungsfunktion:* In der Bilanz und in der Erfolgsrechnung werden zur besseren Übersichtlichkeit gewisse Positionen zu Sammelposten zusammengefasst (z.B. Personal- und Sachaufwand, ausserordentliche Aufwendungen und Erträge, Sachanlagen). Diese werden im Anhang aufgeschlüsselt. Für die Rechnungslegung von Banken ist die Entlastungsfunktion besonders wichtig; da im Gegensatz zu den bis 1996 geltenden Vorschriften die Bankbilanz von zahlreichen Detailangaben wie Informationen über die Deckung von Ausleihungen, Restlaufzeiten, Formen der Kundeneinlagen usw., entlastet und somit übersichtlicher geworden ist. Für die ↑Analyse der Jahresrechnung von Banken wesentliche Informationen sind deshalb dem Anhang zu entnehmen.
4. *Die Ergänzungsfunktion:* Verschiedene, zur möglichst zuverlässigen Beurteilung der Vermögens- und Ertragslage erforderliche Informationen, die sich auf nicht bilanzierungspflichtige Sachverhalte beziehen, können nur im Anhang gemacht werden. Dies gilt z.B. für die Ausserbilanzgeschäfte, Aufgliederung von Angaben nach geografischen Gebieten (Informationen zu einzelnen Geschäftssparten (↑Segmentberichterstattung) oder zur Fälligkeit von Verbindlichkeiten.

Mindestinhalt des Anhangs
Das Aktienrecht legt – anders als die ausländische Gesetzgebung – als gesetzlichen Mindestinhalt des Anhangs lediglich eine Aufzählung von zwölf zusätzlichen Informationen zur Jahresrechnung fest und übeträgt ihm deshalb nur die Ergänzungsfunktion. Die im Gegensatz zu den nach dem heutigen Stand der Anforderungen an eine transparente Finanzberichterstattung viel zu knappen Angaben im Anhang gemäss Aktienrecht sind deshalb mit BankV 25c erheblich erweitert worden. Eine nähere Umschreibung enthält Abschnitt VI der RRV-EBK, wobei für die Darstellung als Gestaltungsmuster verschiedene Tabellen empfohlen werden.
Der Anhang ist in sechs Teilbereiche zu gliedern. Es sind zwingend vorgeschrieben:
1. *Erläuterungen zur Geschäftstätigkeit und zum Personalbestand:* Umschreibung des Geschäftskreises. Teilzeitbereinigte Zahl der Beschäftigten.
2. *Bilanzierungs- und Bewertungsgrundsätze für die Jahresrechnung:* Grundsätze der Erfassung der Geschäftsvorfälle sowie Erläuterungen zum ↑Risikomanagement, insbesondere zur Behandlung des ↑Zinsänderungsrisikos; zum Einsatz von derivativen Finanzinstrumenten (↑Derivate) und zu den Verfahren zur Bestimmung der ↑Risikovorsorge.
3. *Informationen zur Bilanz:*
 – Übersicht der Deckungen von u.a. Ausleihungen und Ausserbilanzgeschäften (↑Off-balance-sheet-Geschäft)

– Aufgliederung der Handelsbestände in ↑ Wertschriften und Edelmetalle (↑ Handelsbestand), der ↑ Finanzanlagen und der Beteiligungen
– Firmenname, Sitz, Geschäftstätigkeit, Gesellschaftskapital und ↑ Beteiligungsquote (Stimm- und Kapitalanteile sowie allfällige vertragliche Bindungen) der wesentlichen Beteiligungen
– Anlagespiegel
– Aktivierte Gründungs-, Kapitalerhöhungs- und Organisationskosten
– Gesamtbetrag der zur Sicherung eigener Verpflichtungen verpfändeten oder abgetretenen Aktiven sowie Aktiven unter ↑ Eigentumsvorbehalt
– Verpflichtungen gegenüber eigenen ↑ Vorsorgeeinrichtungen
– Ausstehende Obligationenanleihen
– Aufgliederung der ↑ Wertberichtigungen und Rückstellungen sowie der Reserven für allgemeine Bankrisiken und Übersicht über ihre Veränderungen im Laufe des Berichtsjahres
– Zusammensetzung des Gesellschaftskapitals
– Nachweis des ↑ Eigenkapitals und dessen Veränderung vor ↑ Gewinnverwendung und Verlustausgleich
– Fälligkeitsstruktur des Umlaufvermögens, der Finanzanlagen und des Fremdkapitals
– Forderungen und Verpflichtungen gegenüber ↑ verbundenen Gesellschaften sowie ↑ Organkredite
– Aufgliederung der Aktiven und Passiven nach In- und Ausland gemäss Domizilprinzip, sofern die Bank eine ↑ Bilanzsumme von wenigstens CHF 1 Mia. oder mehr als 50 Beschäftigte aufweist
– Aufgliederung des Totals der Aktiven nach Ländern oder Ländergruppen, sofern das Auslandgeschäft (↑ Auslandgeschäft der Schweizer Banken) wesentlich ist und die Bank eine Bilanzsumme von wenigstens CHF 1 Mia. oder mehr als 50 Beschäftigte aufweist
– Aufgliederung der Aktiven und Passiven nach den für die Bank wesentlichsten ↑ Währungen, sofern die Bank eine Bilanzsumme von wenigstens CHF 1 Mia. oder mehr als 50 Beschäftigte aufweist.

4. *Informationen zu den Ausserbilanzgeschäften:*
– Eventualverpflichtungen
– ↑ Verpflichtungskredite
– Am Jahresende offene derivative Finanzinstrumente (↑ Derivate)
– ↑ Treuhandgeschäfte.

5. *Informationen zur Erfolgsrechnung:*
– Angabe eines wesentlichen Refinanzierungsertrages in der Position Zins und Diskontertrag, sofern der entsprechende Refinanzierungsaufwand mit dem Handelserfolg verrechnet wird
– Zweckmässige Aufgliederung des ↑ Erfolges aus dem Handelsgeschäft nach Geschäftssparten .

– Aufgliederung der Position Personalaufwand in Gehälter, Sozialleistungen und übriger Personalaufwand
– Aufgliederung der Position Sachaufwand in Raumaufwand, in Aufwand für EDV, Maschinen; Mobiliar, Fahrzeuge und übrige Einrichtungen und in übrigen Geschäftsaufwand
– Erläuterungen zu wesentlichen Verlusten, ausserordentlichen Erträgen und Aufwänden sowie zu wesentlichen Auflösungen von ↑ stillen Reserven, ↑ Reserven für allgemeine Bankrisiken und frei werdenden Wertberichtigungen und Rückstellungen
– Aufwertungen im Anlagevermögen bis höchstens zum Anschaffungswert (Artikel 665–665a des Obligationenrechts); die Aufwertungen sind zu begründen
– Aufgliederung von Ertrag und Aufwand aus dem ordentlichen ↑ Bankgeschäft nach Artikel 25a Absatz 1 Ziff. 1 nach In- und Ausland nach dem Betriebsstättenprinzip, sofern die Bank im Ausland tätig ist und eine Bilanzsumme von wenigstens CHF 1 Mia. oder mehr als 50 Beschäftigte ausweist.

6. *Allfällig weitere wesentliche Angaben und Erläuterungen:* Banken, welche eine ↑ Konzernrechnung erstellen müssen, können im Einzelabschluss den Inhalt des Anhangs stark kürzen (BankV 25k). Nicht Bestandteile des Anhangs sind die eigentlichen Erläuterungen zur Jahresrechnung; z.B. über die Ursache der Veränderungen von Bilanz, Erfolgs- und ↑ Mittelflussrechnung. Diese werden im ↑ Jahresbericht gemacht und unterliegen nicht der Prüfung durch die Revisionsstelle. *Max Boemle*

Anlageaktiengesellschaft
↑ Investmentgesellschaft.

Anlageberater
Der Anlageberater ist ein Mitarbeiter einer Bank oder einer anderen Finanzinstitution. Er kann aber auch als selbstständiger Berater (External asset manager) tätig sein. Seine Arbeit besteht in der Beratung der Kunden bei der Planung und Umsetzung ihrer Kapitalanlagen. Der Anlageberater gibt den Kunden auf Wunsch Empfehlungen ab, ob bestimmte ↑ Kapitalanlagen gekauft, gehalten oder verkauft werden sollen. Die definitiven Anlageentscheide werden aber letztlich vom Kunden selbst getroffen und anschliessend von der Bank ausgeführt.

Bei der ↑ Anlageberatung klärt der Anlageberater die finanziellen Präferenzen des Kunden ab und analysiert dessen ↑ Anlageziele (Sicherheit, Liquidität, Ertrag) und ↑ Anlagehorizont. Besonderes Augenmerk wird der ↑ Risikobereitschaft (Wie viel Risiko will ein Kunde eingehen?) und der ↑ Risikofähigkeit (Wie viel Risiko kann sich ein Kunde finanziell erlauben?) geschenkt. Die umfassende Analyse der persönlichen Situation und der Ziele des Kunden bildet die Grundlage für die Anlageempfehlungen. Diese wiederum basieren auf ↑Finanzanalysen der Bank und den Entwicklungen des wirtschaftlichen Umfeldes.

Um all diese Faktoren in Einklang zu bringen und den Kunden eine optimale Anlageberatung bieten zu können, muss der Berater sowohl fachliche als auch soziale Kompetenzen besitzen. Sein Fachwissen muss auf einem breiten Bankwissen aufbauen und stets die neusten Anlage- und Finanzmarktkenntnisse umfassen. Weiter gehört ein fundiertes Wissen über die Entwicklungen des wirtschaftlichen und politischen Umfeldes dazu. Bei der Beratung internationaler Kunden sind zudem sehr gute Fremdsprachenkenntnisse gefragt. Zu den sozialen Fähigkeiten eines Anlageberaters gehören psychologisches Einfühlungsvermögen, diplomatisches Geschick, Zuverlässigkeit, Diskretion und Vertrauenswürdigkeit.

Die Anforderungen an die Anlageberater sind in den 90er-Jahren weiter gewachsen. Neue Medien, beispielsweise auf dem ↑Internet, erleichtern den Kunden das Einholen von Informationen erheblich. Zudem ist die Transparenz und Vergleichbarkeit der Bankleistungen enorm verbessert worden. Dies führt zu einer Lockerung der Kundenbindung zur angestammten Bank. In diesem Umfeld kommt der Tätigkeit des Anlageberaters eine Schlüsselrolle zu, da er für den Aufbau und die Pflege einer langfristigen Beziehung zwischen Kunde und Finanzinstitut verantwortlich ist.

↑Anlageberatung (Einflussfaktoren); ↑Anlageberatung (Grundsätze); ↑Anlageberatung (Haftung); ↑Anlageberatung (Methoden).

Hans-Dieter Vontobel

Anlageberatung (Allgemeines)

Die Anlageberatung gehört zu den wichtigsten Geschäftszweigen von Banken und Finanzdienstleistern. Sie umfasst die Beratung der Kunden bei ihren Geld- und ↑Kapitalanlagen sowie die Abgabe von Empfehlungen. Im Gegensatz zur ↑Vermögensverwaltung erhalten die Kunden nur Empfehlungen; die definitiven Anlageentscheide treffen sie jedoch selber. Aus der Anlageberatung kann sich aber ein Vermögensverwaltungsauftrag ergeben, bei dem die Kunden die Anlageentscheide den Spezialisten der Bank überlassen.

Die Anlageberatung ist für Kunden in der Regel kostenlos. Sie tangiert aber häufig andere Bankaktivitäten, die Ertrag generieren, wie beispielsweise den ↑Effektenhandel oder das ↑Depotgeschäft. Ausgeführt wird die Anlageberatung vom ↑Anlageberater, der das Bindeglied zwischen den Kunden und der Bank ist. Er berät die Kunden und unterstützt sie bei ihren Anlageentscheiden.

Die Anlageberatung richtet sich an ein Individuum und muss auf die persönlichen Bedürfnisse des Kunden zugeschnitten sein. Deshalb spielt die genaue Analyse der finanziellen Situation und der Wünsche und Möglichkeiten des Kunden eine entscheidende Rolle. Die wirtschaftlichen Verhältnisse, die berufliche Position und die Börsenerfahrung, die Nationalität, aber auch das Alter und die Familienverhältnisse müssen in Betracht gezogen werden. Zentral ist ausserdem die ↑Risikobereitschaft und die ↑Risikofähigkeit des Kunden sowie der Zweck (↑Anlageziel) und die zeitliche Verfügbarkeit des Anlagekapitals. Diese Informationen werden den Resultaten aus der ↑Finanzanalyse gegenübergestellt. Diese beiden Informationsquellen bilden die Grundlage für die Tätigkeit des Anlageberaters. Daraus leitet er die für den Kunden passenden Anlageempfehlungen (↑Anlageberatung [Methoden]) ab.

Um dem Wunsch der Kunden nach Schnelligkeit und Flexibilität nachzukommen, werden in der Anlageberatung leistungsstarke Computersysteme eingesetzt. Diese werden sowohl für die Bereitstellung aller relevanten Finanzmarktdaten als auch für die Überwachung der Anlagen des Kunden eingesetzt. Dies erlaubt es den Banken, die Kunden rasch und effizient mit Informationen über ihr ↑Portfolio und die Entwicklungen auf den Märkten zu bedienen und sofort auf Veränderungen zu reagieren.

Moderne Anlageberatung geht meist über die Abgabe von Anlageempfehlungen hinaus und ist viel umfassender. Sie bezieht zahlreiche weitere Aspekte ein, die einen Einfluss auf die Entwicklung des persönlichen Vermögens haben können. Dazu gehören beispielsweise Steuern, Vorsorge, Versicherungen, Erbschaftsplanung und Finanzierungen.

Hans-Dieter Vontobel

Lit.: Gantenbein, P./Laternser, S./Spremann, K.: Anlageberatung und Portfoliomanagement, Zürich 2000.

Anlageberatung (Einflussfaktoren)

Als Teil des Kerngeschäfts der Banken und Finanzdienstleister hat die ↑Anlageberatung in den 90er-Jahren eine dynamische Entwicklung durchgemacht. Sowohl auf der Angebotsseite als auch bei der Nachfrage der Kunden haben sich die Bedingungen stark verändert. Zahlreiche Einflussfaktoren lassen sich in jeweils unterschiedlicher Ausprägung feststellen:

– *Informations- und Kommunikationstechnologie.* Die Fortschritte im Bereich der technischen Analyse- und Informationsinstrumente haben zu grossen Investitionskosten bei den Anbietern geführt. Die Institute müssen global vernetzt sein und eine umfassendere und aktuellere Anlageberatung anbieten können.

– *Wettbewerbsdruck.* Mit der Öffnung der Märkte dringen zunehmend international ausgerichtete Anbieter auf neue Märkte vor. Der Wettbewerbsdruck auf den Heimmärkten nimmt deshalb stetig zu. Hauptmotiv für die Expansion:

Das Anlage- und Vermögensverwaltungsgeschäft ist für die Banken und Finanzdienstleister sehr lukrativ.
- *Steigende Produktevielfalt.* In einem kompetitiven Umfeld wächst der Druck auf die Anbieter, laufend neue Produkte zu lancieren. Die Anlageberatung wird dadurch ständig komplexer, zumal heute viele Banken nicht nur eigene, sondern auch die Produkte von Drittanbietern verkaufen.
- *Marktimpulse.* Die positive Börsenentwicklung Ende der 90er-Jahre hat dazu geführt, dass der Anlageberatung in einem viel grösseren Ausmass nachgefragt wird. Viele Kunden haben erst in den Boomjahren angefangen, sich verstärkt mit ↑Kapitalanlagen, bzw. mit einzelnen Anlagekategorien auseinanderzusetzen.
- *Neue Vermögen.* Die weltweit zu verwaltenden Vermögen wachsen weiter und die Realeinkommen steigen. Beides führt zu einer gesteigerten Nachfrage nach Anlageberatung.
- *Private Vorsorge.* Die gestiegene Lebenserwartung und die gleichzeitig unsichere Entwicklung der ↑Altersvorsorge führen dazu, dass zahlreiche Personen vermehrt privat vorsorgen. Sie tätigen langfristige Finanzanlagen und benötigen dabei zunehmend eine professionelle Anlageberatung.
- *Bessere und schnellere Informationen.* Dank den neuen Medien und einem generell höheren Bildungsstand sind viele Kunden besser über die ↑Finanzmärkte und Kapitalanlagen informiert. Sie stellen hohe Anforderungen an die Professionalität der Anlageberatung.

Neben grossen Investitionen in technische Hilfsmittel haben die Banken und Finanzdienstleister insbesondere in die Aus- und Weiterbildung ihrer ↑Anlageberater investiert. Sie sind das Kernstück in der Beziehung zwischen Kunde und Bank.
↑Anlageberatung (Grundsätze); ↑Anlageberatung (Haftung); ↑Anlageberatung (Methoden).

Hans-Dieter Vontobel

Lit.: Gantenbein, P./Laternser, S./Spremann, K.: *Anlageberatung und Portfoliomanagement*, Zürich 2000. – Schäpper, G. R.: *Der schweizerische Privatbankier und seine Herausforderungen der Zukunft*, Zürich 1997.

Anlageberatung (Grundsätze)

Die Anlageberatung gehört zum Kerngeschäft von Banken und anderen Finanzdienstleistern. Sie umfasst alle Formen der Geld- und ↑Kapitalanlage einschliesslich ↑Immobilien (↑Immobilien als Kapitalanlage). Im Zentrum der Anlageberatung steht der ↑Anlageberater. Er ist das Bindeglied zwischen der Bank und ihren Kunden, berät sie und gibt ihnen Empfehlungen für ihre persönlichen Kapitalanlagen ab. Die Basis jeder Anlageberatung bildet eine Analyse der Vermögenssituation und der persönlichen Bedürfnisse und Möglichkeiten der Kunden. Bei der Anlageberatung gelten folgende Grundsätze: Individualität, Objektivität, Vollständigkeit und Aktivität.
- *Individualität:* Die Anlageberatung richtet sich an ein Individuum und muss deshalb auf die persönlichen Bedürfnisse und die individuelle Situation des Kunden zugeschnitten sein. Der Anlageberater berücksichtigt dabei die wirtschaftlichen Verhältnisse, die berufliche Position, die Börsenerfahrung, die Nationalität, aber auch das Alter und die Familienverhältnisse des Kunden. Besonders wichtig sind zudem ↑Risikobereitschaft und die ↑Risikofähigkeit des Kunden. Weiter spielen die ↑Anlageziele und der ↑Anlagehorizont eine wichtige Rolle.
- *Objektivität:* Die vom Anlageberater vorgeschlagenen Investitionen müssen einer objektiven Prüfung standhalten. Die Berater sind angehalten, den Kunden jeweils nicht nur die Vorteile, sondern auch die Nachteile einer bestimmten Anlage aufzuzeigen. Aus der Tatsache, dass die Anlageberatung in der Regel unentgeltlich ist, können sich Probleme ergeben. Für den Anlageberater kann der Anreiz bestehen, vor allem bankeigene Produkte zu empfehlen, da diese bei einem Auftrag in der Regel höhere Kommissionen einbringen. Dieser Interessenskonflikt verliert in dem Masse an Bedeutung als sich im Markt zunehmend offene Produktarchitekturen durchsetzen. Bei einem solchen Mehrkanalvertrieb werden den Kunden eigene wie fremde Produkte angeboten.
- *Vollständigkeit:* Bei einer umfassenden Anlageberatung müssen sämtliche möglichen Anlageformen in Betracht gezogen werden. Für die jeweiligen Anlageformen sollten zudem sämtliche verfügbaren Informationen zu den Aspekten ↑Rendite, Sicherheit und ↑Liquidität vermittelt werden. Weitere wichtige Faktoren wie Steuern, Vorsorgeaspekte und Versicherungen gehören zu einer umfassenden Beratung.
- *Aktivität:* Vom Anlageberater wird erwartet, dass er seine Kunden über Veränderungen des wirtschaftlichen Umfeldes und bei Änderungen im ↑Portfolio auf dem Laufenden hält. Verändern sich die Bedürfnisse oder die finanzielle Situation des Kunden, sollte dies ebenfalls besprochen werden. Falls nötig, empfiehlt er dem Kunden eine Anpassung der ↑Anlagestrategie.

↑Anlageberatung (Einflussfaktoren); ↑Anlageberatung (Haftung); ↑Anlageberatung (Methoden).

Hans-Dieter Vontobel

Anlageberatung (Haftung)

Die Anlageberatung hat aufgrund wahrheitsgetreuer und möglichst vollständiger Angaben zu erfolgen und darf nicht einseitig vorgenommen werden. Obwohl in der Schweiz kaum schriftliche Anlageberatungsverträge abgeschlossen werden, liegt bei der Anlageberatung in der Regel ein Auftrag und somit ein Vertragsverhältnis vor. Allen-

falls wird nur ein Rat im Hinblick auf einen zukünftigen Vertrag gegeben.
Die rechtliche Grundlagen für die Anlageberatung bilden OR 394 ff. (einfacher Auftrag), BaG 3 (allgemeine Sorgfaltspflicht und einwandfreie Geschäftstätigkeit) und StGB 158, wo es heisst, dass die Unerfahrenheit der Kunden nicht gewerbsmässig ausgenutzt werden darf.
Die Anlageberatung zeichnet sich dadurch aus, dass der ↑Anlageberater nur Empfehlungen abgibt und der Kunde den definitiven Anlageentscheid selbst trifft. Dennoch kann der Berater haftbar gemacht werden, wenn die Anlageberatung unsorgfältig oder nicht adressatengerecht ist:
– Der Anlageberater ist gehalten, die persönliche Situation und die finanziellen Verhältnisse des Kunden sorgfältig abzuklären
– Die an die Kunden abgegebenen Informationen müssen wahr, vollständig und klar sein
– Sind Empfehlungen falsch, unwahr oder unklar, so müssen sie umgehend korrigiert werden
– In jedem Fall müssen die Kunden auf ↑Risiken des Anlagegeschäftes aufmerksam gemacht werden
– Verfügt der Kunde nur über geringe Finanzmarktkenntnisse oder ist er sich eines Risikos nicht bewusst, muss ihn der Anlageberater aufklären und nötigenfalls einen Auftrag ablehnen.
Der Anlageberater ist ausserdem verpflichtet, angemessene Fachkenntnisse zu besitzen und in seiner Tätigkeit die erwartete Sorgfalt an den Tag zu legen. Dagegen schuldet er aber dem Kunden mit seinen Empfehlungen keinen Erfolg. Handelt der Anlageberater jedoch grobfahrlässig oder sogar deliktisch, muss er damit rechnen, zu Schadensersatz verpflichtet zu werden; für einem von ihm verschuldeten Schaden haftet er nach Vertragsrecht (OR 97 ff. bzw. OR 398). Grobfahrlässig verschuldet ist ein Schaden dann, wenn er auf leichtfertig gemachte, falsche oder unvollständige Angaben zurückzuführen ist, deren Unzuverlässigkeit der Anlageberater bei Beachtung der geringsten Sorgfalt hätte erkennen müssen.
↑Anlageberatung (Allgemeines); ↑Anlageberatung (Einflussfaktoren); ↑Anlageberatung (Grundsätze); ↑Anlageberatung (Methoden).

Hans-Dieter Vontobel

Lit.: Cimarolli, S.: Anlagebetrug, Zürich 2000. – Holliger-Hagmann, E.: Stolpersteine lauern in den Formularen, Schweizer Bank 2000/12. – Kuhn, M.: Die Haftung aus falscher Auskunft und falscher Raterteilung, Schweizerische Juristenzeitung 1986, S. 345 ff. – Meier-Schatz, Ch.: Über die privatrechtliche Haftung für Rat und Anlagerat, in: Mélanges Paul Protet (Hrsg. F. Sturm), Bern 1990, S. 151 ff. – Schiess, L.: Ratlose Anleger, Schweizer Bank 1999/10. – Thalmann Ch.: Die Sorgfaltspflicht der Bank insbesondere im Anlagegeschäft, Zeitschrift für Schweizerisches Recht, 1994, Band II, S. 115 ff., S. 185 ff.

Anlageberatung (Methoden)

Im Zentrum der Anlageberatung steht die Abgabe von Empfehlungen und die Beratung der Kunden bei deren persönlichen ↑Kapitalanlagen. Die Basis jeder Anlageberatung bildet eine Analyse der Vermögenssituation und der persönlichen Bedürfnisse und Möglichkeiten der Kunden. Diese werden den Ergebnissen der Finanzanalyse und dem von Experten gezeichneten ökonomischen Zukunftsbild gegenübergestellt. Auf dieser Basis gibt der ↑Anlageberater den Kunden Empfehlungen ab. In der Regel erfolgt dies nicht in schriftlicher Form, sondern in einem persönlichen Gespräch oder am Telefon. Ergänzend kann er den Kunden zusätzlich schriftliche Informationen zukommen lassen. Der nicht zielgerichtete Kontakt zu einem breiten Empfängerkreis – beispielsweise durch das Versenden von gedruckten Prospekten, Exposés oder Kaufempfehlungen – gilt nicht als Anlageberatung. Innerhalb der Anlageberatung lassen sich einzelne Phasen unterscheiden:

– *Kontaktphase.* Im Verhältnis zwischen Anlageberater und Kunde ist die Kontaktphase von zentraler Bedeutung und prägt den weiteren Verlauf der Beziehung. Um Vertrauen zu schaffen, muss sich der Berater in den Kunden einfühlen und dessen Bedürfnisse und Erwartungen in den Mittelpunkt seiner Überlegungen stellen.

– *Informationsphase.* Um die Anlageempfehlungen möglichst exakt auf die Bedürfnisse des Kunden auszurichten, muss der Anlageberater zahlreiche Informationen über den Kunden kennen. Dazu gehören die persönliche Situation des Kunden sowie seine Vorstellungen, Erwartungen und Ängste. Wichtige Diskussionspunkte sind ausserdem die Höhe und der Zweck der Anlage und die ↑Risikobereitschaft des Kunden. Schliesslich muss der Anlageberater die gesamte finanzielle Situation des Kunden und dessen ↑Risikofähigkeit abklären.

– *Verkaufsphase.* Im Regelfall wird anschliessend an die Beratung eine Anlage getätigt. Zeigt der Kunde Interesse an einer bestimmten Anlage, ist es am Anlageberater, ihm unter Einbezug der während der vorhergehenden Phasen gesammelten Informationen eine Palette interessanter Produkte anzubieten. Diese müssen auf den Kunden zugeschnitten sein; eine standardisierte Präsentation der gängigen Produkte wird in diesem Stadium der Beratung den individuellen Kundenbedürfnissen nicht gerecht. Ein möglicher Anlageentscheid wird vom Kunden selbst gefällt.

Trotz des individuellen Charakters der Anlageberatung existieren standardisierte Vorgehensweisen. Die Basis bilden Studien (↑Anlagestudien) von Ökonomen und Marktexperten zur allgemeinen, wirtschaftlichen und politischen Entwicklung (↑Zinsen, ↑Wechselkurse, ↑Inflation usw.). Die Finanzanalysten beurteilen unter Einbezug dieser

Resultate die Aussichten der ihnen zugeteilten Unternehmen und Branchen (↑Finanzanalyse). Daraus leiten sie Kauf-, Halte- oder Verkaufsempfehlungen ab. Diese dienen den Anlageberatern als Basis für die Auswahl der ↑Wertschriften, denen sie eine positive Entwicklung zutrauen und die den Anlagezielen ihrer Kunden am besten entsprechen. Von einem Anlageausschuss der Bank wird periodisch die prozentuale Aufteilung der Anlagen nach Anlagekategorie, Währung und Branchen festgelegt (↑Anlagepolitik).
↑Anlageberatung (Einflussfaktoren); ↑Anlageberatung (Grundsätze); ↑Anlageberatung (Haftung).

Hans-Dieter Vontobel

Anlagedeckungsgrad
↑Eigenkapitalkennzahlen.

Anlagedepositen
↑Bank (Begriff und Funktionen).

Anlagefonds
Der Gesetzgeber wollte bereits in den 60er-Jahren im Rahmen des Erlasses des ersten Bundesgesetzes über die Anlagefonds sicherstellen, dass der Anlagefonds nicht als selbstständiges Steuersubjekt betrachtet werden kann, um eine steuerliche Benachteiligung der ↑Kollektivanlage gegenüber einer Direktanlage in einzelne ↑Wertpapiere oder Liegenschaften zu vermeiden. Zu diesem Zweck wurde die Struktur des Anlagefonds derjenigen des angelsächsischen ↑Trusts nachgebildet. Die alte Streitfrage, ob der Anleger Miteigentümer oder bloss obligatorisch Berechtigter am Fondsvermögen sei, wurde damals zugunsten der letzten Lösung entschieden. Dementsprechend statuiert Art. 23 Abs. 1 AFG, dass der Anleger nicht Miteigentümer des Fondsvermögens wird, sondern bloss obligatorische «Forderungen auf Beteiligung am Vermögen und am Ertrag des Anlagefonds» erwirbt. Da der Anleger bei dieser Rechtsstellung im Falle eines Konkurses der beauftragten ↑Fondsleitung nicht genügend geschützt wäre, schreibt Art. 16 Abs. 1 AFG vor, dass Sachen und Rechte, die zum Anlagefonds gehören, im Konkurs der Fondsleitung nicht zur Konkursmasse gezogen, sondern zugunsten der Anleger abgesondert werden. Das Fondsvermögen dient damit in erster Linie als Haftungssubstrat der Anleger, und nicht der übrigen ↑Gläubiger der Fondsleitung. Einen Konkurs der Fondsleitung oder ↑Depotbank eines schweizerischen Anlagefonds hat es übrigens bis heute nie gegeben.

Demzufolge sind schweizerische ↑Fonds, anders als vielfach im Ausland üblich, nicht mit eigener Rechtspersönlichkeit ausgestattet. Gemäss Art. 2 Abs. 1 AFG ist der Anlagefonds «ein Vermögen, das aufgrund öffentlicher Werbung von den Anlegern zur gemeinschaftlichen ↑Kapitalanlage aufgebracht und von der Fondsleitung in der Regel nach dem Grundsatz der Risikoverteilung für Rechnung der Anleger verwaltet wird». Das AFG kennt als Fonds-Kategorien schweizerischen Rechts nebst den althergebrachten ↑Immobilienfonds (Art. 36ff. AFG) einerseits die sog. ↑Effektenfonds (Art. 32–34 AFG), deren Anlagevorschriften gemäss Art. 43 Abs. 3 AFG zwingend die einschlägigen EU-Vorschriften beachten müssen sowie andererseits die sog. Übrigen Fonds (Art. 35 AFG). Dabei handelt es sich um einen Auffangtatbestand, der einerseits sämtliche herkömmlichen Wertschriftenfonds umfasst, deren ↑Anlagepolitik nicht oder nicht ganz EG-kompatibel ist. Unter diese Kategorie fallen aber auch die sog. Übrigen Fonds mit besonderem ↑Risiko (Art. 35 Abs. 2 i.V.m. Abs. 6 AFG). Als solche gelten aufgrund eines Grundsatzentscheides der EBK aus dem Jahre 1996 nicht nur Fonds mit nur beschränkt marktgängigen Anlagen, hoher ↑Volatilität, nur begrenzter ↑Risikoverteilung oder erschwerter Bewertung, sondern generell Fonds, die mit besonderen Risiken verbundene Techniken (Leerverkäufe, dauernde Kreditaufnahme zu Anlagezwecken) einsetzen und/oder ↑Derivate oder sonstige, besonders risikoträchtige Anlagen tätigen, ohne dabei die für Effektenfonds bzw. Übrige Fonds geltenden Anlagebeschränkungen zu beachten.

Als weitere Fonds-Kategorie entwickelt sich zur Zeit gestützt auf Art. 2 Abs. 2 AFV diejenige der Anlagefonds für ↑institutionelle Anleger, bei denen die EBK die Fondsleitung angesichts des geringeren Anlegerschutzbedürfnisses von der Einhaltung verschiedener gesetzlicher Bestimmungen befreien kann. Demgegenüber ist die in Art. 25 bzw. 72 AFG erwähnte Kategorie der ↑Hypothekarfonds einerseits mangels eines praktischen Bedürfnisses, andererseits wegen fehlender Ausführungsbestimmungen eine Totgeburt geblieben.

Nun gibt es aber auch in der Schweiz anlagefondsähnliche Aktiengesellschaften (↑«Investmentgesellschaften»), welche als sog. ↑Closed end funds Kollektivanlagen tätigen. Derartige Aktiengesellschaften, bei denen der Anleger eben keinen Rechtsanspruch auf jederzeitige Auszahlung seiner Beteiligung zum jeweiligen Verkehrswert der Gesellschaftsaktiven hat, sondern diese nur über die ↑Börse veräussern kann, unterliegen nur den einschlägigen aktienrechtlichen Bestimmungen, sind dem AFG aber als Closed end funds ausdrücklich nicht unterstellt (Art. 3 Abs. 2 AFG).

↑Ausländische Anlagefonds körperschaftlicher Art fallen hingegen immer unter das AFG, wenn sie eine Open-end-Struktur aufweisen, d. h., wenn der Anleger gegenüber der Gesellschaft selbst das Recht auf Auszahlung seines Anteils hat (Art. 44 Abs. 1 lit. b AFG).

Matthäus den Otter

Lit.: Den Otter, M.: Investmentfonds, Zürich 1999. – Den Otter, M.: Kommentar zum Anlagefondsgesetz, Zürich 2001. – Forstmoser, P. (Hrsg.): Kom-

mentar zum schweizerischen Anlagefondsgesetz, Zürich 1997. – Nedim Vogt, P./Watter, R.: Kommentar zum schweizerischen Kapitalmarktrecht, Zürich 1999.

Anlagefondsaufsicht

Die Durchsetzung der gewerbepolizeilichen Vorschriften des ↑Bundesgesetzes über Anlagefonds AFG wird durch eine ganze Palette von Überwachungs-, Weisungs- und Eingriffsbefugnissen der EBK als Aufsichtsbehörde sichergestellt. Diese hat zunächst einmal in Zusammenarbeit mit der Revisionsstelle die Einhaltung des AFG und des ↑Fondsreglementes von ↑Fondsleitung und ↑Depotbank zu überwachen, wobei sie sich allerdings nicht in die eigentliche Geschäftspolitik der Fondsträger einmischen darf (Art. 56 Abs. 3 AFG). Ferner steht ihr ein umfassendes Auskunftsrecht gegenüber Fondsleitung, Depotbank und Revisionsstelle zu. Bei Verletzungen des Gesetzes oder des Fondsreglementes oder bei sonstigen Missständen erlässt sie die zur Herstellung des ordnungsgemässen Zustandes notwendigen Verfügungen (Art. 58 Abs. 1 AFG). Zudem kann die Aufsichtsbehörde der Fondsleitung eines unbewilligten ↑Anlagefonds vorschreiben, den ↑Fonds in eine den Vorschriften dieses Gesetzes entsprechende Form umzuwandeln oder seine Auflösung verfügen (Art. 58 Abs. 2 AFG).

Die EBK kann von der Fondsleitung oder Depotbank oder vom Vertreter eines ausländischen Anlagefonds auch die Leistung von Sicherheiten verlangen und die Ahndung strafbarer Handlungen veranlassen (Art. 58 Abs. 3 bzw. 5 AFG). Als Ultima ratio fällt der *Entzug der Bewilligung* bei grober Pflichtverletzung nach Art. 57 Abs. 1 AFG in Betracht. Ein sofortiger Bewilligungsentzug ist gemäss Praxis des Bundesgerichtes immer dann gerechtfertigt, wenn die Widerhandlungen der Fondsleitung derart schwerwiegend sind, dass sie des Vertrauens der Anleger nicht länger würdig erscheint und deren Interessen gefährdet sind. Da der Bewilligungsentzug den Verlust der Verfügungsbefugnis über das ↑Fondsvermögen nach sich zieht (Art. 57 Abs. 3 AFG), muss die Aufsichtsbehörde für die geschäftsunfähige Fondsleitung oder Depotbank einen ↑Sachwalter ernennen. Gegen sämtliche Entscheidungen und Verfügungen der Aufsichtsbehörde ist nach Art. 62 Abs. 2 AFG die Verwaltungsgerichtsbeschwerde an das Bundesgericht zulässig. Dieses entscheidet grundsätzlich frei, wobei es sich in technischen Fragen jedoch eine gewisse Zurückhaltung gegenüber der Fachbehörde auferlegt. Ferner kann die EBK die Auflösung von unbewilligten Anlagefonds verfügen, wenn die Erteilung einer nachträglichen Bewilligung aufgrund Unvereinbarkeit mit den gesetzlichen Bestimmungen nicht in Frage kommt. Die EBK hat in der Anlagefondsaufsicht, anders als in der ↑Bankenaufsicht, häufig Vorfragen aus dem Privatrecht zu entscheiden. Dies wird in Art. 56 Abs. 2 AFG, wonach die Aufsichtsbehörde die Einhaltung des Gesetzes und der Fondsreglemente zu überwachen hat, ausdrücklich bestätigt. Zudem hat die EBK nach Massgabe der einzelnen, in Art. 63 AFG enthaltenen Bedingungen die Kompetenz, im Anlagefondsbereich mit ausländischen Aufsichtsbehörden zusammenzuarbeiten.

Die für die Anlagefondsaufsicht typische Verflechtung von Zivil- und Verwaltungsrecht gibt auch dem Anleger die Möglichkeit, zur Durchsetzung seiner Rechte entweder an den Zivilrichter oder an die Aufsichtsbehörde zu gelangen. Zwar ging der Gesetzgeber beim Erlass des alten AFG noch davon aus, dass der Anleger gegenüber der EBK keine Parteirechte ausüben könne, sondern lediglich die Stellung eines Anzeigers habe. Seit Inkrafttreten des Bundesgesetzes über das Verwaltungsverfahren (VwVG) vom 20.12.1968 wurde die Parteistellung des Anlegers jedoch gestärkt. Das Bundesgericht hat in BGE 98 Ib 60 E.4 erstmals entschieden und in einem späteren unveröffentlichten Entscheid bestätigt, dass der Anleger als Partei im Sinne des VwVG gilt und die damit verbundenen Rechte (Anspruch auf rechtliches Gehör, Akteneinsichtsrecht) beanspruchen darf, sofern er ein schutzwürdiges Interesse nachweist und die Angelegenheit in die Kompetenz der Aufsichtsbehörde fällt. In Art. 62 Abs. 1 AFG wird die Anwendbarkeit des VwVG im Verfahren vor der EBK ausdrücklich verankert.

Neu wird auch die ↑Selbstregulierung des schweizerischen Anlagefondsverbandes SFA (↑Swiss Funds Association SFA) Gegenstand der Aufsicht, da die Einhaltung der einschlägigen Standesregeln durch die anlagefondsgesetzlichen Revisionsstellen bei sämtlichen beaufsichtigten Instituten überprüft wird und Verstösse der EBK gemeldet werden müssen.

Matthäus den Otter

Lit.: Dallo, B.: Das Verhältnis der privatrechtlichen und der öffentlich-rechtlichen Bestimmungen im schweizerischen Anlagefondsrecht, Basel/Frankfurt am Main 1989. – Den Otter, M.: Kommentar zum Anlagefondsgesetz, Zürich 2001. – Forstmoser, P. (Hrsg.): Kommentar zum schweizerischen Anlagefondsgesetz, Zürich 1997. – Nedim Vogt, P./Watter, R.: Kommentar zum schweizerischen Kapitalmarktrecht, Zürich 1999.

Anlagefondsgesetz
↑Bundesgesetz über die Anlagefonds.

Anlagefondskategorien
↑Anlagefonds.

Anlagefondsverband
↑Swiss Funds Association (SFA).

Anlagegesellschaft
↑Investmentgesellschaft.

Anlagehorizont
Kapitalanlagen sind grundsätzlich langfristig. Der Anlagehorizont umfasst jene Zeitspanne, in der voraussichtlich der ↑Investor nicht gezwungen wird, seine ↑Kapitalanlage durch Veräusserung in ↑Bargeld zurückzuführen. Mit dem Anlagehorizont wird somit die Bindung des Vermögens festgelegt. Der Anlagehorizont spielt vor allem für den Kauf von ↑Aktien und ↑Aktienfonds eine Rolle.

Anlageimmobilien
↑Immobilien als Kapitalanlage.

Anlagekonto, Anlageheft
Das Anlagekonto, Anlageheft ist eine besondere Form unter den Sparprodukten, welche die Banken anbieten. Vom gewöhnlichen ↑Sparkonto, Sparheft sowie vom Privatkonto unterscheidet es sich durch den höheren ↑Zinssatz und die meist restriktiveren Rückzugsbedingungen. Das Anlagekonto, Anlageheft dient zur mittelfristigen Anlage von Ersparnissen zu einem relativ hohen Zinssatz. Bezüge über ↑Bancomat und ↑Check sind in der Regel nicht möglich. In der ↑Bankenstatistik der Schweizerischen ↑Nationalbank werden diese ↑Spargelder nicht speziell erfasst, sondern sind in der Position «Verpflichtungen gegenüber Kunden in Spar- und Anlageform» mitenthalten.

Das Anlagekonto, Anlageheft profitiert ebenfalls vom gesetzlichen ↑Konkursprivileg nach BankG 37a (↑Sparkassengeschäft).

Anlagekredit
Der Anlagekredit, auch Investitionskredit genannt, dient der Finanzierung langlebiger Wirtschaftsgüter wie Fabriken, Maschinen- und Computeranlagen, Bürogebäude usw., die die Wirtschaft benötigt, um ihre Produktion aufrechtzuerhalten, auszubauen oder umzustrukturieren. Während der kurzfristige ↑Betriebskredit den Warenumsatz finanzieren hilft und aus dessen Erlös in einer Umschlagsperiode von gewöhnlich drei bis sechs Monaten zurückbezahlt wird, ist beim Anlagekredit eine viel längere Kapitalbindung nötig. Betriebskredite werden aus dem Umsatz zurückbezahlt, Anlagekredite jedoch aus dem ↑Cashflow. Die Rückzahlung der Anlagekredite erstreckt sich daher über mehrere Wirtschaftsperioden, was angesichts der Ungewissheit der Zukunft naturgemäss die ↑Risiken erhöht. Darum müssen die Banken bei solchen Krediten darauf achten, dass sie sich gegen die Risiken durch eine im Verhältnis zur Gesamtinvestition angemessene Eigenkapitalquote des Schuldners abschirmen. Welchen Anteil dessen Risikokapital erreichen muss, hängt vorwiegend vom Zweck ab, dem der Anlagekredit dienen soll und lässt sich nicht verallgemeinern.

Wegen ihrer Langfristigkeit werden Anlagekredite in der Regel auf gedeckter Basis (↑Gedeckter Kredit) und normalerweise unter Festsetzung von ↑Amortisationen gewährt. Nur ausnahmsweise wird auf eine Deckung verzichtet, so etwa, wenn eine erstklassige Firma mit sehr guter Finanzierungsstruktur und starker ↑Ertragskraft den Kredit zur Erneuerung ihrer Produktionsanlagen benötigt, die sie in kurzer Zeit amortisieren kann, oder, wenn sie beabsichtigt, den Kredit bald durch die Ausgabe von ↑Aktien oder ↑Obligationen abzulösen. Bei ungedeckten Anlagekrediten wird die Vorlage detaillierter Investitionsrechnungen verlangt, aus denen die mutmassliche Rentabilität oder Kapitalrückflussperiode der geplanten Investitionen hervorgeht. (↑Blankokredit; ↑Ungedeckter Kredit.)

Nicht unter den Begriff der Anlagekredite fällt die *Wohnbaufinanzierung*.

Anspruchsvoller ist die Aufgabe der Banken bei der Finanzierung von *Bürohäusern, Gewerbe- und insbesondere Industriebauten und Maschinenanlagen*. Solche Investitionen werden meist für einen bestimmten Zweck getätigt und lassen sich im Notfall nicht wie Wohnbauten kurzfristig verwerten. Hypotheken auf Gewerbehäusern und Fabriken bieten daher als Sicherungsmittel nur einen bedingten Rückhalt. Daher sind sie auch für Versicherungen und Pensionskassen im Regelfall weniger geeignet. Ob ein solcher Anlagekredit normal verzinst und getilgt werden kann, hängt vom wirtschaftlichen Erfolg des ↑Kreditnehmers ab, der sich in dessen Cashflow niederschlägt. Die finanzierende Bank kann daher nicht in erster Linie auf den ↑Substanzwert des Pfandobjektes abstellen, sondern muss auch das Unternehmen als Ganzes beurteilen, wozu nicht nur die Analyse der Jahresrechnungen, Budgets und Businesspläne nötig ist, sondern auch Erfahrung, Branchenkenntnis und Managementbeurteilung. Auch ist der rapiden technologischen Entwicklung Rechnung zu tragen, die Produktionsverfahren und -anlagen rasch veralten lässt. So sollte die Amortisationsdauer des gewerblichen und industriellen Anlagekredites die normale Nutzungs- und Lebensdauer des entsprechenden Anlageobjektes keinesfalls überschreiten und mit dem Kapitalrückflussbudget (Pay-back-Rechnung) nachgewiesen werden. Die Banken sind ferner dazu übergegangen, die maximal mögliche Kreditverschuldung (↑Debt capacity) eines Kreditnehmers mit speziell dafür entwickelten Programmen zu berechnen.

Als Sondertyp der Investitionsfinanzierung hat für Maschinen, Fahrzeuge und Computer, aber auch für Mehrzweckbauten, das ↑*Leasing* erheblich an Bedeutung gewonnen. Im Vordergrund stehen dabei liquiditätspolitische Überlegungen.

Umfangmässig kommt dem Anlagekredit im Bereich des Wohnbaus, der sich überwiegend auf ↑Fremdfinanzierung stützt, eine dominierende Stellung zu, gefolgt von der Finanzierung von Bürogebäuden für den Dienstleistungsbereich. Dagegen beansprucht die Industrie den Anlagekredit nur beschränkt: in guten Zeiten reicht die

↑ Selbstfinanzierung vielfach aus, während in schlechten Zeiten der rückläufige Cashflow eine zurückhaltende Investitionspolitik erzwingt. Bei der Notwendigkeit, vermehrt Arbeit durch Kapital (↑ Kapital [Volkswirtschaftliches]) zu ersetzen, ist zudem eine gewisse Verlagerung vom Anlagekredit für Fabrikgebäude zu jenem für Maschinenanlagen festzustellen. Dabei wird oft ein Teil der Betriebskredite zweckentfremdet eingesetzt.

Immer wichtiger werden für die Banken *internationale ↑ Projektfinanzierungen,* nicht zuletzt im Energie- und Bergbaubereich, die sie im Interesse ihrer Kunden aus der Exportindustrie organisieren. Dabei werden bankmässige Exportfinanzierungen (mit öffentlichen Risikodeckungen) kombiniert mit Regierungsvorschüssen im Investitionsland, Weltbankdarlehen, breitgefächerten ↑ Konsortialkrediten oder Kapitalmarktoperationen in verschiedenen gebündelten Währungen. Eine wichtige Rolle spielen hier auch die Mischkredite (↑ Rahmenkredit), bei denen verbilligte schweizerische Bundesvorschüsse für Zwecke der Entwicklungshilfe mit normal verzinslichen Bankkrediten verbunden werden.

Die Langfristigkeit des Anlagekredites zwingt die Banken, sich ihrerseits wieder entsprechend langfristige Gelder zu beschaffen, wollen sie nicht gegen die ↑ goldene Bankregel verstossen.

Anlageliste

Die Anlageliste ist die Zusammenstellung aller ↑ Titel, die zu einem bestimmten Zeitpunkt zum Kauf empfohlen werden. Als Anlageliste kann aber auch (eher selten) eine Zusammenfassung aller zum Verkauf empfohlenen Titel aufgefasst werden. Anlagelisten werden von den ↑ Finanzanalysten der Banken, ↑ Brokern oder anderen ↑ Vermögensverwaltern erstellt und teilweise intern und oder extern publiziert. Sie dienen als Richtschnur und Auswahlmöglichkeit für Käufe und Verkäufe in einzelnen ↑ Depots. Anlagelisten können sich nicht nur auf ↑ Aktien, sondern auch auf andere ↑ Effekten wie Warrants, ↑ Wandel- und ↑ Optionsanleihen oder ↑ Obligationen beziehen. Anlagelisten werden in der Regel unterteilt nach den einzelnen Anlagekategorien, nach Ländern, Märkten, Industriesektoren oder Währungen.

In der ↑ Vermögensverwaltung können Anlagelisten als verbindliche Auswahl oder als indikative Richtschnur für die praktische Umsetzung in den einzelnen betreuten Kundendepots oder beim Fondsmanagement definiert werden. Anlagelisten können auch den Charakter von Modell-Portefeuilles besitzen.
Georg Sellerberg

Anlageplan (bei Anlagefonds)

Der Anlageplan ist ein systematischer Prozess für Investitionen in ↑ Effekten, in der Regel in ↑ Anteilen von ↑ Anlagefonds. Über einen längeren Zeitraum (z. B. 10 Jahre) werden monatlich festgelegte Geldbeträge in einen oder eine Auswahl von Anlagefonds investiert.

Durch die Fixierung des Anlagebetrages und nicht der Anzahl Fondsanteile werden bei tieferen ↑ Kursen automatisch mehr und bei höheren Kursen weniger Anteile gekauft. Der Anlageplan zwingt damit zu einem antizyklischen Verhalten und führt nach Ablauf des Anlageplans zu einem tieferen durchschnittlichen Einstandskurs als beim Kauf einer immer gleichen Anzahl von Fondsanteilen. Anlagepläne werden zumeist von Versicherungen in Verbindung mit einer ↑ Lebens- oder ↑ Rentenversicherung angeboten. Der Versicherungsnehmer kann eine Auswahl aus den angebotenen Anlagefonds treffen und dabei Risikopräferenzen und/oder die Steuersituation berücksichtigen. Anlagepläne werden zunehmend auch von Banken auf der Basis von umfassenden Anlagefondsselektionen angeboten, mit Abwicklung via ↑ Internet.
Georg Sellerberg

Anlagepolitik

Die Anlagepolitik beschäftigt sich mit der Umsetzung der vom Anleger formulierten ↑ Anlage-, Rentabilitäts- und Liquiditätsziele, die in Einklang mit seiner ↑ Risikofähigkeit festgelegt worden sind. Im Allgemeinen wird zwischen aggressiven und konservativen Anlegern unterschieden. Die einen sind bereit, für eine höhere Rentabilität auch ein grösseres ↑ Risiko einzugehen, während die andern die Sicherheit und den Kapitalerhalt ins Zentrum stellen und die Rentabilität weniger hoch gewichten. Neben der Risikotoleranz werden die Anlageentscheidungen von weiteren Faktoren beeinflusst, so z.B. vom Alter des Anlegers, der geplanten Anlagedauer und der Höhe des Anlagekapitals. Die Wahl der Anlagepolitik kann auf zwei Arten erfolgen: Bottom up oder Top down. Während beim ↑ Bottom-up-Ansatz die Rendite im Mittelpunkt steht, geht es beim Top-down-Ansatz um die Verteilung des Risikos.

Beim *Top-down-Ansatz* (↑ Top down approach) ist die strategische von der taktischen Anlagepolitik zu unterscheiden. Innerhalb der strategischen Anlagepolitik werden geeignete Anlagekategorien identifiziert, mit denen sich die vom Anleger favorisierten Ziele am besten erreichen lassen. Bei der Auswahl müssen die Risiken miteinbezogen werden (↑ Risikoverteilung bei Kapitalanlagen). Investiert wird häufig in die traditionellen drei Anlagekategorien ↑ Aktien, ↑ Obligationen und Geldmarktpapiere (↑ Geldmarktinstrumante). Daneben gibt es aber weitere Kategorien, insbesondere die ↑ Alternativen Kapitalanlagen, zu denen ↑ Hedge funds oder ↑ Private equity gehören. Auf der taktischen Ebene wird sodann festgelegt, wie stark einzelne Branchen gewichtet und wann welche Einzeltitel ins ↑ Portfolio aufgenommen oder abgestossen werden. Dieser Vorgehensweise

folgend entsteht ein systematisch diversifiziertes Portfolio.
Den Gegensatz zum Top-down-Ansatz bildet der ↑*Bottom-up-Ansatz*. Gemäss diesem Ansatz können für die Portfoliozusammenstellung aus dem Markt unterbewertete Einzeltitel herausgegriffen werden (↑Stockpicking). Der Anleger kann sich aber auch an festgelegte Gewichtungen der Anlagekategorien oder Märkte halten und innerhalb dieser Grenzen diejenigen ↑Titel ins Portfolio aufnehmen, die von der ↑Finanzanalyse als unterbewertet identifiziert worden sind. Mit dem Bottom-up-Ansatz wird nur eine beschränkte ↑Diversifikation vorgenommen; das ↑unsystematische Risiko wird vernachlässigt.
Eine erfolgreiche Anlagepolitik erfordert professionelle Kenntnisse auf dem Gebiet der ↑Kapitalanlage. Privatpersonen fehlt dies in der Regel. Viele Banken und sonstige ↑Finanzintermediäre bieten deshalb ↑Anlageberatung, ↑Vermögensverwaltung und umfassende Finanzberatung an. Die Anleger können so bei einer Fachperson Ratschläge einholen oder ihre Kapitalanlagen ganz einem Spezialisten überlassen. Der beauftragte ↑Vermögensverwalter ist dabei gehalten, sich mit der Anlagepolitik stets innerhalb der gesetzlichen und vertraglichen ↑Anlagevorschriften zu bewegen.

Hans-Dieter Vontobel

Anlagereglement

Im Anlagereglement einer ↑Vorsorgeeinrichtung werden ↑Anlagepolitik und Anlageverwaltung geregelt. Es ist eine Führungsaufgabe, «die Ziele und Grundsätze, die Durchführung und Überwachung der Vermögensanlage nachvollziehbar» festzulegen (BVV 2, 49a, in Kraft seit 1996). Gemäss BVV 2, 59 (in Kraft seit 2000) muss ein Anlagereglement erlassen werden, wenn gegenüber BVV 2, 53 ff. erweiterte Anlagemöglichkeiten in Anspruch genommen werden.
Durch ein Anlagereglement kann eine bewusste Planung und Verwaltung des Vorsorgevermögens im Rahmen des BVG mit klaren Aufgabenteilungen und Verantwortlichkeiten betrieben werden.
Im Rahmen der gesetzlichen Anlagevorschriften (↑Anlagevorschriften für Vorsorgeeinrichtungen) wird dann vor allem die Portfoliostruktur unter dem wichtigsten Ziel der Sicherheit (Prinzip von Safety first) bestimmt. Alle Vorsorgeeinrichtungen, die grössere Vermögen verwalten, sollten ein Anlagereglement erlassen, auch wenn sie dazu nicht verpflichtet sind.

Anlagespiegel im Jahresabschluss der Kreditinstitute

Der Anlagespiegel ist eine tabellarische Übersicht über Anfangsbestand, Veränderungen durch Kauf, Verkauf, Umbuchungen und Neubewertung sowie der ↑Abschreibungen auf den verschiedenen ↑Positionen des Anlagevermögens. Für ↑Banken ist der Anlagespiegel durch die RRV-EBK vorgeschrieben, wobei mindestens die Kategorien Mehrheits- und Minderheitsbeteiligungen, Bankgebäude, andere Liegenschaften, übrige Sachanlagen, Objekte im Finanzierungsleasing und Übriges aufzuführen sind. Sinngemäss ist auch der Goodwill im Anlagespiegel aufzuführen, obwohl eine Kategorie immaterielles Anlagevermögen nicht vorgesehen ist.

Anlagestiftung

Anlagestiftungen haben die kollektive Anlage und Verwaltung von Vorsorgegeldern zum Zweck. Ihre Mitglieder oder Mitstifter sind steuerbefreite schweizerische ↑Vorsorgeeinrichtungen. Bis anhin ohne spezielle gesetzliche Regelung unterstehen die Anlagestiftungen dem Stiftungsrecht und der Aufsicht des Bundesamtes für Sozialversicherung (BSV), in Einzelfällen kantonalen Aufsichtsbehörden (z. B. die ABB Anlagestiftung); dabei gelangen Bestimmungen des Vorsorgerechtes, des Gesellschaftsrechtes und des Anlagefondsgesetzes zur Anwendung. Um dem Mangel der fehlenden Kodifizierung zu begegnen, hat das BSV seine Aufsichtspraxis in den «Anforderungen an Anlagestiftungen» vom 01.05.1999 festgehalten, die im ↑Internet abrufbar sind. Dieser Anforderungskatalog setzt Schwerpunkte in den Bereichen der Anlegerrechte, der Organisation der Anlagestiftungen, der Information und Transparenz, der externen Kontrolle sowie der Anlagevorschriften in Einzelfällen.
Nach dem Modell der Investmentstiftung für Personalvorsorge (IST), gegründet 1967, hat sich die Zahl von Anlagestiftungen laufend vergrössert. Mit einem Gesamtvermögen von rund CHF 60 Mia., per Mitte 2001, verwalten die 21 Anlagestiftungen schätzungsweise 11% der schweizerischen Pensionskassengelder.
In der Konferenz der Geschäftsführer von Anlagestiftungen (KGAST) sind 11 meist von Banken und Versicherungsgesellschaften gegründete Anlagestiftungen zusammengeschlossen, die sich besonders strengen Richtlinien bezüglich Produktepalette und Produktegestaltung, Kontrolle und Aufsicht sowie ethischen Grundsätzen unterwerfen. Per Mitte 2001 weisen fünf Anlagestiftungen ein Gesamtvermögen von je mehr als CHF 5 Mia. auf: Credit Suisse Anlagestiftung, Anlagestiftung der UBS für Personalvorsorge, Prevista Anlagestiftung, ABB Anlagestiftung und die Investmentstiftung für Personalvorsorge (IST).
Die Kollektivanlagen der Anlagestiftungen sind in Form von ↑Sondervermögen sowohl rechtlich wie bezüglich Anlageinstrumente getrennt. Dabei decken die grossen offenen Anlagestiftungen mit bis zu 40 Sondervermögen einen hohen Anteil der Asset classes und des Anlageuniversums ab: Geldmarktinstrumente, ↑Obligationen und ↑Aktien

Anlagestil

(einschliesslich ↑Private equity), aufgeteilt nach Ländern, ↑Währungen oder Branchen, sowie indexierte oder gemischte (BVG)-Sondervermögen. Nebst offenen Anlagestiftungen bieten auch auf ↑Immobilien spezialisierte Anlagestiftungen Investments im Immobilienbereich an. ↑Performance und Risiko der einzelnen Sondervermögen – verglichen mit artverwandten Sondervermögen anderer Anlagestiftungen, aber auch mit ↑Benchmarks wie Pictet BVG-Index, SMI oder MSCI – werden regelmässig ermittelt und publiziert. Zeichnet eine berechtigte Institution Anteile eines Sondervermögens, wird sie automatisch Mitglied resp. Mitstifter der Anlagestiftung und verfügt über die entsprechenden Mitgliederrechte. Zur Bestimmung der Vermögensrechte eines Mitgliedes dient die Mitgliederbuchhaltung. Anlagestiftungen emittieren deshalb keine ↑Anteilscheine an den Sondervermögen, sondern stellen «nur» Anspruchsbestätigungen aus.

Sondervermögen von Anlagestiftungen weisen grundsätzlich dieselben wirtschaftlichen Charakteristika auf wie ↑Anlagefonds. Dennoch werden Anlagestiftungen von Vorsorgeeinrichtungen in der Schweiz bevorzugt. Die Ursachen dafür sind:
- Das Steuerprivileg, das den Anlagestiftungen gestattet, die ↑Ausschüttungen verrechnungssteuerfrei vorzunehmen (dem steht allerdings derzeit das ungelöste Problem der Umsatzsteuerbelastung gegenüber).
- Die Mitwirkungsrechte. Nicht nur sind die Mitglieder und Mitstifter im Ausmass ihrer Ansprüche an den Sondervermögen an der Mitgliederversammlung, dem höchstem Organ der Anlagestiftung, entsprechend stimmberechtigt, sie verfügen zudem über eine starke Vertretung in den übrigen Organen (Stiftungsrat, Stiftungsratsausschuss, Anlagekommissionen).
- Die vergleichsweise tiefen Verwaltungs- und Distributionskosten bei meist täglicher Bewertung und Handelbarkeit zum effektiven ↑Marktpreis (Mark to market).

Werner Frey

Links: www.bsv.admin.ch – www.kgast.ch

Anlagestil

Der Anlagestil bezeichnet die Art und Weise, wie Anlageentscheide getroffen werden, wie mit ↑Risiken umgegangen wird und wie die ↑Performance optimiert wird. Entscheidende Faktoren bei der Bestimmung des Anlagestils sind: ↑Anlagehorizont, ↑Anlageziele und ↑Risikobereitschaft. Grundsätzlich wird zwischen einem aktiven und passiven Anlagestil unterschieden. Die Vertreter des aktiven Stils gehen davon aus, dass die ↑Kapitalmärkte nicht effizient sind. Sie versuchen temporäre Fehlbewertungen auszunutzen und nichtzufällige ↑Renditen zu erzielen, die über dem Marktdurchschnitt liegen. Bei einem passiven Anlagestil geht man von effizienten Kapitalmärkten aus. Es wird auf die gezielte Auswahl von Anlageklassen, Märkten oder Einzeltitel verzichtet, weil durch den Einsatz von Prognosen keine systematisch besseren Renditen erwartet werden können. Ziel ist es, den ↑Benchmark möglichst exakt nachzubilden.

Die Anlagestile lassen sich noch nach weiteren Unterscheidungsmerkmalen einteilen:
- *Value oder Growth.* Value-Anleger wählen unterbewertete Aktien anhand der Unternehmenskennzahlen aus. Sie nutzen temporäre Schwächen eines ↑Titels aus und nehmen diesen in ihr ↑Portfolio auf. Dadurch versprechen sie sich hohe Kursgewinne. Sie verhalten sich in der Regel anders als der Grossteil der Anleger. Deshalb werden sie oft *Contrarian strategies* genannt. Growth-Investoren setzen auf Titel, die ein nachhaltig hohes Gewinnwachstum versprechen, das am Aktienmarkt durch überdurchschnittliche Renditen entschädigt wird. Sie zeichnen sich durch ein hohes Price to book ratio (↑Price book value ratio) aus.
- ↑*Small caps oder Large caps.* Anleger investieren oft entweder in grosse Unternehmen (Large caps) oder in kleine (Small caps). Die Einteilung wird anhand der Marktkapitalisierung der Firma vorgenommen.
- *Top down oder Bottom up.* Beim Top-down-Ansatz (↑Top down approach) wird zunächst eine Global- oder Länderanalyse sowie eine Branchenanalyse durchgeführt. Um zu bestimmen, ob ein konkreter Titel zum Kauf oder Verkauf empfohlen werden soll, muss schliesslich eine detaillierte Unternehmensanalyse gemacht werden. Beim ↑Bottom-up-Ansatz wird zuerst das Unternehmen betrachtet, anschliessend die Branche und zuletzt das Land.
- *Universell oder speziell.* Der Anlagestil eines Investors kann universell, das heisst auf möglichst viele Länder, Branchen und ↑Währungen ausgerichtet sein. Als speziell wird der Anlagestil dann bezeichnet, wenn er sich auf ausgewählte Länder, Branchen, Währungen oder Einzeltitel beschränkt.
- *Aggressiv oder defensiv.* Die Aggressivität eines Anlagestils wird durch die Risikomasse, ↑Volatilität, ↑Korrelation, ↑Beta-Faktor und ↑Tracking error ausgedrückt. Ein aggressiver Anlagestil zeichnet sich durch ein grösseres Risiko und eine höhere erwartete Rendite aus. Ein defensiver Anlagestil ist hingegen auf Werterhaltung ausgerichtet.
- *Long term oder Short term.* Diese Unterscheidung bezeichnet den ↑Anlagehorizont einer Investition. Passive Anleger denken per definitionem eher ↑langfristig (Long term). Investoren mit einem langfristigen Anlagehorizont greifen eher auf strategische, ↑fundamentale oder qualitative Analyse zurück. Ein aktiver Anlagestil kann entweder lang- oder ↑kurzfristig ausgerichtet sein. Short-term-Anleger setzen meist

sehr stark auf quantitative oder ↑ technische Analysen.
– *Timing oder Selektivität.* Um überdurchschnittliche Renditen zu erzielen, muss ein Anleger systematische Informationsvorteile haben und diese ausnützen. Mögliche Vorteile können auf Selektions- oder Timing-Informationen zurückzuführen sein. Selektivität bezeichnet die Fähigkeit, einzelne, unter- oder überbewertete Titel zu identifizieren und das Portfolio entsprechend anzupassen. Bei den Timing-Fähigkeiten geht es darum, die Entwicklung einzelner Teilbereiche des Marktes gegenüber dem Gesamtmarkt zu prognostizieren und daraus die Gewichtung innerhalb des Portfolios abzuleiten.

Hans-Dieter Vontobel
Lit: *Bruns, Ch./Meyer-Bullerdiek, F.: Professionelles Portfolio-Management, Stuttgart 2000. – Gehrig, B./Zimmermann, H.: Fit for Finance, Zürich 2001.*

Anlagestilindizes
↑ Aktienindex.

Anlagestrategie
Die Anlagestrategie befasst sich mit der Frage, wie ein Portefeuille – bestehend aus den Anlagekategorien ↑ liquide Mittel, ↑ Obligationen, ↑ Aktien, Edelmetalle und ↑ alternative Kapitalanlagen – längerfristig ausgerichtet werden soll, um den Markterwartungen einerseits und den kundenspezifischen Rahmenbedingungen wie dem Risiko- und Ertragsprofil andererseits gerecht zu werden. Heute bieten verschiedene in der Vermögensverwaltung tätige Finanzinstitute dafür standardisierte Produkte wie ↑ Anlagestrategie- oder ↑ Anlagezielfonds an. Demgegenüber legt die ↑ Anlagepolitik die taktischen Abweichungen gegenüber den strategischen Vorgaben fest. In der Praxis wird unter den beiden Begriffen Anlagestrategie und Anlagepolitik jedoch oft das Gleiche verstanden.

Thomas Bachmann

Anlagestrategiefonds
Synonyme Bezeichnung für ↑ Anlagezielfonds. ↑ Strategiefonds.

Anlagestudien
Anlagestudien sind finanzökonomische Analysen von Ländern, Regionen, Branchen oder einzelnen Unternehmen. Anlagestudien und ↑ Finanzanalysen bilden die Grundlage bei der ↑ Anlageberatung der Banken und Finanzinstitute. Ziel ist es, daraus Empfehlungen für den Kauf oder Verkauf von einzelnen Anlageprodukten abzuleiten.
Betreibt eine Bank oder ein Finanzinstitut selber grundlegendes Research, so spricht man von ↑ Primär-Research. Kleinere Institute stützen sich dagegen aus Kosten- und Nutzenüberlegungen meist auf Drittstudien. In diesem Fall spricht man von ↑ Sekundär-Research, wobei die Resultate von bestehenden Studien zusammengefasst und zum Teil neu bewertet werden.
Der Inhalt und die Struktur von Anlagestudien sind nicht einheitlich vorgegeben und werden von Institut zu Institut unterschiedlich gehandhabt. Um aber aussagekräftige Schlüsse ziehen zu können, sind sorgfältige Analysen und zuverlässige Quellen nötig. Dabei werden zwei Arten von Analysen unterschieden: die ↑ fundamentale und die ↑ technische Analyse.
Bei der *fundamentalen Analyse* (Aktienbewertung) werden neben- oder nacheinander eine Global- oder Länderanalyse sowie eine Branchenanalyse durchgeführt. Um zu bestimmen, ob ein konkreter ↑ Titel zum Kauf oder Verkauf empfohlen werden soll, muss schliesslich eine detaillierte Unternehmensanalyse gemacht werden. Dieses Vorgehen nennt man Top down. Beim umgekehrten Ansatz, dem Bottom up, wird zuerst das Unternehmen betrachtet, anschliessend die Branche und zuletzt das Land.
Die Länderanalyse umfasst Faktoren der Realwirtschaft (Bruttosozialprodukt, Industrieproduktion, Arbeitslosigkeit usw.), der monetären Steuerung (↑ Inflation, ↑ Zinsniveau, ↑ Geldpolitik usw.) und der Politik. Daraus lässt sich ableiten, ob ein Land in einem gegebenen Zeitpunkt grundsätzlich für ↑ Kapitalanlagen in Frage kommt. Die Unternehmensanalyse basiert auf einem Stärken-Schwächen-Profil der ausgewählten Firma und fokusiert auf deren Organisation, der geschäftlichen Entwicklung und den Marktaussichten. Werden schliesslich mehrere Unternehmen einer Branche untersucht, so spricht man von Branchenanalysen.
Die *technische Analyse* geht davon aus, dass alle für die weitere Entwicklung relevanten Informationen in den Aktienkursen zum Ausdruck kommen. Weiter wird angenommen, dass sich die Anleger bei ähnlichen Situationen immer wieder gleich verhalten. Daraus lassen sich mit unterschiedlichen Verfahren der ↑ Chartanalyse ↑ Trends und Schätzungen für die künftige Entwicklung der Titel ableiten.
Insbesondere auf Einzeltitel-Ebene muss unterschieden werden zwischen Buy-side- und Sell-side-Anlagestudien. Sell-side-Anlagestudien stammen zumeist von Banken, die auch als ↑ Broker tätig sind. Primäres Ziel von Sell-side-Studien ist die fundierte Information für interne und externe ↑ Anlageberater und ↑ Portfolio manager sowie daraus folgend die Umsetzung einer Anlageidee bzw. die Generierung von Umsätzen als Broker. Deshalb werden Sell-side-Anlagestudien zumeist veröffentlicht und auch aktiv vermarktet. Buy-side-Studien dagegen verdichten die am Markt verfügbaren Informationen (Primär- und Sekundär-Research) und begründen damit den Anlageentscheid eines Portfolio managers. Buy-side-

Studien werden aus Konkurrenzüberlegungen zumeist nicht veröffentlicht.

Von Kritikern wird oft bemängelt, dass die ↑Analysten die einzelnen Unternehmen zu positiv einschätzen und verhältnismässig selten klare Verkaufsempfehlungen abgeben. Dieser Vorwurf greift insofern zu kurz, als dass er nur die veröffentlichten Empfehlungen von Sell-side-Analysten im Visier hat, die Empfehlungen bzw. die tatsächliche Umsetzung auf der Buy side aufgrund der internen Natur der Buy-side-Anlagestudien aber nicht nachvollziehen kann.

Hans-Dieter Vontobel

Anlagevorschriften (Allgemeines)

Unter Anlagevorschriften im Allgemeinen werden gesetzliche oder reglementarische Regelungen verstanden, die den Rahmen geben, innerhalb dessen Vermögensanlagen getätigt werden dürfen. Sie gelten insbesondere für alle institutionellen ↑Vermögensverwalter, wie Versicherungsgesellschaften, ↑Anlagefonds, Pensionskassen (↑Berufliche Vorsorge, ↑Vorsorgeeinrichtungen). Besondere Anlagevorschriften bestehen in der beruflichen Vorsorge, dort sind in vielen Fällen ↑Anlagereglemente ein Erfordernis.

Anlagevorschriften für Anlagefonds

Die Anlagevorschriften von Anlagefonds sind neben den Vorschriften über die Information des Anlegers der zentrale Teil der gesetzlichen Bestimmungen (↑Bundesgesetz über die Anlagefonds AFG), denen ↑Anlagefonds unterworfen sind. Zum Schutz des Anlegers (AFG 1) legen sie erstens fest, welche Anlagen für Anlagefonds zulässig sind (Instrumenten-Ansatz), zweitens schreiben sie eine Mindest-Diversifikation der zulässigen Anlagen vor (Portfolio-Ansatz) und drittens enthalten sie Angaben zu zulässigen Anlagetechniken und -instrumenten. Dabei ist darauf hinzuweisen, dass die Vorschriften zur Risiko-Diversifikation lediglich das emittentenspezifische ↑Ausfallrisiko durch Vermeidung von ↑Klumpenrisiken beschränken. Das Risiko marktbedingter Kursschwankungen des Fondsvermögens hat hingegen der Anleger zu tragen.

Aufgrund der ständigen Entwicklung neuer Anlageinstrumente und -techniken, aber auch um auf Neuerungen in der Europäischen Union rasch reagieren zu können, hat der Gesetzgeber dem Bundesrat sowie der Eidg. ↑Bankenkommission (EBK) als Aufsichtsbehörde über die Anlagefonds im Bereich der Anlagevorschriften weit gehende Kompetenzen eingeräumt (AFG 32 II, AFG 43).

Im internationalen Vergleich gelten die Anlagevorschriften als liberal, da sie im Rahmen der drei verschiedenen Fondskategorien ↑Effektenfonds, ↑Übrige Fonds und ↑Immobilienfonds einen breiten Spielraum in der Produktgestaltung vorsehen.

Im Unterschied zu den strengen allgemeinen Bestimmungen über die Errichtung von Anlagefonds, die unterschiedslos für alle drei Fondskategorien gelten, unterscheiden sich die Anlagevorschriften für die verschiedenen Fondskategorien naturgemäss wesentlich.

Felix Stotz

Anlagevorschriften für Vorsorgeeinrichtungen

Für ↑Vorsorgeeinrichtungen (auch als Pensionskassen, Personalvorsorgeeinrichtungen und dergl. bezeichnet) enthalten das Gesetz über die ↑berufliche Vorsorge BVG in Art. 71 und seine Verordnung BVV2 in Art. 49–60 detaillierte Vorschriften. Diese gelten für die Vermögensanlage aller Personalvorsorgestiftungen, auch wenn sie nicht registriert sind und somit nicht unter das BVG fallen. Diese Erweiterung hängt zusammen mit der gleichzeitigen Ausdehnung der Insolvenzgarantie des Sicherheitsfonds auf nichtregistrierte Vorsorgeeinrichtungen.

1. Gesetzliche und reglementarische Vorschriften
Nach BVG 71 ist das Vermögen so zu verwalten, dass Sicherheit, genügender Ertrag der Anlage, eine angemessene Verteilung der ↑Risiken sowie die ↑Deckung des voraussehbaren Bedarfes an flüssigen Mitteln gewährleistet sind.

BVV2 49–60 regelt die Einzelheiten der Vermögensanlage, die gemäss BVV2 49a eine Führungsaufgabe ist. Die Vermögensanlagen sind sorgfältig auszuwählen, zu bewirtschaften und zu überwachen. In erster Linie muss die Sicherheit der Erfüllung der Vorsorgezwecke gewährleistet sein. Seit 2000 ist nach BVG 59 eine *Erweiterung der Anlagemöglichkeiten* zulässig, sofern dies das ↑Anlagereglement der Vorsorgeeinrichtung vorsieht, die Einhaltung einer ↑Risikoverteilung gewährleistet ist und die Erweiterung in Würdigung der gesamten Aktiven und Passiven erfolgt (BVV2 50). In einem jährlichen Bericht muss dies «schlüssig dargetan werden» (BVG 59). Gedacht ist hier an höhere Anteile an ausländischen ↑Aktien, Fremdwährungen usw.

In vielen Fällen enthalten Anlagereglemente weitere Hinweise zur Vermögensanlage, im Sinne von Einschränkungen der gesetzlichen Limiten (z.B. keine derivativen Finanzinstrumente, nur kotierte Aktien und ↑Obligationen). Im Weiteren regeln Anlagereglemente die Organisation, Kompetenzen, Pflichten und Verantwortung der mit der Pensionskassenverwaltung beauftragten Personen. Oft werden Anlageausschüsse aus dem Stiftungsrat unter Beizug externer Experten (z.B. von Banken) gebildet zur Definition der ↑Risikofähigkeit und der ↑Anlagestrategie sowie zur Fassung wichtiger Anlageentscheide.

2. Begrenzung der einzelnen Anlagen
BVV2 53 gibt eine Liste der zulässigen Anlagen, und BVV2 54 nennt die Begrenzung der einzelnen

Anlagen. Danach gelten zusammenfassend die Limiten gemäss der Tabelle.

In der Praxis stellt sich die Frage, in welchen Zeitabständen diese Limiten zu überprüfen sind, da diese an sich immer gelten, nicht nur am ↑Bilanzstichtag. Es empfiehlt sich, diesen Punkt im Anlagereglement zu regeln. Die aktuelle Vermögensallokation kann gemäss gewünschter Anlagestrategie als Folge von Kursentwicklungen abweichen. Falls eine Unter- oder Überschreitung der ↑Limite festgestellt wird, können die Anteile entweder durch konsequentes «Rebalancing» auf die strategische Vorgabe zurückgeführt werden, oder es wird den Entwicklungen freier Lauf gelassen. Bei einem Kurszerfall nimmt die Bedeutung im ↑Portfolio ab, bei einem Kursanstieg entsprechend zu.

Die Bank Pictet & Cie. entwickelte im Namen der Schweizerischen ↑Bankiervereinigung im Jahre 1985 den sog. BVG-Index. Die Gewichtung der fünf Anlagekategorien (Obligationen: Inland rund 56%, Ausland 12%; Fremdwährungen 7%; Aktien: Schweiz 15%, Ausland 10%) bleibt immer gleich und verändert sich nur mit den gesetzlichen Bestimmungen. Der Index, der monatlich berechnet wird, ist für viele Vorsorgeeinrichtungen der ↑Referenzindex, also die ↑Benchmark.

3. Anlagen beim Arbeitgeber

Ein besonderes Thema sind die Anlagen in der Arbeitgeberfirma. Nach BVV2 57 darf das Vermögen, soweit es zur Deckung der ↑Freizügigkeitsleistungen sowie zur Deckung der laufenden Renten gebunden ist, nicht ungesichert beim Arbeitgeber angelegt werden. Zudem dürfen ungesicherte Forderungen beim Arbeitgeber 20% des Vermögens der Vorsorgeeinrichtung nicht übersteigen, andernfalls hat die Revisionsstelle einen Bonitätsausweis zuhanden der Aufsichtsbehörde abzugeben. Eine Beteiligung beim Arbeitgeber darf höchstens 10% des Vorsorgevermögens ausmachen. Infolge einiger spektakulärer Fälle in den letzten Jahren ist in Zukunft mit einer Zunahme der restriktiven Massnahmen bis zu einem Verbot von Anlagen beim Arbeitgeber zu rechnen.

Carl Helbling

Anlageziel

Mit dem Anlageziel wird umschrieben, was ein Anleger mit seiner ↑Kapitalanlage anstrebt. Das

Zulässige Vermögensanlagen gemäss BVG (BVV2 53–57)

Anlagearten[1]	Zulässiger Höchstbetrag in Prozenten der Bilanzsumme (inkl. Rückkaufswert)[5]
• *Anlagen in der Schweiz*	
a) Forderungen aller Art (bis 15% je Schuldner; 100% bei Bund, Kantonen, Banken oder Versicherungen)	100
b) Grundpfandtitel (bis 80% des Verkehrswertes)	75
c) Liegenschaften und Immobiliengesellschaften	50[2]
d) Aktien u. Ä. (bis 10% je Gesellschaft)	30
• *Anlagen im Ausland*	
g) Aktien u. Ä., kotiert an einer Börse (bis 5% je Gesellschaft)	25[2]
f) Fremdwährungen konvertibel (bis 5% je Schuldner)	20
e) Forderungen in Schweizer Franken (bis 5% je Schuldner)	30
(Liegenschaften u. Ä.)	5[2]
• *Anlagen beim Arbeitgeber*	
Ungesicherte Forderungen inkl. Aktien (höchstens aber gemäss Art. 57 Abs. 1 BVV2 jener Teil des Vermögens, der nicht zur Deckung der Freizügigkeitsleistungen und der laufenden Renten dient)[4]	20[3]
Gesicherte Forderungen	100
Aktien	10

[1] Buchstaben gemäss BVV2, 54
[2] Fassung vom 28.10.1992
[3] Bei über 20% ist ein Bonitätsausweis der Kontrollstelle nötig
[4] Fassung vom 01.06.1993
[5] Inkl. derivativer Finanzinstrumente (BVV2, 56a vom 24.04.1996)

Anlagezielfonds

Anlageziel basiert auf der individuellen Situation des Anlegers und stellt die wichtigste Grundlage für die Wahl der entsprechenden ↑Anlagestrategie dar. Die Aufgabe der ↑Anlageberatung ist es, aus den Wünschen des Anlegers systematisch dessen Bedarf zu ermitteln. Dabei stehen zusätzlich zum primären Ziel der Renditeerzielung weitere anlegerspezifische Faktoren im Vordergrund. Neben gesetzlichen Vorschriften sowie bilanziellen, steuerlichen und aufsichtsbehördlichen Anforderungen können auch nichtökonomische und psychologische Faktoren grossen Einfluss haben. Von Bedeutung sind hier vor allem der ↑Anlagehorizont und das Risikoverhalten des Anlegers. Zwischen der Höhe des Ertrags und der Sicherheit einer Anlage besteht regelmässig ein Zielkonflikt. Ein einkommensorientierter Anleger verzichtet auf hohe ↑Risiken und nimmt dafür kleinere ↑Renditen in Kauf. Investoren, die einen hohen Kapitalgewinn anstreben, müssen gleichzeitig ein grösseres Verlustrisiko eingehen. Aufgrund der Vielfalt der heute verfügbaren Anlageinstrumente, insbesondere dank der ↑Anlagefonds, ist es möglich, diese zu einer optimalen Anlagestrategie zu kombinieren.

Hans-Dieter Vontobel

Anlagezielfonds

Anlagezielfonds sind ↑Anlagefonds, deren Portefeuilles auf die individuellen Bedürfnisse der Anleger ausgerichtet werden. Als ↑Anlageziele oder ↑Anlagestrategien sind grundsätzlich möglich:
- *Festes Einkommen* (Fixed income fund): Wegen der kleineren ↑Risikobereitschaft der auf ein stabiles Einkommen achtenden Investoren kommen als Anlage nur erstklassige festverzinsliche Werte mit geringen Wertschwankungen in Betracht.
- *Einkommen* (Yield): Das Schwergewicht der Anlagen liegt auf festverzinslichen Werten. Zur Verbesserung des Ertrags in Form von Kursgewinnen wird das Portefeuille mit einem bescheidenen Anteil ausgewählter ↑Aktien ergänzt.
- *Ausgewogen* (Balanced fund): Das Portefeuille enthält je nach Marktlage und ↑Anlagestrategie einen hohen Anteil an Aktien (40–50%). Der hohe Aktienanteil bewirkt, dass ein Balanced fund im Vergleich zum Income fund höhere Wertschwankungen aufweist, weshalb eine entsprechende Risikobereitschaft des Anlegers vorausgesetzt werden muss (↑Growth and income fund).
- *Wachstum* (Growth fund): Um langfristig ein überdurchschnittliches Kapitalwachstum zu erreichen, wird der Aktienanteil auf 60–70% festgesetzt. Der gegenüber den Aktien weniger ins Gewicht fallende Obligationenanteil kann die mit Aktienanlagen verbundenen Kursschwankungen nur noch in bescheidenem Ausmass auffangen.

Max Boemle

Anlegerentschädigungseinrichtung

Gemäss einer EU-Richtlinie ist jeder Mitgliedstaat verpflichtet, dafür zu sorgen, dass eine Institution geschaffen wird, die Anleger entschädigt, die im Zusammenhang mit Wertpapierdienstleistungen von Finanzinstituten geschädigt worden sind.

Anlegerkategorien

Im ↑Portfolio management wird grundsätzlich zwischen privaten und ↑institutionellen Anlegern unterschieden. Diese Kategorisierung stellt zusammen mit der ↑Segmentierung der Finanzprodukte die wichtigste Grundlage für die strategische ↑Asset allocation dar. In diesem Bereich der ↑Anlageberatung wird mit den Erkenntnissen der Finanzmarkttheorie für jede Anlegerkategorie eine passende Portfoliostruktur erstellt, auf deren Basis dann die taktische Asset allocation die ↑Performance des Modell-Portfolios mit dem richtigen Market-Timing zu optimieren versucht.

Der Bildung von Anlegerkategorien kommt vor allem im ↑Private banking eine Schlüsselrolle zu, weil es als systematisches Vorgehen zur richtigen Einschätzung von Anlegerpräferenzen dient. Eine individuelle Anlageberatung wendet daher einen grossen Teil der Ressourcen für den Kontakt mit dem Kunden auf. Kontakte haben neben der Vertrauensbildung zum Ziel, vor allem die individuellen Präferenzen zu analysieren. Daraus ergibt sich die Zuordnung zu einer Anlegerkategorie. Der Erfolg langjähriger Kundenbeziehungen im Private banking beruht daher nicht nur auf dem gegenseitigen Vertrauen, sondern auch auf der mit fortschreitender Zeit immer präziseren Einordnung des Kunden in die optimale Anlegerkategorie.

Die Bildung von Anlegerkategorien muss grundsätzlich mehrdimensional erfolgen, wobei als Hauptkriterien die ↑Risikofähigkeit und der ↑Zeithorizont des Kunden im Mittelpunkt stehen.

1. Kriterium Risikotoleranz: Sicht der Finanzmarkttheorie

Die Finanzmarkttheorie unterscheidet anhand der gewünschten Risikoklasse üblicherweise zwischen einkommens-, kapitalertrags- und wachstumsorientierten (aggressiven) Anlegern. Damit wird ausgedrückt, ob ein Kunde eher einen sicheren, dafür aber tieferen Renditefluss anstrebt oder einen unsicheren, aber dafür im Schnitt höheren Renditefluss. Entsprechend werden die Anlagekategorien «Cash und Devisen», «Obligationen» und «Aktien» unterschiedlich stark gewichtet und die dafür geeigneten Absicherungsstrategien (↑Portfolio insurance, ↑Hedge usw.) bestimmt. Man unterscheidet die folgenden Ansätze zur Kundensegmentierung:
- *Klassische Portfoliotheorie.* Die klassische Portfoliotheorie, die auf der Varianz als eindimensionales Risikomass aufbaut, nimmt die Bildung

von Anlegerkategorien aufgrund eines explizit geschätzten Werts für die Risikotoleranz eines ↑Investors vor (↑Beta-Faktor). Daraus wird mithilfe der Kenntnis der Risikoparameter von Finanzprodukten die Aufteilung eines ↑Portfolios in risikobehaftete und risikolose Anlagen vorgenommen. Die bekanntesten Modelle sind: die Markowitz'sche Asset allocation (↑Markowitz-Diversifikation), ↑Tobin's Separationstheorie, Roy's Shortfall-Ansatz (↑Roy-Portfolio) und das ↑Capital asset pricing model (CAPM).
– *Mehrdimensionale Risikobetrachtung.* Eine mehrdimensionale Risikodefinition schliesst neben der klassischen Sicht der Varianz als Risikomass weitere Faktoren ein. Zusätzlich zu makroökonomischen Einflüssen finden auch individuelle Eigenschaften des Titels (z.B. ↑Dividenden, Price earnings ratio, Branche) Eingang in die Risikoberechnung. Die von einem Anleger gewünschte Kombination von Rendite und Varianz kann also auf verschiedene Weise erreicht werden. Damit die Charakteristika des Portfolios dem Kunden entsprechen, ist also eine bezüglich der Risikotoleranz mehrdimensionale Anlegerkategorisierung notwendig.

2. Kriterium Risikotoleranz: Empirische Feststellungen bei Privatanlegern
Verschiedene statistische Studien versuchen zu zeigen, inwiefern die Risikotoleranz abhängig von sozioökonomischen Eigenschaften der Privatanleger (Alter, Vermögen, Einkommen, Geschlecht, Ausbildung usw.) ist. Dabei wird untersucht, wie gross der durchschnittliche Anteil von risikobehafteten Anlagen am Vermögen der jeweiligen Anlegerkategorie ist. Da ein risikoscheuer Investor im Allgemeinen ein Portfolio mit einem kleinen Risikoanteil bevorzugt, lässt sich die Risikotoleranz anhand dieses Verhältnisses schätzen. Die Resultate der Studien von *Riley/Chow* (1992) für die USA und *Cocca/Volkart* (2001) für die Schweiz, die in ihren Folgerungen weit gehend übereinstimmen, lauten wie folgt:
– Die Risikotoleranz steigt mit zunehmendem *Alter,* aber nach der Pensionierungsgrenze sinkt der Wert stark ab
– Mit zunehmendem *Einkommen* sind die Anleger eher gewillt, finanzielle Risiken einzugehen
– Beim *Vermögen* lässt sich die gleiche ↑Tendenz feststellen, wobei die Risikotoleranz bei Vermögen im obersten Bereich markant höher ist als in tieferen Klassen
– Zunehmende *Schulbildung* führt zu erhöhter Risikotoleranz
– In Bezug auf das *Geschlecht* lassen sich keine markanten Unterschiede feststellen
– Das Ausmass der Anlage-Aktivität verhält sich parallel zur Risikotoleranz: Aktive Investoren haben tendenziell eine höhere Risikotoleranz.

Die Erkenntnisse dieser zwei Studien sind genereller Art; im Einzelfall können stark abweichende Verhaltensmuster auftreten.

3. Kriterium Anlagehorizont
Das optimale Portfolio für einen Anleger ist stark vom Zeithorizont (↑Anlagehorizont) abhängig. Mit dem Zeithorizont wird jene Zeitspanne bezeichnet, die zwischen dem Tätigen und dem Auflösen einer Anlage liegt. Obwohl mit zunehmender Anlagedauer die Varianz der Erträge steigt, sinkt die Wahrscheinlichkeit (Shortfall risk), dass die Rendite eines Portfolios unter einen definierten Schwellenwert fällt. Ein Portfolio kann demzufolge mit längerem Horizont einen grösseren Anteil von risikobehafteten Anlagen beinhalten. Durch den Einsatz von ↑Optionen kann das Shortfall-Risiko zusätzlich beeinflusst werden (asymmetrische Renditeverteilungen). Es lassen sich konvexe («Gewinne wirken stärker als Verluste») und konkave Pay-off-Strukturen bilden.
Falls ein Anleger ein zeitlich und im Umfang definiertes Ziel (z.B. Eigenheim, ↑Altersvorsorge) verfolgt, bietet sich eine Absicherungsstrategie (konvexe Struktur, Hedging) an, die zwischenzeitliche Verluste bis zum gewünschten Termin ausgleicht. Im Falle einer zeitlich unbegrenzten Anlage ist diese Absicherung nicht notwendig, da ein temporärer Wertverlust durch längeres ↑Halten kompensiert werden kann. Je nach Risikotoleranz des Anlegers bieten sich auch aggressive Strategien mit konkaver Pay-off-Struktur an. Bei der Bildung von Anlegerkategorien können folglich Investoren mit kurz-, mittel- und langfristigen sowie fixen und flexiblen Zeithorizonten unterschieden werden.

4. Weitere Kriterien für die Bildung von Anlegerkategorien
Neben den genannten Hauptfaktoren gibt es eine Reihe von weiteren investorspezifischen Kriterien, nach denen Anlegerkategorien gebildet werden können. Unter anderem werden die folgenden Aspekte unterschieden:
– Steuerliche Aspekte. Unterscheidung in einkommens-, vermögens- und schuldenlastige Anleger zwecks steuerlicher Optimierung des Portfolios
– Liquidität. Erfordernisse des Anlegers im Hinblick auf die Mindestliquidität des Portfolios
– Einlage- und Entnahmepolitik des Investors. Berücksichtigung der erwarteten zukünftigen Portfolio-Umschichtungen.

Hans-Dieter Vontobel

Lit.: Bruns, Ch./Meyer-Bullerdiek, F.: *Professionelles Portfoliomanagement,* Stuttgart 2000. – Cocca, T./Volkart, R.: *Aktionärsverhalten in der Schweiz.* Institut für Schweizerisches Bankwesen der Universität Zürich, Working Paper Nr. 28, Zürich 2001. – Gast, Ch.: *Asset Allocation – Entscheidungen im Portfolio-Management,* Bern

1998. – Gehrig, B. (Hrsg.): Private Banking, Aktuelle Probleme und neue Herausforderungen, Zürich 1995. – Gehrig, B./Zimmermann, H.: Fit for Finance, Zürich 2000. – Kränzlein, K.: Asset Allocation bei variablem Anlagehorizont, Bern 2000. – Kruschev, W.: Private Finanzplanung. Wiesbaden 1999. – Maurer, H. C.: Kompetenz in der Vermögensverwaltung. Zürich 1998. – Riley, W. B./ Chow, K.V.: Asset Allocation and Individual Risk Aversion. Financial Analysts Journal, November/December 1992.

Anlegerschutz
↑Einlegerschutz.

Anleihe
↑Anleihensobligation.

Anleihedienst
Zum Anleihedienst zählt die termingerechte Auszahlung der ↑Zinsen sowie die ↑Rückzahlung der ↑Anleihe bei ↑Fälligkeit. Im Anleihensvertrag verpflichtet sich der Schuldner gegenüber der Leitung des Emissionssyndikates (↑Emissionskonsortium), die für den Anleihedienst benötigten Mittel – in der Regel x Tage vor Verfall – zur Verfügung zu stellen.

Anleiheemission
↑Anleihensobligation.

Anleihekonsortium
↑Emissionskonsortium.

Anleihen mit Indexklausel
↑Indexanleihe.

Anleihen mit variablem Zinssatz
↑Floating rate notes (FRN).

Anleihensgemeinschaft
Eine Anleihensgemeinschaft ist ein Zusammenschluss von zahlreichen kleineren, einzeln nicht kapitalmarktfähigen Schuldnern, die im internen Verhältnis als Genossenschaft (OR 828 ff.) oder als einfache Gesellschaft (OR 530 ff.) organisiert sind. Die fehlende ↑Kapitalmarktfähigkeit der einzelnen Schuldner liegt nicht in ihrer ↑Bonität begründet, sondern in der Tatsache, dass ihr Mittelbedarf als Einzelschuldner umfangmässig für eine ganze Anleihe nicht genügend gross wäre. Häufig, aber unrichtig, wird der Begriff «Anleihensgemeinschaft» auch für die gesetzlich spezifisch geregelte ↑Gläubigergemeinschaft bei ↑Anleihensobligationen nach OR 1156 ff. verwendet.
↑Emissionszentralen sind Anleihensgemeinschaften. Unter diesen speziell zu erwähnen ist die Emissionszentrale der Schweizer Gemeinden (ESG), die bis zum sog. «Walliser Finanzdebakel» 1998 häufig als Emittentin von Privatplatzierungen und von an der ↑SWX Swiss Exchange kotierten Anleihensobligationen am Schweizer ↑Kapitalmarkt auftrat. Die Anleihen der ESG galten als sicher und waren sowohl bei institutionellen als auch bei privaten Anlegern äusserst beliebt. Als einzelne Schuldner der ESG ihre Verbindlichkeiten aus Anleihen bei der ESG nicht mehr pünktlich bedienten, ergab sich ein teilweiser Zahlungsverzug bei einer privat platzierten ↑Emission der ESG, wodurch es der ESG als Anleihensgemeinschaft unmöglich wurde, weiter für Gemeinden Mittel am Markt zu beschaffen. Auf dieses Ereignis folgte eine rund vierjährige Einstellung der Kapitalmarkttätigkeit der ESG. Im Mai 2002 ist sie an den Schweizer Kapitalmarkt zurückgekehrt und hat eine neue Emission aufgelegt. Neu an der Struktur der «angepassten» ESG ist das Bestehen einer Versicherungsdeckung der «Zürich» für die ersten 10 % des Nominalwertes im Falle eines Verzuges, eine Garantiestruktur der an der jeweiligen Emission beteiligten Gemeinden sowie eine ↑Kreditlinie der Credit Suisse in Höhe von CHF 120 Mio. Anleihensgemeinschaften öffentlich-rechtlicher Einzelschuldner bestehen auch im Ausland.

Anleihensgeschäft
↑Emissionsgeschäft.

Anleihensobligation
Eine Anleihensobligation ist eine (Teil-)Schuldverschreibung in Form eines ↑Wertpapiers oder unverurkundeten ↑Wertrechts, die Bestandteil einer Obligationenanleihe ist. In der Kapitalmarktpraxis werden Anleihensobligationen oder einzelne Obligationentitel auch als Anleihen (englische Bezeichnung ↑Bonds) bezeichnet. In der Schweizer Kapitalmarktpraxis wird nach dem Sitz des ↑Emittenten zwischen ↑Inlandanleihen und ↑Auslandanleihen unterschieden. In rechtlicher Hinsicht (OR 1156–1186) bilden Anleihensobligationen in Teilbeträge aufgeteilte Grossdarlehen, die zu einheitlichen Bedingungen öffentlich oder als Privatplatzierung mit einer ↑Laufzeit von 3 bis 10 Jahren emittiert werden. Ökonomisch sind Anleihen Instrumente der mittel- und langfristigen ↑Fremdfinanzierung. Keine Anleihensobligationen sind die in der Schweiz von Banken ausgegebenen und individuell ausgestalteten ↑Kassenobligationen mit einer mittelfristigen Laufzeit, die nicht während einer bestimmten ↑Zeichnungsfrist, sondern laufend ausgegeben werden, nicht wie Anleihen kotiert (↑Kotierung) und damit nicht handelbar sind.

1. Emission von Anleihen
In der Schweiz lauten Anleihen fast ausschliesslich auf den Inhaber und werden meistens auf dem Wege einer *Festübernahme* unter der Federführung eines Schweizer ↑Lead-Managers zusammen mit

Anleihensobligation

einem nationalen oder internationalen Bankensyndikat öffentlich zur ↑Zeichnung aufgelegt und an der ↑SWX Swiss Exchange nach provisorischer Zulassung im Hauptsegment kotiert. Die rechtliche ↑Basis der Festübernahme bildet der Anleihevertrag oder Übernahmevertrag, der neben den vollständigen Anleihensbedingungen, insbesondere die ↑Quoten des ↑Syndikats, Angaben betreffend ↑Zahlstelle und die Dokumentation sowie Gewährleistungen des Emittenten enthält. Anleihen dürfen nur aufgrund eines Emissionsprospektes öffentlich zur Zeichnung aufgelegt werden (OR 1156). Aus dieser Prospektpflicht ergibt sich für alle, die am ↑Prospekt mitgewirkt haben, eine im internationalen Vergleich strenge ↑Prospekthaftung (OR 752). Die Anleihensobligationäre von Inlandanleihen unter Schweizer Recht bilden von Gesetzes (OR 1157ff.) wegen eine ↑Gläubigergemeinschaft mit bestimmten Rechten und Pflichten, was in den Anleihensbedingungen in einer Bondholder-meeting-Klausel ersichtlich ist. Der Lead-Manager hat nach ↑Emission und Verkauf einer Anleihe keine Funktionen und Rechtspflichten mehr, es sei denn, er sei zugleich noch Zahlstelle (↑Emissionsgeschäft).

Eine Anleihe weist heute eine einheitliche ↑*Stückelung* von CHF 5000 oder selten, da im Schweizer Retailmarkt schwierig zu verkaufen, ein ganzzahliges Mehrfaches davon auf und bildet somit einen Bruchteil einer auf bis zu mehreren hundert Millionen lautenden, öffentlich aufgelegten Obligationenanleihe. Anleihen werden auf dem schweizerischen Markt von inländischen Emittenten (Gesellschaften, seltener Banken oder ↑Pfandbriefzentralen) als Inlandanleihen oder von ausländischen Emittenten als Auslandanleihen in verschiedener Ausgestaltung als direkte Anleihen (↑Straight bond) bzw. als ↑Options- oder ↑Wandelanleihe (Equity-linked bond) aufgelegt. Alle Anleihenskategorien werden in der Schweiz primär in Schweizer Franken begeben, können aber auch in den wichtigsten Fremdwährungen emittiert und an der SWX kotiert werden (↑Eurobonds). ↑Doppelwährungsanleihen existieren heute praktisch nicht mehr, da die Währungen für den Emittenten kostengünstig geswapt (↑Swap-Geschäft) werden können. Options- und Wandelanleihen sind weit seltener als «↑Straights», da sie wirtschaftlich neben dem ↑Zinsrisiko noch das Risiko der ihnen zugrunde liegenden ↑Aktien beinhalten. Auslandanleihen werden in der Schweiz entweder als *Einzelanleihen (Stand-alone-Anleihen),* teilweise gar mit einer oder mehreren ↑Aufstockungen (Reopenings), die zur ursprünglichen Anleihe voll ↑fungibel sind, oder aus einem *European medium term note programme (EMTN),* einem unter ausländischem Recht stehenden, global in mehreren Währungen benutzbaren Mehrfach-Emissionsprogramm in Form einer an der SWX kotierten «Einzel-Tranche», begeben.

In der Schweiz werden kotierte Anleihen heute wertpapiertechnisch in Form einer kotierbaren und durch den Lead-Manager in das Sammelverwahrungssystem der ↑SIS SegaIntersettle AG eingelieferten ↑*Globalurkunde* auf Dauer ausgestaltet. Gestützt auf die Richtlinie der SWX betr. Verbriefung von ↑Valoren vom 01.09.1997 wird den Obligationären schon im Zeitpunkt der Emission durch die Anleihensbedingungen das Recht auf den Druck der Obligationentitel in Form einer ↑*Einzelurkunde* ausgeschlossen. Die Globalurkunde auf Dauer verbrieft alle handelbaren Rechte (↑Effekten), die im Rahmen einer bestimmten Emission begeben werden und räumt dem ↑Investor lediglich sachenrechtlich Miteigentum an dieser Urkunde ein. Das Recht, den Titeldruck und die ↑Auslieferung von Einzelurkunden zu veranlassen, steht ausschliesslich dem Lead-Manager oder dem Emittenten zu und wurde seit Bestehen dieser Regelung fast nie – und dann nur zu Beweiszwecken in einem ausländischen Konkurs- oder Gerichtsverfahren – ausgeübt. Auf der Vorderseite dieser nicht in den Verkehr gebrachten Globalurkunde auf Dauer wird das Schuldversprechen im Gesamtbetrag der ganzen Anleihe gegenüber dem Inhaber verurkundet. Auf der Rückseite sind die genauen Anleihensbedingungen, wie etwa Höhe des geschuldeten Kapitals, Währung, Verzinsung, Dauer der Anleihe, Tilgungsbestimmungen, Sicherstellung, Zahlstellen aufgeführt. Die Globalurkunde wird vom Anleihensschuldner unterzeichnet und erlangt erst Gültigkeit, sobald die ↑federführende Bank eine Kontrollunterschrift geleistet hat. Ihre Gültigkeit erlischt erst mit der vollständigen ↑Rückzahlung der gesamten Anleihe. Bei einem allfälligen Titeldruck besteht die Anleihe aus der eigentlichen Schuldurkunde oder dem ↑Mantel und einem dazugehörenden ↑Couponsbogen. Um Nachahmungen und die illegale Inanspruchnahme der ↑Inhaberklausel zu erschweren, werden oft Spezialpapiere und Wasserzeichen und beim Druckverfahren individuelle Guillochenkompositionen verwendet. Die detaillierten Anforderungen an den Titeldruck werden in der Richtlinie der SWX betr. die Herstellung von kotierungsfähigen Wertpapieren (Druckvorschriften) vom 02.03.1992 geregelt.

Die *Verzinsung* wird meistens im Zeitpunkt der Emission für die ganze Laufzeit der Anleihe fest fixiert und bildet rechtlich wie auch wirtschaftlich einen der wichtigsten Bestandteile der Anleihe. Eine Ausnahme davon bildet die Gleitsatzanleihe (Floating rate bond, ↑Floater), bei welcher der Zinssatz an die allgemeine Zinsentwicklung des Marktes, z.B. an die 6-monatigen Eurogeldmarktdepots in London, ↑Libor, gekoppelt ist. In den USA bestehen zusätzlich noch Gewinnobligationen (↑Income bonds), die sich dadurch auszeichnen, dass die ↑Zinsen nur geschuldet sind, wenn der Anleihensschuldner einen Gewinn erwirtschaftet.

Anleihensobligation

In der Schweiz werden die Zinsen jährlich bezahlt (Berechnungsmethode 30:360), während im Ausland neben der jährlichen Zinszahlung (30:365) auch andere Zinsperioden auftreten (act:365).

2. Besteuerung von Anleihen

Gemäss Bundesgesetz über die ↑Verrechnungssteuer unterliegen Zinszahlungen von Anleihen inländischer Schuldner dem Abzug der Verrechnungssteuer (derzeit 35%). Die Verrechnungssteuer ist als Selbstveranlagungssteuer konzipiert. Sie ist eine ↑Quellensteuer, weil sie beim Schuldner der steuerbaren Leistung (↑Emittenten) erhoben wird. Der Steuerschuldner ist verpflichtet, die Verrechnungssteuer durch entsprechende Kürzung der steuerbaren Leistung (der Zinsen im Falle von Anleihen) auf den Leistungsempfänger (Obligationär) zu überwälzen. Der Steuerpflichtige trägt die Verrechnungssteuer mithin nicht selber, sondern liefert sie lediglich ab und belastet sie seinen ↑Gläubigern (Zinsgläubiger bei Anleihen). Die Verrechnungssteuer soll die im Inland ansässigen Steuerpflichtigen dazu veranlassen, ihr Vermögen und die von ihnen vereinnahmten Vermögenserträge korrekt zu deklarieren. Die Verrechnungssteuer ist somit eine Massnahme zur Förderung der Steuerehrlichkeit. Den steuerehrlichen Inländern wird die Verrechnungssteuer vollumfänglich zurückerstattet, und zwar durch ↑Verrechnung mit den Kantons- und Gemeindesteuern oder in ↑bar. Für im Ausland ansässige Anleger stellt die Verrechnungssteuer eine definitive Belastung dar, ausser für solche Anleger in Staaten, mit denen die Schweiz ein ↑Doppelbesteuerungsabkommen abgeschlossen hat. Solche Ausländer können – je nach dem einschlägigen Abkommen – eine teilweise oder vollständige Rückerstattung der Verrechnungssteuer beanspruchen. Zinszahlungen von Anleihen ausländischer Schuldner sind dem Abzug der Verrechnungssteuer nicht unterworfen, mithin werden Zinszahlungen solcher Anleihen ungeschmälert an die Obligationäre ausgerichtet. In den Anleihensbedingungen ist dementsprechend geregelt, dass der Emittent die Zins- und ↑Kapitalrückzahlungen ohne Abzug irgendwelcher Rückbehalte für Steuern oder Abgaben leisten muss. Wird er aufgrund gesetzlicher Regeln in seinem Domizilland verpflichtet, solche Rückbehalte aufgrund von Steuern oder Abgaben vorzunehmen, so muss er die Zins- oder Kapitalzahlung derart erhöhen *(Gross-up-Klausel)*, dass der Anleger eine Zahlung gemäss Anleihebedingungen erhält. Kann der Emittent beweisen, dass er solche zusätzliche Beträge bei einer nächsten Zins- oder Kapitalzahlung zahlen müsste, hat er das Recht, die Anleihe jederzeit unter Einhaltung einer ↑Kündigungsfrist vorzeitig zum ↑Nennwert zurückzuzahlen. Die Mitgliedstaaten der Europäischen Gemeinschaft haben einen Richtlinienvorschlag ausgearbeitet mit dem Ziel, Zinseinkünfte, die natürliche Personen mit Steuersitz in einem anderen EU-Mitgliedstaat erzielen, ebenfalls besteuern zu können. Dazu soll als Endziel, das alle Mitgliedstaaten spätestens sieben Jahre nach Inkraftsetzen der Richtlinie (nach dem derzeitigen Plan wäre dies 2010) zu erreichen haben, ein Informationsaustausch zwischen den Steuerbehörden stattfinden. Dieser erfordert naturgemäss eine Einschränkung eines allfällig vorhandenen ↑Bankkundengeheimnisses im Anlageland. Daher wird Belgien, Luxembourg und Österreich zugestanden, während einer Übergangsfrist von sieben Jahren ab Inkraftsetzung der Richtlinie, keine Informationen weiterzuleiten, sondern eine Quellensteuer zu erheben und einen Teil der Einnahmen daraus an das Land weiterzuleiten, in welchem der ↑Begünstigte den Steuerwohnsitz hat. Diese Steuer ist somit nicht eine eigentliche Quellensteuer, sondern eine Zahlstellensteuer, weil sie von der letzten Stelle (Bank), welche die Zahlung an den Begünstigten vornimmt, einbehalten bzw. abgezogen wird. Sollten die Mitgliedstaaten der Europäischen Gemeinschaft die Einführung der Zinsenbesteuerung für natürliche Personen mit Wohnsitz in der EU definitiv beschliessen, und sollte sich die Schweiz in dieses System mittels einer Zahlstellensteuer einbinden lassen, so muss davon ausgegangen werden, dass die EU-Regelung betreffend Übergangsbestimmungen für umlauffähige Schuldtitel auch für die Banken in der Schweiz bzw. für ihre in den EU-Staaten ansässigen Kunden Wirkung entfalten wird. Diese Übergangsbestimmungen besagen, dass Anleihen sowie andere umlauffähige Schuldtitel, die vor dem 01.03.2001 begeben wurden oder bei denen die zugehörigen Emissionsprospekte vor diesem Datum durch die hiefür zuständige Behörde des Staates der Ausgabe genehmigt wurden, in der Übergangszeit (voraussichtlich bis 2010) vom System der Zinsenbesteuerung nicht erfasst werden; weder Meldeverfahren noch Quellensteuer werden Anwendung finden. Falls die Schweiz eine Zahlstellensteuer einführen wird, ist es denkbar, dass dies grundsätzlich auch bezüglich der erwähnten Übergangsbestimmung der Fall sein wird. Auf Zinszahlungen von Anleihen, die nach dem 01.03.2001 begeben wurden, wird demzufolge bei Inkrafttreten der Richtlinie auch in der Schweiz diese so genannte Zahlstellensteuer zum Abzug gelangen. Vorgesehen ist, dass diese Zahlstellensteuer während der ersten drei Jahre 15% und nachher 20% beträgt.

3. Rückzahlung von Anleihen

Die Tilgung einer Anleihe (↑Rückzahlung von Anleihen) erfolgt entweder durch einmalige Rückzahlung am festgelegten Fälligkeitstermin oder durch Teilrückzahlungen, die erst einige Jahre nach Emission einsetzen. Heute weist die Mehrzahl der Anleihen eine feste Laufzeit auf. Um die Auszahlung von Fraktionen von Jahreszinsen zu vermeiden, werden Rückzahlungen vorzugsweise auf einen Zinszahlungstermin festgesetzt oder kündbar gestellt. Zur Vornahme von Teilrückzahlungen werden die Anleihen im ↑Sekundärmarkt zurückgekauft, wenn ihr Kurs ↑unter pari steht. Seit Beginn der 70er-Jahre werden die arbeitsaufwendigen ↑Auslosungen nicht mehr vorgenommen. In den Anleihensbedingungen wurde früher festgelegt, dass Teilrückzahlungen ausschliesslich durch Rückkäufe am Markt erfolgen, allerdings nur, soweit dies während einer bestimmten Zeit vor Fälligkeit einer Tilgungsrate zu ↑pari oder darunter möglich ist. Der aus Marktgründen allenfalls nicht zurückgekaufte Teilbetrag einer Tilgungsrate ist erst bei ↑Endfälligkeit der Anleihe geschuldet. In sehr seltenen Fällen bedingt sich der Anleiheschuldner einseitig das Recht zur vorzeitigen Rückzahlung der ganzen Anleihe unter Beachtung einer Kündigungsfrist aus, wobei für den Fall einer ↑Kündigung vor Ablauf von etwa zwei Dritteln der gesamten Laufzeit Rückzahlungspreise über dem Nennwert (↑Prämien) vereinbart werden. Anleger ziehen jedoch feste Laufzeiten ohne vorzeitige Rückzahlungsmöglichkeiten vor. Die Tilgung von Wandelanleihen erfolgt durch Ausübung des Wandelrechtes, wodurch ↑Fremdkapital durch ↑Eigenkapital ersetzt wird. Eine ↑Indexierung des Rückzahlungspreises erfolgte in der Schweiz bisher einzig bei den ↑Bull and bear bonds und bei den von der Banque Cantonale Vaudoise platzierten Parking units. Vereinzelt wurden Anleihen bei ihrer Endfälligkeit auch über pari getilgt (Renditeverbesserung auf Verfall im Zeitpunkt extrem hoher Zinssätze). Bei einzelnen Anleihen kann der Obligationär nach Ablauf einiger Jahre die Rückzahlung verlangen (Put option, ↑Put). Schliesslich werden nachrangige Anleihensobligationen im Fall von Konkurs, ↑Nachlassvertrag oder Liquidation des Emittenten erst nach Rückzahlung sämtlicher anderer Schuldverpflichtungen getilgt.

4. Sicherstellung von Anleihen
Für Anleihen der öffentlichen Hand und grosser Unternehmen werden in der Regel keine besonderen Sicherheiten bestellt. Der Emittent verpflichtet sich lediglich mit der ↑Negativklausel (selten auch negative Hypothekenklausel oder negative Verpfändungsklausel genannt), keine anderen Anleihen oder langfristigen Verbindlichkeiten mit einer besonderen Sicherheit auszustatten, ohne die aktuelle Anleihe gegenüber allen früher begebenen Anleihen gleichwertig sicherzustellen. Zur Verstärkung des ↑Emissionskredites oder der Erlangung günstiger Zinskonditionen werden Anleihen, v. a. Auslandanleihen, sichergestellt, d. h. mit Garantien ausgestattet; primär durch eine Garantie (OR 111), seltener mittels Solidarbürgschaft (OR 496), oder durch ein Keep well agreement bzw. durch ↑Abtretung von Einnahmen des Emittenten. Namentlich ausländische private Emittenten sehen sich aus fiskalischen Überlegungen veranlasst, mit minimalen Eigenmitteln ausgestattete Tochtergesellschaften als Emittenten (Finance companies oder ↑Special purpose vehicles) einzusetzen, deren Anleihen dann von der ↑Muttergesellschaft sichergestellt werden. Ausländische Staaten stellen Anleihen oftmals auch durch Sicherungsversprechen, die auf der entsprechenden ausländischen öffentlich-rechtlichen Spezialgesetzgebung basieren, sicher. Eine indirekte Sicherstellung kann auch in Vereinbarungen bestehen, in denen sich Kunden oder Aktionäre verpflichten, dem Emittenten den erzeugten Strom oder das transportierte Erdgas für einen vorausbestimmten Zeitraum zu einem Preis abzunehmen, der die Verzinsung oder Tilgung der von ihm emittierten Anleihe erlaubt ([Jahres-]Kostenverpflichtung). Für in der Schweiz kotierte Anleihen legt die Richtlinie der SWX betr. Sicherungsversprechen vom 01.09.1997 die entsprechenden inhaltlichen und publizitätsmässigen Anforderungen detailliert fest. Grundsätzlich haben Sicherungsversprechen von Anleihen und ↑Derivaten schweizerischem Recht und ↑Gerichtsstand zu unterstehen. Mehrere besondere Sicherheiten geniessen in der Schweiz die ↑Pfandbriefe.

5. Kotierung von Anleihen
Bei öffentlich ausgegebenen Anleihen wird in der Regel der Antrag zur Kotierung an einer oder mehreren Effektenbörsen gestellt. Die Kotierung setzt die Erstellung eines von der ↑Börse zu genehmigenden ↑Kotierungsprospektes gemäss dem Kotierungsreglement der SWX (KR Anhang Schema B) voraus. Die Börsenzulassung erleichtert den Handel und fördert somit die Anleihensobligation als Anlagepapier sowohl für die institutionellen ↑Grossanleger (Institutionals) als auch für den privaten Sparer (Retailers). Eine Kotierung trägt aber nur dann zur besseren Handelbarkeit und Preisgestaltung bei, wenn sie an einem ↑Börsenplatz erfolgt, wo auch die Zahlstellen- und Verwaltungshandlungen zuverlässig erfüllt werden (KR 26). In der Schweiz öffentlich angebotene Anleihensemissionen werden daher selten noch zusätzlich im Ausland kotiert. Anleihen spielen wirtschaftlich eine wichtige Rolle bei der kollektiven Beschaffung von mittel- und langfristigen Mitteln für mehrere Schuldner der öffentlichen Hand, der Energiewirtschaft, der Industrie sowie von Banken, sei es für das ↑Hypothekargeschäft (z. B. Pfandbriefzentralen) oder die Finanzierung anderer langfristiger ↑Engagements. Solche Anleihen wurden in der Vergangenheit durch eine ↑Anleihensgemeinschaft, die ein Zusammenschluss von zahlreichen kleineren, einzeln nicht kapitalmarktfähigen Schuldnern darstellt, emittiert (z. B. Emissionszentrale Schweizer Gemeinden, ESG). Wegen der Rückzahlungsunfähigkeit von Einzelschuldnern hat eine ↑Emissionszentrale ihre Emis-

sionstätigkeit sogar vorübergehend einstellen müssen, hat aber jüngst angekündigt, wieder am ↑Kapitalmarkt aufzutreten. Heute nehmen vor allem die beiden Schweizer ↑Grossbanken und die ↑Kantonalbanken eine bedeutende Stellung im Anleihensgeschäft ein, weil sie aufgrund ihrer starken Position im ↑Private banking und im ↑Asset management über eine sehr grosse, international abgestützte ↑Platzierungskraft verfügen.

Felix M. Huber

Anleihevertrag
↑Emissionsgeschäft.

Anmerkung im Grundbuch
↑Grundbuch.

Annahme
↑Akzept.

Annahmepflicht
Unter Annahmepflicht versteht man die gesetzliche Verpflichtung, ↑Münzen oder ↑Banknoten als Zahlung anzunehmen (↑Zahlungsmittel). Die Nichtannahme von Geld mit gesetzlichem Kurs durch den ↑Gläubiger führt zu Gläubigerverzug (OR 91 ff.).

Annexion
↑Fusion.

Annualisierte Prämie
Zwecks Vergleich der für ↑Optionen mit unterschiedlicher ↑Restlaufzeit berechneten ↑Prämien werden diese auf 12 Monate umgerechnet. Die annualisierte Prämie gibt an, welche jährliche prozentuale Veränderung notwendig ist, damit mit dem für die Option bezahlten Aufpreis auf den ↑Basiswert kein Verlust realisiert wird.

Annualisierte Standardabweichung
Die annualisierte Standardabweichung ist die auf jährliche Änderungen umgerechnete Standardabweichung.

Annualisierte Volatilität
Die annualisierte Volatilität ist die auf ein Jahr umgerechnete ↑Volatilität eines Wertpapierkurses.

Annualisierung
Annualisierung bedeutet bei ↑*Renditen*, die auf ein Jahr umgerechnete prozentuale Verzinsung einer Anlage, bei ↑*Volatilität*, die in eine ↑Standardabweichung pro Jahr umgerechnete historische Standardabweichung der ↑Performancefaktoren einer Anlage.

Annuität
Eine regelmässige, meist jährliche Leistung von stets gleicher Grösse, bestehend aus dem Zins und einem Amortisationszuschlag für die allmähliche Tilgung eines Darlehens. Die jährliche Gesamtleistung des Schuldners bleibt bei Annuitäten unverändert, sodass bei sinkender Kapitalschuld die zu leistende Zinskomponente abnimmt, die Tilgungsquote aber steigt. Die Annuität unterscheidet sich von der Kapitalrate oder Amortisationsquote, d. h. der festen, regelmässig gleichbleibenden ↑Abzahlung des Schuldners, neben welcher der Zins von der Restschuld gesondert gerechnet und bezahlt wird. Annuitäten sind heute selten.

Annuitätenanleihen
Annuitätenanleihen sind Anleihen, die durch gleichbleibende ↑Annuitäten getilgt werden. In der Schweiz sind Annuitätenanleihen nicht gebräuchlich.

Annuitätenfaktor
Annuitätenfaktor nennt man die Zahl, mit der man einen Betrag multiplizieren muss, um die jährlichen (konstanten) ↑Annuitäten zu erhalten. Für die Formel: ↑Barwert.

Annuitätenhypothek
↑Amortisationshypothek.

Anomalien
↑Börsenpsychologie; ↑Efficient-market-Theorie; ↑Eigenkapitalkosten.

Anome-Konto
↑Nummernkonto.

Anonyme Konten
Guthaben bei einer Bank, von denen diese nicht weiss, wem sie zuzuordnen sind, da sie nicht auf den Namen des Kunden lauten und dieser auch nicht gehörig identifiziert wurde. Heute ist die Führung anonymer Konten auf den massgebenden Finanzplätzen der Welt nicht mehr zulässig (↑Know your customer rules).
Von anonymen Konten zu unterscheiden sind ↑Nummern- oder Pseudonymkonten und Inhaberhefte (↑Inhabersparheft), bei denen der Kunde gehörig identifiziert worden ist, sowie ↑nachrichtenlose Vermögenswerte, bei denen die Bank im Verlauf der Geschäftsbeziehung den Kontakt zum Kunden verloren hat.

Anrecht
↑Bezugsrecht.

Anreizvergütung
↑Bonussysteme.

Anschaffen
In der schweizerischen ↑Banksprache Ausdruck für «überweisen», «decken».

Anteil
Als Anteil wird die Beteiligung am Vermögen und am Ertrag eines ↑Anlagefonds bezeichnet. Rechtlich entspricht der Anteil einer Forderung gegenüber der ↑Fondsleitung, wirtschaftlich einer Beteiligung.
Anteil wird auch als Kurzbezeichnung für den Gesellschaftsanteil einer GmbH verwendet. Nach OR 789 III kann über den ganzen Anteil eines Gesellschafters eine Beweisurkunde ausgestellt werden. Eine wertpapiermässige Verbriefung von GmbH-Stammanteilen soll mit der vorgesehenen Revision des GmbH-Rechts eingeführt werden. Nach E OR 784 I können Stammanteile als Namenpapiere im Sinne von OR 974 ff. ausgestellt werden.

Anteilgebundene Lebensversicherung
↑Fondsgebundene Lebensversicherung.

Anteilschein
Man unterscheidet zwischen Anteilscheinen an Genossenschaften und Anteilscheinen an ↑Anlagefonds:
– *Anteilschein Genossenschaft*: Besteht in einer Genossenschaft ein einbezahltes Genossenschaftskapital, ist dieses in auf die Namen der Mitglieder lautende Anteilscheine zerlegt (OR 853). Jeder Genossenschafter hat mindestens einen Anteilschein zu übernehmen. Anders als bei Aktiengesellschaften bestehen keine Vorschriften über ein Mindestkapital oder den ↑Mindestnennwert der Anteile. Jeder Genossenschafter hat in der Generalversammlung – unabhängig von der Zahl der Anteilscheine – eine Stimme. Der Verwaltungsrat kann die Höchstzahl von Anteilscheinen, die ein Mitglied übernehmen kann, beschränken. Bei den Raiffeisenbanken beträgt diese z.B. 10% des bestehenden Genossenschaftskapitals oder höchstens CHF 20000. Weil ein Eintritt in die Genossenschaft jederzeit möglich ist (Grundsatz der offenen Tür), ist das Anteilscheinkapital entsprechend der veränderlichen Zahl der Mitglieder variabel. Grössere Bankgenossenschaften arbeiten jedoch de facto mit einem festen Genossenschaftskapital.
– *Anteilschein Anlagefonds:* Der Anleger kann verlangen, dass Anteile im Anlagefonds in einem Anteilschein verbrieft werden. Die ↑Depotbank verurkundet in diesem Fall seine Rechte in einem ↑Wertpapier ohne ↑Nennwert, das auf den Namen oder auf den Inhaber lautet. Auf den Namen ausgestellte Anteilscheine sind gesetzliche ↑Ordrepapiere (AFV 24). In Abweichung zur gesetzlichen Regelung sieht das Musterreglement des Schweizerischen Anlagefondsverbands eines schweizerischen Effektenfonds (SAV, § 5, Ziff. 3) vor, dass Anteile grundsätzlich nicht verbrieft, sondern buchmässig geführt werden. Anleger, welche die Aushändigung eines Anteilscheines verlangen, werden mit den Kosten für die ↑Auslieferung von Anteilscheinen belastet. In der Praxis ist die Dematerialisierung (↑Entmaterialisierung von Wertpapieren) der Anteilscheine die Regel. *Max Boemle*

Anteilseigner
Bezeichnung für Eigentümer von Anteilen an Personen- und ↑Kapitalgesellschaften sowie von ↑Anlagefonds.

Antizipatives Hedging
↑Hedge accounting.

Antizipieren
Antizipieren (auch Antizipation genannt) wird in der ↑Börsensprache als Ausdruck für die Vorwegnahme einer erwarteten Entwicklung verwendet. Zur Vorwegnahme von Kurs- und Zinsentwicklungen werden häufig ↑Futures- sowie andere ↑Termin- und ↑Optionsgeschäfte abgeschlossen.

Antizyklische Anlagepolitik
↑Anlagestrategie, bei der sich der Anleger entgegen der allgemeinen Börsentendenz verhält. Der Antizykliker (Contrarian) kauft ↑Wertpapiere bei schlechter Börsenstimmung und tiefen ↑Kursen und verkauft die Titel bei guter Börsenstimmung und hohen Kursen. Der antizyklisch vorgehende Anleger konzentriert sich nicht auf Werte, die in der Gunst der Märkte stehen und daher zu hohen Preisen notieren, sondern vielmehr auf die Turnaround-Situationen (↑Restrukturierung) guter ↑Substanzwerte (Qualitätstitel), deren Kurs übergehend, z.B. infolge schlechter Unternehmensnachrichten, unter Druck geraten ist. Der Anleger versucht von unterbewerteten Titeln zu profitieren. Empirisch lässt sich zeigen, dass spekulative Blasen (↑Bubble) an den ↑Finanzmärkten früher oder später platzen und die Kurse auf ein fundamental gerechtfertigtes Niveau zurückfallen. Aus langfristiger Optik lohnt es sich, antizyklisch auf unpopuläre Branchen und unterschätzte Titel zu setzen. Die Schwierigkeit und die Chance der antizyklischen ↑Anlagepolitik liegt in der Identifizierung der richtigen Titel und in der Antizipierung künftiger ↑Trends. *Elisabeth Meyerhans*

Anweisung
Die Anweisung ist nach der gesetzlichen Definition eine Doppelermächtigung: Der Anweisende ermächtigt den Angewiesenen, eine bestimmte Menge Geld oder Wertpapiere oder eine Menge anderer vertretbarer Sachen an einen Dritten zu leisten; gleichzeitig ermächtigt er diesen Dritten (den Anweisungsempfänger), die Leistung in eigenem Namen beim Angewiesenen einzufordern (OR 466). Die Anweisung begründet keine neue Schuldpflicht. Sie setzt aber in aller Regel eine Schuld des Anweisenden gegenüber dem Anwei-

sungsempfänger und eine Schuld (oder eine ↑Kreditzusage) des Angewiesenen gegenüber dem Anweisenden voraus und verpflichtet den Angewiesenen im Rahmen dieser zweiten Beziehung, die geschuldete oder zugesagte Leistung nicht an seinen ↑Gläubiger, sondern zulasten von dessen Rechnung an den Dritten vorzunehmen, wenn ihm daraus kein Nachteil erwächst (OR 468 II). Gegenüber dem Dritten wird der Angewiesene nur zur Leistung verpflichtet, wenn er ihm die vorbehaltlose Annahme der Anweisung erklärt (OR 468 I). Der Anweisende kann die Anweisung gegenüber dem Anweisungsempfänger widerrufen, wenn er sie nicht zur Tilgung einer Forderung oder sonstwie zum Vorteil des Anweisungsempfängers erteilt hat; gegenüber dem Angewiesenen kann er widerrufen, solange dieser dem Empfänger nicht die Annahme der Anweisung erklärt oder die Leistung an ihn vorgenommen hat (OR 470).

Nach der in der Schweiz herrschenden Auffassung beruht der bargeldlose Überweisungsverkehr (↑Banküberweisung) zu einem wesentlichen Teil auf den Recht der Anweisung: Die Bank des Empfängers wird von der Bank des Zahlenden direkt oder über einen Korrespondenten oder ein Clearing-System (↑Clearing- und Abwicklungssysteme) angewiesen, dem Empfänger Zahlung zu leisten. Mit der Gutschrift, die als Annahme der Anweisung im Sinne von OR 468 I verstanden wird, begründet die angewiesene Bank des Empfängers eine eigene Schuld gegenüber ihrem Kunden. Dadurch wird die Schuld des Zahlenden gegenüber dem Empfänger getilgt. Genau genommen liegt in diesem Fall nur eine einfache Ermächtigung (des Anweisenden an den Angewiesenen) vor. Trotzdem wird dieser Fall rechtlich wie eine Anweisung behandelt.

Von einer echten Doppelermächtigung lässt sich sprechen, wenn der Anweisende seine Zahlungsermächtigung dem Angewiesenen nicht direkt erklärt, sondern sie dem Anweisungsempfänger in Schriftform aushändigt, damit dieser sie dem Angewiesenen vorlegt und Zahlung verlangt. Eine Spezialform dieser Anweisung ist der ↑Check.

Anzahlungsgarantie
↑Bankgarantie.

An Zahlungs statt
↑Zahlungsstatt.

Anzeigepflichten der Anlagefonds, Banken und Effektenhändler
↑Meldepflichten gegenüber der EBK; ↑Meldepflichten im Bank- und Finanzmarktbereich.

Anziehen
In der ↑Börsensprache Ausdruck für «steigen», beispielsweise der Kurse von ↑Wertschriften oder Devisen.

Apostille
↑Beglaubigung.

Apport
Als Apport (Sacheinlagen) werden Vermögenswerte bezeichnet, die anstelle einer Geldzahlung zur ↑Liberierung des ↑Aktienkapitals dienen können. Als Sacheinlagen kommen nur Vermögenswerte in Betracht, deren wirtschaftlicher Wert feststellbar ist, die verwertbar sind und aktiviert werden können, z.B. Forderungen, Waren, Einrichtungen, Immobilien, Wertschriften, Immaterialgüterrechte.

APT
Abk. f. ↑Arbitrage pricing theory.

Arabische Bank für wirtschaftliche und soziale Entwicklung in Afrika
↑Entwicklungsbanken.

Arbitrage
Unter Arbitrage versteht man ein Geschäft (eine Strategie), das einen Gewinn bei gleichzeitigem Ausschluss eines Verlustes ermöglicht und keinen Kapitaleinsatz erfordert. Arbitrage kombiniert eine Kaufs- mit einer Verkaufstransaktion und dient dem Preisausgleich innerhalb und zwischen verschiedenen Märkten. Von besonderer Bedeutung ist die Ausnutzung von Preisdifferenzen auf Devisen-, Zins-, Aktien- und Rohwarenmärkten. Zur Realisierung von Arbitragegewinnen kommt der Verwendung von ↑Derivaten eine zentrale Bedeutung zu.

Arbitrage auf Futures- und Optionsmärkten
↑Arbitragestrategie.

Arbitrage pricing theory (APT)
Die Arbitrage pricing theory (APT) geht auf Arbeiten von Steven Ross aus den 70er-Jahren zurück. Sie stellt eine alternative Theorie zu dem in den 60er-Jahren entwickelten ↑Capital asset pricing model (CAPM) dar. Beide Modelle leiten Renditeerwartungen unter Unsicherheit ab und dienen damit u.a. der Schätzung der ↑Eigenkapitalkosten von Unternehmen. Die APT stellt eine Erweiterung des Capital asset pricing model auf eine Mehrzahl preisrelevanter Risikofaktoren dar. Bei der APT handelt es sich nicht um ein reines Gleichgewichtsmodell unter homogenen Erwartungen, so wie im Fall des CAPM, sondern um ein Modell, welches das erzielte Preisgleichgewicht mit dem Argument der Arbitragefreiheit untermauert. Die Annahmen der APT entsprechen grundsätzlich den Basisannahmen des CAPM und damit denen des ↑Markowitz-Modells. Insbesondere wird ein vollkommener ↑Kapitalmarkt unterstellt, d.h. es wird idealisierend angenommen, dass ↑Investoren

Mittel beliebig zu einem Zinssatz r_f am Kapitalmarkt leihen und verleihen können. Zudem können alle Vermögensgegenstände beliebig leerverkauft werden und es fallen keine ↑Transaktionskosten an.

Zur Ableitung der APT wird zusätzlich unterstellt, dass die ↑Renditen der betrachteten ↑Wertpapiere durch ein Multi-Faktor-Modell erklärt werden können und dass unter den Marktteilnehmern Einigkeit über die Spezifizierung dieses Modells herrscht. In formaler Darstellung wird demnach für die Rendite R eines Wertpapiers ein Modell der multiplen linearen Regression

$$R = \beta_0 + \beta_1 F_1 + \beta_2 F_2 + \ldots + \beta_k F_k + \varepsilon$$

mit k erklärenden Merkmalen («Risikofaktoren») unterstellt. Bezüglich des Störterms ε seien die klassischen Modellannahmen erfüllt; insbesondere seien diese Störterme zwischen den verschiedenen Wertpapieren und im Zeitablauf statistisch unabhängig. Mit β werden die ↑Beta-Koeffizienten bezeichnet, welche die Sensitivität der Wertpapierrendite in Bezug auf die Veränderung der Risikofaktoren F beschreiben.

Auf Basis des linearen Faktoransatzes betrachtet die APT im weiteren ↑Portfolios, die aus einer grossen Anzahl einzelner Wertpapiere zusammengesetzt werden. Es kann gezeigt werden, dass sich mit zunehmender Anzahl der Wertpapiere die einzelnen Störterme gegenseitig aufheben und somit bei der Betrachtung von diversifizierten Portfolios vernachlässigt werden können.

Das für die Ableitung der Gleichgewichtsbeziehung notwendige Arbitrageportfolio hat zwei Eigenschaften:
– Es ist kostenlos darstellbar, d.h., die Kosten für die Wertpapierkäufe entsprechen exakt den Erlösen aus den Wertpapierleerverkäufen s
– Es ist risikolos, d.h., die Portfoliogewichtung wird so gewählt, dass sich die über die Beta-Koeffizienten gemessenen Sensitivitäten bezüglich der Risikofaktoren für das Portfolio exakt neutralisieren.

Sind diese Eigenschaften erfüllt, so muss das Arbitrageportfolio im Marktgleichgewicht eine erwartete ↑Überrendite von null aufweisen. Ist dies nicht der Fall, so ergeben sich risikolose Gewinnmöglichkeiten durch Kauf oder Leerverkauf des Arbitrageportfolios.

Aus diesen Überlegungen kann man schlussfolgern, dass ein lineares Risikomodell unter der Arbitragefreiheitsbedingung zu erwarteten Gleichgewichtsrenditen führt, die vom risikolosen Zinssatz sowie von ↑Risikoprämien λ (die sich auf die k Risikofaktoren beziehen) abhängen:

$$E(R) = r_f + \beta_1 \lambda_1 + \beta_2 \lambda_2 + \ldots + \beta_k \lambda_k$$

Tests des Modells knüpfen an obige Gleichung an und überprüfen statistisch, ob in historischen Daten eine derartige Beziehung zwischen Beta-Koeffizienten und vergangenen Renditen plausibel erscheint. Problematisch ist dabei die nicht durch die Theorie festgelegte Anzahl und Art der Risikofaktoren sowie die ökonometrische Schätzung der Beta-Koeffizienten.

Christoph Kaserer, Niklas Wagner

Arbitragestrategie

Arbitrage ist ein zentraler Ansatz zur Bewertung von derivativen Instrumenten. Effizienz auf den Futures- und Optionsmärkten ist gleichbedeutend mit Arbitragefreiheit. Somit wird mit dem Mittel der ↑Arbitrage die Effizienz der Märkte sichergestellt.

Im Grundsatz geht es bei Arbitrage darum, Preisdifferenzen zwischen zwei ↑Positionen, die in einem zukünftigen Zeitpunkt gleich viel Wert (das heisst gleiche Auszahlungsstrukturen) haben, im heutigen Zeitpunkt festzustellen und durch gezielte ↑Transaktionen risikolose Gewinne zu erzielen. Durch den Verkauf der Position, die den höheren heutigen Wert hat, und dem Kauf der Position, die heute den tieferen Wert hat, wird eine risikolose Gesamtposition erreicht, die ohne Kapitaleinsatz eine zukünftige Auszahlung ermöglicht und gleichzeitig die Möglichkeit eines Verlustes ausschliesst. Eine Arbitragetransaktion wird zwischen einem originären Instrument (dem zu bewertenden Instrument) und einer synthetischen Position (replizierendes ↑Portfolio) oder zwischen zwei derivativen Positionen durchgeführt. Mit anderen Worten wird die bei der Bewertung relevante ↑Replikation eines Instruments, wie sie beispielsweise beim Black/Scholes-Ansatz (↑Black/Scholes) verwendet wird, durch eine synthetische Position erreicht.

In der Praxis werden verschiedene Arten von Arbitrage getätigt.

1. Deterministische Arbitrage: Sie umfasst das bereits erwähnte Arbitragieren, indem eine geschlossene, risikolose Position eingenommen wird, welche die Möglichkeit auf eine positive Auszahlung ermöglicht. Hierbei sind folgende Techniken zu erwähnen: ↑Cash-and-carry-Arbitrage (Arbitrage zwischen Kassa- und Futurespreis) auf ↑Aktien, ↑Devisen und Rohwarenmärkten, ↑Index-Arbitrage auf Aktien- und ↑Bondmärkten, Konversionsarbitrage (Nachbilden des ↑Basiswerts durch ↑Calls und ↑Puts derselben Optionsserie) sowie Arbitrage auf der Basis von Strategien mit Optionen, die repliziert werden können (beispielsweise ein Bull spread, welcher sowohl mit Calls als auch mit Puts strukturiert werden kann).

2. Arbitragieren von inkonsistenten Marktbewertungen: Diese Form von Arbitrage basiert auf dem Prinzip von komparativen Vorteilen. Eine der wichtigsten Formen findet sich in Zinsmärkten. Betrachtet man die Zinskonditionen für eine variable und eine festverzinsliche

Anleihe für zwei Banken mit unterschiedlichem Kredit-Rating, so kann häufig festgestellt werden, dass die Differenz der Zinskonditionen bei festen und variablen Zinsen nicht gleich gross ist. Hierdurch ergibt sich für eine Bank ein komperativer Vorteil in der Anlage mit variabler Verzinsung, für die andere Bank entsprechend in der festverzinslichen Anlage. Durch ein entsprechendes Tauschgeschäft, einen Swap, kann eine Besserstellung beider Parteien erreicht werden. Mit anderen Worten – die Parteien finanzieren sich entsprechend ihren komperativen Vorteilen und schaffen durch eine Derivatposition die gewünschte Finanzierungsform.

3. *Statistische Arbitrage:* Bei der statistischen Arbitrage handelt es sich nicht um Arbitrage im engeren Sinne. Das heisst, die Bedingung, eine risikolose Position zu generieren, wird hier nicht erfüllt. Es können somit negative Auszahlungen in einer solchen Strategie nicht ausgeschlossen werden. Basierend auf einem quantitativen Modell werden Bewertungsanomalien von Anlagen festgestellt und geeignete Transaktionen durchgeführt, die eine (entsprechend dem zu Grunde liegenden Modell) überdurchschnittliche Risiko-Rendite-Struktur aufweisen. Modelle zur statistischen Arbitrage basieren häufig auf Fundamentaldaten wie ↑Dividendenrendite, Umsatzrendite oder Kurs/Gewinn-Verhältnis (↑Price earnings ratio [PER]).

4. ↑*Risk arbitrage:* Darunter versteht man eine arbitrageähnliche Strategie, bei der im Falle von ↑Fusionen und Übernahmen Aktien der Käuferfirma verkauft und gleichzeitig Aktien der übernommenen Firma gekauft werden. Im Gegensatz zur Arbitrage im eigentlichen Sinne ist bei Risk arbitrage der Einsatz von ↑Kapital notwendig und die Möglichkeit eines Verlustes kann nicht vollständig ausgeschlossen werden. Bedeutsam ist Risk arbitrage insbesondere bei ↑Hedge funds.

Neben den gezeigten Arbitrageformen, die auf Marktbewertungen basieren, gibt es solche, welche hinsichtlich der Rahmenbedingungen von Bedeutung sind und einer Unternehmung oder einem Anleger komperative Vorteile bringen können. Unter *steuerlicher Arbitrage* werden Transaktionen verstanden, welche über verschiedene Länder abgewickelt werden, mit welchen Unterschiede in den Steuersystemen ausgenutzt werden können und die Steuerbelastung für eine Transaktion verringert werden kann. Ähnlich verhält es sich für die *regulatorische Arbitrage,* welche einem Akteur indirekten Zugang zu einem Markt ermöglicht, zu welchem dieser von Gesetzes wegen nicht berechtigt wäre. Diese Formen der Arbitrage haben eine besondere Bedeutung im Grenzbereich zwischen Banken und (Rück-)Versicherungswirtschaft. Steuerliche Vorteile können erreicht werden, indem eine Transaktion, welche einen derivativen Charakter aufweist, als Versicherungsgeschäft durchgeführt wird und dieses steuerliche Vorteile gegenüber einem Finanzderivat aufweist. Eine Unternehmung, welche in einem Land als Bank und in einem andern Land als Versicherung tätig ist, kann solche Inkonsistenzen der ↑Regulierung ausnutzen und die Abwicklung einer Transaktion jeweils so gestalten, dass die aufsichtsrechtlichen Einschränkungen und die Abgaben minimiert werden. *Heinz Zimmermann*

Arbs
↑Risk arbitrage.

AREG-Data
↑SIS Namenaktien-Modell.

Arm's-length-Prinzip
«Dealing at arm's length» bedeutet, den Inhalt eines Rechtsgeschäftes so zu vereinbaren, wie er in guten Treuen, nach normalen Geschäftsgrundsätzen zwischen Parteien mit voneinander unabhängigen Interessen ausgehandelt worden wäre. Dieser Grundsatz ist insbesondere in Konzernverhältnissen von Bedeutung bei der Frage, ob bei Rechtsgeschäften innerhalb der verbundenen Gesellschaften zum Schaden des Fiskus oder von Drittaktionären ein Missverhältnis zwischen Leistung und Gegenleistung, d.h. eine ↑verdeckte Gewinnausschüttung, vorliegt.

Arranger
↑Syndicated loans.

Arrest, Arrestverfahren
Amtliche Beschlagnahme von Vermögen des Schuldners. Mit der Beschränkung der Verfügungsbefugnis des Schuldners über die mit Arrest belegten (verarrestierten) Vermögenswerte soll der Erfolg einer künftigen Vollstreckung gesichert werden. Der Arrest hat reine *Sicherungsfunktion*.

1. Arrestvoraussetzungen
Die folgenden drei Voraussetzungen müssen zur Arrestierung von Schuldnervermögen kumulativ erfüllt sein. Diese sind vom ↑Gläubiger glaubhaft zu machen (SchKG 272 I):
– Das Bestehen einer *Arrestforderung*. Es muss sich in der Regel um eine fällige, nicht durch ein Pfand gedeckte Forderung handeln (SchKG 271)
– Das Vorliegen einer der fünf in SchKG 271 I genannten *Arrestgründe*. Im Zusammenhang mit Arresten gegen Bankkunden wesentlich ist der Arrestgrund des fehlenden zivilrechtlichen Wohnsitzes (Sitzes) des Schuldners in der Schweiz. Dieser sog. *Ausländerarrest* setzt zusätzlich voraus, dass keiner der anderen vier Arrestgründe gegeben ist (Subsidiarität) und dass die Arrestforderung einen genügenden Bezug zur Schweiz aufweist (*Binnenbeziehung,*

z. B. Wohnsitz des Gläubigers in der Schweiz, Erfüllungsort für einen Vertrag in der Schweiz) oder auf einem vollstreckbaren gerichtlichen Urteil oder auf einer Schuldanerkennung im Sinne von SchKG 82 I beruht.
– Das Vorhandensein von dem Schuldner gehörenden Vermögenswerten *(Arrestgegenständen)*. Mit diesem Erfordernis soll den vom Bundesgericht und in der Literatur verpönten *Sucharresten* (Arrest als Mittel zum Aufspüren von Vermögenswerten und Ausspionieren der Vermögensverhältnisse des Schuldners) ein Riegel geschoben werden. Verarrestierbar ist, was pfändbar ist. Die Vermögenswerte müssen also realisierbar sein. Sie müssen zudem rechtlich und nicht bloss wirtschaftlich (als *Beneficial owner*) dem Schuldner gehören (↑Wirtschaftlich Berechtigter).

2. Bewilligungsverfahren
Zuständig für die Bewilligung eines Arrests ist der Richter des Ortes, wo sich die Arrestgegenstände befinden (SchKG 272 I). Dem Wesen des Arrests als superprovisorische überfallartige Massnahme zum Schutze gefährdeter Gläubigerinteressen entsprechend entscheidet er über das Arrestgesuch ohne Anhörung oder Benachrichtigung des Schuldners. Erachtet der Richter die drei Arrestvoraussetzungen aufgrund sorgfältiger Prüfung als glaubhaft gemacht, erlässt er den *Arrestbefehl* mit den nach SchKG 274 II geforderten Angaben. Darin wird das Betreibungsamt aufgefordert, die angegebenen Vermögenswerte zu beschlagnahmen (verarrestieren).

3. Vollzugsverfahren
Das Betreibungsamt hat den Arrestbefehl sofort zu vollziehen und das Resultat in der *Arresturkunde* zu bescheinigen. Diese wird dem Gläubiger und dem Schuldner zugestellt. Damit erfährt dieser erstmals vom Arrest. Ab Zustellung der Arresturkunde laufen dem Gläubiger Fristen zur Fortsetzung des Arrests (*Arrestprosequierung*, SchKG 279).
Drittschuldner, wie z. B. Banken, müssen bei Vermeidung von Doppelzahlung die vom Betreibungsamt mitgeteilte und mit dem Arrestbeschlag verbundene Zahlungs- und Verfügungssperre beachten.

4. Einspracheverfahren
Mit der *Einsprache gegen den Arrestbefehl* (SchKG 278) wird den vom Arrest Betroffenen nachträglich das rechtliche Gehör verschafft. Legitimiert ist immer der Arrestschuldner. In Frage kommen aber auch der ↑Drittschuldner (z. B. Banken, bei denen Vermögenswerte des Schuldners verarrestiert wurden) und weitere Dritte. Die Einsprache ist innert zehn Tagen seit Kenntnisnahme beim Arrestrichter zu erheben. Gerügt werden kann u. a. die Unglaubhaftigkeit der vom Gläubiger vorgebrachten Arrestvoraussetzungen.

5. Auskunftspflicht der Banken im Arrestverfahren
Umstritten war lange, ob Banken im Arrestverfahren auskunftspflichtig seien oder das ↑*Bankkundengeheimnis* zu wahren haben. Das Bundesgericht hat entschieden (BGE 125 III 391), die Auskunftspflicht des Drittgewahrsaminhabers entstehe erst mit Ablauf der Frist zur Einsprache gegen den Arrestbefehl und, wenn Einsprache erhoben wird, erst mit Eintritt der Rechtskraft des die Einsprache abweisenden Entscheides. Alsdann kann das Betreibungsamt den Drittgewahrsaminhaber gestützt auf SchKG 275 in Verbindung mit SchKG 91 IV, unter Hinweis auf die Straffolge von StGB 324 V (Busse) zur Auskunft zwingen.
Die Banken sollen also bis zu diesem Zeitpunkt keine Auskunft über die effektiv vom Arrestbeschlag betroffenen Vermögenswerte erteilen. Ebenso können sie so lange mit der Anmeldung von Vorzugsrechten an den Arrestgegenständen (z. B. Pfand- oder Verrechnungsrechte) zuwarten. Auskunft ist ausschliesslich dem Betreibungsamt, nie aber dem Gläubiger zu erteilen.

6. Steuerarreste
Basis für einen Arrestvollzug durch das zuständige Betreibungsamt können auch Sicherstellungsverfügungen aufgrund eidgenössischer oder kantonaler Fiskalgesetze sein. Dieser sog. *Steuerarrest* wird also nicht durch den Arrestrichter, sondern durch die Steuerbehörde oder die Eidgenössische Zoll- oder Alkoholverwaltung verfügt. Analog dem «ordentlichen» Arrest muss die Auskunftspflicht der Banken dann gegeben sein, wenn gegen die Sicherstellungsverfügung kein Rechtsmittel ergriffen oder dieses rechtskräftig abgewiesen worden ist.
Urs Wenzel

Asian Development Bank (ADB)
↑Entwicklungsbanken.

Asian option
↑Asiatische Option.

Asiatische Entwicklungsbank
↑Entwicklungsbanken.

Asiatische Option
Asiatische Optionen gehören zu den ↑exotischen Optionen. Von einer asiatischen Option spricht man, wenn der Wert des ↑Basiswerts im Gegensatz zu Standard options (↑Optionen) nicht zu einem einzigen Zeitpunkt festgestellt wird, sondern als Durchschnitt (arithmetisches oder geometrisches Mittel) mehrerer Zeitperioden (z. B. täglich, wöchentlich, monatlich) ermittelt wird. Im Gegensatz zu Standard options wird der bei asiatischen Optionen ermittelte Durchschnittswert bei

↑Fälligkeit der Option mit dem Strike (↑Ausübungspreis) verglichen. Asiatische Optionen sind entstanden, um Verzerrungen, die durch zufallsbedingte Kursausschläge des Basiswerts kurz vor dem ↑Verfall der Option entstehen können, zu vermeiden.

As if and when issued
Angloamerikanischer Fachausdruck im Börsen- und ↑Emissionsgeschäft. Im Handel mit noch nicht ausgegebenen ↑Effekten bedeutet die Klausel den Vorbehalt, dass die ↑Emission der Effekten zu den vorgesehenen Bedingungen und auf den betreffenden Zeitpunkt zu Stande kommt.

Ask
Englische Bezeichnung für ↑Brief, Briefkurs (Angebot). Das Gegenteil davon ist ↑Bid für ↑Geld, Geldkurs (Nachfrage).

Asked price
Englische Bezeichnung für den ↑Ausgabepreis bei ↑Emissionen von ↑Obligationen, ↑Beteiligungspapieren und Anteilen von ↑Anlagefonds.

Assed based financing
↑Factoring.

Assented bonds
↑Obligationen, die einem Sanierungsplan (↑Sanierung [Allgemeines]) zugestimmt haben.

Asset allocation
Der Begriff Asset allocation stammt aus dem angelsächsischen Sprachraum und bezeichnet die Aufteilung des Vermögens auf verschiedene Anlagekategorien oder Asset classes (↑Kapitalanlage). Der Zweck dieser ↑Diversifikation besteht darin, dass sich mit der Vermögensaufteilung auf verschiedene, nicht vollständig miteinander korrelierte Anlagekategorien das Gesamtrisiko des ↑Portfolios reduzieren lässt. Die drei klassischen, traditionellen Anlagekategorien sind ↑Aktien, ↑Obligationen und ↑Liquidität (↑Geldmarkt). Heute weist die Asset allocation meist auch eine Anlagekategorie «↑Alternative Kapitalanlagen» (↑Private equity, ↑Hedge funds) und eine Sammelkategorie «Übriges» auf. Darunter fallen Immobilienanlagen (↑Immobilien als Kapitalanlage), ↑Derivate, Edelmetalle und anderes mehr.

Die Anlagekategorien können ganz verschieden gewichtet und miteinander kombiniert werden. Der grosse Gestaltungsspielraum erlaubt es, für sehr unterschiedliche Anlegerbedürfnisse optimale Portfolios zu bilden. Bei der Festlegung der Asset allocation spielt eine Rolle, welche ↑Anlagestrategie dem Kunden entspricht. Während bei einer ↑passiven Anlagestrategie die Gewichtung des Portfolios vom ↑Benchmark bestimmt wird, lässt sich bei einer ↑aktiven Anlagestrategie das Portfolio flexibel ausgestalten. Für die Erstellung der Asset allocation werden Informationen über die Finanzmärkte und das Umfeld des Anlegers benötigt; aus diesem Grund wird auch von integrierter Asset allocation gesprochen. Mit Hilfe der Asset allocation sollen die vom Anleger definierten Anlageziele erreicht werden.

1. Die strategische Phase
Bei Bestimmung und Umsetzung der Asset allocation gibt es eine strategische und eine taktische Phase. In der strategischen Phase wird die langfristige Anlagestrategie festgelegt. Am Anfang dieser Phase steht die Analyse der individuellen Risikotoleranz und ↑Risikofähigkeit, die Festlegung des Renditeziels (Einkommens- oder Wachstumsorientierung), und die Frage der Liquidität. Bedeutsam ist auch die Frage, welche Währungen bei den einzelnen Anlagekategorien Berücksichtigung finden. Schliesslich sind zusätzliche anlegerspezifische Merkmale relevant für die Entscheidungsfindung: das Alter, die geplante Anlagedauer und die Höhe des verfügbaren Anlagekapitals.

Ausgewählt werden immer jene Anlagekategorien, die den Bedürfnissen des Anlegers am besten entsprechen und die für die Erreichung der gewählten Anlageziele am geeignetsten sind. Für die Asset allocation können traditionelle Anlagekategorien wie Aktien oder Obligationen berücksichtigt werden, aber auch nichttraditionelle wie Hedge funds oder Private equity. Pro Anlagekategorie wird die gewünschte Gewichtung in Prozenten festgelegt, zusätzlich werden die Schwankungsbereiche bzw. ↑Bandbreiten definiert (Minimum, Maximum). Weiter müssen die Märkte bestimmt werden, in die investiert werden soll. Dabei kann eine Beschränkung auf das Inland vorgenommen werden. Meist wird die Asset allocation aber aus Gründen der Diversifikation international ausgerichtet. Der Anleger kann sich dabei für verschiedene regionale Zonen entscheiden (z. B. Eurozone).

Die früher eher schwache ↑Korrelation zwischen den einzelnen Märken nimmt stetig zu, besonders in der Eurozone. Obwohl eine globale Asset allocation attraktiv ist, haben viele Anleger gewisse Hemmungen, so anzulegen. Die Hemmungen können psychologischer Natur sein (fehlendes Vertrauen in fremde Märkte). Sie können aber auch von schwer einschätzbaren politischen Risiken herrühren oder von unerwünschten Zins- und Wechselkursrisiken.

Der Abschluss der strategischen Phase beim Aufbau der Asset allocation bildet die Wahl eines Anlagefokus. Dabei können länder- oder branchenbasierte Strategien verfolgt werden. Entscheidungen innerhalb der strategischen Phase erfolgen langfristig. Anpassungen werden quartalsweise, halbjährlich oder jährlich vorgenommen.

2. Die taktische Phase
Die taktische Phase bezieht sich auf einen kurzen Zeithorizont. Innerhalb der taktischen Phase werden die Entscheidungen der strategischen Phase konkretisiert und die Titelselektion vorgenommen. Die taktische Phase kann aber nicht nur als Weiterführung der strategischen Phase verstanden werden, sondern auch Renditesteigerungen zum Ziel haben, wobei im Vergleich zum Benchmark-Portfolio eine Überperformance angestrebt wird. Erreicht werden soll dies, indem die Gewichtung der einzelnen Anlagekategorien und -märkte verändert wird, Einzeltitel ausgewählt sowie Kaufs- und Verkaufszeitpunkte bestimmt werden. Diese Gewichtung kann mithilfe verschiedener Modelle wie jenem von Markowitz oder mit den Index-Modellen (Single- oder Multi-Index) erarbeitet werden. Das ↑Markowitz-Modell hat zum Ziel, ein effizientes Portfolio zu bilden, indem bei einem bestimmten Risiko die Rendite maximiert wird und umgekehrt. Die auf der ↑Efficient frontier liegenden effizienten Portfolios werden gemeinsam mit den Indifferenzkurven des Anlegers betrachtet, um das Portfolio mit dem höchsten Nutzen für den Anleger zu ermitteln. Eine Schwierigkeit des Markowitz-Modells ist die hohe Anzahl benötigter Inputs. Die Index-Modelle hingegen benötigen weniger Inputdaten; sie sind dadurch charakterisiert, dass beim Single-Index ein Faktor und beim Multi-Index mehrere Faktoren die Renditen beeinflussen.

3. Die dynamische Asset allocation
Eine Mischform der strategischen und der taktischen Asset allocation ist die dynamische Asset allocation. Im Mittelpunkt stehen dabei die Bedürfnisse der Anleger. Die Transaktionszeitpunkte und die ↑Volumina sind abhängig von genau vorgegebenen Regeln und unprognostizierbaren Ereignissen. Die bekannteste Ausprägung der dynamischen Asset allocation ist die ↑Portfolio insurance, die als Versicherung gegen ein unerwünschtes Ereignis eingesetzt werden kann.

Hans-Dieter Vontobel

Lit.: Gast, Ch.: Asset Allocation – Entscheidungen im Portfolio-Management, Bern 1998. – Gehrig, B./Zimmermann, H. (Hrsg.): Fit for Finance, Zürich 2000. – Gügi, P.: Einsatz der Portfoliooptimierung im Asset Allocation-Prozess, Bern 1996. – Herger, B.: Strategische Asset Allocation: ein risikoorientierter Approach in der Verwaltung privater Vermögen mit Referenzwährung Schweizer Franken, Bern 1998. – Niebuhr, Ph.: Branchenstrategien in der integrierten Asset-Allocation, St. Gallen 2001.

Asset allocation, Einsatz im Bond-Portfolio-Management

Die ↑Asset allocation wurde ursprünglich für Aktien entwickelt, deshalb müssen für ihren Einsatz im Bond-Portfolio-Management (↑Portfolio management) die wesentlichen Unterschiede zwischen ↑Obligationen und ↑Aktien berücksichtigt werden. Am wichtigsten sind dabei die begrenzte ↑Laufzeit und die regelmässigen Zinszahlungen der Obligationen, die auch ↑Bonds genannt werden.

Für die Asset allocation müssen Obligationen gefunden werden, die in ihren Eigenschaften mit denen der verwendeten Marktindices übereinstimmen. Dies geschieht selten, deshalb wird die Zinssensitivität des Index durch einen anderen Bond angenähert; dieser muss die gleiche Modified duration (↑Duration) haben wie der Marktindex. Dabei wird deutlich, dass die historischen Standardabweichungen vom Marktindex lediglich als Indikatoren der Returnschwankungen von Bonds benutzt werden können.

Der Grund für den eingeschränkten Einsatz der Asset allocation im Bond-Portfolio-Management ist letztlich die beschränkte Laufzeit der Bonds. Sie ermöglicht die als Input zur Bestimmung der Asset allocation benötigten Zeitreihen nur für nach Laufzeit zusammengefasste Segmente, nicht aber für Einzelpapiere. Die Returnschwankungen von Einzelpapieren lassen sich aber mit der Modified duration abschätzen.

Hans-Dieter Vontobel

Asset and liability management (ALM)

Ziel des Asset and liability management ist es, das ↑Zinsänderungsrisiko auf Ebene der Gesamtbilanz zu erkennen, zu quantifizieren und zu steuern. Dabei ist eine angemessene Überwachung durch das oberste Verwaltungsorgan und die Geschäftsleitung, der Einsatz von geeigneten Systemen zur ↑Risikomessung, -überwachung und zum -reporting sowie umfassende interne Kontrollen und eine unabhängige Revision notwendig. Durch Analysen kann die Risikosituation der Bank ermittelt werden, um allfällige Steuerungsmassnahmen rechtzeitig einzuleiten. *Zinsrisiken* sind systematische Risiken und werden vom Kapitalmarkt mit einer ↑Risikoprämie entschädigt. Somit stellt die Übernahme von Zinsrisiken eine Ertragsquelle dar. Eine Nutzung dieser Ertragsquelle setzt jedoch voraus, dass die damit verbundenen Risiken erkannt und in eine tragbare Relation zur ↑Risikofähigkeit der Bank gesetzt werden können.

Notwendig wird das Asset and liability management durch die ↑*Fristentransformation*, die typischerweise als Grundfunktion des Bankensystems gilt. Darunter versteht man die Transformation kurzfristiger Einlagen in langfristige Ausleihungen. Art und Umfang der Fristentransformation bestimmen das Ausmass der Zinsrisikoexposition. Die Abstimmung der Fälligkeitsstruktur der Aktiven und Passiven, respektive die Steuerung des damit verbundenen Zinsänderungsrisikos, versteht man als Asset and liability management.

Asset backed securities (ABS)

Richtung und Ausmass der Fristentransformation respektive -inkongruenz bestimmen das Vorzeichen und die Sensitivität des zukünftigen Zinseinkommens beziehungsweise der Eigenmittel einer Bank gegenüber Zinssatzveränderungen. Typischerweise werden Richtung und Ausmass der Fristentransformation mit der durchschnittlichen ↑Zinsbindungsdauer (↑Duration) der Bilanzpositionen beurteilt. Dabei kommt die Barwertmethode zur Anwendung, d.h. die Zahlungsströme werden abdiskontiert. Als Grundlage dient eine ↑Zinsbindungsbilanz, bei der sämtliche zinssensitiven Bilanzpositionen eingebunden werden.

Grundsätzlich kann eine Bank eine positive oder negative Fristentransformation aufweisen. Bei der positiven Fristentransformation ist die Duration der Anlagen grösser als jene der Verbindlichkeiten, d.h. die Bank transformiert «kurzes» Geld in «langes». Dies ist der Fall der klassischen Bank, die ↑Liquidität schafft. Bezüglich des Zinsrisikos folgt, dass höhere Zinssätze schneller an die Einleger weitergegeben werden müssen, als sie den Schuldnern belastet werden können. Die Bank ist somit auf sinkende Zinsen ausgerichtet. Bei der negativen Fristentransformation spekuliert die Bank entsprechend auf steigende Zinssätze.

Die Bank kann den *Duration gap* (Differenz der Aktivduration und der Passivduration) und somit das Risikoexposure prinzipiell über zwei Wege steuern: mit bilanzstrukturierenden Massnahmen (z.B. aktive Gestaltung von Zinskonditionen) oder über den Einsatz von Kapitalmarktinstrumenten. Den Möglichkeiten der Gestaltung von Zinskonditionen sind bei zunehmendem Wettbewerb zwischen den Banken gewisse Grenzen gesetzt, sodass in den letzten Jahren immer mehr derivative Instrumente zur Steuerung der Fristeninkongruenz und den damit einhergehenden Zinsänderungsrisiken eingesetzt werden.

Mit dem ↑Rundschreiben der Eidgenössischen Bankenkommission (EBK) vom 25.03.1999 (EBK-RS 99/1) wurden die aufsichtsrechtlichen Grundlagen sowie Mindeststandards zur Messung, Bewirtschaftung und Überwachung von Zinsrisiken festgelegt. Das Meldesystem zur quartalsweisen Zinsrisikomeldung an die SNB wurde im Laufe des Jahres 2000 für sämtliche Banken gestaffelt eingeführt, sodass spätestens seit diesem Zeitpunkt das Asset and liability management Bestandteil jeder Bank der Schweiz ist und in den letzten Jahren zu einem zentralen Führungsinstrument für Finanzinstitutionen, namentlich Banken, Pensionskassen und auch Versicherungen wurde. Das Asset and liability management bildet somit die Grundlage zum gezielten Aufbau strategischer Erfolgspositionen. Die Bank weist einen komparativen Vorteil bei der Überwachung und Bewirtschaftung sowie der Diversifikation und Absicherung von Risiken auf. Weiter verhindert ein aktives Asset and liability management die ↑Zahlungsunfähigkeit der Bank, stärkt ihre ↑Solvenz und ermöglicht ihr Weiterbestehen resp. die Wahrung ihrer Unabhängigkeit.
Stefan Jaeger

Lit.: Staub, Z./Jaeger St.: *Asset and Liability Management*, Zürich 1995.

Asset backed securities (ABS)

Mit Asset backed securities (ABS) werden ↑Wertpapiere bezeichnet, deren Zins- und Kapitalzahlungen durch die Zahlungsströme von Finanzaktiva bestimmt sind. Im Gegensatz zu traditionellen Zinspapieren wird das ↑Risiko von ABS primär durch die Aktiva und nicht den ↑Emittenten beeinflusst. Die als Verbriefung (↑Securitization) bezeichnete Aussonderung, Bündelung und Verknüpfung der Aktiva mit Anlagepapieren ermöglicht die Überführung illiquider Werte in marktgängige Wertpapiere, die durch geeignete Strukturierungsmassnahmen (Zins-, Währungs- und ↑Risikotransformation) den vorherrschenden Marktbedürfnissen angepasst werden können.

1. Grundzüge einer ABS-Transaktion
Die Grundvariante dieser ↑Transaktionen kann durch das Schema in der unten stehenden Abbildung dargestellt werden: Der Begründer der

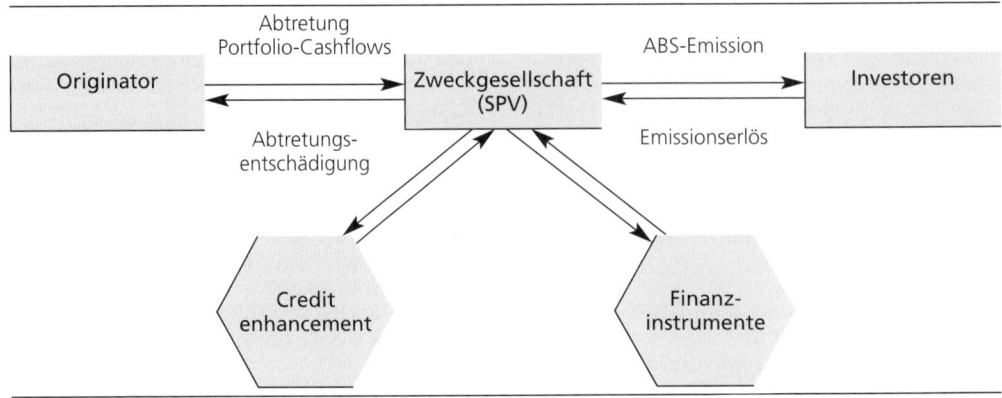

Finanzaktiva (*Originator*) tritt die Rechte an den ↑Cashflows des zu verbriefenden ↑Portfolios an eine *Zweckgesellschaft* (↑*Special purpose vehicle, SPV*) ab, welche die Finanzierung der Abtretungsentschädigung über die ↑Emission von ABS sicherstellt. Zahlungsausfälle auf dem Portfolio können direkt den ↑Investoren oder durch geeignete Massnahmen (↑Credit enhancement) Dritten überbunden werden. Die Transaktionsstruktur wird durch zins-, währungs- und liquiditätsspezifische ↑Finanzinstrumente vervollständigt. Neben der reinen Finanzierungsfunktion über die Emission von Anlegerpapieren ermöglicht eine ABS-Transaktion somit eine feinabgestimmte Risikoallokation über den ↑Kapitalmarkt (Ausfall- und ↑Liquiditätsrisiken, Zins- und ↑Währungsrisiken).

2. Initiatoren einer ABS-Transaktion
Initiatoren einer ABS-Transaktion sind neben Banken und ↑Finanzgesellschaften im weitesten Sinne Handels-, Produktions- und Dienstleistungsgesellschaften sowie öffentliche Körperschaften. Entsprechend weit ist das Universum verbriefungsfähiger Aktiven zu sehen: Grundsätzlich lässt sich jeder Anspruch auf zukünftige sichere und unsichere Erträge über eine ABS-Konstruktion in Wertpapierform «verpacken». Neben traditionellen Kreditforderungen (Hypotheken, Ansprüchen aus Transaktionen mit ↑Kreditkarten, Finanzierungen, ↑Konsumkredite usw.) sind auch ungewöhnliche Assets wie erwartete Einnahmen aus Mautgebühren, zukünftige Studiengelder oder Einnahmen im Showbusiness in ABS-Papiere eingeflossen. Der Innovation im ABS-Markt sind letztlich nur durch den Appetit der Investoren Grenzen gesetzt.
Als weitaus häufigste Variante hat sich die Verbriefung von Hypothekarforderungen herausgebildet. Während diese als ↑Mortgage backed securities (MBS) bezeichneten Wertpapiere in den angelsächsischen Ländern seit Jahren ein wichtiges eigenes ↑Marktsegment bilden, steht diese Entwicklung Kontinentaleuropa erst noch bevor.

3. ABS aus Sicht des Originators
Mit ABS-Transaktionen können verschiedene Ziele verfolgt werden: Der aus dem Verkauf der Assets resultierende Zustrom von Mitteln beeinflusst das ↑Liquiditätsmanagement und führt zu einer Verbreiterung der Finanzierungsbasis. Für Banken können weitere Ziele, wie das Ausfallrisikomanagement (Risikotransfer an Dritte), Bilanzstrukturmanagement (Bilanzauslagerung) oder die Bewirtschaftung der Eigenmittel verfolgt werden.

4. ABS aus Sicht des Investors
Für den Investor bilden ABS eine Diversifikationsmöglichkeit in erstklassige Wertpapiere, die eine attraktive Zusatzrendite beinhalten. Obwohl die Papiere ein ↑Rating besitzen, erfordern die meist komplexen Transaktionsstrukturen eine genauere Analyse durch die institutionellen Anleger. Speziell bei international wenig bekannten Assets und Originatoren kann sich gegenüber Standardpapieren gleichen Ratings ein bedeutender Renditeunterschied ergeben. Der MBS-Markt in den USA hat in den letzten Jahren MBS-Derivate (↑Derivat) hervorgebracht, die auf spezifische Investorenbedürfnisse zugeschnitten sind.

Werner Burger

Asset deal
Beim Asset deal wird eine Übertragung aller Wirtschaftsgüter, d.h. aller Aktiven und Passiven vorgenommen. Die Erwerbergesellschaft übernimmt folglich sämtliche Assets (Vermögenswerte) der übernommenen Gesellschaft. Der Asset deal stellt einen Kauf durch Singularsukzession dar. Die entsprechenden Aktiva- bzw. Passiva-Positionen werden in der Bilanz des Käufers bilanziert. Für den Fall, dass der Kaufpreis die ↑Buchwerte der Aktiven übersteigt, wird der Differenzbetrag als ↑Goodwill ausgewiesen.

Asset gathering
↑Vermögensverwaltung (Allgemeines).

Asset management
Der Begriff Asset management hat seinen Ursprung in der angelsächsischen Welt und wird zu Deutsch am besten mit Vermögensverwaltung umschrieben. Die deutsche Bezeichnung ist in den letzten Jahren in der hiesigen Sprachregion zusehends durch den englischen Ausdruck abgelöst worden. Vielfach wird dadurch erhöhte Professionalität und/oder Internationalität assoziiert. Dieser Schluss kann jedoch nicht ohne weiteres gezogen werden. Hat sich ein Finanzinstitut auf das Asset management spezialisiert, so bietet es im Rahmen eines Vermögensverwaltungsauftrages die Verwaltung von Vermögenswerten (↑Liquide Mittel, ↑Obligationen, ↑Aktien, Edelmetalle, ↑Alternative Kapitalanlagen) an.
Integrale Bestandteile eines jeden modernen Asset managements sind eine angemessene ↑Diversifikation, ein systematischer Anlageentscheidungsprozess sowie eine umfassende ↑Risikokontrolle. Diversifikation umfasst unter diesem Aspekt Massnahmen, die dazu beitragen, die absolute ↑Volatilität des Ertragsverlaufes eines ↑Portfolios zu reduzieren oder aber systematische Abweichungen relativ zu einer Zielrendite zu minimieren. Die neuesten Entwicklungen im Bereich Asset management legen es nahe, durch eine Erweiterung des Anlageuniversums die Diversifikationsmöglichkeiten zu erweitern. Im Vordergrund stehen dabei die so genannt alternativen Anlageformen wie ↑Hedge funds, ↑Private equity, ↑High yield bonds. Mit dieser Erweiterung des Anlageuniversums, die auf der Grundlage der heute

üblichen Portfoliostrukturen vor allem zulasten der Allokation in Aktien gehen würde, bieten sich Möglichkeiten an, die Volatilität des Ertragsverlaufes eines Portfolios signifikant zu verringern. Es gilt allerdings auch hier, wie bei jeder Festlegung einer Portfoliostruktur, eine Analyse der Risikoeigenschaften der anvisierten Instrumente vorzunehmen.

Im Hinblick auf eine Reduktion der Wahrscheinlichkeit systematischer, wiederholter Fehlentscheidungen ist ein disziplinierter und nachvollziehbarer Anlageentscheidungsprozess unumgänglich. Im Rahmen des Prozesses sollten dabei Algorithmen und ↑Indikatoren zum Einsatz gelangen, die regelmässig auf ihre Prognosefähigkeit überprüft werden und in der Regel durch eine quantitative Analyse abgestützt sind. Die konkrete Umsetzung des definierten Anlageprozesses bedingt die regelmässige Aktualisierung der in die Analyse einfliessenden Indikatoren und ihrer Implikationen für die aktuelle Attraktivität der Anlageinstrumente.

Wenngleich der Risikokontrolle nicht immer die notwendige Aufmerksamkeit geschenkt wird, kann sie für den finanziellen Erfolg einer ↑Anlagestrategie von entscheidender Bedeutung sein. Sie umfasst nämlich alle Massnahmen mit dem Ziel, unerwünschte Risikoexpositionen in einem Portfolio zu identifizieren. Dabei stehen verschiedene Methoden zur Verfügung. Eine Risikoexposition ist definiert als Sensitivität des Portfolioertrages gegenüber identifizierten, messbaren Einflussfaktoren. Wieder kommen im Rahmen dieser Analyse in erster Linie quantitative Analysen zur Anwendung. Die praktische Umsetzung der Risikokontrolle umfasst die regelmässige Kontrolle der Portfoliostruktur, sowohl absolut als auch in ihrem Vergleich zu den vorgegebenen ↑Benchmarkindizes und/oder vorgegebenen Minimal- und Maximalexpositionen.   *Thomas Bachmann*

Asset price bubble
↑Asset price inflation.

Asset price inflation
Anhaltender Anstieg des Preisniveaus von Vermögensbeständen. Sowohl reale Vermögensbestände (z.B. ↑Immobilen) als auch Finanzaktiva (z.B. ↑Aktien) können Phasen anhaltender Preissteigerungen durchlaufen. Grundsätzlich entwickelt sich der ↑Marktwert eines jeden Vermögensbestands in Abhängigkeit vom Netto-Zustrom von Geld (das ist der gesamte Zustrom von Geld abzüglich des Wertes der Neuemissionen von ↑Wertpapieren oder Neubauten von Immobilien) in diesen Markt. Zu einem andauernden positiven Netto-Zustrom von Geld in eine ↑Börse und damit zu einer Inflation der Aktienpreise (Börseninflation) können vier Faktoren beitragen:

1. Reales Wirtschaftswachstum führt dazu, dass Aktienbesitzer Anspruch auf Teilhabe an wachsenden Gewinneinkommen haben. Dies erhöht die Attraktivität von Aktien als Anlageobjekte und führt zu einem Netto-Zustrom von Geld in den Aktienmarkt.
2. Wenn Aktiengesellschaften ihre ↑Investitionen nicht ausschliesslich mit Neuemissionen von Aktien, sondern teilweise auch fremd finanzieren, wächst ihr Realkapital stärker als ihr ↑Aktienkapital. Dies lässt den Aktienpreis steigen. Durch die Kreditaufnahme steigt auch die Geldmenge, sodass eine Asset price inflation von einem Geldmengenwachstum begleitet wird.
3. Ein Sinken der Liquiditätspräferenz der Haushalte führt zu einer Vermögensumschichtung hin zu anderen Finanzaktiva als Geld.
4. Nach einer auf James Tobin zurückgehenden Theorie erhöhen Firmen ihren realen Kapitalstock dann, wenn der Quotient q aus Preisniveau von Aktien im Verhältnis zum Preisniveau von realen Kapitalgütern grösser als Eins ist. Ein Wert von q kleiner als Eins begünstigt hingegen Aktienkäufe. Ein Anstieg der Investitionsgüterpreise kann q unter Eins senken und einen Anstieg der Aktienpreise zur Folge haben.

Diese vier Faktoren rechtfertigen einen – auch dauerhaften – Anstieg des Aktienpreisniveaus aus fundamentalökonomischer Sicht. Daneben existiert aber auch eine seifenblasenartige Aufblähung der Preise von Vermögensbeständen ohne Deckung durch eine entsprechende Verbesserung der den Finanzaktiva unterliegenden Fundamentalfaktoren. Eine solche Entwicklung wird als *Asset price bubble* bezeichnet. Sie kann durch einen politischen Schock ausgelöst werden und sich durch die Erwartung auf weiter steigende Preise – indem eine solche Erwartung die Nachfrage nach Finanzaktiva steigert, ist sie selbsterfüllend – für einen im Voraus nicht vorhersagbaren Zeitraum erhalten. Asset price bubbles gehen einher mit einer spekulativ überhöhten Geld- bzw. Kreditnachfrage und Geldmengen- bzw. Kreditexpansion, die in die Märkte für Vermögensbestände (Immobilen, Aktien) kanalisiert wird und dort für Preiserhöhungen sorgt. Die spekulative Blase platzt spätestens dann, wenn die Belastungen durch den Kreditdienst den expansiven Effekt neuer Kreditaufnahme übersteigen.

Asset price inflation kann sowohl positive als auch negative Folgewirkungen für die Realwirtschaft haben. Zu den positiven Folgen gehören die Stimulierung der privaten Konsumnachfrage über den Vermögenseffekt sowie eine Stimulierung der Investitionsnachfrage, die durch den Anstieg von ↑Tobins Q erklärbar ist. Insofern, als das so induzierte Wirtschaftswachstum wiederum zu Asset price inflation beiträgt, eröffnet sich die Möglichkeit eines selbstverstärkenden Regelkreises, der –

besonders bei Stabilität der Konsumentenpreise und entsprechend tiefen ↑Zinssätzen – in eine Asset price bubble münden kann. Andererseits kann Asset price inflation auf die Preise für Konsumgüter und Dienstleistungen übergreifen. So erhöhen sich z.B. im Zuge von Immobilienpreissteigerungen oft auch die Mieten. Am problematischsten sind die volkswirtschaftlichen Kosten des «Platzens» einer Asset price bubble: Der Verlust grosser Summen von Finanzkapital führt über den (negativen) Vermögenseffekt zu einem Nachfragerückgang. Uneinbringbare Kredite, eine vorsichtigere Kreditvergabepolitik der ↑Banken, Kreditrationierungen für Unternehmen, Kostensenkungsstrategien, Kaufzurückhaltung und grosse Unsicherheit bestimmen in solchen Situationen das gesamtwirtschaftliche Bild. Das Platzen einer grossen Asset price bubble in Japan im Jahr 1990 hat dem Land ein Jahrzehnt der ↑Rezession eingebracht.

Ob Asset price inflation mit wirtschaftspolitischen Massnahmen zu bekämpfen sei, ist aus mehreren Gründen schwieriger zu beurteilen als die unkontroverse Bekämpfung von Inflation der Güter- und Dienstleistungspreise. Erstens ist Asset price inflation populär, da sie das Vermögen der privaten Haushalte steigert, und zweitens sind ihre Auswirkungen auf die reale Wirtschaft nicht nur negativ zu beurteilen. Eine Asset price bubble sollte wegen der hohen volkswirtschaftlichen Kosten ihres Platzens im Ansatz unterbunden werden, aber in der Praxis ist es nicht möglich zu entscheiden, ob ein anhaltender Preisanstieg von Vermögenswerten nicht durch verbesserte Fundamentalfaktoren gerechtfertigt ist. (So wurde etwa der langanhaltende Anstieg der Aktienkurse in den USA in den 90er-Jahren im Zuge der New-economy-Diskussion mit einer entscheidend verbesserten Produktivität durch neue Technologien begründet.)

Die wirksamste Massnahme gegen Asset price inflation ist eine Zinserhöhung. Höhere Zinsen führen zu Portfolioumschichtungen von Beteiligungstiteln und Immobilien hin zu zinstragendem Kapital und geben einen Anreiz für Unternehmen, den relativen Anteil des ↑Fremdkapitals zu reduzieren. Beides lässt aus fundamentalökonomischer Sicht die Aktienpreise sinken. Allerdings senken Zinserhöhungen die Wachstumsrate der Realwirtschaft, was zwar ebenfalls die Asset price inflation dämpft, aber der wirtschaftspolitischen Zielsetzung eines hohen Wirtschaftswachstums zuwiderläuft. *Franz Jaeger, Jochen Hartwig*

Asset quality
Die Beachtung der Asset quality gewann in den letzten Jahren im Sog der durchschnittlich zunehmenden Verschuldung der Unternehmen – vor allem als Folge der Orientierung am ↑Shareholder value – immer mehr an Bedeutung. Im Rahmen von Obligationenanlagen bezieht sich die Asset quality auf die ↑Bonität eines bestimmten Schuldners. In Anbetracht der Komplexität der Bonitätsanalyse sind so genannte Rating-Agenturen oder darauf spezialisierte Institute für die Anleger unentbehrlich geworden. Mittels Buchstaben und/oder Zahlen drücken sie dabei ihre Meinung über einen bestimmten Schuldner aus. Im Bereich der Aktienanlagen bezieht sich die Asset quality insbesondere auf die Fähigkeit der entsprechenden Gesellschaften, kontinuierlich steigende oder zumindest stabile Gewinne zu erwirtschaften. Daneben ist aber auch die Bilanzstruktur von einer gewissen Bedeutung. (↑Rating.)

Asset sale and repurchase agreement
↑Repo.

Asset stripping
Bezeichnung für ein Vorgehen im Zusammenhang mit der Übernahme von substanzträchtigen Unternehmungen. Der Übernahmeinteressent erwirbt die Gesellschaft, deren Aktienkurse wegen schlechter Ertragslage gedrückt sind, in der Absicht, die Geschäftstätigkeit ganz oder teilweise stillzulegen und das Anlagevermögen (insbesondere Grundstücke oder rentable Beteiligungen) zu «versilbern». Asset stripping ist besonders verwerflich, wenn dabei die Vermögensrechte von ↑Minderheitsaktionären verletzt werden.

Assets under management
↑Betreute Kundenvermögen.

Asset swap
↑Zinsswap, ↑Währungsswap oder Equity swap, der mit einem Asset (z.B. ↑Aktien, ↑Straight bonds, ↑Floating rate notes [FRN]) verbunden ist. Asset swaps werden von Anlegern in ↑Arbitragestrategien (↑Arbitrage), Trading-Strategien (↑Trading) und Hedging-Strategien (↑Hedge) verwendet. Es liegt die Motivation zugrunde, die Aktiven (Assets) zu modifizieren respektive umzustrukturieren, damit die ↑Cashflows besser mit denjenigen der Passiven (↑Liabilities) zusammenpassen. Das Gegenteil dazu ist der ↑Liability swap.

Association for Investment and Management Research (AIMR)
Amerikanische Berufs- und Standesorganisation für ↑Finanzanalysten und Vermögensverwalter. Die AIMR wurde 1990 durch die Zusammenlegung der «Financial Analyst Federation» und dem «Institute of Chartered Financial Analysts» gegründet. Der Sitz der AIMR ist in Charlottesville (US-Bundesstaat Virginia). Die Organisation umfasst weltweit rund 100 Mitgliedergesellschaften (u.a. Swiss Society of Investment Professional) mit über 100 000 Einzelmitgliedern. AIMR ist massgeblich aktiv in der Schaffung von Richtlinien und Standards für Performance standards (↑Glo-

bal investment performance standards GIPS), ethischen Standards (Code on ethics and standards on professional conduct) und der Ausbildung (u.a. Chartered Financial Analyst CFA).

Stefan Hoffmann

Association of International Bond Dealers (AIBD)
Frühere Bezeichnung für die heutige ↑International Securities Market Association (ISMA).

Association Tripartite Bourses (ATB)
↑SWX Swiss Exchange.

Assoziierte Gesellschaft
↑Equity-Methode.

ATB
Abk. f. Association Tripartite Bourses (ATB); ↑SWX Swiss Exchange.

Athens Stock Exchange
Links: www.ase.gr

ATM
Abk. f. ↑Automated teller machine.

ATS
Abk. f. ↑Alternative trading system.

Attentismus
In der ↑Bank- und ↑Börsensprache Ausdruck für abwartendes Verhalten zahlreicher Marktteilnehmer. Diese schieben ihre Anlage- oder Kreditentscheidungen (auch für ↑Emissionen) aufgrund unsicherer Entwicklungen der ↑Finanzmärkte auf. Solches Verhalten wirkt prozyklisch.

At the money option
Von einer At the money option spricht man, wenn der Strike (↑Ausübungspreis) dem Kurs des zugrunde liegenden ↑Basiswerts entspricht. Auch Am-Geld-Option genannt.

Attraktionsrecht
↑Übernahmekommission.

ATX (Oetob)
↑Indexderivate.

ATX Aktienindex der Wiener Börse
Der *Austrian Traded Index (ATX)* ist der Index der an der ↑ *Wiener Börse AG (WBAG)* notierten österreichischen Standardwerte. Die Gewichtung erfolgt nach der streubesitzadjustierten ↑Börsenkapitalisierung und wird mindestens einmal pro Quartal so angepasst, dass kein ↑Titel mehr als 20% Gewicht aufweist. Der ATX ist ein Kursindex, d.h., Kursabschläge nach regulären Dividendenzahlungen werden nicht korrigiert. Der Startwert des ATX wurde mit 1 000 Indexpunkten per 02.01.1991 festgelegt. ↑Aktienindex.

Audit Committee
Das Audit Committee (Prüfungsausschuss) ist ein vom angelsächsischen Recht übernommener, im Gesetz nicht geregelter Fachausschuss des Verwaltungsrates. Das Audit Committee prüft die berufliche Befähigung und die Effizienz der externen Revision und der internen Kontrolle sowie die Zweckmässigkeit der Anordnungen für das ↑Risikomanagement. Es überprüft zusätzlich die Einhaltung der entsprechenden Normen durch die Gesellschaft, setzt sich kritisch mit der Jahres- und ↑Konzernrechnung der Gesellschaft auseinander, bespricht die Abschlüsse mit den Verantwortlichen und stellt Antrag an den Verwaltungsrat betreffend Vorlage der Jahres- und Konzernrechnung an die Generalversammlung.
Dieser Prüfungsausschuss sollte ausschliesslich aus von der Gesellschaft unabhängigen Verwaltungsratsmitgliedern mit besonderen Fachkenntnissen im Finanz- und Rechnungswesen zusammengesetzt sein. ↑Corporate governance.

Georg Krneta

Aufbauorganisation
In der Aufbauorganisation werden die Aufgabengliederung und die Leitungsbeziehungen in hierarchischer Form festgelegt. Die *formalen Instrumente* der Aufbauorganisation sind Organigramm, Geschäftsreglement, Kompetenzordnung, Funktionendiagramm und auf der untersten Stufe die Stellenbeschreibung. Bei der Aufbauorganisation ist der Grundsatz der Kongruenz von Aufgabe, Kompetenz und Verantwortung einzuhalten.
Die reiche Fülle an organisatorischen Lösungen in der Bankpraxis lässt sich in einige typische Kategorien- oder Strukturmodelle einordnen. Die wichtigsten *Strukturmodelle* der Aufbauorganisation von Banken sind die funktionale oder produktorientierte, die geografisch marktgebietsorientierte und die kundengruppenorientierte Struktur. Dominierte bis in die 70er-Jahre in Europa die funktionale Gliederung, entwickelte sich die Mehrzahl der ↑Universalbanken seither in Richtung *Kundensegmentorganisation.* Die Vorteile der klassischen Struktur liegen in der Spezialisierung, der Konzentration des fachlichen Know-how und bei der in die Sparte integrierten Abwicklung. Die kundengruppenorientierte Struktur verzichtet auf einige dieser Vorteile; ihre Stärken liegen im Bereich Kundennähe, Marketing und Vertrieb. Da die Kundennähe bzw. die Kundenbeziehung vermehrt als Quelle des Erfolges im ↑Bankgeschäft schlechthin betrachtet wird, gilt diese Gliederung allgemein als überlegene Organisationsform. Zur Vermeidung kosten- und ressourcenintensiver Doppelspurigkeiten erfordert die kundenorientierte Organisation der Bank allerdings die Ab-

trennung der Produktion und der Informatik-Grundsysteme von den Frontbereichen, damit gleichartige Leistungen für unterschiedliche Kundengruppen nicht mehrfach und auf unterschiedlichen Plattformen erbracht werden müssen. Allenfalls können die Produktionsleistungen im Rahmen des Outsourcing (↑Outsourcing von Bankdienstleistungen) auch von Zulieferanten, beispielsweise von ↑Transaktionsbanken, bezogen werden. Die kundenorientierte Struktur eignet sich gut für eine Führung von Profitcenters.

Bei Banken mit mehreren Filialen und Tochtergesellschaften stellt sich zusätzlich das Problem der Regelung der Beziehungen zwischen den einzelnen Standorten und der Zentrale. Im Falle von Auslandstellen sind dabei lokale Gesetze, Usanzen und kulturelle Gegebenheiten besonders zu berücksichtigen. Besteht eine Bankengruppe als ↑Konzern aus mehreren rechtlich selbstständigen Gesellschaften, die nur teilweise Banken im Sinne des Gesetzes sein müssen, stellen sich zusätzliche Probleme, insbesondere solche rechtlicher Natur. Bei der wissenschaftlichen Auseinandersetzung mit Strukturmodellen darf nicht vergessen werden, dass Strukturorganisation immer auch mit Machtpolitik verbunden und auf Personen ausgerichtet ist.

Gelegentlich wird als weitere Organisationsform die *Matrixorganisation* vorgeschlagen. Bei ihr werden mehrere Organisationsprinzipien (häufig die Kundengruppen und die Produkte) gleichzeitig und parallel zueinander zur Gestaltung der formellen Aufbauorganisation verwendet, was zu Doppel- und Mehrfachunterstellungen führt. Die mit dieser Organisationsform zwangsläufig verbundenen Unklarheiten über die Zuständigkeit und Verantwortung führen zu institutionalisierten Konflikten. Die Ablehnung der Matrix als Strukturorganisation wendet sich gegen eine mehrspurige Regelung von Kompetenz und Verantwortung in einer Organisationseinheit. Es spricht jedoch nichts gegen ein duales Steuerungsmodell im Controlling (↑Controlling in Banken), welches Ressourcen, Kosten und Erlöse sowohl nach Kundengruppen wie auch nach Produkten ausweist. Es ist auch nicht erforderlich, dass die Information und Kommunikation nur entlang den formellen hierarchischen Vertikalen erfolgt. Im Gegenteil ist das Verständnis der Matrix als Bestandteil einer kommunikativen Führungskultur (nicht -struktur) ein Element, das in Zeiten des raschen Wandels Wesentliches zur dynamischen Effizienz und Agilität einer Bank beitragen kann.

Aus betriebswirtschaftlicher Sicht hat die Aufbauorganisation drei *Aufgaben*: Die *Koordinations-*, die *Orientierungs-* und die *Motivationsaufgabe*. Die Bankleitung ist allerdings nicht frei, die Aufbauorganisation nach reinen Effizienzkriterien auf diese drei Aufgaben auszurichten: Gesetze und Bankenaufsichtsbehörden machen zur Organisationsstruktur Auflagen. Dem Gesetzgeber geht es dabei insbesondere um Aspekte der ↑Corporate governance, der internen Kontrolle (↑Kontrolle, interne bei Banken) und der Vermeidung von Interessenkonflikten. Das Aktienrecht schreibt in OR 716a vor, dass die Festlegung der Organisation durch den Verwaltungsrat vorzunehmen sei, ebenso wie die Ernennung und Abberufung der mit der Geschäftsführung betrauten Personen. Verschärfend hierzu regelt das Bankengesetz in BankV 8, dass kein Mitglied des für Oberleitung, Aufsicht und Kontrolle verantwortlichen Organs einer Bank (Verwaltungsrat) der Geschäftsführung angehören dürfe. Falls an der Spitze einer Bankengruppe eine ↑Holdinggesellschaft steht, was in der Schweiz vermehrt der Fall ist, gilt diese Vorschrift nicht. Im Weiteren schreibt das Bankengesetz die Unterstellung der internen Revision (↑Revision, interne) unter den Verwaltungsrat vor. Generell besitzt das Teilziel der Sicherheit bei Banken einen besonderen Stellenwert, der seinen Niederschlag findet in der Aufmerksamkeit, welche die Aufsichtsbehörden dem Thema ↑«Internes Kontrollsystem» zukommen lassen: Funktionentrennung, Vieraugenprinzip und Unterteilung der Arbeitsabläufe sind klassische Anforderungen der internen Kontrolle an die Aufbauorganisation.

Zu den organisatorischen Sicherheitsaspekten gehört auch die Regelung von Aufgaben, Kompetenzen und Verantwortungen für die ↑Kredit- und ↑Marktrisiken. In den 90er-Jahren haben sich folgende Tendenzen etabliert: Vermehrte Kompetenz bei Einzelpersonen, Reduktion der Anzahl Instanzen, verstärkte Zentralisierung. In der Frage, ob für die ↑Risikokontrolle die für das Eingehen der Risiken verantwortliche Linienorganisation zuständig sein soll, hat in den letzten Jahren auch in der Schweiz ein Meinungswandel hin zur vermehrten Trennung eingesetzt. Im ↑Investment banking, in welchem die Händler in hohem Masse erfolgsabhängig entlöhnt werden, entspricht eine vollständige Trennung heute den «Best practice»-Anforderungen. Ebenfalls im Sinne des Teilziels der Sicherheit geht es darum, Interessenkonflikte zwischen verschiedenen Kundengruppen und Bereichen der Bank mit organisatorischen Mitteln zu verhindern. Beispiele solcher Konflikte sind Investment banking und ↑Private banking, Investment banking und Kommerzgeschäft, Eigengeschäft der Bank und Kundengeschäft.

Hans Geiger

Aufbewahrung von Wertschriften
↑Depotgeschäft.

Auffanggesellschaft
Die Auffanggesellschaft ist eine im Rahmen eines ↑Nachlassvertrages neu gegründete Gesellschaft zwecks Übernahme von Vermögenswerten, insbesondere ganzer Betriebsteile einer sanierungs-

bedürftigen Gesellschaft, entweder von interessierten Geschäftspartnern durch eine Sachübernahmegründung oder von Nachlassgläubigern durch Sacheinlagegründung.

Aufgehobener Titeldruck
↑ Sammelverwahrung.

Aufgeld
↑ Agio.

Aufgeschobener Titeldruck
↑ Sammelverwahrung.

Aufklärungspflichten
↑ Aufklärungspflichten der Banken.

Aufklärungspflichten der Banken
Auch Risikoaufklärungspflichten, Warnpflichten, Abmahnungspflichten, Informationspflichten genannt. Im *Anlage- und im Kreditsektor* kann eine Bank nach der Rechtsprechung der Gerichte unter bestimmten Umständen verpflichtet sein, den Kunden vor der Ausführung eines Geschäfts ungefragt auf ↑ Risiken aufmerksam zu machen.
Im *Effektenhandelsbereich* ist eine solche Aufklärungspflicht am 01.02.1997 unter der Bezeichnung ↑ Informationspflicht des Effektenhändlers ausdrücklich ins Börsengesetz aufgenommen worden (BEHG 11 lit. a). Die Schweizerische ↑ Bankiervereinigung (SBVg) hat auf den 01.08.1997 unter dem Titel «Verhaltensregeln für Effektenhändler bei der Durchführung des Effektenhandelsgeschäftes» (↑ Verhaltensregeln für Effektenhändler) Richtlinien erlassen, die diese börsengesetzliche Informationspflicht näher umschreiben sollen. Da sich die zivilrechtliche Aufklärungspflicht und die börsengesetzliche Informationspflicht nur teilweise decken, muss eine als ↑ Effektenhändlerin tätige Bank sowohl die börsengesetzliche Informationspflicht wie auch die vom Bundesgericht entwickelten Grundsätze zur zivilrechtlichen Aufklärungspflicht beachten.
Im *Kreditgeschäft* ist eine Pflicht der Bank zur spontanen Warnung des Kunden nur ausnahmsweise gegeben, so etwa beim Lombardkredit oder bei Krediten zur Finanzierung anderer, mit der Bank oder auf deren Veranlassung oder unter ihrer Vermittlung abgeschlossener Geschäfte.

1. Die zivilrechtliche Aufklärungspflicht im Anlagebereich
Nach der bundesgerichtlichen Rechtsprechung löst nicht jedes Anlagegeschäft eine Pflicht der Bank zur Risikoaufklärung aus. Es sind drei Fälle auseinander zu halten.
– *Der Kunde gibt der Bank von Fall zu Fall Aufträge.* Hier muss die Bank nur warnen, wenn sie bei der Entgegennahme des einzelnen Auftrages konkrete Hinweise darauf besitzt, dass der Kunde die Risiken, die er eingeht, nicht kennt, oder wenn sich in der andauernden Geschäftsbeziehung ein besonderes Vertrauensverhältnis zwischen der Bank und dem Kunden entwickelt hat, aus welchem der Kunde nach Treu und Glauben auch unaufgeforderte Beratung und Abmahnung erwarten darf.
– *Der Kunde spekuliert mit Krediten der Bank (Lombardkredit).* Hier gelten strengere Anforderungen. Es ist davon auszugehen, dass die Bank auf jeden Fall aufklären muss.
– *Besondere Aufklärungspflicht bei Beratungs- und Verwaltungsverhältnissen.* Hat der Kunde der Bank ein Dauerberatungs- oder Vermögensverwaltungsmandat erteilt, oder hat sich ein entsprechendes Verhältnis zwischen der Bank und dem Kunden formlos entwickelt, so muss die Bank «in jedem Fall» und «umfassend» über Risiken aufklären. Umfassend bedeutet: Der Kunde muss individuell in einer seinen finanziellen Verhältnissen und seinem Wissensstand angemessenen Weise auf alle Risiken hingewiesen werden, die er nicht kennt; die Bank muss deswegen die Verhältnisse und den Wissensstand des Kunden aktiv in Erfahrung bringen; sie muss ihn kennen (Know your customer). Die Aufklärungspflicht bezieht sich zunächst auf die Risiken des Verwaltungsmandats und allfälliger Weisungen des Kunden, die das Mandat näher umschreiben (z. B. der Kunde ermächtigt die Bank zur ↑ Spekulation in ↑ Optionen), ferner auch auf Risiken weiterer Geschäfte, die der Kunde auch ausserhalb des Mandats veranlasst (z. B. Kunden-Direktorders). Zu den Vermögensverwaltungsverhältnissen zählt die Rechtsprechung des Bundesgerichts auch die Tätigkeit von Vermittlern hochspekulativer ↑ Termingeschäfte, welche die Initiative zum Abschluss der einzelnen Geschäfte dem Kunden überlassen, aber für Beratung und für die Übernahme von Überwachungsdiensten nach dem Abschluss der Geschäfte übermässige ↑ Provisionen auf den einzelnen Abschlüssen verlangen. Schliesslich soll eine Bank auch umfassend aufklären müssen, wenn sie die Initiative zu einem Anlagegeschäft ergreift.

2. Abgrenzung zur Anlageberatung
Die Aufklärungspflicht ist von der ↑ Anlageberatung zu unterscheiden. Wo immer es zu einem umfassenden Gespräch zwischen der Bank und dem Kunden über finanzielle Fragen, insbesondere über Fragen der Vermögensanlage kommt, ist die Bank zu umfassender Sorgfalt (Professionalität) verpflichtet. Dazu gehört unter anderem, dass sie dem Kunden auch Hinweise auf Risiken der empfohlenen Schritte schuldet. Man spricht hier nicht von Aufklärungspflicht, sondern von der Pflicht des Beraters zur Vollständigkeit. Die Frage der Aufklärungspflicht stellt sich hingegen, wenn der

Kunde mit der Bank oder über die Bank handelt, *ohne sie als Beraterin in Anspruch zu nehmen.* Hier lautet die Frage: «Unter welchen Umständen ist die Bank in diesem Fall verpflichtet, den Kunden *spontan und ungefragt* über Risiken aufzuklären? Die Abgrenzung der Aufklärungspflicht von der Sorgfaltspflicht des Beraters ist mitunter schwierig, so etwa im Falle der beschriebenen Vermittlung hochspekulativer Termingeschäfte.

3. Aufklärungspflicht oder Abstinenzpflicht?
Mit der Aufklärung hat die Bank ihre Pflicht erfüllt. Insistiert der aufgeklärte Kunde, so darf die Bank das Geschäft ausführen, ohne schadenersatzpflichtig zu werden. In besonders krassen Fällen können aber die Anforderungen an die Intensität der Aufklärung so hoch sein, dass die Aufklärungspflicht praktisch einer Abstinenzpflicht gleichkommt, so etwa im Falle der beschriebenen Vermittlung hochspekulativer Termingeschäfte, oder wenn die Bank dem Kunden auf eigene Initiative ein Geschäft vorschlägt: Hier läuft die umfassende Aufklärungspflicht oft praktisch auf ein Verbot heraus, Geschäfte für den Kunden zu tätigen, die seinen Verhältnissen objektiv nicht angemessen sind.

4. Der Zeitpunkt der Aufklärung
Die Aufklärung, falls geschuldet, muss vor der Ausführung des Geschäfts geleistet werden. Aus dem Grundsatz der Berücksichtigung des Wissensstandes und der Geschäftserfahrenheit des Kunden folgt, dass ein bereits aufgeklärter Kunde grundsätzlich nicht mehr aufgeklärt werden muss.

5. Vergleich mit der börsengesetzlichen Informationspflicht
Nach BEHG 11 I lit. a muss der Effektenhändler seinen Kunden auf die mit einer bestimmten Geschäftsart verbundenen Risiken hinweisen. Diese Informationspflicht tritt für im ↑Effektenhandel tätige Banken zur zivilrechtlichen Aufklärungspflicht hinzu. Von dieser unterscheidet sie sich im Wesentlichen in folgenden Punkten:
- Die geschuldete Information bezieht sich auf die besondere Risikostruktur bestimmter Geschäftsarten und nicht auf die spezifischen Risiken einzelner Effektentransaktionen (BEHG 11 I lit. a). Die Informationspflicht geht in dieser Hinsicht weniger weit als die zivilrechtliche Aufklärungspflicht.
- Anderseits schuldet der Effektenhändler diese Information grundsätzlich in jedem Fall, und nicht nur bei erkennbarer Aufklärungsbedürftigkeit des Kunden. In dieser Hinsicht geht die börsengesetzliche Informationspflicht mit Bezug auf den gewöhnlichen Börsenkunden, der von Fall zu Fall Aufträge erteilt, über die zivilrechtliche Aufklärungspflicht hinaus. Die Verhaltensregeln für Effektenhändler der Bankiervereinigung mildern allerdings den Grundsatz ab und verlangen, dass über die üblicherweise mit dem Kauf, Verkauf und Halten von ↑Aktien, ↑Obligationen und Anlagefondsanteilen verbundenen Bonitäts- und Kursrisiken *(sog. übliche Risiken)* nur informiert werden muss, wenn die Aufklärungsbedürftigkeit des Kunden für den Effektenhändler erkennbar ist. Eine unbedingte Informationspflicht besteht nach den Verhaltensregeln aber bei *Geschäften mit erhöhtem Risiko,* so z. B. bei Termingeschäften, Optionen, Lombardkrediten, ↑Derivaten (Verhaltensregeln SBVg 3 II, Kommentar Rz 6 und 7).
- Da sich die börsengesetzliche Informationspflicht nicht auf die spezifischen Risiken der einzelnen ↑Transaktion bezieht, kann sie auf Vorrat und in standardisierter Form geleistet werden. (Verhaltensregeln SBVg 3 IV). Die von den Banken verwendeten ↑Risikoaufklärungsbroschüren folgen einem von der Bankiervereinigung erarbeiteten Mustertext.
- Auch für die börsengesetzliche Informationspflicht gilt, dass nicht aufgeklärt zu werden braucht, wer bereits aufgeklärt ist. Der Effektenhändler darf aber einen Kunden nur als bereits aufgeklärt betrachten, wenn dieser in einer besonderen schriftlichen Erklärung angibt, die Risiken zu kennen; dabei sind die fraglichen Geschäftsarten genau zu bezeichnen (Verhaltensregeln SBVg 3 V).

6. Umstrittene Punkte bei der Informationspflicht
Die Verhaltensregeln der Bankiervereinigung sind als Standesregeln für die Gerichte nicht verbindlich. Ihre Gültigkeit wird kontrovers diskutiert. Umstritten ist etwa die Frage, ob die Gleichbehandlung aller Kunden im Rahmen der standardisierten Information vor dem Gebot der Berücksichtigung der Geschäftserfahrenheit und der fachlichen Kenntnisse des Kunden standhält (BEHG 11 II). Umstritten ist auch die weit gehende Befreiung der Geschäfte mit üblichem Risiko von der Informationspflicht und die Beschränkung auf die geschäftsstartbezogenen Risiken. Auf jeden Fall ist zu beachten, dass die börsengesetzliche Informationspflicht die zivilrechtliche Aufklärungspflicht nicht ersetzt. Diese bleibt, wo sie strengere Regeln aufstellt und umfassende Aufklärung verlangt, weiterhin massgebend.
Christian Thalmann

Auflegung zur Zeichnung, öffentliche
↑Emissionsgeschäft.

Aufschlag
↑Agio.

Aufschub- oder Warteoption
↑Realoptionen.

Aufschwänzen
Aufkauf von Wertpapieren oder Waren in grossem Stil mit dem Ziel, den Baissiers (↑Baisse) ihre Erfüllungsverpflichtungen zu erschweren und damit stark zu verteuern (↑Corner). Bei der heutigen Regulierung der ↑Finanzmärkte ist aufschwänzen kaum mehr möglich.

Aufsicht, Aufsichtsbehörde
Da das Finanzgeschäft für Anleger wie auch für ganze Finanzsysteme und Volkswirtschaften grosse ↑Risiken birgt, werden die Erbringer von ↑Finanzdienstleistungen (Banken, ↑Effektenhändler, ↑Börsen, Versicherungen, übrige ↑Finanzintermediäre) und einzelne Finanzdienstleistungen oder -produkte (↑Anlagefonds) weltweit strengen Regeln unterworfen. Um diesen Nachachtung zu verschaffen, braucht es Aufsichtsbehörden, die über die notwendigen personellen Ressourcen und rechtlichen Durchsetzungsmöglichkeiten verfügen müssen. Zugleich sollten sie von politischer Einflussnahme möglichst unabhängig sein.

1. Aufsichtszweck
Ältester Schutzgedanke der Finanzmarktregulierung ist der Gläubigerschutz, der vor allem der ↑Bankenaufsicht zugrunde liegt. Der Gedanke der Transparenz und Gleichbehandlung, der für die Teilnahme breiter Schichten am ↑Effektenhandel zentral ist, stammt aus dem anglo-amerikanischen Rechtsbereich. Geschützt werden soll mithin auch die einwandfreie Funktion der ↑Effektenmärkte und das Finanzsystem als Ganzes. Weiter kann auch der gute Ruf eines ↑Finanzplatzes zum Schutzzweck aufsichtsrechtlicher Bestimmungen gehören. Zusammenfassend für eine Aufsicht, die diese Ziele zu erreichen sucht, dient der Begriff der *prudentiellen (umsichtigen, vorsichtigen) Aufsicht*. Die neuere Entwicklung geht zudem in Richtung verstärktes Engagement der Aufsicht für die Belange des Konsumentenschutzes. Dies kann sich u. a. in verstärktem Engagement bei der Beantwortung von Anfragen oder Beschwerden von Konsumenten äussern, in der Publikation von ergriffenen Massnahmen oder Warnungen (schwarze Listen) oder der Einrichtung von Ombudsstellen. Auch als Ausfluss des Konsumentenschutzes kann die Tendenz gewertet werden, immer mehr Finanzintermediäre einer prudentiellen Aufsicht zu unterstellen.

2. Zuständigkeiten
Die Ansätze für die Aufsichtszuständigkeit unterscheiden sich stark. Häufig sind Zuständigkeiten nach einzelnen Dienstleistungssegmenten (Banken, Effektenhändler, Anlagefonds, Versicherungen) zugeordnet, wobei diese beliebig kombinierbar sind. Weitere Kriterien sind ↑Geschäftssparten (↑Commercial- oder ↑Investment banking, Lebens-, Sach- oder Sozialversicherung) oder Zuständigkeiten aufgrund der geografischen Geschäftstätigkeit (Bewilligungen nach kantonalem Recht oder Bundesrecht; länderübergreifende Tätigkeit). Zudem werden global tätige Unternehmen vielfach einem speziellen Aufsichtsregime unterworfen. Gegenwärtig ist mit Ausnahme der USA ein Trend hin zu einer Konzentration der Aufsichtszuständigkeiten zu beobachten, wobei selbst die Einheitsaufsichtsbehörde kein Einzelfall mehr ist (z. B. England, Japan, Dänemark, Schweden, Norwegen, Deutschland). Als Gegenbeispiel können die USA erwähnt werden, wo die heterogene Aufsichtsstruktur mit ihren zahlreichen Aufsichtsbehörden auf Bundes- und Gliedstaatenebene und segmentierten Zuständigkeiten weiterhin Bestand hat.
Zuständig für die Aufsicht über Banken, Effektenhändler, Banken/Effektenhändlergruppen, Börsen, ↑Fondsleitungen, ↑Depotbanken und Vertriebsträger ist in der Schweiz die EBK. Lebens- und Sachversicherer überwacht das Bundesamt für Privatversicherungen (BPV). Während die EBK in den 90er-Jahren ihre Praxis zur Gruppen- und Konglomeratsaufsicht stetig ausbaute, hat diese Entwicklung im Versicherungsbereich im Jahre 2000 eingesetzt. Für die Zwecke der Konglomeratsaufsicht (↑Finanzkonglomerat) haben EBK und BPV ihre Zusammenarbeit laufend intensiviert. Die Hauptzuständigkeit für ein Konglomerat liegt je nach überwiegendem Anteil des Bank- oder des Versicherungsgeschäfts bei der entsprechenden Behörde. Ein Vorstoss zur Einführung einer klaren, materiell gleichwertigen Rahmenregelung in das BankG, das BEHG und das Bundesgesetz betreffend die Aufsicht über die privaten Versicherungen (VAG) für eine Gruppen- und Konglomeratsaufsicht ist 2001 unternommen worden. Auch die Einführung einer integrierten Finanzmarktaufsichtsbehörde ist zurzeit Gegenstand einer breit angelegten Diskussion.
Keiner prudentiellen Aufsicht unterstehen Devisenhändler, ↑Vermögensverwalter und ↑Introducing broker, jedoch hat die Expertengruppe Finanzmarktaufsicht im November 2000 die Einführung einer ↑Regulierung und Aufsicht über diese Finanzintermediäre vorgeschlagen. Sie unterstehen allerdings bereits heute hinsichtlich Einhaltung der Vorschriften des Bundesgesetzes zur Bekämpfung der Geldwäscherei (GwG) einer entsprechenden Aufsicht, entweder durch eine Selbstregulierungsorganisation oder durch die Kontrollstelle für die Bekämpfung der ↑Geldwäscherei (Kst).

3. Status der Aufsichtsbehörden
Die meisten Aufsichtsbehörden im Finanzmarktbereich sind staatlich organisiert, doch variiert der Grad der Einbettung in die staatlichen Verwaltungsstrukturen (Status der Aufsichtsbehörden)

stark. So gibt es Bankaufsichtsbehörden, die zum staatlichen Schatzamt gehören, Teil der ↑Notenbank oder teilweise oder völlig unabhängig sind. International besteht ein Trend, Bankaufsichtsbehörden institutionell so auszugestalten, dass sie möglichst unabhängig von politischer Einflussnahme sind, und ihnen deshalb auch Ressourcenhoheit zuzugestehen. Der EBK ist die Aufsicht über das Bankwesen, die Anlagefonds, das Börsenwesen zur selbstständigen Erledigung übertragen (BankG 23 I), administrativ aber ist sie dem Eidg. Finanzdepartement zugeordnet. Die Versicherungsaufsichtsbehörde ist dagegen als Bundesamt integral ins Eidg. Justiz- und Polizeidepartement eingegliedert. Die Kosten der Aufsichtsbehörden tragen die beaufsichtigten Institute.

Je nach organisatorischer Eingliederung stellen sich schwierige Fragen der Zulässigkeit des Informationsaustausches zu anderen Behörden wie Steuerbehörden. Die Ausübung von Aufsichtsfunktionen und der Erlass von Marktverhaltensregeln ist nicht ausschliesslich Domäne staatlichen Handelns; es können auch privatrechtliche Organisationen solche Aufgaben wahrnehmen (↑Selbstregulierung). In der Schweiz übernehmen derartige Funktionen insbesondere Börsen und die Selbstregulierungsorganisationen gemäss GwG.

4. Kompetenzen der Aufsichtsbehörden

Die Kompetenzen der Finanzmarktaufsichtsbehörden unterscheiden sich nicht nur bezüglich der zu überwachenden Typen von Instituten und Produkten, sondern auch hinsichtlich möglicher ↑Sanktionen von Gesetzesverletzungen und der dabei anwendbaren Verfahren. Von Interesse ist neben dem gegenseitigen Informationsaustausch die Aufgabenteilung, wenn Sachverhalte abgeklärt werden müssen bezüglich Verletzungen von Aufsichtsbestimmungen und/oder Finanz- oder gemeinen Strafrechtsnormen. Unterschiede in der Zuständigkeit und den Untersuchungsmöglichkeiten bestehen vor allem im Bereich der Ahndung von Finanzmarktdelikten (Insiderdealing, ↑Kursmanipulation). Während in der Schweiz die Verfolgung von Insider- und Kursmanipulationsdelikten hauptsächlich den kantonalen Strafverfolgungsbehörden obliegt und die EBK und die Börsen nur bezüglich den von ihnen überwachten Instituten bzw. Mitgliedern Sanktionen ergreifen können, sind ausländische Aufsichtsbehörden teilweise selbst für die Ahndung illegaler Handlungen aller Marktteilnehmer zuständig.

5. Internationale Gremien von Aufsichtsbehörden

Infolge der zunehmenden Verflechtung der Finanzmärkte haben die Bankaufsichtsbehörden als erste erkannt, dass internationale Zusammenarbeit unerlässlich wird und schlossen sich unter dem Schirm der ↑*Bank für Internationalen Zahlungsausgleich (BIZ)* zum ↑*Basler Ausschuss für Bankenaufsicht* zusammen. Ziel dessen Bemühungen ist die Erarbeitung internationaler Mindeststandards (Eigenmittelunterlegung, Risikoerfassung), um die Qualität der Banküberwachung weltweit zu stärken und insbesondere weltweit tätige Institute besser zu erfassen. So wurden beispielsweise 1997 die ↑*Basler Kernprinzipien* für eine wirksame Bankenaufsicht veröffentlicht, nach denen die Effizienz eines Bankaufsichtssystems weltweit beurteilt werden kann. Ähnliche Zusammenschlüsse sind die *International Organization of Securities Commissions (↑IOSCO)*, die *International Association of Insurance Supervisors (IAIS)* oder das Joint-Forum für Fragen der Überwachung von ↑Finanzkonglomeraten.

Periodisch werden Rufe nach der Errichtung supranationaler Aufsichtsbehörden laut, doch sind bislang – selbst innerhalb der EU – keine konkreten Schritte gediehen. Am progressivsten ist dabei die Regelung der Zuständigkeiten in Börsensachen, da in Europa ein Trend weg von rein nationalen Börsen zu beobachten ist. Hier wurden die Zuständigkeiten bislang in Form von Briefwechseln gelöst, wobei zumeist derjenigen Behörde die Hauptzuständigkeit zukommt, in deren Land die Börse effektiv die Geschäfte abwickelt.

6. Kooperation zwischen Finanzmarktaufsichtsbehörden

Ungeachtet der Umschreibung ihrer Zuständigkeit sind Aufsichtsbehörden aufgrund der starken Verflechtungen der Marktteilnehmer (spartenübergreifend oder geografisch) auf den laufenden Informationsaustausch angewiesen. Prinzipiell trägt dabei die Aufsichtsbehörde des Herkunftslands eines Instituts bzw. einer Gruppe die Hauptverantwortung. Die Behörden des Gastlandes (Tochtergesellschaften, Zweigniederlassungen, ↑Repräsentanzen) stützen sich bei ihrer Aufsichtstätigkeit auf die Ergebnisse der Behörde mit der Hauptzuständigkeit. Notwendig ist deshalb der freie Informationsaustausch zwischen Aufsichtsbehörden bezüglich der Informationen, die für eine Gruppe als Ganzes ein Risiko darstellen (↑Amtshilfe). Ein weiteres Instrument ist die Zulässigkeit von ↑Vor-Ort-Kontrollen der Aufsichtsbehörde mit der Hauptzuständigkeit bei Gruppengesellschaften im Ausland. Die Notwendigkeit zur Absprache ergibt sich auch zwischen Aufsichtsbehörden desselben Landes, wenn es um die hauptsächliche Zuständigkeit über eine Gruppe geht, die in den Zuständigkeitsbereich zweier oder mehrerer Aufsichtsbehörden fällt.

Auf internationaler Ebene sind die Amtshilfe (BankG 23^{sexies}, BEHG 38 und AFG 63) und die Vor-Ort-Kontrolle (BankG 23^{septies} und BEHG 38a) für die EBK und die entsprechenden ausländischen Aufsichtsbehörden gesetzlich geregelt. Der EBK obliegt es, in Anwendung dieser Bestimmungen zu prüfen, ob eine ausländische Behörde als Finanzmarktaufsichtsbehörde gelten kann. Dabei legt sie keine allzu strengen Massstäbe an. Die ausländischen Finanzmarktaufsichtsbehörden müssen nicht über den identischen Zuständigkeitsbereich und über identische Kompetenzen verfügen. Es genügt, wenn sie ähnliche Aufgaben wie die EBK wahrnehmen und Mindeststandards bezüglich der vertraulichen Behandlung der erhaltenen Informationen einhalten können. *David Wyss*

Aufsichtskommission
↑ Vereinbarung über die Standesregeln zur Sorgfaltspflicht der Banken (VSB).

Aufstockung
In der ↑ Banksprache Erhöhung eines bestehenden Titelbestandes oder des Betrages einer Obligationenanleihe (↑ Anleihensobligation).

Auftrag mit versteckter Menge
↑ Hidden size order.

Auftragsbuch
Als Auftragsbuch bezeichnet man eine früher effektiv in Buchform geführte Aufstellung aller Kauf- und Verkaufsaufträge eines börsenkotierten ↑ Titels. Heute ist das Auftragsbuch eine elektronisch vorliegende Speicherung aller Aufträge in den modernen Börsenhandelssystemen. Im Auftragsbuch (englische Bezeichnung: Order book), das für alle registrierten Händler sichtbar ist, wird die Situation von Angebot und Nachfrage dargestellt. Auf der linken Seite des Auftragsbuchs, der Nachfrageseite, stehen die Kaufaufträge (Demand, ↑ Bid price, Geldkurs). Die rechte Seite spiegelt das Angebot und enthält alle Verkaufsaufträge (Offer, ↑ Asked price, Briefkurs). Die eingehenden Aufträge werden gemäss Preis-Zeit-Priorität geordnet. ↑ Bestens-Aufträge (Market) und Fraktionen (Odd lots, ↑ Schlusseinheit) werden im gleichen Auftragsbuch getrennt aufgeführt. Das Auftragsbuch bleibt nach ↑ Handelsschluss während der so genannten Voreröffnungsphase (↑ Preopening) zur Auftragseingabe geöffnet. Es finden jedoch keine Abschlüsse (Matching) statt.

Auftragsformen
↑ Börsenauftrag.

Aufwertung, Abwertung
Eine Aufwertung, Abwertung ist eine Veränderung des ↑ Wechselkurses einer ↑ Währung, wodurch die betreffende Währung gegenüber anderen Währungen teurer oder billiger wird. Wird beispielsweise der Schweizer Franken gegenüber dem US-Dollar aufgewertet (abgewertet), so fällt der in Schweizer Franken ausgedrückte Preis des US-Dollars und steigt der in US-Dollar ausgedrückte Preis des Schweizer Frankens. Bei flexiblen Wechselkursen (↑ Floating) werden häufig auch die Begriffe Höherbewertung bzw. Tieferbewertung verwendet.

Von einer *nominellen Aufwertung, Abwertung* einer Währung ist die *reale Aufwertung, Abwertung* zu unterscheiden, die am realen Wechselkurs gemessen wird. Der reale CHF-USD-Wechselkurs ist als *(CHF/USD) : (PUS/PCH)* definiert, d. h., der Frankenkurs des Dollars wird mit dem Verhältnis zwischen dem amerikanischen und dem schweizerischen Preisniveau multipliziert. Eine reale Abwertung des Schweizer Frankens kann also durch einen Anstieg des nominellen Wechselkurses, durch einen Anstieg des amerikanischen Preisniveaus, durch einen Rückgang des schweizerischen Preisniveaus oder durch eine Kombination dieser Bewegungen zu Stande kommen.

Unter flexiblen Wechselkursen kann sich der nominelle Wechselkurs frei bewegen und die Aufwertung, Abwertung wird durch Angebot und Nachfrage auf dem Devisenmarkt (↑ Devisengeschäft) bestimmt. Unter ↑ festen Wechselkursen ist die Bewegungsfreiheit des nominellen Wechselkurses im Normalfall auf eine enge ↑ Bandbreite um den Leitkurs (↑ Parität) beschränkt. Die Währungsbehörden haben aber grundsätzlich die Möglichkeit, den Leitkurs zu verändern. Der Begriff der Aufwertung, Abwertung wird unter festen Wechselkursen in der Regel für eine solche Neufestlegung des Leitkurses verwendet.

Eine Aufwertung, Abwertung im Sinne einer *Neufestlegung des Leitkurses* wird unter festen Wechselkursen in der Regel dann vorgenommen, wenn die Verteidigung des alten Leitkurses mit anderen Zielen der Wirtschaftspolitik kollidiert. Wenn zum Beispiel das Preisniveau im Ausland stark steigt, kann die ↑ Zentralbank eine Übertragung des Preisanstiegs auf das Inland zu verhindern versuchen, indem sie die eigene Währung aufwertet. Umgekehrt kann sie zum Mittel einer Abwertung greifen, wenn die eigene Währung aufgrund einer übermässigen ↑ Inflation im Inland überbewertet ist und die Konkurrenzfähigkeit der einheimischen Exportindustrie damit bedroht ist. Zwar könnte die Zentralbank die Überbewertung der eigenen Währung auch durch eine betont restriktive ↑ Geldpolitik, welche die Inflation vorübergehend unter jene des Auslandes drückt, korrigieren. Diese Lösung fällt jedoch wegen den damit verbundenen negativen Auswirkungen auf Konjunktur und Beschäftigung meistens ausser Betracht.

Der Zeitpunkt der Leitkursanpassung wird den Währungsbehörden häufig durch eine spekulative Attacke diktiert. Wenn die Anleger Zweifel an der langfristigen Beständigkeit eines bestimmten Leitkurses haben, werden sie ihre Anlagen in dieser Währung liquidieren und in andere Währungen investieren. Die auf diese Weise in Gang gesetzten Kapitalbewegungen (↑ Kapitalbewegungen, internationale) können sehr rasch einen grossen

Umfang annehmen. Die Zentralbank, die den alten Leitkurs zu verteidigen sucht, verliert ↑Währungsreserven und muss schliesslich abwerten. Die Auswirkungen einer unerwarteten und permanenten Aufwertung, Abwertung über ein bis zwei Jahre lassen sich folgendermassen zusammenfassen. Die Aufwertung (Abwertung) verteuert (verbilligt) die im Inland hergestellten Güter relativ zu den im Ausland hergestellten Gütern. Unter der Bedingung, dass die Nachfrage nach Import- und Exportgüter empfindlich auf solche Preisänderungen reagiert – (Marshall-Lerner-Bedingung) – steigt (sinkt) der Einfuhrüberschuss in der Ertragsbilanz (↑Zahlungsbilanz). Damit fällt (steigt) das Produktions- und das Beschäftigungswachstum und schliesslich die Inflation.

Die Schweiz nahm zwischen 1907 (Aufnahme der Geschäftstätigkeit der Schweizerischen ↑Nationalbank SNB) und 1973 (Übergang zu flexiblen Wechselkursen) drei diskretionäre Auf- oder Abwertungen im Sinne einer Neufestlegung der Goldparität oder des ↑Mittelkurses zum US-Dollar vor. Am 27.09.1936 wurde die Parität des Frankens zum Gold im Mittel um 30% abgewertet. 35 Jahre später wurde der ↑Franken am 09.05.1971 gegenüber dem Gold zunächst um 7,07% und nach der Aufhebung der Goldkonvertibilität (↑Konvertibilität) des US-Dollars durch die Vereinigten Staaten (15.08.1971) am 20.12.1971 gegenüber dem US-Dollar im Verhältnis zum Kurs vom 09.05.1971 um weitere 6,4% aufgewertet. Bei dieser zweiten Aufwertung des Frankens innert eines Jahres verzichtete die Schweiz auf eine Anpassung der Goldparität, weil die Änderung der Goldparität des Dollars formell noch vom amerikanischen Kongress genehmigt werden musste. Am 23.01.1973 wurde der Wechselkurs des Frankens freigegeben. *Mathias Zurlinden*

Aufzinsen
Aufzinsen heisst berechnen von Zinsen und Zinseszinsen auf einem bestimmten, heute anfallenden Kapitalbetrag oder auf wiederkehrenden Kapitalbeträgen (Renten). (↑Aufzinsungsfaktor.) Das Gegenteil ist abzinsen, diskontieren (↑Diskont).

Aufzinsungsanleihe
Anleihe, die zum Nennwert ausgegeben wird, bei der die Zinszahlung aber nicht jährlich erfolgt, sondern erst am Ende der fest vereinbarten ganzen ↑Laufzeit. Der Rückzahlungsbetrag enthält also Zins und Zinseszinsen für die ganze Laufzeit (nach Jahren). ↑Thesaurierungsanleihe.

Aufzinsungsfaktor
Faktor, mit dem heute oder laufend anfallende Kapitalbeträge (Renten) multipliziert werden, um den zukünftigen Endwert zu erhalten. Ein heute anfallender Kapitalbetrag ist mit dem Faktor

$$\left[1 + \frac{p}{100}\right]^n$$

zu multiplizieren, wobei p = Zinsfuss, n = Laufzeit (Jahre) bedeuten.

Sind gleichbleibend anfallende Beträge (Renten) aufzuzinsen, lautet der Faktor, mit dem die einzelne Rate zu multiplizieren ist:

$$\frac{q(q^n - 1)}{q - 1} \text{ wobei q für } \left[1 + \frac{p}{100}\right] \text{ steht.}$$

Auktion
↑Bundestender.

Auktionsbörse
↑Handelssysteme.

Auktionsverfahren
Das Merkmal des Auktionsverfahrens, auch Tenderverfahren genannt, ist eine Ausschreibung einer ↑Emission von ↑Effekten, zu der das Publikum Gebote abgeben kann. Die Zuteilung der ↑Wertpapiere erfolgt nach zwei verschiedenen Methoden, dem *amerikanischen Verfahren,* wobei die Effekten zum jeweilig im Gebot genannten Preis zugeteilt werden, oder dem *holländischen Verfahren* (↑Dutch auction). ↑Emissionsgeschäft; ↑Bundestender.

Ausbietungsgarantie
Form der Garantie, mit der sich der Garant schriftlich dem Garantienehmer gegenüber verpflichtet, bei einer freiwilligen Versteigerung oder einer Zwangsversteigerung eines Grundstückes, dessen Hypothekarforderung voll oder bis zu einem vereinbarten Betrag herauszubieten und bei Nichterfüllung dieser Verpflichtung Schadenersatz zu leisten. Dadurch erhält der Hypothekargläubiger die Sicherheit, dass seine Forderung voll oder im vereinbarten Betrag durch den Steigerungserlös gedeckt wird. Der Garant sichert sich anderseits dagegen, dass der betreffende Hypothekargläubiger ein höheres Angebot als seine Forderung oder den vereinbarten Betrag macht.

Ausbildung im Bankensektor
Die Ausbildung ist im ↑Bankensektor ein wesentliches Instrument der Unternehmensführung. Sie orientiert sich an den Unternehmenszielen und stellt den Mitarbeiter als einen der wichtigsten Produktionsfaktoren in den Mittelpunkt. Ausbildung ist entsprechend Bestandteil der Führungsaufgabe jedes Vorgesetzten.

Ein hohes Ausbildungsniveau des Personals der Banken trägt massgeblich zur Erhaltung der Wettbewerbsfähigkeit des ↑Finanzplatzes Schweiz bei. Die Banken sind entsprechend bestrebt, den Standard zu halten und weiter anzuheben durch eine zielgerichtete und effiziente Aus- und Weiterbildung von der Grundausbildung über die innerbetriebliche Ausbildung bis hin zu den relevanten externen Bildungsgängen (Höhere Berufsbildung, Fachhochschulen und Universitäten).

1. Grundausbildung

Die *kaufmännische Grundausbildung* ist das wichtigste Instrument für die Sicherstellung des Nachwuchses im Bankensektor. In dem auf dem dualen System basierenden Ausbildungsweg erwirbt der Lehrling über drei Jahre das notwendige Wissen und Können, um grundsätzlich im gesamten kaufmännischen Berufsfeld tätig werden zu können (Handlungsorientierung). Die Ausbildung an der kaufmännischen Berufsschule erfolgt nach dem Katalog der Ausbildungsziele des Bundesamtes für Berufsbildung und Technologie; die Ausbildung im Betrieb basiert auf dem Modelllehrgang der SBVg. Im Mittelpunkt steht dabei die Ausbildung am Arbeitsplatz (On the job), welche durch zusätzliche interne und betriebsübergreifende Kurse sowie mit Lehr- und Lernmedien unterstützt wird. Mit der zunehmenden Technisierung und Automatisierung stehen die Banken vor der grossen Herausforderung, für die Lehrlinge geeignete Ausbildungsplätze in ausreichender Anzahl zur Verfügung zu stellen.

Als zusätzliche Bank- und Finanz-Grundausbildung werden von verschiedenen Banken *Einstiegsprogramme für Mittelschulabsolventen* angeboten. Im Sinne einer Qualitätssicherung, einer erhöhten Transparenz und einer bankübergreifenden Anerkennung können Bankinstitute seit Mitte der 90er-Jahre bei der SBVg eine Zertifizierung ihrer Ausbildungsgänge, welche in der Regel 18 bis 24 Monate dauern, beantragen lassen.

Den *Absolventen von Fachhochschulen und Universitäten* stehen in den Banken ebenfalls *Einstiegs- und Ausbildungsprogramme* mit massgeschneiderten Praxiseinsätzen und flankierenden Ausbildungsmassnahmen zur Verfügung.

2. Innerbetriebliche Fach- und Führungsausbildung

In den Banken geniesst die innerbetriebliche Ausbildung der Mitarbeiterinnen und Mitarbeiter zur Sicherstellung des institutsspezifischen Denkens und Handelns einen hohen Stellenwert. Die Zielsetzungen, Ansätze und Konzepte sind dabei von Institut zu Institut verschieden. Im Zentrum steht auf der einen Seite die *Fachausbildung*. Sie bereitet die Mitarbeiter auf ihr konkretes Aufgabengebiet vor, schliesst allfällige Lücken in ihrem Berufsbild und ermöglicht den Mitarbeitern, ihre Professionalität permanent zu steigern. Die Fachausbildung muss rasch auf Veränderungen wie etwa die Einführung von neuen Dienstleistungen oder Produkten reagieren können. Ein weiterer zentraler Bereich der innerbetrieblichen Ausbildung ist die *Führungs- und Kommunikationsausbildung*. Neben der stufengerechten Vorbereitung auf Führungsaufgaben, vertiefenden Führungstrainings, der Förderung von Teambildungsprozessen und der Potenzialerkennung in Assessments steht hier auch eine Verbesserung der Methodenkompetenz, z. B. im Projekt- und Prozessmanagement, im Vordergrund.

3. Höhere Berufsbildung

Die höheren Berufsausbildungen bauen auf einer abgeschlossenen Berufsgrundausbildung sowie mehreren Jahren Praxis auf.

Die eidgenössisch anerkannten *Berufs- und höheren Fachprüfungen* bilden einen wesentlichen Pfeiler der berufsorientierten, fachbezogenen Weiterbildung in der Schweiz. In der Bankwirtschaft sind die ↑ Berufs- und höheren Fachprüfungen in Bank, Versicherung und Finanzplanung (BVF) sowie die höheren Fachprüfungen der ↑ Schweizerischen Vereinigung für Finanzanalyse und Vermögensverwaltung (SVFV) von besonderer Bedeutung. Wer die entsprechenden Prüfungen erfolgreich absolviert, ist berechtigt, die jeweiligen gesetzlich geschützten Titel zu tragen.

Im Gegensatz zu diesen fachlichen Weiterbildungslehrgängen im Finanzbereich vermitteln die *höheren Fachschulen für Wirtschaft HFW* (ehemals Höhere Kaufmännische Gesamtschulen HKG) eine praxisorientierte Weiterbildung in Betriebswirtschaft, die mit dem gesetzlich geschützten Titel «Betriebswirtschafter/in HF» abschliesst. Die Ausbildung dauert in der Regel drei Jahre (berufsbegleitend) und erstreckt sich über mindestens 1 600 Lektionen. Sie vermittelt ihren Absolventinnen und Absolventen die Kompetenzen, die sie befähigen, in ihrem Bereich selbstständig Fach- und Führungsverantwortung zu übernehmen.

4. Fachhochschulen und Universitäten

Fachhochschulen sind gemäss entsprechendem Bundesgesetz von 1995 Ausbildungsstätten, welche auf einer beruflichen Grundausbildung aufbauen. Durch praxisorientierte Diplomstudien bereiten sie auf berufliche Tätigkeiten vor, welche die Anwendung wissenschaftlicher Erkenntnisse und Methoden erfordern. In der Regel dauert das Vollzeitstudium drei Jahre, das berufsbegleitende vier Jahre. Für die Banken ist der Diplomstudiengang Wirtschaft, der mit dem gesetzlich geschützten Titel «Betriebsökonom/in FH» abschliesst, von besonderer Bedeutung. Verschiedene Fachhochschulen bieten im Diplomlehrgang integrierte Vertiefungsrichtungen und Schwerpunktprogramme in Bank und Finanz an.

Für Banken und Finanzinstitute sind an den *Universitäten* vor allem die Studienrichtungen Wirtschaftswissenschaften und Recht, aber auch die exakten Wissenschaften (Mathematik, Informatik usw.) wichtig. Der erste Abschluss ist in der Regel das Lizentiat oder Diplom, welches die Voraussetzung für weiterführende Studien (Doktorat, Nachdiplom-Lehrgänge) bildet (↑ Bankbetriebslehre). Universitäten, Fachhochschulen und andere Bildungsinstitutionen im In- und Ausland bieten überdies verschiedene *bank- und finanzbezogene Nachdiplomstudien und Managementlehrgänge* an, in denen sich Führungskräfte der Banken auf Positionen mit erhöhter Verantwortung vorbereiten.

Das schweizerische Hochschulwesen steht vor einem umfassenden *Umbruch*. Mit der Erklärung von Bologna im Jahr 1999 haben sich die europäischen Staaten (darunter auch die Schweiz) für die Schaffung eines europäischen Hochschulraums und die Förderung der Anerkennung von Ausbildungszyklen und Hochschulabschlüssen ausgesprochen. Im Zentrum stehen der Übergang zu einem zweistufigen Studienzyklus nach angelsächsischem Muster (Bachelor und Master) sowie die gegenseitige Anrechenbarkeit von Studienleistungen.

5. Private Bildungsinstitutionen
Verschiedene bankübergreifende Ausbildungsinstitutionen nehmen vor allem im Bereich der Weiterbildung des Kadernachwuchses im Finanzsektor, ergänzend zu den eidgenössisch und kantonal anerkannten Bildungsstätten bzw. Bildungsgängen, wichtige Rollen wahr. Zu erwähnen gilt es unter anderen die Swiss Banking School, das ↑ Ausbildungszentrum für Experten der Kaptialanlage (AZEK), das International Center for Financial Asset Management and Engineering FAME sowie das Studienzentrum Gerzensee der SNB.

6. E-Learning
Im Zuge der Veränderungen im ↑ Bankgeschäft, aufgrund der Entwicklungen im Bereich der Telekommunikation und Informatik und angesichts der vielfältigen Einsatzmöglichkeiten nimmt E-Learning im Rahmen der Aus- und Weiterbildung im Bankensektor eine wichtige Rolle ein. E-Learning heisst, Lerninhalte unter Ausschöpfung modernster technischer Möglichkeiten und neuster didaktischer und kognitionspsychologischer Erkenntnisse effizient und effektiv zu vermitteln. Verschiedene grössere Banken setzen, ergänzend zu klassischen Lernformen (Präsenzunterricht, Lehrmittel usw.), multimediale Lernmedien in elektronischer Form ein. Die Integration von E-Learning in die Intranet-Lösungen und der Aufbau von umfassenden Learning-management-Systemen stehen heute im Zentrum der Bestrebungen der Banken.

7. Informationen zur Aus- und Weiterbildung im Bankensektor im Internet
Die SBVg bietet auf ihrer Homepage einen Überblick über wichtige Aus- und Weiterbildungsmöglichkeiten sowie zusätzliche Informationen und Links zur bankenrelevanten Aus- und Weiterbildung an.
Matthias Wirth
Links: www.swissbanking.org – www.swissbankingschool.ch – www.fame.ch – www.snb.ch

Ausbildungszentrum für Experten der Kapitalanlage (AZEK)
Das Ausbildungszentrum für Experten der Kapitalanlage (AZEK) wurde 1990 durch die ↑ Schweizerische Vereinigung für Finanzanalyse und Vermögensverwaltung (SVFV) gegründet. Diese bietet im Rahmen des AZEK einen höheren Lehrgang an, der gemeinsam mit der «European Federation of Financial Analyst Societies» (EFFAS), der «Asian Securities Analysts Federation» (ASAG) und der «Associação Brasileira dos Analistas do Mercado de Capitais» (ABAMEC) erarbeitet wurde. Diese Berufsausbildung bietet den Teilnehmern die Möglichkeit, eines der drei folgenden Diplome zu erwerben:
– Das eidgenössische Diplom als Finanz- und Anlageexperte
– Das eidgenössische Diplom als Finanzanalytiker- und Vermögensverwalter
– Das internationale Diplom als Certified International Investment Analyst (CIIA®).

Stephan E. Meier
Links: www.azekcfpi.ch

Aus dem Geld
↑ Out of the money option.

Aus-dem-Geld-Option
↑ Out of the money option.

Ausfallbürgschaft
↑ Bürgschaft.

Ausfallrisiko
Ein Ausfallrisiko liegt für den ↑ Gläubiger vor, wenn der Wert einer Forderung durch eine verschlechterte ↑ Bonität des Schuldners, eine Wertminderung der Sicherheiten (z. B. Pfänder, Bonität von Bürgen) oder – bei ausländischen Schuldnern – durch Einschränkungen im freien Geld- und Kapitalverkehr gefährdet ist. Es handelt sich somit um mögliche Wertverluste auf der Aktivseite.

Ausfallwahrscheinlichkeit
Die Ausfallwahrscheinlichkeit ist die Quantifizierung des ↑ Risikos, dass eine Gegenpartei innerhalb eines bestimmten Zeithorizonts (meist ein Jahr) ihren Verpflichtungen nicht mehr nachkommen kann. Bekannt sind insbesondere die von den ↑ Rating-Agenturen periodisch ermittelten Ausfallwahrscheinlichkeiten.

Ausgabekommission
Kommission, welche dem Zeichner von ↑Anteilen bei der ↑Emission eines ↑Anlagefonds belastet wird. AFV 6 schreibt vor, dass die Ausgabekommission im ↑Fondsreglement in ihrer maximalen Höhe angegeben sein muss. Die Ausgabekommission vermindert die Anlagesumme, schlägt sich aber nicht auf die ↑Performance nieder.

Ausgabekurs
Kurs (Preis), zu dem ↑Effekten vom Zeichner übernommen werden. ↑Emissionskurs.

Ausgabepreis
Preis, den der ↑Emittent bzw. die ↑Emissionsbanken für die ↑Emission von Obligationen oder Aktien festsetzen. ↑Bezugspreis.

Ausgabe von Wertpapieren
↑Emissionsgeschäft.

Ausgereizt
In der ↑Börsensprache Bezeichnung für den ↑Kurs einer hoch bewerteten ↑Aktie, bei der ein weiterer Kursanstieg vernünftigerweise nicht mehr erwartet werden kann.

Ausgleichsfonds der AHV
Das Bundesgesetz über die Alters- und Hinterlassenenversicherung vom 20.12.1946 (AHVG) bestimmt in Art. 107, dass alle Einnahmen der AHV einem *selbstständigen Fonds* gutgeschrieben werden, welchem auch alle Leistungen zu belasten sind. Dieser Ausgleichsfonds der AHV ist für das *Finanzmanagement der Sozialversicherungen* verantwortlich. Die praktische Durchführung liegt dagegen bei den *Ausgleichskassen* der Verbände, Kantone und des Bundes, koordiniert und konsolidiert durch die *Zentrale Ausgleichsstelle*, welche dem Eidgenössischen Finanzdepartement unterstellt ist. Mit der Bearbeitung der Grundsatzfragen ist das *Bundesamt für Sozialversicherungen* im Eidgenössischen Departement des Innern betraut. Der Ausgleichsfonds der AHV wird durch einen vom Bundesrat ernannten *Verwaltungsrat* mit 15 Mitgliedern geleitet. Den Versicherten, den Wirtschaftsverbänden, den Versicherungseinrichtungen, dem Bund und den Kantonen ist eine angemessene Vertretung zu gewährleisten. Die Tätigkeit des Verwaltungsrates erstreckt sich zusätzlich zum Ausgleichsfonds der AHV auch auf die Rechnung der *Invalidenversicherung* (IV), den Ausgleichsfonds der *Erwerbsersatzordnung* (EO) und die Anlage von Teilen des Vermögens der *Arbeitslosenversicherung* (AlV). Dem Verwaltungsrat untersteht eine Geschäftsstelle; verantwortlich für ihre Ausgestaltung und ihr Budget ist seit dem 01.07.2001 der Verwaltungsrat.
Gemäss AHVG darf der Ausgleichsfonds der AHV in der Regel nicht unter den Betrag einer Jahresausgabe der AHV sinken. Eine wissenschaftliche Begründung für diese Grösse liegt nicht vor. Ende 2001 betrug das Kapital rund 80% der Jahresausgabe 2001 der AHV. Für die anderen Versicherungen, welche in den Verantwortungsbereich des Verwaltungsrates fallen, fehlt eine solche Bestimmung, doch thesaurieren auch sie Jahresüberschüsse (EO) bzw. akkumulieren Jahresverluste (IV). Das führte per Ende 2000 dazu, dass bei der IV ein Verlustvortrag von CHF 3 300 Mio. bestand. Die Jahresverluste werden aus dem Gesamtvermögen der drei Sozialversicherungen gedeckt.
Die Sozialversicherungen sind nach dem ↑*Umlageverfahren* organisiert. Die Ansprüche der Versicherten richten sich nicht gegen den Ausgleichsfonds der AHV sondern gegen den Bund. Die Einnahmen sind konjunkturellen Schwankungen unterworfen, da *Lohnprozente* und ein *Anteil an der Mehrwertsteuer* den grössten Anteil ausmachen. Die Leistungen sind dagegen gesetzlich festgelegt und ihr Volumen ist vor allem durch die *Altersstruktur der Bevölkerung* bestimmt. Je nach der konjunkturellen Lage ergeben sich aus der Umlage von Zahlungen an die Sozialversicherungen in deren Leistungen Überschüsse oder Verluste. Der Fondsbestand dient dazu, diese Schwankungen im Sinne eines Ausgleichsbeckens aufzufangen. Diese *Sicherheitsfunktion* kann nur über eine beschränkte Zeitspanne erfüllt werden. Insbesondere können strukturelle Diskrepanzen zwischen Leistungsumfang und direkter Finanzierung oder die Folgen des sich verschlechternden Verhältnisses zwischen aktiver und aus dem Erwerbsleben ausgeschiedener Bevölkerung nicht über den Fonds absorbiert werden.
Das *Nettovermögen* aller drei Versicherungen belief sich Ende 2001 auf rund CHF 23 500 Mio. Diesem Betrag standen Kapitalien der AHV von rund CHF 23 300 Mio., der IV von CHF 3 300 Mio. und der EO von CHF 3 600 Mio. gegenüber. Die *Aktiven* sind so anzulegen, dass ihre Sicherheit und ein marktkonformer Ertrag gewährleistet sind. Zudem hat der Ausgleichsfonds jederzeit genügend Barmittel bereitzuhalten, damit die Ausgleichskassen ihre Leistungsverpflichtungen erfüllen können. Der Ausgleichsfonds hat daher einerseits die *Liquidität und Zahlungsbereitschaft* der Sozialversicherungen sicherzustellen und andererseits die zur Anlage verfügbaren Aktiven zu bewirtschaften.
Ursprünglich waren die zulässigen *Klassen von Anlageinstrumenten* auf Schweizer Franken und verzinsliche Anlagen beschränkt. Seit dem 01.02.2001 sind alle gesetzlichen Einschränkungen für die Anlagetätigkeit aufgehoben. Der Verwaltungsrat legt die Richtlinien für die Anlagetätigkeit und -organisation in eigener Verantwortung fest. Er ist dem Bundesrat zur Rechenschaft verpflichtet. Die Jahresberichte mit den Betriebsrechnungen der einzelnen Versicherungen und mit der

gesamthaft erstellten Bilanz des Ausgleichsfonds der AHV werden publiziert.
Die ↑*Anlagepolitik* des Verwaltungsrates richtet sich nach den im AHVG festgelegten Eckwerten Sicherheit, Rentabilität und ↑Liquidität. Die ↑Anlagestrategie ist nach Überlegungen zu gestalten, auf die sich jene der Pensionskassen, welche nach dem ↑*Kapitaldeckungsverfahren* aufgebaut sind, nur beschränkt anwenden lassen. Der Ausgleichsfonds der AHV hat keine direkten Verpflichtungen. Im Sinne der *Vermögenssicherung* beachtet er bei den Anlagen eine *Schwellenrendite* von 0%. Der *Zeithorizont* der Anlagestrategie kann relativ lange bestimmt werden. Das akzeptable *Risiko* wird vor allem auf der Basis allgemeiner Überlegungen, statt rein statistisch bestimmt. Das seit 2001 gültige Zielportefeuille soll über eine mittlere Frist eine ↑Rendite von 5.75% p. a. abwerfen bei einem erwarteten ↑Risiko von ca. 8%. Die *Portefeuillestruktur* sieht 40% Nominalwertanlagen in Schweizer Franken (Geldmarkt, direkte ↑Darlehen und ↑Obligationen), 15% Obligationen in Fremdwährungen, 40% kotierte ↑Aktien und 5% ↑Immobilienfonds vor. Die Anlagestrategie ist periodisch zu überprüfen und auf die mutmassliche Entwicklung der Jahresrechnungen von AHV, IV und EO auszurichten. Das Anlageprogramm wird im Sinne einer rollenden Planung für jedes Jahr erarbeitet. *Ulrich Grete*

Ausgleichszahlung
Geldleistungen, die zur Kompensation einer Ertragseinbusse vorgenommen werden. Diese kommen vor allem bei deutschen Aktiengesellschaften zugunsten von ↑Minderheitsaktionären vor, die im Rahmen eines Konzernverhältnisses (↑Konzern) einen Beherrschungs- oder Gewinnabführungsvertrag abgeschlossen haben.

Aushungern der Aktionäre
Werden in einer Aktiengesellschaft durch Beschluss der ↑Mehrheitsaktionäre trotz guter Ertragslage nur bescheidene Gewinnausschüttungen vorgenommen oder diese ganz unterlassen, sollen damit ↑Minderheitsaktionäre zum Verkauf ihrer Aktien veranlasst werden. Die Möglichkeiten der Minderheitsaktionäre, sich gegen das Aushungern zu wehren, sind nach schweizerischem Recht beschränkt, nicht zuletzt auch deshalb, weil der Verwaltungsrat durch die Bildung von ↑stillen Reserven den Bilanzgewinn als Grundlage für die ↑Gewinnverwendung praktisch nach seinem Gutdünken ausweisen kann.

Auskunftsdienst der Bank
↑Informationswesen der Banken.

Auskunftspflicht der Banken
↑Bankkundengeheimnis.

Auslagerung von Geschäftsbereichen
↑Outsourcing von Bankdienstleistungen.

Auslandaktiven
Als Auslandaktiven gelten im Allgemeinen alle Vermögenswerte im Ausland, wie flüssige Mittel, Forderungen, Anlagen und Beteiligungen. Die Banken sind gemäss BankV 25c verpflichtet, im Anhang zur ↑Jahresrechnung Aktiven und Passiven nach In- und Ausland aufzugliedern. Massgebend ist das Domizil des Kunden mit Ausnahme der Hypothekarforderungen, bei denen auf das Domizil des Objektes abgestellt wird. Liechtenstein zählt als Ausland. Diese Aufteilung im Anhang muss nur vorgenommen werden, sofern die Bank eine ↑Bilanzsumme von wenigstens CHF 1 Mia. oder mehr als 50 Beschäftigte aufweist. ↑Auslandkredit; ↑Auslandwechsel.

Auslandanleihe
Auslandanleihen sind ↑Anleihensobligationen, die auf dem schweizerischen Kapitalmarkt von nicht in der Schweiz domizilierten Schuldnern zur ↑Zeichnung aufgelegt werden. Sie lauten entweder auf Schweizer Franken oder eine ausländische Währung und unterstehen je nach der Rechtswahl in den Anleihensbedingungen ausländischem oder schweizerischem Recht. Auf Auslandanleihen sind die Bestimmungen über die Gläubigergemeinschaft gemäss OR 1157 ff. nicht anwendbar. Dagegen wird nach gängiger Kapitalmarktpraxis und gemäss Bundesgesetz über das internationale Privatrecht (IPRG 156) von der Pflicht zur Erstellung eines Emissionsprospektes nach OR 1156 ausgegangen, zumal jede Einladung zur Zeichnung, die sich nicht an einen begrenzten Kreis von Personen richtet, grundsätzlich als öffentlich zu qualifizieren ist, weil sie sich an einen unbegrenzten, nicht kontrollierbaren Adressatenkreis richtet.
Wirtschaftlich stellen Auslandanleihen eine gängige Form der Fremdkapitalbeschaffung durch Ausgabe von meist ↑festverzinslichen Wertpapieren dar. Daher stammen die ↑Emittenten auch aus allen Branchen und sind teilweise auch öffentlich-rechtlicher oder supranationaler Struktur. Auslandanleihen werden zu einem bestimmten Zeitpunkt zur Zeichnung aufgelegt, weisen in der Regel eine ↑mittel- bis ↑langfristige ↑Laufzeit (in der Schweiz meistens 5 bis 15 Jahre) auf und werden fast immer an der ↑SWX Swiss Exchange kotiert, um eine breite Distribution zu ermöglichen. Auslandanleihen können entweder als sog. *Stand-alone-Anleihen* oder im Rahmen eines *Emissionsprogramms* (European medium term note programme, EMTN) aufgelegt werden. Ein EMTN erlaubt dem Emittenten, einmalig eine Standarddokumentation zu erstellen, welche alle späteren Anleihenstranchen bis zum Erreichen des im Programm festgehaltenen Höchstbetrages abdeckt. Die *Programmdokumentation* enthält dabei die

Angaben zum Emittenten sowie in standardisierter Form die Bedingungen der einzelnen, unter dem Programm begebenen Anleihensobligationen. Für die einzelne, unter dem Programm begebene Anleihenstranche wird nur noch ein Ergänzungsdokument *(Pricing supplement)* erstellt. Die Unterschiede zur einer Stand-alone-Anleihe nach schweizerischem Recht bestehen auch darin, dass die Funktionen im Zusammenhang mit der ↑Emission und dem Zahlstellendienst bei einem Emissionsprogramm vielfach auf verschiedene natürliche oder ↑juristische Personen verteilt werden, während bei einer Stand-alone-Anleihe die ↑federführende Bank grösstenteils all diese Funktionen selbstständig wahrnimmt. Die Interessen der Obligationäre werden beim Emissionsprogramm vielfach von einem ↑Trustee wahrgenommen. Im Gegensatz zum schweizerischen Federführer wird der Trustee jedoch regelmässig nicht von sich aus im Namen der Obligationäre handeln, sondern erst unter der Voraussetzung, dass ihn ein bestimmter Prozentsatz der Obligationäre beauftragt hat. Die Anleihensbedingungen eines EMTN enthalten meist eine Rechtswahl zugunsten englischen Rechts, sodass den Anlegern das Recht eingeräumt wird, Ansprüche aus dem Vertragsverhältnis vor einem Londoner Gericht einzuklagen. Die Unterstellung unter ein einheitliches Recht verhindert vor allem bei Emissionsprogrammen die latente Gefahr der Zersplitterung des materiellen Rechts. Zudem ist die sachgerechte Beurteilung einer Rechtsstreitigkeit aus einem Emissionsprogramm durch ein Gericht an einem internationalen Börsenplatz wie London eher gewährleistet als durch ein in diesen Fragen unerfahrenes Gericht. Die Einräumung eines alternativen Gerichtsstandes in der Schweiz wird durch die Richtlinie der SWX Swiss Exchange betreffend Kotierung von Anleihen unter fremdem Recht vom 01.09.1997 im Hinblick auf die Kotierung der schweizerischen ↑Tranche eines Emissionsprogramms verlangt. Zudem muss das Emissionsprogramm als solches bei einer international anerkannten Börse registriert sein. Unter dieser Voraussetzung ist auch die Kotierung der ersten Anleihe aus einem EMTN *(Début-tranche)* an der SWX Swiss Exchange zulässig. Auslandanleihen sind manchmal mit einer Garantie nach OR 111 meist der ↑Muttergesellschaft des Emittenten besichert, mit einer *Keep-well-Erklärung* oder einem *Funding-Agreement* versehen und können auch nachrangig (↑Nachrangige Darlehen, Anleihen) ausgestaltet sein.

Als Auslandanleihen gelten auch die durch die ausländische Tochtergesellschaft (Off-shore-Gesellschaft, Finanzvehikel oder ↑Special purpose vehicle, SPV) einer schweizerischen Konzernobergesellschaft emittierten Anleihen (↑Eurobonds). In diesem Fall darf gemäss dem Zirkular Nr. 6746 der Schweizerischen Bankiervereinigung vom 29.06.1993 die Anleihe verrechnungssteuerfrei begeben werden, sofern kumulativ erfüllt wird, dass als Emittentin eine ausländische Tochtergesellschaft einer schweizerischen Muttergesellschaft auftritt und die Verwendung der Mittel aus der Anleihensobligation ausschliesslich im Ausland erfolgt. In wirtschaftlicher Hinsicht wird dadurch eine «Internationalisierung» der Anleihe erreicht, was sich in der Regel in tieferen ↑Zinssätzen und einer breiteren Streuung unter den Investoren positiv auf die Anleihe und die Konzernobergesellschaft auswirkt. Bei Eurobonds garantiert meistens die Schweizer Muttergesellschaft nach OR 111 für Zinsen und Kapital aus der Anleihe der Tochtergesellschaft, oder sie gibt eine Keep-well-Erklärung (↑Patronatserklärung) ab.

Die Dokumentation von Auslandanleihen und von Eurobonds ist wesentlich umfassender und detaillierter als bei Schweizer Anleihen. Inhaltlich richtet sie sich auch nach internationalen Standards (Standards der ↑International Securities Market Association [ISMA] und International Project Management Association [IPMA]). Meistens muss auch der Emittent dem Federführer eine ↑Legal opinion einer auf Kapitalmarktrecht spezialisierten Anwaltskanzlei sowie einen Comfort letter (↑Letter of comfort) seiner Revisionsgesellschaft abgeben.

Felix M. Huber

Auslandgeschäft
↑Auslandkredit; ↑Auslandaktiven; ↑Auslandanleihe; ↑Auslandgeschäft der Schweizer Banken; ↑Bankgarantie; ↑Devisengeschäft; ↑Dokumenten-Akkreditiv; ↑Dokumentarinkasso; ↑Eurobond; ↑Eurokapitalmarkt; ↑Euromärkte; ↑Euronotes; ↑Exportfinanzierung; ↑Factoring; ↑Forfaitierung; ↑Grossbanken.

Auslandgeschäft der Schweizer Banken
Das Auslandgeschäft der Schweizer Banken umfasst grundsätzlich alle ↑Bankgeschäfte mit grenzüberschreitendem Charakter. Im Gegensatz zu den meisten anderen Branchen wird eine Trennung von In- und Auslandgeschäft im Bankwesen aufgrund zweier Argumente als sinnvoll erachtet: Erstens ist das Auslandgeschäft mit besonderen Risiken (↑Auslandrisiken) in Form von Wechselkurs-, Zinssatz- und Länderrisiken verbunden, zweitens sind bei diesen ↑Transaktionen besondere rechtliche Vorschriften zu beachten.

Das Auslandgeschäft wird in der Schweiz vor allem von den ↑Grossbanken und den Auslandsbanken (↑Ausländische Banken) und teilweise auch von den ↑Handelsbanken, ↑Börsen- und ↑Privatbanken betrieben, wobei seine Struktur je nach Bankengruppe erhebliche Unterschiede aufweist. Grundsätzlich kann zwischen Geschäften, die sich in der Bilanz niederschlagen, und so genannten indifferenten Geschäften unterschieden werden. Im bilanzwirksamen Auslandgeschäft (↑Bilanzwirksames Geschäft) sind hauptsächlich die

Gross-, die Auslands- und die Börsenbanken aktiv. Der Anteil der ↑Auslandaktiven und -passiven nimmt seit Jahrzehnten kontinuierlich zu. Ein besonders starker Anstieg war in den 60er-Jahren zu beobachten, als der Anteil des bilanzwirksamen Auslandgeschäfts aller Banken an der Gesamtbilanz von rund 13% auf gut 30% zunahm. In der zweiten Hälfte der 90er-Jahre erfolgte ein zweiter starker Anstieg: Der Anteil der Auslandaktiven aller Banken an der Gesamtbilanzsumme erhöhte sich von 38% im Jahre 1995 auf 56% im Jahre 2000, jener der Auslandpassiven von 33% (1995) auf 52% (2000). Diese Zunahme ist hauptsächlich auf die Grossbanken zurückzuführen, deren Anteil der Auslandaktiven und -passiven im gleichen Zeitraum – vor allem aufgrund von Übernahmen und ↑Fusionen – von 53% auf 73% resp. von 47% auf 68% anstieg. Die Auslandsbanken weisen mit 70% resp. 64% im Jahre 2000 traditionsgemäss hohe Werte aus, und auch jene der Börsenbanken blieben über die letzten Jahre hinweg relativ konstant (59% resp. 48% im Jahre 2000). Der grösste Teil des bilanzwirksamen Auslandgeschäftes der schweizerischen Banken entfällt nicht auf Kreditgeschäfte mit Nichtbanken, sondern auf ↑Forderungen und ↑Verpflichtungen gegenüber Banken im Ausland. Ungefähr 40% aller Auslandaktiven und -passiven betreffen diese beiden ↑Bilanzpositionen. Neben der sektoriellen ist auch die geografische Gliederung zu beachten: Fast die Hälfte aller Forderungen und Verpflichtungen bestehen gegenüber Nordamerika, rund ein Drittel gegenüber dem europäischen Raum.

Das nicht bilanzwirksame ↑Treuhandgeschäft der Banken, das einem Fünftel der ↑Bilanzsumme aller Banken entspricht, wird fast ausschliesslich mit dem Ausland abgewickelt. Der überwiegend grösste Teil an ↑Treuhandgeldern stammt aus dem Ausland und wird von den Schweizer Banken generell im Ausland – genauer gesagt im europäischen Raum – angelegt. Damit wird auch der Aspekt der Drehscheibenfunktion der Schweizer Banken im Auslandgeschäft deutlich. Das Volumen der Treuhandgeschäfte entfällt etwa zur Hälfte auf die Auslandsbanken, zu einem Fünftel auf die Grossbanken und zu etwas mehr als 10% auf die Privat- und Börsenbanken. Neben dem Treuhandgeschäft sind in den Ausserbilanz-Transaktionen noch weitere Teile des ↑Dienstleistungsgeschäftes und ↑Kommissionsgeschäftes enthalten. Daraus folgt, dass deren Bedeutung für das Auslandgeschäft, insbesondere auch durch die Finanzmarktentwicklung, in den letzten Jahr(zehnt)en noch viel prägnanter ausfällt: Ein grosser Teil davon dürfte mit dem Ausland resp. einer ausländischen Gegenpartei getätigt worden sein. Diesbezügliche Daten sind jedoch noch kaum verfügbar. Fest steht jedoch, dass das Kommissions- und Dienstleistungsgeschäft mit rund 40% bei den Grossbanken, ca. 50% bei den Handelsbanken und je 60% bei den Börsen- und Auslandsbanken einen grossen Anteil am Gesamterfolg ausmacht.

Nicole Allenspach

Ausländische Anlagefonds

Gemäss AFG 44 gelten als ausländische ↑Anlagefonds sowohl «Vermögen, die aufgrund eines Kollektivanlagevertrages geäufnet und von einer Fondsleitung mit Sitz und Hauptverwaltung im Ausland verwaltet werden» als auch «Gesellschaften mit Sitz und Hauptverwaltung im Ausland, deren Zweck die kollektive ↑Kapitalanlage ist und bei denen der Anleger gegenüber der Gesellschaft selbst oder einer ihr nahe stehenden Gesellschaft das Recht auf Auszahlung seines Anteils hat». Diese breit gefasste Legaldefinition trägt der Tatsache Rechnung, dass ausländische Anlagefonds im Gegensatz zum schweizerischen Anlagefonds, der nur in Vertragsform aufgelegt werden darf, häufig in der Rechtsform einer Gesellschaft (insbesondere ↑«SICAV») oder eines «Unit trust» gekleidet sind. Darüber hinaus kommen vereinzelt auch weitere Rechtsformen vor, wie z. B. der Verein (Dänemark). Das AFG hält daher unmissverständlich fest, dass ausländische Anlagefonds unabhängig von ihrer rechtlichen Ausgestaltung dem AFG unterstellt sind, wenn ihre Anteile in der Schweiz gewerbsmässig vertrieben werden.

Damit ein ausländischer Anlagefonds in der Schweiz oder von der Schweiz aus gewerbsmässig vertrieben werden darf, bedarf es *zweier Bewilligungen* der EBK als Aufsichtsbehörde. Zum einen ist der ausländische *Anlagefonds als solcher* bewilligungspflichtig, zum andern braucht er einen so genannten Vertreter in der Schweiz. Erstere Bewilligung wird erteilt, wenn der Anlagefonds im Sitzstaat der ↑Fondsleitung oder der Gesellschaft einer dem Anlegerschutz dienenden öffentlichen Aufsicht untersteht und die Organisation sowie die ↑Anlagepolitik hinsichtlich des Anlegerschutzes mit den Bestimmungen des AFG gleichwertig sind. Ausländische Anlagefonds aus dem EU-Raum, die der Investmentfonds-Richtlinie 85/611/EWG entsprechen, erfüllen diese Voraussetzungen grundsätzlich ohne weiteres und profitieren daher von einem vereinfachten Bewilligungsverfahren. Die zweite Bewilligung, jene als *Vertreter,* kann seit dem 01.01.1995 nicht mehr bloss einer Bank, sondern jeder natürlichen oder ↑juristischen Person mit Sitz in der Schweiz erteilt werden, welche die Bewilligungsvoraussetzungen gemäss AFV 56 erfüllt. Der Vertreter des ausländischen Anlagefonds vertritt diesen in der Schweiz gegenüber den Anlegern und der EBK. Der Vertreter ist u. a. für sämtliche Veröffentlichungen (Satzung, Prospekt, Jahres- und Halbjahresbericht) und Werbung in der Schweiz verantwortlich.

Auffallend an der schweizerischen Gesetzgebung ist der Umstand, dass die Bewilligungserteilung nicht von der Gewährleistung des Gegenrechts durch den Sitzstaat des ausländischen Anlagefonds abhängt. Vielmehr besteht ein Rechtsanspruch auf die Erteilung der Bewilligung, wenn sämtliche Bewilligungsvoraussetzungen erfüllt sind. Ausländische Fonds erfreuen sich in der Schweiz denn auch einer grossen Beliebtheit. So standen am 31.12.2001 464 schweizerische Anlagefonds 2831 ausländischen gegenüber. Davon hat die grosse Mehrheit, nämlich 2038, ihr Domizil in Luxemburg. Der Nettozuwachs von 658 ausländischen Anlagefonds im Jahr 2001 bestätigt im Übrigen, dass international tätige Fondsanbieter dem schweizerischen Fondsplatz nach wie vor ein grosses Potenzial zubilligen.

Die oben erwähnte Investmentfonds-Richtlinie 85/611/EWG wird gemäss Entscheid des Europäischen Parlamentes und des EU-Ministerrates von Ende 2001 geändert. ↑Bundesgesetz über die Anlagefonds (AFG).

Felix Stotz

Ausländische Banken

Gemäss der Auslandbankenverordnung (ABV) 1 und 2 gilt als ausländische Bank jedes nach ausländischem Recht organisierte Unternehmen, das
– im Ausland eine Bewilligung als Bank besitzt,
– in der Firma, in der Bezeichnung des Geschäftszweckes oder in den Geschäftsunterlagen den Ausdruck ↑Bank oder ↑Bankier verwendet oder
– die Banktätigkeit im Sinne von BankV 2a betreibt.

Wird die ausländische Bank hingegen tatsächlich in der Schweiz geleitet oder wickelt sie ihre Geschäfte ausschliesslich oder überwiegend in oder von der Schweiz aus ab, so muss sie sich nach schweizerischem Recht organisieren und untersteht den Bestimmungen über die inländischen Banken. Als ausländische Banken gelten auch Institute, die zwar nach schweizerischem Recht organisiert sind, aber von Ausländern beherrscht werden. Ausländisch beherrscht ist eine Bank, wenn Ausländer direkt oder indirekt mit mehr als der Hälfte des Gesellschaftskapitals bzw. der Stimmen an ihr beteiligt sind oder auf sie in anderer Weise einen beherrschenden Einfluss ausüben. Als Ausländer gelten natürliche Personen, die weder das Schweizer Bürgerrecht noch eine Niederlassungsbewilligung in der Schweiz besitzen sowie juristische Personen und Personengesellschaften, die ihren Sitz im Ausland haben oder bei inländischem Sitz von Personen gemäss den erwähnten Bedingungen beherrscht sind.

Eine ausländische Bank bedarf einer Bewilligung der EBK, wenn sie in der Schweiz Personen beschäftigt, die für sie dauernd oder gewerbsmässig in der Schweiz oder von der Schweiz aus Geschäfte abschliessen, Kundenkonten führen oder sie rechtlich verpflichten (Zweigniederlassung), aber auch, wenn diese Personen Kundenaufträge an sie weiterleiten oder sie zu Werbe- oder anderen Zwecken vertreten (Vertretung).

Philippe Ramuz-Moser

Auslandkredite

Als Auslandkredite werden alle Ausleihungen bezeichnet, bei denen der ↑Kreditnehmer sein Domizil im Ausland hat. Auslandkredite werden in Anwendung von Art. 12a und Art. 14 BankV nach dem Domizil des Kreditnehmers (OECD-Land oder Nicht-OECD-Land, ↑Organisation für wirtschaftliche Zusammenarbeit und Entwicklung [OECD]) von ↑Inlandkrediten unterschieden. Die Unterscheidung erfolgt unabhängig von der Nationalität des Kreditnehmers. Nach Art. 25c Abs. 1 Ziff. 3.15 BankV muss im Anhang zur Bilanz eine Aufgliederung des Totals der Aktiven nach Ländern oder Ländergruppen erfolgen, sofern das Auslandgeschäft wesentlich ist und die Bank eine ↑Bilanzsumme von wenigstens CHF 1 Mia. oder mehr als 50 Beschäftigte aufweist. Die Revisionsstelle hat zudem gemäss Art. 44 lit. n BankV im ↑Revisionsbericht Stellung zu nehmen zum Verhältnis der Aktiven im Ausland zu den Gesamtaktiven. Ferner sind die ↑Auslandaktiven zu unterteilen in solche, deren Kapital und Erträge uneingeschränkt transferierbar sind, und andere. Im Falle von kurzfristigen, aussergewöhnlichen Kapitalabflüssen, welche die schweizerische ↑Geld- und Währungspolitik ernstlich gefährden, kann der Bundesrat gemäss Art. 8 Abs. 1 BankG anordnen, dass die Banken eine Bewilligung der Schweizerischen ↑Nationalbank (SNB) einholen, bevor sie einen Kredit mit einem Schuldner mit Wohn- oder Geschäftssitz im Ausland abschliessen. Die Prüfung der ↑Risiken eines Geschäfts ist nicht Sache der SNB; sämtliche mit einer Kreditvergabe zusammenhängenden Risiken gehen zulasten der kreditgebenden Bank. Erhebt die SNB Einspruch oder können die von ihr gestellten Bedingungen nicht erfüllt werden, so darf der Kredit unter Strafandrohung von Art. 46 Abs. 1 lit. h BankG nicht gewährt werden.

Kein eigentlicher Auslandkredit liegt vor, wenn eine Bank einer in der Schweiz domizilierten Industriefirma, die schwergewichtig Exportgeschäfte tätigt, einen ↑Blanko- oder einen ↑Zessionskredit gewährt. In beiden Fällen muss aber die Bank dem indirekten ausländischen Risiko Rechnung tragen: beim Zessionskredit ohnehin, aber auch beim Blankokredit, wenn ein Grossteil der Aktiven der kreditnehmenden Firma aus Auslandguthaben besteht. Hier wird es für die Risikosituation der Bank wichtig sein, ob der Kreditnehmer seine Exportguthaben der ↑Exportrisikogarantie (ERG) des Bundes unterstellt hat. ↑Exportfinanzierung.

Martin Wetter

Auslandrisiken

Neben den für das inländische Bankgeschäft relevanten ↑Risiken haben die im Auslandgeschäft aktiven Banken insbesondere den damit zusammenhängenden spezifischen Risiken Rechnung zu

Auslandrisiken

tragen. Die Kenntnis dieser Risiken und der Instrumente, mit denen die Risiken begrenzt und überwacht werden können, sind unabdingbare Voraussetzungen zum wirksamen Management der Engagements im Ausland. Die im Auslandgeschäft enthaltenen Risiken können wie folgt unterteilt werden:

1. Länderrisiko
Ein ↑Länderrisiko entsteht, wenn länderspezifische politische oder wirtschaftliche Bedingungen den Wert eines Auslandengagements beeinflussen. Es setzt sich aus dem ↑Transferrisiko und den übrigen Länderrisiken zusammen. Unter Transferrisiko wird die Gefährdung der Rückführung von Auslandengagements ins Inland als Folge der Beschränkung des freien Geld- und Kapitalverkehrs oder aus anderen wirtschaftlichen oder politischen Gründen verstanden. Unter dem Begriff «übrige Länderrisiken» wird jener Teil der Auslandengagements bezeichnet, dessen Werthaltigkeit unabhängig vom Transfer- und Delkredererisiko von den wirtschaftlichen und politischen Risikofaktoren eines Landes abhängen, insbesondere die länderbezogenen ↑Liquiditäts-, ↑Markt- und Korrelationsrisiken.

Unter Engagements mit Länderrisiko werden Auslandengagements jeder Art, einschliesslich Eventualengagements, unwiderruflicher Kreditzusagen und derivater Finanzmarktgeschäfte (↑Derivate), verstanden, gleichgültig, ob sie dem Banken- oder dem Handelsbuch zugeordnet werden.

Die Erfassung des Länderrisikos erfolgt nach dem Risikodomizil und nicht nach dem Domizil des Schuldners. Bei gedeckten Engagements ist das Risikodomizil unter Berücksichtigung der Sicherheiten zu bestimmen. Dabei sind die gleichen Grundsätze für die Bestimmung des Risikodomizils anzuwenden, wie sie für die Risikoverteilungsvorschriften gelten.

Während in den 70er- und 80er-Jahren die klassische Auslandkreditvergabe in Fremdwährung im Vordergrund stand, nehmen heute die Geschäfte mit ↑Wertpapieren und derivaten Finanzmarktinstrumenten an Bedeutung zu. Die teilweise Abhängigkeit dieser Geschäfte von den lokalen Markt- und Wirtschaftsbedingungen sowie die Möglichkeit einer lokalen ↑Refinanzierung haben die Bedeutung des übrigen Länderrisikos verstärkt.

Das übrige Länderrisiko, insbesondere das Länderliquiditätsrisiko, ist als länderspezifisches ↑Klumpenrisiko analog zum Branchenrisiko zu verstehen. Bei der Beurteilung des Risikos von Auslandforderungen ist das übrige Länderrisiko daher oft integrierter Bestandteil des Gegenparteiratingsystems (↑Rating). Bei den Marktrisiken sind die länderspezifischen Klumpenrisiken durch die länderweise Risikoberechnung und die Risikoaggregation, sofern risikorelevant, zu berücksichtigen.

Das Länderrisiko in allen seinen Erscheinungsformen kann begrenzt werden durch:
– Festsetzung von einem adäquaten System von Länderlimiten für die einzugehenden Engagements. Diese Limiten müssen regelmässig auf die Angemessenheit hin überprüft und dem für diese Funktion verantwortlichen Leitungsorgan zur Genehmigung vorgelegt werden
– Abwicklung der ↑Transaktionen über Geschäftsstellen im betreffenden Land mit lokaler Refinanzierung oder Abgabe von Unterbeteiligung an Dritte
– Ausgewogene Fälligkeitsstrukturen und
– Regelmässige und gezielte Informationsbeschaffung im Hinblick auf aktuelle Länderbeurteilung.

2. Währungsrisiko
Das ↑Währungsrisiko bezeichnet die Gefahr von Verlusten bei Transaktionen in fremden Währungen, welche als Folge von Wechselkursveränderungen entstehen können. Das Währungsrisiko hat sich seit dem Wechsel der einzelnen europäischen Währungen zum ↑Euro gegenüber früher erheblich vermindert. Als Instrumente zur Begrenzung dieses Risikos stehen folgende Möglichkeiten zur Verfügung:
– Währungskonforme Refinanzierung bzw. Gegenanlage und
– Kurssicherungsoperationen wie Devisentermingeschäfte (↑Devisengeschäfte), Devisenoptionsgeschäfte, ↑Financial futures sowie ↑Swaps.

3. Delkredererisiko
Bei der Beurteilung und Überwachung der ↑Bonität eines Schuldners im Ausland werden grundsätzlich dieselben Techniken wie im Inland angewendet. Jedoch müssen beim ausländischen Schuldner die zum Teil erheblichen Distanzen, die im Vergleich zum Inland geringe Marktkenntnis und die erschwerte Informationsbeschaffung berücksichtigt werden. Die hiermit verbundenen Risiken können begrenzt werden durch:
– Festsetzung einer ↑Kreditlimite pro Schuldner
– Festsetzung von Settlement- und Postlauflimite
– Anwenden besonders strenger Massstäbe an die Bonität des Schuldners
– Ausschöpfen aller Möglichkeiten zur Drittabsicherung sowie
– Eine ausgewogene branchenmässige und geografische Streuung der Schuldner.

4. Rechtliches Risiko
Das rechtliche Risiko bezeichnet die Gefahr, dass Guthaben im Ausland als Folge von erst nachträglich erkannten Rechtsmängeln in den Verträgen oder aufgrund einer unvorhersehbaren Rechtsprechung notleidend werden. Solche Risiken sind abhängig vom Ausmass der Unterschiede zwischen verschiedenen Rechtssystemen. Zur Begren-

zung des rechtlichen Risikos können folgende Massnahmen getroffen werden:
- Unterstellung der Vertragsverhältnisse unter Schweizer Recht
- Sorgfältige, möglichst einfache und standardisierte Ausgestaltung der Verträge sowie
- Beizug qualifizierter Juristen im Domizilland des Schuldners, um die Einhaltung der nationalen Vorschriften sicherzustellen.

5. Abwicklungsrisiko
Das Abwicklungsrisiko bezeichnet die Gefahr, dass als Folge von Mängeln in den technischen Systemen oder als Folge von menschlichem Versagen internationale Zahlungen «verloren» gehen, was Schuldzinsen und Kosten verursachen könnte. Das Abwicklungsrisiko kann begrenzt werden durch:
- Festsetzung von klaren und getesteten Arbeitsabläufen
- Technische Back-up-Systeme und
- Vorsorgliche Regelungen in den Vertragsverhältnissen. *Philippe Ramuz-Moser*

Auslandsbank
↑Ausländische Banken; ↑Auslandsbanken in der Schweiz.

Auslandsbanken in der Schweiz
Der Begriff «Auslandsbanken» wird auf zwei bankengesetzlich und aufsichtsrechtlich unterschiedliche Gruppen angewandt. Das Bundesgesetz über die Banken und Sparkassen (Bankengesetz BankG) kennt nach schweizerischem Recht organisierte und der schweizerischen Bankenaufsicht unterstellte *Banken mit ausländischem Hauptaktionär bzw. einem ausländischen Aktionär*, der mit mehr als der Hälfte des Geschäftskapitals oder der Stimmen einen beherrschenden Einfluss auf die Bank ausübt. In diesem Sinne sind die so genannten «Auslandsbanken» Schweizer Banken in ausländischem Besitz; ausschlaggebend ist folglich das Besitzverhältnis und nicht die Zuständigkeit der nationalen Aufsichtsbehörde. Auslandsbanken sind aber auch *nach ausländischem Recht organisierte Banken*, welche in der Schweiz über eine juristisch unselbstständige Zweigniederlassung, Agentur oder Vertretung verfügen. Die Verordnung über die ausländischen Banken in der Schweiz (Auslandbankenverordnung ABV) der Eidg. Bankenkommission regelt die Rechte und Pflichten dieser Institute, welche in allen Belangen, ausser den Eigenmittelanforderungen und den Risikoverteilungsvorschriften, der schweizerischen Bankengesetzgebung (ABV 3 I) unterstehen. Rechtlich selbstständige Auslandsbanken sind meistens Tochtergesellschaften einer ausländischen Bank oder eines Finanzdienstleisters. Nur wenige Banken sind in Eigentum eines ausländischen Nichtfinanzdienstleisters oder einer Privatperson. In diesen Fällen ist der Hauptsitz der Auslandsbank in der Schweiz. (↑Ausländische Banken).

1. Geschäftstätigkeit
Die meisten Auslandsbanken sind hauptsächlich in der ↑Vermögensverwaltung mit Privatkunden (↑Private banking) tätig. Dabei unterscheidet sich die Kundschaft der verschiedenen Banken nach Herkunftsland, aber auch nach der Höhe der zur Verwaltung anvertrauten Vermögen. Neben den ↑High net worth individuals (HNWI) werden die ↑Affluent clients, also die vermögende Kundschaft, zu einer wichtigen Zielgruppe vieler Auslandsbanken. Diese Banken sind auch aktiv im ↑Fondsgeschäft tätig, sei es als ↑Fondsleitung, als ↑Depotbank oder als Fondsvertreter. Auslandsbanken bieten ↑Fonds nach ausländischem und inländischem Recht an. (↑Ausländischer Anlagefonds.)
Vergleicht man die Struktur der Erträge – Kommissions-, Handels- und Zinserträge – wird deutlich, dass Auslandsbanken auch andere Geschäfte tätigen. Etwa 10% der Auslandsbanken haben eine den ↑Regionalbanken sehr ähnliche Ertragsstruktur: Über 80% ihrer Erträge stammen aus dem Zinsgeschäft und nur ein geringer Prozentsatz aus dem ↑Kommissions- oder Handelsgeschäft. Unter diesen Banken finden sich auch die auf die Handelsfinanzierung spezialisierten Institute. Genf und Zürich sind zusammen der nach London wichtigste Platz für dieses Bankprodukt. Die Tochtergesellschaften grosser international tätiger Banken sind zudem auch in der Unternehmensfinanzierung (↑Corporate finance) und im ↑Investment banking tätig.

2. Wirtschaftliche Bedeutung
Rund 40% aller in der Schweiz tätigen Banken sind Auslandsbanken; Ende 2001 waren 150 ausländische Institute in der Schweiz vertreten. Davon sind 98 Tochtergesellschaften oder Filialen von Banken aus dem EU- und EWR-Raum, 23 stammen aus den USA oder Kanada und 29 aus anderen Regionen, insbesondere Asien (inkl. Japan). Über die Jahre ist die Zahl der Auslandsbanken erstaunlich konstant geblieben, auch wenn sich die Struktur verändert hat. So ist die Zahl der japanischen Institute von über 40 Banken und Finanzgesellschaften in den 80er-Jahren auf heute sechs Institute gesunken. In den letzten Jahren haben zudem viele ↑Fusionen im Ausland zu Bankzusammenschlüssen in der Schweiz geführt. Diesen Bewegungen stehen jedoch entsprechende Neuzugänge von Banken gegenüber.
Die meisten Auslandsbanken sind entweder in Zürich (69) oder in Genf (51) domiziliert. Genf ist zum wichtigsten Standort für das Private banking geworden. Verschiedene grosse, weltweit tätige

Auslandverflechtung des Finanzplatzes Schweiz

Institute haben das konzernweite Private banking in ihrer Genfer Tochtergesellschaft konzentriert. Zürich hingegen bleibt insbesondere für die im ↑Kapitalmarkt tätigen Auslandsbanken von Bedeutung. Der dritte wichtige Bankenplatz, Lugano, beheimatet ebenfalls eine bedeutende Anzahl Auslandsbanken (11). Die Bedeutung des Tessins ist für die Auslandsbanken allerdings weit grösser als diese Zahl vermuten lässt, denn viele Auslandsbanken besitzen im Tessin eine Niederlassung. Die anderen Schweizer Städte sind als Sitz einer Auslandsbank unbedeutend.

Der volkswirtschaftliche Beitrag lässt die Auslandsbanken zu einer bedeutenden Bankengruppe und zu einem wichtigen Wirtschaftsfaktor der Schweiz werden. 17% der im Bankensektor Beschäftigten arbeiten für eine Auslandsbank, 17% des Bruttoertrags wird durch die Auslandsbanken erwirtschaftet (Werte 2001). Zudem leisten die Auslandsbanken 23% der vom Bankensektor erbrachten Steuern. Schätzungen beziffern den Beitrag der Auslandsbanken an das schweizerische Bruttoinlandsprodukt auf ca. 2%. Die Auslandsbanken sind demnach ebenso bedeutend wenn nicht bedeutender als zum Beispiel die Uhren-, die Metall-, die Nahrungs- und Genussmittelindustrie oder der Versicherungssektor.

Diese Stellung verdanken die Auslandsbanken dem rechtlichen Umfeld, vornehmlich dem ↑Bankkundengeheimnis und dem Schutz der Privatsphäre, einem hochqualifizierten Personal, herausragenden Software- und IT-Lösungen, der ↑Swiss value chain (dem integrierten Abwickeln von Handelsaufträgen), aber auch anderen Faktoren, wie der sprachlichen Vielfalt, der geografischen Lage und der physischen Sicherheit.

Aufgrund der Bedeutsamkeit des Private banking für die Auslandsbanken ist das Bewahren der Rahmenbedingungen, insbesondere des rechtlichen Umfelds, von äusserster Wichtigkeit. Die Auslandsbanken setzen sich daher stark für den Schutz der Privatsphäre ihrer Kunden ein. Der Informationsfluss an das Mutterhaus darf – abgesehen von kriminellen Fällen – keine Kundendaten umfassen. Ebenso ist die Kontrolle der Auslandsbanken durch die Aufsichtsbehörden der Muttergesellschaft an entsprechende Voraussetzungen geknüpft (↑Vor-Ort-Kontrolle).

Die Interessen der Auslandsbanken werden durch den 1972 gegründeten Verband der Auslandsbanken in der Schweiz, mit Sitz in Zürich, wahrgenommen. Ihm gehören über 120 Auslandsbanken, ausländische ↑Effektenhändler und ausländisch beherrschte Fondsgesellschaften an.

Martin Maurer

Links: www.foreignbanks.ch

Auslandskorrespondent

↑Korrespondenzbank.

Auslandsniederlassung

Zweigniederlassung einer ↑Bank, die sich im Ausland, also jenseits der Gebietshoheit der für den Hauptsitz zuständigen Aufsichtsbehörde, befindet (↑Amtshilfe, ↑Vor-Ort-Kontrolle). Eine weltweit zu beobachtende Tendenz der ↑Finanzmarktaufsicht weist in die Richtung einer teilweisen Gleichbehandlung ausländischer Tochtergesellschaften mit den ausländischen Zweigniederlassungen einer Bank (so z. B. bei der Vor-Ort-Kontrolle).

Auslandsniederlassungen (Beaufsichtigung)

Unter dem Aspekt der Beaufsichtigung (↑Internationale Bankenaufsicht) wird der Begriff ↑Auslandsniederlassung weit definiert, sodass neben im Ausland errichteten Zweigniederlassungen auch Tochtergesellschaften, Joint-venture-Unternehmungen, Agenturen und Vertretungen als ↑Auslandsniederlassung bezeichnet werden können.

Hintergrund hierfür sind die internationalen Harmonisierungsbestrebungen im Bankenaufsichtsrecht (↑Basler Konkordat, ↑Basler Kernprinzipien), die insbesondere Aufsichtslücken bei internationalen Bank- und Finanzgruppen verhindern sollen. Eine Voraussetzung für die entsprechende konsolidierte Aufsicht des internationalen Bankgeschäftes ist neben dem Herkunftslandprinzip und einer klaren Kompetenzaufteilung zwischen Aufsichtsbehörden die weite Auslegung des Begriffes Auslandsniederlassung, damit nicht mit rechtlichen Konstruktionen innerhalb einer Gruppe die konsolidierte Überwachung umgangen werden kann. So engt auch die schweizerische ↑Bankengesetzgebung den Anwendungsbereich der Instrumente für die internationale Zusammenarbeit (↑Amtshilfe, ↑Vor-Ort-Kontrolle) nicht ein und definiert die ausländische Niederlassung (BankG 23^{septies} VI) als Tochtergesellschaft, Zweigniederlassung, Vertretung und andere Unternehmung, deren Tätigkeit in eine konsolidierte Aufsicht einbezogen wird. Ferner sieht BankG 3 VII eine Meldepflicht der nach schweizerischem Recht organisierten Banken über ihre Auslandsniederlassungen vor, um der Bankenkommission den Überblick über die von ihr beaufsichtigten Bankgruppen resp. deren Auslandsniederlassungen zu erleichtern.

Rolf Gertsch

Auslandszahlungsverkehr

↑Devisengeschäft; ↑S.W.I.F.T; ↑Zahlungsverkehr, internationaler; ↑Zahlungsabkommen.

Auslandverflechtung des Finanzplatzes Schweiz

Der ↑Finanzplatz Schweiz ist durch eine sehr starke internationale Verflechtung gekennzeichnet. Dies zeigt sich sowohl bei den auf dem schweize-

Auslandvermögen der Schweiz

Bestände am Jahresende in Mia. CHF	1985	1990	1995	2000
Aktiven	527,8	733,0	989,8	2 227,5
Passiven	298,1	450,7	640,2	1 726,6
Nettovermögen	229,7	282,3	349,7	500,9

rischen ↑Finanzmarkt tätigen Akteuren als auch in dessen organisatorischer und technischer Infrastruktur.
Im schweizerischen ↑Bankensektor wird die Auslandverflechtung in zweierlei Hinsicht deutlich. Einerseits nimmt das Auslandgeschäft im Geschäftsbetrieb der Banken eine zunehmend wichtigere Stellung ein, andererseits werden immer mehr Auslandsbanken (↑Ausländische Banken) auf dem Finanzplatz Schweiz aktiv. Gehörten im Jahre 1990 119 Institute der Gruppe der Auslandsbanken an, so stieg deren Anzahl auf 150 im Jahre 2000. Zum Vergleich: Im gleichen Zeitraum schrumpfte der gesamte Bankensektor von 625 auf 375 Institute (↑Bankenkonzentration). Die zunehmende Internationalisierung der Finanzmärkte sowie die dynamische Entwicklung der Informationstechnologie führen auch in der schweizerischen Börsenlandschaft (↑Börse) zu einer noch stärkeren internationalen Verflechtung. Diese äussert sich in Fusionsprojekten, Börsenallianzen und Partnerschaften zwischen in- und ausländischen Institutionen, wobei in diesem Zusammenhang insbesondere die ↑Eurex und die ↑Virt-x hervorzuheben sind. Auch zeigen ausländische Banken und ↑Effektenhändler grosses Interesse, als so genannte ↑Remote members, Mitglied der Schweizer Börse ↑SWX Swiss Exchange zu werden. Ende 2000 machten diese mehr als einen Viertel aller Mitglieder der Schweizer Börse aus.
Diese Entwicklungen im Banken- und Börsensektor bewirken, dass sich die organisatorische und technische Infrastruktur ebenfalls vermehrt international ausrichten muss. Zum einen findet eine vermehrte internationale Zusammenarbeit bzw. ↑Amtshilfe zwischen den ↑Finanzmarktaufsichtsbehörden statt, welche die schweizerischen Amts- und Rechtshilfebestimmungen auch ermöglichen. Zum anderen zeigte sich in den letzten Jahren auch eine zunehmende Internationalisierung der Aufsicht, indem internationale Foren (z.B. ↑Financial Stability Forum, ↑Basler Ausschuss für Bankenaufsicht) zusätzliche Standards mit entsprechendem Einfluss auf die nationalen Normen entwickelten. Die Schweiz beteiligt sich in vielen dieser Gremien als aktives Mitglied. Auch in technischer Hinsicht richtet sich die Finanzinfrastruktur vermehrt global bzw. europäisch aus. So wurde mit ↑euroSIC ein ↑Clearingsystem für den Schweizer ↑Zahlungsverkehr in Euro innerhalb der Schweiz und über ihre Grenzen hinaus entwickelt. Die ↑Swiss Euro Clearing Bank GmbH stellt dessen Verbindung mit den nationalen ↑Euro-Clearingsystemen der ↑Europäischen Währungsunion (EWU) sicher (↑Target). *Nicole Allenspach*

Auslandvermögen

Das Auslandvermögen gibt Aufschluss über die finanziellen Aktiven und Passiven eines Landes im Ausland. Den Saldo aus Aktiven und Passiven bezeichnet man als Nettovermögen (Tabelle oben). Das Nettovermögen kann positiv (Gläubigerposition) oder negativ (Schuldnerposition) sein. Das Auslandvermögen setzt sich aus den Direktinvestitionen, den Portfolioinvestitionen, den ↑Währungsreserven sowie aus weiteren finanziellen Aktiven und Passiven zusammen. Es ergänzt die ↑Zahlungsbilanz, in der die Kapitaltransaktionen aufgezeichnet sind. ↑Kapitalexporte führen zu einer Zunahme der Auslandaktiven und ↑Kapitalimporte erhöhen die Auslandpassiven. Die Aktiven und Passiven werden in der Regel zum ↑Marktwert bewertet. Dadurch schlagen sich auch Schwankungen der ↑Wechselkurse und Veränderungen der Wertpapierpreise in den Beständen nieder. In der Schweiz wird das Auslandvermögen von der Schweizerischen ↑Nationalbank (SNB) erhoben und veröffentlicht. Jährliche Angaben zum Auslandvermögen sind seit 1985 verfügbar. ↑Sparen (Volkswirtschaftliches). *Thomas Schlup*

Auslandwechsel

Ein Auslandwechsel ist ein ↑Wechsel, der auf einen im Ausland domizilierten Schuldner gezogen und von diesem akzeptiert oder von ihm als ↑Eigenwechsel ausgestellt ist. Der Wechsel, meist auf ausländische ↑Währung lautend, befindet sich im Besitz eines Inländers.

Ausleihungen an Kunden

Forderungen gegenüber Nichtbanken aus Ausleihungen, wobei in der ↑Jahresrechnung die direkten und indirekten Grundpfandforderungen in Form von ↑Darlehen gegen Grundpfanddeckung, Terrainkredite, Immobilien- und Finanzleasing getrennt von den übrigen Forderungen unter der Position Hypothekarforderungen auszuweisen sind. Im Anhang sind die Forderungen getrennt nach Deckungsarten (hypothekarische ↑Deckung, andere Deckung, ohne Deckung, ↑Blankokredite) aufzugliedern. Die Hypothekarforderungen sind nach den Arten der Grundpfanddeckung

(Wohnliegenschaften, Büro- und Geschäftshäuser, Gewerbe- und Industriebauten, Übrige) aufzuschlüsseln.

Auslieferung

Der Deponent von Wertpapieren kann deren Auslieferung von der Bank jederzeit verlangen, sei es körperlich in Stücken, sofern diese überhaupt vorhanden sind, oder durch Übertragung in ein ↑Depot bei einer anderen Bank. Mit der wachsenden Verbreitung von ↑Bucheffekten ist die Auslieferung nur noch durch Übertragung im Rahmen der ↑Sammelverwahrung möglich (↑SIS SegaIntersettle AG). Die Auslieferung ist mit erheblichen Kosten verbunden. Das Gegenteil davon ist die ↑Einlieferung oder ↑Heimverwahrung.

Auslosung

Festlegung der zurückzuzahlenden ↑Obligationen bei ↑Amortisationsanleihen, bei Prämienobligationen, auch der auszurichtenden Prämien, durch Ziehung der Titelnummern. Die ausgelosten Nummern sowie die Nummern der bereits früher ausgelosten, aber noch nicht zur ↑Rückzahlung eingereichten Titel (↑Restanten) werden in den Publikationsorganen des ↑Emittenten veröffentlicht. ↑Anleihensobligation; ↑Tilgungsplan.

Ausreissen des Kurses

In der ↑Börsensprache Ausdruck für einen grossen, unerwarteten Kursausschlag, der meist kurzfristig wieder korrigiert wird. Ausreisser entstehen, wenn bei grösseren unlimitierten Aufträgen im ↑Handelsbuch keine Anschlusslimiten vorhanden sind.

Ausschliesslichkeitserklärung

Auch Ausschliesslichkeits*klausel* genannt. Nebenbestimmung eines ↑Kreditvertrages mit ↑Firmenkunden, welche den ↑Kreditnehmer verpflichtet, nur bei dem kreditgebenden Institut ↑Konten zu unterhalten und sämtliche ↑Bankgeschäfte über die betreffende Bank abzuwickeln. Die Bank möchte sich dadurch u. a. bessere und umfassendere Einblicke in die Geschäftstätigkeit und -abwicklung des Kunden verschaffen. Ein Verstoss gegen die Ausschliesslichkeitserklärung berechtigt die Bank üblicherweise zur ↑Kündigung des Kredits. ↑Blankokredit.

Ausschlussrecht

↑Emissionsgeschäft.

Ausschüttung

Sammelbegriff für Zahlungen wie ↑Dividenden, ↑Zinsen, ↑Boni, Liquidationserlöse. ↑Barausschüttung.

Ausschüttungsfonds

↑Anlagefonds, welcher die laufenden Erträge (↑Zinsen, ↑Dividenden) ausbezahlt (↑Ausschüttung). Der Gegensatz dazu ist der ↑Thesaurierungsfonds (Wertzuwachsfonds), welcher die laufenden Erträge im ↑Fondsvermögen zurückbehält. Auch Distributive fund genannt.

Ausschüttungspolitik

Unter Ausschüttungspolitik versteht man Massnahmen zur Bemessung und Form der Gewinnausschüttung an die Eigenkapitalgeber. In der Aktiengesellschaft kann der Gewinn bar als ↑Dividende oder durch ↑Nennwertrückzahlung – seltener in Form von ↑Wertpapieren (sog. Portefeuille-Ausschüttung) – an die Aktionäre ausgeschüttet werden.

Ausschüttungsrendite

Bei der Ausschüttungsrendite wird nur der ausbezahlte Barbetrag zu Grunde gelegt, welcher im Gegensatz zur Gesamtrendite oder ↑Total return (↑Compound yield) auch die Kursveränderungen mit einschliesst.

Aussenfinanzierung

Mit der Aussenfinanzierung werden der Unternehmung Finanzmittel von aussen, d.h. durch die Aktionäre (↑Beteiligungsfinanzierung) oder Fremdkapitalgeber (↑Fremdfinanzierung), zugeführt.

Aussenhandelsfinanzierung

↑Exportfinanzierung.

Aussenwert des Geldes

↑Geldwert.

Ausserbilanzgeschäfte

↑Off-balance-sheet-Geschäfte.

Ausserbörsliche Abschlüsse

Ausserbörsliche Abschlüsse an der Schweizer Börse SWX (↑SWX Swiss Exchange) sind alle Abschlüsse, die nicht im Matcher (↑SWX Plattform) zu Stande kommen. Während der Handelszeit dürfen nur jene Aufträge in an der SWX gehandelten ↑Effekten ausserbörslich gehandelt werden, welche die Börsenpflichtlimiten übersteigen. ↑Termingeschäfte werden immer ausserbörslich gehandelt.

Ausserbörslicher Effektenhandel

Unter dem ausserbörslichen Effektenhandel versteht man den nicht organisierten und weder an Ort noch Zeit gebundenen Effektenhandel. Darunter fallen sämtliche ↑Transaktionen in ↑Effekten, die ausserhalb der reglementierten offiziellen ↑Börse und dem Segment ↑Local cap abgewickelt werden. Der ausserbörsliche Effektenhandel erfasst in erster Linie ↑Wertpapiere, die nicht an der ↑Börse kotiert sind; daneben aber auch kotierte Werte

(↑ Blockhandel). Der Handel wird über das Telefon abgewickelt.
In der Schweiz erstreckt sich der ausserbörsliche Effektenhandel insbesondere auf ↑ Aktien von mittleren, daneben aber auch von bedeutenden Unternehmungen, die nicht kotiert sind, sei es aus Steuergründen, aus Publizitätsgründen (Periodische Berichterstattung, Rechnungslegung, ↑ Ad-hoc-Publizität) oder weil sie die Zulassungsbedingungen (↑ Kotierung) nicht erfüllen können oder wollen. Es findet auch ein sehr starker ausserbörslicher Effektenhandel in kotierten ↑ Obligationen statt, indem solche in grossen Posten von den Banken unter sich oder mit Versicherungsgesellschaften oder anderen grossen ↑ Kapitalanlegern ausserhalb der Börse gehandelt werden.
Die ↑ Kurse der ausserbörslich gehandelten ↑ Titel richten sich nach Angebot und Nachfrage sowie nach der allgemeinen Börsentendenz. Die Umsätze im ausserbörslichen Effektenhandel sind bedeutend, erreichen aber bei weitem nicht das Ausmass des offiziellen Handels. Dies hat zur Folge, dass der ↑ Ecart zwischen Geld- und Briefkurs im ausserbörslichen Effektenhandel grösser ist als beim offiziellen Handel. In Ermangelung offizieller Kursberichte geben die im Handel nicht kotierter Werte spezialisierten Banken periodische Kurslisten heraus. Der Ausserbörsenindex Luzerner Regiobank umfasst seit 1982 48 Titel, deren ↑ Börsenkapitalisierung rund 40% der meistgehandelten unkotierten Aktien entspricht (↑ Aktienindex).
Meinrad Schnellmann

Australian Stock Exchange
Links: www.asx.com.au

Austrittsleistung
↑ Freizügigkeitsleistung.

Ausübungspreis
Der bei Geschäftsabschluss festgelegte Preis, zu dem der Inhaber einer ↑ Option bei einer Kaufoption (↑ Call) das Recht hat, den ihr zu Grunde liegenden Wert zu übernehmen bzw. im Fall der Verkaufsoption (↑ Put) abzugeben. Synonyme Begriffe: Basispreis, Strike price, Exercise price.

Ausweis der Schweiz. Nationalbank
↑ Nationalbank, Schweizerische.

Authorized capital
↑ Genehmigtes Kapital.

Authorized stock
↑ Genehmigtes Kapital.

Automated clearing house (ACH)
↑ Clearing- und Abwicklungssysteme.

Automated teller machine (ATM)
Automated teller machine ist die international übliche Bezeichnung für Geldausgabeautomaten (↑ Bancomat).

Automatensysteme
Automatensysteme sind Vertriebskanäle, über welche die Banken standardisierte, automatisierbare Bank- und ↑ Finanzdienstleistungen anbieten, und zwar unabhängig von Schalter- und Geschäftsöffnungszeiten, in der Regel rund um die Uhr. Neben den auf die Bargeldausgabe beschränkten reinen Geldausgabeautomaten bieten multifunktionale Automaten weitere Dienstleistungen wie das Einzahlen von ↑ Bargeld, das Verarbeiten von Zahlungsbelegen oder die Eingabe von Privatkreditgesuchen an. Kunden können an Automatensystemen auf bankeigene Dienstleistungen (BED) und so genannte Bancomat-Dienstleistungen (↑ Bancomat) zugreifen. Bankeigene Dienstleistungen sind nur für Kunden der die betreffenden Automaten betreibenden Bank zugänglich und umfassen das Angebot massgeschneiderter Dienstleistungen wie die Abfrage von Kontosaldi oder das Drucken von Kontoauszügen. An diesen Automaten kann das Publikum auch auf die Bancomat-Dienstleistungen (in der Regel Bargeldbezüge) dritter Banken zugreifen, sofern diese am Bancomat-System teilnehmen.
Dominique Folletête

Automatische Kursanzeige
System mit automatisch aktualisierter Anzeigetafel, das in Schaufenstern oder an prominenten Stellen aktuelle Börsenkurse anzeigt. Die automatische Kursanzeige wird heute vielfach durch Internet-Dienstleistungen abgelöst, die u.a. von der ↑ Telekurs mit aktuellen Kursen in Echtzeit beliefert werden.

Autorisiertes Kapital
↑ Genehmigtes Kapital.

Autorisierung
Autorisierung kann die Prüfung eines Begehrens und einer Bewilligung oder Ablehnung desselben bedeuten. Im Zahlkartengeschäft versteht man unter Autorisierung die Prüfung der Berechtigung des Händlers, eine Karte an Zahlungs statt anzunehmen. Die Autorisierung ist nicht buchungswirksam, d.h., sie löst keinen Geldfluss aus (↑ Buchung).
Je nach Kontext ist mit Autorisierung auch das Ergebnis der Autorisation bzw. die Autorisationsrequest-Meldung gemeint.

Available for sale
Zur Veräusserung bestimmte ↑ Effekten. Darunter fallen nach den internationalen Rechnungslegungsgrundsätzen alle Effekten, die nicht ↑ Held

for maturity oder ↑Held for trading auszuweisen sind.

Aval
Aval ist ein anderes Wort für die Wechselbürgschaft (OR 1020ff.). Diese wird auf dem ↑Wechsel selbst erklärt, indem der Wechselbürge (Avalist) seine Unterschrift neben diejenige des Wechselschuldners, des Wechselausstellers oder eines Indossanten setzt mit dem Zusatz «per aval» oder «als Bürge» oder einem gleichbedeutenden Vermerk. Eine blosse Unterschrift auf der Vorderseite des Wechsels gilt auch ohne einen solchen Zusatz als Wechselbürgschaft, soweit es sich beim Unterzeichnenden nicht um den ↑Bezogenen oder den Aussteller handelt. Der Wechselbürge haftet mit der Person, für die er sich verpflichtet hat, solidarisch. Gibt der Wechselbürge nicht an, für wen er sich verpflichtet, so gilt die Wechselbürgschaft als für den Aussteller geleistet. Der Wechselbürge haftet also in diesem Fall aus dem Wechsel, auch wenn der Bezogene den Wechsel nicht akzeptiert.
Die zum Schutze des gewöhnlichen Bürgen (einfache ↑Bürgschaft, Solidarbürgschaft) aufgestellten Formvorschriften (z.B. öffentliche Beurkundung, Zustimmung des Ehegatten) sind auf die Wechselbürgschaft nicht anwendbar.

Avalkredit
↑Kautionskredit.

Avalverpflichtungen
↑Kautionskredit.

Average, Moyenne
Average (engl.), Moyenne (franz.) bedeutet in der Börsensprache Durchschnittspreis oder ↑Mittelkurs. Sinkt eine ↑Aktie nach dem Kauf, so werden zusätzliche Titel zum niedrigeren Kurs zugekauft, um den mittleren Einstandspreis der betreffenden Anlage zu senken (↑Averaging) oder moyenne zu machen.

Average price option
↑Asiatische Option.

Average rate option
↑Asiatische Option.

Average strike option
↑Exotische Option.

Averaging
Averaging ist eine Methode der systematischen Anlageplanung. Bei einem aus kontinuierlichem Mittelzufluss wachsenden Vermögen werden über einen längeren Zeitraum regelmässig gleichbleibende Beträge am Aktienmarkt oder in Anlagefondsanteilen investiert. Bei hohen Börsenkursen werden dadurch die Anlagemöglichkeiten beschränkt, während in der ↑Baisse grössere Stückzahlen erworben werden. Die Averaging-Methode soll emotionale, d.h. von der allgemeinen Börsenstimmung getragene Anlageentscheidungen verhindern und ein antizyklisches Verhalten des ↑Investors unterstützen. ↑Langfristig soll durch das Averaging ein optimaler Durchschnittseinstandspreis der Anlagen erreicht werden.

Avers
Die Vorderseite (Bildseite) einer ↑Münze, *Revers* deren Rückseite.

Avis
Anzeige, Ankündigung, Benachrichtigung im Bank- oder Warenverkehr, z.B. über den Eingang einer Zahlung, einer Sendung, einer bevorstehenden Kontobelastung, der vorzeitigen ↑Rückzahlung von Obligationen.
Im Wechselverkehr die Benachrichtigung seitens des Wechselausstellers an den Wechselschuldner (↑Bezogenen) über den Grund der Ziehung des Wechsels auf ihn.
Im Akkreditivverkehr zeigt eine zweitbeauftragte Bank, die damit zur avisierenden Bank wird, dem aus dem ↑Dokumenten-Akkreditiv begünstigten Exporteur die Eröffnung des ↑Akkreditivs zu seinen Gunsten im Auftrag der Akkreditivbank an, ohne damit eine Verbindlichkeit oder Gewährleistung einzugehen.

AZEK
Abk. f. ↑Ausbildungszentrum für Experten der Kapitalanlage.

B
Auf Kursanzeigen, Kursblättern oder in Börsenberichten bedeutet B «Brief» (↑Brief, Briefkurs) = Angebot. Das Gegenteil davon ist G «Geld» (↑Geld, Geldkurs) = Nachfrage.

Baby bonds
↑Obligationen mit kleiner ↑Stückelung.

Back office
Als Back office bezeichnet man den kundenfernen Bereich einer ↑Bank, in dem alle ↑Transaktionen aus den aktiven, passiven und indifferenten Geschäften abgewickelt werden. Damit umfasst der Begriff alle Prozesse (↑Ablauforganisation), die «hinter den Kulissen» der Bank ablaufen. Zudem werden im Back office die Kunden-, Konten-, Depot- und Wertschriftenbestände verwaltet und allenfalls verwahrt. Zu den Hauptaufgaben des Back office gehört auch die Verbuchung (↑Bankbuchhaltung) sämtlicher Geschäftsvorfälle sowie die Datendokumentation (Reporting). Abhängig von der ↑Aufbauorganisation der Bank, ist das Back office eine einzige Organisationseinheit, oder es orientiert sich in der Ausgestaltung an den Produkt- und Dienstleistungssparten der Bank. Die einzelnen Komponenten eines solchen Netzwerks werden als Spartensysteme bezeichnet.
Das Informatiksystem des massgeblich aus Administrations- und Kontrollabteilungen bestehenden Back office verarbeitet die Transaktionsdaten der Bank, die beispielsweise im ↑Zahlungsverkehr, im Einlagen-, Kredit- oder im Handels- geschäft entstehen.
Zur Minimierung ↑operationeller Risiken ist die klare Abgrenzung zwischen Front, Middle und Back office bedeutsam. Diese Funktionentrennung bildet ein zentrales Element des ↑internen Kontrollsystems einer Bank. Beispielsweise sollen die Funktionen des Edelmetallhändlers (Front office) getrennt sein von den Funktionen der Bestätigung der Geschäfte, der Verbuchung und Bewertung der Geschäfte sowie der Aufbewahrung der Bestände, welche alle im Back office anzusiedeln sind. Die dem Back office zustehenden Verantwortlichkeiten und Funktionen können teilweise auch einem Middle office übertragen werden, falls die Nähe zum Front office notwendig ist. Dies ist insbesondere für frontnahe Funktionen im Handel der Fall. Ein Beispiel sind Funktionen des ↑Marktrisikomanagements. Unter dem Front office werden die Einrichtungen und Applikationen verstanden, die dem direkten Kundenkontakt dienen. Damit dient das Front office als externer Leistungsbereich hauptsächlich der Erbringung der Marktleistung am Kunden (z.B. Wertpapierhandel, Devisenhandel, Kreditvergabe, Kundenberatung). Im Zusammenhang mit Drittbanken beinhaltet dies auch die Verantwortung für die Entwicklung sowie das Management der bankbetrieblichen Gegenparteibeziehungen (Ablauforganisation).
Aufgrund der hohen Transaktionsintensität der im Back office ablaufenden Prozesse sowie der Schnittstellenfunktionen zum Front und Middle office steht das Back office in enger Verbindung zur Bankinformatik. Offene Schnittstellen, automatisierte Abläufe sowie eine flexible, vernetzte Informatiklösung zur Gewährleistung eines reibungslosen Datenaustausches sind zentrale Erfolgsfaktoren des Back office. Während in der Vergangenheit die Automatisierung des Back office dominierte, steigt die Bedeutung von Informations- und Kommunikationssystemen mit den Entwicklungen im ↑Electronic banking bzw. Internet banking auch an der Kundenschnittstelle (Front office) an. Eine effiziente, automatisierte Back-office-Lösung ist jedoch nach wie vor zentraler Bestandteil einer überlebensfähigen Bank.
Effizient ausgestaltete Back offices generieren mit zunehmendem ↑Transaktionsvolumen Skaleneffekte. Daraus resultiert der Trend zu industrieller, hocheffizienter Abwicklung von Bankleistun-

gen. Dies wird im Rahmen des ↑Transactional banking in Back office factories bewerkstelligt. Derartige Dienstleistungsfabriken werden auch als Abwicklungs-, Service- oder ↑Transaktionsbanken bezeichnet. Kleinere Banken und ↑Vermögensverwalter lagern ihr Back office oft aus (↑Outsourcing von Bankdienstleistungen). Die komplette, effiziente Verarbeitung der im Back office anfallenden Prozesse wird einem spezialisierten Anbieter überlassen. Für die Auslagerung der Back-office-Funktionen sind die Auflagen der Aufsichtsbehörden (↑Aufsicht, Aufsichtsbehörden) zu beachten.
Problematisch scheint das Outsourcing von Back-office-Funktionen an Dienstleister im Ausland, da ausserhalb der Schweiz die gesetzlichen Bestimmungen zum Schutz des ↑Bankkundengeheimnisses rechtlich nicht durchsetzbar sind.

Florian Linner

Backspread
Ein Backspread, auch Ratio backspread genannt, ist eine Optionsstrategie, bei welcher ↑Optionen des gleichen Typs (entweder nur ↑Calls oder nur ↑Puts) gekauft und verkauft werden, wobei die Anzahl der gekauften Optionen grösser ist als die Anzahl der verkauften ↑Kontrakte. Alle gekauften Optionen weisen denselben ↑Ausübungspreis auf, ebenso verhält es sich bei den verkauften Optionen; die Ausübungspreise für die Käufe und die Verkäufe unterscheiden sich. Ratio backspreads eignen sich bei erwarteten instabilen Marktverhältnissen: eine Strukturierung mit Calls wird in der Erwartung steigender, eine mit Puts in der Erwartung sinkender ↑Kurse eingesetzt.

Back-stop-Fazilität
Auch Back-stop-Linie, Back-up-Fazilität, Back-up-Linie genannt. Die Back-stop-Fazilität (↑Kreditfazilität) ist eine Art feste Kreditzusage, mit Laufzeiten zwischen 3 und (selten) 10 Jahren, von (internationalen) Banken zu Gunsten eines Unternehmens oder einer Institution, wenn diese ihren mittel- bis langfristigen Finanzbedarf durch ↑revolvierende ↑Emissionen kurz- bis mittelfristiger spezieller Schuldtitel, z.B. ↑Euronotes, decken wollen. ↑Note issuance facilities (NIFs); ↑Revolving underwriting facilities (RUFs).

Backtesting
Die Überprüfung von ↑Value-at-risk-Berechnungen sowie ↑Anlage- und Hedgestrategien mit historischen Daten wird Backtesting genannt. Das Verfahren ermöglicht es, quantitative Modelle ex post mit tatsächlichen Marktdaten zu überprüfen. Wenngleich aus den historischen Werten nicht auf die Zukunft geschlossen werden kann (dies ist der Hauptkritikpunkt am Backtesting), so ermöglicht das Backtesting dennoch, die Robustheit der Modelle unter Marktbedingungen (d.h. unter Nicht-Normalverteilung) zu überprüfen.

Back-to-back-Akkreditiv
↑Dokumenten-Akkreditiv.

Back-up-Fazilität
↑Back-stop-Fazilität.

Back-up-Limiten
↑Note issuance facilities (NIFs); ↑Revolving underwriting facilities (RUFs).

Back up line
Auch Back-up-Limite. ↑Note issuance facilities (NIFs); ↑Revolving underwriting facilities (RUFs); ↑Back-stop-Fazilität.

Backwardation
Gegenteil von ↑Contango.

Badwill
↑Goodwill.

BAFin
Abk. f. die deutsche Bundesanstalt für Finanzdienstleistungsaufsicht, Bonn, die aus der Zusammenlegung der drei ehemaligen Bundesaufsichtsämter für das Kreditwesen (BAKred), Bonn, für das Versicherungswesen (BAVer), Bonn, und für den Wertpapierhandel (BAWe), Frankfurt, entstanden ist. Mit der Schaffung einer Allfinanz-Aufsicht sollen Doppelspurigkeiten in der Überwachung von Banken, Versicherungen und ↑Finanzdienstleistungen vermieden werden. Zugleich ist für alle Marktteilnehmer eine zentrale Anlaufstelle entstanden.

Baisse
Fallen der ↑Kurse an den ↑Börsen. Die negative Kursentwicklung kann sich über den Gesamtmarkt oder nur auf einzelne Marktbereiche erstrecken. Gegen Ende einer Baisse-Periode findet ein ↑*Sell-out* statt. Als Baissier werden Marktteilnehmer bezeichnet, welche fallende Kurse erwarten und sich entsprechend verhalten, z.B. durch ↑Short selling. Gegensatz: ↑Hausse, ↑Haussier.

Baisse amène la baisse
Umschreibung der Erfahrungstatsache, dass eine negative Kursentwicklung an der ↑Börse aufgrund markttechnischer oder psychologischer Faktoren in einer Kettenreaktion zu weiteren Kursrückgängen führt (↑Selling climax).

Balanced fund
↑Anlagezielfonds.

Balanced scorecard
Ein von R. Kaplan in den 90er-Jahren entwickeltes, ausgewogenes Ziel- und Kennzahlensystem zur Umsetzung von Strategien in Projekte und operative Aufgaben. ↑Betriebliches Rechnungswesen im Bankgewerbe; ↑Planung im Bankbetrieb.

Balken-Chart
↑Bar-Chart.

Banca d'Italia
↑Europäische Zentralbank.

Bancassurance
Französische Bezeichnung für ↑Allfinanz. ↑Finanzkonglomerat.

Bancomat
Unter dem Namen Bancomat besteht in der Schweiz eine das ganze Land umspannende Kette von Geldausgabeautomaten (GAA). Als «Schlüssel» zum Bargeldbezug dienen diverse Zahlkarten mit PIN-Code (↑Personal identification number), darunter insbesondere die ↑ec/Maestro-Karte. ↑Bargeld kann somit zu jeder Tages- und Nachtzeit und unabhängig von Sonn- und Feiertagen bezogen werden. Aus Sicherheitsgründen ist der Bezug allerdings pro Karte und Tag auf einen vom Kartenherausgeber festgelegten Betrag (z.B. bei Schweizer ec/Maestro-Karten CHF 1000) beschränkt. Neben dem Bargeldbezug bieten sämtliche Geldausgabeautomaten weitere Funktionen wie Ändern des PIN-Codes, Abfrage des verfügbaren Restbetrags oder Laden von ↑CASH-Wertkarten an. Für ihre eigenen Kunden kann die Bank an ihren eigenen Geldausgabeautomaten weiter gehende Funktionen oder höhere Bezugslimiten anbieten.
Der erste Geldausgabeautomat wurde in der Schweiz im Jahre 1968 installiert. Wenig später wurde der von 78 Banken getragene «Bancomat-Pool» (↑Pool) zum Betrieb einer einheitlichen Automatenkette gleichen Namens gegründet. Ab 1985 wurde das Bancomat-System in mehreren Schritten ausgebaut: 1985 wurde es für Apparate verschiedener Fabrikats geöffnet. Ab 1991 erfolgte die Umrüstung auf Online-Betrieb, was u.a. die Verarbeitung ausländischer Karten ermöglichte. 1997 wurden die Systeme der Banken (Bancomat) und der Postfinanz (Postomaten; Postcard) gegenseitig geöffnet, und ab 1997 wurde die Funktionalität um das Laden der ↑Wertkarte CASH erweitert. Ab 2002 erfolgt der Ausbau des Systems für Bezüge in ↑Euro.
Parallel zu diesem Ausbau wurden weitere Karten wie z.B. EUROCARD/MasterCard, Maestro oder VISA aufgeschaltet. Ende 2001 waren an das System ca. 5000 Automaten von über 300 Banken (inkl. ca. 600 Postomaten) angeschlossen. Im Jahr 2001 wurden über das zentrale Bancomat-System über 70 Mio. Bezüge im Wert von CHF 18,1 Mia. verarbeitet. Dazu kommen die von den Banken selber verarbeiteten Bezüge, die das Volumen der zentral verarbeiteten Bezüge übersteigen.
Die ↑Verrechnung der Bezüge erfolgt über ein zentrales Rechenzentrum (↑Telekurs), mit dem jeder an das Bancomat-System angeschlossene Geldausgabeautomat verbunden sein muss. Ferner besteht die Möglichkeit der Abwicklung bankindividueller Dienstleistungen und ↑Transaktionen an Geldausgabeautomaten, die zusätzlich auch mit dem Rechenzentrum der entsprechenden Bank verbunden sind. *Jacques Bischoff*

Bandbreite
In einem System ↑fester Wechselkurse, z.B. im früheren ↑Europäischen Währungssystem (EWS), gibt die Bandbreite die zulässige Abweichung der Devisenkassakurse (Marktkurse) von einem vertraglich vereinbarten Leitkurs an. Die obere und untere Grenze der Bandbreite bezeichnet man als ↑Interventionspunkte. Erreicht der Devisenkurs einen Interventionspunkt, sind die am Wechselkurssystem beteiligten ↑Notenbanken zur ↑Intervention verpflichtet.

Bank (Begriff und Funktionen)
Grundsätzlich unterscheidet man zwei Arten von Banken: die ↑Notenbanken (Zentralbanken) und die ↑Geschäftsbanken. Die folgenden Ausführungen betreffen nur die Geschäftsbanken, da sich die Funktionen der Notenbanken stark davon unterscheiden.

1. Der allgemeine Begriff
Das Wort Bank stammt vom italienischen Wort «banca». Dieses bezeichnet einen grossen Tisch, auf dem im mittelalterlichen Italien die verschiedenen Münzsorten ausgebreitet waren und dort gewechselt werden konnten.
Die Vielfältigkeit der Banktätigkeit erschwert die konzise und genaue Formulierung einer allgemeingültigen Definition. Eine vielgebrauchte Definition enthält folgende begriffsbestimmenden Merkmale: Eine Bank ist ein Unternehmen, dessen *Haupttätigkeit* in der *Kreditvergabe* und der *Entgegennahme von Publikumseinlagen* besteht.
Der Hinweis auf die «Haupttätigkeit» ist deshalb von Bedeutung, weil viele Unternehmen gelegentlich Ausleihungen an ihre Kunden tätigen oder Gelder von den Zulieferern ausleihen. Der Umstand, dass sowohl die «Vergabe» als auch die «Entgegennahme» von Geldern begriffsbestimmend sind, ist mit dem Bezug zum klassischen Zinsdifferenzgeschäft zu erklären, welches die Grundlage des Bankgeschäftes bildet. Banken finanzieren einen grossen Teil ihrer Ausleihungen durch Publikumseinlagen. Dies ist einer der Hauptgründe für die Verletzlichkeit der Banken und begründet die hohe Regulierungsdichte im ↑Bankensektor. Der

Ausdruck «Publikum» unterstreicht den Umstand, dass Banken Dienstleistungen für eine breite Öffentlichkeit anbieten. Der staatliche Eingriff in die Banktätigkeit wird deshalb zusätzlich dadurch begründet, dass das Publikum meist nicht in der Lage ist, die Sicherheit und die Güte einer Finanzinstitution zu beurteilen und anderseits ein öffentliches Gut (sicherer ↑Zahlungsverkehr) durch private Unternehmen angeboten wird.

Die Bestimmung der Produktionsfunktion einer Bank ist nicht so einfach wie bei einem Industrieunternehmen. Obige Definition legt nahe, dass Einlagen Inputfaktoren darstellen, die durch die Banken zu Krediten (Output) «verarbeitet» werden. Als «Produktionsmittel» lassen sich aber alternativ auch das ↑Kapital, das Know-how und die Arbeit ansehen. In der ökonomischen Literatur wird häufig eine Unterscheidung zwischen einer «funktionellen» und einer «institutionellen» Betrachtungsweise gemacht. Eine funktionelle Betrachtung stützt sich auf die durch ein Finanzsystem erbrachten Dienste, während die institutionelle Sicht die Aktivitäten von bestehenden Banken oder Versicherungen (als Institutionen eines Finanzsystems) untersucht. Häufig wird in der wissenschaftlichen Finanzliteratur eine funktionelle Betrachtung bevorzugt. Dies mit der Begründung, dass über weite Zeiträume Funktionen stabiler sind als Institutionen.

2. Funktionen im engeren Sinn

Jahrhundertelang wurden ökonomische Funktionen des Finanzsystems alleine durch Banken erfüllt. Die kontinuierliche Entwicklung der Finanzmärkte seit Mitte der 80er-Jahre und die Beschleunigung der Finanzinnovationen hat zur Verschiebung der Funktionen geführt. Ursprüngliche, durch Finanzinstitute erbrachte Funktionen können heute auch vom ↑Finanzmarkt erfüllt werden. So kann das Wechselkursrisiko sowohl mittels eines Börsen-Futures oder mittels eines Bankkontraktes abgesichert werden. Die Frage nach der besten Form der ↑Intermediation und die Fragen nach dem Verhältnis Intermediär vs. Markt werden kontrovers diskutiert. Ein Trend hin zu Marktlösungen ist unverkennbar. Selbst im Kreditgeschäft werden ↑Kreditrisiken handelbar gemacht. Während Märkte immer wichtiger werden, macht diese Entwicklung Intermediäre nicht zwingend überflüssig. Vielmehr ist zu beobachten, dass Märkte immer komplexer und riskanter werden, sodass Kapitalgeber und -nehmer Intermediäre benötigen, um mit deren Hilfe auf Märkten handeln zu können.

Die moderne Banktheorie unterscheidet vier Funktionen, die von Banken erfüllt werden: der Zugang zu einem ↑*Zahlungssystem*, die *Transformationsfunktion*, das *Management von Risiken*, die *Verarbeitung von Informationen* und die *Überwachung des Kreditnehmers*. Während ↑Universalbanken alle vier Funktionen wahrnehmen, können Spezialbanken auch nur eine erfüllen. Nachfolgend werden die einzelnen Funktionen dargestellt.

Die Bank gewährt den Wirtschaftseinheiten den Zugang zu *Zahlungssystemen*. Diese sind Netzwerke, welche die Übermittlung von Zahlungen zwischen Bankkonten erlauben. Die Sicherheit und die Effizienz dieser Systeme sind ein besonderes Anliegen von Regierungen und Notenbanken und gelten aus Sicht des Systemschutzes als besonders wichtig (↑Systemstabilität, Förderung der).

Eine detaillierte Betrachtung der *Transformationsfunktion* der Bank beinhaltet folgende Teilfunktionen:

– Losgrössentransformation: Einem ↑Kredit in Millionenhöhe kann eine grosse Zahl von betragsmässig kleinen Spareinlagen gegenüberstehen. Durch Poolbildung gelingt es der Bank, die Vermittlung zwischen Kapitalgebern und -nehmern sicherzustellen
– ↑Fristentransformation: Banken sind in der Lage, mit der Fristentransformation zeitlich voneinander abweichende Zielvorstellungen bezüglich der Anlage- bzw. Ausleihdauer eines Geldbetrages in Einklang zu bringen
– Geografische Transformation: Die Bank gleicht Geldströme zwischen Regionen, die Nettosparer und Nettogläubiger sind, aus
– Risikotransformation: Die Bank wandelt unsichere Kredite in (beinahe) sichere Einlagen
– Währungstransformation: Historisch eine der ersten Funktionen der Bank, ist die Transformation von Währungen weiterhin eine bedeutende Leistung einer Bank.

Banken müssen die inhärenten Risiken von ↑Spareinlagen, von Kreditportfolios und von ↑Off-balance-sheet-Geschäften kontrollieren und selektionieren. Das *Management von* ↑*Risiken* wird durch Portfoliobildung, Überwachung der Kredite (Monitoring), Haftung durch ↑Eigenkapital und entsprechende Vertragsgestaltung zwischen Sparern und Kreditnehmern bewirkt. Die Umwandlung von unsicheren Werten in (beinahe) sichere, ist eine Konsequenz dieser Fähigkeit von Banken, Risiken besser zu managen als andere Wirtschaftssubjekte.

Banken haben bei der Lösung von Problemen, die aus einer Informationsasymmetrie zwischen Kapitalgeber und -nehmer resultieren, eine wichtige Rolle. Aufgrund langfristiger Beziehungen zu den Kreditnehmern, Diversifikations- und Reputationseffekten wird angenommen, dass Banken die *Verarbeitung von Informationen* und die *Überwachung des Kreditnehmers* sehr effizient gestalten können.

3. Funktionen im weiteren Sinn

Banken unterstützen ferner, zusammen mit anderen Finanzintermediären, den Handel an Finanzmärkten. Am ↑Primärmarkt unterstützen Banken im Rahmen ihrer Investment-banking-Aktivität Unternehmen und andere Institutionen bei der Emission von Fremd- und Eigenkapital. Weiter sind Banken im Bereich ↑Merger and acquisition tätig. Am ↑Sekundärmarkt hilft die Bank ihren Kunden durch Beratung und führt ihre Aufträge durch oder übernimmt die ↑Vermögensverwaltung. Sofern es sich um sehr vermögende Privatkunden handelt, spricht man von ↑Private banking, beim institutionellen Geschäft wird diese Tätigkeit dem ↑Asset management zugeordnet. Wie auch bei den Geschäften des Zahlungsverkehrs handelt es sich bei den mit der Vermögensverwaltung im Zusammenhang stehenden Effektengeschäften um indifferente Geschäfte, die auf Kommissionsbasis abgewickelt werden und folglich nicht in der Bankbilanz ersichtlich sind. Banken pflegen aber auch in zunehmendem Umfang eigene Aktivitäten (↑Eigengeschäfte, Nostro-Aktivitäten). Eine neue Form der Banktätigkeit stellt das ↑Electronic banking dar, das zwar funktionell gesehen keine Neuerung darstellt, jedoch die intensive Nutzung der modernen Informations- und Telekommunikationstechnologie zur Erbringung von traditionellen Bankdienstleistungen unterstreicht.

4. Bedeutung für das Wirtschaftssystem
Die Bedeutung der Banken in den hoch entwickelten Ländern ist durch ihren Anteil an der Finanzintermediation ersichtlich. Dabei wird ein markanter Unterschied zwischen den europäischen Ländern und den USA deutlich. Die Banken in den USA haben einen deutlich kleineren Anteil an der Finanzintermediation als die europäischen Banken. Die volkswirtschaftliche Bedeutung kann unter anderem am Anteil der Bruttowertschöpfung der Banken an der gesamten Wertschöpfung eines Landes gemessen werden. Dieser Anteil lag in der Schweiz im Jahre 1998 bei 11% und war damit auch im internationalen Vergleich weit überdurchschnittlich. Die aussenwirtschaftliche Bedeutung des Schweizerischen ↑Bankensektors kommt in der Ertragsbilanz deutlich zum Ausdruck. Die Bankexporte sind in der Dienstleistungsbilanz (knapp die Hälfte des Saldos entfallen auf Bankkommissionen aus dem Ausland) und in der Bilanz der Arbeits- und Kapitaleinkommen registriert.

5. Der Begriff der Bank nach BankG
Das Schweizerische BankG (↑Bankengesetzgebung) enthält keine Legaldefinition des Begriffes. Dem BankG unterstellt, und damit gesamthaft als «Banken» betrachtete Unternehmen, sind die im normalen Sprachgebrauch als Banken bezeichneten Geldinstitute, die ↑Privatbankiers und die ↑Sparkassen (BankG 1). BankV 2a lit. a gibt eine positive Umschreibung der Bank. Da das BankG den Gläubigerschutz zum Hauptzweck hat, richtet sich der Begriff der Bank nach dem ↑Passivgeschäft. Mit der Anpassung der Verordnung im Jahr 1989 wurde eine Ausweitung des Bankbegriffes vorgenommen. Als Banken im Sinne von Art. 1 Abs. 1 des BankG gelten Unternehmen, die hauptsächlich im ↑Finanzbereich tätig sind und insbesondere
– gewerbsmässig Publikumseinlagen entgegennehmen oder sich öffentlich dafür empfehlen, um damit auf eigene Rechnung eine unbestimmte Zahl von Personen oder Unternehmen, mit denen sie keine wirtschaftliche Einheit bilden, auf irgendwelche Art zu finanzieren, oder
– sich in erheblichem Umfang bei mehreren nicht massgebend an ihnen beteiligten Banken refinanzieren, um damit auf eigene Rechnung eine unbestimmte Zahl von Personen oder Unternehmen, mit denen sie keine wirtschaftliche Einheit bilden, auf irgendwelche Art zu finanzieren.
Dem Gesetz unterstehen insbesondere nicht:
– Börsenagenten und Börsenfirmen, die nur den Handel mit Wertpapieren und die damit unmittelbar im Zusammenhang stehenden Geschäfte betreiben, jedoch keinen Bankbetrieb führen;
– Vermögensverwalter, Notare und Geschäftsagenten, die lediglich die Gelder ihrer Kunden verwalten und keinen Bankbetrieb führen.
Emissionshäuser sind mit Schaffung des BEHG neu als ↑Effektenhändler eingestuft und folglich dem BEHG unterstellt.
Die Bank bedarf zur Aufnahme der Geschäftstätigkeit einer Bewilligung der Bankenkommission. Die primären und weiterhin geforderten Voraussetzungen für die Erteilung der Bewilligung knüpfen an eine sachgemässe innere ↑Organisation der Bank, ein Mindestkapital von CHF 10 Mio. sowie die ↑Gewähr einer einwandfreien Geschäftstätigkeit der mit der Verwaltung und Geschäftsführung betrauten Personen. Der Ausdruck «Bank» oder «Bankier», allein oder in Wortverbindungen, darf in der Firma, in der Bezeichnung des Geschäftszweckes und in der Geschäftsreklame nur für Institute verwendet werden, die eine Bewilligung der Eidgenössischen Bankenkommission (↑Bankenkommission, Eidg.) als Bank erhalten haben.

Teodoro D. Cocca

Lit.: Freixas, X./Rochet, J.-Ch.: *Microeconomics of Banking*, Cambridge/London 1998. – Diamond, D.W.: *Financial Intermediation and Delegated Monitoring*, Review of Economic Studies, Vol. 51, 1984. – Hartmann-Wendels, T./Pfingsten, A./Weber, M.: *Bankbetriebslehre*, Heidelberg 1998.

Bank (Gesellschaftliche Verantwortung)
Es ist offensichtlich erkannt worden, dass die Rolle der Banken in der modernen Gesellschaft über die rein kommerzielle Tätigkeit hinausgeht, und sich die Wirtschaft in zunehmendem Mass als eine gesellschaftliche Kraft versteht, die ihre Ressourcen zur umfassenden Gestaltung ihres Umfeldes einsetzt. Wenn sich also die Banken den gesell-

Bank (Gesellschaftliche Verantwortung)

schaftlichen Herausforderungen stellen, so können sie dies nur dann erfolgreich tun, wenn ihnen von dort die nötige, auf Vertrauen basierende Akzeptanz entgegengebracht wird. Aus dieser Perspektive ist auch ein in der Öffentlichkeitsarbeit der Banken des öfteren zu findender Slogan zu sehen: «Vertrauen ist unser grösstes Kapital.» Aber gerade darum steht es in der Kreditwirtschaft nicht zum Besten, wie die Ergebnisse zahlreicher Befragungen immer wieder bestätigen. Die Gründe, warum die Öffentlichkeit den Banken eigentlich mehr Vorsicht als Vertrauen entgegenbringt, liegen sowohl in wiederholten aktuellen Geschehnissen (wie z.B. Beihilfe zur ↑Steuerhinterziehung, ↑Insidergeschäfte, ↑Geldwäscherei), wie auch in systembezogenen Gründen (wie z.B. Macht der Banken, die historisch stets negative Beurteilung des ↑Zinses, Abstraktheit und Komplexität bankbetrieblicher Dienstleistungen).

Aus dem Spannungsfeld von Vertrauen und Verantwortung lässt sich dementsprechend die folgende Definition ableiten: «Unter gesellschaftlicher Verantwortung der Banken ist die auf rechtlichen, ethischen, sozialen und wirtschaftlichen Kriterien beruhende, vertrauenschaffende Beziehung der Banken zu ihren unterschiedlichen Anspruchsgruppen zu verstehen.» Auf dieser Grundlage baut auch ein spezifischer Theorieansatz auf: «Die gesellschaftsorientierte Bankbetriebslehre».

1. Die gesellschaftliche Exponiertheit der Banken
So sehr die Gesellschaftsorientierung für Unternehmen im Allgemeinen gilt, so trifft sie auch auf die Finanzdienstleistungsbranche aus folgenden Gründen ganz besonders zu. Den Banken ist die Finanzintermediation übertragen, d.h. sie haben Mittelaufkommen und Mittelverwendung, sei es direkt durch ihre ↑Transformationsfunktion oder indirekt über die ↑Kapitalmärkte, zu organisieren. Ausserdem werden die von der ↑Nationalbank benutzten Instrumente zur Steuerung der Geld-, Kredit- und Kapitalmärkte über den Bankenapparat eingesetzt. Dies hat den Banken auch schon die Bezeichnung von «quasi öffentlichen Institutionen» eingetragen, womit ihre Sonderstellung und herausgehobene Verantwortung besonders dokumentiert werden soll.

Im Vollzug ihrer Geschäfte haben die Banken deshalb auch zahlreichen einschlägigen Gesetzen, Verordnungen, zentralbankpolitischen und aufsichtsrechtlichen Massnahmen Rechnung zu tragen. Neben dem damit angesprochenen und jederzeit zu beachtenden obersten Prinzip, der Legalität, kommt auf die Banken noch ein weiterer, sozusagen gesellschaftlicher Anspruch zu. Sie haben darüber hinaus nämlich auch für die Legitimität ihrer Politik zu sorgen, wollen sie auf Dauer gesellschaftliche Akzeptanz erringen und bewahren. Unter gesellschaftlicher Legitimität ist die Übereinstimmung der Verhaltensweisen der Banken mit den vom wechselnden Zeitgeist bestimmten Werthaltungen der Gesellschaft zu verstehen. Derartig kongruentes Verhalten wird in der relevanten Öffentlichkeit als moralisch empfunden und entsprechend honoriert, wie wohl sich diesbezüglich auch Widersprüchlichkeiten ergeben können.

Hinzugefügt werden muss, dass systembedingt nicht alle ↑Kreditinstitute das gleiche Mass an gesellschaftlicher Verantwortung tragen. ↑Regionalbanken und ↑Raiffeisenbanken sowie auch die ↑Kantonalbanken sind vor etwa 100–150 Jahren regelrecht aus der gesellschaftlichen Notwendigkeit heraus gegründet worden, weniger bemittelten Bevölkerungskreisen durch Gemeinnützigkeit und mit bestimmten Förderleistungen zur Seite zu stehen. Auch heute wird diesen Instituten ein besonderes Mass an gesellschaftlicher Verantwortung zugeordnet, womit sie aber nicht etwa in eine karitative Rolle gedrängt werden. Sie sollen als gewinnorientierte Systeme ökonomischen Nutzen davon haben, der sich nicht zuletzt aufgrund besserer Akzeptanz ergibt. Dagegen stellt sich für global orientierte ↑Grossbanken heutiger Prägung die Frage, gegenüber welcher Gesellschaft sie Verantwortung zu tragen haben und ob diese im Heimatland anders ausgeprägt zu sein hat als in den Gastländern. So reduziert sich das Thema bei den als Briefkastenfirmen konzipierten Offshorebanken (↑Offshore banking) lediglich auf standortpolitische Vorteile, von deren Ausprägung allein die Präsenz derartiger Institute abhängt.

2. Das Instrumentarium zur Gewährleistung gesellschaftlicher Verantwortung
Je nach Status einer Bank wird auch ihr Instrumentarium für gesellschaftliche Verantwortung ausgeprägt sein, wobei diesbezüglich die Vereinigten Staaten beispielgebend zu nennen sind. Gesellschaftliche Verantwortung kann zunächst einmal vom Gesetzgeber eingefordert werden, wie dies mit den *Federal Sentencing Guidelines* seit 1991 in den USA geschieht. Danach wird für den Fall eines strafrechtlich relevanten Vergehens einer Unternehmung das Strafmass vom Bestehen eines Ethikprogramms abhängig gemacht. Der Hintergrund dieser Bestimmung beruht auf dem Prinzip der moralischen Verantwortlichkeit der Unternehmen, die als «Moral agencies» aufgefasst werden. Ein weiteres einschlägiges Gesetz aus den Vereinigten Staaten ist der *«Community reinvestment act»*. Da in diesem Land die grossen Agglomerationen in der Regel durch beachtliche soziale Gefälle geprägt sind, sind die sozial schwächsten Gebiete von bankgeschäftlichen Kontakten praktisch ausgeschlossen, was in den USA auch als *«Red lining»* bezeichnet wird. Durch den Community reinvestment act werden die Banken jedoch verpflichtet, einen Teil ihres Geschäftsvolumens solchen Gebieten zur Verfügung zu stellen, was

periodisch durch die ↑Federal deposit insurance corporation überprüft wird.
Gesellschaftliche Verantwortung kann jedoch auch durch eigene Initiativen der Banken übernommen werden, wie im Falle der *Corporate citizenship*, des Social banking oder verstärkter ökologischer Orientierung. Unter Corporate citizenship versteht man das Verhalten von Kreditinstituten als «gute Staatsbürger», die vor allem über die Gründung und Dotierung von Stiftungen Mäzenatentum, Wissenschafts-, Kunst- und Kultursponsoring betreiben, kommunale Entwicklungsarbeit leisten und durch gemeinnützige Spenden wohltätig sind. Die vielfältigen Aktivitäten auf diesem Gebiet aller Schweizer Banken zeigen, dass Corporate citizenship auch hier bereits seit langem Eingang gefunden hat. *Social banking* nahm ebenfalls in den USA seinen Anfang. Es dient der Bekämpfung von Armut, Diskriminierung und wirtschaftlichem Abstieg. Grundlage ist das sog. Micro lending an bestimmte Personen, die Kleinstkredite bis zu 2000 Dollar erhalten und denen damit eine bescheidene, aber auskömmliche berufliche Tätigkeit (Fahrradkurier, Abholservice usw.) ermöglicht werden soll. Ähnliche Initiativen werden auch in einigen europäischen Ländern gefordert bzw. bereits ergriffen, vor allem dort, wo sich als Konsequenz hoher Arbeitslosigkeit eine als «neue Armut» bezeichnete Entwicklung mit sozial negativen Effekten breit gemacht hat.
Von Problemen des Umweltschutzes und der Ökologie sind die Banken systembedingt nur indirekt betroffen. Aufgrund der Brisanz dieses weltweit relevanten Themas engagieren sie sich jedoch wie z. B. in der 1992 in New York abgegebenen Erklärung zur Umwelt und langfristig tragfähigen Entwicklung. Sie kommen dem Gedanken des Umweltschutzes durch die Auflage spezieller Ethik- und Ökoinvestmentfonds nach, wie sie auch bereits in der Schweiz emittiert werden. Diese nach sog. ethischen Prinzipien investierenden ↑Anlegefonds beteiligen sich nicht an Atomtechnologie, Rüstungsindustrien, gesundheitsschädlichen Branchen usw. Auch im traditionellen ↑Kreditgeschäft hat der Umweltschutzgedanke insofern Fuss gefasst, als sog. Öko-Audits zum festen Bestandteil der Kreditwürdigkeitsprüfungen (↑Kreditwürdigkeit) geworden sind.
Auch wenn gesellschaftlicher Verantwortung durch die Banken systembedingt nachgekommen wird, kann es dennoch aus vielerlei Gründen Interessenkonflikte im Geschäftsverkehr mit den Kunden geben. Es entspricht der Logik dieses Ansatzes, dass eine Vielzahl dieser Fälle aussergerichtlich geregelt werden kann. In diesem Sinne wurde in den meisten westlichen Ländern, so auch in der Schweiz, die Institution des Bankenombudsmann als aussergerichtliche Schiedsstelle geschaffen. Dieser kann bis zu einem gewissen Streitwert selbstständig Schiedssprüche vornehmen, wodurch der oft lange Instanzenweg vor den Gerichten zu umgehen ist, was sich wiederum positiv auf die Akzeptanz der ↑Finanzinstitute in der Gesellschaft auswirkt. *Leo Schuster*
Lit.: Schuster, L. (Hrsg.): *Die gesellschaftliche Verantwortung der Banken*, Berlin 1997. – Wagner, A.: *Unternehmensethik in Banken*, Wien 1999.

Bankaktien
Die Aktien der schweizerischen Banken zeichnen sich durch eine besonders breite Streuung aus. Sie werden, wenn sie in einem repräsentativen ↑Aktienindex erfasst sind, als Kernanlagen im ↑Portfolio ↑institutioneller Investoren, aber auch von zahlreichen Kleinanlegern gehalten. Banken haben deshalb im Vergleich zu Industrie- und andern Dienstleistungsunternehmen einen überdurchschnittlich grossen Aktionärskreis. So ist die UBS (gemäss einer Erhebung 2001), gemessen an der Zahl der Aktionäre, die grösste schweizerische ↑Publikumsgesellschaft! An der ↑SWX Swiss Exchange sind die Beteiligungspapiere von 27 Banken kotiert, worunter als Besonderheit die ↑Partizipationsscheine der ↑Kantonalbanken Basel, Baselland und Graubünden. Drei Aktien sind im SMI (↑Swiss Market Index) erfasst: UBS, Julius Bär, CS Group. Im SPI (↑Swiss Performance Index) fallen die meisten Titel unter das Segment der ↑Small caps. Nicht kotiert sind die Partizipationsscheine der Obwaldner und der Nidwaldner Kantonalbank, ebenso die Aktien der meisten ↑Regionalbanken (↑Ausserbörslicher Effektenhandel). Bankaktien werden von privaten Anlegern auch wegen der im Allgemeinen hohen ↑Ausschüttungsrendite geschätzt. Aus der Sicht der Kapitalanlage sind die Bankaktien differenziert zu beurteilen. Die Kursentwicklung der Titel der Gross- und international tätigen Vermögensverwaltungsbanken wird massgeblich durch das Verhalten von ↑institutionellen Anlegern beeinflusst. Sie weisen deshalb eine überdurchschnittliche ↑Volatilität (UBS 30%, CS Group 34%, Julius Bär 37%) und hohe ↑Betas auf (UBS 1,38, Julius Bär 1,26, CS Group 1,56; Zahlen für die Periode März 2000 – März 2002). Andererseits zeichnen sich die Aktien der Kantonalbanken und kotierten Regionalbanken durch eine tiefe Volatilität und niedrige Betas aus: Basler Kantonalbank 4%/0.05, Luzerner Kantonalbank 15%/0.10, Valiant 10%/0.07. *Max Boemle*

Bankakzept
↑Akzeptkredit; ↑Rembourskredit.

Bankanweisung
↑Anweisung.

Bankauskunft
↑Informationswesen der Banken.

Bankausweis
Regelmässig von ↑Geschäftsbanken und der ↑Notenbank (↑Notenbankausweis, Ausweis der Schweizerischen ↑Nationalbank) zu veröffentlichende bilanzielle Übersicht ihrer Forderungen und Verbindlichkeiten.

Bankbeirat
↑Beiräte.

Bankbetrieb
↑Bank (Begriff und Funktionen); ↑Bankbetriebslehre; ↑Bankensystem (Allgemeines); ↑Bankensystem, schweizerisches; ↑Bankpolitik.

Bankbetriebliche Risiken
In den letzten 10 bis 20 Jahren hat sich das Risikoverständnis der Banken fundamental verändert. War früher ↑Risiko etwas, das es zu vermeiden galt, wird heute das Eingehen von Risiken von einer Grosszahl von Banken als wesentliche Aufgabe einer Bank verstanden. Es gibt Institute, die das Übernehmen und Bewirtschaften finanzieller Risiken als ihre eigentliche Kernkompetenz verstehen und das Risiko als wichtigen Produktionsfaktor betrachten, den es dort gezielt einzusetzen gilt, wo die Ertragsmöglichkeiten besonders gut sind. Unter diesem Gesichtspunkt ist das Ziel des ↑Risikomanagements einer Bank, Risiken so einzugehen und zu steuern, dass diese in einem günstigen Verhältnis zu den damit verbundenen Chancen und den dafür eingesetzten Ressourcen, namentlich dem Kapital, stehen (Grundsatz der Risiko-Performance), wobei im Sinne einer Restriktion die wirtschaftliche Existenz der Bank nie gefährdet werden darf (Grundsatz der Risikotragfähigkeit). In der ↑Bankbetriebslehre hat sich der Risikobegriff entsprechend gewandelt. Wurde traditionell das Risiko als «Unsicherheit über die Zukunft» oder «die Wahrscheinlichkeit, einen Verlust zu erleiden» verstanden, wird es heute wie folgt definiert: Risiko ist ein Ausdruck für die Gefahr, dass das effektive Ergebnis vom gewünschten oder geplanten negativ abweicht. Das Risiko bemisst sich an der Wahrscheinlichkeit und der Höhe einer negativen Abweichung. Das Risiko drückt sich aus in einer Wahrscheinlichkeitsverteilung zwischen Sicherheit und Unsicherheit. Bei einer symmetrischen Verteilung wird das Risiko zur Varianz bzw. Standardabweichung und kann exakt berechnet werden. Entscheidend an dieser Definition ist, dass die Bank nicht jeden finanziellen Ausfall als negativ betrachtet, sondern z.B. im Kreditgeschäft durchaus mit gewissen Ausfällen rechnet. Das Risiko besteht dann nicht im erwarteten Verlust, sondern in der Gefahr, dass der effektive Verlust höher ausfällt als der erwartete, geplante und in den Preisen auch einkalkulierte. Gemäss diesem Risikoverständnis wäre etwa die Überschreitung eines Kostenbudgets um CHF 1 Mio. ebenso ein Risiko wie unerwartete Kreditausfälle in der gleichen Höhe.

Jede Branche kennt eine besondere Ausprägung des Risikobegriffs. Bei den Banken stehen die beiden Risikokategorien ↑Kredit- und ↑Marktrisiko im Zentrum des Interesses. Diese Risiken werden oft als *finanzielle oder «Business risks»* bezeichnet, weil sie direkt mit der geschäftlichen Tätigkeit verbunden sind. Das erfolgreiche Geschäften im ↑Finanzbereich wird durch das ständige Abwägen von bewusst eingegangenen Risiken und erwartetem Ertrag begleitet. Marktrisiken äussern sich als Schwankungen des ↑Cashflows oder des Eigenkapitalwertes infolge Preisänderungen an den Finanzmärkten. Zu dieser Risikokategorie zählen Aktienkurs-, Zins-, ↑Währungs-, Rohstoffpreis-, Immobilien- und Korrelationsrisiken. Unter Kreditrisiko – oft auch als Gegenpartei- oder ↑Ausfallrisiko bezeichnet – versteht man unerwartete Verluste, die aus der Unfähig- oder Unwilligkeit einer Gegenpartei resultieren, ihren vertraglichen Zahlungs- oder Lieferverpflichtungen nachzukommen.

Neben den finanziellen Risiken stehen Risikokategorien, welche indirekt mit der geschäftlichen Tätigkeit verbunden sind. Solche Risiken sind als eine Art Konsequenz der Geschäftsrisiken, als *«Consequential risks»* zu verstehen. Konkret geht es um ↑Liquiditätsrisiken, Abwicklungsrisiken, ↑operationelle Risiken sowie strategische Risiken. Zu den operationellen und strategischen Risiken zählt auch die Unterkategorie der Reputationsrisiken. Diese finden im Gegensatz zu den andern Risiken oft keinen unmittelbaren Niederschlag in Bilanz und ↑Erfolgsrechnung, sondern sie wirken sich negativ auf die zukünftigen Geschäftsmöglichkeiten und damit auf die Marktbewertung der Bank aus. Das Liquiditätsrisiko bezeichnet die Gefahr zeitlicher oder betragsmässiger Inkongruenzen bei der Mittelversorgung. Soweit es nicht als unmittelbare Konsequenz von Erfolgsrisiken auftritt, lässt es sich in vier Hauptkategorien unterteilen: in Liquiditätsanspannungsrisiken, Terminrisiken, Abrufrisiken und ↑Marktliquiditätsrisiken. Abwicklungsrisiken oder ↑Settlement risks können entstehen beim zeitlichen Auseinanderfallen von Geschäftsabschluss und -abwicklung sowie bei einer Zeitdifferenz zwischen Lieferung und Zahlung.

In jüngster Zeit haben *operationelle Risiken* bei Banken und Aufsichtsbehörden besondere Aufmerksamkeit gefunden. Sie werden definiert als Ausdruck der Gefahr, dass direkte oder indirekte Verluste aus Mängeln oder Versagen interner Prozesse, von Personen und Systemen oder aufgrund externer Vorfälle höher ausfallen als erwartet oder geplant.

Neben den Banken selbst beschäftigen sich die Aufsichtsbehörden intensiv mit den bankbetrieblichen Risiken. Der ↑Basler Ausschuss der ↑Bank für Internationalen Zahlungsausgleich (BIZ) hat 1988 die Kreditrisiken ins Zentrum seiner Empfehlungen zur Eigenkapitalausstattung der Banken gestellt. 1998 wurde das Eigenmittelkonzept um die Marktrisiken erweitert. Mit dem Revisionsentwurf von 1999 hat der Basler Ausschuss das Konzept im Bereich der Kreditrisiken verfeinert und zusätzlich die operationellen Risiken einbezogen.

Jean-Marc Piaz

Bankbetriebslehre

Die Bankbetriebslehre wird den speziellen Betriebswirtschaftslehren zugerechnet, welche im System der Wirtschaftswissenschaft neben der allgemeinen Betriebswirtschaftslehre stehen, welche stark industrieorientiert ist. Damit ist die Bankbetriebslehre eine Unterteilmenge der Wirtschaftswissenschaften. Erfahrungs- und Erkenntnisobjekt der Bankbetriebslehre sind die Banken sowie, in einem umfassenderen Rahmen, weitere Institutionen des finanziellen Sektors der Volkswirtschaft (z.B. Schweizerische ↑Nationalbank, ↑Leasing-Gesellschaften, d.h. «Financial institutions» im weitesten Sinne). Traditionell ist die Bankbetriebslehre stark institutionell ausgerichtet und entspricht hierbei weit gehend dem Fach «Financial institutions management» im angelsächsischen Bereich. Heute ist eine solche institutionelle und eindeutige Abgrenzung der Bankbetriebslehre vor dem Hintergrund der institutionellen und produkteseitigen Entwicklungen auf den Finanz- und Versicherungsmärkten zusehends schwieriger (z.B. Allfinanzangebote von ↑Kreditinstituten, ↑Finanzdienstleistungen von ↑Near banks und ↑Non banks). Analog zur Entwicklung in den USA und Grossbritannien findet im übrigen Europa eine markante Annäherung der modernen Bankbetriebslehre an die Finanztheorie statt, welche ihre traditionellen Wurzeln in der Volkswirtschaftslehre hat. Moderne Lehrbücher der Bankbetriebslehre sind entsprechend weniger auf die Institutionen ausgerichtet, sie legen das Schwergewicht vermehrt auf die Funktionen der Banken und des Finanzsystems (Functional perspective). Im Bereich der Geschäfte und Produkte der Banken kann man eine eigentliche Verschmelzung der betriebswirtschaftlichen und der volkswirtschaftlichen Sichten feststellen. Die Konvergenz von betriebs- und volkswirtschaftlicher Perspektive im Finanzbereich zeigt sich auch in den Lehr- und Studienangeboten der Universitäten, bei denen sich neben Betriebs- und Volkswirtschaftslehre das Gebiet «Finance» als eigenständige Studienrichtung etabliert.

Ein wichtiger Grund für die Annäherung von betriebs- und volkswirtschaftlicher Sicht liegt bei der Praxis: Der radikale Wandel im ↑Bankgeschäft hat den praktischen Wert des überlieferten und bewährten Erfahrungswissens der Bankbetriebslehre teilweise relativiert. Die Bankpraxis erwartet von der Universität vermehrt neue Erkenntnisse und Sichten. Sie verlangt von der Theorie vermehrt Antworten auf neue und ungewohnte Fragestellungen. Von den Hochschulen fordert sie Absolventen, welche die modernen Theorien und Methoden der wissenschaftlichen Finanzlehre beherrschen. Ein wissenschaftlicher Grund für die Annäherung liegt in der bedeutenden Entwicklung der ökonomischen Finanztheorie und in der Weiterung der Ökonomie, welche den Bereich der Klassik und Neoklassik bei weitem sprengt. Wichtige Beispiele hierfür sind die im Bereich der Bewertung von ↑Finanzkontrakten erzielten theoretischen und praktischen Fortschritte sowie der Einbezug informationsökonomischer, institutionalistischer und behavioristischer Gesichtspunkte. Ein grundlegender Sachverhalt erwächst dabei aus der Überlegung, dass Informationen häufig asymmetrisch verteilt sind. Verschiedene Akteure und Institutionen besitzen unterschiedliche Teilmengen an Information über entscheidungsrelevante Sachverhalte. Die Theorie der asymmetrischen Information nimmt daher einen wichtigen Platz im Rahmen einer modernen bankwirtschaftlichen Theorie ein. Diese Entwicklungen machen die Theorien nicht nur viel anspruchsvoller, sie werden für die Praxis auch relevanter.

Auch im führungsorientierten Bereich ergeben sich für die Bankbetriebslehre in Abgrenzung zur Allgemeinen Betriebswirtschaftslehre und zu den übrigen Branchen- und Funktionslehren spezifische Besonderheiten. Die daraus resultierenden besonderen Fragestellungen haben die Herausbildung einer Betriebswirtschaftslehre der Banken bewirkt. Die Spezifität der Bankbetriebslehre kann in besonderen Merkmalen der bankbetrieblichen Produkte, im Dienstleistungscharakter und im bankbetrieblichen Leistungserstellungsprozess sowie bei den Rahmenbedingungen liegen. Eine zunehmende Abstraktion des Erkenntnisobjektes «Bankbetrieb» von realen bankbetrieblichen Gegebenheiten reduziert das Ausmass an Besonderheit allerdings. Bei zulänglicher Abstraktion sind die betriebswirtschaftlichen Sachverhalte der Leistungsprozesse bei Banken zumindest teilweise mit denjenigen anderer Wirtschaftszweige vergleichbar. Dies trifft etwa für den Bereich der Personalführung in ausgeprägtem Masse zu.

Daniel Baur

Bankbilanz

↑Jahresrechnung bei Banken.

Bankbilanzrichtlinie

Zur Harmonisierung der Rechnungslegung von Kapitalgesellschaften der Mitgliedsländer hat die EU Richtlinien erlassen, die jeweils in die nationale Gesetzgebung zu transformieren sind; so die 4. Richtlinie über den Jahresabschluss (1978) und die 7. Richtlinie über den Konzernabschluss

(1983). Um die Branchenbesonderheiten besser zu berücksichtigen, wurde 1986 eine Richtlinie «über den Jahresabschluss und den konsolidierten Abschluss von Banken und anderen Finanzinstituten» erlassen, welche in Deutschland 1990 mit dem Bilanzrichtliniengesetz in das nationale Recht überführt worden ist. Weil die EU-Bankbilanzrichtlinie den erhöhten Transparenzanforderungen der internationalen ↑Finanzmärkte nicht mehr genügt, haben global tätige Banken mit Sitz in EU-Staaten ihre Rechnungslegung auf die ↑International Accounting Standards (IAS) umgestellt.

Bankbuchhaltung (Betriebliche Erfordernisse)

Der Ausbaugrad des Rechnungswesens einer Bank ist von der Art und dem Umfang der Geschäftstätigkeit abhängig. Für die Buchführung gelten die Grundsätze der Ordnungsmässigkeit, d. h., sie soll vollständig, wahr, klar, à jour, systematisch angelegt, zweckmässig organisiert und unabhängig von den eingesetzten technischen Hilfsmitteln nachprüfbar sein.

Bei der Ausgestaltung einer Bankbuchhaltung kommt der zeitnahen Erfassung und Verarbeitung der Geschäftsvorfälle besondere Bedeutung zu. Die Bank muss jederzeit in der Lage sein, der Geschäftsleitung und anderen Entscheidungsträgern Informationen zur Verfügung zu stellen, sodass Plan-, Entscheidungs-, Führungs- und Kontrollfunktionen wahrgenommen werden können. Auch gegenüber Kunden, Behörden, ↑Nationalbank, Presse, internationalen Organisationen usw. müssen Informationen und Auskünfte in geeigneter Form und innerhalb nützlicher Frist zur Verfügung gestellt werden können.

Nur mit dem Einsatz von Informatik kann eine Bankbuchhaltung zeitnah, zuverlässig, sicher und wirtschaftlich geführt werden. Die für die Bankbuchhaltung eingesetzte elektronische Datenverarbeitung muss angemessen sein, vor allem in Bezug auf Organisation, Sicherheit, Kontrolle und hard- und softwaremässige Ausstattung. Lagert die Bank das Rechnungswesen aus, muss das Rundschreiben 99/2 «Outsourcing» der Eidg. ↑Bankenkommission (EBK) beachtet werden (↑Outsourcing von Bankdienstleistungen).

Das ↑interne Kontrollsystem dient unter anderem dazu, den ordnungsgemässen betrieblichen Ablauf und die ordnungsgemässe und gesetzeskonforme Buchführung sicherzustellen (z. B. mittels Funktionentrennung, programmierte Kontrollen, Kontierungsvorgaben, Visaordnung, Zeitstempel). Zudem überwacht und beurteilt auch die interne Revision (↑Revision, interne) das interne Kontrollsystem. Neben einer vom Obligationenrecht vorgeschriebenen, aktienrechtlichen Revisionsstelle, müssen Banken gemäss BankG 18ff. auch über eine bankengesetzliche Revisionsstelle verfügen (↑Revision, externe). Die Berichterstattung der bankengesetzlichen Revisionsstelle erfolgt an das Organ für die Oberleitung, Aufsicht und Kontrolle und die Bankenkommission (EBK).

Durch die Globalisierung der Märkte und die damit verbundene, zunehmende nationale und internationale Verflechtung von Unternehmen, ist eine Bank oft angehalten, neben dem Einzelabschluss für die Unternehmensgruppe auch eine ↑Konzernrechnung zu erstellen oder als Tochtergesellschaft an die ↑Muttergesellschaft zu rapportieren. Das Rechnungswesen einer Bank muss demzufolge auch die notwendigen Daten bereitstellen können, die für das Konzernreporting von der Konsolidierungsstelle resp. von der Muttergesellschaft verlangt werden.
Paul-Robert Frey

Bankbürgschaft
↑Bankgarantie; ↑Bürgschaft.

Bankcheck
Ein von der ↑Bank ausgestellter ↑Check. Er kann auf die ausstellende Bank selbst oder auf eine dritte Bank gezogen sein.

Bankdepot
↑Depotgeschäft.

Bank der Banken
↑Notenbanken.

Bankeinlagen
Bankeinlagen sind Ersparnisse bzw. Einlagen von Kunden (sog. Publikumsgelder) bei Banken, wie Einlagen auf Spar- (↑Spareinlagen), ↑Depositen- und Einlagekonti, -hefte- und ↑Anlagekonti, Anlagehefte auf ↑Kontokorrentkonti, Einlagen auf Termin sowie Einzahlungen auf ↑Kassenobligationen und Obligationen (↑Obligationenausgabe der Banken).

Bankenaufsicht
Die grosse volkswirtschaftliche Bedeutung der Banken als Kapitalsammelstellen und Kreditvermittler hat im Laufe des letzten Jahrhunderts überall zu staatlicher Beaufsichtigung der Banken geführt. Unmittelbarer Anlass dazu waren regelmässig ↑Bankenkrisen mit Zusammenbrüchen von Banken und Verlusten für die Einleger und/oder Verlusten für die öffentliche Hand.

Die *Ziele* der Bankenaufsicht sind nicht in allen Rechtsordnungen genau deckungsgleich. Im Allgemeinen dient sie aber dem Schutz der Gesamtheit der Einleger (Gläubigerschutz). In einzelnen Staaten wie Grossbritannien sollen darüber hinaus alle Konsumenten geschützt werden, welche mit einer Bank in Geschäftsbeziehung treten. Ein wichtiges Ziel der Bankenaufsicht ist auch, Kettenreaktionen nach Zusammenbrüchen einer Bank zu verhindern (↑Systemstabilität, Förderung der). Generell will die Bankenaufsicht das Funktionieren der ↑Finanzmärkte (Funktionsschutz; Systemschutz) und das Vertrauen der Marktteilnehmer in die Banken (↑Vertrauensschutz) garantieren. In den letzten Jahren immer wichtiger geworden ist die Bewahrung des Rufes und des Ansehens der Banken, indem die Bankenaufsicht den Missbrauch der Banken für widerrechtliche Geschäfte ihrer Kunden bekämpft (Rufschutz). So hat die Bankenaufsicht in der Schweiz, aber auch in anderen Staaten die Aufgabe, Teile der Geldwäschereigesetzgebung (↑Geldwäschereigesetz) bei den überwachten Banken umzusetzen. Teilweise werden Funktions-, Vertrauens- und Rufschutz als Synonyme verwendet.

Die Bankenaufsicht hat eine stark *präventive* Ausrichtung, d.h., sie will verhindern, dass Banken in wirtschaftliche Schwierigkeiten geraten. Demgegenüber besteht in der Schweiz wie in den meisten Staaten ein System zum *nachträglichen Schutz der Einleger* (↑Einlegerschutz), welches nach einem Zusammenbruch einer Bank den Einlegern ihre Einlagen bis zu einem bestimmten Betrag auszahlt. Diese Systeme des nachträglichen Einlegerschutzes bestehen meist neben der präventiv ausgerichteten Bankenaufsicht, wobei verschiedene Berührungspunkte und Überlappungen bestehen können. Trotz der heute global ausgerichteten Tätigkeit der grossen Bankgruppen und ↑Finanzkonglomerate ist die Bankenaufsicht immer noch ausschliesslich nationalstaatlich organisiert. Dies gilt auch für die Europäische Union, in der die Schaffung einer Bankenaufsicht auf Ebene der Union aber intensiv diskutiert wird. Die Idee einer sogar weltumspannenden globalen Aufsichtsbehörde für global tätige grosse ↑Finanzintermediäre wird zwar vereinzelt vorgebracht, hat aber wegen der damit verbundenen rechtlichen und politischen Probleme vorderhand keine Realisierungschance. Einzelne Länder übertragen die Bankenaufsicht der ↑Notenbank (z.B. Italien, Niederlande, zum Teil USA). Andere Länder haben mit dieser Aufgabe eine besondere Verwaltungsbehörde betraut (so die Schweiz die Eidg. ↑Bankenkommission [EBK]). In den letzten Jahren führten verschiedene Staaten (z.B. die skandinavischen Staaten, Grossbritannien, Japan, Österreich, Deutschland) *integrierte Finanzmarktaufsichtsbehörden* ein. Sie nehmen nicht nur die Bankenaufsicht wahr, sondern überwachen auch ↑Effektenhändler, Versicherungen, ↑Anlagefonds und die Effektenmärkte und teilweise auch Pensionskassen (↑Berufliche Vorsorge; ↑Vorsorgeeinrichtungen). Die Organisation und der Integrationsgrad dieser Behörden sind aber sehr unterschiedlich.

In der Schweiz besteht gegenwärtig ein *halbintegriertes Aufsichtssystem,* indem die EBK neben der Bankenaufsicht auch die Aufsicht über den ↑Effektenhandel und die Anlagefonds wahrnimmt, während die Versicherungsaufsicht dem Bundesamt für Privatversicherungen obliegt und sich verschiedene Behörden des Bundes und der Kantone mit der Pensionskassenaufsicht befassen. Im November 2000 hat eine vom Eidg. Finanzdepartement eingesetzte Expertenkommission unter Vorsitz von *Prof. Jean-Baptiste Zufferey* vorgeschlagen, auch in der Schweiz eine integrierte Aufsichtsbehörde zu schaffen. Sie soll die bisher von der EBK und vom Bundesamt für Privatversicherungen ausgeübten Aufgaben übernehmen, sowie allenfalls auch noch die Aufsicht über ↑Vermögensverwalter wahrnehmen. Das Eidg. Finanzdepartement beauftragte im Dezember 2001 eine weitere Expertenkommission, unter Vorsitz von *Prof. Ulrich Zimmerli,* eine entsprechende Gesetzesvorlage zu erarbeiten.

Die verschiedenen nationalen Bankaufsichtsbehörden arbeiten jedoch bereits heute bilateral und multilateral sehr intensiv zusammen. Es bestehen auch verschiedene internationale Foren, welche sich mit Fragen der Bankenaufsicht befassen. Das wichtigste im Bereich der Bankenaufsicht ist zweifellos der ↑*Basler Ausschuss für Bankenaufsicht,* welcher 1997 seine umfangreichen Arbeiten in *Grundprinzipien für eine wirksame Bankenaufsicht* zusammengefasst hat (↑Basler Kernprinzipien). Der ↑Internationale Währungsfonds (IWF) prüft im Rahmen des so genannten *Financial sector assessment program FSAP* unter anderem, ob die Staaten mit wichtigen Finanzsektoren diese Minimalstandards erfüllen. Die Resultate der Prüfung der Schweiz wurden im Juni 2002 vorgestellt.

Die Grundprinzipien des Basler Ausschusses umschreiben die *Kernelemente* jeder Bankenaufsicht. Im Einzelnen bestehen aber zwischen den Aufsichtsbehörden der verschiedenen Länder nach wie vor beträchtliche Unterschiede sowohl im Inhalt als auch im Stil der Bankenaufsicht. Zentrale Elemente der Bankenaufsicht sind eine ↑Bewilligungspflicht für die Banktätigkeit und Geschäftsführungsvorschriften mit Mindestanforderungen, z.B. bezüglich *Organisation,* ↑*Risikomanagement,* ↑*Klumpenrisiken,* ↑*Organkredite und Organgeschäfte* und ↑*Eigenkapital.* Zentral aber schwierig ist die Überwachung der *Wertberichtigungspolitik* der Banken. Die Prüfung dieser Vorschriften verlangt einen *umfassenden Zugang* der Aufsichtsbehörde zu allen aufsichtsrelevanten Daten der Banken und *regelmässige Kontakte* mit den Bankorganen. Bilden Banken Teil einer Bank- oder ↑Finanzgruppe, muss die Überwachung *konsolidiert* erfolgen und die ganze Gruppe einbeziehen. Handelt es sich um eine international tätige Gruppe, sind dazu *Absprachen* unter den verschiedenen betroffenen Aufsichtsbehörden unumgänglich. Das gilt auch bei ↑*Finanzkonglomeraten.*

Die Aufsichtsbehörden prüfen einerseits Informationen, welche ihnen durch die Banken oder deren externe Revisionsstellen (↑Revisionsstelle, externe) übermittelt wurden *(Off-site supervision)*. Andererseits führen sie auch selbst vor Ort bei den Banken direkte Prüfungen und Erhebungen durch *(On-site supervision)*. Das schweizerische Aufsichtssystem ist *dual,* d.h. es beruht in erster Linie auf Prüfungen durch die *Revisionsstellen* der Banken. Besonders bei der Beaufsichtigung der ↑Grossbanken setzt die EBK seit 1998 verstärkt auf *direkte Aufsichtselemente*.

Eine wirksame Bankenaufsicht verlangt *umfassende Befugnisse* der Aufsichtsbehörde, welche auch das Recht haben müssen, die Geschäftstätigkeit einer Bank zu beschränken oder ganz zu untersagen und alle zum Schutz der Einleger nötigen Massnahmen zu treffen.

↑Aufsicht, Aufsichtsbehörde. *Urs Zulauf*

Bankenclearing
↑Swiss Interbank Clearing (SIC).

Bankendebitoren
↑Forderungen gegenüber Banken.

Bankendichte
In der Regel wird der Begriff der Bankendichte als Verhältnis der Anzahl Einwohner und der Anzahl Bankgeschäftsstellen in einem bestimmten Gebiet definiert und in der Einheit Einwohner pro Bankgeschäftsstelle ausgedrückt. In der Schweiz betrieben beispielsweise im Jahr 2000 375 zugelassene Banken 2 801 Niederlassungen (Quelle: Schweizerische Nationalbank). Bei einer Wohnbevölkerung von 7,2 Mio. Personen ergibt dies eine Bankendichte von 2 570 Einwohnern pro Bankniederlassung. Im Jahr 1990 bestanden noch 625 Banken mit insgesamt 4 297 Niederlassungen. Im Jahr 1990 betrug die Bankendichte folglich noch 1 625 Einwohner pro Bankniederlassung. In der Schweiz kann demzufolge eine deutliche Abnahme der Bankendichte festgestellt werden. Der Begriff der Bankendichte wird gelegentlich auch als Anzahl Bankniederlassungen auf einer bestimmten Fläche definiert. Eine weitere alternative Definition benutzt nicht die Anzahl der Bankniederlassungen, sondern die Anzahl der zugelassenen Banken zur Berechnung der Bankendichte.
Manuel Ammann

Bankeneinzahlungsschein mit Referenznummer (BESR)
↑Blauer Einzahlungsschein mit Referenznummer.

Bankenfestgelder
↑Forderungen gegenüber Banken; ↑Verpflichtungen gegenüber Banken; ↑Geldmarkt.

Bankengesetzgebung (Inhalt des Bankengesetzes)
Die Bankengesetzgebung beruht im Wesentlichen auf dem Bankengesetz von 1934 (BankG), das bisher 7 Teilrevisionen erfuhr, davon allein 5 seit 1994. Eine in den 80er-Jahren angestrebte Totalrevision wurde hingegen nicht weiterverfolgt. Durch die vielen Revisionen ergab sich zwangsläufig ein formales Flickwerk, was aber der Tauglichkeit des Gesetzes keinen Abbruch tut.

1. Zwecke
Das BankG enthält, anders als die jüngeren Aufsichtsgesetze wie das Börsengesetz 1995 (↑Börsengesetzgebung) oder das Anlagefondsgesetz 1994 (↑Bundesgesetz über die Anlagefonds), noch keine ausdrückliche Zweckbestimmung. Seine Ziele müssen deshalb aus den einzelnen Vorschriften abgeleitet und den Gesetzesmaterialien und der Praxis entnommen werden (↑Bankenaufsicht). Das Gesetz hat in erster Linie *gewerbepolizeilichen* Charakter. Im Vordergrund steht der Schutz der Bankgläubiger. Darüber hinaus soll es das *Vertrauen* in die Schweizer Banken insgesamt und damit den *guten Ruf* des Schweizer ↑Finanzplatzes stärken. Heute weit gehend an Bedeutung verloren haben die *währungspolitische* Bestimmung von BankG 8 und, angesichts des internationalen Dienstleistungsübereinkommens GATS (↑General Agreement on Trade in Services), das *wirtschaftspolitische* Gegenrecht in BankG 3bis Ia als Bedingung für ausländisch beherrschte Banken (↑Ausländische Banken). Dem *Persönlichkeitsschutz* des Bankkunden dient die in BankG 47 verankerte Strafbarkeit der Verletzung des ↑Bankkundengeheimnisses. Schliesslich sollen die Banken durch das Instrument des Fälligkeitsaufschubs (BankG 25–28) vor massiven Kapitalrückzügen geschützt werden. Im Jahre 2002 oder 2003 soll eine vom Eidg. Finanzdepartement eingesetzte Expertenkommission unter dem Vorsitz von Prof. Ulrich Zimmerli eine Zweckbestimmung für das Bankengesetz vorschlagen.

2. Geltungsbereich
Dem Gesetz unterstehen als Banken alle Unternehmen, die gewerbsmässig, d.h. dauernd, von mehr als 20 Personen *Publikumseinlagen* entgegennehmen oder sich dazu öffentlich empfehlen, um damit auf eigene Rechnung eine unbestimmte Zahl von unverbundenen Personen zu *finanzieren*. Das BankG verlangt somit eine *Verbindung von Einlage- und Finanzierungsgeschäft*. Das Einlagegeschäft als solches ist grundsätzlich ebenfalls den Banken vorbehalten. Die ↑Bankenverordnung sieht jedoch verschiedene Ausnahmen vor. So dürfen Körperschaften und Anstalten des öffentlichen Rechts Einlagen entgegennehmen. Umstritten ist die Ausnahme für *Betriebssparkassen*. Der Bundesrat hat im Jahre 2001 die Absicht geäussert,

wegen der im Fall der Swissair wieder manifest gewordenen Gefährdung der Ersparnisse der Arbeitnehmer eines Betriebs, diese Ausnahme zu streichen. Nicht als Einlagen gelten beispielsweise auch ↑Anleihensobligationen oder ähnliche massenweise ausgegebene ↑Wertrechte, wenn die ↑Gläubiger entsprechend den im Obligationenrecht festgelegten Anforderungen über den ↑Emittenten informiert werden. Die Bankenkommission übt aber, gestützt auf diese Bestimmung, nur in einem sehr beschränkten Ausmass eine indirekte Aufsicht über den sonst nicht beaufsichtigten ↑Primärmarkt aus.

3. Bewilligungspflicht
Banken bedürfen zur Aufnahme ihrer Geschäftstätigkeit einer Bewilligung der Eidg. ↑Bankenkommission (EBK). Die Bewilligungsvoraussetzungen sind streng:
1. Das *Mindestkapital* muss CHF 10 Mio. oder mehr betragen und voll liberiert sein. Je nach Umfang der geplanten Geschäftstätigkeit verlangt die EBK ein höheres Kapital.
2. Die Bank muss ihrer Geschäftstätigkeit entsprechend *organisiert* sein. Dazu gehört ein umfassendes ↑*Risikomanagement* und eine weit gehende *Funktionentrennung*. Anders als das Aktienrecht erlaubt das BankG nicht, dass Geschäftsleitungsmitglieder gleichzeitig dem Verwaltungsrat einer unterstellten Bank angehören (↑*Corporate governance*). Die Statuten und Reglemente der Bank müssen von der EBK formell genehmigt werden, ebenso spätere Änderungen. Darin sind die Aufgaben der Bankorgane genau zu umschreiben und voneinander abzugrenzen. Mit Ausnahme von Kleinstbanken haben alle Banken eine *interne Revision* (↑Revision, interne) einzurichten, die direkt an den Verwaltungsrat oder an einen Ausschuss desselben rapportiert.
3. Alle mit der Geschäftsführung betrauten Personen müssen *Gewähr für eine einwandfreie Geschäftsführung* bieten, d.h. integer und für ihre Funktion fachlich qualifiziert sein. Ob eine Person zur Geschäftsführung im Sinne dieser Bestimmung gehört, d.h. als ↑Gewährträger gilt, ist abhängig von der Grösse und Organisation der jeweiligen Bank und von der hierarchischen Stellung dieser Person. Eine einwandfreie Geschäftsführung muss nicht nur bei der Gründung der Bank, sondern dauernd gewährleistet sein. Trotzdem prüft die EBK aufgrund einer Abwägung der Risiken, des Nutzens und des Aufwandes nur bei der Gründung systematisch alle Gewährträger, nicht dagegen bei nachträglichen personellen Wechseln. Sie schreitet jedoch ein, wenn sie von Vorfällen Kenntnis erhält, welche die «Gewähr» einer Führungsperson einer Bank in Frage stellen. Sie hat verschiedentlich verlangt, dass Führungspersonen

aus ihren Funktionen entfernt werden. Nicht mit der Gewähr für eine einwandfreie Geschäftsführung zu vereinbaren ist die Teilnahme an rechts- oder sittenwidrigen Geschäften, einschliesslich der Missachtung der seit 2000 auch im ↑Geldwäschereigesetz umschriebenen Sorgfaltspflichten (z.B. betreffend die Kundenidentifizierung oder die Abklärung der wirtschaftlichen Hintergründe ungewöhnlicher oder verdächtiger ↑Transaktionen und Geschäftsbeziehungen). Im Jahre 2000 hat die EBK nach einer umfangreichen Untersuchung bei verschiedenen Banken im Zusammenhang mit der Annahme von Vermögenswerten aus dem Umkreis des ehemaligen nigerianischen Staatschefs Abacha erstmals öffentlich die Namen von Banken genannt, die gegen diese Sorgfaltspflichten verstossen haben.
4. Ähnlich wie die Organe müssen auch qualifizierte Aktionäre mit Beteiligungen von 10% an Kapital oder Stimmen oder sonstigem massgebenden Einfluss nachweisen, dass sie keinen schädlichen Einfluss auf die Bank ausüben *(Aktionärsgewähr).*
5. Bilden Banken Teil einer im Finanzbereich tätigen Gruppe, macht die EBK die Bewilligung in aller Regel vom Nachweis einer konsolidierten Aufsicht über die Gruppe abhängig.
6. Angesichts des Dienstleistungsabkommens der Welthandelsorganisation WTO (↑General Agreements on Trade in Services [GATS]) an Bedeutung verloren hat das *Gegenrechtserfordernis* für Auslandsbanken.

4. Vorschriften über die Geschäftstätigkeit
Die Bestimmungen über die ↑*eigenen Mittel,* die ↑*Liquidität* und die *Risikoverteilung* halten betriebswirtschaftliche Grundsätze für einen gesunden Bankbetrieb fest. Bei ↑*Organkrediten und Organgeschäften* können sich Interessenkollisionen ergeben, weshalb solche Kredite nur nach den allgemein anerkannten Grundsätzen des Bankgewerbes gewährt werden dürfen. Das Gleiche gilt für jegliche Organgeschäfte.

5. Rechnungslegung
Unabhängig von ihrer Rechtsform haben alle Banken ihre Jahresrechnungen (↑Jahresrechnung bei Banken), grössere Banken auch vierteljährliche Zwischenabschlüsse, nach den Vorschriften des Aktienrechts zu erstellen und, mit Ausnahme der ↑Privatbankiers, zu veröffentlichen. Die Bankenverordnung und die Rechnungslegungsvorschriften der EBK enthalten zudem detaillierte Zusatzerfordernisse an die Rechnungslegung der Banken. Sie halten Mindestanforderungen an die Gliederung von Bilanz, ↑Erfolgsrechung und Anhang sowie an die ↑Konzernrechnung fest und schreiben eine Mittelflussrechnung (↑Mittelflussrechnung im Bankabschluss) zwingend vor. Für einige

auf den internationalen Kapitalmarkt angewiesene Banken hat die EBK eine Rechnungslegung nach anderen international anerkannten Standards (↑International Accounting Standards [IAS]; ↑Generally Accepted Accounting Principles der USA [US GAAP]) zugelassen. Nicht selten verlangt die EBK von den Banken, dass sie ihr die Rechnung vor der Publikation zur Genehmigung vorlegen. Dies erlaubt ihr z. B. eine ↑Intervention gegen Dividendenzahlungen, wenn die Eigenmittelausstattung der Bank kritisch ist.

6. Revision
Das BankG schafft keine direkten staatlichen Kontrollorgane, sondern betraut grundsätzlich private Revisionsstellen mit dieser Aufgabe (↑Revision, externe). In diesem «dualistischen Aufsichtssystem» wählen und beauftragen die Banken die Revisionsstellen aus einem Kreis der von der EBK anerkannten Revisionsstellen. Der Inhalt der Prüfungen ist jedoch im BankG, der Bankenverordnung und einem ↑EBK-Rundschreiben zwingend festgelegt und geht weit über das hinaus, was eine aktienrechtliche Revisionsstelle im Rahmen ihrer Rechnungsprüfung prüfen muss. Der ↑Revisionsbericht geht an den Verwaltungsrat der Bank und gleichzeitig auch an die EBK. Diese nimmt teilweise auch direkt auf das Prüfungsprogramm Einfluss und verlangt beispielsweise eine Schwerpunktsprüfung in bestimmten Bereichen, die sie als kritisch erachtet. Die Doppelstellung der Revisionsstellen als privatrechtliche Beauftragte der Banken, unter gleichzeitiger Wahrnehmung von im öffentlichen Interesse liegenden Aufgaben der Bankenaufsicht, kann heikle Interessenkonflikte mit sich bringen. In jüngster Zeit bemüht sich die EBK deshalb mit zunehmender Intensität um eine Verstärkung des dualistischen Aufsichtssystems. So wurde seit 1998 die Überwachung der ↑Grossbanken durch die Bildung einer eigenen Grossbankenabteilung stark intensiviert und mit Elementen der direkten Aufsicht ergänzt. Im Weiteren ist die EBK daran, die im März 2001 veröffentlichten Empfehlungen einer Expertenkommission unter Vorsitz von Prof. Peter Nobel umzusetzen, die unter anderem eine klarere Abgrenzung der Rechnungslegungsprüfung (Financial audit) von den aufsichtsrechtlichen Prüfungen (Regulatory audit) vorsehen.

7. Bankinsolvenzrecht und Bilanzsanierungsrecht
Das BankG enthält Vorschriften zu *Fälligkeitsaufschub,* ↑*Bankenstundung, Bankennachlass und Bankenkonkurs,* die jedoch unbefriedigend sind, was die mit dem Zusammenbruch der Spar- und Leihkasse Thun im Jahre 1991 zusammenhängenden Verfahren zum Ausdruck brachten. Im Oktober 2000 veröffentlichte eine vom Eidg. Finanzdepartement eingesetzte Expertenkommission, unter der Leitung von Frau Barbara Schaerer, einen Vorschlag für eine umfassende Neuordnung der Vorschriften über ↑*Bankensanierung, Bankenliquidation* (↑*Liquidation von Banken*) und den ↑*Einlegerschutz,* die im nachfolgenden Vernehmlassungsverfahren überwiegend positiv aufgenommen wurden. Vorgesehen ist ein weit gehendes Sonderrecht für die Sanierung und Liquidierung von Banken anstelle des Nachlassrechts und des subsidiär anwendbaren, normalen Konkursrechts. Der EBK sollen praktisch die Funktionen des Nachlass- und Konkursrichters zufallen. Der Bundesrat sieht vor, einen entsprechenden Gesetzesentwurf im Jahre 2002 dem Parlament zu unterbreiten.

8. Aufsicht durch die Bankenkommission
Die Bankengesetzgebung sieht im Rahmen des dualistischen Aufsichtssystems eine weit gehende staatliche Aufsicht über die Banken vor, die der EBK «zur selbstständigen Erledigung» übertragen ist. (↑Bankenkommission, Eidg. [EBK].)

9. Aufsicht über Bankgruppen und Finanzkonglomerate
Diverse überwachte Banken bilden Spitze oder Teil einer Bank- oder ↑Finanzgruppe. Je nach den Umständen geht der Markt davon aus, dass insbesondere die ↑Muttergesellschaft einer solchen Gruppe trotz ihrer rechtlichen Selbstständigkeit faktisch gezwungen ist, den anderen Gruppengesellschaften beizustehen («faktischer Beistandszwang»), um einen Vertrauensverlust zu vermeiden und ihren eigenen Fortbestand zu sichern. Deshalb ist die EBK vor rund 25 Jahren dazu übergegangen, bankdominierte Finanzgruppen auf konsolidierter Basis zu überwachen. So müssen die Anforderungen über Eigenmittel und Risikoverteilung nicht nur auf Ebene des Einzelinstituts, sondern gruppenweit eingehalten werden. Generell sind Finanzgruppen gehalten, alle relevanten Risiken global zu erfassen, zu begrenzen und zu überwachen. Dies bedingt, dass die interne Revision der Gruppe im Bedarfsfall gruppenweit und global Zugang zu allen relevanten Informationen, einschliesslich Kundeninformationen hat. Umgekehrt erlaubt die Bankengesetzgebung auch den Kontrollorganen ausländischer Bankgruppen, die zum Zwecke der konsolidierten Überwachung relevanten Informationen bei ihren Tochterbanken in der Schweiz einzusehen. Ähnliche Fragestellungen ergeben sich auch für ↑Finanzkonglomerate, die Banken, ↑Effektenhändler und Versicherungen umfassen. Für das Finanzkonglomerat der Zurich Financial Services Group (↑Allfinanz) regelten das Bundesamt für das Privatversicherungswesen und die EBK erstmals 2001 die konsolidierte Aufsicht über ein versicherungsdominiertes schweizerisches Finanzkonglomerat. Sie setzten damit internationale Standards.

10. Internationale Zusammenarbeit und Vor-Ort-Kontrollen

Die konsolidierte Überwachung global tätiger Finanzgruppen bedingt eine intensive Zusammenarbeit unter den Aufsichtsbehörden (↑Internationale Bankenaufsicht). Das BankG ermächtigt die EBK mit ausländischen Bankaufsichtsbehörden auch vertrauliche Informationen auszutauschen, sofern diese die Angaben nur zu Aufsichtszwecken verwenden, einem Berufs- oder Amtsgeheimnis unterliegen und die Informationen nicht ohne Zustimmung der EBK an andere Behörden weitergeben (internationale ↑Amtshilfe). Solange keine Bankkundeninformationen betroffen sind, was im Gegensatz zur Amtshilfe nach Börsengesetz die Regel ist, kann dieser Informationsaustausch formlos erfolgen. Seit 1999 erlaubt die Bankengesetzgebung ausländischen Herkunftslandaufsichtsbehörden unter den gleichen Voraussetzungen auch, mit Zustimmung der EBK bei Niederlassungen ausländischer Banken in der Schweiz so genannte ↑Vor-Ort-Kontrollen durchzuführen. Allerdings dürfen nur Angaben erhoben werden, die zur konsolidierten Aufsicht notwendig sind. Keinen Zugang haben die ausländischen Behörden zu Informationen über Vermögensverwaltungskunden der Banken. Solche Angaben darf nur die EBK erheben und nach Durchführung eines förmlichen Verwaltungsverfahrens mit Parteirechten für die betroffenen Kunden an die ausländische Behörde übermitteln.

11. Schweizer Bankengesetzgebung und internationale Standards

Die notwendige und in den letzten Jahren immer intensivere Zusammenarbeit hat zur Bildung zahlreicher internationaler Mindeststandards im Finanzaufsichtsbereich (z.B. ↑Basler Ausschuss für Bankenaufsicht, ↑IOSCO, IAIS [International Association of Insurance Supervisors], ↑Financial Stability Forum [FSF], ↑Financial Action Task Force on Money Laundering [FATF], Europäische Union). Es handelt sich dabei nicht um verbindliches Völkerrecht, sondern um «Soft law», das mittels gegenseitiger Überzeugung, aber teilweise auch durch internationalen Druck mittels schwarzer Listen oder gegenseitiger Prüfungen (Peer review) oder delegierter Prüfungen, z. B. durch den ↑Internationalen Währungsfonds (IWF) (wie das Financial sector assessment program [FSAP]), verwirklicht wird. Dies hat dazu geführt, dass die Weiterentwicklung der Bankengesetzgebung in den letzten Jahren zunehmend durch internationale Entwicklungen ausgelöst oder zumindest beeinflusst wurde (so die Bestimmungen über die Vor-Ort-Kontrollen 1998, das Geldwäschereigesetz 1998, die Revision Eigenmittelvorschriften betreffend Marktrisiken 1997 und andere mehr). Diese Entwicklung unterstreicht die Bedeutung einer aktiven Vertretung und Mitarbeit der EBK in diesen Gremien.

Der schweizerische Finanzsektor war im Jahre 2002 Gegenstand einer FSAP-Prüfung des IWF. Der IWF kam in seinem Bericht vom Juni 2002 zum Schluss, dass die Schweizer Bankengesetzgebung die Vorgaben des Basler Ausschusses für Bankenaufsicht in einem hohen Grad erfüllt.

Urs Zulauf

Lit.: Eidg. Bankenkommission: Jahresberichte. – Thévenoz, L./ Zulauf, U.: BF Bank- und Finanzmarktrecht, Texte der Regulierungen, Zürich 2001. – Bodmer, D./Kleiner, B./Lutz, B. : Kommentar zum schweizerischen Bankengesetz, Loseblattsammlung, Zürich 2002. – Nobel, P.: Schweizerisches Finanzmarktrecht, Bern 1997. – Nobel, P.: Swiss Finance Law and International Standards, Bern/Den Haag/London/Boston 2002. – IWF, FSSA Country Report Schweiz.
Links: www.imf.org – www.ebk.admin.ch – www.efd.admin.ch

Bankeninsolvenzrecht
↑Bankensanierung.

Bankenkartell
↑Kartelle im Bankensektor.

Bankenkommission, Eidg. (EBK)

Die Eidg. Bankenkommission (EBK) wurde 1934 in der ↑Bankengesetzgebung geschaffen und nahm ihre Tätigkeit 1935 auf. Bei den Gesetzgebungsarbeiten im Jahr 1933 war umstritten, ob überhaupt eine besondere Aufsichtsbehörde geschaffen, und wer damit betraut werden soll. Sowohl der Bund als auch die ↑Nationalbank standen unter dem Eindruck der damaligen ↑Bankenkrise und wollten auf keinen Fall eine Verantwortung für die Solidität des Bankwesens übernehmen. So wurde schliesslich in Abwandlung einer 1931 in Deutschland eingeführten Regelung den Eidg. Räten vorgeschlagen, eine aus Sachverständigen zusammengesetzte EBK als Aufsichtsbehörde zu schaffen.

1. Aufsichtsaufgaben

Die Aufgaben der EBK wurden im Verlaufe ihrer Geschichte stetig erweitert und ein Ende dieser Entwicklung ist nicht wahrscheinlich. Seit 1935 ist die EBK, gestützt auf die Bankengesetzgebung, Aufsichtsbehörde über die Banken. 1967 kam die Aufsicht über die ↑Anlagefonds dazu; 1982 wurde ihr auch die Aufsicht über das Pfandbriefwesen (↑Pfandbriefzentralen) übertragen. Mit dem Inkrafttreten des Börsengesetzes (↑Börsengesetzgebung) im Jahre 1997 übernahm die EBK auch die Aufsicht über ↑Börsen, ↑Effektenhändler sowie teilweise über die Effektenmärkte. Zudem überprüft sie auch Empfehlungen der Selbstregulierungsbehörden (↑Selbstregulierung) im Bereich der ↑Offenlegung von Beteiligungen an börsenkotierten Gesellschaften und der öffentlichen Übernahmen (↑Übernahmegesetzgebung). Gestützt auf das neue Kartellgesetz (↑Kartellgesetz [Bedeutung für Finanzinstitutionen]) soll die EBK auch Bankfusionen beurteilen, wenn diese aus Gründen des Gläubigerschutzes notwendig erscheinen. Schliesslich ist sie seit 2000 eine spezialgesetzliche Aufsichtsbehörde im Sinne des ↑Geldwäschereigesetzes und überwacht die Einhaltung der in diesem Gesetz verankerten Sorgfaltspflichten bei Banken, Effektenhändlern und ↑Fondsleitungen.

2. Regulierungsaufgaben
Für die EBK stehen die gesetzlichen Aufsichtsaufgaben klar im Vordergrund. Grundsätzlich ist das Eidg. Finanzdepartement für Verordnungen und Gesetze im Finanzmarktbereich zuständig. In den letzten Jahren wurde die EBK aber immer stärker ebenfalls zur Regulierungsbehörde, da die Grenze zwischen Aufsicht und ↑Regulierung fliessend ist. Die EBK erläutert zum einen ihre Anwendung der Rahmenaufsichtsgesetze durch Rundschreiben (↑EBK-Rundschreiben). In einzelnen Bereichen hat sie ausnahmsweise sogar eine gesetzliche Verordnungskompetenz. Zum andern heisst sie Selbstregulierungen gut und erklärt sie allgemein verbindlich. Schliesslich ist sie in mannigfacher Weise an der Vorbereitung von Gesetzen im Bereich der Finanzmarktregulierung beteiligt (↑Deregulierung).

3. Zusammensetzung
Die EBK setzt sich aus 7 bis 11 (2002: 9) vom Bundesrat gewählten Mitgliedern zusammen, die sachverständig sein sollen und nicht der Geschäftsleitung oder dem Verwaltungsratsausschuss eines überwachten Instituts angehören dürfen. Mit Ausnahme des Präsidenten sind alle Mitglieder der EBK nebenamtlich tätig und treffen sich zu jährlich 11 bis 12 ordentlichen Sitzungen. Die EBK ist Entscheidbehörde und nicht nur beratend tätig. Die Entscheidvorbereitung und die operativen Arbeiten obliegen dem *«Sekretariat»* der EBK, an dessen Spitze ein ebenfalls vom Bundesrat gewählter Direktor steht. Der Personalbestand wuchs in den letzten Jahren stark an und erreichte im Jahre 2002 rund 120 Mitarbeiterinnen und Mitarbeiter, viele davon mit Spezialkenntnissen in Finanztheorie, Wirtschaftsprüfung oder Wirtschaftsrecht.

4. Rechtliche Stellung und Finanzierung
Die EBK ist in der Sprache des Regierungsorganisationsgesetzes eine *«Verwaltungseinheit der dezentralen Bundesverwaltung»*. Sie ist administrativ dem Eidg. Finanzdepartement zugeordnet, aber weder dieses noch der Bundesrat können ihr Weisungen erteilen. Die EBK ist aber gegenüber Bundesrat und Parlament zur Rechenschaft verpflichtet. Diese erfolgt in Form eines umfassenden Jahresberichts und regelmässigen Gesprächen mit dem Vorsteher des Finanzdepartements und den Geschäfts- und Finanzkommissionen der Räte. Die Eidgenossenschaft haftet, gestützt auf das Verantwortlichkeitsgesetz, für widerrechtliche Handlungen und Unterlassungen der EBK. Im Zusammenhang mit der ↑Bankenaufsicht sind nur geschädigte ↑Gläubiger, aber nicht die beaufsichtigten Banken oder ihre Aktionäre legitimiert, einen solchen Anspruch zu erheben. Alle entsprechenden Begehren wurden aber bisher vom Bundesgericht abgewiesen. Personalrechtlich unterstehen die Mitarbeiterinnen und Mitarbeiter des Sekretariates der EBK der Personalgesetzgebung des Bundes. Dies erschwert, besonders in Hochkonjunkturphasen, die Personalrekrutierung und -erhaltung. Die EBK (Ausgaben 2001: rund CHF 24 Mio.) wird nicht durch Steuergelder, sondern vollumfänglich durch Aufsichtsabgaben und Gebühren finanziert, die durch die Beaufsichtigten aufgebracht werden.

5. Befugnisse und Aufsichtsmittel
Alle beaufsichtigten Institute sind verpflichtet, der EBK alle Auskünfte zu erteilen, die sie zur Erfüllung ihrer Aufsichtsaufgabe benötigt. In Verwaltungsverfahren kann die EBK darüber hinaus auch von nichtbeaufsichtigten Personen mit Wohnsitz oder Sitz in der Schweiz eine Zeugenaussage oder Unterlagen verlangen, soweit dem kein Zeugnisverweigerungsrecht entgegensteht. Die EBK ist befugt, bei unterstellten Instituten eine ausserordentliche Revision anzuordnen oder einen ↑Beobachter einzusetzen. Sie kann einer Bank, einem Effektenhändler, einer Fondsleitung oder einer Börse die Betriebsbewilligung entziehen, wenn diese die Bewilligungsvoraussetzungen (↑Bewilligungspflicht) nicht mehr erfüllen oder in grober Weise gegen ihre gesetzlichen Pflichten verstossen. Dies bewirkt bei Banken und Effektenhändlern ihre Auflösung und Liquidation durch einen durch die EBK eingesetzten Liquidator. Besteht Insolvenzgefahr und drohen dadurch die Gläubiger nicht gleich behandelt zu werden, verbindet die EBK mit dem Bewilligungsentzug die sofortige Schliessung einer Bank oder eines Effektenhändlers. Sie spricht diese Schliessung mit Betreibern von Zahlungs- und Wertschriftenabwicklungssystemen ab.

6. Internationale Beziehungen
Die EBK hat in den letzten 10 Jahren ihre internationalen Tätigkeiten stark ausgeweitet. Im Bereich Bankenaufsicht ist sie im ↑Basler Ausschuss für Bankenaufsicht und in verschiedenen Unterausschüssen desselben vertreten. Mit dem Inkrafttreten des Börsengesetzes 1997 wurde sie Mitglied der Internationalen Organisation der Effektenaufsichtsbehörden (↑IOSCO) und diversen Arbeitsgruppen. Daneben pflegt sie mannigfache Kontakte zu ausländischen Herkunfts- bzw. Gastlandaufsichtsbehörden, was angesichts der vielen

↑ausländischen Banken in der Schweiz und der globalen Tätigkeit der Schweizer Bankgruppen unumgänglich ist. Zusätzlich ist sie von vielen internationalen Entwicklungen direkt oder indirekt in ihrer Tätigkeit betroffen, so von der Tätigkeit der ↑Financial Action Task Force on Money Laundering (FATF) oder der Koordinationsgremien im Bereich der Banken- oder Wertpapieraufsicht der Europäischen Union. Vielfältige internationale Kontakte ergeben sich zudem im Rahmen der internationalen ↑Amtshilfe.

7. Zukunft

Im November 2000 schlug eine vom Eidg. Finanzdepartement eingesetzte Expertenkommission unter Vorsitz von *Prof. Jean-Baptiste Zufferey* vor, auch in der Schweiz die Bankenaufsicht einer vollständig integrierten Finanzmarktaufsichtsbehörde zu übertragen. Diese soll die bisher von der EBK und vom Bundesamt für Privatversicherungen ausgeübten Aufgaben übernehmen sowie allenfalls auch noch die Aufsicht über ↑Vermögensverwalter ausüben. Das Eidg. Finanzdepartement beauftragte im Dezember 2001 eine weitere Expertenkommission unter Vorsitz von *Prof. Ulrich Zimmerli*, eine entsprechende Gesetzesvorlage zu erarbeiten. Sie soll auch die Integration der Kontrollstelle für ↑Geldwäscherei prüfen. Werden diese Arbeiten weiterverfolgt, würde die EBK in eine neue Behörde überführt werden.

Urs Zulauf

Lit.: Nobel, P.: *Schweizerisches Finanzmarktrecht*, Bern 1997. – Nobel, P.: *Swiss Finance Law and International Standards*, Bern/Den Haag/London/Boston 2002. – Bodmer, D./Kleiner, B. /Lutz, B.: *Kommentar zum schweizerischen Bankengesetz*, Loseblattsammlung, Zürich 2002.
Links: www.ebk.admin.ch

Bankenkonsortium
↑Syndikat.

Bankenkonzentration

Bankenkonzentration beschreibt ganz grundsätzlich die Ballung von Bankaktivitäten in immer weniger und grössere Institute. Die im Schweizer Bankwesen entstandene Konzentration lässt sich leicht anhand der Bankenstatistik (↑Bankenstatistik der Schweiz) veranschaulichen. Insbesondere in den letzten zehn Jahren konnte man eine Zunahme des Konzentrationsgrades beobachten, dies auch als Folge der ↑Fusion zweier ↑Grossbanken. Beispielsweise stieg der Anteil Aktiven dieser Bankengruppe am über dem gesamten ↑Bankensektor aggregierten Total der Aktiven zwischen 1990 und 2000 von der Hälfte auf rund zwei Drittel (48,4% vs. 63,1%) an. Ein Grossteil dieser Erhöhung entsprang allerdings dem stark forcierten Auslandgeschäft. Damit wird deutlich, dass die Gesamtbilanz nur als grober Massstab für die Messung des Konzentrationsgrades dienen kann. Andere, aussagekräftigere Kriterien sind deshalb anzuwenden. Zum einen eignen sich weitere Kennzahlen der Bankenstatistik, um allgemeine Trends und Verschiebungen innerhalb der verschiedenen Bankengruppen zu ermitteln. Statistische Indizes sind zum anderen wichtige Hilfsmittel, um diese Informationen zu konsolidieren und zu standardisieren.

1. Bilanz-, Ergebniskennzahlen und Anzahl Institute

Eine erste Möglichkeit, die Bankenkonzentration einer Volkswirtschaft zu messen, besteht darin, nur *Teile der Bilanz* (↑Bankbilanz) zu berücksichtigen. Die Entwicklung der Marktanteile einzelner Bankengruppen an den inländischen Aktiven in den letzten zehn Jahren ist beispielsweise vor allem durch den Rückgang des Marktanteils der ↑Regionalbanken (von 13,4% auf 8,1%) charakterisiert, während die ↑Raiffeisenbanken ihre relative Stellung klar verbessert haben. Gross- und ↑Kantonalbanken bleiben allerdings die dominierenden Gruppen und verfügen zusammen über mehr als zwei Drittel der gesamten inländischen Aktiven. Andere ↑Bilanzpositionen, zum Beispiel Hypotheken (↑Hypothekargeschäft) oder ↑Spareinlagen, eignen sich ebenfalls für einen solchen Bankengruppen-Vergleich, insbesondere wenn man daran interessiert ist, die Wettbewerbssituation in den betreffenden Teilmärkten zu analysieren.

Die Bilanz oder Teile davon spiegeln jedoch nur einen zusehends kleiner werdenden Teil der Geschäftstätigkeit wider. Das Ausserbilanzgeschäft (↑Nicht bilanzwirksame Geschäfte) spielt eine immer wichtigere Rolle, besonders bei den Grossbanken. Als geeigneter Massstab für die Messung des Konzentrationsgrades könnten deshalb der *Anteil einer Bankengruppe am Gesamterfolg der Schweizer Banken* oder andere *Ergebniskennzahlen* herangezogen werden. Zwischen 1990 und 2000 konnte man vor allem ein starkes Wachstum (rund 28%) des Anteils der Grossbanken am ↑Reingewinn beobachten, während Kantonal- und Regionalbanken (– 57% bzw. – 68%) beträchtliche Einbussen hinnehmen mussten. Die beiden Grossinstitute allein haben im Jahr 2000 fast 60% des gesamten Erfolgs der Schweizer Banken erwirtschaftet, während ihr Anteil nur fünf Jahre zuvor noch weniger als die Hälfte betrug.

Die genannten Kennzahlen eignen sich relativ gut für einen Bankengruppen-Vergleich, aber allgemeine Trends und Verschiebungen innerhalb einer Gruppe werden kaum ersichtlich. Ein häufig verwendeter Massstab, um diese Entwicklungen zu erfassen, besteht im Vergleich der *Anzahl Niederlassungen oder Institute*. Aus der Bankenstatistik ist ersichtlich, dass Kantonal-, Gross- und vor allem Regionalbanken in den letzten Jahren ihr

Bankstellennetz (↑Bankstelle) massiv abgebaut haben. Die Raiffeisen-Gruppe geht als einzige Ausnahme hervor: Ihr Bankensystem bestand im Jahr 2000 aus 1 299 Bankstellen, mehr als doppelt so vielen wie bei den grossen ↑Kreditinstituten. Insgesamt ist die Anzahl der Niederlassungen in der Schweiz seit 1990 um mehr als 30% zurückgegangen. Das ist zum einen sicherlich auf Spar- und ↑Restrukturierungsmassnahmen zurückzuführen, aber andererseits ist dieser Rückgang gewiss auch das Ergebnis eines Konsolidierungsprozesses im inländischen Banksektor.

2. Statistische Indizes
Wettbewerbsbehörden verwenden oft statistische Indizes, um die Konzentration eines bestimmten Wirtschaftssektors empirisch zu ermitteln. Zu diesem Zweck steht eine ganze Palette von Messzahlen zur Verfügung, die auf zwei grundlegenden Annahmen beruhen: je geringer die Anzahl Marktteilnehmer, desto schwächer der Wettbewerb (absolute Konzentration) und je ungleichmässiger die Verteilung des Gesamtmerkmalswertes, desto schwächer der Wettbewerb (relative Konzentration). Analog wird zwischen relativen und absoluten Konzentrationsmassen unterschieden.
Relative Konzentrationsmasse gehen von einer hypothetischen Gleichverteilung aus, die dem Zustand der völligen Nichtkonzentration entspricht, und ermitteln davon die Abweichung der Verteilung der Merkmalswerte. Die Anzahl Merkmalsträger (Banken) bleibt dabei jedoch unberücksichtigt. Als grafische Darstellung wird vor allem die so genannte Lorenzkurve verwendet, die in einem Koordinatensystem die prozentualen Anteile der Merkmalsträger den prozentualen Anteilen der auf sie entfallenden Merkmalswerte gegenüberstellt. Die Gleichverteilung wird durch die 45°-Linie dargestellt. Als Konzentrationsmass dient dabei der Gini-Koeffizient, der sich aus dem Verhältnis der Fläche zwischen der Gleichverteilungs- und der Lorenzkurve zur gesamten Fläche unter der Gleichverteilungslinie ergibt. Bei Nichtkonzentration resultiert demzufolge ein Gini-Koeffizient von Null. Ein gewichtiges Problem der Lorenzkurve wird im Falle des symmetrischen Oligopols deutlich: Da sie die aus der Zahl und Grösse der Merkmalsträger resultierenden Unterschiede nicht berücksichtigt, ergibt sich bei dieser Marktkonstellation eine Gleichverteilung und damit eine Nichtkonzentration, obwohl deren wettbewerbspolitische Beurteilung im Vergleich zur vollkommenen Konkurrenz völlig anders ausfällt.
Absolute Konzentrationsmasse dagegen tragen dieser Kritik Rechnung und beachten Anzahl und Merkmalswerte der Merkmalsträger. Als Beispiele für absolute Konzentrationsmasse sind insbesondere die Konzentrationsraten und der Herfindahl-Index zu nennen. Eine Konzentrationsrate C_k entspricht der Summe der k grössten Marktanteile einer Branche, in diesem Fall des Bankensektors. Über den Konzentrationsgrad im übrigen Teil des Sektors wird somit nichts ausgesagt. Die Anzahl berücksichtigter Unternehmen wird arbiträr festgelegt (im Allgemeinen k = 3,5 oder 10). Der Herfindahl-Index ergibt sich durch Aufsummierung der quadrierten Marktanteile aller Unternehmen, wobei die Quadrierung bewirkt, dass die relative Grösse der Banken im Hinblick auf die Wettbewerbsintensität wichtiger als deren absolute Zahl erscheint. Der Index variiert zwischen Null (vollkommene Konkurrenz) und 1 (Monopol). Im internationalen Vergleich erweisen sich diese beiden absoluten Konzentrationsmasse als problematisch in der Hinsicht, als sie zu einer Verzerrung zwischen grossen und kleinen Staaten führen. Abschliessend sei bemerkt, dass sowohl die relativen als auch die absoluten Konzentrationsmasse für die Beurteilung der Wettbewerbsintensität keine hinreichenden Kriterien darstellen, da weitere wesentliche Faktoren, wie beispielsweise Marktzutrittsschranken, nicht berücksichtigt werden.
Die Konzentration im schweizerischen Bankensektor ist gemäss dem Herfindahl-Index, gemessen an der ↑Bilanzsumme, angestiegen: So nahm dieser von 0,08 im Jahre 1990 auf 0,22 im Jahre 2000 zu und gehört im internationalen Vergleich zu den eher höheren Werten. Auf kantonalem Niveau fällt der Index, gemessen an inländischen Krediten (↑Inlandkredite), mit rund 0,29 höher aus. Auch die Konzentrationsrate C_3 hat einen Anstieg von 44% im Jahre 1990 auf 67% im Jahre 2000 zu verzeichnen. Aus wettbewerbs- und regionalpolitischer Sicht ist eine solche Entwicklung gewiss mit einem kritischen Auge zu betrachten, aber nicht nur. Zum einen hat die Übernahme zahlreicher maroder Regional- und teilweise auch Kantonalbanken durch die grösseren Institute im Laufe der 90er-Jahre das Schweizer Bankensystem ohne Zweifel stabilisiert. Zum anderen besteht empirische Evidenz dafür, dass die Konzentration auf Kantonsebene keine Ausnützung von Marktmacht impliziert: Der hohe Wert ist auf die hohen Marktanteile der Kantonalbanken zurückzuführen, deren Aufgabe darin besteht, die lokale Wirtschaft zu unterstützen und den Wettbewerb zu stimulieren.

Nicole Allenspach, Matteo Facchinetti

Bankenkooperation

Die Bankbranche ist geprägt von einem hohen Kooperationsgrad. Die Kooperation geschieht in unterschiedlicher Intensität und auf unterschiedlicher Ebene. Im Gegensatz zur ↑Bankenkonzentration, wo die Partner ihre wirtschaftliche Selbstständigkeit aufgeben, bleibt bei der Kooperation die unternehmerische Autonomie – abgesehen von den direkt betroffenen Bereichen – weit gehend erhalten.

Kooperation ist eine *bankbetriebliche Strategie*, die sich dann anbietet, wenn eine Bank im Alleingang die angestrebten Ziele nicht in gleichem Mass erreichen kann. Entsprechend sind die *Motive* für Bankenkooperationen sehr unterschiedlich: Gemeinsame Interessenvertretung, Nutzung von Skaleneffekten, Risikoreduktion, Abwicklung von Grossgeschäften, Qualitätsverbesserung, Kosteneinsparung usw. Ebenso sind Bankenkooperationen in den verschiedensten Bereichen anzutreffen, von einzelnen Geschäften über die Bankinformatik bis hin zur Ausbildung und zum Marketing.

In den einzelnen *Märkten* kooperieren die Banken traditionell zwecks Organisation des Marktes und Abwicklung von Grossgeschäften. Emissionssyndikate, ↑Konsortialkredite, die ↑Börsen oder gemeinsame Abwicklungsplattformen sind Beispiele dafür.

Auf *Branchenebene* sind die Banken in der SBVg (↑Bankiervereinigung, Schweizerische) zusammengeschlossen. Es bestehen zudem vor allem im Bereich der Abwicklung verschiedene Gemeinschaftsunternehmen der Schweizer Banken (z.B. ↑Telekurs AG, ↑SIS SegaIntersettle AG, ↑SWX Swiss Exchange).

Auf *Ebene der Bankengruppen* hat die Kooperation innerhalb der Gruppen der ↑Kantonal-, ↑Regional- und ↑Raiffeisenbanken grosse Bedeutung. Die Kooperation findet in den Gruppenverbänden und in eigens gegründeten Gemeinschaftsunternehmen statt. Die Kooperation innerhalb der Gruppe ermöglicht es selbst kleinen Instituten, sich gegenüber den übrigen Bankengruppen und den ↑Grossbanken zu behaupten. Die Erfahrung zeigt, dass die Kooperation vor allem dann erfolgreich ist, wenn eine hohe Verbindlichkeit erreicht wird und wenn sich die Banken zu einer einheitlichen Strategie verpflichten. Im Spannungsfeld von Autonomie, Konkurrenz und Kooperation gibt es allerdings sehr viele *Zielkonflikte*, die eine konsequente Kooperationsstrategie innerhalb der Bankengruppen erschweren. *Christoph Lengwiler*

Bankenkreditoren
↑Verpflichtungen gegenüber Banken.

Bankenkrise
Betriebswirtschaftlich betrachtet liegt eine Bankenkrise vor, wenn der Fortbestand der Bank als wirtschaftlich selbstständige Unternehmung gefährdet ist. Eine Krisenlage kann sowohl durch exogene wie endogene Ursachen ausgelöst werden. Unter den exogenen Ursachen ist eine ungünstige Entwicklung der gesamtwirtschaftlichen Rahmenbedingungen wie staatliche Massnahmen auf dem Gebiet der Wirtschafts- und ↑Währungspolitik (z.B. ↑Devisenbewirtschaftung, Transferbeschränkungen), ein konjunktureller Abschwung sowie eine scharfe Verknappung auf dem ↑Geld- und ↑Kapitalmarkt hervorzuheben. Endogene Ursachen sind – wie die Erfahrungen aus den grossen Bankenkrisen der Jahre 1910–1914 und der 30er-Jahre zeigen – Verstösse gegen eine gesunde Geschäftspolitik aus Unfähigkeit oder Kritiklosigkeit der Bankleitung, insbesondere durch Eingehen zu hoher Risiken im Kreditgeschäft, ungenügende Organisation, mangelhafte Kontrolle des Bankmanagements durch den Verwaltungsrat, unklare Kompetenzregelung, extremes Renditedenken, Forcierung des Bilanzwachstums trotz ungenügender Eigenmittel und Schwierigkeiten in der Beschaffung von ↑Kundengeldern.

Im Vergleich mit notleidenden Handels- und Industrieunternehmungen muss eine Besonderheit der Krise von Banken hervorgehoben werden. Die Banktätigkeit ist stark von einer Vielzahl von ↑Gläubigern abhängig. Ein Vertrauensschwund, ausgelöst durch Zweifel an der Bankbonität, führt zu einem Rückzug von Einlagen (↑Run) und damit zu einer Schmälerung der Grundlagen jeder bankgeschäftlichen Tätigkeit. Durch First-come-first-serve-Überlegungen der Einleger, insbesondere der institutionellen, kann sich der Vorgang beschleunigen, woraus sich auch für eine an sich solvente Bank ernsthafte Liquiditätsprobleme ergeben können.

Ist das Vertrauen in eine grössere Bank erschüttert, kann daraus eine globale Vertrauenskrise entstehen. Werden die vermuteten Gründe für die Liquiditäts- und Ertragsprobleme einer Bank auf vergleichbare Banken übertragen (wie dies vor allem in der Krise der 30er-Jahre festgestellt werden konnte), kann ein globaler Run ausgelöst werden, welcher die Funktionsfähigkeit des Bankensystems bedroht (Beispiel: Deutsche Bankenkrise Juli 1931). Zur Verhinderung von Runs bestehen in den meisten Ländern Einlagensicherungssysteme, welche – sofern sie umfassend gestaltet sind – die Einleger schützen und ihnen den Anreiz nehmen sollen, aus Angst vor Vermögensverlusten ihre Gelder bei den Banken abzuheben.

Nachdem die schweizerische ↑Bankengesetzgebung nicht zuletzt eine Folge der Bankkrise der 30er-Jahre ist, sind für Banken, welche sich mit finanziellen Schwierigkeiten konfrontiert sehen, besondere Instrumente mit banktypischen Eigenheiten geschaffen worden: Fälligkeitsaufschub, ↑Bankenstundung, Sonderbestimmungen für das Nachlassverfahren. Die Vorschriften sind jedoch – wie dies der Fall Spar- und Leihkasse Thun gezeigt hat – nicht mehr zeitgemäss und überdies – wegen der in verschiedenen Verordnungen verstreuten Bestimmungen – unübersichtlich, weshalb eine Expertenkommission im Herbst 2000 eine Neuordnung des Bankeninsolvenzrechts und des ↑Einlegerschutzes vorgeschlagen hat. ↑Bankensanierung.

Bankenliquidation
↑Liquidation von Banken.

Bankenombudsman, Schweizerischer

Der Schweizerische Bankenombudsman (frz. Ombudsman des banques suisses, ital. Ombudsman delle banche svizzere, engl. Swiss Banking Ombudsman) wirkt seit 1993 als unabhängige Informations- und Schlichtungsstelle für in- und ausländische Privat- und Firmenkunden bei konkreten, fallbezogenen Fragen und Beschwerden gegen Banken in der Schweiz. Seit 1995 führt der Schweizerische Bankenombudsman zudem im Rahmen der ↑Richtlinien der Schweizerischen Bankiervereinigung eine Anlaufstelle für Personen, die vermuten, an ↑nachrichtenlosen Vermögenswerten bei Banken in der Schweiz berechtigt zu sein.

Gewählt wird der Schweizerische Bankenombudsman vom Stiftungsrat der gleichnamigen Stiftung, welche aufgrund einer am Bankiertag 1992 verabschiedeten Bestimmung der Statuten der Schweizerischen ↑Bankiervereinigung von dieser gegründet wurde und getragen wird. Der Stiftungsrat setzt sich aus fünf unabhängigen Persönlichkeiten zusammen, wobei heute Politik, Wissenschaft, Justiz, Konsumenten und Banken je ein Mitglied stellen.

Die Geschäftsstelle des Bankenombudsman wurde 1993 in Zürich eröffnet und verzeichnet seither eine stetig zunehmende Zahl von Kundenanfragen. Im Jahre 2001 waren rund 1 800 Fälle zu behandeln, je zur Hälfte auf schriftlichem und mündlichem Weg. Dazu kamen rund 500 Begehren zur Suche nach nachrichtenlosen Vermögenswerten. Einschliesslich Ombudsman verfügte die Geschäftsstelle im Jahre 2001 über insgesamt acht Mitarbeiterinnen und Mitarbeiter (umgerechnet sechs Vollzeitstellen).

Eine eigentliche Verfahrensordnung ist dem Bankenombudsman nicht vorgegeben. Gemäss seinem Reglement «unternimmt der Ombudsman alles, was ihm zu einer freien, eigenen Meinungsbildung erforderlich erscheint». Dazu gehört auch das Recht, bei der Bank Akten und Vernehmlassungen einzuholen. Die Kunden können sich mündlich oder schriftlich an den Ombudsman wenden. Das Verfahren ist für sie grundsätzlich kostenlos. Am Telefon kann sich der Ombudsman häufig darauf beschränken, dem Kunden eine Situation zu erklären oder ihn im Vorhaben bestärken, von der Bank eine Korrektur des von ihm beanstandeten Fehlverhaltens zu verlangen. Lässt sich ein Fall – wie oft – nicht am Telefon erledigen, wird der Kunde gebeten, schriftliche Unterlagen einzureichen. Dazu gehören eine Beschreibung des Vorganges und eine Schilderung, was die Bank falsch gemacht habe, zusammen mit der Einreichung der vertraglichen Unterlagen und weiterer relevanter Dokumenten und die Nennung seiner Forderung. Da der Kunde normalerweise aufgefordert wird, sich zuerst selbst direkt mit der Bank auseinander zu setzen, liegt meist schon ein Briefwechsel vor, der zusätzlichen Aufschluss gibt.

Gestützt auf die vom Kunden unterbreiteten Unterlagen, gegebenenfalls eine von der Bank eingeholte Stellungnahme und ausnahmsweise aufgrund eines persönlichen Gesprächs mit dem Kunden und Vertretern der Bank, beantwortet der Ombudsman die Anfrage des Kunden und unterbreitet den Parteien einen Vorschlag, wie die Angelegenheit bereinigt werden könnte. Beiden Parteien steht es frei, auf die vom Ombudsman vorgeschlagene Lösung einzugehen oder diese abzulehnen. Die Erfahrung hat aber gezeigt, dass die Vorschläge von beiden Seiten fast ausnahmslos akzeptiert werden.

Ist ein Fall bereits Gegenstand eines behördlichen oder gerichtlichen Verfahrens, so greift der Bankenombudsman in der Regel nicht ein, ebensowenig, wenn die allgemeine Geschäfts- und Tarifpolitik einer Bank in Frage gestellt wird. Er äussert sich auch nicht allgemein zu abstrakten Rechts- und Wirtschaftsfragen.

Mit seinem Jahresbericht legt der Bankenombudsman über seine Tätigkeit Rechenschaft ab. Die darin beschriebenen Beispiele geben einer breiten Öffentlichkeit Einblick in die tägliche Praxis und zeigen darüber hinaus häufig auch grundsätzliche Mängel einzelner Dienstleistungen der Banken auf. Hauptziel bleibt, den Bankkunden zufrieden zu stellen und sein Vertrauen in seine Bank oder zumindest das Vertrauen in den schweizerischen Bankenplatz wiederherzustellen. Allein die Möglichkeit, den Bankenombudsman anzurufen, kann dazu ganz entscheidend beitragen.

Hanspeter Häni
Links: www.bankingombudsman.ch

Bankenplatz
↑Finanzplatz.

Bankenrecht
↑Bankengesetzgebung (Inhalt des Bankengesetzes).

Bankensanierung

Aus den Erfahrungen mit der ↑Bankenkrise zu Beginn der 30er-Jahre wurden mit dem BankG zu Gunsten von notleidenden Banken verschiedene Massnahmen eingeführt mit dem Ziel, eine Bankenkrise zu überwinden oder – falls nicht mehr möglich – eine geordnete Liquidation zu gewährleisten. Es sind besondere Institutionen vorgesehen.

1. Der Fälligkeitsaufschub (BankG 25–28)
Der Fälligkeitsaufschub ist gedacht für den Fall, dass eine gesunde Bank, die sowohl die Eigenmittel- wie die Liquiditätsvorschriften erfüllt, durch «andauernde und übermässige Geldabhebungen»

in ihrer Existenz gefährdet wird. Mit dem Fälligkeitsaufschub werden die Fälligkeitstermine aller von den Rückzügen besonders betroffenen Verbindlichkeiten verlängert. Ausgeschlossen sind jedoch die ↑Passivzinsen. Zuständig für die Bewilligung des Fälligkeitsaufschubs ist der Bundesrat. Der Fälligkeitsaufschub hat heute kaum mehr Bedeutung, weil eine Bank, die ohne ihr Verschulden in Schwierigkeiten geraten ist, anstelle des Fälligkeitsaufschubs die Liquiditätshilfe fremder Banken, insbesondere aus der entsprechenden Bankengruppe oder der SNB (↑Nationalbank, Schweizerische), in Anspruch nehmen kann. Der Fälligkeitsaufschub wird deshalb als «Verteidigungsmassnahme der 2. Linie» (B. Lutz) betrachtet, welcher erst zum Zuge kommen dürfte, wenn sich gezielte Stützungsaktionen als wenig wirksam erwiesen haben, z. B. wegen einer landesweiten Vertrauenskrise. Der Fälligkeitsaufschub wird beendet durch Wiederaufnahme des uneingeschränkten Geschäftsbetriebs oder durch Widerruf durch den Bundesrat, wenn eine Voraussetzung nach BankG 25 dahinfällt. Bei ↑Illiquidität tritt anstelle des Fälligkeitsaufschubes die ↑Bankenstundung.

2. Die Bankenstundung (BankG 29–35)
Die ↑Bankenstundung ist für Banken vorgesehen, die wegen bestehender Liquiditätsschwierigkeiten ihre Verbindlichkeiten nicht mehr zeitgerecht erfüllen können. Die Stundung kann jedoch nur beansprucht werden, wenn die Verpflichtungen durch die vorhandenen Aktiven noch gedeckt sind (keine Überschuldung). Die Stundung ist eine Sanierungsmassnahme. Gleichzeitig mit der Bewilligung des Stundungsgesuches durch die zuständige kantonale Gerichtsinstanz werden eine oder mehrere sachkundige Personen als Kommissäre eingesetzt und notwendige Massnahmen im Hinblick auf Art und Umfang des Geschäftsbetriebs während der Stundung angeordnet. Mit dem Stundungsverfahren erreicht eine illiquide Bank Schutz vor Betreibungen durch drängende Gläubiger, damit sie während der Dauer der Stundung geeignete Sanierungsmassnahmen – Bilanzbereinigung, Herabsetzung und Wiederaufstockung des ↑Aktienkapitals, ↑Umschuldung – durchführen kann.

3. Das Nachlassverfahren
Grundsätzlich sind auch für Banken die Vorschriften des SchKG anwendbar, soweit die bankenrechtlichen Vorschriften nicht Abweichungen vorsehen. Das Nachlassverfahren unterscheidet sich vom Fälligkeitsaufschub und der Bankenstundung durch das Fehlen von Anforderungen an die Vermögenslage der Bank. Wird das Gesuch um Nachlassstundung von der Nachlassbehörde bewilligt, ernennt die letztere einen provisorischen ↑Sachwalter und erlässt die notwendigen Anordnungen,

die zur Erstellung und Durchführung eines ↑Nachlassvertrages nötig sind, wobei drei Typen möglich sind: Stundungsvergleich, Prozent- oder Dividendenvergleich, Liquidationsvergleich (Nachlassvertrag mit Vermögensabtretung). Die Nachlassbehörde muss im Eintretensbeschluss festlegen, ob und in welchem Umfang die Bank ihre Geschäftstätigkeit fortsetzen kann. Eine vollständige Einstellung der Geschäftstätigkeit ist nur angezeigt, wenn ein Nachlassvertrag mit Vermögensabtretung angestrebt wird. Der von den Bankorganen und dem Sachwalter ausgearbeitete und von der Mehrheit der Gläubiger angenommene Nachlassvertrag bedarf der Bestätigung (Homologation) durch die Nachlassbehörde. Der Nachlassvertrag mit Vermögensabtretung bedeutet für die Bank eine Zwangsliquidation, die allerdings nicht mit dem Odium des Konkurses verbunden ist. Sie soll im Vergleich zum Konkurs bessere Verwertungsergebnisse erbringen.

4. Konkurs
Das ↑Konkursverfahren wird im Allgemeinen nur dann durchgeführt, wenn ein Nachlassvertrag mit Vermögensabtretung wegen der gravierenden Schieflage der Bank nicht sinnvoll erscheint.

5. Ausblick auf die Neuordnung des Bankeninsolvenzrechts
Die Befugnisse der ↑Bankenkommission (EBK) sollen bei einer Neuordnung in verschiedener Hinsicht erweitert werden, indem sie nicht nur – wie bisher – bei Verletzung der Eigenmittelvorschriften oder dem Verdacht auf Überschuldung den sofortigen Bewilligungsentzug mit anschliessender Liquidation beschliessen kann, sondern Massnahmen zur Wahrung der Gläubigerrechte sowie zum Schutz der Bank vor Geldrückzügen anordnen kann. Zur Verbesserung des Anlegerschutzes soll überdies die Möglichkeit geschaffen werden, Kleinstgläubiger mit Einlagen bis CHF 5000 vor allen anderen Gläubigern auszuzahlen. Das ↑Konkursprivileg von CHF 30000 wäre auf sämtliche Kundeneinlagen auszudehnen. *Max Boemle*

Bankensektor
Der Bankensektor als Teil des Finanzsektors umfasst die Gesamtheit aller Banken in einer Volkswirtschaft, wobei je nach Definition neben den ↑Geschäftsbanken auch die Schweizerische ↑Nationalbank miteingeschlossen wird. Der schweizerische Bankensektor, der mit einem Anteil von rund 10% am Bruttoinlandprodukt für die Volkswirtschaft von grosser Bedeutung ist, war in den letzten Jahren durch eine zunehmende Konsolidierung (↑Bankenkonzentration) gekennzeichnet. So ist die Anzahl der in der Schweiz domizilierten, schweizerisch und ausländisch beherrschten Banken von 625 im Jahre 1990 auf 375 im Jahre 2000 kontinuierlich gesunken.

Bankenstatistik der Schweiz

Die Schweizerische ↑Nationalbank (SNB) hat den verfassungsmässigen Auftrag, eine dem Gesamtinteresse des Landes dienende ↑Geld- und Währungspolitik zu führen. Sie braucht dazu umfassende Informationen über die Entwicklung des schweizerischen ↑Bankensektors. Artikel 7 des Bundesgesetzes über die Banken und Sparkassen (↑Bankengesetzgebung) ermächtigt die SNB, solche Informationen bei den Banken zu erheben. Sie lässt sich dabei von der Bankenstatistischen Kommission beraten; diese Kommission setzt sich aus Vertretern der SNB, der ↑Geschäftsbanken, der Eidgenössischen ↑Bankenkommission (EBK) und der Schweizerischen ↑Bankiervereinigung (SBVg) zusammen.

Die Nationalbank publiziert einen grossen Teil der bei den einzelnen Banken erhobenen Daten in aggregierter Form. Die wichtigsten Publikationen sind «Die Banken in der Schweiz», das «Statistische Monatsheft» sowie das «Bankenstatistische Quartalsheft».

1. Zweck der Bankenstatistik

Die Bankenstatistik dient mehreren Zwecken. Sie liefert *erstens* ein umfassendes Bild des schweizerischen Bankensektors und kann so für Strukturanalysen verwendet werden. Die Strukturanalysen interessieren in verschiedenen Zusammenhängen. So lassen sich mit ihnen Aussagen über die Wettbewerbssituation im Bankensektor machen. Weiter kann die Wertschöpfung des Bankensektors untersucht werden. Damit lässt sich sein Beitrag zur Entwicklung der schweizerischen Volkswirtschaft bestimmen.

Die Bankenstatistik erhebt *zweitens* die Daten, mit denen die Geldmengenaggregate (↑Geldschöpfung) berechnet werden. Diese Aggregate liefern der Nationalbank wichtige Hinweise darüber, wie expansiv ihre ↑Geldpolitik ist und damit, wie sich die ↑Inflationsrate in der Zukunft entwickeln dürfte. Die Prognose der zukünftigen Inflationsrate spielt im geldpolitischen Konzept der Nationalbank eine zentrale Rolle. Wichtig für die Prognose sind auch Informationen über den geldpolitischen ↑Transmissionsmechanismus.

Solche Daten zur Verfügung zu stellen, ist die *dritte* Aufgabe der Bankenstatistik. So können Informationen über Änderungen im ↑Kreditportefeuille von Banken der Nationalbank wertvolle Hinweise geben, wie sich eine geänderte Geldpolitik auf die Realwirtschaft auswirkt.

Die Schweizer Banken sind eng mit dem Ausland verknüpft. Entwicklungen ausserhalb der Schweiz beeinflussen daher ihre Geschäftstätigkeit. Um abzuschätzen, wie gross dieser Einfluss ist, sind Informationen über die Auslandverknüpfung (↑Auslandgeschäft der Schweizer Banken) wichtig. Die Erhebung der dazu notwendigen Daten ist die *vierte* Aufgabe der Bankenstatistik.

Fünftens stellt die Bankenstatistik Daten bereit, die von der EBK im Rahmen ihrer Aufsichtsfunktion benötigt werden. Diese Daten erlauben der EBK, sich ein Bild über die finanzielle Situation einzelner Banken zu machen und abzuschätzen, welche ↑Risiken die Banken in ihrer Geschäftstätigkeit eingehen. Die erhobenen Daten tragen somit zur Stabilität des schweizerischen Finanzsystems (↑Systemstabilität, Förderung der, ↑Systemrisiken) bei.

2. Inhalt der Bankenstatistik

Die Nationalbank erhebt die für diese verschiedenen Zwecke benötigten Daten bei den in der Schweiz domizilierten Banken. Sie verwendet dazu standardisierte Formulare. Der jeweilige Zweck bestimmt, in welchem Rhythmus die Daten erhoben werden. Beispiele für solche periodische Erhebungen sind:

– *Monatlich* müssen Banken ab einer bestimmten Grösse detaillierte Informationen über die Struktur ihrer Bilanzen liefern. Die Bankbilanzen müssen dabei nach Währung gegliedert werden und danach, ob die entsprechenden Geschäfte von einer Geschäftsstelle im Inland oder im Ausland abgewickelt werden. Ebenfalls monatlich sind die Banken verpflichtet, Daten zu ihrer Kredittätigkeit bereitzustellen. Hier interessiert die Art der Kredite und der Wirtschaftssektor, der die Kredite erhält.

– In der Regel *einmal pro Quartal* erhebt die Nationalbank die Daten, die sie im Auftrag der EBK einfordert. Dabei handelt es sich zum Beispiel um Informationen zu den erforderlichen ↑eigenen Mitteln der Banken. Ebenfalls einmal pro Quartal erhebt die Nationalbank Bilanzdaten im Auftrag der ↑Bank für Internationalen Zahlungsausgleich (BIZ). Diese Daten verwendet die BIZ dazu, ihre internationale Bankenstatistik zusammenzustellen.

– Im Rahmen der *Jahresendstatistik* sind die Banken verpflichtet, ihre Bilanzen nach weiteren Gesichtspunkten zu strukturieren; so zum Beispiel nach dem Kundendomizil oder nach dem Wirtschaftssektor, dem ein Kunde angehört. Ebenfalls im Rahmen der Jahresendstatistik reichen die Banken ihre ↑Erfolgsrechnungen und Informationen über ihren Personalbestand ein.

3. Ausblick

Die Bankenstatistik der Schweiz ist nichts Statisches. Sie kann ihre verschiedenen Zwecke nur erfüllen, wenn die Nationalbank sie laufend den sich ändernden Rahmenbedingungen anpasst. Einerseits ändert sich die Struktur des schweizerischen Bankensektors. So wird es immer schwieriger, zwischen Banken und anderen Finanzdienstleistern zu unterscheiden. Banken stossen in neue Geschäftsfelder vor, alte verlieren an Bedeutung. Die Erhebungen müssen daher laufend überprüft und angepasst werden. Nur so kann die Nationalbank sicherstellen, dass sie die relevanten Daten erhebt.

Andererseits steigen die Anforderungen an die erhobenen Informationen. Die Analyse des geldpolitischen Transmissionsmechanismus bedarf umfangreicher Daten. Die Bankenstatistik muss sicherstellen, dass sie die für diese Analyse erforderlichen Daten erhebt. Die steigende Komplexität des Bankensektors wirkt sich auch auf die aufsichtsrechtliche Tätigkeit der EBK aus. Es wird für die EBK immer wichtiger, über diejenigen Informationen zu verfügen, die es ihr erlauben, die mannigfaltigen Risiken, die eine Bank eingeht, abzuschätzen. Die Herausforderung besteht darin, Statistiken so zu konzipieren, dass die für diesen Zweck relevanten Daten erhoben werden können.

Guido Boller

Bankenstundung

Eine illiquide, aber nicht überschuldete Bank kann beim kantonalen Stundungsgericht um eine Bankenstundung nachsuchen. Mit der Bankenstundung erhält die Bank für eine befristete Dauer Betreibungsschutz (BankG 29). Die Wirkungen der Bankenstundung entsprechen grundsätzlich denjenigen der Nachlassstundung nach SchKG (BankG 32). Verjährungs- und Verwirkungsfristen (↑Verjährung) werden unterbrochen. Die Bank führt ihre Geschäfte unter Aufsicht des vom Stundungsgericht eingesetzten Kommissärs beschränkt weiter (BankG 29–32). Im Rahmen einer Bankenstundung können Gläubigerforderungen bis zur Hälfte der Beträge, für die aufgrund der Vermögenslage ↑Deckung vorhanden ist, teilbefriedigt werden (BankG 32). Die Bankenstundung löst nicht, im Gegensatz zum Nachlass- und Konkursverfahren, den von der ↑Bankiervereinigung auf privater Basis geschaffenen ↑Einlegerschutz, gemäss der Vereinbarung über den Einlegerschutz bei zwangsvollstreckungsrechtlicher Liquidation einer Bank, aus. Sind die Voraussetzungen für die Stundung nicht oder nicht mehr gegeben, da z.B. die Bank überschuldet ist, so muss der Konkurs (↑Konkursverfahren bei Banken) eröffnet werden, sofern die Bank keine Nachlassstundung beantragt (BankG 35). Dem Gesetzeszweck nach soll die Bankenstundung der Bank ermöglichen, ungehindert von drängenden ↑Gläubigern die momentane Notsituation zu bewältigen und eine Sanierung zu erreichen. In der Regel wird eine Bankenstundung jedoch durch ein Nachlass- oder Konkursverfahren abgelöst. Ob einer Bank, die sich bereits in Selbstliquidation oder Zwangsliquidation (↑Liquidation von Banken) befindet, eine Bankenstundung gewährt werden kann, ist umstritten. Nach Auffassung des Bundesgerichts kann die Bankenstundung auch nach einem durch die EBK (↑Bankenkommission, Eidg.) angeordneten Bewilligungsentzug und nach einer Zwangsliquidation gewährt werden, wenn dies als im Interesse der Gläubiger erachtet wird (BGE 117 III 83).

Eva Hüpkes

Bankensystem (Allgemeines)

Als Bankensystem wird die Gesamtheit der Banken eines Landes – ↑Zentralbank und ↑Geschäftsbanken – und ihr Zusammenwirken bei der Ausübung ihrer Funktionen bezeichnet. Zu diesen Funktionen zählen seitens der Geschäftsbanken die Kreditvermittlung (↑Intermediationsfunktion der Banken), der ↑Zahlungsverkehr, der Wertpapier- und Devisenhandel sowie das Erbringen weiterer Dienstleistungen. Seitens der Zentralbank sind es die Regelung des ↑Geldumlaufs, die Führung einer im Gesamtinteresse des Landes stehenden ↑Geld- und Währungspolitik sowie die Erleichterung des Zahlungsverkehrs.

Das Bankensystem eines jeden Landes wird durch die jeweiligen geschichtlichen, politischen und wirtschaftlichen Voraussetzungen geprägt und lässt sich anhand der folgenden fünf Dimensionen charakterisieren:

1. *Grad der Spezialisierung:* Die nationalen Bankensysteme lassen sich nach dem Grad der Spezialisierung auf der Skala von den extremen Spezialbanken bis zu den Universalbanken einordnen. Das ↑*Universalbankensystem,* ist typisch für die Schweiz, Deutschland, Österreich und die Niederlande. Es zeichnet sich dadurch aus, dass grundsätzlich alle ↑Bankgeschäfte sowie teilweise auch Versicherungsdienstleistungen angeboten werden. Zudem erwerben Universalbanken in der Regel grosse Anteile an Unternehmen. Das ↑*Trennbankensystem* hingegen sieht eine klare Abgrenzung zwischen dem aktiven und passiven Zinsgeschäft, den indifferenten Geschäften sowie den Versicherungsdienstleistungen vor. Dieses Bankensystem existiert jedoch in dieser strikten Form, wie es mit der ↑Glass Steagall act von 1933 in den USA eingeführt wurde, nicht mehr. Seit 1987 wurde es kontinuierlich gelockert, bis es 1999 schliesslich durch die Gramm Leach Bliley financial services modernization act aufgehoben wurde.

2. *Tätigkeitsgebiete:* Die meisten in der Schweiz tätigen Banken sind Universalbanken (↑Bankensystem, schweizerisches). Dennoch gewichten die einzelnen Institute ihre Aufgabengebiete unterschiedlich, sodass sie entsprechend ihrer wirtschaftlichen Tätigkeit in verschiedene Bankengruppen eingeteilt werden können (↑Bankenstatistik der Schweiz).

3. *Staatseinfluss:* Eine dritte Möglichkeit der Typisierung der Bankensysteme ergibt sich daraus, ob die Banken eines Landes in privatem oder staatlichem Eigentum stehen. Staatliche oder halbstaatliche Institute stehen jedoch im freien Wettbewerb mit den privatrechtlich organisier-

ten Banken und verfügen über die gleiche unternehmerische Freiheit und Eigenverantwortung.
4. *Unternehmensziele:* Banken lassen sich bezüglich ihrer Unternehmensziele unterscheiden. Es gibt sowohl gewinnorientierte wie auch genossenschaftlich organisierte Banken.
5. *Bankenkonzentration:* Ein weiteres Kriterium betrifft die Grösse – gemessen an der ↑Bilanzsumme – der einzelnen Banken. In der Schweiz beispielsweise umfasst diese eine riesige Bandbreite von kleinen, lokal tätigen Instituten bis zu den Banken, die zur internationalen Spitzengruppe zählen. Dennoch ist die Bankenkonzentration, auch im internationalen Vergleich, relativ gross.

Den Bankensystemen gemeinsam ist jedoch, dass die Banken einer Bewilligung zur Ausübung ihrer Tätigkeit bedürfen und unter staatlicher Aufsicht stehen. Der Staat muss diese Aufgabe aber nicht zwingend selbst wahrnehmen, sondern kann Aufsicht und Vollzug an eine spezialisierte Behörde delegieren, wie dies in der Schweiz der Fall ist (↑Bankenaufsicht), oder auch der Zentralbank übertragen. Banken unterliegen somit – im Gegensatz zu den meisten anderen Unternehmungen und zusätzlich zum gesetzlichen Rahmen – einer spezifischen Aufsicht und ↑Regulierung. Begründet werden diese Massnahmen durch die Eigenheit des Bankensystems, dass einzelne in Schwierigkeiten geratene Banken Teile des Systems oder sogar die Volkswirtschaft als Ganzes massiv stören können (↑Systemrisiken). Die Kosten solcher Störungen werden in der Regel nicht in vollem Umfang von den verursachenden Banken getragen. Die Bankenaufsicht hat zum Ziel, die Stabilität der einzelnen Banken zu überwachen und den Schutz der ↑Gläubiger zu gewährleisten. Kleineinleger können sich nur beschränkt informieren, wie solvent eine Bank tatsächlich ist, und geniessen deshalb in den meisten Ländern einen zusätzlichen Schutz in Form einer Einlagensicherung (↑Einlegerschutz).

Jeannette Müller

Bankensystem, schweizerisches

Zusammen mit der Schweizerischen ↑Nationalbank bilden die ↑Geschäftsbanken das Bankensystem der Schweiz. In der Nationalbankstatistik (↑Bankenstatistik der Schweiz) werden sieben Bankengruppen unterschieden: die ↑Kantonalbanken, die ↑Grossbanken, die ↑Regionalbanken und Sparkassen, die ↑Raiffeisenbanken, die Filialen ↑ausländischer Banken, die ↑Privatbankiers und die übrigen Banken. Letztgenannte Gruppe setzt sich aus verschiedenen Subgruppen mit unterschiedlichen Geschäftsstrukturen zusammen. Diese werden in schweizerisch bzw. ausländisch beherrschte Banken gegliedert. Zu den schweizerisch beherrschten Instituten zählen die ↑Handels-, die ↑Börsen- und die Kleinkreditbanken sowie andere Banken.

Alle ↑Finanzintermediäre, die dem Bundesgesetz über Banken und Sparkassen (BankG) unterstehen, zählen zum schweizerischen ↑Bankensektor. Als ↑Banken im Sinne des BankG 1 I gelten Institute, die hauptsächlich im Finanzbereich tätig sind und insbesondere gewerbsmässig Publikumseinlagen entgegennehmen oder sich öffentlich zur Annahme fremder Gelder empfehlen (BankV 21 lit. a) und sich bei nicht konzernverbundenen Banken massgebend refinanzieren, um damit nicht konzernverbundene Dritte zu finanzieren (BankV 2a lit. b). Wesensmerkmale des schweizerischen Bankwesens sind:

– Ausrichtung der Geschäftspalette auf die Wahrnehmung sämtlicher ↑Bankgeschäfte (↑Universalbanken). Bei einigen Gruppen dominieren indessen bestimmte Geschäftssparten wie etwa das ↑Hypothekargeschäft bei den Kantonal-, Regional- und Raiffeisenbanken, die ↑Vermögensverwaltung bei den Privatbankiers und Börsenbanken und das Auslandgeschäft bei den ausländisch beherrschten Banken
– Heterogenität zwischen und innerhalb der einzelnen Bankengruppen. So hat nur eine kleine Minderheit eine ↑Bilanzsumme von mehr als CHF 1 Mia., vereinigt aber 95% der aggregierten Bilanzsumme auf sich
– Eine weltweit gesehen hohe und infolge von Übernahmen und ↑Fusionen in den 90er-Jahren zusätzlich gestiegene ↑Bankenkonzentration. Bezüglich verschiedener Indikatoren wie Bilanzsumme, ↑Interbankgeschäft, verwaltete Vermögen, internationale Ausrichtung, Zahl der Mitarbeitenden usw. sind die beiden Grossbanken – die UBS AG und die CS-Group – die grösste Bankengruppe. Deren Marktanteil schwankt zwischen 40% (Kredite) und 70% (Interbankgeschäft). An solchen Marktanteilen zeigt sich auch ihre Bedeutung für die Stabilität des schweizerischen Finanzsystems
– Eine der höchsten ↑Bankendichten der Welt, obwohl die Zahl der Filialen im Zuge des seit Anfang 1990 andauernden Strukturwandels wesentlich geschrumpft ist. Eine seit Beginn der 90er-Jahre beobachtbare ernsthafte Konkurrenzierung des traditionellen Banksparens (↑Sparen [Volkswirtschaftliches]) über Depositen- und Spareinlagen durch neue Sparformen (↑Desintermediation). Dazu zählen ↑Anlagefonds, Versicherungen, ↑Postfinance, ↑Zwangssparen (Zweite Säule) und freiwilliges steuerprivilegiertes Sparen (↑Dritte Säule). Diese Tendenz hat im Hypothekargeschäft der Banken zu einem massiven Finanzierungsdefizit (↑Refinanzierung) durch Kundengelder geführt
– Eine im Gegensatz zu anderen Staaten fehlende staatliche ↑Einlagensicherung. Dafür geniessen Bankeinlagen bis CHF 30 000 ein Konkursprivileg (↑Einlegerschutz). Zudem garantieren die Mitglieder einer Konvention der Schweizeri-

schen ↑Bankiervereinigung (SBVg) im Falle einer Zwangsliquidation die rasche Auszahlung von Spareinlagen und Guthaben auf Gehaltskonten bis CHF 30000
– Eine international betrachtet ausserordentlich hohe Auslandverflechtung (↑Auslandverflechtung des Finanzplatzes Schweiz), was sich zum einen in einer steigenden Präsenz ausländischer Banken in der Schweiz und zum anderen in einem hohen Anteil des grenzüberschreitenden und des ausländischen Geschäfts widerspiegelt (↑Auslandgeschäft der Schweizer Banken)
– Verwaltung in der Schweiz (nicht nur durch Banken im engeren Sinne) von schätzungsweise 30% bis 40% des grenzüberschreitend angelegten Privatvermögens, was eine überragende Rolle der ↑Vermögensverwaltung in Bezug auf Wertschöpfung, Mitarbeiterzahl und Ertrag mit positiven Auswirkungen auch auf das Handels- und ↑Emissionsgeschäft begründet. Während das grenzüberschreitende Geschäft aus der Schweiz heraus (↑Offshore banking) seit jeher im Zentrum stand, zeichnet sich in den letzten Jahren eine Hinwendung hauptsächlich der Grossbanken zum Onshore-Geschäft im Ausland ab (↑Onshore banking)
– Schutz der Privatsphäre als Ausfluss einer alten Tradition des Persönlichkeitsschutzes und der Diskretion im schweizerischen Bankgeschäft (↑Bankkundengeheimnis). Hingegen wird das Bankkundengeheimnis im Rahmen von Strafuntersuchungen (beispielsweise bei Verdacht auf ↑Geldwäscherei, Mitgliedschaft in kriminellen Organisationen, Steuerbetrug), in einem Konkursverfahren sowie bei zivilrechtlichen Verfahren wie Erbschafts- und Scheidungsfällen aufgehoben.
– Ein umfassendes Abwehrdispositiv gegen Geldwäscherei und das organisierte Verbrechen. Dazu zählen die ↑Vereinbarung über die Standesregeln zur Sorgfaltspflicht der Banken, das Bundesgesetz über die internationale Rechtshilfe, strafrechtliche Bestimmungen (z.B. die Pflicht, die Kunden zu kennen: ↑Know your customer rules), die Richtlinien zur Bekämpfung und Verhinderung der Geldwäscherei der Eidg. ↑Bankenkommission (EBK) und das Bundesgesetz zur Bekämpfung der Geldwäscherei (↑Geldwäschereigesetz, GwG). Mit dem GwG wurden sowohl der Banken- als auch der ↑Parabankensektor verpflichtet, bei Verdacht auf Geldwäscherei Meldung an den Bund zu machen.

Nebst den Geschäftsbanken spielen die sechs, in der Gruppe der Institutionen und Banken mit besonderem Geschäftskreis zusammengefassten Institute eine wichtige Rolle in der schweizerischen Bankenlandschaft. Diese umfasst die Schweizerische Nationalbank (SNB), die ↑Pfandbriefzentrale und die Pfandbriefbank, die Zentralbank des Schweizer Verbandes der Raiffeisenbanken (SVRB), die Zentralbank der Regionalbanken (RBA) und schliesslich die ↑SIS SegaIntersettle AG. Während die Nationalbank die ↑Geld- und Währungspolitik führt, beschränkt sich das Recht zur Ausgabe von Pfandbriefen auf die Pfandbriefzentrale der schweizerischen Kantonalbanken und die Pfandbriefbank schweizerischer Hypothekarinstitute. Die Zentralbank des SVRB fungiert als Girozentrale der Raiffeisenbanken. Die RBA-Zentralbank bezweckt als 100%ige Tochter der RBA-Holding die Bündelung der Geschäftsvolumen sowie den gemeinsamen Leistungseinkauf für die RBA-Mitglieder. Schliesslich bietet die SIS das weltweite ↑Clearing and settlement sowie Verwahrung und Verwaltung von in- und ausländischen ↑Effekten.
Enzo Rossi

Bankentermingelder
↑Forderungen gegenüber Banken; ↑Verpflichtungen gegenüber Banken; ↑Geldmarkt.

Bankenverbände und -vereinigungen
Bankenverbände und -vereinigungen sind Organisationen, die es auf allen ↑Finanzplätzen gibt, wo wirtschaftliche und unternehmerische Freiheit besteht. Ihr Hauptzweck ist regelmässig die Vertretung der Interessen der in ihnen zusammengeschlossenen Banken. Oft sind sie als Selbstregulierungsorganisationen tätig, teils im Rahmen der Privatautonomie, teils gestützt auf eine staatliche Delegation (↑Selbstregulierung). Auch können sie im Rahmen von ↑Gemeinschaftswerken der Banken und des Ausbildungswesens tätig sein. In der Schweiz bestehen zusätzlich zur Schweizerischen ↑Bankiervereinigung verschiedene Bankgruppenverbände (Schweizer Verband der ↑Raiffeisenbanken, Verband der ↑Auslandsbanken in der Schweiz, Verband Schweizerischer ↑Kantonalbanken, Vereinigung Schweizerischer ↑Handels- und Verwaltungsbanken, Vereinigung Schweizerischer ↑Privatbankiers). Daneben gibt es grenzüberschreitende Zusammenschlüsse wie z.B. die ↑Bankenvereinigung der Europäischen Union, der die Schweizerische Bankiervereinigung als Mitglied angehört.
Christoph Winzeler

Bankenvereinigung der Europäischen Union
Die Bankenvereinigung der Europäischen Union (engl. Banking Federation of the European Union, frz. Fédération Bancaire de l'Union Européenne) wurde gegründet 1960 als Dachorganisation der Bankenverbände in den Mitgliedstaaten der Europäischen Union und später auch der EFTA (European Free Trade Association). Die Vereinigung hat ihr Domizil und Sekretariat in Brüssel. Auch die Schweizerische ↑Bankiervereinigung gehört ihr als Mitglied an.

1. Interessenvertretung für die Banken der EU-Länder

Zu den Aufgaben der Vereinigung gehört die Vertretung der Banken – insbesondere das ↑Lobbying für sie – bei der Kommission und weiteren Organen der Europäischen Union, aber auch weltweit, etwa bei US-Behörden und internationalen Organisationen. Sie entfaltet ihre Tätigkeit in verschiedenen Organen und Gremien (Vorstand, Exekutivausschuss, beratende Ausschüsse, Arbeitsgruppen).

2. Das European Master Agreement – ein neuartiger Rahmenvertrag für Finanzinstrumente

Zusammen mit der Europäischen Sparkassenvereinigung und der Europäischen Vereinigung der Genossenschaftsbanken gibt die Vereinigung das European Master Agreement for Financial Transactions (EMA) heraus, einen modulartig aufgebauten Rahmenvertrag, insbesondere für ↑Securities lending (and borrowing) und ↑Repurchase agreements, der sich durch zusätzliche Module für weitere Finanzinstrumente ergänzen lässt. Anders als die gängigen, der angloamerikanischen Tradition verhafteten Rahmenverträge, z.B. der ISDA (↑International Swaps and Derivatives Association) oder der ISMA (↑International Securities Market Association) erlaubt das EMA den Parteien die freie Rechtswahl unter verschiedenen Ländern und kann auch schweizerischem Recht unterstellt werden. *Christoph Winzeler*

Links: www.fbe.be

Bankenverordnung

Die «Verordnung über die Banken und Sparkassen (BankV)» führt einige der im BankG enthaltenen Grundsätze auf Verordnungsstufe näher aus. Die heute geltende Bankenverordnung wurde im Jahre 1972 erlassen. Seither wurde sie 14-mal in zum Teil wesentlichen Punkten revidiert. Entsprechend ergibt sich ebenso wie im BankG ein formales Flickwerk. Materiell enthält die Bankenverordnung Vorschriften von unterschiedlicher Tragweite. Die Bankenverordnung umschreibt, welche Unternehmen als Banken gelten und wann eine Annahme von Vermögenswerten als Einlagengeschäft den Banken vorbehalten ist. Die Bankenverordnung nennt weiter einige Grundanforderungen an die Organisation der Banken. So fordert sie die Erfassung, Begrenzung und Überwachung aller wesentlichen ↑Risiken. Ausführlich geregelt werden die Anforderungen an die Eigenmittel, die ↑Liquidität und die Risikoverteilung der Banken. Die Bankenverordnung erläutert die für Banken geltenden besonderen Rechnungslegungsvorschriften (↑Rechnungslegungsvorschriften für Banken) und umschreibt die Aufgaben der bankengesetzlichen Revisionsstellen. Die Bankenverordnung wird durch den Bundesrat erlassen. Änderungen werden durch das Eidg. Finanzdepartement vorbereitet, wobei die EBK (↑Bankenkommission, Eidg.) regelmässig massgeblich beteiligt ist. Je nach Bedeutung der Änderungen werden auch die Banken mittels Konsultationsverfahren oder durch Mitarbeit in Arbeitsgruppen einbezogen. Die Bestimmungen der Bankenverordnung haben teilweise stark technischen Charakter. Einzelne werden ergänzt durch ↑EBK-Rundschreiben, welche in den letzten Jahren in Stil und Inhalt einen immer normativeren Charakter bekamen. *Urs Zulauf*

Bankenwerbung

↑Marketing der Banken; ↑Public relations der Banken.

Bankers' acceptances

Unbesicherte, kurzfristige (↑Laufzeit zwischen 30 und 180 Tagen) Verpflichtung der Bank, welche auf Diskontbasis gehandelt wird. Bei diesem auf US-Dollar lautenden Geldmarktpapier handelt es sich wechselrechtlich um einen ↑Akzeptkredit. Die Bankers' acceptances, die normalerweise in ↑Stückelungen von über USD 100000 begeben werden, haben ihren Ursprung als Finanzierungsmittel des (internationalen) Handels, wobei sie heute vor allem als kurzfristige Anlageinstrumente bekannt sind.

Bankfachprüfung, eidg.

↑Ausbildung im Bankensektor; ↑Berufs- und höhere Fachprüfungen in Bank, Versicherung und Finanzplanung BVF.

Bankfähig

↑Nationalbankfähig.

Bankfeiertage (Bank holiday)

Wochentage, an denen die Banken geschlossen sind. Neben Samstag und Sonntag zählen dazu nationale, regionale oder örtliche Feiertage (Ausnahme: Bankschalter in Flughäfen, grossen Bahnhöfen usw. bleiben geöffnet). Auf internationaler Ebene werden die Bankfeiertage durch Zirkular, in der Schweiz über die Schweizerische ↑Bankiervereinigung bekannt gegeben. Im übertragenen Sinn wird der Begriff auch verwendet für Tage, an denen Banken durch obrigkeitliche Anordnung aufgrund von krisenhaften Zuständen im Bankwesen geschlossen bleiben müssen. ↑Bankenkrise; ↑Run.

Bank für Internationalen Zahlungsausgleich (BIZ)

Die BIZ (englische Bezeichnung Bank for International Settlements [BIS], französische Bezeichnung Banque des Règlements Internationaux [BRI]) ist eine internationale Organisation mit Sitz in Basel, die *erstens* die internationale Zusammenarbeit im Währungs- und Finanzbereich fördert, *zweitens* als Bank der ↑Zentralban-

Bank für Internationalen Zahlungsausgleich (BIZ)

ken (↑Notenbanken) dient, *drittens* Aufgaben als Treuhänder und ↑Agent für internationale Finanzgeschäfte übernimmt und *viertens* als Zentrum für Währungs- und Wirtschaftsforschung dient.

Neben ihrem Hauptsitz in Basel unterhält die BIZ je eine Repräsentanz für Asien und den Pazifik in Hongkong (Sonderverwaltungsregion der VR China) und für den amerikanischen Kontinent in Mexiko. Die aufgrund der Haager Abkommen von 1930 gegründete BIZ ist die älteste internationale Finanzinstitution neben den (1944/1947 gegründeten) Bretton-Woods-Institutionen ↑Internationaler Währungsfonds (IWF) und ↑Weltbank in Washington D.C. sowie der (auf die 1948 gegründete OEEC zurückgehende) ↑Organisation für wirtschaftliche Zusammenarbeit und Entwicklung (OECD), seit 1961 in Paris. Mitglieder der BIZ sind Zentralbanken und Währungsbehörden von 50 Ländern oder Währungsgebieten aus allen Erdteilen: Europa (fast alle Länder inkl. die Russische Föderation sowie die ↑Europäische Zentralbank [EZB]); Nordamerika (USA, Kanada, Mexiko); Südamerika (Argentinien, Brasilien); Südafrika; Asien (VR China, Hongkong, Indien, Japan, Korea [Süd]), Malaysia, Saudi-Arabien, Singapur, Thailand, Türkei) und Australien.

Die Rechtsstellung der BIZ ergibt sich aus den sie betreffenden internationalen Vereinbarungen: das Abkommen betreffend die BIZ von 1930, das dem Abkommen beigefügte Grundgesetz sowie die Statuten der BIZ, das Brüsseler Protokoll von 1936 über die Immunität der BIZ, die Sitzabkommen mit der Schweiz (1987) [SR 0.192.122.971.3], der VR China (1998) und Mexiko (2002). Die BIZ ist Völkerrechtssubjekt und geniesst zur Erfüllung ihrer Aufgaben weit gehende Immunitäten. Insbesondere sind die BIZ, ihr Eigentum, ihre Aktiven sowie die ihr anvertrauten Einlagen von allen Massnahmen wie Enteignung, Requirierung, Beschlagnahme, Einziehung, Ein- oder Ausfuhrbeschränkung oder ähnlichen Eingriffen ausgenommen. Der BIZ anvertraute Werte können ohne vorherige Zustimmung der BIZ nicht gepfändet oder mit ↑Arrest belegt werden. Die BIZ untersteht nicht der ↑Bankengesetzgebung. Für Streitfälle betreffend Auslegung und Anwendung der die BIZ betreffenden Abkommen, des Grundgesetzes oder der Statuten ist das im Haager Abkommen von 1930 eingesetzte Schiedsgericht zuständig. Streitigkeiten betreffend Dienstverhältnisse oder Pensionsberechtigung unterliegen der Gerichtsbarkeit eines besonderen Verwaltungsgerichts der BIZ.

Trotz ihrer völkerrechtlichen Grundlage hat die BIZ zum Teil Organisationsstrukturen einer Aktiengesellschaft. Ihr (genehmigtes) Aktienkapital zerfällt in 600 000 Aktien und beträgt 1,5 Milliarden Goldfranken (1 GF = 0,29032258 Gramm Feingold), wovon 529 125 Aktien im Gesamtnennwert von GF 1,323 Mia. ausgegeben worden sind, die zu 25% eingezahlt wurden, sodass das eingezahlte Kapital GF 330,7 Mio. beträgt. Der Besitz von Aktien und die Teilnahme an der Generalversammlung sind ausschliesslich Zentralbanken oder Währungsbehörden vorbehalten. Die Geschäftsführung der BIZ liegt in den Händen des Verwaltungsrats, dem die Präsidenten der Gründerzentralbanken (aus Belgien, Deutschland, Frankreich, Grossbritannien, Italien und den USA) ex officio angehören, neben sechs (von den Präsidenten der Gründerzentralbanken bezeichneten) Mitgliedern gleicher Nationalität und bis zu neun weiteren vom Verwaltungsrat gewählten Zentralbankpräsidenten (2002 die Präsidenten der Zentralbanken von Kanada, Japan, der Niederlande, Schweden und der Schweiz). Das Personal der BIZ umfasst etwa 520 Personen aus 40 Ländern.

Im Rahmen ihrer Banktätigkeit nimmt die BIZ Gold und vor allem Deviseneinlagen von rund 130 Zentralbanken und internationalen Finanzorganisationen entgegen und verwaltet im Jahr 2002 rund 7% der weltweiten Devisenreserven. Hingegen erbringt die BIZ für Privatpersonen oder Unternehmen keine ↑Finanzdienstleistungen und nimmt von diesen auch keine Anlagen entgegen. Die Bilanz der BIZ belief sich per 31.03.2002 auf GF 76 Mia. (d.h. USD 147,5 Mia.). Die Bilanzierung erfolgt in Goldfranken, wobei Bilanzposten in USD auf der Grundlage eines Goldpreises von USD 208 je Unze Feingold umgerechnet werden; dies ergibt einen Umrechnungskurs von GF 1 = USD 1,94. Posten in anderen Währungen werden zunächst nach Marktkursen in USD umgerechnet. Die bei der BIZ eingelegten Mittel werden auf den internationalen ↑Finanzmärkten unter Wahrung einer hohen Liquidität platziert, vorwiegend über Anlagen bei erstklassigen Geschäftsbanken oder in kurzfristigen Staatspapieren. Die BIZ bietet Anlagedienstleistungen für Zentralbanken an und führt verschiedene Devisen- und Goldtransaktionen für ihre Kunden durch. Die Bank gewährt auch (zumeist gesicherte) kurzfristige Kredite an Zentralbanken. Verschiedentlich hat die BIZ mit der Unterstützung führender Zentralbanken multilaterale Finanzhilfe für andere Zentralbanken geleistet, insbesondere zur Vorfinanzierung von Krediten internationaler Organisationen wie IWF und Weltbank. Seit ihrer Gründung hat die BIZ zahlreiche Aufgaben als Agentin, Treuhänderin oder Pfandhalterin erfüllt, z.B. für die Dawes- (1924) und die Young-Anleihe (1930), für die ab 1952 ausgegebenen Anleihen der Europäischen Gemeinschaft für Kohle und Stahl (1954–1986) sowie für die Umschuldung der Auslandsschulden von Brasilien (1993), Peru (1997) und der Côte d'Ivoire (1998). Von 1948 bis 1958 fungierte die BIZ als Agentin der Europäischen Zahlungsunion (EZU). Von 1973 bis zur Gründung des ↑Europäischen Währungsinstituts 1994 (der Vorläuferorganisation der ↑Europäischen Zentralbank) erfüllte die BIZ zahlreiche Aufgaben im

Bank für Internationalen Zahlungsausgleich (BIZ)

Rahmen der europäischen Währungsinstitutionen, z.B. als Agentin des ↑Europäischen Währungssystems (EWS) und des Europäischen Fonds für währungspolitische Zusammenarbeit (EFWZ) 1973–1993 sowie als Agentin des (privaten) ECU-Clearing 1986–1998.

Die BIZ ist ein wichtiges Forum der internationalen Zusammenarbeit sowie ein Ort der Begegnung und des internationalen Gedankenaustuschs im Bereich der Währungspolitik und der Stabilität der internationalen Finanzmärkte (↑Systemstabilität, Förderung der). Anlässlich der Verwaltungsratssitzungen jeden zweiten Monat finden Treffen von Zentralbankpräsidenten in engerem oder weiterem Rahmen statt. Anlässlich der Jahresversammlung treffen sich Präsidenten und andere Vertreter von weit über 100 Zentralbanken. Ein weiteres Gremium ist das Asian Consultative Council, das sich aus den Präsidenten der BIZ-Mitgliedszentralbanken das Asien-Pazifik-Region zusammensetzt. Zudem finden in der BIZ zahlreiche Zusammenkünfte auf Expertenebene statt, z.T. in Zusammenhang mit der Tätigkeit der unten aufgeführten Ausschüsse, aber auch über spezielle Themen wie Informationstechnologie, Sicherheit, interne Managementverfahren und rechtliche Fragen. Die BIZ ist auch ein Zentrum für Währungs- und Wirtschaftsforschung und veröffentlicht zahlreiche Studien und Arbeitspapiere auf diesem Gebiet. Daneben publiziert die BIZ Statistiken über die internationalen Finanzmärkte, die grösstenteils im Quartalsbericht der BIZ zugänglich sind. Der Jahresbericht enthält eine umfassende Übersicht über die internationale wirtschaftliche und finanzielle Entwicklung. Schliesslich hat die BIZ gemeinsam mit dem ↑Basler Ausschuss für Bankenaufsicht das Institut für Finanzstabilität (↑Financial Stability Institute, FSI) gegründet, das zur Förderung einer wirksamen Umsetzung von Aufsichtsregelungen eine grosse Anzahl von Seminaren und Workshops durchführt.

Bei der BIZ sind zahlreiche Ausschüsse bzw. deren Sekretariate angesiedelt, die eine wichtige Rolle im Rahmen der internationalen Finanzarchitektur spielen und bei der Ausarbeitung internationaler Finanznormen massgeblich mitwirken:

– Der 1974 gegründete *Basler Ausschuss für Bankenaufsicht (Basel Committee on Banking Supervision, BCBS)* dient als Diskussionsforum der Bankaufsichtsbehörden und koordiniert die Aufteilung der Zuständigkeit nationaler Bankaufsichtsbehörden für die Überwachung internationaler Bankgeschäfte (sog. ↑Basler Konkordat von 1975/1983). Die Basler Empfehlung zur ↑Eigenkapitalkonvergenz von 1988 (die zurzeit revidiert wird und ab 2005 durch eine weiterentwickelte Neufassung ersetzt werden soll) bezweckt die internationale Harmonisierung der Anforderungen bezüglich des Mindesteigenkapitals der Banken. 1997 gab der Ausschuss die Grundsätze einer wirksamen Bankenaufsicht heraus, eine umfassende Darlegung eines wirksamen Aufsichtssystems

– Die BIZ stellt auch das *Sekretariat des Ausschusses für Zahlungsverkehrs- und Abrechnungssysteme (Committee on Payment and Settlement Systems, CPSS)*, das sich mit der Effizienz und Stabilität von nationalen und internationalen Zahlungsverkehrs- und Abwicklungssystemen (↑Zahlungsverkehr; ↑Internationaler Zahlungsverkehr) befasst. In diesem Zusammenhang hat der Ausschuss internationale Standards (Grundsätze für die Gestaltung und den Betrieb von Zahlungsverkehrssystemen, 2001) herausgegeben.

– Der *Ausschuss für das weltweite Finanzsystem (Committee on the Global Financial System, CGFS,* früher Euro-Currency Standing Committee) befasst sich mit der Analyse der Funktionsweise der internationalen Finanzmärkte und der Erarbeitung von Grundsatzempfehlungen für die Verbesserung des Funktionierens dieser Märkte.

– Seit 1998 befindet sich das *Sekretariat der International Association of Insurance Supervisors (IAIS)* bei der BIZ. Diese 1994 gegründete internationale Vereinigung der Versicherungsaufsichtsbehörden hat die Aufgabe, eine bessere Versicherungsaufsicht insbesondere durch die Entwicklung diesbezüglicher praktischer Standards zu erreichen.

– Die (2002 konstituierte) *International Association of Deposit Insurers (IADI)* vereinigt Vertreter verschiedener nationaler Einlegerschutzsysteme (↑Einlegerschutz) und ist bestrebt, die internationale Zusammenarbeit in diesem Sektor zu fördern.

– Das ständige Sekretariat des 1999 gegründeten *Forums für Finanzstabilität (↑Financial Stability Forum [FSF])* befindet sich ebenfalls bei der BIZ. Das FSF bezweckt die Koordination zwischen nationalen Behörden, internationalen Organisationen (IWF, Weltbank, BIZ und OECD) und internationalen Aufsichts- oder Expertengremien (neben den genannten Gremien noch die ↑IOSCO, International Organization of Securities Commissions) mit Aufgaben im Bereich der Stabilität des internationalen Finanzsystems. Das FSF setzt Prioritäten in Bezug auf die Erarbeitung und die weltweite Umsetzung internationaler Finanznormen (International Financial Standards) fest und hat eine Liste von zwölf grundlegenden Normen (sog. Key standards) veröffentlicht. Diese Normen sind rechtlich als internationale Empfehlungen zu werten (sog. Soft law); deren Umsetzung im Rahmen der nationalen Rechtsordnungen und der einschlägigen Verwaltungs- und Aufsichtspraxis wird durch verschiedene Programme des IWF und der Weltbank im Rahmen der multilateralen Überwachung insbesondere das Finan-

cial sector assessment program (FSAP) und die Reports on the observance of standards and codes (ROSCs) gefördert. *Mario Giovanoli*
Lit.: *BIZ-Jahresbericht (erscheint jeweils im Juni/ Juli auf englisch, französisch, deutsch, italienisch und spanisch), Basel.* – Giovanoli, M.: *A New Architecture for the Global Financial Market: Legal Aspects of International Financial Standard Setting, in International Monetary Law, Oxford, 2000.*
Links: www.fsforum.org – www.imf.org – www.worldbank.org – www.bis.org

Bankgarantie

Die Bankgarantie ist nach *allgemeinem Sprachgebrauch* das zumeist im Auftrag und für Rechnung eines Kunden abgegebene bedingte Zahlungsversprechen einer Bank, womit diese gegenüber dem ↑Begünstigten die Gewährleistung bzw. Haftung dafür übernimmt, dass ein bestimmter Erfolg eintritt bzw. ein bestimmter Schaden nicht eintritt. In den meisten Fällen ist sie ein Instrument der Sicherstellung von Forderungen gegen einen Kunden der Bank oder eine dem Kunden der Bank nahe stehende Firma. In diesem allgemeinen Sinn schliesst der Begriff der Bankgarantie auch die Bankbürgschaft in sich.

Im *spezifisch rechtlichen und banktechnischen Sinn* unterscheidet sich jedoch die Bankgarantie von der Bankbürgschaft durch das Fehlen der Akzessorietät: Während der «Garantiefall» bei der Bankbürgschaft in der Nichterfüllung einer vertraglichen Pflicht des Hauptschuldners besteht und dem Bürgen alle Einreden und Einwendungen aus dem Grundverhältnis zustehen, hat der Garant beim Eintritt des in der Garantievereinbarung abstrakt umschriebenen Garantiefalls Zahlung zu leisten, unabhängig davon, ob diese Leistung dem Begünstigten von einem Dritten geschuldet wird. Diese theoretische Abgrenzung ist nun aber in der Praxis dort schwierig durchzuführen, wo der Garantiefall so umschrieben ist, dass er praktisch mit der Nichterfüllung der vertraglichen Verpflichtung eines Dritten zusammenfällt. Eine eindeutige Zuordnung solcher «bürgschaftsähnlicher Garantien» zum Garantievertrag nach OR 111 (und nicht zur ↑Bürgschaft nach OR 492 ff.) lässt sich in der Praxis nur vornehmen, wenn der Wille zur Unabhängigkeit der Verpflichtung des Garanten von der vertraglichen Leistungspflicht des Hauptschuldners aus dem Text der Garantie ausdrücklich hervorgeht. Zudem muss die Rechtsordnung diesen Willen zur Abstraktheit (Nichtakzessorietät) respektieren.

Wegen der einschneidenden Bestimmungen, die das OR zum Schutze des Bürgen aufgestellt hat (OR 492–512) war lange unsicher, ob das schweizerische Recht die Sicherstellung vertraglich geschuldeter Leistungen Dritter in der Form von nichtakzessorischen, also von der Existenz und Erzwingbarkeit der Leistungspflicht des Dritten unabhängigen Garantien, überhaupt zulässt. Die Gerichtspraxis neigt heute noch dazu, solche Verpflichtungen den zwingenden Regeln und Formvorschriften des Bürgschaftsrechtes zu unterwerfen, wenn sie von natürlichen Personen abgegeben werden. Sie lässt hingegen Garantien im internationalen Handel, und/oder wenn sie von Banken abgegeben werden, in der Regel als Garantieverträge gelten, und zwar, wie man annehmen darf, auch dann, wenn die Bank für Rechnung und im Auftrag eines privaten Kunden handelt. Damit hat sich die abstrakte, nichtakzessorische Bankgarantie, die im internationalen Handelsverkehr ↑Usanz ist, auch im schweizerischen Recht fest eingebürgert.

Dies gilt insbesondere für die im internationalen Verkehr gebräuchliche Garantie, mit der eine Bank ausdrücklich «auf erstes Verlangen (↑On first demand)» des Begünstigten und «ohne Prüfung des Rechtsgrundes» oder «ungeachtet der Gültigkeit und der Rechtswirkungen des Hauptschuldverhältnisses und unter Verzicht auf sämtliche Einreden und Einwendungen des Schuldners» Zahlung zu leisten verspricht *(sog. Garantie auf erstes Verlangen, Demand guarantee)*. Bei dieser Form der Garantie ist die Leistungspflicht der Bank von der Frage der Leistungspflicht des Dritten unter dem Grundverhältnis völlig losgelöst. Auslöser der Zahlungspflicht ist weder eine Vertragsverletzung noch das faktische Ausbleiben der sichergestellten Leistung (materieller Garantiefall), sondern die blosse Tatsache des Abrufs der Garantie (formeller Garantiefall). Häufig wird die Zahlung zusätzlich an die Voraussetzung gebunden, dass der Begünstigte der Bank bestimmte Erklärungen abgibt oder bestimmte Dokumente vorlegt.

In der Regel nennt die auf erstes Verlangen zahlbare Bankgarantie einen Höchstbetrag, für den die Bank vom Begünstigten in Anspruch genommen werden kann, und eine Frist, innerhalb derer der Begünstigte der Bank seine Zahlungsaufforderung und gegebenenfalls die weiteren Erklärungen und Dokumente einreichen muss. Bei unbenütztem Ablauf der Frist geht die Garantie unter. Für allfällige Rechtsschritte zur Durchsetzung der Garantieforderung sehen in der Regel weder der Garantietext noch das Gesetz eine Frist vor. Vorbehalten bleibt die ↑Verjährung.

Wird die Bank in Anspruch genommen, so kann sie nur bestreiten, dass der Begünstigte ihr die erforderlichen Erklärungen und Dokumente fristgerecht eingereicht hat. Weitere Einreden oder Einwendungen kann sie nicht erheben. Nur wenn der Kunde der Bank ohne weitere Umstände und zweifelsfrei dartun kann, dass der (materielle) Garantiefall nicht eingetreten ist, wenn die Garantie also offensichtlich rechtsmissbräuchlich oder betrügerisch in Anspruch genommen wird, ist die Bank berechtigt und ihrem Kunden gegenüber auch verpflichtet, die Zahlung zu verweigern. Wegen der sozusagen «automatischen» Zahlungspflicht war früher umstritten, ob die Bank ihrem Kunden von der Zahlungsaufforderung des Begünstigten Kenntnis geben oder ob sie ohne Rücksprache mit dem Kunden Zahlung leisten soll. Heute herrscht die Auffassung vor, dass die Bank dem Kunden Gelegenheit geben muss, sie auf eventuellen Rechtsmissbrauch oder Betrug hinzuweisen.

Trotz gewollter Nichtakzessorietät nehmen auf erste Anforderung zahlbare Bankgarantien im Titel oder im Text regelmässig Bezug auf das Hauptschuldverhältnis oder auf die sicherzustellende Leistung. Dadurch soll keine Akzessorietät geschaffen, sondern der Sicherungszweck festgehalten werden. Dieses Vorgehen dient der Klarheit und bis zu einem gewissen Grad auch der Verhinderung missbräuchlicher Zahlungaufforderungen, denn der Begünstigte kann sich strafbar machen, wenn er die Garantie ohne jeden Zusammenhang mit dem Sicherungszweck in Anspruch nimmt.

Nach dem Sicherungszweck unterscheidet man verschiedene Typen von Bankgarantien:
– Die *Anzahlungsgarantie* dient zur Sicherstellung der ↑Rückzahlung einer Anzahlung
– Die *Erfüllungsgarantie* (Performance bond) oder die *Liefer- und Zahlungsgarantie* dient der Sicherstellung der Erfüllung vertraglicher Leistungspflichten
– Die *Bietungsgarantie* (Bid bond) dient der Sicherstellung der Vertragsunterzeichnung im Falle des Zuschlags bei öffentlichen Ausschreibungen.

Da die Garantie nicht akzessorisch ist, geht sie nicht ohne weiteres auf den Zessionar über, wenn die Forderung, deren Sicherstellung sie bezweckt, an einen Dritten abgetreten wird. Wird die Garantie abgetreten, so wird wegen des besonderen Vertrauens, das die Bank dem Begünstigten einer auf erstes Verlangen zahlbaren Bankgarantie entgegenbringt, von vielen Fachleuten die Meinung vertreten, dass das Recht, die Zahlung zu verlangen und die begleitenden Erklärungen abzugeben, beim ursprünglichen Begünstigten bleibt und auf den Zessionar nur das Recht übergeht, die Zahlung entgegenzunehmen. Eine andere Ansicht lässt auch das Recht zum Abruf der Garantie auf den Zessionar übergehen. Nach einer dritten Meinung ist die ↑Abtretung überhaupt ausgeschlossen.

Im internationalen Verkehr wird in der Regel die Bankgarantie einer Bank im Lande des Begünstigten verlangt. In diesem Fall beauftragt der zur Garantiestellung Verpflichtete seine Bank, eine ↑Korrespondenzbank im Lande des Begünstigten mit der Abgabe der Garantie zu beauftragen. Dieser zweite Auftrag ist mit einer Rück- oder Gegengarantie der ersten Bank an die zweite Bank verbunden. Schwer lösbare Streitigkeiten können entstehen, wenn die zweite Bank aufgrund der vom Begünstigten eingereichten Erklärungen und Unterlagen Zahlung leistet, die erste Bank aber der Ansicht ist, dass diese Unterlagen den Bedingungen für eine Honorierung ihrer eigenen Rückgarantie nicht entsprechen. Störungen entstehen auch, wenn es dem Auftraggeber gelingt, der ersten Bank durch vorsorgliche Verfügung des Richters die Honorierung der Rückgarantie verbieten oder den Revalierungsanspruch der zweiten Bank arrestieren zu lassen, obwohl dem Begünstigten kein Rechtsmissbrauch vorgeworfen werden kann.

Im April 1992 hat die ↑Internationale Handelskammer «Einheitliche Richtlinien für auf erstes Anfordern zahlbare Garantien» (Uniform Rules for Demand Guarantees, ICC Publication No. 458) veröffentlicht. Diese Richtlinien streben eine internationale Harmonisierung verschiedener zivilrechtlicher Fragen an, die sich im Zusammenhang mit der Bankgarantie auf erstes Verlangen stellen. Nach Art. 4 kann das Recht, Zahlung zu verlangen, nur abgetreten werden, wenn die Garantie dies ausdrücklich vorsieht; nach Art. 17 ist die garantierende Bank gehalten, den Auftraggeber über eine Zahlungsaufforderung des Begünstigten zu informieren. Wichtig ist Art. 20, der verlangt, dass die Zahlungsaufforderung von einer schriftlichen Erklärung des Begünstigten begleitet sein muss, die festhält:
1. dass der Auftraggeber der Garantie seine Verpflichtungen unter dem zugrunde liegenden Vertrag nicht erfüllt hat und
2. worin die Nichterfüllung besteht.

Das Problem der Verweigerung der Zahlung wegen Rechtsmissbrauch wird in den «Einheitlichen Richtlinien» nicht geregelt. Die Richtlinien finden nur Anwendung auf Garantien, die ausdrücklich auf sie verweisen. *Christian Thalmann*
Lit.: Kleiner, B.: Bankgarantie, Zürich 1990.

Bankgeheimnis
↑Bankkundengeheimnis.

Bankgeschäfte
Bankgeschäfte sind alle Rechtsgeschäfte, welche die Bank in der Ausübung ihrer spezifischen Funktionen (↑Bank, [Begriff und Funktionen]) abschliesst.
Bankgeschäfte können wie folgt eingeteilt werden:
1. Nach rechtlichen Gesichtspunkten gibt es Bankgeschäfte im Sinne des BankG.
2. Nach der Art der Erträge lassen sich die Bankgeschäfte einteilen in Zinsdifferenzgeschäfte (Passiv- und Aktivkreditgeschäfte oder kurz: ↑Passiv- und Aktivgeschäfte), bei denen die Bank eine ↑Zinsmarge ausnützt, Dienstleistungsgeschäfte, bei denen sie eine Kommission einnimmt und ↑Eigen- und Handelsgeschäfte, bei denen sie einen Handelsgewinn erzielt.
3. Nach bilanziellen Gesichtspunkten kann unterschieden werden nach ↑bilanzwirksamen und ↑bilanzneutralen Geschäften oder Ausser-

bilanzgeschäften (↑ Off-balance-sheet-Geschäfte).
4. Nach organisatorischen oder marktmässigen Gesichtspunkten differenziert man nach Einlagengeschäften, Kreditgeschäften, Wertschriftengeschäften, Geldmarktgeschäften, Zahlungsverkehrsgeschäften usw.
5. Nach der Grösse der Geschäfte wird weiter grob nach Retail- und Wholesale-Geschäften unterschieden.
6. Aus dem ↑ Trennbankensystem der USA stammt die Unterscheidung von ↑ Commercial banking und ↑ Investment banking.

Daneben gibt es noch weitere Einteilungsmöglichkeiten. *Max Gsell*

Bankgeschichte
↑ Verein für Finanzgeschichte Schweiz und Fürstentum Liechtenstein.

Bankgiro
Unter Bankgiro versteht man die Übertragung einer Geldsumme innerhalb des ↑ Bankensystems von einem Konto auf ein anderes, ohne dass ↑ Bargeld dazu verwendet wird (↑ Bargeldloser Zahlungsverkehr), auch Bank-an-Bank-Zahlung genannt. Über das Bank- und Postgiro-System (↑ Postzahlungsverkehr) werden die meisten Inlandzahlungen abgewickelt. Das Girosystem der Nationalbank (↑ Giroverkehr der Schweizerischen Nationalbank [SNB]) wird für die Abwicklung des Kundenzahlungsverkehrs heute nicht mehr verwendet. Die Zahlungen der Banken untereinander erfolgen über das ↑ Swiss Interbank Clearing (SIC), mit der SNB als Dachorganisation. Alle Informationen werden bei diesem System elektronisch übermittelt. Der Ausdruck Bankgiro entstand aus dem früheren beleggebundenen Bankenclearing, das mithilfe eines Bankgiro-Formulares abgewickelt wurde.

Bankgruppen
↑ Bankenstatistik der Schweiz; ↑ Bankensystem, schweizerisches; ↑ Bankenverbände und -vereinigungen.

Bankguthaben
Guthaben auf ↑ Sicht oder Zeit bei Banken in Form von Einlagen (↑ Bankeinlagen) auf ↑ Spar-, ↑ Depositenkonti, Einlage- und ↑ Anlagekonti, -hefte, in Kontokorrent und auf Festgeldkonti.

Bank holiday
↑ Bankfeiertage.

Bankier
Klassische Berufsbezeichnung für einen selbstständig oder leitend im ↑ Bankgeschäft tätigen Unternehmer. Bankiers können zusätzlich zu ihrer Bank als Einzelmitglieder in die Schweizerische ↑ Bankiervereinigung aufgenommen werden. Diese hat so ein Stück weit noch die Rolle einer Vereinigung für den Berufsstand der Bankiers (worauf das Wort «Standesregeln» ursprünglich zurückgeht). Eine besonders traditionsreiche Ausprägung dieses Berufs findet sich im Begriff des ↑ Privatbankiers.

Bankiervereinigung, Schweizerische
Die Schweizerische Bankiervereinigung (Abk. SBVg, engl. Swiss Bankers Association, frz. Association suisse des banquiers, ital. Associazione Svizzera dei Banchieri) ist der *Spitzenverband der schweizerischen Finanzwirtschaft*. Ihre Gründung fand 1912 in Basel statt, wo sich heute noch ihr Sitz befindet; weitere Büros unterhält sie in Bern und Zürich. Juristisch ist sie ein Verein und politisch ein Wirtschaftsverband, der sich insbesondere den Zielen der Interessenvertretung, der ↑ Selbstregulierung, der Förderung des ↑ Finanzplatzes und der Ausbildung im ↑ Bankensektor widmet (§ 2 und 3 der Statuten). Seit 2001 tritt die SBVg unter der Marke «SwissBanking» auf.

1. Organisation
Die *Mitglieder* der SBVg sind herkömmlich in erster Linie Banken (↑ Bank [Begriff und Funktionen]), aber auch Bankrevisionsgesellschaften, ↑ Effektenhändler, ↑ Gemeinschaftswerke der Banken und Gruppenverbände, wie z. B. der Schweizer Verband der ↑ Raiffeisenbanken, der Verband der ↑ Auslandsbanken in der Schweiz (↑ Ausländische Banken), der Verband Schweizerischer ↑ Kantonalbanken, die Vereinigung Schweizerischer ↑ Handels- und Verwaltungsbanken und die Vereinigung Schweizerischer ↑ Privatbankiers (↑ Bankenverbände und -vereinigungen).
Regelmässig sind die Mitglieder der Gruppenverbände nicht nur durch ihre Gruppe, sondern zusätzlich selber Mitglied der SBVg. So ist die SBVg nicht ein Dachverband wie z. B. economiesuisse, sondern ein Unternehmensverband: In ihren Organen und Kommissionen wirken Vertreter nicht nur der Gruppenverbände, sondern mehrheitlich der Banken selber mit. Das gibt der SBVg eine hohe «Unmittelbarkeit» und Schlagkraft in der Wirtschaftspolitik, zumal mit wenigen Ausnahmen alle Schweizer Banken bei ihr Mitglied sind.
Die Kader der Mitgliedunternehmen gehören der SBVg zudem als *Einzelmitglieder* an und vertreten ihr Unternehmen an der Generalversammlung. Für die Einzelmitglieder besteht ein «Swiss Bankers Club», der vornehmlich in Basel, Bern, Genf, Lugano und Zürich Anlässe durchführt.
An der Spitze der *Organe* der SBVg steht die Generalversammlung. Sie tagt jährlich an wechselnden Orten (im Rahmen des «Schweizerischen Bankiertags»). Zu ihren Aufgaben gehört die Wahl des Verwaltungsrats auf drei Jahre und der Kontrollstelle. Der Verwaltungsrat bestimmt aus seiner

Mitte das Präsidium und einen Ausschuss. Ihm obliegen die wichtigen Entscheide. Die laufenden Geschäfte werden von einer Geschäftsstelle mit 50–60 Angestellten geführt. Zur fachlichen Beratung der SBVg und zum Erfahrungsaustausch unter den Banken setzt der Verwaltungsrat nach Bedarf Kommissionen und Projektgruppen ein. Die SBVg ihrerseits ist Mitglied u. a. des Wirtschaftsdachverbands economiesuisse und der ↑Bankenvereinigung der Europäischen Union.

2. Interessenvertretung und Förderung des Finanzplatzes

Der SBVg obliegt die Vertretung der Interessen ihrer Mitglieder in der Öffentlichkeit und bei den Behörden (↑Lobbying im Bankwesen) sowohl in der Schweiz wie auch im Ausland (↑Swiss Plus – Financial Excellence). Das ist die klassische und auch aktuelle Tätigkeit eines Wirtschaftsverbands. Im Vorverfahren der Gesetzgebung (der Vernehmlassung) setzt sich die SBVg gegenüber der Regierung für die Anliegen ihrer Mitglieder ein. Sodann sucht sie auch das Gespräch mit Parlamentariern und ihren Fraktionen. An regelmässigen Treffen vertritt sie die Belange ihrer Mitglieder u. a. gegenüber der ↑Bankenkommission (EBK), der ↑Nationalbank (SNB), den zuständigen Departementen der Regierung und etwa der Eidgenössischen Steuerverwaltung (ESTV).

Von der Interessenvertretung zu unterscheiden ist der Austausch von Kenntnissen und Erfahrungen mit den Behörden. So tritt z. B. die ESTV gelegentlich ins Gespräch mit der SBVg, um ihre Tätigkeit besser vorbereiten zu können. Diese Seite der Verbandstätigkeit führt von der Interessenvertretung in die Nähe der ↑Selbstregulierung. Nicht mehr zu den Zielen der SBVg gehört seit den 80er-Jahren die kartellistische Selbstbeschränkung der Banken im Wettbewerb (↑Kartelle im Bankensektor).

Hinzu gekommen ist in jüngster Zeit die internationale *Förderung des schweizerischen Finanzplatzes* (↑*Swiss Plus – Financial Excellence*).

3. Selbstregulierung

Die Selbstregulierung zählt heute zu den wichtigsten Aufgaben der SBVg. Ihre *Standesregeln* ergehen in der Form von Richtlinien oder Verträgen. Sie müssen von sämtlichen Banken und ↑Effektenhändlern eingehalten werden, also nicht nur von den Mitgliedern der SBVg. Die Bankenkommission sieht darin ein Erfordernis der «Gewähr für eine einwandfreie Geschäftstätigkeit». Den Inhalt ihrer Standesregeln muss die SBVg deshalb jeweils mit der EBK aushandeln, ihre Einhaltung wird von der bankengesetzlichen Revision geprüft, und ihre Verletzung kann aufsichtsrechtliche Folgen haben. Die SBVg selber verhängt in diesem Fall keine Strafen, ausser bei der Sorgfaltspflichtvereinbarung (↑Vereinbarung über die Standesregeln zur Sorgfaltspflicht der Banken). Weitere Beispiele sind die ↑Richtlinien für Vermögensverwaltungsverträge oder die ↑Verhaltensregeln für Effektenhändler.

Bei blossen *Empfehlungen* hingegen steht den Banken bzw. Effektenhändlern die Einhaltung frei. Die EBK beteiligt sich deshalb nicht an ihrer Ausgestaltung und lässt auch ihre Einhaltung nicht überprüfen.

4. Engagement in der Ausbildung

Als Wirtschaftsverband engagiert sich die SBVg für die ↑*Ausbildung im Bankensektor*. Sie wirkt bei der Gestaltung neuartiger Lehrgänge bzw. Lehrmittel und am Prüfungswesen mit.

Zudem setzt sich die SBVg für eine *modern verstandene, interdisziplinär wahrgenommene Finanzmarktwissenschaft* an den Fachhochschulen und Universitäten ein.   Urs Philipp Roth

Links: www.swissbanking.org

Banking Federation of the European Union

↑Bankenvereinigung der Europäischen Union.

Bankinterne Sondervermögen

Bei bankinternen Sondervermögen handelt es sich um Vermögen, die ohne öffentliche Werbung von Banken zur kollektiven Verwaltung von Vermögen bestehender Kunden geschaffen und für deren Rechnung gesondert nach einem zu erstellenden Reglement verwaltet werden.

1. Gesetzesentstehung

Bankinterne Sondervermögen weisen bis auf das fehlende Kriterium der öffentlichen Werbung wirtschaftlich eine grosse Ähnlichkeit mit ↑Anlagefonds auf. Aus diesem Grund werden sie auch *Inhouse funds* genannt, obwohl dies nach dem ↑Bundesgesetz über die Anlagefonds (AFG) in AFG 5 (Schutz der Bezeichnung) eigentlich verboten ist. Interne Sondervermögen, die in den letzten Jahrzehnten zunehmend sowohl von Banken als auch von unabhängigen ↑Vermögensverwaltern zwecks Rationalisierung der ↑Vermögensverwaltung geführt wurden, unterstanden bis 13.12.1994 nicht der Anlagefondsgesetzgebung. Angesichts der wachsenden Bedeutung von internen Sondervermögen wurde bei der Revision des aAFG ihre Regulierung gefordert, wobei Art und Ausmass von Anfang an umstritten waren. Letztlich entschied sich der Gesetzgeber aus Gründen des Anlegerschutzes und der Rechtssicherheit für die erstmalige gesetzliche Regelung bankinterner Sondervermögen (AFG 4). Als bedeutendste materielle Neuerung ist das Verbot der Führung von internen Sondervermögen durch Nichtbanken zu bezeichnen. Diese hatten ihre Sondervermögen bis 31.12.1995 zu liquidieren. Demnach ist nur noch Banken das Recht eingeräumt, bankinterne Sondervermögen zu führen. Die Privilegierung der Banken wurde damit begründet, dass diese im Gegensatz zu unabhängigen Vermögensverwaltern der Aufsicht der EBK (↑Bankenkommission, Eidg.) unterstehen. Zu beachten ist, dass mangels gesetzlicher Ermächtigung den ↑Effektenhändlern das Führen von bankinternen Sondervermögen verwehrt ist, obwohl die so genannten Kundenhändler ebenfalls das Vermögensverwaltungsgeschäft betreiben und ↑Sammelkonten führen dürfen.

2. Begriff und Abgrenzung zu Anlagefonds
Das AFG definiert den Begriff bankinternes Sondervermögen nicht. Aus AFG 4 folgen nur die Anforderungen, denen ein bankinternes Sondervermögen genügen muss, damit Anleger daran beteiligt werden dürfen. Der Vergleich dieser Anforderungen mit der Legaldefinition des Anlagefonds in AFG 2 ergibt, dass sich aufsichts- bzw. verwaltungsrechtlich die bankinternen Sondervermögen im Wesentlichen nur durch das Fehlen der öffentlichen Werbung von Anlagefonds unterscheiden. Zivilrechtlich weicht das bankinterne Sondervermögen vom Anlagefonds insofern ab, als das Rechtsverhältnis zwischen Bankkunden und Bank uneingeschränkt dem Auftragsrecht untersteht und im Gegensatz zum ↑Kollektivanlagevertrag keinen Vertrag sui generis darstellt. Hier ist anzufügen, dass der Vermögensträger und die ↑Fondsleitung bei einem bankinternen Sondervermögen immer eine Bank ist, bei einem Anlagefonds jedoch eine Fondsleitung, die keine Bank mehr sein darf (vgl. AFG 9).

3. Verbot öffentlicher Werbung
Banken dürfen für bankinterne Sondervermögen nicht öffentlich werben. Der Begriff der öffentlichen Werbung ist in AFG 2 II definiert. Danach gilt ohne Rücksicht auf die Form jede Werbung als öffentlich, die sich nicht bloss an einen eng umschriebenen Kreis von Personen richtet. Das Verbot öffentlicher Werbung wird von der EBK streng ausgelegt. Bereits der Hinweis im Geschäftsbericht der Bank oder auf deren Homepage auf das Vorhandensein bankinterner Sondervermögen gilt als öffentliche Werbung und ist daher strafbar. Im Weiteren beschränkt AFG 4 III den Einsatz von bankinternen Sondervermögen auf jene bestehenden Kunden, die der Bank einen schriftlichen Vermögensverwaltungsauftrag erteilt haben. Um die Handelbarkeit der Beteiligung auszuschliessen, dürfen keine ↑Anteilscheine ausgegeben werden.

4. Absonderungsrecht
Das AFG führte nicht nur für Anleger von Anlagefonds (AFG 16), sondern auch für Anleger von bankinternen Sondervermögen das Absonderungsrecht ein (AFG 4 III). Mit dieser Bestimmung hat die ehemals brisante Frage der Eigentumszuordnung bei bankinternen Sondervermögen ihre praktische Bedeutung verloren. In der jüngeren Lehre herrscht – angesichts der Identität des Absonderungsrechts bei Anlagefonds und bankinternen Sondervermögen zutreffend – die Meinung vor, das für Rechnung der Anleger durch die Bank verwaltete bankinterne Sondervermögen stehe im Eigentum der Bank, und nicht etwa im Miteigentum der Anleger.

5. Anwendbare Bestimmungen des AFG
Gestützt auf die Kompetenzdelegation in AFG 4 V hat der Bundesrat in AFV 3 abschliessend fünf Vorschriften für auf bankinterne Sondervermögen anwendbar erklärt:
– Meldepflicht der Banken an die bankengesetzliche Revisionsstelle
– Pflicht zur Erstellung eines Reglements als integrierender Bestandteil des Vermögensverwaltungsvertrages. Dabei kann die ↑Anlagepolitik im Gegensatz zu Anlagefonds frei gewählt werden. Weder bedarf das Reglement der Genehmigung der EBK, noch muss es dieser zur Stellungnahme eingereicht werden
– Jederzeitiges Widerrufsrecht und Anspruch auf Barauszahlung des Anlegers
– Pflicht zur gesonderten Buchführung und zur jederzeitigen Rechenschaftsablage gegenüber dem Anleger
– Überprüfung des bankinternen Sondervermögens auf Einhaltung der anwendbaren Bestimmungen und Berichterstattung durch die bankengesetzliche Revisionsstelle. *Felix Stotz*

Bankkommission
Bei einigen ↑Kantonalbanken Bezeichnung für den Ausschuss des Bankrates.

Bankkonto
Das Bankkonto (↑Konto) ist eine von und bei der Bank als kontoführende Stelle für ihre Kunden oder sich selbst, die ↑Kontoinhaber, nach den Regeln der doppelten Buchhaltung geführte Rechnung. Über das Konto werden alle Eingänge und Ausgänge gebucht, die sich zu Gunsten oder zulasten des Kontoinhabers ergeben. Die ↑Kontoeröffnung hat nach strengen Regeln zu erfolgen (↑Vereinbarung über die Standesregeln zur Sorgfaltspflicht der Banken [VSB]; ↑Compliance). Zu unterscheiden ist zwischen Geldkonten und Depotkonten (↑Depotbuchführung, -buchhaltung). Geldkonten, die eigentlichen Bankkonten im engeren Sinn, lassen sich z.B. einteilen in Konten für den ↑Zahlungsverkehr, Konten im Zusammenhang mit der ↑Kapitalanlage (z.B. ↑Sparkonto, Sparheft) und Konten für die Vorsorge (↑Altersvorsorge, ↑Risikovorsorge, ↑Vorsorgesparen). Rechtlich sind die meisten Bankkonten Kontokorrente (↑Kontokorrentkonto).

Bankkontrolle
↑Kontrolle, interne; ↑Revision, externe; ↑Revision, interne; ↑Revisionsbericht.

Bankkonzern
Ein Bankkonzern liegt vor, wenn eine Bank mit mehr als der Hälfte der Stimmen direkt oder indirekt an einer oder mehreren Gesellschaften (Tochtergesellschaften) beteiligt ist oder auf andere Weise auf diese einen beherrschenden Einfluss ausübt (Bank V 23a). Anders als in der Industrie setzte im Bankbereich in der Schweiz – mit Ausnahme der Grossbanken – die Konzernbildung erst spät ein. Vor allem das ↑Private banking erfolgt über rechtlich selbstständige Einheiten. Bankkonzerne haben, soweit es sich nicht um Kleinkonzerne handelt (Bank V 23a IV), eine Konzernrechnung zu erstellen. Nicht zu konsolidieren sind Tochtergesellschaften, welche nur vorübergehend gehalten werden (z. B. bankfremde Beteiligungen, welche im Rahmen einer Sanierung erworben werden mussten). Aufsichtsrechtlich besonders relevant sind die so genannten ↑Finanzkonglomerate.

Bankkredit
Das Wort «Kredit» – abgeleitet von credere, d. h. Glauben, Vertrauen schenken – wird in drei verschiedenen Bedeutungen verwendet.
Erstens versteht man darunter das Vertrauen in die Fähigkeit und den Willen eines Schuldners, seinen Zahlungsverpflichtungen ordnungs- und termingemäss nachzukommen. Man sagt, ein Kaufmann oder ein Unternehmen geniesse Kredit. *Zweitens* versteht man unter Kredit den Transfer von Kapital oder anderen wirtschaftlichen Gütern während einer begrenzten Zeit. Es handelt sich also um Kreditgewährung, deren wichtigste Voraussetzung die Abklärung von Rückzahlungsfähigkeit, Rückzahlungswille und Rückzahlungszwang ist. Man gibt Kredit im Vertrauen darauf, dass der Schuldner nach Ablauf der vereinbarten Kreditdauer zahlen könne, wolle und müsse. *Drittens* versteht man unter Kredit auch das übertragene Geldkapital selbst. Man sagt, man habe einen Kredit im Betrag von CHF 100 000 erhalten.

1. Begriff, Arten und Formen des Bankkredites
Der Begriff des Bankkredites wird verschieden verwendet. Im weiteren Sinne versteht man darunter ganz allgemein die Zusicherung der Bank an einen Kreditnehmer, ihm *Geld* auszuleihen (↑Geldkredit) gegen angemessene Verzinsung und ↑Rückzahlung bzw. eine Verpflichtung an seiner Stelle zu übernehmen zu Gunsten eines Dritten gegen Zahlung einer Kommission. In diesem Sinne sind auch die Ausleihungen von Bank zu Bank als Bankkredit (↑Forderungen gegenüber Banken, ↑Verpflichtungen gegenüber Banken) zu verstehen. Besteht die Leistung der Bank nicht in der Geldausleihung (Geldkredit), sondern in der Eingehung einer Verpflichtung zu Gunsten des Kreditnehmers gegenüber einem Dritten, so spricht man von ↑ *Verpflichtungskredit*; z. B. beim ↑Kautionskredit und beim ↑Akzeptkredit.

Nach der *Art der Leistung der Bank* wird ferner unterschieden zwischen nichtrevolvierenden und revolvierenden Bankkrediten.

– Beim *nichtrevolvierenden* Bankkredit ist die Leistung der Bank einmalig. Handelt es sich um einen Geldkredit, der in der banktechnischen und rechtlichen Form des ↑Festkredites oder des ↑Darlehens erscheint, dann wird die vereinbarte Kredit- oder Darlehenssumme in einem Betrag voll ausbezahlt. Der Kreditnehmer verpflichtet sich, die erhaltene Summe zu verzinsen und entweder mit periodischen Amortisationen oder nach Ablauf der vereinbarten Kreditdauer in einem Betrage zurückzuzahlen. Bei einem nichtrevolvierenden Diskont- oder Akzeptkredit diskontiert oder akzeptiert die Bank einen einzelnen ↑Wechsel. Handelt es sich um einen Kautionskredit, so geht sie eine einzelne ↑Bürgschaft oder ähnliche Zahlungsverpflichtung zu Gunsten des Kreditnehmers ein.

– Beim *revolvierenden* Kredit hingegen sichert die Bank dem Kreditnehmer zu, ihm während der Dauer des Vertragsverhältnisses bis zu einem bestimmten Höchstbetrag Kredit in variierenden Beträgen ohne jede zeitliche Vorausfixierung einzuräumen oder sich zu seinen Gunsten gegenüber einem Dritten zu verpflichten. Es steht dem Kreditnehmer frei, ob und in welchem Masse er von diesen Möglichkeiten Gebrauch machen will, wie viel er vom bezogenen Geld auf einmal oder in mehreren Malen zurückerstatten will, ob es bei Gelegenheit wieder zu beziehen. Die Verpflichtung der Bank erlischt – vorbehältlich des jederzeitigen Kündigungsrechts gemäss den ↑Allgemeinen Geschäftsbedingungen – auch dann nicht, wenn der Kreditnehmer einen ↑Kontokorrentkredit vorübergehend vollständig zurückbezahlt, bei einem revolvierenden ↑Diskontkredit vorübergehend keine Wechsel zum ↑Diskont einreicht oder wenn bei einem revolvierenden Kautionskredit vorübergehend alle Zahlungsverpflichtungen und Bürgschaften zu Gunsten des Kreditnehmers erloschen sind. Die wichtigste Form des revolvierenden Bankkredites ist der *Kontokorrentkredit*. Deshalb versteht man denn auch unter *Bankkredit im engeren Sinne* den Kontokorrentkredit. Auf einem solchen Konto können z. B. zwischen zwei vorübergehenden Kreditbenützungen auch Guthabenpositionen gehalten werden. Man spricht dann von einem Konto mit wechselndem Kreditverhältnis. Die ↑Kreditlimite kann befristet oder auf unbestimmte Zeit in gleicher Höhe mit

Bankkredit

oder ohne Amortisationen bewilligt werden. Sind Amortisationen festgesetzt, so wird die Kreditlimite periodisch entsprechend reduziert.
Neben Geld- und Verpflichtungskredit einerseits und nichtrevolvierender und revolvierender Benützungsform anderseits werden noch folgende *Arten des Bankkredites* unterschieden:
– *Nach dem wirtschaftlichen Verwendungszweck:* der ↑Anlagekredit vom ↑Betriebskredit und der ↑produktive Kredit vom unproduktiven oder konsumtiven Kredit (↑Kleinkredit)
– *Nach der Art der Sicherstellung:* der ↑gedeckte Kredit vom ↑ungedeckten Kredit (↑Blankokredit) und der ↑Real- vom ↑Personalkredit
– *Nach der Person des Kreditnehmers und dessen wirtschaftlichem Standort:* der Kredit an öffentlich-rechtliche Körperschaften einerseits und der Kredit an Handelsfirmen (↑kommerzieller Kredit) und Privatpersonen anderseits. Schliesslich der ↑Inland- und ↑Auslandkredit.
Die verschiedenen *Kreditformen* sind Kontokorrentkredit, ↑Darlehen, Fester Vorschuss (↑Festkredit), Diskontkredit, Akzeptkredit, ↑Rembourskredit, Kautionskredit.
Kreditgeschäfte sind vom Standpunkt der Bank aus Aktivgeschäfte und finden deshalb – allerdings mit Ausnahme der Akzept- und Kautionskredite – ihren Niederschlag auf der Aktivseite der Bankbilanz. Verpflichtungen der Bank aus ↑Aval, Bürgschaft, Garantie sowie Akkreditiven und unwiderruflichen Zusagen sind nicht in die Bilanz aufzunehmen, sondern als Ausserbilanzgeschäft (↑Off-balance-sheet-Geschäfte) zu verbuchen. Auch eingeräumte, aber nicht beanspruchte Kreditlimiten figurieren nicht in der Bilanz.

2. Allgemeine Grundsätze der bankmässigen Kreditgewährung

↑Kreditwürdigkeit und ↑Kreditfähigkeit des Kreditnehmers sind die Voraussetzungen jeder Kreditgewährung. Einwandfreier Charakter des Kreditnehmers ist ebenso wichtig wie sein berufliches Können und Wissen. Fragwürdige oder verschwenderische Lebensweise können wie berufliches Ungenügen selbst bei vorerst günstigen Vermögensverhältnissen des Kreditnehmers das ↑Kreditrisiko der Bank wesentlich erhöhen. Für die Kreditwürdigkeit von juristischen Personen wie z.B. Aktiengesellschaften, Gesellschaften mit beschränkter Haftung (GmbH) oder Genossenschaften, ist die moralische Integrität und das fachliche Können der leitenden Personen von Bedeutung. Charakterwerte, guter Wille und Können allein genügen aber nicht, um die Kreditfähigkeit zu begründen, wenn die wirtschaftlichen Voraussetzungen für die Gewährung des Kredites fehlen. Die kreditgebende Bank muss sich über die persönlichen und wirtschaftlichen Verhältnisse des Kreditnehmers ein möglichst klares Urteil bilden.

Wichtig ist zunächst der persönliche Eindruck, den der Kreditnehmer beim ↑Bankier hinterlässt, der über die erforderliche Lebenserfahrung und Menschenkenntnisse verfügen sollte. Häufig verlangt die Bank vom Gesuchsteller eine schriftliche Selbstinformation inkl. finanziellen Status und ein dokumentiertes Kreditgesuch. Vom Gesuchsteller darf eine vollständige und offene Darlegung seiner persönlichen und wirtschaftlichen Verhältnisse erwartet werden, zumal über seine Informationen das ↑Bankkundengeheimnis gewahrt werden muss. In den Selbstauskünften werden oft Referenzen angegeben, die wertvoll sein können. Die Bank kann und soll – im Einverständnis des Kunden – bei Amtsstellen, allenfalls anderen Banken, dem Arbeitgeber usw. zusätzliche Informationen beschaffen. Steuerzahlen können in Kantonen mit öffentlichem Steuerregister direkt eingeholt werden. Die Steuerzahlen sind übrigens nicht immer aufschlussreich, da vor allem Liegenschaften, je nach Steuersystem, einen steuerlich tieferen Schatzungswert aufweisen als deren effektiver ↑Verkehrswert. Ferner ist zu berücksichtigen, dass der Ehemann meistens das Einkommen und Vermögen der Ehefrau mitversteuert, das den Gläubigern des Ehemanns aber nicht haftet.
Den klarsten Einblick in die Vermögensverhältnisse des Kreditnehmers gibt seine nach den Grundsätzen ordnungsmässiger Rechnungslegung erstellte Bilanz mit Erfolgsrechnung, Anhang und Revisionsbericht. Die Bilanzunterlagen werden von den Banken nicht nur bei der Gewährung von Blankokrediten verlangt, sondern sie bilden Bestandteil jedes gut dokumentierten Kreditgesuches eines buchführungs- und damit bilanzpflichtigen Kreditnehmers. Ist der Kreditnehmer nicht im Handelsregister eingetragen, müssen seine Einkommens- und Vermögenslage mit den erwähnten Auskunftsmitteln, insbesondere aber im persönlichen Gespräch, abgeklärt werden. Grundsätzlich informiert sich die Bank über jeden Kreditnehmer gründlich. Wird der nachgesuchte Kredit vollständig gedeckt, z.B. durch eine ↑erste Hypothek oder durch ↑Wertschriften, so wird sich die Bank mit einer Verkehrswertschatzung der Liegenschaft oder mit einer Bewertung des Wertschriftendepots sowie einer Auskunft über die persönlichen Verhältnisse des Gesuchstellers begnügen können. Es ist zu bedenken, dass es eine Bank selbst auf gedeckter Basis nicht mit zweifelhaften Personen oder Firmen zu tun haben will. In diesem Zusammenhang sei auch auf die ↑Vereinbarung über die Standesregeln zur Sorgfaltspflicht der Banken (VSB) hingewiesen. Im Rahmen dieser Vereinbarung verpflichten sich die Banken z.B., die Identität des wirtschaftlich berechtigten Vertragspartners zu eruieren, um so unerwünschte Kunden und deren Gelder von der Schweiz fernzuhalten (↑Geldwäscherei, ↑Geldwäschereigesetz).

Ist der Gesuchsteller eine natürliche Person, so muss die Bank prüfen, ob sie voll handlungsfähig ist. Unmündige z. B., seien es Minderjährige oder Entmündigte, können sich nur durch ihren gesetzlichen Vertreter oder mit dessen Zustimmung verpflichten (↑Minderjährige im Bankverkehr). Tritt als Kreditnehmer eine Handelsgesellschaft oder eine Genossenschaft auf, dann muss sich die Bank über die Haftungsverhältnisse informieren. Es ist wichtig, wer bei einer Kollektiv- oder Kommanditgesellschaft unbeschränkt haftet, wie hoch die Kommandite ist, ob bei einer AG oder GmbH das ganze Kapital einbezahlt ist und wer der Aktionärskreis ist, ob bei einer Genossenschaft neben deren Vermögen auch die Mitglieder persönlich haften usw. Zu einer sorgfältigen Kreditgewährung gehört auch die Prüfung des Kreditzwecks. Bei einzelnen Kreditarten beantwortet sich diese Frage von selbst, z. B. beim ↑Baukredit; hier muss die Bank allerdings das genau umschriebene Bauvorhaben kennen und die detaillierte Kostenberechnung muss weit gehend mit effektiv vorliegenden Handwerkerofferten belegt werden. Unbedingt muss die Frage nach dem Zweck bei allen kommerziellen Krediten gestellt werden. Hinsichtlich der Beurteilung von Risiko, Sicherheit, Rückzahlungsmöglichkeit und Laufzeit ist es nicht gleichgültig, ob man es mit einem Betriebskredit oder Anlagekredit, insbesondere einer Investition in Maschinen, in ein Terrain oder in ein Unternehmen zu tun hat. Besonders sorgfältig wird die Bank den Verwendungszweck prüfen, wenn sich der Gesuchsteller in Kreditnot befindet, d. h. wenn er durch eine ungünstige Wirtschafts- und Währungslage oder durch eigene Schuld in Liquiditätsschwierigkeiten geraten ist. Das fehlerhafte Verhalten kann in falschen Dispositionen und Reaktionen, wie übermässige Erweiterung der Fabrikation, zu grossen Lagerbeständen oder zu hohen Privatbezügen liegen. Auch wenn ein planmässiger Kreditbedarf vorliegt, z. B. zur Erzielung eines höheren Wirtschaftlichkeitsgrades, wobei die Verwirklichung dieser Pläne von der Bewilligung des benötigten Kredites abhängig gemacht wird, oder wenn der Kreditbedarf zur teilweisen Finanzierung des gesteigerten Umsatzes benötigt wird, muss der Verwendungszweck sorgfältig geprüft werden (↑Kreditpolitik).

3. Rechtliches
In rechtlicher Hinsicht muss jedes Kreditgeschäft so abgeschlossen werden, dass über die Rechtsgültigkeit der Forderung der Bank und eventueller Sicherheiten kein Zweifel entstehen kann; die Bank muss sicher sein, dass bei der Geltendmachung ihrer Forderungen keine Einreden des Schuldners entstehen können. Man spricht deshalb vom Grundsatz der rechtlichen Sicherheit, der bei der Kreditgewährung zu befolgen ist (↑Kreditvertrag). *Paul Nyffeler*

Bankkundengeheimnis (Allgemeines)
Unter Bankkundengeheimnis versteht man die durch Strafsanktionen verstärkte Verpflichtung einer Bank und ihrer Angehörigen, alle Informationen, die der Bank im Laufe der Geschäftsbeziehung von einem Kunden anvertraut werden, nach aussen hin geheim zu halten. Der Begriff Bankkundengeheimnis wird neuerdings an Stelle des früher üblichen Ausdrucks Bankgeheimnis verwendet, um klarzustellen, dass es sich um ein Geheimhaltungsrecht des Kunden im Rahmen seiner Persönlichkeitsrechte und um eine entsprechende Pflicht der Bank, nicht aber um ein Recht der Bank handelt.

1. Allgemeines
Das Bankkundengeheimnis erfasst alle Daten, die in der Abwicklung einer Geschäftsbeziehung zwischen Bank und Kunden anfallen (das *Geschäftsgeheimnis* dagegen, die Verpflichtung, die Organisationsstruktur einer Bank, deren Ziele, Systemabläufe, Arbeitsabläufe, Entscheide über die Geschäftspolitik in einzelnen Bereichen der Banktätigkeit und Ähnliches geheim zu halten, ist nicht Gegenstand des in BankG 47 enthaltenen Straftatbestandes. Der strafrechtliche Schutz des Geschäftsgeheimnisses findet sich in StGB 162).
Das Bankkundengeheimnis beruht zunächst auf der *vertraglichen* Beziehung zwischen Bank und Kunde. Es ist ein Recht des Kunden und eine Pflicht der Bank und bezweckt den Schutz der *Persönlichkeit des Kunden in finanziellen Belangen,* nicht den Schutz der Bank (den Schutz der Persönlichkeit in allen Bereichen hat demgegenüber das Datenschutzgesetz zum Gegenstand; dieses Gesetz verpflichtet die Bank auch betriebsintern auf die Einhaltung bestimmter Grundsätze im Umgang mit Kundendaten; beispielsweise ist das Prinzip des *Need to know* ein Ausfluss des Datenschutzes innerhalb der Bank). Eine weitere Rechtsgrundlage des Bankkundengeheimnisses bildet der *Persönlichkeitsschutz* nach ZGB 28. Mit BankG 47 wurde das Recht des Kunden auf Geheimhaltung zusätzlich strafrechtlich geschützt.
Der *strafrechtliche Schutz* verstärkt das vertraglich vereinbarte Berufsgeheimnis, indem dessen Verletzung nicht nur zivilrechtliche, sondern auch strafrechtliche Folgen zeitigt. Zu den zivilrechtlichen Konsequenzen tritt ein konkurrierender Anspruch aus unerlaubter Handlung zufolge Verletzung strafrechtlicher Vorschriften.
Das Bankkundengeheimnis wurde den übrigen Berufsgeheimnissen, deren strafrechtlicher Schutz in StGB 321 f. geregelt ist, nicht gleichgesetzt. Es betrifft im Gegensatz zur Schweigepflicht der Ärzte, Seelsorger und Anwälte einen Massenbetrieb und vornehmlich auch Auslandsbeziehungen, was eine andere Ausgestaltung bedingt. Die Verletzung des Bankkundengeheimnisses stellt im Gegensatz zu jener des Berufsgeheimnisses nach

StGB 321 f. ein Offizialdelikt dar; strafbar sind auch die fahrlässige Begehung und der Anstiftungsversuch. Mit einem Antragsdelikt wäre namentlich ausländischen Geschädigten wenig gedient, da die dreimonatige Antragsfrist nach StGB 29 eine Verwirkungsfrist darstellt. Die Strafbarkeit des Anstiftungsversuches ist bei den personalintensiven Bankbetrieben ein notwendiges zusätzliches Schutzelement. Auf der andern Seite gewährt das Bankkundengeheimnis anders als die im StGB geregelten Berufsgeheimnisse dem Bankangestellten kein Zeugnisverweigerungsrecht in Strafprozessen und in der Regel auch nicht in Zivilprozessen.

Der Schweigepflicht unterliegen alle *Organe und Angestellten* einer Bank, einschliesslich des aktienrechtlichen oder bankengesetzlichen *Liquidators*, des *Kommissärs* nach BankG 30 ff., des Beobachters nach BankG 23^{quater} und – obschon im Gesetz nicht genannt – des Sachwalters, desgleichen die mit der bankengesetzlichen ↑*Revision* betrauten Personen und alle übrigen Beauftragten der Bank. (Die Nachlass- und Konkursbehörden unterstehen hingegen der amtlichen Schweigepflicht.) Die Schweigepflicht dauert, so lange seitens des Kunden ein Interesse besteht. Sie ist aber grundsätzlich zeitlich nicht limitiert.

Die Bekanntgabe von Kundenbeziehungen an das Ausland mag auch den Tatbestand des wirtschaftlichen Nachrichtendienstes nach StGB 273 erfüllen, der die Bekanntgabe aller Daten des wirtschaftlichen Lebens erfasst, deren Geheimhaltung im Interesse der schweizerischen Volkswirtschaft steht. Bei einer Weitergabe von Bankkundendaten an ausländische Behörden, beispielsweise in Umgehung eines Amts- oder Rechtshilfeverfahrens, wäre wohl zusätzlich StGB 271 in Betracht zu ziehen (Verbotene Handlungen für einen fremden Staat).

2. Umfang des Bankkundengeheimnisses
Der Umfang des Berufsgeheimnisses des Bankiers ist im BankG nicht geregelt. Er ergibt sich aus der *vertraglichen Beziehung* und den *verschiedensten Gesetzeserlassen*. Die Grenzziehung erfolgt je nach dem Grade des öffentlichen Interesses, das der Geheimhaltung allenfalls entgegensteht. Folgende Kategorien vertraglicher Beziehungen sind zu nennen:

– *Kunde und Stellvertreter:* Ist der Kunde mit der Bank in Dauerverträgen verbunden, die – wie beispielsweise der ↑Girovertrag mit Kontokorrentabrede – der Bank eine ↑Buchführungspflicht auferlegen, hat er der Bank gegenüber ein umfassendes und wiederholbares Auskunftsrecht. Dieses Recht besteht neben dem in OR 400 festgelegten Anspruch auf Rechenschaftsablage, der – einmal erfüllt – dahinfällt. Im Rahmen dieses eigenen Auskunftsrechts kann der Kunde die Bank veranlassen, Dritten Auskünfte zu erteilen. Er ist Geheimnisherr und kann über die Geheimhaltung verfügen. Eine generelle Ermächtigung zu allgemeinen Auskünften über die ↑Bonität eines Kunden (Kreditinformationen, ↑Informationswesen der Banken), die das Bestehen einer Bankbeziehung vermuten lassen oder bestätigen, ist dann anzunehmen, wenn der Kunde ein kommerzielles Unternehmen betreibt. Diesbezüglich besteht eine auch international anerkannte Usanz. Die Auskunft lässt sehr oft erkennen, dass eine Bankbeziehung besteht, indem über gute eigene Erfahrungen u.Ä. berichtet wird. Dagegen haben konkrete Hinweise über Beträge, Kontonummern, einzelne Bankverträge oder einzelne ↑Transaktionen zu unterbleiben. Rechtsgeschäftlich bestellte Stellvertreter (↑*Bevollmächtigte*) haben das volle, dem Kunden selber zustehende Auskunftsrecht, jedoch nur für die Dauer des Bestehens der ↑Vollmacht. Gesetzliche Stellvertreter wie der *Vormund* und die Inhaber der *elterlichen Gewalt* sind vollumfänglich auskunftsberechtigt. Dem Beistand nach ZGB 392 ff. und dem Beirat nach ZGB 395 steht ein auf ihre Aufgabe ausgerichtetes Auskunftsrecht zu. Im Ausmass der Beschränkung der Handlungsfähigkeit des Vertretenen sind sie gesetzlichen Stellvertretern gleichgestellt.

– *Kunde und Ehegatte:* Nach dem ordentlichen Güterstand der Errungenschaftsbeteiligung behält jeder Ehegatte Verwaltung, Verfügung und Nutzung an seinem Vermögen und ist insofern allein auskunftsberechtigt (ZGB 201). Jeder Ehegatte behält somit mit Bezug auf seine Bankbeziehungen ein vollumfängliches Auskunftsrecht. Das geltende Recht verpflichtet aber auch jeden Ehegatten, dem andern Auskunft über sein Einkommen, sein Vermögen und seine Schulden zu geben. Im Falle einer Weigerung kann der Richter auf entsprechendes Begehren den anderen Ehegatten oder Dritte, also auch die Bank, verpflichten, die erforderlichen Auskünfte zu erteilen oder Urkunden vorzulegen (ZGB 170 I). Ein direktes Auskunftsrecht eines Ehegatten über Vermögenswerte des anderen Ehegatten bei einer Bank besteht hingegen nicht. Wenn die Eheleute den alten Güterstand der Güterverbindung wählen, ist der Ehemann als Verwalter des ehelichen Vermögens in jedem Fall auskunftsberechtigt, gleichgültig, unter wessen Namen die Vermögenswerte deponiert sind. Bei der Gütertrennung hat jeder Ehegatte nur mit Bezug auf seine Bankbeziehungen ein Auskunftsrecht.

– *Erben und Willensvollstrecker:* Die Erben erwerben nach ZGB 560 mit dem Tode des Erblassers kraft Gesetzes die Erbschaft als Ganzes. Vom Übergang ausgenommen sind nur höchstpersönliche Rechte. Dieser Grundsatz findet auch im Bankverkehr Anwendung. Zu den Rechten des Kunden gehört unter anderem das Recht auf Auskunft. Dieses Recht ist vererbbar, soweit es nicht

höchstpersönliche Sachverhalte betrifft. Die Bank ist somit in den vom Auftragsrecht gezogenen Grenzen vertraglich verpflichtet, den Erben Auskunft zu erteilen, sofern nicht höchstpersönliche Daten vorliegen. Dieser Verpflichtung wird sie indessen erst nachkommen, wenn sich die betreffende Person mit den zweckdienlichen amtlichen Dokumenten als Erbe ausgewiesen hat. Die Auskunftspflicht ist in zeitlicher Hinsicht nur durch die Vorschriften über die Aktenaufbewahrungspflicht beschränkt. Die Erben mögen ein wesentliches Interesse an der Auskunftserteilung haben. Sie bedürfen näherer Angaben mit Bezug auf die Erfüllung der Vertragspflichten durch die Bank oder im Hinblick auf die Klärung der Ansprüche und der Verbindlichkeiten gegenüber Partnern des Erblassers. Pflichtteilsberechtigte Erben sind überdies auf Informationen angewiesen, die ihnen die Kontrolle der Wahrung ihrer Pflichtteile erlauben. Ihnen steht ein eigenes, in ihrer Person erworbenes Recht auf Auskunft zu. Der *Willens- oder Testamentsvollstrecker* verwaltet die Erbschaft nach dem Tode des Erblassers unter Ausschluss der Erben. Von diesem Zeitpunkt an ist er vollumfänglich, mit Bezug auf die Zeit vor dem Tode nur funktionsbezogen, auskunftsberechtigt. Das Auskunftsrecht des Willens- oder Testamentsvollstreckers schliesst das Auskunftsrecht der Erben nicht aus.
– *Bürge:* Der Bürge ist zu jenen Auskünften berechtigt, die ihm nach OR 505 zustehen. Mit der Bestellung eines Bürgen ermächtigt der Hauptschuldner die Bank stillschweigend zur Erteilung entsprechender Informationen.
– *Behörden:* Nach BankG 47 IV bleiben die eidgenössischen und kantonalen Bestimmungen über die Zeugnispflicht und über die Auskunftspflicht gegenüber Behörden vorbehalten. Das bedeutet nichts anderes, als dass der ↑Bankier Privaten gleichgestellt ist, die eine Auskunftspflicht gegenüber Behörden trifft. Wo kein Dritter zur Auskunft verpflichtet ist, ist es auch der Bankier nicht. Bei Auskunftsbegehren von Behörden ist den Interessen von Personen, die das Auskunftsbegehren nicht betrifft, bestmöglich Rechnung zu tragen.

Bezüglich folgender Gesetzeserlasse ist der Umfang des Berufsgeheimnisses wie folgt geregelt:
– Auf dem Gebiete des *Erbrechts* hat nach ZGB 581 jene Behörde ein Auskunftsrecht, die das öffentliche Inventar zu errichten hat. Auch beim Sicherungsinventar nach ZGB 533 besteht gegenüber der Inventurbehörde eine Auskunftspflicht der Erben und Dritter, die gegebenenfalls mit Zwangsmassnahmen durchgesetzt werden kann. Diese Auskunftspflicht erstreckt sich nur auf die im Zeitpunkt des Todes vorhandenen Vermögenswerte.
– Im *Schuldbetreibungs- und Konkursrecht* richtet sich die Auskunftspflicht nach der Kompetenz der Vollstreckungsorgane. Im *Konkurs* besteht gemäss SchKG 232 II Ziff. 2–4 eine vollumfängliche Auskunftspflicht. Im *Nachlassstundungsverfahren* besteht eine Auskunftspflicht Dritter, um die Vermögensaufnahme nach SchKG 291 IV zu ermöglichen. Dasselbe gilt für die provisorische Pfändung nach SchKG 83 I, die nach Meinung des Bundesgerichts nicht als einfache vorläufige Sicherungsmassnahme wie der ↑Arrest zu betrachten ist, da sie aufgrund eines Rechtsöffnungstitels nach SchKG 82 I gewährt wird. Gleiches gilt auch für die Aufnahme des *Güterverzeichnisses* nach SchKG 83 I bzw. SchKG 162. Beim *Pfändungsvollzug* sind Zwangsmassnahmen auch gegenüber Dritten möglich. Auf den Vollzug des *Arrestes* sind nach SchKG 275 die Art. 91–109 SchKG anwendbar, die das Pfändungsverfahren regeln. Der Arrest stellt jedoch im Gegensatz zur Pfändung lediglich eine vorläufige Sicherungsmassnahme dar. Die Forderung des ↑Gläubigers ist in diesem Stadium in der Regel erst glaubhaft gemacht, wobei in der Praxis an die Glaubhaftmachung geringe Anforderungen gestellt werden. Weiter muss der Gläubiger glaubhaft machen, dass Vermögenswerte vorhanden sind, die dem Schuldner gehören (SchKG 272 I Ziff. 3). Die Pflicht des Dritten, der Vermögenswerte des Schuldners verwahrt oder bei dem der Schuldner Guthaben hat, ergibt sich aus dem im Arrestverfahren analog anwendbaren SchKG 91 IV (SchKG 275). Will die Bank an den verarrestierten Vermögenswerten *Vorzugsrechte* (↑Pfand-, Verrechnungs- oder ↑Retentionsrechte) geltend machen, so hat sie der Arrestbehörde davon Mitteilung zu machen. Sie kann dies auch noch im Einspracheverfahren nach SchKG 278 tun. Dies gibt dem Schuldner und den in ihren Rechten tangierten Dritten Gelegenheit, sich zur erteilten Arrestbewilligung nachträglich zu äussern und den Arrestrichter zu veranlassen, seinen Entscheid zu überprüfen. Über das Bestehen allfälliger Pfand-, Verrechnungs- oder Retentionsrechte wird im Einspracheverfahren nicht rechtskräftig entschieden. Dieser Entscheid ergeht in einem späteren Widerspruchverfahren nach SchKG 106ff.
– Im *Zivilprozess* sowie im *Strafverfahren* richtet sich die Auskunftspflicht der Banken nach den Prozessordnungen des Bundes und der Kantone. Diese Gesetze bestimmen die Behörden, die auskunftsberechtigt sind, sowie das Verfahren, das auf die Erhebung der Information zur Anwendung gelangt. Im *Strafverfahren* sind nur die Untersuchungsorgane zu prozessualen Zwangsmassnahmen berechtigt; Polizeibeamten steht dieses Recht nur dann zu, wenn sie im Auftrag der zuständigen Untersuchungsbehörde handeln.

Bankkundengeheimnis (Allgemeines)

Anstelle der formellen Zeugeneinvernahme tritt in der Praxis die schriftliche Auskunft und anstelle der Hausdurchsuchung der Herausgabebefehl oder die Editionsverfügung. Im Strafverfahren ist davon auszugehen, dass das Bankkundengeheimnis nicht unter die geschützten Berufsgeheimnisse fällt. Was die *Zivilprozessordnungen* anbelangt, ist jede Vorschrift, die zur Zeugnisverweigerung berechtigt oder den Richter zur Entbindung von der Zeugnispflicht ermächtigt, dahin zu prüfen, ob das Bankkundengeheimnis als Berufsgeheimnis im Sinne der betreffenden Vorschrift zu betrachten ist.

– Im *Verwaltungsverfahren* besteht im Gegensatz zum Verwaltungsstrafverfahren nach dem Bundesgesetz über das Verwaltungsstrafrecht in der Regel keine Auskunftspflicht.

– Das schweizerische *Einkommenssteuerrecht*, das sich gemäss dem föderalistischen Aufbau der Schweiz in das kantonale und das eidgenössische Steuerrecht gliedert, kennt weder im Veranlagungs- noch im Rekursverfahren des steuerpflichtigen Bankkunden eine direkte Auskunftspflicht der Bank gegenüber den Steuerbehörden. Dagegen sind die Fiskalbehörden in der Regel befugt, vom Steuerpflichtigen selber Beweismittel, wie in seinem Besitze befindliche Bücher, Urkunden und sonstige Belege und von ihm zu beschaffende Bescheinigungen Dritter, anzufordern. In der Regel ist die Bank schon aufgrund der Vertragsbeziehungen zur Abgabe solcher Beweismittel an ihre Kunden verpflichtet. Die Obliegenheit der Bank, dem Kunden Bescheinigungen auszustellen, beruht jedoch insbesondere auf DBG 127, wonach Personen, die mit dem Steuerpflichtigen in einem Vertragsverhältnis stehen oder standen, unter Androhung von Busse im Unterlassungsfalle, eine Bescheinigung über dieses Verhältnis und die daraus erwachsenen Ansprüche und Leistungen auszustellen haben, namentlich über Bestand, Höhe, Verzinsung und Sicherstellung von Forderungen sowie über verwaltete Vermögen und deren Erträgnisse. DBG 127 II ermächtigt die Steuerbehörden, die fragliche Bescheinigung direkt vom Dritten einzufordern, falls sie vom Steuerpflichtigen trotz Mahnung nicht beigebracht wird. Die gleiche Bestimmung behält jedoch ausdrücklich die gesetzlich geschützten Berufsgeheimnisse, zu denen auch das Bankkundengeheimnis gehört, vor, sodass die Pflicht zur direkten Bescheinigung gegenüber den Steuerbehörden für die Bank entfällt. In Erbschaftssachen ist im Weiteren DBG 158 zu beachten. Nach diesem Artikel sind Dritte, somit auch Banken, die Vermögenswerte des Erblassers verwahren oder verwalten oder denen gegenüber der Erblasser geldwerte Rechte oder Ansprüche hatte, verpflichtet, den Erben zuhanden der Inventarbehörde alle damit zusammenhängenden Auskünfte zu erteilen. Diese Auskunftspflicht bezieht sich auf ↑Konti, ↑Depots und allfällige weitere Vermögenswerte. Eine Begrenzung des Zeitraumes, auf den sich die Auskunftspflicht bezieht, sieht das Gesetz nicht vor. Im Steuerstrafverfahren muss zwischen Steuerwiderhandlung und ↑Steuerhinterziehung einerseits und Steuer- bzw. Inventarbetrug andererseits unterschieden werden. Die Steuerwiderhandlungen, d.h. die Verletzung von Verfahrenspflichten, und die Steuerhinterziehungen werden von der Verwaltungsbehörde selber mit Busse geahndet. Unter Steuerhinterziehung ist generell das Verschweigen von Wertzuflüssen oder von Vermögenswerten gegenüber dem berechtigten Gemeinwesen zu verstehen. Den Verwaltungsbehörden stehen in diesen Verfahren die gleichen Befugnisse zu wie den Veranlagungsbehörden. Sie können vom Angeschuldigten die Einreichung von Bescheinigungen usw. verlangen, nicht aber das Bankkundengeheimnis direkt durchbrechen. Anders liegt dagegen die Situation beim Steuerbetrug, der die Verwendung falscher oder gefälschter Urkunden wie Geschäftsbücher, Bilanzen, Erfolgsrechnungen oder Lohnausweise und anderer Bescheinigungen Dritter zum Zwecke der Steuerhinterziehung voraussetzt. (DBG 186). Die Strafverfolgung obliegt hier den Kantonen. Das Verfahren richtet sich nach den Vorschriften des kantonalen Strafprozessrechts (DBG 188). Dementsprechend sind die Möglichkeiten zur Aufhebung des Bankkundengeheimnisses in den kantonalen Strafprozessordnungen geregelt. Besteht der begründete Verdacht, dass schwere Steuerstraftaten begangen wurden oder dass zu solchen Beihilfe geleistet oder angestiftet wurde, so kann der Vorsteher des Eidgenössischen Finanzdepartementes die Eidgenössische Steuerverwaltung ermächtigen, in Zusammenarbeit mit den kantonalen Steuerverwaltungen eine Untersuchung durchzuführen (DBG 190). In diesen Fällen richten sich die Untersuchungsmassnahmen nach dem Bundesgesetz über das Verwaltungsstrafrecht. Das Bankkundengeheimnis kann demnach aufgehoben werden. Bei den übrigen Bundessteuern kommen die Vorschriften des Bundesgesetzes über das Verwaltungsstrafrecht auch für die einfachen Steuerdelikte wie die Hinterziehung zur Anwendung, womit eine Zeugnispflicht auch für die Banken gegeben ist (VStG 67, Verordnung zum MWST 64 II, Zollgesetz 87). In den Kantonen, die den Steuerbetrug ebenfalls als Vergehen kriminalisiert haben, obliegt die Verfolgung dem ordentlichen Strafrichter, wobei das kantonale Strafverfahrensrecht zur Anwendung kommt. Die gleiche Regelung gilt beim Inventarbetrug, bei welchem der Täter Nachlasswerte, zu deren Bekanntgabe er im Inventarverfahren verpflichtet ist, verheim-

licht oder beiseite schafft, um sie der Inventaraufnahme zu entziehen.
– Im *internationalen Verkehr* mag sich eine Auskunftspflicht im Zusammenhang mit der ↑*Amtshilfe* oder mit der *Rechtshilfe* ergeben. Von Amtshilfe spricht man, wenn Verwaltungsbehörden, insbesondere Aufsichtsbehörden in verschiedenen ↑Finanzmärkten, grenzüberschreitend Informationen austauschen. Die internationale Rechtshilfe ist ein Verwaltungsverfahren, das auf den Informationsaustausch zwischen Justizbehörden verschiedener Staaten in hängigen Straf- oder Zivilverfahren Anwendung findet. Mit dem Erlass des Bundesgesetzes über die internationale ↑*Rechtshilfe in Strafsachen* und von Amtshilfebestimmungen im BankG, BEHG und AFG hat der Bund seine Kompetenzen auf diesem Gebiet ausgeschöpft. Die internationale Rechtshilfe in Zivilsachen richtet sich nach den kantonales Zivilprozessordnungen sowie nach der Haager internationalen Übereinkunft betreffend Zivilprozessrecht vom 17.07.1905/01.03.1954 und bilateralen Staatsverträgen. Die ↑Doppelbesteuerungsabkommen (↑Doppelbesteuerung, internationale) sehen in der Regel einen Informationsaustausch vor. Dieser Austausch dient der Vermeidung missbräuchlicher Inanspruchnahme des betreffenden Abkommens. Es handelt sich somit nicht um Rechtshilfe. Nur das Abkommen mit den USA sieht einen Informationsaustausch zur Vermeidung von Steuerbetrügen vor, der über den eigentlichen Abkommenszweck hinausgeht. Das entsprechende Verfahren wurde in der Verordnung zum Doppelbesteuerungsabkommen geregelt. *Renate Schwob*

Lit.: Aubert M./Béguin, P.-A./Bernasconi, P./Graziano-von Burg, J./Schwob, R./Tremilland, R.: Le secret bancaire Suisse, Bern 1995. – Bodmer, D./Kleiner, B./Lutz, B.: Kommentar zum schweizerischen Bankengesetz, Zürich 2001. – Mueller, P. F.: Begleitung zum schweizerischen Bankgeheimnis, Zürich 1998.

Bankkundengeheimnis (Auslandsniederlassungen)

Der grenzüberschreitende Informationsfluss innerhalb einer Bank oder eines Bankkonzerns erfährt Einschränkungen durch das ↑Bankkundengeheimnis (Bankkundengeheimnis [Allgemeines]). Wegen dessen besonderer Ausgestaltung nach schweizerischem Recht (BankG 47) fallen diese Einschränkungen für den Informationsfluss von der Schweiz ins Ausland stärker ins Gewicht als für die umgekehrte Richtung. Das schweizerische Recht erlaubt zunächst den Informationsfluss von der schweizerischen Tochter- an die ausländische ↑Muttergesellschaft in engen Grenzen. Analoges gilt für den Informationsfluss von der schweizerischen Zweigniederlassung an den Hauptsitz im Ausland. Beim umgekehrten Informationsfluss – vom Ausland in die Schweiz – sind die Einschränkungen geringer, soweit das für die ausländische Tochtergesellschaft oder Zweigniederlassung geltende Recht weniger streng ist als BankG 47.

1. Informationsfluss von der schweizerischen Tochter- zur ausländischen Muttergesellschaft

Das Bankengesetz enthält keine ausdrückliche Regelung für den Informationsfluss von der schweizerischen Zweigniederlassung an den ausländischen Hauptsitz einer Bank, sondern bloss von der schweizerischen Tochtergesellschaft eines ausländischen Finanzkonzerns an dessen Muttergesellschaft (BankG 4^{quinquies}). Hier gelten dieselben Einschränkungen wie bei der ↑Vor-Ort-Kontrolle der ausländischen Aufsichtsbehörde in der Schweiz: Die Information darf nur ins Ausland fliessen für die interne Kontrolle und konsolidierte Beaufsichtigung eines bewilligungspflichtigen ↑Finanzintermediärs, gebunden an das «Amts- oder Berufsgeheimnis». Daten über einzelne Kunden dürfen bloss an die Muttergesellschaft gehen, wenn diese sie zur konsolidierten Überwachung von Grossrisiken benötigt. Auch ist der Muttergesellschaft eine Weiterleitung so erhaltener Informationen an Dritte nur erlaubt, wenn die schweizerische Tochtergesellschaft dazu ihr Einverständnis gibt oder ein Staatsvertrag es vorsieht. Bemerkenswert ist die weit gehende Gleichbehandlung der ausländischen Muttergesellschaft mit der für sie zuständigen Aufsichtsbehörde. Die schweizerische Tochtergesellschaft kann von der EBK (↑Bankenkommission, Eidg.) eine Verfügung über die Zulässigkeit des Informationsaustauschs im Einzelfall verlangen.

Diese Regelung gilt auch für den Informationsfluss von der Tochtergesellschaft zu ihrer Muttergesellschaft, wenn sich *beide in der Schweiz* befinden.

2. Informationsfluss von der schweizerischen Zweigniederlassung zum ausländischen Hauptsitz

Für den Informationsfluss von der schweizerischen Zweigniederlassung an den ausländischen Hauptsitz gelten im Wesentlichen dieselben Grundsätze, wie Peter Nobel festhält: «Les clients de la succursale suisse peuvent, en principe, invoquer le secret bancaire.» Zwar liesse sich argumentieren, das Bankkundengeheimnis verpflichte die Bank insgesamt und schränke den Informationsfluss zwischen ihren Niederlassungen und dem Hauptsitz nicht ein. Dem steht aber entgegen, dass der ausländische Hauptsitz der Aufsicht einer Behörde untersteht (↑Auslandsniederlassungen [Beaufsichtigung]), die nicht an das schweizerische Bankkundengeheimnis gebunden ist und es durchbrechen kann. Deshalb verbietet sich die Weitergabe von Kundendaten ins Ausland nach Sinn und Zweck von BankG 47.

Keiner solchen Einschränkung unterliegt der Informationsfluss von der Zweigniederlassung zum Hauptsitz, wenn sich *beide in der Schweiz* befinden.

3. Informationsfluss von der ausländischen Tochtergesellschaft oder Zweigniederlassung in die Schweiz
Für die Zulässigkeit des Informationsflusses von der ausländischen Tochtergesellschaft zur schweizerischen Muttergesellschaft bzw. von der ausländischen Zweigniederlassung zum schweizerischen Hauptsitz muss auf das jeweils im Ausland geltende Recht abgestellt werden. Denn die allenfalls betroffenen Kundendaten befinden sich im Ausland, und für ihren Schutz gilt das dortige Aufsichtsrecht. Soweit es den Informationsfluss nicht seinerseits beschränkt, kommen die «Principles for the Supervision of Banks' Foreign Establishments» (1983) und die «Minimum Standards for the Supervision of International Banking Groups and their Cross-Border Establishments» (1992) des ↑Basler Ausschusses für Bankenaufsicht zum Tragen.

Christoph Winzeler
Lit.: Nobel, P.: *Schweizerisches Finanzmarktrecht*, Bern 1997. – Nobel, P.: *Aspects de la surveillance consolidée et de la protection du secret dans le secteur bancaire*, in: *Secret bancaire et coopération internationale, Droits et devoirs de la banque suisse*, Bellinzona 1998.

Banklagernderklärung
Schriftliche Weisung eines Bankkunden an die Bank, die Korrespondenz banklagernd aufzubewahren, d.h. nur auf Verlangen auszuhändigen oder zuzustellen.

Bankmässige Sicherheit
Von den Banken als einwandfrei anerkannte ↑Deckung für Kredite irgendwelcher Art, wie z.B. ↑Obligationen und ↑Aktien (unter Berücksichtigung einer angemessenen Marge), Grundpfanddeckung innerhalb von zwei Dritteln des Verkehrswertes der Grundstücke, Sparhefte, Ansprüche aus Lebensversicherungspolicen im Rahmen des Rückkaufswertes sowie solvente Bürgen. Nicht dazu zählen bestrittene Forderungen, Schmuck, Kunstgegenstände. ↑Wertpapierverpfändung.

Banknoten
Banknoten sind Geldzeichen aus Papier, denen der Staat die Wirkung gesetzlicher ↑Zahlungsmittel verleiht. Nach dem ↑Währungs- und Zahlungsmittelgesetz (WZG 3 II) müssen schweizerische Banknoten von jeder Person unbeschränkt an Zahlung genommen werden. Der Annahmezwang (↑Annahmepflicht) für Banknoten gilt aber nur soweit, als ↑Gläubiger und Schuldner nicht eine andere Zahlungsart, z.B. ↑Anweisung auf ein ↑Bankkonto, vereinbart haben.

Die schweizerischen Banknoten werden von der Schweizerischen ↑Nationalbank (SNB) ausgegeben, die das Ausgabemonopol innehat (↑Banknotenmonopol). Da Banknoten keine ↑Wertpapiere sind, d.h. keine Verpflichtung der SNB zur Einlösung eines Gegenwertes verkörpern, können sie nicht kraftlos erklärt werden (OR 988). Nach WZG 8 hat die SNB für vernichtete, verlorene oder gefälschte Banknoten keinen Ersatz zu leisten. Eine Ersatzpflicht der SNB besteht – unter bestimmten Voraussetzungen – für beschädigte Banknoten.
Die SNB bestimmt die ↑Nennwerte und Gestaltung der Banknoten. Obwohl künstlerisch gestaltet, sind die Banknoten nicht urheberrechtlich geschützt. Dagegen geniessen einzelne der auf ihnen abgebildeten Werke, sofern nicht erkennbar als Teil der Banknote reproduziert, den Schutz des Urheberrechts.
Nach bisherigen Erfahrungen sind Notenserien alle 15 bis 20 Jahre zu ersetzen, weil die Gefahr von Fälschungen (↑Falschmünzerei) zunimmt und die ↑Zentralbanken aufgrund der technologischen Entwicklung über neue Sicherheitsmerkmale verfügen. Zurückgerufene Banknoten sind keine gesetzlichen Zahlungsmittel mehr. Die SNB ist aber während 20 Jahren ab der ersten Bekanntmachung des Rückrufes verpflichtet, die zurückgerufenen Noten zum Nennwert umzutauschen.

Peter Klauser

Banknoten (Geschichtliches)
Der Ursprung der Banknoten lässt sich auf verschiedene Quellen zurückführen: auf die Tätigkeit der Geldwechsler im Mittelalter, insbesondere aber, was den europäischen Bereich anbelangt, auf diejenige der englischen Goldschmiede. Diese betrieben seit jeher Handel mit Edelmetallen (↑Edelmetallhandel) und besassen deshalb feuer- und diebessichere Gewölbe. Vom 16. Jahrhundert an begannen sie sich auch mit der Aufbewahrung von Geldern zu befassen. Den Deponenten stellten sie Quittungen aus, sog. *Goldsmith's notes*. Mit den aufbewahrten Geldern gewährten sie Kredite. Die Deponenten gingen mit der Zeit dazu über, die Goldsmith's notes auch an Zahlung weiterzugeben, wodurch diese neben den ↑Münzen selber zu ↑Zahlungsmitteln wurden. Die ↑Notenausgabe entwickelte sich zu einem der verschiedenen Zweige des ↑Bankgeschäftes, das bis zur Gründung der ↑Bank of England im Jahre 1694 zur Hauptsache in den Händen der zu ↑Privatbankiers gewordenen Goldschmiede verblieb.
In der Schweiz wurden die ersten Banknoten 1826 von der Deposito-Cassa der Stadt Bern ausgegeben. Als erste eigentliche ↑Notenbank wurde 1834 die ↑Kantonalbank von Bern gegründet. Danach erkannten immer zahlreichere Institute in der Banknotenemission eine Gewinnquelle. Dies führte dazu, dass in der Schweiz zeitweise über

50 Banken Banknoten ausgaben. Die Vielfalt der nebeneinander zirkulierenden Noten behinderte aber deren weitere Verbreitung. Aus diesem Grund schlossen sich die ↑Emissionsbanken im Jahre 1876 zu einem Konkordat zusammen, wobei sich die Mitgliederbanken jedoch nicht immer an die Vereinbarungen hielten. Im Jahre 1881 kam es deshalb zum BG über die Ausgabe und die Einlösung von Banknoten, das die Nachteile der dezentralen Notenemission aber nicht beheben konnte. Gegen Ende des Jahrhunderts wurde daher beschlossen, dem Bund das Monopol (↑Banknotenmonopol) für die Ausgabe von Banknoten zu übertragen und dieses einer einzigen Bank, der Schweizerischen ↑Nationalbank (SNB), anzuvertrauen. Das ↑Nationalbankgesetz vom 23.12.1953 regelt das ↑Banknotenprivileg, das ↑Währungs- und Zahlungsmittelgesetz (WZG) vom 22.12.1999, die Banknotenemission und den Banknotenumlauf (↑Notenumlauf). *Roland Tornare*

Banknoten (Serien)
Um Fälschern die Arbeit zu erschweren, sehen sich die ↑Zentralbanken gezwungen, in immer kürzeren Abständen neue Banknotenserien in Umlauf zu setzen. Die Schaffung einer neuen Notenserie bietet die Möglichkeit, die ↑Banknoten dem neuesten Stand der Sicherheitstechnik anzupassen und gleichzeitig ihr Erscheinungsbild zu ändern.

Die Schweizerische ↑Nationalbank (SNB) hat bis heute acht Notenserien gestaltet, wovon sechs in Umlauf kamen. Bei den verbleibenden zwei Serien handelt es sich um Reserveserien, die im Falle eines Auftretens grosser Falschgeldmengen (↑Falschmünzerei) eine zirkulierende Notenserie hätten ersetzen können.

Die aktuelle Schweizer Notenserie, die in den Jahren 1995 bis 1998 in Umlauf gesetzt wurde, ist von Jörg Zintzmeyer gestaltet worden. Dieser war 1991 im Verlaufe eines von der Nationalbank ausgeschriebenen Wettbewerbs mit der Gestaltung dieser neuen Notenserie beauftragt worden. Die Noten entstanden unter konsequenter Anwendung der Computertechnik und stellen damit technisch wie auch gestalterisch ein Novum dar. Für die Gestaltung der Noten erliess die Nationalbank folgende Vorgaben:
– *Thematik:* Im Auftrag der Nationalbank hatten externe Spezialisten sechs Schweizer Kunstschaffende vorzuschlagen, die verschiedenen Sprachregionen entstammten und deren Wirken internationale Anerkennung gefunden hatte. Die Wahl fiel auf Charles-Edouard Jeanneret, besser bekannt als «Le Corbusier» (10er-Note), Arthur Honegger (20er-Note), Sophie Taeuber-Arp (50er-Note), Alberto Giacometti (100er-Note), Charles Ferdinand Ramuz (200er-Note) und Jacob Burckhardt (1000er-Note). Auf der Vorderseite der Noten waren die Porträts der Persönlichkeiten, auf der Rückseite deren Wirken abzubilden.
– *Sicherheitsmerkmale:* Massgebend bei der Wahl der Echtheitsmerkmale war die Auffassung, dass nur eine optimale, nach den Kriterien der Verfügbarkeit, der Wirksamkeit und der Kosten zu bestimmende Kombination von Merkmalen einen angemessenen Fälschungsschutz bietet. Als Ergänzung zu den Merkmalen, die bereits bei früheren Serien verwendet worden waren, wurden die folgenden neuen Merkmale vorgesehen: Zauberzahl, Farbzahl, Tanzzahl, Lochzahl, Chamäleonzahl und Glitzerzahl.
– *Format und ↑Stückelung:* Zur Verbesserung der Automatengängigkeit der Noten wurde beschlossen, deren Höhe auf 74 mm zu vereinheitlichen. Der Längenabstand zwischen den einzelnen Notenwerten wurde auf 11 mm festgelegt, wobei die 10er-Note mit 126 mm die kleinste, die 1000er-Note mit 181 mm die grösste Note der Serie ist. Zudem beschloss die Nationalbank, die bisherige 500er-Note durch eine 200er-Note zu ersetzen. Damit reagierte sie auf den stark abnehmenden Anteil der 500er-Note am ↑Notenumlauf. *Roland Tornare*

Links: www.snb.ch

Banknoten (Technisches)
Beim Banknotenpapier handelt es sich um ein dauerhaftes, gut bedruckbares Spezialpapier, das aus Baumwollkämmlingen hergestellt wird und eine Vielzahl von Sicherheitsmerkmalen wie Wasserzeichen, Metallfaden usw. enthält.

1. Gestaltung
Bei der Gestaltung von ↑Banknoten ist verschiedenen Anforderungen Rechnung zu tragen. Zum einen müssen die Banknoten eine hohe Sicherheit gewährleisten können; das Publikum soll mit Hilfe der Sicherheitsmerkmale in der Lage sein, echte Banknoten leicht zu erkennen und Fälschungen (↑Falschmünzerei) zu identifizieren. Diese Sicherheitsmerkmale müssen schwer zu fälschen sein, wobei die rasante Entwicklung der Reproduktionstechnik die Schweizerische ↑Nationalbank (SNB) zu immer neuen Anpassungen der Sicherheitsmerkmale zwingt. Zum andern müssen die Banknoten den Gebrauchsanforderungen der Benutzer entsprechen. Diese erwarten von den Noten, dass sie handlich und strapazierfähig sind, sich leicht unterscheiden lassen und in praktischen ↑Stückelungen zur Verfügung stehen. Schliesslich haben Schweizer Banknoten traditionell hohen ästhetischen Ansprüchen zu genügen.

2. Herstellung
Bei der Herstellung von Banknoten gelangen sämtliche bekannten Druckverfahren sowie weitere Spezialverfahren zur Anwendung. Der Herstellungsprozess beginnt mit der Verarbeitung der vom

Künstler eingereichten elektronischen Daten, mit deren Hilfe die Originalplatten hergestellt werden. Im Offsetverfahren werden Papierbogen beidseitig so präzise bedruckt, dass sich durch die Übereinstimmung der Linien auf Vorder- und Rückseite so genannte Durchsichtsregister ergeben. Danach trägt eine Applikationsmaschine metallische und eine Siebdruckmaschine farbspezifische Sicherheitselemente auf. Der Kupfer- oder Stahlstichdruck lässt anschliessend Reliefs entstehen, die ertastet werden können und sich dem Auge je nach Winkel in unterschiedlicher Weise präsentieren. Als erste der Welt werden die Noten anschliessend im Perforationsverfahren mit der Lochzahl ausgerüstet und zuletzt mit einer Nummeriermaschine im Buchdruckverfahren in Unikate verwandelt und lackiert.

3. Sortierung
Die Nationalbank prüft die zu ihr zurückfliessenden Banknoten auf ihre Wiederverwendbarkeit. Abgenützte, beschädigte oder beschmutzte Geldscheine werden unter Aufsicht der Kontrollorgane zerstückelt und die Schnipsel der öffentlichen Verbrennung zugeführt. Jährlich werden ungefähr 25% der zurückfliessenden Banknoten oder rund 100 Millionen Stück mit einem Gewicht von nahezu 100 Tonnen vernichtet und durch neue ersetzt.

4. Lebensdauer
Die Lebensdauer von Banknoten variiert je nach Notenabschnitt. Grosse Notenabschnitte haben tendenziell eine längere Lebenserwartung als kleine. Die 1000er-, 200er- und 100er-Noten sind durchschnittlich rund vier Jahre im Umlauf, während die 50er-, 20er- und 10er-Noten bereits nach zwei bis drei Jahren ersetzt werden müssen.

5. Kosten
Die Herstellungskosten einer Banknote (Entwicklung, Papier, Druck) belaufen sich im Durchschnitt auf rund 30 Rappen. Rechnet man mit einer durchschnittlichen Lebensdauer der Noten von drei Jahren, so betragen die jährlichen Herstellungskosten 10 Rappen pro zirkulierende Note. Die jährlich bei der SNB anfallenden Verarbeitungskosten betragen rund 20 Rappen pro zirkulierende Note. Addiert man die jährlichen Herstellungs- und Verarbeitungskosten pro Note, so betragen die jährlichen Gesamtkosten pro zirkulierende Note rund 30 Rappen. *Roland Tornare*
Links: www.snb.ch

Banknotendeckung
Mit der Banknotendeckung wurde unter der früheren schweizerischen ↑Währungsordnung sichergestellt, dass den ausgegebenen ↑Banknoten der verfassungsrechtlich vorgeschriebene Gegenwert (Gold und kurzfristige Guthaben) gegenüberstand. Bis zum Inkrafttreten des ↑Währungs- und Zahlungsmittelgesetzes (WZG) mussten noch 25% der im Umlauf befindlichen Noten durch Gold gedeckt sein; dann entfiel die Goldbindung des ↑Frankens und damit die Pflicht der Schweizerischen ↑Nationalbank zur Notendeckung.

Banknotenemission
↑Banknoten (Geschichtliches); ↑Banknoten (Serien); ↑Banknote (Technisches); ↑Banknotendeckung; ↑Banknotenmonopol; ↑Bargeldumlauf; ↑Zahlungsmittel; ↑Nationalbank, Schweizerische; ↑Notenumlauf.

Banknotenfälschung
↑Gelddelikte.

Banknotenhandel
Der Banknotenhandel ist Teil des ↑Devisengeschäfts der Banken. Der Verkehr mit den Kunden wird über Spezialabteilungen, die sog. Wechselstuben oder Change-Abteilungen, abgewickelt. Der Interbankhandel war in den letzten Jahren einem Konzentrationsprozess unterworfen und wird hauptsächlich durch die Sortenabteilungen der ↑Gross- und ↑Kantonalbanken abgewickelt. Die natürliche Grundlage des Banknotenhandels ist der Reiseverkehr, doch dienen ausländische Banknoten in zahlreichen Schwellen- und Entwicklungsländern auch als ↑Parallelwährung. In der Vergangenheit konnten sich vor allem der US-Dollar in weiten Teilen der Erde sowie die Deutsche Mark, die durch den ↑Euro abgelöst wurde, in Südost- und Osteuropa als Parallelwährung etablieren.
Die Einführung des Euros führt zu einer wesentlichen Vereinfachung des Banknotenhandels. Noch ist aber nicht absehbar, welche Auswirkungen bezüglich der Handelsvolumen und der Erträge die Einführung des Euros mit sich bringt.
Durch die erschwerte Handelbarkeit gegenüber Devisen sowie den deutlich grösseren Spread zwischen Ankauf- und Verkaufskurs eignen sich Banknoten nicht zu Spekulationszwecken.
Während des Zweiten Weltkriegs und in der Nachkriegszeit war der Banknotenhandel in den meisten Staaten stark eingeschränkt oder ganz unterbunden. Mit dem Eintritt der ↑Konvertibilität der europäischen Währungen Ende 1958 sind die einschränkenden Bestimmungen nach und nach teilweise oder ganz aufgehoben worden, sodass heute in den westlichen Industrieländern ein freier Banknotenhandel besteht. Besondere Anforderungen ergeben sich im Banknotenhandel durch die Ausführungsbestimmungen zum ↑Geldwäschereigesetz sowie aufgrund der Sorgfaltspflicht der Banken.
Ausländische Banknoten (auch ausländische Münzen) werden grundsätzlich wie sonstige Waren gehandelt. Dem Banknotenhandel liegt jeweils ein

Kaufvertrag gemäss OR 187 zugrunde. Die ↑Kurse für Banknoten werden überwiegend in Einheiten der nationalen ↑Währung angegeben, die notwendig sind, um 100 Einheiten ausländisches Geld zu kaufen bzw. zu verkaufen. Für den Euro, die meisten Dollarwährungen sowie das Britische Pfund wird der Preis pro eine Einheit angegeben.

Robert Bareder

Banknotenmonopol
Das Banknotenmonopol ist das ausschliessliche Recht zur Ausgabe von ↑Banknoten, das die Bundesverfassung – zusammen mit dem Münzmonopol – dem Bund zuweist (nBV 99 I). Es wird von der Schweizerischen ↑Nationalbank (SNB), gestützt auf das ↑Nationalbankgesetz (NBG), ausgeübt.

Banknotenprivileg
↑Banknotenmonopol.

Banknotenumlauf
↑Bargeldumlauf.

Banknotenumtausch
↑Bargeldumlauf.

Bankobligation
↑Obligationenausgabe der Banken.

Bank of England
↑Zentralbank des Vereinigten Königreichs. Sie wurde 1694 als private Aktienbank mit dem Zweck gegründet, dem Staat das Aktienkapital in der Höhe von GBP 1,2 Mio. zu leihen. Als Gegenleistung erhielten die ↑Gläubiger das Recht, unter dem Namen «The Governor and Company of the Bank of England» das Vermögen des Staates zu verwalten und ihm Kredite zu gewähren. Wie viele andere Banken damals durfte die neu gegründete Bank auch ↑Banknoten ausgeben. Durch die Bank Charter Act von 1844 wurde die ↑Notenausgabe an die Goldreserven der Bank of England gebunden und die Notenemission organisatorisch vom eigentlichen ↑Bankgeschäft getrennt. Im Jahre 1921 erhielt die Bank of England das Notenmonopol (↑Banknotenmonopol) für England und Wales. In Schottland und Nordirland haben bis heute mehrere Banken das Recht, Banknoten auszugeben. Diese sind aber voll durch Noten der Bank of England gedeckt. 1931 gab das Vereinigte Königreich den Goldstandard auf; die Bank of England verwaltet jedoch bis heute die Gold- und Devisenreserven des Staates. 1946 wurde die Bank of England verstaatlicht. Im Mai 1997 erlangte sie die geldpolitische Unabhängigkeit und führt seither eine autonome ↑Geldpolitik. Gleichzeitig übernahm das Schatzamt die Verantwortung für die ↑Emission der Staatsobligationen (↑Staatsanleihen, -papiere) und das ↑Schuldenmanagement. Durch den Bank of England Act von 1998 wurden die Aufgaben und die Organisation der Bank of England neu geregelt.

1. Organisation
Das Direktorium (Court of Directors) setzt sich aus dem Gouverneur (oberster Leiter), zwei stellvertretenden Gouverneuren und 16 Direktoriumsmitgliedern zusammen. Es wird durch die Krone ernannt und ist für alle Bankaktivitäten, ausser der Formulierung der Geldpolitik, verantwortlich. Geldpolitische Entscheidungen werden vom Monetary Policy Committee getroffen. Dieses besteht aus 9 Mitgliedern: dem Gouverneur und den zwei stellvertretenden Gouverneuren, dem Chefökonomen, dem Leiter der Finanzmarktoperationen sowie vier bankexternen Mitgliedern, die vom Schatzkanzler ernannt werden.

2. Aufgaben
Die Bank of England hat drei Hauptaufgaben. Sie ist erstens für die Erhaltung der Eigenständigkeit und der Kaufkraft der ↑Währung verantwortlich. Dies bedeutet in erster Linie die Gewährleistung der Preisstabilität. Diese wird von der Regierung in Form eines Inflationsziels definiert, das seit 1997 2,5% beträgt. Die Bank of England setzt die Geldpolitik über die Steuerung der kurzfristigen Zinssätze um. Die Zinsentscheide werden monatlich getroffen und durch Offenmarktoperationen (↑Offenmarktpolitik) implementiert.
Der zweite Aufgabenbereich ist die Stabilitätssicherung inländischer und internationaler Finanzsysteme (↑Systemrisiken; ↑Systemstabilität, Förderung der). Seit ihrer Gründung hat die Bank of England diese Aufgabe wiederholt wahrgenommen. Sie sicherte in Krisenzeiten den ↑Zahlungsverkehr und wirkte notfalls als ↑Lender of last resort, indem sie den sich in Notlage befindenden Instituten Finanzhilfe gewährte. Seit 1997 ist die Bank of England von Gesetzes wegen für die Stabilität des Finanzsystems verantwortlich, während die ↑Financial Services Authority (FSA) die einzelnen Finanzinstitute beaufsichtigt (↑Finanzmarktaufsicht). Zu diesem Zweck überwacht die Bank of England die in- und ausländischen Finanzmärkte und fördert eine effiziente und solide Finanzinfrastruktur, einschliesslich eines gut funktionierenden Zahlungsverkehrs.
Der dritte Aufgabenbereich der Bank of England besteht darin, die Effizienz inländischer Finanzdienstleistungen zu fördern. Sie ist bestrebt, den Firmen Zugang zum ↑Kapitalmarkt zu gewährleisten und den Finanzplatz London zu stärken.

Elizabeth Steiner

Bankorganisation
↑Organisation der Bank.

Bankpersonalverband, Schweiz. (SBPV)

Unter diesem Namen wurde am 07.04.1918 in Bern ein Verein kantonaler Bankpersonalverbände gegründet. Der Bankpersonalverband, der parteipolitisch unabhängig und konfessionell neutral ist, erstrebt die Organisation des gesamten schweizerischen Bankpersonals zum Zwecke seiner sozialen und ökonomischen Besserstellung, zur Förderung der allgemeinen und beruflichen Bildung, zur Pflege kollegialer Gesinnung und der Solidarität. Diese Ziele sucht der Verband hauptsächlich mit folgenden Mitteln zu erreichen: Vertretung der Standesinteressen in der Öffentlichkeit und in den Behörden, Verhandlungen mit den Banken über Arbeits- und Besoldungsverhältnisse (↑Vereinbarung über die Anstellungsbedingungen der Bankangestellten [VAB]), Erteilung unentgeltlicher Rechtsauskunft, Wohlfahrts- und Sozialeinrichtungen.

Der ↑Bankensektor hat im Zuge der allgemeinen Globalisierungstendenzen seit Anfang der 90er-Jahre durch Schliessungen von Betrieben, Übernahmen und Fusionen tiefschürfende Veränderungen erfahren. Insbesondere in Bezug auf die Beschäftigungszahlen haben diese Ereignisse namhafte Auswirkungen gezeigt.

Um diesen unliebsamen Entwicklungen in effizienter Weise zu begegnen, hat sich der SBPV im Jahr 1996 der Organisation Union Network International (ehemals FIET) angeschlossen, welche Berufs- und Gewerkschaftsorganisationen innerhalb der Finanz- und Versicherungswelt weltweit zusammenfasst.

Die verschiedenen Angriffe insbesondere auf das schweizerische ↑Bankkundengeheimnis machen auch dem SBPV schwer zu schaffen. Stets unter diesem Druck von ausserhalb und im Hinblick auf den Überblick über die zukünftige Entwicklung der Bankenarbeitsplätze hat der SBPV einen Vertrag mit dem Schweizerischen Gewerkschaftsbund abgeschlossen, welcher eine 4-jährige Zusammenarbeit garantiert. Mit dieser Annäherung an den Schweizerischen Gewerkschaftsbund (SGB) kommt der SBPV in den Genuss der Teilnahme in verschiedenen Eidgenössischen Kommissionen, wie der Eidgenössischen Kommission für Arbeitsmarktfragen und der Eidgenössischen Berufsmaturitätskommission. Damit wird der Verband bei wichtigen, die Bankangestellten unmittelbar betreffenden Entscheidungen seinen Standpunkt effizienter einbringen können, insbesondere in den Bereichen Sozialversicherungen, Arbeitsrecht, Besteuerungswesen usw. Schliesslich ist der SBPV als aktiver Verband in den Bereichen der beruflichen Aus- und Weiterbildung auch Mitglied der Schweizerischen Trägerschaft für ↑Berufs- und höhere Fachprüfungen in Bank, Versicherung und Finanzplanung BVF. Im SBPV sind 17 000 Mitglieder organisiert, verteilt auf sieben Regionen und kantonale Sektionen. Der Verband hat ein Zentralsekretariat mit Sitz in Bern. Oberstes Organ ist die Delegiertenversammlung. Exekutivorgan ist die Geschäftsleitung, welche sich aus je einem Vertreter aus den verschiedenen Regionen zusammensetzt (in der Regel den jeweiligen Regionalpräsidenten), dem Zentralpräsidenten, dem Zentralkassier und drei Vertretern des Bankpersonals.

Achtmal jährlich gibt der SBPV ein Magazin unter dem Titel «take it!» heraus. «take it!» ist das offizielle Verbandsorgan des SBPV und informiert seine Mitglieder in erster Linie über Fragen, die mit ihrem Berufsalltag in Zusammenhang stehen.

Mary-France Goy

Bankplatz

Unter einem Bankplatz wird eine Ortschaft verstanden, in der Banken ihre Niederlassung oder Vertretung haben. In der Schweiz gelten nur jene Ortschaften als Bankplatz, in welchen die Schweizerische ↑Nationalbank (SNB) durch eigene ↑Bankstellen, Agenturen oder Korrespondenten vertreten ist. Ortschaften ohne eine solche Vertretung der SNB gelten als Nebenplätze. Bankplatz ist nicht zu verwechseln mit ↑Finanzplatz.

Bankpolitik

Der Begriff der Bankpolitik wird in einem doppelten Sinn verwendet:

1. Bankpolitik ist die Gesamtheit der Massnahmen, die der Staat ergreift, um die Tätigkeit der Banken im volkswirtschaftlichen Interesse zu lenken oder zu regeln. In diesem Sinne wird unter Bankpolitik die *staatliche Bankpolitik* als Teil der allgemeinen Wirtschaftspolitik verstanden. Bankpolitik ist somit das Ergebnis der Aktivität des Staates und seiner durch ihn eingesetzten und überwachten Organe; darin einzubeziehen ist auch die Bankpolitik der ↑Zentralbank. Schliesslich sind es eine Vielzahl organisierter Gesamtheiten, insbesondere Wirtschaftsverbände und Gewerkschaften, welche auch aktiv Bankpolitik betreiben. In diesem Verständnis vollzieht sich Bankpolitik in einem Spannungsverhältnis zwischen Staat, Zentralbank, Wirtschaftsverbänden, Gewerkschaften, Parteien und einzelnen Banken, welche ihrerseits das ↑Bankensystem einer Volkswirtschaft bilden. Gemäss dem entscheidungsorientierten Begriffsansatz kann folglich unter Bankpolitik die Gesamtheit aller wesentlichen, langfristig wirksamen Entscheidungen verstanden werden, welche ihre Träger im Zuge eines Willensbildungsprozesses treffen.

2. In einem weiteren Sinne versteht man unter Bankpolitik die *Unternehmenspolitik der Banken* (auch betriebliche Bankpolitik genannt), d.h. die Grundsätze, nach denen eine Bank ihre geschäftliche Tätigkeit ausrichten will, um ihre

Bankpolitik, Geschäftspolitik der Banken

Ziele zu erreichen. Unter der betrieblichen Bankpolitik wird die Gesamtheit aller wesentlichen, langfristigen Entscheidungen über Ziele, Strategien und Ressourcen der Bank verstanden, sofern sie deren Struktur massgeblich bestimmen. Ausgeklammert bleiben die mittel- und kurzfristig wirksamen Entschlüsse auf operativer und dispositiver Stufe, deren Bedeutung zwar nicht zu unterschätzen ist, die aber aufgrund ihrer zeitlich und sachlich begrenzten Reichweite das «System» Bank nicht grundsätzlich verändern.

Christine Hirszowicz, Sita Mazumder

Bankpolitik, Geschäftspolitik der Banken

Unter Geschäftspolitik wird im Allgemeinen das Verhalten einer Unternehmung gegenüber sämtlichen Anspruchsgruppen verstanden. Bezogen auf die Bankenwelt kann die Geschäftspolitik (auch betriebliche Bankpolitik genannt) als die Gesamtheit aller wesentlichen, langfristigen Entscheidungen über Ziele, Strategien und Ressourcen der Bank definiert werden. Daraus wird ersichtlich, dass die Geschäftspolitik das Ergebnis von bedeutenden Entscheidungen ist. Diese müssen durch die obersten Führungsgremien der Bank, den Verwaltungsrat und die Geschäftsleitung, getroffen und umgesetzt werden. Solche Entscheidungen sind Gegenstand des strategischen Bankmanagements. Im Zentrum der bankpolitischen Grundsatzentscheidungen steht das Management von ↑*Liquidität*, *Rentabilität* und ↑*Risiko* (so genanntes «magisches Dreieck»). Diesbezüglich unterscheidet sich die Bank nicht von anderen Unternehmen. Bei allen Unternehmen hat sich eine gesunde Geschäftspolitik innerhalb dieses «magischen Dreiecks» zu bewegen. Es ist aber wohl nirgends so schwierig wie in der Bankbranche, die Erfordernisse der Liquidität, der Sicherheit und der Rentabilität in optimalen Einklang zu bringen. Liquidität und Rentabilität bilden grundsätzliche Gegensätze: Mit steigender Liquidität sinkt die Rentabilität einer Anlage und umgekehrt. Anderseits bringt eine grössere Sicherheit zwar meist geringere Liquiditätsbedürfnisse mit sich, hat aber gleichzeitig eine kleinere Rentabilität zur Folge.

1. Liquiditätsmanagement
Das Ziel einer angemessenen Liquidität kann als die prioritäre geschäftspolitische Aufgabe der Banken bezeichnet werden und kommt vor dem Sicherheits- und Rentabilitätsziel sowie vor dem Streben nach Wachstum. Tritt die Situation ein, dass eine Bank ihre Verpflichtungen nicht fristgerecht erfüllen kann, hat das schwer wiegende Folgen: Sie ist auf fremde Liquiditätshilfe, beispielsweise von anderen Banken oder Marktpartnern, angewiesen. Die ↑Zentralbank steht normalerweise bei selbstverschuldeter Liquiditätsverknappung nicht zur Verfügung. Kann sich die Bank die benötigte Liquidität nicht beschaffen, muss sie in kürzester Zeit ihre Schalter schliessen. Die Steuerung der Bankenliquidität erfolgt zum grossen Teil über das ↑Interbankgeschäft. Die Folgen aus ↑Illiquidität wirken sich wesentlich schneller aus als die einer ungenügenden Rentabilität oder aus gefährdeten Krediten.

2. Rentabilitätsmanagement
Wie jedes andere Unternehmen kann eine Bank nur dann überleben, wenn sie einen angemessenen Gewinn erzielt, um Reserven zu bilden und sich selbst zu finanzieren sowie um ihren Aktionären eine ↑Dividende auszuzahlen. Deshalb strebt die Geschäftspolitik der Banken nach genügenden Erträgen. Die Banken erzielen Erträge v. a. aus dem Kreditgeschäft, der ↑Vermögensverwaltung und der ↑Anlageberatung, weiteren ↑Dienstleistungsgeschäften sowie aus dem Handelsgeschäft. Damit verbunden sind Fragen zu den Geschäftseinheiten im In- und Ausland, dem Verhältnis zwischen dem ↑Commercial banking, ↑Investment banking und Trust banking sowie zu Aspekten der ↑Allfinanz. Je optimaler die ↑Geschäftsbereiche auf dem Markt abgestimmt sind (in Abhängigkeit der Grösse des Bankinstituts), desto besser gleichen sich die Gewinne der einzelnen Bereiche aus, welche von der Wirtschafts-, Währungs- und Börsenlage in unterschiedlichem Masse abhängig sind (↑Börse, ↑Währung).

3. Risikomanagement
Die Geschäftspolitik der Banken ist mit verschiedenen *Risiken* verbunden. Es gehört geradezu zur Banktätigkeit, Risiken einzugehen und diese aktiv zu bewirtschaften. Zu den wichtigsten Risiken zählen die ↑Kredit-, die ↑Markt- und die ↑operationellen Risiken, das politische, das physische und das Reputationsrisiko. Entscheidungsfehler der Führungsverantwortlichen können eine ganze Reihe der vorerwähnten oder weiterer Risiken nach sich ziehen. Die Sicherheit der anvertrauten ↑Kundengelder und der durch die Aktionäre zur Verfügung gestellten Mittel (↑Eigenkapital) muss gewährleistet sein. Risiken müssen erkannt, gemessen, bewirtschaftet und begrenzt werden. Dies ist die Aufgabe des ↑Risikomanagements.
Im Zusammenhang mit der Sicherheit taucht die Frage nach dem angemessenen Verhältnis der ↑eigenen Mittel zu den verschiedenen Kategorien der Aktiven auf (↑Deckungsverhältnis). Das Eigenkapital übernimmt unter anderem eine Garantie- und Haftungsfunktion, um vorübergehend Verluste aufzufangen, wenn die Erträge dazu nicht ausreichen. Mit der Garantie- und Haftungsfunktion eng verbunden ist die Vertrauensfunktion des Eigenkapitals. Die Basis der Banktätigkeit beruht zu einem grossen Teil auf Vertrauen, das die Kunden der Bank entgegenbringen. Ausreichende

eigene Mittel der Bank vermitteln ein Sicherheitsgefühl und fördern somit das Kundenvertrauen.

4. Strategisches Bankmanagement
Grundlage der Geschäftspolitik der Banken ist das strategische Bankmanagement. Darunter wird das grundsätzliche und langfristige Denken, Handeln und Verhalten der Führungs- und Leitungsorgane (Verwaltungsrat und Geschäftsleitung) verstanden. Im Wesentlichen geht es darum, das Planungssystem der Bank, das darauf basierende Führungskontrollsystem, das Kommunikations- und Informationssystem, das Personalmotivations- und Belohnungssystem und die organisatorische Struktur der Bank festzulegen. Die getroffenen Massnahmen und Regelungen müssen in regelmässigen Zeitabständen überprüft und fortentwickelt werden. Als Instrument der strategischen Planung dient das Leitbild, das Ausdruck der langfristig zu verfolgenden Geschäftspolitik ist. Das Leitbild basiert auf einer gründlichen Analyse der für die Bank relevanten Umwelt sowie auf einer Überprüfung der eigenen Stärken und Schwächen der Bank und der daraus erkennbaren Chancen und Risiken. Ein wichtiges Instrument ist die Planung von Zielen (Definition der Geschäftsfelder, Kundengruppen und der Regionen), der zur Erreichung dieser Ziele nötigen Massnahmen sowie der finanziellen, personellen und sachlichen Ressourcen. In ihrer langfristigen Geschäftspolitik bringt die Bank ihre Verantwortung für eine Vielzahl von Anspruchsgruppen zum Ausdruck, so z.B. für ihre Kunden, Mitarbeiter und Eigentümer; im weiteren Sinne formuliert sie auch ihre Mitverantwortung gegenüber der Gesellschaft schlechthin.
Christine Hirszowicz, Marzena Kopp-Podlewski

Bankpräsident
Der Bankpräsident ist Vorsitzender des besonderen Organs für die Oberleitung, Aufsicht und ↑Kontrolle, in der Regel also der Verwaltungsratspräsident der Bank. Funktion, Stellung und Aufgaben des Verwaltungsratspräsidenten haben sich auf der Grundlage einer nur bruchstückhaften gesetzlichen Regelung vornehmlich in der Praxis herausgebildet. Als Abbild der innergesellschaftlichen Ordnung kommen sie im Organisationsreglement zum Ausdruck.
Je nach Grösse, Struktur und Bedeutung der Bank fällt dem Präsidialamt eine unterschiedliche Rolle zu: tragend da, wo dem vollamtlich tätigen Präsidenten besondere Führungs- und Kontrollaufgaben zufallen, weniger ausgeprägt dort, wo sich das nebenamtliche Präsidium weit gehend auf repräsentative und administrative Funktionen beschränkt. Der Bankpräsident ist als oberstes Bankführungsorgan eine starke Persönlichkeit, die sich gegenüber den übrigen Verwaltungsräten durch eine besondere Nähe zum Unternehmen auszeichnet und die Unternehmenskultur massgeblich mitbeeinflusst.

Zu den typischen Aufgaben des Bankpräsidenten zählen die Vorbereitung und Leitung der Verwaltungsratssitzungen und die korrekte Durchführung der Generalversammlungen. Er vertritt den Verwaltungsrat nach innen und aussen und übernimmt eine führende Rolle in der mittel- bis langfristigen strategischen Planung sowie bei der Auswahl und Überwachung der obersten Führungskräfte. Ferner entscheidet er über dringliche, unaufschiebbare Angelegenheiten, betreibt Beziehungspflege zu wichtigen Aktionären und sorgt als Repräsentant des Unternehmens für ein erfolgreiches Image der Gesellschaft. Zur Ausübung der laufenden Aufsicht und Kontrolle über die Geschäftsleitung stehen ihm weit gehende Auskunfts- und Einsichtsrechte zur Verfügung. Seine Verantwortlichkeit richtet sich grundsätzlich nach denselben Massstäben wie jene der übrigen Verwaltungsräte, wobei dem Bankpräsidenten kraft seiner herausragenden Position und der damit verbundenen besonderen Vertrauensstellung eine erhöhte Sorgfaltspflicht obliegt. Gerade in grösseren Banken und ↑Bankkonzernen nimmt der Bankpräsident eine starke Führungsrolle ein und arbeitet zu diesem Zweck relativ eng mit der operativen Führung zusammen. Wie die übrigen Aufsichtsorgane bleibt er jedoch in ein ausgewogenes System von «checks and balances» eingebunden. Gemäss BankV 8 II darf kein Mitglied des für die Oberleitung, Aufsicht und Kontrolle verantwortlichen Organs einer Bank der ↑Geschäftsleitung angehören, was einer übermässigen Machtkonzentration bei leitenden Persönlichkeiten entgegenwirken soll. Der Bankverwaltungsrat und sein Präsident dürfen sich daher nicht mit der Geschäftsführung befassen. Aus diesem Grunde gibt es bei den Banken, abweichend vom ↑Aktienrecht, auch keine Delegierten des Verwaltungsrates. Dank der strikten Gewaltentrennung wahrt der Bankpräsident angemessene Distanz zu den laufenden Geschäften und kann seine Führungsaufgaben unbefangener und effizienter erfüllen.
Hansueli Geiger

Bankprovision
Für Bankdienstleistungen verlangte Entschädigung, beispielsweise Quartalskommission bei ↑Kontokorrentkrediten (↑Kommissionen im Kontokorrentverkehr), ↑Bereitstellungskommission für bewilligte, noch nicht benützte ↑Kreditlimiten, einmalige Abschlussprovision bei Bewilligung eines Kreditgeschäftes, ferner Bankprovisionen und Bankkommissionen bei ↑Akkreditiven, ↑Kautions- und ↑Akzeptkrediten; ↑Courtagen, ↑Depotgebühren und ↑Management fees im ↑Effektengeschäft, Treuhandkommissionen, Kommissionen im ↑Emissionsgeschäft, Schrankfachmieten, Kommissionen aus Verkauf von ↑Reisechecks.

Bankrat
↑Bankkommission.

Bankrate
Besonders im angelsächsischen Raum übliche Bezeichnung für den ↑Diskontsatz.

Bankrating
↑Rating; ↑Rating der Banken; ↑Credit rating; ↑Credit scoring.

Bankregel, goldene
↑Goldene Bankregel.

Bankrevision
↑Revision, interne; ↑Revision, externe; ↑Revisionsbericht.

Bankschliessung
Die Eidgenössische ↑Bankenkommission (EBK) kann zum Schutz der Interessen der ↑Gläubiger in Fällen drohender ↑Zahlungsunfähigkeit oder grober Gesetzesverletzungen die sofortige Schliessung einer Bank anordnen (Verfügung der EBK vom 29.03.1983 i.S. Banque Commerciale SA, Genf). In ihren Schliessungsverfügungen bestimmt die EBK auf den Zeitpunkt genau den Schalterschluss, zu dem keine weiteren Zahlungen mehr ausgeführt werden dürfen. Sie ordnet die Sperrung ausgegebener ↑Debit- und ↑Kreditkarten an und regelt die Behandlung von hängigen ↑Zahlungsaufträgen gegenüber den Betreibern von ↑Zahlungssystemen. Fallweise erlaubt sie die Abwicklung hängiger Geschäfte. Die Schliessung durch die EBK ändert grundsätzlich nichts an den zivilrechtlichen Pflichten der Bank. Sie hat keinen Einfluss auf Verzinsung, ↑Fälligkeit und Verrechenbarkeit von Forderungen und gewährt auch keinen Betreibungsschutz. Diesen kann die Bank unter geltendem Recht nur über eine ↑Bankenstundung oder eine Nachlassstundung oder einen Fälligkeitsaufschub erlangen. Die laufende Revision der geltenden Regelung der Sanierung und ↑Liquidation von Banken sieht jedoch vor, dass die EBK selbst ermächtigt ist, einen Betreibungsschutz anzuordnen (↑Konkursverfahren von Banken). Unter der heutigen Regelung erfolgt die Schliessung der Bank in der Regel gleichzeitig mit dem Bewilligungsentzug. Dieser Zusammenhang ist jedoch nicht zwingend. So ordnete die EBK im Fall der Spar- und Leihkasse Thun zuerst die Schliessung mit einer kurzen Frist zur Wiederherstellung des rechtmässigen Zustandes an und entzog erst danach die Bewilligung (EBK Jahresbericht 1991).

Eva Hüpkes

Banksparen
↑Spareinlagen; ↑Sparformen; ↑Spargelder.

Bankspesen
Bezeichnung für die von den Banken den Kunden belasteten eigenen Auslagen wie Porti, Telefonspesen sowie Entschädigungen (Stückkosten) für einzelne Dienstleistungen (z.B. Postengebühren für ↑Zahlungsaufträge), Pauschalen (z.B. Kontoführungsgebühren, berechnet pro Monat oder Jahr) und von Dritten in Rechnung gestellte Kosten (z.B. Posteinzahlungsgebühren). Nicht zu verwechseln mit ↑Zinsen oder ↑Bankprovisionen und Bankkommissionen.

Banksprache
Mit Banksprache ist die dem ↑Bankgeschäft eigentümliche Ausdrucksweise gemeint. Sie ist mehr auf den wirtschaftlichen Inhalt als auf juristische Präzision gerichtet und bedient sich manchmal salopper Kurzbezeichnungen. So spricht man von «Vorschuss» (statt Darlehen), «hinterlegen» (statt verpfänden), «garantieren» (statt verbürgen), «Zession» (statt Indossament), «Kiste» (statt Million) usw. Da es gemäss OR 18 bei der Beurteilung eines Vertrages auf den übereinstimmenden, wirklichen Willen und nicht auf die unrichtige Bezeichnung oder Ausdrucksweise ankommt, sind diese Ungenauigkeiten der Banksprache ohne rechtliche Bedeutung. ↑Börsensprache.

Bankstelle
Die Bankstelle ist eine physische Einrichtung eines Bankinstitutes vor Ort. In ihrer jährlichen Statistik «Die Banken in der Schweiz» erfasst die Schweizerische ↑Nationalbank (SNB) alle Bankstellen unter dem Begriff «Niederlassungen» als Zahl der rechtlich unselbstständigen Bankfilialen in der Schweiz und im Ausland. Als Niederlassungen gelten dabei Zweiganstalten mit mindestens einer vollamtlich angestellten Person. Entsprechend der Bedeutung und Rolle der Bankstelle wird innerhalb eines Bankinstituts unterschieden nach (Haupt-)Sitz, Niederlassung, Filiale, Geschäftsstelle, Agentur, Zweigstelle, Zweiganstalt, Depositenkassen u.a., wobei die Verwendung der Begriffe unter den Banken nicht einheitlich ist.
Nicht als Niederlassung im erwähnten Sinn gilt die Einnehmerei (Vertretung), die vornehmlich in ländlichen Gebieten und im Alpenraum anzutreffen ist. Einnehmereien werden meistens von Dorfpersönlichkeiten (Lehrer, Posthalter, Treuhänder, Ladenbesitzer) im Nebenamt und auf der Basis eines Agenturvertrages geführt. Von diesen wiederum zu unterscheiden sind die gelegentlichen oder gewerbsmässig tätigen Vermittler von Bankdienstleistungen wie Immobilienmakler, Treuhänder, Anwälte, unabhängige Finanzberater und ↑Vermögensverwalter, die nicht als Bankstelle bezeichnet werden können, auch wenn sie ausschliesslich für ein einziges Bankinstitut tätig sind. Diese Kategorie der unabhängigen Vermittler hat in den letz-

ten Jahren stark an Bedeutung gewonnen. Die Banken haben darin eine Chance entdeckt, sich Kundenkreise zu erschliessen, ohne mit einer eigenen, kostspieligen Filiale vor Ort präsent sein zu müssen.

Im Zeitalter moderner Kommunikations- und ↑Automatensysteme sowie erhöhter Mobilität des Publikums sind die Kundenfrequenzen in den Bankstellen generell zurückgegangen, sodass sich deren Aufrechterhaltung unter betriebswirtschaftlichen Aspekten in vielen Fällen nicht mehr lohnt. Diesem Umstand sowie der in den 90er-Jahren einsetzenden Strukturbereinigung im schweizerischen Bankwesen ist es zuzuschreiben, dass die Zahl der Bankstellen im Inland in den Jahren 1990 bis 2000 um rund 35% zurückgegangen ist. Im internationalen Vergleich zeichnet sich die Schweiz trotzdem immer noch durch eine hohe ↑Bankendichte aus. *Dominique Folletête*

Banküberweisung

Ein ↑Kontoinhaber, der eine Zahlung an einen Dritten zu leisten hat, beauftragt seine Bank, diesem einen bestimmten Betrag unter Belastung seines ↑Kontos zu vergüten. Dieser Auftrag wird meist schriftlich erteilt, grösstenteils unter Verwendung besonderer, dem Kontoinhaber von der Bank zur Verfügung gestellter und den Verkehr erleichternder Formulare, oder mittels ↑Datenträgeraustausch (DTA) und immer häufiger mit ↑Electronic banking. Je nach Kontobeziehung des Begünstigten führt die beauftragte Bank die Zahlung bankintern als ↑Kontoübertrag, per ↑Bankgiro (↑Swiss Interbank Clearing [SIC]) oder per Postgiro (Sammelauftragsdienst SAD) und im Auslandzahlungsverkehr über eine ↑Korrespondenzbank (↑S.W.I.F.T.) aus. Voraussetzung für die Banküberweisung ist, dass der Auftraggeber bei seiner Bank ein Guthaben besitzt oder über eine freie ↑Kreditlimite verfügen kann. Die Bank ist mangels eines entsprechenden Guthabens berechtigt, aber nicht verpflichtet, den ihr erteilten Überweisungsauftrag auszuführen, indem sie den Kunden sein Konto «überziehen» (↑Kontoüberziehung) lässt, ohne vorher wegen des nicht ausreichenden Guthabens bei ihm zurückzufragen. Sie kann auch nach eigenem Ermessen Teilausführungen vornehmen. Die Bank hat den ihr erteilten Auftrag unverzüglich den Weisungen des Auftraggebers gemäss auszuführen (↑Tagfertigkeit). Sie darf von den erhaltenen Vorschriften nur dann abweichen, wenn dies den Umständen nach den Interessen ihres Kunden entspräche und von diesem gebilligt würde. Sind Überweisungsaufträge ungenau, sodass sich für die Bank Zweifel ergeben, so muss sie vor der Ausführung beim Auftraggeber rückfragen. Den aus der Benutzung von Post, Telefon, Telefax, E-Mail und anderen Übermittlungs- oder Transportarten entstehenden Schaden, wie z.B. aus Verlust, Verspätung, Missverständnissen, Verstümmelungen, Verfälschungen oder Doppelausfertigungen, trägt der Kunde, sofern die Bank kein grobes Verschulden trifft. Wenn aufgrund mangelhafter, verspäteter oder nicht erfolgter Ausführung von Aufträgen Schaden entsteht, haftet die Bank lediglich für den Zinsausfall, sofern die Bank nicht im Einzelfall auf die drohende Gefahr eines darüber hinausgehenden Schadens hingewiesen wurde (↑Allgemeine Geschäftsbedingungen der Banken). Die Banken nehmen auch Aufträge auf wiederkehrende Überweisungen, so genannte Daueraufträge an (↑Laufender Auftrag). Für die Banküberweisung im Kontokorrentverkehr verrechnet die Bank üblicherweise anfallende Fremdspesen und verlangt für ihren eigenen Aufwand Gebühren, oder es werden periodische Pauschalspesen, gegebenenfalls eine Umsatzprovision, berechnet.

Bankverbindung

Die ständige Verbindung einer natürlichen oder ↑juristischen Person zu einer Bank für die Abwicklung der ↑Bankgeschäfte, wie Geldanlagen und -aufnahmen, ↑Zahlungsverkehr, ↑Anlageberatung, ↑Vermögensverwaltung.

Bankvollmacht

↑Konto- und Depotvollmacht.

Bankwerktag

Tag, an dem die Banken arbeiten und für das Publikum offen sind. Gegensatz dazu ist der ↑Bankfeiertag (Bank holiday). Als Bankfeiertage gelten in der Regel die Samstage sowie die Sonntage und die übrigen staatlich (d.h. kantonal oder eidgenössisch) anerkannten Feiertage, soweit nicht nur der halbe Tag Feiertag ist. Für die Schweizer Börse ↑SWX Swiss Exchange gelten die Arbeitstage der Schweizerischen ↑Nationalbank als Bankwerktage.

Bankwerte

In der ↑Börsensprache gebräuchliche Bezeichnung für ↑Bankaktien.

Banque d'affaires

↑Crédit mobilier de France.

Banque de France

↑Europäische Zentralbank.

Bar

Kurzbezeichnung für «in ↑Bargeld». Gegenteil: unbar, bargeldlos. Grundsätzlich sofort in Bargeld tauschbar, umwandelbar ist das ↑Giralgeld.

Barabgeltung
In Geld ausbezahlte Vergütungen, die anstelle anderer Vermögensrechte treten, z.B. Verzicht auf die Ausübung von ↑Bezugsrechten, Kaufoptionen (↑Call).

Bar-Akkreditiv
↑Akkreditiv.

Barausschüttung
Bardividende und Nennwertrückzahlung an Aktionäre. ↑Dividende.

Barbell-Portfolio
Strategie zur Bewirtschaftung eines Obligationenportefeuilles, welche Anleihen an beiden Enden der Zinskurve (kurz- und langfristige) mittelfristigen ↑Obligationen vorzieht. Am Aktienmarkt wird damit eine Strategie bezeichnet, welche die beiden Gegensätze, einerseits defensive Titel sowie ↑Value stocks und andererseits Aktien rasch wachsender Gesellschaften mit hoher ↑Volatilität, einer ausgewogenen Mischung der Anlagen vorzieht.

Bar-Chart
Als Bar-Chart (Balken-Chart) wird eine Konstruktionsform von ↑Charts bezeichnet, bei welcher Höchst-, Tiefst- und ↑Schlusskurs einer ↑Periode eingetragen werden.

Bardepot
↑Bankgarantie.

Bardividende
↑Dividende.

Bareinschuss
↑Marge; ↑Margin.

Bargarantie
↑Kautionskredit.

Bargeld
↑Bargeldumlauf.

Bargeldlose Lohn- und Gehaltszahlung
Wie der Name sagt, wird bargeldlose Lohn- und Gehaltszahlung für Löhne und Gehälter verwendet. Sie wird aber auch für die Überweisung von Renten (z.B. AHV) und Pensionen gebraucht. Wenn man im Folgenden von Arbeitnehmern und -gebern spricht, so ist das eine bewusste Vereinfachung.
In der Schweiz hat sich die Zahlung von Lohn und Gehalt auf das ↑Konto des Arbeitnehmers bei dessen Bank oder bei der Post durchgesetzt. Sie ist heute die Norm. Die bargeldlose Lohn- und Gehaltszahlung stellt eine Rationalisierung des ↑Zahlungsverkehrs dar. Sie ist zudem viel einfacher und sicherer als die sehr kosten- und arbeitsintensive Lohn- und Gehaltszahlung in ↑bar oder mit ↑Check. Sie bietet dem Arbeitgeber und dem Arbeitnehmer Vorteile.
Für den *Arbeitgeber* entfallen Geldtransport, Münz- und Notenliste, das Abpacken in die Lohncouverts sowie die Lohnverteilung an die Arbeitnehmer. Zudem erwachsen ihm bedeutende Rationalisierungen in der papiermässigen Administration.
Die *Arbeitnehmer* können über ihr Guthaben auf dem Lohn- und Gehaltskonto bar, durch Check, Vergütungs- oder Dauerauftrag verfügen. Sie können die ↑ec/Maestro-Karte (für Bezüge am ↑Bancomaten und Zahlungen am ↑Point of sale terminal) beantragen. Wertschriftenkäufe oder Überträge auf höher verzinsliche Sparmöglichkeiten sind ohne weiteres möglich. Nach Rücksprache mit der Bank und unter gewissen Voraussetzungen kann das Lohn- und Gehaltskonto kurzfristig überzogen werden; in der Regel bis zu einem Monatssalär und nicht länger als 12 Monate. Das Lohn- und Gehaltskonto ist somit nicht nur ein Sparinstrument, es kann auch Kreditinstrument bzw. Liquiditätsreserve sein. Über seine ↑Transaktionen wird der Kunde durch Monats-, Quartals- oder Jahresauszüge orientiert.
Aus *Banksicht* gehört die bargeldlose Lohn- und Gehaltszahlung in den Sektor der Privatkundengeschäfte (↑Privatkunden, Privatkundengeschäft). Den Lohn- und Gehaltskonten (sie werden auch Salär- oder Privatkonten genannt) kommt eine wichtige «Zubringerfunktion» für andere ↑Bankgeschäfte zu, denn der Kontoinhaber wickelt normalerweise bei derjenigen Bank alle seine Bankgeschäfte ab, bei der er sein Lohnkonto unterhält.
Max Gsell

Bargeldloser Zahlungsverkehr
Der bargeldlose Zahlungsverkehr bildet zusammen mit dem ↑Barzahlungsverkehr den ↑Zahlungsverkehr. Während der Barzahlungsverkehr mit ↑Bargeld (↑Münzen und ↑Noten) abgewickelt wird, erfolgt der bargeldlose Zahlungsverkehr mit Buchgeld, ↑Check oder anderen ↑Geldsurrogaten. Gelegentlich nennt man den bargeldlosen Zahlungsverkehr auch unbaren Zahlungsverkehr.
Der bargeldlose Zahlungsverkehr wird in den weitaus meisten Fällen durch die Banken oder durch die Post abgewickelt. Die technischen Möglichkeiten und der zunehmende Trend zur Bargeldsubstitution haben zur Folge, dass sich auch Warenhäuser, Grossverteiler und Kreditkartenorganisationen als Vermittler in den bargeldlosen Zahlungsverkehr einschalten. Der bargeldlose Zahlungsverkehr ist nämlich nur möglich, wenn sich zwischen Zahler und Empfänger Zahlungsvermittler (einer oder mehrere) einschalten. Auch kann eine Zahlung nur bargeldlos erfolgen, wenn der Zahlende und der Zahlungsempfänger ein ↑Konto (z.B. ein Bankkonto) haben. Eine weitere

Voraussetzung für bargeldlose Zahlung ist immer ein verfügbares Guthaben bzw. eine entsprechende Kreditlimite des Zahlenden.
Der bargeldlose Zahlungsverkehr ist auch unabdingbare Voraussetzung für die ↑Geldschöpfung. Der bargeldlose Zahlungsverkehr muss einzeln betrachtet werden, je nachdem, ob er mit Buchgeld (↑Bankgiro, ↑Bankenclearing, ↑Giroverkehr der SNB, Hausgiro, ↑Swiss Interbank Clearing), mit Check (↑Reisecheck) oder mit andern Geldsurrogaten (↑Kreditkarte, ↑Debitkarte) erfolgt.
Formen und Instrumente des bargeldlosen Zahlungsverkehrs der Banken in der Schweiz sind:
1. *Generell:* Check (↑Checkverkehr), Banküberweisung oder Zahlungsauftrag, ↑Laufender Auftrag (Dauerauftrag)
2. *Für Privatkunden:* Salärgutschrift (↑bargeldlose Lohn- und Gehaltszahlung), Kreditkarte, Debitkarte, Reisecheck, ↑Lastschriftverfahren
3. *Für kommerzielle Kunden:* Bargeldlose Lohn- und Gehaltszahlung, ↑Datenträgeraustausch, Auftragslistenverfahren, Stammlisten, Lastschriftverfahren.

Jacques Bischoff

Bargeldsubstitution
↑Geldsurrogat, Geldersatzmittel.

Bargeldumlauf
Der Bargeldumlauf umfasst diejenigen Bestände an Noten und Münzen, die vom Nichtbankensektor (jedoch ohne die Post) gehalten werden. Die Bestände an Noten und Münzen, die insgesamt in Umlauf sind, werden als Noten- bzw. Münzumlauf bezeichnet.
Volk und Stände stimmten in der Abstimmung vom 18.04.1999 der Totalrevision der Bundesverfassung zu und damit auch einem überarbeiteten Geld- und Währungsartikel (BV 99). Neu wird der Schweizer Franken von der Bindung an das Gold gelöst (↑Währungs- und Zahlungsmittelgesetz [WZG]). Die Schweizerische ↑Nationalbank (SNB) wird jedoch verpflichtet, aus ihren Erträgen ausreichende ↑Währungsreserven zu bilden. Nach wie vor steht aber dem Bund das alleinige Recht zur Ausgabe von Münzen (↑Münzregal) und Banknoten (↑Banknotenmonopol) zu. Dieses Recht überträgt der Bund der SNB (NBG 1). Sie emittiert die Banknoten und bestimmt deren Nennwerte und Gestaltung (WZG 7). Der Bundesrat entscheidet hingegen, welche Münzen zu prägen, in Umlauf zu bringen oder ausser Kurs zu setzen sind (WZG 4). Die Münzprägung erfolgt durch den Bund, während die SNB die Münzen in Verkehr setzt bzw. die nicht benötigten Münzen unbeschränkt gegen Vergütung des Nennwertes zurücknimmt (WZG 5). Schweizerische Banknoten müssen von jeder Person unbeschränkt an Zahlung genommen werden. Hingegen ist mit Ausnahme der öffentlichen Kassen des Bundes und der SNB niemand verpflichtet, mehr als 100 schweizerische Münzen zu akzeptieren (WZG 3).
Im Durchschnitt des Jahres 2000 war ↑Bargeld im Werte von CHF 29,6 Mia. im Nichtbankensektor im Umlauf. Vor fünfzig Jahren waren es nicht ganz CHF 5 Mia. Der Bargeldumlauf wuchs damit jährlich um durchschnittlich 3,7%. In den vergangenen 20 Jahren schwächte sich das durchschnittliche jährliche Wachstum jedoch auf 1,9% ab. Die Gründe sind das vergleichsweise tiefe nominelle Wirtschaftswachstum sowie der zunehmende Gebrauch von bargeldlosen ↑Zahlungsmitteln wie ↑Kreditkarten und ↑Debitkarten. Der Wert der damit abgewickelten ↑Transaktionen stieg seit 1990 von CHF 5 Mia. um das Achtfache auf CHF 40 Mia. im Jahre 2000. Das dichte Netz von Geldausgabegeräten (↑Bancomat und Postomat) ermöglicht ferner eine effizientere Bewirtschaftung der individuellen Kassenbestände als in der Vergangenheit. Der Anteil des Bargeldumlaufs an der ↑Geldmenge M1 schrumpfte als Folge dieser Entwicklung ebenfalls. Im Jahre 2000 betrug er noch 15%; gegenüber 30% im Jahre 1980. M1 umfasst nebst dem Bargeldumlauf die Sichtguthaben (↑Sichteinlagen) der Kunden bei den Banken und der Post. Deutliche Veränderungen waren in den vergangenen Jahrzehnten auch bei der ↑Stückelung des Notenumlaufs festzustellen. In den 50er-Jahren überwogen die kleineren Notenabschnitte noch klar. Lediglich rund ein Viertel des Notenumlaufs bestand aus 1000-Franken-Noten. Im Jahre 2000 waren es 53%. Diese Entwicklung ist zum Teil auf die expandierenden nominellen Einkommen bzw. das höhere Preisniveau zurückzuführen: Der Wert pro Transaktion stieg an, und die Konsumenten zahlten mit den grösseren Notenabschnitten. Auch der häufigere Gebrauch von bargeldlosen Zahlungsmitteln dürfte die Nachfrage nach kleineren Notenabschnitten gedämpft haben. Zudem dienen zurzeit die 1000-Franken-Noten vermehrt der Wertaufbewahrung. Im Jahre 1997 emittierte die SNB erstmals 200-Franken-Noten. Sie ersetzen die 500er-Noten, deren Nachfrage rückläufig war. Es zeigte sich, dass diese Noten für Zahlungszwecke zu gross und zur Wertaufbewahrung zu klein waren.
Die Nachfrage nach Bargeld ist erwartungsgemäss konjunkturabhängig. Sie reagiert aber auch auf Zinsschwankungen, da das Halten von Bargeld, weil unverzinst, mit Kosten in der Form entgangener Zinserträge verbunden ist. So bewirtschaften etwa in Hochzinsphasen die Wirtschaftssubjekte ihre Kassenbestände sorgfältiger und halten weniger Noten und Münzen als in Zeiten tiefer Zinsen. Weiter unterliegt die Nachfrage nach Bargeld während des Jahres erheblichen saisonalen Schwankungen. Sie sinkt während der Sommermonate etwas, steigt dann aber gegen das Jahresende hin stark an, sodass Ende Jahr der Bargeldumlauf allein aus saisonalen Gründen etwa 7% über dem Stand

des Vormonats zu liegen kommt. Im Verlaufe eines Monats ist ebenfalls ein typisches, immer wiederkehrendes Verlaufsmuster erkennbar.
Die SNB gibt täglich grosse Mengen von Noten aus und nimmt andere zurück. Abgenutzte, beschädigte oder verschmutzte Noten werden aus dem Verkehr gezogen und vernichtet. Im Jahre 2000 nahmen die Bankstellen der SNB 472 Mio. Stück Noten entgegen. Der Kassenumsatz (Ein- und Ausgänge) betrug CHF 167 Mia. *Robert Fluri*

Barkredit
↑Konsumkredit.

Barrengold
↑Goldbarren, Good delivery; ↑Goldbarren, Standard; ↑Gold als Kapitalanlage.

Barrier option
Bei dieser Art von ↑Derivaten entsteht oder verschwindet die ↑Option dann, wenn der Preis des ↑Underlying in einem beliebigen Zeitpunkt der ↑Laufzeit ein bestimmtes Niveau (Barrier, ↑Knock-in-level, ↑Knock-out-level) über- oder unterschreitet. Barrier options werden zu den ↑exotischen Optionen gezählt und «over the counter» (↑Ausserbörslicher Wertpapierhandel) gehandelt. Sie werden von Marktteilnehmern verwendet, die ihre Absicherungskosten tiefer als bei europäischen oder amerikanischen Optionen halten möchten.

Bartergeschäfte
Auch Kompensationsgeschäfte oder Tauschgeschäfte. Das Bartergeschäft hat einen Warenaustausch ohne ↑Transfer von ↑Zahlungsmitteln zum Gegenstand. Der Austausch inländischer gegen ausländische Waren erfolgt so, dass sich Einfuhr und Ausfuhr in Bezug auf den «Wert» ausgleichen. Bartergeschäfte werden mit devisenschwachen Ländern, z.B. aus dem ehemaligen COMECON (Staatshandelsländer des früheren kommunistischen Osteuropas) und aus der Dritten und Vierten Welt abgewickelt, die noch strenge Aussenhandelskontrollen aufrecht erhalten. Banken handeln in diesem risikoreichen Geschäft allenfalls als Vermittler oder Zwischenfinanzierer. ↑Counter trade; ↑Gegenseitigkeitsgeschäfte.

Barwert
Auch *Gegenwartswert, Kapitalwert* bzw. *Present value* oder *Net present value* genannt. Der Barwert ist der heutige Wert einer oder mehrerer anfallender, in Zukunft fälliger Kapitalbeträge (Zahlungen, ↑Cashflows) unter Berücksichtigung von ↑Zinsen und Zinseszinsen. Der Barwert wird durch abzinsen, d.h. diskontieren (↑Abzinsungsfaktor) errechnet.
Der Barwert K_o eines künftigen Kapitalbetrages K_n wird formelmässig wie folgt ausgedrückt:

$$K_o = \frac{K_n}{(1 + \frac{p}{100})^n}$$

Handelt es sich um konstante künftige Jahresraten (Renten) r, deren Barwert R_0 zu ermitteln ist, ergibt sich dieser als

$$R_o = r \cdot \frac{\left[(1 + \frac{p}{100})^n - 1\right]}{\frac{p}{100} \cdot (1 + \frac{p}{100})^n}$$

Der Barwert bringt den heutigen Wert künftiger Geldströme zum Ausdruck. Er ist von grosser Bedeutung in der ↑Unternehmensbewertung, der Bewertung von ↑Aktien und ↑Obligationen (↑Aktienanalyse, ↑Wertpapieranalyse, ↑Bewertung von Anleihensobligationen). ↑Discounted-Cashflow-Methode.

Barwertfaktor
↑Barwert.

Barzeichnung
↑Zeichnung von ↑Anleihensobligationen gegen Kontobelastung, im Gegensatz zu den aktuell nicht mehr vorkommenden Konversionszeichnungen (↑Konversion; ↑Konversionsanleihe).

Base currency
Basiswährung. Der Begriff wird im Währungsgeschäft benutzt. Der ↑Wechselkurs zwischen zwei ↑Währungen gibt an, wie viel ↑Währungseinheiten der einen Währung einer Währungseinheit der Base currency entsprechen, z.B. CHF/USD. Der Begriff der Base currency wird auch als Synonym des Begriffes ↑Referenzwährung benutzt.

Basel accord
↑Basler Abkommen.

Basel capital accord
↑Basler Ausschuss für Bankenaufsicht.

Basel Committee on Banking Supervision (BCBS)
↑Basler Ausschuss für Bankenaufsicht.

Basel II
↑Basler Abkommen.

Basic earnings per share
↑Earnings per share (EPS).

Basis
Auch *Gross Basis* genannt. Basis ist die Differenz zwischen dem ↑Kassakurs (↑Marktpreis) einer Ware oder eines Finanzpapiers und dem Preis des korrespondierenden ↑Future. Die Basis konver-

giert im Zeitablauf gegen Null. Diese Entwicklung ist darin begründet, dass die das Angebot und die Nachfrage bestimmenden Faktoren im Liefermonat sowohl für den Kassatitel (Kontraktgegenstand) als auch für den Future identisch sind. Je nachdem, ob der Future mit einem Aufschlag (↑Agio) oder Abschlag (↑Disagio) gegenüber dem Kassatitel gehandelt wird, spricht man von einer positiven oder negativen Basis. ↑Basis trading.

Basiskurs
↑Ausübungspreis; ↑Optionsgeschäft.

Basisobjekt
Bei ↑Options- und ↑Termingeschäften das Kassamarktinstrument, das bei Ausübung oder ↑Fälligkeit des Options- oder Termingeschäfts anzudienen oder zu erhalten ist. Aufgrund dieser Beziehung besteht eine hohe Korrelation der Wertentwicklung von Options- oder Termingeschäft und Kassamarktinstrument. Bei Optionen auf ↑Financial futures ist das Basisobjekt der entsprechende Terminkontrakt. ↑Basiswert.

Basis point
↑Basispunkt.

Basispreis
↑Ausübungspreis.

Basispunkt
Ein Basispunkt (Abk. Bp.) entspricht $^1/_{100}$ Prozentpunkt. Im Gegensatz zu ↑Pips (Points) bezieht sich das Mass Basispunkt immer auf ↑Nominalzinsen oder ↑Renditen; Pips beziehen sich auf ↑Kurse.

Basisrisiko
Möglichkeit der Veränderung der Preisdifferenz zwischen dem Kassa- und dem Futures-Kontrakt während der Absicherungsstrategie (↑Hedging-Strategie).

Basissatz
↑Basiszinssatz.

Basissatz Exportfinanzierungen
↑Exportfinanzierung.

Basis-swap
Als Basis-swap bezeichnet man eine Variante eines ↑Swap-Geschäfts, bei welchem Zahlungsströme zweier unterschiedlicher Anlagen der gleichen Anlagekategorie ausgetauscht werden. Basisswaps dienen zur Absicherung von ↑Basisrisiken zwischen den beiden zugrunde liegenden Anlagen. Dies ermöglicht beispielsweise die Absicherung von Zinsdifferentialen (↑Zinsgefälle) zwischen Verpflichtungen mit unterschiedlichen ↑Laufzeiten.

Basis trading
Tradingstrategie (↑Trading) mit Kassamarktpapieren (↑Kassamarkt), z. B. lieferbaren Anleihen, und Financial futures, um von erwarteten Änderungen der Gross Basis (↑Basis) zu profitieren. Beim Basis trading unterscheidet man zwischen Long-the-basis-Strategien und Short-the-basis-Strategien. Gehen Anleger «long the basis», kaufen sie Kassapapiere und verkaufen gleichzeitig ↑Futures (Short futures). Im Gegensatz hierzu werden bei einer Short-the-basis-Strategie Futures gekauft (Long futures) und eine ↑Short position aufgebaut.

Basiswährung
↑Base currency; ↑Referenzwährung.

Basiswert
Basiswert (engl. ↑Underlying) ist der einem derivativen Instrument zugrunde liegende Wert. Auf ↑Finanzmärkten werden Basiswerte verschiedenster Art gehandelt. Besondere Bedeutung haben ↑Zinsen, ↑Aktienkurse, Indizes, ↑Wechselkurse und Rohstoffpreise. Es werden auch zunehmend ↑Derivate auf alternative Basiswerte wie ↑Kreditrisiken, Katastrophenrisiken und Wetter gehandelt, wobei diese Basiswerte selbst keine gehandelten Werte darstellen.

Basiszinssatz
Bezeichnung für eine vertraglich vereinbarte Zinsgrösse, die Grundlage für die Festsetzung des Zinssatzes bei einem Kredit- oder Anleihensgeschäft ist. Häufig dienen Libor- oder ↑Swap-Sätze als Basiszinssatz. Bei Kreditgeschäften wird beispielsweise der Richtsatz einer ↑Kantonalbank für erste Hypotheken auf Wohnhäusern als Basiszinssatz gewählt.
Der um den jeweiligen Zinszuschlag (je nach ↑Bonität des Schuldners und ↑Laufzeit des Geschäftes) erhöhte Basiszinssatz ergibt den faktischen Zinssatz für das einzelne Kredit- oder Anleihensgeschäft. ↑Referenzzinssatz.

Basket
Englische Bezeichnung für Korb. Gemeint ist ein «Korb voll», z. B. von ↑Aktien einer Branche (Sektor), der als ↑Basiswert verwendet wird. Man spricht in diesem Zusammenhang von einem Basket-Optionsschein. ↑Repo; ↑Repo-Geschäft der SNB; ↑Repomarkt Schweiz.

Basket option
↑Exotische Option, deren Auszahlung von einem ↑Portfolio von Anlagen (sog. ↑Basket, zu Deutsch Korb) abhängig ist.

Basler Abkommen
Der Begriff *Basler Abkommen* oder *Basler accord* (auch Capital accord) steht für das vom ↑Basler Ausschuss für Bankenaufsicht im Juli 1988 in der

Form einer Empfehlung (↑BIZ [Empfehlungen]) erlassene Regulierungswerk mit dem Titel «Internationale Konvergenz der Eigenkapitalmessung und Eigenkapitalanforderungen». Der Hintergrund für das Basler Abkommen ist die stabilitätsgefährdende Kapitalbasisminimierung, welche den internationalen Banken in den 80er-Jahren widerfuhr. So zielte der Basler Ausschuss als Gegensteuer zu dieser Entwicklung mit seinem Abkommen Banken darauf ab, die Eigenkapitalausstattung international tätiger Banken vergleichbar zu machen, durch das Festlegen eines minimalen Kapitalstandards die Stabilität des internationalen Finanzsystems zu stärken und zudem die Wettbewerbsgleichheit unter den Banken zu fördern. Das heute weltweit in über 100 Ländern etablierte Abkommen harmonisierte mit dem Konvergenzmodell den Begriff Eigenmittel, indem es die ↑eigenen Mittel einer Bank in die vordefinierten Komponenten Kernkapital (BIZ [Kernkapital]) und ergänzendes Kapital (↑Ergänzendes Kapital bei Banken) einteilte. Auf dieser Grundlage wurde die Berechnung der Eigenkapitalquote der BIZ (↑BIZ [Eigenkapitalquote]) festgelegt, welche als Minimum 8% der risikogewichteten Aktiven zu betragen hat. Anfänglich beinhaltete die ↑Eigenmittelunterlegung des Basler Abkommens nur den Bereich der Kreditrisiken, wobei Ausserbilanzgeschäfte umgerechnet als Kreditrisikoäquivalent ebenfalls einbezogen wurden. Seit 1988 erweiterte sich der Anwendungsbereich des Basler Abkommens laufend durch mehrmalige Anpassungen an die neuen Entwicklungen, was jeweils umgehend in der schweizerischen ↑Bankengesetzgebung umgesetzt wurde.

Als grosser Entwicklungsschritt für das Basler Abkommen wurde anfangs 1996 die Unterlegung von Marktrisiken eingeführt. Gleichzeitig mit diesem Einbezug der Marktrisiken wurde eine individuellere Betrachtungsweise aufgenommen, sodass fortan auch individuelle bankinterne Messmodelle («Marktrisikoaggregationsmodelle») zur Berechnung der Eigenmittelanforderungen für Marktrisiken Zulassung fanden. Die nationalen Aufsichtsbehörden zeigen sich seitdem für die Abnahme der Modelle und Risikomanagementsysteme verantwortlich. In der Schweiz erfolgt die Bewilligung für den Einsatz solcher Risikoaggregationsmodelle durch die ↑Bankenkommission. Diese stützt sich bei ihrem Entscheid jeweils auf die Ergebnisse der unter ihrer Federführung gemeinsam mit der bankengesetzlichen Revisionsstelle (↑Revision, externe) durchgeführten Prüfungen. Sie kann aber auch Prüfungsergebnisse von ausländischen Aufsichtsbehörden, einer anderen bankengesetzlichen Revisionsstelle oder übriger fachkundiger und unabhängiger Experten berücksichtigen. Für diese komplexe Bewilligungsaufgabe hat die Bankenkommission ab 1995 ein entsprechendes Spezialistenteam aufgebaut.

Nach mehreren punktuellen Änderungen befindet sich das Basler Abkommen gegenwärtig in einer umfassenden Revision, die eine umfangreiche Erweiterung zur Folge hat: Auf der einen Ebene wird eine differenziertere und vollständigere Mindestdeckung der Risiken durch Eigenmittel gesucht, auf der anderen wird mit den Bereichen Aufsichtsverfahren und Marktdisziplin der enge Rahmen dieser Mindesteigenmittelvorschriften verlassen und ein möglichst breites Dispositiv für ein finanziell gesundes internationales Bankensystem angestrebt. So wird das neue Abkommen («Basel II») auf drei Säulen anstatt nur einer Säule stehen:

– Im Rahmen der *Risikoerfassung* bei den Eigenmittelvorschriften (1. Säule) kommen neu, wie bereits bei den Marktrisiken, auch im Bereich Kreditrisiken eine Auswahl an Messverfahren als Grundlage für die Eigenmittelberechnung hinzu. So kann eine Bank neben dem neu auf externen ↑Ratings basierenden Standardverfahren auch das interne Ratingverfahren für Kreditrisiken (sog. Internal ratings based approach, IRB) wählen. Eine Auswahl von Verfahren ist auch für die neu im Abkommen auftretenden operationellen Risiken vorgesehen (Basisindikatoransatz, Standardansatz und fortgeschrittene Messansätze). Wie schon bei den Marktrisikoaggregationsmodellen darf eine Bank das interne Ratingverfahren für Kreditrisiken einerseits und das Standardverfahren und die fortgeschrittenen Messverfahren für operationelle Risiken andererseits nur anwenden, wenn ihre Aufsichtsbehörde die Erfüllung der notwendigen Mindestvoraussetzungen für deren Anwendung vorgängig geprüft und die Anwendung zur Berechnung der Eigenmittelanforderungen genehmigt hat.

– Das *Aufsichtsverfahren* (2. Säule) sieht eine Verstärkung einer individualisierten, qualitativen ↑Aufsicht vor, welche ausgehend von den Mindesteigenmittelvorschriften sicherstellen soll, dass die Eigenmittelausstattung jedes Institutes seinem Risikoprofil und seiner Geschäftsstrategie entspricht.

– Bei der *Marktdisziplin* (3. Säule) soll durch differenzierende Transparenzvorgaben eine regulierende Reaktion des Marktes erreicht werden. Die Offenlegung von qualitativen und quantitativen Informationen zur Eigenkapitalsituation, zur quantifizierbaren Risikolage und zu internen Risikoerfassungs- und Risikosteuerungssystemen werden zudem mit der Zulassung interner Methoden verknüpft. Dies erleichtert denjenigen Aufsichtsbehörden, welche aufgrund ihrer nationalen Rechtsordnung nicht zum Erlass von Offenlegungsvorschriften befugt sind, die Implementierung der Marktdisziplin. Denn auch wenn der Schwerpunkt des neuen Basler Abkommens immer noch bei den Mindesteigenmittelvorschriften liegt, ist der Zielgedanke des Abkommens zur Erreichung eines stabilisierenden Eigenmittelregimes die ausgewogene Verwirklichung aller drei Säulen. Die Frist für die Umsetzung des revidierten Abkommens in die nationale Gesetzgebung läuft voraussichtlich bis Ende 2006. *Rolf Gertsch*

Basler Ausschuss für Bankenaufsicht

Der Basler Ausschuss für Bankenaufsicht (Basel Committee on Banking Supervision, BCBS) wurde Ende 1974 von den Zentralbank-Gouverneuren der ↑Zehnergruppe (G10) bei der ↑Bank für Internationalen Zahlungsausgleich (BIZ) in Basel gegründet. Auslöser war der auf spekulative Devisentermingeschäfte zurückzuführende Zusammenbruch des deutschen Bankhauses Herstatt, welcher die Notwendigkeit einer engeren internationalen Zusammenarbeit unter den Aufsichtsbehörden aufzeigte. Der Ausschuss setzt sich aus Vertretern der ↑Zentralbanken und Bankaufsichtsbehörden folgender 13 Länder zusammen: Belgien, Deutschland, Frankreich, Italien, Japan, Kanada, Luxemburg, Niederlande, Schweden, Schweiz, Spanien, Vereinigtes Königreich und USA. Die Schweiz wird durch die Eidg. ↑Bankenkommission (EBK) und die Schweizerische ↑Nationalbank (SNB) vertreten. Der Basler Ausschuss tagt in der Regel viermal pro Jahr, verfügt über zahlreiche technische Arbeitsgruppen bzw. Task forces und wird unterstützt durch die Infrastruktur der BIZ sowie ein ständiges Sekretariat mit einem Dutzend, von den Mitgliedsinstitutionen ausgeliehenen, Sachbearbeitern. Er berichtet an die G10-Zentralbank-Gouverneure und holt für wichtigere Initiativen deren Genehmigung ein.

Zu den *Hauptaufgaben* des Basler Ausschusses gehören unter dem allgemeinen Ziel der Stärkung der Sicherheit und Verlässlichkeit des internationalen Finanzsystems (Safety and soundness of the financial system):

– Erlass von internationalen Mindeststandards und Richtlinien für die Regeln und Praxis der Bankenaufsicht (Standard setting)
– Verbreitung von Bank- und Aufsichtspraktiken mit Vorbildcharakter (Best practice) und Förderung gemeinsamer Ansätze in der Aufsichtsmethodik, aber ohne detaillierte Harmonisierung nationaler Techniken
– Erleichterung und Förderung der internationalen Zusammenarbeit unter nationalen Aufsichtsbehörden bei der Überwachung grenzüberschreitender Tätigkeiten bzw. von in mehreren Ländern tätigen Bank- und Finanzkonzernen
– Informelles Forum zum Informationsaustausch über die Entwicklung der nationalen Aufsichtsregulierung und -praxis sowie über aktuelle Vorkommnisse im Finanzbereich von allgemeiner Bedeutung.

Der Basler Ausschuss hat keine supranationalen Befugnisse und kann *keine völkerrechtlich verbindlichen Beschlüsse* fassen. Die von ihm im Konsensverfahren erlassenen Mindeststandards haben somit lediglich den Charakter von Empfehlungen. Von den Mitgliedsinstitutionen wird jedoch erwartet, dass sie sich für die, dem jeweiligen Umfeld angepasste, nationale Umsetzung voll engagieren. Jedem Land bleibt es indessen unbenommen, über den Basler Mindeststandards liegende Regeln anzuwenden. Die vom Basler Ausschuss gesetzten Standards haben sich aufgrund ihrer inhaltlichen Überzeugungskraft sowie der Unterstützung durch die G10-Zentralbank-Gouverneure, der Finanzminister und dem Gipfeltreffen der Staatschefs der Siebnergruppe (↑G7) als globaler Massstab durchgesetzt. Verbreitung und Akzeptanz finden sie auch an der im Zweijahresrhythmus abgehaltenen Weltkonferenz der Bankaufseher (International Conference of Banking Supervisors, ICBS) durch den intensiven Dialog mit regionalen Gruppierungen nationaler Aufsichtsbehörden sowie der gegenseitigen kritischen Beobachtung (Peer group pressure). Die Standards des Ausschusses sind in erster Linie auf international tätige, komplexe Bankengruppen aus entwickelten Industrieländern ausgerichtet, sollen jedoch in ihrem Kern grundsätzlich auf alle Banken, ungeachtet ihrer Entwicklungsstufe und Grösse, anwendbar sein, insbesondere auch auf die für die globale Finanzstabilität wesentlichen Schwellenländer (↑Emerging markets) und Offshore-Finanzzentren (↑Offshore-Finanzplätze). Vor dem Erlass neuer Grundsatzpapiere führt der Ausschuss seit den 90er-Jahren ausgedehnte Vernehmlassungsverfahren durch, an denen sich nationale Aufsichtsbehörden und Branchenverbände, internationale Gruppierungen von Finanzinstituten, die internationalen Finanzinstitutionen sowie internationale Organisationen der Aufsichtsbehörden anderer Finanzsektoren beteiligen. Der Basler Ausschuss veröffentlicht seine Grundsatzpapiere (Publications) und Arbeitsdokumente (Working papers) in dichter Folge auf der Website der BIZ. Seine Texte sind überdies in einer alljährlich nachgeführten systematischen Sammlung (Compendium) erschlossen.

Seit 1975 entwickelte der Basler Ausschuss seine, ursprünglich unter dem Namen ↑Basler Konkordat bekannten «Grundsätze für die Beaufsichtigung ausländischer Niederlassungen von Banken», im Bestreben, allfällige Aufsichtslücken zu schliessen. Sie verankern das Prinzip der angemessenen konsolidierten Aufsicht (↑Konsolidierung) über einen Bank- bzw. Finanzkonzern (↑Konzern) als wirtschaftliche Einheit, einschliesslich der auf Einzelbasis unbeaufsichtigten Finanzinstitute, durch die Behörde des Herkunftslandes, sowie die Zuständigkeit der Aufsichtsbehörde des Gastlandes für die Einzelaufsicht über die dort niedergelassenen Banken des Konzerns. Damit verbunden ist die Forderung, dass kein Bankinstitut der Aufsicht entgehen darf. Die konsolidierte Beaufsichtigung setzt wiederum voraus, dass die hierfür notwendigen Informationen innerhalb des Konzerns frei fliessen können, der Herkunftslandbehörde zugänglich sind und von dieser über interne und externe Revisionsstellen, durch Informationsaustausch mit der Gastlandbehörde oder durch eigene ↑Vor-Ort-Kontrollen bei der Niederlassung im Gastland direkt überprüft werden können.

Das bekannteste und in über 100 Ländern angewendete Regulierungswerk des Basler Ausschusses ist die im Juli 1988 erlassene Basler Empfehlung zur ↑*Eigenkapitalkonvergenz* (International convergence of capital measurement and capital standards, kurz: *Basel capital accord*). Der Capital accord umschreibt als Mindeststandard für international tätige Banken die anrechenbaren und erforderlichen Eigenmittel. Seit seinem Erlass wurde der ursprünglich nur ↑Kreditrisiken (↑Credit rating) explizit erfassende Capital accord mehrmals punktuell revidiert und Anfang 1996 durch den Einbezug von ↑Marktrisiken ergänzt. Die nach ihm berechnete ↑Eigenkapitalquote von Banken, oft als BIZ-Ratio bezeichnet, muss mindestens 8% der risikogewichteten Aktiven betragen und wird von vielen Banken als Zeichen ihrer ↑Solvenz ausgewiesen sowie von den ↑Rating-Agenturen als eine der massgeblichen Beurteilungsgrundlagen herangezogen. 1998 begann der Basler Ausschuss mit einer umfassenden Revision des Capital accord, welche im Jahre 2002 abgeschlossen und bis 2005 national umgesetzt werden soll. Sie bezweckt eine differenziertere und vollständigere Erfassung der ↑Risiken durch die Anerkennung externer und interner ↑Ratings für Kreditrisiken und den Einbezug ↑operationeller Risiken. Überdies soll die erste, bisher einzige Säule des Capital accord, die minimalen ↑Eigenmittelanforderungen, ergänzt werden durch die zweite Säule eines individualisierten, auf das einzelne Institut zugeschnittenen Aufsichtsverfahrens (Supervisory review process) sowie – zwecks Verstärkung der Aufsichtsanstrengungen – die dritte Säule der Marktdisziplin durch vermehrte Offenlegung von Risiken und Eigenmittelausstattung.

In enger Zusammenarbeit mit Aufsehern von Ländern ausserhalb der G10 erstellte der Basler Ausschuss die *Kerngrundsätze für eine wirksame Bankenaufsicht* (Core principles for effective banking supervision, September 1997 [↑Basler Kernprinzipien]). Diese Magna Charta der Bankenaufsicht enthält 25 allgemein formulierte, weltweit anwendbare Empfehlungen für die wesentlichsten Elemente eines tragfähigen Aufsichtssystems. Die Core principles beruhen auf der in den 90er-Jahren geschärften Erkenntnis, dass schwache und ungenügend regulierte ↑Bankensysteme zu den Mitverursachern von schweren Finanzkrisen, namentlich in Schwellenländern, gehörten. Sie dienen neben der Selbsteinschätzung jedes Landes vor allem internationalen Finanzinstitutionen wie dem ↑Internationalen Währungsfonds (IWF) und der ↑Weltbank als Massstab für die Beurteilung und technische Unterstützung von Umsetzungsmassnahmen in den untersuchten Ländern. Anleitungen für die Durchführung des Prüfungsverfahrens und detailliertere Kriterien für die Beurteilung der Einhaltung der Core principles finden sich in der im Oktober 1999 herausgegebenen *Core principles methodology*. Ebenfalls der Unterstützung bei der Umsetzung der Core principles und vor allem der Ausbildung der leitenden Aufsichtsorgane (auch im Wertpapier- und Versicherungsbereich) in aller Welt dient das *Financial Stability Institute*, welches 1998 gemeinsam von der BIZ und dem Basler Ausschuss gegründet wurde und ebenfalls in Basel domiziliert ist.

Auf die Initiative des Basler Ausschusses gehen schliesslich auch die Bemühungen um eine sektorübergreifende Zusammenarbeit zurück und die ansatzweise Harmonisierung der Aufsichtsregeln zwischen den internationalen Organisationen der Aufsichtsbehörden über Banken, ↑Effektenhandel (↑International Organization of Securities Commissions, IOSCO) und Versicherungen (International Association of Insurance Supervisors, IAIS). Erste Grundlagen für die Beaufsichtigung von ↑*Finanzkonglomeraten* wurden von 1993–95 durch die eher informell aus Vertretern der drei Aufsichtsbereiche zusammengesetzte Tripartite-Gruppe (Tripartite Group on Financial Conglomerates) entwickelt. Sie wurde 1996 abgelöst durch das Joint Forum, welches von den drei internationalen Dachorganisationen paritätisch getragen wird. Eine gewisse Koordinationsfunktion nimmt ferner das 1999 von den G7 geschaffene ↑*Financial Stability Forum* wahr, dem hohe Vertreter der Finanzministerien, Zentralbanken, Aufsichtsbehörden und Berufsorganisationen sowie vom Internationalen Währungsfonds und der Weltbank angehören. Im Financial Stability Forum, dem die Schweiz nicht angehört, ist der Basler Ausschuss durch seinen Präsidenten und die Generalsekretärin vertreten. *Daniel Zuberbühler*

Links: www.bis.org

Basler Börse

Die Anfänge eines börsenmässig organisierten Geld- und Wechselgeschäftes in Basel lassen sich bereits im 15. Jahrhundert feststellen. Im Jahre 1504 gründete der Rat von Basel eine ständige Wechselbank (Stadtwechsel). Im 17. Jahrhundert organisierten sich die Waren- und Wechselsensale zunftmässig. 1683 wurden über das Sensalwesen die ersten obrigkeitlichen Bestimmungen erlassen. 1801 erhielt die Organisation der Sensale (↑Makler) durch die Helvetische Republik eine Monopolstellung, wobei die Zahl der Sensale auf 12 (4 für Waren- und 8 für Wechselgeschäfte) beschränkt wurde. 1855 erliess die Regierung eine neue Verordnung, die u. a. Bestimmungen über den Handel mit ↑Aktien und andern ↑Effekten und über die Veröffentlichung der ↑Kurse enthielt. 1866 wurde der Basler Börsen-Verein gegründet. 1874 nahm dieser die «Basler Usanzen für den Wechsel- und Effektenverkehr» an, und 1875 genehmigte er eine neue Wechsel-Sensal-Ordnung. 1876 wurde die ↑Börse eröffnet und dem im gleichen Jahr gegründeten Basler Handels- und Industrieverein (Basler Handelskammer) unterstellt. 1891 erhielt der Regierungsrat den Auftrag zu prüfen, «ob nicht der Börsenverkehr der staatlichen Aufsicht zu unterstellen und gesetzliche Massnahmen gegen die Missbräuche der Börsenspekulation zu treffen seien». 1897 trat das Basler Börsengesetz in Kraft, durch das die Effektenbörse und der gewerbsmässige Verkehr mit ↑Wertpapieren wieder der Staatsaufsicht unterstellt wurden. Dieses Gesetz wurde 1944 und dann wieder 1981 revidiert.

Die Basler Börse war über Jahrzehnte die drittgrösste Börse der Schweiz, nach Zürich und Genf. An allen drei Börsen waren die gleichen ↑Grossbanken die wichtigsten Mitglieder und wurden weit gehend die gleichen ↑Titel nach sehr ähnlichen Regeln gehandelt. Die Basler Börse betrieb mit der Börseninformations-AG (BIAG) eine eigene Firma für die technische Verbreitung von Kursen und andern Börsendaten. Mit der Umstellung auf den elektronischen Handel im Jahre 1995/96 ging der Betrieb der Basler Börse, zusammen mit den Börsen von Genf und Zürich, auf die Schweizer Börse, heute ↑SWX Swiss Exchange, über.

Basler Empfehlung zur Eigenkapitalkonvergenz

↑Basler Abkommen.

Basler Kernprinzipien

Im Bestreben, die Stabilität der internationalen Finanzsysteme zu stärken, veröffentlichte der bei der ↑Bank für Internationalen Zahlungsausgleich (BIZ) angegliederte ↑Basler Ausschuss für Bankenaufsicht im September 1997 die *Kernprinzipien für eine wirksame Bankenaufsicht* (Core principles for effective banking supervision).

Die als Mindeststandard für eine effiziente ↑Bankenaufsicht konzipierten Kernprinzipien stellen einen wichtigen Schritt in der vom Basler Ausschuss geförderten Entwicklung eines tragfähigen internationalen Aufsichtssystems dar, welche mit der Veröffentlichung des ↑Basler Konkordates ihren Anfang nahm.

Die 25 Kernprinzipien sind keine völkerrechtlich verbindlichen Beschlüsse, sondern haben lediglich den Charakter von Empfehlungen (↑BIZ [Empfehlungen]). Um trotzdem eine weit reichende Unterstützung bereits bei der Entwicklung der 25 Kernprinzipien zu erreichen, arbeitete der Basler Ausschuss eng mit insgesamt 16 Aufsichtsbehörden ausserhalb der ↑Zehnergruppe (G10) zusammen. Ebenso wurden die Ergebnisse einer allgemeinen Konsultation in die Erarbeitung der Kernprinzipien einbezogen. Dank dieser breiten Abstützung bei ihrer Erarbeitung, ihrer inhaltlichen Überzeugungskraft sowie der Unterstützung durch die G10-Zentralbank-Gouverneure, der Finanzminister und durch das Gipfeltreffen der Staatschefs der Siebnergruppe (↑G7), sind die Kernprinzipien heute als internationaler ↑Benchmark für Aufsichtsbehörden (↑Aufsicht) akzeptiert.

Als Basisgrundlage für eine wirksame Bankenaufsicht verstanden, sind die Kernprinzipien in vielen Fällen jedoch noch durch weitere Massnahmen zu ergänzen, um bestimmten Gegebenheiten und ↑Risiken in den Finanzsystemen der einzelnen Länder Rechnung zu tragen. Angesichts der weltweiten Akzeptanz haben sich die Kernprinzipien sowohl als Grundlage für die Selbsteinschätzung der einzelnen Länder wie auch für die Beurteilung der einzelnen Länder durch internationale Finanzinstitutionen, z.B. der ↑Internationale Währungsfonds (IWF) und die ↑Weltbank, etabliert. Zur Unterstützung einer einheitlichen Untersuchungsmethode im Bezug auf die Umsetzung und Einhaltung der Kernprinzipien in den einzelnen Ländern wurde im Oktober 1999 die *Methodik der Grundsätze für eine wirksame Bankenaufsicht* (Core principles methodology) vom Basler Ausschuss herausgegeben. Daneben gründete der Basler Ausschuss zusammen mit der BIZ 1998 das *Financial Stability Institute*, welches im Rahmen von Ausbildungsveranstaltungen für leitende Aufsichtsorgane den einzelnen Ländern bei der Umsetzung der Kernprinzipien Unterstützung bietet.

Die 25 Kernprinzipien basieren auf sieben fundamentalen Leitsätzen:

– Das Hauptziel der Aufsicht ist, die Stabilität im Finanzsystem sowie das Vertrauen in dieses System aufrechtzuerhalten und somit das Verlustrisiko für Einleger und andere ↑Gläubiger zu verringern.

– Die Aufsichtsbehörden sollten die Marktdisziplin unterstützen, indem sie solide Führungsstrukturen der Unternehmen fördern (durch angemessene Organisation sowie klare Verantwortlichkeiten für das Verwaltungsorgan und die Geschäftsleitung einer Bank) und die ↑Markttransparenz resp. die Selbstüberwachung durch den Markt verbessern.

– Zur effizienten Wahrnehmung ihrer Aufgabe muss eine Aufsichtsbehörde operativ unabhängig sein und über die Mittel und Kompetenzen verfügen, Informationen sowohl vor Ort als auch indirekt einzuholen und die gefassten Entscheidungen durchzusetzen.

– Die Aufsichtsbehörde muss die Natur der von den überwachten Banken getätigten Aktivitäten kennen und verstehen sowie nach Möglichkeit

sicherstellen, dass die von den Banken eingegangenen Risiken angemessen gesteuert werden.
- Eine wirksame Bankenaufsicht verlangt, dass die Risikoprofile der einzelnen Banken beurteilt werden und dafür die Ressourcen der Aufsichtsbehörde entsprechend zugeteilt werden.
- Die Aufsichtsbehörde hat sicherzustellen, dass die Banken über die für die eingegangenen Risiken benötigten Ressourcen verfügen, einschliesslich angemessener Eigenmittel, einer soliden Geschäftsführung und wirksamer Kontroll- und Buchhaltungssysteme.
- Die Zusammenarbeit mit anderen Aufsichtsbehörden ist von wesentlicher Bedeutung, insbesondere bei grenzüberschreitender Banktätigkeit.

Unterteilt sind die Kernprinzipien in sieben Themenbereiche:
- Voraussetzung für eine wirksame Bankenaufsicht (Prinzip 1)
- Zulassung und Struktur (Prinzip 2–5)
- Aufsichtliche Vorschriften und Mindestanforderungen (Prinzip 6–15)
- Methoden der laufenden Bankenaufsicht (Prinzip 16–20)
- Informationsbedarf (Prinzip 21)
- Formelle Befugnisse der Aufsichtsbehörden (Prinzip 22)
- Grenzüberschreitendes ↑Bankgeschäft (Prinzip 23–25).

Die einzelnen Prinzipien sind in der alljährlich nachgeführten systematischen Sammlung des Basler Ausschusses (Kompendium) aufgeführt. Das 1997 veröffentlichte, dreibändige Kompendium beinhaltet alle vom Basler Ausschuss publizierten Empfehlungen, Richtlinien und Mindestanforderungen. *Rolf Gertsch*

Basler Komitee
↑Basler Ausschuss für Bankenaufsicht.

Basler Konkordat
Im Mai 1983 veröffentlichte der ↑Basler Ausschuss für Bankenaufsicht die revidierte Fassung der *«Grundsätze für die Beaufsichtigung ausländischer Niederlassungen von Banken»*, welche unter der Bezeichnung Basler Konkordat in der Folge weltweite Beachtung fanden. Das Basler Konkordat war das Resultat einer seit 1975 andauernden Entwicklung im Basler Ausschuss mit dem Zweck, Aufsichtslücken bei international tätigen Bankgruppen zu schliessen. Unter der Berücksichtigung der Erfahrungen aus bedeutenden Bankzusammenbrüchen (Herstatt, Ambrosiano) enthielt das revidierte Konkordat die Hauptforderung, dass keine Niederlassung einer international tätigen Bankengruppe, sei dies eine Tochtergesellschaft, Zweigniederlassung oder ein Joint-venture-Unternehmen, einer angemessenen Aufsicht entgehen soll. Im Prinzip der angemessenen konsolidierten Aufsicht (↑Konsolidierung) verankert, bedeutet dies, dass jeder Bank- resp. Finanzkonzern (↑Konzern, ↑Bankkonzern) als wirtschaftliche Einheit durch die Behörde des Herkunftslandes beaufsichtigt werden soll. Diese Aufsicht des Herkunftslandes beinhaltet ebenfalls die auf Einzelbasis nicht beaufsichtigten Finanzinstitute. Die Aufsicht über die einzelnen Bankeninstitute in den verschiedenen Ländern durch die Aufsichtsbehörde des jeweiligen Gastlandes bleibt davon unberührt. Im Sinne einer materiellen Kompetenzaufteilung soll die ↑Solvenz der gesamten Gruppe sowie der ausländischen Niederlassungen konsolidiert von der Herkunftslandbehörde überwacht werden. Diese Konsolidierung umfasst für die Herkunftslandbehörde die Überwachungspflicht, via die ↑Muttergesellschaft gruppenweit die ↑Markt-, ↑Gegenpartei-, ↑Liquiditäts- sowie ↑operationelle Risiken, unter Einbezug des Imagerisikos, zu kontrollieren. Die Hauptverantwortung für die Überwachung der ↑Liquidität der einzelnen Zweigniederlassungen obliegt hingegen der Gastlandbehörde, wobei die Aufsicht über die Liquiditätskontrollsysteme wiederum bei der Aufsichtsbehörde des Herkunftslandes verbleibt. Zur Sicherstellung der konsolidierten Aufsicht über eine international tätige Bankengruppe haben die beteiligten Aufsichtsbehörden (↑Aufsicht, Aufsichtsbehörde) zusammenzuwirken. So sollen sie sich vor Aufnahme der Geschäftstätigkeit einer Niederlassung konsultieren und hernach bei laufendem Geschäftsbetrieb über ernsthafte Problemstellungen umgehend informieren. Auch bedarf es allfälliger Absprachen zwischen den Aufsichtsbehörden, damit Aufsichtslücken, wie sie durch unbeaufsichtigte ↑Holdinggesellschaften innerhalb von Bankengruppen entstehen können, vermieden werden.

Im April 1990 veröffentlichte der Basler Ausschuss unter dem Titel *«Sicherstellung eines ausreichenden Informationsflusses zwischen den Bankaufsichtsbehörden»* eine erste Ergänzung des Basler Konkordats. Ebenfalls als Empfehlung konzipiert, zielt die Ergänzung auf eine regelmässige und strukturierte Zusammenarbeit der Aufsichtsbehörden als Bedingung für eine angemessene konsolidierte Aufsicht ab. Aufsichtsbehörden sollen vor einer Bewilligungserteilung für eine ausländische Tochterbank oder Zweigniederlassung einer internationalen Bankengruppe routinemässig bei der Herkunftslandbehörde nachfragen, ob sie dazu keine Einwände erhebt. Werden Einwände vorgebracht, hat die Aufsichtsbehörde entweder die Bewilligung zu verweigern oder durch Auflagen für eine Abschottung vom Mutterinstitut zu sorgen. Weiter ist ein regelmässiger Informationsfluss von der Niederlassung zum Mutterinstitut in konsolidierter Form zur Herkunftslandbehörde sicherzustellen. Der Informationsfluss zwischen Aufsichtsbehörden soll ungehindert stattfinden können. Schranken eines ↑Bankkundengeheimnisses des Gastlandes dürfen kein Hindernis darstellen, wenn die Informationen nur für bankaufsichtsrechtliche Zwecke verwendet werden und die Vertraulichkeit dieser Informationen, ausser bei Strafverfahren, gewährleistet ist. Eine Kontrolle der verantwortlichen Herkunftslandbehörde direkt oder indirekt über von der Behörde eingeschaltete Revisoren soll möglich sein. Die ausländischen Niederlassungen sind von einer externen Revisionsstelle, wenn möglich gruppenweit dieselbe, zu überprüfen.

Als Reaktion auf die Schliessung der Bank of Credit and Commerce International (BCCI) erfolgte im Juli 1992 eine weitere Ergänzung des Basler Konkordates mit dem Titel «*Mindestanforderungen für die Beaufsichtigung internationaler Bankkonzerne und ihrer grenzüberschreitenden Niederlassungen*». Der Basler Ausschuss wählte in dieser Ergänzung die verschärfte Formulierung der «Mindestanforderung», um die Dringlichkeit der weltweiten Umsetzung des Konkordates zu unterstreichen. Obwohl es sich bei den vier Mindestanforderungen rechtlich nach wie vor um völkerrechtlich unverbindliche Empfehlungen (↑BIZ [Empfehlungen]) handelt, stellten sie sich doch eine Verschärfung der bisherigen Form dar. Um einer lückenlosen konsolidierten Überwachung international tätiger Bankkonzerne Geltung zu verschaffen, sollen die einzelnen Aufsichtsbehörden einander kritisch beurteilen, ob die jeweiligen rechtlichen Grundlagen, die Praxis und die Erfahrung aus der gegenseitigen Zusammenarbeit eine verantwortliche Aufsichtsbehörde zur konsolidierten Aufsicht im Sinne der Mindeststandards befähigt. Treten entsprechende Zweifel bei der Gastlandaufsichtsbehörde auf, soll diese mit Blick auf die Erfüllung der Mindeststandards Einschränkungen bis hin zum Verbot der Gründung von Bankniederlassungen machen können. Weiter ist die Gründung einer grenzüberschreitenden Niederlassung von allen beteiligten Aufsichtsbehörden vorgängig zu billigen. Die Verantwortungen unter den Behörden und die Zusammenarbeit für die Aufsicht sollen hierbei klar abgesprochen und jeweils den geänderten Verhältnissen angepasst werden. Schliesslich muss die Aufsichtsbehörde des Herkunftslandes umfassenden Zugang zu allen nötigen Informationen erhalten.

Rolf Gertsch

Batchverfahren für Wertschriften

Batch ist ein EDV-technischer Begriff für Stapel bzw. «Stapelverfahren»; die Batchverarbeitung bezeichnet demzufolge eine Stapelverarbeitung. Das Verfahren dient zur Erfassung und zur Verarbeitung von Daten in vielerlei Branchen. Die Verarbeitung erfolgt dabei programmgesteuert und nicht eingabegesteuert wie bei der Realtime-Verarbeitung (Datenanfall, -eingabe und -verarbeitung fallen zeitlich zusammen). Beim Batchverfahren können geschäftliche Vorgänge nicht gleichzeitig erfasst und verarbeitet werden. Sie werden vielmehr zunächst gespeichert, aufbereitet und dann «stapelweise» dem Computer zur Verarbeitung zugeleitet. Vorteile dieses Verfahrens sind – wo es nicht unbedingt notwendig ist, alle Daten unmittelbar zur Hand zu haben – eine gleichmässige Auslastung des Computers, einfache Kontroll- und Korrekturmöglichkeiten usw.

Aus der zeitlichen Differenz zwischen Eingabe und Verarbeitung ergibt sich aber, dass Fehler erst im Nachhinein festgestellt werden können und Korrekturen frühestens in die nächste Batchverarbeitung einfliessen. Das Batchverfahren brachte beispielsweise für Banken, bei denen die rasche, integrierte Verarbeitung von Geschäftsabläufen ein wesentliches Kriterium für die Qualität ihrer Dienstleistungen (und der Effizienz ihrer Kontrollmöglichkeiten) darstellte, entscheidende Nachteile mit sich. Beispielsweise wurden auch Zahlungseingänge auf dem Konto eines Kunden erst einen Tag später bekannt. Solche Verzögerungen sind bei Wertpapiergeschäften unvorteilhaft und können sehr teuer werden. *Heinz Haeberli*

Baufinanzierung
↑Baukredit; ↑Hypothekargeschäft.

Bauhandwerkerpfandrecht

Das Bauhandwerkerpfandrecht ist ein gesetzliches ↑Grundpfandrecht (ZGB 837, 839–841) mit der Wirkung einer ↑Grundpfandverschreibung, das im Zusammenhang mit der Gewährung von ↑Baukrediten von Bedeutung ist.

Unternehmer und Handwerker (also weder die Arbeiter noch die Architekten bezüglich des Honorars), die zu Bauten (Neu- oder Umbauten) Material und Arbeit oder nur Arbeit liefern, haben Anspruch auf Errichtung eines ↑Pfandrechts auf dem Grundstück zur Sicherung ihrer Forderungen. Lieferung von Material allein gibt keinen Pfandrechtsanspruch. Nicht erforderlich ist, dass der Handwerker oder Unternehmer den Eigentümer direkt zum Schuldner hat; er kann auch Unterakkordant eines anderen Unternehmers sein. Der Anspruch auf Eintragung erlischt drei Monate nach Vollendung der Arbeit. Voraussetzung für die Eintragung ist, dass die Forderung, für die das Grundpfandrecht beansprucht wird, vom Grundstückeigentümer anerkannt oder gerichtlich festgestellt ist, oder dass der Eigentümer die Eintragungsbewilligung erteilt (ZGB 839 III). Die Eintragung selbst erfolgt nach schriftlicher Anmeldung beim Grundbuchamt unter Vorlage der Beweismittel bzw. der Eintragungsbewilligung des Eigentümers. Liegt keine Anerkennung der Forderung durch den Grundeigentümer vor und muss der Ansprecher auf deren Feststellung klagen, so kann er innerhalb der Dreimonatsfrist beim Richter um die vorläufige Eintragung nachsuchen (ZGB 961). Das Bauhandwerkerpfandrecht ist Dritten gegenüber erst mit der Eintragung (gegebenenfalls der vorläufigen Eintragung) im ↑Grundbuch wirksam. Es geht infolgedessen allfälligen, bereits bestehenden Pfandrechten, insbesondere demjenigen der Bank zur Sicherung des Baukredits, nach. Gemäss ZGB 841 ist aber der Verlust, den ein Bauhandwerker oder Unternehmer bei der Grundpfandverwertung erleidet, aus dem den Bodenwert übersteigenden Verwertungsanteil der vorgehenden Pfandgläubiger zu decken, sofern das Grundstück durch deren Pfandrechten in einer für sie erkennbaren Weise zum Nachteil der Bauhandwerker belastet worden ist. So setzt sich die Bank der Anfechtung ihres Pfandrechtes aus, wenn sie den Baukredit auszahlt, ohne die Verwendung des Geldes zu kontrollieren. Sie kann sich einer eventuellen Ersatzpflicht nur durch den Nachweis entziehen, dass der Baukredit gleichmässig zur Befriedigung der Baugläubiger verwendet wurde.

Baukredit

Als Baukredit wird ein grundpfändlich sichergestellter ↑Kontokorrentkredit bezeichnet, der in Verbindung mit eigenen Mitteln des Bauherrn oder anderweitigen Geldern zur Finanzierung eines Neubaues oder eines Umbaus dient, und über den der Kreditnehmer nur nach Massgabe des Baufortschrittes verfügen kann.

Der Baukredit ist ein ↑Anlagekredit, weil sein Gegenwert in das zu erstellende Objekt fliesst, und weil eine ↑Rückzahlung, sofern der Kredit nicht von anderer Seite übernommen wird, fast immer nur aus dem Verkauf des Gebäudes möglich wäre. Er wird aber in Kontokorrentform, d.h. formell ↑kurzfristig gewährt und nach der Fertigstellung des Objektes in eine definitive ↑langfristige Hypothek (↑Hypothekargeschäft) umgewandelt. Die hypothekarische Sicherstellung erfolgt durch die Belastung der Bauparzelle mit einer ↑Maximalhypothek zu Gunsten der Bank oder mit einem oder mehreren ↑Schuldbriefen, die der Bank verpfändet oder mit ↑Sicherungsübereignung auf die Bank übertragen werden. Die Maximalhypothek wird in der Höhe des Kredites, zuzüglich einer ↑Marge von 10–20% errichtet. Der Baukredit ist immer ein zweckgebundener Kredit; er darf ausschliesslich zur Bezahlung der Bauhandwerker und der Lieferanten von Baumaterialien (ausnahmsweise auch zur Bezahlung des Bauterrains) für ein bestimmtes Bauprojekt verwendet werden.

In der Regel sichern die baukreditgebenden Banken auch die späteren Hypotheken zu. Grosse Baufinanzierungen werden auch etwa von mehreren Banken als Konsortium (↑Konsortialkredit) übernommen. Die das Geschäft einbringende Bank führt die Baukreditrechnung des Kunden und fordert periodisch von den beteiligten Banken deren Anteile zur Gutschrift auf einem Beteiligungskonto ein. Für ihre Umtriebe bezieht sie eine ↑Gestionskommission. Die Sicherheiten, an denen die ↑Konsortialbanken nach Massgabe ihrer Beteiligung partizipieren, liegen bei der federführenden Bank.

Dem Gesuch um Gewährung eines Baukredites sind in der Regel folgende Unterlagen beizulegen:
– Ein Grundbuchauszug betreffend die Bauparzelle
– Der Situationsplan und die detaillierten Baupläne. Die Bank muss sich über die Lage und die Art des Bauprojektes ein Bild machen können
– Ein Baubeschrieb, aus dem der Ausbau des Gebäudes ersichtlich ist, insbesondere welche Installationen vorgesehen sind und welche Baumaterialien verwendet werden
– Eine Kostenzusammenstellung aufgrund verbindlicher Handwerkerofferten oder von Erfahrungszahlen und der sich daraus ergebende Preis pro Kubikmeter umbauten Raumes
– Bei Mehrfamilien- und Geschäftshäusern eine Rentabilitätsrechnung, d.h. die vorgesehenen Mietzinse und die mutmasslichen Ausgaben. Werden bei Mehrfamilienhäusern die vorgesehenen Mietzinse allgemein oder im Vergleich zu effektiv erzielbaren Mietzinsen in Nachbarneubauten bzw. von solchen im gleichen Quartier als zu hoch oder auf die Dauer nicht erzielbar erachtet, so sind sie für die Berechnung des Ertragswertes angemessen zu reduzieren
– Der Finanzierungsplan, aus dem ersichtlich ist, wie viel eigene Mittel aufgebracht werden und wie viel fremde Mittel in Form des Baukredites und späterer Hypotheken benötigt werden. Oft wird von der Bank die Einzahlung der eigenen Mittel auf die Baukreditrechnung vor der Eröffnung des Baukredites verlangt. Überdies sollten die finanziellen Verhältnisse des Bauherrn so sein, dass er, falls die Kosten überschritten werden, in der Lage ist, sie aufzufangen. Insbesondere sollten bei der Erstellung eines Einfamilienhauses die notwendigen Aufwendungen für Kapitalzinsen, ↑Amortisationen und Unterhalt in einem angemessenen Verhältnis zum Einkommen des Bauherrn stehen (Tragbarkeitsrechnung)
– Die Zusicherung der definitiven Hypotheken (↑Konsolidierung) für den Fall, dass sie die baukreditgebende Bank nicht selbst übernehmen sollte.

Anhand dieser Unterlagen muss die Bank den mutmasslichen Belehnungswert des projektierten Bauvorhabens (inkl. Terrainwert) ermitteln, eventuell aufgrund der Schätzung eines Fachmannes. Danach richtet sich die Höhe des Baukredites. In der Regel werden Baukredite ohne zusätzliche Sicherheiten bis 80% des Belehnungswertes gewährt, soweit es sich um Mehrfamilien-, Einfamilienhäuser und Eigentumswohnungen handelt.

Büro- und Geschäftshäuser werden bis ca. 75% und gewerbliche und industrielle Objekte bis ca. 60% belehnt. In Ausnahmefällen können bei gewerblichen und industriellen Objekten ca. 50% der Kosten von Maschinen und Einrichtungen als Zugehör (↑Zugehörverpfändung) belehnt werden. Bei Bauten auf ↑Baurecht wird je nach Ausgestaltung des Baurechtsvertrages meist ein tieferes Finanzierungsausmass angewendet. Wird eine weiter gehende Bankfinanzierung notwendig und ist sie für den Schuldner tragbar, so werden für diesen Teil neben der grundpfändlichen Sicherstellung zusätzliche Garantien verlangt, z. B. ↑Wertschriften, Guthaben aus der zweiten (↑berufliche Vorsorge) und ↑dritten Säule bei selbstgenutztem Wohneigentum oder ↑Bürgschaften von Privaten oder ↑Bürgschaftsgenossenschaften.

Die Banken nehmen als Basis für den Baukreditzins in der Regel den Satz für erste Hypotheken. Dazu berechnen sie normalerweise eine Kommission (↑Kommissionen im Kontokorrentverkehr) von ¼% pro Quartal. Der Zins wird immer auf dem geschuldeten Betrag, nicht etwa auf der Baukreditlimite berechnet. Vor Baubeginn und Eröffnung des Baukredites verlangen die Banken auch einen Ausweis darüber, dass der Bau zu steigendem Wert in die Brandassekuranz aufgenommen worden ist, wenn nicht, wie in einzelnen Kantonen üblich, die Versicherung mit der Baubewilligung von Amtes wegen erfolgt. Die Bank muss darüber wachen, dass der Baukredit ausschliesslich zur Finanzierung des in Frage stehenden Bauprojektes verwendet wird. Zudem muss sie dafür sorgen, dass die am Bau beteiligten Handwerker und Lieferanten aus dem Baukredit im Verhältnis zu ihren Leistungen gleichmässig befriedigt werden. Andernfalls läuft sie Gefahr, dass ihr ↑Pfandrecht von Handwerkern, welche ein ↑Bauhandwerkerpfandrecht gemäss ZGB 837ff. anmelden, angefochten und aberkannt wird und sie eventuell zu Verlust kommt.

Die Bank kann die *Verwendung des Baukredites* selbst überwachen; sie lässt sich zu diesem Zweck vom Bauherrn oder vom Architekten einen detaillierten Auszahlungsplan mit einem namentlichen Verzeichnis der Handwerker und der Auftragssummen übergeben und führt die einzelnen Zahlungsaufträge nur aus, wenn ihr gleichzeitig die Originalrechnungen eingereicht werden. Zudem kann der Baufortschritt durch gelegentlichen Augenschein des Sachbearbeiters oder der Sachbearbeiterin kontrolliert werden. Ferner wacht die Bank darüber, dass die Handwerker für die geleistete Arbeit gleichmässig befriedigt werden. Für diese Überwachungsarbeiten verlangen die Banken meist eine Kommission (z. B. 2–3‰ der Baukreditsumme). In den meisten Fällen übertragen die Banken diese Überwachungsfunktion aber einem sog. *Treuhänder* aufgrund eines besonderen Treuhandvertrages, der zwischen der Bank, dem Bauherrn und dem Treuhänder abgeschlossen wird. Aufgrund dieses Vertrages haftet der Treuhänder der Bank für die sorgfältige Ausführung des übernommenen Auftrages. Würde infolgedessen der Baukredit entgegen den vereinbarten Bedingungen verwendet werden, so müsste der Treuhänder der Bank für den Schaden einstehen, der ihr daraus erwachsen könnte. Als Treuhänder wird in der Regel der Architekt bestimmt. Praktisch wird die Kontrolle des Treuhänders in der Weise sichergestellt, dass die vom Bauherrn erteilten Zahlungsaufträge von der Bank nur ausgeführt werden, wenn sie das Visum des Treuhänders tragen. Werden sämtliche Arbeiten an einen Generalunternehmer vergeben und erfolgen die Zahlungen an die Unterakkordanten für geleistete Arbeiten nicht durch die Bank, sondern direkt durch den Generalunternehmer, dann muss dieser der Bank für die einwandfreie Verwendung des Baukredites Gewähr bieten.

Paul Nyffeler

Baurecht

Das Baurecht ist eine Dienstbarkeit. Es gibt die Befugnis, auf fremdem Boden ein Gebäude zu errichten, mit der Folge, dass das ↑Eigentum an diesem Gebäude nicht dem Grundeigentümer, sondern dem Bauberechtigten zusteht. Das Baurecht ist mangels anderer Vereinbarung selbstständig, d. h. übertragbar und vererblich und kann in diesem Fall, wenn es dauernd, d. h. auf wenigstens 30 Jahre begründet ist, durch Eintragung auf einem besonderen Grundbuchblatt zum Grundstück erhoben und damit wie ein solches veräussert, verpfändet oder in anderer Weise belastet werden (ZGB 779 III, 655 II Ziff. 2 und 943 I Ziff. 2). Der Vertrag über die Errichtung eines selbstständigen und dauernden Baurechts muss öffentlich beurkundet werden. Die Dauer des selbstständigen Baurechts ist auf höchstens 100 Jahre beschränkt. Erlischt das Baurecht, so fällt das Bauwerk dem Grundeigentümer zu; dieser hat dem bisherigen Bauberechtigten für das heimfallende Bauwerk eine angemessene Entschädigung zu leisten, die den ↑Gläubigern, denen das Baurecht verpfändet ist, für ihre Forderungen haftet. Einen vorzeitigen Heimfall kann der Grundeigentümer herbeiführen, wenn der Bauberechtigte seine Befugnisse in grober Weise verletzt oder gegen vertragliche Verpflichtungen verstösst. Wird die Entschädigung nicht bezahlt, so haben der bisherige Bauberechtigte oder seine Gläubiger, denen das Baurecht verpfändet war, Anspruch auf ein ↑Grundpfandrecht auf dem baurechtsbelasteten Grundstück. Abweichende Vereinbarungen sind nur mit öffentlicher Urkunde und mit Vormerkung im ↑Grundbuch gültig (ZGB 779a–779i).

Zur Sicherheit für die Baurechtszinsen hat der Grundeigentümer von Gesetzes wegen gegenüber dem jeweiligen Bauberechtigten Anspruch auf Errichtung eines Pfandrechtes im Höchstbetrag von drei Jahresleistungen (ZGB 779i I). Der Eigentümer des belasteten Grundstücks hat von Gesetzes wegen gegenüber jedem Erwerber eines selbstständigen und dauernden Baurechts ein ↑Vorkaufsrecht; dasselbe Recht steht dem Bauberechtigten gegen jeden Erwerber des belasteten Grundstücks zu (ZGB 682 II). Abweichende Vereinbarungen bedürfen der öffentlichen Beurkundung.

Die Banken belehnen Baurechtsparzellen ungefähr im gleichen Rahmen wie gewöhnliche Liegenschaften. Dabei sollten sie aber die Besonderheiten des Baurechts wie folgt berücksichtigen:

1. Bevor eine Baurechtsparzelle belehnt wird, muss in den Baurechtsvertrag Einsicht genommen werden, denn dieser kann Klauseln enthalten, die sich auf den Belehnungswert der Baurechtsparzelle nachteilig auswirken; beispielsweise die Klausel, dass der Baurechtszins periodisch dem ↑Landesindex der Konsumentenpreise oder dem steigenden Wert des Bodens anzupassen ist. Dadurch verliert die Baurechtsparzelle zum Teil den Charakter eines Sachwertes. Oder die Klausel, dass die Mietzinse in einem bestimmten Rahmen zu halten seien; dadurch wird der ↑Ertragswert der Baurechtsparzelle beeinträchtigt.
2. Zur sorgfältigen Prüfung eines Hypothekarkreditgesuches betreffend eine Baurechtsparzelle gehört ferner die Feststellung, ob auf dem belasteten Grundstück Grundpfandrechte lasten, die dem Baurecht vorgehen. Für die Rangordnung der dinglichen Rechte an Immobilien gilt das Prinzip der Alterspriorität, d.h., das früher begründete Recht geht dem späteren vor (ZGB 812). Infolgedessen ist es möglich, dass bei der Begründung des Baurechts schon Grundpfandrechte in erheblicher Höhe auf dem belasteten Grundstück eingetragen sind, die dem Baurecht vorgehen. Das kann für den Baurechtsinhaber und damit auch für seine Bank als Grundpfandgläubigerin ein schwer wiegender Nachteil sein, denn nach ZGB 812 II und SchKG 142 müsste das Baurecht bei einer betreibungsrechtlichen Versteigerung des belasteten Grundstücks gelöscht werden, wenn sein Bestand die vorgehenden Grundpfandgläubiger schädigen würde. Damit ginge das der Bank haftende Grundpfand unter. Will die Bank dieses Risiko nicht eingehen, so muss sie verlangen, dass die dem Baurecht vorgehenden Grundpfandgläubiger den ↑Rangrücktritt erklären, es sei denn, es handle sich bei den betreffenden Grundpfandforderungen um im Verhältnis zum Wert der Bauparzelle geringe Beträge.
3. Bei der Schätzung des ↑Ertragswertes einer Baurechtsparzelle, dem in der Regel der ↑Verkehrswert und damit der Belehnungswert entspricht, ist vom effektiv erzielten Mietzinsertrag der Baurechtszins in Abzug zu bringen und nur der verbleibende Betrag zu kapitalisieren. Dabei muss ein um etwa 0,2–0,4% höherer Kapitalisierungssatz angewendet werden als bei gewöhnlichen Liegenschaften, denn der Eigentümer einer Baurechtsparzelle besitzt nur ein Gebäude, das langfristig betrachtet an Wert verliert. Er muss es nicht nur unterhalten, sondern im Laufe der Zeit auch auf den Wert abschreiben, der ihm vom Bodeneigentümer bei Vertragsablauf als Heimfallentschädigung bezahlt werden wird. Will er nicht auf eine angemessene Verzinsung des Eigenkapitals verzichten, so muss er einen höheren Mietzinsertrag erzielen als der Eigentümer einer gewöhnlichen Liegenschaft. Letzterer besitzt im Boden einen Vermögenswert, der keines Unterhaltes bedarf und im Laufe der Zeit an Wert eher zunimmt und infolgedessen nicht abgeschrieben werden muss.
4. In der Regel sieht der Baurechtsvertrag vor, dass auf der Baurechtsparzelle zur Sicherstellung des Baurechtszinses von Anfang an ein Grundpfandrecht in der Höhe mehrerer Jahresleistungen eingetragen wird (Sicherungshypothek). Dieses Grundpfandrecht geht deshalb im Normalfall der hypothekarischen Sicherheit der Bank vor. Die Banken brauchen dies bei der Festsetzung der ↑Belehnungsgrenze von Baurechtsparzellen nicht zu berücksichtigen, wenn der Baurechtsinhaber wirtschaftlich in der Lage ist, die Baurechtszinsen zu bezahlen.
5. Wegen der beschränkten Laufzeit des Baurechtsvertrages und weil das dem Hypothekargläubiger allein haftende Bauwerk der Entwertung durch Abnützung und Alter ausgesetzt ist, sollten nicht nur Nachgangs-, sondern auch erste Hypotheken auf der Baurechtsparzelle amortisiert werden.

Bausparen

In der Bundesrepublik Deutschland wird das Bausparen seit Jahren mit Erfolg durch steuerliche Begünstigungen gefördert. Die Bausparmodelle der ↑Geschäftsbanken in der Schweiz waren dagegen bisher wenig erfolgreich. Sie basieren auf einer höheren Verzinsung der anzusparenden Mittel und/oder einer Ermässigung der Anfangsbelastung nach dem Bau bzw. Erwerb des Wohneigentums. Nur im Kanton Baselland unterstützen die politischen Behörden die Förderung des Wohnbausparens wirkungsvoll mit steuerlichen Erleichterungen.

Im Entwurf des Bundesrates für ein Bundesgesetz über den Systemwechsel bei der Besteuerung des Wohneigentums ist ein steuerlich begünstigter Bausparabzug im Rahmen der Säule 3a vorgesehen.

Hans Rudolf Matter

Bausparkassen

Bausparkassen sind in der Schweiz nur noch ein historischer Begriff. In der Krisenzeit nach 1930 entstanden nach deutschem Vorbild Unternehmungen, die auf dem Grundsatz des kollektiven ↑Bausparens aufgebaut waren: Die Tilgungsdarlehen wurden Sparern aus den Geldern zugeteilt, die sie selber zusammentrugen. Das führte zwangsläufig zu langen Wartezeiten für die Darlehenssuchenden. Um diese Auswüchse zu steuern, wurde 1935 – im Zusammenhang mit der Schaffung des BankG – eine Bundesaufsicht eingeführt. 15 Bausparkassen mussten damals in Liquidation treten. Die Hauptschwächen waren die ungenügende Eigenkapitalbasis, die kostspielige Aussenorganisation, die zu geringen Ansparquoten und das Fehlen einer Mindestspardauer. Anfangs der 40er-Jahre wandelten sich die fünf überlebenden Bausparkassen in Banken um und wurden dem BankG unterstellt. Sie genossen allerdings noch Sonderrechte, die aber 1971 aufgehoben wurden.

Hans Rudolf Matter

Bauwert
↑Hypothekargeschäft.

Bauzinsen
Nach OR 676 darf den Aktionären zulasten des Anlagekontos auf ihren Aktien ein bestimmter ↑Zins für die Zeit zugesichert werden, die von der Vorbereitung und während des Baus bis zur vollen Betriebsaufnahme des Unternehmens läuft. Die Statuten müssen in diesem Rahmen den Zeitpunkt bezeichnen, in dem die Entrichtung von Bauzinsen spätestens aufhört (OR 627 Ziff. 3). In der Praxis wird von dieser Möglichkeit jedoch nur sehr selten Gebrauch gemacht.

Nach AFG 40 darf die ↑Fondsleitung eines ↑Immobilienfonds, die für dessen Rechnung Bauten erstellen lässt, für Bauland und angefangene Bauten (für die Zeit der Vorbereitung und des Baus) der Ertragsrechnung des ↑Anlagefonds Bauzinsen zum marktüblichen Satz gutschreiben, sofern dadurch die Anlagekosten den geschätzten ↑Verkehrswert nicht übersteigen.

BBB
↑Rating.

Bear, bearish
Ausdruck aus der ↑Börsensprache. Bulls und Bears, «Stiere und Bären», sind die Symboltiere der Börsianer an der ↑New Yorker Effektenbörse. Die Bullen (↑Bull, bullish) setzen als Haussiers (↑Hausse) auf einen Aufschwung bestimmter ↑Titel oder der gesamten ↑Börse, die Bären als Baissiers (↑Baisse) auf einen Rückgang. ↑Bull market; ↑Bear market; ↑Leerabgeber; ↑Short selling.

Bear bond
↑Bull and bear bonds (Notes).

Bearer
Englische Bezeichnung für Inhaber eines ↑Wertpapiers.

Bearer participation certificates
In UK und USA Form stimmrechtsloser ↑Vorzugsaktien; dem ↑Partizipationsschein in der Schweiz ähnlich.

Bearer shares
Angelsächsische Bezeichnung für ↑Inhaberaktien.

Bear market
Englische Bezeichnung für eine ↑Börse mit sinkender ↑Tendenz. ↑Bearer; ↑Bear, bearish.

Bear put spread
Ein Bear put spread ist eine Optionsstrategie, bei welcher bei sinkenden ↑Kursen ein begrenzter Gewinn und bei steigenden Kursen ein begrenzter Verlust resultiert. Die Strategie wird durch den Verkauf eines ↑Puts mit tieferem ↑Ausübungspreis und dem gleichzeitigen Kauf eines Puts mit höherem Ausübungspreis strukturiert.

Bear spread
Ein Bear spread (Gegenteil ↑Bull spread) ist eine Optionsstrategie, bei welcher bei sinkenden ↑Kursen ein begrenzter Gewinn, und bei steigenden Kursen ein begrenzter Verlust resultiert. Es ist somit eine Strategie, die von sinkenden Kursen ausgeht. Ein Bear spread mit ↑Calls wird durch den Verkauf eines Calls mit tieferem ↑Ausübungspreis und gleichzeitigem Kauf eines Calls mit höherem Ausübungspreis konstruiert. Ein Bear spread mit ↑Puts, der die identischen Eigenschaften hat, wird durch den Verkauf eines Puts mit tieferem Ausübungspreis und dem gleichzeitigen Kauf eines Puts mit höherem Ausübungspreis strukturiert. ↑Vertical spread.

Beauty contest
Englische Bezeichnung für (wörtlich) Schönheitswettbewerb. Von ↑Investoren und ↑Emittenten zunehmend eingesetztes Auswahlverfahren im Zusammenhang mit der Vergabe von ↑Mandaten, sei es für die ↑Vermögensverwaltung, sei es für ↑Emissionen. Ein wesentliches Charakteristikum dieses Verfahrens besteht darin, dass die sich um das Mandat bewerbenden Finanzdienstleister ein Konzept zu präsentieren haben, das bestimmten, vom Investor oder Emittenten genau definierten Vorgaben entsprechen muss. Das Auswahlverfahren wird damit vergleichbar gemacht und vereinfacht sich stark.

Bedeutende Aktionäre
Als bedeutende Aktionäre gelten nach OR 663c II Aktionäre und stimmrechtsverbundene Aktionärsgruppen, deren Beteiligung 5% aller Stimmrechte

übersteigt. Wenn die Statuten eine tiefere prozentuale Begrenzung vorsehen, ist diese massgebend. Bedeutende Aktionäre sind bei börsenkotierten Gesellschaften im ↑Anhang zur Bilanz mit deren Beteiligung anzugeben, sofern diese der Gesellschaft bekannt sind oder bekannt sein müssten. Die nicht sehr wirksame Bestimmung von OR 663c ist inzwischen durch die von der ↑Börsengesetzgebung angestrebte Transparenz über die Existenz von grösseren Aktienpaketen durch die Meldepflicht gegenüber der Gesellschaft und der ↑Börse nach BEHG 20 und BEHV-EBK 9 ff. faktisch ersetzt worden.
↑Offenlegung von Beteiligungen.

Bedingte Immunisierung
Unter einer bedingten Immunisierung versteht man eine Technik, bei welcher ein Portfolio manager eine ↑aktive Anlagestrategie betreiben kann und bei der Risikopositionierung bezüglich erwarteter ↑Rendite und ↑Duration weit gehende Freiheit hat. Im Falle einer adversen Renditeentwicklung des ↑Portfolios muss der Portfolio manager jedoch seine Anlagen immunisieren, also seine Verpflichtungen der Duration anpassen und somit ↑Fristenkongruenz bewirken.

Bedingte Kapitalerhöhung
↑Bedingtes Kapital.

Bedingtes Kapital
Die bedingte Kapitalerhöhung in der Aktiengesellschaft (OR 653 I) wurde für zwei spezielle Fälle geschaffen, nämlich zur Ausübung von Wandel- oder Optionsrechten (↑Option) für Gläubiger von ↑Anleihensobligationen oder ähnlichen ↑Obligationen sowie für Arbeitnehmer (Mitarbeiteraktien, Stock options).
Die Höhe des bedingten Kapitals ist auf die Hälfte des bisherigen Grundkapitals der Aktiengesellschaft beschränkt. Die Generalversammlung beschliesst die Schaffung des bedingten Kapitals mittels einer Statutenänderung. Die effektive Durchführung der Erhöhung erfolgt durch den Entscheid der Berechtigten über den Bezug der ↑Aktien, also kontinuierlich.
Das bedingte Kapital stellt daher eine *Ausnahme vom Grundsatz des festen Grundkapitals* der Aktiengesellschaft dar. Die ↑Liberierung geschieht durch ↑Verrechnung mit einer Schuld der Gesellschaft (bei ↑Wandelanleihen) oder durch Bareinzahlung (bei ↑Optionsanleihen). Die ↑Bezugsrechte der Aktionäre sind zwingend ausgeschlossen, da das bedingt geschaffene Kapital ausschliesslich den Mitarbeitern und Anleihensgläubigern zur Verfügung stehen muss. An Stelle des Bezugsrechts tritt bei Anleihensobligationen das sog. ↑«*Vorwegzeichnungsrecht*» der Aktionäre zum Bezug von Anleihen (und damit indirekt auch von Aktien). Das Vorwegzeich-nungsrecht kann aus wichtigen Gründen ebenfalls ausgeschlossen werden. *Roland von Büren*

Befristeter Kredit
Ein Kredit, dessen Dauer im ↑Kreditvertrag zum Voraus festgesetzt ist. Zu unterscheiden hiervon ist der ↑unbefristete Kredit. In der schweizerischen Bankpraxis werden Kredite, insbesondere ↑Kontokorrentkredite, unbefristet, d.h. mit täglichem ↑Kündigungsrecht gewährt. ↑Darlehen sowie Saisonkredite (↑Betriebskredit, ↑Blankokredit) und ↑Festkredite dagegen werden befristet.

Begebung
↑Emission.

Beglaubigung
Mit der Beglaubigung bestätigt die Urkundsperson (Notar) die Echtheit einer Unterschrift sowie die Identität des Unterzeichners. Beglaubigt werden ebenfalls Kopien für die getreue Abschrift oder genaue Datumsangaben. Bei der Unterschriftenbeglaubigung wird die Urkunde jeweils vor der Urkundsperson unterzeichnet, diese bestätigt dies auf dem Schriftstück selbst. Liegt ein bereits unterzeichnetes Dokument vor, kann der Aussteller die Unterschrift vor der Urkundsperson als seine eigene anerkennen lassen, oder aber die Urkundsperson bestätigt aufgrund eines Unterschriftenmusters oder persönlicher Kenntnisse die Identität des Ausstellers. Die Beglaubigung spricht sich damit nur über die Identität des Unterzeichners aus. Über den Inhalt und den Wahrheitsgehalt der Dokumente äussert sich die Beglaubigung nicht. Im internationalen Verkehr ist zusätzlich eine sog. Überbeglaubigung (Apostille) erforderlich. Hierfür zuständig ist für Vertragsstaaten des «Haager Übereinkommen über die öffentliche Beglaubigung» die Staatskanzlei, ansonsten die diplomatische oder konsularische Vertretung des Staates, in welchem die Urkunde Verwendung finden soll.
Markus Häusermann

Begünstigter
Begünstigter ist derjenige, zu dessen Gunsten jemand ein Zahlungsversprechen abgibt (z.B. ↑Bürgschaft, ↑Bankgarantie, ↑Akkreditiv) oder an den jemand Zahlung leisten soll (z.B. im Überweisungsverkehr oder im ↑Checkverkehr).

Behauptet
In der ↑Börsensprache Bezeichnung für eine ↑Tendenz unveränderter oder kaum veränderter Kurse; gibt der ↑Kurs eines bestimmten Wertpapiers trotz Verkaufsaufträgen nicht wesentlich nach, hat er sich behauptet.

Behavioral finance
Als Behavioral finance wird ein neuer Zweig der modernen Finanzmarktforschung bezeichnet, der

sich mit der Synthese von ökonomischen und psychologischen Erkenntnissen befasst. Es geht um die Beantwortung der Frage, in welcher Weise psychologische Prozesse das Verhalten von ↑Investoren auf den Finanzmärkten beeinflussen. Wie zahlreiche Studien zeigen, weichen die Entscheidungen sowohl von privaten wie ↑institutionellen Anlegern deutlich vom in den Finanzmarktmodellen unterstellten Verhalten ab. So neigen die Investoren zu irrationalem Verhalten und machen häufig immer wieder die gleichen «Fehler». Das Wissen um die Wirkungen psychologischer Verhaltensweisen der Finanzmarktteilnehmer kann bei der Entwicklung von ↑Anlagestrategien nutzbringend umgesetzt werden. ↑Börsenpsychologie. *Max Boemle*

BEHG
Abk. f. Bundesgesetz über die Börsen und den Effektenhandel vom 24.03.1995 (Börsengesetz). ↑Börsengesetzgebung.

Beige book
Regelmässiger Bericht der US-Notenbank (↑Federal Reserve System) über die wirtschaftliche Lage der USA.

Beiräte
Die Institution des Beirats ist im Gesetz nicht geregelt. Die Bestellung, Zusammensetzung, Aufgaben, Rechte und Pflichten der Beiräte können somit, soweit das Gesetz der Generalversammlung und dem Verwaltungsrat nicht unentziehbare und unübertragbare Aufgaben und Pflichten zuerkennt, frei vereinbart werden. Ihre Wahl erfolgt in der Regel aufgrund einer statutarischen Bestimmung durch die Generalversammlung oder, was viel öfter vorkommt, durch den Verwaltungsrat. Das Institut des Beirats hat den Vorteil, das Erfahrungs- und Beziehungspotenzial von Personen zu Gunsten der Gesellschaft nutzen zu können, ohne dass diese die Verantwortung als Verwaltungsratsmitglied mittragen müssen. Normalerweise hat deshalb der Beirat nur beratende Funktion. Im Rahmen von OR 716b II kann jedoch der Verwaltungsrat, sofern eine entsprechende statutarische Ermächtigung vorliegt, dem Beirat im Organisationsreglement auch Geschäftsführungsaufgaben einräumen, allerdings mit der Folge, dass Beiräte dadurch zum faktischen Organ, mit der Haftungsmöglichkeit gemäss OR 754, werden können.
Georg Krneta

Beiratschaft
↑Bevormundete und Verbeiständete im Bankverkehr.

Beistandschaft
↑Bevormundete und Verbeiständete im Bankverkehr.

Bekanntgabepflicht der Aktiengesellschaft
Pflicht der Aktiengesellschaft, deren Aktien an der ↑Börse kotiert sind, im Anhang zur Bilanz ↑bedeutende Aktionäre und die Höhe von deren Beteiligung offen zu legen (OR 663c). Als bedeutende Aktionäre gelten Aktionäre und Aktionärsgruppen, deren Beteiligung 5% der Stimmrechte übersteigt. Sehen die Statuten eine tiefere prozentmässige Begrenzung der ↑Namenaktien vor, für die der Aktionär einen Anspruch auf Eintragung als Vollaktionär mit Stimmrecht erheben kann, so gilt diese Grenze. Die Bekanntgabepflicht besteht nur für Beteiligungen, die der Gesellschaft bekannt sind oder bekannt sein müssten. Die Bekanntgabepflicht der Aktiengesellschaft verfolgt ähnliche Zwecke wie die Meldepflicht gemäss BEHG 20. Letztere verpflichtet Aktionäre und Aktionärsgruppen, die eine ↑qualifizierte Beteiligung an einer börsenkotierten Aktiengesellschaft (5, 10, 20, $33^1/_3$, 50 oder $66^2/_3$%) erwerben oder veräussern, dies der Gesellschaft und der Börse unverzüglich zu melden (↑Offenlegung von Beteiligungen).

BEL 20 Aktienindex der Brüsseler Börse
Der *BEL 20* ist der Index der an der ↑*Euronext Brüssel* notierten belgischen Standardwerte. Der Index enthält jederzeit 20 ↑Aktien und wird nach der streubesitzadjustierten ↑Börsenkapitalisierung gewichtet. Der BEL 20 ist ein Kursindex, d.h., Kursabschläge nach regulären Dividendenzahlungen werden nicht korrigiert. Der Startwert des BEL 20 wurde mit 1 000 Indexpunkten per 30.12.1990 festgelegt. ↑Aktienindex.

Belastungsgrenze bei Grundstücken
↑Landwirtschaftskredit.

Beleg
↑Buchungsbeleg.

Belegleser, optischer
Banken und Versicherungen müssen täglich eine Flut von Formularen und Belegen bewältigen. Die Informationen auf diesen Belegen sollen schnell und fehlerfrei gelesen, interpretiert und der eigentlichen Datenverarbeitung zugeführt werden. Diese Aufgabe der Datenerfassung hat sich in den letzten Jahren grundlegend gewandelt. Die manuelle Eingabe der Daten wurde durch die automatisierte Datenerfassung mit Lesegeräten abgelöst.
Der Prozess der *Zeichenerkennung* kann in zwei Basisbereiche aufgeteilt werden. Der erste Schritt ist immer die optische Abtastung des Beleges und die Umwandlung der Informationen darauf in ein digitales Bild. Danach folgt der zweite Schritt, die eigentliche optische Zeichenerkennung. Bisher waren Scanner und Leser in einem Gerät zusammengefasst. Der Erkennungsprozess setzte

unmittelbar nach dem Scannen ein, beide Vorgänge liefen zeitlich nahezu parallel ab. Durch die Trennung der beiden Funktionen in zwei Geräte ist es möglich, Scannen und Erkennen sowohl räumlich als auch zeitlich zu trennen. Dadurch wird ein hohes Mass an Flexibilität erreicht. Bei der optischen Abtastung wird vom Beleg ein elektronisches Bild erzeugt, das durch eine Reihe Fotodioden abgetastet wird. Die Fotodioden werden laufend auf den von ihnen «gesehenen» Wert hin abgefragt, bis die zu lesende Belegfläche untersucht ist. Damit die Fotodioden die gesamte Fläche des Dokumentes zu sehen bekommen, wird entweder die Diodenzeile über das Dokument bewegt (z. B. Kopierer, Flachbettscanner) oder der Beleg wird motorisch an den Dioden vorbei transportiert (A6-Belegleser). Diese Geräte sind so genannte Scanner. Belege werden häufig mit Blindformen versehen. Spezielle Filter verhindern das Einlesen dieser Informationen und reduzieren so die Zahl der zu erkennenden Zeichen.

Die optische Zeichenerkennung ist ein Vorgang, wie die Menschen ihn unablässig betreiben. Das Auge nimmt ein «Bild» wahr. Unser Gedächtnis vergleicht dieses Bild mit Bekanntem oder Unbekanntem, dann wird eine Entscheidung getroffen, wir haben den Bildinhalt etwas Bekanntem zugeordnet und verstanden. Dabei werden die wesentlichen Merkmale des wahrgenommenen Bildes mit «Daten» im Gedächtnis verglichen. Je mehr typische Merkmale vorhanden sind, desto genauer kann das Objekt identifiziert werden. Falls eine Verwechslung (Substitution) möglich oder die Erkennung unmöglich ist, erfolgt eine Ablehnung (Reject). Während die Schriftenerkennung früher auf Normschriften (wie ORC-A/B oder E13B) beschränkt war, erkennen heutige Systeme alle gängigen Maschinen- und Druckerschriften und sogar Handblockschrift.

Die *Schriftenerkennung* besteht aus einer Bildanalyse und einer Einzelzeichenerkennung. Bei der Bildanalyse bildet der Ausgangspunkt das elektronische Abbild des Dokuments als Rasterbild, jeweils mit der binären Bildinformation schwarzer und weisser Punkte je Rasterfeld (Pixel). Aus den binären Bildinformationen werden isolierte separierte Pixelgruppen gebildet, die Einzelzeichen darstellen können. Diese Pixelgruppen werden einzeln auf Zeichen-Charakteristika hin analysiert (horizontale und vertikale Striche, Winkel oder Bögen). Dazu werden vorher definierte und abgespeicherte Zeichenbeschreibungen, so genannte «Musterformen», als Vergleichskriterien zu den gescannten Zeichen herangezogen. Diese Beschreibung wird nun mit dem elektronischen Gedächtnis verglichen. Da nur die zeichenspezifische Kontur von Bedeutung ist, können die verschiedensten Schriftarten erkannt werden. Jede Recognition-Einheit arbeitet sich Zeichen für Zeichen durch das Dokument. Durch eine Reihe von Einstellungen sowie verschiedenen Konsistenzprüfungen kann die Erkennungssicherheit erhöht werden. *Ruedi Berger*

Belehnung
Ausmass der Anrechnung eines Pfandes (Vermögenswertes) zur Sicherstellung eines Kredites (↑Bankkredit). Die Höhe der Belehnung hängt vom Belehnungwert des Pfandes, der sorgfältig zu ermitteln ist, und der ↑Belehnungsgrenze ab. ↑Hypothekargeschäft; ↑Warenverpfändung; ↑Wertpapierverpfändung.

Belehnungsgrenze
Die Belehnungsgrenze bezeichnet den relativen Wert einer belehnungsfähigen Sicherheit, den ein ↑Kreditgeber maximal als ↑Deckung für einen Kredit anzurechnen bereit ist. Die Differenz zwischen dem absoluten Belehnungswert und dem effektiven ↑Marktwert des Pfandobjekts wird als ↑Marge bezeichnet. Diese richtet sich nach der Wertbeständigkeit und der Handelbarkeit der Sicherheit. Dabei gilt der Grundsatz, dass je geringer das Risiko einer zukünftigen Wertverminderung und je höher die Liquidität des Marktes, wo das Gut gehandelt wird, desto kleiner ist die Sicherheitsmarge. Die höchsten Belehnungssätze im ↑Bankgeschäft kommen bei der Verpfändung von ↑Bankguthaben, ↑Kassenobligationen des eigenen Instituts und mündelsicheren ↑Wertpapieren zur Anwendung.

Belehnungsgrundsätze
Als Teil der ↑Kreditpolitik legt der ↑Kreditgeber in den Belehnungsgrundsätzen fest, welche verpfändbaren Vermögenswerte, Güter oder Gegenstände grundsätzlich als belehnungsfähige Sicherheiten akzeptiert werden und bis zu welchem relativen Wert sie als ↑Deckung an einen Kredit angerechnet werden (↑Belehnungsgrenze). In der Regel handelt es sich dabei um Sicherheiten, deren Wert durch ↑Marktpreise klar bestimmbar und nötigenfalls jederzeit in einem liquiden Markt realisierbar ist. Der Belehnungssatz trägt mit einer risikoadäquaten ↑Marge möglichen Wertverminderungen gebührend Rechnung.

Bellwether bond
Anleihensemission, welche für die aktuelle Marktlage und die erwartete Marktentwicklung repräsentativ ist.

Benchmark
Massstab, Vergleichsgrösse zur Messung der ↑Performance einer Anlage oder eines ↑Portfolios. Insbesondere Indizes dienen als Benchmark. Neben den allgemein gebräuchlichen (z. B. ↑Swiss Market Index [SMI], ↑MSCI-Indizes) werden zu diesem Zweck auch spezielle Indizes entwickelt und

laufend gerechnet. Wird ein Portfolio dem Index, der als Benchmark gilt, nachgebildet, spricht man von ↑passiver Anlagestrategie. ↑Benchmarkindex.

Benchmark bond
Anleihe, die wegen einer überdurchschnittlich hohen Marktkapitalisierung für die Kursentwicklung des entsprechenden ↑Marktsegmentes als Referenzwert (↑Benchmark) dient.

Benchmarkindex
Der Begriff *Benchmarkindex* bezieht sich auf die *Messlattenfunktion* von Kapitalmarktindizes. Die ↑Rendite eines Benchmarkindexes wird sowohl im aktiven als auch im passiven ↑Portfolio management als Messlatte für den Anlageerfolg vorgegeben. *Aktives Portfolio management* verfolgt das Ziel, die Rendite des vorgegebenen Benchmarkindexes risikoadjustiert zu übertreffen. *Passives Portfolio management* hat die Aufgabe, die Rendite des Benchmarkindexes so exakt wie möglich zu erreichen.

Zu den am häufigsten verwendeten internationalen Benchmarkindizes im institutionellen Portfolio management zählen die ↑Aktienindizes von Morgan Stanley Capital International (MSCI) und Financial Times Stock Exchange (FTSE). In der Schweiz zählt der ↑Swiss Perfomance Index (SPI) sowie der Swiss Market Index cum Dividenden (SMIC) zu den üblichen Benchmarkindizes. Die Rendite von Rentenportfolios wird international meist an den ↑Obligationenindizes von Salomon Schroder Smith Barney oder J. P. Morgan gemessen. In der Schweiz haben die Obligationenindizes der Schweizer Börse (↑SWX Swiss Exchange) die grösste Verbreitung als Benchmarkindizes.

Valerio Schmitz-Esser

Benchmark portfolio
Ein Benchmark portfolio stellt einen Massstab oder einen Bezugspunkt dar, an dem die ↑Performance eines anderen ↑Portfolios gemessen werden kann. Für einen aussagekräftigen Vergleich muss die Ausrichtung des Benchmark portfolios mit derjenigen des analysierten Portfolios übereinstimmen, damit Gleiches mit Gleichem verglichen wird. In der Praxis wird als ↑Benchmark häufig ein Index von ↑Aktien oder ↑Obligationen verwendet oder eine Kombination von verschiedenen Indizes.

Beneficial owner
↑Wirtschaftlich Berechtigter.

Beobachter
Ein Beobachter wird im Auftrag der ↑Bankenkommission (EBK) im Rahmen eines Verwaltungsverfahrens entweder bei unterstellten Instituten oder dort eingesetzt, wo gerade die Frage einer Unterstellungspflicht abzuklären ist. Er nimmt einen klar umrissenen Auftrag der EBK vor Ort wahr, ohne aktiv in die laufende Geschäftstätigkeit einzugreifen.

1. Gesetzliche Grundlage

Nach BankG 23^{quater} kann die EBK in eine Bank einen Sachverständigen als ihren Beobachter abordnen, wenn die Forderungen der ↑Gläubiger durch schwer wiegende Missstände als ernstlich gefährdet erscheinen. Zweck dieser Massnahme ist die hautnahe Überwachung in Fällen, in denen eine Bank wegen fehlender innerer Organisation, riskanter Geschäftspolitik oder internen Streitigkeiten ein erhöhtes Sicherheitsrisiko darstellt, indessen noch Aussicht auf Behebung der Missstände in absehbarer Zeit besteht und der Bewilligungsentzug unverhältnismässig wäre. Während die bankengesetzliche Revisionsstelle nur periodisch und nachträglich registrierend wirkt, überwacht der Beobachter laufend die Tätigkeit der leitenden Organe der Bank, insbesondere die Durchführung der von der Bankenkommission angeordneten Massnahmen, und erstattet ihr darüber laufend Bericht. Zu diesem Zweck geniesst er ein uneingeschränktes Recht zur Einsicht in die Geschäftstätigkeit, die Bücher und Akten der Bank; er wohnt den Verwaltungsrats-, Ausschuss- und Direktionssitzungen bei. In die Geschäftstätigkeit selber darf er nicht eingreifen (kein Vetorecht gegen Geschäftsabschlüsse), ohne deswegen auf die Rolle eines stillen Zuhörers beschränkt zu sein. Zur Bankenkommission als Auftraggeberin steht er in engem Kontakt und schlägt ihr die zutreffenden Massnahmen vor; seine Kosten trägt die Bank.

Auch AFG 59 sieht die Möglichkeit vor, einen Beobachter bei einer ↑Fondsleitung einzusetzen, wenn die Rechte der Anleger gefährdet sind. Obwohl eine vergleichbare Grundlage im BEHG fehlt, hat das Bundesgericht anerkannt, dass die EBK bei Durchsetzung des BEHG, gestützt auf BEHG 35 III, ebenfalls einen Beobachter einsetzen kann, wobei sich auch dessen Befugnisse nach BankG 23^{quater} richten (BGE 126 II 111).

2. Praxis der EBK

Die EBK hat nur selten einen Beobachter im engen, ursprünglichen Sinn von BankG 23^{quater} eingesetzt. Dies ist nicht zuletzt darauf zurückzuführen, dass, da, wo eine Einsetzung gerechtfertigt wäre, häufig die betroffene Bank selbst eine eigenständige Weiterführung der Geschäftstätigkeit ausschliesst und von einem Konkurrenten übernommen wird. Dazu kommt, dass eine Bank, bei der ein Beobachter eingesetzt ist und diese Information an die Öffentlichkeit gelangt ist, oftmals einen erheblichen Imageschaden erleidet, was deren weitere Geschäftsaussichten zusätzlich einschränkt.

Mit Einführung des Verbots der Entgegennahme von Publikumseinlagen (BankV 3a, in Kraft seit 01.02.1996) und der ↑Bewilligungspflicht für ↑Effektenhändler gemäss BEHG 10 (in Kraft seit

01.02.1997) wie auch der Bewilligungspflicht für Vertreter ↑ausländischer Anlagefonds (für Vertriebsträger gemäss AFG 22 bzw. 45 I, in Kraft seit 01.01.1995), hat sich der Zuständigkeitsbereich der EBK erheblich erweitert. Die Durchsetzung der Unterstellungspflicht, wie sie in den der EBK zur Erledigung übertragenen Aufsichtsgesetzen enthalten ist, wurde zu einem wichtigen Bestandteil der Aufsichtstätigkeit. In kontinuierlicher Ausweitung von direktem und analogem Anwendungsbereich von BankG 23^{quater} sowie dessen Inhalts, hat die EBK den Beobachter zu einem vielfältig einsetzbaren Aufsichtsinstrument entwickelt, das speziell auch im Rahmen von Unterstellungsverfahren eingesetzt wird. Zum Aufgabenspektrum eines Beobachters können u.a. folgende Tätigkeiten gehören:
– Abklärungen von Sachverhaltselementen vor Ort bei Unterstellungsverfahren (Umfang der Tätigkeit, wirtschaftliche Verflechtungen, Verantwortlichkeiten), wenn der Betroffene nicht oder nur mangelhaft mitwirkt (VwVG 13) oder berechtigte Zweifel an dessen Darstellung bestehen
– Überwachung der Einhaltung der durch die EBK vorsorglich erlassenen Verbote, wie die der Ausübung einer Bank-, Effektenhändler-, Vertriebsträger- oder Fondsleitungstätigkeit oder der Entgegennahme von Publikumseinlagen
– Überwachung der Einhaltung der, zum Schutze der Anleger, vorsorglich erlassenen Verfügungssperren
– Laufende Beurteilung der finanziellen Situation im Hinblick auf mögliche Anlegergefährdung und Beschaffung von Grundlagen für Entscheide der EBK zur Freigabe einzelner Zahlungen ab gesperrten Konten.

3. Eignung als Beobachter
Als Beobachter kommen sowohl erfahrene Einzelpersonen (z.B. ein ehemaliger Bankdirektor, geschäftlich versierter Anwalt oder andere Spezialisten) als auch die bankengesetzliche Revisionsstelle in Frage. Die für ein Beobachtermandat erforderlichen Fachkenntnisse und einsetzbaren personellen Ressourcen sind je nach dem Beobachtungsobjekt unterschiedlich.
Der EBK kommt bei der Auswahl geeigneter Beobachter ein grosses Ermessen zu. Während bei der Abklärung der Unterstellungspflicht der Schwerpunkt auf Klärung des Sachverhalts und Durchsetzung der Einhaltung von Einschränkungen in der Geschäftstätigkeit liegt, steht bei Beobachtermandaten bei unterstellten Instituten die Kenntnis des betriebenen Geschäftes oder die Kompetenz in organisatorischen Fragen im Vordergrund. Soweit im Fall unterstellter Institute deren eingehende Kenntnis vorteilhaft ist, wird die EBK vielfach die bestehende Revisionsstelle wählen, während sie dort, wo mehr Distanz angezeigt ist, auch eine andere bankengesetzliche Revisionsstelle einsetzen kann. Zur Abklärung von Unterstellungsfragen oder für Probleme bei bewilligten Instituten können auch Einzelpersonen (z.B. ausgewiesene Revisoren oder Anwälte) oder Firmen eingesetzt werden, sofern sie über die benötigte Problemlösungskompetenz (Fachwissen, verfügbare Ressourcen) verfügen.

4. Form der Einsetzung
Die EBK setzt einen Beobachter mittels Verfügung ein. Wenn es die Umstände erlauben, wird dem Betroffenen vorgängig das rechtliche Gehör gewährt. In Fällen von Abklärungen unerlaubter Tätigkeit erfolgt die Einsetzung eines Beobachters häufig überraschend, superprovisorisch, ohne dass dem Betroffenen vorab das rechtliche Gehör gewährt wird. Dieses wird anschliessend nachgeholt und die getroffenen Massnahmen werden mittels anfechtbarer Zwischenverfügung bestätigt (BGE 126 II 111). Über Bestand oder Nichtbestand einer Unterstellungspflicht sowie die sich daraus ergebenden Folgen entscheidet die EBK in einem Endentscheid.

5. Kosten
Die Kosten der Beobachtertätigkeit sind durch die Betroffenen zu tragen. Bei den unterstellten Instituten ergibt sich dies bereits aus den Bestimmungen der anwendbaren Aufsichtsgesetze. Agiert eine bankengesetzliche Revisionsstelle als Beobachter und fehlen vertragliche Abmachungen, gelangt der Tarif der Treuhandkammer zur Anwendung. Wo die Unterstellungspflicht abgeklärt wird, gibt es keine vergleichbaren Regeln. Wer von der EBK für ein Beobachtermandat angefragt wird, muss dieser im Vorfeld eine Offerte stellen. Wer den Zuschlag erhält, stellt im Anschluss daran, gestützt auf diese Offerte, beim Betroffenen Rechnung. Bei Bedarf verfügt die EBK über die Höhe der Rechnung und verpflichtet die Betroffenen, diese zu bezahlen.
David Wyss

Bereinigte Notenbankgeldmenge
Die bereinigte Notenbankgeldmenge ist die ↑Notenbankgeldmenge ohne ultimobedingte (↑Ultimo) Spitzen bei den Refinanzierungskrediten der Schweizerischen ↑Nationalbank (SNB). Die ↑Geldmengenziele der SNB zwischen 1980 und 1988 bezogen sich auf die bereinigte Notenbankgeldmenge.

Bereitschaftskredit
Auch Bereitstellungskredit genannt. ↑Standby credit; ↑Bereitstellungskommission.

Bereitstellungskommission
Von der Bank in Rechnung gestellte Kommission für einen zugesagten, aber noch nicht beanspruchten Kredit. Sie dient zur Deckung der Kosten der

Liquiditätsbereitstellung durch die Bank, die jederzeit mit der Inanspruchnahme des Kredites rechnen muss.

Bereitstellungskredit
↑Standby credit.

Berichtigungsaktien
↑Gratisaktie.

Bermuda-Option
Als Bermuda-Option bezeichnet man eine ↑Option, welche nur an bestimmten Tagen ihrer ↑Laufzeit ausgeübt werden kann. Sie ist somit, wie der Name auch impliziert, von den Eigenschaften her zwischen einer ↑European option und einer American option (↑Amerikanische Option) einzuordnen.

Bermuda Stock Exchange
Links: www.bsx.com

Berner Börse
Der im Jahre 1884 gegründete Berner Börsenverein betreibt, als einzige Alternative zur ↑SWX Swiss Exchange, einen auf regionale ↑Wertpapiere ausgerichteten Handel. Als Folge des bis 1991 «à la criée» geführten Handelssystems erlangte die Berner Börse die Lizenz von der Eidg. ↑Bankenkommission (EBK) als anerkannte «börsenähnliche Einrichtung» im Sinne des Eidg. Börsengesetzes BEHG und bietet somit einer kotierten Aktiengesellschaft sowie dem ↑Investoren Anlegerschutz durch Transparenz. Der Handel wird nach klar definierten Regeln und Handelszeiten abgewickelt. Die ↑Kotierung an der Berner Börse dient vielen kleineren und mittleren Unternehmen als Vorstufe zur SWX Swiss Exchange.

Peter L. Heller

Berufliche Vorsorge
Unter beruflicher Vorsorge (auch zweite Säule, Personalvorsorge, betriebliche ↑Altersvorsorge und ähnlich genannt) werden in der Schweiz die betrieblichen Massnahmen zum finanziellen Schutz der Mitarbeiter und Mitarbeiterinnen gegen die Risiken Alter, Tod und Invalidität verstanden. Dafür werden systematisch ↑Rückstellungen (Kapitaldeckungen) geäufnet oder Versicherungen abgeschlossen.

1. Entstehung und Zielsetzung
Die ältesten ↑Vorsorgeeinrichtungen gehen in der Schweiz bis in die zweite Hälfte des 19. Jahrhunderts zurück. Lange Zeit waren planmässige Leistungen bei Alter, Tod und Invalidität der Arbeitnehmer ein Privileg der öffentlichen Verwaltungen. Dank den steuerlichen Vergünstigungen wuchsen die Vorsorgekapitalien namentlich seit dem Zweiten Weltkrieg auch in der Privatwirtschaft stark an. Voraussetzung für die steuerliche Zulassung als Aufwand des Unternehmens war seit jeher die irreversible Übertragung der Mittel auf einen separaten Rechtsträger (i.d.R. Stiftung).

Das Bild einer Vorsorge, gestützt auf drei Säulen, entstand anfangs der 60er-Jahre: die erste Säule als Sozialversicherung, die zweite Säule als berufliche Vorsorge und die ↑dritte Säule als ↑individuelles Sparen. Wesentlich ist, dass jede der drei Säulen eine starke Tragfähigkeit aufweist. Die Volksabstimmung von 1973 verankerte das Drei-Säulen-Konzept in der Verfassung und erteilte dem Bundesrat den entsprechenden Gesetzgebungsauftrag.

Im Jahre 1984 trat das BVG (Berufliches Vorsorge-Gesetz) in Kraft. Damit wurde für alle Arbeitnehmer ein Obligatorium eingeführt, für dessen Einhaltung der Arbeitgeber verantwortlich ist. Zusammen mit der staatlichen Vorsorge (erste Säule) soll die zweite Säule «die Fortsetzung der gewohnten Lebenshaltung in angemessener Weise» ermöglichen (alte BV 34^{quater}, gleicher Wortlaut in der neuen BV von 1999, Art. 113 2a). Damit war weltweit die Schweiz 1984 das erste Land, das für die betriebliche Vorsorge ein Obligatorium einführte.

2. Beiträge und Leistungen
Das BVG enthält klare Bestimmungen für die Erhebung von Arbeitgeber- und Arbeitnehmerbeiträgen und zur Definition der Leistungen (BVG 13–26 und 65–67). Darüber hinausgehende Vorsorgeteile werden als überobligatorische bezeichnet und sind bei fast allen etablierten Unternehmen mit eigener Vorsorgeeinrichtung anzutreffen.

Das BVG gilt obligatorisch für alle Arbeitnehmer ab dem 1. Januar nach vollendetem 17. Altersjahr für die Risiken Tod und Invalidität bzw. nach dem vollendeten 24. Altersjahr für die Altersvorsorge (BVG 7). Der so genannte koordinierte, d.h. gemäss BVV 2 V obligatorisch zu erfassende Lohn, umfasst Beträge zwischen CHF 24 720 (einfache AHV-Rente) und CHF 74 160 (das Dreifache) jährlich (Stand 2001, diese Werte wurden bisher alle zwei Jahre angepasst).

Die Leistungen sind wie folgt bestimmt:
– Altersleistungen: Diese bestehen aus einer Rente von 7,2% aus einem Kapital, das aufgrund von Altersgutschriften und 4% Verzinsung bis zum 65. (Männer) bzw. 62. (Frauen) Altersjahr gebildet wird. Die Altersgutschriften werden je Kalenderjahr in Prozenten des koordinierten Lohnes berechnet. Dabei gelten Ansätze von 7 bis 18 Lohnprozente (je nach Alter), die je zur Hälfte von Arbeitgeber und Arbeitnehmer zu erbringen sind.
– Hinterlassenenleistungen: Dazu gehören eine Witwenrente von 60% (der vollen Invaliden-

rente) für Frauen, die für den Unterhalt von Kindern aufkommen oder über 45-jährig und mindestens fünf Jahre verheiratet sind, sonst erfolgt eine Kapitalabfindung in der Höhe von drei Jahresrenten. Ferner werden Waisenrenten von je 20% ausgerichtet.
– Invalidenleistungen: Die Invalidenrente beträgt 7,2% (bei halber bis zwei Drittel Invalidität die Hälfte) aus einem Kapital, das bis zum Beginn des Anspruchs der Versicherte auf die Altersrente erworben hat, plus Summe der Altersgutschriften für die bis zum Rentenalter fehlenden Jahre. Im Einzelfall entstehen weitere Ansprüche (für Wiedereingliederung, Kinderrenten usw.).

3. Vermögensanlage
Ein Hauptunterschied zwischen den einzelnen Säulen besteht darin, dass die erste Säule (AHV usw.) zu rund 90% auf dem ↑Umlageverfahren, die zweite Säule (BVG) dagegen in vollem Umfang auf dem ↑Kapitaldeckungsverfahren beruht. Dies führt bei der beruflichen Vorsorge zu hohen Kapitalbildungen. Entsprechend wichtig ist die Vermögensanlage, wozu detaillierte Anlagevorschriften (↑Anlagevorschriften für Vorsorgeeinrichtungen) bestehen, die oft in einem ↑Anlagereglement konkretisiert sind. Das bis Ende 2001 angesammelte Vermögen für die berufliche Vorsorge wird insgesamt auf rund CHF 600 Mia. geschätzt (inkl. Kollektivversicherung). Und dieser Betrag wächst jährlich weiter um CHF 30–40 Mia. Auch volkswirtschaftlich sind dies enorme Beträge.

4. Organisation
Das BVG verlangt (BVG 48), was schon vorher seit Jahrzehnten steuerlich gefordert war, dass die Vorsorgeeinrichtungen eigene Rechtspersonen und, wenn sie das BVG durchführen, bei der Aufsichtsbehörde registriert sein müssen. Damit wird die vollständige Trennung der beruflichen Vorsorge vom Unternehmen bzw. Arbeitgeber erreicht. In der Regel ist dies eine Stiftung. Mittlere und kleinere Unternehmen sind oft einer Sammel- oder Gemeinschaftsstiftung angeschlossen. Der Stiftungsrat muss bei BVG-registrierten Vorsorgeeinrichtungen paritätisch zusammengesetzt sein, d. h. je zur Hälfte aus Arbeitgeber- und Arbeitnehmervertretern bestehen.
Zur Sicherstellung des Versicherungsobligatoriums wurde die *Auffangeinrichtung* geschaffen (BVG 60ff.). Dieser werden Versicherte, die keiner Vorsorgeeinrichtung angehören, zugewiesen. Für Arbeitslose gelten seit 1997 besondere Regelungen (BVG 2). Der Sicherheitsfonds BVG (BVG 56 und 72) gewährt eine Insolvenzdeckung für Versichertenleistungen und hat noch weitere Aufgaben. Dazu erhebt er Beiträge von den Vorsorgeeinrichtungen. *Carl Helbling*
Lit.: Helbling, C.: *Personalvorsorge und BVG*, Bern 2000.

Berufs- und höhere Fachprüfungen in Bank, Versicherung und Finanzplanung BVF

Banken, Versicherungen und Finanzplaner in der Schweiz entwickelten Mitte der 90er-Jahre ein modulares Berufsqualifikationssystem, in dessen Rahmen die Berufsprüfungen und die höheren Fachprüfungen zur Erlangung der eidgenössischen Fachausweise und Diplome seit dem Jahr 2000 gemeinsam durchgeführt werden. Der Übergang von den bisherigen eidgenössischen Diplomprüfungen der Bankwirtschaft und den entsprechenden Versicherungsfachprüfungen auf das neue System wurde Ende 2002 abgeschlossen.
Zum Zweck der Durchführung dieser Prüfungen bilden die Schweizerische ↑Bankiervereinigung SBVg, der Berufsbildungsverband der schweizerischen Versicherungswirtschaft VBV, die Interessengemeinschaft Ausbildung im Finanzsektor IAF, der KV Schweiz und der Schweizerische ↑Bankpersonalverband SBPV den Verein *Schweizerische Trägerschaft für Berufs- und höhere Fachprüfungen in Bank, Versicherung und Finanzplanung BVF* mit Geschäftsstelle in Bern.

1. Berufsqualifikationen BVF
Das modulare Berufsqualifikationssystem umfasst auf den zwei Qualifikationsstufen Fachausweis und Diplom die drei Fachrichtungen Bank, Versicherung und Finanzplanung. Daraus ergeben sich sechs höhere Berufsqualifikationen. Die Berufsqualifikationen werden aus einer bestimmten Anzahl und Kombination von Modulen festgelegt. Insgesamt umfasst das modulare Berufsqualifikationssystem über 50 verschiedene Module. Das Baukastensystem umfasst drei Arten von Modulen: *Basismodule* wie z. B. das Finanz- und Rechnungswesen bauen auf dem Wissen der kaufmännischen Grundausbildung auf. Sie vertiefen die wirtschaftlichen Kenntnisse und sind jeweils identisch für alle drei Fachrichtungen. *Branchenmodule* vermitteln das Fachwissen in Bank, Versicherung und Finanzplanung. Sie gelangen zum Teil in verschiedenen Fachrichtungen zur Anwendung. *Kernmodule* schliesslich vernetzen alle Module der jeweiligen Fachrichtung Bank, Versicherung oder Finanzplanung.
Die sechs höheren Berufsqualifikationen und Abschlüsse (eidgenössisch anerkannte) des Gesamtsystems Berufs- und höhere Fachprüfungen in Bank, Versicherung und Finanzplanung sind:
– Bankfachmann/Bankfachfrau mit eidgenössischem Fachausweis
– Diplomierte/r Bankfach-Expertin/Bankfach-Experte
– Versicherungsfachmann/Versicherungsfachfrau mit eidgenössischem Fachausweis
– Diplomierte/r Versicherungsfach-Expertin/Versicherungsfach-Experte

- Finanzplaner/Finanzplanerin mit eidgenössischem Fachausweis
- Diplomierte/r Finanzplanungs-Expertin/Finanzplanungs-Experte.

2. Ziele und Zweck der Qualifikationen Bank und Finanzplanung

Die Ziele der vier für den ↑ Bankensektor relevanten Berufsqualifikationen sind in den Prüfungsreglementen wie folgt umschrieben:

- *Bankfachmann/-frau mit eidg. Fachausweis:* Die Prüfungen haben den Zweck, Personen, die in der Finanzdienstleistungsbranche tätig sind und die sich gründliche theoretische und praktische Kenntnisse im Bankfach erworben haben, einen eidg. Fachausweis zu erteilen. Wer den eidg. Fachausweis besitzt, kann sich gegenüber Kunden als gut qualifizierte Fachkraft mit universellen Kenntnissen der Bankwirtschaft und der verschiedenen Bankgeschäfte ausweisen und sich damit eine solide Basis für das berufliche Weiterkommen schaffen.
- *Dipl. Bankfach-Experte/-in:* Die Prüfungen haben den Zweck, interessierten Personen die Gelegenheit zu bieten, sich über ihre in Theorie und Praxis erworbenen, umfassenden und in spezifischen Bereichen vertieften Kenntnisse der Finanzwirtschaft und der verschiedenen Bankgeschäfte als Bankfach-Experten auszuweisen. Im Rahmen der Prüfungen wird festgestellt, ob die Kandidaten auch für komplexe bank- und finanzwirtschaftliche Problemstellungen ausgewogene und differenzierte Lösungsmöglichkeiten entwickeln können. Wer das eidg. Diplom besitzt, versteht auf hohem Niveau die Gesamtzusammenhänge des globalen Finanzsystems unter Einbezug der volks- und betriebswirtschaftlichen Gegebenheiten und kann mit profunden Kenntnissen in allen Bankbereichen kommunizieren.
- *Finanzplaner/-in mit eidg. Fachausweis:* Die Prüfungen haben den Zweck, Personen, die in der Finanzdienstleistungsbranche tätig sind und die sich gründliche theoretische und praktische Fachkenntnisse in der Finanzplanung erworben haben, einen eidg. Fachausweis zu erteilen. Wer den eidg. Fachausweis besitzt, kann sich gegenüber den Kunden als gut qualifizierte Fachkraft ausweisen und sich damit eine solide Basis für das berufliche Weiterkommen schaffen. Mit der Berufsprüfung wird insbesondere festgestellt, ob im Bereich der privaten Haushalte und für Kleinunternehmungen eine auf die Kundenbedürfnisse abgestimmte, langfristige Finanzplanung erarbeitet werden kann. Das umfassende Fachwissen soll dabei mit einem systematischen Ansatz in eine Analyse und Planung der Einnahmen und Ausgaben sowie in eine ganzheitliche Bestandesaufnahme des Vermögens, der Schulden, der Steuern sowie der Lebensrisiken münden. Im Rahmen der Berufsprüfung wird weiter festgestellt, ob die Fähigkeit vorhanden ist, das erworbene Fachwissen in der Beratung von Privatpersonen, Selbstständigerwerbenden und Kleinunternehmungen umzusetzen.
- *Dipl. Finanzplanungsexperte/-in:* Die Prüfungen haben den Zweck, besonders qualifizierten Personen, die in der Bank-, Finanz- oder Versicherungswirtschaft tätig sind, die Gelegenheit zu bieten, sich über ihre in Praxis und Theorie erworbenen Kenntnisse im Allfinanzbereich auszuweisen und ein entsprechendes Diplom zu erwerben. Wer das eidg. Diplom besitzt, zeichnet sich durch vertieftes Wissen in allen Bereichen der Finanzplanung aus und ist in der Lage, auch komplexe Finanzplanungen durchzuführen. Im Rahmen der eidg. Diplomprüfungen wird festgestellt, ob die Kandidaten den Einsatz von Spezialisten anordnen und koordinieren, ein Team von Finanzplanern führen und Drittpersonen in die Methoden der modernen Finanzplanung einführen können.

3. Prüfungssystem, Erwerb der Fachausweise und Diplome

Grundsätzlich kann jedermann eine Modulprüfung ablegen, und zwar unabhängig von Vorbildung und Berufspraxis. Wer jedoch einen eidgenössischen Fachausweis oder ein Diplom erlangen will, muss neben allen gültigen Zertifikaten für einen genügenden Abschluss der verlangten Module zusätzlich die in den Reglementen festgehaltenen Voraussetzungen in Bezug auf Vorbildung und Praxis erfüllen. Im Hinblick auf den Erwerb der Fachausweise bzw. Diplome weist jedes Modul eine Gültigkeitsdauer auf. Für die Basismodule beträgt diese acht Jahre, für die Branchenmodule fünf Jahre und für die Kernmodule drei Jahre.

4. Anrechenbarkeit anderer Ausbildungsgänge

Aufgrund bestimmter Universitäts-, Fachhochschul- und anderer eidg. Abschlüsse können Module im Hinblick auf den Erwerb von Fachausweisen oder Diplomen BVF erlassen werden. Das BVF-System wird damit den Erfordernissen der Durchlässigkeit und des lebenslangen Lernens gerecht.

5. Vorbereitung auf die Modulprüfungen

Verschiedene Bildungsinstitutionen in grösseren Städten bieten berufsbegleitende Vorbereitungskurse im Hinblick auf die Modulprüfungen an. Für den Erwerb eines Fachausweises oder eines Diploms ist mit einer Vorbereitungszeit von insgesamt rund zwei Jahren zu rechnen (etwa 550–600 Lektionen Vorbereitungszeit).

6. Gezielte und bedürfnisbezogene Weiterbildung

Jedes Ausbildungsmodul kann für sich allein abgeschlossen werden, da jedes Modul unabhängig von

dessen Verwendungszweck einzeln geprüft wird. Es spielt keine Rolle, ob eine Modulprüfung im Hinblick auf einen eidgenössischen Abschluss gemacht wird. Grundsätzlich kann jedermann eine Modulprüfung ablegen, und zwar unabhängig von Vorbildung und Berufspraxis. Diese Regelung eröffnet den Mitarbeiterinnen und Mitarbeitern des gesamten Finanzsektors die Möglichkeit, sich gezielt und bedürfnisbezogen in einzelnen Fachgebieten qualitätsgesichert weiterzubilden. Jede bestandene Modulprüfung wird mit einem Zertifikat belegt. Die Aus- und Weiterbildung in den Unternehmen des Finanzsektors wird damit flexibilisiert. *Matthias Wirth*
Links: www.bvf-bap.ch

Beschränkte Zuteilung
↑Repartierung.

Beschwerdeinstanz der SWX
Gemäss Börsengesetz (BEHG) muss jede ↑Börse eine unabhängige Beschwerdeinstanz bestellen. Diese beurteilt Beschwerden gegen Entscheide der Börse zur Zulassung oder Sistierung von ↑Valoren, aber auch zur Zulassung, Suspendierung oder zum Ausschluss von Teilnehmern und Händlern. Die Organisation und die Wahl der Mitglieder der Beschwerdeinstanz müssen von der Eidgenössischen ↑Bankenkommission (EBK) genehmigt werden.

Besitz
↑Eigentumsvorbehalt.

BESR
Abk. f. ↑Blauer Einzahlungsschein mit Referenznummer.

Besserungsschein
Im Rahmen eines Sanierungsverfahrens können die ↑Gläubiger einen bedingten Forderungsverzicht erklären. Die Forderung lebt wieder auf, wenn im Laufe der späteren geschäftlichen Entwicklung bestimmte Bedingungen erfüllt sind (wenn z.B. nach einer bestimmten Frist ein Mindestgewinn erzielt wird). Solche Vereinbarungen werden als Besserungsschein bezeichnet. Er entspricht einer bedingten Zahlungsverpflichtung des Schuldners. Der Besserungsschein ist nicht zu verwechseln mit dem ↑Genussschein aus ↑Sanierung, welcher in der Umgangssprache auch etwa als Besserungsschein bezeichnet wird. Die Ansprüche von Genussscheininhabern sind jedoch stets in den Statuten zu verankern. Der Sanierungsgenussschein ist im Gegensatz zum Besserungsschein stempelabgabepflichtig (↑Stempelabgaben).

Bestätigtes Akkreditiv
↑Dokumenten-Akkreditiv.

Beste Adresse
↑Adresse, erste.

Best-effort-Basis
↑Syndicated loans.

Bestellerkredit
Kredit an einen ausländischen Importeur (Besteller, Käufer) zur Bezahlung der von einem inländischen Exporteur gelieferten Güter. Obwohl der Kredit an einen Importeur im Ausland gewährt wird, gehört er wegen seiner rechtlichen und wirtschaftlichen Ausgestaltung zu den Exportkrediten (↑Exportfinanzierung). Der Kredit kommt oft auf Initiative und Vermittlung des inländischen Exporteurs zu Stande; zudem ist vielfach auch eine Mithaftung des Exporteurs vorgesehen.

Bestens-Auftrag
Auftrag zum Kauf oder Verkauf von ↑Effekten, bei dem der Auftraggeber keinen Höchst- bzw. Mindestkurs vorschreibt. Der Auftrag wird zu den besten im ↑Auftragsbuch befindlichen Preisen ausgeführt.

Best execution
Best execution bezeichnet ein grundlegendes Prinzip, das bei der Ausführung von Kundenaufträgen durch ↑Börsenbanken oder ↑Broker regelmässig zur Anwendung kommt. Der Auftrag soll gemäss diesem Prinzip zu den besten, momentan erzielbaren Konditionen abgewickelt werden. Diese Verhaltensregel lässt sich in der Schweiz aus BEHG 11 (Sorgfaltspflicht) ableiten. Der Begriff wurde vor Jahren in den USA geprägt. Es ging der SEC (↑Securities and Exchange Commission) darum, die Broker zu verpflichten, einen Kundenauftrag nicht an der «erstbesten» ↑Börse auszuführen, sondern an den verschiedenen Börsen die günstigste Abschlussmöglichkeit zu suchen. In der Folge wurden elektronische Systeme entwickelt, die einen einfachen Vergleich der ↑Kurse an den verschiedenen amerikanischen Börsen erlaubten.
Normalerweise bezieht sich Best execution bisher nur auf den erzielbaren Kurs an den Börsen oder Märkten eines bestimmten Landes. Die grossen Börsen, insbesondere in Europa, haben darauf hingewirkt, dass eine Ausführung am «Heimmarkt» eines Titels automatisch als Best execution gilt. Diese einfache Auslegung des Best-execution-Prinzips – eine Auslegung mit stark protektionistischer Note – entspricht allerdings nicht mehr der heutigen Börsenrealität. Eine zeitgemässe Anwendung des Best-execution-Prinzips müsste vielmehr auch grenzüberschreitend die verschiedenen Börsen vergleichen. Bezogen auf die Kurse ist dies durch die heutigen Möglichkeiten der Kommunikationssysteme durchaus möglich. Es gibt gängige Dienstleistungen, welche die jeweils beste Kursstellung (auf eine Einheitswährung umgerechnet)

an den wichtigeren europäischen Börsen ausweisen. Weiter müsste beachtet werden, dass die Konditionen eines Geschäftsabschlusses nicht nur durch den Kurs des ↑Wertpapiers bestimmt werden. Direkte und indirekte Handelskosten sind zu berücksichtigen. Indirekte Handelskosten sind insbesondere die sog. Impact cost, die Kosten also, die daraus entstehen, dass sich bei der Ausführung eines grossen Auftrags der Kurs eventuell gegen den betreffenden Marktteilnehmer entwickelt. Je geringer die ↑Markttiefe, desto höher werden diese Impact cost. Bei grenzüberschreitender Betrachtung nehmen die Abwicklungskosten (↑Settlement) eine signifikante Grössenordnung an. Deshalb müssten auch diese Kosten beachtet werden, um die wirkliche Best execution definieren zu können.

Die praktische Umsetzung des Best-execution-Prinzips stösst also auf erhebliche Schwierigkeiten. Auch ist festzustellen, dass traditionelle Tarifstrukturen der Durchsetzung des Prinzips entgegenwirken können. *Richard T. Meier*

Best practice
↑Corporate governance.

Beta-Faktor
Der Beta-Faktor oder Beta-Koeffizient, kurz das «Beta», ist ein statistischer Parameter. Er spielt in der modernen Finanzierungstheorie eine zentrale Rolle.

Aus statistischer Sicht betrachtet, stellt der Beta-Koeffizient im einfachen Regressionsmodell die Steigung der Geraden dar, die man erhält, wenn man ein zufälliges Merkmal Y durch das Merkmal X linear erklärt. Die Steigung ist dann gegeben als:

$$\beta_{x,y} = \frac{\sigma_{x,y}}{\sigma_x^2}$$

Dabei ist σ_x die Standardabweichung des Merkmals X und $\sigma_{x,y}$ die Kovarianz der Merkmale X und Y. Erweitert man das einfache lineare Regressionsmodell auf mehrere erklärende Merkmale, so erhält man mehrere Beta-Koeffizienten jeweils bezüglich des erklärenden Merkmals. Finanzwirtschaftliche Anwendungen wie das Single-Index-Modell oder das Multi-Index-Modell erklären die ↑Rendite eines ↑Wertpapiers durch die Rendite eines Marktindexes und/oder durch die Veränderungsraten weiterer ökonomisch relevanter Einflussgrössen wie beispielsweise Kapitalmarktzinsen, ↑Wechselkurse, Rohstoffpreise oder ↑Inflationsraten. In diesen Modellen ist der Beta-Faktor ein *Elastizitätsmass*, d.h., er misst die erwartete prozentuale Veränderung eines Wertpapierkurses, wenn sich der Wert des erklärenden Faktors um ein Prozent verändert.

Beta-Koeffizienten spielen in der modernen Finanzierungstheorie im Zusammenhang mit dem ↑Capital asset pricing model (CAPM) oder der ↑Arbitrage pricing theory (APT) eine wichtige Rolle. Neben der bereits beschriebenen Bedeutung des Beta-Faktors kommt ihm hier auch noch die Rolle eines *Risikomasses* zu. Im Modellzusammenhang des CAPM stellt der bezüglich des Marktportfolios ermittelte Beta-Koeffizient den (normierten) Risikobeitrag des Wertpapiers zum ↑Risiko des Marktportfolios dar. Der über das Beta gemessene Risikobeitrag wird in diesem Zusammenhang auch als systematisches, nichtdiversifizierbares Risiko des Wertpapiers bezeichnet. Im CAPM ist nur dieser Teil des Risikos bewertungsrelevant, weshalb die erwartete Rendite eines Wertpapiers durch seinen Beta-Koeffizienten bestimmt wird. *Christoph Kaserer, Niklas Wagner*

Beta-hedge
Das Beta gibt im Allgemeinen die Steigung einer Regressionsgeraden zwischen einer abhängigen und einer unabhängigen Variablen an. Es enthält das Verhältnis der Standardabweichungen (↑Volatilitäten) der beiden Variablen multipliziert mit der ↑Korrelation zwischen den beiden Grössen. Wird eine Absicherung einer ↑Position (beispielsweise eines diversifizierten ↑Portfolios) mit einem entsprechenden Futures-Kontrakt (↑Futures) vorgenommen und das gewählte Hedge-Volumen beträgt das Beta, multipliziert mit dem Volumen des Portfolios, so spricht man von einem Beta-hedge.

Beteiligungen
↑Dauernde Beteiligung.

Beteiligungsfinanzierung
Erhöhung des ↑Eigenkapitals durch Einzahlung (↑Aussenfinanzierung). Die Beteiligungsfinanzierung erfolgt bei Personengesellschaften entweder durch Erhöhung der Kapitaleinlagen der bisherigen oder durch Aufnahme neuer Teilhaber. Weil bei der Aktiengesellschaft das Aktienkapital eine in den Statuten festgeschriebene Grösse darstellt, setzt eine Erhöhung die Änderung der Statuten und die Einhaltung bestimmter Verfahrensvorschriften voraus. ↑Grundkapital der AG; ↑Bedingtes Kapital; ↑Genehmigte Kapitalerhöhung; ↑Bezugsrecht.

Beteiligungsgesellschaft
↑Holdinggesellschaft; ↑Investmentgesellschaft; ↑SWX Swiss Exchange.

Beteiligungsgewinnsteuer
↑Kapitalgewinnbesteuerung, -steuer.

Beteiligungspapiere
Beteiligungspapiere sind verbriefte ↑Beteiligungsrechte sowie ↑Genussscheine. Obwohl für ↑Aktien und ↑Partizipationsscheine sowie Wandel- und Erwerbsrechte auf Beteiligungspapiere

nur noch ausnahmsweise ↑Wertpapiere ausgestellt werden, wird die Bezeichnung Beteiligungs*papier* in der Praxis weiterhin verwendet.

Beteiligungsquote
Prozentualer ↑Anteil am Kapital einer Gesellschaft. Sind bei Aktiengesellschaften ↑*Stimmrechtsaktien* ausgegeben, ist zwischen der Beteiligung am Kapital und an den Stimmen zu unterscheiden.

Rechtlich ergeben sich aus dem Erreichen oder Überschreiten bestimmter Beteiligungsquoten verschiedene Folgen. So entscheidet die Beteiligungsquote über die Pflicht zum Einbezug in die ↑*Konzernrechnung* für Banken gemäss BankV 25e I, III und V. Bei börsenkotierten Gesellschaften löst das Erreichen von Beteiligungsquoten von 5, 10, 20, $33^1/_3$, 50 oder $66^2/_3$% der Stimmen die Pflicht zur Offenlegung beim Erwerb oder der Veräusserung aus (BEHG 20 I).

Bei Banken gilt das Gewährleistungserfordernis auch für qualifizierte Beteiligte, wobei Beteiligungsquoten von 10% des Kapitals oder der Stimmen als qualifiziert gelten (BankG 3 II lit. c bis).

Beteiligungsrechte
Die mit einem Beteiligungsverhältnis zustehenden Rechte auf einen vom Ergebnis abhängigen Ertrag, z.B. in Form von Gewinnausschüttungen und Wertzuwachs. Entstehen solche Beteiligungsrechte aus einem Gesellschaftsverhältnis, umfassen diese neben den vermögensrechtlichen Ansprüchen auch noch bestimmte Mitwirkungsrechte an der Willensbildung der Gesellschaft. Als Gegensatz zu den Beteiligungsrechten sind die Forderungsrechte des ↑Gläubigers zu erwähnen.

Beteiligungsvermittlung
Bei einer Beteiligungsvermittlung ist es die Aufgabe des Vermittlers, am Markt für Firmen mit Eigenkapitalbedarf ↑Investoren für das benötigte Risikokapital (↑Venture capital) zu finden. Je nach Entwicklungsstand des zu finanzierenden Unternehmens, unterscheidet man die Segmente Early stage (↑Early-stage-Finanzierung) oder Later stage (↑Private equity), die sehr unterschiedliche Anforderungen an den Vermittler stellen. Beteiligungsvermittlung wird von spezialisierten Instituten und ↑Geschäftsbanken angeboten.

Betreute Kundenvermögen
Unter betreuten Kundenvermögen versteht man die Gesamtheit aller Vermögenswerte (↑Liquide Mittel, ↑Aktien, ↑Obligationen, Edelmetalle, ↑Alternative Kapitalanlagen), welche im Rahmen eines vom Kunden erteilten Vermögensverwaltungsauftrages durch eine in der ↑Vermögensverwaltung tätigen ↑Bank oder durch eine Vermögensverwaltungsgesellschaft verwaltet werden. Durch die aktive Bewirtschaftung stellen diese Vermögenswerte für die in diesem Bereich tätigen Institute ein rentabilitätsmässig interessantes Geschäft dar. Die Höhe der betreuten Kundenvermögen ist aber auch aus Prestigegründen von Bedeutung, wird doch damit oft die Fähigkeit, Gelder professionell zu verwalten, assoziiert.

Betriebliches Rechnungswesen im Bankgewerbe
Das betriebliche Rechnungswesen im Bankgewerbe soll die Lenkung der operativen Prozesse bezüglich der Leistungserstellung, von Verkauf und Beratung, ↑Risikomanagement und Verarbeitung ermöglichen. Das betriebliche Rechnungswesen stellt somit sicher, dass die strategischen Vorgaben bezüglich der zu erreichenden quantitativen Ziele gemessen und überwacht werden können. Das betriebliche Rechnungswesen kann deshalb als Bestandteil oder notwendige Basis eines Balanced-scorecard-Ansatzes (↑Balanced scorecard) betrachtet werden.

Bei der Implementierung eines betrieblichen Rechnungswesens im Bankbetrieb ist das Problem zu lösen, dass eine Bank im Normalfall für die verschiedenen operativen Bereiche unterschiedliche Betrachtungsweisen für die Steuerung ihres Erfolgs und den Kosten verwendet. Im Handels- und im Tresoreriebereich werden meist barwertbasierende Konzepte zur Steuerung des Erfolgs verwendet, die Kosten werden aber auf einer Perannum-Basis gesteuert. Im Kreditrisikomanagement verwendet man meist Konzepte, die eine Per-annum-Betrachtung beinhalten. Das Gleiche gilt für Verarbeitungseinheiten.

Um eine konsistente Steuerung der Bank durch das Management zu ermöglichen, muss das betriebliche Rechnungswesen so konzipiert werden, dass die finanzbuchhalterische Betrachtung (als Per-annum-Ansatz, Bilanz und Erfolgsrechnung) kompatibel bleibt mit den barwertbasierten Modellen der Ertragssteuerung. Dies wird dadurch erreicht, dass die notwendigen Informationen bei jedem Produkt (↑Budgetierung im Bankbetrieb), das die Bank einem Kunden verkauft, für das betriebliche Rechnungswesen ermittelt werden. Dabei ist entscheidend, dass jedes Produkt korrekt mit den dazugehörenden Zahlungsströmen erfasst wird, sodass genau zugeordnet werden kann, welches Produkt mit welchem Kunden abgeschlossen worden ist. Auf jedem verkauften Produkt muss zudem ermittelt werden, welchen Wertanteil die einzelnen Services ausgemacht haben. Insbesondere muss klar herausgefiltert werden, welcher Anteil des Produktwertes auf Nicht-Risiko-Services und welcher auf Risiko-Services zurückzuführen ist. Ist die Bank nicht in der Lage, diese Unterscheidung auf Produktebene herauszufiltern, wird sie keine Systematik in ihrem betrieblichen Rechnungswesen erreichen, die konsistent bleibt zwischen der Per-annum-Betrachtung und der Barwert-Betrachtung.

Zudem wird es für die Bank schwierig sein, die Nicht-Risikoerträge von den Risikoerträgen, die im Banken- oder Handelsbuch anfallen, zu unterscheiden. Werden die beschriebenen Unterscheidungen berücksichtigt, können sowohl Erträge wie Kosten genau den jeweiligen Produkten, Kunden, Kundengruppen oder Geschäftsfeldern zugeordnet werden. *Felice De Grandi*

Betriebliche Vorsorge
↑Berufliche Vorsorge.

Betriebsabrechnung
Die Betriebsabrechnung i.e.S. bildet zusammen mit der Selbstkostenrechnung oder Kalkulation das Gebiet der Kostenrechnung. Oft werden die Begriffe Betriebs(ab)rechnung i.w.S. und Kostenrechnung auch als Synonyme verwendet. So verstanden unterteilt sich das Rechnungswesen in die Betriebsrechnung und die Finanzrechnung. Die Betriebsabrechnung i.w.S. ist ein Führungsinstrument zur Unterstützung der strategischen und operativen Führung der Unternehmung, während die Finanzrechnung der Berichterstattung nach aussen dient. Die Betriebsabrechnung i.w.S. ist einerseits eine entscheidungsorientierte Zukunftsrechnung, andererseits eine kontrollierende Vergangenheitsrechnung. I.e.S. ist die Betriebsabrechnung eine Periodenrechnung. In ihr werden die Kosten und Erlöse nach Arten geordnet und gegenüber den Aufwendungen und Erträgen der Finanzrechnung abgegrenzt.

Die erste Stufe der Betriebsabrechnung bildet die *Kostenartenrechnung,* die sich gliedert in Personalkosten, Sachkosten, Kapitalkosten, Kosten für Dienstleistungen Dritter und Kosten für Steuern und Abgaben. Bei Banken spielen die Kapitalkosten eine gegenüber Industrie- und Handelsunternehmen qualitativ andere Rolle. Eine zusätzliche Kostenart, die vor allem im Rechnungswesen von Finanzdienstleistungsunternehmen eine neue Bedeutung erhalten hat, bilden die ↑Risikokosten. Nach der Art der Zurechenbarkeit auf Leistungseinheiten oder Kostenträger unterscheidet man in der Betriebsabrechnung zwischen Einzelkosten und Gemeinkosten; nach der Abhängigkeit von Beschäftigungsänderungen gliedern sich die Kosten in variable und fixe. Die Abgrenzung zur Finanzrechnung erfolgt einerseits durch den Ausschluss neutraler (periodenfremder, betriebsfremder oder ausserordentlicher) Aufwendungen und Erträge, andererseits durch die Verrechnung kalkulatorischer Grössen (z.B. Eigenkapitalzins, kalkulatorischer Mietzins auf eigenen Liegenschaften, erwartete Kreditausfallkosten, Unternehmerlohn). Nach Vornahme dieser Abgrenzungen ergibt sich als Resultat das Betriebsergebnis, das die Kosten und Erlöse einander gegenüberstellt (↑Betriebsergebnis der Kreditinstitute). Das Betriebsergebnis gibt für sich allein schon interessante Einsichten in die Lage und Entwicklung der Unternehmung. Vor allem aber bildet die Kosten- und Erlösartenrechnung den Ausgangspunkt für die nachfolgenden Rechnungsstufen, namentlich der Kostenstellen- und der Kostenträgerrechnungen. In Weiterentwicklung der traditionellen Kostenrechnungsmethoden haben sich in jüngster Zeit die Prozesskostenrechnung und die Projektkostenrechnung entwickelt.

Der *Kostenstellenrechnung* kommt einerseits die Aufgabe zu, die Kosten- und Erlösarten auf die Kostenträger zu verteilen, andererseits dient sie der Zurechnung von Kosten und Erlösen auf Verantwortungsbereiche und dient damit dem Ziel der Kontrolle von Organisationseinheiten. Kostenstellen können gebildet werden nach betrieblichen Funktionen (z.B. Einkauf, Vertrieb), nach Verantwortungsbereichen, nach räumlichen Aspekten oder aufgrund rechentechnischer Gesichtspunkte. Bei der innerbetrieblichen Verrechnung der Kosten und Erlöse kommt eine Vielzahl von Umlage- und Verrechnungsverfahren zum Einsatz. Im Industriebetrieb spielt dabei der Betriebsabrechnungsbogen eine dominante Rolle. Bei Bankbetrieben liegt eine branchenspezifische Besonderheit bei der Zurechnung von Refinanzierungskosten und Werterlösen (↑Betriebsergebnis der Kreditinstitute).

Die *Kostenträgerrechnung* stellt die letzte Stufe der traditionellen Betriebsabrechnung dar. In ihr wird die Frage beantwortet: Wofür sind die Kosten entstanden? Die Kostenträgerrechnung bildet in der Industrie einerseits die Grundlage für die Bewertung der Bestände an Halb- und Fertigfabrikaten in der Finanzrechnung, andererseits ist sie der Kern der entscheidungsorientierten Zukunftsrechnung und liefert damit wichtige Grundlagen für preis- und geschäftspolitische Massnahmen. Die wichtigsten Methoden der Kostenträgerrechnung sind die Divisionskalkulation und die Zuschlagskalkulation. ↑Betriebliches Rechnungswesen im Bankgewerbe. *Hans Geiger*

Betriebsergebnis der Kreditinstitute
Als Betriebsergebnis bezeichnet man die Gewinngrösse in der Betriebsrechnung oder Betriebsabrechnung einer Bank. Der entsprechende Begriff in der Finanzrechnung heisst «Betriebserfolg». Die Betriebsabrechnung ist ein Instrument der strategischen und operativen Führung der Bank, während die Finanzrechnung der Berichterstattung nach aussen dient. Die Betriebsabrechnung ist einerseits eine entscheidungsorientierte Zukunftsrechnung, andererseits eine kontrollierende Vergangenheitsrechnung. Die wichtigsten Differenzen zwischen Betriebsergebnis und Betriebserfolg sind die neutralen (perioden- und betriebsfremden und ausserordentlichen) Aufwendungen und Erträge und kalkulatorischen Grössen (z.B. Eigenkapitalzins, kalkulatorischer Mietzins auf eigenen

Liegenschaften). Ein neues Element der Abgrenzung sind bei Banken die kalkulatorischen Kredit- und Marktrisikokosten, welche im Betriebsergebnis an Stelle der effektiven Verluste, Abschreibungen und Rückstellungen treten.

In der ersten Stufe der Betriebsrechnung werden die Kosten und Erlösarten einander gegenübergestellt. Die *Kostenarten* gliedern sich in Personalkosten, Sachkosten, Kapitalkosten, Kosten für Dienstleistungen Dritter und Kosten für Steuern und Abgaben. Die Kommissionskosten (Finanzrechnung: Kommissionsaufwand) sind ebenfalls hier zu berücksichtigen. Bei Banken spielen die Kapitalkosten (für Fremd- und Eigenkapital) eine gegenüber Industrie- und Handelsunternehmen qualitativ andere Rolle, ebenso die erwähnten ↑Risikokosten. Bei den Erlösen aus dem Handelsgeschäft und andern Beständen ist die Bewertung noch nicht glattgestellter Eigengeschäfte allenfalls nach andern Kriterien vorzunehmen als in der Finanzrechnung. Nach der Art der Zurechenbarkeit auf Leistungseinheiten oder Kostenträger unterscheidet man zwischen Einzelkosten und Gemeinkosten, nach der Abhängigkeit vom Geschäftsvolumen gliedern sich die Kosten in variable und fixe.

Das Betriebsergebnis bildet den Ausgangspunkt für die nachfolgenden Rechnungsstufen, namentlich die Kostenstellen- und Kostenträgerrechnungen, allenfalls auch die Prozesskosten- und die Projektkostenrechnung. Der *Kostenstellenrechnung* kommt einerseits die Aufgabe zu, die Kosten- und Erlösarten auf die Kostenträger zu verteilen, andererseits, und bei den Banken vorwiegend, dient sie der Zurechnung von Kosten und Erlösen auf Verantwortungsbereiche. Werden die Kostenstellen nach geografischen Gesichtspunkten gebildet, entspricht die Kostenstellenrechnung der traditionellen Filialrechnung, in welcher das Betriebsergebnis einer Bank auf die einzelnen Standorte zugerechnet wird. Die Filiale ist nicht nur Kostenstelle, sondern gleichzeitig auch Kostenträger und Profit-Center. Bei der innerbetrieblichen Verrechnung der Kosten und Erlöse treten bankbetriebliche Besonderheiten zu Tage. Während sich Industriebetriebe mit einer Vielzahl von Umlage- und Verrechnungsverfahren für Betriebskosten beschäftigen, liegt ein Hauptakzent der Rechnung bei Banken bei der Ermittlung und Verrechnung von durchschnittlich gebundenen und beanspruchten Kapitalien und den damit zusammenhängenden Zinskosten und -erlösen. Die hier zum Einsatz kommenden Verfahren sind die ↑Schichtenbilanz, die Ein- und Mehrpoolmethode und die ↑Marktzinsmethode, welche aus theoretischer Sicht den älteren Verfahren überlegen ist. Bei letzterer wird für jedes einzelne Geschäft die Art und Menge der Kapitalbindung bestimmt, um den effektiven Erlösen oder Kosten die aufgrund von aktuellen ↑Marktpreisen ermittelten Zinskosten und -erlöse für Gelder gleicher Fristigkeit gegenüberzustellen. Bedeutende praktische Probleme stellen sich bei der Ermittlung der effektiven Kapitalbindungsdauer von Sicht- und Kündigungsgeldern. Hierbei kommen vermehrt anspruchsvolle statistische Verfahren zum Einsatz. Ähnlich werden den Aktivpositionen die Risikokosten aufgrund der erwarteten Verluste angerechnet. Voraussetzung hierfür ist ein ausgebautes Kreditrisikomanagement mit verlässlichen Zahlen über die Ausfallwahrscheinlichkeiten der verschiedenen Rating-Kategorien und die Schadenhöhen der verschiedenen Bankprodukte.

Die Kostenträgerrechnung stellt die letzte Stufe der Betriebsabrechnung dar. In ihr wird die Frage beantwortet: Wofür sind die Kosten entstanden? Kostenträger in Banken sind entweder Produkte und Produktgruppen, Einzelkunden und Kundengruppen, Geschäftssparten oder Organisationseinheiten, insbesondere auch geografisch definierte. Das Betriebsergebnis bildet ein wichtiges Erfolgskriterium zur Beurteilung eines Geschäftsfeldes. Werden als Kostenträger grosse Produktgruppen definiert, spricht man oft auch von der Geschäftssparten- oder Spartenrechnung. Bildet man die Kostenträger nach organisatorischen Verantwortungsbereichen, verwendet man oft die englischen Ausdrücke *Cost center* und *Profit center*. Falls die Entschädigung und Beurteilung der Führungskräfte solcher Einheiten vom erzielten Erfolg abhängig ist, können vom Betriebsergebnis kräftige Anreize ausgehen, deren positive oder negative Auswirkungen auch von der Gestaltung der Betriebsrechnung und der Entschädigungssysteme abhängig sind. Die Analyse der Betriebsergebnisse darf sich nicht auf die Betrachtung der absoluten Höhe des Ergebnisses beschränken. Bei einer Profitabilitätsanalyse sind die zur Erarbeitung des Resultates eingesetzten Ressourcen zu berücksichtigen, namentlich auch das ↑Eigenkapital. Moderne Analysekonzepte gehen dabei vom wirtschaftlichen Eigenkapital aus, welches den einzelnen Geschäften aufgrund ihrer Risikohaltigkeit zugerechnet wird. Eine Alternative bildet die Rechnung mit dem regulatorisch vorgeschriebenen Eigenkapital. *Hans Geiger*

Betriebskredit

Der Betriebskredit ist ein ↑kurzfristiger Kredit. Er dient dem Kreditnehmer zur Finanzierung des betrieblichen Umsatzprozesses. Der Betriebskredit ist also ein ↑Kontokorrentkredit mit präziser Bezeichnung des Verwendungszwecks. Er wird Unternehmungen und Selbstständigerwerbenden gewährt.

Als Saisonkredit wird er zur Deckung des gesteigerten Geldbedarfs in den Monaten des Haupteinkaufs und der Hauptproduktion verwendet und in den folgenden Monaten aus den Verkaufserlösen zurückbezahlt. Er wird sehr häufig als ↑Blankokredit, aber etwa auch als ↑gedeckter Kredit in der Form des ↑Diskont-, ↑Lombard- (↑Wertpapierverpfändung) oder ↑Zessionskredites gewährt. Betriebskrediten sollte bilanzmässig immer Umlaufvermögen gegenüberstehen, insbesondere Debitoren, angefangene Arbeiten und gängige Waren (Halb- und Fertigfabrikate). Entsprechend sollten Betriebskredite aus dem Umsatz zurückbezahlt werden (Selfliquidating, Bridge financing). Gegensatz: ↑Anlagekredit, ↑Investition.

Max Gsell

Betriebsunterbrechungsversicherung

Auch Ertragsausfall- und Mehrkostenversicherung genannt. Nach einem Schadenereignis – z.B. Brand, Sturm, Wasserleitungsbruch, Einbruchdiebstahl, Maschinenbruch – werden die zerstörten Waren und Einrichtungen (Sachwerte) durch die Fahrhabeversicherung entschädigt. Die Bilanz der Unternehmung (Aktiven) ist somit geschützt. Die von einem Sachschaden betroffene Unternehmung kann nun aber möglicherweise ihre Betriebstätigkeit während einiger Zeit nicht oder nur teilweise weiterführen. Die Folge ist ein Produktionsausfall; ein Grossteil der Kosten (Personal-, Verwaltungs- und Vertriebsgemeinkosten) fällt weiter an. Der Betriebsunterbruch hat also eine Auswirkung auf die ↑Erfolgsrechnung, d.h., die gesteckten Unternehmensziele werden aufgrund des Schadenereignisses nicht mehr erreicht. Damit das Überleben der Unternehmung sowie die Interessen der ↑Stakeholders (Kapitalgeber, Kunden, Lieferanten, Arbeitnehmer) sichergestellt sind, empfiehlt sich der Abschluss einer Betriebsunterbrechungs- resp. Ertragsausfall- und Mehrkostenversicherung in Kombination mit der Versicherung der Fahrhabe.

Versichert sind der ohne Schadenereignis erwartete Umsatz aus betrieblicher Tätigkeit und die anfallenden Mehrkosten für die Aufrechterhaltung des Betriebes im bisherigen Umfang. Mehrkosten decken Überstundenarbeit, Kosten für Provisorien, Mieten, Konventionalstrafen und zusätzliche Werbung. Die durch den Betriebsunterbruch eingesparten variablen Kosten werden von der Entschädigung abgezogen.

Der Ertragsausfall oder die Mehrkosten müssen auf einen Sachschaden zurückzuführen sein, welcher an beweglichen Sachen, Gebäuden oder anderen Werken an einem festen Standort des Versicherten eingetreten ist oder an Sachen, die sich vorübergehend ausserhalb befinden. Mithilfe einer detaillierten Analyse ermittelt der Versicherungsberater mit dem Kunden den Versicherungsschutz. Die Dauer der Leistung (Haftzeit) sowie die nötige Summe wird anhand betriebswirtschaftlicher Kennzahlen und der spezifischen Besonderheiten des Betriebes ermittelt. Somit sollte die Entschädigung im Schadenfall auch dem ohne Unterbrechung erzielten Ergebnis entsprechen.

Markus Mooser

Betriebswirtschaftslehre der Banken
↑Bankbetriebslehre.

Bevollmächtigter
Bevollmächtigter ist, wer aufgrund einer rechtsgeschäftlichen Ermächtigung (↑Vollmacht) im Namen und auf Rechnung eines Dritten, des Vollmachtgebers, handeln darf. Die Rechtsfolgen seines rechtsgeschäftlichen Handelns treten dabei direkt beim Vollmachtgeber ein. Dieser behält jedoch trotz Vollmachterteilung die Verfügungsmacht über sein Vermögen. Die Handlungsbefugnis des Bevollmächtigten richtet sich nach dem Umfang der ihm erteilten oder Dritten mitgeteilten Vollmacht. Sie ist jederzeit widerrufbar. Handelt der Bevollmächtigte in Überschreitung seiner Vollmacht, wurde sie widerrufen oder ist sie erloschen, wird der Vollmachtgeber nicht verpflichtet. Wurde allerdings die Vollmacht dem Dritten mitgeteilt, so gilt sie, bis auch der Widerruf dem Dritten mitgeteilt wird, es sei denn, der Dritte hatte Kenntnis vom Widerruf oder hätte davon Kenntnis erhalten können.

Bevormundete und Verbeiständete im Bankverkehr

ZGB 368 ff. regeln die vormundschaftlichen Massnahmen. Die Vormundschaft wird angeordnet, wenn eine volljährige Person entmündigt (d.h. handlungsunfähig erklärt) wird oder wenn sich eine unmündige Person nicht unter elterlicher Sorge befindet. Beistandschaft und Beiratschaft sind Massnahmen, die weniger stark als die Vormundschaft in die Rechtsstellung der betroffenen Person eingreifen. Die Beistandschaft stellt kein einheitliches Institut dar: Der Beistand ist für einzelne Geschäfte eingesetzt oder mit der Vermögensverwaltung betraut. Die Beistandschaft i.w.S. erfasst auch die Beiratschaft, die sich von den übrigen Beistandschaften deutlich unterscheidet.

Die Vormundschaftsbehörden ordnen gegenüber erwachsenen Personen vielfach anstelle der Bevormundung die schonendere Massnahme der Verbeiständung an. Die Banken verhalten sich bei Verbeiständungen deshalb in den meisten Fällen entsprechend den bei der Vormundschaft geltenden Grundsätzen.

Für die Bestellung von Vormund, Beistand und Beirat ist die Vormundschaftsbehörde am Wohnsitz der betroffenen Person zuständig. Die Entmündigung ist am Heimatort und am Wohnsitz zu veröffentlichen. Im Falle der Beirat- und der Beistandschaft erfolgt eine Veröffentlichung nur, wenn die Vormundschaftsbehörde dies als zweckmässig erachtet.

1. Vormundschaft

Der Vormund vertritt den Bevormundeten in allen rechtlichen Angelegenheiten, unter Vorbehalt der Mitwirkung der vormundschaftlichen Behörden. Er hat die gesamten persönlichen und vermögens-

Bevormundete und Verbeiständete im Bankverkehr

rechtlichen Interessen seines Mündels zu wahren. Art und Umfang seiner Aufgaben gehen aus dem Ernennungsbeschluss der Vormundschaftsbehörde hervor.

Ist der Bevormundete urteilsfähig, so kann er Verpflichtungen eingehen oder Rechte aufgeben, sobald der Vormund ausdrücklich oder stillschweigend seine Zustimmung gegeben hat oder das Geschäft nachträglich genehmigt. Die Vormundschaftsbehörde kann ihm auch den selbständigen Betrieb eines Berufes oder Gewerbes gestatten. Der Bevormundete kann dann alle Geschäfte vornehmen, die zur Ausübung dieser beruflichen oder geschäftlichen Tätigkeit gehören (worunter auch ↑Bankgeschäfte fallen können), und haftet hieraus mit seinem ganzen Vermögen. Was einem Bevormundeten zur freien Verwendung zugewiesen wird oder was er mit Einwilligung des Vormundes durch eigene Arbeit erwirbt, kann er frei verwalten.

Der Vormund hat ↑Wertschriften, Kostbarkeiten, wichtige Dokumente u.dgl. unter Aufsicht der Vormundschaftsbehörde an sicherem Ort aufzubewahren. Die Bank gilt grundsätzlich als ein sicherer Verwahrungsort. Werden die Wertgegenstände in einem offenen Bankdepot (↑Depotgeschäft) aufbewahrt, wird oft ein Mündeldepotvertrag zwischen der Vormundschaftsbehörde und dem Vormund einerseits und der Bank andererseits abgeschlossen. Darin wird festgehalten, dass Entnahmen aus dem ↑Depot nur von der Vormundschaftsbehörde und dem Vormund gemeinsam vorgenommen werden können. Sodann sind darin i.d.R. die Kompetenzen des Vormundes gegenüber der Bank bezüglich der Verwaltung des Mündelvermögens geregelt.

Bares Geld ist, soweit dieses nicht für den Lebensunterhalt des Bevormundeten benötigt wird, in einer von der Vormundschaftsbehörde oder durch kantonale Verordnung bezeichneten Kasse oder in Werttiteln, die von der Vormundschaftsbehörde nach Prüfung ihrer Sicherheit genehmigt werden, zinstragend anzulegen. ↑Kapitalanlagen, die nicht genügende Sicherheit bieten, sind durch sichere Anlagen zu ersetzen. Was eine *mündelsichere Vermögensanlage* (↑Mündelsicherheit) ist, wird im ZGB nicht näher umschrieben. Es ist vielmehr Sache der Kantone, darüber Bestimmungen aufzustellen. Im Vordergrund steht dabei die Erhaltung des Vermögens und erst in zweiter Linie dessen Vermehrung. Das bedeutet, dass das Mündelvermögen wohl verzinslich, aber möglichst wenig risikobehaftet anzulegen ist. Als mündelsichere Anlagen gelten im Allgemeinen Spar- und Depositenhefte sowie Festgeldkonti von der ↑Bankenaufsicht unterliegenden Instituten, ↑Obligationen des Bundes und der Kantone, ↑Kassenobligationen von Schweizer Banken, Obligationen schweizerischer Versicherungsgesellschaften und Hypotheken innerhalb des ersten Belehnungsranges. Vor allem bei grösseren Vermögen gehört zur sicheren Anlage auch eine angemessene Risikoverteilung, weshalb hier eine Anlage in erstklassige Aktien sinnvoll sein kann. Fortschrittlichere Behörden lassen solche Anlagen zu.

Nicht zulässig ist, dass der Vormund zu Gunsten von Dritten Bankvollmachten (↑Vollmacht) ausstellt, da er sein Amt grundsätzlich persönlich ausüben muss. Erhält die Bank Kenntnis von der Errichtung einer Vormundschaft über einen Kunden, wird sie bereits bestehende Vollmachten nur mit Genehmigung der Vormundschaftsbehörde in Kraft belassen.

Als Vertreter des Bevormundeten und mit der Verwaltung des Mündelvermögens betraut ist der Vormund der Bank gegenüber vollumfänglich auskunftsberechtigt (↑Bankkundengeheimnis). Offen ist, ob der Vormund auch bezüglich der Vermögenswerte, die der Bevormundete frei verwalten darf (freies Mündelvermögen, Erwerb aus eigener Arbeit mit Einwilligung des Vormundes sowie Erwerb aus selbstständigem Betrieb eines Berufes oder Gewerbes mit Zustimmung der Vormundschaftsbehörde), und die der Verwaltung des Vormundes somit entzogen sind, zur Auskunft berechtigt ist.

Der Vormundschaftsbehörde steht nur in begründeten Ausnahmefällen ein direktes Auskunftsrecht gegenüber der Bank zu, so z.B. wenn sie schon vor der Ernennung eines Vormundes erforderliche Massnahmen treffen muss. Nach Ernennung des Vormundes ist nur noch dieser auskunftsberechtigt. Die Vormundschaftsbehörde hat dann lediglich noch Aufsichts-, Mitwirkungs- und Kontrollfunktionen wahrzunehmen. So muss sie für bestimmte Rechtsgeschäfte ihre Zustimmung erteilen, z.B. für Kauf, Verkauf und Verpfändung von Vermögenswerten, sobald diese Geschäfte nicht unter die Führung der gewöhnlichen Verwaltung und Bewirtschaftung fallen, die Gewährung und Aufnahme von ↑Darlehen, die Eingehung wechselrechtlicher Verbindlichkeiten (↑Wechsel) und für Versicherungsverträge auf das Leben des Bevormundeten (↑Lebensversicherungsanspruch [Verpfändung]). Für die weiteren Fälle siehe ZGB 421.

Für bestimmte Geschäfte bedarf es nach erfolgter Beschlussfassung der Vormundschaftsbehörde zusätzlich der Zustimmung der Aufsichtsbehörde. Im Zusammenhang mit Bankgeschäften ist hier an Verträge zwischen Mündel und Vormund oder den Eintritt in eine Gesellschaft mit persönlicher Haftung oder erheblicher Kapitalbeteiligung zu denken (siehe die weiteren Fälle in ZGB 422). Die Kompetenzen von Vormund, Vormundschaftsbehörde und Aufsichtsbehörde finden in ZGB 408 ihre Schranken: Zulasten des Bevormundeten dürfen keine Bürgschaften (↑Bürgschaft) eingegangen, keine erheblichen Schenkungen vorgenommen und keine Stiftungen errichtet werden.

2. Beistandschaft

Es werden zwei Arten von Beistandschaften unterschieden: Die Vertretungs- und die Verwaltungsbeistandschaft. Beide haben keinen Einfluss auf die Handlungsfähigkeit des Verbeiständeten.

Die *Vertretungsbeistandschaft* wird insbesondere angeordnet, wenn eine mündige Person infolge von Krankheit, Abwesenheit oder dergleichen nicht in der Lage ist, in einer dringenden Angelegenheit selbst zu handeln oder einen Vertreter zu bezeichnen, bei Interessenkollision zwischen dem gesetzlichen Vertreter und dem Vertretenen und bei Verhinderung des gesetzlichen Vertreters. Der Vertretungsbeistand handelt allein und ohne Mitwirkung der Vormundschaftsbehörde. Er hat aber deren Anordnungen zu beobachten. Die Bank prüft anhand des Ernennungsbeschlusses, ob der Vertretungsbeistand ihr gegenüber auskunfts- und verfügungsberechtigt ist.

Wenn einem Vermögen die erforderliche Verwaltung fehlt, wird ein *Verwaltungsbeistand* ernannt, so etwa bei längerer Abwesenheit einer Person mit unbekanntem Aufenthalt, Ungewissheit der Erbfolge, Fehlen der Organe bei einer ↑juristischen Person und insbesondere bei Unfähigkeit einer Person, die Verwaltung ihres Vermögens selbst zu besorgen oder einen Vertreter zu bestellen, falls nicht die Vormundschaft anzuordnen ist. Es ist Aufgabe des so ernannten Beistandes, das in Frage stehende Vermögen zu verwalten. Für Rechtsgeschäfte, die über die gewöhnliche Verwaltung hinausgehen, hat der Beistand die Zustimmung der Vormundschaftsbehörde einzuholen. Für Verfügungen bedarf er der Zustimmung des Verbeiständeten oder, wenn dieser hierzu nicht fähig ist, der Vormundschaftsbehörde. In Bezug auf die bei der Bank hinterlegten Vermögenswerte wird entsprechend den bei der Vormundschaft geltenden Grundsätzen oft ein so genanntes Mündeldepot eingerichtet.

Einer mündigen Person kann auf ihr Begehren hin ein Verwaltungsbeistand gegeben werden. Die erwähnten Vorschriften über die Zustimmung der Vormundschaftsbehörde und der Aufsichtsbehörde gelten grundsätzlich auch für die Beistandschaft.

3. Beiratschaft

Wenn für die Entmündigung einer Person kein genügender Grund vorliegt, gleichwohl aber zu ihrem Schutz eine Beschränkung der Handlungsfähigkeit als notwendig erscheint, kann ihr ein Beirat gegeben werden. Die Beiratschaft bringt im Gegensatz zur Beistandschaft immer eine Beschränkung der Handlungsfähigkeit des Verbeirateten mit sich.

Der *Mitwirkungsbeirat* muss bei bestimmten im ZGB aufgeführten Geschäften mitwirken, so u. a. bei Kauf, Verkauf und Verpfändung von ↑Wertpapieren, Aufnahme von Darlehen, Entgegennahme von Kapitalzahlungen, Eingehung von wechselrechtlichen Verbindlichkeiten und Eingehung von Bürgschaften. Die Mitwirkung kann im Voraus, gleichzeitig oder nachträglich erfolgen. Der Beirat ist nicht gesetzlicher Vertreter des Verbeirateten. Beide müssen zusammenwirken. Einer Zustimmung der vormundschaftlichen Behörden bedarf es nach herrschender Lehre nicht.

Die Tätigkeit des *Verwaltungsbeirates* umfasst die Verwaltung des gesamten Vermögens. In diesem Aufgabenbereich wird der Beirat zum gesetzlichen Vertreter. Über die Erträgnisse kann der Verbeiratete frei verfügen. Für Rechtsgeschäfte, die über die gewöhnliche Verwaltung hinausgehen, hat der Beirat die Zustimmung der Vormundschaftsbehörde einzuholen.

Die erwähnten Vorschriften über die Zustimmung der Vormundschaftsbehörde und der Aufsichtsbehörde gelten grundsätzlich auch für den Verwaltungsbeirat. Sodann findet die Schranke von ZGB 408, wonach zulasten des Bevormundeten keine Bürgschaften eingegangen, keine erheblichen Schenkungen vorgenommen und keine Stiftungen errichtet werden dürfen, auch auf die Verwaltungsbeiratschaft Anwendung.

Bei der so genannten *kombinierten Beiratschaft* wird sowohl eine Mitwirkungs- als auch eine Verwaltungsbeiratschaft angeordnet.

4. Internationales Privatrecht

Im Bereich des Vormundschaftsrechts ist (unter Vorbehalt einer abweichenden staatsvertraglichen Regelung) das Haager Übereinkommen über die Zuständigkeit der Behörden und das anzuwendende Recht auf dem Gebiet des Schutzes von Minderjährigen vom 05.10.1961, das gemäss der Gesetzgebung zum Internationalen Privatrecht (PRG) sinngemäss für Volljährige gilt, anzuwenden. Gemäss den dortigen Vorschriften sind für Personen mit gewöhnlichem Aufenthalt in der Schweiz die Schweizer Behörden und Gerichte am Wohnsitz der betroffenen Person zuständig. Diese wenden schweizerisches Vormundschaftsrecht an. Ausländische vormundschaftliche Massnahmen sind anzuerkennen.

Michèle Winistörfer, Leendert van Stipriaan

Bewertung der Unternehmung als Ganzes
↑Unternehmensbewertung.

Bewertungen in der Jahresrechnung

Die Rechnungslegung beruht auf Werten, die nach bestimmten Regeln ermittelt werden. Diese Regeln enthalten die Wertbegriffe, die für den Ansatz der in die Bilanz aufzunehmenden Positionen relevant sind, sowie die Bewertungsmethoden und die Bewertungsgrundsätze.

Für die Bewertung in den Bilanzen von Unternehmen, die dem BankG unterstellt sind, gilt grundsätzlich das Aktienrecht. Die Rechnungslegung

und damit die Bewertung beruht auf der Annahme, dass die Bank ihre Tätigkeit auf voraussehbare Zeit fortführt (BankV 24 II f.).
Folgende Wertbegriffe sind für den Jahresabschluss von Banken relevant:
– Der *Anschaffungswert*, d. h. der zum Erwerb entrichtete Geldbetrag einschliesslich der Anschaffungsnebenkosten, oder der
– ↑*Marktwert* (↑Kurswert), d. h. jener Betrag, der auf einem aktiven (liquiden) Markt für Vermögensgegenstände erzielbar ist
– Der *Rückzahlungsbetrag*, d. h. der Betrag, der bei ↑Fälligkeit für Verbindlichkeiten aufzubringen ist.

Das auf dem *Vorsichtsprinzip* beruhende ↑*Niederstwertprinzip* verlangt, dass Vermögensgegenstände am ↑Bilanzstichtag, bei Abweichungen des Marktwertes vom Anschaffungskostenwert, zu einem niedrigeren und Verbindlichkeiten zu einem höheren Wert zu bewerten sind. Zu beachten ist, dass für den Einzelabschluss und die ↑Konzernrechnung unterschiedliche Bewertungsgrundsätze – im Gegensatz zum Aktienrecht – gelten.

Für den *Einzelabschluss* sind grundsätzlich die aktienrechtlichen Vorschriften anwendbar. Es bestehen jedoch verschiedene Abweichungen. So verlangt BankV 25c I, Ziff. 2 zusätzlich die Offenlegung der Bewertungs- und Bilanzierungsgrundsätze. Einschränkungen bestehen ferner für die Bildung und Auflösung von ↑stillen Reserven. In den Posten des Umlaufvermögens dürfen keine stillen Reserven gebildet werden. In den ↑Wertberichtigungen und Rückstellungen darf ausschliesslich die Position «übrige Rückstellungen» stille Reserven enthalten (RRV-EBK II, Ziff. 1). Ferner ist die Auflösung von stillen Reserven als ausserordentlicher Ertrag zu erfassen. Sondervorschriften gelten für die Bewertung von derivativen Finanzinstrumenten.

Für die ↑*Konzernrechnung (konsolidierte Jahresrechnung)* ist die Bewertung nach dem True-and-fair-view-Konzept verbindlich, weshalb die Bildung von stillen Reserven nicht zulässig ist. Die Bilanzposten sind – im Unterschied zum Einzelabschluss – einzeln zu bewerten, es sei denn, es handle sich um sachlich zusammengehörende Posten (z. B. Handelsbestände). Die Aktivierung des ↑Goodwills und eine lineare ↑Abschreibung über die Nutzungsdauer ist zwingend. Zu beachten ist, dass BankV 9 III eine Dokumentation über die Wertansätze verlangt, sofern die Werte nicht allgemein bekannt sind (kotierte ↑Wertschriften). Diese Vorschrift ist vor allem für die Bewertung von Kundenforderungen, Beteiligungen und Liegenschaften von Bedeutung. *Max Boemle*

Bewertungskurse

Bewertungskurse bilden die Grundlage für Depotbewertungen, Depotstatistiken (↑Depot), ↑Benchmarks sowie für die Gewährung von ↑Lombardkrediten (↑Wertpapierverpfändung). Die ↑Telekurs liefert über verschiedene Produktelinien Bewertungskurse von einigen hundert ↑Finanzmärkten mit Markierungen, die aussagen, ob es sich um offizielle ↑Schlusskurse von ↑Börsen handelt. Liegen keine offiziellen Schlusskurse vor, berechnet die Telekurs aufgrund eines Algorithmus einen Bewertungskurs, der auf folgenden Kursarten basieren kann: Last trade, ↑Bid, ↑Ask oder ↑Mittelkurs (↑Kurs).

Zusätzlich stehen auch berechnete Werte zur Verfügung, die von Börsen, ↑Fondsgesellschaften und weiteren Anbietern geliefert werden. Diese Kursarten werden als ↑Settlement, ↑Fair value, ↑Net asset value (NAV) oder Volume weighted average price (VWAP) ausgewiesen.

Basierend auf den eigentlichen ↑Kurswerten werden auch Hilfsdaten berechnet, die mithelfen sollen, den eigentlichen Wert oder das zugrunde liegende ↑Risiko eines ↑Finanzinstruments besser zu erkennen. Beispiele hierfür sind ↑implizite Volatilitäten und ↑Delta-Faktoren für ↑Optionen oder ↑Renditen und ↑Durationen für ↑Obligationen.

Jährlich können Steuerkurse für die Schweiz und einige europäische Länder bezogen werden. Bei deren Ermittlung wird den unterschiedlichen Anforderungen der einzelnen Kantone und Länder Rechnung getragen. *Eugen Niesper*

Bewertung von Aktien

↑Aktienanalyse; ↑Aktienbewertung.

Bewertung von Anleihensobligationen

↑Obligationen, auch Anleihen, Renten oder ↑Bonds genannt, zeichnen sich durch mehrheitlich feste ↑Laufzeiten, regelmässige Couponzahlungen sowie unterschiedliche ↑Kreditwürdigkeit (↑Bonität) der ↑Emittenten aus. Im Inland begebene Regierungsanleihen gelten deshalb als konkursrisikolos, weil eine Regierung jederzeit Steuern erheben oder Geld drucken kann. Die Kreditwürdigkeit von Nicht-Regierungsanleihen wird von unabhängigen Firmen wie Moody's und Standard & Poor's regelmässig benotet (↑Rating).

Am ↑Kapitalmarkt ist es üblich, die Zahlungseigenschaften einer Obligation in Form der Verfallsrendite anzugeben; dabei wird landläufig angenommen, dass der erwartete Ertrag einer Anleihe ihrer Verfallsrendite entspricht. Dementsprechend werden Anleihen bevorzugt, deren Verfallsrendite bei ähnlichen Bedingungen bezüglich Laufzeit und Rating vergleichsweise höher ist. Diese Interpretation ist nur unter sehr einschränkenden Annahmen korrekt.

1. Grundsätzliches

Der Preis einer beliebigen ↑Wertschrift ist der ↑Gegenwartswert der zukünftig (erwarteten) Zahlungen. Unterschiedliche ↑Finanzinstrumente

Bewertung von Anleihensobligationen

können nur dann miteinander verglichen werden, wenn der Betrachtungszeitpunkt – typischerweise heute – für die Anlagen identisch ist. Ausserdem muss den möglichen Unterschieden der anfallenden Zahlungen in der Zukunft Rechnung getragen werden. Dies wird dadurch erreicht, dass die in der Zukunft erwarteten Zahlungen mit «korrekten» Zinssätzen diskontiert werden. Da im Gegensatz zu ↑Aktien bei Obligationen im Voraus bekannt ist, wie der Zahlungsstrom in der Zukunft aussieht, sind die theoretischen Bewertungsansätze und ihre praktische Umsetzung sehr weit entwickelt. Die Abdiskontierung von zukünftigen Zahlungen erfolgt dabei zweistufig:
1. Alle Zahlungen von Regierungsanleihen werden entweder mit einem konstanten ↑Zinssatz (Verfallsrendite) oder mit laufzeitabhängigen Zinssätzen (Kassazinsen) diskontiert
2. Bei Nicht-Regierungsanleihen werden alle Zahlungen mit einem konstanten Diskontierungszins plus einer konstanten *Zins-Prämie (OAS oder Option adjusted spread)* diskontiert; bei der Verwendung von Kassazinsen kommen laufzeitenabhängige Prämien hinzu, welche qualitative Unterschiede im Rating, der Sektorzugehörigkeit, ↑Liquidität, Steuerstatus usw. quantifizieren.

Die Bewertung von Anleihen mit der Verfallsrendite wird anhand eines Beispiels erörtert: Eine *Regierungsanleihe* hat ein Jahr ↑Restlaufzeit, der Nominalwert beträgt 100 und die Couponzahlung 5% pro Jahr; am Markt wird die Anleihe zu einem Preis von 97 gehandelt. Die Verfallsrendite entspricht dem konstanten Zinssatz, welcher folgende Beziehung ins Gleichgewicht bringt:

$$97 = \frac{(5 + 100)}{(1 + \text{Verfallsrendite})^1}$$

Aufgelöst nach der Verfallsrendite resultiert 8,25%. Wer also heute CHF 97 investiert, der erhält in einem Jahr einen Endbetrag von CHF 105. Der gesamte Ertrag – die ↑Performance dieser Anlage über ein Jahr – setzt sich zusammen aus CHF 3 Kapitalgewinn und CHF 5 Zinseinnahmen; total 97 mal (1+8,25%) ergibt 105. Nun wird angenommen, dass es sich um eine Unternehmensanleihe mit einem Rating von A handelt. Am Markt kann ein Preis von 96.75 beobachtet werden. Analog zu oben folgt:

$$96.75 = \frac{(5 + 100)}{(1 + \text{Verfallsrendite} + \text{OAS})^1}$$

Wenn die Verfallsrendite von 8,25% eingesetzt und die Gleichung nach der Zusatzprämie Option adjusted spread (OAS) aufgelöst wird, dann resultiert eine ↑Prämie von 0,28%; das heisst, die Zahlung von 105 nach einem Jahr wird nun neu mit 8,53% diskontiert. Die Performance der Anlage beträgt 96.75 mal (1+8,53%) gleich 105.

Das durch die Konkursmöglichkeit bedingte Zusatzrisiko wird vom Kapitalmarkt in Form einer höher erwarteten Entschädigung bewertet.

Bewertung von Anleihen

Obligationenpreise entsprechen der Summe der zukünftigen Zahlungen, abdiskontiert auf heute. Für die Abdiskontierung können verschiedene Zinssätze verwendet werden.

Regierungsanleihen:
Konstanter Zinssatz (Verfallsrendite)

$$P = \sum_i \frac{\text{Zahlungen}}{[1 + \text{Verfallsrendite}]^{t_i}}$$

Nicht-konstante Zinssätze (Kassazinsen)

$$P = \sum_i \frac{\text{Zahlungen}}{[1 + R (\text{Kassazinsen})]^{t_i}}$$

Nicht-Regierungsanleihen:
Konstanter Zinssatz (Verfallsrendite + OAS)

$$P = \sum_i \frac{\text{Erwartete Zahlungen}}{[1 + \text{Verfallsrendite} + \text{OAS}]^{t_i}}$$

Nicht-konstante Zinssätze

$$P = \sum_i \frac{\text{Erwartete Zahlungen}}{\left[1 + R (\text{Kassazinsen}) + g\left(\begin{array}{c}\text{Rating, Sektor, Liquidität,} \\ \text{Steuern, Laufzeit, ...}\end{array}\right)\right]^{t_i}}$$

Verfallsrendite: Konstanter Zinssatz, um zukünftige Zahlungen auf heute abzudiskontieren.
OAS: Option adjusted spread: Zusätzlicher (konstanter) Zinsaufschlag zur Verfallsrendite; damit werden in einer Kennzahl die charakteristischen Eigenschaften der Obligation zusammengefasst.
R (Kassazinsen): Laufzeitspezifische Zinssätze (Kassazinsen), um zukünftige Zahlungen auf heute abzudiskontieren.
g (Rating ...): Zusätzlicher Zinsaufschlag zu den laufzeitabhängigen Kassazinsen; damit können die charakteristischen Eigenschaften (Rating, Sektor usw.) der Obligation bewertet werden.

Normalerweise müssen Verfallsrenditen und Kassazinsen mit nummerischen Verfahren berechnet werden; nur in sehr einfachen Fällen können die Gleichungen nach den Zinsen aufgelöst werden.

Bewertung von Anleihensobligationen

2. Der Mehrjahresvergleich
Der ↑Marktpreis der Regierungsanleihe beträgt 94.224; wird der Betrachtungszeitraum auf 2 Jahre verlängert, lautet die Bewertungsgleichung:

$$94.224 = \frac{5}{(1 + \text{Verfallsren.})^1} + \frac{(100 + 5)}{(1 + \text{Verfallsren.})^2}$$

Eine Verfallsrendite von 8,25% bringt diese Beziehung ins Gleichgewicht.
Der Marktpreis der Unternehmungsanleihe beträgt 93.75. Die Bewertungsgleichung lautet:

$$93.75 = \frac{5}{(1 + \text{Verf.} + \text{OAS})^1} + \frac{(100 + 5)}{(1 + \text{Verf.} + \text{OAS})^2}$$

Unter Verwendung der Verfallsrendite von 8,25% folgt für den OAS 0,28%, oder ein totaler Diskontierungszins von 8,53% (8,25% + 0,28%).
Die Berechnung der Zusatzprämie kann nur dann erfolgen, wenn die Verfallsrendite der Regierungsanleihe bekannt ist. Die Regierungsanleihenszinsen sind neben den Swapzinsen (↑Swapsatz) eine oft verwendete Referenzgrösse, anhand welcher Zusatzentschädigungen bewertet werden. Eine Anleihe mit Konkursrisiko wird von den Marktteilnehmern nur dann gekauft, wenn das zusätzliche Risiko entschädigt wird; eben in der Form einer positiven Prämie.
Bei der Verwendung von Swapzinssätzen kann die Prämie positiv sein (Obligation hat tieferes Rating als Swap) oder negativ (Regierungsanleihe hat höhere Qualität und muss deshalb weniger Zinsentschädigung zahlen).

3. Einsatz von Kassazinsen
Bei der Verwendung von Verfallsrenditen zur Abdiskontierung der zukünftigen Zahlungen wird nur ein (konstanter) Zinssatz verwendet. Ein kurzer Vergleich mit aktuellen Zinssätzen zeigt schon, dass sich kurzfristige Zinsen von langfristigen Zinsen substanziell unterscheiden (können). Dies bedeutet direkt, dass die zukünftig anfallenden Zahlungen mit unterschiedlichen Zinssätzen diskontiert werden sollten. Die Zinsen, welche hier zur Anwendung kommen, werden Kassazinsen genannt. Kassazinsen sind die einzig richtigen Zinsen für die Abdiskontierung. Im einfachsten Fall können sie über die Preise von Nullprozentanleihen von Regierungen direkt bestimmt werden. Da am Markt in der Regel zu wenig Nullprozentanleihen gehandelt werden, müssen die Kassazinsen in der Praxis aus den Preisen von Regierungsanleihen via statistische Verfahren geschätzt werden.
Der Einsatz der Kassazinsen zur Bewertung zukünftiger Zahlungen wird am Beispiel von Nullprozentanleihen aufgezeigt. Dabei handelt es sich um Obligationen, die während der Laufzeit keine Zinszahlungen abwerfen, bei denen aber am Ende der Laufzeit der Nominalwert zurückbezahlt wird (↑Zerobonds). Zwei solche Anleihen werden betrachtet:

Nullprozentanleihe A: Laufzeit 1 Jahr, Preis 94.34; Ertrag nach 1 Jahr ist 94.34 mal (1+Ertrag) gleich 100. Aufgelöst nach dem Ertrag:

$$\frac{100}{94.34} = 1,06, \text{d.h. } 6\%$$

Nullprozentanleihe B: Laufzeit 2 Jahre, Preis 87.34; Ertrag nach 2 Jahren ist 87.34 mal (1+Ertrag Jahr 1) mal (1+Ertrag Jahr 2) ergibt 100. Aufgelöst nach dem Ertrag:

$$\frac{100}{87.34} = 1,1449, \text{d.h. } 14,49\% \text{ für 2 Jahre oder } 7\% \text{ pro Jahr}$$

Die Marktteilnehmer sind also heute bereit, 94.34 (87.34) auszuleihen, um nach einem (zwei) Jahr(en) 100 zurückzubekommen.
Die Erwartungshypothese der Zinsen besagt, dass sich mehrjährige Zinsen zusammensetzen aus einer Serie von kurzfristigeren Zinssätzen. Im Fall der 2-jährigen Nullprozent-Anleihe kann der Anfangsbetrag von 87.34 jeweils auf ein Jahr hin zum 1-jährigen Kassazins angelegt werden: 87.34 mal (1+ 1-jähriger Kassazins heute) mal (1+ 1-jähriger Kassazins in heute plus 1 Jahr) ergibt 100.
Die 1-jährige Nullprozentanleihe definiert mit 6% den Ertrag im ersten Jahr. Daraus kann der Ertrag im 2. Jahr, respektive der 1-jährige Kassazins in einem Jahr, aus 87.34 mal (1,06) mal (1+Ertrag Jahr 2) gleich 100 hergeleitet werden. Er entspricht gerundet 8%. Damit ist gezeigt, dass in der Gleichgewicht der Ertrag der 2-jährigen Nullprozentanleihe identisch ist mit dem Ertrag von zwei sukzessiven 1-jährigen Anlagen. Anhand dieses Beispiels ist ersichtlich, dass mithilfe der Kassazinsen sogar die Zinserwartung der Marktteilnehmer für die Zukunft berechnet werden kann. Diese zukünftigen Zinsen werden auch Terminzinsen genannt.
Nun werden zwei Couponanleihen betrachtet. Die erste hat einen ↑Coupon von 10% und eine Laufzeit von 2 Jahren, die zweite einen Coupon von 5% bei identischer Laufzeit. Wenn wir die laufzeitspezifischen Kassazinsen von oben zur Abdiskontierung der Zahlungen verwenden, dann können die fairen, das heisst theoretisch korrekten Preise der Couponanleihen wie folgt ermittelt werden:

Fairer Preis Couponanleihe 10%:

$$\frac{10}{(1 + 0.06)^1} + \frac{110}{(1 + 0.07)^2} = 105.512$$

Fairer Preis Couponanleihe 5%:

$$\frac{5}{(1 + 0.06)^1} + \frac{105}{(1 + 0.07)^2} = 96.428$$

In Worten ausgedrückt: *Der faire, respektive theoretisch korrekte Preis einer Obligation entspricht der Summe der zukünftig erwarteten Zahlungen, abdiskontiert mit den laufzeitspezifischen Kassazinsen.* Couponanleihen sind Portfolios von Nullprozentanleihen.

183

Diese fairen Werte müssen auch am Markt Gültigkeit haben. Wenn sich die Marktpreise davon unterscheiden, dann kann ein risikoloser Gewinn erwirtschaftet werden. Beispiel: Die 10%-Couponanleihe hat einen Marktpreis von 107, der theoretisch ermittelte Preis beträgt 105.512. Von dieser Fehlbewertung kann mit folgender Strategie profitiert werden: Short-Verkauf der Couponanleihe, d.h. Verkauf der Anleihe, ohne diese zu besitzen zum aktuellen Marktpreis von 107. Kauf von Nominal 10 der 1-jährigen Nullprozentanleihe und Nominal 110 der 2-jährigen Nullprozentanleihe; die Kosten dafür sind 105.512. Beim Aufsetzen der Strategie fällt ein Gewinn von 1.498 (107–105.512) an, die ↑Rückzahlung der Nominalwerte der Nullprozentanleihen kann dazu verwendet werden, die notwendigen Coupon- und Nominalzahlungen der Couponanleihe zu kompensieren. Dem Gewinn am Anfang steht keine zusätzliche Verpflichtung während der Laufzeit gegenüber. Hier handelt es sich um eine risikolose Gewinnmöglichkeit, oder eine so genannte Arbitragemöglichkeit, welche an effizienten Märkten nie sehr lange Bestand haben wird. In der Praxis kommen Erschwernisse hinzu, da «Short-Verkäufe» nur unter einschränkenden Bedingungen möglich sind; dies verkleinert allerdings lediglich die Gewinnaussichten der ↑Arbitrage. Am Prinzip der Betrachtungsweise ändert sich wenig.

4. Die Bewertung von konkursrisikobehafteten Anleihen

Das Beispiel der 2-jährigen Anlage kann über alle Laufzeiten hinweg verallgemeinert werden. Als wichtige Konsequenz ergibt sich, dass die zukünftigen Zahlungen (Coupon und/oder Nominal) von Regierungsanleihen pro Zeitpunkt X mit einem spezifischen Zins – dem Kassazins der Laufzeit X – abdiskontiert werden müssen.

Anleihen, welche nicht im Inland von Regierungen emittiert werden, unterliegen einem Konkursrisiko. Damit die Marktteilnehmer in solche Anleihen investieren, müssen ihnen Anreize in Form von positiven Prämien – sprich höheren Zinssätzen – geboten werden. Analog zum Fall der Regierungsanleihen kann auch hier gezeigt werden, dass die erwarteten Zahlungen erstens mit Kassazinsen abdiskontiert werden. Zweitens müssen Prämien zu diesen laufzeitspezifischen Zinsen addiert werden, welche von der Laufzeit, dem Rating, der Branche und der Unternehmung abhängen. Auch die Handelbarkeit der Obligationen und Steueraspekte spielen eine Rolle. Diese Prämien werden sich am Markt so einpendeln, dass gleiche Risiken gleich bewertet werden. *Roman von Ah*

Bewertung von Bankaktien

↑Aktienanalyse; ↑Analyse von Bankaktien: ↑Finanzanalyse.

Bewertung von Grundstücken

Bis Ende der 80er-Jahre galten ↑Immobilien in der Schweiz als so genannt sichere Werte, wobei angenommen wurde, dass praktisch überall eine ausreichende Nachfrage für eine nachhaltige Nutzung vorhanden ist. Die 90er-Jahre zeigten aber, dass die Nachfrage nach Immobilien von wichtigen ökonomischen Faktoren abhängt. Neben objektspezifischen Gegebenheiten (Lage, Gebäudezustand, Ausbau usw.) und rechtlichen Grundlagen (Bau- und Zonenordnung, ↑Dienstbarkeiten usw.) bestimmen heute auch ökologische Altlasten und Lärmimmissionen den Wert von Grundstücken. Zudem sind die lokal- und regionalökonomischen Marktgegebenheiten sowie die volkswirtschaftliche Entwicklung von entscheidender Bedeutung für die Wertermittlung.

In der Praxis werden folgende Wertarten und Methoden für deren Berechnung unterschieden.

1. Realwert

Der Realwert (Substanzwert) setzt sich zusammen aus dem Zeitwert aller baulichen Anlagen, dem Landwert (ausser bei Baurechtsliegenschaften) sowie den für die Erstellung nötigen Vorbereitungs-, Umgebungsarbeiten und Baunebenkosten. Der Realwert kann wegen Entwertung, unrationeller Bauweise, schlechter Bauqualität oder unterschiedlicher Wertung des Landes erheblich von den Anlagekosten abweichen.

Der Gebäudezeitwert ergibt sich aus dem Neubauwert abzüglich der Wertminderung infolge Abnützung, Demodierung oder vermindertem Nutzungspotenzial unter Berücksichtigung der Restnutzungsdauer. Das Alter des Gebäudes ist dabei vielfach unwesentlich, weil das zukünftige Leistungs- oder Nutzungspotenzial entscheidend ist.

Der Boden ist grundsätzlich so viel wert, wie er Nutzen trägt bzw. tragen kann. Der eingesetzte Landwert steht in Beziehung zum Wert des Gebäudes sowie zur Lage, örtlichem Preisniveau, Grösse und Ausnützung des Grundstückes.

2. Ertragswert

Der Ertragswert einer Liegenschaft stellt den kapitalisierten Mietertrag dar bzw. entspricht der Summe aller zukünftigen, auf den Bewertungszeitpunkt diskontierten Erträge. Die bekanntesten Methoden zur Berechnung des Ertragswerts sind:
– Bruttoertragsmethode, d.h. Kapitalisierung des Nettomietzinses (ohne Nebenkosten)
– Nettoertragsmethode, d.h. Bruttoertrag reduziert um die Bewirtschaftungs- und Erneuerungskosten – berücksichtigt durch Einlage in Erneuerungsfonds oder aperiodische Erneuerungskosten – sowie Leerstandrisiko
– DCF-Methode (↑Discounted-Cashflow-Methode), d.h. Diskontierung aller zukünftigen Zahlungsüberschüsse.

Allen Methoden gemeinsam ist, dass sich der Wert des Objektes am zukünftigen Nutzen bemisst. Somit handelt es sich immer um Rentenrechnungen. Die Nutzungsdauer ist zu berücksichtigen. Der Kapitalisierungssatz setzt sich zusammen aus dem marktkonformen, risikofreien ↑Basiszinssatz, einem individuellen Risiko- und Immobilitätszuschlag (Nettomethode) sowie den Zuschlägen für Bewirtschaftung, Erneuerung und Leerstandsrisiko (Bruttomethode).

3. Fortführungs- bzw. Liquidationswert
Der Fortführungswert ist der Wert bei Weiterführung des bisherigen Betriebes oder der bisherigen Nutzung und basiert auf kalkulatorischen Mietwerten. Diese sind aus ↑Erfolgsrechnungen, Branchenkennzahlen und Vergleichsmieten abzuleiten. Beim Liquidationswert handelt es sich im Prinzip um den mutmasslich erzielbaren Preis einer Liegenschaft (z. B. Industriebranche), die nicht mehr oder nur eingeschränkt der bisherigen Nutzung zugeführt werden kann. Die Umnutzungskosten sind zu berücksichtigen.

4. Wert von Bauland
Der Wert von Bauland kann unterschiedlich ermittelt werden:
– Bei der Vergleichswertmethode werden Verkaufsdaten ähnlicher Grundstücke beigezogen, miteinander verglichen und mit dem zu bewertenden Grundstück in Beziehung gebracht
– Ausgangsbasis der Rückwärtsrechnung oder Residualwertmethode ist die mögliche, optimale oder vorhandene Nutzung des Grundstücks. Vom mutmasslichen Ertragswert werden die Baukosten sowie Abbruch-, Risiko-, Altlastensanierungs- und Vermarktungs- bzw. Promotionskosten in Abzug gebracht. Was übrig bleibt, ist der errechnete Landwert. Bei der Festlegung des definitiven Wertes wird dieser immer mit aktuellen Landpreisen verglichen
– Die Lageklassenmethode beruht auf der Erkenntnis, dass der Wert des Baulandes in einer ganz bestimmten Relation zum Gesamtwert der Liegenschaft oder auch zum Mietertrag steht. Hieraus lassen sich bestimmte Verhältniszahlen bilden, die so genannten Lage- oder Strukturklassen.

5. Verwendung des Discounted-Cashflow-Ansatzes
Mit der Annäherung der Immobilien- an die ↑Finanzmärkte gelangt die in der Unternehmensbewertung bereits gebräuchliche DCF-Methode neu auch bei Renditeimmobilien zur Anwendung. Sie wird heute vor allem von ↑institutionellen Anlegern für Investitionsentscheide sowie zur jährlichen Überprüfung ihres Portefeuilles verwendet.

6. Hedonistische Bewertungstechniken
Neu sind im Bereich der Immobilienbewertung die hedonistischen Bewertungstechniken. Es handelt sich dabei um statistische Methoden, die auf aktuellen Marktdaten beruhen. Sie gehen davon aus, dass der Nachfrager für jede relevante Eigenschaft der Immobilie wie Lage, Gebäudevolumen oder Ausbaustandard bereit ist, einen bestimmten Betrag zu bezahlen. Der Wert setzt sich also additiv aus der Summe der «Einzelpreise» zusammen. Der hedonistische Ansatz eignet sich primär für Einfamilienhäuser und Eigentumswohnungen (gängige Objekte, keine Exoten und Liebhaberobjekte) sowie für Mehrfamilienhäuser.

7. Verkehrswert
Der wichtigste Wert ist der Verkehrswert. Er entspricht dem Marktwert, der sich durch den Preis bestimmt, der normalerweise bei freihändigem Verkauf von Grundstücken zum Bewertungszeitpunkt erzielt werden kann, wenn
– der Eigentümer verkaufswillig ist,
– genügend Zeit – beurteilt nach Art des Objektes und der Marktlage – für Verkaufsverhandlungen zur Verfügung steht,
– die Werte während des Verhandlungszeitraumes stabil bleiben,
– die Liegenschaft frei und mit ausreichender Verbreitung auf dem Markt angeboten wird,
– kein Angebot eines Käufers mit Sonderinteressen berücksichtigt wird.
Beim Verkehrswert spielt also das Preisargument die wesentliche Rolle. Dies setzt ein intaktes Marktgeschehen voraus. Zur Ermittlung des Verkehrswertes sind je nach Art der Liegenschaft unterschiedliche Werte und Methoden anzuwenden:
– Bei Eigenheimen wird nach wie vor der Realwert als Bezugsgrösse herangezogen. Im Gegensatz zum Ertragswert ist der Realwert primär eine vergangenheitsbezogene Wertgrösse (Kostenargument) und weist keinen direkten Marktbezug auf. Deshalb muss bei der Ableitung des Verkehrswertes aus dem Realwert besonders kritisch betrachtet werden, inwieweit der Markt dem Realwert Rechnung trägt
– Bei Renditeobjekten ist der Ertragswert, beruhend auf nachhaltigen Erträgen, die bestimmende Grösse
– Bei Gewerbe- und Industrieliegenschaften spielt der Markt vielfach nicht. Somit kann kein verlässlicher Verkehrswert ermittelt werden. Bei solchen Objekten kommt deshalb das Wertepaar Fortführungs-/Liquidationswert zur Anwendung
– Bei Baurechtsliegenschaften ist den vertraglichen Gegebenheiten (Dauer des Rechtes, Höhe des Baurechtszinses und dessen Anpassungsmodalitäten) sowie einer allfälligen Heimfallentschädigung Rechnung zu tragen

– Beim ↑Stockwerkeigentum kann mittels Wertquote aus dem Gesamtwert der Liegenschaft der Wert ermittelt werden. Da jedoch die Wertquote nicht den Marktwert widerspiegeln muss, sind m^2-Preis-Vergleiche über die Nettonutz- oder Nettowohnfläche unerlässlich.

Daneben gibt es noch diverse Objektkategorien, die ein differenziertes Vorgehen bei der Wertermittlung erfordern.

Bezüglich Bewertungsmethodik sind seit den 90er-Jahren wesentliche Veränderungen festzustellen:
– Abnehmende Bedeutung des Realwertes
– Verlagerung von der Brutto- zur Nettoertragsmethode
– Aufkommen des DCF-Ansatzes (Discounted-Cashflow-Methode)
– Aufkommen von hedonistischen Bewertungsansätzen.

Die Bewertung von Liegenschaften ist keine exakte Wissenschaft. Deshalb bleibt bei jeder angewandten Methode der ermittelte Wert eine Schätzung. Letztlich ist es immer der Markt, der den Preis einer Immobilie bestimmt. *Rochus Gubser*

Bewertung von Obligationen
↑Bewertung von Anleihensobligationen.

Bewilligungspflicht
Banken und ↑Effektenhändler bedürfen zur Aufnahme der Geschäftstätigkeit einer Bewilligung der ↑Bankenkommission (BankG 3; BEHG 10). Es handelt sich dabei um eine Polizeibewilligung im klassischen Sinn, auf die bei Erfüllung der Bewilligungsvoraussetzungen ohne Bedarfsnachweis ein Rechtsanspruch besteht. Die Bewilligung wird hinfällig mit Aufgabe der Bank- oder Effektenhändlertätigkeit, und das Institut wird aus der Aufsicht entlassen, sobald es die Gläubigerschutzbestimmungen rechtfertigen (↑Einlegerschutz). Die unbewilligte Bank- oder Effektenhändlertätigkeit ist strafbar und führt in der Regel zur Liquidation des Unternehmens.

Entsprechend dem in der Schweiz geltenden Universalbankenprinzip handelt es sich bei der Bankbewilligung um eine Einheitslizenz, die grundsätzlich zur Führung sämtlicher ↑Bankgeschäfte berechtigt. In der Praxis haben sich jedoch verschiedene Bankengruppen herausgebildet, bei welchen bestimmte ↑Geschäftssparten vorherrschen. Der Aufsicht der Bankenkommission ebenfalls voll unterstellt sind seit 01.10.1999 die ↑Kantonalbanken, die kraft ihrer Sonderstellung unter dem aBankG von der Bewilligungspflicht ausgenommen waren.

Die folgenden *Bewilligungsvoraussetzungen* sind dauernd einzuhalten:
– Banken müssen in ihren Statuten, Gesellschaftsverträgen und internen Reglementen ihren sachlichen und geografischen Geschäftskreis genau umschreiben und über eine ihrer Geschäftstätigkeit entsprechende innere Organisation verfügen. Im Unterschied zum Aktienrecht sind die Organe für die Geschäftsführung (Direktion) einerseits und diejenigen für die Oberleitung, Aufsicht und Kontrolle (Verwaltungsrat) andererseits bei jeder Bank personell zu trennen. Die Abgrenzung der Befugnisse zwischen den beiden Organen soll eine sachgemässe und unabhängige Überwachung der Geschäftsleitung gewährleisten. Dazu gehört auch eine wirksame betriebsinterne Funktionentrennung, ein intaktes ↑Risikomanagement und ein ↑internes Kontrollsystem, das ab einer bestimmten Betriebsgrösse ein von der Geschäftsführung unabhängiges Inspektorat (↑Revision, interne) erfordert.
– Die Bank muss ein voll liberiertes Mindestkapital von CHF 10 Mio. aufweisen. Dieses wird jedoch von den meisten Banken übertroffen und von den strengeren geschäftsabhängigen ↑Eigenmittelanforderungen überlagert.
– Die mit der Verwaltung und Geschäftsführung der Bank betrauten Personen müssen einen guten Ruf geniessen und ↑Gewähr für eine einwandfreie Geschäftstätigkeit bieten. Ebenfalls einem besonderen Gewährserfordernis unterliegen Personen mit einer qualifizierten Beteiligung an einer Bank, indem sie gewährleisten müssen, dass sich ihr Einfluss nicht zum Schaden einer umsichtigen und soliden Geschäftstätigkeit auswirkt.
– Die Bewilligung von ausländisch beherrschten Banken ist zusätzlich von der Gewährleistung des Gegenrechts durch die Wohnsitz- oder Sitzstaaten der massgebenden Aktionäre sowie der Verwendung einer Firma, die nicht auf einen schweizerischen Charakter schliessen lässt, abhängig zu machen. Das Gegenrechtserfordernis steht allerdings unter dem Vorbehalt anderslautender internationaler Vereinbarungen und findet im Rahmen des GATS-Abkommens (↑General Agreement on Trade in Services) gegenüber andern WTO-Mitgliedstaaten keine Anwendung mehr. Es wird heute in seiner Bedeutung zunehmend verdrängt durch das Gebot einer angemessenen konsolidierten Aufsicht. Bildet die Bank Teil einer im Finanzbereich tätigen Gruppe, so kann die Bewilligung vom Vorliegen einer angemessenen konsolidierten Aufsicht durch ausländische Aufsichtsbehörden abhängig gemacht werden. Die Grundsätze der konsolidierten Aufsicht gelten analog auch für schweizerisch domizilierte ↑Bankkonzerne, unabhängig von deren Gruppenstruktur.
– Zur Geschäftstätigkeit bestehen schliesslich umfangreiche Vorschriften betreffend Einhaltung von Eigenmitteln (↑Eigene Mittel), ↑Risikoverteilung (Risikoverteilungsvorschriften), ↑Liquidität und Rechnungslegung (↑Rechnungslegungsvorschriften für Banken).

Die Bewilligungsvoraussetzungen für ↑Effektenhändler sind weit gehend jenen für Banken nachgebildet. Sie unterscheiden sich hauptsächlich durch geringere Mindestkapitalanforderungen (CHF 1,5 Mio.) und das Fehlen von Liquiditätsvorschriften (↑Liquidität [Allgemeines und Aufsichtsrechtliches]). Effektenhändlerspezifisch kommen die Verhaltensregeln (↑Codes of conduct) sowie die Journalführungs- und ↑Meldepflichten hinzu. *Hansueli Geiger*

Bezahlter Kurs
Kurs, zu dem ein ↑Börsenauftrag ausgeführt worden ist.

Bezogener
Auch Trassat genannt. Der Begriff Bezogener hat zwei Bedeutungen:
1. Person oder Firma, auf deren Namen der ↑Wechsel vom Aussteller gezogen wurde und welche die Wechselsumme zahlen soll. Der Bezogene ist erst dann wechselmässig verpflichtet, wenn er den Wechsel akzeptiert hat (↑Akzept).
2. Bank, auf welche der ↑Check ausgestellt wurde und die ihn, die nötige ↑Deckung vorausgesetzt, zulasten des Kontos des Ausstellers einlöst.

Bezugsangebot
Angebot, d.h. Einladung zur ↑Zeichnung an die Aktionäre zum Bezug von Aktien anlässlich einer ↑Kapitalerhöhung im Rahmen des ↑Bezugsrechts oder des Vorwegzeichnungsrechts für ↑Wandel- und ↑Optionsanleihen. Das Bezugsangebot erfolgt bei börsenkotierten Gesellschaften im Rahmen des ↑Kotierungsprospektes, bei privaten Aktiengesellschaften in der in den Statuten vorgesehenen Form der Bekanntmachung. Das Bezugsangebot wird gelegentlich auch Bezugsaufforderung genannt.

Bezugsbedingungen
Die Bezugsbedingungen einer ↑Kapitalerhöhung umfassen
– die ↑Bezugsfrist
– den ↑Bezugspreis
– das Bezugsverhältnis (↑Bezugsrecht)
– die Dividendenberechtigung der neuen Aktien
– die Form der Bezugsrechtsanwendung
– den Liberierungstermin
– die Frist für den Bezugsrechtshandel
– das Recht auf Verbriefung
– die Titellieferung
– die Kotierung der neuen Aktien
– die Zeichnungsstellen
– gegebenenfalls die Eintragungs- und Platzierungsbeschränkungen.

Bezugsfrist
Periode für die Ausübung des ↑Bezugsrechts. Diese dauert in der Regel 14 Tage. Zu beachten ist, dass der Handel mit Bezugsrechten einen Tag vor Ablauf der Bezugsfrist eingestellt wird.

Bezugskurs
↑Bezugsrecht.

Bezugspreis
Preis, zu dem die bisherigen Aktionäre die Aktien bei ↑Kapitalerhöhung beziehen können oder zu dem die Aktien, bei einer freien ↑Zeichnung, ↑Investoren angeboten werden (auch ↑Ausgabepreis genannt). Der Bezugspreis kann von der Gesellschaft je nach dem Motiv der Kapitalerhöhung frei festgesetzt werden, wobei dieser allerdings wegen des Verbotes der ↑Unterpariemission (OR 624) nicht unter dem ↑Nennwert angesetzt werden darf. Eine obere Grenze ist bei börsenkotierten Gesellschaften durch den ↑Kurswert der Aktien gegeben. In der Schweiz ist es üblich, den Bezugspreis der ↑neuen Aktien unter dem Börsenkurs anzusetzen. Der Unterschied zwischen dem Kurswert und dem Bezugspreis sowie das Bezugsverhältnis bestimmen den theoretischen Wert des ↑Bezugsrechts. Dieser ist umso grösser, je tiefer der Bezugspreis unter dem Börsenkurs festgesetzt wird. In der schweizerischen Emissionspraxis gilt die Faustregel, dass der Bezugspreis zwei Drittel des Börsenkurses nicht überschreiten sollte. Höhere Bezugspreise sind jedoch üblich, wenn mit der Kapitalerhöhung bei einer gegebenen Zahl von ↑jungen Aktien ein möglichst hoher Mittelbedarf zu decken ist. *Max Boemle*

Bezugsrecht
Das Bezugsrecht ist der Anspruch des Aktionärs, einen der bisherigen Beteiligung entsprechenden ↑Anteil am – durch die Ausgabe ↑neuer Aktien – erhöhten ↑Aktienkapital zu behalten. Es gibt zwei Varianten des Bezugsrechts:
– Das Recht auf den Bezug neuer Aktien (Bezugsrecht im engen Sinn)
– Das Recht auf ↑Zeichnung von ↑Wandel- und ↑Optionsanleihen in Form eines Vorwegzeichnungsrechts.

Der zu ihrem bisherigen Aktienbesitz proportionale Anspruch auf den Bezug von ↑jungen Aktien hat für die Aktionäre eine dreifache Bedeutung:
1. Sicherung der proportionalen ↑Beteiligungsquote am ↑Eigenkapital der Gesellschaft
2. Sicherung des proportionalen Anspruchs auf den Gewinn und den Liquidationsanteil der Gesellschaft
3. Wahrung der bisherigen Stimmkraft und damit der Mitwirkungsrechte.

Aktionäre, die ihr Bezugsrecht nicht ausüben können oder wollen, erleiden eine Schmälerung ihrer bisherigen vermögens- und mitwirkungsrechtlichen Ansprüche, weil sich nach der ↑Kapitalerhöhung eine grössere Zahl von ↑Aktien in die Vermögenssubstanz und den Ertrag der Gesellschaft zu teilen haben: Gewinn- und Kapitalverwässerung. Das Bezugsrecht verkörpert einen ökonomischen Wert. Das Aktienrecht schützt deshalb das Bezugsrecht der bisherigen Aktionäre, indem eine Beschränkung nur unter strengen formellen und materiellen Bedingungen zulässig ist. Durch die Aufhebung des Bezugsrechtes darf niemand unsachlich begünstigt oder benachteiligt werden (OR 652b II). Formell ist für eine Beschränkung immer das qualifizierte Mehr erforderlich. Der Generalversammlungsbeschluss muss die Beschränkung ausdrücklich enthalten (OR 650b II Ziff. 8). Materiell ist zu beachten, dass das Bezugsrecht nur aus wichtigen Gründen entzogen werden darf, z. B. wenn die neuen Aktien zur Finanzierung einer Firmenübernahme, für die ↑Mitarbeiterbeteiligung verwendet oder zur Verbreiterung des Aktionärskreises zum ↑Marktwert auf dem ↑Kapitalmarkt platziert werden. Im Generalversammlungsbeschluss ist auch die Zuweisung nicht ausgeübter oder entzogener Bezugsrechte zu regeln. Da das Bezugsrecht im Effektenverkehr als selbstständiges ↑Wertrecht ausgestattet ist, besteht unter normalen Umständen die Möglichkeit, nicht ausgeübte Bezugsrechte an andere Interessenten gegen Entschädigung zu verkaufen. Durch den Erlös aus dem Verkauf seiner Bezugsrechte wird der Aktionär, der an der Kapitalerhöhung nicht teilnimmt, für die ↑Verwässerung seiner Aktionärsrechte entschädigt. Dabei ist zu beachten, dass man im Effektenverkehr als Bezugsrecht das Recht auf den Bezug von neuen Aktien bezeichnet, soweit es an einer alten Aktie «hängt». Bei einer Kapitalerhöhung im Verhältnis 3:1 entfällt auf drei alte Aktien das Recht auf den Bezug einer neuen Aktie. An einer alten Aktie haftet somit das Bezugsrecht auf der Drittel einer neuen Aktie. Um eine neue Aktie zeichnen zu können, werden daher drei Bezugsrechte benötigt.

Der *rechnerische oder theoretische Wert* eines Bezugsrechtes wird – sofern die junge Aktie die gleiche Dividendenberechtigung aufweist wie die bisherigen Titel – wie folgt ermittelt: Börsenkurs der alten Aktie abzüglich Bezugspreis der neuen Aktie.
Beispiel: Kapitalerhöhung von CHF 15 auf 20 Mio. durch Ausgabe von 100 000 neuen Aktien à CHF 50 zum ↑Bezugspreis von CHF 200. Der Kurs der alten Aktie beträgt CHF 300. Rechnerischer Wert des Anrechts:

$$\frac{300-200}{3+1} = CHF\ 25$$

Der rechnerische Kurs der alten Aktie ↑ex Anrecht beträgt demnach CHF 275, was dem Bezugspreis für die bisherigen Aktionäre zuzüglich dem rechnerischen Wert der drei Anrechte entspricht. Der Rückgang des Börsenkurses der Aktien um den Wert des Bezugsrechtes zu Beginn des Bezugsrechtshandels wird als *Bezugsrechtabschlag* bezeichnet. Bei einer Kapitalerhöhung mit ↑Gratisaktien wird anstelle des Bezugspreises der neuen Aktie der Betrag Null eingesetzt. *Max Boemle*

Bezugsrechtabschlag
↑Bezugsrecht.

Bezugsrechthandel
Erhöht eine börsenkotierte Gesellschaft das ↑Aktienkapital mit ↑Bezugsrecht, werden die Bezugsrechte in der Regel während der ↑Bezugsfrist börsentäglich gehandelt. Es ist jedoch auch möglich, dass die Bezugsrechte aufgrund der während der Bezugsfrist bezahlten Aktienkurse am Ende der Bezugsfrist zu einem *Einheitskurs* abgerechnet werden; in diesem Fall findet kein Bezugsrechthandel statt.

Bezugsschein
↑Talon.

Bezugsverhältnis
↑Bezugsrecht.

Bid
Angelsächsischer Börsenausdruck für G = ↑Geld (Nachfrage). Gegenteil ↑Ask für B = ↑Brief (Angebot).

Bid/ask-Index
Zu einigen ↑Aktienindizes wird während der Handelszeit laufend ein *Bid/ask-Index* berechnet. Ein Bid/ask-Index stimmt in seinen Konstruktionsmerkmalen vollständig mit dem zugehörigen Aktienindex überein. Während der Indexstand eines laufend berechneten Realtime-Aktienindexes aus den letzten bezahlten ↑Kursen berechnet wird, fliessen in den Bid/ask-Index die aktuell gestellten *Geldkurse* (↑*Bid prices*) und *Briefkurse* (↑*Ask prices*) ein. Publiziert wird der Bid/ask-Index als Zahlenpaar für die Geldseite und für die Briefseite. Aus der Differenz zwischen dem Ask-Indexstand und dem Bid-Indexstand lässt sich die ↑*Geld-Brief-Spanne (Bid ask spread)* des ↑Indexportfolios berechnen. Damit gibt ein Bid/ask-Index Auskunft über die aktuelle ↑Marktliquidität.
Valerio Schmitz-Esser

Bid auction
↑Emissionsmarkt.

Bid bond
↑Bankgarantie.

Bidding
Bietprozess, bei welchem mehrere ↑Emissionsbanken um die Führung einer Aktien- oder Anleihensemission konkurrieren. Der ↑Emittent lädt verschiedene Banken zu einer Offertstellung ein und wählt für die Durchführung der ↑Emission die-

jenige Bank mit den günstigsten Konditionen aus. Biddings führen tendenziell dazu, dass die ↑Margen der Emissionsbanken kleiner werden.

Bid offer spread
Differenz zwischen dem Geldkurs (↑Geld, Geldkurs) und dem Briefkurs (↑Brief, Briefkurs).

Bid price
Englische Bezeichnung für Geldkurs (↑Geld, Geldkurs); Nachfrage, Kaufangebot für ↑Wertpapiere an der ↑Börse sowie für Devisen, Edelmetalle und andere ↑Commodities.

Bietungsgarantie
↑Bankgarantie.

Big bang
Mit Big bang bezeichnete man im Börsenwesen die Einführung fundamental neuer Handelsregeln an der ↑Londoner Börse im Oktober 1986. Die strikte Aufgabentrennung zwischen Jobber (innerer Kreis der ↑Börsenmitglieder, der nur mit andern ↑Brokern, nicht aber mit der Kundschaft handelte) und Brokern (die nur für das Kundengeschäft zuständig waren) wurde aufgehoben. Faktisch erhielten damit die Banken direkten Zugang zur ↑Börse und die alten geregelten Gebührenstrukturen wurden aufgehoben. Der Big bang führte in London und in der Folge dann auch auf dem Kontinent zu weit reichenden Strukturveränderungen im Börsenwesen.

Big Board
↑New Yorker Effektenbörse; ↑Wallstreet.

Big three
Bis 1999 wurden in der Schweiz die drei ↑Grossbanken, Schweizerischer Bankverein, Schweizerische Bankgesellschaft und Schweizerische Kreditanstalt als Big three bezeichnet. Nach der Fusion von Bankgesellschaft und Bankverein zur UBS zählt die ↑Bankenstatistik der Schweiz jedoch formell immer noch drei Grossbanken: UBS AG, Credit Suisse und Credit Suisse First Boston.

Bilanzanalyse im Kreditgeschäft
↑Kreditprüfung; ↑Kreditüberwachung.

Bilanzgliederung bei Banken
↑Jahresrechnung bei Banken.

Bilanzidentität
↑Kongruenzprinzip.

Bilanzkurs
Wird auch Bilanzwert genannt. Der Bilanzkurs ist der aus der Bilanz abgeleitete Wert einer ↑Aktie. Er entspricht dem ↑Eigenkapital je Aktie. Die Aussagekraft des Bilanzwertes einer Aktie hängt vom Rechnungslegungskonzept ab. Erfolgt die Bilanzierung nach Aktienrecht, hat diese Grösse wegen der unbekannten ↑stillen Reserven keinen Informationswert. Wird der Rechnungsabschluss nach dem True-and-fair-view-Konzept (↑True and fair view) erstellt, entspricht der Bilanzwert dem in der angelsächsischen Praxis als Kennziffer verwendeten Book value (↑Buchwert). Erfolgt die Bilanzierung zu ↑Tageswerten, ist der Bilanzwert mit dem ↑Substanzwert der Aktie identisch.

Bilanzneutrale Geschäfte
Bilanzneutrale Geschäfte sind solche, die weder die Aktivseite noch die Verbindlichkeiten betreffen und deshalb keine Veränderung von Bilanzpositionen bewirken. Es handelt sich vor allem um ↑Kommissions- und ↑Dienstleistungsgeschäfte, wie das Wertschriftenemissionsgeschäft (↑Emissionsgeschäft), Vermögensverwaltungs- und ↑Treuhandgeschäft, Finanzierungs-, Erbschafts- und Steuerberatung sowie das Handelsgeschäft mit ↑Effekten, Devisen, Edelmetallen und derivativen ↑Finanzinstrumenten (↑Derivate). In der ↑Erfolgsrechnung kommt die Bedeutung der bilanzneutralen Geschäfte für eine Bank im Anteil der Kommissions- und Dienstleistungserträge und des Handelserfolgs am Betriebsertrag zum Ausdruck.

Bilanzpolitik
Unter Bilanzpolitik versteht man die zweckorientierte Gestaltung der buchführungs- und der steuerrechtlich relevanten Darstellung der Vermögens- und Ertragslage einer Gesellschaft, insbesondere durch Ausnützung der Bilanzierungs- und Bewertungswahlrechte (↑Stille Reserven) und durch bewusste Gestaltung bestimmter Sachverhalte (↑Leasing statt Kauf, Pensionsgeschäfte). Weil Bankabschlüsse in der Öffentlichkeit besonders beachtet werden, spielen bilanzpolitische Überlegungen bei Banken eine besondere Rolle. Bilanzpolitische Massnahmen stehen in der Regel im Widerspruch zu den Grundsätzen der Verlässlichkeit und der Glaubwürdigkeit der Information. Die neuzeitlichen Rechnungslegungsnormen schränken deshalb die bilanzpolitischen Freiräume der rechnungslegungspflichtigen Unternehmungen erheblich ein. *Max Boemle*

Bilanzposition
In der Bilanz aufgrund der Vorschriften der BankV gesondert ausgewiesener Einzelposten. Die in die entsprechenden Bilanzpositionen einzubeziehenden Elemente sind in der RRV EBK festgehalten, wobei die Aufzählung jedoch nicht abschliessend ist.

Bilanzstichtag
Abschlusstag eines Geschäftsjahres oder einer kürzeren Rechnungsperiode. Der Bilanzstichtag ist vor allem für die periodengerechte Abgrenzung

von Aufwänden und Erträgen von Bedeutung (RRV EBK I, 8). Wesentliche Ereignisse nach dem Bilanzstichtag sind im ↑Jahresbericht anzugeben (BankV 23 I). Banken haben die Jahresrechnung innerhalb von vier Monaten, Zwischenabschlüsse innerhalb von zwei Monaten nach dem Bilanzstichtag zu veröffentlichen (BankV 27 I) oder der Öffentlichkeit zur Einsicht zur Verfügung zu halten.

Bilanzstrukturmanagement
↑Asset and liability management (ALM).

Bilanzstrukturplanung
Die Bilanzstrukturplanung wird bei Banken zunehmend als Teil des zentralen, strategischen Informations- und Führungssystems des Unternehmens verstanden. Ein solches Bilanzstrukturmanagement wird auch umschrieben mit Begriffen wie ↑Asset and liability management (ALM) oder Gesamtbanksteuerung. Dabei wird das ALM teilweise aber enger aufgefasst, und zwar als Instrument, welches sich hauptsächlich mit der Steuerung des Zinsrisikos der gesamten Bilanz und den von Zinsänderungen hervorgerufenen Effekten beschäftigt. Bei der Bilanzstrukturplanung geht es darum, in systematischer Weise die Probleme der globalen Steuerung der Bilanzstruktur unter Einbezug verschiedener ↑Risiken aus dem ↑Bankgeschäft zu erkennen, Problemlösungen vorzuschlagen und Prognosen der erwarteten Effekte zu erstellen. Im Mittelpunkt steht eine Erfassung der Aktiv- und Passivstruktur der Gesamtbilanz, inklusive der Ausserbilanzgeschäfte, unter Berücksichtigung der Spannungsfelder Liquidität, Rentabilität und Sicherheit.

1. *Liquidität:* Liquiditätssteuerungssysteme fokussieren zum einen auf die Erfüllung der Anforderungen einer jederzeitigen ↑Zahlungsfähigkeit der Bank. Zum anderen haben sie aber auch den gesetzlichen Vorschriften zu genügen. In der Schweiz sind dies insbesondere BankG 4 I lit. a sowie BankV 15–20 über die Kassen- und Gesamtliquidität. Mit diesen Systemen soll die Zahlungsfähigkeit der Institute sichergestellt werden. Eine Bank hat aber gleichzeitig darauf zu achten, dass keine unnötigen Mittel einer ertragreichen Verwendung entzogen werden, was ↑Opportunitätskosten verursachen würde. Regelungen der Liquidität werden zum Schutz der ↑Gläubiger, der Banken selbst und der Volkswirtschaft erstellt.
2. *Rentabilität:* Die Rentabilitätssteuerung plant in erster Linie den strukturellen Gewinnbedarf. Dabei gilt es, die Preispolitik, das Wachstum und Rationalisierungsmassnahmen wirtschaftlich zu gestalten und aufeinander abzustimmen. Der geplante Gewinn muss unter Berücksichtigung des Wachstums und der Risikostruktur das langfristige Bestehen der Bank sichern. Zu den Steuerungsinstrumenten aus der Sicht der Rentabilität gehören das betriebliche Rechnungswesen (Marktzinsmethode, Kundenrechnungen, Produktrechnungen, Profit-Center-Analysen), Planbilanzen, Simulationen oder komplexe quantitative Modelle.
3. *Sicherheit:* Sicherheit muss durch eine bewusste Risikosteuerung gewährleistet werden. Banken treffen auf strategische und ↑operationelle Risiken sowie ↑Ausfall-, ↑Liquiditäts- und ↑Marktrisiken. Im Rahmen der Bilanzstrukturplanung ist das bankspezifische Risiko-Rendite-Optimum anzustreben. Das ↑Risikopotenzial soll möglichst ausgeschöpft werden, allerdings nur innerhalb der *Risikotragfähigkeit* (Berücksichtigung der durch die verfügbaren Eigenmittel limitierten Absorptionsmöglichkeit des Instituts) und ↑*Risikobereitschaft* (Übereinstimmung mit bankinternen Risiko-Management-Richtlinien). Risikosteuerungsinstrumente können z.B. Limitensysteme, Liquiditätsreserven, professionelle Bonitätsprüfungen, Konditionengestaltung, ↑Zinsbindungsbilanzen, GAP-Analysen, Hedging, Value-at-risk-Konzepte, Durationsanalysen, Simulationen sein.

1. Aufgaben der Bilanzstrukturplanung
Ziel einer optimalen Bilanzstrukturplanung ist es, die einzelnen Steuerungskomponenten in einem Gesamtkonzept zusammenzuführen. Das ↑Asset management, das sich mit den optimalen Anlagenentscheidungen und das Liability management, welches sich mit der Finanzierung der Aktivitäten befasst, sollen gesamthaft betrachtet werden, da gewisse Einflussfaktoren gleichzeitig sowohl Vermögenswerte wie auch Verbindlichkeiten beeinflussen. Erst eine globale Betrachtung ermöglicht eine Beurteilung für das gesamte Unternehmen. Die zentralen Aufgaben der Bilanzstrukturplanung sind:
– Definition verbindlicher Risikogrenzwerte
– Bereitstellung von Eigenmitteln und Liquiditätsreserven
– Formulierung von Zielvorgaben für die Rentabilität
– Sicherstellen der Durchsetzung der Rentabilitätsziele und der Risikogrenzwerte
– Optimierungsbestrebungen im Rahmen der regulatorischen Auflagen und der Steuergesetzgebung.

2. Instrumente der Bilanzstrukturplanung
Zu den am häufigsten verwendeten Instrumenten bei der Anwendung der Bilanzstrukturplanung als Führungsinstrument gehören *Simulationen* (Abbildung von Risikosituationen inklusive der jeweiligen Wert- und Einkommenseffekte), *Zinsbindungsbilanzen* (Gegenüberstellung der aktiven

und passiven Festzinsgeschäfte für verschiedene ↑Bilanzstichtage und Berechnung der offenen Festzinspositionen, die dem ↑Zinsänderungsrisiko ausgesetzt sind), *Durationsanalysen* (Aufzeigen der Sensitivität des ↑Barwertes der Cashflow-Ströme aus den Aktiv- bzw. Passivgeschäften gemäss durchschnittlichen ↑Laufzeiten), *Value-at-risk-Ansätze* (Messung des Anteils des ↑Eigenkapitals, der durch das Eingehen von Risiken in einem gegebenen Zeitintervall mit einer bestimmten Wahrscheinlichkeit gefährdet ist) sowie Absicherungsinstrumente (z.B. ↑*Zinsswaps:* Austausch von variablen und festen Zinszahlungen in der gleichen ↑Währung; oder ↑*Optionen auf Zinsinstrumenten:* asymmetrische Produkte mit Wertzuwachs bei einer positiven Entwicklung, aber gleichzeitiger Begrenzung möglicher Verluste).

Für die Ertragsmessung und -steuerung werden Instrumente verwendet wie die ↑*Marktzinsmethode* (marktgerechte Zuweisung der Erträge auf die einzelnen ↑Sparten), der ↑*Economic value added* (Wie hoch sind die jeweils geschaffenen Mehrwerte unter Beachtung der anteiligen Kapitalkosten?) oder die *Return-on-investment-Analyse* (Welche ↑Renditen bringen die einzelnen ↑Investitionen?).

Mathematische Instrumente zur Bilanzstrukturoptimierung, welche einen ganzheitlichen Ansatz wählen, sind lineare Programmierungsmodelle sowie Modelle der stochastischen, mehrstufigen Programmierung.

3. Organisation

Zur Implementierung solcher Bilanzstrukturplanungs-Ansätze werden in der Praxis geeignete Organisations- und Führungsstrukturen geschaffen. Das Bilanzstruktur-Management kann Teil eines zentralen Bankcontrollings sein. Es hat regelmässig Bericht zu erstatten über wichtige Ereignisse seit der letzten strategischen Planung (insbesondere Konjunktur, Zinsentwicklung, Kundenverhalten), die aktuelle Risikoexposition und Ertragssituation sowie die Erwartungen über die Entwicklung bankexterner Einflussfaktoren. Gleichzeitig sind Vorschläge zur Bilanzstrukturgestaltung für die kommende Periode zu präsentieren. *Conrad Meyer*

Lit.: Benz, M.: *Führungsorganisation des Asset und Liability Managements in Banken, Bern 1997.* – Marohn, C.: *Stochastische mehrstufige lineare Programmierung im Asset & Liability Management, Bern 1998.* – Meyer, C.: *Die Bankbilanz als finanzielles Führungsinstrument, Bern 1996.* – Schierenbeck, H.: *Ertragsorientiertes Bankmanagement, Risiko-Controlling und Bilanzstrukturmanagement, Band 2, Wiesbaden 1997.* – Zimmermann, H.: *Asset und Liability Management, in: Gehrig, B./Zimmermann, H.: Fit for Finance, Zürich 1999.*

Bilanzsumme

Die Bilanzsumme, d.h. das Total der Aktiven bzw. Passiven einer Bank am ↑Bilanzstichtag, ist eine wichtige Grösse. Aus der Höhe der Bilanzsumme ergeben sich verschiedene Verpflichtungen oder Befreiungen, z.B. die Pflicht zur Erstellung einer ↑Mittelflussrechnung im Bankabschluss (BankV 23 II), eines ↑Zwischenabschlusses (BankV 23b I) oder für ↑Bankkonzerne die Befreiung von der Konsolidierungspflicht (BankV 23a III).

Die Bilanzsumme wird in der Öffentlichkeit oft als Kennzahl zur Beurteilung der Grösse und Bedeutung einer Bank betrachtet, was vor allem in früheren Jahren zu einem wenig sinnvollen «Bilanzsummenrennen» geführt hat. Weil die Bilanzsumme über die in letzter Zeit zunehmend wichtiger werdenden ↑bilanzneutralen Geschäfte keine Auskunft gibt, verdient die Ertragslage der Bank, wie sie in der ↑Erfolgsrechnung zum Ausdruck kommt, eine grössere Aufmerksamkeit als das Bilanzsummenwachstum. *Max Boemle*

Bilanzwirksame Geschäfte

Geschäfte, die sich in einer Veränderung der ↑Bilanzpositionen auswirken.

Bilbao Stock Exchange

Bolsa de Bilbao.
Links: www.bolsabilbao.es

Bill futures contract

Terminkontrakt (↑Termingeschäft) auf ↑Treasury bills.

Billiges Geld

Als Politik des billigen Geldes wird eine (dauerhaft) mit niedrigen ↑Zinssätzen operierende, expansive ↑Geldpolitik bezeichnet, welche darauf baut, dass durch günstige Kreditbedingungen der Wirtschaftsgang angeregt wird.

Bill of lading

↑Konnossement.

Binäre Option

↑Optionen, die eine nicht stetige Auszahlungsstruktur aufweisen und deren Auszahlungsbetrag entweder eine vorher vereinbarte (in der Regel fixe) Summe oder null beträgt, je nachdem, ob eine vereinbarte Bedingung erfüllt ist oder nicht. Beispiele für binäre Optionen sind All-or-nothing-Optionen oder ↑Digital options.

Binary option

↑Binäre Option.

Binnenwert des Geldes

↑Geld (Begriff); ↑Geldwert.

Binomialmodell

Dieses Modell unterstellt, dass die Wertänderung einer Anlage pro Periode genau eine von zwei möglichen Ausprägungen annehmen kann. Dabei sind diese von einer Periode zur nächsten voneinander unabhängig. Häufig wird die Wertänderung durch zwei unterschiedliche Wertänderungsfaktoren modelliert. Dann spricht man von einem multiplikativen Binomialmodell. Anwendung findet das Modell beim Option pricing. ↑Option (Allgemeines); ↑Option pricing model.

Biotech-Titel

Synonym für Biotechnologie-Titel. Unter diesem Begriff sind die ↑Aktien von Unternehmen definiert, die aufbauend auf den Erkenntnissen der Mikrobiologie, Zellbiologie, Biochemie, Chemie, Genetik, Gentechnologie, Bioinformatik und der technischen Wissenschaften Verfahren, Produkte oder Dienstleistungen anbieten, die von der Anwendung biotechnologischer Prozesse in der Landwirtschaft bis hin zur genspezifischen Diagnostik und Medikamentenpreskription reichen. Das Spektrum der Biotech-Titel umfasst vor allem klein- und mittelkapitalisierte Werte, beinhaltet aber auch grosskapitalisierte Unternehmen sowohl in Europa als auch in den USA.

BIZ

Abk. f. ↑Bank für Internationalen Zahlungsausgleich.

BIZ (Eigenkapitalquote)

↑Eigenkapitalquote bei Banken.

BIZ (Empfehlungen)

Unter dem Sammelbegriff «BIZ-Empfehlungen» werden diejenigen publizierten Empfehlungen verstanden, die von der in Basel domizilierten internationalen Organisation ↑Bank für Internationalen Zahlungsausgleich (BIZ) stammen.
Die BIZ, tätig seit 17.05.1930, fungiert im Wesentlichen als Bank der ↑Zentralbanken (↑Notenbanken) und fördert die internationale Zusammenarbeit im Währungs- (↑Währungsordnung) und Finanzbereich. Während sich die BIZ auf ihre Hauptfunktion als Zentralbank der Banken konzentriert, sind unter ihrem organisatorischen Dach verschiedene Ausschüsse entstanden, die sich speziellen Themen und Bedürfnissen der internationalen Finanzwelt annehmen. Hier sind insbesondere der ↑Basler Ausschuss für Bankenaufsicht (Basler Ausschuss), der Ausschuss für Zahlungsverkehrs- und Abrechnungssysteme (Committee on Payment and Settlement Systems, CPSS) sowie der Ausschuss für das weltweite Finanzsystem (Committee on the Global Financial System, CGFS) zu nennen. Diese Ausschüsse, allen voran der Basler Ausschuss, publizieren regelmässig Grundsatzpapiere (Publications) und Arbeitsdokumente (Working papers). Die Grundsatzpapiere beinhalten oft so genannte Mindeststandards, die von den Ausschüssen im Konsensverfahren erlassen worden sind: Als Beispiele hierzu können die «Kernprinzipien für eine wirksame Bankenaufsicht» (↑Basler Kernprinzipien) und die «Internationale Konvergenz der Eigenkapitalmessung und -anforderungen» (↑Basler Abkommen) oder die «Empfehlungen für Effektenabrechnungssysteme» des CPSS genannt werden. Da die einzelnen Ausschüsse, obwohl international besetzt, rechtlich keine supranationalen Befugnisse besitzen, gelten die von ihnen erlassenen Mindeststandards nicht als völkerrechtlich verbindliche Beschlüsse, sondern weisen lediglich den Charakter von *Empfehlungen* auf. Es ist jedoch festzustellen, dass – speziell die Empfehlungen den Basler Ausschuss betreffend – auch wenn die rechtliche Verbindlichkeit fehlt, die Empfehlungen kraft ihrer international anerkannten materiellen Überzeugungskraft von den einzelnen Ländern als globaler Massstab akzeptiert werden und Eingang in das jeweilige innerstaatliche Recht finden.

Rolf Gertsch

BIZ (Kernkapital)

↑Kernkapital bei Banken; ↑Ergänzendes Kapital bei Banken.

BIZ (Ratio)

↑Basler Ausschuss für Bankenaufsicht.

B/L

Abk. f. Bill of lading. ↑Konnossement.

Blackmailing

↑Greenmailing.

Black/Scholes

Nach den amerikanischen Finanzmarkttheoretikern Fischer Black und Myron S. Scholes benanntes Optionspreismodell. Das Modell geht von der Überlegung aus, dass die Kombination einer ↑Option mit ihrer zugrunde liegenden Basisanlage keine Arbitragemöglichkeiten eröffnen darf. Als ↑Arbitrage bezeichnet man das Erwirtschaften risikoloser Gewinne ohne Kapitaleinsatz. Zentral ist zudem die Annahme, dass die Kursentwicklung auf modernen ↑Finanzmärkten kontinuierlich ist, d. h. sich die ↑Kurse ständig (laufend) ändern können. Der Kerngedanke ist folgender: Kombiniert man eine Option mit einer Gegenposition, welche die Optionskursveränderungen (laufend) neutralisiert, so ist die Gesamtposition risikolos und muss eine ↑Rendite abwerfen, die exakt dem vorherrschenden ↑Zinssatz für eine risikolose ↑Kapitalanlage entspricht. Die beschriebene Gegenposition kann im Idealfall durch die zugrunde liegende Anlage (oder bei komplexeren ↑Derivaten durch ein replizierendes ↑Portfolio) erfolgen. Voraussetzung für den Risikoausgleich ist, dass das Verhältnis zwischen den Wertveränderungen von Option und Basisanlage (das so genannte ↑Delta) in jedem Zeitpunkt bekannt ist und die ↑Position laufend angepasst werden kann. Das Delta kann analytisch bestimmt werden – aber nur, wenn der ↑Optionspreis bekannt wäre. Da genau dieser gesucht wird, besteht die Lösung des Problems darin, dass der gesuchte Optionspreis in jedem Zeitpunkt einer Differenzialgleichung genügen muss. Diese spielt bei der Bewertung von Optionen eine zentrale Rolle.

Der entscheidende Punkt ist nun der folgende: Da die Bewertung der Option im Kontext eines risikolosen Portfolios erfolgt, fliessen keine Kurserwartungen und Risikopräferenzen in den Wert einer Option ein: Die Bewertung erfolgt präferenzfrei. Die Kenntnisse der ↑Volatilität ist hinreichend. Optionen erlauben damit eine isolierte Bewertung der Volatilitätserwartungen der Marktteilnehmer. In dieser Vereinfachung liegt der entscheidende Durchbruch des Black/Scholes-Modells.

Zur Errechnung des Black/Scholes-Optionspreises werden mit dem heutigen Preis der Basisanlage, dem ↑Ausübungspreis, der ↑Restlaufzeit, der stetigen Verzinsung und der Volatilität lediglich fünf Grössen benötigt, die allesamt statistisch eindeutig definiert sind und mit Ausnahme der Volatilität direkt beobachtbar sind.

Die Annahmen, die dem Black/Scholes-Modell zu Grunde liegen, sind:
– *Bezüglich der ↑Kontrakte:* einfache europäische Call-Optionen und Put-Optionen auf Anlagen mit hoher ↑Liquidität
– *Bezüglich des zu Grunde liegenden Preisprozesses:* kontinuierlicher Preisprozess mit konstanter Volatilität, mit stetiger Anpassungsmöglichkeit der ↑Hedge-Position und dem Ausschluss von Dividendenzahlungen
– *Bezüglich des ↑Kapitalmarktes:* kostenlose ↑Transaktionen, Leerverkaufsmöglichkeit von ↑Aktien, derselbe Zinssatz für Geldanlagen wie für Kredite, keine Steuern sowie die beliebige Teilbarkeit der Basisanlage.

Das Black/Scholes-Modell wurde im Jahre 1973 veröffentlicht. Im gleichen Jahr veröffentlichte Robert C. Merton, der bereits in den 60er-Jahren mit Paul A. Samuelson die analytischen Grundlagen des Modells entwickelt hat, eine Reihe grundlegender Erweiterungen des Modells. Zusammen mit Myron Scholes wurde er 1997 mit dem Nobelpreis ausgezeichnet (Fischer Black, der 1995 verstorben ist, wurde in der Laudatio ebenfalls erwähnt).

Zu den wesentlichen Anwendungen des Black/Scholes-Ansatzes zählen:
– *Die Bewertung von Unternehmensanteilen:* Die Vielzahl unterschiedlicher Fremd- und Eigenkapitalkategorien (wie ↑nachrangige Darlehen, Anleihen, grundpfandgesicherte Kredite, ↑Vorzugsaktien, Wandelobligationen) stellen Kontrakte mit Optionscharakter dar. Das ↑Aktienkapital erfüllt beispielsweise ökonomisch die Funktion einer Call option, die den Aktionären auf dem Firmenwert zusteht. Diese Erkenntnis bildet bereits ein Hauptthema des klassischen Black/Scholes-Artikels
– ↑*Kreditrisiken:* In einer frühen Arbeit von Merton wird die Anwendung der Optionspreistheorie für die Analyse des Kreditrisikos von Anleihen und die Risikostruktur von Zinssätzen aufgezeigt
– ↑*Risikomanagement und* ↑*Value at risk:* Die Verwendung von Optionspreismodellen ist bei der Überwachung der Risiken derivativer Instrumente und optionsähnlicher Finanzkontrakte unerlässlich. Value-at-risk-Berechnungen sind nur aufgrund von Preisbildungsmodellen für die entsprechenden Kontrakte möglich. Die Risikoanalyse komplexer und exotischer Derivate erfolgt allerdings kaum mit Modellen im engeren Sinn, sondern mit Simulationen
– ↑*Portfolio insurance,* ↑*strukturierte Produkte und dynamische* ↑*Replikation:* Die Implementation von Absicherungsstrategien oder das Design von Produkten mit Absicherungseffekten erfordert die Verwendung von Bewertungsmodellen. Weiter sind Strategien zu nennen, bei denen Optionspreismodelle verwendet werden, um die Effekte von Optionskontrakten nachzubilden, ohne diese aber einzusetzen.

Heinz Zimmermann

Blackout period
Unter Blackout period versteht man eine Zeitspanne zwischen der Erstellung von Rechnungsabschlüssen und der Veröffentlichung dieser Daten. Während der Blackout period besteht ein Transaktionsverbot mit gesellschaftseigenen Aktien für Mitarbeiter im Management oder mit Stabsfunktion, die Zugriff auf sensitive Daten haben. Eine Blackout period ist auch nach einem ↑Initial public offering (IPO) zu beachten. Es handelt sich um die Zeitspanne nach einem IPO, innerhalb der die ↑Konsortialbanken keine zusätzlichen Informationen und Anlageempfehlungen über die Gesellschaft abgeben dürfen.

Blankett
Vordruck eines serienmässig ausgegebenen ↑Wertpapiers, der noch nicht vollständig ausgefüllt ist, z. B. noch keine Unterschrift oder keine Nummer trägt, sonst aber in nichts von einem Exemplar aus der Druckserie zu unterscheiden ist. ↑Blankopapier.

Blanko
Diese Bezeichnung wird in verschiedenen Bedeutungen verwendet:
– Urkunde, die nicht vollständig ausgefüllt ist (z. B. Blankocheck, ↑Blankozession). Der Empfänger

ist berechtigt, fehlende Angaben entsprechend der Vereinbarung mit dem Aussteller zu ergänzen
- Urkunde, die uneingeschränkt gültig ist (z. B. Blankovollmacht)
- Blanko hat auch die Bedeutung von «leer» (z. B. Blankoverkauf) oder «ohne» (z. B. «ohne Sicherheiten»; ↑Blankokredit).

Blankocheck
↑Blankopapier.

Blankodarlehen
↑Konsumkredit.

Blankoindossament
↑Indossament, bei dem der Indossatar nicht bezeichnet wird. Das Blankoindossament kann in der blossen Unterschrift des Indossanten bestehen (OR 1003). Es kommt vor allem beim ↑Wechsel und beim ↑Check vor. Die Banken verlangen in der Regel, dass ihr zu verpfändende Namen- oder ↑Ordrepapiere (↑Namenaktien) ↑blanko indossiert werden (↑Wertpapierverpfändung). Häufig werden auch ↑Schuldbriefe blanko indossiert, obschon das Blankoindossament hier gesetzlich ausgeschlossen ist (ZGB 869 II).

Blankokredit
Nach der eigentlichen Bedeutung des Wortes «blanko» entspricht der Blankokredit dem ↑ungedeckten Kredit. In der Bankpraxis versteht man aber unter Blankokredit den kommerziellen, ungedeckten, kurzfristigen ↑Betriebskredit, der in der Regel in der Form des Kontokorrentkredites, aber auch in derjenigen des ↑Festkredites oder ↑Darlehens, gewährt wird.

1. Das Wesen des Blankokredites
Als kurzfristiger *Betriebskredit* dient der Blankokredit zur Finanzierung des Umlaufvermögens, d. h. von Rohmaterialien, Halb- und Fertigfabrikaten und Debitorenausständen. Als ↑produktiver Kredit soll er dazu verwendet werden, die Güterherstellung und den Güterumlauf zu fördern. Wirtschaftlich gesehen handelt es sich bei dieser Kreditform um einen *kurzfristigen Kredit*. Aus Verkaufserlösen der finanzierten Güter oder Dienstleistungen erfolgen laufend ↑Rückzahlungen. Dagegen wird der Kredit für den Kauf der zu ersetzenden Produkte wieder neu benützt; er erneuert sich also laufend. Dem Blankokredit stehen in der Bilanz des Kreditnehmers kurzfristige Aktiven gegenüber. Im Falle einer Schrumpfung der Geschäftstätigkeit oder einer Liquidation dieser Aktiven ist die kurzfristige Rückzahlung des Kredites sichergestellt.

Ein typisches Beispiel eines solchen kurzfristigen Kredites bildet der *Saisonkredit*. Er dient zur Befriedigung eines erhöhten Kreditbedürfnisses während einer zeitlich beschränkten Frist. So benötigen z. B. Weinkellereien im Herbst zusätzliche Mittel, um die Ernte der Weinbauern finanzieren zu können. Der zu diesem Zweck in Anspruch genommene Kredit wird im folgenden Jahr zurückbezahlt, wenn die Verkaufserlöse für die inzwischen gekelterte Ware eingehen. Der Erlös aus dem nunmehr liquidierten Aktivum dient zur direkten Rückzahlung des Kredites. Saisonkredite im weiteren Sinn sind auch alle jene Kredite, die zur vorübergehenden Finanzierung eines grösseren Auftrages zur Verfügung gestellt werden. Sie sind in der Regel befristet. Je nach Art des Saisonkredites wird aufgrund des zu erwartenden Geldrückflusses auch eine tranchenweise Reduktion der ↑Kreditlimite vereinbart. Bei periodisch wiederkehrenden Kreditbedürfnissen besteht vielfach auch eine ausdrückliche oder stille Übereinkunft mit der Bank, dass der Kredit während einer gewissen Zeit nicht benützt werden darf, ohne dass die Kreditlimite selbst befristet wäre.

2. Die Kreditprüfung beim Blankokredit
Die kreditgewährende Bank verfügt beim Blankokredit über keine besonderen Sicherheiten. Durch eine eingehende Kreditprüfung (↑Credit rating, ↑Rating der Banken) muss sie deshalb sicherstellen, dass der ↑Kreditnehmer alle Voraussetzungen für eine Blankokredit-Gewährung erfüllt und in der Lage sein wird, den Kredit bei ↑Fälligkeit wieder zurückzuzahlen.
Blankokredite dürfen grundsätzlich nur an *erstklassige Kreditnehmer* gewährt werden, die einer eingehenden Kreditprüfung in allen Punkten standhalten (↑Kreditfähigkeit, ↑Kreditwürdigkeit). Die Geschäftsleitung der kreditbegehrenden Unternehmung muss die nötigen Voraussetzungen mit sich bringen, um im Wirtschaftsleben erfolgreich bestehen zu können. Zur Beurteilung dieser Frage muss sich die Bank ein Bild machen über die Zweckmässigkeit der Organisation und die Dynamik, aber auch über die Erfahrung und Fähigkeit der massgebenden Personen. Sind sie innovativ? Werden sie in der Lage sein, unerwartete Situationen zu meistern? Wie sind sie in der Vergangenheit Schwierigkeiten begegnet? Wie wird die Unternehmung geführt? Ist der nachhaltige Erfolg der Unternehmung gesichert? Nicht nur die fachliche Tüchtigkeit der Geschäftsleitung der Kreditnehmer ist zu beurteilen, sondern auch deren charakterliche Integrität. Blankokredite beruhen weitgehend auf gegenseitigem Vertrauen. Die Bank muss sich deshalb darauf verlassen können, dass sich der Kreditnehmer in allen Teilen an die getroffenen Abmachungen halten wird. Ein ebenso wichtiger Aspekt ist die Analyse der finanziellen Verhältnisse anhand der Jahresrechnungen und

Budgets. Des Weiteren müssen die Konkurrenzbedingungen, die Entwicklung der Märkte, die Absatzchancen der vertriebenen Produkte und die Zukunftsmöglichkeiten der Unternehmung abgewogen werden. Auch die allgemeine Wirtschaftslage und die Verhältnisse in der Branche des Kreditnehmers müssen beim Kreditentscheid berücksichtigt werden. Die zur Kreditprüfung notwendigen Daten und Informationen muss die Bank aus den verschiedenen ihr zur Verfügung stehenden Quellen zusammentragen. Dazu gehören:
– Geschäftsberichte, Jahresrechnungen, Budgets und andere Unterlagen aus dem Rechnungswesen des Kreditnehmers
– Revisionsberichte von Treuhandfirmen und Wirtschaftsprüfern
– Informationen und Selbstauskünfte
– Aus persönlichen Kontakten mit dem Kreditnehmer gewonnene Erkenntnisse über Organisation, Führungsstruktur, Fähigkeiten und Charakter des Kreditbewerbers
– Informationen von Dritten mit Ermächtigung des Kreditnehmers, wie z.B. von Amtsstellen, anderen Banken, Auskunfteien sowie Auszüge aus öffentlichen Registern (Handelsregister, Betreibungsregister). (↑Informationswesen der Banken)
– Allgemeine Brancheninformationen, die aus Zeitungen und Fachzeitschriften oder über die entsprechenden Fachverbände – heute vielfach auch im ↑Internet erhältlich – beschafft werden können.

Der eingehenden *Analyse der Jahresrechnung* kommt bei der Kreditprüfung eine eminente Bedeutung zu. Die Bank muss sich über die finanzielle Situation des Kreditbewerbers ein genaues Bild machen. Dabei genügt es in der Regel nicht, dass die Jahresrechnung eines einzelnen Jahres zur Beurteilung herangezogen wird. Vielmehr ist es nötig, dass mehrere Jahre analysiert werden (in der Regel mindestens zwei bis drei), damit die Entwicklung der Zahlen verfolgt werden kann. Anhand dieser Jahresrechnungen kann sich die Bank einen Überblick verschaffen über die Liquidität (↑Liquidität [Betriebswirtschaftliches]) und die ↑Ertragskraft der Unternehmung und deren Entwicklung. Sie muss sich ferner Rechenschaft geben über die effektive Höhe des ↑Eigenkapitals, das den ↑Gläubigern der Unternehmung haftet. Bei der Beurteilung einer Unternehmung sind bei der finanziellen Analyse die Liquidität, die Ertragskraft und das Verhältnis der ↑eigenen Mittel zu den Gesamtverbindlichkeiten Punkte, die bei der Prüfung der grössten Aufmerksamkeit bedürfen. Je liquider ein Unternehmen ist, um so kleiner ist die Gefahr, dass es in Zahlungsschwierigkeiten geraten kann; je stärker die Ertragskraft ist, um so grösser ist die Wahrscheinlichkeit, dass es unerwartete Gewinneinbrüche verkraften kann, und je grösser die Eigenkapitalisierung ist, desto besser ist das Unternehmen gegen finanzielle Rückschläge gewappnet. Die Banken sind deshalb dazu übergegangen, die maximal mögliche Kreditverschuldung (↑*Debt capacity, Verschuldungspotenzial*) mit speziell dafür entwickelten Programmen zu berechnen. Überhaupt muss die Bank danach trachten, sich ein möglichst klares Bild über die zukünftige Entwicklung des Kreditnehmers zu verschaffen. Sie verlangt deshalb, dass ihr auch zukunftsbezogene Unterlagen wie Budgets, Finanzierungs- oder so genannte Businesspläne eingereicht werden. Bei der Analyse genügt es nicht, wenn die Bank einfach auf die nackten Zahlen abstellt, die ihr vom Kreditnehmer präsentiert werden. Aus zusätzlichen Angaben, die sie sich entweder in einem persönlichen Gespräch mit dem Kreditnehmer beschafft oder die sie aus dem ↑Geschäftsbericht entnimmt, muss sie sich ein Bild machen über die Qualität der Aktiven und der möglichen ↑Risiken, die darin enthalten sind (wie z.B. mit grossen Delkredererisiken behaftete Debitorenausstände, schwer verkäufliche Warenlager). Daneben muss sie im Rahmen der Analyse auch abklären, ob Aktiven nicht durch Sicherstellungsverträge zu Gunsten von einzelnen Gläubigern belastet und damit dem Zugriff der unbesicherten Gläubiger entzogen sind. In gleicher Weise muss abgeklärt werden, wie weit allenfalls konkursrechtlich privilegierte Forderungen, wie Forderungen von Personalvorsorgeeinrichtungen sowie ↑Eventualverpflichtungen, wie z.B. Verpflichtungen aus Leasingverträgen, Risiken aus noch nicht abgewickelten Verträgen und negative wirtschaftliche Entwicklungen das ↑Kreditrisiko beeinflussen können. Durch Berechnung verschiedener Kenn- und Indexzahlen wird die Bank versuchen, die Jahresrechnung transparenter zu machen und damit die Analyse zu erleichtern. Mittels EDV-unterstützten Systemen berechnen heute die meisten Banken individuelle Ratings für ihre Kunden (↑Rating der Banken), ähnlich wie diese von internationalen Rating-Agenturen (↑Rating) (Standard & Poors, Moody's) für grössere Firmen, Banken und öffentlich-rechtliche Körperschaften verliehen werden.

Betriebsvergleiche, also Vergleiche mit der Grösse, Struktur, Entwicklung, Dynamik, Finanzierung und Ertragskraft von Betrieben, die in der gleichen Sparte tätig sind, können wichtige Erkenntnisse über die Zukunftschancen eines Kreditnehmers und über die Risiken, die mit einer Kreditgewährung verbunden sind, bringen.

3. Die Höhe des Blankokredites
Für die Höhe des Blankokredites gibt es keine allgemein gültige Formel. Jeder Fall ist anders gelagert und muss durch die Bank einzeln beurteilt werden. In erster Linie wird auf die Höhe der eigenen Mittel und die Ertragskraft des Kreditnehmers abgestellt, wobei aber auch alle übrigen zur Bemes-

sung des Kreditrisikos wichtigen Informationen miteinbezogen werden müssen. Wichtig wird dabei unter anderem auch sein, ob nur eine Bank oder mehrere Banken dem Kreditnehmer Blankokredit gewähren. Die Konkurrenz unter den Banken bringt dies mit sich, und oft mag, besonders bei sehr bedeutenden Kreditnehmern, eine gewisse Verteilung der Blankokredite unter verschiedenen Banken durchaus angebracht sein, immer vorausgesetzt, dass die verschiedenen beteiligten Banken orientiert sind; noch besser ist es, wenn sie sich über die einzuräumenden Limiten mit Ermächtigung des Kreditnehmers gegenseitig verständigen. Banken haben schon vielfach Verluste erlitten, weil sie, ohne sich gegenseitig zu orientieren, einem Kreditnehmer Blankokredite einräumten, die einzeln vielleicht gerechtfertigt waren, aber zusammen nicht hätten verantwortet werden können, und die den Kreditnehmer zu einer ungesunden Geschäftsexpansion verleiteten. Allfällige weitere Blankokredite sind aus der Bilanz des Kreditnehmers nicht unbedingt ersichtlich, da er so disponieren kann, dass sie am Bilanztag nicht beansprucht sind.

Als Faustregel gilt, dass bei guter Zahlungsbereitschaft und Ertragslage ein Blankokredit bis zur Höhe von rund einem Drittel der eigenen Mittel bzw. das 3- bis 4-fache des ↑*Cashflows* oder max. 10% des Nettoerlöses gewährt werden kann. Diese Sätze können aber von Fall zu Fall, je nach Natur des Unternehmens und der Art des Kredites, stark nach unten oder oben variieren. Namentlich bei kurzfristigen Saison- oder Überziehungskrediten kommt oft ein höherer Rahmen zur Anwendung. Im Auslandgeschäft mit internationalen Grossfirmen wird die Bank andere Massstäbe anlegen müssen. In Kenntnis der Tatsache, dass in der Regel solche Firmen von mehreren Banken Kredite offeriert erhalten, und dass infolge der Distanz zum Kreditnehmer dessen Entwicklung nicht mit der gleichen Intensität verfolgt werden kann, müssen die Normen tiefer angesetzt werden. Als Faustregel kann hier gelten, dass der Blankokredit einer einzelnen Bank 10% der eigenen Mittel des Kreditnehmers nicht übersteigen soll. Ebenso wichtig ist aber, dass auch solche Blankoengagements in einem angemessenen Verhältnis zu den eigenen Mitteln und der Ertragslage der kreditgewährenden Bank stehen (↑*Klumpenrisiko*).

4. Zusätzliche Sicherungsmöglichkeiten

Der Definition gemäss wird der Blankokredit ohne besondere Sicherheiten gewährt. Die Forderung der Bank ist nur durch das freie, unbelastete Vermögen des Kreditnehmers gedeckt, das gleicherweise aber auch noch allen anderen Gläubigern haftet. Durch verschiedene Klauseln kann die Bank vertraglich sicherstellen, dass der Wert dieses freien Vermögens nicht vermindert wird. Mit der ↑*negativen Hypothekenklausel* verpflichtet sich der Kreditnehmer, seinen Immobilienbesitz ohne Zustimmung der Bank nicht oder nicht höher zu belasten, mit der ↑*negativen Verpfändungsklausel*, überhaupt keine Aktiven zu verpfänden. Mit einer ↑*Pari-passu-Klausel* verpflichtet sich der Kreditnehmer, keinem anderen Gläubiger Sicherheiten zu gewähren, ohne die kreditgewährende Bank in gleicher Weise daran teilhaben zu lassen. Durch so genannte ↑*Covenants* kann die Bank im ↑*Kreditvertrag* vereinbaren, dass ganz bestimmte Bedingungen während der Dauer des Kreditverhältnisses durch den Kreditnehmer eingehalten werden müssen, wie z. B. eine bestimmte Liquidität oder ein bestimmtes Verhältnis der eigenen Mittel zu den Verbindlichkeiten, oder auch andere Bilanz- und Erfolgsrechnungsrelationen. In die gleiche Richtung gehen Abmachungen, dass der Kreditnehmer ohne Einverständnis der Bank keine zusätzlichen Kredite aufnehmen darf (↑*Ausschliesslichkeitserklärung*). Eine weitere Möglichkeit, ihre Stellung zu verbessern, besteht für die kreditgewährende Bank darin, von Geldgebern, die dem Kreditnehmer nahe stehen (z. B. Aktionäre) eine ↑*Rücktritts- und Abtretungserklärung* zu verlangen. Darin verpflichtet sich der Geldgeber, seine Forderung so lange nicht geltend zu machen, als die Bank den Kredit ausstehend hat; für den Fall des Konkurses tritt er seine Forderung der Bank ab, wodurch die auf diese Forderung entfallende Konkursdividende der Bank bis zu ihrer vollen Deckung zukommt (↑*Nachrangige Darlehen, Anleihen*). Mit dieser Erklärung verbreitert sich praktisch die Eigenkapitalbasis des Kreditnehmers gegenüber der Bank.

Mit der ↑*Cross-default-Klausel* kann die Bank die vorzeitige Rückzahlung einer Schuld bereits dann verlangen, wenn der Schuldner bei der Vertragserfüllung mit Dritten in Verzug (↑*Default*) geraten ist.

Neben den üblichen periodischen Informationspflichten, wie Einreichung der Jahresrechnung, des Revisionsstellenberichtes und der Budgetzahlen, verlangen die Banken, dass sie umgehend über Änderungen der rechtlichen oder wirtschaftlichen Struktur, der Besitzverhältnisse, der Organe usw. informiert werden.

5. Der Blankokredit im Auslandgeschäft der Banken

Eine besondere Rolle spielt der Blankokredit im Auslandgeschäft der ↑*Grossbanken* (↑*Auslandgeschäft der Schweizer Banken*) und der ↑*ausländischen Banken*. ↑*Auslandkredite* werden fast ausschliesslich auf Blankobasis gewährt, da es sich bei den Kreditnehmern um Grossfirmen handelt, die nur in Ausnahmefällen gedeckte Kredite in Anspruch nehmen. Bei der Gewährung von Blankokrediten muss sich die Bank, neben der Prüfung der üblichen Kreditrisiken, auch Rechenschaft geben über die ↑*Auslandrisiken*, die mit einer solchen Kreditgewährung verbunden sind. Sie muss deshalb nicht nur prüfen, ob der Schuldner bei Kreditfälligkeit in der Lage sein wird, den Kreditbetrag zurückzuzahlen, sondern muss sich auch vergewissern, dass das betreffende Land über die nötigen Devisen verfügen wird, die zur Rücküberweisung des Kreditbetreffnisses gebraucht werden.

Die Bank muss ebenfalls sicherstellen, dass – wo vorgeschrieben – die Kredite gemäss den jeweiligen staatlichen Vorschriften registriert werden, damit später die nötigen Devisentransferbewilligungen erhältlich gemacht werden können.

6. Kreditüberwachung
Blankokredite werden hinsichtlich ihrer Beanspruchung laufend überwacht. Bankintern werden die Blankokredite in den meisten Fällen jeweils für 1 Jahr aufgrund der Analyse der Jahresrechnung und des Budgets neu bewilligt.

Blankopapier
↑Wertpapier (z.B. ↑Blankocheck oder Blankowechsel), das vom Aussteller unterschrieben, sonst aber unvollständig ausgefüllt weitergegeben wird. Der Empfänger eines Blankopapiers gilt als ermächtigt, es auszufüllen, jedoch nur gemäss den mit dem Aussteller getroffenen Vereinbarungen. Dem gutgläubigen Erwerber eines ursprünglich als Blankopapier begebenen ↑Wechsels haftet der Aussteller, auch wenn das Blankopapier vereinbarungswidrig ausgefüllt wurde (OR 1000). Blankowechsel dienen oft zur Sicherung von Konventionalstrafen. ↑Blankett.

Blankoverkauf
↑Leerabgeber.

Blankowechsel
↑Blankopapier.

Blankozession
Die schriftliche ↑Abtretung einer Forderung, bei der der Name oder die Firma des Zessionars offen gelassen wird. Die Ausfüllung hat später zu erfolgen, entweder aufgrund einer vorbehaltenen späteren Einigung unter den Beteiligten oder in Übereinstimmung mit den vom Zedenten bei der Unterzeichnung der Urkunde erteilten Weisungen.

Blauer Einzahlungsschein mit Referenznummer
Der Bankeinzahlungsschein mit Referenznummer BESR wurde von den Schweizer Banken für den geschäftlichen ↑Zahlungsverkehr geschaffen. Der BESR ermöglicht eine rationale und kostengünstige Fakturierung sowie automatische Abstimmung der Debitoren mittels elektronischer Meldung (Filetransfer, Datenträger) der Zahlungseingänge.

BLOC
Abk. f. Buy low or cash. ↑Strukturierte Produkte.

Blockhandel
Werden grosse Wertschriftenpakete mit hohem Wert gehandelt, spricht man von Blockhandel. Die Ausführung eines Blockhandels ist nur möglich, wenn der Markt dazu breit genug ist (↑Marktbreite). In einem engen Markt (↑Marktenge) könnte ein Blockauftrag zu beträchtlichen Kursschwankungen führen. Um dies zu vermeiden, muss der Blockauftrag entweder in kleinere ↑Pakete aufgeteilt und über mehrere Tage verteilt oder ausserbörslich abgeschlossen werden, vorausgesetzt, es findet sich eine geeignete Gegenpartei (↑Ausserbörslicher Effektenhandel). An der ↑SWX Swiss Exchange sind ausserbörslich durchgeführte Blockaufträge mit kotierten ↑Wertpapieren meldepflichtig. In der Regel sind es ↑institutionelle Anleger, die Wertschriftenaufträge in dieser Grössenordnung tätigen.

Block trade
↑Blockhandel.

Blockverkauf
Werden ↑Wertschriften in einem grossen ↑Paket von hohem Wert verkauft, spricht man von Blockverkauf. Ein ↑Blockhandel wird in der Regel durch ein Verkaufsangebot eines solchen Wertschriftenpakets ausgelöst. Die Käufer hingegen ziehen es meist vor, ihre Bestände sukzessive aufzubauen. Beim Angebot eines grossen Wertschriftenpakets wird oft vermutet, dass der Verkäufer Kenntnis von negativen Unternehmensinformationen hat.

Bloomberg
↑Data vendors.

Blue chip
In der ↑Börsensprache Bezeichnung für ↑Aktien erstklassiger Gesellschaften mit starker ↑Ertragskraft, günstigen Wachstumsaussichten und entsprechend hohem ↑Rating. Blue chips sind in einem repräsentativen ↑Aktienindex vertreten und haben einen breiten Markt (↑Marktbreite).

Bobl
In Deutschland Abkürzung für Bundesobligation.

Bodenkreditbank
Die offizielle Gruppierung der ↑Banken durch die SNB (↑Nationalbank, Schweizerische) kennt den Begriff der Bodenkreditbank nicht mehr. Bis zur Revision der ↑Bankenstatistik der Schweiz im Jahre 1971 unterteilte man die Lokalbanken (heute ↑Regionalbanken) in Bodenkreditbanken und «andere Lokalbanken». Die Qualifikation «Bodenkreditbank» kam denjenigen Instituten zu, deren

Aktiven mindestens zu 60% aus inländischen Grundpfandforderungen bestanden.

Bodensatz
Derjenige Teil der Guthaben, der auf ↑Bankkonten, auf ↑Clearingkonten, auf Postcheckkonten (↑Postzahlungsverkehr) und aus verkauften, aber noch nicht eingelösten Reisechecks (↑Swiss Bankers Travelers Cheques) ständig in einer gewissen Höhe vorhanden ist und deshalb bewirtschaftet, d.h. zinstragend angelegt werden kann. Der Bodensatz aus Reisechecks wird auch Float genannt. Cash-Management-Systeme helfen vor allem grossen Kunden mit hoher anfallender ↑Liquidität, diese zu planen und zu bewirtschaften.

Bodensatztheorie
Als «Bodensatz» wird in der deutschsprachigen Kredit- und Bankwirtschaftsliteratur jener Teil der Einlagen einer Bank bezeichnet, von dem diese erfahrungsgemäss annehmen kann, dass er unabhängig von formellen Kündigungs- und Rückzahlungsterminen langfristig bei der Bank verbleibt. Es geht also um die Unterscheidung zwischen formeller ↑Laufzeit und effektiver durchschnittlicher Verweildauer der Einlagen. Diese können aus einer Reihe von Gründen voneinander abweichen. Diese Feststellung gilt nicht zuletzt für ↑Sichteinlagen, die grundsätzlich vom Einleger jederzeit kündigungslos abziehbar sind. Sonst müssten die Bankinstitute stets 100% ihrer Sichteinlagen als Reserve in der Form von Notenbankgeld (↑Notenbankgeldmenge) halten. Der Grad der Abweichung kann je nach Einlageart unterschiedlich sein.
Die Bodensatztheorie ist auf dem Hintergrund der sog. Regel der fristenkongruenten Finanzierung (↑Fristenkongruenz) zu sehen, die auch als ↑Goldene Bankregel bekannt ist und auf Hübner (Hübner, O.: Die Banken, Leipzig 1854) zurückgeführt werden kann. Diese besagt, dass die zum Erwerb eines Aktivums nötigen Mittel mindestens so lange zur Verfügung stehen sollten, wie das Aktivum im Unternehmen gebunden bleibt. Die Idee dabei ist, dass ein Abweichen von dieser Regel zu Liquiditätsproblemen führen kann, weil die Rückzahlung kurzfristiger Verbindlichkeiten nicht aus den Rückflüssen erfolgen kann, die aus langfristigen Anlagen resultieren.
Demgegenüber steht die Tatsache, dass die Transformation (↑Transformationsfunktion der Banken) illiquider, aber längerfristig ertragreicher Anlagen in kurzfristige liquide Anlagemöglichkeiten eine der zentralen volkswirtschaftlichen Aufgaben und Leistungen eines Systems von Banken und ↑Finanzintermediären darstellt. Eine strikt fristenkongruente Finanzierung wäre mit der Fristentransformationsfunktion der Banken nicht vereinbar. Die Bodensatztheorie, die zuerst von Wagner (Wagner, A.: Beiträge zur Lehre von den Banken,
Leipzig 1857) formuliert worden ist, rechtfertigt und erklärt mit ihrer Unterscheidung zwischen formeller und effektiver Laufdauer die ↑Fristentransformation durch die Banken. Abweichungen zwischen formeller Laufzeit und effektiver Verweildauer treten auf, weil ↑Bankeinlagen bei ihrer ↑Fälligkeit häufig nicht abgezogen, sondern wieder angelegt werden, etwa im Fall von ↑Termineinlagen. Bei Kündigungsgeldern, die keine feste Laufzeit haben, sondern mit einer bestimmten Frist nach Kündigung fällig werden, ist die Bestimmung einer Laufzeitdauer rein formal ohnehin problematisch. So liegt etwa bei ↑Spareinlagen die faktische Verweildauer erfahrungsgemäss im Durchschnitt weit über der formell vereinbarten ↑Kündigungsfrist (von beispielsweise drei Monaten). Ausgeprägt gilt dies auch für Sichteinlagen, die definitionsgemäss jederzeit «kündbar» sind. Im Weiteren kann eine Bank im Normalfall damit rechnen, dass Abflüsse von Einlagen in einem gewissen Ausmass durch neue Einlagen anderer Bankkunden kompensiert werden. Darüber hinaus können ↑liquide Mittel durch die vorzeitige Veräusserung von ↑Wertpapieren und anderen Vermögensgegenständen beschafft werden. Die Liquiditätssituation einer Bank (↑Liquidität [Allgemeines und Aufsichtsrechtliches]) ist daher wesentlich komplexer, als es die blosse Gegenüberstellung der formellen Fälligkeitsstruktur ihrer Aktiva und Passiva suggerieren könnte. Sie wird weiter kompliziert durch Ausfall- und Preisrisiken (↑Ausfallrisiko), die mit ihren Anlagen verbunden sein können.
Entscheidend für die Liquiditätshaltung der Banken (↑Liquiditätsmanagement [Allgemeines]), und damit für das Ausmass, in dem diese eine Fristentransformation vornehmen können, sind nachfolgend aufgeführten Faktoren. Die Bank muss in einem Optimierungskalkül diese Faktoren gegeneinander abwägen:
– Die Erfahrungen und Einschätzungen der Banken über die zu erwartenden Zu- und Abflüsse bei verschiedenen Einlagekategorien und deren Wahrscheinlichkeitsverteilungen
– Diese Einschätzungen können im Zeitverlauf veränderlich sein, etwa in Abhängigkeit von Konjunkturstand und Krisenerscheinungen im Finanzsektor
– Die Möglichkeiten und Kosten, zu denen illiquide Anlagen in liquide Mittel (Notenbankgeld) zurückgeführt werden können
– Organisierte Märkte, an denen Wertpapiere möglichst kostengünstig getauscht werden können, spielen in diesem Kontext eine zentrale Rolle. Geschäftskredite (↑Kommerzieller Kredit) und ↑Privatkredite sind vor Ablauf ihrer Fälligkeit nur schwer und kostspielig liquidierbar
– Die Existenz eines funktionierenden Interbankmarkts (↑Interbankgeschäft) für die Umverteilung von Liquidität (Notenbankgeld) zwischen

den einzelnen Mitgliedern des Banken- und Finanzsystems
– Die Art und Weise, in welcher die ↑Notenbank auf Liquiditätsengpässe im ↑Bankensystem reagiert (↑Lender of last resort).

Ernst Baltensperger

Bollinger-Bänder
Bollinger-Bänder werden um einen ↑Moving average herum konstruiert, der um einen Faktor aus zwei Standardabweichungen nach oben und nach unten verschoben wird. Bollinger-Bänder sind Hilfsmittel zur Identifikation wahrscheinlicher Wendepunkte laufender ↑Trends.

Bomar-Bänder
Die Bomar-Bänder basieren auf einem gleitenden Durchschnitt (↑ Moving average) von 21 ↑Perioden und einer Berechnung einer ↑Bandbreite, die 85% der ↑Kurse der vorangegangenen 250 Perioden umfassen. Die Bänder dienen als Indikation für die zu erwartenden Schwankungen, die sich um den Durchschnittskurs von 21 Perioden sowohl nach unten als auch nach oben ergeben. Somit stellen die Bomar-Bänder eine Funktion des ↑Trends und der ↑Volatilität dar.

Bona fides
↑Guter Glaube.

Bond
Englische Bezeichnung für ↑Anleihensobligation. Je nach wirtschaftlicher Ausgestaltung werden unterschieden:
– ↑Collateral bonds: Bonds, die durch Verpfändung von ↑Wertpapieren (Aktien oder Obligationen) gesichert sind
– Convertible bonds: Bonds, die innert einer gewissen Frist zu einem im Voraus bestimmten ↑Kurs in Aktien umgetauscht werden können (↑Wandelanleihen)
– Equipment bonds: durch ↑Pfandrechte an Anlagevermögen, z. B. an Eisenbahnen oder Schiffen, garantierte Bonds
– ↑Income bonds: Bonds, die keinen festen Zinsanspruch, sondern nur einen limitierten Reingewinnanteil gewähren (vielfach als Folge von ↑Sanierungen)
– Mortgage bonds: Bonds mit hypothekarischer Sicherheit
– Participating bonds: Bonds, die ausser dem Anspruch auf festen ↑Zins noch einen solchen auf einen Anteil am ↑Reingewinn haben.
– ↑Straight bonds: «klassische» Obligationen mit fester Verzinsung, ohne Wandel- oder Optionsrechte.

↑Funding bonds; ↑Junk bonds; ↑Zerobonds; ↑Bull and bear bonds (Notes); ↑Discount-Bond.

Bondbroker
Auf ↑Bonds spezialisierter Börsenmakler. ↑Bond dealer.

Bond cum warrants
Englische Bezeichnung für ↑Optionsanleihe (Anleihe cum Optionsscheine [Warrants]). ↑Cum.

Bond dealer
Personen oder Unternehmungen, die mit festverzinslichen ↑Wertschriften an einer ↑Börse oder an OTC-Märkten ↑Transaktionen durchführen, werden als Bond dealer bezeichnet (englische Bezeichnung ↑Bonds, deutsche Bezeichnung ↑Obligationen). Im Gegensatz zu ↑Brokern kaufen Bond dealer festverzinsliche Papiere auch für den eigenen Bestand oder geben sie aus dem eigenen Bestand ab (sog. ↑Nostrogeschäfte in Effekten).

Bon de jouissance
Französische Bezeichnung für ↑Genussschein, ↑Besserungsschein.

Bond ex warrants
Anleihe, bei der die Optionsscheine ausgeübt oder verfallen sind. ↑Optionsanleihe.

Bond fund
↑Obligationenfonds.

Bond futures contract
Terminkontrakt (↑Termingeschäft) auf ↑Bonds.

Bond-Handel
Handel mit verschiedenartigen ↑Bonds (englische Bezeichnung für eine ↑Anleihensobligation oder einen einzelnen Obligationentitel). Unter Bond-Handel ist in erster Linie der Sekundärhandel mit bereits emittierten Bonds (↑Sekundärmarkt) und nicht die Ausgabe und Platzierung von neuen Anleihen (↑Primärmarkt) zu verstehen. Am Bond-Handel beteiligen sich Anleger, Banken und ↑Effektenhändler, die als Käufer und Verkäufer von Bonds sowie manchmal auch als ↑Market maker auftreten. In rechtlicher Hinsicht untersteht der Bond-Handel dem Börsengesetz (↑Börsengesetzgebung), das die Voraussetzungen für den gewerbsmässigen Handel mit ↑Effekten regelt, um für den Anleger Transparenz und Gleichbehandlung sicherzustellen (BEHG 1). Zudem unterliegt der Handel von an der ↑SWX Swiss Exchange kotierten Bonds dem ↑Kotierungsreglement, vorab dessen Bedingungen für die Aufrechterhaltung der ↑Kotierung (KR 64 ff.) und der Ad-hoc-Publizität (KR 72), die gleichermassen für Anleihen wie für ↑Beteiligungsrechte gelten.
Heute ist das Spektrum der angebotenen Bonds breit und zunehmend international beeinflusst. In der Schweiz werden vor allem ↑Straight bonds, d. h. «klassische» ↑Obligationen mit fester Verzin-

sung und ohne Wandel- oder Optionsrechte gehandelt. Seltener, jedoch in ungünstigen Aktienmärkten vorteilhafter sind sog. Equity linked bonds, d. h. also ↑Wandelanleihen (Convertible bonds) oder ↑Optionsanleihen. Schweizer Wandelanleihen werden manchmal mit Vorwegzeichnungsrecht für die bisherigen Aktionäre des ↑Emittenten (OR 653c) begeben, was allerdings weniger wirtschaftlich, und technisch aufwendiger ist. Neben den herkömmlichen Wandelanleihen, welche den Obligationär berechtigen, seine Forderungsrechte in Beteiligungsrechte des Emittenten umzutauschen, gibt es in der Schweiz vereinzelt sog. Exchangeable bonds (Exchangeables), bei welchen nur in ↑Aktien einer anderen Gesellschaft (Drittgesellschaft oder ↑Muttergesellschaft des Emittenten) gewandelt werden kann. Die ↑Wandlung kann für den Inhaber des Bonds freiwillig oder obligatorisch (sog. Mandatory conversion) sein.

Im Euromarkt und in den USA gibt es zahlreiche weitere, teilweise sehr spezielle wirtschaftliche Ausgestaltungsarten von Bonds.↑Bond.

Bonds sind immer häufiger eine Grundlage für Kombinationen von zwei oder mehr ↑Finanzinstrumenten am ↑Kassa- und ↑Terminmarkt (Aktien, Anleihen und ↑Optionen), wovon mindestens eines davon ein ↑Derivat ist, und die als eigenständige Anlagen unter dem Begriff «strukturierte Finanzprodukte» zusammengefasst werden. ↑Strukturierte Produkte werden entweder börslich oder ausserbörslich gehandelt. Je nach ihrer Ausgestaltung weisen sie ein spezifisches Risikoprofil auf, das die ↑Risiken der einzelnen Anlageprodukte vermindert oder verstärkt. Insbesondere können mit strukturierten Produkten für Emittenten eine gewisse Unabhängigkeit von Marktschwankungen sowie für Anleger ein bestimmter Kapitalschutz als auch im Emissionszeitpunkt ein über dem aktuellen ↑Zinsniveau liegender ↑Coupon erzielt werden. Zu den bekanntesten Formen strukturierter Finanzprodukte zählen die in der Regel als ↑Obligationenanleihen emittierten Reverse convertible bonds, bei welchen – im Gegensatz zur klassischen Wandelanleihe – der Emittent am Ende der ↑Laufzeit das Recht zur Wandlung des ↑Fremdkapitals in seine Aktien hat. Ebenfalls zu den strukturierten Finanzprodukten zählen ↑Discount-Bonds, die eine feste Anzahl Aktien eines Unternehmens verbriefen, die im Vergleich zum Börsenkurs am Emissionstermin mit einem Abschlag angeboten werden. Der Inhaber des Bonds erhält am ↑Fälligkeitstag vom Emittenten eine im Voraus festgelegte Anzahl Aktien, sofern deren Gesamtwert eine vorab festgelegte Grenze nicht überschreitet. Andernfalls erfolgt ein Barausgleich in Höhe des maximalen Rückzahlungsbetrages. Diese Finanzinstrumente werden auch als «geschützte Aktienanleihen» bezeichnet und je nach ihren wirtschaftlichen Charakteristika in sog. Break oder Protect bonds unterteilt.

Die mit den eingetragenen Produktenamen der emittierenden Banken als GOAL (Geld- oder Aktien-Lieferung) oder REVEXUS (Reverse exchangeable units) bezeichneten strukturierten Finanzprodukte beinhalten neben der für Anleihen typischen Verzinsung gleichzeitig einen Anspruch auf eine Barrückzahlung oder auf die Lieferung von Aktien zu einem im Voraus festgelegten ↑Kurs. Ob die ↑Rückzahlung in bar oder in den entsprechenden Wertpapieren erfolgt, bestimmt sich allein aufgrund des vorab fixierten Kursniveaus und ist nicht abhängig von der Wahl des Anlegers, des Emittenten oder der Emissionsbank. Die Zinskomponente verleiht einem GOAL einen Bond-ähnlichen Charakter, stellt ihn aber dank der Aktienkomponente renditemässig gegenüber einem normalen Bond besser. Der ↑Investor trägt aber umgekehrt das Risiko, dass ihm an Stelle der Rückzahlung in bar Aktien zu dem im Voraus vereinbarten Preis geliefert werden, die er im Rückzahlungszeitpunkt direkt an der Börse zu einem tieferen Kurs hätte erwerben können. Solche strukturierte Produkte sind bei genauer Analyse ähnlicher zu Optionen denn als zu Bonds. Ein ganz neues strukturiertes Finanzinstrument in der Schweiz sind die sog. MILES (Market index linked exchangeable securities), aufgrund ihrer optionalen Natur ein rein derivatives Produkt, das – wie bei einer herkömmlichen Wandelanleihe – jederzeit bis zum Endverfall in Aktien des Emittenten umtauschbar ist, jedoch dem Anleger eine jährliche, im Emissionszeitpunkt in Abhängigkeit von einem Marktindex in Prozenten bestimmte Barprämie ausschüttet.

Diese Vielfältigkeit von Bonds und ihr fliessender Übergang zu Optionen in der Ausgestaltung von strukturierten Finanzprodukten ermöglicht den Marktteilnehmern einen regen Sekundärhandel mit diesen Instrumenten sowie eine breite ↑Diversifizierung und einen Risikoschutz für Anleger wie Emittenten.   *Felix M. Huber*

Bondholder
Englische Bezeichnung für Obligationär.

Bondholder-meeting-Klausel
Klausel in den Anleihensbedingungen einer ↑Anleihensobligation, welche die Voraussetzungen der Einberufung und die Modalitäten einer Gläubigerversammlung der Anleihensobligationäre (↑Bondholders) regelt. Im schweizerischen Recht sieht bereits das Gesetz eine Regelung vor (OR 1157ff.). ↑Gläubigergemeinschaft bei Anleihensobligationen und Gläubigerschutz.

Bondholder wealth hypothesis
↑Eigene Mittel.

Bondindex
↑Obligationenindex.

Bond lending
↑Securities lending and borrowing.

Bondmarkt
Unter Bondmarkt wird in der ↑Bank- und ↑Börsensprache der Obligationen- oder Anleihensmarkt verstanden. Der Bondmarkt wird in einen ↑Primärmarkt und einen ↑Sekundärmarkt aufgeteilt. An den Primärmärkten findet die erstmalige ↑Emission von ↑Anleihensobligationen (↑Emissionsgeschäft) statt. Am ↑Sekundärmarkt werden die Anleihensobligationen gehandelt.

Bond option
Eine Bond option ist ein OTC-Instrument (OTC = Over the counter, ↑Ausserbörslicher Effektenhandel) und gibt dem Käufer (im Falle einer Bond call option) das Recht, die zu Grunde liegende ↑Obligation zu kaufen beziehungsweise (im Falle einer Bond put option) zu verkaufen.

Bond rating
Form der Bonitätsüberprüfung und -beurteilung (↑Bonität). Bond ratings basieren sowohl auf qualitativen wie auch auf quantitativen Analysen, um das operative sowie das Finanzrisiko eines ↑Emittenten von Schuldtiteln am ↑Kapitalmarkt zu bestimmen. ↑Ratings sind demnach Beurteilungen der Fähigkeit eines Emittenten, seine Finanzschulden fristgerecht zurückzuzahlen. Entscheidend bei der Erstellung von Ratings ist, dass sie länder- und branchenübergreifend Aussagekraft besitzen. Die Schuldneranalysen erfolgen grundsätzlich auf Basis relevanter Brancheninformationen und Finanzdaten von mindestens den letzten fünf Jahren sowie der Einschätzung des Emittenten und der Ratingagenturen über die zukünftige Unternehmensperformance.

1. Qualitative Faktoren
Der qualitative Aspekt eines Ratings berücksichtigt die folgenden Risikogruppen- und -faktoren:
– *Industrierisiko:* Agenturen ermitteln das Rating unter Berücksichtigung des Branchenrisikos des jeweiligen Emittenten. Die für die jeweilige Industrie feststellbaren Entwicklungstrends finden über die Beurteilung ihrer wahrscheinlichen Auswirkung auf die Unternehmensperformance Eingang in die Analyse.
– *Operatives Umfeld:* Agenturen beurteilen Chancen und Risiken für das betriebliche Umfeld, die sich aus sozialen, demografischen, gesetzlichen und technologischen Veränderungen ergeben können. Die Agenturen berücksichtigen darüber hinaus die Auswirkungen der geografischen Verteilung von Produktionskapazitäten und Umsätzen sowie dem etwaigen Einfluss von Wachstums- oder Konsolidierungstrends der Branche auf die Wettbewerbsfähigkeit der Unternehmung. Beim Rating von z. B. zyklischen Unternehmen bewerten die einzelnen Agenturen Kennzahlen, die Messwerte für den Gläubigerschutz (↑Einlegerschutz) darstellen, über den gesamten Geschäftszyklus, um den Gleichgewichts- oder Mittelwert des Ratings zu bestimmen.
– *Wettbewerb:* Die Fähigkeit eines Emittenten, dem Wettbewerbsdruck standzuhalten, wird durch mehrere Faktoren beeinflusst. Zu ihnen gehören z. B. die Marktanteile in Schlüsselmärkten, die Wettbewerbfähigkeit der Produkte sowie die Möglichkeit, Einfluss auf das Niveau des ↑Marktpreises auszuüben.
– *Management:* Bei der Beurteilung des Managements konzentrieren sich die Ratingagenturen mehrheitlich auf die Aspekte Unternehmensstrategie, ↑Risikobereitschaft und Finanzierungspolitik. Bei der Beurteilung von Wachstumsprognosen und Finanzplanungen bewerten die Ratingagenturen, ob das Management in der Vergangenheit gemachte Vorgaben erfüllt hat und ob früher artikulierte Strategien beibehalten wurden.
– *Rechnungslegung:* Von besonderem Interesse sind hierbei Konsolidierungs- und Bewertungsgrundsätze, verwendete ↑Abschreibungsmethoden, Modalitäten zur Bildung von ↑Rücklagen und Pensionsrückstellungen sowie die Behandlung von ↑Goodwill und ausserbilanziellen ↑Positionen.

2. Quantitative Faktoren
Der quantitative Aspekt eines Ratings berücksichtigt die operative Unternehmenspolitik, die eventuell geplante Übernahme oder den Verkauf von Unternehmensteilen, die angestrebte Verschuldung sowie die ↑Dividendenpolitik und Ergebnisziele. Ausschlaggebend für die Analyse ist die Fähigkeit des Unternehmens, einen Finanzmittelüberschuss zu erwirtschaften.
– ↑*Cashflow als Fokus:* Bei der ↑Finanzanalyse verwenden die Ratingagenturen vor allem auf den Cashflow gestützte Verhältniszahlen für Gewinne sowie ↑Deckungs- und Verschuldungsgrade.
– ↑*Ertragskraft und Cashflow:* Ertrag und Cashflow bilden die Hauptelemente für die Beurteilung der Finanzkraft eines Unternehmens. Sie gewährleisten die Aufrechterhaltung der Betriebstätigkeit, internes Wachstum sowie Expansion. Zudem sichern sie den Zugang zu externen Finanzierungsquellen und bilden Widerstandsfähigkeit gegen mögliche Konjunkturrückgänge.
– *Kapitalstruktur:* Die Ratingagenturen analysieren die ↑Kapitalstruktur eines Unternehmens, um die Abhängigkeit von ↑Fremdfinanzierung festzustellen. Um die Kreditimplikationen des Verschuldungsgrades beurteilen zu können, müssen mehrere Faktoren berücksichtigt werden, u. a. das allgemeine Geschäftsumfeld und

die Hauptquellen der Zahlungsmittelströme. Da sich Industrien in ihrem Kapitalbedarf und ihrer Entschuldungskraft unterscheiden, ist die Beurteilung des Verschuldungsgrades von Unternehmen branchenabhängig.
Die Bondratings bewegen sich zwischen AAA (höchst unwahrscheinlich für einen Verzug) bis D (in Verzug). International führende Ratingagenturen wie z.B. Standard & Poor's, Moody's Investor Services oder Fitch IBCA, Duff & Phelps bewerten ↑Emissionen wie folgt:

Qualitative Erklärung	Führende Bondratingagenturen		
	Moody's Investor Services	Standard & Poor's	Fitch IBCA, Duff & Phelps
Höchste Qualität	Aaa	AAA	AAA
Hohe Qualität	Aa	AA	AA
Überdurchschnittlicher Grad	A	A	A
Durchschnittlicher Grad	Baa	BBB	BBB
Überwiegend spekulativ	Ba	BB	BB
Spekulativ	B	B	B
Risiko des Verzugs	Caa	CCC	CCC
Höchst spekulativ	Ca	CC	CC
Tiefste Qualität	C	C	C
In Verzug		DDD	DDD
		DD	DD
		D	D

Feinabstimmungen werden bei Moody's Investor Services mit 1 (höher), 2 (neutral) und 3 (tiefer), bei Standard & Poor's und bei Fitch IBCA, Duff & Phelps mit + (höher) und – (tiefer) gemacht.

Thomas Brun, Marco Durrer

Bond research
Bond research setzt sich aus mehreren Analyseteilen zusammen. So werden im Bond research die Zins- und Kreditanalyse zusammengefasst.
In der Fundamentalanalyse werden Wirtschaft und Obligationenmärkte (↑Bondmarkt) betrachtet. Die Fundamentalanalyse definiert die langfristigen Erwartungen der Bondmärkte sowie der Währungstrends (↑Währung). Dieser Prozess wird durch folgende Top-down-Elemente geprägt:
– Makro-ökonomische Analyse
– Regime-Analyse, d.h. Bestimmung und Analyse des Einflusses einzelner endogener Marktfaktoren (Leading factors)
– Markterwartungen
– Zinskurvenanalyse (↑Zinsstrukturkurve).

Die quantitative Analyse setzt Bewertungsmodelle ein, um mögliche Fehlbewertungen von Märkten zueinander zu erkennen.
Die Marktanalyse nimmt den detaillierten Bottom-up research (Auswahl sich eignender ↑Titel) wahr und nimmt die Einschätzung der kurzfristigen ↑Risiken und Ertragszusammenhänge vor, um diese in die langfristige Strategie einzubauen, wie das Erstellen der ↑Anlagepolitik, der Identifikation von kurzfristigen Investitionschancen aufgrund relativer Fehlbewertungen, der Positionierung auf der Renditekurve, der Sektoren- und Titelauswahl sowie dem ↑Timing der Käufe und Verkäufe.
Die Kreditanalyse ist für die Analyse von Unternehmensanleihen sowie von ↑Emerging markets verantwortlich, sowohl im Hinblick auf die eigentliche Kreditanalyse als auch hinsichtlich der Bestimmungsfaktoren und der Bewertungssystematik.
Die Erkenntnisse des Bond researchs stellen die Basis für die ↑Anlagestrategie im Obligationenbereich dar. *Thomas Brun, Marco Durrer*

Bond stripping
Darunter wird das Zerlegen eines Zinsinstruments, z.B. einer ↑Anleihensobligation, bestehend aus mehreren Bausteinen (Composite asset), in Einzelbestandteile verstanden. Die Composite-asset-Obligationenanleihe setzt sich zusammen aus einem ↑Straight bond und einer Call option (↑Call) auf diesen Straight bond (dem Kündigungsrecht der Anleihensobligation). Nahezu alle Finanzinnovationen können auf elementare Bausteine zurückgeführt, aufgeteilt (gestrippt) und allenfalls anders zusammengesetzt werden. ↑Unbundling. Gegensatz: ↑Bundling.

Bonität
Mit Bonität bezeichnet man die Qualität des Schuldners, die sich aus seiner ↑Kreditfähigkeit und ↑Kreditwürdigkeit ergibt. Der Begriff der Bonität umschreibt somit sowohl die ↑Zahlungsfähigkeit und den Zahlungswillen als auch die im Geschäftsleben wichtige Wertung der charakterlichen Eigenschaften eines Schuldners bzw. seiner Organe. Spezialisierte Gesellschaften (Rating-Agenturen) sind bestrebt, die Bonität eines Schuldners (Gesellschaft oder öffentlich-rechtliche Körperschaft) mit dem ↑Rating nach einheitlichen Massstäben zu messen. ↑Adresse, erste.

Bonitätsbeurteilung
↑Kreditprüfung; ↑Kreditüberwachung; ↑Rating.

Bonitätseffekt
↑Zinsänderungsrisiko.

Bonitätsrisiko
↑Ausfallrisiko; ↑Emittentenrisiko.

Bonus

Der Begriff Bonus hat dreierlei Bedeutungen:
1. Sonderausschüttung einer Aktiengesellschaft, z. B. zu einem Firmenjubiläum, in einem besonders günstig verlaufenen Geschäftsjahr oder bei einem ausserordentlichen Gewinn
2. Zusatzvergütung im Rahmen von Sparprogrammen oder -plänen (↑Bonussysteme) von Banken (↑Bonussparen)
3. Variable Entschädigung in einem Arbeitsverhältnis (Bonussysteme).

Bonus notes

Bonus notes sind mittelfristige Schuldverschreibungen, die tiefer als ↑Obligationen gleicher ↑Bonität verzinst werden, wobei der Anleger jedoch zusätzlich zur ↑Rückzahlung des ↑Nennwerts bei ↑Verfall mit einer von der ↑Performance eines ↑Aktienindexes abhängigen Bonuszahlung entschädigt wird.

Bonussparen

Der Ausdruck Bonussparen wird für alle Formen der Geldanlage verwendet, bei denen der Kunde für ein bestimmtes Verhalten mit einem Vorteil belohnt wird. Die Bank kann den Kunden beispielsweise mit einem höheren – zuweilen mit einem jährlich nach einer bestimmten Staffel steigenden – Sparzins belohnen, wenn und solange dieser keine Rückzüge von seinem ↑Sparkonto tätigt. Bank- und Kundennutzen sind beim Bonussparen insofern verbunden, als sich die Bank damit eine mittelfristig stabile Refinanzierungsquelle (↑Refinanzierung) erschliesst (ähnlich einer ↑Kassenobligation) und der Kunde, z. B. im Falle unvorgesehener Ausgaben, nicht an die Strenge einer Geldanlage mit fester Laufzeit (↑Festlaufzeit) gebunden ist. Das ↑Bausparen ist eine besondere Form des Bonussparens. *Dominique Folletête*

Bonussysteme

Bonussysteme (↑Bonus) werden von Unternehmen für verschiedene ↑Stakeholder, beispielsweise für Kunden oder Mitarbeiter, als Anreiz- oder Belohnungssysteme (Incentive systems) eingesetzt. Sie honorieren die Loyalität oder einzelne Aktivitäten, die zur Erhöhung der Produktivität, Profitabilität und Steigerung des Unternehmenswertes beitragen. Die Ausgestaltung der Bonussysteme liegt im Ermessen der Gesellschaften.

Der Ausdruck Bonussysteme entzieht sich einer eindeutigen Definition. Er enthält im Kern das lateinische Wort Bonus (= gut).

In der Praxis existieren verschiedene Formen von Boni:

– *Bonus im Wertpapiergeschäft:* Zusätzlich zur ordentlichen ↑Dividende ausgeschüttete, ausserordentliche Ertragsausschüttung, in Form einer Kapitalprämie oder Sonderdividende (Capital bonus), eines Unternehmens an die Aktionäre bei Erzielung eines Gewinns oder aus speziellem Anlass, z. B. Jubiläum.

– *Bonussparen:* Zinszuschlag für ↑Spareinlagen, um Umschichtungen in ↑Termineinlagen oder ↑Effekten zu verhindern (Bonifizierung von Spareinlagen).

– *Bonus im Personalwesen:* ↑Prämie an die Mitarbeiter in Form von Teuerungszulagen oder Lebenshaltungskostenzuschüsse (Cost of living bonus), Weihnachtsgeld (Christmas bonus), Produktivitätsprämien (Productivity bonus), ↑Emission von ↑Gratisaktien (Bonus issue), Gratisaktien (Bonus share), Anreizprämien (Incentive bonus) oder Leistungszulagen (Merit bonus).

– *Bonus bei Versicherungen und Banken:* Schadenfreiheitsrabatt (No claims bonus) oder ↑Opportunitätszinsen bzw. -prämien (Boni-Mali-Steuerung).

Man unterscheidet folgende Bonussysteme:

– *Bonussysteme für Kunden:* Bonussysteme für Kunden gelten als wirksame Anreizinstrumente der Kundenbindung, der Erhöhung von Kauffrequenzen, Umsatz- und Verkaufsförderung sowie zur Promotion von zu fördernden bzw. einzuschränkenden oder risikomindernden Aktivitäten. Kunden profitieren von Bonussystemen in Form von Rabattregelungen, Gutscheinen, individuellen Prämien oder Opportunitätszinsen. Im Rahmen des *Customer relationship management (CRM)* dienen Bonussysteme auch der Gewinnung von Kundendaten, die zu Gunsten von Marketingaktivitäten verwendet werden.

– *Bonussysteme für Mitarbeiter:* Bonussysteme für Mitarbeiter sind neben einem marktüblichen, festen Gehalt vom Unternehmenserfolg abhängige, zusätzliche Zuwendungen, d. h. gehaltsunabhängige Einkommenssteigerungen in Form einer Mitarbeiterpartizipation am Geschäftserfolg durch Erfolgs- oder Kapitalbeteiligungen, die in ↑Cash, ↑Aktien oder ↑Optionen ausbezahlt werden. Bonussysteme für Mitarbeiter sollen ↑monetäre Anreize (Incentives) schaffen, welche die Mitarbeiter zu Höchstleistungen im Interesse der Firma, zu einer starken Identifikation mit dem Unternehmen, zur Erreichung der Unternehmensziele und zu einer nachhaltigen Gewinnmaximierung motivieren. Mitarbeiterbonussysteme gibt es in Form einer breiten ↑*Mitarbeiterbeteiligung*, insbesondere jedoch für Führungskräfte. Sie etablieren sich auch in der Schweiz als Bestandteile in der Vergütungsstruktur, vor allem für Mitglieder der Geschäftsleitung und des Verwaltungsrates, aber auch zur Honorierung unternehmerischer Leistungen. Leistungs- oder gewinnabhängige Bonussysteme werden auch als strategisches Instrument der Mitarbeiterausrichtung am ↑Shareholder value eingesetzt. Die Schaffung von Shareholder value mithilfe von Bonussystemen ist dann sinnvoll, wenn v. a. Schlüsselpersonen des Unternehmens am Geschäftsgang beteiligt werden. Für die Beteiligung an einem Unternehmen stellen Mitarbeiter Fremd- oder ↑Eigenkapital zur Verfügung. Zu den *fremdkapitalisierten Beteiligungsmodellen* gehören Mitarbeiterdarlehen, stille Beteiligungen sowie Genussrechte und ↑Genussscheine. Zu den *eigenkapitalisierten Beteiligungsmodellen* gehören Aktien, ↑Aktienoptionen oder ↑Wandelanleihen (Wandelschuldverschreibungen und Wandeloptionsanleihen).

– *Mitarbeiterbonussysteme in Form von Aktien und Optionen:* Neuere Formen der Mitarbeiterbeteiligung sind Aktienbeteiligungs- und Optionsprogramme, sog. Employee stock option plans (↑Stock-option-Pläne). Programme dieser Art existieren in den USA seit den 80er-Jahren und sind v.a. im angelsächsischen Raum verbreitet. In der Schweiz verfügen rund 100 börsenkotierte Unternehmen (↑Kotierung) über Beteiligungsprogramme via Aktien und Optionen. Es wird allgemein erwartet, dass sich die Mitarbeiterbeteiligung über Aktien und Optionen auch in der Schweiz durchsetzt.

– *Mitarbeiterbonussysteme in Form von Aktien:* Während der ↑Börsenbooms der ↑New economy hat die Form der Mitarbeiterbeteiligung über Aktien deutlich zugenommen. Insbesondere für Start-up-Unternehmen und IPO-Firmen (↑Initial public offering) ist sie ein liquiditätsschonendes Instrument, gleichzeitig aber ein interessantes Tool, um qualifiziertes Personal zu rekrutieren. Aktienbezugsrechten für Mitarbeiter liegt die Idee zu Grunde, Mitarbeiter an den Chancen und Risiken der Aktionäre teilhaben zu lassen und Kompensationen zu erhalten, die vom Aktienkurs abhängig sind. Mit Aktienzuteilungen werden Mitarbeiter am Unternehmen und am ↑Eigenkapital beteiligt. Aktien können von Mitarbeitern in der Regel unter dem ↑Marktwert gekauft werden. Über gebundene Aktien kann der Mitarbeiter während einem gewissen Zeitraum (↑Sperrfrist, englische Bezeichnung Restriction period) nicht verfügen. Die Sperrfrist soll den Mitarbeiter an die Gesellschaft binden, der Mitarbeiter kann erst nach Ablauf der Sperrfrist und noch im Anstellungsverhältnis stehend über die Aktien verfügen. Bei freien Aktien kann der Mitarbeiter unmittelbar nach Zuteilung verfügen. Andererseits werden v. a. Schlüsselpersonen eines Unternehmens einen Teil ihres Salärs oder Honorars oftmals nicht in bar, sondern in Wertpapieren des eigenen Unternehmens ausbezahlt. In den meisten Fällen werden dabei ↑eigene Aktien an die Beteiligten verkauft oder verschenkt. Es gibt zahlreiche Finanzierungsmöglichkeiten des Aktienkaufes, z.B. in Form von Barzahlungen, Darlehensverträgen oder Aktiensparplänen.

– *Mitarbeiterbonussysteme in Form von Optionen:* Die Option stellt das Recht (aber keine Verpflichtung) dar, eine Aktie zu einem bestimmten Zeitpunkt zu einem Preis zu erwerben, der zum Zeitpunkt des Vertrags festgelegt wird. Das Unternehmen garantiert dabei dem Mitarbeiter, während einer gewissen Zeitspanne Aktien zu einem fixierten Preis beziehen zu können. Optionsbasierte Bonussysteme sind in der Schweiz eher selten, werden aber in Zukunft an Beliebtheit gewinnen. Gegenwärtig bieten schätzungsweise 40 bis 50 Schweizer Unternehmen einem Teil ihrer Mitarbeiter Optionsprogramme an. Insbesondere Führungskräfte (Mitglieder des Verwaltungsrates und der Konzernleitung) erhalten entweder kostenlose Optionen oder einen Prozentsatz ihres Honorars in Optionen ausbezahlt.

Optionsprogramme sind in der Regel Bestandteil von *Long term incentive plans (LTI)*. Mitarbeiter im Besitz von Optionen profitieren von einem Hebeleffekt, da Aktienkursschwankungen sich stärker auf das Einkommen und das Vermögen auswirken als bei den übrigen Aktionären. Dieser Effekt soll Schlüsselpersonen motivieren, erst recht im Interesse der Eigentümer und sich selbst zu agieren. Damit sich Optionsprogramme zum Vorteil auch der Aktionäre auswirken, müssen sie so gestaltet sein, dass sie einen möglichst geringen Einfluss auf die Bilanz und die ↑Erfolgsrechnung eines Unternehmens ausüben sowie die ↑Verwässerung von Eigenkapital und Gewinn minimieren.

Markus Eberle

Bookbuilding

Ausdruck aus dem IPO-Geschäft (↑Initial public offering [IPO]). Während beim Festpreisverfahren der Emissionspreis zwischen dem Bankenkonsortium und dem ↑Emittenten festgelegt wird, handelt es sich beim Bookbuilding um ein nachfrageorientiertes Verfahren, wobei die ↑Investoren in die Preisfindung einbezogen werden. Nach Bekanntgabe des Preisrahmens für den Emissionspreis erfasst der ↑Lead-Manager als Bookrunner die Zeichnungswünsche, Preisvorstellungen und ↑Anlageziele der Anleger. Das definitive Pricing und die Zuteilung erfolgen aufgrund der Nachfrage, unter Berücksichtigung von qualitativen Merkmalen der Ordergeber, in Absprache mit dem Emittenten. Der Vorteil des Bookbuildingsverfahrens liegt in der hohen Transparenz und der marktgerechten Gestaltung der Aktienemission, wozu allerdings auch der sog. ↑Greenshoe dient.

Auch beim Bookbuilding können weder ein Under- noch ein Overpricing ausgeschlossen werden. Der mit dem Bookbuildingverfahren verbundene, hohe Aufwand lohnt sich nur bei einem hohen Platzierungsvolumen.

Max Boemle

Bookrunner

↑Bookbuilding; ↑Emissionsgeschäft.

Book value
↑Buchwert; ↑Bilanzkurs.

Boom, Aufschwung
Im Konjunkturverlauf die der Erholung folgende Phase, die dem oberen Wendepunkt des Konjunkturzyklus zeitlich vorgelagert ist (Hochkonjunktur). Im engeren Sinne kann sich der Begriff auch nur auf einzelne Branchen oder die ↑Börse beziehen. Ein ↑Börsenboom wird auch als ↑Hausse bezeichnet.

Bordkonnossement
↑Konnossement.

Börse
Die Börse ist ein regelmässiger Markt für Güter und Waren (Handelsinstrumente), die beim Handel nicht physisch anwesend sind. Es sind Massengüter, die standardisierbar, austauschbar, vertretbar (auch ↑fungibel genannt) sind. Es gibt insbesondere Wertpapier-, Devisen-, Waren- und Terminkontraktbörsen (↑Derivatbörsen). «Börse» war in der Regel sowohl die Bezeichnung für die Organisation wie für die Börsenlokalität – oft ein repräsentatives Gebäude an zentraler Lage. Hier trafen sich die ↑Börsenmitglieder zu ihren täglichen Geschäften.

Heute sind Börsen zumeist automatisiert und deshalb technisch nicht mehr ortsgebunden. Börsen sind zu sehr abstrakten Organisationen geworden, die im Wesentlichen aus einer elektronischen Handelsplattform und einem Regelwerk bestehen. Der Standort der Börse wird v. a. bestimmt durch die ↑Börsengesetzgebung, auf der das Regelwerk basiert, sowie durch die zuständige ↑Börsenaufsicht. Die Händlerstationen können irgendwo auf der Welt stehen.

1. Anspruchsgruppen (Stakeholder) der Börse
Die Börse hat im Wesentlichen vier Anspruchsgruppen (↑Stakeholders):
– Die ↑*Emittenten* begeben ↑Effekten und beschaffen sich damit die Mittel für ihre ↑Investitionen. Die ↑Kotierung an der Börse macht diese Effekten leichter handelbar. Dies verbessert die Chancen einer erfolgreichen ↑Emission.
– ↑*Investoren* handeln an den Börsen zur Anlage ihrer Geldmittel oder wenn sie Mittel benötigen und deshalb Effekten verkaufen müssen.
– Am nächsten stehen der Börse die ↑*Börsenbanken* (auch ↑Effektenhändler, ↑Broker, Vermittler, ↑Agenten, Intermediäre genannt). Sie sind sowohl bei der Emission von ↑Wertpapieren für die Emittenten wie auch als Vermittler für die Anleger tätig.
– Aber auch das *Publikum* insgesamt als Wirtschaftsbeteiligte hat ein vitales Interesse an der Börse als Steuerungsmechanismus der Wirtschaft.

2. Das Gesetz von Angebot und Nachfrage
Börsen sind vorab Handelsplätze. Hier werden Kauf- und Verkaufsaufträge zusammengeführt, sodass sich ein möglichst grosses Handelsvolumen ergibt.

Auf dem Börsenmarkt kommt das ökonomische «Gesetz von Angebot und Nachfrage» zur Geltung. Es besagt, dass der ↑Marktpreis sich immer so einpendelt, dass der grösstmögliche Umsatz zu Stande kommt. Bei einem tieferen als dem Gleichgewichtspreis wäre der Umsatz kleiner, weil zu niedrigeren Preisen nur kleinere Mengen angeboten würden (wenn auch die Nachfrage höher wäre). Bei höheren Preisen dagegen wäre zwar das Angebot grösser, die Nachfrage aber kleiner. (In der Wirtschaftswissenschaft spricht man von den Angebots- und Nachfragekurven, deren Schnittpunkt auf den beiden Achsen den maximal erreichbaren Umsatz und den Gleichgewichtspreis angibt.)

Der Preismechanismus kommt am deutlichsten in den Eröffnungs- und Schlussauktionen der Börse zum Ausdruck. Hier berechnet der Computer aufgrund des Orderbuches (↑Auftragsbuch) pro ↑Titel den Gleichgewichtskurs, die daraus sich ergebende Transaktionsmenge, und er ordnet Käufer und Verkäufer einander zu. Im laufenden Handel dagegen verfolgt der Händler die einzelnen Orderbücher, stellt neue Geld- und Briefkurse oder kauft bzw. verkauft aufgrund von Brief- und Geldkursen, die von andern Marktteilnehmern gestellt wurden. Auch hier spielt das Gesetz von Angebot und Nachfrage, wenn auch auf weniger einsichtige Weise. Basis sind die Kursfestsetzungsregeln oder -algorithmen.

3. Kursbildung als Steuerungsmechanismus der Wirtschaft
Jeder Aktion an der Börse – Stellen eines ↑Kurses, Tätigen einer ↑Transaktion – liegt eine Beurteilung des betreffenden Titels bzw. des dahinterstehenden Emittenten zu Grunde. Die Börsenkurse spiegeln die Meinungen des Börsenpublikums. Steigende (sinkende) Kurse bedeuten zunehmendes (schwindendes) Vertrauen der Anleger in die Zukunft dieses Emittenten. Durch die Bewertung von *Zukunftschancen* von Unternehmen und Branchen an der Börse werden hier die Bedingungen festgelegt, zu denen diese neues Kapital beschaffen können. Die Börse lenkt damit die Kapitalströme in die aussichtsreichsten Investitionsprojekte und trägt durch die laufende Kursfestsetzung zur kontinuierlichen Anpassung der Kapitalverteilung an Unternehmungen und Organisationen bei.

Die Beurteilung der Zukunftschancen von Unternehmungen ist ständigen Veränderungen unterworfen. Deshalb sind Angebot und Nachfrage und damit letztlich auch die Kurse ständig in Bewegung. Eine zusätzliche Dynamik entsteht daraus, dass viele Händler gar nicht so sehr auf die Zukunft des betreffenden ↑Valors spekulieren, sondern vielmehr auf die Einschätzungen und Aktionen anderer Marktteilnehmer. (Man kauft, weil man erwartet, dass andere kaufen werden.)

Die vielfältigen Marktkräfte sind nicht selten durch Stimmungen bedingt, können also nicht immer rational begründet werden. Deshalb zweifeln Kritiker gelegentlich an der Aussagekraft des Preismechanismus von Börsen und Märkten. Sie bezeichnen Börsenkurse als Machwerk von Spekulanten, wenig aussagefähig und masslosen Übertreibungen unterworfen. Tatsächlich ist nicht zu bestreiten, dass es an der Börse kurzfristig im Positiven wie im Negativen immer wieder zu Übertreibungen kommen kann, wenn der «Herdentrieb» der Marktteilnehmer durchschlägt, wenn nur noch alle guten (oder schlechten) Nachrichten und Erfahrungen registriert, alle anderen aber ignoriert werden. Ebenso richtig ist, dass Börsenkurse die einzig «richtige», zukunftsbezogene Bewertung darstellen – «letztlich hat die Börse immer Recht»! Langfristig optimieren Märkte die Verarbeitung aller relevanten Informationen über die Zukunft und ergeben somit bestmögliche zukunftsgerichtete Bewertungen. Besonders wichtig ist dabei der Begriff «zukunftsgerichtet». Wenn es um Preise geht, haben historische Werte wenig Bedeutung. Für Preise ist nur die Gegenwart und die Zukunft relevant.

4. Die Marktarchitektur

Kauf- und Verkaufstransaktionen mögen zwar als einfache Abläufe erscheinen. Aber der Weg zur Entscheidungsbildung und die Art und Weise, wie die Absicht dem Markt kommuniziert wird, führt zu sehr komplexen interaktiven Prozessen. Es ist für den Händler ganz entscheidend, was für Möglichkeiten die Börse ihm gibt, um auf dem Markt zu agieren, sich auszudrücken, seine Absichten kundzutun, offen oder verschleiert, die Absichten der andern auszuloten usw. Je grösser die Auswahl der Ausdrucksmöglichkeiten, desto komplexer und unübersichtlicher wird allerdings das Marktgeschehen. Die Festlegung der optimalen Regeln ist eine schwierige Balance zwischen freier Entfaltungsmöglichkeit für die Händler einerseits und standardisierter, transparenter, übersichtlicher Organisation andererseits. Die Ausgestaltung des gesamten Regelwerks einer Börse zusammen mit der technischen Infrastruktur hat erhebliche volkswirtschaftliche Bedeutung und wird von amerikanischen Fachleuten als «market architecture» oder «market micro structure» bezeichnet.

5. Geschichtliche Entwicklung

Die Bezeichnung «Börse» soll auf das 14. Jahrhundert zurückgehen. Vor dem Haus der Handelsherren «van der Beurse» im flandrischen Brügge trafen sich Geldwechsler und Kaufleute zu ihren Geschäften. Die erste Wertpapierbörse entstand 1602 in Amsterdam zum Handel der Aktien der niederländischen Vereinigten Ostindischen Compagnie.

In der Schweiz gehen die Ursprünge der Börse ins 17. Jahrhundert, auf das Geschäft der so genannten ↑Sensalen zurück. Die erste Sensalenordnung (Maklerordnung) entstand im Jahre 1639 in St. Gallen. Wertpapierbörsen entstanden in der Schweiz ab Mitte des 19. Jahrhunderts. Die älteste Börse der Schweiz wurde 1850 in Genf gegründet. Bis anfangs des 20. Jahrhunderts entstanden Börsen in Basel (1866), Lausanne und Zürich (1873), Bern (1884), St. Gallen (1887) und Neuenburg (1905). Die Börsen von Basel, Genf und Zürich waren kantonalen Gesetzen unterstellt und wurden von kantonalen Börsenkommissariaten beaufsichtigt.

Im Laufe des 20. Jahrhunderts widerspiegelte die Börsenentwicklung die allgemeinen wirtschaftlichen Gegebenheiten in der Schweiz: die schwierige Zeit des 1. Weltkrieges, die goldenen 20er-Jahre, die Krise der 30er-Jahre, den 2. Weltkrieg und den darauf folgenden Aufschwung.

In den 70er-Jahren bahnten sich fundamentale Veränderungen an. Die Elektronik, die früher vor allem der raschen Übermittlung von Börseninformationen gedient hatte, wurde nun zunehmend für die Vernetzung der Börsen und ihrer Teilnehmer eingesetzt. Dies erlaubte letztlich eine weit gehende Globalisierung des Börsenhandels. Aber auch die Entstehung von Derivatbörsen (↑SOFFEX in der Schweiz) wurde erst durch die Elektronik ermöglicht, weil die effiziente Kursstellung auf Preismodelle und hohe Rechnerleistungen angewiesen ist. Die ↑Deregulierung der Börsenhandels (in der Schweiz vor allem die Auflösung der ↑Courtage-Konvention im Jahre 1990; das Ende der Preisbindung) war eine weitere wichtige Wegmarke. Die Globalisierung erzwang die Angleichung von Regeln und ↑Usanzen. In der EU war dieser Druck durch die Schaffung des ↑Euro und den Drang zu einem einheitlichen ↑Kapitalmarkt besonders deutlich.

Einiges deutet darauf hin, dass sich demnächst eine Konzentration des Blue-chips-Handels (↑Blue chips) auf wenigen Plattformen ergeben wird. Der Handel in kleineren und mittleren Gesellschaften dürfte zwar lokal verankert bleiben, jedoch kleinere und anders gelagerte Börsenorganisationen bedingen. Gleichzeitig zeichnen sich mit der zunehmenden Diversifizierung in den Finanzmärkten neue Tätigkeitsfelder für die Börsen ab. Weitere substanzielle Strukturveränderungen sind zu erwarten.

Richard T. Meier

Börsenähnliche Einrichtungen
↑Börsenaufsicht.

Börsenaufsicht

Mit dem Börsengesetz *(↑Börsengesetzgebung)* wurden per 01.02.1997 neu ↑Börsen und ↑Effektenhändler einer ↑Bewilligungspflicht und der Aufsicht durch die EBK (↑Bankenkommission, Eidg.) unterstellt sowie per 01.01.1998 die ↑Offenlegung von Beteiligungen und das Übernahmerecht geregelt. Die ↑Regulierung der Börsen ist Gegenstand des zweiten Abschnitts des Börsengesetzes (BEHG) sowie des zweiten Kapitels der Börsenverordnung (BEHV).

Das schweizerische System der Börsenaufsicht basiert auf dem Prinzip der ↑Selbstregulierung. Das Börsengesetz ist als Rahmengesetz mit grosser Flexibilität konzipiert. Aufsichtsrechtliche Funktionen werden in verschiedenen Bereichen an Selbstregulierungsorganisationen delegiert. Die bewilligten Börsen übernehmen in diesem Sinne weit gehende Zulassungs- und Überwachungsfunktionen.

Die Börsenaufsicht umfasst einerseits die Aufsicht über die Institution Börse als Organisation (Institutsaufsicht) und andererseits die Aufsicht über den Handel (Marktaufsicht). Im Rahmen der Institutsaufsicht ist zu unterscheiden zwischen inländischen Börsen, ausländischen Börsen und börsenähnlichen Einrichtungen.

1. Inländische Börsen
Die Oberaufsicht der EBK über inländische Börsen umfasst zunächst die Erteilung der Betriebsbewilligung (BEHG 3 II). Die Bewilligung wird erteilt, wenn
– die Börse durch ihre Reglemente und ihre Organisation die Erfüllung der Pflichten aus dem BEHG gewährleistet
– die Börse und ihre verantwortlichen Mitarbeiter die erforderlichen Fachkenntnisse nachweisen und Gewähr für eine einwandfreie Geschäftstätigkeit bieten
– die Organe den Mindestanforderungen entsprechen, die der Bundesrat festlegen kann.

Die Oberaufsicht erstreckt sich zudem auf die Genehmigung der Börsenreglemente. Ferner umfasst sie, unter Einschaltung einer Revisionsstelle, eine laufende Prüfung und Kontrolle, ob die Börsen die gesetzlichen Pflichten ständig erfüllen.

Im Rahmen der ihnen vom Gesetzgeber auferlegten Pflicht zur *Selbstregulierung* haben die Börsen eine eigene, ihrer Tätigkeit angemessene Betriebs-, Verwaltungs- und Überwachungsorganisation zu gewährleisten (BEHG 4 I). Neben einer angemessenen Verwaltungsorganisation und einer adäquaten Handelsorganisation (BEHG 5) sind die Börsen auch und vor allem gehalten, eine direkte und effiziente Handelsüberwachung zu installieren (BEHG 6). Sie haben die ↑Kursbildung, den Abschluss und die Abwicklung der getätigten ↑Transaktionen so zu überwachen, dass Gesetzesverletzungen und Missstände aufgedeckt werden können (Marktaufsicht, Ziff. 4 hiernach). Im Rahmen ihrer Selbstregulierung ist den Börsen ferner die Regulierung der Zulassung von Effektenhändlern (Teilnahmebedingungen, BEHG 7) und die Zulassung von ↑Effekten (↑Kotierung, BEHG 8) übertragen, ebenso das entsprechende Beschwerdeverfahren (BEHG 9).

Als inländische Börsen sind der Aufsicht der EBK unterstellt: die ↑SWX Swiss Exchange und die ↑Eurex Zürich AG, beide je mit Bewilligungsverfügung vom 28.01.1998 (die Eurex Zürich AG damals unter ihrem früheren Namen ↑SOFFEX).

2. Ausländische Börsen
Nach ausländischem Recht organisierte Börsen, die in der Schweiz aber keinen Sitz haben bzw. deren Einrichtungen in der Schweiz physisch nicht präsent sind, müssen die Bewilligung der EBK einholen, bevor sie in der Schweiz Effektenhändlern Zutritt – elektronisch via ↑*Remote access* – zu ihren Einrichtungen gewähren. Die Bewilligungserfordernisse hierfür beschränken sich grundsätzlich auf rein formelle Kriterien und stützen sich auf die Bewilligung und Aufsicht durch die zuständigen ausländischen Behörden. Eine eigentliche direkte Betriebsbewilligung der Börse als solche bzw. eine direkte Aufsicht durch die EBK liegt daher nicht vor. Die Bewilligung stellt vielmehr eine reine Zulassungsbewilligung dar. Die Bewilligungsvoraussetzungen sind (BEHV 14):
– eine angemessene Aufsicht im Herkunftsland
– Bestätigungen, dass die zuständigen ausländischen Aufsichtsbehörden erstens keine Einwände gegen die grenzüberschreitende Tätigkeit der ausländischen Börse erheben und zweitens zusichern, dass sie die EBK benachrichtigen, wenn sie bei schweizerischen Effektenhändlern Gesetzesverletzungen oder sonstige Missstände feststellen sowie drittens in der Lage und bereit sind, der EBK ↑Amtshilfe zu leisten.

Ob auch schweizerischen Börsen ein tatsächlicher Zugang zu den betreffenden ausländischen Märkten gewährleistet wird und die gleichen Wettbewerbsmöglichkeiten wie ortsansässigen Börsen geboten wird, ist unter den Unterzeichnerstaaten – wozu auch die Schweiz gehört – seit dem Inkrafttreten des WTO/GATS-Zusatzabkommens (↑General Agreement on Trade in Services) im März 1999 nicht mehr zu prüfen. Die EBK hat bisher ausländische Börsen aus Belgien, Frankreich, Grossbritannien, Italien, Deutschland, den USA, Spanien, Schweden, den Niederlanden und Österreich zugelassen.

3. Börsenähnliche Einrichtungen
Die börsenähnliche Einrichtung ist ein zentraler Begriff der heutigen und vor allem auch der künf-

tigen Börsenwelt. Gemäss BEHG 4 kann der Bundesrat börsenähnliche Einrichtungen ganz oder teilweise dem Gesetz unterstellen, wenn der Gesetzeszweck – Transparenz, Gleichbehandlung der Anleger – es rechtfertigt, oder gar auf die Unterstellung verzichten. Mit BEHV 16 wird diese bundesrätliche Kompetenz der EBK delegiert. Diese sehr knappe gesetzliche Regulierung weist der EBK bei der Beurteilung der Unterstellung von börsenähnlichen Einrichtungen ein hohes Ermessen und grösstmögliche Flexibilität zu. Eine in diesem Sinn modern ausgestaltete Börsengesetzgebung ist eine zentrale Voraussetzung für zeitgerechte, flexible Reaktionen auf die sich rasant verändernde Umwelt der ↑Finanzmärkte. Der schweizerische Ansatz mit einer offenen Börsengesetzgebung wird dieser regulatorischen Anforderung gerecht und lässt massgeschneiderte Regulierungs- und Überwachungskonzepte für Börsen und namentlich eben börsenähnliche Einrichtungen zu. Die Systeme können situationsgerecht in angemessener Weise dem Gesetz unterstellt und überwacht werden. Alternative bzw. proprietäre ↑Handelssysteme und Netzwerke, wie ↑Alternative trading system (ATS), Proprietary trading system (PTS) oder ↑Electronic communication network (ECN), auch über ↑Internet angeboten, können so adäquat erfasst und wenn erforderlich kontrolliert werden. Mit Verfügung vom 28.10.1998 hat die EBK die *ISMA, die* ↑*International Securities Market Association* mit Sitz in Zürich, als börsenähnliche Einrichtung ihrer teilweisen Aufsicht unterstellt. Die ISMA ist eine hauptsächlich im internationalen ↑Bondhandel tätige Organisation mit börsenähnlichen Strukturen. Der Umfang der teilweisen Unterstellung der ISMA unter die Aufsicht der EBK ergibt sich aus den damit verbundenen Auflagen wie Genehmigungspflicht für Statuten und Satzungen, quartalsweise Informationspflichten über Umsätze und neue Mitglieder, Einrichtung eines Überwachungsorgans und Verpflichtung, der EBK Hinweise auf Gesetzesverletzungen und sonstige grobe Missstände zu melden sowie Einsetzung einer Revisionsstelle (EBK-Jahresbericht 1998). Weiter ist die ↑*Berner Börse,* die als Verein im Jahre 1884 gegründet wurde, der Aufsicht der EBK als börsenähnliche Einrichtung unterstellt. Die vereinsrechtlichen Geschäftsregeln der TBB sowie die von ihr betriebene Handelseinrichtung erfüllen die Anforderungen an die börsengesetzliche Definition des Begriffs «Börse» nur bedingt und die Struktur und der Organisationsgrad der TBB entsprechen auch nicht einer Börse modernen Zuschnitts. Dies bewog die EBK, die TBB als börsenähnliche Einrichtung zu qualifizieren und als solche zu bewilligen, wobei die Anforderungen der Struktur und der Grösse der TBB entsprechend flexibel definiert und auf das Wesentliche konzentriert wurden (EBK-Jahresbericht 1999).

4. Marktaufsicht

Gemäss BEHG 6 hat die Börse die Kursbildung, den Abschluss und die Abwicklung der getätigten Transaktionen in der Weise zu überwachen, dass die Ausnützung der Kenntnis einer vertraulichen Tatsache (↑Insidergeschäft), ↑Kursmanipulationen und andere Gesetzesverletzungen aufgedeckt werden können. Dazu gehören neben einer umfassenden Datenerfassung und Datenbearbeitung, optimalerweise unterstützt durch ein effizientes technisches Instrumentarium, spezifisches Knowhow sowie Überwachungsspezialisten mit hohem Fachwissen und dem notwendigen Spürsinn. Die Börse hat hierfür, neben der operativen Frontüberwachung, eine Überwachungsstelle zu bestellen, die von der Geschäftsführung personell und organisatorisch unabhängig ist. Die Wahl des Leiters bedarf der Genehmigung der Bankenkommission (BEHV 8).

BEHG 6 ist der Kernpunkt der Börsenaufsicht und die Grundlage für die Marktaufsicht. Die Börsen informieren die EBK über sämtliche von ihnen angehobenen bzw. abgeschlossenen internen Untersuchungen und über von ihnen anhand ihrer elektronischen Überwachungsmittel festgestellten Auffälligkeiten des Marktgeschehens. Aufgrund der ihr auf diesem Weg übermittelten Informationen kann die EBK die notwendigen Untersuchungen anordnen, d. h. selber Verfahren eröffnen bzw. allenfalls durch die Börse durchführen lassen. Die primäre *Frontüberwachung des Marktes* erfolgt damit in der Schweiz – dies im Gegensatz zu vielen andern Ländern – durch die Börsen im Rahmen ihres Auftrags zur Selbstregulierung. Die beiden inländischen Börsen SWX Swiss Exchange und die Eurex Zürich AG haben ihren diesbezüglichen gesetzlichen Auftrag erfüllt und verfügen je über eine *Überwachungsstelle.* Die Zusammenarbeit dieser Überwachungsstellen mit der EBK ist von vorrangiger Bedeutung für die Umsetzung der Marktaufsicht. Aufgrund eines institutionalisierten regelmässigen Informations- und Meldeflusses kann der gesetzliche Auftrag zur Aufdeckung von Marktmissbräuchen gemäss BEHG 6 erfüllt werden. Informationsquellen für die EBK sind ferner Kontakte mit den Strafuntersuchungsbehörden, Amtshilfebegehren ausländischer Aufsichtsbehörden sowie Medienberichte und auch die verschiedenen Börseninformationssysteme.

Untersuchungsverfahren der EBK im Rahmen der Marktaufsicht sind Verwaltungsverfahren nach dem Verwaltungsverfahrensgesetz (VwVG). Besteht auch ein Verdacht, dass StGB 161 (Ausnützen der Kenntnis vertraulicher Tatsachen) oder StGB 161bis (Kursmanipulation) erfüllt sein könnten, ist eine Koordination mit den Strafuntersuchungsbehörden angezeigt. Die EBK und die Strafbehörden sind gemäss BEHG 35 VI zu gegenseitiger Rechtshilfe verpflichtet. Die Koordination erfolgt dem Einzelfall angepasst; dabei wird fest-

gelegt, welche Behörde den Fall zur Hauptsache übernimmt. Dieser Entscheid wird auf den Grundsatz gestützt, dass die EBK in der Regel die Federführung übernimmt, wenn unterstellte Institute und Personen involviert sind.
Die Untersuchungen im Rahmen der Marktaufsicht sind in der Regel aufwändig. Allein die Erhebung des Sachverhalts, z. B. bei langen Transaktionsketten bis zum ↑wirtschaftlich Berechtigten (teilweise über Amtshilfe bei ausländischen Aufsichtsbehörden abzuklären), nimmt viel Zeit in Anspruch. Ferner ist, auch aus börsenaufsichtsrechtlicher Sicht, der Nachweis eines Informationsmissbrauchs oder einer Marktmanipulation nicht einfach. Es ist auch heikel, im Verlaufe einer Untersuchung das mögliche Ergebnis des betreffenden Verfahrens abzuschätzen.

Marcel Livio Aellen

Börsenaufsichtsbehörde
↑Börsenaufsicht.

Börsenauftrag
Mit einem Börsenauftrag kauft oder verkauft der Kapitalanleger bei einer Bank oder einem ↑Broker ↑Wertschriften, die an einer ↑Börse gehandelt werden. Der Auftrag (auch ↑Order genannt) kann schriftlich, telefonisch, persönlich oder via ↑Internet erteilt werden. Normalerweise wird angenommen, dass der Auftrag ↑börsengültig ist, was heisst, dass er nur für den betreffenden Tag gültig ist. Anders ist es bei ↑widerrufgültigen Börsenaufträgen. Zu dieser Kategorie zählen Aufträge auf Termin. Sofern Terminaufträge nicht gleichentags ausgeführt werden können, werden sie dem Börsenkunden bestätigt, beispielsweise auf einen oder zwei Monate. ↑Bestens-Aufträge sind faktisch immer börsengültig, weil sie usanzgemäss an der nächsten Börsensitzung abzuwickeln sind. Limitierte Aufträge dürfen instruktionsgemäss nur dann ausgeführt werden, wenn die ↑Limite oder bessere ↑Kurse erreicht werden. Es ist im Bankgeschäft ↑Usanz, limitierte Aufträge auch ohne entsprechenden Vorbehalt des Kunden als widerrufsgültig zu betrachten. Damit muss der Börsenkunde solche Aufträge nicht täglich erneuern; sie laufen automatisch bis Ende des laufenden Monats. Wenn sie nicht verlängert werden, erlöschen sie mit dem Zeitablauf.
Es gibt drei Arten von Börsenaufträgen: Bestens-Aufträge, limitierte Aufträge und die ↑Affaires liées (auch Ordre lié genannt). Eine Sonderform des Bestens-Auftrags ist der ↑interessewahrende Auftrag, während die ↑Stop loss order (Verlustbegrenzungsauftrag) eine Sonderform des limitierten Auftrags darstellt. Im Internet, das von Börsenkunden zunehmend zur Abwicklung von Börsenaufträgen benutzt wird, lassen sich in der Regel nur standardisierte Bestens- oder Limiten-Aufträge abwickeln. Beliebt ist die Internet-Abwicklung auch bei Day traders (↑Day trading). Der Börsenauftrag ist nicht mit dem Begriff des Börsengeschäftes zu verwechseln. Mit einem Börsenauftrag liegt ein ↑Kommissionsgeschäft gemäss OR 425 ff. vor. Der Kunde ist Kommittent, die Bank Kommissionärin. Dabei machen die Banken – was nach OR 436 bei ↑Wertpapieren mit Börsen- oder ↑Marktpreisen zulässig ist – regelmässig vom Recht des Selbsteintritts Gebrauch. Sie treten gegenüber dem Kommittenten als Selbstkontrahenten oder Eigenhändler auf (↑Selbstkontrahieren im Effektenhandel). Die Kommission, welche die Bank für die Abwicklung des Börsenauftrages erhält, heisst ↑Courtage. *Hans-Dieter Vontobel*

Börsenbank
Als Börsenbanken werden verallgemeinernd Bankinstitute bezeichnet, die schwergewichtig im Börsen-, ↑Effekten- und Vermögensverwaltungsgeschäft tätig sind. Diese werden – sofern sie als Aktiengesellschaften konstituiert sind – in der offiziellen Bankenstatistik (↑Bankenstatistik der Schweiz) in der Gruppe «Übrige Banken» erfasst. Auch die ↑Privatbankiers zählen wirtschaftlich zu dieser Gruppe.

Börsenbedingungen
↑Börsengeschäftsbedingungen.

Börsenbeginn
↑Börsenzeit.

Börsenbehörden
↑Börsenorgane.

Börsenbericht
Von gedruckten und elektronischen Medien börsentäglich oder periodisch (z. B. Wochen- oder Monatsbericht) veröffentlichte Ausführungen über die Geschäfts- und Kursentwicklung an der ↑Börse. Der Börsenbericht enthält Angaben über Ursachen der Ereignisse sowie Verlauf und ↑Tendenz der betreffenden ↑Börsenperiode. Darin wird erläutert, welche Aktientitel eine Veränderung des ↑Aktienindexes verursacht haben (Gewichtung). Zur nuancierten Beschreibung der Tendenz an der Börse werden bei mehrheitlich steigenden ↑Kursen Ausdrücke wie *erholt, freundlich, fest* benutzt, bei fallenden Kursen *leicht* oder *schwach,* im Falle unveränderter Kurse und Umsätze ↑*behauptet* oder ↑*gehalten* und bei wenig umgesetzten ↑Aktien und nur geringfügig veränderten Kursen ↑*lustlos.* Analysiert der Börsenbericht eine längere Zeitperiode, so wird in der Regel der Kursverlauf ausgewählter Aktien am Verlauf des entsprechenden Aktienindexes grafisch aufgezeigt (normierter ↑Linien-Chart).

Börsenboom
Als Börsenboom bezeichnet man einen starken und umfassenden Anstieg der ↑Kurse. ↑Hausse; ↑Boom.

Börsenbriefe
Regelmässige (wöchentliche oder vierzehntägige) Publikationen durch Börseninformationsdienste (↑Finanzinformationsdienste) zur aktuellen Börsenlage, verbunden mit konkreten Kauf- und Verkaufsempfehlungen. Je nach der allgemeinen Börsenstimmung und der Verbreitung der Publikationen, können Börsenbriefe durch gezielte Kaufempfehlungen vorübergehend zu deutlichen Kursavancen führen, vor allem bei ↑Titeln mit einem ↑engen Markt.

Börsenclub
↑Investmentclub.

Börsencrash
↑Börsenkrach.

Börseneinführung
↑Kotierung.

Börseneinführungsprospekt
↑Kotierung; ↑Kotierungsprospekt; ↑Kotierungsreglement.

Börseneröffnung
↑Börsenzeit.

Börsenfantasie
Beruhen Einschätzungen über die künftige Entwicklung der ↑Börse auf ganz oder teilweise unrealistischen Erwartungen, so spricht man von Börsenfantasie. Solche Erwartungen verbreiten sich in der Regel schnell und geben zu ↑Spekulationen Anlass. Im Extremfall können sie zu erheblichen Kursausschlägen (↑Kursfantasie) oder sogar zu Veränderungen am Gesamtmarkt führen.

Börsenfavoriten
Bezeichnung für jene ↑Titel – in der Regel ↑Aktien –, die von den Käufern bevorzugt werden und deshalb an den Märkten meist besonders hoch notieren. Das Gegenteil sind vernachlässigte Werte. Börsenfavoriten sind periodischen Wechseln unterworfen. Bei einer Aufwärtsbewegung der ↑Kurse werden oft frühere Börsenfavoriten zuerst gekauft (Rebound-Potenzial). Sie liegen mit ihrer ↑Performance mehrheitlich über derjenigen des entsprechenden Indizes und weisen meist ein überdurchschnittliches Kurspotenzial auf. Zudem bilden sie einen gewichtigen Bestandteil vieler Aktienportefeuilles.

Börsenfeiertage
↑Börsenkalender.

Börsenflaute
Als Börsenflaute bezeichnet man die trübe, lustlose Stimmung an einer ↑Börse, wobei die ↑Kurse mehrheitlich stagnieren. Bei vielen ↑Titeln finden keine ↑Transaktionen statt, und dort wo Käufe oder Verkäufe stattfinden, sind es nur sehr geringe ↑Volumina. Eine Börsenflaute kann alle Märkte gleichzeitig oder lediglich Teilmärkte betreffen. Während Börsenflauten fliessen ↑liquide Mittel statt in ↑Wertpapiere oft in Alternativanlagen wie z.B. ↑Immobilien. Gelegentlich wird die Börsenflaute mit der ↑Baisse gleichgesetzt, was nicht korrekt ist: Zwar herrscht auch bei der Baisse eine trübe, lustlose Stimmung. Anders aber als bei der Flaute sinken die Kurse massiv, und es kann dabei oft zu sehr hohen Transaktionsvolumina kommen. Zweifellos steht die Börsenflaute begrifflich der Baisse näher als der ↑Hausse, mit der sie nichts gemeinsam hat.

Börsengängig
An der ↑Börse handelbar, kotiert (↑Kotierung).

Börsen-Gateway
Gateways sind Bestandteile des elektronischen ↑Handelssystems der ↑SWX Swiss Exchange. Sie bilden das Bindeglied zwischen den Systemteilen auf der Börsenseite und den Händlersystemen auf der Seite der Börsenteilnehmer. Die Gateways stehen bei den Teilnehmern, sind jedoch ausschliesslich unter Kontrolle der SWX, die auch ihre Wartung besorgt. Die Gateways haben Sicherheitsfunktionen und garantieren die Gleichbehandlung der Börsenteilnehmer. Weiter dienen sie aber auch als Zwischenspeicher, die nach einem Betriebsunterbruch eine rasche Wiederinbetriebnahme ermöglichen.

Börsengebühren
Gebühren, welche die ↑Börse erhebt. Sie werden von den Börsenteilnehmern in der Regel an ihre Kunden weiter belastet. Die normalen Börsengebühren der ↑SWX Swiss Exchange betragen zurzeit CHF 00.10 pro CHF 1 000 Umsatz, also $^{1}/_{10}$‰ oder 1 ↑Basispunkt. Es gibt andere Formen von Börsengebühren, beispielsweise mit gestaffelten Sätzen oder als fixer Betrag pro ↑Transaktion.

Börsengesetzgebung
Mit dem Börsengesetz wurden per 01.02.1997 neu ↑Börsen und ↑Effektenhändler einer ↑Bewilligungspflicht und der Aufsicht durch die EBK (↑Bankenkommission, Eidg.) unterstellt sowie per 01.01.1998 die ↑Offenlegung von Beteiligungen und das Übernahmerecht geregelt.
Die Vorgeschichte der ↑Regulierung des Börsenwesens auf Bundesebene geht u.a. zurück auf den Börsencrash im Oktober 1987. Als mittelbare Folge desselben setzte das Eidg. Finanzdepartement am 05.09.1988 eine Studiengruppe zur Prü-

fung der Struktur und der Regulierung des Schweizer Effektenmarktes ein. Entsprechend der Empfehlungen dieser Studiengruppe beauftragte der Bundesrat im Juni 1990 alsdann eine Expertengruppe, einen Entwurf zu einem Bundesgesetz über die Börsen und den Effektenhandel auszuarbeiten. Diese lieferte einen solchen Entwurf im März 1991 ab. Nach den üblichen Konsultationen und Überarbeitungen gingen der Entwurf und die Botschaft des Bundesrats vom 24.02.1993 an das Parlament, welches das Gesetz am 24.03.1995 verabschiedete.

Die gesamte Börsengesetzgebung lässt sich nach den vier Regelungsbereichen Börsen, Effektenhändler, Offenlegung von Beteiligungen und Öffentliche Übernahmen gliedern. Die Inkraftsetzung des Börsengesetzes und seiner Ausführungserlasse erfolgte in zwei Etappen. In einem ersten Paket wurden per 01.02.1997 die allgemeinen und all jene Bestimmungen des Gesetzes (BEHG) und der bundesrätlichen Ausführungsverordnung (BEHV) in Kraft gesetzt, welche die Börsen, die Effektenhändler, die Aufsicht und das Verfahren betreffen. Auf dieses Datum hin traten ebenfalls in Kraft die Bestimmungen aus der Börsenverordnung der EBK (BEHV-EBK) betreffend Meldepflicht, Journalführung und ↑Revisionsbericht sowie das geänderte ↑EBK-Rundschreiben «Revisionsbericht» und das neue Rundschreiben «Effektenjournal»; ferner auch die total revidierte Gebührenverordnung der EBK.

Das gestaffelte Vorgehen wurde erforderlich, weil sich die Erarbeitung der Ausführungsbestimmungen in den Bereichen Offenlegung und öffentliche Übernahmen als sehr komplex erwies und mehr Zeit als erwartet beanspruchte und man aber mit den Regelungen über die Börsen und Effektenhändler nicht weiter zuwarten wollte, damit die entsprechenden Bewilligungsverfahren eingeleitet werden konnten. Das zweite Paket, welches auf den 01.01.1998 in Kraft trat, enthielt damit im Wesentlichen die Bestimmungen zur Offenlegung von Beteiligungen und zu den Öffentlichen Übernahmen. Neben den Grundlagen auf Gesetzesstufe finden sich die betreffenden Regelungen vor allem in der BEHV-EBK, nämlich die Einzelheiten zur ↑Offenlegungspflicht von Beteiligungen an kotierten Gesellschaften und zur Pflicht, beim Überschreiten einer Beteiligungsschwelle von $33^{1}/_{3}\%$ den übrigen Aktionären ein öffentliches Übernahmeangebot zu unterbreiten sowie in der Übernahmeverordnung der Übernahmekommission (UEV-UEK) betreffend die öffentlichen Kaufangebote; die UEV-UEK löste im Übrigen den Übernahmekodex der ↑SWX Swiss Exchange (damals noch Schweizer Börse) ab. Schliesslich gehörte zum zweiten Paket auch das Reglement der Übernahmekommission (R-UEK).

Der *Zweck der Aufsichtstätigkeit* der EBK im Bereich der Börsengesetzgebung liegt namentlich im Anlegerschutz und in der Gewährleistung der Funktionsfähigkeit der Effektenmärkte sowie im Funktionsschutz allgemein. Anlegerschutz heisst in der Börsengesetzgebung ↑Vertrauensschutz bei individuellen Vermögensanlagen, Transparenz des Verhaltens, Gleichbehandlung, Vermeidung bzw. Offenlegung von Interessenkonflikten. Die Gewährleistung der Funktionsfähigkeit der Märkte beinhaltet Transparenz der Effektenmärkte, Gleichbehandlung der Marktteilnehmer, Schutz von ↑Minderheitsaktionären und Schutz vor gesetzeswidrigen Angeboten. Funktionsschutz schliesslich bedeutet die Gewährleistung der Stabilität des Systems, Schutz des Vertrauens in den Markt und die Marktmechanismen, Schutz der Reputation des Effektenmarktes, Bekämpfung unlauterer Machenschaften, Gewährleistung der internationalen Wettbewerbsfähigkeit und Schutz vor unbewilligten ↑Finanzintermediären.

Das schweizerische *Aufsichtssystem* beruht auch in der Börsengesetzgebung auf einer mehrstufigen Aufgabenteilung zwischen der EBK als staatliche Aufsichtsbehörde, der für die Revision anerkannten Revisionsgesellschaften und den selbstregulierenden Institutionen. Nur in Ausnahmefällen nimmt die EBK direkte Kontrollen bei den ihrer Aufsicht unterstellten Organisationen und Instituten vor. Sie übt grundsätzlich «nur» die Oberaufsicht aus. Spezifisch in der Börsengesetzgebung sieht das schweizerische Aufsichtssystem ausgeprägt eine Delegation gewisser Aufgaben an Selbstregulierungsorganisationen vor; entsprechend ist das BEHG als Rahmengesetz konzipiert. Namentlich im Bereich der ↑Börsenaufsicht übernehmen die bewilligten Börsen weit gehende Zulassungs- und Überwachungsfunktionen. Im Offenlegungsbereich sind es die Offenlegungsstellen der Börsen und im Übernahmebereich ist es die Kommission für öffentliche Kaufangebote (↑Übernahmekommission, UEK), welchen wesentliche Aufgaben delegiert sind.

1. Börsenaufsicht
Die Oberaufsicht der EBK über Börsen umfasst zunächst die Erteilung der Betriebsbewilligung sowie die Genehmigung der Börsenreglemente. Ferner umfasst sie, unter Einschaltung einer Revisionsstelle, eine laufende Prüfung und Kontrolle, ob die Börsen die gesetzlichen Pflichten, namentlich ihre Aufgaben im Bereich der Selbstregulierung, ständig erfüllen.

2. Effektenhändleraufsicht
Die Kriterien und Anforderungen für die Effektenhändler lehnen sich eng an die ↑Bankengesetzgebung, d.h. an die Vorschriften der ↑Bankenaufsicht an. Insbesondere gelten analoge Bewilligungsvoraussetzungen und Revisionspflichten sowie die Eigenmitttel-, Risikoverteilungs- und Rechnungslegungsvorschriften gemäss ↑Banken-

verordnung. Spezifisch hinzu kommen Journalführungs- und Meldepflichten. Ein wesentlicher Unterschied besteht zudem bezüglich des Mindestkapitals. Währenddem eine Bank ein Mindestkapital von CHF 10 Mio. aufweisen muss (BankV 4), genügt für Effektenhändler ein solches von CHF 1,5 Mio. (BEHV 22).

3. Offenlegung von Beteiligungen
Ziel der Vorschriften über die Pflicht zur Offenlegung von Beteiligungen ist es, die Transparenz von Eigentumsverhältnissen an börsenkotierten Gesellschaften und die Transparenz des Marktgeschehens sicherzustellen sowie den Schutz von Minderheitsaktionären zu gewährleisten. Gemäss BEHG 20 muss demnach, wer direkt, indirekt oder in gemeinsamer Absprache mit Dritten ↑Aktien einer Gesellschaft mit Sitz in der Schweiz, deren ↑Beteiligungspapiere mindestens teilweise in der Schweiz kotiert sind, für eigene Rechnung erwirbt oder veräussert und dadurch den Grenzwert von 5, 10, 20, 33$^{1}/_{3}$, 50 oder 66$^{2}/_{3}$% der Stimmrechte, ob ausübbar oder nicht, erreicht, unter- oder überschreitet, dies der Gesellschaft und den Börsen, an denen die Beteiligungspapiere kotiert sind, melden. Zur Zielgruppe gehören somit Gesellschaften mit Sitz in der Schweiz, deren Beteiligungspapiere an einer schweizerischen Börse kotiert sind, bzw. deren Aktionäre. Die EBK nimmt die Oberaufsicht über die Offenlegungspflicht wahr. Die direkte Überwachung der Meldepflicht wurde via Verordnung den Börsen delegiert, welche eine Offenlegungsstelle (OLS) einzurichten haben (BEHV-EBK 22). Die SWX Swiss Exchange hat in diesem Sinne eine entsprechende Instanz geschaffen, welche die Meldungen prüft und verwaltet. Eine solche Offenlegungsstelle hat ebenfalls die Telefonbörse Bern (TBB) (↑Berner Börse) aufgebaut. Die OLS fungiert ausserdem als Auskunftsstelle und behandelt die Gesuche um Vorabentscheide über das Bestehen einer Meldepflicht sowie über Ausnahmen und Erleichterungen von der Offenlegungspflicht. Ihre Entscheide erlässt sie in der Form von Empfehlungen, welche bei der EBK angefochten werden können.

4. Öffentliche Übernahmeangebote
In diesem Bereich regelt das BEHG einerseits die Abwicklung von öffentlichen Übernahmeangeboten und statuiert andererseits eine Pflicht zur Unterbreitung eines Angebots, wenn an einer kotierten Gesellschaft eine Beteiligung von mehr als 33$^{1}/_{3}$% erworben wird (BEHG 32); via Statuten kann die Gesellschaft diesen Grenzwert auf 49% erhöhen (↑Opting up) oder die ↑Angebotspflicht gar ausschliessen (↑Opting out). Die Zielgruppe ist hier dieselbe wie im Offenlegungsbereich, nämlich in der Schweiz kotierte Gesellschaften mit Sitz in der Schweiz sowie deren Aktionäre bzw. potenzielle Übernehmer. Eine weitere Analogie ergibt sich bezüglich des Systems; die Oberaufsicht liegt bei der EBK und die unmittelbare Umsetzung der Vorschriften ist der vom Gesetzgeber eingesetzten UEK übertragen. Ihr obliegt die Prüfung der Einhaltung der Bestimmungen des BEHG und der Verordnungen über öffentliche Übernahmeangebote bzw. über die Angebotspflicht im Einzelfall. Sie erlässt gegenüber den beteiligten Parteien die erforderlichen Empfehlungen, welche wiederum bei der EBK angefochten werden können. Im Bereich der Angebotspflicht ist der UEK insbesondere die Behandlung von Ausnahmegesuchen übertragen. *Marcel Livio Aellen*
Lit.: Botschaft zu einem Bundesgesetz über die Börsen und den Effektenhandel (Börsengesetz); BEHG)/BBl 1993 I 1359ff. – Hertig, G./Meier-Schatz, Ch.J./Roth, R./Roth, U.P./Zobl, D: Kommentar zum Bundesgesetz über die Börsen und den Effektenhandel, Zürich 2000. – Küng, M./Huber F.M./Kuster, M.: Kommentar zum Börsengesetz: Band I: Einführung und Quellen: Band II: Materialien und Kommentar, Zürich 1998. – Vogt, N.P./Watter, R.: Kommentar zum schweizerischen Kapitalmarktrecht: Bundesgesetz über die Börsen und den Effektenhandel (BEHG); Bundesgesetz über die Anlagefonds (Anlagefondsgesetz AFG); Art. 161, 161bis, 305bis, 305ter Strafgesetzbuch, Basel, Genf, München 1999. – Dietzi, H./Latour, S.: Schweizerisches Börsenrecht: Ein Grundriss mit ausgewählten Ausführungserlassen, Basel 2001.

Börsengültig
↑Börsenauftrag, der nur während der Handelszeit (↑Börsenzeiten) gültig ist. Kann der Auftrag nicht ausgeführt werden, gilt er als annulliert.

Börsenhandel
↑Börse.

Börsenhandelssystem
↑Handelssysteme; ↑SWX Plattform.

Börsenindex
↑Aktienindex; ↑Obligationenindex.

Börseninflation
↑Asset price inflation.

Börseninformationsdienste
↑Finanzinformationsdienste.

Börseninformationssysteme
↑Finanzinformationssysteme.

Börsenkalender
Kalender, der die jeweiligen spezifischen Börsenfeiertage und allenfalls weitere besondere Börsendaten (Optionenverfall usw.) enthält.

Börsenkapitalisierung

Die Börsenkapitalisierung ist das Produkt aus der Anzahl der ausstehenden ↑Titel einer Gesellschaft, multipliziert mit dem Börsenkurs am Stichtag. Sind neben den an der ↑Börse gehandelten Titeln noch nicht kotierte ↑Stimmrechtsaktien ausstehend, werden diese proportional zum ↑Kurs der kotierten Titel berücksichtigt. Die Börsenkapitalisierung ist naturgemäss starken Schwankungen unterworfen und vor allem bei Titeln, deren Kurse in einem ↑engen Markt bei bescheidenen Umsätzen zu Stande gekommen sind, auch nicht aussagekräftig. Sie ist nicht mit dem nach den üblichen Methoden ermittelten Unternehmungswert (↑Unternehmensbewertung) identisch, wird aber als Vergleichsgrösse herangezogen. (↑Börsenwert).

Börsenkrach

Von einem Börsenkrach (auch Crash genannt) spricht man, wenn die ↑Kurse an einzelnen oder an mehreren aufeinander folgenden Tagen massiv fallen. Ein Crash wird im Allgemeinen von einer panikartigen Verkaufswelle ausgelöst. Die mit einem Börsenkrach verbundene, rasche Vernichtung von Vermögenswerten hat im Allgemeinen auf die gesamte Wirtschaft einen negativen Einfluss. Der Börsenkrach in New York, Ende Oktober 1929, mündete in die grosse Weltwirtschaftsdepression.
Geringere konjunkturpolitische Auswirkungen hatten die Kräche an der New York Stock Exchange NYSE (↑New Yorker Börse) am 28. Mai 1961, am 19. und 20. Oktober 1987 und im Oktober 1989, weshalb diese als Mini-Crashes bezeichnet werden.
Erstreckt sich der Rückgang der Aktienpreise kontinuierlich über einen längeren Zeitraum, verwendet man dafür den Ausdruck «Crash in Raten». ↑Bubble.

Börsenkredit

Börsenkredite sind Kredite bzw. Bankdarlehen zur Finanzierung von Börsengeschäften, die gegen Verpfändung von ↑Wertpapieren und Edelmetallen aufgenommen werden. Börsenkredite können in Schweizer Franken, oder in einer Fremdwährung gewährt werden. Der ↑Margin erlaubt es dem Anleger, mit geliehenem Geld Wertpapiere zu erwerben. Der Margin entspricht dabei der Differenz zwischen dem aktuellen ↑Marktwert der (verpfändeten) ↑Aktien des Investors und dem ↑Darlehen (Börsenkredit) der ↑Bank oder des ↑Brokers. Ein ↑Depot mit Hebelwirkung (↑Leverage), in das Aktien gegen geliehenes Geld gekauft werden können, nennt man ↑Margin account. Das Darlehen im Margin account entwickelt sich parallel zum Aktienkurs. Wenn der Aktienkurs sinkt, ist der Besitzer des ↑Kontos dazu verpflichtet, entweder mehr ↑Bargeld nachzuschiessen oder einen Teil der Aktien zu verkaufen, um die ↑Marge aufrechtzuerhalten, was zu einer kritischen technischen Situation an der ↑Börse führen kann.
Die Margin-Regeln sind in den USA gesetzlich festgelegt, die Margen-Anforderungen können jedoch je nach Bank variieren. Im Gegensatz dazu gibt es in der Schweiz keine expliziten gesetzlichen Regelungen. Die Banken treffen in eigener Verantwortung die nötigen Vorsichtsmassnahmen betreffend Margendeckung. Die Einforderung der Nachdeckung bei sinkenden Effektenpreisen wird ↑Margin call genannt. *Hans-Dieter Vontobel*

Börsenkurs, -preis
↑Kurs.

Börsenkursblatt
↑Kursblatt.

Börsenlizenz

Bewilligung zur Benützung des ↑Börsensystems. Die ↑SWX Swiss Exchange erteilt ihren Mitgliedern die Börsenlizenz, wenn diese die im Mitgliederreglement vorgeschriebenen Voraussetzungen erfüllen.

Börsenmitglieder

Die meisten ↑Börsen entstanden als zunft- oder vereinsähnliche Organisationen. Deshalb spricht man auch heute noch meistens von Börsenmitgliedern, obwohl diese rechtlich oft nicht mehr Mitglieder, sondern Teilnehmer mit einem vertraglichen Verhältnis zur betreffenden Börse sind. Mitte der 90er-Jahre hat die Bewegung der so genannten «Demutualisierung», also der Umwandlung von Börsen in Vereinsform zu Aktiengesellschaften begonnen (mit der ↑Stockholmer Börse, die dann alsbald von OM übernommen wurde). Die konsequente Umsetzung dieser Idee führt zur ↑Kotierung und zur freien Handelbarkeit der Börsenaktien an der Börse.

Börsenordnung

Die Börsenordnung enthält die Bestimmungen für den Handel an der Schweizer ↑Börse. Geregelt werden u. a. ↑Börsentage, ↑Börsenzeiten, ↑Börsensegmente, ↑Börsenpflicht, Arten der Aufträge, der ↑ausserbörsliche Wertpapierhandel sowie das Vorgehen in ausserordentlichen Situationen und Notsituationen. Die Regeln der Börsenordnung der ↑SWX Swiss Exchange werden durch besondere «Weisungen» präzisiert.

Börsenorgane
↑SWX Swiss Exchange.

Börsenperiode

An der Schweizer Börse ↑SWX Swiss Exchange ist die ↑Börsenzeit in Börsenperioden unterteilt, in welchen den Mitgliedern der ↑Börse unterschiedliche Funktionalitäten des ↑Börsensystems zur Verfügung stehen. Es gibt die folgenden Börsenperioden: Voreröffnung (↑Preopening), Eröffnung (↑Opening), ↑laufender Handel, Pause und ↑Handelsschluss.

Börsenpflicht
Viele ↑Börsen legen in ihren Reglementen eine mehr oder weniger umfassende Börsenpflicht fest; Teilnehmer müssen also Aufträge in kotierten (↑Kotierung) ↑Titeln über die Börse abwickeln. Solche Verpflichtungen gelten meist nur für Aufträge bis zu einer gewissen Grössenordnung. An der ↑SWX Swiss Exchange müssen Aktienaufträge bis zu CHF 250 000 und Obligationenaufträge bis zu CHF 100 000 über die Börse abgewickelt werden.

Börsenplatz
Stadt mit ↑Börse.

Börsenpsychologie
Nach der klassischen Finanzmarkttheorie sind Aktienkurse informationseffizient. Basierend auf historischen ↑Kursen und öffentlich verfügbaren Informationen über die Fundamentaldaten der Firmen können keine ↑Renditen erwirtschaftet werden, die wesentlich über den risikolosen ↑Zins hinausgehen. Jede öffentliche Information wird sich sofort in den Aktienkursen widerspiegeln, so dass diese jederzeit den Fundamentaldaten entsprechen. Ferner unterstellt die klassische Theorie, dass der Informationsprozess ein unvorhersagbarer Zufallsprozess, ein Random walk (↑Randomwalk-Theorie), ist, sodass die Aktienkurse ebenfalls einem Random walk folgen.

Die neue Theorie der Börsenpsychologie *(Behavioral finance)* hat in den letzten zwanzig Jahren eine überzeugende Gegenthese zur klassischen Theorie entwickelt. Eine lange Liste von so genannten *Aktienmarktanomalien* lässt an der empirischen Evidenz der klassischen Auffassung zweifeln: Die Verteilungsfunktionen von Aktienrenditen legen zu viel Gewicht auf extreme Ausprägungen (Fat tails) und sie sind nicht symmetrisch (Leptokurtosis). Es gibt lange Phasen hoher ↑Volatilität, gefolgt von ebenso langen Phasen geringer Volatilität *(Clustered volatility)*. Darüber hinaus ist die im Durchschnitt beobachtete Volatilität der Kurse sehr viel höher als die der Fundamentaldaten *(Excess volatility)*. Es gibt saisonale Effekte, wie z. B. dass im Januar die Renditen ein Vielfaches grösser sind als in anderen Monaten. Aktienkurse sind in dem Sinne vorhersagbar, dass erstens kurzfristig (3–9 Monate) ein ↑Portfolio aus Gewinner-Aktien eine höhere Rendite als ein Portfolio aus Verlierer-Aktien hat und dass sich zweitens langfristig (3–4 Jahre) dieser ↑Trend genau umkehrt. Aktienmärkte generieren regelmässig spekulative Blasen (Stock market bubble) und ganz langfristig betrachtet ist die Rendite auf Aktien sehr viel höher als auf risikolosen Anlagen *(Equity premium puzzle)*.

Zur Erklärung dieser empirisch robusten Anomalien bezieht sich die Theorie der Börsenpsychologie auf Erkenntnisse der experimentellen Finanzmarktforschung. Diese Forschung hat eine ganze Reihe von systematischen Fehlern im Verhalten von Anlegern aufgedeckt. Viele Anleger neigen dazu, Wahrscheinlichkeiten von Zufallsprozessen systematisch falsch einzuschätzen. Sehr kleine Wahrscheinlichkeiten werden überschätzt, sehr grosse Wahrscheinlichkeiten werden unterschätzt. So macht es z. B. mathematisch nur einen kleinen, psychologisch aber einen Riesenunterschied, ob ein Ereignis zu 100% oder nur zu 99% sicher ist. Unabhängigkeit von Ereignissen wird meist nicht verstanden. Beim Roulette, zum Beispiel, wird die Wahrscheinlichkeit «Rot» nach vielen aufeinander folgenden Ereignissen «Schwarz» grösser als 50% eingeschätzt *(Gambler's fallacy)*. Auch ist sehr robust festzustellen, dass viele Anleger ihre eigenen Fähigkeiten überschätzen *(Over confidence)*. 75% aller Anleger sind überzeugt, dass sie besser als der Durchschnitt der Anleger anlegen. Viele Anleger realisieren Verluste viel zu spät (Dispositionseffekt), da Verluste in der Regel mehr schmerzen, als Gewinne freuen *(Loss aversion)*. Der Ausstieg aus der ↑Börse ist stark bezugspunktabhängig (Anchoring). Meist ist der Einstiegskurs die Bezugsgrösse für den Ausstieg und nicht die in der Zukunft erwarteten Verluste. Zudem verhalten sich viele Anleger adaptiv, d. h., unabhängig von einer Reflexion des Kontextes werden ehemals erfolgreiche ↑Anlagestrategien wiederholt und erfolglose aufgegeben. In Phasen grosser Unsicherheit imitiert man zudem das Verhalten von anderen Marktteilnehmern *(Herding behavior)*, was im Extremfall zum panikhaften Zusammenbruch (↑Börsenkrach) von ↑Kursen führen kann.

Welches Anlageverhalten sollte man angesichts der Marktanomalien auf dem Hintergrund dieser psychologischen Faktoren befolgen? Es ist sehr riskant *(Noise trader risk)*, jederzeit fundamental anzulegen, d. h. zu kaufen, falls die Kurse unter den Fundamentaldaten liegen, und zu verkaufen, falls sie darüber liegen. Das Problem dieser Strategie ist, dass nicht die Fundamentaldaten, sondern die durchschnittliche Meinung die Kursbewegung bestimmt. Deshalb muss Ziel jeder Anlagestrategie sein, die durchschnittliche Meinung zu erraten *(Guessing game)*. Hierdurch entsteht ein Zwang zur Konformität *(Coordination game)*, sodass die Kurse steigen können, obwohl sich die Fundamentaldaten verschlechtert haben. Wenn jeder glaubt, die anderen würden auf steigende Kurse setzen, muss jeder auf steigende Kurse setzen. Die Psychologie des Marktes wird selbsterfüllend (Self-fulfilling prophecy).

Es ist unabdingbar, dass man die beschriebenen empirischen Anomalien sowie die systematischen Verhaltensanomalien in sein eigenes Anlagekalkül miteinbezieht. Es gibt sogar inzwischen sehr erfolgreiche ↑Anlagefonds, die auf den Erkenntnissen der Börsenpsychologie basieren.

Thorsten Hens

Lit.: Haugen, R. A.: The New Finance: The Case Against Efficient Markets, Upper Saddle River, New Jersey 1999. – Haugen, R. A.: The Inefficient Stock Market: What Pays Off and Why, Upper Saddle River, New Jersey 1999. – Shefrin, H.: Beyond Greed and Fear, Boston MA 2000. – Shleifer, A.: Inefficient Markets: An Introduction to Behavioral Finance, Oxford und New York 2000.

Börsenrecht
↑Börsengesetzgebung.

Börsenregeln
Zahlreich sind die Bemühungen, aus der Beobachtung der Aktienkursentwicklung über längere Zeiträume «Gesetzmässigkeiten», zutreffende Faustregeln, über den richtigen Zeitpunkt zum Kauf und Verkauf von ↑Effekten abzuleiten. Zu den bekanntesten gehören: «Sell in may and go away» oder «Buy in december, a rule to remember!» Verschiedene Merksprüche betreffen das zweckmässige Verhalten als ↑Investor wie «Buy on bad news, sell on good news» oder «Cut the losses and let the profits run».

Unter den Börsenregeln sind auch Kuriositäten zu erwähnen. Nach dem Hemline-Indikator sind die Börsenaussichten ungünstig, wenn die Damenröcke länger werden. Sind dagegen kurze Röcke Mode, ist eine ↑Hausse zu erwarten. Auch zwischen der künftigen Börsenkursentwicklung und dem Ausgang des Endspiels im American football (Super bowl) sollen Gesetzmässigkeiten bestehen.

Börsenregulierung
An der ↑Börse werden ↑Transaktionen innert Sekunden abgeschlossen. Der Geschäftsabschluss sowie die Erfüllung des Geschäfts – ↑Lieferung gegen Zahlung – erfolgen nach vorgegebenen Regeln und innert vorgesehener Fristen. Voraussetzung für ein florierendes Börsengeschäft ist das Vertrauen der Marktteilnehmer; dieses hängt nicht zuletzt davon ab, dass Regeln gesetzt und eingehalten werden. Die ↑Regulierung der Börse und ihrer Dienstleistungen einerseits sowie des Börsengeschäftes und der beteiligten Marktteilnehmer – ↑Banken, ↑Effektenhändler und kotierte Unternehmungen – andererseits ist folglich von zentraler Bedeutung. Im Vordergrund stehen Fragen der Organisation und Verhaltenspflichten der Marktteilnehmer; dabei geht es nicht nur um Regelsetzung, sondern auch um die Durchsetzung.

1. Börsengesetz und Verordnungen
Börsen und professionelle Wertpapierhändler unterstehen in der Schweiz dem Bundesgesetz über die Börsen und den Effektenhandel vom 24.03.1995 (Börsengesetz, BEHG; SR 954.1). Es löste auf den 01.02.1997 die kantonalen Gesetze von Basel, Genf und Zürich ab. Bei der Ausarbeitung des Gesetzes wurde den relevanten EU-Normen Beachtung geschenkt. Ferner wurde der ↑Selbstregulierung im Rahmen der öffentlichen Oberaufsicht durch die EBK (↑Bankenkommission, Eidg.) grosses Gewicht eingeräumt.

Das Gesetz regelt die Voraussetzungen für die Errichtung und den Betrieb von Börsen sowie für den gewerbsmässigen Handel mit ↑Effekten; dabei soll für den Anleger Transparenz und Gleichbehandlung sichergestellt werden. Als weiterer Hauptzweck des BEHG und damit der Börsenregulierung nennt das Gesetz den Schutz der Funktionsfähigkeit der Effektenmärkte (Art. 1 BEHG). Besondere Regelungsbereiche des Gesetzes sind die ↑Offenlegung der Beteiligungen in kotierten schweizerischen Gesellschaften sowie die öffentlichen Kaufangebote (Übernahmeregeln). Während die Aufsicht über die Offenlegung der Beteiligungen von der EBK der ↑SWX Swiss Exchange übertragen wurde (↑Offenlegungsstelle), unterliegen die öffentlichen Kaufangebote der Aufsicht durch die ↑Übernahmekommission (UEK, COPA). Diese ist eine Bundesbehörde; sie wird von der Bankenkommission ernannt, überprüft die Einhaltung der relevanten Bestimmungen und hat die Befugnis, allgemeine Grundsätze zu definieren.

Ausführende Bestimmungen und Einzelheiten sind in mehreren Verordnungen niedergelegt. Zu nennen sind hier die vom Bundesrat erlassene Verordnung über die Börsen und den Effektenhandel vom 02.12.1996 (SR 954.11); ferner die Verordnung der Eidgenössischen Bankenkommission über die Börsen und den Effektenhandel vom 25.06.1997 (SR 954.193) sowie schliesslich die Verordnung der Übernahmekommission über öffentliche Kaufangebote vom 21.07.1997 (SR 954.195.1). Weitere Einzelheiten sind namentlich in ↑EBK-Rundschreiben geregelt (z.B. Rundschreiben der EBK betreffend «Führung des Effektenjournals durch Effektenhändler, EBK-RS 96/6).

2. Nachgelagerte Reglementierung durch die Börse
Weitere Regeln werden im Rahmen der ↑Selbstregulierung von der Börse erlassen. Diese spezifischen Regeln befassen sich mit dem Börsengeschäft und den am Börsengeschäft beteiligten Parteien sowie mit den kotierten ↑Emittenten.
Das Börsengeschäft wird von ↑Allgemeinen Geschäftsbedingungen und Reglementen der Börse geregelt. Darin enthalten sind unter anderem die Bestimmungen über die finanziellen und technischen Voraussetzungen betreffend Zulassung von

Teilnehmern und Händlern zur Börse, aber auch die vertraglichen Bestimmungen des börslichen Kaufgeschäftes. Dazu gehört beispielsweise das Vorgehen bei der so genannten Zwangsregulierung (Durchsetzung der Ansprüche bei Vertragsverletzung) sowie das Vorgehen für den Fall, dass zwischen Vertragsabschluss und -erfüllung eine Veränderung erfolgt. Für den Handel sind ferner sehr viele Einzelheiten festzulegen, die häufigen Veränderungen unterliegen. Die Börse benutzt dazu das Instrument der Weisungen. So geregelt sind beispielsweise die ↑Börsenzeiten, die Kursabstufungen, die Händlerprüfung und die Einzelheiten der Umsatzgebühren.

Für die Überwachung des Handelsgeschäftes ist bei der SWX die ↑Überwachungsstelle zuständig. Diese verfügt über vollelektronische Überwachungsmechanismen, namentlich über die Software «Integrated monitoring and investigation system» (IMIS). Die Überwachungsstelle nimmt bei Verdacht Abklärungen vor. Sie kann bei Verletzung von Handelsregeln in eigener Kompetenz Sanktionen gegen ↑Börsenmitglieder und Händler aussprechen. Sie verfügt allerdings über keine Informationen über den Bankkunden. Liegt der Verdacht eines Verstosses gegen das Strafgesetzbuch vor, muss die Überwachungsstelle ihre Untersuchungsergebnisse an die EBK oder die Strafverfolgungsbehörden weiterleiten.

Die Verhaltenspflichten der Emittenten vor und nach dem Zeitpunkt der ↑Kotierung (Börsenzulassung) werden im ↑Kotierungsreglement sowie in Richtlinien und Rundschreiben der ↑Zulassungsstelle der SWX niedergelegt. Diese Regeln zielen vor allem darauf ab, für den Anleger Transparenz herzustellen, um ihm ein begründetes Urteil über die Vermögens- und Ertragslage sowie die Entwicklungsaussichten des kotierten Unternehmens zu erlauben. Für diesen Regelungsbereich ist ein eigenes Gremium zuständig, die *Zulassungsstelle der SWX*. Diesem Gremium obliegt auch die Durchsetzung der Regeln gegenüber den Emittenten. Dabei geht es namentlich um die regelmässige Finanzberichterstattung und um die Veröffentlichung von kursrelevanten Informationen. Bei Verdacht auf Verletzung dieser Verpflichtungen leitet die Zulassungsstelle Abklärungen ein, welche in der Verhängung von Sanktionen münden können. Die administrative Arbeit bei der Kotierung und der Durchsetzung der Verhaltenspflichten leisten eigene Abteilungen der SWX; wo notwendig, lässt sich die Zulassungsstelle von Experten beraten – so etwa wurde für den Regelungsbereich der Finanzberichterstattung eine eigene Expertengruppe eingesetzt.

3. Selbstregulierung
Selbstregulierung durch privatrechtliche Institutionen ist für viele Aspekte des Marktbetriebs eine wichtige Ergänzung zur grundlegenden staatlichen Regulierung. Selbstregulierung schafft Praxisnähe und Flexibilität. Nach dem Konzept des schweizerischen Gesetzgebers sind die diesbezüglichen Kompetenzen nicht vom Staat an privatrechtliche Stellen delegiert worden; es handelt sich vielmehr um selbstständige Regelungsbefugnisse, in welche der Staat grundsätzlich nicht eingreift. Als Gegengewicht zu diesen weit reichenden Befugnissen privatrechtlicher Stellen behält sich die EBK als Aufsichtsbehörde die Befugnis vor, die Regelwerke zu überprüfen und zu genehmigen; in der Praxis beschränkt sie sich dabei auf die grundsätzlichen Regeln (Allgemeine Geschäftsbedingungen und Reglemente, nicht aber Weisungen, Richtlinien und Rundschreiben). Ferner übt die EBK die Oberaufsicht über die Tätigkeit der Börse aus und kann bei Bedarf eingreifen. Schliesslich sieht der Gesetzgeber vor, dass eine unabhängige Beschwerdeinstanz bestellt werden muss, an welche Entscheide betreffend Zulassung, Suspendierung oder Ausschluss von Teilnehmern und Händlern sowie Entscheide betreffend Kotierung oder ↑Dekotierung von ↑Valoren weitergezogen werden können.

In diesem Zusammenhang ist auch auf die Verhaltensregeln der Schweizerischen ↑Bankiervereinigung für Effektenhändler hinzuweisen (↑Verhaltensregeln für Effektenhändler). Während die Börsenregeln das Verhältnis zwischen Börsenteilnehmern regelt, geht es bei den Verhaltensregeln um das Verhältnis zwischen Effektenhändlern (meist Börsenteilnehmer) und deren Kunden. Diese Verhaltensrichtlinien spezifizieren die Anforderungen von BEHG 11 (↑Informationspflicht, ↑Sorgfaltspflicht und ↑Treuepflicht des Effektenhändlers). Diese Verhaltensrichtlinien haben als Standesregeln quasi-gesetzliche Wirkung und werden sowohl von der EBK als auch von Gerichten in der Praxis entsprechend berücksichtigt. *Heinrich Henckel, Richard T. Meier*
Lit.: Küng, M./Huber, F.M./Kuster, M: Kommentar zum Börsengesetz, Zürich 1998.
Links: www.copa.ch – www.swx.com – www.ebk.admin.ch

Börsenring, Corbeille

In den früheren schweizerischen ↑Börsen bis 1995/96 die meist kreisrunde Abschrankung, an der sich die Händler zum Handel versammelten. Man rief Geld- und Briefkurse in den Ring und schloss Geschäfte über den Ring ab. Grundsätzlich hatte jede Ringbank einen festen Platz für ihren Händler. Mit zunehmender Automatisierung des Ringhandels wurden die Ringplätze mit elektronischen Geräten ausgestattet (insbesondere zur ↑Kursinformation über die eigene und andere Börsen). Innerhalb des Rings nahmen der Börsenkommissär (Aufsicht), der Börsenschreiber (Leitung des Handels) und der Kursreporter der ↑Telekurs AG Platz.

Der Ring war Sinnbild der «à la criée-Börsen» in der Schweiz. Er ist eine Weiterentwicklung der «Corbeille», die an der ↑Pariser Börse als Zentrum des Handels entwickelt wurde (dort ursprünglich mit einem Sandhaufen in der Mitte, wohin die Börsianer ihre Zigarettenstummel warfen). ↑Präsenzbörse.

Börsensegmente
In den letzten Jahren sind neue Segmente etwa für Beteiligungsgesellschaften (↑Holdinggesellschaften, ↑Investmentgesellschaften), ↑Immobiliengesellschaften oder für die so genannten ↑neuen Märkte (↑Initial public offerings IPOs, junge Gesellschaften) geschaffen worden. Diese Segmente unterscheiden sich vor allem durch die Kotierungsbestimmungen, gelegentlich aber auch durch spezifische Handelsregeln. Man sprach früher nicht von unterschiedlichen Börsensegmenten, hatte diese aber auch damals schon, z. B. für Aktien, Obligationen, Optionen oder aufgeteilt nach Schweiz und Ausland. ↑Marktsegment.

Börsenspesen
Börsenspesen sind aus der Sicht des Anlegers die Kosten für eine Börsentransaktion, welche die Bank dem Kunden belastet. Es geht dabei vorab um die ↑Courtage oder Kommission, also die Entschädigung für die Bank, dann die ↑Börsengebühren, welche die Bank der Börse bezahlen muss, und allfällige Abgaben wie z.B. die eidgenössische Umsatzabgabe (↑Stempelabgaben im Finanzgeschäft).

Börsensprache
Die Börsenteilnehmer (↑Börsenmitglieder) verwenden in ihrer Ausdrucksweise oft besondere Fachausdrücke wie ↑Geld und ↑Brief, ↑Flat, Round lot (↑Schlusseinheit), ↑Blue chips; ferner Kurzformen wie Genüsse für ↑Genussscheine, ↑Langläufer für Anleihen mit langen ↑Restlaufzeiten, Eidgenossen für ↑Bundesanleihen und Redewendungen wie «Hin und Her macht Taschen leer» oder «den Letzten beissen die Hunde».

Börsenstempel
↑Stempelabgaben im Finanzgeschäft.

Börsenstimmung
↑Börsenpsychologie.

Börsensystem
Auch Börsenhandelssystem genannt. ↑SWX Plattform.

Börsentage
Bei der Schweizer Börse ↑SWX Swiss Exchange die Tage, an denen die Funktionalitäten der SWX für den börslichen und ausserbörslichen Handel zur Verfügung stehen; in der Regel Montag bis Freitag.

Börsentendenz
↑Tendenz.

Börsentheorien
Börsentheorien versuchen, Kursverläufe an den Aktienmärkten zu erklären, Aussagen über Gesetzmässigkeiten der Kursentwicklung zu machen und aus bestimmten Konstellationen von ↑Kursen und Umsätzen in der Vergangenheit Hinweise auf die künftige Kursentwicklung abzuleiten. Börsentheorien werden aus der ↑Fundamentalanalyse, insbesondere jedoch aus der ↑technischen Analyse abgeleitet, z. B. die ↑*Dow-Theorie*. Im Gegensatz zur Dow-Theorie steht die ↑*Random-walk-Theorie*, welche von Zufallsschwankungen im Aktienkursverlauf ausgeht. Die *Akkumulations- und Distributionstheorie* beruht auf dem Verhalten der professionellen, gut informierten ↑Investoren (↑Insider). Diese kaufen verstärkt während der Bodenbildungsphase am Ende einer Baisseperiode (↑Akkumulieren). Die ↑Aktien gehen dann von ↑schwachen Händen in starke Hände über. Steigen in der Folge die Kurse, entsteht eine Materialknappheit, was dem Markt zusätzliche Auftriebsimpulse verleiht. Gegen Ende des Aufwärtszyklus erfolgen gezielte Abgaben aus starken Händen (Distributionsphase), während ↑Kleinanleger vermehrt kaufen (↑Hausfrauenbörse). Das grosse Angebot führt jedoch zu einem Kursdruck, bis der Markt allmählich wieder festen Boden findet und der nächste Zyklus einsetzt.

Börsentipps
In der ↑Börsensprache werden unter Börsentipps Informationen verstanden, die sich auf zu erwartende reale oder vermutete Vorgänge bei börsenkotierten Unternehmungen beziehen. Börsentipps basieren oft auf unbestätigten Gerüchten, die am Markt kursieren. Trotz zweifelhaftem Wert und Wahrheitsgehalt vermögen Börsentipps die Kursentwicklung oft überproportional zu beeinflussen, namentlich dann, wenn sie von den Medien (↑Börsenbriefe; ↑Finanzpresse) aufgenommen und verstärkt werden.

Börsenumsatz
Unter Börsenumsatz (oder Handelsvolumen) versteht man die Summe der an einer ↑Börse getätigten Umsätze; meist werden sie ausgedrückt in einem Betrag (Anzahl ↑Titel mal ↑Kurs), in angelsächsischen Ländern oft auch in Anzahl ↑Aktien, bei ↑Derivatbörsen in Anzahl ↑Kontrakten. Die Börsenumsätze gelten gemeinhin als massgebliche Indikation für die Grösse einer Börse. Von besonderem Interesse sind diesbezüglich die internationalen Börsenstatistiken der ↑World Federation of Exchanges (früher FIBV) und der ↑Federation of European Securities Exchanges.
Solange Börsen im Wesentlichen nationale oder regionale Institutionen mit dem Schwergewicht auf

Aktien- und allenfalls Obligationenhandel waren, liess sich in den internationalen Börsenorganisationen einigermassen Einigkeit über die Methoden zur Erhebung von Umsatzstatistiken erzielen. Als Folge unterschiedlicher rechtlicher Gegebenheiten wie auch divergierender Handelspraktiken gab es allerdings immer erhebliche Unterschiede in der Zählweise. Bei gewissen Börsen bezog sich der Umsatz nur auf diejenigen ↑Transaktionen, die vollständig über die Börse abgewickelt wurden. In zahlreichen andern Fällen aber wurden auch ausserbörsliche Geschäfte (↑Ausserbörslicher Wertpapierhandel) in die Statistiken einbezogen mit der (durchaus vertretbaren) Begründung, dass auch ausserbörsliche Transaktionen Teil der Gesamtliquidität eines Börsenplatzes sind. Zudem ist es oft so, dass auch ausserbörsliche Umsätze an die Börse rapportiert werden müssen. Letztlich hängt die jeweilige Definition der Umsätze wesentlich von den Handels- und Reportingregeln der jeweiligen Börse ab. Diese Regeln werden oft nicht durch die Börse, sondern durch ihre Aufsichtsbehörden im Hinblick auf ↑Markttransparenz und Anlegerschutz, nicht aber im Hinblick auf die Statistik erlassen. Je nach der Ausgestaltung dieser Regeln kann eine Transaktionskette durchaus zu Doppel- und Mehrfachzählungen führen, insbesondere, wenn die ↑Wertpapiere vom einen Anleger zum andern über mehrere Vermittler gehandelt werden.

In den letzten Jahren ist erschwerend dazugekommen, dass Börsen neue Instrumente handeln. So gibt es beispielsweise keinen sinnvollen gemeinsamen Nenner, um Umsätze in Aktien und ↑Obligationen einerseits, in Warrants, ↑Options und ↑Futures anderseits zusammenzuzählen. Ferner werden Börsen in neuen Tätigkeitsgebieten aktiv, mit der Folge, dass die Handelsaktivität allein nicht mehr die Bedeutung einer Börse wiedergibt.

Für Händler ist letztlich nicht die Umsatzstatistik, sondern eine Kombination von Liquidität und ↑Markttiefe, bezogen auf jedes einzelne Wertpapier, massgebend. Dafür gibt es letztlich keine eindeutige statistische Grösse, weshalb sich Händler eher auf ihr Gefühl für den Markt als auf Statistiken verlassen müssen.

Richard T. Meier, Marc Berthoud

Börsenusanz
↑Usanz.

Börsenweisungen
↑Börsenregulierung.

Börsenwert
Der im Börsenkurs (↑Kurs) zum Ausdruck kommende Wert der Unternehmung. ↑Börsenkapitalisierung.

Börsenzeiten
Anfang und Ende des täglichen Börsenhandels sind normalerweise genau definiert. An der ↑SWX Swiss Exchange werden Schweizer Aktien von 9.00 bis 17.30 Uhr gehandelt. In den letzten Jahren haben verschiedene ↑Börsen im Zuge der Entwicklung von Internethandelssystemen die Börsenzeiten in den Abend hinein verlängert. Die Erfahrungen sind allerdings gemischt. Noch 1987 war an den Schweizer Börsen nur die Anfangszeit festgelegt (z.B. 10.30 Uhr für Schweizer Aktien). Die Handelsdauer war unterschiedlich lang, je nach Auftragsanfall, typischerweise bis etwa 12.30 Uhr. 1988 wurde gegen einigen Widerstand die Regelung eingeführt, dass der Handel in den wichtigsten Aktien bis mindestens 13.15 Uhr offen bleiben musste. Diese Zeiten wurden in der Folge sukzessive ausgedehnt.

Börsenzulassung
↑Kotierung.

Börsenzulassungsprospekt
↑Kotierung.

Börsenzulassungsstelle
↑Zulassungsstelle, SWX.

Börsenzwang
↑Börsenpflicht.

Börsliche Abschlüsse
An der Schweizer Börse ↑SWX Swiss Exchange gelten als börsliche Abschlüsse alle Geschäfte, die aufgrund korrespondierender Eingaben in die ↑Auftragsbücher der ↑Börse nach den massgebenden Preisbildungsregeln im Matcher (↑SWX-Plattform) zu Stande kommen. Während der Handelszeit müssen alle Aufträge in ↑Effekten, die an der SWX gehandelt werden und volumenmässig innerhalb der Börsenpflichtlimite liegen, in die Auftragsbücher eingegeben werden (↑Börsenpflicht). Alle börslichen Abschlüsse sind drei Bankwerktage nach Abschluss zu erfüllen. Die Börse erteilt automatisch die entsprechenden Abwicklungsinstruktionen an die anerkannte ↑Effektengirostelle.

Böser Glaube
Gegenteil des ↑guten Glaubens. Das Gesetz knüpft oft eine Rechtswirkung (z.B. den Erwerb des ↑Eigentums oder ↑Pfandrechts an einer Sache) an den guten Glauben einer Partei. Dieser wird zwar vermutet, d.h. es muss der böse und nicht der gute Glaube nachgewiesen werden (ZGB 3 I). Doch wer bei der Aufmerksamkeit, wie sie nach den Umständen von ihm verlangt werden darf, nicht gutgläubig sein konnte, ist nicht berechtigt, sich auf seinen guten Glauben zu berufen und wird somit praktisch als bösgläubig behandelt (ZGB 3 II).

Bottom
Englische Bezeichnung für Bodenbildung. ↑W-Formation.

Bottom-up-Ansatz
Vorgehen bei der Festlegung der ↑Anlagepolitik «von unten nach oben». In erster Linie werden die einzelnen Anlagen aufgrund von Unternehmungsanalysen beurteilt und erst in weiteren Schritten die makroökonomischen Überlegungen einbezogen. Gegensatz: Top-down-Ansatz (↑Top down approach).

Bought deal
Englisches Verfahren, bei dem vor der öffentlichen Ausgabe einer Anleihe der ↑Lead-Manager dem Anleihensschuldner ein festes Angebot zur Übernahme der ganzen Anleihe unterbreitet (Effektenkauf). Dadurch kann der Schuldner den Mittelzufluss und die ↑Transaktionskosten genau berechnen und das gesamte Markt- und Platzierungsrisiko auf der Grundlage eines Übernahmevertrages auf die syndikatsführende ↑Bank als Festübernehmerin übertragen. Auf der Basis der im Syndikatsvertrag (↑Emissionsgeschäft) vereinbarten ↑Quoten wird das ↑Risiko mit den anderen Syndikatsteilnehmern geteilt.

Bp
Abk. f. ↑Basispunkt (Bp).

Brady bonds
Im Rahmen von Umschuldungsprogrammen (↑Umschuldung) des IWF (↑Internationaler Währungsfonds) in den 1990er-Jahren ausgegebene langfristige Anleihen, die durch Null-Prozent-Anleihen (↑Zerobonds) des US-Schatzamtes (↑Treasury bonds) gesichert sind.

Branchenfonds
↑Anlagefonds.

Branchenindizes
Unter *Branchenindizes* versteht man ↑Aktienindizes, deren Indexkorb sich ausschliesslich aus ↑Aktien einer bestimmten Branche zusammensetzt. Branchenindizes erlauben eine differenzierte Betrachtung des Aktienmarktes, indem sie die Kursentwicklung von Gesellschaften mit unterschiedlichen Geschäftstätigkeiten dokumentieren. Branchenindizes sind üblicherweise *Subindizes* eines Gesamtmarktindexes und bilden einen wichtigen Bestandteil einer Indexfamilie.
Zur Berechnung von Branchenindizes muss jede Aktie des Gesamtmarktindexes einer bestimmten Branche eindeutig zugewiesen werden. In der Vergangenheit hatte nahezu jeder Indexanbieter eine eigene *Branchenklassierung,* nach der die Zuweisung der einzelnen Aktien erfolgte. Inzwischen haben sich drei internationale Branchenklassierungen etabliert, die zunehmend auch von lokalen Indexanbietern übernommen werden.
Der *Global Industry Classification Standard (GICS)* dient als Grundlage für die Branchenindizes von Morgan Stanley Capital International (MSCI) und Standard & Poor's (S&P). Das *FTSE Global Classification System* wird für Branchenindizes der Indexfamilien von FTSE, Frank Russell, ↑Euronext und Hang Seng verwendet. Der *Dow Jones Global Classification Standard* liegt den Branchenindizes von Dow Jones, ↑STOXX und der ↑SWX Swiss Exchange zu Grunde.

Valerio Schmitz-Esser

Branch-netting
↑Netting.

Break even point
Der Break even point (Gewinnschwelle) bezeichnet jenen Punkt, bei dem man aus der Verlustzone in die Gewinnzone kommt, bzw. diese wieder verlässt. Break-even-Berechnungen sind vor allem bei ↑Termingeschäften sowie bei Renditevergleichen von Fremdwährungsanleihen mit Franken-Obligationen, unter Berücksichtigung der Wechselkursentwicklung, unerlässlich.

Break up fee
Im Voraus vertraglich vereinbarte Entschädigung für den Fall der Auflösung eines Mandates zwischen der ↑Investmentbank und ihrem Kunden vor der Durchführung bzw. dem Abschluss einer ↑Transaktion. Break up fees sind vor allem bei ↑Mergers and acquisitions üblich, wo die Wahrscheinlichkeit eines Transaktionsabschlusses nicht ohne weiteres gegeben ist und die Vorbereitungsarbeiten für ein Projekt lange dauern können. Break up fees sind meistens die einzige Möglichkeit der Bank, um für die geleisteten Arbeiten dennoch entschädigt zu werden. Für den Fall eines erfolgreichen Transaktionsabschlusses wird häufig zusätzlich noch ein Erfolgshonorar vereinbart (sog. Success fee).

Breiter Markt
↑Weiter Markt.

Bretton Woods
↑Internationaler Währungsfonds (IWF).

Bridge financing
↑Betriebskredit.

Brief, Briefkurs
↑Kurs, den ein verkaufswilliger Händler angibt; zu diesem Kurs ist er bereit zu verkaufen (er hat den Brief, das ↑Wertpapier, und will es verkaufen). Englische Bezeichnung: ↑Ask.

Briefkastengesellschaft
An einem steuergünstigen Standort zur Nutzung von fiskalischen Vorteilen domizilierte Gesellschaft, die dort keine Tätigkeiten ausübt.

Bringschuld
Geldschulden sind nach schweizerischem Recht grundsätzlich, d.h. sofern zwischen den Parteien nichts anderes vereinbart oder vom Gesetz nichts anderes bestimmt wird, an dem Ort zu zahlen, wo der ↑Gläubiger zur Zeit der Erfüllung seinen Wohnsitz hat (OR 74). Man spricht in diesem Zusammenhang von einer Bringschuld. Im Gegensatz dazu stehen die Holschulden, bei denen der Wohnsitz des Schuldners Erfüllungsort ist, der Gläubiger sich somit die ihm geschuldete Leistung selbst holen muss. Holschulden sind der Natur der Sache gemäss die Forderungen aus ↑Wertpapieren wie ↑Wechseln, ↑Checks, ↑Obligationen, ↑Aktien, gleichgültig, ob sie auf den Inhaber oder Namen lauten. Der Gläubiger aus solchen Wertpapieren muss die ihm geschuldete Leistung beim Schuldner erheben. Bei Obligationen und Aktien werden indes von den betreffenden Ausstellern oftmals Dritte, insbesondere Banken, als sog. ↑Zahlstellen bezeichnet, bei welchen ebenfalls die Erfüllung verlangt werden kann; dieses Vorgehen bedeutet für die Gläubiger eine Vereinfachung. Nur die Forderungen aus ↑Grundpfandtiteln (↑Schuldbrief und ↑Gült), und zwar nicht nur, wenn sie auf den Namen, sondern sogar selbst dann, wenn sie auf den Inhaber lauten, sind gemäss ausdrücklicher Gesetzesvorschrift (ZGB 861) stets Bring- und nicht etwa Holschulden.
Forderungen von Kunden gegen Banken sind aufgrund einer ausdrücklichen Regelung in den ↑Allgemeinen Geschäftsbedingungen (AGB) der Banken abweichend vom vorhin erwähnten Grundsatz stets Holschulden, auch wenn sie gewöhnliche Kreditorenguthaben sind und nicht in Wertpapieren oder ähnlichen Urkunden (Obligationen, Spar-, ↑Depositen- und Einlagekonti) verkörpert sind. Der Kunde, der über sein Guthaben nicht durch Aufträge an die Bank verfügen kann und will, muss also für Rückzüge die Bank aufsuchen.

Broadcast approach
↑Syndicated loans.

Broker
Angloamerikanische Bezeichnung für ↑Makler. Die Entschädigung für die Dienstleistung des Brokers ist die ↑Brokerage.

Brokerage
Vergütung an den ↑Broker; deutsch: Maklergebühr. Wird gelegentlich auch als Synonym für die Tätigkeit des Brokers, das Brokergeschäft, gebraucht.

Brokerage research
↑Finanzanalyse; ↑Primär-Research.

Bruchzins
↑Laufende Zinsen.

Bruttobedarfsspanne
↑Zinsmarge, -spanne.

Bruttodividende
↑Dividende vor Abzug der ↑Quellensteuer (↑Verrechnungssteuer).

Bruttoertragsspanne
↑Zinsmarge, -spanne.

Bruttogewinn
Als Bruttogewinn einer Bank wird der Unterschied zwischen dem Geschäftsertrag und dem ↑Geschäftsaufwand bezeichnet.

Brutto-Leasing
Auch Maintenance leasing, Service leasing. Eine Art des ↑Leasings, bei der der Leasing-Geber neben der Überlassung der Nutzung am Leasingobjekt zusätzliche Leistungen erbringt. Diese können z.B. in der Wartung des Leasingobjekts oder der Beratung des ↑Leasing-Nehmers bei der Anschaffung des Leasingobjekts bestehen.

Bruttoprämie
Im Versicherungsgeschäft die Prämieneinnahmen der Berichtsperiode, ohne Berücksichtigung von allfällig abgegebenen ↑Rückversicherungen und ohne Prämienübertrag.

Bruttoprinzip
Grundsatz der ordnungsmässigen Rechnungslegung (↑Buchführungspflicht), welche die ↑Verrechnung von Aktiven und Passiven sowie von Aufwand und Ertrag untersagt (OR 662a). Die RRV-EBK lässt sowohl für die Bilanz wie die ↑Erfolgsrechnung sinnvoll begründete Ausnahmen vom Bruttoprinzip zu, wie die Verrechnung von Beständen an eigenen Schuldtiteln mit den entsprechenden Passivposten oder die Verrechnung von Kursgewinnen und -verlusten aus dem Handelsgeschäft.

Bruttorendite
Bruttorendite hat zwei Bedeutungen:
1. Bei ↑Aktien und ↑Obligationen ↑Rendite vor Abzug von ↑Quellensteuern.
2. Bei Liegenschaften Bruttomietertrag in Prozenten des Anschaffungs- oder Verkehrswertes.

Bruttosystem
In einem Bruttosystem werden Forderungen kontinuierlich und einzeln abgewickelt (↑Clearing- und Abwicklungssysteme). Eine Aufrechnung der

↑Positionen findet nicht statt. Erfolgt die Abwicklung unverzüglich nach der Akzeptierung des Auftrags durch das System, spricht man von einem Echtzeit-Bruttosystem (↑Realtime gross settlement system oder RTGS-System). ↑Nettosystem.

Bruttoverzinsung
↑Bruttoertrag.

Bruttozinsspanne
↑Zinsmarge, -spanne.

B2B
Abk. f. ↑Business-to-Business (B2B).

B2C
Abk. f. ↑Business-to-Consumer (B2C).

Bubble
Spekulative Blase an einem ↑Finanzmarkt, die dadurch gekennzeichnet ist, dass die Preise kräftig ansteigen, sich von den fundamentalen Bewertungsgrundlagen wegbewegen und die ↑Investoren in Erwartung eines Fortgangs der Haussebewegung (↑Hausse) in wachsendem Ausmass irrational handeln (nach Shiller «irrational exuberance»). Spekulative Phasen können selbst unter rationalen Erwartungen entstehen, was im Widerspruch zur Effizienzhypothese steht, nach welcher die Preise alle relevanten verfügbaren Informationen enthalten. Als typische Beispiele von spekulativen Blasen kann die Entwicklung der Technologieaktienkurse an der ↑Nasdaq, am ↑Neuen Markt Frankfurt und am ↑SWX New Market 1999 und 2000 sowie der schweizerische Immobilienmarkt Ende der 80er-Jahre erwähnt werden. Aus der älteren Finanzgeschichte sind die Tulpenmanie in Holland (1634–1637), die Mississippi-Bubble in Frankreich (1716–1720) und die South-Sea-Bubble in England (1717–1720) sowie die Entwicklung der ↑New Yorker Börse (1928–1929) besonders hervorzuheben.

Bucheffekten
Bucheffekten entstehen durch Dematerialisierung der ↑Wertpapiere. Forderungen (z. B. ↑Anleihensobligationen) und ↑Beteiligungsrechte (↑Aktien, ↑Partizipationsscheine, ↑Genussscheine) werden nicht mehr verurkundet, sondern durch elektronische Speicherung ersetzt. In der schweizerischen ↑Börsengesetzgebung verwendet man für nichtverurkundete Rechte mit gleicher Funktion wie die Wertpapiere den Begriff der ↑Wertrechte. ↑Entmaterialisierung von Wertpapieren.

Buchforderungen
Buchforderungen sind Forderungen, die aus den kaufmännisch einwandfrei geführten Büchern des ↑Gläubigers hervorgehen. ↑Geldmarkt-Buchforderungen des Bundes; ↑Zessionskredit.

Buchführungspflicht
Buchführungspflichtig ist nach OR 957, wer verpflichtet ist, seine Firma in das Handelsregister eintragen zu lassen. Massgebend ist demnach die Eintragungspflicht, nicht die Eintragung selbst. Der Gesetzgeber verlangt eine «ordnungsgemässe» Buchführung. Diese umfasst gemäss GeBüV 1 I ein Hauptbuch, bestehend aus den Konten und dem Journal sowie, je nach Art und Umfang des Geschäfts, auch Hilfsbücher. Er lässt offen, in welcher Form die Geschäftsbücher zu führen sind. Damit ermöglicht er den Unternehmen, die Buchführung ihren spezifischen Bedürfnissen anzupassen. Unter dem Titel Buchführung wird auch die Bilanzierung geregelt. Diese Terminologie ist nicht mehr zeitgemäss. Der VE RRG (Vorentwurf Rechnungslegungs- und Revisionsgesetz) unterscheidet zwischen der Buchhaltung und der Rechnungslegung. Die Buchhaltung erfasst die Geschäftsvorfälle im Hinblick auf die Rechnungslegung sowie auf die Feststellung der Schuld- und Forderungsverhältnisse. Die Ordnungsmässigkeit der *Buchhaltung* verlangt (gemäss dem Vorschlag des VE RRG) eine systematische Erfassung der zu buchenden Vorgänge, den Belegnachweis, die Übersichtlichkeit und die Nachprüfbarkeit der Buchungsvorgänge.

Die *Rechnungslegung* soll die wirtschaftliche Lage, insbesondere die Vermögens-, Finanz- und Ertragslage des Unternehmens darstellen, OR 662a II regelt für buchführungspflichtige Aktiengesellschaften und GmbH (OR 805) die Grundsätze ordnungsmässiger Rechnungslegung. Damit haben die in OR 959 erwähnten «allgemein anerkannten kaufmännischen Grundsätze» ihre Bedeutung weit gehend verloren.

1. Die Buchführungspflicht von Banken
BankG 6 I verlangt von *allen* Banken für jedes Geschäftsjahr einen ↑Geschäftsbericht, der sich aus der Jahresrechnung und dem ↑Jahresbericht zusammensetzt. In bestimmten Fällen (gemäss BankV 23a) ist zusätzlich eine ↑Konzernrechnung erforderlich. Gemäss BankG 6 II ist der Geschäftsbericht nach den Vorschriften (OR 662 ff.) und nach den besonderen Vorschriften der ↑Bankengesetzgebung zu erstellen. Diese gelten als Lex spezialis und gehen grundsätzlich den entsprechenden Vorschriften des OR vor.

2. Buchführungspflicht der Effektenhändler
Als ↑Effektenhändler gemäss BEHG 10 gelten alle Banken. Sie sind dementsprechend für die Rechnungslegung (BEHG 16) den bankenrechtlichen Vorschriften unterstellt (BEHV 29 I).

3. Buchführungspflicht von Anlagefonds
AFG 47 verlangt, dass die ↑Fondsleitungen für jeden von ihr verwalteten ↑Anlagefonds gesondert Buch führen. Die Buchhaltung ist nach AFV-EBK

26 auf die gesetzlichen Anforderungen an die Jahres- und Halbjahresberichte auszurichten und so zu führen, dass die Rechenschaftsablage ein den tatsächlichen Verhältnissen entsprechendes Bild der Vermögenslage und des Erfolgs der Anlagefonds vermittelt. Als Besonderheit ist hervorzuheben, dass für die Kontenpläne eine Mindestgliederung beachtet werden muss (AVF-EBK 28–30). Auch für die veröffentlichte Jahresrechnung ist eine Mindestgliederung vorgeschrieben (AFV-EBK 35–38).

4. Börsenkotierte Gesellschaften
Gestützt auf den Grundsatz der ↑Selbstregulierung (BEHG 4) erlässt die ↑SWX Swiss Exchange die für den Börsenbetrieb erforderlichen Reglemente, u. a. über die Informationsvermittlung an die Anleger. In Abweichung zum OR und zu den bankengesetzlichen Vorschriften über den Einzelabschluss verlangt KR 66 den Grundsatz ↑True and fair view für die Rechnungslegung der Emittenten. Massgebend für die Rechnungslegung sind die Grundsätze und Empfehlungen der Fachkommission für Empfehlungen zur Rechnungslegung (↑Fachempfehlungen zur Rechnungslegung [↑Swiss GAAP FER]) oder international anerkannte Rechnungslegungsnormen (↑International Accounting Standards [IAS], ↑Generally Accepted Accounting Principles [GAAP]).
Für Banken, Effektenhändler und ↑Pfandbriefinstitute gelten nach KR 68 die auf sie anwendbaren spezialgesetzlichen Bestimmungen. Diese werden 2003 dem Swiss GAAP FER angepasst (Revision RRV-EBK). *Max Boemle*

Buchgeld
↑Giralgeld.

Buchgewinn
Ein Buchgewinn ist erzielt, wenn in der Bilanz die Wertzunahme einer Aktivposition (z.B. von ↑Finanzanlagen) bzw. die Wertverminderung einer Passivposition (z.B. eine Fremdwährungsschuld bei einem Rückgang des Devisenkurses oder bei einer ↑Sanierung die Herabsetzung des Aktienkapitals durch Nennwertreduktion ohne ↑Rückzahlung) als Ertrag erfasst wird. Die buchhalterische Auflösung von ↑stillen Reserven zur Ergebnisverbesserung führt ebenfalls zu Buchgewinnen.
Gegensatz: Realisierter Gewinn. Dieser entsteht bei der Veräusserung des entsprechenden Aktivums oder der Rückzahlung der Verpflichtung.

Buchung
Der Begriff Buchung hat zwei Bedeutungen:
1. Eintragung, Fixierung eines Geschäftsvorfalls bzw. einer ↑Transaktion auf der Basis eines ↑Buchungsbelegs im entsprechenden «Buch» der Buchhaltung.
2. Im Zahlkartengeschäft: Vergütung einer Kartentransaktion an den Händler und Belastung des Karteninhabers. Je nach Kontext auch die Buchungs-Request-Meldung.

Buchungsbeleg
Grundlage für die Verbuchung eines Geschäftsvorfalls in der Geschäftsbuchhaltung eines Buchführungspflichtigen (↑Buchführungspflicht). Herkömmlicherweise sind Buchungsbelege Schriftstücke (z.B. Rechnungen, Quittungen, Vergütungsaufträge, Gutschrifts- und Belastungsanzeigen), die dem Buchführungspflichtigen im Geschäftsverkehr zugegangen sind, oder schriftliche Kopien von Schriftstücken, die der Buchführungspflichtige an seine Geschäftspartner versandt hat. Schon bisher konnte der Inhalt der Buchungsbelege auf Bild- oder Datenträger übertragen und in dieser Form aufbewahrt werden (OR 962 in der bis zur Revision des 32. Titels des OR geltenden Fassung). Mit dem Inkrafttreten der Revision auf den 01.06.2002 eröffnet sich für den Buchführungspflichtigen die Möglichkeit, das Stadium der Schriftlichkeit zu überspringen und Buchungsbelege und Geschäftskorrespondenzen im Geschäftsverkehr von Anfang an elektronisch oder in vergleichbarer Weise zu erstellen (OR 957). Für alle Arten von Buchungsbelegen gilt eine Aufbewahrungsfrist von 10 Jahren (OR 962). ↑Aktenvernichtung.

Buchungsschnitt
Stichzeit, ausgedrückt in Stunden und Minuten (z.B. 15.30 Uhr), ab der ↑Transaktionen (z.B. des ↑Zahlungsverkehrs) nicht mehr gleichentags verbucht werden. Nach dem Buchungsschnitt anfallende ↑Buchungsbelege werden am folgenden Werktag verbucht. Im Verkehr über mehrere Zeitzonen hinweg wird die Stichzeit zusammen mit der entsprechenden Zeitzone ausgedrückt.

Buchverlust
Ein Buchverlust entsteht durch Erfassung einer Wertverminderung einer Aktivposition oder durch eine Höherbewertung von Verbindlichkeiten ohne gleichzeitige Veräusserung bzw. Schuldentilgung.

Buchwert
Betrag, zu dem eine Vermögensposition bzw. eine Verpflichtung in der Bilanz erfasst ist, weshalb auch die Bezeichnung *Bilanzwert* verwendet wird. Es handelt sich um jene Grösse, die sich als ↑Saldo aus Anfangsbestand, Zuschreibungen und ↑Abschreibungen auf einem Bestandeskonto ergibt.

Budgetierung im Bankbetrieb
Ein konzeptioneller Ansatz der Planung/Budgetierung im Bankbetrieb ist auf die wertorientierte Führung einer Bankfunktion ausgerichtet. Die grundlegende Erkenntnis, dass vor allem kleinere

Budgetierung im Bankbetrieb

und mittlere Banken heute noch immer Mühe bekunden, eine durchgängige und systematische Erfolgsplanung umzusetzen und sich damit die Möglichkeit nehmen, Erfolgskonsequenzen von Entscheiden zu überprüfen, bezeichnet die Schwierigkeit, Bankprodukte und deren erfolgs- bzw. kostentreibende Bestandteile zu definieren, zu isolieren und im Sinne eines Management accounting zu überwachen.

1. Die Bedeutung der Planung für die Unternehmensführung

Eine auf Dauer erfolgreiche Unternehmensführung setzt planvolles Wirtschaften voraus. An Stelle spontaner, improvisierender oder nur intuitiver Entscheidungen muss ein ordnendes Vorausdenken für die zukünftig auflaufenden Betriebsprozesse treten. Planen bedeutet aktives Gestalten der Zukunft eines Unternehmens. Es ist offensichtlich, dass die Planung nicht ohne Erfahrungswerte auskommt; die Zukunft schliesst an die Vergangenheit an, ist aber nicht unbedingt daraus extrapolierbar. Abweichungen, Veränderungen von Entwicklungen in der Vergangenheit sind heute beinahe die Regel. Rasante technische Fortschritte, ständig wechselnde Kundenbedürfnisse, instabile Marktverhältnisse, immer neue gesetzliche Vorschriften prägen das Geschehen. Die Existenzsicherung von Unternehmen ist nur dann gewährleistet, wenn die Unternehmensführung die im wirtschaftlichen und sozialen Umfeld zu erwartenden Veränderungen rechtzeitig erkennt und vernünftige und wirtschaftlich vertretbare Reaktionen, noch besser Aktionen, durchsetzt. ↑Planung im Bankbetrieb.

2. Grundlagen

Die Planung/Budgetierung als zentrales Instrument der Unternehmenssteuerung kann nur dann wirkungsvoll eingesetzt werden, wenn sich ein Bankinstitut mit den zentralen Bankfunktionen, dem bankindividuellen Geschäftsmodell und darauf aufbauend den Prozessen der Leistungserstellung auseinander setzt. Im Sinne der Grundstruktur einer Analysephase des Planungsprozesses muss sich eine Bank mit dem derzeitigen Zustand, sprich den internen und externen Gegebenheiten, auseinander setzen. Die untenstehende Darstellung kann als Basis zur Strukturierung einer Bankfunktion verwendet werden.

In einem weiteren Schritt muss sich eine Bank mit der abschliessenden Definition ihrer Produktpalette beschäftigen. Die Zielsetzung besteht darin festzulegen, welche bankwirtschaftlichen Leistungen in einem Produkt vereint werden und in welchem Umfang sich die einzelnen Leistungen im Produktpreis widerspiegeln. Dabei stellt sich folgende Problematik: Bankprodukte sind in der Regel keine physisch greifbaren Gegenstände, sondern Kombinationen verschiedenster Leistungen (Services) eines Bankbetriebes, welche in einem Vertrag zu einem Endprodukt zusammengefasst werden. Insofern ist die Produktdefinition als Ergebnis der bankbetrieblichen Leistungserstellung von der rechtlichen Ausgestaltung des Vertrages zwischen Kunde und Bank abhängig und damit in jeder Bank unterschiedlich. Die Tatsache, dass die Leistungserstellung einer Bank vom Kunden nur entschädigt wird, sofern ein unterzeichneter Vertrag im Sinne des Obligationenrechts vorliegt, führt zu folgender Definition: Ein

Struktur einer Bankfunktion

Kundensegment	Kundensegment	Kundensegment	Kundensegment	Kundenuniversum
Verkauf und Beratung	Verkauf und Beratung	Verkauf und Beratung	Verkauf und Beratung	VuB
Brokerage	Brokerage	Brokerage	Brokerage	
Handel	Tresorerie		Vermögensverwaltung	Riskmanagement
Kreditrisikomanagement				
Handelsbuch	Bankenbuch			
Verarbeitung Transaktionen				Verarbeitung
Verarbeitung Zahlungsverkehr				

Bankprodukt im Sinne des Endproduktes liegt vor, sofern ein Vertrag zwischen Kunde und Bank unterzeichnet wurde, dessen Inhalt die bankbetrieblichen Leistungen (Services) und die Gegenleistungen des Kunden bezeichnet.

3. Bankbetriebliche Leistungen (Services)
Unter bankbetrieblichen Leistungen (Services) versteht man Tätigkeiten, Prozesse und Produktbestandteile, die zu einem Bankprodukt, sprich einem Vertrag zwischen Kunden und Bank, zusammengefasst werden können. Man unterscheidet zwei Servicearten:
– *Non risk services:* Sämtliche bankbetrieblichen Leistungen, die erbracht werden, ohne dabei eine ↑Risikoposition (↑Markt- oder ↑Kreditrisiko) einzugehen
– *Risk services:* Sämtliche bankbetrieblichen Leistungen, die ausdrücklich darauf ausgelegt sind, eine Risikoposition am Markt einzugehen (Markt- oder Kreditrisiko), bzw. Risiken zu bewirtschaften, zu messen und zu kontrollieren.

Alle Non risk services sind direkt mit dem Unterhalt des Produktionsprozesses einer Bank verbunden und generieren durch deren Verrechnung über den Bankproduktpreis Wert für die Bank. Ziel und Zweck dieser Einteilung ist die Isolierung von Kosten und Erträgen der an der Service-Erstellung beteiligten Organisationseinheiten. Die folgende Zusammenfassung von Non risk services ist abschliessend auf eine Bankfunktion ausgelegt:
– *Quoting service (Preisstellungsdienstleistung):* Bereitstellung eines Risikopreises für ein Bankprodukt bzw. für einen Produktbestandteil durch den Risikomanager (z.B. An- und Verkaufskurse für Kredite, Devisen-, Edelmetall-, Geldmarkt- und Zinsgeschäfte)
– *Sales service (Verkaufsdienstleistung):* Bereitstellung der Verkaufsdienstleistung bzw. der Kundenbetreuung durch den Verkäufer
– *Consulting service (Beratungsdienstleistungen):* Bereitstellen von Beratungen (z.B. Vorsorgeberatung, Anlageberatung)
– *Processing service (Verarbeitungsdienstleistungen):* Bereitstellen der Verarbeitungskapazität durch die entsprechenden Back-office-Einheiten (z.B. Abwicklung von Zahlungsverkehrs- oder Börsentransaktionen)
– *Maintenance service (Unterhaltsdienstleistungen):* Bereitstellung von Unterhaltsdienstleistungen von Bankprodukten oder Produktbündeln (z.B. Depot- und Kontoführung).

Alle Risk services sind darauf ausgelegt, eine Risikoposition (Markt- oder Kreditrisiko) für die Bank einzugehen. Die folgende Zusammenfassung von Risk services ist abschliessend auf eine Bankfunktion ausgelegt:
– *Risk management service für eigene Bücher*
– *Risk management service für Dritte (Kunden):* Risikobewirtschaftungstätigkeit auf Kosten und Risiko von Kunden (z.B. Vermögensverwaltung).

4. Das bankwirtschaftliche Planungssystem
Planung wird als systematischer Prozess verstanden, in dessen Verlauf auf die Zukunft bezogene Ziele, Massnahmen und Mittel als Rahmen von Entscheidungen festgelegt werden. Darauf aufbauend muss sich eine Bank mit ihrem individuellen Planungskonzept, sprich einem Grundsystem, das den Rahmen für die Erfüllung der Aufgaben der Planung und der Planungskontrolle bildet, auseinander setzen. Entsprechend diesem System existieren auch in einer Bank nach dem Kriterium des Planungszeitraums die strategische, langfristige Planung, die taktische oder mittelfristige Planung, die operative oder kurzfristige Planung sowie die dispositive Planung. Ein bankwirtschaftliches Planungssystem zeichnet sich somit durch einen organisierten Planungsablauf aus, klar definierte Aufgaben, bestimmte Aufgabenträger, dezidierte Planungsinstrumente, und bildet als System eine feste und permanente Einrichtung.

5. Die operative Planung – Budgetierung
Die auf eine Zeitspanne eines Jahres bezogene operative Planung bezieht sich unabhängig vom Planungsverfahren auf Teil- und Gesamtpläne und hat folgende Aufgaben:
– Die Entscheidungen der strategischen Planung in Vorgaben für Organisationseinheiten zu transformieren
– Leistungsmassstäbe vorzugeben
– Die Tätigkeiten der verschiedenen Verantwortungsbereiche der Bank aufeinander abzustimmen, sprich zu koordinieren.

Die Budgetierung beinhaltet demnach die Gesamtpläne (Erfolgs-, Finanz- und Bilanzplanung) sowie ertragsseitig die Teilpläne Risk services und Non risk services sowie kostenseitig die Teilpläne Kosten der Leistungserstellung und Verwaltungskosten.

Die operative Planung beginnt in einer Bank im Regelfall mit der Erstellung der *Transaktionsplanung je Produkt,* sprich mit der *Absatz- bzw. Umsatzplanung.* Dazu planen die Beratungs- und Verkaufseinheiten die im nächsten Jahr voraussichtlich absetzbaren Mengen je Bankprodukt. Neben der Planung der ↑Transaktionen sind die Planpreise der einzelnen Produkte zu bestimmen. Die Ermittlung der Planpreise erfolgt durch die Multiplikation der Transaktionsmengen je Bankprodukt mit den ↑Margen der Non risk services. Die Planung der Risk services können im Gegensatz zu den Non risk services nicht auf eine einzelne Transaktion bzw. eine Gegenpartei, erfolgen. Moderne Banken verwenden sowohl für Handels- wie Bankenbuch einen Portfolioansatz. Das heisst, es wird die gesamte Risikoperformance des entsprechenden ↑Portfolios optimiert und nicht nur der Ertrag pro Transaktion. Somit verfolgt der ↑Bankier das Ziel, den gesamten Portfoliowert zu optimieren. Eine einzelne Transaktion interessiert bezüglich des Risk services nur insofern, als sie das Risikoexposure des Portfolios in die gewünschte Richtung und damit den Wert des Gesamtportfolios verändert.

Die Budgetierung der Risk services und damit der Risikoerträge der Bank werden geplant, indem erstens pro Risikogruppe die Risikoneigung definiert wird, welche die Bank in der entsprechenden Risikogruppe bereit ist zu tragen und dann anhand der ↑Volatilität des Marktes für das entsprechende Risiko ermitteln kann, und zweitens ermittelt wird, wie gross die Erträge ausfallen, wenn man davon ausgeht, dass ein Risikomanager (Händler, ↑Treasurer) beispielsweise in 51% der Fälle richtig und nur in 49% der Fälle eine falsche Position einnimmt. Als Risikoerträge müssen für das Handels- und Bankenbuch im Normalfall mindestens folgende Risikoarten budgetiert werden:
– Kreditrisikoertrag
– Zinsrisikoertrag
– Devisenrisikoertrag
– Aktienrisikoertrag
– Volatilitätserträge (für Zinsen, Aktien, Devisen)
– Operationelle Risikoerträge (meistens negative Positionen, i.d.R. operationelle Verluste).

6. Die Produktionsplanung
Die Produktion (Risikomanagement- und Verarbeitungseinheiten) hat den geplanten Absatz bereitzustellen und eine möglichst wirtschaftliche Ausnützung der verfügbaren Produktionskapazitäten sicherzustellen. Dabei hat die Produktionseinheit ↑*Risikomanagement* die notwendigen ↑eigenen Mittel zur Verfügung zu halten, damit Risiken im Zusammenhang mit Kundentransaktionen im geplanten Ausmass von der Bank eingegangen werden können, d.h., die Einheit muss über ausreichend Markt- und Kreditrisikolimiten für die anvisierten Gegenparteien und Geschäftsvolumen verfügen. Die Produktionseinheit *Verarbeitung* steuert die Produktionskapazitäten zur Bereitstellung des Processing service sowie des Maintenance service. Die Fähigkeiten zur rollenden Anpassung von Produktionskapazität sowie der Limiten in Abhängigkeit des anfallenden Transaktionsvolumens und den veränderten Risikobedingungen entspricht effizientem Wirtschaften.

7. Die Aufwand- und Kostenplanung
Die Kostenplanung sollte in einer Bank erst beginnen, wenn alle servicebezogenen Mengen- und Risikopläne vorliegen. Die Planung der Einzelkosten ist in einer Bank weniger anspruchsvoll als die Gemeinkostenplanung, welche bedingt, dass Gemeinkosten lokalisierbar sind. Mit dem beschriebenen Ansatz, sprich der Definition eines Bankproduktes, sowie der Definition der darin aggregierten Services und der Zuteilung der Services auf eine oder mehrere Organisationseinheiten ist eine Voraussetzung zur besseren Lokalisierung von bankbetrieblichen Gemeinkosten geschaffen. Alle am Produktionsprozess beteiligten Non risk services sind mengengetrieben, d.h. sind Einzelkosten. Im Bereich der Risk services sprechen wir aufgrund des Portfolioansatzes von Gemeinkosten.

8. Gesamtpläne
Die Quantifizierung der bankbetrieblichen Aktivitäten im operativen Bereich der Planung führt zum Budget. Das Budget stellt grundsätzlich und aufbauend auf den Teilplänen in einer Planbilanz die erwarteten Aktiven und Passiven am Ende der Planperiode, in einer Plan-Geldflussrechnung die erwarteten Mittelzugänge und Mittelabgänge der Planperiode sowie in einer Plan-Erfolgsrechnung die erwarteten Aufwendungen und Erträge und den Erfolg der Planperiode fest. Der Schwerpunkt liegt dabei regelmässig auf der Plan-Erfolgsrechnung, welche die Erwartungen über den zu erzielenden wirtschaftlichen Erfolg widerspiegelt.

9. Wertmanagement
Aufbauend auf der Planung des wirtschaftlichen Erfolges sollte im Sinne des Wertmanagements der ↑Return on equity (ROE) als wichtige Kerngrösse gegenüber den Aktionären einer Bank geplant werden. Dabei spielen die Cashflow-Erwartungen, die operativen Geschäftsrisiken, die Zinssatzerwartungen und die finanzierungsseitigen Risiken eine wesentliche Rolle. Der geplante Reingewinn nach Zinsen und Steuern (NOPAT) in Prozenten des Eigenkapitals sollte im Sinne eines Benchmarking mit einer risikoadjustierten Zielgrösse (ROE-Target) verglichen werden. *Felice De Grandi*
Lit.: Schierenbeck, H.: *Ertragsorientiertes Bankmanagement, Band 1, Grundlagen, Marktzinsmethode und Rentabilitäts-Controlling*, Wiesbaden 1999.

Bull, bullish
Ausdruck aus der ↑Börsensprache. Bulls und Bears, «Stiere und Bären», sind die Symboltiere der Börsianer an der ↑New Yorker Börse. Die Bullen setzen als Haussiers (↑Hausse) auf einen Aufschwung bestimmter ↑Titel oder der gesamten ↑Börse, die Bären (↑Bear, bearish) als Baissiers (↑Baisse) auf einen Rückgang. ↑Bull market, ↑Bear market, ↑Leerabgeber, ↑Short selling.

Bull and bear bonds (Notes)
Festverzinsliche Anleihen, deren ↑Rückzahlung des Nominalbetrages in Abhängigkeit der Entwicklung eines ↑Aktienindexes oder eines Commodity-Preises erfolgt. Die Anleihen werden in zwei Tranchen mit verschiedenen Rückzahlungsbeträgen emittiert: Der Rückzahlungsbetrag des

Bull bond steigt mit steigendem Wert des zu Grunde liegenden Indexes oder von ↑Commodities, der Rückzahlungsbetrag des Bear bond steigt mit fallendem Wert des zu Grunde liegenden Indexes oder Commodities.

Bulldog bond
Eine im UK-Markt zur ↑Zeichnung aufliegende und in Pfund Sterling ausgegebene Anleihe eines ausländischen ↑Emittenten.

Bullet bond
Bezeichnung für Anleihen auf den ↑Euromärkten, welche keine Call- oder Putklausel aufweisen und auf einen festen Termin zurückbezahlt werden.

Bullet portfolio
Der Begriff findet im Management von Bond portfolios Anwendung. Das ↑Portfolio wird so konstruiert, dass bei vorgegebenem Durationsziel (↑Duration) die Anlagen auf einen Bereich des Laufzeitenspektrums konzentriert werden. Dies im Gegensatz zu *Barbellstrategien* (auch Hantelstrategien genannt): Hier werden die Anlagen – unter Einhaltung des Durationsziels – auf zwei Bereiche des Laufzeitenspektrums der Anleihen fokussiert.

Bullion
Englische Bezeichnung für Edelmetall in Barren oder Plättchen von mindestens 995 fein. Bullish coins sind handgeprägte Münzen wie ↑Krügerrand oder ↑Maple leaf. Sie werden in praktisch unbegrenzter Auflage mit unverändertem Motiv geprägt, sodass sich ihr Preis stets am aktuellen Goldpreis orientiert. ↑Gold als Kapitalanlage; ↑Edelmetallhandel.

Bull market
Englischer Ausdruck für eine ↑Börse mit steigender ↑Tendenz. ↑Bull, bullish.

Bull spread
Gegenteil von ↑Bear spread. ↑Vertical spread.

Bundesanleihen
Als Bundesanleihen werden in der Schweiz die Anleihen der Schweizerischen Eidgenossenschaft (↑Staatsanleihen, -papiere) bezeichnet. Gemäss Finanzhaushaltsgesetz (FHG) 35 II sorgt die Eidg. Finanzverwaltung für die ständige Zahlungsbereitschaft des Bundes und seiner Betriebe, und gemäss FHG 36a I kann der Bundesrat hierzu Mittel am ↑Geld- und ↑Kapitalmarkt aufnehmen. Bis Inkrafttreten der neuen BV Anfang 2000 gab das Parlament dem Bundesrat mit einem Bundesbeschluss für die Dauer einer Legislaturperiode von 4 Jahren die Kompetenz zur Kapitalaufnahme. Bundesanleihen wurden bisher mit wenigen Ausnahmen während und nach dem Ersten Weltkrieg nur in Schweizer Franken ausgegeben. Sie sind das wichtigste Instrument zur ↑Fremdfinanzierung des Bundes. Als oberste Gebietskörperschaft der Schweiz geniesst der Bund eine ausgezeichnete ↑Bonität. Wie bei allen anderen Anleihen inländischer Schuldner wird auch bei Couponzahlungen (↑Coupon) auf Bundesanleihen die ↑Verrechnungssteuer in Abzug gebracht. Die Bundesanleihen sind an der ↑SWX Swiss Exchange kotiert. Aus den 30er-Jahren stammt die Einrichtung, dass ↑Gläubiger ihre Bundesanleihen in Schuldbuchforderungen (↑Schuldbuch, eidgenössisches) umwandeln lassen können.

1. Ziele
Neben der Sicherung der ständigen Zahlungsbereitschaft des Bundes soll auch eine möglichst tiefe durchschnittliche Zinsbelastung des Bundes erzielt werden. Diesem Zweck dient die Hebung der Nachfrage nach Bundesanleihen durch eine attraktive Ausgestaltung des Anleihensprogramms des Bundes, und zwar durch
– Berechenbarkeit des Emissionsverhaltens (↑Emission) des Bundes, indem die ↑Bundestresorerie zu Beginn des Jahres den ungefähren Emissionsbetrag und die Emissionsdaten (normalerweise der vierte Mittwoch im Monat) für das angehende Jahr bekannt gibt
– Verwendung möglichst einfacher Instrumente, indem sich die Bundestresorerie auf die Emission von Straights konzentriert und darauf verzichtet, sich ein Recht zur vorzeitigen ↑Kündigung von Anleihen einräumen zu lassen
– Schaffung möglichst liquider Anleihen, indem die Bundestresorerie den Betrag ausstehender Anleihen durch ↑Aufstockungen weiter erhöht, bis sie in der Regel ein benchmarkwürdiges (↑Benchmark) Volumen (etwa CHF 3 bis 7 Mia.) erreichen. Da die ↑Liberierung einer Aufstockungstranche selten mit der Coupon-Fälligkeit (↑Coupontermin) der aufgestockten Anleihe zusammenfällt, hat der Zeichner einer Aufstockung für die Zeit vom letzten Coupon-Verfall bis zur Liberierung einen dem Coupon entsprechenden Marchzins zu bezahlen. Dadurch wird es möglich, die Aufstockung nach der Liberierung mit der Grundanleihe gleichzustellen: Danach wird sie in jeder Hinsicht gleich wie die Grundanleihe behandelt, d.h. den gleichen ↑Kurs wie die Grundanleihe haben sowie beim nächsten ↑Verfall den gleichen Coupon abwerfen und somit am Markt nicht mehr von der Grundanleihe unterschieden werden können. Hatte der Bund 1990 noch 40 Anleihen im Gesamtbetrag von CHF 12,3 Mia. ausstehen, so waren es 2001 noch 27 Anleihen mit einem Gesamtbetrag von CHF 60,8 Mia.
– Standardisierung, indem sich die Bundestresorerie auf die Emission einiger weniger ↑Laufzeiten konzentriert, in der Regel eine Liberie-

rungsfrist von 14 Wochentagen einhält und die Zahl der Coupon-Verfalldaten durch Zusammenlegung tief hält
– Ein faires und effizientes Emissionsverfahren, wofür sich international Auktionen (↑Auktionsverfahren) durchgesetzt haben.

2. Emission und Handel
Die Schweizerische ↑Nationalbank (SNB) erledigt alle mit der Emission verbundenen Aufgaben, worunter auch das Verfassen des ↑Prospekts aufgrund der durch die Bundestresorerie festgelegten Konditionen, sowie die Titel- und Couponverwaltung. Bis 1980 wurden die Bundesanleihen durch ein ↑Bankenkonsortium unter der Leitung der SNB übernommen (↑Emissionsmarkt). Seither erfolgt die Emission über eine durch die SNB abgewickelte *Auktion,* zu der anfangs nur Banken zugelassen wurden, ab den späten 90er-Jahren aber auch ↑Effektenhändler und – unter bestimmten Voraussetzungen – im Ausland domizilierte Banken mitberücksichtigt werden.
Die Auktion wurde anfangs telefonisch durchgeführt. Seit März 2001 wird sie über die elektronische Repo-Plattform (↑Repo) der ↑Eurex abgewickelt. Nach schriftlicher bzw. elektronischer Ankündigung an Banken und Medien am Vortag lädt die SNB am Morgen des Auktionstags die Banken und Effektenhändler auf der Plattform mit einer «Indication of interest» zur Offertstellung ein. Bis 12 Uhr mittags geben die Bieter der SNB bekannt, zu welchen Preisen sie welche Mengen zu kaufen bereit sind, wobei die Menge CHF 1 000 oder ein Vielfaches davon sein muss. Das System aggregiert die zu jedem Preis jeweils nachgefragte Menge. Aufgrund dieser Zahlen bestimmt die Bundestresorerie die Menge, die sie den Bietern insgesamt zuteilen will. Der dazugehörende Preis ist der *Auktionspreis (Einheitspreisverfahren).* Das System nimmt anschliessend automatisch die Zuteilungen vor: Jeder Bieter erhält eine Zuteilung entsprechend den Geboten, die er zum Auktionspreis und allen höheren Preisen gemacht hat. Das System löst die Abwicklung automatisch aus (↑Bundestender).
Die Titel werden in der Form eines Globalzertifikats (↑Globalurkunde) auf Dauer in die ↑SIS SEGA Intersettle AG eingeliefert und den zeichnenden Banken und Effektenhändlern am ↑Valutatag gegen Belastung ihres SIC-Kontos (↑Swiss Interbank Clearing) auf ihrem ↑Depot bei der SIS gutgeschrieben.
Zum erwähnten Einheitspreis übernimmt die Tresorerie auch die *Eigentranche,* wenn eine solche im Prospekt vorgesehen ist. Die Bundestresorerie gewinnt mit den Eigentranchen eine gewisse Flexibilität, denn sie kann diese bei günstigen Marktverhältnissen zwischen den festgelegten Emissionsterminen ganz oder sukzessive in Teilen an den Markt abgeben.

Die Bundesanleihen werden über die SWX und in grösseren Blöcken am Telefon «Over the counter» gehandelt. Der Bund ist mit einem Anteil von rund einem Viertel am Volumen der ausstehenden ↑Schweizer-Franken-Anleihen schweizerischer Schuldner und mit einem Anteil von rund einem Achtel am Volumen aller ausstehenden Anleihen am Schweizer-Franken-Markt vertreten. Rund drei Viertel der 20 Schweizer-Franken-Anleihen mit den jeweils höchsten Umsätzen sind Bundesanleihen. Sie vereinigen ungefähr die Hälfte des Umsatzes aller Schweizer-Franken-Anleihen auf sich. Daher und wegen der hohen Bonität des Bundes haben die Bundesanleihen für den schweizerischen ↑Obligationenmarkt Referenzcharakter. Wichtigster ↑*Benchmark* ist jeweils die Bundesanleihe mit der ↑Restlaufzeit von rund 10 Jahren. In der Regel emittiert bzw. stockt der Bund daher Anleihen in diesem Laufzeitsegment auf. Sporadisch emittiert er jedoch auch Anleihen mit deutlich längerer Laufzeit, wobei 50 Jahre die bisher längste Laufzeit war.
Unter der Bezeichnung Conf-future wird seit 1992 an der Eurex ein Future-Kontrakt auf eine fiktive ↑langfristige Bundesanleihe mit einem Coupon von 6% gehandelt. Für diesen ↑Kontrakt lieferbar sind Bundesanleihen mit einer Restlaufzeit von 8 bis 13 Jahren. Ein Future-Kontrakt für ↑mittelfristige Bundesanleihen unter dem Namen ↑Comifuture vermochte sich nicht zu halten und wurde wieder aufgegeben. *Hans-Christoph Kesselring*

Bundesaufsichtsamt für den Wertpapierhandel (BAWe)
Bis 2002 Börsenaufsichtsstelle der Bundesrepublik Deutschland; jetzt ↑BAFin.
Links: www.bawe.de

Bundesbank
↑Europäische Zentralbank.

Bundesgesetz über die Anlagefonds (AFG)
Das *Bundesgesetz über die Anlagefonds (AFG)* vom 18.03.1994 zeichnet sich im Rahmen des schweizerischen Banken- und Kapitalmarktrechts durch die Besonderheit aus, dass in einem einzigen Gesetz nicht nur die gewerbepolizeiliche Aufsichtstätigkeit geordnet wird (Bewilligungssystem, Anlagevorschriften, Rechnungslegung, Revision, öffentliche Aufsicht, ↑Amtshilfe und Strafbestimmungen), sondern dass es auch zahlreiche Bestimmungen enthält (z.B. Typenzwang, Mindestinhalt des als ↑Fondsreglement bezeichneten ↑Kollektivanlagevertrages, Prospektpflicht, Rechte und Pflichten der am Kollektivanlagevertrag Beteiligten, Verfahren bei Reglementsänderungen, Vertreter der Anlegergemeinschaft, Haftung der Fondsträger), die sich auf das privatrechtliche Rechtsverhältnis der Fondsträger mit den Anlegern auswirken. Das AFG regelt daher

auch die privatrechtlichen Beziehungen zwischen den am Kollektivanlagevertrag Beteiligten (Anleger einerseits, ↑Fondsleitung und ↑Depotbank anderseits) abschliessend.

Das AFG enthält in Anlehnung an die – historisch älteren – Bestimmungen der Bankenaufsicht Vorschriften über die gewerbepolizeilichen Bewilligungspflichten für ↑Fondsleitung, ↑Depotbank, Vertreter und Vertriebsträger von Anlagefonds sowie über die dauernde Überwachung der Fondsträger Fondsleitung und Depotbank. Auch für die Anlagefonds gilt dabei das Prinzip der indirekten Aufsicht über von der *Eidg. ↑Bankenkommission (EBK)* anerkannte Revisionsstellen. Zusätzlich zur ↑Bewilligungspflicht der Fondsträger sind auch die einzelnen Fondsreglemente (Anlagefonds schweizerischen Rechts) bewilligungspflichtig, während auch die Prospekte ausländischer Anlagefonds einer Prüfung im Einzelfall unterzogen werden. Diese *Doppelaufsicht* der Fondsträger einerseits und der einzelnen Fondsprodukte anderseits ist typisch für die Fondsaufsicht und entspricht den Gepflogenheiten in sämtlichen wirtschaftlich entwickelten Staaten. Sie stellt jedoch insofern einen Verstoss gegen den Grundsatz «same business, same rules» dar, als es verhältnismässig leicht ist, die strenge ↑Regulierung der ↑Fonds durch Konkurrenzprodukte, die nicht der Legaldefinition des AFG entsprechen, zu umgehen.

Auch Kollektivanlagen in der Rechtsform einer schweizerischen Aktiengesellschaft unterstehen dem AFG heute nicht (AFG 3 II). Sofern sie an der ↑SWX Swiss Exchange kotiert sind, unterliegen sie dem Zusatzreglement für sog. ↑*Investmentgesellschaften*. Sie unterscheiden sich als ↑*Closed end funds* jedoch dadurch von Anlagefonds, dass bei ihnen der Aktionär keinen Anspruch auf Rückgabe seiner ↑Aktie zum ↑Inventarwert hat.

AFG 43 III schreibt vor, dass die Anlagevorschriften für ↑Effektenfonds *EG-kompatibel* sein müssen. Da der Bundesrat die Kompetenz erhalten hat, Änderungen der EU-Anlagevorschriften in das Landesrecht umzusetzen (AFG 32 II), wird die EU inskünftig einen wichtigen mittelbaren Einfluss auf die schweizerische Anlagefondsgesetzgebung ausüben. Nachdem die EU die aus dem Jahre 1985 stammende Richtlinie 85/611/EWG am 21.01.2001 um zwei neue Richtlinien (2001/107/EG bzw. 2001/108/EG) ergänzte, setzte der Bundesrat inzwischen eine Expertenkommission zwecks Teilrevision des AFG ein. Diese wurde beauftragt, nebst der Umsetzung der neuen EU-Richtlinien diverse binnenwirtschaftliche Revisions- und Liberalisierungspostulate zu prüfen, wie namentlich die Einführung der aus Luxemburg bekannten ↑*SICAV* (offene Anlagegesellschaft mit variablem Aktienkapital) in das AFG sowie die allfällige Unterstellung der genannten ↑Investmentgesellschaften. Zudem soll eine weitere Differenzierung der verschiedenen Fondsarten nach dem unterschiedlichen Schutzbedürfnis der jeweiligen Anleger analysiert werden, da das geltende Recht zwar die – zurzeit recht beliebte – Gründung von «Spezialfonds für ↑institutionelle Anleger mit professioneller Tresorerie» (AFG 2 II) erlaubt, nicht jedoch für sog. ↑High net worth individuals. Auch die Förderung von Risikokapital (↑Private equity) gehört zum Mandat der Expertenkommission.

Obwohl Ergebnisse zurzeit noch nicht vorliegen, kann nicht ausgeschlossen werden, dass die neue Gesetzgebung weit über den heute engen Anwendungsbereich des offenen Anlagefonds vertraglicher Art hinaus generell sämtliche Formen der kollektiven ↑Kapitalanlage regeln wird.

Matthäus den Otter

Lit.: Dallo, B.: *Das Verhältnis der privatrechtlichen und der öffentlich-rechtlichen Bestimmungen im schweizerischen Anlagefondsrecht*, Basel/Frankfurt am Main 1989. – Den Otter, M. J.: *Kommentar zum Anlagefondsgesetz*, Zürich 2001. – Forstmoser, P. (Hrsg.): *Kommentar zum schweizerischen Anlagefondsgesetz*, Zürich 1997. – Nedim Vogt, P./Watter, R.: *Kommentar zum schweizerischen Kapitalmarktrecht*, Zürich 1999.

Bundesobligation
Häufige Bezeichnung für ↑Bundesanleihe.

Bundesobligationenrendite
Unter der Bundesobligationenrendite versteht man die ↑Rendite nach ↑Fälligkeit einer eidgenössischen Anleihe (↑Anleihensobligation, ↑Obligation).

Die Rendite nach Fälligkeit entspricht jener Diskontierungsrate, bei welcher der ↑Gegenwartswert des zukünftig anfallenden Zahlungsstromes gleich dem Preis einer coupontragenden Anleihe ist. Der zukünftig anfallende Zahlungsstrom besteht aus den erwarteten ↑Coupons (Nominalzinsen) und dem bei ↑Verfall der Anleihe zurückbezahlten Anleihebetrag (Nominalwert).

Bezeichnet man mit P den Preis einer Anleihe, mit c den festen, jährlichen Coupon, mit N den Nominalwert, mit r die Rendite nach Fälligkeit und unterstellt man, dass die Laufzeit genau n Jahre beträgt, dann lässt sich die Gleichung für die Rendite nach Fälligkeit folgendermassen schreiben:

$$P = \sum_{j=1}^{n} \frac{c}{(1+r)^j} + \frac{N}{(1+r)^n} + \frac{c}{(1+r)^1} + \frac{c}{(1+r)^2} + \ldots + \frac{c}{(1+r)^n} + \frac{N}{(1+r)^n}$$

Die obige Gleichung ist ein Polynom in der Rendite nach Fälligkeit. Die einzige Lösung (einzige reelle Nullstelle) kann man beispielsweise dadurch finden, indem man einen geschätzten Anfangswert für die Rendite nach Fälligkeit in die obige Gleichung einsetzt und diesen Wert so lange verändert,

bis die Gleichung exakt erfüllt ist. (Nummerisch effizienter sind beispielsweise die Newton-Raphson-Methode oder die Bisektion.)
Die Definition der Rendite nach Fälligkeit unterstellt, dass alle zukünftig anfallenden Zahlungen zum gleichen ↑Zinssatz, nämlich zur Rendite nach Fälligkeit, wieder angelegt werden können. Diese Definition unterstellt mit anderen Worten eine völlig flache ↑Zinsstruktur.
Die Bundesobligationenrendite dient häufig als Referenzzinssatz, um die Risikoprämie privater Schuldner relativ zu einer Staatsanleihe zu bestimmen. Die Risikoprämie ist gleich der Differenz aus der Rendite nach Fälligkeit von privaten Anleihen und der Bundesobligationenrendite mit entsprechender Laufzeit. Sind die Anleger davon überzeugt, dass die schweizerische Eidgenossenschaft immer zahlungsfähig bleibt, dann kann die Bundesobligationenrendite als risikolose Rendite bezeichnet werden und die erwähnte Risikoprämie ist dann ein absolutes Mass. In der Vergangenheit haben sich schon Staaten als zahlungsunfähig erklärt, sodass selbst die Rendite einer entsprechenden Staatsanleihe nicht risikolos ist. In diesem Fall ist die erwähnte Risikoprämie privater Schuldner ein relatives Mass. ↑Rendite von Obligationen; ↑Bewertung von Anleihensobligationen.

Hans-Jürg Büttler

Bundestender

Tender ist die englische Bezeichnung für Angebot. Unter dem Tenderverfahren wird eine besondere Verkaufstechnik im ↑Emissionsgeschäft verstanden, bei dem der Preis bzw. die Rendite nicht vom Emittenten oder Verkäufer, sondern durch die Angebote der Anleger bzw. Käufer bestimmt wird. Der Zeichner gibt auf dem Zeichnungsschein nebst dem gewünschten Betrag auch den Preis an, zu welchem er bereit ist, die zur Emission gelangenden Titel zu übernehmen. In der Regel sind pro Zeichner mehrere Zeichnungsangebote mit unterschiedlichen Beträgen und Preisen zulässig. Die Zuteilung der Titel erfolgt in abnehmender Reihenfolge der angebotenen Preise. Der Emittent berücksichtigt so viele Offerten als nötig sind, um den von ihm gewünschten Betrag zu decken. Alle Offerten mit einem tieferen Preis bleiben unberücksichtigt.
Die klassische Form des Tenders wurde vom englischen Schatzamt entwickelt. Heute wird das Tenderverfahren in verschiedenen Ländern hauptsächlich von den Finanzministerien bei der Emission kurz- sowie mittel- und langfristiger Wertpapiere angewandt. Die zahlreichen Spielarten des Tenders lassen sich in zwei Hauptgruppen einteilen, die sich in der Methode der Zuteilung unterscheiden. Beim *Einheitspreis-System,* bekannt als die *holländische Methode,* erfolgt die Zuteilung an alle Zeichner zum einheitlichen Preis der letzten noch berücksichtigten Offerte. Bei der *amerikanischen Methode* erfolgt die Zuteilung an den einzelnen Zeichner zu dem von ihm angebotenen Preis.
In der Schweiz wurde das Tenderverfahren erstmals im Juli 1979 bei der Emission von ↑Geldmarkt-Buchforderungen des Bundes (GMBF) angewendet. Es handelt sich dabei um handelbare Forderungen in Buchform mit einer Laufzeit von 3, 6 oder 12 Monaten. Die Verzinsung erfolgt auf Diskontbasis, d. h. die Buchforderungen werden mit einem ↑Disagio ausgegeben. Die Rückzahlung erfolgt zum Nennwert. Bei der wöchentlichen Emissionen legt die ↑Bundestresorerie die Laufzeit, die Zeichnungsfrist (Ende stets an einem Dienstag, 11.00 Uhr) und den Liberierungstag (stets der folgende Donnerstag) fest; die Stückelung beträgt einheitlich CHF 50000. Die Auktion wird in elektronischer Form über die Repo-Plattform der ↑Eurex durchgeführt. Die Offerten müssen neben dem gewünschten Betrag auch den Preis, ausgedrückt in Prozenten des Nominalbetrages mit höchstens drei Stellen nach dem Komma, enthalten, zu dem der Zeichner bereit ist, die GMBF zu übernehmen. Es können gleichzeitig mehrere Angebote mit unterschiedlichen Preisen eingereicht werden. Jeder Zeichner kann eine Offerte ohne Preisangabe einreichen; sie wird auf jeden Fall zum einheitlichen ↑Emissionspreis berücksichtigt. Nach Zeichnungsschluss setzt die Eidg. Finanzverwaltung aufgrund der eingereichten Offerten den definitiven Emissionsbetrag und damit gleichzeitig die tiefste noch zu berücksichtigende Preisklasse fest. Dadurch ist automatisch auch die Rendite bestimmt. Die Zuteilung erfolgt an alle Zeichner zum einheitlichen Preis der tiefsten noch berücksichtigten Preisklasse.
Seit Anfang 1980 werden auch die ↑Bundesanleihen nach dem Tenderverfahren emittiert. Im Gegensatz zu der in der Schweiz sonst allgemein üblichen Form der Festübernahme der Anleihe durch die Banken wird bei der Tenderanleihe des Bundes der Emissionspreis nicht im Voraus festgesetzt. Die Preisfestsetzung erfolgt erst nach Zeichnungsschluss aufgrund der eingereichten Offerten, die neben dem gewünschten Betrag auch den Preis enthalten müssen, zu dem der Zeichner bereit ist, die angebotenen Obligationen zu übernehmen. Es können mehrere Angebote mit unterschiedlichen Beträgen und Preisen eingereicht werden. Jeder Zeichner kann bis zu einem Maximalbetrag von CHF 100000 eine Offerte ohne Preisangabe einreichen; sie wird auf jeden Fall zum Emissionspreis berücksichtigt. Damit soll dem «Kleinzeichner» eine Anlage in Bundesobligationen erleichtert werden. Dem gleichen Zweck dient die verhältnismässig geringe Mindeststückelung von CHF 1 000.
Die Angebote werden von den Banken auf der elektronischen Repo-Plattform der Eurex eingege-

ben. Aufgrund der eingereichten Offerten setzt die Bundestresorerie den definitiven Anleihensbetrag und somit auch den einheitlichen Emissionspreis auf der Höhe der letzten noch berücksichtigten Offerte fest. Bei der Tenderanleihe des Bundes wird also die holländische Methode angewendet. Die Zuteilung erfolgt in abnehmender Reihenfolge der angebotenen Preise, wobei in der tiefsten noch berücksichtigten Preisklasse die Zuteilung auf reduzierter Basis vorgenommen werden kann.

Im Emissionsgeschäft stellt die Anleihensemission nach dem Tenderverfahren einen Sonderfall der kommissionsweisen Platzierung dar. Der Emittent hat einerseits eine geringere oder – wie im Fall des Bundes – keine ↑Guichetkommission zu bezahlen und kann unter Umständen mit einem vergleichsweise günstigen Ausgabepreis rechnen; anderseits übernimmt er das Platzierungsrisiko. Dieses Risiko mag u. a. ein Grund dafür sein, dass in der Schweiz das Tenderverfahren neben dem Bund bisher nur von wenigen Kantonen für einzelne Anleihensemissionen angewendet worden ist.

Selten wird das Tenderverfahren bei Aktienemissionen beim Going public (↑Initial public offering) angewendet.
Peter Thomann

Bundestresorerie

Die Tresorerie des Bundes ist ein zentraler Dienst, der die Zahlungsbereitschaft (↑Liquidität [Betriebswirtschaftliches]) des Bundes und seiner Betriebe und Anstalten sicherstellt. Der Bundestresorerie sind neben der zivilen und militärischen Bundesverwaltung auch die Eidg. Technischen Hochschulen, die Alkoholverwaltung sowie die Post mit dem Postchecksystem und die Schweizerischen Bundesbahnen angeschlossen. Hinzu kommen die Arbeitslosenversicherung und die ↑Exportrisikogarantie (ERG). Mit den Sozialwerken des Bundes bestehen zwar enge finanzielle Beziehungen, doch verfügen diese mit dem ↑Ausgleichsfonds der AHV über ein selbstständiges Tresoreriemanagement.

Die Aufgabe der Bundestresorerie besteht im Einzelnen in der Geldbeschaffung und der Anlage von verfügbaren Geldern, in der Devisenbeschaffung für Käufe im Ausland, der Schuldenverwaltung und nicht zuletzt in der Aufrechterhaltung und Planung einer ausreichenden Tresoreriereserve. Diese Aufgaben werden von der Abteilung Bundestresorerie der Eidg. Finanzverwaltung wahrgenommen. Die Bundestresorerie hat die notwendigen Mittel zu beschaffen zur Deckung eines allfälligen Rechnungsdefizites des Bundes, zur Deckung des Kapitalbedarfs der Betriebe und Anstalten des Bundes und zur Rückzahlung fällig werdender Schulden. Die Kompetenz zur Aufnahme von Anleihen (darunter werden alle Formen der Geldaufnahme verstanden) liegt gemäss Art. 36a des Finanzhaushaltgesetzes beim Bundesrat, der seinerseits die Kompetenz mit der Finanzhaushaltverordnung an die Eidg. Finanzverwaltung übertragen hat.

Das bekannteste Geldbeschaffungsinstrument stellt die ↑Bundesanleihe (↑Laufzeiten 2 bis 50 Jahre) dar, die seit Anfang 1980 im Tenderverfahren ausgegeben wird (↑Bundestender). Die ↑Schatzanweisung ist das klassische kurzfristige Geldbeschaffungsinstrument des Bundes. Diese Palette wurde im Jahre 1979 durch die Geldmarkt-Buchforderung (↑Geldmarkt-Buchforderung des Bundes [GMBF]) erweitert. Zur Abdeckung vorübergehender Bedarfsspitzen nimmt die Bundestresorerie bei Banken Geldmarktkredite mit einer Laufzeit von 1 bis 90 Tagen (↑Geldmarkt [Volkswirtschaftliches]) auf. Gesamthaft sind 2000 am Geld- und Kapitalmarkt (↑Kapitalmarkt [Volkswirtschaftliches]) netto CHF 3 912 Mio. aufgenommen worden.

Der Bund finanziert sich nicht nur am Markt. Dank dem System der zentralen Bundestresorerie fliessen auch Gelder von den Bundesbetrieben und den Sozialversicherungen in die Bundeskasse. Die wichtigste Quelle sind die Postbetriebe, die Gelder nicht nur am Geld- und Kapitalmarkt, sondern auch kurzfristig zinstragend beim Bund anlegen.

Eine weitere Finanzierungsquelle ist der Ausgleichsfonds der Arbeitslosenversicherung. Diese Gelder sind für den Bund mit dem Risiko belastet, dass die Anlagen bei einem Konjunktureinbruch mit Arbeitslosigkeit aufgelöst werden und der Bund ↑Darlehen gewähren muss. Mit dem Ausgleichsfonds der AHV besteht eine Vereinbarung über kurzfristige Geldanlagen beim Bund; für mittel- und langfristige Anlagen werden die Konditionen von Fall zu Fall mit dem AHV-Fonds ausgehandelt.

Die enormen Liquiditätsschwankungen bilden ein besonderes Merkmal der Bundestresorerie. Innerhalb eines Monats erreichen die Schwankungen ein Ausmass von bis zu CHF 4 Mia.; noch grösser ist die Differenz zwischen dem Jahreshöchst- und dem -tiefststand, die 2000 CHF 12,1 Mia. betrug. Die Tresorerieschwankungen können mittels einer angemessenen Liquiditätsreserve und/oder geeigneter Tresoreriemassnahmen (kurzfristige Geldaufnahme und Geldanlagen) ausgeglichen werden. Zur Sicherstellung einer Koordination der Tresoreriepolitik des Bundes mit der Geldmengenpolitik (↑Geldpolitik) der Schweizerischen ↑Nationalbank (SNB) platziert die Bundestresorerie die verfügbaren Mittel mit Laufzeiten bis zu 2 Jahren in Form von ↑Festgeldern bei der SNB, die ihrerseits über eine Weiterplatzierung am Geldmarkt entscheidet. Die Kassabestände des Bundes auf dem ↑Girokonto bei der SNB werden bis höchstens CHF 600 Mio. von der SNB zum Tagesgeldsatz (↑Tagesgeld) verzinst. Eine Finanzierung des Bundes durch die SNB steht ausser Diskussion.

Neben der Sicherstellung der Zahlungsbereitschaft des Bundes ist die Bundestresorerie auf eine Minimierung der Zinskosten der Bundesschuld und eine Maximierung des Zinsertrages auf den Geldanlagen ausgerichtet (↑Cash management).

Seit 1989 setzt sie zu diesem Zweck auch ↑Derivate wie Zinssatz-Swaps (↑Zinsswap) und ↑Optionen ein. Seit 1994 werden diese Instrumente im Rahmen eines modernen Risk managements (↑Risikomanagement) auf der Basis eines ↑Asset and liability managements (ALM) angewendet. Neben dem eigentlichen Tresoreriemanagement hat die Bundestresorerie die Aufgabe, die Gelder der Pensionskasse (↑Vorsorgeeinrichtungen) des Bundes zu verwalten. 1999 hat sie mit der Umsetzung eines modernen ↑Portfolio management begonnen, die Ende 2004 abgeschlossen sein soll. Die Verantwortung für das Portfolio management der Pensionskasse des Bundes geht spätestens am 01.03.2004 an die rechtlich selbstständige PUBLICA über; sie hat die Möglichkeit, die Bundestresorerie mit der Weiterführung des Portfolio management zu beauftragen.

Die Bundestresorerie liegt im Schnittpunkt von Finanz- und Geldpolitik, weshalb eine enge Zusammenarbeit mit der Schweizerischen Nationalbank unerlässlich ist. Die Operationen des Bundes am Devisen- (↑Devisengeschäft), Geld- und Kapitalmarkt erfolgen, gestützt auf Art. 2 Abs. 3 des Nationalbankgesetzes, in enger Zusammenarbeit mit der SNB und damit in Abstimmung mit ihrer Geldpolitik. *Peter Thomann*

Bund-Futures
Terminkontrakte (↑Termingeschäft) auf deutsche ↑Bundesanleihen.

Bundling
Zusammenfügen von gewünschten, zukünftigen ↑Risikopositionen aus einzelnen ↑Effekten durch Portefeuille-Bildung (↑Portfolio). Gegensatz: ↑Unbundling.

Burden sharing
Englische Bezeichnung für «Belastungen teilen». Im Zusammenhang mit der internationalen Schuldenkrise (↑Finanzkrise, globale) Bezeichnung für die Verteilung von Lasten aus ↑Umschuldungen auf alle beteiligten Bank- und Finanzinstitutionen in Abhängigkeit von ihren Anteilen an den Gesamtforderungen gegenüber einem Schuldnerland oder einer Gruppe von Schuldnerländern. In jüngerer Zeit auch Ausdruck für einen Mechanismus zur Verteilung von Lasten aus überfälligen Zahlungen säumiger IWF-Mitglieder (↑Internationaler Währungsfonds) auf Schuldner- und Gläubiger-Mitgliedländer.

Bürgschaft
Mit dem Bürgschaftsvertrag verpflichtet sich der Bürge gegenüber dem ↑Gläubiger, für die Erfüllung der Schuld eines Dritten, des Hauptschuldners, einzustehen (OR 492 I). Zulässig ist die generelle Umschreibung des Kreises der sichergestellten Forderungen (z.B. alle bestehenden oder *im Rahmen der Geschäftsverbindung* künftig entstehenden Forderungen des Gläubigers gegen den Hauptschuldner). Unzulässig ist eine gegenständlich unbegrenzte Umschreibung des Forderungskreises (z.B. alle in der Zukunft *je zur Entstehung gelangenden Forderungen* des Gläubigers gegen den Hauptschuldner). Die Gerichte betrachten aber eine solche Bürgschaft in der Regel nicht als ungültig, sondern reduzieren ihren Umfang unter Berücksichtigung der von den Parteien beim Abschluss verfolgten Absichten auf ein zulässiges Mass (z.B. alle aus dem damals in Rede stehenden ↑Kontokorrentkredit entstehenden Forderungen der Bank X).

1. Akzessorietät
Wie das ↑Pfandrecht hat auch die Bürgschaft akzessorischen Charakter, d.h. sie teilt das Schicksal der sichergestellten Hauptschuld: Kommt die Hauptschuld nicht gültig zu Stande, so gilt dies auch für die Bürgschaft. Erlischt die Hauptschuld, so geht auch die Bürgschaft unter; wird die Hauptschuld an einen neuen Gläubiger abgetreten, so gehen auch die Rechte aus der Bürgschaft auf diesen über. Mit der akzessorischen Natur der Bürgschaft hängt es zusammen, dass der Bürge berechtigt und im Verhältnis zum Hauptschuldner auch verpflichtet ist, die Honorierung der Bürgschaft zu verweigern, wenn der Hauptschuldner selbst nicht leisten muss (OR 502 I).

2. Bürgschaft im Bankverkehr
Im Bankverkehr kommt die Bürgschaft in folgenden Zusammenhängen vor:
– Die ↑Bank lässt sich ihre Forderungen aus Kreditgewährung an einen Kunden durch die Bürgschaft eines Dritten absichern (Bürgschaftskredit)
– Bankbürgschaft: Die Bank selbst verbürgt sich im Auftrag eines Kunden, um die Schulden sicherzustellen, die dieser oder eine ihm nahe stehende Person oder Firma gegenüber einem Dritten begründet. Aus der Sicht der Bank kommt die Abgabe der Bankbürgschaft einer Kreditgewährung an den Kunden gleich (↑Kautionskredit).

3. Einfache Bürgschaft und Solidarbürgschaft
Die einfache Bürgschaft wird normalerweise erst fällig, wenn der Hauptschuldner in Konkurs geraten ist, wenn er eine Nachlassstundung erhalten hat oder wenn der Gläubiger einen definitiven ↑Verlustschein gegen ihn besitzt und wenn auch die Pfänder verwertet sind (OR 495 I und II). Unterarten der einfachen Bürgschaft sind die Nachbürgschaft, die Rückbürgschaft und die Schadlosbürgschaft (OR 495 III und OR 498). Im Bankverkehr werden kaum einfache Bürgschaften verwendet.

Eine Solidarbürgschaft liegt vor, wenn die Bürgschaft ausdrücklich als solche bezeichnet wird. Die Solidarbürgschaft wird fällig, sobald der Hauptschuldner mit seiner Leistung im Rückstand und erfolglos gemahnt worden ist oder wenn seine ↑Zahlungsunfähigkeit offenkundig ist. Die Pflicht zur Vorausverwertung der Faust- und Forderungspfänder kann wegbedungen werden (OR 496). Weil der Bürge verpflichtet ist, allfällige Einreden des Hauptschuldners zu erheben, wird eine Bank aus einer Bankbürgschaft (Solidarbürgschaft), auch bei ↑Fälligkeit ihrer Verpflichtung, in der Praxis meistens erst Zahlung leisten, wenn ihr der Kunde bestätigt, dass keine Einreden gegen die Forderung bestehen. Andernfalls wird sie es in der Regel auf eine Klage des Gläubigers ankommen lassen und den Entscheid des Gerichtes abwarten. Für die Nebenfolgen eines verlorenen Prozesses (Verfahrenskosten, ↑Verzugszinsen wegen verspäteter Zahlung aus der Bürgschaft) lässt sie sich für diesen Fall von ihrem Auftraggeber mit Vorteil vor Abgabe der Bürgschaft eine ↑Schadloserklärung und allenfalls ↑Realsicherheit geben. Wegen dieser Unzulänglichkeiten für die Bank und den ↑Begünstigten werden der Bankbürgschaft namentlich im internationalen Bankverkehr nichtakzessorische Garantien (sog. ↑Bankgarantien) oft vorgezogen.

4. Form der Bürgschaft
Zum Schutz des Bürgen vor Übereilung hat das Gesetz die Bürgschaft strengen Formvorschriften unterworfen (OR 493). Diese gelten für die Begründung und im Wesentlichen auch für spätere Änderungen der Bürgschaft:
– In der Bürgschaftsurkunde ist ein zahlenmässig bestimmter *Höchstbetrag* der Haftung des Bürgen anzugeben (OR 493 I). Der angegebene Haftungsbetrag begrenzt die Haftung des Bürgen für die Hauptforderung und die gedeckten (vgl. *6. Umfang der Haftung)* Vertragszinsen sowie die gegen den Hauptschuldner auflaufenden Verzugszinsen und Verfahrenskosten. Es empfiehlt sich daher, den Höchstbetrag der Bürgschaft höher anzusetzen als den Betrag der gesicherten Forderung. Es ist anzunehmen, dass die gegen die Bank selbst auflaufenden Verzugszinsen und Verfahrenskosten nicht in den Höchstbetrag eingeschlossen sind. Unter Vorbehalt abweichender Vereinbarung verringert sich der Haftungsbetrag von Bürgschaften natürlicher Personen jedes Jahr, im Normalfall um drei Hundertstel der ursprünglichen Summe (OR 500).
– Bürgschaften natürlicher Personen müssen *öffentlich beurkundet* werden (Ausnahmen OR 493). Für Bürgschaften von ↑juristischen Personen und Kollektiv- und Kommanditgesellschaften genügt die Schriftform.
– Bürgschaften in ungetrennter Ehe lebender verheirateter Personen (Mann oder Frau) sind nur mit der *schriftlichen Zustimmung des Ehegatten* gültig, die vorgängig oder spätestens gleichzeitig mit der Eingehung der Bürgschaft vorliegen muss. Die Zustimmung ist aber nicht erforderlich, wenn der Bürge als Inhaber einer Einzelfirma, als Kollektivgesellschafter, als Komplementär einer Kommanditgesellschaft, als Mitglied der Verwaltung oder Geschäftsführung (Verwaltungsrat und Direktion) einer Aktiengesellschaft, als Mitglied der Verwaltung einer Kommanditaktiengesellschaft oder als geschäftsführendes Mitglied einer GmbH im Handelsregister eingetragen ist (OR 494 II).

Der gleichen Form wie die Bürgschaft bedarf auch die Erteilung einer ↑Vollmacht zur Eingehung einer Bürgschaft (OR 493 VI). Hingegen wird angenommen, dass der Auftrag an eine Bank zur Abgabe einer Bankbürgschaft keiner Formvorschrift unterliegt.

5. Abgrenzung zur Solidarschuld, zur Garantie (Bankgarantie) und zur Wechselbürgschaft
Vom Solidarschuldverhältnis (↑Solidarschuld) unterscheidet sich die Bürgschaft dadurch, dass der Solidarschuldner Hauptschuldner ist, während der Bürge nur subsidiär für die Zahlungsfähigkeit des Hauptschuldners einstehen muss. Vom Garantievertrag unterscheidet sich die Bürgschaft theoretisch durch ihre Akzessorietät, d.h. sie setzt das Bestehen einer gültigen Hauptschuld voraus. Demgegenüber verspricht der Garant den Eintritt eines bestimmten, abstrakt umschriebenen Ereignisses. Die Unterscheidung der abstrakten Garantie von der akzessorischen Bürgschaft ist in der Praxis schwierig durchzuführen, wenn das sichergestellte Ereignis mit dem Gegenstand der vertraglichen Verpflichtung eines Dritten zusammenfällt. Nach einer subtilen Theorie soll in diesem Fall eine Garantie und nicht eine Bürgschaft vorliegen, wenn die Leistung des Dritten als solche zugesichert wird und nicht nur unter der Bedingung, dass eine entsprechende vertragliche Verpflichtung des Hauptschuldners besteht.

Diese Abgrenzungsfragen sind von Bedeutung, weil das Gesetz für die Begründung eines Solidarschuldverhältnisses und für die Abgabe einer Garantie keine besondere Form vorschreibt. Da eine saubere Abgrenzung dieser Verträge zur Bürgschaft nach den genannten Kriterien in der Praxis kaum möglich ist, besteht ein erhebliches Risiko, dass die Begründung eines Solidarschuldverhältnisses, insbesondere der nachträgliche Beitritt eines Dritten zu einem bestehenden Schuldverhältnis (sog. ↑Schuldbeitritt), oder eine als Garantie bezeichnete Zahlungsverpflichtung, die der Sicherstellung von vertraglich begründeten Leistungspflichten dienen soll, von den Gerichten im Ernstfall als verdeckte Bürgschaft angesehen und bei fehlender Einhaltung der Bürgschaftsform als ungültig behandelt wird. Dieses Risiko ist

besonders gross, wenn es sich beim Solidarschuldner oder Garanten um eine natürliche Person handelt. Im Zweifel ist es für den Gläubiger ratsam, die Einhaltung der für die Bürgschaft geltenden Formen zu verlangen.
Die Wechselbürgschaft (↑ Aval) untersteht eigenen Formvorschriften (OR 1020–1022). Die Bestimmungen des Bürgschaftsrechts gelten für sie nicht.

6. Umfang der Haftung des Bürgen
Betragsmässig haftet der Bürge im Rahmen des Höchstbetrages der Bürgschaft für den jeweiligen Betrag der Hauptschuld, für den im Zeitpunkt der Einforderung der Bürgschaft laufenden und einen verfallenen vertraglichen Jahreszins und unter bestimmten Voraussetzungen auch für die Kosten des Verfahrens gegen den Hauptschuldner. Durch ausdrückliche Vereinbarung in der Bürgschaftsurkunde kann die Haftung für die Vertragszinsen auf weitere verfallene ↑ Zinsen und ↑ Zinseszinsen ausgedehnt werden (OR 499 I und II). Die Formulare für Bürgschaften zu Gunsten von Banken sehen dies regelmässig vor.
In *zeitlicher Hinsicht* haftet der Bürge, wenn sich weder aus der Bürgschaftsurkunde noch aus den Umständen etwas anderes ergibt, nur für die nach der Unterzeichnung der Bürgschaft eingegangenen Verpflichtungen des Hauptschuldners (OR 499 III). Soll eine bestehende Schuld oder ein zur Tilgung einer bestehenden Schuld neu aufzunehmender Kredit verbürgt werden, so empfiehlt es sich, in die Bürgschaftsurkunde einen diesbezüglichen Hinweis aufzunehmen. Der Gläubiger muss die Interessen des Bürgen wahren. Er hat gegenüber dem Bürgen Sorgfalts- und Mitteilungspflichten. Er verliert seine Ansprüche aus der Bürgschaft, wenn er diese Pflichten verletzt (OR 503, 505). Er muss z.B. dem Bürgen Mitteilung machen, wenn der Hauptschuldner mit seinen Kapital- oder Zinsleistungen im Rückstand ist (OR 505 I). Die meisten Banken, die einen ↑ Bürgschaftskredit gewährt haben, gehen weiter und erinnern den Bürgen, ohne dazu verpflichtet zu sein, periodisch an seine Verpflichtung, unter Angabe des Standes der Hauptschuld. (OR 503, 505).

7. Verhältnis des Bürgen zum Hauptschuldner resp. zum Auftraggeber
Während der Dauer der Bürgschaft kann der Bürge nur unter besonderen Voraussetzungen gegen den Hauptschuldner vorgehen (OR 506). Nach der Honorierung der Bürgschaft kann er auf ihn Rückgriff nehmen, da die Hauptforderung des Gläubigers und die mit ihr verbundenen Sicherheiten von Gesetzes wegen auf ihn übergehen (OR 507). Er verliert aber diesen Anspruch, wenn er die Bürgschaft unter Missachtung bestehender Einredemöglichkeiten des Schuldners honoriert (OR 502).

8. Dauer und Untergang der Bürgschaft
Das Gesetz unterscheidet *befristete* und *unbefristete* Bürgschaften. Denkbar ist auch, dass der Bürgschaftsvertrag das Recht des Bürgen vorsieht, seine Bürgschaft zu kündigen. Nicht ganz klar ist, ob eine solche Bürgschaft als befristet oder unbefristet gilt. Die Dauer der Bürgschaft ist in vielen Fällen von Bedeutung für den *Umfang der Haftung* des Bürgen. Ist die Bürgschaft zur Sicherstellung einer zukünftigen Forderung eingegangen worden, so haftet der Bürge, wenn die Forderung innerhalb der Gültigkeitsdauer der Bürgschaft zur Entstehung kommt. Von dieser Bindung kann sich der Bürge nur unter besonderen Umständen befreien (OR 510 I und II). Nicht ganz geklärt ist, ob diese Regeln ohne weiteres auch bei einer generellen Umschreibung des Kreises der gesicherten zukünftigen Forderungen gelten. Bei unbefristeter Bürgschaft scheint in diesem Fall unklar zu sein, ob dem Bürgen von Gesetzes wegen ein Kündigungsrecht zusteht oder ob er erst nach Ablauf eines Jahres seit der Begründung der Bürgschaft die Entstehung weiterer, unter die Bürgschaft fallender Forderungen dadurch unter Kontrolle halten kann, dass er vom Gläubiger die ↑ Kündigung des Hauptschuldverhältnisses auf den frühest möglichen Zeitpunkt verlangt (OR 511 II).
Der Ablauf der Frist führt bei *befristeten Bürgschaften* von Gesetzes wegen zwar nicht sofort zum *Untergang der Bürgschaft*. Etwas anderes gilt aber, wenn die Bürgschaftsurkunde vorsieht, dass die Verpflichtung des Bürgen erlischt, falls der Gläubiger nicht vor Ablauf der Frist etwas unternimmt. Bei Bankbürgschaften ist ein solcher Passus üblich: «Diese Bürgschaft erlischt unabhängig von der Fälligkeit der Hauptschuld am xx.xx 20xx endgültig, sofern der Gläubiger nicht mit spätestens an diesem Tag bei der Bank eintreffendem Brief oder Fernschreiben erklärt, dass er sie aufgrund dieser Bürgschaft in Anspruch nehmen will.» Auf jeden Fall geht aber eine befristete Bürgschaft – und zwar auch wenn sie die soeben zitierte Klausel enthält – von Gesetzes wegen *vier Wochen nach Ablauf der Frist* unter, wenn der Gläubiger die gesicherte Forderung, sofern sie fällig ist, nicht vorher rechtlich geltend macht (Betreibung, Klage) und den Rechtsweg anschliessend ohne Unterbrechung verfolgt (OR 510 III). Ist die Forderung noch nicht fällig, wird der Ablauf der Bürgschaft auf den Zeitpunkt der Fälligkeit der gesicherten Forderung verschoben (OR 510 V). Ist die Forderung kündbar, so wird der Gläubiger zur Abwendung des Untergangs der Bürgschaft die Kündigung auf den frühest möglichen Zeitpunkt vornehmen müssen, um dann rechtzeitig gegen den Hauptschuldner oder den Bürgen vorgehen zu können.
Ist die Bürgschaft *unbefristet*, so kann der Bürge bei Fälligkeit der Hauptschuld vom Gläubiger verlangen, dass er seine Forderung innerhalb von vier Wochen rechtlich durchsetzt und den Rechtsweg

ohne erhebliche Unterbrechung verfolgt. Ist die Forderung kündbar, so kann der Bürge nach Ablauf eines Jahres seit der Begründung der Bürgschaft den Gläubiger auffordern, die Kündigung vorzunehmen und gegen den Hauptschuldner in der beschriebenen Weise vorzugehen. Kommt der Gläubiger der Aufforderung des Bürgen nicht nach, geht die Bürgschaft unter (OR 511). Bürgschaften natürlicher Personen gehen grundsätzlich von Gesetzes wegen nach Ablauf von zwanzig Jahren unter, wenn sie nicht vorher rechtlich geltend gemacht werden; eine Verlängerung ist unter bestimmten Umständen möglich (OR 509 III-V).

9. Internationale Verhältnisse
Ausländischen Rechtsordnungen sind die strengen Sach- und Formvorschriften des schweizerischen Rechtes unbekannt. Die schweizerischen Formvorschriften sind massgebend für Bürgschaften von Personen und Firmen mit Domizil in der Schweiz und für Bürgschaften, die ausdrücklich dem schweizerischen Recht unterstellt werden. Wird die Bürgschaft von einer in der Schweiz wohnhaften Person im Ausland abgeschlossen, genügt, wenn nicht ausdrücklich schweizerisches Recht für anwendbar erklärt wird, die Einhaltung der am ausländischen Abschlussort geltenden Form. *Christian Thalmann*

Bürgschaftsgenossenschaften
Die Haupttätigkeit der Bürgschaftsgenossenschaften besteht in der Leistung von ↑Bürgschaften in verschiedenen Wirtschaftssparten für ↑Investitionen und Kredite, aber auch für Haftungsrisiken. Die genossenschaftliche Rechtsform bringt den Selbsthilfegedanken dieser Institutionen zum Ausdruck.

1. Arten von Bürgschaftsgenossenschaften
Bürgschaftsgenossenschaften können auf eine Person, ein Objekt, einen Wirtschaftszweig oder eine Branche ausgerichtet sein:
– *Amtsbürgschaften:* Sie leisten Bürgschaften für Personen, die in ihrer beruflichen, insbesondere amtlichen Funktion Geld oder Geldwerte zu verwalten haben (z.B. Mündelgelder, Gemeindekasse). Heute bestehen sie vor allem noch auf kommunaler Ebene
– *Bürgschaftsgenossenschaft der Schweizer Frauen (Saffa):* Sie verbürgt ↑Darlehen zur Förderung der beruflichen und wirtschaftlichen Stellung der Frau und wird dabei vom Bund durch Beiträge gefördert
– *Konfessionelle Bürgschaftsgenossenschaften:* Sie gewähren Bürgschaften an Kirchgemeindeangehörige, ohne dabei fürsorgerisch tätig sein zu wollen
– *Hypothekarbürgschaftsgenossenschaften:* Sie leisten in erster Linie Bürgschaften für nachrangige Hypotheken auf Geschäfts- und Miethäusern. Die bestehenden acht kantonalen Genossenschaften sind in einem schweizerischen Verband zusammengeschlossen
– *Landwirtschaftliche Bürgschaftsgenossenschaften:* Ihre Tätigkeit ist auf die Mithilfe bei der Übernahme und der Existenzsicherung von landwirtschaftlichen Betrieben ausgerichtet.
– *Bankeigene Bürgschaftsgenossenschaften:* Dabei handelt es sich um bankeigene, interne Institutionen, deren Kapital von der Bank allein aufgebracht wird. Die grösste dieser Bürgschaftsgenossenschaften ist diejenige der ↑Raiffeisenbanken.
– *Gewerbliche und berufliche Bürgschaftsgenossenschaften:* Während die Zentralstelle für das gewerbliche Bürgschaftswesen und die einzelnen regionalen bzw. kantonalen gewerblichen Bürgschaftsgenossenschaften für die gewerblichen Klein- und Mittelbetriebe tätig sind, konzentrieren sich die beruflichen Bürgschaftsgenossenschaften auf einzelne Berufe, so z.B. die Apotheker oder Ärzte
– *Schweizerische Gesellschaft für Hotelkredit (SGH):* Sie leistet Bürgschaften und gewährt auch Direktdarlehen im Zusammenhang mit Hotelfinanzierungen
– *Kantonale Wirtschaftsförderungsstellen:* Im Rahmen der verschiedenen kantonalen Wirtschaftsförderungsmassnahmen besteht in einzelnen Kantonen die Möglichkeit zur Inanspruchnahme von Zusatzbürgschaften (z.B. in Ergänzung zu den Leistungen der gewerblichen Bürgschaftsgenossenschaften). Teilweise werden auch Zinsverbilligungen für Bankdarlehen gewährt.

2. Der Bürgschaftskredit – ein Instrument gewerblicher Selbsthilfe
Mit der Realisierung des Projektes «Bürgschaft 2000plus» fand eine grundlegende Neustrukturierung dieses mithilfe des Bundes seit über 60 Jahren erfolgreichen Finanzierungssegmentes für kleine und mittlere Unternehmen KMU statt. Die ↑Kantonal- und ↑Regionalbanken sowie die Raiffeisenbanken, die Zentralstelle für das gewerbliche Bürgschaftswesen der Schweiz (GBZ) und die regionalen und kantonalen Bürgschaftsgenossenschaften haben dieses Konzept «Bürgschaft 2000 plus» erarbeitet und umgesetzt.
Die Gesuchsprüfung unterscheidet sich nicht wesentlich von den Kreditprüfungsvorgängen bei den Banken, d.h. die Beurteilung der ↑Kreditwürdigkeit und der ↑Kreditfähigkeit stehen auch hier im Vordergrund. Zusammen mit der aus der früheren Schweizerischen Bürgschaftsgenossenschaft für das Gewerbe (GBG) hervorgegangenen Zentrale für das gewerbliche Bürgschaftswesen (GBZ) ist es für eine KMU möglich, Kredite bis zu maximal CHF 500 000 verbürgen zu lassen. Dies ist überall dort interessant, wo ↑Realsicherheiten feh-

len. Aber auch hier gilt, dass mit der Gewährung von Bürgschaften keine unerwünschte Strukturerhaltung betrieben wird. Unterstützt werden somit die Gründung und Übernahme von Geschäftsbetrieben, besonders auch im Rahmen einer Nachfolgeregelung, die Finanzierung von Investitionen und die Beschaffung von Betriebskapital. Der Gesuchsteller hat, so weit möglich, Sicherheiten zu stellen und für die Beanspruchung der Bürgschaft hat er eine ↑Provision zu entrichten. In der Regel sind die ↑Bürgschaftskredite binnen maximal zehn Jahren zu amortisieren.

Mit der Realisierung des Netzwerkes «Bürgschaft 2000» wurde für das bewährte und sinnvolle Finanzierungsinstrument zu Gunsten der KMU eine effiziente und schlagkräftige Zukunftsbasis geschaffen, die nebst dem gewerblichen Bürgschaftswesen auch wertvolle Unterstützung bei den Wiedereingliederungsmassnahmen im Rahmen der Arbeitslosenversicherung und im Rahmen der Regionalförderung, der sog. Berghilfe, zu leisten im Stande ist. Gleichzeitig kann die bewährte Zusammenarbeit mit den Kantonal- und Regionalbanken vertieft werden.

Die Mitwirkung des Bundes bleibt unverändert. Durch Bundesbeschluss vom 05.10.1967 sind die Verlustbeiträge des Bundes auf 50 bzw. 60% für den durch die regionalen bzw. kantonalen Bürgschaftsgenossenschaften verbürgten Teil von maximal CHF 150000 festgesetzt. Die GBZ dagegen ist rein privatwirtschaftlich kapitalisiert und erhält für die Verluste bei ihren ordentlichen Bürgschaften bis maximal CHF 350000 keine Bundesbeiträge.

Dagegen zahlt der Bund der GBZ für die im Auftrag des Bundes durchgeführte spezielle Bürgschaftsgewährung in Berggebieten im Verlustfalle ebenfalls Bundesbeiträge. Kontakt- und Anlaufstelle für alle rechtlichen und ablauftechnischen Fragen betreffend die Bürgschaftsgesuche und die Bürgschaftskonditionen sind die regionalen bzw. kantonalen gewerblichen Bürgschaftsgenossenschaften. Ein Bürgschaftsgesuch kann entweder direkt bei der entsprechenden Bürgschaftsgenossenschaft oder über die Bank bzw. den Treuhänder des um die Bürgschaft nachsuchenden Betriebes eingereicht werden.

3. Wirtschaftliche Bedeutung des gewerblichen Bürgschaftswesens

Im Zuge der ↑Rezession der 90er-Jahre wurden die gewerblichen Bürgschaftsgenossenschaften grundlegend saniert. Sie werden heute von den Kantonal- und Regionalbanken, vom Bund und von den Kantonen sowie von gewerblichen Organisationen getragen. Ende 2000 waren gesamtschweizerisch in 2467 Bürgschaften insgesamt rund CHF 204 Mio. an Bürgschaftsverpflichtungen gewährt. Die Verluste im gleichen Jahr beliefen sich auf rund CHF 10,9 Mio. und betrafen insgesamt 135 Bürgschaften. Von den insgesamt eingereichten 866 Gesuchen konnten 529 bewilligt werden. Bürgschaftskredite sind ein verschwindend kleiner Teil des gesamten Kreditvolumens der Schweizer Wirtschaft. Da sie jedoch meistens im Rahmen eines Gesamtkreditpaketes infolge Fehlens entsprechender Realsicherheiten bewilligt werden, haben sie besonders für die kleinen und mittleren Betriebe einen nicht zu unterschätzenden Wirtschaftsförderungseffekt. Der Bürgschaftskredit ist unspektakulär, weil er sich in erster Linie auf eine gezielte, aber effiziente Hilfe im Einzelfall ausrichtet. *Arthur Bürgi*

Bürgschaftskredit

Der Bürgschaftskredit ist ein ↑gedeckter Kredit. Die Sicherstellung der Bank besteht darin, dass neben dem ↑Kreditnehmer eine oder mehrere Personen mit ihrem ganzen Vermögen für die ↑Rückzahlung der Kreditschuld einstehen. Deshalb ist der Bürgschaftskredit ein ↑Personalkredit, im Gegensatz zu den ↑Realkrediten, bei denen der Bank neben dem Schuldner bestimmte ausgeschiedene Vermögenswerte haften, die vom Schuldner selbst oder von Dritten verpfändet werden. Praktisch kommt die Gewährung eines Bürgschaftskredits dann in Frage, wenn der an sich kreditwürdige (↑Kreditwürdigkeit) Gesuchsteller weder blankokreditfähig noch in der Lage ist, selber oder durch Dritte Realsicherheit zu leisten. Die ↑Bürgschaft kann entweder als alleinige ↑Deckung eines Kredites oder als Zusatzsicherheit neben Realsicherheiten, wie z.B. ↑Faustpfand oder Grundpfand, dienen. Nur im ersten Fall liegt ein reiner Bürgschaftskredit vor. Als zusätzliche Sicherheit kommt die Bürgschaft insbesondere häufig bei nachstelligen Hypotheken vor.

Die Bürgschaft ist, vernünftig verwendet, ein geeignetes Mittel, um integren, initiativen und fachtüchtigen Leuten Kredite, sei es produktiver oder konsumtiver Art, gewähren zu können. Manches heute finanzkräftige Unternehmen wäre nicht entstanden oder hätte sich nicht entwickeln können, wenn es nicht in seinen Anfängen oder in schwierigen Zeiten seine ↑Kreditfähigkeit dank der Unterstützung durch Bürgen hätte erhöhen können.

Gelegentlich wird versucht, die Formvorschriften des Bürgschaftsrechtes dadurch zu umgehen, dass die als Bürge vorgesehene Person anstatt eine Bürgschaft einzugehen, sich zusammen mit dem effektiven Kreditnehmer als Solidarschuldner verpflichtet. Ist der Bank in einem solchen Fall bekannt, dass tatsächlich materiell nur einer der Vertragspartner Schuldner ist, so läuft sie Gefahr, dass die Solidarschuldnerschaft (↑Solidarschuld) als simuliert und damit nichtig erklärt wird. Aus dem gleichen Grund können die Formvorschriften des Bürgschaftsrechtes auch nicht etwa dadurch umgangen werden, dass anstelle der effektiv beabsichtigten Bürgschaft ein an sich formlos gültiger Garantievertrag abgeschlossen wird. Dagegen ist es zulässig, das Bürgschaftsrecht zu umgehen, indem das Kreditverhältnis in die Form eines ↑Wechsels gekleidet wird, der verbürgt wird; denn das ↑Aval unterliegt ausschliesslich dem Wechsel- und nicht dem Bürgschaftsrecht.

Die Banken verlangen in der Regel Solidarbürgschaft; nur ausnahmsweise gelangen im Kreditgeschäft auch Ausfallbürgschaft, Nachbürgschaft sowie Teil- und Limitbürgschaft zur Anwendung. Sind mehrere Bürgen vorgesehen, so ist es für die Bank von Vorteil, den Bürgschaftsvertrag mit jedem Bürgen gesondert, d.h. unabhängig und ohne Bezugnahme auf die anderen Bürgen, einzugehen; in den meisten Fällen ist das aber nicht möglich, weil sich die Bürgen ausdrücklich nur gemeinsam verbürgen wollen.

Bürgschaftskredite sind laufend gründlich zu überwachen; einmal, weil sie nur aufrecht gehalten werden können, solange sich die Vermögensverhältnisse des Hauptschuldners und insbesondere des oder der Bürgen nicht wesentlich verschlechtern; ferner wegen den besonderen Sorgfaltspflichten, die dem ↑Gläubiger nach Bürgschaftsrecht obliegen und endlich im Hinblick darauf, dass der Bürge nach OR 499 immer nur bis zu dem in der Bürgschaftsurkunde angegebenen Höchstbetrag haftet. Die Banken verlangen jedoch, dass dieser Betrag um rund 20% höher ausgesetzt werde als der bewilligte Kredit. Es ist aber darauf zu achten, dass die Kreditschuld einschliesslich Zinsen nicht über diesen maximalen Haftungsbetrag hinauswachse.

In der Regel sollten Bürgschaftskredite abbezahlt werden, weil jeder Bürge, selbst wenn er sich für unbestimmte Zeit verpflichtet, ein eminentes Interesse hat, nicht zeitlich unbeschränkt zu haften. Aus diesem Grund sieht das Gesetz denn auch vor, dass jede Bürgschaft natürlicher Personen nach Ablauf von 20 Jahren erlischt. ↑Bürgschaftsgenossenschaften; ↑Kreditauftrag.
Kurt Streit

Burn rate
Zeitspanne, in der ein Unternehmen die Barreserven aufgebraucht («verbrannt») hat, wenn sich am Geschäftsverlauf nichts ändert, oder wenn es der Unternehmung nicht gelingt, neues Kapital zu generieren. Für die Berechnung der Burn rate wird i.d.R. der Betriebsverlust (negativer Ebitda [↑Earnings before interest, taxes, depreciation and amortization]) bzw. der operative ↑Cash drain des letzten Quartals mit den liquiden Mitteln (Cash positions) ins Verhältnis gesetzt.

Business angel
Ein Business angel übernimmt im Rahmen der ↑Venture-Finanzierung eine Betreuungsfunktion (Coaching) von Jungunternehmern. ↑Private equity.

Business process reengineering
↑Ablauforganisation.

Business-to-Business (B2B)
Absatz von Produkten und Dienstleistungen sowie Austausch von Informationen und Daten zwischen Unternehmungen. Mit der Abkürzung B2B charakterisiert man entsprechende Austauschprozesse im Rahmen des Electronic commerce (↑E-commerce), die schwergewichtig über das ↑Internet abgewickelt werden. B2B-Systeme sind oft auf die Integration von Geschäftsprozessen zwischen Unternehmungen einer Wertschöpfungskette ausgelegt.

Business-to-Consumer (B2C)
Im Gegensatz zum B2B (↑Business-to-Business) wird hier der Absatz von Produkten und Dienstleistungen bzw. der Austausch von Informationen und Daten zwischen Unternehmungen und privaten Endverbrauchern angesprochen. Das B2C ist stark auf die Reduktion von Handelsstufen und die direkte Ansprache neuer Zielgruppen, oft in geografisch entfernten Märkten, ausgerichtet. Im B2C steht ein Anbieter mit einer Vielzahl von Kunden in Beziehung.

Butterfly spread
Eine Optionsstrategie, bei welcher ↑Optionen eines Typs mit derselben ↑Laufzeit und mit drei verschiedenen Ausübungspreisen gleichzeitig gekauft und verkauft werden. Ein Long butterfly spread kann mit dem Kauf je einer Option zum tieferen und höheren Ausübungspreis und dem gleichzeitigen Verkauf zweier Optionen zum mittleren Ausübungspreis konstruiert werden. Ein Short butterfly spread wird entsprechend durch Verkauf der Optionen mit dem tieferen und höheren ↑Ausübungspreis sowie dem gleichzeitigen Kauf zweier Optionen mit dem mittleren Ausübungspreis strukturiert.

Buy-and-hold-Strategie
Passive oder semiaktive ↑Anlagestrategie. Bei der Buy-and-hold-Strategie wird ein diversifiziertes ↑Portfolio von ↑festverzinslichen Wertpapieren und ↑Aktien während einer längeren Zeitdauer gehalten (kaufen und ↑halten). Da langfristige Kapitalgewinne angestrebt werden, können temporäre Schwankungen in ↑Kursen und ↑Renditen vernachlässigt werden. Diese Strategie eignet sich für Anleger mit einem langen ↑Anlagehorizont, die ein durchschnittliches ↑Risiko mit entsprechender Rendite bei geringem Verwaltungsaufwand anstreben.

Buy back
In den USA Bezeichnung für den ↑Rückkauf ↑eigener Aktien. ↑Private equity.

Buy low or cash (BLOC)
↑Strukturierte Produkte.

Buy-out
↑Management buy-out (MBO).

Buy-out-Finanzierung
↑Management buy-out (MBO).

Buy-side-Analyst
↑Finanzanalyst im Dienst von ↑Investoren, insbesondere von ↑institutionellen Anlegern. Der Buy-side-Analyst prüft die ↑Anlagestudien von ↑Banken und ↑Brokern und leitet daraus seine Empfehlungen ab. Die Buy-side-Analyse ist ein Sekundär-Research. Gegensatz: Sell-side-Analyst. ↑Finanzanalyse.

Buy side research
↑Finanzanalyse; ↑Primär-Research; ↑Buy-side-Analyst; ↑Anlagestudien.

BVF
Abk. f. ↑Berufs- und höhere Fachprüfungen in Banken, Versicherung und Finanzplanung.

BVG/BVV
↑Berufliche Vorsorge.

BVG-Index
↑Obligationenindex.

BVV 2
↑Anlagevorschriften für Vorsorgeeinrichtungen.

C
↑Comptant.

CAC 40 (Matif)
↑Indexderivate.

Call
In der ↑Bank- und ↑Börsensprache übliche Kurzbezeichnung für eine ↑Kaufoption (synonyme Begriffe: Call option, Callrecht). Mit einem Call ist für den Erwerber das Recht, nicht aber die Verpflichtung verbunden, einen ↑Basiswert (Devisen, Aktien, Indizes) oder einen Terminkontrakt (Future) innerhalb einer festgelegten Frist (↑Amerikanische Option) oder zu einem bestimmten Endfälligkeitstermin (↑European option) zu einem spezifizierten Preis zu erwerben. Im Gegenzug übernimmt der ↑Stillhalter die Verpflichtung, den Basiswert bei ↑Optionsausübung gegen Zahlung des Basispreises bereit zu stellen. Die Einräumung des Optionsrechtes vergütet der Käufer dem Verkäufer mit der Zahlung des ↑Optionspreises (↑Optionsprämie). ↑Option; ↑Optionsschein; ↑Put.

Callable preferred stock
In der US-Finanzpraxis ↑Vorzugsaktien, die von der Gesellschaft zu zum Voraus festgelegten Bedingungen zurückgekauft werden können (auch Call feature genannt). Die Rückkaufsmöglichkeit erhöht die Flexibilität des Finanzmanagements. Ohne Call feature kann die Gesellschaft ihr Vorzugsaktienkapital nur durch Rückkauf an der ↑Börse oder durch ein Rückkaufsangebot herabsetzen oder vollständig zurückzahlen.

Callable swap
Form eines ↑Swap-Geschäfts, das mit einer Laufzeitverlängerungsoption verbunden ist. Synonym dazu wird Extendible swap verwendet. Der Gegensatz zu den Callable swaps ist der ↑Puttable swap.

Call buyer
Als Call buyer bezeichnet man den Käufer einer Call option.

Call capped option
Als Call capped option bezeichnet man einen speziellen Typ einer Call option (↑Call), die einen vorgängig festgelegten maximalen Gewinn für den Käufer (respektive einen maximalen Verlust aus der Sicht des Verkäufers) beinhaltet. Eine Call capped option wird in dem Moment ausgeübt, in welchem der ↑Basiswert den festgelegten Maximalwert (den ↑Cap) erreicht.

Call-Center
↑Contact-Center.

Call feature
↑Callable preferred stock.

Call-Geld
Unter dem Begriff des Call-Geldes wird ein Instrument des ↑Geldmarktes verstanden, das dem ↑Investor ermöglicht, seine Mittel jederzeit – unter Einhaltung einer ↑Kündigungsfrist von 24 oder 48 Stunden (je nach Vereinbarung) – bei der Bank zurückzuziehen. Gleichzeitig kann die Bank, ebenfalls unter Berücksichtigung der vereinbarten Frist, den entsprechenden Anlagesatz (Call-Satz) an die jeweiligen Marktkonditionen anpassen. Das Call-Geld, das keine fixierte ↑Laufzeit kennt, wird von den Banken in der Schweiz als flexibles Instrument des ↑Cash managements ab Beträgen von CHF 0,5 Mio. (Gegenwert) praktisch in allen frei konvertierbaren ↑Währungen angeboten. Der Zinsertrag auf dem Call-Geld unterliegt dabei der schweizerischen ↑Verrechnungssteuer. Von dieser Steuer befreit ist das fiduziarische Call-Geld, das auf Rechnung und Gefahr des Kunden gegen Bezahlung einer Treuhand-Kommission bei einer Drittbank im Ausland angelegt wird.

Call loans
Angloamerikanische Bezeichnung für Ausleihungen im Interbankenmarkt, die jederzeit, meist unter Einhaltung einer ↑Kündigungsfrist von 24 Stunden, durch den ↑Gläubiger oder Schuldner abrufbar sind. Die Verzinsung orientiert sich dabei an täglich den Marktkonditionen angepassten Referenzwerten (↑Libor). Im angelsächsischem Raum sind unter den wertschriftenbesicherten Ausleihungen am Interbankenmarkt die Vereinbarungen auf Call-Basis gegenüber solchen mit fester ↑Laufzeit in der Überzahl.

Call money
↑Call-Geld.

Call option
↑Call.

Call-Prämie
Die Call-Prämie (auch Call price) bezeichnet den Preis einer Call option und vergütet den inneren Wert der ↑Option sowie das Aufgeld für die Verzinsung und die ↑Volatilität zum Zeitpunkt des Abschlusses der ↑Transaktion (↑Zeitwert). Die Festlegung der Call-Prämie erfolgt durch ein ↑Option pricing model.

Call protection
Als Call protection nennt man die Zeitdauer, während der eine ↑Anleihe (namentlich Government und Corporate bonds) nicht vom ↑Emittenten gekündigt und zu ↑pari zurückgekauft werden kann.

Call provision
Die Call provision ist die Kündigungsklausel einer ↑Obligation, die es dem ↑Emittenten ermöglicht, eine vorzeitige ↑Rückzahlung der ↑Anleihe durchzuführen. Vom ↑Kündigungsrecht, das selbst eine Zinsoption darstellt, wird ein Emittent Gebrauch machen, wenn die Zinsen deutlich sinken und die Anleihe sich auf dem Kapitalmarkt zu besseren Konditionen refinanzieren kann.

Call-Risiko
↑Optionsrisiko; ↑Risiken derivater Instrumente.

Cambist
Bezeichnung französischen Ursprungs für den Devisenbroker. ↑Devisengeschäft.

CAMEL
Abk. f. fünf Kriterien zur Bonitätsbeurteilung im Kreditgeschäft: C = Capital adequacy, A = ↑Asset quality, M = Management, E = Earnings, L = Liquidity.

Candlestick chart
Als Candlestick chart (Kerzen-Chart) wird eine Konstruktionsmethode von ↑Charts bezeichnet, die durch japanische Reishändler entwickelt wurde. Candlestick charts bestehen aus einem «Körper» und einem «Schatten». Der Körper ist schwarz oder weiss und stellt den Abstand zwischen ↑Eröffnungs- und ↑Schlusskurs dar. Die Schatten, die als dünne Striche vom Körper nach oben und/oder nach unten ausgehen, stellen Tiefst- und Höchstkurs einer ↑Periode dar. Liegt ein Schlusskurs unterhalb des Eröffnungskurses, ist der Körper schwarz, liegt der Schlusskurs hingegen über dem Eröffnungskurs, ist der Körper weiss. Die Interpretation von Candlestick charts erfordert spezialisiertes Know-how. Candlestick charts weisen grosse Vorteile bei der Ermittlung von Stimmungen, Volatilitäts- und Momentumveränderungen auf. Allerdings bedarf ihre Interpretation grosser Erfahrung, da nicht unbedingt die gleiche Kerzenform in jeder Situation die gleiche Aussage beinhaltet. *Alfons Cortés*

Cap
Der Begriff Cap wird verschieden angewendet:
1. Zinsobergrenze bei variabel verzinslichen Schuldverpflichtungen.
2. Cap werden auch derivative Finanzinstrumente (↑Derivate) genannt, die eine bestimmte ↑Rückzahlung garantieren und gleichzeitig eine limitierte ↑Gewinnbeteiligung am ↑Basiswert ermöglichen.

Cap-Hypothek
Hypothekarkredit oder Hypothek (↑Hypothekargeschäft) mit variabler Verzinsung, aber einer vertraglich vereinbarten Zinsobergrenze (↑Cap).

Capital accord
↑Basler Ausschuss für Bankenaufsicht; ↑Basler Abkommen.

Capital asset pricing model (CAPM)
Das Capital asset pricing model (CAPM) wurde in den 60er-Jahren unabhängig voneinander von Sharpe, Lintner und Mossin entwickelt. Es handelt sich um ein Gleichgewichtsmodell unter Unsicherheit, bei dem, unter der Annahme normal verteilter Wertpapierrenditen und homogener Erwartungen der Marktteilnehmer, erwartete Renditen für riskante Vermögensgegenstände abgeleitet werden. Anwendungen im ↑Corporate finance ermitteln die Eigenkapitalkosten von Unternehmen auf Grundlage des Modells.
Die Ableitung des CAPM basiert auf den Voraussetzungen des ↑Markowitz-Modells. Zudem wird ein vollkommener ↑Kapitalmarkt unterstellt, d.h. es wird idealisierend angenommen, dass ↑Investoren beliebig zu einem risikolosen Zinssatz r_f Mittel am Kapitalmarkt ↑kurzfristig leihen oder anlegen

können. Bei Kauf oder Verkauf von Vermögensgegenständen fallen zudem keine ↑Transaktionskosten sowie Steuern an. Die Begründung des CAPM erfolgt dann in zwei Schritten:
– Unter den gegebenen Annahmen lässt sich in einem ersten Schritt das Separationstheorem nach Tobin ableiten. Es gilt: Die optimale Zusammensetzung des ↑Portfolios riskanter Vermögensgegenstände eines individuellen ↑Investors bestimmt sich unabhängig von seinem Vermögen und seinen individuellen Risikopräferenzen. Die Anpassung an die individuelle Risikoaversion erfolgt ausschliesslich über die Festlegung des Anteils der risikolosen Anlage bzw. Kreditaufnahme am Kapitalmarkt.
– Um auf eine allgemeine Gleichgewichtsbedingung zu kommen, wird in einem zweiten Schritt zusätzlich angenommen, dass alle Marktteilnehmer ein und dieselben Erwartungen hinsichtlich der gemeinsamen Renditeverteilung aller gegebenen Vermögensgegenstände besitzen. Man spricht von der Annahme homogener Erwartungen. Unter dieser Voraussetzung muss die optimale Struktur des riskanten Portfolios bei allen Investoren gleich sein.

Unter Berücksichtigung der Gleichgewichtsbedingung, dass Angebot und Nachfrage für alle Vermögensgegenstände bei gegebenen Preisen übereinstimmen, sowie der zusätzlichen Bedingung, dass sämtliche riskanten Vermögensgegenstände am Markt gehandelt werden, kann man folgern: Alle Anleger halten dasselbe Portfolio riskanter Vermögensgegenstände, bei dem es sich um das Marktportfolio sämtlicher riskanter Vermögensgegenstände handelt.

Aus dieser Grundaussage des CAPM leiten sich alle weiteren Implikationen ab. Damit folgt auch, dass das Marktportfolio ex-ante risikoeffizient ist und dass das Risiko einzelner Vermögensgegenstände im CAPM relativ, d.h. als Beitrag zum Marktportfoliorisiko, gemessen wird. Die Messung kann über den normierten Risikobeitrag den so genannten Beta-Koeffizienten (↑Beta-Faktor), erfolgen.

$$\beta = \frac{\sigma_{i,\,Markt}}{\sigma_{Markt}^2}$$

Im Gleichgewicht ergibt sich die erwartete Rendite eines Vermögensgegenstandes, die sich proportional zum Risikobeitrag ermittelt:

$$E(R) = r_f + \beta[E(R_{Markt}) - r_f]$$

Bei der praktischen Anwendung des CAPM stellen sich folgende Fragen:
– Da das Marktportfolio nicht realisierbar ist, kann jeder als Schätzer für das Marktportfolio verwendete Index durch die Hinzunahme weiterer Vermögensgegenstände dominiert werden.
– Die Tatsache, dass das Marktportfolio nicht beobachtbar ist, beeinträchtigt empirische Untersuchungen zur Validität des CAPM. Nach Roll entzieht sich das CAPM aufgrund dieser Tatsache grundsätzlich einer empirischen Überprüfung.

Aussagen zur Gültigkeit des Modells hängen von der Effizienz des gewählten Schätzers für das Marktportfolio ab: Selbst wenn das Modell gilt und das Marktportfolio somit risikoeffizient ist, kann es bei Verwendung eines fehlspezifizierten Schätzers für das Marktportfolio möglicherweise nicht bestätigt werden. Umgekehrt kann aus einer Ablehnung der Hypothese des oben formal dargestellten linearen Risiko/Rendite-Zusammenhangs nicht eindeutig auf ein fehlspezifiziertes Modell geschlossen werden. Tests des CAPM sind Tests der gemeinsamen Hypothese der Gültigkeit des Modells und der Eignung des verwendeten Indexportfolios als Schätzer für das Marktportfolio. Die Literatur liefert eine Vielzahl von Erweiterungen des CAPM, um die Konsequenzen möglicher Verletzungen der restriktiven Modellannahmen aufzuzeigen. Wie sich zeigt, erscheint das Modell insgesamt relativ robust. Dennoch liefern gerade jüngere empirische Tests des Modells auf internationalen Aktienmärkten bislang eher uneinheitliche Ergebnisse.

Christoph Kaserer, Niklas Wagner

CAPM
Abk. f. ↑Capital asset pricing model (CAPM). ↑Eigenkapitalkosten.

Capped notes und bonds
Bei Capped notes und bei Capped bonds ist die Verzinsung nach oben begrenzt (↑Cap), dafür liegt die Mindestverzinsung im Allgemeinen höher als bei den üblichen variabel verzinslichen Anleihen.

Capped option
Als Capped option wird eine ↑Option (↑Call oder ↑Put) bezeichnet, die einen vorgängig festgelegten maximalen Gewinn für die Long position (beziehungsweise Verlust aus der Sicht der Short position) beinhaltet. Eine Capped option wird in dem Moment, in welchem der ↑Basiswert den Wert des ↑Caps erreicht, ausgeübt.

Carat
↑Karat.

Cardholder verification
Authentisierung des Karteninhabers bei einer Transaktion, z.B. durch die Unterschrift oder die ↑Personal identification number (PIN).

Card management system (CMS)
Kartenverwaltungssystem; verwaltet die Karteninhaber- und Kartendaten, führt die Kartenkonti, erstellt Abrechnungen und löst (bei ↑ec-Karte und

beim ↑Lastschriftverfahren) die Belastungen der Bankkonti aus.

Card present transactions
Kartentransaktionen, bei denen das Vorliegen der Karte als bewiesen angesehen wird. Der ↑Issuer hat hier kein Recht auf Einreichung eines ↑Chargebacks wegen Bestreitens der Transaktion. Ihm verbleiben jedoch andere Einspruchsmöglichkeiten, z.B. dass die Karte gestohlen sei. Card present status haben ↑Automated teller machines (ATM) und ↑Point of sale terminals (POS) und die sicheren, standardisierten Zahlungsprotokolle im ↑E-commerce.

Carnet ATA
Das Carnet ATA, Admission temporaire, Temporary admission, ist seit dem 08.06.1961 ein bewährtes Dokument zur Aus- und Wiedereinfuhr von Gütern, welche in der Schweiz hergestellt oder definitiv einfuhrverzollt wurden. Die Gültigkeitsdauer des Carnet ATA beträgt ein Jahr und kann nicht verlängert werden. Während dieser Zeit ist, mit den entsprechenden Ein- und Ausfuhrblättern, eine unbegrenzte Anzahl Grenzübertritte möglich. Die auf dem Carnet-Deckblatt vermerkten Länder, zurzeit 57, gehören einer Bürgschaftsorganisation an, in der Schweiz der Alliance des Chambres de Commerce Suisse in Genf, und können problemlos besucht werden. Der Verwendungszweck der mitgeführten Waren ist vorgegeben: «Warenmuster zur Vorführung», «Berufsmaterial», «offizielle Messe/Ausstellung». Der Carnet-Inhaber oder dessen Vertreter ist dafür verantwortlich, dass das Carnet ATA bei jedem Grenzübertritt vorgezeigt und mit entsprechendem Zollstempel und Unterschrift des Zollbeamten versehen wird. Das Carnet ATA kann sowohl von Privatpersonen wie auch von Firmen benutzt werden.

Die Carnet-ATA-Formulare können bei der Handelskammer telefonisch, per Fax oder per E-Mail bestellt, direkt am Schalter abgeholt oder über ↑Internet ausgefüllt werden. Nachdem sämtliche Blätter vom Kunden mit den verlangten Angaben versehen sind, werden diese bei der Handelskammer auf die Richtigkeit kontrolliert und anschliessend beglaubigt. *Rolf Portmann*
Links: www.ataonline.ch

Carried interest
Erfolgsbeteiligung einer Beteiligungsgesellschaft (↑Investmentgesellschaft) bei der Realisation von Veräusserungsgewinnen auf das investierte Beteiligungskapital. International üblich sind hierbei 10% bis 20% des erzielten Überschusses. Häufig wird von den Investoren eine ↑Hurdle rate vereinbart, die eine Auszahlung des Carried interest an den Manager von einer erzielten Minimumverzinsung auf dem eingesetzten Kapital abhängig macht.

CASH
↑Elektronisches Portemonnaie CASH.

Cash
↑Bar, gegen Kassa, gegen ↑Geld.

Cash-and-carry-Arbitrage
↑Arbitrage zwischen ↑Kassa- und ↑Terminmarkt, z.B. durch Verkauf von ↑Futures und Kauf des ↑Basiswerts am Kassamarkt.

Cash dispenser
Synonym zu Geldausgabeautomat, ↑Bancomat.

Cash dividend
↑Dividende.

Cash drain
Abfluss von ↑Zahlungsmitteln. Von besonderer Bedeutung für das ↑Liquiditätsmanagement der Unternehmung ist ein Cash drain aus operativer Tätigkeit. Die mit der betrieblichen Tätigkeit verbundenen Auszahlungen übersteigen die sich aus Verkäufen und Nebenerträgen ergebenden Bargeldzuflüsse. ↑Cashflow.

Cash earnings
Auch ertragswirtschaftlicher ↑Cashflow genannt. Bezeichnung für die Summe von Gewinn, ↑Abschreibungen und Rückstellungen, oder – vereinfacht – Gewinn vor Abschreibungen. Der Wortbestandteil Cash führt jedoch zu Missverständnissen, weil die Kennzahl keine zuverlässigen Informationen darüber vermittelt, inwieweit deren Komponenten auch cash-wirksam waren. Die Bezeichnung ist deshalb in den USA verpönt und wird in der ↑Finanzanalyse nicht verwendet.

Cashflow
Der Begriff Cashflow wurde Ende der 50er-Jahre als Bewertungsmassstab für Aktien in die Terminologie der ↑Finanzanalyse eingeführt. Es handelt sich um eine schillernde Bezeichnung mit unterschiedlichem Inhalt. Wörtlich handelt es sich um einen Kassen- oder Geldfluss, einer Saldogrösse aus den Einnahmen bzw. Einzahlungen (Cashinflows) und Ausgaben bzw. Auszahlungen (Cashoutflows) einer Abrechnungsperiode. Entgegen dieser wörtlichen Bezeichnung diente der Cashflow in der ursprünglichen Anwendung als Kennzahl zur Beurteilung der *Ertragslage*. Weil das Jahresergebnis durch bilanzpolitische Massnahmen bei der Festlegung von Abschreibungen, Rückstellungen – selbst unter dem True-and-fair-view-Konzept, wenn dieses nicht konsequent umgesetzt wird – erheblich beeinflusst werden kann, werden Jahresergebnis, Abschreibungen und Rückstellungen zum Cashflow zusammengefasst. Diese Grösse gibt allerdings – anders als dies der Begriffsbe-

standteil ↑Cash vermuten lässt – keine zuverlässigen Informationen über die erwirtschaftete ↑*Liquidität* aus der operativen Tätigkeit, weshalb in der amerikanischen Rechnungslegungspraxis zur Vermeidung von Missverständnissen die Bezeichnung Cashflow für die Summe von Jahresergebnis und Abschreibungen nicht verwendet werden darf.

Als Liquiditätsmassstab wurde im Allgemeinen das Nettoumlaufvermögen (↑Net working capital), vereinfacht als *Mittel (Funds)* umschrieben, betrachtet. Die Ursache der Veränderung des Nettoumlaufvermögens wurde in einem Funds statement nachgewiesen. Im deutschen Sprachgebiet wurde die in den USA übliche Unterscheidung zwischen Funds und Cash nicht gemacht. Der operative Zufluss zum Nettoumlaufvermögen aus der Geschäftstätigkeit, der in den USA korrekt als *Funds provided by operations (FPO)* umschrieben ist, wurde – trotz Kritik aus der Wissenschaft – stets missverständlich als Cashflow bezeichnet.

Weil die herkömmliche Mittelflussrechnung auf der Grundlage des Nettoumlaufvermögens nur eine unzureichende Beurteilung der Liquidität im Sinne der Zahlungsbereitschaft ermöglicht, wurde diese in den internationalen Rechnungslegungsstandards durch eine ↑*Geldfluss*rechnung (Cashflow statement) abgelöst. Diese weist Geldströme aus Geschäftstätigkeit, aus Investitionen und Desinvestitionen sowie Finanzierungsmassnahmen aus. Der *Cashflow aus Geschäftstätigkeit* kann entsprechend der Bezeichnung nach zwei Methoden berechnet werden:

Direkte Methode
    Einzahlungen von Kunden für den Verkauf von Erzeugnissen, Waren und Dienstleistungen
- Auszahlungen an Lieferanten und Mitarbeiter
+ Sonstige Einzahlungen aus Geschäftstätigkeit
- Sonstige Auszahlungen aus Geschäftstätigkeit
= *Cashflow aus laufender Geschäftstätigkeit* (Cashflow from operating activities)

Indirekte Methode
    Periodenergebnis
+ Abschreibungen
+/– Zunahme/Abnahme der Rückstellungen
+/– Sonstige zahlungsunwirksame Aufwendungen/Erträge
+/– Gewinn/Verlust aus dem Abgang von Gegenständen des Anlagevermögens
–/+ Zunahme/Abnahme des Umlaufvermögens ohne Zahlungsmittel
+/– Zunahme/Abnahme des kurzfristigen Fremdkapitals ohne Bankschulden
= *Cashflow aus der laufenden Geschäftstätigkeit*

Übersteigen die Auszahlungen aus der Geschäftstätigkeit die Einzahlungen, liegt ein ↑*Cash drain* vor. In der Praxis ist die direkte Methode eher selten, obwohl sie von der Wissenschaft gegenüber der indirekten Methode wegen der leichteren Verständlichkeit bevorzugt wird. Um eine Verbindung mit der herkömmlichen Cashflowberechnung und den Mittel- oder Kapitalflussrechnungen herzustellen, wird in der schweizerischen Rechnungslegungspraxis im Gegensatz zur Gliederung nach den internationalen Rechnungslegungsstandards bei der indirekten Berechnung oft ein so genannter *ertragswirtschaftlicher Cashflow* als Zwischentotal vor den Veränderungen des nicht baren Nettoumlaufvermögens berechnet. Diese wie auch die vor allem in der deutschen Praxis übliche Bezeichnung *Cash earnings* ist jedoch missverständlich und sachlich unzutreffend, weil zwischen dieser Summe und den Cash-Beständen kein direkter Zusammenhang besteht. Wird der operative Cashflow korrekt als Geldfluss aus Geschäftstätigkeit ermittelt, ist es möglich, anhand dieser Grösse für die rechnungslegende Unternehmung Schätzungen vorzunehmen:
– über die Fähigkeit, Zahlungsüberschüsse aus der operativen Tätigkeit zu erwirtschaften
– über die Fähigkeit, die Zahlungsverpflichtungen zu erfüllen
– über die Fähigkeit, Investitionen aus eigener Kraft zu finanzieren
– über die Fähigkeit, Gewinnausschüttungen vorzunehmen.

Als ↑*Free cashflow* wird der Zahlungsmittelüberschuss nach Berücksichtigung der Nettoauszahlungen für (Ersatz-)Investitionen bezeichnet. Es ist allerdings zu beachten, dass in der Praxis Freecashflow-Grössen unterschiedlich gebildet werden, was aussagekräftige Vergleiche erschwert. Der Free cashflow kann brutto, d.h. unter Einbezug der Fremdkapitalzinsen als für alle Kapitalgeber verfügbaren Finanzmittelfluss *(Entity approach)*, oder netto (nach Abzug der Fremdkapitalzinsen) als den Eigentümern zustehender Finanzfluss (Equity approach) berechnet werden.
Max Boemle

Cashflow hedge
↑Hedge accounting.

Cashflow matching
↑Zerobonds.

Cash-forward-Markt
Unter dem Cash-forward-Markt wird der ausserbörsliche Markt für ↑Termingeschäfte (↑Forwards) verstanden. Im Gegensatz zu börsengehandelten Transaktionen werden Verträge zwischen zwei Marktteilnehmern abgeschlossen, ohne dass die ↑Standardisierungen von Börsen eingehalten werden müssen. Die Forwards sind bezüglich

Volumen, ↑Laufzeit sowie Erfüllungsort flexibler als die börsengehandelten ↑Futures. Die gesamte ↑Abwicklung von Margentransaktionen wird ebenfalls nicht durchgeführt, allerdings mit dem Preis, dass jedes abgeschlossene Termingeschäft ein ↑Gegenparteirisiko enthält, das bei börsengehandelten Terminkontrakten durch die Sicherungsleistungen eliminiert wird. *Stefan Jaeger*

Cash futures arbitrage
Unter dem Begriff Cash futures arbitrage, auch ↑Cash-and-carry-Arbitrage genannt, werden Transaktionen verstanden, welche dem Preisausgleich zwischen ↑Kassa- und ↑Futures-Markt dienen. Zu diesem Zweck werden der Terminpreis und der so genannte Full carry price (der Preis einer Kassaposition inklusive Lagerung und Verzinsung während der ↑Laufzeit des Futures-Kontrakts – eine ↑Replikation des Futures) verglichen. Die ↑Arbitrage wird durchgeführt, indem die teurere ↑Position verkauft und die billigere gekauft wird. Dies erfolgt über den Kauf respektive Verkauf des Futures sowie den Leerverkauf beziehungsweise den Kauf des Basiswerts. Bei ↑Verfall des Futures wird die Position mit Gewinn wieder ↑glattgestellt.

Cash management
Unter Cash management versteht man die Planung, Durchführung und Überwachung der Massnahmen zur Sicherung der ↑Liquidität eines Unternehmens und die gezielte zinsbringende Anlage allfälliger freier Mittel (Überschussliquidität) zur Erhöhung der Rentabilität. Die wesentlichsten Ziele des Cash managements sind in der Gewährleistung einer jederzeitigen ↑Zahlungsfähigkeit, in der Minimierung der Kosten aus Liquiditätshaltung und ↑Zahlungsverkehr (inklusive Fremdwährungen) sowie in einer angemessenen Begrenzung der Liquiditäts- und Anlagerisiken zu sehen. Aus diesen Zielen ergeben sich folgende fünf Aufgabenbereiche:
1. Liquiditätsplanung (kurzfristige Finanzbudgetierung)
2. Anlage und Verwaltung der liquiden (und liquiditätsnahen) Mittel
3. Vermeidung bzw. Früherkennung von Liquiditätsengpässen
4. Steuerung der Zahlungsströme (Einnahmen- und Ausgabenseite)
5. Gestaltung und Überwachung der ↑Währungsrisiken.

Was die Durchführung der Zahlungen betrifft, verlangen die grenzüberschreitenden Geldverschiebungen ein besonderes Augenmerk. Eine optimale Steuerung erfordert eine Beurteilung des zweckmässigen Transferweges (Bankverbindungen) und der Überweisungsart sowie der damit zusammenhängenden Kostenfolgen (Spesen, Kommissionen, verlorene Zinstage usw.) Bei Devisenoperationen ist als zusätzlicher Aspekt die Minimierung allfälliger Währungseinbussen und die Möglichkeit von Kurssicherungen (↑Hedge) mit einzubeziehen.

Das Cash management wird in den meisten Unternehmen zentral durchgeführt. Zur Unterstützung des Cash management bieten grosse Banken der Firmenkundschaft spezielle Cash-management-Systeme zur Information, Analyse und Disposition der Zahlungsströme an. *Alex Eggli*

Cash-or-share-Option (Coso)
Cash-or-share-Option (Coso) bezeichnet ein ↑strukturiertes Produkt, das aus einem Anteil ↑Festgeld und einem Anteil Short put options (↑Short puts) besteht.

Cash pooling
↑Cash management.

Cash settlement
Abwicklung der Verpflichtung aus einer fälligen Derivatposition durch einen Geldtransfer in der Höhe des Gewinns beziehungsweise Verlustes des ↑Kontraktes. Bei Verträgen wird entweder ein Cash settlement oder ein ↑Physical settlement vereinbart.

Cat bonds
Mit Cat bonds verbrieft ein Rückversicherer das Schadensrisiko und überträgt es auf den Bondinhaber. Dieser stellt über eine zweckgebundene Gesellschaft (↑Special purpose vehicle [SPV]) Kapital zur Verfügung, das bei Eintritt eines zuvor definierten, seltenen Naturereignisses wie ein Erdbeben oder ein Hurrican vom Versicherungsnehmer abgerufen werden kann. Als Entschädigung für die ↑Ausfallwahrscheinlichkeit von jährlich 0,8% bis 1% erhält der Anleger zusätzlich zur marktüblichen Verzinsung eine ↑Prämie von durchschnittlich 4,5% bis 6%. Cat bonds sind eine besondere Variante von Floating rate bonds.

CATS
Abk. f. Certificates of accrual on treasury securities. Synthetische Nullcouponanleihen (↑Zero bonds), für deren Einlösung US-Staatsanleihen bei einer Grossbank hinterlegt sind (↑Synthetische Finanzinstrumente). Je nach Emittent werden diese Produkte anders bezeichnet, z.B. ↑TIGRS, STRIPS, ↑ZEBRAS.

CBOE
Abk. f. ↑Chicago Board Options Exchange (CBOE).
Links: www.cboe.com

CBOT
Abk. f. ↑Chicago Board of Trade (CBOT).
Links: *www.cbot.com*

CBS
Abk. f. ↑Cross border settlement.

CCP
Abk. f. ↑Central counterparty.

CD
Abk. f. ↑Certificate of deposit.

CDAX
Der *Composite-DAX (CDAX)* enthält alle deutschen ↑Aktien, die an der Frankfurter Wertpapierbörse notiert sind und im elektronischen ↑Handelssystem ↑Xetra gehandelt werden. Der Index wird seit Juni 2002 nach der streubesitzadjustierten ↑Börsenkapitalisierung gewichtet. Da es sich beim CDAX um einen Index mit Vollerhebung handelt, ist der Umfang des Indexkorbes nicht auf eine bestimmte Anzahl von Werten beschränkt. Neuaufnahmen und Löschungen bei den auf Xetra gehandelten Titeln werden unmittelbar im Index nachvollzogen. Im Gegensatz zu den Stichprobenindizes der Deutschen Börse (DAX, ↑MDAX, ↑DAX 100, SDAX und Nemax 50) werden im CDAX alle Titelgattungen einer Gesellschaft berücksichtigt. Eine Kappung der Gewichte erfolgt im CDAX nicht. Der CDAX ist ein Performanceindex, d. h. Kursabschläge nach Dividendenzahlungen werden in der Indexberechnung neutralisiert. Der Startwert des CDAX wurde mit 100 Indexpunkten per 30.12.1987 festgelegt. Zusätzlich zum Hauptindex werden aus den Titeln des CDAX neunzehn Branchenindizes berechnet.
↑Aktienindex. *Valerio Schmitz-Esser*

Central bank money settlement
Im System ↑Lieferung gegen Zahlung (LGZ) erfolgt bei Central bank money settlement die Abwicklung der Geldseite mit Zentralbankgeld. Dieses Verfahren ist in der Schweiz für Lieferungen gegen Zahlung von Wertschriftentransaktionen gegen Schweizer Franken üblich. Die Abwicklung der Geldseite erfolgt dabei im Rahmen des ↑Swiss Interbank Clearing (SIC). Auf der Wertschriftenseite wird die Belastung des Wertpapierdepots des Verkäufers und die Gutschrift des Wertpapierdepots des Käufers bei ↑SIS SegaIntersettle AG vorgenommen, während auf der Geldseite die Belastung des Geldkontos des Käufers und die Gutschrift des Geldkontos des Verkäufers via SIC auf dem Girokonto bei der Schweizerischen Nationalbank geschieht.

Central counterparty (CCP)
Die Central counterparty (zentrale Gegenpartei, CCP) tritt zwischen die Parteien einer Handelstransaktion und wird mittels ↑Novation des Kaufvertrages Gegenpartei sowohl des Käufers wie des Verkäufers. Das ↑Gegenparteirisiko beider Handelspartner wird also auf die zentrale Gegenpartei übertragen. Kernaktivität der CCP ist denn auch das Risk-Management.
Bildeten zu Beginn Derivat- und Rohwarenmärkte die wichtigsten Einsatzgebiete für Central counterparties, so ist infolge der markanten Zunahme grenzüberschreitender Wertschriftenhandelstransaktionen – und damit verbunden einer abnehmenden Homogenität unter den Marktteilnehmern – eine Ausweitung der CCP-Dienstleistungen in den Bereich der Wertschriftenkassamärkte zu verzeichnen. Risikoreduktion durch Risikotransfer auf die zentrale Gegenpartei, tiefere Eigenkapitalunterlegungserfordernisse und Anonymität auch in den dem Handel nachgelagerten Abwicklungsbereichen sind die wichtigsten Triebkräfte dieses Trends, dem sich auch der schweizerische Markt und ↑Virt-x mit der Implementierung von ↑X-clear als General Clearing Member des London Clearing House (LCH) nicht entziehen können.
Die wichtigsten europäischen CCPs sind LCH (London), Clearnet (Paris) und ↑Eurex Clearing (Frankfurt a.M.). Die Bestrebungen des ↑European Securities Forum, eine pan-europäische Central counterparty nach dem US-amerikanischen Vorbild der Depository Trust & Clearing Corporation (DTCC) zu etablieren, sind bis dato unter anderem an der rechtlichen, steuerlichen und regulatorischen Heterogenität in Europa gescheitert.
Werner Frey

Central securities depository (CSD)
Mit ihrer Kernkompetenz in der zentralisierten Abwicklung von Wertschriftengeschäften (↑Effektengeschäft) und der ↑Sammelverwahrung von ↑Wertpapieren – zumeist in dematerialisierter Form – spielen die Central securities depository (CSD) eine bedeutende Rolle in der Wertschöpfungskette des Anlage- und Handelsbereichs. Nicht nur sind sie allein oder im Zusammenspiel mit der ↑Zentralbank ihres Landes (Geldseite) für die Erfüllung des mit der Handelstransaktion initiierten Rechtsgeschäfts betraut, mit zunehmender Zentralisierung – zunächst auf nationaler Ebene – und Automatisierung (↑Straight through processing [STP]) entlasten sie die ↑Back offices ihrer Mitglieder und Teilnehmerbanken zudem massgeblich. ↑SIS SegaIntersettle und ↑SWX Swiss Exchange spielten in der Entwicklung und Einführung von STP-Prozessen eine führende Rolle.
Die Einführung des ↑Euro, eine markant steigende Internationalisierung des Wertschriftengeschäftes und das Verlangen der Marktteilnehmer nach Reduktion der Kosten und ↑Risiken im grenzüberschreitenden ↑Clearing and settlement sind die Triebkräfte für einen tiefgreifenden strukturellen Wandel der CSD in Europa. Die Konsolidierung auf nationaler Ebene – wie etwa die Formie-

rung von SIS SegaIntersettle, von IBERCLEAR in Spanien und die Konzentration der italienischen Settlementaktivitäten bei Monte Titoli – ist weit fortgeschritten, aber noch nicht abgeschlossen.
1997 ist die European Central Securities Depositories Association (ECSDA) gegründet worden, der 15 europäische nationale CSD (NCSD) angehören. Ihr Ziel ist es, die Kooperation zwischen den NCSD auf dem Gebiet des grenzüberschreitenden Clearing and settlement zu fördern. Parallel zum Prozess der Konsolidierung auf nationaler Ebene ist mit der Fusion von Cedel International und Deutsche Börse Clearing (DBC) 1999 zur ↑Clearstream International der Konzentrationsprozess auf europäischer Ebene eingeläutet worden. Der Zusammenschluss von Euroclear mit den CSD Frankreichs (Sicovam), der Niederlande (Necigef) und Belgiens (CIK) 2000/2001 folgt im Wesentlichen demselben Modell, während SIS Sega-Intersettle zusammen mit dem britischen CSD, ↑CrestCo, eine enge Kooperation ohne Kapitalbeteiligung in ↑The settlement network eingegangen ist. Nach anfänglichem Scheitern sind die Bestrebungen der skandinavischen CSD zu einer engeren Kooperation im regionalen Rahmen 2001 wieder aufgenommen worden. Für die weitere Entwicklung dieses Konsolidierungs- und Integrationsprozesses nach US-amerikanischem Vorbild – 1999 sind Depository Trust Company (DTC) und National Securities Clearing Corporation (NSCC) in die Depository Trust & Clearing Corporation (DTCC) integriert worden – wird u. a. die Lösung von Problemen entscheidend sein, die aus der rechtlichen, steuerlichen und regulatorischen Heterogenität Europas resultieren. Das Geschäftsmodell eines künftigen pan-europäischen CSD wird aber auch der kulturellen Vielfalt Europas Rechnung tragen müssen. *Werner Frey*

CEPS
Abk. f. ↑Common electronic purse specification (CEPS).

Certificate of deposit (CD)
Certificates of deposit sind von Banken ausgegebene Einlagenzertifikate (Schuldverschreibungen in Wertpapierform). Im Gegensatz zu den anderen Geldmarktpapieren werden Certificates of deposit auf Zins- und nicht auf Diskontbasis gehandelt. Die ↑Stückelung beträgt dabei mindestens USD 100000, wobei die ↑Laufzeit normalerweise zwischen 30 und 270 Tagen liegt. Die Verzinsung erfolgt entweder fest oder variabel, orientiert am ↑Libor.

Certificates of accrual on treasury securities (CATS)
↑CATS.

CESR
Das Committee of European Securities Regulators, CESR, ist im Jahre 2001 entstanden aus der Vorgängerorganisation FESCO (Forum of European Securities Commissions), und zwar als Folge der Vorschläge des «Committee of Wise Men» der EU. Es schlug ein System von sekundärer Gesetzgebung (Verordnungen) vor, um die europäische Wertpapiergesetzgebung flexibler zu machen. In diesem Prozess sollen eine europäische Securities Commission und die CESR eine wichtige Rolle spielen. Die CESR hat die Zusammenführung der europäischen Kapitalmärkte zum Ziel. Allerdings ist der Interessenkonflikt der Organisation mit den einzelnen Mitgliedbehörden vorprogrammiert. Letzteren liegt naturgemäss an der integralen Behauptung und möglicherweise noch Ausdehnung ihrer Kompetenzen.
Links: www.europefesco.org

CFO
Abk. f. Chief financial officer (CFO). ↑Corporate finance.

CFTC
Abk. f. Commodities Futures Trading Commission (CFTC). ↑Swap-Markt.

CGFS
Abk. f. Committee on the Global Financial System (CGFS). ↑BIZ (Empfehlungen).

Chaikin oscillator
Der Chaikin oscillator ist ein den MFI (↑Money flow index) ergänzender ↑Indikator, indem er einen kurzfristigen MFI mit einem mittelfristigen vergleicht. Mark Chaikin, der den Indikator und den MFI entwickelt hat, benützt dazu drei und zehn Perioden des MFI. Der Chaikin oscillator dient zur Messung kurzfristiger Zu- und Abflüsse in eine ↑Aktie oder einen Aktienmarkt durch die Suche nach ↑Divergenzen zwischen Kursbewegung und MFI.

Change
↑Banknotenhandel.

Chargeback
Rückvergütungen internationaler Kreditkartenorganisationen wie VISA, EURO-CARD/MasterCard, American Express an ihre Inhaber von ↑Kreditkarten im Falle ungerechtfertigter und zu bestreitender Belastungen auf der Kreditkartenrechnung. Nach der Bestreitung durch den Karteninhaber wird ein standardisiertes Prozedere zwischen ↑Issuer und ↑Acquirer ausgelöst.

Charge-Karten
↑Kreditkarten.

Chart
Chart ist der Begriff für eine grafisch dargestellte Preis/Zeit-Reihe. Zeit- und Preisachse können arithmetisch dargestellt werden, dann ist von arithmetischen Charts die Rede. Wenn die Zeitachse arithmetisch und die Preisachse logarithmisch eingetragen werden, wird von halblogarithmischen Charts gesprochen.

Chart-Analyse
Als Chart-Analyse wird die Interpretation der Bedeutung vergangener ↑ Kurse für die Zukunft auf der Grundlage von ↑ Charts verstanden. Die Chart-Analyse hat ihren Ursprung in der ↑ technischen Analyse.

Chartist
Chartisten analysieren Kurs-Charts (↑ Chart). Im Unterschied zu technischen Analysten verwenden Chartisten keine ↑ Indikatoren.

Chart-Symbol
Chart-Symbole sind Symbole für die Darstellung eines Handelsablaufs während einer gewählten ↑ Periode: Ein Balken im Balkenchart (↑ Bar-chart) bzw. eine ↑ Kerze im ↑ Candlestick chart sind Chart-Symbole.

Cheapest to deliver
Beim Cheapest to deliver handelt es sich um den billigsten ↑ Bond derjenigen Bonds, die als ↑ Basiswert für einen Bond future dienen. Der Cheapest-to-deliver-Bond liegt jeweils der Preisbildung des Bond futures zugrunde.

Cheap money policy
↑ Zinspolitik (Allgemeines); ↑ Zinspolitik der SNB.

Check
Der Check ist eine bei ↑ Sicht fällige, an bestimmte gesetzliche Formvorschriften gebundene ↑ Anweisung an eine Bank, an den Check-Inhaber, eine namentlich genannte Person oder deren Order (geborenes Orderpapier), eine bestimmte Geldsumme zu bezahlen (OR 1100 ff.). Die sechs gesetzlichen Formerfordernisse sind:
1. Die Bezeichnung als Check im Text der Urkunde, und zwar in der Sprache, in der sie ausgestellt ist
2. Die unbedingte Anweisung, eine bestimmte Geldsumme zu zahlen
3. Den Namen dessen, der zahlen soll (↑ Bezogener)
4. Die Angabe des Zahlungsortes
5. Die Angabe des Tages und des Ortes der Ausstellung
6. Die Unterschrift des Ausstellers.

In der Schweiz zahlbare Checks können von Gesetzes wegen nur auf eine Bank oder die Post gezogen werden. Die Ausstellung eines Checks setzt eine Vereinbarung des Check-Ausstellers mit der Bank (bzw. der Post) und die Deckung für die Check-Summe entweder durch ein entsprechendes Guthaben auf einem Check- oder Kontokorrentkonto oder eine offene ↑ Kreditlimite voraus. Stellt jemand Checks aus, ohne beim Bezogenen für den angewiesenen Betrag verfügungsberechtigt zu sein, ist er dem Check-Inhaber für allen verursachten Schaden verantwortlich. Die Check-Formulare werden im Bankverkehr den Kunden von den Banken zur Verfügung gestellt. Um eine zentrale, automatische Check-Verarbeitung (↑ Check-Truncation) zu ermöglichen, haben die Schweizer Banken einheitliche Checkformulare geschaffen (↑ Eurocheque, dessen Abgabe seit Ende 2001 eingestellt ist, und ↑ Korrespondenzcheck).

Der Check kann als ↑ Ordre-, ↑ Namen- oder ↑ Inhaberpapier ausgestellt werden. Im Allgemeinen ist der Check durch ↑ Indossament übertragbar, es sei denn, dass eine Rektaklausel (ausdrücklicher Vermerk «nicht an Order», ↑ Rektaindossament) zur Übertragung eine Zession (↑ Abtretung) verlangt. Bei einem Inhabercheck erfolgt die Übertragung durch blosse Übergabe des Papiers.

Im Unterschied zum ↑ Wechsel ist der Check kein Kreditmittel, sondern soll ausschliesslich als Zahlungsmittel dienen. Mit einer Reihe von Vorschriften soll der Missbrauch des Checks als Kreditmittel verhindert werden:
– Der Check ist nicht akzeptierbar, ein Annahmevermerk gilt als nicht geschrieben (OR 1104)
– Das Vordatieren eines Checks ist rechtlich ohne Wirkung; auch ein ↑ vordatierter Check ist sofort zahlbar (OR 1115)
– Ein Check, der im Lande der Ausstellung zahlbar ist, muss spätestens innert 8 Tagen dem Bezogenen vorgelegt werden; ein Check im gleichen Erdteil zahlbar (in Europa auch in einem an das Mittelmeer angrenzenden Lande), spätestens innert 20 Tagen und ein Check in einem andern Erdteil zahlbar, spätestens innert 70 Tagen (OR 1116). Wird die Vorlegungsfrist nicht eingehalten, verliert der Check-Inhaber das Regressrecht (↑ Regress) gegenüber dem Aussteller, allfälligen Indossanten und Check-Bürgen. Auch nach Ablauf der Vorlegungsfrist kann jedoch die bezogene Bank den Check auszahlen, wenn er nicht ausdrücklich widerrufen worden ist.

↑ Checkbetrug; ↑ Checkverkehr; ↑ Checksperre; ↑ Gekreuzter Check; ↑ Verrechnungscheck; ↑ Postzahlungsverkehr.
Paul Nyffeler

Checkbestätigung, banlübliche
Beantwortet eine Bank die Anfrage, ob ein auf sie gezogener ↑ Check gedeckt sei oder in Ordnung gehe, positiv, so bedeutet dies, dass der Check eingelöst würde, wenn er zur Zeit der Auskunft vorläge. Die Erklärung der Bank erfolgt unter dem

stillschweigenden Vorbehalt, dass der Aussteller nicht über sein Guthaben vor Vorlegung des Checks anderweitig verfügt, das Guthaben nicht gepfändet, in die Konkursmasse einbezogen, verarrestiert oder strafrechtlich mit Beschlag belegt wird und sich der Check nicht als formell mangelhaft oder gar gefälscht erweist. Durch diese Bestätigung wird die Bank nicht verpflichtet, den Check einzulösen, im Gegensatz zur ↑Checkeinlösungszusage.

Checkbetrug
Im Gegensatz zu vielen ausländischen Rechtsordnungen kennt das schweizerische Strafgesetzbuch keine Bestimmung, die den Checkbetrug, d. h. das Ausstellen ungedeckter ↑Checks, ausdrücklich als strafbar erklärt. Dieses Verhalten erfüllt aber den Tatbestand des Betruges gemäss StBG 146, wenn Bereicherungsabsicht vorliegt und der Empfänger des Checks arglistig getäuscht und dadurch am Vermögen geschädigt wird. Arglist wird von den Gerichten nicht leichthin angenommen. Eine einfache Lüge ist noch keine arglistige Täuschung, wenn sie vom Getäuschten ohne besondere Mühe überprüft werden kann, die Überprüfung zumutbar erscheint und der Täter den Getäuschten weder absichtlich von ihr abhält noch nach den Umständen voraussieht, dass sie unterbleiben wird, weil ein besonderes Vertrauensverhältnis besteht. Wendet man diese Grundsätze auf die Ausstellung ungedeckter Checks an, so ist Arglist und damit Betrug normalerweise zu bejahen, weil die Überprüfung der Zahlungsbereitschaft, die mit der Ausstellung eines Checks bekundet wird, dem Checknehmer, falls sie überhaupt möglich ist, in der Regel nicht zugemutet werden kann. Der Empfänger eines Checks muss der ausdrücklich oder stillschweigend geäusserten Behauptung des Ausstellers, der Check sei gedeckt, Glauben schenken können. Der Aussteller rechnet auch damit, dass eine Überprüfung unterbleibt. Arglistige Täuschung ist erst recht anzunehmen, wenn der Check zur Zeit der Ausstellung durch Guthaben auf dem Konto der bezogenen Bank noch gedeckt ist, der Aussteller aber weiss oder doch ernsthaft damit rechnen muss, dass die Deckung bei der Einlösung fehlen wird.
Vom Checkbetrug ist der Checkkartenmissbrauch zu unterscheiden, der zusammen mit dem Kreditkartenmissbrauch mit Wirkung ab 01.01.1995 als besonderer Tatbestand in das Strafgesetzbuch aufgenommen wurde (StGB 148).

Checkeinlösungszusage
Im Gegensatz zur banküblichen ↑Checkbestätigung verpflichtet sich die angefragte, bezogene Bank durch die Checkeinlösungszusage, den auf sie gezogenen ↑Check unter allen Umständen einzulösen. Diese Zusage stellt nicht ein ↑Akzept, das im Checkrecht gemäss OR 1104 ausgeschlossen ist, sondern eine selbstständige Zahlungsverpflichtung dar. In der Praxis ist eine derartig weitgehende Erklärung selten gewollt und auch nicht üblich.
Die durch die Checkeinlösungszusage begründete Verpflichtung der Bank ist nicht auf die gesetzliche Vorlegungsfrist beschränkt. Eine solche Checkeinlösungszusage ist jedenfalls so lange wirksam, als der Check der bezogenen Bank in angemessener Frist vorgelegt wird. Vor den Risiken einer verspäteten Vorlage des Checks kann sich die Bank durch eine ausdrückliche Befristung der Checkeinlösungszusage schützen.

Checkfähigkeit
Wer im Sinne der gesetzlichen Bestimmungen ↑Bezogener (Zahlungspflichtiger) sein kann, besitzt die passive Checkfähigkeit. Diese kommt in der Schweiz nur ↑Banken und ↑Bankiers (OR 1102) zu. Die aktive Checkfähigkeit besitzt, wer Checks ausstellen darf, d. h. jede handlungsfähige Person, die bei einer Bank ein Konto besitzt, über das sie mit ↑Check verfügen kann.

Checkinkasso
↑Checkverkehr.

Checkkarte
↑Eurocheque-System; Eurocheque; ↑Debitkarte.

Checkkreuzung
↑Gekreuzter Check; ↑Verrechnungscheck.

Checkprotest
↑Protest.

Checksperre
Widerruf eines ↑Checks durch den Aussteller. Obschon der Check an sich nur eine in einem ↑Wertpapier verbriefte Zahlungsaufforderung des Checkausstellers an die ↑Bank enthält und grundsätzlich nicht eine eigene selbstständige Zahlungspflicht der letztern begründet, ist er nicht ohne weiteres widerrufbar. Eine unbeschränkte Widerrufsmöglichkeit würde der Natur des Checks als Zahlungsmittel nicht entsprechen.
Widerruflich wird der Check erst nach Ablauf der Vorlegungsfristen (OR 1119, 1116). Behauptet jedoch der Checkaussteller, dass der Check ihm oder einem Dritten abhanden gekommen sei, so kann er der bezogenen Bank die Einlösung schon vorher mit sofortiger Wirkung verbieten (↑Stop payment). Für die ein Zahlungsverbot erhaltende Bank ist es nicht immer möglich zu untersuchen, ob der Widerruf durch einen Verlust begründet ist oder ob ihm eine nachträgliche Zahlungsunwilligkeit des Checkausstellers zu Grunde liegt. Es ist gegebenenfalls Sache der Parteien, den Streitfall unter sich auszufechten; vorsichtigerweise wird sich die Bank an das Zahlungsverbot halten.

Check-Truncation

Anders als bei der herkömmlichen Checkeinlösung (↑Checkverkehr) werden die von der Check-Truncation erfassten Checks der bezogenen Bank nicht mehr vorgelegt, sondern bei der Einreicherbank (volle Check-Truncation) oder bei der Checkzentrale (sog. halbe Check-Truncation) zurückbehalten und archiviert. Dabei werden die für die Checkeinlösung notwendigen Daten optisch erfasst und der bezogenen Bank elektronisch übermittelt. Die bezogene Bank verarbeitet die Daten automatisch. Weil die Unterschrift des Ausstellers nicht geprüft wird, eignet sich die Check-Truncation nur für die Einlösung von Checks mit niedrigen Beträgen. In der Schweiz gelangt seit 1979 die sog. halbe Check-Truncation zur Anwendung. Der ursprünglich angestrebte Übergang zur vollen Check-Truncation hat wegen des starken Rückgangs des Checkvolumens an Aktualität verloren.

Checkverkehr

Einen ↑Check ausstellen darf nur, wer bei einer Bank ein Kontokorrentguthaben besitzt und gemäss einer Vereinbarung mit der Bank das Recht hat, darüber mittels Check zu verfügen (OR 1103 I). Der Checkverkehr kann über alle Arten von Kontokorrentrechnungen abgewickelt werden. In der Schweiz werden nur noch die einheitlichen ↑Korrespondenzchecks verwendet. Ende 2001 wurde die Abgabe der einheitlichen Eurocheques eingestellt. Die Bank überreicht dem Kunden für den Checkverkehr ihre ↑Allgemeinen Geschäftsbedingungen (AGB) und ein Checkset, in welchem die «Bedingungen für die Benützung von Checks» enthalten sind. Diese bilden neben den gesetzlichen Bestimmungen und den Allgemeinen Geschäftsbedingungen der Bank die Grundlage für den Checkverkehr. Durch die Annahme des Checksets wird der Checkvertrag geschlossen; damit anerkennt der Kunde die von der Bank aufgestellten Regeln über den Checkverkehr.

1. Einheitliche Bedingungen der Banken für die Benützung der Checks
Die Banken haben einheitliche Bedingungen für die Benützung der Checks aufgestellt:
– Einen Check darf nur ausstellen, wer über den Checkbetrag bei der Bank verfügen kann
– Die Checkformulare sind sorgfältig aufzubewahren und auszufüllen. Ein Verlust ist der Bank unverzüglich mitzuteilen, wo tunlich auch telefonisch oder fernschriftlich
– Unbenützte Checkformulare sind der Bank bei der Aufhebung der Checkrechnung zurückzugeben
– Der Kunde hat die Folgen des Abhandenkommens, des Missbrauchs und – in Abweichung von OR 1132 – der Fälschung von Check- oder Bestellformularen zu tragen, sofern die Bank kein grobes Verschulden trifft. Er trägt auch die Folgen einer fehlenden oder missverständlich eingetragenen Währungsbezeichnung
– Im Übrigen gelten die Allgemeinen Geschäftsbedingungen der Bank.

Ferner wird auf die gesetzlichen Bestimmungen (OR 1100–1143) hingewiesen.

2. Einlösung des Checks durch die bezogene Bank
Stellt der Kunde Checks aus, so löst die Bank sie im Rahmen des Guthabens bzw. der ↑Kreditlimite ein. Der Kunde wird dafür auf seinem Konto belastet, und zwar Wert Tag der Einlösung. Ist nicht genügend Deckung für einen ausgestellten Check vorhanden, so ist die Bank berechtigt, die Einlösung zu verweigern (↑Kontoüberziehung; ↑Kreditüberziehung); in diesem Fall versieht die Bank den Check mit einem entsprechenden Protestvermerk (OR 1128) und gibt ihn dem Einreicher zurück. (Zur Frage, ob die Bank verpflichtet ist, einen Widerruf des Checks durch den Kunden zu beachten: ↑Checksperre.)

3. Checkinkasso
In der Regel legt ein Gläubiger den Check, den er von seinem Schuldner entgegengenommen hat, nicht persönlich bei der Bank seines Schuldners (der bezogenen Bank) zur Zahlung vor. Üblicherweise übergibt er den erhaltenen Check seiner eigenen Bank (der Einreicherbank, Inkassobank) und beauftragt diese, den Check bei der bezogenen Bank zur Zahlung zu präsentieren. Um diese Bank zur Entgegennahme der Zahlung zu legitimieren, versieht er den Check mit seinem Indossament. Gestützt auf dieses Indossament kann die Inkassobank gegenüber der bezogenen Bank so auftreten, wie wenn sie den Check für eigene Rechnung erworben hätte. In der Regel wird die Inkassobank ihrem Kunden den Checkbetrag mit dem Vermerk ↑Eingang vorbehalten (E.v.) in Erwartung einer erfolgreichen Einlösung sofort gutschreiben. Der Kunde kann in diesem Fall über den Checkbetrag sofort verfügen. Wird der Check von der bezogenen Bank in der Folge eingelöst, so wird die Gutschrift definitiv, ohne dass die Inkassobank dem Kunden davon ausdrücklich Mitteilung macht. Kommt der Check unbezahlt von der bezogenen Bank zurück, so storniert die Inkassobank ihre Gutschrift. Sie ist dazu aufgrund des ausdrücklichen Vorbehalts «Eingang vorbehalten», aber auch aufgrund einer Klausel in ihren Allgemeinen Geschäftsbedingungen berechtigt. Hat der Kunde Zweifel an der Zahlungsfähigkeit des Checkausstellers, so vereinbart er mit der Inkassobank, dass diese ihm den Check erst nach Eingang des Erlöses (Gutschrift «nach Eingang») gutschreibt. Die Gutschrift erfolgt in diesem Fall erst nach Abwicklung des Inkassos und hat dann definitiven Cha-

rakter. Hat die Inkassobank Zweifel an der Zahlungsfähigkeit ihres Kunden, so nimmt sie Checks mit grösseren Beträgen von sich aus nur zum Inkasso «nach Eingang» entgegen.

Im Verkehr unter den Banken erfolgt die Weiterleitung und Bezahlung (Verrechnung) der zur sofortigen Gutschrift entgegengenommenen Checks über eine Checkzentrale. Neuerdings werden solche Checks, wenn sie einen bestimmten Betrag nicht übersteigen, der bezogenen Bank nicht mehr physisch vorgelegt, sondern bei der Zentrale zurückbehalten und aufbewahrt (↑Check-Truncation).

4. Konvention XIII der Bankiervereinigung
Die per 01.07.1984 grundlegend revidierte Konvention XIII betreffend Vereinfachung des Inkassos von Wechseln und Checks hält fest, dass die Weitergabe von Checks unter Banken im Inkassoverkehr auch dann als gültig angesehen wird, wenn eine Bank auf dem Check nicht ihr Indossament, sondern nur einen nicht unterschriebenen Stempelvermerk anbringt.
Dieser Vermerk lautet:
«Vollmacht zum Inkasso gemäss Konvention XIII der Schweizerischen Bankiervereinigung, Bank X»,
oder
«Pay to the order of any bank, banker or trust company. Prior endorsements guaranteed, Bank X.»
Dieser Stempel gilt überdies als verbindlicher Auftrag an die jeweilige Adressatin, selbst oder durch eine dritte Bank das Inkasso bei der bezogenen Bank durchzuführen. Dies gilt auch dort, wo es sich bei der Adressatin um die bezogene Bank selbst handelt. Auch sie gilt als verbindlich beauftragt, den Check (bei sich selbst) rechtzeitig zu präsentieren und im Nichtzahlungsfalle rechtzeitig Protest erheben zu lassen bzw. den Protestvermerk anzubringen und der Inkassobank bzw. den vorangehenden Inkassobanken rechtzeitig Anzeige über die Nichteinlösung zu machen.
Wichtig ist in diesem Zusammenhang, dass Art. 4 der Konvention die Rollen anders verteilt als das Gesetz. Nach OR 1110 ist die bezogene Bank ihrem Kunden gegenüber verpflichtet, die Vollständigkeit und Ordnungsmässigkeit der Indossamentenkette zu prüfen, bevor sie einen Check einlöst. Diese Pflicht wird durch die Konvention nicht beseitigt; aber im Verhältnis der beteiligten Banken obliegt es der ersten Inkassobank, bei der Entgegennahme des Checks von ihrem Kunden diese Prüfung vorzunehmen. Nimmt sie diese Pflicht nicht wahr, so haftet sie der bezogenen Bank und allfälligen weiteren beteiligten Banken für den Schaden. Diese Regelung ist eine Voraussetzung für die Check-Truncation, bei der von einer physischen Vorlegung des Checks bei der bezogenen Bank abgesehen wird.

5. Bedeutung des Checkverkehrs
Mit der Verbreitung der Bargeldbezugskarten (↑Bancomat; ec-direct) und der ↑Kreditkarten und wegen der Betrugsrisiken hat der Check als Zahlungsmittel an Bedeutung eingebüsst.
Paul Nyffeler

Checkwiderruf
↑Checksperre.

Cherry picking
↑Stockpicking.

Chicago Board of Trade (CBOT)
Chicago Board of Trade (CBOT), die heute grösste ↑Terminbörse der Welt, wurde 1848 gegründet. An ihr werden traditionell Commodity futures (insbesondere Kontrakte auf Agrarprodukte) sowie eine breite Palette von ↑Futures und ↑Optionen (↑Optionenhandel) auf Finanztitel gehandelt. Der weitaus grösste Teil des gesamten Umsatzes wickelt sich in Finanz-Terminkontrakten ab, dort vor allem in ↑Zins-Futures. Die Kontrakte auf Zinstitel, allen voran der 1977 eingeführte Treasury bond future (↑T-bond futures), zählen zu den weltweit umsatzstärksten Kontrakten. ↑Warenterminbörsen; ↑Warentermingeschäfte; ↑Futures-Markt; ↑Eurex.
Links: www.cbot.com

Chicago Board Options Exchange (CBOE)
Der Chicago Board Options Exchange wurde 1973 als erste Optionsbörse der Welt gegründet. Im Mittelpunkt steht der Handel mit Währungsoptionen (↑Währungsklauseln) sowie mit ↑Indexoptionen, namentlich den S&P 100 und 500 Optionen. ↑Option (Allgemeines); ↑Option pricing model.
Links: www.cboe.com

Chicago Mercantile Exchange (CME)
Chicagos dritte grosse Börse – neben der ↑Chicago Board of Trade (CBOT) und der ↑Chicago Board Options Exchange (CBOE) – wurde 1874 als Chicago Produce Exchange gegründet. Ausgehend von ihrem Produkteangebot ist sie in drei Divisionen gegliedert: An der eigentlichen CME findet der Handel auf Termin in Agrarprodukten und tierischen Erzeugnissen statt (↑Warentermingeschäfte). Am International Monetary Market (IMM) werden ↑Futures und ↑Optionen auf Zinstitel und auf die wichtigsten Währungen gehandelt. Am Index and Option Market (IOM) wird der Handel in ↑Indexkontrakten (↑Index futures, ↑Indexoptionen) abgewickelt. ↑Futures-Markt.
Links: www.cme.com

Chicago Stock Exchange
Links: www.chicagostockex.com

Chief financial officer (CFO)
↑Corporate finance.

Chief value officer
↑Corporate finance.

Chinese walls
Begriff zur Bezeichnung organisatorischer Massnahmen, mit denen im Finanzbereich tätige Unternehmen zu verhindern suchen, dass die bei der einen Abteilung anfallenden höchstvertraulichen Informationen andern Abteilungen im selben Unternehmen zur Kenntnis gelangen und dort zu Verstössen gegen das Insiderhandelsverbot oder allgemein zu Interessenkonflikten für das Unternehmen führen. Der Begriff wurde erstmals Ende der 60er-Jahre in den USA im Zusammenhang mit dem Insiderhandelsverbot gebraucht. Nach den Vorstellungen der Aufsichtsbehörde SEC (↑Securities and Exchange Commission) verstiess ein Finanzunternehmen, das in ↑Wertpapieren eines Unternehmens handelte, über das ihm vertrauliche, kursrelevante Informationen vorlagen, nicht gegen das Verbot, wenn der zuständige Händler die Information nicht kannte und wenn das Unternehmen zusätzlich nachweisen konnte, dass es geeignete Massnahmen zur Verhinderung des internen Informationsflusses getroffen hatte. Obwohl die Insiderstrafnorm des schweizerischen Strafgesetzbuchs (StGB 161) nur Einzelpersonen, und nicht die Bank als Täter nennt, findet das Konzept der Chinese walls auch in der Schweiz zunehmend Verbreitung. Die Eidg. ↑Bankenkommission (EBK) nimmt die Bank als solche in Pflicht und verlangt, dass Banken, bei denen kursrelevante vertrauliche Informationen anfallen, geeignete organisatorische Massnahmen treffen, um Verstösse gegen das Insiderhandelsverbot zu verhindern.

1. Elemente einer Chinese wall
Was im Einzelnen als geeignete Massnahme gilt, lässt sich nicht generell formulieren und hängt von der Grösse und Struktur des Unternehmens und der Art seiner Tätigkeit ab. Üblicherweise setzen sich Chinese walls aus folgenden Elementen zusammen:
– *Räumliche und organisatorische Trennung* der Bereiche des Unternehmens, bei denen erfahrungsgemäss kritische Informationen anfallen (z.B. Emissionsabteilung, Corporate-finance-Abteilung, Kreditabteilung) von den Abteilungen, die von der Berührung mit kritischer Information geschützt werden müssen
– Massnahmen zur Verhinderung der internen Weitergabe kritischer Informationen durch generelle Weisungen und periodische Schulung aller Mitarbeiter sowie durch ad hoc getroffene Massnahmen im Einzelfall. Dazu gehören z.B. die genaue Bestimmung der Personen, die in ein Projekt eingeweiht werden; Instruktion der Betroffenen, mit wem sie über die Sache sprechen dürfen; Bestimmung eines Codeworts für das Projekt; Bezeichnung der Stelle, die in kritischen Fragen anzusprechen ist (meistens ↑Compliance officer)
– Überwachung der Einhaltung durch eine neutrale Stelle (meistens Compliance officer), insbesondere durch Aufstellung einer Liste der kritischen ↑Effekten (↑Watch list) und Überprüfung der durch die Mitarbeiter (auf private Rechnung oder auf Rechnung von Kunden), durch den Eigenhandel der Bank und die Portfolio-Management-Abteilung in diesen Werten vorgenommenen Käufe und Verkäufe.
– *Schwarze Listen*

2. Funktionen von Chinese walls
Chinese walls bilden im modernen Finanzunternehmen mit verschiedenen, nebeneinander ausgeübten Geschäftsbereichen ein Kernstück der Compliance-Organisation. *Im Zusammenhang mit dem Insiderhandelsverbot* versehen sie grundsätzlich eine doppelte Funktion: *Primär* dienen sie der Verhinderung von Verstössen gegen das Gesetz (Insiderhandelsverbot). Indem sie die übrigen Abteilungen des Unternehmens vor der Berührung mit kritischer Information schützen, sollen sie aber *zweitens* diesen Abteilungen auch die unbeschwerte Fortführung ihrer Tätigkeit und insbesondere auch die Weiterführung des Handels in den kritischen Effekten ermöglichen. Diese zweite Funktion erfüllen Chinese walls nur unvollkommen. Tätigt z.B. der Eigenhandel der Bank in der kritischen Zeit Geschäfte in einem kritischen Wertpapier, so muss die Bank befürchten, dass man später ihrer Versicherung keinen Glauben schenken wird, die Operationen seien hinter dem Schutz funktionierender Chinese walls in guten Treuen vorgenommen worden. Um den bösen Schein zu vermeiden wird daher die mit einem Kapitalmarktprojekt betraute Bank häufig zusätzlich zu den oben erwähnten Massnahmen einzelnen Abteilungen bzw. Bereichen (z.B. dem Eigenhandel, ↑Investment research, manchmal auch gegenüber dem ↑Portfolio management und den Mitarbeitern) Aktivitäten in den kritischen Effekten verbieten (sog. Schwarze Liste, Restricted list), wobei es zur Vermeidung der Signalwirkung einer solchen Massnahme üblich ist, auch unverdächtige Effekten in die schwarze Liste aufzunehmen. Gelegentlich wird in diesem Zusammenhang von *Reinforced chinese walls* gesprochen. Die durch schwarze Listen verstärkte Chinese wall erfüllt somit die zweite Funktion nur im Verhältnis zu den jeweils nicht von der Restricted list betroffenen Abteilungen und Mitarbeitern, so z.B. im Verhältnis zum Kundenhandelsbereich.
Eine *dritte Funktion* von Chinese walls besteht nach einer vor allem in den USA und England entwickelten Ansicht im Versuch, die Bank vor Ansprüchen ihrer Beratungs- und Vermögensverwaltungskundschaft zu schützen. Solchen Kunden gegenüber ist die Bank zur Interessenwahrung ver-

pflichtet. Sie dürfte ihnen keine Empfehlungen abgeben und keine Handlungen für sie vornehmen, die zu allfälligen, in abgeschirmten Abteilungen vorhandenen Informationen in Widerspruch stehen. Mit dem Nachweis wirksamer Chinese walls versucht die Bank zu erreichen, dass ihr das vertrauliche Wissen im Verhältnis zur Anlagekundschaft nicht zugerechnet wird. In kontinentaleuropäischen Verhältnissen dürfte diese Funktion mit Bezug auf Inside information kaum von Bedeutung sein, da hier anders als unter dem anglo-amerikanischen Common law ohne weiteres anzunehmen ist, dass das strafgesetzliche Verbot des Insiderhandels der auftragsrechtlichen Treuepflicht vorgeht.

Chinese walls dienen aber auch der *Verhinderung oder Bewältigung von gewöhnlichen Interessenkonflikten* der Bank ausserhalb derjenigen Situationen, auf die sich das Insiderhandelsverbot bezieht. Sie schützen namentlich den Eigenhandel und die kundenbezogenen Abteilungen davor, in einer Konfliktsituation dem Gebot des Vorrangs des Kundeninteresses bewusst entgegenzuhandeln. Die ↑Verhaltensregeln für Effektenhändler der ↑Bankiervereinigung erwähnen sie ausdrücklich als taugliches Instrument zur Verhinderung der Benachteiligung der Kundeninteressen durch Interessenkonflikte der Bank (Rz 21). Man neigt zur Annahme, dass einer Bank, die durch eine bestimmte Abteilung mit dem Kunden verkehrt, im Routinegeschäft Wissen nicht zugerechnet wird, das in anderen, durch funktionierende Chinese walls getrennten Abteilungen vorhanden ist. Anderes gilt wohl für grössere Transaktionen. Die EBK verlangt, dass an der Spitze der Geschäftsleitung grundsätzlich alle Informationen zusammenlaufen, die für die Führung der Bank und ihren Auftritt als Unternehmen von Bedeutung sind. Für diese Informationen darf es im Verhältnis zur Geschäftsleitung keine Chinese walls geben; solche Informationen werden zwingend dem Unternehmen zugerechnet. Dieser anhand der Insiderproblematik entwickelte Grundsatz muss wohl auch für den Bereich der Interessenkonflikte gelten. Es ist also fraglich, ob eine Bank die Unterstützung des feindlichen Übernehmers eines ihrer Kreditkunden mit dem Argument rechtfertigen kann, die für das Übernahmeprojekt zuständige Abteilung sei vom Wissen ihrer Kreditabteilung durch funktionierende Chinese walls wirksam abgeschirmt gewesen. *Christian Thalmann*

Chip
Kleines Halbleiterplättchen mit elektronischen Schaltelementen. Chips im allgemeinen Sinn werden heute in sämtlichen elektronischen Geräten verwendet. Im engeren Zusammenhang mit ↑Zahlungssystemen sind Chips oft auf ↑Zahlkarten anzutreffen (Chipkarte). Bei den auf solchen Karten angebrachten Chips unterscheidet man häufig zwischen Speicherchips, die Daten nur speichern können, sowie Prozessorchips, die Daten auch verarbeiten können und somit weitgehend einem Computer mit minimalen Abmessungen entsprechen. Karten mit Prozessorchips werden häufig auch als ↑Smartcards bezeichnet.
Jacques Bischoff

Chipkarte
↑Debitkarte; ↑Plastikgeld; ↑Plastikkarten.

Churer Börse
Die Churer Börse war zwar nie eine offizielle ↑Börse im Sinn der ↑Vereinigung Schweizerischer Effektenbörsen. Doch hat sie als Handelsplatz für zahlreiche regionale Werte eine gewisse Rolle gespielt. Es fanden wöchentliche Zusammenkünfte statt.

Churning
Übertriebenes Umschichten eines Wertschriftendepots durch den als ↑Vermögensverwalter des Kunden tätigen ↑Effektenhändler ohne ersichtlichen wirtschaftlichen Grund zum ausschliesslichen Zweck der Generierung von Courtageeinnahmen. ↑Codes of conduct.

CIF
Abk. f. Cost, insurance and freight. ↑Incoterms.

Cirrus
Cirrus kennzeichnet ein internationales Bargeldbezugssystem. Die Marke Cirrus ist hauptsächlich in Amerika und Asien verbreitet, während in Europa vor allem die Marke ↑Maestro verwendet wird.
Das Logo kann auf der Vorder- oder Rückseite einer ↑Debitkarte angebracht sein. Auf den schweizerischen Debitkarten ist Cirrus nicht zu finden, da die internationale Bargeldbezugsfunktion durch Maestro bereits abgedeckt ist. Cirrus ermöglicht den Karteninhabern mittels Eingabe des persönlichen ↑Codes respektive PIN (↑Personal identification number) weltweit den Bargeldbezug an Geldausgabeautomaten (↑Bancomat).
Mit dem Signet «Cirrus» sind weltweit Geldausgabeautomaten gekennzeichnet, die den Bargeldbezug mit Debitkarten ermöglichen, die mit Cirrus- bzw. Maestro-Logo versehen sind.
Jacques Bischoff

Claim
↑Edelmetallkonto.

Claims ratio
Fachausdruck für Schadensatz in der Nicht-Lebensversicherung. Es handelt sich um die Summe aus bezahlten Versicherungsleistungen, Veränderung der Schadenrückstellung, Veränderung des ↑Deckungskapitals und der übrigen ver-

sicherungstechnischen ↑Rückstellungen im Verhältnis zu den verdienten ↑Nettoprämien.

Claims Resolution Tribunal (CRT)
Die Schweizerische ↑Bankiervereinigung (SBVg) hat zusammen mit der Eidgenössischen ↑Bankenkommission (EBK) und den jüdischen Organisationen 1997 ein umfassendes Programm entwickelt, um die Problematik der ↑*nachrichtenlosen Vermögenswerte* umfassend und endgültig zu lösen. Teil dieses Programms war die Schaffung eines unabhängigen Schiedsgerichts (Claims Resolution Tribunal, CRT). Dieses hat seine Tätigkeit im Februar 1998 aufgenommen. Es verhalf Berechtigten bzw. deren Rechtsnachfolgern zu einem einfach zugänglichen, raschen und gerechten Verfahren, um über deren Ansprüche auf Vermögenswerte bei Schweizer Banken zu entscheiden, die erstens seit dem Ende des Zweiten Weltkriegs (09.05.1945) nachrichtenlos und zweitens von Personen eröffnet worden waren, die weder schweizerischer Nationalität waren, noch ihren Wohnsitz bzw. ihre Niederlassung in der Schweiz hatten oder, als Personen schweizerischer Nationalität, Treuhänder für Opfer der Naziverfolgung gewesen sein könnten. Das CRT hat nach rund dreieinhalbjähriger Tätigkeit seinen ursprünglichen Auftrag im Herbst 2001 abgeschlossen. Im Rahmen der Publikation von nachrichtenlosen Kundenbeziehungen aus der Zeit des Zweiten Weltkriegs vom 05.02.2001 ist das so genannte CRT 2 als «verlängerter Arm» des amerikanischen Richters Edward Korman tätig und prüft die aufgrund dieser Publikation eingegangenen Claims. Die definitiven Entscheide über solche Ansprüche werden aber im Gegensatz zu jenen, die vom ursprünglichen CRT beurteilt wurden, vom Richter in den USA gefällt.

Alexandra Salib

Claw-back-Klausel
Klausel in einem Projektfinanzierungsvertrag, mit der sich der Sponsor des Projekts gegenüber den ↑Investoren zur Rückerstattung ausgeschütteter Gewinne verpflichtet, wenn das Projekt in einer späteren Periode Verluste erwirtschaftet. ↑Projektfinanzierung.

Clean bill of lading
↑Konnossement.

Clean price
Preis eines Zinsinstruments ohne Stückzinsen. ↑Laufende Zinsen.

Clearing
Gegenseitige ↑Verrechnung offener Forderungen und Gegenforderungen insbesondere zwischen Banken (Bankenclearing, ↑Swiss Interbank Clearing [SIC]), wodurch überflüssige Zahlungen vermieden werden, da nur die Saldi ausbezahlt werden (↑Settlement).

Clearing and settlement
Clearing bedeutet im weiteren Sinne «verrechnen». Das Clearing von ↑Effekten bezeichnet das Führen, Bewerten und Verrechnen von Positionen bei gleichzeitiger Einforderung von Sicherheiten. Dieser Prozess wird zumeist von einer zentralen Gegenpartei (↑Central counterparty) ausgeführt, die in die Verpflichtungen aus einem bilateralen Wertpapiergeschäft eintritt. In der Regel wird dabei die Gegenpartei anonymisiert und das ↑Gegenparteien- und ↑Marktrisiko auf die zentrale Gegenpartei transferiert. Diese Funktionen dienen der Gleichbehandlung der Teilnehmer an elektronischen Börsen und wirken mithin liquiditätsschöpfend. Mit dem Clearing ist oftmals ein so genanntes ↑Netting (Auf- bzw. Verrechnung von Forderungen und Verbindlichkeiten) verbunden. Hier bezeichnet Clearing die Verrechnung der gegenseitigen Geld- und Titelforderungen aus Börsengeschäften unter den Clearing-Teilnehmern. Es wird für jedes Mitglied des Clearing-Systems, bezogen auf eine bestimmte Effekte und einen bestimmten Zeitraum, die Anzahl der Effekten und Geldbeträge errechnet, die ein Mitglied verpflichtet ist zu liefern bzw. zu bezahlen. Zu diesem Zweck werden Käufe und Verkäufe gegeneinander aufgerechnet und es entstehen Nettopositionen.

Settlement ist dem Clearing nachgelagert und bezeichnet die Abwicklung und Erfüllung von Börsengeschäften, das heisst den Austausch von Titeln gegen Geld und die entsprechende Verbuchung des Finanzgeschäftes. Grundsätzlich können drei Settlement-Modelle unterschieden werden:
1. Zug-um-Zug-Abwicklung eines Wertpapiergeschäftes bei gleichzeitigem, finalem und unwiderruflichem Austausch von Geld und Titeln
2. Ein Abwicklungszyklus, mit Zug-um-Zug-Verrechnung der Titelseite und finaler Nettoverrechnung der Geldseite erst an dessen Ende
3. Abwicklungszyklen, die sowohl die Titel- als auch die Geldseite erst an deren Ende final verrechnen.

Im Zusammenspiel von Instruktionserteilung (Presettlement) und anschliessender Abwicklung eines Wertpapiergeschäftes ist die Risikominimierung von besonderer Bedeutung. Unter dem Marktrisiko (Replacement cost risk) versteht man die Preisdifferenz eines Substitionsgeschäfts. Diese wächst mit der Frist zwischen Handel (Verpflichtung) und Abwicklung (Erfüllung). Generell ist in diesem Zusammenhang zu empfehlen, die Handelseinigkeit sowie die Abwicklungsinstruktionen möglichst schon am Geschäftstag («T»rade + 0) zu bestätigen und abzustimmen sowie die Abwicklungsfrist deutlich unter die aktuell üblichen ↑T plus 3 zu senken. Bezüglich einseitiger Vertragserfüllung (Titellieferung ohne Zahlung oder

Clearing- und Abwicklungssysteme

Zahlung ohne Titellieferung) spricht man vom Gegenparteienrisiko (↑Principal risk). Die engste Bindung zwischen Titellieferung und Zahlung in Form der buchmässigen Lieferung gegen Zahlung innerhalb eines ↑Central securities depository (CSD) (↑Entmaterialisierung von Wertpapieren) ist mittlerweile allgemeines Gedankengut. Liquiditätsrisiken entstehen, wenn der Verzug eines Geschäftes zu Engpässen in der Belieferung oder Bezahlung weiterer Geschäfte führt. Diese systemischen Risiken mit ihren Gefahren für den gesamten Finanzplatz (Kettenreaktion) stehen im Vordergrund der aktuellen Diskussion. Fokussiert werden deshalb die Vorteile, die sich aus der Zug-um-Zug-Finalität der ↑Realtime gross settlement systems, der Abwicklung in Nationalbankgeld (↑Central bank money settlement) sowie der collateralisierten Wertpapierleihe und abgesicherten Kreditfazilitäten ergeben.

Im Zuge einer möglichen Konsolidierung der europäischen Abwickler werden zudem höchste Verlässlichkeit der Systeme, vollintegrierte, kosteneffiziente Prozesse (↑Straight through processing [STP]) sowie transparente Governance-Strukturen (↑Corporate governance) hinsichtlich Regulation, Überwachung und marktrepräsentierender Aktionärsstrukturen gefordert. Die Fusion funktionierender nationaler Märkte als ein Konzept einer solchen Konsolidierung ist mittlerweile umstritten, da die in der Systemwahl unterliegende Partei hohe Anpassungs- und Reorganisationskosten gewärtigt, was nicht zuletzt dem «gewinnenden» Finanzplatz einseitige Wettbewerbsvorteile gewährt. Tendenziell lässt sich bereits jetzt (2002) absehen, dass die europäische Konsolidierung über die grenzüberschreitende Vernetzung der effizient organisierten nationalen Prozessketten hergestellt werden wird.

Heinz Haeberli

Lit.: Bank für Internationalen Zahlungsausgleich (BIZ), Committee on Payment and Settlement Systems (CPSS): «Delivery versus payment in securities settlement systems», September 1992, «Recommendations for Securities Settlement Systems», Januar 2001.

Clearing house

↑Option (Allgemeines).

Clearing member

Bank, die am ↑Swiss Interbank Clearing (SIC) teilnimmt. Die SIC-Teilnahme muss bei der Swiss Interbank Clearing AG beantragt werden. Bei der Überprüfung des Antrages stützt sich die SIC AG unter anderem auf eine Beurteilung durch die Eidg. ↑Bankenkommission (EBK). 1998 hat die Schweizerische ↑Nationalbank (SNB) entschieden, die Teilnahmebedingungen am SIC zu lockern. Währenddem früher ausschliesslich Banken als SIC member zugelassen waren, können heute auch andere Gesellschaften (z. B. Wertschriftenhandelsfirmen) SIC-Teilnehmer werden. Zulässig ist zudem auch die Teilnahme als sog. ↑Remote member (z. B. Clearing-Organisationen).

Clearingstelle

↑Clearing and settlement.

Clearing- und Abwicklungssysteme

Aus Gründen der Effizienz werden Zahlungsforderungen meistens nicht einfach durch bilaterale Kontobeziehungen, sondern in zentralisierten Systemen abgewickelt. Im ↑Zahlungsverkehr zwischen den ↑Banken werden die Zahlungen in der Regel in einem System verarbeitet, das die Zahlungen kontinuierlich, einzeln und in Echtzeit abwickelt. Solche Systeme werden ↑Realtime gross settlement systems (RTGS) genannt. Das RTGS-System in der Schweiz heisst ↑Swiss Interbank Clearing System (SIC). Eine weitere Eigenschaft von RTGS-Systemen ist, dass sie in der Regel die risikolosen ↑Sichteinlagen bei der ↑Zentralbank als ↑Zahlungsmittel verwenden. Die Zentralbank selbst benützt das RTGS-System zudem bei der Implementierung ihrer Geldpolitik (↑Geldpolitik [Umsetzung]). Aufgrund der bedeutenden Geldbeträge, die zwischen den Banken über RTGS-Systeme ausgetauscht werden, können sie systemische Risiken (↑Systemrisiken) weiterleiten. Zur Gewährleistung der Sicherheit werden RTGS-Systeme daher von der Zentralbank reguliert. Oft treten die Zentralbanken selbst als Betreiber dieser Systeme auf. Im Gegensatz zu RTGS-Systemen werden die Zahlungen in Nettosystemen (↑Nettoprinzip) nicht kontinuierlich abgewickelt; in Nettosystemen werden die Zahlungen über einen bestimmten Zeitraum aufgerechnet. Die Aufrechnung erfolgt auf bilateraler oder multilateraler Basis wobei die Berechnung der ↑Nettopositionen mit ↑Clearing umschrieben wird. Erst am Ende der Aufrechnungsperiode, beispielsweise am Ende des Tages, werden Geldflüsse in der Höhe der jeweiligen Nettoposition ausgelöst. Nettosysteme haben den Vorteil, dass sie mit relativ wenig Liquidität auskommen, da nur die jeweilige Nettoposition abgedeckt sein muss. Gleichzeitig weisen sie jedoch den Nachteil auf, dass die Forderungen erst am Ende des Tages durch die Übertragung des Geldwertes endgültig erfüllt werden. Dies hat zur Folge, dass beim Ausfall eines Teilnehmers auch andere Banken in Liquiditätsengpässe geraten können und so ihren Forderungen selbst nicht mehr nachkommen können. Aufgrund dieser ungünstigen Risikoeigenschaften (↑Risiko) werden Nettosysteme heute meistens nur noch für kleinere Beträge oder Massenzahlungen verwendet. Anzahlmässig, nicht aber betragsmässig, sind die Zahlungen des Publikums (Massenzahlungsverkehr) am bedeutendsten. Diese Zahlungen stammen beispielsweise aus Rechnungen, Kartentransaktionen (↑Debitkarte, ↑Kreditkarte) oder

Löhnen. Massenzahlungen werden meistens in gesonderten Clearinghäusern verarbeitet. Von besonderer Bedeutung sind die Automated clearing houses (ACH). In einem ACH werden Zahlungsinstruktionen in elektronischer Form gesammelt und nach Schuldnerbanken sortiert. Das ACH aggregiert meistens die bilateralen Zahlungsaufträge auf Bruttobasis (↑Bruttosystem). Die Abwicklung des Gesamtbetrages findet dann zu einem vorgegebenen Zeitpunkt im RTGS-System statt. ↑Continuous linked settlement (CLS).

Daniel Heller

Clearstream
Clearstream International ging im Januar 2000 aus der Fusion der Cedel International und der Deutschen Börse Clearing hervor. Clearstream International ist in drei Unternehmungsbereiche strukturiert: *Clearstream Services* als zentralem IT-Dienstleister, *Clearstream Banking Frankfurt,* dem ↑Central securities depository (CSD) des deutschen Marktes, sowie *Clearstream Banking Luxembourg,* dem Luxemburger CSD und Eurobond-Clearer.
Links.: www.clearstream.com

Clientele-Effekt
↑Dividendenpolitik der Banken.

Closed end fund
↑Geschlossener Fonds. Der Gegensatz dazu ist der ↑Open end fund. ↑Offener Fonds.

Close out netting
↑Netting.

Closing
Endtermin einer Kapitalmarkttransaktion, an dem die Abrechnung gegenüber dem ↑Emittenten (insbesondere durch die Überweisung des Nettoerlöses), gegenüber den Anlegern (durch die ↑Liberierung und Auslieferung der ↑Wertpapiere) und gegenüber dem ↑Lead-Manager und dem ↑Syndikat (durch die Auszahlung der Emissionsspesen und Gebühren) erfolgt. Auf den Termin des Closing werden üblicherweise auch die ↑Legal opinions und Comfort letters (↑Patronatserklärung) ausgestellt. Wird bei einem ↑Initial public offering (IPO) der ↑Greenshoe ausgeübt, kommt es zu einem Additional closing, an dem über diesen Emissionsteil allein abgerechnet wird.

Closing out
Unter dem Closing out versteht man das Schliessen einer offenen Derivatposition. Dies kann bei ↑*Futures* durch ↑glattstellen (abschliessen einer der Derivatposition entgegengesetzten Transaktion) oder durch ↑Fälligkeit und somit Erfüllung der Verpflichtung erfolgen. Im Falle von ↑*Optionen* kann das Closing out auf drei Arten erfolgen:

ausüben der Option, glattstellen derselben oder durch ↑ Verfall (ein rationaler Akteur wird dies nur vornehmen, wenn der ↑innere Wert und der ↑Zeitwert der Option kleiner ist, als die ↑Transaktionskosten eines Verkaufs).

CLS
Abk. f. ↑Continuous linked settlement.

Club deal
Direktplatzierung von Obligationen bei einem eng begrenzten Kreis von Anlegern (weniger als zehn ↑Gläubiger) zwecks Vermeidung der ↑Stempelabgabe auf ↑Anleihensobligationen.

Clustered volatility
↑Börsenpsychologie.

CME
Abk. f. ↑Chicago Mercantile Exchange.

Cob
Die Commission des Opérations de Bourse (Cob) ist die französische Börsenaufsichtsbehörde in Paris.
Links: www.cob.fr

Code, Codierung
Code und Codierung sind Begriffe, die unterschiedliche Bedeutungen haben können und deshalb nur innerhalb eines Textes, d. h. in einem konkreten Zusammenhang, eindeutig sind. Zu den häufigsten Bedeutungen von Code gehören:
1. Code als Abkürzung für PIN (Persönliche Indentifikationsnummer, ↑Personal identification number), d.h. eine geheime Zahl, die z.B. an einem Geldausgabeautomaten benutzt wird, um den Karteninhaber zu identifizieren.
2. Code als numerische oder textliche Abkürzung eines längeren Begriffs, oft in der Informatik verwendet. Beispiele: Sprachcode D = Deutsch; Bonitätscode 1 = höchste Bonität; Kundencodes A = Altkunde; N = Neukunde.
3. Code als Übersetzung oder Chiffrierung von Texten oder Zeichen. So ordnet der als ASCII-Code bekannte Standard jedem druckbaren (A–Z, 0–9, Sonderzeichen) und diversen nicht druckbaren (Leerschlag, Wagenrücklauf, Zeilenfortschaltung, usw.) Zeichen eine binäre Zahl von 7 oder 8 bit zu. Solche Codes können öffentlich oder geheim sein.

Von Codierung spricht man dagegen eher im Bereich der Informatiksicherheit und meint damit (allerdings nicht ganz präzise) die Chiffrierung von Meldungen bzw. Texten zwecks Sicherstellung der Vertraulichkeit. Ganz allgemein wird Codierung aber auch verwendet, um den Vorgang der Erstellung, Berechnung oder Zuordnung eines Codes zu beschreiben.

Jacques Bischoff

Codes of conduct

Codes of conduct ist die englische Bezeichnung für die Verhaltensregeln im Börsenaufsichtsrecht. Das Börsengesetz (↑Börsengesetzgebung, ↑Börsenaufsicht) hat gemäss seinem Zweckartikel Transparenz und Funktionsfähigkeit der Effektenmärkte zu gewährleisten und die Gleichbehandlung der Anleger sicherzustellen. Diese Ziele werden unter anderem auch durch Verhaltenspflichten der Marktteilnehmer, insbesondere der ↑Effektenhändler, erreicht. Solche aufsichtsrechtliche Verhaltenspflichten ergeben sich aus den Anforderungen an eine einwandfreie Geschäftstätigkeit als Bewilligungsvoraussetzung für die Tätigkeit als Effektenhändler (gemäss BEHG 10 II lit. d).

1. Verhaltenspflichten gegenüber Kunden
Diese aufsichtsrechtlichen Verhaltenspflichten beinhalten auf der einen Seite Informations-, Sorgfalts- und Treuepflichten des Effektenhändlers gegenüber seinen eigenen Kunden. Sie sind in BEHG 11 gesetzlich verankert und wurden in den Richtlinien der Schweizerischen ↑Bankiervereinigung vom 22.01.1997 (↑Verhaltensregeln für Effektenhändler bei der Durchführung des Effektenhandelsgeschäftes) konkretisiert (↑Richtlinien der Bankiervereinigung). BEHG 11 ist eine so genannte Doppelnorm; d. h., sie dient nicht nur der Konkretisierung der aufsichtsrechtlichen Anforderungen an eine einwandfreie Geschäftstätigkeit, sondern ist auch geeignet, das privatrechtliche Rechtsverhältnis zwischen Kunde und Effektenhändler zu beeinflussen. Wie BEHG 11 zielen auch die SBVg-Richtlinien in diesem Sinne auf zwei Seiten. Sie sollen das Verhalten präzisieren, das aufsichtsrechtlich geboten ist, und gleichzeitig auch das privatrechtliche Rechtsverhältnis zwischen Kunde und Effektenhändler mitgestalten, indem sich der Kunde bei der Auslegung dieses Rechtsverhältnisses auf die Richtlinien berufen kann. Gemäss Bundesgericht können für eine Berufsart bestehende oder allgemein befolgte Verhaltensregeln und ↑Usanzen bei der Bestimmung des geforderten Masses an Sorgfalt herangezogen werden (BGE 115 II 64, E.3 a).

2. Verhaltenspflichten im Markt
Auf der anderen Seite verlangt das Aufsichtsrecht aber auch ein lauteres Verhalten des Effektenhändlers gegenüber den anderen Marktteilnehmern, insbesondere auch im Sinne der strafrechtlich geschützten Verbote des Ausnützens der Kenntnis vertraulicher Tatsachen (↑Insider-Gesetzgebung, StGB 161) und der ↑Kursmanipulation (StGB 161bis). Damit sind vorab alle unter diese Straftatbestände fallenden Verhaltensweisen ebenfalls aus aufsichtsrechtlicher Sicht rechtswidrig. Die sich aus dem Gebot einwandfreier Geschäftstätigkeit ergebenden aufsichtsrechtlichen Verbote gehen aber über die beiden Straftatbestände hinaus und haben eine eigenständige Bedeutung. Dies ergibt sich aus der Vorschrift von BEHG 6 I, welche die Überwachung der Kursbildung, des Abschlusses und der Abwicklung der Börsentransaktionen in der Weise verlangt, dass die Ausnützung der Kenntnis einer vertraulichen Tatsache, Kursmanipulationen und andere Gesetzesverletzungen aufgedeckt werden können. Die strafrechtlichen Tatbestände sind vergleichsweise eng und erfassen in erster Linie schwere Missbräuche des Marktes. Das Vertrauen, die Integrität und die Effizienz des Börsenplatzes und seiner Teilnehmer können aber auch durch weniger schwer wiegende Handlungen geschädigt werden. An das Verhalten von Effektenhändlern sind daher höhere Anforderungen zu stellen, als sie für das Erfüllen namentlich der genannten Straftatbestände von StGB 161 und 161bis vorausgesetzt werden. Ein Verhalten kann auch treuwidrig und aufsichtsrechtlich unzulässig sein, wenn noch keine strafbare Handlung vorliegt. Aufsichtsrechtlich, und das ist eine wichtige Erkenntnis, sind damit auch Verhaltensweisen relevant, die nicht unter die genannten Strafnormen fallen. In diesem Sinne gibt es Verhaltensweisen, neben den strafrechtlich relevanten, die aufsichtsrechtlich als Gesetzesverletzungen oder sonstige Missstände im Sinne von BEHG 6 und somit als Marktmissbrauch anzusehen sind. Marktmissbrauch liegt vor, wenn Marktteilnehmer in ungerechtfertigter Weise direkt oder indirekt durch andere benachteiligt oder bevorteilt werden.

Aufsichtsrechtlich kann Marktmissbrauch daher im weitesten Sinne als Verhalten umschrieben werden, bei dem
– nicht allgemein zugängliche Informationen zum eigenen Vorteil eingesetzt werden (Informationsmissbrauch),
– der Markt manipuliert wird (Marktmanipulation)
– falsche, unvollständige oder irreführende Informationen verbreitet werden (Irreführung des Marktes) oder
– auf andere Weise ungerechtfertigt andere Marktteilnehmer benachteiligt werden.

Ein *Informationsmissbrauch* liegt vor, wenn Börsentransaktionen aufgrund von Informationen getätigt oder veranlasst werden, die nicht allgemein zugänglich, d. h. vertraulich oder privilegiert, sind und welche erfahrungsgemäss für diese Transaktionen als relevant anzusehen sind. Darunter fallen alle strafrechtlich erfassten ↑Insidergeschäfte im Zusammenhang mit ↑Fusionen und ähnlichen Sachverhalten. Gerade diesbezüglich ist aber das Strafrecht namentlich mit seiner Beschränkung auf Fusionssachverhalte sehr eng gefasst. So wird von der Mehrheit der Strafrechtslehre und bis heute vom Bundesgericht abgelehnt, ↑Gewinnwarnungen unter StGB 161 zu subsumieren. Aus aufsichtsrechtlicher Sicht ist hingegen klar, dass die Kenntnis von noch nicht publizierten Gewinnwarnungen nicht zu Transaktionen in den entsprechenden Effekten ausgenützt werden darf. Gleiches gilt für das «↑Front running», d.h. das Ausnützen der Kenntnis von Kundenaufträgen. Informationen über Kundenaufträge sind nicht allgemein zugängliche Informationen und dürfen nicht dazu missbraucht werden, vorgängig entsprechende ↑Eigengeschäfte durchzuführen.

Unter *Marktmanipulation* sind fingierte Transaktionen (Scheingeschäfte) oder Transaktionen ohne nachvollziehbaren wirtschaftlichen Sinn zu verstehen, mit welchen der Anschein von Marktaktivitäten erweckt wird oder Angebot und Nachfrage, Börsenkurs oder Bewertung von Effekten verzerrt werden. Fingierte Transaktionen oder Scheingeschäfte sind somit Handelsinszenierungen ohne wirtschaftliche Relevanz. Sie werden über das Börsenhandelssystem als dem Anschein nach echte Käufe und Verkäufe, mit entsprechendem Preis und Volumen, protokolliert und ausgewiesen. Die Marktteilnehmer werden in ihrem Vertrauen, die ausgewiesenen Daten der Börse basierten auf echten Geschäften, getäuscht. Fingierte Transaktionen und Scheingeschäfte sind per se missbräuchlich und daher unzulässig. Auch hier ist die strafrechtliche Relevanz nur unter einschränkenden Bedingungen gegeben. Solche unzulässigen Scheingeschäfte werden im angelsächsischen Sprachgebrauch mit Begriffen wie Wash trades, Matched orders, Inhouse crosses erfasst.

Eine *Irreführung des Marktes* liegt vor, wenn falsche, unvollständige oder irreführende Informationen über Effekten verbreitet werden und diese Informationen erfahrungsgemäss für die Preisbildung oder für den Entscheid, Transaktionen in den betroffenen Effekten durchzuführen, relevant sind. Die letzte Kategorie, die *Benachteiligung von Marktteilnehmern* auf andere Weise, kann als Auffangtatbestand bezeichnet werden für Verhaltensweisen, die nicht unter die vorgenannten drei Kategorien fallen. Zu denken ist z.B. an ein übertriebenes Umschichten eines Effektendepots (sog. ↑Churning). Der Effektenhändler kauft und verkauft, gestützt auf allgemeine Vermögensverwaltungsvollmachten, auf Rechnung des Kunden Effekten ohne erkennbares Interesse desselben oder ohne erkennbaren wirtschaftlichen Grund. Unter den Auffangtatbestand fallen kann auch das Ausnützen der Reaktion der Marktteilnehmer und der Effektenpreise auf Empfehlungen (z.B. als Ergebnis von Research oder Analysen) in den Medien allgemein oder in eigenen Publikationen mit vorgängigen Transaktionen in den entsprechenden Effekten durch den oder die Verfasser der publizierten Empfehlungen (sog. ↑Scalping).

Marcel Livio Aellen

Co-Finanzierung
Bei einer Finanzierung durch verschiedene Parteien oder mit verschiedenen Finanzierungsinstrumenten deckt die Co-Finanzierung einen Minderheitsanteil an der Gesamtfinanzierung.

Coincident indicators
↑Konjunkturindikatoren, monetäre.

Collar
Kombination einer vertraglichen Zinsbegrenzung nach oben (↑Cap) und unten (↑Floor) bei einer variablen Zinsverpflichtung.

Collared floater
Zinsvariable Anleihen mit einem ↑Mindest- und einem ↑Höchstzinssatz. ↑Collar.

Collateral
↑Collateralisation; ↑Repo.

Collateral agreement
Vereinbarung über die Bestellung von Sicherheiten (↑Pfandbestellung), insbesondere im Kreditgeschäft. ↑Collateralisation.

Collateral bonds
Collaterals sind zur Besicherung geeignete Werte, z.B. physische Güter (Sachanlagen), ↑immaterielle Werte (Garantieleistungen, ↑Bürgschaften Dritter), ↑Effekten (↑Wertschriften und ↑Wertrechte).
Collateral bonds sind durch Collaterals besicherte Anleihen. ↑Collateralisation; ↑Eisenbahnpfandrecht.

Collateralisation
Unter Collateralisation wird allgemein die *Reduktion des ↑Kreditrisikos* mittels Sicherheiten (Collaterals) verstanden. Als Collateral gelten zur Besicherung geeignete Werte, die sowohl physische Güter (Sachanlagen), ↑immaterielle Werte (Garantieleistungen Dritter), ↑Effekten (↑Wertschriften und ↑Wertrechte) als auch Geld einschliessen. Im Unterschied zum Kreditgeschäft werden im ↑Geld- und ↑Kapitalmarkt i.d.R. Effekten und Geld (Financial collaterals) zur Besicherung eingesetzt. Im Falle einer Insolvenz der Gegenpartei hat der Collateral-Nehmer das Recht zur *Sicherungsverwertung*. Er hat gegenüber anderen ↑Gläubigern *vorrangigen Anspruch* auf den Verwertungserlös. Die Art der Übertragung und die Möglichkeiten zur *Weiterverwendung* («Rehypothecation») von Collaterals ist abhängig von der rechtlichen Ausgestaltung des besicherten Finanzgeschäftes. Entscheidend ist die Unterscheidung zwischen dem *Eigentümer (Legal owner)* des Collaterals und dem *wirtschaftlich Berechtigten (Beneficial owner)* an dessen Erträgnissen. Beim *Lombardgeschäft* findet eine *Verpfändung* des Collaterals statt. Hierbei handelt es sich um eine Hinterlegung von Sicherheiten ohne Eigentumsübertragung. Der Collateral-Nehmer ist nur un-

selbstständiger Besitzer des Collaterals und darf dieses – ausser im Falle eines Insolvenzereignisses – i.d.R. nicht weiterverwenden. Die *Effektenleihe* (↑Securities lending and borrowing) gilt als *Sachdarlehen:* Das Collateral wechselt für die ↑Laufzeit des Geschäftes den Eigentümer; der wirtschaftlich Berechtigte bleibt hingegen der ursprüngliche Eigentümer.

Beim ↑*Repogeschäft* (↑Repo) und dem *Sell/buy-back-Geschäft* (↑Sell/buy-back) findet ebenfalls eine *Sicherungsübereignung* statt, allerdings in Form eines *Verkaufs* des Collaterals mit der *gleichzeitigen* Vereinbarung, äquivalentes Collateral (derselben Gattung) auf Termin zum selben Preis zurückzukaufen. Aufgrund des identischen Rückkaufpreises bleibt das ↑Marktrisiko beim ursprünglichen Eigentümer, konsequenterweise auch sämtliche während der Laufzeit anfallenden Erträgnisse wie Marchzinsen und Dividendenzahlungen. Bei einem typischen besicherten Finanzgeschäft werden die ↑Positionen der beiden Gegenparteien *regelmässig bewertet* (↑Mark-to-market-Methode) und allfällige Wertdifferenzen mittels *Ausgleichstransfers* (↑Margins) eliminiert. Das *Collateral management* trägt dem Umstand Rechnung, dass Collateral neben der Vorteilen der effizienten Risikoreduktion zu einem *wertvollen Gut* wird, sofern es weiterverwendet werden kann. Durch die Möglichkeit der ↑Refinanzierung nimmt es die Form eines Geldsubstitutes an und wird selbst zu einem handelbaren Gut.

↑Kreditsicherung. *Peter Csoport*

Collateral-Management-System
↑Swiss Euro Clearing Bank (SECB).

Co-Manager
Der Co-Manager ist ein zweiter ↑Lead-Manager, der aber etwas weniger prominent auftritt und daher auf dem Emissionsprospekt (↑Prospekt, Prospektpflicht) rechts steht. Die Verantwortlichkeiten des Co-Managers entsprechen aber weitgehend denjenigen eines Lead-Managers. Co-Managers werden nur bei grossen, komplexen Kapitalmarkttransaktionen, meistens bei IPOs (↑Initial public offering) mit Mehrfachkotierungen bestimmt, um einen optimalen Zutritt in die verschiedenen Kapitalmärkte (insbesondere nach den USA) und eine breite Platzierung sicherzustellen. Der Co-Manager führt neben dem Lead-Manager ein separates Emissionsbuch und kann für ein regionales ↑Syndikat verantwortlich zeichnen.

Combined ratio
Kennziffer zur Beurteilung des Geschäftsverlaufs der Nicht-Lebensversicherung vor Berücksichtigung technischer Zinserträge, berechnet als Summe aus dem Kostensatz (Expensive ratio) und dem Schadensatz (↑Claims ratio).

COMEX
Abk. f. Commodity Exchange Inc. (New York). Führende Rohstoffbörse für Kupfer, Platin, Silber und Gold. Stark im Handel mit Metall-Futures und -Optionen auf diese Metalle (↑Warenterminbörsen). An der COMEX werden auch ↑Futures auf den Eurotop-100-Index und auf Kerosin gehandelt.

Comfort letter
↑Patronatserklärung.

Comi-futures
Terminkontrakte auf mittelfristige Anleihen der Schweizerischen Eidgenossenschaft. Der Handel mit Comi-futures an der ↑Eurex wurde aufgrund einer unzureichenden Liquidität im Jahr 1999 eingestellt.

Commercial banking
Unter Commercial banking wird das «traditionelle Bankgeschäft» verstanden, das auf dem Einlagen- und dem Kreditgeschäft (je im weitesten Sinn verstanden) beruht. Der Gegensatz dazu ist das ↑Investment banking. Die Unterscheidung geht zurück auf das US-amerikanische ↑Trennbankensystem, das 1933 durch den ↑Glass Steagall act (↑Gramm Leach Bliley act) als wesentliches Bankengesetz die Spartentrennung zwischen Commercial und Investment banking in den USA durchgesetzt hatte, Ende 1999 mit dem Financial services modernization act jedoch aufgehoben worden ist. In Kontinentaleuropa sind Commercial banking und Investment banking nicht getrennt.

Commercial bank money settlement
Im System ↑Lieferung gegen Zahlung (LGZ) erfolgt bei Commercial bank money settlement die Abwicklung der Geldseite nicht wie beim ↑Central bank money settlement mit Zentralbankgeld, sondern durch eine Geldbuchung bei einer kommerziellen Bank. Das Verfahren gelangt zum Beispiel bei Lieferungen gegen Zahlung von Wertschriftentransaktionen gegen Fremdwährung bei ↑SIS SegaIntersettle AG zur Anwendung. Der Wertschriftenübertrag erfolgt durch Belastung des Wertpapierdepots des Verkäufers und Gutschrift des Wertschriftendepots des Käufers bei SIS, und der Geldübertrag wird zeitgleich durch Belastung des Fremdwährungskontos des Käufers und Gutschrift des Fremdwährungskontos des Verkäufers bei SIS (kontoführende Bank) vorgenommen.

Commercial letter of credit
↑Dokumenten-Akkreditiv.

Commercial paper (CP)
Eigenwechsel erstklassiger Industrie-, Handels- oder ↑Finanzgesellschaften mit ↑Laufzeiten bis zu 270 Tagen, wobei ↑Stückelungen ab USD 100000 auf Diskontbasis gehandelt werden. Commercial

papers ermöglichen ↑kreditwürdigen Unternehmungen im USD-Raum, rasch und ohne teure ↑Kotierung durch die ↑Securities and Exchange Commission (SEC), Zugang zu einem der bedeutsamsten Märkte für ↑Fremdkapital mit einer Vielzahl grosser, vorwiegend institutioneller ↑Investoren.

Commission Tripartite Bourses (CTB)
↑SWX Swiss Exchange.

Commitment
Englische Bezeichnung für Verpflichtung, Zusage, Verbindlichkeit.

Commitment fee
Englische Bezeichnung für ↑Bereitstellungskommission. ↑Roll-over-Kredit.

Committee on Payment and Settlement Systems (CPSS)
↑BIZ (Empfehlungen).

Committee on the Global Financial System (CGFS)
↑BIZ (Empfehlungen). ↑Bank für Internationalen Zahlungsausgleich (BIZ).

Commodities
Als Commodities werden homogene Massengüter bezeichnet. Dabei handelt es sich meist um Rohstoffe und standardisierte Massenwaren. Klassische Commodities sind Metalle (Gold, Silber, Kupfer usw. in bestimmten Reinheitsgraden), agrikulturelle Produkte (Weizen, Soja, Rinder usw. in bestimmter Qualität) und Energieträger (Rohöl, Erdgas usw.). Neuere Formen von Commodities sind z. B. Speicher-Chips für Computer und andere elektronische Bauteile.
Wegen der Homogenität der Produkte werden viele Commodities an spezialisierten Handelsplätzen und Börsen (↑Warenterminbörsen) in der Form von standardisierten ↑Kontrakten gehandelt. So hat z. B. der Handel von ↑Futures und ↑Optionen auf klassische Commodities an spezialisierten ↑Derivatbörsen eine lange Tradition. *Manuel Ammann*

Commodity Exchange (COMEX)
↑COMEX.

Commodity fund
Anlagefonds, dessen Anlagen aus in der Regel an einer ↑Börse gehandelten Massenwaren, Edelmetallen usw. bestehen. Commodity funds gelten als «übrige Fonds» nach AFG 35 III. In Deutschland ist dieser Anlagefondstyp verboten. In AFV 43 I, welche die zulässigen Anlagen für ↑übrige Fonds festlegt, sind jedoch die Massenwaren nicht erwähnt. Zulässig sind nur Anlagen von derivativen Finanzinstrumenten mit ↑Commodities als ↑Basiswert. ↑Alternative Kapitalanlagen.

Commodity futures
↑Warentermingeschäfte.

Commodity Futures Trading Commission (CFTC)
Die Aufsichtsbehörde der USA, die den Handel in ↑Commodities und ↑Futures (auch Finanz-Futures) beaufsichtigt. Die Funktionenaufteilung zwischen ↑Securities and Exchange Commission (SEC) und CFTC führt dazu, dass an den amerikanischen Börsen eine strenge Trennung zwischen ↑Optionen (durch die SEC beaufsichtigt) und Futures besteht.
Links: www.cftc.gov

Commodity swap
Austauschgeschäft zwischen zwei Parteien, bei dem Rohwarenpreise als ↑Basiswerte dienen. In der einfachsten Form handelt es sich um einen Austausch von festen und variablen Zahlungsverpflichtungen eines Commodity (in festgelegter Menge und standardisierter Qualität), der erlaubt, die Rohwaren zu einem im Voraus festgelegten Preis zu kaufen beziehungsweise zu verkaufen. Werden die Preise von zwei verschiedenen ↑Commodities ausgetauscht, so spricht man von einem Cross commodity swap.

Common electronic purse specification (CEPS)
Standard von Visa und MasterCard International (MCI) für eine global verwendbare Electronic purse (↑Wertkarte) mit Multiwährungsfähigkeit. ↑Multi-currency-Klausel.

Common share
In den USA Bezeichnung für ↑Stammaktien im Gegensatz zu den verschiedenen Varianten der ↑Preferred shares.

Common stock
↑Stock.

Competence-Center
↑Contact-Center.

Competitive bidding
↑Bidding.

Compliance
Der Begriff «Compliance» entstammt dem Englischen und kann in Zusammenhang mit dem Finanzwesen frei als «Befolgen von Regeln» übersetzt werden. Diese Regeln sind unterschiedlichster Art:
– Gesetze und Verordnungen (v. a. Bankengesetz, Börsen- und Effektenhandelsgesetz, Strafgesetz-

buch, Geldwäschereigesetz mit den entsprechenden Verordnungen und Ausführungsbestimmungen [EBK])
– Nationale Verhaltensregeln und Standards (z. B. ↑Vereinbarung über die Standesregeln zur Sorgfaltspflicht der Banken) und internationale (z. B. Global anti money laundering guidelines for Private banking, die «↑Wolfsberg anti money laundering [AML] principles»)
– Vom Unternehmen selbst gesetzte Normen (z. B. Verhaltensregeln bezüglich des «Know your customer», sog. ↑Know your customer rules).

1. Ziel, Zweck und Nutzen
Compliance dient dem Ziel, die Unternehmung durch die strikte Befolgung aller relevanten Regeln vor den Risiken der Nichteinhaltung zu schützen. Compliance ist deshalb ein *Teil der Risikopolitik einer Unternehmung.*
Der Nutzen von Compliance liegt in der Minderung der Wahrscheinlichkeit eines Schadenseintritts. Gelingt es beispielsweise, durch eine spezielle Überwachung der Geschäftsbeziehungen zu politisch exponierten Personen («Politically exposed persons», PEP) einen Transfer von Schmiergeldern rechtzeitig zu erkennen und die Geschäftsbeziehung sofort aufzulösen, unterbleiben Massnahmen der Aufsichts- und Strafverfolgungsbehörden (mit allfällig damit verbundener Publizität). Damit kann die Reputation der Bank geschützt beziehungsweise das Reputationsrisiko verringert werden.

2. Umsetzung
Compliance ist zwar im Aktienrecht nicht explizit als nicht delegierbare Aufgabe des Verwaltungsrats bezeichnet. Oberaufsicht und Kontrolle durch den Verwaltungsrat umfassen aber zweifellos auch die Aufgabe, in einer Unternehmung dafür zu sorgen, dass die relevanten, von Dritten und selbst gesetzten, Normen eingehalten werden. Eine umfassende Prüfung und ein stetes Reporting an den Verwaltungsrat in Compliance-Fragen ist deshalb Bestandteil einer modernen Unternehmungsführung. Aus den genannten Gründen können zwar gewisse Compliance-Aufgaben, nicht aber die Verantwortung für die Erfüllung, an Dritte delegiert werden.
Jeder einzelne Mitarbeiter einer Unternehmung ist im Rahmen seiner Aufgabe für die Umsetzung der Compliance verantwortlich. Die in diesem Zusammenhang auftretenden Fragen sind jedoch oft komplex und die Abklärung eines Sachverhalts zeitaufwändig. Die Schaffung einer speziellen Compliance-Stelle mit einem Chief compliance officer an der Spitze ist deshalb zum Standard in der Finanzbranche geworden. Eine solche Stelle unterstützt in der Regel die Linie beratend, übernimmt für die Umsetzung aber keine direkte, eigene Verantwortung.

3. Hauptsächliche Anwendungsgebiete
Im Verkehr mit dem Kunden spielt Compliance eine zentrale Rolle. Hier geht es darum, das Institut vor Missbräuchen durch die Kundschaft zu schützen. Es gilt, kriminelle oder verpönte Aktivitäten eines Kunden über die Bank zu erkennen und zu verhindern. Ein *Compliance-Manual* enthält jedoch auch Regeln über das Verhalten der Mitarbeiter (z. B. unerlaubte Geschäftsaktivitäten oder Annahme von Geschenken) und legt verbindliche Normen für das Verhalten gegenüber den anderen Marktteilnehmern (z. B. Regulatoren, Medien, Standesverbände, Konkurrenten) fest.

4. Voraussetzungen
Die Wirksamkeit von Compliance hängt stark von der Unternehmenskultur ab. Wird Compliance als notwendiges Übel und als Geschäftsverhinderer betrachtet und behandelt, erhöht sich die Wahrscheinlichkeit, dass Regeln nicht beachtet werden und daraus Schaden entsteht. Eine angemessene Organisation mit einer starken Stellung der Compliance-Stelle (z. B. über eine angemessene hierarchische Stellung, Sicherstellung des Zugangs zur relevanten Information und ein Antragsrecht an die nächsthöhere Linieninstanz bei Entscheiden gegen Empfehlungen von Compliance) bildet eine zentrale Voraussetzung für ein gutes Funktionieren der Compliance. Ohne eine dauernde und intensive Ausbildung der Mitarbeiter ist die Durchsetzung der Compliance zum Scheitern verurteilt. ↑Chinese walls.

René Kästli

Compliance-Manual
↑Compliance.

Compliance officer
↑Compliance.

Compound interest
↑Zinseszins.

Compound yield
Gesamtertrag einer ↑Kapitalanlage. Dieser setzt sich bei ↑Aktien aus den jährlichen Gewinnausschüttungen zuzüglich Kursgewinn oder abzüglich Kursverlust zusammen. ↑Total return.

Comptant
Französische Bezeichnung für ↑bar, au comptant = in bar. Ausdruck für Lieferung gegen Kasse (↑Comptantgeschäft). Das Gegenteil von comptant ist à terme, «auf Termin» (↑Termingeschäft).

Comptantgeschäft
Bargeschäft. Im ↑Effektenhandel Geschäfte, die sofort, spätestens aber innert 3 Bankwerktagen nach Abschluss übertrag- und zahlbar sind (Art. 18 der Usanzen ↑SWX Swiss Exchange).

Comptantkurs
↑Kassakurs.

Compte-joint
Auch Compte-conjoint, Gemeinschaftskonto, Solidarkonto; englische Bezeichnung Joint account. Ein gemeinschaftliches ↑Bankkonto, das von zwei oder mehreren Klienten bei der ↑Bank eröffnet wird mit der Abrede, dass jeder von ihnen einzeln und ohne Mitwirkung des oder der andern darüber verfügen kann. Die am Compte-joint Beteiligten anerkennen zum Voraus jede Verfügung der einzelnen ↑Kontoinhaber über das gemeinsame Konto als für alle verbindlich. Das Compte-joint eignet sich für Kontoeröffnungen auf den Namen von Ehegatten, Verwandten, Freunden usw. Es versieht für den Kontokorrent-Verkehr dieselbe Funktion wie das Dépôt-conjoint im ↑Depotgeschäft. Rechtlich ist das Verhältnis der Kunden im Verhältnis zur Bank nach herrschender Auffassung als Gläubigersolidarität (OR 150) zu verstehen, wobei aber das Wahlrecht des Schuldners gemäss OR 150 III keine Anwendung findet. Viele Banken sehen in den Verträgen über das Comptejoint die sog. Erbenausschlussklausel vor. Diese von anglo-amerikanischen Vorstellungen inspirierte Klausel regelt das Verfügungsrecht über das Konto beim Ableben eines Kontoinhabers in der Weise, dass die Erben des Verstorbenen nicht, wie es dem Gesetz entsprechen würde (ZGB 560), in die Stellung des Verstorbenen eintreten; vielmehr sollen ausschliesslich der oder die überlebenden Kontoinhaber gegenüber der Bank verfügungsberechtigt bleiben.

Die Einbringung von Vermögenswerten auf ein Compte-joint oder Dépôt-joint hat nach schweizerischer Auffassung keinen Einfluss auf die Frage, wem die Werte im internen Verhältnis unter den Kunden letzten Endes zustehen. Da die Erben des Erstversterbenden ihre Ansprüche beim Vorliegen einer Erbenausschlussklausel nicht gegenüber der Bank direkt geltend machen können, müssen sie sich an den oder die Überlebenden halten.

Nicht ganz geklärt ist die Frage, ob ein einzelner Kontoinhaber berechtigt ist, das Compte-joint mit Wirkung für alle Beteiligten ganz aufzulösen oder die andern Beteiligten an der Verfügung über die deponierten Vermögenswerte zu hindern. ↑Kontosperre.

Comptroller of the currency
Aufsichtsbehörde in den USA über Banken mit Bundeslizenz (National banks) und ebensolche Zweigniederlassungen ausländischer Banken (Federal branches). Das Office of the Comptroller of the currency (OCC) bildet Teil des Schatzamts (Department of the Treasury).

Computerhandel
↑Handelssysteme.

Computer-Kriminalität im Finanzgeschäft
Bei der Computer-Kriminalität im Finanzgeschäft ist die EDV entweder Tatwerkzeug oder Ziel der Tat, wobei sich der Täter selbst bereichern oder zumindest das Opfer schädigen will. Klassische Erscheinungsformen sind die unbefugte Datenbeschaffung (z.B. Diebstahl von Kundendaten oder Programmen), das unbefugte Eindringen in ein EDV-System (z.B. Hacking), die Datenbeschädigung (z.B. durch Viren) sowie der betrügerische Missbrauch einer EDV-Anlage. Beim betrügerischen Missbrauch nimmt der Täter eine Input- oder Programmanipulation vor mit dem Ziel, eine unrechtmässige Vermögensverschiebung vorzunehmen oder eine solche zu verschleiern.

Condor
Ein Condor ist eine Optionsstrategie ähnlich dem ↑Butterfly spread. Es werden Optionen gleichen Typs und gleicher ↑Laufzeit mit vier verschiedenen Ausübungspreisen gleichzeitig gekauft und verkauft. Ein Long condor wird durch einen Kauf einer Option zum tiefsten ↑Ausübungspreis, einen Kauf einer Option zum höchsten Ausübungspreis sowie je einem Verkauf einer Option zu den beiden mittleren Ausübungspreisen konstruiert. Ein Short condor wird entsprechend durch den Verkauf der Optionen mit dem höchsten und tiefsten Ausübungspreisen und dem gleichzeitigen Kauf je einer Option zu den beiden mittleren Ausübungspreisen strukturiert.

Conf-futures
↑Futures.

Conglomerates
In der ↑Börsensprache Bezeichnung für Mischkonzerne, deren Teile nicht in organischem Zusammenhang stehen. In der unternehmerischen Realität ist der erwartete Risikoausgleich bei der zusammenhanglosen Diversifikation allerdings häufig nicht eingetreten.

Konglomerate werden an der Börse im Allgemeinen mit einem sog. Konglomeratsabschlag (Conglomerate discount) bewertet, d.h., der Marktwert des Konzerns ist tiefer als die Summe der Werte der einzelnen Konzern-Geschäftsbereiche.

Consob
Die Commissione Nazionale per le Società e la Borsa (Consob) ist die Börsenaufsichtsbehörde Italiens.
Links: www.consob.it

Constant Proportion Portfolio Insurance (CPPI)
↑Hedging-Strategie.

Consumer banking
↑Retail banking, Retailgeschäft.

Contact-Center

Contact-Centers sind Organisationseinheiten, deren Hauptaufgabe darin besteht, einen service-, beratungs- und verkaufsorientierten Dialog – unterstützt durch effizienten Einsatz von Informations- und Telekommunikationstechnologien – mit Kunden und Interessenten zu führen, mit dem Ziel, die qualitativen und quantitativen Unternehmens- und Marketingziele zu erreichen.

Die rasante Entwicklung im Bereich der Informationstechnologie geht einher mit einem gesellschaftlichen Wandlungsprozess. Da Information immer auch Kommunikation bedeutet, ändert sich auch die Art und Weise, wie Menschen miteinander kommunizieren. Die Kommunikationskanäle werden vielfältiger, die Inhalte komplexer, die Übertragungszeiten schneller. Auf benötigte Informationen kann gezielt zugegriffen werden. Erwähnter Wandel in der interpersonellen Kommunikation trifft auch ganz besonders auf die Beziehung Kunde – Bank zu. Nicht zuletzt unter den Finanzdienstleistern haben die kontinuierliche Öffnung vieler Märkte, sinkende regulatorische Barrieren und die Überwindung räumlicher Distanzen durch Kommunikationstechnologien eine neue, sich stetig verändernde Wettbewerbssituation geschaffen. Das traditionelle *Call-Center* hat sich als fundamentales Mittel herauskristallisiert, um in heutigen Kommunikationswettbewerb zwischen Finanzdienstleistern zu bestehen. Doch mit fortschreitender Technologieentwicklung kommt auch es nicht darum herum, einen entscheidenden Wandel durchzumachen, den zum *Contact-Center*.

Schon seit geraumer Zeit gibt nicht mehr das Festnetztelefon alleine den Ton unter den elektronischen Kanälen an, sondern die Kommunikation mit dem Kunden läuft über verschiedene Kanäle (↑Internet, Mobilnetz usw.). Was das Call-Center zum Contact-Center macht, ist die Integration aller elektronischen Möglichkeiten, um mit dem Kunden zu interagieren. Der moderne Finanzkunde will multimediale Kommunikation. Die Annahme, dass Kunden ausschliesslich einen bestimmten Vertriebsweg bevorzugen (zu Fuss zur Filiale oder Telefon-Dialog mit einem Contact-Center) hat sich längst als falsch erwiesen. Der Kunde entscheidet sich beim Kontakt mit einem Finanzinstitut nicht für ein Entweder-oder, sondern für ein Sowohl-als-auch (Multi access). Und diese Erkenntnis gilt genauso für die elektronischen Medien. Der Kunde möchte zeit-, standort- und kanalunabhängig seine Finanzgeschäfte optimal erledigen. Dies ist durch ein modernes Contact-Center realisierbar. Das Finanzinstitut seinerseits möchte seine Kunden binden und entwickeln, neue Marktanteile erobern, Gewinn und Kosten optimieren, langfristig im Wettbewerb bestehen können. Auch dazu schafft das moderne Contact-Center einen fundamentalen Beitrag.

In den Strategien der Finanzdienstleister nimmt das Thema ↑Allfinanz einen wichtigen Platz ein. Dabei hat man erkannt, dass die Lebensphasenberatung eine zentrale Rolle spielt. Die ökonomischen Bedürfnisse eines Individuums in einer spezifischen Lebensphase bedürfen einer individuellen, massgeschneiderten Lösung. Die Grenzen zwischen Banken und Versicherungen lösen sich somit allmählich auf, denn massgeschneiderte Lösungen machen es erforderlich, dass jegliche Art von Finanzprodukten aus einer Hand angeboten werden, auch Produkte konkurrierender Anbieter. Verkauft wird, was die Bedürfnisse des Kunden in den verschiedenen Lebensphasen abdecken könnte. Eine professionelle 360°-Beratung fördert nicht nur die Kundenzufriedenheit oder das Vertrauen in die Institution. Mithilfe der geeigneten Technologie schafft sie auch neue, schier unerschöpfliche Verkaufspotenziale (Stichworte hierzu sind ↑Cross selling und Up-selling), Chancen, welche die Profitabilität des Kunden um ein Vielfaches erhöhen können.

Die Bündelung der elektronischen Interaktion mit dem Kunden an einer zentralen Stelle, wie sie das Contact-Center verkörpert, ermöglicht dem Finanzinstitut nicht nur Kosten einzusparen. Vorausgesetzt, das Contact-Center ist in einem Netz von Distributions- und Interaktionskanälen voll integriert, ist es ein unentbehrliches Medium für eine erfolgreiche *Customer-relationship-management-(CRM-)Strategie*. Dabei kommt der Analyse der Kundendaten und der daraus abzuleitenden Empfehlungen eine zentrale Rolle zu. Das Contact-Center wird dadurch aufgrund seiner technologischen Möglichkeiten zum eigentlichen Competence-Center, das von der Akquisition über das Marketing, den Verkauf bis zum Support alle Funktionen der Wertschöpfungskette übernehmen kann. Das One-stop-Shopping wird zum Regelfall. Die sofortige Verfügbarkeit der Kundendaten und -historie mithilfe der Integration von Computer und Telefonie (CTI) wird es ermöglichen, den Kunden ohne Weiterleitung abschliessend zu beraten, respektive zu bedienen. Parallel zu dieser Entwicklung der telefonischen, synchronen Kundenberatung wird auch die Bedeutung des Kundenkontakts über den asynchronen E-Mail-Kanal rasch ansteigen. Das E-Mail-Volumen in allen Unternehmungen wächst rasant. Jedes Kunden-E-Mail ist eine Chance, die Kundenbindung zu verstärken. Für ein Finanzinstitut heisst dies, dass E-Mails schnell, kompetent, auf das individuelle Problem bezogen und in einwandfreiem Schreibstil beantwortet werden müssen. Um aber das anstehende Volumen an E-Mails zu bewältigen, ist ein *E-mail-response-management-System (ERMS)* unerlässlich. Dieses generiert aufgrund der Kundenanfrage ein Antwort-E-Mail und sendet es zum Kontroll-Check an einen kompetenten Agenten und dieser sendet es dem Kunden weiter. In einem CRM-Contact-Center werden viele Routineprozesse elektronisch abgearbeitet. Standardanfragen wie Kontostandinformationen, aber auch die wichtige und zeitintensive Kundenidentifikation, sind Prozesse, die sich dazu eignen. Stichworte hierzu sind Voice recognition (Spracherkennung) und Interactive voice response (IVR/Sprachcomputer). Dies führt dazu, dass die Arbeit bzw. die Kommunikation des Contact-Center-Agenten mit dem Kunden anforderungsreicher wird. Ein CRM-Contact-Center eines Finanzdienstleisters lässt sich nur mit bestausgebildeten, kommunikationsgewandten und technisch versierten Mitarbeitenden realisieren. Diese sind gleichzeitig Berater, Verkäufer und Investigator. *Urs Joss*

Contango
Ausdruck aus dem Vokabular des Terminhandels. Contango ist die Bezeichnung für die normale Situation, dass Terminkontrakte mit späteren ↑Fälligkeiten geringere Kurs- bzw. Preisnotierungen aufweisen als solche mit kürzeren Fälligkeiten, da bei Ersteren die ↑Transaktionskosten höher sind. Das Gegenteil davon ist die ↑Backwardation.

Contingent claims
Englische Bezeichnung für bedingte Verpflichtungen; Forderungen. ↑Option pricing model.

Contingent liabilities
Sammelbezeichnung für ↑Eventualverpflichtungen und ↑schwebende Geschäfte.

Contingent swap
Ein Contingent swap tritt nur in Kraft, wenn ein im Voraus bestimmtes Ereignis eintritt, wie z.B. im Falle einer Akquisition oder einer spezifischen Zinsänderung. Die Abgeltung (↑Optionspreis) für den Schutz vor dem Eintritt der Eventualität (Contingency) wird von derjenigen Partei bezahlt, die eine Absicherung des möglichen Eintritts des Ereignisses verlangt. Eine ↑Swaption ist ein Spezialtyp eines Contingent swap. Bei der Swaption hängen Wert und ↑Ausübung von einem bestimmten ↑Zinsniveau ab.

Continuous compounding
Der Begriff Continuous compounding bezeichnet die stetige Verzinsung von Anlagen. Sie stellt den Grenzfall einer unendlich kurzen Verzinsungsdauer dar und kann über den natürlichen Logarithmus errechnet werden. Es handelt sich um eine wichtige Methode der Finanzmathematik.

Continuous linked settlement (CLS)
Im Jahr 1974 schlossen die deutschen Aufsichtsbehörden das Bankhaus Herstatt in Köln. Die Schliessung erfolgte – während des Tages – für den Markt überraschend. Das Bankhaus Herstatt war seinerzeit sehr stark im Devisenhandel engagiert.

Bei der Abwicklung der am Tag der Schliessung fälligen ↑Devisengeschäfte erfolgte in den europäischen Währungen meistens noch eine korrekte Bezahlung durch die Handelspartner. Aufgrund der Zeitverschiebung haben jedoch alle Marktteilnehmer die US-Dollar-Zahlungen storniert und nicht mehr ausgeführt. Durch dieses Verfahren erlitten verschiedene Banken grössere Verluste und das bekannte Settlement-Risiko (heute auch Herstatt-Risiko) wurde allen Marktteilnehmern erstmals bewusst.

In den folgenden Jahren beschäftigte sich das Committee on Payment and Settlement System (CPSS) bei der ↑Bank für Internationalen Zahlungsausgleich (BIZ) (Bank for International Settlements) in Basel mit der Zahlungserfüllung von Handelsgeschäften. Hier wurden verschiedene Berichte publiziert, wie z.B. im:
– 1989, Report on netting schemes (Angell-Report)
– 1990, Report of the committee on interbank netting schemes, (The Lamfalussy-Report)
– 1993, Central bank payment and settlement services with respect to cross border and multi-currency transactions (The Noëll-Report)
– 1996, Settlement risk in foreign exchange transactions (McDonough-Report).

Die Berichte führten zu einem erhöhten Risikobewusstsein sowie zur Einführung von Bestpractice-Verfahren in der Abwicklung von Devisengeschäften. Ebenfalls wurden die lokalen Clearing-Systeme (↑Clearing- und Abwicklungssysteme) von ↑Netting-Systemen mehr und mehr auf ↑Realtime gross settlement systems umgestellt.

Bei den marktteilnehmenden Banken wurden ebenfalls Massnahmen zu einem besseren ↑Risikomanagement getroffen. Hier wurden insbesondere Handelslimiten zur Abdeckung des Erfüllungsrisikos eingeführt. Hingegen führten die stark zunehmenden Devisenumsätze bei den im Clearinggeschäft aktiven Banken zu einer stark erhöhten Intraday-Kreditvergabe. Bei einem erhöhten Risikobewusstsein wurde dies bei verschiedenen Geschäftsleitungen global tätiger Banken nicht mehr ohne weiteres toleriert.

Mitte der 90er-Jahre wurde in einem kleinen Kreis von Handelsbanken der Vorschlag zur Errichtung eines mehrwährungsfähigen *Worldclearing-Systems* eingebracht. Nicht zuletzt unter dem sich erhöhenden Druck der Aufsichtsbehörden und der Zentralbanken beschlossen 13 der grössten Handelsbanken der Welt eine Machbarkeitsstudie zu erstellen. Die Group of 20 (G 20) war damit geboren. Bei der Machbarkeitsstudie wurden verschiedene Varianten untersucht, wobei das heutige CLS-System siegreich hervorging. Als nachfolgende Schritte wurde die Firma CLS als UK Company gegründet und eine Arbeitsgruppe der Banken erarbeitete die «Business requi-

rement specifications», die anschliessend zur Ausschreibung und Realisierung gelangten.
Nach verschiedenen Rückschlägen (es ging länger und wurde teurer als erwartet) konnte CLS im Jahr 2002 erstmals Transaktionen für die Marktteilnehmer abwickeln. Zwischenzeitlich sind 70 Banken als Aktionäre und Settlement member an der Firma beteiligt.

Das Abwicklungssystem erfordert, dass die Teilnehmer ihre Devisentransaktionen bei CLS einreichen. CLS führt die einzelnen Währungen der an der Transaktion beteiligten Teilnehmer zusammen, errechnet pro Teilnehmer die Position pro Währung und wickelt die beiden Währungsteile (Zahlung gegen Zahlung) gleichzeitig ab. Mit der gleichzeitigen Belastung und Gutschrift muss durch die Banken für diese Transaktion keine Liquidität bereitgestellt werden. CLS ist für die Einschliessung kurzer Währungspositionen sowie die Verteilung der Mittel bei langen Positionen ein direktes Mitglied in den Clearing-Systemen der wichtigen Währungen. Die entsprechenden Konti werden bei den ↑Zentralbanken unterhalten. Für den CLS-Teilnehmer ergibt sich damit die Situation, dass der durch den Teilnehmer geschuldete Währungsteil so lange in dessen Besitz bleibt, bis die Gegenpartei die Instruktion ebenfalls bei CLS platziert hat. Mit der gleichzeitigen Abwicklung reduziert sich damit das ehemalige Settlement-Risiko, welches den Nominalbetrag des Geschäftes beinhaltet hatte, auf das Wiederbeschaffungsrisiko in einer Währung. In einer weiteren Phase können über die CLS-Settlement-Banken auch weitere Parteien als so genannte 3rd Parties an der Verminderung des Settlement-Risikos partizipieren. *Stephan Zimmermann*

Contrarians-Verhalten
Gegenteil von ↑Sektorrotation.

Controlling in Banken
Der Begriff Controlling kann nicht einfach mit Kontrolle gleichgesetzt werden, da der zu Grunde liegende Terminus *to control* weit mehr umfasst und so viel bedeutet wie Steuerung, Lenkung und Überwachung. Bank-Controlling steht gleichbedeutend für eine Managementkonzeption, welche die betonte Ertragsorientierung zum tragenden Fundament erhebt. Aus formaler Sicht vollzieht sich das Bank-Controlling als komplexer kybernetischer Prozess von ↑revolvierend ablaufenden Planungs- und Kontrollaktivitäten, die in allen Phasen durch systematisches Informationsmanagement abgestützt werden. Im Mittelpunkt stehen dabei die Formulierung und Abstimmung der (ertragsorientierten) Unternehmensziele auf Gesamtbankebene und die Koordination aller Einzelaktivitäten und ↑Geschäftsbereiche im Hinblick auf diese Ziele.

Materiell zeichnet sich ein geschlossenes Konzept des Bank-Controllings dadurch aus, dass sowohl die Gesamtbank als auch die einzelnen Geschäftseinheiten bis hin zum einzelnen Geschäft mithilfe eines integrierten Konzepts bewusst ertragsorientiert gelenkt werden. Dabei geht es im Kern um die Formulierung und Durchsetzung einer Geschäftspolitik, die in ihre Philosophie aus den Grundprinzipien der *Triade des ertragsorientierten Bankmanagements* hergeleitet wird.

– Es gilt das Primat der Rentabilität! Alle geschäftspolitischen Entscheidungen sind stets der Frage zu unterwerfen, ob bzw. inwiefern sie zur Erzielung einer angemessenen (Mindest-) Rentabilität beitragen. Das Controlling fungiert damit als eine Art *institutionalisiertes Ertragsgewissen* der Bank.

– Geschäftswachstum wird grundsätzlich nicht als Selbstzweck angestrebt, sondern wird ausschliesslich als Mittel zur Rentabilitätsmehrung und Rentabilitätssicherung gesehen. Dabei erfolgt stets eine Abstimmung zwischen wachstumsorientiertem Rentabilitätsbedarf und den voraussichtlichen wachstumsbedingten Rentabilitätswirkungen *(= Ertragsorientierte Wachstumspolitik).* Die Übernahme von ↑Risiken wird dem Rentabilitätsdenken insofern konsequent untergeordnet, als sie sich stets aus den dabei zu erwartenden Ertragsmöglichkeiten zu rechtfertigen hat und strikt mit der generellen *Risikotragfähigkeit* (↑Risikofähigkeit) der Bank gekoppelt sein muss. Das Bank-Controlling impliziert also eine deutlich defensive Grundhaltung, was das Eingehen von Risiken betrifft *(= Ertragsorientierte Risikopolitik).*

Während die Konzeption des ertragsorientierten Bankmanagements die Rentabilität als oberste Zielgrösse an die Spitze der bankbetrieblichen Ergebnishierarchie stellt, bestimmt in *Shareholder-value*-Konzepten, die in jüngster Zeit sowohl in der theoretischen Diskussion als auch in der praktischen Umsetzung zunehmend an Bedeutung gewonnen haben, die ↑langfristig nachhaltige Steigerung des Unternehmenswertes *(Value)* für die Aktionäre *(↑Shareholder)* die geschäftspolitischen Entscheidungen. Dabei sind jedoch die Merkmale einer auf den ↑*Shareholder value* ausgerichteten Bankunternehmenspolitik grundsätzlich identisch mit den oben genannten Grundprinzipien des Konzepts ertragsorientierter Banksteuerung. Im *Shareholder value management* für Banken werden lediglich zusätzlich zwei Aspekte ergänzt: Zum einen findet die ↑*Investor relations*, also die Pflege der Beziehung zu den Aktionären, besondere Berücksichtigung, zum anderen wird zusätzlich die instrumentelle Beziehung der Bankrentabilität für den ↑Marktwert des Bankeigenkapitals beleuchtet. Ergänzend zu den materiellen Komponenten weist das Bank-Controlling stets auch eine formale Komponente auf. Bezogen hierauf kommt

dem Controlling zum einen die Aufgabe zu, die Rationalität bankbetrieblicher Entscheidungsprozesse durch systematische Planaktivitäten und Erfolgskontrollen sicherzustellen. Zum anderen hat das Controlling eine ausgeprägte Koordinations- und Informationsfunktion zu erfüllen. Das Controlling kann infolgedessen als eine Art Informationszentrum verstanden werden, das steuerungsrelevante Informationen erfasst, aufbereitet und weiterleitet, um die Aktivitäten der einzelnen Geschäftseinheiten im Hinblick auf die Gesamtbankziele zu koordinieren und abzustimmen. Dabei dokumentiert sich die informationelle Unterstützung der Entscheidungsträger im Hinblick auf ihre kybernetische Funktion für den Planungs- und Kontrollprozess im Einzelnen in folgenden Aufgaben:
– die laufende Erfassung unternehmensrelevanter Daten
– die Interpretation der Daten in Abhängigkeit von zukünftigen Entwicklungen
– die entscheidungsgerechte Präsentation der Analyse für die Bankleitung
– die planerische Gestaltung der Unternehmensaktivitäten
– eine permanente und standardisierte Situations- und Abweichungsanalyse
– die automatische Reflexion der Analyseereignisse durch organisierte Kurskorrekturen.
Henner Schierenbeck
Lit.: *Schierenbeck, H.: Ertragsorientiertes Bankmanagement, Wiesbaden 2001.*

Control-Prinzip
↑Konzern.

Conventional yield curve
↑Zinskurve.

Conversion
↑Konversion.

Convertible bonds
↑Wandelanleihe.

Convertible money market units
Bei Convertible money market units, einem synthetischen Finanzprodukt, handelt es sich finanzmarkttheoretisch um eine Kombination eines Geldmarktgeschäftes mit fester ↑Laufzeit und einer geschriebenen Verkaufsoption (zumeist auf eine ↑Aktie oder einen Index). Im Unterschied zu den weiter verbreiteten Equity linked notes partizipiert der ↑Investor bei Convertible money market units bei Erhöhung oder ↑Seitwärtsbewegung des ↑Underlyings mit einer hohen, konstanten ↑Rendite, wobei der Wert des Produktes bei sinkendem Kursverlauf dem des Underlyings, korrigiert um die implizite ↑Optionsprämie und den Zinsertrag, entspricht.

Convertible notes
↑Wandelanleihe.

Convertible preferred stock
↑Vorzugsaktien.

Convexity
Unter Convexity (Deutsche Bezeichnung Konvexität) wird die Krümmung einer Kurve verstanden. Viele Beziehungen bei Finanzkontrakten haben eine konvexe Form, namentlich die Beziehung zwischen dem Wert einer ↑Obligation und deren ↑Rendite auf ↑Verfall oder zwischen dem Wert einer ↑Option und dem Preis des ↑Basiswerts.

Cooke-Ausschuss
↑Basler Ausschuss für Bankenaufsicht.

Cooke-Empfehlung
↑Basler Abkommen.

Coordination game
↑Börsenpsychologie.

Copenhagen Stock Exchange
Links: www.xcse.dk

Coppock-Indikator
Beim Coppock-Indikator handelt es sich um einen modifizierten Momentumindikator (↑Momentum), bei dem der neueste Wert höher als der älteste gewichtet wird. Die Summe der Produkte wird durch die Anzahl der gewählten Perioden geteilt und mit 100 multipliziert. Infolge der Gewichtung erfahren die letzten Veränderungen eine höhere Beachtung als die früheren, weshalb der Coppock-Indikator Veränderungen des Preis-Momentums früher anzeigt als herkömmliche Momentum-Indikatoren. Divergenzen des Indikators zum Kursverlauf deuten auf bevorstehende Trendwenden hin.

Corbeille
↑Börsenring.

Core business
Bezeichnung für ein Geschäft, das aufgrund einer dauerhaften und schwer imitierbaren Ursache Wettbewerbsvorteile einer Unternehmung begründet. Der Vorteil beruht auf Ressourcen, Fähigkeiten und anderen betrieblichen Qualifikationen. Diese Eigenschaften sind notwendige, aber nicht hinreichende Bedingungen für die Erlangung strategischer Vorteile gegenüber Wettbewerbern. Für eine ↑Privatbank können z.B. folgende Kernkompetenzen das Core business begründen: Kundennähe, Servicequalität, Anlageperformance.

Corner
Englische Bezeichnung für Klemme, Ecke, Winkel. Ausdruck aus der ↑Börsensprache. Corner ist eine Situation im ↑Termingeschäft der Effekten- und der Warenbörse, bei der die Baissiers (↑Baisse) «in der Klemme sitzen». Sie haben auf Termin mehr verkauft, als ↑flottantes Material am Markt ist. Sie sehen sich am Erfüllungstag einem derartigen Materialmangel gegenüber, dass sie alle Preisforderungen bewilligen müssen.
In der Schweiz ist als bisher einziger Fall der Corner der «Papier-Holding St. Moritz» zu erwähnen. Zu zweifelhafter Berühmtheit kam 1980 der Silber-Corner der Gebrüder Hunt in Texas. In der Bundesrepublik Deutschland nennt man Corner «Schwänze» oder «Aufschwänzung». Bei der heutigen Regulierung der Finanzmärkte sind Corners kaum mehr möglich.

Corporate actions
Veränderungen an ↑Effekten, die in der Regel auf Veränderungen beim ↑Emittenten zurückgehen, z.B. ↑Kapitalerhöhungen, Splits. Solche Veränderungen der Effekten haben zur Folge, dass alle ↑Kurse vor (oder nach) einem bestimmten Stichzeitpunkt ↑adjustiert werden müssen, wenn sie über diesen Zeitpunkt hinweg vergleichbar sein sollen. Diese Vergleichbarkeit über längere Zeiträume ist von zentraler Bedeutung für Performance-Berechnungen usw. Die Bearbeitung von Corporate actions ist deshalb eine wichtige (und aufwändige) Teilaufgabe in der ↑Vermögensverwaltung.

Corporate banks
Verselbstständigte, optimierte Finanzfunktion von Unternehmen, die nicht von der Finanzindustrie abstammen. Corporate banks nehmen als unternehmensinterne ↑Finanzintermediäre mit eigener Ergebnisverantwortung unter gänzlicher oder partieller Umgehung der ↑Geschäftsbanken die Rolle der Bank im Unternehmen wahr. Als Konkurrenten der Banken erbringen Corporate banks im Rahmen der Absatzförderung des meist industriellen Kerngeschäfts zusätzlich ↑Finanzdienstleistungen für Dritte. Ursprünglich entstammen Corporate banks meist modernen Treasury centers bankfremder Unternehmen. Sie werden in einem niedrigeren Ausprägungsgrad auch als Inhouse banks (↑Inhouse banking) bezeichnet.

Corporate communications
↑Public relations der Banken.

Corporate finance
Unter Corporate finance versteht man theoretisch die «Unternehmensfinanzen», das heisst genauer die finanzielle Unternehmensführung von ↑Kapitalgesellschaften. Dabei wird die Beschaffung der Finanzmittel gleichermassen betrachtet wie deren Einsatz auf der Investitionsseite (Capital budgeting). Während dies ein klassisches Merkmal der angelsächsischen Corporate-finance-Lehre ist, herrschte in der deutschsprachigen Betriebswirtschaftslehre früher eine weniger integrierte Betrachtungsweise vor. So wurde einer so genannten Finanzierungslehre nicht selten eine Investitionslehre gegenübergestellt, was zu einer isolierten Behandlung von Finanzierungsvorgängen einerseits und der Entscheidungsfindung für den Mitteleinsatz andererseits führte. Kennzeichnend war zudem die explizite Berücksichtigung verschiedener Unternehmensrechtsformen, dabei insbesondere von Personenunternehmen, wo die Haftungsbeschränkung für die Eigenkapitalgeber entfällt. Im Rahmen der meisten Corporate-finance-Bausteine wird heute in angelsächsischen Lehrwerken explizit oder implizit von «Corporations» ausgegangen, wo die ↑Anteilseigner einer «limited liability» ausgesetzt sind.
Die Corporate finance ist insofern von der Finance (im weiteren Sinne) abzugrenzen, als sich erstere unmittelbar mit unternehmerischen Entscheidungs- und Gestaltungsproblemen befasst. Die Finance weist demgegenüber einen über weite Strecken mehr volkswirtschaftlichen Charakter auf, indem hier die ↑Finanzmärkte den Anknüpfungspunkt für wesentliche Elemente der Finance-Inhalte bilden. Typisches Beispiel dafür ist die Entwicklung von Asset-pricing-Modellen, wie dies im bekannten ↑Capital asset pricing model (CAPM) zum Ausdruck kommt. Eine der zentralen Fragestellungen ist hier jene nach der Informationseffizienz der Finanzmärkte. Sie bildet heute erneut einen zentralen Diskussionsgegenstand, dessen Weiterentwicklung auch Rückwirkungen auf die Inhalte der Corporate finance haben wird. So sind beispielsweise die von einem Unternehmen eingesetzten Finanzierungsinstrumente im Hinblick auf die Gegebenheiten der Finanzmärkte und die Präferenzen der Finanzinvestoren zu gestalten.
Aus praktischer Sicht wird mit der Corporate finance der Aufgabenbereich eines Finanzchefs, d.h. eines *Chief financial officer (CFO)*, erfasst. Dabei sind diese Aufgaben teilweise in direktem Mitengagement der Geschäftsleitung und des Board (Verwaltungsrat [Schweiz] oder Vorstand, teils zu Aufsichtsrat [Deutschland und Österreich]) zu sehen. Die Corporate-finance-Aufgaben können in zwei grosse, sich überschneidende und ineinander verflochtene Bereiche unterteilt werden: die finanzielle Gesamtführung des Unternehmens im weiten Sinn sowie das Finanzmanagement, d.h. die Ausübung der Finanzfunktion, im engeren Sinn. Im Bereich der *finanziellen Gesamtführung* geht es darum, alle Aktivitäten eines Unternehmens auf das finanzielle Oberziel der Wertgenerierung hin abzustimmen. Der CFO bzw. die Finanzabteilung hat dabei die notwendigen

Informations- und Entscheidungsgrundlagen für Geschäftsleitung und Board zu schaffen. In jüngster Zeit ist hier der Begriff des so genannten CVO, des Chief value officer, aufgekommen, der den Begriff des CFO erweitern soll. Das *Finanzmanagement im engeren Sinne* befasst sich mit der «funktionalen» Bewirtschaftung der Finanz-Ressource, die man etwa auch unter dem (breiter gefassten) Begriff des ↑*Treasury management* erfasst. Im Zentrum stehen dabei erstens die Geld- und Kapitalbeschaffung, zweitens die Sicherung und Steuerung der Liquidität und drittens die Anlage überschüssiger Finanzmittel. Dabei ist auf eine optimale, d. h. auch kostenminimale Kapitalstruktur, insbesondere das ↑Finanzierungsverhältnis Fremdkapital zu Eigenkapital, hinzuwirken, ein massgeschneidertes Finanz- und ↑Liquiditätscontrolling aufzubauen und für ein wirksames ↑Cash management und Treasury management zu sorgen. Aus praktischer wie theoretischer Sicht sind die Dividenden- und Eigenkapitalpolitik, ein umfassendes Risikomanagement sowie eine optimal konzipierte finanzielle Informations- und Kommunikationspolitik weitere wichtige Teilbereiche der Corporate finance.

Die Dividenden- und Eigenkapitalpolitik befasst sich mit dem Werttransfer an die Aktionäre. Die im Unternehmen generierten Mehrwerte sollen sich zum einen in einer entsprechenden Aktienkursentwicklung (so genannte Werttransformation nach aussen) niederschlagen, und zum andern muss die Wertgenerierung in optimaler Form an die Anteilseigner transferiert werden. Dies kann insbesondere in Form von Kurswertsteigerungen, Dividendenzahlungen, Aktienrückkäufen bzw. Nennwertherabsetzungen und in Form spezieller Einnahmenelemente der Aktionäre, z. B. durch Gratiszuteilung von Optionen, geschehen – etwa in Form von Put options zum Aktienrückverkauf an die Gesellschaft. Besondere Bedeutung kommt dabei den Aktionärs- und den Unternehmenssteuern, Principal-agent-Problemen, Signaling-Effekten und Financial-distress-Aspekten zu. Der Aktionär soll sein Kapitaleinkommen möglichst steuergünstig erzielen, die ↑Corporate governance soll gefördert, die Signalwirkung der Finanzdispositionen optimiert und das Entstehen finanzieller Stress-Situation nach Möglichkeit vermieden werden.

Aufgabe eines wirksamen *Risk managements* ist es, die Chancen-Risiken-Potenziale (so genanntes Risk-return) eines Unternehmens sinnvoll auszubalancieren und die Ausfallrisiken (so genanntes ↑Downside risk) im notwendigen Ausmass zu begrenzen. Neben diesen ↑mittelfristig (Risk-return) und ↑kurzfristig (Downside risk) wichtigen Elementen ist in der langen Sicht auf strategische ↑Risiken zu achten, wie sie durch Technologie- und Markt-Shifts verursacht werden. Die grösste Herausforderung ist die Forderung nach einem integrierten, umfassenden Risk management für alle risikorelevanten Sachverhalte in einem Unternehmen. Man spricht dabei auch von einem «Enterprise wide risk management» (EWR).

Die finanzielle *Informations- und Kommunikationspolitik* betrifft sowohl firmeninterne als auch firmenexterne Elemente. Neben der hier nicht weiter kommentierten Informations- und Kommunikationspolitik in der Gesellschaft (↑Public relations der Banken) selbst geht es um die Pflege der Schnittstelle zur betrieblichen Umwelt, d. h. insbesondere zu den Finanzmärkten, zur ↑Finanzanalyse und zu den Finanzinvestoren. Das klassische Instrument des Geschäftsberichtes (Annual report), ergänzt um Halb- und Vierteljahres-Reports, wird heute immer stärker überlagert von der ↑Ad-hoc-Publizität (laufende Berichterstattung über ↑kursrelevante Neuigkeiten) und die Internet-Publizität. Letztere bildet eine wichtige Erweiterung der auf den konventionellen Informationskanälen möglichen Informationsvermittlung. Sie erlaubt zweiseitige Informationsflüsse und fördert daher eine eigentliche Kommunikation. Gleichzeitig ist das ↑Internet ein «Enabler» zur zeitgleichen Information aller Marktteilnehmer, wie sie heute in den USA durch die Börsenaufsicht gefordert und zur Realisierung einer echten Ad-hoc-Publizität erwünscht ist. *Rudolf Volkart*

Corporate governance

Corporate governance ist seit dem Beginn der 90er-Jahre zusammen mit ↑*Shareholder value* weltweit zu einem gängigen Begriff geworden. Der Ausdruck ist in keine andere Sprache adäquat übersetzbar. Im Kern enthält der Terminus das griechische Wort *kybernetes* für Steuermann (in seiner latinisierten Form *gubernator*, was englisch den Sammelbegriff *Governance* ergeben hat); dazu kommt das lateinische Wort *corporatio* für Körperschaft. Wörtlich genau ist es also die *körperschaftliche Steuerung*.

Tatsächlich versteht jeder unter Corporate governance etwas anderes – und das gehört wohl zu der schillernden Natur dieses aus dem angelsächsischen Bereich stammenden Begriffs. Die Definition des *Cadbury Reports* von 1992 enthält das Kernelement, das Zusammenspiel von Führung und Kontrolle:

«Corporate governance is the system or matrix of responsibilities of directors and shareholders by which companies are governed and controlled» (London 1992, para. 2.5).

Die Definition, die in der Schweiz für die Corporate-governance-Regelsätze vom 01.07.2002 erarbeitet wurde, versucht hervorzuheben, dass bei aller Betonung des ausgewogenen Verhältnisses von Führung und Kontrolle die Entscheidungsfähigkeit der obersten Unternehmensebene nicht leiden darf:

«Corporate governance ist die Gesamtheit der auf das Aktionärsinteresse ausgerichteten Grundsätze,

Corporate governance

die unter Wahrung von Entscheidungsfähigkeit und Effizienz auf der obersten Unternehmensebene Transparenz und ein ausgewogenes Verhältnis von Führung und Kontrolle anstreben.» Corporate governance zielt auf zwei Ebenen – jene der Gesellschaft und jene ihrer Anteilsinhaber – ab. Einerseits geht es um ein *inneres Dreieck*, die funktional zweckmässige Strukturierung der Unternehmensspitze: Es geht um die Balance zwischen Führung, Überwachung und Prüfung. Dabei zielen die wichtigen Regeln auf die Zusammensetzung und Strukturierung des Verwaltungsrates als Gremium ab und stellen als *Best practice* gute Prozesse sicher. Andererseits geht es gleichzeitig um das Kräftegleichgewicht in einem *äusseren Dreieck*, nämlich zwischen Unternehmen, Anteilsinhabern (Shareholders) und dem Kapitalmarkt (und weiteren Anspruchsgruppen, den Stakeholdern). Die Kontrolle der Unternehmensspitze obliegt den auf nachhaltige Wertsteigerung *(Shareholder value)* ausgehenden Aktionären, insbesondere den ↑institutionellen Anlegern. Insgesamt handelt es sich um den Gedanken einer Einbettung der unternehmerischen Funktionen in die Interessensphäre der Eigner. Die Corporate governance zielt also auf das funktionale Zusammenspiel je in einem inneren Dreieck und einem äusseren Dreieck sowie zwischen diesen beiden Kräftefeldern ab.

Historisch hängt die Corporate governance untrennbar mit der schon von den Gründervätern der amerikanischen Union herausgearbeiteten Gestaltungsidee von *Checks and balances* und der seit den 30er-Jahren in den USA entwickelten ↑*Agency*-Theorie zusammen: Die Manager werden verstanden als *Beauftragte* oder *Agents* der Aktionäre (Berle/Means, 1932), diese als die eigentlichen ↑*Principals*, für deren Interessen die Manager tätig zu sein haben. In der Ideologie der Corporate governance ist der Brennpunkt also nicht – wie lange in Europa – das *Unternehmen*, sondern es sind dessen Eigner, die Aktionäre. Entscheidend ist das sich daraus ableitende Verständnis des Board of directors als ↑*Trustee* (mit entsprechenden *Fiduciary duties* oder treuhänderischen Pflichten gegenüber den Anlegern, den Aktionären). Zur Entwicklung der heutigen Corporate-governance-Theorie kam es aber erst nach der Veröffentlichung von Alfred Rappaport 1986, unter dem Eindruck des zunehmenden Einflusses der institutionellen Anleger und des *Shareholder activism* auf die angloamerikanischen börsenkotierten Unternehmen. Die dort in der Corporate-governance-Debatte immer wieder auftauchenden Kernbegriffe sind Accountability, Monitoring, Sound system of internal control, Checks and balances, Best practice, Risk management, Legal compliance.

In der *Schweiz* wird die Corporate governance unter diesem Begriff erst seit etwa der Mitte der 90er-Jahre diskutiert. Viele Eckwerte für das, was man heute Corporate governance nennt, sind jedoch schon recht früh – nämlich in der Botschaft zur Revision des Aktienrechts von 1983 – gesetzt worden. Die *Hauptaufgaben des Verwaltungsrates* sind nach dem Gesetz vom 04.10.1991:
– Die Oberleitung der Gesellschaft
– Die Organisation
– Die Finanzplanung, das Rechnungswesen und die Finanzkontrolle
– Die Wahl der Geschäftsführung
– Die Oberaufsicht über die Geschäftsführung (einschliesslich der ↑Compliance).

In OR 716a/716b finden sich viele wichtige Elemente der jetzigen Diskussion, auch der Ansatzpunkt für die Bildung von Ausschüssen des Verwaltungsrates für die Vorbereitung und die Überwachung von Geschäften. Aus den Haupttexten zur Corporate governance im *Cadbury*-Bericht (1992), im *Hampel*-Bericht (1998) und dem *Combined code* von 1999 in Grossbritannien hat sich weltweit eine Tendenz ergeben, nicht mehr einen einzigen *Verwaltungsratsausschuss* einzusetzen, sondern kleinere Ausschüsse für die Bearbeitung von besonderen Fragen:
– ↑*Audit committee* zur kritischen Begleitung der internen und der externen Revision (↑Revision, interne; ↑Revision, externe)
– *Nomination committee* zur Betreuung der Auswahl des Nachwuchses für den Verwaltungsrat und meist auch für die Geschäftsleitung
– *Remuneration committee* zur Festlegung der Salärpolitik für die Unternehmensspitze, mit dem ↑Bonussystem und, wo es sie gibt, den Aktienoptionsplänen für Spitzenkader.

Die Unternehmen können auch andere Ausschüsse schaffen (je nach Bedürfnis ad hoc oder ständig): *Finance committee, Strategic committee, Safety and environment committee* usw. Entscheidend ist die Rückkopplung der auf diese Weise strukturierten Arbeit der Unternehmensspitze wiederum zur Ebene der Anteilsinhaber, der Aktionäre. Dies geschieht durch Offenlegung: Bekanntgabe der Prozesse (z.B. *Charter* des *Audit committee*), der involvierten Personen und (zusammenfassend) der Ergebnisse im Jahresbericht. Die Ausschüsse halten sich bereit zur Beantwortung von Fragen in der Generalversammlung.

In der Schweiz haben unerfreuliche Ereignisse bei börsenkotierten Unternehmen vor allem im Jahre 2001 dazu geführt, dass die Arbeiten an zwei aufeinander abgestimmten Texten zur Corporate governance mit Kraft vorangetrieben wurden: Es sind dies die «*Richtlinie der SWX Swiss Exchange betreffend Information zur Corporate governance*» (mit zahlreichen Angaben entsprechend dem internationalen Standard, darin inbegriffen Offenlegung von Entschädigungen an die Unternehmensspitze) und der von *economiesuisse* betreute *Swiss code of best practice* mit Empfehlungen zu Leitsätzen und Strukturen für die prak-

267

tische Handhabung der Corporate Governance. Beide Dokumente haben ab 01.07.2002, die Richtlinie unter dem Prinzip «Comply or explain» und der Swiss code als Empfehlung unter voller Wahrung der Gestaltungsautonomie jeder kotierten Gesellschaft, Geltung und sind erstmals für das Geschäftsjahr 2002 von Bedeutung.

Die während der Beratungen am meisten zu Diskussionen führenden inhaltlichen Empfehlungen des Swiss code, Punkte, die mit gewissen früheren Landesbräuchen brechen, sind die folgenden (gekürzt):

«16. Jedes Mitglied von Verwaltungsrat und Geschäftsleitung hat seine persönlichen und geschäftlichen Verhältnisse so zu ordnen, dass Interessenkonflikte mit der Gesellschaft möglichst vermieden werden.
- Tritt ein Interessenkonflikt auf, so benachrichtigt das betroffene Mitglied des Verwaltungsrates oder der Geschäftsleitung den Verwaltungsratspräsidenten. Der Verwaltungsrat beschliesst unter Ausstand des Betroffenen.
- Wer der Gesellschaft entgegenstehende Interessen hat, tritt bei der Willensbildung in den Ausstand. Eine Person, die in einem dauernden Interessenkonflikt steht, kann dem Verwaltungsrat und der Geschäftsleitung nicht angehören.
- Geschäfte zwischen der Gesellschaft und Organmitgliedern oder ihnen nahe stehenden Personen unterstehen dem Grundsatz des Abschlusses zu Drittbedingungen; sie werden unter Ausstand der Betroffenen genehmigt. Nötigenfalls ist eine neutrale Begutachtung anzuordnen.»

«19. Der Verwaltungsrat sorgt für ein dem Unternehmen angepasstes internes Kontrollsystem und Risikomanagement.
- Das interne Kontrollsystem deckt, je nach den Besonderheiten der Gesellschaft, auch das Risikomanagement ab; dieses bezieht sich sowohl auf finanzielle wie auf operationelle Risiken.
- Die Gesellschaft richtet eine interne Revision ein. Diese erstattet dem Prüfungsausschuss (Audit committee) oder gegebenenfalls dem Präsidenten des Verwaltungsrates Bericht.»

«20. Der Verwaltungsrat ordnet die Funktion der Compliance nach den Besonderheiten des Unternehmens; er kann die Compliance dem internen Kontrollsystem zuweisen.
- Er gibt sich mindestens einmal jährlich darüber Rechenschaft, ob die für ihn und das Unternehmen anwendbaren Compliance-Grundsätze hinreichend bekannt sind und ihnen dauernd nachgelebt wird.»

«26. Der Entschädigungsausschuss achtet darauf, dass die Gesellschaft markt- und leistungsgerechte Gesamtentschädigungen anbietet, um Personen mit den nötigen Fähigkeiten und Charaktereigenschaften zu gewinnen und zu behalten.
- Die Entschädigung soll nachvollziehbar vom nachhaltigen Erfolg des Unternehmens und vom persönlichen Beitrag abhängig gemacht werden; falsche Anreize sind zu vermeiden.
- Aktienoptionspläne für das höhere Kader sollen möglichst geringen Verwässerungseffekt haben und Ausübungsbedingungen sollen nicht nachträglich zu Gunsten der Inhaber der Optionsrechte abgeändert werden.
- Beim vorzeitigen Ausscheiden von Spitzenkadern sind nur solche Abgangsleistungen zu erbringen, welche entweder vertraglich geschuldet sind oder in Übereinstimmung mit dem Gesellschaftsinteresse ausgehandelt werden.»

Auch in der Öffentlichkeit umstritten war und ist die Frage, ob die *Personalunion* an der Spitze eines börsenkotierten Unternehmens *per se* mit den Leitsätzen der Corporate governance vereinbar sei. Die Lösung des Swiss code:

«18. Der Grundsatz der Ausgewogenheit von Leitung und Kontrolle gilt auch für die Unternehmensspitze.
- Der Verwaltungsrat legt fest, ob sein Vorsitz und die Spitze der Geschäftsleitung einer Person (Personalunion) oder zwei Personen (Doppelsitz) anvertraut werden.
- Entschliesst sich der Verwaltungsrat aus unternehmensspezifischen Gründen oder weil die Konstellation der verfügbaren Spitzenkräfte es nahe legt, zur Personalunion, so sorgt er für adäquate Kontrollmechanismen. Zur Erfüllung dieser Aufgabe kann der Verwaltungsrat ein nicht exekutives, erfahrenes Mitglied bestimmen (Lead director). Dieses ist befugt, wenn nötig selbstständig eine Sitzung des Verwaltungsrates einzuberufen und zu leiten.» *Peter Böckli*

Corporate identity
↑Public relations der Banken.

Corridor
↑Trendkanal.

COSO
Abk. f. ↑Cash-or-share-Option. ↑Strukturierte Produkte.

Cost center
↑Betriebsergebnis der Kreditinstitute.

Cost income ratio
Kennziffer zur Beurteilung der Wirtschaftlichkeit des operativen Bankgeschäfts. Sie wird berechnet aus dem Anteil des Geschäftsaufwandes – in der Regel erhöht um die Abschreibungen – am Geschäftsertrag.

Counter trade
Der Counter trade ist ein Kompensationsgeschäft und bezeichnet eine Form des internationalen Handels, bei der mehrere selbstständige Lieferverträge zu einem kombinierten Geschäft verknüpft wer-

den. Die bekannteste Form ist der Barter (direkter Austausch von Gütern bzw. Dienstleistungen gegen Güter, ohne dass dabei Geldzahlungen erfolgen). Counter trades werden im Allgemeinen zur Finanzierung von Importen, vor allem aber auch zur Umgehung von Devisenkontrollen und Handelsrestriktionen eingesetzt.

Coupon

↑Wertpapier, das bei verbrieften ↑Obligationen und ↑Aktien den Anspruch auf den jährlichen ↑Zins bzw. die Dividendenausschüttung verkörpert. Coupons sind ↑Inhaberpapiere und werden in einem ↑Couponbogen zusammengefasst. Im Zeitalter der Bucheffekten wird der Ausdruck nur noch bildlich verwendet, z. B. ↑Coupontermin, tiefer Coupon (bei einer niedrig verzinslichen ↑Anleihe).

Couponsbogen

Couponsbogen heisst der den ↑Wertpapieren beigegebene Bogen, auf dem die zum Bezug der ↑Dividende bzw. des ↑Zinses bestimmten Coupons (↑Couponsdienst) gedruckt sind. Bei rückzahlbaren ↑Anleihensobligationen wird der Couponsbogen in der Regel mit so vielen Coupons versehen, als für den Bezug der Zinsen während der gesamten ↑Laufzeit der Anleihe notwendig sind. Wird später ein Nachbezug von Coupons notwendig, was hauptsächlich bei ↑Beteiligungspapieren der Fall ist, so wird der Couponsbogen oft mit einem Talon versehen, welcher nach Abtrennung des letzten Coupons zum Bezug eines neuen Couponsbogens berechtigt. Die Bedeutung des Couponsbogens ist als Folge der ↑Entmaterialisierung von Wertschriften, der Immobilisierung von Wertschriften bei Zentralverwahrern und der ↑fiktiven Couponsdetachierung abnehmend.

Couponsdienst

Der Couponsdienst einer Bank umfasst die Überwachung der Zins- und Dividendenfälligkeiten in- und ausländischer Gesellschaften, die Gutschriftserteilung der Erträgnisse an die Titelinhaber, die Einforderung der Mittel (↑Dotation) bzw. Vornahme der Inkassi (↑Inkassogeschäft) bei den schuldnerischen Gesellschaften sowie die Ausübung von Zentral- und Zahlstellenfunktionen (↑Zahlstelle).
Die Überwachung der Zinsfälligkeiten gestaltet sich bei festverzinslichen ↑Wertpapieren relativ einfach, da sie vorwiegend mit Jahrescoupons versehen sind, während Wertpapiere mit variablem Zinssatz oder mit Währungsoptionen einer intensiven Überwachung bedürfen. Bei Dividendenfälligkeiten, bei denen Höhe und Fälligkeit von Jahr zu Jahr variieren können, drängt sich eine tägliche Überwachung der Dividendenpublikationen auf. Die Dividende, die an der Generalversammlung beschlossen wird, ist frühestens am Tag nach der Generalversammlung zur Zahlung fällig.

Wird ein Zins- oder Dividendencoupon zur Zahlung fällig, so treten bei einer Bank zwei Arten von Titelinhabern in Erscheinung: Der Deponent (↑Depotgeschäft) und der Vorweiser. Die Bank ist vom Tag der Deponierung an u. a. dafür besorgt, dass dem Deponenten Zins- und Dividendencoupons bei Fälligkeit gutgeschrieben werden und er eine entsprechende Couponsabrechnung erhält. Die Gutschriftserteilung erfolgt in der Regel ↑Eingang vorbehalten. Im Gegensatz zum Deponenten ist der Vorweiser für die Verwaltung seiner Wertschriften, die er als so genannter Selbstverwahrer (↑Heimverwahrung) im ↑Schrankfach einer Bank oder zu Hause aufbewahrt, selbst besorgt. Er überwacht die Termine, schneidet die Coupons ab und weist sie am Schalter (↑Schaltergeschäft) zur Barauszahlung vor.
Banken, die bei ↑Emissionen (↑Emissionsgeschäft) von ↑Anleihensobligationen oder ↑Aktien als offizielle Zeichnungsstellen amten, fungieren bei den Ertragsausschüttungen in der Regel auch als Zahlstellen. Der Leiterin des Bankenkonsortiums, auch ↑federführende Bank genannt, fällt normalerweise das Mandat einer *Zentral- oder Hauptzahlstelle* zu. Bei einer Zinsfälligkeit hat der Anleihensschuldner dafür besorgt zu sein, dass die für den Anleihedienst erforderlichen Beträge der Zentralzahlstelle rechtzeitig zur Verfügung stehen. Die offiziellen *Zahlstellen* haben somit die Mittel bei der Zentralzahlstelle anzufordern und dieser auch die Zinsscheine zuzustellen. Die ↑SIS SegaIntersettle AG übernimmt in steigendem Masse gewisse Funktionen der Hauptzahlstellen, indem bei ihr das physische Coupons- und Titelinkasso gegenüber den Zahlstellen zentral abgewickelt wird. In der *Zahlstellenvereinbarung* ist festgehalten, wie die Zentralzahlstelle der schuldnerischen Gesellschaft die Coupons abzuliefern hat: Die Coupons werden ihr, entweder durch Lochen entwertet und mit Stempel der *Einlösungsstelle* versehen, physisch zugestellt, oder für fiktiv detachierte Coupons (↑Fiktive Couponsdetachierung) wird eine entsprechende Bestätigung beigelegt. Gewisse Gesellschaften verzichten auf die Zustellung der Coupons und wünschen von der Zentralzahlstelle nach Ablauf der gesetzlichen Verjährungsfrist (↑Verjährung) lediglich ein Vernichtungsprotokoll zu erhalten. Beim Dividendeninkasso entfällt zum Teil die Funktion der Zentralzahlstelle, indem, wie dies in der Zahlstellenvereinbarung festgehalten ist, jede Zahlstelle die erforderlichen Mittel selbst bei der Gesellschaft anfordert bzw. deren Konto belastet und ihr die eingelösten Coupons direkt zustellt. Inländische oder im Inland kotierte ausländische Wertpapiere werden von den Banken in der Regel der ↑SIS SegaIntersettle AG zur ↑Sammelverwahrung übergeben. Für diese Titelgattungen bestehen Zahlstellen im Inland, sodass Ertragsausschüttungen für die Titelinhaber spesenfrei erfolgen.

Bei ausländischen Titelgattungen, die nur oder vorwiegend an ausländischen Börsenplätzen gehandelt werden, ist es zweckmässig, diese im Ausland aufbewahren zu lassen. Die Banken unterhalten zu diesem Zweck Wertschriftendepots bei ↑Korrespondenzbanken oder Clearingorganisationen (SIS SegaIntersettle AG, ↑Clearstream, ↑Euroclear), die u. a. auch für das Inkasso fälliger Zins- und Dividendencoupons besorgt sind. Für eine grosse Zahl ausländischer Titelgattungen existiert keine Zahlstelle im Inland. Demzufolge müssen die zur Zahlung fälligen Coupons, sofern die Titel nicht bei einer Korrespondenzbank oder Clearingorganisation deponiert sind, an eine Zahlstelle im Ausland zum Inkasso gesandt werden. Da von diesen Zahlstellen in der Regel keine Kommissionen erhältlich sind, bzw. teilweise sogar noch Spesen belastet werden, sehen sich die inländischen Banken gezwungen, die mit dem Inkasso verbundenen Spesen auf die Titelinhaber abzuwälzen. Wünscht der Titelinhaber den Ertrag von auf fremde ↑Währungen lautenden Titeln in Schweizer Franken zu erhalten, so wird die Bank für die Kurssicherung bzw. ↑Konversion der Fremdwährung in Schweizer Franken besorgt sein. *Heinz Haeberli*

Couponslose Namenaktie
↑Aktie (rechtliche Aspekte); ↑SIS Namenaktien-Modell.

Couponsloses Einwegzertifikat
↑Sammelverwahrung.

Coupon stripping
↑Certificates of accrual on treasury securities (CATS); ↑Treasury investment growth receipts (TIGRs); ↑Zerobonds.

Couponswap
Beim Couponswap (Interest rate swap) werden Zinszahlungsverpflichtungen aus gleicher ↑Währung und ↑Laufzeit, jedoch mit unterschiedlichen Zinsbindungsfristen getauscht (z. B. fünfjährige festkonditionierte gegen fünfjährige variabel konditionierte Mittel). Hierbei erfolgt kein Liquiditätsaustausch. Die Swap-Partner übernehmen lediglich wechselseitig die Zinszahlungsverpflichtung, sodass für beide Partner die ursprünglichen Rückzahlungs- und Zinszahlungsverpflichtungen gegenüber ihren Gläubigern bestehen bleiben. ↑Zinsswap.

Coupontermin
Fälligkeit der Zinszahlung bei ↑Anleihensobligationen. Der Coupontermin wird in den Anleihensbedingungen festgelegt. Bei schweizerischen Anleihensobligationen gibt es pro Jahr ↑Laufzeit nur einen Coupontermin, halbjährliche oder vierteljährliche Zinszahlungen sind nicht üblich.

Couponzuschlag-Klausel
↑Step-up-Klausel.

Courtage
Entschädigung, welche der Kunde für ein Wertpapiergeschäft der Bank, Vermittler oder ↑Makler zu zahlen hat; auch Kommission genannt. An den traditionellen ↑Börsen waren die Courtagen in der Regel einheitlich geregelt, in der Schweiz beispielsweise in der ↑Courtage-Konvention.

Courtage-Konvention
Ein erster Courtage-Vertrag wurde im Jahre 1900 zwischen den Mitgliedern der ↑Basler Börse und der ↑Zürcher Effektenbörse abgeschlossen. Im Jahr 1947 kam es zur ersten gesamtschweizerischen Courtage-Konvention. Nach verschiedenen Revisionen wurde sie 1990 im Zuge der Liberalisierung und der zunehmenden Konkurrenz zwischen den ↑Börsenplätzen, aber auch auf Druck der Eidgenössischen Kartellkommission, aufgehoben. Mit der Aufhebung der Courtage-Konvention verminderte sich das Interesse der kleinern Börsenplätze an ihrer eigenen ↑Börse.

Covenants
Covenants sind besondere Sicherungsklauseln in einem ↑Kreditvertrag, welche die Handlungsfreiheit des Schuldners während der Kreditlaufzeit rechtlich verpflichtend beschränken. Covenants kommen zur Anwendung bei Krediten ohne spezielle Deckung sowie bei ohne Sicherheiten gewährten festen Kreditzusagen. Sie bezwecken den Schutz der ↑Bank vor gläubigerfeindlichem Verhalten. Es handelt sich im weitesten Sinn um Informationspflichten, bestimmte Verhaltensweisen und vor allem um so genannte Negativklauseln, bei deren Nichteinhaltung die Bank zur ↑Kündigung des Kreditvertrags berechtigt wird. Es ist nahe liegend, dass bei geringem Geschäftsrisiko und einer gesunden Bilanzstruktur Covenants milder formuliert werden als bei Schuldnern mit einer schwachen Eigenkapitalbasis und hohem operativem ↑Risiko.

1. Ausgestaltung von Covenants
Grundsätzlich ist zwischen positiven und negativen Covenants zu unterscheiden. Mit *positiven Covenants* soll der Schuldner zu bestimmten Pflichten angehalten werden. Mit *negativen Covenants* werden dem Schuldner Handlungsrestriktionen auferlegt oder bestimmte Handlungen sogar untersagt. *Quantitative Covenants* lassen sich im Gegensatz zu *qualitativen Covenants* genau beziffern, weshalb eine Verletzung klar definiert und dementsprechend auch einfach überprüft werden kann.
Häufig beziehen sich Covenants auf die Einhaltung von Bilanzrelationen, insbesondere bestimmter

finanzieller Kennzahlen (Accounting based debt covenants). Als konkrete Beispiele von solchen Covenants können erwähnt werden: Die Einhaltung eines Mindest-net-working-Kapitals oder von Liquiditätskennzahlen, eine Untergrenze für die Eigenkapitalausstattung bzw. eine Verschuldungsgrenze. Covenants enthalten oft auch Verfügungsbeschränkungen über bestimmte Aktiven, Beschränkung oder Verzicht auf Gewinnausschüttungen, Höchstgrenzen für Gehaltsbezüge, Verpflichtung zur Vorlage von Quartals- oder Semesterabschlüssen, ebenso die auch bei Anleihen üblichen ↑Pari-passu-, ↑Cross-default- und Share-maintenance-Klauseln. Die Bank kann sich auch das Recht vorbehalten, den Kredit sofort zu kündigen, wenn sich die wirtschaftliche Lage des Kreditnehmers verschlechtert oder eine erhebliche Vermögensgefährdung eintritt *(Material adverse change clause)*. Gehört der ↑Kreditnehmer zu einer Firmengruppe, wird in Ergänzung zum Verwendungszweck des Kredites in der Regel zusätzlich festgelegt, dass der Kredit nicht für Intercompany-Darlehen verwendet werden darf.

2. Wirkungen von Covenants
Covenants dienen der präventiven ↑Risikovorsorge. Je nach Ausgestaltung der Covenants kann sich die Bank vor einer ihre Gläubigerposition beeinträchtigenden Entwicklung des Kreditengagements schützen und insbesondere eine Schlechterstellung gegenüber anderen Gläubigern verhindern. Der Kreditnehmer soll daran gehindert werden, im Rahmen seiner Geschäftstätigkeit bewusst oder unbewusst die Gläubigerinteressen zu verletzen (Verhaltensrisiken, ↑Moral hazard). Covenants dienen auch als Frühwarnindikator und ermöglichen der Bank, gegebenenfalls rechtzeitig Massnahmen gegen eine Beeinträchtigung ihres Kreditengagements zu ergreifen. Covenants dienen nicht nur der Bank, sondern sie schützen auch den Kreditnehmer, indem er durch diese zu einer vorsichtigen Finanzpolitik angehalten wird. Die Einhaltung der Covenants ist Teil der laufenden ↑Kreditüberwachung. Verletzt der Kreditnehmer die Covenants, hat die Bank das Recht, sämtliche ausstehenden Forderungen einschliesslich ↑Zinsen, Kommissionen und Gebühren unabhängig von der ↑Laufzeit der Kredite mit sofortiger Wirkung zu kündigen bzw. einzufordern. In der Praxis führt die Nichtbeachtung allerdings nicht automatisch zur Kreditkündigung. Es werden vielmehr Mittel und Wege gesucht, um eine weitere Verschlechterung des Kreditengagements zu verhindern.
Über die Verbreitung und häufigsten Formen von Covenants in der Praxis sind keine Untersuchungen bekannt. Einige Publikumsgesellschaften erwähnen im ↑Jahresbericht in der Finanzberichterstattung über die Finanzverbindlichkeiten, die Covenants seien im abgelaufenen Geschäftsjahr eingehalten worden. Angaben, welche Verpflichtungen mit den Covenants verbunden sind, werden jedoch nicht gemacht. *Max Boemle*

Cover
Bezeichnung für die Researchtätigkeit von Finanzanalysten, eine bestimmte ↑Aktie regelmässig zu beobachten und darüber Anlagestudien mit Empfehlungen zu verfassen.

Covered option writing
Unter einem Covered option writing wird eine ↑Transaktion verstanden, bei welcher der Verkäufer (Schreiber) über den zugrunde liegenden ↑Basiswert verfügt.

CP
Abk. f. ↑Commercial paper.

CPPI
Abk. f. Constant Proportion Portfolio Insurance. ↑Hedging-Strategie.

CPSS
Abk. f. Committee on payment and settlement systems (CPSS). ↑BIZ (Empfehlungen).

Crash
↑Börsenkrach.

Credit crunch
Quantitative Beschränkung der Kreditvergabe durch die Banken, die in einer gesamtwirtschaftlichen Kreditverknappung resultiert.

Credit default option
Mit einer Credit default option kann das ↑Ausfallrisiko einer Kreditposition handelbar gemacht und an eine Gegenpartei transferiert werden. Der Käufer der Option erhält gegen Zahlung einer ↑Prämie eine ↑Ausgleichszahlung, wenn der Schuldner der zugrunde liegenden Kreditposition innerhalb einer vordefinierten Zeitspanne (die in der Regel kürzer ist als die Restlaufzeit des Kredits) insolvent wird.

Credit enhancement
Englische Bezeichnung für Kredit-«verbesserung» durch Besicherung.
1. Im Zusammenhang mit der internationalen Schuldenkrise (↑Finanzkrise, globale) Ausdruck für die Bestellung von Sicherheiten durch ein Schuldnerland.
2. Besicherung eines Kredites durch ↑Pfandbestellung, sei es durch den Schuldner selbst oder durch einen Dritten (↑Drittpfandbestellung), mittels Garantie oder ↑Bürgschaft.

Credit events
↑Gegenparteirisiko.

Credit linked note

Credit linked notes sind ↑Wertpapiere über eine Schuld, deren Bedienung und ↑Rückzahlung vom Schicksal einer Kreditforderung des Schuldners abhängig ist und die in Form einer Privatplatzierung (↑Emissionsgeschäft) ausgegeben werden.

Crédit mobilier de France

Die Crédit mobilier de France ist eine Bank, die von den Brüdern Isaac und Emil Péreire in Paris im Jahre 1852 trotz der Opposition von James de Rothschild aufgrund einer Ermächtigung des französischen Staates vom 18.11.1852 unter dem Namen Société générale de Crédit mobilier gegründet wurde. Diese wurde mit einem Kapital von FRF 60 Mio. eröffnet und diente als Vorbild der später in allen Ländern des europäischen Festlandes entstandenen ↑Banken, insbesondere auch der meisten Schweizer ↑Grossbanken (z. B. Crédit Suisse). Ihre Begründung lag nach den napoleonischen Kriegen darin, der durch grosse Erfindungen (Dampfmaschine, Eisenbahn) aufstrebenden Wirtschaft die notwendigen Kapitalien zuzuführen, da die bestehenden Banken (meist ↑Privatbankiers oder ↑Hypothekarbanken) dieser Aufgabe nicht gewachsen waren. Die Eigenart der Crédit mobilier de France bestand in der Kombination des eigentlichen ↑Bankgeschäfts mit dem Finanzierungsgeschäft; das Projekt stützte sich auf die Ausgabe von festverzinslichen ↑Obligationen bis zum zehnfachen Betrag des ↑Eigenkapitals, wofür die Bank ↑Aktien und Obligationen industrieller Unternehmen, Eisenbahngesellschaften usw. erwerben sollte. Auch der Gedanke der Trustbildung, die Verknüpfung von Einzelunternehmungen mit einer zentralen Leitung, geht auf die Brüder Péreire zurück. Die festverzinslichen Obligationen der Crédit mobilier de France sollten im Verkehr die Papiere mit schwankendem Ertrag und ↑Kurs ersetzen. Zwischen 1852 und 1856 gründete, finanzierte und reorganisierte der Crédit mobilier de France in Frankreich wie auch im Ausland eine Reihe von ↑Aktiengesellschaften und partizipierte stark an den Staatsrentengeschäften. Nach einem übertriebenen Aufschwung, der ein ungesundes Börsenspiel als Folge hatte, erfolgte 1857 ein gewaltiger Rückschlag und nach einem zweiten kurzen Aufschwung in den Jahren 1862/63 trat schliesslich 1866 ein fast gänzlicher Verfall des Unternehmens ein. Die Ursachen hierfür lagen vor allem bei Führungsfehlern der Geschäftsleitung und weniger bei den der Bank zu Grunde liegenden Ideen. 1871 wurde der Crédit mobilier de France auf neue Grundlagen gestellt, musste dann aber 1902 vollständig liquidiert werden.
Die im 19. Jahrhundert auf dem europäischen Kontinent entstandenen grossen Aktienbanken pflegte man ihrer ursprünglichen industriellen Beteiligungen wegen («Beteiligungsbank») vielfach als Crédit-mobilier-Banken zu bezeichnen.

Sita Mazumder

Credit pricing

In der Vergangenheit war das Fehlen eines risikogerechten Pricings eine der Hauptursachen für die Verluste im Kreditgeschäft. Die Konditionengestaltung erfolgte unabhängig von den ↑Credit ratings und bis etwa 1997 wurden in der Schweiz Kredite vorwiegend zu risikoindifferenten, einheitlichen Konditionen vergeben.
Die Folge dieses Verhaltens der Banken war ein *konsequentes Mispricing* und damit eine *falsche Signalwirkung* für die Kreditkunden. Die dadurch entstandene Situation präsentiert sich wie unten dargestellt:
Ein Mispricing von Krediten hat langfristig zur Folge, dass der Effekt der *Adverse selection* (negativen Auslese) von Kreditnehmern auftritt. Daraus

Zinskonditionsgestaltung und negative Auslese

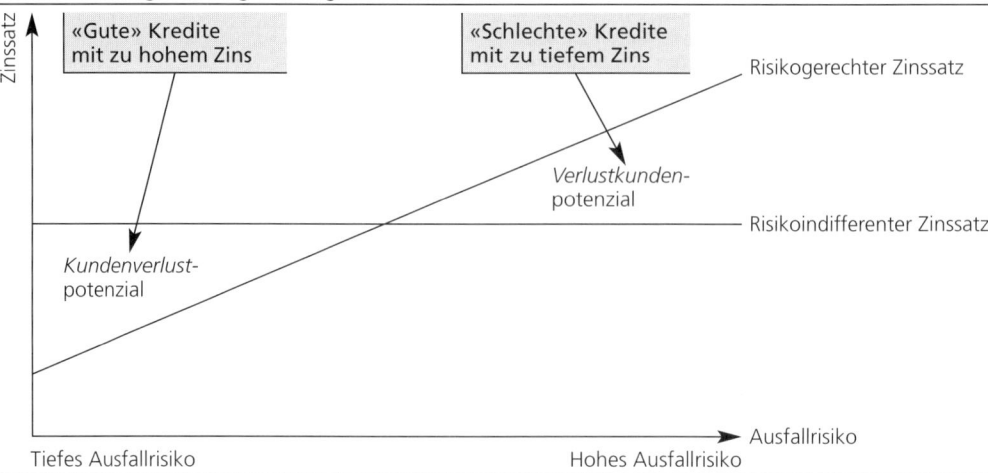

Komponenten und Bestimmungsfaktoren des Kreditzinses

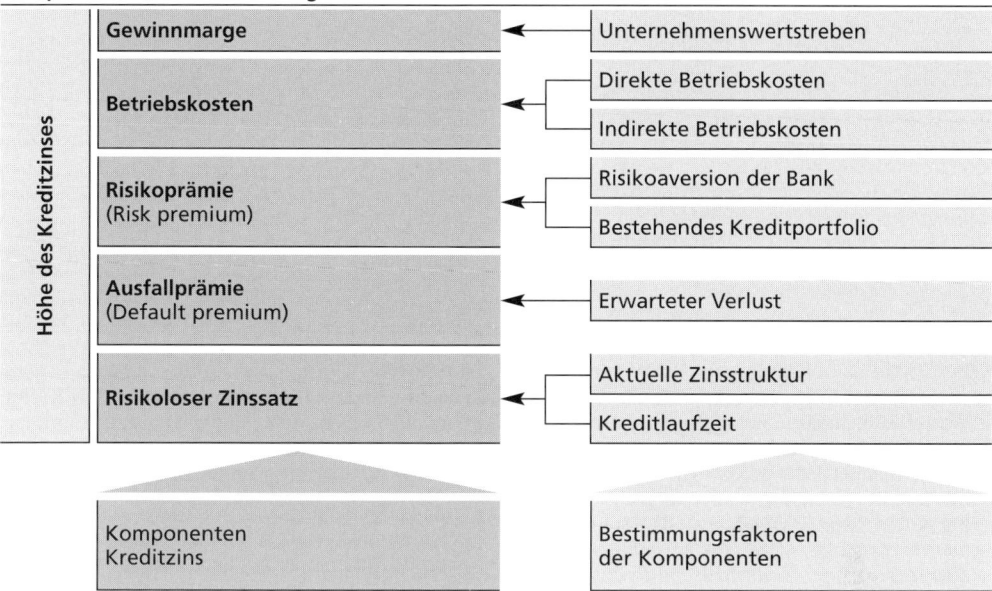

resultiert einerseits eine systematische *Wertvernichtung* seitens der Bank und andererseits eine Verstärkung der Tendenz der ↑Desintermediation:
- *«Gute» Unternehmen,* deren ↑Ausfallrisiko gemessen am Durchschnittsrisiko klein ist, sind nicht bereit, einen Zins zu bezahlen, der höher ist als jener, der ihrem Risiko entsprechen würde. Sie wandern ab und beschaffen sich die finanziellen Mittel bei einem anderen Finanzinstitut oder bei genügender Grösse direkt am ↑Kapitalmarkt.
- *«Schlechte» Unternehmen* hingegen werden bei der Bank bleiben, weil sie vom Durchschnittszins profitieren können.

Ein risikogerechtes Pricing muss den ↑Kreditgeber für verschiedene Kosten entschädigen. Dabei sind Refinanzierungs- und ↑Risikokosten, aber auch eine Deckung der Betriebskosten sowie eine Gewinnmarge zu berücksichtigen. Der von der Bank zu fordernde Kreditzins setzt sich als Summe von *fünf Komponenten* zusammen. (Vgl. Grafik oben.)

1. Risikoloser Zinssatz
Der risikolose Zinssatz entspricht demjenigen Kreditzins, der zur ↑Refinanzierung des Kreditgeschäftes notwendig ist. Geht man dabei von der ↑*Marktzinsmethode* aus, so bedeutet dies, dass ein ausgegebener Kredit einem Geld- oder Kapitalmarktgeschäft gleicher Zinsbindung und ↑Laufzeit gegenübergestellt wird. Gemäss dem Opportunitätskosten-Prinzip wird somit ein Alternativgeschäft mit entsprechendem Zinssatz bestimmt. Die Schwierigkeit dieser Methode liegt vor allem in der Bestimmung der Geld- und Kapitalopportunitäten und somit eines korrekten Opportunitätszinssatzes. Während Festzinspositionen verhältnismässig einfach zu bestimmen sind, verursachen Kredite mit variabler Laufzeit und Verzinsung grössere Schwierigkeiten.

2. Ausfallprämie
Die Ausfallprämie *(Default premium)* entspricht dem erwarteten Verlust des individuellen Kredites. Dieser setzt sich aus den drei Bestandteilen *Ausfallwahrscheinlichkeit, Verlustquote* und *Kreditengagementhöhe bei Ausfall* zusammen:
- Die *erwartete Ausfallwahrscheinlichkeit (Probability of default, PD)* ist zusammen mit der erwarteten Verlustquote die Schlüsselgrösse zur Bestimmung des erwarteten Verlustes. Sie geht aus dem Kredit-Rating-Prozess hervor. Die Problematik dabei besteht einerseits in der Zuverlässigkeit des bankinternen Kredit-Ratings, andererseits in der Abgleichung dieses Bonitätsurteils mit den ↑Ratings der Rating-Gesellschaften und den entsprechenden Ausfallwahrscheinlichkeiten gehandelter Bonds.
- Die *Verlustquote (Loss given default, LGD)* ist ebenfalls ein wichtiger Determinant des erwarteten Verlustes. Bei einem Konkurs eines Kreditnehmers kann davon ausgegangen werden, dass nicht der ganze Kreditbetrag verloren ist, sondern die Bank einen Teil durch die Verwertung allfälliger Sicherheiten zurückgewinnen kann. Hauptbestimmungsgrösse für die Verlustquote ist die *Recovery rate* (auch Rückgewinnungs- oder Rückeinbringungsquote genannt).

Credit rating

Bestandteile und Berechnung des erwarteten Verlustes

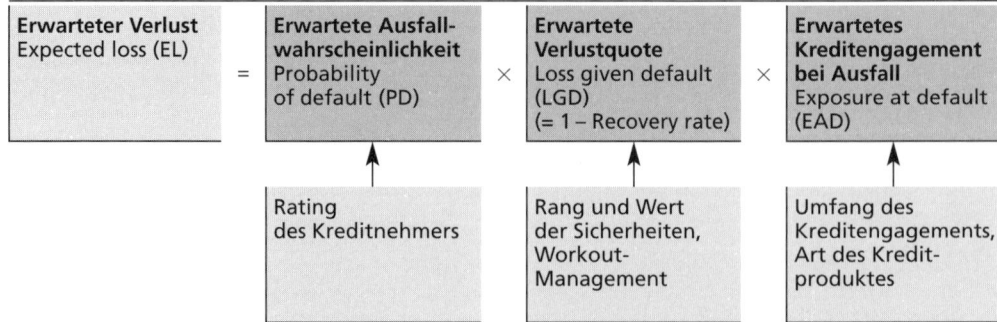

Ihre Höhe ist abhängig von der Werthaltigkeit unbesicherter Engagements bzw. vom Rang und Wert allfällig hinterlegter Sicherheiten sowie von der Effektivität und Effizienz der Massnahmen, die im Rahmen des Workout-Managements (Problemkredit-Management) durchgeführt werden. Für das *Workout-Management,* das sich im Rahmen des Kreditgeschäftes mit ausgefallenen Krediten beschäftigt, ist deshalb die Recovery rate eine zentrale Orientierungs- und Zielgrösse. (Vgl. Grafik oben)

– Das *erwartete Kreditengagement bei Ausfall (Exposure at default, EAD)* als letzter Bestimmungsfaktor spiegelt die Höhe des Kreditengagements im Zeitpunkt des Ausfalles wider. Es ist abhängig von der Art des Kreditproduktes. Bei einem ↑Betriebskredit bestimmt z.B. die Höhe der ↑Limite und deren Beanspruchung im Zeitpunkt des Ausfalles das Exposure at default. Wie empirische Untersuchungen zeigen, besteht zudem eine Interdependenz zwischen dem Rating eines Schuldners und der benützten Limite im Zeitpunkt des Ausfalles.

3. Risikoprämie
Die ↑Risikoprämie *(Risk premium)* bestimmt sich aus dem Risikozuschlag für das vom Kapitalgeber (Bank) eingegangene Anlagerisiko. Der Zuschlag hängt vom Grad der *Risikoaversion* des Kreditgebers und von der Zusammensetzung des bereits bestehenden *Kreditportfolios* ab.
Ein Beispiel soll dies illustrieren: Beträgt der durchschnittlich erwartete Verlust auf einem Kreditportfolio 2%, so genügt es nicht, als Risikokomponente nur die Ausfallprämie (Default premium) von 2% im Kreditzins zu berücksichtigen. Ein risikoaverser Kreditgeber hat in diesem Fall *keinen Anreiz* Kredite zu vergeben, weil die Höhe des effektiven Verlustes um den Wert des erwarteten Verlustes *schwankt* und damit *Unsicherheit über die Höhe des effektiven Verlustes* besteht. Die Schwankungen des effektiven Verlustes um den erwarteten Verlust sind abhängig von der Zusammensetzung des Kreditportfolios. Für dieses eingegangene Risiko fordert deshalb der Kreditgeber eine *zusätzliche Prämie.* Ebenfalls wird ersichtlich, dass für einen einzelnen, vom Kreditportfolio isolierten Kredit wohl die Ausfallprämie, nicht aber die Risikoprämie unabhängig vom ↑Portfolio bestimmt werden kann.

4. Betriebskosten
Die Betriebskosten beinhalten sämtliche bei der Kreditvergabe sowie bei der ↑Kreditüberwachung anfallenden Kosten im administrativen Bereich (↑Back office). Die Kosten lassen sich aufteilen in *direkte* Kosten (Personal- und Sachkosten) und *indirekte* Kosten (EDV- sowie ↑Overhead-Kosten). Die Betriebskosten sind zumeist fixe bzw. sprungfixe Kosten und bilden innerhalb einer Bank vor allem im ersten Jahr eines neu vergebenen Kredites den grössten Kostenblock. Die Höhe dieser Kosten spiegelt den personal- und sachintensiven Kreditvergabe- und -überwachungsprozess wider.

5. Gewinnmarge
Die Berücksichtigung der bisherigen vier Komponenten führt zu korrekten risikogerechten Kreditkonditionen. Verlangt ein Kreditgeber diesen Zins, hat er erst alle *erforderlichen Kosten* gedeckt, jedoch noch *keinen Mehrwert* im Sinne einer angestrebten wertorientierten Unternehmensführung (↑Shareholder value) geschaffen. Will der Kreditgeber *Shareholder value* generieren, muss er deshalb zusätzlich zu den bestehenden Komponenten einen entsprechenden Gewinnmargen-Anteil im verlangten Kreditzins berücksichtigen.
Die hier gezeigten fünf Komponenten stellen die Basisbausteine zur Bestimmung der Kreditkonditionen dar. In der *Bankpraxis* sind zum einen häufig weitere Untergliederungen anzutreffen (z.B. bei den Betriebskosten), zum anderen werden hier dargestellte Elemente zusammengefasst betrachtet (z.B. ein Baustein für Risikoprämie und Gewinnmarge). *Peter Lautenschlager, Luc Seydoux*

Credit rating
Das Credit rating beinhaltet die Analyse des ↑Kreditrisikos eines potenziellen oder bereits vorhandenen Kreditnehmers. Das Credit rating erfolgt im Rahmen der Bonitäts- oder Kreditanalyse. Mit ihr

soll es der Bank gelingen, die Kreditrisiken in einem Unternehmen zu erkennen und in ihrer Grösse und Bedeutung abzuschätzen.

Zu diesem Zweck werden verschiedene Bereiche eines potenziellen Kreditnehmers analysiert. Dabei geht es darum, die vorhandene Informationsasymmetrie zwischen potenziellem Kreditnehmer und Bank zu reduzieren. Es gilt somit, aussagekräftige Informationen in diesen Bereichen zu beschaffen, zu verarbeiten und schliesslich zu bewerten.

Die traditionelle Bonitätsprüfung umfasste im deutschsprachigen Raum lange Zeit die Prüfung der beiden Elemente ↑Kreditwürdigkeit und ↑Kreditfähigkeit. Die Prüfung der Kreditwürdigkeit umfasst die fachliche und menschliche Beurteilung des Unternehmers bzw. des Managements. Die Kreditfähigkeit hingegen analysiert die finanzielle Lage und Entwicklung des Unternehmens. In der heutigen Bankpraxis wird weniger diese klassische Zweiteilung vorgenommen; vielmehr werden im Rahmen der Kreditanalyse folgende drei Bereiche analysiert:

– *Management:* z.B. Ausbildung, Erfahrung, Integrität, Interessenlage und Nachfolgeregelung des Managements
– *Produkt/Markt:* z.B. Produktepalette (Breite und Tiefe), Innovationsgrad, Wettbewerbsposition, Abhängigkeit von Abnehmern und Lieferanten, Konkurrenzsituation
– *Finanzielle Lage und Entwicklung:* z.B. Vermögens- und ↑Kapitalstruktur, Liquiditäts- und Ertragssituation, Mittelflussrechnungen sowie Plan-Bilanzen und -Erfolgsrechnungen.

In jüngster Zeit wird zudem der Bereich der ökologischen Risiken immer häufiger als zusätzlicher Bestandteil in die Kreditprüfung integriert. Dabei geht es um den möglichen Ausfall eines Kreditnehmers aufgrund ökologischer Einflüsse, die sich in einer Verteuerung des Produktionsprozesses und/oder dem Rückgang des Umsatzes äussern. Ebenso können aufgrund von Altlasten (verunreinigte Bodenflächen) Wertverminderungen von Kreditsicherheiten entstehen.

Das *Ziel des Credit ratings* besteht darin, die innerhalb der zu prüfenden Bereiche festgestellten Kreditrisiken zu beurteilen und in ihrer Gesamtheit zu bewerten, um zu einem Gesamturteil über den Kreditnehmer zu gelangen. Dieses soll Auskunft über das ↑Ausfallrisiko eines potenziellen Kreditnehmers geben.

Erfolgt eine korrekte Bestimmung des Ausfallrisikos, so gelingt es, die «guten» Unternehmen von den «schlechten» zu trennen.

Ist die Kreditanalyse hingegen fehlerhaft, können einerseits Kreditverluste oder andererseits entgangene Erträge aufgrund der Ablehnung eines potenziellen Kreditnehmers die Folge sein. In diesem Zusammenhang spricht man von den beiden Fehlertypen, Fehler erster Art oder Alpha-Fehler und Fehler zweiter Art oder Beta-Fehler (↑Credit scoring).

In der Vergangenheit kam es in diesem Zusammenhang oftmals zu einer Fehlbeurteilung und damit zum einem fehlerhaften Rating des Kreditnehmers. Zum einen wurden die drei Bereiche Management, Produkte/Märkte sowie finanzielle Lage und Entwicklung aufgrund von Informationsdefiziten oder einer zu wenig umfassenden oder tief gehenden Analyse nicht korrekt beurteilt.

Zum anderen erfolgte die Gewichtung der drei Prüfbereiche nicht entsprechend deren Bedeutung in der Realität. So stand oftmals die Prüfung der finanziellen Verhältnisse im Vordergrund, während die Resultate der anderen Bereiche zu wenig in das Gesamturteil einflossen, obwohl in der Praxis den Bereichen Management und Produkte/Märkte die grösste Wichtigkeit zugemessen wird. Ebenso wurden neu aufgetretene Risiken, wie die ökologischen Risiken, die z.B. aufgrund belasteter Grundstücke auftreten und die zu einer Wertverminderung der Kreditsicherheit führen, nicht genügend einbezogen.

Das schwerwiegendste Versäumnis lag jedoch schliesslich in der Tatsache begründet, dass die Ergebnisse der Kreditanalyse nicht in einem objektiv nachvollziehbaren Rating mündeten, sondern die jeweiligen Sachbearbeiter aufgrund ihrer subjektiven Einschätzung eine Einteilung in «gute» und «schlechte» Unternehmen vornehmen mussten. Damit lässt sich das Zustandekommen des Urteils bzw. des ↑Ratings eines Kreditnehmers nur schwer nachvollziehen. Wuffli/Hunt haben dies treffend wie folgt beschrieben: «Internal ratings often said more about the likes and dislikes of individual account officers and their superiors than

Verteilung der Ratings von 349 Kreditsachbearbeitern

	Rating	Effektives Rating					
		2	3	4	5	6	7
Rating der Kredit-sachbearbeiter	2	62%	10%	1%	0%	0%	0%
	3	28%	82%	19%	3%	1%	2%
	4	7%	8%	70%	52%	20%	5%
	5	3%	0%	9%	43%	41%	28%
	6	0%	0%	1%	2%	36%	35%
	7	0%	0%	0%	0%	2%	30%

about the underlying risks.» Diese Aussage findet ihre Bestätigung durch eine von Wyman vorgenommene Untersuchung, in der Kreditsachbearbeiter verschiedene Unternehmen auf ihre Zugehörigkeit zu einer Rating-Klasse beurteilen mussten. Die Resultate sind aufschlussreich: Während die Mehrheit der Sachbearbeiter die bonitätsmässig besten drei Unternehmen richtig zuordnen konnten, nahm die Zuordnungsqualität bei den risikoreicheren Betrieben stark ab. Insbesondere tendierten bei diesen Fällen die Firmenkundenbetreuer dazu, die Unternehmen besser zu beurteilen, als sie in Wirklichkeit waren.

Die Abbildung S. 275 unten zeigt die Resultate der Untersuchung von Wyman.

Die hier gezeigte Problematik der subjektiven Ratingeinstufungen kann durch die zunehmende Verwendung von Credit-scoring-Systemen eingeschränkt werden (↑Credit scoring). Durch den Einsatz von Credit-scoring-Systemen kann eine Objektivierung und höhere Konstanz der Kreditprüfung und damit des Credit rating erreicht werden.

Zweck des Ratings ist es, aufgrund eines Gesamturteils eines potenziellen Kreditnehmers dessen ↑Ausfallwahrscheinlichkeit zu bestimmen. Je nach Detaillierungsgrad und Aussagekraft des Ratings lassen sich dabei vereinfacht vier unterschiedliche Stufen unterscheiden:

– Einteilung der Kredite in zwei Gruppen: Die Kreditnehmer werden entweder als «gut» oder «schlecht» bzw. als «weiss» oder «schwarz» klassifiziert.
– Einteilung der Kredite in drei Gruppen: Zusätzlich zu den zwei Gruppen «guter» und «schlechter» Kreditnehmer wird eine Zwischengruppe für «zweifelhafte» bzw. «graue» Kreditnehmer gebildet. Dies ermöglicht den Kreditbeurteilungsprozess zu beschleunigen, indem durch diese dreiteilige Triage für eindeutig «gute» bzw. «schlechte» Fälle sofort eine Entscheidung gefällt werden kann. Für «zweifelhafte» Fälle werden hingegen genauere Analysen notwendig.
– Einteilung der Kredite in mehrere Bonitätsklassen: Die Zahl dieser Klassen schwankt zwischen fünf und zehn Gruppen. Die Aufteilung der Klassen erfolgt in Anlehnung an die ↑Rating-Agenturen, wie Moody's oder Standard & Poor's, deren Ratings sich meist auf internationale, kapitalmarktfähige Schuldner bezieht.
– Dem Kredit wird ein quantitativer Wert zugeordnet: Die einzelnen Werte sind dabei für sich allein nicht aussagekräftig, sondern müssen rechnerisch weiterverarbeitet werden. Dabei werden den quantitativen Wertebereichen Ausfallwahrscheinlichkeiten zugeordnet. Danach sollte durch diese Kalibrierung die durchschnittliche Ausfallwahrscheinlichkeit jener der öffentlichen ↑Bond ratings entsprechen.

Die Abbildung links zeigt einen Vergleich der Rating-Klassen einer Bank mit den beiden Rating-Klassen von Moody's oder Standard & Poor's.

Die aufgrund einer Ratingklasse resultierende Ausfallwahrscheinlichkeit bildet dann unter anderem die Basis für risikogerechte Kreditkonditionen, welche den ↑Kreditgeber für das eingegangene Risiko entschädigen (↑Credit pricing).

Peter Lautenschlager, Luc Seydoux

Vergleich der Rating-Klassen

Rating-Klassen einer Grossbank	Rating-Klassen von Moody's	Rating-Klassen von Standard & Poor's	1-Jahres-Ausfallwahrscheinlichkeit (indikative Beispiele)	
R 1	Aaa	AAA	0,00%	Investment Grade
R 2	Aa 1 Aa 2 Aa 3	AA+ AA AA–	0,03%	
R 3	A 1 A 2 A 3	A+ A A–	0,10%	
R 4	Baa 1 Baa 2 Baa 3	BBB+ BBB BBB–	0,20%	
R 5	Ba 1 Ba 2 Ba 3	BB+ BB BB–	1,00%	Speculative Grade
R 6	B 1 B 2 B 3	B+ B B–	5,00%	
R 7	Caa Ca C	CCC+ bis CCC– CC C	20,00%	
R 8		D	–	

Credit scoring

Unter Credit scoring wird im Allgemeinen ein Punktebewertungsverfahren verstanden, welches der Bank hilft, die ↑Bonität eines Schuldners zu beurteilen. Der Begriff Credit scoring wird dabei häufig für eine Vielzahl von Bonitätsbeurteilungsverfahren verwendet. So werden oftmals bereits einfache Listen mit so genannten K.o.-Kriterien, mithilfe derer unerwünschte Kreditantragsteller eliminiert werden sollen, als Credit scoring bezeichnet. Auch die Bestimmung von Punktwerten basierend auf Expertenmeinungen fällt teilweise unter den Begriff Credit scoring.

Im Folgenden soll jedoch unter Credit scoring ein statistisches Verfahren verstanden werden, das
– auf der Basis von Daten beobachteter Kreditnehmer

– eine Vorhersage, d. h. eine Prognose in Bezug auf das zukünftige Kreditbedienungsverhalten eines Schuldners
erlaubt.

1. Ziele des Credit scoring
Das Ziel des Credit scoring ist die *Berechnung der ↑Ausfallwahrscheinlichkeit* eines Schuldners oder die Zuordnung desselben zu einer Risiko- bzw. Ratingklasse, die wiederum Auskunft über die Höhe des ↑Ausfallrisikos gibt. In diesem Sinne kann das Credit scoring auch als Bestandteil des ↑Credit rating angesehen werden.

Neben der Ermittlung der Bonität zielt das Credit scoring im Rahmen der Kreditgewährung auf eine *Objektivierung der Bonitätsprüfung*. Die herkömmliche Bonitätsprüfung beruht i.d.R. auf Richtlinien des ↑Kreditgebers und der persönlichen Erfahrung des Firmenkundenbetreuers. Das Credit scoring hingegen versucht, aufgrund aussagkräftiger Kriterien – mittels eines statistischen Verfahrens – die Bonität eines Schuldners zu bestimmen. Dadurch verspricht man sich eine Verbesserung der Urteilsfähigkeit und damit eine Verringerung der eingegangen ↑Kreditrisiken.

2. Grundprinzip und Funktionsweise
Credit scoring beruht auf mathematisch-statistischen Verfahren. Dabei gelangen in der Praxis oftmals folgende Modelle zur Anwendung: ↑Diskriminanzanalyse, Logit-/Probit-Modelle und neuronale Netzwerke sowie in jüngster Zeit auch Modelle, die auf der Fuzzy-Entscheidungstheorie basieren.

Am Beispiel der Diskriminanzanalyse soll die Funktionsweise solcher Verfahren aufgezeigt werden.

Generell ist Diskriminanzanalyse ein mathematisch-statistisches Verfahren, bei dem eine Vielzahl von Kreditnehmern bezüglich einheitlicher Kriterien (z. B. verschiedener Finanzkennzahlen) untersucht wird. In einem ersten Schritt geht es darum, eine Auswahl bisheriger «guter» und «schlechter» Bonitätsfälle zu analysieren. In einem zweiten Schritt wird dann untersucht, ob aufgrund dieser Analyse Schlussfolgerungen darüber gemacht werden können, in welche Gruppe ein bis dahin noch nicht untersuchter, d. h. ein neuer, zukünftiger Kreditnachfrager gehört.

Die bekanntesten empirischen Untersuchungen, welche die Diskriminanzanalyse zur Beurteilung der Bonität von Unternehmen einsetzten, sind jene von Beaver und Altman aus den USA. Während sich Beaver hauptsächlich auf die univariate Diskriminanzanalyse stützte, die versucht, die Unternehmen nur anhand einzelner Kennzahlen zu unterscheiden, verwendete Altman die multivariate Methode. Bei der *multivariaten Diskriminanzanalyse (MDA)* wird durch mehrere Kennzahlen, die addiert und untereinander gewichtet werden, eine so genannte Diskriminanzfunktion gebildet. Als Beispiel einer Diskriminanzfunktion ist die Funktion von Altman, das so genannte Z-score-Modell, dargestellt:

$$Z = 0.012 \cdot X_1 + 0.014 \cdot X_2 + 0.033 \cdot X_3 + 0.006 \cdot X_4 + 0.999 \cdot X_5$$

wo:
X_1 = Umlaufvermögen/Total Aktiven
X_2 = Einbehaltene Gewinne/Total Aktiven
X_3 = Gewinn vor Zinsen und Steuern/Total Aktiven
X_4 = Marktwert des Eigenkapitals/Buchwert Fremdkapital
X_5 = Umsatz/Total Aktiven

Trennwert und Klassifikation von Unternehmen

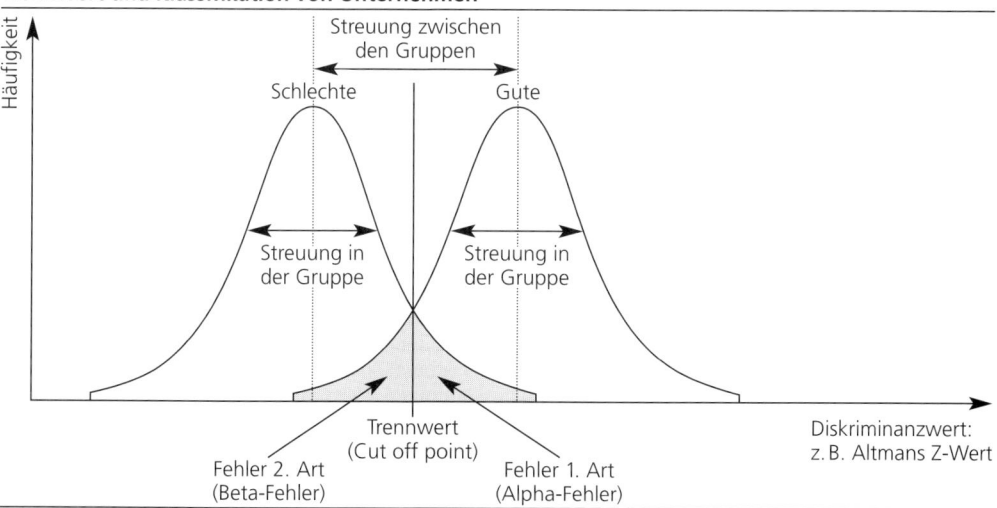

Der durch diese Funktion ermittelte Diskriminanzwert (bei Altman als Z-Wert bezeichnet) gibt dann Auskunft, inwieweit die untersuchte Unternehmung insolvenzgefährdet und wie gut deren Bonität ist. Die hier dargestellte Funktion bezieht sich auf US-börsenkotierte Unternehmen. Sie wurde von Altman 1968 entwickelt. Altman gelang hiermit bei 72% der Fälle die Insolvenz knapp zwei Jahre (rund 20 Monate) im Voraus vorherzusagen. Später wurde die hier gezeigte Diskriminanzfunktion auch für nichtkotierte Unternehmen adaptiert. Mithilfe der Diskriminanzanalyse gelingt es somit, Unternehmen anhand von wenigen Kennzahlen zu klassifizieren. Bei der Beurteilung der Klassifikationsgüte einer Diskriminanzfunktion spielt die Höhe der Fehlklassifikationen eine entscheidende Rolle. Die Abbildung S. 277 unten veranschaulicht die Problematik der Fehlklassifikationen und den Zusammenhang zwischen Klassifikationsgüte und den beiden auftretenden klassischen Fehlerarten.

Versucht man die Gruppen der guten und schlechten Unternehmen zu trennen, so lässt sich anhand der Häufigkeitsverteilung des Diskriminanzwertes der Unternehmen der kritische Trennwert (so genannter *Cut off point*) ermitteln. Wie man erkennen kann, werden diejenigen Betriebe, die sich rechts des Trennwertes befinden, als gut, jene links davon als schlecht klassifiziert. Im Überschneidungsbereich (auch Grauzone genannt) der beiden Häufigkeitsverteilungen treten jedoch Fehlklassifikationen auf. Dabei werden zwei Fehlertypen unterschieden:
– Als Fehler erster Art oder Alpha-Fehler wird der Prozentsatz vom im Nachhinein insolventen Kunden bezeichnet, die zuvor jedoch als gut klassifiziert worden sind
– Als Fehler zweiter Art oder Beta-Fehler wird der Prozentsatz von ex post solventen Kreditkunden bezeichnet, die aber als schlecht klassifiziert worden sind

Zudem ist Folgendes zu beachten:
– Die Messung der Anzahl Fehlklassifikationen erfolgt, indem die Fehler erster und zweiter Art addiert werden.
– Je grösser die Streuung zwischen und je kleiner die Streuung in den Gruppen ist, desto kleiner sind Fehler erster und zweiter Art.
– Durch Verschiebung des Trennwertes (Cut off point) kann zwar einer der beiden Fehler verkleinert werden, jedoch immer auf Kosten des anderen.
– Bei der Bestimmung des Trennwertes wird derjenige Wert gewählt, der die Zahl der Fehlklassifikationen oder die dadurch entstehenden Kosten minimiert. Dabei ist zu beachten, dass die Kosten aufgrund des Fehlers erster Art (Kreditverluste aufgrund von Insolvenzen) in der Regel höher sind als diejenigen bei Fehlern zweiter Art (Opportunitätskosten aufgrund entgangener Erträge).

Betrachtet man die Ergebnisse von durchgeführten Untersuchungen zur Leistungsfähigkeit der MDA, so zeigt sich, dass diese in der Regel eine Klassifikationsgüte von 75% bis 85% erzielen.

3. Beurteilung des Credit scoring
Bei der Anwendung von Scoring-Systemen muss man sich des grundsätzlichen Prognoseproblems bewusst sein. Eine hundertprozentig korrekte Vorhersage ist nie möglich. Die einzige Aussage, die gemacht werden kann, ist diejenige, dass in der Vergangenheit Kredite mit einer vergleichbaren Datenstruktur wie der neu zu beurteilende Fall mit einer berechenbaren Wahrscheinlichkeit eine bestimmte Entwicklung angenommen haben.

Für den Aufbau eines prognosefähigen und statistisch signifikanten Scoring-Systems sind zudem eine grosse Anzahl an vorhandenen Krediten eine unabdingbare Voraussetzung. Aus diesem Grund werden Credit-scoring-Systeme vor allem im Massenkreditgeschäft, wo grosse Kreditmengen mit meist kleineren Kreditbeträgen vorhanden sind, eingesetzt.

Ursprünglich wurde Credit scoring vorwiegend im Kreditkarten- und Privatkredit-Bereich (↑Kreditkarten; ↑Privatkredit) angewendet und gelangt in jüngster Zeit auch im Kreditgeschäft mit Gewerbekunden zunehmend zum Einsatz. Bei grösseren Kreditbeträgen hingegen kommt dem Credit scoring vor allem die Bedeutung einer Triagefunktion zu. Eindeutig gute und schlechte Kreditantragsteller können damit effizient und rasch erkannt werden. Für die innerhalb des Überschneidungsbereiches (Grauzone) liegenden Fälle, unternimmt der Firmenkundenbetreuer eine vertiefte Analyse.

Peter Lautenschlager, Luc Seydoux

Credit spread
Credit spread ist die ↑Renditedifferenz, die eine ↑Anleihe am Kapitalmarkt gegenüber einer Referenzanleihe aufweist. Als Referenzanleihe dient meist eine Staatsanleihe mit vergleichbarer ↑Laufzeit. Der Credit spread widerspiegelt dabei die Bonitätsunterschiede im Falle abweichender ↑Ratings der beiden Anleihen.

CRESTCo
CRESTCo, das englische ↑Central security depository (CSD) mit Sitz in London, bietet Settlement services an für den englischen, irischen und eine wachsende Anzahl internationaler Märkte. Gegründet 1994 operiert es zwei Realtime settlement systeme: CREST für englische, irische und internationale Wertschriften und Staatsanleihen sowie CMO für englische Geldmarktpapiere. Das Aktionariat der CRESTCo konstituiert sich aus 96 Kunden, die jeweils ihren relevanten Markt und ihre internationale Ausrichtung repräsentieren.

CRESTCo bildet zusammen mit der ↑SIS SegaIntersettle AG die strategische Kooperation ↑The settlement network (TSN).
Links: www.crestco.co.uk

Cross border leasing

Beim Cross border leasing oder grenzüberschreitenden Leasinggeschäft ist zu unterscheiden zwischem dem echten *Exportleasing* und der Vermittlung von Leasinggeschäften im Rahmen internationaler «*Leaseclubs*» (Multilease, International Finance and Leasing Association u. a.). Im echten Exportleasing, in seiner Form als Finanzierungsleasing, liegt jene Dreiecksbeziehung zwischen Leasingnehmer, Lieferant und Leasinggesellschaft (Leasinggeberin) vor, die das Leasinggeschäft generell charakterisiert – mit dem Unterschied, dass der Leasingnehmer und eventuell auch der Lieferant im *Ausland* domiziliert sind.

Dadurch ergibt sich für die Leasinggesellschaft (Bank), abgesehen von risikopolitischen Überlegungen, eine Fülle rechtlicher und fiskalischer Probleme, die ein grenzüberschreitendes ↑Leasing erheblich komplexer erscheinen lassen als eine *konventionelle* ↑*Exportfinanzierung*. Dies ist sicher der Hauptgrund, warum die Gesellschaften des Schweizer Leasingverbandes (SLV) bisher im Bereich des echten Exportleasing ein unbedeutendes Volumen ausweisen. Einzige Ausnahme bildet Deutschland, wo die grenzüberschreitenden Leasingtransaktionen weitgehend problemlos abgewickelt werden können. Dies wird sich im Zuge der Rechtsharmonisierung im Rahmen der EU über die Vereinigung *Leaseurope* in den kommenden Jahren nachhaltig verbessern. Das «Modell-Verhältnis» Deutschland-Schweiz wird sich dann auch auf andere europäische Länder adaptieren lassen.

Auch bei dem von Schweizer ↑Grossbanken im Rahmen von Handels- und Exportfinanzierungen in Einzelfällen angebotenen Cross border leasing handelt es sich meist um ein «unechtes» Exportleasing. Dabei verlangt die Leasinggeberin zur Sicherstellung der Leasingzahlungen eine abstrakte (transaktionsunabhängige) ↑Bankgarantie sowie – falls erforderlich – die Absicherung bei der Schweizer ↑*Exportrisikogarantie (ERG)*. Gründe für die Bevorzugung einer Leasingfinanzierung können z. B. steuerliche Vergünstigungen im Importland, administrative Importerleichterungen oder Zollvergünstigungen sein. Eine gewisse Bedeutung hat dieses Cross border leasing in einigen Ländern Mittel- und Osteuropas sowie in China erreicht. Der Schwerpunkt liegt derzeit in Österreich, Ungarn, der Slowakei, Tschechien und Slowenien.

Internationales Leasing erfolgt heute meist noch durch Vermittlung des Geschäftes durch die nationale Leasinggesellschaft an eine Leasinggesellschaft im Importland. Bei Abschluss tritt die ausländische Leasinggesellschaft in den Kaufvertrag zwischen Exporteur und Importeur ein. Vereinzelt werden auch *Sale-and-lease-back*-Verträge (↑Sale and lease back) geschlossen, bei welchen der ausländische Vertragspartner als Käufer auftritt, gleichzeitig aber der Leasinggesellschaft seines Landes das Importgut weiterverkauft, die es dann ihrerseits dem Importeur wieder verleast. Diese Vieleckssbeziehung erscheint auf den ersten Blick komplex. Sie bietet jedoch etliche *Vorteile:* Für den Exporteur bedeutet die Transaktion ein Bargeschäft, d. h. er braucht sich nicht um die ↑mittel- oder ↑langfristige Exportfinanzierung zu kümmern, sondern kann im Sinne einer *Off-balancesheet-Finanzierung* seine Bilanz von Forderungen entlasten. Ebensowenig läuft er Gefahr, Währungsrisiken einzugehen oder gar Kursverluste zu erleiden, weil er die Absatzfinanzierung im Sinne des *Vendor leasing* outsourcen kann. Zudem liegt das Delkredererisiko bei der Leasinggesellschaft, die als Käuferin auftritt. Dadurch lässt sich für den Importeur die Debitorenbuchhaltung und insbesondere das im Exportgeschäft sehr aufwändige Recovery weit gehend vermeiden.

Der Leasingnehmer wiederum, der eigentliche Importeur, profitiert von der Tatsache, dass er zur Bezahlung der importierten Güter keinen Kredit aufnehmen oder eigene Mittel binden muss, sondern dass er das Entgelt dafür nach dem leasingspezifischen Prinzip des Pay as you earn durch nutzungskonforme bzw. fristenkongruente Leasingzahlungen aufbringen kann. Hinzu kommen allfällige länderspezifische Steuervorteile, Zollvergünstigungen und administrative Importerleichterungen.

Eine Sonderform des Cross border leasing ist das *Tax leverage leasing* (in Deutschland auch als Investoren-Leasing bekannt). Es wurde bereits vor Jahrzehnten in den USA entwickelt. Das Grundprinzip besteht darin, die hohen Abschreibungsmöglichkeiten aus den Investitionen eines bonitätsmässig erstklassigen, sehr expansiven (ausländischen) Unternehmens durch andere besonders ertragsstarke (inländische) Firmen oder einkommensstarke Privatpersonen mit hoher Steuerprogression wahrnehmen zu lassen. Etwas vereinfacht lassen sich die steuerlich relevanten Merkmale dieser Finanzierungsform wie folgt skizzieren:

Als Leasinggeberin, d. h. als so genannte Objektgesellschaft, tritt eine Personengesellschaft auf. Deren Gesellschafter sind ↑Investoren mit hohem Einkommen. Leasingnehmer sind Flug- oder Eisenbahngesellschaften, Leasingobjekte Flugzeuge oder Rollmaterial. Bei einer Buchwertabschreibung von 30% oder 40% fallen in der Anfangsphase relativ hohe Abschreibungen an. Da die periodischen Leasingzinsen tief angesetzt sind und der Ausgleich erst durch eine grössere Schlusszahlung am Ende der Laufzeit bewirkt wird, übersteigen in den ersten Jahren die Aufwendungen den Ertrag. Dies führt bei den Gesellschaftern zu steuerlich absetzbaren Verlusten. Erst in der Endphase übersteigen die Einnahmen die Ausgaben deutlich, insbesondere dank der Schlusszahlung. Und erst dann haben die Gesellschafter (Investoren) diese hohen Erträge zu versteuern.

Diese *Tax-leverage-leasing-Konzepte* (Pickle-Dole-Lease, Lease in – Lease out u. a.) nutzen die spezifischen Gestaltungsmöglichkeiten des amerikanischen Rechts. Entscheidend ist, dass der Leasingnehmer ausserhalb der USA angesiedelt ist, der Eigenkapitalanteil der Finanzierung aber von amerikanischen Investoren aufgebracht wird. Als Leasingobjekte kommen Grossinvestitionsgüter in Frage, deren wirtschaftliche Lebensdauer wesentlich länger ist als die zugestandenen Abschreibungszeiten. Ausser für Rollmaterial gilt dies vor allem auch für Flugzeuge und Kraftwerkturbinen. Je nach Einzelfall lassen sich durch solche Tax-leverage-lease-Modelle Barwertvorteile zwischen 2% und 6% erzielen. Das heisst, der Leasingnehmer bezahlt im Endeffekt nur 94% bis 98% des Kaufpreises.

Die Finanzierung über ein Tax leverage leasing ist vor allem bei den Luftverkehrsgesellschaften stark verbreitet. Die meisten Gesellschaften haben mindestens 20% bis 30% ihrer Flotte geleast. Von den europäischen Bahnen haben jene von Belgien, Deutschland, Frankreich, Niederlande, Schweden und Spanien solche Transaktionen erfolgreich durchgeführt und – 1992 erstmals auch die Schweizerischen Bundesbahnen SBB und zuletzt ebenfalls die Städtischen Verkehrsbetriebe Zürich.

Überlegungen zu verschiedenen Varianten des nationalen wie internationalen Leasings sowie die Idee, in ↑Fonds als Kapitalanlage zu investieren, haben zum Konzept der *Leasing-Fonds* geführt, die vor allem in Deutschland verbreitet sind. Durch die Verbindung der Finanzierungsform Leasing mit der ↑Kapitalanlage in einem Fonds werden Vorteile beider Komponenten genutzt und als Instrument der Exportfinanzierung eingesetzt. Solche massgeschneiderten Finanzierungslösungen, die aus rein finanztechnischen, renditesteigernden Überlegungen gewählt werden, sind nur unter Berücksichtigung aller rechtlichen, wirtschaftlichen und steuerlichen Aspekte möglich. Sie erfordern angesichts des sehr spezifischen Know-hows und der juristischen Komplexität grundsätzlich den Einbezug spezialisierter Firmen. Die skizzierten Vertragsbeziehungen werden um eine weitere Komponente erweitert, wenn die Objektgesellschaft, d.h. die Leasinggeberin, aus steuerlichen oder rechtlichen Gründen in einem Drittland angesiedelt ist.

Tax leverage leasing ist nebst dem Zusammenspiel mit Investoren/Leasing-Fonds auch *konzernintern* durchführbar. Die Konstruktion erfolgt analog zum oben beschriebenen Tax leverage leasing. Eine Konzerntochter (mit Sitz im Ausland!) tätigt die Investition und nutzt den Steuerstundungseffekt. Sie wird zur Leasinggeberin. Das Objekt wird nun von einer zweiten konzerninternen Tochter (mit Sitz im Ausland!), die das Objekt nutzt, geleast. Diese zweite Firma wird zur Leasingnehmerin. Die Vorteile aus dieser Struktuierung sind mit denen des steuerorientierten Investoren-Leasing vergleichbar. In diesem Fall findet die Finanzierung jedoch konzernintern statt. Der ↑Konzern kann also gleichzeitig sowohl die Vorteile für den Investor als auch für den Leasingnehmer nutzen: Steuerstundungseffekte und zugleich eine niedrigere Finanzierungsbelastung als bei einer konventionellen Exportfinanzierung.

Eine interessante Steigerung des konzerninternen Tax leverage leasing stellt die Kombination mit einem Cross border leasing dar. Diese Konstellation kann entstehen, wenn sich die Konzerntöchter in verschiedenen Ländern befinden, z. B. in Deutschland und in Frankreich. In diesem Fall spricht man von einem so genannten *Double dip*. Dieser basiert auf den unterschiedlichen Rechtsnormen der erwähnten Länder. Das ermöglicht, dass ein und dasselbe Objekt bei beiden Töchtern gleichzeitig aktiviert und abgeschrieben wird: Die französische Tochter erwirbt und bilanziert ein Objekt und gibt dieses über einen Leasingvertrag an die deutsche Konzerntochter weiter. In Frankreich aktiviert gemäss Steuergesetzgebung der rechtliche Eigentümer das Objekt, also die französische Tochter (Investor). Der Leasingvertrag wird in Deutschland als «Mietkauf» (Kaufvertrag) betrachtet. Demzufolge erscheint das Leasingobjekt auch in Deutschland als Aktivum in der Bilanz (wirtschaftliches Eigentum). Sowohl in Deutschland als auch in Frankreich können somit die Abschreibungssätze steuerlich geltend gemacht werden. Dieser Double dip (Double depreciation) kann durch die doppelte Abschreibungsmöglichkeit bei teilweiser Weitergabe auch für die Anleger in einem Leasing-Fonds zusätzliche Renditevorteile generieren.

Thomas Gulich

Cross border settlement (CBS)

Bezeichnung für ein ↑Settlement (Austausch, Abwicklung von Geld und ↑Titeln), welchem sog. Crossborder- oder grenzüberschreitende Aufträge aus Börsengeschäften oder Anlagen in ↑Effekten zugrunde liegen, und die von in der Schweiz domizilierten Kunden im Ausland und in Fremdwährung abgeschlossen wurden. Die Abwicklung erfolgt dabei in der Regel über eine ausländische ↑Depotbank oder ein ausländisches Clearinghaus. Ein weiteres Merkmal besteht darin, dass im Gegensatz zu einem «Inland Settlement» oder «Inhouse Settlement» die Ausführungsqualität (inkl. der zum Einsatz gelangenden EDV-Mittel) von den ausländischen Partnern (Banken, ↑Broker,

↑Central securities depository [CSD] und ↑International central securities depository [ICSD]) abhängen.

Cross-border-Zahlungen
In der Europäischen Union (Euro-Zone) übt die Europäische Kommission grossen Druck aus für Verbesserungen bei grenzüberschreitenden Zahlungen. Für die Mitgliedstaaten hat die Europäische Kommission dem Europäischen Parlament und dem Rat eine Verordnung über grenzüberschreitende Zahlungen in Euro vorgeschlagen. Sie soll die Effizienz von grenzüberschreitenden Dienstleistungen und Zahlungen steigern. Verbraucher, kleine und mittlere Unternehmen sollen ihre Zahlungen im ganzen Binnenmarkt schnell, zuverlässig und kostengünstig abwickeln können. Die Banken in der Europäischen Union sollen sich zum Ziel setzen, die Kosten grenzüberschreitender Zahlungen den Kosten von Inlandzahlungen anzugleichen. Sie sehen zu diesem Zweck ein System des ↑Straight through processing (STP) mit ↑International bank account numbers (IBAN) und standardisierten ↑International payment instructions (IPI) vor. Bis im Juli 2003 sollte das STP vollelektronisch ablaufen. *Germain Hennet*

Cross currency interest rate swap
Der Cross currency interest rate swap wird auch als Currency coupon swap oder Circus swap bezeichnet. Er ist eine standardisierte Variante des ↑Währungs- und Zinsswaps, in welchem der Zinssatz der einen ↑Währung fix ist und derjenige der anderen variabel. Der Cross currency interest rate swap ist also eine Kombination aus Zinssatz- und Währungskomponenten.

Cross currency liability and interest rate swap
↑Kapitalmarkt-Swaps.

Cross currency liability swap
↑Kapitalmarkt-Swaps.

Cross-default-Klausel
Eine Vertragsklausel, die dem ↑Gläubiger das Recht gibt, die vorzeitige ↑Rückzahlung einer befristeten Schuld (↑befristeter Kredit) bereits dann zu verlangen, wenn der Schuldner mit der Erfüllung von Verträgen mit Dritten in Verzug (↑Default) geraten ist (typischerweise muss die Vertragsverletzung bereits zur ↑Kündigung des Drittvertrages geführt haben. ↑Default-Klausel). Die Klausel bietet dem Gläubiger einen zusätzlichen Schutz; er braucht im Falle von Zahlungsschwierigkeiten des Schuldners die nächste (Zins-)Fälligkeit (↑Fälligkeitstermine) seiner eigenen Forderung nicht abzuwarten, um gegen den Schuldner vorzugehen.

Cross hedge
Hedgingstrategie, bei der ein ↑Wertpapier mit ↑Futures abgesichert wird, das nicht als ↑Basiswert in den Future geliefert werden kann. Das ↑Basisrisiko ist bei einem Cross hedge grösser als bei einem direkten ↑Hedge.

Cross holdings
Wechselseitige Beteiligung. Eine Gesellschaft A ist an B beteiligt, während B ihrerseits eine Beteiligung an A hält. Gegenseitige Kapitalverflechtungen erschweren die Beurteilung von durch wechselseitige Beteiligungen verbundenen Gesellschaften oder Konzernen.

Crossing System
↑Handelssysteme.

Cross rate
Englische Bezeichnung für Kreuzkurs. Die Cross rate ist der aus den ↑Wechselkursen zweier ↑Währungen gegen eine dritte unter der Voraussetzung funktionierender ↑Arbitrage sich ergebender Wechselkurs der beiden Währungen gegeneinander. Zum Beispiel lässt sich aus dem Wechselkurs des US-Dollars gegen den ↑Euro und gegen den Schweizer Franken der CHF/EUR-Wechselkurs als Cross rate berechnen.

Cross rate swap
↑Quanto swap.

Cross selling
Gewinnung der Kunden für den Kauf von zusätzlichen Produkten und Leistungen aus dem eigenen Leistungsprogramm.
Cross selling hat zum Ziel, die Deckungsbeiträge und Kundenbindung einzelner Kunden zu erhöhen. Cross-selling-Angebote müssen so definiert werden, dass damit nicht nur eine Deckungsbeitragsverschiebung zwischen einzelnen Produkten und Vertriebseinheiten stattfindet, sondern in der Summe eine Erhöhung des gesamten Deckungsbeitrages erzielt wird.
Je mehr Leistungen die Kunden von einem Anbieter nutzen, desto mehr sind sie gebunden, was wesentlich zur langfristigen Ertragsentwicklung bzw. -sicherung beiträgt.
Cross selling stellt zusätzliche Herausforderungen an die Mitarbeiter, da diese in der Lage sein müssen, die ganze Leistungspalette anzubieten. ↑Contact-Center.

Crowding out
Ausdruck für (Markt-)Verdrängungseffekte, die vom Staat ausgehen. Beispiel: Der Staat (auf allen Stufen: Bund, Kantone und Gemeinden) nimmt, zwecks Konjunkturbelebung, hohe Kreditbeträge

auf und verschlechtert damit die Verschuldungsmöglichkeiten von Wirtschaft und Privaten aufgrund nicht ausreichenden Finanzmarktvolumens.

CRT
Abk. f. ↑Claims Resolution Tribunal.

CSD
Abk. f. ↑Central securities depository.

CTB
Abk. f. Commission Tripartite Bourses.

CTD-Anleihe
Abk. f. Cheapest-to-deliver-Anleihe. ↑Cheapest to deliver.

Cum
Cum bedeutet «mit» und wird vor allem für ↑Optionsanleihen gebraucht, die noch mit dem Optionsschein gehandelt werden oder für Aktien im Zusammenhang mit einer ↑Kapitalerhöhung, wenn das ↑Bezugsrecht noch im Kurs enthalten ist. Der Gegensatz zu cum ist ex.

Cum-Optionsanleihe
↑Cum.

Cumulative fund
↑Thesaurierungsfonds.

Curb market
Im amerikanischen ↑Finanzmarkt gebräuchliche Bezeichnung für den ungeregelten, ausserbörslichen Handel von ↑Wertpapieren. Aus dem New Yorker Curb market hat sich die American Stock Exchange (↑AMEX) entwickelt. Synonym zu Curb market wird Street market verwendet.

Currency allocation
Die Currency allocation gibt Einblick in die währungsmässige Zusammensetzung der betroffenen Vermögenswerte (↑Liquide Mittel, ↑Aktien, ↑Obligationen, Edelmetalle, alternative Anlagen). Die währungsmässige Zusammensetzung der entsprechenden Anlagen muss nicht unbedingt mit dem ↑Currency exposure übereinstimmen.

Currency board
Unter einem Currency board versteht man eine Währungsbehörde, welche die eigene ↑Währung zu einem festen ↑Wechselkurs an eine ↑Leitwährung bindet. Die heimische Währung ist dabei voll konvertibel, d.h. ein Currency board verpflichtet sich, sie auf Verlangen jederzeit unbeschränkt zu einem festen Wechselkurs in die Leitwährung umzutauschen. Das Currency board hält mindestens 100% der monetären Basis als Reserven in der Leitwährung. Als Leitwährung wird meist die Währung eines Landes gewählt, mit dem das betroffene Land wirtschaftlich eng verknüpft ist. Ein Currency board ist zwischen einem System fixer Wechselkurse und der vollständigen Aufgabe der eigenen Währung (d.h. der Übernahme der fremden Leitwährung) anzusiedeln. Von einem System fixer Wechselkurse unterscheidet sich ein Currency board durch seine erhöhte Glaubwürdigkeit. Fixe Wechselkurse sind niemals völlig glaubwürdig, da nicht ausgeschlossen werden kann, dass Währungsauf- und -abwertungen (↑Aufwertung, Abwertung) vorkommen können. Beim Currency board wird durch die vollständige Deckung des ↑Geldumlaufs die Glaubwürdigkeit der Fixierung der Wechselkurse stark erhöht. Eine vollständige Übernahme der Leitwährung würde zwar einerseits das Problem der Stabilität des Wechselkurses lösen, bedeutet aber auf der andern Seite den vollständigen Verlust der ↑Seigniorage.

1. Entwicklung
Currency boards waren in den ehemaligen Kolonien in Afrika, Asien und der Karibik sehr verbreitet. In den Anfangszeiten der Kolonialisierung benützten die Siedler zuerst die Währung ihres Heimatlandes. Nachteilig für die Kolonien wirkte sich dabei jedoch aus, dass der Verlust von Banknoten der ↑Zentralbank des Mutterlands zugute kam und die Kolonien damit diese Kosten tragen mussten. Ferner barg auch der Transport verbrauchter und frischer Banknoten zwischen Mutterland und Kolonie grosse Risiken. Die Currency boards in den Kolonien lagerten deshalb Noten und Münzen des Mutterlands an einem sicheren Ort und gaben eine äquivalente Summe an lokaler Währung aus. Oft hielten die Currency boards ihre Reserven nicht nur in Noten oder Münzen des Mutterlandes, sondern auch in zinstragenden ↑Wertschriften. Dadurch konnten sie einen Teil der eigentlich ihnen zustehenden Seigniorage vom Mutterland zur Kolonie transferieren. Um 1950 besassen ca. 50 Länder ein Currency board. Als die Kolonien in den 50er- und 60er-Jahren allmählich unabhängig wurden, lösten sie sich von der Währung des Mutterlandes und gründeten ihre eigenen Zentralbanken. Eine Ausnahme ist Hongkong, wo das Currency board 1972 zwar aufgegeben wurde, jedoch schon 1983 wieder eingeführt wurde. Die Leitwährung von Hongkong ist der US-Dollar. Der Übergang vom Currency board zu einer eigenen Währung brachte den meisten Kolonien keine Vorteile. Staatliche Defizite, welche durch die neuen Zentralbanken gedeckt werden mussten, führten vielerorts zu hohen Inflationsraten.
Im Gefolge der Transformation der ehemaligen Ostblock-Staaten und von Währungskrisen in Asien und Südamerika in den 90er-Jahren ist die Idee des Currency board wieder vermehrt aufgetaucht. Currency board wurden z.B. in Argentinien

(1991, Leitwährung ist der USD), Estland (1992, DEM), Litauen (1994, USD), Bosnien (1997, DEM) und Bulgarien (1997, DEM) eingeführt.

2. Vor- und Nachteile
Der Nachteil eines Currency boards ist der Verlust der eigenständigen ↑Geldpolitik: Die Währungsbehörde kann Konjunkturschwankungen nicht mit einer eigenen antizyklischen Geldpolitik glätten, da sie keine Kontrolle über ↑Zinssatz und Geldmenge hat. Ein weiterer Nachteil eines Currency board besteht im Verlust der ↑Seigniorage. Ferner besteht unter einem Currency board eine erhöhte Wahrscheinlichkeit von ↑Bankenkrisen, da im Prinzip kein ↑Lender of last resort vorhanden ist. Es ist jedoch möglich, dass diese Funktion von der Zentralbank der Leitwährung übernommen wird oder dass das Currency board einen Deckungsgrad von über 100% aufweist, sodass es im Umfang der Überdeckung als Lender of last resort auftreten kann. Der Nachteil eines fehlenden Lender of last resort wird durch zwei Gründe entschärft. In den Ländern mit Currency board sind die wichtigsten Banken häufig Tochtergesellschaften grosser Banken aus den Ländern der Leitwährung, sodass sie erstens von der höheren Glaubwürdigkeit ihrer Mutterbank profitieren und zweitens in Krisenfällen auch auf diese zurückgreifen können. Das Fehlen eines Lender of last resort veranlasst Banken weiterhin, vorsichtiger zu sein, vermeidet dadurch das Problem des ↑Moral hazard, was wiederum die Gefahr von Bankenkrisen verringert. Bei einem Currency board (wie auch bei fixen Wechselkursen) liegt eine grosse Gefahr darin, dass die ↑Inflationsraten im Land des Currency boards langfristig über der Inflationsrate der Leitwährung liegen. Dadurch kommt es zu einer Überbewertung der Währung, was die Exporte beeinträchtigt. Da keine Wechselkursanpassungen erfolgen können, müssten Löhne und Preise nach unten angepasst werden. Sind diese jedoch wenig flexibel, kann diese Situation zu einer langandauernden ↑Rezession, zu starkem politischem Druck zugunsten einer Aufgabe der Wechselkursfixierung und zu spekulativen Attacken gegen die betroffene Währung führen. Die meisten Währungskrisen der vergangenen Jahre (EWS 1992/93, Mexiko 1995, Asien 1997) wurden durch diesen Mechanismus ausgelöst. Höhere Inflationsraten im Land des Currency boards bewirken auch geringere oder sogar negative ↑Realzinsen, was zu Aktien- und Immobilienbooms und anschliessenden scharfen Korrekturen führen kann.
Den Nachteilen des Currency boards steht der grosse Vorteil der monetären Stabilität gegenüber. Ein Currency board verunmöglicht die Finanzierung von Staatsdefiziten durch die Zentralbank. Die Stabilität der Leitwährung überträgt sich deshalb direkt auf die Landeswährung.

Caesar Lack

Currency denomination
↑Denomination.

Currency exposure
Das Currency exposure zeigt die wirtschaftliche Abhängigkeit der betroffenen Vermögenswerte (↑Liquide Mittel, ↑Aktien, ↑Obligationen, Edelmetalle, alternative Anlagen) von den entsprechenden zugrunde liegenden ↑Währungen auf. Es stimmt nicht zwangsläufig mit der ↑Currency allocation überein. Mittels Devisenabsicherungsgeschäften (z. B. Terminkontrakte und ↑Optionen) kann die wirtschaftliche Abhängigkeit vermindert oder gar eliminiert werden.

Currency futures
Terminkontrakte, deren ↑Basiswert ein ↑Wechselkurs ist.

Currency option
Eine ↑Option beliebiger Ausprägung, deren ↑Basiswert ein ↑Wechselkurs ist.

Currency swap
↑Währungsswap.

Current ratio
Statische Kennziffer zur Beurteilung der ↑Liquidität:

$$\frac{\text{Umlaufvermögen} \cdot 100}{\text{Kurzfristiges Fremdkapital}}$$

Die Current ratio sollte im Normalfall nicht unter 150% liegen. Bei der Beurteilung der Kennziffer ist auch die Zusammensetzung des Umlaufvermögens zu berücksichtigen. So wirkt sich ein hoher Anteil der Vorräte am Umlaufvermögen im Allgemeinen eher ungünstig auf die Zahlungsbereitschaft aus, was bei einer unter der branchenüblichen Norm liegenden Current ratio negativ zu werten ist.

Cushion bond
Bezeichnung auf dem ↑Euromarkt für hoch verzinsliche ↑Anleihen, die über ihrem Rückzahlungskurs gehandelt werden.

Custodian
↑Depotbank.

Custodian bank
↑Depotbank; ↑Global custodian, Global custody.

Custodian fee
↑Depotgebühr.

Custody-Geschäft
↑Global custodian, Global custody.

Customer relationship management (CRM)
↑Marktsegmentierung; ↑Management-Informationssystem bei Banken (MIS).

Cyber bank
↑Virtuelle Bank.

Cyber-Börse
Synonym für ↑Internet-Börse. Eine Cyber-Börse ist ein System für den permanenten Realtime-Handel von ↑Finanzinstrumenten ohne Medien- und Schnittstellenbruch über das ↑Internet. Dabei umfasst die angebotene Funktionalität sowohl die Informationsvermittlung, die Transaktionserfassung, das Ordermatching, das ↑Clearing and settlement sowie die kunden- und gegenparteiseitige Abwicklung.

Cyber money
Ausdruck für vorausbezahlte, geldwerte Informationseinheiten, die auf der Festplatte in einem Informatiksystem gespeichert werden und in Datennetzen wie dem ↑Internet als ↑Zahlungsmittel eingesetzt werden. Der ↑Geldwert ist durch die Eintauschbarkeit in originäres Geld gegeben. Mittels Cyber money kann die Abwicklung von ↑Transaktionen im Internet vereinfacht und damit die Effizienz elektronischer Marktplätze gesteigert werden. Insbesondere erlaubt der Einsatz von Cyber money auch so genannte Micropayments, d.h. Zahlungen von Kleinstbeträgen zu minimen ↑Transaktionskosten.

Cylinder option
Mit Cylinder option bezeichnet man eine Optionsstrategie, die mit zwei Währungsoptionen durchgeführt wird. Hierbei wird eine ↑Option gekauft und eine zweite mit gleicher ↑Laufzeit und unterschiedlichem ↑Ausübungspreis verkauft. Es handelt sich somit um einen Bull spread beziehungsweise ↑Bear spread (je nach Strukturierung).

D/A
Abk. f. Documents against acceptance, auf Deutsch Dokumente gegen ↑Akzept. Klausel im Akkreditivgeschäft. ↑Dokumenten-Akkreditiv; ↑Rembourskredit.

Dachfonds
↑Effektenfonds, die das Vermögen in Anteilscheinen anderer ↑Fonds anlegen (↑*Fund of funds* oder *Fund of ucits*). Nach AFV 41 darf die Leitung eines Dachfonds jedoch keine Anteile anderer Dachfonds erwerben und nicht mehr als 20% des Vermögens in Anteilen desselben Effektenfonds anlegen. Im ↑Fondsreglement muss die Art der Effektenfonds, in die investiert werden darf, näher umschrieben werden. Zudem sind im ↑Prospekt alle Vergütungen, Kosten, Steuern usw., die dem Anleger direkt oder indirekt belastet werden, aufzuführen. Der Anleger kann sich auf diese Weise informieren, ob die mehrstufigen Fondsstrukturen nicht zur «Kommissionenschinderei» genutzt werden.

Dachgesellschaft
↑Holdinggesellschaft; ↑Muttergesellschaft.

Damnum
Synonym für ↑Disagio.

Darlehen
Ein Rechtsgeschäft, durch welches der ↑Gläubiger dem Darlehensschuldner eine bestimmte Geldsumme oder eine bestimmte Menge anderer vertretbarer Sachen, z.B. Wertpapiere (↑Securities lending and borrowing) übergibt mit der Bestimmung, dass der Empfänger frei oder im Rahmen getroffener Abmachungen über das Empfangene verfügen darf (Eigentumsübergang) und auf einen zum Voraus bestimmten Verfalltag oder auf ↑Kündigung hin eine gleiche Menge zurückgeben muss (OR 312). Im Gegensatz dazu darf der Entlehner bei der Gebrauchsleihe (OR 305) die empfangene Sache nur gebrauchen, nicht über sie verfügen (kein Eigentumsübergang).
Im kaufmännischen Verkehr, insbesondere bei Darlehensgeschäften mit einer Bank, ist das Darlehen auch ohne besondere Verabredung stets verzinslich, wobei die Zinsen in der Regel vierteljährlich oder halbjährlich zu entrichten sind. Kündbare Darlehen sind, sofern nichts Gegenteiliges vereinbart ist, innerhalb sechs Wochen von der ersten Aufforderung an zurückzuzahlen (OR 318); im Bankverkehr werden oftmals kürzere Kündigungsfristen vereinbart. Das Darlehen lautet stets auf einen festen Betrag. Es kann daher dem oftmals täglich wechselnden Kreditbedürfnis nicht entsprechen. Ist keine ↑feste Schuld erwünscht, so wird im Bankverkehr ein ↑*Kontokorrentkredit* vereinbart, über den der Kreditnehmer nach Wunsch verfügen kann und der zu wiederholten Malen benützt werden kann. Im Bankverkehr ist für das Darlehen auch die Bezeichnung ↑Festkredit oder fester Vorschuss üblich. Unter *Amortisationsdarlehen* versteht man eine feste Schuldverpflichtung, die vermittels bestimmter Teilzahlungen zu tilgen ist. Bei Amortisationsdarlehen ist der ↑Zins nur auf dem Betrag der jeweiligen Restschuld zu zahlen. Unter *gedeckten Darlehen* sind solche Darlehen zu verstehen, bei welchen der Gläubiger eine besondere Sicherheit besitzt, z.B. in Form von Pfändern oder Bürgschaften. Es gibt Banken, die ihre Geldausleihungen eher in die Form des Darlehens kleiden, wogegen andere Institute die Einräumung von Kontokorrentkrediten vorziehen.

Darlehenskassen der Schweizerischen Eidgenossenschaft
Institution des Bundes, die in Zeiten der Geldknappheit (1914–1924) oder während der Depression in den 30er-Jahren Banken, denen die Schweizerische ↑Nationalbank (SNB) wegen der gesetzlichen Beschränkung ihres Geschäftskreises

Darlehensvermittler

auf dem Kreditweg keine Vorschüsse gewähren konnte, gegen Verpfändung (↑Wertpapierverpfändung; ↑Warenverpfändung) von Vermögenswerten Betriebsmittel zur Verfügung gestellt hat. Die 1932 errichtete Darlehenskasse wurde 1955 liquidiert.

Darlehensvermittler
Sammelbezeichnung für berufsmässige Vermittler von Krediten (vor allem mittel- und langfristige Kredite). Als Darlehensvermittler betätigen sich ↑Money brokers, Finanzberater, Treuhänder usw. Darlehensvermittler unterstehen dem BankG nicht, sofern sie keine Geschäfte für eigene Rechnung abschliessen. Für die Vermittlung von ↑Darlehen und ↑Krediten kann eine kantonale ↑Bewilligungspflicht vorgesehen sein; für die Vermittlung von ↑Konsumkrediten ist diese Bewilligungspflicht von Bundesrechts wegen vorgeschrieben (BG vom 23.03.2001).

Darlehenswechsel
Darlehenswechsel oder Pumpwechsel sind in Wechselform gekleidete ↑Darlehen. Als eine Art ↑Finanzwechsel stehen sie im Gegensatz zum ↑Warenwechsel. Sie waren früher im Kleinkreditgeschäft (↑Kleinkredit; ↑Konsumkredit) verbreitet.

Data mining
↑Management-Informationssystem bei Banken (MIS).

Data vendors
Börsendaten, vor allem auf Realtime-Basis, haben einen grossen Wert. Der Handel mit Börsendaten ist ein globales Geschäft. Datenvendoren (z.B. Reuters, ↑Bloomberg, ↑Telekurs) beschaffen sich solche Daten von den ↑Börsen und Märkten. Dabei kann es um Rohdaten, aber auch um Indizes und andere bearbeitete Daten gehen, ferner um ↑Stammdaten. Solche Daten werden zu unterschiedlichen Dienstleistungspaketen zusammengestellt und im Abonnement an Kunden (↑Banken, ↑Broker, ↑Vermögensverwalter) weiter geliefert. Für Realtime-Daten bezahlt der Kunde nicht nur die Benützungsgebühren an den Data vendor, sondern oft auch eine Gebühr an die Börse, von der die Realtime-Daten stammen. Für viele Börsen sind die Einnahmen aus dem Datenverkauf eine erhebliche Einnahmequelle. Die ↑SWX Swiss Exchange vertreibt ihre Daten gemeinsam mit der ↑Virt-x über die Tochtergesellschaft ↑EXFEED.

Data warehouse
↑Management-Informationssystem bei Banken (MIS).

Datenschutz im Bankverkehr
Das Datenschutzgesetz unterstellt die Beschaffung, Aufbewahrung, Verwendung und die Bekannt- und Weitergabe (insgesamt als «Bearbeitung» bezeichet) von Personendaten einschränkenden Bedingungen. So darf die weitere Bearbeitung von Personendaten nur zu dem Zweck erfolgen, der bei ihrer Beschaffung angegeben wurde oder damals aus den Umständen ersichtlich war oder zu einem Zweck, der gesetzlich vorgesehen ist (DSG 4). Wer Personendaten bearbeitet, hat sich über deren Richtigkeit zu vergewissern (DSG 5 I). Er muss sie auch durch angemessene technische und organisatorische Massnahmen gegen unbefugtes Bearbeiten schützen (DSG 7) und untersteht einer Reihe von Melde- und Auskunftspflichten (DSG 6, 8–11).

Was insbesondere die *Weitergabe* von Personendaten angeht, so lässt das DSG unter Vorbehalt abweichender gesetzlicher oder vertraglicher Geheimhaltungspflichten die Bearbeitung durch Dritte (↑Outsourcing von Bankdienstleistungen) zu, wenn der Auftraggeber dafür sorgt, dass der Dritte die Daten nur so bearbeitet, wie er selbst es tun dürfte (DSG 14). Unzulässig (ohne Einwilligung des Verletzten oder ohne Vorliegen eines überwiegenden Interesses der bearbeitenden Person oder der Öffentlichkeit) ist die Weitergabe *besonders schützenswerter Personendaten*. Dazu zählen etwa Angaben über religiöse, weltanschauliche oder politische Ansichten, die Gesundheit, die Intimsphäre, strafrechtliche Sanktionen, aber auch eigentliche *Persönlichkeitsprofile*, d.h. Zusammenstellungen von Daten, die eine Beurteilung wesentlicher Aspekte der Persönlichkeit einer natürlichen Person erlauben (DSG 12 und 13). Personendaten dürfen nicht ins Ausland übermittelt werden, wenn dort ein dem schweizerischen gleichwertiger Datenschutz fehlt; die Übermittlung von Datensammlungen ins Ausland ohne gesetzliche Grundlage und ohne Kenntnis des Betroffenen bedarf der vorgängigen Meldung an den Datenschutzbeauftragten (DSG 6 II). Ein generelles Verbot der Weitergabe von Daten ist dem DSG nicht zu entnehmen.

1. Verhältnis zum Bankkundengeheimis
Die Pflichten der Bank unter dem Datenschutzgesetz und die Pflicht zur Wahrung des ↑Bankkundengeheimisses fallen nicht miteinander zusammen.
– Das Bankkundengeheimnis geht einerseits weiter als das Datenschutzgesetz: Es verbietet die unautorisierte Weitergabe von Kundendaten an Dritte auch ausserhalb des Bereiches der besonders schützenswerten Personendaten; es schützt auch und insbesondere Informationen rein finanzieller Natur. Wo die Weitergabe einer Information über den Kunden aus der Sicht des Bankkundengeheimisses zulässig ist, liegt in aller Regel auch kein Verstoss gegen das Datenschutzgesetz vor.

– Das Datenschutzgesetz geht anderseits weiter als das Bankkundengeheimnis, weil es, anders als das Bankkundengeheimnis, auch die Beschaffung, die Aufbewahrung und die Ausnützung von Daten innerhalb der Bank selbst regelt. Es ist auf die eingangs erwähnten Pflichten hinzuweisen. Während das Bankkundengeheimnis nach herrschender Auffassung – unter Vorbehalt vertraglicher Zusicherungen (Need to know) und gesetzlicher Informationsverbote (↑Insider-Gesetzgebung) – einer freien Zirkulation der Kundendaten innerhalb der Bank (anders im Konzern) nicht entgegensteht, setzt das Datenschutzgesetz der Übermittlung ins Ausland auch innerhalb der Bank Grenzen.

2. Datenschutz und Kreditwürdigkeitsprüfung
Das Datenschutzgesetz lässt die Bearbeitung von *gewöhnlichen* Personendaten zur Prüfung der ↑Kreditwürdigkeit anderer Personen ausdrücklich zu. Nicht durch ein überwiegendes Interesse des Bearbeiters scheint hingegen die Erfassung und Bearbeitung von besonders schützenswerten Personendaten und die Erstellung von Persönlichkeitsprofilen gedeckt zu sein; auch ist die Weitergabe an Dritte nach dem Grundsatz der Verhältnismässigkeit ausdrücklich auf Daten begrenzt, die der Dritte für den Abschluss oder die Abwicklung eines Vertrages mit der betroffenen Person benötigt (DSG 13 IIc). Es ist anzunehmen, dass das Gesetz mit dieser Regelung die Tätigkeit von Wirtschaftsauskunfteien oder Banken nur insoweit beschränken will, als sie Daten für die Weitergabe an Dritte sammeln. In der Tat ist im Verlaufe der letzten Jahre die früher übliche Erteilung von Kreditauskünften durch Banken an Dritte drastisch zurückgegangen (↑Informationswesen der Banken). Für eigene Zwecke muss es einer Bank erlaubt sein, unter Berufung auf ein überwiegendes privates oder öffentliches Interesse (DSG 13 I) über einen ↑Kreditnehmer auch Daten zu sammeln, die zu den besonders schützenswerten Personendaten zählen, denn eine Kreditwürdigkeitsprüfung, die an der Grenze der besonders schützenswerten Personendaten Halt macht und von der Erstellung eines Persönlichkeitsprofils absieht, dürfte in vielen Fällen den bankengesetzlichen Vorgaben nicht genügen (BankG 3 IIc, BankV 9 III).

3. Ausnützung von Kundendaten zu Werbezwecken
Banken, insbesondere solche, die ↑Kreditkarten herausgeben, können aus ihren Unterlagen einen umfassenden Einblick in das Konsumverhalten ihrer Kunden gewinnen. Die Ausnützung dieses Wissens im Interesse Dritter verletzt das Datenschutzgesetz. Einen Grenzfall bildet die Herstellung und Ausnützung von Kundenprofilen für eigene Werbezwecke der Bank, z. B. die Erstellung von Werbelisten für exklusive neue Dienstleistungen. Da der Kunde damit rechnen wird, dass die Bank die im Zusammenhang mit dem ↑Zahlungsverkehr erhobenen Daten für eigene Zwecke verwenden wird, wird die Meinung vertreten, dass die Ausnützung für diese Zwecke bei der Beschaffung der Daten für den Kunden aus den Umständen ersichtlich gewesen sei. Vorbehalten bleibt DSG 12 IIb, der die Bearbeitung von Personendaten gegen den ausdrücklichen Willen des Betroffenen ohne ein überwiegendes privates oder öffentliches Interesse verbietet.   *Christian Thalmann*

Datenträgeraustausch (DTA)
Seit November 1976 bieten die Schweizer Banken die Gemeinschaftsdienstleistung Datenträgeraustausch (DTA) ihren kommerziellen Kunden an zur rationellen, raschen und beleglosen Abwicklung des gesamten ↑Zahlungsverkehrs, sowohl in Schweizer Franken als auch in Fremdwährungen, im Inland und ins Ausland.

Voraussetzung für die Teilnahme am DTA ist nebst der erforderlichen EDV-Infrastruktur (eigener Computer oder Anschluss an ein Rechenzentrum) die Unterzeichnung eines DTA-Vertrages, der das Verhältnis zwischen Auftraggeber und Bank regelt. Die Dateneinreichung an das von der ↑Telekurs betriebene Rechenzentrum der Banken kann via Datenträger (Magnetband, Kassette oder Diskette) oder per elektronischer Datenübermittlung bis einen Tag vor ↑Fälligkeit erfolgen.

Bei Erstellung des Zahlungs-Files wird ein DTA-Vergütungsauftrag mit dem Total der auszuführenden Zahlungen erstellt, der rechtsgültig unterzeichnet an die Bank zu senden ist. Die Bank prüft den Auftrag in Bezug auf Unterschrift und Verfügbarkeit des Betrages und erteilt – falls diese Prüfung positiv ausfällt – dem Rechenzentrum der Banken die Ermächtigung, das vom Kunden eingereichte Zahlungs-File zu verarbeiten, unter gleichzeitiger Belastung des Kundenkontos.

Bei der DTA-Abwicklung mittels Datenübermittlung existiert seit 1997 eine zusätzliche Einreichungsvariante mit elektronischer Unterschrift. Dann erübrigt sich die Unterschriftenprüfung auf Papierbasis.

Im Rahmen des Bankenclearing (↑Swiss Interbank Clearing [SIC]) wird in der Folge – bei allen Einreichungsvarianten – die Bank des Auftraggebers mit dem Totalbetrag belastet, während die entsprechenden Zahlungen an die Banken bzw. an die ↑Postfinance zur Gutschrift an die Zahlungsempfänger ausgeliefert werden.   *André Bamat*

Datenträgerclearing (DTC)
↑Swiss Interbank Clearing (SIC).

Daueranlage
↑Kapitalanlagen mit einem ausgesprochen langfristigen ↑Anlagehorizont.

Dauerauftrag
↑Laufender Auftrag.

Dauernde Beteiligung
OR 665a führt als Merkmal der Beteiligung die Absicht der dauernden Anlage auf. Der Ausdruck «dauernde Beteiligung» ist deshalb ein Pleonasmus.

DAX
Der *Deutsche Aktienindex (DAX)* ist ein Index aus 30 deutschen Standardwerten, die im Amtlichen Handel oder im Geregelten Markt der Frankfurter Wertpapierbörse notiert sind. Der Index wird seit Juni 2002 nach der streubesitzadjustierten ↑Börsenkapitalisierung gewichtet. Um in den DAX aufgenommen werden zu können, muss der Aktienemittent Quartalsberichte veröffentlichen, mindestens einmal jährlich eine Analystenveranstaltung durchführen und einen Streubesitzanteil von mindestens 5% aufweisen. Je ↑Emittent ist nur eine Titelgattung zugelassen. Die Zusammensetzung des Indexkorbes wird einmal jährlich im August nach den Hauptkriterien ↑Börsenumsatz und ↑Marktwert des Streubesitzes überprüft. Neben diesen Hauptkriterien werden zusätzlich berücksichtigt: der Streubesitzanteil, die ↑Liquidität (gemessen an der Umschlaghäufigkeit, den Stückumsätzen und der Anzahl Kursfeststellungen), die Branchenzugehörigkeit und der Zeitraum, über den die Gesellschaft diese Kriterien erfüllt hat. Erforderliche Auswechslungen treten nach Börsenschluss des dritten Freitags im September (Verfalltermin des DAX-Futures) in Kraft. Die Gewichtung des DAX wird einmal pro Quartal so angepasst, dass kein Titel mehr als 15% Gewicht aufweist. Der DAX ist ein Performanceindex, d.h., Kursabschläge nach Dividendenzahlungen werden in der Indexberechnung neutralisiert. Der Startwert des DAX wurde mit 1000 Indexpunkten per 30.12.1987 festgelegt. ↑Aktienindex. *Valerio Schmitz-Esser*

DAX (Eurex)
↑Indexderivate.

DAX 100
Der *DAX 100* ist ein Index aus 100 deutschen Aktien, die im Amtlichen Handel oder im Geregelten Markt der Frankfurter Wertpapierbörse notiert sind. Der Indexkorb umfasst die 30 Titel des ↑DAX und die 70 Titel des ↑MDAX. Der DAX 100 wird seit Juni 2002 nach der streubesitzadjustierten ↑Börsenkapitalisierung gewichtet. Die Auswahlkriterien für den Indexkorb entsprechen denen des DAX. Erforderliche Auswechslungen treten nach Börsenschluss des dritten Freitags im März und September (Verfalltermine des DAX-Futures) in Kraft. Im DAX 100 wird keine separate Kappung der Indexgewichte vorgenommen. Stattdessen geht eine Gesellschaft mit der gleichen Anzahl Aktien, mit der sie im DAX oder MDAX berücksichtigt wird, auch in den DAX 100 ein. Der DAX 100 ist ein Performanceindex, d.h., Kursabschläge nach Dividendenzahlungen werden in der Indexberechnung neutralisiert. Der Startwert des DAX 100 wurde mit 500 Indexpunkten per 30.12.1987 festgelegt. Zusätzlich zum Hauptindex werden aus den Titeln des DAX 100 neun ↑Branchenindizes berechnet. ↑Aktienindex. *Valerio Schmitz-Esser*

Day to day money
Im ↑internationalen Geldmarkt gebräuchliche Bezeichnung für Einlagen bei Banken auf grundsätzlich unbegrenzte Zeit, über die jedoch mit einer ↑Kündigungsfrist von einem Tag verfügt werden kann. Der Begriff ist nicht synonym zu ↑Tagesgeld.

Day trading
Von Day trading spricht man, wenn der Anleger Positionen innerhalb eines Tages kauft und wieder verkauft. Die ↑Titel werden dabei oft nur wenige Minuten oder Stunden gehalten und wegen des kurzfristig grossen ↑Risikos auf keinen Fall über Nacht. Im Gegensatz zum konventionellen Anlagegeschäft wird beim Day trading nur auf momentane ↑Volatilitäten, nicht aber auf eine längere und konstante Kursentwicklung spekuliert. Um den schnellen Veränderungen eine grössere Hebelwirkung zu verleihen, kommen oft riskante Anlageinstrumente wie ↑Optionen und ↑Futures zum Einsatz. Day trading wird meist von Privatpersonen auf eigenes Risiko getätigt. Wegen der sofortigen Abwicklung und der tieferen ↑Transaktionskosten wurde das Day trading erst mit elektronisch gestützten Handelssystemen (↑Internet-Broker) effizient umsetzbar. Trotz der gesteigerten Informationsmöglichkeiten und Abwicklungsgeschwindigkeiten darf das hohe Verlustrisiko beim Day trading nicht unterschätzt werden.
Elisabeth Meyerhans

DBA
Abk. f. ↑Doppelbesteuerungsabkommen. ↑Doppelbesteuerung, internationale.

DCF-Methode
↑Discounted-Cashflow-Methode.

Dealer
In den USA Bezeichnung für Wertschriftenhändler, die nicht nur ↑Transaktionen vermitteln wie die ↑Broker, sondern auch ↑Titel auf eigene Rechnung erwerben und abgeben.

Debentures
Kurzbezeichnung für nicht pfandgesicherte Obligationen.

Debitkarte

Die Debitkarte gehört zu den modernen Instrumenten des ↑bargeldlosen Zahlungsverkehrs. Bei der Debitkarte handelt es sich um ein Bargeldersatzinstrument in der Form einer ↑Plastikkarte (↑Plastikgeld). Der Begriff «Debit» stammt aus der englischen Sprache und bedeutet: belasten, ein ↑Konto belasten. Zur rationellen Abwicklung von Bargeldbezügen an ↑Bancomaten oder Postomaten und zur elektronischen Bezahlung von Waren und Dienstleistungen am ↑Point of sale terminal (POS) sind Debitkarten mit elektronisch lesbaren Magnetstreifen versehen. Die Magnetstreifen werden allmählich durch Chips, die in die Karte integriert sind, ergänzt resp. ersetzt (↑Smartcard).
Eine direkte Datenübertragungsverbindung vom Lesegerät zum Zentralrechner ermöglicht eine laufende Limitenprüfung. Durch Eingabe des persönlichen Codes (↑Code, Codierung) resp. PIN (↑Personal identification number), autorisiert der Karteninhaber seine Bank zur umgehenden Belastung des Kontos.
In der Schweiz zählen die ↑ec/Maestro-Karte und die Postcard zu den Debitkarten.

Jacques Bischoff

Debitorenzins

Die Entschädigung für Ausleihungen an Kontokorrent-Kunden. Die Höhe des Debitorenzinses richtet sich in erster Linie nach der Lage am ↑Geld- bzw. ↑Kapitalmarkt; sodann nach dem einzelnen ↑Kreditrisiko (↑Bonität, ↑Rating, Art der ↑Deckung). Im Kontokorrentkreditgeschäft wird neben dem ↑Zins regelmässig eine Kommission (↑Bankprovision) berechnet. ↑Credit pricing.

Debt capacity

Unter Debt capacity versteht man das *Verschuldungspotenzial* einer Unternehmung. Dieses hängt primär vom nachhaltig erzielbaren ↑Free cashflow ab. Die Debt capacity wird mit den kalkulatorischen Fremdkapitalkosten nach Steuern unter Berücksichtigung der angemessenen Rückzahlungsdauer auf einem Null-Wachstum (kein zusätzlicher Mittelbedarf für Erweiterungsinvestitionen) berechnet. Dabei wird eine erhöhte ↑Volatilität der Erträge durch eine Kürzung der Rückzahlungsdauer berücksichtigt. ↑Blankokredit.

Debt equity ratio

Die Debt equity ratio drückt das Verhältnis zwischen dem ↑Fremdkapital und dem ↑Eigenkapital aus. Die Kennzahl wird jedoch nicht einheitlich berechnet. So werden in der Praxis anstelle sämtlicher Verbindlichkeiten nur die langfristigen Verbindlichkeiten oder nur die Netto-Finanzverbindlichkeiten eingesetzt. Bei zwischenbetrieblichen Vergleichen der Debt equity ratio von Unternehmungen ist deshalb die Berechnungsweise zu beachten.

Debt equity swap

Als Debt equity swap wird eine ↑Transaktion bezeichnet, die einem ↑Gläubiger die Möglichkeit gibt, eine bestehende Schuld aufzuheben und in eine Aktienposition umzuwandeln.

Debt for nature swap

Für ein Entwicklungsland stellt der ↑Schuldendienst sehr oft eine grosse Belastung dar. Um den Zinszahlungen nachkommen zu können, werden sehr oft die natürlichen Ressourcen des Landes ausgebeutet. Drittwelt-Schulden stehen einer nachhaltigen Entwicklung der Umwelt gegenüber. Debt for nature swaps ermöglichen es den Regierungen, die wirtschaftliche Belastung der Schuldentilgung gegen die Erhaltung der heimischen Umwelt einzutauschen.

Début-tranche
↑Auslandanleihe.

Deckung

Allgemeine Bezeichnung für die Absicherung bzw. die Höhe der Absicherung eines Geschäfts im Interesse des ↑Gläubigers. Ferner Bezeichnung für Kontoguthaben bzw. verfügbare Mittel innerhalb einer ↑Kreditlimite zur Einlösung ausgestellter ↑Checks oder ↑Wechsel. ↑Banknotendeckung.

Deckungsbeitragsrechnung

Die Deckungsbeitragsrechnung ist ein System der Teilkostenrechnung. Dabei wird der Deckungsbeitrag eines Bezugsobjektes ermittelt, indem Erlöse und Kosten desselben Bezugsobjektes einander gegenübergestellt werden.

Beispiel 1: **Deckungsbeitragsrechnung**

Erlöse: Gebühren für Checkgeschäfte	78 CHF
Kosten für die Durchführung der Checkgeschäfte	– 52 CHF
Deckungsbeitrag	26 CHF

Die Etablierung der Deckungsbeitragsrechnung erfolgte erst in den letzten Jahrzehnten. Insbesondere die Entwicklung auf dem Konsumgütermarkt liess eine Vollkostenrechnung nicht mehr adäquat erscheinen: Bei kurzfristigem Planungszeitraum sind bestimmte Kosten als unveränderbar anzusehen und damit nicht mehr Teil der relevanten Kosten. Dementsprechend dürfen sie nicht in Planungsüberlegungen einbezogen werden.
Eine solche Entscheidungssituation illustriert das Beispiel 2 auf S. 290. Es zeigt, dass das Produkt C einen Deckungsbeitrag an die Gemeinkosten liefert, obwohl es nach Zurechnung eines Anteils der Gemeinkosten Verluste bringt. Da sich die Gemeinkosten bei einem Verzicht auf das Produkt C zunächst nicht verändern werden, wird ein solcher Entscheid zu einer anderen Verteilung der Gemeinkosten auf die verbleibenden Produkte füh-

ren. Da gleichzeitig aber die Erlöse von Produkt C wegfallen, resultiert ein kleinerer Gewinn als zuvor. Damit wird ersichtlich, dass die Qualität der Ergebnisse vom jeweiligen Kostenrechnungssystem abhängig ist.

Grundsätzlich ist bei der Wahl der Bezugsobjekte massgebend, dass die zu verteilenden Erlöse und Kosten zu einem möglichst hohen Anteil verursachungsgerecht zugerechnet werden können. Bei Banken ist die Verwendung der einzelnen Produkte oder Produktgruppen bzw. einzelner Kunden oder Kundengruppen als Kalkulationsobjekte opportun. Der wesentliche Einflussfaktor neben den Erlösen sind die Personal- und IT-Kosten.

Bei der mehrstufigen Deckungsbeitragsrechnung werden die einzelnen Bezugsobjekte zu Gruppen zusammengefasst und in hierarchische Ordnung gebracht. So kann der Problematik fixer Einzelkosten bzw. variabler Gemeinkosten besser Rechnung getragen werden. Auf den einzelnen Ebenen werden die gesamten Einzelkosten von den Erlösen abgezogen, bevor die Kosten der nächsthöheren Ebene einbezogen werden. Beispiel 3 verdeutlicht eine mögliche Vorgehensweise anhand von Wertpapierfonds, die von verschiedenen Abteilungen innerhalb der Geschäftssparte betreut werden. Im Gegensatz zur einfachen (einstufigen) Deckungsbeitragsrechnung, bei der die Fixkosten in einem Block von der Summe aller Deckungsbeiträge abgezogen werden, erfolgt eine differenzierte Analyse der Ergebnisstruktur der Bank.

Die Deckungsbeitragsrechnung ist ein wichtiges Instrument, um die Schwächen der Vollkostenrechnung bei der Berechnung der kurzfristigen Preisuntergrenzen und die Kostenbestimmung bei Beschäftigungsschwankungen auszugleichen. Darüber hinaus ist sie ein Hilfsmittel bei der Planung des Produkt-Portfolios. In der Finanzdienstleistungsbranche ist sie jedoch nur beschränkt einsetzbar, da sich die Kostenstruktur durch einen hohen Anteil an fixen bzw. Gemeinkosten auszeichnet. Moderne Rechnungssysteme von Banken konzentrieren sich heute auf Vollkostenrechnungsansätze. Sie verwenden dazu in aller Regel Prozesskostensysteme. *Conrad Meyer*
Lit.: Coenenberg, A.G.: Kostenrechnung und Kostenanalyse, Augsburg 1999. – Däumler, K.-D./ Grabe, J.: Kostenrechnung, Bd. 2: Deckungsbeitragsrechnung, Kiel 2000. – Meyer, C.: Betriebswirtschaftliches Rechnungswesen, Zürich 2002.

Deckungsfähige Devisen
↑Banknotendeckung.

Deckungsfähige Wertpapiere
↑Banknotendeckung.

Deckungsgeschäft
Dieser Begriff hat verschiedene Bedeutungen:
– Kauf zur Glattstellung von Leerverkäufen (↑Short selling) in ↑Wertschriften, Devisen oder Waren.
– ↑Termingeschäft zwecks Abdeckung des Preis- oder Wechselkursrisikos. So werden z.B. die aus einem Warenexport in drei Monaten anfallenden Devisen durch ein Deckungsgeschäft sofort auf

Beispiel 2: **Veränderung des Gewinns bei Verzicht auf ein Produkt**

	Gesamte Produktpalette				Einstellen von Produkt C		
Produkt	A	B	C	A/B/C	A	B	A/B
Erlöse	100	150	200	450	100	150	250
Einzelkosten	60	120	180	360	60	120	180
Gemeinkosten	10	20	30	60	20	40	60
Gewinn	30	10	– 10	30	20	– 10	10

Beispiel 3: **Mehrstufige Deckungsbeitragsrechnung**

Produktgruppe Wertpapierfonds	I		II		III		Total
Produkt	A	B	C	D	E	F	
Erlöse	400	500	450	400	500	450	2 700
– Produkteinzelkosten	250	380	300	240	330	270	1 770
Deckungsbeitrag I	150	120	150	160	170	180	930
– Abteilungseinzelkosten	140		100		190		430
Deckungsbeitrag II	130		50		320		500
– Bereichseinzelkosten			80		150		230
Deckungsbeitrag III			100		170		270
– Unternehmungseinzelkosten			120				120
Betriebsergebnis			150				150

den entsprechenden Termin gegen Schweizer Franken verkauft, womit man sich gegen eine Entwertung dieser Devisen schützt.
– Im kaufmännischen Verkehr ein Geschäft, das abgeschlossen werden muss, weil der Verkäufer einer Ware nicht liefert oder der Käufer nicht bezahlt. Das mit einem Dritten abgeschlossene Deckungsgeschäft dient als Grundlage für die Bemessung der Schadenersatzpflicht der im Verzug befindlichen Partei (OR 191 und 215). Auch der Käufer von ↑Effekten an der ↑Börse ist bei Nichterfüllung seitens des Verkäufers zur Vornahme eines Deckungsgeschäfts berechtigt (Usanzen der ↑SWX Swiss Exchange 20ff.).

Deckungskapital
Als Deckungskapital wird in der Personalvorsorge die bei einer gegebenen Altersstruktur erforderliche ↑Rückstellung bezeichnet, um die reglementarischen Verpflichtungen der ↑Vorsorgeeinrichtung erfüllen zu können. Das Deckungskapital ist eine Soll-Grösse. Die Gegenüberstellung mit dem in der kaufmännischen Bilanz der Vorsorgeeinrichtung ausgewiesenen Deckungskapital (auch technische Rückstellung genannt) ergibt den technischen Fehlbetrag oder den Überschuss einer Pensionskasse.

Deckungskauf
↑Glattstellen.

Deckungsverhältnis
Das Verhältnis der Eigenmittel einer Bank zu ihren risikogewichteten ↑Engagements wird als Deckungsverhältnis bezeichnet. Die Begriffe Eigenkapitalquote (↑Eigenkapitalquote bei Banken) und Solvabilitätskoeffizient sind hierfür ebenfalls gebräuchlich. Letzterer wird insbesondere im EU-Raum verwendet. In der Versicherungswirtschaft bezeichnet das Deckungsverhältnis das Verhältnis der Aktiven, d.h. des vorhandenen Vermögens und der ↑Barwerte der Beiträge, zu den Passiven, d.h. den Barwerten der Leistungen und sonstigen Verbindlichkeiten. ↑Eigenmitteldeckungsgrad.

Deckungszusage
Die Deckungszusage ist ein Rechtsverhältnis, das dem eigentlichen Versicherungsvertrag vorgeschaltet ist. Die Leistungsansprüche entsprechen jenen des späteren Vertrages. Die Parteien haben aber das Recht, weitere Überprüfungen anzustellen und danach den Vertrag definitiv abzuschliessen oder abzulehnen. Deckungszusagen sind insbesonders bei Kreditversicherungen zwecks schneller Abwicklung üblich.

Découvert
Der Ausdruck Découvert wird im Zusammenhang mit dem Ausdruck Verkauf à découvert verwendet und hat die Bedeutung von Leerverkauf (↑Short selling). Wurden sehr viele Leerverkäufe getätigt, kann ein Stückemangel entstehen, wobei diese Situation ebenfalls mit Découvert umschrieben wird.

Deep discount bond
Anleihe mit einem weit unter der Marktrendite liegenden Zinssatz, die zu einem wesentlich unter dem ↑Nennwert festgesetzten ↑Ausgabepreis emittiert wird. Deep discount bonds können auch entstehen, wenn bei niedrig verzinslichen ↑Optionsanleihen der Optionsschein abgetrennt ist (Anleihe ex Option).

Default
Im anglo-amerikanischen Rechtsbereich verwurzelter und im ↑internationalen Kapitalmarkt gebräuchlicher Begriff zur Bezeichnung der Nichterfüllung einer vertraglichen Verpflichtung. Meistens wird der Begriff spezifisch gebraucht zur Bezeichnung der Nichterfüllung von Zins- oder Tilgungsverpflichtungen eines Darlehensnehmers (Anleihensschuldners) oder anderer vom Darlehensnehmer zu verantwortender Ereignisse, welche die Fälligkeit der Verpflichtung zur ↑Rückzahlung des gesamten Kapitals entweder automatisch auslösen oder dem ↑Gläubiger das Recht geben, die Fälligkeit dieser Verpflichtung durch einfache Erklärung zu bewirken. ↑Default-Klausel.

Default-Klausel
In der Regel enthalten die Bedingungen von ↑Konsortialkrediten und ↑Anleihensobligationen eine Default-Klausel, die bestimmt, welche Fälle von Vertragsverletzung auf der Seite des Darlehensschuldners (Anleihensschuldners) als ↑Default gelten und welches die Rechtsfolgen des Defaults sind. Im Falle von Default wird das gesamte ↑Darlehen (die gesamte Anleihe) entweder automatisch zur ↑Rückzahlung fällig, oder der oder die ↑Gläubiger resp. der Anleihensvertreter kann das Darlehen oder die Anleihe vorzeitig zur Rückzahlung fällig erklären. Als Fälle von Default nennen die vertraglichen Bedingungen in der Regel:
1. Die Nichtleistung von Zins- oder Tilgungszahlungen während einer kurzen Frist nach ↑Fälligkeit (z.B. 30 Tage)
2. Die während einer bestimmten Frist andauernde Nichterfüllung aller sonstigen Verpflichtungen aus dem Darlehensvertrag (den Anleihebedingungen) trotz Mahnung
3. Tief greifende Änderungen im wirtschaftlichen und rechtlichen Status des Schuldners, insbesondere Liquidation und Fusion
4. Bestimmte Ereignisse, welche die ↑Kreditwürdigkeit des Schuldners erschüttern, namentlich wenn bestimmte Verhältniszahlen bezüglich ↑eigener Mittel und Verschuldung nicht eingehalten werden oder wenn das Umlaufvermögen

die kurzfristigen Verbindlichkeiten nicht mehr deckt (Verletzung von sog. ↑Covenants); oft auch der Default des Schuldners hinsichtlich anderer Kredite (↑Cross-default-Klausel)
5. ↑Insolvenz, ↑Überschuldung oder die Einleitung entsprechender Verhandlungen und Verfahren, z.B. Gesuch um Nachlassstundung (↑Nachlassvertrag).
↑Auslandanleihe.

Default premium
↑Credit pricing.

Defensive Aktien
↑Aktien von Gesellschaften, deren Umsätze und Gewinne von den Konjunkturschwankungen wenig beeinflusst werden und daher etwa im Vergleich zu zyklischen Aktien (↑Zyklische Werte [Aktien]) eine ruhige Kursentwicklung aufweisen. Ein Beispiel für defensive Aktien sind Aktien der Versorgungs-, Nahrungs- und Pharmaindustrie.

Defensive Anlagepolitik
Als defensive Anlagepolitik (↑Anlagepolitik) wird eine ↑Anlagestrategie bezeichnet, bei der es primär darum geht, die Werterhaltung des persönlichen Vermögens zu sichern. Anleger, die eine defensive Anlagepolitik verfolgen, werden als risikoavers (↑Risikobereitschaft) oder als konservativ bezeichnet. Renditeerwartungen treten dabei gegenüber Sicherheitsaspekten in den Hintergrund.
Bei einer defensiven Anlagepolitik besteht ein ↑Portfolio aus Sparguthaben, zu einem grossen Teil aus inländischen, aber auch ausländischen ↑festverzinslichen Wertpapieren und aus erstklassigen ↑Aktien grosser Unternehmen (↑Blue chips). Diese hochwertigen Blue chips eignen sich für eine defensive Anlagepolitik, da sie in der Regel weniger stark auf Konjunkturschwankungen reagieren.
↑Defensive Aktien. *Hans-Dieter Vontobel*

Deferred hedge accounting
↑Hedge accounting.

Deferred payment
Englische Bezeichnung für aufgeschobene Zahlung. ↑Dokumenten-Akkreditiv; ↑Kreditkarten.

Deferred payment credit
↑Dokumenten-Akkreditiv.

Deferred shares
Deferred shares (Nachzugsaktien) sind mit geringeren Rechten als ↑Stammaktien, z.B. in Bezug auf die Dividendenberechtigung, ausgestattet. So können Nachzugsaktien erst einen Gewinnanspruch haben, nachdem auf den Stammaktien die statutarisch vorgesehene ↑Dividende ausgeschüttet worden ist. Im Gegensatz dazu stehen die ↑Preferred shares (Vorzugsaktien).

Deferred start swap
↑Forward swap.

Deflation
Die Deflation ist das Gegenteil von ↑Inflation, d.h. eine Phase, während der das Preisniveau von Waren und Dienstleistungen, wie es in der Schweiz mit dem ↑Landesindex der Konsumentenpreise gemessen wird, anhaltend sinkt. Während einer Deflation steigt somit die Kaufkraft des Geldes, das ist der ↑Tauschwert von Geld relativ zu Waren und Dienstleistungen. Die Zahlungsmittelmenge wächst weniger stark als das Volumen der Zahlungsmittelbedürfnisse.
Wie lange das Preisniveau zurückgehen muss, damit von einer Deflation gesprochen werden kann, kann nicht genau angegeben werden. Eine sehr lange Deflationsphase trat zwischen 1870 und 1895 in den Industrieländern mit Goldwährungen auf. Ursache war, dass das Wachstum der Goldproduktion nicht mit der Produktionsausdehnung von Gütern und Dienstleistungen Schritt halten konnte, sodass Gold – und damit auch Geld – sich relativ verknappte und verteuerte.
Deflation ist durch einen Überhang des Waren- und Dienstleistungsangebots über die monetäre Gesamtnachfrage gekennzeichnet, sei diese nun durch eine zu geringe Geldmenge oder durch eine Nachfrageschwäche bedingt, wie sie insbesondere in konjunkturellen Abschwungphasen auftritt. In der heutigen Situation, in der die ↑Währungen nicht mehr dem Goldstandard unterliegen, kann eine zu kontraktive ↑Geldpolitik, welche die Wachstumsrate der Geldmenge dauerhaft unterhalb der Wachstumsrate der Realwirtschaft hielte, Ursache von Deflation sein. Auch von der Fiskalpolitik können deflationäre Impulse ausgehen, wenn in einem konjunkturellen Abschwung die Staatsausgaben entsprechend den sinkenden Einnahmen nach unten korrigiert werden. Eine solche, sog. prozyklische Fiskalpolitik wurde in vielen Ländern während der Weltwirtschaftskrise (1929–1933) betrieben, der längsten Deflationsphase des 20. Jahrhunderts.
Deflation behindert die Wirtschaftsentwicklung über drei Hauptkanäle:
– Erstens erhöht sie die realen ↑Zinssätze, was die Investitionsbereitschaft hemmt. Zwar sinken in Deflationsphasen die nominalen Zinssätze, aber in der Vergangenheit konnten diese Zinsbewegungen die Deflationswirkung auf die ↑Realzinsen nicht kompensieren.
– Zweitens steigert Deflation bei nach unten starren Geldlöhnen das reale Lohnniveau. Dies erhöht zwar die Kaufkraft der unselbstständig Beschäftigten. Da aber Deflationsphasen Zeiten

erhöhter Unsicherheit und entsprechender Kaufzurückhaltung sind, dominiert der Kosteneffekt der Lohnsteigerung, und die Arbeitsnachfrage der Unternehmen sinkt.
– Drittens schliesslich führt Deflation zu einer höheren realen Belastung von Schuldnern. Kreditaufnahme – etwa zur Expansion der Geschäftstätigkeit – wird entmutigt; die Insolvenzen steigen an, was in Abhängigkeit von der Länge der Kreditketten in einer Volkswirtschaft zu einem Kollaps des ↑Bankensystems führen kann und während der Weltwirtschaftskrise auch geführt hat.

Deflation muss aber nicht durchweg negativ beurteilt werden. Im 19. Jahrhundert etwa ging sie zum Teil mit starkem Wirtschaftswachstum einher. Von technischem Fortschritt und den damit verbundenen Produktivitätszuwächsen können deflationäre Impulse ausgehen. Wenn das Preisniveau mit der Rate des Produktivitätsfortschritts zurückgeht, können Arbeitnehmer und insbesondere Bezieher von Transfereinkommen ihre Verteilungsposition verbessern, ohne dass es zu Lohnsteigerungen und den damit verbundenen Inflationsgefahren kommt. Wenn eine milde Deflation nicht als Zeichen einer Krise gedeutet würde, könnte sie den privaten Verbrauch stimulieren; auch deshalb, weil Deflation einen positiven ↑Vermögenseffekt hat. Auch die Gefahr von ↑Asset price inflation wäre bei milder Deflation geringer.

Franz Jaeger, Jochen Hartwig

Dekotierung

Die Dekotierung ist die Streichung der ↑Kotierung. Die ↑Zulassungsstelle der ↑SWX Swiss Exchange kann die Streichung eines an der SWX kotierten ↑Valors unter bestimmten Umständen auf begründeten Antrag eines SWX-Teilnehmers oder ↑Emittenten hin beschliessen, wobei die Interessen des Börsenverkehrs, der Anleger und des Emittenten zu berücksichtigen sind. Die Zulassungsstelle kann zudem die Dekotierung vornehmen, falls die ↑Zahlungsfähigkeit des Emittenten ernsthaft in Frage steht oder ein Insolvenz- oder Liquidationsverfahren bereits eröffnet ist und die Handelbarkeit nicht mehr gewährleistet ist. Ein weiterer Tatbestand, welcher die Zulassungsstelle ermächtigt, eine Dekotierung in Betracht zu ziehen, ist generell fehlende ↑Liquidität. Die Dekotierung kann auch als ↑Sanktion gemäss ↑Kotierungsreglement der SWX von der Zulassungsstelle ausgesprochen werden.

Delivery, delivery months

Delivery bedeutet Erfüllung eines Terminkontraktes durch tatsächliche Lieferung der ↑Basisobjekte (Devisen, ↑Effekten, Waren). Die Andienung der Basisobjekte kann bei ↑Futures und ↑European options nur zu wenigen, standardisierten Terminen erfolgen, hingegen bei ↑amerikanischen Optionen jederzeit bis zur Fälligkeit der ↑Option.

Delivery versus payment
↑Lieferung gegen Zahlung (LGZ).

Delkredere
↑Wertberichtigung für gefährdete Kundenguthaben. In der Bilanz wird das Delkredere korrekt in einer Vorkolonne als Minusposten zum Aktivkonto Debitoren ausgewiesen. Delkredere wird in der Praxis häufig, aber sachlich unzutreffend mit Rückstellungen (↑Wertberichtigung und Rückstellungen) gleichgesetzt.

Delkredererisiko
↑Delkredere.

Delta

Das Delta ist eine dynamische Optionskennzahl und gehört zu den ↑Greeks. Das Delta gibt die absolute Veränderung des theoretischen Optionspreises in Abhängigkeit von der Kursveränderung des zugrunde liegenden ↑Basiswerts an. Die Multiplikation des Delta mit der Kursveränderung des Basiswerts ergibt die theoretische Kursveränderung der ↑Option. Mathematisch entspricht das Delta der Ableitung des Preises des Derivates nach dem Preis des Basiswertes.

Das Delta einer *Call option* bewegt sich betragsmässig zwischen Null und Eins, während das Delta einer *Put option* zwischen minus Eins und Null liegt. Optionen, die tief im Geld liegen (↑In the money option) haben ein Delta von gegen Eins (Call options) bzw. minus Eins (Put options). Der Optionspreis bewegt sich beinahe 1:1 mit dem Basiswert, da in diesem Fall die Wahrscheinlichkeit eines wertlosen Verfalls praktisch Null ist. Bei Optionen, deren Strike weit entfernt vom aktuellen ↑Kurs des Basiswerts liegt (↑Out of the money option) ist die geldmässige Reaktion des Optionspreises auf Kursveränderungen des Basiswerts sehr gering, da die Wahrscheinlichkeit eines wertlosen Verfalls der Option sehr gross ist (entspricht einem Delta von gegen Null).

In der Praxis spielt das Delta als Risikokennzahl eine überaus wichtige Rolle. Neben der oben beschriebenen Rolle als Sensitivitätsmass stellt das Delta auch den Aktienanteil des replizierenden ↑Portfolios dar und zeigt somit an, wie viele Aktien benötigt werden, um die Preisveränderung der Option zu neutralisieren (*Delta-neutrale Strategie*).

Delta hedging

Unter Delta hedging versteht man die ↑Immunisierung einer (Options-)Position gegenüber kleinen Preisveränderungen des Basiswerts über ein kurzes Zeitintervall. Als ↑Hedge ratio wird das Verhältnis zwischen dem ↑Delta der abzusichernden ↑Position und dem Delta der ↑Hedge-Position verwendet. Die Hedge-Position muss mit jeder Veränderung des Basiswerts dynamisch angepasst werden.

Delta neutral
Eine (Options-)Position, deren Wert sich bei einer Veränderung des ↑Basiswerts nicht verändert, wird als Delta neutral bezeichnet.

Dematerialisation von Wertpapieren
↑Entmaterialisierung von Wertpapieren.

Demerger
Ein Demerger ist nur für Kapitalgesellschaften möglich. Es sind folgende drei Arten von Demergern zu unterscheiden:

1. Aufspaltung (Splitting up)
Bei der Aufspaltung gehen von der bisherigen Gesellschaft mehrere Komplexe von Aktiven und Passiven auf zwei oder mehrere andere Gesellschaften über. Die Gesellschafter des aufgespaltenen Rechtsträgers erhalten Anteils- oder Mitgliedschaftsrechte an den übernehmenden Gesellschaften. Die übertragende, bisherige Gesellschaft wird anschliessend zivilrechtlich liquidiert.

2. Abspaltung (Hiving off)
Bei der Abspaltung wird nur ein Teil der Vermögensmasse der bisherigen Gesellschaft auf eine bzw. mehrere andere Gesellschaften übertragen. Dies kann im Einzelnen auf zwei verschiedene Arten erfolgen. Nach dem sog. direkten Verfahren wird der abzuspaltende Komplex von Aktiven und Passiven zulasten der Reserven (Naturaldividende) oder im Rahmen einer Kapitalherabsetzung von den Gesellschaftern übernommen. Mit diesem Vermögen gründen die Gesellschafter in einem zweiten Schritt die neue Gesellschaft, indem sie den abgespaltenen Vermögenskomplex zur ↑Liberierung des Kapitals einbringen. Die Praxis bevorzugt das sog. indirekte Verfahren. Dabei gründet die bisherige Gesellschaft eine Tochtergesellschaft und liberiert das Kapital durch Einbringung des Vermögenskomplexes. Anschliessend überträgt sie die neue Beteiligung an der Tochtergesellschaft zulasten der Reserven (Naturaldividende) oder gegen Kapitalherabsetzung auf ihre Gesellschafter. ↑Spin-off.

3. Ausgliederung (Divestment)
Bei der Ausgliederung überträgt die bisherige Gesellschaft einen Komplex von Aktiven und Passiven als Einlage in eine andere Gesellschaft gegen Einräumung von ↑Beteiligungsrechten. Ist die bisherige Gesellschaft alleinige Inhaberin der Beteiligungsrechte, so spricht man von Tochterausgliederung oder horizontaler Spaltung. Wird der Vermögenskomplex mit einem Unternehmensteil einer anderen Gesellschaft vereinigt, so handelt es sich um eine Jointventure-Ausgliederung.
Ancillo Canepa

De-Minimis-Regel
Ausnahmeklausel zur Berechnung der ↑Eigenmittelanforderungen für ↑Marktrisiken von Zinsinstrumenten und Beteiligungstiteln im Handelsbuch (BankV 121 II, EBK-Rundschreiben 97/1 «Richtlinien zur ↑Eigenmittelunterlegung von Marktrisiken», REM-EBK, Ziff. 7 ff., EBK-Bulletin 34): Die Berechnung darf gleich wie für entsprechende ↑Positionen ausserhalb des Handelsbuchs – also günstiger für die Bank – bestimmt werden, wenn das Handelsbuch weder CHF 30 Mio. (absoluter Grenzwert) noch 6% der Summe aller bilanziellen und ausserbilanziellen Positionen (relativer Grenzwert) übersteigt. Bei Anwendung dieser Ausnahmeklausel dürfen «durchgehandelte» Positionen gegeneinander aufgerechnet werden, wenn ihre Fälligkeits- bzw. Zinsneufestsetzungstermine nicht mehr als zehn Tage auseinander liegen. Die Regel folgt materiell der analog lautenden Bestimmung der Kapitaladäquanz-Richtlinie der Europäischen Union und stellt eine Konkretisierung des Grundsatzes der Verhältnismässigkeit dar.

Demonetisierung
Demonetisierung bezeichnet die Aufhebung der Geldfunktion einer Ware. In der Vergangenheit haben zunächst das Silber, dann das Gold die Funktion als gesetzliches ↑Zahlungsmittel mehr und mehr verloren, d. h. sie sind demonetisiert worden. ↑Monetisierung.

Denomination
↑Währung (oder Währungen), auf die eine Anleihe oder ein Kredit lautet, auch Currency denomination genannt.

Deponent
Allgemeine Bezeichnung für den Einlieferer oder Hinterleger von ↑Wertschriften oder anderen Wertgegenständen in ein offenes Bankdepot. ↑Depotgeschäft.

Deport
Im Wertschriftengeschäft Verlängerung einer Baisseterminposition (↑Short selling) auf einen späteren Liquidationstermin.
Im Devisengeschäft Kursabschlag auf der Terminwährung gegenüber der Kassawährung. Wird in Prozenten ausgedrückt. ↑Swap-Satz. Gegenteil: ↑Report.

Depositengeschäft
Unter dem Sammelbegriff Depositengeschäft wird das ↑Passivgeschäft der Banken verstanden, soweit es in der Entgegennahme von Publikumsgeldern

(↑Fremdgelder) besteht. Im engeren Sinne versteht man unter Depositen die Einlagen der Kunden auf ↑Depositen- und Einlagekonti, -hefte, auf ↑Sparkonto, Sparheft sowie ↑Kassenobligationen. Charakteristisch am Depositengeschäft ist, dass die Bank zahlreiche Kleineinlagen sammelt und sie dank der Trägheit ihres Umsatzes (↑Bodensatz) in grösseren Einheiten zur Kreditgewährung verwenden kann.

Das Depositengeschäft ist nicht zu verwechseln mit dem ↑Depotgeschäft.

Depositenstelle für Kapitaleinzahlungen in AG und GmbH

Bei der Gründung bzw. Kapitalerhöhung einer Aktiengesellschaft (AG) sind gemäss OR 633 die Bareinzahlungen bei einem dem BankG unterstellten Institut auf den Namen und zur ausschliesslichen Verfügung der AG zu hinterlegen. Sie dürfen der AG erst nach Eintragung der Gesellschaft bzw. der Kapitalerhöhung im Handelsregister freigegeben werden.

Die Handhabung von Bareinzahlungen bei Gründung bzw. Kapitalerhöhung einer GmbH dürfte im Rahmen der zurzeit laufenden Gesetzesrevision dem Prozedere bei der AG angepasst werden. In der Praxis entspricht das Vorgehen in vielen Kantonen heute schon demjenigen bei der Gründung bzw. Kapitalerhöhung bei der AG.

Depositen- und Einlagekonti, -hefte

Neben den ↑Spareinlagen kennen viele Bankinstitute Depositen- und Einlagehefte, -konti sowie weitere Konti, über die gemäss den individuellen Bankreglementen nicht unbeschränkt auf ↑Sicht verfügt werden kann. Die Verordnung zum schweizerischen Bankengesetz schrieb in der Vergangenheit für die Bilanzierung all dieser Einlagen als Mindesterfordernis die Verwendung des Sammelbegriffs Depositen- und Einlagehefte,-konti vor. Gemäss aktueller ↑Bankenstatistik der Schweiz steht der Sammelbegriff Depositen- und Einlagehefte,-konti für Verpflichtungen gegenüber Kunden in Anlageform, über die gemäss den individuellen Bankreglementen nicht unbeschränkt auf Sicht verfügt werden kann (z.B. Privatkonto und Gehaltskonto).

Depositenversicherung
↑Einlegerschutz.

Deposit margin
↑Margin; ↑Financial futures.

Depository receipts
↑American depositary receipts.

Depositum irregulare
Lateinische Bezeichnung für den unregelmässigen Hinterlegungsvertrag, d.h. die Hinterlegung vertretbarer Sachen, die mit der Abrede verbunden wird, dass der Aufbewahrer nicht die gleichen Stücke, sondern nur die gleiche Anzahl Stücke (die gleiche Geldsumme) zurückgeben muss und überdies das Recht erhält, die hinterlegten Gegenstände zu nutzen und über sie zu verfügen. Hauptanwendungsfall ist die Hinterlegung von Geld in unverschlossener Form. In diesem Fall gilt die Abrede als stillschweigend getroffen (OR 481 I und II); das ↑Eigentum geht auf den Aufbewahrer über. Werden andere vertretbare Sachen oder ↑Wertpapiere hinterlegt, so gelten im Normalfall die Regeln über den gewöhnlichen Hinterlegungsvertrag (↑Depositum regulare). Es findet kein Übergang des Eigentums statt. Abreden über die Befreiung des Aufbewahrers von der Pflicht zur Rückerstattung der gleichen Stücke und über das Recht zur Nutzung oder zur Verfügung über die entgegengenommen Stücke (Depositum irregulare) müssen in diesem Fall ausdrücklich getroffen werden (OR 481 III).

Depositum regulare
Lateinische Bezeichnung für den gewöhnlichen Hinterlegungsvertrag (OR 472ff.). Dieser bildet zusammen mit dem einfachen Auftrag (OR 394ff.) die rechtliche Grundlage für das ↑Depotgeschäft der Bank.

Depot
Mit Depot (Wertschriftendepot) bezeichnet man im Bankverkehr die bei der Bank aufbewahrten und verwalteten Wertgegenstände (insb. ↑Effekten) eines Kunden (↑Depotgeschäft). Im Einlagegeschäft der Bank wird das Wort auch gleichbedeutend mit dem Begriff ↑Festgeld verwendet und bezeichnet dann ein zu einem bestimmten ↑Zinssatz auf eine zum Voraus festgelegte Dauer bei der Bank angelegtes Guthaben.

Depotabteilung
Die Organisationseinheit eines Finanzinstituts, die sich mit den technisch-organisatorischen Arbeiten des ↑Depotgeschäftes, d.h. mit der Verwaltung (nicht aber der Bewirtschaftung) von ↑Wertschriften für Depotkunden und für das Finanzinstitut selbst befasst.

Depotanalyse
↑Risikoverteilung bei Kapitalanlagen; ↑Anlageberatung.

Depotbank
Im Allgemeinen Bezeichnung für eine Bank, die für ihre Kunden die Verwahrung und Verwaltung von ↑Wertpapieren übernimmt, also das ↑Depotgeschäft betreibt. Im Besonderen Bezeichnung für die ↑Depotbank bei ↑Anlagefonds.

Depotbank bei Anlagefonds

Allgemein kann als ↑Depotbank jedes Institut bezeichnet werden, das zur Verwahrung und Verwaltung von ↑Wertschriften berechtigt ist. Insbesondere ist aber im Fondsbereich (↑Anlagefonds) unter einer Depotbank ein Bankinstitut zu verstehen, welches das ↑Fondsvermögen einer ↑Fondsleitung verwahrt und verwaltet. Depotbank und Fondsleitung sind rechtlich und personell getrennte, voneinander unabhängige Einheiten. Gemäss dem Anlagefondsgesetz ist die Depotbank gemeinsam mit der Fondsleitung Vertragspartnerin des Anlegers. Die Depotbank darf hier nicht mit einer blossen Hinterlegungs- und Zahlungsstelle verwechselt werden. Sie übernimmt verschiedene Aufgaben. *Hauptaufgabe* ist die Aufbewahrung des Fondsvermögens (AFG 19), wobei dies im Namen der Depotbank auch bei Dritten im In- und Ausland erfolgen kann (↑Drittverwahrung). Die Depotbank nimmt zudem Verwaltungshandlungen (u.a. ↑Corporate actions) für den Fonds wahr. Sie sorgt auch dafür, dass die Fondsleitung das Gesetz und das ↑Fondsreglement beachtet, insbesondere hinsichtlich der Anlageentscheide, Berechnung der Werte der Anteile und der Verwendung des Ertrags (AFG 19 II). Die Depotbank ist auch für die Ausgabe und Rücknahme der Fondsanteile und den Zahlungsverkehr verantwortlich (AFG 19 III, sog. Depotbankkontrolle). Zudem kann die Depotbank aufgrund des Fondsreglements zusätzliche Aufgaben übernehmen (AFG 19 IV). Depotbank kann nur eine Bank im Sinne des Bankengesetzes (BankG) sein. Dabei wird u.a. vorausgesetzt, dass die Bank die zur Verwahrung und Verwaltung von Wertschriften notwendigen Kenntnisse hat. Die Depotbank muss eine für die Erfüllung ihrer Aufgaben geeignete Organisation haben (AFG 17 II). Die Bewilligung als Depotbank wird von der Eidgenössischen ↑Bankenkommission (EBK) erteilt, wenn die organisatorischen Anforderungen erfüllt sind (AFG 18). Dies ist regelmässig der Fall, wenn die bankengesetzlichen Voraussetzungen im Sinne von BankG 3 erfüllt sind. Die Bewilligung beschränkt sich dabei nicht auf einen bestimmten Anlagefonds, sondern umfasst auch später lancierte Anlagefonds derselben Fondsleitung. *Pascal Kistler*

Depotbevorschussung
↑Wertpapierverpfändung.

Depotbuchführung, -buchhaltung
Systematische Erfassung aller bei einer ↑Bank deponierten ↑Effekten nach Kunden (Depotnummern) und nach ↑Valorennummern. Die Depotbuchhaltung ist nicht Bestandteil der kaufmännischen Buchhaltung der Bank, da die aufgeführten Werte nicht im ↑Eigentum der Bank stehen und die Ansprüche der Kunden auf diese Werte keine Passiven der Bank im Sinne des Bilanzrechts sind.

Dépot-conjoint
↑Depotgeschäft.

Depotgebühr
Die von einer Bank im ↑Depotgeschäft als Entgelt für die Aufbewahrung und technische Verwaltung von Wertgegenständen, insbesondere ↑Effekten, periodisch erhobene Gebühr. Sie wird in der Regel nach dem ↑Marktwert der aufbewahrten Werte bemessen. Für von der Bank selbst ausgegebene ↑Aktien, ↑Obligationen und Anlagefondsanteile kommt häufig ein reduzierter Tarif zur Anwendung. Hat der Kunde der Bank einen Vermögensverwaltungsauftrag erteilt, so vereinbart die Bank mit ihm unter Umständen eine nach dem Vermögenswert bemessene, pauschale Vermögensverwaltungsgebühr (Flat fee, ↑All-in-fee), welche die Depotgebühr, die ↑Courtagen und weitere Spesen einschliesst.

Depotgeschäft
Das Depotgeschäft ist dadurch gekennzeichnet, dass der Kunde der Bank Wertgegenstände, insbesondere ↑Effekten (↑Wertpapiere, ↑Wertrechte) und Edelmetalle zur Verwahrung übergibt und sich dieser gegenüber verpflichtet, eine ↑Depotgebühr als Entgelt zu bezahlen. Soweit es sich bei den Depotwerten um Effekten handelt, übernimmt die Bank in der Regel auch deren Verwaltung.

1. Offenes und verschlossenes Depot
Man unterscheidet zwischen dem verschlossenen und dem offenen ↑Depot. Beim *verschlossenen Depot* übergibt der Kunde der Bank die zu verwahrenden Vermögenswerte in einem versiegelten Paket oder Briefumschlag; dabei behält sich die Bank gemäss ↑Depotreglement vor, unter bestimmten Voraussetzungen vom Inhalt des verschlossenen Paketes bzw. Briefumschlages Kenntnis zu nehmen. Beim verschlossenen Depot übernimmt die Bank keinerlei Verwaltungstätigkeit mit Bezug auf die hinterlegten Vermögenswerte. Im Gegensatz dazu werden beim *offenen Depot* die zu verwahrenden Vermögenswerte (in der Regel Effekten) der Bank offen zur Verfügung gestellt und durch die Bank auch verwaltet. Zweck des Depotgeschäftes ist in erster Linie die sichere Verwahrung. Der Kunde will die Schwierigkeiten und Gefahren einer eigenen Verwahrung seiner Wertgegenstände auf eine Bank übertragen. Sodann spielt die Verwaltungsfunktion eine besondere Rolle (Einzug von Dividenden und Zinsen, Ausübung von Bezugsrechten, Erstellung von Steuerverzeichnissen usw.). Schliesslich dient das Depotgeschäft auch der Erleichterung des Effektenverkehrs (↑Sammelverwahrung). Das Depotgeschäft gehört zu den indifferenten Bankgeschäften (↑Dienstleistungsgeschäften), die sich in der Bankbilanz nicht niederschlagen.

2. Rechtsnatur des Depotvertrages und anwendbare Bestimmungen

Das schweizerische Recht kennt – im Gegensatz zur deutschen Rechtsordnung – kein besonderes Depotgesetz. Demzufolge gilt mit Bezug auf die anwendbaren Gesetzesbestimmungen Folgendes: Wird ein verschlossenes Depot errichtet, so schliesst der Kunde mit der Bank einen gewöhnlichen Hinterlegungsvertrag (OR 472 ff.) ab. Beim offenen Depot, wo die Bank neben der Verwahrung auch die Verwaltung der hinterlegten Vermögenswerte besorgt, liegt dagegen ein gemischter Vertrag vor, der mit Bezug auf die Verwahrungspflicht der Bank Elemente des Hinterlegungsvertrages und mit Bezug auf die Verwaltung der Hinterlegungsgegenstände Elemente des einfachen Auftrages (OR 394 ff.) aufweist. Handelt es sich bei den Depotwerten ausschliesslich um Wertrechte, kommt lediglich das Auftragsrecht zur Anwendung. Der Depotvertrag ist von Gesetzes wegen formlos gültig, wird aber in der Praxis schriftlich abgeschlossen. In der entsprechenden Erklärung anerkennt der Kunde sowohl die Bestimmungen des Depotreglements als auch die ↑Allgemeinen Geschäftsbedingungen der Bank, welche den dispositiven gesetzlichen Vorschriften des Hinterlegungsvertrages und des einfachen Auftrages vorgehen.

Im Übrigen sind bei der Depoteröffnung die Vorschriften der ↑Vereinbarung über die Sorgfaltspflicht bei der Entgegennahme von Geldern und die Handhabung des ↑Bankkundengeheimnisses zu beachten.

3. Eigentumsverhältnisse an den deponierten Vermögenswerten

Da es sich beim Hinterlegungsvertrag um ein rein obligatorisches Rechtsverhältnis handelt, werden dadurch die Eigentumsverhältnisse an den Depotwerten grundsätzlich nicht beeinträchtigt. Eine Ausnahme besteht bei der Sammelverwahrung, wo das Alleineigentum am eingelieferten Wertpapier durch einen Miteigentumsanteil am Sammeldepotgesamtbestand ersetzt wird. Im Normalfall ist der Kunde mit dem Eigentümer der Depotwerte identisch. Es ist indessen auch zulässig, fremde Vermögensgegenstände unter eigenem Namen zu deponieren. Dessen ungeachtet ist die Bank verpflichtet, das Depot dem Hinterleger herauszugeben. Vorbehalten bleiben die Fälle, wo auf die hinterlegten Sachen gerichtlich Beschlag gelegt oder Eigentumsklage eingeleitet wurde (OR 479).

4. Verfügungsmacht im Allgemeinen und bei verschiedenen Depotarten

Die Verfügungsmacht über die hinterlegten Vermögenswerte steht im Normalfalle dem Deponenten zu. Die Verfügungsmacht des Deponenten kann indessen durch Verfügungsbeschränkungen eingeschränkt oder aufgehoben sein. Im letzteren Falle kann sie einem Dritten, insbesondere einem gesetzlichen Vertreter, zustehen.

– *Verfügungsbeschränkungen:* Dem z.B. konkursiten Deponenten fehlt jede Verfügungsmacht über das Depot; diese steht ausschliesslich dem Konkursverwalter zu (SchKG 204). Sind minderjährige Kinder Depotinhaber, so erfolgt die Verfügung durch den Inhaber der elterlichen Sorge (ZGB 318, 304, ↑Minderjährige im Bankverkehr). Bei bevormundeten Deponenten steht die Verfügungsmacht dem Vormund zu; in gewissen Fällen ist zudem die Zustimmung der Vormundschaftsbehörde erforderlich (ZGB 407, 413, 421 II, ↑Bevormundete und Verbeiständete im Bankverkehr). Stirbt ein Depotinhaber und hat dieser einen Willensvollstrecker bestellt, so werden zwar die Erben Partei des Depotvertrages, doch bleibt das Verfügungsrecht einzig dem Willensvollstrecker vorbehalten (ZGB 517, 518).

– *Mehrere Personen als Deponenten:* Stehen der Bank mehrere Personen als Mitdeponenten gegenüber, so gilt Folgendes: Beim ↑Gesamthanddepot (↑Und-Depot) erfolgt die Verfügung durch sämtliche Deponenten gemeinschaftlich, d.h. zur gesamten Hand. Der einzelne ↑Deponent allein ist nicht verfügungsberechtigt. Vorbehalten bleibt die gegenseitige Erteilung rechtsgeschäftlicher Vollmachten, die aber widerrufbar sind. Gesamthanddepots können nur dann eröffnet werden, wenn unter den Deponenten ein Gesamthandverhältnis besteht (z.B. Gütergemeinschaft, Erbengemeinschaft, einfache Gesellschaft). Wird im Depotvertrag über das der Gesamthandberechtigung zu Grunde liegende Rechtsverhältnis nichts Näheres bestimmt, so ist das Vorliegen einer einfachen Gesellschaft zu vermuten. Anders ist die Rechtslage beim Dépôt-conjoint (↑Oder-Depot). Hier besteht die Besonderheit, dass jeder Deponent unabhängig von den anderen Mitdeponenten allein verfügungsberechtigt ist. In rechtlicher Beziehung liegt eine so genannte Solidargläubigerschaft vor. Stirbt ein Deponent, so treten dessen Erben an seine Stelle. Meistens wird aber eine so genannte Erbausschlussklausel vereinbart, wonach der verstorbene Deponent im Zeitpunkt seines Todes automatisch aus dem Depotverhältnis ausscheidet, ohne dass seine Erben an seine Stelle nachfolgen würden. Die Verfügungsbefugnis des einzelnen Deponenten kann hier durch die übrigen Mitdeponenten im Verhältnis zur Bank nicht widerrufen oder sonstwie gesperrt werden. Vorbehalten bleiben gerichtliche Sperrverfügungen. Vom Dépôt-conjoint machen in der Praxis vor allem Eheleute Gebrauch, wenn sie dem überlebenden Ehegatten die Verfügungsmacht über das Depot unter Vermeidung der Widerrufsmöglichkeit durch die Erben sichern wollen. Umgekehrt ist aber festzuhalten, dass das Dépôt-conjoint auf die ma-

teriellen Eigentumsverhältnisse sowie auf die güter- und erbrechtlichen Ansprüche keinen Einfluss hat. Das Dépôt-conjoint beschränkt sich ausschließlich auf die Verfügungsmacht bezüglich der hinterlegten Wertgegenstände im Verhältnis zur Bank.
– *Vollmacht:* Die Verfügungsmacht kann auch durch ↑Vollmacht einem Dritten eingeräumt werden, bleibt aber beim Deponenten trotzdem unverändert bestehen.
– *Sperrdepot:* Mit dem so genannten Sperrdepot (auch Sicherheits- oder Kautionsdepot genannt) soll einem Dritten zur Sicherung eines meist umstrittenen oder der Höhe nach unbestimmten gesetzlichen oder vertraglichen Anspruches (z. B. Grundstückgewinnsteuer, ↑Bauhandwerkerpfandrecht) Sicherheit geleistet werden. Rechtlich betrachtet, liegt hier eine so genannte Sicherheitshinterlegung vor, welche zu Gunsten der berechtigten Person Pfandrechtswirkung entfaltet. Die Modalitäten bezüglich der Verfügungsbefugnis werden von Fall zu Fall verschieden festgelegt. Sehr oft wird vereinbart, dass der Sicherheitsnehmer gegen Vorlage eines rechtskräftigen Gerichtsurteiles die Herausgabe des hinterlegten Betrages verlangen kann. Im Übrigen ist die Verfügung über das Sicherheitsdepot durch den Deponenten nur mit Zustimmung des Sicherheitsnehmers zulässig.
– *Nutzniessungsdepot:* Einen Sonderfall des Sperrdepots bildet das Nutzniessungsdepot. Hier erscheinen die mit der ↑Nutzniessung belasteten Personen als Deponenten, während das Depot zu Gunsten des Nutzniessers gesperrt ist. Die Erträgnisse aus dem Depot werden demgegenüber einem Konto, das auf den Namen des Nutzniessers lautet, gutgeschrieben. Damit der Umfang der Nutzniessung klargestellt ist, pflegen die Banken sehr oft Verträge mit den beteiligten Personen abzuschliessen, in denen diese Modalitäten im Detail geregelt werden. Dies ist vor allem deshalb angezeigt, weil das Gesetz mit Bezug auf den Umfang der Nutzniessung an Aktien verschiedene Fragen offen lässt.
– *Schenkungsdepot:* Gelegentlich werden auch so genannte Schenkungsdepots eröffnet. Diese sind dadurch gekennzeichnet, dass jemand zu Gunsten eines Dritten ein Depot errichten lässt in der Meinung, dass der ↑Begünstigte erst nach Ableben des Schenkers verfügungsberechtigt sein soll. Bis zu diesem Zeitpunkt behält sich der Schenker das alleinige Verfügungsrecht vor. Die Zulässigkeit derartiger Schenkungsdepots ist heftig umstritten, weil man befürchtet, dass hierin eine Umgehung der Vorschriften über die Verfügungen von Todes wegen erblickt werden könnte (OR 245 II).
– *Verwaltungsdepot:* ↑Vermögensverwaltung im Depotgeschäft.
– *Nummerndepot:* ↑Nummernkonto.

5. Arten der Aufbewahrung
Es werden folgende Verwahrungsarten unterschieden:
– *Einzel- oder Individualverwahrung:* Die Bank verwahrt hier für den Kunden die konkret von diesem hinterlegten Titel. Man spricht auch von *Streifbandverwahrung.* Der Kunde bleibt Alleineigentümer der deponierten Vermögenswerte und kann diese im Konkurs der Bank aussondern. Die Einzelverwahrung bildet heute eher die Ausnahme, obwohl sie nach der gesetzlichen Ordnung den Normalfall darstellt. Viel verbreiteter ist heute die Sammelverwahrung.
– *Sammelverwahrung:* Zur Sammelverwahrung lässt sich die Bank im Depotreglement ausdrücklich ermächtigen. Je nachdem, ob die Sammelverwahrung intern, d.h. bei der depotführenden Bank, oder extern, d.h. bei einer Sammeldepotzentralstelle (z. B. ↑SIS SegaIntersettle AG), erfolgt, unterscheidet man zwischen interner und externer Sammelverwahrung. Effekten, die in einem Sammeldepot hinterlegt sind, werden nicht individuell, sondern bloss gattungsmässig aufbewahrt. Dem Deponenten steht am Sammeldepotgesamtbestand ein nach Massgabe der von ihm eingelieferten Titel berechneter Miteigentumsanteil zu, was sowohl im Konkurs der Sammeldepotzentralstellen als auch der depotführenden Bank Aussonderung gestattet. Handelt es sich aber um eine Sammeldepotzentralstelle im Ausland, beurteilt sich die Aussonderungsfrage nach dem dort anwendbaren materiellen und Zwangsvollstreckungsrecht.
– *Verwahrung bei Korrespondenzbanken (Drittverwahrung):* Die Verwahrung von Wertpapieren bei ↑Korrespondenzbanken (= Depotstellen) spielt aus praktischen Gründen (Erleichterung des Handels) vor allem bei ausländischen Titeln eine Rolle. Als Korrespondenzbanken werden dazu Institute im Lande des ↑Emittenten eingeschaltet. Zu dieser Verwahrungsart wird die Bank im Depotreglement ausdrücklich ermächtigt. Die schweizerische Bank unterhält dann in eigenem Namen, aber auf Rechnung und Gefahr der Kunden bei der ausländischen Korrespondenzbank ein Depot, wobei Namentitel in der Regel auf den Namen der so genannten Nominee-Gesellschaft (↑Nominee) der entsprechenden Korrespondenzbank registriert werden. Da Namentitel nicht auf den schweizerischen Kunden lauten und dieser mit der Korrespondenzbank in keinem Vertragsverhältnis steht, können sich wegen der international-privatrechtlichen Verflechtungen im Falle der Zwangsvollstreckung gegen eine der beteiligten Banken Schwierigkeiten in Bezug auf das Aussonderungsrecht des Deponenten ergeben. Nach schweizerischer Rechtsordnung stehen bei Korrespondenzbanken verwahrte Titel im ↑Eigentum des Bankkunden und nicht derjenigen Bank, auf die das Depot lautet (vgl. zudem

OR 401 III; anders ist die Rechtslage etwa in Deutschland, wo die Titel im fiduziarischen Eigentum der das Kundendepot führenden Bank stehen). Die ↑*Drittverwahrung* kann als Einzel- oder Sammelverwahrung ausgestaltet sein. Einen Sonderfall der Drittverwahrung stellt das *Sub-Account* dar, bei welchem es sich hauptsächlich um eine kriegsvorsorgliche Massnahme des Bankkunden handelt. Dieser vereinbart mit der schweizerischen Bank, dass diese bestimmte Vermögenswerte des Kunden in eigenem Namen bei einer ausländischen Bank in Form eines Unterdepots hinterlegt. Mit der Korrespondenzbank wird die Vereinbarung getroffen, dass der Kunde unter näher festzulegenden Voraussetzungen (z. B. näher zu definierende kriegerische Ereignisse oder Unruhen in der Schweiz; Legitimationsverfahren) über den Depotinhalt frei verfügen kann. Die Wirksamkeit des Sub-Account kann aber im Ernstfalle in Frage gestellt sein, namentlich dann, wenn der Sitzstaat der ausländischen Korrespondenzbank den Inhalt von Sub-Accounts im Kriegsfalle als Feindesvermögen betrachtet und demzufolge einem Freezing-(Sperre-)Beschluss unterstellt.

6. Verwaltung

Beim offenen Depot übernimmt die Bank nebst der Verwahrung auch die Verwaltung der hinterlegten Vermögenswerte. Dies betrifft in erster Linie Effekten. Der genaue Umfang der Verwaltungstätigkeit wird im Depotreglement festgelegt. Nach den meisten Depotreglementen besorgt die Bank ohne gegenteilige Weisung des Kunden z. B. den Einzug fälliger Zinsen und Dividenden sowie rückzahlbarer Titel, die Kontrolle über Verlosungen, Kündigungen von Wertpapieren, Kraftloserklärungen nach den ihr zur Verfügung stehenden Unterlagen, den Bezug neuer ↑*Couponsbogen* und den Umtausch von ↑*Interimsscheinen* gegen definitive Titel, den Verkauf von ↑*Bezugsrechten* am letzten Tage des Handels. Die Bank besorgt ferner auf besonderen, rechtzeitig erteilten Auftrag des Kunden etwa den An- und Verkauf von in- und ausländischen Wertpapieren zu den im Effektenverkehr geltenden Bedingungen, die Entgegennahme von Zinsen und fälligen Kapitalabzahlungen auf Grundpfandtiteln für Rechnung der Deponenten, die ↑*Konversion* von Obligationen, die Ausübung von Bezugsrechten oder deren Verkauf. (Zur Frage der Ausübung des Stimmrechtes bei deponierten Aktien: ↑*Depotstimmrecht*.) Die im Rahmen eines offenen Depots übernommenen Verwaltungsaufgaben der Bank sind in jedem Falle rein technischer Natur. Wünscht der Kunde, dass die Bank auch die wirtschaftliche Seite der Depotverwaltung besorgt, ist dazu ein Vermögensverwaltungsauftrag (↑*Vermögensverwaltung im Depotgeschäft*) erforderlich.

7. Administratives

Folgende Arbeiten fallen beim Depotgeschäft an:
– *Bestandesänderungen:* Änderungen im Depotbestand (Ein- und Ausgänge infolge Kaufs, Verkaufs, Konversionen usw.) werden dem Kunden mittels Eingangs- bzw. Ausgangsanzeigen mitgeteilt. Wird dem Kunden selbst ein hinterlegter Titel physisch ausgehändigt, so hat dieser einen Empfangsschein zu unterzeichnen.
– *Depotauszüge:* Die Bank übermittelt dem Deponenten periodisch, in der Regel auf Jahresende, eine Aufstellung über den Bestand des Depots. Der Auszug gilt als durch den Kunden genehmigt, wenn dieser nicht innerhalb einer von der Bank angesetzten Frist Einsprache erhebt.
– *Organisation der Depotabteilung:* Die Organisation der ↑*Depotabteilung* ist von Bank zu Bank verschieden. Allgemein lassen sich aber etwa folgende Abteilungen unterscheiden: Wertschriftenkasse (Verwahrung der bei der Bank effektiv liegenden Titel, Versand, Aushändigung und Entgegennahme von Titeln); Wertschriftenverwaltung und -korrespondenz (diverse Verwaltungshandlungen, wie Inkasso von Coupons, Kapitalerhöhungen usw.; Besorgung sämtlicher Depotkorrespondenz).

8. Depotgebühren

Der Kunde ist aufgrund des Depotreglements verpflichtet, der Bank für die Verwahrung und Verwaltung der hinterlegten Vermögenswerte eine Depotgebühr zu bezahlen, die entweder im Depotreglement oder in einem speziellen Gebührentarif vorgesehen ist. Die Banken gehen z. T. dazu über, einen gegenüber früher höheren Tarif einzuführen, in welchem auch weitere Dienstleistungen (wie ↑*Anlageberatung*, Depotanalysen) enthalten sind.

9. Pfand- und Retentionsrecht

Wer bei einer Bank ein offenes Depot unterhält, kann dieses der Bank gegen Aufnahme eines Lombardkredites verpfänden (↑*Wertpapierverpfändung*). Rechtsgrund der Verpfändung bildet dann entweder ein genereller oder ein spezieller ↑*Pfandvertrag*. Zudem befinden sich in den meisten Depotreglementen sowie in den Allgemeinen Geschäftsbedingungen der Banken ↑*Pfandklauseln*, wonach der Depotinhalt der Bank für sämtliche gegenwärtigen und künftigen Ansprüche aus der Geschäftsverbindung mit dem betreffenden Kunden verpfändet ist. Für Forderungen, die in einem ursächlichen Zusammenhang mit dem Depot stehen, kann die Bank schliesslich auch das ↑*Retentionsrecht* gemäss ZGB 895 geltend machen. Dies ist namentlich mit Bezug auf die Depotgebühren möglich. *Dieter Zobl*

Lit.: Jenny, R.: Privatrechtsverhältnisse der Vermengung von Wertpapieren im Verwaltungsdepot der Bank (die Haussammelverwahrung), Diss. Zürich 1969. – *Piotet, P.*: La pratique américaine *des nominées en matière de titres nominatifs et ses conséquences juridiques, notamment pour l'exécution forcée en Suisse, Journal des Tribunaux 112 (1964). – Treyvaud, P.-A.:Le contrat de dépôt bancaire, Diss. Lausanne 1972. – Umbricht-Maurer, R.M.: Das Depotgeschäft, Zürich 1976. – Zobl, D.:Probleme im Spannungsfeld von Bank-, Erb- und Schuldrecht, Archiv für die juristische Praxis 2001. – Zobl, D.: Internationale Übertragung und Verwahrung von Wertpapieren (aus schweizerischer Sicht), Schweizerische Zeitschrift für Wirtschaftsrecht 2001.*

Depotkonto
↑Depotbuchführung, -buchhaltung.

Depotrechnung
Auch Depotkonto. In der schweizerischen ↑Banksprache häufig gebrauchter Ausdruck für Kontokorrent*kreditoren*-Konto.

Depotreglement
↑Depotgeschäft.

Depotschein
Empfangsbestätigung, worin die Bank erklärt, vom Kunden individuell bezeichnete Gegenstände, Dokumente oder ↑Wertpapiere zur Aufbewahrung im Depot (↑Depotgeschäft) entgegengenommen zu haben. Der Depotschein hat nur Beweisfunktion und ist kein Wertpapier.

Depotstelle
↑Depotgeschäft.

Depotstimmrecht
Stimmrecht, das eine Bank oder ein gewerbsmässig tätiger ↑Vermögensverwalter an der Generalversammlung einer Aktiengesellschaft aufgrund von Aktien ausübt, die ihr oder ihm vom Kunden zur Aufbewahrung, zur Verwaltung oder zu Pfand übergeben worden sind. Grundsätzlich steht das Recht zur Teilnahme an der Generalversammlung in diesen Fällen dem Aktionär zu (so ausdrücklich ZGB 905 für verpfändete ↑Aktien). Doch kann sich der Aktionär durch die Bank oder einen Dritten vertreten lassen. Von dieser Möglichkeit wurde früher im Bankverkehr ausgiebig Gebrauch gemacht.

Das Depotstimmrecht der Banken war lange ein Politikum, weil Banken mit der Ausübung des Stimmrechts aus den in den Kundendepots hinterlegten Aktien eine beträchtliche Stimmkraft auf sich vereinigen können. Bei der den Banken unterstellten Neigung zur Konformität mit den Vorstellungen der Verwaltung der Gesellschaften wird in dieser Machtkonzentration ein Widerspruch zum Ideal der Aktionärsdemokratie gesehen. Schon vor der Revision des Aktienrechts hat die SBVg Gegensteuer zu geben versucht und Richtlinien über die Ausübung des Depotstimmrechts erlassen. Damit sollte der Verpflichtung zur Beachtung des Willens des vertretenen Aktionärs in der Praxis Nachachtung verschafft werden. Diese Richtlinien sind mit dem Inkrafttreten des revidierten Aktienrechts formell aufgehoben worden. Wesentliche Gedanken daraus sind in das revidierte Gesetz eingegangen.

1. Inhaberaktien
Die Problematik des Depotstimmrechts zeigt sich vor allem am Fall der ↑Inhaberaktie. Hier ist die Gefahr, dass die Bank das Stimmrecht ohne Wissen des Aktionärs ausübt und sich bei der Abgabe der Stimme über den Willen des Aktionärs hinwegsetzt, besonders akut, denn aus der Sicht der Gesellschaft kann jeder, der sich durch Vorlegung der Aktien als Besitzer von Inhaberaktien ausweist, die Mitgliedschaftsrechte an der Generalversammlung ausüben (OR 689a II). Als Aufbewahrerin von Inhaberaktien hat die Bank den Besitz an der Urkunde. Sie kann sich gegenüber der Gesellschaft legitimieren, ohne dass der Kunde in irgendeiner Form mitwirken muss. Das Gesetz schreibt nun aber eine Reihe von Regeln formeller und materieller Natur vor, die vom Depotvertreter beachtet werden müssen, wenn er sich nicht im internen Verhältnis zu seinem Kunden der Vertragsverletzung schuldig machen will. In *formeller Hinsicht* ist es selbstverständlich, dass der Vertreter im internen Verhältnis der Zustimmung des Aktionärs bedarf, wenn er das Stimmrecht ausübt. Handelt es sich um einen Depotvertreter, so muss er vom Aktionär in einem besonderen Schriftstück zur Vertretung ermächtigt worden sein (OR 689b II; diese Ermächtigung wird vom Gesetz als ↑Vollmacht bezeichnet, obwohl sie nur im internen Verhältnis zum Kunden gebraucht wird und für die Legitimation der Bank gegenüber der Gesellschaft unnötig ist). Die Banken lassen sich regelmässig von ihren Kunden solche Vollmachten mit unbeschränkter Laufzeit und mit Wirkung für alle Generalversammlungen sämtlicher Gesellschaften geben, von welchen der Kunde jeweils Aktien im Bankdepot hält, was zulässig ist. In *materieller Hinsicht* gilt zunächst der allgemeine Grundsatz: Wer Mitwirkungsrechte als Vertreter ausübt, muss im Interesse des Vertretenen handeln. Er muss die Weisungen des Vertretenen befolgen (OR 689b I). Da die Kunden erfahrungsgemäss von sich aus kaum je Weisungen erteilen, schreibt das Gesetz weiter vor, dass der Depotvertreter beim Kunden vor jeder Generalversammlung Weisungen für die Stimmabgabe einholen muss. Gehen solche Weisungen nicht ein, so muss der Depotvertreter eine allenfalls vorliegende allgemeine Weisung des Kunden beachten; fehlt eine solche, so muss er den

Anträgen des Verwaltungsrates folgen (OR 689d I und II).

Wer als Depotvertreter handelt, muss der Gesellschaft Anzahl, Art, ↑Nennwert und Kategorie der von ihm vertretenen Aktien bekannt geben. Der Vorsitzende fasst die Angaben aller Depotvertreter zusammen und teilt die Summen (wie auch die von den Organvertretern und den unabhängigen Stimmrechtsvertretern erhaltenen Angaben) der Generalversammlung mit (OR 689e). Damit soll eine gewisse Kontrolle erreicht werden.

Die gesetzliche Regelung ist schematisch. Der Depotvertreter ist zwar grundsätzlich verpflichtet, bei der Stimmabgabe die Interessen des Kunden wahrzunehmen. Doch das Gesetz lässt ihm keinen Ermessensspielraum bei der Stimmabgabe. Widersprechen die Anträge der Verwaltung nach der Einschätzung des Depotvertreters dem Interesse des Kunden, so darf er diesem empfehlen, gegen den Antrag des Verwaltungsrates zu stimmen. Ohne ausdrückliche Weisung des Kunden darf er aber auch in diesem Fall seine Stimme nicht gegen den Verwaltungsrat abgeben. Die schematische Lösung wurde vom Gesetzgeber vorgezogen, weil sie für den Kunden klare Verhältnisse schafft.

Umstritten ist, ob der Depotvertreter in Extremfällen, wenn die Anträge des Verwaltungsrates den Interessen der Aktionäre offensichtlich zuwiderlaufen oder aufgrund besonderer Umstände eine rechtzeitige Einholung von Weisungen nicht möglich ist, im wohlverstandenen Interesse der Aktionäre von der schematischen Ordnung abweichen darf.

Übt eine als Aktiengesellschaft konstituierte Bank das Depotstimmrecht für ihre Kunden in ihrer eigenen Generalversammlung aus, so gelten die Vertreter der Bank auch als Organvertreter (OR 689c). Die Bank muss ihren Kunden in diesem Fall im Zusammenhang mit der Einholung der Weisungen auch eine unabhängige Person bezeichnen, die von den Aktionären mit der Vertretung beauftragt werden kann.

Führen besondere Weisungen von Depotkunden dazu, dass die Bank an einer Generalversammlung sowohl für wie gegen den gleichen Antrag stimmen muss, wird das Depotstimmrecht der Bank durch zwei Vertreter der Bank ausgeübt.

Unter Bank- und Gesellschaftsjuristen umstritten sind die Meinungen zur Frage, ob eine Bank, die sich von ihren Kunden, wie es üblich ist, eine zeitlich unbeschränkte Vollmacht zur Vertretung ihrer Aktien geben liess, verpflichtet ist, das Stimmrecht bei jeder Generalversammlung auszuüben. Der mit der Stimmrechtsvertretung verbundene Aufwand ist beträchtlich. In der Regel verlangen die Banken von ihren Kunden keine Gebühr; häufig lassen sie sich aber von den Gesellschaften, die an einer starken Präsenz interessiert sind, entschädigen. Darin wird kein Fall des verbotenen Stimmenkaufs gesehen (OR 692).

2. Namenaktien, die auf den Namen des Kunden im Aktienbuch eingetragen sind

Bei ↑Namenaktien (unabhängig davon, ob die Aktien in Wertpapierform oder als ↑Wertrechte existieren) stösst die Ausübung des Stimmrechts durch Depotvertreter wie Banken und Vermögensverwalter auf zahlreiche Hindernisse. So verschafft der blosse Besitz der Aktie der Bank keine Legitimation zur Teilnahme an der Generalversammlung, denn im Verhältnis zur Gesellschaft ist zur Ausübung der Mitgliedschaftsrechte nur berechtigt, wer im Aktienbuch eingetragen oder von ihm schriftlich zur Vertretung bevollmächtigt ist (OR 689a I). Theoretisch könnte die Bank gestützt auf die gemäss OR 689b II auf separatem Formular erteilte und unbefristete Vollmacht den Kunden vertreten. Doch verlangt die Grosszahl der Gesellschaften für jede Generalversammlung eine besondere Vollmacht. In der Regel stellt die Gesellschaft dem eingetragenen Aktionär vor jeder Generalversammlung eine auf seinen Namen ausgestellte Zutrittskarte (auch Eintrittskarte oder Stimmrechtskarte genannt) direkt zu. Leitet der Aktionär diese Karte unterzeichnet an seine Bank weiter, so kann die Karte der Bank als Vollmacht für die Vertretung des Kunden in der Generalversammlung dienen. Nimmt die Bank diese Funktion wahr, so muss sie grundsätzlich die für Depotvertreter geltenden gesetzlichen Vorschriften beachten. Insbesondere muss sie die speziellen oder die allfällig bereits bei ihr liegenden generellen Weisungen des Kunden befolgen. Liegen keine ausdrücklichen Weisungen des Kunden vor, wird sie wohl in diesem Fall gemäss den Anträgen des Verwaltungsrates stimmen dürfen, ohne vorgängig beim Kunden Weisungen einzuholen.

3. Bank als treuhänderischer Aktionär oder Nominee

Will sich der Käufer einer Namenaktie nicht im Aktienbuch der Gesellschaft eintragen lassen, so tritt in der Regel seine Bank oder eine der Bank nahe stehende Firma der Gesellschaft gegenüber treuhänderisch als Aktionär für ihn auf (↑Nominee). Die dafür erforderliche Zustimmung des Kunden lässt sich die Bank oft in der Weise geben, dass sie den Kunden mit der Anzeige über den Kauf der Aktie zur Eintragung im Aktienbuch auffordert, widrigenfalls sie im Interesse des Kunden die Eintragung auf ihren eigenen Namen oder den Namen einer nahe stehenden Firma veranlassen werde. Die Gesellschaft ist nicht verpflichtet, die treuhänderisch handelnde Bank als Aktionärin mit Stimmrecht (sog. Vollaktionärin) einzutragen (OR 685d II). Tut sie es dennoch, so muss die Bank, wenn sie das Stimmrecht ausübt, nach verbreiteter Meinung die Vorschriften des Gesetzes über die Depotvertretung nicht beachten. Für die Anwendung der Regeln über die Depotvertretung in diesem Fall spricht aber die Tatsache, dass sich die Bank im

Verhältnis zur Gesellschaft legitimationsmässig in der gleichen Lage befindet, wie wenn es sich bei den Aktien um Inhaberaktien handeln würde.

4. Heutige Bedeutung des Depotstimmrechts
In den letzten Jahren hat das Depotstimmrecht mit dem Übergang der meisten Gesellschaften zur Einheits-Namenaktie an Bedeutung verloren. Auch ist das Interesse der Gesellschaften an der Depotvertretung spürbar schwächer geworden, seit das neue Aktienrecht die ehemals für das Zustandekommen wichtiger Beschlüsse der Generalversammlung geltenden Präsenzvorschriften und Quoren abgeschafft hat.

5. Depotstimmrecht auf Aktien ausländischer Gesellschaften
Die Vorschriften des OR über das Depotstimmrecht gelten für die Ausübung des Stimmrechts in Generalversammlungen schweizerischer Gesellschaften. Eine schweizerische Bank, die als Depotvertreter an Generalversammlungen ausländischer Gesellschaften teilnehmen will, muss also in erster Linie die Vorschriften des anwendbaren ausländischen Gesellschafts- und Wertpapierrechts beachten. Soweit dieses das Vorliegen einer generellen Stimmrechtsvollmacht voraussetzt und zulässt, wird der Bank in der Regel das in OR 689b II verlangte «besondere Schriftstück» dienen können, weil dieses keine ausdrückliche Beschränkung auf schweizerische Gesellschaften vorsieht. Namentlich, wenn sie als treuhänderischer Aktionär oder Nominee auftritt, wird die Bank beachten müssen, dass die Ausübung des Stimmrechts nach ausländischen Rechten gelegentlich zivilrechtliche Haftungsfolgen auslösen kann.   *Christian Thalmann*

Depotvertrag
↑ Depotgeschäft.

Depotvertreter
↑ Fiduziarische Eintragung.

Depotvollmacht
↑ Konto- und Depotvollmacht.

Deregulierung
Regulierung ist das Gegenteil von Deregulierung. ↑ Regulierung heisst staatliche Intervention mittels – technisch gesprochen – Polizeinormen und einer Aufsichtsbehörde (EBK, ↑ Bankenkommission, Eidg., Bundesamt für Privatversicherungen) in die Geschäftsvoraussetzungen und die Geschäftstätigkeit der überwiegend privatrechtlich organisierten Unternehmen und Organisationen des Finanzsektors. Zum «Polizeirecht» gehört auch der Schutz von Treu und Glauben im Geschäftsverkehr und die Gewährleistung der öffentlichen Sicherheit in einem weiten Sinne. Die «polizeirechtliche» Qualifikation bedeutet aber, dass bei Erfüllung der Anforderungen ein rechtlicher Anspruch auf die Ausübung der gewünschten Tätigkeit besteht. Insofern erfolgt kein relevanter Einbruch in die auch im Finanzsektor geltende Wirtschaftsfreiheit (Art. 94 BV). Es geht dabei um Bewilligungserfordernisse und laufende Überwachung. Letztere wird heute in Anforderungen an die Geschäftsführung (Prudential supervision mit Kapital- und Eigenmittelerfordernissen sowie sachlichen und persönlichen Organisationsanforderungen, Liquiditätsregeln, Rechnungslegung, Offenlegung sowie Revision) und in Verhaltensregeln (Conduct rules, wie z. B. Sorgfaltspflichtvereinbarung der Banken, Art. 11 BEHG) aufgeteilt. Die bankengesetzliche Revision, deren Aufnahme selbst einer Bewilligung in Form einer «Anerkennung» bedarf, gilt in der Schweiz als «verlängerter Arm» der EBK, wird aber von der Bank mit einem privatrechtlichen Mandat eingesetzt. Sie wird so auch als Teil der ↑ Selbstregulierung verstanden, wobei der Überwachungsgrad über die Revisionstätigkeit selbst zunimmt (post-Enron). Lücken im schweizerischen Aufsichtskonzept wurden insbesondere im Zusammenhang mit den unabhängigen ↑ Vermögensverwaltern und ↑ Anlageberatern indiziert, die zwar dem ↑ Geldwäschereigesetz, aber keiner Aufsicht unterstehen (Expertengruppe Finanzmarktaufsicht, Finanzmarktregulierung und -aufsicht in der Schweiz, Schlussbericht, November 2000 [«Zufferey-Bericht»], Rz. 545).

Die Diskussion der vergangenen Jahre drehte sich vor allem um die Frage, warum es Regulierung denn überhaupt brauche und ob der Markt hier nicht selbst die nötige Ordnung schaffen könne (Deregulierungsdiskussion). Hier ging es dann vor allem um die *Beseitigung von Zutrittsschranken*. Theoretisch wird die Notwendigkeit von Regulierung im Finanzsektor dann aber insbesondere mit der Informationsasymmetrie zwischen Konsumenten und Finanzinstitutionen begründet. Die Diskussion führte dennoch zu einer besseren Berücksichtigung der Marktkräfte und einem markanteren Willen, Wettbewerbsbehinderungen zu beseitigen. In Politik und Praxis wird die Regulierung und die solvenzbezogene Einzelinstitutsaufsicht mit der Notwendigkeit des ↑ Einlegerschutzes begründet *(Individualschutz)*. Eine funktionelle Betrachtung des ↑ Finanzmarktes arbeitete dann auch die weitere Zielsetzung eines systematischen Vertrauensschutzes heraus. In der Schweiz war dies insbesondere mit der Weiterentwicklung des Bewilligungserfordernisses der «Gewähr für eine einwandfreie Geschäftstätigkeit» durch die leitenden Personen (Art. 3 Abs. 2 lit.c BankG) verbunden. Finanzgeschäft ist Vertrauensgeschäft. In neuerer Zeit wird die Systemstabilität (↑ Systemstabilität, Förderung der) im Sinne eines *Schutzes vor Ansteckung (Contagion)* und vor Kettenreaktionen (Impact) bei Institutszusammenbrüchen als globale Zielsetzung herausgearbeitet. Dies ist der Zugang, über den in heute starkem Umfange auch die ↑Zentralbanken (↑Europäische Zentralbank [EZB]) und die internationalen Organisationen (↑Bank für Internationalen Zahlungsausgleich [BIZ] und ↑Internationaler Währungsfonds [IWF]) im Aufsichtsbereich deregulatorische Aufgaben übernehmen wollen, obwohl ihr angestammtes Gebiet «bloss» die Sicherung der Liquidität ist. Die Zentralbanken wollen aber nicht notleidenden Instituten helfen; hier gilt immer noch der berühmte Satz von Walter Bagehot, dass jede Hilfe an eine schlechte Bank nur die Entstehung einer guten verhindert. Da in Krisensituationen Illiquidität von Insolvenz oft nur schwer zu unterscheiden ist, gehört zur Begleitdiskussion stets die Frage des ↑Moral hazard, nämlich wie verhindert werden kann, dass überriskante Geschäfte im Vertrauen auf eine staatliche Hilfe getätigt werden.

Deregulierung war, von den USA kommend, lange Zeit ein Schlagwort, mit dem Abbau von unnötigen Barrieren und der Durchbruch der Marktkräfte gefordert wurde. Hauptsächlich ging es dabei um die Public utilities und die dort zu verzeichnenden Zugangsschranken sowie die verzögerte Privatisierung. Im Finanzsektor kann man aber von Deregulierung nicht sprechen, denn was stattgefunden hat, ist *Re-Regulierung* und damit verbunden sowohl Differenzierung (Trennung der Betrachtung von Bank- und Börsengeschäften auch in traditionellen Bereichen des Universalbanksystems wie in der Schweiz), dann aber auch Konsolidierung (Entwicklung von Regeln zur Beaufsichtigung von ↑Finanzkonglomeraten und von integrierten Finanzmarktaufsichtsbehörden nach dem Beispiel der ↑Financial Services Authority [FSA] in England). Auch sind die Konzepte umgestellt worden, und es wird von einer mehr produkteorientierten Betrachtung (besonders im Versicherungs-, dann aber auch im Anlagefondsbereich) zur *Instituts- und Strukturaufsicht* und damit auch zur *Solvenz- oder Solvabilitätsaufsicht* übergegangen. Die Umstellung der Regulierungskonzepte zeichnet sich nicht nur durch das Streben nach einer integrierten ↑Finanzmarktaufsicht aus, sondern insbesondere durch die Versuche zu einem mehr risikoadäquaten und risikoorientierten Vorgehen. Stand früher vor allem die Institutssolidität und -integrität im Vordergrund, wird heute die Marktabhängigkeit und damit die ↑Volatilität ins Zentrum gerückt. Hauptrisiken sind aber immer noch die Kreditrisiken, die mit Eigenmitteln als Risikoabsorptionspolster unterlegt werden müssen. Ferner sind Zins- und Marktpreisänderungsrisiken zu erfassen. Mit der Hinwendung zu den Risiken erfolgt eine zunehmende Differenzierung ihrer Arten. Art. 9 Abs. 2 BankV enthält eine Liste (↑Markt-, ↑Kredit-, ↑Ausfall-, Abwicklungs-, ↑Liquiditäts-, Image-, ↑operationelle sowie rechtliche Risiken).

Vordergründig sind heute die Schwierigkeiten der Erfassung von operationellen Risiken.

Die Regulierung erfolgt heute auf praktisch weltweit harmonisierte Weise durch die Aufstellung von Standards und Regeln zur Best practice. Im Brennpunkt dieser Bestrebungen steht der ↑Basler Ausschuss für Bankenaufsicht, der im Schosse der BIZ wirkt und die Überwachung international tätiger Banken seit mehr als zwei Jahrzehnten bearbeitet. Wesentlichste Ergebnisse sind die Regeln zur Überwachung auf konsolidierter Basis, dann der Eigenmittel-Accord von 1978 (gegenwärtig in Revision auf dem Weg zu «Basle II») und die 25 Grundsätze zur Bankenüberwachung. Daneben ist die ↑IOSCO, International Organization of Securities Commissions, für den Wertpapierbereich in den letzten Jahren als «Regulator» erstarkt. Im Bereich der EU erfolgt, neben den umfangreichen Bemühungen zu einem integrierten Kapitalmarkt (vgl. insbes. Financial-services-action-Plan), der durch Kapitalverkehrsfreiheit und Einheitswährung noch nicht zu schaffen war, im Wesentlichen auch ein Nachvollzug der Basler Regeln.

Regulierung stand lange Zeit weniger im Gegensatz zu Nichtregulierung als zur ↑*Selbstregulierung*. Aber auch Selbstregulierung ist inhaltlich in erster Linie Regulierung und muss hohen Anforderungen genügen, wenn sie von der Aufsichtsbehörde als Mindeststandard anerkannt oder gemäss BEHG sogar formell genehmigt werden soll. Die Selbstregulierung stand in der Schweiz traditionellerweise im Vordergrund und noch die ↑Vereinbarung über die Standesregeln zur Sorgfaltspflicht der Banken (VSB) war ein derartiger Selbstregulierungsakt, ebenso wie die meisten der zahlreichen Konventionen im Bankbereich (↑Kartelle im Bankensektor), die dann aber wettbewerblicher Überprüfung nicht standhalten konnten. Attraktiv wurde die Selbstregulierung jedoch im Gefolge des englischen Financial services act 1986, der die Figur der Selbstregulierungsorganisationen (SROs) ins Leben rief. In der Schweiz wurde dieses Konzept vor allem mit dem ↑Geldwäschereigesetz (GwG) realisiert, doch ist auch Art. 4 BEHG zur Organisation der Börse mit «Selbstregulierung» überschrieben. Die nähere Betrachtung der englischen Entwicklung, die mit den 11 SROs eine übergrosse Komplexität erreichte und daher mit dem Financial services and markets act 2000 wieder in die einheitliche FSA integriert wurde, liess das Selbstregulierungsinteresse aber auch in der Schweiz schwächer werden. Neben den SRO nach dem GwG spielen aber die Konventionen und Richtlinien der SBVg (↑Bankiervereinigung, Schweizerische) als Selbstregulierungsakte eine bedeutende Rolle. Denselben Weg schlagen auch andere Organisationen der Branche ein (Fondsvertrieb, Vermögensverwalter).

Kommt man zum Schluss, dass im Finanzbereich keine Deregulierung, sondern nur eine mit konzeptionellen Änderungen verbundene Re-Regulierung stattgefunden hat, so sind dazu Ergänzungen anzubringen. Die Konzentration des Blickes auf das Kapitalmarktgeschehen, ebenso die Erfassung von Teilaspekten mit den Mitteln des Strafrechts, was die wohl strengste Regulierung darstellt (Insiderverbot [↑Insider-Gesetzgebung], Verbot der ↑Kursmanipulation), hat auch zum regulatorisch intensiveren Miteinbezug von neuen Subjekten geführt. Dabei handelt es sich um die Unternehmen, die ↑Emittenten genannt werden. Die Tatsache der Börsenkotierung ist heute folgenreich. Sie führt nicht nur zu neuen Publizitätsstandards im Verhältnis zum Aktienrecht und zu Ad-hoc-Publizitätspflichten für die Gesellschaften sowie zu besonderen Governance-Anforderungen (↑Corporate governance) und Organpflichten (vgl. Transparenz-Richtlinie der SWX und Code of best practice), sondern erfasst auch die Aktionäre selbst. Diese müssen ihre Beteiligungen bei bestimmten Schwellen sowie ihre Gruppenbildungen offen legen. Darüber hinaus unterstehen ↑öffentliche Kaufangebote besonderen Pflichten, ab der Schwelle von 33 $^1/_3$% sogar derjenigen, allen Aktionären ein Angebot zu unterbreiten. Mit dem kapitalmarktrechtlichen Denken werden auch Emittenten und deren Aktionäre zunehmend stärker reguliert. Hierin liegt geradezu ein Aspektwechsel privatwirtschaftlicher Organisation.   *Peter Nobel*

Derivatbörse
↑Börse, an der ↑Derivate, derivative Finanzinstrumente (↑Optionen, ↑Futures) gehandelt werden. Als erste Börse für Finanzderivate wurde 1973 der CBOE in Chicago (↑Chicago Board Options Exchange [CBOE]) gegründet. In der Schweiz nahm 1988 die ↑SOFFEX als erste vollautomatisierte und vollintegrierte Derivatbörse der Welt ihren Betrieb auf. 1998 entstand aus dem Zusammmenschluss der SOFFEX mit ihrem deutschen Pendent DTB die ↑Eurex, die bald zur grössten Finanzderivatbörse der Welt heranwuchs.

Derivate
Derivate sind vertraglich geregelte Terminkontrakte, deren Bewertung von der Entwicklung einer oder mehrerer zugrunde liegender Variablen abgeleitet wird. Der Ursprung des Begriffs liegt beim lateinischen Wort «derivare» (= ableiten).

1. Klassifikation
Man unterscheidet zwischen bedingten und unbedingten Terminkontrakten. Zu den *bedingten Terminkontrakten* gehören die ↑Optionen. Ihre Eigenheit ist es, dass die Erfüllung der Option an ein Wahlrecht einer Vertragspartei geknüpft ist. So besitzt der Inhaber einer Call option das Recht, das zugrunde liegende Gut (↑Basiswert, ↑Underlying) am Ende der vorbestimmten ↑Laufzeit, d. h. bei ↑Verfall der Option, zu einem im Voraus vereinbarten Preis (↑Ausübungspreis, Strike) zu kaufen, während der Verkäufer der Call option die Pflicht hat, bei Verfall den Basiswert zum Ausübungspreis an den Optionsinhaber abzutreten, sofern dieser von seinem Kaufrecht Gebrauch macht. Aufgrund dieses Rechts wird die Call option auch Kaufoption genannt. Demgegenüber hat bei der Put option, die eine Verkaufsoption darstellt, der Optionsinhaber das Recht, den Basiswert am Ende der Laufzeit zu einem im Voraus vereinbarten Preis zu verkaufen. Der Optionsverkäufer (↑Option seller) hat auch bei der Put option eine Verpflichtung. Er muss bei Verfall den Basiswert zum Ausübungspreis übernehmen, sofern der Optionsinhaber von seinem Verkaufsrecht Gebrauch macht. Neben diesen Standardoptionen existieren an den ↑Finanzmärkten auch ↑exotische Optionen (z. B. ↑asiatische Optionen). Diese unterscheiden sich von den Standardoptionen durch komplexere Vertragsinhalte. In der Praxis finden Optionen als Einzelinstrumente, aber auch als implizite Optionen (z. B. ↑Kündigungsrechte) Anwendung.

Unter die Kategorie der *unbedingten Terminkontrakte* fallen ↑Forwards, ↑Futures und ↑Swap-Geschäft. Im Gegensatz zu den bedingten Terminkontrakten besteht bei den unbedingten sowohl für den Käufer als auch den Verkäufer die Verpflichtung, bei Verfall den Basiswert zu erwerben respektive zu veräussern. Anstelle der Lieferung des Basiswertes wird zwischen den Parteien oft auch ein Barausgleich vereinbart. Ein Forward ist eine Vereinbarung zwischen zwei Vertragsparteien über die Lieferung des zu Grunde liegenden Gutes an einem vorbestimmten zukünftigen Zeitpunkt zu einem bei Kontraktabschluss festgelegten Preis. Futures sind Forwards sehr ähnlich. Sie werden jedoch an den ↑Börsen gehandelt und weisen einen hohen Standardisierungsgrad auf. Zudem tritt bei den Futures die Börse als Gegenpartei auf. Swaps sind schliesslich Vereinbarungen zwischen zwei Parteien betreffend dem Austausch von zukünftigen Zahlungen. So ist es bei ↑Zinsswaps üblich, dass die eine Partei fixe und die andere vom ↑Libor (London interbank offered rate) abhängige, variable ↑Zinsen an den Vertragspartner bezahlt. Swaps werden wie Forwards ausserbörslich gehandelt. Neben dieser Klassifikation lassen sich Derivate in standardisierte ↑Kontrakte und Over-the-counter (OTC)-Geschäfte unterteilen. *Standardisierte Kontrakte* werden an spezialisierten ↑Derivatbörsen gehandelt (z. B. an der ↑Eurex), deren Clearing house als Gegenpartei auftritt. Dies reduziert das ↑Gegenparteirisiko im Vergleich zu *OTC-Geschäften*, wo der Vertragspartner die Gegenpartei ist, beträchtlich. Der Übergang zwischen standardisierten Kontrakten und OTC-Geschäften ist jedoch

fliessend: Es existieren diverse Zwischenformen (z.B. Bildschirmhandel).
Schliesslich kann man Derivate aufgrund des Basiswertes klassifizieren. So gibt es die Kategorie der Financial underlyings, zu denen ↑Aktien, Zinsen, Devisen und Indizes zählen, und jene der Commodity underlyings, denen Rohstoffe, Agrarprodukte und Edelmetalle angehören.

2. Marktteilnehmer
Die Teilnehmer am Markt für Derivate können drei verschiedene *Motive* haben: Das Hedging (↑Hedge), die ↑Spekulation oder die ↑Arbitrage. Beim Hedging wird die Absicherung einer bereits vorhandenen ↑Risikoposition beabsichtigt. Demgegenüber versucht der Spekulant, die Richtung der Kursbewegungen vorauszusehen und mit entsprechenden Strategien sowie unter Tragung von ↑Marktrisiken auszunutzen. Der Arbitrageur nutzt Markineffizienzen zur Erzielung risikoloser Gewinne. Die Basis hierfür bilden Beziehungen zwischen verschiedenen ↑Finanzanlagen und Derivaten. So besagt beispielsweise die Put-call-Parität für europäische Optionen, dass aus einer gekauften Call option und einer festverzinslichen Anlage dieselbe Auszahlungsstruktur (↑Pay-off) resultiert wie aus dem Kauf eines Basiswertes und einer Put option mit gleichem Ausübungspreis und gleicher Laufzeit. Bei Preisunregelmässigkeiten kann durch den Kauf der verhältnismässig günstigeren Kombination und den gleichzeitigen Verkauf der anderen solange ein risikoloser Gewinn erzielt werden, bis die ↑Parität wieder hergestellt ist. Arbitrageure verbessern somit die Markt- bzw. Preiseffizienz.

3. Ökonomische Funktion
Derivate erfüllen in erster Linie die Funktion der *Risikoallokation*. So können durch derivative ↑Finanzinstrumente Risiken von einer Vertragspartei zu einer anderen transferiert werden. Beispielsweise kann ein ↑Investor, der eine Aktienposition hält, durch den Kauf eines ↑Puts auf diese Aktie einen Grossteil seiner Verlustrisiken an den Put-Verkäufer übertragen. Auf diese Art und Weise können Rendite- und Risikocharakteristiken von ganzen ↑Portfolios gezielt verändert werden.
Daneben erhöhen Derivate die *Informationseffizienz* und reduzieren die ↑*Transaktionskosten*. So ist es beispielsweise möglich, mit Hilfe von Futures die Marktrisiken eines gut diversifizierten Portfolios kostengünstig abzusichern. Die Alternative wäre der Verkauf aller Anlagen, was jedoch länger dauern würde und aufgrund der vielen ↑Transaktionen bedeutend teurer zu stehen käme. Die Informationseffizienz wird verbessert, da die Preise der gehandelten, derivativen Finanzinstrumente (z.B. implizite ↑Volatilitäten) Aufschluss über die Erwartungen der Marktteilnehmer geben.

4. Charakteristiken
Die Charakteristiken von Derivaten können durch ↑Sensitivitätskennzahlen sowie dynamische Szenarioanalysen beschrieben werden.
Bei den *Sensitivitätskennzahlen* steht das ↑Delta, welches die absolute Veränderung des Derivates bei einer Erhöhung des Basiswertes um eine Einheit beschreibt, bzw. das ↑Omega (↑Leverage), welches die relative Sensitivität des Derivates auf eine 1%ige Erhöhung des Basiswertes zeigt, im Vordergrund. Das Omega von Derivaten beträgt häufig ein Mehrfaches von 1, was bedeutet, dass ein in Derivate investierter Betrag bedeutend grösseren Schwankungen ausgesetzt ist als ein ↑Investment in den Basiswert selbst. Ein Investor muss sich daher bewusst sein, dass Derivate grössere Risiken aufweisen können als die zugrunde liegenden Instrumente. Die wichtigsten weiteren Kennzahlen sind das ↑Gamma (Sensitivität des Deltas gegenüber einer Veränderung des Basiswertes), das ↑Vega (Sensitivität des Derivates gegenüber einer Veränderung der Volatilität), das ↑Rho (Sensitivität des Derivates gegenüber einer Veränderung des Zinses) sowie das ↑Theta (Sensitivität des Derivates gegenüber einer Veränderung der ↑Restlaufzeit). Die durch diese Zahlen veranschaulichte Risikostruktur eines Derivates gilt nur während einer kurzen Dauer und variiert mit der Veränderung der angesprochenen Einflussfaktoren. Eine statische Betrachtung aufgrund der Kennzahlen hat daher nur bedingte Aussagekraft. Zur Verbesserung des Verständnisses des Verhaltens eines Derivates oder einer Kombination mehrerer Derivate ist der Beizug von *dynamischen Szenarioanalysen* sinnvoll. Hierfür wird heute häufig die Methodik des ↑Value at risk benutzt.
Abschliessend kann gesagt werden, dass sich mit Derivaten das Risiko-/Renditeprofil von ganzen Portfolios schnell und kostengünstig strukturieren lässt und somit aus ihnen ein grosser Nutzen resultiert. Da Derivate jedoch grosse Risiken in sich bergen können, ist ein adäquates ↑Risikomanagement bei deren Einsatz von zentraler Bedeutung. Dadurch können Desasters, wie sie in den letzten Jahren vereinzelt aufgetreten sind, verhindert werden.
Konrad Hummler

Derivathäuser
«Derivathäuser sind ↑Effektenhändler, die gewerbsmässig selbst ↑Derivate schaffen, die sie für eigene oder fremde Rechnung öffentlich auf dem ↑Primärmarkt anbieten» (BEHG 3 III). Laut BEHG 2 sind Effektenhändler im Sinne des Gesetzes Eigenhändler, Emissionshäuser und Derivathäuser, sofern sie hauptsächlich im Finanzbereich tätig sind.

Derivative Finanzinstrumente
↑Derivate.

Desinflation

Der Begriff Desinflation hat sowohl einen deskriptiven Gehalt als Bezeichnung für eine länger anhaltende Phase, in der in einer Volkswirtschaft die ↑Inflationsrate rückläufig ist, als auch einen normativen Gehalt, insofern Desinflation eine wirtschafts-, insbesondere geldpolitische Zielsetzung angibt. Befindet sich die Inflationsrate in einer Volkswirtschaft auf einem relativ hohen Stand, so kann Desinflation zum dominanten wirtschaftspolitischen Ziel avancieren, das mit einer restriktiven ↑Geldpolitik verfolgt wird und unter Umständen auch einen disziplinierenden Einfluss auf die Fiskalpolitik ausübt. Die 80er-Jahre waren in den meisten Industrieländern durch Desinflation gekennzeichnet.

Auf der begrifflichen Ebene unterscheidet sich Desinflation von ↑Deflation dadurch, dass die Inflationsrate noch positiv ist, während in einer Deflation das Preisniveau zurückgeht. Eine Desinflations*politik* kann jedoch – auch wenn dies nicht beabsichtigt ist – in eine Deflation führen.

Franz Jaeger, Jochen Hartwig

Desintermediation

Als Intermediation wird die klassische Aufgabe eines ↑Finanzintermediärs – z.B. einer Bank – bezeichnet, die ↑Kundengelder gegen ↑Zins (↑Passivzinsen) aufnimmt und an andere Kunden wieder gegen Zins (↑Aktivzinsen) ausleiht. Intermediation umschreibt somit das Zinsdifferenzgeschäft. Die Verschiebung von diesem bilanzmässig erfassten Zinsdifferenzgeschäft zum indifferenten Geschäft (↑Dienstleistungsgeschäfte), das keinen Niederschlag in der Bankbilanz findet, wird Desintermediation genannt. Dieser Prozess ist schon seit längerer Zeit zu beobachten. Der Anteil der ↑Bankeinlagen, insbesondere der ↑Spareinlagen, an der gesamten Geldvermögensbildung nimmt in der Schweiz seit rund zehn Jahren ab.

Die Funktion der Banken verschiebt sich somit zunehmend vom traditionellen ↑Kreditgeschäft hin zum Dienstleistungsgeschäft, das unter anderem den Handel von ↑Wertschriften, Devisen und Edelmetallen, deren Verwahrung und Verwaltung sowie die ↑Anlageberatung und ↑Vermögensverwaltung umfasst. Diese Dienstleistungen wurden ursprünglich fast ausschliesslich von ↑Privat- und ↑Grossbanken für sehr vermögende Privatkunden und ↑institutionelle Anleger angeboten. Im Verlaufe der letzten Jahre stiessen jedoch auch ↑Kantonal-, ↑Regional- und ↑Raiffeisenbanken auf diesen Markt vor. Aber nicht nur die Anzahl der Anbieter ist gestiegen, sondern auch das Kundensegment wurde erweitert. Indem der Betrag für das geforderte Mindestanlagevermögen stark gesenkt wurde, haben nun auch weniger vermögende Kunden Zugang zu Dienstleistungen im Bereich der Vermögensverwaltung.

Eine weitere ↑Tendenz lässt sich in der Entkoppelung von Produktion und Vertrieb im indifferenten Geschäft ausmachen. Das heisst, es werden nicht länger nur eigene Produkte angeboten, sondern auch ↑Anlagefonds und Versicherungskontrakte von Drittparteien. Ziel ist es, nur da, wo komparative Vorteile bestehen, eigene Produkte zu entwickeln und dennoch eine breite Palette von Produkten anbieten zu können.

Ursächlich für die Desintermediation sind all jene Veränderungen und Eingriffe in die ↑Finanzmärkte, welche die Vorteile der Intermediation schmälern. Dazu zählt das grosse Angebot an Produkten, die das ↑Sparkonto konkurrieren, wie beispielsweise Anlagefonds, Versicherungen, ↑Postfinance, zweite und ↑dritte Säule. Diese Produkte weisen in der Regel eine höhere ↑Rendite oder steuerliche Vergünstigungen auf und ermöglichen eine bessere ↑Diversifikation. Auch das abnehmende Vertrauen in die staatliche ↑Altersvorsorge verstärkt diese Tendenz. Desintermediation äussert sich auch auf Seite der Schuldner. Der Markt als Finanzierungsquelle nimmt an Bedeutung zu. Weitere Gründe sind auch seitens der Banken zu finden: Das Dienstleistungs- und ↑Kommissionsgeschäft war infolge des ↑Börsenbooms in den vergangenen Jahren für die Banken ertragreicher als das Zinsgeschäft. Als Folge all dieser Veränderungen flossen die zu investierenden Gelder nicht mehr durch die Bankbilanz, sondern direkt vom ↑Gläubiger zum Schuldner.

Desintermediation fand in der Schweiz in den letzten Jahren vor allem auf der Passivseite statt. Das heisst, die Banken erhielten weniger ↑Spargelder, während die Kreditsumme sogar zunahm. Aufgrund dieser einseitigen Desintermediation entsteht eine so genannte Sparlücke und die Banken sehen sich mit Refinanzierungsproblemen (↑Refinanzierung) konfrontiert. Um diese Lücke zu füllen, greifen die Banken auf den Interbankmarkt (↑Interbankgeschäft) und auf neue Refinanzierungsinstrumente zurück, wie z.B. ↑Mortgage backed securities (MBS). Da der Interbankmarkt jedoch einen Teil des kurzfristigen Geldmarktes bildet, besteht die Gefahr, dass die Banken auf den ↑Kapitalmarkt ausweichen müssten, sobald die Zinskurve an ihrem kurzen Ende verhältnismässig stark ansteigt. Der Kapitalmarkt ist aber insbesondere für kleinere Banken und Institute, die über keine ↑Staatsgarantie verfügen, nicht leicht zugänglich. Desintermediation der Wertschöpfungskette: ↑Ablauforganisation.

Jeannette Müller

Desinvestition

Freisetzung von Sachvermögen, immateriellem Vermögen oder Finanzvermögen einschliesslich Beteiligungs- und Forderungsrechten durch Verkauf, Liquidation oder Aufgabe (z.B. Schliessung) von Unternehmensteilen. Das Gegenteil von Desinvestition ist die ↑Investition.

Deutsche Börse AG
Die Deutsche Börse ist aus der ↑Frankfurter Börse hervorgegangen. Daneben gibt es in Deutschland weiterhin eine ganze Anzahl von Regionalbörsen, z.B. in Berlin, Düsseldorf, Hamburg, München, Stuttgart.
Links: www.exchange.de

Deutsche Bundesbank
↑Europäische Zentralbank.

Deutscher Aktienindex (DAX)
↑DAX.

Deutsche Zinsmethode
Die Deutsche Zinsmethode (auch Deutsche ↑Usanz oder 360/360 genannt) ist hauptsächlich in Kontinentaleuropa verbreitet. Sie kommt im Retail banking (↑Retail banking, Retailgeschäft) zur Berechung der Zinsen aus Kontokorrentkrediten, ↑Darlehen, Hypotheken sowie aus Verpflichtungen in Spar- und Anlageform zur Anwendung. Bei der Deutschen Zinsmethode wird das Jahr mit 360 Tagen sowie jeder einzelne Monat mit 30 Tagen berücksichtigt. Es ergibt sich daraus folgende Formel:

$$\text{Zins} = \frac{\text{Kapital} \cdot \text{Zinssatz} \cdot \text{Zahl der Tage*}}{100 \cdot 360}$$

* je Monat jeweils 30 Tage

Die Deutsche Zinsmethode fand vor allem wegen ihrer Einfachheit Verbreitung und liefert in den meisten Fällen hinreichend genaue Resultate. Insbesondere bei kurzfristen Anlagen sowie im Interbankenhandel können die vereinfachten Annahmen dieser Methode zu spürbaren Abweichungen führen. Im professionellen Geldhandel kommt daher die internationale Zinsusanz (effektiv/360) oder die englische Zinsusanz (effektiv/365) zur Anwendung. Die meisten Computerprogramme erlauben es heute, zwischen den gängigen Zinsmethoden frei zu wählen, sodass der Vorteil der einfachen Berechung zunehmend in den Hintergrund treten und die Deutsche Zinsmethode an Bedeutung verlieren dürfte.

Devisen
↑Devisengeschäft.

Devisenarbitrage
Devisenarbitrage kommt vom Lateinischen «de viso» = auf Sicht und von «arbitratus» = Gutdünken, freies Ermessen, Willkür, und ist eine auf Gewinnerzielung oder Verlustvermeidung gerichtete Ausnutzung eines zu einem bestimmten Zeitpunkt an einem oder mehreren Devisenhandelsplätzen bestehenden Kurs- und/oder Zinsunterschiedes durch Kassageschäfte (↑Comptantgeschäft) oder ↑Termingeschäfte.
Die Devisenarbitrage wird unterteilt in Raum- und in Zeitarbitrage. Während die *Raumarbitrage* die unterschiedlichen Kurse verschiedener Devisenhandelsplätze zu einem bestimmten Zeitpunkt ausnützt (↑Kassamarkt), zieht die *Zeitarbitrage* Vorteile aus den Kursabweichungen einzelner Währungen für Termingeschäfte. Da hierbei die Zeit eine wesentliche Rolle spielt, müssen zusätzlich der Zins und die Zinsdifferenzen zwischen den Devisenhandelsplätzen berücksichtigt werden. Raum- und Zeitarbitrage werden je weiter unterteilt in Differenz- und in Ausgleichsarbitrage. Bei der Differenzarbitrage werden Devisen stets gleichzeitig an einem Markt gekauft und an einem anderen Markt verkauft. Unter Ausgleichsarbitrage versteht man demgegenüber den Kauf oder den Verkauf von Devisen an nur einem, nämlich dem preisgünstigsten Devisenhandelsplatz.
Ein erfolgreiches Devisenarbitrage-Geschäft setzt eine schnelle Nachrichtenübermittlung sowie eine Kurs-/Zinsdifferenz voraus, die höher liegt als die anfallenden Kauf- und/oder Verkaufsspesen. Die Devisenarbitrage ist im Gegensatz zur ↑Spekulation – abgesehen von den in beiden Fällen stets bestehenden Abwicklungsrisiken – ex definitione risikolos, da der Geschäftsabschluss bzw. die Geschäftsabschlüsse im gleichen Zeitpunkt erfolgen und damit die Kurse/Zinsen bzw. die Kurs-/Zinsunterschiede bekannt sind.
Durch die Zwischenschaltung des US-Dollars als Basis- bzw. Transportwährung bei ↑Devisengeschäften seit Anfang der frühen 50er-Jahre hat die Devisenarbitrage stark an Bedeutung eingebüsst und kommt heute, zumindest an den Kassamärkten, nur noch selten vor. Arbitragegeschäfte versehen aber nach wie vor eine wichtige Funktion. Die ausgleichende Wirkung der Arbitrage führt zu einer raschen Anpassung unterschiedlicher Kurse bzw. Zinsen an den verschiedenen Devisenhandelsplätzen und trägt dadurch zur Markteffizienz bei. Starke Kursschwankungen sowie grobe Missverhältnisse zwischen Angebot und Nachfrage werden vermieden und es entsteht ein internationales Gleichgewicht zwischen den nationalen Devisenhandelsplätzen.

Andreas Keller

Devisenbewirtschaftung
Die Devisenbewirtschaftung ist das Gegenteil von ↑Konvertibilität. Der ↑Zahlungsverkehr nach dem Ausland und zu Gunsten von Ausländern wird vom Staat kontrolliert, die Verwendung von Devisen (↑Devisengeschäft) wird vom Staat bestimmt. Betreibt ein Land Devisenbewirtschaftung, so leidet es in der Regel an Devisenmangel.

Devisen-Futures
Verpflichtung zum Kauf oder Verkauf eines Standardbetrages einer Fremdwährung in einem zukünftigen Zeitpunkt. Bei Kontraktabschluss besteht eine Einschusspflicht (Initial margin [↑Futures margin]) des Käufers; aufgrund der entsprechenden Kursbewegung wird die Margenhöhe täglich berechnet, was zu ↑Nachschusspflichten führen kann.

Devisengeschäft
Devisen sind auf ausländische Währungen lautende und im Ausland zahlbare Geldforderungen, insbesondere in Form von Bankguthaben, ↑Checks und ↑Wechseln. Devisen sind in der Regel innerstaatlichen Vorschriften unterworfen, es sei denn, mehrere Länder einigen sich mittels bilateralen Abkommen bzw. supranationalem Recht auf eine einheitliche Währung, wie dies etwa beim ↑Euro der Fall ist.
Devisengeschäft bzw. Devisenhandel kann zusammenfassend als An- und Verkauf von Devisen gegen in- und ausländische ↑Währungen definiert werden. Devisenhandel bezeichnet aber auch die Devisenabteilung einer Bank, die häufig auch nach dem produktbezogenen Begriff *Foreign exchange* oder *FX-Trading* benannt wird.
Der Devisenmarkt beeinflusst als ein bedeutsamer Teil unserer globalen Volkswirtschaft die vielfältigsten Bereiche des täglichen Lebens. Neben unmittelbaren Einflüssen des Devisengeschäfts auf Importe und Exporte treten auch indirekte Einwirkungen auf. So bestehen insbesondere Zusammenhänge von ↑Zinssätzen und ↑Wechselkursen, die ökonomische Aspekte berühren, die nichts mit der Aussenwirtschaft eines Landes zu tun haben. Sämtliche Wirtschaftsparteien müssen sich im Klaren sein, dass Wechselkursschwankungen eine wesentliche Veränderung in ihren individuellen Risikopositionen darstellen. Daher ist das Devisengeschäft heute auch ein Mittel des umfassenden ↑Risikomanagements der Gesellschaften als ↑institutionelle Anleger. In diesem Sinne hat der Devisenhandel auch im Rahmen von guter ↑Corporate governance und pro-aktiver Finanzierungspolitik für börsenkotierte Gesellschaften einen hohen Stellenwert. ↑Kurz- bis ↑mittelfristige Devisenderivate (↑Derivate) in Form von Call- und Put-Optionen und Devisenswaps (Devisenswap-Geschäft), die von den meisten Banken und Effektenhändlern in verschiedener Kombination angeboten werden, sind heute alltägliche Finanzierungsinstrumente, die auch zur Absicherung von Devisenkursrisiken (sog. Hedging; ↑Hedge) dienen.
Der Preis einer Landeswährung gegenüber einer anderen ist der *Wechselkurs*, der im Händlerjargon z.B. als «Dollar-Schweiz 1.63» ausgedrückt wird. Wechselkurse unterliegen am Devisenmarkt starken Schwankungen, denn eine Aufwertung (↑Aufwertung, Abwertung) der einen Währung ist sofort gleichbedeutend mit einer Abwertung der anderen. Wechselkurse sind die wichtigsten, selbstständig gehandelten Finanzmarktinstrumente. Je nach politischen und wirtschaftlichen Präferenzen eines Landes können diese Wechselkurse, meist gegenüber dem US-Dollar, fixiert oder flexibel ausgestaltet werden, indem sie den Kräften von Angebot und Nachfrage im Markt unterliegen. Wird ein fixer Wechselkurs (↑Feste Wechselkurse) vorgegeben, verpflichten sich die beteiligten Staaten, die gewünschte Währung zu einem festgelegten Umtauschkurs bereitzustellen. Dies ist in Schwellenländern immer noch gebräuchlich. In der Schweiz steuert die Schweizerische ↑Nationalbank (SNB) die Geldpolitik (↑Geldpolitik [Umsetzung]) aufgrund des BG über die Schweizerische Nationalbank (↑Nationalbankgesetz [NBG]). Die Nationalbank betreibt keine eigentliche Devisenpolitik, in welcher sie bestimmte Kursrelationen verfolgt. Vielmehr legt sie das Gewicht direkt auf das Ziel der Preisstabilität, wobei sie dieses Ziel über die Steuerung der Geldmarktzinssätze anvisiert.
Der Devisenmarkt reagiert in Sekundenschnelle auf veränderte Erwartungen von Marktteilnehmern, die sich dann sofort in Form von Kursschwankungen äussern. Kurzfristig gesehen geben hauptsächlich Anlageentscheide und vor allem die Marktstimmung den Takt an. Aber auch wichtige politische und wirtschaftliche Ereignisse können den Geldmarkt (↑Geldmarkt [Volkswirtschaftliches]) entscheidend beeinflussen. Diese Kapitalströme orientieren sich an den jeweiligen Renditeerwartungen der Anleger. Renditen von Kapitalanlagen im Ausland hängen vom ausländischen Zinssatz und der erwarteten Wert-Entwicklung der entsprechenden Währung ab. Diese Erwartungen bezüglich den Wechselkursveränderungen lassen sich aus der Differenz zwischen den jeweiligen Zinssätzen der beiden Währungen ableiten. Liegt dabei etwa der ausländische Zinssatz über dem inländischen und wird keine Wechselkursveränderung erwartet, dann fliesst Kapital ins Ausland, da dort eine höhere Rendite erzielt werden kann. Dies führt zu einer inländischen Kapitalknappheit, was in der Folge die Zinsen steigen lässt. Auf dem internationalen Devisenmarkt wird dann die Nachfrage nach ausländischer Währung und das Angebot an inländischer Währung ansteigen. Deshalb kann die Annahme, dass keine Wechselkursveränderung erwartet wird, kaum der Realität entsprechen. Der Grundsatz der Zinsparität (↑Zinsparitätentheorie) hilft, eine Antwort auf diesen ökonomischen Widerspruch zu geben. Gemäss diesem Grundsatz entspricht der inländische Zinssatz dem ausländischen Zinssatz plus der erwarteten Veränderung des Wechselkurses. Die Zinsdifferenz widerspiegelt die Erwartungen

bezüglich des zukünftigen Verlaufes des Wechselkurses.

Für die langfristige Prognose einer Währung wird die Kaufkraftparität (↑Geldwert) als Instrument in Betracht gezogen. Die Kaufkraftparität ist der effektive Aussenwert einer Währung unter Berücksichtigung der unterschiedlichen Preisniveaus der jeweiligen Länder. Das heisst, dass derselbe Warenkorb sowohl im Inland, als auch im Ausland auf dieselbe Währungsbasis umgerechnet, dasselbe kosten müsste. Für die Wechselkursentwicklung spielen die vielfältigsten Einflussfaktoren eine Rolle, wobei gerade diese Dynamik und ↑Volatilität des Geldmarktes seine besondere Faszination ausmachen.

Der internationale Devisenhandel hat sich gegen Ende des 20. Jahrhunderts massiv verändert. Besonders die neuen Technologien inklusive der Kommunikations- und Informationssysteme hatten entscheidenden Einfluss auf die Entwicklung dieses Geschäftes. Eine Auswirkung dieser neuen Entwicklung ist, dass die Abwicklung mehr und mehr automatisiert wurde und dementsprechend in Sekundenschnelle durchgeführt werden kann. Während früher sog. Voicebroker (Telefon) das Devisengeschäft dominierten, ersetzt heute ein elektronisches ↑Handelssystem, das *Electronic broking system,* weit gehend die Aktivitäten des Brokers. Das Computerzeitalter hat aber auch zur Folge, dass die Marktteilnehmer auf riesige Informationsportale zurückgreifen können, was zu einer enormen Transparenz des Marktes geführt hat. Ein heutiger Anleger am Devisenmarkt kann auf eine grosse und vielfältige Auswahl an derivativen Instrumenten zurückgreifen. Diese erlauben ihm, jeweils das für seine Investitionserwartungen und -ziele optimale Produkt auszuwählen.

Der *Devisenswap* ist ein derivatives Instrument, das schon seit langer Zeit gebräuchlich ist. Es ist die Verbindung eines Devisen-Kassageschäftes mit einem Devisen-Termingeschäft. Soll die Kapitalausfuhr eine Anlage in einer anderen Währung mit sich bringen, und soll diese Anlage abgesichert werden, so ist ein ↑Swap-Geschäft zu tätigen. Auch die SNB kennt das Swap-Geschäft und kann inländischen Banken bei knappem Geldmarkt im Bedarfsfall zur Herstellung einer genügenden Liquidität sog. Swap-Hilfe gewähren. In solchen Fällen übernimmt die Nationalbank von den Banken Dollars per Kasse gegen Franken und verkauft Dollars auf kurzen Termin gegen Franken zurück. Das Currency certificate ist ein Beispiel eines derivativen Instrumentes, welches erst seit kurzer Zeit im Markt angeboten wird. Das Zertifikat erlaubt es dem risikobewussten Anleger, sein bestehendes Portefeuille gegen Währungsturbulenzen weit gehend abzusichern. Zudem ist es ihm dank der einfachen Handhabung möglich, das ↑Zertifikat analog zu Aktien und Obligationen als separate Investition zur ↑Diversifikation seines Vermögens einzusetzen. Auch für ertragsorientierte Anleger, die primär von den Bewegungen des Devisenmarktes profitieren möchten, bietet es sich als ideales Instrument an. Der Investor kann kostengünstig und einfach in Fremdwährungen investieren, ohne seine Basiswährung aufgeben zu müssen.

Neben dem Currency certificate existieren noch weitere Fremdwährungsanlagemöglichkeiten, so z. B. der Currency revexus und der Bull spread oder der ↑Bear spread. Der Currency revexus eignet sich vor allem für risikoscheue Anleger, die mit der Erwartung anlegen, dass die Währung ihrer Anlage am Ende der Laufzeit gegenüber der von ihnen bestimmten Gegenwährung gleich oder tiefer notieren wird (sog. Range trading). Auch wenn Verbindlichkeiten in mehreren Währungen bestehen, ist der Currency revexus sinnvoll, da die Rückzahlung bei Laufzeitende in der Gegenwährung erfolgen kann. Bull spread und Bear spread hingegen, in Deutschland, neustens als Währungszertifikate auch an Retailers angeboten, sind bestimmt für Anleger, die erwarten, dass der ↑Kassakurs eines Währungspaares am Ende der Laufzeit zu einem anderen Preis gehandelt wird als zu Beginn. Für die Erwartung eines tieferen Preises ist der Bear spread geeignet, wird ein höherer erwartet, der Bull spread. Derartige Währungszertifikate sind neue Absicherungsprodukte auch für Privatpersonen, um ihre Portfolios effizient und ohne grossen Aufwand vor Währungsschwankungen zu schützen. Die Währungszertifikate sind wie eine ↑Aktie handelbar und ermöglichen dem privaten Anleger eine Investition in Fremdwährungen, ohne dass ein Fremdwährungskonto geführt werden muss. All diese neuen Möglichkeiten, welche diese vielfältigen Finanzinstrumente bieten, haben den modernen Devisenhandel nachhaltig geprägt und zwingen ↑Finanzintermediäre und Banken, sich vermehrt auf dieses Geschäft zu konzentrieren.

Felix M. Huber

Devisenhandel
↑Devisengeschäft.

Devisenkontrolle
↑Devisenrestriktionen; ↑Devisenrecht.

Devisenkurs
↑Wechselkurs.

Devisenmarkt
↑Devisengeschäft.

Devisenoption
Aus den Lateinischen «de viso» = auf Sicht und «optio» = freie Wahl. Gegen Zahlung einer ↑Optionsprämie erworbenes Recht (keine Verpflichtung), einen bestimmten Fremdwährungsbetrag zu einem bei Abschluss des Geschäftes

festgelegten ↑Kurs (Basispreis oder Strike price genannt) zu einem bestimmten späteren Zeitpunkt oder während eines bestimmten Zeitraumes zu kaufen oder zu verkaufen.

Devisenposition
↑Währungsposition.

Devisenpunkt
↑Pips.

Devisenrecht
Das Devisenrecht gehört zu den kapitalverkehrspolitischen Massnahmen und umfasst die Gesamtheit der zum Schutz der Landeswährung und der nationalen Wirtschaft erlassenen Normen betreffend Kapitalimport und -export (↑Internationaler Kapialverkehr).
Das Institut des Devisenrechts stammt aus Deutschland, wo es erstmals 1916 eingeführt wurde. Von dort griff es auf andere europäische und aussereuropäische Staaten über.
In der Schweiz hat das Devisenrecht seine Wurzeln in einem ↑Gentlemen's agreement zur *Kapitalexportkontrolle,* welches die Schweizerische ↑Nationalbank (SNB) 1927 mit einzelnen Banken abschloss. 1934 wurde eine entsprechende gesetzliche Grundlage geschaffen. Diese war als dauernde Massnahme bis 1995 in Kraft und wurde dann durch Art. 8 des Bankengesetzes ersetzt, der nun vorsieht, dass im Falle von ↑kurzfristigen und aussergewöhnlichen Kapitalabflüssen, die zu einer Gefährdung der schweizerischen Geld- und Währungspolitik führen, eine ↑Bewilligungspflicht der Banken für bestimmte Geschäfte nötig ist. Grundsätzlich sind Zahlungen von der Schweiz ins Ausland aber frei.
Die *Kapitalimportkontrolle* war in der Nachkriegszeit von einiger Bedeutung. Unter dem Regime ↑fester Wechselkurse führten die Mittelzuflüsse aus dem Ausland zu einer Ausweitung der inländischen Geldmenge und gefährdeten dadurch die Preisstabilität. Nach dem Übergang zu flexiblen Wechselkursen (↑Floating) resultierten sie in einer massiven Aufwertung des Schweizer Frankens, was sich auf die internationale Wettbewerbsfähigkeit nachteilig auswirken konnte. Es wurden daher wiederholt Massnahmen gegen den Geldzufluss aus dem Ausland ergriffen, die entweder in Form von Gentlemen's Agreements oder Notrecht festgehalten waren. 1978 wurden die extrakonstitutionellen Massnahmen in ordentliches Recht überführt und in Art. 16i des ↑Nationalbankgesetzes (NBG) statuiert. Der Massnahmenkatalog von Art. 16i NBG ist abschliessend und sieht folgende Instrumentarien zur Steuerung der Kapitalimportkontrolle vor: Verzinsungsverbot bzw. Einführung von Negativzinsen für Bankguthaben von Ausländern (Ziff. 1), Begrenzung der Devisentermingeschäfte (↑Devisengeschäft) mit Ausländern (Ziff. 2), Einschränkung oder Verbot für den Erwerb inländischer Wertpapiere durch Ausländer (Ziff. 3), Bewilligungspflicht für die Aufnahme von Krediten im Ausland durch Inländer (Ziff. 4), Vorschrift zum Ausgleich der Fremdwährungspositionen bei inländischen Banken (Ziff. 5), Begrenzung der Einfuhr ausländischer Banknoten (Ziff. 6), Ermächtigung der Schweizerischen Nationalbank zum Abschluss von Devisentermingeschäften mit einer Verfallzeit bis zu 2 Jahren (Ziff. 7).
Studien haben jedoch eine geringe Wirksamkeit der Kapitalverkehrskontrollen (↑Kapitalbewegungen, internationale) zu Tage gebracht. Diese begründet sich dadurch, dass die Marktteilnehmer Methoden zur Umgehung der Massnahmen finden und die volkswirtschaftlichen Kosten für eine effiziente Kontrolle und damit entsprechende Verhinderung dieser Umgehung unverhältnismässig wären. Aufgrund global agierender Marktteilnehmer und weltweit integrierter ↑Finanzmärkte spielen die Kapitalverkehrskontrollen heute in der Praxis, sowohl auf der Kapitalexport- wie auch auf der -importseite, keine Rolle mehr. Die beiden Instrumente wurden denn in der Schweiz seit mehr als 20 Jahren auch nicht mehr in Anspruch genommen. Bei der anstehenden Revision des NBG sollen daher Art. 16i und damit auch Art. 8 des Bankengesetzes ersatzlos gestrichen werden.
In Entwicklungs- und Schwellenländern, die einen Devisenmangel zu verzeichnen haben, kann das Devisenrecht hingegen ein Instrument zur Verhütung eines ungeregelten Abflusses von Devisen aus der nationalen Wirtschaft bzw. zur zweckmässigen Bewirtschaftung der vorhandenen und künftig anfallenden Devisen darstellen.

Christine Hehli Hidber

Devisenreportgeschäft
↑Swap-Geschäft.

Devisenreserven
↑Währungsreserven.

Devisenrestriktionen
Devisenrestriktionen umfassen die Gesamtheit der Massnahmen, mit denen Zahlungen ins Ausland und zu Gunsten von Ausländern sowie der Verkehr mit Vermögenswerten nach dem Ausland und für Rechnung von Ausländern bewilligungspflichtig erklärt, quantitativ begrenzt oder verboten werden. Der Zweck besteht zumeist darin, den übermässigen Abfluss von Geldern aus der nationalen Wirtschaft zu verhindern bzw. die aus Exporten anfallenden Devisen nach einem Verteilplan zu bewirtschaften.

Devisenschuld
Geldschuld in fremder ↑Währung, die vom Schuldner nach dem ausdrücklichen oder stillschweigen-

den Willen der Vertragsparteien weder in die am Erfüllungsort geltende Währung umgewandelt noch durch Übergabe von gesetzlichen ↑Zahlungsmitteln in der Vertragswährung erfüllt werden darf, sondern durch Gutschrift bei einer Bank im Lande der Vertragswährung erfüllt werden muss (↑Banküberweisung). Devisenschulden sind z.B. Verpflichtungen aus Devisenhandelsgeschäften, aus Geschäften am Euro-Geld- und ↑Euro-Kapitalmarkt oder aus Geschäften im internationalen Grosshandel. Sieht ein Vertrag im Zusammenhang mit einer fremden Währung eine Effektivklausel vor, so ist heute meistens nicht eine ↑Geldsortenschuld, sondern eine Devisenschuld gemeint.

Devisenspekulation
↑Devisengeschäft.

Devisenswap-Geschäft
↑Devisengeschäft.

Devisentermingeschäft
↑Devisengeschäft.

Devisenterminkurs
↑Devisengeschäft.

Devisenwährung
↑Währungsordnung.

Diagonal spread
Eine Optionsstrategie, bei der eine ↑Option gekauft wird und gleichzeitig eine Option gleichen Typs aber mit unterschiedlichem ↑Ausübungspreis und unterschiedlicher ↑Laufzeit kombiniert werden.

Dienstbarkeit
Auch Servitut. Beschränktes dingliches Recht, das auf beschränkte oder unbeschränkte Zeit zum beschränkten oder unbeschränkten Gebrauch oder zur Nutzung einer Sache (meistens eines Grundstücks) berechtigt und insoweit die Sachherrschaft des Eigentümers begrenzt, diese aber nicht vollständig aufhebt. Der Eigentümer ist verpflichtet, die Ausübung der Rechte aus der Dienstbarkeit zu dulden. Er kann aber über die belastete Sache z.B. durch Verkauf oder Verpfändung verfügen. Die Dienstbarkeit besteht gegenüber jedermann, auch gegenüber jedem Erwerber der Sache und kann auch in der Zwangsverwertung nur untergehen, wenn ihr ein anderes beschränktes dingliches Recht an der Sache (z.B. ↑Pfandrecht) im Rang vorgeht. Man unterscheidet die Grunddienstbarkeiten, die zu Gunsten des jeweiligen Eigentümers eines anderen Grundstücks bestehen, und die persönlichen Dienstbarkeiten, bei denen der Berechtigte individuell bestimmt ist. Zu den persönlichen Dienstbarkeiten zählen im Wesentlichen das Baurecht, die Nutzniessung und das Wohnrecht.

Die *Grunddienstbarkeit* (ZGB 730–744) ist ein Rechtsverhältnis, das den Eigentümer des belasteten Grundstückes verpflichtet, sich bestimmte Eingriffe des Eigentümers des herrschenden Grundstücks gefallen zu lassen (Wegrecht, Durchleitungsrecht usw.) oder sein Eigentumsrecht in bestimmten Richtungen nicht auszuüben (z.B. Baubeschränkungen, Gewerbebeschränkungen).
Das ↑*Baurecht* (ZGB 779) gibt dem Berechtigten das Recht, auf oder unter der Bodenfläche des belasteten Grundstücks ein Bauwerk (Gebäude) zu errichten und beizubehalten; der Berechtigte wird Eigentümer des Gebäudes (aber nicht des Bodens). Das Baurecht ist, falls nicht anders vereinbart, übertragbar und vererblich.
Die ↑*Nutzniessung* (ZGB 745–775) kann an Grundstücken, beweglichen Sachen und an Rechten (Forderungen, Aktien, Patentrechten usw.) begründet werden. Sie gibt dem Berechtigten die volle Nutzung und den Gebrauch eines Vermögenswertes in Verbindung mit dem Besitz. Sie ist unvererblich und kann nur zur Ausübung auf einen andern übertragen werden.
Das *Wohnrecht* (ZGB 776–778) besteht in der Befugnis, in einem Gebäude oder in einem Teil eines solchen Wohnung zu nehmen. Es ist unübertragbar und unvererblich. *Christian Thalmann*

Dienstleistungsgeschäfte
Die Banken in der Schweiz tätigen neben dem aktiven und passiven Kreditgeschäft und den sog. ↑Eigengeschäften, die in der Bilanz ihren Niederschlag finden, eine Vielzahl anderer Geschäfte. Diese werden unter dem Begriff Dienstleistungsgeschäfte, auch als indifferente oder ↑bilanzneutrale Geschäfte bezeichnet, zusammengefasst. Der Umfang der Dienstleistungsgeschäfte ist je nach Art des Bankinstituts unterschiedlich. Zu den Dienstleistungsgeschäften wird Folgendes gezählt:
1. Wertübertragung: Vermittlung des ↑Zahlungsverkehrs, wie z.B. Vergütungen im In- und Ausland, Abgabe von Bargeldbezugskarten (↑Bancomat) und ↑Kreditkarten, Eröffnung von ↑Akkreditiven, Abgabe und ↑Inkasso von ↑Checks und von ↑Wechseln, das Coupons- und Titelinkasso, insbesondere auch in der Funktion als ↑Zahlstelle (↑Inkassogeschäft)
2. Wertumwandlung: An- und Verkauf von ↑Effekten
3. ↑Anlageberatung
4. Wertaufbewahrung und -verwaltung: ↑Depotgeschäft, d.h. Aufbewahrung und Verwaltung von ↑Wertpapieren, Edelmetallen und anderen Werten, sowie die Vermietung von ↑Schrankfächern
5. ↑Treuhandgeschäfte
6. Übernahme von Mandaten: Beratung der Kunden im weitesten Sinn, z.B. in Steuer- und Erbschaftsangelegenheiten, Übernahme des Man-

dates als Willensvollstreckerin, Erteilung von Referenzauskünften, Beratung bei Gründungen, ↑Sanierungen, ↑Fusionen und Liquidationen, Verwaltung von Liegenschaften. Diese Leistungen ergänzen das klassische ↑Bankgeschäft und werden unter dem Begriff «komplementäre Dienstleistungen» zusammengefasst.

Die Entschädigung an die Bank erfolgt bei den Dienstleistungsgeschäften in Form einer Kommission, Gebühr oder ↑Courtage.

Marzena Kopp-Podlewski

Dienstmädchenbörse

Aus früheren Zeiten stammende spasshafte Umschreibung der Endphase einer ↑Hausse, in der – in Erwartung rascher Börsengewinne – breite Bevölkerungskreise mit ↑Aktien und ↑Derivaten spekulieren. Auch ↑Hausfrauenbörse.

Difference swap

↑Quanto swap.

Differential swap

Ein Differential swap tauscht die Zinsverpflichtungen von zwei variablen ↑Zinsen in zwei verschiedenen Ländern aus. Die Zinszahlungen bemessen sich auf den Nominalbetrag in einer festgesetzten ↑Währung.

Differenzgeschäft

↑Termingeschäft ohne Erfüllung. Im Gegensatz zu anderen Termingeschäften findet beim Differenzgeschäft am Erfüllungstermin keine Lieferung statt. Die Parteien einigen sich darauf, dass nur die am ↑Fälligkeitstermin aktuelle Differenz zwischen An- und Verkaufspreis an den Gewinner ausbezahlt wird. Differenzgeschäfte kommen vornehmlich zum Einsatz, wenn eine ↑Stückelung des ↑Underlying nicht möglich ist, so etwa bei Aktienindex-Futures. Als Differenzgeschäfte im uneigentlichen Sinne werden Verträge bezeichnet, die es den Parteien ermöglichen, noch am Fälligkeitstermin auf die Erfüllung zu verzichten. Diese Praxis findet bei Absicherungsgeschäften (↑Hedge) und bei ↑Financial futures Anwendung. Aus juristischer Sicht haben diese Geschäfte in der Regel keinen Spielcharakter, sondern sind verbindliche Spekulationsgeschäfte, auch wenn ein Austausch der Bezugsgrösse gar nicht stattfindet. Daher fallen Differenzgeschäfte nicht unter OR 513, der besagt, dass aus Spiel und Wette keine Forderung entsteht. Die Erfüllung eines Terminvertrages kann zwar auch durch ein kompensierendes Gegengeschäft (↑Glattstellen) umgangen werden. Weil es sich dabei um zwei rechtlich getrennte Vorgänge handelt, kann nicht von einem Differenzgeschäft die Rede sein.

Hans-Dieter Vontobel

Digitale Unterschrift

↑Digitale Zertifikate und digitale Signatur.

Digitale Zertifikate und digitale Signatur

Digitale Zertifikate und Signaturen spielen eine zentrale Rolle, um verschiedene Sicherheitslücken im ↑Internet oder anderen digitalen Kommunikationsmitteln zu schliessen.

Folgende grundsätzlichen Sicherheitsprobleme können mit digitalen Signaturen, Zertifikaten und zusätzlichen Mechanismen gelöst werden; dabei werden kryptografische Techniken eingesetzt, welche auf bewährten mathematischen Verfahren, die schon seit Jahrzehnten erforscht und eingesetzt werden, basieren.

Sicherheitsproblem	Sicherheitsmechanismus
Authentizität: Wir müssen uns darauf verlassen können, dass wir mit der richtigen Person, der richtigen Firma, dem richtigen Server oder dem richtigen Programm kommunizieren.	Digitale Signatur und digitales Zertifikat
Integrität: Daten, die wir über das Internet versenden, dürfen unterwegs nicht verändert werden. (Dieses Problem spielt auch für lokal gespeicherte Daten eine zunehmend bedeutende Rolle.)	Hash-Funktion, digitale Signatur
Vertraulichkeit: Informationen, die wir austauschen, dürfen für andere nicht lesbar sein.	Verschlüsselung
Nichtabstreitbarkeit des Ursprungs oder Verbindlichkeit: Der Absender kann nicht abstreiten, die Daten verschickt zu haben.	Digitale Signatur und digitales Zertifikat

1. Die kryptografischen Hilfsmittel: Symmetrisches und asymmetrisches Verschlüsseln

Beim Verschlüsseln werden mithilfe von mathematischen Verfahren die Daten so verändert, dass diese auch mit sehr grossem Aufwand ohne den passenden Schlüssel nicht entschlüsselt werden können.

Die Qualität der Verschlüsselung hängt von den verwendeten Verfahren (Algorithmen), deren Implementation (entweder als reine Softwarelösung oder zwecks besserer Leistung und Sicherheit als Hardwarelösung) und von der Länge der Schlüssel ab. Verbreitete Softwareprodukte wie Browser, E-mail-Programme und Webserver verwenden Algorithmen, die als De-facto-Standard weltweit eingesetzt werden. Dadurch wird ein hoher Grad an Kompatibilität erreicht.

Bei der Verschlüsselung unterscheidet man symmetrische und asymmetrische Verfahren.

Bei der *symmetrischen Verschlüsselung* wird sowohl für die Verschlüsselung wie auch für die Entschlüsselung der gleiche Schlüssel verwendet.

Digitale Zertifikate und digitale Signatur

Diese Verfahren haben den Vorteil, dass sie mit kurzen Schlüsseln arbeiten und schnell sind. Die heute gängigen Schlüssellängen sind im Bereich von 128 Bit bis 256 Bit. 128 Bit lange Schlüssel gelten heute als sicher. Der Hauptnachteil dieses Verfahrens liegt darin, dass beide Seiten im Besitz des gleichen, geheimen Schlüssels sein müssen. Ein Austausch des Schlüssels über ein unsicheres Medium wie das Internet stellt somit ein wesentliches Problem dar. Die gängigsten Verfahren sind DES, 3DES/AES und die Schweizer Entwicklung IDEA.

Symmetrisches Chiffrieren

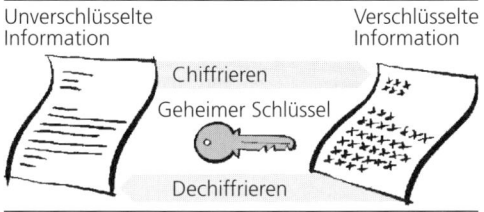

Bei der *asymmetrischen Verschlüsselung* wird das Problem des Schlüsselaustausches auf elegante Art und Weise gelöst. Dieses Verfahren verwendet ein Schlüsselpaar. Es gibt nur einen und genau einen Schlüssel, der zum Gegenschlüssel passt und aus der Kenntnis des einen Schlüssels kann der zweite nicht abgeleitet werden. Mit dem einen Schlüssel wird verschlüsselt und mit dem zweiten Schlüssel wird entschlüsselt. Der eine Schlüssel – der private Schlüssel – muss geheim sein und ist nur dem Besitzer bekannt. Der zweite Schlüssel – der öffentliche Schlüssel – kann hingegen beliebig verteilt oder in Verzeichnissen publiziert werden. Eine vertrauliche Nachricht verschlüsselt man mit dem öffentlichen Schlüssel des Empfängers. Nur der richtige Empfänger und nur er kann mit seinem entsprechenden, dazu passenden privaten Schlüssel diese wieder entschlüsseln. Die asymmetrische Verschlüsselung arbeitet mit Schlüsseln, die heute im Bereich von 512 Bit bis 2048 Bit liegen und mehr Rechenleistung verlangen als die symmetrische Verschlüsselung. 2048-Bit-Schlüssel gelten

Asymmetrisches Chiffrieren

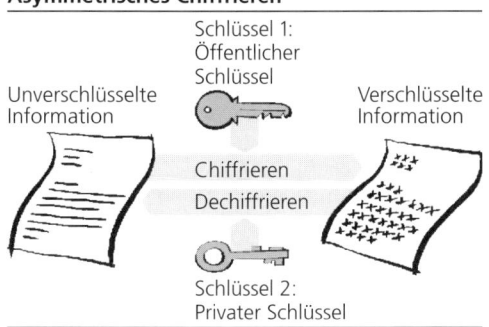

heute als sehr sicher. Das am häufigsten verwendete Verfahren ist der RSA-Algorithmus.

2. Digitale Signatur und die Hashfunktion
Neben der Verschlüsselung zur Wahrung der Vertraulichkeit spielt die digitale Signatur die zentrale Rolle als konkrete Anwendung der asymmetrischen Verschlüsselung. Bei der digitalen Signatur wird zuerst ein so genannter Hashwert (oder digitaler Fingerabdruck) berechnet. Mit einer Hashfunktion wird der Inhalt eines Dokuments auf eine eindeutige Zeichenfolge von fixer Länge (meist 16 oder 20 Zeichen) verdichtet. Die Hashfunktion ist so ausgelegt, dass nie zwei Dokumente den gleichen Hashwert haben. Dies bedeutet, dass bei der Veränderung von auch nur einem Bit im Dokument ein anderer Hashwert entsteht. Aus dem Hashwert lässt sich der ursprüngliche Inhalt nicht mehr herleiten. Die gängigen Algorithmen sind MD5 und SHA-1.

Hashfunktion – digitaler Fingerabdruck

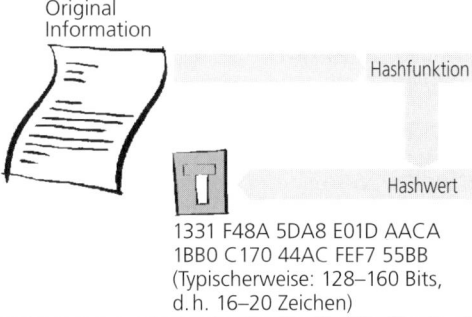

Als nächster Schritt wird der digitale Fingerabdruck eines Dokuments mit dem privaten Schlüssel des Senders verschlüsselt. Damit ist die digitale Signatur erstellt. Diese wird an das Dokument angefügt und damit verschickt. Durch das Signieren eines Dokuments bleibt der Inhalt lesbar.

Erstellung der digitalen Signatur beim Absender

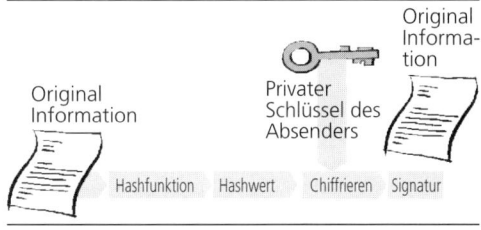

Der Empfänger kann die digitale Signatur mit dem öffentlichen Schlüssel des Inhabers entschlüsseln und erhält so wieder den Hashwert des ursprünglichen Dokuments. Gleichzeitig berechnet er den Hashwert der erhaltenen Nachricht neu. Sind beide Hashwerte identisch, beweist dies die Authentizität

Digitale Zertifikate und digitale Signatur

des Absenders, denn nur der Sender verfügt über den passenden privaten Schlüssel zum Unterschreiben, er kann auch nicht bestreiten, das Dokument versandt zu haben. Weiter wird garantiert, dass die Nachricht unterwegs nicht verändert wurde, sonst wären die beiden Hashwerte verschieden.

Prüfung der digitalen Signatur beim Empfänger

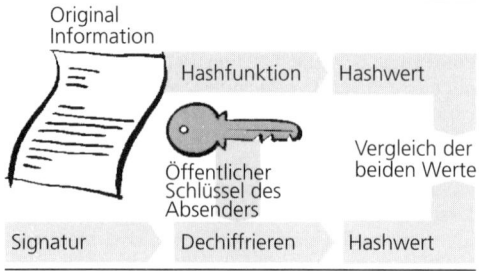

3. Zertifizierdienstanbieter (Certification authority CA)

Damit der Empfänger einer digitalen Unterschrift vertrauen kann, muss er sicher sein, dass der entsprechende öffentliche Schlüssel wirklich dem Absender gehört. Die Lösung ist das digitale Zertifikat (oder Schlüsselzertifikat). Beim digitalen Zertifikat bestätigt eine vertrauenswürdige Drittstelle (Trusted third party) die Beziehung eines öffentlichen Schlüssels zu einer bestimmten Identität. Diese Stellen werden Zertifizierdienstanbieter, Public key infrastructures (PKI), Trust center oder Certification authorities (CA) genannt. Organisationen können eigene CA betreiben oder den Dienst einer öffentlichen CA beanspruchen. Bietet eine CA ihren Dienst öffentlich an, so
- muss sie unter anderem die erforderliche Zuverlässigkeit für die Bereitstellung von Zertifizierungsdiensten sicherstellen
- muss sie einen schnellen und sicheren Sperrdienst anbieten
- muss sie mit geeigneten Mitteln die Identität und Vertretungsbefugnis der Antragssteller überprüfen und muss vertrauenswürdige Systeme einsetzen, die den Schutz gegen unbefugte Veränderungen der Daten bieten.

Sie muss ferner Produkte verwenden, welche die technische und kryptografische Sicherheit der unterstützten Zertifizierungsverfahren gewährleisten und der Dienst muss rund um die Uhr verfügbar sein. Der gängige Standard für digitale Zertifikate ist X.509.

4. Aktuelle Einsatzmöglichkeiten für digitale Zertifikate

Die wichtigsten Anwendungen für digitale Zertifikate sind:

– *Sicheres E-mail:* Elektronische Post – inklusive angehängte Dateien – kann digital signiert, aber auch verschlüsselt werden. Kritische Unternehmensdaten, Krankengeschichten, vertrauliche Geschäftsdokumente können dank Zertifikaten und einem E-mail-Programm, welches den S/MIME-Standard unterstützt (Beispiele sind Netscape Messenger, Microsoft Outlook), sicher verschickt werden.
– *Verschlüsselte Verbindungen mit Servern:* Mit Server-Zertifikaten werden sichere, verschlüsselte Verbindungen zwischen Browser und Web-Server unterstützt.
– *Authentisierung:* Mit digitalen Zertifikaten kann der Zugang zu Dienstleistungen wie z.B. ↑Internet banking gesteuert werden.
– Im Rahmen des ↑Electronic bill presentment and payment (EBPP) für die mehrwertsteuerkonforme Abwicklung elektronischer Rechnungen.

5. Ausblick

Neben dem PC werden Anwendungen mit Mobiltelefonen (M-commerce) Zertifikate einsetzen. Mobiltelefone haben den wesentlichen Vorteil, dass deren Systeme viel stärker standardisiert sind als die PC-Systeme. Die Chipkarte im Handy (die sog. SIM-Karte) kann beliebig zwischen verschiedenen Geräten ausgetauscht werden. Bei den PC fehlen heute noch universell einsetzbare Leser für Chipkarten.

Neben den Schlüsselzertifikaten, welche Identitäten bestätigen, werden neue Zertifikatstypen wie Zeitstempel, welche die Zeitinformation an Daten binden, oder Attributszertifikate angeboten werden. Attributszertifikate sind Zusatzzertifikate zu Schlüsselzertifikaten, welche Informationen wie z.B. Zutrittsberechtigungen, Unterschriftsberechtigungen oder Kaufberechtigungen bescheinigen. Biometrische Verfahren wie Fingerabdruckleser werden nur das ↑Passwort als Zugangsschutz zum PC und zur eigenen digitalen Signatur ersetzen, nicht aber die digitale Signatur selbst.

Die rechtliche Regelung der digitalen Signatur ist in verschiedenen Ländern schon umgesetzt. Im Rahmen dieser Regelungen wird für verschiedene Fälle die digitale Signatur der handschriftlichen Unterschrift gleichgestellt. Dies setzt voraus, dass die Zertifizierdienstanbieter für das Ausstellen der Zertifikate die Identität des Zertifikatsinhabers genau überprüfen und dass die Abläufe und technischen Systeme strengen Anforderungen genügen. In der EU wird das durch die Richtlinie über gemeinschaftliche Rahmenbedingungen für elektronische Signaturen harmonisiert. In der Schweiz wird dies durch das Bundesgesetz über Zertifizierungsdienste im Bereich der elektronischen Signatur geregelt. *Walter Wirz*

Links: www.semper.org/sirene/outsideworld/security.html – www.rsasecurity.com/rsalabs/faq/

Digital option
Im Gegensatz zu europäischen (↑European option) und ↑amerikanischen Optionen, deren Höhe der Auszahlung bei ↑Verfall vom ↑Ausübungspreis und vom Preis des ↑Underlying abhängig ist, zahlt eine Digital option einen festgelegten Betrag aus, wenn sie am Ausübungszeitpunkt im Geld (↑In the money option) ist. Dieser ist konstant, unabhängig davon, wie tief die Option im Geld ist. Wird die Digital option nicht ausgeübt, so wird wie bei einer Standard option keine Auszahlung erfolgen. ↑Binäre Option.

Diluted earnings per share
↑Earnings per share (EPS).

Dilution
Als Dilution bezeichnet man die ↑Verwässerung von Ansprüchen, insbesondere der Aktionäre, durch Ausgabe neuer ↑Aktien, ↑Wandel- und ↑Optionsanleihen oder Stock options unter Ausschluss des ↑Bezugsrechtes.

Dingliche Sicherheit
Haftung einer Sache (↑Wertpapiere, Waren, Grundstücke) für eine Forderung, gestützt auf eingeräumtes ↑Pfandrecht, ↑Retentionsrecht oder Sicherungseigentum. Wird der ↑Gläubiger vom Schuldner nicht vertragsgemäss befriedigt, so kann er Befriedigung aus dem Verwertungserlös der Sache beanspruchen.

Direct public offering (DPO)
↑Electronic banking (Allgemeines).

Direktbank
Direktbanken sind ↑Finanzintermediäre, die ihren Kunden die Abwicklung von ↑Bankgeschäften ohne ein physisches Netz aus ↑Bankstellen erbringen. Direktbanken operieren unter massiver Anwendung von Technik als Vertriebsmedium ausschliesslich über unpersönliche Kommunikationskanäle und ohne die Dazwischenschaltung von Absatzstufen. Dadurch fehlt bei Direktbanken – im Gegensatz zu Banken mit Zweigstellen (Filialbanken) – typischerweise der persönliche, physische Kontakt zwischen dem Kunden und dem Bankmitarbeiter. Der Begriff der Direktbank ist jedoch irreführend, weil das Kunde-Bank-Verhältnis auch beim traditionellen Bankgeschäft «direkt» ist. Es steht im Normalfall kein zusätzlicher Intermediär, der händlerähnlich Bankprodukte vertreibt, zwischen der Bank und ihrem Kunden. Seit ihrer Entstehungswelle Anfang der 90er-Jahre haben sich die Direktbanken als filiallose ↑Kreditinstitute am Markt für ↑Finanzdienstleistungen etabliert. Direktbanken üben mittlerweile einen beträchtlichen Einfluss auf die Wettbewerbssituation im Retail- und ↑Privatkundengeschäft aus.

Als klassische Form des Direct banking (inhaltsgleicher Begriff: ↑Remote banking) kann die Abwicklung der Bankgeschäfte per Post gesehen werden. Diese Vertriebspolitik lässt prinzipiell sämtliche Bankgeschäfte zu. Moderne Direktbanken stellen ihre Dienstleistungen jedoch hauptsächlich über die Vertriebswege des Telebankings zur Verfügung. Diese beinhalten das Telefon (Telefonbanking), das Fax und in zunehmendem Ausmass das ↑Internet (Internet banking). Durch die technischen Möglichkeiten des ↑Electronic banking kann den Kunden der Direktbank ein virtueller 24-Stunden-Bankschalter zur Verfügung gestellt werden. Dabei kann die Konto- und Depotführung rund um die Uhr, an sieben Tagen in der Woche, selbstständig von zu Hause oder von unterwegs per PC, Telefon oder Fax erledigt werden. Das Angebot der Direktbanken bezieht sich dabei auf den ↑Zahlungsverkehr sowie den ↑Börsenhandel. Der Internet ↑Discount broker, der ausschliesslich das Effektenkommissionsgeschäft zu tiefen Gebühren ausführt und mittels ↑E-commerce arbeitet, kann als eine Spezialform einer Direktbank gesehen werden. Damit verbunden ist allerdings ein weit gehender Verzicht auf ↑Added value services. Die Nutzung des PCs und des Internets lässt zudem die eigenständige Anwendung von Finanzsoftware durch den Kunden zu. Moderne Kommunikationstechniken gestatten einen geschützten Zugang zum Kundendepot und zum ↑Bankkonto. Die Sicherheit wird durch persönliche Identifikationsnummern, Kryptografie sowie spezielle Transaktionsnummern gewährleistet (↑Digitale Zertifikate und digitale Signatur).

Die Ursachen der sich entwickelnden Akzeptanz von Direktbanken sind vielfältiger Natur. Direktbanken betreiben keine repräsentativ ausgestatteten Filialen und führen im Gegensatz zur traditionellen ↑Universalbank ein standardisiertes und beschränktes Angebot an ↑Finanzdienstleistungen. Zudem erfüllen die meist weit verzweigten und funktional undifferenzierten stationären Vertriebssysteme traditioneller Banken nicht immer die Bedürfnisse eines modernen Vertriebsweges. Der Einsatz elektronischer Kommunikationsplattformen vermindert ineffiziente Routinetätigkeiten in der Bank stark. Die Neuerung des Ortes des Vertriebs geht einher mit einem Verzicht auf intensive persönliche Beratung und schont Personalressourcen. Die kostengünstige Ausgestaltung der Direktbank ermöglicht es ihr, das Pricing von Bankprodukten attraktiv zu gestalten. *Florian Linner*

Direkte Platzierung
↑Emissionsgeschäft.

Direkte Rendite
Bei ↑Aktien ist die direkte ↑Rendite die laufende Dividendenzahlung, bezogen auf den aktuellen Aktienkurs, ausgedrückt in Prozenten.

Bei ↑Obligationen ist die direkte Rendite der Couponsertrag, bezogen auf den aktuellen ↑Marktwert, ausgedrückt in Prozenten.

Direktes Hypothekargeschäft
↑Hypothekargeschäft; ↑Realkredit.

Direktinvestitionen
Als Direktinvestitionen bezeichnet man Beteiligungen an Unternehmen im Ausland (Direktinvestitionsunternehmen) in der Absicht, einen dauerhaften Einfluss auf die Geschäftstätigkeit dieser Unternehmen auszuüben. Eine Direktinvestition entsteht meistens durch den Erwerb oder die Errichtung einer Tochtergesellschaft im Ausland. Auch Filialen und der Erwerb von Mehrheits- und Minderheitsbeteiligungen werden zu den Direktinvestitionen gezählt. Bei Minderheitsbeteiligungen muss mindestens ein Schwellenwert von 10% am Gesellschaftskapital erreicht werden, damit die Investition als Direktinvestition gilt. Ansonsten liegt eine ↑Portfolioinvestition vor. Zum Direktinvestitionskapital zählen das Gesellschaftskapital, der Anteil des ↑Investors an den zurückbehaltenen Gewinnen der Beteiligung sowie im Allgemeinen auch Kredite an Konzerngesellschaften. Typische Direktinvestoren sind die multinationalen Unternehmen. Der Buchwert der schweizerischen Direktinvestitionen im Ausland betrug Ende 2000 CHF 373 Mia. Umgekehrt belief sich der ↑Buchwert der ausländischen Direktinvestitionen in der Schweiz auf CHF 134 Mia. Weltweit wird der Direktinvestitionsbestand Ende 2000 auf USD 6 300 Mia. geschätzt.
↑Kapitalbewegungen, internationale; ↑Zahlungsbilanz.

Direktversicherung
Die Direktversicherung umfasst die Verträge zwischen der Versicherungsgesellschaft und den Versicherungsnehmern als Erstversicherer.

Dirty floating
Dirty floating bezeichnet ein Wechselkursregime, das als Zwischenform zwischen fixen ↑Wechselkursen und frei variierenden Wechselkursen aufgefasst werden kann. Beim Dirty floating herrschen an sich flexible Wechselkurse, die Notenbanken versuchen aber in bestimmten Situationen, auf die Wechselkurse Einfluss zu nehmen, z.B. mit Zinsänderungen oder Marktinterventionen, um den Wechselkurs innerhalb eines bestimmten Zielbandes zu halten.

Dirty price
In der Schweiz nicht üblicher Ausdruck für den ↑Kurs einer Anleihe einschliesslich der Marchzinsen (↑Laufende Zinsen). ↑Theoretische Verfallrendite.

Disagio
Der Begriff Disagio (Einschlag, Abschlag) hat mehrere Bedeutungen:
1. Differenz zwischen dem Rückzahlungspreis (↑Mindestnennwert) und dem Emissionspreis (Emissionskurs) von Effekten, wenn dieser ↑unter pari erfolgte.
2. Differenz zwischen dem tieferen Börsenkurs und dem ↑Net asset value bei ↑Beteiligungsgesellschaften.
3. Differenz zwischen dem Auszahlungspreis und dem Rückzahlungspreis von ↑Darlehen.
4. Differenz zwischen dem tieferen Börsenkurs und dem Inventarwert bei ↑Immobilienfonds.

Das Disagio wird meistens in Prozenten ausgedrückt. Synonym: Damnun.
Während die ↑Emission von ↑Anleihensobligationen mit Disagio zulässig ist, gestattet das schweizerische Recht eine solche bei ↑Aktien nicht (OR 624). Gegenteil: ↑Agio (Aufgeld).

Disclaimer
Disclaimer im eigentlichen Sinne bedeutet Verzicht auf ein Recht oder einen Anspruch. Im Bereich der Bank- und Finanzgeschäfte dient dieser Begriff jedoch in erster Linie als Haftungsbegrenzungs- oder Haftungsausschlussklausel für die Verfasser von Grundlagendokumenten bezüglich ihres Inhaltes oder ihrer Verbreitung, beispielsweise im Zusammenhang mit der Börseneinführung (↑Kotierung) einer Gesellschaft, im Bereich von ↑Merger and acquisition oder bei der Übermittlung von Informationen über E-mail.

Disclosure
↑Offenlegungspflicht.

Discount
↑Disagio.

Discount-Bond
Englische Bezeichnung für ↑Anleihensobligation mit einem ↑Kurs, der im Zeitpunkt ihrer Ausgabe oder während ihrer ↑Laufzeit stark unter dem ↑Nennwert der ↑Obligation liegt. Die wirtschaftliche Ausgestaltung als Discount-Bond ist im ↑Prospekt an prominenter Stelle aufzuführen. Discount-Bonds werden häufig als ↑Auslandanleihen ausgestaltet.

Discount broker
↑Effektenhändler, der dank dem Einsatz moderner Technologie und dem Verzicht auf Beratung Effektentransaktionen zu besonders günstigen Konditionen anbietet.

Discounted-Cashflow-Methode (DCF)
Die Discounted-Cashflow-Methode (DCF) stellt das zentrale Bewertungsprinzip der modernen (Corporate) Finance (↑Corporate finance) dar. Finanzwirtschaftliche Entscheidungen aller Art

Discounted-Cashflow-Methode (DCF)

erfordern Bewertungen für die den Entscheidungsgegenstand bildenden Objekte. Dies können Projekte, z. B. als geplante Erweiterungsinvestition eines Unternehmens, Geschäftsbereiche, ganze Unternehmen, aber auch Finanzkontrakte, wie ein Leasing-Vertrag, sein. Der auf «heute», d.h. den Betrachtungszeitpunkt, zu ermittelnde Wert eines Objektes stellt die Summe der in Zukunft zu erwartenden ↑Free cashflows, diskontiert auf «heute», dar. Der Free cashflow ist dabei der für ein bestimmtes Jahr geschätzte Rückflusssaldo, bei einer ↑Unternehmensbewertung bestehend aus dem operativen Cashflow abzüglich der geplanten Investitionen ins Anlage- und ins operative Umlaufvermögen – reduziert um allfällige ↑Desinvestitionen. Dabei bestimmt man den DCF-Wert eines Objektes häufig «brutto», d.h. für das gesamte im Objekt gebundene Kapital. Man nennt dies den so genannten *Entity approach*. Ist das Objekt teilweise mit ↑Fremdkapital finanziert, so bedeutet dies, dass Fremdkapitalzinsen und Tilgungsausgaben bei der Free- cashflow-Herleitung nicht zum Abzug gelangen dürfen. Vom DCF-Wert brutto kann man anschliessend das objektrelevante Fremdkapital subtrahieren, um zum DCF-Wert netto, d. h. dem Wert des investierten Eigenkapitals, zu gelangen. Dies ist im Zusammenhang mit Unternehmensbewertungen regelmässig der Fall.

Der *DCF-Wert eines Objektes* wird durch drei Hauptgrössen bestimmt, nämlich (1) die für die betrachteten Jahre prognostizierten Free-cashflow-Erwartungswerte, (2) die anzuwendende Diskontierungsrate (Kapitalkostensatz) sowie (3) den zeitlichen Verlauf der vorausgeschätzten Rückflüsse. Das drittgenannte Element ist an sich mit der Festlegung der jährlichen Free cashflows mitbestimmt, wird hier aber aufgrund seines zentralen Stellenwertes separat erwähnt. Nicht selten wird in der Praxis gerade der zeitliche Verlauf zukünftiger ↑Cashflows falsch, d.h. viel zu optimistisch, eingeschätzt, etwa im Zusammenhang mit der Einführung eines neuen Produktes (Erweiterungs- bzw. Diversifikationsprojekt). Weiter spielt die Zeitferne der einzelnen Free cashflows durch die Diskontierung auf «heute» im Zusammenspiel mit dem anzuwendenden Kapitalkostensatz eine entscheidende Rolle: mit wachsender Zeitferne nimmt der Barwert ab. Die Schätzung der zu erwartenden Free cashflows sowie deren Verlauf erfordert grosses Fingerspitzengefühl des Planers bzw. Bewerters und ist weniger eine theoretische, als eine ausgeprägt praktische Frage. So ist innerhalb von Wachstumsplanungen auf eine realistische Einschätzung der notwendigen Investitionsausgaben zu achten. In komplexeren Fällen kann die Anwendung von Szenariotechniken (Szenarioplanung), Delphi-Methoden (qualitative Meinungsbildung), Monte-Carlo-Modellen (stochastische Simulation) und Simulationsrechnungen einfacher (Modellrechnungen für Varianten) und aufwändiger Art (Wahrscheinlichkeits-Szenarien usw.) Sinn machen.

Ein zentrales Problem der modernen Corporate-finance-Theorie stellt die Herleitung des für eine DCF-Bewertung zutreffenden *Kapitalkostensatzes* dar. Man spricht dabei von der Bestimmung der *risikogerechten Renditeforderung* bzw. Renditeerwartung des Investors bzw. des Finanzmarktes, was zu einem risikogerechten Kapitalkostensatz führt. Entsprechend dem ↑Capital asset pricing model (CAPM) wird dabei ↑Risiko definiert als ↑Volatilität der zu erwartenden Rendite eines Objektes, wobei diese Volatilität zu jener des Gesamtmarktes (Investition in ein gut diversifiziertes Aktienportefeuille) gebracht wird. Genauer gesagt ist nicht die gesamte Renditevolatilität (Standardabweichung, oft auch Varianz) eines Objektes, sondern die Kovarianz zur Marktrendite massgebend. Zur selben Betrachtungsweise gelangt man, wenn die gesamte Renditevolatilität mit dem Korrelationskoeffizienten zwischen Objekt-rendite und Marktrendite multipliziert wird. Daraus lässt sich das relevante Beta eines Objektes herleiten, welches das preisrelevante Risiko darstellt, d.h. jener Teil der Volatilität, der vom ↑Finanzmarkt durch eine ↑Risikoprämie abgegolten wird. Diese Risikoauffassung ist heute – gerade im Zusammenhang mit der Bewertung von betrieblichen Investitionen – Gegenstand kritischer Diskussionen. In vielen Unternehmen wird die angesprochene Risikodiversifikation nämlich nicht zum Tragen kommen.

Mit zunehmendem systematischem Risiko wird eine entsprechend höher werdende Risikoprämie in Anwendung gebracht, die zum risikolosen Zinssatz des Kapitalmarktes zu addieren ist. Die Anwendung eines risikogerechten Kapitalkostensatzes bewirkt, dass die Barwerte der einzelnen Free cashflows entsprechend dem Risikogehalt und der Zeitferne tief ausfallen. Eine selten praktizierte Alternative besteht darin, die Risikoadjustierung analytisch über eine Reduktion der Free cashflows vorzunehmen. Theoretisch konsistent angewendet, führt dies zur Überführung der risikobehafteten erwarteten Rückflüsse in so genannte Sicherheitsäquivalente.

Wendet man die DCF-Methode auf Brutto-, d. h. Gesamtkapitalebene (Entity approach) an, so ist als Diskontierungsrate ein durchschnittlicher Kapitalkostensatz (↑WACC, Weighted average cost of capital, WACC), bestehend aus Fremdkapital- und Eigenkapitalkosten, bzw. eine entsprechende Gesamtkapitalrendite-Anforderung (↑Hurdle rate, Target rate) anzuwenden. Dies stellt das bei Unternehmensbewertungen, im Capital budgeting (Analyse von Investitionsprojekten) und bei der Bewertung von Geschäftsbereichen überwiegend praktizierte Vorgehen dar. In besonderen Fällen, etwa bei der Bewertung von Banken, wird allerdings auf den *Equity approach* ausgewichen, hier bedingt durch den besonderen Charakter der Bankverbindlichkeiten als Bankgeschäfte. Dabei wird der DCF-Wert, unter Anwendung eines Eigenkapitalkostensatzes, auf Netto-, d.h. Eigenkapitalebene bestimmt. Dies macht eine modifizierte Free-cashflow-Herleitung notwendig, und der Zwischenschritt der Bestimmung des Brutto-Wertes entfällt. Dem Equity approach folgt auch die theoretische Herleitung von Aktienwerten, so bei Anwendung des Gewinnmodells oder des Dividenden-Diskontierungs-Modells (auch: Dividendenwachstumsmodell), weil hier nur noch die für den Aktionär verbleibenden, d.h. an diesen gelangenden Zahlungsströme betrachtet werden. Gegenüber buchhalterischen Wertanalysen, z.B. mittels Gewinn- oder Renditeberechnungen, weist der DCF-Ansatz entscheidende Vorteile auf. So bilden nicht buchhalterische Ertrags- und Aufwandsgrössen, sondern objektiver erfassbare Zahlungsströme (Free cashflows) die Ausgangsbasis. Dann wird dem ↑Zeitwert des Geldes Rechnung getragen, und die Wertermittlung erfolgt integral, d.h. unter Anwendung einer langfristigen Zukunftsoptik. Und schliesslich wird das Risiko des Bewertungsobjektes explizit und systematisch berücksichtigt, indem das relevante Risiko in die risikogerechten Kapitalkosten überführt wird. Im Rahmen so genannter *Economic-Profit- oder EVA-Ansätze (Economic-value-added-Ansätze)* wird heute versucht, die beiden Betrachtungsebenen (Ertrags-Aufwands-Dimension des Rechnungswesens versus Zahlungsstrom-Ebene des DCF-Ansatzes) in Verbindung zu bringen (Es werden dann insbesondere die Investitionsausgaben durch konsistent ermittelte Abschreibungs- und Kapitalkosten ersetzt). Dazu lassen sich von einer buchhalterisch bestimmten Gewinngrösse noch die risikogerechten Kapitalkosten subtrahieren, um zu einer wirklichen, «ökonomischen» Gewinngrösse zu gelangen. Geht man vom ↑Reingewinn aus, werden die risikogerechten ↑Eigenkapitalkosten in Abzug gebracht. Häufiger geht man von einem Gewinn vor Zinsen, in der Regel der EBIT (↑Earnings before interest and taxes) aus, und zählt davon die risikogerechten Kosten des Gesamtkapitals ab.

Die enge Anwendung der DCF-Methode findet ihre Grenze in der Nichtberücksichtigung der zukünftigen Handlungsflexibilität des Managements. Bei betrieblichen Investitionsprojekten versteht man darunter beispielsweise die Chance, je nach Projekterfolg spätere Zusatzinvestitionen tätigen zu können. Die Möglichkeit eines vorzeitigen Projektabbruches mit guter Liquidationsmöglichkeit würde ebenfalls als ↑Realoption bezeichnet. Die Berücksichtigung des Wertes von Realoptionen erfordert eine aufwändigere, realitätsnähere Modellierung der Free cashflows, als dies im Rahmen der DCF-Methode zumeist vollzogen wird. Ein klassischer Ansatz besteht darin, eigentliche Ereignis- und Entscheidungsbäume zu erarbeiten. Ausgehend von der modernen Optionspreistheorie beschreitet man heute einen etwas anderen Weg: man versucht, die Realoptionen zusätzlich – als zweite Wertkomponente neben dem klassischen DCF-Wert – zu modellieren und in die Gesamtbewertung einzubringen. Dieses Verfahren findet in jüngster Zeit langsam Eingang in die Unternehmenspraxis, allerdings erst in speziellen und einen besonderen Planungsaufwand erfordernden Fällen. *Reto Rauschenberger*

Disintermediation
↑Desintermediation.

Diskont
Unter Diskont wird der Abschlag vom gegenwärtigen Wert einer Forderung oder Verpflichtung mit ↑Fälligkeit in der Zukunft verstanden. Der ↑Diskontsatz ist der Kehrwert des periodengerechten ↑Aufzinsungsfaktors. Im Devisenhandel (↑Devisengeschäft) wird als Diskont der Abschlag zwischen Kassa- und Terminpreis bezeichnet.

Diskont à forfait
Früher gebräuchliche Bezeichnung für ↑Forfaitierung.

Diskontanleihe
↑Discount-Bond.

Diskontgeschäft
Der Ankauf später fällig werdender Forderungen durch Banken kann grundsätzlich mit allen ↑Buchforderungen erfolgen. Er hat sich im nationalen und im internationalen Geschäft aber vor allem mit dem Kauf von durch ↑Wechsel verbrieften Forderungen durchgesetzt. Der Wechsel als abstraktes Zahlungsversprechen in Form eines ↑Wertpapiers ist auch ein Kreditinstrument, weil er als ↑Ordrepapier die Übertragung von Forderungen durch ↑Indossament gestattet und den Banken ermöglicht, von ihren Kunden die in Wechselform verbrieften Forderungen zu kaufen (↑Diskontkredit). Der Kauf einer in einem bestimmten künftigen Zeitpunkt fälligen Forderung erfolgt unter Vorabzug des Zinses, des so genannten ↑Diskonts. Der Vorteil für den Verkäufer liegt darin, dass er vor dem Forderungsverfall über den Forderungsbetrag verfügen kann. Der Wechseleinreicher haftet i.d.R. der kaufenden Bank durch seine Unterschrift auf dem Wechsel, dem so genannten Indossament, bis zur Bezahlung des Wechsels. Der diskontierenden Bank haften neben dem Einreicher auch alle anderen auf dem Wechsel unterzeichnenden Parteien als Solidarschuldner.

Ein Warenwechsel oder Handelswechsel (↑Warenwechsel, Handelswechsel), dem eine Warentransaktion zu Grunde liegt, bietet der diskontierenden Bank i.d.R. mehr Sicherheit als ein ↑Finanzwechsel, der lediglich auf einer Finanztransaktion, z. B. zwischen verschiedenen Gesellschaften in einem ↑Konzern, beruht. Die gesetzlichen Bestimmungen des Wechsels sind im Schweizerischen Obligationenrecht (OR 990–1099) geregelt. Alle Personen, die in der Schweiz in einer gemäss SchKG 39 bezeichneten Funktion im Handelsregister eingetragen sind, unterliegen bei Verpflichtungen aus Wechseln der ordentlichen Konkursbetreibung, d. h. dem raschen Verfahren der Wechselbetreibung mit Konkurseröffnung. Grosse Bedeutung kommt den formalen Anforderungen des Wechsels zu (OR 991), da bei unkorrekt oder unvollständig ausgestellten Wechseln Einwendungen durch die Wechselverpflichteten möglich sind. Zu achten ist zudem auf die korrekte Währungsbezeichnung sowie die genaue Formulierung des ↑Avals (OR 1021).

Neben dem gezogenen Wechsel, d. h. der unbedingten Anweisung des Ausstellers an den ↑Bezogenen, eine bestimmte Geldsumme zu einem bestimmten Zeitpunkt an den ↑Begünstigten zu zahlen, eignet sich auch der ↑Eigenwechsel oder Solawechsel, der vom Schuldner selbst ausgestellt wird, zum Diskontgeschäft. Im internationalen Geschäft hat er sich unter dem Begriff International promissory note (↑Promissory note) durchgesetzt.

Kauft die Bank einen Wechsel à forfait, d. h. unter Verzicht auf den Regress, spricht man von einer ↑Forfaitierung. Ein Aval einer erstklassigen Bank zu Gunsten des Wechselschuldners ist dabei meistens Voraussetzung für einen Verkauf. Zudem muss der Einreicher der Bank bzw. dem Forfaiteur für den Bestand der Grundforderung garantieren.

Rolf Pfenninger

Diskontieren
↑Abzinsen (↑Diskont).

Diskontierungsfaktor
↑Abzinsungsfaktor.

Diskontkredit
Mit einem Diskontkredit räumt die Bank dem Kunden eine ↑Kreditlinie (Diskontlimite) zur Beschaffung von liquiden Mitteln durch Einreichung von ↑Wechseln oder ähnlichen ↑Wertpapieren ein. Der Kunde kann bis zum festgelegten Betrag einzelne Wechsel diskontieren lassen. Er bleibt bis zur Einlösung der Wechsel bei Verfall zusammen mit allen aus dem Wechsel verpflichteten Personen als Solidarschuldner der Bank gegenüber haftbar. Die Haftung entfällt im Falle des Wechselverkaufs à forfait (↑Forfaitierung).

Für die Zeit von der Einreichung bis zur Fälligkeit des Wechsels zahlt der Einreicher der diskontierenden Bank einen Zins, ↑Diskontsatz genannt. Dessen Höhe richtet sich nach der Liquidität der ↑Finanzmärkte, der ↑Laufzeit des Wechsels und der ↑Bonität der Wechselverpflichteten (Aussteller, ↑Akzeptant, Avalist, Indossant).

Entscheidend für die Gewährung eines Diskontkredites ist die Stellung des ↑Kreditnehmers, die Qualität des Wechselmaterials und die ↑Transaktion, die der Wechselforderung zu Grunde liegt. Bei internationalen Geschäften werden auch die ↑Länderrisiken berücksichtigt. Bei Wechseln in Fremdwährungen ist die Effektivklausel (Währungsklausel) angebracht.

Die Bank kann fallweise Einschränkungen bezüglich der diskontierbaren Wechselarten festlegen (z. B. Ausschluss von ↑Eigenwechseln des Kreditnehmers). Bei Konzernwechseln des Kreditnehmers wird sie eine konsolidierte Bonitätsprüfung vornehmen. Häufig werden Kundenwechsel des Kreditnehmers diskontiert. Der Kreditnehmer zieht als Forderungsgläubiger einen Wechsel auf seinen Kunden (↑Bezogener) und lässt den Wechsel durch diesen akzeptieren oder er lässt den Kunden einen Eigenwechsel an die Ordre des Kreditnehmers ausstellen.

Rolf Pfenninger

Diskontlimite
↑Diskontkredit.

Diskontobligationen
↑Zerobonds; ↑Discount-Bond.

Diskontpapier
Ein Diskontpapier wird auf Diskontbasis gehandelt, d. h., der Emissionspreis wird um den periodengerechten ↑Diskont reduziert und in Prozenten des Endwertes angegeben. Bei den meisten Geldmarktpapieren handelt es sich um Diskontpapiere (Ausnahme: ↑Certificates of deposit). Im ↑Kapitalmarkt spricht man bei ↑Obligationen, die als Diskontpapier ausgestaltet sind, von so genannten ↑Zerobonds.

Diskontrate
Offizieller ↑Diskontsatz der ↑Notenbank.

Diskontsatz
↑Zinssatz für Wechselkredite (↑Diskontkredit).

Diskriminanzanalyse
Die Diskriminanzanalyse ist ein multivariates statistisches Verfahren, welches der Analyse von Gruppenunterschieden dient. Es können Unterschiede von zwei oder mehreren Gruppen hinsichtlich einer Mehrzahl von Merkmalsvariablen untersucht werden und es kann bestimmt werden, ob sich die Gruppen hinsichtlich einer Variablen signifikant voneinander unterscheiden. Weiter kann festgelegt werden, welche Variablen zur Unterscheidung der Gruppen geeignet und welche ungeeignet sind.

Mithilfe der Diskriminanzanalyse können in der Praxis auch Prognosen der Gruppenzugehörigkeit

Dispobestand

von Elementen gemacht werden. Ein Beispiel dafür ist die Kreditwürdigkeitsprüfung. Die Kreditkunden einer Bank lassen sich nach ihrem Zahlungsverhalten in hohe oder niedrige Risikoklassen einteilen. Hinsichtlich welcher Variablen sich die Gruppen signifikant unterscheiden, kann mit der Diskriminanzanalyse geprüft werden. Somit lässt sich ein Katalog mit relevanten Kriterien zusammenstellen, der es ermöglicht, die Kreditwürdigkeit neuer Antragsteller zu überprüfen (↑Credit scoring).

Voraussetzung für die Anwendung der Diskriminanzanalyse ist, dass die Daten für die Merkmalsvariablen der Elemente sowie deren Gruppenzugehörigkeit vorliegen. Die Merkmalsvariablen müssen metrisch skaliert sein, während die Gruppenzugehörigkeit durch eine nominal skalierte Variable ausgedrückt werden kann. Es wird somit die Abhängigkeit einer nominal skalierten Variablen von metrisch skalierten Variablen untersucht.

Christoph Kaserer, Niklas Wagner

Dispobestand

Werden börsenkotierte ↑Namenaktien verkauft, meldet die Bank des Veräusserers die ↑Transaktion der Gesellschaft. Von diesem Zeitpunkt an ist der Veräusserer nicht mehr als Aktionär zu betrachten. Er ist im Aktienbuch auszutragen, auch wenn der Erwerber der Aktien noch nicht bekannt ist. Es steht völlig im Belieben des Erwerbers, ob er sich gegenüber der Gesellschaft zu erkennen geben will oder nicht. Verzichtet er bewusst oder aus Nachlässigkeit auf den Eintrag, entstehen Aktien, für die kein Anerkennungsgesuch gestellt worden ist. Diese nennt man *Dispoaktien*. Dispoaktien lassen sich im Börsenhandel allein schon aus praktischen Gründen nicht vermeiden. Aus der Sicht der Gesellschaft sind jedoch grössere Bestände an Dispoaktien unerwünscht, weil dadurch die mit der Ausgabe von Namenaktien angestrebte Kenntnis der Zusammensetzung der Aktionäre verhindert wird. Die Praxis zeigt jedoch, dass vor allem grosskapitalisierte Gesellschaften mit einer breiten internationalen Streuung ihrer Aktien erhebliche Dispobestände aufweisen. Besonders ausländische institutionelle Investoren scheuen die Eintragungsformalitäten und betrachten den mit der Nichteintragung verbundenen Ausschluss von den Mitwirkungsrechten als unwichtig. Weil Veräusserer ihre Aktionärsrechte sofort verlieren, hat die Gesellschaft sicherzustellen, dass diese an der Generalversammlung nicht mehr stimmberechtigt sind. Dispoaktionäre können grundsätzlich ihre Rechte nicht ausüben. In der Praxis wird jedoch die ↑Dividende auf den Dispoaktien an die so genannte *Dividendenadresse*, d.h. die Veräussererbank zuhanden des unbekannten Aktionärs überwiesen, wobei die damit verbundene Verletzung des Aktienrechts bewusst in Kauf genommen wird. Für die Gesellschaft entsteht dabei das Risiko einer doppelten Zahlung, falls ein sich später anmeldender Erwerber die Dividende rückwirkend für die letzten fünf Jahre (Verjährungsfrist) geltend macht! Aus diesem Grund verlangen die Banken als Zahlstellen in der Regel eine ↑*Schadloserklärung*.

Der Dispoaktionär ist ein anonymer Aktionär ohne Stimmrecht. Er unterscheidet sich damit von im Aktienregister eingetragenen Aktionären ohne Stimmrecht, deren Aktienerwerb, gestützt auf statutarische Vinkulierungsvorschriften, von der Gesellschaft nicht anerkannt worden ist.

Max Boemle

Dispositionseffekt
↑Börsenpsychologie.

Dispositionskredit
Konsumkredit, der üblicherweise in Kontokorrentform als ↑Kontokorrentkredit oder als ↑Kontoüberziehung auf Gehalts- oder Lohnkonten (↑Bargeldlose Lohn- und Gehaltszahlung) zur Verfügung gestellt wird. Es handelt sich meist um einen ↑Blankokredit, dessen Modalitäten (Höhe, ↑Laufzeit, Verzinsung) institutsbezogen festgesetzt werden.

Dispositionspapier
Auch Traditionspapiere oder Warenpapiere genannt, weil sie die Verfügung über schwimmende, reisende oder lagernde Güter ermöglichen. ↑Konnossement.

Distressed firms
↑Private equity.

Distressed securities
Distressed securities sind ↑Effekten, vorwiegend ↑Aktien und ↑Obligationen von Gesellschaften, die in einem Insolvenzverfahren oder einer tief greifenden Reorganisation stecken und darum eine tiefe Schuldnerqualität aufweisen. ↑Rating; ↑Vulture fund.

Distributionstheorie
↑Börsentheorien.

Distributive fund
↑Ausschüttungsfonds.

Disziplinarkommission
↑Kotierung.

Divergenzen
Als Divergenzen werden auseinander strebende Verläufe von Preistrends und Indikatoren bezeichnet: Steigende ↑Kurse bei fallenden Indikatoren stellen negative Divergenzen dar, während fallende Kurse bei steigenden Indikatoren als positive

Divergenzen bezeichnet werden. Divergenzen stellen frühe Warnungen vor bevorstehenden Trendwenden dar.

Diversifikation
Um das finanzielle ↑Risiko der relevanten Vermögenswerte zu reduzieren, werden die ↑Investitionen in einer Vielzahl von Einzelanlagen getätigt. In einem gemischten Portefeuille beginnt die Diversifikation bereits mit der Wahl der einzelnen Anlagekategorien (↑Liquide Mittel, ↑Obligationen, ↑Aktien, Edelmetalle, ↑Alternative Kapitalanlagen). Innerhalb der entsprechenden Anlagekategorien kann weiter nach Branchen und Gesellschaften (Aktien sowie alternative Anlagen) und Schuldner (Geldmarkt- und Obligationenanlagen) diversifiziert werden. Von Relevanz ist in diesem Zusammenhang auch die Diversifikation der eingegangenen ↑Währungsrisiken in einem bestimmten Portefeuille. Ist ein Portefeuille breit diversifiziert, können die negativen Auswirkungen einer substanziellen, ungewollten Kursbewegungen einer bestimmten Anlage bzw. ↑Währung minimiert werden.

Divestment
↑Demerger.

Dividende
Der im Verhältnis zum einbezahlten Grundkapital festgesetzte Anteil einer ↑Aktie oder eines ↑Partizipationsscheines aus dem Bilanzgewinn, der gemäss Beschluss der Generalversammlung zur Verteilung unter die Aktionäre bzw. Partizipanten bestimmt ist. Die Dividendenzahlung kann entweder aus dem Gewinn des abgelaufenen Geschäftsjahres oder aus Gewinnen früherer Rechnungsjahre, die den freien offenen oder ↑stillen Reserven oder dem Gewinnvortrag gutgeschrieben worden sind, erfolgen (↑Dividendenpolitik). Die Dividende wird in Franken je Aktie oder Partizipationsschein angegeben, vereinzelt noch in Prozenten des Nennwertes. Nach der Form unterscheidet man zwischen *Bardividende* und *Wertpapier-* oder ↑*Stock-Dividende*. Eine Besonderheit stellt die ↑*Wahldividende* dar.
Bei ↑Namenaktien wird die Dividende durch ↑Check, Bank- oder Postüberweisung von der Gesellschaft direkt den im Aktienbuch eingetragenen Aktionären bzw. bei Dispoaktien (↑Dispobestand) der Veräussererbank ausbezahlt bzw. gutgeschrieben. Für ↑Inhaberaktien wird ein ↑Dividendencoupon zahlbar erklärt.
Man spricht von einer ↑Verwässerung der Dividende, wenn das dividendenberechtigte ↑Aktienkapital bei einer ↑Kapitalerhöhung derart massiv erhöht wird, dass der Gewinn der Gesellschaft nicht mehr proportional zur Kapitalerhöhung steigt und auf der einzelnen Aktie nur noch eine wesentlich tiefere Dividende ausgeschüttet werden kann. Die von der Generalversammlung rechtsgültig beschlossene Dividende ist ein unentziehbares Forderungsrecht, das nach 5 Jahren verjährt.

Max Boemle

Dividendencheck
Gesellschaften mit ↑Namenaktien ohne ↑Couponsbogen können die ↑Dividende den Heimverwahrern auch in Form eines besonderen ↑Bankchecks zukommen lassen. Der Dividendencheck ist im Allgemeinen mit der Dividendenabrechnung verbunden.

Dividendencoupon
Der Dividendencoupon verbrieft wertpapierrechtlich, und zwar als ↑Inhaberpapier, den Anspruch des Aktionärs auf den auszuzahlenden Gewinnanteil.

Dividendendeckung
Die Dividendendeckung gibt an, wie oft die ausgeschüttete ↑Dividende je ↑Aktie im ↑Reingewinn je Aktie enthalten ist. Beträgt der Reingewinn je Aktie CHF 12 und die Dividende CHF 4, ist die Dividendendeckung 3. Die Dividendendeckung ist der Kehrwert der ↑Pay out ratio.

Dividendengarantie
Gewährleistung einer Mindestdividende durch Dritte, meistens Hauptaktionäre. Rechtlich handelt es sich um einen Garantievertrag gemäss OR 111.

Dividendenkontinuität
Dividendenkontinuität stellt eine Form der Dividendenpolitik einer Unternehmung dar, die möglichst stabile, von der tatsächlichen Gewinnentwicklung weit gehend losgelöste jährliche Dividendenausschüttungen tätigt. Die Dividendenkontinuität beruht im Wesentlichen auf der Rechnungslegung mit Einsatz von ↑stillen Reserven (OR 669 III). Sie widerspricht den zeitgemässen Auffassungen des Finanzmanagements und wird deshalb in börsenkotierten Gesellschaften nur noch in Ausnahmefällen angewendet.

Dividendenpapier
↑Dividendenwerte.

Dividendenpolitik (Allgemeines)
Unter Dividendenpolitik verstand man lange Zeit die Entscheidung der Unternehmung, den Aktionären eine ↑Dividende auszubezahlen und vorgängig deren Höhe festzulegen. In den letzten Jahren haben zahlreiche neue Entscheidungsvariablen die Dividendenpolitik geprägt. Die Dividendenpolitik ist heute als Teilbereich der Eigenkapitalpolitik und der strategischen Finanzpolitik zu betrachten. Die betriebliche Wertgenerierung muss an die ↑Investoren (Kapitalgeber) transformiert werden.

Unter Berücksichtigung der steuerlichen Konsequenzen sollte dies in möglichst optimaler Weise geschehen. Die klassischen Werttransfer-Elemente sind die Dividenden und die Aktienwertzunahme. Daneben gibt es mit Aktienrückkauf (↑Rückkauf eigener Aktien) und ↑Grundkapitalherabsetzungen bzw. -rückzahlungen andere Möglichkeiten des Werttransfers, die hier aber nicht weiter betrachtet werden. Die Diskussion der Dividendenpolitik ist erheblich vom Charakter der Gesellschaft abhängig. Völlig unterschiedlich präsentiert sich die Diskussion bei börsenkotierten und bei privaten (z.B. Familien-Gesellschaften) Unternehmen; bei letzteren ist die Dividende oft die einzige Chance für die Familienaktionäre, überhaupt ↑kurz- bis ↑mittelfristig zu einem ↑Kapitalertrag zu kommen. Im Folgenden wird von einer ↑Publikumsgesellschaft ausgegangen.

1. Finanztheoretische Betrachtung
Aus theoretischer Sicht stellt sich die Frage, inwiefern die Dividendenpolitik den Unternehmenswert beeinflusst. Unterschiedliche Ansätze wurden zur Beantwortung der Frage entwickelt:
– Modigliani/Miller haben mit dem *Irrelevanz-Theorem* die finanztheoretische Grundlage zur Dividendenpolitik gelegt. Ausgehend von bestimmten Annahmen (keine Steuern, keine ↑Transaktionskosten, keine Informationskosten) und einer gegebenen Investitionspolitik, gelangt die Theorie zur Aussage, dass die Dividendenpolitik keinen Effekt auf den Unternehmenswert hat. Die intuitive Argumentation hinter dieser Aussage ist, dass zur Auszahlung einer höheren Dividende die Unternehmung – bei gegebenen Investitionen – neue Finanzmittel aufnehmen muss. Um dies durchführen zu können, muss die Unternehmung den Käufern der neu auszugebenden ↑Titel das Recht an zukünftigen ↑Cashflows in gleichem Umfang wie der Wert der zusätzlichen Mittel versprechen. Da diese Cashflow-Anteile zulasten der ursprünglichen Aktionäre gehen, ist die ganze ↑Transaktion wertneutral. Um heute mehr Dividenden zu erhalten, müssten die Aktionäre auf einen Teil der zukünftigen erwarteten Dividendenzahlungen verzichten.
– Mit dem *Clientele-Effekt* wird der Umstand beschrieben, dass Anlegergruppen unterschiedliche Präferenzen bezüglich der Form des Werttransfers von der Unternehmung zum Aktionär haben können. Bestimmte Aktionäre können Unternehmen bevorzugen, die keine Dividende bezahlen oder solche, die Dividenden zahlen. Aufgrund dieser Präferenz werden die Investoren ein ↑Portfolio von Aktien zusammensetzen. Im Gleichgewichtszustand kann kein Unternehmen seinen Wert beeinflussen, indem es seine Dividendenpolitik verändert. Veränderte eine Gesellschaft die Dividendenpolitik doch, würde sie eine Anlegergruppe verlieren und eine neue gewinnen. Die Anleger werden es vorziehen, wenn die Unternehmung nicht ständig ihre Dividendenpolitik mutiert, weil dies Transaktionskosten verursacht. Eine stabile Dividendenpolitik wirkt demnach transaktionskostenreduzierend.
– Beim Vorliegen einer Informationsasymmetrie zwischen Managern und dem Kapitalmarkt können höhere Auszahlungen in Form höherer Dividenden eine *Signalwirkung* entfalten. Diese würde signalisieren, dass die zukünftigen Cashflows höher als erwartet sind.

2. Reale Marktverhältnisse
Reale Marktgegebenheiten führen zu einer Berücksichtigung zusätzlicher Aspekte:
– Eine stabile Dividende kann die *Agency-Problematik* lindern. Eine stabile Dividende setzt das Management dem Druck aus, genügend Cash zur Bezahlung einer Dividende zu generieren. Zudem wird dadurch das Management gezwungen, Mittel für neue Projekte von aussen zu beziehen. Damit setzt sich aber das Management dem Druck des Kapitalmarktes aus und wird stärker kontrolliert. Weiter steht dem Management weniger ↑Free cashflow zur Verfügung, welcher in schlechte Projekte investiert werden könnte.
– Die ↑Aussenfinanzierung ist aufgrund der damit verbundenen Kosten relativ teuer (z.B. Emissionskosten). Die Finanzierung eines Projektes durch einbehaltene Dividenden (↑Selbstfinanzierung) kann in Ländern Sinn machen, wo diese *Transaktionskosten* sehr hoch sind.
– Die *Steuergesetzgebung* beeinflusst die Präferenz der Anleger und der Unternehmen in der Dividendenpolitik in erheblichem Masse. In Ländern, wo eine Doppelbesteuerung der Dividenden erfolgt (z.B. Schweiz), wird man es vermeiden, sehr hohe Dividenden zu bezahlen. In Deutschland wurden ausgeschüttete Gewinne lange Jahre tiefer gewinnbesteuert als einbehaltene, was zur so genannten «Schütt-aus-hol-zurück-Politik» führte.
– Unternehmen, die sich in einer starken *Wachstumsphase* befinden, sind eher geneigt, auf eine Auszahlung der Mittel zu verzichten und die einbehaltenen Gewinne zur ↑Selbstfinanzierung zu nutzen.

Theodoro Cocca

Dividendenpolitik (Banken)
Die Dividendenpolitik hat unter dem Aspekt der Selbstfinanzierung für Banken im Rahmen der Eigenkapitalbildung eine besondere Bedeutung. Die Dividendenpolitik ist zunächst ein Element der *Eigenkapital-Politik* und stellt einen Parameter für die mögliche Selbstfinanzierung dar. Da die Eigenmittel-Unterlegung für Banken reguliert und für das mögliche Wachstum und die Risikopolitik einer Bankunternehmung besondere Wichtigkeit

hat, ist auch die Dividendenpolitik unter dieser erhöhten Bedeutung zu sehen. Die Zyklizität und die damit verbundenen Schwankungen des Bankgeschäftes (z.B. ↑Investment- oder ↑Private banking, aber auch andere Bereiche) führen entsprechend zu Gewinnschwankungen. Das stark auf *Stabilität* ausgerichtete Bankgeschäft neigt aus diesen Überlegungen heraus zu einer stabilen Dividendenpolitik. Als Gegenbewegung ist der – auf der Signalwirkung beruhende – Druck der Anleger zu orten, der eine den realen Geschäftsgang abbildende Dividende favorisiert. Dieser Trend entwickelte sich aus dem angelsächsischen Raum und der *Shareholder-value*-Orientierung (↑Shareholder value). Besonders Banken mit einem internationalen und durch institutionelle Investoren geprägtes Aktionariat dürften sich diesem Druck nicht so einfach entziehen können. Dies betrifft namentlich die ↑Grossbanken. Ein Blick auf die ausbezahlten Dividenden der Banken in den letzten Jahren zeigt jedoch eindeutig, dass die Bezahlung einer stabilen Dividende (in Franken pro Aktie) gegenüber einer konstanten Ausschüttungsquote (gewinn-variablen Dividende) bevorzugt wird (↑Dividendenkontinuität).

Teodoro Cocca
Lit.: Megginson, W. L.: Corporate Finance Theory, Reading/Massachusetts 1997. – Brealey, R. A./ Myers, S. C.: Principles of Corporate Finance, New York 2000. – Volkart, R.: Aktienrückkäufe und Eigenkapitalherabsetzungen, in: Volkart, R.: Kapitalkosten und Risiko, Versus, Zürich 2001.

Dividendenrendite
Die Dividendenrendite ist die letzte oder die für das laufende Jahr erwartete ↑Dividende ausgedrückt in Prozenten des aktuellen Aktienkurses. Die Dividendenrendite wird aufgrund der ↑Bruttodividende ermittelt.

Dividendenreserve
Die Dividendenreserve ist eine besondere Art einer freien, offenen Reserve, welche die ↑Ausschüttung der in den Vorjahren üblichen ↑Dividende ermöglichen soll, obwohl der Bilanzgewinn dazu nicht ausreicht (↑Dividendenkontinuität). Dividendenreserven werden in den letzten Jahren nur noch in Ausnahmefällen gebildet, weil die Einhaltung des Grundsatzes der Dividendenkontinuität trotz einer Dividendenreserve in der Bilanz nur möglich ist, wenn die für die Ausschüttung erforderlichen flüssigen Mittel vorhanden sind.

Dividendensatz
Jährliche Gewinnausschüttung in Prozenten des ↑Nennwertes der ↑Aktie. Der Dividendensatz ist zur Beurteilung der Ausschüttungspolitik einer Unternehmung ohne jegliche Bedeutung. Es ist deshalb auch kaum mehr üblich, die Gewinnausschüttung als Dividendensatz anzugeben.

Dividendenwerte
Als Dividendenwerte werden ↑Aktien, ↑Partizipationsscheine und ↑Genussscheine bezeichnet. Dividendenwerte werden synonym auch Dividendenpapiere genannt.

Dividend reinvestment plan
↑Wahldividende.

Dividend yield
↑Dividendenrendite.

DJ 20 bond average
↑Obligationenindex.

DJ EURO STOXX
↑STOXX.

DJ EURO STOXX 50
↑STOXX.

DJ STOXX
↑STOXX.

DNR
Abk. f. ↑Do not reduce.

Docu
Abk. f. Double currency unit. ↑Doppelwährungsanleihe.

Documents against acceptance
↑Remburskredit.

Do it yourself banking
↑Inhouse banking.

Dokumentarakkreditiv
↑Dokumenten-Akkreditiv.

Dokumentarinkasso
Beim Dokumentarinkasso handelt es sich um den Auftrag eines Exporteurs an seine Bank, den Gegenwert der von ihm eingereichten Dokumente beim Importeur entweder durch diese selbst, oder über eine ↑Korrespondenzbank im Lande des Importeurs einkassieren zu lassen. Die vertragliche Abmachung zwischen den Handelspartnern bezüglich der Zahlungsbedingungen lautet auf «*Dokumente gegen Zahlung*» oder «Dokumente gegen ↑Akzept (eines ↑Wechsels)», wobei im letzten Fall nicht die Akzeptierung durch die Bank, sondern diejenige durch den Importeur gemeint ist. Durch Erteilung eines Inkassoauftrages will der Exporteur (Verkäufer) verhindern, dass der Importeur (Käufer) in den Besitz der Ware gelangt, ohne sie bezahlt zu haben oder hiefür die Akzeptverpflichtung eingegangen zu sein. Umgekehrt muss aber auch der Importeur erst bezahlen, wenn er die

Verfügung über die gekaufte Ware erhält, d. h. Zug um Zug.
Im Gegensatz zum ↑Dokumenten-Akkreditiv haften die Banken beim Dokumentarinkasso lediglich für die *fachgemässe Durchführung* des Inkassoauftrages, übernehmen aber keinerlei selbstständige Zahlungsverpflichtung oder sonstiges ↑Engagement für Rechnung ihres Auftraggebers. Die zwei üblichen Formen des Inkassos sind die folgenden:
– *Dokumente gegen Zahlung* (Documents against payment, D/P). Die Dokumente werden dem Käufer durch die das Inkasso besorgende Bank gegen sofortige Zahlung des Inkassobetrages ausgehändigt. Oft wird auch durch den Exporteur, besonders im Überseehandel, ein ↑Sichtwechsel ausgestellt, gegen dessen Bezahlung die Dokumente dem Bezogenen überlassen werden.
– *Dokumente gegen Akzept* (Documents against acceptance, D/A). Die Ware und die Dokumente werden dem Käufer gegen Akzept eines Wechsels überlassen, wobei sich der Verkäufer bis zur Zahlung derselben auf die Wechselunterschrift des Akzeptanten (Käufers) verlassen muss. Der Verkäufer und nicht die Inkassobank trägt somit das volle Delkredere- und ↑Transferrisiko für die Laufzeit des Wechsels.

Daneben kommt, jedoch sehr selten, eine *dritte Variante* vor. Der Käufer akzeptiert hier ebenfalls einen Wechsel; im Gegensatz zum üblichen D/A werden allerdings die Dokumente nicht bei Akzept, sondern bei Wechselverfall bzw. Zahlung ausgehändigt, die Ware muss so lange eingelagert werden.

Der *Versand der Ware* erfolgt entweder an die Adresse des Käufers oder an die Adresse eines Spediteurs mit dem Auftrag, diese gemäss den Weisungen der ausländischen Inkassobank, welche die Dokumente und die nötigen Instruktionen von der Bank des Exporteurs erhält, zu verwenden. Zu beachten ist ferner, dass der Exporteur die Zahlung des Käufers nicht erzwingen kann, und dass ihm bei Nichthonorierung oder Nichtakzeptierung des Wechsels durch Einlagerung, Rücksendung oder Zwangsverkauf der Ware *zusätzliche Kosten* entstehen können. Wichtig ist deshalb, dass der Exporteur der mit dem Inkasso beauftragten Bank genaue Instruktionen erteilt, was im Fall der Nichtbezahlung mit der Ware zu geschehen hat.

Christian Gut

Dokumentartratte
↑Dokumentarinkasso.

Dokumenten-Akkreditiv
Auch Dokumentarakkreditiv. Das Dokumenten-Akkreditiv ist im Wesentlichen die Verpflichtung einer Bank, dem Verkäufer einer Ware oder Dienstleistung für Rechnung ihres Auftraggebers einen bestimmten Betrag in einer vereinbarten Währung zu zahlen, falls er innerhalb eines festgelegten Zeitraumes die vorgeschriebenen Dokumente einreicht, die den erfolgten Versand der Ware oder die erbrachte Dienstleistung ausweisen. Es gilt der Grundsatz Zahlung gegen Dokumente (↑*Zug-um-Zug-Geschäft*).

Dem Dokumenten-Akkreditiv kommt im internationalen Warenhandel als technisches Mittel der Zahlungsabwicklung eine grosse Bedeutung zu. Die *Gründe,* es als Zahlungsart zu wählen, können verschiedener Natur sein. Der Verkäufer schützt sich davor, seine Waren ohne vertragsgemässe Zahlung zu liefern, der Käufer davor, ohne Lieferung zahlen zu müssen. Dies ist von besonderer Bedeutung, wenn sich Käufer und Verkäufer nicht genügend kennen, bei unsicheren politischen oder wirtschaftlichen Verhältnissen im Käufer- wie im Verkäuferland, oder im Falle einer einseitigen Marktlage (z.B. ↑*Verkäufermarkt*). In gewissen Staaten ist die Stellung eines Dokumenten-Akkreditivs zudem Voraussetzung für die Erteilung einer Import- oder Exportlizenz.

Im Gesetz wird das Dokumenten-Akkreditiv nirgends erwähnt. Seine Beurteilung erfolgt nach den Artikeln über den Auftrag und die Anweisung im OR. Obwohl das Dokumenten-Akkreditiv die Zahlung des Kaufpreises darstellt, ist die Verpflichtung der Akkreditivbank vom Kaufvertrag rechtlich unabhängig. Die Zahlungspflicht der Bank besteht, sobald die Bedingungen formal erfüllt sind. Die Bank haftet jedoch nicht aus dem Kaufvertrag. Die Abwicklung erfolgt in fast allen Ländern nach den *Einheitlichen Richtlinien und Gebräuchen* für Dokumenten-Akkreditive (ERA), die erstmals im Jahre 1933 durch den Wiener Kongress der ↑Internationalen Handelskammer (IHK) erlassen und seither verschiedene Male revidiert wurden.

Am Dokumenten-Akkreditiv sind *mindestens drei Parteien* beteiligt, nämlich: der Akkreditivsteller (Käufer, Importeur), die Akkreditivbank (Bank des Akkreditivstellers) und der Akkreditivbegünstigte (Verkäufer, Exporteur, Ablader, Lieferant). Hinzu kommt in den meisten Fällen noch die ↑Korrespondenzbank der Akkreditivbank.

Der Akkreditivauftrag muss laut den allgemeinen Regeln der ERA vollständig und genau sein. Auf zu weit gehende Einzelheiten (z.B. bezüglich Warenbezeichnung) soll hier verzichtet werden. Die Banken haben für die *absolut konforme Einhaltung* der Akkreditivbedingungen besorgt zu sein. Sie können und dürfen nicht davon abweichen. Für ihre Dienstleistung sowie das von ihnen übernommene Kreditengagement belasten die Banken entsprechende Kommissionen.

In der Praxis gibt es *zahlreiche Arten* von Dokumenten-Akkreditiven, von denen nachstehend nur die wichtigsten genannt seien. Hierbei liegt es in der Natur der Sache, dass die verschiedenen Formen für sich allein oder auch in mannigfachen Kombinationen vorkommen können:

Dokumenten-Akkreditiv

- Das *widerrufliche* Dokumenten-Akkreditiv begründet keine rechtlich bindenden Verpflichtungen der beteiligten Bank oder Banken gegenüber dem ↑Begünstigten, da es jederzeit ohne Nachricht an den Begünstigten abgeändert oder annulliert werden kann. Der Widerruf kann jedoch nicht mehr erfolgen, wenn die Akkreditiv- oder die Korrespondenzbank bereits bezahlt, akzeptiert oder negoziiert hat (↑Negoziierung). Da das widerrufliche Dokumenten-Akkreditiv die Sicherheitsfunktion fast völlig ausser Acht lässt, kommt es in der Praxis sehr selten vor.
- Das *unwiderrufliche* Dokumenten-Akkreditiv bildet den Normalfall. Durch den Verzicht auf den Widerruf seitens des Käufers, welcher der Bank und durch diese auch dem Verkäufer gegenüber erklärt wird, schafft das Akkreditiv eine selbstständige Verpflichtung der Akkreditivbank. Diese stellt damit ihren eigenen Kredit dem Käufer zur Verfügung. Änderungen der Dokumenten-Akkreditive oder Annullierungen können nur im Einverständnis mit den beteiligten Parteien vorgenommen werden.
- Beim *bestätigten* Dokumenten-Akkreditiv beauftragt die Akkreditivbank ihre Korrespondenzbank (meist im Lande des Verkäufers), das von ihr unwiderruflich eröffnete Dokumenten-Akkreditiv dem Begünstigten ihrerseits zu bestätigen. Durch die Beifügung der Bestätigung geht die Korrespondenzbank dem Akkreditivbegünstigten gegenüber die genau gleiche Zahlungsverpflichtung ein wie die Akkreditivbank. Der Begünstigte besitzt somit das Zahlungsversprechen einer landeseigenen Bank. Dadurch erhöht sich für ihn die Sicherheit.
- Beim *unbestätigten* Dokumenten-Akkreditiv wird das Akkreditiv zwar durch die Korrespondenzbank dem Begünstigten avisiert, doch ist sie nicht beauftragt, dem von der Akkreditivbank eröffneten Dokumenten-Akkreditiv ihre eigene Bestätigung beizufügen.
- Das *Sicht-Akkreditiv* ist die gebräuchlichste Akkreditivart und besagt, dass Zahlung «bei ↑Sicht» erfolgt. Für den Importeur heisst das, dass er für den Warenwert Valuta Einreichungstag der Dokumente an die Korrespondenzbank belastet wird. Je nach Länge des Transportweges und der Transportart wird er also die Zahlung schon einige Zeit vor Eintreffen der Ware am Bestimmungsort zu leisten haben. Der Exporteur erhält die Zahlung umgekehrt bereits im Zeitpunkt der Erfüllung der Akkreditivkonditionen, praktisch also kurz nach dem Warenversand.
- Beim *Akzept-Akkreditiv* tritt an Stelle der Barzahlung das ↑Akzept. Die Zeittratte des Exporteurs auf 60, 90, 120 oder mehr Tage kann auf die Korrespondenz- oder Akkreditivbank zu ziehen sein. Der Importeur wird am Tage der Trattenakzeptierung durch die Bank auf Akzeptkonto, Wert Trattenverfall, belastet. Die Akkreditivdokumente erhält er sofort. Auf den Verfalltag hin muss er Deckung ↑anschaffen. Der Exporteur erhält die akzeptierte ↑Tratte zurück. Er hat die Möglichkeit, sie diskontieren zu lassen, wobei in der Regel die Diskontspesen und, falls es sich um eine Fremdwährungstratte handelt, auch die eventuellen Kurssicherungskosten zu seinen Lasten gehen.
- Unter *Deferred payment credit* versteht man ein Dokumenten-Akkreditiv mit aufgeschobener Zahlung. Die Zahlungsbedingungen können z. B. bei Lieferung einer Maschinenanlage wie folgt lauten: 100% zahlbar 90 Tage nach Verschiffungsdatum. Der Käufer erhält die Dokumente sofort, wird aber erst am Fälligkeitsdatum belastet. Wirtschaftlich ist der Deferred payment credit weit gehend dem Akzeptakkreditiv gleichzustellen, wobei lediglich der ↑Wechsel fehlt; es erfolgt also die Finanzierung des Käufers durch den vom Verkäufer gewährten Zahlungsaufschub.
- Das *Revolving-Akkreditiv* ist ein sich wiederholendes Dokumenten-Akkreditiv. Nach jeweiliger Benützung des Kreditbetrages wird dieser automatisch wieder mit seiner ursprünglichen Summe erneuert, und zwar bis zu der im Akkreditiv angegebenen Höchstsumme.
- *Übertragenes Akkreditiv* nennt man ein zweites Akkreditiv, das aufgrund eines ersten, ausdrücklich als «übertragbar» bezeichneten Akkreditivs eröffnet wird. Der Begünstigte des Grundakkreditivs wird also zum Akkreditivsteller des übertragenen Akkreditivs. Mit den Papieren aus dem Übertragungskredit muss nach erfolgtem Fakturaaustausch (nicht zwingend) die Benützung des Grundakkreditivs erfolgen können.
- Bei einem *Back-to-back-Akkreditiv* handelt es sich um ein aufgrund eines nicht übertragbaren Akkreditivs eröffnetes Gegen-Akkreditiv. Als zusätzliches ↑Risiko entsteht das Postlaufrisiko zwischen Korrespondenzbank und Akkreditivbank dieses zweiten Akkreditivs. Es kann ebenfalls ausgeschaltet werden, sofern der Begünstigte des Back-to-back-Akkreditivs sich damit einverstanden erklärt, als Zahlungs- und Gültigkeitsort das Domizil der Akkreditivbank (die beim Grundakkreditiv als Korrespondenzbank fungiert) zu akzeptieren.
- Das *Stand-by-Akkreditiv* kommt vor allem in den USA zur Anwendung und ersetzt dort die uns geläufigen Garantien (↑Bankgarantie). Standby-Akkreditive sind garantieähnliche Instrumente, welche den ERA oder den «International Standby Practices 1998 (ICC ISP 98)» unterstellt sind. Mit dieser Akkreditivart können z. B. folgende Zahlungen und Leistungen garantiert werden: Zahlung von Nach-Sicht-Wechseln, Rückzahlung von Bankkrediten, Bezahlung von Warenlieferungen, vertragsgemässe Lieferungen von Waren, Erfüllung von Werkverträgen.

– Während beim gewöhnlichen Dokumenten-Akkreditiv die Auszahlung normalerweise gegen Verschiffungspapiere erfolgt, werden beim *Red-clause-Kredit* gegen einfache ↑Quittung und Verpflichtungsschreiben des Begünstigten, die Verschiffungsdokumente innerhalb der vorgeschriebenen Gültigkeitsdauer nachzuliefern, zum Beispiel 50 oder mehr Prozente des Kreditbetrages als Vorausleistung sofort ausbezahlt. Da die auszahlende Bank von jeglicher Haftung für die Nachlieferung der Verschiffungspapiere entbunden sein will, muss im Akkreditivauftrag an sie eine entsprechende Entlastungsklausel enthalten sein. Diese wurde früher mit roter Tinte geschrieben oder rot eingerahmt, daher der Ausdruck «Red clause». *Christian Gut*

Dollaranleihe
Anleihe, die in der ↑Währung US-Dollar und entweder im amerikanischen Kapitalmarkt oder im ↑Euromarkt durch amerikanische oder europäische Gesellschaften begeben wird.

Dollar-Block
Gesamtheit aller Länder, in denen der US-Dollar entweder als Zahlungsmittel gilt oder deren ↑Währung an den US-Dollar angebunden ist (↑Währungsanbindung). Neben den USA sind dies zurzeit mehrere lateinamerikanische, aber auch einige asiatische und afrikanische Staaten.

Dollarbonds
Auf Dollar lautende ↑Obligationen amerikanischer oder nicht amerikanischer Schuldner. ↑Eurobonds; ↑Eurokapitalmarkt.

Dollarkurs
↑Marktpreis des US-Dollars, ausgedrückt in Einheiten einer anderen ↑Währung, bzw. ↑Wechselkurs des US-Dollars.

Dollarparität
Ein festgelegtes Austauschverhältnis gegenüber dem US-Dollar (↑Währungsparität). Bisweilen wird auch von Dollarparität gesprochen, um einen ↑Wechselkurs von 1:1 gegenüber dem US-Dollar zu bezeichnen (z.B. Euro-Dollar-Parität).

Dolphin
Als Dolphin wird ein Zeichner einer grossen Stückzahl von ↑Aktien aus einem IPO (↑Initial public offering) bezeichnet, der beabsichtigt, diese zu steigenden ↑Kursen wieder abzustossen.

Domestic bonds
Domestic bonds ist die Bezeichnung für Anleihen von amerikanischen Schuldnern, die in US-Dollars auf dem US-Finanzmarkt aufgelegt werden. Sie sind nicht zu verwechseln mit ↑Yankee bonds.

Domestic business
Inlandgeschäft von Banken. Der Gegensatz dazu ist das Auslandgeschäft (↑Auslandgeschäft der Schweizer Banken). Synonym zu ↑Onshore banking. Das Gegenteil ist das ↑Offshore banking.

Domestic-Markt
↑Leitbörse.

Domizilgesellschaft
↑Sitzgesellschaft.

Domizilierung
Ein Begriff des Wechselrechts. ↑Wechsel mit Domizilklausel (Domizilwechsel, auch Zahlstellenwechsel) sind bei einem Dritten, entweder am Wohnort des Bezogenen (uneigentlicher Domizilwechsel) oder an einem anderen Ort (echter Domizilwechsel) zahlbar gestellt. In der Praxis werden sehr oft Wechsel bei Banken domiziliert, d.h. bei der Bankverbindung des Wechselakzeptanten (OR 994, 1017).

Domizilwechsel
↑Domizilierung.

Do not reduce (DNR)
Auftrag des Kunden an die Bank, die Kaufs- oder Verkaufslimite bei einem Dividenden- oder Bezugsrechtsabgang nicht anzupassen.

Doppelbesteuerung, internationale
Natürliche und ↑juristische Personen gelten als in dem Staat ansässig, in dem sie ihren Wohnsitz oder Aufenthalt bzw. ihren Sitz oder den Ort ihrer Geschäftsleitung haben. In der Regel bewirkt diese persönliche Zugehörigkeit zu diesem Staat die Steuerpflicht auf dem weltweiten Einkommen und Vermögen. Einzelne Staaten (insbesondere die USA) unterwerfen auch ihre im Ausland ansässigen Staatsangehörigen der unbeschränkten Steuerpflicht. In den meisten Staaten begründet auch die wirtschaftliche Zugehörigkeit einer nichtsässigen Person eine beschränkte Steuerpflicht (z.B. für Grundeigentum oder Betriebstätten und für daraus erzielte Einkünfte) und es wird auf bestimmten, aus diesem Staat stammenden und an nichtansässige Personen gezahlten Einkünften (z.B. ↑Dividenden, ↑Zinsen, Lizenzgebühren, Pensionen) eine ↑Quellensteuer erhoben.
Das Nebeneinander unterschiedlicher Steuerordnungen kann dazu führen, dass eine Person aufgrund persönlicher oder wirtschaftlicher Zugehörigkeit zu zwei oder mehreren Staaten für ihr Einkommen und ihr Vermögen oder für Teile davon von mehr als einem Staat zur Entrichtung von Steuern herangezogen wird. Desgleichen können auch Vermögensübergänge von Todes wegen (Erbschaften) oder unter Lebenden (Schenkungen) einer internationalen Doppelbesteuerung unterlie-

gen. Eine effektive Doppelbesteuerung liegt vor, wenn eine Person für das gleiche Steuerobjekt im gleichen Zeitraum von zwei oder mehreren Steuerhoheiten zur Entrichtung gleicher oder ähnlicher Steuern herangezogen wird. Erfolgt die Belastung des gleichen Steuerobjektes in der gleichen Zeitspanne mit gleichen oder ähnlichen Steuern durch zwei oder mehrere Steuerhoheiten bei verschiedenen Personen, spricht man von einer wirtschaftlichen Doppelbesteuerung.

Für die Beseitigung oder Milderung internationaler Doppelbesteuerungen stehen folgende Möglichkeiten zur Verfügung:
– Ein Staat kann durch entsprechende Bestimmungen im nationalen Steuerrecht einen Verzicht auf die Besteuerung gewisser ausländischer Steuerobjekte (in der Schweiz beispielsweise die Steuerbefreiung für ausländisches Grundeigentum oder den Beteiligungsabzug für im Ausland gelegene Betriebsstätten) oder eine Beschränkung der Besteuerung (Nettobesteuerung, d. h. Abzug der ausländischen Steuern vom Bruttobetrag ausländischer Einkünfte) vorsehen oder eine Anrechnung ausländischer Steuern an die eigenen Steuern gewähren.
– Zwei Staaten können in einem ↑ Doppelbesteuerungsabkommen ihre Besteuerungsbefugnisse in Bezug auf Einkünfte, die eine im einem Vertragsstaat ansässige Person aus dem anderen Vertragsstaat bezieht oder in Bezug auf Vermögenswerte, die sie im anderen Staat hält, gegeneinander abgrenzen.

Während internrechtliche Massnahmen in der Regel lediglich punktuell greifen, bilden Doppelbesteuerungsabkommen das wirksamste Mittel, um im bilateralen Verhältnis internationale Doppelbesteuerungen, einschliesslich wirtschaftlicher Doppelbesteuerungen unter verbundenen Unternehmen, zu beseitigen oder zumindest zu mildern.

Eric Hess

Doppelbesteuerungsabkommen (DBA)

Die OECD hat im Jahre 1963 ihre Empfehlungen für die Gestaltung von Abkommen zur Vermeidung der ↑ Doppelbesteuerung auf dem Gebiete der Steuern vom Einkommen und vom Vermögen in einem Musterabkommen zusammengefasst. Dieses wurde 1977 umfassend revidiert und wird seit 1992 jeweils in Teilbereichen periodisch den neuesten Entwicklungen angepasst. Auf der Grundlage dieses OECD-Musterabkommens hat die Schweiz bis Ende Mai 2002 mit folgenden Staaten Doppelbesteuerungsabkommen abgeschlossen, welche sich auf Einkommenssteuern (E) bzw. auf Einkommens- und Vermögenssteuern (E+V) erstrecken (die Jahreszahlen beziehen sich auf das Jahr der Unterzeichnung des Abkommens bzw. von Zusatzprotokollen zum Abkommen):

Ägypten (1987: E), Albanien (1999: E+V), Argentinien (1997/2000: E+V), Australien (1980: E), Belarus (1999: E+V), Belgien (1978: E+V), Bulgarien (1991: E+V), China (1990: E+V), Dänemark (1973/1997: E+V), Deutschland (1971/1978/1989/1992/2002: E+V), Ecuador (1994: E+V), Elfenbeinküste (1987: E), Finnland (1991: E+V), Frankreich (1966/1969/1997: E+V), Griechenland (1983: E), Grossbritannien (1977/1981/1993: E), Indien (1994/2000: E), Indonesien (1988: E), Irland (1966/1980: E+V), Island (1988: E+V), Italien (1976/1978: E+V), Jamaika (1994: E), Japan (1971: E), Kanada (1997: E+V), Kasachstan (1999: E+V), Kirgisistan (2001: E+V), Kroatien (1999: E+V), Kuwait (1999: E+V), Lettland (2002: E+V), Liechtenstein (1995: E), Litauen (2002: E+V), Luxemburg (1993: E+V), Malaysia (1974: E), Marokko (1993: E), Mazedonien (2000: E+V), Mexiko (1993: E), Moldova (1999: E+V), Mongolei (1999: E+V), Neuseeland (1980: E), Niederlande (1951/1966: E+V), Norwegen (1987: E+V), Österreich (1974/1994/2000: E+V), Pakistan (1959/1962: E), Philippinen (1998: E), Polen (1991: E+V), Portugal (1974: E+V), Rumänien (1993: E+V), Russland (1995: E+V), Schweden (1965/1992: E+V), Singapur (1975: E+V), Slowakei (1997: E+V), Slowenien (1996: E+V), ex-Sowjetunion (1986: E), Spanien (1966: E+V), Sri Lanka (1983: E+V), Südafrika (1967: E), Südkorea (1980: E), Thailand (1996: E), Trinidad und Tobago (1973: E), Tschechische Republik (1995: E+V), Tunesien (1994: E), Ukraine (2000: E+V), Ungarn (1981: E+V), USA (1996: E), Usbekistan (2002: E+V), Venezuela (1996: E+V) sowie Vietnam (1996: E+V).

Die Abkommen mit Kirgisistan, Lettland, Litauen, der Mongolei und Usbekistan sowie das Protokoll von 2002 zum Abkommen mit Deutschland sind noch nicht in Kraft getreten. Dasselbe gilt auch für das Abkommen mit Argentinien, das aber seit anfangs 2001 provisorisch Anwendung findet. Das Abkommen mit der Ukraine ist am 22.02.2002 in Kraft getreten, wird aber erst ab dem 01.01.2003 anwendbar. Bei den Abkommen mit Liechtenstein und der ex-Sowjetunion (dieses ist zur Zeit, d. h. bis Ende 2002, nur noch im Verhältnis zur Ukraine anwendbar) handelt es sich nicht um umfassende Doppelbesteuerungsabkommen.

Die Schweiz hat zudem mit Armenien (2000), Estland (2001), Georgien (1999), Iran (2002), Israel (2002), Jugoslawien (2002) und Zimbabwe (1999) Entwürfe für neue Doppelbesteuerungsabkommen, mit Pakistan (1994) den Entwurf für ein revidiertes Abkommen sowie mit Indonesien (2000) und Norwegen (2001) Entwürfe für Protokolle über die Revision einzelner Abkommensbestimmungen paraphiert. Mit 21 Staaten bestehen ausserdem Vereinbarungen über die gegenseitige Steuerbefreiung von Unternehmen der Luftfahrt bzw. Schiff- und Luftfahrt.

Die OECD hat 1966 und 1982 auch ein Musterabkommen zur Vermeidung der Doppelbesteuerung

Doppelbesteuerungsabkommen (DBA)

Staatsvertragliche Begrenzung der ausländischen Steuern (in Prozent)

Vertragsstaat	Dividenden[a]	Zinsen	Lizenz-gebühren	Vertragsstaat	Dividenden[a]	Zinsen	Lizenz-gebühren
Ägypten	15/5	15[b]	12,5	Mazedonien	15/5	10[b]	0
Albanien	15/5	5	5	Mexiko	15/5	15[n]	10
Argentinien	15/10	12[b]	0	Moldova	15/5	10[b]	0
Australien	15	10	10	Mongolei	15/5	10[b]	0
Belarus	15/5	8[b], c]	10[d]	Neuseeland	15	10	10
Belgien	15/10	10[b]	0	Niederlande	15/0	5[b]	0
Bulgarien	15/5	10[b]	0	Norwegen	15/5	0	0
China	10	10[b]	10[e]	Österreich	15/0	0	5
Dänemark	0	0	0	Pakistan	–/10[o]	30	0
Deutschland	15/5[f]	0	0	Philippinen	15/10	10	15
Ecuador	15	10[b]	10	Polen	15/5	10	0
Elfenbeinküste	15[g]	15[b]	10	Portugal	15/10	10	5
Finnland	5/0	0	0	Rumänien	10	10[b]	0
Frankreich	15/0[h]	0	5	Russland	15/5	10[b], c]	0
Griechenland	35	10	5	Schweden	15/0	5	0
Grossbritannien	15/5[i]	0	0	Singapur	15/10	10[b]	5[b]
Indien	10	10[b]	10[j]	Slowakei	15/5	10[b]	5[b]
Indonesien	15/10	10	12,5[k]	Slowenien	15/5	5	5
Irland	0	0	0	Ex-Sowjetunion	–	–	0
Island	15/5	0	0	Spanien	15/10	10[b]	5
Italien	15	12,5	5	Sri Lanka	15/10	10[c]	10[k]
Jamaika	15/10	10[c]	10[e], k]	Südafrika	7,5	10[b]	0
Japan	15/10	10[b]	10	Südkorea	15/10	10[b]	10
Kanada	15/5	10[b]	10[b]	Thailand	15/10	15[b], n]	10[p]
Kasachstan	15/5[b]	10[b]	10	Trinidad und Tobago	20/10	10	10[k]
Kirgisistan	15/5	5	5	Tschechische Republik	15/5	0	5
Kroatien	15/5	5	0	Tunesien	10	10	10
Kuwait	15	10	0	Ukraine	15/5	10[b]	10[b]
Lettland	15/5	10[b]	10[l]	Ungarn	10	10	0
Liechtenstein	–	0[m]	–	USA	15/5[q]	0[r]	0
Litauen	15/5	10[b]	10[l]	Usbekistan	15/5	10[b]	5
Luxemburg	15/0	10	0	Venezuela	10/0	5	5
Malaysia	15/5	10[b]	10[b]	Vietnam	15/10[s]	10[b]	10
Marokko	15/7	10	10				

a) Enthält diese Spalte zwei Zahlen, gilt die erste Zahl für den Normalfall und die zweite Zahl für Dividenden aus Beteiligungen. Die Anwendung dieses niedrigeren Steuersatzes setzt, je nach Abkommen, in der Regel eine Beteiligung von mindestens 10%, 20% oder 25% am Kapital der ausschüttenden Gesellschaft voraus.
b) In gewissen Fällen 0%.
c) 5% für Zinsen auf Bankdarlehen.
d) 5% für Leasingzahlungen; 3% für Lizenzgebühren auf Patenten und Know-how.
e) 6% für Leasingzahlungen.
f) 5% für Dividenden von Grenzkraftwerken; 30% für Einkünfte aus Gewinnobligationen, stillen Beteiligungen und partiarischen Darlehen.
g) 18% für Dividenden aus Gewinnen, die von der Gewinnsteuer befreit sind oder ihr zu einem reduzierten Satz unterliegen.
h) Vergütung der Steuergutschrift («avoir fiscal») an natürliche Personen und an Gesellschaften, deren Beteiligung an der ausschüttenden Gesellschaft weniger als 10% beträgt.
i) Vergütung der vollen Steuergutschrift an natürliche Personen und an Gesellschaften, deren Beteiligung an der ausschüttenden Gesellschaft weniger als 10% beträgt bzw. der halben Steuergutschrift an andere Gesellschaften.
j) Gilt auch für Vergütungen für technische Dienstleistungen.
k) 5% auf Dienstleistungsvergütungen.
l) 5% für Leasingzahlungen.
m) Gilt nur für Zinsen aus Grundpfandforderungen.
n) 10% für Zinszahlungen an Banken.
o) Für Beteiligungen an Industrieunternehmen: 20% für andere Beteiligungen.
p) 5% für künstlerische Urheberrechte.
q) Sonderregelungen für Dividenden von Regulated Investment Companies und Real Estate Investment Trusts.
r) Keine Entlastung für Zinsen eines Real Estate Mortgage Investment Conduits sowie für gewisse Zinsen, die vom Gewinn des Schuldners oder ähnlichen Faktoren abhängen.
s) In gewissen Fällen 7% für Beteiligungsdividenden.

auf dem Gebiete der Erbschafts- und Schenkungssteuern erarbeitet. Abkommen betreffend die Erbschaftssteuern hat die Schweiz abgeschlossen mit Dänemark (1973), Deutschland (1978), Finnland (1956), Frankreich (1953), Grossbritannien (1956/1993), den Niederlanden (1951), Norwegen (1974), Österreich (1974) und den USA (1951).

Die auf dem Gebiete der Steuern vom Einkommen und vom Vermögen abgeschlossenen schweizerischen Doppelbesteuerungsabkommen enthalten in der Regel folgende Zuteilungsnormen für die Besteuerung von Einkünften und Vermögenswerten:

1. Unbewegliches Vermögen, Einkünfte aus unbeweglichem Vermögen und Gewinne aus der Veräusserung solchen Vermögens können in dem Staat besteuert werden, in dem dieses Vermögen liegt.
2. Unternehmensgewinne unterliegen der Besteuerung grundsätzlich nur in dem Staat, in welchem das Unternehmen ansässig ist (für Dividenden, Zinsen und Lizenzgebühren vgl. Ziff. 3). Hält das Unternehmen indessen im anderen Staat eine Betriebsstätte, können die dieser Betriebsstätte zurechenbaren Gewinne im anderen Staat besteuert werden.
3. Dividenden, Zinsen und Lizenzgebühren können im Ansässigkeitsstaat des Empfängers besteuert werden. Die meisten Doppelbesteuerungsabkommen sehen jedoch eine Teilung des Besteuerungsrechts vor, indem sie dem Quellenstaat für solche Einkünfte eine beschränkte Besteuerungsbefugnis einräumen (vgl. die Tabelle auf S. 328).
4. Einkünfte aus selbstständiger Erwerbstätigkeit und aus freien Berufen sind nur im Wohnsitzstaat des Empfängers steuerbar, es sei denn, es stehe für die Ausübung dieser Tätigkeit im anderen Staat eine feste Einrichtung zur Verfügung.
5. Das Besteuerungsrecht für Einkünfte aus unselbstständiger Erwerbstätigkeit steht dem Staat des Arbeitsortes zu. Wird die Arbeitsleistung bloss vorübergehend im anderen Staat erbracht, sind die hierfür erzielten Einkünfte unter bestimmten Voraussetzungen jedoch nur im Wohnsitzstaat steuerbar. Besondere Bestimmungen gelten für Einkünfte von Besatzungen von im internationalen Verkehr betriebenen Seeschiffen und Luftfahrzeugen (Besteuerung in dem Staat, in dem sich der Ort der tatsächlichen Geschäftsleitung des Unternehmens befindet), für Verwaltungsratsvergütungen (Besteuerung im Sitzstaat der Gesellschaft), für Einkünfte von Künstlern und Sportlern (Besteuerung im Auftrittsstaat) sowie für öffentlich-rechtliche Gehälter und Pensionen (Besteuerung in der Regel im Schuldnerstaat).
6. Private Pensionen und Renten, Gewinne aus der Veräusserung beweglichen Vermögens und übrige Einkünfte sowie bewegliche Vermögenswerte können in der Regel nur im Ansässigkeitsstaat des Empfängers bzw. Eigentümers besteuert werden.

Ein sog. Methodenartikel legt fest, auf welche Weise jeder der beiden Vertragsstaaten die Doppelbesteuerung von dort ansässigen Personen zu vermeiden hat. Das Musterabkommen der OECD sieht hierfür zwei unterschiedliche Methoden vor, nämlich die Befreiungsmethode und die Anrechnungsmethode. Die meisten Staaten vermeiden die Doppelbesteuerung generell durch Anrechnung der ausländischen Steuern an die eigenen Steuern. Schweizerischerseits wird die Doppelbesteuerung normalerweise dadurch vermieden, dass Einkünfte und Vermögenswerte, die aufgrund des Abkommens im anderen Vertragsstaat besteuert werden können, in der Schweiz von der Besteuerung freigestellt und nur satzbestimmend berücksichtigt werden (Befreiung unter Progressionsvorbehalt). Aus dem anderen Vertragsstaat stammende Dividenden, Zinsen und Lizenzgebühren werden hingegen besteuert, doch steht dem schweizerischen Empfänger in den meisten Fällen ein Anspruch auf Anrechnung der nicht rückforderbaren Quellensteuern an die in auf diesen Einkünften in der Schweiz geschuldeten Steuern nach den Bestimmungen der VO des Bundesrates vom 22.08.1967 über die pauschale Steueranrechnung zu.

Doppelbesteuerungsabkommen enthalten überdies Bestimmungen über die Gleichbehandlung sowie über das Verständigungsverfahren und sehen in der Regel auch den Austausch von Informationen zwischen den Steuerbehörden der beiden Vertragsstaaten vor.

Mit dem BRB vom 14.12.1962 betreffend Massnahmen gegen die ungerechtfertigte Inanspruchnahme von Doppelbesteuerungsabkommen des Bundes hat die Schweiz einseitig Regeln zum Schutz von Staaten, die mit der Schweiz ein Doppelbesteuerungsabkommen abgeschlossen haben, vor Abkommensmissbräuchen durch in der Schweiz ansässige Personen erlassen. Dieser BRB, der durch zwei Kreisschreiben der ESTV vom 31.12.1962 bzw. vom 17.12.1998 konkretisiert worden ist, bestimmt, dass in der Schweiz ansässige Personen keinen Anspruch auf die abkommensrechtliche Entlastung von ausländischen Quellensteuern haben, wenn die Steuerentlastung zu einem wesentlichen Teil direkt oder indirekt nicht abkommensberechtigten Personen zugute kommt. Dies ist dann der Fall, wenn mehr als die Hälfte der abkommensbegünstigten Erträge für die Deckung von Ansprüchen von im Ausland ansässigen Personen verwendet wird oder wenn eine ausländisch beherrschte Gesellschaft nicht mindestens 25% dieser Einkünfte als Gewinn ausschüttet. Das Kreisschreiben vom 17.12.1998 brachte eine Lockerung dieser Weiterleitungsbeschränkung und dieses Ausschüttungszwangs für Gesellschaften, die in der Schweiz eine aktive

Geschäftstätigkeit ausüben, für börsenkotierte Gesellschaften sowie für gewisse Holdinggesellschaften. Im Verhältnis zu den USA wird dieser BRB nicht angewendet, enthält doch das betreffende Doppelbesteuerungsabkommen eigene Missbrauchsvorschriften. Einzelne Bestimmungen des BRB wurden in die Doppelbesteuerungsabkommen mit Belgien, Deutschland, Frankreich und Italien aufgenommen. Im Verhältnis zu diesen Staaten gelten die Neuerungen des Kreisschreibens vom 17.12.1998 nicht. *Eric Hess*

Doppelquittung
Eine Doppelquittung wird ausgestellt, wenn die ↑Quittung als Ausweis über eine vorgenommene Zahlung zwei Stellen zu dienen hat. Die Doppelquittung ist also eine zweifache Empfangsbescheinigung für eine Zahlung, die durch einen Dritten für Rechnung eines andern erfolgt. Sie wird durch den Vermerk «doppelt für einfach gültig» speziell kenntlich gemacht.

Doppelverschluss
↑Mitverschluss, Doppelverschluss.

Doppelwährungsanleihe
Bei Doppelwährungsanleihen erfolgen ↑Liberierung, Zinszahlung und ↑Rückzahlung nicht in der gleichen ↑Währung. Bei den in der Schweiz aufgelegten Doppelwährungsanleihen erfolgen die Liberierung sowie die Zinszahlungen in Schweizer Franken, die Rückzahlung jedoch in der Fremdwährung. Bei Doppelwährungsanleihen liegt die nominelle Verzinsung höher als bei einer reinen Franken-Anleihe eines ausländischen Schuldners, weil der Obligationär das ↑Währungsrisiko für die Rückzahlung trägt.

Dotation
Der Begriff Dotation wird wie folgt verwendet:
1. Geldliche Zuwendung einer übergeordneten an eine untergeordnete öffentliche Einrichtung (z.B. Wohlfahrtsinstitution) ohne Zweckbindung (im Gegensatz zur Subvention).
2. Bereitstellung von Geldmitteln seitens der ↑Emittenten von ↑Aktien oder ↑Obligationen an eine ↑Zahlstelle zur Bedienung von fälligen ↑Dividendencoupons bzw. ↑Zinscoupons.

Dotationskapital
Grundkapital, das ein Gemeinwesen einem ihm gehörenden Unternehmen, das nicht die Rechtsform der AG hat, zur Verfügung stellt. So sind die nicht in die Rechtsform einer Aktiengesellschaft gekleideten ↑Kantonalbanken und ↑Gemeindebanken von ihrem Gemeinwesen mit Dotationskapital ausgestattet. Das einbezahlte Dotationskapital wird zu den ↑eigenen Mitteln gerechnet (BankV 11a lit.a). Nicht Dotationskapital im eigentlichen Sinne ist die Zuteilung von ↑Kapital durch die Zentrale an die unselbstständige Zweigniederlassung oder Geschäftsstelle. Im Widerspruch dazu ermächtigt allerdings das BankG 2 II die EBK (↑Bankenkommission, Eidg.), von ↑Auslandsbanken für die in der Schweiz errichteten Zweigniederlassungen die Ausstattung mit einem angemessenen Dotationskapital zu verlangen. Bis zum 01.07.1984 hat die EBK von dieser Ermächtigung Gebrauch gemacht, seither aber darauf verzichtet, weil dieses uneigentliche Dotationskapital eine fiktive Grösse war und die ↑Solvenz der Zweigniederlassung von der Solvenz der Gesamtbank abhängt. Deshalb sind auch die schweizerischen Vorschriften über die ↑eigenen Mittel und die ↑Risikostreuung (↑Klumpenrisiko) nicht mehr auf die unselbstständigen Zweigniederlassungen ausländischer Banken in der Schweiz anwendbar. Voraussetzung für die Bewilligung zur Aufnahme der Geschäftstätigkeit durch die Zweigniederlassung einer ausländischen Bank ist heute, dass die Bank als solche in ihrem Heimatland einer angemessenen Aufsicht untersteht (ABV 4).

Dot.com
In der ↑Börsensprache Bezeichnung von Internet-Firmen. ↑Internet.

Double bottom
↑W-Formation.

Double currency unit
↑Doppelwährungsanleihe.

Double dip
↑Cross border leasing.

Double eagle
↑Eagle.

Double top
↑M-Formation.

Dow Jones EURO STOXX
↑STOXX.

Dow Jones EURO STOXX 50
↑STOXX.

Dow Jones Global Classification Standard
↑Branchenindizes.

Dow-Jones-Index
Der Indexanbieter *Dow Jones (DJ)* berechnet eine Vielzahl regionaler und globaler Indexfamilien:
– Die *Dow Jones Averages* zählen zu den ältesten Indikatoren des amerikanischen Aktienmarktes und werden bis heute als arithmetische Kursdurchschnitte aus 30 Standardwerten (Industrials average), 20 Verkehrsaktien (Transportation

average) und 15 Versorgungswerten (Utilities average) berechnet.
- Die *Dow Jones Global Indexes (DJGI)* bilden eine globale, modular aufgebaute Indexfamilie. Der Gesamtmarktindex *DJGI World Index* umfasst Aktien aus 34 Ländern. Subindizes sind nach Ländern, Weltregionen und Branchen definiert. Alle Branchenindizes folgen dem Dow Jones global classification standard.
- Die *Dow Jones Titans Indexes* setzen sich aus den grössten Werten weltweit (Global titans), den grössten Werten eines Landes (Country titans) oder den grössten Werten eines Sektors (Sector titans) zusammen. Die Anzahl Aktien pro Index beträgt konstant 30, 40, 50 oder 100 Titel.
- Weitere Spezialindizes von Dow Jones umfassen den *Dow Jones Internet Index* oder die *Dow Jones Sustainability Indexes (DJSI)*, die ausschliesslich solche Gesellschaften enthalten, welche in ihrer Geschäftspolitik eine sozial und umweltpolitisch nachhaltige Entwicklung berücksichtigen. ↑Aktienindex. *Valerio Schmitz-Esser*

Dow Jones Industrial Average
Der *Dow Jones Industrial Average (DJIA)* ist ein indexähnlicher Marktindikator aus 30 amerikanischen Standardwerten. Der DJIA geht auf Charles H. Dow zurück, der zur Orientierung der Marktteilnehmer von Mai 1896 an den arithmetischen Durchschnittskurs von 12 Industrieaktien veröffentlichte. Die Anzahl der berücksichtigten Aktien wurde 1916 auf 20 und 1928 auf 30 erhöht. Seit 1928 führt der DJIA einen Divisor in der Formel, der den Effekt von Splits, Portfolioausschüttungen und Bezugsrechten in der Zeitreihe neutralisiert. Kursabschläge nach regulären Dividendenzahlungen werden nicht korrigiert. Durch seine Berechnungsweise als arithmetischer Kursdurchschnitt zeigt der DJIA die Kursentwicklung eines ↑Portfolios, das von jedem der 30 Titel eine ↑Aktie enthält. Damit erhält der Titel mit dem höchsten Aktienkurs das grösste Gewicht. Man spricht von einer *impliziten Kursgewichtung*. Der Effekt der Kursgewichtung wirkt sich auf dem amerikanischen Aktienmarkt weniger stark aus, als er es auf dem Schweizer Aktienmarkt täte, da die meisten amerikanischen Standardwerte zu Kursen zwischen USD 20 und 100 handeln. Steigt der Kurs einer Aktie auf über USD 100, nimmt die Gesellschaft in der Regel einen Split vor, um das Kursniveau in die übliche ↑Bandbreite zurückzuführen. Diese Marktusanz konnte bislang verhindern, dass der DJIA von wenigen Aktien dominiert wird. Der erste berechnete Wert des DJIA betrug USD 40,94 am 26.05.1896. ↑Aktienindex.
Valerio Schmitz-Esser

Dow Jones STOXX
↑STOXX.

Dow Jones STOXX 50
↑STOXX.

Down grading
Verschlechterung, Herabsetzung des ↑Ratings eines Schuldners oder ↑Emittenten. Das Gegenteil von Down grading heisst ↑Up grading. ↑Fallen angel.

Downside risk
Risiko einer Kurseinbusse, dem der Inhaber einer ↑Long position ausgesetzt ist (auch Baisse-Risiko genannt). ↑Corporate finance.

Dow-Theorie
Charles Dow gründete im Jahre 1882 zusammen mit Edward C. Jones den Verlag Dow Jones & Co. und begann 1886 mit der Publikation des Wall Street Journal. Bis zu seinem Tod im Jahre 1902 verfasste Charles Dow regelmässig Artikel für den Wall Street Journal, aus welchen von William Peter Hamilton und Robert Rheha jene Grundsätze aufgestellt wurden, die als Dow-Theorie bezeichnet werden (Rheha: The Dow Theory, Erstveröffentlichung 1932). Kenner der Arbeiten von Charles Dow bezweifeln, dass er die seinen Namen tragende Theorie abgesegnet hätte. Eine Ausnahme von dieser Feststellung bildet das Konzept der gegenseitigen Bestätigung durch zwei Indizes (↑Technische Analyse).
Anhand des von ihm und Edward C. Jones entwickelten Dow-Jones-Index, meinte Dow wiederkehrende Kursbewegungen zu erkennen. Diese wiederkehrenden Kursbewegungen werden als ↑*Trend* bezeichnet, die gemäss der Dow-Theorie drei Ausprägungen annehmen können, welche als Primary- oder Major-, Secondary- und Tertiär-Trend bezeichnet werden. Das Unterscheidungsmerkmal dieser Trends ist ihre Dauer. Der ↑*Primärtrend* ist langfristig (ein Jahr und länger), ↑*Sekundärtrends* sind als Reaktionen in einer ↑Hausse oder ↑Baisse mittelfristig (zwei Monate bis ein Jahr) und *Tertiärtrends* sind kurzfristig (eine Woche bis zwei Monate). In ihrer klassischen Form bezieht sich die Dow-Theorie auf den Dow-Jones-Index. Daraus wird die Gesamtmarktorientierung der Dow-Theorie erkennbar. Das Anwendungsziel der Dow-Theorie besteht in der frühzeitigen Erkennung von Primär- und Sekundärtrends und insbesondere in der Aufspürung von Trendumkehrungen. Tertiärtrends sind demgegenüber zufällige Schwankungen, die nicht gewinnbringend genutzt werden können. Der ↑Primärtrend darf nicht mit dem sog. Basistrend verwechselt werden. Unter dem Basistrend versteht man den langfristigen Wachstumspfad einer Kursbewegung. Das Wort «langfristig» ist dabei als Zeitraum zu klassifizieren, der nicht unter 50 Jahren liegt. Beim Dow-Jones-Index erstreckt sich der Basistrend inzwischen auf rund 90 Jahre. Ursächlich für diesen

aufwärtsgerichteten Basistrend dürfte neben der Inflationsentwicklung insbesondere auch der technische Fortschritt sein.
Demgegenüber kann der Primärtrend als Hausse- oder Baissephase bzw. als ↑Bull oder ↑Bear market gekennzeichnet werden. Innerhalb solcher Hausse- und Baissephasen kommt es gemäss der Dow-Theorie zu überlagernden Sekundärtrends. Die Schwierigkeit liegt im Erkennen von Trendumkehrungen, z.B. wann ein Baissetrend in einen Haussetrend übergeht. Ein Wechsel vom Abwärts- zum Aufwärtstrend liegt gemäss der Dow-Theorie vor, wenn ein neuer Tiefpunkt höher liegt als ein alter Tiefpunkt und der sich anschliessende Hochpunkt über dem vorangegangenen Hochpunkt liegt. In umgekehrter Weise ergibt sich ein Wechsel vom Aufwärts- zum Abwärtstrend.
Obwohl die klassische Dow-Theorie die Gesamtmarktentwicklung im Visier hat, kann sie auf die Kursverläufe einzelner Aktien übertragen werden. Anleger, die aufgrund der Dow-Theorie Anlageentscheidungen treffen wollen, müssen sich allerdings darüber im Klaren sein, dass die Prämisse von sich im Zeitablauf wiederholenden Kursverläufen erfüllt sein muss. Wer auf die Dow-Theorie setzt, läuft Gefahr, erhebliche Gewinne zu verpassen, weil die eine Trendumkehr bestätigenden Signale unter Umständen erst spät in einem Börsenzyklus erkannt werden. Obwohl die moderne Finanzmarkttheorie die Dow-Theorie ablehnt, wird diese vor allem in den USA immer noch von zahlreichen Marktteilnehmern beachtet.

D/P
Abk. f. Documents against payment, auf Deutsch Dokumente gegen Zahlung. Klausel im Akkreditivgeschäft. ↑Dokumenten-Akkreditiv; ↑Dokumentarinkasso.

DPO
Abk. f. Direct public offering. ↑Electronic banking (Allgemeines).

Draft
Der englische Begriff Draft wird verschieden verwendet:
1. ↑Wechsel; ↑Tratte
2. Auszug (↑Kontoauszug)
3. Entwurf.

Dragon bond
Euro-Anleihe, die für asiatische Investoren (mit Ausnahme von japanischen Investoren) bestimmt ist. Im Gegensatz zu traditionellen Euro-Anleihen werden Dragon bonds an den Börsen von Hongkong, Singapur und Taipeh kotiert. Der erste Dragon bond wurde von der Asian Development Bank (ADB) (↑Entwicklungsbanken) 1991 mit USD 300 Mio. emittiert.

Drehen
Die Bezeichnung Drehen bezieht sich auf die Änderung der ↑Position eines spekulativ orientierten Anlegers in einem Börsengeschäft. Als Konsequenz einer neuen Börsenbeurteilung wandelt sich der Anleger vom ↑Haussier zum Baissier oder umgekehrt. Hat er beispielsweise ↑à la hausse spekuliert, kann er zu einem Baissier werden, wenn sich die ↑Kurse nach unten bewegen. Dies, indem er nicht nur die zuvor gekauften ↑Wertschriften verkauft, sondern darüber hinaus eine Baisseposition eingeht und damit ↑à la baisse spekuliert. Auch bei der ↑Effektenarbitrage findet häufig ein Drehen statt. Der Anleger verfolgt dabei das Ziel, seine Stückpositionen am gleichen Arbitrageplatz zu einem späteren Zeitpunkt auszugleichen und verzichtet auf die Arbitragemöglichkeiten zwischen verschiedenen Plätzen.

Drei-Jahres-Regel
Voraussetzung für die ↑Kotierung an der ↑SWX Swiss Exchange im Hauptsegment ist, dass der ↑Emittent mindestens drei Jahre als Unternehmen bestanden hat und für die drei dem Kotierungsgesuch vorausgegangenen vollen Geschäftsjahre entsprechend den für ihn geltenden Rechnungslegungsvorschriften seine Jahresabschlüsse erstellt hat (KR 7).
Die Drei-Jahres-Regel gilt nicht für den ↑SWX New Market. Auf Investmentgesellschaften sind die Fristenregeln nicht anwendbar.

Dreimonats-Eurofranken-Futures
↑Futures.

Dreisäulenkonzept
↑Risikovorsorge.

Dritte Säule
Ergänzend zur AHV (erste Säule) und der Pensionskasse (zweite Säule) besteht die private Vorsorge (dritte Säule), aufgeteilt in Säule 3a für die gebundene Vorsorge und Säule 3b für die freie Vorsorge (alle Arten von Bank- und Versicherungsprodukten mit Sparcharakter). Aufgrund der gesetzlichen Förderung des individuellen Sparens für die ↑Altersvorsorge sind deshalb die Einzahlungen in die Säule 3a (gebundene Vorsorge) bis zu den nachstehenden Maximalbeträgen steuerfrei:
– Personen, die einer Pensionskasse angehören: CHF 5 933 pro Jahr (Stand 2002)
– Personen, die keiner Pensionskasse angehören: 20% des jährlichen Erwerbseinkommens, im Maximum CHF 29 664 (Stand 2002).
Die gebundene Vorsorge (Säule 3a) steht somit allen Erwerbstätigen offen. Sie muss in einer anerkannten Vorsorgeform stattfinden. Das Gesetz sieht dafür zwei Möglichkeiten vor:
– Vorsorgekonto bei einer Bank (Bankenstiftung)

– Vorsorgepolice bei einer Versicherungsgesellschaft.

Für renditeorientierte Vorsorgenehmer besteht die Möglichkeit des Wertschriftensparens, das heisst Anlagen in BVG-konformen ↑Anlagefonds. Die dritte Säule ist die klassische Vorsorgeform für Einzelfirmen und Selbstständigerwerbende, die sich – falls sie kein Personal haben – in den allermeisten Fällen keiner ↑Vorsorgeeinrichtung anschliessen können. Der Nachteil: Das reine Vorsorgesparen bietet keinen Schutz vor den Risiken Tod und Invalidität. Diese Risiken müssen zusätzlich abgedeckt werden, sei es, dass mit dem Vorsorgesparen auch eine Versicherung (Vorsorgepolice) verbunden ist oder dass zusätzlich eine ↑Risikoversicherung abgeschlossen wird. Ein Bezug der Gelder aus der dritten Säule ist in folgenden Fällen möglich:
– bei der Aufnahme einer selbstständigen Erwerbstätigkeit (für bisher Unselbstständigerwerbende)
– bei der Aufgabe der bisherigen selbstständigen Erwerbstätigkeit und Aufnahme einer neuen, andersartigen selbstständigen Erwerbstätigkeit (für bisher selbstständig Erwerbende)
– zum Erwerb von Wohneigentum
– beim definitiven Wegzug aus der Schweiz
– beim Bezug einer ganzen Invalidenrente der IV
– bei der Pensionierung oder
– in den fünf Jahren vor der Pensionierung.

Jeder Bezug von Geldern der dritten Säule unterliegt der Kapitalauszahlungsbesteuerung. Deshalb ist auch die mögliche Variante der Verpfändung prüfenswert. Gelder der Säule 3a können auch für einen Einkauf in die zweite Säule verwendet werden. Wer sich bei einem Stellenwechsel in eine Pensionskasse aufgrund deren reglementarischer Bestimmungen einkaufen muss, kann so das notwendige Geld beschaffen. *Markus Boss*

Drittpfandbestellung
Bestellung eines Pfandrechtes an einer Sache durch den Eigentümer, der nicht selber Schuldner der pfandgesicherten Forderung ist. ↑Grundpfandrecht; ↑Fahrnispfandrecht; ↑Faustpfand.

Drittschuldner
Schuldner einer abgetretenen Forderung (↑Abtretung; ↑Zessionskredit).

Drittverpfändung
↑Drittpfandbestellung.

Drittverwahrung
Drittverwahrung liegt vor, wenn die ↑Depotbank (der Erstverwahrer) die ihr zur Aufbewahrung anvertrauten ↑Wertpapiere in ihrem Namen durch einen anderen Verwahrer aufbewahren lässt. Obwohl nur zwei Institute am Drittverwahrungsgeschäft beteiligt sind, nämlich die Depotbank und das Institut, bei dem die Werte tatsächlich aufbewahrt werden, spricht man von Drittverwahrung, weil der Depotkunde des Erstverwahrers mitgezählt wird. Eine besondere Form der Drittverwahrung ist die Girosammelverwahrung (↑Effektengiroverkehr, ↑Sammelverwahrung).

Drop lock clause
Vertragliche Vereinbarung, wonach eine variabel verzinsliche Verpflichtung bei Erreichen eines bestimmten Zinssatzes in eine festverzinsliche Verpflichtung umgewandelt wird.

DTA
Abk. f. ↑Datenträgeraustausch.

Dual branding
Häufige Bezeichnung für die Herausgabe von zwei verschiedenen Kreditkarten-Brands, z.B. Eurocard/MasterCard und Visa durch eine Karten ausgebende Bank (↑Issuing).

Dual currency bond
↑Doppelwährungsanleihe.

Dualer Handel
Nebeneinander von Computer- und ↑Parkettbörse. ↑Handelssysteme.

Dual index floating rate note
Eine variabel verzinsliche Anleihe wird zum jeweils höheren (oder höchsten) ↑Zinssatz von zwei (oder mehreren) ↑Referenzzinssätzen verzinst.

Dual listing
Kotierung der ↑Aktien einer Gesellschaft an zwei Börsenplätzen, z.B. an der ↑Virt-x und in New York oder im New Market der SWX und an der ↑NASDAQ.

Dualistisches Aufsichtssystem
↑Finanzmarktaufsicht.

Dubiose Debitoren
Forderungen, deren Eingang fraglich ist. Für die in den dubiosen Debitoren liegenden ↑Risiken sind ↑Wertberichtigungen vorzunehmen. ↑Delkredere.

Due diligence
Eine Due diligence ist eine Sorgfaltsprüfung im Rahmen von ↑Kapitalmarkttransaktionen bzw. Transaktionen zwischen Gesellschaften. Als Transaktionen in diesem Zusammenhang versteht man Akquisitionen, Fusionen und Verkäufe von Unternehmen und Unternehmensteilen sowie auch z.B. ↑Inital public offerings (IPO). Das Ziel der Due diligence liegt im Erkennen von Sachverhalten und ↑Risiken, die den Verlauf einer Transaktion wesentlich beeinflussen könnten.

1. Rolle der Due diligence in der Evaluation einer Transaktion

Die Due diligence spielt im Rahmen der Evaluation und Verifikation der kommerziellen Transaktion eine zentrale Rolle. Durch die Analyse verschiedener Themenbereiche werden die Vergangenheit und das operative Umfeld des Zielobjektes besser verstanden und Annahmen erhärtet bzw. verändert, die sich auf die Vergangenheit, die mögliche Zukunft und strategische Ausrichtung und Performance beziehen. Das Bestätigen von Annahmen und das Erkennen transaktionsrelevanter Risiken führen in einem frühen Stadium der Transaktion zu einer Entscheidung über Weiterführung oder Abbruch der Verhandlungen. Der bessere Einblick in die historischen und budgetierten finanziellen und operativen Informationen sollte dazu führen, die vorläufige Bewertung des Zielobjektes zu überprüfen bzw. zu überarbeiten. Stellt man z. B. fest, dass die Ertragskraft nicht so hoch ist, wie man anfänglich angenommen hat, bzw. herausfindet, dass die berechneten Synergien nicht so ausgeprägt sind, muss die Bewertung entsprechend korrigiert werden, um, auf kombinierter Basis, nicht eine Verwässerung des ↑Shareholder values bzw. der ↑Earnings per share (EPS) zu erleiden. Es darf im Weiteren nicht unterschätzt werden, dass die Due diligence auch Erkenntnisse über die optimale Transaktionsstruktur geben kann, die bei sorgfältiger steuerlicher Planung zum Teil zu erheblichen Wertsteigerungen führen kann. Die aus der Due diligence gewonnenen Erkenntnisse sollten sich letztlich auch in den Verträgen bzw. Vertragsverhandlungen widerspiegeln, da hier das Bestreben vorhanden ist, erkannte Risiken möglichst gut und vollständig abzudecken und den aufgrund der erhärteten Fakten möglicherweise neu berechneten Kaufpreis anzupassen. Wie bereits erwähnt, ist im Due-diligence-Prozess die Ermittlung möglicher Synergien von zentraler Bedeutung. Es sollte daher nicht vergessen werden, dass die Due diligence bereits der erste Schritt der Integrationsplanung darstellt, da der Erfolg einer Transaktion meistens von einer gut geplanten und schnell vollzogenen Integration abhängt.

2. Gegenstand einer Due diligence

Da die Due diligence einen umfassenden Einblick in die ↑Zielgesellschaft (auch ↑Target [M & A]) sicherstellen muss, sind die abgedeckten Themengebiete entsprechend breit definiert. Es ist zu beachten, dass je nach Konstellation der Transaktion und der Industrie, in der die Zielgesellschaft tätig ist, Bedeutung bzw. Gewichtung einzelner Themengebiete unterschiedlich sind. Grundsätzlich sind folgende Bereiche abzudecken:
– Finanzen
– Steuern
– Recht
– Personal (inkl. Pensionskassen)
– Umwelt
– IT
– Operatives Geschäft (z. B. Produktion, Einkauf)
– Märkte, Kunden und Konkurrenten, politisches Umfeld
– Produkte und Technologien.

Da die Schwergewichte und die Ausgestaltung einer Due diligence von Transaktion zu Transaktion verschieden sind, bedingt die Planung einen intellektuellen Prozess, was den Gebrauch von standardisierten Checklisten einschränkt.

3. Bankenspezifische Aspekte

Aufgrund des regulativen Umfeldes (z. B. Eidgenössische ↑Bankenkommission, EBK) sollten bei Transaktionen zwischen Banken je nach Tätigkeitsfeld der Zielgesellschaft folgende Aspekte in Betracht gezogen bzw. folgende Dokumente analysiert werden:
– Bankengesetzlicher Bericht der Revisionsstelle (↑Revisionsbericht)
– ↑Compliance (z. B. Korrespondenz mit der EBK)
– Zusammensetzung der Assets under management (↑Betreute Kundenvermögen)
– Anlagestrategie und Investment-Prozess
– Performance-Analyse ↑Vermögensverwaltung
– Einhaltung von Vermögensverwaltungs-Richtlinien (↑Richtlinien für Vermögensverwaltungsaufträge)
– Zusammensetzung und Risikoprofil der Kredite
– Kreditgewährungsprozess und ↑internes Kontrollsystem.

Die Liste ist nicht notwendigerweise abschliessend, zeigt aber auf, dass die Evaluation der Risiken im Rahmen der Due diligence erheblich sein kann.

4. Formen einer Due diligence

In der Regel ist die Due diligence so ausgestaltet, dass ein möglicher Käufer bzw. die übernehmende Gesellschaft die Zielgesellschaft analysiert. Dabei gilt zu erwähnen, dass die Tiefe der Arbeit meistens von zeitlichen, finanziellen und personellen Restriktionen diktiert wird. Bei öffentlichen Übernahmeangeboten muss davon ausgegangen werden, dass die Due diligence vorwiegend aufgrund öffentlich zugänglicher Informationen durchgeführt werden muss, um unter anderem keine Insiderregeln (↑Insidergesetzgebung) zu verletzen. In letzter Zeit sind Gesellschaften, die als Verkäufer von Geschäftsteilen aufgetreten sind, dazu übergegangen, so genannte *Sell-side due diligence* von externen Prüfern und Beratern durchführen zu lassen. Bei diesen Projekten nimmt der Verkäufer den Due-diligence-Prozess eines möglichen Käufers bereits vorweg. Der Ansatz erscheint grundsätzlich erfolgversprechend, da mögliche Schwachstellen bereits durch den Verkäufer aufgedeckt und möglicherweise noch vor dem Verkaufsversuch beseitigt werden können. Der entscheidende Vorteil liegt aber zweifelsohne in der Beschleunigung des Verkaufprozesses, da ein möglicher Käufer, zumindest theoretisch, erheblich weniger Zeit für seine eigene Due diligence aufzuwenden hat. Der Zeitgewinn bewirkt in der Regel eine geringere Wertvernichtung und Verunsicherung der Belegschaft während des Verkaufprozesses und ist daher auf jeden Fall von jedem Verkäufer in Betracht zu ziehen.

5. Schlussfolgerung
Aufgrund der zentralen Rolle der Due diligence im Transaktionsprozess müssen ihr genügend Beachtung geschenkt und ihre Resultate eingehend analysiert werden. Aufgrund prominenter Unternehmenszusammenbrüche, die in jüngster Zeit zu beklagen waren und die nicht zuletzt auf gescheiterte Akquisitionen zurückzuführen waren, dürften Schweizer Verwaltungsräte im Rahmen der ↑Corporate governance ein stärkeres Gewicht auf die richtige Durchführung von Due-diligence-Projekten im Rahmen von Transaktionen legen, um ihre eigene Verantwortung wahrzunehmen und letztlich peinliche Fragen zu vermeiden. *Peter Weibel*

Duplikat
↑Primawechsel.

Duration
Die Duration ist eine Masszahl für das ↑Zinsänderungsrisiko zinsabhängiger Positionen und Anlagen. Sie misst einerseits die durchschnittliche ↑Zinsbindungsdauer einer Anlage oder eines finanziellen Zahlungsstromes, gleichzeitig aber auch die ↑Zinselastizität des ↑Marktwerts der Anlage. Die Duration wird von den drei Komponenten ↑Laufzeit, Nominalzins und Marktzinsniveau beeinflusst. Insbesondere die Kenntnis von der Beeinflussung der Duration durch die Höhe des Marktzinsniveaus ist von erheblicher Bedeutung, da sie hierdurch zu einem qualitativen Mass für die Zinssensitivität wird. Von Bedeutung ist hierbei, dass der Duration-Ansatz einen linearen Zusammenhang zwischen Änderung des Marktzinssatzes und dem ↑Barwert des Investments (im Regelfall einer Anleihe) unterstellt. Dieser lineare Zusammenhang ist aber im Regelfall nicht gegeben. Auskunft über die Barwertänderung in Reaktion auf eine geringfügige Marktzinsänderung gibt die *modifizierte (modified) Duration (Hicks-Elastizität)*.
Die Macaulay-Duration misst die Sensitivität gegenüber parallelen Zinsänderungen. Konkret misst sie jenen Zeitpunkt, zu dem die Hälfte des Barwerts der Zahlungsströme fällig geworden ist, respektive die andere Hälfte des Barwerts aller Zahlungen noch geschuldet wird. Als Berechnungsgrundlage müssen Cashflow-Strukturen vorgegeben sein. Für die Abdiskontierung wird vereinfachend der interne Ertragssatz (↑Yield to maturity) der Cashflow-Struktur verwendet.

Diese Zinssensitivitätskennzahl, die in Jahren gemessen wird, macht eine Aussage über die durchschnittliche zeitliche Bindung einer ↑Position.
Mathematisch ausgedrückt ist die Macaulay-Duration als Quotient zwischen der Summe aller zeitgewichteten (abdiskontierten) Zahlungen und der Summe der ungewichteten (abdiskontierten) Zahlungen definiert.
Die *effektive* Duration ist direkt als prozentuale Sensitivität des Marktwertes gegenüber Zinsänderungen definiert und ist somit unabhängig von der Berechnungsmethode. Wird die Sensitivität beispielsweise über die Neubewertung der Position gewonnen, erhält man direkt die effektive Duration.
Die *modified* Duration ist eine Approximation der effektiven Duration und entspricht der mit

$$\frac{1}{(1 + \text{interner Ertragssatz})}$$

multiplizierten Macaulay-Duration. Damit wird die Macaulay-Duration um den aus der Herleitung stammenden Restterm so korrigiert, dass die «modified» Duration nun die tatsächliche Approximation der prozentualen Sensitivität des Barwertes gegenüber parallelen Zinsänderungen misst.
Die *Fisher-Weil-Duration* ist mit der Macaulay-Duration zu vergleichen, ausser dass für die Abdiskontierung die periodengerechten Spot-Sätze verwendet werden.
Die *Key rate duration* zeigt, wie stark sich der Marktwert der betreffenden Position prozentual hinsichtlich einer einprozentigen Veränderung des betreffenden Schlüsselzinssatzes verändert. Es wird nicht wie im einfachen Duration-Ansatz davon ausgegangen, dass sich die Zinssätze über das gesamte Fristenspektrum parallel verändern, sondern innerhalb bestimmter Segmente der ↑Zinsstruktur sich parallele Veränderungen ergeben. Jedes dieser Segmente wird durch einen Schlüsselzinssatz (Key rate) charakterisiert. Für jede Position in der ↑Zinsbindungsbilanz wird eine Duration relativ zu jeder dieser Key rates berechnet. Die Key rate duration erlaubt das Managen nicht paralleler, d.h. komplexer Zinsänderungen. *Stefan Jaeger*

Duration gap
↑Zinsänderungsrisiko.

Durchhalten
Durchhalten bedeutet in der ↑Börsensprache eine Effekten- oder Devisenposition bei starken Kursschwankungen, insbesondere Kurseinbrüchen, nicht zu verkaufen.

Durchkonnossement
↑Konnossement.

Durchlaufkonto
↑Sammelkonten.

Durchschnittliche Laufzeit bei Obligationen
Arithmetischer Durchschnitt aus dem frühesten und dem spätesten Kündigungstermin von Anleihen mit dem Recht des Schuldners zur vorzeitigen ↑Kündigung.

Durchschnittsrendite
↑Renditen von Obligationen.

Dutch auction
Holländisches Tenderverfahren (↑Auktionsverfahren) bei ↑Emission von Anleihen oder bei Aktienrückkäufen. Die ↑Investoren setzen in der Regel innerhalb der vom ↑Emittenten festgelegten ↑Limiten den Preis fest, zu dem sie die Emission zeichnen oder die ↑Aktien zurückgeben möchten. Die Offerten der Investoren werden jedoch zum Einheitspreis abgerechnet, der für die Gesellschaft den grösstmöglichen Erfolg des Tenderverfahrens sichert.

DVP
Abk. f. Delivery versus payment. ↑Lieferung gegen Zahlung (LGZ).

Dynamische Absicherung
↑Dynamisches Hedging.

Dynamisches Hedging
Unter dynamischem Hedging versteht man eine Absicherungsstrategie, bei welcher die ↑Hedge-Position stetig an die veränderten Marktbedingungen angepasst wird. Mit anderen Worten kann gesagt werden, dass bei jeder Veränderung der abzusichernden Position (↑Exposure) die Hedge-Position neu festgelegt und entsprechend angepasst wird. Ein typisches Beispiel für dynamisches Hedging ist der Einsatz synthetischer Put options, die mittels eines durch das Option-Delta bestimmten Verhältnis zwischen einem ↑Festgeld und einem Leerverkauf des ↑Basiswertes repliziert werden können. ↑Hedge accounting.

EAD
Abk. f. Exposure at default (EAD). ↑Credit pricing.

Eagle
Amerikanisches 10-Dollar-Goldstück; mit *Double Eagle* bezeichnet man das 20-Dollar-Goldstück.

Early-stage-Finanzierung
In der Early-stage-Finanzierung wird der Aufbau einer Unternehmung bis zur Markteinführung der Produkte finanziert. Diese Phase stellt, insbesondere die Finanzierung der unmittelbaren Gründungsphase (Seed capital), für viele Jungunternehmer eine Hürde dar, deren Überwindung oft erhebliche Schwierigkeiten bietet. ↑Private equity; ↑Venture-Finanzierung.

Earning power
↑Ertragskraft.

Earnings after taxes (EAT)
Unter Earnings after taxes versteht man den Gewinn nach Steuern, d.h. den Jahresgewinn als Saldo der ↑Erfolgsrechnung.

Earnings before interest and taxes (EBIT)
Bei Earnings before interest and taxes handelt es sich um den Gewinn nach Abschreibungen, aber vor Zinsen und Steuern. Der EBIT ist eine wichtige Kennzahl zur Beurteilung der ↑Ertragskraft vor allem im zwischenbetrieblichen Vergleich, weil bei dieser Grösse die von Unternehmung zu Unternehmung unterschiedliche ↑Kapitalstruktur und die Steuerbelastung ausgeklammert bleibt und somit nur das Ergebnis der betrieblichen Leistung erfasst wird.

Earnings before interest, taxes, depreciation and amortization (EBITDA)
Bei Earnings before interest taxes, depreciation and amortization handelt es sich um den Betriebsgewinn vor Zinsen, Steuern und Abschreibungen auf den Sachanlagen und dem Goodwill.

Earnings before taxes (EBT)
In der mehrstufigen ↑Erfolgsrechnung der Unternehmungsgewinn vor Steuern. Diese Kennzahl zur Beurteilung der ↑Ertragskraft ist vor allem bei zwischenbetrieblichen Vergleichen von Unternehmungen, deren Steuerbelastung nicht vergleichbar ist, z.B. bei ↑Kantonalbanken, dienlich.

Earnings per share (EPS)
Gewinn je ↑Aktie. Aufgrund der SWISS GAAP FER, der IAS- und US-GAAP-Normen ist der Gewinn je Aktie nach zwei Methoden zu ermitteln.
– Das unverwässerte Ergebnis (Normalgewinn) je Aktie *(Basic earnings per share)* wird berechnet durch Division des vergangenen oder des geschätzten künftigen Jahresgewinns mit dem Durchschnitt der ausstehenden Aktien
– Beim verwässerten Gewinn je Aktie *(Diluted earnings per share)* werden auch die aus der vollständigen Ausübung von Wandel- und Optionsrechten künftig auszugebenden Aktien berücksichtigt, d.h. die erwartete (potenzielle) ↑Kapitalverwässerung.
Der EPS ist eine Grundlage für die am häufigsten verwendete Börsenkennziffer PER (↑Price earnings ratio).

EAT
Abk. f. ↑Earnings after taxes.

E-banking
↑Electronic banking (↑Allgemeines); ↑Electronic banking (Rechtliches).

EBIT
Abk. f. ↑Earnings before interest and taxes.

EBITDA
Abk. f. ↑Earnings before interest, taxes, depreciation and amortization.

EBK
Abk. f. Eidg. Bankenkommission. ↑Bankenkommission, Eidg.

EBK-Rundschreiben
Seit 1972 erläutert die EBK (↑Bankenkommission, Eidg.) ihre Aufsichtspraxis auch im Bankenbereich in Rundschreiben an alle Banken und Revisionsstellen. Die EBK-Rundschreiben haben in den letzten Jahren inhaltlich und formal immer normativeren Charakter angenommen. Sie werden veröffentlicht und sind auf der Website der EBK zugänglich. Die EBK nummeriert sie chronologisch nach Jahr (z.B. EBK RS 99/2: Auslagerung von Geschäftsbereichen «Outsourcing»). Rechtlich haben die Rundschreiben nicht die Bedeutung eines materiellen Gesetzes. De facto ist der Unterschied zwischen einem Rundschreiben und einer Verordnungsbestimmung aber gering. Die EBK äussert sich in Rundschreiben, wie sie die vielfach unbestimmten Begriffe der ↑Bankengesetzgebung in einem bestimmten Sachzusammenhang auszulegen gedenkt. Für die EBK ist diese Äusserung verbindlich. Ist eine Bank der Ansicht, die EBK habe in einem Rundschreiben den gesetzlichen Beurteilungsspielraum überschritten, kann sie eine entsprechende Verfügung verlangen. In der Praxis kommt dies aber kaum je vor. Auch in der Vorbereitung bestehen wenig Unterschiede zum Erlass einer neuen Verordnung. Regelmässig werden die betroffenen Banken, ↑Effektenhändler oder Revisionsstellen in die Vorbereitungsarbeiten für Rundschreiben einbezogen. Ende 2001 waren 21 Rundschreiben «in Kraft». Sie betreffen sehr unterschiedliche Sachbereiche wie die Erfassung von ↑Markt- oder Zinsrisiken, die Rechnungslegung der Banken oder die Anforderungen an den ↑Revisionsbericht der bankengesetzlichen Revisionsstellen. *Daniel Zuberbühler*
www.ebk.admin.ch

EBPP
Abk. f. ↑Electronic bill presentment and payment.

EBS-System
EBS: Abk. f. ↑Elektronische Börse Schweiz. ↑SWX Swiss Exchange.

EBT
Abk. f. ↑Earnings before taxes.

EBTN
Abk. f. ↑European Bank Training Network.

ec
ec steht für das nationale Debitsystem. Das Logo ec (↑ec-Piktogramm) auf den ↑ec/Maestro-Karten (↑Debitkarte) zeigt an, dass die Karteninhaber mittels Eingabe des persönlichen Pin-Codes (↑Personal identification number [PIN]; ↑Code, Codierung) sowohl Bargeld an Geldausgabeautomaten beziehen wie auch Waren und Dienstleistungen in der Schweiz am ↑Point of sale terminal (POS) bezahlen können. Mit dem Signet «ec» sind in der Schweiz Geldausgabeautomaten gekennzeichnet, die den Bargeldbezug mit der ec/Maestro-Karte ermöglichen sowie Verkaufsstellen, bei denen Waren und Dienstleistungen bargeldlos mithilfe der ec/Maestro-Karte bezahlt werden können. ↑Electronic funds transfer at the point of sale (EFT/POS). *Jacques Bischoff*

Ecart
Mit Ecart oder ↑Spread bezeichnet man die Spanne zwischen zwei Grössen, z.B. Geldkurs (↑Geld, Geldkurs) und Briefkurs (↑Brief, Briefkurs), Kurs von ↑Inhaber- und ↑Namenaktien oder von ↑Aktien und ↑Partizipationsscheinen der gleichen Gesellschaft sowie der ↑Rendite von Anleihen mit unterschiedlicher ↑Bonität.

ECBS
Abk. f. ↑European Committee for Banking Standards.

ec-Geldautomat
ec-Geldautomat ist eine Bezeichnung für Geldausgabeautomaten (↑Bancomat), die ec-Karten akzeptieren. Da es in der Schweiz keine Automaten mehr gibt, die ausschliesslich ec-Karten akzeptieren, ist diese Bezeichnung überholt.

Echéance
Fälligkeitsdatum einer Schuld, im Besonderen das alljährlich gleiche Fälligkeitsdatum der ↑Coupons eines ↑Wertpapieres.

Echtheitsprüfung von Unterschriften
Handschriften, vor allem aber Signaturen, werden in der Regel weit gehend unbewusst und völlig automatisch produziert. Unterschriften beinhalten somit die für den Schreiber typischen individuellen Formen- und Strichverläufe, die ihm als Folge der Automatik des Schreibvorganges entweder nicht oder nur teilweise bewusst sind.
Liegen von ein und derselben Person mehrere Namenszüge vor, dann stellt man von Unterschrift zu Unterschrift hinsichtlich der Detail- und Gesamtgestaltung mehr oder weniger ausgeprägte Unterschiede fest. Diese innerhalb eines gewissen Variationsbereichs in Erscheinung tretenden Differenzen resultieren einerseits aus der Spontaneität der jeweiligen Schreibvorgänge, anderseits können

Veränderungen von Fall zu Fall durch allfällige, im Zeitpunkt der Niederschrift einer Signatur bestehende, besondere *äussere* oder *innere* Aktualeinflüsse ausgelöst werden. In der Vielzahl der Fälle erkennt auch hier der Schreiber nicht, in welcher Art sein momentanes Schriftbild gegenüber seiner «Normalschrift» verändert ist.

Unter Einflüssen *äusserer* Natur versteht man ungewohnte Schreibwerkzeuge, ungeeignete Schreibunterlagen oder anormale Körperhaltungen usw.

Als *innere* Einflüsse, die eine Veränderung der Schriftzüge bewirken können, fallen in Betracht: Übermüdung, Intoxikationen, Alkoholeinfluss, Gemütserregungen, Stress, Streit, Angst, Krankheit, insbesondere Gemütskrankheiten oder altersbedingte psychische und physische Abbauerscheinungen usw.

Echtheitsprüfungen von Handschriften und Signaturen sind dann Erfolg versprechend wenn
– das zu prüfende Material in Form von Originalschriften zur Verfügung steht,
– das Vergleichsmaterial innerhalb der in Frage stehenden Zeitperiode entstanden ist und die für den Schreiber typischen Schriftmerkmalskomplexe einschliesslich ihrer Variationen als solche erkennbar sind.

Bei umstrittenen Unterschriften stellt sich grundsätzlich die Frage nach dem Vorhandensein von Fälschungsmerkmalen; solche können bei direkten oder indirekten Pausfälschungen oder durch chemische Übertragungen eines Namenszuges entstehen. Fragwürdige Namenszüge sind zudem auf das Vorhandensein von Merkmalen einer erfolgten langsamen oder schnellen Freihandfälschung zu untersuchen.

Bei *langsam produzierten Freihandfälschungen* sind unmotivierte Haltepunkte, Absetzbewegungen, sog. Lötstellen, Anflickungen, Störungen im Strichverlauf, vor allem aber Bewegungsinkonsequenzen zu erwarten. Bei *schnellen Freihandfälschungen*, welche vom Fälscher nach erfolgter optimaler Einübung vollzogen werden, sind Fälschungsmerkmale bei guter Qualität nur an solchen Stellen erkennbar, wo es dem Schrifturheber nicht restlos gelungen ist, eigene Schreibgewohnheiten restlos zu unterdrücken.

Indizien für das Vorliegen von echten oder gefälschten Namenszügen erbringt in der Regel die systematische Erfassung und Vergleichung der allgemeinen und speziellen Schriftmerkmalskomplexe. Gemeint sind: Duktus, Schriftlage, Grössenrelationen, Formgebungen der Einzelbuchstaben und deren Strichverbindungen, Schreibdruckverhältnisse, Schreibdynamik, Schreibrhythmus, Strichstabilität, Raumbedarf und Basislinienverläufe. Die Erfassung des Variationsbereiches und der Mikrostruktur der Strichzüge sind weitere bei diesen Vergleichsarbeiten zu berücksichtigende Kriterien.

Nicht zuletzt sind suspekte Handschriften und Signaturen auf das Vorhandensein von Blindprägedruckrillen, Paus- oder Vorzeichnungsspuren zu untersuchen, denen allenfalls zur Erleichterung der Nachahmung mit einem Schreibwerkzeug nachgefahren wurde. Als weitere im Zusammenhang mit suspekten Urkunden und Schriften möglichen Untersuchungen fallen in Betracht:
– Vergleichende Untersuchungen von Maschinen- und Druckschriften
– Mikroskopische oder rasterelektronenmikroskopische Untersuchungen und Auswertungen von Strichkreuzungen
– Die Erkennung von mechanisch oder chemisch erfolgten Rasuren und Entzifferung der ausradierten Schriften
– Die Lesbarmachung überdeckter Schriften
– Schreib- und Druckfarbstoffanalysen
– usw.

Echtheitsprüfungen von Handschriften und Signaturen sowie alle übrigen an suspekten Urkunden und Wertschriften möglichen Untersuchungen fallen in den Arbeitsbereich eines erfahrenen Experten.
Ernst P. Martin

ec/Maestro-Karte

Die ec/Maestro-Karte wird von Schweizer Banken herausgegeben. Sie ermöglicht, zusammen mit der zugehörigen ↑Personal identification number, PIN (↑Code, Codierung), den Karteninhabern sowohl den Bargeldbezug an Geldausgabeautomaten (↑Bancomat) als auch das bargeldlose Bezahlen von Waren und Dienstleistungen am ↑Point of sale terminal (POS) in der Schweiz (ec) wie auch weltweit (↑Maestro).

Die ec/Maestro-Karte ist das Nachfolgeprodukt der 1985 eingeführten Eurocheque-Karte. Sie ist eine ↑Debitkarte. Im Jahr 2004 wird Maestro in der Schweiz das ec-Logo für das nationale Debitsystem ersetzen.

Für die ec/Maestro-Karte wird von den Banken eine Tages- respektive Monatslimite gesetzt, die zurzeit CHF 2 000 (wovon maximal CHF 1 000 für den Bargeldbezug) bzw. CHF 10 000 nicht überschreiten darf. Die Banken können aber auch individuelle Limiten festlegen. *Jacques Bischoff*

ECN
Abk. f. ↑Electronic communication network.

E-commerce

Eine Handelstransaktion kann in vier Phasen gegliedert werden: Informations-, Vereinbarungs-, Abwicklungs- und Anpassungs- bzw. Durchsetzungsphase. Unter *E-commerce* (Electronic commerce) versteht man die Abwicklung einer Handelstransaktion zwischen Wirtschaftssubjekten, bei der die Informations-, Vereinbarungs- und

Abwicklungsphase mittels der Informations- und Telekommunikationstechnologien (IuT) teilweise oder vollständig realisiert wird. Die Geschäftsabwicklung kann innerhalb einer Unternehmung (↑Intranet), zwischen einzelnen Unternehmen (Extranet) oder über öffentliche und private Netzwerke (z.B. ↑Internet) abgewickelt werden. Im Hinblick auf die Zielgruppe unterscheidet man klassischerweise zwischen den E-commerce-Bereichen ↑Business-to-Business (B2B) und ↑Business-to-Consumer (B2C).

1. Historisch
E-commerce wurde bereits in einfacher Form mit der Erfindung des Telegrafen und anschliessend des Telefons ermöglicht. In Frankreich unterstützten die Minitel Computer bereits Mitte der 80er-Jahre elektronische Transaktionen. EDI (Electronic data interchange) stellt ebenfalls eine frühe Form von E-commerce dar. Allerdings bietet erst das Internet die fortgeschrittene Möglichkeit einer weit gehenden Elektronisierung von gesamten ↑Transaktionen. Mit der eingeleiteten Kommerzialisierung des Internets Mitte der 90er-Jahre wurde die Vision eines globalen elektronischen Marktplatzes etabliert und der Begriff E-commerce geprägt.

2. Implikationen des E-commerce
Der Ausruck E-commerce beinhaltet nebst der strengen begrifflichen Definition vielfältige und weit reichende Implikationen, die in folgenden Dimensionen des Begriffes zum Ausdruck gelangen:
– *Technologische Dimension:* Insbesondere das Internet hat die Perspektive eines weltweiten elektronischen Geschäftsverkehrs ermöglicht. Das Internet ist technisch gesehen ein Netzwerk von Netzwerken. Es besitzt wie das Telefonnetz eine eigene Infrastruktur (Service Provider, Private Netzwerke, User Communities, internationale Verbindungen usw.). Dennoch ist es im Vergleich zur traditionellen Telekommunikationsindustrie stärker dezentralisiert. Das Internet erlaubt nicht nur die Konvergenz verschiedener Datenformen (Schrift, Bild, Ton), sondern ermöglicht Interoperabilität besser als jedes andere Kommunikationsmittel. Interoperabilität ist von den Begriffen Kompatibilität und Interkonnektion zu unterscheiden. Die Interoperabilität ermöglicht die Kommunikation über heterogene Systeme hinweg und nicht nur innerhalb des gleichen Systems (Kompatibilität) oder zwischen homogenen Systemen (Interkonnektivität). Das minimale Mass an ↑Standardisierung wird durch das Kommunikations-Protokoll TCP/IP (Transmission Control Protocol/Internet Protocol) erreicht. Mit seiner Vielzahl an elektronischen Diensten wie Electronic Mail (E-Mail), World Wide Web (WWW) oder File Transfer Protocol (FTP) bietet es die Grundlage für die weltweite elektronische Geschäftsabwicklung im Rahmen des E-commerce.
– *Mikroökonomische Dimension:* Der E-commerce beeinflusst die Gestalt und die Organisationsstrukturen von Unternehmen. Die Internet-Technologie ermöglicht, ein bis dahin noch nie gesehenes Ausmass an Kooperation zwischen Unternehmen und Menschen zu realisieren, was zu neuartigen Formen der Arbeitsteilung führen kann und vielen Unternehmen erlauben wird, ihre Wertschöpfung zumindest virtuell auszuweiten. Sowohl in der Beschaffung als auch im Vertrieb ermöglicht das Internet, Lieferanten bzw. die Abnehmer stärker in die Wertschöpfung miteinzubeziehen. Dies führt zur Entwicklung virtueller und vernetzter Organisationen. Hierbei erfolgt eine Vernetzung der einzelnen Mitarbeiter (Heim- und Telearbeit, Knowledge-Netze, Freelancer) oder von Unternehmen, Unternehmensteilen bzw. Wertschöpfungsketten (interorganisationale Netzwerke).
– *Makroökonomische Dimension:* Entlang der ganzen Wertschöpfungskette einer Unternehmung und im Idealfall einer ganzen Wirtschaft lassen sich Kosten sparen und Effizienzgewinne erzielen. Die Verbreitung des E-commerce führt auf diese Weise zu Wachstum und Beschäftigung. Der IT-Industrie kommt in zahlreichen westlichen Ländern eine hohe Bedeutung zu. Die Befürchtungen, wonach die durch E-commerce erzielbaren Effizienzgewinne zu einem weit reichenden Abbau von Arbeitsplätzen führen könnten, scheinen unbegründet zu sein. Grössere geografische Reichweite der Unternehmenstätigkeit, tiefere Preise sowie neuartige Produkte und Dienstleistungen werden auf lange Sicht zu einer Nettozunahme von Arbeitsplätzen führen, insbesondere von solchen mit hoher Qualifikation.
– *Metaökonomische Dimension:* Die Entwicklung eines weltweiten Netzwerks zur Abwicklung von elektronischen Geschäftstransaktionen stellt bestehende Wirtschaftsstrukturen in Frage. Die durch das Internet erwartete Abnahme der ↑Transaktionskosten (günstigere Informationsbeschaffung, geringere Suchkosten) wirft einerseits die Frage auf, ob bestehende Intermediäre (↑Finanzintermediäre) durch den direkten Kontakt der Marktteilnehmer langfristig verdrängt werden. Es lässt sich die Hypothese aufstellen, dass die Existenzbegründung für Intermediäre dahinfallen könnte (Desintermediation). Andererseits lässt sich eine Entbündelung traditioneller Handelsfunktionen erwarten, welche global agierenden Spezialisten die Fokussierung auf ausgewählte Handelsfunktionen ermöglicht und die Entstehung neuer Intermediäre erlaubt. Die Wertschöpfung wird tendenziell zugunsten von Marktlösungen und zulasten von Unternehmen verändert.

– *Soziale Dimension:* Obwohl sich E-commerce primär als ein wirtschaftliches Phänomen manifestiert, ist es Teil eines grösseren Prozesses sozialer Veränderungen, welcher durch die Globalisierung und die Entwicklung in Richtung Informationsgesellschaft beschleunigt wird. Nicht nur die Art und Weise wie produziert, konsumiert und kommuniziert wird, verändert sich fundamental. Bereiche wie Ausbildung, Verwaltung (E-Government) und der demokratische Prozess werden ebenfalls tangiert und definieren die Konturen unserer Gesellschaft neu. Es ist zu vermeiden, dass durch den ungleichen Zugang zur modernen Technologie die Gefahr einer Zweiklassengesellschaft (Digital divide) zur Realität wird.

– *Regulatorische Dimension:* Die rasante Entwicklung bleibt nicht ohne Auswirkungen auf regulatorische und juristische Aspekte. Durch die elektronische Geschäftsabwicklung werden unterschiedliche Rechtsbereiche wie Urheber- und Markenrecht, Vertragsrecht, Steuerrecht oder Strafrecht tangiert. Aspekte der Sicherheit und der Wahrung der Privatsphäre sind ein weiteres Gebiet, in welchem klare Rahmenbedingungen notwendig sind. Wichtige Fragen aus gesetzgeberischer Sicht ergeben sich durch das Aufkommen von elektronischem Geld (↑Cyber money) und durch die elektronische Unterschrift (↑Digitale Zertifikate und digitale Signatur).

3. Finanzbranche

Das Ausmass und die Geschwindigkeit der Veränderungen, die durch den E-commerce in den unterschiedlichen Branchen der Wirtschaft stattfinden, hängen grundsätzlich von der Eignung der entsprechenden Güter und Dienstleistungen für E-commerce ab. Vor allem Branchen, in denen Produkte hergestellt werden, die digitalisierbar sind, werden aller Voraussicht nach weit reichende Strukturveränderungen erfahren. Dies trifft auf die überwiegend informationsverarbeitende Finanzbranche zu, welche sich in diesem Zusammenhang erst am Anfang eines fundamentalen Veränderungsprozesses befindet. Nichtsdestotrotz hat E-commerce bereits die Art und Weise, wie Finanzdienstleistungen erbracht und an die Kunden geliefert werden, dramatisch verändert. Klassisches Beispiel dafür ist der Aktienhandel via Internet, welcher die Kosten einer Aktientransaktion stark reduziert hat.

Die weitere Entwicklung des E-commerce wird durch mobile Datenkommunikationsmittel – M-commerce (Mobile commerce) – und durch interaktives Fernsehen einen neuen Schub erfahren. Inwiefern das Konsumentenverhalten die Diffusion neuer technologischer Möglichkeiten bremsen oder fördern wird, ist eine der offenen Fragen im Zusammenhang mit E-commerce und der Zukunft.

Teodoro D. Cocca

Economic value added

Der Economic value added ist ein von der Beratungsfirma Stern Stewart & Co entwickeltes Konzept, welches darauf beruht, dass nur Wert geschaffen wird, wenn der betriebliche Gewinn, nach Abzug der bereinigten Steuern (Net operating profit after taxes [NOPAT]), über den Kapitalkosten für das betriebliche gebundene Vermögen liegt. Berechnungselemente des Economic value added sind der NOPAT, das Kapital (das für die Erwirtschaftung des NOPAT eingesetzte Vermögen) und der Kapitalkostensatz (↑WAAC). Der Economic value added dient als Instrument zur Messung der Unternehmungsperformance, des ↑Shareholder value und zur kapitalmarktorientierten ↑Unternehmungsbewertung.

ec-Piktogramm

Das ec-Piktogramm kennzeichnet das nationale Bargeldbezugssystem. Das ec-Piktogramm-Logo ist auf der Rückseite der ↑ec/Maestro-Karten (↑Debitkarte) zu finden und zeigt an, dass Karteninhaber mittels Eingabe des persönlichen ↑Codes (↑Personal identification number [PIN]) Bargeld an Geldausgabeautomaten (↑Bancomat) in der Schweiz beziehen können. Bis 1998 stand das ec-Piktogramm ebenfalls für den Bargeldbezug in Europa, bevor das Logo ↑Maestro diese Funktion übernahm.

ECSDA

Abk. f. European Central Securities Depositories Association. Vereinigung von 15 europäischen Zentralverwahrern von ↑Wertpapieren. Deren Ziel ist die gemeinsame Erarbeitung von europaweiten Standards zum Aufbau einer europaweiten Wertpapierabwicklungs-Infrastruktur. Die Schweiz ist Mitglied. ↑Central securities depository (CSD); ↑International central securities depository (ICSD).

ECU

Der ECU ist eine ↑Korbwährung und wurde als Rechnungseinheit in der Europäischen Union (EU) gebraucht. Seit der Schaffung des ↑Euro müssen alle Beträge, die noch in der ECU-Einheit angegeben sind, in die Euro-Einheit umgerechnet werden. Der Umrechnungskurs ist 1 Euro = 1 ECU.

ED & BO

Abk. f. Einheitliche Dienst- und Besoldungsordnung für das Bankpersonal. Heutige Bezeichnung: ↑Vereinbarung über die Anstellungsbedingungen der Bankangestellten.

Edelmetalle (als Kapitalanlage)

Spricht man von Edelmetallen als Anlageobjekten, sind damit in der Regel *Gold, Silber* und *Platinmetalle (Platin und Palladium)* gemeint. Diese Definition stimmt denn auch mit der Begriffsbestimmung der schweizerischen Gesetzgebung überein (Edelmetallkontrollgesetz 1 I). Einzelne Autoren lassen allerdings Platin beiseite und beschränken sich auf Gold und Silber, da diese aus geld- und währungspolitischer Sicht bedeutendere Edelmetalle sind. Andere wiederum gehen davon aus, dass die verschiedenen Edelmetallmärkte ähnlich funktionieren, und konzentrieren sich daher ausschliesslich auf Gold, weil es das traditionell dominierende Edelmetall ist. Die unterschiedliche Preisentwicklung für Gold und Platin Mitte der 90er-Jahre zeigt, dass eine solch stark vereinfachende Betrachtungsweise nicht angemessen ist.

1. Preisbestimmende Faktoren

Edelmetalle sind Bodenschätze, die zuerst gehoben und verarbeitet werden müssen. Trotz einer stetigen Erhöhung der weltweiten Minenproduktion können jederzeit Engpässe auftreten. Preisbestimmend ist neben der Produktionsmenge die Nachfrage, die durch den Verbrauch der Industrie und die Käufe der ↑Investoren beeinflusst wird. Für viele Formen von Edelmetallen – wie beispielsweise ↑Münzen und Medaillen – existiert kein amtlicher Handel. Dazu kommt, dass der ↑Marktwert für Münzen in der Regel nicht mit ihrem Paritätswert übereinstimmt. Dadurch wird eine Übersicht über die Preise (↑Kurse) von Edelmetallen erschwert.

Die Entwicklung in der Industrie und insbesondere in der Elektronik liess die Nachfrage nach allen Edelmetallen in den vergangenen Jahren stetig steigen. Trotzdem gibt es zwischen den verschiedenen Metallen einige wesentliche Unterschiede:

– *Platin* bietet (nebst seiner Verbreitung als Schmuck) einen grossen Nutzen in der Autoindustrie bei Katalysatoren und vermehrt auch in Brennzellen. Die daraus resultierende Nachfrage führte zu einer relativen Knappheit und erklärt somit die markante Zunahme des Platinpreises in den Jahren 1999 und 2000

– Die Nachfrage nach *Silber* wurde – trotz Fortschritten in der Elektronik – durch den zunehmenden Übergang zur digitalen Bildelektronik stark gebremst.

– Bei *Gold* ist der Preis in den Jahren 1997 bis 2001 kontinuierlich zurückgegangen. Die Gründe dafür liegen allerdings nicht alleine bei der Industrieentwicklung. Im Gegensatz zu den übrigen Edelmetallen sind andere Faktoren ausschlaggebend gewesen. So ist der ↑Goldpreis in starkem Masse vom Umgang mit den bestehenden Goldreserven der ↑Zentralbanken abhängig. Halten die Verkäufe an, wird der Goldpreis tief bleiben. Erst wenn die überschüssigen Reserven abgebaut sind und falls die Entwicklung in der Industrie anhält, lohnt sich ↑Gold als Kapitalanlage wieder.

Der für Edelmetalle grundsätzlich positiven Entwicklung in der Industrie steht ein Bedeutungsverlust der Edelmetalle als Anlageobjekte gegenüber. Dies liegt zum einen an der Tatsache, dass Edelmetalle keine ↑Zinsen und keine ↑Dividenden abwerfen, und zum anderen an der Grösse der Märkte. Diese sind zum Teil klein und deshalb anfällig für spekulative Preistreiberei (so geschehen beispielsweise beim Silber durch die Gebrüder Hunt Anfang der 80er-Jahre oder durch Warren Buffet im Jahr 1997). Vor allem in den USA sind ↑Hedge funds aktiv, die bei Edelmetallen gelegentlich hohe Kursausschläge bewirken. Da diese Schwankungen schwer vorhersehbar sind, ist eine Anlage in Edelmetallen (vor allem in Silber) heutzutage mit einem grossen ↑Risiko verbunden. Silber und Gold galten in der Vergangenheit nicht nur als Symbole für Reichtum und Sicherheit. Die gesamten Geld- und Währungssysteme stützten sich auf Edelmetalle ab. Auch wenn nach der 1975 erfolgten ↑Demonetisierung des Goldes immer noch ein beträchtlicher Anteil der Währungsreserven in Gold gehalten wird, hat seine Bedeutung weltweit abgenommen. Dies ist darauf zurückzuführen, dass im Zusammenhang mit der voranschreitenden Globalisierung die Inflationsraten tief gehalten werden. Die Eigenschaft der Edelmetalle als Sicherheitsanker vor der ↑Inflation ist daher weniger gefragt.

Bleibt die Inflation weiterhin tief, werden die Edelmetalle vermehrt wie andere Rohstoffe betrachtet. Nimmt zudem der Einfluss der ↑Notenbanken ab, werden sich die Edelmetallpreise künftig fast ausschliesslich an den Bedürfnissen der Industrie orientieren. Es bleibt jedoch die Gefahr einer Preistreiberei durch ↑Spekulation. Deshalb sind Anlagen in Edelmetallen als riskant zu bezeichnen und nur als Ergänzung in einem breit diversifizierten Portefeuille zu empfehlen.

2. Edelmetallformen

Edelmetalle werden üblicherweise als Barren und Münzen gehandelt (ausgenommen Platin). Darüber hinaus werden sie in Form von Schmuck und Medaillen gekauft und verkauft sowie in der ↑Numismatik gehandelt. Sowohl für die Gold-, Silber- als auch für die Platinbarren bestehen Standardvorgaben, die sich nach der Feinheit sowie nach dem Gewicht und/oder der Grösse richten. Im Weiteren müssen alle Barren mit einem Stempel einer anerkannten Schmelzerei versehen sein. Allen gemeinsam ist die Bewertung auf dem Weltmarkt in USD pro Unze (= 31,1034807 Gramm). Daher stammt auch die Bezeichnung ↑*Feinunze*.

3. Handelsformen

Zu den üblichen Handelsformen zählen:

– *Physisches Geschäft mit Privaten und Investoren:* Den weltweit grössten Anteil am physischen Handel mit Edelmetallen nimmt das Geschäft mit *Schmuck* ein. Im Nahen und Fernen Osten ist

Schmuck als Anlageform sehr verbreitet, in der westlichen Welt hingegen spielt Schmuck als Anlageobjekt keine Rolle. Bedeutender sind im internationalen ↑Edelmetallhandel *Barren* und *Münzen*. Nicht als Anlageobjekt geeignet hingegen sind ↑numismatische Münzen. Ihr Preis ist weder direkt vom Gold- bzw. Silbergehalt noch vom aktuellen Goldpreis abhängig. Vielmehr ist die Bewertung vom Angebot und der Nachfrage nach entsprechenden Münzen abhängig. Auch Medaillen eignen sich kaum als Anlageobjekte. Ihr Preis liegt meist weit über dem reinen Metallwert, da es sich üblicherweise um Erinnerungsstücke handelt. Ausserdem existiert kein ↑Sekundärmarkt für Medaillen und die Rücknahme erfolgt normalerweise nur zum Schmelzwert

– *Physisches Industriegeschäft:* Nebst den genannten gibt es eine Reihe weiterer (Vor-)Produkte aus Edelmetallen, die in erster Linie von der Industrie nachgefragt werden (Granalien, Edelmetallschwämme und -bänder). Der Handel wird in der Regel direkt zwischen Herstellern und Endkonsumenten abgewickelt. Der Preis richtet sich dabei nach dem ↑Marktpreis zuzüglich der Aufschläge für die Vorverarbeitung

– ↑*Optionen:* Zu unterscheiden ist zwischen Optionen auf ↑Futures, die an entsprechenden ↑Börsen gehandelt werden, und den so genannten Over-the-counter-Optionen. Letztere haben aufgrund ihrer grösseren Flexibilität einen höheren Marktanteil. Dabei handelt es sich um eine individuelle Vereinbarung zwischen dem Käufer und dem Verkäufer der Option. Eine standardisierte Art von ↑Wertpapieren sind die Edelmetall-Optionsscheine (Warrants). Diese richten sich eher an spekulationswillige Privatanleger. Sie berechtigen den Inhaber zum Kauf bzw. Verkauf von Edelmetallen zu einem im Voraus festgelegten Preis und Zeitpunkt. Optionen auf Edelmetalle erfreuen sich in den letzten Jahren zunehmender Beliebtheit

– *Futures:* Eine weitere bedeutende Handelsform im Zusammenhang mit Edelmetallen sind Futures-Kontrakte. Futures sind Terminverpflichtungen, bei denen die Lieferung zum gehandelten Preis zu einem abgemachten Zeitpunkt in der Zukunft erfolgt. Basis für die Kursbildung der Futures ist der ↑Kassakurs zuzüglich der bis zur ↑Fälligkeit anfallenden Zinsen

– *Kassageschäfte:* Kassageschäfte mit Edelmetallen werden in der Regel in USD und mit Lieferung «Loco London» (Kontogutschrift bei einem Institut in London) abgewickelt. Wird das Edelmetall physisch ausgeliefert, spricht man von «allocated», im Falle einer Kontogutschrift von «unallocated». Die Lieferung muss innerhalb von zwei Tagen erfolgen

– ↑*Termingeschäfte, Swaps:* Termingeschäfte (↑Forwards oder auch Outright-Geschäfte) bezeichnen den Kauf oder Verkauf von Edelmetallen gegen eine ↑Währung mit Gutschrift, Lieferung und Zahlung zu einem fest vereinbarten späteren Termin (mindestens drei Arbeitstage nach Abschluss). Der Terminpreis ergibt sich aus dem Kassapreis zuzüglich eines Zinssatzes, der von der Währung und der Art des Metalls abhängig ist. Bei einem Swap handelt es sich um die Verbindung von einem Kassa- und einem gegenläufigen Termingeschäft oder um zwei unterschiedliche Termingeschäfte (Forward forward)

– *Edelmetallkonten:* Private und ↑institutionelle Anleger können ↑Edelmetallkonten von einer Bank führen lassen. Die Sicherheit, die Flexibilität und die Tatsache, dass diese Konten in vielen Ländern mehrwertsteuerfrei sind, gehören zu den Vorteilen gegenüber dem physischen Handel

– *Sparpläne:* Edelmetallsparpläne ermöglichen es Kleinanlegern in Edelmetalle (vor allem Gold) zu investieren. Durch regelmässige Einzahlungen erwerben sie Miteigentum an einem Sammeldepot. Die Sparpläne können entweder auf Barren oder Münzen lauten

– ↑*Aktien:* Eine indirekte ↑Kapitalanlage in Edelmetalle stellen Aktien von Minengesellschaften, insbesondere Goldminenaktien, dar. Im Falle des Goldes existieren auch Goldminenfonds, die aber selten in reiner Form anzutreffen sind

– ↑*Zertifikate:* Edelmetallzertifikate kombinieren die Vorteile des Goldkontos (geringe Aufbewahrungsprobleme) mit den Vorteilen des physischen Kaufs (leichte Übertragbarkeit). Sie spielen allerdings heute nur noch in Anlegerkreisen ein Rolle. Die frühere Bedeutung als Zahlungsmittel haben sie mit der Abschaffung der Golddeckung eingebüsst. Ausgegeben werden sie in Europa nur in Luxemburg; gehandelt werden sie von beinahe allen Bankinstituten.

4. Akteure
Die wichtigsten Akteure um den Handel mit Edelmetallen sind:

– *Minen:* Minengesellschaften sind zunehmend global tätige Grosskonzerne. Da die Förderung und Verarbeitung von Edelmetallen sehr kapitalintensiv ist, nimmt die Konzentration weiter zu

– *Zentralbanken:* Ein Grossteil des bisher geförderten Golds befindet sich nach wie vor im Besitz der Zentralbanken. Diese agieren auf den Märkten sehr unterschiedlich. Einige bauen weiterhin Vorräte auf, andere stossen Gold in grösseren Mengen ab

– ↑*Anlagefonds, Privatanleger:* Von der insgesamt auf den Märkten verfügbaren Menge an Edelmetallen ist nur ein kleiner Teil in Besitz von privaten Investoren. Trotzdem ist ihr Einfluss auf die Preisentwicklung – zumindest kurzfristig – gross (z.B. via Hedge funds). Die privaten Anleger haben seit den 70er-Jahren deutlich an Bedeutung verloren (eine Ausnahme bildet der Ferne Osten)

Edelmetallhandel

– *Banken, Investmenthäuser,* ↑*Broker:* Die Banken und Investmenthäuser nehmen eine wichtige Mittlerrolle zwischen den unterschiedlichen Akteuren auf den Edelmetallmärkten wahr. Weltweit sind allerdings nur etwa zwei Dutzend Banken auf diesem Gebiet tätig. Sie verfügen über Vertretungen an allen wichtigen Handelsplätzen. Dazu gehören auch die beiden Schweizer ↑Grossbanken

– *Industrie:* Edelmetalle werden in der Industrie in verschiedensten Formen eingesetzt. Viele Produzenten sind allerdings je länger je mehr bestrebt, die teuren Edelmetalle durch billigere Ersatzmaterialien zu ersetzen. Für die Industrie hat zudem die Absicherung gegen Preisrisiken eine zentrale Bedeutung.

5. Handelsplätze

Die wichtigsten Haupthandelsplätze für den physischen Goldhandel sind nach wie vor London und Zürich sowie seit der Liberalisierung des Goldmarktes in den USA (1974) auch New York. Es gibt jedoch eine Reihe weiterer Plätze wie etwa Singapur, Tokio, Hongkong oder Frankfurt. An Bedeutung verloren haben seit der Steuerbefreiung des Golderwerbs in Deutschland die Edelmetallkonten in Luxemburg.

Die grössten Börsen, an denen Futures auf Edelmetalle gehandelt werden, sind die Commodity Exchange in New York (↑COMEX), die New York Metals Exchange (NYMEX) und die Tokyo Commodity Exchange. Das Handelsvolumen der COMEX übersteigt das kumulierte Volumen der übrigen Börsen. Gehandelt werden an der COMEX Gold, Silber, Kupfer und Aluminium. Im Bereich von Platin und Palladium nimmt die NYMEX eine ähnlich überragende Stellung ein wie die COMEX beim Gold und Silber. *Hans-Dieter Vontobel*

Lit.: *Müller, J.: Handbuch Geldanlage, Frankfurt/New York, 1999. – Siebers, A. B. J.: Kursbuch Geld, Gold, Börse, Frankfurt a.M., 1995. – Lips, F./Trachsler, J.: Geld, Gold und die Wahrheit, Ebmatingen 1994.*

Edelmetallhandel

Banken handeln hauptsächlich mit vier Edelmetallen: *Gold, Silber, Platin und Palladium.*

Gold ist für den Edelmetallhandel der Banken das wichtigste aller Edelmetalle. Die bedeutendsten Förderländer sind Südafrika, Russland, die USA, Kanada, Australien und Brasilien. Jährlich werden weltweit ungefähr 1 500 bis 2 000 Tonnen Gold gefördert. Gold wird vorwiegend für die Herstellung von Schmuck verwendet, ist aber auch in der Elektronikindustrie, in der Zahnmedizin und in der Raumfahrt ein wichtiger Rohstoff. *Silber* ist für den Edelmetallhandel weniger bedeutsam als Gold. Die Hauptförderländer sind Kanada, Peru, Mexiko und die USA. Jährlich werden weltweit ungefähr 10 000 bis 15 000 Tonnen gefördert. Ebenso wie Gold ist auch Silber ein traditionelles Schmuckmetall, doch es kommt auch in der Fotoindustrie zur Herstellung von Filmen wie auch in der Elektrotechnik zur Anwendung. Eine untergeordnete Rolle spielen im Edelmetallhandel *Platin und Palladium.* Von beiden Metallen werden jährlich weltweit je ungefähr 100 Tonnen gefördert. Die bedeutendsten Förderländer sind Südafrika und Russland. Platin und Palladium werden aufgrund ihrer physikalischen Eigenschaften vorwiegend industriell verwertet (Elektroindustrie, Katalysatoren) und in zweiter Linie auch in der Schmuckindustrie. Nur zu einem kleinen Teil werden Platin und Palladium zu Barren oder Münzen verarbeitet. Da der grösste Teil der Produktion direkt von den wenigen Produzenten an die Industrie verkauft wird und die Nachfrage starken konjunkturellen und branchenspezifischen Schwankungen unterliegt, ist die ↑Volatilität dieser beiden Edelmetalle relativ hoch. Als Anlagemedien spielen sie deshalb nur eine untergeordnete Rolle.

Die Bewertung im internationalen Edelmetallhandel erfolgt in USD pro Unze (1 Troy Unze = 31,1035 Gramm). In Hongkong wird in einem chinesischen Mass, dem «Tael» (1 Tael = 37,429 Gramm) und im Nahen Osten und in Indien in «Tola» (1 Tola = 11,6638 Gramm) gerechnet.

Edelmetallprodukte bestehen gewöhnlich nicht aus einem einzigen Metall, sondern beinhalten eine sehr kleine Menge an Fremdmetallen. Der Anteil reinen Edelmetalls am Gesamtgewicht wird im Edelmetallhandel als *Feinheit* bezeichnet. Die Feinheit wird in Gewichtseinheiten reinen Edelmetalls pro Tausend angegeben. Edelmetallprodukte müssen unter anderem eine international vorgeschriebene Mindestfeinheit besitzen, um als so genannte «gute Lieferung» anerkannt zu werden. Für Goldbarren beträgt diese Mindestfeinheit 995/1 000, für Silber 999/1 000, für Platin und Palladium 999,5/1 000.

Die häufigste *Handelsform für physisches Edelmetall* ist der Barren, d. h. ein Stück bearbeiteten Edelmetalls in der Form eines Quaders. Auf jedem Barren werden die Feinheit sowie die Marke des Herstellers eingestanzt. Diese garantiert, dass die Angabe der Feinheit stimmt. Die Herstellermarken befinden sich in einem Verzeichnis: das Verzeichnis der Hersteller und Schmelzanstalten, die international anerkannt sind. Nur wer in diesem Verzeichnis eingetragen ist, darf Edelmetalle verarbeiten und veredeln. Hersteller in der Schweiz brauchen zusätzlich eine Schmelzbewilligung des Bundes.

Im internationalen Edelmetallhandel sind *Standardbarren* am weitesten verbreitet. Ein Standardbarren Gold wiegt rund 400 Unzen (ca. 12,5 kg), muss eine Mindestfeinheit von 995/1 000 aufweisen, die Marke eines anerkannten Herstellers und eine Barrennummer tragen. Die Barrennummer dient zur Identifikation jedes Barrens und wird vom Produzenten in einem Verzeichnis eingetragen.

Für den privaten Anlagebedarf sowie für den gewerblichen Kleinverbrauch werden die Standardbarren geschmolzen und in kleinere Barren oder Plättchen gegossen. Es gibt ein vielfältiges Sortiment von Kleinbarren und Plättchen in metrischen, angelsächsischen, indischen und chinesischen Gewichtseinheiten mit verschiedenen, meist höheren Feinheitsgraden. Der Käufer muss für die Herstellungskosten einen Aufpreis (↑Agio) zahlen.

Für die Bedürfnisse der Schmuckindustrie werden Standardbarren geschmolzen und in flüssigem Zustand durch ein Sieb in Wasser gegossen. Dadurch entstehen kleine Granulate mit einem Durchmesser von einigen Millimetern. Auch hier muss der Kunde für die Herstellungskosten ein Agio zahlen.

Der Handel mit ↑*numismatischen Münzen,* d.h. Münzen deren ↑Marktwert wegen ihrer Seltenheit und ihres Alters weit über dem ↑Nennwert liegt und sich nicht primär nach deren Edelmetallgehalt richtet, findet hauptsächlich ausserhalb des Banksystems statt. Auch kurante Münzen, d.h. solche, die zwischen 1850 und 1940 gängige Zahlungsmittel waren, sind selten geworden, weshalb ihr Marktwert weit über dem aufgedruckten Geldwert liegt. Obwohl das Agio hier sehr hoch ist, werden sie als Anlagemedium nur beschränkt nachgefragt, weil nur noch für sehr gut erhaltene Münzen der volle Marktwert bezahlt wird. Für beschädigte Münzen wird in der Regel nur noch der Schmelzwert vergütet.

↑*Bullion coins* sind laufend neu geprägte Münzen. Ihr Preis richtet sich nach dem Kurs für Standardbarren zuzüglich eines geringen Agios. Bekannteste Beispiele sind der südafrikanische ↑Krügerrand und der kanadische ↑Maple leaf.

Der Handel mit Edelmetallen kann physisch oder nichtphysisch stattfinden. Beim *physischen Handel* wird das Edelmetall dem Käufer geliefert, z.B. weil er das Metall zu Schmuck weiterverarbeitet. Beim *nichtphysischen Handel,* heute der grössere Teil des Edelmetallhandels, wird das Edelmetall nicht geliefert. Der Kauf wird auf einem speziellen Konto, dem ↑Edelmetallkonto verbucht. Der Kontoinhaber wird nicht Eigentümer des Edelmetalls. Das Kontoguthaben verkörpert lediglich einen Lieferanspruch auf das Edelmetall, das im Eigentum der Bank bleibt. Ausserdem werden auf dem Markt verschiedene Edelmetallderivate (↑Optionen, ↑Futures, ↑Strukturierte Produkte) angeboten.

Die Banken vermitteln zwischen den internationalen Edelmetallmärkten, an denen hauptsächlich die Produzenten, die ↑Zentralbanken und die im Edelmetallhandel tätigen Finanzinstitute teilnehmen, und den Endabnehmern. Die *internationalen Edelmetallmärkte* sind entweder als Interbanken-Markt (↑Interbankgeschäft) oder als institutionalisierte ↑Börsen ausgebildet. Die Banken kaufen Edelmetalle an diesen Märkten und verkaufen sie an ihre Kunden weiter. Der Edelmetallhandel findet heute rund um die Uhr statt und die Edelmetallpreise sind aufgrund der ↑Arbitrage im professionellen Handel weltweit ungefähr gleich. Die wichtigsten Handelsplätze sind Zürich, London, Hongkong und New York.

London ist der älteste und traditionsreichste Handelsplatz. Getragen wird der Handelsplatz noch heute von fünf englischen Goldhandelshäusern, den «London Bullion Brokers». Zweimal am Tag treffen sich ihre Vertreter und ermitteln den ↑Goldpreis, das so genannte Goldfixing, das im internationalen Handel eine wesentliche Preisindikation bildet.

Zürich ist heute der bedeutendste physische Goldmarkt der Welt. Diese Position verdankt Zürich dem «Zürcher Goldpool», der seit 1968 besteht und an dem seine Mitglieder, die Schweizer ↑Grossbanken, als Selbstkontrahenten auftreten.

Der Edelmetallhandel in New York wird an Warenbörsen (↑Warenterminbörsen) über Terminkontrakte (↑Termingeschäft) abgewickelt. Führend ist hier die New York Commodity Exchange Inc. (↑COMEX).

Trotz der in den 70er-Jahren erfolgten Aufhebung der Golddeckung für sämtliche wichtigen ↑Währungen und des Verkaufs von wesentlichen Goldbeständen durch die Zentralbanken, bildet Gold weiterhin einen wichtigen Bestandteil der offiziellen ↑Währungsreserven. Ausserdem ist es vor allem in Krisen- und Inflationszeiten als «sicherer Hafen» beliebt. Industriell hat es für die Herstellung von Schmuck und in der Elektronikindustrie hervorragende Bedeutung. Neben dieser Angebots- und Nachfragesituation ist der Preis des Goldes auch von den Devisenwechselkursen, insbesondere vom USD-Kurs, abhängig, da Edelmetalle auf dem Weltmarkt in USD pro Unze gehandelt werden. Für den Anleger haben Edelmetalle folgende Vorteile: sie werden weltweit gehandelt und werden langfristig als wertbeständig angesehen. Der Nachteil ist, dass sie keine Zinsen abwerfen. ↑Edelmetalle (als Kapitalanlage).

Daniel García

Edelmetallkonto

Beim physischen Handel mit Edelmetallen (Barren und ↑Münzen) werden diese bei einer Bank in einem Einzel- oder Sammeldepot hinterlegt. Beim nichtphysischen Handel hingegen verhält es sich wie bei einem Kundenguthaben auf einem ↑Bankkonto. Dabei werden Gold, Silber oder Platin ab einer bestimmten Menge (1 kg oder 32 Unzen Gold, 32 Stück Krügerrand, 50 Goldvreneli oder 10 kg Silber) auf einem Edelmetallkonto gutgeschrieben. Das Edelmetall bleibt im Tresor der Bank. Der Kunde kann aber jederzeit die ↑Auslie-

ferung verlangen und bezahlt für die ↑Kontoführung eine Gebühr an die Bank.
Die Vorteile des Edelmetallkontos gegenüber dem physischen Handel mit ↑Einlieferung in ein ↑Depot liegen in der höheren Sicherheit und Flexibilität des Handels. In einigen Staaten, auch in der Schweiz, entfällt zudem die Mehrwertsteuer, solange die Käufe und Verkäufe durch Gutschriften und Belastungen auf dem Konto erfolgen und keine physische Auslieferung stattfindet. Im Konkursfall der Bank werden allerdings die Gutschriften auf dem Edelmetallkonto in einen Geldbetrag im Umfang der vorhandenen Guthaben umgewandelt. Der Kunde hat beim Konkurs der kontoführenden Bank also keinen Anspruch auf ↑physische Lieferung der Edelmetalle. ↑Sammelverwahrung; Edelmetalle (als Kapitalanlage); ↑Edelmetallhandel. *Hans-Dieter Vontobel*

EDIFACT
Abk. f. Electronic data interchange for administration, commerce and transport. ↑UN/EDIFACT.

EEX
Die European Energy Exchange (EEX) ist eine internationale Strombörse, die aus der Zusammenarbeit der deutschen (und teilweise der schweizerischen) Elektrizitätswirtschaft und der deutsch-schweizerischen ↑Eurex entstand.
Links: www.eex.de

EFFAS
Abk. f. ↑European Federation of Financial Analysts Societies.

Effekten
Vereinheitlichte und zum massenweisen Handel geeignete ↑Wertpapiere, nicht verurkundete Rechte mit gleicher Funktion (↑Wertrechte) und ↑Derivate (BEHG 2 lit. a).

Effektenarbitrage
Unter Effektenarbitrage wird das zeitgleiche Kaufen und Veräussern von ↑Effekten an verschiedenen ↑Börsen oder Märkten verstanden. Der Arbitrageur versucht dabei, zu einem bestimmten Zeitpunkt Kursunterschiede zwischen verschiedenen Handelsplätzen auszunützen und auf diese Weise einen Gewinn zu erzielen. Der Nettogewinn ergibt sich aus der Kursdifferenz abzüglich der ↑Transaktionskosten. ↑Arbitrage ist nur auf Basis eines guten Informationssystems möglich und ist für den Arbitrageur in der Regel risikolos. Die Effektenarbitrage erfüllt mit dem örtlichen Ausgleich der ↑Kurse eine volkswirtschaftliche Rolle. An der stärker notierenden Börse wird der Kursauftrieb aufgehalten, während der Kurs an der anderen Börse wegen der zusätzlichen Nachfrage steigt. Da die neuen Kommunikationstechnologien zu einer erhöhten Transparenz an den Märkten geführt haben, wird es zunehmend schwieriger, Kursunterschiede durch Arbitrage auszunützen. Die Arbitrage ist daher nur mehr begrenzt lohnend, da die ↑Margen sehr gering geworden sind.
Hans-Dieter Vontobel

Effektenbörse
↑Börse.

Effektenbörsen, Vereinigung Schweizerischer
↑Vereinigung Schweizerischer Effektenbörsen.

Effektenclearing
↑Clearing and settlement.

Effektenemission
↑Emissionsgeschäft.

Effektenfonds
Die Kategorie Effektenfonds wurde mit dem revidierten Anlagefondsgesetz vom 18.03.1994 eingeführt und ersetzte den bisherigen «Wertschriftenfonds». Einerseits wollte der Gesetzgeber damit dem Trend zur Dematerialisierung (↑Entmaterialisierung von Wertpapieren) Rechnung tragen, andererseits schuf er EU-kompatible ↑Fonds insbesondere deshalb, damit diese – so hoffte man zumindest bis zur EWR-Abstimmung – auf dem europäischen ↑Finanzmarkt aufgrund eines vereinfachten Registrierungsverfahrens vertrieben werden können. Entsprechend wurden im Wesentlichen die Anlagevorschriften der geltenden Richtlinie 85/611/EWG übernommen. Um rasch auf allfällige Änderungen dieser Richtlinie reagieren zu können, wurde dem Bundesrat das Recht eingeräumt, auf dem Verordnungsweg, mithin ohne Zustimmung des Gesetzgebers, weitere Anlagen zuzulassen (AFG 32 II). In der Anlagefondsverordnung vom 19.10.1994 eilte der Bundesrat der EU gar voraus, indem er den zum damaligen Zeitpunkt erst als Entwurf vorliegenden Vorschlag zur Änderung der Richtlinie 85/611/EWG bereits berücksichtigte. Da dieser in der Folge jedoch nicht verabschiedet wurde, weichen die für Effektenfonds massgeblichen Anlagebestimmungen in folgenden Punkten von der geltenden Richtlinie 85/611/EWG ab:
– Limite von 10% für Anlagen in anderen Effektenfonds (EU: 5%)
– Zulässigkeit von Anlagen in Geldmarktinstrumenten (EU: nicht vorgesehen)
– Zulässigkeit von Anlagen in Bankguthaben bis 25% des Fondsvermögens (EU: nicht vorgesehen)
– Zulässigkeit von Fonds, die ihr Vermögen ausschliesslich in Anteilen anderer Effektenfonds anlegen (sog. Effekten-Dachfonds [↑Dachfonds]; EU: nicht vorgesehen).

Diese Unterschiede zwischen dem geltendem EU-Recht und der revidierten Anlagefondsgesetzgebung können dazu führen, dass Schweizer Effektenfonds, die den erweiterten Spielraum der Anlagefondsverordnung ausnützen, in EU-Staaten u.U. nicht zum Vertrieb zugelassen werden bzw. ihre ↑Fondsreglemente entsprechend ändern müssen. Bezüglich der übrigen ↑Anlagevorschriften sind Schweizer und EU-Recht im Wesentlichen identisch.

1. Zugelassene Anlagen
Die Fondsleitung von Effektenfonds darf nur in ↑Effekten gemäss AFG 32 anlegen und hat dabei die Anlagevorschriften nach AFG 32–34 i.V. m. AFV 31–41 sowie AFV-EBK 1–44 strikte einzuhalten, da die Fonds andernfalls als Übrige Fonds (AFG 35) gelten. Unter den komplexen anlagefondsgesetzlichen Begriff Effekten fallen die herkömmlichen ↑Wertpapiere, die ein Beteiligungs- oder Forderungsrecht verkörpern, sowie deren papierloses Pendant, die sog. ↑Wertrechte. Die Wertpapiere und Wertrechte müssen «massenweise ausgegeben», d.h. ↑fungibel (vertretbar) sein und «an einer Börse oder an einem anderen geregelten, dem Publikum offen stehenden Markt gehandelt werden» (AFG 32 I). Ein geregelter Markt muss gemäss Praxis der Aufsichtsbehörde mindestens die folgenden Merkmale aufweisen:
– Einen regulären Handel, der dem Kunden täglich zumindest zu bestimmten Tageszeiten die Erteilung von Kauf-/Verkaufsaufträgen ermöglicht
– Eine transparente, für Dritte nachvollziehbare Preisbildung
– Preisstellung durch mindestens drei ↑Market maker
– Ein Mindestmass an Handelsusanzen, die von allen Marktteilnehmern als verbindlich befolgt werden und deren Verletzung zu Sanktionen führt
– Settlement der ↑Transaktionen durch eine anerkannte Clearingstelle (↑Clearing and settlement)
– Anerkennung durch eine Behörde und/oder Selbstregulierungsorganisation.

Daneben darf die Fondsleitung bis zu 10% des Fondsvermögens in Nichteffekten anlegen (AFV 31 IV) sowie angemessene flüssige Mittel halten zur Befriedigung von Rücknahmebegehren, Vornahme der ↑Ausschüttungen und allenfalls zum «Parken» von Geldern, bis wieder eine befriedigende Anlagemöglichkeit gefunden wird (AFG 32 III, AFV 32).

2. Risikodiversifikation
Gemäss AFG 33 muss die Fondsleitung von Effektenfonds bei ihren Anlagen die Grundsätze der Risikoverteilung einhalten. Grundsätzlich dürfen Effektenfonds höchstens 10% des Fondsvermögens in Effekten desselben ↑Emittenten anlegen. Dabei darf der Gesamtwert der Effekten von Emittenten, in deren Effekten mehr als 5% des Fondsvermögens investiert sind, 40% des Fondsvermögens nicht übersteigen (AFV 37 I). Von diesen Beschränkungen kann bei bestimmten Emittenten abgewichen werden. So dürfen im Extremfall mit Bewilligung der Aufsichtsbehörde bis 100% des Fondsvermögens in Effekten desselben Emittenten angelegt werden, sofern diese von einem Staat oder einer öffentlich-rechtlichen Körperschaft aus der OECD oder von internationalen Organisationen öffentlich-rechtlichen Charakters, denen die Schweiz oder ein Mitgliedstaat der EU angehören, begeben oder garantiert werden (AFV 38 I).

Zu beachten ist, dass gemäss AFV 36a, der am 25.10.2000 eingefügt und am 01.01.2001 in Kraft gesetzt wurde, in die Risikoverteilungsvorschriften nicht bloss die Anlagen, sondern richtigerweise auch die flüssigen Mittel, die nicht bei der Depotbank gehalten werden, die derivativen Finanzinstrumente (↑Derivate) sowie grundsätzlich auch die Forderungen gegen Gegenparteien aus Geschäften mit Derivaten einzubeziehen sind.

Die genannten Limiten sind ständig einzuhalten (AFV 29 I). Werden sie infolge von Kursausschlägen einzelner Effekten oder infolge von Veränderungen des Fondsvermögens (z.B. durch die Ausübung von ↑Bezugsrechten) überschritten, so müssen die Anlagen unter Wahrung der Interessen der Anleger innerhalb einer angemessenen Frist auf das zulässige Mass zurückgeführt werden (AFV 29 II).

3. Anlagetechniken und -instrumente
Die Vorschriften betreffend die Anlagetechniken und -instrumente (AFG 34, AFV 33–36, 40 und 41, AFV-EBK 1–44) dienen dem Schutz des Anlegers, indem sie die Fondsleitung von Effektenfonds in der Auswahl der auf den heutigen Finanzmärkten angebotenen Anlagemöglichkeiten einschränken und die Anwendung von als risikoreich betrachteten Techniken und Instrumente reglementieren oder gar verbieten.

So dürfen die Effektenleihe (↑Securities lending and borrowing) und seit dem 01.01.2001 das Pensionsgeschäft nur im Rahmen der ordentlichen Verwaltung des Fondsvermögens eingesetzt werden, während für Rechnung von Effektenfonds Leerverkäufe (↑Short selling) verboten sind. Vorübergehend dürfen für höchstens 10% des Fondsvermögens Kredite aufgenommen und bis zu 25% des Fondsvermögens verpfändet oder zur Sicherung übereignet werden. Derivate sind im Rahmen der ordentlichen Verwaltung des Fondsvermögens sowie zur Deckung von Währungsrisiken zugelassen, wenn
– sie direkt oder indirekt Effekten gemäss AFV 31 I zum Gegenstand haben
– sie an einer Börse oder an einem anderen geregelten, dem Publikum offen stehenden Markt gehandelt werden, oder die Institution, mit der die Fondsleitung solche Geschäfte abschliesst,

bestimmte, von der Aufsichtsbehörde festzulegende Kriterien erfüllt
– sie weder eine Hebelwirkung auf das Fondsvermögen ausüben noch einem Leerverkauf entsprechen.

Die Fondsleitung muss den Einsatz der Derivate, die Effektenleihe und das Pensionsgeschäft in internen Richtlinien regeln, die mindestens einmal jährlich zu aktualisieren sind. In diesem Zusammenhang ist auf die neue total revidierte Verordnung der Eidg. ↑Bankenkommission (EBK) über die Anlagefonds (AFV-EBK) vom 24.01.2001 hinzuweisen, die am 01.05.2001 in Kraft trat. Neben der Neuregulierung des Pensionsgeschäftes und der Öffnung der Effektenleihe wurde insbesondere ein grundsätzlich neues Regulierungskonzept für Derivate eingeführt: Anstelle der bisherigen abschliessenden Aufzählung der zulässigen Derivate werden diese neu namentlich nach Derivat-Grundformen, Kombinationen und exotischen Derivaten unterschieden. Neu sind auch Over-the-counter- (↑OTC-)Transaktionen unter bestimmten Voraussetzungen generell möglich. In Bezug auf die Organisation der Fondsleitung gilt, dass ihr Personal qualifiziert sein muss und die Wirkungsweise der eingesetzten Derivate jederzeit verstehen und nachvollziehen kann.

Abschliessend ist darauf hinzuweisen, dass das Europäische Parlament am 23.10.2001 zwei Änderungsvorschläge der geltenden Richtlinie 85/611/EWG einstimmig genehmigt hat. Unter anderem ist vorgesehen, die zulässigen Anlagen zu erweitern und die Risikoverteilungslimite von 10% auf maximal 35% zu erhöhen, sofern der betreffende Fonds einen ↑Aktienindex abbilden will. Die Mitgliedstaaten müssen einerseits bis zum 13.08.2003 Vorschriften erlassen, die die Änderungen umsetzen, anderseits müssen sie diese Vorschriften bis spätestens ab dem 13.02.2004 anwenden. Für den schweizerischen Gesetz- und Verordnungsgeber besteht demzufolge Handlungsbedarf. *Felix Stotz*

Effektengeschäft

Unter dem Effektengeschäft wird meistens das Effektenhandelsgeschäft, also der An- und Verkauf von ↑Effekten verstanden. In der bankwirtschaftlichen Terminologie werden neben dem ↑Effektenhandelsgeschäft auch die Begriffe ↑Emissionsgeschäft und ↑Depotgeschäft zum Effektengeschäft gezählt.

Effektengirostelle

Zentrale Stelle, die für ↑Effektenhändler die Verwahrung bzw. Verwaltung von sammelverwahrungsfähigen ↑Effekten bzw. ↑Bucheffekten und die ↑Abwicklung (das ↑Clearing and settlement) von Effektentransaktionen, d.h. die Übertragung von Effekten vom Verkäufer auf den Käufer gegen Bezahlung in Form von Buchgeld, besorgt. In der Schweiz die ↑SIS SegaIntersettle AG in Olten. ↑Sammelverwahrung.

Effektengiroverkehr

In Deutschland gebräuchliche Bezeichnung für die buchmässige Übertragung von ↑Effekten bei der Deutschen Börse Clearing AG.

Effektenhandel

Der An- und Verkauf von Effekten am sog. ↑Sekundärmarkt. Er wickelt sich im Rahmen eines organisierten Marktes (↑Börse) oder ausserhalb eines solchen ab. Im ersten Fall bleibt er den berufsmässigen ↑Effektenhändlern vorbehalten, die einer Bewilligung der EBK (↑Bankenkommission, Eidg.) bedürfen und zudem von der Börse als Mitglieder zugelassen sein müssen (↑Börsenlizenz). Einer Bewilligung der EBK als Effektenhändler bedarf auch, wer ausserhalb der Börse gewerbsmässig mit Effekten handelt. Aus der Sicht des Effektenhändlers wird zwischen dem Effektenhandel für eigene Rechnung und dem Effektenhandel für fremde Rechnung (d.h. für Rechnung und im Auftrag von Kunden, Effektenkommissionsgeschäft) unterschieden. Der Effektenhandel bildet einen Teilbereich des ↑Effektengeschäfts, zu dem auch das ↑Emissionsgeschäft (↑Primärmarkt) und das ↑Depotgeschäft gezählt werden.

Effektenhändler (BEHG)

Das *BG vom 24.03.1995 über die Börsen und den Effektenhandel* (BEHG; ↑Börsengesetz) definiert den Begriff *Effektenhändler* als «natürliche oder ↑juristische Personen und Personengesellschaften, die gewerbsmässig für eigene Rechnung zum kurzfristigen Wiederverkauf oder für Rechnung Dritter ↑Effekten auf dem ↑Sekundärmarkt kaufen und verkaufen, auf dem ↑Primärmarkt öffentlich anbieten oder selbst ↑Derivate schaffen und öffentlich anbieten» (BEHG 2 lit. d). Effekten sind «vereinheitlichte und zum massenweisen Handel geeignete ↑Wertpapiere, nicht verurkundete Rechte mit gleicher Funktion (↑Wertrechte) und ↑Derivate» (BEHG 2 lit. a). Der Auslegungsspielraum dieser weit und offen formulierten Legaldefinition ist augenfällig. Im Interesse der Rechtssicherheit, insbesondere in Anbetracht der Pflicht eines Effektenhändlers, von der EBK (↑Bankenkommission, Eidg.) eine Bewilligung (↑Bewilligungspflicht) einzuholen, hat der Gesetzgeber daher in der Ausführungsverordnung (Börsenverordnung; BEHV) Präzisierungen vorgenommen. So wurden fünf Händlerkategorien festgelegt (BEHV 3) sowie qualifizierende Elemente und Ausnahmen geregelt (BEHV 2). Kategorisiert sind: Eigenhändler, Emissionshaus, Derivathaus, ↑Market maker und Kundenhändler. Als qualifizierendes Element haben die ersten drei Kategorien hauptsächlich im ↑Finanzbereich tätig zu sein, wohingegen Nebentätigkeit für den Market maker und den Kundenhändler genügt. Nicht als Effektenhändler gelten die Schweizerische ↑Nationalbank, ↑Fondsleitungen, Versicherungseinrichtungen (im Sinne des Versicherungsaufsichtgesetzes) und Einrichtungen der ↑beruflichen Vorsorge (unter Aufsicht). In diesem Sinn hebt sich der börsengesetzliche Begriff des Effektenhändlers auch deutlich vom weiter gefassten steuerrechtlichen (↑Effektenhändler [StG]) ab.

Ausgehend von der Börsenverordnung erhielt der Begriff des Effektenhändlers durch ein ↑EBK-Rundschreiben (EBK-RS 98/2 Effektenhändler) weitere Präzisierungen. Im Lichte des Rundschreibens können die fünf Kategorien vereinfacht wie folgt dargestellt werden:

– Der *Eigenhändler* betreibt das gewerbsmässige und kurzfristige Handeln mit Effekten auf eigene Rechnung. Er hat aktiv ein ↑Portfolio zu verwalten (↑Investmentgesellschaft) oder in eigenem Namen ohne Auftrag oder Instruktionen Dritter ↑Effektengeschäfte mit Umsatz von mehr als CHF 5 Mia. pro Jahr abzuwickeln. Gewerbsmässigkeit bedeutet, dass das ↑Effektengeschäft eine selbstständige und unabhängige wirtschaftliche Tätigkeit darstellt, die darauf ausgerichtet ist, regelmässig Erträge zu erzielen.

– Ein *Emissionshaus* übernimmt gewerbsmässig – fest oder in Kommission – von Dritten herausgegebene Effekten und bietet diese öffentlich auf dem Primärmarkt an. «Öffentlich» ist das Angebot, wenn es sich an eine unbestimmte Anzahl Personen richtet, d.h. insbesondere durch Inserate, Prospekte, Rundschreiben oder elektronische Medien verbreitet wird. Keine «Öffentlichkeit» ist gegeben, wenn das Angebot ausschliesslich an andere beaufsichtigte Institute, an massgeblich am Effektenhändler beteiligte Personen (inkl. mit diesem wirtschaftlich oder familiär verbundene Personen) oder an institutionelle Anleger mit professioneller Tresorerie gestellt wird.

– Ein *Derivathaus* schafft gewerbsmässig Derivate und bietet diese auf eigene oder fremde Rechnung auf dem Primärmarkt an. Das «öffentliche» Angebot ist identisch demjenigen des Emissionshauses. Als Derivate gelten vereinheitlichte und zum massenweisen Handel geeignete ↑Finanzkontrakte (börslich oder ausserbörslich gehandelt), deren Preis abgeleitet wird von Vermögenswerten wie ↑Aktien, ↑Obligationen, Rohstoffen und Edelmetallen sowie von Referenzsätzen wie ↑Währungen, ↑Zinsen und Indizes. Händler, die lediglich Kassageschäfte in ↑Basiswerten abschliessen (Rohstoff-, Edelmetall- und Devisenhändler), fallen somit aus dieser Kategorie.

– Der *Market maker* betreibt den gewerbsmässigen und kurzfristigen Handel mit Effekten auf eigene Rechnung zusammen mit den öffentlichen Kursstellen für einzelne Effekten – dauernd oder auf Anfrage. Diese Kategorie kann funktionell verstanden werden als Eigenhändler mit Zusatzelement. Das Zusatzelement des öffentlichen Kursstellens wird dem öffentlichen Angebot gleichgesetzt und rechtfertigt die Unterstellung unter das Gesetz, auch wenn der Market maker nicht hauptsächlich im Finanzbereich tätig ist. Eine Umsatzschwelle wird nicht verlangt.

– Der *Kundenhändler* handelt gewerbsmässig in eigenem Namen für Rechnung von Kunden, wobei er zusätzlich selber oder bei Dritten Kundenkonti führt oder Effekten dieser Kunden bei sich oder in eigenem Namen bei Dritten aufbewahrt. Ein Kundenhändler muss nicht zwingend hauptsächlich im Finanzbereich tätig sein. Neben der erwähnten Definition der Gewerbsmässigkeit als eine auf regelmässige Erträge ausgerichtete selbstständige und unabhängige wirtschaftliche Tätigkeit handelt ein Kundenhändler auch gewerbsmässig, wenn er direkt oder indirekt für mehr als zwanzig Kunden Konten führt oder Effekten aufbewahrt. Nicht als Kunden werden andere beaufsichtigte Institute, massgeblich am Effektenhändler beteiligte Personen (inkl. mit diesem wirtschaftlich oder familiär verbundene Personen) oder institutionelle Anleger mit professioneller Tresorerie betrachtet.

Schliesslich ist erwähnenswert, dass unabhängige ↑Vermögensverwalter, die Vermögenswerte ihrer Kunden ausschliesslich gestützt auf Vollmachten betreuen, d.h., nicht in eigenem Namen für Rechnung dieser Kunden Konten führen oder Effekten aufbewahren, nicht als Effektenhändler qualifiziert werden.
Rolf Gertsch

Effektenhändler (StG)

Im *BG vom 27.06.1973* über die Stempelabgaben (StG) bezeichnet das Wort Effektenhändler das Steuersubjekt, konkret *die zur Entrichtung der Umsatzabgabe* (↑Stempelabgaben im Finanzgeschäft) *verpflichtete natürliche oder juristische Person*. Nach StG 13 III gehören zu den Effektenhändlern die unten (1. bis 4.) aufgeführten Personen; durch das BG vom 15.12.2000 über neue dringliche Massnahmen im Bereich der Umsatzabgabe sind sodann mit Wirkung ab 01.07.2001 ebenfalls die unter 5. bis 7. aufgeführten Institutionen zu Effektenhändlern erklärt worden:

1. Die *inländischen* Banken sowie die Schweizerische ↑Nationalbank SNB
2. Alle im Inland ansässigen natürlichen und juristischen Personen, Personengesellschaften sowie Niederlassungen von ausländischen Unternehmen, welche sich im Wertschriftengeschäft als *professionelle Händler* oder als *professionelle Vermittler* (als ↑Anlageberater oder ↑Vermögensverwalter) betätigen
3. Alle *inländischen Kapitalgesellschaften* und *Genossenschaften*, deren Aktiven nach ihrer

letzten Bilanz zu mehr als CHF 10 Mio. aus Wertschriften oder Beteiligungen bestehen
4. Die als ↑*Remote members an der* ↑*SWX Swiss Exchange angeschlossenen ausländischen Institute* für die an der SWX gehandelten inländischen ↑Titel
5. Alle *inländischen Einrichtungen der* ↑*beruflichen und der gebundenen* (↑*Altersvorsorge*) *Vorsorge* (insbesondere die Pensionskassen und die ↑Anlagestiftungen), deren Aktiven nach ihrer letzten Bilanz zu mehr als CHF 10 Mio. aus Wertschriften bestehen
6. Der *Bund*, die *Kantone* und die *politischen Gemeinden*
7. Die *inländischen Einrichtungen der Sozialversicherung*, konkret der ↑Ausgleichsfonds der AHV sowie der Ausgleichsfonds der Arbeitslosenversicherung und die Ausgleichskassen.

Die Effektenhändler haben die von ihnen geschuldete Umsatzabgabe vierteljährlich bei der Eidg. Steuerverwaltung abzuliefern, und zwar gestützt auf eine Selbstdeklaration mittels Formular 9. Die von den Remote members der SWX geschuldete Umsatzabgabe wird von der SWX entrichtet. Die unter den Ziffern 3 und 5–7 erwähnten Effektenhändler müssen die über eine Bank in der Schweiz getätigten Geschäfte nicht im Umsatzregister eintragen, sofern sie davon absehen, sich beim Geschäftsabschluss explizit als Effektenhändler auszuweisen. Damit delegieren sie ihre Abgabepflicht an die betreffende inländische Bank, welche die Umsatzabgabe an ihrer Stelle abliefert.

Conrad Stockar

Effektenkommissionsgeschäft
↑Kommissionsgeschäft.

Effektenkredit
Kredit gegen Verpfändung von ↑Effekten (↑Wertpapierverpfändung).

Effektenleihe
↑Securities lending and borrowing.

Effektenlombardgeschäft
Kreditgewährung gegen Verpfändung von Wertschriften (↑Wertpapierverpfändung).

Effektenmarkt
↑Börse.

Effektentermingeschäft
↑Termingeschäft.

Effektive Stücke
↑Effekten, die in physischen ↑Titeln verurkundet und deshalb greifbar sind. (Gegensatz: ↑Wertrechte; ↑Bucheffekten.) Effektive Stücke sind im schweizerischen ↑Effektengeschäft heute äusserst selten.

Effektivklausel
↑Geldsortenschuld; ↑Währungsklauseln.

Effektivschuld
↑Geldsortenschuld; ↑Währungsklauseln.

Effektivverschuldung
Die Effektivverschuldung wird berechnet: ↑Fremdkapital abzüglich flüssige Mittel und Forderungen. Sie ist nicht zu verwechseln mit ↑Nettoverschuldung, die sich ergibt aus: Zinspflichtiges Fremdkapital abzüglich flüssige Mittel. Die Nettoverschuldung ist zur Beurteilung der Finanzkraft aussagefähiger. Wird die Nettoverschuldung in Beziehung gesetzt zum operativen ↑Cashflow, ergibt sich der Tilgungsfaktor. Dieser gibt an, wie oft der Cashflow erarbeitet werden müsste, bis das nettoverzinsliche Fremdkapital getilgt ist.

Effektivverzinsung, effektive Rendite
↑Zinssatz, der die tatsächliche, d.h. unter Berücksichtigung aller Erfolgskomponenten, erzielbare ↑Rendite einer ↑Kapitalanlage bzw. die tatsächlichen Kapitalkosten angibt. Die Effektivverzinsung eines ↑Wertpapiers stimmt in der Regel nicht mit dem ↑Nominalzinssatz überein, da in sie ferner der Kauf- bzw. Emissionspreis (↑Ausgabepreis), der Tageskurs (↑Börsenkurs) zum Zeitpunkt der Berechnung, Gebühren, ↑Laufzeit, Zinszahlungstermine, Tilgungsmodalitäten, ↑Agio bzw. ↑Disagio sowie allfällige Wechselkursgewinne bzw. -verluste eingerechnet werden müssen.

Effektivzins
↑Rendite eines ↑festverzinslichen Wertpapiers, die auch den Erwerbspreis und die Erwerbskosten, sowie ein allfälliges ↑Agio bei der ↑Rückzahlung berücksichtigt. Gegensatz: Nomineller Zins.

Efficient frontier
Die Efficient frontier gehört in den konzeptionellen Rahmen der ↑Portfolio-Theorie, welche 1952 von Harry Markowitz begründet wurde. Ausgehend von einem rational handelnden ↑Investor wird eine Optimierung der Beziehung zwischen ↑Rendite und ↑Risiko angestrebt. Durch ↑Diversifikation wird bei einem gegebenen Risiko die Rendite maximiert beziehungsweise bei einer gegebenen Rendite das Risiko minimiert. Auf diese Weise werden effiziente Portefeuilles für verschiedene Kombinationen der zu Grunde liegenden Anlagen bestimmt (die Betrachtung gilt für eine beliebige Anzahl Anlagen). Sämtliche effiziente Portefeuilles kommen auf der Efficient frontier zu liegen, welche sich mathematisch als Hyperbel beschreiben lässt. Ein rational handelnder Anleger wird somit ausschliesslich in Portefeuilles investieren, welche auf der Efficient frontier zu liegen kommen. Eine zentrale Erweiterung hat das Modell mit der Hinzunahme einer risikolosen Anlage erfahren.

Dadurch kann das Marktportfolio (auch Tangentialportfolio genannt, weil die Tangente durch die risikolose Anlage auf der Efficient frontier genau auf diesem Punkt zu liegen kommt) bestimmt werden. Es wird unterstellt, dass jeder Anleger entsprechend seiner Risikoneigung in eine Kombination aus dem Marktportfolio und der risikolosen Anlage investiert. *Heinz Zimmermann*

Efficient-market-Theorie (Hypothese informationseffizienter Kapitalmärkte)

Die Hypothese informationseffizienter ↑Kapitalmärkte und die Vielzahl empirischer Arbeiten, die sich auf sie beziehen, stellt einen essenziellen Bestandteil der modernen Kapitalmarkttheorie dar. Das Verhalten von Preisen auf spekulativen Märkten war bereits Bestandteil der Arbeit von Louis Bachelier zur ↑Random-walk-Theorie Anfang des 20. Jahrhunderts und wurde in frühen Arbeiten zur Kapitalmarkttheorie in den 50er- und 60er-Jahren sowohl theoretisch als auch empirisch vertieft. Jedoch erst mit der Formulierung der Informationseffizienzhypothese erhielten die empirischen Arbeiten einen Rahmen, der eine ökonomische Interpretation der Ergebnisse ermöglichte.

Die Formulierung der Hypothese zur Informationseffizienz der Kapitalmärkte geht auf Arbeiten von Fama zurück. Er definiert einen informationseffizienten Kapitalmarkt als einen Markt, auf dem zu jedem Zeitpunkt sämtliche verfügbaren Informationen in die Preisbildung eingehen. Nach Fama unterscheidet man *drei Formen der Markteffizienz:*
– *Strenge Form:* Sämtliche verfügbare Informationen gehen in die Preisbildung ein, d.h. beispielsweise auch Insider-Informationen
– *Mittelstrenge Form:* Sämtliche öffentlich verfügbaren Informationen gehen sofort in die Preisbildung ein
– *Schwache Form:* Nur historische Preise gehen in die Preisbildung ein.

Die Hypothese informationseffizienter Märkte behauptet, dass reale Kapitalmärkte dem Ideal eines informationseffizienten Marktes entsprechen. Eine derartig unterstellte Effizienz in der Verarbeitung von Information auf realen Märkten bewirkt, dass Preise jederzeit verlässliche Signalfunktion zur Kapitalallokation besitzen. Die aus theoretischer Sicht hinreichenden Bedingungen für einen informationseffizienten Markt sind folgende:
– Alle relevanten Informationen stehen jedem Marktteilnehmer kostenlos zur Verfügung
– Es existieren keine ↑Transaktionskosten
– Die Marktteilnehmer gehen von identischen Implikationen der gegebenen Informationen aus.

Mögliche Verletzungen der beiden letzten Bedingungen führen nicht notwendigerweise zu Informationsineffizienz. Dagegen betonen Grossman und Stiglitz, dass kostenlose Information zudem eine notwendige Bedingung für einen informationseffizienten Markt, wie ihn Fama definiert, darstellt. Eine Verletzung der Bedingung kostenloser Information führt zwangsläufig zu einem informationsineffizienten Markt, da bei Informationskosten kein Anreiz für die Marktteilnehmer besteht, solche Informationen einzuholen, bei denen die Kosten der Beschaffung den dadurch erzielbaren Nutzen übersteigen. Bei Kosten für die Beschaffung und Verarbeitung von Informationen werden Preise deshalb nicht sämtliche Informationen beinhalten. Aufgrund dieser Kritik wurde unter Aufhebung der Annahme kostenloser Information von Grossman und Stiglitz eine ökonomisch sinnvollere, abgeschwächte Form der Informationseffizienzhypothese formuliert. Bei Berücksichtigung der auf realen Märkten auftretenden Kosten der Informationsbeschaffung und -verarbeitung wird idealtypisch jeder Marktteilnehmer Informationen bis zu dem Punkt verarbeiten, an dem die Kosten dem Nutzen der zusätzlichen Information entsprechen. Informationseffizienz auf Märkten ist dann ein Gleichgewichtszustand, der Aktivitäten der Informationsbeschaffung und -analyse einschliesst.

Die empirische Überprüfung der Hypothese informationseffizienter Märkte gestaltet sich schwierig, da sich die Menge aller relevanten Informationen einer direkten Beobachtung entzieht. Um einen Test der Hypothese zu ermöglichen, wird nur eine Informationsteilmenge betrachtet und ein Gleichgewichtsmodell zur Bildung von Preisen am Kapitalmarkt herangezogen. Erst im Anschluss daran können testbare Implikationen der Effizienzhypothese abgeleitet werden. Ein Massstab für die Informationseffizienz eines Marktes kann es demnach sein, inwiefern es einzelnen Marktteilnehmern gelingt, dauerhaft und risikoadjustiert überdurchschnittliche Nettorenditen zu erwirtschaften. Für einen Test dieser Aussage ist stets ein Renditegleichgewichtsmodell erforderlich.

In der Literatur werden Renditegleichgewichtsmodelle vorgeschlagen, die unterstellen, dass der Gleichgewichtszustand am Markt durch Renditeerwartungen ausgedrückt werden kann. Man erhält damit Aussagen darüber, welche ↑Rendite für einen Vermögensgegenstand im Marktgleichgewicht zu erwarten ist. Erst auf Grundlage eines solchen Modells können mögliche Renditeabweichungen (sog. ↑Überrenditen oder abnormale Renditen) empirisch identifiziert werden.

Aufgrund der notwendigen Unterstellung eines Gleichgewichtsmodells werden Tests zur Kapitalmarkteffizienz damit zu Tests einer gemeinsamen Hypothese bezüglich der Effizienz des Marktes und der Gültigkeit des verwendeten Gleichgewichtsmodells. Bei einer Ablehnung der gemeinsamen Hypothese ist dann nicht sicher, ob dies auf Informationsineffizienz oder auf ein fehlspezifiziertes Renditeerwartungsmodell zurückzuführen ist (Joint-hypothesis-Problem).

Ein zentraler empirischer Befund, der das Modell der mittelstrengen Informationseffizienz stützt, besteht darin, dass es ↑institutionellen Anlegern, z. B. Fondsmanagern, nicht gelingt, Überrenditen am Kapitalmarkt zu erzielen. Demgegenüber gibt es aber auch Befunde, die gegen die Gültigkeit der Informationseffizienzhypothese sprechen. Stellvertretend seien hier die so genannten ↑Kalendereffekte von Aktienkursen oder die gefundenen negativen Langfristrenditen von Neuemissionen genannt. Solche Befunde bezeichnet man als Kapitalmarktanomalien.

Christoph Kaserer, Niklas Wagner

Effizienter Markt
Nach der Theorie des effizienten Marktes reflektieren Wertpapierkurse alle zum jeweiligen Zeitpunkt verfügbaren Informationen. Auf dieser Theorie baut die ↑Random-walk-Theorie der Wertpapierkurse auf. Unterschieden werden:
1. Die schwache Effizienzthese, nach der alle im historischen Kursverlauf enthaltenen Informationen im gegenwärtigen ↑Kurs eskomptiert (↑Eskomptieren) sind.
2. Die mittelstarke Effizienzthese, nach der auch alle veröffentlichten Informationen (z. B. über eine Aktiengesellschaft) bereits eskomptiert sind.
3. Die starke Effizienzthese, die behauptet, dass selbst alle ↑Insider-Informationen bereits eskomptiert sind.

↑Efficient-market-Theorie.

Effizientes Portefeuille
Ein Portfeuille (↑Portfolio) gilt dann als effizient, wenn durch ↑Diversifikation bei konstantem ↑Risiko keine höhere ↑Rendite erzielt werden kann, beziehungsweise wenn die gegebene Rendite nicht mit tieferem Risiko erzielt werden kann. Portfeuilles, die auf der ↑Efficient frontier liegen, sind effizient.

Effizienzkurve
↑Markowitz-Kriterium.

Effizienzlinie
↑Efficient frontier.

EFT/POS
Abk. f. ↑Electronic funds transfer at the point of sale.

Ehegatten im Bankverkehr
Das heutige eheliche Güterrecht ist seit dem 01.01.1988 in Kraft. Das alte Recht gilt allerdings nach wie vor für Ehepaare, die unter dem ordentlichen Güterstand der Güterverbindung standen und die innerhalb eines Jahres nach In-Kraft-Treten des neuen Gesetzes dem Güterrechtsregisteramt (Güterrechtsregister) eine gemeinsame schriftliche Erklärung auf Beibehaltung des alten Güterstandes abgaben (ZGB SchlT 9e). Sodann ist ein unter dem alten Recht abgeschlossener Ehevertrag grundsätzlich den alten Bestimmungen unterstellt. Durch Ehevertrag oder richterliche Verfügung begründete güterrechtliche Verhältnisse bedurften früher der Eintragung ins Güterrechtsregister und der Veröffentlichung, um Rechtskraft gegenüber Dritten zu erlangen. Seit In-Kraft-Treten des heutigen Rechts werden keine neuen Eintragungen im Güterrechtsregister mehr vorgenommen. Das Recht, ins Güterrechtsregister Einsicht zu nehmen, bleibt hingegen gewahrt.
Die Ehefrauen haben heute anders als nach dem alten Recht im Bankverkehr die gleiche Stellung wie Ehemänner.

1. Güterstände
Nach heute geltendem Recht ist die *Errungenschaftsbeteiligung* der ordentliche Güterstand. Der Güterstand umfasst die Errungenschaft (Vermögenswerte, die der Ehegatte während der Dauer des Güterstandes entgeltlich erwirbt, insbesondere den Arbeitserwerb) und das Eigengut (insbesondere Gegenstände, die einem Ehegatten ausschliesslich zum persönlichen Gebrauch dienen, und Vermögenswerte, die dem Ehegatten zu Beginn des Güterstandes gehören oder ihm später unentgeltlich zufallen). Jeder Ehegatte verwaltet und nutzt seine Errungenschaft und sein Eigengut und verfügt darüber. Während der Ehe besteht praktisch Gütertrennung. Jeder Ehegatte haftet für seine Schulden mit seinem gesamten Vermögen.
Der vertragliche Güterstand der *Gütergemeinschaft* kann durch Ehevertrag begründet werden. Die Gütergemeinschaft umfasst das Gesamtgut (Vermögen und Einkünfte der Ehegatten; die Ehegatten können durch Ehevertrag die Gemeinschaft auf die Errungenschaft beschränken) und das Eigengut jedes Ehegatten (es entsteht durch Ehevertrag, durch Zuwendung Dritter oder von Gesetzes wegen; von Gesetzes wegen umfasst es Gegenstände, die dem Ehegatten ausschliesslich zum persönlichen Gebrauch dienen, sowie Genugtuungsansprüche). Jeder Ehegatte kann in den Schranken der ordentlichen Verwaltung die Gemeinschaft verpflichten und über das Gesamtgut verfügen.
Übersteigt die Eingehung von Verpflichtungen oder eine Verfügung den Rahmen der ordentlichen Verwaltung, kann jeder Ehegatte nur mit Einwilligung des anderen die Gemeinschaft verpflichten oder über das Gesamtgut verfügen, doch dürfen Dritte, also auch Banken, diese Einwilligung voraussetzen, sofern sie nicht wissen oder wissen sollten, dass sie fehlt.
Für seine Schulden haftet jeder Ehegatte grundsätzlich mit seinem Eigengut und der Hälfte des Wertes des Gesamtgutes (so genannte Eigenschulden). Mit seinem Eigengut und dem ganzen

Gesamtgut haftet ein Ehegatte in den im Gesetz (ZGB 233) aufgezählten Fällen, so etwa für Schulden, die er in Ausübung seiner Befugnisse zur Vertretung der ehelichen Gemeinschaft oder zur Verwaltung des Gesamtgutes eingeht (so genannte Vollschulden).

Die *Gütertrennung* kann eheverträglich vereinbart werden. In bestimmten Fällen tritt sie sodann von Gesetzes wegen oder auf richterliche Anordnung hin ein. Bei der Gütertrennung verwaltet und nutzt jeder Ehegatte sein Vermögen und verfügt darüber. Jeder Ehegatte haftet für seine Schulden mit seinem gesamten Vermögen.

Dritten kann ein vom ordentlichen Güterstand abweichender Güterstand nur entgegengehalten werden, wenn sie ihn kennen oder kennen sollten. Gutgläubigen Dritten gegenüber sind die Bestimmungen über die Errungenschaftsbeteiligung anwendbar.

2. Kreditaufnahme und Kreditsicherstellung
Sowohl unter dem ordentlichen Güterstand der Errungenschaftsbeteiligung als auch bei der Gütertrennung können die Ehegatten selbstständig Kredite aufnehmen und ihre eigenen Vermögenswerte verpfänden oder sicherungshalber abtreten.

Haben die Ehegatten Gütergemeinschaft vereinbart, muss die Bank die Zustimmung beider Ehegatten einholen. Für die eingegangene Schuld haftet das ganze Vermögen der Eheleute, wenn beide Ehegatten der Kreditaufnahme zugestimmt haben. Andernfalls entsteht eine Eigenschuld. Die Kreditsicherstellung ist hingegen ohne die Zustimmung beider Ehegatten grundsätzlich nichtig. Gemäss ZGB 169 I kann ein Ehegatte nur mit der ausdrücklichen Zustimmung des andern einen Mietvertrag kündigen, das Haus oder die Wohnung der Familie veräussern oder durch andere Rechtsgeschäfte die Rechte an den Wohnräumen der Familie beschränken. Für die Belastung der Familienwohnung in Form von direkten Grundpfandgeschäften, ↑Sicherungsübereignungen oder indirekten Grundpfandgeschäften (↑Grundpfandrecht, ↑Hypothekargeschäft) ist unabhängig vom Güterstand, in dem die Ehegatten leben, die Zustimmung des jeweils anderen Ehegatten erforderlich, wenn die hypothekarische Belastung eine ernsthafte Gefährdung der Familienwohnung darstellt, so wenn die Belastung geeignet ist, der Familie die Familienwohnung zu entziehen. Im Zweifel wird die Bank immer die Zustimmung einholen. Fehlt sie und wurde der handelnde Ehegatte nicht vom Gericht ermächtigt, allein zu handeln, ist das Rechtsgeschäft nichtig.

3. Bürgschaft
Die Bürgschaftsverpflichtung (↑Bürgschaft) einer verheirateten Person ist nur mit Zustimmung des Ehegatten gültig. Dies gilt unabhängig vom Güterstand. Diese Zustimmung ist für die in OR 494 II aufgeführten Personen (Personen, die in bestimmter Funktion im Handelsregister eingetragen sind) nicht erforderlich. Für die nachträgliche Abänderung der Bürgschaft ist die Zustimmung des Ehegatten nur erforderlich, wenn der Haftungsbetrag erhöht oder eine einfache Bürgschaft in eine Solidarbürgschaft umgewandelt wird oder wenn die Änderung eine erhebliche Verminderung der Sicherheiten bedeutet.

4. Auskunftspflicht der Ehegatten
Jeder Ehegatte kann vom anderen jederzeit Auskunft über dessen Einkommen, Vermögen und Schulden verlangen. Auf sein Begehren kann der Richter den anderen Ehegatten oder Dritte verpflichten, die erforderlichen Auskünfte zu erteilen und die notwendigen Unterlagen vorzulegen (ZGB 170 I und II). Die Bank ist weder berechtigt noch verpflichtet, dem Ehegatten eines Kunden Auskünfte zu erteilen, es sei denn, es liege ein entsprechender Auftrag oder eine Ermächtigung des Kunden oder eine rechtskräftige Verfügung des zuständigen Gerichts vor.

5. Betreibung
Bei der Errungenschaftsbeteiligung gibt es wie bei der Gütertrennung kein gemeinschaftliches eheliches Vermögen. Jeder Ehegatte haftet für seine Schulden mit seinem gesamten Vermögen. Folglich kann jeder Ehegatte unabhängig vom andern betrieben werden. Bei der Gütergemeinschaft gilt eine betreibungsrechtliche Sonderregelung, da jedem Ehegatten ungeteiltes Gesamtgut gehört und er mit diesem nach Massgabe von ZGB 233 f. haftet.

6. Internationales Privatrecht
Die obigen Ausführungen gehen von der Anwendung schweizerischen Rechts aus. Es ist unbedingt darauf zu achten, dass bei einem internationalen Bezug des Sachverhaltes zunächst eruiert werden muss, nach welchem Recht die sich stellenden Fragen beurteilt werden. *Michèle Winistörfer*

Ehreneintritt
Auch ↑Intervention genannt. Ehreneintritt ist ein Begriff des Wechselrechts. Jeder Dritte, mit Ausnahme des ↑Bezogenen, kann einen ↑Wechsel zu Ehren annehmen oder bezahlen (Ehrenakzept, Ehrenzahlung). Der Ehrenzahler erwirbt die Rechte aus dem Wechsel gegen den Wechselverpflichteten, für den er interveniert, und gegen die Personen, die diesem aus dem Wechsel haften. Alle Nachmänner des Regressverpflichteten (↑Regress), für den gezahlt worden ist, werden frei (OR 1062).

EIB
Abk. f. ↑Europäische Investitionsbank.

Eidg. Bankfachprüfung
↑Ausbildung im Bankensektor; ↑Berufs- und höhere Fachprüfungen in Bank, Versicherung und Finanzplanung (BVF).

Eidg. Diplomprüfungen der Bankwirtschaft
↑Ausbildung im Bankensektor; ↑Berufs- und höhere Fachprüfungen in Bank, Versicherung und Finanzplanung BVF.

Eidg. Bankengesetz
↑Bankengesetzgebung.

Eidg. Bankenkommission
↑Bankenkommission, Eidg.

Eidg. Darlehenskasse
↑Darlehenskassen der Schweizerischen Eidgenossenschaft.

Eidgenossen
Im schweizerischen Obligationenhandel (↑Bond-Handel) gebräuchlicher Begriff für ↑Bundesanleihen.

Eidg. Münzstätte
↑Swissmint.

Eigenanlagen
Die Banken erwirtschaften ihren Ertrag hauptsächlich im Zinsdifferenz- und ↑Dienstleistungsgeschäft. Ergänzend dazu tätigen Banken Anlagen auf eigene Rechnung, die ↑kurzfristigen (Handelsgeschäft), mittel-/langfristigen (↑Finanzanlagen) oder ↑langfristigen Charakter (Beteiligungen) haben können.
Eigenanlagen zielen meist auf eine Ertragsoptimierung ab. Sie dienen jedoch auch der Anlage überschüssiger ↑Liquidität sowie der strategisch wichtigen Beteiligung an Gemeinschaftswerken der Banken.
Ein Zielkonflikt mit dem Aktionär kann dort entstehen, wo Banken über einen deutlichen Eigenmittelüberschuss verfügen, den sie langfristig nicht zur Unterlegung ihrer Kernaktivitäten, sondern zum Erwerb von bankfremden Beteiligungen verwenden. Aktionäre, die mit alternativen Anlagen eine höhere ↑Rendite erzielen können, sind an der ↑Ausschüttung dieses ↑Eigenkapitals interessiert (↑Shareholder value).

Eigene Aktien
Eigene Aktien sind die von der Gesellschaft als Folge eines Rückkaufs selbst als Eigentümerin in ihrem Wertschriftenportefeuille gehaltenen Aktien. In den USA verwendet man deshalb die Bezeichnung Treasury stock. (↑Stock).

Eine wesentliche Neuerung des Aktienrechts 1991 war die Liberalisierung des Erwerbs von eigenen Aktien.

1. Gesetzliche Vorschriften
Weil der Erwerb von eigenen Aktien nicht ohne Gefahr ist, hat der Gesetzgeber diesen jedoch an strenge Bedingungen geknüpft:
- *Erwerbsgrenze von 10%, bzw. 20% (OR 659):* Anders als im amerikanischen Recht dürfen nur 10% des ↑Aktienkapitals erworben werden, wobei die Erwerbsgrenze auf 20% heraufgesetzt wird, wenn die Aktien im Zusammenhang mit der Vinkulierungsordnung für nichtkotierte Gesellschaften erworben werden. Die 10%-Grenze kann auch überschritten werden, wenn der Erwerb eigener Aktien im Hinblick auf eine Herabsetzung des Aktienkapitals erfolgt.
- *Verfügbarkeit von frei verwendbarem Eigenkapital:* Nachdem die ↑Einlagenrückgewähr nach OR 680 II untersagt ist, setzt der Erwerb frei verwendbare offene Reserven oder einen ausreichenden Bilanzgewinn voraus. Der Erwerb eigener Aktien wird damit einer Gewinnausschüttung gleichgestellt, was auch betriebswirtschaftlichen Gegebenheiten entspricht.
- *Suspension der Stimmrechte (OR 659a):* Die mit den Aktien im Eigenbesitz verbundenen Stimmrechte ruhen. Damit soll verhindert werden, dass der Verwaltungsrat sich ohne entsprechenden Kapitaleinsatz selbst kontrolliert.
- *Bildung einer Reserve für eigene Aktien (OR 659a II):* Die beim Erwerb zu bildende Reserve für eigene Aktien in der Höhe des Anschaffungswertes der eigenen Aktien muss so lange bestehen bleiben, als die Gesellschaft eigene Aktien hält. Diese hat als gesetzliche Reserve auch die Funktion einer Ausschüttungssperre.
- *Angaben im Anhang (OR 663b X):* Damit die Aktionäre – bei Publikumsgesellschaften auch potenzielle ↑Investoren – sich über die Transaktionen im Geschäftsjahr informieren können, sind im Anhang Angaben über Erwerb, Veräusserung und Bestand von eigenen Aktien einschliesslich der Transaktionsbedingungen zu machen. Es ist jedoch umstritten, welchen Detaillierungsgrad diese Angaben aufweisen müssen.

2. Motive zum Erwerb eigener Aktien
Zum *Zweck der Kapitalherabsetzung* werden eigene Aktien erworben, um die ↑Kapitalstruktur der Gesellschaft zu optimieren, indem eine ↑Überkapitalisierung abgebaut und überschüssige Liquiditätsreserven den Aktionären zurückbezahlt werden.
Mit dem Erwerb von eigenen Aktien auf dem Markt kann auch ein *Treasury stock* aufgebaut werden, indem *Aktien zur Ausübung von Options- und*

Wandelrechten oder zur ↑*Mitarbeiterbeteiligung* bereitgestellt werden mit dem Ziel, eine bedingte Kapitalerhöhung (↑Bedingtes Kapital) und die damit verbundenen Effekte einer ↑Verwässerung zu vermeiden. Transaktionen mit eigenen Aktien dienen auch der ↑*Kurspflege* zur Vermeidung von unerwünschten Kursausschlägen. Es ist auch möglich, dass die Gesellschaft eigene Aktien erwirbt, wenn ein grösserer Aktionär ausscheidet, im Kreis der Hauptaktionäre sich jedoch kein Kaufinteressent findet und eine Veräusserung des Paketes über die ↑Börse zu einer unerwünschten Belastung des Marktes führen würde. Bei nichtkotierten Gesellschaften kann mit dem Erwerb von eigenen Aktien die bisherige Aktionärsstruktur erhalten werden, wenn einem unerwünschten Käufer die Eintragung im Aktienbuch abgelehnt wird.

Schliesslich kann der Erwerb von eigenen Aktien auch als *Abwehrmassnahme* (↑Poison pills) gegen einen feindseligen Übernahmeversuch dienen. Es ist jedoch unzulässig, von einem ↑Raider gehaltene eigene Aktien zu einem höheren als dem Börsenkurs zu übernehmen (↑Greenmailing).

Damit die strengen gesetzlichen Auflagen nicht umgangen werden können, wird der Erwerb von Aktien der ↑Muttergesellschaft durch Tochtergesellschaften dem direkten Erwerb gleichgestellt (OR 659b).

3. Erwerbsformen
Eigene Aktien können grundsätzlich auf drei Arten erworben werden:
– Durch *Kauf an der Börse*
– Durch *ausserbörsliche Käufe*, vor allem im Zusammenhang mit dem Ausscheiden von grösseren Aktionären
– Durch ein öffentliches Übernahmeangebot. Diese Variante wird vor allem angewendet, wenn damit überschüssige flüssige Mittel an die Aktionäre zurückfliessen sollen.

4. Wiederveräusserung
Gleich wie der Erwerb hat auch die Wiederveräusserung ausschliesslich im Interesse der Gesellschaft zu erfolgen. Deshalb ist es denkbar, dass der Verwaltungsrat je nach den Umständen die Pflicht hat, die eigenen Aktien wieder zu veräussern oder diese zu halten, bis günstigere Verkaufsbedingungen vorliegen. In der Regel erfolgt die Veräusserung über die Börse oder bei grösseren Paketen einmalig oder in Tranchen ausserbörslich an bisherige Aktionäre oder neue Investoren. Nicht üblich ist die Veräusserung eines grösseren Paketes über ein öffentliches Verkaufsangebot mit ↑freier Zeichnung.

5. Eigene Aktien in der Rechnungslegung
Werden eigene Aktien im Hinblick auf eine Kapitalherabsetzung erworben, wird diese Transaktion üblicherweise während des Geschäftsjahres abgewickelt, sodass sich in der Regel keine Bilanzierungsprobleme ergeben. Werden die eigenen Aktien als Treasury stock gehalten, sind diese in der Bilanz zu erfassen. Mangels gesetzlicher Bestimmungen sind verschiedene Möglichkeiten denkbar:
– *Aktivierung zusammengefasst mit den* ↑*Wertschriften*
– *Aktivierung als getrennter Posten im Umlaufvermögen*
– *Aktivierung zusammengefasst mit den* ↑*Finanzanlagen*
– *Aktivierung als getrennter Posten im Anlagevermögen*
– *Abzugsposten zum* ↑*Eigenkapital.*

Die letzte Variante ist betriebswirtschaftlich die sinnvollste und wird von den internationalen Rechnungslegungsnormen (↑International Accounting Standards [IAS], ↑Generally Accepted Accounting Principles der USA [US-GAAP]) vorgeschrieben, handelt es sich doch beim Erwerb von eigenen Aktien finanzwirtschaftlich um eine Eigenkapitalrückzahlung an die verkaufenden Aktionäre. Auch der VE zum RRG hat diese Betrachtungsweise übernommen. Gewinne und Verluste aus Transaktionen mit eigenen Aktien sind nach IAS und US-GAAP stets erfolgsneutral direkt über Eigenkapital (↑Gewinnreserven) zu verbuchen. Swiss GAAP FER (↑Fachempfehlungen zur Rechnungslegung) verzichtet auf eine Regelung zur Behandlung eigener Aktien im Jahresabschluss.

6. Besonderheiten des Erwerbes von eigenen Aktien bei Banken
Bei eigenen Aktien (der Gesetzgeber spricht neutral von eigenen Beteiligungstiteln) im Bestand von Banken ist zu unterscheiden zwischen
– *Titeln in den* ↑*Handelsbeständen*
– *Titeln in den* ↑*Finanzanlagen.* Für eigene Aktien in den Handelsbeständen entfällt in Abweichung von OR 659 die Pflicht zur Bildung einer besonderen Reserve (BankV 25 V). Diese Erleichterung wurde aus Praktikabilitätsgründen geschaffen, weil die Handelsbestände erfahrungsgemäss starken Schwankungen unterworfen sind.

Von den eigenen Beteiligungstiteln in den Finanzanlagen sind im Anhang nach RRV-EBK VI der Anfangs- und Endbestand sowie die Veränderungen im Berichtsjahr durch Kauf, Verkauf sowie Abschreibungen und Aufwertungen anzugeben. Eine weitere Besonderheit ergibt sich in den Vorschriften über das minimale Eigenkapital. Eigene Aktien in direktem oder indirektem Eigenbesitz sind vom Eigenkapital abzuziehen, soweit sie nicht den Handelsbeständen zuzurechnen sind.

Werden eigene Aktien zur Absicherung von Kundenforderungen hinterlegt, gelten diese nicht als ↑Deckung (RRV-EBK VI/3.1), sofern sie nicht an einer anerkannten Börse kotiert sind.

Max Boemle

Eigene Mittel

Im Allgemeinen wird unter den eigenen Mitteln bzw. Eigenmitteln eines Unternehmens sein Reinvermögen bzw. ↑Eigenkapital (engl. Equity), d.h. der Überschuss seines Vermögens (Aktiven, Assets) über seine Schuldverpflichtungen (↑Fremdkapital oder engl. Debt, Passiven, Liabilites), verstanden. Die Höhe des Eigenkapitals kann auch als ↑Substanzwert eines Unternehmens interpretiert werden. Bedingt durch unternehmerische Aktivitäten und aufgrund von Markteinflüssen verändern sich der Wert der Aktiven und der Passiven und damit der Wert des Unternehmens laufend. Die Kapitaleigner eines Unternehmens sind die Aktionäre. Die *Theorie der Unternehmensfinanzierung* (engl. ↑Corporate finance) hat einige interessante Resultate hervorgebracht: In einer Welt mit perfekten ↑Kapitalmärkten können Investitionsentscheide und Eigentum am Kapital eines Unternehmens voneinander getrennt werden, d.h., die Investitionsentscheide können von den Kapitaleignern an das Management eines Unternehmens mit dem Auftrag, den Wert des Unternehmens zu maximieren, vollständig delegiert werden (so genannte *Fisher-Separation*). Ein weiteres Resultat besagt, dass die Kapitalstruktur eines Unternehmens, d.h. die Art der Finanzierung, keinen Einfluss auf den Wert des Unternehmens hat (so genanntes *Miller-Modigliani-Theorem*). So verändern zum Beispiel Aktienrückkäufe, welche durch Fremdkapital finanziert werden, den Wert eines Unternehmens nicht. Diese Feststellung gilt freilich nur in einer Welt ohne ↑Transaktionskosten, Informationsheterogenität und Steuern. Schliesslich kann die Kapitalbeteiligung an einem Unternehmen als Call option interpretiert werden (so genannte *Bondholder wealth hypothesis*): Die Aktionäre verkaufen Obligationären (↑Obligationen) für Geld (Fremdkapital) sowie eine Call option, eine Beteiligung am Unternehmen (aber nicht die Kontrollrechte über diese Beteiligung). Bei ↑Fälligkeit der Schulden können die Aktionäre entscheiden, ob das Unternehmen seinen Verpflichtungen nachkommen soll oder nicht. Falls das Eigenkapital positiv ist, werden die Aktionäre ihre ↑Option ausüben, d.h. den Obligationären das Geld zurückzahlen und das Eigenkapital behalten. Andernfalls wird die Option nicht ausgeübt, und das Unternehmen geht in Konkurs. Die Struktur dieser Zahlungsströme entspricht derjenigen einer europäischen Call option (↑European option). Die Ausstattung eines Unternehmens mit eigenen Mitteln (Eigenkapitalbasis) beeinflusst in starkem Masse die Risikotragfähigkeit eines Unternehmens und dadurch sein ↑Rating und seine ↑Projektfinanzierung (Funding). Je grösser nämlich die Eigenkapitalbasis ausfällt, desto mehr finanzielle Mittel stehen einem Unternehmen zur Verfügung, um Projekte selber zu finanzieren oder Verluste zu decken, ohne in Konkurs zu geraten. Eine solide Eigenkapitalbasis ist auch für die Liquidität eines Unternehmens von Bedeutung. Bei der Gewährung von Krediten oder Hypotheken spielen die eigenen Mittel der Schuldner für die Beurteilung der ↑Bonität des Antragstellers eine wichtige Rolle.

In rechtlicher Hinsicht unterscheidet man das Eigenkapital nach seiner Herkunft:
– Grundkapital: das von den Eigentümern eingebrachte Kapital ohne (z.B. Aktienkapital) oder nur mit beschränkter Kündigungsmöglichkeit (z.B. Genossenschaftskapital)
– Gesetzliche Reserven: gesetzlich festgelegter Anteil des buchmässig ausgewiesenen Reingewinns sowie des Mehrerlöses (↑Agio), der bei der Ausgabe von Aktien über den Nennwert hinaus erzielt wird (OR 671 I, BankG 5)
– Übrige freie oder offene Reserven und Gewinnvortrag: freiwillig zurückbehaltener, zusätzlicher Anteil des buchmässig ausgewiesenen Reingewinns
– ↑Stille Reserven: Differenz zwischen den Buchwerten und den gesetzlich zulässigen Höchstwerten.

Diese Unterscheidung beeinflusst die Rechnungslegung des Unternehmens, indem nicht jeder Vermögenszuwachs als Gewinn ausgewiesen werden und nicht jeder Gewinn den Anteilseignern auch sogleich ausgeschüttet werden darf. In der angloamerikanischen Finanzierungspraxis und Rechnungslegung wird streng zwischen dem einbezahlten Kapital (Paid-in capital) und dem aus zurückbehaltenen Gewinnen gebildeten Kapital (Retained earnings) unterschieden.

Die Herkunft des Eigenkapitals ist ferner bei Verlusten entscheidend: Wenn nach Ausbuchung der Verluste weniger als die Hälfte des Aktienkapitals verbleibt, muss eine Aktiengesellschaft eine ausserordentliche Generalversammlung einberufen (OR 725). Wegen der unterschiedlichen Herkunft des Eigenkapitals können also bei gleichem effektivem Eigenkapital und identischen Verlusten die Folgen aufgrund der gesetzlichen Vorschriften verschieden sein.

Wie beschrieben sind die eigenen Mittel auch bei *Banken* für die Solidität des Unternehmens und als Risikopuffer wichtig (*Eigene Mittel von Banken*, BankV 11–14 a). Aufgrund der besonderen Bedeutung von Banken innerhalb der Volkswirtschaft geht das Bankengesetz über die Mindestanforderungen des OR an das Grundkapital hinaus und ist strenger: Für Banken muss das voll einbezahlte Mindestkapital mindestens CHF 10 Mio. betragen (BankV 4). Das Aktienrecht dagegen (OR 621) verlangt lediglich ein Mindestkapital von CHF 100000 für Aktiengesellschaften. Darüber hinaus muss auch ein angemessenes Verhältnis zwischen den eigenen Mitteln und den Verbindlichkeiten bestehen (BankG 4). Die bankengesetzlichen Bestimmungen verwenden den Begriff «Eigenkapital» nicht, sondern sprechen ausschliesslich von «eigenen Mitteln». Dies mag damit zusammenhängen, dass der Regulierungsgrad der Eigenmittel von Banken in der Bankenverordnung deutlich über die Vorschriften des Aktienrechts hinausgeht (↑Eigenmittelanforderungen). Die anrechenbaren eigenen Mittel einer Bank (BankV 11) setzen sich aus dem ↑Kernkapital (einbezahltes Kapital, freie oder offene Reserven, Gewinnvortrag; BankV 11a), dem Zusatzkapital (BankV 11b) und dem ergänzenden Kapital (stille Reserven und nachrangige Anleihen; BankV 11c) zusammen (BIZ [↑Kernkapital]).

Daniel Sigrist

Eigenfinanzierung
Die Eigenfinanzierung umfasst die Bereitstellung von ↑Eigenkapital durch Einzahlung (↑Beteiligungsfinanzierung) oder durch Einbehalten von Gewinnen (↑Selbstfinanzierung).

Eigenfinanzierungsgrad
↑Eigenkapitalkennzahlen.

Eigengeschäfte
Handel einer ↑Bank mit ↑Effekten, Devisen und Edelmetallen auf eigene Rechnung und nicht auf Kommissionsbasis (↑Komissionsgeschäft).

Eigenhandel
↑Selbstkontrahieren im Wertpapierhandel.

Eigenkapital
In der Rechnungslegung die Differenz zwischen den Aktiven und den Verbindlichkeiten. Die Höhe des Eigenkapitals hängt massgeblich von den Bewertungsgrundlagen bei der Erstellung des Jahresabschlusses ab. Wirtschaftlich verkörpert das Eigenkapital den zukünftigen Geld-, Sachgüter- und Leistungsabgang an den oder die Unternehmungseigentümer. In der Aktiengesellschaft umfasst das Eigenkapital das ↑Aktienkapital, die ↑Kapitalreserve (Agioeinzahlungen) und die ↑Gewinnreserve (zurückbehaltene Gewinne), gegebenenfalls auch eine Neubewertungsreserve (bei der Bewertung des Anlagevermögens zum ↑Tageswert).

Eigenkapitalkennzahlen
Die wichtigsten Eigenkapitalkennzahlen sind der Eigenfinanzierungsgrad, d.h. der Anteil des ↑Eigenkapitals an der ↑Bilanzsumme (vertikale Eigenkapitalquote), und der Anlagedeckungsgrad, d.h. der Anteil des Eigenkapitals am Anlagevermögen (horizontale Eigenkapitalquote). Im weiteren Sinn zählt zu den Eigenkapitalkennzahlen auch die Eigenkapitalrendite (↑Eigenkapitalrentabilität), sowie die Umschlagshäufigkeit des Eigenkapitals. ↑Eigene Mittel.

Max Boemle

Eigenkapitalkonvergenz
Die Eigenkapitalkonvergenz, gleichsam die internationale Angleichung oder Harmonisierung der Eigenmittelanforderungen im Bankenbereich, ist Ziel des aus dem Jahre 1988 stammenden ↑Basler Abkommens (auch Capital accord genannt) des ↑Basler Ausschusses für Bankenaufsicht Darin wurden für in G-10-Ländern (↑G 10) tätige Banken definiert, welche Vermögenswerte als Eigenmittel (↑Eigene Mittel) anerkannt werden und in welchem Umfang sie angerechnet werden dürfen. Ebenso wurden darin auch minimale Eigenmittelanforderungen (hauptsächlich in Bezug auf Kreditrisiken) festgelegt. Durch diese Vereinbarung *konvergierten* die Eigenmittelanforderungen in den entsprechenden Ländern gleichsam zu einem gemeinsamen Standard. Bis heute wurden das Abkommen durch fünf Zusätze (so genannte «amendments») ergänzt. Der bekannteste Zusatz war derjenige aus dem Jahr 1996, welcher die Eigenmittelunterlegung von ↑Marktrisiken behandelte. Fortschritte im ↑Risikomanagement international tätiger Banken und zahlreiche Schwächen bzw. Lücken in der bestehenden Eigenkapitalvereinbarung (wie beispielsweise die Möglichkeit von regulatorischer ↑Arbitrage) machten eine Revision des Abkommens (Basel II) unumgänglich.

Eigenkapitalkosten
Im Gegensatz zu den Fremdkapitalgebern haben die Eigenkapitalgeber eines Unternehmens keinen Anspruch auf eine vertraglich festgelegte Entschädigung. Sie erhalten das nach der Befriedigung aller anderen Forderungen übrig bleibende Residuum. Ihre ↑Rendite ergibt sich deshalb erst ex post in Abhängigkeit vom Unternehmenserfolg. Trotzdem werden die ↑Investoren ex ante gewisse *Rendite-Erwartungen* haben, die sie dazu veranlassen, riskante ↑Beteiligungspapiere zu halten. Diese erwartete Rendite, die sich aus ↑Ausschüttungen und Wertveränderungen zusammensetzt, entspricht den *Kosten des Eigenkapitals*. Sie kann theoretisch in die beiden Komponenten *risikoloser Zinssatz* und ↑*Risikoprämie* aufgeteilt werden. Als Approximation für den *risikolosen Zinssatz* (↑Risikofreier Zinssatz) werden in der Praxis festverzinsliche ↑Wertpapiere von Staaten mit einwandfreier ↑Bonität verwendet. Dadurch wird das Schuldnerrisiko faktisch ausgeschlossen. Langfristige ↑Obligationen weisen aufgrund des ↑*Zinsänderungsrisikos* allerdings Wertschwankungen auf. Sie sind daher nicht risikolos. Kurzfristige Staatspapiere weisen diesen Nachteil zwar nicht auf, aber bei einer langfristigen Investition besteht ein erhebliches *Refinanzierungsrisiko*, da sich der kurzfristige Zinssatz im Lauf der Zeit verändert. Zudem berücksichtigt er die langfristige Inflationserwartungen nicht. Zweckmässigerweise wird deshalb ein mit der Investition fristenkongruenter Zinssatz verwendet.

Einen weit verbreiteten Ansatz zur Bestimmung der *Risikoprämie* stellt das ↑Capital asset pricing model (CAPM) dar. Dabei wird das systematische ↑Risiko einer ↑Aktie (↑Beta) mit der Differenz zwischen der erwarteten Rendite eines ↑Aktienindexes und dem risikolosen Zinssatz multipliziert. Die erwartete Rendite einer Aktie ergibt sich nach der Addition des risikolosen Zinssatzes:

$$E(R_i) = R_F + \beta_i \cdot [E(R_M) - R_F]$$

Dabei bezeichnet
$E(R_i)$ die erwartete Rendite der Aktie i (= Kosten des Eigenkapitals)
R_F den risikolosen Zinssatz
β_i das systematische Risiko (Beta) der Aktie i und
$E(R_M)$ die erwartete Rendite des Aktienmarkts

Je höher das Beta einer Aktie liegt, desto höher ist ihre erwartete Rendite. Als systematisches *Risiko* misst das Beta die Kursveränderungen einer Aktie relativ zum *Marktportfolio*. Die vierteljährlich erscheinende Zeitschrift «Financial Markets and Portfolio Management /Finanzmarkt und Portfolio Management» publiziert jeweils aktualisierte Schätzungen der Betas schweizerischer und deutscher Aktien auf der Basis historischer Daten.

Eine Alternative zum CAPM ist die ↑Arbitrage pricing theory (APT). Dabei setzt sich die erwartete Rendite eines Wertpapiers aus dem risikolosen Zinssatz und einer Linearkombination *mehrerer Risikoprämien* für allgemeine ökonomische Einflussgrössen zusammen, während im CAPM nur das ↑Marktrisiko berücksichtigt wird. Durch den Einbezug verschiedener Fakoren ist die APT zwar realitätsnäher, jedoch sagt die Theorie nichts aus über die Zahl oder Auswahl der zu berücksichtigenden Einflussgrössen. In der Praxis ist sie nur schwierig anwendbar und findet entsprechend kaum Verwendung.

Neben theoretischen Modellen gibt es auch einige die Eigenkapitalkosten beeinflussende Faktoren, die aufgrund empirischer Untersuchungen identifiziert wurden. Dazu zählen etwa der ↑Size-Effekt, wonach die risikobereinigten Aktienrenditen kleiner Unternehmen dauerhaft über denjenigen grosser Unternehmen liegen, oder die Erkenntnis, dass ein hohes Verhältnis zwischen Buch- und Marktwert des Eigenkapitals mit hohen Aktienrenditen korreliert ist. Für die beiden genannten Faktoren gibt es (bisher) keine theoretische Fundierung. Sie werden daher in der Literatur als *Anomalien* bezeichnet. Ein empirisch gesicherter Zusammenhang besteht zudem zwischen der Handelsliquidität der Beteiligungspapiere einer Gesellschaft und ihren Aktienrenditen. Insgesamt muss jedoch festgehalten werden, dass über theoretische Kapitalmarktmodelle noch statistische Untersuchungen eine genaue Ermittlung der Eigenkapitalkosten von Banken und anderen Unternehmungen erlauben. Sie können daher nur näherungsweise bestimmt werden, sodass die Schätzungen zwangsläufig mit Unsicherheit behaftet bleiben. Entsprechend sollte der Anschein von Präzision vermieden werden und eine Bandbreite gegenüber einer Punktschätzung bevorzugt werden.

Roger M. Kunz

Eigenkapitalquote bei Banken

Das Verhältnis der risikogewichteten Aktiva zu den ↑eigenen Mitteln wird als Eigenkapitalquote bezeichnet. Diese muss gemäss Basler Eigenmittelvereinbarung (↑Basler Abkommen) mindestens 8% betragen.

Eigenkapitalrentabilität

Die Eigenkapitalrentabilität wird berechnet, indem der ausgewiesene Gewinn (allenfalls bereinigt um ausserordentliche Aufwendungen und Erträge) ins Verhältnis zum durchschnittlichen ↑Buchwert des ↑Eigenkapitals gesetzt wird. Die Eigenkapitalrentabilität ist damit eine statische Kennzahl, die nur für eine bestimmte ↑Periode gültig ist und das zukünftige Potenzial einer Unternehmung kaum erfasst. Weder Zähler noch Nenner sind bei der Berechnung der Eigenkapitalrentabilität unproblematisch. So beeinflussen beispielsweise unterschiedliche Abschreibungsverfahren sowie die Bewertung von Lagerbeständen oder Währungstransaktionen die ausgewiesenen Gewinne im Zähler, ohne dass sich an den wirtschaftlichen Zahlungsströmen etwas verändert. Der ausgewiesene Gewinn ist daher oft zufällig oder beeinflussbar. Diese Aussage wird auch bei der Rechnungslegung nach international anerkannten Regeln (z. B. Generally Accepted Accounting Principles [GAAP] der USA oder International Accounting Standards [IAS]) nur bedingt eingeschränkt.

Dass das Eigenkapital im Nenner mit dem Buchwert erfasst wird, führt oft zu Verzerrungen. Damit fliesst nämlich die Vergangenheit einer Unternehmung in die Berechnung ein, die für zukünftige Entscheidungen ökonomisch bedeutungslos ist. Finanzwirtschaftlich von Bedeutung ist jedoch allein eine auf ↑Opportunitätskosten, d.h. auf aktuellen Werten (z. B. Börsenkursen) beruhende ↑Rendite: Die Aktionäre erwarten eine gewisse Rendite auf ihrem effektiv eingesetzten Kapital, das sie ja anderweitig investieren könnten. Da bei den meisten Unternehmen die ↑Börsenkapitalisierung deutlich über dem Buchwert liegt, sind die ausgewiesenen gegenüber den effektiven Eigenkapitalrenditen überhöht. Liegt das Verhältnis zwischen ↑Markt- und Buchwert beispielsweise bei 2, so entspricht eine ausgewiesene Eigenkapitalrendite von 10% einer wirtschaftlichen und risikogerechten Rendite von lediglich 5%. Die Eigenkapitalrentabilität sollte überdies nicht losgelöst vom allgemeinen ↑Zinsniveau am ↑Kapitalmarkt betrachtet werden: Je höher der Zinssatz beispielsweise einer Bundesobligation liegt, umso höher muss auch die erwartete Rendite des Eigenkapitals liegen. Ein gewichtiger Nachteil der Eigenkapitalrentabilität liegt schliesslich darin, dass sie nichts über das eingegangene Risiko aussagt. Ein Vergleich verschiedener Unternehmen oder auch eines Unternehmens im Zeitablauf nur anhand der Eigenkapitalrendite ist somit nur sinnvoll, wenn das ↑Risiko identisch ist oder eine Risikokorrektur vorgenommen wird. Dieser Aspekt wird allerdings häufig vernachlässigt.

Dass die Eigenkapitalrentabilität trotz offensichtlichen Unzulänglichkeiten und besseren Alternativen (Cashflow-basierte Konzepte wie z. B. ↑Economic value added) immer noch so häufig zur Beurteilung von Unternehmen verwendet wird, dürfte vor allem darauf zurückzuführen sein, dass sie relativ einfach berechnet und kommuniziert werden kann: Eine Menge Information wird in eine einzige Kennzahl komprimiert. Sie hat immerhin den Vorteil, dass sie das Bewusstsein für die Knappheit des Eigenkapitals und damit verbunden für die Eigenkapitalkosten verstärkt und so indirekt die Effizienz des Mitteleinsatzes verbessern kann. Aufgrund der dargestellten, zum Teil wesentlichen Mängel ist die Eigenkapitalrentabilität jedoch nur von beschränkter Aussagekraft, unter Umständen sogar irreführend. Insbesondere ist die Vergleichbarkeit zwischen verschiedenen Unternehmungen kaum je gegeben. Die Kennzahl sollte daher mit Vorsicht verwendet und vor allem interpretiert werden. Als generelle Unternehmenszielsetzung ist sie nur bedingt geeignet. ↑Return on equity (ROE). *Roger M. Kunz*

Eigenkapitalrückzahlung
↑Rückkauf eigener Aktien; ↑Eigene Aktien; ↑Nennwertrückzahlung.

Eigenkapitalvorschriften
↑Eigenmittelanforderungen.

Eigenmittel
↑Eigene Mittel; ↑Eigenkapital.

Eigenmittelanforderungen
Damit sind in der schweizerischen ↑Bankengesetzgebung die Vorschriften in BankV 12 gemeint. Sie schreiben vor, in welcher Höhe die ↑Risikopositionen einer Bank (Bilanz-Aktiven, Ausserbilanzgeschäfte und sonstige ↑offene Positionen) mit ↑eigenen Mitteln mindestens unterlegt werden müssen. Dabei unterscheidet BankV 12 zwischen der Eigenanforderung für Kreditrisiken und derjenigen für ↑Marktrisiken. Das Kreditrisiko einer Position ist «risikogewichtet» mit Eigenmitteln zu unterlegen. Das Risikogewicht hängt dabei vor allem vom Typ der entsprechenden Gegenpartei ab (BankV 12a ff.). Das Marktrisiko einer Position wird ebenfalls mittels regulatorisch vorgegebener Verfahren unterlegt, wobei gegebenenfalls auch auf bankinterne Modelle abgestellt werden kann (EBK-RS 97/1). Die Eigenmittelanforderungen sind dauernd einzuhalten.

Eigenmittelausweis
Der Eigenmittelausweis ist ein Formular zur Berechnung der anrechenbaren und erforderlichen ↑eigenen Mittel. Es wurde von der EBK (↑Bankenkommission, Eidg.) in enger Zusammenarbeit mit der SNB (↑Nationalbank, Schweizerische) und den Banken entwickelt. Der Eigenmittelausweis ist auf Einzelbasis, d. h. für ein Einzelinstitut, vierteljährlich, und auf konsolidierter Basis, d. h. für ↑Bankkonzerne, halbjährlich jeweils innert zwei Monaten der Schweizerischen Nationalbank einzureichen. Einerseits stellt er ein unabdingbares Hilfsmittel zur erwähnten Berechnung der eigenen Mittel dar, und andererseits dient er den bankengesetzlichen Revisionsstellen (↑Revision, externe) und der Eidgenössischen Bankenkommission dazu, die dauernde Einhaltung der Eigenmittelvorschriften zu überprüfen. Die Schweizerische Nationalbank verwendet ihn für ihre statistischen Auswertungen (BankV 13b).

Eigenmitteldeckungsgrad
Das Verhältnis der tatsächlich vorhandenen ↑eigenen Mittel zu den ↑Eigenmittelanforderungen wird als Eigenmitteldeckungsgrad bezeichnet.

Eigenmittelrendite
↑Eigenkapitalrendite.

Eigenmittelrichtlinien
Unter Eigenmittelrichtlinien werden in der Schweiz die detaillierten Vorschriften verstanden, welche die Einhaltung der ↑eigenen Mittel einer Bank regeln (BankG 4 II; ↑Bankenverordnung). Im EU-Raum steht der Begriff Eigenmittelrichtlinien für diejenigen rechtsangleichenden Gemeinschaftsbestimmungen, die den Bereich Eigenmittel europaweit harmonisieren sollen und die von den Mitgliedstaaten in ihre nationale Rechtsordnung umzusetzen sind.

Eigenmittelunterlegung
↑Eigenmittelanforderungen.

Eigenmittelvorschriften
↑Eigenmittelanforderungen.

Eigentranche
↑Bundesanleihe.

Eigentum
Das Eigentum ist die umfassende rechtliche Herrschaft über eine Sache. Innerhalb der Schranken der Rechtsordnung kann der Eigentümer über eine Sache nach seinem Belieben verfügen (ZGB 641).

Eigentümerhypothek

Vom Eigentum ist der Besitz, d.h. die tatsächliche Gewalt über die Sache, zu unterscheiden (ZGB 919ff.).

Miteigentum liegt vor, wenn das Eigentumsrecht an einer Sache mehreren Eigentümern nach festen Quoten (nicht unbedingt gleich grossen) im Sinn von ideellen Anteilen zusteht, ohne dass die Sache körperlich geteilt ist. Zur Verfügung über die ganze Sache (wie z.B. Veräusserung oder Verpfändung) bedarf es der Zustimmung sämtlicher Miteigentümer, hingegen kann jeder Miteigentümer über seine eigene Quote frei verfügen, z.B. sie veräussern oder verpfänden (ZGB 646ff.). ↑Stockwerkeigentum ist eine Sonderform des Miteigentums an einem überbauten Grundstück, verbunden mit einem ausschliesslichen Nutzungsrecht an bestimmten Teilen des Gebäudes.

Beim *Gesamteigentum* steht das Eigentumsrecht den sog. Gesamteigentümern nur gemeinschaftlich zu; es gibt keine Quotenverfügung. Das Gesamteigentum setzt eine personenrechtliche Verbindung (z.B. Erbengemeinschaft, einfache Gesellschaft, Kollektivgesellschaft) mehrerer Personen voraus (ZGB 652ff.).

Eigentümerhypothek

Eine Eigentümerhypothek entsteht *erstens*, wenn der Eigentümer eines Grundstücks einen ↑Grundpfandtitel (↑Schuldbrief, ↑Gült) zu eigenen Gunsten auf seinem Grundstück errichten lässt (↑Eigentümertitel), oder ausnahmsweise *zweitens*, wenn der Eigentümer eines durch ↑Grundpfandverschreibung oder Grundpfandtitel hypothekarisch belasteten Grundstücks die gesicherte Forderung von einem Dritten erwirbt, sei es durch Kauf der Forderung oder durch Befriedigung des ↑Gläubigers (OR 110). Allerdings erlöschen in diesen zuletzt genannten Fällen Forderung und ↑Pfandrecht, wenn der Eigentümer des belasteten Grundstücks auch der Schuldner der gesicherten Forderung ist. Eine Weiterübertragung von Forderung und Pfandrecht an einen Dritten ist in diesen Fällen nur möglich, wenn Forderung und Pfandrecht in einem Grundpfandtitel wertpapiermässig verbrieft sind.

Eigentümertitel

Die ↑Grundpfandtitel (↑Schuldbrief und ↑Gült) können auf den Inhaber oder auf den Namen eines bestimmten ↑Gläubigers ausgestellt werden. Im zweiten Fall kann auch der Eigentümer des belasteten Grundstücks als Gläubiger bezeichnet werden. Man spricht in diesem Fall von einem Eigentümertitel: der Grundeigentümer erscheint zugleich als Schuldner und Gläubiger aus dem Papier. Ein Eigentümertitel liegt auch vor, wenn der Eigentümer des belasteten Grundstücks einen Inhabertitel, den er errichten liess, noch nicht begeben hat. Ein Eigentümertitel entsteht ferner dann, wenn sich der Schuldner und Grundeigentümer nach ↑Rückzahlung einer Hypothek den Grundpfandtitel vom Gläubiger indossiert (im Fall des Namentitels) oder formfrei (im Fall des Inhabertitels) herausgeben lässt.

Der Eigentümertitel ist ein beliebtes Kreditinstrument. Der Grundeigentümer kann Eigentümertitel auf Reserve errichten lassen und sich bei Bedarf durch Begebung (d.h durch Übertragung zu vollem Eigentum) des Titels an einen Dritten ↑Kapital verschaffen. In diesem Fall verliert der Titel seinen Charakter als Eigentümertitel. Dasselbe gilt, wenn der Grundeigentümer den Eigentümertitel einem Geldgeber zur Sicherheit für einen Kredit fiduziarisch übereignet (↑Sicherungsübereignung). Der Charakter als Eigentümertitel bleibt bestehen, wenn der Grundeigentümer den Titel als ↑Faustpfand für eine eigene oder fremde Schuld einsetzt. Diese Art der Sicherstellung ist beliebt und eignet sich vor allem für ↑Kontokorrentkredite. So werden z.B. ↑Baukredite oft durch Verpfändung von Eigentümertiteln sichergestellt. ↑Eigentümerhypothek.

Eigentumsgarantie

Die Eigentumsgarantie ist ein verfassungsmässiges Recht (Art. 26 BV), mit welchem das sachenrechtliche ↑Eigentum des Einzelnen an beweglichen und unbeweglichen Sachen, aber auch beschränkte dingliche Rechte, ↑obligatorische Rechte sowie auch Immaterialgüterrechte vor staatlichen Eingriffen geschützt werden. Eingriffe in diese Rechte durch das Gemeinwesen sind nur zulässig, sofern eine gesetzliche Grundlage für den Eingriff besteht, der Eingriff im öffentlichen Interesse liegt und verhältnismässig ist. Unzulässige Eingriffe – beispielsweise eine übermässige, konfiskatorische Besteuerung – können letztinstanzlich beim Bundesgericht mittels staatsrechtlicher Beschwerde gerügt werden. Sofern ein zulässiger Eingriff erfolgt und dieser als Enteignung zu qualifizieren ist, muss dieser vom Gemeinwesen voll entschädigt werden. Es wird zwischen formeller und materieller Enteignung unterschieden. Formelle Enteignung liegt vor, wenn ein Recht eines Einzelnen zwangsweise auf das Gemeinwesen übertragen wird. Bei der materiellen Enteignung erfolgt keine Rechtsübertragung, sondern eine anderweitige, derart starke Beschränkung des Rechts, dass sie in ihrer Wirkung für den Betroffenen praktisch einer Entziehung des Rechts gleichkommt.

Eigentumsvorbehalt

Als Eigentumsvorbehalt bezeichnet man die mit einem Veräusserungsgeschäft verbundene Abrede, dass der Veräusserer das Eigentum an der dem Erwerber übertragenen beweglichen Sache einstweilen für sich zurückbehalte. Zwar kann sich nach

OR 214 III der Verkäufer bei Vertragsabschluss auch das Recht vorbehalten, bei Verzug des Käufers vom Vertrag zurückzutreten und die dem Käufer bereits übergebene Sache zurückzufordern. Doch begründet er damit nur einen persönlichen Anspruch auf Sachrückgabe gegen den Käufer allein; gerät der säumige und zahlungsunfähige Käufer in Konkurs, so fällt die Kaufsache als sein ↑Eigentum in die Konkursmasse, und der Verkäufer hat an ihr kein Vorrecht. Durch Vereinbarung eines Eigentumsvorbehalts i.S. von ZGB 715 I verschafft sich der Veräusserer darüber hinaus einen *dinglichen Anspruch* auf Herausgabe der Sache, der gegenüber jedermann, insbesondere auch den ↑Gläubigern des Erwerbers gegenüber, durchsetzbar ist. So dient der Eigentumsvorbehalt dem Veräusserer einer Sache auf Kredit als Sicherheit für die Bezahlung des Preises durch den Erwerber. Da dieser die Sache nicht entbehren will oder kann, weil er sie braucht, kommt eine andere Form↑ dinglicher Sicherheit durch körperliche Inanspruchnahme des Veräusserungsgegenstandes nicht in Betracht. Sowohl die Sicherungsübereignung als vor allem auch die Verpfändung der Sache erfordern nämlich die Übertragung eines Besitzes auf den Veräusserer. Die Fahrnispfandverschreibung (↑Mobiliarhypothek), die dem Pfandbesteller den Sachbesitz in Abweichung vom Faustpfandprinzip belässt, ist nach schweizerischem Recht nur ausnahmsweise zulässig: zur Verpfändung von Vieh, Schiffen und Luftfahrzeugen (↑Viehverpfändung; ↑Schiffspfandrecht; ↑Luftfahrzeugverschreibung). Hier besteht denn auch kein Bedürfnis nach einem Eigentumsvorbehalt, weshalb er ausgeschlossen ist (ZGB 715 II).

Der Eigentumsvorbehalt kann bei jedem entgeltlichen Veräusserungsgeschäft ausbedungen werden, aufgrund dessen der Eigentümer eine ihm gehörende bewegliche Sache einem Erwerber überträgt, der den Erwerbspreis erst später voll zu bezahlen hat. Man kann ihn deshalb beim Kauf, Tausch und Werklieferungsvertrag finden. Am gebräuchlichsten ist der Eigentumsvorbehalt beim *Kreditkauf* und hier wiederum besonders beim ↑*Abzahlungsgeschäft,* das er zufolge seiner Sicherungsfunktion entscheidend erleichtern kann. Andererseits muss allerdings der Käufer vor Übervorteilung durch den Verkäufer bewahrt werden. Dieser soll nicht bei Verzug des Käufers sowohl sein Eigentum als auch die schon empfangenen Teilzahlungen behalten können. Das Gesetz verbietet deshalb eine solche Verwirkungsklausel, indem es ausdrücklich vorschreibt, dass der Verkäufer und Eigentümer beim Abzahlungsgeschäft die Kaufsache nur zurückverlangen könne, wenn er die vom Käufer geleisteten Abschlagszahlungen unter Abzug eines angemessenen «Mietzinses» und einer Entschädigung für ausserordentliche Abnützung zurückerstatte (ZGB 716, OR 226i I).

Zur *Begründung* des Eigentumsvorbehalts bedarf es einer entsprechenden Vereinbarung zwischen den Vertragsparteien sowie dessen Eintragung in ein vom Betreibungsbeamten geführtes öffentliches Register. Die Vereinbarung, die in der Regel Bestandteil des Veräusserungsgeschäftes bildet, muss spätestens vor der Übertragung des Besitzes an der Sache getroffen werden; andernfalls ginge das Eigentum ohne weiteres bedingungslos auf den Erwerber über und könnte vom Veräusserer, der es damit verloren hätte, nicht mehr für sich behalten werden. Indessen kann nach der Praxis die Eintragung in das Eigentumsvorbehalts-Register auch noch nach der Besitzesübertragung erfolgen. Es stellt sich hierbei die Frage nach der Wirkung des Registereintrages. Nach dem Wortlaut von ZGB 715 I ist die Annahme einer konstitutiven Wirkung nahe liegend. Diese Auslegung, die auch vom Bundesgericht gestützt wird, hat zur Folge, dass der Eigentumsvorbehalt, so lange er nicht eingetragen ist, weder gegenüber Dritten noch inter partes irgendeine rechtliche Wirkung entfaltet. Diese Ansicht trägt indessen der Zielsetzung des Gesetzgebers zu wenig Rechnung: danach soll primär der Dritte durch erhöhte Transparenz geschützt werden, dagegen steht der Schutz des Vertragspartners nicht im Vordergrund. Es ist deshalb davon auszugehen, dass der vereinbarte Eigentumsvorbehalt auch ohne Registrierung inter partes gültig ist.

Bei Abzahlungsgeschäften darf ein Eigentumsvorbehalt jedoch nur eingetragen werden, wenn der Vertrag alle Gültigkeitserfordernisse gemäss OR 226a und 226b erfüllt und überdies eine Bestätigung des Käufers vorliegt, dass er von seinem unabdingbaren Verzichtsrecht nach OR 226c keinen Gebrauch gemacht habe. Gilt der Grundsatz, ohne Eintragung kein gültiger Eigentumsvorbehalt, so kann man dennoch nicht umgekehrt sagen, der Eintrag biete für den rechtsgültigen Bestand des Eigentumsvorbehalts Gewähr. Der Eintrag äussert dingliche Wirkung vielmehr nur gegenüber denjenigen Personen, die vom Bestehen des Eigentumsvorbehalts Kenntnis haben, was keineswegs vermutet wird. Er zeitigt somit nur negative, keine positive Rechtskraft (kein öffentlicher Glaube des Registers). Das Bundesgericht hat in einer Verordnung über die Eintragung der Eigentumsvorbehalte (vom 19.12.1910, mit Ergänzungen vom 23.12. 1932, 23.12.1953 und 29.10.1962) das Verfahren geregelt. Danach muss der Eigentumsvorbehalt jeweils am Wohnort des Erwerbers eingetragen sein. Wechselt dieser, so ist eine Übertragung in das Register am neuen Wohnsitz notwendig; denn nach Ablauf von drei Monaten seit dem Wohnsitzwechsel verliert der frühere Eintrag seine Wirkung.

Die *Wirkung* des gültigen Eigentumsvorbehalts besteht darin, dass der Veräusserer sein Eigentum an der bereits übertragenen Sache jedermann gegenüber geltend machen kann, wenn der Erwerber mit seiner Zahlungspflicht in Verzug gerät;

beim Abzahlungskauf müssen allerdings noch die besonderen Voraussetzungen von OR 226h erfüllt sein. Erst mit der vollständigen Zahlung des Erwerbspreises geht auch das Eigentum – automatisch – auf den Erwerber über. Nur ein gutgläubiger Dritterwerber dinglicher Rechte (↑Eigentum; ↑Pfandrecht; ↑Nutzniessung) am Veräusserungsgegenstand ist vor dem Anspruch des Eigentümers auf unbeschwerte Herausgabe desselben geschützt. Bedeutsam wird die dingliche Wirkung des Eigentumsvorbehalts vor allem in einer gegen den Erwerber laufenden *Zwangsvollstreckung,* ermöglicht sie doch dem Veräusserer, sein Eigentum gegenüber den anderen am Verfahren beteiligten Gläubigern des Schuldners durchzusetzen, d. h. die Sache der Verwertung zu Gunsten aller Gläubiger zu entziehen. Sowohl in der Betreibung auf Pfändung als auch im Konkurs kann der Veräusserer die Sache gegen Rückerstattung der um die Miet- und Abnützungsentschädigung gekürzten Teilzahlungen (im Widerspruch- bzw. Aussonderungsverfahren) herausverlangen. Zumal aber der Eigentumsvorbehalt dem Veräusserer wirtschaftlich wie ein Pfandrecht dient, hat das Bundesgericht im Kreisschreiben vom 31.03.1911 für die Pfändungsbetreibung angeordnet, dass die dem betriebenen Schuldner verkauften Sachen in analoger Anwendung der für die Pfändung und Verwertung verpfändeter Sachen geltenden Bestimmungen gepfändet und verwertet werden können. Das bedeutet, dass der Zuschlag nur vollzogen werden darf, wenn das Steigerungsangebot den Betrag der noch zu deckenden Kaufpreisrestanz übersteigt. Der Erlös kommt dann in erster Linie dem Veräusserer zu. Kann die Sache wegen ungenügenden Erlöses nicht zugeschlagen werden, fällt sie aus der Betreibung heraus. Im Konkurs hat die Konkursverwaltung nach SchKG 211 II das Recht, in den Vertrag einzutreten und die Zahlungsverpflichtung des Schuldners zu erfüllen, wodurch sie die Herausgabe der Sache vermeiden kann. In beiden Verfahren darf der Veräusserer seine Forderung auf Bezahlung des noch ausstehenden Kaufpreises geltend machen, ohne dass dies sein Recht aus dem Eigentumsvorbehalt beeinträchtigen würde.

Seiner Zweckbestimmung nach charakterisiert sich der Eigentumsvorbehalt als *Nebenrecht* zur Hauptforderung des Veräusserers auf Bezahlung des Erwerbspreises, die er sicherstellen soll. Er teilt deshalb das Schicksal der Hauptforderung und geht mit dieser auf jeden Rechtsnachfolger (Erben, Zessionar) des ursprünglichen Rechtsinhabers über. Die Abtretungsmöglichkeit begünstigt die *Finanzierung* des Kreditkaufs, insbesondere des Abzahlungskaufs durch Dritte, vor allem durch Finanzinstitute und Banken. Der Geldgeber lässt sich die Kaufpreisforderung samt dem Eigentumsvorbehalt vom Veräusserer gegen Auszahlung ihres Gegenwertes abtreten; er kauft ihm die Forderung ab. Er kann sie aber auch bloss belehnen, d. h. als Pfand für seinen Vorschuss entgegennehmen. Im Falle der entgeltlichen ↑Abtretung ist streng darauf zu achten, dass wirklich für die abgetretene Forderung gezahlt und nicht etwa die Kaufpreisforderung für Rechnung des Käufers getilgt wird, weil damit auch der Eigentumsvorbehalt unterginge. Aus demselben Grund muss auch jede Neuerung (↑Novation, Neuerung) der Kaufpreisforderung verhütet werden. Schliesslich liegt es noch im Interesse des Zessionars, die Abtretung im Eigentumsvorbehaltsregister vormerken zu lassen.

Nicht nur das Erlöschen der Kaufpreisforderung jeder Art (durch vollständige Bezahlung, Erlass, Verrechnung, ↑Verjährung, Novation) führt zum *Untergang* des Eigentumsvorbehalts. Der Veräusserer kann auch bloss auf sein Eigentumsrecht verzichten. Ein solcher Verzicht ist namentlich darin zu erblicken, dass der Veräusserer in einer Betreibung gegen den Erwerber die Pfändung oder die Verwertung der unter Eigentumsvorbehalt veräusserten Sache verlangt. Ferner erlischt der Eigentumsvorbehalt, wenn ein Dritter gutgläubig das Eigentum an der Sache erworben hat, sei es vom Ersterwerber persönlich, sei es aus der Verwertung in einer gegen ihn duchgeführten Zwangsvollstreckung. Im Falle der Zwangsverwertung hat der Veräusserer immerhin noch Anspruch auf Befriedigung aus dem unverteilten Erlös. Auch nach einem Wohnsitzwechsel des Erwerbers geht der Eigentumsvorbehalt unter, wenn er nicht am neuen Wohnort in das Register eingetragen wird.

In der Praxis fristet der Eigentumsvorbehalt ein vergleichsweise bedeutungsloses Dasein, denn gerade im Geschäft mit Konsumgütern, wo mit einer grossen Zahl von Personen Verträge geschlossen werden, ohne dass zwischen den Parteien enge Beziehungen bestehen, stellt der Umstand, dass regelmässig Wohnsitzüberprüfungen durchgeführt werden müssen, ein (zu) grosses Hindernis dar.   *Mario Marti, Kurt Amonn*
Lit.: Wiegand, W. (Hrsg.): *Mobiliarsicherheiten, Berner Bankrechtstag 1998,* Bern 1998.

Eigentumsvorbehaltsregister

Die Abrede, dass das Eigentum an der veräusserten Sache vorerst beim Veräusserer verbleibe (↑Eigentumsvorbehalt), ist Dritten gegenüber nur wirksam, wenn der Vorbehalt in das Eigentumsvorbehaltsregister eingetragen wird. Ohne Eintragung besteht lediglich eine obligatorische Verpflichtung zwischen Veräusserer und Erwerber. Diese bleibt im Falle einer Betreibung oder eines Konkurses unbeachtlich.

Das Register ist öffentlich und kann von jedermann eingesehen werden. Geführt wird es durch das für den Wohnort des Erwerbers zuständige Betreibungsamt. Verlegt der Erwerber seinen Wohnort, ist die Eintragung an seinem neuen Domizil erneut vorzunehmen, da die Wirkung der bisherigen Eintragung drei Monate nach dem Wohnortswechsel entfällt.

Eigentumswohnung
↑Stockwerkeigentum.

Eigenverwahrung
↑Heimverwahrung.

Eigenwechsel
Ein in Wechselform gekleidetes und dem Wechselrecht (OR 1096ff.) unterstelltes, abstraktes - Zahlungsversprechen des Wechselausstellers im Unterschied zum gezogenen ↑Wechsel (↑Tratte). Den Eigenwechsel nennt man im kaufmännischen Sprachgebrauch auch Solawechsel. Der Eigenwechsel ist im Bankverkehr anzutreffen als eigentlicher ↑Finanzwechsel, der dazu dient, gewährte Kredite mit den Vorteilen wechselmässiger Exekution auszustatten. Solche Darlehenswechsel tragen ausser der Unterschrift des Ausstellers vielfach noch die Unterschrift von einem oder zwei Wechselbürgen, welche mit dem Aussteller solidarisch und wechselmässig für die Wechselsumme haften. Die englische Bezeichnung für Eigenwechsel ist ↑Promissory note. ↑Commercial paper; ↑Pflichtlagerkredit.

Eindecken
↑Glattstellen einer Leerposition durch Kauf der entsprechenden ↑Effekten, Devisen oder ↑Derivate. ↑Short selling (Leerverkauf).

Einführung
↑Kotierung.

Einführungsprospekt
↑Prospektpflicht.

Eingang vorbehalten
Französisch Sauf bonne fin (s.b.f.) bzw. Sauf encaissement (s.e.). Durch die Klausel Eingang vorbehalten (E.v.) behält sich die Bank vor, bei Nichteingang der Forderung aus einem hereingenommenen ↑Wertpapier die Gutschrift zu stornieren (↑Storno) und dem Kunden allfällige Kosten, ↑Provisionen und ↑Zinsen zu belasten. Die Klausel wird hauptsächlich bei der Diskontierung von ↑Wechseln verwendet oder wenn eine Bank Wechsel oder ↑Checks zum ↑Inkasso entgegennimmt und dem Kunden den Gegenwert sofort gutschreibt; ferner beim Kauf kurzfälliger Obligationen und beim Inkasso von ↑Coupons. Im Wechsel- und Checkgeschäft kommt der Klausel nur deklaratorische Bedeutung zu, da hier der Einreicher der Bank im Fall der Nichteinlösung bereits aus dem ↑Indossament als Regressschuldner haftet.

Einheitliche Richtlinien für Inkassi
↑Internationale Handelskammer.

Einheitliche Richtlinien und Gebräuche für Dokumenten-Akkreditive (ERA)
↑Internationale Handelskammer; ↑Dokumenten-Akkreditiv.

Einheitsaktie
Viele börsenkotierte Gesellschaften hatten bis in die 90er-Jahre verschiedene Typen von ↑Beteiligungspapieren ausstehend, insbesondere neben ↑Aktien auch ↑Partizipationsscheine. Es bestehen häufig auch zwei Aktienkategorien: ↑Inhaberaktien und vinkulierte Namenaktien. Mit der Titelvielfalt sind jedoch sowohl für die Unternehmung wie für die ↑Investoren erhebliche Nachteile verbunden. Die Gesellschaft wird wegen der unterschiedlichen rechtlichen Gestaltung ihrer Beteiligungspapiere (Aktien/Partizipationsscheine – Inhaber-/Namenaktien) oder unterschiedlicher Nennwerte (↑Stimmrechtsaktien) nicht als Ganzes, sondern fraktioniert gehandelt. Dies wirkt sich ungünstig auf die ↑Börsenkapitalisierung und den ↑Shareholder value aus. Bei ↑Kapitalerhöhungen mit ↑Bezugsrecht muss der ↑Emissionspreis aufgrund der am niedrigsten bewerteten Kategorie festgelegt werden. Der Börsenhandel verzettelt sich auf die verschiedenen Kategorien, was die Handelsliquidität der einzelnen Titel schmälert. Mit der Vereinfachung der Titelstruktur signalisiert das Management, dass es den Aktionärsinteressen grosse Beachtung schenkt (↑Investor relations), alle Eigenkapitalgeber gleich behandeln und Interessenkonflikte unter den verschiedenen Titelkategorien vermeiden will (One share, one vote). Besteht das Grundkapital einer Aktiengesellschaft nur aus einer einzigen Titelkategorie, spricht man von *Einheitsaktien*.

Es ist heute allgemein anerkannt, dass die marktgerechte Ausgestaltung von Beteiligungspapieren einen entscheidenden Beitrag zur Wertsteigerung der Unternehmung leistet. Als Einheitsaktie entspricht die frei übertragbare Namenaktie den Interessen der Investoren am besten, weil einerseits diese Titelkategorie zugleich auch einen effizienten Markt für Unternehmenskontrolle gewährleistet, und andererseits der Gesellschaft die Möglichkeit bietet, mit ihren Aktionären direkt in Kontakt zu treten. Dagegen ermöglichen auch die Namenaktien keine umfassende Kontrolle über die Zusammensetzung des Aktionärskreises, weil Aktionäre, die sich nicht ins Aktienbuch eintragen lassen und auf die Ausübung der Mitwirkungsrechte verzichten (↑Dispobestände), gegenüber der Gesellschaft anonym bleiben, ebenso wie Inhaberaktionäre.

Max Boemle

Einheitskurs
↑ Kurs.

Einkommenseffekt
↑ Zinsänderungsrisiko; ↑ Fristentransformation.

Einlagekonto, -heft
↑ Anlagekonto, Anlageheft; ↑ Depositen- und Einlagekonti, -hefte.

Einlagen
↑ Kundengelder.

Einlagengeschäft
↑ Depositengeschäft.

Einlagenrückgewähr
Auch Einlagerückerstattung. Das gesetzliche Verbot der Einlagerückgewähr im Aktienrecht knüpft an den Grundsatz der beschränkten Leistungspflicht des Aktionärs an. Nach OR 680 I dürfen dem Aktionär auch auf statutarischer Basis keine über die Pflicht zur ↑ Liberierung hinausgehenden weiteren Pflichten (wie etwa Treue- oder ↑ Nachschusspflichten) auferlegt werden. Anderseits betont das Gesetz den unverbrüchlichen Charakter der Liberierungspflicht des Aktionärs. OR 680 II hält fest, dass dem Aktionär kein Recht zusteht, seinen auf die liberierte Aktie einbezahlten Betrag zurückzufordern. Die Gesellschaft darf dem Aktionär den einbezahlten Betrag aber auch nicht freiwillig zurückzahlen; sie unterliegt einem Rückzahlungsverbot. Von diesem Verbot der Einlagenrückgewähr werden nicht nur eigentliche ↑ Ausschüttungen erfasst, sondern auch andere Geschäfte der Gesellschaft, die zu einer ↑ Kapitalrückzahlung führen können, wie etwa ↑ Darlehen an Aktionäre, die nicht durch das freie Gesellschaftsvermögen gedeckt sind, oder der Erwerb ↑ eigener Aktien aus gebundenen Mitteln der Gesellschaft. Zu letzteren gehören das ↑ Nominalkapital, das Partizipationsschein-Kapital und die gesetzlichen Reserven. Umstritten ist, ob auch das aus ↑ Überpariemissionen gebildete ↑ Agio geschützt ist.
Ein Verstoss gegen das Verbot der Einlagerückgewähr führt zur ↑ Nichtigkeit des Geschäfts. Infolge der ↑ Rückzahlung entsteht ein nachträgliches ↑ Non-versé, und die Liberierungspflicht des Aktionärs lebt wieder auf. Mitglieder des Verwaltungsrates und der Geschäftsleitung, die Aktionären ihre Einlage ganz oder teilweise zurückzahlen, sind gegenüber der Gesellschaft und den Aktionären für den Schaden verantwortlich (OR 754).
Christian Thalmann

Einlagensicherung
Unter Einlagensicherung versteht man den Schutz der Einlagen von Bankkunden beim Zusammenbruch ihrer Bank in einem gesetzlich bestimmten Umfang pro Einleger (↑ Einlegerschutz). Sie kann bestehen:
– In einer ↑ Staatsgarantie auf allen oder einem Teil der Verbindlichkeiten der Bank (wie sie noch für die meisten der schweizerischen ↑ Kantonalbanken besteht, aber ökonomisch und politisch zusehends hinterfragt wird)
– In einem Vorrang (↑ Konkursprivileg) der gesicherten Einlagen gegenüber weiteren Verbindlichkeiten der Bank bei ihrer Liquidation (so z. B. in der Schweiz). Hier werden die geschützten Einleger zulasten der ihnen gegenüber nachrangigen ↑ Gläubiger unmittelbar durch die Liquidationsmasse bevorzugt
– Wahlweise oder ergänzend dazu in einem Instrumentarium zur schnellen Bedienung der geschützten Einleger aus besonderen, hiefür bereitgestellten Mitteln, sei es durch eine Beitragspflicht der übrigen Banken kraft ↑ Selbstregulierung (wie in der Schweiz), sei es durch einen von ihnen gemeinsam gebildeten ↑ Fonds mit eigener Rechtspersönlichkeit
– In einer Versicherungsdeckung, die wegen der möglichen Schadenshöhe auf dem Versicherungsmarkt jedoch nicht ohne weiteres angeboten wird.

Die Gesetze der verschiedenen Länder kennen unterschiedliche Konkretisierungen und Kombinationen dieser Möglichkeiten der Einlagensicherung.
Christoph Winzeler

Einlegerschutz
Unter Einlegerschutz versteht man den Schutz der ↑ Kontoinhaber einer Bank (der Einleger) vor Verlusten bei deren Zusammenbruch. Den Umfang dieses Schutzes bestimmt das Gesetz. In der Schweiz beträgt er zurzeit bis CHF 30 000, in der Europäischen Union bis EUR 20 000 pro Einleger. An diesen Werten ist ein *sozialpolitisches Ziel* erkennbar: dem «kleinen» ↑ Bankkunden kurzfristig das Nötigste für seine täglichen Bedürfnisse zu garantieren.

1. Grundsätzliches
Einlegerschutz ist also Gläubigerschutz im traditionellen Sinn der ↑ Bankenaufsicht, und zwar *nachträglicher Gläubigerschutz*: Er kommt erst zum Tragen, wenn eine Bank zusammengebrochen ist.
So unterscheidet er sich von den Massnahmen des *vorbeugenden Gläubigerschutzes* (↑ Organisation der Bank, Gewähr für eine einwandfreie Geschäftstätigkeit, ↑ Eigenmittelanforderungen, Vorschriften über das ↑ Risikomanagement und die ↑ Liquidität). Deren Ziel ist, zu vermeiden, dass eine Bank zusammenbricht, und zu gewährleisten, dass im

Fall ihres Zusammenbruchs noch Mittel zur Auszahlung an die ↑Gläubiger vorhanden sind.

Auch ist der Einleger- vom *Anlegerschutz* zu unterscheiden. Dieser gilt den Kunden im ↑Effektenhandel (BEHG 1) und ist in der Europäischen Union wie der Einlegerschutz geregelt: mit einer Garantie für Geldforderungen bis EUR 20 000. Das schweizerische Recht gewährt den Anlegern keinen besonderen Schutz dieser Art. Soweit die ↑Effektenhändler gleichzeitig Banken sind (↑Universalbank, ↑Universalbanksystem), kann der Einlegerschutz die Aufgabe des Anlegerschutzes übernehmen. Auch für Effektenguthaben bei einer Bank bedarf es keines besonderen Schutzes, weil die Anleger seit 1994 durch ein Aussonderungsrecht im Konkurs voll geschützt sind (BankG 16 und 37b). Ein gesetzgeberischer Handlungsbedarf könnte allenfalls im Blick auf jene Effektenhändler angenommen werden, die nicht gleichzeitig Banken sind.

Die schweizerische Lösung für den Einlegerschutz besteht aus *zwei Elementen*: einem ↑Konkursprivileg und einer ergänzenden ↑Selbstregulierung.

2. *Konkursprivileg*

Zunächst geniessen die Einleger bei insolvenzrechtlicher Liquidation ihrer Bank (↑Konkursverfahren bei Banken) ein Konkursprivileg *bis CHF 30 000 pro Person* auf ihren ↑Spar-, ↑Lohn-, Renten- und weiteren Konti, die nach BankV 25 I Ziff. 2.3 und 2.5 (Fassung vom 12.12.1994) zu bilanzieren sind, insbesondere auch ↑Kassenobligationen, die zum Zeitpunkt des Schalterschlusses nachweislich im Besitz des Gläubigers waren (BankG 37a: «mit Ausnahme der Einlagen von anderen Banken»). Bevor diese Guthaben im privilegierten Umfang voll ausbezahlt sind, dürfen keine Leistungen an die nachrangigen Gläubiger erfolgen, zumal durch die strengen Eigenmittelanforderungen die privilegierten Guthaben praktisch unverlierbar sind. Diese Regelung gilt als verursachergerecht, weil die Liquidationsmasse der zusammengebrochenen Bank die Kosten des Einlegerschutzes trägt.

3. *Selbstregulierung*

Aus dem sozialpolitischen Ziel des Einlegerschutzes folgt, dass die Zahlungen rasch erfolgen müssen. Das Recht der Europäischen Union gewährt dafür höchstens drei Monate. Nun ist die Liquidation einer Bank zu langwierig, als dass in so kurzer Zeit entsprechende Zahlungen möglich wären. Die Mitglieder der Schweizerischen ↑Bankiervereinigung (SBVg) haben deshalb eine Vereinbarung über den Einlegerschutz abgeschlossen (1984 als Konvention XVIII, 1993 in überarbeiteter Neufassung). Gestützt auf sie nimmt die SBVg bei Konkurseröffnung oder Nachlassstundung für eine Unterzeichnerbank bei den übrigen Unterzeichnerbanken die nötigen Mittel auf, um den Einlegern alle privilegierten Guthaben rasch auszubezahlen. Für die Beiträge der Unterzeichnerbanken gilt ein festgelegter Schlüssel. Je nach Liquiditätsbedarf und Situation kann die SBVg als Zwischenfinanzierung ein ↑Darlehen aufnehmen. Mit der Auszahlung der privilegierten Guthaben an die Einleger tritt die SBVg als neue Gläubigerin an die Stelle der befriedigten Einleger. Weil das Privileg auf sie übergeht, erhält sie die ausgezahlten Mittel im Verlauf der Liquidation vollumfänglich aus der Masse zurück. Immerhin obliegt den Unterzeichnerbanken die Verzinsung der ausbezahlten Gelder bis zu deren Rückfluss im Gang der Liquidation, was Jahre dauern kann.

4. *Revisionsbedarf*

Politisch und ökonomisch erscheint die *Schweizer Lösung im Vergleich mit anderen Regelungen als wohlbegründet*. Sie entspräche mit geringfügigen Änderungen auch dem Recht der Europäischen Union. Eine vom Eidgenössischen Finanzdepartement beauftragte Expertenkommission hat 2000 unter dem Titel «Bankensanierung, Bankenliquidation und Einlegerschutz» Vorschläge zur Revision des BankG ausgearbeitet. Neben einem gestrafften Liquidations- und einem neuartigen Sanierungsverfahren soll die jetzige Regelung des Einlegerschutzes beibehalten und ausgebaut werden. Zudem wird vorgeschlagen, die bankenrechtlichen Regeln über ↑Sanierung, Liquidation und Einlegerschutz auch für Effektenhändler anwendbar zu erklären. Damit würde die erwähnte Lücke im Anlegerschutz geschlossen.

Christoph Winzeler

Lit.: *Bankensanierung, Bankenliquidation und Einlegerschutz, Bericht der vom Eidgenössischen Finanzdepartement eingesetzten Expertenkommission, Bern 2000.*

Einlieferung

Übergabe von ↑Wertpapieren oder Wertgegenständen zur Verwahrung und Verwaltung in ein offenes Depot (↑Depotgeschäft). Gegenteil: ↑Auslieferung.

Einlösungskommission

Auch Zahlstellenkommission genannt. Als Einlösungskommission bezeichnet man die vom ↑Emittenten bei ↑Emissionen den offiziellen ↑Zahlstellen zu entrichtende Entschädigung für die Besorgung des für den ↑Investor spesenfreien Einlösungsdienstes für ↑Zinsen, ↑Dividenden, Anlagefondsausschüttungen und ↑Kapitalrückzahlungen. Im schweizerischen Anleihensgeschäft beträgt die Einlösungskommission gegenwärtig (2002) bei Inland- und Auslandemissionen 0,01% für Erträge und die Kapitalrückzahlung, berechnet auf dem Nominalbetrag der Emission.

Einlösungsstelle
↑Couponsdienst.

Einmaleinlage
↑Kapitalversicherung mit Einmalprämie.

Einmalprämie
↑Kapitalversicherung mit Einmalprämie.

Einpersonengesellschaft
Die Einpersonengesellschaft ist eine ↑juristische Person mit bloss einem Gesellschafter. Darin unterscheidet sie sich vom Einzelkaufmann, der als natürliche Person wirtschaftlich tätig ist. Die Gründung von Handelsgesellschaften und Genossenschaften erfordert stets eine bestimmte Mehrzahl von Personen (allerdings soll anlässlich der Revision des GmbH-Rechts die Einmann-GmbH eingeführt werden). Nach erfolgter Gründung kann aber die Zahl der Gesellschafter wieder auf eins sinken, was in der Praxis (vor allem bei zu 100% beherrschten Konzerngesellschaften) häufig vorkommt.

Juristisch stellen Einpersonengesellschaften, losgelöst von ihrem einzigen Gesellschafter, eigene Rechtssubjekte dar. Es besteht bei dieser Konstellation die Gefahr, dass die juristische Trennung missbraucht wird und es zu Vermischungen zwischen den beiden Rechtssubjekten (und insbesondere ihrem Haftungssubstrat) kommt. Der Richter kann bei Einpersonengesellschaften auf Gesuch eines Gesellschafters oder eines ↑Gläubigers die Auflösung der Gesellschaft verfügen, sofern der gesetzmässige Zustand nicht innert einer angemessenen Frist wiederhergestellt wird (OR 615, 775, 831). Ferner hat die Gerichtspraxis das Institut des sog. «Durchgriffs» entwickelt: Stellt die Berufung auf die juristische Selbstständigkeit der Gesellschaft durch den einzigen Gesellschafter einen Verstoss gegen Treu und Glauben (ZGB 2) dar, so wird die juristische Trennung durchbrochen, indem Körperschaft und Gesellschafter als Einheit behandelt werden. *Roland von Büren*

Einschlag
↑Damnum; ↑Disagio.

Einschuss
Betrag, der bei einer Effektentransaktion einzuzahlen bzw. zu ↑hinterlegen ist (auch ↑Marge, ↑Margin genannt). Der Ausdruck wird auch für den vom Effektenkäufer bei einem Kauf auf Kredit einzubringenden Betrag an ↑eigenen Mitteln gebraucht.

Einschussgeschäft
↑Margenspekulation; ↑New Yorker Effektenbörse.

Einschussmarge
Sicherheitsleistung, die in Form von ↑Bargeld oder ↑Wertschriften vor der Ausführung eines Auftrags (Halten einer ↑Short position in ↑Optionen oder ↑Futures options) auf dem Marginkonto (↑Margin account) hinterlegt werden muss, um einen bei unvorteilhaften Kursbewegungen entstehenden Verlust zu decken. Bei Futures-Kontrakten müssen Käufer und Verkäufer die Einschussmarge leisten. Synonyme: Initial margin, Initial-Marge. ↑Einschuss.

Einsteigen
In der ↑Börsensprache synonymer Ausdruck für «kaufen». Gegenteil: aussteigen.

Einstellung des Handels
Auch Sistierung des Handels. Von der Schweizer Börse ↑SWX Swiss Exchange verfügte Einstellung des Handels in einem bestimmten Wertpapier beim Vorliegen von ausserordentlichen Umständen, z. B. wenn Entscheide oder andere Informationen, die den ↑Kurs wesentlich beeinflussen können, kurz vor der Veröffentlichung stehen. Die Dauer der Einstellung – in der Regel ein paar Stunden bis ein paar Tage – wird im Einzelfall festgelegt. In der Regel erfolgt die Einstellung des Handels auf Antrag des ↑Emittenten.

Einweg-Titel
Verschiedene Gesellschaften räumen dem Namenaktionär das Recht ein, die Verurkundung seiner ↑Aktien in einem ↑Zertifikat zu verlangen. Zur Vereinfachung der Umtriebe beim Handel mit solchen ↑Namenaktien stellt die Gesellschaft, im Gegensatz zur früheren ↑Usanz, wo der gleiche Aktientitel bei einer Handänderung durch ↑Indossament auf den jeweiligen Käufer übertragen wurde und somit über einen längeren Zeitraum im Verkehr zirkulierte, bei jeder ↑Transaktion ein neues Zertifikat über die Gesamtzahl der Aktien aus.

Einzahlungspflicht der Aktionäre
Wer ↑Aktien bei der Gründung einer Aktiengesellschaft (OR 630, 632–634a) oder bei einer Kapitalerhöhung (OR 652c, 653e) zeichnet (↑Zeichnung), ist im Hinblick auf das Zustandekommen der Gesellschaft bzw. des Kapitalerhöhungsbeschlusses zur Einzahlung (↑Liberierung) des ↑Ausgabepreises verpflichtet. Das Aktienrecht kennt nur diese pekuniäre Pflicht. Es fehlen nichtvermögensbezogene Pflichten, wie beispielsweise die ↑Treuepflicht. Die jüngste Gesetzgebung im Börsen- und im Bankenrecht knüpft jedoch an den Erwerb von Aktien beim Erreichen von gewissen Prozentsätzen des Stimmrechts ↑Melde- (BEHG 20, BaG 3 V), ↑Informations- (BaG 7) oder ↑Angebotspflichten (BEHG 32).

1. Liberierungsarten
Das Aktienrecht kennt verschiedene Liberierungsarten:
– *Liberierung in bar* (OR 632, 633); der Betrag ist auf einem Sperrkonto bei einer Bank zur Verfügung der Gesellschaft zu hinterlegen.
– *Liberierung durch Sacheinlage* (OR 628 I, 634). In diesem Fall wird die Liberierungsschuld durch andere Vermögenswerte als Geld getilgt. Gegenstand der Sacheinlage kann jedes übertragbare Vermögensobjekt sein, das einen wirtschaftlichen Wert hat und bilanzierungsfähig ist (z.B. auch Patente, Markenrechte). Die Statuten müssen den Gegenstand, dessen Bewertung, den Namen des Einlegers und die ihm zukommenden Aktien angeben (OR 628). Als ↑Deckung gilt eine Sacheinlage, wenn sie gestützt auf einen schriftlichen oder öffentlich beurkundeten Sacheinlagevertrag geleistet wird, die Gesellschaft nach ihrer Eintragung in das Handelsregister sofort als Eigentümerin darüber verfügen kann und ein ↑Gründungsbericht mit Prüfungsbestätigung vorliegt.
– Mit den Liberierungsarten nicht zu verwechseln sind die Formen der qualifizierten Gründung. Dazu zählen die Sacheinlagegründung, die Sachübernahmegründung und die *Liberierung durch ↑Verrechnung* (OR 634a II, 635 Ziff. 2), sofern die Voraussetzungen von OR 120 I erfüllt sind.
– *Liberierung aus Eigenkapital.* Die Kapitalerhöhung kennt ausserdem eine besondere Liberierungsart: Die Liberierung aus Eigenkapital, was eine Verschiebung von freien zu gebundenen Gesellschaftsmitteln (Umschichtung) bedeutet.

2. Einzahlung (Liberierung)
Jede Aktie muss durch eine ihrem Nennwert entsprechende Einlage gedeckt sein; hinzu kommt ein allfälliges ↑Agio. ↑Inhaberaktien dürfen erst nach Einzahlung des vollen ↑Nennwertes ausgegeben werden, ansonsten die Aktien nichtig sind (OR 683). Bei ↑Namenaktien muss die Einlage bei Errichtung der Gesellschaft für mindestens 20% des Nennwertes jeder Aktie geleistet werden. Die geleisteten Einlagen müssen mindestens CHF 50000 betragen (OR 632). Nicht voll liberierte Namenaktien dürfen nur mit Zustimmung der Gesellschaft übertragen werden, es sei denn, sie werden durch Erbgang, eheliches Güterrecht oder Zwangsvollstreckung erworben (OR 685). Ist der Erwerber einer nicht voll liberierten Namenaktie im Aktienbuch eingetragen, ist er gegenüber der Gesellschaft zur Einzahlung verpflichtet (OR 687 I). Veräussert der Zeichner die Aktie, so kann er für den nichteinbezahlten Betrag belangt werden, wenn die Gesellschaft binnen zwei Jahren seit ihrer Eintragung in das Handelsregister in Konkurs gerät und sein Rechtsnachfolger seines Rechtes aus der Aktie verlustig erklärt worden ist (OR 687 II). Auf diese Weise soll der Gründungsschwindel verhindert oder doch erschwert werden.

3. Verletzung der Einzahlungspflicht
Bei nicht rechtzeitiger Bezahlung des Ausgabebetrages einer Aktie werden ↑Verzugszinsen fällig (OR 681 I). Der Verwaltungsrat ist überdies befugt, den säumigen Aktionär seiner Rechte aus der Zeichnung der Aktien verlustig zu erklären (↑Kaduzierung) und an Stelle der ausgefallenen neue ↑Titel auszugeben. Wenn die kaduzierten Titel bereits zirkulieren und nicht beigebracht werden können, so ist die Verlustigerklärung im Schweizerischen Handelsamtsblatt sowie in der von den Statuten vorgesehenen Form zu veröffentlichen (OR 681 II). Die Verletzung der Einzahlungspflicht kann mit einer Konventionalstrafe belegt werden (OR 681 III). Um verbindlich zu sein, ist diese Strafe in den Statuten ausdrücklich vorzusehen (OR 627 Ziff. 5). *Hanspeter Dietzi*

Einzelurkunde
Wertpapiermässige Verbriefung von Rechten für jeden einzelnen Berechtigten. (Gegensatz: Sammelurkunde, ↑Globalurkunde.) Einzelurkunden für ↑Aktien und ↑Anleihensobligationen sind in den letzten Jahren nur noch ausnahmsweise und auf ausdrückliches Verlangen ausgestellt worden.

Einzelvertretung
↑Depotstimmrecht.

Einzelverwahrung
↑Depotgeschäft.

Einzelwertberichtigung bei Banken
In der Bankbilanz sind ↑Wertberichtigungen und Rückstellungen für die Abdeckung von Verlustrisiken zu bilden, die zum Zeitpunkt der Bilanzerstellung erkennbar sind und ihre Ursache in der abgeschlossenen Geschäftsperiode haben.

1. Abgrenzung zu verwandten Begriffen
Wertberichtigungen sind Wertkorrekturen von Bilanzaktiven des *Umlaufvermögens* ausserhalb der Handelsbücher aufgrund von Bonitätsverschlechterungen oder anderer Geschäftsrisiken. Wertberichtigungen werden typischerweise gebildet für ↑Forderungen gegenüber Kunden und Banken, für Hypothekarforderungen, für ↑Finanzanlagen und Geldmarktpapiere, die nach der ↑Accrual-Methode bewertet werden oder für Positionen in den Sonstigen Aktiven. Im Gegensatz zu den Wertberichtigungen stellen die Rückstellungen Wertkorrekturen für Geschäfte dar, die aufgrund ihrer Natur nicht in den Aktiven bilanziert werden (z.B. Eventualverpflichtungen). Bei den Wertkorrekturen auf dem *Anlagevermögen* (Sachanlagen und Beteiligungen) spricht man nicht von

Einzelwertberichtigung bei Banken

Wertberichtigungen, sondern von ↑Abschreibungen.

Einzelwertberichtigungen und auch Einzelrückstellungen zeichnen sich dadurch aus, dass sie sich einem konkreten Geschäft zuordnen lassen. ↑Pauschalwertberichtigungen und Pauschalrückstellungen lassen sich nicht einem einzelnen Geschäft, sondern einer Gruppe von gleichartigen Geschäften zuordnen. Pauschale Wertberichtigungsmethoden werden oft angewendet, um eingetretenen Verlustfällen Rechnung zu tragen, die im Einzelnen noch nicht bekannt sind, von deren Vorhandensein jedoch aufgrund der Erfahrung auszugehen ist (z.B. im Retailgeschäft [↑Retail banking, Retailgeschäft] oder für ↑Länderrisiken aufgrund von ↑Länder-Ratings).

2. Bilanzausweis

Die Einzelwertberichtigungen werden entweder in der Position ↑*Wertberichtigungen und Rückstellungen* in den Passiven ausgewiesen oder werden im betriebswirtschaftlich erforderlichen Mass direkt von den betreffenden Aktivpositionen abgezogen. Pauschalwertberichtigungen und Rückstellungen werden in der Regel in den Passiven unter Wertberichtigungen und Rückstellungen bilanziert, weil sie aufgrund ihrer Natur nicht unbedingt direkt einem einzelnen Aktivum zugeordnet werden können.

Im Anhang zur Jahres- bzw. ↑Konzernrechnung (↑Anhang im Bankjahresabschluss) bilden die Einzelwertberichtigungen einen Bestandteil der so genannten Tabelle E. Diese zeigt die Wertberichtigungen und Rückstellungen, die Schwankungsreserve für ↑Kreditrisiken sowie die ↑Reserven für allgemeine Bankrisiken und ihre Veränderungen im Laufe des Berichtsjahres. ↑Stille Reserven in der Form von nicht betriebsnotwendigen Wertberichtigungen oder Rückstellungen sind nur im Einzelabschluss zulässig und müssen in der Tabelle E in der speziellen Position *Übrige Rückstellungen* ausgewiesen werden. Die in den übrigen Positionen der Tabelle E ausgewiesenen Wertberichtigungen und Rückstellungen müssen betriebsnotwendig sein.

3. Verantwortlichkeiten

Die Gesamtverantwortung für die Rechnungslegung und somit auch für die systematische Bemessung und den Ausweis der Wertberichtigungen und Rückstellungen liegt beim Organ für Oberleitung, Aufsicht und Kontrolle (Verwaltungsrat/Bankrat). Bei der Ermittlung der konkreten Wertberichtigungen und Rückstellungen kommt in der Praxis der Geschäftsleitung, dem Finanzchef und dem Leiter der Kreditabteilung eine zentrale Rolle zu. Zunehmend werden auch die frontunabhängigen Risikomanagementabteilungen der Banken (↑Risikomanagement) vermehrt mit diesen wesentlichen Bewertungsaufgaben betraut.

4. Zeitpunkt der Beurteilung und Bewertung

Aus der Sicht der Rechnungslegung müssen die Wertberichtigungen und Rückstellungen mindestens halbjährlich ermittelt und mindestens im Jahresabschluss verbucht werden. Wird im publizierten ↑Zwischenabschluss die ↑Erfolgsrechnung lediglich bis zur Position Bruttogewinn publiziert, so sind der Risikoverlauf sowie die Wertberichtigungen und Rückstellungen verbal zu erläutern. Es ist empfehlenswert, die einzelnen ↑Engagements auch anlässlich der regelmässigen Kreditprüfung für die Wiedervorlagen an die Kompetenzträger neu zu bewerten.

5. Betriebswirtschaftliche Bemessung

Die Höhe der Einzelwertberichtigungen und Einzelrückstellungen ergibt sich beim Lombardkredit (↑Wertpapierverpfändung) aufgrund der Neubewertung der verpfändeten ↑Effekten und Geldmarktgeschäfte zu Marktkursen. Im kommerziellen Kreditgeschäft sowie im ↑Hypothekargeschäft ist für eine solide Ermittlung der Einzelwertberichtigung aufgrund klar festgelegter Verfahren eine umfassende Analyse der Gegenpartei bzw. eine Bewertung der Sicherheit nötig. Die Kreditbewertung ist besonders anspruchsvoll beim ↑Blankokredit und bei geringer ↑Marktgängigkeit der Sicherheiten beim gedeckten Kredit.

In der Praxis ist es oft erforderlich, in Abwägung der wirtschaftlichen Gesamtumstände und unter Berücksichtigung des gesetzlichen Vorsichtsprinzips, vernünftige Ermessensentscheide zu treffen. Von zentraler Bedeutung ist dabei die Beurteilung, ob der Kreditnehmer überhaupt noch in der Lage ist, seinen Haushalt bzw. sein Unternehmen fortzuführen (Going concern). Ist die Fortführung nicht mehr gewährleistet, hat die Bewertung der betreffenden Kredite zu ↑Liquidationswerten unter Berücksichtigung der zu erwartenden Erlöse aus der Verwertung allfälliger ↑Deckungen zu erfolgen. Die Umstellung von der Bewertung eines Kredites zu Fortführungswerten auf Liquidationswerte kann von einem Tag auf den andern zu einem bedeutenden Anstieg der Einzelwertberichtigungen führen.

6. Buchungstechnik

Die Buchungstechnik für die Zuteilung der Wertberichtigungen auf ↑Kapital und ↑Zinsen ist sowohl in der Schweiz als auch international sehr vielfältig. Weder die Praxis noch die Wissenschaft konnte sich bisher auf eine einheitliche, allgemein anerkannte Buchungstechnik einigen. Gestützt auf die Grundsätze der Willkürfreiheit und der Stetigkeit in der Darstellung und Bewertung ist jedoch unbestritten, dass die Banken im Zeitverlauf eine gleichbleibende Buchungstechnik anzuwenden haben. RRV EBK 21 legt fest, dass die Bewertungsgrundsätze eine zweckbestimmte und positionsgerechte Zuordnung und Verwendung sowohl

individueller als auch pauschaler Wertberichtigungen und Rückstellungen jederzeit zu gewährleisten haben. Folgende Fragen sind beispielsweise bankintern zu regeln:
– Verbuchung und sachliche Abgrenzung zwischen gefährdeten Zinsen und gefährdetem Kapital
– Grundsätze für die Aufgliederung der Wertberichtigungen auf die ↑Währungen der zu Grunde liegenden Geschäfte
– Zuordnung von Zahlungseingängen auf das Zinsergebnis der laufenden Periode, die wertberichtigten Zinsbeträge und die wertberichtigten Kapitalbeträge unter Berücksichtigung der Besonderheiten des ↑Grundpfandrechtes
– Verbuchung und Ausweis von Zweckänderungen vorhandener Einzel- und Pauschalwertberichtigungen und -rückstellungen (z.B. für andere Risiken oder als stille Reserven)
– Zeitpunkt der definitiven Ausbuchung eines als verloren erachteten Engagements gegen die Einzelwertberichtigung. *Willi Grau*

Lit.: *PricewaterhouseCoopers: Rechnungslegungsvorschriften für Banken und Effektenhändler, Zürich 1998.*

Einzelzession

Einzelzession bezeichnet die ↑Abtretung einer einzelnen Forderung bzw. einer Mehrzahl von Forderungen, die aber in Bezug auf die Person des Schuldners oder der Schuldner sowie in Bezug auf den Entstehungsgrund und in der Regel auch betragsmässig individuell bestimmt sind. Im Gegensatz dazu bildet bei der ↑Globalzession (auch Generalzession genannt) eine Vielzahl von grösstenteils erst in der Zukunft entstehenden und nur gattungsmässig umschriebenen Forderungen den Gegenstand der Abtretung.

Eisenbahnpfandrecht

Die Bestellung von ↑Pfandrechten auf Eisenbahnen und vom Bunde konzessionierten Schifffahrtsunternehmungen ist im BG vom 25.09.1917 geregelt. Mit dem Eisenbahnpfandrecht ist es möglich, den Wert der Installationen dieser Unternehmen zu mobilisieren. Das Pfandrecht gilt für alle Installationen (↑Gesamtpfandrecht), das heisst den Bahnkörper und die mit demselben zusammenhängenden Landparzellen sowie das gesamte zum Betrieb und Unterhalt der verpfändeten Linie gehörende Material.

1. Errichtung des Titels
Das Pfandrecht muss zur Sicherung bereits bestehender Schuldverpflichtungen oder zur Sicherheit für ein Anleihen dienen, das zur Vollendung, Verbesserung oder Erweiterung des Unternehmens, zur Vermehrung des Betriebsmaterials, zur Abzahlung von Schulden oder zu einem andern, das Unternehmen fördernden Zwecke verwendet werden soll. Im Prinzip ist das Pfandrecht auf den Bestand beschränkt, wie er zurzeit der Liquidation vorhanden ist.

2. Inhalt des Titels
In der Pfandobligation müssen neben der Schuldverpflichtung angeführt werden:
– Die verpfändete Bahn mit ihren Anfangs- und Endpunkten und ihrer kilometrischen Länge, respektive die verpfändete Schifffahrtsunternehmung nach ihrem konzessionsmässigen Umfang
– Die vorgehenden Pfandrechte und Prioritäten
– Die Zins- und Zahlungsbedingungen.

3. Rechte der Pfandgläubiger
Die Pfandgläubiger können die Liquidation verlangen, wenn die zur Bezahlung des ↑Kapitals bestimmte Frist verstrichen oder der den Titelinhabern zugesicherte ↑Zins am ↑Verfalltage nicht bezahlt worden ist. Mit der Realisierung des Pfandrechts ist die Liquidation des ganzen Vermögens der Unternehmung verbunden. *Max Friedli*

Electronic banking (Allgemeines)

Electronic banking (auch E-banking) ist ein Sammelbegriff für sämtliche elektronisch erbrachten Bankdienstleistungen. Hierbei wird die Bankdienstleistung entweder mittels elektronischer Medien abgeschlossen, durchgeführt oder beworben. Zwei fundamentale Aspekte von Electronic banking sind die Eigenheit des Distributionskanals und das Endgerät, mit welchem der Kunde Zugang zum Distributionskanal erhält. Als Distributionskanal kommen offene und geschlossene Netzwerke in Frage. Geschlossene Netzwerke beschränken die Zahl der Teilnehmer und die Mitgliedschaft basiert auf Vereinbarungen unter den Teilnehmern. Offene Netzwerke stellen keine solchen beschränkenden Anforderungen. Verbreitete Endgeräte, die den Zugang zum Distributionskanal ermöglichen, sind: EFT/POS-Terminals (↑Electronic funds transfer at the point of sale), ↑Bancomaten, Telefon, Personal Computer, ↑Smartcards oder Personal digital assistants (PDAs). Im engeren Sinne ist zudem der Aspekt begriffsbestimmend, dass unter Electronic banking vorwiegend Produkte und Dienstleistungen für ↑Retailkunden angesprochen sind. Im weiteren Sinne werden unter Electronic banking auch ↑Zahlungssysteme für Grossbeträge oder elektronische Dienstleistungen im ↑Wholesale banking verstanden.

1. Formen von Electronic banking
Je nach Verwendung eines bestimmten Mediums oder der Ausgestaltung der Kunde-Bank-Schnittstelle, lassen sich weitere Begriffe unterscheiden. Als Internet banking wird die ↑Abwicklung von Bankdienstleistungen über das Informations- und Kommunikationsmedium ↑Internet definiert. Hierbei können zwei Arten von Internetbanken

(Banken, die ihre Dienstleistungen im Internet anbieten) unterschieden werden. Einerseits gibt es Banken, welche ihr Angebot sowohl via Internet als auch über das traditionelle Filialnetz vertreiben, andererseits existieren aber auch reine Internetbanken, die kein Zweigstellennetz besitzen. Die reinen Internetbanken werden oft auch als ↑Direktbanken oder virtuelle Banken bezeichnet. Ein weiterer Begriff, der im Zusammenhang mit Internet banking und den Direktbanken häufig auftaucht, ist das Online banking. Typisch hierfür ist, dass die Kontaktaufnahme über den Computer stattfindet. Dabei unterscheidet man das Internet banking und die Direktverbindung (Online banking i.e.S.). Während das Internet ein offener, dezentral organisierter Netzverbund ist, handelt es sich bei der Direktverbindung um eine geschlossene Medienplattform mit einem zentral verwalteten Rechnerverbund. Das Online banking i.e.S. ist der Vorläufer des Internet banking; seine Bedeutung wird sich allerdings mit dem rasanten Aufkommen des Internet banking reduzieren. Eng mit dem Internet banking verknüpft sind ferner die Begriffe PC-banking und Home banking. Ersterer bezeichnet die Abwicklung der Bankgeschäfte mittels Personal Computer (PC) und wird auch gleichgesetzt mit der Verwendung von proprietärer Finanzsoftware auf dem Endgerät des Kunden. Letzterer bezieht sich auf den Umstand, dass die ↑Bankgeschäfte vom eigenen Domizil aus erledigt werden.

2. Historisch

Die ersten Kreditinstitute entwickelten bereits Mitte der 80er-Jahre Electronic-banking-Produkte (Bancomaten), die Anfang der 90er-Jahre um das in unterschiedlichen Gestaltungsformen konzipierte Telefon banking zielstrebig ergänzt wurden. Die Möglichkeit, von zu Hause aus die eigenen Bankgeschäfte abzuwickeln, basierte ursprünglich auf dem Videotex, welches Informations-, Transaktions- und Kommunikationsdienste anbot. Seit Beginn der zweiten Hälfte der 90er-Jahre ist es aber das Internet banking, das den bankbetrieblichen Vertrieb revolutioniert und neue Herausforderungen für die Finanzindustrie stellt. Der Betrieb des Videotex wurde am 30.09.2000 eingestellt. Banken, welche ihr Telebanking über Videotex angeboten hatten, bieten diese Dienstleistungen heute übers Internet an. Die ersten Internet-banking-Angebote wurden in der Schweiz 1997 lanciert.

3. Retail banking

Das ↑Retail banking eignet sich für den Einsatz des Internets in besonderem Masse. Aufgrund der ↑Standardisierung und relativen Einfachheit der Produkte können diese leicht via Internet angeboten werden. Kostengünstiger Vertrieb kann auf diese Weise mit einer hohen Benutzerfreundlichkeit (jederzeitiger Zugriff und Verfügbarkeit, Personalisierung der Angebote) verbunden werden.

Die gängigsten Angebote beinhalten Informationsdienste (Kurs-, Konto-, Börsen-Informationen und interaktive Analyse-Tools) und Transaktionsdienste (↑Zahlungsaufträge, Wertpapiergeschäfte). Im Bereich des ↑Elektronischen Zahlungsverkehrs werden nebst Produkten, welche via elektronische Kommunikationsmittel den Zugang zu traditionellen Zahlungssystemen erlauben (via Internet banking eine Zahlung veranlassen), auch Formen von *E-money* konzipiert. Aufgrund der Möglichkeit, welche das Zeitalter des ↑E-commerce gebracht hat, sich auf einzelne Teile der Wertschöpfungskette einer Bank zu fokussieren, sind Online broker (↑Internet-Broker) erfolgreich in den Markt getreten. Eine neue Form von Wertschöpfungen bieten unabhängige Finanzportale (↑Portal), welche Informationen bzw. Produkte von Drittanbietern sammeln, selektionieren und neu aufbereiten und so dem Kunden einen zentralen Zugang zu Finanzdiensten ermöglichen. Die meisten Banken bieten ihre Finanzdienstleistungen über verschiedene Kanäle an, auch über traditionelle Kanäle wie das Filialnetz (↑Multichannel distribution). Nur einzelne neu gegründete Banken und ↑Effektenhändler beschränken ihre Tätigkeit ausschliesslich auf den Vertrieb über das Internet.

4. Investment banking

Internet-Angebote werden in Form von Portalen oder Business-to-business-Marktplätzen (E-commerce) sowohl für den ↑Primär- als auch für den ↑Sekundärmarkt angeboten. Im Unterschied zum Retail banking wird im ↑Investment banking eine sophistizierte, professionelle Kundschaft bedient. Im Emissionsbereich haben sich sowohl für Aktien- als auch für Obligationenemissionen internetbasierte Plattformen im Markt etabliert, welche den gesamten Ablauf einer ↑Emission unterstützen. Venture-capital-Marktplätze (↑Venture capital) auf dem Internet sind in den USA erfolgreich, scheinen aber in Europa nur langsam Boden zu gewinnen. Die Durchführung von Selbstemissionen via Internet (Direct public offerings [DPO]) stellt eine innovative Art dar, das Internet bei der Kapitalbeschaffung einzusetzen. Im Sekundärmarkt sind einige Börsenprojekte lanciert worden, deren Zugangsmedium entweder ausschliesslich oder unter anderem das Internet ist. Diese Börsenplattformen ermöglichen den Handel mit ↑Aktien, ↑Obligationen, ↑Währungen, ↑Derivaten und Kreditkontrakten. Im Vergleich zu anderen Bereichen der Finanzwelt erfolgte im Investment banking der Handel bereits früh auf weltumspannenden proprietären Netzwerken. Insofern sind die Einsatzmöglichkeiten für das Internet beschränkt.

5. Private banking

Im ↑Private banking scheint sich das Internet nur langsam durchzusetzen. Zwar verfügen viele ↑Privatbanken über einen Internetauftritt, die Substitution der persönlichen Kundenbeziehung durch einen virtuellen Kommunikationskanal scheint jedoch nicht im Sinne der Anbieter zu sein. Vielmehr wird das Internet als begleitendes Instrument in der Kundenberatung verstanden. Produkte, welche eine Onlineberatung ermöglichen, könnten sich mittelfristig auch im Private banking einer gewissen Beliebtheit erfreuen. Obwohl sich das Private banking weiterhin auf einen hochwertigen Service konzentrieren sollte, wird die Fähigkeit der Privatbanken entscheidend sein, ihren Privatkunden qualitativ hochstehende Dienstleistungen sowohl via Internet als auch via traditionelle Kanäle anbieten zu können.

6. Regulation
Für E-banking bestehen fast keine spezifischen Bestimmungen. Dies bedeutet aber nicht, dass elektronisch angebotene Finanzdienstleistungen unreguliert wären. Die Eidgenössische ↑Bankenkommission (EBK) wendet bei der Bewilligung und Überwachung von reinen Internetbanken die gleichen gesetzlichen Bestimmungen an wie bei traditionellen Banken. Die fehlende spezifische ↑Regulierung hat die Entwicklung des Internet banking nicht behindert, aber in Teilbereichen wie der ↑Kontoeröffnung musste die EBK Anpassungen vornehmen. Die Bankenkommission verpflichtet die reinen Internetbanken und Effektenhändler, vor der Kontoeröffnung zum Zwecke der Überprüfung der Kundenidentität und der fortlaufenden Überwachung der Geschäftsbeziehung in bestimmten Fällen obligatorisch eine persönliche Vorsprache zu verlangen. In jedem Fall gilt dies für Kunden, welche zu Beginn der Geschäftsbeziehung Vermögenswerte von CHF 500 000 oder mehr einbringen. Weiterer regulatorischer Handlungsbedarf dürfte sich in den Bereichen der grenzüberschreitenden Finanzdienstleistungen, der Abgrenzung bewilligungspflichtiger Tätigkeiten, dem Outsourcing, der Tätigkeit von Finanzportalen und Aggregatoren sowie dem ↑Risikomanagement ergeben. ↑Electronic banking (Rechtliches).

7. Strategische Herausforderung
Die wesentlichen Änderungen und Verbesserungen im Vergleich mit traditionellen Formen der Erbringung von Dienstleistungen betreffen die Vertriebskanäle, den Zahlungsverkehr und die Rationalisierungsmöglichkeiten. Diese Entwicklung birgt für die Banken sowohl Chancen (z. B. neue Produkte und Dienstleistungen, neue Kunden, neue Märkte, neue Vertriebs- und Absatzkanäle, höhere Transaktionsgeschwindigkeit, niedrige ↑Transaktionskosten, neue Zahlungssysteme) als auch Gefahren (z. B. neue Konkurrenten, verschärfter Wettbewerb, Transparenz, technische Sicherheit, rechtliche Situation, Verlust der Kundenbindung). Die Art und Weise der Geschäftstätigkeit von Banken wird sich aus diesen Gründen mittelfristig wesentlich verändern und stellt eine bedeutende strategische Herausforderung dar.

Teodoro D. Cocca

Electronic banking (Rechtliches)
E-banking aus juristischer Sicht umfasst alle rechtlichen Aspekte, die sich im Zusammenhang mit der Abwicklung von ↑Bankgeschäften via ↑Internet ergeben. Als Synonyme werden auch die Begriffe Internet banking und Online banking verwendet. In einem weiten Sinne kann E-banking auch das E-broking umfassen, wobei bei diesem die Abwicklung von Börsentransaktionen via Internet im Vordergrund steht.

E-banking wirft aufgrund des verwendeten Mediums Internet zahlreiche rechtliche Fragen auf, namentlich im Bereich des Aufsichtsrechts und der privatrechtlichen Bank-Kunden-Beziehung.

1. Aufsichtsrecht
In aufsichtsrechtlicher Hinsicht sind insbesondere zwei Bereiche problematisch. Zum einen stellen sich aufgrund der Internationalität des Internets Fragen nach der Zuständigkeit der bankrechtlichen Aufsichtsbehörden bei der Bewilligung und Überwachung von Banken, welche E-banking-Dienstleistungen anbieten. Dabei verhindern heute die unterschiedlichen aufsichtsrechtlichen Regulierungen in den einzelnen Staaten einen grenzüberschreitenden Bankdienstleistungsverkehr über das Internet weitestgehend. Hiervon würde erst eine internationale Rechtsvereinheitlichung im Bereich des Aufsichtsrechts Abhilfe schaffen.

Einen zweiten Problemkreis bildet die ↑Kontoeröffnung via Internet. Losgelöst von den privatrechtlichen Problemen stellt sich die Frage nach der Identifizierung der Vertragspartei im Rahmen des Kontoeröffnungsverfahrens (GwG 3, VSB 2). Die ↑Vereinbarung über die Standesregeln zur Sorgfaltspflicht der Banken (VSB) sieht nach wie vor die persönliche Vorsprache des Kunden verbunden mit der Überprüfung des wirtschaftlich Berechtigten anhand eines amtlichen Dokumentes als primäres Identifikationsmittel vor. Nur in Ausnahmefällen soll eine Kontoeröffnung alleine auf dem Korrespondenzweg möglich sein, wobei auch hier eine Nachidentifikation anlässlich einer späteren persönlichen Vorsprache vorgenommen werden soll. Anbieter von E-banking-Dienstleistungen, die auf persönlichen Kontakt mit ihren Kunden (und somit auch auf die erforderlichen Räumlichkeiten) verzichten wollen – nach der Terminologie der Eidg. ↑Bankenkommision (EBK) handelt es sich um «reine Internetbanken» – können diese Erfordernisse nicht ohne weiteres erfüllen. Um die Geschäftstätigkeit solcher Banken nicht über Gebühr zu erschweren, drängt sich eine Überarbeitung der VSB auf. Bis neue Regelungen geschaffen werden (in Aussicht genommen ist das Jahr 2003) gelten die so genannten Mindeststandards für reine Internetbanken, welche die EBK 2001 in Kraft gesetzt hat. Diese sehen vor, dass bei «wichtigen Kunden» eine persönliche Vorsprache zwingend stattzufinden hat. Bei den übrigen Kunden verlangt die EBK keine persönliche Vorsprache, sondern akzeptiert eine Identifikation anhand des Verfahrens auf dem Korrespondenzweg. Die Grenze zum «wichtigen» Kunden liegt nach den Mindeststandards bei CHF 500000. Die Mindeststandards verpflichten die reinen Internetbanken zudem, die Geschäftsbeziehung mithilfe technischer Vorkehren laufend zu überwachen.

2. Bank-Kunden-Beziehung
Wird die Bank-Kunden-Beziehung über das Internet begründet und unterhalten, stellen sich neben den erwähnten Besonderheiten im Zusammenhang mit der Identifizierung der Vertragspartei zusätzliche rechtliche Fragen, die grundsätzlich für den ganzen Bereich des ↑E-commerce gelten. Die Begründung und Abwicklung der vertraglichen Beziehung erfährt dabei zwar nicht eine prinzipielle Neubeurteilung, sie ist aber im Lichte der neuen Technologie zu überdenken. Dabei dreht sich die Diskussion vor allem um die vorvertragliche Phase, während der sich die E-banking-Anbieter mit einer Fülle von Informationspflichten konfrontiert sehen. Es kommt dabei zu einer Überlagerung der Informationspflichten, die sich aufgrund des Auftragsrechts im Allgemeinen sowie des Bankrechts (z.B. ↑Informationspflicht des Effektenhändlers, BEHG 11) und der speziellen Situation im Internet im Besonderen ergeben. Für das E-banking sind dabei grundsätzlich die für den elektronischen Geschäftsverkehr erlassenen oder vorgeschlagenen Regelungen anwendbar. Diese verlangen zum Beispiel umfassende Informationen über den Diensteanbieter sowie über die Einzelheiten und Konditionen des präsentierten Angebots. Zudem müssen dem Kunden die jeweiligen Schritte, die zum Abschluss des Vertrages führen, klar aufgezeigt und die Möglichkeit der Korrektur von Eingabefehlern gegeben werden.

Im Rahmen des Vertragsschlusses stellt sich weiter die Frage nach dem Einbezug ↑Allgemeiner Geschäftsbedingungen (AGB). Damit ein gültiger Einbezug der AGB in den Vertrag gewährleistet ist, ist eine klare Kennzeichnung und die Möglichkeit der einfachen Einsichtnahme der Vertragsbestimmungen unumgänglich. Die Banken versuchen regelmässig in ihren AGB die mit dem Einsatz des Internets als Kommunikationsmittel und der EDV allgemein einhergehenden ↑Risiken auf den Kunden abzuwälzen. Erfolgt eine solche Risikoverteilung in Form von Haftungsausschlüssen, ist insbesondere OR 100 zu beachten.

Die AGB sehen weiter regelmässig vor, dass die auf der Homepage präsentierten Angaben nicht eine Offerte im Rechtssinne darstellen, sondern lediglich als Einladung zur Offertstellung zu verstehen seien. Diese Klausel ist grundsätzlich zulässig (OR 7 I), darf aber nicht darüber hinwegtäuschen, dass im Falle des Zustandekommens des Vertrages durch – in der Regel automatisiert erfolgende – Annahme der Bestellung oder des Auftrages des Kunden durch die Bank die Angaben der Homepage zum Inhalt des Vertrages werden.

Von Bedeutung für das E-banking dürfte der zunehmende Einsatz digitaler Signaturen im Bank-Kunden-Verkehr sein (↑Digitale Zertifikate und digitale Signatur). Mit der geplanten Gleichstellung der digitalen Signatur mit der einfachen Schriftlichkeit (OR 13 und 14) würde nicht nur die Möglichkeit geschaffen, formbedürftige Rechtsgeschäfte – wie etwa die Zession (↑Abtretung) – via Internet vorzunehmen, sondern dies könnte auch eine Lösung für die beschriebene Problematik betreffend Kontoeröffnung via Internet (Identifikation der Vertragspartei) darstellen.

Wolfgang Wiegand, Mario Marti
Lit.: Spindler, G.: *Bankrecht und E-Commerce*, in Jusletter 26.11.2001 (1. Teil) und 03.12.2001 (2. Teil). – Wiegand. W. (Hrsg): *E-Banking – Rechtliche Grundlagen*, Berner Bankrechtstag 2001 (Band 8), Bern 2002. – Wiegand. W. (Hrsg): *E-Banking. Die einzelnen Rechtsgeschäfte*, Berner Bankrechtstag 2002 (Band 9), Bern 2002.

Electronic bill presentment and payment (EBPP)

Seit der zweiten Hälfte der 90er-Jahre entwickeln sich unter dem Begriff *Electronic bill presentment and payment (EBPP)* Systeme und Services für

EBPP-Service

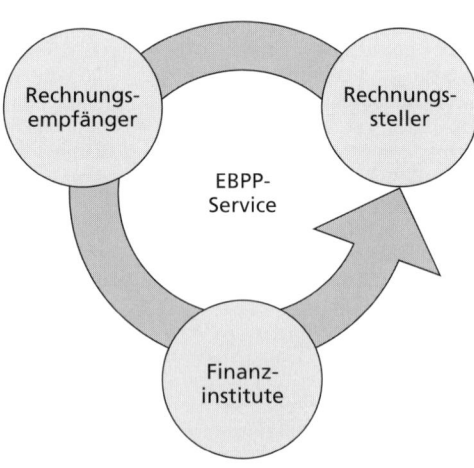

Mittels EBPP soll der Rechnungs- und Zahlungskreislauf zwischen allen Beteiligten ohne Medienbruch und vollelektronisch abgewickelt werden.

den elektronischen Rechnungsversand und Rechnungsempfang sowie für die elektronische Bezahlung von Rechnungen. Wie es der Begriff schon treffend ausdrückt, geht es dabei darum, traditionelle und in der Regel papierbasierte Verfahren und Prozesse im gesamten Kreislauf des Rechnungsdrucks, des Rechnungsversandes, der Rechnungsarchivierung, der Rechnungsbezahlung usw. durch neue elektronische Verfahren und Medien abzulösen.

Die Hauptziele von EBPP bestehen also zum einen darin, den Prozess der Rechnungsstellung und -verarbeitung und den Prozess der Rechnungsbezahlung in elektronischer Form (kostengünstig und komfortabel) zu unterstützen und zum anderen diese beiden Prozesse möglichst optimal (ohne Medienbrüche) zu integrieren. Anders ausgedrückt geht es darum, längerfristig sowohl Papierrechnungen wie auch Einzahlungsscheine abzulösen.

1. Nutzen von EBPP
Bezüglich dem Nutzen von EBPP ist zwischen den verschiedenen beteiligten Akteuren zu unterscheiden:
– Für Firmen als Rechnungssteller und Rechnungsempfänger liegt der Hauptnutzen im Bereich von Kosteneinsparungen sowie neuen Möglichkeiten für das Customer relationship management (CRM) und One-to-one marketing
– Für Privatpersonen als Rechnungsempfänger liegt der Nutzen von EBPP hingegen eher im Bereich von Vereinfachungen und gegebenenfalls von Gebühreneinsparungen.

2. Grundmodelle des EBPP
Die bislang realisierten EBPP-Systeme orientieren sich an zwei grundlegenden Modellen. Es handelt sich dabei zum einen um das Biller-direct-Modell und zum anderen um das Consolidator-Modell:
– *Biller-direct-Modell:* Im Rahmen des Direct-Modells präsentiert der Rechnungssteller seinen Kunden die Rechnungen entweder im Pull-Modus als HTML- oder PDF-File auf seinem WWW-Server oder sendet sie ihm im Push-Modus mittels E-Mail- oder EDI-Messages direkt zu. Die Problematik dieses Modells liegt für den Rechnungsempfänger darin, dass der Empfänger der Rechnungen (Kunde) eine Vielzahl unterschiedlicher Rechnungen auf verschiedensten Wegen von all seinen Lieferanten erhält. Für den Rechnungssteller hat dieses Modell jedoch den Vorteil, dass es eine direkte Kommunikationsbeziehung zwischen ihm und seinen Kunden zulässt, was beispielsweise für elektronisches Customer relationship management (CRM) von Bedeutung ist.
– *Consolidator-Modell:* Im Rahmen des Consolidator-Modells wird das Problem der unter-

Grundmodelle des Electronic bill presentment and payment

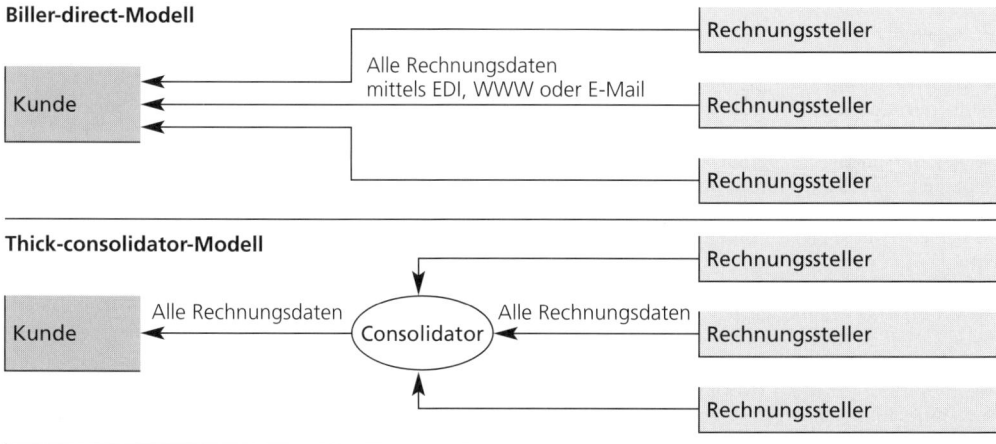

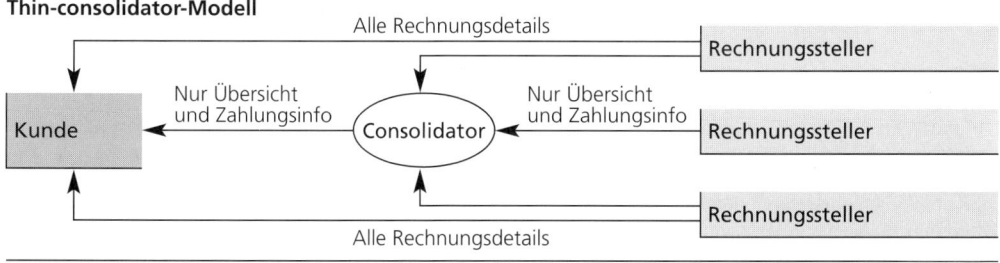

schiedlichen Rechnungen von verschiedenen Rechnungsstellern dadurch gelöst, dass ein so genannter Consolidator-Service die Rechnungen verschiedenster Rechnungssteller zusammenträgt und in entsprechend übersichtlicher Form und auf unterschiedlichen Medien (WWW, EDI, E-Mail, WAP usw.) den Empfängern präsentiert. Beim Consolidator-Modell wird zusätzlich zwischen einem so genannten Thick-Consolidator und einem Thin-Consolidator unterschieden. Beim *Thick-Consolidator* senden die Rechnungssteller alle Informationen auf der Rechnung an den Consolidator und dieser leitet sie dann an die Kunden weiter. Bei diesem Modell hat der Rechnungssteller keinen direkten Kontakt zum Rechnungsempfänger. Beim *Thin-Consolidator* sendet der Rechnungssteller lediglich eine Zusammenfassung und die zahlungsrelevanten Informationen auf den Rechnungen (z. B. Konto, Betrag, Valuta) an den Consolidator. Die Rechnungsdetails präsentiert der Rechnungssteller seinen Kunden dabei auf dem eigenen Web-Server bzw. einem Internet-Portal. Dieses Modell bringt damit beiden Parteien Vorteile: Der Rechnungsempfänger erhält alle Rechnungen aus einer Hand. Da er jedoch die Details auf dem Web-Server des Rechnungsstellers abholen muss, besteht trotzdem ein direkter Kontakt (z. B. für CRM-Ansätze).

Die Abbildung S. 373 fasst die Unterschiede der einzelnen Modelle nochmals zusammen.

3. Ausblick
Der Markt für EBPP-Services befindet sich in den USA und vor allem in Europa und Asien immer noch in einer frühen Entwicklungsphase. Zwar gibt es schon sehr viele Software-Anbieter und Dienstleister, die sich diesbezüglich Marktanteile sichern möchten, eine breite Durchsetzung von EBPP auf der Anwenderseite ist jedoch erst etwa 2005 zu erwarten. Dies hängt zu einem wesentlichen Teil von der Überwindung der Akzeptanzprobleme bei Privatanwendern und von der Investitionsbereitschaft der Firmen in integrierte EBPP-, ERP- und Workflow-Lösungen ab. Auf der Seite der Software- und Service-Anbieter werden sich zunehmend Standards für das EBPP etablieren und eine Konsolidierung im Markt wird in Zukunft wohl zur Vorherrschaft einiger weniger, international dominierender Anbieter führen. *Walter Wirz*
Links: http://cebp.nacha.org – www.ebpp.de

Electronic cash
Digitaler elektronischer Wert in einer gesetzlich anerkannten ↑Währung, welcher von einem Herausgeber gegen Bezahlung mit einem anderen Zahlungsinstrument an einen Inhaber herausgegeben und bei Rücknahme durch den Herausgeber einem anderen Inhaber vergütet wird. Herausgeber kann eine privatwirtschaftliche Unternehmung sein, z. B. eine ↑Bank oder eine den Banken nahe stehende Organisation, selbst wenn diese ihren Sitz in einem Land mit einer anderen gesetzlichen Währung hat. Eine Nationalbank kann für privatwirtschaftliche Herausgeber von Electronic cash Vorschriften erlassen.

Der Inhaber kann sein Electronic cash zum Zwecke von Zahlungen auf die Medien anderer Inhaber transferieren. Da der Herausgeber für sein Electronic cash garantiert, bestimmt er die technischen Voraussetzungen für die Speicherung, z. B. von ihm herausgegebene, sichere Chipkarten (↑Chip) oder nach seinen Vorgaben kryptographisch abgesicherte Speicherung auf einem PC, sowie die möglichen ↑Transaktionen, z. B. nur auf dem Pfad «Herausgabe an Inhaber 1 – Transfer von Inhaber 1 an Inhaber 2 – Rücknahme von Inhaber 2» oder allenfalls auch zwischen mehr als zwei Inhabern. In Deutschland wird vom deutschen Kreditgewerbe unter dem Markennamen «electronic cash» ein nationales, kartenbasiertes ↑Zahlungssystem betrieben, das als Zahlungsmittel deutsche ec-Karten und Bankkundenkarten verwendet.
Jacques Bischoff

Electronic commerce
↑E-commerce.

Electronic communication networks (ECN)
Electronic communication networks (ECN) sind als elektronische Wertschriftenhandelssysteme (↑Handelssysteme) Teil der ↑Alternative trading systems (ATS). In den USA, ihrem Hauptmarkt, benötigen ECN eine SEC-Registrierung (↑Securities and Exchange Commission [SEC]) entweder als ↑Broker oder als ↑Börse.

Im Gegensatz zu Crossing systems (↑Handelssysteme) erfolgen Kauf- und Verkaufaufträge in ECN mit Preisangabe, ja sie werden oft als eigentliche Preisfindungssysteme bezeichnet, die vor allem im NASDAQ-Handelssystem mit einem Volumenanteil von beinahe 40% im Jahr 2000 eine bedeutende Rolle spielen. Den grössten Marktanteil unter den ECN hält ↑Instinet, eine Tochtergesellschaft von Reuters.

Tiefere Kosten, grössere Flexibilität und Anonymität im Handels- und Abwicklungsbereich haben die ECN vor allem für die US-amerikanischen Wertschriftenmärkte zu einem gewichtigen Marktfaktor werden lassen. Demgegenüber ist ihre Bedeutung in den europäischen Märkten, die sich als anpassungsfähiger und innovativer – aber auch als fragmentierter – erweisen, vergleichsweise gering.
Werner Frey

Electronic data interchange for administration, commerce and transport (EDIFACT)
↑UN/EDIFACT.

Electronic funds transfer (EFT)
Allgemeine Bezeichnung für ↑elektronischen Zahlungsverkehr. ↑Electronic funds transfer at the point of sale (EFT/POS).

Electronic funds transfer at the point of sale (EFT/POS)
Unter diesem Begriff – meist in der Kurzform «POS-System» oder in der Abkürzung «EFT/POS» verwendet – versteht man die elektronische Erfassung von kartenbasierten Zahlungen im Detailhandel, an Tankstellen, bei Reisebüros usw., deren Weiterleitung an eine kontoführende Stelle sowie die damit einhergehende Verarbeitung (Gutschrift bzw. Belastung). Mittel dazu sind auf der Seite des Kunden eine mit einem Datenträger (Magnetstreifen, ↑Chip) ausgestattete ↑Debit- oder Kreditkarte sowie ein nur ihm bekannter mehrstelliger ↑Code (PIN: ↑Personal identification number) und auf der Seite des Händlers eine elektronische Kasse sowie ein daran angeschlossener Kartenleser mit Tastatur zur Eingabe des Codes. *Jacques Bischoff*

Electronic teller
Englische Bezeichnung für «Vollelektronischer Schalter». Der Electronic teller ist eine Weiterentwicklung der ↑Automated teller machine (ATM) durch Integration intelligenter Systeme (↑Expertensysteme) in die Softwareumgebung. Der Electronic teller kann definiert werden als intelligentes, elektronisches, multifunktionales Gerät für die Kundenselbstbedienung. Es erlaubt dem berechtigten Kunden, interaktive, transaktionsorientierte und kommunikationsorientierte ↑Bankgeschäfte zu tätigen.

Elektronische Börse Schweiz (EBS)
Gemeinschaftswerk der drei ↑Börsen von Basel, Genf und Zürich sowie der ↑SOFFEX (1992). Gegründet 1993, war die EBS Vorläufer der Schweizer Börse (↑SWX Swiss Exchange). ↑Gemeinschaftswerke der Banken.

Elektronische Datenverarbeitung bei Banken
↑Informatik im Bankwesen.

Elektronischer Zahlungsverkehr
Allgemeine Bezeichnung für Zahlungen, welche auf elektronischem Weg abgewickelt werden. ↑Electronic funds transfer at the point of sale (EFT/POS).

Elektronisches Auftragsbuch
↑Auftragsbuch.

Elektronisches Portemonnaie CASH
Unter Elektronisches Portemonnaie CASH versteht man die Schweizer ↑Wertkarte (Electronic purse), welche in Form eines ↑Chips auf Schweizer ↑ec/Maestro-Karten, der PostcardCASH sowie institutsneutralen CASH-Karten vorhanden ist. ↑CASH ist ein Produkt der Schweizer Banken.
Vor dem Einsatz als Zahlungsmittel muss ein entsprechender Betrag von CHF 20 bis CHF 300 am ↑Bancomaten oder Postomaten auf den Chip geladen werden; gleichzeitig wird das der Karte zugrunde liegende ↑Konto belastet. Deshalb gehört CASH zu den Pay-before-Zahlungsmitteln. Ladebeträge sowie Zahlungen bei Akzeptanzstellen werden über den CASH-Pool verrechnet. Allfällig verbleibende Restsaldi werden bei Kartenverfall dem Karteninhaber zulasten des CASH-Pools rückvergütet.
CASH ist als Zahlungsmittel für Klein- und Kleinstbeträge zugeschnitten und kann an vielen Verkaufsstellen – bei Detaillisten oder an Automaten – in der ganzen Schweiz zur Zahlung eingesetzt werden. Das Bezahlen mit CASH dauert nur wenige Sekunden, da die Eingabe einer persönlichen Identifikationsnummer (↑Personal identification number [PIN]) oder das Unterschreiben eines Belegs entfällt. *Jacques Bischoff*

Elektronische Unterschrift
↑Digitale Zertifikate und digitale Signatur.

Elliot-Wave-Theorie
Im Jahre 1938 erschien ein Monograph von Charles Jesse Collins unter dem Titel «Elliot Wave Principle». Es stellte die Studien von R.N. Elliot über aus seiner Sicht gesetzmässige und daher antizipierbare Börsenzyklen vor. Elliot kategorisierte neun unterschiedliche ↑Trends, vom Grand super cycle von 200 Jahren bis zur Subminuette von wenigen Stunden reichend. Kern der Lehre ist, dass alle Zyklen, von der Subminuette bis zum Grand super cycle, aus acht Wellen bestehen. Die Elliot-Wave-Theorie enthält einige Ungereimtheiten, kann aber das Verdienst für sich in Anspruch nehmen, dass ihr Schöpfer, Ralph Elliot, als erster die Selbstähnlichkeit von Börsenkursverläufen erkannt hat, d.h., dass ganz kurzfristige Aufzeichnungen (z.B. in 5-Minuten-Perioden) und langfristige Aufzeichnungen (z.B. in 1-Monat-Perioden) identische Muster aufweisen. *Alfons Cortés*

ELS
Abk. f. ↑Euro link system.

EMA
Abk. f. European Master Agreement for Financial Transactions. ↑Bankenvereinigung der Europäischen Union.

Embargo
Nach offiziösem Sprachgebrauch «der Einhaltung des Völkerrechts dienende Sanktionen», wie Artikel 1 des Entwurfs zu einem BG über die Durch-

setzung von internationalen Sanktionen (Embargogesetz) festhält. Das Embargo kann von einer supranationalen Gemeinschaft wie der UNO oder der EU, aber auch von einem einzelnen Staat ausgehen. Es beschränkt oder verbietet den privatwirtschaftlichen Verkehr mit dem Staat, der zur Einhaltung des Völkerrechts gezwungen werden soll, etwa durch die Unterbindung von Kapitalverkehr und Investitionen. Beispiele der Schweiz aus jüngster Zeit sind die Sanktionen gegen Irak (ab 1990) oder Jugoslawien (Serbien und Montenegro, ab1992).
Lit.: Botschaft des Bundesrates vom 20.12.2000 zum Bundesgesetz über die Durchsetzung von internationalen Sanktionen, in: Bundesblatt 2001 II, S. 1433ff.

Embedded option

Eine Embedded option (zu deutsch implizite ↑Option) ist eine in einem ↑Kontrakt enthaltene Option. Vertraglich geregelte Rechte bezüglich Preise und Mengen sowie Flexibilitäts- oder Gestaltungsrechte sind Beispiele für Embedded options. Zur Bewertung von komplexen Kontrakten werden die Embedded options aus der Gesamtstruktur herausgelöst und mit einem geeigneten Optionspreismodell (↑Option pricing model) bewertet. Wesentliches Merkmal einer Embedded option ist, dass sie nicht getrennt vom Gesamtkontrakt gehandelt werden kann und häufig Charakteristika von ↑exotischen Optionen aufweist. Ein Beispiel für eine Embedded option ist die Wahlfreiheit der ↑Short position eines Bondfutures, welche den zu liefernden ↑Bond auswählen kann. Diese Embedded option wird auch Qualitätsoption genannt. *Thomas Bollinger*

Emerging-market-Fonds

↑Anlagefonds, der Anlagen in Aktienmärkten von Schwellenländern vornimmt, z.B. in Südamerika, im pazifischen Raum oder an den osteuropäischen ↑Börsen.

Emerging markets

Der Begriff Emerging markets («aufstrebende Märkte, Volkswirtschaften») bezeichnet im Jahr 2002 in erster Linie Entwicklungsländer, welche Zugang zum ↑internationalen Kapitalmarkt haben. Obwohl der Begriff noch relativ jung ist, hat sein Inhalt bereits eine erhebliche Entwicklung hinter sich. Der Ausdruck wurde Anfang der 1980er-Jahre von der *International Finance Corporation (IFC)* – einer Weltbank-Tochter – geprägt. Diese bezeichnete damit ursprünglich besonders viel versprechende Aktienmärkte in zehn Entwicklungsländern, von denen sie ab 1981 ↑Aktienindizes zusammenstellte und publizierte. Mit dem Wiedererwachen privater Kapitalflüsse in die Entwicklungsländer nach dem Ende der Schuldenkrise Anfang der 90er-Jahre wurde der Begriff auch auf die Obligationenmärkte in diesen Ländern ausgedehnt. Man begann nun von «Emerging financial markets» in Entwicklungsländern zu sprechen. Mitte der 90er-Jahre gingen die Finanzmarktteilnehmer schliesslich dazu über, gewisse Entwicklungsländer mit Zugang zu den internationalen Finanzmärkten selber als «Emerging market countries/economies» oder schlicht als «Emerging markets» zu bezeichnen. Gegenwärtig wird der Begriff in zwei Bedeutungsausprägungen verwendet. Emerging markets im weiteren Sinne bezeichnet im Wesentlichen die Nicht-Industrieländer, d.h. alle Entwicklungs- und Schwellenländer. Emerging markets im engeren Sinne hingegen umfasst nur Schwellenländer oder eine Untergruppe davon.

1. Emerging markets im weiteren Sinne
Da heute eine Mehrheit der Entwicklungsländer in der einen oder andern Form zumindest zeitweise Zugang zu privaten ausländischen Finanzmitteln hat, werden die Begriffe Emerging markets und Entwicklungsländer immer häufiger als Synonyme verwendet. Als Beispiel sei hier die Ländereinteilung der ↑*Weltbank* – und insbesondere die ihrer Tochter IFC – erwähnt. In ihrer jährlichen Publikation *Global Development Finance* (bis 1997 *World Debt Tables*) teilt die Weltbank alle Länder respektive Volkswirtschaften der Erde in drei Einkommensgruppen auf:
1. Länder mit hohem Einkommen haben ein durchschnittliches jährliches Bruttosozialprodukt (BSP) pro Kopf von mehr als USD 9 265 im Jahr 2000 (Ausgabe 2002). Diese Gruppe – von der Weltbank auch als «entwickelte Länder» (Developed countries) bezeichnet – umfasst im Wesentlichen die Industrieländer und einige reiche Erdölproduzenten sowie Offshore-Zentren. Im Jahre 2002 waren dies 53 Volkswirtschaften.
2. Länder mit mittlerem Einkommen haben ein BSP pro Kopf und Jahr zwischen USD 756 und 9 265. 2002 fielen 93 Länder in diese Kategorie.
3. Länder mit niedrigem Einkommen weisen ein BSP pro Kopf und Jahr von weniger als USD 756 auf. 2002 gehörten 63 Länder dieser Gruppe an.

Die zweite und dritte Gruppe zusammen werden von der Weltbank als Entwicklungsländer (Developing countries) oder – vor allem von der IFC – als Emerging markets bezeichnet. Im deutschen Sprachgebrauch wird oft nur die dritte Gruppe als eigentliche Entwicklungsländer bezeichnet, während man für die zweite Gruppe den separaten Begriff «Schwellenländer» geprägt hat. Die ↑*Organisation für wirtschaftliche Zusammenarbeit und Entwicklung OECD* ist ein weiteres Beispiel einer Organisation, die den Begriff im weiteren Sinne gebraucht. Gemäss ihrer Kategorisierung fallen allerdings noch mehr Länder in diese

Gruppe. Emerging markets sind ihr nach alle Volkswirtschaften ausser den folgenden 23: Australien, Belgien, Dänemark, Deutschland, Finnland, Frankreich, Grossbritannien, Hongkong, Irland, Italien, Japan, Kanada, Luxemburg, Niederlande, Neuseeland, Norwegen, Österreich, Portugal, Schweden, Schweiz, Singapur, Spanien sowie die USA. Auch bei *multinationalen* und *anderen international tätigen Unternehmen* steht diese Bedeutungsausprägung im Vordergrund. Emerging markets charakterisieren sich hier allerdings vor allem durch ihr Entwicklungs- und Wachstumspotenzial, im Gegensatz zu den gesättigten Märkten in Industrieländern, und durch zum Teil massive ausländische ↑Direktinvestitionen (z.B. China).

Im Finanzsektor hängt es vom Bereich ab, ob die enger oder weiter gefasste Bedeutung zur Anwendung kommt. Im ↑Risikomanagement international operierender Banken werden im Wesentlichen dieselben Länder wie bei der OECD als Emerging markets klassifiziert, wobei hier das ↑Länderrisiko und somit das ↑Länder-Rating für die Zuordnung ausschlaggebend ist. Emerging markets sind demnach primär jene Länder, deren Länder-Rating tiefer als AA (auf der Skala von Standard & Poor's), beziehungsweise tiefer als Aa3 (auf derjenigen von Moody's) ist. (↑Rating).

2. Emerging markets im engeren Sinn
Finanzmarktteilnehmer beschränken die Definition häufig auf eine mehr oder weniger grosse Teilmenge der Entwicklungsländer, nämlich auf jene mit Zugang zu den internationalen Kapitalmärkten. Als repräsentatives Beispiel für in diesen Kreisen als Emerging markets bezeichnete Länder können etwa die 31 Volkswirtschaften betrachtet werden, welche in J. P. Morgans *Emerging markets bond index global (EMBI Global)* enthalten sind. Es sind dies Ägypten, Algerien, Argentinien, Brasilien, Bulgarien, Chile, China, Dominikanische Republik, Elfenbeinküste, Ecuador, Kolumbien, Kroatien, Libanon, Malaysia, Marokko, Mexiko, Nigeria, Pakistan, Panama, Peru, Philippinen, Polen, Russland, Südafrika, Südkorea, Thailand, Türkei, Ukraine, Ungarn, Uruguay und Venezuela. Ein weiteres Beispiel für diesen Begriffsgebrauch sind die 54 Länder, welche momentan in der *Emerging markets data base* der Ratingagentur Standard & Poor's zu finden sind. Verglichen mit den 31 erwähnten Ländern fallen Algerien, die Dominikanische Republik, Panama und Uruguay weg, dafür kommen 27 weitere dazu: Bahrain, Bangladesch, Botswana, Estland, Ghana, Griechenland, Indien, Indonesien, Israel, Jamaika, Jordanien, Kenia, Lettland, Litauen, Mauritius, Namibia, Oman, Rumänien, Saudiarabien, Simbabwe, Slowakische Republik, Slowenien, Sri Lanka, Taiwan, Trinidad und Tobago, Tschechische Republik und Tunesien.

3. Charakteristika von Emerging markets
Emerging markets sind Nicht-Industrie- oder Entwicklungsländer, welche regelmässig oder sporadisch bedeutende Zuflüsse von ausländischen Direkt- und Portfolio-Investitionen sowie Bankdarlehen aufweisen. Im Vergleich zu den entwickelten Volkswirtschaften weisen sie normalerweise ein tieferes Pro-Kopf-Einkommen, dafür aber ein höheres Wirtschaftswachstum auf. Letzteres geht in der Regel allerdings mit einer höheren ↑Volatilität dieser und anderer wichtiger wirtschaftlicher Grössen (z.B. ↑Inflation, Wechselkurse, ↑Zinsen, ↑Terms of trade, Liquidität) einher. Neben höheren Währungs-, Zins- Liquiditäts- und Kreditrisiken (wirtschaftlichen Risiken) kennzeichnen sich Emerging markets oft auch durch höhere politische Risiken (z.B. kurzfristige und grundlegende Umwälzungen in Wirtschaft und Politik, Einführung von Devisenausfuhr-Beschränkungen, Zahlungsunwilligkeit der Regierung, Verstaatlichung). All dies erhöht das Länderrisiko, was sich wiederum in einem tieferen ↑Rating niederschlägt. Investitionen in Emerging markets sind also mit Risiken verbunden, die in etablierten Märkten weitgehend fehlen. Neueste wissenschaftliche Studien (Beim and Calomiris, 2001) zeigen auf, dass aufgrund fundamental anderer Risiken die risikoadjustierten Renditen von Aktienanlagen in Emerging markets bedeutend tiefer sind, als gemeinhin angenommen wird.

Schliesslich soll darauf hingewiesen werden, dass sich die als Emerging markets bezeichnete Ländergruppe im Zeitverlauf ändern kann und dass der Schwellenbereich zu den Industrieländern fliessend ist. So ist es Ländern wie Griechenland, Portugal, Singapur und Spanien im Verlauf der letzten zwanzig Jahre gelungen, die Schwelle zu Industrieländern erfolgreich zu überschreiten. Andere Länder und Volkswirtschaften wie Hongkong, Israel, Slowenien und Taiwan werden je nach Sichtweise noch als Emerging markets oder bereits als Industrieländer betrachtet.

Marcel Peter, Michael F. Lichtlen
Lit.: Beim, D.XO./Calomiris, C.W.: Emerging Financial Markets, Boston 2001.

Emission

Erste Ausgabe von ↑Effekten (↑Beteiligungsrechte oder Forderungsrechte) gleichartiger Ausstattung und Platzierung dieser Effekten innerhalb einer kurzen Zeitspanne zu gleichen Bedingungen, zum Zweck der Beschaffung langfristigen Fremdkapitals (↑Anleihen) oder von ↑Eigenkapital (↑Aktien, ↑Partizipationsscheine) am ↑Kapitalmarkt.

Die Emission findet praktisch nie über die ↑Börse statt. Der ↑Emissionsmarkt ist Teil des Geld- bzw. Kapitalmarktes (↑Geldmarkt). Man nennt ihn auch ↑*Primärmarkt*, weil er die Neuausgabe von Effekten zum Gegenstand hat. Sind die Effekten platziert, können sie auf dem ↑*Sekundärmarkt* (börslich oder ausserbörslich) jederzeit gekauft bzw. verkauft werden. Das Emissionsverfahren wird in der Regel entweder durch eine Festübernahme durch sich darauf spezialisierte Banken durchgeführt oder, bei der Emission von Beteiligungspapieren, immer häufiger durch das so genannte Bookbuilding-Verfahren (↑Bookbuilding), welches das Platzierungsrisiko der Banken erheblich verringert. ↑Anleihensobligation.

Emissionsabgabe
↑Stempelabgaben im Finanzgeschäft.

Emissionsbank
Bei einer Emissionsbank handelt es sich um:
1. Eine Bank mit dem Recht zur Ausgabe von Banknoten (↑Banknotenprivileg). ↑Notenbank.
2. Eine Bank, die im Auftrag der ↑Emittenten Wertpapieremissionen (↑Wertpapier) auf dem ↑Finanzmarkt platziert.

Emissionsgeschäft
Unter Emissionsgeschäft ist die gewerbsmässig betriebene, erstmalige Ausgabe und Platzierung von ↑Wertpapieren und ↑Wertrechten (↑Effekten gemäss BEHG 2 lit. a) zum Zwecke deren massenweiser Inverkehrsetzung und zur Mittelbeschaffung am ↑Kapitalmarkt (sog. ↑*Primärmarkt*) zu verstehen. ↑Emittenten der Privatwirtschaft und der öffentlichen Hand verschaffen sich durch Ausgabe von ↑Obligationen oder anderen Forderungsrechten mittel- bis langfristiges ↑Fremdkapital oder durch Ausgabe von Aktien oder ähnlichen ↑Beteiligungspapieren (wie ↑Wandel- und ↑Optionsanleihen bzw. ↑Derivate) risikotragendes ↑Eigenkapital. Die ↑Emission erfolgt meistens durch Banken und ↑Effektenhändler, allenfalls durch ein Bankensyndikat, unter der Federführung eines ↑Lead-Managers, in Form eines öffentlichen Angebotes zur ↑Zeichnung bzw. zum Erwerb der auszugebenden Wertpapiere. Die Effekten werden meistens im Zusammenhang mit der Emission an einer ↑Börse kotiert, um einen einfachen Handel zu ermöglichen (sog. ↑*Sekundärmarkt*).
Das Angebot erfolgt auf der Grundlage eines ↑Emissionsprospektes (OR 652a für Aktien bzw. OR 1156 für ↑Anleihensobligationen) und bei der ↑Kotierung der Effekten an der ↑SWX Swiss Exchange (SWX) mit einem Kotierungsprospekt (KR 32). Die Emission kann sich an einen unbestimmten (z.B. bei einer Obligationenanleihe, bei einer Börseneinführung, auch ↑Initial public offering [IPO] genannt, oder bei einer Kapitalerhöhung mit einem Bezugsrechtshandel) oder an einen bestimmten Personenkreis (z.B. bisherige Familienaktionäre, Aktionäre eines nicht kotierten Unternehmens) richten. Oft werden beide Angebotsarten kombiniert, indem bei der Ausgabe von Aktien die bisherigen Aktionäre aufgrund des (handelbaren) ↑Bezugsrechts (OR 652b) bzw. bei Wandel- oder Optionsanleihen die bisherigen Aktionäre aufgrund des (nicht handelbaren) Vorwegzeichnungsrechts (OR 653c) oder die Obligationäre einer bestimmten Anleihe aufgrund eines (nicht handelbaren) Konversionsrechts zuerst berücksichtigt werden, und nur die hiefür nicht benötigten Titel in einer freien Zeichnung einem unbestimmten Interessentenkreis zum Erwerb offen stehen.

Das Emissionsgeschäft kombiniert somit die Kapitalbeschaffung mit einer breiten Streuung und gezielten Platzierung der neuen Effekten. Wirtschaftlich fällt dem Emissionsgeschäft die Aufgabe zu, in grossem Ausmass neues Kapital zur mittel- und langfristigen Finanzierung der wirtschaftlichen Entwicklung und der Infrastruktur des Emittenten zu mobilisieren. Auch das Kreditgeschäft dient teilweise diesem wirtschaftlichen Zweck; die Banken sind jedoch nur zu einem kleinen Teil in der Lage und aus Risikogründen immer weniger bereit, die für langfristige Finanzierungen benötigten grossen Beträge auf dem Kreditwege bereitzustellen. Die Börse ist am Emissionsgeschäft lediglich indirekt beteiligt, indem sie mittels Kotierung dem Emittenten einen möglichst freien und gleichen Zugang zum Börsenhandel zu verschaffen und mittels Transparenz einen effizienten Austausch der emittierten Effekten zwischen den Anlegern zu ermöglichen hat (KR1).

1. Platzierungsformen
Bei der *direkten Platzierung (Selbstemission)* trägt der Emittent das ganze Platzierungsrisiko selbst und gelangt ohne Mitwirkung Dritter (↑Syndikat) an den Markt, um die zur Ausgabe gelangenden Effekten bei den ↑Investoren unterzubringen. Sämtliche wirtschaftlichen und rechtlichen Vorkehrungen im Zusammenhang mit der Ausgabe und Platzierung besorgt der Emittent selbst. Er hat keine Gewähr, den angestrebten Kapitalbetrag zu erhalten. Direkte Platzierungen sind in der Schweiz aus Risikogründen selten und treten in der Regel nur bei Banken für eigene Anleihen und Kapitalerhöhungen auf, weil diese über den für die Platzierung erforderlichen technischen Apparat und das entsprechende Fachwissen verfügen.

Bei der *kommissionsweisen Platzierung* werden ein oder mehrere Vermittler (engl. Agents), die meistens Banken sind, mit der Platzierung beauftragt. Nach der durch den Emittenten selbstständig festgelegten Ausgabe von Effekten nehmen die Vermittler als offizielle Zeichnungsstellen die Zeichnungen der Aktionäre entgegen, ohne jedoch das Platzierungsrisiko zu übernehmen. Am Schluss der Zeichnungsfrist werden die Zeichnungen an den Emittenten weitergeleitet. Für die entgegengenommenen Zeichnungen erhalten die Banken eine Entschädigung (sog. Platzierungskommission, früher Guichetkommission genannt, da die Zeichnungen physisch am Schalter entgegengenommen wurden). Das ganze Platzierungsrisiko sowie die mit der Emission verbundenen Kosten trägt indessen auch hier der Emittent selbst.

Die *Festübernahme (Fremdemission)* ist die volumenmässig bedeutsamste und in der Schweiz gebräuchlichste Emissionsart. Dabei übernimmt eine Bank oder eine Bankengruppe (Syndikat) den ganzen Betrag einer Anleihe oder alle neuen, mittels Kapitalerhöhung durch den Emittenten geschaffenen Aktien zu einem im Voraus bestimmten Preis (Ausgabepreis minus ↑Übernahmekommission und Emissionspesen) treuhänderisch und zum Zwecke der Platzierung innerhalb einer bestimmten Frist. Aus rechtlicher Sicht erfolgen bei einer solchen Emission zwei Kaufgeschäfte mit Eigentumsübergang der Aktien nacheinander, nämlich im Rahmen der sog. Festübernahme (auch ↑*Underwriting* oder *Firm underwriting* genannt) eines zwischen dem Emittenten und der Bank (Syndikat) und im Rahmen der Platzierung eines zwischen der Bank und ihrem Kunden als Anleger. Den Verkauf der Effekten im Rahmen der Platzierung besorgt die Bank (Syndikat) auf eigene Rechnung und Gefahr, indem die durch die Festübernahme erworbenen bzw. zu erwerbenden Titel für eine bestimmte Zeit zur Zeichnung aufgelegt werden. Zur Reduktion seines wirtschaftlichen Risikos organisiert heute der Lead-Manager vor der Festübernahme regelmässig ein sog. ↑*Bookbuilding* von rund 10 Börsentagen, während dem die Investoren ihre Zeichnungen verbindlich eingeben müssen. Die am Schluss des Bookbuildings im Umfang des Totalbetrages der aus Emission eingegebenen Zeichnungen erfolgende Festübernahme ermöglicht sodann umgehend die Zuteilung der Effekten an die Investoren mit Eigentumsübergang (sog. *Allocation*) und löst schliesslich drei Tage später deren Liberierungspflicht (sog. *Settlement T+3*) aus. Nach erfolgter ↑*Liberierung* erfolgt die ↑Auslieferung der Aktien, womit die Emission abgeschlossen ist (sog. ↑Closing).

Die Festübernahme bietet dem Emittenten den grossen Vorteil, dass er bei einem allfälligen Misserfolg der Emission kein finanzielles Risiko läuft. Sie verschafft ihm aber auch die fachliche Beratung und technische Hilfe der Bank bei der Vorbereitung und Durchführung der Emission. Der Emittent kann unmittelbar nach dem Closing über den ganzen Erlös der Transaktion verfügen und von der hohen Platzierungskraft und den engen, internationalen Beziehungen der Banken zu privaten und institutionellen Investoren profitieren, die ihm ihre eingespielte Verkaufsorganisation zur Verfügung stellen bzw. selbst eine grosse Depotkundschaft besitzen, die einen Teil der Titel übernehmen kann. Bei vorübergehendem Misserfolg der Emission übernehmen die Banken einen Teil in ihren Anlagebestand (↑Nostro).

Die *Privatplatzierung («Platzierung unter der Hand»)* ist eine weitere Platzierungsform. Bei dieser Art der Platzierung von Wertpapieren oder Wertrechten wird bewusst auf eine breite Publizität verzichtet, und eine Kotierung an der SWX Swiss Exchange (SWX), wofür ein Kotierungsprospekt erstellt werden müsste, wird nicht vorgenommen. Dagegen ist nach OR 1156 und OR 652a auch bei einer Privatplatzierung ein Emissionsprospekt zu erstellen. Im Rahmen einer Privatplatzierung verkaufen die Banken und Effektenhändler die emittierten Wertpapiere oder Wertrechte, die sie entweder fest übernommen haben oder aufgrund von Unterbeteiligungen bei anderen Emissionssyndikaten beziehen, direkt bei einem ausgewählten Teil ihrer Kundschaft; in der Regel bei Grossanlegern (institutionellen) wie etwa andere Banken, ↑Anlagefonds, Pensionskassen und Versicherungen. Privatplatzierungen finden meistens für mittelfristige ↑Notes ausländischer Emittenten, für Kassascheine der Eidgenossenschaft, der Kantone, der Städte und Gemeinden und in zunehmendem Umfang der privaten Wirtschaft sowie vereinzelt auch für Beteiligungspapiere von jungen Unternehmen, die noch nicht reif für einen Börsengang (↑Initial public offering [IPO]) sind, Anwendung. Während Kassascheine wegen der fehlenden Kotierung nur beschränkt handelbar sind, findet für Notes in der Regel ein Handel unter der Hand statt. Privatplatzierungen sind stark im Wachstum, zum einen, weil sie für den Emittenten wegen der fehlenden Kotierung und Publizität eine günstigere Kostenstruktur aufweisen, und zum andern wegen der wachsenden Bedeutung und Anzahl von international tätigen ↑institutionellen Anlegern, denen so gezielt Anlagen nach ihren Vorstellungen bezüglich Schuldnerrisiko und Transaktionsstruktur *(Tailor-made)* verschafft werden können.

Als *Tender-* oder ↑*Auktionsverfahren (Bookbuilding)* bezeichnete man ursprünglich eine Kapitalmarktoperation in Form des Angebotes des englischen Schatzamtes an die Besitzer von britischen Schatzwechseln, einen bestimmten Betrag zur Diskontierung einzugeben, wobei von den unterbreiteten Offerten nur die günstigsten berücksichtigt wurden. In analoger Weise hat das Tenderverfahren auch in verschiedener Weise Eingang in die Unternehmensfinanzierung gefunden, speziell beim Rückkauf von Obligationen vor ihrer Fälligkeit, bei der Ausgabe von ↑neuen Aktien im Rahmen des sog. Bookbuilding-Verfahrens sowie beim Erwerb von bestehenden Aktien zur Tilgung oder zur Übernahme einer ↑Aktienmehrheit im Rahmen von Unternehmenskäufen (↑Merger and acquisitions).

Beim Tenderverfahren zur Begebung von Obligationenanleihen (veraltet «Preis-Offert-System») wird die ↑Rendite auf den zur Zeichnung aufgelegten Titeln nicht zum Voraus festgelegt, sondern der Bestimmung durch die Marktkräfte überlassen.

Emissionsgeschäft

In der Schweiz werden vor allem seit 1980 die grossen Anleihen des Bundes, einzelner Kantone sowie von hochkapitalisierten Gesellschaften im Tenderverfahren (in Anlehnung an das Emissionsprozedere bei Aktien immer häufiger auch [Accelerated] Bookbuilding genannt) ausgegeben. Bei Forderungsrechten gibt der Emittent den ↑Zinssatz, die ↑Laufzeit und den gewünschten Anleihebetrag bekannt, während die Bildung des Emissionspreises dem Markt, d. h. der Konkurrenz der Zeichner, überlassen wird. Dabei ist die Einreichung mehrerer Zeichnungsangebote mit unterschiedlichen Beträgen und Preisen zulässig. Der Emissionspreis wird für alle Zeichner einheitlich auf der Höhe der letzten noch berücksichtigten Offerte festgelegt. Die Zuteilung erfolgt in abnehmender Reihenfolge der angebotenen Preise. Es werden so viele Offerten berücksichtigt als nötig sind, um den totalen Anleihensbetrag zu decken. In der letzten noch berücksichtigen Preiskategorie kann eine Pro-rata-Zuteilung erfolgen. Schliesslich erfolgt die Zuteilung der einzelnen Obligationen entsprechend den Angeboten. Einzelne Emittenten, so etwa die Schweizerische Eidgenossenschaft, gewähren bei ihren Tenderverfahren bis zu einem bestimmten Maximalbetrag (z. B. bis zu CHF 20000) sogar eine feste Zuteilung für Offerten ohne Preisangabe. Das Tenderverfahren erlaubt in den meisten Fällen eine Platzierung zu marktnahen Bedingungen. Die Banken erhalten für die Entgegennahme und Weiterleitung der Zeichnungen bei Anleihen eine Kommission.

Das Prinzip des Tenderverfahrens hat sich seit 1995 in der Schweiz auch bei Börsengängen (IPO) und Zweitplazierungen (*Secondary offerings*) für die Ausgabe von ↑neuen Aktien in Form des Bookbuilding durchgesetzt. Dabei werden nach einer Unternehmens- und Marktbewertung die ersten im Rahmen des vorausgehenden Pre-Marketing empfangenen Reaktionen der Investoren zusammengeführt und auf den Beginn des Bookbuilding mittels einer Preisspanne (sog. *Price range*) veröffentlicht. Mit dieser Preisspanne wird der betragsmässige Rahmen angegeben, innerhalb dessen der künftige ↑Ausgabepreis der Aktien voraussichtlich liegen wird. Im Rahmen des rund 10 Tage dauernden Bookbuilding werden sodann Emissionspreis und ↑Emissionsvolumen aufgrund eines interaktiven, markt- und investorenbezogenen Prozesses definitiv bestimmt, indem alle Banken des Syndikats die eingegangenen Zeichnungsaufträge unter Angabe von Preis und Menge täglich dem Federführer, der das Zeichnungsbuch führt *(Bookrunner),* melden. Der Preis und die Menge der eingegangenen Zeichnungen, die Investorenqualität (z. B. langfristig oder kurzfristig orientiert) sowie die strategischen Zielsetzungen des Emittenten sind massgebend zur Festlegung des endgültigen Emissionspreises und damit des gesamten Emissionsvolumens. Die einzige Informationsgrundlage für die Investoren bildet während dem Bookbuilding der unvollständige ↑Prospekt (sog. Preliminary prospectus).

2. Stellung der Banken im Schweizer Emissionsgeschäft

Lange Zeit bezweckte in der Schweiz ein auf das Jahr 1897 zurückgehendes ↑Emissionskonsortium bzw. Emissionssyndikat bestimmter Banken die gemeinsame Übernahme und Begebung aller inländischen öffentlichen Emissionen des Bundes, der Kantone, Städte und Gemeinden im Betrag von mehr als CHF 6 Mio. Bereits im Jahre 1911 trafen dieses Emissionssyndikat und der im Jahre 1907 gegründete Verband schweizerischer ↑Kantonalbanken eine Vereinbarung, wonach Anleihen von mehr als CHF 12 Mio. des Bundes, der Kantone, Städte und Gemeinden von beiden Organisationen gemeinsam durchzuführen waren. In der getroffenen Konvention wurden die von den beiden Gruppen zu übernehmenden Anteile prozentual festgelegt. Neben diesen beiden Verbänden wirkten bei Anleihen des Bundes, der Kantone, Städte und Gemeinden auch der Verband Schweizer ↑Regionalbanken sowie die Gruppe deutschschweizerischer ↑Privatbankiers mit. Heute sind solche *permanenten Syndikate* durch *Ad-hoc-Syndikate* abgelöst worden, und der Bund emittiert regelmässig selbst. In- und Auslandanleihen werden in der Schweiz regelmässig durch die beiden ↑Grossbanken UBS AG, handelnd durch ihren Unternehmensbereich UBS Warburg, und Credit Suisse First Boston, die Kantonalbanken von Zürich, Basel und Bern sowie durch die Deutsche Bank (Schweiz) AG, ABN Amro und BNP Paribas emittiert. Einzelne ↑Privatbanken, wie etwa Pictet & Cie. und Bank von Ernst treten manchmal als Federführer und häufiger als Mitglieder im Syndikat auf. Die SNB (↑Nationalbank, Schweizerische) übt keine Emissionstätigkeit aus, sondern hält lediglich einen Teil ihrer Aktiven in Schweizer-Franken-Obligationen. Sie bewirtschaftet dieses Portefeuille unter der Einschränkung, dass die Anlageentscheide die ↑Geldpolitik nicht beeinflussen. Seit Mitte 2000 verfolgt die SNB eine ↑Anlagepolitik, die einen für den Markt repräsentativen Index für Schweizer-Franken-Anleihen nachbildet. Dieser Index berücksichtigt alle durch das ↑Nationalbankgesetz zugelassenen Schuldner, wie Bund, Kantone, Gemeinden, in- und ausländischen Banken und Pfandbriefinstitute, ausländische Staaten sowie internationale Organisationen. Ende 2001 betrug der ↑Marktwert dieses Portefeuilles insgesamt CHF 5,5 Mia. mit einer Rendite von 4,3%.

– *Permanente oder Turnus-Syndikate:* Namhafte Emittenten aus der Privatwirtschaft, insbesondere grössere Unternehmen aus dem Energie- oder Industriesektor, welche regelmässig an den Kapitalmarkt gelangen, verfügten lange Zeit über einen Kreis von mehreren Banken, die sich im Hinblick auf die Übernahme von Emissionen zu ständigen Syndikaten zusammengeschlossen hatten. Bei einzelnen permanenten Syndikaten gab es noch bis in die 1990er-Jahre für die jeweilige Federführung einen festgelegten Turnus. Für die Begebung von Schweizer-Franken-Anleihen von ausländischen Emittenten existierte früher ein permanentes Syndikat, dem ausser den fünf damaligen Grossbanken noch das ↑ Groupement des Banquiers Privés Genevois, die Gruppe der Zürcher Privatbankiers, der Verband Schweizerischer Kantonalbanken sowie das Bankhaus Sarasin & Cie und die Privatbank und Verwaltungsgesellschaft angehörten. Daneben traten für Auslandanleihen in der Vergangenheit auch weitere, vornehmlich aus ausländisch beherrschten Banken oder bankähnlichen Finanzgesellschaften sowie Privat- und Regionalbanken bestehende Syndikate in Erscheinung. Wegen des verschärften Wettbewerbs und der zunehmenden Internationalisierung des Emissionsgeschäfts sind in der Schweiz heute die permanenten Syndikate fast ausschliesslich durch Ad-hoc-Syndikate abgelöst worden.

– *Ad-hoc-Syndikate:* Wie im Euromarkt (↑ Euromärkte) werden heute auch in der Schweiz bei in- und ausländischen Anleihen die Syndikate von Transaktion zu Transaktion vom jeweils durch den Emittenten bestimmten Federführer neu gebildet. Wird eine Anleihe aufgestockt, kann es sein, dass das gleiche Syndikat bestehen bleibt, oder dass neue Syndikatsbanken dazukommen. Ad-hoc-Syndikate stellen eine transaktions- und emittentenspezifische Bankenauswahl und damit auch eine gewisse Minderung des Platzierungsrisikos sicher, weil die ausgewählten Banken ihr «Commitment» beweisen müssen.

– *Unterbeteiligte:* Einzelne Banken, die keinem Syndikat angehören, nehmen manchmal als Unterbeteiligte (heute als Agents, früher gelegentlich auch *«En-nom-Beteiligungen»* bezeichnet) an der Emission von Aktien und Obligationen teil, insbesondere weil ihre Platzierungskraft nicht ausreichend ist, um eine direkte Aufnahme ins Syndikat zu rechtfertigen. Die Abtretung von Unterbeteiligungen ist Sache der einzelnen Syndikatsbanken. Sie bestimmen selbstständig den Umfang der aus ihrer eigenen Syndikatsquote abzutretenden Unterbeteiligung. Die unterbeteiligte Bank nimmt indirekt an den Rechten und Pflichten des Syndikats teil. Unter den Syndikatsbanken selbst wird primär die ↑ Quote und die Höhe der zu gewährenden Übernahmekommissionen für die Unterbeteiligten festgelegt. Mit der Abgabe von Unterbeteiligungen reduzieren die Syndikatsbanken ihr eigenes ↑ Risiko und können indirekt an einen weiteren Kreis potenzieller Anleger gelangen. Die früher auch bei Auslandanleihen übliche Abgabe von Unterbeteiligungen wurde zugunsten des flexibleren Systems der Festzuteilungen an Drittbanken fallengelassen. Bei Schuldscheindarlehen kann der Emittent zur Reduktion seines Schuldner-Risikos Unterbeteiligungen abtreten, was jedoch aus steuerlichen Gründen nur in beschränktem Rahmen möglich ist.

– *Syndikatsquoten:* Die prozentualen Quoten der einzelnen Syndikatsbanken werden aufgrund ihrer Platzierungskraft und Intensität ihrer Beziehung zum Emittenten festgesetzt. Bei permanenten Syndikaten hatte die Quotenverteilung grundsätzlich Gültigkeit für alle Emissionen. Indessen erfuhr die Quotenverteilung eine Änderung, so etwa wenn eine neue Syndikatsbank aufgenommen wurde, Banken durch Zusammenschlüsse untergingen (z. B. bei der Integration der Schweizerischen Volksbank und der Bank Leu in die Schweizerische Kreditanstalt oder bei der Fusion zwischen dem Schweizerischen Bankverein und der Schweizerischen Bankgesellschaft), oder wenn sich die Platzierungskraft einzelner Banken wesentlich veränderte. Normalerweise beansprucht die eine Emission federführende Bank eine grössere Quote und bestimmt weitgehend auch die Quoten der anderen Syndikatsmitglieder (Konsorten).

3. *Meldepflicht für Emissionen*

1982 wurde die gesetzliche ↑ Bewilligungspflicht für Schweizer Inlandemissionen aufgehoben, wobei aber öffentliche Anleihen und Notes ausländischer Schuldner aufgrund von BankG 8 weiterhin einer Bewilligung der SNB bedurften. Heute ist die SNB berechtigt, eine Bewilligung für die Platzierung oder Übernahme von Anleihensobligationen im Falle von kurzfristigen, aussergewöhnlichen Kapitalabflüssen, welche die schweizerische Geld- und Währungspolitik ernstlich gefährden, zu untersagen oder an Bedingungen zu knüpfen. Das auf den 01.02.1997 mit einem ersten Teil in Kraft gesetzte BEHG ersetzte diese Bewilligungspflicht durch eine reine Meldepflicht und erlaubte nunmehr auch den ↑ Effektenhändlern, das Emissionsgeschäft zu betreiben. So qualifizieren heute sowohl Banken gemäss ↑ Bankengesetzgebung (BankG und BankV) als auch Effektenhändler gemäss Börsengesetz (BEHG und BEHV-EBK) mit einer entsprechenden Bewilligung der EBK als «Emissionshäuser» für Inland- und Auslandanleihen in Schweizer Franken. BEHV-EBK 2 II und das ausführende Merkblatt der SNB über die Meldepflicht bei Schweizer-Franken-Anleihen vom 01.02.1997 halten eine schriftlich am Tag der Emission gegenüber der SNB wahrzunehmende Meldepflicht des Federführers fest, die in der Praxis aber reine Formsache ist. Im Übrigen gilt das sog. *Verankerungsprinzip,* wonach Schweizer-Franken-Anleihen nur unter der Federführung einer Bank oder eines Effektenhändlers mit Sitz auf dem Gebiet der Schweiz oder des Fürstentums Liechtenstein begeben werden dürfen und das federführende Institut insbesondere die Syndizierung, die Quotenzuteilung, die Buchführung für die Anleihe, die Primärmarktabrechnung und die rechtliche Dokumentation in der Schweiz wahrzunehmen hat und zu diesem Zweck im Schweizer Inland über fachkundiges, verantwortliches Personal sowie über die entsprechenden Einrichtungen zu verfügen hat.

4. Festübernahme von Anleihen
Einer Emission gehen jeweils intensive Verhandlungen zwischen Emittent und Banken über die Anleihensbedingungen voraus. Bei der Beurteilung eines Emissionsvorhabens haben die Banken der allgemeinen Wirtschaftslage, den Entwicklungstendenzen am Kapitalmarkt und der ↑Bonität des Titelschuldners besondere Aufmerksamkeit zu schenken. Gestützt auf diese Abklärungen schlägt der Federführer die Emissionsbedingungen vor, bei deren Fixierung versucht wird, die zuweilen gegensätzlichen Interessen des Emittenten und der Zeichner aufeinander abzustimmen. Sind Emittent und Banken handelseinig geworden, so schliessen sie einen *Übernahme- oder Anleihevertrag* ab, und der Federführer erstellt den Emissions- und Kotierungsprospekt nach OR 1156 und KR 32 ff. Der Übernahme- oder Anleihevertrag hat die feste Übernahme aller Anleihensobligationen vom Schuldner zum Zwecke der nachfolgenden öffentlichen Platzierung zum Gegenstand und enthält im Wesentlichen die folgenden Punkte:
1. Hinweis auf den Beschluss der zuständigen Organe des Emittenten zur Aufnahme einer Anleihe am Kapitalmarkt (Verwaltungsrat oder Generalversammlung bei Aktiengesellschaften, entsprechende Behörde bei öffentlich-rechtlichen Körperschaften).
2. Vorgesehene Verwendung des Anleiheerlöses (z.B. ↑Konsolidierung von Schulden, ↑Rückzahlung oder ↑Konversion einer fälligen Anleihe, Finanzierung neuer Investitionen oder von Übernahmen).
3. Vollständige Anleihensbedingungen, wie sie auch im Emissionsprospekt und bei einem Titeldruck auf den Obligationenurkunden abzudrucken sind. Hinweis auf die Form der Verurkundung (ausgeschlossener Titeldruck) und Verwahrung.
4. Übernahmebedingungen, insbesondere der Übernahmepreis, der von den Banken dem Titelschuldner bezahlt wird. Die Differenz zwischen dem Übernahmepreis und dem Emissionspreis stellt die Übernahmekommission bzw. die Bruttogewinnmarge der Banken dar. Die Übernahmekommission ist nicht für alle Emittenten gleich hoch. Früher war die Abstufung der Übernahmekommission mittels Ver-einbarungen unter den Banken festgelegt. Den niedrigsten Satz bezahlt die Eidgenossenschaft; am höchsten ist der Kommissionssatz für die auf Schweizer Franken lautenden Anleihen ausländischer Schuldner. Aus dieser Übernahmekommission war früher namentlich die so genannte Guichetkommission zu bestreiten. Heute gibt es keine Guichetkommissionen mehr.
5. Platzierungsbestimmungen, insbesondere der Ausgabepreis, zu dem die Banken sich verpflichten, die Titel während einer bestimmten Frist dem Anlegerpublikum zur Zeichnung anzubieten. Der ↑Ausgabekurs kann dem ↑Nennwert entsprechen (sog. «Emission zu pari») oder etwas darunter oder darüber liegen, um eine genauere Anpassung des gewöhnlich bei Inlandanleihen in Viertelprozenten, bei Auslandanleihen in Achtelprozenten abgestuften Nominalzinsfusses an die vom Markt her geforderte effektive Rendite zu ermöglichen.
6. Kostenregelung. Sowohl bei den inländischen als auch bei den ausländischen Anleihen übernimmt der Emittent grundsätzlich die ↑Emissionskosten (Prospektdruck, Inserate usw.), die heute meistens in Form einer Pauschalgebühr vom Emissionserlös abgezogen werden. Die Auslagen für einen allfälligen Druck der Obligationen übernimmt regelmässig der Emittent, der auch die Kosten sämtlicher den ↑Anleihedienst betreffenden Bekanntmachungen und der Kotierung an der SWX trägt. Bei Inlandanleihen trägt der Emittent zudem die eidgenössische Emissionsabgabe von 0,12% je Laufzeitjahr sowie die Börsen- und EBK-Abgabe von 0,01%.
7. Gewährleistungen des Emittenten bezüglich Kotierung (Erklärung gemäss KR 51), Richtigkeit des Prospektes, «No material adverse change»-Erklärung, Negativbestätigung betreffend Rechtsstreitigkeiten und Verzugsfällen.
8. Zahlstellenmandat. Im Übernahmevertrag werden die offiziellen ↑Zahlstellen für ↑Coupons und Kapital bezeichnet, wobei in der Schweiz normalerweise die Zahlstellen mit den Syndikatsbanken identisch sind. Da die Banken alle aus der Ausgabe und dem Umlauf des betreffenden Wertpapiers sich ergebenden Transaktionen durchzuführen haben, enthält der Übernahmevertrag auch Bestimmungen über die Anschaffung der für den Anleihedienst notwendigen Geldbeträge. Als Gegenleistung entrichtet der Emittent den Banken eine ↑Einlösungskommission. Die bedeutende Konvention IX der Schweizerischen ↑Bankiervereinigung betreffend Einlösungskommissionen und Retrozessionen auf in Schweizer Franken zahlbaren Erträgnissen und rückzahlbarem Kapital wurde im Mai 1997 abgeschafft, sodass heute

allein die vertraglichen Abmachungen und Usanzen gelten.
9. Im Vertrag zwischen Emittent und Banken werden bei Inland- als auch bei Auslandanleihen meistens die Beteiligungsquoten der einzelnen Mitglieder des Syndikats aufgeführt. Regelmässig wird die ↑Solidarhaftung unter den Syndikatsbanken ausgeschlossen, d.h., jedes Syndikatsmitglied haftet dem Emittenten gegenüber nur mit seiner ↑Beteiligungsquote, nicht aber für den ganzen Anleihebetrag. Für die Durchführung des Emissionsgeschäftes wird immer eine Syndikatsbank als Federführer bezeichnet, der die Banken gegenüber dem Emittenten bei der Durchführung des Emissionsgeschäfts vertritt.
10. Rücktrittsklausel, Katastrophenklausel oder «Force-Majeure»-Klausel. Diese gibt den Banken das Recht, vom Vertrag zurückzutreten, für den Fall, dass vor Ablauf der öffentlichen Zeichnungsfrist Ereignisse in der Schweiz oder im Ausland eintreten, welche die Durchführung der Emission erschweren oder gefährden könnten. Das ↑Rücktrittsrecht wird in der Regel abhängig gemacht von politischen oder anderen Vorfällen, die nach Ansicht der Banken geeignet sind, den Emissionserfolg erheblich zu beeinträchtigen. Eine solche Rücktrittsklausel kann lauten: «Jede der Vertragsparteien hat das Recht, jederzeit vor dem Liberierungsdatum von diesem Übernahmevertrag zurückzutreten, falls bedeutende Ereignisse nationaler oder internationaler währungspolitischer, finanzieller, wirtschaftlicher, politischer oder börsentechnischer Natur oder Vorkommnisse anderer Art eintreten sollten, die nach Ansicht der Syndikatsbanken den Erfolg der Emission dieser Anleihe und deren öffentliche Platzierung ernsthaft gefährden würden.» Von dieser Rücktrittsklausel wird aber in der Praxis nicht Gebrauch gemacht.

Bei neueren In- und Auslandanleihen wird die *Syndikatsvereinbarung bzw. der Syndikatsvertrag* unter den Konsortialbanken in den Übernahmevertrag integriert, bei älteren Inlandanleihen wurde sie meistens in Form eines separaten Syndikatsvertrages ausgestaltet. Die Syndikatsvereinbarung regelt das Verhältnis unter den Banken, die sich zum Zwecke der Übernahme und Platzierung einer Anleihe zusammenschliessen. Das Syndikat stellt rechtlich eine einfache Gesellschaft gemäss OR 530ff. dar; wobei eine Bank die Syndikatsleitung *(Federführer oder Lead-Manager)* innehat und die Syndikatsrechnung führt. Jede Syndikatsbank ist mit einer prozentual und betragsmässig bestimmten Beteiligungsquote an den Rechten und Pflichten des Syndikats beteiligt. Die *Syndikatsleitung* stellt die Syndikatsbestimmungen auf und unterbreitet diese den übrigen Syndikatsmitgliedern zur Stellungnahme. Die Annahme der Syndikatsbestimmungen erfolgt durch telefonische Mitteilung an die Syndikatsleitung, welche anschliessend den Syndikatsmitgliedern eine schriftliche Bestätigung zukommen lässt.

Die Syndikatsvereinbarung regelt u.a. die Titelzuteilung an die Syndikatsbanken. Die Platzierung erfolgt für gemeinsame Rechnung des Syndikats. Die heute verbreitetste Art der Zuteilung bei Anleihen ist die Zuteilung *«à la lyonnaise»*, bei der den beteiligten Banken ihre Syndikatsquote fest zur Platzierung auf eigenes Risiko überlassen wird. Der Syndikatsvertrag regelt die Höhe der Platzierungskommission, die zulasten der Syndikatsrechnung aus der Übernahmekommission an die Syndikatsbanken ausbezahlt wird. Die Kommission wird auf dem zugeteilten Titelbetrag berechnet und ist je nach Laufzeit verschieden. Durch sie sollen die Bemühungen der einzelnen Syndikatsbanken bei der Einbringung von Zeichnungen, unabhängig vom Platzierungsrisiko, abgegolten werden. Der Syndikatsvertrag legt weiter fest, wie viel von der Kommission an Unterbeteiligte (falls es solche gibt), andere Banken und gewerbsmässige Untervermittler retrozediert wird. Für ihren zusätzlichen Arbeitsaufwand, namentlich für die Verhandlungen mit dem Emittenten und den Syndikatsbanken, die Ausarbeitung des Prospektes sowie die Führung der Syndikatsrechnung, erhält die Syndikatsleitung aus dem Syndikatsgewinn eine besondere Entschädigung, die sog. ↑*Gestionskommission* (selten auch «Praecipium» genannt), die in der Regel 5–10% des verfügbaren Syndikatsgewinnes beträgt. Die das Syndikat leitende Bank vertritt das Syndikat gegenüber dem Emittenten und gegenüber Drittpersonen. Der Syndikatsvertrag regelt die Rechte und Pflichten der Syndikatsleitung. Ist eine Anleihe begeben, die Syndikatsrechnung abgeschlossen und der Gewinn verteilt, so hat das Syndikat seinen Zweck erfüllt und fällt daher automatisch dahin, ausser es bestehe im Hinblick auf mögliche weitere Emissionsvorhaben ein permanenter Syndikatsvertrag.

5. *Festübernahme von Aktien*

Bei Erhöhungen des Grundkapitals einer Aktiengesellschaft hat die Generalversammlung gemäss OR 650 zunächst einen entsprechenden Kapitalerhöhungsbeschluss zu fassen. Sodann erstellt der Verwaltungsrat den Kapitalerhöhungsbericht (OR 652e). Wird das ↑Bezugsrecht ausgeschlossen, hat zusätzlich noch die Revisionsstelle den Kapitalerhöhungsbericht zu prüfen (OR 652f). Der Verwaltungsrat fasst den Feststellungsbeschluss und ändert die Statuten (OR 652g). Zusammen mit den revidierten Statuten sind all diese Dokumente notariell beglaubigt dem Handelsregister zur Eintragung einzureichen (OR 652h). Die Zeichnung und die Liberierung des Nominalwerts der neuen Aktien hat im Voraus auf den Zeitpunkt der beschlussfassenden Generalversammlung hin zu erfolgen (OR 633). Diese Vorliberierung wird zumeist durch Banken, die bei solchen Kapitalerhöhungen als Festübernehmer mitwirken, vorgenommen. Bei einer Kapitalerhöhung mit Bezugsrecht zeichnen und liberieren eine Bank oder mehrere in einem Syndikat zusammengeschlossene Institute auf den Tag der Generalversammlung die neuen Aktien und verpflichten sich, die so erworbenen Titel im Rahmen eines Bezugsrechtshandels während einer bestimmten ↑Bezugsfrist den bisherigen Aktionären zum festgesetzten Ausgabepreis zum Bezug anzubieten (OR 652). Weil die Banken vom Tage der Generalversammlung bis zur Liberierung des Bezugspreises durch die Aktionäre ihre eigenen Mitteln zur Verfügung stellen mussten, ist in der den Banken zu bezahlenden Übernahmekommission meistens auch eine kleine Zinskomponente enthalten. Die Übernahmekommission ist aber das massgebende Entgelt für die Übernahme des Platzierungsrisikos und die mit der Platzierung zu erbringenden Dienstleistungen. Bei einem Initial public offering oder einem Secondary offering erfolgt die Zuteilung der Aktien nach der entsprechenden Kapitalerhöhung im Anschluss an das Bookbuilding. Die Vorliberierung erfolgt in analoger Weise.

6. Beteiligung der Schweizer Banken an Anleihen ausländischer Schuldner
Es gibt zwei Arten von Beteiligungen:
– *Öffentliche Schweizer-Franken-Anleihen ausländischer Schuldner:* Vor allem die Grossbanken sind aktiv in der Übernahme und Platzierung von Schweizer-Franken-Anleihen in Form von Einzelanleihen (sog. «Stand alones») und European medium term note programmes (EMTN) für ausländische Emittenten (Staaten, ↑Entwicklungsbanken und Unternehmen). Die technische Abwicklung einer ↑Auslandanleihe entspricht weitgehend derjenigen einer ↑Inlandanleihe.
– *Notes und Schuldscheindarlehen ausländischer Schuldner:* Die schweizerischen Emissionsbanken begeben Notes und Schuldscheindarlehen für ausländische Emittenten in bedeutendem Umfang. Notes sind in Form von Wertpapieren gekleidete Schuldverschreibungen, die Teile einer Anleihe darstellen. Im Gegensatz hierzu sind die beim Publikum platzierten Anteile eines Schuldscheindarlehens wie Unterbeteiligungen am Gesamtdarlehen zu betrachten und nicht als Wertpapiere ausgestaltet. Notes und Anteile an einem Schuldscheindarlehen werden privat platziert und nicht kotiert. Wegen der beschränkten Handelbarkeit sind Notes und Anteile an einem Schuldscheindarlehen trotz der kürzeren Laufzeiten normalerweise nicht mit einem tieferen Zinssatz ausgestattet als öffentlich platzierte und börsenkotierte ausländische Anleihensobligationen vergleichbarer Schuldner. Gelegentlich lauten Notes und Schuldscheindarlehen auf fremde Währungen. Notes und Schuldscheindarlehen werden in Stückelungen von CHF 50000 und einem Vielfachen davon ausgegeben. Eine Syndikatsbildung ist bei der Übernahme von Notes und Schuldscheindarlehen möglich.

Felix M. Huber

Emissionskalender
Ein im Voraus festgelegter Zeitplan, nach welchem ↑Emittenten am ↑Kapitalmarkt Geld aufnehmen. Dieser ist vor allem bei Emittenten anzutreffen, die in regelmässigen Abständen an den Kapitalmarkt gelangen; so zum Beispiel bei der Schweizerischen Eidgenossenschaft, den Pfandbriefzentralen, dem US Treasury und vermehrt auch bei Agencies. Der Emissionskalender soll dazu beitragen, Art und Umfang der zu erwartenden Kapitalmarktbeanspruchung angemessen einschätzen zu können.

Emissionskonsortium
Auch Emissionssyndikat genannt. Bezeichnet Bankengruppe, welche sich für die ↑Emission und Platzierung einer ↑Aktie oder ↑Anleihe zusammenschliesst. In der Regel ist eine der beteiligten ↑Banken Konsortialführerin *(↑Lead-Manager)*, manchmal teilen sich auch mehrere Banken diese Funktion *(Joint-lead-Manager)*. Bei mehreren Joint-lead-Managern sind diese im Normalfall gemeinsame Buchführer. Auf der nächsten Stufe finden sich die *Co-lead-Manager* oder *Co-Manager*, welche als ordentliche Mitglieder des Emissionssyndikats mit einer um das Präcipium verminderten Kommission an der Transaktion partizipieren. Das Konsortium übernimmt gegen eine entsprechende Kommission die gesamte Emission zu einem mit dem Schuldner ausgehandelten Preis und bietet sie in- und ausländischen Anlegern an (Festübernahme, ↑Emissionsgeschäft). Die Bankengruppe geht dabei das Risiko ein, dass die Emission nur teilweise oder überhaupt nicht platziert werden kann. In diesem Fall übernehmen die Banken den nichtplatzierten Teil der Emission in ihren Eigenbestand. Emissionskonsortien werden gebildet, um die Risiken aufzuteilen und um eine bessere ↑Platzierungskraft zu erlangen. ↑Emissionsgeschäft.

Emissionskontrolle
Die Emissionskontrolle ist ein kreditpolitisches Instrument (↑Instrumentarium der SNB), das in den 60er- und 70er-Jahren als flankierende Massnahme zur Kreditbegrenzung eingesetzt wurde. Das Ziel war, ein Ausweichen der Kreditnachfrage auf den ↑Emissionsmarkt zu kontrollieren. Die Anfänge der Emissionskontrolle gehen auf 1957 zurück. Damals begannen die Banken, einen ↑Emissionskalender aufzustellen, um die Kapitalnachfrage der Aufnahmefähigkeit des Marktes anzupassen. Im Rahmen der Notrechtsbeschlüsse der 60er- und 70er-Jahre wurde jeweils eine öffent-

lich-rechtliche Emissionskontrolle geschaffen. Nach deren Modell wurde die Emissionskontrolle bei der Revision des ↑Nationalbankgesetzes (NBG) von 1978 ins ordentliche Recht übernommen. Die Wirksamkeit einer Emissionskontrolle setzt voraus, dass die kurzfristigen und die langfristigen ↑Zinsen voneinander unabhängig sind und dass sich der inländische Geld- (↑Geldmarkt [Volkswirtschaftliches]) und Kapitalmarkt (↑Kapitalmarkt [Volkswirtschaftliches]) nur unvollständig an die ausländischen Märkte anpassen. Diese Voraussetzungen fehlen in den heutigen globalisierten ↑Finanzmärkten. Aus diesem Grund und da die ↑Notenbankpolitik seit den 80er-Jahren ohne direkte Eingriffe in die Kreditgewährung der Banken auskommt, wird die Emissionskontrolle nunmehr als überflüssig angesehen. Im Entwurf zum neuen NBG ist sie nicht mehr vorgesehen.

Hans-Christoph Kesselring

Emissionskosten

Gesamtkosten, welche dem ↑Emittenten bei der ↑Emission eines ↑Wertpapiers entstehen. Diese setzen sich aus einer Kommission für das übernommene ↑Risiko und den Platzierungsaufwand der ↑Banken zusammen, aus den mit der Emission direkt entstandenen Kosten (Kotierungsgebühren, Prospektdruck, Zeitungsinserate usw.) und allfälligen steuerlichen Abgaben (Stempelsteuer usw.). Die Emissionskosten unterscheiden sich bei Aktien- und Anleihenemission und sind je nach Markt (Euromarkt, US-Markt usw.) anders ausgestaltet.

Emissionskredit

Veralteter Ausdruck für die wirtschaftliche Fähigkeit eines ↑Emittenten zur Mittelaufnahme am ↑Kapitalmarkt in Form von ↑Aktien, ↑Anleihensobligationen, Schuldscheindarlehen und ↑Notes. Für die ↑Kapitalmarktfähigkeit (heute gebräuchlicher Begriff) spielen in erster Linie ↑Bonität sowie Transparenz bezüglich Rechnungslegung (↑Buchführungspflicht) und ↑Corporate governance eine zentrale Rolle.

Emissionskurs

↑Ausgabepreis.

Emissionsmarkt

Am Emissionsmarkt (auch ↑Primärmarkt genannt) kommen Angebot und Nachfrage nach ↑Kapital zusammen, indem eine oder mehrere ↑Emissionsbanken sich gegenüber dem Schuldner vertraglich verpflichten, die ↑Anleihe oder die ↑Aktien zu übernehmen und bei den Anlegern zu platzieren. Während am ↑Sekundärmarkt laufend der Preis gesucht wird, zu dem die Anleger insgesamt bereit sind, das Volumen der ausstehenden, d.h. bereits emittierten ↑Wertpapiere zu halten, dient der Emissionsmarkt dazu, den Preis festzulegen, zu welchem am Markt eine zusätzliche Menge an neuen Wertpapieren untergebracht werden kann.

1. Emissionsmarkt für Anleihen

Bei Anleihen sind meist zwei Arten von Emissionsmärkten zu unterscheiden: *Unternehmen und untergeordnete staatliche Ebenen* (Gemeinden, Kantone, Provinzen usw.) emittieren ihre Anleihen in der Regel durch einzelne Emissionsbanken oder durch ein ↑Syndikat von Emissionsbanken unter der Führung eines ↑Lead-Managers. Die Emissionsbank bzw. das Syndikat kann die Emission kommissionsweise oder in der Form einer Festübernahme (↑Emissionsgeschäft) durchführen. Gewisse Schuldner arbeiten dabei immer mit der gleichen Bank (Hausbank) oder Bankengruppe (↑Bankenkonsortium) zusammen, andere übertragen die Emission jeweils im Turnus an eine unter mehreren liierten Banken. Grössere Schuldner führen jedoch mehr und mehr ein *Competitive bidding* (↑Bidding) durch, bei welchem eine Emission dem Emissionsinstitut bzw. Syndikat anvertraut wird, das dafür die günstigsten Konditionen bietet. Blieb der Emissionskurs früher während der ganzen ↑Zeichnungsfrist unverändert, so nimmt eine Emissionsbank heute bei einer Festübernahme ihren ↑Anteil an der zu emittierenden Anleihe auf ihr Buch und verkauft die ↑Titel anschliessend zum aktuellen ↑Marktpreis an ihre eigenen Kunden und an andere Banken. Dadurch ist die Emissionspreisbildung marktnäher geworden.

Der Markt erfährt von einer neuen Emission in der Regel dadurch, dass die Emissionsbank in den professionellen Handelsinformationssystemen für die neue Anleihe Geld- (↑Geld, Geldkurs) und Briefkurse (↑Brief, Briefkurs) stellt. Dabei findet der Handel mit neu emittierten Anleihen unter den Banken und ↑Effektenhändlern – bis zur Annahme des Gesuchs um ↑Kotierung an der ↑Börse oft als Graumarkt (↑Grauer Kapitalmarkt) bezeichnet – meist am Telefon statt. In der Schweiz gelangt die Anleihe mit der Kotierung an den Sekundärmarkt, wobei sie bis zur ↑Einlieferung der Titel in die ↑SIS Sega Intersettle AG an der Vorbörse gehandelt wird.

Die Zentralstaaten lassen ihre Staatsanleihen meist durch die ↑Notenbank emittieren. In der Form der *Auktion* steht ihnen dafür ein transparentes Verfahren zur Verfügung, das mehr und mehr über elektronische Plattformen abgewickelt wird. Durchgesetzt haben sich Verfahren mit «versiegelten» Offerten (Sealed bid auction), bei denen die Bieter die Offerten ihrer Konkurrenten nicht sehen und während der Auktion darauf nicht reagieren können. (Bei Kunst- und den holländischen Tulpenauktionen werden demgegenüber «öffentliche» ↑Auktionsverfahren – Open outcry auctions – angewandt, bei denen die Bieter die Offerten der Mitbietenden sehen können.) Die «versiegelten»

Offerten enthalten die Mengen, welche die Bieter zu den jeweiligen Preisen erwerben möchten. Mehrere Gebote sind möglich. Gebote ohne Preisangabe, sog. *Non-competitive bids,* sind in den meisten Fällen zugelassen, mitunter allerdings mengenmässig beschränkt. Die eingegangenen Offerten werden nach Preisen geordnet, aggregiert und nach absteigendem Preis kumuliert. Beim Einheitspreisverfahren erhalten alle Bieter die Zuteilung zum gleichen, nämlich zum tiefsten noch berücksichtigten Preis. Demgegenüber wird die Zuteilung beim Preisdiskriminierungsverfahren für jeden Bieter zu den von ihm jeweils gebotenen Preisen abgerechnet.

Primary-dealer-Systeme beschränken den Zugang zur Auktion von Staatsanleihen auf ausgewählte Emissionsbanken oder gewähren diesen bei der Auktion Privilegien. Daneben gibt es auch «offene» Systeme, bei denen im Prinzip alle Emissionsbanken den Zugang zu gleichen Bedingungen erhalten. Primary dealers (↑Londoner Effektenbörse) müssen in der Regel ein Zulassungsverfahren durchlaufen und nachweisen, dass sie die geforderten Bedingungen – wie Mindestanteil an der Übernahme neu emittierter Anleihen, Kursstellung am Sekundärmarkt usw. – erfüllen können. Dafür erhalten sie als Gegenleistung gewisse Privilegien, wie einen bevorzugten oder alleinigen Zugang zur Auktion, spezielle Informationen usw. In den letzten Jahren gingen einzelne Länder dazu über, den Anlegern über ↑Internet einen direkten elektronischen Zugang zur Auktion von Staatsanleihen zu bieten. Sofern die betreffende Notenbank oder Staatstresorerie keinen direkten Kundenkontakt pflegt, muss der Anleger über eine Bankadresse verfügen, über die die Abrechnung erfolgen kann. Diese Bank trägt die Verantwortung für die Identifikation des Kunden (↑Geldwäscherei).

In der *Schweiz* lässt die ↑Bundestresorerie die ↑Bundesanleihen seit 1980 nach dem Einheitspreisverfahren (in der Schweiz irreführenderweise holländisches Verfahren genannt) emittieren. Es handelt sich im Prinzip um ein «offenes» System. Anfangs wurde die Auktion über das Telefon abgewickelt, seit März 2001 erfolgt sie über die elektronische Repo-Plattform der ↑Eurex.

2. Emissionsmarkt für Aktien
Aktien werden in der Regel zu einem zwischen Aktiengesellschaft und Emissionsbank ausgehandelten, während der Zeichnungsfrist festen Preis emittiert. Bei der Preisfindung erfreut sich zur Eingrenzung des möglichen Preisspielraums das sog. Bookbuilding-Verfahren (↑Bookbuilding) zunehmender Beliebtheit. Mit der Greenshoe-Klausel (↑Greenshoe) verpflichtet sich die Gesellschaft, die das Kapital aufnimmt, gegenüber der Emissionsbank, bei sehr grosser Nachfrage weitere Aktien zum Verkauf durch die Emissionsbank bereitzustellen.

3. Recht und Steuern
In der Schweiz ist der Emissionsmarkt im Gegensatz zum Sekundärmarkt rechtlich nicht umfassend geregelt: Er gehört – mit Ausnahme des Graumarktes – nicht zum Geltungsbereich des BEHG. Einzelne Gesetze – wie das OR (Prospektzwang und Prospekthaftung), das BankG und BEHG (Aufsicht über Banken und Emissionshäuser) – regeln jedoch Teilbereiche. In der Schweiz gibt es – anders als in den USA mit der ↑Securities and Exchange Commission (SEC) – auch keine Behörde, welche die zur Emission gelangenden ↑Finanzinstrumente einem Zulassungsverfahren unterzieht.

Während die Emission von Wertpapieren inländischer Schuldner einer Emissionsabgabe (Stempelsteuer) unterliegt, wird auf der Emission von Wertpapieren ausländischer Schuldner aus Gründen der Wettbewerbsfähigkeit des schweizerischen Emissionsmarktes seit 1993 keine Abgabe mehr erhoben. Die im Prinzip auf dem Handel von Anleihen geschuldete Umsatzabgabe fällt bei neu emittierten Anleihen bis zum Zeitpunkt der ↑Liberierung nicht an, da die Steuerpflicht erst eintritt, wenn eine Urkunde vorliegt.

4. Struktur
Der grösste Teil der in der Schweiz abgewickelten Emissionen lautet auf Schweizer Franken. Vermehrt werden jedoch auch Anleihen in ausländischer ↑Währung emittiert. Dies hängt damit zusammen, dass die Notenbanken im Zuge der Globalisierung ihre Praxis, die Abwanderung der Emission von Anleihen in der eigenen Währung an ausländische Finanzplätze durch ↑Moral suasion zu verhindern, mehr und mehr aufgaben. Da die amerikanische Währungsbehörde seit langem keinen solchen Schutz des Heimmarktes praktiziert, werden Anleihen mit Bezug zum US-Dollar in der Schweiz schon seit Jahren emittiert.

Gemäss der durch die Schweizerische ↑Nationalbank (SNB) erstellten Emissionsstatistik wurde der Emissionmarkt für Schweizer Franken in der zweiten Hälfte der 90er-Jahre im Mittel mit CHF 71 Mia. beansprucht, wovon CHF 5 Mia. auf Aktien und CHF 66 Mia. auf Anleihen entfielen. 57% der Anleihen stammten von ausländischen und 43% von inländischen Schuldnern. Der Anteil der Bundesanleihen betrug gut 10%. Mehr als die Hälfte des emittierten Volumens konzentrierte sich auf die beiden schweizerischen ↑Grossbanken.

Hans-Christoph Kesselring

Emissionspolitik

Veralteter Ausdruck für die Strategie eines ↑Emittenten zur Mittelaufnahme am ↑Kapitalmarkt in Form von ↑Anleihensobligationen, Schuldscheindarlehen und ↑Notes. Angesichts der grossen Vielfalt von ↑Finanzinstrumenten beinhaltet die Finanzstrategie (heute gebräuchlicher Begriff) eines Emittenten nicht mehr nur die Aufnahme von ↑Fremdkapital, sondern auch den Einsatz von Produkten zur Eigenkapitalbewirtschaftung (Erhöhung und Herabsetzung des ↑Eigenkapitals), zur Tätigung von Ausserbilanzgeschäften (↑Off-balance-sheet-Geschäfte) mittels ↑Derivaten oder die Verwendung von ↑strukturierten Produkten (↑Emissionsgeschäft).

Emissionspreis
↑Ausgabepreis.

Emissionsprospekt
↑Prospekt, Prospektpflicht.

Emissionsprospekt bei Anlagefonds
Der Emissions- oder Verkaufsprospekt ist ein rechtlich verbindliches Dokument für die Rechtsbeziehungen zwischen ↑Fondsleitung, ↑Depotbank und dem Anleger. Der Mindestinhalt ist in AFG 50 und der AFV 77 geregelt. Der Prospekt (↑Prospekt, Prospektpflicht) hat eine Doppelfunktion. Er dient einerseits der Information der Anleger und dem Fonds-Marketing und andererseits dem Schutz gegenüber dem Anleger zur Vermeidung einer möglichen Haftung. Der Schweizerische Anlagefondsverband (↑Swiss Funds Association SFA) hat Musterprospekte für ↑Effekten- und ↑Immobilienfonds ausgearbeitet.

Emissionsrendite
Gegensatz zu ↑Umlaufrendite. ↑Rendite von ↑Anleihensobligationen, die sich aufgrund des Platzierungspreises ergibt.

Emissionsstempel
↑Stempelabgaben im Finanzgeschäft.

Emissionssyndikat
↑Emissionsgeschäft; ↑Emissionskonsortium.

Emissionsvolumen
Menge, der während einer Periode an einem Markt, in einem ↑Marktsegment oder von einem bestimmten ↑Emittenten (↑Bundesanleihe) ausgegebenen ↑Wertpapiere (↑Anleihensobligation, ↑Aktie) bzw. Wertrechte. Sie wird gemessen als Summe des Emissionswerts der Anleihen, Aktien, Fondsanteile (↑Fonds) usw., die in der gewählten Periode oder durch den bestimmten Emittenten ausgegeben wurden. Bei Aktien ist es die Summe der Produkte aus der jeweils emittierten Stückzahl und dem Emissionspreis, bei ↑Obligationen die Summe der Produkte aus dem Nominalwert der ↑Emissionen und dem jeweiligen Emissionspreis.

Emissionszentrale
Den in der Schweiz bestehenden fünf Emissionszentralen, der *Emissionszentrale Schweizerischer Regionalbanken* (gegründet 1964), der *Emissionszentrale der Schweizer Gemeinden ESG* (gegründet 1971), der *Anleihensgemeinschaft der Schweizer Städte* (gegründet 1974), der *Emissionszentrale Schweizerischer Raiffeisenbanken* (gegründet 1989) und der *Emissionszentrale für gemeinnützige Wohnbauträger EGW* (gegründet1990) liegt die Idee zu Grunde, kleinen und mittleren Banken, Gemeinden und Städten bzw. gemeinnützigen Wohnbauträgern, die allein nicht oder nur unter erschwerten Bedingungen direkt öffentliche Obligationenanleihen (↑Anleihensobligation) emittieren könnten, den Anleihensmarkt zu öffnen.

Alle fünf Emissionszentralen wurden in der Form der Genossenschaft gegründet. Sie haben mit Ausnahme der Emissionszentrale der Schweizerischen ↑Raiffeisenbanken (Sitz in St.Gallen) ihren Sitz in Bern und haben im Wesentlichen den gleichen rechtlichen Aufbau.

Das Genossenschaftskapital der Emissionszentralen ist unbeschränkt. Es war ursprünglich bei allen Emissionszentralen nicht einbezahlt (↑Nonversé). Die Mitglieder haben Verpflichtungsscheine ausgestellt. Die Einzahlung des Anteilscheinkapitals kann von den Verwaltungsräten der Emissionszentralen jederzeit verlangt werden.

Die Emissionszentralen begeben die Obligationenanleihen auftragsweise in eigenem Namen, jedoch für Rechnung der an einer einzelnen Anleihe nach Quoten beteiligten Mitglieder. Die den Auftrag erteilenden Mitglieder haften der Emissionszentrale im Verhältnis zu den Quoten, mit denen sie sich an einer Anleihe beteiligen. Für die ihr aus der Ausführung des Auftrages zustehenden Ansprüche belastet die Emissionszentrale die auftraggebenden Mitglieder. Die aufgenommenen Gelder werden von der Emissionszentrale also nicht etwa als ↑Darlehen an die beteiligten Mitglieder weitergegeben; das Verhältnis zwischen der Emissionszentrale und den an einer ↑Emission beteiligten Mitgliedern richtet sich vielmehr nur nach Auftragsrecht. Dementsprechend beruhen sämtliche Forderungen der Emissionszentrale gegenüber den Mitgliedern auf Auftrag.

Aufgrund dieser rechtlichen Konstruktion gelten die Emissionszentralen nicht als Banken im Sinne des BankG. Für den ↑Emissionskredit von vier der fünf Emissionszentralen von entscheidender Bedeutung ist sodann die in ihren Reglementen enthaltene Bestimmung, wonach sich die Mitglieder, in deren Auftrag und für deren Rechnung eine Anleihe emittiert wird, gegenüber den Anleihensgläubigern bis zur Höhe ihrer Beteiligungsquote unabhängig voneinander jedoch solidarisch mit der Emissionszentrale verbürgen müssen. Die ↑Bürgschaften werden gegenüber einem Treuhänder als Vertreter der Anleihensgläubiger eingegangen.

Bei der Emissionszentrale für gemeinnützige Wohnbauträger EGW leisten die an einer Anleihe beteiligten Mitglieder im Umfang ihrer Beteiligungsquote Sicherheiten in Form von ↑Grundpfandtiteln, ↑Bankgarantien oder Bürgschaften von Hypothekarbürgschaftsinstituten. Für den Emissionskredit der EGW ist entscheidend, dass die Schweizerische Eidgenossenschaft, vertreten durch das Bundesamt für Wohnungswesen (BWO), eine Bundesbürgschaft in Form einer einfachen Bürgschaft gemäss OR 495 für das ↑Kapital, die ↑Zinsen und die Kosten jeder einzelnen Anleihe leistet.

Da jedes an einer Anleihe der Emissionszentrale beteiligte Mitglied für den erhaltenen Betrag der Emissionszentrale direkt haftet und für jede Anleihe gegenüber den Anleihensgläubigern eine Bürgschaft bis zum ganzen Anleihensbetrag als indirekte Haftung besteht, ist die Haftungssumme doppelt so hoch wie die Anleihensschuld. Die ↑Obligationen der Emissionszentralen wurden deshalb bis vor kurzem als erstklassige Anlagepapiere betrachtet.

Im Wesentlichen haben zwei Ereignisse die Existenz und die Tätigkeit der Emissionszentralen nachhaltig beeinflusst: Die Schalterschliessung der Spar + Leihkasse Thun im Oktober 1991 zum einen und die Zahlungsschwierigkeiten der Munizipal- und Burgergemeinde Leukerbad sowie der Burgergemeinde Zermatt in der zweiten Jahreshälfte 1998 zum anderen.

1. Emissionszentrale Schweizerischer Regionalbanken

Die Emissionszentrale Schweizerischer Regionalbanken zählt 79 Mitglieder per Ende 2001. Die Emissionszentrale Schweizerischer Regionalbanken hat in der Zeit von Februar 1965 bis September 1997 105 Anleihen für einen Gesamt-Nominalwert von CHF 8 097,3 Mio. ausgegeben sowie eine Privatplatzierung Serie 1, von 1991 bis 1996, für CHF 79 Mio. Davon entfielen CHF 437,6 Mio. auf insgesamt 10 ↑nachrangige Anleihen. Die Anleihen haben bzw. hatten immer einen festen Verfall, ohne Möglichkeit der vorzeitigen Rückzahlung. Die ↑Laufzeit der gewöhnlichen Anleihen betrug in den weitaus meisten Fällen 8 Jahre, bei den nachrangigen 10 Jahre.

Sämtliche Emissionen (auch die Privatplatzierung und die nachrangigen Anleihen) sind bzw. wurden durch die jeweils beteiligten Banken im Verhältnis ihrer Beteiligungsquoten verbürgt. Erwähnenswert ist, dass sich – was nicht allgemein im Bewusstsein der Anleger verankert war – die Nachrangigkeit auf das Verhältnis zwischen der Emissionszentrale und den beteiligten Banken und nicht auf jenes zwischen der Emittentin und den Obligationären bezog.

Die Anleihe Serie 105 vom September 1997 war die letzte Emission der Emissionszentrale Schweizerischer Regionalbanken (Endverfall ist der 11.09.2005). Seit 1998 ist die Emissionstätigkeit eingestellt. Als Begründung wurde dazu im Jahresbericht 1997 u. a. ausgeführt: «Bekanntlich weist die Geldbeschaffung via Emissionszentrale mit den Solidarbürgschaften der Banken als Sicherheit insbesondere bezüglich der risikobehafteten Solidarität Schwächen auf. Solcherart institutionalisierte Solidarität ist, gestützt auf die erlittenen Erfahrungen, kein gangbarer Weg mehr.» Und weiter: «Das Verhältnis der Lastentragung im allfälligen Problemfall muss nun, nach Abschluss der Akutphase der Regionalbankenprobleme, immer mehr aufgrund der Risikoträgerschaften bemessen werden, immer weniger anhand institutionalisierter Solidarität». Die Emissionszentrale Schweizerischer Regionalbanken verfügte als genossenschaftlich strukturierte Selbsthilfeorganisation bis zum Jahr 1994 über kein einbezahltes Kapital. Es bestanden lediglich Verpflichtungsscheine der Mitgliedbanken. Ab 1994 wurde das ↑Stammkapital als Folge auch der Ereignisse in Thun in vier jährlichen Tranchen zu je 25% eingefordert und bis Ende Januar 1997 voll liberiert. Mit Stand Ende 2001 hat die Emissionszentrale Schweizerischer Regionalbanken noch 13 Anleihen im Nominalwert von CHF 781 Mio. ausstehend; darunter sind keine nachrangigen Anleihen. Sie laufen ungeachtet der eingestellten Emissionstätigkeit bis zu ihrer jeweiligen Endfälligkeit weiter.

2. Emissionszentrale der Schweizer Gemeinden (ESG)

Die Emissionszentrale der Schweizer Gemeinden ESG zählt 998 Mitglieder per Ende 2001. Die ESG hat in der Zeit vom Mai 1972 bis November 1998 81 Anleihen für einen Gesamt-Nominalwert von CHF 6 869 Mio. ausgegeben. Die Anleihen haben bzw. hatten Laufzeiten von 8 bis 15 Jahren, wobei sich die ESG bis 1993 üblicherweise einseitig das Recht zur vorzeitigen Rückzahlung der ganzen Anleihe unter Beobachtung einer Kündigungsfrist ausbedungen hat. Das vorzeitige Kündigungsrecht bezog sich bei 15-jähriger Laufzeit auf die letzten 5 Jahre, bei 10-jähriger Laufzeit auf die letzten 2 Jahre. Seit 1993 wurden auch bei der ESG feste Laufzeiten von 7 bis 10 Jahren vereinbart.

Im Gegensatz zu den Anleihen verfügen die Privatplatzierungen der ESG mit festen Laufzeiten von 4 bis 8 Jahren über keine Zusatzsicherheit in Form von Quotenbürgschaften. Das hat dazu geführt, dass die ESG erstmals in ihrer Geschichte im Juli 2001 eine fällig gewordene Privatplatzierung wegen Zahlungsausfalls der Burgergemeinde Leukerbad nicht vollständig an die Obligationäre zurückzahlen konnte. An einer Gläubigerversammlung wurde von der ESG mit den Gläubigern eine vorläufige Lösung bezüglich Kapital und Zinsen der ausstehenden Quote der Burgergemeinde Leukerbad bis zum Jahr 2004 gefunden. Das bisher nicht einbezahlte Genossenschaftskapital der ESG im Betrag von rund CHF 5,2 Mio. wurde 1999 durch Beschluss des Verwaltungsrates eingefordert. Die ESG versucht durch verschiedene Massnahmen ihre ↑Kapitalmarktfähigkeit wieder zu erlangen.

Mit einem für den schweizerischen ↑Kapitalmarkt einmaligen Novum, einer der Quotenbürgschaft vorgeschalteten Versicherung des Erstrisikos, soll das Vertrauen der Mitglieder zurückgewonnen werden. Neben der beibehaltenen Quotenbürgschaft sollen ↑Kreditlinien einer ↑Grossbank und die strengere und neu transparente Selektion der Anleihensteilnehmer den angeschlagenen Emissionskredit wieder herstellen. Das von Standard & Poor's (S&P) 1998 erteilte «AAA-Rating» wurde zurückgezogen. Einer neuen ESG-Anleihe wurde von S&P im Herbst 2001 das immer noch ausgezeichnete «AA-Rating» zugestanden.

Per Ende 2001 hat die ESG noch 20 Anleihen im Gesamtbetrag von CHF 2 505,9 Mio. und 13 Privatplatzierungen mit CHF 212,8 Mio., zusammen CHF 2 718,7 Mio. ausstehend.

3. Anleihensgemeinschaft Schweizer Städte

Die Anleihensgemeinschaft Schweizer Städte stellte ihre eigene Anleihenstätigkeit 1984 nach 10-jähriger Tätigkeit zugunsten der Emissionszentrale der Schweizer Gemeinden ESG ein. In diesen 10 Jahren hat die Anleihensgemeinschaft 8 Anleihen im Gesamt-Nominalwert von CHF 444 Mio. ausgegeben. Nach Endfälligkeit der letzten ausstehenden Anleihe 1993 wurde die Anleihensgemeinschaft Schweizer Städte im Jahr 1994 in die neue Gesellschaft Urbanis übergeführt. Diese bietet als Finanzierungsgemeinschaft Schweizerischer Städte einen Tresorerie-Ausgleich im kurzfristigen Bereich und in beschränktem Rahmen ↑strukturierte Produkte im mittleren und längeren Bereich an. Gegenwärtig sind zwei Finanzierungen im Gesamtbetrag von CHF 56 Mio. ausstehend.

4. Emissionszentrale Schweizerischer Raiffeisenbanken

Die Emissionszentrale Schweizerischer Raiffeisenbanken zählte 445 Mitglieder per Ende 2001. Als Besonderheit ist anzumerken, dass seit Ende 1997 neben den Raiffeisenbanken auch der Schweizer Verband der Raiffeisenbanken (SVRB) Mitglied der Emissionszentrale ist. Von 1989 bis 1998 wurden 28 Anleihen für einen Gesamt-Nominalwert von CHF 2 655 Mio. ausgegeben. Die feste Laufzeit betrug bzw. beträgt zwischen 6 und 10 Jahren. Das nicht einbezahlte Genossenschaftskapital beträgt CHF 22,83 Mio. Die Emissionszentrale Schweizerischer Raiffeisenbanken ist Teil der Raiffeisengruppe mit Sitz in St.Gallen. Die Emissionstätigkeit ist seit 1998 eingestellt. Per Ende 2001 sind noch 15 Anleihen im Gesamtbetrag von CHF 1 735 Mio. ausstehend. Die letzte Anleihe wird im März 2008 verfallen.

5. Emissionszentrale für gemeinnützige Wohnbauträger (EWG)

Die Emissionszentrale für gemeinnützige Wohnbauträger EGW zählt 351 Mitglieder per Ende 2001. Von 1991 bis 2001 hat die EGW 16 Anleihen für einen Gesamt-Nominalwert von CHF 1 372,6 Mio. ausgegeben. Die Laufzeit betrug bzw. beträgt zwischen 8 und 10 Jahren. Dank der Bundesbürgschaft erhalten die an EGW-Anleihen beteiligten gemeinnützigen Wohnbauträger ausserordentlich günstige Finanzierungen. Es handelt sich sozusagen um konkurrenzlos günstige 10-jährige Festhypotheken.

Im neuen Wohnbauförderungsgesetz (↑Wohnbau- und Eigentumsförderungsgesetz des Bundes), das nächstens in die parlamentarische Beratung kommt, ist die Emissionszentrale für gemeinnützige Wohnbauträger ausdrücklich genannt. Die Eidgenossenschaft wird laufend einen Bürgschaftsrahmenkredit zur Sicherstellung der Anleihenstätigkeit der EGW aussetzen.

6. Ausblick

Die Idee der Zusammenfassung des Anleihensbedarfes kleinerer und mittlerer Banken, Gemeinden und Wohnbauträger über ihre Emissionszentrale hat die Übersicht auf dem Emissionsmarkt verbessert, das ↑Emissionsgeschäft rationalisiert und für alle Beteiligten eine Win-win-Situation geschaffen. Heute muss festgestellt werden, dass das sehr grosse Vertrauen in die institutionalisierte Solidarität als Grundlage der Tätigkeiten der Emissionszentralen Schaden genommen hat. Immerhin kann festgestellt werden, dass die ESG im Mai 2002 auf den Schweizer Kapitalmarkt zurückgekehrt ist und eine Emission aufgelegt hat. Neu an der Struktur der «angepassten» ESG ist das Bestehen einer Versicherungsdeckung der Zürich Versicherung für die ersten 10% des Nominalwertes im Falle eines Verzuges, eine Garantiestruktur der an der jeweiligen Emission beteiligten Gemeinden sowie eine Kreditlinie der Credit Suisse in Höhe von CHF 120 Mio. *Beat H. Koenig*

Emittent

Eine ↑juristische Person des Privatrechts oder eine öffentlich-rechtliche Körperschaft, die ↑Wertpapiere ausgibt.

Emittentenrisiko

Auch Bonitätsrisiko genannt. Der Begriff umschreibt die Gefahr, dass der ↑Emittent ausfällt (z.B. durch Zahlungsunfähigkeit oder Konkurs) oder seine Verpflichtungen aus den von ihm begebenen ↑Wertpapieren oder ↑Wertrechten bei ↑Fälligkeit nicht termingerecht oder überhaupt nicht erfüllen kann. ↑Rating.

E-money

↑Electronic cash; ↑Electronic banking.

Empfangskonnossement
Auch Received bill of lading genannt. ↑Konnossement.

Empfehlungen der Schweizerischen Bankiervereinigung (SBVg)
↑Selbstregulierung.

Empfehlungsliste
In regelmässigen Abständen veröffentlichte aktualitätsbezogene Empfehlungen zum Kauf (oder seltener zum Verkauf) von ↑Aktien und ↑Obligationen. ↑Anlageliste.

Employee communications
↑Public relations der Banken.

EMTN
Abk. f. European medium term note programme. ↑Anleihensobligation; ↑Emissionsgeschäft.

En bloc
↑Blockhandel.

Endfälligkeit
Rückzahlungstermin einer Anleihe (↑Anleihensobligation) oder eines Kredits (↑Laufzeit).

Endorsement
↑Indossament.

Engagement
Ausdruck, der in der ↑Bank- und in der ↑Börsensprache unterschiedlich verwendet wird, ursprünglich aber die Bedeutung von «Verpflichtung» hatte. Bankmässig versteht man unter Engagement sämtliche direkten und indirekten ↑Forderungen gegenüber einem Kunden. In diesem Sinn spricht man von Gesamtengagement. In der Börsensprache ist Engagement synonym für die Beteiligung der ↑Bank, eines ↑Investors oder eines Kunden in ↑Aktien einer bestimmten Branche oder einer Firma. Man spricht z.B. von «stark in Chemie engagiert sein».

Enger Markt
Von engem Markt spricht man, wenn ↑Effekten nur eine geringe ↑Marktfähigkeit aufweisen, d.h., wenn sie nur unregelmässig und/oder in kleinen Stückzahlen gehandelt werden. Bei Wertpapieren mit engem Markt empfiehlt es sich, Kauf- und Verkaufsaufträge limitiert zu erteilen, da ein momentanes Missverhältnis von Angebot und Nachfrage ungerechtfertigte Zufallskurse bewirken kann. Der enge Markt unterscheidet sich vom ↑weiten Markt.

Enhanced return or security (EROS)
↑Strukturierte Produkte.

En-nom-Beteiligung
↑Emissionsgeschäft.

Enterprise value (EV)
In der ↑Finanzanalyse Bezeichnung für den nach dem folgenden Schema berechneten Gesamtwert der Unternehmung (zu Marktpreisen):

  Börsenwert des Eigenkapitals
+ Verzinsliches Fremdkapital
− Liquide Mittel
− Nichtbetriebsnotwendiges Vermögen
+ Börsenwert der Ansprüche von Minderheitsaktionären

Der Enterprise value ist die Grundlage für die Börsenkennzahl EV/↑EBITDA.

Entkräftung des Schuldscheins
Ist ein einfacher ↑Schuldschein (Gegensatz: ↑Wertpapier) im Zeitpunkt der Zahlung nicht mehr vorhanden und der ↑Gläubiger somit nicht in der Lage, ihn zurückzugeben, so kann der Schuldner nach OR 90 verlangen, dass der Gläubiger in einer öffentlichen oder beglaubigten Urkunde die Entkräftung des Schuldscheins und die Tilgung der Schuld erklärt (Mortifikationserklärung, auch Privatamortisation). Der Schuldner kann sich aber auch mit einer einfachen ↑Quittung zufrieden geben. Beim Verlust eines Wertpapiers sieht das Gesetz die Kraftloserklärung (↑Amortisation) durch den Richter vor.

Entmaterialisierung von Wertpapieren
Als ↑Wertpapier gilt nach schweizerischem Recht eine Urkunde, mit der ein Recht derart verknüpft ist, dass es ohne die Urkunde weder geltend gemacht noch auf andere übertragen werden kann (OR 965). Diese Verkörperung eines Rechtes in einer Urkunde ist zwar keine schweizerische Eigenart, doch besteht in anderen Ländern zunehmend die Tendenz, die Wertpapiere zu dematerialisieren und zu reinen ↑Bucheffekten bzw. ↑Wertrechten überzugehen. In skandinavischen Ländern und teilweise auch in der Bundesrepublik Deutschland werden Wertpapiere nicht mehr in Form physischer ↑Titel, sondern nur noch in Form eines Kontoeintrages buchmässig geführt.
Einen wichtigen Markstein in dieser Entwicklung bildete die Dematerialisierung französischer Wertpapiere. Nach dem französischen Finanzgesetz von 1982 und einem darauf basierenden Dekret wurden 1984 alle in Frankreich emittierten physischen Titel obligatorisch durch einen Kontoeintrag (inscription en compte) ersetzt. Der Kontoeintrag erfolgt bei der ausgebenden Gesellschaft oder bei einem zugelassenen «intermédiaire financier». Den Titelverkehr zwischen den einzelnen kontoführenden Gesellschaften stellt die ↑SICOVAM als ↑Effektengirostelle sicher. Im Ausland werden entweder ebenfalls diese Kontoeinträge gehandelt,

oder es werden durch die SICOVAM (nur im Ausland handelbare) «certificats représentatifs» ausgegeben.

Wertrechte sind im Schweizer Banken- und Börsenwesen eine noch relativ junge Erscheinung, die 1988 mit der Einführung des Namenaktien-Modells (↑SIS Namenaktien-Modell) der damaligen SEGA (heute ↑SIS SegaIntersettle AG) ihren Anfang genommen hat. Der eidgenössische Gesetzgeber hat den Wertrechtsbegriff mit dem ↑Bundesgesetz über die Anlagefonds vom 18.3. 1994 und mit dem Börsengesetz vom 24.3.1995 (↑Börsengesetzgebung) eingeführt. Wertrechte werden in der Praxis als «nicht verurkundete Rechte mit gleicher Funktion wie Wertpapiere» definiert. *Heinz Haeberli*

Entsparen
↑Sparen (Volkswirtschaftliches).

Entwicklungsbanken
Entwicklungsbanken sind Spezialinstitute, welche ↑langfristige Mittel zur Finanzierung der wirtschaftlichen Entwicklung von Ländern oder Gebieten bereitstellen. Je nach Tätigkeitsgebiet wird zwischen internationalen, regionalen und nationalen Entwicklungsbanken unterschieden. Die bedeutendste international tätige Entwicklungsbank ist die ↑Weltbank (IBRD = International Bank for Reconstruction and Development). Sie bildet zusammen mit dem ↑Internationalen Währungsfonds (IWF) die sog. Bretton-Woods-Institutionen. Regionale Institute sind die ↑Europäische Investitionsbank (EIB = European Investment Bank) und die ↑Europäische Bank für Wiederaufbau und Entwicklung (EBRD = European Bank for Reconstruction and Development). Letztere unterstützt ehemalige planwirtschaftliche Länder im Übergang zur Marktwirtschaft. Weitere regionale Institute sind die Inter-Amerikanische Entwicklungsbank (IDB = Inter-American Development Bank), die Afrikanische Entwicklungsbank (BAD = African Development Bank) und die Asiatische Entwicklungsbank (ADB = Asian Development Bank). Mitglieder dieser regionalen Entwicklungsbanken sind ausgewählte Industrieländer und die Länder der entsprechenden Region. Daneben existieren Institute, die auf Initiative privater Industrieunternehmen und Banken entstanden sind. Es handelt sich um die Private Investitionsgesellschaft für Asien (PICA = Private Investment Company for Asia) und die Société Internationale Financière pour les Investissements et le Développement en Afrique (SIFIDA).

Entwicklungsbanken erbringen neben Finanzierungsleistungen auch Beratungsfunktionen. Dabei beraten sie ↑Investoren und Regierungen bei der Durchführung von Entwicklungsprojekten. Die Finanzierungsleistungen können in drei Bereiche aufgeteilt werden. Erstens stellen Entwicklungsbanken langfristige Kredite bereit. Diese finanzieren Vorhaben, welche der wirtschaftlichen Entwicklung dienen. Die Projekte sind insbesondere im Infrastruktur- und Energiebereich angesiedelt. Zweitens sammeln und verteilen sie Ersparnisse (↑Sparen [Volkswirtschaftliches]). Sie helfen somit beim Aufbau nationaler ↑Kapitalmärkte, welche in wirtschaftlich rückständigen Staaten oft nur ansatzmässig bestehen. Drittens bieten sie Garantien, damit Geldgeber in risikoreiche Entwicklungsaufgaben investieren.

Die Ausgestaltung der Finanzhilfe änderte sich im Laufe der Zeit. Zu Beginn wurden Projekte unterstützt mittels einer Darlehenspolitik (↑Darlehen) nach privatwirtschaftlichen Grundsätzen. Diese Kredite mit einer ↑Laufzeit von bis zu 25 Jahren wurden grundsätzlich an Regierungen vergeben. Die Regierungen führten Projekte aus, die direkt keine Devisen zur Bedienung der Kreditschuld eintrugen. Dadurch wurde die ↑Zahlungsbilanz der Entwicklungsländer strapaziert und eine Schuldenlast aufgetürmt, welche die weitere ↑Kreditfähigkeit beeinträchtigte. Massnahmen zur Schuldenrestrukturierung wurden nötig. In der Folge wurde vermehrt zu zahlungsbilanzschonender Entwicklungsfinanzierung übergegangen. Einerseits wurde Finanzhilfe zu nichtmarktkonformen Konditionen gewährt, anderseits wurden private ↑Direktinvestitionen gefördert. Letztere besitzen zudem den Vorteil, den wirtschaftlich rückständigen Ländern unternehmerisches Wissen zuzuführen. Diese Erfahrungen beeinflussten die Ausgestaltung der Entwicklungsbanken. So wurden der Weltbank, die 1945 gegründet wurde, zwei besondere Institute angegliedert. 1956 wurde die Internationale Finanzkorporation (IFC = International Finance Corporation) gegründet. Diese Bank beteiligt sich am Kapital privater industrieller Unternehmungen in Entwicklungsländern. Diese Finanzhilfe trägt dazu bei, die private Unternehmerinitiative anzuregen. 1960 entstand die Internationale Entwicklungsagentur (IDA = International Development Association) für nichtmarktkonforme Finanzierungen. Diese Agentur finanziert Entwicklungsprojekte unter wesentlich günstigeren Bedingungen als die Weltbank. Die Laufzeit der zinslosen Kredite beträgt bis zu 50 Jahren, und die Kredittilgung beginnt erst nach 10 Jahren und kann in eigener ↑Währung getätigt werden.

Die ↑Refinanzierung von Entwicklungsbanken erfolgt durch zwei Kanäle. Einerseits finanzieren sich Entwicklungsbanken durch die Mittelzuschüsse der Mitgliedstaaten und Mitgliedunternehmungen. Anderseits emittieren Entwicklungsbanken Schuldverschreibungen. Diese können aufgrund der guten ↑Bonität der Entwicklungsbanken zu günstigen Bedingungen am Kapitalmarkt untergebracht werden. Auf diesen zwei Kanälen stellte auch die Schweiz den Entwicklungsbanken bedeutende Mittel zur Verfügung.

Dies gilt insbesondere für die Weltbank und ihre Tochterunternehmen, denen die Schweiz seit 1992 angehört. Ferner sind schweizerische Privatunternehmen und Banken Mitglieder der beiden privaten Entwicklungsbanken.   *Barbara Döbeli*

Eonia
Die ↑Europäische Zentralbank (EZB) berechnet und veröffentlicht mit dem Eonia einen ↑Referenzzinssatz für den Tagesgeldmarkt (↑Tagesgeld) in ↑Euro. Eonia steht für *Euro overnight interbank average.* Repräsentative Banken im Gebiet der Europäischen Währungsunion (EWU) geben an jedem ↑Bankwerktag den Durchschnitt der Sätze an, zu denen sie ↑Tagesgeld «über Nacht» an andere Banken vergeben haben. Die Sätze der Banken werden mit ihren Tagesgeldvolumina gewichtet.

EPS
Abk. f. ↑Earnings per share.

EPSS
Abk. f. ↑European payment systems services.

Equipment bond
↑Bond-Handel.

Equity
In den USA Begriff für ↑Eigenkapital der Unternehmung.

Equity banking
Banktransaktionen zur Beschaffung von ↑Eigenkapital für die Firmenkunden.

Equity carve out
Die Konzentration auf die Kernkompetenzen führt bei ↑Konzernen dazu, dass einzelne Unternehmungsteile aus dem Konzerngefüge herausgelöst und desinvestiert werden. Eine Art der ↑Desinvestition ist der Equity carve out. Alle oder ein Teil der Aktien einer bestehenden oder zu diesem Zweck geschaffenen Tochtergesellschaft werden an das Publikum verkauft. Man verwendet für diesen Vorgang auch die Bezeichnung *Split-off-IPO.* Im Gegensatz zum normalen Split-off bringt ein Equity carve out dem Konzern einen Mittelzufluss. Motiv eines Equity carve out ist die Beschaffung von flüssigen Mitteln, in der Regel verbunden mit der Erzielung eines Verkaufsgewinns (wenn der ↑Buchwert der Beteiligung oder der veräusserten Aktiven unter dem Verkaufserlös liegt). Ferner muss der Eigenkapitalbedarf der auf diese Weise ausgegliederten Gesellschaft nicht mehr von der ↑Muttergesellschaft gedeckt werden, weil ↑Eigenkapital eigenständig auf dem ↑Kapitalmarkt beschafft werden kann.
Empirische Untersuchungen über die ↑Performance von Equity carve outs zeigen widersprüchliche Ergebnisse.

Equity fund
↑Anlagezielfonds.

Equity kicker
Recht eines Fremdkapitalgebers, ↑Beteiligungspapiere, insbesondere im Rahmen einer ↑Venture-Finanzierung, zu besonders günstigen Konditionen zu erwerben.

Equity linked issue
Anleihen mit Wandel- oder Optionsrecht auf ↑Aktien.

Equity-Methode
In der ↑Konzernrechnung sind für den Einbezug von Tochtergesellschaften, an denen die ↑Muttergesellschaft mit weniger als 100% beteiligt ist, besondere Regeln zu beachten. Gesellschaften mit einer ↑Beteiligungsquote zwischen 51% und 100% der Stimmen werden voll konsolidiert. Die Anteile der Minderheiten am Kapital und am Ergebnis werden jedoch separat ausgewiesen. Eine besondere Bedeutung haben die Beteiligungen zwischen 20% und 50% der Stimmen *(assoziierte Gesellschaften),* wird doch vermutet, dass die Muttergesellschaft trotz der Minderheitsposition einen massgebenden Einfluss nehmen kann. Die Konzernrechnung würde deshalb ein unvollständiges Bild vermitteln, wenn assoziierte Unternehmungen – wie in der Bilanz der ↑Holdinggesellschaft – zu historischen Anschaffungskosten, allenfalls korrigiert um ↑Abschreibungen, erfasst würden. Auch die Konzernerfolgsrechnung würde ein verzerrtes Bild der Ertragslage vermitteln, wenn von den assoziierten Gesellschaften nur Dividendenzahlungen als Ertrag ausgewiesen werden. Anstelle der in den Abschlüssen nach dem Erwerbsjahr im Allgemeinen ohnehin nicht mehr repräsentativen Anschaffungswerten tritt die so genannte Equity-Methode (Anteilswert-Methode oder Kapitalrechnungs-Methode). Diese ist in der Bankkonzernrechnung zwingend vorgeschrieben (BankV 25e III). Das Wesen der Equity-Methode besteht darin, dass in der Bilanz der Wert der Beteiligung fortlaufend der Eigenkapital-Entwicklung angepasst wird, indem Anschaffungskosten der Beteiligung an der assoziierten Gesellschaft um die anteilig auf die Muttergesellschaft entfallenden Gewinne erhöht und um allfällige Unternehmensverluste vermindert werden. Dabei sind die von der Muttergesellschaft erhaltenen Gewinnausschüttungen zu berücksichtigen. In der Konzernerfolgs-

rechnung werden die Beteiligungserträge periodengerecht ausgewiesen, indem der anteilmässige Gewinn, korrigiert um die Dividendeneinnahme oder Verlust, erfasst wird.
Es ist zu beachten, dass mit der Equity-Methode das Anschaffungswertprinzip (OR 665) und das Realisationsprinzip durchbrochen werden. Weist die assoziierte Gesellschaft eine ungenügende Ertragslage auf, kann der anteilige ↑Substanzwert zu einer Überbewertung der Position Beteiligungen in der Konzernbilanz und damit zur Notwendigkeit von ausserordentlichen Abschreibungen führen.
Werden von der ↑Konsolidierung Mehrheitsbeteiligungen ausgeschlossen (wegen stark heterogener Tätigkeit wie Banken und Versicherungen in einem Industriekonzern) gilt auch für sie die Equity-Methode. Ein Wahlrecht sieht BankV 25e III für die Behandlung der Gemeinschaftsunternehmen (↑Joint ventures) in der Konzernrechnung vor. Diese können entweder nach der Methode der Quotenkonsolidierung (Einbezug ohne Abschlussposition entsprechend der Beteiligungsquote) oder nach der Equity-Methode erfasst werden.

Max Boemle

Equity premium puzzle
↑Börsenpsychologie.

Equity research
Das Equity research ist organisatorisch zumeist ein Teil der Research-Abteilung eines Finanzinstitutes. Inhaltlich erarbeitet es Analysen von Unternehmen. Ausgerichtet ist das Equity research entweder auf einen Länder- oder einen Branchen-Fokus, wobei der Länderansatz zusehends vom Branchenansatz abgelöst wird. Grund dafür ist die Möglichkeit eines weltweiten Vergleichs von Unternehmen derselben Branche. Um die Know-how-Synergien optimal zu nutzen, ist das Equity research oft als Matrix-Organisation mit einer Kombination von Ländern und Branchen ausgestaltet.
Ziel des Equity research ist die Bewertung einzelner Unternehmen anhand eines nationalen oder internationalen Massstabs unter Nutzung verschiedener Datenquellen. Aus diesen Bewertungen werden Gewinnschätzungen erstellt und Empfehlungen zu einzelnen Titeln abgeleitet. Das Empfehlungssystem kann dabei absolut oder relativ sein. Während bei einer *absoluten Empfehlung* nur zu Kauf, ↑Halten oder Verkauf geraten wird, bezieht sich eine *relative Empfehlung* auf einen Vergleichswert, z. B. auf einen Markt oder einen Index. Die Vorgehensweise bei der Ausarbeitung von Aktienempfehlungen wird durch die gewählte Organisationsform bestimmt. Ein Länderfokus ermöglicht einen Top-down-Ansatz, während bei einem Branchenfokus eher ein Bottom-up-Ansatz gewählt wird (↑Anlagepolitik). Fehlbewertungen an den ↑Kapitalmärkten sollen bei beiden Ansätzen identifiziert werden. Die Aktienempfehlungen werden in schriftlichen ↑Reports publiziert (↑Anlagestudien) und – mit einer zeitlichen Verzögerung – meist auch auf der Internetseite der Bank präsentiert. Mit ihren Empfehlungen nehmen die Analysten als Meinungsführer eine wichtige Rolle im Kapitalmarkt ein.
Die Ausarbeitung von Aktienempfehlungen machen rund die Hälfte des Aufgabenbereichs der Equity-research-Analysten aus. Die andere Hälfte wird von Aufgaben im Marketing und Vertrieb von Beteiligungstiteln bei ↑Kapitalmarkttransaktionen beansprucht. In diesem Bereich arbeiten die Equity-research-Analysten eng mit den Mitarbeitern des ↑Corporate finance und der Equity capital markets zusammen.
Bei einer Equity offer (↑Initial public offering [IPO]) kommen den Analysten verschiedene Aufgaben zu. Zuerst muss das Unternehmen im Markt positioniert werden. Dies umfasst eine Abgrenzung gegenüber den Konkurrenten und die Erarbeitung einer Unternehmensdarstellung, der so genannten ↑Equity story. Diese wird mithilfe einer vorher durchgeführten Wettbewerbsanalyse erarbeitet. Vor der Durchführung der Kapitalmarkttransaktion findet eine Prüfung der Geschäfts- und Ertragssituation (↑Due diligence) statt. Neben der konsortialführenden Bank (↑Lead-Manager) erhalten dabei in der Regel auch die Analysten der übrigen ↑Konsortialbanken Einblick in die Situation. Die Einführung in die Underwriting group (↑Underwriting) erfolgt durch die Research-Analysten des Lead-Managers. Die Analysten der Konsortialbanken führen anschliessend eigene Analysen durch. Die Bewertung des Unternehmens wird in erster Linie von den Ergebnissen der Due diligence abgeleitet. Diese Bewertung fliesst neben der Wettbewerbsanalyse und den quantitativen Unternehmensaspekten in den Research report ein. Aufbauend auf dem Research report bereiten die Equity-research-Analysten die Verkaufsabteilung (Sales force) auf Gespräche mit ↑institutionellen Anlegern vor. In der so genannten Phase des Pre-Marketings, die meist etwa zwei Wochen vor den ↑Road shows stattfinden, werden mit potenziellen Anlegern Gespräche über deren Preisvorstellungen geführt. An den Road shows schliesslich wird das Unternehmen präsentiert, wobei die Analysten dafür besorgt sind, dass an diesen Anlässen die wichtigen und relevanten Vertreter der Finanzmarkt-Institutionen angesprochen werden und wiederum ein Feedback zur Preisfestlegung erfolgt.
Die für die Einführung verantwortliche Analysten müssen nach der Platzierung eine ↑Blackout period einhalten, was bedeutet, dass sie in dieser Zeit keine Empfehlungen abgeben dürfen. Eine Insider-Problematik soll damit vermieden werden.

Hans-Dieter Vontobel

Equity story
Dokumentation, welche bei einer Aktienemission, insbesondere bei einem ↑Initial public offering (IPO), zur investorenbezogenen Darstellung des rechtlichen Aufbaus der Geschäftstätigkeit und der Geschäftsstrategie erstellt wird und die Stellung des ↑Emittenten auf dem Markt aufzeigt, mit dem Ziel, den potenziellen ↑Investoren eine Beurteilung des Aktienkurspotenzials zu ermöglichen. Zusammen mit den Researchstudien der ↑Salesside-Analysten bildet die Equity story die Grundlage für die aktive Vermarktung der ↑Aktie.

Equity swap
↑Swap-Markt.

ERA
↑Abk. f. Einheitliche Richtlinien und Gebräuche für ↑Dokumenten-Akkreditive der ↑Internationalen Handelskammer in Paris. ↑Akkreditiv.

Erbenausschlussklausel
↑Compte-joint; ↑Depotgeschäft.

Erbgangsbescheinigung
Auch Erbschein, Erbenbescheinigung, Erbgangsbeurkundung genannt. Von der zuständigen Behörde oder Urkundsperson ausgestellte Urkunde, in der bescheinigt wird, wer die rechtmässigen Erben eines Erblassers sind. In der Regel weisen sich die Erben durch eine Erbenbescheinigung gegenüber der Bank aus, um über die Erbschaft zu verfügen oder darüber Auskunft zu erhalten. In einfachen Fällen kann sich die Bank allerdings auch mit der Vorlage eines Auszuges aus dem Zivilstandsregister und einer Erklärung der zuständigen Behörde begnügen, dass keine Verfügung von Todes wegen vorgefunden wurde.

Erfolg aus dem Handelsgeschäft
Handelsgeschäfte werden getätigt, um kurzfristig von Marktpreisschwankungen zu profitieren. Diese werden in *Handelsbüchern* (↑Auftragsbuch) erfasst, welche getrennt von den Bankenbüchern zu führen sind. Unter dieser Position der ↑Erfolgsrechnung werden vor allem Kursgewinne und -verluste aus dem Handel mit ↑Wertschriften, ↑Wertrechten, Devisen, Noten, Edelmetallen und derivativen Finanzinstrumenten sowie (↑Derivate) ↑Bezugsrechten erfasst. Im Anhang ist eine Aufteilung nach Geschäftssparten vorzunehmen. Der Erfolg aus dem Handelsgeschäft ist im Zeitvergleich erfahrungsgemäss starken Schwankungen unterworfen.

Erfolg aus dem Kommissions- und Dienstleistungsgeschäft
Umfasst alle Erträge und Aufwendungen aus dem ordentlichen ↑Dienstleistungsgeschäft, wie ↑Depotgebühren, ↑Courtage, Kommissionen aus dem Verwaltungs- und ↑Treuhandgeschäft, Schrankfachmieten, Zahlungsverkehrs- und ↑Inkassokommissionen. Bei den Kreditkommissionen ist zu unterscheiden zwischen jenen, die mit einem ↑Zinssatz verbunden sind und nach der Kreditbeanspruchung anfallen, und demzufolge als Zinsertrag betrachtet werden, und den Bereitstellungs-, Kautions- und Akkreditivbetätigungskommissionen.

Erfolg aus dem Zinsengeschäft
Der Erfolg aus dem Zinsengeschäft ergibt sich u. a. aus der Summe von ↑Aktivzinsen, Wechseldiskontertrag und ähnlichen mit dem Zinsengeschäft unmittelbar zusammenhängenden Komponenten sowie von ↑Zinsen und Dividendenerträgen aus ↑Handelsbeständen und ↑Finanzanlagen, abzüglich den ↑Passivzinsen, ohne die Verzinsung von ↑Dotationskapital und Genossenschaftskapital, Kapital- und Kommanditeinlagen. Diese stellt – betriebswirtschaftlich betrachtet – eine ↑Gewinnverwendung dar.

Erfolgsrechnung
Die Erfolgsrechnung (früher Gewinn-und-Verlust-Rechnung genannt) ist der zentrale Teil des Rechnungswesens. Sie gibt über das *Periodenergebnis* und damit über die für Fortbestand und Entwicklung der Unternehmung im Allgemeinen entscheidende *Ertragslage* Auskunft. Während die Bilanz die Bestandesgrössen auf einen bestimmten Zeitpunkt erfasst, ist die Erfolgsrechnung eine auf einen Zeitraum bezogene Rechnung über Aufwand (Geld-, Sachgüter- oder Dienstleistungsabgänge, denen keine oder keine festgestellten Gegenleistungen gegenüberstehen) und Ertrag (entsprechende Zugänge ohne Gegenleistung). Bilanz und Erfolgsrechnung sind aufgrund der doppelten Buchhaltung auf das Engste miteinander verbunden, weil Aufwand und Ertrag von Ansatz und Bewertung des Vermögens und der Verbindlichkeiten abhängig sind.
Die *Darstellung* der Erfolgsrechnung in Kontenform (Gegenüberstellung von Aufwand und Ertrag) ist weitgehend verschwunden. Die *Staffelform* ist zur Regel geworden, bei Banken nach RRV IV (Einleitung) sogar zwingend. Ausgehend vom Erfolg aus den verschiedenen Banktätigkeiten erreicht man über Zwischenstufen das Jahresergebnis. Dank der in BankV 25a vorgeschriebenen Gliederung mit Subtotalen sind wichtige betriebswirtschaftliche Grössen direkt aus der Darstellung der Erfolgsrechnung ersichtlich:

Erfolg aus dem Zinsengeschäft
+ Erfolg aus dem Kommissions- und Dienstleistungsgeschäft
+ Erfolg aus dem Handelsgeschäft
+ übriger Erfolg
= Betriebsertrag
− Geschäftsaufwand
= Bruttogewinn
− Abschreibungen auf dem Anlagevermögen
− Wertberichtigungen, Rückstellungen und Verluste
= Zwischenergebnis (operatives Ergebnis, Gewinn vor Steuern und ausserordentlichen Posten)
− ausserordentlicher Erfolg
= Gewinn (Verlust) vor Steuern
− Steuern
= Jahresgewinn (-verlust)

Eine vertiefte Analyse der Ertragslage wird durch die zusätzlichen Informationen im ↑Anhang im Bankjahresabschluss ermöglicht. Die Sammelpositionen Handelserfolg, Personalaufwand und Sachaufwand sind im Anhang weiter aufzugliedern. Überdies müssen im Anhang Erläuterungen zu wesentlichen Verlusten, ausserordentlichen Erträgen und Aufwänden sowie zu wesentlichen Auflösungen von ↑stillen Reserven, ↑Reserven für allgemeine Bankrisiken und Freiwerden von ↑Wertberichtigungen und Rückstellungen erteilt werden. Zusätzliche Informationen über die Abschreibungs- und Rückstellungspolitik vermitteln im Anhang nach RRV-EBK VI Ziff. 3.4 und 3.9 die Tabellen D (Anlagespiegel) und E (Wertberichtigungen, Rückstellungen, Schwankungsreserve für Kreditrisiken und Reserven für allgemeine Bankrisiken).

In der *Konzernerfolgsrechnung* sind zusätzliche Vorschriften zu beachten. So ist im übrigen ordentlichen Erfolg der Beteiligungsertrag in Beteiligungsertrag nach der ↑Equity-Methode und in übrige nichtkonsolidierte Beteiligungen aufzuschlüsseln. Die Minderheitsanteile am Ergebnis sind gesondert anzugeben.

Eine Besonderheit der Rechnungslegung von Banken ist die Verpflichtung zur Erstellung von ↑*Zwischenabschlüssen*. Während bis 1996 lediglich eine Zwischenbilanz vorzulegen war, verlangt BankV 23b von Banken mit einer ↑Bilanzsumme von wenigstens CHF 100 Mio. Bilanz und Erfolgsrechnung, wobei der Zwischenabschluss nach den gleichen Grundsätzen zu erstellen und zu bewerten ist wie der Jahresabschluss. Für die Erfolgsrechnung ist jedoch eine Ausnahme vorgesehen: Die *halbjährliche Erfolgsrechnung* kann sich auf die Ermittlung des Bruttogewinns beschränken. In diesem Fall müssen der Risikoverlauf sowie die Wertberichtigungen und Rückstellungen erläutert werden (BankV 25a VI). In der Praxis verzichten jedoch die ↑Grossbanken, ↑Kantonalbanken und die der ↑RBA-Holding angeschlossenen ↑Regionalbanken sowie zahlreiche andere Banken auf diese Erleichterung. Eine vollständige Halbjahreserfolgsrechnung ist die Regel.

Die zwingenden Gliederungsvorschriften und zusätzlichen Weisungen der RRV-EBK zur Erfolgsrechnung, Teil IV, erhöhen die Aussagekraft der Erfolgsrechnungen von Banken, weshalb diese eine grössere Transparenz und eine deutlich verbesserte Vergleichbarkeit gewährleisten als nach den aktienrechtlichen Rechnungslegungsvorschriften (OR 663).

Umfang und Detaillierungsgrad der Angaben insbesondere aus der Erfolgsrechnung und im Anhang vermitteln dem aufmerksamen Leser trotz der im Einzelabschluss zulässigen Bildung von stillen Reserven aufschlussreiche Informationen zur Ertragslage der Bank. Weil die einzelnen ↑Positionen immer in derselben Weise zu ermitteln und auszuweisen sind, können die Subtotale direkt für den zwischenbetrieblichen und zwischenzeitlichen Vergleich herangezogen werden.

Max Boemle

Erfüllungsgarantie
↑Bankgarantie.

Erfüllungsrisiko
↑Settlement risk.

ERG
Abk. f. ↑Exportrisikogarantie.

Ergänzendes Kapital bei Banken
BankG 4 I verpflichtet die ↑Banken, ein angemessenes Verhältnis zwischen dem ↑Eigenkapital und den gesamten Verbindlichkeiten einzuhalten. BankV 11 bestimmt, was als «Eigenkapital» angerechnet werden kann, wobei drei Kategorien unterschieden werden: Kernkapital, ergänzendes Kapital und Zusatzkapital. Für das ergänzende Kapital wird eine weitere Unterscheidung gemacht zwischen dem oberen ergänzenden Kapital (Upper tier 2) und dem unteren ergänzenden Kapital (Lower tier 2).

Als *oberes ergänzendes Kapital* gelten vereinfacht dargestellt:
– ↑Hybride Handelsinstrumente, d. h. solche, welche Eigen- und Fremdkapitalcharakter aufweisen
– ↑Stille Reserven in der Position ↑Wertberichtigungen und Rückstellungen, ausdrücklich als solche ausgeschieden
– Die Schwankungsreserven im Anlagevermögen in begrenztem Umfang.

Als *unteres ergänzendes Kapital* gelten insbesondere:

- ↑Darlehen und Obligationenanleihen mit einer ursprünglichen nachrangigen ↑Laufzeit von mindestens 5 Jahren
- 50% der Summe der auf einen bestimmten Betrag lautenden ↑Nachschusspflicht pro Kopf (OR 840 II).

Ergebnisstruktur bei Banken

Unter der Ergebnisstruktur eines Unternehmens wird die Gliederung des Gesamterfolgs (Unternehmensgewinn bzw. -verlust) in die einzelnen Ergebnisbereiche verstanden. Auf der Grundlage des externen Rechnungswesens (externe Bankanalyse) werden folgende Ergebnisbereiche unterschieden:

	Zinsergebnis
+	Kommissionsergebnis (Provisionsergebnis)
+	Erfolg aus Handelsgeschäft
+	Übriger ordentlicher Erfolg
=	Bruttoerlös
−	Betriebskosten (Personal- und Sachkosten)
=	Betriebsergebnis (Bruttogewinn)
−	Risikoergebnis
=	Gesamtbankergebnis
+/−	Ausserordentliches Ergebnis
−	Steuern
=	Reingewinn nach Steuern

Aus der Sicht des internen Rechnungswesens (einzelgeschäftsbezogene Kalkulation) werden folgende Ergebnisbereiche unterschieden:

	Marktergebnis
+	Zentralergebnis
−	Overheadkosten
=	Gesamtbankergebnis

Das Marktergebnis, das den Erfolg im Kundengeschäft zeigt, setzt sich zusammen aus den Zinskonditionsbeiträgen und den Provisionsbeiträgen abzüglich der ↑Risikokosten und der zurechenbaren Betriebskosten. Das Zentralergebnis widerspiegelt den Erfolg der von der Bank selbst induzierten Aktivitäten (Nichtkundengeschäft). Es umfasst diejenigen Erfolgsbeiträge, die durch Transaktionen an den ↑Geld- und ↑Kapitalmärkten erzielt werden bzw. die aus der Bewirtschaftung der Zentralpositionen resultieren. Seine Bestandteile sind das ↑Handelsergebnis, das Transformationsergebnis (Treasury-Ergebnis) sowie das Anlageergebnis, wobei die direkt zurechenbaren Betriebskosten jeweils zu berücksichtigen sind.

Conrad Meyer

Erhaltungsgrade von Münzen

Der Preis einer Sammlermünze ist von ihrer Seltenheit und ihrem Erhaltungsgrad abhängig. Während häufig vorkommende und stark zirkulierte ↑Münzen bereits zu tiefen Preisen erhältlich sind, können seltene Stücke bereits in mittelmässiger Qualität viel Geld kosten. Die Erhaltung einer Münze entscheidet also über ihren Preis. Deshalb sollte jeder Münzensammler darauf achten, seine Münzen in tadellosem Zustand zu bewahren. Moderne Münzen des 20. Jahrhunderts sind in der Regel nur in den Erhaltungen *Stempelglanz, unzirkuliert* oder *vorzüglich* sammelnswert.

Die wichtigsten *Erhaltungsgrade* im Einzelnen:

- *schön (s):* Die Konturen der ↑Prägung sind teilweise nicht mehr sichtbar, die Legenden sind aber noch lesbar, und das gesamte Motiv muss klar erkennbar sein
- *sehr schön (ss):* Alle Konturen der Prägung sind noch sichtbar, Abnützungsspuren sind aber zu erkennen. Die Münze darf auch im Relief kleinere Verletzungen haben
- *vorzüglich (vz):* Münzen mit diesem Erhaltungsgrad sind nur kurze Zeit im Umlauf gewesen. Die Reliefpartien dürfen keine Abnützungsspuren aufweisen. Im Felde der Münzen können wenige kleine Kratzer vorkommen. Die Münzen dürfen aber sonst keine Beschädigungen aufweisen
- *unzirkuliert (unz):* Dieser Erhaltungsgrad trifft für Münzen zu, die nicht im Umlauf gewesen sind. Nur kleinste Spuren durch die Massenbehandlung in der Münzstätte sind ersichtlich
- *Stempelglanz (stgl):* Dieser Erhaltungsgrad trifft für prägefrische Münzen zu, die ebenfalls nicht im Umlauf gewesen sind. Sie dürfen aber keine Spuren der Massenbehandlung aufweisen
- *Erstabschlag (EA):* Die ersten Prägungen eines neuen Stempels wurden früher häufig für Münzkabinette und Sammlungen verwendet. Die spiegelnde Oberfläche sieht einer Ausführung in *Polierter Platte* ähnlich. Bei der Qualität der heutigen Prägestempel besteht praktisch kein Unterschied mehr zu Stempelglanz.

Keine Erhaltung, sondern eine besondere Herstellungsart von Sammlermünzen kennzeichnen die Begriffe *Polierte Platte (PP), Spiegelglanz* oder *Proof*. Bei diesen makellosen Qualitätsprägungen wird auf einen optimalen Kontrast zwischen dem spiegelnden Münzgrund und dem mattierten Relief geachtet. Geprägt wird mit polierten Stempeln auf polierte Münzplättchen. Münzen dieser Qualität dürfen nicht mit blossen Fingern angefasst werden. Wenn sie beschädigt sind, werden sie auch wertmässig in die Gruppe der normal erhaltenen Münzen eingestuft. Zur Aufbewahrung ist deshalb dringend geraten, sie in der mitgelieferten, meist stabilen Schutzverpackung (z. B. Kunststoffkapsel) zu belassen.

Hanspeter Koch

Erholt

In der ↑Börsensprache Ausdruck für eine Situation, wenn die ↑Kurse einen Vortagesverlust ganz oder mehrheitlich wieder aufholen.

Erinnerungswert
Auch Pro-Memoria-Wert genannt. In der schweizerischen Rechnungslegungspraxis werden aus Gründen einer extremen Bilanzvorsicht Aktiven bis auf den Erinnerungswert von CHF 1 vollumfänglich abgeschrieben, womit ↑stille Reserven entstehen. Pro-Memoria-Posten werden vor allem bei Positionen des Anlagevermögens gebildet.

Erkennbare Kreditrisiken
↑Credit rating.

Eröffnung
↑Eröffnungskurs; ↑Eröffnungsprozedere; ↑Opening.

Eröffnungskurs
Erster ↑Kurs des Tages für jede der an der ↑SWX Swiss Exchange gehandelten ↑Effekten. Für die Ermittlung des Eröffnungskurses enthält Art. 21 der ↑Börsenordnung der SWX genaue Regeln. Ein theoretischer Eröffnungskurs wird für alle Teilnehmer sichtbar während der Voreröffnung (↑Preopening) berechnet.

Eröffnungsprozedere
Verfahren, das an der Schweizer Börse ↑SWX Swiss Exchange nach Art. 21 der ↑Börsenordnung bei der Eröffnung (↑Opening) zur Anwendung kommt. Dabei geht es darum, von den während der Voreröffnung (↑Preopening) bei der ↑Börse eingegangenen Aufträgen ein möglichst grosses ↑Volumen zur Ausführung zu bringen (↑Meistausführungsprinzip).

EROS
Abk. f. Enhanced return or security. ↑Strukturierte Produkte.

Erratische Kursschwankungen
Erratisch (lat.: umherirrend) wird in der ↑Börsensprache für Kursschwankungen verwendet bei überwiegend stark emotional geprägten Verhaltensweisen der Marktteilnehmer (z. B. Angst vor weiteren Terroranschlägen unmittelbar nach dem 11.09.2001). Das Verhalten der Marktteilnehmer ist immer eine Mischung nicht ausschliesslich rationaler Entscheidungselemente. Von erratisch spricht man erst bei übermässig grossen Ausschlägen.

Errungenschaftsbeteiligung
↑Ehegatten im Bankverkehr.

Ersparnisse
↑Sparen (Volkswirtschaftliches).

Erste Adresse
↑Adresse, erste.

Erste Hypothek
Grundpfändlich sichergestellte Ausleihung im Rahmen von 65–70% des Belehnungswertes von Wohnliegenschaften. Bei gewerblichen und industriellen Objekten sowie Luxusobjekten kann die ↑Belehnung im Rahmen der ersten Hypothek tiefer liegen (50–60%). Die Begriffe erste und ↑zweite Hypothek sind nicht identisch mit der Rangordnung der ↑Grundpfandrechte im ↑Grundbuch. Eine erste Hypothek von CHF 500000 kann z. B. auf fünf ↑Schuldbriefen von je CHF 100000 im I.–V. Rang beruhen. ↑Hypothekargeschäft.

Erstversicherung
Im direkten Versicherungsgeschäft tätige Versicherungsgesellschaft. Gegensatz: ↑Rückversicherung.

Ertragsbilanz
↑Zahlungsbilanz.

Ertragskraft
Ertragskraft bezeichnet die Fähigkeit einer Unternehmung, auf dem eingesetzten Kapital einen im Branchenvergleich und unter Berücksichtigung der besonderen ↑Risiken angemessenen Gewinn zu erzielen. Die Ertragskraft stellt neben einer soliden ↑Kapitalstruktur einen entscheidenden Faktor für die Beurteilung der ↑Kreditfähigkeit der Unternehmung dar. ↑Rating; ↑Credit rating; ↑Rating der Banken.

Ertragswert
Der Ertragswert einer Unternehmung wird ermittelt durch ↑Kapitalisierung des nachhaltig erzielbaren zukünftigen Unternehmungserfolgs, entweder des Gewinnes, des ↑Cashflows oder (seltener) der ↑Ausschüttungen. In der Praktiker-Methode zur ↑Unternehmungsbewertung entspricht der Ertragswert dem kapitalisierten zukünftigen Gewinn.
Der Ertragswert von Immobilien ist die Summe aller Zahlungsüberschüsse diskontierter Mieteinnahmen oder der kapitalisierten Mieterträge. ↑Bewertung von Grundstücken; ↑Discounted-Cashflow-Methode.

Erwartungswert E der Portefeuille-Rendite
Der Erwartungswert der Portefeuille-Rendite ist das gewichtete arithmetische Mittel der erwarteten ↑Renditen aller ↑Wertpapiere, die sich in einem ↑Portfolio befinden. Die Gewichte entsprechen dem Anteil des in das jeweilige Wertpapier investierten Kapitals am gesamten Portfoliowert zum Berechnungszeitpunkt.

Erweitertes Händlersystem
↑Händlersystem.

Erwerbsunfähigkeitsrente
↑Rentenversicherung.

Escrow account
Auf den Namen von mindestens zwei Hinterlegern eröffnetes ↑Bankkonto oder -depot, über das die Hinterleger grundsätzlich nur gemeinsam verfügen können. Vom gewöhnlichen Gesamthandkonto unterscheidet sich das Escrow account durch die Besonderheit, dass die Bank von den Hinterlegern gemeinsam beauftragt wird, die hinterlegten Werte beim Eintreten eines bestimmten Ereignisses an einen (bestimmten) der beiden Hinterleger herauszugeben.

Escrow accounts dienen meistens der Sicherstellung vertraglicher Leistungspflichten, die im Zusammenhang mit Unternehmenskaufverträgen zwischen den beiden als Hinterleger auftretenden Parteien entstehen. Gegenstand der Hinterlegung sind in der Regel Geldbeträge (der Kaufpreis oder ein Teil davon) oder ↑Aktienpakete (das Kaufsobjekt). Wenn das *Escrow agreement* den Vollzug der zu Grunde liegenden ↑Transaktion sicherstellen soll, lässt sich die Bank als *Escrow agent* beauftragen, sowohl die zu verkaufenden ↑Aktien wie auch den Kaufpreis zur Aufbewahrung (und zur späteren Auslieferung Zug um Zug) entgegenzunehmen. Häufig dient das Escrow account nur der Sicherstellung allfälliger Gewährleistungsansprüche des Käufers. In diesem Fall bezahlt der Käufer dem Verkäufer am Vollzugstag nur einen Teil des Kaufpreises und hinterlegt den Rest auf dem Escrow account; die Bank ist als Escrow agent von beiden Hinterlegern beauftragt, dem Verkäufer die hinterlegte Summe an einem zum Voraus bestimmten Termin oder an vorbestimmten Tagen in Teilbeträgen herauszugeben, wenn sie nicht bis zu einem bestimmten Zeitpunkt vom Käufer über das Auftreten von Gewährleistungsansprüchen in Kenntnis gesetzt wird. Manchmal sieht die Vereinbarung vor, dass der Käufer in diesem Zusammenhang bestimmte Dokumente vorlegen muss. Die Vereinbarung zwischen den Hinterlegern und der Bank sollte vom Kaufgeschäft unabhängig sein und die Voraussetzungen der Freigabe der Vermögenswerte an den berechtigten Hinterleger präzis – analog etwa zum ↑Dokumenten-Akkreditiv – umschreiben. Die Bank als Escrow agent sollte beiden Hinterlegern gegenüber die Annahme des Auftrages und dessen Ausführung bestätigen. Zur Absicherung gegen Zwangsvollstreckungsmassnahmen Dritter werden häufig ↑Pfandrechte an den hinterlegten Vermögenswerten zu Gunsten der Bank oder der endbegünstigten Partei(en) begründet.

Banken treten vor allem im Zusammenhang mit M&A-Mandaten (↑Mergers and acquisitions) als Escrow agents auf, ausserhalb solcher Mandate nur mit Zurückhaltung, weil die Ausarbeitung einer massgeschneiderten Escrow-Vereinbarung grossen Aufwand an Zeit und die ↑Abwicklung viel Aufmerksamkeit voraussetzt. An ihrer Stelle treten zunehmend Treuhänder und Anwälte als Escrow agents auf. Diese deponieren die ihnen anvertrauten Vermögenswerte bei der von den Hinterlegern bestimmten Bank unter ihrem Namen, allenfalls verbunden mit einem Hinweis auf ihre Eigenschaft als Escrow agent in der Rubrik des Kontos. *Christian Thalmann*

ESF
Abk. f. ↑European securities forum.

Eskomptieren
Eskomptieren hat zwei Bedeutungen:
1. Andere Bezeichnung für diskontieren. ↑Diskont; ↑Diskontkredit.
2. In der ↑Börsensprache Bezeichnung für die Vorwegnahme, d.h. «Diskontierung» eines bestimmten Ereignisses. Beispielsweise wird eine eventuelle Dividendenerhöhung bereits durch eine Kurssteigerung eskomptiert, sodass bei effektivem Eintritt die Kursgestaltung kaum noch beeinflusst wird.

ESZB
Abk. f. ↑Europäisches System der Zentralbanken.

ETF
Abk. f. ↑Exchange traded funds.

EURCO
↑ECU.

Eurex
Die Eurex ist mit einem Umsatz von rund 675 000 000 gehandelten ↑Kontrakten im Jahre 2001 die grösste ↑Derivatbörse der Welt. Die Zahl der Eurex-Teilnehmer belief sich im Dezember 2001 auf insgesamt 427 Institute in Europa und den USA. Abgesehen von der Schweiz und Deutschland hat sie Access points in Finnland, Frankreich, den Niederlanden, Spanien, UK und den USA.

Die *Produktepalette* umfasst die Sektoren Aktien-, Index-, ↑Geldmarkt- und ↑Kapitalmarkt. ↑Optionen auf etwa 100 ↑Aktien aus sechs europäischen Ländern und den USA werden gehandelt. Bei den Indexprodukten werden Optionen und ↑Futures auf nationale (↑DAX, NEMAX, SMI, FOX), europäische (Dow Jones [EURO] STOXX 50, Dow Jones STOXX 600 und Dow Jones [EURO] STOXX Market Sektor) und internationale (Dow Jones Global Titans 50) Indizes unterschieden. Die Kapitalmarktprodukte stellen mit Futures und Optionen auf Futures auf deutsche und schweizerische Staatstitel weiterhin das wichtigste Produktsegment der Eurex dar. Die Geldmarktprodukte haben als Basiswährung den ↑Euribor (European interbank offered rate). Die Eurex war von Anfang an mehrwährungsfähig.

Der *Handel* erfolgt auf der Basis eines zentralen Orderbuches (↑Auftragsbuch). Alle Orders und ↑Quotes werden in das Eurex-Orderbuch eingegeben und dort automatisch nach Orderart, Limit und Eingabezeit sortiert. Market orders wird dabei immer die höchste Ausführungspriorität eingeräumt. Limit orders und Quotes werden sortiert, wobei die höchsten Geld- und niedrigsten Brieflimiten an erster Stelle geführt werden. Für die Ausführung von Orders gilt das Prinzip der Preis-Zeit-Priorität, mit Ausnahme der Geldmarktprodukte, bei denen die Orders nach einer reinen Preispriorität zugeordnet werden (Pro rata matching).
Die *Handelszeiten* variieren je nach Produktgruppe. Der Handelsbeginn liegt zwischen 8.00 und 9.00 Uhr und das Handelsende zwischen 17.00 und 20.00 Uhr.
Die Eurex gehört zu gleichen Teilen der ↑SWX Swiss Exchange und der ↑Deutsche Börse AG und hat somit ein Standbein in und eines ausserhalb der Europäischen Union. Dies hat zur Folge, dass zwei ↑Börsen gegründet wurden, die Eurex Deutschland und die Eurex Zürich AG. Letztere ist die ↑Muttergesellschaft der operativen Zentrale der Eurex Frankfurt AG, die wiederum die Muttergesellschaft des integrierten Clearinghauses, der Eurex Clearing AG, ist. Die juristisch getrennten Börsen werden von einem einheitlichen Management geführt, haben ein einheitliches Regelwerk sowie ein einheitliches Handels- und Clearingsystem. Eurex war bei ihrer Gründung die erste grenzüberschreitende Börse. Das Clearing-Konzept mit einem gemeinsamen Clearinghaus, das als zentrale Gegenpartei zwischen Käufern und Verkäufer tritt, garantiert die Erfüllung aller an der Eurex gehandelten Kontrakte und gewährleistet darüber hinaus ein zentralisiertes, länderübergreifendes ↑Risikomanagement. Die Clearing-Organisation besteht aus Clearing-Mitgliedern – General-Clearing-Mitgliedern oder Direkt-Clearing-Mitgliedern – sowie Nicht-Clearing-Mitgliedern. Zur Clearing-Mitgliedschaft berechtigt sind ↑Finanzinstitute mit Sitz in Deutschland oder der Schweiz sowie seit Ende 2000 solche mit Sitz in der Europäischen Union (Remote clearing).
Die Eurex wurde im Dezember 1996 gemeinsam von der SWX Swiss Exchange (damals Schweizer Börse genannt) und der Deutschen Börse AG ins Leben gerufen und durch die Fusion der ↑SOFFEX (Swiss options und financial futures exchange) und der DTB Deutsche Terminbörse im Jahr 1998 gegründet. Basis dafür war neben gemeinsamen Interessen ein weitgehend identisches ↑Handelssystem, nachdem die DTB einige Jahre vorher das Schweizerische System für ihren Betrieb gekauft hatte. Der Zusammenschluss beflügelte die neue Organisation und erlaubte ihr, der Londoner LIFFE (↑London international financial futures exchange) die langjährige Vorherrschaft im Bund, Futures-Kontrakt (↑Bund-Futures) zu entreissen.

Daraus resultierte das rasche weitere Wachstum zur grössten Derivatbörse der Welt.
Richard T. Meier

Links: www.eurex.ch

Eurex-Aktienoptionen
Bei Eurex-Aktienoptionen handelt es sich um ↑Optionen amerikanischen Typs auf ↑Blue chips der Deutschen Börse (↑Deutsche Börse AG) und der Schweizer Börse (↑SWX Swiss Exchange).

Euribor
Abk. f. Euro interbank offered rate. Durchschnittszinssatz, der von mehr als 50 Referenzbanken aus allen Euroländern, von vier aus der übrigen EU und sechs aus nicht EU-Ländern (auch der Schweiz) ermittelt wird. Täglich um 11 Uhr MEZ übermitteln diese Banken ihre Briefsätze für Ein- bis Zwölfmonatsgelder (↑Monatsgeld) im Interbankenhandel der Euroländer an einen Bildschirmdienst.
Links: www.euribor.org.

Euro
Der Euro ist die ↑Währung der ↑Europäischen Währungsunion (EWU). Letztere setzt sich aus allen Ländern der Europäischen Union, ausser Dänemark, Schweden und dem Vereinigten Königreich, zusammen. Der Euro ist in 100 Cent unterteilt. Er wurde am 01.01.1999 geschaffen und existierte zunächst nur als Buchgeld. Die ↑Banknoten und die ↑Münzen wurden am 01.01.2002 eingeführt. Die ↑Europäische Zentralbank (EZB) und nationalen ↑Zentralbanken geben die Euro-Banknoten aus.
Der Wert eines Euro ausgedrückt in den nationalen ↑Währungseinheiten ist unwiderruflich festgelegt. Die Umrechnungskurse sind für 1 Euro:

40,3399	Belgische Franken
1,95583	Deutsche Mark
166,386	Spanische Peseten
6,55957	Französische Franken
0,787564	Irische Pfund
1936,27	Italienische Lire
40,3399	Luxemburgische Franken
2,20371	Niederländische Gulden
13,7603	Österreichische Schilling
200,482	Portugiesische Escudos
5,94573	Finnmark

Alle Beträge, die noch in der nationalen Währungseinheit angegeben sind, müssen mit dem oben erwähnten Umrechnungskurs in die Euro-Einheit umgerechnet werden. Der Euro ersetzt den ↑ECU. Alle Beträge, die noch in der ECU-Einheit angegeben sind, müssen in die Euro-Einheit umgerechnet werden. Der Umrechnungskurs ist 1 Euro = 1 Ecu.
Umberto Schwarz

Euro-Aktien
↑Euro equities; ↑Eurokapitalmarkt.

Euro-Anleihemarkt
↑Eurokapitalmarkt; ↑Eurobond.

Euro-Anleihen
↑Eurobond.

Eurobond
Unter Eurobonds sind auf eine oder mehrere voll konvertible ↑Währungen lautende, an einer führenden ↑Börse kotierte ↑Anleihensobligationen unter ausländischem Recht zu verstehen, die in der Regel durch ein internationales Bankensyndikat gleichzeitig auf den ↑Kapitalmärkten mehrerer Länder zur Platzierung begeben und im etablierten europäischen ↑Sekundärmarkt (↑Euromärkte) gehandelt werden. Emissionsbedingungen und ↑Zinssatz von Eurobonds richten sich dabei nicht nach den im Währungsland geltenden Konditionen, sondern nach der im ↑Eurokapital-Markt vorherrschenden Marktverfassung. Die am meisten benutzte Währung für Eurobonds ist der Euro, gefolgt vom US-Dollar. Die *Erscheinungsformen* von Eurobonds sind vielfältig. Neben den häufigsten, den ↑Straight bonds, treten Eurobonds auch als Convertibles (↑Wandelanleihen), Bonds with warrants (↑Optionsanleihen), ↑Floating rate bonds (mit variablen, meistens dem Londoner Interbankensatz periodisch angepassten Zinssatz) oder in Sonderformen (z.B. Exchangeables [↑Bond-Handel]) auf. Der Sekundärmarkt in Eurobonds, der wohl umfangreichste Bondmarkt in Europa, ging eigene Wege: Obwohl der Grossteil der Eurobonds an verschiedenen europäischen Börsenplätzen und zum Teil auch in New York kotiert ist, entwickelte sich schon früh ein von nationalen Börsenusanzen (↑Usanzen) unabhängiger ↑Telefonhandel auf Nettobasis. Um einen geordneten Ablauf zu gewährleisten, halten sich die Händler an Richtlinien und Empfehlungen der 1968 gegründeten ↑International Securities Market Association (ISMA), eine Vereinigung, in der über 690 Banken und Finanzinstitute vertreten sind. Die ISMA ist heute zur einer einflussreichen internationalen Selbstregulierungsorganisation (↑Selbstregulierung) geworden, die wesentlich die ↑Standards für die Dokumentation mit spezifischen Vertragsklauseln auch für Eurobonds setzt *(Euromarket standards)* und in deren Fachausschüssen profilierte Praktiker als Vertreter der führenden ↑Emissionsbanken Einsitz haben.
Seit dem 21.02.2000 sind auch Anleihen in Fremdwährungen als sog. Eurobonds an der ↑SWX Swiss Exchange zur ↑Kotierung zugelassen. Die SWX betrachtet als Eurobonds Anleihen, die ganz oder zu einem erheblichen Teil ausserhalb des Sitzstaates des Emittenten begeben werden. Während Eurobonds zuerst in US-Dollar und Euro gehandelt wurden, erweiterte sich dieses separate SWX-Handelssegment unter dem Markennamen «*SWX-Eurobonds*» später auch auf andere Währungen, wie etwa Yen und Pfund Sterling. Neuerdings sind auch Wandelanleihen in Fremdwährungen handelbar. SWX-Eurobonds kennzeichnen sich durch ein integriertes ↑Clearing and settlement mit dem sog. ↑Straight through processing (STP) via SECOM (↑SIS SegaIntersettle communication system) und ↑Clearstream bzw. ↑Euroclear aus. Die Eurobonds werden auf der Grundlage des Reglements für die Zulassung von Eurobonds von 1998 der SWX Swiss Exchange in einem vereinfachten Verfahren ohne Kotierungsprospekt zum Handel (auch provisorisch) zugelassen. Im Jahre 2001 wurde dieses Reglement revidiert und heisst nun «Reglement für die Handelszulassung von internationalen Anleihen an der SWX Swiss Exchange».
Damit ein Eurobond an der SWX zum Handel zugelassen wird, muss er an einer anerkannten Primärbörse (London, Luxemburg, Frankfurt u.a.) kotiert sein und eine Mindestkapitalisierung von USD 200 Mio. aufweisen. Das Clearing muss über eine anerkannte Clearingstelle (↑SIS SegaIntersettle, Clearstream oder Euroclear) erfolgen. Im Falle einer Neuemission – wenn eine Primärkotierung zwar vorgesehen, aber noch nicht erfolgt ist – ist eine provisorische Zulassung möglich, falls vom gleichen Schuldner bereits Anleihen im Schweizer-Franken-Anleihen-Segment oder im SWX Eurobond-Segment zum Handel zugelassen sind. Die Vermittlung, der Kauf oder der Verkauf von ausländischen Obligationen ist von der eidgenössischen Stempelabgabe (↑Stempelabgaben im Finanzgeschäft) befreit, sofern der Käufer oder der Verkäufer ein ausländischer Vertragspartner ist.
Felix M. Huber

Eurobond-Markt
↑Eurokapitalmarkt.

Eurobond-Segment
Die ↑SWX Swiss Exchange hat als erste ↑Börse ein spezielles Segment für den Handel der sonst fast nur ausserbörslich gehandelten ↑Eurobonds eröffnet. Gehandelt werden vorwiegend ↑Bonds in US-Dollar und ↑Euro, aber auch in andern ↑Währungen. Benutzt wird das System vorwiegend für die effiziente ↑Abwicklung kleinerer Aufträge (↑Retail banking, Retailgeschäft).

Eurocard
↑Kreditkarte.

Eurocheque-System, Eurocheque
Das Eurocheque-System wurde 1969 geschaffen, um Bankkunden zu ermöglichen, mittels gleichzeitiger Vorweisung einer anerkannten Checkkarte, ↑Checks auch im Ausland bei Banken rasch und ohne Formalitäten einzulösen und sich damit

jederzeit ↑Bargeld zu beschaffen. Mit dem Ziel, den garantierten Check nicht nur zur Geldbeschaffung bei Banken, sondern auch als ↑Zahlungsmittel im Nichtbankensektor einzusetzen, einigten sich die Kernländer des Eurocheque-Systems im Jahre 1972 auf eine international vereinheitlichte «eurocheque-Karte» (der heutigen ec/Maestro-Karte) und ein einheitliches «eurocheque-Formular». In der Schweiz lösten diese Instrumente im Jahre 1978 die Swiss Cheque-Karte und die Swiss Checks ab.

Die eurocheque-Funktion auf der ec-Karte wurde per 31.12.2001 aufgehoben und durch die zuvor lancierte Kartenfunktion ↑ec/Maestro ersetzt. Diese erlaubt den elektronisch abgewickelten, weltweiten Einsatz der ec/Maestro-Karte zum Bargeldbezug sowie als ↑Zahlungsmittel.

Jacques Bischoff

Euroclear

Das Euroclear-System, kurz Euroclear, wurde 1968 in Brüssel von Morgan Guaranty Trust Company of New York als Clearing house für ↑Eurobonds gegründet. Morgan Guaranty veräusserte das Euroclear-System 1972 an Euroclear Clearance System plc., die ihrerseits im Besitz von 120 internationalen Banken und ↑Brokern/↑Dealern, aktiven Benützern des Euroclear-Systems, ist. Dennoch blieb Morgan Guaranty Brüssel bis zum Übertrag auf die neu gegründete Euroclear-Bank Anfang 2001 für den Betrieb des Euroclear-Systems zuständig.

Von Beginn an basierte Euroclear auf dem Konzept ↑Lieferung gegen Zahlung, wobei der Eigentumsübertrag an den ↑Wertschriften buchmässig (anstelle von physischer Lieferung) und die Zahlung in verschiedenen ↑Währungen mittels ↑Commercial bank money settlement (Kontoübertrag auf bei Morgan Guaranty Brüssel geführten ↑Konti) erfolgte. Mit dem Hauptkonkurrenten unter den ↑International central securities depositories (ICSD), der Cedel international (seit 2000 Clearstream banking Luxembourg), besteht seit 1980 die sog. Bridge, ein elektronisches System, das die automatisierte Transaktionsabwicklung für Kunden der beiden ICSD erlaubt. Vor den Konsolidierungsschritten 1999/2000 lag das Aktivitätsschwergewicht der beiden ICSD in der ↑Abwicklung von internationalen Primär- und Sekundärmarkttransaktionen mit festverzinslichen Wertschriften auf der Basis eines weltweiten Netzwerks. Dominierte bei Euroclear das Kundensegment der Broker/Dealer, so zählte Cedel vor allem Banken zum Kreis ihrer Aktionäre und Kunden. Per 31.12.2000 übernahm die neu gegründete Euroclear-Bank, ausgestattet mit einer Kapitalbasis von rund EUR 1 Mia. und einem ↑Rating von AA+ von Standard & Poor's und von Fitch, die operationellen und bankseitigen Aktivitäten von Morgan Guaranty Brüssel. Mit der Integration von ↑SICOVAM (neu Euroclear France), dem französischen Central securities depository (CSD), im Januar 2001 und der vereinbarten Absorption des niederländischen und des belgischen CSD (Necigef bzw. CIK) sowie der übernommenen Aufgabe eines CSD für irische ↑Staatsanleihen, wird die Euroclear-Gruppe die Charakteristika eines *nationalen CSD* (NCSD) mit denen eines *internationalen CSD* kombinieren: die Abwicklung von inländischen und grenzüberschreitenden Handelstransaktionen in ↑Aktien, ↑Obligationen und ↑Fondsanteilen sowie ↑Settlements mittels Commercial bank money (Euroclear-Bank) und mittels ↑Zentralbankgeld. Diese Integrationsschritte und die vereinbarte Übernahme eines Anteils von 20% an Clearnet, der zentralen Gegenpartei (↑Central counterparty CCP) von ↑Euronext (dem Zusammenschluss der ↑Börsen von Paris, Amsterdam und Brüssel) sind Meilensteine im Prozess der Konsolidierung der europäischen Wertschriften-Infrastruktur.

Zusammen mit ↑SIS SegaIntersettle und ↑Crest ist Euroclear von ↑Virt-x in einer ersten Phase als Partner für das ↑Clearing and settlement ausgewählt worden. Im ersten Halbjahr 2001 wickelte die Euroclear-Gruppe 89 Mio. ↑Transaktionen mit einem Wert von EUR 63 Billionen ab; die von über 2000 Kunden bei Euroclear deponierten ↑Wertpapiere wiesen per Mitte 2001 einen Wert von EUR 7 424 Mia. auf.

Werner Frey

Euro-Clearingsysteme

Euro-Clearingsysteme sind sämtliche nationalen Clearingsysteme der EU-Länder, die durch das europäische Zahlungsverkehrssystem ↑TARGET verbunden sind. Es sind dies: ELLIPS (Belgien), DEBES (Dänemark), RTGS^{plus} (Deutschland), HERMES euro (Griechenland), SLBE (Spanien), TBF (Frankreich), IRIS (Irland), BI-REL (Italien), LIPS-Gross (Luxemburg), TOP (Niederlande), ARTIS (Österreich), SPGT (Portugal), BoF-RTGS (Finnland), ERIX (Schweden) sowie CHAPS euro (Grossbritannien).

Eurocommercial paper (ECP)

Eurocommercial papers (ECP) sind wie ↑Euronotes handelbare ↑Wertpapiere mit kurzfristigen ↑Laufzeiten (von 1, 3, 6, oder 12 Monaten) und werden von erstklassigen, grossen Unternehmen im ↑Euromarkt ausgegeben. Während bei der ↑Emission von Euronotes (↑Euro note facilities) die Banken gegenüber dem Schuldner Verpflichtungen eingehen, z.B. durch Übernahme von nichtplatzierten ↑Notes oder durch Gewährung von Standby-Krediten (↑Standby credit), entstehen bei den ECPs für die Banken keine Übernahmeverpflichtungen. Die Banken treten bei der Emission von ECPs lediglich als Agenten des Schuldners und Händler der angebotenen Wertpapiere auf (sog. «Dealership system»). ECPs sind das europäische

Gegenstück zu den ↑Commercial papers (CP) in den USA. Die Dokumentation von ECPs folgt internationalen Standards.

Eurodollar
Guthaben in US-Dollar bei Banken ausserhalb der USA auf ↑Euromärkten.

Euroemission
Unter Euroemission versteht man die Begebung einer auf Euro (EUR) oder auf eine andere führende Auslandswährung lautende ↑Anleihensobligation (↑Bonds oder ↑Notes), die durch einen ausländischen Schuldner unter Leitung eines internationalen ↑Syndikats von grossen Banken begeben wird, welches die Anleihe international (im ↑Euromarkt) platziert. Euroemissionen werden meistens an einer ausländischen ↑Börse, wie London, Luxemburg oder Frankfurt, kotiert (↑Eurobonds). Ist die Primärbörse von der ↑SWX Swiss Exchange anerkannt, können Euroemissionen in Form von Eurobonds ohne grossen Aufwand auch an der SWX zum Handel zugelassen werden. Euroemissionen können als ↑Straight bonds, Convertible bonds (↑Wandelanleihen), Bonds with warrants (↑Optionsanleihen), Exchangeable bonds (↑Bond-Handel), ↑Floating rate bonds oder als European medium term notes EMTN (↑Anleihensobligation; ↑Emissionsgeschäft) ausgegeben werden. Typisch für Euroemissionen sind grosse Emissionvolumina (nicht selten über 2 Milliarden Euro oder US-Dollar) und eine aggressive, d. h. primär für institutionelle Investoren attraktive Preisfestsetzung (↑Pricing im Emissionsgeschäft). Die Dokumentation von Euroemissionen folgt den Standards der ISMA (↑International Securities Market Association).
Felix M. Huber

Euro equities
Bezeichnung für ↑Aktien, welche auf dem ↑Eurokapitalmarkt von einem international zusammengesetzten Emissionssyndikat (↑Emissionskonsortium) platziert werden. Euro equities werden üblicherweise unter Ausschluss des ↑Bezugsrechts der bisherigen Aktionäre zum aktuellen ↑Marktwert platziert. Euro equities oder Euroaktien sind nicht zu verwechseln mit auf ↑Euro denominierten (↑Denomination) Aktien.

Euro-Geld
Euro-Geld im engeren Sinn setzt sich aus ↑Bargeld und täglich fälligem Buchgeld (↑Giralgeld) in ↑Euro zusammen. Seit Anfang 1999 existieren die in Euro denominierten ↑Sichteinlagen bei der ↑Europäischen Zentralbank (EZB) sowie die in Euro denominierten Sichteinlagen bei privaten ↑Finanzinstituten. Anfang 2002 wurden die Euro-Noten und -Münzen eingeführt. Seit 01.03.2002 ist im Euro-Gebiet nur noch Euro-Geld gesetzliches ↑Zahlungsmittel. Nationale Bargeldbestände können weiterhin bei den nationalen ↑Zentralbanken umgetauscht werden.
Die EZB orientiert sich bei ihren geldpolitischen Entscheiden stark an der Entwicklung der ↑Geldmenge M 3 in Euro. Diese umfasst neben Bargeld und Sichteinlagen auch gewisse ↑Termineinlagen sowie ↑Spareinlagen und stellt das Euro-Geld im weiteren Sinn dar.
Alois Bischofberger

Euro-Geldmarkt
↑Geldmarkt für Euro.

Euro-Jumbo-Pfandbrief-Basket
↑Repo-Geschäft der SNB; ↑Repo-Markt Schweiz.

Eurokapitalmarkt
Der Eurokapitalmarkt umfasst Finanzkontrakte (↑Kontrakt) auf den ↑Euromärkten, die eine Laufzeit von mehr als einem Jahr aufweisen. Seit der Einführung des ↑Euro bezeichnet Eurokapitalmarkt – vor allem in der Schreibweise Euro-Kapitalmarkt – vermehrt den in Euro denominierten ↑Kapitalmarkt. Dieser umfasst zum einen den Kapitalmarkt in Euro für Schuldner des Euro-Raums, zum andern den Kapitalmarkt in Euro für Schuldner ausserhalb des Euro-Raums. Im ersten Segment sind, am Beispiel der Anleihen erläutert, einerseits Inlandanleihen in Euro enthalten, anderseits aber auch internationale Anleihen in der eigenen ↑Währung – eine Kategorie, die bisher zu den Offshore-Geschäften (↑Offshore banking) gehörte, nun aber auch Onshore-Geschäfte (↑Onshore banking) enthält. Im zweiten Segment enthalten sind die im Euro-Raum begebenen internationalen Anleihen für Schuldner ausserhalb des Euro-Raums sowie deren Offshore-Kontrakte in Euro.
Alois Bischofberger

Euro-Konsortialkredit
↑Transferable loan instruments (TLIs).

Euro link system (ELS)
Deutsches ↑Realtime gross settlement system (RTGS). Die Abwicklung von Grosszahlungen erfolgt seit 1988 in automatisierter Form in einem Echtzeit-Bruttozahlungssystem. Alle ↑Kontoinhaber sowie die Bundesbank (↑Europäische Zentralbank) selbst können eigene Zahlungen oder Aufträge ihrer Kunden im ELS ausführen lassen. Die Banken nutzen das ELS vor allem für ↑Interbankgeschäfte, wie z. B. Geldmarktgeschäfte, sowie zur Liquiditätssteuerung. Auch eilbedürftige Überweisungsaufträge für Bankkunden werden hier weitergeleitet.
ELS wurde im November 2001 durch RTGS^{plus} abgelöst. Kreditinstituten, die sich RTGS^{plus} nicht direkt anschliessen, steht weiterhin das ELS zur Verfügung, dann allerdings als Zugangsverfahren zum Grosszahlungsverkehr der Bank.

Euromarket standards
↑International Securities Market Association (ISMA); ↑Eurobond.

Euromärkte
Vor der Einführung des ↑Euro im Jahre 1999 bezeichnete Euromarkt einen internationalen ↑Finanzmarkt, auf dem ↑Kontrakte gehandelt wurden, deren ↑Währung nicht mit der lokalen Währung übereinstimmte (Offshore-Markt [↑Offshore-Finanzplätze]). Für diese *extraterritorial gehandelten Währungen* kommen die im Währungsgebiet geltenden Regulierungen und Steuern nicht zur Anwendung. Die Konditionen sind deshalb attraktiver als auf den im Währungsgebiet angesiedelten Märkten. Seit der Einführung des Euro bezeichnet Euromarkt auch den Finanzmarkt im Euro-Gebiet. Für den Markt in Euro ausserhalb der Euro-Zone müsste eigentlich vom Euro-Euromarkt gesprochen werden.

Die wichtigste Währung auf den Euromärkten ist der US-Dollar. Der Euro hat sich rasch als zweitwichtigste Währung etabliert, gefolgt vom Yen und dem Pfund. Der wichtigste Handelsplatz ist London. Wichtige Zentren sind daneben Hongkong, Singapur, Tokio, New York – hier wird der unregulierte Markt in den International banking facilities (IBF) abgewickelt – und einige karibische Inselstaaten.

1. Entstehung und Entwicklung
Der Euromarkt entstand in den 1950er-Jahren, als die osteuropäischen Länder ihre Dollar-Guthaben aus Furcht vor Blockierung oder Beschlagnahmung nicht in den USA, sondern bei Banken in London halten wollten. In den frühen 1960er-Jahren führten die USA eine ↑Quellensteuer auf Wertpapierzinserträgen ein, was die Verlagerung von Anleihensgeschäften (↑Emissionsgeschäft) auslöste. In der Phase steigender Zinssätze in den 1970er-Jahren erhielten die Euromärkte zudem Auftrieb, weil auf den inländischen Finanzmärkten zum Teil Zinshöchstwerte galten (z.B. *Regulation Q in den USA*) und die geldpolitisch motivierte Mindestreservepflicht (↑Mindestreserven) zu steigenden Zinsverlusten der Banken führte. Auch Beschränkungen des ↑internationalen Kapitalverkehrs begünstigten das Wachstum der Euromärkte, insbesondere während des Zusammenbruchs des Bretton-Woods-Systems (↑Internationaler Währungsfonds [IWF]) Anfang der 1970er-Jahre. Schliesslich nahmen die Euromärkte durch das *Recycling der Petrodollars* in den zwei Ölkrisen der 1970er-Jahre einen starken Aufschwung. 1981 errichteten die USA in New York die *International banking facilities (IBF)*, die bezüglich ↑Regulierung und Besteuerung denselben Grad an Freiheit geniessen wie die Euromärkte. Insbesondere gelten für IBF-Geschäfte keine Mindestreservevorschriften. Zugelassen sind allerdings nur ↑Transaktionen mit ausländischen Kunden. Die IBF werden deshalb ebenfalls zum Euromarkt gezählt. 1986 gründete auch Japan mit dem *Japan offshore market (JOM)* eine Finanz-Freihandelszone. Seither muss der Begriff Euromarkt primär über den extraterritorialen regulatorischen Status definiert werden.

Mitte der 1970er-Jahre begannen die USA, ihren Finanzmarkt zu liberalisieren. Insbesondere wurden die Mindestkommissionen im ↑Börsenhandel aufgehoben, was zu einer Belebung des Wertpapiergeschäfts führte. In den 1980er- und 1990er-Jahren verstärkte sich die Tendenz zur *Liberalisierung und* ↑*Deregulierung* der Finanzmärkte und erfasste auch andere wichtige Märkte (z.B. Abbau von Mindestreservepflichten und Höchstzinsvorschriften, Beseitigung von Kapitalverkehrsbeschränkungen, ↑Big bang in Grossbritannien 1986, einheitlicher Europäischer ↑Finanzmarkt nach 1992). Damit schwächte sich einerseits eine Triebfeder hinter der Expansion der Euromärkte ab. Anderseits intensivierte sich die *internationale Verflechtung* der Finanzmärkte im Zuge der Liberalisierung und aufgrund der technologischen Revolution in der Telekommunikation. Durch ↑Arbitrage zwischen den inländischen und den Euromärkten entstand ein globaler Finanzmarkt. Dennoch blieb die räumliche Verteilung der Finanzzentren weitgehend stabil. Etablierte internationale ↑Finanzplätze weisen Netzwerk-Vorteile wie hohe Liquidität und Experten-Know-how auf, die dazu tendieren, weitere Geschäfte anzuziehen. Die Euromärkte setzten deshalb ihre Expansion fort, obwohl sich die Bewegkräfte verschoben.

In den 1980er-Jahren setzte der Trend zur *Verbriefung* (↑Securitization) auch auf den Euromärkten ein. Die internationale Schuldenkrise (↑Finanzkrise, globale), die nach der ↑Zahlungsunfähigkeit Mexikos 1982 einsetzte, traf die im Geschäft mit Euroausleihungen tätigen Banken besonders stark. Um ihr Risiko zu verringern, begannen sie neben Krediten handelbare ↑Euronotes und ↑Eurocommercial paper zu arrangieren, d.h. kurz- bis mittelfristige Schuldverschreibungen von Unternehmen, Banken und Regierungen. Als die ↑Bank für Internationalen Zahlungsausgleich (BIZ) zudem 1988 *Eigenkapitalvorschriften* (↑Eigenmittelanforderungen) für internationale ↑Bankkredite erliess, wurde der Trend zur Verwendung von ↑Wertschriften statt Krediten noch verstärkt.

Mit der *Einführung des Euro* ist ein Teil des Euromarktes zu einem inländischen Finanzmarkt geworden. So wurden beispielsweise Anleihen des italienischen Staates in D-Mark oder Kredite deutscher Banken in Francs mit dem Übergang zum Euro zu Kontrakten in eigener Währung, auch wenn sie grenzüberschreitende oder internationale Finanzierungsbeziehungen blieben. Schätzungen beziffern diesen Effekt auf rund 10% des gesamten Volumens an ausstehenden Beträgen im Eurogeld- und -kapitalmarkt (↑Eurokapitalmarkt).

2. Marktcharakteristika
Der Eurogeldmarkt (↑Geldmarkt für Euro) umfasst ↑Finanzinstrumente mit ↑Fälligkeiten bis 12 Monate. Volumenmässig machen ↑Termineinlagen bei Banken mit Fälligkeiten bis 3 Monate den Hauptteil aus. Einen wachsenden Anteil des Geldmarktes entfällt auf ↑Certificates of deposit (CD), Eurocommercial paper und andere kurzfristige Instrumente. In den 1990er-Jahren verringerten die japanischen Banken ihre Aktivität auf dem Eurogeldmarkt markant, weil sie durch inländische Problemkredite stark belastet waren.
Zum *Eurokapitalmarkt* zählen Kontrakte mit ↑Laufzeiten von mehr als 1 Jahr. Die wichtigsten Instrumente sind syndizierte Kredite (↑Syndicated loans), Euro medium term notes und ↑Eurobonds. Am Euromarkt bewegen sich nur grosse Institutionen. Auf der Schuldnerseite treten vor allem die Banken selbst, grosse Unternehmen sowie öffentliche Schuldner und internationale Institutionen auf. Auf der Anlegerseite dominieren neben den Banken selbst die ↑Zentralbanken sowie ↑institutionelle Anleger wie Versicherungen, Pensionskassen und ↑Anlagefonds. Aufgrund des freien Marktzutritts besteht ein sehr intensiver Wettbewerb. Dies führt zu engen ↑Margen und einem hohen Innovationsrhythmus.
Dank der Verteilung der wichtigsten Euromarktzentren über den ganzen Globus lassen sich Geschäfte in den wichtigsten Segmenten des Euromarkts *rund um die Uhr* abwickeln.

3. Funktion der Euromärkte
Die wichtigste wirtschaftliche Funktion der Euromärkte besteht darin, die internationale Verteilung von kurz- und langfristigem Kapital auf effiziente Weise zu verbessern. Am Eurogeldmarkt gelangt überschüssige Liquidität an einem Ort der Welt innert kürzester Zeit zu Banken oder Unternehmen in anderen Ländern, die einen temporären Liquiditätsbedarf haben. Je mehr Teilnehmer sich an einem Markt engagieren, desto geringer fallen die Zinsausschläge bei vorübergehenden Angebots- und Nachfrageschwankungen aus. Der Eurokapitalmarkt bringt Anleger und Schuldner aus der ganzen Welt zusammen und ermöglicht damit eine breitere Streuung und Abstützung von Finanzierungsrisiken. Die geringe Regulierung der Euromärkte stimuliert den Wettbewerb, was die Teilnehmer zu hoher Effizienz zwingt und zur Suche nach Innovationen motiviert. In jenen Währungen, für die ein Euromarkt existiert, erfüllt dieser zudem eine wichtige Funktion bei der *Preisfindung*, insbesondere für kurzfristige Zinssätze und bei den Risikoaufschlägen (↑Risikoprämie) für private und öffentliche Schuldner. Bei den Zinssätzen für Staatsanleihen (↑Staatsanleihen, -papiere) kann diese Informationsfunktion der Euromärkte für die Wirtschaftspolitik ein wichtiger Orientierungsrahmen sein, indem höhere Aufschläge gegenüber einem ↑Referenzzinssatz darauf zurückgehen können, dass die Anleger eine getroffene wirtschaftspolitische Massnahme skeptisch beurteilen oder für die Zukunft eine ungünstige Entwicklung erwarten. In gewissen Grenzen üben die Euromärkte damit eine wirtschaftspolitische Disziplinierungs- und Kontrollfunktion aus, weil sie den Anlegern eine «Abstimmung mit den Füssen» ermöglichen. Im Bereich der Finanzmarktregulierung (↑Finanzmarktaufsicht) war diese Disziplinierungsfunktion besonders augenfällig.

4. Ausblick
Die nicht zuletzt unter dem Wettbewerbsdruck der Euromärkte erfolgte Liberalisierung und Deregulierung der inländischen Finanzmärkte hat die relative Attraktivität von Offshore-Aktivitäten vermindert. Die im Vergleich zu den 1970er- und frühen 1980er-Jahren niedrigen Zinssätze und die Reduktion von Mindestreservesätzen in einigen Ländern haben in die gleiche Richtung gewirkt. In Zukunft dürften damit andere Kostenkomponenten dafür entscheidend werden, ob ↑Finanzdienstleistungen innerhalb oder ausserhalb des Währungsraums der Transaktion erbracht werden. So ist der Handel gewisser Euro-Futures-Kontrakte (↑Futures) innert kurzer Zeit von London nach Frankfurt migriert, weil hier eine überlegene technische Infrastruktur zur Verfügung gestellt wurde. Anderseits ist es der ↑SWX Swiss Exchange gelungen, ein wachsendes Volumen des Eurobond-Handels anzuziehen, ebenfalls aufgrund einer hocheffizienten Handels- (↑Handelssysteme) und Abwicklungsplattform (↑Abwicklungssystem).
Im ↑*Primärmarkt* für Eurobonds sind für die Wettbewerbsstellung eines Finanzzentrums vor allem die Verfügbarkeit von spezialisiertem Humankapital in den Bereichen ↑Corporate finance, ↑Merger and acquisition, Kreditrisiko-Bewertung (↑Kreditrisiko) und den angrenzenden Gebieten des Vertrags- und Rechnungswesens sowie der derivativen Finanzinstrumente (↑Derivate) ausschlaggebend. Für die Zukunft des *Eurokreditmarktes* wird die genaue Ausgestaltung der in Revision befindlichen Eigenkapitalvorschriften (↑Eigenmittelrichtlinien) für internationale Bankausleihungen wichtige Auswirkungen nach sich ziehen. Grundsätzlich wird die Erfassung zusätzlicher Risiken die Tendenz zur Verbriefung weiter unterstützen.
Einen zumindest statistisch massiven Einfluss auf den Euromarkt hätte der Beitritt Grossbritanniens zur ↑*Europäischen Währungsunion (EWU)*. Der in London befindliche Euromarkt in Euro würde damit zu einem inländischen Onshore-Markt, es sei denn, die Euromarktaktivitäten werden regulatorisch ebenfalls in eine Finanz-Freihandelszone wie die International banking facilities in New York ausgegliedert.

Zu einem Wachstumsschub des Euromarktes könnte es dagegen kommen, wenn die EU die geplante Zinsbesteuerung für EU-Bürger, abgestützt durch die gegenseitige Auskunftspflicht innerhalb der EU, einführen sollte, ohne zuvor ein globales Vertragsnetz mit anderen Finanzplätzen über gleichwertige Massnahmen ausgehandelt zu haben.
Alois Bischofberger

Euromarktsätze

Euromarktsätze sind die ↑Zinssätze, die sich an den Euromärkten (↑Geldmarkt für Euro; ↑Eurokapitalmarkt) bilden. Sie beziehen sich somit auf Bankdepositen (↑Bankeinlagen), ↑Bankkredite und ↑Effekten, die ausserhalb des Hoheitsgebietes, auf dessen ↑Währung sie lauten, angelegt, gewährt und gehandelt werden.

Euronext

Im Jahre 2000 haben sich die ↑Börsen von Amsterdam, Brüssel und Paris zu Euronext zusammengeschlossen. Im Jahre 2001 wurde LIFFE (↑London international financial exchange) dazugekauft. Ziel ist eine weitestgehende Verschmelzung der drei Börsen mit einheitlichem Management und einheitlicher Technologie. Die Wertpapier-Gesetzgebung der drei Länder wird sich aufgrund des Einflusses der EU zwar annähern, doch sollen nationale Eigenheiten regulatorischer Art durchaus beibehalten werden.
Links: www.euronext.com.

Euro note facilities

Euro note facilities sind Vereinbarungen zwischen einem Schuldner und einem Bankenkonsortium (↑Syndikat), vergleichbar einer ↑Kreditlimite, wonach der Schuldner während der Vertragsdauer bis zum vereinbarten Höchstbetrag wiederholt ↑Euronotes platzieren kann. Die Vertragsdauer beträgt in der Regel fünf bis sieben Jahre. Die Modalitäten der Euronotes wie Zins und ↑Laufzeit werden für die ganze Vertragsdauer festgelegt. Gelingt es dem Bankenkonsortium nicht, die ↑Notes im Markt zu platzieren, ist es verpflichtet, die ↑Titel entweder selbst zu übernehmen oder dem Schuldner gleichwertige Buchkredite zu gewähren.
Alois Bischofberger

Euronotes

Euronotes sind kurzfristige, nicht börsenkotierte ↑Anleihensobligationen emissionsfähiger Kreditnehmer (Staaten oder Unternehmen mit gutem ↑Rating) unter ausländischem Recht, die ↑revolvierend im Euromarkt (↑Euromärkte) platziert werden. Das mit der Platzierung verbundene ↑Risiko wird i.d.R. von einem im ↑Emissionsgeschäft regelmässig tätigen Bankensyndikat langfristig übernommen (Festübernahme). Die ↑Emission von Euronotes geht ursprünglich auf das Bestreben der im Eurokreditgeschäft tätigen Banken zurück, eine Aufblähung ihrer Bilanzen mit langfristigen ↑Roll-over-Krediten zu vermeiden. Die Dokumentation der Euronotes richtet sich ebenfalls wesentlich nach Standards der ↑International Securities Market Association (ISMA) und ist umfassend.
Felix M. Huber

Europäische Bank für Wiederaufbau und Entwicklung (EBRD)

Die Europäische Bank für Wiederaufbau und Entwicklung (EBRD = European Bank for Reconstruction and Development) wurde 1991 errichtet und ist eine ↑Entwicklungsbank. Sie fördert in den Ländern Mittel- und Osteuropas und der Gemeinschaft Unabhängiger Staaten (GUS) den Übergang zur offenen Marktwirtschaft. Mittels Krediten und Beteiligungen unterstützt sie in den Empfängerländern die Festigung der ↑Finanzinstitute und Rechtssysteme, die Entwicklung der Infrastruktur sowie die Tätigkeit des Privatsektors. Mindestens 60% der Ausleihungen und Beteiligungen müssen an die Privatwirtschaft vergeben werden. Gegründet wurde die EBRD von den damaligen zwölf Mitgliedstaaten der Europäischen Gemeinschaft (EG), weiteren europäischen und aussereuropäischen Staaten und einigen Empfängerstaaten sowie der ↑Europäischen Investitionsbank (EIB).
Barbara Döbeli

Europäische Investitionsbank (EIB)

Die Europäische Investitionsbank (EIB) wurde 1958 durch das Abkommen über die Europäische Wirtschaftsgemeinschaft («Römer Verträge») gegründet. Sie ist eine nicht gewinnorientierte, autonome öffentlich-rechtliche Finanzierungsinstitution der Europäischen Union (EU) und hat ihren Sitz in Luxemburg. Mitglieder der EIB sind die Mitgliedstaaten der EU. Diese haben das Kapital der Bank von EUR 100 Mia. gezeichnet, von dem Ende 2000 EUR 6 Mia. eingezahlt war. Die Aufgabe der EIB besteht heute darin, die ausgewogene Entwicklung und Integration der EU zu fördern. Zu diesem Zweck kann sie langfristige ↑Darlehen einräumen oder Finanzierungen durch Abgabe von Garantien an Unternehmen, Gebietskörperschaften oder ↑Finanzinstitute erleichtern.
Schwergewichtig finanziert die EIB Projekte in den EU-Mitgliedsländern. Sie unterstützt aber auch Projekte von gegenseitigem europäischem Interesse in Beitritts- und Partnerländern. Die EIB finanziert sich heute fast ausschliesslich über die ↑Kapitalmärkte (auch über den schweizerischen), wo sie aufgrund ihres AAA-Ratings (↑Rating) von den bestmöglichen Konditionen profitiert. Ende 2000 hatte sie eine ↑Bilanzsumme von rund EUR 220 Mia. und beschäftigte 1 033 Mitarbeiter. Gemessen an dem per Ende 2000 ausstehenden Darlehensvolumen von rund EUR 200 Mia. ist sie die grösste internationale Finanzierungsinstitution der Welt.
Marcel Peter

Europäische Investmentvereinigung
↑FEFSI Europäische Investmentvereinigung.

Europäische Option
↑European option.

Europäischer Entwicklungsfonds
Der Europäische Entwicklungsfonds (EEF) ist das Finanzierungsinstrument der Europäischen Union (EU) für die Entwicklungshilfe in den assoziierten Staaten Afrikas, der Karibik und des Pazifiks (sog. AKP-Länder). Die Mittel stammen aus individuellen Beiträgen der EU-Mitgliedsländer, werden jeweils für einen Zeitraum von fünf Jahren gesprochen und fliessen vor allem in Infrastruktur-, Wirtschafts- und Sozialprojekte. Der erste EEF wurde 1958 im Rahmen der Assoziation mit den als ÜLG (überseeische Länder und Gebiete) bezeichneten Kolonien durch die Römer Verträge geschaffen und erstreckte sich über den Zeitraum 1959–64. Die folgenden sieben EEF (1965–2000) wurden durch die Konventionen von Jaunde (1963 und 1969) und Lome (1975, 1980, 1985, 1990 und 1995) geregelt und waren mit insgesamt rund EUR 42 Mia. ausgestattet. Das am 23.06.2000 unterzeichnete Abkommen von Cotonou zwischen den 15 EU- und den 77 AKP-Staaten schuf den neunten EEF und dotierte ihn mit EUR 13,5 Mia. *Marcel Peter*

Europäischer Fonds für währungspolitische Zusammenarbeit (EFWZ)
↑Europäisches Währungssystem (EWS); ↑Bank für Internationalen Zahlungsausgleich (BIZ).

Europäisches System der Zentralbanken (ESZB)
Das Europäische System der Zentralbanken (ESZB) besteht aus der ↑Europäischen Zentralbank (EZB) und den nationalen ↑Zentralbanken der Mitglieder des ↑Europäischen Währungssystems (EWS).

Europäisches Währungsinstitut (EWI)
Das Europäische Währungsinstitut (EWI) war eine temporäre Institution der Europäischen Union (EU) mit koordinativen Kompetenzen im Währungsbereich. Es wurde mit Beginn der zweiten Stufe der Europäischen Wirtschafts- und Währungsunion (EWWU) am 01.01.1994 errichtet, als Nachfolgeinstitution des Ausschusses der Präsidenten der ↑Zentralbanken der Mitgliedstaaten der Europäischen Wirtschaftsgemeinschaft und gewissermassen als Vorgängerinstitution der ↑Europäischen Zentralbank (EZB). Das EWI besass aber keine Kompetenz für die ↑Geldpolitik in der EU. Diese verblieb in der zweiten Stufe der EWWU in der Zuständigkeit der nationalen Behörden.

Die Hauptaufgaben des EWI waren die Verstärkung der Zusammenarbeit zwischen den nationalen Zentralbanken sowie die Durchführung der Vorarbeiten für die Errichtung des ↑Europäischen Systems der Zentralbanken (ESZB) und die Schaffung eines einheitlichen ↑Währungsraums. Mit der Errichtung der EZB am 01.06.1998 wurde das EWI liquidiert. *Thomas Moser*

Europäisches Währungssystem (EWS)
Das Europäische Währungssystem (EWS) wurde 1978 durch den Europäischen Rat gegründet und trat 1979 in Kraft. Das Ziel war die Schaffung einer engeren und stabileren Währungskooperation innerhalb der EG als unter dem 1972 eingeführten Europäischen Wechselkursverband («Währungsschlange»). Die drei wichtigsten Elemente des EWS waren:
– Die als ↑Währungskorb definierte ↑Europäische Währungseinheit (EWE) ↑ECU (European currency unit)
– Der ↑Wechselkursmechanismus (WKM)
– Die Kreditmechanismen.

Für jede Währung wurde ein ECU-Leitkurs festgelegt und aus diesen Leitkursen ein Gitter von bilateralen Kursen zwischen den teilnehmenden Währungen mit maximalen Schwankungsbandbreiten von +/– 2,25% abgeleitet. Für einige Länder galt zeitweise ein breiteres Band von 6%. Für die teilnehmenden ↑Zentralbanken bestanden verbindliche Interventionsregeln zur Stabilisierung der bilateralen ↑Wechselkurse innerhalb dieser ↑Bandbreiten, wobei zur Finanzierung dieser ↑Interventionen die Kreditmechanismen des EWS zur Verfügung standen. Im Falle grundlegender Spannungen zwischen den EWS-Währungen war die Neufestsetzung der ECU-Leitkurse möglich. Belgien, Deutschland, Frankreich, Luxemburg, die Niederlande, Dänemark, Italien und Irland nahmen von Anfang an als Vollmitglieder am EWS teil. Später traten Spanien (1989), Grossbritannien (1990), Portugal (1992) und Griechenland (1998) bei.

Wechselkursspannungen führten dazu, dass Grossbritannien und Italien im September 1992 aus dem WKM austraten und Portugal und Spanien in der Folge ihre Währungen wiederholt abwerten mussten. Anhaltende spekulative Attacken insbesondere gegen den französischen Franc führten im August 1993 schliesslich zur faktischen Aufgabe des WKM, indem das Wechselkursband für alle teilnehmenden Währungen auf 15% nach beiden Seiten ausgeweitet wurde.

Mit Beginn der ↑Europäischen Währungsunion (EWU) am 01.01.1999 wurde das EWS durch das EWS II abgelöst und die ECU im Verhältnis 1:1 in den ↑Euro überführt. Das EWS II soll für stabile Beziehungen zwischen dem Euro und den Währungen von EU-Staaten sorgen, die nicht an der Währungsunion teilnehmen. Am 01.01.1999 sind allerdings nur Dänemark und Griechenland, nicht aber Grossbritannien und Schweden dem EWS II beigetreten, wobei Griechenland Anfang 2001 der Währungsunion beigetreten ist. Im EWS II sind die Leit- und Interventionskurse ausschliesslich gegenüber dem Euro definiert, die Standardbandbreite beträgt aber weiterhin +/– 15% mit der Möglichkeit, engere Bandbreiten festzulegen. Wie im alten EWS werden Interventionen bei Erreichen des oberen bzw. unteren ↑Interventionspunktes von den betroffenen Zentralbanken grundsätzlich automatisch durchgeführt und es kann auf Kreditmechanismen zurückgegriffen werden. Die Interventionsverpflichtung kann jedoch ausgesetzt werden, falls Gefahr besteht, dass dadurch das Ziel der Preisstabilität des ↑Europäischen Systems der Zentralbanken (ESZB) beeinträchtigt wird.

Thomas Moser

Europäische Währungseinheit (EWE)

Europäische ↑Währungseinheit ist die deutsche Bezeichnung für den ↑ECU (European currency unit).

Europäische Währungsunion (EWU)

Die Europäische Währungsunion (EWU) ist die Endstufe und damit Bestandteil der Europäischen Wirtschafts- und Währungsunion (EWWU) innerhalb der Europäischen Union (EU). Erste Pläne zur Errichtung einer ↑Währungsunion innerhalb der Europäischen Gemeinschaft wurden bereits in den 1960er-Jahren ausgearbeitet (Werner-Plan), der Zusammenbruch des Festkurssystems von Bretton Woods (↑Internationaler Währungsfonds [IWF]) verhinderte jedoch deren Verwirklichung. Das Ziel einer Währungsunion wurde dann allerdings im Anschluss an die «Einheitliche Europäische Akte» angekündigt, und im Vertrag über die Europäische Union (Vertrag von Maastricht), der am 07.02. 1992 unterzeichnet wurde und am 01.11.1993 in Kraft trat, vereinbarten die Mitgliedstaaten die Verwirklichung einer Europäischen Wirtschafts- und Währungsunion in drei Stufen. Gleichzeitig verpflichteten sie sich zu einer Konvergenzpolitik als Vorbereitung der Währungsunion. Die so genannten Maastrichter Konvergenzkriterien umfassen Referenzwerte für die Inflationsrate, den Zinssatz für ↑Staatsanleihen, die Entwicklung des Wechselkurses, die Höhe des Haushaltsdefizits und des Bestands an öffentlichen Schulden sowie Anpassungen im nationalen Recht zur Ermöglichung der Integration der nationalen ↑Zentralbanken in das ↑Europäische System der Zentralbanken (ESZB). Die *erste Stufe* der EWWU (01.07.1990 bis 31.12. 1993) umfasste die Abschaffung der Beschränkung des freien Kapitalverkehrs innerhalb der EU, die *zweite Stufe* (01.01.1994 bis 31.12.1998) die Errichtung des ↑Europäischen Währungsinstituts (EWI) sowie die notwendigen Vorbereitungen für den Übergang zu einer einheitlichen ↑Geldpolitik für die dritte Stufe. Im Dezember 1995 einigten sich die Staats- und Regierungschefs an der EU-Gipfelkonferenz in Madrid auf den Namen ↑Euro für die einheitliche europäische Währung. Die *dritte Stufe* und damit die Währungsunion begann am 01.01.1999 mit der Übertragung der geldpolitischen Kompetenzen auf das Eurosystem und der Einführung des Euro. Dazu wurden die Umrechnungskurse der teilnehmenden ↑Währungen unwiderruflich festgelegt und die nationalen Währungen zu Untereinheiten des Euro. Gründungsmitglieder der EWU waren die Länder Belgien, Deutschland, Spanien, Frankreich, Irland, Italien, Luxemburg, die Niederlande, Österreich, Portugal und Finnland. Die EU-Mitgliedstaaten Dänemark, Grossbritannien und – de facto – Schweden haben auf eine Teilnahme zu diesem Zeitpunkt verzichtet, derweil Griechenland aufgrund der Konvergenzkriterien erst am 01.01.2001 dem Euro-Währungsgebiet beitreten konnte. Während der ersten drei Jahre (1999–2001, Stufe 3a) existierte der Euro lediglich als Buchgeld (↑Giralgeld) und die nationalen ↑Banknoten und ↑Münzen der Teilnehmerstaaten blieben als Untereinheiten des Euro in ihrer Funktion als gesetzliche ↑Zahlungsmittel erhalten. Mit der Ausgabe von auf Euro lautenden Banknoten und Münzen und dem Einzug der nationalen Banknoten und Münzen (Stufe 3b) wurde erst am 01.01.2002 begonnen.

Thomas Moser

Europäische Zentralbank (EZB)

Die Europäische Zentralbank (EZB) mit Sitz in Frankfurt am Main ist die ↑Zentralbank des Euro-Währungsgebiets. Sie begründet zusammen mit den nationalen Zentralbanken der Mitgliedstaaten der Europäischen Union (EU) das ↑Europäische System der Zentralbanken (ESZB) und zusammen mit den nationalen Zentralbanken des Euro-Währungsgebiets das Eurosystem. Letzteres bezeichnet also die Zusammensetzung des ESZB, in der dieses seine Aufgaben im Euro-Währungssystem wahrnimmt. Zu diesen Aufgaben gehören die Festlegung und Ausführung der ↑Geldpolitik, die Durchführung der ↑Devisengeschäfte und die Haltung und Verwaltung der offiziellen ↑Währungsreserven der teilnehmenden Mitgliedstaaten, die Ausgabe von ↑Banknoten sowie die Förderung des reibungslosen Funktionierens der ↑Zahlungssysteme. Zudem hat das Eurosystem zur Durchführung der von den zuständigen Behörden auf dem Gebiet der ↑Bankenaufsicht und der Stabilität des Finanzsystems (↑Systemstabilität, Förderung der) ergriffenen Massnahmen beizutragen.

Die Gründung der EZB erfolgte am 01.06.1998, im Anschluss an die Ernennung des Direktoriums durch die Regierungen der ursprünglich elf an der Währungsunion teilnehmenden Staaten. Ihre volle Funktion erhielt die EZB jedoch erst zum 01.01. 1999, dem Beginn der dritten Stufe der Europäischen Wirtschafts- und Währungsunion (EWWU). Die EZB besitzt Rechtspersönlichkeit im Sinne des Völkerrechts und ist somit befugt, innerhalb ihres Zuständigkeitsbereichs völkerrechtliche Verträge abzuschliessen und sich an der Arbeit internationaler Organisationen zu beteiligen. Die rechtliche Grundlage für die EZB und das ESZB bildet der Vertrag zur Gründung der Europäischen Gemeinschaft.

1. Organisation

Die zwei Beschlussorgane der EZB, der EZB-Rat und das Direktorium, leiten das Eurosystem. So lange es EU-Mitgliedstaaten gibt, die den ↑Euro noch nicht eingeführt haben, besteht zudem der Erweiterte Rat als drittes Beschlussorgan. Der *EZB-Rat* ist das höchste Beschlussorgan der EZB und umfasst alle Mitglieder des Direktoriums und die Präsidenten der nationalen Zentralbanken des Euro-Währungsgebiets. Seine Hauptaufgabe ist die Festlegung der Geldpolitik des Euro-Währungsgebiets. Zudem hat er Leitlinien und Entscheidungen zur Erfüllung der dem Eurosystem übertragenen Aufgaben zu erlassen. Beschlüsse werden normalerweise mit der einfachen Mehrheit der von den persönlich anwesenden Mitgliedern abgegebenen Stimmen gefasst, wobei jedes Mitglied über eine Stimme verfügt. Bei Stimmengleichheit gibt die Stimme des Präsidenten der EZB den Ausschlag. Für gewisse Beschlüsse bezüglich finanzieller Angelegenheiten werden die Stimmen im EZB-Rat nach den Anteilen der nationalen Zentralbanken am gezeichneten Kapital der EZB gewogen.

Das *Direktorium* der EZB besteht aus dem Präsidenten, dem Vizepräsidenten und vier weiteren Mitgliedern, die alle im gegenseitigen Einvernehmen von den Staats- und Regierungschefs der am Euro-Währungsgebiet teilnehmenden Länder ernannt werden. Die Hauptaufgabe des Direktoriums ist die Durchführung der vom EZB-Rat festgelegten Geldpolitik und die Erteilung der hierzu erforderlichen Weisungen an die nationalen Zentralbanken. Das Direktorium ist zudem für die Führung der Tagesgeschäfte der EZB zuständig. Beschlüsse werden normalerweise mit der einfachen Mehrheit der von den persönlich anwesenden Mitgliedern abgegebenen Stimmen gefasst. Bei Stimmengleichheit gibt die Stimme des Präsidenten den Ausschlag.

Der *Erweiterte Rat* setzt sich aus dem Präsidenten und dem Vize-Präsidenten der EZB sowie den Präsidenten der nationalen Zentralbanken sämtlicher EU-Mitgliedstaaten zusammen. Der Erweiterte Rat nimmt im Wesentlichen jene Aufgaben wahr, welche die EZB vom ↑Europäischen Währungsinstitut (EWI) übernommen hat, und bildet damit ein Bindeglied zwischen den EU-Mitgliedern inner- und ausserhalb des Euro-Währungsgebiets. Er beteiligt sich an den Beratungs- und Koordinierungsaufgaben der EZB und an den Vorbereitungen für eine mögliche Erweiterung des Euro-Währungsgebiets. Gemäss den Bestimmungen des Vertrags zur Gründung der Europäischen Gemeinschaft ist das Eurosystem bei der Erfüllung seiner Aufgaben vollkommen unabhängig, weder die EZB noch eine nationale Zentralbank noch ein Mitglied ihrer Beschlussorgane darf Weisungen von dritter Seite einholen oder entgegennehmen. Umgekehrt dürfen die Organe und Einrichtungen der Europäischen Gemeinschaft sowie die Regierungen der Mitgliedstaaten nicht versuchen, die Mitglieder der Beschlussorgane der EZB oder der nationalen Zentralbanken bei der Wahrnehmung ihrer Aufgaben zu beeinflussen. Um die Amtszeit zu garantieren, ist eine Mindestamtszeit für die Präsidenten der nationalen Zentralbanken von fünf Jahren mit Möglichkeit der Wiederernennung und eine Mindestamtszeit für Mitglieder Direktoriums von acht Jahren ohne Möglichkeit der Wiederernennung vorgesehen. Der Präsident des Europäischen Rats und ein Vertreter der Europäischen Kommission können an den Sitzungen des EZB-Rats und des Erweiterten Rats teilnehmen, jedoch ohne Stimmrecht. Der Präsident des Europäischen Rats kann dabei Vorschläge zur Erörterung durch den EZB-Rat einbringen. Der Präsident der EZB wird demgegenüber zu den Sitzungen des EU-Rats eingeladen, wenn dieser über Angelegenheiten berät, die die Ziele und Aufgaben des ESZB betreffen.

Zeichner und Inhaber des Kapitals der EZB sind die nationalen Zentralbanken der EU-Mitgliedstaaten, wobei sich die Gewichte nach dem Anteil des jeweiligen Mitgliedstaats am BIP und an der Bevölkerung errechnen. Alle fünf Jahre erfolgt eine Neuberechnung. Die nationalen Zentralbanken des Euro-Währungsgebiets statten zudem die EZB mit Währungsreserven aus. Die Beiträge der einzelnen Zentralbanken richten sich nach ihrem jeweiligen Anteil am gezeichneten Kapital der EZB.

2. Geldpolitische Strategie und Instrumente

Gemäss dem Vertrag zur Gründung der Europäischen Gemeinschaft ist die Gewährleistung der Preisstabilität das vorrangige Ziel des Eurosystems. Die geldpolitische Strategie zur Erreichung dieses Ziels beruht auf drei Elementen. Das erste Element ist eine quantitative Definition von «Preisstabilität», welche als Anstieg der Verbraucherpreise von unter 2% gegenüber dem Vorjahr festgelegt wurde. Das zweite Element ist die herausragende Rolle der *Geldmenge* (↑Geld [Begriff]; ↑Geldschöpfung) als nomineller Anker für die Geldpolitik, die in der Festlegung eines quantitativen Referenzwerts für die jährliche Wachstumsrate des breiten Geldmengenaggregats M3 (↑Geldmenge M3) zum Ausdruck kommt. Drittes Elements ist schliesslich eine auf breiter

Grundlage erfolgende Beurteilung der *Inflationsaussichten* (↑Inflation) und der *Risiken für die Preisstabilität* im Euro-Währungsgebiet. Das geldpolitische Instrumentarium des Eurosystems umfasst die Durchführung von Offenmarktgeschäften (↑Offenmarktpolitik), das Anbieten zweier ständiger Fazilitäten (↑Kreditfazilitäten) und ein Mindestreservesystem (↑Mindestreserve). Die Durchführung der Geldpolitik des Eurosystems erfolgt vorwiegend dezentral, indem die Beschlüsse der EZB von den nationalen Zentralbanken umgesetzt werden.

Die *Offenmarktgeschäfte* des Eurosystems lassen sich in vier Kategorien unterteilen: Hauptrefinanzierungsgeschäfte, längerfristige Refinanzierungsgeschäfte, Feinsteuerungsoperationen und strukturelle Operationen. Als *Hauptrefinanzierungsinstrument* dienen liquiditätszuführende befristete ↑Transaktionen, die einmal wöchentlich durchgeführt werden und eine ↑Laufzeit von zwei Wochen haben. Sie dienen dazu, die Banken (↑Bank [Begriff und Funktionen]) mit Liquidität zu versorgen und Signale bezüglich des geldpolitischen Kurses zu setzen. Als *längerfristige Refinanzierungsgeschäfte* dienen liquiditätszuführende befristete Transaktionen, die monatlich durchgeführt werden und eine Laufzeit von drei Monaten haben. Sowohl Hauptrefinanzierungsgeschäfte als auch längerfristige Refinanzierungsgeschäfte werden von den nationalen Zentralbanken im Rahmen von Standardtendern (↑Bundestender) und nach einem im Voraus festgelegten Kalender durchgeführt. *Feinsteuerungsoperationen* können von Fall zu Fall zur Steuerung der ↑Marktliquidität und der Zinssätze durchgeführt werden, insbesondere um die Auswirkungen unerwarteter Liquiditätsschwankungen auf die Zinssätze auszugleichen. Diese Transaktionen werden üblicherweise von den nationalen Zentralbanken über Schnelltender oder bilaterale Geschäfte durchgeführt. Der EZB-Rat entscheidet, ob in Ausnahmefällen Feinsteuerungsoperationen von der EZB selbst durchgeführt werden. Schliesslich können *strukturelle Operationen* über die ↑Emission von Schuldverschreibungen, befristete Transaktionen und definitive Käufe bzw. Verkäufe durchgeführt werden, wenn die EZB die strukturelle Liquiditätsposition des Finanzsektors gegenüber dem Eurosystem anpassen will. Strukturelle Operationen in Form von befristeten Transaktionen oder durch Emission von Schuldtiteln werden von den nationalen Zentralbanken über Standardtender durchgeführt. Strukturelle Operationen mittels definitiver Käufe bzw. Verkäufe erfolgen im Wege bilateraler Geschäfte.

Neben Offenmarktgeschäften bietet das Eurosystem zwei *ständige Fazilitäten* an. Die *Spitzenrefinanzierungsfazilität* bietet ↑Finanzinstituten die Möglichkeit, sich von den nationalen Zentralbanken Übernachtliquidität (↑Overnight money) zu einem vorgegebenen Zinssatz gegen refinanzierungsfähige Sicherheiten zu beschaffen. Der Zinssatz für die Spitzenrefinanzierungsfazilität bildet im Allgemeinen die Obergrenze des Tagesgeldsatzes (↑Tagesgeld). Die *Einlagefazilität* kann von Finanzinstituten genutzt werden, um bei den nationalen Zentralbanken Guthaben bis zum nächsten Geschäftstag anzulegen. Der Zinssatz für die Einlagefazilität bildet im Allgemeinen die Untergrenze des Tagesgeldsatzes.

Im Rahmen der *Mindestreservevorschriften* des Eurosystems verlangt die EZB von den ↑Kreditinstituten im Euro-Währungsraum, dass sie Mindestreserven auf Konten bei den nationalen Zentralbanken unterhalten. Die Mindestreservepflicht dient der Stabilisierung der Nachfrage nach Zentralbankgeld und damit der Stabilisierung der Geldmarktzinsen (↑Geldmarktsätze, -zinsen) und ermöglicht zudem die Herbeiführung oder Vergrösserung einer strukturellen Liquiditätsknappheit. Die Reservepflicht des einzelnen Kreditinstituts wird anhand bestimmter Positionen seiner Bilanz festgelegt und kann unter Zugrundelegung der tagesdurchschnittlichen Reserveguthaben innerhalb einer einmonatigen Erfüllungsperiode erfüllt werden (Durchschnittserfüllung). Die Mindestreserveguthaben werden zum durchschnittlichen Zinssatz der Hauptrefinanzierungsgeschäfte des Eurosystems während der Erfüllungsperiode verzinst.

Der EZB-Rat kann die genannten Instrumente, Konditionen, Zulassungskriterien und Verfahren für die Durchführung von geldpolitischen Geschäften des Eurosystems jederzeit ändern.

Thomas Moser

Lit.: *Europäische Zentralbank: Die einheitliche Geldpolitik in Stufe 3*, Frankfurt a. M. 2000.

Europay S.A. (Switzerland)
↑Telekurs.

Europay International

Europay International ist eine Organisation mit Sitz in Waterloo (B), welche verschiedene Marken von Zahlungskarten (↑Kartenbasierte Zahlungsmittel) und damit verbundene Serviceleistungen an europäische Banken vertreibt.

Europay International ist ein strategischer Geschäftspartner von MasterCard International Inc. und Lizenzgeber für die Marken Eurocard und MasterCard (↑Kreditkarte), ↑Maestro, ↑Cirrus und Eurocheque (↑Eurocheque-System, Eurocheque) und deren Vertrieb in Europa. Der Begriff «Europay» steht einerseits für die kommerzielle Organisation und anderseits für die Dienstleistungen, welche die Organisation erbringt.

Europay International wurde im Juni 2002 in die Organisation von MasterCard International Inc. integriert.

European Bank Training Network (EBTN)
European Bank Training Network (EBTN) befasst sich im Sinn eines institutionalisierten Netzwerks von nationalen Bankenverbänden (↑ Bankenverbände und -vereinigungen) und Bankenausbildungsinstituten auf internationaler Ebene mit Ausbildungsthemen im Bank- und Finanzbereich. Ziel der EBTN ist es, Bestrebungen, Massnahmen und Tätigkeiten im Bereich der Aus- und Weiterbildung im Banken- und Finanzsektor (↑ Ausbildung im Bankensektor) innerhalb einzelner Länder durch eine Zusammenarbeit der entsprechenden Verbände und Institute auf internationaler Ebene sinnvoll zu ergänzen und zu unterstützen. Die SBVg (↑ Bankiervereinigung, Schweizerische) ist Vollmitglied und offizielle Vertreterin im Vorstand von EBTN.
Links: www.ebtn.com

European Central Securities Depositories Association (ECSDA)
↑ ECSDA.

European Committee for Banking Standards (ECBS)
Das European Committee for Banking Standards (ECBS) in Brüssel wurde 1992 von der Banking Federation of the European Union (↑ Bankenvereinigung der Europäischen Union), der European Association of Co-operative Banks und der European Savings Banks Group gegründet.
ECBS ist das Sprachrohr des europäischen ↑ Bankensektors für Normungsfragen. Seine Hauptaufgabe liegt in der Weiterentwicklung der technischen Infrastruktur für den Bankensektor in Europa, insbesondere in der Entwicklung und Einführung von Standards und der Erstellung technischer Empfehlungen für ↑ Zahlungssysteme. Zur Erstellung von Standards, technischen Berichten und Empfehlungen hat ECBS unter der Leitung des Technical Steering Committee (TSC) verschiedene Technical Committees (TC) und Working Groups (WG), insbesondere in den Bereichen Karten, automatisierte grenzüberschreitende Zahlungen, Sicherheit und elektronische Dienstleistungen, etabliert.
Die Mitglieder der ECBS setzen sich aus Vertretern sämtlicher europäischer Bankenvereinigungen, der European Central Bank, ↑ S.W.I.F.T, ↑ Europay International und VISA zusammen. Die Schweizer Vertreter in diesen Gremien sind Mitglieder der Schweizerischen Kommission für Standardisierungen im Finanzbereich (SKSF). ↑ Standardisierungen im Finanzbereich. *Matthias Kälin*
Links: www.ecbs.org

European currency unit
↑ ECU.

European Federation of Financial Analysts' Societies (EFFAS)
Die European Federation of Financial Analysts' Societies (EFFAS) wurde 1962 gegründet und verfügte im Jahr 2001 über mehr als 12 000 Mitglieder, vornehmlich aus dem Finanzsektor. Zu den Zielen der EFFAS gehören:
– Die Qualität der ↑ Finanzanalyse zu verbessern
– Die Qualität und Quantität der den ↑ Investoren zur Verfügung stehenden Informationen zu verbessern
– Die Ausbildung ihrer Mitglieder zu verbessern
– Die Interessen des Berufsstandes zu vertreten.
Die EFFAS vereinigt auf europäischer Ebene nationale Analystenvereinigungen aus folgenden Ländern: Österreich, Belgien, Finnland, Frankreich, Deutschland, Ungarn, Irland, Italien, Luxemburg, Niederlande, Norwegen, Polen, Portugal, Spanien, Schweiz und Ukraine.
Die EFFAS unterhält enge internationale Beziehungen mit vergleichbaren Organisationen (↑ Ausbildungszentrum für Experten der Kapitalanlage [AZEK]). *Stephan E. Meier*
Links: www.effas.com

European Master Agreement for Financial Transactions (EMA)
↑ Bankenvereinigung der Europäischen Union.

European medium term note (EMTN)
↑ Anleihensobligation; ↑ Emissionsgeschäft.

European option
Eine European option beinhaltet das Recht des Käufers, eine bestimmte Menge eines ↑ Basiswerts zu einem bestimmten Preis zu einem vorbestimmten Datum zu kaufen (im Fall einer European call option) beziehungsweise zu verkaufen (im Fall einer European put option). Die Ausübung kann, im Gegensatz zur American option (↑ Amerikanische Option), ausschliesslich bei ↑ Verfall der ↑ Option erfolgen.

European payment systems services (EPSS)
Europäisches elektronisches Netzwerk zur ↑ Abwicklung europäischer Zahlungsverkehrsleistungen und der Übertragung von Daten, insbesondere im Zusammenhang mit Eurocheque (↑ Eurocheque-System, Eurocheque) und Eurocard (↑ Kreditkarte). ↑ Internationale Bankenkooperation.

European securities forum (ESF)
Das European securities forum (ESF), eine UK incorporated company mit Sitz in London, wurde 1998 unter der Bezeichnung European securities industry user group gegründet. ESF vertritt die weltweit führenden Investment-Banken (↑ Investment bank), darunter auch UBS AG und Credit Suisse Group. Die Gesellschaft verfolgt die Ziel-

setzung, einen effizienten paneuropäischen ↑Kapitalmarkt zu schaffen mittels Integration und Konsolidierung der Wertschrifteninfrastruktur – vor allem im Bereich ↑Clearing and settlement – sowie entsprechend unterstützender Gesetzgebung. Die Grundsätze des ESF sind:
– Ein einziger, integrierter Prozess soll das Clearing and settlement von Festverzinslichen und ↑Aktien in Europa umfassen
– Dieser Prozess hat die Zielsetzungen der Zuverlässigkeit, Integrität und Erweiterbarkeit
– Die zu wählende Technologie soll wo möglich auf bestehenden Systemen aufbauen, in der Lage sein, exponentiell steigende Volumina zu bewältigen und Doppelspurigkeiten in der Entwicklung der Systeme vermeiden
– Der integrierte Clearing-and-settlement-Prozess erfordert eine starke Governance, in der keine einzelne Organisation einen massgeblichen Einfluss hat, die von der Ebene des Wertschriftenhandels getrennt ist und die im Wesentlichen von den Benutzern beherrscht wird. *Werner Frey*
Links: www.eurosf.com

Euro(schweizer)franken
Der Begriff Euro(schweizer)franken wird für Guthaben und Forderungen in (Schweizer) Franken dann verwendet, wenn sich die Währungsangabe auf Bestände und Geschäfte an den ↑Euromärkten ausserhalb der Schweiz bezieht.

euroSIC
Als so genanntes Out-out-Land (weder Mitglied der EU noch der Europäischen Wirtschafts- und Währungsunion) verfügt die Schweiz über keinen, für den grenzüberschreitenden Euro-Zahlungsverkehr notwendigen, direkten Anschluss an die nationalen ↑Euro-Clearingsysteme der EU. Um Euro-Zahlungen dennoch zu ermöglichen, entwickelte ↑Swiss Interbank Clearing (SIC) im Auftrag des ↑Finanzplatzes Schweiz das Bruttoabrechnungssystem euroSIC, das seit 1999 in Betrieb ist.
Teilnehmende Finanzinstitute sind direkt an euroSIC angeschlossen und verfügen über ein Euro-Girokonto bei der ↑Swiss Euro Clearing Bank GmbH (SECB) in Frankfurt. Die SECB übernimmt das ↑Liquiditätsmanagement, steuert und überwacht euroSIC und stellt den Anschluss an die europäischen Clearingsysteme her. Grundlage von euroSIC sind Verrechnungskonten der Teilnehmer, die auf einem Computersystem zentral geführt werden. Über diese Verrechnungskonten (sie sind über die Euro-Girokonten bei der SECB gedeckt) laufen alle ↑Transaktionen der beteiligten Finanzinstitute.
euroSIC verarbeitet einerseits Euro-Zahlungen im Inland zu Bedingungen, die mit Zahlungen in Schweizer Franken via SIC vergleichbar sind. Andererseits stellt es den Anschluss an europäische Clearingsysteme sicher.

EURO STOXX
↑STOXX.

EURO STOXX 50
↑Indexderivate.

Eurotop 100
↑Indexderivate.

Euro-Währungen
↑Euromärkte.

E.v.
↑Eingang vorbehalten.

Event-Kommunikation
↑Public relations der Banken.

Event risk
Mit Event risk bezeichnet man im ↑Kapitalmarkt das Risiko, dass die Qualität bzw. die Einbringlichkeit einer Forderung aus Gründen, für die der Schuldner keine Verantwortung trägt, leidet, beispielsweise infolge einer Umstrukturierung des ↑Emittenten im Zusammenhang mit einer Unternehmensübernahme (↑Übernahmeangebot), die seine ↑Bonität verschlechtert, oder im Falle eines Marktzusammenbruchs (Market disruption). Die wirtschaftlichen und rechtlichen Folgen eines solchen Event risks werden häufig vertraglich geregelt. So können z.B. neben dem Zahlungsverzug, dem Konkurs oder Nachlassverfahren auch andere Ereignisse, wie die Umstrukturierung des Unternehmens, einen «Event of default» bilden, der den Anleihevertreter (↑Trustee) zur vorzeitigen Kündigung der Anleihe berechtigt. In diesem Zusammenhang vergleichbar sind die ↑Force-majeure-Klauseln in Übernahmeverträgen oder Take-over-Klauseln in Fusionsverträgen.

Eventualverpflichtung
Die Eventualverpflichtungen gehören zu den bedingten Verbindlichkeiten, die zwar in ihrer Höhe nach bekannt sind, jedoch nur unter bestimmten Voraussetzungen zu echten Zahlungs- oder Leistungsverbindlichkeiten der Bank werden. Die Eventualverpflichtungen sind in der ↑Bankbuchhaltung zu erfassen. Die Eventualverpflichtungen sind in der Ausserbilanz, d.h. unter dem Bilanzstrich in der ↑Jahresrechnung bzw. in der ↑Konzernrechnung auszuweisen. Zudem werden sie im ↑Anhang zum Bankjahresabschluss aufgegliedert.

1. Rechtsgrundlage
RRV-EBK 93 definiert die Eventualverpflichtungen als:
– Kreditsicherungsgarantien in Form von Aval-, Bürgschafts- und Garantieverpflichtungen ein-

schliesslich Garantieverpflichtungen in Form unwiderruflicher ↑Akkreditive, Indossamentsverpflichtungen aus ↑Rediskontierung, Anzahlungsgarantien und Ähnliches wie ↑Pfandbestellungen zu Gunsten Dritter (aufgrund interner Regressverhältnisse), nicht bilanzierte Anteile von ↑Solidarschulden (z.B. bei einfachen Gesellschaften) sowie rechtlich verbindliche ↑Patronatserklärungen. Charakteristisch für diese Eventualverbindlichkeiten ist, dass eine bereits bestehende Schuld eines Hauptschuldners zu Gunsten eines Dritten garantiert wird.
- Bietungsgarantien (Bid bonds), Lieferungs- und Ausführungsgarantien (Performance bonds), Bauhandwerkerbürgschaften, Letters of indemnity, übrige Gewährleistungen einschliesslich Gewährleistungen in Form unwiderruflicher Akkreditive und Ähnliches. Charakteristisch für diese Eventualverbindlichkeiten ist, dass zum Zeitpunkt, in dem das Geschäft abgeschlossen und als Eventualverbindlichkeit ausgewiesen wird, noch keine Schuld des Hauptschuldners zu Gunsten eines Dritten besteht, jedoch in Zukunft eine solche entstehen kann, z.B. bei Eintreten eines Haftpflichtfalles (↑Bankgarantie).
- Unwiderrufliche Verpflichtungen aus ↑Dokumenten-Akkreditiven
- Übrige Eventualverpflichtungen.

2. Abgrenzung von unwiderruflichen Zusagen
Im Anschluss an die Position Eventualverpflichtungen werden in der Ausserbilanz die unwiderruflichen Zusagen ausgewiesen. Zwischen diesen beiden Positionen können sachliche Abgrenzungsprobleme entstehen.
- Bei Eventualverpflichtungen besteht ein Dreiecksverhältnis zwischen erstens dem Hauptschuldner, zweitens dem Garant/Bürge (Bank) und drittens dem Gläubiger
- Bei unwiderruflichen Zusagen besteht ein zweiseitiges Verhältnis zwischen erstens dem Kreditnehmer und zweitens dem Kreditgeber (Bank), z.B. unwiderrufliche Finanzierungszusagen oder erteilte und unbenützte Kreditlimiten mit einer Kündigungsfrist von über 6 Wochen.

3. Bewertung
Für erkennbare, drohende Verluste aus Eventualverpflichtungen müssen in der Bilanz Rückstellungen gebildet werden (RRV-EBK Ziffern 7, 12, 77 und OR 669 I). Die Angemessenheit der Rückstellungen wird in der Regel anlässlich der periodischen Kreditneuvorlage sowie bei der Bilanzerrichtung (Jahres- und Zwischenabschluss) neu beurteilt. Für die ↑Risiken aus Eventualverpflichtungen kann auch im Rahmen der Schwankungsreserve für Kreditrisiken vorgesorgt werden, sofern die entsprechenden Voraussetzungen erfüllt werden (RRV-EBK 246a).

4. Ausweis im Anhang
Im Anhang zur Jahres- bzw. Konzernrechnung sind die Eventualverpflichtungen aufzugliedern in:
- Kreditsicherungsgarantien und Ähnliches
- Gewährleistungsgarantien und Ähnliches
- Unwiderrufliche Verpflichtungen
- Übrige Eventualverpflichtungen.
Zudem sind im Anhang zur Jahres- bzw. Konzernrechnung die Deckungen für Eventualverpflichtungen tabellarisch aufzugliedern nach
- hypothekarische Deckung
- andere Deckung
- ohne Deckung. *Willi Grau*
Lit.: *PricewaterhouseCoopers, Rechnungslegungsvorschriften für Banken und Effektenhändler, Zürich 1998.*

Evergreen bonds
↑Rentenanleihen.

Evidenzzentrale
Unter Evidenzzentrale wird eine Einrichtung verstanden, bei welcher sich ↑Kreditgeber bei ihrer Bonitätsprüfung von potenziellen ↑Kreditnehmern zentral über deren vorbestehende Verpflichtungen informieren können. Die Informationen basieren auf einem von der Zentrale geführten Register, das Meldungen der Kreditgeber über alle gewährten Kredite ab einer bestimmten Grössenordnung beinhaltet. Damit soll die Mehrfachverschuldung von einzelnen Schuldnern vermieden werden, wobei mittels der Evidenzzentrale sichergestellt wird, dass kein anfragender ↑Gläubiger vom andern weiss.
Einerseits können sich die kreditgewährenden Banken auf diese Art vor überschuldeten Kreditnehmern schützen und somit ihr ↑Kreditportefeuille stärken. Anderseits dient eine Evidenzzentrale auch dem Gläubigerschutz.
In der Schweiz besteht eine ausgebaute Evidenzzentrale lediglich im Bereich der ↑Konsumkredite und des Leasing- und Kreditkartengeschäftes. Unter dem Namen ↑Zentralstelle für Kreditinformation (ZEK) gewährt diese, 1968 in der Rechtsform des Vereins gegründete Zentralstelle ihren über 80 Mitgliedern, v.a. Banken und banknahe Finanzinstitute, Auskunft über die gemeldeten Kreditaufnahmen und Unregelmässigkeiten bei deren ↑Rückzahlung. Im Rahmen der Revision zum ↑Konsumkreditgesetz, insbesondere betreffend die zulässige Tätigkeit der so genannten Informationsstelle für ↑Konsumkredit (KKG 24), steht der ZEK eine Reorganisation bevor. Eine das gesamte ↑Kreditgeschäft abdeckende Evidenzzentrale, wie dies z.B. Deutschland 1961 eingeführt hat, wurde für die Schweiz, obwohl anfangs 1980 hohe Verluste im kommerziellen Kreditgeschäft auftraten, verworfen. Eine Bedürfnisstudie der Schweizerischen ↑Bankiervereinigung kam zum Schluss, dass die Vorteile einer gesamtschweizeri-

schen Evidenzzentrale für das Kreditgeschäft von folgenden Nachteilen überdeckt würden: Ein vollständiges Bild über die Verschuldung eines Kunden ist ohne die Gesamterfassung von ↑Auslandkrediten, Handelsschulden sowie Aktionärsguthaben nicht zu erreichen. Ausserdem kann ein Schuldner – betrügerische Machenschaften unbesehen – relativ einfach durch mehrere knapp unter der Meldeschwelle liegende Kredite die Wirkung einer Evidenzzentrale unterlaufen. Auch sind bei Konzernverhältnissen und anderen wirtschaftlichen Verflechtungen mit internen Krediten und gegenseitigen Sicherheitsleistungen national ausgerichtete Register von Bankkrediten von zu geringer Aussagekraft. Sodann werden die Nachteile durch den grossen administrativen Aufwand bei der Evidenzzentrale (Erfassung, Mutation, Datenpflege, Kundenservice usw.) wie auch beim Kreditgeber, der mit Blick auf das ↑Bankkundengeheimnis über die Zustimmung jedes Kreditnehmers vor der Meldung an die Zentrale verfügen muss, noch akzentuiert. *Rolf Gertsch*

EWE
Abk. f. ↑Europäische Währungseinheit.

EWF
Abk. f. ↑Europäischer Währungsfonds.

EWI
Abk. f. ↑Europäisches Währungsinstitut.

Ewige Anleihen
Ewige Anleihen, auch *undatierte Anleihen* oder *Perpetuals* genannt, weisen keinen festgelegten Rückzahlungstermin auf. Der Schuldner behält sich in der Regel jedoch das Recht vor, die ↑Anleihen zur ↑Rückzahlung zu künden. Ewige Anleihen haben den Charakter von wirtschaftlichem ↑Eigenkapital. Sie sind häufig variabel verzinslich.

Ewige Rente
↑Ewige Anleihen.

EWS
Abk. f. ↑Europäisches Währungssystem.

EWU
Abk. f. ↑Europäische Währungsunion.

Ex Anrecht
↑Kurs der ↑Aktie nach Abtrennung des ↑Bezugsrechtes.

Ex Bezugsrecht
↑Aktien, bei denen das ↑Bezugsrecht abgetrennt worden ist. ↑Kursabschlag.

Excess margin
↑Futures margin.

Excess return
↑Überschussrendite.

Excess volatility
↑Börsenpsychologie.

Exchangeable bonds
↑Bond-Handel.

Exchange electronic trading
Unter Exchange electronic trading wird der Börsenhandel über ein Computersystem verstanden, im Gegensatz zum A-la-criée-Handel (↑Präsenzbörse). Damit verbunden ist die vollständige Integration und Elektronisierung aller Börsenprozesse. Der elektronische Handel garantiert Chancengleichheit der Handelspartner, hohe Liquidität und Effizienz, eine faire Preisbildung sowie – als Folge der Automatisierung – eine drastische Reduktion von Falschinstruktionen.

Exchange rate
Englische Bezeichnung für ↑Wechselkurs.

Exchange traded funds (ETF)
Exchange traded funds (ETF) sind börsengehandelte ↑Anlagefonds, bei denen die – nur für ↑Grossanleger attraktive – Ausgabe und Rücknahme von ↑Anteilen gegenüber dem Börsenhandel dieser Anteile in den Hintergrund treten. Diese ↑hybriden Produkte kombinieren die Vorzüge eines ↑Indexzertifikates mit den Vorteilen eines ↑Fonds und können wie ↑Aktien gehandelt werden. Im Gegensatz zu einem Indexzertifikat besitzt ein ETF eine unbeschränkte ↑Laufzeit und im Gegensatz zu einem Fonds kann er während den ↑Börsenzeiten permanent gehandelt werden. Wie bei jedem Anlagefonds wird der ↑Inventarwert (↑Net asset value [NAV]) täglich aufgrund der Aktienschlusskurse neu berechnet. Parallel dazu gibt es, wie bei jeder Aktie, den «Intraday-NAV» genannten Börsenkurs des ETF, welcher alle 15 Sekunden während den Handelszeiten berechnet und veröffentlicht wird. Die Berechnung des «Intraday-NAV» gewährleistet die hohe Übereinstimmung zwischen dem Inventarwert des Fonds und dessen Börsenkurs. Gemäss einer Auflage der Eidg. ↑Bankenkommission muss mindestens ein ↑Market maker dauernd Geld-Brief-Kurse für Beträge bis zu EUR 50 000 stellen, welche nicht mehr als insgesamt +/– 1% vom aktuellen «Intraday-NAV» abweichen dürfen.

Ex Coupon, ex Dividende
Börsenkurs nach Dividendenausschüttung. ↑Kursabschlag.

Executive information system (EIS)
↑Management-Informationssystem bei Banken.

Executive stock option
↑Bonussysteme.

Exekution
Zwangsweise Eintreibung einer Forderung. Als Pfandexekution wird die Realisierung der verpfändeten Vermögenswerte bezeichnet.

Exercise
Ausübung des Optionsrechtes durch den Käufer.
↑Option (Allgemeines).

Exercise date
Verfalldatum einer ↑Option. Bei Optionskontrakten an der ↑Eurex verfällt die Option in jedem Monat am Tag nach dem letzten Handelstag. Der letzte Handelstag für ↑Aktien und ↑Indexoptionen wird jeweils ein Jahr zum Voraus festgelegt. Europäische Optionen (↑European option) zeichnen sich dadurch aus, dass das Optionsrecht nur an einem Verfalldatum geltend gemacht werden kann.

Exercise price
Auch *Strike price* oder ↑*Ausübungspreis* genannt. An der ↑Eurex stehen für jede ↑Option mehrere Ausübungspreise zur Wahl.

EXFEED
Eine gemeinsame Unternehmung von ↑SWX Swiss Exchange und ↑Virt-x. Sie wird bei der SWX in Zürich betrieben und vertreibt im Wesentlichen Markt- und ↑Stammdaten der SWX und der Virt-x, dazu die laufenden Werte der SWX- und STOXX-Indizes (↑STOXX), ferner Eurex-Daten (↑Eurex). Bezüger dieser Datenströme sind die so genannten Datenvendoren (↑Data vendors). EXFEED hat bei der Gründung im Jahr 2001 von der SWX deren Datenstrom ↑Swiss market feed (SMF) übernommen. Seit der Betriebsaufnahme von Virt-x vertreibt EXFEED zudem den PEX-MF, den ↑Pan-european exchange market feed, mit den Markt- und Stammdaten der an der Virt-x gehandelten pan-europäischen ↑Blue chips. Hier werden auch Angaben zur ↑Markttiefe, d.h. die 10 besten Geld- und Briefkurse je ↑Titel, mitgeliefert.
Links: www.exfeed.com

Exit
Der Begriff Exit hat zwei Bedeutungen:
1. Bezeichnung für die Möglichkeit eines Venture-capital-Gebers (↑Venture capital), sein ↑Engagement aufzulösen, z.B. durch Verkauf an der ↑Börse nach einem ↑Initial public offering (IPO) oder Verkauf an einen Finanzinvestor.
2. Im Rahmen der ↑Corporate governance Wahrung der Aktionärsrechte «via exit», d.h. durch Veräusserung des ↑Titel («Abstimmung mit den Füssen»); Gegensatz: «via voice», d.h. durch aktive Wahrnehmung der Mitwirkungsrechte an der Generalversammlung.
↑Private equity.

Exit bond
Niedrig verzinsliche ↑Schuldverschreibungen von Staaten in Zahlungsschwierigkeiten, welche den Gläubigerbanken zur Begleichung der ausstehenden Forderungen abgegeben werden. Der Vorteil dieser ↑Transaktion liegt darin, dass die ↑Banken an Stelle der ausstehenden, Notleidenden Kredite marktfähige ↑Titel erhalten.

Exit option
↑Realoptionen.

Ex-Kurs
Börsenkurs nach Abtrennung des ↑Dividendencoupons oder des ↑Bezugsrecht.

Exoten
Sammelbezeichnung für ↑festverzinsliche Wertpapiere aus wirtschaftlich unterentwickelten oder politisch instabilen Ländern. Das grössere ↑Risiko dieser ↑Obligationen kommt in vergleichsweise hohen ↑Renditen zum Ausdruck. (↑Spekulationspapiere). Nicht zu verwechseln mit ↑Exotische Option.

Exotische Option
↑Optionen, deren Auszahlungsstrukturen abweichen von den europäischen und amerikanischen Standard-Optionen, werden als exotische Optionen bezeichnet. Typischerweise werden exotische Optionen over the counter (OTC) gehandelt. Exotische Optionen sind meistens speziell auf Kundenbedürfnisse zugeschnittene ↑Derivate.

Expansion financing
Expansion financing findet im Rahmen der ↑Venture-Finanzierung in der so genannten *Second stage phase* statt und meint die Deckung des Finanzbedarfs für die Phase zum Ausbau der Produktion und des Vertriebsapparates. Vorstufe: ↑Early-stage-Finanzierung.

Expected loss
↑Kreditkosten; ↑Credit pricing.

Expertensysteme
Bei Expertensystemen handelt es sich um Computeranwendungen, welche erlauben, Expertenwissen in Datenbanken zu speichern und für die Entscheidungsfindung bzw. die Lösung aktueller Probleme nutzbar zu machen. Im Gegensatz zu üblichen Computeranwendungen, in denen vordefinierte Rechenoperationen und Abläufe programmiert werden, versuchen Expertensysteme Elemente der menschlichen Intelligenz nachzubilden. Man spricht deshalb auch von *künstlicher Intelligenz*. Die fortgeschrittensten Anwendungen von künstlicher Intelligenz basieren auf der Nachbildung *neuraler Netzwerke* (↑Neuronale Netze), wie sie dem menschlichen Gehirn zugrunde liegen.

Expertensysteme sind ein Teilgebiet der künstlichen Intelligenz und werden auch als *wissensbasierte Systeme* bezeichnet. Das Wissen von Experten beruht neben dem eigentlichen Fachwissen vor allem auf Erfahrungswissen. Dieses unterscheidet den Experten vom Anfänger oder Laien. Expertensysteme erlauben die computergerechte Erfassung und Darstellung dieses Erfahrungswissens in einer so genannten *Knowledge base*. In einer aktuellen Problemstellung können sie auf ihr gespeichertes Wissen zurückgreifen, um Schlüsse zu ziehen. Durch die Anwendung heuristischer Verfahren sind sie auch in der Lage, Aussagen in Situationen zu machen, welche durch Unbestimmtheit gekennzeichnet sind.
Eine wichtige Eigenschaft von Expertensystemen liegt darin, dass sie aufzeigen, auf welche Weise und unter welchen Annahmen sie zu einer Lösung gekommen sind. Für den Benützer ist also der Prozess der Lösungsfindung jederzeit nachvollziehbar. Expertensysteme sind deshalb in der Regel nicht primär ein Mittel der Rationalisierung, sondern dienen vielmehr der Qualitätssteigerung durch Unterstützung mit Expertenwissen. Da in ein Expertensystem Erfahrungswissen von vielen Experten einfliessen kann, erlaubt es die Weitergabe von Know-how. Sie können in einem gewissen Umfang auch lernfähig sein, indem erfolgreiche Lösungen in die Wissensbasis des Systems aufgenommen werden und diese dadurch verbreitern. Expertensysteme finden heute bereits breite kommerzielle Anwendung, auch im Bankgeschäft, beispielsweise bei der Kreditvergabe oder bei Anlageentscheiden. Der Vorteil liegt auf der Hand. Eine Bank kann nicht in jeder Geschäftsstelle Topspezialisten für Kredit- oder Anlageentscheide beschäftigen. Mit dem Einsatz von Expertensystemen vor Ort, eingebettet in die Arbeitsplatzumgebung, kann Know-how der Bank für jeden Sachbearbeiter nutzbar gemacht werden. Dies erlaubt nicht nur bessere Lösungen für den Bankkunden, es führt auch zu einem Ausbildungseffekt, und schliesslich erlaubt dies auch eine Dezentralisierung von Routineentscheiden und damit eine grössere Kundennähe.
Eine wichtige Eigenschaft heutiger Expertensysteme liegt darin, dass sie dem Benützer über ein hoch entwickeltes Benützerinterface als Dialogpartner zur Verfügung stehen. In vielen Fällen mindestens so wichtig wie eine Lösung zu erhalten, ist es, die Zusammenhänge zu verstehen, die zu einer bestimmten Antwort geführt haben, oder Alternativen ausfindig zu machen. Interessante Anwendungsmöglichkeiten sind deshalb Diagnosesysteme beispielsweise in der Medizin oder Dialogsysteme in der Aus- und Weiterbildung. Eng verwandt mit Expertensystemen sind Systeme zur Spracherkennung und -übersetzung.
Da es sich um sehr resourcenintensive Computeranwendungen handelt, wird die Verbreitung von Expertensystemen in hohem Masse von der Leistungsfähigkeit der Arbeitsplatzsysteme und der Netzwerke abhängen. *Hubert Huschke*

Expiry
Verfalldatum von ↑Kredit- und ↑Debitkarten.

Exportfinanzierung
In der Schweiz, mit ihrer besonders aussenhandelsorientierten Wirtschaft, hat die Finanzierung der Exporte stets eine besondere Rolle gespielt. Während der Begriff Exportfinanzierung im weiteren Sinne meist alle Massnahmen zur sicherungs- und finanzierungsmässigen Abwicklung von Exportgeschäften umfasst, wird der Begriff heute meist im engeren Sinne auf die Bereitstellung von Geldmitteln im Ausfuhrland zur Überbrückung der Zeitspanne zwischen Warenversand und vollständiger Bezahlung, d. h. des eigentlichen Zahlungszieles, bezogen. Nachdem im Exportgeschäft die Beurteilung von ↑Zahlungsfähigkeit und -willigkeit der Kunden und ihrer Domizilländern im Vergleich zum Inlandgeschäft oft schwieriger ist und auf die eher risikobehafteten Abnehmerländer ein erheblicher Anteil des schweizerischen Exportes entfällt, ist, neben der eigentlichen Finanzierung auch die Zahlungssicherung miteinzubeziehen.
Begrifflich ist weiter zwischen ↑Selbst- und ↑Fremdfinanzierung – aus der Sicht des Exportunternehmens – zu unterscheiden. Nicht nur bei den meist kurzfristig bevorschussten Konsumgüterexporten wird ein erheblicher Anteil aus den Mitteln der Exportunternehmen aufgebracht, sondern auch die schweizerische Maschinenindustrie finanziert einen grossen Teil des Exportumsatzes selbst, wobei mit zunehmenden Kreditfristen der Fremdfinanzierungsanteil markant ansteigt. Dabei stehen die ↑Handelsbanken, insbesondere die ↑Grossbanken, im Vordergrund.

1. Kurzfristige Exportfinanzierung
Zu den kurzfristigen Exportfinanzierungen gehören Geschäfte mit ↑Laufzeiten bis zu einem Jahr. Während bei der ↑Eigenfinanzierung Lieferung und Kreditierung auf Open-account-Basis bei bekannten, gut beurteilten Abnehmern – vor allem in Industrieländern – nach wie vor bedeutend ist, finden bei weniger bekannten Schuldnern, insbesondere in Schwellen- und Entwicklungsländern, häufig Sicherungsinstrumente wie ↑Wechsel oder ↑Dokumenten-Akkreditiv mit aufgeschobener Zahlung Anwendung. Im Bereich der Fremdfinanzierung stellt der ↑Diskontkredit die klassische Form dar. Vereinzelt kommt auch der ↑Zessionskredit als Bevorschussung von ↑Buchforderungen im Ausmass von beispielsweise 70% des Fakturawertes oder die Bevorschussung von ↑Akkreditiven mit aufgeschobener Zahlung zum Zuge. Bei diesen Finanzierungsformen bleibt der Exporteur der finanzierenden Bank gegenüber vollumfäng-

lich haftbar für den zeitgerechten Zahlungseingang seitens des Schuldners bzw. des Garanten. Die Bestätigung von Dokumenten-Akkreditiven durch eine schweizerische Bank bzw. die Avalierung von Wechseln (↑Aval) durch Banken im Importland, die Abdeckung des sog. Delkredererisikos durch eine ↑Kreditversicherung bzw. des politischen und Transferrisikos (↑Auslandrisiken) mit Bezug auf das Importland durch die ↑Exportrisikogarantie der Schweizerischen Eidgenossenschaft (ERG) ermöglichen dem Exporteur eine umfassende Risikoabsicherung. Von erheblicher praktischer Bedeutung ist auch die *Nachfinanzierung von Akkreditiven.* Dabei gewährt die akkreditivavisierende oder -bestätigende Bank der eröffnenden Bank einen Vorschuss auf z. B. 90 oder 180 Tage, dessen Erlös der Auszahlung an den Akkreditivbegünstigten dient. Die kreditgewährende Bank handelt dabei im Auftrag und unter Haftung der eröffnenden Bank, oft ohne dass der begünstigte Exporteur von der Finanzierung seines Exportes überhaupt Kenntnis erhält. Beim *Exportfactoring* (↑Factoring) handelt es sich um ein Dienstleistungspaket, das seine Grundlage in der fortgesetzten Übernahme von Buchforderungen eines Lieferanten durch den sog. Factor findet. Dieser übernimmt dabei in erster Linie das Delkredererisiko. Eine Bevorschussung im Rahmen von 70% bis 90% kann als ergänzende Dienstleistung bei Bedarf erfolgen.

2. Mittel- und langfristige Exportfinanzierung
Während der Export von Investitionsgütern nach Industrieländern im Hinblick auf deren eigene leistungsfähige ↑Kapitalmärkte meist auf der Basis von Bargeschäften erfolgt, ist bei solchen Lieferungen in Schwellen- und Entwicklungsländer eine Offerte für eine Finanzierung – je nach Vertragswert – über 1 bis 5 Jahre, bei grossen Lieferungen bis 10 Jahre ab Inbetriebnahme der Anlage, oft Voraussetzung, damit ein Exporteur überhaupt an Ausschreibungen teilnehmen kann. Erreicht wird damit einerseits eine Schonung der eigenen Kapitalmärkte der Importländer sowie eine zeitliche Verteilung des Aufbringens von harten Devisen. Da im längerfristigen Bereich eine ↑kongruente Refinanzierung und die Überblickbarkeit der Risiken erheblich schwieriger sind, hat die Fremdfinanzierung in diesem Fristenbereich sehr viel grössere Bedeutung.
In der Schweiz stehen folgende bankmässige Instrumente im Vordergrund: Kernstück bildet der *ERG-gedeckte Exportkredit,* wobei sich in der Regel Bank und Exporteur in die von der ERG nicht gedeckten Risiken teilen. Bei kleineren Exportgeschäften erfolgt die Abwicklung meist als ↑Forderungskauf, bei welchem der Exporteur im Rahmen des Liefervertrages auch die Finanzierung regelt und die finanzierende Bank vom Exporteur die entstandene Forderung – meist in Wechselform – übernimmt. Bei grossen Projekten schliesst die Bank häufig mit dem ausländischen Besteller direkt einen ↑Kreditvertrag ab. Neben solchen Finanzierungsvereinbarungen für einzelne Exportgeschäfte treffen schweizerische mit ausländischen Banken zwecks Vereinfachung der Abwicklung sog. Rahmenkreditabkommen, die der Finanzierung einer Vielzahl einzelner Geschäfte zu standardisierten Bedingungen dienen.
Eine Sonderform stellen dabei die sog. *Mischkredite* dar, bei welchen sich die Eidgenossenschaft als Entwicklungshilfebeitrag an der Finanzierung zu Vorzugskonditionen – meist zinslos und mit Tilgungen erst nach Rückzahlung der von den Banken gewährten Kredittranche – beteiligt, wobei solchen Krediten jeweils ein Staatsvertrag zu Grunde liegt. Gelegentlich wird auch unumgänglich, dass der Lieferant für das Aufbringen der von der ERG verlangten Anzahlung bei Bestellung bzw. Zwischenzahlung bei Lieferung (meistens 15% des Lieferwertes) oder gar für gewisse, nicht mehr in die ERG einschliessbare lokale Ausgaben im Käuferland aufkommen muss. Bei guter ↑Bonität von Schuldner und Schuldnerland mögen dafür Export-Finanzkredite dienen, die allerdings laufzeitmässig meist kürzer und im Hinblick auf die fehlende ERG-Deckung auch teurer sind. Wenn solche Finanzierungen in grösserem Umfang erforderlich werden, erfolgt soweit möglich eine Platzierung, beispielsweise auf dem Euromarkt (↑Euromärkte).
Bei den sog. *Parallelfinanzierungen* werden Exportkredite mit Krediten aus anderen Quellen kombiniert *(Multisourcing),* insbesondere mit solchen internationaler Entwicklungsorganisationen wie der ↑Weltbank.
Neben gebundenen, durch die ERG gedeckten Fazilitäten, deren Erlös ausschliesslich den schweizerischen Exporteuren zugute kommt, werden von den Schweizer Banken selbstverständlich auch ungebundene Auslandfinanzierungen gewährt, die indirekt aber oft denselben Zwecken dienen. Es mag sich dabei um Kredite oder aber um Anleihen handeln, welche die Banken öffentlich oder als Privatplatzierungen institutionellen und privaten Investoren anbieten. Im Vordergrund stehen diesbezüglich als Schuldner internationale Entwicklungsorganisationen – z.B. die Weltbank – wie auch grosse, vor allem öffentlich-rechtliche Gesellschaften – insbesondere des Energiebereichs – der wichtigsten Abnehmerländer der Schweiz. Ähnlich verhält es sich mit dem internationalen ↑Emissionsgeschäft, in welchem die schweizerischen Grossbanken ebenfalls sehr aktiv tätig sind.

3. Sonderformen
In Fällen, in denen keine ERG erhältlich ist, weil es sich beispielsweise um ausländische Güter handelt oder die von der ERG verlangten Zahlungsbedingungen nicht eingehalten werden können,

steht die ↑*Forfaitierung* zur Verfügung. In diesem auf dem internationalen Euromarkt basierenden Geschäft sind insbesondere spezialisierte Finanzgesellschaften tätig, welche die erworbenen Finanzierungswechsel oft bei institutionellen Kapitalanlegern bzw. auf dem internationalen ↑Finanzmarkt wiederum platzieren. Während zu forfaitierende Forderungen in der Regel durch erstklassige Banksicherheiten (Garantie oder Wechselbürgschaft) aus dem Schuldnerland sichergestellt sein müssen, wird beim *Exportleasing (*↑*Cross border leasing)* meist in erster Linie auf das zu überlassende Investitionsgut als Sicherheit abgestellt. Dabei verkauft der Exporteur die zu verleasende Maschine einer Leasinggesellschaft, meist im Land des Käufers selbst, welche sie dann ihrerseits im ↑Leasing an den Benützer abgibt.

Das dargestellte schweizerische System der Exportfinanzierung entspricht dem liberalen Wirtschaftsprinzip unseres Landes. Der Staat übernimmt nur die nicht oder nicht zu tragbaren Kosten versicherbaren Risiken und überlässt die gesamte Finanzierung – mit Ausnahme der der Entwicklungshilfe zuzuzählenden Mischkredite – dem privatwirtschaftlichen Bankensystem, was dank dem leistungsfähigen ↑Finanzplatz und dem teilweise darauf zurückzuführenden tiefen ↑Zinsniveau möglich ist. Die meisten anderen Industrieländer kennen ergänzend oder gar ausschliesslich tätige staatliche Finanzinstitute, die direkt oder indirekt zulasten des Staatshaushaltes subventionierte Exportkredite ermöglichen. So werden von den OECD-Ländern im internationalen Wettbewerb um Exportaufträge jährlich Millionenbeträge an Zinssubventionen bezahlt. Ein vergleichbarer Wettkampf hat sich auch im Bereich der in der Vergangenheit immer länger gewordenen Kreditlaufzeiten für solche Finanzierungen abgespielt. Um diesen internationalen Wettlauf einzuschränken, hat die Vereinigung der Exportkreditversicherungen, die sog. Berner Union, schon vor langer Zeit begonnen, Regeln, beispielsweise bezüglich maximale Kreditfristen und minimale Anzahlungen, aufzustellen. In den 1970er-Jahren wurden diese Grundsätze auf Regierungsebene erweitert. Es entstand der sog. OECD-Konsensus, der insbesondere auch Minimalzinssätze (↑Basiszinssatz) für staatlich unterstützte Exportfinanzierungen vorsieht und international von erheblicher Bedeutung geworden ist.   *Christian Gut*

Exportfinanzkredit
↑Exportfinanzierung.

Exportkredit
↑Exportfinanzierung.

Exportkreditversicherung
↑Exportfinanzierung.

Exportleasing
↑Cross border leasing.

Exportrisikogarantie (ERG)
Die Exportrisikogarantie wurde 1934 vom Bund zusammen mit anderen Massnahmen zur Krisenbekämpfung geschaffen. Sie ist eine Versicherung für besondere, mit Ausfuhrgeschäften verbundene Zahlungsrisiken, die sich aus politisch und wirtschaftlich unsicheren Verhältnissen ergeben. Anfänglich war die Versicherungsdeckung sehr beschränkt. Sie war nur für Investitionsgüter erhältlich und dem Garantienehmer verblieben hohe Selbstbehalte. Ferner war die Summe der ausstehenden Garantien gesetzlich begrenzt. Im Laufe der Zeit wurde die Versicherungsdeckung nach und nach erweitert.

Die gesetzliche Regelung war zuerst in befristeten Bundesbeschlüssen und schliesslich in einem Bundesgesetz vom 06.04.1939 enthalten. Dieses wurde durch das noch geltende Bundesgesetz vom 26.09.1958 über die Exportrisikogarantie (SR 946.11) abgelöst. Seitherige Teilrevisionen betrafen die Aufhebung der Selbstkostenklausel, sodass – mit Ausnahme des sog. Fabrikationsrisikos – auch entgangene Gewinne in die Berechnung der Entschädigung einbezogen werden können, die Verringerung des Selbstbehaltes durch die Erhöhung des maximal möglichen Garantiesatzes auf 95% des Lieferungsbetrages zuzüglich allfälliger Kreditzinsen, die Ausgliederung der Exportrisikogarantie-Rechnung aus dem Staatshaushalt durch die Schaffung eines rechtlich unselbstständigen Fonds für die Exportrisikogarantie, die Bestimmung, dass bei Exporten nach ärmeren Entwicklungsländern die Grundsätze der schweizerischen Entwicklungspolitik mitzuberücksichtigen sind sowie die Versicherung der Zahlungsrisiken hinsichtlich privater Banken, welche die Forderung garantieren. Die Ausführungsbestimmungen sind enthalten in einer Verordnung vom 15.06.1998 über die Exportrisikogarantie (SR 946.111).

Versicherbare ↑Risiken sind Transferschwierigkeiten und Moratorien, gewisse Delkredererisiken, politische Risiken, das Fremdwährungseventualrisiko sowie Risiken vor der Lieferung (sog. Fabrikationsrisiko). Unter *Transferschwierigkeiten und Moratorien* sind Liquiditätsengpässe des Importlandes zu verstehen. Das *Delkredererisiko* umfasst die Zahlungsunfähigkeit oder -unwilligkeit in Bezug auf Besteller und Garanten wie Staaten, Gemeinden und andere öffentlich-rechtliche Körperschaften, Betriebe des privaten Rechts, die ganz oder überwiegend öffentlich-rechtlichen Körperschaften gehören oder öffentliche Aufgaben erfüllen, sowie geprüfte staatliche und private Banken. Als *politisches Risiko* gelten ausserordentliche staatliche Massnahmen oder politische Ereignisse im Ausland wie Krieg, Revolution, Annexion und bürgerliche Unruhen, die privaten Schuldnern die

Vertragserfüllung verunmöglichen oder zum Verlust, zur Beschlagnahme, Beschädigung oder Verhinderung der Wiederausfuhr von Waren, die im Eigentum des Garantienehmers stehen, oder zur Beeinträchtigung seiner Rechte führen. Das *Fremdwährungseventualrisiko* betrifft Kursrisiken aus der Ablösung einer Fremdwährungsfinanzierung, eines Devisenterminkontraktes oder ähnlicher Vorkehren nach dem Eintritt eines vorhin genannten Schadens. Die Absicherung von Wechselkursverlusten, die während den 70er-Jahren von Bedeutung war, wurde vom Bundesrat auf den 01.04.1985 sistiert. Das *Risiko vor der Lieferung* bedeutet die Unzumutbarkeit oder Unmöglichkeit der vertragsmässigen Lieferung infolge nachträglicher Zunahme der erwähnten versicherbaren Risiken oder wegen mangelnder Transportmöglichkeiten im Ausland. In diesem Fall berechnet sich die Entschädigung nur auf den Selbstkosten des Exporteurs.

Von Gesetzes wegen ausgeschlossen ist die Versicherung der Zahlungsunfähigkeit oder Zahlungsverweigerung privater Besteller (privates Käuferrisiko). Nicht gedeckt sind auch Verluste, welche der Exporteur wegen vertragswidrigen Verhaltens zu vertreten hat oder die auf Beschädigung, Untergang oder Abhandenkommen des Exportgutes zurückzuführen sind, sofern sich der Exporteur gegen diese Risiken hätte versichern können.

Versichert werden können die Lieferung oder Vermietung von Waren, die Herstellung von Werken, die Leistung von Bau-, Ingenieur- und Entwicklungsarbeiten, die Überlassung von Lizenzen und anderen immateriellen Güterrechten sowie die wissenschaftliche, technische und wirtschaftliche Beratung. Die Lieferungen müssen schweizerischen Ursprungs sein oder einen angemessenen schweizerischen Wertschöpfungsanteil enthalten. Ausnahmen werden gewährt für Zulieferungen oder einzelne Bestandteile, deren Beschaffung in der Schweiz nicht möglich oder nicht zumutbar ist, sowie für angemessene Lokalausgaben.

Garantienehmer können nur Firmen sein, die in der Schweiz niedergelassen und im Handelsregister eingetragen sind. Die Garantie kann an Dritte, z.B. die finanzierende Bank, abgetreten werden. Dies muss jedoch zusammen mit der Forderung des Exporteurs geschehen und von der Geschäftsstelle für die Exportrisikogarantie genehmigt werden. Zur Erleichterung der Vertragsverhandlungen und der Offertabgabe kann vor Vertragsabschluss eine grundsätzliche Anfrage gestellt werden, ob und zu welchen Bedingungen die Kommission für die Exportrisikogarantie eine Garantie beantragen würde. Eine Zusage ist unter gleichbleibenden Verhältnissen sechs Monate verbindlich.

Die *Gebühr* bemisst sich nach der Länderrisikokategorie des Importlandes und der ↑Laufzeit der Garantie. Sie orientiert sich an den im Rahmen des OECD-Exportkreditarrangements vereinbarten Mindestgebühren. Für Risiken, die nicht in der Grundgebühr abgegolten sind, können angemessene Zuschläge erhoben werden. Die Gebühreneinnahmen sollen langfristig die Eigenwirtschaftlichkeit des Fonds für die Exportrisikogarantie gewährleisten.

Ausführende *Organe* sind das Staatssekretariat für Wirtschaft des Eidg. Volkswirtschaftsdepartements (EVD) und die vom Bundesrat eingesetzte paritätische Kommission für die Exportrisikogarantie, die sich aus je vier Vertretern des Bundes sowie der Wirtschaft, Exportindustrie und Arbeitnehmerschaft zusammensetzt. Garantieverfügungen werden je nach Garantiesumme vom Staatssekretariat für Wirtschaft, dem EVD alleine oder vom EVD mit Zustimmung des Eidg. Finanzdepartements (EFD) erlassen. Über Gesuche und grundsätzliche Anfragen von besonderer Tragweite und Bedeutung sowie um Gewährung der Garantie für Anleihen in Verbindung mit der Finanzierung schweizerischer Exporte entscheidet der Bundesrat. Grundsätzliche Anfragen und Garantiegesuche, letztere vor Risikobeginn, sind bei der Geschäftsstelle für die Exportrisikogarantie in Zürich einzureichen. *Kurt Schärer*

Exposure
Der Anteil eines ↑Portfolios oder von Finanzströmen einer Unternehmung, welcher einer Risikodimension ausgesetzt ist, wird Exposure genannt.

Exposure at default (EAD)
↑Credit pricing.

Ex-Tag
Datum, an dem eine ↑Aktie «ex» gehandelt wird.

Extendible notes
↑Notes mit dem Recht für den Inhaber, die ursprünglich vereinbarte ↑Laufzeit bei gleichzeitiger Neufestsetzung des Couponzinssatzes (↑Coupon) zu verlängern.

Extendible swap
Synonym für ↑Callable swap. ↑Swap-Markt.

Externe Revision
↑Revision, externe.

Extranet
↑E-commerce.

Extremkurse
Höchst- und Tiefstkurse von ↑Effekten während eines bestimmten Zeitraums, entweder für die letzten 52 Wochen oder seit Jahresbeginn.

EZB
Abk. f. ↑Europäische Zentralbank.

Face value
In den USA Bezeichnung für ↑Nennwert.

Fachempfehlungen zur Rechnungslegung (Swiss GAAP FER)
Die Swiss GAAP FER stellen das schweizerische Pendant zu den internationalen Rechnungslegungsstandardsettern FASB (↑Generally Accepted Accounting Principles [GAAP] der USA) und IASB (↑International Accounting Standards [IAS]) dar. Ziel der Swiss GAAP FER ist es, generell anerkannte Abschluss-Prinzipien oder eben – Grundsätze zur Rechnungslegung – für Schweizer Unternehmen zu entwickeln. Die Rechnungslegung nach Swiss GAAP FER soll Bilanz-Adressaten ein getreues Bild der wirtschaftlichen Lage eines berichterstattenden Unternehmens im Sinne einer ↑Fair presentation vermitteln.
Die Swiss GAAP FER streben grundsätzlich an, Aussagekraft und Vergleichbarkeit von Einzelabschlüssen sowie Konzernrechnungen zu erhöhen und die Gleichwertigkeit von Swiss-GAAP-FER-Abschlüssen verglichen mit internationalen Rechnungslegungsgrundsätzen zu erreichen. Die Fachempfehlungen konzentrierten sich ursprünglich auf die Konzernrechnungslegung, Swiss GAAP FER 19 führt – mit gewissen Erleichterungen – die Fair presentation auch für den Einzelabschluss ein und verlangt hierfür eine vierteilige Jahresrechnung.
Die von der Swiss GAAP FER herausgegebenen Fachempfehlungen ergänzen und konkretisieren die in Kraft befindlichen gesetzlichen Bestimmungen zur Rechnungslegung. Darüber hinaus entwickeln die Swiss GAAP FER eigene Richtlinien zu Einzelthemen wie z.B. in Swiss GAAP FER 13 zur Rechnungslegung für Leasinggeschäfte. Die Swiss GAAP FER wollen eine umfassende Regelung anbieten. Vermehrt sollen auch Branchenregelungen z.B. für Versicherungsaktivitäten (Swiss GAAP FER 14) oder Einrichtungen der Altersvorsorgen (Projekt Swiss GAAP FER 25) angeboten werden.
Die Anwendung des Regelwerks der Swiss GAAP FER durch die berichterstattenden Unternehmen erfolgt grundsätzlich freiwillig. Allerdings wird verlangt, dass Unternehmen, die grundsätzlich das Konzept der Swiss GAAP FER anwenden, auch alle Einzelregelungen anwenden.
Die von der Swiss GAAP FER herausgegebenen Fachempfehlungen zur Rechnungslegung gelten seit einigen Jahren auch als Mindeststandard für die Jahres- und Zwischenberichterstattung von an der Schweizer Börse notierten Unternehmen gemäss ↑Kotierungsreglement der Schweizer Börse. Bedeutende Publikumsgesellschaften berichten allerdings vermehrt nach IAS oder US-GAAP, die Swiss GAAP FER gewinnen dagegen vor allem für kleinere und mittlere Unternehmen an Bedeutung.
Die Swiss GAAP FER ist in *Form einer Stiftung* organisiert. Der Stiftungsrat beruft bis zu 30 Mitglieder in die sog. Fachkommission. Die Fachkommission ihrerseits wählt einen Fachausschuss (5 bis 7 Mitglieder) sowie Präsident und Fachsekretär. Die Themenvorgabe sowie die Entwicklung und Änderung von Fachempfehlungen erfolgen aufgrund von aktuellen Bedürfnissen, den internationalen Entwicklungen oder auch Anfragen von Behörden und Verbänden in einem mehrstufigen Prozess. Zunächst identifiziert die Fachkommission ein Thema. Der Fachausschuss überträgt die Vorbereitungsaufgaben an eine Subkommission, die in der Regel von einem seiner Mitglieder geleitet wird und in der die interessierten Kreise vertreten sind. Die Subkommission erarbeitet in der Folge einen Entwurf für den Fachausschuss aus, der vom Fachausschuss diskutiert und zusammen mit Vertretern der jeweiligen Subkommission überarbeitet wird.
Der (überarbeitete) Entwurf wird anschliessend von der Fachkommission diskutiert.

Der bereinigte Text wird von der Fachkommission in einer breiten Vernehmlassung, seit 2001 auch in einem öffentlichen Hearing, geführt. Interessierte Kreise werden eingeladen, zu dem publizierten Vernehmlassungstext Stellung zu beziehen. Der Fachausschuss berücksichtigt diese Stellungnahmen bei der Ausarbeitung des Textes der Fachempfehlung. Dieser wird in einem letzten Schritt der Fachkommission vorgelegt, die über die Verabschiedung des Entwurfs abstimmt. Für die Inkraftsetzung ist eine qualifizierte Mehrheit vorgegeben. Damit wird eine breite Zustimmung für neue oder geänderte Fachempfehlungen sichergestellt.

Giorgio Behr

Fachprüfungen im Bankgewerbe, höhere

Ausbildung im Bankensektor; ↑Berufs- und höhere Fachprüfungen in Bank, Versicherung und Finanzplanung BVF.

Factoring

Unter Factoring versteht man ein Paket von Finanzdienstleistungen, das der Factor, meistens die Tochtergesellschaft einer grossen Bank, seiner Kundschaft auf der Grundlage der generellen Zession von Debitorenforderungen erbringt (↑Globalzession, generelle Debitorenzession). Bei den abgetretenen Debitorenforderungen handelt es sich grundsätzlich um alle im Geschäftsbetrieb des Kunden entstehenden Forderungen; gelegentlich wird die Globalzession auf bestimmte Märkte, z. B. auf die Schweiz, oder auf den Export oder den Export in bestimmte Länder beschränkt. Den abgetretenen Debitorenforderungen mit einer typischen Laufzeit von 30 bis 90, max. 120 Tagen liegen in der Regel Warenlieferungen des Factoringkunden an kommerzielle Abnehmer, gelegentlich auch Dienstleistungen, zu Grunde.

Grundlage des Factoringgeschäfts ist neben der Globalzession der Debitorenforderungen regelmässig der Auftrag des Factoringkunden an den Factor zur Führung der Debitorenbuchhaltung und zur Besorgung des Mahn- und Inkassowesens im Zusammenhang mit dem abgetretenen Forderungskreis. An diese Grundfunktion können sich anschliessen:
– Die Übernahme des *Delkredere-Risikos* auf den abgetretenen Debitorenforderungen durch den Factor, jeweils nach vorgenommener Bonitätsprüfung
– Die *Finanzierung (Bevorschussung)* der werthaltigen abgetretenen Forderungen zum Satz von etwa 80%, ohne betragsmässige Limite.

Je nach Vereinbarung mit dem Kunden übernimmt der Factor das Delkredererisiko, oder er finanziert die abgetretenen Forderungen, oder er tut beides. Von *echtem Factoring* spricht man, wenn der Factor das Delkredere-Risiko (mit oder ohne Finanzierung) übernimmt. Andernfalls spricht man von *unechtem Factoring*.

Die Globalzession der Debitorenforderungen erfolgt beim echten Factoring im Sinne einer entgeltlichen ↑Abtretung. Der Factor kauft dem Kunden die Forderungen ab. Grundsätzlich schuldet er dem Kunden einen Kaufpreis in der Höhe des Wertes der Forderungen. In der Praxis betrachten die Parteien den Kaufpreis als getilgt, sobald die Zahlung des Abnehmers beim Factor eingeht und dem Konto des Kunden beim Factor gutgeschrieben wird. Bleibt die Zahlung des Abnehmers länger als üblich aus, so leistet der Factor dem Kunden in der Regel nach Ablauf von 90 Tagen seit der Fälligkeit der Forderung den Kaufpreis in der Form der sog. *Garantiezahlung*. Diese Garantiezahlung wird jedoch nicht geschuldet und sie ist gegebenenfalls zurückzuerstatten, wenn das Ausbleiben der Zahlung des Abnehmers auf Mängel in der Lieferung oder Dienstleistung des Factoringkunden zurückzuführen ist; denn der Factor übernimmt als Käufer der Forderung nur das Risiko der ↑Zahlungsunfähigkeit des Abnehmers; für den Bestand der Forderung muss der Factoringkunde als Zedent einstehen (OR 171 I).

Besorgt der Factor die Finanzierung der abgetretenen Forderungen, so geschieht dies über einen ↑Kontokorrentkredit, d.h., der Factoringkunde kann sein Konto beim Factor im Umfang des vereinbarten Bevorschussungssatzes sofort überziehen. Dies gilt nach schweizerischer ↑Usanz auch bei der Finanzierung von Debitorenforderungen, für die der Factor das Delkredere-Risiko übernimmt. In beiden Fällen dienen die abgetretenen Forderungen, genauer gesagt der Anspruch des Kunden auf die noch nicht erbrachte Gegenleistung, dem Factor als Sicherheit für seine Ansprüche aus der Finanzierung. Mit der Gutschrift der vom Abnehmer geleisteten Zahlung, gegebenenfalls mit der Garantiezahlung des Factors, wird die Überziehung ausgeglichen.

Vom ↑*Zessionskredit* einer Bank unterscheidet sich diese Form des Factoring vor allem dadurch, dass das Factoring auf der Übernahme des Inkassos und des Mahnwesens für die abgetretenen Forderungen aufbaut und die Globalzession der Forderungen nicht nur Sicherungscharakter hat. Anders als beim Zessionskredit ist es für das Factoring typisch, dass den Abnehmern des Kunden die Abtretung notifiziert wird. Somit kennt der Factor die Abnehmer und ihr Zahlungsverhalten aus direktem Kontakt, und zwar oft aus der Beziehung mit verschiedenen Lieferanten. Dies erlaubt ihm eine laufende Überwachung ihrer ↑Bonität und ermöglicht ihm gegebenenfalls die Übernahme des Delkredere-Risikos. Von der ↑*Forfaitierung*, bei der es ebenfalls um die Übernahme des Delkredere-Risikos geht, unterscheidet sich das echte Factoring dadurch, dass der Kunde dem Factor grundsätzlich sämtliche Debitorenforderungen zediert. Demgegenüber hat die Forfaitierung die Abtretung (den Verkauf) einzelner, in der Regel aus der Lieferung von Investitionsgütern herrührender Forderungen mit längerer ↑Laufzeit zum Gegenstand.

Lautet die abgetretene Forderung auf einen ausländischen Abnehmer, so zediert der Factor die Forderung an eine ausländische Partnergesellschaft im Land des Abnehmers weiter, die dann vor Ort das Inkasso besorgt. Auch bei der Übernahme des Delkredere-Risikos und/oder bei der Finanzierung von Forderungen gegen Abnehmer im Ausland stützt sich der Factor regelmässig auf vorgängige Zusicherungen des betreffenden ausländischen Korrespondenten. Factoring eignet sich daher besonders als ↑Finanzinstrument für stark exportorientierte Firmen, insbesondere solche mit Abnehmern in Ländern, in denen es üblich ist, die Zahlungsziele auszunützen. Nachdem der vermehrte Einsatz von Computern bei grösseren und mittleren Unternehmen während einiger Zeit zu einem Rückgang der Nachfrage nach Dienstleistungen wie Debitorenbuchhaltung und Mahnwesen geführt hatte, profitiert Factoring heute auch im Inland von der Tatsache, dass die Banken ihre Kunden seit Beginn der 90er-Jahre nicht mehr so grosszügig wie bisher mit Krediten versorgen und die Ausnützung des Zahlungsziels üblicher geworden ist. Vor allem eignet sich das Factoring für junge oder stark wachsende Unternehmen mit knapper Kapitalbasis, aber guten Produkten und guten Kunden; denn der Factor legt die Grenzen seiner Bereitschaft zur Finanzierung und zur Übernahme des Delkredere-Risikos nicht aufgrund der Bilanzstruktur des Kunden fest, sondern aufgrund des Umfangs und der Qualität der belehnbaren Debitorenforderungen *(Asset based financing).* Factoring wird aber oft auch von Grossfirmen mit beschränktem, aber stabilem Kundenkreis in Anspruch genommen.

Die *Kosten des Factoring* sind von verschiedenen Umständen abhängig, insbesondere vom Jahresumsatz, von der Art und Anzahl der Abnehmer und der Höhe der einzelnen Fakturen. Die Factoringgebühr beträgt je nach dem Umfang der Dienstleistungen 0,5 bis 1,5% des Fakturabetrages. Dazu kommen gegebenenfalls die Finanzierungskosten zu Sätzen, wie sie für Blanko-Kontokorrentkredite bei Banken üblich sind.

Da der Factor beim echten Factoring das Delkredere-Risiko übernimmt, kommt dem echten Factoring auch die Funktion einer ↑Kreditversicherung zu. Die Übernahme des ↑Kreditrisikos findet im Rahmen des Forderungskaufs (Zession) statt und wird daher vom OR und nicht vom Versicherungsvertrag geregelt (OR 171). Die Tätigkeit des Factors unterliegt daher auch nicht der Versicherungsaufsicht.

Da das Factoringgeschäft auf der Forderungszession aufbaut und manche Rechtsordnungen die Abtretung von Forderungen einschränkenden Bestimmungen unterwerfen, hat das Institut International pour l'Unification du Droit Privé (UNIDROIT) zur Erleichterung des grenzüberschreitenden Factoringgeschäfts 1988 in Ottawa ein Übereinkommen über internationales Factoring verabschiedet, das 1995 für eine Reihe von Staaten, darunter Deutschland, Frankreich und Italien, in Kraft getreten ist. Das Abkommen lässt im Rahmen von Factoringverträgen die weit gehend formfreie Abtretung zukünftiger Forderungen, insbesondere auch Globalzessionen zu, erklärt allfällige zwischen dem Zedenten und dem Schuldner vereinbarte Zessionsverbote für unbeachtlich und schützt den Schuldner (Abnehmer), der in gutem Glauben an den notifizierenden Factor Zahlung leistet. Die Schweiz hat das Abkommen bisher (Sommer 2002) weder unterzeichnet noch ratifiziert. Die meisten der vom Übereinkommen verfolgten Anliegen sind bereits im geltenden schweizerischen Recht berücksichtigt.

Hans-Peter Kellenberger, Christian Thalmann

Fahrbare Zweigstelle

Unter einer fahrbaren Zweigstelle versteht man eine bediente Zweigstelle in einem Fahrzeug (Bus, Car bzw. Lastwagen), in der an mehreren Standorten ↑Bankgeschäfte getätigt werden können. Im Rahmen des Vertriebskonzeptes einer Bank stellen fahrbare Zweigstellen, neben festen ↑Bankstellen und elektronischen Banken (Cyber-Banken [↑Virtuelle Bank]), einen der Vertriebskanäle einer *Multi-access-Strategie* dar. Hauptgründe für den Betrieb von fahrenden Banken sind die geografische Kundennähe, die kostengünstige Erschliessung neuer Standorte oder der Ersatz für feste Bankstellen. Deshalb werden fahrbare Zweigstellen meist in ländlichen Gebieten bzw. kleineren und mittleren Ortschaften zur Deckung der Bankkundenbedürfnisse der dortigen Bevölkerung eingesetzt. Die «rollenden Banken» lassen sich in diesem Sinne vergleichen mit den seit langem bekannten Verkaufswagen des Detailhandels. Determinanten des Einsatzes sind Marktpräsenz und -potenzial.

Das Dienstleistungsangebot einer mobilen Bankstelle umfasst als Zweigstelle alle typischen Dienstleistungen des ↑Retail banking (↑Konto- und Depoteröffnungen, Ein- und Auszahlungen, Change, An- und Verkauf von ↑Wertschriften, Beratung, Abschluss von Standardhypotheken usw.). Zu diesem Zwecke verfügen die fahrbaren Zweigstellen über einen Anschluss ans Rechenzentrum sowie über die für den Bankbetrieb erforderlichen Geräte und Einrichtungen. Die mobile Bank hat ebenfalls die nötigen Sicherheitsstandards zu erfüllen. Sie besteht in der Regel aus einem Schalterraum, dem Kundenraum, einem Arbeits- und Beratungsplatz sowie einem Vorraum. Die fahrenden Bankstellen werden meist von einem Mitarbeiter betreut, der auch im Besitze des Führerausweises für das Fahrzeug ist. Pro fahrbare Zweigstelle werden drei bis vier Orte mehrmals wöchentlich betreut, wobei der Standort über Mittag in der Regel gewechselt wird. «Rollende Banken» eignen sich im Weiteren für den Einsatz als Marketinginstrument an Veranstaltungen.

André Suter

Fahrnispfandrecht

Unter dem Fahrnispfandrecht als Oberbegriff versteht man das ↑Pfandrecht an beweglichen Sachen, Forderungen und anderen Rechten. Es dient der ↑Kreditsicherung; in der Kreditsicherungspraxis der Banken spielt es eine hervorragende Rolle. Im Vordergrund steht dabei die Wertpapierverpfändung. Das Fahrnispfandrecht wird durch verschiedene Pfandrechtsprinzipien beherrscht. Bedeutsam ist das Akzessorietätsprinzip. Darnach ist das Fahrnispfandrecht aufgrund seiner Funktion vom Bestand derjenigen Pfandforderung abhängig, zu deren Sicherung es errichtet worden ist. Das zeigt sich darin, dass das Pfandrecht zu seiner Entstehung grundsätzlich eine gültige Pfandforderung voraussetzt, von Gesetzes wegen auf den Zessionar der Pfandforderung übergeht und mit dem Untergang der Pfandforderung automatisch erlischt. Das Fahrnispfandrecht ist hauptsächlich in ZGB 884ff. sowie in Spezialgesetzen (↑Mobiliarhypotheken) geregelt.

1. Voraussetzungen

Die Voraussetzungen für die Begründung des Fahrnispfandrechts hängen im Einzelnen von der Natur des Pfandgegenstandes ab. In jedem Falle sind aber für die Pfandrechtsbegründung zwei Akte zu unterscheiden:
– *Rechtsgrund:* Dieser besteht entweder in einem obligatorischen Verpflichtungsgeschäft (= Pfandvertrag) oder in einer Gesetzesvorschrift. Ohne gültigen Rechtsgrund kann kein Pfandrecht entstehen.
– *Verfügungsgeschäft:* Zur sachenrechtlichen Konstituierung des Pfandrechtes bedarf es neben des Rechtsgrundes im Allgemeinen entweder der Besitzesübertragung an den Pfandgläubiger (Faustpfandrecht) oder eines Registereintrages (Mobiliarhypothek). Vor dem Vollzug des Verfügungsgeschäftes ist das Pfandrecht nicht begründet und kann im Konkurs des Verpfänders nicht durchgesetzt werden.
– *Verfügungsmacht des Verpfänders bzw. gutgläubiger Pfandrechtserwerb:* Der Verpfänder muss des Weitern zur Verpfändung verfügungsberechtigt sein. Ist er das nicht, so entsteht das Pfandrecht gleichwohl, wenn der Pfandgläubiger gutgläubig ist (ZGB 884 II, 933). Bei abhanden gekommenen Sachen besteht indessen kein Gutglaubensschutz (ZGB 934), es sei denn, es handle sich bei dem Pfandgegenstande um Geld oder Inhaberpapiere (ZGB 935). Bei der Verpfändung von Order-Wertpapieren richtet sich der Gutglaubensschutz nach wertpapierrechtlichen Bestimmungen (OR 1006 II, 1112, 1098, 1147, 1151, 1152).

2. Arten von Fahrnispfandrechten

Die Arten von Fahrnispfandrechten unterscheiden sich wie folgt:
– *Pfandrecht an beweglichen Sachen – Faustpfandrecht:* Das Faustpfandrecht stellt für die rechtsgeschäftliche Verpfändung von beweglichen Sachen den Normalfall dar. Die dingliche Konstituierung des Pfandrechtes setzt neben dem obligatorischen ↑Pfandvertrag die Übertragung des Besitzes am Pfandobjekt an den Faustpfandgläubiger oder an einen für ihn auftretenden Dritten (Pfandhalter) voraus. Es handelt sich um ein Besitzpfandrecht (Faustpfandprinzip, ZGB 884, 717, ↑Warenverpfändung). Andere Verpfändungsarten (insbesondere Mobiliarhypotheken) sind nur so weit zulässig, als sie durch das Gesetz ausdrücklich vorgesehen sind (ZGB 884). Das ↑Versatzpfand stellt einen Sonderfall des Faustpfandrechtes dar (ZGB 907ff.).
– *Pfandrecht an beweglichen Sachen – Mobiliarhypothek:* Für die Verpfändung bestimmter Kategorien von beweglichen Sachen (z.B. Vieh, Schiffe, Flugzeuge) sieht das Gesetz die ↑Mobiliarhypothek vor.
– *Pfandrecht an Forderungen und anderen Rechten:* Soll eine gewöhnliche Forderung (z.B. Darlehensforderung, Kaufpreisforderung) verpfändet werden, ist ein schriftlicher Pfandvertrag notwendig. Soweit für die verpfändete Forderung ein ↑Schuldschein besteht, muss dieser dem Pfandgläubiger übergeben werden (ZGB 900). Die Verpfändung von Forderungen ist in der schweizerischen Bankpraxis durch die Sicherungszession (↑Abtretung) verdrängt worden. Zur Verpfändung anderer Rechte als Forderungen (z.B. GmbH-Anteile, Immaterialgüterrechte) bedarf es neben eines schriftlichen Pfandvertrages der Beobachtung der Form, die für die Übertragung des entsprechenden Rechtes vorgesehen ist (ZGB 900).
– *Wertpapiere:* ↑Wertpapierverpfändung, ↑Warenverpfändung (bzgl. Warenpapieren).

3. Rechtsgeschäftliche und gesetzliche Fahrnispfandrechte

Bei den *rechtsgeschäftlichen Fahrnispfandrechten* steht im Vordergrund das vertragliche Fahrnispfandrecht, dem ein Pfandvertrag als obligationenrechtliches Verpflichtungsgeschäft (= Rechtsgrund) zu Grunde liegt. (↑Faustpfand, ↑Warenverpfändung, ↑Wertpapierverpfändung).

Die *gesetzlichen Fahrnispfandrechte* sind dadurch gekennzeichnet, dass ihr Rechtsgrund nicht auf einem Pfandvertrag, sondern auf Gesetzesvorschrift beruht. Sie sind teils an den Besitz des Gläubigers gebunden (= gesetzliche Besitzpfandrechte), teils entstehen sie ohne Besitz des Gläubigers (= gesetzliche Mobiliarhypotheken). Beispiele: Bürgerliches und kaufmännisches Retentionsrecht (ZGB 895 ff.), ↑Retentionsrecht des Vermieters oder Verpächters (OR 268 ff., 299c), Retentionsrecht des Beauftragten (OR 401 III).

4. Eigenpfand und Drittpfand
Das Fahrnispfandrecht kann – gleich wie das ↑Grundpfandrecht – als Eigen- oder Drittpfand aufgezogen werden. Das Drittpfand unterscheidet sich vom Eigenpfand dadurch, dass es nicht durch den Schuldner der zu sichernden Pfandforderung, sondern von einem Dritten bestellt wird. Dieser Drittverpfänder kann den Pfandgläubiger unter den gleichen Voraussetzungen wie der Schuldner ablösen. Dadurch geht die Pfandforderung durch Subrogation auf ihn über (OR 110).

5. Untergang des Fahrnispfandrechts
Die Erlöschensgründe des Fahrnispfandrechts sind mannigfaltig. Als deren wichtigste sind zu nennen:
– Untergang der Pfandforderung. Eine Rückgabepflicht des Pfandgläubigers besteht aber erst dann, wenn dieser voll befriedigt ist (ZGB 889)
– Rückgabe des Pfandgegenstandes an den Verpfänder (ZGB 888, Warenverpfändung)
– Vertragliche Aufhebung des Pfandrechtes
– Untergang des Pfandgegenstandes.

6. Haftung des Pfandgläubigers
Der Pfandgläubiger haftet für den aus der Wertverminderung oder aus dem Untergang der verpfändeten Sache entstandenen Schaden, sofern er nicht nachweist, dass dieser ohne sein Verschulden eingetreten ist. Bei eigenmächtiger Veräusserung oder ↑Weiterverpfändung haftet er auch bei fehlendem Verschulden (ZGB 890).

7. Zwangsvollstreckung
Die Geltendmachung einer durch Fahrnispfandrecht gesicherten Forderung erfolgt im Normalfall durch Betreibung auf Faustpfandverwertung (SchKG 41, 151 ff.). Die Banken lassen sich aber in den Pfandverträgen regelmässig ermächtigen, den Pfandgegenstand freihändig zu verwerten (= Privatverwertung). Machen sie von diesem freihändigen Verwertungsrecht Gebrauch, sind sie gegenüber dem Verpfänder abrechnungspflichtig. Wird der Gläubiger aus dem Pfanderlös nicht befriedigt, erhält er bezüglich des ungedeckten Betrages gegenüber dem Schuldner der Pfandforderung eine so genannte Pfandausfallforderung, für welche dieser mit seinem gesamten Vermögen persönlich haftet. Beim Versatzpfand besteht in dieser Beziehung eine Ausnahme, indem sich die Haftung des Versetzers auf den Wert des Pfandgegenstandes beschränkt. Das Pfandrecht wird auch im Konkurs des Verpfänders geschützt (SchKG 291). Das bedeutet, dass der Pfandgläubiger im Vorrang zu den übrigen Konkursgläubigern aus dem Pfanderlös befriedigt wird. *Dieter Zobl*
Lit.: Oftinger, K./Bär, R., Zürcher Kommentar zum Fahrnispfand, Syst. Teil und Art. 884 ff. ZGB, Zürich 1981. – Zobl, D.: Berner Kommentar zum Fahrnispfand, Syst. Teil und Art. 884 ff. ZGB, Bern 1982, Art. 888–906 ZGB, Bern 1996.

Fairer Wert
Fairer Wert hat in der ↑Finanzanalyse und in der Rechnungslegung unterschiedliche Bedeutung:
1. In der Finanzanalyse der aus dem in der Regel nach der ↑Discounted-Cashflow-Methode berechneten Unternehmungswert abgeleitete theoretisch richtige Wert einer ↑Aktie (↑Fair market value). Der faire Wert stimmt in der Regel nicht mit dem ↑Börsenwert überein. Liegt der Fair market value über dem aktuellen Börsenkurs, bedeutet dies eine Unterbewertung der Aktie.
2. In der Rechnungslegung Bewertungsgrundlage für Finanzaktiven und -verbindlichkeiten. Er entspricht jenem Betrag, zu dem zwischen sachverständigen, vertragswilligen und voneinander unabhängigen Geschäftspartnern ein Vermögenswert getauscht oder eine Schuld beglichen werden könnte (IAS 32/5).
↑Fair value einer Option.

Fair market
↑Fairer Wert.

Fair market value
Der Betrag, der in einem aktiven Markt aus dem Verkauf eines ↑Finanzinstrumentes erzielt werden könnte oder der für einen entsprechenden Erwerb zu zahlen wäre. ↑Fairer Wert.

Fairness opinion
Die Fairness opinion ist ein Bestätigungsbericht über die Angemessenheit des Aktienaustauschverhältnisses oder des Kaufpreises einer vom Verwaltungsrat vorgeschlagenen ↑Transaktion (↑Fusion, Übernahme- oder Kaufangebot). Sie ist gesetzlich nicht vorgeschrieben, wird jedoch als Vorsichtsmassnahme durch den Verwaltungsrat in Auftrag gegeben. Die Fairness opinion richtet sich deshalb an den Auftraggeber und nicht an die Aktionäre und ist keine Bewertung der Gesellschaft. Zur Beurteilung der Angemessenheit der Transaktion werden verschiedene Bewertungsmethoden herangezogen, z. B. ↑Discounted-Cashflow-Methode, ↑Market multiples und Transaction multiples.

Fair presentation
Grundsatz der Rechnungslegung. Im Jahresabschluss soll die Ertrags-, Vermögens- und Finanzlage «getreu» dargestellt werden. Synonym dazu wird ↑True and fair view verwendet.

Fair value einer Option
Der Wert einer ↑Option, die nicht durch eine synthetische ↑Position arbitragiert werden kann, wird als Fair value bezeichnet. ↑Fairer Wert.

Fair value hedge
↑Hedge accounting.

Faksimilierte Unterschrift
Faksimile ist die lateinische Bezeichnung für «mache ähnlich»: der mit einem Original übereinstimmende Nachdruck, besonders von Handschriften. Englische Bezeichnung dafür facsimile; Synonyme dafür sind Nachahmung, Reproduktion.
Faksimile-Unterschriften werden häufig verwendet bei Werbedrucksachen, um den Eindruck persönlich adressierter und individuell unterzeichneter Schreiben zu erwecken. Nicht gebräuchlich ist es bei Korrespondenzen oder Gutschrifts- und Belastungsanzeigen von Banken. Finanzinstitute verwenden eher den Terminus «bis Fr. ... ohne Unterschrift der Bank».
Bei einem Fax gilt die faksimilierte Unterschrift des übertragenen Schriftstücks beim Fernkopieren (Fernkopierer, Telefax) wie folgt: Banken akzeptieren in der Regel keine Aufträge per Telefax, weil die Authentizität der Unterschrift nicht zu prüfen ist. Aufträge können per Telefax (oder Telex) erfolgen, wenn vorgängig zwischen Bank und Kunde ein Schlüssel (↑Code, Codierung) vereinbart wurden. ↑Digitale Zertifikate und digitale Signatur; ↑Echtheitsprüfung von Unterschriften.

Faktischer Beistandszwang
↑Bankengesetzgebung (Inhalt des Bankengesetzes).

Faktizitätsprinzip
↑Konzern.

Fallen angel
Schuldner, ↑Emittent, dessen ↑Rating unter die Investmentqualität gefallen ist (↑Down grading). Das Gegenteil vom Fallen angel ist der ↑Rising star.

Fälligkeit
Die Fälligkeit einer Verbindlichkeit ist der Zeitpunkt, an dem der Schuldner die Leistung erbringen muss und der ↑Gläubiger die Leistung fordern kann. Sie tritt entweder von Gesetzes wegen ein oder gemäss Vertrag an einem zum Voraus bestimmten Tag oder durch ↑Kündigung. Durch den Konkurs werden alle Forderungen gegenüber dem Konkursiten fällig mit Ausnahme derjenigen, die durch seine Grundstücke pfandrechtlich sichergestellt sind (SchKG 208). ↑Verzugszins.

Fälligkeitsaufschub
↑Bankensanierung.

Fälligkeitstag
↑Verfalltag.

Fälligkeitsübereinstimmung
↑Goldene Bankregel; ↑Fristentransformation; ↑Liquidität (Betriebswirtschaftliches).

Falschgeld
↑Falschmünzerei.

Falschmünzerei
Falschmünzerei war ursprünglich die Bezeichnung für die Fälschung von ↑Münzen, bezieht sich aber heute auf Metallgeld und Papiergeld, einschliesslich der ↑Banknoten. Falschmünzer traten in Erscheinung, seit es ↑Geld gibt, sei es als Gelegenheitsfälscher oder als «berufsmässiger» Falschmünzer, im Alleingang oder in Banden mit dezentralisierter arbeitsteiliger «Fabrikation» und besonderen Absatzorganisationen (organisierte Kriminalität).
Die Wahl des Fälschungsobjektes hängt ab von den Absatzmöglichkeiten und vom zu erwartenden Ertrag (harte weltweit bekannte ↑Währungen werden bevorzugt) sowie von den Fähigkeiten des Fälschers, der auf einem Gebiet spezialisiert ist (Münzen oder Banknoten).

1. Gesetz
Art. 11 des *Bundesgesetzes über die Währung und die Zahlungsmittel* (WZG) (↑Währungs- und Zahlungsmittelgesetz) enthält den strafrechtlichen Schutz des staatlichen Bargeld-Ausgabemonopols. Geldfälschungen gehören zu den schweren Straftaten. Die Sicherheit des modernen Geldverkehrs gebietet eine strenge und abschreckende Bestrafung des Fälschers. Die Schweiz ist denn auch im Jahre 1949 dem «Internationalen Abkommen zur Bekämpfung der Falschmünzerei», abgeschlossen in Genf am 20.04.1929, beigetreten. Dieses enthält Mindeststrafnormen, Bestimmungen über die Strafverfolgung bei Begehung von Gelddelikten in mehreren Staaten, den Rückfall, die Strafverfolgungsübernahme, die Auslieferung und internationale ↑Rechtshilfe in Strafsachen sowie über die Gestaltung der engen Zusammenarbeit zwischen den Vertragsstaaten.
Die gesetzliche Grundlage zur *Bestrafung* der Fälschung und des Nachahmens von Geld, amtlichen Wertzeichen und Zeichen, Mass und Gewicht mit Zuchthaus und Gefängnis bildet der 10. Titel des schweizerischen Strafgesetzbuches (StGB 240–250). Schutzobjekt ist die Sicherheit des Geldverkehrs, wobei schon die Gefährdung strafbar ist. Unter Geld im Sinne von StGB 240ff. sind die von einem völkerrechtlich anerkannten Staat oder mit dessen Ermächtigung ausgegebenen, offiziellen ↑Zahlungsmittel zu verstehen. Tatobjekt ist sowohl inländisches wie ausländisches Geld. Strafbar ist,

wer fälscht, verfälscht und nachahmt in der Absicht, das Falsifikat als echt in Umlauf zu setzen, wer falsches Geld in Verkehr setzt mit dem Willen, dessen Echtheit oder Unverfälschtheit vorzutäuschen und wer mit dem gleichen Willen falsches, verfälschtes oder nachgeahmtes Geld einführt, erwirbt oder lagert. Unter Strafe gestellt ist ferner das Anfertigen und Beschaffen von Fälschungsgeräten sowie deren Gebrauch. Falsches, verfälschtes und nachgeahmtes Geld sowie die Fälschungsgeräte sind in jedem Fall einzuziehen, unbrauchbar zu machen oder zu vernichten. Die Verfolgung der Falschgelddelikte liegt in der Kompetenz des Bundes; demzufolge stehen die gerichtspolizeilichen Ermittlungen unter der Leitung der Bundesanwaltschaft. Die weitere Untersuchung und die gerichtliche Beurteilung wird in der Regel durch die Bundesanwaltschaft einem Kanton übertragen.

Der typische Geldfälscher ist psychologisch dem Betrüger verwandt, vertraut mit List und Lüge und mit feinem Gefühl für die Wahl der Mittel und Opfer. Er versucht sich regelmässig durch Vorgabe von Unkenntnis der strafrechtlichen Verantwortlichkeit zu entziehen.

2. Münzen
Wurden falsche Münzen früher noch aus Blei und Zinn gegossen, so werden diese heute vorwiegend mittels nachgebildeter Stahlstempel geprägt. Nach dem 2. Weltkrieg wurden falsche Goldmünzen (z.B. ↑Vreneli und Sovereigns), die bezüglich Legierung und Gewicht die jeweiligen staatlichen Normen erfüllen, mit Stahlstempeln geprägt.

Die *Münzverringerung*: Der Originalmünze (Gold- und Silbermünzen) wird auf mechanischem oder chemischem Wege ein Teil des wertvollen Metallgehaltes entzogen und diese nachher in verringertem Zustand wieder in Umlauf gesetzt. Aufgrund der tiefen Gold- und Silberpreise steht heute der Aufwand nicht im Verhältnis zum Ertrag.

Heute gelingt es den von organisierten Tätergruppierungen unterstützten Fälschern, Münzen herzustellen, die im Aussehen, im Gewicht und von der Legierung her kaum von den Originalen zu unterscheiden sind. Solche gefährliche Fälschungen werden von den zuständigen Münzstätten begutachtet.

Im Allgemeinen sind falsche Münzen äusserlich erkennbar am dumpfen Klang, an der Unschärfe oder an Abweichungen des Prägebildes und an den unvollkommenen, unsauberen Randprägungen, gelegentlich auch an der Farbe. Wichtige Merkmale sind ferner Gewicht und Legierung.

3. Banknoten
Wurden früher vom klassischen Druckfälscher vielseitige technische und künstlerische Kenntnisse vorausgesetzt, so bieten heute jedoch Farbkopiergeräte, Computeranlagen, Grafikprogramme und billige Farbdrucker jedem die Möglichkeit, Falschgeld herzustellen.

Erkennbar sind Banknotenfalsifikate u.a. an den fehlenden *Sicherheitsmerkmalen* wie Wasserzeichen, Plastik- oder Metallfaden, an den optisch veränderbaren Druckfarben, am Durchsichtsregister, an den Melierfasern, am Holo- oder Kinegram usw. Ferner an der Unschärfe des Druckes im Notenbild, am Fehlen der gleichmässigen Feinheit der Linienführung (Guillochen), ferner an der abweichenden Farbgebung, insbesondere bei Farbübergängen, an der Notennummerierung (die Falsifikate haben vielfach gleiche Nummern oder einen vom Original abweichenden Druck bzw. eine andere Schriftart) und schliesslich namentlich an der Papierqualität.

Neben der Totalfälschung steht die *Geldverfälschung*, bei welcher der Täter den Nominalwert einer echten Banknote erhöht (z.B. eine echte 5-Dollar-Note zu einer 50-Dollar-Note).

Auch das Nachahmen von Geld *ohne Fälschungsabsicht* ist unter Strafe gestellt. D.h., wer Geld so wiedergibt oder nachahmt, dass die Gefahr einer Verwechslung durch Personen oder Geräte mit echtem Geld geschaffen wird (z.B. Werbematerial mit Notenabbildungen, Jetons für Einkaufswagen, deren Gewicht und Grösse ähnlich der in Kurs stehenden Münzen sind).

4. Bekämpfung und Prävention
Für die erfolgreiche Bekämpfung (Ermittlung, Prävention, Bestrafung) der Falschmünzerei ist im internationalen Abkommen die enge Zusammenarbeit zwischen den nationalen und internationalen Polizeistellen, den Strafverfolgungsbehörden und den Ausgabebanken vorgeschrieben. Jeder Vertragsstaat hat eine nationale Zentralstelle zu schaffen, die berechtigt ist, mit den anderen nationalen Zentralstellen und Ausgabebanken direkt zu verkehren. Selbstverständlich werden Informationen mit den «Internationalen Kriminalpolizeilichen Organisationen» (INTERPOL und EUROPOL) ausgetauscht. Beide Organisationen verfügen über eine besondere Gruppe zur Falschgeldbekämpfung und organisieren ausserdem periodisch Tagungen zur Behandlung von Fragen betreffend die Falschgeldbekämpfung.

In der Schweiz ist die Zentralstelle im Bundesamt für Polizei integriert (Kommissariat Falschgeld, 3003 Bern).

Roger Schmidt

Falsifikat
↑Gelddelikte.

Familienstiftungen
Eine besondere Art der Stiftung. Zur Errichtung einer Stiftung bedarf es der definitiven Widmung eines Vermögens zu einem bestimmten Zweck. Zweck einer Familienstiftung kann nach schweizerischem Recht nur sein: die Bestreitung der

Kosten der Erziehung, der Ausstattung oder der Unterstützung von Angehörigen einer bestimmten Familie oder «ähnliche Zwecke» (ZGB 335). «Unterhaltsstiftungen», die den Begünstigten die Erträgnisse des Stiftungskapitals ohne weitere Voraussetzungen zum allgemeinen Lebensunterhalt zuwenden, sind somit nichtig. Sie werden auch von den Steuerbehörden grundsätzlich nicht anerkannt; das Stiftungsvermögen wird dem Stifter resp. den Destinatären zugerechnet. Dasselbe gilt, wenn der Stifter sich die Aufhebung der Familienstiftung vorbehält (keine definitive Vermögenswidmung). Der strengen Umschreibung des Zwecks der Familienstiftungen entspricht das Verbot von neuen Familienfideikommissen (ZGB 335 II) und der sukzessiven Nacherbeneinsetzung (ZGB 488 II): das ZGB will die uneingeschränkte wirtschaftliche Sicherung der Familienangehörigen auf Generationen hinaus verhindern.

Die Familienstiftung wird errichtet durch öffentliche Urkunde oder letztwillige Verfügung. Sie bedarf nicht des Eintrags im Handelsregister, um das Recht der eigenen Persönlichkeit zu erlangen (ZGB 52). Sie untersteht keiner staatlichen Aufsicht (ZGB 87). Die Stiftungsurkunde bestimmt die Organisation (meist ein Stiftungsrat) und die Art der Vermögensverwaltung. Auch Banken und Treuhandgesellschaften können Mitglieder des Stiftungsrates sein.

Im liechtensteinischen Recht gelten andere, freizügigere Bestimmungen.

Fancy stocks
In der ↑Börsensprache spekulative ↑Titel, z.B. ↑Aktien nach einem massiven Kursrückgang oder Aktien einer Unternehmung in Nachlassstundung. ↑Distressed securities.

Fannie Mae
↑Federal National Mortgage Association «Fannie Mae» (FNMA).

FATF
Abk. f. ↑Financial Action Task Force on Money Laundering.

FATF-Empfehlungen
↑Geldwäscherei; ↑Financial Action Task Force on Money Laundering.

Fat tails
↑Börsenpsychologie.

Faustpfand
↑Pfandrecht an einer beweglichen Sache. Da bewegliche Sachen mit Ausnahme des Viehs (↑Viehverpfändung), der Schiffe (↑Schiffspfandrecht) und der Luftfahrzeuge (↑Luftfahrzeugverschreibung) sowie der Zugehör (↑Zugehörverpfändung) nur verpfändet werden können, wenn dem Pfandgläubiger oder einem für ihn auftretenden Dritten der Besitz, d.h. die tatsächliche Herrschaft über die Sache, eingeräumt wird (darum «Faustpfand», ZGB 884) und alle Umgehungsgeschäfte (wie z.B. auch das Konstruieren eines Eigentumsvorbehaltes) anfechtbar sind (ZGB 717), ist das Faustpfand die klassische Form der Verpfändung von beweglichen Sachen, insbesondere von ↑Wertpapieren. Das Faustpfand ist eine Unterart des Fahrnispfandes. ↑Fahrnispfandrecht; ↑Wertpapierverpfändung.

Faustpfandkredit
Der Faustpfandkredit ist ein Kredit, zu dessen Sicherstellung bewegliche Sachen (↑Faustpfand) verpfändet werden. Der Pfandgläubiger wird Besitzer der Sache, der Kreditnehmer bleibt Eigentümer.

Fazilität
↑Kreditfazilitäten.

FBCEC
Abk. f. Fédération Bancaire de la Communauté Economique Européenne. ↑Bankenvereinigung der Europäischen Union.

FBE
Abk. f. Fédération Bancaire Européenne. ↑Bankenvereinigung der Europäischen Union.

FCR
Abk. f. Forwarding agent's certificate of receipt; ↑Spediteurempfangsschein.

FDIC
Abk. f. ↑Federal Deposit Insurance Corporation.

FED
Abk. f. ↑Federal reserve system.

Federal Deposit Insurance Corporation (FDIC)
Die Federal Deposit Insurance Corporation (FDIC) wurde im Jahre 1933 als Reaktion auf die amerikanische ↑Bankenkrise der 30er-Jahre geschaffen. Ihre Hauptaufgabe besteht in der Administration eines Einlagensicherungsfonds, die aus Beiträgen der versicherten ↑Banken finanziert wird. Die FDIC versichert Einlagen bei amerikanischen Banken bis zu USD 100000 pro Bankkunde. Die FDCI ist aber auch für die direkte nationale Aufsicht von einzelstaatlich lizenzierten Banken zuständig, die nicht Mitglieder im ↑Federal reserve system sind, aber bei der FDIC versichert sind. Sie verfügt zudem über Prüfungsrechte bei allen bei ihr versicherten Banken, entweder allein oder in Kooperation mit einzelstaatlichen oder anderen bundesstaatlichen Aufsichtsbehörden und kann letzteren auch die Verhängung administrativer Massnahmen

gegen Banken empfehlen. In der Regel übt die FDIC auch die Zwangsverwaltung («receivership») bei gescheiterten Banken aus.

Eva Hüpkes

Federal funds

Die Federal funds sind Einlagen von Finanzinstituten (vor allem Banken) beim ↑Federal reserve system (FED). Sie dienen den Banken zur Abwicklung des ↑bargeldlosen Zahlungsverkehrs und zur Erfüllung der bankgesetzlichen Liquiditätsvorschriften. Die überschüssigen Federal funds werden von den Banken auf dem Markt für Federal funds gehandelt. Die ↑Zinssätze auf Federal funds und die Zinssätze der Federal fund futures bilden die ↑Referenzinssätze für das ↑Zinsniveau am amerikanischen Geldmarkt. Das Federal reserve setzt die ↑Federal funds target rate, kontrolliert die ↑Federal funds rate aber nicht strikt und lässt kurzfristige Schwankungen der Federal funds rate um die Federal funds target rate zu.

Drei Eigenschaften unterscheiden Federal funds von anderen Geldmarktanlagen:
1. Geborgte Federal funds können vom Kreditnehmer sofort verwendet werden, da sie am Tag des Geschäftsabschlusses gutgeschrieben werden
2. Nur Banken, die den gesetzlichen Mindestreservevorschriften (↑Mindestreserven) unterstehen, können Federal funds ausleihen. Dies sind die ↑Geschäftsbanken (Commercial banks), die ↑Sparkassen (↑Saving banks) und die ↑Kreditgenossenschaften (Savings and loan association and credit unions)
3. Federal funds unterscheiden sich von anderen Bankpassiven dadurch, dass sie nicht reservepflichtig sind.

Im *Federal-funds-Markt* existieren verschiedene *Instrumente*. Das am häufigsten verwendete Instrument ist ein ungesichertes ↑Darlehen bis zum nächsten Tag (Unsecured overnight loan). Federalfunds-Darlehen können aber auch eine ↑Laufzeit von mehren Tagen oder Wochen haben. Dazu existieren verschiedene Verträge: Term federal funds und Continuing federal funds. Während bei Term federal funds ein fixer Zinssatz vereinbart wird, werden die Konditionen bei Continuing federal funds täglich angepasst. Unter gewissen Umständen kann der Darlehensgeber von Federal funds eine ↑Kaution verlangen. Bei gesicherten (secured) Federal funds hinterlegt der Darlehensnehmer während der Vertragsdauer amerikanische Staatspapiere bei einer Wertschriftenaufbewahrungsstelle (Custody account).

Federal-funds-Transaktionen werden auf zwei Arten durchgeführt. Die meist verwendete Methode setzt voraus, dass der Darlehensgeber und der Darlehensnehmer ein Reservekonto (Federal funds account) beim District federal reserve haben. Der Darlehensgeber überweist dem District federal reserve den Darlehensbetrag, der anschliessend dem Reservekonto des Darlehensnehmers gutgeschrieben wird. Diese Transaktion wird über das ↑Zahlungssystem Fedwire abgewickelt. Die zweite Methode besteht darin, dass dem Darlehensnehmer ein Anspruch auf Federal funds übertragen wird. Dies geschieht ohne die Beteiligung des Federal reserve. Der Darlehensgeber besitzt beim Darlehensnehmer ein Depositenkonto unter dem Titel Federal funds, auf das der Darlehensbetrag gutgeschrieben wird. Während der Vertragsdauer verzichtet der Darlehensgeber auf die freie Verfügbarkeit dieser Mittel. *Andreas Fischer*

Federal funds rate

Die Federal funds rate ist der ↑Zinssatz auf amerikanischen Bundesgeldern (↑Federal funds). Federal funds sind Einlagen von Finanzinstituten (vor allem Banken) beim ↑Federal reserve system (FED), die am Markt für Federal funds an andere Finanzinstitute ausgeliehen werden (üblicherweise für einen Tag), wofür die Federal funds rate berechnet wird.

Federal funds target rate

Die Federal funds target rate ist der Leitzinssatz der amerikanischen Notenbank (↑Federal reserve system [FED]). Sie wird vom Offenmarktausschuss (↑Federal Open Market Committee, FOMC) festgelegt. Seit 1995 publiziert die FED nach jeder FOMC-Sitzung die Federal funds target rate, was die Transparenz der amerikanischen Geldpolitik erhöht hat. Zuvor war die Federal funds target rate nur implizit durch die Offenmarktoperationen der FED bekannt.

Federal Home Loan Mortgage Corporation «Freddie Mac»

Die Federal Home Loan Mortgage Corporation «Freddie Mac» ist eine Aktiengesellschaft, die 1970 durch den amerikanischen Kongress mit dem Ziel errichtet wurde, den Anbietern von Hypotheken (↑Hypothekargeschäft) die Finanzierung von Wohnhäusern zu erleichtern. Die Ziele von «Freddie Mac» sind ähnlich wie jene der ↑Federal National Mortgage Association «Fannie Mae» (FNMA). «Freddie Mac» macht keine direkten Kreditgeschäfte mit dem Hypothekarschuldner, sondern kauft die Hypotheken von den Banken und finanziert dies durch die Ausgabe von ↑Obligationen. Diese ↑Wertpapiere geniessen ein hohes Kreditrating auf dem internationalen ↑Kapitalmarkt. Wie «Fannie Mae» operiert auch «Freddie Mac» unter den Regeln und Richtlinien des Secretary of Housing and Urban Development. *Andreas Fischer*

Federal National Mortgage Association «Fannie Mae» (FNMA)

Die Federal National Mortgage Association «Fannie Mae» (FNMA) wurde 1938 durch den amerikanischen Kongress errichtet und mit der Aufgabe betraut, einen ↑Sekundärmarkt für Hypothekaranlagen (↑Hypothekargeschäft) zu schaffen, die durch die Federal Housing Administration (FHA) und die Farmers Home Administration (FHDA) versichert oder durch die Veterans Administration (VA) garantiert sind. Die FNMA wurde 1968 in Privatbesitz überführt, indem die mit Hypotheken handelnden Institutionen verpflichtet wurden, Aktien (↑Aktie [als Anlagepapier]) zu übernehmen. Dennoch operiert die FNMA weit gehend unter den Regeln und Richtlinien des Secretary of Housing and Urban Development. Sie kauft Hypotheken und finanziert diese hauptsächlich durch die Ausgabe von ↑Schuldverschreibungen und kurzfristigen ↑Diskontpapieren. Nach der ↑Deregulierung des amerikanischen Finanzsystems in den 1980er-Jahren gewann die FNMA stark an Bedeutung und entwickelte sich zu einer der grössten Firmen, die an der New York Stock Exchange (NYSE) kotiert sind. *Andreas Fischer*

Federal Open Market Committee
Das Federal Open Market Committee (FOMC) des ↑Federal reserve system (FED) besteht aus zwölf stimmfähigen Mitgliedern (Voting members): den sieben Mitgliedern des Board of governors, dem Präsidenten der Federal reserve bank von New York und vier Präsidenten der elf übrigen regionalen Federal-Reserve-Banken, die rotierend eine einjährige Amtsdauer haben. Die sieben nichtstimmfähigen Mitglieder (Non-voting members) haben im FOMC ein Mitsprache-, aber kein Stimmrecht. Das FOMC trifft sich achtmal im Jahr (alle sechs bis acht Wochen), um die ↑Offenmarktpolitik und damit die ↑Geldpolitik der FED festzulegen. An der ersten und der vierten Sitzung des Jahres diskutiert das FOMC auch die langfristigen Wirtschaftsaussichten. Die operationelle Umsetzung der FOMC-Beschlüsse wird von der Federal reserve bank von New York durchgeführt.
Andreas Fischer

Federal reserve banks
↑Federal reserve system (FED).

Federal reserve board
↑Federal reserve system (FED).

Federal reserve system (FED)
Das Federal reserve system (FED) ist das Zentralbanksystem der USA. Es besteht aus den zwölf regionalen Federal-reserve-Banken, dem Board of governors in Washington und dem ↑Federal Open Market Committee (FOMC).

1. Entstehung
Vor der Schaffung des FED hatte jede der Bundesgesetzgebung unterstehende amerikanische Bank das Recht, Noten auszugeben (↑Notenausgabe).

Mit der National bank act von 1864 wurde das Bankensystem (↑Bankensystem [Allgemeines]) der USA dreistufig gegliedert: erstens die Central reserve city banks, zweitens die Reserve city banks und drittens die Country banks. Es wurde jedoch darauf verzichtet, eine eigentliche ↑Zentralbank zu errichten. Da auf keiner der drei Stufen neue ↑Liquidität geschaffen werden konnte, fehlte ein ↑Lender of last resort. Die Zinssätze wiesen zudem grosse saisonale Schwankungen auf. Das Bankensystem geriet aus diesen Gründen mehrmals (1873, 1883, 1893, 1907) in Krisen, in denen von Papiergeld wieder auf Goldmünzen übergegangen werden musste. Die letzte Krise von 1907 schliesslich führte zur Bildung der National Monetary Commission und zur Federal reserve act (1913), auf deren Grundlage schliesslich das Federal reserve system geschaffen wurde.

2. Struktur
Das Kernstück des FED bilden die zwölf Federalreserve-Banken, die ihre Sitze in den zwölf Federal-reserve-Distrikten haben, in welche das gesamte Gebiet der USA aufgeteilt ist (Boston, New York, Philadelphia, Cleveland, Richmond, Atlanta, Chicago, St. Louis, Minneapolis, Kansas City, Dallas, San Francisco). Die meisten Federal-reserve-Banken haben weitere Zweigstellen, insgesamt existieren Zweigstellen in 25 weiteren Städten. Aktionäre der Federal-reserve-Banken sind die Mitgliedsbanken des FED. Die national operierenden und der bundesstaatlichen Gesetzgebung unterstehenden National banks sind zur Mitgliedschaft verpflichtet, während der Beitritt für die auf einzelstaatlicher Gesetzgebung basierenden Banken (State banks) freiwillig ist. Oberstes Organ jeder einzelnen Reservebank ist der neunköpfige *Board of directors*. Die Aktionärsrechte der Mitgliedsbanken beschränken sich darauf, sechs Direktoren des Board zu wählen. Drei Direktoren werden vom Board of governors ausgewählt. Die Federal-reserve-Banken implementieren die geldpolitischen Massnahmen des Board of governors, indem sie Reserven der Geschäftsbanken halten, nach Absprache mit dem Board of governors den ↑Diskontsatz bestimmen, als Lender of last resort dienen, ↑Zahlungssysteme bereitstellen, Banknoten ausgeben und einen Teil der Bankenaufsicht übernehmen. Ferner berichten die Federal-reserve-Banken regelmässig über die Wirtschaftslage in ihren Distrikten. Offenmarktgeschäfte (↑Offenmarktpolitik) werden durch die Federal reserve bank of New York durchgeführt.
Die Spitze des FED bildet der in Washington ansässige *Board of governors*. Die sieben Mitglieder, darunter der Vorsitzende und der Vize-Vorsitzende, werden vom Präsidenten der USA mit Zustimmung des Senats ernannt. Um eine Unabhängigkeit zu gewährleisten, beträgt die Amtsdauer der Mitglieder 14 Jahre. Der Vorsitz wird für jeweils 4 Jahre

vergeben und kann innerhalb der Amtsdauer erneuert werden. Der Board of governors überwacht die Geschäftstätigkeit der Federal-reserve-Banken und kann die Mindestreservevorschriften verändern. Ferner hat er die Funktion einer Monopolbehörde für Finanzgesellschaften inne. Dem Board stehen als beratende Organe der Federal advisory council, der Consumer advisory council und der Thrift institutions advisory council zur Seite.

Von grosser Bedeutung ist das zwölfköpfige *Federal Open Market Committee (FOMC)*. Permanente Mitglieder sind die sieben Mitglieder des Board of governors und der Vorsitzende der Federal reserve bank von New York. Weitere vier Mitglieder sind alternierend jeweils für ein Jahr die Vorsitzenden der andern Federal-reserve-Banken. Das FOMC bestimmt über die ↑Geldpolitik, indem es die Richtlinien für das Offenmarkt-Geschäft festlegt. FOMC-Treffen finden achtmal jährlich in Washington statt; zusätzliche Treffen können bei Bedarf einberufen werden. Das FED ist formal unabhängig von der Exekutive, in der Praxis ist jedoch eine starke Zusammenarbeit, insbesondere mit dem Schatzamt (Treasury), erkennbar. Die Abhängigkeit von der Legislative ist grösser: Das FED wurde vom Kongress geschaffen und kann von diesem jederzeit aufgelöst werden. Diese Abhängigkeit wird dadurch gemildert, dass das FED sich durch ↑Seigniorage selbst finanziert und deswegen nicht vom Ausgang des Budgetprozesses abhängt. Seit der Humphrey-Hawkins Act von 1978 muss der Vorsitzende des FED dem Kongress halbjährlich über den Erfolg des FED Rechenschaft ablegen.

3. Geldpolitik
Das FED hat verschiedene Möglichkeiten, seine Geldpolitik zu implementieren. Das FED kann das Geldangebot beeinflussen, indem es den *Mindestreservesatz* verändert. Dadurch beeinflusst es die potenzielle Kreditgewährung der Mitgliedsbanken (↑Mindestreservenpolitik). Eine weitere Möglichkeit der Einflussnahme besteht in der Veränderung der *Unterlegungspflicht (↑Margin requirements)* beim Kauf von Wertpapieren. Beide Instrumente wurden in den vergangenen Jahren nur selten angewandt. Das FED kann das Kreditangebot auch durch den *Diskontsatz* kontrollieren. Heutzutage betreibt das FED seine Geldpolitik jedoch hauptsächlich mittels *Offenmarktpolitik*. Dabei werden durch Käufe und Verkäufe von ↑Wertschriften von bzw. an Geschäftsbanken die Höhe der Überschussreserven und damit die potenzielle Kreditgewährung beeinflusst. Als Zwischenziel verwendet das FED bei seiner Offenmarktpolitik die ↑*Federal funds rate*. Im Gegensatz zu anderen Ländern ist nicht das Zentralbanksystem, sondern das Schatzamt für die Währungspolitik verantwortlich und führt Transaktionen in Gold und fremden Währungen durch. *Caesar Lack*

FEFSI Europäische Investmentvereinigung

Fédération Bancaire de la Communauté Economique Européenne (FBCEC)
↑Bankenvereinigung der Europäischen Union.

Fédération Bancaire Européenne (FBE)
↑Bankenvereinigung der Europäischen Union.

Fédération européenne des Associations d'Analystes Financiers
↑European Federation of Financial Analysts Societies (EFFAS).

Fédération Internationale des Bourses de Valeurs (FIBV)
Die World Federation of Exchanges (WFE) ist die internationale Vereinigung der Wertpapierbörsen. Bis ins Jahr 2001 nannte sie sich FIBV gemäss der auf den französischen Ursprung zurückgehenden Bezeichnung Fédération Internationale des Bourses de Valeurs. Die WFE umfasst ca. 55 ↑Börsen aller fünf Kontinente. Sie dient dem Erfahrungsaustausch zwischen leitenden Vertretern der Börsen, organisiert Workshops zu spezifischen Börsenthemen und publiziert Börsenstatistiken.
Links: www.wfe.com.

Federation of European Securities Exchanges (FESE)
Die Federation of European Securities Exchanges (FESE) ist der Verband der europäischen ↑Börsen und börsennahen Institutionen. Ihre Hauptaufgabe ist die Vertretung der Interessen ihrer Mitglieder in den politischen Prozessen der Europäischen Union. Im Mittelpunkt steht dabei die ↑Regulierung der ↑Wertpapiermärkte im Rahmen des zusammenwachsenden europäischen Kapitalmarktes.
Seit dem Jahr 2001 sind auch ↑Derivatbörsen und Clearing- and-settlement-Organisationen Mitglied der FESE.
Links: www.fese.com.

Federführende Bank
Bank, die bei einer ↑Emission oder bei einem syndizierten Kredit (↑Syndicated loans) als Vertreterin der Syndikatsmitglieder mit der kapitalsuchenden Gesellschaft oder öffentlich-rechtlichen Körperschaft verhandelt, die Durchführung des ↑Emissionsgeschäfts bzw. Kreditgeschäftes leitet und den Schriftverkehr besorgt (Federführung, Syndikatsführung). ↑Lead-Manager.

Fed funds
Abk. f. ↑Federal funds.

FEFSI Europäische Investmentvereinigung
Die Europäische Investmentvereinigung mit Sitz in Brüssel versteht sich als repräsentative Branchenorganisation der europäischen Fondswirt-

schaft. Ihre Mitglieder sind die nationalen Investmentverbände der 15 EU-Mitgliedstaaten sowie die von Norwegen, Polen, Ungarn, der Schweiz und der Tschechischen Republik. Über die nationalen Mitgliedsverbände vertritt die Europäische Investmentvereinigung ca. 900 Investmentgesellschaften, die über 34 000 Investmentfonds und andere kollektive Anlageinstrumente mit einem Anlagevermögen von Euro 4 600 Mia. verwalten. Die Europäische Investmentvereinigung setzt sich für eine hohe Integrität und Transparenz der europäischen Fondsmärkte ein. Sie fördert die ↑Selbstregulierung durch nationale Verbände. Sodann vertritt die Europäische Investmentvereinigung die Interessen der europäischen Fondswirtschaft gegenüber Behörden, Medien und anderen Partnern. Sie ist ein wichtiger Gesprächspartner für europäische Behörden im Zusammenhang mit den Fonds- und Finanzmarktregulierung.

Max Baumann

Fehlabschlüsse
↑Mistrades.

Fehleingaben
↑Mistrades.

Feindliche Übernahme
In der anglo-amerikanischen Finanzpraxis *Unfriendly* oder *Hostile takeover*. Übernahme der Kontrolle über eine ↑Zielgesellschaft durch einen Anbieter gegen den Willen des Verwaltungsrates der Zielgesellschaft. Die feindliche Übernahme ist eine besondere Form von Übernahmetransaktionen (↑Übernahmegesetzgebung) börsenkotierter Gesellschaften. In der Schweiz sind unfreundliche Übernahmen verglichen mit dem Ausland nicht häufig und waren nur in Ausnahmefällen erfolgreich.

Feingewicht, Feingehalt
Das Feingewicht ist das Gewicht des reinen Edelmetalls, z.B. in einer ↑Münze aus legiertem Metall (im Unterschied zum ↑Raugewicht). Der Feingehalt, als Anteil des Edelmetalls in der Legierung, wird i.d.R. in Promillen angegeben.

Feingold
↑Goldfeinheit.

Feinheit
↑Feingewicht, Feingehalt; ↑Goldfeinheit.

Feinunze
Eine Feinunze Gold beträgt 31,103 Gramm Feingold. ↑Goldfeinheit.

FER
↑Fachempfehlungen zur Rechnungslegung (Swiss GAAP FER).

FESCO
↑Abk. f. Forum of European Securities Commissions. ↑Handelssysteme.

FESE
Abk. f. ↑Federation of European Securities Exchanges (FESE).

Fest
In der ↑Börsensprache Ausdruck zur Bezeichnung einer bestimmten ↑Tendenz, die besagt, dass die ↑Kurse steigen bzw. gestiegen sind und das Kursniveau sich als widerstandsfähig erweist.
«Eine Offerte fest an die Hand geben» bedeutet, dass der Anbietende während einer bestimmten Zeitspanne an sein Angebot gebunden ist.

Feste Hände
Anschaulicher Ausdruck aus der ↑Börsensprache, der beschreibt, dass ↑Beteiligungspapiere als langfristige Anlagen gehalten werden. Je mehr Beteiligungspapiere einer Gesellschaft sich in festen Händen befinden, umso enger wird der Markt (↑enger Markt). Das Gegenteil davon ist ↑Free float.
Bei ↑Obligationen spricht man von «fest platziert», was gleichbedeutend ist.

Feste Pfandstelle
↑Nachrückungsrecht.

Fester Kurs
↑Geldpolitik; ↑Floating.

Fester Vorschuss
↑Darlehen.

Feste Schuld
↑Langfristige, konsolidierte (fundierte) Schuld eines Gemeinwesens (z.B. ↑Obligationenanleihe). Gegensatz: ↑Schwebende Schuld.

Feste Wechselkurse
Wechselkursarrangement, bei dem die Währungsbehörde eines Landes einen festen Leitkurs gegenüber einer anderen ↑Währung oder einen ↑Währungskorb festlegt und durch ↑Interventionen am Devisenmarkt (↑Devisengeschäft) verteidigt. Normalerweise darf sich der ↑Wechselkurs in einem schmalen Band (↑Bandbreite) um den Leitkurs frei bewegen. Das Band wird durch die beiden ↑Interventionspunkte begrenzt. Stösst der Wechselkurs an einen Interventionspunkt, so muss die ↑Zentralbank durch Devisenkäufe bzw. -verkäufe dafür sorgen, dass der Wechselkurs im Band bleibt. Zwei Punkte sind in diesem Zusammenhang zu beachten. Erstens kann ein Land nur einen Wechselkurs fixieren. Es wird sich deshalb im Allgemeinen für den Wechselkurs gegenüber seinem wichtigsten Handelspartner oder den Wechselkurs gegenüber

einem Währungskorb entscheiden. Solange nicht alle wichtigen Handelspartner durch feste Wechselkurse untereinander verbunden sind, bleibt die Wechselkursstabilität reduziert. Zweitens werden feste Wechselkurse nicht ein für alle Mal festgelegt. Sie können angepasst werden, wenn das Festhalten am alten Leitkurs anderen vitalen wirtschaftspolitischen Zielen des Landes widerspricht. In der Vergangenheit haben die wenigsten Länder einen festen Wechselkurs über mehr als ein Jahrzehnt aufrechterhalten (↑Aufwertung, Abwertung).

Die Vorteile fester Wechselkurse liegen darin, dass die Importeure und Exporteure über eine verlässliche Kalkulationsgrundlage verfügen. Zudem bringt die Wechselkursbindung an eine geldwertstabile Währung die Möglichkeit, von der Stabilität des anderen Landes zu profitieren. Ein Nachteil fester Wechselkurse ist, dass die ↑Zentralbank die Fähigkeit verliert, die inländischen Geldmarktzinsen (↑Geldmarktsätze, -zins) autonom zu verändern und damit Rücksicht auf die spezifischen Bedürfnisse des eigenen Landes zu nehmen. Fixiert ein Land seinen Wechselkurs gegenüber einer anderen Währung, so wird die ↑Geldpolitik an die Zentralbank des betreffenden anderen Landes delegiert. Die Zinssätze und die ↑Inflation können nicht mehr selber bestimmt werden, sondern gleichen sich jenen des Landes an, an dessen Währung die Währung gebunden wird.

In der Geschichte der Weltwirtschaft dominierten feste Wechselkurse vor 1914 (Goldstandard, ↑Währungsordnung) und später von der Mitte der 20er-Jahre bis 1931 und von 1945 bis 1973 (↑Gold-Devisen-Standard). Nach 1973 gab es einige regionale Arrangements mit festen Wechselkursen, darunter das ↑Europäische Währungssystem (EWS) als bekanntestes Beispiel. Heute sind es vor allem Entwicklungsländer, die ihre Geldpolitik auf einen festen Wechselkurs ausrichten. In der Regel binden sie ihre Währung entweder an den Dollar oder an einen Währungskorb (↑Currency board).

Mathias Zurlinden

Festgeld
Festgelder sind Gelder, die mit fester ↑Laufzeit und für diese Laufzeit festem ↑Zinssatz von Kunden entgegengenommen werden. Die Verzinsung richtet sich nach den Konditionen am ↑Geldmarkt. Festgelder werden ab einem bestimmten Mindestbetrag (meist CHF 100 000) mit einer Laufzeit zwischen einem und zwölf Monaten entgegengenommen. Kürzere und längere Laufzeiten sind bei grösseren Beträgen möglich. Kunden-Festgelder werden unter der Bilanzposition 2.4 Übrige Verpflichtungen gegenüber Kunden bilanziert.

Festgelder stellen ein wichtiges Refinanzierungsinstrument der Banken dar. Insbesondere im Retail banking (↑Retail banking, Retailgeschäft) sind die Volumen jedoch starken Schwankungen unterworfen. Während in einer Tiefzinsphase Festgeldanlagen von Industrieunternehmen und institutionellen Anlegern dominieren, kann sich bei inversen Zinsstrukturen eine markante Umlagerung von ↑Spargeldern in Festgelder ergeben.

Treuhandanlagen (↑Treuhandgeschäfte der Banken) sind eine Sonderform von Festgeldern, die von Banken im Namen der Bank jedoch auf Rechnung und Gefahr des Kunden (meist im Ausland) platziert werden. Erfolgt die Anlage bei einer ausländischen Tochtergesellschaft der Bank, so können diese Gelder indirekt zur ↑Refinanzierung herbeigezogen werden.

Festgeldanlagen und Festgeldaufnahmen werden auch unter Banken getätigt, die unter den Bilanzpositionen 1.3 ↑Forderungen gegenüber Banken bzw. 2.2 ↑Verpflichtungen gegenüber Banken verbucht werden.

Festhypotheken
↑Hypothekargeschäft.

Festkredit
Kredit über einen festen Betrag für eine bestimmte, vertraglich fixierte ↑Laufzeit, d. h. der ↑Zins muss auf dem vollen Kreditbetrag für die vereinbarte Laufzeit bezahlt werden. Gegensatz: ↑Kontokorrentkredit, bei dem der ↑Kreditnehmer innerhalb der ↑Kreditlimite über den Kredit beliebig verfügen kann. ↑Konsumkredit.

Festlaufzeit
Der Schuldner einer Anleihe oder eines Krediten kann während der vereinbarten ↑Laufzeit keine ↑Kündigung und keine Teilrückzahlungen erklären. ↑Festkredit.

Festübernahme
↑Emissionsgeschäft.

Festverzinsliche Effekten
Schuldverschreibungen, insb. ↑Anleihensobligationen, die während der ganzen ↑Laufzeit zu einem festen, d. h. von der Finanzlage des Schuldners und den Marktverhältnissen unabhängigen, Zinssatz verzinst werden müssen. Nicht fest verzinsliche Effekten sind die Obligationen mit variablem Zinssatz (z. B. ↑Floating rate notes) und die ↑Dividendenpapiere.

Festzins, Festzinssatz
↑Zinssatz, der während der ↑Laufzeit der Schuldverpflichtung unverändert bleibt. Gegensatz: variabler Zins, Floating rate.

Festzuteilung
↑Emissionsgeschäft.

Feuerwehrfonds
Anschauliche, aber nicht offizielle Bezeichnung für ↑Fonds von Banken, die geäufnet werden, um

Kundenguthaben zu sichern, wenn eine Bank diese nicht mehr auszahlen kann. Der Kreis der teilnehmenden Banken, der geschützen Kunden- bzw. Guthabenkategorien und der Umfang der Sicherung sind von den Fondsträgern auf freiwilliger Basis oder – falls vorhanden – nach Massgabe gesetzlicher Vorschriften, z.B. in Deutschland für gewisse Insolvenzsituationen, zu definieren. Die Mittel von Feuerwehrfonds werden von den angeschlossenen Banken freiwillig und solidarisch aufgebracht.

In der Schweiz geniessen die Einleger bei insolvenzrechtlicher Liquidation ihrer Bank (↑Konkursverfahren bei Banken) ein Konkursprivileg bis CHF 30 000 pro Person auf ihren Spar-, Lohn-, Renten- und weiteren Konti, die nach BankV 25 I Ziff. 2.3 und 2.5 (Fassung vom 12.12.1994) zu bilanzieren sind, insbesondere auch ↑Kassenobligationen, die zum Zeitpunkt des Schalterschlusses nachweislich im Besitz des ↑Gläubigers waren (BankG 37a: «mit Ausnahme der Einlagen von anderen Banken»). Bevor diese Guthaben im privilegierten Umfang voll ausbezahlt sind, dürfen keine Leistungen an die übrigen Gläubiger erfolgen.

Weil die ↑Liquidation einer Bank zu langwierig ist, als dass in so kurzer Zeit entsprechende Zahlungen möglich wären, haben die Mitglieder der Schweizerischen ↑Bankiervereinigung (SBVg) eine Vereinbarung über den Einlegerschutz abgeschlossen (1984 als Konvention XVIII, 1993 in überarbeiteter Neufassung). Gestützt auf sie nimmt die SBVg bei Konkurseröffnung oder Nachlassstundung für eine Unterzeichnerbank bei den übrigen Unterzeichnerbanken die nötigen Mittel auf, um den Einlegern alle privilegierten Guthaben rasch auszubezahlen. Für die Beiträge der Unterzeichnerbanken gilt ein festgelegter Schlüssel. Je nach Liquiditätsbedarf und Situation kann die SBVg als Zwischenfinanzierung ein ↑Darlehen aufnehmen. Mit der Auszahlung der privilegierten Guthaben an die Einleger tritt die SBVg als neue Gläubigerin an die Stelle der befriedigten Einleger. Weil das Privileg auf sie übergeht, erhält sie die ausgezahlten Mittel im Verlauf der Liquidation vollumfänglich aus der Masse zurück. ↑Einlegerschutz.
Max Gsell

Fibor
Abk. f. ↑Frankfurt interbank offered rate.

FIBV
Abk. f. ↑Fédération Internationale des Bourses de Valeurs.

Fideikommiss
↑Familienstiftungen.

Fiduziarische Eintragung
Von fiduziarischer (treuhänderischer) Eintragung spricht man, wenn sich an Stelle des Käufers einer ↑Aktie eine Drittperson, z.B. die Bank des Käufers, mit dessen Zustimmung als Aktionärin im Aktienbuch (↑Aktie [rechtliche Aspekte]) der Gesellschaft eintragen lässt. Der eingetragene Aktionär tritt als Treuhänder für den wirtschaftlichen Eigentümer der Aktie auf (↑Treuhandgeschäft, ↑Treuhandgeschäfte der Banken). Das Gesetz geht davon aus, dass Aktiengesellschaften ein Interesse daran haben, Treuhänder vom Kreis ihrer Aktionäre fernzuhalten. Es gibt einer Aktiengesellschaft mit vinkulierten ↑Namenaktien das Recht, einem Erwerber von Aktien die Eintragung im Aktienbuch als Vollaktionär (Aktionär mit Stimmrecht) zu verweigern, wenn dieser nicht ausdrücklich erklärt, dass er die Aktien auf eigene Rechnung erworben hat (OR 685b III, 685d II). Nun sind aber viele Gesellschaften an einem möglichst grossen Kreis stimmberechtigter Publikumsaktionäre interessiert. Weil sich viele Anleger wenig um das Stimmrecht kümmern oder aus anderen Gründen der Gesellschaft gegenüber anonym bleiben wollen, anerkennen diese Gesellschaften auch Treuhänder wie Banken oder ihre Hilfsgesellschaften als Aktionäre mit Stimmrecht, wenn sie sich verpflichten, die Eintragung nur für Aktien von Kunden zu beantragen, die zum gewöhnlichen Anlegerpublikum zählen und keine grösseren ↑Pakete halten. Da nach dem Gesetz nur der Eigentümer oder Nutzniesser einer Aktie in das Aktienbuch eingetragen werden darf (OR 686 II), geht die Gesellschaft davon aus, dass die Bank als echter Treuhänder für ihren Kunden handelt und somit auch Eigentümerin der Aktien ist. Vielfach handelt die Bank in solchen Fällen aber nur als ↑Nominee. Damit ist gemeint, dass sie, falls sie überhaupt Treuhänderin ist, keine eigenen Entscheidungsbefugnisse hat und nur ihren Namen zur Verfügung stellt; anderseits wird mit der Verwendung des Wortes Nominee offen gelassen, ob das ↑Eigentum an der Aktie oder die Aktionärsrechte (bei der unverbrieften sog. ↑*Namenaktie mit aufgeschobenem Titeldruck*) wirklich, wie es für ein Treuhandverhältnis typisch wäre, bei der Bank und nicht doch beim Kunden liegen.

Eine Bank, die sich an Stelle ihres Kunden als Aktionär (mit oder ohne Stimmrecht) eintragen lassen will, bedarf dazu einer Ermächtigung des Kunden; üblicherweise sehen bereits die Depotreglemente (↑Depotgeschäft) der Banken eine solche Ermächtigung für den Fall vor, dass die Eintragung auf den Kunden unüblich oder nicht möglich ist; zudem pflegen die Banken ihre Kunden beim Erwerb von Namenaktien aufzufordern, ein Eintragungsgesuch bei der Gesellschaft einzureichen oder durch die Bank einreichen zu lassen; reagiert der Kunde nicht, so hält sich die Bank gemäss ausdrücklicher Ankündigung für berechtigt, sich oder eine nahe stehende Firma an Stelle des Kunden eintragen zu lassen. Bei der Stimmabgabe in der Generalversammlung der Gesellschaft sollte sich die fiduziarisch eingetragene Bank an die Vorschriften halten, die das Gesetz für die Stimmabgabe durch Depotvertreter aufstellt (Einholung von Weisungen usw., OR 689b I, 689d und 689e, ↑Depotstimmrecht). *Christian Thalmann*

Fiduziarisches Eigentum

Eigentumsrecht an einer beweglichen oder unbeweglichen Sache, das vom Eigentümer nicht für eigene Rechnung, sondern für Rechnung eines anderen (des Fiduzianten) erworben und ausgeübt wird. Nach aussen hin, d. h. *gegenüber Dritten*, hat der fiduziarische Eigentümer das volle Recht an der Sache. Er kann über die Sache gültig verfügen; diese bildet Teil seines Vermögens und fällt im Insolvenzfall grundsätzlich in seine Konkursmasse. Ausnahmsweise kann der Fiduziant die Sache im Konkurs des Eigentümers aussondern, so etwa, wenn der fiduziarische Eigentümer die (bewegliche) Sache nicht vom Fiduzianten übernommen, sondern für dessen Rechnung von einem Dritten erworben hat (OR 401 III), oder wenn eine Sache, an der eine Bank für Rechnung von Depotkunden fiduziarisch das ↑Eigentum hält, zu den «Depotwerten» gemäss BankG 16 II und 37b zählt (↑Fiduziarische Eintragung; ↑Treuhandgeschäfte der Banken). Aussonderbares fiduziarisches Eigentum ist auch das Fondsvermögens beim ↑Anlagefonds (AFG 16). *Im Verhältnis zum Fiduzianten* darf der fiduziarische Eigentümer nur im Rahmen der getroffenen Abmachungen über die Sache verfügen. Verletzt er diese Abmachungen, so steht dem Fiduzianten ein Schadenersatzanspruch zu.

Beim *eigentlichen ↑Treuhandgeschäft* übt der fiduziarische Eigentümer das Eigentum im Interesse des Fiduzianten (Treugebers) aus, der entweder nach aussen hin nicht als Berechtigter an der Sache in Erscheinung treten will oder anderweitig, insbesondere aus Gründen der Vereinfachung des Verfahrens, ein Interesse hat, die Sache durch einen Treuhänder mit Eigentümerstellung verwalten zu lassen, so z. B. bei der fiduziarischen Eintragung von ↑Namenaktien auf den Namen einer Bank. Bei den *fiduziarischen Sicherungsgeschäften* lässt sich der Berechtigte vom Fiduzianten das Eigentum an der Sache im eigenen Interesse einräumen. Das Eigentum tritt funktional an die Stelle eines blossen ↑Pfandrechts an der Sache (Sicherungseigentum, ↑Sicherungsübereignung). Der Eigentümer ist dem Fiduzianten gegenüber verpflichtet, über die Sache nur zu verfügen, wenn er sie auch als blosser Pfandgläubiger verwerten dürfte. ↑Schuldbrief. *Christian Thalmann*

Fiduziarisches Rechtsgeschäft

Das Wesen der fiduziarischen Rechtsgeschäfte liegt darin, dass die eine Vertragspartei (der Fiduziant, Treugeber) der andern eine Rechtsstellung einräumt, die diese andere Partei (den Fiduziar, Treuhänder) Dritten gegenüber zum unbeschränkten Inhaber eines Rechts macht, während sie dem Fiduzianten gegenüber vertraglich verpflichtet bleibt, das übertragene Recht nicht oder nur gemäss den Instruktionen des Fiduzianten auszuüben. Zu den fiduziarischen Rechtsgeschäften zählen die *eigentlichen Treuhandgeschäfte* (auch Treuhand oder *Verwaltungstreuhand* genannt), bei denen es darum geht, dass der Fiduziar die übernommenen Werte im Interesse des Fiduzianten nach aussen hin halten und oft auch im Rahmen der vom Fiduzianten gegebenen Weisungen selbstständig verwalten soll. (↑Treuhandgeschäft, ↑Treuhandgeschäfte der Banken) Von einem fiduziarischen Rechtsgeschäft im engeren Sinn spricht man im Zusammenhang mit der *Sicherungstreuhand*. Hier liegt die Einräumung der überschiessenden Rechtsstellung im Interesse des Fiduziars. Dieser will die übernommenen Vermögenswerte nicht definitiv, sondern nur zur Sicherheit für Ansprüche gegen den Fiduzianten erwerben; trotzdem wird nicht die Einräumung eines ↑Pfandrechts, sondern die Übertragung zu vollem Recht vereinbart, weil dies dem Fiduziar (↑Gläubiger) nach aussen hin eine bessere oder einfachere Rechtsstellung verschafft. Im Verhältnis zum Fiduzianten darf der Fiduziar mit den nach aussen hin zu vollem Recht erworbenen Vermögenswerten nur so verfahren, wie wenn er Pfandgläubiger wäre. Missbraucht der Fiduziar die ihm eingeräumte überschiessende Rechtsmacht, so steht dem Fiduzianten nur eine Schadenersatzklage gegen ihn zu.

Diesen fiduziarischen Sicherungsgeschäften sind zuzurechnen:

– *Die Sicherungszession beim ↑Zessionskredit*. Obwohl nur eine Sicherstellung der Bank beabsichtigt ist, werden die Forderungen zu vollem Recht an die Bank abgetreten (Sicherungszession) und nicht nur verpfändet; die Rechtslage gegenüber Dritten (insbesondere gegenüber dem Schuldner der abgetretenen Forderung) wird dadurch vereinfacht.

– Die ↑*Sicherungsübereignung von Grundpfandtiteln*. Im ↑Hypothekargeschäft hat seit den 80er- und 90er-Jahren die fiduziarische Übereignung oder Sicherungsübereignung von Grundpfandtiteln (insb. ↑Schuldbriefen) die klassischen Formen der Sicherstellung (Begebung von Grundpfandtiteln zu vollem ↑Eigentum, sog. direktes Grundpfandgeschäft; Bestellung eines Faustpfandes an Grundpfandtiteln, sog. indirektes Grundpfandgeschäft) weit gehend verdrängt. Der fiduziarisch übereignete Schuldbrief vereinigt für den Pfandgläubiger die früher nur separat zugänglichen Vorteile der beiden klassischen

Formen der Sicherstellung: er kann zur Sicherheit für eine Mehrzahl von Forderungen bestellt werden (generelle Pfandklausel); er kann auf Grundpfandverwertung betreiben.
– *Die Sicherungsübereignung von Waren.* Auch bei der ↑Warenverpfändung macht man vom fiduziarischen Rechtsgeschäft Gebrauch, indem etwa in einem Lagerhaus eingelagerte Waren zur Sicherstellung der Bank auf den Namen der Bank umgeschrieben werden. Damit wird die Bank Eigentümerin der Waren, obschon im Innenverhältnis nur eine akzessorische Sicherstellung beabsichtigt ist.   *Christian Thalmann*

Fiktive Couponsdetachierung
Fungible ↑Wertpapiere, die bei den Banken deponiert sind, werden vielfach in ↑Sammelverwahrung – vornehmlich bei der ↑SIS SegaIntersettle AG – gehalten. Dadurch erhalten sie, die Banken oder die SIS SegaIntersettle AG, die Möglichkeit, bei grösseren Sammelbeständen Blockposten auszuscheiden und «einzufrieren». Als grosse Rationalisierung auf dem Gebiet der Couponsverarbeitung erweist sich die fiktive Couponsdetachierung. Aufgrund von Verträgen zwischen Titelemittenten und den ↑Syndikatsbanken kann auf das physische Abtrennen der ↑Coupons ab den eingefrorenen Blockposten verzichtet werden und der Titelemittent anerkennt seine Zahlungspflicht gegen Lieferung einer Bestätigung, dass eine bestimmte Anzahl Coupons unabgetrennt an den Titeln belassen wurde. Die Möglichkeit der Titelauslieferung an die Deponenten wird durch die fiktive Couponsdetachierung nicht beeinträchtigt.

Fill or kill
An der ↑SWX Swiss Exchange Auftrag, der entweder in einem Zug vollständig ausgeführt oder vollständig gelöscht wird. Dieser Auftrag wird nicht im ↑Auftragsbuch angezeigt.

Finality
↑Settlement.

Final take
Bei internationalen syndizierten Anleihen oder Krediten nach Bedienung der Mitglieder der ↑Selling group erfolgende endgültige Aufteilung des verbleibenden Betrags auf die ↑Konsortialbanken (↑Management group, ↑Underwriters).

Finance
↑Bankbetriebslehre.

Financial Action Task Force on Money Laundering (FATF)
Die Financial Action Task Force on Money Laundering (FATF; frz. Groupe d'action financière sur le blanchiment de capitaux, GAFI) ist eine der OECD angegliederte, intergouvernementale Organisation mit dem Zweck, auf nationaler und internationaler Ebene Massnahmen zur Bekämpfung der ↑Geldwäscherei zu entwickeln und zu fördern. Die FATF geht auf eine Initiative des Gipfeltreffens der G-7 von 1989 in Paris zurück und hat 1990 vierzig Empfehlungen zur Bekämpfung der Geldwäscherei an Regierungen, Parlamente und ↑Finanzintermediäre herausgegeben. Sie postulieren die Schaffung eines besonderen Straftatbestandes für die Geldwäscherei und von einstweiligen Massnahmen und Beschlagnahme. Die Finanzindustrie wird angehalten, ihre Kunden zu identifizieren und ihre Geschäfte zu dokumentieren. Ausserdem wird internationale Zusammenarbeit bei der Bekämpfung der Geldwäscherei und gegenseitige Kontrolle zur Überprüfung der Fortschritte postuliert.
Obwohl die Empfehlungen rechtlich nicht verbindlich sind (Soft law), hatten sie grossen Einfluss auf die Geldwäschereibekämpfung in den Industrieländern.   *Andreas Hubschmid*
Links: www.oecd.org/fatf

Financial audit
↑Bankengesetzgebung (Inhalt des Bankengesetzes).

Financial engineering
Financial engineering bezeichnet Finanztechniken, welche die innovative Gestaltung von Produkten (z. B. ↑Derivate, ↑Finanzinstrumente), besondere Formen der Unternehmungsfinanzierung (↑Corporate finance) sowie Finanzierungskonzepte und entsprechend zeitgemässe, auf die Marktbedürfnisse ausgerichtete Problemlösungen ermöglichen.

Financial futures
Als Financial futures bezeichnet man Terminkontrakte, deren ↑Basiswert eine ↑Finanzanlage ist. Klar abzugrenzen sind sie von Commodity futures, die aufgrund unterschiedlicher Preisbildungsmechanismen (im Falle von Commodity futures bildet sich ein Gleichgewicht zwischen Angebot und Nachfrage nach Terminkontrakten, während die Preise bei Financial futures aufgrund von ↑Arbitrage entstehen) einen anderen Typ von Futures-Kontrakten darstellen.
Historisch gesehen sind Financial futures auf den gleichen Gedankengängen und aus den gleichen Motiven geschaffen worden wie Commodity futures, welche es in einfacher Form bereits seit Jahrhunderten gibt. Ausschlaggebend für die Schaffung von Financial futures war der Zusammenbruch des fixen Wechselkurssystems (Bretton Woods, Internationaler Währungsfonds [IWF]). Im internationalen Handelsgeschäft hat sich aufgrund der neu entstandenen Wechselkursrisiken eine Nachfrage nach Absicherungsinstrumenten gebildet. Seit 1973 hat sich das Volumen sowie die

Anzahl der gehandelten Kontrakte kontinuierlich gesteigert.

Bei Financial futures handelt es sich um vertragliche Vereinbarungen, beinhaltend einen im Voraus festgelegten Basiswert (ein Financial asset: ↑Aktien, ↑Aktienindizes, Devisen, Zinsen, ↑Obligationen) zum vereinbarten Zeitpunkt, in der vereinbarten Menge zum bei Vertragsabschluss vereinbarten Preis zu kaufen respektive zu verkaufen. Die Erfüllung des Vertrages kann (entsprechend der getroffenen Vereinbarung respektive der Beschaffenheit des Basiswerts) entweder finanziell (↑Cash settlement) oder physisch (↑Physical settlement) erfolgen.

Financial futures sind börsengehandelte Kontrakte, bei denen die ↑Terminbörse als Gegenpartei auftritt. Damit verbunden ist die Pflicht, eine ↑Marge zu ↑hinterlegen, um Verluste der gehaltenen Position decken zu können. Durch die ↑Mark-to-market-Methode wird täglich ein Ausgleich der Gewinne beziehungsweise Verluste vorgenommen. Aufgrund dieser Sicherungsleistung entstehen beim Abschluss eines Financial futures (faktisch) keine ↑Gegenparteirisiken.

Die *Motive der Marktteilnehmer* sind analog zu den übrigen ↑Finanzmärkten: Market making (in diesem Fall durch die Terminbörse), Hedging (Zinsrisikomanagement, ↑Wechselkursabsicherung, ↑Portfolio insurance), ↑Spekulation (langfristiges Engagement beispielsweise durch ↑institutionelle Anleger, ↑Day trading) sowie Arbitrage. Die wichtigsten Handelsplätze für Financial futures sind die grossen Terminbörsen: ↑Chicago Board of Trade (CBOT), ↑Chicago Mercantile Exchange (CME), ↑Eurex sowie der ↑London international financial futures exchange (LIFFE).

Stefan Jaeger

Financial holding company
↑Gramm Leach Bliley act.

Financial industry

Zur Financial industry (Finanzdienstleistungsindustrie) zählen alle Anbieter von Finanzdienstleistungen im weitesten Sinn. Zuerst einmal gehören dazu die verschiedenen *Bankengruppen*, die in der Regel unterteilt werden können nach Kriterien wie Grösse, geografische Ausrichtung, geschäftsfeldbezogene Spezialisierung oder Besitzverhältnisse. Daneben bieten zahlreiche *Unternehmungen* (oft Tochtergesellschaften von Banken) Finanzintermediationsleistungen in speziellen Funktions- oder Produktbereichen an, ohne selbst über eine Banklizenz verfügen zu müssen; beispielhaft sei etwa an Kreditkartenorganisationen, an Spezialfinanzierungsinstitute oder an Produktionszentren erinnert, auf die Banken und andere Finanzintermediäre gewisse Funktionen outsourcen. Diese Finanzdienstleister bezeichnet man oft auch als *Near-Banken* (↑Near banks). Auch die ↑*Zentralbank* ist ein wichtiger Marktteilnehmer, der sowohl als Anbieter von wie als Nachfrager nach Finanzkontrakten am Markt auftritt. Zentralbanken können in dreifacher Hinsicht zu aktiven Teilnehmern am Finanzmarkt werden:

– Erstens durch den Einsatz des geldpolitischen Instrumentariums im Rahmen der Geldmengensteuerung
– Zweitens durch die ihr oft übertragene Aufgabe der Sicherstellung eines effizienten ↑Zahlungsverkehrs und
– Drittens durch die ihr in vielen Ländern übertragenen Aufsichtsfunktionen entweder über die Banken und bankähnliche Institutionen und/oder die ↑Finanzmärkte selbst.

Da ein effizienter Zahlungsverkehr ein wichtiges Element zur Gewährleistung der Stabilität des gesamten Finanzintermediationssystems ist (↑Systemstabilität, Förderung der), wird die Aufgabe der Organisation und Überwachung des Zahlungsverkehrs in vielen Ländern der Zentralbank übertragen. Durch die Konzeption und Organisation der Clearingsysteme im Zahlungsverkehr übernimmt die Zentralbank eine wichtige Gestaltungsfunktion des gesamten Finanzintermediationssystems. Schliesslich werden zahlreichen Zentralbanken auch Funktionen im Rahmen der Überwachung der Marktteilnehmer und oft auch der Märkte selbst übertragen. Auch damit üben sie direkt oder indirekt Einfluss auf das Marktgeschehen aus. Das Gleiche lässt sich von den Aufsichtsbehörden selbst sagen.

Die vierte Gruppe von Finanzintermediären bilden die *Versicherungen*, die in immer stärkerem Ausmass sowohl im Bilanzgeschäft wie im indifferenten Geschäft Finanzintermediationsleistungen erbringen. Einer fünften Anbietergruppe gehören die zahlreichen *beratungs- und vermittlungsorientierten Organisationen* an, die als Vermögensverwaltungsfirmen, Broker oder spezialisierte Financial consultants eine wichtige Funktion in einem modernen Finanzintermediationssystem abdecken. Die sechste Anbietergruppe schliesslich besteht aus Unternehmungen und Organisationen, deren Kernfunktion in Bereichen ausserhalb der Finanzintermediation liegt und die Finanzdienstleistungen nur als *Ergänzung* ihres bestehenden Produktangebots bzw. als Instrument der *Kundenbindung* anbieten (so genannte ↑*Non banks*); dazu gehören etwa die wachsende Zahl von Grossverteilern und Detailhandelskonzernen, Softwarefirmen, Automobilkonzerne oder sonstige Produktions- und Dienstleistungsorganisationen, die etwa zur Unterstützung ihrer Absatzbestrebungen Produkte im Finanzierungs- oder Anlagebereich sowie vielfach – über firmeneigene Karten – Zahlungsverkehrsleistungen anbieten.

In einer etwas weiteren Interpretation des Begriffs der Finanzintermediationsleistung können auch Unternehmungen, die etwa als ↑*Emittenten* direkt am Markt auftreten oder die ihren Aktionären die Verwaltung deren Wertschriften anbieten, dieser Kategorie zugerechnet werden. Eine siebte Gruppe schliesst die *Anbieter von Marktplattformen* ein. Dazu gehören beispielsweise die Betreiber von Internetbörsen, Börsen bzw. Börsenplattformen oder ↑Order-routing-Systemen. Einer achten Gruppe schliesslich können alle *Anbieter von Informationsdienstleistungen* im Zusammenhang mit den Kernfunktionen der Finanzintermediationssysteme zugeordnet werden. Und nicht zuletzt können auch die zahlreichen *Technologieprovider,* welche die technologischen Grundlagen für das Funktionieren der modernen Finanzintermediationssysteme und der Finanzintermediäre entwickeln und betreiben, den Anbietern von Finanzintermediationsleistungen zugerechnet werden. Mit der zunehmenden ↑Desintermediation zahlreicher Kernfunktionen der Finanzintermediation wächst in allen diesen Gruppen auch die Zahl und Differenzierung der Anbieter am Markt für Finanzintermediationsleistungen.

Etwas pauschalisierend werden diese Anbieter alle als ↑Finanzintermediäre oder Mitglieder der Financial industry bezeichnet. *Beat Bernet*

Financial leasing
↑Leasing.

Financial services
↑Finanzdienstleistungen.

Financial Services Authority (FSA)
Die Wertpapieraufsichtsbehörde von England, seit 2001 mit sehr weit reichenden Kompetenzen im gesamten ↑Finanzbereich. Bis 1986 lag die ↑Finanzmarktaufsicht Englands weit gehend bei der ↑Bank of England; sie erfüllte diese Aufgabe sehr pragmatisch und unbürokratisch. In der Reform von 1986 wurde eine ganze Anzahl von so genannten SROs (Self Regulatory Organizations) bezeichnet, die für ihren jeweiligen Bereich zuständig wurden. Dies führte zu komplexen Verhältnissen. Mit der zunehmenden Integration der Finanzdienstleistungsfirmen wurden diese von mehreren SROs überwacht. In einer weiteren Reform wurden nun die Kompetenzen all dieser SROs sukzessive bei der FSA zusammengelegt. Die FSA ist damit eine sehr mächtige Organisation, der tausende verschiedener Firmen, die irgendwie im Finanzbereich tätig sind, unterstehen. Zentrales Kriterium für die Überwachung der FSA ist das Risikoprofil der einzelnen Unternehmungen. Dank ihrer Grösse und ihrem Einfluss hat die FSA auch auf die Entwicklungen in der EU einen erheblichen Einfluss.
Links: www.fsa.gov.uk

Financial Stability Forum (FSF)
Das Financial Stability Forum (FSF, Forum für Finanzstabilität) wurde Anfang 1999 gegründet, um über eine Verbesserung des Informationsaustausches sowie der Zusammenarbeit unter Aufsichts- und Überwachungsinstanzen im Finanzsektor die Stabilität der ↑Finanzmärkte zu fördern. Das FSF hat seinen Ursprung im sog. Tietmeyer Report (International Cooperation and Coordination in the Area of Financial Market Supervision and Surveillance, 1999).

Im Rahmen des FSF treffen sich regelmässig Vertreter von nationalen Regulierungsbehörden aus international bedeutsamen Finanzzentren, internationale Regulierungsorganisationen (einschliesslich des ↑Basler Ausschusses für Bankenaufsicht), international tätige Finanzinstitutionen (einschliesslich der ↑Bank für Internationalen Zahlungsausgleich [BIZ], des ↑Internationalen Währungsfonds und der ↑Weltbank) sowie Ausschüsse von Zentralbankexperten. Im Vordergrund steht die Koordination der Bemühungen dieser Mitglieder zur Erhöhung der Finanzmarktstabilität und Funktionsfähigkeit der Märkte sowie zur Reduktion systemischer Risiken. Das FSF untersucht insbesondere die Fortschritte bei der Umsetzung seiner früheren Empfehlungen zu «Highly-leveraged institutions», zu internationalen Kapitalströmen, zu ↑Offshore-Finanzplätzen, zu internationalen Standards für solide Finanzsysteme und zu Fragen des ↑Einlegerschutzes. ↑Systemstabilität, Förderung der. *Markus Staub*
Links: www.fsforum.org

Financial Stability Institute
↑Basler Ausschuss für Bankenaufsicht.

Finanzanalyse
Unter dem Begriff Finanzanalyse (heute ↑Primär-Research genannt) werden alle Teilaspekte der Untersuchung von ↑Währungen, Anlageländern und -regionen sowie der verschiedenen Arten von ↑Finanzinstrumenten mit dem Ziel zusammengefasst, eine objektive Beurteilung der Anlagequalität und der Anlageeignung zu erarbeiten. Das Research ist damit ein wesentlicher Teilbereich eines professionellen und strukturierten Anlageentscheidungsprozesses für private und institutionelle ↑Investoren.

Research-Abteilungen werden von Banken, Brokern, Versicherungen, ↑institutionellen Anlegern oder grossen Industrie- und Finanzgesellschaften unterhalten. Gemäss der Methodik und Ausrichtung des Researchs wird einerseits unterschieden nach Investment research (Buy side research) und Brokerage research (↑Sell side research), andererseits nach Primär-Research und ↑Sekundär-Research.

Die Ergebnisse der Research-Arbeiten werden in ↑Anlagelisten, internen und externen Publikationen oder Medieninformationen zusammengefasst und damit einem eng definierten oder breiteren Publikum zur Verfügung gestellt. Das Research trägt zur Leistungserbringung in verschiedenen Banksparten bei und kann zugleich das Image eines Unternehmens in der Öffentlichkeit prägen. Die grosse Verantwortung der ↑Finanzanalysten widerspiegelt sich z.B. in den Standesregeln und berufsethischen Grundsätzen gemäss Art. 5 der Statuten der ↑Schweizerischen Vereinigung für Finanzanalyse und Vermögensverwaltung (SVFV).

Kernstück der Finanzanalyse ist die Analyse von ↑Aktien und anderen ↑Beteiligungspapieren sowie der von ihnen abgeleiteten derivativen Instrumente (↑Derivate). Mit quantitativen und qualitativen Methoden werden Umsatz- und Gewinnpotenzial, Bilanzstruktur, Marktstellung, Forschungskapazität usw. analysiert und prognostiziert. Das Resultat der Arbeit ist die Beurteilung der Anlagequalität eines Titels generell oder für bestimmte ↑Anlageziele. In früheren Jahren war die Aktienanalyse ländermässig orientiert. Unter dem Einfluss der Globalisierung oder der Regionalisierung (EWU) hat die Organisation der Analyse grenzen- und währungsüberschreitend nach Sektoren und Branchen Priorität erlangt.

Die *Branchenanalyse* wird allerdings unverändert ergänzt durch eine Analyse der Anlageländer, deren Kreis sich in den letzten Jahren sukzessive ausgeweitet hat (z.B. ↑Emerging markets in Asien und Lateinamerika, Osteuropa). Die Analyse umfasst realwirtschaftliche, monetäre, strukturelle und politische Aspekte. Damit ist die *Länderanalyse* einerseits auch Bestandteil der Analyse von festverzinslichen Wertpapieren (Zinsperspektiven, Zinsstruktur, Bonitätsanalyse) für die beiden Bereiche öffentliche Schuldner und privatwirtschaftliche ↑Emittenten. Andererseits führt die Länderanalyse zur Währungsanalyse. Die *Analyse der Währungen* konzentriert sich auf die Aufgabe, eine Unter- oder Überbewertung im Vergleich zur Basiswährung (z.B. CHF) und damit das Aufwertungs- bzw. Abwertungspotenzial zu ermitteln. Die Währungsanalyse berücksichtigt langfristig wirkende volkswirtschaftliche Gegebenheiten (Differenzen von Kaufkraftparitäten, Aussenhandel), politische, fiskalische, administrative Faktoren, Stand und Prognose von Zinssatzdifferenzen sowie kurzfristige Marktkonstellationen von Angebot und Nachfrage.

Ein relativ junges Arbeitsgebiet der Finanzanalyse bezieht sich auf sog. ↑*alternative Kapitalanlagen* (Non-traditional funds, ↑Private equity) oder auf den Aspekt der Nachhaltigkeit, die in der Anlageberatung und Vermögensverwaltung zunehmend stärkere Beachtung finden.

Georg Sellerberg

Finanzanalyst

Die Aufgabe des Finanzanalysten ist die Erarbeitung von relevanten Entscheidungsunterlagen für den Kauf oder Verkauf von ↑Finanzinstrumenten, die Formulierung und Umsetzung einer ↑Anlagepolitik sowie die Vornahme von Bonitäts- und Kreditwürdigkeitsprüfungen. Finanzanalysten werden von Banken, ↑Brokern, ↑institutionellen Anlegern oder Finanz- und Industrieunternehmen beschäftigt, die direkt oder indirekt Aufgaben der ↑Vermögensverwaltung und ↑Anlageberatung wahrnehmen oder für das Management des Anlage- und Umlaufvermögens zuständig sind.

Standesvereinigung der Finanzanalysten in der Schweiz ist die ↑Schweizerische Vereinigung für Finanzanalyse und Vermögensverwaltung (SVFV). Sie umfasste Mitte 2002 rund 1300 Mitglieder und bietet über das ↑Ausbildungszentrum für Experten der Kapitalanlage AG (AZEK) ein umfassendes, eidgenössisch anerkanntes Aus- und Weiterbildungsprogramm an. Die SVFV ist Mitglied der Europäischen Union der Vereinigungen für Finanzanalyse.

Georg Sellerberg

Finanzanlagen (Allgemeines)

In den Bilanzen von Nicht-Banken sind Finanzanlagen Beteiligungen, ↑Wertschriften des Anlagevermögens und «andere Finanzanlagen», wie z.B. ↑Sperrkonto für die Arbeitsbeschaffungsreserve, langfristige Forderungen gegenüber Dritten, Konzerngesellschaften und Aktionären.

Finanzanlagen bei Banken

Finanzanlagen bei Banken sind weder mit der Absicht des Handels – und im Fall von Beteiligungstiteln und Liegenschaften – noch mit der Absicht der dauernden Anlage gehaltene und im Eigentum der Bank befindliche ↑Wertschriften und ↑Wertrechte, aus dem Kreditgeschäft übernommen, zum Wiederverkauf bestimmte Liegenschaften, Beteiligungstitel, Waren, physische Edelmetallbestände sowie kombinierte Produkte mit der wirtschaftlichen Funktion von Kapitalmarkt-Zinstiteln.

Es ist zu beachten, dass die Finanzanlagen von Banken – in Abweichung zum allgemeinen Sprachgebrauch – zum Umlaufvermögen gehören. Zur Bewertung enthält RRV-EBK, Kapitel 1, Ziff. 7 genaue Vorschriften. Zu beachten ist, dass auf den Finanzanlagen keine ↑stillen Reserven gebildet werden dürfen.

Finanzbereich

Jede grössere ↑Universalbank ist in Organisationseinheiten gegliedert. Der ↑Kommerzbereich und der Finanzbereich bildeten traditionell – entsprechend einer produktorientierten Spartengliederung – die Hauptpfeiler. Generell kann die Zuordnung nach folgenden Kriterien erfolgen:

- Marktsegmente (Firmenkunden, Privatkunden usw.)
- Dienstleistungen und Produkte
- Geografische Präsenz.

Meistens werden die drei Kriterien kombiniert angewendet. In der Schweiz stand früher eindeutig die Gliederung nach Produkten und Dienstleistungen im Vordergrund; heute dominiert eher die kundengruppenorientierte Gliederung. Im Finanzbereich ist das Wertschriftengeschäft zusammengefasst. Dieses besteht in der Regel aus drei Trägern, nämlich der ↑Anlageberatung und ↑Vermögensverwaltung, dem Wertschriftenhandel sowie der Wertschriftenverwaltung und den dazugehörigen Kontrollen. Zusätzlich zu den drei Hauptfunktionen gehört in der Regel auch das ↑Emissionsgeschäft zum Finanzbereich, das meistens auf wenige Geschäftsstellen im Inland konzentriert ist und durch zusätzliche Geschäftseinheiten auf den wichtigsten ausländischen Finanzplätzen ergänzt wird. Eine weitere mögliche Ergänzung des Finanzbereiches ist die Ausgabe von ↑Anlagefonds. ↑Ablauforganisation, ↑Aufbauorganisation.

Barbara Haeringer

Finanzdienstleistungen

Die Summe der von ↑Finanzintermediären und Unternehmungen sowie Organisationen aus dem Near- und Non-Bankenbereich angebotenen Produkte und Dienstleistungen im Zusammenhang mit der Abdeckung von finanz- und risikobezogenen Bedürfnisse der Marktteilnehmer bezeichnet man als Finanzdienstleistungen (oder mit der englischen Bezeichnung Financial services). Die Basisbedürfnisse, die durch solche Finanzdienstleistungen abgedeckt werden, können anhand der Stichworte Sparen, Zahlen, Investieren, Finanzieren und Risikoabdeckung (Grundprodukte) sowie Informieren, Beraten und Vermitteln (Ergänzungsprodukte) zusammengefasst werden. Die meisten Finanzdienstleistungen beinhalten dabei eine Kombination von Basisfunktionen und Ergänzungsfunktionen. Abgerundet werden diese Funktionen oft durch Zusatzleistungen, die den Nutzen eines Basis- bzw. Ergänzungsproduktes erhöhen können (↑Added value services). Finanzdienstleistungen können damit als integrierte Dienstleistungen interpretiert werden, die meist drei sich ergänzende Dienstleistungsebenen umfassen:

1. Die Ebene des *Kernproduktes,* das eine der Basisfunktionen der Finanzintermediation abdeckt
2. Die Ebene der *Ergänzungsleistungen,* die das Kernprodukt zu einer Problemlösung ergänzen, sowie
3. Die Ebene der *Zusatzleistungen,* die das Produkt zu einer auf die individuellen Nachfragerbedürfnisse ausgerichteten Gesamtlösung abrunden.

Finanzdienstleistungen werden oft anhand ihrer Zuordnung zu den Positionen in der Rechnungslegung eines Finanzdienstleisters charakterisiert. So wird unterschieden zwischen den Finanzdienstleistungen des Passivgeschäfts (das der Mittelbeschaffung der Bank dient), denjenigen des Aktivgeschäfts (das die Anlage dieser Mittel in der Form von Wertpapieren, Krediten oder sonstigen Anlagen umfasst) und dem indifferenten Geschäft, durch das Vermittlungs- und Maklerleistungen im Wertpapierbereich, aber auch eine Vielzahl weiterer Beratungs- und Informationsleistungen (wie etwa das ↑Portfolio management, das ↑Emissionsgeschäft oder die Unterstützung von Kunden in vielen anderen Bereichen) angeboten werden.
Finanzdienstleistungen sind immaterieller Natur. Die vorherige Überprüfung ihrer Qualität ist deshalb schwierig. Ihr Nutzen ist wert-, zeit-, mengen- oder ergebnisabhängig. Der Nachfrager ist oft direkt in ihre Produktion involviert. Finanzdienstleistungen bestehen oft zum Zeitpunkt des Kaufaktes noch gar nicht, sondern bestehen einzig aus einem Leistungsversprechen des Anbieters; ihr Wert basiert damit auf dem Vertrauen, das der Nachfrager dem Anbieter entgegenbringt. Der Faktor Zeit spielt oft eine wichtige Rolle im Rahmen der Qualitätsbeurteilung (z. B. bei der Abwicklung von Börsenaufträgen). Auch die Kundennähe ist ein wichtiges Qualitätselement von Finanzdienstleistungen. Aus Anbietersicht gilt es bei Finanzdienstleistungen Wert- und Stückkomponenten zu unterscheiden. Die Letztere umfasst die finanzielle Dimension einer Finanzdienstleistung (z. B. das Volumen eines Kreditkontraktes oder eines Börsenauftrages), erstere die produktionsbezogenen Aspekte, die schliesslich in die direkten und indirekten Stückkosten einfliessen.
Zu den Finanzdienstleistungen zählen auch die Versicherungsprodukte. Sie sind Leistungsversprechen für die Zukunft. Die zu erwartenden Leistungen stehen dabei in einer funktionalen Beziehung zu bestimmten Ereignissen oder Rahmenbedingungen. Treten diese Ereignisse ein, begründen sie für den Anspruchsberechtigten ein Recht, die definierte Leistung einzufordern. Bezugsgrösse des Produktes ist dabei das Subjekt, auf das sich das Versicherungsprodukt bezieht (z.B. eine Sache, ein Mensch oder eine Institution). Das Umfeld, in dem sich das versicherte Subjekt befindet, beeinflusst über die Schadenswahrscheinlichkeit und -höhe das Versicherungsprodukt und die Versicherungsprämie. Mit dem Begriff des ↑Risikos wird in diesen Finanzdienstleistungsprodukten einerseits die Wahrscheinlichkeit eines Schadeneintritts, andererseits die konkreten Auswirkungen dieses Schadenereignisses umschrieben. Die Leistungsdimension schliesslich umfasst alle Geld-, Sach- und Dienstleistungen, die im Schadensfall dem versicherten Subjekt bzw. dem entsprechenden Rechtsträger erbracht werden müssen.

Finanzdienstleistungen können als *Kontraktgüter* im Sinne der Dienstleistungstheorie bezeichnet werden. Sie existieren im Moment des Kaufes noch nicht. Für den Nachfrager sind sie mit exogenen und endogenen Risiken verbunden, die ein hohes Mass an Vertrauen zwischen den Vertragsparteien voraussetzen. Finanzdienstleistungen sind im Konkurrenzvergleich bei genauer Betrachtung oft weit gehend homogen. Eine Profilierung anhand objektiv messbarer Kriterien und eine entsprechende Differenzierung im Markt fällt den Anbietern zunehmend schwer. Finanzdienstleistungen weisen deshalb auch spezifische Anforderungen an das Marketing auf. Die zunehmende ↑Standardisierung der Finanzdienstleistungen führt zudem dazu, dass der Preis als Differenzierungsmerkmal auch im Finanzdienstleistungsmarkt zunehmend an Bedeutung gewinnt. *Beat Bernet*

Finanzdienstleistungsindustrie
↑Financial industry.

Finanz-Freihandelszone
↑Euromärkte.

Finanzgeschichte
↑Verein für Finanzgeschichte (Schweiz und Fürstentum Liechtenstein).

Finanzgesellschaft
Unternehmung, die im Finanzwesen tätig ist. Mit der Revision des BankG 1995 wurde die besondere Form der bankähnlichen Finanzgesellschaft aufgehoben.

Finanzgruppe
Eine hauptsächlich im Finanzbereich tätige Gruppe von Gesellschaften, welche eine wirtschaftliche Einheit bilden, oder wenn aufgrund anderer Umstände anzunehmen ist, dass sie wirtschaftlich oder rechtlich verpflichtet sind, einander beizustehen. Eine Finanzgruppe umfasst mindestens eine Bank. Ein Finanzkonglomerat ist eine Finanzgruppe mit zusätzlich mindestens einer Versicherung.

Finanzierungskennzahlen
Kennzahlen zur Beurteilung der ↑Kapitalstruktur (z.B. Eigenfinanzierungsgrad, ↑Debt equity ratio, ↑Gearing) und der Finanzlage der Unternehmung. Wichtige Finanzierungskennzahlen sind die aus der ↑Geldflussrechnung abgeleiteten Cashflow-Kennzahlen.

Finanzierungskonzepte
↑Financial engineering.

Finanzierungsrechnung
Die gesamtwirtschaftliche Finanzierungsrechnung ist Teil des *Systems der volkswirtschaftlichen Gesamtrechnungen*. Mit der Finanzierungsrechnung werden die Änderungen der Kreditbeziehungen, d.h. der Forderungen und Verbindlichkeiten zwischen den inländischen Wirtschaftssektoren statistisch erfasst. Damit werden quantitative Aussagen z.B. über folgende Entwicklungen und Verteilungen möglich:
– Finanzierungsverhalten der Produktionsunternehmen
– Anlagegewohnheiten der privaten Haushalte
– Kreditaufnahme der öffentlichen Haushalte
– Tätigkeit der Unternehmen des Finanzsektors
– Forderungen und Verbindlichkeiten gegenüber dem Ausland insgesamt
– Verteilung der Geldvermögensbildung und der Ersparnis auf die Wirtschaftssektoren.

Die Finanzierungsrechnung umfasst – vereinfacht dargestellt – folgende institutionelle *Wirtschaftssektoren*:
– Nichtfinanzielle Kapitalgesellschaften
– Finanzielle Kapitalgesellschaften (↑Zentralbank, Kreditinstitute, Versicherungsgesellschaften und Pensionskassen)
– Staat (Bund, Kantone, Gemeinden und Sozialversicherungen)
– Private Haushalte
– Private Organisationen ohne Erwerbszweck
– Übrige Welt.

Die *Finanzinstrumente* zur Darstellung der Forderungen und Verbindlichkeiten werden in der Finanzierungsrechnung nach Liquiditätsgrad und rechtlicher Charakteristik vereinfacht wie folgt gegliedert:
– Währungsgold und Sonderziehungsrechte; Bargeld und Einlagen; Wertpapiere (ohne Anteilsrechte: Geldmarktpapiere, Kapitalmarktpapiere) und Finanzderivate; Kredite (kurzfristige Kredite, langfristige Kredite)
– Anteilsrechte (Anteilsrechte [ohne Investmentzertifikate: Börsennotierte Aktien, nichtbörsennotierte Aktien, sonstige Anteilsrechte] und Investmentzertifikate)
– Versicherungstechnische Rückstellungen
– Sonstige Forderungen
– Direktinvestitionen (als Pro-memoria-Position).

Die *Finanzierungsrechnung* dient aber nicht nur der Messung der finanziellen Ströme zwischen den einzelnen Wirtschaftssektoren, sondern sie hilft auch bei der Erstellung einer *Geldvermögensrechnung*. Diese gibt Auskunft über die ↑Geldvermögen der einzelnen Wirtschaftssektoren zu einem bestimmten Zeitpunkt, und zwar nicht nur als Nettogrösse, sondern gegliedert nach einzelnen Aktiv- und Passivpositionen. Jedem finanziellen Vermögenswert (Forderung) steht immer eine Verpflichtung (Verbindlichkeit) eines anderen institutionellen Wirtschaftssektors gegenüber und umgekehrt. Definitionsgemäss muss die Änderung des Vermögensbestands im Laufe einer Zeitperiode (z.B. eines Jahres) der Summe der Ströme während des gleichen Zeitraums – korrigiert um die inzwischen eingetretenen Wertveränderungen (Aktienkurse, Wechselkurse usw.) – entsprechen.

Massgebend für die gesamtwirtschaftlichen Finanzierungsrechnungen sind die beiden internationalen Handbücher zur Methodik volkswirtschaftlicher Rechnungssysteme *SNA93* (System of national accounts, 1993) sowie die im Rahmen der EU verfeinerte und präzisierte Variante *ESVG95* (Europäisches System Volkswirtschaftlicher Gesamtrechnungen, 1995). Einzelne Länder verfügen bereits seit Jahrzehnten über gesamtwirtschaftliche Finanzierungsrechnungen, so etwa die Bundesrepublik Deutschland und vor allem die USA. Angesichts der Bestrebungen der EU, im Hinblick auf die Europäische ↑Währungsunion über eine einheitliche Finanzierungsrechnung zu verfügen, wurden in den EU-Ländern im Laufe der 90er-Jahre gewaltige Anstrengungen zur Erstellung einer einheitlich definierten Finanzierungsrechnung unternommen. Diese nach standardisierten Kriterien gemäss ESVG95 aufgebauten und publizierten Konti lassen Vergleiche zu, wie sie in dieser Form vorher nicht möglich waren, und helfen natürlich mit, allfällige bei der Berechnung des Sozialprodukts entstehende Diskrepanzen aufzuzeigen. Dies ist gerade innerhalb der EU von grosser Bedeutung, weil viele Transferzahlungen zwischen den verschiedenen Mitgliedsländern u. a. auf deren Sozialproduktberechnungen beruhen.

In der Schweiz ist im Zusammenhang mit dem *Bilateralen Statistikvertrag mit der EU* vorgesehen, bis zum Jahre 2005 eine Finanzierungsrechnung aufzubauen. Mit der Einführung sektoral gegliederter Bankbilanzen und der inzwischen ebenfalls verfügbaren sektoral gegliederten Wertschriftenerhebung wurden dazu wesentliche Grundlagen geschaffen. Allerdings darf man sich bezüglich der Präzision der zu erwartenden Daten keinen Illusionen hingeben. Auch in der Schweiz wird es sich – wie in den Ländern, die bereits über ausgebaute Finanzierungsrechnungen verfügen – um Schätzungen und nicht um präzise Erhebungen handeln. Die Finanzierungsrechnung ist nämlich in allen Ländern eine sog. *Synthesestatistik*, d. h. eine Statistik, die sich mit den in vielen anderen Erhebungen ohnehin anfallenden Daten begnügen muss und sich nur in vereinzelten Ausnahmefällen auf spezielle Erhebungen abstützen kann. Gerade diese Abhängigkeit von anderen Statistiken und Erhebungen macht sie aber für die Qualitätssicherung generell sehr wertvoll, weil bei der Erstellung der Finanzierungsrechnung immer wieder Fragen auftauchen und Vergleiche gemacht werden, die zu einer Verbesserung der Qualität der erhobenen Daten und Statistiken in ganz anderen Bereichen führen. *Markus Zimmerli*

Lit.: *Stobbe, A.: Volkswirtschaftliches Rechnungswesen, Berlin 1994. – Meier, R./Reich, U.-P.: Von Gütern und Geld, Kreisläufen und Konten – Eine Einführung in die Volkswirtschaftliche Gesamtrechnung der Schweiz, Bern 2001.*

Finanzierungsregeln

Grundsätze zur Gestaltung der Passivseite der Bilanz. Theoretisch klar fundierte Finanzierungsregeln gibt es nicht. Diese beruhen vor allem auf praktischen Erfahrungen und sind insofern von Bedeutung, als die Unternehmung – vor allem im zwischenbetrieblichen Vergleich – danach beurteilt wird. Die ↑goldene Finanzierungsregel beispielsweise fördert die Einhaltung der ↑Fristenkongruenz.

Finanzierungsverhältnis

Verhältnis zwischen ↑Fremdkapital und ↑Eigenkapital. ↑Eigenfinanzierungsgrad; ↑Finanzierungskennzahlen.

Finanzinformationsdienste

Finanzinformationsdienste umfassen sämtliche Informationen, die zum Handel oder zur ↑bankinternen ↑Bewirtschaftung von ↑Wertpapieren benötigt werden.

Zu den Finanzinformationsdiensten gehören primär das Sammeln, Speichern und Übermitteln von internationalen aktuellen Börsenkursen und Wirtschaftsnachrichten in Echtzeit, die Vergabe und Verwaltung von ↑Valorennummern für neue oder bisher nicht in der Schweiz gehandelte Wertpapiere, das Nachführen historischer ↑Kurse, das Bereitstellen von ↑Bewertungskursen nach verschiedenen Kriterien sowie das Nachführen einer Datenbank mit Wertpapierverwaltungsdaten, welche die Ereignisse im «Leben» eines Wertpapiers beschreiben (Dividendenzahlungen, ↑Fusionen, ↑Kapitalerhöhungen, Splits usw.). Heute werden zunehmend auch weitere Dienste wie z. B. das Übermitteln von Wertpapier- und Unternehmensratings, das Bereitstellen gerechneter Werte für die ↑Finanzanalyse oder die Lieferung steuerlich relevanter Werte in die primären Finanzinformationsdienste integriert.

In der Schweiz wurde mit der professionellen Bereitstellung von Finanzinformationsdiensten Anfang der 30er-Jahre begonnen. Das Post- und Eisenbahndepartement erteilte am 28.04.1930 die Konzession für einen speziellen Lokaltelegrafen (Ticker) zur Übermittlung von Börsenkursen und Wirtschaftsnachrichten an die Banken des Finanzplatzes Zürich. Dieser Lokaltelegraf wurde von der kurze Zeit später gegründeten ↑Ticker AG (Vorläuferunternehmen der ↑Telekurs) betrieben. 1961 wurde als weiterer Finanzinformationsdienst das Börsenfernsehen von der Telekurs in Betrieb genommen. Das Börsenfernsehen war eine erste Form des Privatfernsehens, welche den Schreiber in der Mitte des Börsenringes und damit den Handelsverlauf der Wertpapiere filmte und den Film live zu den angeschlossenen Banken übertrug.

Seit den 70er-Jahren erfolgt die Bereitstellung und Lieferung von Finanzinformationsdiensten in der Schweiz zusätzlich mittels ↑Finanzinformationssystemen, welche die für den internationalen ↑Finanzmarkt relevanten Informationen auf elektronischem Weg an die Banken liefern und auf einem bankinternen Computer-Bildschirm oder einem anderen Display zur Anzeige bringen (↑Automatische Kursanzeige). In den letzten 10 Jahren ist die Anzahl der gehandelten Wertpapiere exponentiell gestiegen. Daher ist heute die Verknüpfbarkeit verschiedener Finanzinformationen ein wesentliches Kriterium für Qualität eines Finanzinformationsdienstes. Für den Benutzer von Finanzinformationen ist es wichtig, sämtliche Informationen über ein Wertpapier im Zusammenhang sehen zu können. Je mehr Informationen aus unterschiedlichen Quellen der ↑Investor erhält, desto besser oder schneller kann er entscheiden.

Seit Ende der 90er-Jahre, mit dem Aufkommen der Internet-Technologie, sind zusätzlich neue Finanzinformationssysteme zum Einsatz gekommen. Sie liefern verschiedene Finanzinformationsdienste neben den Banken auch an Privatpersonen. Die neuen Finanzinformationsdienste sind über das bankeigene ↑Intranet, Extranet, über das öffentliche ↑Internet, Mobiltelefone und Taschencomputer/Organizer abrufbar.

Eugen Niesper

Finanzinformationssysteme

Finanzinformationssysteme umfassen sämtliche elektronischen, computergestützten Systeme, welche zum Sammeln und Speichern, zur Qualitätskontrolle, zur Lieferung und zur Anzeige von ↑Finanzinformationsdiensten nötig sind.

Finanzinformationssysteme sind seit Anfang der 70er-Jahre in der Schweiz im Einsatz. Sie ermöglichen ein weltweites Sammeln, Speichern und Übermitteln internationaler Finanzinformationen. Der Kapazitätsausbau aller ↑Börsen und der elektronische Handel führen heute zu einer Vielzahl an Datenquellen mit unterschiedlichen Inhalten, Formaten, Strukturen und Präsentationsformen und damit zu einer kaum mehr zu überblickenden Datenflut. Dieses Volumen nimmt fast täglich zu. Für den Bezug qualitativ hochwertiger Finanzinformationen sind daher Systeme von entscheidender Bedeutung, die das exponentiell steigende Informationsvolumen bewältigen und manuelle Operationen in der Produktionskette immer mehr ausschliessen. Aktuelle Börsenkurse in Echtzeit werden zunehmend mittels eines Datenstroms direkt vom Handelsplatz zum Finanzinformationsanbieter und von dort zum Endbenutzer der Finanzinformationen (Bank oder Privatperson) geliefert. Wertpapierverwaltungsdaten (↑Finanzinformationsdienste) werden in der Schweiz manuell von der ↑Telekurs und ihren ausländischen Tochtergesellschaften erfasst, in einer Datenbank gespeichert (Stand Juni 2001: 1,7 Mio.

↑Wertpapiere) und von dort aus in strukturierter und codierter Form an die Endbenutzer der Finanzinformationen (hauptsächlich an Banken) geliefert. Die gelieferten Finanzinformationen werden auf den angeschlossenen Bildschirmen angezeigt und/oder direkt zur automatischen Weiterverarbeitung in die Datenbanken der Finanzdienstleistungsunternehmen eingespeist.

Für die Lieferung und Anzeige der Finanzinformationen werden verschiedene Technologien eingesetzt:

– Bis zum Ende der 80er-Jahre kamen vor allem Grossrechner mit angeschlossenen Terminals zum Einsatz, die besonders geeignet sind, grosse Informationsmengen zu bewältigen, aber bezüglich der Flexibilität der Anzeige und der Benutzerfreundlichkeit oft Nachteile haben

– Seit den 90er-Jahren werden vielfach PCs und PC-Netze (sog. Client/Server-Architekturen) für die Übermittlung und Anzeige von Finanzinformationsdiensten eingesetzt. Diese bieten zwar eine hohe Flexibilität und Benutzerfreundlichkeit, lassen sich aber oft nur mit einer eigens für Finanzinformationen entwickelten Software betreiben. Damit erhöhen sich der Betriebs- und Wartungsaufwand für diese Systeme um ein Vielfaches

– Seit dem Ende der 90er-Jahre hat die Internet-Technologie in die ↑Finanzmärkte Einzug gehalten. Vor allem in ihrer Ausprägung als Extranet- bzw. Intranet-Lösung verbindet sie die Vorteile des Grossrechner- oder Terminal-Einsatzes mit der Benutzerfreundlichkeit der flexibleren Client/Server-Architekturen. Die globale Verbreitung der Daten mittels Internet-Technologie basiert auf internationalen Standards. Neue Finanzinformationsdienste können an zentraler Stelle bereitgestellt werden und stehen dem Benutzer via Web-Browser sofort zur Verfügung. Die Wartung von Serversystemen kann für den Kunden entfallen, was sich vor allem auf der Kostenseite niederschlägt. Zusätzlich erlaubt die Internet-Technologie das Bereitstellen auf den Endbenutzer zugeschnittener und mobiler Finanzinformationsdienste via SMS-Mitteilungen auf dem Mobiltelefon und via WAP.

Eugen Niesper

Finanzinnovationen

Bezeichnung für die auf den ↑Finanzmärkten angebotenen neuartigen Finanzierungsinstrumente, Anlageprodukte und Dienstleistungen.

Finanzinstrument

Nach IAS (↑International Accounting Standards) ist ein Finanzinstrument ein Vertrag, der gleichzeitig bei einem Unternehmen zu einem Vermögenswert und bei einem anderen zu einer Verbindlichkeit oder einem Eigenkapitalinstrument, d.h. dem Residualanspruch an den Vermögenswerten eines Unternehmens nach Abzug aller Schulden, führt. Zu den klassischen Finanzinstrumenten zählen die ↑Forderungs- und ↑Beteiligungspapiere, sowie die ↑Derivate in ihren vielfältigen Formen. Eine Auflistung von Finanzinstrumenten findet sich in ↑Finanzierungsrechnung.

Finanzintermediäre

Finanzintermediäre sind alle Institutionen, die den Kapitalfluss zwischen Schuldnern und ↑Gläubigern in einer Volkswirtschaft erleichtern. Dazu zählen unter anderem Banken, Versicherungsgesellschaften, ↑Finanzgesellschaften und ↑Anlagefonds. Als Finanzintermediäre werden auch alle Personen bezeichnet, die berufsmässig fremde Vermögenswerte annehmen, aufbewahren oder helfen, sie anzulegen oder zu übertragen (GwG 2 II). Volkswirtschaftliche Bedeutung der Finanzintermediäre: ↑Intermediationsfunktion der Banken.

Finanzintermediation

↑Intermediationsfunktion der Banken.

Finanzkonglomerat

Als Finanzkonglomerat wird eine Mehrheit von Unternehmen bezeichnet, die in unterschiedlichen Bereichen des Finanzsektors im In- und/oder Ausland tätig sind und verschiedene ↑Finanzdienstleistungen anbieten, die häufig unter der Bezeichnung ↑*Allfinanz (Bancassurance)* zusammengefasst werden.

1. Organisationsformen
Die Organisation eines Finanzkonglomerates kann sehr unterschiedlich sein, von loser Kooperation, z.B. einer Distributionszusammenarbeit, bis hin zu einer Organisation mit Ausrichtung auf ein gemeinsames Ziel, mit gemeinsamer Strategie und allenfalls unter Einsatz eines gemeinsamen Managements (↑Joint venture). Ein Finanzkonglomerat kann eine Gruppe von im Finanzbereich tätigen Gesellschaften sein und/oder eine eigentliche Konzernstruktur aufweisen. Eine solche Gruppe kann aus Gesellschaften im In- und/oder Ausland bestehen und hat in der Regel eine gemeinsame Eigentümerstruktur (Aktionariat). Zu beachten sind die Meldepflichten: Natürliche und ↑juristische Personen, die direkt oder indirekt mindestens 10% des ↑Kapitals oder der Stimmen an Banken halten, müssen dies selber bzw. durch die Bank der *Eidgenössischen* ↑*Bankenkommission (EBK)* melden (BankG 3 II lit. c[bis]). Das Gleiche gilt, wenn ein Schwellenwert nach ↑Börsengesetz (20%, 33% oder 50%) über- oder unterschritten wird (BankG 3 V und VI).
Finanzkonglomerate in ihrer heutigen Form und der Vielschichtigkeit ihrer Ausgestaltung sind einerseits ein Ergebnis der Liberalisierung der Märkte, neuer Produkte, neuer Technologien und der Möglichkeit neuer Vertriebskanäle im In- und Ausland. Dies ermöglichte neue Konzern- oder Gruppenstrukturen im In- und Ausland. Soweit insbesondere die Kooperation von Banken und Versicherungen anvisiert ist, wird deren Zusammenarbeit unter dem Stichwort Allfinanz diskutiert.

2. Banken als Teil eines Finanzkonglomerats oder einer im Finanzbereich tätigen Gruppe
Aufsichtsrechtlich relevant sind schweizerische und internationale Finanzkonglomerate, denen eine nach schweizerischem Recht organisierte Bank angehört, weil diese in der Schweiz ihre Geschäftstätigkeit erst nach Erhalt einer Bewilligung durch die EBK ausüben darf und während der Dauer der Geschäftstätigkeit von der EBK beaufsichtigt wird. Ein Finanzkonglomerat, dem eine nach schweizerischem Recht organisierte Bank angehört, kann einen eigentlichen *Finanzkonzern* oder eine aufsichtsrechtlich relevante *Gruppe von im Finanzbereich tätigen Unternehmen* bilden; typischerweise existiert in beiden Fällen eine Konzernmuttergesellschaft, je nachdem als operativ tätige Gesellschaft oder in Form einer ↑Holdinggesellschaft, welche die ihr direkt oder indirekt unterstellten Gesellschaften finanziell und/oder operativ beherrscht (BankG 3 II lit. c[bis], BEHG 10 II lit. e).
Ist eine nach schweizerischem Recht organisierte Bank Teil eines international tätigen Konglomerats, so kann die EBK die Bewilligung für die schweizerische Bank davon abhängig machen, dass das Konglomerat im Ausland konsolidiert überwacht wird (BankG 3bis I[bis]).
Ein Finanzkonzern bzw. eine im Finanzbereich tätige Gruppe unterliegt der konsolidierten Überwachung, i.d.R. durch die Aufsichtsbehörde, die für die Aufsicht der ↑Muttergesellschaft zuständig ist (BankG 4[quinquies]). Im Rahmen der konsolidierten Überwachung müssen nach schweizerischem Recht organisierte Banken ihren Muttergesellschaften im In- und Ausland die hiefür relevanten, nicht öffentlich zugänglichen Daten übermitteln, i.d.R. ohne Nennung von Kundendaten, was zu keiner Verletzung des ↑Bankkundengeheimnisses (BankG 47) führt. In Zweifelsfällen entscheidet die EBK über die Datenübermittlung (BankG 4[quinquies] II). Ebenfalls im Rahmen der konsolidierten Aufsicht dürfen ausländische Aufsichtsbehörden auf dem Wege der ↑Amtshilfe (BankG 23[sexies], BEHG 38) oder durch eine ↑Vor-Ort-Kontrolle (BankG 23[septies], BEHG 38a) die zur konsolidierten Aufsicht notwendigen Informationen bei der schweizerischen Gesellschaft verlangen, soweit sie selber an ein Amts- oder Berufsgeheimnis gebunden sind und die erhaltenen Informationen nur zu Aufsichtszwecken verwenden (so genanntes Prinzip der langen Hand). Diese Rechte stehen umgekehrt der EBK bezüglich Tochtergesellschaften schweizerischer Banken im In- und Ausland ebenfalls zu. Soweit im Rahmen der Amts-

hilfe oder Vor-Ort-Kontrolle Kundendaten ins Ausland übermittelt werden, steht den betroffenen Kunden die Verwaltungsgerichtsbeschwerde an das Schweizerische Bundesgericht offen.

3. Finanzkonglomerate und Allfinanz
Häufig wird der Begriff Finanzkonglomerat im Kontext mit *Allfinanz* verwendet. Der Ausdruck Allfinanz hebt den Umstand hervor, dass die verschiedenen Gesellschaften, die ein Finanzkonglomerat ausmachen, ihr Kerngeschäft in unterschiedlichen Sektoren des ↑Finanzmarktes haben, typischerweise im Bank- und Versicherungsmarkt. Dies betrifft aus dem Bereich ↑Private banking insbesondere folgende Produkte und Dienstleistungen: Das so genannte Financial planning für Privatkunden und ganze Familien (High net worth individuals und family offices). Dazu gehören z.B. ↑Vermögensverwaltung, Lebens-, Sachversicherung und ↑Altersvorsorge, ↑Hypothekar- und Lombardkreditgeschäft, allenfalls sogar ↑kommerzielle Kredite. Aus den Bereichen ↑Commercial banking und ↑Investment banking betrifft es die verschiedenen strukturierten Produkte wie Over-the-counter-Derivate (↑OTC-Derivate), verschiedene Garantien (↑Bankgarantie), ↑Akkreditive und strukturierte Finanzierungen, Absicherungsgeschäfte wie Alternative-risk-transfer-(ART)-Produkte (↑Alternative risk transfer), ↑Hedging-Strategien usw.
Damit werden Dienstleistungen zusammengefasst und neu strukturiert, die traditionellerweise von verschiedenen Gesellschaften bzw. verschiedenen Abteilungen innerhalb einer Gesellschaft erbracht wurden, jetzt aber «aus einer Hand» massgeschneidert angeboten werden.
Ein solches Finanzkonglomerat besteht i.d.R. aus den durch die *Eidgenössische Bankenkommission (EBK)* beaufsichtigten ↑Banken, ↑Effektenhändlern (Broker-Dealer), ↑Fondsleitungen und den durch das *Bundesamt für Privatversicherungen (BPV)* beaufsichtigten Versicherungen sowie weiteren Finanzintermediären gemäss der Definition im Geldwäschereigesetz (GwG). Das sind z.B. ↑Leasing- und ↑Finanzgesellschaften, Wechselstuben, Vermögensverwaltungsgesellschaften oder Devisen- und Rohstoffhändler usw. Schliesslich können zu einem Finanzkonglomerat auch Gesellschaften gehören, die überhaupt keiner finanzmarktrelevanten Aufsicht unterstehen.
In der Schweiz hat sich bezüglich der aufsichtsrechtlichen Zuständigkeit für Allfinanz-Finanzkonglomerate folgende Praxis entwickelt: Finanzkonglomerate, welchen Banken, Effektenhändler und/oder Versicherungen angehören, werden auf der Ebene der einzelnen Gesellschaft von der jeweils zuständigen Behörde beaufsichtigt. Wenn eine Bank und eine Versicherungsgesellschaft Teil einer im Finanzbereich tätigen Gruppe (Finanzkonglomerat) bilden, erfolgt eine konsolidierte

Aufsicht je nach Stärkeverhältnis der einzelnen Konzern- oder Gruppengesellschaften (prinzipieller ↑Bankkonzern mit Versicherungen oder umgekehrt primärer Versicherungskonzern mit Banken) entweder durch die Bank- oder die Versicherungsaufsichtsbehörde, wobei die jeweils branchenfremden Aspekte, insbes. im Verhältnis zwischen Banken und Versicherungen von der jeweils anderen Aufsichtsbehörde beaufsichtigt werden (so genannte *Solo-plus-Methode*) (BankG 3 V). So entschied auch die EBK als Hauptaufsichtsbehörde für die CS Group für die Abgrenzung im Rahmen der konsolidierten Aufsicht (EBK-Bulletin 36 (1998) S. 13 ff.): Die EBK ist zuständig für die CS, CS Private banking und CSFB, konsultiert aber nach der Solo-plus-Methode das BPV, insoweit es um die Beurteilung versicherungstechnischer ↑Risiken bei der Winterthur Versicherung geht. Die umgekehrte Situation exisitiert bei der Zurich Financial Services Group (EBK Bulletin 42 [2002] S. 15 ff.). Hauptaufsichtsbehörde (Lead regulator) ist das BPV; die Aufsicht über die im Konzern befindlichen Banken nimmt die EBK wahr.
Der Grund für diese Abgrenzung der aufsichtsrechtlichen Zuständigkeit liegt in den unterschiedlichen Risiken, denen Banken und Versicherungen ausgesetzt sind und die sich in unterschiedlichen Buchführungs- und Bilanzierungsvorschriften niederschlagen, d. h. in der *Eigenmittelunterlegung* (↑Eigene Mittel) bei Banken und Effektenhändlern, gegenüber Rückstellungen für *versicherungstechnische Risiken* bei Versicherungen. Sodann besteht gemäss herrschender Lehre im Verhältnis Banken – Versicherungen im Unterschied zur Situation zwischen Banken keine oder nur eine sehr geringe «Ansteckungsgefahr», da systemische Risiken, ausser z.B. makroökonomische Schocks mangels eines Äquivalents des Interbankenmarktes weit gehend ausbleiben. Um keinen systemischen Risiken ausgesetzt zu sein, dürfen Versicherungen nur nach vorheriger Bewilligung durch das BPV versicherungsfremde Geschäfte ausüben (Art. 12 Bundesgesetz über die Versicherungsaufsicht).

4. Ausblick
Im heutigen Zeitpunkt wird die Koordination und/oder Zusammenlegung der verschiedenen für Finanzkonglomerate zuständigen Aufsichtsbehörden diskutiert. In der Schweiz schlägt der Schlussbericht der Expertengruppe Finanzmarktrecht unter der Leitung von Prof. Dr. J.-B. Zufferey vor, eine einzige Finanzmarktaufsichtsbehörde, ähnlich der neu geschaffenen britischen ↑Financial Services Authority, zu kreieren, welche die Kompetenzen der EBK, des BPV und allenfalls auch der Kontrollstelle für ↑Geldwäscherei in sich vereinen würde. Auf internationaler Ebene hat die Commission Tripartite unter der Ägide der ↑Bank für Internationalen Zahlungsausgleich (BIZ) Vor-

schläge ausgearbeitet, wie internationale Finanzkonglomerate, die mehrere beaufsichtigten Gesellschaften umfassen, insbesondere Banken, Effektenhändler und Versicherungen, beaufsichtigt werden sollen. Da auf internationaler Ebene angesichts der unterschiedlichen Rechtslagen in den verschiedenen Ländern keine rasche Vereinheitlichung vorstellbar ist, schlägt die Kommission einen regelmässigen und substanziellen Informationsaustausch zwischen den verschiedenen zuständigen Aufsichtsbehörden im In- und Ausland vor.

Sabine Kilgus
Lit.: *Expertengruppe Finanzmarktaufsicht unter der Leitung von Prof. Dr. J.-B. Zufferey: Finanzmarktregulierung und -aufsicht in der Schweiz (Banken, Versicherungen, Allfinanz und Finanzkonglomerate, andere Finanzdienstleistungen), Schlussbericht, November 2000.* – *Bank für Internationalen Zahlungsausgleich (BIZ), Joint Report by the Basle Committee on Banking Supervision, the International Organisation of Securities Commissions and the International Association of Insurance Supervisors, Supervision of Financial Conglomerates, Working paper no 47, Basel 1999.* – *Zobl, D. (Hrsg.): Rechtsprobleme der Allfinanz, Schweizer Schriften zum Bankrecht Bd. 47, Zürich 1997.*

Finanzkontrakt

Als Finanzkontrakt wird eine Vereinbarung bezeichnet, mit der ein ↑Investor als Kapitalgeber dem Kapitalnehmer ↑Zahlungsmittel im Austausch gegen Rechte, die im Wesentlichen zukünftige Geldflüsse (↑Cashflows) beinhalten, überlässt. Es handelt sich um ↑Beteiligungs- und ↑Forderungspapiere sowie daraus abgeleitete Kontrakte, z.B. Terminkontrakte (↑Forwards, ↑Futures). Institutionalisierte Märkte für Finanzkontrakte nennt man ↑Finanzmärkte.

Finanzkredit

↑Exportfinanzierung.

Finanzkrise, globale

Eine Finanzkrise definiert man als eine starke Verschlechterung aller oder vieler finanzieller Indikatoren in einem kurzen Zeitraum (nach R. W. Goldsmith). Solche Indikatoren sind die Preise von Vermögenswerten, die kurzfristigen Zinsen, die Anzahl Konkurse von Unternehmen und Finanzinstituten. Eine Verschlechterung dieser Indikatoren zeigt an, dass das Finanzsystem in einer Volkswirtschaft gestört ist. Das Finanzsystem erfüllt mehrere für eine Volkswirtschaft wichtige Basisfunktionen. Ist das Finanzsystem gestört, können diese Funktionen nur ungenügend oder gar nicht mehr erfüllt werden. Dies hat weit reichende Folgen für eine Volkswirtschaft. Spargelder werden nicht mehr der effizientesten Nutzung zugeführt, die Informations- und ↑Transaktionskosten wachsen und die Risikodiversifikation ist erschwert. Dies führt zu weniger Investitionen, zu einer Verminderung des Konsums und damit zu einer Kontraktion der volkswirtschaftlichen Entwicklung.

Verschiedene *Gründe* können zu einer Verschlechterung finanzieller Indikatoren führen und damit zu einer Störung des Finanzsystems beitragen. Die Gründe liegen meist in strukturellen Ungleichgewichten innerhalb der Volkswirtschaft, können aber auch von ausserhalb der Volkswirtschaft kommen. Starke Verflechtungen zwischen Ländern begünstigen die Übertragung einer Finanzkrise. Da die meisten Finanzkrisen unterschiedlich verlaufen, kann kein generelles Schema für deren Ablauf und die Auslöser der Krise aufgestellt werden. Es lassen sich jedoch gewisse Gemeinsamkeiten erkennen. So wurden die meisten Finanzkrisen entweder durch (1) einen Preiseinbruch bei Vermögenswerten, (2) einen Anstieg der Zinsen, (3) erhöhte politische Unsicherheiten im Inland, (4) eine ungünstige Entwicklung im Ausland oder eine Kombination dieser Faktoren ausgelöst.

1. Der häufigste Auslöser für eine Finanzkrise ist ein *Preiseinbruch von Vermögenswerten* in einzelnen Bereichen und Branchen (z.B. im Banken- oder Immobiliensektor), in die zuvor übermässig viel Kapital geflossen ist. Brechen die Preise von Vermögenswerten ein, so wird Wert vernichtet, der den Konsumenten und den Produzenten fehlt, um zu investieren und zu konsumieren. Dieser Effekt hat einerseits durch eine reduzierte Nachfrage nach Waren, Investitionsgüter und Dienstleistungen reale Auswirkungen. Andererseits werden die Erwartungen der Wirtschaftsakteure zur zukünftigen Entwicklung von Unternehmensgewinnen negativ beeinflusst, was Gewinneinbussen aus Kapitalanlagen wie z.B. Aktien impliziert. Dadurch erfolgt eine Umschichtung von risikoreicheren Anlagen (z.B. Aktien) in sicherere Anlagen (z.B. Obligationen). Diese Portfolioumschichtungen beschleunigen und verstärken den Preiszerfall noch zusätzlich. Die Konsequenz dieses Preiszerfalls ist eine Verschlechterung der finanziellen Situation sowohl der Unternehmen als auch der privaten Haushalte. Ein Preiseinbruch erfolgt meist nach einer Phase, in welcher die Preise über eine längere Zeitspanne überdurchschnittlich stark angestiegen sind. Das prominenteste Beispiel für eine globale Finanzkrise ist die grosse Depression, die im Oktober 1929 durch einen Einbruch der Aktienpreise an der New York Stock Exchange (NYSE) (↑New Yorker Börse) ausgelöst wurde und die gesamte Weltwirtschaft erfasste. Ein Zusammenbruch, der in einem einzelnen Sektor begonnen hat, kann sich so über die gesamte Volkswirtschaft ausbreiten und auch auf das Ausland übersprin-

gen. Diese Zusammenbrüche wirken sich auf die ↑Liquidität und die Kreditvergabe des gesamten Sektors und schliesslich auch auf die gesamte reale Volkswirtschaft aus: Da Banken ihre Funktion als ↑Finanzintermediäre nicht mehr optimal erfüllen können, sinken Kreditangebot und Investitionen, was schliesslich zu einer Kontraktion der aggregierten Wirtschaftsaktivität führt.

2. Ein *ausserordentlicher Anstieg der Zinsen* kann eine Krise begünstigen, weil dadurch der ↑Schuldendienst erschwert wird, was vor allem Unternehmen und Privatpersonen mit einer hohen Verschuldung in Zahlungsschwierigkeiten bringt. Dadurch können wiederum Banken in Schwierigkeiten geraten, weil sich einerseits die Kosten für das Kapital verteuern und zweitens die Qualität der Kredite abnimmt. Die Banken reagieren darauf mit einer restriktiveren Kreditvergabe. Als Folge davon fehlt der Volkswirtschaft Kapital, das sie für eine gesunde Entwicklung benötigt. Ein Anstieg der Zinsen lässt auch die Preise von Aktien sinken, da die sichereren Obligationen eine attraktive Alternative darstellen. Obwohl Banken und ↑Finanzmärkte in diesem Zusammenhang immer eine zentrale Rolle spielen, sind sie nicht unbedingt die direkten Verursacher einer Finanzkrise.

3. Ein weiterer Faktor, der das Entstehen einer Finanzkrise begünstigen kann, sind *Unsicherheiten über die politische Zukunft* eines Landes. Politische Unsicherheiten beeinflussen die Erwartungen der Investoren negativ, als Reaktion darauf wird Kapital aus dem Land abgezogen. Dies kann sehr schnell gehen, da es sich grösstenteils um ↑Portfolioinvestitionen und nicht um ↑Direktinvestitionen handelt. Verschlechtert sich die politische Lage in einem Land, schichten die Investoren ihr Geld auf andere, scheinbar sicherere Länder um. Diese ↑Kapitalflucht führt zu Preiseinbrüchen bei Vermögenswerten und der inländischen Währung.

4. Ein Land mit guten makroökonomischen Voraussetzungen kann in eine globale Finanz- oder Wirtschaftskrise verwickelt werden, weil die *Volkswirtschaft des Nachbarlandes in Schwierigkeiten* geraten ist. Dies kann wiederum über zwei Kanäle erfolgen: Einerseits über reale Verflechtungen wie der Interbankmarkt (↑Interbankgeschäft) oder Direktinvestitionen, andererseits über die Erwartungen der Investoren, dass ähnliche Länder ähnliche Probleme haben. In diesen Fällen spricht man von Ansteckung oder auch Contagion. Dieses Phänomen konnte während der Asienkrise Ende der 90er-Jahre, die beinahe den gesamten südostasiatischen Raum erfasste, beobachtet werden. Die kontinuierliche Zunahme der Globalisierung und der Verflechtung der internationalen Finanzmärkte hat ausserdem dazu geführt, dass sich Finanzkrisen immer schneller über verschiedene Länder oder Regionen ausbreiten bzw. fortpflanzen können (↑Systemrisiken).

Da zwischen den oben erwähnten Faktoren Wechselwirkungen bestehen, ist es schwierig, die einzelnen Faktoren und deren Auswirkungen auf das Finanzsystem isoliert zu betrachten. Meistens ist es nicht nur ein einzelner Faktor, sondern das Zusammenspiel mehrerer Faktoren, welches das Entstehen einer Krise begünstigt. Die Konsequenzen für die Volkswirtschaft, die durch eine Störung des Finanzsystems auftreten, sind schwer wiegend und können oft nur mit staatlichen Mitteln oder im Extremfall nur mit internationaler Hilfe behoben werden (↑Systemstabilität, Förderung der). Bis sich ein Land von einer Finanzkrise erholt hat, vergehen häufig mehrere Jahre, in denen die Wirtschaft nur langsam oder gar nicht wächst.

Wegen den schwer wiegenden Konsequenzen für die Weltwirtschaft und der hohen Ansteckungsgefahr stehen Finanzkrisen immer mehr im Mittelpunkt politischer und ökonomischer Diskussionen. Aufgrund der vielfältigen Faktoren, die solche Krisen auslösen oder begünstigen können, bildet deren Verhinderung eine grosse Herausforderung für internationale Institutionen wie den ↑Internationalen Währungsfonds (IWF) sowie für die Regierungen und Zentralbanken der einzelnen Länder.

Christian Spielmann

Lit.: Goldsmith, R. W.: «Comment» in: *Kindleberger, C. P./Laffargue, J.-P.: Financial Crises, Cambridge 1982.*

Finanzmarkt

Der Finanzmarkt ist ein Ort, an dem ↑Finanzkontrakte gehandelt werden. Finanzkontrakte sind ↑Beteiligungs- oder ↑Forderungspapiere sowie daraus abgeleitete ↑Kontrakte, z. B. ↑Optionen oder Terminkontrakte (↑Forwards, ↑Futures). Die abgeleiteten Kontrakte dienen der Risikokontrolle der zu Grunde liegenden Kontrakte, sie sind jedoch auch als Spekulationsinstrument (↑Spekulation) einsetzbar.

1. Typen von Märkten

Man kann den Finanzmarkt nach verschiedenen Aspekten typologisieren. Steht die Art der gehandelten Kontrakte im Vordergrund, kann man zwischen einem Markt für Beteiligungspapiere (Aktienmarkt) und einem Markt für Forderungspapiere (Obligationenmarkt) unterscheiden sowie einem Markt für Optionen und Futures. Der Obligationenmarkt lässt sich in zeitlicher Dimension in einen ↑kurzfristigen (d. h. bis zu einem Jahr) Geldmarkt (↑Geldmarkt [Volkswirtschaftliches]) und einen längerfristigen Kapitalmarkt (↑Kapitalmarkt [Volkswirtschaftliches]) unterteilen. Eine Unterscheidung nach Marktform führt zu einer ↑Börse (Auktionsmarkt), einen Schalterhandel (Over the counter) und einem Markt mit Vermittlern (Intermediären). Ist das Kriterium der Übergang vom

↑Gläubiger zum Schuldner, so resultiert zunächst ein ↑Primärmarkt, auf dem die Papiere zum ersten Mal verkauft werden. Der Schuldner erhält das Kapital, die ↑Investoren erhalten im Gegenzug die ↑Wertpapiere. Diese können anschliessend am ↑Sekundärmarkt gehandelt werden. Eine weitere Unterscheidung des Finanzmarktes betrifft den Lieferungszeitpunkt. Am ↑Kassamarkt folgt die Lieferung des ↑Titels praktisch unverzüglich nach deren Verpflichtung, d. h. in der Praxis nach zwei bis fünf ↑Bankwerktagen. Am ↑Terminmarkt hingegen fallen Verpflichtung und Erfüllung zeitlich weit auseinander.

2. Marktteilnehmer

Als Marktteilnehmer treten der Staat und andere Gebietskörperschaften, Vermittler (↑Finanzintermediäre), öffentlich-rechtliche Gebilde, in- und ausländische Unternehmen und Private sowie fremde Staaten und supranationale Gebilde (z. B. ↑Weltbank) auf. Eine besondere Bedeutung kommt dabei den Finanzintermediären zu. Zu nennen sind hier ↑Banken, Versicherungen, Pensionskassen (↑Institutionelle Anleger) und ↑Anlagefonds. Die Finanzintermediäre erfüllen vier Hauptfunktionen: Vermittlung von Zeithorizonten (Maturity intermediation), Risikominderung durch ↑Diversifikation, Verringerung von Verhandlungs- und Informationskosten sowie Bereitstellung eines Zahlungsmechanismus.

3. Geldmarkt

Am Geldmarkt werden Wertpapiere mit ↑Laufzeiten von einem Jahr oder weniger emittiert und gehandelt. Wegen der fiskalischen Belastungen (vor allem die Stempelsteuer [↑Stempelabgaben im Finanzgeschäft]) besteht der Geldmarkt in der Schweiz nur in unverbriefter Form, es gibt keine ↑Treasury bills oder ↑Certificates of deposit (CD) wie z. B. in den USA. Den grössten Teil des Geldmarktes bildet der Interbankenmarkt. Die Bedeutung des ↑Interbankgeschäfts hat in den 90er-Jahren stetig zugenommen. Dabei zeigt sich eine starke Auslandverflechtung der Schweizer Banken (↑Auslandverflechtung des Finanzplatzes Schweiz), da rund drei Viertel der Forderungen bzw. Verpflichtungen gegenüber Banken im Ausland bestehen. Seit Anfang 1997 unterliegen ↑Repurchase agreements (↑Repos) nicht mehr der Stempelsteuer. Diese regulatorische Veränderung führte zum Entstehen eines Repo-Marktes in der Schweiz. Die Schweizerische ↑Nationalbank (SNB) nahm im April 1998 Repo-Geschäfte (↑Repo-Geschäft der SNB) in ihr geldpolitisches Instrumentarium (↑Instrumentarium der SNB) auf. Mit der Aufnahme des Repo-Handels konnte eine wichtige Lücke auf dem Schweizer Finanzmarkt geschlossen werden. Der Schweizer Repomarkt umfasst ein Volumen von ungefähr CHF 25 Mia., wobei 20% auf den Interbankenmarkt entfallen. Geldmarktanlagen mit Wertschriftencharakter (↑Wertschriften) sind entweder ↑Buchforderungen oder ↑Eigenwechsel. Die ↑Geldmarkt-Buchforderungen des Bundes (GMBF) sind eine spezielle Form der «Buchforderung», um die Stempelsteuer zu vermeiden. Neben diesen werden vom Bund, von den Kantonen und Gemeinden auch Eigenwechsel, so genannte ↑Reskriptionen, emittiert. Dabei verpflichtet sich der ↑Emittent, an einen bestimmten Ort zu einer bestimmten Zeit, den geschuldeten Betrag auszuhändigen. Die Wertpapiere oder Buchforderungen werden in einem ↑Auktionsverfahren versteigert. Diese auch Tenderverfahren genannten Methoden bilden den Primärmarkt. Die als ↑Zeichnungsstellen bezeichneten Banken unterhalten dann einen Sekundärmarkt als ↑Market maker. Neben den Wertpapieren besteht der Geldmarkt auch aus Geldmarktkrediten, z. B. Interbankenkredite oder ↑Festgeld als Kredit zwischen Banken und Privaten.

4. Kapitalmarkt

Der Kapitalmarkt besteht aus einem ↑Kredit- und Obligationenmarkt (↑Bondmarkt) sowie einem Aktienmarkt und Märkten aus daraus abgeleiteten Wertpapieren (↑Derivate).

5. Kredit- und Obligationenmarkt

Der Schweizer Kreditmarkt hatte Ende 2000 ein Volumen von CHF 597 Mia., wovon drei Viertel Hypotheken (↑Hypothekargeschäft) waren. In den letzten Jahren ist die Gesamtsumme der Kredite nur verhalten gewachsen. Der grosse Anteil der Hypotheken ist generell relativ träge, während die übrigen Kredite konjunkturbedingt stärker schwanken. Das an der Schweizer Börse ↑SWX Swiss Exchange gehandelte Volumen am Anleihenmarkt (↑Anleihensobligation) im Jahr 2000 betrug rund CHF 403 Mia. Davon betrafen rund CHF 222 Mia. Schweizer Schuldner, CHF 181 Mia. ausländische Schuldner. Es werden hauptsächlich ↑Straight bonds gehandelt; seit 1998 ist eine starke Zunahme von so genannten kombinierten Produkten, wie Obligationen mit geschrie-

Netto-Emissionsvolumen am schweizerischen Anleihenmarkt (in Mia. CHF)

	1995	1996	1997	1998	1999	2000
Inland	9,8	0,6	6,7	14	9,6	14,1
Ausland	23,4	18,4	22,1	25,3	22,7	11,5
Total	33,2	19	28,8	39,3	32,3	25,6

bener Put-Option (↑Put), zu beobachten. Der allergrösste Teil des Obligationenmarktes umfasst AAA- und AA-Schuldner; es gibt in der Schweiz kein «Junk-Bond-Segment» (↑Junk bonds).
Die Tabelle S. 446 unten zeigt die Entwicklung des Netto-Emissionsvolumens am schweizerischen Anleihenmarkt (Mia. CHF).
Der grösste Schuldner bei den Netto-Emissionen (↑Emissionsgeschäft) inländischer Schuldner ist der Bund. Der Anteil des Bundes betrug in den letzten zwei Jahren über 50 Prozent, in den vorherigen Jahren um die 40 Prozent. Bei den Netto-Emissionen ausländischer Schuldner kommen die Schuldner zum Grossteil aus der Europäischen Union. Die ausländischen Schuldner wollen von der starken privaten und institutionellen Investorenbasis in der Schweiz profitieren. Meistens wird der Erlös in Schweizer Franken aus den Anleihen in die Heimwährung «geswapt». Einige Schuldner ↑swapen jedoch nicht und betreiben ↑Zinsarbitrage. Dies hat sich in den letzten Jahren für die Schuldner gelohnt, da die Aufwertung (↑Aufwertung, Abwertung) des Schweizer Frankens geringer war als der Zinsvorteil. Das Volumen der Netto-Emissionen ausländischer Schuldner war in der zweiten Hälfte der 90er-Jahre geringer als zuvor. Ein möglicher Grund ist die Verschiebung in der Währungszusammensetzung von internationalen Anleihen. Die Schweizerfranken-Anleihen dürften unter der Euro-Einführung sowie einer Zunahme der Yen-Anleihen infolge der niedrigen Zinssätze in Japan gelitten haben.

6. Aktienmarkt

Aktien sind Beteiligungspapiere, die eine Mitgliedschaft am haftenden Grund- oder Risikokapital eines Unternehmens verkörpern. Die Papiere werden nach der Ausgabe (Primärmarkt) am Aktienmarkt (Sekundärmarkt) gehandelt.
Die Schweizer Börse ist betreffend Marktkapitalisierung (↑Kapitalisierung) die siebtgrösste Börse weltweit, nach dem New York Stock Exchange (NYSE) (↑New Yorker Börse), der ↑NASDAQ, Tokio, London, Paris und Frankfurt. Im Verhältnis zum Bruttoinlandprodukt (BIP) steht die Schweizer Börse allerdings fast an der Spitze und wird nur vom Stadt-Staat Hongkong überholt. Die ↑Börsenkapitalisierung beträgt gut dreimal das Schweizer BIP. In der Schweiz ist eine starke Konzentration zu beobachten: die zehn grössten Aktien machen rund drei Viertel der Börsenkapitalisierung des ↑Swiss Performance Index (SPI) aus. Branchenmässig sind Chemie- und Pharmaunternehmen sowie Finanzunternehmen mit einem Anteil von rund zwei Dritteln stark im SPI vertreten. Seit Juli 1999 gibt es einen neuen New Market Index (↑SWX New Market), der vor allem junge Biotechnologie- und Telekommunikationsunternehmen umfasst. Die Kapitalisierung beträgt knapp ein Zehntel des SPI. Was das Handelsvolumen betrifft, so weist die Schweizer Börse im internationalen Vergleich seit 1994 zusammen mit Japan die schwächste Steigerung der Volumina auf. Umsatzmässig ist die SWX nur die elftgrösste Börse weltweit. Das schwache Volumen ist längerfristig eine Bedrohung für die SWX. Die SWX ist jedoch technisch weltweit führend, das ↑Clearing and settlement ist voll integriert. Zur Sicherung der Position der Schweizer Börse wurde unter Verwendung der Schweizer Technologie die ↑Virt-x in London lanciert (Handelsaufnahme am 25.06.2001). Damit wurde eine gemeinsame Handelsplattform der SWX und der britischen Tradepoint für europäische ↑Blue chips geschaffen. Die 29 Schweizer Blue chips aus dem SMI werden nur noch an der Virt-x gehandelt.

7. Derivatmärkte

Derivative Finanzinstrumente sind Finanzkontrakte, deren Wert sich vom Wert eines anderen, im Kontrakt erwähnten Titels ableitet. Die Derivate bestehen einerseits aus den ↑Futures und ↑Termingeschäften (↑Forwards, Swaps [↑Swap-Geschäft]), andererseits aus den Optionen. Ein Terminkontrakt (Forward contract) hält fest, dass ein bestimmtes Gut an einem festgelegten, künftigen Zeitpunkt zu einem heute vereinbarten Preis gekauft oder verkauft wird. Der Futureskontrakt ist ein spezieller Terminkontrakt. Die Futures sind vereinheitlichte Vereinbarungen über Standardgüter mit genauer Angabe über die Qualität der Lieferung. Sie werden an organisierten Märkten gehandelt. Ein weiterer Unterschied zu den Forwards liegt darin, dass Futures meist nicht warenmässig durch Lieferung des Gutes, sondern wertmässig durch Bezahlung des Gegenwertes erfüllt werden. Futures basieren entweder auf Waren (Commodity futures) oder auf Finanzinstrumenten (↑Financial futures). Commodity futures fussen auf Rohstoffen wie z.B. Gold, Silber, Rohöl, Baumwolle, Schweine, Weizen, Kaffee oder Kakao. Die den Finanical futures zu Grunde liegenden Titel beinhalten Aktienindizes, Zinssätze und Währungen. Den Optionen wiederum liegen Aktien oder Obligationen (Stock options, Bond options), Indizes (Stock index options) und Futures (↑Futures options oder ↑Zins-Futures) zu Grunde. Swaps sind spezielle Forwardkontrakte. Sie stellen eine Vereinbarung dar, wonach künftige ↑Cashflows nach einer vorgegebenen Formel ausgetauscht werden.
Die Derivate haben in den letzten Jahren eine rasante Entwicklung hinter sich; dies trifft auch auf die aus der ↑SOFFEX und der Deutschen Terminbörse hervorgegangene ↑Eurex zu, die mittlerweile grösste Terminbörse der Welt. Die Eurex Zürich AG ist zu 50% im Besitz der SWX, die anderen 50% hält die Deutsche Börse AG. Auch in Zukunft dürften die Volumina weiter steigen. Zweck von Derivaten kann der Schutz von Aktienportfolios

gegen Kursverluste (Hedging [↑Hedge]), Ertragsoptimierung von ↑Portfolios durch renditesteigernde Strategien oder die Ausnutzung von Gewinnmöglichkeiten bei steigenden, aber auch in fallenden Märkten mittels geeigneter Gewinnstrategien sein. Zinssatz- (↑Zinsswap) und ↑Währungsswaps sind ebenfalls derivative Instrumente. Das Volumen des ↑Swap-Marktes ist weltweit sehr gross, in der Schweiz ist der Swap-Markt jedoch relativ klein und die mangelnde Liquidität stellt immer noch ein Wachstumshemmnis für den Swap-Markt dar.

Thomas Wiedmer

Finanzmarktaufsicht

Der Begriff Finanzmarktaufsicht entzieht sich einer einheitlichen und allgemein anerkannten Definition: Während Finanzmarktaufsicht häufig als Synonym für Finanzmarktregulierung (Financial market regulation) verwendet wird, kann der Begriff – je nach Kontext – auch eingesetzt werden, um die ↑Regulierung (Normensetzung, Regulation) von der Aufsicht (Beaufsichtigung im Hinblick auf die Einhaltung der entsprechenden Normen, Supervision) abzugrenzen. Üblicherweise wird Finanzmarktaufsicht als Sammelbegriff für die Beaufsichtigung der einzelnen Elemente von Finanzinstitutionen und Finanzsystemen verstanden. Dementsprechend gehören typischerweise die ↑Bankenaufsicht (bzw. Bankenregulierung), die Versicherungsaufsicht (bzw. Versicherungsregulierung) und die ↑Börsenaufsicht (bzw. Börsenregulierung) dazu.

1. Zielsetzungen
In den meisten Ländern gehört der Finanzsektor (insbesondere das Bankgewerbe) zu den am stärksten regulierten Wirtschaftssektoren. In den letzten Jahren sind dabei sowohl die Bestrebungen im Hinblick auf eine ↑Deregulierung als auch Wellen von Reregulierung – auf nationaler wie internationaler Ebene – intensiv diskutiert worden. Die Finanzmarktaufsicht dient grundsätzlich den folgenden Zielsetzungen:
– Sicherheit der Kunden und ↑Gläubiger von Finanzinstitutionen (Safety and soundness, Kunden-, Gläubiger- bzw. ↑Einlegerschutz)
– Sicherstellung der Stabilität von Banken- und Finanzsystemen (systemische Stabilität, System-, Funktions- bzw. ↑Vertrauensschutz), Systemstabilität
– Förderung der Wettbewerbspolitik (Erreichung bestimmter Zielsetzungen im Hinblick auf die Industriestruktur, z.B. Verhinderung marktmächtiger Monopole oder umgekehrt, exzessiven Wettbewerbs)
– ↑Geldpolitik (v.a. bezüglich Bankenregulierung: Geldmengen- bzw. Preisniveaukontrolle).

2. Instrumente
Analog zur Bankenregulierung kann bei der Finanzmarktaufsicht bzw. -regulierung zwischen folgenden Aufsichts- bzw. Regulierungstypen unterschieden werden:
– Staatliche bzw. öffentliche Regulierung (↑Bankenaufsicht) versus ↑Selbstregulierung, ↑Vereinbarung über die Standesregeln zur Sorgfaltspflicht der Banken [VSB])
– Präventive bzw. prophylaktische Regulierung «ex ante», die auf die Risikobegrenzung gerichtet ist (z.B. Eigenkapitalvorschriften, Liquiditätsvorschriften, Klumpenrisikovorschriften) versus kurative bzw. therapeutische Regulierung «ex post», die auf die Schadenbegrenzung abzielt (z.B. Depositenversicherung, ↑Lender of last resort)
– Regulierung (Beaufsichtigung) von Produkten bzw. Märkten versus Regulierung (Beaufsichtigung) von Institutionen bzw. Marktteilnehmern.
– Besonders im Zusammenhang mit der Diskussion um eine weitere Differenzierung der Banken- und Finanzmarktregulierung (Abkehr von «One size fits all») wird ferner zwischen quantitativer und qualitativer Regulierung unterschieden.

3. Besondere Aspekte in der Schweiz
In der Schweiz stützt sich die Finanzmarktregulierung bzw. -aufsicht hauptsächlich auf die folgenden Grundlagen: Bankengesetz und ↑Bankenverordnung, Versicherungsaufsichtsgesetz, Anlagefondsgesetz, Börsengesetz, ↑Nationalbankgesetz. Die schweizerische Finanzmarktaufsicht ist u.a. gekennzeichnet durch
– die Trennung zwischen der für die Geldpolitik verantwortlichen Stelle (Schweizerische Nationalbank, SNB) und der Bankaufsichtsbehörde (Eidgenössische ↑Bankenkommission, EBK)
– das Fehlen einer integrierten Finanzmarktaufsicht (d.h. insbesondere die gegenwärtig noch bestehende Trennung zwischen der EBK als Regulatorin der Banken und ↑Effektenhändler einerseits, dem Bundesamt für Privatversicherungen [BPV] als Regulator für den Versicherungssektor andererseits)
– einen im internationalen Vergleich sehr hohen Grad an Selbstregulierung
– für die Bankenregulierung das dualistische Aufsichtssystem (bankengesetzliche Revisionsstellen als «verlängerter Arm» der EBK).

Die vom Eidgenössischen Finanzdepartement eingesetzte Expertengruppe «Finanzmarktaufsicht» (Expertengruppe Zufferey) hat u.a. die Schaffung einer integrierten Finanzmarktaufsicht empfohlen. Gemäss den Vorschlägen des Schlussberichts vom November 2000 sollen EBK und BPV fusioniert werden. Die entsprechenden Diskussionen sind gegenwärtig (April 2002) im Rahmen der Arbei-

ten der vom Bundesrat Ende 2001 eingesetzten Expertenkommission «Zimmerli» in Gang. (↑ Systemstabilität, Förderung der).
Markus Staub

Finanzmarktinfrastrukturen
↑ Systemstabilität, Förderung der.

Finanzmarktregulierung
Synonym für ↑ Finanzmarktaufsicht.

FinanzMarktSchweiz
↑ Kursblatt.

Finanzplanung
↑ Berufs- und höhere Fachprüfung in Bank, Versicherung und Finanzplanung BVF.

Finanzplatz
Mit Finanzplatz meint man den Ort, an dem sich Angebot und Nachfrage, aber auch Einrichtungen und Behörden der Finanzintermediation räumlich konzentrieren.

1. Finanzplätze im Mittelalter und der frühen Neuzeit

Bis ins 12. und 13. Jahrhundert existierten Finanzplätze nur vorübergehend an Orten und zu Zeiten, wo Warenmessen stattfanden (z. B. Champagne) und Finanzdienstleistungen nachgefragt wurden. Die Rollen des reisenden Fernhändlers, des Financiers und Geldwechslers waren noch nicht geschieden; oftmals übten Kaufleute diese Funktionen gleichermassen aus. In den seit dem 12. Jahrhundert neu gegründeten nordalpinen Städten sowie den italienischen Stadtstaaten zählten Kaufleute zur sozial und politisch führenden Schicht. Mit der Ballung von Gewerbe und Bevölkerung unter Führung der Kaufleute erhöhten sich allmählich die Arbeitsteilung und der Geldverkehr. Parallel dazu etablierte sich das Bankwesen. Nach Flandern und der Toskana avancierten im 14. und 15. Jahrhundert auch Städte in den Niederlanden und in Oberdeutschland zu Finanzplätzen. Diese Städte entwickelten ihr eigenes, von den Fürsten unabhängiges Kreditwesen. Das Aufkommen der modernen Flächenstaaten in Westeuropa ab dem 15. Jahrhundert ging oftmals einher mit dem Aufstieg lokaler Finanzplätze zu nationalen Finanzzentren. Die Verdichtung und Intensivierung der staatlichen Verwaltung, die Notwendigkeit, stehende Heere zu finanzieren, und nicht zuletzt das aufwändige Zeremoniell am Hof machten den Staatskredit noch vor den Steuern zur strategischen Schlüsselgrösse. Oft mussten neue Steuern erst geschaffen werden, um Kredite zu ermöglichen oder zu bedienen. Financiers und Bankiers, die es verstanden, Anleihen zur Finanzierung von Kriegen zu begeben, waren bei Regenten hoch willkommen.

2. Finanzplatz heute

Rechtfertigt sich, angesichts des veränderten wirtschaftlichen, staatlichen und gesellschaftlichen Hintergrundes heute noch die Verwendung des Ausdrucks «Finanzplatz» im wörtlichen Sinn? Der Ausdruck Finanzplatz macht auch heute noch Sinn. Die hoch entwickelten Staaten, ganz zu schweigen von den Entwicklungsländern, sind nach wie vor weit davon entfernt, homogene «Finanzflächen» zu sein. Im Gegenteil, gerade hoch entwickelte Staaten und Kontinente weisen eine ausgeprägte geografische und funktionale Hierarchie ihrer Wirtschaftszentren auf. Diese Hierarchie hat sich im Verlauf der Geschichte immer wieder verschoben: Waren im Spätmittelalter Florenz und Brügge die führenden Finanzplätze Europas, so wechselte die Rolle im 16. Jahrhundert nach Antwerpen und von dort im 17. und 18. Jahrhundert nach Amsterdam, bevor London im 19. Jahrhundert diese Rolle übernahm. Auch heute zeigen grosse Industrieländer ähnliche Muster hoher Konzentration von Finanzaktivitäten und unternehmensorientierter Dienstleistungen in einem einzigen Zentrum: Paris in Frankreich, Mailand in Italien, Zürich in der Schweiz, Frankfurt in Deutschland, Toronto in Kanada, Tokio in Japan und Amsterdam in den Niederlanden. Trotz ↑ Internet und E-Mail sind nicht alle Finanzdienste überall zu haben. Einen Kredit bekommt man fast überall, eine Fusion zweier Weltkonzerne kann man nur an wenigen Finanzzentren abwickeln. Nur dort erlauben die Grösse des Marktes und die Dichte der Kunden die notwendige Spezialisierung der Anbieter, nur dort gibt es einen Arbeitsmarkt für eine grosse Zahl unerlässlicher Spezialisten. In Zukunft wird die internationale Arbeitsteilung auf den Finanzmärkten weiter zunehmen. Bedeutende Finanzplätze werden dabei noch stärker als heute in das Netzwerk des «Weltfinanzplatzes» eingebunden sein.

3. Vom Ort zur Metapher

Ungeachtet der Tatsache, dass mit dem Wort Finanzplatz nach wie vor ein realer und sinnvoller Tatbestand umschrieben wird, war und ist der Sprachgebrauch einem progressiven semantischen Wandel unterworfen: Vor hundert Jahren assoziierte man mit dem Begriff Finanzplatz z. B. den Banken- und Börsenplatz Genf oder Basel, heute würde vermutlich eine Mehrheit den Finanzplatz Schweiz meinen. Was verbirgt sich hinter diesem Wandel? Damit man sinnvoll von einem Finanzplatz sprechen kann, muss man zwischen innen und aussen, zwischen dem Finanzplatz und dessen Umfeld bzw. anderen Finanzplätzen unterscheiden können. Mit der Globalisierung und dem rasch wachsenden Anteil grenzüberschreitender ↑ Transaktionen ist die Unterscheidung zwischen der Innen- und der Aussenseite eines Finanzplatzes schwieriger geworden; manchmal macht sie überhaupt keinen Sinn mehr (so gibt es z. B. keinen Börsenplatz Basel mehr und ob es noch sinnvoll ist, vom Börsenplatz Schweiz zu sprechen, ist fraglich). Damit sind aber auch die semantischen Grenzen des Begriffs Finanzplatz diffuser geworden. Der Ausdruck wird deshalb heute vermehrt auch metaphorisch verwendet.

4. Funktionale Differenzierung irrelevant

Betrachtete man die Finanzintermediation lediglich unter funktionalen Aspekten, so bliebe der Begriff des Finanzplatzes gänzlich leer bzw. bedeutungslos: Finanzintermediäre ermöglichen bzw. erleichtern den intertemporalen Tausch, sie allozieren dabei Investitionsmittel und Risiken, versorgen die Wirtschaft mit ↑Liquidität und erfüllen wichtige Funktionen bei der Generierung von Informationen und der Überwachung. Indem Finanzintermediäre Geld und Informationen vermitteln, transformieren sie Beträge, Fristen und Risiken. Dabei haben sich unterschiedliche Geschäfte und eine entsprechende funktionale Differenzierung entwickelt: Das Zinsdifferenzgeschäft, das ↑Emissionsgeschäft, die ↑Vermögensverwaltung sowie der Handel mit ↑Effekten, ↑Devisen und ↑Derivaten. Bei all dem tritt der Begriff des Finanzplatzes gar nicht in Erscheinung. Die Finanzintermediation lebt indessen, wie die Wirtschaft im Allgemeinen und nicht zuletzt der Staat, von Voraussetzungen, die sie nicht selber schafft (E.-W. Böckenförde). Ein Finanzplatz wird vorab durch Elemente konstituiert, die nationalstaatlich konzipiert und nur innerhalb der Grenzen des jeweiligen Nationalstaates Geltung beanspruchen können. Der Finanzplatz ist typischerweise Teil der «National-Ökonomie».

5. Örtliche und normative Differenzierung schafft Finanzplätze

Die wichtigste der lokalen und normativen Differenzierungen ist zweifellos die ↑Währung und die sie verwaltende ↑Notenbank. Die Währung definiert das (staatliche) Mass, mit dem private Finanzintermediäre messen, bewerten und rechnen. An die Währung knüpfen weitere wichtige Elemente an, wie z. B. die ↑Zahlungs- und Abrechnungssysteme. Indem eine Bank Kredite vergibt, den ↑Zahlungsverkehr abwickelt, Einlagen entgegennimmt, Anlagen tätigt usw., schafft sie Mehrwert für ihre Kunden, Angestellten, Zulieferer und Teilhaber (Aktionäre). Soweit unterscheidet sie sich nicht von anderen Unternehmen. Der wesentliche Unterschied liegt im hohen Gefährdungspotenzial bei einem Zusammenbruch: Dann verlieren nicht nur Angestellte ihre Stelle, sondern auch Aktionäre ihr Kapital und Kunden ihren Anbieter. Kunden können darüber hinaus ihr gesamtes Geld- und Anlagevermögen verlieren. Deshalb sind Finanzintermediäre im Allgemeinen und Banken im Besonderen in den meisten Staaten besonders streng reguliert und überwacht.

6. Öffentliche und private Elemente eines Finanzplatzes

Zu den wesentlichen Elementen eines Finanzplatzes zählen die nationale ↑Regulierung und Überwachung der Intermediäre bzw. die hierfür erforderlichen gesetzlichen Grundlagen und Behörden. In der Schweiz enthält das Bankengesetz (BankG) (↑Bankengesetzgebung) keine ausdrückliche Zweckbestimmung. Aus den einzelnen Artikeln, ihrer Entstehung und der Praxis der Aufsichtsbehörde geht indessen zweifelsfrei hervor, dass der Schutz der Bankgläubiger, insbesondere der Sparer, im Vordergrund steht. Neben dem Individualschutz hat der Funktionsschutz in den letzten Jahren stark an Bedeutung gewonnen. Der Funktionsschutz umfasst den Systemschutz (Vermeidung von Kettenreaktionen) und den ↑Vertrauensschutz (↑Systemstabilität, Förderung der). Beide, Individual- wie Funktionsschutz, dienen letztlich der Stabilität des Finanzsystems (Institutionen und Märkte). Die ↑Bankengesetzgebung verfolgt im Wesentlichen öffentliche Interessen: Sie dient dem Schutz der Bankkunden (gewerbepolizeiliche Ziele) und zum Teil auch der Erfüllung wirtschaftspolitischer Verfassungsaufträge (z. B. ↑Nationalbankgesetz [NBG]); die Mehrheit der Bestimmungen gehört zum öffentlichen Recht. Nicht nur staatliche Akteure bzw. hoheitliche Erlasse konstituieren einen Finanzplatz. Oftmals sind es die privaten Firmen, welche gewisse Funktionen gemeinsam wahrnehmen und zu diesem Zweck sog. ↑Gemeinschaftswerke gründen. Gemeinschaftswerke machen überall dort Sinn, wo es um die Verarbeitung von Geschäften geht, welche in grosser Zahl und standardisierter Form zwischen Finanzinstituten anfallen: Wegen der weit gehend unlimitierten technischen Kapazitäten moderner Rechenzentren und der hohen Fixkosten solcher Systeme lassen sich durch das Bündeln der Volumen sinkende Durchschnittskosten erzielen (Economies of scale). Gemeinschaftswerke betreiben in der Regel keine Gewinnmaximierung; sie erfüllen vielmehr einen Versorgungsauftrag zu Gunsten der beteiligten Institute, welche auch das Aktionariat und den Verwaltungsrat stellen. In der Schweiz werden im Wesentlichen die Abrechnung und Abwicklung des Wertschriftenhandels (↑SIS SegaIntersettle AG) sowie der Zahlungsverkehr (↑Swiss Interbank Clearing [SIC]) durch Gemeinschaftswerke erbracht.

Stefan Hoffmann

Finanzportale

↑Electronic banking (Allgemeines).

Finanzpresse

Druckmedien, die sich vor allem mit den Vorgängen auf den ↑Finanzmärkten befassen. Wegen der Wechselwirkung zwischen der gesamtwirtschaftlichen Entwicklung und den Finanzmärkten gilt heute eine Beschränkung der Berichterstattung auf den ↑Geld- und ↑Kapitalmarkt sowie die ↑Börsen als überholt. Die Finanzmarktberichterstattung ist in die allgemeine Wirtschaftsberichterstattung von Tageszeitungen und spezialisierten Periodika eingebunden.

Finanzstrategie
↑Emissionspolitik.

Finanzstudien
↑Anlagestudien.

Finanzsystem
↑Systemstabilität, Förderung der.

Finanztheorie
↑Bankbetriebslehre.

Finanzwechsel
Während dem Warenwechsel ein Güterumschlag zu Grunde liegt, verkörpert der Finanzwechsel entweder (1) eine Forderung aus einem Finanzierungsgeschäft (z.B. Darlehen) oder (2) ein ↑abstraktes Schuldversprechen ohne direkten Zusammenhang mit einem konkreten wirtschaftlichen ↑Vorgang. Der Finanzwechsel kommt häufig als ↑Eigenwechsel vor. Zu den Finanzwechseln der ersten Art zählen die Schatzwechsel der öffentlichen Hand (↑Reskriptionen) und zählten früher die heute durch das Konsumkreditgesetz verbotenen ↑Darlehenswechsel im Kleinkreditgeschäft. Finanzwechsel der zweiten Art sind das ↑Gefälligkeitsakzept sowie das ↑Bankakzept (Akzeptkredit). Der Finanzwechsel bietet der Bank i.A. nicht die gleiche Sicherheit wie ein Warenwechsel, der insofern selbstliquidierend ist, als die Abwicklung des zu Grunde liegenden Handelsgeschäftes dem Schuldner auf den ↑Fälligkeitstag die Mittel zur Einlösung des Wechsels verschafft. Finanzwechsel minderwertigster Art sind die Reit- (Wechselreiterei) und ↑Kellerwechsel. ↑Commercial paper.

Finanzzentrum
↑Finanzplatz.

FIPS
Abk. f. Foreign interest payment securities. Auf Schweizer Franken lautende ↑Auslandanleihen, deren jährlicher Zinsbetrag in US-Dollars ausgedrückt wird. Die Zinszahlung beruht auf einem ↑festen Wechselkurs und der Zinssatz wird in regelmässigen Abständen für eine weitere Periode neu festgelegt. Bei der Coupon-Neufestsetzung kann der Obligationär die Rückzahlung verlangen (↑Put), wobei der Rückzahlungsbetrag dem ↑Nennwert entspricht, falls der US-Dollar-Kurs zu diesem Zeitpunkt gleich wie der feste oder über dem festen Wechselkurs liegt. Liegt der Tageskurs unter dem festen Wechselkurs, reduziert sich der Rückzahlungsbetrag um die Differenz zwischen dem dannzumaligen CHF/USD-Kurs und dem festen Wechselkurs. Der Schuldner hat eine Call option, in der Regel zum Nominalbetrag in Schweizer Franken.

Firma im Bankwesen
Das BankG sieht verschiedene Bestimmungen vor, die von Banken und Nichtbanken neben den allgemeinen Vorschriften über die Firmenbildung (OR 944–956) beachtet werden müssen. Der Ausdruck «Bank» oder «Bankier» darf in der Firma (und Geschäftsreklame) nur von Unternehmen verwendet werden, die von der EBK eine Bewilligung als Bank erhalten haben (BankG 1 IV). Ferner ist der Ausdruck «Sparen» (in irgendeiner Wortverbindung) in der Firma (und in der Geschäftsreklame) für Banken reserviert, die öffentlich Rechnung ablegen; denn nur sie dürfen Spareinlagen entgegennehmen (BankG 15 I). Nach herrschender Auffassung darf der Ausdruck «↑Privatbankier» nur von Banken verwendet werden, die als Einzelfirma, Kollektiv- oder Kommanditgesellschaft organisiert sind. Die Ausdrücke «↑Privatbank» und «↑Private banking» unterliegen dieser Einschränkung nicht.
Ausländisch beherrschte Banken (↑Ausländische Banken) dürfen keine Firma verwenden, die auf einen schweizerischen Charakter hinweisen oder darauf schliessen lassen könnte (BankG 3bis I b). Diese Regel gilt nicht für Banken, die bereits am 01.07.1969 ausländisch beherrscht waren und ihre damalige Firma weiterführen. Sie gilt aber für schweizerisch beherrschte Banken, die nach dem Stichtag in ausländische Hände übergehen. Darum änderte z.B. die Banca della Svizzera Italiana nach der Eingliederung in einen ausländischen ↑Konzern ihre Firma in BSI. Zulässig und üblich ist die Kennzeichnung der schweizerischen Tochtergesellschaft eines ausländischen Bankkonzerns X als «Bank X (Schweiz) AG».

Firm commitment
Festübernahme der ↑Wertpapiere bei internationalen Aktien- und ↑Anleihensemissionen durch die ↑Management group bzw. die Underwriting group. Zunächst wird die Garantie der Festübernahme (↑Emissionsgeschäft) gegenüber dem ↑Emittenten von den Banken abgegeben, die mit den Emissionsverhandlungen betraut sind. In einem zweiten Schritt laden diese weitere Banken ein, sich an der ↑Emission zu beteiligen und die Garantie der Emission mitzugarantieren.

Firmenkunden, Firmenkundengeschäft
Bezeichnung der Kunden einer Bank, die Unternehmen sind. Firmenkunden werden im Rahmen der Kundensegmentierung als Zielgruppe betrachtet. Unter Umständen werden die Firmenkunden noch in Untergruppen unterteilt. Dies kann nach

der Grösse der Unternehmen (kleine, mittlere oder grosse Unternehmen) oder nach den Hauptbedürfnissen der Kunden (z. B. Anlage- oder Kreditbedürfnisse) geschehen.
Der Gegensatz zum Firmenkunde ist der Privatkunde (↑Privatkunden, Privatkundengeschäft). ↑Marktsegmentierung; ↑Organisation der Bank; ↑Sparte.

Firmenwert
↑Goodwill, ↑Unternehmensbewertung.

Firm underwriting
↑Emissionsgeschäft.

First-stage-Finanzierung
↑Venture-Finanzierung.

First to default notes
↑Kreditderivate.

Fiscal agent
Der Begriff Fiscal agent wird wie folgt verwendet:
1. Bezeichnung am ↑Euro-Kapitalmarkt für die Bank, die bei konsortialen ↑Emissionen bzw. syndizierten Krediten technische und administrative Aufgaben aller Art für das Konsortium bzw. das ↑Syndikat erfüllt; bei Anleihen z. B. auch als Zahlstelle fungiert.
2. Bezeichnung für die «Hausbank» des Staates (↑Zentralbank).

Fisher-Separation
↑Eigene Mittel.

Fisher-Weil-Duration
↑Duration.

Fitch IBCA
↑Rating.

Fixed hedge
Absicherungsstrategie, bei welcher der gesamte Betrag des Basiswertes mit ↑Optionen abgesichert und die Absicherung erst aufgehoben wird, wenn das zu Grunde liegende Risiko nicht mehr besteht.

Fixed income fund
↑Anlagezielfonds.

Fixed price reoffer system
Verfahren bei der Platzierung von Anleihen. Nachdem die Anleihensbedingungen nach gründlicher Diskussion mit potenziellen Grossinvestoren festgelegt worden sind, legt der Lead-Manager den Platzierungspreis im Anlegerpublikum für eine gewisse ↑Periode verbindlich fest. Erst bei der Handelsfreigabe bildet sich der Kurs aufgrund von Angebot und Nachfrage.

Fixen
In der ↑Börsensprache versteht man unter Fixen die Leerabgabe von ↑Wertpapieren, d. h. die Baissespekulation. ↑Leerabgeber; ↑Short selling.

Fixgeschäft
Vertrag, der nach dem Willen der Parteien bis zu einem genau bestimmten Zeitpunkt zu erfüllen ist, mit der Wirkung, dass der Gläubiger nachher keine Erfüllung mehr anzunehmen braucht. Bei Nichteinhaltung des Termins ist der Schuldner sogleich, ohne Mahnung, im Verzug (OR 102 ff.), und der Gläubiger kann, ohne ↑Nachfrist anzusetzen, Schadenersatz wegen Nichterfüllung fordern oder vom Vertrag zurücktreten (OR 108 III). Ist beim Fahrniskauf im kaufmännischen Verkehr ein bestimmter Liefertermin verabredet, so liegt ein Fixgeschäft vor. OR 190 stellt für diesen Fall beim Verzug des Verkäufers die (widerlegbare) Vermutung auf, dass der Käufer auf die Lieferung verzichtet und Schadenersatz wegen Nichterfüllung beansprucht. Diese Vermutung gilt insbesondere für die an der ↑Börse abgewickelten Geschäfte, die ja immer Fixgeschäfte sind.

Fixing
↑Edelmetallhandel; ↑Fixing price. Gegenteil: ↑Floating.

Fixing price
Fachausdruck im ↑Edelmetallhandel. Der Fixing price ist der täglich an der Londoner Goldbörse amtlich registrierte Preis für die Edelmetalle Gold, Silber, Platin und Palladium. Die Bewertung erfolgt in New pence per Unze (1 Troy-Unze = 31,1034807 Gramm) und wird in US-Dollars umgerechnet und notiert.

Flagge
Eine flaggenförmige ↑Formation in ↑Bar-Charts und ↑Candlestick charts wird als Flagge bezeichnet. Die Flagge gilt als Hinweis auf eine Fortsetzung des bisherigen ↑Trends (Fortsetzungsformation).

Flat
Flat wird in mehreren Bedeutungen gebraucht:
1. Für eine einmalige Zahlung
2. Als Ausdruck für einen flachen Kurvenverlauf, z. B. der Zinsstruktur
3. Für einen Nettozinssatz, also für einen ↑Zinssatz ohne weitere Zuschläge
4. Beim Kauf und Verkauf festverzinslicher ↑Effekten, wenn die Marchzinsen nicht mit abgerechnet werden (geschieht nur bei notleidenden Obligationen).

Gleichbedeutend mit Flat ist der französische Ausdruck Tel quel.

Flat curve
Flat curve bezeichnet eine (ungewöhnliche) Periode, in welcher die Zinsen verschiedener ↑Laufzeiten übereinstimmen.

Flat fee
↑Depotgebühr.

Flau
In der ↑Börsensprache Ausdruck zur Bezeichnung einer ↑Tendenz, die besagt, dass die ↑Kurse bei geringen Umsätzen etwas niedriger notieren. Gleichbedeutend mit flau sind Ausdrücke wie matt, abgeschwächt oder ↑lustlos.

Flexible Wechselkurse
↑Floating.

Fliegende Blankozession
Zur administrativen Vereinfachung wurde früher im Handel mit ↑Namenaktien das ↑Indossament des Verkäufers auf dem Aktientitel durch eine separate Abtretungserklärung ersetzt (↑Blankozession). Als «fliegend» wurde die Erklärung bezeichnet, weil sie auf einem vom Titel getrennten Formular angebracht wurde.

Flip-flop floating rate note
Floating rate note, bei welcher der *Investor* (nicht aber der Schuldner) eine langfristige Anleihe zu bestimmten Zeitpunkten kündigen kann, um die ↑Laufzeit der Anleihe zu verkürzen, allerdings unter Inkaufnahme einer Verringerung seiner ↑Rendite. Der ↑Investor hat ferner die Möglichkeit, die Anleihe nach Ablauf einer bestimmten Frist unter Beibehaltung der alten Rendite zu verlängern.

Flipping
In der ↑Börsensprache Bezeichnung für das Verhalten der ↑Investoren, welche die ihnen bei einem ↑Initial public offering (IPO) zugeteilten ↑Effekten sofort mit Gewinn abstossen.

Float
↑Bodensatz.

Floater
Kurzbezeichnung für variabel verzinsliche Obligationen bzw. ↑Notes.
Der ↑Zinssatz wird in der Regel zwei Tage vor dem ↑Coupontermin für die nächste ↑Zinsperiode festgesetzt. Floaters sind in verschiedenen Varianten emittiert worden, z.B. Floater mit einer Zinsuntergrenze (↑Floor), Capped floaters (↑Gekappte Floating rate notes), Mini-max floaters, Mis match floaters.

Floating
Das Floating (vom Englischen to float = treiben, schwanken) bezeichnet ein System freier oder flexibler ↑Wechselkurse, die durch Angebot und Nachfrage am Devisenmarkt (↑Devisengeschäft) bestimmt werden. Man kann zwischen einem sauberen Floating und einem schmutzigen oder ↑Managed floating unterscheiden. Bei einem sauberen Floating verzichtet die ↑Zentralbank völlig darauf, am Devisenmarkt zu intervenieren. Bei einem Managed floating betreibt die Zentralbank mit Devisenkäufen und -verkäufen ↑Kurspflege, ohne sich zur Verteidigung eines festen Wechselkurses zu verpflichten.
Das Floating erlaubt der Zentralbank, ihre Politik auf andere wichtige wirtschaftspolitische Ziele als die Stabilisierung des Wechselkurses auszurichten. Zu diesen Zielen gehört vor allem die Erhaltung der Preisstabilität (↑Inflation) im eigenen Lande und die Dämpfung von Konjunkturschwankungen. Die Kehrseite flottierender Wechselkurse ist eine grössere ↑Volatilität des nominellen und – wegen der trägen Anpassung der Güterpreise im In- und Ausland – auch des realen Wechselkurses.
Seit dem Zusammenbruch des Währungssystems von Bretton Woods im März 1973 bestehen zwischen den wichtigsten Währungen – USD, DEM (später EUR) und JPY – flexible Wechselkurse. Im Jahre 1978 passte der ↑Internationale Währungsfonds (IWF) seine Statuten an die neue Situation an (Freiheit bei der Wahl des Wechselkurssystems, ↑Demonetisierung des Goldes). Der Schweizer Franken flottiert seit dem 23.01.1973, nachdem er bereits zwischen dem 15.08.1971 (Aufhebung der Goldkonvertibilität durch die USA) und dem 20.12.1971 (Festlegung eines Mittelkurses zum USD) vorübergehend freigegeben worden war. Ein explizites Wechselkursziel hat die SNB nur noch einmal verfolgt, und zwar im Oktober 1978, als sie ihr ↑Geldmengenziel suspendierte und bekanntgab, sie würde den Frankenkurs der Deutschen Mark über 80 Rappen halten. Diese Episode ging Ende 1979 mit der Veröffentlichung eines neuen Geldmengenziels zu Ende. *Mathias Zurlinden*

Floating rate debt option
Floating rate debt options sind ↑Optionen, deren ↑Basiswert eine variabel verzinste Verpflichtung ist.

Floating rate notes (FRN)
↑Schuldverschreibungen mit variabler Verzinsung, auch Floating rate bonds (↑Floater). Der Zins wird halbjährlich entsprechend der Entwicklung eines ↑Referenzzinssatzes (z.B. ↑Libor, ↑Euribor) zuzüglich eines von der ↑Bonität des ↑Emittenten abhängigen Zuschlages angepasst. Die Rendite von Floating rate notes (bonds) entspricht deshalb einer Geldmarktanlage.

Floor
Der Begriff Floor bedeutet:
1. Bezeichnung für den Börsensaal der New York Stock Exchange (NYSE)
2. Zinsuntergrenze bei ↑Floating rate notes.

Floor broker, Floor dealer
Bezeichnung für einen ↑Broker an der ↑New Yorker Börse. ↑Optionenmärkte; ↑Floor.

Floor rate
↑Floor.

Flottantes Material
(Noch) nicht fest platzierte, sich nicht in Dauerbesitz befindliche ↑Effekten aus einer ↑Emission. ↑Emissionsgeschäft.

Flowback-Aktienbestände
↑Aktien, die im Rahmen eines ↑Initial public offerings (IPO) oder bei einer Firmenübernahme zur Bezahlung des Kaufpreises bei grossen ↑Investoren platziert worden sind und nach relativ kurzer Zeit – gegebenenfalls nach Ablauf einer ↑Sperrfrist – in grossen Mengen auf dem Markt abgestossen werden.

Fluchtgeld
Als Fluchtgeld (Fluchtkapital) werden Vermögenswerte bezeichnet, die Personen aus Ländern mit ungünstigen innenpolitischen und binnenwirtschaftlichen Rahmenbedingungen (totalitäres System, mangelnde Rechtssicherheit, hohe ↑Inflationsrate, übersetzte Steuern) unter Verletzung von Kapitalexport-, Devisen- oder Fiskalvorschriften ins Ausland transferieren. Die Abwanderung («Flucht») des ↑Geldes kann dazu führen, dass die wirtschaftlichen oder politischen Probleme im Herkunftsland verschärfen (↑Kapitalflucht).
Fluchtgelder sind von Korruptions- (↑Korruption), ↑Potentaten- und anderen «schmutzigen» Geldern zu unterscheiden. Es gehört nicht zum Wesensmerkmal von Fluchtgeldern, dass sie – nach Schweizer Recht – krimineller Herkunft sind, sondern nur, dass das betreffende Land die Anlage von Geldern im Ausland einschränkt und dass ein grenzüberschreitender Kapitaltransfer stattfindet, was auch bei Kompensationsgeschäften (↑Gegenseitigkeitsgeschäfte) zwischen verschiedenen ausländischen Kunden zutrifft. Die Banken haben aber die Pflicht, bei Anhaltspunkten auf ↑Geldwäscherei die vom Kunden allenfalls angegebene Begründung für den Kapitaltransfer auf deren Glaubwürdigkeit zu überprüfen.
Das schweizerische Bankengesetz (↑Bankengesetzgebung [Inhalt des Bankengesetzes]) enthält keine Regelung über Fluchtgelder. Die ↑Vereinbarung über die Standesregeln zur Sorgfaltspflicht der Banken (VSB) untersagt den Geldinstituten jedoch die aktive Beihilfe zur Kapitalflucht (VSB 7). In einer abschliessenden Aufzählung verbietet die Norm als erstes, Kunden im Ausland ausserhalb der Geschäftsräumlichkeiten der Bank zu empfangen, um Gelder entgegenzunehmen oder ihnen Ratschläge für den illegalen Kapitaltransfer zu erteilen. Zudem darf die Bank keine Kompensationsgeschäfte mit dem (erkennbaren) Zweck der Kapitalflucht organisieren. Schliesslich soll sie auch nicht aktiv mit Kapitalfluchtorganisationen zusammenarbeiten, z. B. ↑Provisionen zahlen oder Konti führen, welche diese gewerbsmässig für Kapitalflucht benützen. VSB 7 bezweckt nicht die generelle Eindämmung der Kapitalflucht in die Schweiz. Die wissentliche Entgegennahme von erkennbaren Fluchtgeldern am Bankschalter ist – soweit diese nicht krimineller Herkunft sind und soweit es sich nicht um Potentatengelder handelt – erlaubt.
Im Falle der vorsätzlichen Verletzung von VSB 7 hat die fehlbare Bank eine Konventionalstrafe von bis zu CHF 10 Mio. an die ↑Bankiervereinigung (SBVg) zu leisten (VSB 11 I und III). Es ist unklar, ob das in der VSB verankerte Verbot der aktiven Kapitalflucht auch aufsichtsrechtlich durch die ↑Bankenkommission (EBK) durchgesetzt werden könnte. Die VSB bejaht diese Frage offensichtlich. Die bankengesetzlichen Revisionsstellen müssen sämtliche Verstösse gegen die VSB nicht nur der Aufsichtskommission, sondern auch der EBK melden (VSB 10 I) und die Aufsichtskommission gibt von allen ihren Entscheiden der EBK Kenntnis (VSB 12 IX).
Fluchtgelder, die nicht krimineller Herkunft sind, werden durch das ↑Bankkundengeheimnis geschützt. Einem ausländischen Rechtshilfeersuchen um Aufhebung des Bankkundengeheimnisses wegen Kapitalflucht kann regelmässig nicht entsprochen werden. Das schweizerische Recht gewährt keine ↑Rechtshilfe in Strafsachen für ausländische Devisendelikte und fiskalische Delikte, ausser in Fällen des Abgabebetrugs (↑Steuerhinterziehung).
Kilian Wunder

Fluchtkapital
↑Fluchtgeld; ↑Kapitalflucht; ↑Hot money.

Flüssige Mittel
↑Liquidität (Allgemeines und Aufsichtsrechtliches).

FOB
Abk. f. Free on board. ↑Incoterms.

Folgepublizität
Das Kotierungsrecht der ↑SWX Swiss Exchange erachtet Kontinuität in der Publizität als eine der Grundvoraussetzungen für die ↑Kotierung. Die Publizität beginnt mit den Informationspflichten des ↑Emittenten im Hinblick auf die Kotierung (↑Kotierungsprospekt und Kotierungsinserat).

Während der Aufrechterhaltung der Kotierung muss der Emittent situationsbezogen die ↑Ad-hoc-Publizität bei kursrelevanten Tatsachen und regelmässig die Folgepublizität bei bestimmten, wiederkehrenden Ereignissen erfüllen. Die im Rahmen der Folgepublizität zu meldenden Tatbestände sind detailliert in einer Richtlinie der SWX Swiss Exchange festgehalten. Insbesondere fallen darunter das Datum der Generalversammlung, der ↑Ex-Tag für die ↑Dividende und für den Anleger wesentliche Statutenänderungen wie etwa eine neue Prozentvinkulierung oder eine neue Stimmrechtsbeschränkung. Bei Nichterfüllung der Folgepublizität kann die ↑Börse die ↑Valoren dekotieren oder den Emittenten sanktionieren.

Fonds
Der Begriff Fonds wird wie folgt verwendet:
1. ↑Anlagefonds.
2. Als Fonds bezeichnet man Mittel, die für bestimmte Zwecke reserviert sind. Wortverbindungen wie Erneuerungs-Fonds, Forschungs-Fonds, Wohlfahrts-Fonds bedeuten in der Regel aber nicht, dass entsprechende Aktiven in Form verfügbarer Mittel ausgeschieden sind.

Fondsanteil
↑Anteil.

Fondsgebundene Lebensversicherung
Die fondsgebundene Lebensversicherung ist grundsätzlich eine ↑gemischte Lebensversicherung, die Risikoschutz mit einem Spar- oder Anlageteil kombiniert. Im Unterschied zur traditionellen gemischten Lebensversicherung, bei welcher der Versicherer die Verantwortung über die Kapitalanlagen trägt, entscheidet bei der fondsgebundenen Lebensversicherung der Kunde, wie sein Kapital investiert werden soll.
Die *Kombination* einer Lebensversicherung mit ↑Anlagefonds ist eine interessante Form, die Flexibilität und die Chancen von Fondsanlagen zu nutzen und diese mit dem Todesfallschutz und den Privilegien einer klassischen Lebensversicherung zu kombinieren. Die «Fondsgebundene» gilt deshalb als *das* Allfinanzprodukt (↑Allfinanz) unter den Lebensversicherungen schlechthin.
Der Versicherungsnehmer kann meist aus mehreren, teilweise bis über hundert ↑Anlegefonds auswählen. Dabei stehen verschiedene Aktien-, Obligationen-, Geldmarkt- und Portfoliofonds eines oder verschiedener Anbieter zur Auswahl. Durch die Kombination der Fonds bestimmt der Versicherte selbst seine ↑*Anlagestrategie* – sei sie risikofreudig, ausgewogen oder sicherheitsorientiert. Viele Verträge lassen Fonds-Wechsel zu, mit dem die Anlagen veränderten Aussichten an den ↑Finanzmärkten oder einer neuen Lebenssituation angepasst werden können.

Weil der Kunde die ↑Anlagestrategie selbst bestimmt, entfällt die Garantie auf der *Erlebensfallleistung*. Der Versicherer zahlt am Ende der Laufzeit den Wert der Fondsanteile aus, garantiert aber kein bestimmtes Kapital wie bei einer traditionellen gemischten Lebensversicherung. Anders im *Todesfall:* Hier haben die Begünstigten sofort Anspruch auf das im Voraus definierte und garantierte Todesfallkapital oder den Gegenwert der Fondsanteile – falls dieser Betrag höher ist.
Fondsgebundene Lebensversicherungen kennt man sowohl gebunden (Säule 3a, ↑Dritte Säule) als auch frei (Säule 3b). Die Finanzierung erfolgt durch Prämien (wiederkehrende Beiträge) oder ↑Einmaleinlagen. In der Regel wird eine *Prämienbefreiung* für den Fall der Erwerbsunfähigkeit mit eingeschlossen.
Die *steuerliche Behandlung* der fondsgebundenen Lebensversicherung in der gebundenen Vorsorge (Säule 3a) entspricht jener der ↑gemischten Lebensversicherung im Rahmen der gebundenen Vorsorge.
In der *freien Vorsorge* (Dritte Säule, 3b) wird die fondsgebundene Lebensversicherung ebenfalls analog der «Gemischten» behandelt – mit folgenden drei Besonderheiten (Stand Januar 2002):
1. Beim Bund und in den Kantonen sind *Kapitalleistungen* aus fondsgebundenen Lebensversicherungen nur dann steuerfrei, wenn die vereinbarte Laufzeit mindestens 10 Jahre beträgt.
2. Ist die fondsgebundene Lebensversicherung (ab 01.01.1999) mit einer *Einmaleinlage* statt mit periodischen Prämien finanziert, sind Kapitalleistungen beim Bund und in den Kantonen nur dann steuerfrei, wenn alle der folgenden vier Bedingungen erfüllt sind: (1) Die vereinbarte Laufzeit muss mindestens 10 Jahre betragen. (2) Der Versicherungsabschluss muss vor dem vollendeten 66. Altersjahr des Versicherten erfolgen. (3) Der Versicherte muss bei der Auszahlung des Sparkapitals das 60. Altersjahr vollendet haben und (4) der Versicherungsnehmer und die versicherte Person müssen identisch sein.
3. Zusätzlich wird beim *Rückkauf* der fondsgebundenen Lebensversicherung eine effektive Vertragslaufzeit von mindestens fünf Jahren verlangt.

Rudolf Hefti

Fondsleitung
Die Fondsleitung muss eine Aktiengesellschaft mit Sitz und Hauptverwaltung in der Schweiz und einem voll einbezahlten Aktienkapital von mindestens CHF 1 Mio., aufgeteilt in ↑Namenaktien, sein (AFG 9). Zweck der Fondsleitung darf ausschliesslich die Ausübung des Fondsgeschäftes sein. Zur Aufnahme ihrer Geschäftstätigkeit bedarf die Fondsleitung einer Bewilligung der EBK. Diese wird erteilt, wenn die Voraussetzungen betreffend Organisation, ↑eigene Mittel und berufliche Qualifikation erfüllt sind (AFG 10).

Fondsleitung

1. Aufgaben der Fondsleitung
Die Fondsleitung verwaltet den ↑ Anlagefonds für Rechnung der Anleger selbstständig und in eigenem Namen. Sie entscheidet insbesondere über die Ausgabe von Anteilen, die Anlagen, setzt Ausgabe- und Rücknahmepreise sowie Gewinnausschüttungen fest und macht alle zum Anlagefonds gehörenden Rechte geltend (AFG 11 I). Die Fondsleitung muss für jeden von ihr verwalteten Anlagefonds gesondert Buch führen und innerhalb von vier Monaten nach Abschluss des Geschäftsjahres einen Jahresbericht, der insbesondere die Jahresrechnung und das Inventar des Fondsvermögens zu Verkehrswerten enthält, veröffentlichen. Innerhalb von zwei Monaten nach Ablauf der ersten Hälfte des Rechnungsjahres hat die Fondsleitung zudem einen Halbjahresbericht zu veröffentlichen (AFG 48). Neben diesen eigentlichen Fondsleitungsaufgaben darf die Fondsleitung auch die Vertretung ausländischer Anlagefonds ausüben, sich an Gesellschaften, deren Zweck ausschliesslich das Fondsgeschäft ist, beteiligen, Anteilskonten führen, Dienstleistungen im administrativen Bereich für Anlagefonds und andere anlagefondsähnliche Vermögen wie bankinterne Sondervermögen, ↑ Anlagestiftungen und ↑ Investmentgesellschaften erbringen sowie die Funktion des Vertriebsträgers übernehmen (AFV 10).

2. Organisation und berufliche Qualifikation
Das revidierte Anlagefondsgesetz vom 18.03.1994 hat die juristische Trennung von Fondsleitung und ↑ Depotbank von der geltenden Investmentfonds-Richtlinie 85/611/EWG übernommen. Darüber hinaus müssen die geschäftsführenden Personen der Fondsleitung und Depotbank von der jeweils anderen Gesellschaft unabhängig sein (AFG 9 VI, personelle und funktionale Trennung). Nicht vorgeschrieben ist hingegen die wirtschaftliche Trennung von Fondsleitung und Depotbank. Die mindestens drei Mitglieder des Verwaltungsrates (AFV 12) sowie die geschäftsführenden Personen der Fondsleitung (gemäss Praxis der EBK mindestens drei vollzeitangestellte Mitarbeiter mit Zeichnungsberechtigung) müssen alle einen guten Ruf geniessen, die Letzteren müssen zudem nach Ausbildung und Erfahrung zur Erfüllung ihrer Aufgaben fähig sein. Verwaltet die Fondsleitung Fonds der Kategorie Übrige Fonds mit besonderem Risiko, so müssen mindestens zwei geschäftsführende Personen im Bereich der beabsichtigten Anlagen über eine gründliche Ausbildung verfügen und mindestens fünf Jahre Berufserfahrung haben (AFV 44).
Das Erfordernis von Sitz und Hauptverwaltung der Fondsleitung in der Schweiz dient u. a. auch dazu, um der Errichtung reiner Briefkastenfirmen einen Riegel zu schieben. Der Sitz einer Aktiengesellschaft ergibt sich aus den Statuten bzw. dem entsprechenden Handelsregistereintrag. Die Hauptverwaltung liegt gemäss der Legaldefinition von AFV 9 in der Schweiz, wenn drei Voraussetzungen erfüllt sind: 1. Die in AFG 11 I genannten Aufgaben der Fondsleitung werden in der Schweiz erfüllt. 2. Die Buchhaltung wird in der Schweiz geführt. 3. Die Inhalte der gesetzlich vorgeschriebenen Publikationen (Prospekt, Jahres- bzw. Halbjahresbericht) sowie aller übrigen Informationen an die Anleger werden in der Schweiz festgelegt. Die Tätigkeiten der Fondsleitung müssen allerdings nicht ausschliesslich in der Schweiz erfüllt werden. So dürfen Anlageentscheide sowie weitere Teilaufgaben delegiert werden, soweit dies im Interesse einer sachgerechten Verwaltung liegt. Demzufolge ist die Delegation von Anlageentscheiden an qualifizierte ausländische Berater zulässig und wird in der Praxis auch häufig wahrgenommen. Für Handlungen der Beauftragten haftet die Fondsleitung wie für eigenes Handeln. Sie hat die notwendigen Massnahmen für eine korrekte Instruktion sowie eine zweckmässige Überwachung und Kontrolle der Durchführung der delegierten Aufgaben zu treffen.
Die «Verhaltensregeln für die schweizerische Fondswirtschaft», die am 30.08.2000 von der ↑ Swiss Funds Association SFA unter zustimmender Kenntnisnahme der EBK erlassen wurden, stellen für Fondsleitungen weitere verbindliche Vorschriften in Bezug auf die Organisation auf. So muss jede Fondsleitung mindestens eine ausreichende Funktionentrennung zwischen den Tätigkeiten des Entscheidens (Verwaltung des Fondsvermögens), der Durchführung (↑ Effektenhandel und -abwicklung) und der Administration (Bewertung des Fondsvermögens und Buchführung) sicherstellen.

3. Eigene Mittel
Nebst dem Mindestkapital von CHF 1 Mio. werden die weiteren Eigenmittel in Prozenten des Gesamtfondsvermögens der verwalteten Fonds berechnet. Die maximal notwendigen Eigenmittel sind auf CHF 10 Mio. begrenzt. Die Eigenmittelanforderungen sind dauernd einzuhalten.

4. Treuepflicht der Fondsleitung
Die Fondsleitung und ihre Beauftragten wahren ausschliesslich die Interessen der Anleger (AFG 12). Im Zusammenhang mit dem Erwerb und der Veräusserung von Sachen und Rechten für den Anlagefonds dürfen nur die im Fondsreglement vorgesehenen Vergütungen entgegengenommen werden. Transaktionen zwischen der Fondsleitung oder ihr nahe stehenden natürlichen oder juristischen Personen und dem Fonds müssen zu Marktwerten erfolgen. Die Übernahme oder Abtretung von Immobilien ist untersagt. Für die Depotbank gilt eine gleiche Treuepflicht wie für die Fondsleitung (AFG 20).

5. Absonderung des Fondsvermögens
Sachen und Rechte, die zum Anlagefonds gehören, fallen bei Konkurs der Fondsleitung nicht in die Konkursmasse, sondern werden zu Gunsten der Anleger abgesondert (AFG 16).

6. Revision und Aufsicht, Meldepflicht
Die Tätigkeit der Fondsleitung wird von einer anerkannten Revisionsstelle geprüft und von der EBK überwacht. Jede Änderung der Mitglieder des Verwaltungsrates, der geschäftsführenden Personen, der wesentlichen Aktionäre, der Statuten und des Organisationsreglements ist der EBK zu melden. Der Geschäftsbericht ist innerhalb von zehn Tagen nach der Genehmigung durch die Generalsammlung der EBK einzureichen, der Revisionsbericht innerhalb von sieben Monaten nach Abschluss des Rechnungsjahres. Stellt die EBK Verletzungen des Gesetzes oder des Fondsreglementes fest, so erlässt sie die zur Herstellung des ordnungsgemässen Zustandes notwendigen Verfügungen. Ultima ratio der Aufsicht ist der Bewilligungsentzug.
Felix Stotz

Fonds mit besonderem Risiko
Besondere Kategorie unter den «übrigen Fonds nach AFG 35 VI». Sind die Anlagen des ↑Fonds nicht mit dem ↑Risiko von ↑Effektenfonds vergleichbar, ist darauf in Verbindung mit den Fondsnamen, z. B. Fonds x, Fonds für Anleger mit erhöhter ↑Risikobereitschaft, sowie im ↑Prospekt und in der Werbung hinzuweisen. Anteile von Fonds mit besonderem Risiko dürfen nur aufgrund eines schriftlichen Vertrages verkauft werden, in dem auf das besondere Risiko hingewiesen wird. Dieser Hinweis wird als Warnklausel bezeichnet. Ende 2000 waren von den 360 registrierten schweizerischen Effektenanlagefonds nur acht mit einem besonderen Risiko im Angebot, wobei der älteste Fonds 1997 gegründet worden ist. ↑Hedge accounting.

Fondsprospekt
Der Fondsprospekt ist das gesetzlich vorgeschriebene Informationsdokument, das sich in einen EU-konformen Informationsteil einerseits und das ↑Fondsreglement andererseits gliedert (AFG 50 I i.V.m. AFV 77). Aufgrund der Tatsache, dass der schweizerische Fondsprospekt – im Gegensatz zu den Anforderungen anderer Staaten – zwingend immer das Fondsreglement enthalten muss und dieses rechtliche Dokument auch zahlreiche, für Laien nur schwer verständliche Formulierungen enthält, soll im Rahmen der nächsten Teilrevision des AFG im Einklang mit der neuen EU-Richtlinie 2001/107/EG zusätzlich neu der sog. vereinfachte Prospekt eingeführt werden.

Fondsrating
↑Rating von Anlagefonds.

Fondsreglement
Die Beziehungen zwischen dem Anleger einerseits, ↑Fondsleitung und ↑Depotbank andererseits, basieren bei einem ↑Anlagefonds schweizerischen Rechts auf dem sog. ↑Kollektivanlagevertrag (AFG 6). Dessen einzelne Bestimmungen sind in einem Formularvertrag enthalten, der von Fondsleitung und Depotbank als sog. Fondsreglement (AFG 7) in standardisierter Form dem breiten Publikum zum Abschluss angeboten wird. Zum Schutze des Anlegers als der schwächeren Vertragspartei, die gegenüber der Fondsleitung keinerlei Mitspracherechte besitzt und auf den Inhalt des Fondsreglementes in keiner Weise einwirken kann, wurde die Privatautonomie allerdings weit gehend durch ↑zwingendes Recht eingeschränkt. Insbesondere schreibt AFG 7 III den Mindestinhalt des Fondsreglementes vor, das zudem von der Aufsichtsbehörde genehmigt werden muss.
Zur Vereinheitlichung und Effizienzsteigerung hat der schweizerische Anlagefondsverband SFA im Jahre 2001 einen Musterprospekt mit integriertem Fondsreglement für Effektenfonds erarbeitet, der von der EBK zustimmend zur Kenntnis genommen wurde. Diese Mustervorlage wird in der Praxis – mit den im Einzelfall erforderlichen Anpassungen – von sämtlichen Fondsleitungen ihren «Allgemeinen Fondsbedingungen» zu Grunde gelegt.
Als schweizerische Besonderheit ist darauf hinzuweisen, dass auch von Fondsleitung und Depotbank beantragte Änderungen des Fondsreglementes – dem Anleger steht ein solches Antragsrecht nicht zu – nicht nur der Genehmigung durch die Aufsichtsbehörde bedürfen, sondern im Falle von Einwendungen seitens der Anleger an den Zivilrichter überwiesen werden müssen (AFG 8 III), was allerdings bis anhin noch nie geschehen ist.
Matthäus den Otter

Fondssparen
↑Wertpapiersparen.

Fondstypen
↑Anlagezielfonds.

Fondsvermögen
Gesamtheit der einem ↑Anlagefonds zustehenden flüssigen Mittel, Anlagen in ↑Wertpapieren, Grundstücken und ↑Derivaten abzüglich der Schulden. Das Inventar des Fondsvermögens zu Verkehrswerten und der daraus errechnete Wert eines Anteils (↑Inventarwert) auf den letzten Tag des Rechnungsjahres ist im ↑Jahresbericht zu veröffentlichen.

Fonds zur Finanzierung von Infrastrukturaufgaben des öffentlichen Verkehrs
Am 29.11.1998 haben das Schweizer Volk und die Schweizer Kantone den Bundesbeschluss über Bau

Fonds zur Finanzierung von Infrastrukturaufgaben des öffentlichen Verkehrs

und Finanzierung von Infrastrukturvorhaben des öffentlichen Verkehrs (FinöV) angenommen. Der Beschluss entspricht BV 196 III (Übergangsbestimmungen zu Art. 87 über die Eisenbahnen und weitere Verkehrsträger). Es geht um die Realisierung der folgenden vier Eisenbahngrossprojekte: die neue Eisenbahn-Alpentransversale (NEAT), Bahn 2000, den Anschluss der Ost- und der Westschweiz ans europäische Eisenbahn-Hochleistungsnetz sowie die Verbesserung des Lärmschutzes entlang der Eisenbahnlinien. Das Schweizer Volk hat nicht nur der Realisierung, sondern auch der Finanzierung dieser Projekte zugestimmt. Der Verfassungsartikel sieht die Einrichtung eines rechtlich unselbstständigen Fonds mit eigener Rechnung vor. Die Bundesversammlung erlässt das Fondsreglement.

1. Funktionsweise des Fonds

Der Bundesrat kann gemäss den in BV 196 III 2 erwähnten Abgaben und Steuern den Fonds für Eisenbahngrossprojekte äufnen. Er hat beschlossen, dem Fonds folgende Mittel zufliessen zu lassen:
- Den vollen Ertrag der pauschalen Schwerverkehrsabgabe bis zur Inkraftsetzung der LSVA (Leistungsabhängige Schwerverkehrsabgabe, 01.01.1998 bis 31.12.2000)
- Zwei Drittel des Ertrags der LSVA (seit 01.01.2001)
- 25% der Gesamtaufwendungen für die NEAT mit Mineralölsteuermitteln zu decken (seit 01.01.1998)
- 0,1% der Mehrwertsteuer (MWST) (seit 01.01.2001)
- Mittel, die er auf dem ↑Kapitalmarkt aufnimmt.

Von der Möglichkeit einer Finanzierung durch Private oder durch internationale Organisationen konnte mangels Interesse und geeigneter Projekte bzw. Projektteile nicht Gebrauch gemacht werden. Mit dem Bundesbeschluss über das Reglement des Fonds für die Eisenbahngrossprojekte (742.140) hat die Bundesversammlung die Funktionsweise des Fonds für die Eisenbahngrossprojekt festgelegt und die entsprechende rechtliche Grundlage geschaffen:
- *Fondseinlagen:* Der Bundesrat legt regelmässig fest, in welcher Höhe die verschiedenen Finanzmittel dem Fonds zugewiesen werden
- *Fondsentnahme:* Die Bundesversammlung legt jährlich die Finanzmittel fest, die für die verschiedenen Projekte zur Verfügung gestellt werden. Dieses Verfahren erfordert einen einfachen Bundesbeschluss und erfolgt zusammen mit dem Bundesbeschluss über den Voranschlag. Die Bundesversammlung genehmigt für jedes Projekt einen Zahlungskredit.

Die Mittel aus den oben genannten Abgaben und Steuern werden über die Finanzrechnung des Bundes verbucht und im gleichen Jahr in den Fonds eingelegt. Angesichts der langen Bauzeit brauchte es ein System, mit dem es möglich ist, die Investitionsspitzen zusammen mit der Kumulation mehrerer Projekte zu decken: eine stetige Finanzierung muss gewährleistet sein. Es war daher nötig, einen Refinanzierungsmechanismus mit voll rückzahlbaren Vorschüssen einzuführen. Aus diesem Grund kann der Bund Vorschüsse gewähren, die dem Fonds zugewiesen werden und die parallel dazu eine vorübergehende Erhöhung der Verschuldungsquote zur Folge haben.

Das Fondsreglement sieht eine indexierte Bevorschussungslimite von CHF 4,2 Mia. vor (Preisbasis 1995). Probleme könnten sich jedoch ergeben, wenn sich das wirtschaftliche Umfeld, z.B. Teuerung, Zinsen oder Mehrwertsteuer, sprunghaft bzw. überdurchschnittlich wandelt, wenn die Fondseinlagen und -entnahmen stark verändert werden oder wenn bestimmte Projekte vorgezogen werden sollen. Mit der vom Bundesamt für Verkehr (BAV) entwickelten Fondssimulation soll nun unter allen Umständen die Bevorschussungslimite eingehalten werden können. Indem man die allgemeinen Wirtschaftsdaten und/oder die Fondseinlagen und -entnahmen verändert, kann man tatsächlich die verschiedenen wahrscheinlichen oder unwahrscheinlichen Ereignisse simulieren und die Auswirkungen auf den Fonds erkennen. Falls Massnahmen getroffen werden müssen, kann das BAV so rechtzeitig reagieren.

Sowohl die Bevorschussung des Fonds aus den allgemeinen Bundesmitteln als auch das Nettovermögen des Fonds sind verzinslich. Die Verzinsung erfolgt zu marktgemässen Bedingungen und gilt gleicherweise für die Aktiven wie für die Passiven des Fonds. Nach Abschluss der Bauarbeiten der verschiedenen Projekte und nach Bezahlung aller Zinsen und Rückzahlung der gesamten Vorschüsse wird die Fondsrechnung definitiv abgeschlossen.

2. Schlussfolgerung

Um grosse Infrastrukturprojekte realisieren zu können, musste deren Finanzierung gewährleistet sein. Deshalb wurde dieser Fonds geschaffen. Er wird aus einer Reihe von Finanzierungsquellen geäufnet; zudem kann er durch Geldaufnahme auf dem Kapitalmarkt bevorschusst werden, um die Investitionsspitzen zu decken. Die Einrichtung dieses Fonds musste gesetzlich abgesichert werden – durch das sog. Fondsreglement. Die Modernisierung der Bahn soll die Attraktivität der Schweiz als Wirtschafts- und Tourismusstandort erhöhen. Die investierten Mittel sollen wieder in die Wirtschaft zurückfliessen und dürften mehrere zehntausend Arbeitsplätze erhalten oder schaffen. Die Förderung des Schienenverkehrs soll zudem mithelfen, die Ziele des Bundesrates im Umweltschutz (Luftreinhaltung, Klimaschutz, nachhaltige Entwicklung) zu erreichen.

Max Friedli

Footsie
Das Kürzel *Footsie* steht für den Indexanbieter *FTSE* oder *Financial Times Stock Exchange*. Die FTSE-Aktienindizes umfassen mehrere umfangreiche Indexfamilien, etwa die FTSE All-World Index Series oder die FTSE UK Series. Trotz ihrer unterschiedlichen Zielsetzung weisen diese Indexfamilien einige gemeinsame Konstruktionsmerkmale auf: So werden die FTSE-Indizes seit Juni 2001 ausschliesslich nach der streubesitzadjustierten Börsenkapitalisierung gewichtet. Alle Titel in den FTSE-Indizes müssen Mindestanforderungen hinsichtlich Börsenkapitalisierung, Umschlaghäufigkeit und Streubesitz erfüllen, wobei das Indexportfolio mehrere Aktiengattungen eines ↑Emittenten enthalten kann. Reguläre Veränderungen der Indexzusammensetzung treten in der Regel nach Börsenschluss des dritten Freitags der Monate März, Juni, September und Dezember in Kraft. Alle FTSE-Branchenindizes folgen dem *FTSE Global classification system*.

Bei der *FTSE All-World Index Series* handelt es sich um ein weltweites, modular aufgebautes Indexsystem. Der Gesamtmarktindex *FTSE All-World Index* setzt sich aus den Titeln von insgesamt 48 Länderindizes zusammen. Von diesen 48 Ländern werden 23 als Industriestaaten (Developed markets), 6 als Schwellenländer (Advanced emerging markets) und 19 als Entwicklungsländer (↑Emerging markets) klassiert. Der *FTSE All-World Developed Index* (23 Länder) enthält nur die Titel der Industriestaaten, während der *FTSE World Index* (29 Länder) die Titel der Industriestaaten und Schwellenländer berücksichtigt. Der *FTSE All-Emerging Index* (25 Länder) umfasst die Titel der Schwellen- und Entwicklungsländer. Weitere Subindizes existieren nach Weltregionen und nach Branchen. Die Titelauswahl des FTSE All-World Index erfolgt auf der Ebene der Länderindizes. Angestrebt wird eine Marktabdeckung pro Land von etwa 80% der Börsenkapitalisierung unter Wahrung einer für den jeweiligen Aktienmarkt repräsentativen Branchengewichtung. Die Zusammensetzung jedes Länderindexes wird in der Regel einmal pro Jahr überprüft. Alle Indizes der FTSE All-World Index Series werden sowohl als Kursindex als auch als Performance index berechnet.

Die *FTSE UK Series* bildet den britischen Aktienmarkt ab und basiert auf dem *FTSE All-Share Index* als Gesamtmarktindex. Während die Anzahl Titel des FTSE All-Share Index flexibel ist, weisen die Indizes FTSE 100, 250 und 350 eine konstante Zahl von Gesellschaften auf. Der FTSE 100 (FTSE 350) enthält die 100 (350) grössten britischen Unternehmen. Der FTSE 250 setzt sich aus den Unternehmen des FTSE 350 zusammen, die nicht im FTSE 100 vertreten sind. Zusätzlich umfasst die Indexfamilie den *FTSE Small cap*, den ↑*FTSE AIM* sowie verschiedene Branchenindizes.

Weiterhin berechnet FTSE-Indizes für den europäischen Aktienmarkt (u.a. FTSE Eurotop 100, FTSE Eurotop 300 und FTSE EuroMid) globale Sektorindizes und verschiedene Indizes lokaler Börsen (u.a. in Griechenland, Zypern und Ägypten). *Valerio Schmitz-Esser*

Force-majeure-Klausel
Ausdruck aus dem ↑Emissionsgeschäft. Er wird in der Schweiz Rücktrittsklausel oder Katastrophenklausel genannt.

Forderungen gegenüber Banken
Die Rechnungslegungsvorschriften für Banken verlangen einen getrennten Ausweis der Forderungen gegenüber Banken und Nicht-Banken. Unter der ↑Bilanzposition Forderungen gegenüber Banken sind aufzuführen:
– Alle Guthaben bei in- und ausländischen Banken, mit Ausnahme von Geldmarkt- und ähnlichen Papieren, von Hypothekarforderungen sowie von ↑Wertschriften und ↑Wertrechten, die von Banken emittiert wurden
– Forderungen gegenüber ↑Notenbanken, Clearinginstituten und ausländischen Postverwaltungen, sofern sie nicht als flüssige Mittel auszuweisen sind
– Forderungen aus Securities lending (↑Securities lending and borrowing [SLB]), sofern die Bank als ↑Principal auftritt und die Gegenpartei eine Bank ist
– Forderung aus Repo-Transaktionen, sofern die ↑Transaktion als Vorschuss gegen Deckung durch Wertschriften verbucht wird (abhängig von der in den Bilanzierungsgrundsätzen definierten Buchungspraxis).

Unter den Positionen Forderungen bzw. ↑Verpflichtungen gegenüber Banken sind somit Transaktionen zu verbuchen, die sich bezüglich Fristigkeit und Charakter des Geschäftes deutlich unterscheiden. Um den Bilanzlesern eine genauere Einschätzung der Risikolage zu ermöglichen, sind die Banken verpflichtet, im ↑Anhang zur Jahresrechnung folgende Zusatzinformationen bekannt zu geben:
– Bilanzierungs- und Bewertungsgrundsätze
– Fälligkeitsstruktur des Umlaufvermögens
– Forderungen gegenüber verbundenen Gesellschaften
– Zur Sicherung eigener Verpflichtungen verpfändete oder abgetretene Aktiven
– Bilanz nach In- und Ausland bzw. Aktiven nach Ländergruppen
– Bilanz nach Währungen.

Die Forderungen gegenüber Banken setzten sich in der Vergangenheit hauptsächlich aus Transaktionskonten zur Abwicklung des ↑Zahlungsverkehrs sowie aus Geldmarktgeschäften zusammen. Durch die Volumenausweitung im Wertschriftenleihgeschäft sowie der zunehmenden Verbreitung derivativer ↑Finanzinstrumente (↑Derivate) hat diese Bilanzposition stark an Bedeutung gewonnen. *Robert Bareder*

Forderungen gegenüber Kunden
Position im gesetzlichen Bilanzgliederungsschema (BankV 25 I, Ziff. 1.4). Unter Forderungen gegenüber Kunden fallen alle Forderungen gegenüber Nicht-Banken, soweit sie nicht unter einer anderen Position – wie die Hypothekarforderungen – auszuweisen sind. Zusätzliche Informationen über die Deckungsart und die Fälligkeitsstruktur sind im ↑Anhang zum Bankjahresabschluss aufzuführen.

Forderungsabtretung
↑Abtretung.

Forderungskauf
Kauf bzw. Verkauf einer Forderung. Der Erwerber bezahlt dem Verkäufer einen Kaufpreis und der Verkäufer erfüllt seine Verpflichtung durch schriftliche ↑Abtretung (Zession) der Forderung. Ist die Forderung in einem ↑Wertpapier verkörpert, so erfüllt der Verkäufer seine Verpflichtung durch Übergabe des Papiers, gegebenenfalls unter Beachtung der für die Übertragung von Namen- oder Orderpapieren geltenden Formen. Bildet eine unverbriefte Forderung den Gegenstand des Kaufs, so finden die Regeln von OR 164 ff., insbesondere OR 171, über die Abtretung von Forderungen auf den Kaufvertrag, Anwendung: Der Verkäufer haftet nur für den Bestand der Forderung. Für die ↑Zahlungsfähigkeit des Schuldners der abgetretenen Forderung haftet er nur, wenn er sich besonders dazu verpflichtet hat. Auch beim Verkauf einer Forderung, die in einem Wertpapier verkörpert ist, gilt meistens dieser Grundsatz (z. B. Verkauf einer ↑Anleihensobligation). Für Wechselforderungen allerdings gilt umgekehrt, dass der Verkäufer mangels eines entgegenstehenden Vermerks auch für die Zahlungsfähigkeit des Schuldners haftet (OR 1005 I). Im Finanzbereich bilden das ↑Factoring und die ↑Forfaitierung die Hauptanwendungsgebiete des Forderungskaufs. Dabei ist es beim Factoring häufig und für die Forfaitierung begriffswesentlich, dass der Verkäufer seine Forderung verkauft, ohne die Haftung für die Zahlungsfähigkeit des Schuldners zu übernehmen. Beide Geschäfte werden normalerweise von spezialisierten Unternehmungen getätigt.

Nehmen Banken die Finanzierung von ↑Buchforderungen vor, so tun sie es in der Regel nicht in der Form des Forderungskaufs, sondern in der Form des ↑Zessionskredits, bei dem der Kunde die zu finanzierenden Forderungen der Bank nur zur Sicherheit abtritt. Das Risiko der ↑Zahlungsunfähigkeit bleibt hier beim Kunden. Die ebenfalls zum engeren Bankgeschäft zählende Diskontierung von Wechselforderungen wird rechtlich als Forderungskauf gedeutet. Wirtschaftlich wird der Wechseldiskont aber meistens dem normalen Kreditgeschäft zugeordnet, weil das Risiko der Zahlungsunfähigkeit des Wechselschuldners hier wie beim Zessionskredit, aber anders als bei der Forfaitierung von Wechselforderungen, beim Kunden bleibt und nicht auf die Bank übergeht.

Forderungspapiere
Forderungspapiere verbriefen wertpapierrechtlich obligatorische Ansprüche auf Geldleistungen, z. B. ↑Anleihensobligationen, ↑Schuldbriefe, Sachleistungen (z. B. Warenpapiere) oder eine ↑Anweisung (z. B. ↑Check, ↑Wechsel).

Forderungspfandrecht
Pfandrecht an einer Forderung. Zur Begründung bedarf es bei gewöhnlichen Forderungen der schriftlichen Abfassung des Pfandvertrages und gegebenenfalls der Übergabe des Schuldscheins (ZGB 900). Ist die Forderung in einem ↑Wertpapier verkörpert, ist die Übergabe der Urkunde an den Gläubiger erforderlich. Die Vereinbarung über die Begründung des ↑Pfandrechtes ist in diesem Fall formlos gültig. Es empfiehlt sich, den Schuldner der Forderung von der Verpfändung zu benachrichtigen. Für die Verpfändung des Guthabens aus einem Sparheft ist in der Regel ein schriftlicher ↑Pfandvertrag erforderlich, da Sparhefte in der Regel keine Wertpapiere sind. Die Verpfändung von gewöhnlichen ↑Bankguthaben kommt in der Praxis selten vor und wird von den Banken nicht gern gesehen; sie wird aber durch die ↑Allgemeinen Geschäftsbedingungen der Bank in der Regel nicht ausgeschlossen. Hingegen sehen die Allgemeinen Geschäftsbedingungen regelmässig vor, dass der Bank ein Pfandrecht an den Guthaben zusteht, die der Kunde bei ihr unterhält (↑Generalpfandklausel; sog. Pfandrecht an eigener Schuld). ↑Fahrnispfandrecht.

Forderungsrechte
↑Obligatorische Rechte.

Forderungszession
↑Abtretung.

Foreign exchange
↑Devisengeschäft.

Foreign interest payment securities (FIPS)
↑FIPS.

Forfaitierung
Unter der Finanzierungsform Forfaitierung, dem A-forfait-Geschäft, versteht man den Ankauf meist ↑mittelfristiger (1–5 Jahre Laufzeit) abstrakter Forderungen (d. h. Forderungen, die von den ihnen zu Grunde liegenden Warenlieferungen und/oder Arbeitsleistungen losgelöst sind), wobei der Käu-

fer grundsätzlich auf den Rückgriff auf den abtretenden Forderungsgläubiger verzichtet. Ausser durch die längere *Forderungslaufzeit* unterscheidet sich das Forfaitierungsgeschäft vom ↑Factoring unter anderem dadurch, dass nur einzelne Forderungsbeträge – in der Regel solche aus Export-/Importtransaktionen – abgetreten werden.

Da der Kauf der Forderungen, die meist in Wechselform gekleidet sind, unter grundsätzlichem *Verzicht auf Rückgriff* erfolgt, kommt der ↑Bonität der Schuldner erstrangige Bedeutung zu. Falls es sich nicht um allererste Adressen handelt, sind ↑Bankgarantien oder Bankavale unerlässlich. Auch wird vorausgesetzt, dass die erforderlichen Genehmigungen der Devisenbehörden vorliegen. Die Forderungen sollten auf eine frei konvertierbare Währung lauten, in der sich der Forfaitierer (Käufer der Forderung) kongruent – bezüglich Währung und Laufzeit – refinanzieren kann. Die Übernahme durch den Forfaitierer (auch Forfaiteur genannt) erfolgt unter Abzug eines ↑Diskonts, der sich aus dem Zinssatz für mittelfristiges Geld zuzüglich einer ↑Marge errechnet, die massgeblich durch die ↑Risikoprämie bestimmt wird, die für das betreffende Länderrisiko erforderlich ist. Die Risikoprämien richten sich nach der Wahrscheinlichkeit von Schadenfällen, die aus der Realisierung der übernommenen Forderungen entstehen können. Zu den Risiken gehören neben dem Delkredere- auch das Transfer- und Moratoriums- sowie das Währungsrisiko. (↑Auslandrisiken).

Dem Exporteur wird durch eine Forfaitierung ein ganzes Dienstleistungspaket angeboten. So kann er sich schon vor Geschäftsabschluss mit dem Forfaitierer in Verbindung setzen und von ihm eine Zusage für den ↑Forderungskauf unter grundsätzlichem Verzicht auf den Regress – nach erfolgter Herstellung und Lieferung der Ware bzw. Arbeitsleistung – zu einem fixen oder variablen ↑Diskontsatz verlangen. Für solche Zusagen wird eine ↑Bereitstellungskommission in Rechnung gestellt, die sich in der Regel nur unwesentlich von der Risikoprämie unterscheidet und monatlich oder vierteljährlich zahlbar ist.

Als *Forderungstitel* eignet sich der internationale ↑Wechsel, ↑Eigenwechsel des Warenkäufers, am besten, denn bei der ↑Tratte besteht das Rückgriffsrecht auf den Aussteller. Wenn ausnahmsweise auch Tratten forfaitiert werden, verpflichtet sich der Forfaitierer in einer *Freistellungserklärung*, auf das ihm gesetzlich zustehende Rückgriffsrecht ausdrücklich zu verzichten.

Der Forderungskäufer ermittelt die Forfaitierungssätze, indem er aufgrund der ↑Geldbeschaffungskosten und der erforderlichen Marge auf die ↑Rendite schliesst, die er erzielen muss. Alsdann berechnet er den je nach Laufzeit der Forderung dem Renditesatz entsprechenden Diskontsatz (Rendite = Zuschlag pro Jahr zum Hundert; Diskont = Abschlag pro Jahr vom Hundert). Die Forderungen werden in der Folge kaufmännisch diskontiert und der Nettoerlös dem Forderungsverkäufer ausbezahlt.

Da die beim Export/Import von Investitionsgütern heute notwendige längerfristige Kreditierung von den Exporteuren/Importeuren meist nicht selbst vorgenommen werden kann, stösst die Forfaitierung auf wachsendes Interesse, ermöglicht sie doch dem Exporteur/Importeur die Umwandlung von Verkäufen/Käufen mit Kreditgewährung in Bargeschäfte.
Christian Gut

Lit.: Deuber, A.: Rechtliche Aspekte der Forfaitierung, Bern 1993.

Formationen

Als Formation werden jene Erscheinungen auf den Kurs-Charts bezeichnet, die eine Pause in einem ↑Trend darstellen. Formationen können Konsolidierungen darstellen und sind dann Trendfortsetzungsformationen, oder sie können auf eine Umkehr des bisherigen Trends hinweisen (↑Trendumkehrformation). Fortsetzungsformationen stellen Denkpausen dar. Bekannt gewordene Fakten werden bisherigen Visionen gegenübergestellt und neue Visionen werden gebildet. Trendwendeformationen sind Symptome von Paradigmawechseln.
Alfons Cortés

Formular A
↑Geldwäscherei.

Formular R
↑Geldwäscherei.

Formula timing
↑Börsentheorien; ↑Charts.

Fortführungswert
↑Einzelwertberichtigung bei Banken.

Fortlaufende Notierung
Art der Kursnotierung an der ↑Börse. Für jede zu Stande gekommene ↑Transaktion wird der erzielte Preis festgehalten und veröffentlicht. Man spricht deshalb auch von *variabler Notierung*. Der Gegensatz dazu ist der Einheitskurs oder Kassakurs, der für alle abgeschlossenen Geschäfte an einem Börsentag gilt. Die ↑SWX Swiss Exchange kennt nur die fortlaufende Notierung.

Fortschritt-Rückschritt-Linie
↑Advance/Decline-Linie (A/D-Linie).

Forum für Finanzstabilität
↑Financial Stability Forum (FSF).

Forum of European Securities Commissions (FESCO)
↑Handelssysteme.
Links: www.europefesco.org

Forward market
Im Gegensatz zum ↑Futures-Markt, wo *standardisierte* ↑Termingeschäfte abgeschlossen werden, ist der Forward-Markt ein Terminmarkt, an dem ↑Termingeschäfte mit *individuellem Vertragsinhalt* abgeschlossen werden.

Forward rate
↑Zinssatz, der erst in der Zukunft, z.B. in einem Jahr, Gültigkeit hat. Forward rates werden bei allen Zinsinstrumenten ermittelt, die erst in der Zukunft erfüllt werden (z.B. ↑Forward rate agreement [FRA], ↑Forward swaps, ↑Swaptions). Der ↑FRA-Satz ist also ein Beispiel für eine Forward rate. Die Ermittlung erfolgt aufgrund der aktuellen Zinsstrukturkurve. Forward rates mit unterschiedlichen Startterminen werden in einer Forward yield curve dargestellt.

Forward rate agreement (FRA)
Nichtstandardisiertes Zinsderivat (↑Derivate), das Over the counter (OTC) gehandelt wird. Der Käufer eines FRAs fixiert heute die Kreditkonditionen für einen zukünftigen Zeitpunkt. Bei ↑Fälligkeit wird aber nicht der Nominalbetrag des Kredits an den Käufer ausbezahlt, sondern lediglich die Zinsdifferenz zwischen den Parteien ausgeglichen. Ein FRA kann durch eine Kombination von Kreditaufnahme (mit längerer ↑Laufzeit) und Geldanlage (mit kürzerer Laufzeit) repliziert werden. Forward rate agreements eignen sich zur Absicherung eines zukünftigen Finanzierungsbedarfs.

Forwards
Unter dem Begriff Forwards wird ein breites Spektrum von Geschäften des Devisen- und Geldmarkthandels mit *Laufzeitbeginn in der Zukunft* subsumiert. Forwards sind im Gegensatz zu Futures-Kontrakten, die standardisiert und an einer ↑Börse handelbar sind, nichtstandardisierte ↑Termingeschäfte, die speziell auf die Bedürfnisse der beteiligten Parteien massgeschneidert sind. Im Devisenhandel spricht man von einem Forward-Geschäft, wenn die Erfüllung der gegenseitigen Lieferverpflichtungen später als zwei Werktage (Spot-Datum) nach Geschäftsabschluss zu erfolgen hat. Im Geldmarkthandel spricht man von Forwards, wenn zwischen Marktteilnehmern ↑Zinssatzvereinbarungen mit Laufzeitbeginn abweichend von zwei Arbeitstagen getroffen werden. Zum Beispiel: ↑FRA-Satz.

Forward swap
Als Forward swap bezeichnet man ein ↑Termingeschäft, welches den Abschluss eines Swaps in einem zukünftigen Zeitpunkt (meist länger als ein Jahr) zu heute festgelegten Bedingungen vorsieht. Diese Geschäfte sind auch als Deferred start swap bekannt.

Forward transaction
Forward transactions sind Termingeschäfte, welche die Verpflichtung zum Kauf beziehungsweise Verkauf einer festgelegten Menge einer festgelegten Anlage zu einem festgelegten Preis beinhalten. ↑Forwards sind die einfachsten derivativen Instrumente (↑Derivate). Sie werden ausserbörslich und in hohen Volumina (insbesondere bei Zins- und Währungstermingeschäften) gehandelt.

FRA
Abk. f. ↑Forward rate agreement.

Frachtbrief
Englische Bezeichnung: Waybill. Begleitpapier, das im Eisenbahn- und Strassengüterverkehr, in der Binnenschifffahrt und im Luftfrachtverkehr den Frachtvertrag zwischen dem Absender und dem Frachtführer dokumentiert und den Empfänger der Ware bezeichnet (Eisenbahnfrachtbrief oder CIM-Frachtbrief; im Strassengüterverkehr: CMR-Frachtbrief, Rheinfrachtbrief, Luftfrachtbrief oder Airway bill, Air waybill). Der Frachtbrief ist kein ↑Wertpapier und verkörpert im Gegensatz zum ↑Konnossement (Seekonnossement, Binnenkonnossement) weder die versandte Ware noch einen Herausgabeanspruch auf die Ware. Bis zur Aushändigung des Originals oder der Ware an den Empfänger bleibt das Weisungsrecht über die Ware grundsätzlich beim Absender. Hat aber der Frachtführer dem Absender eine von ihm gegenzeichnete Ausfertigung des Frachtbriefs übergeben, die das Recht des Absenders zur nachträglichen Änderung der ursprünglichen Weisungen verkörpert (im Bahngüterverkehr Frachtbrief-Duplikat, im Luftfrachtverkehr 3. Original), so verliert der Absender das Weisungsrecht über die reisende Ware, sobald er das Dokument aus den Händen gibt. Aus diesem Grunde finden solche Dokumente beim ↑Dokumenten-Akkreditiv als Gegenstand der Dokumentenaufnahme Verwendung. Als Kreditunterlage für einen dem Empfänger der Ware gewährten Bankkredit eignet sich das Frachtbrief-Duplikat nur, wenn als Empfänger der Ware die Bank oder ein Korrespondent der Bank genannt wird.

Fraktion
↑Schlusseinheit.

Framework for internal control systems
↑Basler Ausschuss für Bankenaufsicht.

Franchising
Unter Franchising versteht man im Allgemeinen eine vertraglich gesicherte, auf Dauer angelegte Kooperation im Marketingbereich, durch die eine Unternehmung versucht, ein Netz von Absatzpartnern aufzubauen, das einen breiten, einem zentra-

len Marketingkonzept unterstellten Marktauftritt erlaubt.

Ein Franchising-System besteht normalerweise aus einem *Franchising-Geber,* der das in Frage stehende Marketingkonzept entwickelt und vielen *Franchising-Nehmern,* die als selbstständige Unternehmen sich verpflichten, bestimmte Marktleistungen nach den Prinzipien dieses Konzeptes anzubieten. Durch Eintritt in einen Franchising-Vertrag erwirbt der Franchising-Nehmer normalerweise das Recht, einen bestimmten Markennamen oder Firmennamen zu führen, entsprechende Produkte- oder Dienstleistungssortimente anzubieten und gewisse Marketingmassnahmen des Franchising-Gebers (z. B. in der Gestaltung der Verkaufslokalitäten, der Verkaufsförderung und Werbung) einzusetzen. Der Franchising-Geber unterstützt ihn des Weiteren häufig durch zentrale Werbung, durch Vermittlung des nötigen Betriebs- und Marketingwissens, durch Kreditbürgschaften oder Kredite beim Aufbau des Geschäftes, durch Mithilfe bei Führungsentscheiden usw. Als Gegenleistung verpflichtet sich der Franchising-Nehmer zur Einhaltung der zentral definierten Marketinggrundsätze sowie zur Zahlung der Franchising-Gebühren (oft handelt es sich dabei um einmalige Einstandsgebühren und umsatzabhängige Zahlungen). Verpflichtungen zum Bezug von Waren, zur Gestattung bestimmter Kontrollen, zur Übernahme des Buchführungssystems des Franchising-Gebers ergänzen häufig den Pflichtenkatalog des Franchising-Nehmers. Die im Franchising-Vertrag festgehaltenen Rechte und Pflichten der Partner bestimmen letztlich das Ausmass der gegenseitigen Bindung und beeinflussen damit wesentlich die Einheitlichkeit des gemeinsamen Marktauftritts.

Aus wirtschaftlicher Sicht bietet Franchising dem Franchising-Geber die Möglichkeit, mit relativ beschränktem Kapitaleinsatz zu wachsen und gleichzeitig sein Marketingkonzept nach einheitlichen Grundsätzen am Markt durchzusetzen. Der Franchising-Nehmer kann vom Image eines bekannten Markt- oder Firmennamens, von einem professionell gestalteten Marketingkonzept und vom finanziellen Rückhalt eines grösseren Unternehmens profitieren, ohne seine unternehmerische Selbstständigkeit zu verlieren. *Richard Kühn*

Franken
Der Franken ist die Währungseinheit der Schweiz und des Fürstentums Liechtenstein. Die offizielle ISO-Abkürzung (↑International Standardisation Organization [ISO]) für den Schweizer Franken ist CHF. Hundert Rappen (Rp.) ergeben einen Franken. Folgende Münzeinheiten und Notenabschnitte sind im Umlauf: 5 Rappen, 10 Rappen, 20 Rappen, 50 Rappen, 1 Franken, 2 Franken und 5 Franken, Noten à 10 Franken, 20 Franken, 50 Franken, 100 Franken, 200 Franken und 1 000 Franken.

Frankfurter Börse
Die frühere Frankfurter Börse wird heute von der ↑Deutschen Börse AG betrieben.

Frankfurt interbank offered rate (Fibor)
Am Frankfurter Geldmarkt bis 1999 ermittelter repräsentativer Geldmarktzinssatz (↑Brief, Briefkurs, ↑Geldmarktsätze, -zins). Der Fibor wurde aufgrund der neu geschaffenen ↑Europäischen Währungsunion (EWU) am 01.01.1999 durch den ↑Euribor abgelöst.

FRA-Satz
Der FRA-Satz ist der bei einem ↑Forward rate agreement (FRA) fest vereinbarte ↑Zinssatz für ein ↑Geldmarktgeschäft in bestimmter Höhe mit definierter ↑Laufzeit und Laufzeitbeginn in der Zukunft, mit dem sich der Käufer (Verkäufer) gegen steigende (sinkende) ↑Zinsen absichert. Zu Beginn des abgesicherten Zeitraums wird das FRA durch eine ↑Ausgleichszahlung erfüllt. Ist der bei Vertragsabschluss gewählte Referenzsatz zu diesem Zeitpunkt tiefer (höher) als der FRA-Satz, bezahlt der Käufer (Verkäufer) einen Differenzbetrag. Die Höhe dieser Ausgleichszahlung errechnet sich aus der Differenz FRA-Satz und Referenzzinssatz, multipliziert mit dem Nominalbetrag, abgezinst auf den Kontraktbeginn. ↑Forward rate.

Freddie Mac
↑Federal Home Loan Mortgage Corporation «Freddie Mac».

Free cashflow
Geldzufluss aus operativer Tätigkeit nach Abzug der Nettoinvestitionen. Der Free cashflow steht für die Schuldentilgung, die Gewinnausschüttung oder Aktienrückkäufe zur Verfügung. Die Definitionen sind jedoch nicht einheitlich. So wird z.T. bei Investitionen zwischen Ersatz und Erweiterungs-, bzw. Expansionsinvestitionen unterschieden, wobei die Ersatzinvestitionen aus dem Free cashflow ausgeklammert werden. Der Free cashflow kann sich auf die Gesamtunternehmung (Entity approach) oder nur auf das ↑Eigenkapital (Equity approach) beziehen. ↑Cashflow.

Free float
Das Verhältnis der frei handelbaren ↑Aktien zu den total ausgegebenen Aktien wird Free float genannt. Frei handelbar sind jene Aktien, die nicht in festem Besitz sind. Aktien werden dann als ausgegeben betrachtet, wenn sie gezeichnet, mindestens teilliberiert und im Handelsregister eingetragen sind. Nicht zu den ausgegebenen Aktien zählen das bedingte und das genehmigte Kapital.

Free floating capital
↑Free float.

Freibleibend
Im Wertpapiergeschäft vorkommende Vorbehaltsklausel, wenn der Anbietende sich an das Angebot nicht fest binden will.

Freier Wechselkurs
↑Geldpolitik; ↑Floating.

Freie Zeichnung
Bei Kapitalerhöhungen sind die neuen ↑Aktien aufgrund des ↑Bezugsrechts grundsätzlich allen bisherigen Aktionären zur ↑Zeichnung vorbehalten. Soll der Aktionärskreis erweitert werden, ist es möglich, einen Teil der Aktien vom ↑Bezugsrecht auszuschliessen und weiteren Interessierten, z.B. den Kunden, in einer freien Zeichnung zum ↑Marktwert anzubieten.

Freihändiger Verkauf
Auch Freihandverkauf, freihändige Verwertung. Von freihändigem Verkauf spricht man, wenn Vermögensobjekte eines in Verzug geratenen oder zahlungsunfähigen Schuldners nicht amtlich versteigert, sondern durch privatrechtlichen Kaufvertrag verwertet werden. Häufig handelt es sich beim Gegenstand des freihändigen Verkaufs um ein Objekt, an dem sich der Gläubiger gleichzeitig mit dem ↑Pfandrecht auch das Recht zur freihändigen Verwertung hat einräumen lassen (↑Wertpapierverpfändung). In besonderen Fällen lässt das Gesetz zu, dass auch amtlich gepfändete oder zur Konkurs- oder Liquidationsmasse des Schuldners gehörende Vermögenswerte durch das Amt oder den ausseramtlichen Liquidator freihändig verkauft werden (z.B SchKG 130, 143a, 238 und 256).

Freihändiges Verwertungsrecht
↑Wertpapierverpfändung.

Freistellungserklärung
↑Forfaitierung.

Freiverkehr
↑Ausserbörslicher Wertpapierhandel.

Freizügigkeit im Sparkassenverkehr
↑Sparkassengeschäft.

Freizügigkeitskonto
Für die ↑Freizügigkeitsleistung, auf die ein Versicherter bei vorzeitigem Austritt aus einer ↑Vorsorgeeinrichtung Anspruch hat, und die nicht auf die neue Vorsorgeeinrichtung überführt wird, ist ein Freizügigkeitskonto oder eine Freizügigkeitspolice (bei einer Versicherungsgesellschaft) zu errichten (VO zum Freizügigkeitsgesetz vom 17.12.1993, Art. 10). Das Freizügigkeitskonto und die Freizügigkeitspolice wurden bereits 1986 mit der «VO zur Erhaltung des Vorsorgeschutzes und die Freizügigkeit» eingeführt, die 1993 durch die VO zum Freizügigkeitsgesetz ersetzt wurde.
Als Freizügigkeitskonten gelten (nach VO zum Freizügigkeitsgesetz 10 Abs. 3) «besondere, ausschliesslich und unwiderruflich der Vorsorge dienende Verträge mit einer Stiftung, welche die Voraussetzungen nach der VO zum Freizügigkeitsgesetz, Art. 19, erfüllen». Danach dürfen Gelder der Freizügigkeitsstiftungen (nach BVG 71 I. und BVV 2 49–60) nur bei oder durch Vermittlung einer dem Bankengesetz unterstellten Bank angelegt werden. Gelder, die eine Freizügigkeitsstiftung im eigenen Namen bei einer Bank anlegt, gelten als Spareinlagen der einzelnen Versicherten im Sinne des Bankengesetzes (VO zum Freizügigkeitsgesetz 19 Abs. 2).

Freizügigkeitsleistung
Unter dem Begriff Freizügigkeitsleistung (auch als Austrittsleistung bezeichnet) von ↑Vorsorgeeinrichtungen wird der Betrag verstanden, der bei Auflösung des Arbeitsverhältnisses vor Eintritt des Versicherungsfalles (Tod, Invalidität, Pensionierung) dem Austretenden mitgegeben wird. Auf den 01.01.1995 ist das *Freizügigkeitsgesetz* (mit Verordnung) in Kraft getreten, das in 28 Artikeln vor allem regelt, welche Ansprüche ein Austretender hat und wie diese abzugelten sind. Wichtig ist der Erhalt der Vorsorge; also grundsätzlich keine Barauszahlungen (Ausnahmen: Freizügigkeitsgesetz vom 17.12.1993, Art. 5).
Die Freizügigkeitsleistung entspricht bei einer Vorsorgeeinrichtung mit *Beitragsprimat* dem bisher angesammelten Sparguthaben bzw. ↑Deckungskapital (Freizügigkeitsgesetz 15 Abs. 1). Beim *Leistungsprimat* entsprechen die Ansprüche der Versicherten dem ↑Barwert der erworbenen Leistungen (Freizügigkeitsgesetz 16 Abs. 1). Die Freizügigkeitsleistung muss der Eintrittsleistung eines Neueintretenden entsprechen (bei gleichem Lohn und Alter). Das neue Scheidungsrecht bringt einige Neuerungen. So sind neu die Austrittsleistungen zwischen den Ehepartnern zu teilen. Das in der Pensionskasse Ersparte ist nun Teil des Vorschlags (ZGB Art. 122 ff., Freizügigkeitsgesetz, Art. 22 ff., gültig ab 01.01.2000).
Soweit die Freizügigkeitsleistung nicht an die Vorsorgeeinrichtung des neuen Arbeitgebers überwiesen werden kann (Pflicht gemäss Freizügigkeitsgesetz, Art. 3), ist sie als *Freizügigkeitspolice* bei einer Lebensversicherungsgesellschaft oder als ↑*Freizügigkeitskonto* bei einer Bank (bzw. Freizügigkeitsstiftung) zu bestellen.

Freizügigkeitspolice
↑Freizügigkeitskonto.

Fremdemission
Gegensatz zu Selbstemission. ↑Emissionsgeschäft.

Fremdfinanzierung
Ausstattung einer Unternehmung mit ↑Fremdkapital, wobei das Verhältnis zwischen verzinslichem und unverzinslichem Fremdkapital von besonderer Bedeutung ist. ↑Aussenfinanzierung.

Fremdgelder
Der Begriff Fremdgelder kann auf zwei Arten interpretiert werden: Entweder wird er verwendet als Synonym für ↑Kundengelder, oder er bedeutet ↑Fremdfinanzierungsgelder. Neben den Kundengeldern gehören zu den so definierten Fremdgeldern auch die Fremdkapitalaufnahmen am ↑Kapitalmarkt und die Kreditfinanzierung bei anderen Banken. ↑Interbankgeschäft.

Fremdkapital
Verbindlichkeiten einer Unternehmung, wobei diese nach der Fristigkeit (kurz-, mittel- und langfristiges Fremdkapital), nach der Verzinslichkeit (zinsfreies und verzinsliches Fremdkapital) und der Art der Sicherung (gesicherte und ungesicherte Verbindlichkeiten) gegliedert werden können.

Fremdplatzierung
↑Emissionsgeschäft.

Fremdwährungskonto
Als Fremdwährungskonto bezeichnet man alle Konten, die nicht auf die eigene Landeswährung lauten. Die Banken unterscheiden zwischen Nostro- und Loro-Konten (Loro-Konten werden auch Vostro-Konten genannt). Eine Bank nennt ihre bei ausländischen Korrespondenten unterhaltenen Fremdwährungskonten Nostrokonten, während die bei ihr in der eigenen Landeswährung geführten Konten ausländischer Korrespondenten Loro-Konten heissen und keine Fremdwährungskonten sind.
Fremdwährungskonten werden durch Handelsbanken auf allen wichtigen ↑Bankplätzen bei einer oder mehreren Banken geführt, was als das klassische Korrespondenz-Bankengeschäft (Correspondent banking) bezeichnet wird. (↑Korrespondenzbank).
Firmen, die häufig Fremdwährungen erhalten, wie auch damit bezahlen, verwenden ebenfalls Fremdwährungskonten, die sie häufig bei ihrer lokalen Bank unterhalten.

Fremdwährungskonto (Kundenkonto)
Ein Fremdwährungskonto ist ein Konto, das die Bank für den Kunden in einer fremden ↑Währung führt. Man unterscheidet Festgeldkonten und Kontokorrente in fremder Währung.
Lässt sich der Kunde ein Fremdwährungskontokorrent von seiner Bank eröffnen, so bringt er damit zum Ausdruck, dass die Bank Beträge, die in der betreffenden Währung für ihn eingehen, nicht in Landeswährung umwandeln, sondern dem betreffenden Konto gutschreiben soll. Die ↑Allgemeinen Geschäftsbedingungen der Banken sehen regelmässig vor, dass ein Guthaben auf Fremdwährungskonto dem Kunden keinen Anspruch auf Bezug von gesetzlichen Zahlungsmitteln (↑Banknoten) in der betreffenden Währung gibt. Der Kunde kann also über sein Guthaben nur durch Überweisungsauftrag verfügen. Die Bank ist nur zur Verschaffung einer Gutschrift im Lande der Währung verpflichtet: Dies kann durch Ziehung eines ↑Checks oder durch Ausführung eines Überweisungsauftrages in der fremden Währung geschehen. Die Verpflichtung der Bank aus dem Fremdwährungskonto hat somit den Charakter einer ↑Devisenschuld.
Unter normalen Verhältnissen wird die Bank zwar bereit sein, dem Kunden auf Wunsch auch gesetzliche Zahlungsmittel in der fremden Währung zu verschaffen. Sie wird diesen Vorgang aber als Verkauf fremder Zahlungsmittel verstehen und dem Kunden eine Gebühr in Rechnung stellen. In der Regel will der Kunde über seine Guthaben auf dem Fremdwährungskonto nicht in dieser Weise verfügen. Weil die Bank mit der Führung von Fremdwährungskonten für die Kundschaft keine Wechselkursrisiken eingehen kann, muss sie Aktiven in einer ihrer Gesamtschuld in der fremden Währung entsprechenden Höhe in der fremden Währung im Ausland halten. In der Regel geschieht dies in der Form von Guthaben bei Banken im Lande der Währung. Sie überträgt das Risiko von öffentlich-rechtlichen Massnahmen gegen diese Guthaben (z.B. ↑Moratorien, politisch oder währungspolitisch motivierte Zahlungs- und Transferverbote) in ihren Allgemeinen Geschäftsbedingungen auf den Kunden. Dieser kann über sein Guthaben also nur so lange frei verfügen, wie die Guthaben der Bank durch solche Massnahmen nicht behindert sind. Diese Regelung gilt für alle Arten von Fremdwährungskonten.
Obwohl die Überwälzung des Risikos behördlicher Massnahmen aus der Sicht der Bank und wohl auch der Aufsichtsbehörde angesichts des grossen Volumens der Kundeneinlagen in fremder Währung für die Bank eine Notwendigkeit darstellt, wird die Gültigkeit der Risikoüberwälzung immer wieder in Frage gestellt. Praktische Probleme dürfte im Ernstfall auch die Anwendung der Bestimmung aufwerfen, wonach alle wirtschaftlichen und rechtlichen Folgen, die das Gesamtguthaben der Bank als Folge von behördlichen Massnahmen in einem bestimmten Lande treffen sollten, von den Kunden anteilmässig getragen werden müssen. Umstritten ist auch, ob der Kunde bei Fremdwährungskontokorrenten über das Risiko behördlicher ausländischer Massnahmen hinaus auch das Risiko der ↑Zahlungsunfähigkeit der ausländischen Bank tragen muss. Diese Fragen hatten bisher in der Schweiz theoretischen Charakter, und im Zuge der Stabilisierung der internationalen Verhältnisse im

Währungssektor im Laufe der letzten zehn bis zwanzig Jahre ist mit dem abnehmenden Risiko von Devisenrestriktionsmassnahmen wichtiger Handels- und Industrienationen auch das Bewusstsein der latenten Problematik von Fremdwährungskonten zurückgegangen. Klar ist hingegen, dass der Kunde alle Risiken der Gegenanlage, also auch dasjenige der Zahlungsunfähigkeit der Bank der Gegenanlage dort trägt, wo die Bank aufgrund einer besonderen schriftlichen Vereinbarung mit dem Kunden bei der Entgegennahme und Wiederanlage von Fremdwährungsbeträgen im Ausland als Treuhänderin des Kunden tätig wird. Solche Anlagen werden ausdrücklich als Treuhandfestgelder oder Treuhandanlagen und die entsprechenden Konten als Treuhandkonten bezeichnet.
↑Treuhandgeschäfte der Banken.

Christian Thalmann

Fremdwährungskredit
Kredit, der in ausländischer ↑Währung zur Verfügung gestellt wird. Er dient zur Begleichung von Verbindlichkeiten in der betreffenden Währung. Die Kreditabwicklung entspricht derjenigen bei Krediten in Landeswährung.

Fremdwährungsrisiko
↑Währungsrisiko.

Freundliche Übernahme
Englische Bezeichnung: Friendly takeover.
↑Übernahme, wirtschaftliche.

Friendly takeover
↑Takeover; ↑Übernahme; ↑Übernahme, wirtschaftliche; ↑Mergers and acquisitions.

Friends-and-family-Programm
Wird im Rahmen eines ↑Initial public offerings (IPO) eine starke Nachfrage erwartet, kann eine bestimmte Anzahl ↑Aktien zum Voraus an dem ↑Emittenten nahe stehende Personen fest zugeteilt werden. Die Bevorzugung bestimmter Investoren – überspitzt als Friends-and-family-Programme bezeichnet – ist nicht unproblematisch, weil damit die Absicht verbunden ist, diesen ↑Investoren einen risikolosen Kursgewinn zu verschaffen.

Fristenkongruenz
Grundsatz der Finanzierung, wonach die Bindung, d.h. die Realisierbarkeit des Vermögens, und die Fristigkeit des ↑Fremdkapitals übereinstimmen sollten. Langfristige Aktiven sind demnach mit langfristigem Fremdkapital (oder ↑Eigenkapital) zu finanzieren. ↑Goldene Bankregel.

Fristentransformation
Fristentransformation liegt vor, wenn die durchschnittliche ↑Laufzeit der Aktiven von der durchschnittlichen Laufzeit der Passiven abweicht. Ist die Laufzeit der Aktiven länger als jene der Passiven, spricht man von positiver Fristentransformation. Übersteigt hingegen die Laufzeit der Passiven jene der Aktiven, liegt negative Fristentransformation vor.

Sowohl auf der Aktiv- als auch auf der Passivseite sind zwei Arten von Laufzeiten zu unterscheiden: Laufzeit der Kapitalbindung und Laufzeit der ↑Zinsbindung. Unter *Kapitalbindung* versteht man die vertragliche Laufzeit oder ↑Restlaufzeit des Kapitals. Mit *Zinsbindung* hingegen wird jene vertraglich vereinbarte Frist bezeichnet, während welcher der ↑Zinssatz weder nach oben noch nach unten angepasst werden kann. Es gibt Bilanzgeschäfte, bei denen Kapitalbindung und Zinsbindung identisch sind, beispielsweise Festhypotheken und ↑Festgelder. Es gibt aber auch Bilanzgeschäfte, bei denen Kapitalbindung und Zinsbindung voneinander abweichen, z. B. bei ↑Roll-over-Krediten auf Libor-Basis (↑Libor). Eine Sonderbehandlung erfordern jene Bilanzgeschäfte, die mit einer Kündigungsfrist versehen sind und deren Zinssätze in unregelmässigen Abständen in Abhängigkeit von der Marktsituation nach unten oder nach oben angepasst werden können. Dazu gehören beispielsweise variable Hypotheken oder ↑Spargelder. Die Ermittlung und Abbildung der Zinsbindung erfolgt bei dieser Art von ↑Bilanzpositionen mithilfe von Replikationsportefeuilles. *Positive Transformation* der Kapitalbindung stellt ein Liquiditätsrisiko dar. Bei *negativer Transformation* der Kapitalbindung liegt hingegen Überliquidität vor. Beide Fälle müssen im Rahmen der Liquiditätsbewirtschaftung (↑Treasury management, Tresorerie) bewirtschaftet werden.

Unterschiedliche Zinsbindungsfristen auf der Aktiv- und Passivseite verursachen Zinsänderungsrisiken, weil die Zinssätze nicht gleichzeitig und nicht gleich schnell nach oben oder nach unten angepasst werden können. Je nach Art und Ausmass der Fristentransformation und je nach Art und Ausmass der marktbedingten Zinssatzänderungen können positive oder negative Wirkungen auf das Zinsergebnis entstehen. Unterschiedliche Kapital- und Zinsbindungsfristen auf der Aktiv- und Passivseite ergeben sich aus abweichenden Bedürfnissen der ↑Kreditnehmer und der Kapitaleinleger. Die Übernahme der Zinsänderungs- und Liquiditätsrisiken aus der Fristentransformation gehört zusammen mit der Betrags- und der Bonitätstransformation zu den wichtigsten Aufgaben der Banken. Dafür werden sie entschädigt in Form der Zinsmarge. Liquiditäts- und Zinsänderungsrisiken als Folge der Fristentransformation können gemessen und gesteuert werden. Die *Liquiditätsrisiken* werden dargestellt in der Form von Fälligkeiten innerhalb von Zeitbändern und lassen sich steuern mithilfe der Instrumente der Liquiditätsbewirtschaftung (↑Interbankgeschäft, Interbankenmarkt; ↑Geldmarkt-Buchforderungen, leicht verwertbare

↑Finanzanlagen usw.). Die Messung der *Zinsänderungsrisiken* erfolgt dagegen vornehmlich mittels des Einkommenseffektes und des Werteffektes. Um diese beiden Messgrössen zu ermitteln, werden eine Parallelverschiebung und eine Drehung der positiv oder negativ geneigten Zinskurve simuliert und die daraus entstehenden potenziellen Einkommens- und Kapitaleffekte ermittelt. Unter dem Einkommenseffekt versteht man die Auswirkungen dieser Simulation auf den ↑Zinsensaldo, während mit dem Werteffekt die Veränderung des Nettobarwertes der Aktiven und Passiven (Summe der ↑Barwerte aus Aktiven minus Summe der Barwerte aus Passiven) gemeint ist. Die Steuerung des Ausmasses des Zinsänderungsrisikos erfolgt vor allem – aber nicht ausschliesslich – mittels derivativer Instrumente (↑Derivate; ↑Interest rate swaps, ↑Futures und ↑Forward rate agreements, ↑Zinsoptionen sowie ↑Caps und ↑Floors).

Die Messung und Steuerung von Liquiditäts- und vor allem von Zinsänderungsrisiken ist Aufgabe des ↑Asset and liability management (ALM). Ein funktionsfähiges ALM setzt eine zweckmässige Rahmenorganisation, eine problemorientierte IT-Unterstützung sowie eine schriftlich definierte ↑Risikostrategie voraus. Messung, Steuerung und Überwachung der Liquidität und der Zinsänderungsrisiken gehören zu den wichtigsten Aufgaben der Führung einer Bank. Wegen ihrer zentralen Bedeutung wird diese Aufgabe in den meisten Ländern – so auch in der Schweiz – durch die ↑Bankenaufsicht reguliert und überwacht. Die bankengesetzlichen Revisionsstellen (↑Revision, externe) in der Schweiz sind durch die Eidgenössische ↑Bankenkommission verpflichtet, die Einhaltung der umfangreichen gesetzlichen Vorschriften zu überprüfen und das Prüfungsergebnis im ↑Revisionsbericht festzuhalten. *Kurt Aeberhard*

FRN
Abk. f. ↑Floating rate notes.

Front running
Auch Vorlaufen. Im ↑Effektenhandel versteht man unter Front running die Ausnützung der vertraulichen Kenntnis einer bevorstehenden grösseren Kundentransaktion durch einen ↑Effektenhändler oder seine Mitarbeiter in der Weise, dass der Effektenhändler oder der Mitarbeiter in Erwartung der durch die Ausführung des Kundenauftrages bewirkten Kurssteigerung vorgängig einen Posten der fraglichen ↑Effekten für eigene Rechnung erwirbt, um ihn nach Ausführung der Kundentransaktion zum höheren Preis zu verkaufen. Das Front running verletzt die in BEHG 11 verankerte ↑Treuepflicht des Effektenhändlers und wird durch Art. 11 der ↑Verhaltensregeln für Effektenhändler der schweizerischen Bankiervereinigung ausdrücklich verboten. Das Front running hat strukturell Ähnlichkeit mit dem ebenfalls verbotenen ↑Insidergeschäft, ist aber durch die Besonderheit gekennzeichnet, dass das verbotene Verhalten dem Effektenhändler nicht nur einen ungerechtfertigten Vermögensvorteil verschafft, sondern auch zu einer direkten Schädigung des Kunden führen kann. *Christian Thalmann*

FSA
Abk. f. ↑Financial Services Authority.

FSF
Abk. f. ↑Financial Stability Forum.

FTSE 100
↑Indexderivate; ↑Footsie.

FTSE AIM
Der *FTSE AIM Index* enthält alle ↑Titel britischer und ausländischer ↑Emittenten, die am Londoner *Alternative investment market (AIM)* notiert sind. Da es sich beim FTSE AIM um einen Gesamtmarktindex handelt, ist der Umfang des Indexkorbes nicht auf eine bestimmte Anzahl von Titeln beschränkt. Der Startwert des FTSE AIM wurde mit 1 000 Indexpunkten per 30.12.1994 festgelegt. ↑Footsie.

FTSE Global Classification System
↑Branchenindizes.

Führungsinformationssystem
↑Management-Informationssystem bei Banken (MIS).

Fundamentalanalyse von Aktien
Methode der ↑Aktienanalyse, mit welcher der Wert einer ↑Aktie bestimmt wird, um darauf basierend eine Aktienkursprognose zu stellen. Die Fundamentalanalyse kann in die Globalanalyse und die Einzelwertanalyse unterteilt werden.

Die *Globalanalyse* hat den Zweck, Aussagen über das gesamtwirtschaftliche und das branchenmässige Umfeld zu machen. Sie analysiert gesamtwirtschaftliche Daten, insbesondere im Hinblick auf die volkswirtschaftliche Konjunktur-, Liquiditäts- und Zinssituation, und bestimmt Branchentrends.

Die *Einzelwertanalyse* hat zum Zweck, einzelne Aktien zu analysieren, um diejenigen Papiere herauszufinden, die aufgrund der Ertragskraft des Unternehmens über ein Kurssteigerungspotenzial verfügen. Im Mittelpunkt der Untersuchung stehen dabei Rentabilitätskennziffern, wie z. B. Gewinn/Aktie (↑Earnings per share), Gesamtgewinnrendite, Kurs-Gewinn-Verhältnis (↑Price earnings ratio [PER]). Aktienbezogene Daten werden ergänzt durch unternehmensbezogene Daten, wie z. B. Umsatzentwicklung, Cashflow-Entwicklung, Entwicklung der ↑Free cashflows sowie Angaben weiterer wichtiger Unternehmenszahlen, Strukturkennziffern und ↑Benchmarks. In qualitativer Hinsicht sind Kenntnisse über das Management, die Marktstellung und die Produkte von Bedeutung. ↑Finanzanalyse; ↑Primär-Research; ↑Analyse von Bankaktien; ↑Fundamentale Analyse; ↑Wertpapieranalyse. Gegensatz: ↑Technische Analyse.

Fundamentaldaten
↑Börsenpsychologie.

Fundamentale Analyse
Methode zur Erstellung von Diagnosen und Prognosen über Investments (Geld- und Kapitalanlagen), die sich im Gegensatz zur ↑technischen Analyse nicht an Kurs- und Umsatzverläufen der Vergangenheit ausrichtet, sondern ihre Urteile aus der Interpretation und Gewichtung allgemeinwirtschaftlicher und anlageobjektbezogener Daten zu gewinnen sucht. Die fundamentale Analyse wird, ebenso wie die technische Analyse, zur Beurteilung und Vorbereitung von Anlageentscheiden eingesetzt.
↑Finanzanalyse; ↑Primär-Research; ↑Aktienanalyse; ↑Analyse von Bankaktien; ↑Fundamentalanalyse von Aktien; ↑Wertpapieranalyse.

Fundamentalist
Vertreter der Fundamentalanalyse (↑Fundamentale Analyse) im Gegensatz zum Vertreter der ↑technischen Analyse.

Fundamentals
Die ↑Fundamentalanalyse von Atkien versucht die Preisbildung an den Finanzmärkten mithilfe der ökonomischen Theorie zu erklären. Dies im Gegensatz zur ↑technischen Analyse, bei der die vergangenen Preisbewegungen die Basis für die Prognose der künftigen Entwicklung bilden. Die Fundamentalanalyse unterscheidet sich auch grundlegend von psychologischen Theorien der Marktentwicklung. Je nach ↑Finanzmarkt stehen beim ökonomischen Erklärungsansatz andere Fundamentalfaktoren oder Fundamentals im Vordergrund.
Bei ↑Zinssätzen sind es meist die Konjunkturlage, die ↑Inflation und die ↑Geldpolitik, bei ↑Wechselkursen treten neben die Zinssätze in beiden Ländern die ↑Zahlungsbilanz und die Kapitalflüsse aufgrund von erwarteten Aktienmarktrenditen. An den Aktienmärkten konzentriert sich die Fundamentalanalyse auf die Gewinnerwartungen für die einzelnen Unternehmen sowie die Zinssituation und die Entschädigung des Risikos (Aktienbewertung, Dividend discount model). Für die Gewinnaussichten spielen neben der allgemeinen Konjunktur die Branchenperspektiven sowie die Strategie des Unternehmens eine zentrale Rolle.
Die auf die einzelne Unternehmung fokussierende Fundamentalanalyse lässt ausser Acht, dass Anleger die Preisentwicklung einzelner Titel vermehrt in einem Portfolio-Zusammenhang beurteilen (↑Portfolio-Theorie). *Alois Bischofberger*

Fundierte Schulden
Langfristige Verbindlichkeiten, meist in Form von Obligationenanleihen. Der Gegensatz zu fundierten Schulden sind ↑schwebende Schulden.

Funding-Agreement
↑Auslandanleihe.

Fundingbonds
Bezeichnung für Obligationen, die zur Begleichung rückständiger Zinsen aus früheren Anleihen ausgegeben werden.

Fund of funds
↑Anlagefonds, dessen Vermögen nicht in Direktanlagen, sondern in Anteile anderer Anlagefonds investiert wird. Nach geltendem Recht müssen diese in der Schweiz recht beliebt gewordenen ↑Dachfonds zwingend als Übrige Fonds aufgelegt werden.

Fungibel, vertretbar
Fungibilität ist die wichtigste Voraussetzung für jeden börsenmässigen Handel mit Waren oder Effekten. Vollkommen fungibel sind Waren und Effekten vollständig gleichmässiger Beschaffenheit, sodass einzelne Stücke oder Mengen ohne weiteres untereinander ausgetauscht werden können, z. B. Inhaberaktien der gleichen Firma, Goldbarren 999,9 Tausendstel fein, Obligationen gleichen Nennwerts der gleichen Anleihe.
Fungibel sind auch Waren, welche die gleichen Gattungsmerkmale aufweisen, beispielsweise Baumwolle der gleichen Faserlänge und Reissfestigkeit oder Goldmünzen, die nicht nach numismatischen Gesichtspunkten gehandelt werden.

Fungibilität
↑Fungibel, vertretbar.

Funktionsdiagramm
↑Aufbauorganisation.

Funktionsschutz
↑Systemstabilität, Förderung der.

Fusion
Rechtliche Vereinigung von zwei oder mehreren Gesellschaften durch Vermögensübernahme ohne Liquidation. Wesentliche Merkmale einer Fusion sind die Übertragung der Aktiven und Passiven in ihrer Gesamtheit einschliesslich aller Rechte und Pflichten auf die übernehmende Gesellschaft, ohne dass die sonst anwendbaren Formvorschriften ein-

gehalten werden müssen (Universalsukzession) sowie die Kontinuität der Mitgliedschaft. Diese äussert sich darin, dass die Aktionäre der übertragenden Gesellschaften mit ↑Aktien der übernehmenden Gesellschaft abgefunden werden. Ausnahmen, d.h. eine Barabfindung, sind nach FusG 8 II – im Gegensatz zur bisherigen Regelung nach OR – jedoch zulässig. Es sind zwei Formen möglich: Bei der *Absorptionsfusion* (Annexion) werden eine oder mehrere Gesellschaften aufgelöst und auf eine bestehende Gesellschaft übertragen. Bei der *Kombinationsfusion* übertragen die zu vereinigenden Gesellschaften ihre Aktiven und Verbindlichkeiten auf eine neu zu gründende Gesellschaft (FusG 3).

Future delivery

Englisch-amerikanische Bezeichnung für ein ↑Termingeschäft im Devisen- oder Effektenhandel, im Unterschied zu ↑Spot delivery. ↑Devisengeschäft.

Futures

Futures sind standardisierte ↑Termingeschäfte, die an ↑Börsen gehandelt werden. Standardisiert sind ↑Basiswert, Volumen, Lieferort bzw. Lieferdauer, Qualität und finanzielle und physische Abwicklung. Als Basiswerte dienen ↑Effekten (↑Aktien, ↑Obligationen, ↑Wertrechte), Indizes (insbesondere Aktienindizes; grundsätzlich ist jeder standardisierte und normierte Wert geeignet, wie z.B. bezüglich Kreditausfällen, Katastrophenereignissen oder Wetterdaten) sowie gehandelte Preise im Allgemeinen (Zinsen, ↑Wechselkurse, ↑Commodities). Beide Parteien, also Käufer und Verkäufer, kommen zum aktuellen Datum überein, eine bestimmte Menge (entsprechend den Kontraktspezifikationen) zu einem in der Zukunft liegenden Zeitraum (Lieferperiode) abzunehmen bzw. zu liefern. Am ↑Terminmarkt wird entweder finanziell oder physisch erfüllt, wobei im letzteren Fall die überwiegende Mehrheit der Kontrakte vorzeitig ↑glattgestellt werden, was einer finanziellen Erfüllung gleichkommt.

Der Future ist charakterisiert durch einen täglichen Gewinn- und Verlustausgleich sowie durch die Verpflichtung zur Hinterlegung von Sicherheiten. Beim Kauf eines Futures muss nicht der gesamte ↑Kontraktwert bezahlt werden, sondern es ist eine bestimmte Sicherheit, die so genannte ↑Initial margin, beim Clearingpartner zu ↑hinterlegen. Damit kann mit einem geringen Kapitaleinsatz (hinterlegte Sicherheit) ein höherer ↑Kontraktwert realisiert werden. Dieses Verhalten wird auch als Hebelwirkung (↑Leverage) bezeichnet. Die Sicherheit dient zur Abdeckung des Risikos des Clearingpartners, das durch eine Preisveränderung des Futures über Nacht (Overnight risk) bei gleichzeitigem Ausfall des Clearingteilnehmers entsteht.

Die Futures werden nach dem so genannten *Marking-to-market-Verfahren* täglich bewertet. Dabei wird der Abrechnungspreis des aktuellen Tages mit dem Abrechnungspreis des Vortages bzw. mit dem Einstandspreis verglichen. Entsprechende Veränderungen führen zu Veränderungen der Positionswerte auf den Konten der Clearingteilnehmer. Mit anderen Worten: Die tägliche Bewertung und anschliessende Auszahlung bzw. Nachschussverpflichtung führt zu einer tagesaktuellen Gewinn- und Verlustrealisierung.

Der «Lebenszyklus» eines Futures lässt sich grundsätzlich in die Abschnitte Handelsphase und Lieferperiode unterteilen. Während der *Handelsphase* kann der Futures gehandelt werden, das heisst, es können jederzeit während der Handelszeit Futures-Positionen eröffnet und geschlossen werden. In dieser Phase erfolgt das Marking-to-market-Verfahren (↑Mark-to-market-Methode). Am Ende der Handelsphase wird letztmalig ein Abrechnungspreis, der so genannte Schlussabrechnungspreis, ermittelt. Die Handelsperiode endet am letzten Börsenhandelstag vor der spezifizierten Lieferperiode. An die Handelsphase grenzt die Lieferperiode.

Die *Lieferperiode* ergibt sich aus den Kontraktspezifikationen. In der Lieferperiode erfolgt das Abrechnungsverfahren dergestalt, dass der Schlussabrechnungspreis mit dem in der Kontraktspezifikation definierten ↑Basiswert (in der Regel ein aus den Spotpreisen gebildeter Index) verglichen wird und die Differenzen zu Auszahlungen oder Nachschussverpflichtungen führen. Auszahlungen oder Nachschussverpflichtungen in der Lieferperiode werden analog der Handelsphase abgerechnet.

Im Gegensatz etwa zu den ↑Optionen, handelt es sich bei den Futures um symmetrische Finanzinstrumente (Ausübungsverpflichtung): sämtliche mit Futures-Verpflichtungen verbundenen Instrumente erlauben eine Begrenzung des Preisänderungsrisikos bei gleichzeitiger Ausschaltung einer Preisänderungschance. *Stefan Jaeger*

Futures-Börsen

An einer Futures-Börse werden Terminkontrakte auf Waren (↑Commodities) oder Finanzprodukte (Financials) gehandelt. Die Futures-Börse dient zwei Anlegergruppen: Die einen nutzen Terminkontrakte, um sich gegen Kursverluste abzusichern. Die weitaus grössere Gruppe spekuliert. An Futures-Börsen sind folgende Geschäfte möglich: Kauf oder Leerverkauf von ↑Futures, der Kauf (oder Leerverkauf) von ↑Calls oder ↑Puts auf Futures.

Futures exposure

Als Futures exposure bezeichnet man jene Positionen, die einem Preisänderungsrisiko eines Futures-Kontrakts ausgesetzt sind.

Futures funds

Unter Futures funds versteht man ↑Anlagefonds, deren Tätigkeit sich auf den Handel mit Futures-Kontrakten konzentriert. Der erste Fonds dieser Art wurde bereits 1949 lanciert mit dem Zweck, Anlegern eine Alternative zu einem physischen ↑Engagement in Commodity-Märkten (↑Commodities) zu ermöglichen. Futures funds bergen aufgrund des hohen Derivate-Anteils ein erhebliches Risiko, was sich durch zahlreiche Schliessungen aufgrund substanzieller Verluste auch bestätigt hat.

Futures margin

Unter Futures margin versteht man die Sicherheitsleistung (↑Marge), die ein ↑Investor beim Abschluss eines Futures-Kontrakts bei der ↑Futures-Börse ↑hinterlegen muss, um das Preisrisiko auf täglicher Basis zu decken. Die ↑Margin wird in einer Höhe festgelegt, sodass basierend auf der täglichen ↑Volatilität die potenziellen Verluste (errechnet mittels eines statistischen Konfidenzintervalls) gedeckt werden können. Hierdurch wird das Gegenparteirisiko faktisch eliminiert. Der Investor überweist beim Kauf respektive Verkauf des ↑Futures die ↑Initial margin an den ↑Broker beziehungsweise, wenn er ein Member der ↑Börse ist, an das Clearing house. Am Ende jedes Handelstages wird auf der Basis des Settlement-Preises das Marking-to-market (↑Mark-to-market-Methode) durchgeführt. Hierbei wird die Wertveränderung des Futures errechnet. Der Investor hat entstehende Verluste zu decken, wenn der Saldo des ↑Margin accounts unter die Maintenance margin gefallen ist. In diesem Fall wird ein Margin call an den Investor gestellt. Dieser hat die Differenz bis zur Initial margin, die Variation margin, wieder aufzustocken. Kommt er dieser Verpflichtung nicht nach, wird die Futures-Position ↑glattgestellt. Erwirtschaftet der Investor auf der Futures-Position hingegen einen Gewinn, wird dieser dem ↑Margin account zugerechnet. Ist der Saldo des Margin accounts höher als die Initial margin, kann der Investor über die Excess margin verfügen.

Stefan Jaeger

Futures-Markt

Der organisierte Handel mit standardisierten Terminkontrakten erfolgt über die ↑Terminbörse, den Futures-Markt. Dort werden zukünftige Lieferverpflichtungen gehandelt. Im Unterschied zum Over-the-counter-(OTC-)Handel erfolgt die gesamte Handelsabwicklung über die ↑Börse. Gegenpartei ist jeweils die Börse selbst. Durch das ↑Hinterlegen von Margins wird das Gegenparteirisiko faktisch eliminiert. Im Gegensatz zum ausserbörslichen Handel wird auf den Futures-Märkten eine hohe ↑Standardisierung durchgesetzt. Dies ermöglicht im Handel mit den einzelnen Kontrakten eine hohe ↑Liquidität und damit gute Preise zu erreichen. Gehandelte Basiswerte an Futures-Märkten sind vor allem Währungs-, Zins-, Index- und Commodity-Kontrakte. Die wichtigsten Handelsplätze sind ↑Chicago Board of Trade (CBOT), ↑Chicago Mercantile Exchange (CME), ↑Eurex, und ↑London International Financial Futures Exchange (LIFFE).

Stefan Jaeger

Futures option

↑Option, deren zu Grunde liegender ↑Basiswert ein Futures-Preis ist. Solche Optionen sind insbesondere in Märkten wichtig, in denen die effektiv zu Grunde liegende Anlage nicht gehandelt wird und somit der Futures-Handel von entscheidender Bedeutung für die Preissetzung ist.

Futures reversal

Als Futures reversal bezeichnet man eine Strategie, bei der man die ↑Replikation eines Long futures mit einer synthetischen Position, bestehend aus ↑Optionen, vornimmt und mit einem Short futures absichert. Gewinne beziehungsweise Verluste resultieren aus einer relativen Unter- oder Überbewertung der synthetischen Position gegenüber der Futures-Position.

Futures trading

Als Futures trading bezeichnet man die Handelsaktivitäten im Zusammenhang mit an den Börsen gehandelten standardisierten Terminkontrakten (↑Futures). Sie umfassen einerseits das Stellen von Preisen durch die ↑Market maker sowie andererseits die ↑Abwicklung des ↑Settlements durch das Clearinghouse mit dem täglichen Marking-to-market (↑Mark-to-market-Methode) und der Abrechnung der ↑Margins.

FX-Trading

↑Devisengeschäft.

G
Auf Kursanzeigen, Kursblättern oder in Börsenberichten bedeutet G «Geld» (↑Geld, Geldkurs) = Nachfrage. Das Gegenteil davon ist B, «Brief» (↑Brief, Briefkurs) = Angebot.

GAA
Abk. f. Geldausgabeautomat. ↑Bancomat.

GAAP
Abk. f. ↑Generally Accepted Accounting Principles der USA.

GAB
Abk. f. General arrangement to borrow. ↑Internationaler Währungsfonds (IWF).

Gamblers fallacy
↑Börsenpsychologie.

Gamma
Das Gamma ist eine dynamische Optionskennzahl und gehört zu den ↑Greeks. Das Gamma einer ↑Option ist zum einen ein Mass für die Konvexität von Optionspreisen, das heisst für die Krümmung des funktionalen Zusammenhangs zwischen ↑Optionspreis und Aktienkurs. Andererseits misst das Gamma auch, wie stark sich das ↑Delta einer Option – und somit auch der Aktienanteil im replizierenden (↑Replikation) ↑Portfolio – bei kleinen Schwankungen des ↑Basiswerts verändert. Das Gamma gibt somit die Veränderung des Delta bezüglich Veränderungen des Basiswerts an.

Gamma hedging
Ziel des Gamma heding ist der Aufbau einer Gamma-neutralen Position. Weil das ↑Gamma die Reagibilität des ↑Delta auf Veränderungen des ↑Basiswerts angibt, kann eine Delta-Gamma-neutrale Strategie einerseits das Portfolio-Delta (↑Portfolio) neutral gestalten und andererseits gleichzeitig durch die Gamma-Neutralität die Sensitivität des Portfolio-Deltas relativ niedrig halten, sodass Umschichtungen weniger häufig nötig sind. Das Gamma ist somit eine Masszahl für die Stabilität des Absicherungsportfolios.

Gap
Begriff aus der ↑technischen Analyse. Gap bedeutet Lücke zwischen dem ↑Schlusskurs und dem ↑Eröffnungskurs zweier ↑Perioden. Es gibt Exhaustion gaps, Common gaps, Breakaway gaps und Continuations gaps.
1. *Exhaustion gap:* Der Exhaustion gap kommt in der ↑Trendakzeleration vor. Der Exhaustion gap wird von einem Island reversal begleitet. Ein Island reversal ist immer von zwei Gaps umgeben: einem bei der Eröffnung der Insel und einem beim Abschluss. Ein Island reversal signalisiert übertriebene Stimmung in Richtung des bisherigen ↑Trends (zu optimistisch nach einem Aufwärtstrend, zu pessimistisch nach einem Abwärtstrend).
2. *Common gap:* Der Common gap stellt eine Lücke zwischen dem Schlusskurs einer Periode und dem Eröffnungskurs einer anderen im Rahmen einer ↑Seitwärtsbewegung oder innerhalb einer ↑Formation dar. Der Common gap ist prognostisch irrelevant.
3. *Breakaway gap:* Als Breakaway gap wird eine Lücke zwischen dem Schlusskurs einer Periode und dem Eröffnungskurs der nächsten Periode bezeichnet, wenn der lückenbildende Eröffnungskurs ausserhalb einer klar definierten Preisformation beginnt und im Verlauf der Periode nicht mehr geschlossen wird, d. h. die Kurse nicht in die Formation zurückkehren. Wenn ein Breakaway gap durch hohes Volumen begleitet wird, signalisiert er den Beginn eines neuen Trends.
4. *Continuation Gap:* Als Continuation Gap wird eine Kurslücke bezeichnet, die sich im Verlauf

eines Trends auftat. Der Continuation Gap bestätigt den Trend. Die Abgrenzung zum Exhaustion gap kann für Anfänger schwierig sein.

Alfons Cortés

Garantie
↑Bankgarantie.

Garantiefunktion des Indossamentes
Die Garantiefunktion des Indossamentes liegt darin, dass der Indossant für die Annahme bzw. die Zahlung des indossierten ↑Wechsels oder ↑Checks haftet, wenn nicht das Papier eine ↑Rektaklausel («nicht an Ordre») trägt oder dem Indossament ein die Haftung des Indossanten ausschliessender Zusatz («ohne Obligo») beigefügt wird (OR 1001, 1005).

Garantiekapital
Als Garantiekapital werden jene Finanzmittel bezeichnet, die bei einem später auftretenden Kapitalbedarf eingesetzt werden können. Garantiekapital ist bei der Aktiengesellschaft das nicht einbezahlte ↑Aktienkapital, bei der Kollektiv- und Kommanditgesellschaft das persönliche Vermögen der voll haftenden Gesellschafter, bei der GmbH die ↑Nachschusspflicht der Gesellschafter (OR 777 II), bei der Genossenschaft die unbeschränkte oder beschränkte Haftung der Mitglieder (OR 869) oder die Nachschusspflicht (OR 871). Das Garantiekapital ist nicht zu verwechseln mit der Garantiefunktion des ↑Eigenkapitals.

Garantieverpflichtung
↑Bankgarantie.

Garantievertrag
↑Bankgarantie.

Garantiewechsel
↑Kaution.

GATS
Abk. f. ↑General Agreement on Trade in Services (GATS).

GC
Abk. f. General collateral. ↑Repo; ↑Repo-Geschäft der SNB.

G 30
Group of thirty. Bezeichnung für die 1978 begründete Gruppe der 30 wichtigsten Industriestaaten der Welt. Die G 30 ist eine unabhängige Organisation zur Analyse grundsätzlicher wirtschaftlicher Fragestellungen unter spezieller Berücksichtigung ↑monetärer Felder. Dazu treffen sich namhafte Experten aus Wirtschaft, Politik und Wissenschaft zweimal jährlich. ↑G 10; ↑G 24.

Gearing
Andere Bezeichnung für Hebel oder ↑Leverage. Gearing hat zwei Bedeutungen:
1. In der ↑Finanzanalyse Kennzahl zur Beurteilung der Verschuldung. Das Gearing drückt den Anteil der Netto-Finanzverbindlichkeiten am ↑Eigenkapital aus.
2. Kennzahl zur Beurteilung von ↑Optionen. Bei statischer Betrachtung beschreibt das Gearing die Beziehung zwischen dem Nettokapitaleinsatz zum direkten Erwerb des ↑Basiswertes zuzüglich der Kosten zum Erwerb einer Option: Aktienkurs geteilt durch Optionspreis. Bei dynamischer Betrachtung wird das Gearing durch das ↑Omega ausgedrückt und wie folgt berechnet: Aktienkurs geteilt durch Optionspreis mal Delta. In diesem Fall gibt das Gearing die prozentuale Veränderung des Optionspreises in Abhängigkeit von der prozentualen Veränderung des Optionsscheinpreises an.

Gearing-Faktor
↑Gearing.

Gebundene Währung
Eine ↑Währung, bei welcher der ↑Geldwert an einen Geldstoff (Edelmetall) gebunden ist, und zwar in dem Sinne, dass einer Recheneinheit eine bestimmte Gewichtsmenge von Gold, Silber oder beidem entspricht (↑Währungsordnung).

Gedeckte Option
↑Stillhalteroption.

Gedeckter Kredit
Von gedecktem Kredit spricht man, wenn die Kreditforderung der Bank durch ein Pfand (↑Fahrnispfandrecht, ↑Faustpfand, ↑Grundpfandrecht, ↑Wertpapierverpfändung), durch ↑Abtretung von ↑Buchforderungen, ↑Bürgschaft oder solidarische Mitschuldnerschaft (↑Solidarschuld) gesichert ist. Es gibt allerdings Bankkredite, die auch ohne Abschluss eines besondern Sicherungsgeschäftes schon gedeckt sind; so der ↑Diskontkredit, da regelmässig ausser dem Kreditnehmer noch weitere Personen aus dem ↑Wechsel verpflichtet sind; ebenso der ↑Remburskredit, sofern die Bank ihr ↑Akzept nur gegen gleichzeitige Hereinnahme der Warendokumente gibt, die Bank somit durch die Waren selbst gedeckt ist. Die Sicherheit der Bank ist hier jedoch nur die Folge der Abwicklung des Kreditgeschäftes als solches und nicht eine ausdrücklich verlangte, wie sie für den eigentlichen gedeckten Kredit charakteristisch ist.
Ob die Bank einen Kredit auf ungedeckter oder gedeckter Basis gewährt, hängt von der ↑Kreditpolitik, basierend auf Statuten und Geschäftsreglement der Bank einerseits und der ↑Bonität sowie den Bedürfnissen des Kreditnehmers andererseits, und der Zinssatzgestaltung ab. Die gedeckten Kre-

dite lassen sich nach der Art ihrer Deckung einteilen in Kredite gegen
– Wertpapierverpfändung (Lombardkredit)
– Grundpfand
– ↑Warenverpfändung
– Abtretung von Buchforderungen (↑Zessionskredit; ↑Unternehmerkredit)
– Verpfändung von Lebensversicherungsansprüchen (↑Lebensversicherungsanspruch [Verpfändung])
– Viehverpfändung
– ↑Schiffspfandrecht
– ↑Luftfahrzeugverschreibung
– Bürgschaft (↑Bürgschaftskredit).
Ein gedeckter Kredit kann somit entweder ein ↑Personalkredit sein, wie z.B. der Bürgschaftskredit, oder ein ↑Realkredit (Mobiliar- oder Immobiliarkredit).
Nach RRV EBK RZ 152 gelten nicht als Deckung: ↑Lohn-, Gehaltszession, Güter mit reinem Liebhaberwert (Kunstgegenstände), Anwartschaften, ↑Eigenwechsel des Schuldners, gerichtlich angefochtene Forderungen, Aktien der eigenen Bank, sofern nicht an einer anerkannten Börse gehandelt, Beteiligungstitel, Schuldtitel und Garantien des Schuldners oder von mit ihm verbundene Gesellschaften sowie Abtretungen künftiger Forderungen. Als nicht gedeckt werden ferner Kontokorrentforderungen gegenüber Depotkunden betrachtet, wenn kein schriftlicher Faustpfandvertrag vorliegt. Bei der Beurteilung einer Bank wird man indes aus dem Verhältnis zwischen gedeckten und ungedeckten Krediten keine falschen Schlüsse ziehen dürfen. Es ist nicht gesagt, dass eine Bank, die lediglich gedeckte Debitoren in ihrem Portefeuille führt, besser fundiert ist als eine solche, die in grösserem Umfange ↑Blankokredite ausstehend hat. Werden die Blankokredite nach einwandfreien Prinzipien erteilt, so sind sie oft bessere Aktiven als gedeckte Debitoren mit Sicherheiten, die sich unter Umständen nicht oder nur schwer realisieren lassen. *Paul Nyffeler*

Gedeckter Warrant
↑Gedeckte Option.

Gedenkmünzen
Gedenkmünzen, auch Denkmünzen genannt, sind staatlich geprägte Geldstücke, die zu einem besonderen Anlass wie zu einem Jubiläum, zu einer bedeutenden Veranstaltung, zur Erinnerung an ein wichtiges Ereignis oder zu Ehren einer bedeutenden Persönlichkeit herausgegeben werden. Weitere mögliche Gedenkmünzenthemen sind Motive aus Geschichte, Kultur, Wissenschaft, Technik, Brauchtum, Natur und Sport. Gedenkmünzen haben, im Gegensatz zu Gedenkmedaillen, alle Merkmale einer offiziellen ↑Prägung, wie eine Hoheitsbezeichnung (Landesbezeichnung), einen Nennwert in der entsprechenden Landeswährung sowie eine Jahreszahl. Bis zu ihrer Ausser-Kurs-Setzung sind sie gültige gesetzliche ↑Zahlungsmittel, wobei aber die ↑Annahmepflicht eingeschränkt werden kann.

Gefälligkeitsakzept
Ein ↑Wechsel, der vom Bezogenen aus Gefälligkeit, d.h. ohne materielle Gegenleistung, akzeptiert wurde, um dem Aussteller die Geldbeschaffung zu ermöglichen. ↑Finanzwechsel.

Gegengeschäft
↑Hedge accounting.

Gegenoption
Unter dem Begriff Gegenoption wird eine ↑Option verstanden, die als Sicherheit für eine ausgestellte Option dient.

Gegenparteirisiko
In einer weit verbreiteten Definition steht das Gegenpartei- oder ↑Kreditrisiko für die Tatsache, dass die ↑Bonität und damit die ↑Zahlungsfähigkeit einer Gegenpartei im Laufe des Kreditlebenszyklus beeinträchtigt werden kann. In einer praktikableren Beschreibung manifestieren sich Kreditrisiken in Form so genannter Credit events, die als Eintritt eines der folgenden Ereignisse verstanden werden und den potenziellen Kreditverlust beeinflussen:
– Konkurs, ↑Insolvenz, Zahlungsverzug
– Up oder Down grade (↑Up grading; ↑Down grading) im ↑Rating des Schuldners
– Veränderung von Kreditrisikoprämien (↑Credit spreads)
– Wertreduktion der Kreditsicherheiten.
Das *Konkurs- oder Insolvenzrisiko (Default risk)* entspricht dem klassischen Gegenparteirisiko im engeren Sinne und besteht darin, dass ein Schuldner nicht mehr in der Lage ist, seinen finanziellen Verpflichtungen fristgerecht nachzukommen. Im Falle einer Konkurseröffnung ergibt sich für die Bank ein erfolgswirksamer Verlust in der Höhe des ausstehenden Betrages, abzüglich des anteiligen Liquidationserlöses. Bei Zahlungsverzug oder Insolvenz besteht zwar die Möglichkeit einer späteren, gegebenenfalls teilweisen ↑Rückzahlung des Schuldbetrags, dennoch ergibt sich für die Bank ein Abschreibungsbedarf.
Eine spezielle Form des Konkurs- oder Insolvenzrisikos stellt das so genannte ↑*Settlement risk* dar. Damit wird das kurzzeitig entstehende Gegenparteirisiko bezeichnet, das bei zeitlich nicht deckungsgleicher ↑Abwicklung von Geschäften auftreten kann.
Das Konkurs- oder Insolvenzrisiko entspricht dem Extremfall einer *Ratingmigration* (Rating migration risk) vom ursprünglichen Rating des Schuldners auf ↑Default. Je nach Betrachtungsweise

besteht ein Kreditrisiko jedoch bereits in der Möglichkeit einer Ratingverschlechterung, die nicht mit dem Konkurs endet. Diese bewirkt an sich noch keinen erfolgswirksamen Verlust für die Bank. Vielmehr steigt dadurch die individuelle Konkurswahrscheinlichkeit des Schuldners. Bei einer Mark-to-market-Betrachtung (↑Markt-to-market-Methode) bedeutet eine Verschlechterung des Ratings automatisch einen unrealisierten Verlust auf dem ↑Barwert oder ↑Marktwert der Einzelposition, da diese mit höheren Zinssätzen resp. mit höheren Risikozuschlägen abzudiskontieren ist. Dieser Ansatz des Kreditrisikos eignet sich in erster Linie für marktgehandelte ↑Finanzinstrumente.

Bei der Vergabe von Krediten wird die Bank das von ihr übernommene Kreditrisiko mit einer ↑Risikoprämie über dem fristengerechten risikolosen ↑Zinssatz kompensieren (↑Credit pricing). Am Anleihenmarkt können diese Credit spreads aus den Preisen der marktgehandelten Instrumente ermittelt werden. Ähnlich wie bei einer Ratingveränderung können sich die Preise von festverzinslichen Anlagen verändern, da die vom Markt verlangte Risikoprämie Schwankungen unterliegen kann. Eine Erhöhung der Credit spreads führt noch nicht per se zu einem Abschreibungsbedarf für die Bank. Dennoch entsteht ein Opportunitätsverlust in Form eines höheren Marktpreises für die Übernahme von Kreditrisiken.

Der Kreditsicherheit kommt die Funktion zu, den Blankoanteil eines Kredites zu reduzieren, um im Falle eines Konkurses den Verlustanteil am ausstehenden Kreditbetrag möglichst gering zu halten. Gerade die Immobilienkrise in der Schweiz hat gezeigt, welche Bedeutung ein Wertzerfall bei den als ↑Deckung dienenden Liegenschaften für das ↑Hypothekargeschäft haben kann.

In der klassischen Definition des Kreditrisikos (↑Credit rating, ↑Credit scoring) wird häufig das Gefahrenpotenzial ausserhalb des Bankenbuchs vernachlässigt. Dies betrifft etwa das Lombardkreditgeschäft (↑Wertpapierverpfändung), bei dem negative Marktentwicklungen den Wert der Sicherheit substanziell verringern können.

Ursachen für einen Credit event bestehen in der Veränderung von sowohl individuellen wie auch externen Einflussgrössen. Schuldnerspezifische Faktoren umfassen die wirtschaftliche Fähigkeit und persönliche Bereitschaft des Kreditnehmers (↑Moral hazard), während externe Faktoren auf dem konjunkturellen, branchenspezifischen oder regionalen Umfeld des Schuldners basieren. Länderrisiken (Country risk) ergeben sich durch äussere Einflüsse in Staaten mit politisch oder wirtschaftlich instabilen Systemen, Kapitalverkehrsrestriktionen oder Wechselkursturbulenzen.

Stefan Jaeger

Gegenrecht
↑Ausländische Banken.

Gegenseitigkeitsgeschäfte
Gegenseitigkeitsgeschäfte, auch Kompensations- oder Tauschgeschäfte genannt, sind Aussenhandelsgeschäfte, bei denen sich der Exporteur verpflichtet, Erzeugnisse des Importeurs oder des Importlandes abzunehmen, die sich auf den ganzen oder auf Teile des Exportwertes beziehen, wobei die Waren entweder an ↑Zahlungsstatt oder in getrennter Verrechnung angeboten werden. Gegenseitigkeitsgeschäfte koppeln damit die Lieferung einer Ware oder Dienstleistung in ein Land an einen Kauf von Waren oder Dienstleistungen aus diesem Land.

Aufgrund der Devisenknappheit zahlreicher Länder, besonders der Länder der Dritten Welt (↑Emerging markets), und zur Förderung der eigenen Exporte, stieg die weltweite Bedeutung der Gegenseitigkeitsgeschäfte in den letzten Jahren stetig an. Auch im Zuge der Reformen in Osteuropa ist gemäss einer Studie der UNO-Wirtschaftskommission für Europa mit einer weiteren Zunahme der Gegenseitigkeitsgeschäfte zu rechnen. ↑Bartergeschäfte.

Gegenwartswert
Der Gegenwartswert (↑Barwert; englische Bezeichnung Present value) ist der heutige Wert von Geldbeträgen, die erst in Zukunft fliessen werden. Die zukünftigen Geldbeträge werden über Abzinsungsmethoden abdiskontiert (↑Abzinsungsfaktor). Die Diskontierung macht Zahlungsströme mit unterschiedlichen ↑Laufzeiten, Zahlungsbeträgen und Zahlungsterminen vergleichbar.

Gehalten
In der ↑Börsensprache Ausdruck für die Situation, dass sich die ↑Kurse gegenüber dem Vortag oder einem anderen Vergleichszeitpunkt wenig oder nicht verändert haben.

Gehalts- und Lohnkonto
↑Bargeldlose Lohn- und Gehaltszahlung.

Geisterstunde
Bezeichnung für die Handelsstunde an den ↑Terminbörsen, zu der einmal pro Quartal ↑Optionen auf ↑Aktien sowie Optionen und ↑Futures auf Indices gleichzeitig fällig sind. Die Geisterstunde ist fast immer von hohen Umsätzen begleitet. Der Tag der Geisterstunde wird auch als Hexentag bezeichnet. An den meisten Terminbörsen der Welt ist der Hexentag der dritte Freitag im März, Juni, September und Dezember.

Gekappte Floating rate notes
Variabel verzinsliche Anleihen (↑Floating rate notes, FRN) bzw. ↑Notes mit einer Zinsobergrenze (↑Cap).

Gekappte Option
↑Capped option.

Gekreuzter Check
↑Checks, die auf der Vorderseite zwei schräge, parallele Striche aufweisen, nennt man gekreuzte Checks oder Crossed checks. Sie sind aus dem anglo-amerikanischen Recht herausgewachsen. Das OR ordnet sie in den Art. 1123–1124. Man unterscheidet zwischen allgemeiner (Generally crossed checks) und besonderer (Specially crossed checks) Kreuzung. Die Kreuzung ist allgemein, wenn zwischen den beiden Strichen keine Angabe oder die Bezeichnung Bankier oder ein gleichlautender Vermerk, wie z. B. «& Co.» steht. Ein solcher Check darf von der bezogenen Bank nur an eine Bank oder an einen ihrer Kunden bezahlt werden. Bei einem besonders gekreuzten Check ist der Name einer bestimmten Bank zwischen beide Striche gesetzt; die Folge ist, dass die bezogene Bank nur an die bezeichnete Bank, oder wenn diese selbst Bezogene ist, an einen ihrer Kunden bezahlen darf. Die Kreuzung wirkt aber nicht nur gegenüber der bezogenen Bank. Banken dürfen ganz allgemein gekreuzte Checks nur von einem ihrer Kunden oder von einer andern Bank erwerben oder zum ↑Inkasso entgegennehmen (↑Checkverkehr). Als Kunde gilt in den genannten Fällen nur eine Person oder Firma, die mit der Bank durch eine dauerhafte Beziehung verbunden ist. Der Bezogene oder der Bankier, der diesen Vorschriften zuwiderhandelt, haftet für den entstandenen Schaden bis zur Höhe der Checksumme.

Die allgemeine Kreuzung kann in eine besondere umgewandelt werden; dagegen gilt eine spätere Streichung der Kreuzung als nicht erfolgt. Die Kreuzung kann vom Aussteller oder von einem späteren Inhaber des Checks vorgenommen werden. Durch die Kreuzung soll verhindert werden, dass Checks, die in falsche Hände gekommen sind, zum Nachteil des Checkausstellers ausbezahlt werden können. Da die zahlungsberechtigten Banken bzw. die Kunden den bezogenen Banken regelmässig bekannt sind, ist die Gefahr eines Missbrauchs von gekreuzten Checks weitgehend ausgeschlossen. Gekreuzte Checks werden daher dem Zahlungsempfänger häufig auch in uneingeschriebenen Briefen zugestellt.

Die Einlösung von gekreuzten Checks setzt eine Bankverbindung des Zahlungsempfängers voraus. Ist der Zahlungsempfänger nicht selbst Kunde bei der bezogenen Bank, so übergibt er den gekreuzten Check seiner eigenen Bank zum Inkasso. Gekreuzte Checks dürfen, wenn die genannten Bedingungen eingehalten werden, auch ↑bar ausbezahlt werden; dies im Gegensatz zu den ↑Verrechnungschecks. Gekreuzte Checks sind gebräuchlicher als Verrechnungschecks.

Geld (Begriff)
Als Geld im volkswirtschaftlichen Sinn versteht man Güter, Aktiven und Verbindlichkeiten, welche die Funktion von allgemein akzeptierten *Tausch- und ↑Zahlungsmitteln* ausüben, d.h., allgemein beim Kauf und Verkauf von Gütern, Dienstleistungen und Vermögensbeständen sowie zur Begleichung von Schulden verwendet werden.

Neben seiner Hauptfunktion als allgemein akzeptiertes Tausch- und Zahlungsmittel erfüllt Geld normalerweise noch weitere Aufgaben. Geld dient auch als *Recheneinheit*, welche die Festlegung von Preisen für Güter und Dienstleistungen erleichtert. Ferner wird Geld als Mittel der *Wertaufbewahrung* herangezogen.

Damit das Geld seine Funktion als Tausch- und Zahlungsmittel reibungslos erfüllen kann, muss es von den Wirtschaftssubjekten allgemein für Zahlungszwecke akzeptiert werden. Der Staat fördert die Akzeptanz von Geld, indem er bestimmte Geldarten zu gesetzlichen Zahlungsmitteln erklärt. Freilich ist die gesetzliche Zahlungskraft keine notwendige Voraussetzung, damit Geld effektiv als Tausch- und Zahlungsmittel verwendet wird. In Zeiten von ↑Hyperinflation stellt man immer wieder fest, dass das gesetzliche Zahlungsmittel kaum mehr als Geld verwendet und durch fremde Währungen, Edelmetalle, Zigaretten und dergleichen ersetzt wird. Ferner können sich gewisse Güter und Aktiven zu Geld entwickeln, ohne dass der Staat diese zu gesetzlichen Zahlungsmitteln erklärt. So waren ursprünglich die Marktkräfte dafür verantwortlich, dass Edelmetalle wie Gold und Silber in vielen Teilen der Welt die Rolle von allgemein akzeptierten Tausch- und Zahlungsmitteln übernahmen. In der Schweiz dient das von der Schweizerischen ↑Nationalbank (SNB) ausgegebene Geld als gesetzliches Zahlungsmittel. Es wird mit dem Begriff ↑*Notenbankgeldmenge* oder *monetäre Basis* bezeichnet und umfasst den ↑Notenumlauf und die Giroguthaben (↑Giroverkehr der Schweizerischen Nationalbank) der Banken bei der SNB. Die ↑Münzen, die in der Schweiz vom Bund ausgegeben werden, haben im Unterschied zur Notenbankgeldmenge nur beschränkte gesetzliche Zahlungskraft.

Im Gegensatz zur Notenbankgeldmenge besitzen die übrigen in der Schweiz verwendeten Geldarten keine gesetzliche Zahlungskraft, werden aber dennoch allgemein als Tausch- und Zahlungsmittel akzeptiert. Bei den übrigen Arten handelt es sich im Wesentlichen um das von den ↑Geschäftsbanken und der Post geschaffene Geld. In modernen Volkswirtschaften wird Geld nicht nur von den ↑Notenbanken, sondern auch von den Geschäftsbanken und anderen Institutionen geschaffen (↑Geldschöpfung). Je nachdem, welche übrigen Geldarten berücksichtigt werden, kann man zwischen verschiedenen Definitionen der Geldmenge unterscheiden. In der Schweiz publiziert die Nationalbank neben der Notenbankgeldmenge Daten für die Geldaggregate M1, M2 und M3. Alle diese drei Aggregate berücksichtigen nur die von den inländischen Nichtbanken gehaltenen und auf Schweizer Franken lautenden Geldbestände. Die ↑*Geldmenge M1* umfasst jene Geldarten, die hauptsächlich für Zahlungszwecke verwendet werden, d. h. das ↑Bargeld (Münzen und Noten), die Postguthaben sowie die ↑Sichteinlagen und andere Transaktionskonti (z. B. Gehaltskonti) bei den Geschäftsbanken. Die ↑*Geldmenge M2* schliesst zusätzlich zur ↑Geldmenge M1 die ↑Spareinlagen ein, die zwar hauptsächlich als Mittel der Wertaufbewahrung dienen, aber als enge Substitute für das in M1 enthaltene Geld betrachtet werden. Die ↑*Geldmenge M3* ist das am weitesten abgegrenzte Aggregat, das zusätzlich zu M2 noch die ↑Termineinlagen bei den Geschäftsbanken berücksichtigt. Umstritten ist, ob noch weitere Arten von Aktiven wie die Einlagen bei ↑Geldmarktfonds, die auf Schweizerfranken lauten, zur Geldmenge M3 hinzugezählt werden sollten.

Im Gegensatz zu den Bankeinlagen werden ↑Checks und ↑Kreditkarten nicht als Geld betrachtet, obwohl sie für Zahlungszwecke verwendet werden. Sie sind lediglich Instrumente, die den Wirtschaftssubjekten gestatten, Geld von einem Konto auf ein anderes zu übertragen. Solche Übertragungen werden heute vorwiegend elektronisch abgewickelt. Deshalb wird häufig von *elektronischem Geld* gesprochen. Dabei wird nicht immer klargestellt, dass die Elektronik im ↑Zahlungsverkehr in zwei grundsätzlich verschiedenen Formen zur Anwendung gelangt. Die Elektronik dient einerseits dazu, die Übertragung traditioneller Geldarten zwischen den Wirtschaftssubjekten zu rationalisieren (z. B. ↑Swiss Interbank Clearing [SIC], ↑Point of sale terminal [POS]). Anderseits gibt es elektronisches Geld im eigentlichen Sinne, das indessen noch wenig verbreitet ist. Dazu gehören die ↑Wertkarten (EC-Karten), die am ↑Bancomaten mit Geld aufgeladen werden können, und das Netzwerkgeld, das von verschiedenen Internet-Firmen angeboten wird.

Der Vormarsch der Elektronik beeinflusst die Entwicklung der Geldmenge noch in einer anderen Hinsicht. Die damit verbundene Verbesserung der Effizienz des Zahlungsverkehrs führt in vielen Ländern, darunter auch in der Schweiz, dazu, dass der ↑bargeldlose Zahlungsverkehr wesentlich stärker wächst als jener Teil, der mit Noten und Münzen abgewickelt wird. In der Schweiz äussert sich dies in einem relativ schwachen Trendwachstum der Notenbankgeldmenge im Verhältnis zu jenem der Geldmenge M3. *Georg Rich*

Geld, Geldkurs
↑Kurs, den ein kaufwilliger Händler eingibt; zu diesem Kurs ist er bereit zu kaufen (er hat Geld, will also ↑Wertpapiere kaufen; englische Bezeichnung ↑Bid).

Geldaggregat
↑Geld (Begriff); ↑Geldpolitik; ↑Geldschöpfung; ↑Geldtheorie.

Geldanlage (private Investoren)
↑Kapitalanlage.

Geldanlage (Unternehmungen)
↑Cash management.

Geldarbitrage
↑Arbitrage.

Geldausgabeautomat
↑Bancomat.

Geldbasis
↑Geld (Begriff).

Geldbeschaffungskosten
Der Begriff Geldbeschaffungskosten wird in zwei verschiedenen Bedeutungen verwendet:
– *Bei buchführungspflichtigen Unternehmen.* Aufwendungen, die der ↑Kreditnehmer machen muss, um den gewünschten Kredit zu erhalten, sind «Anschaffungskosten der Verbindlichkeiten». Diese sind, da sie nur einmal, unabhängig von der ↑Laufzeit der Verbindlichkeit anfallen, als Finanzaufwand des betreffenden Rechnungsjahres zu erfassen – im Gegensatz zum Unterschiedsbetrag zwischen der ↑Rückzahlung und der Auszahlungssumme der Verbindlichkeit (↑Damnum, bei Anleihen als ↑Disagio bezeichnet). Dieser wird als Zinsvorauszahlung betrachtet. Er kann im Sinne einer Bilanzierungshilfe aktiviert (Aktive Berichtigungsposten) und über die Laufzeit der Verbindlichkeit abgeschrieben werden
– *Bei natürlichen Personen.* Geldbeschaffungskosten, Kreditsicherungskosten und Zuteilungsgebühren bei der Finanzierung von Ein- und Zweifamilienhäusern und anderen bebauten Grundstücken sind nicht Bestandteil der Herstellungs- oder Anschaffungskosten. Werden Anschaffungskosten in Raten bezahlt, ist der Unterschiedsbetrag zwischen Barpreis und Raten-Summe nicht als sofort abziehbarer Zinsaufwand zu betrachten.

Geld-Brief-Spanne
Auch Geld-Brief-Spread genannt, ist die Differenz zwischen Kaufs- und Verkaufskurs. Bei Instrumenten, die auf der Basis von ↑Zinssätzen gehandelt werden (Beispiel: ↑Forward rate agreement [FRA], Financial swap) wird die Geld-Brief-

Spanne nicht in einer Kursdifferenz, sondern in einer Zinsdifferenz (beispielsweise 5 Basispunkte) ausgedrückt. ↑Ecart.

Gelddelikte
Die eigentlichen Gelddelikte sind im Schweizerischen Strafgesetzbuch (StGB) geregelt (StGB 240–244); sie schützen die Sicherheit des Geldverkehrs und mittelbar auch das Vermögen. Strafrechtliche Normen zum Schutz des Geldes finden sich aber auch im Bundesgesetz über die Währung und die Zahlungsmittel (↑Währungs- und Zahlungsmittelgesetz [WZG]); geschützt wird dort das Bargeldmonopol (↑Banknotenmonopol; ↑Münzregal) des Bundes.
Geld im Sinne des Strafgesetzes sind die von einem völkerrechtlich anerkannten Staat ausgegebenen und mit einem gesetzlichen ↑Kurswert versehenen allgemeinen ↑Zahlungsmittel (BGE 82 IV 201). Das ausländische Geld ist dem schweizerischen gleichgestellt (StGB 250; vgl. auch das Internationale Abkommen zur Bekämpfung der ↑Falschmünzerei vom 20.04.1929 [SR 0.311.51], in der Schweiz in Kraft seit 01.04.1949). Die Gelddelikte im Strafgesetzbuch lassen sich danach unterscheiden, ob der Täter mit Fälschungsabsicht handelt, d.h. mit der Motivation, das gefälschte oder verfälschte Geld als echtes Geld in Umlauf zu bringen (StGB 240–242, 244), oder ob ihm die Fälschungsabsicht fehlt (StGB 243). Zur ersten Gruppe gehören die folgenden Tatbestände:
– *Geldfälschung:* Das schwerste der Gelddelikte begeht, «wer Metallgeld, Papiergeld oder ↑Banknoten fälscht, um sie als echt in Umlauf zu bringen» (StGB 240). Die Tathandlung des Fälschens besteht darin, dass der Täter echtes Geld nachmacht oder dass er Fantasiegeld herstellt. An die Qualität des Falsifikats werden keine hohen Ansprüche gestellt. Es genügt, dass es für echt gehalten werden kann, d.h., dass eine Verwechslungsmöglichkeit besteht (BGE 123 IV 58). Der Täter muss vorsätzlich handeln und er muss überdies wollen, dass das gefälschte Geld als echtes Geld in Umlauf gebracht wird. Der Täter macht sich auch dann strafbar, wenn er die Tat im Ausland begangen hat, sofern das Delikt auch am Tatort mit Strafe bedroht ist (sog. Weltrechtsprinzip).
– *Geldverfälschung* begeht, «wer Metallgeld, Papiergeld oder Banknoten verfälscht, um sie zu einem höheren Wert in Umlauf zu bringen» (StGB 241). Die praktische Bedeutung dieser Vorschrift ist gering; es kommt kaum vor, dass die Zahlen auf einer echten Banknote oder ↑Münze erhöht werden.
– *StGB 242* sanktioniert *das in Umlauf setzen falschen Geldes* als echtes Geld, d.h. die Weitergabe des Falschgeldes an einen Gutgläubigen. Ob das Falschgeld als Zahlungsmittel dient oder zu anderen Zwecken den Besitzer wechselt, ist unerheblich. Ist der Geldfälscher oder -verfälscher derjenige, der die Falsifikate absetzt, so wird er wegen beider Delikte bestraft. StGB 242 II privilegiert den Täter, der Falsifikate irrtümlich als echt angenommen hat und den Verlust durch Weitergabe des Falschgeldes von sich abzuwälzen versucht, durch eine mildere Strafdrohung.
– *StGB 244* stellt das *Einführen, Erwerben und Lagern* von Falschgeld unter Strafe, sofern der Täter die Absicht hat, dieses als echt oder unverfälscht in Umlauf zu bringen.
Von den genannten Delikten ist die *Geldnachahmung ohne Fälschungsabsicht* zu unterscheiden (StGB 243). Das Vertrauen der Öffentlichkeit in den ↑Zahlungsverkehr verlangt, dass keine verwechselbaren Imitationen von Zahlungsmitteln in den Verkehr gelangen (z.B. zu Werbezwecken oder für Kinderspiele hergestellte Nachahmungen). Sanktioniert wird das *Nachmachen* von Banknoten oder Münzen, wenn die Gefahr einer Verwechslung durch Personen oder Geräte mit echtem Geld geschaffen wird. Ferner wird das *Einführen, Anbieten* oder *in Umlauf* setzen von verwechselbarem Geld unter Strafe gestellt. Im Unterschied zu den Geldfälschungsdelikten ist die Geldnachahmung auch bei fahrlässiger Begehung strafbar. Die Schweizerische ↑Nationalbank (SNB) stellt Leitlinien auf, innerhalb welcher sie Banknotenreproduktionen als unbedenklich erachtet.
Falsches oder verfälschtes Geld sowie die Fälschungsgeräte werden eingezogen und unbrauchbar gemacht bzw. vernichtet. Das Gleiche gilt für ohne Fälschungsabsicht hergestelltes Falschgeld (StGB 249).
Kilian Wunder

Geldentwertung
Senkung des ↑Tauschwertes von ↑Geld relativ zur Gesamtheit der Waren, Dienstleistungen und Vermögensgegenstände in einer Volkswirtschaft, wodurch sich die Kaufkraft des Geldes verringert und das Preisniveau (das ist der gewogene Durchschnitt aller Einzelpreise für Waren und Dienstleistungen) der Tauschobjekte ansteigt. Erfolgt die Geldentwertung in einem länger anhaltenden Prozess, spricht man von ↑Inflation. Geldentwertung kann sich aber auch in einem plötzlichen und einmaligen Akt vollziehen (Teuerung). Dies war etwa im Mittelalter durch Verringerung des Edelmetallgehalts des Münzgeldes (Wippen; «kippen und wippen») möglich. Zu Zeiten des Goldstandards konnte Papiergeld zu einem festgelegten ↑Kurs gegen Gold eingetauscht werden. Geldentwertung war durch Proklamation eines niedrigeren Goldgehaltes der ↑Währungseinheit möglich. So wurde beispielsweise am 08.05.1972 der Goldgehalt eines US-Dollars von 23,22 auf 12,63 Feingrane reduziert, wodurch sich der Preis einer ↑Feinunze Gold von USD 20.67 9auf 38.00 erhöhte.
Franz Jaeger, Jochen Hartwig

Geldersatzmittel
↑Geldsurrogat.

Geldfälschung
↑Gelddelikte.

Geldflussrechnung
Die Geldflussrechnung (Statement of ↑cashflows), in Deutschland Kapitalflussrechnung genannt, ist nach den Regelwerken der Rechnungslegung (Swiss GAAP FER, ↑Fachempfehlungen zur Rechnungslegung; IAS, ↑International Accounting Standards; US GAAP, ↑Generally Accepted Accounting Principles der USA) neben Bilanz und ↑Erfolgsrechnung der dritte Teil der Jahresrechnung. Sie soll die Zahlungsmittelströme einer Berichtsperiode darstellen und darüber Auskunft geben, welche Geldmittel die Unternehmung aus ihrer Geschäftstätigkeit erwirtschaftet, welche zahlungswirksamen Investitionstätigkeiten und welche Finanzierungsmassnahmen sie vorgenommen hat.

In der Geldflussrechnung werden in Tabellenform die Zahlungsströme getrennt nach den Geldzu- und -abflüssen aus der laufenden Geschäftstätigkeit (operativer Cashflow), aus der Investitions- und aus der Finanzierungstätigkeit dargestellt. Die Zahlungsströme sind unsaldiert auszuweisen, es sei denn, es handle sich um grosse Beträge mit kurzer ↑Laufzeit, Beträge mit hoher Umschlagshäufigkeit oder Kauf- und Verkaufstransaktionen mit ↑Wertschriften. Aus der Summe der Cashflows der drei Bereiche ergibt sich die Veränderung des Zahlungsmittelbestandes, soweit diese nicht auf Wechselkurs- und sonstigen Wertveränderungen beruht. Die Zahlungsmittel umfassen Kassenbestände, ↑Bankguthaben und Zahlungsmitteläquivalente, z.B. ↑Termingelder mit einer ↑Restlaufzeit von höchstens 3 Monaten oder andere leicht liquidierbare Anlagen, die nur unwesentlichen Wertschwankungen unterliegen. Kurzfristige Bankverbindlichkeiten, welche als Teil des ↑Cash managements zu betrachten sind, können als Abzugsposten in die Zahlungsmittelbestände eingerechnet werden.

Im Zentrum der Geldflussrechnung steht der *Geldzu- oder -abfluss aus der laufenden Unternehmungstätigkeit,* vereinfacht kurz Cashflow genannt. Die *Cashflows aus der Investitionstätigkeit* umfassen Auszahlungen für Investitionen ins Anlagevermögen sowie Einzahlungen aus Abgängen von Gegenständen des Anlagevermögens (↑Desinvestitionen) und alle Finanzanlagetransaktionen, soweit diese nicht unter die Zahlungsmittelbewirtschaftung fallen oder für Handelszwecke vorgenommen werden.

Die *Cashflows aus Finanzierungstätigkeit* umfassen Einzahlungen aus Eigenkapitaltransaktionen wie Kapitalerhöhungen, Verkauf ↑eigener Aktien (Treasury stock) aus Anleihensemissionen, Aufnahme von Finanzschulden, Auszahlungen für die Rückzahlung von Finanzschulden, Gewinnausschüttungen, Rückkauf eigener Aktien und Aktienkapitalherabsetzungen.

Gesondert darzustellen sind erhaltene und bezahlte ↑Zinsen (als Cashflow aus Geschäftstätigkeit) sowie ertragssteuerbedingte Zahlungsströme und Zahlungsströme aus ausserordentlichen Posten. Die Aussagekraft der Geldflussrechnung wird durch zusätzliche Angaben im Anhang verbessert, z.B. durch Angaben zum Erwerb und Verkauf von Unternehmungen, zahlungsunwirksame Investitions- und Finanzierungsvorgänge wie Erwerb von Aktiven mit aufgeschobener Zahlung des Kaufpreises, ↑Umschuldung von Verbindlichkeiten aus ↑Eigenkapital.

Zur Darstellung der Geldflussrechnung enthalten die internationalen Rechnungslegungsstandards besondere Vorschriften (US-GAAP SFAS 95, IAS 7, Deutscher Rechnungslegungsstandard [DRS 2]).

Angesichts der Besonderheiten des Bankgeschäfts sind für die Geldflussrechnung von Banken branchenspezifische Regeln erforderlich, z.B. für die Umschreibung der ↑Zahlungsmittel und Zahlungsmitteläquivalente, die zahlungswirksamen Veränderungen des Vermögens und der Verbindlichkeiten. IAS 7 enthält im Anhang 2 das Muster einer entsprechend den branchenspezifischen Eigenheiten gestalteten Geldflussrechnung einer Bank. Einen Ergänzungsstandard zur «Kapitalflussrechnung» für ↑Kreditinstitute enthält auch DRS 2. Die schweizerischen Bankenrechnungslegungsvorschriften verwenden die Bezeichnung *Mittelflussrechnung.* Nach BankV 23 haben Banken, die eine ↑Bilanzsumme von wenigstens CHF 100 Mio. ausweisen, eine Mittelflussrechnung zu erstellen. Diese muss nach BankV 25b anhand des Mittelzuflusses und des Mittelabflusses die Ursachen der Liquiditätsveränderung im Berichtsjahr aufzeigen. Sie ist mindestens wie folgt zu gliedern:
– Mittelfluss aus operativem Ergebnis (↑Innenfinanzierung)
– Mittelfluss aus Eigenkapitaltransaktionen
– Mittelfluss aus Vorgängen im Anlagevermögen
– Mittelfluss aus dem Bankgeschäft, wobei aufgrund der Gliederung die ↑Refinanzierung ersichtlich ist.

Unklar ist, wieweit das ↑Bruttoprinzip (BankV 24 II) auch bei der Erstellung der Mittelflussrechnung anzuwenden ist. Grundsätzlich ist aus Gründen der Transparenz das Bruttoprinzip zu beachten, vor allem, wenn keine grossen ↑Transaktionsvolumen vorkommen. Ausnahmen sind das Interbankengeschäft sowie die Position Liquidität (↑Liquidität [Allgemeines und Aufsichtsrechtliches]), weil in diesen Positionen die Angaben der Bruttoumsätze wenig sinnvoll sind. RRV-EBK Tabelle A definiert die Liquidität sehr eng. Im Gegensatz zu den umfassenden Umschreibungen in den internationalen Standards wird die Liquidität auf die flüssigen Mittel beschränkt.

Geldflussrechnungen von Banken haben eine geringere Bedeutung als bei Industrieunternehmungen. Anders als industrielle Unternehmungen können Banken ihre Finanzpolitik nicht frei gestalten. Sie haben von Gesetzes wegen genaue Anforderungen bezüglich Eigenmittelausstattung und Liquidität zu beachten, deren Einhaltung überdies durch die Aufsichtsbehörde (↑Aufsicht, Aufsichtsbehörde) überwacht wird, sodass Störungen des finanziellen Gleichgewichts – wie sie in Industrie- und Handelsunternehmen nicht selten vorkommen – in der Regel verhindert werden können.

Max Boemle

Geldhandel
↑Treasury management.

Geldhoheit
Die Geld- und Währungshoheit umfasst das Recht des Staates, die gesetzlichen ↑Zahlungsmittel zu bezeichnen und die Währungseinheit zu bestimmen. Zur Währungshoheit gehört ferner die Befugnis, das Währungssystem (↑Währungsordnung) des Landes im Verhältnis zu anderen Staaten oder supranationalen Organisationen festzulegen; heutzutage schliesst dies vorab die Wahl zwischen den Grundvarianten feste oder flexible ↑Wechselkurse ein.

Die Geld- und Währungshoheit des Bundes ist in der neuen Bundesverfassung festgeschrieben. Nach nBV 99 I ist das «Geld- und Währungswesen» Sache des Bundes. Damit wird eine ausschliessliche Kompetenz des Bundes zur Rechtssetzung auf diesem Gebiet begründet; kantonale Bestimmungen auf dem Gebiet von Geld und ↑Währung sind ausgeschlossen. Als «Geld» (↑Geld [Begriff]) sind in diesem Kontext primär die Zahlungsmittel zu verstehen, die vom Staat ausgegeben werden und mit schuldtilgender Wirkung im Geschäftsverkehr versehen sind. Der Begriff «Währung» umfasst dagegen das Geld nicht in seiner konkreten Gestalt als Zahlungsmittel, sondern in seiner abstrakten Funktion als Rechnungs- bzw. Standardwerteinheit. Die staatliche Währungsordnung bestimmt auch den Wert des von Privaten ausgegebenen Geldes, z.B. des Banken-Buchgeldes (↑Giralgeld), weil dieses sich stets auf die gesetzliche ↑Währungseinheit bezieht, in der es ausgedrückt ist. Die aus der Geld- und Währungshoheit des Bundes fliessenden Befugnisse sind im ↑Währungs- und Zahlungsmittelgesetz (WZG) näher geregelt.

Peter Klauser

Geldkredit
Kredit, bei dem die Bank eigene Leistungen erbringt, sie Gelder somit im eigentlichen Sinne des Wortes ausleiht. Dies ist z.B. der Fall bei allen Formen des ↑Kontokorrentkredites sowie beim ↑Diskontkredit. Der Geldkredit steht im Gegensatz zum ↑Verpflichtungskredit.

Geldmarkt (Volkswirtschaftliches)
Seit Anfang 2000 setzt die Schweizerische ↑Nationalbank (SNB) ihre ↑Geldpolitik über die Steuerung des ↑Zinsniveaus auf dem Franken-Geldmarkt um. Dabei verwendet sie den Dreimonate-Libor (↑Libor) als ↑Referenzzinssatz. Die Nationalbank beeinflusst den Libor indirekt und lässt kurzfristige Zinsschwankungen durchaus zu. Durch eine Verknappung der Liquiditätsversorgung kann die Nationalbank einen tendenziellen Zinsanstieg herbeiführen. Massgebend für den Liquiditätsgrad am Geldmarkt sind die Giroguthaben (↑Girokonto), welche die Banken bei der Nationalbank halten. Die Giroguthaben dienen den Banken zur Abwicklung des ↑bargeldlosen Zahlungsverkehrs und zur Erfüllung der bankgesetzlichen Liquiditätsvorschriften (↑Liquidität [Allgemeines und Aufsichtsrechtliches]).

Um den Geldmarkt zu steuern, führt die Nationalbank ↑Repo-Geschäfte durch. Die Nationalbank tritt täglich um 9.00 am Geldmarkt auf, indem sie im Rahmen eines ↑Auktionsverfahrens einem breiten Kreis von inländischen und ausländischen Banken Repo-Geschäfte anbietet. Die Repo-Konditionen (↑Laufzeit, ↑Zinssatz und ↑Volumen), die täglich variieren, legt die Nationalbank aufgrund der jeweiligen Liquiditäts- und Zinssituation am Geldmarkt fest.

Die Nationalbank beeinflusst die Giroguthaben, indem sie Aktiven kauft oder verkauft und indem sie Kredite gewährt oder bei ↑Fälligkeit nicht erneuert. Die zulässigen geldpolitischen Instrumente (↑Instrumentarium der SNB) sind im ↑Nationalbankgesetz aufgeführt. Mit der Revision des Nationalbankgesetzes per 01.11.1997 wurde das Instrumentarium um das Repo-Geschäft erweitert. Im April 1998 setzte die Nationalbank das neue geldpolitische Instrument erstmals ein. Inzwischen lösten die Repo-Geschäfte die Devisenswaps (↑Devisenswap-Geschäft) als wichtigstes geldpolitisches Instrument ab.

Bei einem ↑Repo (Repurchase agreement) verkauft der Geldnehmer ↑Wertpapiere an den Geldgeber. Gleichzeitig wird vereinbart, dass der Geldnehmer Wertpapiere gleicher Gattung und Menge zu einem späteren Zeitpunkt vom Geldgeber zurückkauft. Rechtlich gesehen findet somit eine Eigentumsübertragung statt. Aus ökonomischer Sicht handelt es sich bei einem Repo jedoch um ein gesichertes ↑Darlehen (vergleichbar mit einem Lombardgeschäft). Daher entrichtet der Geldnehmer dem Geldgeber für die Dauer des Geschäfts einen Repo-Zins. Die Repos eignen sich sowohl für die Schaffung wie auch für die ↑Abschöpfung von Liquidität. Im ersten Fall tritt die Nationalbank als Geldgeber und im zweiten Fall als Geldnehmer

Geldmarktanlagen

auf. Die Laufzeiten der Reposätze liegen zwischen einem Tag und drei Monaten. Der ↑Repo-Satz richtet sich nach der Fristigkeit des Geschäfts und den allgemeinen Marktverhältnissen.

Als Sicherheit für einen Repo mit der Nationalbank dienen Wertpapiere, die bezüglich der Liquidität, der Art der ↑Titel sowie der Schuldnerkategorien bestimmte Anforderungen erfüllen müssen. Der Repo bietet insbesondere aus Risikoüberlegungen Vorteile gegenüber dem Devisenswap. Die Zug-um-Zug-Abwicklung (↑Abwicklung) eliminiert das ↑Erfüllungsrisiko. Zudem werden Preisschwankungen auf den als Sicherheit dienenden ↑Wertschriften durch tägliche Ausgleichslieferungen aufgefangen.

↑Lombardkredite sind ein weiteres Instrument der Nationalbank, das den Geldmarkt beeinflusst. Lombardkredite werden zum offiziellen ↑Lombardsatz gewährt. Dieser wird seit 1989 täglich berechnet und liegt zwei Prozentpunkte über dem Marktsatz für ↑Tagesgeld. Lombardkredite sind Darlehen, bei denen der Schuldner als Sicherheit bestimmte Wertschriften hinterlegt. Nach deren Hinterlagen erhalten die Banken von der Nationalbank eine Lombardkreditlimite. Im Falle eines Liquiditätsbedarfs kann eine Bank den Lombardkredit auf eigene Initiative bis zur Höhe der ↑Limite beanspruchen. Die Benützung soll jedoch nur ↑kurzfristig zur Überbrückung von unvorhergesehenen Liquiditätsengpässen erfolgen.

Devisenswaps bildeten lange Zeit das wichtigste geldpolitische Instrument der Nationalbank. Sie dienten seit den 80er-Jahren dazu, dem ↑Bankensystem den Grundbedarf an Liquidität zur Verfügung zu stellen. Seit 2000 werden Devisenswaps nur noch ausnahmsweise eingesetzt. Devisenkassageschäfte (↑Devisengeschäft) werden im Rahmen der selten getätigten Devisenmarktinterventionen oder zu kommerziellen Zwecken abgeschlossen. Der Ankauf von Franken-Wertschriften dient primär der ↑Diversifikation der Nationalbankaktiven. In der Praxis seit 1993 bedeutungslos geworden ist der ↑Diskontkredit. Bis 1999 behielt jedoch der ↑Diskontsatz eine gewisse Bedeutung als geldpolitisches ↑Signal. Seither übernimmt das Zielband für den Dreimonate-Libor (↑Zielband Dreimonatssatz) diese Rolle, weshalb die Nationalbank auf die Publikation des Diskontsatzes verzichtet.
Andreas Fischer

Geldmarktanlagen
↑Treasury management.

Geldmarkt-Buchforderungen des Bundes (GMBF)
Mit dem Ziel, den schweizerischen Geldmarkt (↑Geldmarkt [Volkswirtschaftliches]) auszubauen und gleichzeitig die Palette der Geldbeschaffungsinstrumente des Bundes zu erweitern, wurde im Jahre 1979 die Geldmarkt-Buchforderung geschaffen. Es handelt sich nicht um ein ↑Wertpapier, sondern um eine handelbare ↑Buchforderung. Die ↑Emission der Geldmarkt-Buchforderungen erfolgt wöchentlich – in der Regel jeden Dienstag mit ↑Valuta Donnerstag – und analog den ↑Bundesanleihen nach dem Tenderverfahren. Allerdings wird kein Nominalzins festgelegt. Die Verzinsung erfolgt in Form eines Diskontabschlages bei der Ausgabe. Die ↑Rückzahlung erfolgt zu 100 Prozent des Nominalbetrages. Bisher wurden ↑Laufzeiten von 3 $^{1}/_{2}$ und 12 Monaten gewählt. Die ↑Stückelung beträgt CHF 50 000; in unbegrenztem Betrag können Offerten ohne Preisangabe eingereicht werden, die in jedem Fall zu dem aufgrund der eingegangenen Angebote festgesetzten einheitlichen Emissionspreis berücksichtigt werden. Seit Februar 2001 erfolgt die Auktion auf elektronischer Basis auf der Repo-Plattform der ↑Eurex. Damit konnte der Kreis der Auktionsteilnehmer stark erweitert werden. Gleichzeitig erlaubte diese Neuerung eine drastische Verkürzung der Zeit zwischen Auktionsschluss und Bekanntgabe des Auktionsresultats auf wenige Minuten. Heute ist die Geldmarkt-Buchforderung das wichtigste Instrument der Geldbeschaffung des Bundes im ↑kurzfristigen Bereich. ↑Geldmarktinstrumente.
Peter Thomann

Geldmarkt-Derivate
Unter Geldmarkt-Derivaten werden sämtliche derivativen Instrumente (↑Derivate) verstanden, deren ↑Basiswerte als ↑kurzfristige Finanzierungsmittel bis 12 Monate verwendet werden. Dies sind namentlich ↑Forward rate agreements (FRA), ↑Geldmarkt-Futures sowie ↑Zinsswaps. Geldmarkt-Derivate zeichnen sich durch eine hohe ↑Standardisierung und ↑Liquidität (Allgemeines und Aufsichtsrechtliches) aus.

Geldmarktfonds
↑Anlagefonds, dessen Vermögen zu mindestens zwei Dritteln in Geldmarktpapiere und ↑Obligationen (↑Straight bonds) investiert werden muss. Die durchschnittliche Laufzeit des Portefeuilles darf ein Jahr und die ↑Restlaufzeit der Einzelanlage drei Jahre nicht überschreiten. Bei variabel verzinslichen Anlagen gilt der nächste Zeitpunkt der Zinssatzanpassung als ↑Fälligkeit. Geldmarktfonds eignen sich als Substitut zu ↑Sparkonten und zum «Parkieren» von ↑Wartegeldern.

Geldmarkt für Euro
Mit der Einführung des ↑Euro entstand in den Mitgliedländern ein grundsätzlich einheitlicher ↑Geldmarkt in Euro. Über diesen Geldmarkt versorgt die ↑Europäische Zentralbank (EZB) den ↑Bankensektor mit ↑Liquidität. Einheitliche Bedingungen sind wichtig, um eine gleichmässige Liquiditätsversorgung und eine gleichmässige Wirkung der ↑Geldpolitik zu gewährleisten. Der

Geldmarkt zwischen Banken und der ↑Swap-Markt erreichten rasch ein hohes Mass an Integration. Im Markt für ↑Repo bleiben gewisse ↑Segmentierungen bestehen, weil die als Sicherheiten verwendeten nationalen ↑Staatsanleihen nicht vollkommene Substitute sind. Auch bei kurzfristigen Geldmarktpapieren (↑Treasury bills, ↑Certificates of deposit [CD] und ↑Commercial paper [CP]) wurden nicht alle Fragmentierungen zwischen den Mitgliedländern beseitigt, weil die am Markt aktiven öffentlichen und privaten Schuldner sich nach wie vor unterscheiden und weil die steuerliche und regulatorische Behandlung sowie die Abwicklungssysteme in den einzelnen Ländern noch differieren. *Alois Bischofberger*

Geldmarkt-Future
Ein Futures-Kontrakt (↑Futures) mit einem Geldmarktpapier oder -zins als ↑Basiswert.

Geldmarktinstrumente
Unter dem Begriff Geldmarktinstrumente werden ↑Finanzinstrumente subsumiert, die aufgrund ihrer ↑Laufzeit und ihres Emittenten- und Anlegerkreises dem ↑Geldmarkt zugeordnet werden können. Finanzinstrumente werden bezüglich der Laufzeit dem Geldmarkt zugeordnet, wenn diese zwölf Monate nicht übersteigt (zeitliche Abgrenzung zum ↑Kapitalmarkt). Die ökonomische Begründung für die Existenz des Geldmarktes liegt in der Tatsache, dass die Geldflüsse aus Einnahmen und Ausgaben der einzelnen Wirtschaftssubjekte zeitlich auseinander fallen und somit ein Bedürfnis nach Tausch von ↑liquiden Mitteln entsteht. Das einfache Halten von ↑Liquidität, z. B. in Form von Sichtdepositen (↑Sichteinlagen), ist mit ↑Opportunitätskosten in Form von Zinsausfall verbunden. Um diese Kosten zu minimieren, wird versucht, einen möglichst tiefen, jedoch für die Bedienungen der täglichen Erfordernisse ausreichender Bestand an liquiden Mitteln zu halten. Überschüssige Liquidität wird dann z. B. in Form von Geldmarktinstrumenten, die über einen liquiden Markt verfügen sollten und aufgrund der meist ausgezeichneten ↑Bonität der Schuldner und der kurzen Laufzeit am Geldmarkt ein geringes Preisrisiko aufweisen, angelegt. Andere Wirtschaftssubjekte wiederum, die aufgrund ihrer wirtschaftlichen Grösse, Bonität und ihres Bekanntheitsgrades die Bedingungen für den Zugang zum Geldmarkt erfüllen, decken sich dadurch auf kostengünstige Weise in der gleichen Periode mit fehlenden liquiden Mitteln ein.

Auf dem internationalen und besonders dem US-amerikanischen Geldmarkt existiert eine Vielzahl verschiedener Arten von Geldmarktinstrumenten, die auf einem sehr liquiden Markt gehandelt werden. Im Gegensatz dazu haben im schweizerischen Geldmarkt diese Finanzinstrumente nur eine untergeordnete Natur. Die Begründung dazu ist zweigestaltig. Zuerst ist auf den hohen Intermediationsgrad der Schweizer Banken (↑Intermediationsfunktion der Banken) in diesem Bereich hinzuweisen. Die Schweizer Banken übernehmen die oben ausgeführte ökonomische Funktion der Liquiditätstransformation (↑Transformationsfunktion der Banken), sodass sich bislang kein (liquider) Markt für Geldmarktinstrumente entwickeln konnte. Im US-amerikanischen Bankensystem, das aufgrund des heute zwar weniger strikten Separationsgebots zwischen Kommerz- und Investmentbanken (↑Glass Steagall act von 1933) andere strukturelle Voraussetzungen hat, sind Beratung, ↑Emission und Market making (↑Market maker) von Geldmarktinstrumenten ein wichtiger Teil des indifferenten und damit ↑nicht bilanzwirksamen Geschäftes. Zweitens fallen Geldmarktpapiere, bei denen der Schuldner eine verbriefte Schuldanerkennung abgibt, unter den Geltungsbereich des Schweizerischen Stempelsteuergesetzes (↑Stempelabgaben im Finanzgeschäft). Die Verbriefung der Geldmarktinstrumente, was eine Grundvoraussetzung für deren Handelbarkeit ist, wird demnach steuerlich belastet. Die Abschaffung der Umsatzabgabe auf dem Handel mit in- und ausländischen Geldmarktpapieren ist im Rahmen der Teilrevision des Stempelgesetzes am 01.04.1998 vollzogen worden, wobei gleichzeitig eine pro rata temporis berechnete Abgabe von 0,6‰ auf die Emission von inländischen Geldmarktpapieren eingeführt wurde. Diese steuerlichen Erleichterungen zeigten bislang wenig Wirkung.

Aufgrund der rechtlichen Stellung des ↑Emittenten kann zwischen Geldmarktinstrumenten der öffentlichen Hand und solchen von privatwirtschaftlichen Unternehmen unterschieden werden. Zur ersten Kategorie zählen Schatzwechsel und ↑Schatzanweisungen des Bundes und ↑Reskriptionen von Kantonen und Gemeinden. Die grösste Bedeutung fällt jedoch den ↑Geldmarktbuchforderungen des Bundes und einzelner Kantone zu. Da es sich bei diesem Geldmarktinstrument nicht um ein ↑Wertpapier im Sinne des Stempelsteuergesetzes handelt, ist somit bei deren Ausgabe auch keine Emissionsabgabe geschuldet. Die auf Diskontbasis (↑Diskont) ausgegebenen Geldmarktbuchforderungen werden in Laufzeiten bis 12 Monate angeboten.

Geldmarktbuchforderungen der Eidgenossenschaft werden im Auftrag des Bundes seit 1979 durch die Nationalbank im ↑Auktionsverfahren zugeteilt. Das Instrument der Geldmarktbuchforderung wird seit 1989 auch von einzelnen Städten und privatwirtschaftlichen Schuldnern benützt. Ein Sekundärhandel (↑Sekundärmarkt) wird durch die die Emission begleitende Bank betrieben. Im angelsächsischen Raum existiert im Gegensatz zu den inländischen Verhältnissen ein sehr liquider Markt mit Geldmarktinstrumenten öffentlich rechtlicher Körperschaften. Neben Municipial notes (mittelfristige ↑Schuldverschreibungen von einzelnen Staaten und Gemeinden) sind im US-amerikanischen Markt insbesondere die ↑Treasury bills (Schatzwechsel) der Bundesregierung von Bedeutung. Treasury bills mit Laufzeiten von 3 und 6 Monaten werden im wöchentlichen Rhythmus emittiert, Laufzeiten von 12 Monaten werden jeden Monat auf Auktionsbasis am Markt zugeteilt.

Auch die handelbaren Geldmarktinstrumente privatwirtschaftlicher Unternehmungen und ↑Geschäftsbanken wie ↑Certificates of deposit (CD), ↑Commercial papers (CP) und ↑Bankers' acceptances werden an sehr liquiden Märkten gehandelt. Im Inland sind diese Geldmarktinstrumente am schweizerischen Geldmarkt aus den oben erwähnten Gründen (bislang) nicht vertreten. Das Transformationsbedürfnis von Liquidität zwischen den Wirtschaftssubjekten wird weit gehend in Form von ↑Festgeldern und festen Vorschüssen durch die schweizerischen Geschäftsbanken befriedigt.

Pascal Koradi

Geldmarktpapiere
↑Geldmarktinstrumente.

Geldmarktregister
↑Geldmarkt-Buchforderungen des Bundes (GMBF).

Geldmarktsätze, -zins
Als Geldmarktsätze, -zinsen werden die am ↑Geldmarkt für ↑kurzfristige Geldausleihungen geltenden ↑Zinssätze bezeichnet. I. d. R. bezieht sich der Begriff Geldmarktsätze auf das ↑Interbankgeschäft. Für die gängigsten ↑Laufzeiten auf wichtigen Märkten werden täglich repräsentative Geldmarktsätze erhoben und publiziert (↑Libor, ↑Eonia, ↑Euribor), die häufig auch als ↑Referenzzinssätze für Geschäfte ausserhalb des Geldmarktes dienen.

Geldmenge
↑Geld (Begriff); ↑Geldschöpfung.

Geldmenge M1
Die Geldmenge M1 umfasst den ↑Bargeldumlauf (Noten und Münzen) des Publikums, ↑Sichteinlagen von Inländern bei den Banken und der Post sowie die Einlagen auf Transaktionskonti. Dabei werden nur Bestände in Schweizer Franken berücksichtigt. Die Einlagen auf Transaktionskonti beinhalten die Einlagen auf den Sparkonti (↑Sparkonto, Sparheft) und Depositenkonti (↑Depositen- und Einlagekonti, -hefte), die vor allem Zahlungszwecken dienen.

Geldmenge M2
Die Geldmenge M2 ist definiert als Summe der ↑Geldmenge M1 und der ↑Spareinlagen in Schweizer Franken. Ausgeklammert aus den Spareinlagen werden die gebundenen Vorsorgegelder (↑Vorsorgesparen) im Rahmen der ↑beruflichen Vorsorge (Zweite Säule) und der freiwilligen Eigenvorsorge (↑Dritte Säule).

Geldmenge M3
Die Geldmenge M3 umfasst zusätzlich zur ↑Geldmenge M2 noch die ↑Termineinlagen in Schweizer Franken.

Geldmengenaggregat
↑Geld (Begriff); ↑Geldpolitik; ↑Geldschöpfung; ↑Geldtheorie.

Geldmengensteuerung
Die ↑Zentralbank kann durch den Einsatz ihrer Instrumente das den Banken zur Verfügung stehende Liquiditätsvolumen regulieren und somit letztlich auch die gesamte ↑Liquidität der Volkswirtschaft beeinflussen. Durch Käufe und Verkäufe von Devisen oder ↑Wertpapieren sowie durch den Abschluss von Repogeschäften (↑Repo-Geschäft der SNB) oder ↑Diskontgeschäften schafft bzw. vernichtet die Zentralbank im Gegenzug Notenbankgeld (↑Notenbankgeldmenge). Dies verändert die Liquidität des ↑Bankensystems und das ↑Zinsniveau auf dem Geldmarkt (↑Geldmarkt [Volkswirtschaftliches]). Damit modifiziert die Zentralbank die Konditionen für die Kreditvergabe und die ↑Geldschöpfung der Banken.

Michel Peytrignet

Geldmengenziel
Wenn die Umlaufgeschwindigkeit eines Geldaggregates stabil oder zumindest prognostizierbar ist, kann die ↑Zentralbank durch Fixierung eines Zieles für die Wachstumsrate dieses Geldaggregates die ↑mittelfristige Preisstabilität (↑Inflation) in einer Volkswirtschaft sicherstellen. Für die Bestimmung des Geldmengenziels genügt es, über eine Schätzung der Entwicklung des Produktionspotenzials der Volkswirtschaft sowie der Umlaufgeschwindigkeit des Zielaggregats zu verfügen. Nach der Einführung flexibler ↑Wechselkurse (↑Floating) als Folge des Zusammenbruchs des Bretton-Woods-Systems (↑Internationaler Währungsfonds) fixierten die Schweizerische ↑Nationalbank (SNB) und die Deutsche Bundesbank während 25 Jahren Zwischenziele für ein Geldaggregat in Form von Wachstumszielen, um das übergeordnete Ziel der Preisstabilität zu erreichen.

Michel Peytrignet

Geldnachfrage
Die Geldnachfrage ist der Gesamtbetrag des Geldes (↑Geld [Begriff]), der von Haushalten und Unternehmungen freiwillig gehalten wird. Die von

den Wirtschaftsteilnehmern gewünschte Geldnachfrage steht in direkter Beziehung zum ↑Transaktionsvolumen. So hängt die Geldnachfrage in erster Linie vom nominellen Bruttosozialprodukt ab. Wenn sich die Konjunktur abschwächt (beschleunigt), dann sinkt (steigt) – ceteris paribus – die Geldnachfrage. Es existiert somit eine positive Beziehung zwischen der Höhe des Bruttosozialproduktes und dem Niveau der Geldnachfrage. Neben dem Einfluss des Wirtschaftswachstums hängt die Geldnachfrage ebenfalls von der Entwicklung der ↑Zinssätze ab. Mit steigendem ↑Zinsniveau erhöhen sich die ↑Opportunitätskosten der Kassenhaltung (entgangene Erträge auf verzinslichen Anlagen). Daher besteht ein negativer Zusammenhang zwischen dem Zinsniveau und der Höhe der Geldnachfrage. Da die Zinsen üblicherweise eine Inflationsprämie enthalten, erfassen sie auch den negativen Effekt der ↑Inflation auf die Kassenhaltung, als Folge der Verminderung des ↑Realwertes des Geldes. In offenen Volkswirtschaften kann überdies den Wechselkurserwartungen (↑Wechselkurs) eine wichtige Rolle zukommen. Wird für eine ↑Währung eine Aufwertung erwartet, so nehmen die in dieser Währung gehaltenen Kassenbestände zu. *Michel Peytrignet*

Geldordnung

Die *Geldordnung* umfasst die in einem Land geltenden Bestimmungen über ↑Geld. Die Geldordnung definiert den institutionellen Rahmen der *Geldwirtschaft*. Zur Geldordnung im engeren Sinne gehören die Festlegung der Einheit des Geldes, die Definition eines *gesetzlichen* ↑*Zahlungsmittels* und die Begründung eines Monopols für die Ausgabe des gesetzlichen Zahlungsmittels (↑Banknotenmonopol). Im weiteren Sinne zur Geldordnung gehören die Bestimmungen über das Mandat der ↑Notenbank und deren Beziehung zur Regierung. In der Schweiz erteilt die Bundesverfassung dem Bund die Kompetenz zur Gestaltung der Geldordnung (BV 99 und BV 100). Die Geldordnung wird durch das ↑*Währungs- und Zahlungsmittelgesetz (WZG)* sowie durch das ↑Nationalbankgesetz konkretisiert. *Thomas J. Jordan*

Geldpolitik

Unter Geldpolitik versteht man die Steuerung des kurzfristigen ↑Zinssatzes oder der Geldmenge mit dem Ziel, die Preisstabilität zu bewahren und damit zu einem ausgeglichenen Realwachstum beizutragen. Der Staat überträgt die Verantwortung für die Geldpolitik heute in der Regel einer speziellen Institution, die ↑Noten- oder ↑Zentralbank genannt wird und ihre Tätigkeit in weit gehender Unabhängigkeit von der Regierung verrichtet.

Die *Ziele der Geldpolitik* haben sich vor allem in den letzten zwei Jahrzehnten stark gewandelt. Früher verfolgten die Notenbanken häufig eine Vielzahl von Zielen. Dazu gehörten Preisstabilität, Vollbeschäftigung und ein stabiler ↑Wechselkurs oder eine ausgeglichene ↑Zahlungsbilanz. In den Entwicklungsländern waren viele Notenbanken auch verpflichtet, das wirtschaftliche Wachstum zu fördern, indem sie die ↑Bankkredite in die von der Regierung geförderten Wirtschaftssektoren lenkten. In den letzten Jahren hat sich indessen die Überzeugung durchgesetzt, dass die Geldpolitik in erster Linie darauf ausgerichtet werden sollte, die Preisstabilität zu erreichen und zu bewahren. Umstritten ist, inwieweit die Geldpolitik auch zur Glättung von konjunkturellen Schwankungen der Produktion und Beschäftigung herangezogen werden kann, ohne dass die Notenbank die Preisstabilität aufs Spiel setzt.

Viele Länder unterstreichen heute die Bedeutung der Preisstabilität für die Geldpolitik, indem sie Inflationsziele fixieren oder bekannt machen, was sie unter Preisstabilität verstehen. Die Schweiz verfolgt seit Anfang 2000 eine solche Strategie. Die Schweizerische ↑Nationalbank verfolgt hauptsächlich das Ziel der Preisstabilität, das sie einer am Index der Konsumentenpreise gemessenen ↑Inflationsrate von weniger als 2% gleichsetzt (↑Geldpolitik, Umsetzung). Sie ist aber auch bestrebt, einen anhaltenden Rückgang des Preisniveaus zu verhindern. Sie versucht die in diesem Sinne definierte Preisstabilität zu sichern, indem sie regelmässig eine Inflationsprognose aufstellt. Falls die Prognose auf eine anhaltende Abweichung vom Ziel der Preisstabilität hinweisen sollte, passt die Nationalbank ihre Geldpolitik entsprechend an.

Zur *Erreichung ihrer Ziele* steuern die Notenbanken heute in der Regel einen ↑kurzfristigen Zinssatz an. Dazu verwenden sie eine Reihe *geldpolitischer Instrumente*. Im Vordergrund steht die *Offenmarktpolitik* in ↑Wertpapieren. Diese wird normalerweise in der Form von Repo-Geschäften (↑Repo-Geschäft der SNB), welche die Notenbanken mit den ↑Geschäftsbanken abschliessen, durchgeführt. Beabsichtigt eine Notenbank, den kurzfristigen Zinssatz zu senken, kauft sie von den Geschäftsbanken Wertpapiere und verkauft diese gleichzeitig wieder an die gleichen Banken zurück, wobei sie die Wertpapiere erst einige Wochen oder Monate später an die Geschäftsbanken zurückliefert. Die Notenbank erwirbt die Wertpapiere mit Notenbankgeld (↑Notenbankgeldmenge) – dem von ihr selbst geschaffenen Geld. Die Geschäftsbanken erhalten auf diese Weise zusätzliche ↑Liquidität in der Form von Notenbankgeld. Sie sind aber nur bereit, zusätzliche Liquidität zu absorbieren, wenn die Notenbank die Repo-Geschäfte zu günstigeren Konditionen anbietet. Auf diese Weise senkt die Notenbank den von ihr gesteuerten kurzfristigen Zinssatz. Dank der höheren Liquidität sehen sich die Geschäftsbanken in der Folge veranlasst, die ↑Zinsen auf ihren Kredi-

Geldpolitik

ten an die Wirtschaft ebenfalls zu verringern (↑Geldtheorie).

Steuern die Notenbanken den kurzfristigen Zinssatz mithilfe von Repo-Geschäften, stellen sie den Geschäftsbanken die zusätzliche Liquidität nur vorübergehend zur Verfügung. Da laufend Liquidität an die Notenbanken zurückfliesst, können diese die Geldversorgung nach ihrem Gutdünken steuern. Beabsichtigen die Notenbanken, die Liquidität im Bankensystem (↑Bankensystem [Allgemeines]) zu kürzen, verzichten sie darauf, auslaufende Repo-Geschäfte durch neue zu ersetzen. Die Notenbanken nehmen dagegen selten Repo-Verkäufe von Wertpapieren, die der ↑Abschöpfung von Liquidität im Bankensystem dienen, vor. Häufiger sind Notenbankkäufe von Wertschriften am ↑Kassamarkt, die zu einer permanenten Zunahme der Liquidität im Bankensystem führen.

Unter den Instrumenten der Geldpolitik nimmt die *Lombardpolitik* (↑Lombardkredit der SNB) eine wesentlich geringere Bedeutung ein als die Offenmarktpolitik. Mit der Lombardpolitik erhalten die Geschäftsbanken die Möglichkeit, sich bei der Notenbank im Falle von Liquiditätsengpässen Kredite gegen Hinterlage von Wertpapieren zu beschaffen (↑Lender of last resort). In der Schweiz wird der Lombardkredit nur gegen Bezahlung eines Strafzinses, der stets um zwei Prozentpunkte über dem jeweiligen Satz für ↑Tagesgeld liegt, gewährt. Damit werden die Geschäftsbanken davon abgehalten, sich übermässig bei der Nationalbank zu verschulden. Im Unterschied zur Offenmarktpolitik spielt die ↑*Mindestreservenpolitik* zumindest in den Industrieländern nur noch eine geringe Rolle. Sie wird kaum noch zur Steuerung der kurzfristigen Zinssätze oder der Liquidität eingesetzt. Sie hat heute vor allem die Aufgabe, die Geschäftsbanken dazu zu veranlassen, mit einer ausreichend hohen Liquiditätshaltung eine reibungslose Abwicklung des Zahlungsverkehrs (↑Zahlungsverkehr der Banken) zu gewährleisten. Bis vor kurzem stützte sich die Nationalbank zur Steuerung des ↑Geldmarktes vor allem auf Devisenswaps (↑Devisengeschäft). Diese besitzen eine grosse Ähnlichkeit mit Repo-Geschäften, nur dass an die Stelle von Wertpapieren Devisen treten. Viele Notenbanken stellen auf Inflationsprognosen ab, um das Niveau des kurzfristigen Zinssatzes, das nach ihrer Ansicht mit der Preisstabilität in Einklang steht, zu bestimmen. Dieses Vorgehen ist insofern problematisch, als normalerweise 2–3 Jahre verstreichen, bis eine Änderung des kurzfristigen Zinssatzes das Preisniveau entscheidend beeinflusst. Die lange Wirkungsverzögerung in der Geldpolitik führt dazu, dass sich Inflationsprognosen – vor allem wenn sie die Preisentwicklung in 2–3 Jahren betreffen – im Nachhinein häufig als unzuverlässig erweisen. Deshalb erschallt in der ökonomischen Wissenschaft immer wieder die Forderung nach einer regelgebundenen Geldpolitik. Unter einer solchen Strategie verpflichten sich die Notenbanken, ihre geldpolitischen Instrumente nach einem zum Voraus angekündigten Muster an die Veränderung beobachtbarer ökonomischer Grössen anzupassen. Die ↑Monetaristen befürworteten in der zweiten Hälfte des 20. Jahrhunderts eine geldpolitische Regel, die auf Zwischenzielen für das Wachstum der Geldmenge beruhte. Sie vertraten die Meinung, die Notenbanken sollten ihre geldpolitischen Endziele wie die Preisstabilität nicht direkt, sondern indirekt über die Geldmenge ansteuern. Dank solcher Zwischenziele gelang es verschiedenen Notenbanken – mit Einschluss der Nationalbank – die ↑Inflation, die in den 70er-Jahren des 20. Jahrhunderts auf ein hohes Niveau gestiegen war, wieder zu zähmen. Dennoch enttäuschten Zwischenziele für die Geldmenge auf die Länge, da sich die Beziehung zwischen Geldmenge und Preisentwicklung als wenig stabil entpuppte. In der Schweiz vermittelt zwar das Wachstum der Geldmenge, insbesondere des Aggregats M3 (↑Geldmenge M 3), zuverlässige Informationen über die künftige Preisentwicklung. Aber auch die Nationalbank entschloss sich Ende 1999, auf Zwischenziele für die Geldmenge zu verzichten, da eine solche Strategie schwierig zu kommunizieren war.

Eine geldpolitische Regel, die seit einigen Jahren grosse Beachtung findet, wurde von John Taylor entwickelt. Sie verlangt von den Notenbanken, den kurzfristigen Zinssatz systematisch an die Veränderungen der Inflation und der Produktionslücke (tatsächliche minus potenzielle Produktion) anzupassen. Wenden die Notenbanken die *Taylor-Regel* korrekt an, sollten sie grundsätzlich in der Lage sein, die Preisstabilität zumindest tendenziell zu bewahren und gleichzeitig den Konjunkturzyklus zu mässigen. Solche Regeln sind zwar nützlich zur Beurteilung der Geldpolitik. Aber in der Praxis wäre es kaum realistisch, den Kurs der Geldpolitik allein aufgrund einer mechanischen Regel bestimmen zu wollen. Denn es kommen immer wieder unvorhergesehene Ereignisse vor, auf welche die Notenbanken reagieren sollten, die aber von diesen Regeln nicht berücksichtigt werden. Allerdings können die Notenbanken ihre Geldpolitik nur so lange auf die Preisstabilität ausrichten, als sie den Wechselkurs der inländischen ↑Währung frei schwanken lassen oder zumindest Veränderungen grundsätzlich fixer Wechselkurse zulassen. Fixiert ein Land seinen Wechselkurs dauernd gegenüber einer anderen Währung, verliert es seine geldpolitische Autonomie. Die Notenbank muss ihre Geldpolitik darauf ausrichten, den Wechselkurs stabil zu halten und kann deshalb keine anderen Ziele verfolgen. Dennoch kann ein fixer Wechselkurs mit der Preisstabilität in Einklang stehen, sofern der Kurs gegenüber der Währung eines Landes festgelegt wird, das eine auf die Preisstabilität ausgerichtete Geldpolitik verfolgt. Zahlreiche kleinere Länder ziehen einen fixen Wechselkurs einer autonomen Geldpolitik vor, da sie störende Wirkungen stark schwankender Wechselkurse auf den Aussenhandel vermeiden wollen. *Georg Rich*

Geldpolitik (Umsetzung)

Die Umsetzung der Geldpolitik umfasst das operative Verfahren, nach dem die ↑Zentralbank unter Einsatz des verfügbaren Instrumentariums (↑Instrumentarium der SNB) ihre geldpolitischen Ziele (↑Geldpolitik) verfolgt.

1. Übersicht

Die Umsetzung markiert den Anfang des geldpolitischen Transmissionsprozesses, über den die Zentralbank auf gesamtwirtschaftliche Grössen wie die Geldmenge, den (nominellen) ↑Zinssatz oder ↑Wechselkurs und letztlich auf die Teuerung (↑Inflation) einwirkt. Das Umsetzungsverfahren ist Bestandteil des geldpolitischen Konzepts und abhängig vom Währungssystem. In einem System fixer Wechselkurse (↑feste Wechselkurse) beispielsweise konzentriert sich die Umsetzungsaufgabe darauf, den Wechselkurs auf der vorgegebenen Höhe zu halten – nötigenfalls durch Devisenkäufe oder -verkäufe. Daneben hängt das Umsetzungsverfahren von den regulatorischen und institutionellen Bedingungen auf dem ↑Geldmarkt ab. Umsetzungsrelevant sind insbesondere Vorschriften, welche die ↑Geschäftsbanken zur Haltung einer Mindestmenge an ↑Liquidität (auch ↑Mindestreserven genannt) verpflichten. Institutionell bedeutsam ist insbesondere die Verfügbarkeit von handelbaren ↑Geldmarktinstrumenten wie ↑kurzfristigen Staatsobligationen (↑Staatsanleihen) oder ↑Repo-Geschäften.

Die Schweizerische ↑Nationalbank (SNB) setzt ihre Geldpolitik um, indem sie die Liquiditätsversorgung am Franken-Geldmarkt beeinflusst. Die Liquiditätsversorgung bemisst sich an der Höhe der Giroguthaben (↑Girokonto), welche die Geschäftsbanken bei der SNB halten und die sie zur Erfüllung der Vorschriften über die Kassenliquidität sowie zur Abwicklung des Interbankzahlungsverkehrs im Swiss-Interbank-Clearing-System (↑Swiss Interbank Clearing) einsetzen können. Unter der geldmengenorientierten Geldpolitik bis 1999 steuerte die SNB primär das Niveau der Giroguthaben und liess die Geldmarktzinssätze (↑Geldmarktsätze, -zins) mehr oder weniger stark schwanken. Mit der Änderung des geldpolitischen Konzepts auf Anfang 2000 ging die SNB auf der operativen Ebene zu einer Zinssteuerung über. Sie bemisst das Angebot an Giroguthaben grundsätzlich so, dass das ↑Zinsniveau am Geldmarkt die angestrebte Höhe erreicht. Damit verhindert sie, dass Instabilitäten in der Liquiditätsnachfrage der Geschäftsbanken unnötige Zinsschwankungen verursachen. Die Steuerung ist auf einen definierten ↑Referenzzinssatz ausgerichtet, für den die SNB einen operationellen Zielbereich festlegt und veröffentlicht. Damit trägt sie zur Transparenz und Verständlichkeit der Geldpolitik in der Öffentlichkeit bei und kommt dem Umstand entgegen, dass den geldpolitischen Umsetzungsaspekten auf den informationssensitiven ↑Finanzmärkten eine wichtige Signalfunktion zukommt.

2. Umsetzungsverfahren und Steuerungstechnik

Als Referenzzinssatz benutzt die SNB den ↑Libor (London interbank offered rate) für dreimonatige Frankenanlagen, den wirtschaftlich bedeutendsten Zinssatz auf dem Franken-Geldmarkt. Sie legt jeweils ein operationelles Zielband mit einer ↑Bandbreite von einem Prozentpunkt für den Libor fest, das den aktuellen geldpolitischen Kurs signalisiert. Die SNB überprüft die Lage des Zielbandes mindestens vierteljährlich und passt sie bei Bedarf an.

Die SNB beeinflusst den Libor nicht direkt über Geschäfte mit Dreimonatsgeldern, sondern indirekt über kurzfristigere Repo-Geschäfte. Einem unerwünschten Anstieg des Libor beispielsweise kann sie entgegenwirken, indem sie den Geschäftsbanken mittels Repo-Geschäften vermehrt Liquidität zuführt und ihre ↑Repo-Sätze tendenziell reduziert (Liquiditätsschaffung). Umgekehrt kann sie durch eine Verknappung der Liquiditätsversorgung bzw. eine Erhöhung der Repo-Sätze einen Zinsanstieg herbeiführen (Liquiditätsabschöpfung). Die SNB tritt praktisch täglich mit Liquiditätsschaffungs-Repos am Geldmarkt auf und setzt bei Bedarf auch Abschöpfungs-Repos ein. Dadurch hat sie die Liquiditäts- und Zinsverhältnisse auf dem Geldmarkt weit gehend unter Kontrolle. Wie schon die Bandbreite für das angestrebte Niveau des Libor andeutet, versucht die SNB nicht, den Libor völlig stabil zu halten. Dieser soll viel mehr auf kurzfristige Markteinflüsse wie z.B. schwankende Zins- und Wechselkurserwartungen in einem gewissen Ausmass reagieren können. Umgekehrt sind wegen der kürzeren ↑Laufzeiten der Repo-Geschäfte die Repo-Sätze tendenziell stärkeren kurzfristigen Schwankungen unterworfen als der Libor. Diese Schwankungen rühren i.d.R. aus Liquiditätsverschiebungen zwischen den Geschäftsbanken her und haben meist nichts mit dem geldpolitischen Kurs der SNB zu tun.

Die Repo-Sätze lassen sich noch aus einem weiteren Grund nicht direkt mit dem Libor vergleichen: Es handelt sich bei den Repo-Sätzen um praktisch risikolose Zinssätze, während dem Libor ↑Blankokredite zwischen Geschäftsbanken zu Grunde liegen, sodass er eine ↑Kreditrisikoprämie enthält. Die Nachfrage der Geschäftsbanken nach Giroguthaben ergibt sich vor allem aufgrund der bankengesetzlichen Liquiditätsvorschriften. Der Inter-

Geldschöpfung

bankzahlungsverkehr ist dagegen seit der Einführung der ↑Intraday-Liquidität kaum mehr nachfragewirksam. Mit dem neuen ↑Nationalbankgesetz sollen gemäss Expertenentwurf die bisher prudenziell begründeten Kassenliquiditätsvorschriften zu einer Mindestreservevorschrift (↑Mindestreservenpolitik) umgebaut werden, die primär auf die Bedürfnisse der geldpolitischen Umsetzung zugeschnitten ist.

3. Instrumente der Umsetzung

Die geldpolitischen Instrumente der SNB können in die notenbanküblichen Kategorien Offenmarktgeschäfte (Offenmarktpolitik) und ↑Kreditfazilitäten unterteilt werden. Bei den Offenmarktgeschäften liegt die Initiative zum Geschäftsabschluss bei der SNB und die Konditionen werden flexibel an die jeweiligen Marktverhältnisse angepasst. Im Falle der Kreditfazilitäten legt die SNB im Voraus die Bedingungen fest, unter denen sich die Geschäftsbanken bei ihr refinanzieren können. Unter den Offenmarktgeschäften stehen neben dem seit 1998 dominierenden Repo-Geschäft nach wie vor Devisenswaps (↑Devisenswap-Geschäft) – jahrzehntelang das Hauptinstrument der SNB – zur Verfügung. Zudem hat die SNB die Möglichkeit, ↑Festgelder, die der Bund bei ihr anlegt, bei den Banken zu platzieren.

Bei den Kreditfazilitäten steht der ↑Lombardkredit der SNB im Vordergrund. Eine Bank kann darauf zurückgreifen, falls sie dringende Liquiditätsbedürfnisse hat, die sie nicht am Geldmarkt abdecken kann. Sie kann den Lombardkredit jedoch nur kurzfristig und bis zur Höhe ihrer ↑Kreditlimite sowie zum offiziellen ↑Lombardsatz beanspruchen. Der ↑Diskontkredit hat bei der SNB keine praktische Bedeutung mehr.

Im neuen Nationalbankgesetz soll das Instrumentarium offen umschrieben werden und damit eine flexible Anpassung an die Bedürfnisse der Geldpolitik und die institutionellen Entwicklungen auf den ↑Finanzmärkten ermöglichen. Offenmarktgeschäfte sollen grundsätzlich mit allen dafür geeigneten Finanzaktiva getätigt werden können – inklusive den darauf basierten derivativen Instrumenten. Und als Gegenstück zur Kreditfazilität soll die Möglichkeit einer verzinslichen Einlagefazilität, wie sie beispielsweise die ↑Europäische Zentralbank (EZB) kennt, geschaffen werden.

Dewet Moser

Geldschöpfung

In einer Wirtschaft, in der ausschliesslich *Warengeld* existiert, wird die Geldmenge durch die jeweils verfügbare Menge der als ↑Zahlungsmittel verwendeten Ware bestimmt. Die Veränderung der Geldmenge wird dabei durch die Produktionskosten und die Kaufkraft des Warengelds bestimmt. In einer modernen Wirtschaft, in der vor allem (wenn nicht sogar ausschliesslich) *Kreditgeld* verwendet wird, bestimmt das ↑Bankensystem die nominale Geldmenge. Die nachfolgenden Ausführungen erläutern die *Geldschöpfung* in einer Wirtschaft mit Kreditgeld. Dabei wird auf die Berücksichtigung von ↑Münzen verzichtet, da diese bei der gesamten Geldschöpfung eine vernachlässigbare Rolle spielen. Das Bankensystem in einer modernen Volkswirtschaft ist üblicherweise zweistufig organisiert. Dabei stellt die ↑Notenbank die erste Stufe dar und die ↑Geschäftsbanken verkörpern die zweite Stufe. Sowohl die Notenbank als auch die Geschäftsbanken schöpfen Geld.

1. Geldschöpfung durch die Notenbank

Die Notenbank schafft *Notenbankgeld*, indem sie durch die Ausgabe von ↑Banknoten und Giroguthaben (↑Girokonto) ↑Wertschriften oder Devisen (↑Devisengeschäft) ankauft (Offenmarktoperationen) oder Kredite (↑Diskontkredit, ↑Lombardkredit oder Repo-Kredite) gewährt. Die ↑Notenbankgeldmenge setzt sich daher aus den *Banknoten* (↑Bargeld) und den *Giroguthaben* zusammen und stellt eine Verpflichtung (Verschuldung) der Notenbank dar. Giroguthaben sind Sichtguthaben der Geschäftsbanken bei der Notenbank. Die Geschäftsbanken können Giroguthaben jederzeit in Banknoten umtauschen und umgekehrt. Da die Notenbank ihre Verpflichtungen nicht verzinst, aber zinstragende Aktiven erwirbt, kann sie einen Geldschöpfungsgewinn erzielen (↑Seigniorage). Banknoten sind üblicherweise das *gesetzliche Zahlungsmittel* einer Volkswirtschaft. Die Tilgung von Schulden kann jeweils in Banknoten verlangt werden. Die Zahlungen im ↑Clearingsystem des ↑bargeldlosen Zahlungsverkehrs einer Volkswirtschaft werden normalerweise mit Giroguthaben der Geschäftsbanken bei der Notenbank abgewickelt. Die Wirtschaft hat daher eine bestimmte Nachfrage nach Notenbankgeld für die Abwicklung von Zahlungen. Die Geschäftsbanken müssen zudem üblicherweise Notenbankgeld in bestimmten Relationen zu ihren kurzfristigen Verbindlichkeiten halten, um Reservevorschriften (Mindestreserve- oder Liquiditätsvorschriften) zu erfüllen. Mit der Schaffung von Notenbankgeld stellt die Notenbank der Wirtschaft die benötigte ↑Liquidität zur Verfügung. Als Folge des Notenmonopols (↑Banknotenmonopol) ist nur die Notenbank in der Lage, dieses Geld anzubieten.

Die Haltung von Notenbankgeld ist für die Wirtschaft nicht kostenlos, da es in der Regel nicht verzinst wird. Geschäftsbanken ermöglichen es der Wirtschaft, mit ihrer Geldschöpfung Kosten zu sparen. Dabei liegt der Vorteil der Haltung von Geschäftsbankengeld im Vergleich zur Haltung von Notenbankgeld nicht nur in der Erzielung eines möglichen Zinsertrages, sondern auch in der Inanspruchnahme von Dienstleistungen im ↑Zahlungsverkehr und bei der Wertaufbewahrung. Die

Wirtschaft wird daher die Nachfrage nach Notenbankgeld im Rahmen der gesetzlichen und zahlungstechnischen Gegebenheiten möglichst gering halten.

2. *Geldschöpfung durch die Geschäftsbank*
Die Geschäftsbanken schaffen *Geschäftsbankengeld*, indem sie durch die Einräumung von Sichtguthaben der Wirtschaft Kredite gewähren. Die mit der Kreditgewährung an Nichtbanken (↑Non banks) geschaffenen Sichtguthaben (Buchgeld) stellen Verbindlichkeiten der Geschäftsbanken dar. Die Geschäftsbanken nehmen eine ↑Fristentransformation vor, indem sie kurzfristige Verbindlichkeiten eingehen (Sichtguthaben) und längerfristige Vermögenswerte (Kredite) halten. Die Geldschöpfung erfolgt daher über eine Ausweitung der Bilanz der Geschäftsbanken.

Die Sichteinlagen bei den Geschäftsbanken können von den Berechtigten für Zahlungen im bargeldlosen Zahlungsverkehr eingesetzt werden, oder sie können in Banknoten umgetauscht werden. Sichtguthaben stellen einen Anspruch auf Notenbankgeld dar. Einen Abfluss von Sichtguthaben, der nicht auf eine Verminderung eines Kredits zurückzuführen ist, muss die Geschäftsbank mit Notenbankgeld begleichen. Im Hinblick auf mögliche Abflüsse und zur Erfüllung von Mindestreserve- oder Liquiditätsvorschriften halten die Geschäftsbanken daher Reserven in Form von Notenbankgeld (Banknoten oder Giroguthaben). Die Geschäftsbanken müssen aber nicht den gesamten Betrag ihrer Sichtverbindlichkeiten mit Notenbankgeld decken, da der Nettoabfluss von Sichtguthaben in einem bestimmten Zeitpunkt selten ein bestimmtes Ausmass überschreitet. Die Geschäftsbanken erhalten das von ihnen benötigte Notenbankgeld, indem sie der Notenbank Wertschriften verkaufen oder sich gegenüber der Notenbank verschulden. Mit der Haltung von Reserven absorbieren die Geschäftsbanken einen Teil des von der Notenbank geschaffenen Geldes. Die für die Wirtschaft durch die Geschäftsbanken zusätzlich geschaffene Geldmenge entspricht somit der Differenz zwischen dem geschaffenen Geschäftsbankengeld (Sichtguthaben) und den von den Geschäftsbanken gehaltenen Reserven in Form von Notenbankgeld.

Die gesamte der Wirtschaft zur Verfügung stehende Geldmenge M entspricht der Summe von Notenbank- und Geschäftsbankengeld (Sichtguthaben) minus dem von den Geschäftsbanken absorbierten Notenbankgeld. Der ↑*Geldschöpfungsmultiplikator m* zeigt an, wievielmal die gesamte Geldmenge in der Wirtschaft M grösser ist als die Notenbankgeldmenge B.

$$M = mB$$

Der Geldschöpfungsmultiplikator ist entscheidend von der Bargeldhaltung der Nichtbanken sowie von der Reservehaltung der Geschäftsbanken abhängig. Je mehr Bargeld (Banknoten) die Nichtbanken halten, desto weniger Notenbankgeld steht den Geschäftsbanken als Reserven zur Verfügung und desto kleiner sind der Geldschöpfungsmultiplikator und die Geldschöpfung für eine gegebene Notenbankgeldmenge. Je kleiner die Reservehaltung der Geschäftsbanken ist, desto grösser ist der Geldschöpfungsmultiplikator bzw. die Geldschöpfung für eine gegebene Notenbankgeldmenge. In seiner einfachsten Form ist der Geldschöpfungsmultiplikator

$$m = \frac{k+1}{k+r}$$

wobei k dem Verhältnis von Bargeldhaltung der Nichtbanken zu Sichtguthaben und r dem Verhältnis von Reserven der Geschäftsbanken zu Sichtguthaben entspricht. Die Reservehaltung der Geschäftsbanken hängt von verschiedenen Faktoren ab. Zum einen wird sie durch gesetzliche Vorschriften wie Mindestreserve- und Liquiditätsvorschriften bestimmt. Zum anderen hängt der freiwillig über die gesetzlichen Vorschriften hinaus gehaltene Betrag an Reserven vom ↑Zinsniveau, der Varianz der Abflüsse an Sichtguthaben und der Technologie des Zahlungsverkehrs ab. Solange die Geschäftsbanken Reserven in Form von Notenbankgeld halten, ist ihre Geldschöpfung beschränkt. Mit einem stabilen Geldschöpfungsmultiplikator sind Veränderungen in der gesamten Geldmenge nur möglich, wenn die Notenbank die Notenbankgeldmenge verändert. Die Notenbankgeldmenge wird daher auch als monetäre Basis bezeichnet.

Die Geschäftsbanken bieten üblicherweise nicht nur Sichtguthaben, sondern auch andere Formen von Einlagen wie Sparguthaben und Terminguthaben an. Je nach Definition der Geldmenge gehören diese Einlagen ebenfalls zu dem von den Geschäftsbanken geschaffenen Geld. Die Geldmenge, die sich aus Notenbankgeld und Sichtguthaben in der Hand der Nichtbanken zusammensetzt, wird als ↑Geldmenge M1 bezeichnet. Die breiteren Geldmengen M2 und M3 schliessen die Sparguthaben bzw. zusätzlich die Terminguthaben ein. ↑Spareinlagen und ↑Termineinlagen können jedoch nicht direkt als Zahlungsmittel verwendet werden und müssen zuerst in Sichtguthaben umgewandelt werden. Wegen dem geringeren Abflussrisiko für die Geschäftsbanken und der nicht zu erbringenden Dienstleistungen für den Zahlungsverkehr werden aber diese Einlagen oft höher verzinst als die Sichtguthaben.

Der technische Fortschritt im Zahlungsverkehr verringert die Nachfrage nach Notenbankgeld und erhöht die Nachfrage nach Geschäftsbankengeld tendenziell über die Zeit. Diese Entwicklung wird durch die Ausgabe von *elektronischem Geld* (↑Electronic cash, ↑Zahlungsmittel) durch die

Geschäftsbanken noch verstärkt. Elektronisches Geld stellt wie Sichtguthaben eine Verpflichtung der Geschäftsbanken dar. Elektronisches Geld kann aber ähnlich wie Banknoten direkt übertragen werden, ohne dass die Bank eine Umbuchung bei ihren Konten vornehmen muss.

Thomas J. Jordan

Geldschöpfungsmultiplikator

Unter dem Geldschöpfungsmultiplikator versteht man das Verhältnis zwischen einem breit definierten Geldaggregat (↑Geldmenge M1, ↑Geldmenge M2, ↑Geldmenge M3) und der ↑Notenbankgeldmenge. Er misst das Verhältnis zwischen dem vom ↑Bankensystem geschaffenen ↑Geld und der von der ↑Zentralbank in Umlauf gesetzten Geldmenge. ↑Geldschöpfung.

Geldsortenschuld

Lautet eine Geldschuld auf eine ausländische Währung, so kann der Schuldner wählen, ob er in ausländischer oder einheimischer Währung bezahlen will, sofern nicht durch das Wort «effektiv» oder durch einen ähnlichen Ausdruck (Effektivklausel, ↑Währungsklauseln) die wörtliche Erfüllung ausbedungen worden ist (OR 84 II). Im Münzen- und ↑Banknotenhandel ist die wörtliche Erfüllung kraft stillschweigender Abrede geschuldet. Es liegt hier eine Geldsortenschuld vor: der Händler muss gesetzliche Zahlungsmittel in der betreffenden Währung liefern.

Die Geldsortenschuld ist von der ↑Devisenschuld zu unterscheiden. Auch Devisenschulden sind kraft stillschweigender Abrede ausschliesslich in der vertraglich vereinbarten Währung zu erfüllen; in diesem Fall soll dies aber nicht durch Übergabe gesetzlicher Zahlungsmittel geschehen, sondern durch Gutschrift bei einer Bank im Lande der Währung (↑Banküberweisung). Devisenschulden sind z.B. auf Geld lautende Verpflichtungen aus Devisenhandelsgeschäften, aus Geschäften am Euro-Geld- und ↑Eurokapitalmarkt oder aus Geschäften im internationalen Grosshandel. Auch wenn ein Vertrag im Zusammenhang mit einer ausländischen Währung eine Effektivklausel vorsieht, ist heute meistens nicht eine Geldsortenschuld, sondern eine Devisenschuld gemeint.

Geldstromrechnung

↑Finanzierungsrechnung.

Geldsurrogat

Ein Objekt, das die Zahlungsmittelfunktion von ↑Geld annimmt, ohne gesetzliches ↑Zahlungsmittel zu sein, also nicht unter Annahmezwang (↑Annahmepflicht) steht. Geldersatzmittel können ↑Notgeld, ↑Plastikgeld, ↑Kreditkarten, ↑Wechsel oder ↑Checks sein.

Geldtheorie

Die Geldtheorie bildet einen wichtigen Bestandteil der Makroökonomie. Die wirtschaftliche Wohlfahrt eines Landes hängt wesentlich davon ab, ob es über ein stabiles Geldwesen verfügt. Die Geldtheorie befasst sich mit den folgenden Fragen: Wie entsteht Geld? Welche Faktoren beeinflussen die Bereitschaft der Wirtschaftssubjekte, Geld zu halten? Wie wirken Veränderungen der Geldmenge oder der ↑Zinssätze auf die Wirtschaft? Wie soll die ↑Geldpolitik geführt werden, damit sie optimale Resultate erzielt?

In der Geldtheorie wird in der Regel unterstellt, dass die ↑Notenbank entweder das Geldangebot oder den kurzfristigen Zinssatz festlegt. Steuert sie das Geldangebot, indem sie dieses beispielsweise ausweitet, sinkt der kurzfristige Zinssatz. Die Stärke des Zinsrückgangs wird dabei endogen durch die Marktkräfte, d.h. durch das Angebot der Notenbank und die ↑Geldnachfrage der privaten Wirtschaftssubjekte, bestimmt. Reduziert dagegen die Notenbank direkt den kurzfristigen Zinssatz, wird die Veränderung der Geldmenge endogen bestimmt. Diese steigt auch im Falle der Zinssatzsteuerung, da die Wirtschaftssubjekte als Folge des Zinsrückgangs ihre Geldbestände aufstocken. Für die Wirkungen auf die wirtschaftliche Aktivität spielt es daher keine Rolle, ob die Notenbank das Geldangebot oder den kurzfristigen Zinssatz steuert.

Die meisten der in der Geldtheorie verwendeten Modelle gehen davon aus, dass Veränderungen des Geldangebots langfristig neutral wirken und nur das Preisniveau sowie die übrigen nominalen Grössen der Wirtschaft beeinflussen. Erhöht die Notenbank das Geldangebot, steigt langfristig das Preisniveau um den gleichen Prozentsatz, während die Produktion, die Beschäftigung und andere reale Grössen der Wirtschaft unverändert bleiben. In der kurzen Frist, d.h. über einen Zeitraum von bis zu 3–4 Jahren, reagieren dagegen die realen Grössen der Wirtschaft auf eine Veränderung des Geldangebots. Die realen Wirkungen sind indessen vorübergehender Natur; langfristig beeinflussen Veränderungen des Geldangebots nur das Preisniveau. Die temporären realen Wirkungen von Veränderungen des Geldangebots fliessen aus der Tatsache, dass sich die Preise zumindest in der kurzen Frist durch beträchtliche Rigidität auszeichnen. Sinken die kurzfristigen Zinssätze als Folge einer Ausweitung des Geldangebots, verändern sich die Preise anfänglich nicht wesentlich. Hingegen verleiten die niedrigeren Zinssätze die Unternehmen dazu, ihre Investitionen und damit ihre Nachfrage nach Gütern und Dienstleistungen auszuweiten. Erfahrungsgemäss reagieren der Wohnungs- und Wirtschaftsbau besonders deutlich auf Änderungen der kurzfristigen Zinssätze. In einer offenen Volkswirtschaft mit flexiblen Wechselkursen (↑Floating) kommt ein weiterer Wirkungskanal zum Tragen. Als Folge des Zinsrückgangs sinkt der ↑Wechselkurs der inländischen Währung. Dies verbessert die Konkurrenzfähigkeit der inländischen Industrie und stimuliert die Nachfrage nach inländischen Gütern und Dienstleistungen. Die Senkung der Zinssätze führt somit kurzfristig zu einer Steigerung der Produktion und der Beschäftigung. Die Preise beginnen erst dann merklich zu steigen, wenn der Produktions- und Beschäftigungsanstieg zu Kapazitätsengpässen führt, welche den Unternehmen und Arbeitskräften ermöglichen, ihre Preise heraufzusetzen bzw. höhere Löhne zu fordern. Steigen die Produktion und das Preisniveau, nimmt auch die Geldnachfrage zu. Die kurzfristigen Zinsen erhöhen sich wieder und kehren auf ihr Ausgangsniveau zurück. Als Folge davon sinken Produktion und Beschäftigung und kehren ebenfalls auf ihr Ausgangsniveau zurück. Nur die Geldmenge und Preise bleiben permanent höher.

Allerdings existieren auch Modelle, die permanente Wirkungen monetärer Impulse auf die Realwirtschaft zulassen. Solche Wirkungen gehen nicht von Niveauverschiebungen, sondern nur von dauernden Veränderungen des Wachstums des Geldangebots aus. Ob die von diesen Modellen postulierten permanenten realen Effekte monetärer Impulse in der Wirklichkeit auftreten, ist fraglich. Unumstritten ist, dass fundamentale Umwälzungen in der Struktur des Geldwesens wie der Übergang vom Metall- zu Papiergeld oder die Elektronisierung des ↑Zahlungsverkehrs permanente Wirkungen auf die Realwirtschaft entfalten.

Die in der Geldtheorie heute üblicherweise verwendeten Modelle besitzen sowohl keynesianische als auch klassische Züge. In der langen Frist herrscht die Neutralität des Geldes (d. h., es gilt die klassische Quantitätstheorie), aber kurzfristig beeinflussen monetäre Impulse die Realwirtschaft, wie von der keynesianischen Analyse postuliert wird. Indes unterscheidet sich die moderne Geldtheorie von den früheren klassischen und keynesianischen Modellen in zwei wesentlichen Punkten. Zum einen werden in den modernen Modellen allgemein rationale Erwartungen unterstellt. Sie beruhen auf der Annahme, dass die Wirtschaftssubjekte die erwarteten Werte der endogenen Variablen anhand des Modells, das der theoretischen Analyse zu Grunde liegt, bestimmen. Die Erweiterung der traditionellen Geldtheorie um rationale Erwartungen brachte eine Reihe wichtiger neuer Erkenntnisse. Dabei wurde das Augenmerk insbesondere auf die Bedeutung der Glaubwürdigkeit und Reputation einer Notenbank für die Wirksamkeit der Geldpolitik gelenkt. So hängt unter rationalen Erwartungen die Reaktion der Zinssätze auf eine Lockerung der Geldpolitik davon ab, ob die Notenbank einen guten oder schlechten Ruf besitzt, d. h., ob sie konsequent für Preisstabilität sorgt oder je nach den Umständen anhaltende ↑Inflation toleriert. Schert sich die Notenbank wenig um die Preisstabilität, muss sie möglicherweise die unangenehme Erfahrung machen, dass ihre Bemühungen um eine Belebung der Wirtschaft ins Leere verpuffen, wenn sie einer konjunkturellen Abschwächung mit einer Lockerung der Geldpolitik entgegenzuwirken versucht. Rechnen die Marktteilnehmer als Folge der Lockerung mit einem Inflationsanstieg, werden sie die Nominalzinsen (↑Nominalzinssatz) in die Höhe treiben, um einen drohenden inflationsbedingten Wertverlust auf ihren Aktiven abzuwehren. Der Zinsanstieg trägt natürlich nicht dazu bei, die Wirtschaft zu stimulieren. Daraus wird ersichtlich, dass die Wirksamkeit der Geldpolitik wesentlich von der Glaubwürdigkeit und Reputation einer Notenbank abhängt. Aus diesem Grunde setzen sich heute viele Ökonomen für regelgebundene Ansätze in der Geldpolitik ein, welche die Notenbanken aufgrund klarer Konzepte dazu verpflichten, vorrangig das Ziel der Preisstabilität zu verfolgen.

Eine zweite wichtige Neuerung in der Geldtheorie liegt in mannigfaltigen Versuchen, die kurzfristige Rigidität der Preise mikroökonomisch zu begründen und zu modellieren. Obwohl die Forschung auf diesem Gebiet noch nicht weit fortgeschritten ist, eröffnen diese Ansätze der Geldtheorie interessante neue Perspektiven. Sie lassen es insbesondere zu, die Wohlfahrtswirkungen von geldpolitischen Massnahmen der verschiedensten Art zu untersuchen.

Georg Rich

Geldumlauf

Der Begriff *Geldumlauf* ist ein Synonym für ↑*Geldmenge*. Vor allem werden die Begriffe ↑Notenumlauf und ↑Bargeldumlauf verwendet, welche sich auf die Menge an Noten (↑Banknoten) bzw. an ↑Bargeld in der Hand der Nichtbanken in einer Volkswirtschaft beziehen.

Geldvermögen

Das Geldvermögen eines Wirtschaftssubjekts oder eines Wirtschaftssektors entspricht dem Wert seiner Finanzaktiven (finanzielle Forderungen) minus dem Wert seiner Finanzpassiven (finanzielle Verbindlichkeiten). In einer geschlossenen Volkswirtschaft mit Berücksichtigung von Staat und ↑Notenbank ist das aggregierte Geldvermögen immer null, da den Finanzaktiven Finanzpassiven in gleicher Höhe gegenüberstehen. Eine offene Volkswirtschaft kann hingegen ein von null abweichendes Geldvermögen besitzen. Dieses wird als *Nettoauslandposition* bezeichnet.

Geldvolumen

↑Geldtheorie.

Geldwäscherei

Geldwäscherei ist ein altes Phänomen, dem man jedoch in den 80er-Jahren einen neuen Namen gegeben hat: *Money laundering*. Wer ein Verbrechen begangen und daraus Vermögenswerte erlangt hat, muss diese Vermögenswerte so tarnen, dass ihre verbrecherische Herkunft verschleiert wird und dass über den Erlös letztlich frei verfügt werden kann. Der Erlös des Deliktes ist in eine Form zu bringen, die es dem Verbrecher erlaubt, sie zu nutzen und Ertrag bringend zu investieren. Der Geldwäscher wird sich also auf einem Markt bewegen, wo Geheimhaltung und Verfügungsfreiheit maximiert werden können. Der Verbrechenserlös besteht längst nicht nur aus Geld in Form von ↑Banknoten und ↑Münzen, sondern kann ebenso in ↑Buchforderungen, ↑Wertpapieren, Edelmetallen oder Kunstgegenständen bestehen, die direkt aus dem Verbrechen anfallen oder durch mehrmalige ↑Transaktionen in solche umgewandelt werden. Wenn trotzdem bildhaft von Geldwäscherei gesprochen wird, so deshalb, weil der Ursprung der Geldwäschereibekämpfung den Bargelderlös aus dem Drogenhandel betrifft. Mit der Bekämpfung der Geldwäscherei ist die Verbrechensbekämpfung auf eine Nachtat oder ein Symptom ausgewichen. Das Konzept der komplexen Geldwäscherei ist eng verbunden mit dem Phänomen des organisierten Verbrechens. Geldwäscherei kann jeder begehen, auch der isolierte Einzeltäter. Der Fantasie für die Methoden zur Geldwäscherei sind an sich keine Grenzen gesetzt und die Formen sind sehr vielfältig. Sie reichen vom primitiven Geldwechsel oder dem Kauf und Wiederverkauf von Luxusgütern bis zur komplexen Kette von Transaktionen mittels elektronischer Überweisungen über das legale Finanzsystem und ein Netz von legitimen Unternehmungen oder ↑Briefkastengesellschaften. Dem Geldwäscher stellt sich in der Regel die Aufgabe, auffällige Notenmengen möglichst rasch in einen anderen, weniger verdächtigen Aggregatszustand zu versetzen.

Man unterscheidet bei diesem Waschprozess drei grundlegende Phasen, die sich teilweise überlappen können:
– *Platzierung*. In dieser Phase wird das deliktisch erlangte ↑Bargeld in ein Finanzinstitut eingebracht.
– *Verschleierung*. In dieser Phase geht es um die Verheimlichung der ursprünglichen Herkunft und der ↑wirtschaftlich Berechtigten durch mehrmalige Transaktionen, namentlich mittels elektronischer Überweisungen in ausländische Institute, Einschaltung von Briefkastengesellschaften in Offshore-Finanzplätzen oder Benützung von ↑Parabanken für die Transfers ohne dokumentarische Spur.
– *Integration*. In dieser Phase wird den ursprünglich deliktisch erworbenen Vermögenswerten durch ihre Einschleusung in die legale Wirtschaft der Anschein eines rechtmässig erworbenen Reichtums verliehen, namentlich durch Über- oder Unterfakturierung, Gewährung fiktiver ↑Darlehen, Kompensationsgeschäfte oder ↑Investition in legale Unternehmungen.

1. Internationale Massnahmen
Neben Bemühungen des ↑Basler Ausschusses für Bankenaufsicht, der ↑IOSCO, International Organization of Securities Commissions, und der IAIS, International Association of Insurance Supervisors, wird die Bekämpfung der Geldwäscherei im Finanzsektor auf internationaler Ebene entscheidend beeinflusst durch die ↑Financial Action Task Force on Money Laundering (FATF). Die FATF hat 1990 vierzig Empfehlungen erlassen. Diese stellen Mindeststandards in den Bereichen der allgemeinen multilateralen und bilateralen Zusammenarbeit, des innerstaatlichen Strafrechts, der Verstärkung der Rolle des Finanzsystems und der internationalen ↑Rechtshilfe in Strafsachen dar.

2. Schweizerische Massnahmen
Die Schweiz ist über ihren internationalen ↑Finanzplatz als Anlage- und Transitland schwergewichtig mit Geldwäscherei von Vermögenswerten konfrontiert, welche aus im Ausland begangenen Delikten herrühren. Dabei stellt sich insbesondere das Problem der Unterscheidung zwischen deliktisch erlangten Vermögenswerten einerseits und blosser Steuerhinterziehung andererseits, weil die Mechanismen nicht unähnlich sind. Die Massnahmen zur Bekämpfung der Geldwäscherei in der Schweiz sind straf-, aufsichts- und standesrechtlicher Natur.

Im Bereich des *Strafrechts* stellt StGB 305bis die vorsätzliche Geldwäscherei unter Strafe. Erfasst wird nach dem breit angelegten Konzept das Waschen von irgendwelchen Vermögenswerten, die aus einem Delikt stammen, das nach Schweizer Rechtsauffassung ein Verbrechen darstellt, auch wenn die Vortat im Ausland begangen wurde. StGB 305ter, welcher die mangelnde Sorgfalt bei Finanzgeschäften ahndet, ergänzt den Geldwäschereitatbestand durch die strafrechtliche Verstärkung elementarer Sorgfaltspflichten. Ausgehend vom Modell der im ↑Bankensektor entwickelten Regeln wird die Pflicht zur Identifikation der Vertragspartner und allenfalls zur Feststellung der Identität davon abweichender wirtschaftlich Berechtigter auf den gesamten Finanzsektor ausgedehnt. Der Strafandrohung unterstehen alle im Finanzsektor berufsmässig tätigen Personen, also neben den ↑Bankiers insbesondere auch Treuhänder, ↑Anlageberater, ↑Vermögensverwalter, ↑Finanzgesellschaften, Geldwechsler, Edelmetallhändler, ↑Effektenhändler und Geschäftsanwälte. Im Strafgesetzbuch verankert ist auch das Melderecht des ↑Finanzintermediärs (StGB 305ter).
Die *aufsichtsrechtlichen* Regeln befinden sich einerseits im ↑Geldwäschereigesetz (GwG) und andererseits in Richtlinien der zuständigen Aufsichtsbehörden. Die ↑Kontrollstelle für die Be-

kämpfung der Geldwäscherei hat ihre Erwartungen an die ihr direkt unterstellten Finanzintermediäre in einer Verordnung vom 25.11.1998 erlassen (SR 955.033.2). Die Eidgenössische ↑Bankenkommission (EBK) ihrerseits hat ihre Richtlinien zur Bekämpfung und Verhinderung der Geldwäscherei in einem Rundschreiben vom 26.03. 1998 (EBK-RS 98/1, ↑EBK-Rundschreiben) festgelegt. Beide Erlasse enthalten Anforderungen an die Organisation der unterstellten Unternehmen, konkretisieren die vom Gesetz vorgegebenen Sorgfaltspflichten, wobei das Rundschreiben der EBK auf die Sorgfaltspflichtsvereinbarung der Banken verweist, präzisieren die besonderen Abklärungspflichten bei ungewöhnlichen Transaktionen, die Dokumentationspflichten und die Meldepflicht. Das Rundschreiben der EBK stellt darüber hinaus besondere Regeln in Bezug auf die Annahme von Geldern von Personen mit bedeutenden öffentlichen Funktionen auf.

Bei den *Standesregeln* schliesslich ist allen voran die ↑Vereinbarung über die Standesregeln zur Sorgfaltspflicht der Banken vom 01.07.1998 (VSB 98) zu erwähnen, welche als Grundlage für ähnliche Vereinbarungen anderer Branchen gedient hat. Die erste VSB wurde 1977 ursprünglich zwischen der ↑Bankiervereinigung und der Schweizerischen ↑Nationalbank abgeschlossen und seither alle fünf Jahre, ab 1987 ohne Beteiligung der Nationalbank, in überarbeiteter Fassung weitergeführt, das letzte Mal 1998. Die VSB ist ein privatrechtliches ↑Selbstregulierungswerk der Banken mit eigener Kontroll- und ↑Sanktionsordnung, dem sich fast ausnahmslos alle Banken unterstellt haben. Die bankengesetzlichen Revisionsstellen haben die Einhaltung zu prüfen (Art. 10) und mögliche Verstösse der von der Bankiervereinigung eingesetzten Aufsichtskommission sowie der EBK zu melden. Auf Antrag der von der Bankiervereinigung eingesetzten Untersuchungsbeauftragten spricht die Aufsichtskommission für Verletzungen der Standesregeln eine Konventionalstrafe von bis zu CHF 10 Mio. aus (Art. 11–12). Wird ein Entscheid der Aufsichtskommission von der Bank nicht angenommen, findet ein Schiedsverfahren statt (Art. 13). Die Regeln der VSB wurden von der EBK zum Mindeststandard für alle ihr unterstellten Finanzintermediäre erklärt.

Die VSB enthält detaillierte Regeln zur Identifikation des Vertragspartners und zur Feststellung des wirtschaftlich Berechtigten. Der Vertragspartner ist bei Aufnahme der Geschäftsbeziehung zu identifizieren (Art. 2). Der wirtschaftlich Berechtigte ist durch eine Erklärung des Vertragspartners (sog. Formular A) festzustellen, wenn Zweifel bestehen, ob der Vertragspartner mit dem wirtschaftlich Berechtigten identisch ist (Art. 3). Besondere Regeln gelten bei ↑Sitzgesellschaften (Art. 4). Mit Rücksicht auf das Berufsgeheimnis der in der Schweiz zugelassenen Rechtsanwälte und Notare brauchen diese die Identität der von ihnen vertretenen wirtschaftlich Berechtigten dann nicht offen zu legen, wenn sie bestätigen (sog. Formular R), dass die Art des ↑Mandates anwaltlicher Natur ist und unter eine der abschliessend aufgeführten anwaltlichen Tätigkeiten fällt (Art. 5). Das Identifikationsverfahren ist zu wiederholen, wenn im Verlauf der Geschäftsbeziehung Zweifel an den erhaltenen Angaben oder der wirtschaftlichen Berechtigung aufkommen (Art. 6). Die VSB untersagt den Banken die aktive Beihilfe zur ↑Kapitalflucht (Art. 7). Ebenso dürfen die Banken Täuschungsmanöver ihrer Kunden gegenüber Behörden, insbesondere gegenüber Steuerbehörden, weder durch unvollständige noch auf andere Weise irreführende Bescheinigungen Vorschub leisten (Art. 8).

Dina Balleyguier

Geldwäschereigesetz

Das Bundesgesetz zur Bekämpfung der ↑Geldwäscherei im Finanzsektor vom 10.10.1997 (GwG) ist am 01.04.1998 in Kraft getreten.

Hintergrund für die Einführung dieses Gesetzes war die Tatsache, dass die Schweiz als wichtiger ↑Finanzplatz mit einem hoch entwickelten Finanzdienstleistungssystem in Gefahr geraten war, international anerkannte Empfehlungen zur Geldwäschereibekämpfung nicht mehr einhalten zu können. Negativ bemerkbar machten sich insbesondere das Fehlen einheitlicher Standards im Nichtbankensektor sowie die Tatsache, dass die ↑Finanzintermediäre keiner Meldepflicht für geldwäschereiverdächtige Vorgänge unterstanden. Das Gesetz etabliert für den gesamten Finanzsektor einen einheitlichen Standard der Sorgfaltspflichten, die zur Bekämpfung der Geldwäscherei eingehalten werden müssen und führt eine Pflicht ein, verdächtige Vorfälle an eine dafür bezeichnete Meldestelle zu melden. Das Geldwäschereigesetz basiert auf dem Prinzip der ↑Selbstregulierung. Grundsätzlich haben alle Finanzintermediäre die Möglichkeit, Selbstregulierungsorganisationen zu bilden und Reglemente zu erarbeiten, welche die Sorgfaltspflichten ausführen. Dies soll erlauben, den besonderen Bedürfnissen und Anforderungen gerecht zu werden, die sich in den jeweiligen Bereichen des Finanzsektors stellen.

Die Allgemeinen Bestimmungen in GwG 1–2 definieren Gegenstand und Geltungsbereich des Gesetzes. Das Geldwäschereigesetz fordert einen aktiven Beitrag der im Finanzsektor Tätigen, der so genannten Finanzintermediäre, bei der Bekämpfung der Geldwäscherei und verpflichtet sie zur Sorgfalt bei der Durchführung von Finanzgeschäften (GwG 1). Finanzintermediäre sind ↑Banken, ↑Fondsleitungen, Versicherungseinrichtungen und ↑Effektenhändler sowie alle anderen Personen und Gesellschaften, die berufsmässig fremde Vermögenswerte annehmen oder aufbe-

wahren oder helfen, sie anzulegen oder zu übertragen (GwG 2).
GwG 3–8 statuieren Sorgfaltspflichten. Sie gehen von der Pflicht zur Identifizierung der Vertragspartei (GwG 3) und der Feststellung des ↑wirtschaftlich Berechtigten (GwG 4) – und die allfällige Erneuerung dieser Vorgänge (GwG 5) – zu einer intensiveren Abklärungspflicht, wenn ↑Transaktionen ungewöhnlich erscheinen oder Anhaltspunkte vorliegen, dass Geld gewaschen wird (GwG 6). Der Finanzintermediär hat auch eine Dokumentationspflicht (GwG 7) und muss in seinem Bereich alle Massnahmen treffen, die zur Verhinderung der Geldwäscherei notwendig sind (GwG 8). Bei begründetem Verdacht auf Geldwäscherei hat der Finanzintermediär unverzüglich Meldung zu erstatten (GwG 9) und die betroffenen Vermögenswerte für längstens fünf Tage zu sperren (GwG 10). Sofern er mit der notwendigen Sorgfalt vorgegangen ist, treffen ihn keine zivil- oder strafrechtlichen ↑Sanktionen (GwG 11). Neben der Melde*pflicht* nach GwG 9 besteht weiterhin das Melde*recht* des Financiers nach StGB 305ter II.
GwG 12–28 betreffen die Beaufsichtigung der Einhaltung der Sorgfaltspflichten. Das Geldwäschereigesetz führt drei neue Instanzen ein, die zu den bisherigen spezialgesetzlichen Aufsichtsbehörden hinzukommen: die ↑Kontrollstelle für die Bekämpfung der Geldwäscherei (GwG 17–22), Meldestelle für Geldwäscherei (GwG 23) und die Selbstregulierungsorganisationen (GwG 24–28). Die bisherigen spezialgesetzlichen Aufsichtskompetenzen für Banken, Fondsleitungen, Versicherungen und Effektenhändler bleiben unberührt (GwG 12). Soweit sie betroffen sind, konkretisieren die spezialgesetzlichen Aufsichtsbehörden die Sorgfaltspflichten und ergreifen die notwendigen Massnahmen (GwG 16).
Grundsätzlich hat sich ein Finanzintermediär, der nicht bereits durch eine spezialgesetzliche Aufsichtsbehörde überwacht wird, einer Selbstregulierungsorganisation anzuschliessen. Tut er das nicht, so bedarf er für seine Tätigkeit einer Bewilligung, die von der Kontrollstelle für die Bekämpfung der Geldwäscherei erteilt wird (GwG 14). Keine Wahl in Bezug auf die Aufsicht haben Rechtsanwälte und Notare: falls diese sich als Finanzintermediäre betätigen wollen, *müssen* sie sich einer Selbstregulierungsorganisation anschliessen (GwG 14 III). Die Kontrollstelle für die Bekämpfung der Geldwäscherei ist der eidgenössischen Finanzverwaltung zugeordnet (GwG 17). Sie überwacht die Selbstregulierungsorganisationen einerseits, und die ihr direkt unterstellten Finanzintermediäre andererseits (GwG 18). Die Überwachung der Selbstregulierungsorganisationen von Anwälten und Notaren muss sie einer Revisionsstelle übertragen, die denselben Geheimhaltungspflichten wie Rechtsanwälte und Notare untersteht (GwG 18 II).

Zur Ausübung ihrer Tätigkeit werden der Kontrollstelle für die Bekämpfung der Geldwäscherei weitreichende Auskunftsrechte (GwG 19) und Massnahmen zugestanden (GwG 20). Als ultimative Massnahme kann sie dem Finanzintermediär, dessen Organe die Bewilligungsvoraussetzungen nicht erfüllen oder wiederholt oder grob ihre Pflichten verletzen, die Bewilligung entziehen, was ihre Auflösung zur Folge haben kann (GwG 20). Die Aufsicht ist für die unterstellten Finanzintermediäre gebührenpflichtig (GwG 22). Die Selbstregulierungsorganisationen haben ihr Statut im Geldwäschereigesetz und sind Rechtsgebilde *sui generis*. Ihr Zweck erschöpft sich in den Aufgaben, die ihnen vom Geldwäschereigesetz zugedacht werden (GwG 24–28).
Der Informationsfluss von den Finanzintermediären läuft über die Meldestelle für Geldwäscherei, die von der Zentralstelle zur Bekämpfung des organisierten Verbrechens geführt wird (GwG 23). Die Meldestelle prüft die Meldungen und trifft die weiteren erforderlichen Massnahmen. GwG 29–32 regeln die Zusammenarbeit mit inländischen und ausländischen Behörden. Die Bearbeitung von Personendaten werden in GwG 33–35 normiert. Die Meldestelle prüft die Meldungen und trifft die weiteren erforderlichen Massnahmen. GwG 36–40 stellen verwaltungsstrafrechtliche Bestimmungen auf. Geahndet werden die Tätigkeit als Finanzintermediär ohne entweder über eine Bewilligung der Kontrollstelle zu verfügen oder an einer Selbstregulierungsorganisation angeschlossen zu sein (GwG 36); die Verletzung der Meldepflicht (GwG 37) und Widerhandlungen gegen Verfügungen einer spezialgesetzlichen Aufsichtsbehörde oder der Kontrollstelle (GwG 38). *Dina Balleyguier*

Geldwechsel
↑Banknotenhandel.

Geldwert
Der Geldwert bringt zum Ausdruck, was mit einer Geldeinheit, also beispielsweise einem ↑Franken, ↑Euro oder Dollar, gekauft werden kann. Er misst also den ↑Tauschwert bzw. die Kaufkraft des Geldes. Er ist in diesem Sinn eine relative Grösse und könnte auch als relativer Preis zwischen dem ↑Geld und den gegen dieses eintauschbaren Gütern bezeichnet werden. Für die konkrete Messung des Geldwertes ist naturgemäss entscheidend, welche Tauschobjekte oder Gruppe von Tauschobjekten dabei ins Auge gefasst werden.
Am üblichsten ist die Betrachtung des sog. *inneren Geldwerts*. Dieser misst, wie viele Einheiten eines inländischen Gutes bzw. eines für die inländische Wirtschaft repräsentativen Güterbündels mit einer Geldeinheit erworben werden können. Er bestimmt sich als reziproker Wert des Geldpreises

P des betrachteten Gutes bzw. Güterbündels: Der Geldpreis P misst, wie viele Geldeinheiten für eine Gütereinheit bezahlt werden müssen; der Geldwert 1/P misst umgekehrt, wie viele Gütereinheiten für eine Geldeinheit aufgegeben werden müssen. ↑Geldwertstabilität ist demzufolge äquivalent mit Stabilität des Güterpreises P. Da für die Messung des Geldwerts bzw. der Kaufkraft des Geldes in der Regel nicht ein einzelnes Gut, sondern ein in irgendeinem Sinn repräsentativer Warenkorb im Mittelpunkt des Interesses steht, ist es üblich, einen entsprechenden ↑Preisindex als Orientierungsmassstab zu verwenden. Damit ist auch gesagt, dass es einen einzigen, objektiven Geldwert nicht gibt. Am häufigsten findet der Konsumentenpreisindex (↑Landesindex der Konsumentenpreise) bzw. der Geldpreis des ihm zu Grunde liegenden Warenkorbs in diesem Sinn Verwendung.

So hat etwa Keynes den Begriff wie folgt umschrieben: «Wir verstehen unter der Kaufkraft des Geldes die Fähigkeit des Geldes, diejenigen Güter und Dienste zu kaufen, für deren Beschaffung zu Konsumzwecken eine bestimmte Gemeinschaft von Personen ihre Geldeinkommen verausgabt. Das heisst, dass sie gemessen wird an der Menge dieser nach ihrer Bedeutung als Gegenstände des Konsums gewogenen Güter und Dienste, die mit einer Geldeinheit gekauft werden kann; und die entsprechende Indexzahl gehört zu jener Art, die man gelegentlich als Konsumindices (Preisindex für die Lebenshaltung) bezeichnet. Es folgt daraus, dass die Kaufkraft stets in Bezug auf eine besondere Gruppe von Personen in einer bestimmten Situation definiert werden muss, nämlich in Bezug auf diejenigen Personen, deren tatsächlicher Verbrauch für uns massgebend ist, dass also der Begriff Kaufkraft inhaltslos bleibt, wenn er nicht in dieser Weise auf etwas Bestimmtes bezogen wird.» (Keynes, J. M.: Vom Gelde [A Treatise on Money]. Übersetzt von D. Krämer, München-Leipzig 1932.)

Von dem so definierten (inneren) Geldwert zu unterscheiden ist der *äussere Geldwert* bzw. die «äussere Kaufkraft» des Geldes. Diese misst die Kaufkraft einer inländischen Geldeinheit im Ausland und wird in der Regel verstanden als reziproker Wert des ↑Wechselkurses: Der Wechselkurs e misst danach, wie viele Einheiten der Inlandwährung für eine Einheit der Auslandwährung aufgegeben werden müssen (also den Preis der Auslandwährung gemessen in Einheiten der Inlandwährung); der äussere Geldwert 1/e hält umgekehrt fest, wie viele Einheiten an Auslandwährung man mit einer Einheit der Inlandwährung kaufen kann (also den Preis der Inlandwährung gemessen in Einheiten der Auslandwährung). Anstelle einer Orientierung am nominellen Wechselkurs ist auch eine Orientierung an der gütermässigen Kaufkraft im Ausland bzw. am sog. realen Wechselkurs eP*/P möglich (mit P* als Index für das ausländische Güterpreisniveau und P*/P als relativem Güterpreisniveau von Ausland und Inland).

Die Frage nach der *Bestimmung des Geldwerts* ist gleichbedeutend mit der Frage nach der Bestimmung des Güterpreisniveaus P (im Falle des inneren Geldwerts) bzw. nach der Bestimmung des Wechselkurses e (im Falle des äusseren Geldwerts). Die in der Wirtschaftstheorie dominierende und auch empirisch breit abgestützte Vorstellung für die Erklärung des Preisniveaus und seiner Veränderungen ist jene der Quantitätstheorie. Diese besagt, dass das Preisniveau im ↑langfristigen Durchschnitt durch die Entwicklung der ↑Geldmenge relativ zu jener der Nachfrage nach Geld bestimmt wird. Dies schliesst nicht aus, dass ↑kurzfristig auch verschiedene nichtmonetäre Faktoren, wie Ölpreisänderungen oder fiskalische Impulse im Sinne von Einmaleffekten, auf das Preisniveau einwirken können. Die äquivalente Vorstellung im internationalen Bereich ist, dass der Wechselkurs bzw. der äussere Geldwert langfristig durch das inländische Preisniveau (und dessen Bestimmungsfaktoren) relativ zum ausländischen Preisniveau (und dessen Bestimmungsfaktoren) erklärt wird (Theorie der Kaufkraftparität).

Die hohe Bedeutung, welche unsere Gesellschaft der Stabilität des Geldwerts zuordnet, gründet auf der zentralen Rolle des Geldes als Tauschmittel und Recheneinheit in entwickelten, arbeitsteiligen Wirtschaftssystemen. Ein stark schwankender und in seiner zukünftigen Entwicklung schwer abschätzbarer Geldwert bedeutet, dass das Geld diese für das Funktionieren einer effizienten Wirtschaft essentiellen Aufgaben nicht mehr wirkungsvoll und im Grenzfall überhaupt nicht mehr ausüben kann.

Ernst Baltensperger

Geldwerte Leistungen
↑Verdeckte Gewinnausschüttung.

Geldwertstabilität
Der ↑Geldwert misst den ↑Tauschwert bzw. die Kaufkraft des ↑Geldes. Geldwertstabilität ist somit gleichbedeutend mit Stabilität der durchschnittlichen Geldpreise von Gütern und Dienstleistungen, gemessen beispielsweise anhand des ↑Landesindexes der Konsumentenpreise. Anders ausgedrückt können wir sagen: Geldwertstabilität ist gleichbedeutend mit einer durchschnittlichen Preissteigerungsrate oder ↑Inflationsrate, in der Nähe von null.

Ein stabiles Geld ist eines unserer wertvollsten öffentlichen Güter, vergleichbar mit gut funktionierenden Systemen des Rechts, der öffentlichen Sicherheit oder des Finanz- und Steuerwesens. Zweifelhafte oder gar zerrüttete Geldverhältnisse beeinträchtigen die Effizienz des Wirtschaftssystems in schwerwiegender Weise und können im

Extremfall zu ökonomischem und politischem Zerfall führen. Eine Gesellschaft muss daher alles daran setzen, die Stabilität ihres Geldes zu wahren. Die hohe Priorität, welche sowohl Wissenschaft wie Politik der Geldwertstabilität einräumen, leitet sich aus der zentralen Funktion des Geldes als allgemein akzeptiertes Tauschmittel (↑Zahlungsmittel) und allgemein gebräuchliche Recheneinheit in unseren entwickelten, arbeitsteiligen Wirtschaftssystemen ab. Eine andauernde ↑Geldentwertung wirkt in vielfältiger Weise wohlfahrtsmindernd. Die hauptsächlichen Kosten der ↑Inflation treten in folgenden Bereichen auf:

– Inflation bewirkt zunehmende ↑Transaktionskosten, weil sie Anlass zu einer Verkürzung der ↑Laufzeiten von Verträgen und zu einer Verringerung der Geldhaltung auf ein gesamtwirtschaftlich suboptimales Niveau gibt. Diese, in der wissenschaftlichen monetären Literatur zwar am häufigsten untersuchte, aber in ihrer wirtschaftlichen Bedeutung kaum gewichtigste Form der Inflationskosten, tritt auch im Fall einer vollständig gleichmässigen und antizipierten Inflation auf. Dasselbe gilt für die direkten Kosten von Preissteigerungen in der Form der Aufwendungen für neue Preisanschriften und des Neudrucks von Preislisten.

– Inflation beeinträchtigt die Informations- und Lenkungsfunktion der Preise, weil sie es schwieriger macht, zwischen Änderungen der relativen Preise und solchen des allgemeinen Preisniveaus zu unterscheiden.

– Besonders erschwert durch die Inflation wird die langfristige Planung. Inflation ist praktisch immer variabel und unsicher. Entscheidungen und Planungen der Wirtschaftsteilnehmer werden deshalb mit zunehmendem Zeithorizont schwieriger und in stärkerem Masse fehlerbehaftet.

– Die Inflation beeinträchtigt die Funktion des Geldes als allgemein gebräuchliches und zuverlässiges Rechenmittel.

– Unsichere Inflation führt zu unbeabsichtigten und willkürlichen Umverteilungen von Einkommen, Vermögen und Steuerlasten. Solche Umverteilungseffekte können durch den Einbau von ↑Indexklauseln in Arbeitsverträge, Finanzkontrakte und Steuersysteme zwar eingedämmt werden. Indexierungsmechanismen bleiben aber fast zwangsläufig unvollkommen und sind ihrerseits mit Kosten verbunden (zunehmende Komplexität von ↑Kontrakten aufgrund der Notwendigkeit der Spezifizierung zahlreicher Eventualitäten, Errechnen der erforderlichen Anpassungen im Zeitpunkt der Vertragserfüllung, Wahl der Indexformeln, Abklärung rechtlicher Interpretationsprobleme, Fragen der Durchsetzbarkeit).

– Die unteren Einkommens- und Vermögensklassen leiden unter der Inflation am meisten, weil sie am wenigsten in der Lage sind, sich durch solche Absicherungen gegen ihre Folgen zu schützen. Inflation ist daher sozialpolitisch schädlich. Die Gewährleistung der Geldwertstabilität ist auf verschiedenen Wegen erzielbar. In den historisch lange vorherrschenden Metallwährungssystemen (↑Metallgeld) wurde sie durch die feste Bindung des Geldes (↑Gebundene Währung) an ein knappes Gut, am häufigsten Gold oder Silber, bewerkstelligt. In den heutigen Papiergeldsystemen (↑Banknoten) ist die Gewährleistung der Geldwertstabilität primäre Aufgabe der ↑Notenbanken und erfolgt über die Kontrolle der von diesen dem Wirtschaftssystem zur Verfügung gestellten Menge an ↑Notenbankgeld oder ↑Liquidität. Ein einzelnes Land innerhalb eines internationalen Währungssystems (↑Währungsordnung) kann Geldwertstabilität auch über eine feste Bindung seiner Währung an jene eines anderen Landes mit glaubwürdig stabiler Währung erreichen.

Ernst Baltensperger

Gemeindebanken

Unter Gemeindebanken bzw. Gemeindeinstituten werden öffentlich-rechtliche Anstalten verstanden, bei welchen das ↑Eigenkapital von politischen Gemeinden, meist in Form des ↑Dotationskapitals, zur Verfügung gestellt wird. Für die Verpflichtungen der Bank haftet die Gemeinde; in manchen Fällen uneingeschränkt. Die Gemeindebanken sind unabhängige Rechtskörperschaften, welche im Gemeindegesetz verankert sind. In der ↑Bankenstatistik der Schweizerischen Nationalbank («Die Banken in der Schweiz») sind im Jahr 2000 11 Gemeindeinstitute aufgelistet, alle in der Gruppe «3.00 Regionalbanken und Sparkassen» (↑Regionalbanken, ↑Sparkasse). Im Laufe der Zeit haben die Gemeindebanken an Bedeutung verloren. Viele von ihnen wurden privatisiert. Die Gemeinden haben erkannt, dass das Führen einer Bank nicht notwendigerweise zu den öffentlichen Aufgaben gehört.

Gemeindefinanzierung
↑Kredite an öffentlich-rechtliche Körperschaften.

Gemeinderating
Mit dem Verzug von Zins- und ↑Rückzahlungen von Schulden durch die Gemeinde Leukerbad kurz vor der Jahrhundertwende wurde den Gläubigern schlagartig bewusst, dass auch die Kreditvergabe an Gemeinden in der Schweiz mit ↑Risiken verbunden sein kann.

1. Ursachen für eine Bonitätsbeurteilung der Gemeinden
Vor dem Problemfall Leukerbad gingen die Kreditanbieter von der Annahme aus, die Schweizer Gemeinden seien so genannt «mündelsichere» (↑Mündelsicherheit) Schuldner. Man erwartete,

dass die Gemeinden, insbesondere gestützt auf ihre Kompetenz, Steuern erheben zu können, ihre finanziellen Verpflichtungen stets fristgerecht erfüllen. Falls dennoch Probleme auftauchen sollten, hoffte man auf ein Einstehen der Kantone für allfällige Zahlungsprobleme ihrer Gemeinden. Wie jedoch eine Umfrage des Instituts für Finanzwirtschaft und Finanzrecht an der Universität St.Gallen gezeigt hat, existiert in keinem Kanton eine formelle, umfassende ↑ Staatsgarantie zu Gunsten der Gemeinden. Im Fall von Leukerbad reichte das Steuersubstrat der Gemeinden nicht mehr aus, um die aus Schulden resultierenden Zins- und Rückzahlungsforderungen begleichen zu können. Der Kanton Wallis lehnte es zudem ab, für Verpflichtungen einzustehen, die eine autonome, rechtlich selbstständige Gemeinde in eigener Kompetenz und Verantwortung eingegangen ist. Leukerbad machte damit bewusst, dass man auch bei der Kreditvergabe an Gemeinden Verluste erleiden kann. Aus dieser Erkenntnis heraus resultierte seitens der ↑ Kreditgeber das Bedürfnis, das Verlustrisiko bei Gemeinden zuverlässig beurteilen und einschätzen zu können, um darauf basierend sachgerechte ↑ Risikoprämien festlegen zu können. Der Umstand, dass nach den neuesten Empfehlungen des ↑ Basler Ausschusses für Bankenaufsicht die Höhe der ↑ Eigenmittelunterlegung auch für Kredite an öffentliche Institutionen vom Vorhandensein eines anerkannten ↑ Ratings abhängig gemacht werden soll, hat das Interesse insbesondere der Banken an einer Bonitätsbeurteilung (↑ Bonität) der Gemeinden zusätzlich gefördert.

2. *Methodische Ansätze*
Weil in der Schweiz in den letzten 50 Jahren nur sehr wenige Gemeinden ihre Zins- und Rückzahlungsverpflichtungen nicht oder nicht rechtzeitig erfüllen konnten, ist es nicht möglich, das ↑ Ausfall- und Verlustrisiko bei Schweizer Gemeinden gestützt auf mathematisch-statistische Methoden zu schätzen. Es fehlt eine ausreichende Zahl von Problemfällen, um repräsentative Aussagen machen zu können.
Weil man ferner im Markt bisher bei Gemeinden von der Annahme ausging, es handle sich um mündelsichere Schuldner, hat man die Zinskonditionen nicht nach Bonitätskriterien differenziert festgelegt. Damit fehlt die Voraussetzung, um eine zweite, häufig praktizierte Methode der Risikobeurteilung, nämlich von Zinsunterschieden auf Bonitätsunterschiede zu schliessen, anwenden zu können.
Einen tauglichen Ansatz der Bonitätsbeurteilung von Gemeinden in der Schweiz stellt die Expertenbeurteilung dar. Grundvoraussetzung für eine Expertenbeurteilung sind u. a. relativ umfassende Kenntnisse über die öffentlichen Finanzen, Informationen betreffend rechtlicher Erlasse, welche das finanzielle Verhalten öffentlicher Gemeinwesen verbindlich regeln, sowie praktische Erfahrungen bezüglich des Rechnungswesens und der Rechnungslegung öffentlicher Haushalte. Basierend auf wissenschaftlichen Untersuchungen und abgestützt auf Gutachten zu diesem Thema hat das Institut für Finanzwirtschaft und Finanzrecht an der Universität St.Gallen eine Methode für ein Rating der Schweizer Gemeinden entwickelt, die grundsätzlich auf zwei Pfeilern aufbaut, nämlich:
– Auf einer Beurteilung der institutionellen Rahmenbedingungen, die das finanzielle Verhalten der Gemeinden massgeblich beeinflussen. Es handelt sich hierbei vorwiegend um rechtliche Erlasse auf Kantonsebene
– Auf einer Beurteilung der finanziellen Verhältnisse der einzelnen Gemeinden, abgestützt auf Daten der Bestandes- und Verwaltungsrechnung.

Beim ersten Pfeiler richtet sich das Interesse auf rechtliche Erlasse, die risikobegrenzend wirken und die daher für die Einschätzung des zukünftigen Verhaltens der Gemeinden relevant sind. Einige Beispiele sollen dies verdeutlichen. Das Risikopotenzial, das eine Gemeinde in der Zukunft ausschöpfen kann, ist tendenziell umso geringer:
– Je weniger Aufgaben eine Gemeinde aus freien Stücken wahrnehmen kann, d.h. je stärker die Gemeindeautonomie begrenzt wird
– Je weniger Aufgaben der Kanton den Gemeinden überträgt, d.h. je weniger Ausgaben die Gemeinden tätigen müssen und je umfassender das Einnahmenpotenzial der Gemeinden gleichzeitig umschrieben wird
– Je umfassender die Verbindlichkeiten von Gemeinden beispielsweise durch Finanzausgleichsregelungen des Kantons abgesichert sind
– Je stärker das Schuldenvolumen der Gemeinden rechtlich begrenzt wird
– Je klarer und verbindlicher die Rechnungslegungsvorschriften festgelegt sind
– Je mehr Kompetenzen der Kanton gegenüber den Gemeinden hat, die Einhaltung von Vorschriften durch Kontrollen und Sanktionen sicherzustellen.

Beim zweiten Pfeiler geht es darum, gestützt auf Kennziffern die Risikosituation einer Gemeinde einzuschätzen. Im Mittelpunkt steht die Frage: Wie leicht bzw. wie schwer fällt es einer Gemeinde, ihre Zins- und Rückzahlungsverpflichtungen fristgerecht erfüllen zu können. Auch hier sollen beispielhaft einige relevante Kennziffern aufgeführt werden. Die Risikosituation einer Gemeinde wird tendenziell umso besser taxiert:
– Je geringer die Gesamtschulden in Prozenten der regelmässigen Einnahmen einer Gemeinde ausfallen
– Je tiefer die Nettozinsbelastung gemessen an den Gesamtausgaben der Gemeinde ist
– Je mehr liquidierbare Aktiven (insbesondere Finanzvermögen) den Gesamtschulden einer Gemeinde gegenüberstehen

Gemeinschaftsanleihen

– Je tiefer die Steuerbelastung einer Gemeinde im Vergleich zum Durchschnitt aller Gemeinden im Kanton ist
– Je grösser die Bevölkerungszahl und die Steuerkraft einer Gemeinde ist
– Je besser die bisherige Finanzpolitik einer Gemeinde benotet werden kann.

Die Kombination der beiden vorangehend erwähnten Informationsquellen, nämlich «rechtliche Rahmenbedingungen» einerseits und «Kennziffern» bezüglich der finanziellen Situation einer Gemeinde andererseits, erlaubt es, eine recht präzise Einschätzung des Risikos vorzunehmen, das ein Kreditgeber gegenüber einer Gemeinde in der Schweiz eingeht.

3. Der Nutzen des Gemeinderatings
Das Gemeinderating liefert Informationen über die finanzielle Risikosituation der Gemeinden. Damit leistet es einen wichtigen Beitrag für das Funktionieren des Marktes in diesem Segment. Die Kreditgeber werden in die Lage versetzt, angemessene ↑Risikoprämien festzulegen. Die Gemeinden als ↑Kreditnehmer haben Gewähr, faire Offerten zu erhalten, die der spezifischen Risikosituation der jeweiligen Gemeinde Rechnung tragen.

Terenzio Angelini

Gemeinschaftsanleihen
↑Anleihensgemeinschaft.

Gemeinschaftsdepot
↑Depotgeschäft.

Gemeinschaftskonto
↑Compte-joint.

Gemeinschaftskredit
↑Konsortialkredit.

Gemeinschaftsstiftung
↑Sammel- und Gemeinschaftsstiftungen als Vorsorgeeinrichtungen.

Gemeinschaftswerke der Banken
Es kann ökonomisch sinnvoll sein, Geschäfte, die in grosser Zahl und standardisierter Form zwischen Finanzinstituten abgewickelt werden, gemeinsam zu verarbeiten: Wegen den weitgehend unlimitierten technischen Kapazitäten und den hohen Fixkosten der Systeme lassen sich meist sinkende Durchschnittskosten erzielen (Economies of scale). Die Banken in der Schweiz haben deshalb schon früh Gemeinschaftswerke gegründet (↑Telekurs 1930 als ↑Ticker AG). Heute findet bei den Gemeinschaftswerken vor allem die Abrechnung (das ↑Clearing) und die ↑Abwicklung (das ↑Settlement) des Wertschriftenhandels statt; ferner wird der Interbankenzahlungsverkehr durch ein Gemeinschaftswerk (↑Swiss Interbank Clearing SIC) verarbeitet.
Die Gemeinschaftswerke der Schweizer Banken betreiben in der Regel keine Gewinnmaximierung; sie erfüllen vielmehr einen qualitativen und quantitativen Versorgungsauftrag zu Gunsten der beteiligten Banken. Diese repräsentieren das Aktionariat und stellen den Verwaltungsrat.

1. SIS Swiss Financial Services Group AG und Telekurs Gruppe
Die mit der Abrechnung und Abwicklung des Wertschriftenhandels betrauten Gemeinschaftswerke sind in der ↑SIS Swiss Financial Services Group AG zusammengefasst. Dazu zählen: ↑SIS SegaIntersettle AG (Central securities depositary, national und international), SIS System AG (Service provider), ↑SAG SIS Aktienregister AG, ↑X-clear AG (Central counterparty) und die axion4gstp AG (70% Beteiligung; Vermarktung Straight trough processing). Gruppenweite Funktionen werden durch die Divisionen «Group Services/Strategic Projects» und «Group Relationship & Product Management» wahrgenommen.
Die Teile der Telekurs Gruppe und deren Leistungen sind unter ↑Telekurs beschrieben.

2. Historische Wurzeln und Voraussetzungen
Die Gemeinschaftswerke der Schweizer Banken haben eine lange Tradition. Seit der Einführung der ↑Sammelverwahrung durch die damalige SEGA (SEGA Schweizerische Effekten-Giro AG) im Jahre 1970 ist die Entwicklung weiter fortgeschritten. Impulse gingen zunächst vor allem von der ↑Börse aus: 1992 nahm das Projekt der ↑Elektronischen Börse Schweiz (EBS) als Gemeinschaftswerk der drei Börsen Basel, Genf, Zürich und der ↑SOFFEX seinen Anfang. 1993 erfolgte die Gründung der Schweizer Börse (↑SWX Swiss Exchange). Die übrigen börsennahen Vereinigungen und Körperschaften wurden aufgelöst oder in die SWX integriert. Ende 1995 nahm die SWX den elektronischen Handel mit Auslandaktien und deren Derivaten auf. Im August 1996 schliesslich folgten die Schweizer Aktien und deren Derivate sowie die ↑Obligationen. Mit der Realisierung der SWX gelang es erstmals auch, Handel und Abwicklung elektronisch miteinander zu verbinden und zu integrieren.
Der Hintergrund, auf dem diese Entwicklung erst möglich wurde, war die wachsende De- und Entmaterialisierung der ↑Wertpapiere (↑Entmaterialisierung von Wertpapieren). Mit der Lancierung der ↑Namenaktien mit aufgeschobenem und aufgehobenem Titeldruck 1987 (↑SIS Namenaktien-Modell), des SEGA-Nominee-Modells 1994 (↑SIS Nominee-Modell) und der Einmal-Eintragungsermächtigung 1995 wurde die Übertragung kotierter Namenaktien zunehmend vereinfacht.

3. Jüngster Meilenstein: Virt-x
Mit der Inbetriebnahme der ↑Virt-x Ende Juni 2001 war ein weiterer Meilenstein erreicht. Seither erfolgt der Handel mit schweizerischen ↑Blue chips (28 Titel) auf der neu geschaffenen Virt-x in London unter britischer Aufsicht auf einer der SWX analogen Infrastruktur. Die SWX betreibt und entwickelt diese im Auftrag der Virt-x. Seit Mitte Juli 2001 werden an der Virt-x 612 europäische Aktien, die zusammen ungefähr 80% der gesamten ↑Kapitalisierung des europäischen Aktienmarktes repräsentieren, in Schweizer Franken, Pfund Sterling oder Euro gehandelt. Die Zulassung zum Handel erfolgt weiterhin in den Ursprungsländern nach deren Regeln.

4. Clearing und Settlement mit «Menu Approach»
Für das Clearing und Settlement können die Teilnehmer der Virt-x zwischen SIS SegaIntersettle AG, Crest (↑CrestCo) und ↑Euroclear wählen. ↑Clearing and Settlement erfolgen über eine zentrale Gegenpartei integriert und automatisch. Virt-x hat vor allem ein Ziel: den grenzüberschreitenden Aktienhandel in Europa effizienter zu machen. Ein Kostenvorteil ergibt sich aus dem direkten Zugriff auf über 600 europäische ↑Blue chips. So müssen die Schweizer Banken ihre Aufträge für europäische Aktien nicht mehr von externen ↑Brokern ausführen lassen; das Umgekehrte gilt natürlich auch. Der ↑Finanzplatz Schweiz hat mit Virt-x die Chance, das unbestritten hervorragende, voll integrierte System auf die europäische Ebene zu bringen und beim Aufbau einer paneuropäischen Handelsplattform in entscheidender Position mitzuwirken.

5. Gemeinschaftswürdige Geschäfte?
Vor dem Hintergrund einer wachsenden internationalen Vernetzung einerseits und wachsenden Wettbewerbsdrucks andererseits werden heute nicht mehr alle Geschäfte, die früher als «gemeinschaftswürdig» eingestuft wurden, noch als solche klassifiziert. Gleichzeitig entstehen aber auch neue, globale Gemeinschafts- und Netzwerke zur Bewältigung grenzüberschreitender ↑Transaktionen.
Basissysteme, die dank grosser Volumen und einheitlicher Struktur allen Teilnehmern Kosten- und Logistikvorteile verschaffen, bleiben gleichwohl zukunftsträchtig. Dazu zählt z.B. auch das Clearing in Schweizer Franken durch das ↑Swiss Interbank Clearing SIC.
Konflikte entstehen hingegen leicht bei Gemeinschaftswerken mit direkten Schnittstellen zu Bankkunden. Solche Gemeinschaftswerke greifen empfindlich in die Wertschöpfungskette der einzelnen Bank ein. Ein Beispiel ist das Kreditkartengeschäft: Die meisten Banken setzen ↑Kreditkarten als Instrument der Kundenbindung ein; weil sie aber die Kundenbeziehung selber gestalten wollen, sind sie häufig nicht (mehr) bereit, das Kreditkartengeschäft aus der Hand zu geben und an ein Gemeinschaftswerk zu delegieren (z.B. ↑VISECA).

6. Internationalisierung auch der Gemeinschaftswerke
Gemeinschaftswerke werden in Zukunft keine nationale Domäne bleiben. Nicht nur Virt-x, auch weitere globale Infrastrukturen wie z. B. das ↑Continuous linked settlement (CLS), das Worldwide Automated Transaction Clearing House (WATCH) oder die ↑Global Straight Through Processing Association (GSTPA) werden das grenzüberschreitende Geschäft zunehmend prägen. Kleinere und mittlere Banken werden dabei meist nicht direkt Mitglieder solcher internationaler Konsortien sein, sondern über ↑Grossbanken jene Dienstleistungen oder Teile davon in Anspruch nehmen. Die Auslagerung von Teilen des ↑Bankgeschäftes an Dritte (das Outsourcing) gewinnt damit auch auf internationaler Ebene an Bedeutung. Für die einzelne Bank ist das zunächst eine Frage der Geschäftspolitik. Darüber hinaus betrifft es aber auch den Finanzplatz als Ganzes. Auf jeden Fall sah sich die Eidgenössische ↑Bankenkommission (EBK) im August 1999 veranlasst, in einem Rundschreiben die Erfordernisse zu präzisieren, die erfüllt sein müssen, damit bei der Auslagerung von Bankgeschäften das ↑Bankkundengeheimnis sowie der Datenschutz gewahrt bleiben (EBK-RS 99/2 Outsourcing: Auslagerung von Geschäftsbereichen). Darin wird u. a. die Bewilligung einer Auslagerung ins Ausland vom Nachweis abhängig gemacht, dass das auslagernde Unternehmen, deren interne und externe ↑Revision sowie die EBK den ausgelagerten Geschäftsbereich in vollem Umfang, jederzeit und ungehindert einsehen und prüfen können.   *Stefan Hoffmann*

Gemeinschuldner
Eine Person, über welche der Konkurs eröffnet worden ist. Der Begriff hat seinen Ursprung darin, dass alle Gläubiger des «gemeinsamen Schuldners» für ihre Forderungen soweit als möglich aus seinen Aktiven befriedigt werden sollen. Beim Gemeinschuldner kann es sich um eine ↑juristische oder um eine natürliche Person handeln, sofern diese in einer bestimmten Funktion im Handelsregister eingetragen ist (SchKG 39). Der Gemeinschuldner bleibt bis zum Konkursabschluss Träger seines Vermögens, jedoch ist ihm die Verfügungsbefugnis über seine Aktiven entzogen. Diese Verfügungsbefugnis ist der Konkursverwaltung übertragen.   *Markus Häusermann*

Gemischte Fonds
In der Praxis verwendeter, aber nicht eindeutiger, bestimmter Ausdruck, der im ↑Bundesgesetz über die Anlagefonds (AFG) nicht vorkommt. Bezeich-

nete früher einen ↑Anlagefonds, der sein Vermögen einerseits in ↑Wertschriften, anderseits in ↑Immobilien anlegte, was das geltende AFG den ↑Immobilienfonds nicht mehr gestattet. Seither werden damit Anlagefonds bezeichnet, die sowohl Aktien- als auch Obligationenanlagen tätigen. Dies trifft heute namentlich auf die sehr populär gewordenen ↑Anlagezielfonds zu, welche im Rahmen ihrer jeweiligen ↑Anlagestrategie (z.B. «Income, Einkommen», «Balanced, Ausgewogen», «Wachstum, Growth», «Yield») jeweils Beteiligungs- und Forderungspapiere mischen. *Matthäus den Otter*

Gemischte Lebensversicherung

Die populärste Form der Lebensversicherungen ist seit Jahrzehnten die gemischte Lebensversicherung. Gemischt wird sie genannt, weil sie *Elemente des Risikoschutzes* - wie die finanzielle Absicherung im Falle des Todes oder Erreichung des Sparzieles bei Erwerbsausfall durch Invalidität – mit *Spar- oder Anlageelementen* verbindet. Damit bietet die gemischte Lebensversicherung eine einfache Lösung für wichtige Bedürfnisse wie die Vorsorge für die Familie und die Vorsorge für das Alter – oder anders ausgedrückt: sie sichert finanzielle Leistungen an die Hinterlassenen im Falle eines vorzeitigen Todes beziehungsweise an die versicherte Person im Alter. Neben der Vorsorge für das Alter ist die gemischte Versicherung ein Instrument, um mittelfristige Sparziele garantiert zu erreichen.

1. Die wichtigsten Elemente im Überblick
Eine ↑Kapitalversicherung, wie die «Gemischte» auch genannt wird, eignet sich bei folgenden, zum Teil bereits genannten *Zielsetzungen:*
– Schliessen von Vorsorgelücken infolge Alter, Tod oder Invalidität
– Vorzeitige Pensionierung
– Indirekte ↑Amortisation bzw. Finanzierung von Wohneigentum
– Optimale Ausschöpfung der Steuervorteile in der privaten Vorsorge
– Nutzung des Erb- und Konkursprivilegs von Lebensversicherungen
– Längerfristige Bindung von Geldern zu garantierten Konditionen
– Finanzielle Absicherung einer Person, mit der man nicht verwandt ist. (Freie Begünstigung: Das Kapital fällt nicht in die Erbmasse, solange die Pflichtteile nicht berührt werden. Gilt nur für die gemischte Lebensversicherung unter dem Regime der Säule 3b).

Eine gemischte Lebensversicherung kann mit einer ↑Einmaleinlage oder – über die Jahre hinweg – mit ↑Prämien finanziert werden. Sie kommt nach Ablauf der Vertragsdauer (Erlebensfall) zur Auszahlung. Im Falle eines vorzeitigen Todes der versicherten Person wird das versicherte Kapital sofort ausgezahlt. In beiden Fällen werden zusätzlich die bis zum Zeitpunkt des Erlebensfalls respektive Todesfalls aufgelaufenen *Überschüsse* ausbezahlt. Diese Boni, wie die Überschüsse auch genannt werden, beteiligen den Versicherungsnehmer an den Erträgen, welche die Versicherungsgesellschaft über die garantierte Zinsleistung hinaus erwirtschaftet hat. In den Offerten von Versicherungsgesellschaften sind die wichtigsten Eckdaten aufgeführt, darunter auch die garantierten Leistungen und die prognostizierten Überschüsse. Die garantierten Leistungen sind dabei unveränderbar; die während der ↑Laufzeit effektiv erzielten Überschüsse können von der Prognose in der Offerte abweichen. Die Überschusspolitik differiert von Versicherer zu Versicherer.

Im Markt kennt man *unterschiedliche Varianten* der gemischten Versicherung. Sie kann z.B. auf zwei Leben abgeschlossen werden. Dies bedeutet, dass die Kapitalleistung im Todesfall ausbezahlt wird, wenn eine der beiden versicherten Personen stirbt. In der Regel ist nur eine Person versichert. Oder: Es kann eine doppelte Leistung bei Unfalltod vereinbart werden. Hier wird die Kapitalleistung im Todesfall durch Unfall verdoppelt. Damit das Sparziel auch im Invaliditätsfall erreicht werden kann, wird meistens eine Prämienbefreiung bei Erwerbsausfall durch Invalidität eingeschlossen. Relativ jung ist die gemischte Versicherung in der *fondsgebundenen Version*. Der Versicherungsnehmer übernimmt hier die Verantwortung für die Anlagen – mit allen Chancen und ↑Risiken. Als logische Folge davon garantiert der Versicherer die Höhe der Auszahlung im Erlebensfall nicht. Dieses so genannte Erlebensfallkapital entspricht bei einer ↑fondsgebundenen Lebensversicherung dem Wert der Fondsanteile bei Ablauf der Versicherung. Wird von der gemischten Lebensversicherung gesprochen, so ist in der Regel die klassische gemischte Lebensversicherung mit garantierter Erlebensfallleistung gemeint. Dies gilt auch für diesen Text.

Aus der *Spar- oder Anlageoptik* eignet sich die gemischte Lebensversicherung für jedes ↑Portfolio als sichere Basis. Sie bietet nicht nur Versicherungsschutz, sondern ist auch eine sehr sichere Anlage: Zins und Kapital sind garantiert, sie müssen unabhängig von den Entwicklungen der ↑Kapitalmärkte oder anderer Einflussfaktoren ausgerichtet werden. Das Kapital der Versicherten wird nach gesetzlichen Vorgaben in den diversen Anlagekategorien professionell angelegt. Darüber hinaus unterstehen alle Lebensversicherer einer speziellen Aufsicht des Staates. Die schweizerische Aufsicht gehört zu den strengsten weltweit. Unter gewissen Bedingungen sind gemischte Lebensversicherungen von der Einkommenssteuer befreit. Dies erklärt ihre Attraktivität: die Rentabilität nach Steuern ist höher als bei vergleichbaren Anlagen, ohne dass ein höheres Anlagerisiko eingegangen werden muss.

Gemischte Lebensversicherung

Lebensversicherungen nehmen einen wichtigen Platz im schweizerischen *Sozialversicherungssystem* ein. Sie gehören zur ↑ dritten Säule, der privaten Vorsorge. Die gemischte Versicherung gibt es in der gebundenen und freien Form (Säule 3a und 3b). Diese Unterscheidung ist vor allem für die steuerliche Beurteilung von Belang.

Über die steuerlichen Privilegien hinaus geniessen gemischte Lebensversicherungen auch *erb- und konkursrechtliche Vorteile*. Durch ersteres ist in Fällen von Erbschaftsstreitigkeiten für ↑ Liquidität gesorgt. Sollten erbberechtigte Hinterbliebene wie Ehegatten, Kinder, Eltern, Grosseltern oder Geschwister das Erbe z. B. wegen ↑ Überschuldung ausschlagen, haben sie als ↑ Begünstigte trotzdem Anspruch auf die Versicherungsleistung. Das konkursrechtliche Privileg bewahrt das in eine Lebensversicherung investierte Kapital vor dem Fall in die Konkursmasse. Damit bleibt begünstigten Ehegatten und Nachkommen bei einer Zwangsvollstreckung der Vorsorgeschutz erhalten.

2. Die steuerlichen Aspekte

Besonders zu beachten sind die steuerlichen Rahmenbedingungen, die je nach Art der Vorsorge unterschiedlich sind (Stand Januar 2002).

Die gemischte Lebensversicherung in der *gebundenen Vorsorge* (Säule 3a):

- Die *Prämien* können wie folgt vom steuerbaren Einkommen abgezogen werden: maximal CHF 5 933 für Unselbstständigerwerbende, 20% des Erwerbseinkommens bis zum Maximalbetrag von CHF 29 664 für Selbstständigerwerbende ohne Pensionskasse.
- *Zinsen und Überschussanteile* (Boni) sind beim Bund und in den Kantonen während der Versicherungsdauer steuerfrei (keine Einkommens- und ↑ Verrechnungssteuer).
- *Kapitalleistungen im Erlebensfall*. Beim Bund wie auch in den Kantonen sind die Kapitalleistungen als Einkommen steuerbar, und zwar in der Regel getrennt vom übrigen Einkommen zu einem Spezial- oder zum Rentensatz (Bund: Besteuerung zu einem Spezialsatz; $1/5$ des Tarifs für Alleinstehende oder Verheiratete. Kantone: unterschiedliche Tarife).
- *Kapitalleistungen im Todesfall*. Beim Bund wie auch in fast allen Kantonen sind die Kapitalleistungen als Einkommen steuerbar, und zwar in der Regel getrennt vom übrigen Einkommen zu einem Spezial- oder zum Rentensatz (Bund: Besteuerung zu einem Spezialsatz; $1/5$ des Tarifs für Alleinstehende oder Verheiratete. Kantone: unterschiedliche Tarife). In sehr wenigen Kantonen unterliegen Kapitalleistungen an bestimmte Begünstigte anstelle der Einkommens- der Erbschaftsteuer bzw. können die Kapitalleistungen zusätzlich zur Einkommensteuer erbschaftssteuerpflichtig sein.
- *Vermögenssteuer*. In den Kantonen wird der Rückkaufswert von vermögensbildenden Versicherungen während der Versicherungsdauer nicht als Vermögen besteuert. Der Bund kennt keine Vermögenssteuer.

Die gemischte Lebensversicherung in der *freien Vorsorge* (Säule 3b):

- Die *Prämien* können beim Bund und in den Kantonen lediglich im Rahmen der üblichen Versicherungsabzüge vom steuerbaren Einkommen abgezogen werden. Diese Abzüge sind aber nach oben begrenzt und in der Regel bereits mit dem Abzug der Krankenkassenprämien ausgeschöpft.
- *Zinsen und Überschussanteile* (Boni) sind beim Bund und in den Kantonen während der Versicherungsdauer steuerfrei (keine Einkommens- und Verrechnungssteuer).
- *Kapitalleistungen im Erlebensfall*. Ist die gemischte Versicherung 3b mit periodischen Prämien (aus dem versteuerten Einkommen) finanziert, fällt bei Bund und Kantonen keine Einkommensteuer für die Kapitalleistung an. Ist die «Gemischte» (Abschluss am oder nach dem 01.01.1999) mit einer Einmalprämie finanziert, sind die Kapitalleistungen bei Bund und Kantonen nur dann steuerfrei, wenn alle folgenden Bedingungen erfüllt sind: der Versicherungsabschluss muss vor dem vollendeten 66. Altersjahr des Versicherten erfolgen, die Laufzeit muss mindestens 5 Jahre betragen, der Versicherte muss bei der Auszahlung des Sparkapitals das 60. Altersjahr vollendet haben und der Versicherungsnehmer und die versicherte Person müssen identisch sein.
- *Kapitalleistungen im Todesfall*. Beim Bund sind Kapitalleistungen aus vermögensbildenden Versicherungen von der Einkommensteuer befreit. Sie unterliegen aber in den Kantonen der Erbschaftssteuer. In fast allen Kantonen sind jedoch die Kapitalleistungen an den Ehepartner (und zum Teil auch an die Kinder) von der Erbschaftssteuer befreit.
- *Vermögenssteuer*. In den Kantonen sind vermögensbildende Versicherungen während der Versicherungsdauer zum Rückkaufswert als Vermögen zu versteuern. Der Rückkaufswert wird mit dem übrigen steuerbaren Vermögen zusammengerechnet. Der Bund kennt keine Vermögenssteuer.
- Leistungen aus einer gemischten Lebensversicherung, die nicht an den Versicherungsnehmer, sondern an einen Dritten ausgezahlt werden, unterliegen in einigen Kantonen der *Erbschafts- und Schenkungssteuer*. Die Ehepartner und die Kinder des Versicherungsnehmers sind in den meisten Kantonen von der Erbschafts- und Schenkungssteuer befreit.
- *Verrechnungssteuer*. Kapitalleistungen unterliegen der Verrechnungssteuer.

– *Stempelsteuer.* Der Bund erhebt bei einer mit einer Einmalprämie finanzierten rückkaufsfähigen Lebensversicherung eine Stempelabgabe. Diese beträgt 2,5% der Einmalprämie. Die Steuer wird nur dann fällig, wenn der Versicherungsnehmer bei Abschluss der Versicherung seinen Wohnsitz in der Schweiz oder im Fürstentum Liechtenstein hat. *Rudolf Hefti*

Gemischtwirtschaftliche Bank
↑Bank in der Rechtsform einer gemischtwirtschaftlichen Aktiengesellschaft nach OR 762. Die Körperschaft des öffentlichen Rechts (z.B. der Kanton) hat das Recht, Vertreter in den Verwaltungsrat abzuordnen oder abzuberufen, auch wenn dieser nicht Aktionär ist (Entsendungsrecht). Im weiteren Sinn: Bank, an der eine öffentlich-rechtliche Körperschaft beteiligt ist.

Genehmigte Kapitalerhöhung
Durch Generalversammlungsbeschluss (mit einem qualifizierten Mehr, OR 704 I Ziff.4) wird der Verwaltungsrat ermächtigt, zu dem im Beschluss festgelegten Rahmen das ↑Aktienkapital zu erhöhen und über die Durchführung der Erhöhung, ihren Zeitpunkt, die Bedingungen und den Umfang zu beschliessen. Mit dem Beschluss zur genehmigten Kapitalerhöhung tritt die Generalversammlung Kompetenzen an den Verwaltungsrat ab, weshalb von Gesetzes wegen betragsmässige und zeitliche Einschränkungen (OR 651) zu beachten sind: Die Ermächtigung kann nur für eine Frist von zwei Jahren und bis höchstens zur Hälfte des bisherigen Aktienkapitals erteilt werden. In der Praxis wird wegen der grösseren Beweglichkeit vielfach die genehmigte der ordentlichen Kapitalerhöhung vorgezogen.

General Agreement on Trade in Services (GATS)
Die *Welthandelsorganisation* (englische Bezeichnung: World Trade Organization, WTO; französische Bezeichnung: Organisation Mondiale du Commerce), deren Sitz sich in Genf befindet, umfasst 140 Mitgliedstaaten. Über die Hälfte hat dem *General Agreement on Trade in Services* (GATS) am 12.12.1997 zugestimmt. Das Abkommen beruht auf den Grundsätzen der WTO: der Meistbegünstigung und der Inländerbehandlung. Diese unter dem General Agreement on Tariffs and Trade (GATT) schon für den Warenverkehr bestehenden Verpflichtungen gelten durch das GATS nun auch für Dienstleistungen. Man verspricht sich von diesem Abkommen einen besseren Zugang der Banken, Versicherungen und ↑Effektenhändler zu den ↑Finanzmärkten der Unterzeichnerstaaten. Deren mit dem GATS übernommene Verpflichtungen betreffen etwa 95% der Finanzdienstleistungen weltweit.

Die Verhandlungen zur Weiterenwicklung des Abkommens lassen hier noch Verbesserungen erwarten. Bestehende Einschränkungen für grenzüberschreitende ↑Finanzdienstleistungen und deren grenzüberschreitenden «Konsum» sollten abgebaut und die Möglichkeiten des Geschäftsverkehrs ohne physische Präsenz ausgebaut werden. Auch gilt es, die bestehenden ↑Investitionen in den Unterzeichnerstaaten des GATS zu schützen (mit einer Grandfathering clause). Staaten, die das GATS noch nicht unterzeichnet haben, sollten zur Teilnahme an den Verhandlungen eingeladen und zur späteren Übernahme der ausgehandelten Verpflichtungen ermutigt werden. Schliesslich gilt es, Regulierungsgrundsätze zu entwickeln, die den Finanzmärkten mehr Wettbewerb bringen. Dabei wird es namentlich um Verhaltensregeln, eine Vielfalt von Dienstleistungen und entsprechende Wahlmöglichkeiten für die Verbraucher gehen. Ein erster Schritt auf diesem Weg wird die vollständige Transparenz des anwendbaren Rechts sein; sie soll das Risiko von Verwirrungen abbauen. Dann werden sich die bleibenden Wettbewerbshindernisse in einer Übergangszeit umso leichter beseitigen lassen. *Germain Hennet*
Lit.: Senti, R.: *WTO, System und Funktionsweise der Welthandelsordnung*, Zürich 2000.

General arrangement to borrow
↑Internationaler Währungsfonds (IWF).

General collateral repo
↑Repo; ↑Repomarkt Schweiz.

Generally Accepted Accounting Principles (GAAP) der USA
Die amerikanischen Buchführungs- und Rechnungslegungsstandards werden als Generally Accepted Accounting Principles (GAAP) bezeichnet. In den Prüfberichten (Auditors' reports) wird jedoch mehr und mehr der Begriff «Accounting principles generally accepted in the United States» verwendet. Unter US GAAP versteht man die Gesamtheit der in den USA allgemein anerkannten Richtlinien im Rechnungswesen, deren Nichteinhaltung zu einer Einschränkung (Qualification) im Prüfbericht führt. Die Jahresrechnung soll die Lage der Gesellschaft richtig wiedergeben (↑Fair presentation). Diese Richtlinien umfassen in erster Linie die Standards des Financial Accounting Standards Boards (SFAS), die Interpretationen (FIN) dazu, die FASB Technical Bulletins (FTB) und die Abstracts of the Emerging Issues Task Force (EITF). Zudem sind teilweise noch die Standards der FASB-Vorgänger-Organisationen (z.B. Accounting Principles Board, APB 1959 bis 1973) in Kraft. Vor dem APB war eine weitere Organisation tätig, die wie das APB eine Kommission des American Institute of Certified Public Accountants (AICPA) war. Diese hatte einige noch heute gül-

tige Accounting Research Bulletins (ARB) herausgegeben. Die aktuellen Standards sind im so genannten «Current text» des FASB nach Sachgebieten neu zusammengestellt (Restatement). Der Current text, die Original pronouncements (chronologische Darstellung) und die chronologische Sammlung der EITFs werden jedes Jahr per Stichtag 1. Juni als gebundene Paperbacks jeweils im Herbst neu herausgegeben.

1. Financial Accounting Standards Board (FASB)
Der Financial Accounting Standards Board (FASB) ist die von der amerikanischen Börsenaufsicht (SEC) und dem Prüferberufsstand, dem American Institute of Certified Public Accountants (AICPA), anerkannte Organisation zur Festlegung von Rechnungslegungsstandards. Der FASB wurde 1973 gegründet und hat bisher über 150 Statements of Financial Accounting Standards (SFAS) nach einem aufwändigen öffentlichen Vernehmlassungsverfahren herausgegeben. Der FASB besteht aus sieben vollamtlichen Mitgliedern, die unabhängig vom früheren Arbeitgeber sein müssen. Dem FASB stehen einige Hundert Mitarbeiter zur Verfügung. Der starke Einfluss des FASB bzw. der SEC auf die anglo-amerikanischen und internationalen Rechnungslegungsstandards und die Rechnungslegungspraxis (inkl. IAS) ist unverkennbar. Seit 1984 besteht zudem die Emerging Issues Task Force (EITF), welche den FASB auf aktuelle Probleme aufmerksam macht, die zu behandeln sind. Deren Verlautbarungen werden in den EITF Abstracts publiziert. Es besteht zudem ein Government Accounting Standards Board (GASB), der seit 1984 für die Herausgabe von Standards für öffentliche Haushalte zuständig ist.

2. Ziele der amerikanischen Rechnungslegung
Der ↑Börsenkrach von 1929 führte in den USA zu einer starken Börsenaufsicht durch die ↑Securities and Exchange Commission (SEC). Die Rechnungslegung in den USA bezieht sich vor allem auf den Aktionärsschutz (investorenorientiert), während in der Schweiz und Deutschland bzw. Kontinentaleuropa vor allem der Gläubigerschutz und der Gedanke der ↑Kapitalerhaltung vorherrschte (Schutz der Banken, Obligationäre, Mitarbeiter, Lieferanten usw.). Diese konservative Rechnungslegung half gleichzeitig der Steuerersparnis und verhinderte auch übermässige Ansprüche der Sozialpartner (Gewerkschaften) bei Salärerhöhungen und der ↑Kleinaktionäre bezüglich ↑Dividenden. Die kontinentaleuropäische Wirtschaft wurde – im Gegensatz zur börsenfinanzierten der USA – oft über Bankdarlehen (↑Darlehen) von den grossen ↑Universalbanken finanziert. Die Banken waren deshalb häufig auch im Verwaltungsrat vertreten und erhielten somit einen guten Einblick in den Geschäftsgang der Gesellschaft bzw. des ↑Konzerns. Die amerikanische Rechnungslegung und Prüfung ist geprägt durch viele Verantwortlichkeitsklagen gegen Verwaltungsräte, Berater und amerikanische Revisoren (Certified public accountants oder kurz CPAs).

3. Branchenorientierte Rechnungslegungsstandards
Im Gegensatz zu den ↑International Accounting Standards (IAS) gibt es in den US GAAP viele branchenorientierte Rechnungslegungsvorschriften (Industry standards). Diese betreffen z. B. Banken (Banking and thrifts), EDV-Software (Computer software), Regierungsaufträge (Government contracts), Versicherungen (Insurance), Erdöl und Gas (Oil and gas producing activities), staatlich regulierte Unternehmen (Regulated operations) usw. Vom Berufsstand der Prüfer (AICPA) wurden zudem zahlreiche branchenorientierte Audit and accounting guides herausgegeben, die in den obigen Standards teilweise berücksichtigt sind. Beispiele sind Rechnungslegungsnormen für ↑Effektenhändler (↑Brokers und ↑Dealers), Fluggesellschaften (Airlines), Spielbetriebe (Casinos), Wohltätigkeitsorganisationen (Nonprofit organizations), Höhere Schulen und Universitäten (Colleges and universities), die Gesundheitsbranche (Providers of health care services), Bauunternehmer (Construction contractors) usw.

Peter Bertschinger
Lit.: Rechnungslegung nach US-amerikanischen Grundsätzen – Grundlagen der US-GAAP und SEC-Vorschriften, Düsseldorf 1999.

Generalpfandklausel

Auch generelle ↑Pfandklausel. In den ↑Allgemeinen Geschäftsbedingungen AGB und in Pfandvertragsformularen der Banken vorgesehene Klausel, die häufig aus zwei Elementen besteht:
– *Generelle Umschreibung des Pfandgegenstandes.* Das zu Gunsten der Bank begründete ↑Pfandrecht erfasst nicht nur bestimmte, speziell aufgezählte Vermögensgegenstände, sondern sämtliche gegenwärtig oder inskünftig bei der Bank für den Pfandgeber deponierten Vermögenswerte.
– *Generelle Umschreibung des gesicherten Forderungskreises.* Das Pfandrecht bietet der Bank Sicherheit für sämtliche im Rahmen der Geschäftsbeziehung entstandenen und inskünftig entstehenden ↑Forderungen gegenüber den Kunden.

Bei den Pfandklauseln in den AGB und in den üblichen Pfandbestellungsformularen der Banken geht es um die Begründung eines ↑Fahrnispfandrechts. Diese Formulare sehen die generelle Umschreibung von Pfandgegenstand *und* gesichertem Forderungskreis vor. Hingegen sind Grundpfandverträge naturgemäss höchstens in Bezug auf den gesicherten Forderungskreis generell formuliert (↑Maximalhypotheken). Vergleichbare Klauseln kommen auch in den für Sicherungszessionen und ↑Bürgschaften zu Gunsten der Banken verwendeten Bankformularen vor. Im Fall der ↑Globalzession wird sowohl der Sicherungsgegenstand wie auch der gesicherte Forderungskreis generell umschrieben, bei Bürgschaften naturgemäss höchstens der gesicherte Forderungskreis.

Die Rechtsgültigkeit der Generalpfandklausel und ähnlicher Klauseln in Zessions- und Bürgschaftsverträgen wird von den Gerichten gelegentlich in Zweifel gezogen. Besondere Kritik erfährt die generelle Umschreibung des *Sicherungsgegenstandes*. Uferlose Umschreibungen wie z.B. die generelle ↑Abtretung sämtlicher gegenwärtigen und zukünftigen Forderungen des Zedenten ohne ausdrückliche Beschränkung auf diejenigen Forderungen, die in seinem Geschäftsbetrieb entstanden sind, können das ganze Sicherungsgeschäft ungültig machen. Im Bereiche des Faustpfandrechts greift diese Kritik aber nicht, weil das Faustpfandprinzip von vornherein für eine Beschränkung des Pfandobjekts auf die bei der Bank liegenden Vermögenswerte des Pfandgebers sorgt. Die generelle Umschreibung des *gesicherten Forderungskreises* gilt als zulässig, wenn nur Forderungen der Bank gesichert werden sollen, die im Rahmen der geschäftlichen Beziehungen der Bank mit dem Kunden entstehen. Eine Klausel, die diese Einschränkung nicht ausdrücklich vorsieht, macht das Sicherungsgeschäft nach bisheriger Praxis nicht ungültig; sie wird in der Regel von den Gerichten auf den von den Parteien beabsichtigten zulässigen Umfang reduziert.

Generelle Debitorenzession
↑Globalzession.

Generelle Verpfändung
↑Wertpapierverpfändung.

Generic swap
Unter dem Begriff Generic swap wird ein ↑Zinsswap verstanden, welcher den Austausch von festen gegen variable Zinszahlungsverpflichtungen beinhaltet. Dies stellt die einfachste Form eines Zinsswaps dar.

Genfer Effektenbörse, Bourse de Genève
Die Genfer Börse ist die älteste Schweizer ↑Börse. Basis war der Finanz- und Privatbankenplatz Genf, der schon im 17. Jahrhundert einige Bedeutung hatte. 1850 wurde der Verein der Agents de change gegründet. Ein Kursblatt aus dieser Zeit zeigt sechs gehandelte ↑Wertpapiere. Der Genfer Staatsrat anerkannte im Jahre 1856 die Genfer Börse offiziell und erliess im Jahr darauf die «Loi pour l'établissement d'une Bourse de commerce de Genève» und das «Règlement d'exécution», 1860 ergänzt durch eine «Loi sur les ventes à termes». Die Genfer Börse unterstand der Verwaltung durch die Chambre de la Bourse, deren Statuten und Reglemente vom Genfer Staatsrat zu genehmigen waren. Die offiziellen ↑Kurse der kotierten Wertpapiere wurden nach dem System «à la criée» unter Aufsicht des vom Staatsrat ernannten Kommissärs bestimmt. Die Chambre de la Bourse war eine Genossenschaft, bestehend aus den ihr angeschlossenen Agents de change. Bis 1945 hatten nur Agents de change Zugang zur Börse. Erst seither sind auch Banken durch ihre ↑Bevollmächtigten direkt am ↑Börsenring, Corbeille, vertreten. Nach vielen Jahren an der Rue Petitot bezog die Genfer Börse 1986 neue, wesentlich grössere Räumlichkeiten am prestigeträchtigeren Standort an der Rue de la Confédération.

Die Genfer Börse war während Jahrzehnten die zweitwichtigste Börse der Schweiz und ein wichtiger und belebender Gegenpol zur Zürcher Börse. An den Börsen von Genf, Zürich und Basel waren die gleichen ↑Grossbanken die wichtigsten Mitglieder und wurden weitgehend die gleichen Titel nach sehr ähnlichen Regeln gehandelt. An der Genfer Börse war allerdings der Einfluss der ↑Privatbanken und deren Geschäftstradition besonders stark. Mit der Umstellung auf den elektronischen Handel im Jahre 1995/96 ging der Betrieb der Genfer Börse, zusammen mit den Börsen von Basel und Zürich auf die Schweizer Börse, heute ↑SWX Swiss Exchange, über.

Richard T. Meier

Genossenschaftsanteil
↑Anteilschein.

Genossenschaftsbank
Genossenschaftsbanken verdanken ihr Entstehen den schwierigen wirtschaftlichen Verhältnissen des 19. Jahrhunderts. Sie bezweckten einerseits die Förderung des Sparsinns der einfacheren Bevölkerungsschichten durch Entgegennahme von Ersparnissen und andererseits die Behebung der Kreditnot kleingewerblicher Betriebe und der Landwirtschaft durch Selbsthilfemassnahmen. Die Pioniere in Deutschland waren Hermann Schultze-Delitzsch (1808–1883) als Begründer der nach ihm benannten auf Handwerker- und Gewerbekreise ausgerichteten ↑Kreditgenossenschaften und Wilhelm F. Raiffeisen (1818–1888) als Begründer der nach ihm benannten ländlichen Kreditgenossenschaften. Nach der Idee von Schultze-Delitzsch wurden in der Schweiz verschiedene lokale Spar- und Leihkassen gegründet. Der gemeinnützige Charakter und die Beschränkung des Kreditgeschäfts auf die Genossenschafter wurde in der Folge jedoch aufgehoben, wobei die 1889 gegründete Schweizerische Volksbank das bekannteste Beispiel darstellt. Auf fruchtbaren Boden fiel dagegen die Raiffeisen'sche Darlehenskassen-Idee, welche sich nach der ersten Gründung 1899 in

Bichelsee in der Schweiz rasch verbreitete. In der ↑Bankenkrise der 30er-Jahre zeigte sich eine grosse Schwachstelle der Genossenschaftsbanken mit Anteilscheinkapital. Wegen der ↑Kündigung der Anteilscheine kamen damals verschiedene, vor allem grössere Genossenschaftsbanken, insbesondere die Schweizerische Volksbank, in Bedrängnis. Deshalb untersagt BankG 13 die Gründung neuer ↑Handelsbanken in der Rechtsform der Genossenschaft ausdrücklich und BankG 14 erleichtert die Umwandlung von Genossenschaftsbanken in Aktiengesellschaften. Zudem wird die ↑Rückzahlung einzelner Anteilscheine an austretende Genossenschafter eingeschränkt, indem ihre Anteilscheine frühestens nach der Genehmigung der Jahresrechnung des vierten auf die Austrittserklärung folgenden Geschäftsjahres ausbezahlt werden dürfen. Diese Frist kann abgekürzt werden, wenn gleichzeitig für den gleichen Betrag andere Anteilscheine gezeichnet und einbezahlt werden (BankV 30).

Eine Erleichterung für Genossenschaften ist vor allem für die ↑Raiffeisenbanken geschaffen worden, indem 50% der Summe der auf einen bestimmten Betrag lautenden ↑Nachschusspflicht pro Kopf, sofern eine unwiderrufliche schriftliche Verpflichtung des Genossenschafters nach OR 840 II vorliegt, als unteres ↑ergänzendes Kapital gelten (BankV 11b II lit. c). Die Deckungsfähigkeit der Nachschusspflicht wird bei Genossenschaften ohne einbezahltes Kapital stark beeinträchtigt, weil das untere ergänzende Kapital nur bis zu 50% des ↑Kernkapitals angerechnet wird.

Der Strukturwandel im schweizerischen Bankwesen hat auch die Stellung der Genossenschaftsbanken grundlegend verändert. Grosse Genossenschaftsbanken wurden in Aktiengesellschaften umgewandelt, konnten jedoch in verschiedenen Fällen trotz der stabileren Rechtsform ihre Selbständigkeit nicht bewahren (Schweizerische Volksbank, Banque Vaudoise de Crédit, Bank in Langnau). Naturgemäss sind Banken in der Rechtsform der Genossenschaft vorwiegend im Kreis der ↑Regionalbanken und ↑Sparkassen zu finden, wobei bezüglich der Eigenkapitalausstattung Banken mit und ohne Anteilscheinkapital zu unterscheiden sind. Die grösste Genossenschaftsbank, die Sparkasse Zürcher Oberland, kennt weder ein einbezahltes Genossenschaftskapital noch eine Nachschusspflicht oder persönliche Haftung der Genossenschafter. In der Gruppe der «anderen übrigen Banken» ist als genossenschaftlich organisiertes Institut die mit einem festen Genossenschaftskapital ausgestattete WIR-Bank (Basel) (↑WIR-Geld) besonders hervorzuheben.

Bei allen Genossenschaftsbanken mit Ausnahme der Raiffeisenbanken ist die genossenschaftliche Grundidee, der Zusammenschluss zur Förderung oder Sicherung bestimmter wirtschaftlicher Interessen der Mitglieder in gemeinsamer Selbsthilfe, in den Hintergrund getreten, indem das Geschäft mit Nichtmitgliedern überwiegt.   *Max Boemle*

Gentle inflation
↑Inflation.

Gentlemen's agreement
Vereinbarungen unter Banken, welche ein gemeinsames Verhalten festlegen, deren Einhaltung jedoch rechtlich nicht erzwungen werden kann. Gentlemen's agreements spielten in der Schweiz vor allem eine Rolle, als die Schweizerische Nationalbank (↑Nationalbank, Schweizerische) noch über ein ungenügendes geldpolitisches Instrumentarium (↑Instrumentarium der SNB) verfügte.

Genussaktie
Genussaktien (Actions de jouissance) entstehen nach der vollständigen Rückzahlung des ↑Nennwertes, verkörpern aber nach wie vor alle mit einer ↑Aktie verbundenen Mitgliedschaftsrechte. Seit der Revision des Aktienrechtes 1936 sind Genussaktien nicht mehr zulässig.

Genussschein
Genussscheine sind gesellschaftsrechtliche ↑Beteiligungspapiere, welche ihren Eigentümern in den Statuten umschriebene Vermögensrechte (Anteil am Jahresgewinn, Anspruch auf das Liquidationsergebnis oder ↑Bezugsrecht auf neue Aktien) verbriefen.

Die Gründe für die Ausgabe von Genussscheinen sind verschiedenartig. So können Gründervorteile durch Aushängung von Genussscheinen abgegolten werden. In diesem Fall spricht man von Gründeranteilscheinen. Bei ↑Sanierungen können ↑Gläubiger für ihren Forderungsverzicht oder Aktionäre für einen ↑Kapitalschnitt (Kapitalherabsetzung) unter Vertröstung auf bessere Zeiten Genussscheine erhalten. Der Genussschein kann auch als zusätzliches Gewinnbeteiligungspapier, von der Aktie losgelöst oder mit dieser untrennbar verbunden, ausgegeben werden, wenn es zweckmässig erscheint, die Gewinnausschüttung optisch auf zwei Papiere zu verteilen. Der Genussschein wird auch als Instrument zur Mitarbeiter-Erfolgsbeteiligung eingesetzt. Zur Abgrenzung von den ↑Partizipationsscheinen, welche früher aktienrechtlich als Genussschein betrachtet werden mussten, dürfen nach OR 657 III Genussscheine nicht auf einen ↑Nennwert lauten und nicht gegen eine Einlage ausgegeben werden.

Die Inhaber von Genussscheinen bilden von Gesetzes wegen eine Gemeinschaft, welche den Vorschriften über die ↑Gläubigergemeinschaft bei Anleihensobligationen untersteht (OR 657 IV).

Gerichtsstand
Der Ort, dessen Gerichte zur Erledigung eines Rechtsstreites zuständig sind. Wo das Gerichts-

standsgesetz (in Kraft seit 01.01.2001) nichts anderes vorsieht, ist es der Wohnsitz des Beklagten, bei Klagen eines Konsumenten aus Konsumentenverträgen nach zwingendem Recht wahlweise auch der Wohnsitz des Konsumenten. In ihren formularmässigen Verträgen (den ↑Allgemeinen Geschäftsbedingungen, Depot-, ↑Kredit-, ↑Pfand-, Bürgschaftsverträgen, Vollmachtsformularen usw.) sehen die Banken immer ihr Domizil als Gerichtsstand vor. Es ist zu erwarten, dass die Rechtsprechung der Gerichte Bankbeziehungen von Privatpersonen unter bestimmten Umständen oder allgemein den Konsumentenverträgen zurechnen wird. Soweit dies der Fall ist, wird sich die Bank gegenüber einem Privatkunden, der an seinem Wohnort gegen die Bank klagt, nicht mehr auf die Gerichtsstandsklausel berufen können. Analoges kann aufgrund ausländischer Vorschriften auch im Verhältnis zu ausländischen Privatkunden gelten.

German general collateral (GC)
↑Repo-Geschäft der SNB; ↑Repo-Markt Schweiz.

Gesamteigentum
↑Eigentum.

Gesamthanddepot
↑Depotgeschäft.

Gesamthandkonto
↑Depotgeschäft.

Gesamthandvermögen
Vermögen, an dessen Aktiven mehrere Personen gesamthänderisch berechtigt sind (bei Sachen: Gesamteigentum). Gesamthänderische Berechtigung mehrerer Personen an einer Sache oder Forderung entsteht, wenn die Berechtigten durch Gesetzesvorschrift oder Vertrag zu einer im Gesetz vorgesehenen Gemeinschaft (z.B. die eheliche Gütergemeinschaft mit Bezug auf das Gesamtgut, ZGB 221 ff.; die Erbengemeinschaft bis zur Teilung, ZGB 602 ff.; die einfache Gesellschaft, OR 530 ff.; die Kollektiv- und Kommanditgesellschaft, OR 552 ff. und 594 ff.) verbunden sind und ihnen die Sache oder Forderung kraft ihrer Gemeinschaft zusteht. Über Gesamthandvermögen können die Berechtigten bis zur Auflösung der Gemeinschaft grundsätzlich nur gemeinsam verfügen. So lange die Gemeinschaft dauert, ist ein Recht auf Teilung oder die Verfügung über einen Bruchteil des Vermögens und der einzelnen Aktiven ausgeschlossen (für Sachen ZGB 653 III). Erwerben mehrere Personen, die *nicht* zu einer gesamthänderischen Gemeinschaft verbunden sind, gemeinsam einen Vermögenswert, z.B. durch Kauf oder durch gemeinsamen Auftrag, so entsteht bei Sachen Miteigentum, und zwar vorbehältlich anderer Vereinbarung zu gleichen Teilen, und jeder Miteigentümer kann seinen Teil veräussern oder verpfänden (ZGB 646); handelt es sich beim erworbenen Vermögenswert um eine Forderung, so zerfällt sie in diesem Fall in Teilforderungen; Solidarität der Berechtigten als dritte Lösung entsteht nur, wenn dies so mit dem Schuldner vereinbart wird (OR 150 I). Die gesetzliche Lösung (Miteigentum bzw. Teilforderungen) ist im Verkehr zwischen Kunden und Bank unerwünscht und unzweckmässig. Es empfiehlt sich daher, jeweils ausdrücklich festzulegen, ob ein auf mehrere Personen lautendes Konto oder ↑Depot entweder als *Solidarkonto und -depot* (↑*Compte-joint*) mit Berechtigung jedes einzelnen Kunden auf das Ganze oder als *Gesamthandkonto und -depot* mit kollektiver Berechtigung der Kunden geführt werden soll. Im letzteren (seltenen) Fall wird angenommen, dass zwischen den Kunden mit Bezug auf das Konto eine einfache Gesellschaft besteht. ↑Depotgeschäft.
Christian Thalmann

Gesamtliquidität (Kennzahl)
↑Liquidität (Allgemeines und Aufsichtsrechtliches).

Gesamtpfandrecht
Haften mehrere Pfandgegenstände für eine einzelne Pfandforderung (oder für eine Mehrheit von Pfandforderungen), so liegt ein Gesamtpfandrecht vor. Gesamtpfandrechte sind im Bankverkehr schon darum eine alltägliche Erscheinung, weil sich die Banken in den Allgemeinen Geschäftsbedingungen (AGB) und in den Pfandformularen ein ↑Pfandrecht an allen Wertpapieren einräumen lassen, die sie jeweils für den Kunden aufbewahren (↑Wertpapierverpfändung).

1. Allgemeines
Ähnlich wie bei einer ↑Solidarschuld, wo jeder Solidarschuldner für die ganze Schuld einzustehen hat, haftet beim Gesamtpfand jeder einzelne Pfandgegenstand für die ganze Pfandforderung, und zwar neben den anderen Pfändern, bis zur vollständigen Tilgung der Forderung. Unerheblich ist, ob die Pfänder durch einen oder mehrere Verpfänder bestellt worden sind und ob die Verpfändungen gleichzeitig oder nacheinander erfolgt sind. In der Vereinbarung zwischen Pfandgläubiger und Verpfänder kann bestimmt werden, dass ein bestimmter Pfandgegenstand erst verwertet werden darf, wenn andere Pfandgegenstände verwertet und die gesicherte Forderung aus deren Erlös nicht voll gedeckt wurde. Dieser Fall kann vor allem dort aktuell werden, wo ein Dritter dem Pfandgläubiger zusätzlich zu den vom Schuldner bereits bestellten Pfändern nachträglich ein weiteres Pfand bestellt. Die im Bankverkehr verwendeten Formulare sehen aber ausdrücklich das Gegenteil vor: die Bank soll frei bestimmen können, in welcher Reihenfolge sie

die bestehenden Sicherheiten (in der Regel auf dem Weg der freihändigen Verwertung) verwerten will. Für die Reihenfolge der Verwertung in der Zwangsvollstreckung gelten mangels einer ausdrücklichen Vereinbarung folgende Grundsätze: Es sollen nur so viele Pfandgegenstände verwertet werden, wie zur ↑Deckung des betreibenden Pfandgläubigers und allfällig vorgehender Pfandforderungen erforderlich sind (ZGB 816 III betr. Grundpfand); Pfandgegenstände, an denen keine Nachpfandrechte bestehen, sind vor solchen mit Nachpfandrechten zu verwerten (VZG 107 I); Pfandgegenstände, die dem Schuldner gehören, sind vor Drittpfändern zu verwerten (VZG 107 II betr. Grundpfand). Ist die Verwertung mehrerer Pfänder erforderlich und übersteigt der Erlös die gedeckte Forderung, so werden die daraus erlösten Beträge im Verhältnis ihrer Höhe zur Deckung der Forderung verwendet (SchKG 219 II betr. Konkurs).

2. Gesamtpfandrecht an Grundstücken
Ein Gesamtpfandrecht an mehreren Grundstücken zur Sicherheit für eine einzelne Forderung in der Weise, dass jedes Grundstück für die gesamte Forderung haftet, kann nur errichtet werden, wenn die zu belastenden Grundstücke demselben Eigentümer gehören oder wenn sie im ↑Eigentum solidarisch verpflichteter Schuldner stehen (ZGB 798 I). Jedes Grundstück wird in diesem Fall mit der vollen Pfandsumme belastet; die Belastung kann auf den einzelnen Grundbuchblättern in verschiedenem Rang erfolgen. Bei landwirtschaftlichen Grundstücken darf jedes Grundstück bis zum Betrag belastet werden, der der Summe der Belastungsgrenzen der verpfändeten Grundstücke entspricht; die Errichtung eines Gesamtpfandrechtes auf Grundstücken, die dem bäuerlichen Bodenrecht unterstehen und solchen, für die dies nicht der Fall ist, ist nicht zulässig (BGBB 74). Gehören die Grundstücke, die für eine Forderung verpfändet werden sollen, weder dem selben Eigentümer noch verschiedenen, solidarisch verpflichteten Schuldnern, so muss eine Verteilung der Pfandhaft vorgenommen werden: Jedes der Grundstücke wird mit einem Teilbetrag der Forderung belastet, und jedes Grundstück haftet bei der ↑Pfandverwertung nur bis zu dieser Summe für die Forderung (ZGB 798 II).
Ein Gesamtpfandrecht an mehreren Grundstücken für eine einzelne Forderung führt nominell meistens zu einer Überbelastung der Einzelgrundstücke, weswegen im ↑Grundbuch auf das Vorliegen eines Gesamtpfandrechts hinzuweisen ist. Noch klarere Verhältnisse werden geschaffen, wenn mit Einwilligung des Eigentümers ein kollektives Grundbuchblatt für die mit dem Gesamtpfandrecht zu belastenden Grundstücke eröffnet wird. Typischer Anwendungsfall des Gesamtpfandrechts an Grundstücken ist die Verpfändung von Grundbesitz, der aus mehreren, ihrer wirtschaftlichen Natur nach zusammengehörenden Einzelparzellen besteht, wie landwirtschaftliche Heimwesen, Fabrikanlagen usw. Es ist nicht erforderlich, dass die mit einem Gesamtpfandrecht zu belastenden Objekte aneinander grenzen. *Christian Thalmann*

Gesamtrendite
↑Performance.

Geschäftsaufwand
Der Geschäftsaufwand einer Bank umfasst den Personalaufwand und den Sachaufwand (Raumaufwand, Informatikaufwand, übriger Aufwand wie Kommunikationsaufwand, Büromaterial, Rechtskosten, Revisionskosten usw.).

Geschäftsbank
Bezeichnung für alle Banken, die keine ↑Zentral-, ↑Noten- oder ↑Emissionsbanken sind. Fälschlicherweise wird Geschäftsbank oft synonym zu «Banque d'affaires» verwendet. In Deutschland versteht man unter Geschäftsbank im engeren Sinne die ↑Universalbank.

Geschäftsbedingungen
↑Allgemeine Geschäftsbedingungen (AGB).

Geschäftsbereich
Als Geschäftsbereich kommen Teilbereiche der Unternehmung in Frage, die einen bestimmten Produkt- und Markt-Bereich bearbeiten (z. B. ausgewählte Kundengruppen, geografisch abgrenzbare Märkte) und für die es sinnvoll erscheint, eigenständige, von anderen Geschäftsbereichen der Unternehmung unabhängige Strategien zu formulieren und durchzusetzen. Als Beispiel unterscheidet die ↑SWX Swiss Exchange für sich selbst folgende Geschäftsbereiche: ↑Emittenten, Märkte, Information, Produkte und Informatik. ↑Geschäftsfeld.

Geschäftsbericht
Nach OR 662 umfasst der Geschäftsbericht die ↑Jahresrechnung (bei Banken), den Jahresbericht und – falls vom Gesetz verlangt – die ↑Konzernrechnung. Der Inhalt des Geschäftsberichtes von Banken ist nach BankG und BankV sehr viel präziser festgelegt als im Aktienrecht.

Geschäftseinheit
↑Marktsegmentierung.

Geschäftsfeld
Als Geschäftsfeld bezeichnet man einen irgendwie definierten Teilbereich der gesamten Unternehmung. Auf organisatorisch höchster Ebene spricht man auch von Geschäftssparte (↑Sparte), insbesondere wenn die Bereiche nach Produktgruppen gegliedert werden. Wird das Feld aufgrund von Kundengruppen definiert, ist der Begriff Segment

üblich. In der Strategie verwendet man den Begriff ↑«Strategisches Geschäftsfeld» oder «Strategische Geschäftseinheit» für einen Teilbereich der Bank, für welchen eine eigenständige Strategie festgelegt werden kann. Voraussetzung hierzu sind eine von den andern Bereichen der Bank hinreichend unabhängige Marktaufgabe, klar identifizierbare Konkurrenten und eine sinnvolle Ergebniszuweisung im Rahmen des Management accounting (↑Management-Informationssystem bei Banken [MIS]). Werden Geschäftsfelder nach Organisationseinheiten definiert, spricht man oft auch von Cost- oder Profitcenter. ↑Geschäftsbereich; ↑Marktsegmentierung; ↑Organisation der Bank.

Geschäftsgeheimnis
↑Bankkundengeheimnis.

Geschäftskreis der Banken
Zu den Bewilligungsvoraussetzungen gehört es, dass die ↑Bank ihren Geschäftskreis (Geschäftsbereich, Aufgabenkreis) in den Statuten, Gesellschaftsverträgen und Reglementen sachlich und geografisch genau umschreibt. Die strategische Geschäftsausrichtung einer Bank hat in einem ausgewogenen Verhältnis zu ihrer Organisationsstruktur zu stehen. Der ↑Geschäftsbereich muss den finanziellen und personellen Mitteln und der Betriebsorganisation der Bank entsprechen (BankG 3 II lit. a; BankV 7). Die Bewilligungsvoraussetzungen sind daher im Lichte des Geschäftskreises zu beurteilen. So muss z. B. eine global tätige ↑Universalbank bezüglich ihrer Organisation, Infrastruktur sowie ihrer personellen und kapitalmässigen Ausstattung anderen Anforderungen genügen als eine regional tätige ↑Sparkasse. Während bei der Ziel- und Zweckumschreibung gewisse Freiräume bestehen, werden bei der Beurteilung der finanziellen Ressourcen und der organisatorischen Vorkehrungen strenge Massstäbe angelegt.
In *sachlicher* Hinsicht ist der Aufgabenkreis einer Bank in den Statuten so eingehend zu umschreiben, dass die Natur der Hauptgeschäfte (z.B. Hypothekarbank, ↑Wertschriftenbank, Handelsbank, ↑Universalbank) daraus klar ersichtlich wird. Ausserdem müssen alle Geschäftszweige, auf die sich die Tätigkeit der Bank regelmässig erstrecken (z.B. Entgegennahme von Publikumsgeldern, ↑Effektenhandel, ↑Vermögensverwaltung, ↑Anlageberatung), ausdrücklich bezeichnet werden. Die Durchführung «bankfremder» Tätigkeiten ist Banken nicht grundsätzlich verwehrt, bedarf aber gemäss Praxis der ↑Bankenkommission einer ausdrücklichen Grundlage in den Statuten. Damit soll sichergestellt werden, dass auch in diesen bankfremden Bereichen die nötige Verwaltungsorganisation vorliegt. Der sachliche Geschäftskreis einer Bank umfasst in der Regel die Sparten ↑Aktiv-, ↑Passiv- und ↑Eigengeschäft sowie übrige Dienstleistungen (indifferentes Geschäft) und wird auf Reglementsstufe näher umschrieben. Bei grösseren Universalbanken und ↑Bankkonzernen werden die klassischen Bankaktivitäten zunehmend überlagert durch strategische Geschäftsfelder (↑Retail banking, ↑Private banking, ↑Asset management, ↑Investment banking, ↑Allfinanz usw.).

In *geografischer* Hinsicht ist ebenfalls ein risikogerechtes Verhältnis zwischen dem Tätigkeitsgebiet und der Verwaltungsorganisation anzustreben. Die Bank hat auf statutarischer Ebene grundsätzlich festzulegen, ob sie ihre Geschäfte im lokalen, regionalen, nationalen, internationalen oder globalen Rahmen tätigen will. Dabei sind für sämtliche ↑Geschäftssparten Zielmärkte und Zielkundschaft in Abhängigkeit zur geografischen Ausdehnung zu definieren. Die sorgfältige Überprüfung von ↑Kreditnehmern und die hinreichende Überwachung von ↑Ausleihungen ist umso eher sichergestellt, als die Bank und deren Mitarbeiter mit den lokalen Verhältnissen vertraut sind. Kreditgewährungen ausserhalb des geografischen Bereichs können aber gegen ↑Deckung von innerhalb des Rayons gelegenen Sicherheiten zulässig sein. In begründeten Einzelfällen kann der übliche Geschäftsrahmen in beschränktem Umfang auch eine gewisse Ausdehnung erfahren.

Der Geschäftsbereich einer Bank unterliegt in einem ständig sich wandelnden Umfeld (z.B. neue Vertriebskanäle, neuartige Produkte, Zusammenschlüsse von Banken) laufenden Anpassungen. Änderungen des Geschäftszwecks und des Geschäftsbereichs sind der Bankenkommission in Form von Statuten- und Reglementsänderungen zur Genehmigung zu unterbreiten (BankG 3 III). Infrastruktur, Organisation und Personal sind jeweils an die neuen Gegebenheiten anzupassen. Mit der Umschreibung des Geschäftsbereiches soll auch die Zuständigkeit der Bankorgane abgesteckt und nötigenfalls Verantwortlichkeiten festgestellt werden. Überschreiten Bankorgane den vorgesehenen Geschäftsbereich, so können sie für den daraus erwachsenen Schaden haftbar gemacht werden (BankG 41). *Hansueli Geiger*

Geschäftsleitung der Bank
Das Wort Geschäftsleitung und dessen Synonym Management haben eine doppelte Bedeutung. Einerseits wird damit ein Gruppe von Personen bezeichnet, welche für den Erfolg der Bank verantwortlich ist und hierzu die notwendigen Kompetenzen haben muss, andererseits versteht man darunter die Aufgaben, welche diese Personengruppe zu leisten hat. Abstrakt geht es beim «dispositiven Faktor Geschäftsleitung» um fünf Funktionen:
1. Ziele setzen
2. Planen
3. Entscheiden

4. Organisieren der Realisierung (Organisation)
5. Kontrollieren.
Im Folgenden ist von der Geschäftsleitung im Sinne einer Personengruppe die Rede.
Die Geschäftsleitung der Bank obliegt in der Schweiz im Falle einer Aktiengesellschaft zwei Organen: Dem «Organ für Oberleitung, Aufsicht und Kontrolle» (dem Verwaltungsrat) einerseits, der «Geschäftsleitung i.e.S.» oder «Geschäftsführung» (bei Banken oft auch als Generaldirektion bezeichnet) andererseits. Abweichende Lösungen von dieser Zweiteilung sind bei ↑Kantonalbanken und ↑Privatbankiers möglich. Im Unterschied zum Aktienrecht wird diese Zweiteilung bei den Banken durch BankG 3 II faktisch vorgeschrieben. Verstärkt wird diese Vorschrift in der BankV 8 durch die Auflage, dass «kein Mitglied des für die Oberleitung, Aufsicht und Kontrolle verantwortlichen Organs einer Bank [...] der Geschäftsführung angehören [darf]». In Banken ist es damit auch nicht zulässig, einen Delegierten oder den Präsidenten des Verwaltungsrates mit der Geschäftsleitung zu betreuen. Falls an der Spitze einer Bankengruppe eine ↑Holdinggesellschaft steht, was in der Schweiz vermehrt der Fall ist, findet diese Vorschrift nach der Praxis der Eidgenössischen ↑Bankenkommission (EBK) keine Anwendung. Das Aktienrecht regelt in OR 716a die unübertragbaren und unentziehbaren Aufgaben des Verwaltungsrates, welche insbesondere die strategische Führung, die Festlegung der Organisation, die Ernennung und Abberufung der Geschäftsleitung und die Oberaufsicht über die mit der Geschäftsführung betrauten Personen umfassen. Bankengesetz und -verordnung enthalten weiter gehende Vorschriften und Auflagen. Zudem unterliegt das Geschäftsreglement einer Bank, in welchem die Struktur, Aufgaben, Kompetenzen und Verantwortungen von Verwaltungsrat und Geschäftsleitung im Detail geregelt werden, der Bewilligung durch die EBK. Die Aufsichtsbehörde hat in der Schweiz auch die Möglichkeit, auf die konkrete Besetzung der Führungsorgane Einfluss zu nehmen, falls Zweifel an der «Gewähr für eine einwandfreie Geschäftsführung» (BankG 3 II lit.c) bestehen. Die Freiheitsgrade der Banken bei der Regelung der Geschäftsleitung sind somit stark eingeschränkt. Falls eine Bank als Konzern organisiert ist, stellen sich zusätzliche rechtliche Fragen, insbesondere solche des Verhältnisses zwischen den Organen der ↑Muttergesellschaft und denjenigen der Tochterunternehmen.
Neben den gesetzlichen Regelungen findet das Thema «Geschäftsleitung der Bank» auch im Rahmen der Diskussionen um die ↑Corporate governance in der ökonomischen und juristischen Literatur grosse Beachtung. Es geht dabei namentlich um die Beziehungen zwischen Eigentümer, Verwaltungsrat und Geschäftsleitung. Bezogen auf den Verwaltungsrat stehen dabei vor allem Fragen der Grösse, der Unabhängigkeit, der Verantwortung und der inneren Organisation im Zentrum des Interesses. Es gilt heute als allgemein anerkannt, dass der Verwaltungsrat einer Bank mindestens über einen Revisionsausschuss (↑Audit Committee) und häufig auch einen Personalausschuss (Evaluation and Compensation Committee) verfügen sollte. Je nach Tätigkeitsbereich und -umfang empfiehlt es sich, einen Finanz- und Kreditausschuss zu bilden. Ob ein Strategie- oder Präsidialausschuss zweckmässig ist, gilt als umstritten. Er birgt das Risiko eines Zweiklassenverwaltungsrates in sich, bei welchem die Verantwortungen für die strategische Ausrichtung und Führung verwischt werden.
Bezogen auf die Geschäftsleitung geniessen in Theorie und Praxis primär folgende Fragen hohe Aufmerksamkeit: «Wie werden die Mitglieder der Geschäftsleitung auf ihre Aufgabe vorbereitet, wie werden sie ausgewählt, welches ist eine zweckmässige Zusammensetzung des Organs? Arbeitet die Geschäftsleitung als Kollegialorgan mit einem Vorsitzenden im Sinne eines «Primus inter pares», oder führt ein mit grossen persönlichen Kompetenzen ausgestatteter Chief Executive Officer (CEO) die Bank? Inwieweit leiten die Mitglieder der Geschäftsleitung ihre unterstellten Bereiche in Eigenkompetenz, inwieweit benötigen sie die Zustimmung ihrer Kollegen? Welche Aufgaben, Kompetenzen und Verantwortungen werden durch Ausschüsse wahrgenommen, welche durch Einzelpersonen? Mit welchem Führungs- und Sitzungsrhythmus kann eine Geschäftsleitung effektiv und effizient arbeiten? ↑Corporate governance.

Hans Geiger

Geschäftspolitik der Banken
↑Bankpolitik, Geschäftspolitik der Banken.

Geschäftssparte
Geschäftssparte ist ein Synonym für ↑Sparte. Der Begriff bezeichnet einen Teilbereich einer Bank auf hoher Ebene, wobei als Kriterium für die Bereichsbildung die Produktgruppe dient. Der Ausdruck wird vor allem in der Kostenrechnung verwendet, früher bezeichnete man damit auch produktorientierte Verantwortungsbereiche.

Geschäftswert
↑Goodwill.

Geschlossener Fonds
Bezeichnung für ↑Anlagefonds jeder Rechtsform, bei denen der Anleger weder gegenüber der ↑Fondsleitung noch gegenüber einer sonstigen nahe stehenden Gesellschaft Anspruch auf Auszahlung seines ↑Anteils zum jeweiligen ↑Inventarwert hat. Daher werden solche Vehikel meistens an einer ↑Börse kotiert, um dem Anleger eine alter-

native Ausstiegsmöglichkeit zu geben. In der Schweiz werden solche ↑«Closed end funds» als ↑Investmentgesellschaften bezeichnet; im Gegensatz zu Anlagefonds unterstehen sie dem AFG und der Aufsicht durch die EBK nicht.

Geschlossenes Depot
↑Depotgeschäft.

Gesellschaftsrechtliche Anlagefonds
Der Begriff Gesellschaftsrechtliche Anlagefonds umfasst die im Ausland sehr beliebten körperschaftlichen Formen der kollektiven ↑Kapitalanlage (in Luxemburg als ↑«SICAV», in den USA als «Investment Company» bekannt). Generell fehlt bei gesellschaftsrechtlichen ↑Anlagefonds die für schweizerische Anlagefonds typische Trennung zwischen dem Sondervermögen einerseits, der «treuhänderisch» für sie handelnden ↑Fondsleitung anderseits. Einziger Rechtsträger ist vielmehr der gesellschaftsrechtliche Anlagefonds selber, der durch den eigenen Verwaltungsrat handelt, jedoch meistens kein eigenes Personal aufweist, sondern das tägliche Management und die Administration an Dritte delegiert. Im Vergleich zu sonstigen Aktiengesellschaften zeichnen sich solche SICAV namentlich aus durch das Recht zur laufenden Ausgabe neuer ↑Aktien ohne Generalversammlungsbeschluss und die Möglichkeit, die (nennwertlosen) Aktien jederzeit zum ↑Inventarwert des Fondsvermögens, welches jeweils dem Gesellschaftskapital entspricht, zurückzukaufen. Der Bundesrat hat am 16.01.2002 eine Expertenkommission eingesetzt, welche eine Teilrevision des AFG vorbereiten soll und dabei namentlich auch die Einführung gesellschaftlicher Anlagefonds zu prüfen hat. *Matthäus den Otter*

Gesetzlicher Kurs
↑Gesetzliches Zahlungsmittel.

Gesetzliches Pfandrecht
↑Retentionsrecht.

Gesicherter Forderungskreis
↑Generalpfandklausel.

Gesperrter Check
↑Check, der dem rechtmässigen Inhaber abhanden gekommen ist und dessen Einlösung der bezogenen Bank deswegen vom Aussteller verboten worden ist. Demgegenüber spricht man von einem widerrufenen Check, wenn der Aussteller nach der Begebung des Checks seinen Sinn ändert und verhindern will, dass der von ihm eingeleitete Zahlungsvorgang mit der Einlösung des Checks durch die bezogene Bank seinen Abschluss findet.
↑Checksperre.

Gesperrtes Depot
Wertpapierdepot, über das nur mit Zustimmung eines Dritten oder einer Behörde verfügt werden darf. ↑Depot; ↑Depotgeschäft; ↑Kontosperre.

Gesperrtes Guthaben
↑Sperrdepot, -guthaben.

Gesperrtes Konto
↑Kontosperre.

Gesperrte Stücke
Auch Sperrstücke genannt. Darunter sind im Bank- bzw. Kapitalmarktgeschäft zu verstehen:
1. ↑Wertpapiere, die einer ↑Sperrfrist unterliegen und über die der Eigentümer für die Dauer der Frist nicht frei verfügen darf, z. B. Mitarbeiteraktien oder aus ↑Emission zugeteilte Papiere (↑Sperrverpflichtung)
2. Wertpapiere, die auf einer Sperrliste figurieren, weil sie als verloren oder gestohlen gemeldet wurden, und die deshalb von Banken nicht entgegengenommen werden (↑Sperren, Sperrung; ↑Opposition von Wertpapieren).

Gestionskommission
Auch Gestionsprovision. Das ↑Syndikat wird für die Durchführung der ↑Emission in Form der Festübernahme (↑Emissionsgeschäft) vom ↑Emittenten mittels einer Übernahmekommission entschädigt. Sie beträgt meist einen Bruchteil des Gesamtbetrages der ganzen Emission. In der Syndikatsabrechnung erscheint neben den Emissionsspesen, Gebühren und Steuern auch die Übernahmekommission. Sie setzt sich zusammen aus der Gestionskommission für den ↑Lead-Manager für seine Tätigkeit als ↑federführende Bank und der ↑Guichetkommission (soweit überhaupt noch existierend) für die übrigen Syndikatsmitglieder. Die Guichetkommission bemisst sich je nach Höhe der Beteiligung der Syndikatsmitglieder am Gesamtbetrag der Emission.

Gestrippte Anleihen
↑Stripped bonds.

Gewähr
Gewähr wird in zwei Bedeutungen verwendet:
1. Als anderer Ausdruck für die *Gewährleistungsverpflichtung des Verkäufers* für Rechts- und Sachmängel der verkauften Sache und für die *Gewährleistungsverpflichtung des Zedenten* einer Forderung. Beim Verkauf (der entgeltlichen ↑Abtretung) einer gewöhnlichen Forderung haftet der Verkäufer (Zedent) von Gesetzes wegen nur für den Bestand der Forderung, nicht aber für die Zahlungsfähigkeit des Schuldners (OR 171). Ob hier durch die Verwendung der Klauseln «ohne Gewähr» oder «ohne Obligo»

auch die gesetzliche Haftung für den Bestand der Forderung wegbedungen oder nur die gesetzliche Ordnung bestätigt wird, hängt von den Umständen ab. Es liegt aber nahe, die Vereinbarung «mit Gewähr» als Übernahme der Haftung des Zedenten auch für die Zahlungsfähigkeit des Schuldners zu verstehen. Auch in einem ↑Schuldbrief verkörperte oder durch Grundpfandverschreibung gesicherte Forderungen werden oft routinemässig mit der Klausel «ohne Gewähr» oder «ohne Nachwährschaft» indossiert bzw. abgetreten. Im Zweifel ist dies als Bestätigung der gesetzlichen Ordnung (d. h., es wird keine Haftung für die Zahlungsfähigkeit übernommen) zu verstehen. Ist die Forderung in einem Wechsel verkörpert, so haftet der Verkäufer (Aussteller, Indossant) von Gesetzes wegen auch für die Zahlungsfähigkeit des ↑Bezogenen (OR 999, 1005). Mit der vom Indossanten angebrachten Klausel «ohne Gewähr» oder «ohne Obligo» wird hier die Haftung für die Zahlungsfähigkeit, nicht für den Bestand der Forderung wegbedungen.

2. Nach BankG 3 II lit. c müssen die leitenden Personen einer ↑Bank *Gewähr für eine einwandfreie Geschäftsführung* bieten. Diese Bestimmung, die ursprünglich nur die Erteilung einer Bewilligung zum Bankbetrieb an das Vorliegen charakterlich-fachlicher Eigenschaften der leitenden Personen knüpfte, wird heute in der Praxis der EBK auch auf eine Bank als Ganzes bezogen. So hat es sich eingebürgert, von einer Bank, die sich nicht einwandfrei verhält, zu sagen, sie habe gegen den «Gewährartikel» verstossen.

Gewährträger
Personen, von denen BankG 3 II lit. c verlangt, dass sie einen guten Ruf geniessen und ↑Gewähr für eine einwandfreie Geschäftsführung bieten. Es handelt sich dabei zunächst um die mit der Verwaltung und Geschäftsführung einer Bank betrauten Personen. Weitere Gewährträger sind seit dem 01.02.1995 diejenigen natürlichen und ↑juristischen Personen, die direkt oder indirekt mit mindestens 10% des Kapitals oder der Stimmen an einer Bank beteiligt sind oder deren Geschäftstätigkeit auf andere Weise massgebend beeinflussen können; sie müssen gewährleisten, dass sich ihr Einfluss nicht zum Schaden einer umsichtigen und soliden Geschäftstätigkeit auswirkt (BankG 3 II lit. c[bis]).

Gewerbefinanzierung
Im Zentrum der Gewerbefinanzierung durch die Bank (↑KMU-Finanzierung) stehen die persönlichen Qualitäten des Unternehmers. Berufstüchtigkeit und Berufserfahrung, aber auch der Charakter des Unternehmers bilden das Fundament einer stabilen Vertrauensbasis. Neben den qualitativen Faktoren basiert eine Gewerbefinanzierung auch auf der Analyse der quantitativen Faktoren. Der Geschäftsabschluss gilt als allumfassender Leistungsausweis und Visitenkarte des Unternehmens.

In den 1990er-Jahren hat in der quantitativen Kreditanalyse ein eigentlicher Wertewandel stattgefunden, die Ertragsbeurteilung steht heute im Vordergrund, die Substanzanalyse hat an Bedeutung verloren. Der inskünftige freie Cashflow (↑Free cashflow) dokumentiert die Kreditrückführungsmöglichkeit des Unternehmens. Er sagt aus, in welchem Umfang ein Unternehmen in der Lage sein wird, ↑Dividenden an den Eigenkapitalgeber auszuschütten und das ↑Fremdkapital zurückzuzahlen.

Zu den für Handwerk und Gewerbe üblichen Finanzierungsmöglichkeiten gehören die Aufnahme von Hypotheken (↑Hypothekargeschäft), festen Vorschüssen (↑Darlehen) und ↑Kontokorrentkrediten gegen grundpfändliche Sicherheiten oder andere, gleichwertige Realsicherheiten. Der ↑Blankokredit wird einer Unternehmung gewährt, die über eine besonders gute Schuldnerbonität verfügt. Bei diesem Kredit haftet einzig das Vermögen des ↑Kreditnehmers.

Der ↑Kautionskredit kann als indirekte Gewerbefinanzierung bezeichnet werden. Das Hauptanwendungsgebiet ist die Handwerkergarantie. In den meisten Bau- und Werkverträgen hat der Bauherr das Recht, für die versteckten Mängel während der Dauer von zwei Jahren 10% der Vertragssumme zurückzubehalten. Anstelle des Bar-Rückbehaltes tritt die ↑Kaution, oft als ↑Bankgarantie bezeichnet, juristisch in der Regel eine einfache ↑Bürgschaft (OR 495).

Der ↑Pflichtlagerkredit steht nur wenigen Branchen zur Verfügung. Basis bilden der Pflichtlagervertrag zwischen der Unternehmung und dem Bund sowie die Garantie durch die Eidgenossenschaft.

Das ↑Leasing kann eine Alternative zur Gewerbefinanzierung sein. Als Entscheidungsgrundlage sollten in jedem Fall die finanziellen, fiskalischen und rechtlichen Auswirkungen des Leasings auf das Unternehmen analysiert werden.

Ganz speziell ist die Gewerbefinanzierung für die freiberuflichen Kreditnehmer wie Notare, Anwälte, Treuhänder oder Ärzte. Mit einem Investitions- (↑Anlagekredit) und ↑Betriebskredit finanziert die Bank die Büro- und Praxiseröffnung gegen die Verpfändung einer Todesfallrisikoversicherung oder Lebensversicherung auf das Leben des Kreditnehmers – oft kombiniert mit einer Erwerbsausfallversicherung.

An Bedeutung sehr stark verloren haben der ↑Diskontkredit, der ↑Zessionskredit, die Investitionsfinanzierung über den ↑Eigentumsvorbehalt und die Finanzierung von Einrichtungen und Maschinen durch die ↑Zugehörverpfändung.

Hans-Mathias Käppeli-Gebert

Gewinnablieferung
Jener Teil des Jahresgewinns, den eine als öffentlich-rechtliche Anstalt konstituierte Bank an die öffentliche Körperschaft (Kanton, Gemeinden) überweist. Eine besondere Form der Gewinnablieferung kennt die Schweizerische ↑Nationalbank SNB; sie ist im NBG 27 vorgesehen. Die Kantone erhalten vom Jahresgewinn, nach Entrichtung einer ↑Dividende von 6% auf dem ↑Aktienkapital und einer Reservezuweisung, achtzig Rappen je Kopf der Bevölkerung. Der Bund und die Kantone haben überdies Anspruch auf eine zusätzliche Gewinnablieferung, welche den Löwenanteil des ausgewiesenen Jahresgewinns ausmacht, wovon ein Drittel dem Bund und zwei Drittel den Kantonen zufällt.

Gewinnanteilschein
↑Dividendencoupon.

Gewinnausschüttung
↑Dividende.

Gewinnbeteiligung
Die Gewinnbeteiligung von Mitarbeitern umfasst erfolgsabhängige zusätzliche Zahlungen zum festen Lohn. Sie kann sich auf Leistungsgrössen (Produktivität, Verkaufsumsätze), auf Ertragsgrössen (↑Bruttogewinn, ↑Earnings before interest and taxes [EBIT], sog. erfolgswirtschaftlicher ↑Cashflow, ↑Economic value added) oder auf den Jahresgewinn (Gewinn vor oder nach Steuern) beziehen. ↑Bonussysteme. ↑Gewinnobligation.

Gewinn je Aktie
↑Earnings per share.

Gewinnmarge
↑Zinsmarge.

Gewinnmitnahme
Gewinnmitnahme (auch: Gewinne mitnehmen; Profit taking) ist ein Ausdruck für den Verkauf von ↑Effekten, um den erzielten Gewinn zu realisieren, «zu sichern».

Gewinnobligation
Schuldverpflichtung, deren Ertrag ganz (↑Income bonds) oder zusätzlich zur festen Verzinsung vom Gewinn des Schuldners abhängig ist.

Gewinnrendite
Die Gewinnrendite ist der Kehrwert der ↑Price earnings ratio (PER).

Gewinnreserve
Jene Teile des ↑Eigenkapitals, welche aus zurückbehaltenem Gewinn gebildet worden sind (Gegensatz: ↑Kapitalreserve). Nach BankV 25f IV sind in Abweichung zur Gliederung der Reserven nach Aktienrecht in der ↑Konzernrechnung Gewinn- und Kapitalreserven auszuweisen.

Gewinnschuldverschreibung
↑Gewinnobligation.

Gewinnschwelle
↑Break even point.

Gewinnsicherungsorder
Bei einer Gewinnsicherungsorder wird nach dem Prinzip der ↑Stop loss order ein bereits erzielter ↑Buchgewinn abgesichert. Idealtypisch ist folgendes Beispiel: Jemand hat eine Aktienposition gekauft. Der Stückpreis betrug CHF 100 und ist zwischenzeitlich auf CHF 125 gestiegen. Der Käufer erwartet einen weiteren Anstieg; dennoch kann ein Rückschlag nicht ausgeschlossen werden. Um einen Teil des bereits erzielten Gewinns abzusichern, kann er der Bank mit einer Gewinnsicherungsorder den Auftrag erteilen, im Falle eines Kursrückganges die Aktienposition zu verkaufen. Dazu muss der Anleger eine Kurs-Untergrenze festlegen, beispielsweise CHF 118. Sobald der ↑Kurs diesen Betrag erreicht, wird die Aktienposition automatisch verkauft. Von entscheidender Bedeutung ist die Festlegung der Untergrenze. Legt sie der Anleger zu tief, so entgeht ihm bei einem Kursrückgang ein Grossteil des Gewinns. Legt er sie zu nah an den aktuellen Wert, so wird er schon bei einer geringen Schwankung «ausgestoppt».

Elisabeth Meyerhans

Gewinnthesaurierung
↑Selbstfinanzierung; ↑Gewinnverwendung.

Gewinn- und Verlustrechnung
↑Erfolgsrechnung.

Gewinnverwendung
Grundlage für die Gewinnverwendung ist der um den Gewinn/Verlust-Vortrag bereinigte Jahresgewinn, von OR 660 I als Bilanzgewinn bezeichnet. Dieser steht zur Bildung von gesetzlichen oder freien Reserven, für ↑Ausschüttungen an die Eigentümer oder – in der Praxis eher selten – für zusätzliche Zuwendungen an die Personalvorsorgeeinrichtungen und gemeinnützige Zwecke zur Verfügung.

Gewinnverwendungsvorschlag
Antrag des Verwaltungsrates an die Generalversammlung über die Verwendung des Bilanzgewinnes. Die Revisionsstelle (↑Revision, externe) ist verpflichtet, diesen auf die Gesetzeskonformität, nicht aber auf die betriebswirtschaftliche Zweckmässigkeit zu prüfen.

Gewinnwarnung
Mit der zunehmenden Bedeutung des Aktiensparens wird auch die Information der Anleger über wichtige Entwicklungen der kotierten Unternehmungen immer wichtiger. Man spricht hier von ↑Ad-hoc-Publizität im Gegensatz zur periodischen Publizität der Gesellschaften in ↑Jahres-, ↑Halbjahres- und Quartalsberichten. Eine besondere Bedeutung im Rahmen dieser Ad-hoc-Publizität haben in letzter Zeit die so genannten Gewinnwarnungen bekommen, öffentliche Ankündigungen, dass der zu erwartende Gewinn einer Gesellschaft kleiner (oder auch grösser) als erwartet ausfallen dürfte.

Gezeichnetes Kapital
In der Aktiengesellschaft das in den Statuten festgelegte ↑Aktienkapital. Wenn nicht alle Aktionäre ihre Liberierungsverpflichtung erfüllt haben, decken sich das gezeichnete und das einbezahlte Aktienkapital nicht.

Gezogener Wechsel
Auch ↑Tratte genannt. Der gezogene Wechsel ist die gebräuchlichste Form eines ↑Wechsels. Der Wechselaussteller (↑Trassant) weist den ↑Bezogenen (Trassat) an, an den Wechselnehmer (↑Remittent) zu zahlen. Gegensatz: ↑Eigenwechsel, auch Solawechsel genannt.

GICS
Abk. f. Global Industry Classification Standard. ↑Branchenindizes; ↑MSCI-Indizes.

Gilt
Gilts sind Anleihen des britischen Staates, die vom U.K. Treasury emittiert werden.

Gilt edged
Auch: Gilt edged securities, goldgeränderte Papiere. Bezeichnung für ↑Effekten mit bester ↑Bonität. ↑Blue chips.

Gilt-futures-Kontrakt
Als UK-Gilts werden die von der ↑Bank of England emittierten Staatsanleihen bezeichnet. Ein Gilt-futures-Kontrakt bezieht sich somit auf eine britische Staatsanleihe, die von der ↑Futures-Börse näher spezifiziert wird.

Ginnie Mae (GNMA)
↑Government National Mortgage Association (GNMA).

GIPS
Abk. f. ↑Global investment performance standards.

Giralgeld
Bei Giralgeld (auch: Buchgeld, ↑Sichteinlagen) handelt es sich um Einlagen auf bestimmten Bankkonten (↑Girokonten), die jederzeit fällig sind (d. h. grundsätzlich sofort in ↑Bargeld eingelöst werden können) und die – anders als Einlagen auf Spar- (↑Spargelder) oder Termingeldkonten (↑Termingeld) – im ↑bargeldlosen Zahlungsverkehr eingesetzt werden können.

Giralgeldschöpfung
↑Geldschöpfung.

Girieren
Unter Girieren versteht man das bargeldlose Ausführen von Zahlungen über ↑Girokonten (↑Swiss Interbank Clearing (SIC); ↑SIS SegaIntersettle AG) sowie das Indossieren eines ↑Ordrepapiers.

Giro
Überweisung im ↑bargeldlosen Zahlungsverkehr. ↑Bankgiro; ↑Swiss Interbank Clearing (SIC); ↑Girosammelverwahrung; ↑Giroverkehr der Schweizerischen Nationalbank; ↑Effektengirostelle; ↑Effektengiroverkehr; ↑Indossament.

Giroguthaben
↑Bankgiro; ↑Giroverkehr der Schweizerischen Nationalbank; ↑Verpflichtungen gegenüber Banken; ↑Kreditoren auf Sicht.

Girokonto
Die Girokonten der Schweizerischen ↑Nationalbank (SNB) spielen eine zentrale Rolle im ↑Zahlungsverkehr (↑Giroverkehr der Schweizerischen Nationalbank). Die SNB führt Girorechnungen für inländische ↑Banken, ↑Gemeinschaftswerke der Banken, öffentliche Körperschaften sowie für ausländische Geschäftsbanken (↑Ausländische Banken, ↑Zentralbanken und internationale Organisationen. Die Guthaben auf den Girokonten sind unverzinsliche, täglich fällige Verbindlichkeiten der SNB.

Giroobligo
Verbindlichkeit aus der Unterschrift bei einem ↑Indossament. Es handelt sich um Haftung aus Regresspflicht. ↑Regress.

Girosammelverwahrung
↑Sammelverwahrung von ↑Wertpapieren (bankeigene Bestände und Kundenbestände) mehrerer Banken bei einer Zentralstelle (↑Effektengirostelle), die auch die Abwicklung von Transaktionen (Käufen und Verkäufen) in diesen Wertpapieren besorgt.

Giroverkehr der Banken
↑Bankgiro; ↑Swiss Interbank Clearing (SIC).

Giroverkehr der Schweizerischen Nationalbank

Unter Giroverkehr der Schweizerischen ↑Nationalbank (SNB) wird der über ↑Girokonten abgewickelte Geschäftsverkehr zwischen in- und ausländischen ↑Banken und der SNB verstanden. Die Kunden der SNB sind primär in- und ausländische ↑Geschäftsbanken, ausländische Zentralbanken (↑Notenbanken), die Schweizerische Eidgenossenschaft (Bund) sowie im Bereich der Infrastruktur der Finanzindustrie tätige Nichtbanken (u.a. Betreiber von Wertschriftenabwicklungssystemen). Die Konten der in- und ausländischen Geschäftsbanken werden traditionell als Girokonten bezeichnet. Sie dürfen nicht überzogen werden, d.h., sie müssen immer Guthaben aufweisen und sind unverzinslich. Geldpolitisch wichtig sind die Girokonten der inländischen Geschäftsbanken (Salden im Jahre 2001 durchschnittlich in der Grössenordnung von CHF 3 bis 3,5 Mia.). Die Höhe dieser Guthaben richtete sich ursprünglich primär nach den Anforderungen des ↑Zahlungsverkehrs. Wegen der fortlaufenden Optimierung der ↑Zahlungssysteme (u.a. Gewährung von ↑Intraday-Liquidität durch die SNB) und des ↑Cash management der Banken wird sie aber heute überwiegend durch die Liquiditätsregeln des BankG bestimmt. Die Giroguthaben bei der SNB zählen gemäss diesen Liquiditätsvorschriften zu den greifbaren Mitteln.

Der Giroverkehr der SNB konzentriert sich den Aufgaben einer Zentralbank entsprechend auf die Gebiete:

1. Liquiditätsversorgung (↑Geldschöpfung und -vernichtung), Umsetzung der Geldpolitik (↑Geldpolitik [Umsetzung])
2. Bargeldversorgung (Ein- und Auszahlungen von Noten und Münzen)
3. ↑Bargeldloser Zahlungsverkehr zwischen den Banken, wo die SNB innerhalb des Zahlungssystems SIC (↑Swiss Interbank Clearing) die Funktion einer zentralen Abrechnungsstelle ausübt. Obwohl die meisten ↑Transaktionen technisch über das durch die SIC AG (↑Gemeinschaftswerk der Banken) betriebene System SIC laufen und verbucht werden, erfolgen die entsprechenden Zahlungen rechtlich gesehen in Notenbankgeld.
4. Schliesslich wickelt die SNB im Auftrag des Bundes dessen Zahlungsverkehr mit den Inhabern von Girokonten ab. *Erwin Sigrist*

Girovertrag

Bei der ↑Kontoeröffnung stillschweigend getroffene Vereinbarung, worin die Bank dem Kunden zusichert, sie werde seine Überweisungsaufträge bei genügender ↑Deckung in Form von Guthaben oder einer ↑Kreditlimite unverzüglich ausführen, und sie werde für ihn eingehende Überweisungen entgegennehmen und seinem Konto gutschreiben.

Der Girovertrag bildet die rechtliche Grundlage des bargeldlosen Überweisungsverkehrs. Er ist gesetzlich nicht geregelt.

Mit dem Girovertrag ist regelmässig und ebenfalls kraft stillschweigender Abrede ein ↑Kontokorrentvertrag verbunden. Dieser besagt, dass die auf Geld lautenden Ansprüche der Bank und des Kunden nicht separat beglichen, sondern automatisch laufend verrechnet werden, sodass nur der jeweilige ↑Saldo geschuldet bleibt. Im ↑Zahlungsverkehr geht es dabei um die Ansprüche der Bank auf Ersatz der Auslagen für die ausgeführten Überweisungen einerseits und um die Ansprüche des Kunden aus eingehenden Überweisungen anderseits. Letztere kommen zur Entstehung, wenn die Bank die eingehenden Überweisungsaufträge, die gleichzeitig als Anweisungen im Sinne von OR 466ff. verstanden werden, gegenüber dem Kunden annimmt. Dadurch entsteht eine selbstständige und abstrakte Verpflichtung der Bank, auf welche die Bank nur unter sehr erschwerten Bedingungen nachträglich zurückkommen kann (OR 468 II). Es wird davon ausgegangen, dass der Girovertrag die rechtliche Regel, wonach die Annahme der Anweisung erst mit dem Zugang der Mitteilung an den Empfänger wirksam wird, aufhebt. Damit führt nicht erst der Empfang der Gutschriftsanzeige durch den Kunden, sondern bereits die Gutschrift in den Büchern zur Entstehung der abstrakten Schuldpflicht der Bank.

Girozentrale

↑Bankgiro; ↑Swiss Interbank Clearing (SIC); ↑Sammelverwahrung; ↑SIS SegaIntersettle AG.

Glamour stocks

Bezeichnung in der ↑Börsensprache für ↑Aktien, welche sich durch eine besonders «glänzende» Kursentwicklung auszeichnen.

Gläserne Bilanz

Anschauliche Bezeichnung für den Jahresabschluss nach dem True-and-fair-view-Konzept (↑True and fair view). In der gläsernen Bilanz sind keine ↑stillen Reserven enthalten und die ↑Erfolgsrechnung weist das nach objektiven Kriterien ermittelte Ergebnis aus. Der Einzelabschluss nach BankV 23 ff. ist – anders als die ↑Konzernrechnung nach BankV 25d – keine gläserne Bilanz.

Glass Steagall act

Der Glass Steagall act bzw. der Glass Steagall wall ist ein Teil des US-amerikanischen Banking act vom 16.06.1933 (Sections 16, 20, 21 und 32), der als Folge des ↑Börsenkrachs von 1929 und der grossen Depression im Rahmen der New-deal-Gesetzgebung unter Präsident Roosevelt zur Neuorganisation des Bank- und Finanzsystems zusammen mit dem *Securities act 1933*, dem *Securities and exchange act 1934* und der Reorganisation des ↑*Federal Reserve Systems (FED)* sowie der bis 1975 geltenden Regulation Q, die die Verzinsung von Kontokorrentguthaben verbot, erlassen worden war. Der Banking act führte einerseits das ↑*Trennbankensystem* ein, den so genannten Glass Steagall wall, und etablierte die staatliche *Einlagenversicherung* für ↑Spareinlagen, die heute private Konten bis USD 100000 (damals USD 2 500) für den Konkursfall der Bank bzw. der Sparkasse (↑*Savings and Loan Associations*) staatlich versichert. Versichert werden die Spareinlagen durch die ↑ *Federal Deposit Insurance Corporation (FDIC).*

Gemäss den Glass-Steagall-Bestimmungen müssen ↑*Investment banking,* ↑*Effektenhandel* und das *Kommerzgeschäft* getrennt, d. h. von verschiedenen Gesellschaften geführt werden. Der bereits früher erlassene McFadden Act hatte die Trennung von Banken und Versicherungen etabliert. Das Gegenteil des *Trennbankensystems* ist das ↑*Universalbanksystem,* das in Westeuropa verbreitet ist und Banken sämtliche ↑Bankgeschäfte und bankähnlichen Geschäfte, i.d.R. mit Ausnahme des Versicherungsgeschäfts, aus einer Hand gestattet.

Als Banken gelten unter den Glass-Steagall-Bestimmungen des Banking act – mit Ausnahme einzelner Banken, die ihre frühere Position als *Universalbanken* retten konnten, (so genannte Grandfathering rights oder wohlerworbene Rechte) – nur noch die *Kommerzbanken (Commercial banks).* Diese durften keinen Effektenhandel mehr betreiben und zwar weder im ↑Primär- noch im ↑Sekundärmarkt. Umgekehrt durften Effektenhändler (Securities dealers and brokers) keine (Spar-)Einlagen entgegennehmen und keine privaten ↑Kontokorrentkonten führen. Gründe der Einführung des Trennbankensystems waren einerseits der Schutz der Kommerzbanken (und Sparkassen) sowie deren Kunden, d. h. der privaten Sparer, vor den Folgen des volatilen Börsengeschäfts, sowie anderseits die Interessenkonflikte zwischen Kommerz- und Investment-Banking. Zur Ergänzung dieses Schutzes wurde flankierend die staatliche Einlagenversicherung für kleinere Bankeinlagen geschaffen.

Das Trennbankensystem blieb formell bis zum Inkrafttreten des ↑*Gramm Leach Bliley act* vom 12.11.1999 aufrecht, allerdings mit diversen und wichtigen Lockerungen, die bereits mit dem Inkrafttreten des *Bank holding company act 1956* begannen und durch dessen mehrfache Änderungen weitergeführt wurden. Das Trennbankensystem wurde insbesondere seit den 80er-Jahren des letzten Jahrhunderts stufenweise aufgeweicht. Zuerst wurde erlaubt, dass Kommerz- und Investmentbanken unter einer gemeinsamen Bankholdinggesellschaft – die gewisse Anforderungen erfüllen musste – geführt werden können. Später wurde einerseits in limitiertem Umfange die direkte Kapitalbeteiligung von Kommerzbanken an Effektenhändlern möglich (Section 20 affiliates), anderseits die für Kommerzbanken zulässigen Geschäfte, z. B. Zeichnung von ↑Staatsanleihen und Hypothekaranleihen, so genannte Mortgaged backed securities, aber auch gewisse Lockerungen im Interstate banking (zwischen den einzelnen US-Bundesstaaten) erweitert. Die letzte Etappe dieser Entwicklung ist dann der bereits erwähnte Gamm Leach Bliley act von 1999.

Der Grund für diese stete Aufweichung bis hin zur Abschaffung des Glass Steagall walls lag einerseits in der technischen Entwicklung, die zu einer generellen Veränderung des Finanzdienstleistungsgeschäfts und dessen Produkten führte. Verschiedene Bank- bzw. ↑Finanzdienstleistungen wurden vermehrt von Gesellschaften erbracht, die keine Kommerzbanken waren und hiefür auch keine Banken sein mussten. So führten ↑*Finanzgesellschaften* Gewinn bringend und auf Kosten der Banken das Kommerz- und Konsumgüterleasinggeschäft, das ↑Factoring und/oder das ↑Kreditkartengeschäft ein, *Investmentgesellschaften* und *Effektenhändler* die so genannten *Money market accounts* (Geldmarkt- oder Fonds-gesicherte Konten), die zwar nicht FDIC-versichert sind, aber wie Spar- bzw. Kontokorrentkonten verwendet werden können (checkfähig sind) und erst noch bessere Renditemöglichkeiten (Kapitalrenditen wie bei ↑Anlagefonds, keine eigentliche ↑Zinsen und damit keine Bindung an die Regulation Q) bieten als traditionelle Bankkonten. Schliesslich führten ganz generell die Verlagerung des Anlegerverhaltens von den traditionellen Sparkonten zur Vermögensbildung über die ↑Börse durch Direktinvestitionen oder über Anlagefonds und Pensionskassenguthaben zu einer Abkehr von der traditionellen Bankverbindung. Das Aufkommen der Bancomaten (↑*Automated teller machines [ATM]*) förderte zusätzlich eine immer geringer werdende örtliche und personelle Verbundenheit mit einer Bank und zur Hinterfragung des Verbots des Interstate bankings. Dies führte zu einem Marktanteilsverlust der Kommerzbanken mit einem erheblichen Gewinneinbruch. Parallel dazu gerieten die amerikanischen *Sparkassen* (↑*Savings and loans*) in den späten 80er- und frühen 90er-Jahren in eine Strukturkrise, welche zumindest teilweise aus regulatorischen Gründen (Aufhebung der Regulation Q) entstand oder aber durch diese verschärft wurde. All dies schuf – zusammen mit dem Druck der Wissenschaft – eine Abkehr vom Trennbankensystem und eine Hinwendung zu Universalbankkonzepten. *Sabine Kilgus*

Lit.: Saunders, A./Walter, I. (Hrsg.): *Universal Banking – Financial System Design Reconsidered,* Chicago/London/Singapore 1996.

Glattstellen

In der ↑Bank- und ↑Börsensprache Ausdruck, der das Schliessen einer ↑offenen Position bedeutet (↑Position). Glattstellen ist also die Kontrahierung eines Gegengeschäfts zu einer Handelsposition (Closing transaction, ↑Closing). Synonym: Deckungskauf.

Gläubiger
Gläubiger ist, wer ein Forderungsrecht besitzt. Pfandgläubiger im Unterschied zum gewöhnlichen Buchgläubiger ist derjenige, dessen Forderung durch ein Pfand sichergestellt ist. Besteht das Pfand in einem Grundstück, so ist der Gläubiger Hypothekar- oder Grundpfandgläubiger. Privilegierte Gläubiger sind solche, die aus irgendeinem Rechtstitel gegenüber andern Gläubigern ein Vorrecht besitzen. So haben z.B. Gläubiger einer Bank für ihre Forderungen aus bestimmten Arten von Konten bis zum Höchstbetrag von CHF 30000 ein Privileg im Konkurs der Bank (↑Konkursprivileg) gegenüber den übrigen Gläubigern der dritten Klasse (BaG 37a, SchKG 219). In diesem Sinne privilegiert sind Forderungen aus Konten, auf die regelmässig Erwerbseinkommen, Renten oder Pensionen von Arbeitnehmern oder familienrechtliche Unterhalts- und Unterstützungsbeiträge überwiesen werden, ferner Forderungen von Bankkunden aus Spar-, Depositen- oder Anlageheften, aus ↑Anlagekonten oder ↑Kassenobligationen. Die bevorstehende Revision des BankG will das Privileg auf alle Kundenguthaben bis zur Höhe von CHF 30000 erweitern. ↑Einlagensicherung.

Gläubigerbegünstigung
Von Gläubigerbegünstigung wird im Zusammenhang mit den Anfechtungstatbeständen des SchKG 285ff. (↑Anfechtungsklage) gesprochen, wenn ein Schuldner innerhalb eines Jahres vor Pfändung oder Konkurseröffnung einen ↑Gläubiger befriedigt oder sicherstellt, ohne dass er dazu verpflichtet wäre. Die zu Verlust gekommenen Gläubiger oder die Konkursmasse können vom profitierenden Gläubiger die Rückgabe der vom Schuldner erbrachten Leistung verlangen. Sofern der Schuldner die Begünstigung absichtlich begangen hat und dies für den profitierenden Gläubiger erkennbar war, beträgt die sog. Verdachtsperiode vor Pfändung oder Konkurseröffnung fünf Jahre.
Nach Konkurseröffnung, Annahme und Bestätigung eines gerichtlichen Nachlassvertrages sowie bei Vorliegen eines ↑Verlustscheines werden die oben beschriebenen Handlungen der Gläubigerbegünstigung gemäss StGB 167 mit Gefängnis bestraft, falls sich der Schuldner seiner ↑Zahlungsunfähigkeit bewusst ist und in der Absicht handelt, einen einzelnen Gläubiger oder einzelne Gläubiger zum Nachteil anderer zu bevorzugen.

Gläubigergemeinschaft bei Anleihensobligationen und Gläubigerschutz
Die Inhaber öffentlich emittierter ↑Anleihensobligationen bilden von Gesetzes wegen zwingend eine Gläubigergemeinschaft (OR 1157 I), die aus der Gesamtheit der entsprechenden Anleihensgläubiger besteht. Die Gläubigergemeinschaft ist keine ↑juristische Person und damit auch nicht rechtsfähig (BGE 113 II 285). Trotz beschränkter Partei- und Prozessfähigkeit der Gläubigergemeinschaft sind die einzelnen Gläubiger voneinander rechtlich unabhängig. Die Gläubigergemeinschaft entsteht automatisch mit der ↑Zeichnung einer oder mehrerer ↑Obligationen im ↑Primärmarkt und erlischt bzw. geht durch deren Verkauf im ↑Sekundärmarkt an Dritte über. Bei mehreren Anleihen bilden die Gläubiger jeder einzelnen Anleihensobligation ungeachtet deren Ausgestaltung als ↑Straight bond, ↑Options- oder ↑Wandelanleihe eine besondere Gläubigergemeinschaft (OR 1157 II). Anleihen der öffentlichen Hand und von Körperschaften oder Anstalten des öffentlichen Rechts sowie ↑Privatplatzierungen sind von dieser gesetzlichen Regelung ausgenommen (OR 1157 III). Die Bestimmungen über die Gläubigergemeinschaft gemäss OR 1157ff. gelten – vorbehältlich einer Rechtswahl in den Anleihensbedingungen – nicht für ↑Auslandanleihen, die auf dem schweizerischen ↑Kapitalmarkt von nicht in der Schweiz domizilierten Schuldnern zur Zeichnung aufgelegt werden und entweder auf Schweizer Franken oder eine ausländische Währung lauten. Generell kommen die Vorschriften von OR 1157ff. unter den folgenden zwei Voraussetzungen zur Anwendung: Erstens muss der Schuldner seinen Sitz oder eine geschäftliche Niederlassung in der Schweiz haben, und zweitens muss eine ↑Emission von Obligationen zu einheitlichen Bedingungen durch öffentliche Zeichnung erfolgen.
Zweck der Gläubigergemeinschaft ist die gebündelte Wahrnehmung der Interessen der Obligationäre gegenüber dem Emittenten bzw. der ↑federführenden Bank als Konsortialführer (↑Lead-Manager). Eine Mitwirkung der Gesamtheit der Anleihensgläubiger in Form einer Gläubigerversammlung ist rechtlich notwendig, weil den Anleihensbedingungen Vertragscharakter zukommt und diese nicht durch den ↑Emittenten einseitig abgeändert werden können. Die Zustimmung jedes einzelnen Anleihensgläubigers ist naturgemäss aber nicht beizubringen, weil eine Vielfalt von Interessen vorliegen kann und die Obligationen als ↑Inhaberpapiere (meistens auch ohne Druck von physischen Urkunden) ausgestaltet sind. Darum bestimmen entweder bereits die Anleihensbedingungen einen Anleihensvertreter, oder die Gläubigergemeinschaft wählt in einer Gläubigerversammlung einen oder mehrere, in der Praxis meist unabhängige Anleihensvertreter (OR 1158 II). Damit können die Obligationäre bei ihrer Interessenwahrung weit gehend anonym bleiben und sich in verschiedene Kreise (z.B. ↑institutionelle und private Anleger) teilen. Die Vertretung ist auch

durch die federführende Bank zulässig, was in der Kapitalmarktpraxis aber eher selten vorkommt. Gemäss OR 1158 I gilt der Anleihensvertreter mangels gegenteiliger Bestimmung in den Anleihensbedingungen als Vertreter sowohl der Obligationäre als auch des Schuldners. Der Anleihensvertreter handelt als Stellvertreter mit direkter Wirkung für die Gläubigergemeinschaft und nicht als deren Treuhänder. Daher braucht er grundsätzlich nicht von sich aus tätig zu werden, es sei denn, eine Gläubigerversammlung habe ihm besondere Aufträge erteilt (OR 1159). In der Schweiz haben weder der Anleihensvertreter noch der Lead-Manager die Funktionen eines ↑Trustee bei Anleihensobligationen unter ausländischem Recht. Bei ↑Eurobonds sehen die Anleihensbedingungen ausdrücklich einen Vertreter der Obligationäre vor, und dem Lead-Manager obliegen nach der Emission der Anleihe darum keine Pflichten mehr.

Zur Wahrung der Interessen der Anleihensgläubiger kann der Vertreter offizielle Informationen über die Vermögens-, Finanz- und Ertragslage des Emittenten einfordern (OR 1160) bzw. die Anleihensschuld als solche oder Zinsbetreffnisse einfordern. Der Vertreter der Gläubigergemeinschaft braucht sich mit Auskünften des Schuldners zur aktuellen Finanzlage nicht zu begnügen, sondern darf selbst Einblick in die entsprechenden Geschäftsunterlagen (z.B. noch ungeprüfte Finanzabschlüsse oder «Business plans») verlangen. Der Vertreter der Gläubigergemeinschaft ist zur Verschwiegenheit verpflichtet und darf der Gläubigergemeinschaft nur über Tatsachen berichten, die für deren Beurteilung und Beschlussfassung notwendig sind. In der Praxis wird unterschieden, ob beim Emittenten eine normale oder eine sanierungsbedingte Umstrukturierung, mithin ein sog. Default-Fall (↑Default) vorliegt, bei welchem der Emittent mit der Erfüllung seiner Verpflichtungen gegenüber den Anleihensgläubigern im Verzug ist. In beiden Fällen wird grundsätzlich von der federführenden Bank mindestens die Wahrnehmung von ungeschriebenen Informationspflichten bezüglich den ausstehenden Anleihen erwartet, selbst wenn deren Emission schon lange zurückliegt. Häufig ist die federführende Bank auch in der Praxis die einzige Partei, welche die Informationsbedürfnisse der Anleger befriedigen kann. Die Informationen, der Federführer mit Bezug auf die Interessen der Gläubiger abzugeben hat, können wesentlich eingehender sein als die im Rahmen der ↑Ad-hoc-Publizitätspflicht der ↑SWX Swiss Exchange durch den Emittenten bereits veröffentlichten, kursrelevanten Tatsachen. Neben diesen Informationspflichten geben die Anleihensbedingungen zur Wahrung der Interessen der Obligationäre gelegentlich der federführenden Bank das Recht, nicht aber die Pflicht, beim Emittenten unter gewissen Bedingungen die Anleihe vorzeitig für fällig und rückzahlbar zu erklären. Eine eigentliche Rechtsbeziehung zwischen dem Lead-Manager und den Obligationären besteht nach der Begebung einer Anleihe jedoch nicht mehr.

Die Gläubigergemeinschaft trifft die geeigneten Massnahmen zur Wahrung der gemeinsamen Interessen der Anleihensgläubiger (OR 1164). Im Vordergrund dieser gesetzlichen Regelung steht eine allfällige Sanierung des in eine Notlage geratenen Schuldners und der Schutz vor Eingriffen in die Gläubigerrechte. Das geltende Recht berücksichtigt die in der Praxis weit häufiger als die Sanierung vorkommende Tatsache, dass infolge von Umstrukturierungen (z.B. ↑Fusion, Spaltung, Holdingbildung, Erhöhung oder Reduktion des Kapitals) des Emittenten die Anleihensbedingungen in wirtschaftlicher und rechtlicher Hinsicht anzupassen sind, ohne dass ein Eingriff in die Gläubigerrechte erfolgt. In der Kapitalmarktpraxis wurde dementsprechend bei einer Unternehmensumstrukturierung in Form einer Abspaltung eine Gläubigerversammlung durchgeführt, weil nur schon die Möglichkeit bestanden hätte, dass Interessen der Obligationäre tangiert gewesen wären.

Gestützt auf OR 1170 kann eine Gläubigerversammlung durch Gemeinschaftsbeschlüsse mit einer Mehrheit von zwei Dritteln des sich im Umlauf befindlichen Kapitals Eingriffe in die Gläubigerrechte beschliessen und insbesondere die folgenden Massnahmen einzeln oder miteinander verbunden treffen:

1. Stundung der Anleihenszinsen für höchstens fünf Jahre, mit der Möglichkeit zur zweimaligen Verlängerung der Stundung um je höchstens fünf Jahre
2. Erlass von höchstens fünf Jahreszinsen innerhalb eines Zeitraumes von sieben Jahren
3. Ermässigung des Zinsfusses bis zur Hälfte des ursprünglichen ↑Zinssatzes oder Umwandlung eines festen Zinsfusses in einen vom Geschäftsergebnis abhängigen, variablen Zinsfuss
4. Verlängerung der Amortisationsfrist um höchstens zehn Jahre
5. Stundung einer fälligen oder binnen fünf Jahren verfallenden Anleihe
6. Ermächtigung zur vorzeitigen ↑Rückzahlung das Kapitals
7. Einräumung von neuen Pfandrechten oder Änderung oder Verzicht von bestellten Sicherheiten
8. Zustimmung zu einer Änderung der Bestimmungen über die Beschränkung der Obligationenausgabe im Verhältnis zum ↑Aktienkapital
9. Zustimmung zu einer gänzlichen oder teilweisen Umwandlung einer ausstehenden Anleihe in Aktien (↑Debt equity swap).

Wegen der zweiseitigen Natur des Anleihensvertrages zwischen dem Schuldner und den Anleihensgläubigern bedürfen Beschlüsse, die in die Rechte des Schuldners eingreifen, auch dessen Zustimmung. Diese Beschlüsse müssen die

Gleichbehandlung aller Anleihensgläubiger berücksichtigen (OR 1174). Beschlüsse, die einen Eingriff in Gläubigerrechte enthalten, sind nur wirksam und für die nicht zustimmenden Anleihensgläubiger verbindlich, wenn sie von der oberen kantonalen Nachlassbehörde genehmigt worden sind (OR 1176). Beschlüsse, die weder in Gläubigerrechte eingreifen noch den Gläubigern Leistungen auferlegen, können mit der absoluten Mehrheit der vertretenen Stimmen gefasst werden (OR 1181). Eine Genehmigung durch die obere kantonale Nachlassbehörde ist für solche Änderungen der Anleihensbedingungen nicht erforderlich. Darunter fallen vorwiegend administrative Massnahmen, wie etwa die Wahl von Anleihensvertretern, die Festlegung deren Kompetenzen, die Verschiebung von ↑Zinsterminen und die Änderung der ↑Zahlstellen. Ein Schuldnerwechsel kann mit einfachem Mehr nach OR 1181 beschlossen werden, wenn kein Eingriff in Gläubigerrechte vorliegt, was etwa bei einer rein konzerninternen ↑Umschuldung vorliegt.

Die Anleihensbedingungen können den Katalog der Beschlüsse und die ↑Quoren grundsätzlich sowohl erleichtern als auch erschweren, nicht aber die Möglichkeit der Gläubigerversammlung als solche wegbedingen (OR 1186). Eine Erleichterung der Quoren und eine Auflistung der Fälle, in denen eine Gläubigerversammlung einberufen werden muss bzw. kann, erfolgt in der Praxis durch die Anleihensbedingungen häufig, insbesondere im Eurobond-Markt bzw. bei Auslandanleihen. Zulässig sind nicht nur die autonome Konzipierung der Gläubigerversammlung, sondern auch die Regelung von möglichen Änderungstatbeständen in den ursprünglichen Anleihensbedingungen, etwa durch eine *Gross-up-Klausel,* gemäss der bei nachträglicher Einführung einer ↑Quellensteuer im Sitzland des Schuldners dieser den Obligationären die ihnen daraus entstehenden Kosten ersetzen wird. Auch ein Schuldnerwechsel kann in den Anleihebedingungen im Voraus vereinbart werden, was im Hinblick auf spätere Unternehmensumstrukturierungen empfehlenswert ist.

Felix M. Huber

Gläubigerregister
↑Grundpfandrecht.

Gläubigerschutz
↑Einlegerschutz.

Gleichbehandlungspflicht der Zielgesellschaft
↑Übernahmegesetzgebung.

Gleichbehandlungspflicht des Effektenhändlers

Das Gebot der Gleichbehandlung der Kunden folgt aus der auftragsrechtlichen und börsengesetzlichen Treuepflicht. Diese verlangt vom ↑Effektenhändler zunächst, dass er seine eigenen Interessen dem Kundeninteresse unterordnet (↑Interessenkonflikte in der Bank- und Effektenhandelsgeschäft). Die Pflicht, dafür zu sorgen, dass Interessenkonflikte den Kunden nicht benachteiligen (BEHG 11 I c), gilt aber auch für Interessenkonflikte zwischen den Kunden, wie sie regelmässig entstehen, wenn der ↑Effektenhändler für mehrere Kunden nebeneinander tätig wird. In solchen Fällen kann eine Benachteiligung einzelner Kunden vermieden werden, wenn der Effektenhändler die Kunden gleich behandelt, d.h., wenn die Kundenaufträge nach dem Grundsatz der Zeitpriorität ausgeführt werden (Art. 10 der ↑Verhaltensregeln für Effektenhändler der Schweizerischen ↑Bankiervereinigung) und wenn dort, wo keine Zeitpriorität ersichtlich ist, das Gleichbehandlungsgebot auf andere Weise beachtet wird (Art. 9 der Verhaltensregeln). Die Durchsetzung des Gleichbehandlungsgebotes stösst mitunter auf praktische Schwierigkeiten. Wo ein Effektenhändler den Handel in derselben Effekte über mehrere Händlerterminals abwickelt, lässt sich die Zeitpriorität nicht strikt durchsetzen. Es muss genügen, wenn die dezentrale Ausführung von Kundenaufträgen nicht missbraucht wird, um einzelne Kunden zu benachteiligen. Es muss auch zulässig sein, kleinere Aufträge in Sammelaufträge zusammenzufassen und einen Durchschnittskurs anzuwenden, wenn bei steigenden oder fallenden Kursen nicht der ganze ↑Sammelauftrag zu einem einheitlichen Preis ausgeführt werden kann. Der Effektenhändler muss in solchen Lagen fair, d.h. nach objektiven Kriterien vorgehen. Er muss dem Kunden gegenüber offen legen können, nach welchen Kriterien vorgegangen wurde, wenn konkurrierende Kundentransaktionen aufgrund der gegebenen Marktsituation (hinsichtlich Preis, Menge oder Zeit) nicht weisungsgemäss ausgeführt werden konnten (Rz 23 der Verhaltensregeln).

Die Gleichbehandlungspflicht gilt für Effektenhändler auch im Bereich der ↑Vermögensverwaltung. Auch in diesem Bereich ist es aber mit der Gleichbehandlungspflicht vereinbar, wenn der Effektenhändler bei der Zuteilung von Effekten aus ↑Emission eine beschränkte Menge von Teilpaketen zur vernünftiger Grössenordnung bildet und die leer ausgehenden Kunden dafür bei anderer Gelegenheit berücksichtigt.

Nach der Auffassung der Eidgenössischen ↑Bankenkommission (EBK) regelt das Gleichbehandlungsprinzip das Verhalten des Effektenhändlers auch dort, wo dieser im ↑Primärmarkt tätig ist und seinen Kunden gestützt auf die ↑Zeichnung Effekten aus Emission zuteilt. Das Gleichbehandlungsgebot kann sich in diesem Fall nicht auf die auftragsrechtliche Interessenwahrungspflicht stützen, da die Zeichnung zivilrechtlich nicht als Auftrag, sondern als Kaufsofferte gilt und die ↑Emissionsbank mit der Festübernahme von Effekten aus Emission ein eigenes Risiko eingeht. Die strenge Auffassung wird von der EBK mit dem Gebot der ↑Gewähr für eine einwandfreie Geschäftsführung begründet und kann sich wohl auch auf das Börsengesetz berufen, das in BEHG 11 I c die ↑Treuepflicht des Effektenhändlers nicht auf Geschäfte mit Interessenwahrungscharakter beschränkt. Auch in diesem Fall wird aber keine strikte Gleichbehandlung verlangt. Der Effektenhändler muss aber vernünftige Kriterien für die Zuteilung aufstellen und für ihre faktische Durchsetzung besorgt sein. *Christian Thalmann*

Gleichgewicht der Fälligkeiten
↑Liquidität (Betriebswirtschaftliches); ↑Goldene Bankregel; ↑Fristentransformation.

Gleichgewichtsmodelle
Modelle zur Bestimmung des ↑Fair value von Optionen und Optionsscheinen (Optionsbewertungsmodelle, ↑Option pricing model). Sie versuchen, den Gleichgewichtspreis einer Option abzuleiten, bei der keine Arbitragegewinne (↑Arbitrage) möglich sind, d.h. ↑Marktpreis und ↑Optionspreis sind identisch. Grundlage aller Gleichgewichtsmodelle ist die Kapitalmarkttheorie über ↑effiziente Märkte. Je nachdem, ob Annahmen über die Risikoeinstellung der Marktteilnehmer getroffen werden oder nicht, unterscheidet man partielle (präferenzabhängige) und vollkommene (präferenzfreie) Gleichgewichtsmodelle. Das bekannteste vollkommene Gleichgewichtsmodell ist das Black/Scholes-Modell (↑Black/Scholes).

Gleitsatzanleihen
↑Anleihensobligation; ↑Floating rate notes (FRN).

Gleitzinsklausel
↑Floating rate notes (FRN).

Globalabtretung
↑Globalzession.

Globalanleihe
Anleihe, die rechtlich so ausgestaltet ist, dass sie an allen wichtigen ↑Finanzplätzen der Welt verkauft werden kann. Globalanleihen werden mehrheitlich in US-Dollar emittiert.

Globalbonds
↑Zerobonds.

Global Co-ordinator
↑Lead-Manager einer grossen, komplexen ↑Kapitalmarkttransaktion, bei der die ↑Aktien auf mehreren regionalen Kapitalmärkten angeboten werden. Der ↑Co-Manager wird bei diesen Transaktionen auch als Co-global co-ordinator bezeichnet. Dessen Verantwortlichkeiten sind im Wesentlichen gleich.

Global custodian, Global custody
Global custody ist die zentralisierte Verwahrung und Verwaltung von ↑Wertschriften bei einer einzigen ↑Depotbank, dem Global custodian. Die ↑Vermögensverwaltung findet nicht im Rahmen der Global custody, sondern (durch externe Anbieter oder Eigenverwaltung) unabhängig davon statt.

1. Zur Entstehungsgeschichte
Global custody ist eine Dienstleistung, welche im Jahre 1974 aufgrund von Veränderungen im US-amerikanischen Vorsorgerecht (Employee retirement income security act [ERISA]) ins Leben gerufen wurde. Die Bezeichnung geht auf einen Manager von Chase Manhattan (heute JP Morgan) zurück, welcher ein entsprechendes Produkt für einen amerikanischen institutionellen ↑Investor kreiert hatte. Damals umfasste der Service 15 verschiedene Märkte weltweit, heutzutage werden bis zu 100 Märkte abgedeckt. Das Global-custody-Geschäft hat sich rasant entwickelt und verwaltet heute rund USD 40 Bio. Der Markt wird durch eine relativ kleine Anzahl von ↑Grossbanken und spezialisierten Anbietern dominiert.

2. Dienstleistungen
Die wichtigste Funktion nimmt der Global custodian mit der Verwahrung und der Verwaltung der Wertschriften wahr. Dies beinhaltet hauptsächlich die ↑Abwicklung von Wertschriftentransaktionen, ↑Corporate actions und die Rückforderung von Quellensteuern. Durch die zentrale Verwahrung sämtlicher Wertschriften ist es möglich, dem Kunden eine grosse Palette von Zusatzdienstleistungen basierend auf seinem Gesamtvermögen anzubieten:
– ↑Securities lending and borrowing: Wertpapierleihe mit dem Ziel, Zusatzerträge zu generieren
– Wertschriften- und Fondsbuchhaltung (↑Depotbuchführung) auf Mandats- oder konsolidierter Ebene
– Online tools: Elektronische Hilfsmittel für Bedürfnisse vom einfachen ↑Zahlungsverkehr bis zur komplexen Risikoüberwachung
– Investment reporting: Detaillierte Auswertungen und Analysen des verwalteten Vermögens
– ↑Compliance monitoring: Kontrolle der Einhaltung von internen Anlagevorschriften und gesetzlichen Vorlagen.

3. Ausblick und Zukunft
Die Entwicklung des Produktes von der reinen Zentralverwahrung und -verwaltung von Wertschriften zu einer multifunktionalen Dienstleistung für ein breites Spektrum von Kunden ist weit fortgeschritten. Gerade die Weiterentwicklungen

von spezialisierten Software-Lösungen (Abwicklungssysteme, Reporting tools und Online-Werkzeuge) sind für diesen Produktezweig entscheidend. *Pascal Kistler*
Links: www.globalcustody.net

Global Industry Classification Standard (GICS)
↑Branchenindizes; ↑MSCI-Indizes.

Global investment performance standards (GIPS)
Weltweiter Standard für die Performance-Berichterstattung (↑Performance), geschaffen durch die ↑Association of Investment and Management Research (AIMR) und die ↑European Federation of Financial Analysts Societies (EFFAS). Die ↑Swiss performance presentation standards (SPPS), welche durch die Schweizerische ↑Bankiervereinigung getragen werden, basieren seit Anfang 2002 ebenfalls auf den GIPS. Die GIPS verpflichten die Träger der nationalen Performancestandards, die Bestimmungen integral zu übernehmen und umzusetzen. Nationale Bestimmungen aufgrund länderspezifischer Praxen oder gesetzlicher Vorschriften sind möglich, soweit sie nicht im Widerspruch zu den GIPS stehen. Etwaige lokale Bestimmungen müssen als solche gekennzeichnet sein und vom International Performance Council (IPC), dem Steuerungsgremium der GIPS, genehmigt werden. Damit kann sichergestellt werden, dass die GIPS global konsistent angewandt werden. *Stefan Hoffmann*

Global master repurchase agreement (GMRA)
↑Repo-Markt Schweiz.

Globalreserve, Globalrückstellung
↑Pauschalwertberichtigung.

Global Straight Through Processing Association (GSTPA)
Die Global Straight Through Processing Association (GSTPA) ist eine Industrievereinigung von weltweit führenden Banken, ↑Brokern und ↑Finanzgesellschaften, die am Handel und der Abwicklung von grenzüberschreitenden Wertpapiergeschäften beteiligt sind. Die GSTPA hat sich zum Ziel gesetzt, den Informationsfluss bei grenzüberschreitenden Wertschriftentransaktionen markant zu verbessern, um die Abwicklungsfristen zu verkürzen, die Abwicklungsrisiken zu reduzieren und die ↑Transaktionskosten erheblich zu senken. Zu diesem Zweck beauftragt sie die Entwicklung und den Betrieb eines Matchingsystems (Transaction flow manager), das den Post-trade-Informationsfluss zwischen Broker und ↑Dealer, Fund manager und ↑Global custodian automatisiert, erheblich beschleunigt und qualitativ verbessert.
Links: www.gstpa.org

Globalurkunde
Die Globalurkunde oder Sammelurkunde ist neben dem ↑Jumbozertifikat ein Instrument zur Rationalisierung des ↑Effektengeschäftes. Die Tendenz «weg vom Papier» führt letzten Endes zu den ↑Bucheffekten. Während Globalurkunden bzw. Jumbozertifikate im Ausland schon seit Jahren als übliche Verbriefung (↑Securitization) von ↑Wertpapieren gelten, wurde der Durchbruch in der Schweiz erst mit dem Entscheid der ↑SWX Swiss Exchange vom 01.11.1997 (Art. 22 KR) geschaffen, wonach «Globalurkunden auf Dauer», die alle handelbaren Rechte (↑Effekten) verbriefen, welche im Rahmen einer bestimmten ↑Emission begeben werden, zulässig sind. Diese Regelung schreibt nicht etwa eine Pflicht der ↑Emittenten vor, künftig auf den Druck von einzelnen Wertpapieren zu verzichten; eine Verbriefung in der Form einzelner Wertpapiere ist nach wie vor zulässig.
Bei der *Globalurkunde auf Dauer* hat der ↑Investor lediglich ein sachenrechtliches Miteigentum an dieser Urkunde. Das Recht, den Titeldruck und die ↑Auslieferung von Einzelurkunden zu veranlassen, steht ausschliesslich der ↑federführenden Bank bzw. dem Emittenten zu. Einzelne schweizerische Gesellschaften sind dazu übergegangen, die Möglichkeit eines Druckes bzw. die Auslieferung von ↑Aktien in ihren Statuten gänzlich auszuschliessen. Bei einer so genannten *technischen Globalurkunde* wird dem Inhaber oder Erwerber der ↑Valoren das unbedingte Recht auf jederzeitige Auslieferung bzw. Druck einer Einzelurkunde eingeräumt. Die Aushändigung der Einzelurkunde soll innerhalb von drei Monaten erfolgen. Der Druck der Titel muss für den Anleger spesenfrei sein. In der Globalurkunde auf Dauer wie auch in der technischen Globalurkunde wird ausdrücklich darauf hingewiesen, dass es sich um eine Globalurkunde auf Dauer bzw. um eine technische Globalurkunde handelt, welche im Miteigentum aller Anleger steht. *Heinz Haeberli*

Globalverzinsliche Obligation
↑Zerobonds.

Globalzession
Von einer Globalzession (auch: Globalabtretung, generelle Debitorenzession) werden eine unbestimmte Vielzahl von gegenwärtigen und zukünftigen Forderungen erfasst. (So z. B. bei der Zession zu Inkassozwecken oder bei der Sicherungszession zur Sicherung eines Kredites. Die juristische Kommission der Schweizerischen ↑Bankiervereinigung empfiehlt den Banken jedoch, Globalzessionen nur zur Sicherstellung von ↑Betriebskrediten an den Zedenten selbst einzusetzen.)
Soweit nicht Gesetz, Vereinbarung oder Natur des Rechtsverhältnisses entgegenstehen, können grundsätzlich nicht bloss fällige Forderungen

abgetreten werden, sondern auch noch nicht fällige, noch nicht entstandene und sogar solche Forderungen, deren Entstehung noch ungewiss ist. Trotz dieser Unsicherheit müssen die Forderungen jedoch hinreichend bestimmt oder zumindest bestimmbar sein.

1. Bestimmtheitsgebot
Das *Bestimmtheitsgebot* verlangt daher, dass die abzutretende Forderung im Zeitpunkt ihrer Entstehung hinsichtlich der Person des Schuldners (debitor cessus), des Rechtsgrundes und der Höhe hinreichend bestimmt wird oder wenigstens bestimmbar ist.
Bei einer *Sicherungszession,* bei welcher Probleme hinsichtlich der Bestimmbarkeit der abgetretenen Forderungen v.a. auftreten, sollte sich die Zessionarin (wohl zumeist eine Bank) daher vom Zedenten (dem ↑Kreditnehmer) nicht ganz allgemein alle ihm gegenüber bestehenden und künftigen Forderungen abtreten lassen, sondern nur alle bestehenden und künftigen Debitorenausstände (Kundenguthaben) aus seinem Geschäft oder aus einem seiner Geschäftszweige.

2. Persönlichkeitsrecht
Überdies darf der Zedent durch die ↑Abtretung nicht übermässig in seiner wirtschaftlichen Freiheit und damit in seiner Persönlichkeit eingeschränkt werden. Eine zeitlich und gegenständlich unbeschränkte Zession aller gegenwärtigen und zukünftigen Forderungen ist demzufolge gemäss ZGB 27 II sittenwidrig und deshalb nichtig.

3. Zeitpunkt der Bestimmbarkeit
Ein Teil der Lehre anerkennt die Globalzession nur beim Verpflichtungsgeschäft, verlangt dagegen für die Verfügung über die Forderungen eine Spezifikation nach sachenrechtlichen Grundsätzen. Danach soll die Globalzession nur gültig sein, wenn jede einzelne Forderung nach ihrer Entstehung einzeln zediert wird. Denkbar ist der vorgängige Abschluss eines pactum de cedendo mit anschliessenden Verfügungsverträgen, beispielsweise in der Form von Debitorenlisten, welche diesfalls dem Schriftlichkeitserfordernis von OR 165 zu genügen haben. Den Schuldnern wird hier die Abtretung mittels Vermerk auf der Rechnung notifiziert. Wegen der übermächtigen praktischen Bedürfnisse des Geschäftsverkehrs (nach effizienter Mobilisierung von Forderungen) wurde diese dogmatisch korrekte, jedoch schwer durchsetzbare Unterscheidung von Verpflichtungs- und Verfügungsgeschäft preisgegeben: Nach heute herrschender Lehre und (seit BGE 112 II 433) Rechtsprechung ist es möglich, dass Verpflichtung und Verfügung zusammenfallen können (also die generellen Vorausabtretungen künftiger Guthaben nicht mehr bloss als Zessionsverpflichtungen qualifiziert, sondern mit den Abtretungswirkungen selber ausgestattet sind). Eine Globalzession kann daher im Sinne eines Verfügungsvertrages vereinbart werden. Die darauf folgend erstellten periodischen Debitorenlisten erweisen sich diesfalls als bloss deklaratorischer Natur.
Ein Teil der Lehre sieht dagegen in der erwähnten Rechtsprechung weiterhin eine Unterscheidung von Verpflichtungs- und Verfügungsgeschäft, dafür aber die Annahme einer zeitlichen Disparität von Verfügungshandlung und -wirkung: die Handlung erfolgt durch Abtretungserklärung, die Wirkung – welche erst dem Bestimmtheitsgebot unterliegt – tritt dagegen erst im späteren Zeitpunkt der Forderungsentstehung ein. Konsequenterweise wird hier OR 165 ausserhalb des Wertpapierrechts als Ordnungs- statt Gültigkeitsvorschrift und die Bestimmbarkeit als eine rein beweisrechtliche Frage der Auslegung der Abtretungserklärung qualifiziert.

4. Weiterbestand
Um den Weiterbestand der Globalzession nicht zu gefährden, muss diese fortlaufend, in bestimmten zeitlichen Abständen, geltend gemacht – evident gehalten – werden. Es empfiehlt sich, zu diesem Zwecke vom Zedenten monatliche Mitteilungen des abgetretenen jeweiligen Gesamtdebitorenbestandes zu verlangen. Überdies sollte sich die Zessionarin vorbehalten, jederzeit die Bücher des Zedenten zu kontrollieren und eine detaillierte Aufstellung der Debitoren einzufordern. Werden in der Erfüllung dieser Meldepflicht Unregelmässigkeiten (Unpünktlichkeit, Falschmeldungen) festgestellt, so sollte der Zedent verpflichtet werden, laufend Kopien der von ihm ausgestellten Rechnungen einzusenden, damit die Abtretung jedem ↑Drittschuldner einzeln sofort notifiziert werden kann.
Weiter sollte die Zessionarin vom Zedenten nicht nachträglich noch ↑Einzelzessionen von Kundenguthaben verlangen oder entgegennehmen. Zudem sollte sie eine schriftliche Erklärung einfordern, dass der Zedent bis zur Eröffnung des ↑Zessionskredites keine Debitorenguthaben an Dritte abgetreten hat und dass er sich verpflichtet, auch in Zukunft keine weiteren Forderungsabtretungen ohne ihre Zustimmung vorzunehmen.
Eine Zessionarin, welche die Globalzession nicht in der geschilderten Weise ständig verfolgt, läuft Gefahr, dass diese als durch konkludentes Verhalten aufgehoben betrachtet wird. Dies ist insbesondere dann der Fall, wenn Zahlungen des Drittschuldners an den Zedenten oder weitere Forderungsabtretungen des Zedenten an Dritte ohne Widerspruch geduldet werden.

5. Teilnichtigkeit
Zum Schutze des Zedenten wird gefordert, dass bezüglich später entstehender Forderungen die Zession ihm gegenüber nur wirksam wird, wenn

ihr Einbezug in die Globalzession nach Treu und Glauben bereits aus der ↑Notifikation der Globalzession erkennbar ist. Eine Teilnichtigkeit und Beschränkung der Abtretung auf das erlaubte Mass im Sinne von OR 20 II ist daher für bereits entstandene Forderungen ausgeschlossen: Während für den einzelnen debitor cessus im Zeitpunkt der Entstehung oder Geltendmachung der Forderung nicht ersichtlich ist, ob seine Schuld bei einer allfälligen Teilnichtigkeit noch von der Globalzession erfasst oder bereits davon ausgenommen wäre, wird die Zessionarin in einem Streitfall stets behaupten, genau diese Forderung werde von der Teilnichtigkeit nicht erfasst. Diese Unsicherheit aber widerspricht dem Bestimmtheitsgebot.

Wolfgang Wiegand, Corinne Gutknecht
Lit.: Bucher, E: Schweizerisches Obligationenrecht, Allgemeiner Teil ohne Deliktsrecht, Zürich 1988. – Girsberger, D: Kommentar zum Schweizerischen Privatrecht, Obligationenrecht I, Art. 1–529; Basel 1996. – Spirig, E: Kommentar zum Schweizerischen Zivilgesetzbuch, Teilband V 1k, Die Abtretung von Forderungen und die Schuldübernahme, Zürich 1993. – Walter, H. P.: Die Sicherungszession im schweizerischen Recht, in: Wiegand W. (Hrsg.): Mobiliarsicherheiten, Berner Bankrechtstag 1998, Bern 1998.

GMBF
Abk. f. ↑Geldmarkt-Buchforderungen des Bundes (GMBF).

GMRA
Abk. f. Global master repurchase agreement; ↑Repo-Markt Schweiz.

GOAL
Abk. f. Geld- oder Aktien-Lieferung. ↑Strukturierte Produkte; ↑Bond-Handel.

Go-go-fund
↑Anlagefonds, welche durch eine bewusst spekulative ↑Anlagepolitik unter Einsatz von Krediten und Leerverkäufen eine überdurchschnittliche ↑Rendite anstreben. Go-go-funds wären in der Schweiz nur im Rahmen der von AFG 35 und AFV 42–45 festgelegten Einschränkungen zulässig. ↑Fonds mit besonderem Risiko.

Going concern
↑Status.

Going long
Kauf von ↑Effekten oder Waren auf Termin. Going long führt zu einer ↑Long position. Gegensatz: ↑Going short.

Going private
Der Begriff des Going private ist in den 70er-Jahren in den USA entstanden als Umkehrung des Begriffs Going public. Going private ist ein Vorgang, bei dem ein Aktionär oder eine Gruppe von Aktionären einer ↑Publikumsgesellschaft diese in eine ↑private Aktiengesellschaft umwandelt, indem sie den Publikumsaktionären ein öffentliches Übernahmeangebot unterbreitet. Das Going private wird mit einer ↑Dekotierung der Aktien abgeschlossen. Aktionäre, welche das Übernahmeangebot nicht annehmen, können mit einem ↑*Squeeze out* eliminiert werden (BEHG 33) und in Abweichung zu einem grundlegenden Prinzip des Aktienrechts gegen ihren Willen aus der Gesellschaft ausgeschlossen werden. Eine besondere Form des Going private sind ↑Fusionen einer Tochtergesellschaft, die an der ↑Börse kotiert ist, mit der ↑Muttergesellschaft. Motiv des Going private ist das Vermeiden der sich für eine Publikumsgesellschaft aus der Börsenkotierung ergebenden Zwänge und Nachteile wie die erhöhten ↑Offenlegungs- und Informationspflichten, die Kosten für die Aktionärsdienstleistungen und nicht zuletzt auch der Druck auf das Management zu ständig verbesserten Leistungsausweisen (↑Performance). In den USA sollen mit dem Going private auch die Risiken ausgeschlossen werden, welche mit allfälligen, von ↑Minderheitsaktionären ausgelösten, kostspieligen Rechtsstreitigkeiten verbunden sind. Going private setzt voraus, dass die Gesellschaft über die für den Rückkauf erforderlichen Finanzmittel verfügt und in der Zukunft nicht mehr auf die Finanzierung über den Aktienmarkt angewiesen ist. In der Schweiz sind Going-private-Transaktionen eher selten, weil die Motivation – anders als in den USA – weniger stark ist. Die wenigen Fälle betreffen insbesondere die Bereinigung von Konzernstrukturen. Ein klassisches Going private war das Übernahmeangebot 2001 an die Partizipanten (↑Partizipationsschein) der Bucherer AG durch den Alleinaktionär. *Max Boemle*

Going public
↑Initial public offering (IPO).

Going-public-Anleihen
Die Going-public-Anleihe zeichnet sich durch die Besonderheit aus, dass die ↑Rückzahlung über pari erfolgt für den Fall, dass der Obligationär bei einem Going public des ↑Emittenten auf die ihm zustehende ↑Option auf eine feste Zuteilung aus der Aktien-Emission verzichtet. Wird die Going-public-Option ausgeübt, erfolgt die Rückzahlung der Anleihe zu pari. Eine ähnliche Funktion wie der Going-public-Anleihe kommt Anleihen mit aufschiebendem bedingtem Wandelrecht zu, welches dahinfällt, wenn die ↑Aktien vor Ablauf der ↑Laufzeit im Zusammenhang mit einem Going public nicht kotiert werden.

Going short
Leerverkauf (↑Short selling). Verkauf von ↑Effekten oder Waren auf Termin. Going short führt zu einer ↑Short position. Gegensatz: ↑Going long.

Gold
↑Währungsmetalle; ↑Edelmetallhandel.

Gold als Kapitalanlage
Gold kann in verschiedenen Formen als ↑Kapitalanlage genutzt werden. Dazu gehören der physische Handel mit Barren, ↑Münzen, ↑Medaillen und Schmuck sowie die nichtphysischen Anlagen wie Goldkonten, ↑Zertifikate, Sparpläne oder ↑Termingeschäfte. Daneben wird Gold auch in der Industrie und von den ↑Zentralbanken verwendet. Ob Gold als Kapitalanlage in Frage kommt, hängt besonders von der Preisentwicklung des Metalls ab, da sein Besitz keine ↑Zinsen oder ↑Dividenden abwirft. Entscheidend für den Preis ist die jährliche Fördermenge der Goldminen und die Verkaufspolitik der Zentralbanken. Die Jahresproduktion der Minen, die sich zwischen 1980 und 2000 um rund 50% erhöht hat, belief sich im Jahr 2001 weltweit auf 2595 Tonnen. Grösstes Produzentenland ist Südafrika, gefolgt von den USA, Australien und Kanada. Obwohl die Nachfrage insgesamt gestiegen ist, führte das steigende Angebot (Produktion und Verkäufe der Zentralbanken) in der zweiten Hälfte der 90er-Jahre zunächst zu fallenden und dann zu stagnierenden Preisen.

1. Erscheinungsarten
Der physische Handel mit Gold erfolgt grösstenteils in Form von Barren. Allen Erscheinungsformen des Goldes gemeinsam ist die ↑Notierung auf den internationalen Märkten in USD pro Unze (= 31,1034807 Gramm).
– *Goldbarren:* Ein Standardgoldbarren wird im Handel als London good delivery bar bezeichnet. Die Mindestanforderungen an diesen Barren werden von der London Bullion Market Association festgelegt. Ein ↑Standardbarren wiegt zwischen 350 und 430 Unzen (ca. 12,5 Kilogramm). Die Feinheit muss mindestens 995/1000 betragen, was einem Anteil von 99,5% reinem Gold oder 24 ↑Karat entspricht. Goldbarren gibt es auch in kleineren Stückelungen ab 50 Gramm. Jeder Barren ist mit einer Nummer und einem Stempel von einer durch die London Bullion Market Association anerkannten Schmelzerei versehen.
– *Goldmünzen:* Insgesamt gibt es vier Kategorien: *numismatische, halbnumismatische, kurante und nachgeprägte* Münzen. Letztere nennt man auch Bullion coins (↑Bullion). Für die Anleger spielen nur die Bullion coins eine Rolle. Sie werden in praktisch unbegrenzter Auflage mit unverändertem Motiv geprägt, sodass sich ihr Preis stets am aktuellen Goldpreis orientiert. Die numismatischen und halbnumismatischen Münzen werden als Einzelstücke gehandelt. Sie sind alle vor 1850, die numismatischen sogar vor 1804, geschlagen worden. Als Sammelstücke ist ihr Preis weitgehend unabhängig vom aktuellen Goldpreis. Kurante Münzen sind Münzen, die nach 1850 als ↑Zahlungsmittel im Umlauf waren, später aber nicht nachgeprägt wurden.
– *Medaillen:* Medaillen sind münzförmige Prägungen oder Güsse ohne Zahlungswertangabe, die auch von privaten Unternehmen produziert werden können. Ihr Preis liegt oft weit über dem reinen Metallwert, da es sich üblicherweise um Erinnerungsstücke handelt. Es existiert kein ↑Sekundärmarkt für Medaillen und die Rücknahme erfolgt normalerweise nur zum Schmelzwert.
– *Goldschmuck:* Obwohl für die Produktion von Goldschmuck der grösste Teil der Weltjahresproduktion gebraucht wird, ist er als Kapitalanlage kaum geeignet. Da der Wiederverkaufswert nicht vom effektiven Goldpreis abhängt, sind Verkäufer auf Sammlermärkte angewiesen. Der Wiederverkauf von Goldwert – also zum Schmelzwert – bringt in der Regel einen deutlichen Verlust. Im asiatischen Raum (insbesondere in China und Indien) wird Schmuck dennoch als Anlage betrachtet.

2. Goldpreisentwicklung
Der Goldpreis hängt in starkem Ausmass vom *Goldangebot* ab. Dieses wird insbesondere durch zwei Faktoren beeinflusst: die Fördermenge der Goldminen und die Verkaufspolitik der Zentralbanken. Wie viel Gold Letztere verkaufen oder kaufen, hängt von den Zahlungsbilanzen, dem Devisenbedarf und den Kreditmöglichkeiten der einzelnen Staaten ab. In der zweiten Hälfte der 90er-Jahre traten die Zentralbanken vorwiegend als Verkäufer am Markt auf. Die weltweiten Fördermengen haben zwar während dieser Zeitspanne zugenommen, die dabei anfallenden Kosten sind jedoch ebenfalls stark gestiegen. Dies ist insbesondere auf gesetzliche Auflagen und die zunehmenden Schwierigkeiten beim Abbau zurückzuführen (um neue Goldvorkommen zu erschliessen, muss immer tiefer in die Erde vorgedrungen werden). Trotz der höheren Förderkosten ist der Goldpreis in den 90er-Jahren gesunken, auch weil die Zentralbanken durch ihre Verkäufe die Preise gedrückt haben.
Bei der Goldnachfrage stehen die Industrie (Schmuck und Elektronik) und die ↑Investoren im Zentrum. Als dritter Nachfrager kommen die Zentralbanken hinzu, die in den 90er-Jahren aber vorwiegend als Verkäufer am Markt auftraten. Etwa 80% der Nachfrage nach Gold wird für die Herstellung von Schmuck verwendet. Indien und China gehören zu den wichtigsten Abnehmern. Der

übrigen Goldproduktion wird insbesondere durch die Elektronikindustrie und die privaten Investoren, die Gold als Kapitalanlage wünschen, nachgefragt. Für Letztere sind neben den oben erwähnten Preistreibern die Inflationsentwicklung (Gold gilt als sichere Anlage in Zeiten erhöhter ↑Inflation) und der US-Dollar entscheidend. Da der Goldpreis auf dem Weltmarkt in US-Dollar notiert wird, ist die Nachfrage nach Gold eng mit der Entwicklung der amerikanischen Währung verknüpft. Es gilt daher die Devise: Steigt der Dollar, sinkt der Goldpreis und umgekehrt.

Schliesslich beeinflusst auch die *Steuerpolitik* einzelner Länder die Nachfrage nach Gold. In vielen Ländern wird eine Mehrwertsteuer auf den Handel mit Gold erhoben, die nur bei ↑physischer Lieferung zum Tragen kommt. Edelmetallkonten werden daher oft in Ländern, wo diese Steuer entfällt (z.B. Luxemburg, Schweiz), geführt. In der Schweiz ist auch der Besitz, Handel, Import und Export von Gold steuerbefreit. Um die Rendite von Gold abschätzen zu können, muss ein Anleger also neben der Goldpreisentwicklung auch die Besteuerung in den einzelnen Ländern einbeziehen.

3. Anlagemöglichkeiten
Spricht man von Goldanlagen, unterscheidet man zwischen *physischen und nichtphysischen Anlagen*. Bei Letzteren entstehen durch den Kauf von Wertpapieren nur indirekte Ansprüche.
– Der physische Handel findet üblicherweise mit Barren statt. Münzen kommen nur als so genannte Bullion coins in Frage. In Asien ist zudem Schmuck als Kapitalanlage verbreitet. Für den Handel mit Bankkunden werden die Standardbarren häufig umgegossen und in Gewichtseinheiten von einem Kilo, 500 Gramm, 100 Gramm oder weniger angeboten. Wegen der höheren Verarbeitungskosten und der höheren Feinheit ist für kleine Barren ein Aufpreis (↑Agio) zu entrichten.
– Obwohl der nichtphysische Handel mit Gold nach wie vor den kleineren Anteil am Goldhandel ausmacht, gehen die Banken immer mehr dazu über, Gold in Form von ↑Edelmetallkonten und Sammeldepots zu verwahren. Erstere – die so genannten *Goldkonten* - legt der Kunde vorzugsweise in einem Land an, wo der Kauf von Gold von der Mehrwertsteuer befreit ist. Alternativ kann der Anleger ein *Zertifikat* (auch ↑Depotschein) auf ein Sammeldepot erwerben. Damit erhält er einen Miteigentumsanteil an einem gehaltenen Sammelbestand. Diese Zertifikate laufen immer über ↑Depots in Luxemburg (sind also mehrwertsteuerfrei), sind aber bei nahezu allen Banken erhältlich. Sie verbinden die Vorteile des physischen Kaufs (leichte Übertragbarkeit) mit den Vorteilen des Goldkontos (geringe Aufbewahrungsprobleme) und sind somit wesentlich flexibler.

Zusammengefasst werden diese beiden Varianten der Goldanlage unter dem Namen (Gold-)*Kassageschäfte*. Beide Varianten bringen auch für die Banken eine erhebliche Einsparung an Logistik und Verwaltung mit sich. Eine spezielle Form des Kassageschäftes sind die *Goldsparpläne*. Die Idee dahinter ist, dass sich auch ↑Kleinanleger am Goldmarkt beteiligen können. Durch regelmässige Einzahlungen erwirbt der Anleger entweder Miteigentum an einem Sammeldepot oder direkt Gold, das für ihn aufbewahrt wird. Eine weitere Form des nichtphysischen Handels mit Gold sind *Termingeschäfte*. Dabei wird unterschieden zwischen bedingten (↑Optionen) und unbedingten Termingeschäften (↑Futures). Schliesslich können mit einem *Goldswap* ein Kassa- und ein gegenläufiges Termingeschäft oder auch zwei unterschiedliche Termingeschäfte miteinander verbunden werden. Weder zum physischen noch zum nichtphysischen Goldhandel sind die ↑*Goldminenaktien* zu zählen. Die Titel der wichtigsten Minen werden an den grössten ↑Börsenplätzen gehandelt. Aufgrund der Eigenschaften der Gesellschaften und deren Umfeld handelt es sich allerdings um risikoreiche Anlagen. Minenfonds sind eine weitere Möglichkeit, die aber nur mehr selten vorkommen.

Hans-Dieter Vontobel

Lit.: Basseler, U.: Grundlagen und Probleme der Volkswirtschaft, Köln 1995. – Bordo, M. D.: The Gold Standard and related Regimes, New York 1999. – Capie, F. H./Wood, G. E.: Monetary Problems, Monetary Solutions & The Role of Gold, Research Study Nr. 25, World Gold Council, April 2001. – Cramer, J.-E./ Rudolph, B.: Handbuch für Anlageberatung und Vermögensverwaltung, Frankfurt a.M. 1995. – Müller, J.: Handbuch Geldanlage, Frankfurt/New York 1999. – Siebers, A. B. J.: Kursbuch Geld, Gold, Börse 1995.
Links: www.goldseiten.de – www.gold.org – www.usgs.gov

Goldautomatismus
↑Währungsordnung.

Goldbarren
↑Goldbarren, Good Delivery; ↑Goldbarren, Standard; ↑Edelmetallhandel; ↑Gold als Kapitalanlage.

Goldbarren, Good delivery
Goldbarren, den der Londoner Goldmarkt (↑Edelmetallhandel) als gute Lieferung bezeichnet. Ein solcher Goldbarren weist eine Feinheit (↑Goldfeinheit) von mindestens 995,0 Tausendstel reines Gold auf, sein Gewicht liegt zwischen 350 und 430 ↑Feinunzen bzw. 10,88601 kg und 13,3745 kg Feingold. Auf seiner Oberfläche sind die Seriennummer, das Herstellungsjahr und die Feinheit sowie das Siegel eines anerkannten Schmelzers

bzw. Prüfers eingeprägt. Der Barren ist von ansprechendem Aussehen, gut zu handhaben und zu stapeln.

Goldbarren, Standard
Goldbarren, der ungefähr 400 Unzen bzw. 12,5 Kilogramm wiegt und eine Feinheit (↑Goldfeinheit) von mindestens 995,0 Tausendstel reines Gold (↑Währungsmetalle; ↑Edelmetallhandel) aufweist.

Goldbelehnung
Goldbelehnung bezieht sich auf ein ↑Bankgeschäft, in dem Vorschüsse auf Gold – Barren oder Münzen – gegeben werden (↑Edelmetallhandel). Seit den 70er-Jahren hat die Goldbelehnung stark an Bedeutung verloren.

Gold claim account
↑Edelmetallkonto.

Golddeckung
↑Banknotendeckung.

Golddevisen
Zu Zeiten des Goldstandards waren Golddevisen kurzfristige Forderungen, die auf eine unbeschränkt in Gold (↑Währungsmetalle; ↑Edelmetallhandel) konvertierbare ↑Währung lauteten.

Gold-Devisen-Standard
System ↑fester Wechselkurse, wobei die ↑Zentralbanken ihre ↑Währungsreserven in Gold oder Devisen, die in Gold umgetauscht werden können, halten. Der Gold-Devisen-Standard wurde von der Völkerbundkonferenz von Genua (1922) empfohlen, um die Abhängigkeit des Währungssystems von der Goldproduktion zu reduzieren. Beispiele für den Gold-Devisen-Standard sind der rekonstruierte Goldstandard der Zwischenkriegszeit (etwa 1925–1931) und das Weltwährungssystem von Bretton Woods (↑Internationaler Währungsfonds [IWF]) (etwa 1945–1973), das mit den Jahren allerdings mehr und mehr zu einem Dollarstandard wurde. Unter dem klassischen Goldstandard (vor 1914) hielten viele Zentralbanken neben Gold zwar auch Devisen, doch blieb deren Anteil an den Währungsreserven gering.

Golddevisenwährung
↑Gold-Devisen-Standard; ↑Internationaler Währungsfonds (IWF).

Goldene Bankregel
Die goldene Bankregel, auch Prinzip der Übereinstimmung (Kongruenz) der ↑Fälligkeiten genannt, lautet: ↑Aktivgeschäfte einer Bank haben den ↑Passivgeschäften zeitlich zu entsprechen; d. h. eine Bank soll kurzfristige Aktivgeschäfte mit kurzfristigen Geldern und langfristige Geschäfte mit langfristigen Mitteln finanzieren.
↑Kongruenzprinzip; ↑Fristenkongruenz; ↑Fristentransformation; ↑Bankpolitik; ↑Bankpolitik, Geschäftspolitik der Banken.

Goldene Bilanzregel
Die goldene Bilanzregel verlangt, dass das Anlagevermögen und das ↑langfristig gebundene Umlaufvermögen durch ↑Eigenkapital und langfristiges ↑Fremdkapital mindestens gedeckt ist.

Goldene Finanzierungsregel
Die goldene Finanzierungsregel fordert die Einhaltung des Grundsatzes der ↑Fristenkongruenz. ↑Goldene Bankregel.

Golden parachute
Der Begriff hat zwei Bedeutungen:
– Allgemein: Hohe Abgangsentschädigungen für Mitglieder des Verwaltungsrates und der Geschäftsleitung
– Speziell: Abwehrmassnahme gegen ↑feindliche Übernahmen. Die Gesellschaft verpflichtet sich gegenüber den Mitgliedern des Verwaltungsrates und der Geschäftsleitung sowie leitenden Angestellten, im Fall einer feindlichen Übernahme hohe Abgangsentschädigungen zu leisten. Der damit verbundene finanzielle Aufwand soll die Übernahme für den unerwünschten Anbieter verteuern.

Golden share
Bei gemischtwirtschaftlichen Aktiengesellschaften Bezeichnung für jene Teile der staatlichen Aktienbeteiligung, mit der letztlich die massgeblichen Entscheidungen gegen den Willen der übrigen Aktionäre getroffen werden können.
Im weiteren Sinn werden damit alle staatlichen Sonderrechte an privatisierten Gesellschaften bezeichnet, welche den Einfluss der öffentlichen Gemeinwesen auf strategische Entscheidungen wie z. B. Firmenübernahmen sichern. Die Zulässigkeit von «goldenen Aktien» ist im EU-Recht wegen der damit verbundenen Beschränkung des freien Kapitalverkehrs umstritten.

Goldfeinheit
Goldfeinheit gibt den Goldinhalt (in Tausendsteln) eines Barrens oder einer Münze an. Ein normaler Good-delivery-Barren (↑Goldbarren, Good Delivery; ↑Edelmetallhandel) enthält 995 Teile Feingold und 5 Teile anderer Metalle oder Unreinheiten. Der Goldmarkt handelt mit Barren bis 999,9 Teilen Feingold. Goldfeinheit bis 999,99 Teile trifft man aber in der Elektronik an.

Goldfixing
↑Edelmetallhandel.

Goldfranken
Bezeichnung für den Schweizer Franken als ↑Währungseinheit vor der 1936 erfolgten Abwertung. Ein Goldfranken (GFr) entspricht 0,29032258 Unze ↑Feingold. Goldfranken sind ein Relikt aus der Zeit der Goldumlaufwährung und der ↑festen Wechselkurse. Sie dienen immer noch als Rechnungseinheit der ↑Bank für Internationalen Zahlungsausgleich (BIZ).

Goldgehalt
↑Währungseinheit.

Goldgerändertes Papier
↑Gilt; ↑Gilt edged.

Goldhandel
↑Edelmetallhandel.

Goldkonto
↑Edelmetallkonto.

Goldleihe (Goldlending)
↑Zentralbanken und andere wichtige Goldbesitzer, die einen Ertrag aus ihren Goldbeständen erwirtschaften wollen, leihen ihr Gold international anerkannten Banken, die im Goldgeschäft tätig sind (etwa 30 so genannte Bullionbanks [↑Bullion], darunter die zwei schweizerischen ↑Grossbanken). Der ↑Zins aus diesem Geschäft wird normalerweise in US-Dollar bezahlt. Er ist meistens tiefer als der Zins für einen Kredit in US-Dollar gleicher ↑Laufzeit, weil das Angebot nach Leihgold reichlich ist, während die Nachfrage nach temporärem Gold normalerweise eher begrenzt ist. Die Nachfrage nach Leihgold kommt vor allem von den Goldminen, die das Preisrisiko ihrer zukünftigen Produktion absichern wollen. Dafür bauen sie eine synthetische ↑Short position mithilfe von Terminverkäufen (↑Termingeschäft) und ↑Optionsgeschäften auf. Gegenparteien für diese ↑Transaktionen sind die Bullionbanks, die dadurch eine ↑Long position in Gold aufbauen. Sie versuchen diese zu reduzieren, indem sie Gold von den Zentralbanken leihen und sofort am Markt verkaufen. Es wird geschätzt, dass von den 32 500 Tonnen Gold (Stand 2000) aus dem Besitz der Zentralbanken und anderer offizieller Institutionen zirka 4 700 Tonnen ausgeliehen sind. Dazu kommen 500 Tonnen aus dem Privatsektor. Das Gold wird meistens für Laufzeiten von weniger als einem Jahr ausgeliehen, aber Golddepots bis fünf Jahre sind nicht unüblich. ↑Langfristige Goldleihgeschäfte werden oft gegen Hinterlage von ↑Wertpapieren als Sicherheiten abgeschlossen. Mit Forderungen aus der Goldleihe von über 320 Tonnen (Stand Ende 2000) ist die Schweizerische ↑Nationalbank (SNB) eine der grössten Goldleiher auf dem Markt.

Vincent Crettol

Goldmarkt
↑Edelmetallhandel.

Goldminenaktien
Goldminenaktien stellen eine Möglichkeit dar, indirekt am Goldmarkt zu investieren. Damit kann das grundlegende Problem physischer Goldanlagen (Barren und Münzen), die weder ↑Zinsen noch ↑Dividenden abwerfen, umgangen werden. Anlagen in Goldminenaktien sind allerdings mit besonderen Risiken verbunden. Die Bewertung von Goldminenaktien ist neben der Entwicklung des Goldpreises von den Produktionskosten sowie von ökologischen und wirtschaftspolitischen Faktoren abhängig.

1. Beschaffenheit des Marktes
Das Goldangebot und die Nachfrage und damit auch der Goldpreis werden von verschiedenen Akteuren beeinflusst. Auch nach der 1975 erfolgten ↑Demonetisierung verfügen die ↑Zentralbanken über grosse Reserven und bewirken mit ihren Käufen und Verkäufen Änderungen des Goldpreises. Wegen der bescheidenen ↑Transaktionsvolumens auf dem Goldmarkt haben nicht nur die Zentralbanken sondern auch Spekulanten die Möglichkeit, durch ihre Aktivitäten auf dem Goldmarkt starke Schwankungen des Preises auszulösen.
Über den Zusammenhang zwischen der Entwicklung des Goldpreises und derjenigen der Goldminenaktien ist keine allgemeingültige Aussage möglich. Zu unterschiedlich sind die Voraussetzungen der einzelnen Gesellschaften in Bezug auf ihre Produktionskosten und das wirtschaftliche Umfeld, in dem sie tätig sind. Man spricht deshalb von *wilden* und *zahmen* Goldminenaktien. Die Unterscheidung bezieht sich auf ihre Sensitivität gegenüber einer Goldpreisänderung und basiert hauptsächlich auf den Produktionskosten.

2. Produktionskosten
Grundsätzlich gilt die Regel, je höher die Produktionskosten, desto stärker ist die Entwicklung der Minenaktien vom Goldpreis abhängig. Da die meisten leicht schürfbaren Goldvorkommen bereits ausgebeutet sind, machen die Abbaukosten den grössten Teil der Gesamtkosten aus. Die Aktienkurse von Goldminen mit hohen Abbaukosten reagieren aufgrund der geringeren ↑Marge sehr stark auf Veränderungen des Goldpreises (sowohl nach oben als auch nach unten). Solche Titel werden zu den *wilden* Goldminenaktien gezählt. Aktien von Minen mit tieferen Produktionskosten sind demgegenüber weniger vom Goldpreis abhängig und werden als *zahme* Titel bezeichnet.

3. Umwelt
Aufgrund der Umwelthaftpflicht und verschärfter gesetzlicher Rahmenbedingungen müssen die Minengesellschaften vermehrt auf die ökologischen Folgen ihrer Produktion achten. Dies erhöht die Kosten des Abbaus und hat ebenfalls einen Einfluss auf die Entwicklung ihrer ↑Aktien. Wegen der Umweltproblematik bewegen sich die Minengesellschaften, ähnlich den grossen Erdöl-, Nahrungsmittel- oder Chemiekonzernen, in einem Umfeld, das sich zunehmend öffentlicher Beobachtung ausgesetzt sieht. Ökologische und ethische Fragestellungen bewirken einen immer spürbarer werdenden Widerstand gegen die Minengesellschaften.

4. Politik und Wirtschaft
Die Stabilität des politischen Umfeldes hat einen wesentlichen Einfluss auf die Geschäftstätigkeit der Minen und der sie finanzierenden Banken. Die künftige Inflationspolitik in den Industrieländern wird die Nachfrage nach Gold erheblich beeinflussen. Gold und damit auch Goldminenaktien werden attraktiver, je höher die Inflationsraten sind. Auch die weltpolitische Entwicklung bestimmt die Nachfrage nach Gold: Je mehr Unsicherheit herrscht, desto attraktiver wird Gold. Schliesslich hat auch die wirtschaftspolitische Entwicklung in Asien, das der wichtigste Abnehmer von Goldschmuck ist, einen grossen Einfluss auf den Edelmetallmarkt. Ein stärkeres Wirtschaftswachstum wird zu einer erhöhten Nachfrage nach Gold für die Industrieproduktion führen.

5. Goldminenfonds
Aufgrund der sehr unterschiedlichen Ausgangslage der einzelnen Minengesellschaften ist die Investition in Minenaktien für die meisten Anleger mit einem beträchtlichen Risiko verbunden. Mit dem Kauf von Goldminenfonds (↑Anlagefonds) kann dieses Risiko breiter gestreut und damit reduziert werden. Da die Nachfrage nach Goldfonds jedoch sehr gering ist, werden kaum noch reine Minenfonds angeboten. Oftmals diversifizieren diese Fonds in Titel von Gesellschaften, die andere Industriemetalle oder Bodenschätze (Erdöl, Gas usw.) fördern und bearbeiten.

6. Konzentrationsprozess
Zusammenfassend lässt sich sagen, dass die Suche nach neuen Goldvorkommen und deren Abbau viel Kapital benötigt. Erschwerend für die Minengesellschaften kommen rechtliche und ökologische Auflagen dazu. In diesem Umfeld können kleine Firmen das notwendige Risikokapital nicht mehr aufbringen. Deshalb findet seit 1975 ein verstärkter Konzentrationsprozess statt. Die Grosskonzerne wiederum verfügen über Finanzierungsmethoden, die den Goldpreis beeinflussen können. Sie verkaufen ihre Produktion zum Voraus auf Termin und sichern sich so den aktuellen Preis. Im Allgemeinen tragen solche Finanzierungsinstrumente zu einer Stabilisierung des Goldpreises bei und reduzieren die Risiken der Unternehmen. Dies wirkt sich letztlich positiv auf die Aktienkurse der Goldminengesellschaften aus. ↑Gold als Kapitalanlage.

Hans-Dieter Vontobel

Lit.: Capie, F. H./Wood, G. E.: *Monetary Problems, Monetary Solutions & The Role of Gold*, Research Study Nr. 25, World Gold Council, London 2001. – Lips, F.: *Goldminen, die optimale Langfriststrategie*, in: Der Goldbrief & Goldminen-Spiegel, Salzburg 2000. – Müller, J.: *Handbuch Geldanlage*, Frankfurt/New York 1999. – Scott-Ram, R.: *Using Gold to make portfolios more predictable*, in: Gold portfolio letter Nr. 12, World Gold Council, London 2001. – Siebers, A. B. J.: *Kursbuch Geld, Gold, Börse*, Frankfurt a.M. 1995.
Links: www.goldseiten.de – www.gold.org – www.usgs.gov

Goldmünzen
↑Edelmetallhandel.

Goldmünzenhandel
↑Edelmetallhandel.

Goldoptionen
Eine Goldoption ist das Recht, zu einem bestimmten Termin bzw. innerhalb einer bestimmten Frist bestimmte Mengen ↑Feingold zu einem schon bei Vertragsabschluss vereinbarten Preis zu kaufen (↑Call) oder zu verkaufen (↑Put). ↑Optionen.

Goldparität
↑Währungseinheit; ↑Geldwert, ↑Internationaler Währungsfonds (IWF).

Goldpolitik
↑Währungsmetalle.

Goldpool, Zürcher
↑Edelmetallhandel.

Goldpreis
↑Edelmetallhandel.

Goldpreisbildung
↑Edelmetallhandel.

Goldpunkt
↑Währungsordnung.

Goldreserven
↑Währungsordnung.

Goldsmith's notes
↑Banknoten (Geschichtliches).

Goldstandard
↑Internationaler Währungsfonds (IWF); ↑Edelmetallhandel.

Goldumlaufswährung
↑Internationaler Währungsfonds (IWF).

Goldwährung
↑Münzwesen der Schweiz.

Good till cancelled
Unter dem Begriff Good till cancelled werden unlimitierte oder limitierte Aufträge mit Gültigkeitsbestimmung verstanden, die bis zur Ausführung oder bis zum Widerruf gültig sind. Gegensatz: ↑Good till date.

Good till date
Unter dem Begriff Good till date werden unlimitierte oder limitierte Aufträge mit Gültigkeitsbestimmung verstanden, die bis zu einem vorgegebenen Datum oder bis zum Widerruf gültig sind. Gegensatz: ↑Good till cancelled.

Good until cancelled order
↑Open order.

Goodwill
Der Goodwill (auch Firmenwert oder Geschäftswert genannt) ist die Differenz aus dem ↑Ertragswert und dem ↑Substanzwert einer Unternehmung. Er resultiert aus nicht einzeln bewertbaren, immateriellen Vermögenswerten. Gründe für einen Goodwill sind Standortvorteile, Kundentreue, Qualität der Mitarbeiter – insbesondere der leitenden -, vorteilhafte Lieferantenbeziehungen, rationelle Fertigung, hoher Bekanntheitsgrad der Produktmarken (Brands), Erfolg versprechende neue Produkte in Entwicklung usw. Ist die Differenz aus Ertragswert und Substanzwert negativ, ergibt sich ein *Badwill*.
Banken haben einen erworbenen Goodwill nach Bank V 25 I und RRV EBK im Einzelabschluss unter Sachanlagen zu bilanzieren, weil eine Position «Immaterielles Anlagevermögen» fehlt. ↑Konzernrechnung; ↑Unternehmensbewertung.

Government National Mortgage Association «Ginnie Mae» (GNMA)
Die Government National Mortgage Association «Ginnie Mae» (GNMA) ist eine staatliche Organisation, die unter den Regeln und Richtlinien des Secretary of Housing and Urban Development operiert. Ginnie Mae wurde 1968 im Laufe der Reformation der ↑Federal National Mortgage Association «Fannie Mae» (FNMA) geschaffen. Das Ziel von Ginnie Mae ist es, ein Angebot an Hypotheken (↑Hypothekargeschäft) für ärmere Familien zu garantieren. Sie erleichtert die Finanzierung von Eigentumswohnungen, indem sie den Banken Hypotheken abkauft und dadurch das ↑Kreditrisiko übernimmt. Diese Aktivitäten werden wie im Fall der Fannie Mae durch die Ausgabe von Schuldverschreibungen und kurzfristigen ↑Diskontpapieren finanziert.

Grace period
↑Roll-over-Kredit.

Gramm Leach Bliley act
Der Gramm Leach Bliley act vom 12.11.1999 nahm eine Neuordnung des komplizierten amerikanischen Bankensystems vor, für die seit Mitte der 70er-Jahre immer wieder gekämpft wurde. Sowohl der *Banking act von 1933* mit seinem *Glass Steagall wall* als auch der Bank holding company act von 1956 erfuhren weit reichende Änderungen.
Der Gramm Leach Bliley act hat drei Hauptteile: Erstens Straffung des (nationalen) Bankaufsichtsrechts, zweitens Zurückbindung der Einzelstaaten bei ihren Versuchen, Versicherungsgesellschaften, die ins ↑Bankgeschäft expandieren wollen, Restriktionen aufzuerlegen und drittens Einführung eines limitierten ↑Bankkundengeheimnisses.
Das neue Gesetz bringt folgende wichtige Änderungen:
1. Section 20 und 31 des Banking act (Glass Steagall wall) wurden aufgehoben, d. h., das ↑Trennbankensystem wurde abgeschafft. Von nun an können Banken auch mit Gesellschaften verbunden sein, die hauptsächlich im ↑Effektenhandel (Securities dealer) tätig sind.
2. Der Bank holding companies act wird ergänzt, indem es neben den eigentlichen Bankholdinggesellschaften neu auch eine *Financial holding company* gibt, die generell in Finanzgeschäften (Financial activities gemäss gesetzlicher Definition) und dazugehörigen Geschäften, wie Datenverarbeitung, tätig sein darf; dazu gehören auch Teile des *Merchant banking* und Versicherungsgeschäfts, wobei Definition und Umfang dieser Tätigkeiten, die eine Financial holding company vornehmen darf, äusserst kompliziert sind. Um als Finanzholdinggesellschaft zu qualifizieren, muss eine Bankholdinggesellschaft genügend kapitalisiert, gut geleitet und, sofern bei der ↑Federal deposit insurance corporation (FDIC) versichert, mit einem guten ↑Rating unter dem *Community reinvestment act*, welcher die Gleichbehandlung schlechter und guter Gemeinden bzw. Stadtteile bei der Kreditvergabe verlangt, versehen sein. ↑Ausländische Banken können sich auch als Finanzholdinggesellschaft qualifizieren, sofern sie genügend kapitalisiert sind.
3. Gleichzeitig wurde das Broker- und Anlageberatungsgeschäft ausserhalb der registrierten Broker-dealer- oder Investment-banking-Tätigkeit eingeschränkt.

4. Es gibt unter gewissen Bedingungen so genannte *Grandfathering clauses,* d. h. die Bestimmung, dass eine Bank- bzw. Bankholdiggesellschaft Rechte, ↑Geschäftskreise und Titel behalten darf, die sie immer schon gehabt hat, auch wenn das unter dem neuen Gesetz nicht mehr möglich wäre.
5. Bankkunden geniessen einen limitierten Schutz ihrer Privatsphäre in finanzieller Hinsicht (↑Datenschutz im Bankverkehr), der aber nicht zu Umgehungsgeschäften benützt werden darf und der durch den International money laundering abatement and anti-terrorist financing act vom 26.10.2001 stark modifiziert wurde.

Gestrafft wurde auch das komplizierte amerikanische Bankaufsichtssystem, indem die Bankaufsicht für so genannte National banks, d. h. vom Bund bewilligte und beaufsichtigte Banken, grundsätzlich allein dem Office of the ↑Comptroller of the currency (OCC) übertragen wurde. Im Hinblick auf die Überprüfung der notwendigen Eigenkapitalvorschriften, wie sie im ↑*Basler Ausschuss für Bankenaufsicht* definiert wurden, hat das ↑*Federal Reserve System (FED)* eine limitierte Aufsichtskompetenz. Die Aufsichtsbehörden der einzelstaatlich bewilligten Banken verbleiben dagegen für ihre Banken weiterhin zuständig.

Sabine Kilgus

Grandfather clause
↑Gramm Leach Bliley act.

Gratisaktie
↑Aktien, welche zulasten des ↑Eigenkapitals liberiert werden durch Umwandlung offener Reserven in ↑Aktienkapital (OR 652d). Mit der Ausgabe von Gratisaktien sind verschiedene Motive verbunden. So kann mit Gratisaktien ein Missverhältnis zwischen dem (geringen) nominellen Aktienkapital und den (umfangreichen) Reserven korrigiert werden. Im deutschen Aktienrecht werden die Gratisaktien deshalb *Berichtigungsaktien* genannt. Rechtlich bedeutet die ↑Ausschüttung einer *Stockdividende* ebenfalls eine Ausgabe von Gratisaktien. Gratisaktien bilden auch ein Instrument der ↑Dividendenpolitik. Bleibt der Dividendenbetrag je Aktie nach der Ausgabe von Gratisaktien unverändert, kommt dies für den Aktionär einer indirekten Dividendenerhöhung gleich.

In der Schweiz werden nur ausnahmsweise Gratisaktien ausgegeben, weil der ↑Nennwert der Gratisaktien einkommens- und verrechnungssteuerpflichtig ist. Übernimmt die Gesellschaft die ↑Verrechnungssteuer zu ihren Lasten, wird der Nennwert der Gratisaktien als Nettoausschüttung (65% der Bruttoausschüttung) betrachtet. Bei einem Nennwert von CHF 10 der Gratisaktie ist deshalb der Betrag von CHF 15.38 steuerpflichtig. (Merkblatt der ESTV vom 30.09.1999, Zirkular Nr. 6929 der SBVg)

Gratisoptionen
↑Aktienoption.

Grauer Kapitalmarkt
Als grauer Kapitalmarkt wird der Teil der ↑Finanzmärkte bezeichnet, der keiner staatlichen Aufsicht oder anderen Reglementierungen unterliegt. Die Angebote werden nicht über die ↑Börse oder Bankfilialen offeriert, sondern in der Regel per Telefon oder an der Haustüre des Anlegers. Diese Art von grauem Kapitalmarkt zeichnet sich durch eine hohe Anzahl unseriöser und betrügerischer Angebote aus.

Der Begriff des grauen Kapitalmarktes ist aber auch noch in einem ganz anderen Zusammenhang gebräuchlich. Als «Graumarkt» wird auch der informelle ↑Telefonhandel von Anleihen oder ↑Aktien bezeichnet, die sich in ↑Emission befinden und deren Börsenkotierung geplant ist, aber noch aussteht. Ein ähnlicher Graumarkt entsteht oft auch bei Aussetzung einer Börsenkotierung (↑Kotierung). Teilnehmer an diesen Formen von Graumarkt sind hauptsächlich Banken.

Manuel Ammann

Greeks
Sammelbezeichnung für ↑Sensitivitätskennzahlen von ↑Optionen. Zu den Greeks zählen ↑Delta, ↑Gamma, ↑Theta, ↑Vega und ↑Rho. Diese Sensitivitätskennzahlen werden unter anderem zur Quantifizierung und zum Management von Kursrisiken eingesetzt.

Greenback
Von der Farbgebung der ↑Banknoten herrührende Bezeichnung für den US-Dollar.

Green investments
↑Ökoanlagen.

Greenmailing
Dieser Begriff wird auf dem amerikanischen ↑Finanzmarkt in Anlehnung an Blackmailing (Erpressung) für den Rückkauf eigener Aktien von einem einzelnen Aktionär oder einer bestimmten Gruppe von Aktionären zu einem über dem ↑Marktwert liegenden Preis verwendet mit dem Ziel, einen unerwünschten ↑Investor oder einen Übernahmeinteressenten auszuschalten. In der Schweiz wäre Greenmailing zur Abwehr einer feindlichen Übernahme (Unfriendly takeover [↑Übernahme, wirtschaftliche]) nicht zulässig, weil damit gegen den Grundsatz der Gleichbehandlung der Aktionäre verstossen würde. ↑Eigene Aktien.

Greenshoe
In den USA übliche und auch in der Schweiz übernommene Bezeichnung bei einem ↑Initial public offering (IPO) für eine Over allotment option oder

Mehrzuteilungsoption. Sie gibt dem Emissionskonsortium im Rahmen des Bookbuildingverfahrens (↑Bookbuilding) die Möglichkeit, über das ursprünglich vorgesehene ↑Emissionsvolumen zusätzliche ↑Aktien zu den ursprünglichen Konditionen im Markt zu platzieren. Der Greenshoe wird ausgeübt, wenn die Nachfrage das geplante Emissionsvolumen deutlich übersteigt. Mit dem Greenshoe soll die Kursentwicklung nach der Börseneinführung stabilisiert werden.

Green warrants

In Deutschland übliche Bezeichnung für eine ↑Option auf einen Korb von ↑Aktien von Gesellschaften, die im Bereich des Umweltschutzes tätig sind.

Greifbare Mittel

↑Liquidität (Betriebswirtschaftliches).

Grenzüberschreitende Datenflüsse im Bankverkehr

Die internationale Tätigkeit der Banken und ↑Finanzintermediäre hat sich in den letzten Jahrzehnten zunehmend verstärkt. Dieser Trend zur Globalisierung gilt sowohl für die schweizerischen Banken, d.h. Banken, deren Stammhaus oder Sitz in der Schweiz ansässig ist und für deren konsolidierte Überwachung die EBK (↑Bankenkommission, Eidg.) verantwortlich ist, als auch für die Zweigniederlassungen und Tochtergesellschaften von ↑ausländischen Banken, deren Überwachung der Aufsichtsbehörde des jeweiligen Herkunftslandes obliegt (↑Home country control).

Während Jahren betrachtete der ↑Basler Ausschuss für Bankenaufsicht, welchem Vertreter der Bankaufsichtsbehörden der zehn bedeutendsten Industriestaaten sowie Luxemburgs und der Schweiz angehören, jede der herkömmlichen Methoden der Informationserhebung (z.B. die Beschaffung von Informationen indirekt über die Mutterbank, auf dem Amtshilfeweg über die Gastlandbehörde bzw. über Revisionsstellen) für sich alleine als ausreichend. Seit 1992 und insbesondere als Folge der Unzulänglichkeiten, welche sich bei der Überwachung in den Fällen Bank of Credit and Commerce International (BCCI) und Barings zeigten, wurde jedoch auf internationaler Ebene immer dringender gefordert, dass Herkunftslandbehörden die Möglichkeit haben müssten, bei ausländischen Niederlassungen der von ihnen beaufsichtigten Banken auch direkte Prüfungen vor Ort durchführen zu können. Diese Entwicklung gipfelte in 29 Empfehlungen zur grenzüberschreitenden Bankenaufsicht (ICBS-Empfehlungen), welche im Juni 1996 anlässlich der International Conference of Banking Supervision in Stockholm veröffentlicht worden sind. Die Empfehlungen enthielten als wesentliches Merkmal u.a. die Möglichkeit der Durchführung von Prüfungen vor Ort seitens der Behörden des Herkunftlandes nach eigenem Ermessen und nach Konsultation der jeweiligen Gastlandbehörde und unter der Voraussetzung, dass die Identität des Bankkunden angemessen geschützt ist. Dadurch wurde die Möglichkeit von ↑Vor-Ort-Kontrollen als Mindeststandard verankert und gleichzeitig diejenigen Gastlandbehörden, deren Gesetzesregelungen Kontrollen durch Aufsichtsbehörden anderer Länder nicht zulassen (wie z.B. im Falle der Schweiz), aufgefordert, sich gezielt für eine Änderung einzusetzen.

Im Zeitpunkt der Veröffentlichung der Empfehlungen waren in der Schweiz zwei der genannten Instrumente der grenzüberschreitenden Aufsicht von Banken und ↑Effektenhändlern bereits rechtlich verankert. Es waren dies der Informationsfluss von einer schweizerischen Niederlassung zum ausländischen Stammhaus (Art. 4^{quinquies} BankG) und die internationale ↑Amtshilfe (Art. 23^{sexies} BankG, Art. 38 BEHG). Keine ausdrückliche Rechtsgrundlage bestand dagegen für direkte Prüfungen vor Ort durch ausländische Aufsichtsbehörden in der Schweiz; eine solche ergab sich erst 1998 mit der Einführung eines neuen Artikels (23^{septies}) des BankG. Zu unterscheiden sind demnach drei verschiedene Ebenen des grenzüberschreitenden Informationsflusses.

1. Informationsfluss von schweizerischen Niederlassungen zur ausländischen Muttergesellschaft

Dem Art. 23^{septies} BankG nachgebildet ist Art. 4^{quinquies} BankG, welcher den Informationsfluss von der Niederlassung zur Mutterbank ermöglicht und regelt. Der Informationsfluss erfolgt nicht zwischen den Aufsichtsbehörden, sondern von der Niederlassung in der Schweiz zur ausländischen Mutterbank. Er dient einerseits der Mutterbank zur internen Kontrolle über die Gruppe, anderseits dürfen die Angaben gemäss Art. 4^{quinquies} BankG zur direkten Beaufsichtigung von Banken oder anderen ↑bewilligungspflichtigen Finanzintermediären verwendet werden. Die Gesetzesbestimmung erlaubt auch ein formloses Weiterleiten von Informationen von der Mutterbank im Ausland an ihre Aufsichtsbehörde.

2. Informationsübermittlung im Rahmen der internationalen Amtshilfe

Die 1994 geschaffenen Bestimmungen zur internationalen Amtshilfe im Banken-, Börsen- und Anlagefondsbereich ermöglichen der EBK, ausländische Aufsichtsbehörden um vertrauliche Informationen zu ersuchen, und solche unter Einhaltung der gesetzlichen Voraussetzungen auch an ausländische Überwachungsbehörden zu übermitteln. Die Gesetzesbestimmungen sehen vor, dass die erhaltenen Informationen und Angaben nur zur direkten Beaufsichtigung verwendet werden dürfen. Die ausländische Aufsichtsbehörde muss auch an ein Amts- oder Berufsgeheimnis gebunden sein und die erhaltenen Informationen dürfen nur mit Zustimmung der Bankenkommission offen gelegt oder weitergeleitet werden.

3. Vor-Ort-Kontrollen ausländischer Aufsichtsbehörden in der Schweiz
Die direkten Prüfungen der Aufsichtsbehörden (Vor-Ort-Kontrollen) werden auf das für eine konsolidierte Aufsicht Notwendige beschränkt und dienen schwergewichtig und in erster Linie der Überwachung der Organisation, der leitenden Personen und des ↑Risikomanagements (High level controls) sowie des Meldeverfahrens gegenüber Aufsichtsbehörden. Dazu ist der Einblick in Kundendateien in der Regel nicht notwendig. Ausnahmen ergeben sich beispielsweise im Bereich der Prüfung von Grossrisiken. Die bei der Vor-Ort-Kontrolle erhaltenen Angaben können nur mit Zustimmung der EBK weitergeleitet werden. Letztere kann diese Zustimmung formlos, im Einzelfall auch generell für bestimmte Arten von Informationen und spezifisch bezeichneten Behörden erteilen.

Ausländische Aufsichtsbehörden sollen im Rahmen der Vor-Ort-Kontrollen grundsätzlich keinen Zugang zu Kundendaten haben, soweit sie im weitesten Sinne mit dem Vermögensverwaltungs- oder Einlagegeschäft zusammenhängen. Ausgeschlossen ist damit auch die direkte Einsicht in Lombardkredite oder in andere mit dem Vermögensverwaltungsgeschäft zusammenhängende Kredite oder in Kredite, welche ohne förmlichen ↑Pfandvertrag, aber aufgrund eines vorhandenen ↑Depots gewährt werden. Damit wird dem Bedürfnis nach Schutz der Persönlichkeitsrechte der in- und ausländischen Vermögensverwaltungskunden Rechnung getragen. Nur in Ausnahmefällen besteht ein aufsichtsrechtliches Bedürfnis, solche Kundendaten zu kennen. Sofern ein solches Bedürfnis besteht, kann die EBK die Angaben selbst erheben und nach der Durchführung eines Verwaltungsverfahrens der ausländischen Behörde auf dem Amtshilfeweg übermitteln. Damit wird der weit gehende Verfahrensschutz für Kunden auch für das Aufsichtsinstrument der Vor-Ort-Kontrolle sichergestellt.   *Claudio Generali*

Greshamsches Gesetz
Benannt nach dem engl. Nationalökonomen Thomas Gresham (1519–1579). Es besagt, dass schlechtes Geld stets gutes Geld verdränge. Unter «schlechtem» Geld sind ↑Münzen zu verstehen, welche durch Verkleinerung oder durch Verschlechterung der Legierung in ihrem Edelmetallgehalt vermindert wurden. Es verdrängt das «gute» Geld deshalb, weil man aus dem guten Geld für einen höheren Nominalbetrag schlechtes Geld prägen lassen kann.

Grey market
↑Grauer Kapitalmarkt.

GROI
Abk. f. Guaranteed return on investment. ↑Strukturierte Produkte; ↑Hedging-Strategie.

Grossaktionär
Als Grossaktionäre werden ↑Investoren mit einer Beteiligung bezeichnet, welche ein erhebliches finanzielles ↑Engagement verkörpert. Nach OR 663c fallen darunter «bedeutende Aktionäre», deren Beteiligung 5% aller Stimmrechte übersteigt. Grossaktionäre sind in der Regel aktive Aktionäre.

Grossanleger
Zu den Grossanlegern zählen die ↑institutionellen Anleger oder vermögende Privatpersonen. Gegensatz: Streubesitzanleger. ↑Streubesitz von Aktien.

Grossbanken (Allgemeines)
Kennzeichnend für die Grossbanken ist die Pflege aller Bankgeschäfte als so genannte ↑Universalbank (↑Commercial, ↑Investment, Trust und ↑Private banking). Sie betätigen sich gesamtschweizerisch durch eine entsprechende Filialorganisation und pflegen insbesondere auch das Auslandgeschäft (↑Auslandgeschäft der Schweizer Banken). Ihr Beteiligungskreis erstreckt sich auf Banken, ↑Finanz- und Industriegesellschaften, Lebensversicherungen, Portfolio-, Management- und ↑Fondsleitungsgesellschaften, Informatikunternehmen sowie andere Dienstleistungsgesellschaften und ↑Immobiliengesellschaften mit Domizil im In- und Ausland.

In der Schweiz umfasst die Gruppe der Grossbanken die UBS AG sowie die Credit Suisse Group mit der Credit Suisse und der Credit Suisse First Boston.   *Sita Mazumder, Christine Hirszowicz*

Grossbanken (Geschichtliches)
Unter der Bezeichnung «Grossbanken» wurden in der ↑Bankenstatistik der Schweizerischen ↑Nationalbank (SNB), die erstmals für die Jahre 1906 bis 1913 ediert wurde, jene ↑Handelsbanken zusammengefasst, die nach Umfang ihrer eigenen und fremden Kapitalien sowie nach der Intensität ihrer nationalen und internationalen Geschäftsbeziehungen alle anderen schweizerischen Handelsbanken überragten. Das waren damals und in den folgenden Jahren die acht Institute Schweizerischer Bankverein, Schweizerische Kreditanstalt, Schweizerische Bankgesellschaft, Schweizerische Volksbank, Bank Leu, Banque d'Escompte Suisse, Eidgenössische Bank, Basler Handelsbank.

Grossbanken (Geschichtliches)

Entwicklung der Grossbanken in der Schweiz (1755–1998)

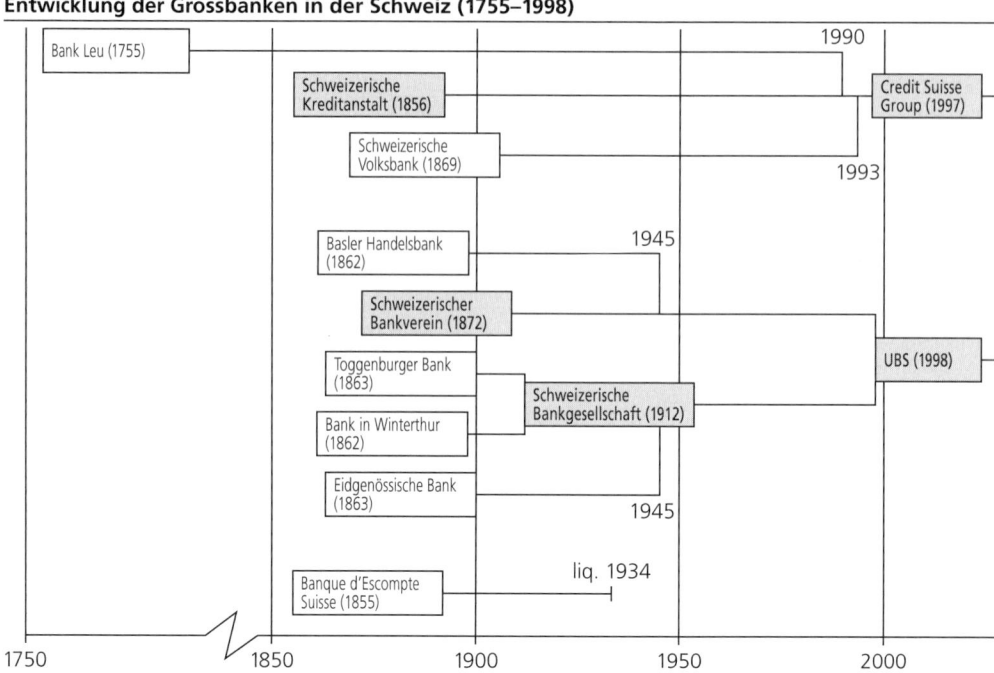

1. Gründungen

Die erste «moderne» Bank und die älteste Grossbank der Schweiz ist die 1755 gegründete *Bank Leu & Co*. Die Anfänge der weiteren schweizerischen Grossbanken jedoch gehen auf die zweite Hälfte des 19. Jahrhunderts zurück, als sich – beeinflusst von ausländischen Vorbildern wie etwa dem ↑ Crédit mobilier de France – in allen Landesteilen grössere Handelsbanken formierten. Diese waren weitgehend auf den Binnenmarkt ausgerichtet und hatten speziell die Aufgabe, die zum Eisenbahnbau und zur Umstellung der Industrie auf den Fabrikbetrieb notwendigen grossen Kapitalien verfügbar zu machen. Nur das Comptoir d'Escompte de

SKA, SBV, SBG und SVB im Vergleich (1946–1996)

	1946			
	SKA	SBV	SBG	SVB
Bilanzsumme (CHF Mio.)	1 894	2 139	1 319	892
Eigene Mittel (CHF Mio.)	196	196	103	93
Ausleihungen (CHF Mio.)	725	638	527	662
Kundengelder (CHF Mio.)	1 338	1 603	1 041	749
Zweigniederlassungen Inland	28	31	32	62
Personalbestand	2 282	3 153	n. a.	n. a.

	1976			
	SKA	SBV	SBG	SVB
Bilanzsumme (CHF Mio.)	41 664	52 757	52 651	11 343
Eigene Mittel (CHF Mio.)	2 697	3 146	3 229	644
Ausleihungen (CHF Mio.)	17 683	17 887	20 920	8 254
Kundengelder (CHF Mio.)	24 990	26 366	29 617	9 635
Zweigniederlassungen Inland	124	158	199	134
Personalbestand	9 549	11 226	13 549	4 329

Genève entstand 1855 noch hauptsächlich zur Finanzierung ausländischer Projekte. Es wuchs später unter dem Namen *Banque d'Escompte Suisse* (1931) zur einzigen Westschweizer Grossbank heran, musste jedoch 1934 liquidiert werden.

1856 gründete Alfred Escher, der die schweizerische Wirtschaft und Politik in der zweiten Hälfte des 19. Jahrhunderts massgeblich prägen sollte, in Zürich – zunächst mit hälftig deutscher Beteiligung – die *Schweizerische Kreditanstalt (SKA)*. Die SKA trug – konkurrierend mit ausländischen, hauptsächlich französischen Grossbanken – wesentlich zur Finanzierung des Eisenbahnnetzes und zur Industrialisierung in der Schweiz bei. Mit zahlreichen Initiativen zur Gründung neuer Finanzinstitute wie der Schweizerischen Rentenanstalt (1857), der Schweizer Rück (1863) und der «Zürich» (1872) gab sie der Entwicklung des inländischen ↑Kapitalmarktes wichtige Impulse. Sie stieg rasch zur grössten schweizerischen Handelsbank auf.

Vor dem Hintergrund wirtschaftlicher und politischer Spannungen zwischen den Städten Zürich und Winterthur entstand 1862 die Bank in Winterthur. Sie entwickelte sich bald über den ursprünglichen Zweck des Lagerhausgeschäftes hinaus zu einer der Crédit-mobilier-ähnlichen Bank und trug zur wachsenden Bedeutung des Kantons Zürich als Bankenplatz bei. Mit der Toggenburger Bank (1863 als lokal ausgerichtete ↑Hypothekarbank gegründet) fusionierte sie im Jahre 1912 zur *Schweizerischen Bankgesellschaft (SBG)*.

In Bern wurde 1863 von einem Kreis um den Bundesrat und Escher-Gegenspieler Jakob Stämpfli, zusammen mit zwei Pariser Banken, die *Eidgenössische Bank* ins Leben gerufen. Diese wollte die führende Schweizer ↑Notenbank werden und die Zürcher SKA als grösste Handelsbank des Landes konkurrenzieren. Nach hohen Verlusten, die ihr in den 1930er-Jahren vor allem aus ↑Engagements in Deutschland erwuchsen, wurde sie 1945 von der SBG übernommen.

Nach dem Vorbild deutscher Vorschuss- und Kreditvereine entstand 1869 aus der «Allgemeinen Arbeitergesellschaft der Stadt Bern» die genossenschaftlich organisierte «Volksbank in Bern». Durch den Aufbau eines Filialnetzes und die starke Diversifizierung wandelte sich die ursprüngliche Handwerkerbank bald zum gesamtschweizerischen Institut und nannte sich ab 1881 offiziell *Schweizerische Volksbank (SVB)*. Im Unterschied zu den übrigen Grossbanken verstand sie sich vor allem als eine Bank des Mittelstandes.

1872 wurde der Basler Bankverein gegründet, der sich hauptsächlich dem ↑Emissions- und Handelsgeschäft widmete. Aus den ↑Fusionen mit dem Zürcher Bankverein (gegründet 1889), der Basler Depositen-Bank (gegründet 1881) und der Schweizerischen Unionbank in St. Gallen (gegründet 1888) entstand in den Jahren 1895 bis 1897 der *Schweizerische Bankverein (SBV)*. Bereits Ende 1862 war von ↑Privatbankiers unter Mitwirkung von Basler Handelshäusern und der Zürcher SKA die *Basler Handelsbank* gegründet worden. Sie wurde 1945 vom SBV übernommen.

2. Sanierungen, Liquidationen, Übernahmen
Nach der Gründungszeit und einer ersten Entwicklungsphase begannen die Grossbanken An-

(Quelle: Geschäftsberichte der jeweiligen Banken)

1956				1966			
SKA	SBV	SBG	SVB	SKA	SBV	SBG	SVB
3 169	3 392	2 651	1 708	10 223	11 294	10 122	4 179
252	275	182	120	576	623	965	244
1 518	1 359	1 126	1 276	4 499	5 108	4 772	3 373
2 320	2 484	2 038	1 476	8 266	8 127	7 214	3 695
32	35	39	65	54	79	100	80
2 708	n.a.	2 746	n.a.	4 239	6 018	5 729	2 435

1986				1996			
SKA	SBV	SBG	SVB	SKA	SBV	SBG	SVB
103 741	137 828	152 167	28 910	203 892	304 642	320 633	36 592
6 104	8 474	8 689	1 860	10 407	13 287	16 658	2 483
44 267	61 667	69 205	19 080	98 823	119 644	143 966	23 144
64 823	91 789	82 026	23 485	116 148	163 397	151 930	29 157
187	216	285	158	162	288	295	152
14 060	15 775	19 990	5 366	16 973	21 036	21 173	4 475

Grossbanken (Geschichtliches)

fang des 20. Jahrhunderts, ihre Marktpositionen parallel zur unternehmerischen Konzentration und zur Diversifizierung der Geschäftszweige durch Erweiterung ihres Filialnetzes auszubauen. An ausländischen Massstäben gemessen blieben sie dennoch lediglich grosse Regionalbanken. So erreichten etwa im Jahr 1914 die ↑ Bilanzsummen des SBV oder der SKA, der beiden damals mit Abstand grössten schweizerischen Banken, nicht einmal einen Viertel der Bilanzsummen englischer, deutscher oder französischer Grossbanken. Ausgelöst durch die Gründung der SNB 1907 und die Einführung ihres Monopols zur ↑ Notenausgabe setzte bei den Schweizer Banken bereits vor dem Ersten Weltkrieg ein Konzentrationsprozess ein, in dessen Verlauf neben den ↑ Kantonalbanken insbesondere die Grossbanken zahlreiche lokal tätige Institute übernahmen und zu eigenen Geschäftsstellen umgestalteten.

In den 1920er-Jahren gingen die Grossbanken im Ausland, namentlich in Deutschland und in zentraleuropäischen Ländern, bedeutende ↑ Engagements ein. Die internationale Wirtschaftskrise, die Ende der 1920er-Jahre einsetzte, traf sie deshalb ganz erheblich und führte zu empfindlichen Verlusten, da die Devisenbewirtschaftungsmassnahmen einen grossen Teil der Guthaben entwerteten. Daher konnte etwa die SVB 1933 und 1937 nur mit Bundesmitteln gerettet werden, während die Bank Leu 1936/37 unter Aufsicht der Eidgenössischen ↑ Bankenkommission saniert werden musste. Die Banque d'Escompte Suisse ging 1934 sogar in Liquidation. 1945 wurden die Eidgenössische Bank von der SBG und die Basler Handelsbank vom SBV übernommen, sodass sich die Zahl der Schweizer Grossbanken von acht (1918) auf fünf reduzierte. Durch die ↑ Fusion mit der Finanzgesellschaft Interhandel von 1966 wurde die SBG zur damals grössten und kapitalstärksten Bank der Schweiz.

3. Take-off im Ausland und Konsolidierung in der Schweiz

Erst ab den 1950er-Jahren erlangte der ↑ Finanzplatz Schweiz allmählich internationale Bedeutung. Dank den stabilen politischen und wirtschaftlichen Verhältnissen, der liberalen Steuerpraxis und dem ↑ Bankkundengeheimnis wurde die Schweiz zu einem bevorzugten Ziel internationaler Kapitalflüsse. Das schweizerische Bruttosozialprodukt wurde Mitte der 1960er-Jahre erstmals von der Bilanzsumme aller Banken übertroffen, die Bilanzsumme aller Grossbanken überholte diejenige der Kantonalbanken (vgl. Tabelle S. 530, 531). Ab Mitte der 1960er-Jahre intensivierten die Grossbanken ihr Auslandgeschäft markant (↑ Auslandgeschäft der Schweizer Banken) und bauten zu diesem Zweck internationale Netze von Niederlassungen und Vertretungen auf (Internationalisie-

rung). Schon Ende der 1960er-Jahre stammten fast zwei Drittel der Einnahmen der drei wichtigsten Grossbanken aus dem Ausland. Im Inland bauten die Grossbanken ihren Marktanteil auf rund 50% aus und konsolidierten ihn in den 1970er- und 1980er-Jahren durch zahlreiche Filialgründungen. Zugleich wurde das Retailgeschäft (↑ Retail banking) verstärkt (Entwicklung zu ↑ Universalbanken).

Trotz diesem Wachstum im In- und Ausland blieben die schweizerischen Grossbanken, gemessen an der Bilanzsumme, im internationalen Vergleich weiterhin recht unbedeutend: So belegte noch 1973 die SBG, die damals grösste Schweizer Grossbank, lediglich Rang 47 unter den grössten Banken der Welt.

Die um das Jahr 1990 einsetzende ↑ Deregulierung und die Krise im Immobilienmarkt führten zu einer einschneidenden Strukturbereinigung auf dem Bankenplatz Schweiz, die nicht nur kleine, sondern auch grosse Institute erfasste. Die CS Holding (1982 eine Tochtergesellschaft der SKA, ab 1989 Dachholding) übernahm unter anderem die Bank Leu (1990), die SVB (1993) sowie die Neue Aargauer Bank (1994) und wurde dadurch zur Marktleaderin im Schweizer Retailgeschäft. 1996 erfolgte die Neuorganisation der CS Holding und ihrer Tochtergesellschaften als Credit Suisse Group (CSG). Durch den Zusammenschluss mit der «Winterthur» 1997 entwickelte sich die CSG zum Anbieter von umfassenden Bank- und Versicherungsdienstleistungen. Nachdem noch 1996 eine Verbindung zweier Grossbanken (CS Holding und SBG) auf Ablehnung gestossen war, fusionierten bereits 1997/98 SBV und SBG zur neuen UBS.

So blieben am Ende des 20. Jahrhunderts von den ursprünglich acht Schweizer Grossbanken nurmehr zwei übrig. Mit der Credit Suisse First Boston (CSG) und der UBS Warburg (UBS) hatten sie ihre Geschäftsbereiche um das weltweite ↑ Investment banking ergänzt und nahmen nun auch international eine führende Stellung ein: Gemessen an der ↑ Börsenkapitalisierung belegten die UBS und die Credit Suisse Group Mitte 1999 die Plätze 3 und 4 unter den Finanzinstituten in Europa.

Joseph Jung, Dominik Pfoster

Lit.: *Bauer, H.: Schweizerischer Bankverein 1872–1972, Basel 1972. – Jung, J.: Von der Schweizerischen Kreditanstalt zur Credit Suisse Group. Eine Bankengeschichte, Zürich 2000. – Jung, J.: Die Winterthur. Eine Versicherungsgeschichte, Zürich 2000. – Mast, H. J.: Der Bankenplatz Schweiz im Zweiten Weltkrieg, in: Jung, J. (Hrsg.): Zwischen Bundeshaus und Paradeplatz. Die Banken der Credit Suisse Group im Zweiten Weltkrieg. Studien und Materialien, Zürich 2001. – Rogge, P. G.: Die Dynamik des Wandels. Schweizerischer Bankverein 1872–1997: Das fünfte Vierteljahrhundert, Basel 1997. – Schweizerische Bank-*

*gesellschaft (Hrsg.): Schweizerische Bankgesellschaft 1862/1912/1962, Zürich 1962.
Links: www.hls.ch*

Grosskredit
↑Klumpenrisiko.

Grosskundengeschäft
↑Wholesale banking.

Gross-up-Klausel
↑Anleihensobligation; ↑Gläubigergemeinschaft bei Anleihensobligationen und Gläubigerschutz; ↑Emissionsgeschäft.

Groupement des banquiers privés genevois
Das Groupement des banquiers privés genevois – abgekürzt «Groupement» – ist eine einfache Gesellschaft, die vier Genfer ↑Privatbankiers umfasst: Bordier & Cie, Lombard Odier Darier Hentsch & Cie, Mirabaud & Cie und Pictet & Cie. Das Groupement wurde in den 30er-Jahren gegründet und hat seinen Ursprung in der Auflösung der sog. «Union financière», die insbesondere im Sektor der Schweizerischen Anleihens- und Aktienemissionen tätig war. Diese Gruppierung nimmt die Interessenvertretung der Genfer Privatbankiers wahr, und ihr Sekretariat ist auch für die ↑Vereinigung Schweizerischer Privatbankiers tätig. Seit 1991 verfügt das Groupement über ein eigenes Ausbildungszentrum und verfolgt eine gemeinsame Kommunikationsstrategie. Ferner dient das Groupement immer noch als Emissionssyndikat seiner Mitglieder. *Christian Rahn*

Group of thirty
↑G 30.

Growth and income fund
↑Anlagefonds, dessen ↑Anlagepolitik sowohl auf Kapitalgewinn wie auf regelmässige laufende ↑Ausschüttungen ausgerichtet ist. Er wird auch als Balanced fund bezeichnet.

Growth fund
↑Anlagezielfonds.

Growth stocks
Aktien, welche sich durch ein überdurchschnittliches Gewinnwachstum auszeichnen. Man bezeichnet diese auch als Wuchsaktien (↑Wachstumsaktien). Sie weisen in der Regel eine überdurchschnittlich hohe ↑Price earnings ratio (PER) aus.

Growth story
↑Initial public offering (IPO).

Grundbuch
Das Grundbuch ist ein *öffentliches Register*, welches über die dinglichen Rechte an Grundstücken Auskunft gibt. Die Einsicht ist nur demjenigen gestattet, der ein Interesse an bestimmten Grundstücken glaubhaft macht. Persönliche Rechte können nur aufgrund einer gesetzlichen Grundlage vorgemerkt werden. Das Grundbuch besteht im Wesentlichen aus dem Hauptbuch, in dem jedes Grundstück ein eigenes Blatt erhält (ZGB 945 I; Realfoliensystem) und dem Tagebuch, welches insofern von Bedeutung ist, als die Wirkung der Rechte auf den Zeitpunkt der Tagebucheinschreibung zurückbezogen wird (ZGB 972 II).
Als Grundstücke gelten Liegenschaften, Bergwerke, selbstständige und dauernde Rechte sowie Miteigentumsanteile an Grundstücken (ZGB 655, 943). Bei deren rechtsgeschäftlichem Erwerb gilt das absolute Eintragungsprinzip: Die dinglichen Rechte entstehen erst durch Eintrag ins Grundbuch (negative Rechtskraft des Grundbuches; ZGB 971 I). Beim nichtrechtsgeschäftlichen Erwerb erfolgt der Übergang des Rechts bereits vor Grundbucheintrag, doch kann der Erwerber erst mit dessen Eintrag darüber verfügen (relatives Eintragungsprinzip). Die Kenntnis von den Einträgen wird fingiert (positive Rechtskraft des Grundbuches, ZGB 970 III). Gemäss dem Prinzip des öffentlichen Glaubens (ZGB 973) wird ein gutgläubiger Dritter beim Erwerb, gestützt auf einen objektiv unrichtigen Eintrag, geschützt. *Markus Häusermann*

Grunddienstbarkeit
Grunddienstbarkeiten (↑Dienstbarkeit) sind Unterlassungspflichten (negative Grunddienstbarkeiten), Nutzungs- oder Gebrauchsrechte (positive Grunddienstbarkeiten), bei welchen die beteiligten Personen durch ihre Eigentümerstellung an den Grundstücken (berechtigtes und herrschendes bzw. belastetes und dienendes) definiert werden (ZGB 730). Mit Ausnahme bei Leistungen (ZGB 676 III, 691 III) und den nicht auf Rechtsgeschäft beruhenden Grunddienstbarkeiten entstehen sie erst mit Grundbucheintrag.
Im Unterschied zur ↑Grundlast, die den Belasteten zu einer Leistung, einem Tun verpflichtet, besteht der Inhalt der Grunddienstbarkeit hauptsächlich in einer Unterlassung oder Duldung durch den Belasteten. *Markus Häusermann*

Gründeranteilschein, Part de fondateur
↑Genussschein.

Grundgeschäft
↑Abstraktes Schuldversprechen; ↑Hedge accounting.

Grundkapital
↑Grundkapital der AG; ↑Eigene Mittel; ↑Aktienkapital.

Grundkapital der AG
Der Begriff Grundkapital wird im revidierten Aktienrecht nicht mehr verwendet. Verschiedene Autoren bezeichnen damit die Summe von ↑Aktienkapital und Partizipationskapital.

Grundkapitalherabsetzung
Unter Grundkapitalherabsetzung versteht man die Verminderung des statutarisch festgelegten und ausgegebenen Grundkapitals, welche in zwei Formen erfolgen kann – entweder als konstitutive ↑Kapitalherabsetzung (Kapitalherabsetzung mit ↑Rückzahlung an die Aktionäre) oder als deklarative Kapitalherabsetzung (zum Ausgleich des Bilanzverlustes).

Grundlast
Im Unterschied zur ↑Grunddienstbarkeit, die den Belasteten nur zu einem Dulden oder Unterlassen verpflichtet, besteht die Grundlast hauptsächlich aus einer Leistungspflicht.
Die Grundlast kombiniert ↑Dienstbarkeit und ↑Pfandrecht, indem sie eine Leistungspflicht mit einer Haftung verbindet (ZGB 782). Schuldner ist der jeweilige Eigentümer eines Grundstücks.
Berechtigter ist entweder der jeweilige Eigentümer eines anderen Grundstückes, eine bestimmte oder eine beliebige Person. Die Errichtung erfolgt, mit Ausnahme der öffentlich-rechtlichen Grundlasten (ZGB 784), mittels öffentlicher Beurkundung und Grundbucheintrag.

Grundpfandkredit
↑Hypothekargeschäft.

Grundpfandrecht
Das Grundpfandrecht ist ein beschränktes dingliches Recht an einem Grundstück, welches in drei Arten vorkommt (Numerus clausus der Pfandarten, ZGB 793):
– ↑Grundpfandverschreibung (ZGB 824 ff.)
– ↑Schuldbrief (ZGB 842 ff. und ZGB 854 ff.)
– ↑Gült (ZGB 847 ff. und ZGB 854 ff.).
Es handelt sich um ein Verwertungsrecht und damit um ein Recht am Erlös aus der Verwertung des verpfändeten Grundstücks. Grundstücke im Sinne von ZGB 655 II sind Liegenschaften, ins ↑Grundbuch aufgenommene selbstständige und dauernde Rechte, Bergwerke und Miteigentumsanteile an Grundstücken. Die Verteilung des Erlöses erfolgt dabei entsprechend der Pfandstelle (Rang des Pfandrechts). Das Grundpfandrecht kann nur realisiert werden, wenn der Schuldner die gesicherte Forderung trotz ↑Fälligkeit nicht erfüllt. Das Grundpfandrecht gibt dem ↑Gläubiger weder ein Recht auf Nutzung oder Besitz am Pfandobjekt noch darauf, im Verwertungsfall das ↑Eigentum am verpfändeten Grundstück zu erhalten (Verbot der Verfallklausel, ZGB 816 II). Nicht verpfändet werden können Grundstücke, welche sich im Verwaltungsvermögen des Staates befinden.

1. Entstehung
Grundpfandrechte entstehen entweder durch Eintragung im Grundbuch oder unmittelbar von Gesetzes wegen (unmittelbares gesetzliches Grundpfandrecht). Die Eintragung im Grundbuch kann aufgrund eines Rechtsgeschäfts, eines richterlichen Urteils oder eines gesetzlichen Eintragungsanspruchs (mittelbares gesetzliches Grundpfandrecht) erfolgen. Die Errichtung aufgrund eines Rechtsgeschäfts ist in drei Formen möglich:
– Durch öffentlich beurkundeten Vertrag
– Durch Verfügung von Todes wegen, welche den erbrechtlichen Formvorschriften unterliegt (ZGB 498 ff.)
– Durch einseitige schriftliche Erklärung gegenüber dem Grundbuchamt bei der Errichtung von ↑Grundpfandtiteln. Ausserhalb dieses Verfahrens (Grundpfandtitel, die überdies dem Gläubiger zu übergeben sind) genügt für die Neuerrichtung von Grundpfandrechten die Schriftform nicht. Ein Grundpfandrecht kann entweder zu Gunsten eines Dritten oder einseitig durch den Grundeigentümer zu seinen Gunsten errichtet werden. Letzteres ist allerdings nur möglich beim Schuldbrief, bei der Gült sowie ausnahmsweise bei einer speziellen Form der Grundpfandverschreibung, der ↑Obligation mit Grundpfandverschreibung auf den Inhaber. Formeller Pfandgläubiger ist in diesem Fall der Grundeigentümer, sei dies durch namentliche Bezeichnung (Eigentümerpfandrecht) oder als Inhaber (Inhaberpfandrecht); die Bestellung eines Pfandrechts zu Gunsten eines Dritten erfolgt in diesem Fall durch Weitergabe oder Verpfändung des Pfandtitels.

2. Pfandforderung
Nach dem Spezialitätsprinzip muss für jede grundpfändlich zu sichernde Forderung ein bestimmter Geldbetrag im Grundbuch eingetragen werden (ZGB 794 I). Bei einer bestimmten Forderung ist dies ein Kapitalbetrag, welcher eine im Rahmen von ZGB 818 erweiterte Pfandsicherheit bietet (Kapitalhypothek). Bei einer unbestimmten Forderung wird ein Höchstbetrag für die Pfandsicherheit angegeben, wobei keine Erweiterung der Sicherheit nach ZGB 818 erfolgen kann (↑Maximalhypothek). Die Maximalhypothek ist nur in Form der Grundpfandverschreibung möglich. Eine durch im Grundbuch eingetragenes Grundpfandrecht gesicherte Forderung ist unverjährbar (ZGB 807).

3. Pfandobjekt
Pfandobjekte können nur im Grundbuch eingetragene Grundstücke im Sinne von ZGB 655 II sein. An Teilen von Grundstücken kann kein Grund-

pfandrecht errichtet werden, es sei denn, diese Teile seien als separate Grundstücke im Grundbuch aufgenommen. Mehrere Grundstücke können für eine einzige Forderung verpfändet werden (↑Gesamtpfand), sofern sie dem gleichen Eigentümer oder solidarisch haftenden Schuldnern gehören.

4. *Verwertungsrecht, Pfandstelle und Umfang der Pfandhaft*

Das Verwertungsrecht wird durch Einleitung der *Betreibung auf Grundpfandverwertung* ausgeübt. Die Parteien können auch vereinbaren, dass das Grundstück privat (freihändig) verwertet wird. Haftungssubstrat ist das verpfändete Grundstück mit all seinen Bestandteilen (Akzessionsprinzip) und aller Zugehör (ZGB 805 I und II; 644 I), wobei bei der Zugehör die Rechte Dritter daran vorbehalten sind (ZGB 805 III). Die Pfandhaft erstreckt sich zudem auf Miet- und Pachtzinsforderungen seit Einleitung der Betreibung auf Grundpfandverwertung oder Konkurseröffnung. Im ersten Fall muss die Ausdehnung der Pfandhaft gegenüber dem Betreibungsamt jedoch ausdrücklich verlangt werden. In gewissen Fällen hat der Pfandgläubiger zudem Anspruch auf Entschädigungen, welche dem Grundeigentümer auszurichten sind, beispielsweise Versicherungsleistungen. Die Ansprüche der Pfandgläubiger gehen anderen Gläubigern vor.

Der *Rang* eines rechtsgeschäftlich begründeten Grundpfandrechts bestimmt sich nach dem Parteiwillen, unter Beachtung von bereits eingetragenen Pfandrechten. Eine Ausnahme besteht für Pfandrechte aus Bodenverbesserung, bei welchen von Gesetzes wegen ein Vorrang besteht (ZGB 820 f.). Auch bei den unmittelbar gesetzlichen Pfandrechten bestimmt sich deren Rang nach Gesetz. Die mittelbar gesetzlichen sowie diejenigen Pfandrechte, welche aufgrund eines richterlichen Urteils ergehen, richten sich nach dem Grundsatz der Alterspriorität (ZGB 972 I). Als Ausnahme haben sämtliche ↑Bauhandwerkerpfandrechte unter sich den gleichen Rang, sofern sie aus dem gleichen Bauprojekt stammen.

Die Schweiz kennt das System der *offenen Pfandstelle*. Wird ein vorrangiges Pfandrecht gelöscht, so besteht grundsätzlich kein ↑Nachrückungsrecht, sondern es bleibt eine leere, offene Pfandstelle, welche jederzeit durch ein neues Pfandrecht belegt werden kann. Die Parteien können allerdings auch ein Nachrückungsrecht vereinbaren, welches durch Vormerkung im Grundbuch dingliche Wirkung erlangt (ZGB 814 III). Im Verhältnis zwischen Grundpfandrechten und anderen beschränkten dinglichen Rechten bzw. vorgemerkten persönlichen Rechten gilt das Prinzip der Alterspriorität.

Der *Erlös aus dem Verkauf des Grundstücks* wird unter die Grundpfandgläubiger entsprechend ihrem Rang verteilt; solange der vorgehende Gläubiger nicht gedeckt ist, erhält der nachgehende keine ↑Deckung. Gläubiger gleichen Ranges erhalten Befriedigung im Verhältnis zur Höhe ihrer Forderungen, wenn nicht Deckung für alle vorhanden ist (ZGB 817). Bei der Maximalhypothek erhält der Gläubiger höchstens den eingetragenen Betrag. Bei der Kapitalhypothek hingegen hat er Anspruch auf Deckung für die Kapitalforderung, die Betreibungskosten, die Verzugszinsen sowie für drei zurzeit der Konkurseröffnung oder des Pfandverwertungsbegehrens verfallenen Jahreszinse und den seit dem letzten Zinstag laufenden Zins.

5. *Untergang*

Das Grundpfandrecht geht unter durch Löschung des Grundbucheintrags oder durch Untergang des Grundstücks. Löschungsgrund ist meistens der Untergang der Forderung, in der Regel durch Tilgung. Grundpfandrechte werden auch im Anschluss an eine Zwangsverwertung gelöscht, falls sie keine oder nur teilweise Deckung erhalten oder der Grundpfandgläubiger aus dem Erlös befriedigt wird.

6. *Landwirtschaftliche Liegenschaften*

Bei landwirtschaftlichen Grundstücken sind Sonderregeln zu beachten, beispielsweise gelten bestimmte Belastungsgrenzen (BGBB 73 ff.). ↑Landwirtschaftskredit.

Markus Häusermann

Grundpfandtitel

Grundpfandtitel sind ↑Wertpapiere des Sachenrechts. Einzige Grundpfandtitel nach schweizerischem Recht sind ↑Schuldbrief, ↑Gült und Obligation mit Grundpfandverschreibung auf den Inhaber. Die ↑Grundpfandverschreibung ist kein Grundpfandtitel. Bei den ↑Grundpfandrechten steht die Sicherungsfunktion im Vordergrund. Daneben findet sich auch der Gedanke der ↑Mobilisierung des Bodenwertes. Wird ein Teil des Bodenwertes in einem Titel verkörpert und dadurch als ↑Kapitalanlage zugänglich gemacht, das Grundpfandrecht somit in einem *Wertpapier* (OR 965) verselbstständigt, so spricht man von einem Grundpfandtitel. Die Charakteristik des Grundpfandtitels liegt darin, dass er nicht nur eine Schuld verbrieft (wie die Wertpapiere im OR), sondern zusätzlich auch ein ↑Pfandrecht. Er verbindet somit Sachen- und Forderungsrechte. Bei den Grundpfandtiteln sind Forderung und Pfandrecht untrennbar miteinander verbunden.

Bei der *Grundpfandverschreibung* hingegen lässt sich die gesicherte Forderung vom Pfandrecht trennen. In der Regel wird kein Pfandtitel ausgestellt. Die Grundpfandverschreibung ist *kein Wertpapier* und die Forderung ist regelmässig nicht in einem Wertpapier enthalten. Über die Eintragung einer Grundpfandverschreibung kann auf Verlangen des ↑Gläubigers zwar eine Urkunde (Grundbuchauszug oder Abschrift des Pfandvertrags mit Bescheinigung der Eintragung) ausgestellt werden (GBV 62), doch hat diese lediglich die Eigenschaft eines Beweismittels (ZGB 825 II, III). Eine Ausnahme besteht wie erwähnt bei der Obligation mit Grundpfandverschreibung auf den Inhaber (Hypothekarobligation auf den Inhaber), wobei die verurkundete Forderung jedoch nicht in den Genuss des öffentlichen Glaubens des ↑Grundbuchs kommt.

1. Entstehung
Beim Grundpfandtitel entsteht das Pfandrecht als solches bereits mit Grundbucheintrag (ZGB 856 II, GBV 53 I). Der Grundbuchverwalter muss jedoch immer einen Pfandtitel ausstellen, was auf besonderen Formularen zu erfolgen hat (ZGB 856 I, 858, GBV 53 II).

2. Übertragung und Sicherungsübereignung
Für die Aushändigung des Grundpfandtitels an den Gläubiger bedarf es der ausdrücklichen schriftlichen Bewilligung des Schuldners. Gemäss den wertpapierrechtlichen Vorschriften wird der Titel durch Übergabe des Besitzes übertragen (ZGB 868 I, 869 I, OR 967 I). Weitere Formalitäten sind abhängig von der Bezeichnung des Pfandgläubigers. Ist der Gläubiger im Titel mit Namen bezeichnet (↑Ordrepapier), so bedarf die Übertragung zusätzlich der Indossierung (ZGB 869 II, OR 967 II). ↑Blankoindossamente sind unzulässig. Bei lediglich fiduziarischer Übertragung des Eigentums an den Grundpfandtiteln spricht man von ↑Sicherungsübereignung.
Die Übertragung wird auf Verlangen im Gläubigerregister (vgl. GBV 66) eingetragen, nicht jedoch im Grundbuch selber. Der Eintrag im Gläubigerregister hat ausser Informationsvorteilen (Benachrichtigung z. B. bei Wechsel des Grundeigentümers) keine rechtlichen Folgen.

3. Realisierung
Im direkten ↑Hypothekargeschäft haftet das verpfändete Grundstück unmittelbar für die Forderung. Der Gläubiger ist Eigentümer des Grundpfandtitels und kann gegenüber dem ihm unmittelbar haftenden Schuldner eine dingliche Forderung geltend machen. Im indirekten Hypothekargeschäft haftet das verpfändete Grundstück nur mittelbar für die Forderung im Rahmen eines für diese bestehenden Faustpfandrechts an einem Grundpfandtitel. Der Gläubiger ist bloss aus einer obligatorischen Forderung berechtigt, für die ein Grundpfandtitel als Faustpfandsicherheit dient. Der Unterschied liegt darin, dass bei Verzug des Schuldners im ersten Fall der Gläubiger direkt auf Verwertung des ihm laut Grundpfandtitel verpfändeten Grundstücks betreiben kann (Betreibung auf Grundpfandverwertung), wogegen er beim indirekten Verhältnis vorerst auf dem Weg der Betreibung auf Verwertung des Faustpfands den Grundpfandtitel verwerten lassen muss. Der Erwerber des Grundpfandtitels wird Eigentümer desselben und somit direkter Grundpfandgläubiger, womit er den Schuldner auf Verwertung des Grundpfandes betreiben kann.

4. Kraftloserklärung
Die Geltendmachung der Forderung ist an den Besitz des Pfandtitels geknüpft. Bei dessen Verlust ist eine besondere Kraftloserklärung gemäss den wertpapierrechtlichen Vorschriften notwendig (ZGB 868 II, 870 f. und OR 981 ff.).

Markus Häusermann

Grundpfandverschreibung
Die Grundpfandverschreibung dient als eine der drei zulässigen Formen des ↑Grundpfandrechtes zur Sicherung einer beliebigen Forderung (ZGB 824). Sie ist in den Artikeln 824–841 ZGB geregelt und verfolgt nach der Idee des Gesetzgebers einen reinen Sicherungszweck. Urkunden über den Bestand von Grundpfandverschreibungen, z. B. in Verträgen oder im ↑Grundbuch, haben im Unterschied zum ↑Schuldbrief oder zur ↑Gült keine Wertpapierqualität. Der Grundbucheintrag schafft eine Vermutung für den Bestand des ↑Pfandrechts, nicht aber den Nachweis der gesicherten Forderung (ZGB 937 I). Das Pfandrecht ist in mehrerer Hinsicht abhängig von der gesicherten Forderung (Akzessorietät):
– *Übertragungsakzessorietät.* Bei einer allfälligen ↑Abtretung der Forderung stellt die Grundpfandverschreibung ein Nebenrecht dar, welches auf den Zessionar übergeht (OR 170 I).
– *Untergangsakzessorietät.* Beim Untergang der gesicherten Forderung erlöschen grundsätzlich auch die Pfandrechte, welche zur Sicherung dieser Forderung dienten (OR 114 I). Bei dieser Kapitalhypothek geht das Pfandrecht bei jeder ↑Abzahlung im gleichen Verhältnis unter. Jede Wiedererhöhung steht unter den ursprünglichen Formvorschriften. Ausnahmen bestehen, wenn es um die hypothekarische Sicherstellung von zukünftigen oder bloss möglichen Forderungen (ZGB 824 I) oder solchen von unbestimmtem oder wechselndem Betrag geht (ZGB I). Diese werden als ↑Maximalhypothek gesichert. Das Grundstück haftet hier unabhängig von Veränderungen des Kapitals der Forderung.

1. Entstehung
Als beschränktes dingliches Recht entsteht die vertragliche Grundpfandverschreibung durch öffentlich beurkundeten Vertrag sowie Eintrag ins Grundbuch. Unmittelbare gesetzliche Grundpfandrechte hingegen entstehen ohne Grundbucheintrag (ZGB 808 III, 810 II, 819, 836). Mittelbare gesetzliche Grundpfandrechte entstehen zwar erst mit Grundbucheintrag, doch hat eine bestimmte Person einen gesetzlich umschriebenen Anspruch

auf Eintragung (ZGB 837, 712i, 779d II und III, 779i, 779k, OR 523).

2. Übertragung
Die Übertragung der Grundpfandverschreibung vollzieht sich nach den Vorschriften über die Zession (OR 164 ff.) und bedarf daher der schriftlichen Form (↑Abtretung). Sie erfolgt ohne Eintragung ins Grundbuch (ZGB 835). Aus diesem ist daher nicht in zuverlässiger Weise ersichtlich, wer der jeweilige ↑Gläubiger ist. Der öffentliche Glaube des Grundbuchs erstreckt sich daher auch nur auf die Grundpfandverschreibung, nicht jedoch auf die ihr zu Grunde liegende Forderung.
Bei einer Übertragung des pfandbelasteten Grundstücks bleibt, sofern nichts anderes vereinbart ist, die Haftung des Grundpfandes und des Schuldners unverändert (ZGB 832 I). Eine Vereinbarung betreffend die Schuldübernahme setzt gemäss OR 175 f. einen Vertrag zwischen Übernehmer und Gläubiger (externe Schuldübernahme) sowie einen Vertrag zwischen Schuldner und Übernehmendem (interne Schuldübernahme) voraus. Sie bedarf ebenfalls der öffentlichen Beurkundung. Der Grundbuchverwalter setzt den Pfandgläubiger in Kenntnis (ZGB 834). Dieser kann den Schuldübernahmevertrag entweder ausdrücklich oder stillschweigend annehmen, womit der Schuldübernahmevertrag zu Stande kommt, oder ablehnen und eine sog. Beibehaltungserklärung abgeben.
Für die Zwangsverwertung des belasteten Grundstückes sind die Regeln des SchKG, des VZG und des Grundpfandrechts massgebend.

3. Untergang
Die Grundpfandverschreibung geht bei der Kapitalhypothek mit der ↑Rückzahlung der Forderung und bei der Maximalhypothek mit der Aufhebung des zu Grunde liegenden Rechtsverhältnisses unter.   *Markus Häusermann*

Grundstück
↑Grundbuch; ↑Grundpfandrecht.

Gründungsbericht
In allen Fällen einer qualifizierten Gründung haben die Gründer einen schriftlichen Rechenschaftsbericht abzugeben und zu unterzeichnen (OR 635). Dieser enthält z. B. bei der Sacheinlage- und Übernahmegründung Angaben über Art und Zustand sowie Bewertung der eingebrachten bzw. zu übernehmenden Vermögenswerte und somit den Nachweis, dass diese eine angemessene Gegenleistung für die ausgegebenen ↑Aktien oder den bezahlten Übernahmepreis darstellen. Der Gründungsbericht ist durch einen Revisor formell (Vollständigkeit) und materiell (Angemessenheit der Bewertung) zu prüfen.

Gründungskosten
Unter die Gründungskosten, welche nach OR 664 als Bilanzierungshilfe aktiviert werden können, fallen alle mit der Gründung einer Aktiengesellschaft zusammenhängenden Aufwendungen wie Beratungshonorare, Kosten der Beurkundung, Eintragung im Handelsregister sowie Aufwendungen einer allfälligen Gründungsprüfung und Emissionsabgabe (↑Stempelabgaben im Finanzgeschäft).

Gründungsschwindel
↑Einzahlungspflicht der Aktionäre.

Grundverbilligung
↑Wohnbau- und Eigentumsförderungsgesetz des Bundes.

GS
Abk. f. ↑Genussschein.

G 7 (seit Sommer 2002: G 8)
Group of Seven. Ausdruck für die informelle Gruppierung der sieben wichtigsten Industriestaaten der Welt, nämlich: Deutschland, Frankreich, Grossbritannien, Italien, Japan, Kanada und der USA; seit Sommer 2002 auch Russland. Die Staatschefs, Aussen- und/oder Finanzminister treffen sich regelmässig zum Gedankenaustausch über Wirtschafts- und Währungsfragen.

GSTPA
Abk. f. ↑Global Straight Through Processing Association (GSTPA).

Guaranteed return on investment (GROI)
↑Strukturierte Produkte; ↑Hedging-Strategie.

Guessing game
↑Börsenpsychologie.

Guichetkommission, Schalter-, Vermittler-, Platzierungskommission
Die Entschädigung, welche den Banken zulasten der Syndikatsrechnung für die Platzierung von Beteiligungs- oder Anleihenstiteln vergütet wird. ↑Emissionsgeschäft.

Gült
Eine der drei Arten des ↑Grundpfandrechts. Die grundpfandgesicherte Forderung ist wie beim ↑Schuldbrief in einem ↑Wertpapier (↑Grundpfandtitel) verkörpert, das auf den Namen eines bestimmten ↑Gläubigers oder auf den Inhaber lautet. Schuldner ist der jeweilige Eigentümer des belasteten Grundstücks; er wird durch die Gült zu periodischen Zinszahlungen an den Eigentümer der Gült verpflichtet; für diese Zinsen haftet nur das Grundstück; jede persönliche Haftung, mit Ausnahme derjenigen für rückständige, der Pfand-

haft nicht mehr unterliegende Zinsen, ist ausgeschlossen. Das Kapital kann vom Schuldner unter Einhaltung einer ↑Kündigungsfrist von einem Jahr auf das Ende einer sechsjährigen, vom Gläubiger auf das Ende einer fünfzehnjährigen Periode gekündigt werden. Auch für das Kapital haftet nur das Grundstück. Das Gesetz beschränkt die Errichtung von Gülten auf landwirtschaftlichen Grundbesitz, Wohnhäuser und Bauland. Die Gült vermochte sich gesamtschweizerisch nicht durchzusetzen. Ihr Anwendungsbereich ist auf ihr ursprüngliches Herkunftsgebiet, die Innerschweiz, beschränkt geblieben (ZGB 847–853).

Gut behauptet
In der ↑Börsensprache Ausdruck für eine ↑Tendenz, bei der unbedeutende Kursverbesserungen überwiegen.

Gute Adresse
Bonitätsmässig einwandfreier Schuldner im Kredit- oder Anleihegeschäft.
↑Adresse, erste; ↑Rating; ↑Bonität.

Gute Lieferung (Good delivery)
↑Edelmetallhandel.

Gütergemeinschaft
↑Ehegatten im Bankverkehr.

Guter Glaube
Der gute Glaube kann in bestimmten Zusammenhängen zur Heilung mangelhafter Rechtsgeschäfte führen oder eine Person, die an einem unzulässigen Geschäft mitwirkt, vor Sanktionen schützen. Für die Bank kann der gute Glaube bei der Entgegennahme und bei der Rückgabe von Vermögenswerten von rechtlicher Bedeutung sein.

1. Bei der Entgegennahme von Vermögenswerten
Banken dürfen keine deliktisch erworbenen Vermögenswerte entgegennehmen. Andernfalls verstossen sie gegen das Gebot der einwandfreien Geschäftsführung; sie machen sich überdies, wenn es sich beim fraglichen Delikt um ein Verbrechen i. S. von StGB 9 I handelt, der ↑Geldwäscherei schuldig (StGB 305bis). Ist der deliktische Zusammenhang für die Bank objektiv nicht erkennbar, so handelt die Bank in gutem Glauben und entgeht dem Vorwurf rechtswidrigen Verhaltens. Allerdings gilt die Bank auch im öffentlichen Recht nicht nur bei positivem Wissen um die deliktischen Zusammenhänge als bösgläubig (↑böser Glaube), sondern auch schon, wenn sie solche Zusammenhänge aufgrund der gebotenen Aufmerksamkeit hätte vermuten müssen. Zur gebotenen Aufmerksamkeit gehören mindestens die gehörige Identifikation des Kunden und die Feststellung der Identität des wirtschaftlich Berechtigten, je nach den Umständen aber auch noch weitere Abklärungen über die Hintergründe des Geschäfts. Das Gebot der einwandfreien Geschäftsführung kann schon bei fahrlässiger Entgegennahme von Vermögenswerten deliktischer Herkunft verletzt sein (EBK-Geldwäscherei-Richtlinie Rz 7 ff.).

Nimmt die Bank ↑Wertpapiere oder andere Wertsachen nicht nur zum Zwecke der Aufbewahrung, sondern zum Ankauf, zum Erwerb eines ↑Pfandrechts oder zum ↑Inkasso entgegen, so muss sie bei bösem Glauben auch mit zivilrechtlichen Sanktionen rechnen:

– *Entgegennahme zu Pfand oder zu Eigentum.* Eine rechtsgültige ↑Pfandbestellung setzt die Verfügungsberechtigung des Verpfänders voraus. War der Verpfänder nicht zur Verpfändung berechtigt, weil er z. B. nicht Eigentümer der verpfändeten Sache und auch nicht vom Eigentümer zur Verpfändung ermächtigt war, so erwirbt der Pfandgläubiger das Pfandrecht nur unter bestimmten Umständen, und auf jeden Fall nur, wenn er gutgläubig ist (ZGB 884 II, 933–935). Der allgemeine Grundsatz, dass der gute Glaube vermutet wird (ZGB 3 I) und dass vom Besitzer einer beweglichen Sache vermutet wird, er sei auch ihr Eigentümer (ZGB 930), gilt nur in Verbindung mit der Pflicht zu der nach den Umständen gebotenen Aufmerksamkeit (ZGB 3 II). Von Banken wird hier ein besonders hoher Grad an Aufmerksamkeit verlangt. Sie sind sogar auch ohne Vorliegen besonderer Verdachtsmomente zur Vornahme von Abklärungen verpflichtet. Werden einer Bank Wertpapiere oder andere Wertsachen nicht durch eine andere Bank eingeliefert, so muss sie mindestens alle inländischen Publikationen über abhanden gekommene, amortisierte oder gerichtlich gesperrte Wertpapiere, sowie alle polizeilichen Meldungen und die von der Schweizerischen Bankiervereinigung (SBVg) auf dem Zirkularweg bekannt gegebenen Verlustmeldungen (↑Oppositionsliste) konsultieren. Bei ausländischen Wertpapieren, die am Schalter übergeben werden, ist besondere Vorsicht am Platz. Die Kenntnis ausländischer Sperrmeldungen ist der Bank nicht zuzumuten; sie könnte die Bank aber auch nicht entlasten. Es empfiehlt sich, solche Papiere nur aus der Hand anderer, vertrauenswürdiger Banken entgegenzunehmen. Für den Erwerb zu ↑Eigentum (Kauf) gelten dieselben Grundsätze.

– *Entgegennahme zum Inkasso.* Eine Bank, die Wertpapiere, insbesondere ↑Checks von einem Unberechtigten zum Inkasso entgegennimmt und dem Unberechtigten den Erlös herausgibt, wird bei Bösgläubigkeit dem geschädigten Berechtigten gegenüber schadenersatzpflichtig. Auch hier kann sich die Bank nicht auf ihre Gutgläubigkeit berufen, wenn sie es an der gebotenen Aufmerksamkeit fehlen lässt. Da das Inkasso von Checks als Massengeschäft gilt, das schnell abgewickelt werden muss, werden hier an die

Aufmerksamkeit der Bank weniger hohe Anforderungen gestellt als bei der Entgegennahme von Wertpapieren zu Pfand oder zu Eigentum. Erst grobe Fahrlässigkeit (OR 1112) macht die Bank bösgläubig (BGE 121 III 69ff.).

2. Bei der Rückgabe von Vermögenswerten
Gibt die Bank bösgläubig Vermögenswerte an einen Unberechtigten heraus, muss sie mit strafrechtlichen, aufsichtsrechtlichen oder zivilrechtlichen Sanktionen rechnen. Zu unterscheiden sind zwei Fälle:
– *Herausgabe deliktisch erworbener Vermögenswerte an den ursprünglichen Kunden.* Auch eine Bank, die erst nachträglich die deliktischen Zusammenhänge erkennt, darf den Kunden nicht ohne weiteres über die Vermögenswerte verfügen lassen. Sie muss die Vermögenswerte bei positivem Wissen oder bei begründetem Verdacht auf deliktische Zusammenhänge sperren und gegebenenfalls der Meldestelle für Geldwäscherei Meldung erstatten (GwG 9 I, EBK-Geldwäscherei-Richtlinie Rz 26). Hat die Bank keinen begründeten Verdacht auf deliktische Zusammenhänge, aber Zweifel, darf sie die Vermögenswerte nur in einer Form herausgeben, die den Strafverfolgungsbehörden nötigenfalls erlaubt, die Spur weiter zu verfolgen (↑Paper trail, EBK-Geldwäscherei-Richtlinie Rz 29). In beiden Fällen gilt, dass die Bank ihr fehlendes Wissen oder ihren fehlenden Verdacht nicht mit ihrem subjektiv guten Glauben rechtfertigen kann, wenn sie ihren Abklärungs-, Dokumentations- und Organisationspflichten (GwG 6–8; EBK-Geldwäscherei-Richtlinie Rz 21ff.) nicht nachgekommen ist. Die frühere Rechtsprechung des Bundesgerichts, wonach weder die Entgegennahme noch die Rückgabe deliktisch erworbenen Gutes an den Hinterleger eine Schadenersatzpflicht des Aufbewahrers begründet, ist heute kaum mehr massgebend.
– *Herausgabe von Vermögenswerten an einen nicht legitimierten Dritten.* Der allgemeine Grundsatz, wonach die Leistung an einen vom Gläubiger nicht legitimierten Dritten den Schuldner nicht befreit, gilt im Bankrecht nicht uneingeschränkt. Für Guthaben auf ↑Bankkonten und Vermögenswerten in Wertschriftendepots sehen die ↑allgemeinen Geschäftsbedingungen der Banken regelmässig eine Überwälzung dieses Risikos auf den Kunden vor. Voraussetzung ist, dass die Bank in gutem Glauben, d.h. nicht fahrlässig gehandelt hat (↑Legitimationsprüfung). Auch bei Verpflichtungen der Bank aus ↑Inhaberpapieren und Sparheften (↑Sparkonto) ist das Risiko der Leistung an den Unberechtigten vom Kunden zu tragen, wenn sich der unberechtigte Dritte durch die Vorlage der Urkunde ausgewiesen hat. Voraussetzung ist auch in diesem Fall der gute Glaube der Bank. An die Aufmerksamkeit der Bank werden in diesem Fall sehr hohe Anforderungen gestellt (↑Hinkendes Inhaberpapier, ↑Legitimationspapier).

Christian Thalmann

Güterrecht
↑Ehegatten im Bankverkehr.

Güterrechtsregister
↑Ehegatten im Bankverkehr.

Güterstände
↑Ehegatten im Bankverkehr.

Gütertrennung
↑Ehegatten im Bankverkehr.

G 10
Die ↑Zehnergruppe (G 10) bezeichnet die Gruppe von Ländern, die sich 1962 in den Allgemeinen Kreditvereinbarungen (AKV) verpflichteten, dem ↑Internationalen Währungsfonds (IWF) bei Mittelknappheit und bei einer Bedrohung des internationalen Währungssystems (↑Währungsordnung) Kredite bereit zu stellen. Es handelt sich bei diesen Ländern um wichtige Industriestaaten: USA, Japan, Kanada, Deutschland, Frankreich, Grossbritannien, Italien, Belgien, Niederlande und Schweden. Die Schweiz assoziierte sich 1964 mit den Allgemeinen Kreditvereinbarungen (AKV) und wurde damit Beobachterin in der Zehnergruppe. Anlässlich des Ausbaus der AKV Ende 1983 beschloss die Schweiz, an den AKV voll teilzunehmen. Sie ist seither Mitglied der Zehnergruppe.

G 24
Die Gruppe der 24 wurde 1971 gegründet. Ihr Hauptziel besteht darin, die Positionen der Entwicklungsländer in währungspolitischen Fragen und Fragen der Entwicklungsfinanzierung in Übereinstimmung zu bringen. Die Treffen der Gruppe finden normalerweise im Vorfeld der Frühjahres- und Herbsttagung von ↑Weltbank und Währungsfonds (↑Internationaler Währungsfonds [IWF]) statt. Mitglieder sind Ägypten, Äthiopien, Algerien, Argentinien, Brasilien, die Demokratische Republik Kongo, die Elfenbeinküste, Gabun, Ghana, Guatemala, Indien, Iran, Kolumbien, Libanon, Mexiko, Nigeria, Pakistan, Peru, Philippinen, Südafrika, Sri Lanka, die Syrische Arabische Republik, Trinidad und Tobago, Venezuela. Zusätzlich nehmen einige weitere Entwicklungsländer als Beobachter an den Sitzungen teil. China hat dabei einen Sonderstatus als «Special Invitee».

Habenzinssätze
Zinssätze, die für Guthaben (Habensaldi) bei Banken vergütet werden. Das Niveau der Habenzinssätze ist abhängig vom allgemeinen ↑Zinsniveau am ↑Geld- und ↑Kapitalmarkt, von der Art der Geldeinlage, der vereinbarten ↑Laufzeit oder ↑Kündigungsfrist und von der Höhe der Einlage. Gegenteil: ↑Sollzinssätze.

Haftende Mittel
Zur Deckung der ↑Eigenmittelanforderungen nach BankG 4 I werden in der BankV und in der betriebswirtschaftlichen Lehre neben den dem konventionellen aus der Bilanz ersichtlichen ↑Eigenkapital zugeordneten Bilanzpositionen noch weitere Finanzierungsinstrumente anerkannt: ↑Hybride Finanzierungsinstrumente, sowie bei ↑Genossenschaftsbanken als ↑Garantiekapital in Form von ↑Nachschusspflichten der Genossenschafter.

Haftendes Eigenkapital
Darunter fallen das ↑Aktienkapital, die offenen Reserven, der Gewinnvortrag und – mit Einschränkungen – der Gewinn des laufenden Geschäftsjahres, sowie die ↑stillen Reserven im Rahmen der Anforderungen von BankV 11b I, lit. b und d.

Halbjahresbericht
Für börsenkotierte Gesellschaften ist aufgrund von KR 65 und entsprechend von ↑Swiss GAAP FER 12 eine Zwischenberichterstattung über die ersten sechs Monate oder einen kürzeren Zeitraum (Tertial, quartal) des Geschäftsjahres zwingend. Die Veröffentlichung muss binnen vier Monaten nach Beendigung des Berichtszeitraums erfolgen. Der Mindestinhalt von Swiss GAAP FER 12 ist bescheiden und entspricht den zeitgemässen Anforderungen an die Finanzberichterstattung nicht mehr, weshalb die meisten Unternehmungen vollständige Semesterabschlüsse vorlegen. Banken mit einer ↑Bilanzsumme von wenigstens CHF 100 Mio. haben nach BankV 23b einen ↑Zwischenabschluss bestehend aus Bilanz und ↑Erfolgsrechnung zu erstellen und zu veröffentlichen. Die Erfolgsrechnung darf jedoch auf den Ausweis der Positionen bis zum ↑Bruttogewinn beschränkt werden (BankV 25a VI). Die Veröffentlichung von vollständigen Semestererfolgsrechnungen ist jedoch die Regel. Die Halbjahres-Berichterstattung beschränkt sich vor allem bei grossen Banken nicht auf den Zwischenabschluss, sondern informiert auch verbal über den Geschäftsverlauf.
Max Boemle

Halten
In der ↑Finanzanalyse Empfehlung, ↑Aktien nicht zu verkaufen, die entsprechende Position aber auch nicht zu erhöhen. Nachdem verschiedene Banken nur selten ausdrückliche Verkaufsempfehlungen abgeben, ist «Halten» vielfach auch als eine indirekte, verdeckte Verkaufsempfehlung zu betrachten. Eine Rückstufung von Kauf auf Halten kann ebenso als ein Signal zur Vorsicht interpretiert werden. Synonym: ↑Marktgewichten.

Handel per Erscheinen
Handel mit ↑Effekten vor der öffentlichen Platzierung, d.h. vor dem Abschluss der ↑Emission mit der festen Zuteilung (↑Repartierung). Juristisch handelt es sich um einen Terminkauf per Erscheinen. ↑Emissionsgeschäft; ↑Grauer Kapitalmarkt; ↑As if and when issued.

Handelsauskunftei
↑Wirtschaftsauskunftei.

Handelsbank
In ihrer Übersicht über die Banken in der Schweiz führt die Schweizerische ↑Nationalbank als Untergruppe zu den «übrigen Banken» auch die Han-

delsbanken auf. Demgemäss handelt es sich bei Handelsbanken in der Regel um ↑Universalbanken, bei welchen neben den ↑kommerziellen Krediten an Handel, Industrie und Gewerbe auch die Hypothekaranlagen (↑Hypothekargeschäft) eine bedeutende Rolle spielen. Bei einigen Instituten handelt es sich um Grossbankentöchter. In der Schweiz existieren rund ein Dutzend Handelsbanken mit einem Total der ↑Bilanzsumme von etwa CHF 55 Mia.

Sita Mazumder, Christine Hirszowicz

Handelsbestand

Der Handelsbestand ist eine Aktivposition in der Bankbilanz. Er umfasst die im Rahmen des Handelsgeschäftes gehaltenen und im ↑Eigentum der Bank befindlichen ↑Wertschriften und ↑Wertrechte auf Wertschriften, Edelmetalle sowie kombinierte Produkte (↑Strukturierte Produkte), z.B. VONTIs, GROIs, IGLUs. Die Position muss aktiv bewirtschaftet sowie mit der Absicht gehalten werden, von ↑kurzfristigen Kursschwankungen zu profitieren. In Abweichung zu OR 667 erfolgt die Bewertung am ↑Bilanzstichtag zu ↑Marktwerten. Nur bei fehlenden Marktwerten ist die Position nach dem ↑Niederstwertprinzip zu bewerten. Die Bildung von ↑stillen Reserven innerhalb der Position «Handelsbestände» ist nicht erlaubt. Eine Bilanzierung von eigenen Beteiligungstiteln im Handelsbestand ist unter Einhaltung von strengen Voraussetzungen möglich.

Handelsbilanz

↑Zahlungsbilanz.

Handelsbuch

↑Auftragsbuch; Erfolg aus dem Handelsgeschäft.

Handelseinstellung

↑Börsen sollen nur in wirklich ganz ausserordentlichen Fällen geschlossen werden. Gegen die Schliessung spricht, dass panikartige Reaktionen durch die Schliessung von Märkten noch verstärkt werden. Zu kurzfristigen Handelseinstellungen für einzelne ↑Titel dagegen kommt es an einer ↑Börse fast täglich. Die verschiedenen Gründe dazu und die jeweiligen Massnahmen sind weitest gehend reglementiert.
Der wichtigste Fall ist die ↑Einstellung des Handels in einem bestimmten Titel, weil bezüglich der betreffenden Gesellschaft eine unklare Informationslage besteht, wenn insbesondere nicht alle Marktteilnehmer den gleichen Informationsstand haben können. Allerdings versucht man derartige Handelsunterbrechungen zu umgehen, indem den kotierten Gesellschaften vorgeschrieben wird, wichtige Informationen möglichst ausserhalb der ↑Börsenzeiten zu verbreiten. Das wird allerdings mit der Tendenz zur ständigen Verlängerung der Börsenzeiten und bei ↑Kotierung in verschiedenen Zeitzonen immer schwieriger.
Häufig gibt es auch Regeln über kurzfristige Handelseinstellungen für den Fall, dass in einem bestimmten Titel aussergewöhnliche Kursfluktuationen auftreten (↑Stop trading). Diese sollen den Marktteilnehmern ermöglichen, ihre Auftragslage im Lichte der neuen Kursentwicklung zu überprüfen. An der ↑SWX Swiss Exchange sind diese Regeln unterschiedlich, je nach Titelsegment. Bei ↑Aktien gibt es je nach ↑Liquidität verschiedene Gruppen; es kommt zu Handelsunterbrüchen von 5 oder 15 Minuten, wenn der potenzielle nächste ↑Kurs je nach Titelart um 0,75% bis 5% vom letzten Kurs abweichen würde.
Schliesslich kann es zu einem gleichzeitigen Stop trading bei mehreren verbundenen Titeln kommen. Bei ↑Optionen oder ↑Wandelanleihen beispielsweise gibt es zwar kein direktes Stop trading. Wenn aber an der SWX oder ↑Virt-x der Handel im sog. unterliegenden Titel (meist eine Aktie) eingestellt wird, so gilt dieses Stop trading in der Regel auch für die ↑Derivate.
Handelseinstellungen können schliesslich auch aus technischen Gründen vorkommen, insbesondere seit der Handel weit gehend automatisiert ist.

Handelsergebnis

Banken sind im Handelsgeschäft entweder als ↑Makler oder als ↑Händler auf eigenes ↑Risiko tätig. Der Makler oder ↑Broker bringt aufgrund seiner Kenntnisse von Angebot und Nachfrage Verkäufer und Käufer zusammen und unterstützt die Handelspartner beim Abschluss ihres Geschäftes. Die Entschädigung der Bank für ihre Vermittlungstätigkeit fällt in der Form eines Kommissionsertrages oder einer Broker commission an. Die Bank trägt bei diesem Vermittlungsgeschäft kein ↑Marktrisiko, jedoch allenfalls bei der Abwicklung gewisse ↑Kreditrisiken. Von diesem Beratungs- und Vermittlungsgeschäft ist nachstehend nicht die Rede.
Das Handelsergebnis ist das Resultat aus dem Handel auf eigene Rechnung und Gefahr. Die Bank kauft einen ↑Finanzkontrakt von einem Kunden oder einer Gegenseite und verkauft ihn später an einen andern Kunden oder Kontrahenten. Die Reihenfolge kann auch umgekehrt sein, die Bank verkauft zuerst einen Kontrakt leer und kauft ihn später zurück. Der Ertrag fällt an als Differenz zwischen dem Kaufs- und dem Verkaufspreis. Das Geschäft muss nicht in dieser einfachen Grundform erfolgen, das Gegengeschäft kann auch als eine zeitlich gestaffelte Kette komplexer Absicherungs- oder Arbitragetransaktionen getätigt werden (↑Buchgewinn; ↑Buchverlust).
Für die *rechnerische Ermittlung des Handelsergebnisses* bildet die Differenz zwischen dem Einkaufs- und dem Verkaufspreis den Ausgangspunkt, wobei zu unterscheiden ist zwischen realisierten

und nichtrealisierten Erträgen. In einem nächsten Schritt sind die Zinsen für die Finanzierung des Finanzkontraktes während der Haltedauer als direkte und variable Kosten dem Handelsergebnis zu belasten, allfällige Zins- oder Dividendenerträge während dieser Periode sind dem Ergebnis gutzuschreiben. Es können auch weitere direkte und variable Kosten anfallen, beispielsweise für Brokerdienste oder Stempel- und Steuerabgaben. Je nach Abwicklungsart können bei Handelstransaktionen neben den Marktrisiken auch Kredit- oder ↑Gegenparteienrisiken auftreten, die dem Handelsergebnis ebenfalls als direkte und variable Kosten zugerechnet werden müssen. Solche Gegenparteienrisiken treten grundsätzlich immer dann auf, wenn bei der Abwicklung der Handelstransaktion zwischen dem Zeitpunkt der eigenen Lieferung von Geld oder Kontrakt und dem Zeitpunkt des unwiderruflichen Eingangs der Leistung der Gegenseite eine Differenz besteht. In einer Vollkostenrechnung sind neben den erwähnten direkten und variablen Kosten die Infrastruktur- und Betriebskosten der Handels und die internen und externen Abwicklungskosten zu veranschlagen.

Seit dem Übergang des Weltwährungssystems zu flottierenden ↑Wechselkursen im Jahr 1973 haben periodisch Meldungen über grosse Handelsverluste die Branche, die Aufsichtsbehörden und die Öffentlichkeit aufgeschreckt, insbesondere auch im Rahmen der Marktliberalisierung und der Entstehung neuer derivativer Produkte in den 80er- und 90er-Jahren. Dabei spielten oft fehlendes Verständnis der eingegangenen Risiken, Mängel in den analytischen Modellen und im operationellen Bereich und insbesondere im ↑internen Kontrollsystem sowie fehlende ↑Marktliquidität eine wichtige Rolle.

Die gehandelten Finanzkontrakte können bestehen in Beteiligungstiteln, Schuldtiteln und Zinskontrakten, Devisen, Sorten, Edelmetallen und Rohstoffen sowie ↑Derivaten auf solche primäre Kontrakte. Die Banken müssen ihre gehandelten Bestände einteilen in mindestens zwei Kategorien: Handels- und Finanzbestände. Für beide bestehen für die Finanzrechnung unterschiedliche Bewertungs- und Eigenkapitalvorschriften, welche zweckmässigerweise auch bei der Ermittlung des Betriebsergebnisses Anwendung finden. Im Normalfall denkt man beim Thema «Handelsergebnis» an den ↑Sekundärmarkt, den Handel mit schon bestehenden Kontrakten. Handelsergebnisse können aber auch im ↑Emissionsgeschäft (↑Primärmarkt) entstehen, wenn die Bank eine ↑Transaktion auf eigenes Risiko durchführt. Ein typisches Beispiel ist ein Emissionsgeschäft in der Form einer Festübernahme. Ein Sonderfall eines Primärmarktgeschäftes bildet die Herstellung und die spätere Bewirtschaftung standardisierter und handelbarer Kontrakte in der Form von Warrants oder ↑strukturierten Produkten.

Es gibt verschiedene *Quellen des Handelsertrages:* Die grössten Handelserträge ergeben sich aus *Wertsteigerungen* (oder im Falle von ↑Short positions aus Wertverlusten) aufgrund der richtigen Voraussicht der künftigen Preisentwicklung. Ein guter Händler liegt in seinen Dispositionen häufiger richtig als falsch, zudem lässt er Gewinne länger laufen als Verluste. Eine zweite Ertragsquelle ist die ↑*Arbitrage,* die Ausnützung von Preisdifferenzen auf verschiedenen Märkten. Historisch bildete die Arbitrage zwischen verschiedenen Handelsplätzen und Zeitzonen ein wichtiges Ertragspotenzial, heute liegen höhere Gewinnchancen in der Arbitrage zwischen professionellen Interbankenmärkten und dem Kundenbereich, zwischen originären und derivaten sowie zwischen liquiden und illiquiden Märkten. Eine weitere Quelle des Handelsertrages liegt im *Market making,* obschon die entsprechenden Kursgewinnmöglichkeiten durch die gestiegene Effizienz und Transparenz vieler Märkte in den letzten Jahren deutlich abgenommen haben. In vielen Fällen liegen den Handelserträgen Informationsasymmetrien zu Grunde. Aktive ↑Handelsbanken mit einem bedeutenden Kunden- und Kontrahentengeschäft können aus dem Einblick in das Verhalten der Marktteilnehmer Kursgewinne generieren. Selbstverständlich kann das Handelsergebnis in all diesen Bereichen auch negativ sein.

Bei der Ermittlung des Handelsergebnisses ergeben sich Fragen rechnerischer und organisatorischer Art. Ein Problem liegt bei der *Bewertung* ↑*offener Positionen,* insbesondere solcher mit langen ↑Laufzeiten. Der Grundsatz zur Bewertung lautet: «mark to market» (↑Mark-to-market-Methode), Bewertung zu ↑Marktpreisen. Falls aber für vorhandene Positionen keine Marktpreise oder keine liquiden Märkte bestehen, können sich Probleme ergeben, denen oft mit Abschlägen zu den theoretischen Werten Rechnung zu tragen ist. Wichtig ist auch, dass die Bewertung durch eine vom Handel unabhängige Stelle erfolgt und dass auch die Modelle zur Bewertung komplexer Transaktionen der direkten Einflussnahme der Händler entzogen sind. Entscheidend sind solche organisatorischen Vorkehrungen dort, wo die Entschädigung der Händler stark vom Betriebsergebnis ihrer Tätigkeit abhängig ist.

Schliesslich ist zu beachten, dass die Vorteilhaftigkeit des Eigenhandels nicht einfach am absoluten Ergebnis gemessen werden kann. Das Ergebnis ist in Beziehung zu setzen zu den eingegangenen Risiken bzw. den eingesetzten Ressourcen, namentlich dem notwendigen ↑Eigenkapital.

Hans Geiger

Handelsgeschäft

↑Handelsergebnis; ↑Erfolg aus dem Handelsgeschäft.

Handelsinstrument
Die beiden traditionellen Handelsinstrumente sind ↑Aktien und ↑Obligationen mit ihren zahlreichen Untergattungen (z.B. ↑Inhaber- und ↑Namenaktien, Wandel- und Optionsobligationen). Eine zunehmende Rolle spielen derivative Handelsinstrumente: ↑Optionen, ↑Futures, Warrants. Schon seit langem werden an der Schweizer Börse auch ↑Anteilscheine von ↑Anlagefonds gehandelt, neuestens nun unter der Bezeichnung ETF (↑Exchange traded funds [ETF]).

Handelsintervention
Sammelbegriff für alle Fälle, in denen die Schweizer Börse, ↑SWX Swiss Exchange, die Einstellung oder Unterbrechung des Handels in einer bestimmten ↑Effekte verfügt. Sie umfasst: die ↑*verzögerte Eröffnung* und die (kurzfristige) *Handelsunterbrechung (↑Stop trading);* diese Massnahmen werden automatisch ausgelöst, wenn ein Abschluss die erlaubte Abweichung vom Referenzpreis verletzen würde. Die *Sistierung des laufenden Handels* wird beim Vorliegen ausserordentlicher Umstände verfügt; sie dauert in der Regel ein paar Stunden bzw. ein paar Tage. Die *Streichung*, d.h. die endgültige Einstellung des Handels (↑Handelseinstellung) in der Effekte wird verfügt, wenn sie die Voraussetzungen des Kotierungsreglementes nicht mehr erfüllt.

Handelslinie, zweite
↑Rückkauf eigener Aktien an der Börse.

Handelsplatz
↑Börse.

Handelsprogramm
Mit der Umstellung auf den elektronischen ↑Börsenhandel wurden bei vielen Händlern elektronische Handelsprogramme eingeführt. Man spricht auch etwa von «Quote machines». Sie werden vor allem im Market making eingesetzt. Solche Handelsprogramme verfolgen die ↑Kurse, die Indizes und andere wirtschaftliche Schlüsselwerte und sind dazu programmiert, in bestimmten Fällen automatisch ↑Quotes, Geld- und Briefkurse zu stellen, beziehungsweise bestehende Geld- und Briefkurse anzupassen. Besonders im Fall von derivativen ↑Finanzinstrumenten (z.B. ↑Optionen auf ↑Aktien), deren Kursentwicklung eng vom unterliegenden ↑Basiswert (der betreffenden Aktie) abhängt, leisten solche Handelsprogramme nützliche Dienste (↑Derivate). Allerdings haben sie zur Folge, dass die ↑Börsensysteme enorm belastet werden mit grossen Mengen von Geld- und Briefkursen, ohne dass auch eine entsprechende Anzahl von Abschlüssen zu Stande kommt.

Handelsschluss
An der Schweizer Börse ↑SWX Swiss Exchange: ↑Börsenperiode der SWX, in welcher der laufende Handel eingestellt und das ↑Börsensystem in den Voreröffnungsstatus des folgenden ↑Börsentages versetzt wird.

Handelssysteme
Die Organisationsform von ↑Börsen wird unterschieden in Parketthandel und Computerhandel. Unter Letzterem werden elektronische Handelssysteme subsumiert, bei denen die Marktteilnehmer nicht in persönlichen Kontakt treten, sondern die Vertragsanbahnung und Vertragsausführung computergestützt stattfindet. Aufgrund der rasanten Entwicklung im Bereich der Informationstechnologie erscheint die eingangs getroffene Unterscheidung heute allerdings nur mehr bedingt trennscharf, da es insbesondere bei *börsenähnlichen Einrichtungen* zu permanenten Neuerungen kommt. Aus diesem Grund sind die Entwicklungen bei *alternativen Handelssystemen* nur mehr sehr schwer in ihrer raschen Entwicklung und Diversität zu erfassen. Die Frage der Ausgestaltung und Leistungsfähigkeit von Handelssystemen ist aus verschiedenen Blickwinkeln untersucht worden:

Theoretische und experimentelle Studien sowie eine Reihe von Arbeiten aus dem Themengebiet der Marktmikrostruktur haben gezeigt, dass die Ausgestaltung des Handelssystems signifikante Auswirkungen auf das Verhalten der Marktakteure, den Preisfindungsprozess sowie der Güterallokation nach sich ziehen. Eine Vielzahl von Aufsätzen über die Messung von Anlageerfolgen von Investitionsstrategien sind tangiert von den Untersuchungen über die Kosten der Handelsausführungen mittels verschiedener Handelssysteme. Macey und O'Hara, 1997, verweisen in diesem Zusammenhang allerdings auf die Schwierigkeiten bei der Messung der Kosten von Handelssystemen, da diese nicht nur den bezahlten Preis, sondern unter anderem auch den Grad der Anonymität, der Unmittelbarkeit und die Marktbeeinflussung durch den Handel Vergünstigungen umfassen.

Letztlich hat die Frage der Einordnung und Klassifizierung von Handelssystemen auch vermehrtes aufsichtsrechtliches Interesse nach sich gezogen (↑Securities and Exchange Commission [SEC], 1998, und Forum of European Securities Commissions [FESCO], 2001).

Ziel der folgenden Ausführungen ist es, neben den bisher verbreiteten traditionellen Börsenhandelssystemen insbesondere die neuesten Entwicklungen von alternativen Handelssystemen zu präsentieren.

1. Alternative Handelssysteme
Es zeigt sich, dass der Ursprung der heute existierenden alternativen Handelssysteme (↑Alternative

trading systems [ATS]) in so genannten Proprietory trading systems (PTS) zu finden ist. PTS wurden Anfang der 70er-Jahre auf Initiative von Investmentbanken (↑ Investment banking) begründet, um die Fehleranfälligkeit und Kosten von traditionellen Börsenhandelssystemen zu reduzieren. Aus der Gruppe der PTS entwickelten sich in den vergangenen zehn Jahren zwei Familien von Handelssystemen: *Crossing-Systeme* und ↑ *Electronic communication networks*.

– *Crossing-Systeme.* Der Zweck von Crossing-Systemen besteht darin, Kundenaufträge zu bstimmten Zeitpunkten zusammenzuführen. Aus diesem Grund erlauben derartige Systeme keine kontinuierliche Preisfindung. Es ist insbesondere charakteristisch für Crossing-Systeme, dass die Aufträge zu ausserhalb des Systems determinierten Preisen abgewickelt werden. Die unmittelbare Ausführung der Aufträge kann dabei nicht garantiert werden, da die Zusammenführung der Kauf- und Verkaufsorders nur zu wenigen Zeitpunkten am Tag stattfindet. Der Austausch von angebotenen und nachgefragten ↑ Wertpapieren bestimmt sich nach einem Zufallsalgorithmus und wird zu den aktuell am Markt gestellten Preisen ausgeführt.

– *Electronic communication networks (ECNs).* Unter Electronic communication networks (ECNs) versteht man Softwareplattformen, die es erlauben, Handelsaufträge elektronisch anzunehmen, anzuzeigen und auszuführen. Wie bei traditionellen Börsen üblich, stellen ECNs dabei nur den Handelsplatz zur Verfügung, ohne selbst Finanzierungs- oder Risikoträgerfunktionen wahrzunehmen. Bei ECNs handelt es sich im Gegensatz zu Crossing-Systemen um eine Plattform mit Preisfindungsmechanismus. Aufgrund des hohen Innovationsgrades und der vielfältigen Ausgestaltungen jüngst auftretender ECNs hat sich in der Praxis noch keine exakte Definition durchsetzen können. Unter der gängigen Interpretation der SEC-Regel (vgl. Rule 3b-16 des Securities exchange act of 1934) ist es einem ECN möglich, sich um den Vollstatus einer Börse zu bewerben bzw. das weniger strenge Registrierungsverfahren als ↑ Effektenhändler anzustreben. Letzterer Status bedingt allerdings, dass gewisse Umsatz- und Marktteilsgrössen nicht überschritten werden dürfen, da sich ein ECN sonst dem strengeren Regulationsregime einer Börse zu unterwerfen hat. Bei einer Untersuchung von typischen ↑ Anteilseignern von ECNs lassen sich drei Gruppen unterscheiden: erstens global agierende Effektenhändler, die insbesondere zu den Gewinnern von günstigeren ↑ Transaktionskosten zählen; zweitens elektronische Broker und Fondsgesellschaften, die ihrem Kundensegment günstigen Zugang zu direkten Handelsmöglichkeiten gewähren wollen; drittens Informationsdienstleister, die eine Vorwärtsintegration ihrer Services anstreben.

2. Vorteile alternativer Handelssysteme
Ein wichtiger Vorteil für die Teilnehmer an alternativen Handelssystemen ist der Grad der Anonymität. Eine Erklärung lässt sich hierfür am besten anhand der Marktstruktur der zwei bekanntesten amerikanischen Aktienbörsen, der NYSE (New York Stock Exchange) sowie der ↑NASDAQ (National Association of Securities Dealers Quotation) demonstrieren: Die NYSE ist eine *Auktionsbörse,* deren Preisfindungsmechanismus mittels eines Limit-order-Buches stattfindet. Die Vorteile der Auktionsbörse liegen in ihren verhältnismässig niedrigen Transaktionskosten, in der geringen Preisbeeinflussung durch Grossaufträge (Blocktrades) sowie einem hohen Grad an Anonymität. Bei der NASDAQ handelt es sich um eine *Market-maker-Börse.* Diese ist dadurch charakterisiert, dass eine Gruppe von Händlern die jederzeitige Handelbarkeit von Wertpapieren zu zwei gestellten ↑ Kursen garantiert. Der Vorteil für die Teilnehmer liegt in der jederzeitigen Verfügbarkeit von Geld- und Briefkursen. Der grösste Nachteil für institutionelle Kunden besteht allerdings in der Informationsaggregation seitens der ↑ Market maker. Insbesondere bei Blocktrades wünschen institutionelle ↑ Investoren oftmals die Verschleierung ihrer Absichten, um Reaktionen seitens anderer Marktteilnehmer zu verhindern. Da ein «zwischengeschaltetes» ECN gerade diese Anonymität zu erzeugen vermag, ist die Akzeptanz derartiger Handelssysteme bei Market-maker-Börsen innerhalb der letzten Jahre stark gestiegen. Conrad et al. (2001) führen als weiteres Argument zu Gunsten der Popularität von ECNs an der NASDAQ die Funktion der Liquiditätsaggregation an, welche speziell bei Wertpapieren mit geringerem Umsatzvolumen helfen kann, die hohen Spannen zwischen An- und Verkaufskursen zu senken. Nicht zuletzt aufgrund dieser Vorteile verzeichneten die ECNs im Jahr 2000 einen Anteil von über 30% aller an der NASDAQ getätigten ↑ Transaktionen.

3. Ausblick
Die grosse Anzahl der parallel existierenden Wertschriftenhandelssysteme muss zwangsweise die Frage aufwerfen, ob die Leistungsfähigkeit mancher Systeme als unzureichend betrachtet werden muss? Besteht aufgrund der Paralleloperation traditioneller und alternativer Handelssysteme für einzelne ↑ Marktsegmente die Gefahr einer Liquiditätsfragmentierung? Alternative Handelssysteme bieten sicherlich eine Reihe von Vorteilen, die nicht nur – wie oftmals vorschnell argumentiert – in geringeren regulatorischen Mindestanforderissen liegen. Insbesondere die Flexibilität, die Zuverlässigkeit, die Kostenfrage und der gesteigerte Grad der Anonymität scheinen die ausschlagge-

benden Argumente für die Wahl des Handelssystems zu bilden. ↑SWX Plattform.

Alfred Gruber, Andreas Grünbichler
Lit.: Conrad, J./Johnson, K. M./Wahal, S.: *Alternative Trading Systems*, Universität North Carolina 2001. – FESCO: *Proposed Standards for Alternative Trading Systems*, 2001. – Friedman, D./Rust, J.: *Double Auction Markets: Institutions, Theories and Evidence*, 1992. – Gruber, A./Grünbichler, A.: *ECNs – Börsen der Zukunft?*, Bankarchiv, September 2000. – Grünbichler, A./Longstaff, F. A./Schwartz, E. S.: *Electronic Screen Trading and the Transmission of Information: An Empirical Examination*, Journal of Financial Intermediation, Nr. 3, 1994. – Macey, J./O'Hara, M.: *Regulating Exchanges and Alternative Trading Systems*, Journal of Legal Studies, 1999, Vol. 28, Nr. 1, 1999. – SEC, *Regulation of Exchanges and Alternative Trading Systems*, File No. S7–12-98, 1998.

Handelsunterbruch
↑Handelseinstellung.

Handelsvolumen
↑Volumen.

Handelswechsel
↑Warenwechsel.

Handelszeit
↑Börsenzeiten.

Händler, registrierter
Eine Person, die nicht selbst ↑Börsenmitglied ist, aber im Namen und unter der Verantwortung eines Börsenmitgliedes Einblick in die ↑Auftragsbücher der Schweizer Börse, ↑SWX Swiss Exchange, nehmen und Kauf- und Verkaufsaufträge eingeben darf.

Händlerlizenz
Bewilligung der Aufsichtsbehörde für die Tätigkeit als ↑Effektenhändler (BEHG 10). Die Bewilligungsvoraussetzungen sind in BEHV 17ff. geregelt: Sachlich und geografisch genau umschriebener ↑Geschäftsbereich, Organisation (insbesondere Funktionsabgrenzung), Kontrollsystem und interne Regeln sowie Mindestkapital und Sicherheitsleistung.

Händlersystem
↑Handelssysteme; ↑SWX-Plattform.

Handling fee
Kommission, welche bei einem Syndikatskredit auf den ↑internationalen Finanzmärkten an die ↑federführende Bank bezahlt wird.

Hang Seng Index
Der *Hang Seng Index (HSI)* ist der ↑Aktienindex der an der Börse von Hongkong, ↑Hong Kong Stock Exchange notierten Standardwerte. Der Index enthält 33 ↑Aktien und wird nach der ↑Börsenkapitalisierung gewichtet. Der HSI ist ein Kursindex, d. h., Kursabschläge nach regulären Dividendenzahlungen werden nicht korrigiert. Der Startwert des HSI wurde mit 100 Indexpunkten per 31.07.1964 festgelegt.

Harte Patronatserklärung
↑Patronatserklärung.

Harte Währung
Harte ↑Währungen sind durch eine – einander bedingende – Kombination von Binnenstabilität der Kaufkraft und Stabilität des Aussenwertes gegenüber Konkurrenzwährungen gekennzeichnet. Schutz vor Vermögensverlust durch ↑Inflation oder Abwertung (↑Aufwertung, Abwertung) bedingen eine hohe Vermögenssicherungsqualität harter Währungen und werden vom Kapitalmarkt (↑Kapitalmarkt [Volkswirtschaftliches]) in der Regel mit einem niedrigen ↑Zinsniveau im ↑Währungsraum (Zinsbonus) honoriert. Gegensatz: ↑Weiche Währung.

Hartwährungsländer
Länder mit ↑harter Währung.

Hauptbörse
Neben den verschiedenen Spezial- und Nebensegmenten der ↑Börse gibt es insbesondere das Hauptsegment oder die Hauptbörse. Man kann darunter auch die Börse verstehen, an der ein ↑Wertpapier hauptsächlich gehandelt wird (↑Heimatbörse).

Hauptbürge
Andere Bezeichnung für Vorbürge. ↑Bürgschaft.

Hauptsegment der SWX
↑Marktsegment.

Hauptwerte
↑Blue chip.

Hauptzahlstelle
↑Couponsdienst.

Hausbank
In der ↑Banksprache die Hauptbankverbindung eines kommerziellen Kunden; der Ausdruck Hausbank wird – seltener – auch sinngemäss im Zusammenhang mit privaten Kunden verwendet. Besondere Formen der Hausbank sind die ↑Konzernbank und der ↑Fiscal agent.

Hausfrauenbörse
Auch als Hausfrauenhausse bezeichnet. In der ↑Börsensprache Ausdruck für eine Phase des breiten Optimismus an den ↑Finanzmärkten, die alle Bevölkerungsschichten erfasst hat und in der auch kleine und kleinste Kapitalanleger zu kaufen und zu spekulieren beginnen. Hausfrauenbörse ist insofern eine unfaire Bezeichnung, als Anlegerinnen häufig sehr gut informiert sind und fundiert entscheiden. Der scherzhaft zu interpretierende Ausdruck impliziert, dass auch Laien am Aufwärtstrend teilnehmen wollen. Die Analysteninformationen und die Finanzberichterstattung (↑Finanzpresse) sind voll optimistischer Prognosen. Der Markt schaukelt sich selber hoch (↑Hausse amène la hausse). Diese Phase ist häufig der letzte Abschnitt eines länger anhaltenden Börsenaufschwungs. Viele ↑Aktien werden auf Kredit gekauft und der Umsatz mit ↑Derivaten ist sehr hoch. ↑Dienstmädchenbörse (Dienstmädchenhausse).

Hausse
Bedeutet in der ↑Börsensprache das allgemeine, meist längere Zeit anhaltende Steigen der ↑Kurse eines Marktes oder wichtiger ↑Marktsegmente. ↑«A la hausse» spekulieren heisst: Käufe abschliessen in der Hoffnung auf Kursgewinn. Ein ↑Haussier ist ein Börsenspekulant, der mit dem Steigen der Kurse rechnet und entsprechend operiert. Gegenteil: ↑Baisse.

Hausse amène la hausse
Sprichwörtliche Bezeichnung für die Erfahrungstatsache, dass sich eine an ↑Finanzmärkten einsetzende Haussetendenz (↑Hausse) vielfach in der Folge weiterentwickelt und zu noch höheren ↑Kursen führt. Der Grund für dieses Marktverhalten liegt darin, dass steigende Kurse das Publikum zu weiteren Käufen veranlasst, welche die bereits feste ↑Tendenz noch verstärken. Führt das Verhalten der Käufer zu einer ungesunden Erhöhung des Kursniveaus (Überschiessen), so wird der Rückschlag umso heftiger sein. Damit tritt die gegenteilige Erscheinung von Hausse amène la hausse ein, nämlich: ↑Baisse amène la baisse. Aus der enthusiastischen Käuferschicht werden dann leicht die ängstlichen Verkäufer à tout prix.

Haussier
↑Investor, der mit starken Kurssteigerungen rechnet. (↑Bull [Bulle, Stier] bullish). Kauft häufig ↑Aktien und/oder ↑Derivate auch auf Kredit (Lombardkredit, [↑Wertpapierverpfändung]). Gegenteil: ↑Baissier.

Haussierend
In der ↑Börsensprache Ausdruck für starke, meist allgemeine Kurssteigerungen (↑Tendenz). Das Gegenteil, baissierend, ist nicht gebräuchlich.

Heaven and hell bond
Die Bezeichnung wird sowohl für eine besondere Form einer ↑Doppelwährungsanleihe mit einem variablen ↑Wechselkurs für die ↑Rückzahlung gebraucht wie auch für ↑Bull-and-Bear-Anleihen, d. h. Anleihen, deren Wertentwicklung an einen ↑Aktienindex gebunden ist.

Hebel
↑Leverage.

Hebeleffekt
↑Leverage-Effekt.

Hebelwirkung
↑Leverage-Effekt.

Hedge
Der Begriff stammt aus der amerikanischen Finanzwelt und bezeichnet ein Sicherungsgeschäft gegen mögliche Verluste aufgrund von Preisschwankungen von ↑Aktien, Anleihen, Devisenkursen oder Waren. Im Vordergrund des Hedging steht somit nicht die Spekulationsabsicht, sondern das Absicherungsgeschäft, das mögliche Verluste abschwächt und gleichzeitig das Gewinnpotenzial reduziert. Als Hedgegeschäfte eignen sich grundsätzlich alle Instrumente, die eine zum Basisinstrument entgegengesetzte Preisentwicklung aufweisen. Im einfachsten Fall des Hedging tätigt z. B. ein Schweizer Unternehmen für Exporte nach den USA ein Devisentermingeschäft (Terminverkauf) auf den Zeitpunkt des Zahlungseingangs aus der Warenlieferung. Damit kann das Risiko einer Kursschwankung eliminiert werden. Umgekehrt wird ein Schweizer Importeur, der eine zukünftige Zahlung in fremder Währung absichern möchte, die Fremdwährung auf Termin kaufen, um gegen eine Kurssteigerung der Fremdwährung abgesichert zu sein. Hedging in seiner ursprünglichen Form ist insbesondere im internationalen Warenhandel mit Zahlungsfristen zwecks Abwälzung des Valutarisikos verbreitet. Im Kontext der ↑Finanzmärkte hat die Entstehung der Derivatmärkte dazu geführt, dass insbesondere Preisrisiken handelbar geworden sind und von einem Basisgeschäft losgelöst werden können.
Optimales Hedging bedeutet nicht eine vollständige Absicherung des Unternehmungswertes gegen marktfähige Risikoquellen bzw. gegen ↑systematische Risiken. Beispielsweise sollte eine Ölgesellschaft im Interesse ihrer Aktionäre Schwankungen des Rohölpreises nur soweit absichern, daß die Überlebensfähigkeit der Unternehmung nicht gefährdet ist.
Hedging muss nicht den Einsatz von derivativen Instrumenten (↑Derivate) bedingen. Insbesondere multinationalen Unternehmen bietet sich die Möglichkeit, ↑Währungsrisiken konzernintern auszugleichen. Entscheidet man sich, Derivate einzuset-

zen, so ermöglichen nichtlineare Instrumente (↑Optionen) im Vergleich mit linearen Instrumenten (↑Futures und ↑Forwards) eine bessere Abstimmung der Investitionspläne auf die Finanzierungspläne. Over-the-counter-(OTC)-Instrumente (↑ausserbörslicher Wertpapierhandel), z.B. Swaps, können präzise auf die Bedürfnisse der Vertragspartner zugeschnitten werden und bieten sich daher besonders für das langfristige Cashflow matching grösserer ↑Positionen an. Bei der Verwendung von Futures zur Absicherung muss man eine Verkleinerung der zu hedgenden Gesamtposition in Kauf nehmen, da über die ↑Laufzeit hinweg mit variierenden Einschüssen zu rechnen ist. Verwendet man Futures kurzer Laufzeit in einer Roll-over-Strategie sollten die ↑Korrelation von ↑Spot- und Futures-Markt sowie die ↑Volatilitäten der einzelnen Märkte in der ↑Hedge ratio berücksichtigt werden. Es zeigt sich, dass man mit einer Hedge ratio von eins zumeist «übersichert» ist und mit der ↑Hedge-Position ein zusätzliches Risiko eingeht, statt das Risiko zu verringern. Forwards implizieren im Gegensatz zu Futures ein ↑Kreditrisiko, das bei ihrem Einsatz als Sicherungsinstrumente zu managen ist.
Heinz Zimmermann

Hedge accounting

Mit ↑*Hedge* wird im modernen Wortgebrauch die *Begrenzung von* ↑*Risiken* verstanden, welche z.B. aufgrund von Preis-, Zins- oder Währungsschwankungen entstehen und den Wert eines *Grundgeschäfts* beeinflussen. Hedging bedeutet somit, dass ein oder mehrere Hedging-Instrumente (↑Deckungs-, Gegen- oder *Sicherungsgeschäfte*) so eingesetzt werden, dass sich ihre gleichartigen, entgegengesetzten Wertänderungen mit jenen des abgesicherten Grundgeschäfts (zumindest teilweise) saldieren. Mit dem *Hedge accounting* wird dieser Sachverhalt im Rechnungswesen dargestellt.

Aus der Sicht des Rechnungswesens ist zu beachten, dass das *Anschaffungswertprinzip* in Verbindung mit dem Realisations- und Imparitätsprinzip und der *Grundsatz der Einzelbewertung* für Hedges nicht gelten können, da dies zur paradoxen Situation führen würde, dass entweder aufgrund des Grundgeschäfts oder aufgrund des komplementären Sicherungsgeschäfts stets Verluste ausgewiesen werden müssten. Dagegen dürfte die den Verlust kompensierende Wertsteigerung nicht gezeigt werden. Es folgen daraus die Regeln, dass erstens die Bewertung von *Grund- und Sicherungsgeschäft* als *Bewertungseinheit* erfolgt und zweitens, dass die gegenläufigen Auswirkungen der Wertänderungen von Grund- und Sicherungsgeschäft *symmetrisch* erfasst werden.

Als klassisches Hedge-Instrument wird das ↑*Termingeschäft* genutzt. Seit Ende des 20. Jahrhunderts kommen aber auch vermehrt moderne derivative Finanzinstrumente (insbesondere ↑*Futures,* ↑*Optionen, Swaps* [↑Swap-Geschäft]) zum Einsatz. Durch die Anwendung solcher *(Ausserbilanz-)Transaktionen* verliert die Bilanz im engeren Sinne an Aussagekraft. Dieser Mangel wurde in der Folge durch die verschiedenen Standardsetter und Gesetzgeber angegangen, indem diese u.a. Regeln zur Behandlung von Hedges im Rechnungswesen erlassen haben. Dabei steht ein willkürfreies Hedge accounting im Vordergrund. Dafür müssen klare Definitionen zu Grund- und Sicherungsgeschäften und objektive Abgrenzungskriterien zur ↑Spekulation vorgegeben werden.

Bilanzwirksame Vermögenswerte und Verpflichtungen, bilanzunwirksame feste Verpflichtungen, vorgesehene zukünftige Transaktionen *(antizipatives Hedging)* und Gruppen aus den einzelnen, erwähnten Geschäften mit gleichartigem Risikoprofil *(Portfolio-Hedging)* werden zu den *Grundgeschäften* gezählt, wobei diese einem Risiko ausgesetzt sein müssen. Nicht zugelassen ist das Ausnutzen risikokompensierender Wirkungen einzelner Grundgeschäfte untereinander, wobei nur der Saldo als Gesamtposition abgesichert wird *(↑Macro hedge)*. Ebenso ist das Hedge accounting bei nichtfinanziellen Bilanzpositionen eingeschränkt, da die Wirksamkeit der Absicherung schwierig zu messen ist. Beim antizipativen Hedging ist speziell darauf zu achten, dass eine prognostizierte Transaktion mit hoher Wahrscheinlichkeit eintritt.

Derivative Instrumente (↑Derivate) können zumeist als *Sicherungsinstrumente* eingesetzt werden. Einschränkungen bestehen jedoch bei geschriebenen Optionen (hier steht häufig das Spekulationsmotiv im Vordergrund) und Instrumenten mit ↑Eigenkapital des eigenen Unternehmens als ↑Underlying. Nichtderivative Finanzinstrumente sind nur zur Absicherung von Fremdwährungsrisiken geeignet. Das Wechselkursrisiko auf einem in Fremdwährung geführten Aktivum kann z.B. mittels Aufnahme einer Fremdwährungsschuld abgesichert werden (Natural hedge). Speziell ist darauf zu achten, dass Sicherungsgeschäfte mit externen Gegenparteien abgeschlossen werden, da interne Geschäfte für ein Gesamtunternehmen keine risikomindernden Wirkungen aufweisen. Damit Sicherungsgeschäfte von Transaktionen mit Spekulationsmotiv unterschieden werden können, wird allgemein gefordert, dass ab Beginn der Absicherung eine ausreichende *Dokumentation* vorliegt (Bezeichnung von Grund- und Sicherungsgeschäft, Identifikation des abzusichernden Risikos und Bestimmungsart der Wirksamkeit des Sicherungsinstruments). Zudem ist ein eindeutiger *Nachweis der kausalen Risikoreduktionswirkung* auf das Grundgeschäft vom Zeitpunkt des Abschlusses der Sicherungstransaktion über die gesamte ↑Laufzeit zu erbringen. Um diese Wirksamkeit bestimmen zu können, müssen die Wirkungen von Grund- und Sicherungsgeschäft verlässlich bestimm- und messbar sein.

Die *Wirksamkeit* eines Hedges soll während seiner gesamten Laufzeit beurteilt werden, wobei ein Hedge stets als hoch wirksam eingestuft werden muss. Liegt das Resultat der Division von Wertänderung des Grundgeschäfts durch die Wertänderung des Sicherungsgeschäfts nahe eins, so ist von einer hohen Wirksamkeit auszugehen. Werden vorgegebene ↑Bandbreiten jedoch überschritten, ist das Hedge accounting einzustellen. In diesem Fall sind die beiden Transaktionen im Rechnungswesen fortan getrennt zu behandeln. Ist das Grundgeschäft jedoch nur in engen Grenzen nicht vollständig abgesichert *(Under-Hedge)* bzw. überschiesst das Sicherungsgeschäft leicht *(Over-Hedge),* so gelten gleichwohl die Regeln des Hedge accounting. Zusammenfassend gilt der Grundsatz, dass die Effektivität der Hedge-Konstruktion dauernd überwacht und gegebenenfalls der Hedge angepasst werden muss *(↑dynamisches Hedging).* Ein «Hedge and forget» *(statisches Hedging* ohne laufende Kontrolle) ist dagegen undenkbar (↑Hedging-Strategie).

Technisch können prinzipiell zwei Hedge-Typen unterschieden werden: Zum einen besteht die Möglichkeit, das Risiko einer Wertänderung eines bestehenden Vermögenswerts oder einer Verbindlichkeit (bzw. eines genau bezeichneten Teils davon) mittels Änderungen des Fair value eines Sicherungsinstruments abzusichern *(Fair value hedge).* Zum andern lässt sich das Risiko von zukünftigen Geldflussschwankungen durch die ↑Cashflows eines Sicherungsinstruments hedgen *(Cashflow hedge).* Dabei ist jeweils entscheidend, dass das Risiko einer bestimmten Gefahr zugeordnet werden kann und potenzielle Auswirkungen auf das aktuelle oder auf ein zukünftiges Periodenergebnis haben wird. Ein Beispiel dazu ist das Aktienkursrisiko, das den Wert der ↑Wertschriften beeinflusst. Ein solches Risiko wiederum wirkt sich auf das ausgewiesene Ergebnis aus.

Ein Fair value hedge kann auf zwei Arten behandelt werden: Wird dem *Hybrid approach* gefolgt, richtet sich die Bewertung des Sicherungsgeschäfts nach der Behandlung des Grundgeschäfts. Die Behandlung des Sicherungsgeschäfts im Rechnungswesen unterscheidet sich demnach, ob das Grundgeschäft gemäss Marktwert- (↑Mark-to-market-Methode) oder ↑Niederstwertprinzip gezeigt wird. Häufiger wird heute allerdings das *Mark-to-market hedge accounting* angewendet. Dabei werden beide Geschäfte stets zu ↑Marktwerten ausgewiesen und die Erfolge aus den Transaktionen laufend in der ↑Erfolgsrechnung erfasst. Für einen Cashflow hedge kommt dagegen nur das *Deferred hedge accounting* in Frage. Dabei werden die Wertänderungen des Sicherungsgeschäfts erfolgsneutral bis zum Eintreten des Grundgeschäfts im Eigenkapital abgegrenzt und erst dann wieder aufgelöst. Resultiert das Grundgeschäft in der Erfassung eines Bilanzwerts, so wird der aufgelöste Betrag damit verrechnet (Basis adjustment). Wirkt sich dagegen das Grundgeschäft dereinst auf die Erfolgsrechnung aus, erfolgt die Auflösung symmetrisch (mit umgekehrten Vorzeichen) über das betroffene Erfolgsrechnungskonto.

Conrad Meyer

Hedge and forget
↑Hedging-Strategie; ↑Buy-and-hold-Strategie.

Hedge fund
Sammelbezeichnung für ↑Open end funds und ↑Closed end funds, welche häufig «offshore» domiziliert sind und im Gegensatz zu den traditionellen ↑Anlagefonds vorwiegend alternative Anlagestrategien und -instrumente (↑Alternative Kapitalanlagen) einsetzen. Dazu gehören namentlich die Ausnützung des ↑Leverage (Hebelwirkung) von ↑Derivaten, die Aufnahme von Krediten zu Anlagezwecken sowie das Eingehen von ↑Short positions (Leerverkäufe von ↑Effekten). In der Praxis werden verschiedene Typen von Hedge funds unterschieden, wie etwa Global macro, ↑Distressed securities, ↑Arbitrage – heute beschönigend auch «Relative value» genannt –, Special situations, Commodity, Trading advisors sowie «Long/Short». In der Schweiz wird eine grössere Anzahl Hedge funds schweizerischen Rechts als sog. «Übrige Fonds mit besonderem Risiko» auch an ein breiteres Publikum vertrieben. Aus Gründen der ↑Diversifikation werden sie meistens als «Fund of hedge funds» aufgelegt. Für Hedge funds mit Offshore-Domizil darf hingegen in der Schweiz nicht öffentlich geworben werden.

Matthäus den Otter

Hedge-Geschäft
Finanztransaktion, meist unter Einsatz derivativer Instrumente (↑Derivate), die zum Schutz gegen mögliche Verluste durch Preisänderungen im Waren-, Devisen- und Wertpapierverkehr abgeschlossen wird.

Hedge-Position
Unter einer Hedge-Position werden sämtliche ↑Kontrakte verstanden, welche zur Absicherung (d. h. zur Reduktion der gesamten ↑Risikoposition) einer bestehenden ↑Position (↑Exposure) verwendet werden.

Hedger
Ein Hedger nimmt zu einer bestehenden oder erwarteten ↑Position durch geeignete Instrumente eine entgegengesetzte Position ein, welche das ↑Exposure verkleinert. Hedger können sowohl Konsumenten wie auch Produzenten sein, welche die Unsicherheit bezüglich der Höhe von zukünftigen Cashflows eliminieren wollen.

Hedge ratio

Der Begriff Hedge ratio (↑Hedge) beschreibt das Verhältnis zwischen dem Wert der ↑Hedge-Position und dem Wert der abzusichernden ↑Position. Das Hedge ratio errechnet sich aus dem Verhältnis der Kennzahl der abzusichernden ↑Risikoart (dies kann das ↑Delta im Falle des ↑Delta hedging oder das Beta im Falle eines ↑Beta-hedge sein) zur Risikokennzahl des Absicherungsinstruments. Mit dem Hedge ratio wird schliesslich die Anzahl ↑Kontrakte errechnet, welche zur Absicherung benötigt werden.

Hedging
↑Hedge.

Hedging-Strategie

Unter der Hedging-Strategie versteht man den gezielten Einsatz von derivativen Instrumenten zur Risikoverminderung. Als generelles Unterscheidungskriterium von Hedging-Strategien gilt die Unterscheidung zwischen dynamischer oder statischer Absicherung (↑Hedge accounting). Das *statische Hedging* bezeichnet eine Strategie, bei der zu Beginn des relevanten Zeithorizonts eine einmalige Portfolioallokation (meist unter Einbezug von ↑Derivaten) vorgenommen wird, um die gewünschte Pay-off-Struktur aus dem ↑Portfolio zu erzielen. In der Fachliteratur werden diese Strategien mit den Begriffen «Buy and hold» (↑Buy-and-hold-Strategie) oder «Hedge and forget» umschrieben. Der einfachste Fall einer statischen Absicherung besteht im Erwerb einer Put option auf den entsprechenden ↑Basiswert im Portfolio. Damit das Portfolio vor Wertverlusten relativ zu einem bestimmten Absicherungsniveau geschützt ist, indem ein Verlust auf dem Basiswert durch einen Gewinn auf der ↑Option kompensiert wird. Bei steigenden Preisen des Basiswerts reduziert sich der Gewinn um die geleistete ↑Optionsprämie. Diese Long-put-Strategie wird auch *Protective-put-Strategie* genannt. Eine weitere Variante des statischen Hedging besteht in der 90/10-Strategie. Dabei werden 90% des Portfoliowerts in festverzinsliche ↑Titel investiert, die eine Mindestrendite garantieren und den grössten Teil des investierten Kapitals absichern. Die restlichen 10% werden in risikobehaftete Anlagen (↑Aktien oder Optionen) investiert.

In den letzten Jahren ist eine Reihe von Produkten entstanden, denen ebenfalls das Prinzip des statischen Hedging zu Grunde liegt. Dazu gehören insbesondere ↑strukturierte Produkte mit Kapitalschutz und Indexpartizipation *(Protected index participation)*. Sie werden aus einer Kombination einer festverzinslichen Anlage gebildet, deren Wert unter Berücksichtigung des Zinsertrags am Ende des ↑Anlagehorizonts genau dem ursprünglichen Porfoliowert entspricht. Der verbleibende Betrag wird in Optionen investiert, die eine Partizipation an einem ↑Aktienindex oder einem anderen ↑Underlying ermöglichen. Ähnliche Merkmale weisen auch strukturierte Produkte mit garantierter ↑Rendite (Guaranteed return on investment, GROI) auf. Im Unterschied zur Protected index participation wird jedoch eine höhere Partizipation am Aktienindex oder einem anderen Underlying angestrebt, indem eine grössere Anzahl Call options durch den Verkauf der gleichen Anzahl Call options mit höherem ↑Ausübungspreis finanziert wird. Neben diesen Beispielen der statischen Absicherung ist eine Fülle weiterer Kombinationen von Instrumenten denkbar.

Bei den *dynamischen Hedging-Strategien* wird demgegenüber während des Anlagehorizonts eine Reallokation des Portfolios vorgenommen, um die gewünschte Pay-off-Struktur zu erreichen. Die Gewichtung der eingesetzten Instrumente wird somit im Zeitablauf verändert. Das dynamische Hedging wurde 1976 von Leland und Rubinstein entwickelt. Ausgehend vom Black/Scholes-Optionspreismodell (↑Black/Scholes) wurde gezeigt, dass durch die Umverteilung von ↑Aktien und ↑Obligationen derselbe Absicherungseffekt erzielt werden kann, der durch den Kauf einer Put option entsteht. Dies entspricht einer synthetischen Put-Replikation, die unter die optionsbasierten dynamischen Hedging-Strategien fällt.

Bei den nichtoptionsbasierten dynamischen Hedging-Strategien lassen sich ebenfalls verschiedene Varianten unterscheiden. Bei der Stop-loss-Strategie (↑Stop loss order) handelt es sich um die einfachste Art der Absicherung, in dem Aktien bei Unterschreiten einer Preisuntergrenze in ↑festverzinsliche Wertpapiere umgetauscht werden. Etwas weiter geht die so genannte Constant proportion portfolio insurance (CPPI), bei der in Abhängigkeit einer vorgegebenen Untergrenze und des Portfoliowerts eine laufende Umschichtung zwischen verschiedenen Anlagekategorien (z.B. Anleihen und Aktien) vorgenommen wird.

Heinz Zimmermann

Heimatbörse

↑Effekten können an verschiedenen ↑Börsen kotiert sein. Die Heimatbörse ist in der Regel die ↑Hauptbörse eines ↑Titels, die gleichzeitig auch im Ursprungsland der betreffenden Unternehmung gelegen ist.

Heimmarkt
↑Leitbörse.

Heimschaffung
↑Repatriierung.

Heimverwahrung

Gewisse Anleger ziehen es vor, ↑Effekten, für welche physische ↑Titel ausgegeben werden, nicht durch eine Bank verwahren zu lassen (↑Depotgeschäft), sondern diese in einem Tresorfach oder zu Hause aufzubewahren. Die Heimverwahrung verursacht bei Effektentransaktionen für die Banken und die Gesellschaft vermehrte Umtriebe. Sie wird in den letzten Jahren bewusst unattraktiv gemacht. Ihre ohnehin nur noch geringe Bedeutung wird deshalb weiter abnehmen.

Held for maturity
Unter diese Kategorie fallen Finanzaktiven, bei denen die Gesellschaft die Absicht und die Fähigkeit hat, diese bis zum Verfall zu halten. IAS 39 (↑International Accounting Standards [IAS]) legt im Einzelnen fest, wann die Absicht des ↑Haltens bis zum Verfall als nicht gegeben betrachtet werden muss.

Held for trading
Finanzaktiven, welche zur Erzielung eines Gewinnes aus kurzfristigen Kursschwankungen erworben und veräussert werden.

Helsinki Stock Exchange
Links: www.hex.fi

Helvetia
Schweizerisches 20-Franken-Goldstück der Prägejahre 1883, 1886, 1888–1896.

Hemline-Indikator
↑Börsenregeln.

Herding behavior
↑Börsenpsychologie.

Herstatt-Risiko
↑Continuous linked settlement (CLS).

Hersteller-Leasing
↑Leasing.

Heute gültig
↑Börsengültig.

HEX 25
Der *HEX 25* (früherer Name bis August 2001: FOX) ist der ↑Aktienindex der 25 umsatzstärksten finnischen Aktien, die an der ↑*Helsinki Stock Exchange (HEX)* gehandelt werden. Die Gewichtung des Indexes erfolgt seit August 2001 nach der streubesitzadjustierten ↑Börsenkapitalisierung. Der HEX 25 ist ein Kursindex, d.h. Kursabschläge nach regulären Dividendenzahlungen werden nicht korrigiert. Der Startwert des HEX 25 wurde mit 500 Indexpunkten per 04.03. 1988 festgelegt.

Hexentag
↑Geisterstunde.

Hidden size order
↑Auftrag mit versteckter Menge. Ein grösserer Auftrag, der im ↑Auftragsbuch der Schweizer Börse, ↑SWX Swiss Exchange, so eingegeben wird, dass für die übrigen ↑Börsenmitglieder nur ein Teil der gesamten Menge sichtbar wird; es ist aber für die übrigen Mitglieder der SWX erkennbar, dass sich der Auftrag auf eine grössere als die sichtbare Menge bezieht. Die sichtbare Menge muss mindestens 100 ↑Schlusseinheiten betragen. Die versteckte Menge geniesst die gleiche Zeitpriorität wie die ursprünglich sichtbare Menge. (Art. 13 der ↑Börsenordnung SWX).

High flyer
In der ↑Börsensprache Bezeichnung für eine ↑Aktie, welche sich durch einen ungewöhnlich markanten Kursanstieg auszeichnet.

Highly leveraged fund
↑Anlagefonds, welcher zur Ausnützung des Leverageeffektes (↑Leverage) eine hohe Verschuldung (mehr als 50%) in Kauf nimmt. Aufgrund der von AFV 42 II festgelegten Begrenzung für die Kreditaufnahme ist dieser Fonds-Typ nach schweizerischem Recht nicht zulässig.

High net worth individuals (HNWI)
In der ↑Bank- und ↑Börsensprache Ausdruck für sehr vermögende (reiche) Personen. Ein High net worth individual verfügt über ein Anlagevermögen von mehr als USD 1 Mio. HNWI sind Zielkunden der Banken für das ↑Private banking. Sie gelten als profitabel, aber anspruchsvoll. ↑Affluents.

Hightech-Titel
Der Begriff ist nicht eindeutig bestimmt und wird von verschiedenen Quellen unterschiedlich definiert, vor allem was die Zugehörigkeit verschiedener Sektoren zu dieser Titelkategorie betrifft. Allgemein gilt, Hightech-Titel sind ↑Aktien von Unternehmen, die im Bereich forschungsintensiver Technologien, wie z.B. Mikro- und Optoelektronik, Computer- oder Halbleitertechnik, tätig sind. Das Spektrum der Hightech-Titel ist dementsprechend sehr weit definiert und umfasst neben internationalen, grosskapitalisierten Unternehmen auch nichtkotierte Kleinstfirmen. Der grösste Handelsplatz für Hightech-Titel ist die amerikanische ↑NASDAQ.

High water mark
Mit High water mark wird das in einem Portfolio management erreichte Gewinnniveau bezeichnet, welches überschritten werden muss, bevor der Manager Anspruch auf zusätzliche Anlageerfolgsprämien (↑Performance fees) hat. Eine ungenü-

gende oder gar negative ↑Performance in einer Abrechnungsperiode wirkt sich demnach auf die Entschädigung des Managers aus.

High yield bond
Anleihen von Gesellschaften, welche wegen des tieferen ↑Ratings (z.B. ↑Bonität unter BBB nach Standard & Poor's) eine überdurchschnittliche ↑Rendite abwerfen. Das Rating des ↑Emittenten liegt bei High yield bonds im Allgemeinen im Bereich des Non investment grade. High yield bonds von schweizerischen Emittenten sind selten. Dagegen bieten verschiedene ↑Fondsleitungen speziell auf High yield bonds ausgerichtete ↑Anlagefonds an. ↑Alternative Kapitalanlagen; ↑Distressed securities.

Hinkendes Inhaberpapier
Ein hinkendes Inhaberpapier liegt vor, wenn der Schuldner sich in einem ↑Namenpapier das Recht vorbehalten hat, an jeden Inhaber (Vorweiser) der Urkunde leisten zu dürfen, ohne jedoch eine Verpflichtung dazu zu übernehmen (OR 976). Aus diesem Grund (keine Leistungspflicht an den Vorweiser, wenn das Papier nicht auf ihn lautet) wird die Urkunde trotz Legitimationsklausel nicht zum echten, sondern nur zum «hinkenden» ↑Inhaberpapier. Der Schuldner hat also, weil es sich um ein Namenpapier handelt, das Recht zur Prüfung der Legitimation des Vorweisenden. Auch Schuldurkunden ohne Wertpapiercharakter können mit gleicher Wirkung mit der Inhaber-Legitimationsklausel versehen sein (↑Legitimationspapier). In der Schweiz enthalten die auf den Namen lautenden Spar-, Depositen- und Einlagehefte (↑Sparkassengeschäft) regelmässig die Inhaber-Legitimationsklausel. Für die Frage, ob dem Heft Wertpapiercharakter zukommt oder nicht, ist die Inhaber-Legitimationsklausel ohne Bedeutung.

Die Inhaber-Legitimationsklausel befreit die Bank, die an einen Unberechtigten zahlt, nur von ihrer Schuldpflicht, wenn sie *in ↑gutem Glauben* handelt (OR 976). Der gute Glaube ist nur dann gegeben, wenn sich die Bank in einem entschuldbaren Irrtum über die Berechtigung des Vorweisenden befunden hat. Wer bei der Aufmerksamkeit, wie sie nach den Umständen von ihm verlangt werden konnte, nicht gutgläubig sein konnte, ist nicht berechtigt, sich auf den guten Glauben zu berufen (ZGB 3 II). Die Rechtsprechung des Bundesgerichts hat hier im Laufe der letzten Jahre die Anforderungen an die Aufmerksamkeit der Bank verschärft. Selbstverständlich muss die Bank allfällige Abtretungs-, Verpfändungs- oder Sperreanzeigen (↑Sperren, Sperrung) beachten. Auch müssen ihre mit der Auszahlung befassten Angestellten die Auszahlung an einen Ansprecher, der sich nicht positiv über sein Verfügungsrecht ausweisen kann, verweigern, wenn ihnen Tatsachen bekannt sind oder bekannt sein müssen, die gegen eine Berechtigung des Vorweisers sprechen (z.B. wenn die ehemalige Hausangestellte das Sparheft ihres früheren Arbeitgebers vorweist) oder bei anderen besonderen Umständen (z.B. auffälligem Benehmen des Vorweisenden).

Zu den besonderen Umständen, die die Bank zu weiteren Abklärungen veranlassen müssen, zählt das Bundesgericht neuerdings aber auch das Begehren um Abhebung von unüblich hohen Beträgen, oder die Tatsache, dass das Heft auf einen Mann lautet, während eine Frau am Schalter vorspricht. Diese Verschärfung der Anforderungen an die Aufmerksamkeit der Bank führt dazu, dass das Heft seine ursprüngliche Zweckbestimmung, dem mit der Bank am Schalter verkehrenden Publikum die Vorweisung anderer Legitimationsmittel wie Reisepass, Führerausweis usw. zu ersparen und damit den Kassenverkehr zu beschleunigen, nur noch sehr beschränkt erfüllen kann.

Ganz im Einklang mit dieser Ordnung verhalten sich die Banken vorsichtig, wenn der ↑Gläubiger des Heftes gestorben ist und sie vom Todesfall Kenntnis haben. Sie nehmen bei grösserem Guthaben eine Sperre des Heftes vor und zahlen erst nach Vorweisung der Erbendokumente (↑Erbgangsbescheinigung) an die Erben oder ihre Vertreter aus. Aus diesem Vorgehen kann ihnen auch bei ↑Fälligkeit der Forderung kein Nachteil erwachsen.

Hinterlegen
Umgangssprachliche Bezeichnung für deponieren. Wird manchmal fälschlicherweise auch für Verpfänden verwendet.

Hinterlegungsvertrag
↑Depotgeschäft.

Historical rate rollover
Im Devisenhandel (↑Devisengeschäft) die Verlängerung eines ↑Termingeschäfts für eine neue ↑Periode zu dem für den ursprünglichen ↑Contrakt geltenden ↑Kurs. Es wird also davon abgesehen, das ursprüngliche Termingeschäft bei ↑Fälligkeit durch ein Comptant-Gegengeschäft zu liquidieren und dann ein neues Termingeschäft zu den aktuellen Kursen abzuschliessen; es kommt deswegen in diesem Zeitpunkt auch nicht zur Errechnung und Auszahlung des Gewinns an die erfolgreich operierende Partei. Der Gewinn besteht für diese Partei nun vorerst darin, dass der zu historischen Kursen verlängerte Kontrakt einen positiven ↑Marktwert aufweist.

Das Verfahren vereinfacht den Mechanismus der Verlängerung von Terminkontrakten, kann aber zur Verheimlichung von Gewinnen oder Verlusten vor den Revisionsorganen der verlustreich operierenden Partei missbraucht werden. Eine Bank, die dieses Verfahren praktiziert, riskiert daher, je nach den Umständen von geschädigten Dritten zur Rechenschaft gezogen zu werden. Die Frage, ob das Verfahren zivilrechtlich oder aufsichtsrechtlich zulässig ist, wird international kontrovers beurteilt.

Christian Thalmann

Historische Volatilität
Die ↑Volatilität von ↑Kursen oder ↑Renditen eines ↑Finanzinstrumentes, die auf der Basis historischer Kurse berechnet wird.

Historische Wertpapiere
So genannte ↑Nonvaleurs, die als Dokumente der Wirtschafts- und Zeitgeschichte, wegen der künstlerischen Ausgestaltung oder der Unterschriften von Wirtschaftspionieren oder grosser Erfinder, gesammelt werden und deren Liebhaberwert bei ausgesuchten Stücken nicht selten ein Mehrfaches des Nominal- oder einstigen ↑Kurswertes erreicht.

Hiving off
↑Demerger.

HNWI
↑High net worth individuals (HNWI).

Höchstzins
Grenze, die bei der Festsetzung vertraglich vereinbarter ↑Zinsen für Kredite nicht überschritten werden darf (↑Höchstzinsvorschriften). Der Höchstzins ist vom ↑Maximalzinsfuss zu unterscheiden. Der Höchstzins bildet auch nicht ohne weiteres die Grenze zum ↑Wucher. Im Konsumkreditrecht bezeichnet der Höchstzins die in Jahresprozenten ausgedrückte, maximale Gesamtentschädigung für alle Kosten, die dem ↑Kreditnehmer für die Gewährung eines Kredites belastet werden. Darunter fallen die Zinsen für das zur Verfügung gestellte Kapital, die Kosten und Barauslagen für die Kreditprüfung, die Kreditabwicklung und die Kreditrückzahlung. Allfällige, dem gewährten Kredit zuzurechnende Belastungen im Zusammenhang mit der Eröffnung, Führung und Saldierung eines ↑Kontos sowie die ↑Prämien aus einer ↑Kreditversicherung, welche die Rückzahlung der ausstehenden Restschuld für den Risikofall sicherstellt, und Kosten für Sicherheiten sind in den Höchstzinssatz dann mit einzubeziehen, wenn der Konsument beim Eingehen solcher Abmachungen nicht über eine angemessene Wahlfreiheit verfügt. Kosten, die aus der Nichterfüllung des Vertrages entstehen, z. B. für Mahnungen, Betreibungen sowie beispielsweise bei Fahrzeugfinanzierungen von der ↑Kreditgeberin vorgeschriebene Kaskoversicherungen sind nicht in den Höchstzinssatz einzurechnen. Der Höchstzinssatz ist als effektiver Jahreszins nach der im Anhang zum ↑Konsumkreditgesetz aufgeführten mathematischen Formel zu deklarieren und zu berechnen.

Höchstzinsvorschriften
Nach ZGB 795 II kann die kantonale Gesetzgebung Vorschriften über den Höchstbetrag des Zinsfusses für grundpfandgesicherte Forderungen aufstellen. Solche Vorschriften bestehen nur noch in wenigen Kantonen (z. B. AR, AI, NE, NW und TI). Nach OR 73 II steht den Kantonen überdies generell das Recht zu, Bestimmungen gegen Missbräuche im Zinswesen aufzustellen. Gestützt darauf haben Kantone schon vor einiger Zeit Höchstzinsvorschriften erlassen, die vor allem die *Konsumentinnen und Konsumenten* vor zu grossen finanziellen Belastungen schützen und verhindern sollten, dass ↑Kreditgeber ihre Stellung als stärkere Vertragspartei zulasten der schwächeren Partei ausnützen. Bereits die *Zürcher Darleihernovelle* von 1942 hatte festgelegt, dass für ↑Darlehen insgesamt nicht mehr als 18% pro Jahr, aufgeteilt in höchstens 12% für ↑Zinsen, ↑Provisionen, Kommissionen und Gebühren sowie 6% für Verwaltungskosten und nachgewiesene Barauslagen, verlangt werden durfte. Eine solche Höchstzinsvorschrift fand auch im *Interkantonalen Konkordat über Massnahmen zur Bekämpfung von Missbräuchen im Zinswesen* (↑Konsumkreditgesetz) vom 08.10.1957 Eingang. In den 90er-Jahren wurde der Höchstzinssatz für ↑Konsumkredite in den Kantonen ZH, BE, BS, BL, SG und SH auf 15% und im Kanton FR auf 13% festgelegt.

Das Bundesgesetz über den Konsumkredit vom 23.03.2001, das per 01.01.2003 sämtliche kantonalen Regelungen zum Konsumkredit ablöst, schreibt in Art. 14 ebenfalls einen Höchstzinssatz vor. Diesen hat der Bundesrat auf dem Verordnungsweg und unter Berücksichtigung der von der ↑Nationalbank ermittelten, für die ↑Refinanzierung des Konsumkreditgeschäftes massgeblichen ↑Zinssätze festzulegen. Das Konsumkreditgesetz bestimmt, dass der Höchstzinssatz «in der Regel» 15% p. a. nicht überschreiten soll. Damit räumt das Gesetz ein, dass diese Grenze allenfalls auch überschritten werden kann, womit sich die Bestimmung an einem Entscheid des Bundesgerichtes vom 19.03.1993 (BGE 119 I a 59ff.) orientiert, der die vom Kanton Zürich erlassene Höchstzinsvorschrift von 15% zu beurteilen hatte. Das Bundesgericht weist dort auf die verfassungsrechtliche Problematik einer Höchstzinsvorschrift hin, sofern diese aufgrund des Anstiegs des allgemeinen ↑Zinsniveaus, der eine erhebliche Erhöhung der Refinanzierungskosten bewirkt, ein Gewinn bringendes Konsumkreditgeschäft verunmöglichen würde.

Lydia Saxer Waser

Hochzinsanleihe
↑High yield bond.

Hochzinspolitik
↑Zinspolitik.

Höhere Gewalt
Von den Parteien eines Geschäfts nicht beeinflussbare oder nicht verschuldete Ereignisse wie natürliche oder durch Menschen verursachte Katastrophen, bewaffnete Konflikte, terroristische Anschläge, Aufruhr, Arbeitsniederlegungen, Embargos, Regierungsbeschlüsse u.a.m. ↑Force-majeure-Klausel; ↑Emissionsgeschäft.

Holdinggesellschaft
Holdinggesellschaften sind Gesellschaften, deren Zweck hauptsächlich in der Beteiligung an anderen rechtlich selbstständigen Unternehmungen beruht (OR 671 IV.).
Die Holdinggesellschaft dient verschiedenen Zwecken:
1. *Als Instrument der Konzernbildung:* In diesem Fall hat die Holdinggesellschaft die Aufgabe einer ↑Mutter- oder Obergesellschaft, welche die anderen Gesellschaften – in der Schweiz hauptsächlich Aktiengesellschaften, in Deutschland vor allem Gesellschaften mit beschränkter Haftung – als Alleinaktionärin oder durch Stimmenmehrheit zu einer wirtschaftlichen Einheit zusammenfasst (↑Konzern). Beschränkt die Muttergesellschaft ihre Tätigkeit ausschliesslich auf die dauernde Verwaltung von Beteiligungen, liegt eine *reine Holdinggesellschaft* vor. Übt die Muttergesellschaft auch noch eine eigene industrielle Dienstleistungstätigkeit aus, spricht man von einer *gemischten Holdinggesellschaft*. Die reine Holdinggesellschaft ist heute zur Regel geworden, nachdem in den letzten Jahren zahlreiche gemischte Holdinggesellschaften durch Ausgliederung der industriellen Tätigkeit in eine reine Holdinggesellschaft umgewandelt worden sind.
2. *Als ↑Investmentgesellschaft.* Die Holdinggesellschaft hält ihre Beteiligungen ausschliesslich zum Zweck der ↑Kapitalanlage, d.h. ohne Absicht, bei den Gesellschaften unternehmerisch tätig zu werden. Die Beteiligungsquoten liegen deshalb häufig unter 20%. Es handelt sich häufig um gesellschaftsrechtlich organisierte Formen, d.h. um ↑Publikumsgesellschaften zur gemeinsamen Kapitalanlage. Damit erfüllen sie die gleiche Aufgabe wie ein ↑Anlagefonds.
3. *Als Familienholdinggesellschaft.* Zur besseren Wahrung der persönlichen Interessen an einer oder mehreren ↑privaten Aktiengesellschaften können diese auf eine Familienholding (Personal holding company) übertragen werden. Geschäftlich nichtaktive Familienaktionäre sind nur auf der Stufe der Holding und nicht mehr an den Betriebsgesellschaften beteiligt und üben deshalb keinen Einfluss mehr auf die operativen Entscheidungen aus, sodass Führung und Kapital getrennt sind. Bei der Gründung von Familienaktiengesellschaften sind die mit der *Transponierungstheorie* verbundenen steuerlichen Aspekte besonders zu berücksichtigen.

Zivilrechtlich unterstehen die Holdinggesellschaften den allgemeinen Bestimmungen des Aktienrechts, mit Ausnahme von zwei eher unbedeutenden Sonderbestimmungen (OR 61 betreffend die Reservebildungen und OR 708 betreffend Nationalität und Wohnsitz der Mitglieder des Verwaltungsrates).

Steuerrechtlich kommen die Holdinggesellschaften in den Genuss einer Vorzugsbehandlung *(Holdingprivileg).* Ist eine ↑Kapitalgesellschaft oder Genossenschaft zu mindestens 20% am Grund- oder ↑Stammkapital anderer Gesellschaften beteiligt oder macht ihre Beteiligung an solchem Kapital einen ↑Verkehrswert von mindestens CHF 12 Mio. aus, so ermässigt sich die Gewinnsteuer im Verhältnis des ↑Nettoertrags aus diesen Beteiligungen zum gesamten ↑Reingewinn (DBG 69). Die Kantone können die Ermässigung auf Kapitalgewinn, auf Beteiligungen und die Erlöse aus dazugehörigen ↑Bezugsrechten ausdehnen (StHG 28).

Holdinggesellschaften, welche in der Schweiz keine Geschäftstätigkeit ausüben, entrichten auf dem Reingewinn keine Steuern, sofern es sich um Familienholdinggesellschaften handelt. Die Obergesellschaften schweizerischer ↑Bankkonzerne sind sowohl als gemischte Holding (z.B. UBS, verschiedene ↑Kantonalbanken) wie als reine Holdinggesellschaften konstituiert (CS Group, Valiant). *Max Boemle*

Holländisches Verfahren
↑Dutch auction.

Holschuld
↑Bringschuld.

Homebanking
↑Electronic banking.

Home country control
Prinzip, wonach alle international tätigen Banken durch eine im Herkunftsland ansässige Behörde beaufsichtigt werden, welche in der Lage ist, die Kontrolle und Überwachung auf konsolidierter Basis vorzunehmen.

Der in diesem Bereich weltweit als standardsetzend anerkannte ↑Basler Ausschuss für Bankenaufsicht beschäftigt sich seit Jahrzehnten mit den damit zusammenhängenden Fragen. Er hat in mehreren Etappen Grundsätze für eine wirksame Beaufsichtigung international tätiger Banken formuliert, worunter das so genannte ↑«Basler Konkordat», die «ICBS-Empfehlungen» (Stockholmer Empfehlungen) vom Juni 1996 (International Conference of Banking Supervisors, ↑Basler Ausschuss für Bankenaufsicht) und insbesondere die «Grundprinzipien einer wirksamen Bankenauf-

sicht» vom September 1997 speziell zu erwähnen sind.
Von zentraler Bedeutung für den Basler Ausschuss ist im Hinblick auf eine wirksame und umfassende Beaufsichtigung das allen nationalen Aufsichtsbehörden im Rahmen des hier abgehandelten Prinzips vorbehaltene Recht auf das Einholen von Information (↑Grenzüberschreitende Datenflüsse im Bankverkehr) bei ↑Auslandniederlassungen (Zweigstellen und Tochtergesellschaften von Banken und ↑Bankkonzernen). Die ICBS-Empfehlungen enthielten die folgenden wesentlichen Punkte:
– Unter der Voraussetzung, dass die Identität der Kunden angemessen geschützt ist, sollten Herkunftsbehörden die Möglichkeit haben, nach ihrem Ermessen und nach Konsultation der Gastlandbehörde der betreffenden Länder Prüfungen vor Ort durchzuführen, um eine wirksame und umfassende konsolidierte Aufsicht vornehmen zu können
– Der Bericht unterscheidet nicht zwischen Zweigniederlassungen und Tochtergesellschaften, sondern behandelt beide gleich, indem er sie als «Auslandniederlassung» bezeichnet und die Durchführung von ↑Vor-Ort-Kontrollen allgemein befürwortet
– Im Rahmen der konsolidierten Aufsicht sollen die Herkunftslandbehörden auch das Recht haben, mit Zustimmung der Gastlandbehörden und im Einklang mit den gesetzlichen Bestimmungen des Gastlandes Zugang zu Namen einzelner Einleger oder ↑Investoren und zu Informationen über die betreffenden Einlagen bzw. ↑Anlagekonten zu erhalten. Ohne Einschränkung sollen Herkunftslandaufsichtsbehörden Zugang zu Informationen über Schuldner haben
– Gastlandbehörden, in deren Ländern die Gesetzesregelungen Prüfungen vor Ort durch Aufsichtsbehörden anderer Länder nicht zulassen, sollen sich gezielt für eine Änderung einsetzen.
Nach eingehenden Beratungen zwischen der Eidgenössischen ↑Bankenkommission (EBK) und den Banken (in erster Linie den direkt betroffenen, insbesondere im Vermögensverwaltungsgeschäft für Privatkunden tätigen ↑Auslandsbanken in der Schweiz, in deren Bereich dem Persönlichkeitsschutz eine besondere Bedeutung zukommt) kam es 1998 zur entsprechenden Anpassung des BankG und des BEHG durch die eidgenössischen Räte. Mit der Einführung von zwei neuen Gesetzesartikeln (Art. 23^{septies} BankG, bzw. 38a BEHG) wurde die Rechtsgrundlage für Vor-Ort-Kontrollen durch ausländische Aufsichtsbehörden geschaffen.
In Anbetracht der Bedeutung des ↑Private bankings für den schweizerischen ↑Finanzplatz war das Vorgehen des Gesetzgebers durch Rücksichtnahme auf die Integrität der Privatsphäre der Kunden gekennzeichnet: Beabsichtigen ausländische Bank- oder Finanzaufsichtsbehörden bei direkten Prüfungen in der Schweiz die Einsichtnahme von Dokumenten, welche direkt oder indirekt mit dem Vermögensverwaltungs- oder Einlagegeschäft für einzelne Kunden zusammenhängen, so erhebt die EBK die Informationen selbst und übermittelt sie den entsprechenden Behörden. Dieses Verfahren richtet sich nach dem Verwaltungsverfahrensgesetz.
Claudio Generali

Hong Kong Stock Exchange
Links: www.hkex.com.hk

Honorieren
Bedeutet in der ↑Banksprache «bezahlen», «einlösen». Der Ausdruck wird hauptsächlich im ↑Checkverkehr und im Wechselverkehr gebraucht.

Horizontal spread
Optionsstrategie, bei welcher eine ↑Option gekauft wird und gleichzeitig mit einer Option gleichen Typs mit gleichem ↑Ausübungspreis, aber unterschiedlicher ↑Laufzeit kombiniert wird.

Hostile takeover
↑Feindliche Übernahme; ↑Übernahme, wirtschaftliche.

Hotelkredit, Schweizerische Gesellschaft für
↑Tourismusfinanzierung.

Hot issue
Bezeichnung für eine ↑Emission von ↑Aktien im Rahmen eines ↑Initial public offering (IPO), für die nach Aufnahme des Handels ein starker Kursanstieg erwartet wird.

Hot money
Unter Hot money (heissem Geld) versteht man ↑kurzfristige Anlagen, die rasch und empfindlich auf internationale Zinsdifferenzen und Wechselkurserwartungen reagieren. Hot money taucht meistens auf, wenn die Wirtschaftsbedingungen in einem Land als instabil oder die Wirtschaftspolitik als inkonsistent beurteilt werden. Hot money kann die Wirtschaftspolitik des betreffenden Landes erschweren. Dies ist vor allem dann der Fall, wenn das Land seine ↑Währung durch einen ↑festen Wechselkurs an eine andere Währung gebunden hat und die Überlebensfähigkeit dieser Wechselkursbindung von den Märkten in Zweifel gezogen wird. In dieser Situation kann der Abzug von Hot money dafür sorgen, dass das Land seine Währung abwerten oder freigeben muss. Hot money hat aber auch positive Seiten, da die Gefahr des Kapitalabflusses eine disziplinierende Wirkung auf die ↑Geld- und Fiskalpolitik des betreffenden Landes haben kann.
Andreas Fischer

Huckepack-Anleihe
In Deutschland übliche Bezeichnung für eine Anleihe (↑Anleihensobligation), die im Rahmen einer Reopening-Klausel auf eine bereits platzierte aufgestockt wird.

Hurdle rate
Bei einer ↑Investition geforderte Minimalrendite.

Hybride Derivate
Hybride Derivate sind Finanzprodukte, die aus zwei oder mehreren derivativen (von einem ↑Basiswert abgeleiteten) Finanzierungskomponenten zusammengesetzt werden, beispielsweise einem Call long (↑Call, ↑Long) kombiniert mit einem Put long (↑Put). Sie werden auch als ↑hybride Finanzierungsinstrumente ohne Kapitalschutz bezeichnet, da sie keinen Anspruch des ↑Investors auf einen Erwerb bzw. Erhalt eines Aktivums unabhängig von der Kursentwicklung des Basiswertes garantieren.

Hybride Finanzierungsinstrumente
Hybride Finanzierungsinstrumente (lat.: «hybrid» bedeutet Mischbildung, Zusammensetzung von Verschiedenem, von zweierlei Herkunft) bestehen aus Kombinationen von zwei oder mehreren Anlageprodukten aus dem ↑Geld-, ↑Kredit- oder ↑Kapitalmarkt. Sie sind dadurch gekennzeichnet, dass sie sowohl Fremdkapital- als auch Eigenkapitalelemente enthalten. Es sind Mischformen, welche die Rechte von ↑Gläubigern mit eigenkapitalbezogenen Optionsrechten kombinieren. Aufgrund der vielfältigen Kombinationsmöglichkeiten erhält jede Hybride seine eigenen Risikoeigenschaften. Die spezifischen Risiken der einzelnen Elemente können dabei entweder ganz oder teilweise eliminiert oder aber verstärkt werden.
Hybride Finanzierungsinstrumente ermöglichen es, an der Entwicklung eines oder mehrerer ↑Basiswerte teilzuhaben und gleichzeitig das Verlustpotenzial einzuschränken (Kapitalschutz). Je nach Hybride können der Kapitalschutzteil und der Partizipationsteil getrennt voneinander gehandelt werden. Im Kapitalschutz wird bestimmt, welcher Betrag (Anteil am Nominalwert des Hybriden und gegebenenfalls minimale ↑Rendite des Nominalwertes) dem Erwerber bei ↑Verfall, unabhängig von der Kursentwicklung, ausbezahlt wird. Der Partizipationsteil definiert die Art und den Umfang der Teilnahme des Erwerbers an der Entwicklung des Basiswertes und wird durch ein ↑Derivat oder die Kombination verschiedener Derivate gewährt. Seit Mitte der 70er-Jahre gibt es eine unüberschaubare Zahl an Innovationen von hybriden Finanzierungsinstrumenten. Die ↑Options- und ↑Wandelanleihen gehören zu den traditionellen Formen der hybriden Finanzierungsinstrumente.

Pietro Scialdone

Hybride Handelsinstrumente
Hybride Handelsinstrumente sind eine Weiterentwicklung von ↑Derivaten. Sie sind oft eine Mischform von ↑Eigen- und ↑Fremdkapital, oft konstruierte Rechtsverhältnisse, die teils einem Derivat entsprechen, gleichzeitig aber die Gewinn- und Verlustmöglichkeiten begrenzen. Sie können auf sehr spezifische Bedürfnisse zugeschnitten werden. ↑Hybride Derivate; ↑Hybride Finanzierungsinstrumente.

Hybride Produkte
↑Hybride Derivate, ↑Hybride Finanzierungsinstrumente.

Hybrides Handelssystem
↑Handelssysteme.

Hybridkarten
Eine Karte mit zwei unterschiedlichen Kartentechnologien. Typisches Beispiel ist eine Karte mit Magnetstreifen und ↑Chip.

Hyperinflation
Nach einer weit verbreiteten (technischen) Definition, die auf Cagan (1956) zurückgeht, liegt Hyperinflation bei einer monatlichen ↑Inflationsrate von 50% oder mehr vor. Zu Hyperinflationen kam es nach dem Ersten Weltkrieg in Deutschland, Österreich, Ungarn, Polen und Russland; nach dem Zweiten Weltkrieg in Griechenland, Ungarn, China und Taiwan und in den 80er-Jahren in Bolivien, Peru, Argentinien, Brasilien, Nicaragua und Polen.
Lit.: Cagan, Ph.: The Monetary Dynamics of Hyperinflation, in: Milton Friedman (ed.), Studies in the Quantity Theory of Money, Chicago 1956.

Hypothek
↑Grundpfandkredit; ↑Grundpfandrecht; ↑Hypothekargeschäft.

Hypothekarbank
Hypothekarbanken (auch Hypothekenbanken genannt) sind Banken, die vorwiegend das ↑Hypothekargeschäft betreiben. Die offizielle Gruppierung der Banken durch die Schweizerische ↑Nationalbank (↑Bankenstatistik der Schweiz) kennt den Begriff der Hypothekarbank nicht. Firmenbezeichnungen wie Hypothekenbank, ↑Bodenkreditbank, Hypothekarkasse bedeuten keinesfalls mehr die Beschränkung der Tätigkeit solcher Banken auf das Hypothekargeschäft. Auch sie sind seit längerer Zeit ↑Universalbanken, allerdings mit einem mehr oder weniger deutlichen Schwergewicht im Hypothekargeschäft. Bei ↑Raiffeisenbanken, ↑Regionalbanken und ↑Sparkassen sowie bei ↑Kantonalbanken nehmen die Hypothekaranlagen nach wie vor eine bedeutende Stellung unter den Aktiven ein.

Sita Mazumder, Christine Hirszowicz

Hypothekar-Bürgschaftsgenossenschaften
↑Bürgschaftsgenossenschaften.

Hypothekardarlehen
↑Hypothekargeschäft.

Hypothekarfonds
↑Anlagefonds, der sein Vermögen in Hypotheken investiert. Entstanden in den USA aus dem Bedürfnis der Banken, ein bilanzwirksames Geschäft an einen Dritten abzutreten, um damit die eigene Bilanz zu entlasten und Eigenmittel für neue Geschäfte freizusetzen. In der EU besteht keine einheitliche Regelung. Soweit in europäischen Staaten legiferiert (legiferieren = ein bestimmtes Rechtsgebiet durch Gesetz oder Verordnung regeln) wurde, handelt es sich um nationale Spezialgesetze, i.d.R. ausserhalb der Fondsgesetzgebung.
In der Schweiz wurden bei der Revision des Anlagefondsgesetzes vom 18.03.1994 aus volkswirtschaftlichen Gründen (Glättung des damals hohen Hypothekarzinses, Wohnbauförderung) die gesetzlichen Rahmenbedingungen zur Errichtung von Hypothekarfonds geschaffen. Anhand einer Einzelbestimmung (AFG 25) wurde das wichtigste Hindernis der Anlagefondsgesetzgebung für eine Verbriefung von Hypotheken, das Open-end-Prinzip, behoben. Danach kann das Recht auf Kündigung von Anteilen eines Hypothekarfonds durch das ↑Fondsreglement ausgeschlossen werden. In dieser Ausgestaltung ist er ein ↑«Closed end fund» und daher systemwidrig, unabhängig von AFG 25 II, der als Ersatz des Kündigungsrechts einen ↑Sekundärmarkt verlangt. Gemäss AFG 72 kann der Bundesrat Vorschriften über die Ausgestaltung der Hypothekarfonds erlassen. Da er bisher von dieser Ermächtigung keinen Gebrauch gemacht hat, ist der Hypothekarfonds in der Schweiz toter Buchstabe geblieben. *Felix Stotz*

Hypothekargeschäft
Das Hypothekargeschäft umfasst alle hypothekarisch gesicherten Ausleihungen. In der Bankterminologie versteht man darunter nicht allein das ↑Grundpfandrecht im juristischen Sinn, sondern das ganze, Forderung, ↑Pfandrecht und allenfalls Pfandtitel umfassende Verhältnis. Dieses Instrument ermöglicht, den Grundstückswert durch Kreditaufnahme zu mobilisieren. Mit der ↑Pfandbestellung erhält der ↑Gläubiger das Recht, sich bei Verzug des Schuldners aus dem Erlös des Grundstückes zu befriedigen.
Bei der Kreditgewährung wird nebst ↑Kreditfähigkeit und ↑Kreditwürdigkeit des Schuldners auch die nachhaltige Werthaltigkeit des Pfandobjekts beurteilt.
Das Hypothekargeschäft ist das mit Abstand wichtigste Kreditgeschäft der Schweizer Banken. Mehr als zwei Drittel aller ↑Ausleihungen an Kunden betreffen Grundpfandgeschäfte.
Rechtlich sowie sicherungsmässig sind drei verschiedene Abwicklungsvarianten zu unterscheiden: direktes Hypothekargeschäft, indirektes Hypothekargeschäft und ↑Sicherungsübereignung. Beim direkten Hypothekargeschäft besitzt der Kreditgeber als Sicherheit ein Pfandrecht am Grundstück zu ↑Eigentum. Im indirekten Grundpfandverhältnis verfügt er jedoch über ein Faustpfandrecht (↑Faustpfand) an einem Grundpfandtitel. Die dritte und mittlerweile schweizweit etablierte Variante ist die Sicherungsübereignung. Dabei handelt es sich um eine erweiterte Sicherstellung, bei welcher der Bank ein ↑Grundpfandtitel für alle Forderungen aus abzuschliessenden Verträgen sicherungshalber übereignet wird.

1. Erste Hypotheken, Nachgangshypotheken, Monosatz
Als ↑erste Hypothek wird eine Ausleihung bis zu einer bestimmten Belehnungshöhe bezeichnet. Bei Eigenheimen wird diese Grenze usanzgemäss bei rund zwei Dritteln des aktuellen ↑Verkehrswertes festgelegt. Je höher das ↑Risiko des Pfandobjekts, desto tiefer ist dieser Wert angesetzt. Als ↑zweite Hypothek oder Nachgangshypothek gilt ein Pfandrecht, das über diese Grenze hinausgeht und damit einen tieferen Sicherheitsgrad aufweist. Dementsprechend wird ein höherer ↑Zinssatz vereinbart oder es werden allenfalls Zusatzsicherheiten verlangt. Zunehmend erfolgt keine Unterscheidung mehr zwischen ersten und zweiten Hypotheken. Die Banken offerieren die ganze Finanzierung zu einem Einheitssatz, auch Monosatz genannt. Aufgrund von Kundenbonität und Objektqualität wird ein individueller Zinssatz offeriert, welcher das potenzielle ↑Ausfallrisiko berücksichtigt.

2. Träger des Hypothekargeschäfts
Hauptanbieter von Hypotheken sind weiterhin die Banken mit einem Ausleihvolumen von rund CHF 510 Mia. (Stand 2000), gefolgt von den Versicherungsgesellschaften, den Pensionskassen, der öffentlichen Hand sowie Privaten und Gesellschaften. Nicht bekannt ist die Höhe der privaten ↑Darlehen, über die es keine statistischen Angaben gibt.
Praktisch alle Bankengruppen partizipieren in der Schweiz am Hypothekargeschäft (↑Hypothekarbank), allerdings mit unterschiedlichem Engagement.

3. Rechtsgrundlagen
Das Grundpfandrecht ist in ZGB 793 ff., jedoch nicht abschliessend, geregelt. Zahlreiche Gesetzesstellen beauftragen oder ermächtigen die Kantone, eigene ergänzende Bestimmungen zu erlassen. Die Errichtung von Hypotheken erfolgt daher

nicht nach einheitlichem Schema, sondern es besteht ein fast verwirrender Variantenreichtum. Das Grundpfandrecht kann als ↑Grundpfandverschreibung, ↑Schuldbrief oder ↑Gült bestellt werden. Heute nimmt der Schuldbrief in der Schweiz eine vorherrschende Stellung ein. Neue Gülten werden nicht errichtet. Trotz der engen Typengebundenheiten sind auch Spezialformen entstanden. So kennt man in verschiedenen westschweizerischen Kantonen und im Tessin die so genannte Inhabergrundpfandverschreibung, bei welcher es sich rechtlich um eine Obligation mit Grundpfandverschreibung handelt.

Der Vertrag zur Errichtung eines Grundpfandrechts ist öffentlich zu beurkunden. Nicht beide Parteien unterliegen in gleicher Weise dem Formzwang. In den meisten Kantonen muss der Gläubiger nicht persönlich zum Vertragsabschluss erscheinen; seine Anwesenheit kann durch eine schriftliche Erklärung ersetzt werden. Zwingend ist die Einhaltung der Beurkundungsform für den Pfandeigentümer, denn die Verpflichtungen aus dem ↑Pfandvertrag liegen vor allem auf seiner Seite.

Schuldner und Pfandeigentümer müssen nicht identisch sein, d. h. ein Grundeigentümer kann seine Liegenschaft auch für die Schuld eines Dritten hypothekarisch belasten. Bei der Übernahme von bestehenden Hypotheken ist das der Grundpfandart entsprechende Verfahren zu wählen. Zum Erwerb einer Schuldbriefforderung bedarf es der Übertragung des Pfandtitels. Lautet der Titel auf den Namen, so ist er mit einem ↑Indossament zu versehen (ZGB 869).

Beim direkten Hypothekargeschäft unterliegt das mit dem Grundpfandrecht belastete Grundstück selbst dem unmittelbaren Zugriff des Gläubigers, während beim indirekten Hypothekargeschäft die Faustpfandhinterlage in Form eines Pfandtitels die Sicherheit darstellt. Somit ist hier nicht das Grundstück, sondern ein ↑Wertpapier Gegenstand der Verwertung (↑Pfandverwertung). Dabei handelt es sich meistens um einen Eigentümertitel, bei dem Grundeigentümer, Schuldbriefgläubiger und formeller Titelschuldner identisch sind. Bisweilen verpfändet ein Grundpfandgläubiger den auf einen ↑Drittschuldner lautenden Schuldbrief, wobei sich die ↑Notifikation empfiehlt. Das Faustpfandrecht kann durch Betreibung auf ↑Pfandverwertung oder bei entsprechender Vereinbarung durch freihändige Verwertung oder Übernahme des Pfandtitels durch den Faustpfandgläubiger selbst realisiert werden.

4. Prüfung des Hypothekarschuldners
Trotz vorhandener ↑Realsicherheit kommt der Bonitätsprüfung des Hypothekarschuldners grosse Bedeutung zu. Bei Besitzern von Eigenheimen wird vor allem auf die nachhaltige Tragbarkeit von Zinsen, ↑Amortisationen und Nebenkosten der Liegenschaft abgestellt. Für Eigentümer von Renditeobjekten spielt auch die Erfahrung im Umgang mit der Vermarktung und Vermietung solcher Gebäude eine Rolle. Handelt es sich um kommerzielle Liegenschaften, deren Wert sehr stark vom Geschäftserfolg abhängig ist, muss eine umfassende kommerzielle Prüfung der Finanzierung wie bei einem ↑kommerziellen Kredit erfolgen. Das Gleiche gilt auch für die ↑Belehnung von landwirtschaftlichen Grundstücken (↑Landwirtschaftskredit).

5. Bewertung der Pfandobjekte
↑Bewertung von Grundstücken.

6. Grundstückbelehnung
Gemäss Bankenstatistik lagen im Jahr 2000 89,9% der Grundpfandforderungen innerhalb zwei Dritteln des Verkehrswertes der belasteten Liegenschaften, 7,8% innerhalb der Bandbreite 66%–80% und nur 2,3% darüber. Entscheidend für die Klassifizierung ist nicht die im ↑Grundbuch eingetragene Pfandstelle, sondern die Höhe des Pfandrechts (inkl. ↑Vorgang), gemessen an der Belehnungsbasis bzw. die tatsächliche Schuld. Ein Schuldbrief im 2. Rang gilt durchaus als erstrangige Hypothek, sofern er innerhalb von zwei Dritteln des aktuellen Verkehrswertes liegt.

Die Belehnungshöhe wird für jedes Objekt individuell festgelegt. Ausschlaggebend ist jedoch vor allem die Art der Liegenschaft. Bei Mehrfamilienhäusern, Einfamilienhäusern und Eigentumswohnungen werden in der Regel erste Hypotheken bis zwei Drittel des Verkehrswertes gewährt. Geschäftshäuser, teure Einfamilienhäuser, besondere Eigentumswohnungen sowie gewerbliche Objekte werden erstrangig nur zu 50%–60% belehnt. Noch tiefere Sätze gelten für Grossgewerbe und Industrie, wo das Risiko erheblich grösser ist. Nachgangshypotheken werden im Normalfall bis etwa 75%–80% des Belehnungswertes gewährt. In der ↑Wohnbaufinanzierung wird allerdings je nach Markt- und Konjunkturlage von vielen Instituten auch über diese Grenze hinausgegangen, wobei Zusatzsicherheiten wie ↑Versicherungspolicen, Verpfändung von Vorsorgegeldern bei Eigenheimen, in seltenen Fällen ↑Bürgschaften verlangt werden. Nachgangsbelehnungen sind in der Regel um 1/4% höher als erste Hypotheken zu verzinsen.

7. Hypothekarprodukte
Zur Finanzierung von ↑Immobilien wird eine Vielzahl von Hypothekenmodellen angeboten. Nebst der immer noch weit verbreiteten variablen Hypothek werden – je nach Zinskonstellation und Zinserwartung – in grossem Umfang Festhypotheken mit Laufzeiten von 2 bis üblicherweise 5, manchmal aber auch bis 10 Jahre nachgefragt. Relativ neu sind sog. LIBOR-Hypotheken (↑Libor) mit und ohne Absicherungsmöglichkeiten (↑Caps,

↑Floors). Mehrere Banken bieten schliesslich Sonderprodukte an, welche bestimmten Kundengruppen vorbehalten sind (z.B. Eigenheimförderung) oder spezifischen Aufgaben zugedacht werden (Renovationshypotheken, Umweltdarlehen).

8. Hypothekarzinsfuss
Massgebend für die Gestaltung des Hypothekarzinsfusses sind einerseits die ↑Refinanzierung, die ↑Risikokosten, die Betriebskostenzuschläge sowie die ↑Marge, welche von der ↑Bonität des jeweiligen Schuldners abhängt. Je nach Hypothekenprodukt kann die Refinanzierung, und demzufolge der Zinssatz, sehr unterschiedlich sein.
Dabei kommt dem Zinssatz für variable Hypotheken eine grosse volkswirtschaftliche Bedeutung zu. Gemäss geltendem eidgenössischem Mietrecht wirkt sich dieser Zinssatz aufgrund eines Überwälzungsmechanismus auf die Mietzinsen aus. Hier sind Bestrebungen im Gange, die Mietzinsgestaltung vom Hypothekarzins abzukoppeln. Zudem bildet dieser Satz die Basis für viele weitere privatrechtliche Verträge. Anpassungen dieses ↑«Leitzinses» werden daher in der Öffentlichkeit stark diskutiert und sind oft umstritten. Die meisten Banken sind daher dazu übergegangen, nur noch Richtsätze, die nach der ↑Marktzinsmethode ermittelt werden, zu publizieren und die tatsächlichen Ansätze individuell pro Kunde festzulegen. Konditionen von LIBOR- und Festhypotheken werden anhand der Kapitalmarktzinsen sowie der erwähnten Zuschläge festgelegt.

9. Laufzeit, Amortisationspflicht und Kündigung von Hypothekarkrediten
Sofern vertraglich nicht anders geregelt und hinsichtlich Bonität und Belehnung verantwortbar, kann eine Hypothek ohne Befristung gewährt werden. Bei Festhypotheken ist dagegen üblich, nach Ablauf der vertraglich vereinbarten Laufzeit im Sinne der ↑Novation ein neues Vertragsverhältnis zu begründen.
Eine generelle Abzahlung von ersten Hypotheken ist nur in einzelnen Kantonen und bei bestimmten Banken üblich. Sonst sind Amortisationen abhängig von der Höhe der Belehnung und von der Art des finanzierten Gebäudes. In der Regel sind Nachgangshypotheken innert 5–20 Jahren vollständig zurückzuzahlen. Normalerweise wird dabei die Hypothek direkt in viertel-, halb- oder jährlichen Tranchen zurückgeführt. Bei selbstbewohntem Eigentum ist die sog. indirekte Amortisation weit verbreitet. Dabei belässt man aus Vorsorge- und Steuergründen das Hypothekardarlehen unverändert und äufnet dafür besondere Vorsorgekonten bzw. -policen (↑Dritte Säule). Schuldbriefe können von Gläubiger und Schuldner – wenn nicht anders geregelt – je nur auf sechs Monate auf die üblichen Zinstage gekündigt werden. Das kantonale Recht kann einschränkende Bestimmungen über die Kündbarkeit der Schuldbriefe vorschreiben. Von dieser Kompetenz haben etliche Kantone Gebrauch gemacht, zum Teil in so restriktiver Weise, dass die Geschäftspraxis auf Ersatzlösungen ausweichen musste. *Charles Stettler*

Hypothekarkredit
↑Hypothekargeschäft.

Hypothekarobligation
↑Obligation mit Grundpfandverschreibung.

Hypothekarzins
↑Hypothekargeschäft.

Hypothekenbank
↑Hypothekarbank.

Hypothekenklausel, negative
↑Negative Hypothekenklausel.

IADB
Abk. f. Inter-American Development Bank. ↑Entwicklungsbanken.

IAIS
Abk. f. International Association of Insurance Supervisors. ↑Bankengesetzgebung (Inhalt des Bankengesetzes).

IAS
Abk. f. ↑International Accounting Standards.

IBAN
Abk. f. ↑International bank account number.

IBEX Aktienindex der Madrider Börse
Der *IBEX 35* ist der ↑Aktienindex der Standardwerte, die im Verbundsystem der spanischen ↑Börsen gehandelt werden. Der Index enthält im Regelfall 35 ↑Aktien und wird nach der streubesitzadjustierten ↑Börsenkapitalisierung gewichtet. Der IBEX 35 ist ein Kursindex, d. h. Kursabschläge nach regulären Dividendenzahlungen werden nicht korrigiert. Der Startwert des IBEX 35 wurde mit 3000 Indexpunkten per 29.12.1989 festgelegt.

IBEX 35
↑Indexderivate; ↑IBEX Aktienindex der Madrider Börse.

IBF
Abk. f. International banking facilities (IBF). ↑Euromärkte.

IBRD
Abk. f. International Bank for Reconstruction and Development (IBRD). ↑Weltbank.

IBSS
Abk. f. ↑International Banking Summer School (IBSS).

IBWZ
Abk. f. ↑Internationale Bank für wirtschaftliche Zusammenarbeit (IBWZ).

ICBS-Empfehlungen
↑Home country control; ↑Grenzüberschreitende Datenflüsse im Bankverkehr.

ICC
Abk. f. International Chamber of Commerce (ICC). ↑Internationale Handelskammer.

ICEP
↑Nachrichtenlose Vermögenswerte.

ICSD
Abk. f. ↑International central securities depository.

IDA
Abk. f. ↑International Development Association (IDA).

IDB
Abk. f. Inter-American Development Bank. ↑Entwicklungsbanken.

IDR
Abk. f. ↑International depositary receipts.

If and when (issued)
↑As if and when issued.

IFC
Abk. f. International Finance Corporation. ↑Entwicklungsbanken; ↑Weltbank.

IFRS International Financial Reporting Standards
↑Sammelbegriff für das vom International accounting standards board (IASB) ↑International Accounting Standards (IAS) erlassene Regelwerk zur Rechnungslegung.

IFT
Abk. f. Interbank file transfer des ↑S.W.I.F.T.

IFZ Institut für Finanzdienstleistungen Zug
Das IFZ Institut für Finanzdienstleistungen Zug wurde 1997 an der Fachhochschule Zentralschweiz gegründet. Es bietet verschiedene Nachdiplomstudiengänge und grössere Weiterbildungskurse an, die sich speziell an Bank- und Finanzfachleute richten:
– Nachdiplomstudium Bankmanagement
– Nachdiplomstudium Private Banking
– Nachdiplomkurs Compliance Management
– Nachdiplomstudium Corporate Finance
– Nachdiplomstudium Controlling
– Vorbereitungskurse für den Chartered Financial Analyst CFA.

Daneben ist es in der angewandten Forschung und in der Beratung tätig und erfüllt für die Hochschule für Wirtschaft HSW Luzern den erweiterten Leistungsauftrag im Finanzbereich.

Christoph Lengwiler

Links: www.ifz.ch

IGLU
Abk. f. Index growth linked unit. ↑Strukturierte Produkte.

IIB
Abk. f. ↑Institute of International Bankers (IIB).

IIC
Abk. f. ↑Inter-American Investment Corporation (IIC).

IIN
Abk. f. ↑Issuer identification number.

IKO
Abk. f. ↑Informationsstelle für Konsumkredite.

Illiquidität
Unter Illiquidität versteht man einen Mangel an ↑Zahlungsmitteln (flüssigen Mitteln), sodass die eingegangenen Geldverpflichtungen nicht mehr fristgerecht erfüllt werden können. Nicht zu verwechseln mit der Illiquidität ist die Überschuldung (↑Insolvenz), die sich daraus ergibt, dass die Aktiven der Unternehmung als Folge von Verlusten aus der laufenden Geschäftstätigkeit oder ausserordentlichen Werteinbussen nicht mehr ausreichen, um die Schulden zu decken. Bei ↑Überschuldung besteht keine Möglichkeit mehr, aus eigener Kraft die Verpflichtungen in vollem Umfang zu erfüllen. Die Illiquidität kann auf einen hohen operativen ↑Cashdrain oder eine falsche Finanzierung zurückgehen, indem Anlagevermögen mit kurzfristigen Fremdgeldern statt mit ↑Eigenkapital oder langfristigem ↑Fremdkapital finanziert worden ist. Sie kann aber auch dadurch entstehen, dass wegen Absatzschwierigkeiten erhöhte Vorratsbestände zusätzliche Mittel binden oder die Schuldner der Unternehmung ihrerseits illiquid geworden sind und ihre Verpflichtungen nicht fristgerecht erfüllen.

Auch für ↑Banken besteht die Gefahr der Illiquidität. Die Besonderheiten des Bankgeschäfts können die Behebung der Illiquidität sowohl erleichtern wie erschweren. Einerseits ist der grösste Teil der Bankaktiven verhältnismässig gut und rasch realisierbar, was die Überbrückung kurzfristiger Liquiditätsengpässe erleichtert. Erschwerend wirkt sich andererseits aus, dass die Banken vor allem mit fremdem Geld arbeiten und deshalb auf das Vertrauen der Geldgeber angewiesen sind. Andauernde, aufgrund bestimmter Vorkommnisse oder auch nur durch Gerüchte ausgelöste übermässige Abhebungen oder Probleme bei der Erneuerung kurzfristiger Passiven können bei einer Bank zu Illiquidität führen. Kann ein Liquiditätsmangel nicht mehr behoben werden, weil leicht realisierbare oder verpfändbare Aktiven fehlen, ist dies als ein Anzeichen für eine drohende Insolvenz zu werten. Die Illiquidität einer Bank ist wegen der besonderen Bedeutung für die Liquiditätsversorgung der gesamten Wirtschaft erheblich schwerwiegender als in einer Industrie-, Handels- oder anderen Dienstleistungsunternehmung. Banken können deshalb dem Bundesrat einen Fälligkeitsaufschub beantragen, wenn sie mit einem ↑Revisionsbericht nachweisen, dass die Forderungen der ↑Gläubiger voll gedeckt sind und der ↑Zinsendienst aufrecht erhalten werden kann (BankG 25). Sie können aber auch ↑Bankenstundung gemäss BankG 29 auf maximal 2 Jahre beim zuständigen Gericht verlangen (↑Bankensanierung).

Max Boemle

Im Aufwind
In der ↑Börsensprache Ausdruck für eine Tendenz, die über eine längere Zeit nach oben gerichtet ist. Die Bezeichnung «im Aufwind» kann bezogen werden auf einen ganzen Markt, auf ↑Kurse einzelner ↑Aktien oder von ↑Währungen. Unterbrechungen des Aufwärtstrends oder geringe Rückschläge sind nur technische Korrekturen, die schnell wieder ausgeglichen werden.

IMF
Abk. f. International Monetary Fund. ↑Internationaler Währungsfonds (IWF).

Im Geld
↑In the money option.

Im-Geld-Option
Als eine Im-Geld-Option wird eine ↑Option bezeichnet, die bei sofortiger Ausübung (↑Optionsausübung) zu einer positiven Auszahlung führen würde.

Im Markt sein
Auch «im Markt bleiben». In der ↑Bank- und ↑Börsensprache Verhaltensweise von Finanzmarktteilnehmern, welche sich während einer gewissen Zeit nur mit kleinen ↑Volumen am Markt beteiligen, um die Bewegungen und Tendenzen zu beobachten. Damit behalten sie die Markterfahrung, erlangen ↑Markttransparenz und können Rückschlüsse ziehen, welche nicht möglich wären, wenn sie nur sporadisch bei tatsächlichen Handlungssituationen im Markt wären.

Immaterielle Werte
Immaterielle Werte sind Werte ohne physische Existenz. Sie werden erworben *(derivative immaterielle Werte)* oder selbst erarbeitet *(originäre Werte)*. In der Rechnungslegung werden sie unter der ↑Bilanzposition Immaterielles Anlagevermögen ausgewiesen. Sie umfassen insbesondere Lizenzen, Patente, Marken, Konzessionen, Urheberrechte, Muster, Modelle, Konkurrenzklauseln, EDV-Software und aktivierungsfähige Forschungs- und Entwicklungskosten. Bei einer Akquisition werden die nicht identifizierbaren immateriellen Werte als ↑Goodwill bezeichnet. Unter gewissen Voraussetzungen (↑Swiss GAAP FER 9/4) können nicht nur derivative, sondern auch originäre immaterielle Werte höchstens zu Anschaffungs- oder Herstellungskosten aktiviert werden. Sie sind periodisch auf ihre Werthaltigkeit zu prüfen (Swiss GAAP FER 20).
Nach RRV-EBK III. haben Banken immaterielle Werte unter Sachanlagen zu verbuchen, im Anlagespiegel (↑Anlagespiegel im Jahresabschluss der Kreditinstitute) aber gesondert auszuweisen.

Immediate or cancel (IOC)
Ausführungsbeschränkung bei kombinierten oder limitierten Aufträgen (↑Limitierung von Aufträgen). Eine IOC-Order ist sofort oder soweit als möglich auszuführen. Der nicht ausgeführte Teil wird gelöscht. Gegenteil: ↑Fill or kill.

Immobiliarkredit
↑Hypothekargeschäft; ↑Gedeckter Kredit; ↑Realkredit.

Immobilien
Unter den wirtschaftlichen Begriff der Immobilien werden unbebaute Grundstücke, überbaute Grundstücke, d. h. Liegenschaften einschliesslich Zugehör (↑Zugehörverpfändung), Bauten auf fremdem Boden, Bauten in Ausführung und grundstücksähnliche Rechte zusammengefasst.

Immobilienaktiengesellschaft
↑Immobiliengesellschaft.

Immobilien als Kapitalanlage
Immobilien spielen im Rahmen der ↑Kapitalanlage von privaten und insbesondere von institutionellen ↑Investoren in der Schweiz traditionell eine wichtige Rolle. Sie haben sich über Jahrzehnte hinweg – mit Ausnahme jener Objekte, welche in der Immobilienspekulationskrise der 80er-Jahre erworben wurden – als Schutz gegen die ↑Geldentwertung und als stabile Anlagen, insbesondere bei schlechter Verfassung der ↑Finanzmärkte, erwiesen. Als positives Merkmal kann im Weiteren die tiefe ↑Korrelation mit anderen Anlagekategorien und die dadurch ermöglichte ↑Diversifikation und Ertragsstabilisierung eines Anlageportfolios genannt werden. Im langfristigen Vergleich werfen sie einen Ertrag ab, welcher zwar unter jenem von ↑Aktien, aber deutlich über der Obligationenrendite liegt. Immobilien sind nach der schweizerischen Rechtsordnung bebaute und unbebaute Grundstücke und Rechte (z. B. das ↑Baurecht). Eine Kapitalanlage in Immobilien liegt vor, wenn die Investition zum Zweck des Vermögensertrags durch Mieteinnahmen und Wertsteigerungen erfolgt. Anlageimmobilien unterscheiden sich somit klar von selbst genutzten Liegenschaften.

1. Arten von Immobilienanlagen
Aus der Sicht der Kapitalanlage sind folgende Unterscheidungen der Immobilien üblich:
– Bauland und Abbruchobjekte
– Wohnbauten
– Geschäftshäuser ohne oder mit Wohnanteil
– Gewerblich genutzte Liegenschaften.
Eine Kapitalanlage in Immobilien kann sowohl direkt – der Investor wird als Eigentümer im ↑Grundbuch eingetragen – oder indirekt über die Verbriefung der Immobilien (↑Securitization) in Form einer börsenkotierten Immobilien-Aktiengesellschaft, eines ↑Immobilienfonds oder einer auf die Zielgruppe der Vorsorgeeinrichtungen ausgerichteten ↑Anlagestiftung erfolgen.
Der Vorteil der direkten Anlage ist die uneingeschränkte Entscheidungsfreiheit. Als Nachteil der direkten Anlage ist der mit dem Erwerb, der Verwaltung und optimalen Bewirtschaftung einer Liegenschaft verbundene Aufwand zu erwähnen, welcher auch bei Beanspruchung professioneller Dienstleistungen anfällt. Zudem ist eine breite Risikoverteilung nach Regionen, Immobilientypen und Nutzungsarten der Liegenschaftsanlagen erst mit einem erheblichen Investitionsvolumen möglich. Im Immobilienbereich dominierte in der Vergangenheit bei den institutionellen Investoren die *↑Buy-and-hold-Strategie*. Erst in jüngster Zeit setzt sich als Folge der gesteigerten Ansprüche an die ↑Performance der investierten Vorsorgegelder ein professionelles ↑Asset management durch.

Im Gegensatz zum direkten Liegenschaftsbesitz weisen Aktien von Immobiliengesellschaften und Anteile von Immobilienfonds (↑ *Immobilienfondsanteile als Kapitalanlage*) den Vorteil einer hohen ↑ Liquidität auf, weil diese, sofern dafür ein *breiter Markt* vorhanden ist, jederzeit veräussert werden können.

Bei *Immobilienfonds* sorgt die ↑ Depotbank für einen börslichen oder ausserbörslichen Handel der Anteile. Zudem hat der Investor das Recht, Anteile dem Fonds unter Einhaltung einer Kündigungsfrist zum Inventarwert abzüglich Rücknahmekosten (z.B. ↑ Rücknahmekommission sowie Verkaufsaufwendungen) zurückzugeben. Das ↑ Kündigungsrecht verhindert in einer schwierigen Marktlage ein deutliches Absinken des Marktwertes der Immobilienfonds-Anteile unter den Rücknahmewert. Anders bei den *Aktien der ↑ Immobiliengesellschaften:* Ihr Börsenkurs hängt ausschliesslich von Angebot und Nachfrage ab, sodass der Börsenkurs deutlich unter den aus dem ↑ Verkehrswert des vom Liegenschaftsvermögen abgeleiteten ↑ Net asset value einer Aktie fallen kann.

Während Immobilienfonds – bis auf einige Ausnahmen – vorwiegend in Wohnbauten investieren, liegt das Schwergewicht der Portefeuilles von Immobiliengesellschaften auf Geschäftsliegenschaften. Im Gegensatz zu den Anlagefonds können Immobiliengesellschaften neben der Immobilienanlage auch Bau-, Generalunternehmer- und Projektentwicklungstätigkeiten ausüben und sich mit der Verwaltung von Drittliegenschaften befassen. Sie können auch den ↑ *Leverage-Effekt* stärker nutzen als die Immobilienfonds. Gegenüber den an strenge gesetzliche Rahmenbedingungen gebundenen ↑ Fondsleitungen hat das Management einer Immobiliengesellschaft einen grösseren Handlungsspielraum.

Verschiedene schweizerische Immobiliengesellschaften sind dadurch entstanden, dass Grossunternehmungen zur Bilanzoptimierung ihren Liegenschaftsbesitz ausgegliedert und als Sacheinlage in eine Gesellschaft eingebracht haben, welche in der Folge ein ↑ Initial public offering (IPO) durchführte. Der Sacheinleger mietet in der Regel die eingebrachten Objekte von der Gesellschaft, sodass bei dieser eine etwas einseitige Mieterstruktur entstehen kann.

2. Bewertung von Immobilien nach Kapitalanlagekriterien

Die herkömmliche Methode zur Bewertung von Anlageimmobilien beruht auf der Schätzung des ↑ *Ertragswertes.* Der aktuelle oder mögliche Mietertrag wird zu einem Satz kapitalisiert, welcher die Komponenten einer Liegenschaftsrechnung umfasst wie Hypothekarzinsen, Aufwendungen für Betrieb und Unterhalt, Rückstellungen für Reparaturen usw. Vereinfacht wird der Kapitalisierungssatz (↑ Kapitalisierungszinsfuss) festgelegt, indem auf dem aktuellen Zinssatz für ↑ erste Hypotheken je nach Marktlage und Risiko ein Pauschalzuschlag von 1% bis 2,5% vorgenommen wird. Vielfach wird der Wert von Anlageimmobilien aus einem gewichteten Mittel von Ertragswert und ↑ *Realwert* abgeleitet (z.B. Ertragswert 4-mal und Realwert 1-mal), wobei sich der Realwert aus dem Landwert und den Erstellungskosten abzüglich der Altersentwertung zusammensetzt.

Angesichts der Tatsache, dass der Erwerb einer Liegenschaft betriebswirtschaftlich einer Investition gleichzusetzen ist, wird seit einiger Zeit vor allem bei börsenkotierten Immobiliengesellschaften – in Anpassung an international etablierte Standards – die ↑ *Discounted-Cashflow-Methode* angewendet. Die zukünftigen Mieteinnahmen aus einem Prognosehorizont (z.B. 10 Jahre) und der theoretische Wiederverkaufswert werden auf den Bewertungsstichtag abdiskontiert. Der ↑ Diskontsatz wird aufgrund von Vergleichsrenditen anderer Investitionen festgesetzt (↑ Opportunitätskostenprinzip). Für die nachhaltige Performance von Anlageimmobilien ist die Standortqualität wie Lage, Verkehrsentwicklung, Eigenschaften der Umgebung, gesetzlichen Rahmenbedingungen und nicht zuletzt auch die «Vitalität der Region» von entscheidender Bedeutung. Für den Investor von Aktien der Immobiliengesellschaften ist es wichtig, dass die für die Berechnung relevanten Parameter offengelegt werden. Zur Beurteilung der Performanceentwicklung der Immobiliengesellschaften ist ferner eine aussagekräftige Rechnungslegung unerlässlich, wie sie beispielsweise von IAS 40 vorgeschrieben ist. *Max Boemle*

Immobilienbewertung
↑ Bewertung von Grundstücken.

Immobilienfinanzierung
↑ Hypothekargeschäft.

Immobilienfonds
Das Anlagefondsgesetz (↑ Bundesgesetz über Anlagefonds) sieht folgende Fondskategorien vor: ↑ Effektenfonds, ↑ übrige Fonds und Immobilienfonds. Letztere können in Grundstücke einschliesslich Zugehör investieren sowie Beteiligungen an und Forderungen gegen Immobiliengesellschaften erwerben (AFG 36 II). Immobilienfonds haben sich seit Jahrzehnten auf dem Schweizer Markt bewährt. Heute halten sie unter den indirekten Anlagen einen Marktanteil von rund 50%. Jüngeren Ursprungs sind Immobilien-Beteiligungsgesellschaften (↑ Investmentgesellschaft). Oft haben sich diese Gesellschaften aus einem anderen Industriezweig heraus entwickelt, mit dem sie nach wie vor verflochten sind – beispielsweise als Geschäftsbereich einer Warenhauskette oder eines Bau-Generalunternehmens. Andere betätigen sich gleichzeitig als Liegenschaftenverwalter

für Dritte, als Projektentwickler, ↑Makler oder Facility-Manager. Immobilienfonds hingegen beschränken sich auf ihre Kernkompetenz, den Kauf, die Bewirtschaftung und den Verkauf von Immobilien. Anders als einzelne Beteiligungsgesellschaften beschränken sie sich auch geografisch, nämlich auf ihren Heimmarkt Schweiz. Auf Auslandengagements, die nicht nur im Immobilienbereich, sondern auch in rechtlicher und steuerlicher Hinsicht spezielles Know-how erfordern, verzichten sie bewusst. Im Gegensatz zu Beteiligungsgesellschaften unterstehen Immobilienfonds dem Anlagefondsgesetz, welches sicherstellt, dass dem Anlegerschutz die erste Priorität zukommt. In letzter Instanz wacht somit die Eidgenössische ↑Bankenkommission (EBK) über das Geschäftsgebaren der Immobilienfonds. Überdies halten sie sich an den ↑Code of conduct ihrer Interessenvertreter, der ↑Swiss Funds Association SFA. Schliesslich verfügt jeder Immobilienfonds über eine ↑Depotbank, die eine Aufsichtsfunktion über die Geschäftsführung wahrnimmt.

Immobilienfonds dürfen von Gesetzes wegen höchstens 50% ↑Fremdkapital aufnehmen; bei den meisten Fonds liegt der effektive Verschuldungsgrad wesentlich tiefer. Bei Beteiligungsgesellschaften gibt es hier keine Obergrenze. So gibt es Gesellschaften mit einem Verschuldungsgrad von über 60%. Immobilienfonds müssen ihr Kapital auf mindestens zehn Objekte verteilen, während sich Beteiligungsgesellschaften auf so wenige Immobilien beschränken können, wie sie wollen. Bei den Immobilienfonds erfolgt die Bewertung der Objekte alljährlich durch mindestens zwei unabhängige, von der EBK genehmigte Schätzungsexperten. Die Beteiligungsgesellschaften dagegen bewerten ihre Objekte selber. Sie verwenden dabei, öfter als Fonds, die dynamische ↑Discounted-Cashflow-Methode.

Ein letzter wichtiger Unterschied zwischen Beteiligungsgesellschaften und Immobilienfonds sind die Gebührenstrukturen: Die Fonds begnügen sich mit relativ niedrigen fixen und transparenten Verwaltungsgebühren. Bei den Beteiligungsgesellschaften hingegen fallen flexible Aufwandsentschädigungen an, deren effektive Höhe im Voraus nicht bekannt ist. Seit Anfang 2001 dürfen Immobilienfonds fusionieren. Die Verschmelzung von Fonds führt zu Skaleneffekten, welche die Marktstellung der neuen, grösseren Fonds bei ↑Investitionen in Grossüberbauungen oder andere Grossprojekte verbessert. Vor allem aber erhöht sich mit der Grösse der Fonds die ↑Liquidität am Markt. Es besteht kein Zweifel daran, dass bestehende Immobilienfonds fusionieren werden.

Immobilienfonds fassen nicht nur mögliche Fondszusammenlegungen, sondern auch die Möglichkeit von Kapitalerhöhungen ins Auge. Generell wäre es auch überlegenswert, ob sich Immobilienfonds nicht öfters und flexibler den Anlegern öffnen sollten, um in einem effizienten Emissionsverfahren bei Bedarf Liquiditätserhöhungen durchzuführen.

1. Kundenorientierte Immobilienfonds
So wie bei den ↑Aktienfonds in den letzten Jahren ein Trend zu Sektor- und ↑Themenfonds eingesetzt hat, dürften in Zukunft auch vermehrt Immobiliensektorfonds lanciert werden. Neben den herkömmlichen «Sektorfonds» für Wohnbauten, bzw. kommerziell genutzte Liegenschaften, könnte man sich dabei Spezialfonds für zahlreiche weitere, klar differenzierte Sektoren und Themen vorstellen – etwa Fonds für spezielle Immobiliensegmente, wie Einkaufszentren, Hotels, Verwaltungsgebäude, Studentenwohnhäuser oder Alterssiedlungen, aber auch Fonds mit unterschiedlichem Risikoprofil oder unterschiedlicher ↑Anlagestrategie, wie ↑Buy-and-hold-Strategie oder Buy-and-develop-Strategie.

Eine solche kundenorientierte Produktepolitik mit klar definierten Produkten unter einer Marke würde es den Fondsgesellschaften erleichtern, sich und ihre Fonds von der Konkurrenz abzuheben und auf dem Markt zu positionieren. Dies ist nicht zuletzt deshalb unerlässlich, weil die immer besser informierten Kunden, wie bei den Wertschriftenfonds, mehr massgeschneiderte Produkte verlangen.

2. Traditionelle Stärken und Erfolg versprechende neue Strategien
Um die Zukunft erfolgreich mitgestalten zu können, müssen die Immobilienfonds flexibler werden und zukunftsorientierte Lösungen bringen. Wenn man beispielsweise bedenkt, dass immer mehr Unternehmen eigene Liegenschaften verkaufen oder ihre Betriebsstätten lieber mieten statt zu kaufen, um damit finanzielle Mittel für die eigentliche Geschäftstätigkeit freizusetzen und schneller auf neue Entwicklungen reagieren zu können, müssen die Immobilienfonds sich entsprechend neu positionieren. Generell gilt es, Marktentwicklungen zu ↑antizipieren und die Fonds-Portefeuilles entsprechend aktiv zu bewirtschaften. Gleichzeitig müssen Strategiewechsel aber auch dazu benutzt werden, die Kostenstruktur der Fonds weiter zu verbessern.

Die Immobilienfonds haben die Zeichen der Zeit erkannt. Mit neuen Ideen und neuen Produkten werden sie sich auch in Zukunft auf dem Schweizer Liegenschaftsmarkt behaupten können. Mehr noch: Sie werden in einem wachsenden Markt trotz zunehmender Konkurrenz ihre unbestrittenen Vorteile zu nutzen wissen – dies ganz im Sinne ihrer Anleger, die auch weiterhin von den traditionellen Stärken der Immobilienfonds profitieren können, von der soliden ↑Performance über das optimale Risiko/Rendite-Verhältnis bis zur langfristigen Werterhaltung ihrer Kapitalanlagen. ↑Immobilien als Kapitalanlage.

Stefan Bichsel

Immobilienfondsanteile als Kapitalanlage

Immobilienbesitz wird traditionell gleichgesetzt mit Wertbeständigkeit. Wer bereits mit geringen Investitionen Immobilien-Besitzer werden will, dem bieten sich die ↑Immobilienfonds an. Bei einer solchen Anlage fallen zahlreiche Probleme weg, die ansonsten im Zusammenhang mit dem direkten Immobilienbesitz auftreten: Auswahl, Kauf, Vermietung, Verwaltung und Instandhaltung der Liegenschaften, die Einhaltung von Bauvorschriften oder die Auseinandersetzung mit Ämtern, Handwerkern und Mietern.

Insbesondere in Zeiten schwacher ↑Börsen besinnen sich die Anleger gerne auf diese sicheren Werte, die sich durch interessante Risiko/Ertrags-Eigenschaften auszeichnen; mit einem Risiko näher am ↑Obligationenfonds und einem Ertrag näher beim ↑Aktienfonds. Die ↑Kurse der Immobilienfonds bewegen sich nicht im Gleichschritt mit ↑Obligationen und noch weniger mit ↑Aktien. Sie eignen sich daher besonders als Depotbeimischung zu einem Wertschriftenportefeuille. So wird etwa dafür plädiert, zehn Prozent eines diversifizierten Portefeuilles (↑Portfolio) in solchen Anteilen zu halten.

Langfristige Vergleiche mit Obligationenfonds zeigen für Immobilienfonds eine höhere Gesamtrendite bei tieferem ↑Risiko. Wie die Obligationenfonds sind allerdings auch die Immobilienfonds zinssensitiv: Wenn die ↑Zinsen steigen, sinken die Kurse – und umgekehrt. Der Grund liegt in der Anpassung der Mietzinsen; ein höheres ↑Zinsniveau bedeutet steigende Kapitalkosten für den ↑Fonds, während er die Mieten nicht oder nur verspätet anpassen kann. Umgekehrt profitiert der Fonds bei sinkenden Zinsen, wenn er die Mieten nicht parallel senkt. Daher sollte beim Kauf eines Immobilienfonds immer der Verschuldungsgrad überprüft werden, da eine hohe hypothekarische Belastung den Fonds stärker den Zinsschwankungen aussetzt.

Nebst den Zinsschwankungen ist auch die Preisentwicklung im Immobilienmarkt zu berücksichtigen. Schliesslich werden von den höheren Werten der Liegenschaften auch die Immobilienfonds profitieren – und zwar in Form eines höheren ↑Inventarwertes und damit auch eines höheren ↑Rücknahmepreises, was sich wiederum positiv auf den Börsenkurs auswirkt. Immobilienfonds investieren traditionellerweise vor allem in Wohnliegenschaften, die als besonders sichere und stabile Anlage gelten. Geschäftsliegenschaften haben den Nachteil, dass sie anfälliger auf Konjunkturschwankungen reagieren. Anderseits verfügen sie bei einer konjunkturellen Erholung über ein entsprechend grösseres Potenzial.

Ein weiteres Kriterium ist die Zusammensetzung der ausbezahlten ↑Rendite. Anleger sollten darauf achten, ob die ↑Ausschüttung aus tatsächlich erwirtschafteten Erträgen oder aus der Auflösung von Reserven, Kapitalgewinnen bzw. Liegenschaftsverkäufen stammt. Die in der Schweiz domizilierten Anleger können die von der Ausschüttung abgezogene ↑Verrechnungssteuer auf dem Wege des Verrechnungssteuerantrages zurückfordern bzw. mit ihrer Steuerschuld verrechnen lassen. Die nicht in der Schweiz domizilierten Anleger können in ihrem Domizilland die Steuererleichterungen wahrnehmen, die in einem gegebenenfalls abgeschlossenen ↑Doppelbesteuerungsabkommen vorgesehen sind.

Immobilienfonds stehen vor Veränderungen. «Weniger Fonds – grössere Fonds» lautet heute die Devise. Allerdings macht es nur Sinn, gleich ausgerichtete Fonds zusammenzuschliessen. Die Fokussierung auf bestimmte Themen wie Wohnbau, Gewerbe- oder Büroliegenschaften, nationale wie internationale Portefeuilles ist heute für den nachhaltigen Erfolg entscheidend. Die anstehende ↑Konsolidierung hat nicht nur für die Anbieter, sondern auch für die Anleger eine Reihe von Vorteilen. Die verbesserten Skaleneffekte würden es grösseren Fonds erleichtern, im Rahmen von Grossüberbauungen oder anderen Grossprojekten als starke ↑Investoren aufzutreten. Grössere Fonds sind auch viel liquidere Anlagen – für die Anleger ein wesentliches Kriterium.

Das Potenzial modern gestalteter und verwalteter Immobilienfonds ist gross. Vergleicht man allein schon das Volumen der in der Schweiz vertriebenen Wertschriftenfonds von CHF 480 Mia. mit den CHF 12 Mia., welche in die 31 Immobilienfonds investiert sind, werden die Chancen der Immobilienfonds als Instrument der ↑Diversifikation offensichtlich. Aber auch die Relation mit dem gesamten Hochbaubestand der Schweiz von geschätzten CHF 1 800 Mia. deutet auf die immensen Möglichkeiten der indirekten Immobilienanlagen hin. Zahlreiche bedeutende Immobilienbesitzer und ↑institutionelle Anleger ziehen mittlerweile die indirekten den direkten Immobilienanlagen aus den genannten Gründen der Einfachheit und der ↑Liquidität vor.

Stefan Bichsel

Immobiliengesellschaft

Die Immobiliengesellschaft wird in der Literatur unterschiedlich definiert. Vergleicht man die Erläuterungen, so treten jeweils verschiedene Eigenschaften in das Blickfeld. Die Immobiliengesellschaft kann beispielsweise über ihren *Zweck*, über die *Geschäftstätigkeit* oder über *quantitativ-qualitative Kriterien* bestimmt werden.

1. Zwecke

Am häufigsten wird bei Immobiliengesellschaften auf den *Zweck* der Unternehmung abgestellt. Demnach besteht der Zweck einer Immobiliengesellschaft darin, die Wertsteigerung ihres Grundbesitzes nutzbar zu machen. Anders ausgedrückt: die Liegenschaften sollen als sichere, nutzbringende

↑Kapitalanlage verwendet werden. Nicht relevant ist dabei, ob dies durch Veräusserung, Vermietung, Verpachtung, oder Überbauung des Grundstückes geschieht. Immobiliengesellschaften werden häufig auch als Liegenschaftsverwaltungen bezeichnet, wobei sich im Begriff *Verwaltung* sämtliche dieser aufgezählten Aktivitäten vereinen. Einige Autoren fügen dieser Definition noch eine quantitative Komponente hinzu, indem sie postulieren, eine Immobiliengesellschaft würde erst dann vorliegen, wenn die Immobilienaktivitäten zu mehr als zwei Dritteln den Zweck der Unternehmung ausmachen.

2. Geschäftstätigkeit
Um den Begriff der Immobiliengesellschaft vollständig zu erfassen, reicht eine Beschreibung ihrer Zwecke nicht aus. Zusätzlich muss auch die tatsächliche *Geschäftstätigkeit* mitberücksichtigt werden. So betrachtet liegt eine Immobiliengesellschaft nur dann vor, wenn sich einerseits ihr Rohertrag hauptsächlich aus Erträgnissen des unbeweglichen Geschäftsvermögens zusammensetzt und anderseits auch die zum ↑Verkehrswert eingesetzten Aktiven zur Hauptsache aus Grundbesitz bestehen.
Eine Begriffsbestimmung kann auch vorgenommen werden, indem auf die Absichten der Personen eingegangen wird, die an der Gesellschaft beteiligt sind. Dabei wird davon ausgegangen, dass die in der Regel wenig zahlreichen Aktionäre danach trachten, die Liegenschaft übertragen zu können, ohne die bei der ordentlichen Grundstücksübertragung anfallenden Steuern und Gebühren entrichten zu müssen. Insgesamt lässt sich sagen, dass eine Immobiliengesellschaft dann vorliegt, wenn sich der *Gesellschaftszweck* wie auch die *Tätigkeit* der Gesellschaft sowohl *quantitativ* als auch *qualitativ* zur Hauptsache auf den Erwerb, die Verwaltung, Nutzung und Veräusserung von Kapitalanlageliegenschaften bezieht. Diese Definition ist für Immobiliengesellschaften, die als Aktiengesellschaft ausgestaltet sind, absolut ausreichend. Immobiliengesellschaften anderer Rechtsformen – zu nennen ist in erster Linie die Genossenschaft – können mit Blick auf ihre Tätigkeit noch mit anderen Zwecken verbunden sein.

3. Gesellschaftsarten
Nimmt man eben genannte Begriffsbestimmung als Grundlage, so ist die Immobiliengesellschaft gegenüber verschiedenen anderen Gesellschaftsarten abzugrenzen. Beispielsweise von der *Immobilienholdinggesellschaft* und der *Immobilienleasinggesellschaft*, bei welchen der Zweck in der Verwaltung von Beteiligungen an anderen Immobiliengesellschaften bzw. in einem Finanzierungsinteresse besteht. Weiter lässt sich die Immobiliengesellschaft vom ↑*Immobilienfonds* (Indirektbesitz) und der *Betriebsgesellschaft* abgrenzen. Bei letzterer bildet – im Gegensatz zur Immobiliengesellschaft – der Grundbesitz nur die sachliche Grundlage für einen anderweitigen Betrieb, beispielsweise einen Fabrikationsbetrieb. Die *Immobilienhandelsgesellschaft* schliesslich erzielt durch ihre Tätigkeit ein ordentliches Geschäftseinkommen, die Grundidee ist somit nicht der Immobilienbesitz als Kapitalanlage (↑Immobilien als Kapitalanlage).

4. Gesellschaftsform
Die meisten Immobiliengesellschaften in der Schweiz sind Aktiengesellschaften. Obwohl dies gesetzlich nicht zwingend ist, gibt es mehrere Gründe, die für eine Aktien- bzw. ↑Kapitalgesellschaft sprechen. So ist durch die Übertragung des ↑Eigentums an eine ↑juristische Person die persönliche *Haftung* ausgeschlossen. Eine zweite entscheidende Eigenschaft ist die *Übertragbarkeit der Gesellschaftsanteile,* die bei der Aktiengesellschaft am einfachsten durchführbar ist. Weitere Gründe, die für die Kapitalgesellschaft sprechen, sind etwa *steuerliche Überlegungen,* die *rechtliche Stellung der Beteiligten* oder die *Finanzierungsmöglichkeiten*. Zu erwähnen ist, dass in der Schweiz die Aktiengesellschaft die vorherrschende Gesellschaftsform ist. Die Immobilien-GmbH hat in der Schweiz nur eine geringe Verbreitung. Die Immobiliengesellschaft in der Rechtsform einer Genossenschaft ist hauptsächlich als Baugenossenschaft bekannt.
Was die regionale Verteilung anbelangt, ergibt sich im Fall der Immobiliengesellschaft ein spezielles Bild. So sind rund die Hälfte aller Immobiliengesellschaften in der Romandie bzw. in den Kantonen Waadt und Genf (mit den Städten Lausanne und Genf) sowie im Tessin ansässig. Die andere Hälfte verteilt sich auf die Deutschschweiz und die übrigen Westschweizer Kantone.

5. Steuerliche Behandlung
Sofern die Immobiliengesellschaft als juristische Person ausgestaltet ist, unterliegt sie der *Ertrags-* und *Kapitalsteuer,* und zwar sowohl im Bund wie auch den Kantonen. In vielen Kantonen müssen daneben noch *Grund-* bzw. *Zuschlagssteuern* auf Liegenschaften entrichtet werden. Speziell versteuert werden auch die Veräusserungsgewinne. Auf Bundesebene müssen Gewinne auf Privatkapital nicht versteuert werden. Bei den kantonalen Steuern muss unterschieden werden zwischen Gewinnen auf privaten Grundstücken und solchen auf beweglichem Privatvermögen. Anders verläuft die Besteuerung, wenn der Gewinn auf Geschäftsimmobilien erzielt wird. Es wird unterschieden zwischen effektivem Kapitalgewinn und wiedereingebrachten ↑Abschreibungen. Je nach angewandtem Steuersystem werden diese beide Teile zum einen der Grundstücksgewinnsteuer und zum andern der Ertragsteuer oder auch gänzlich der

Ertragssteuer zugerechnet. Weiter zu beachten sind die so genannten Verkehrssteuern (also die Emissionsabgabe [↑Stempelabgaben im Finanzgeschäft] und die Handänderungssteuer) sowie die den an der Immobiliengesellschaft Beteiligten betreffende ↑Verrechnungsteuer.

Die Immobiliengesellschaft kommen oft mit dem Minimalkapital aus, d. h. mit CHF 50 000, falls sie vor der Gesetzesrevision von 1991 gegründet worden sind. Sind sie erst danach entstanden, benötigen sie ein Minimalkapital von CHF 100 000. Das restliche benötigte Kapital nehmen sie in Form eines ↑Darlehens bei ihren eigenen Aktionären auf. Dass sie darauf Zinsen zahlen müssen, stört nicht weiter, sondern ist in einer steueroptimierten Perspektive oft sogar der Sinn der Sache. So wird nämlich der zu versteuernde Gewinn kleiner, was der Immobiliengesellschaft entgegenkommt.

Die vom Aktionär erhaltenen Darlehenszinsen unterstehen im Gegensatz zu einer ↑Dividende keiner Verrechnungssteuer. Im Zusammenhang mit solchen Aktionärsdarlehen wird daher auch von *verdecktem ↑Eigenkapital* gesprochen. Die aus steuerrechtlichen Gesichtspunkten entscheidende Frage ist dabei die Ermittlung des wirtschaftlichen Eigenkapitals (DBG 65, StHG 29a).

Hans-Dieter Vontobel

Lit.: Assmann, H.–D./Schütze, R. A.: Handbuch des Kapitalanlagerechts, München, 1997. – Burlet, S.: Immobilien-Umfrage 2001, Hauseigentümerverband (HEV), Zürich, 2001. – Gähwiler, U. P.: Die Besteuerung der Immobiliengesellschaft und der daran Beteiligten, Goldach, 1991.

Immobilienleasing
↑Leasing.

Immunisierung
Die Immunisierung hat in der Regel die Absicherung eines Anleihen-Portfolios gegenüber Zinsveränderungen zum Ziel. Eine ↑Anleihe unterliegt dem ↑Zinsänderungsrisiko, d. h. einerseits einem Kursrisiko, da bei steigenden ↑Marktzinsen der ↑Barwert der Anleihe fällt, und andererseits einem Wiederanlagerisiko, da bei steigenden Marktzinsen sich die Wiederanlagerendite bei Reinvestition zwischenzeitlicher Zuflüsse erhöht. Dieses Zinsänderungsrisiko soll mit dem Durationsansatz immunisiert werden, da die ↑Duration (D) jenen Zeitpunkt darstellt, bei dem vollständige Immunisierung gegenüber dem Zinsänderungsrisiko im Sinne von Endwertschwankungen eintritt. Zum Zeitpunkt t = Duration stellt das geplante Endvermögen eine Untergrenze dar, bei der jede Zinsänderung, unabhängig von Richtung und Ausmass, zu einem höheren Endwert als dem geplanten führt. Dabei gelten folgende Prämissen:

1. Es existiert eine flache Zinskurve (↑Zinsstrukturkurve)
2. Es findet nur eine einmalige Zinsänderung zu t = 0 statt, ansonsten muss das ↑Portfolio mehrmals der aktuellen Lage angepasst werden
3. Dieser Zinssprung bewirkt eine Parallelverschiebung der flachen Zinskurve
4. ↑Investoren haben einen fixierten Planungshorizont; es werden zwischenzeitlich keine Beträge entnommen
5. Zwischenzeitlich anfallende Zahlungen werden zum Marktzinssatz bis t = D wieder angelegt (d. h. sämtliche Zahlungen unterliegen dem gleichen Zinsniveau)
6. Es existieren weder Steuern noch ↑Transaktionskosten.

Für jede Anleihe existiert in Abhängigkeit von der Höhe der ↑Coupons und der ↑Restlaufzeit ein ↑Anlagehorizont, bei dem das Endwertrisiko ausgeschaltet ist. Der Anlagehorizont entspricht der Duration aller Zahlungsströme. Eine entsprechend gewählte Kombination von nur zwei Anleihen – mit Duration D1 und D2 – reicht aus, um in sämtlichen Zeitpunkten zwischen t = D1 und t = D2 eine Immunisierung zu erzielen. Die Duration des Portfolios lässt sich durch Gewichtung der beiden Anleihen steuern.

Stefan Jaeger

Immunisierung, bedingte
↑Bedingte Immunisierung.

Immunisierungsrisiko
Das Konzept der Immunisierung basiert auf dem Macauley-Duration-Ansatz (↑Duration). Diesem Risikomass für Zinsänderungen liegt unter anderem die Annahme zu Grunde, dass es ausschliesslich parallele Bewegungen der ↑Zinsstruktur sind, welche das Zinsrisiko verursachen. Eine ↑Immunisierungsstrategie geht folglich davon aus, dass, unabhängig davon, wie sich die Zinsstruktur parallel verschiebt, man gegen ein solches Zinsrisiko abgesichert ist. Die Problematik liegt hier in der verwendeten Annahme der parallelen Zinsverschiebungen. Diese wird der Dynamik der Zinsstruktur nicht gerecht und schliesst sämtliche nicht-parallelen Zinsverschiebungen (namentlich Änderungen in der Steigung und der Krümmung der Zinsstruktur) aus der Betrachtung aus. Solche Bewegungen verursachen aber einen substanziellen Teil des ↑Zinsänderungsrisikos und dürfen zur Erfassung des tatsächlichen Risikos nicht ausser Acht gelassen werden. Mit anderen Worten kann gesagt werden, dass bei einer Immunisierungsstrategie aufgrund nicht-paralleler Verschiebungen der Zinsstruktur nur ein Teil des Risikos eliminiert wird und somit ein Immunisierungsrisiko übrig bleibt. Im allgemeinen Fall entspricht das Immunisierungsrisiko der Unsicherheit, dass das abgesicherte Risiko nur teilweise erfasst werden kann und eine vollständig sichere Position durch die Immunisierungsmassnahmen nicht möglich ist.

Stefan Jaeger

Immunisierungsstrategie
Die Immunisierungsstrategie hat zum Ziel, ein ↑Portfolio aus verzinslichen Anlagen gegen Zinsänderungen abzusichern (↑Immunisierung). Es handelt sich um eine ↑Hedging-Strategie für Zinsrisiken (↑Zinsänderungsrisiko).

Implicit forward rate
Implicit forward rates bezeichnen die heute festgelegten Konditionen für zukünftige Zinsgeschäfte. Sie lassen sich aus der Spot-Zinskurve (↑Spot) errechnen. Dadurch, dass die Verzinsungen vom Zeitpunkt null für Zeitpunkte in der Zukunft bekannt sind, lassen sich auch die Verzinsungen zwischen zwei Zeitpunkten in der Zukunft ausrechnen. Die erwarteten zukünftigen ↑Zinssätze sind somit implizit in der heutigen ↑Zinsstruktur enthalten.

Implied repo rate
Der implizite Reposatz (Implied repo rate) ist der Finanzierungskosten-Zinssatz, der sich beim Kauf eines Kassainstruments (↑Comptantgeschäft) und seinem Verkauf auf Termin (↑Termingeschäft) ergäbe, wenn die ↑Transaktion gerade kostendeckend ausfiele. So würde beispielsweise die Gesamtrendite (einschliesslich allfälliger Couponzahlungen [↑Coupon]) aus dem Erwerb einer ↑Anleihe und dem Verkauf eines auf dieser Anleihe beruhenden Futures-Kontrakts (↑Futures) genau dem impliziten Reposatz entsprechen. Implizite Reposätze sind eine Orientierungshilfe zur Beurteilung unterschiedlicher Futures-Kontrakte.

Implied volatility
↑Implizite Volatilität.

Implizite Option
↑Embedded option.

Implizite Volatilität
Im Vergleich zur ↑historischen Volatilität basiert die implizite Volatilität auf den Erwartungen der Marktteilnehmer. Sie kann auf der Basis von beobachteten ↑Optionsprämien ermittelt werden, in dem man, ausgehend von einem bestimmten Optionsbewertungsmodell, nach der Volatilität sucht, die zu einem theoretischen Wert führt, der genau der beobachteten Optionsprämie entspricht.

Importfinanzierung
↑Dokumenten-Akkreditiv; ↑Rembourskredit.

Im Verlauf erholt
In der ↑Börsensprache Ausdruck für eine Tendenz, bei der sich die ↑Kurse nach kurzer Abschwächung während der ↑Börsenzeit wieder auf das alte Niveau erholen.

Im Verlauf nachgebend
In der ↑Börsensprache Ausdruck für eine Tendenz, bei der sich die ↑Kurse während der ↑Börsenzeit leicht rückläufig entwickeln.

In and out
Ausdruck für den Kauf und Verkauf von ↑Effekten innerhalb sehr kurzer Zeiträume; «wie hinein, so hinaus» oder «hin und her».

Inc.
Abk. f. ↑Incorporated.

Incentive systems
↑Bonussysteme.

Income bond
Auch: Income debenture. ↑Anleihen, deren Zinsanspruch ausschliesslich von der Ertragslage des ↑Emittenten abhängig ist. Bei kumulativen Income bonds müssen die nicht bezahlten ↑Zinsen später nachbezahlt werden, sofern die Gewinnentwicklung dies gestattet. Bei nicht kumulativen Income bonds verfallen die wegen schlechter Ertragslage in einem Geschäftsjahr nicht bezahlten Zinsen.

Income fund
↑Anlagefonds.

Income shares
↑Aktien, welche sich in der Vergangenheit durch regelmässige stabile ↑Dividenden ausgezeichnet haben. Sie werden vor allem von Anlegern gehalten, welche von ihrer Anlage ein möglichst gesichertes Einkommen erwarten. Klassische Income shares unter den ↑Beteiligungspapieren schweizerischer ↑Emittenten sind die Aktien und ↑Partizipationsscheine von ↑Kantonal- und ↑Regionalbanken sowie von Versorgungsunternehmungen.

Incorporated
Abgekürzt Inc. In den USA häufiger Zusatz zur Firmenbezeichnung. Bedeutet «als Gesellschaft amtlich eingetragen». Inc. entspricht in etwa unserem AG für Aktiengesellschaft.

Incoterms
Abk. f. International commercial terms. Die Incoterms sind Regeln (↑Usanzen) für die Auslegung von im internationalen Handel gebräuchlichen Lieferklauseln, die von der ↑Internationalen Handelskammer (ICC) Paris erstmals 1936 aufgestellt wurden. Sie bilden einen Auslegungsmassstab für internationale Handelsverträge, um Differenzen aus unterschiedlichen nationalen Handelsbräuchen auszuräumen. Bei der Vereinbarung von Incoterms unter den Handelspartnern sind Modifikationen und Ergänzungen möglich. Die 1990 ausgegebene Fassung der Incoterms berücksichtigte den steigenden Einsatz des elektronischen Daten-

austauschs im Wirtschaftsverkehr und bezweckte eine Anpassung an veränderte Transporttechniken. Insgesamt 13 Klauseln lassen sich vier Gruppen zuordnen (E-, F-, C- und D-Gruppen-Klauseln), innerhalb deren die Pflichten des Verkäufers zu-, die des Käufers abnehmen. Alle Klauseln werden durch drei Buchstaben bezeichnet, die sich aus den Anfangsbuchstaben der englischen Originalfassung ableiten. Standardklauseln sind:
– EXW (ex works/ab Werk)
– FCA (free carrier/frei Frachtführer), FAS (free alongside ship/frei Längsseite Seeschiff), FOB (free on board/frei an Bord)
– CFR (cost and freight/Kosten und Fracht, C&F), CIF (cost, insurance, freight/Kosten, Versicherung und Fracht), CPT (carriage paid to/frachtfrei), CIP (carriage and insurance paid to/frachtfrei versichert)
– DAF (delivered at frontier/geliefert Grenze), DES (delivered ex ship/geliefert ab Schiff), DEQ (delivered ex quay [duty paid]/geliefert ab Quai [verzollt]), DDU (delivered duty unpaid/geliefert unverzollt), DDP (delivered duty paid/geliefert verzollt).

Die heute gültige Fassung datiert aus dem Jahr 2000.

Independent Committee of Eminent Persons
↑Nachrichtenlose Vermögenswerte.

Index
↑Aktienindex; ↑Kaufkraft; ↑Landesindex der Konsumentenpreise; ↑Obligationenindex; ↑Preisindex.

Indexanleihe
Bei der Indexanleihe verpflichtet sich der Schuldner, den Anleihensobligationär gegen eine inflationsbedingte Entwertung des investierten Anleihensbetrages zu schützen, indem der Rückzahlungsbetrag, seltener auch die jährliche Zinszahlung, entsprechend der Entwicklung eines Referenzindexes angepasst wird. Weil der Obligationär dank der ↑Indexierung des Kapitalbetrages gegen einen allfälligen Kaufkraftverlust abgesichert ist, gibt er sich mit einem niedrigeren nominellen ↑Zinssatz, welcher ungefähr dem ↑Realzins entspricht, zufrieden. Nachdem die in den 50er-Jahren von verschiedenen französischen Unternehmungen ausgegebenen Indexanleihen (als Index wurde dabei eine für die Ertragsentwicklung der Gesellschaft repräsentative Grösse gewählt, z. B. Produktpreise) zurückbezahlt worden sind, erlebte die Indexanleihe durch ↑Emission von öffentlich-rechtlichen Schuldnern in den 70er-Jahren eine Renaissance, insbesondere in Grossbritannien. In den 90er-Jahren haben Frankreich, Kanada und das amerikanische Schatzamt wiederholt kaufkraftgesicherte ↑Anleihen ausgegeben (sog. TIPS = Treasury inflation protection securities). In der Schweiz sind indexierte ↑Obligationen als Teil eines integrierten Wertpapierpakets (eine Kombination von ↑Anleihensobligationen und ↑Partizipationsscheinen, «Unités parking» genannt) zur Parkhaus-Finanzierung in der Westschweiz ausgegeben worden. Die Gesellschaften waren jedoch nicht in der Lage, die Mehrbelastung aus der Indexierung aus den laufenden Erträgen zu erwirtschaften, und konnten die entsprechenden Anleihensbedingungen nicht einhalten.

Max Boemle

Index-Arbitrage
Eine Investitions-/Handelsstrategie, die Abweichungen zwischen den tatsächlichen und theoretischen Futures-Preisen ausnutzt. Ein Beispiel ist das simultane Kaufen (Verkaufen) von Aktienindex-Futures bei gleichzeitigem Verkaufen (Kaufen) der zu Grunde liegenden Index-Aktien. Die vorübergehende Differenz zwischen dem tatsächlichen und dem theoretischen Preis ergibt den Arbitragegewinn. (↑Arbitrage).

Index-Berechnung
↑Landesindex der Konsumentenpreise.

Indexbindung
↑Indexierung.

Indexderivate
Unter dem Begriff der *Indexderivate* lassen sich ↑Finanzinstrumente zusammenfassen, deren Wert sich nach dem Stand eines ↑Aktienindexes bemisst. Nach dem Zusammenhang zwischen dem Wert des Finanzinstruments und dem Stand des Aktienindexes lassen sich lineare und nicht lineare Indexderivate unterscheiden. Bei *linearen Indexderivaten* führt eine prozentuale Veränderung des Aktienindexes zu einer nahezu identischen prozentualen Wertveränderung des ↑Derivates. Beispiele für lineare Indexderivate sind Aktienindexfutures (↑Index future) und ↑Indexzertifikate. *Nicht lineare Indexderivate* reagieren über- oder unterproportional auf Veränderungen des zu Grunde liegenden Aktienindexes. Zu den nicht linearen Indexderivaten zählen indexbezogene Finanzinstrumente mit Optionscharakter.

Nach der Art des Handels lassen sich standardisierte und nicht standardisierte Indexderivate unterscheiden. *Standardisierte Indexderivate* werden an einer ↑Terminbörse gehandelt und sind bezüglich ihrer ↑Laufzeit, Kontraktgrösse und Kursfeststellung normiert. Indexfutures und börsengehandelte Indexoptionen zählen zu den standardisierten Indexderivaten. Die Merkmale von *nicht standardisierten Indexderivaten* können von den Vertragsparteien frei bestimmt werden. Beispiele für nicht standardisierte Indexderivate sind

Indexzertifikate und Indexoptionsscheine (Indexwarrants).

Ein Indexfuture ist ein standardisiertes ↑Termingeschäft auf ein ↑Indexportfolio. Im Gegensatz zu einem Warenfuture wird ein Aktienindexfuture bei Fälligkeit nicht durch Zahlung gegen Lieferung, sondern durch einen *Barausgleich (↑Cash settlement)* erfüllt. Dieser Mechanismus umgeht das Teilbarkeitsproblem bei der Lieferung eines diversifizierten Aktienkorbes.

Die Differenz zwischen Futurepreis und Indexstand wird als ↑*Basis* des ↑Futures bezeichnet. Vorzeichen und Betrag der Basis bestimmen sich nach den Haltekosten und den Halteerträgen des Indexportfolios während der Laufzeit des Futures. *Haltekosten* entstehen aus den Zinsen auf das im Indexkorb gebundene Kapital, *Halteerträge* aus den Dividenden der im Indexkorb enthaltenen Aktien. Der arbitragefreie Preis eines Futures auf einen *Aktienkursindex* entspricht dem mit den Finanzierungskosten aufgezinsten Indexstand abzüglich der erwarteten Dividendenerträge. Die Basis des Futures ist positiv (negativ), sofern die erwarteten Dividendenerträge kleiner (grösser) sind als die Finanzierungskosten. Bei den meisten Indexfutures handelt es sich um Kontrakte auf Aktienindizes, so etwa bei den Futures auf den ↑Swiss Market Index (SMI), den FTSE 100, den CAC 40, den Euro STOXX 50, den ↑Standard & Poor's 500 Index und den Topix.

Der arbitragefreie Preis eines Futures auf einen *Aktienperformanceindex* entspricht dem mit den Finanzierungskosten aufgezinsten Indexstand. Ein Abzug für die erwarteten ↑Dividenden ist nicht erforderlich, da die Ausschüttungen bei einem Performanceindex rechnerisch in den Indexkorb reinvestiert werden. Bei positiven Finanzierungskosten ist die Basis eines Futures auf einen Aktienperformanceindex stets positiv. Futures auf Aktienperformanceindizes stellen international die Ausnahme dar. Das bekannteste Beispiel ist der Kontrakt auf den Deutschen Aktienindex (↑DAX).

Standardisierte ↑Optionen auf Aktienindizes werden wie Indexfutures an Terminbörsen gehandelt, wobei Kassaoptionen von ↑Futures options zu unterscheiden sind. *Kassaoptionen* haben den Aktienindex selbst zum ↑Basiswert und werden bei Ausübung über einen Barausgleich abgerechnet. Übt der Käufer die Option aus, erhält er vom Verkäufer den inneren Wert der Option. Die meisten Kassaoptionen auf Aktienindizes sind Optionen des europäischen Typs, bei denen eine Ausübung nur am ↑Verfalltag möglich ist. Kassaoptionen des amerikanischen Typs, die während der gesamten Laufzeit ausgeübt werden können, sind dagegen selten.

Futures options auf Aktienindizes haben nicht den Index selbst, sondern einen Aktienindexfuture als Basiswert. Mit der Ausübung einer Call option eröffnet der Inhaber der Option eine Käuferposition im Aktienindexfuture. Die Ausübung einer Put option führt zu einer Verkäuferposition im Indexfuture. Futures options sind in der Regel Optionen des amerikanischen Typs und können jederzeit ausgeübt werden. Futures options auf Aktienindizes werden vor allem an den amerikanischen Terminbörsen gehandelt. An den europäischen Terminbörsen dominieren hingegen Kassaoptionen auf Aktienindizes. Zur Bewertung von Optionen auf Aktienindizes können die Optionspreismodelle von ↑Black/Scholes (1973) sowie das ↑Binomialmodell verwendet werden.

Neben den standardisierten Indexderivaten der Terminbörsen hat sich in der Schweiz und in Deutschland ein Markt für *Aktienindexzertifikate* und *Aktienindexoptionsscheine* etabliert. Diese Instrumente werden von Banken emittiert, wobei diese in der Gestaltung der Ausstattungsmerkmale frei sind. Die ↑Emittenten beantragen in der Regel eine Börsenzulassung ihrer ↑Emissionen und übernehmen die Funktion eines ↑Market maker, um eine gewisse ↑Liquidität im ↑Sekundärmarkt sicherzustellen. Während sich standardisierte Indexderivate in erster Linie an ↑institutionelle Anleger richten, zielen Indexzertifikate und Indexwarrants auf die Bedürfnisse der Privatanleger, was sich am deutlichsten an der kleinen ↑Stückelung dieser ↑Wertrechte zeigt.   *Valerio Schmitz-Esser*

Index der Konsumentenpreise
↑Landesindex der Konsumentenpreise.

Indexfamilien
↑Aktienindex.

Indexfonds
↑Aktienfonds, welche ihrer ↑Anlagepolitik einen bekannten Börsenindex zu Grunde legen und das Portefeuille entsprechend der Indexzusammensetzung zusammenstellen. Der Indexfonds beruht auf der empirisch erhärteten Feststellung, dass mit einem aktiven Portefeuillemanagement (↑Portfolio management) nur ausnahmsweise eine überdurchschnittliche ↑Performance erzielt wird. In der Schweiz wurde der erste Indexfonds 1989 auf der Grundlage eines besonders zu diesem Zweck berechneten ↑Aktienindex (SBV 100, heute UBS 100) lanciert. Trotz der unbestreitbaren Kostenvorteile sind weitere Indexfonds und eine grössere Auswahl von ↑Fonds auf verschiedene Aktienindizes erst gegen Ende der 90er-Jahre in grösserer Zahl angeboten worden. ↑Exchange traded funds (ETF); ↑Indexzertifikat.

Index future
Futures-Kontrakt auf einen Index, das heisst eine vertragliche Vereinbarung, einen standardisierten Wert eines Index zu einem im Voraus ausgehandelten ↑Kurs an einem späteren, standardisierten ↑Fälligkeitstag zu kaufen bzw. zu verkaufen. Im

Gegensatz zu einer Vielzahl von ↑Futures, welche die tatsächliche Lieferung des ↑Basiswerts umfassen, werden Index futures durch ein ↑Cash settlement abgerechnet. Index futures spielen insbesondere bei der Absicherung von Aktienportfolios (↑Portfolio insurance) eine wichtige Rolle auf den ↑Finanzmärkten.

Index futures contract
↑Index future.

Index futures option
Unter der Index futures option wird eine ↑Option verstanden, welche sich auf einen Terminkontrakt (↑Futures) auf einen Index bezieht. Die Vereinbarung beinhaltet das Recht, den Index zu kaufen (Call option) beziehungsweise den Index zu verkaufen (Put option). Index future options werden insbesondere zur statischen ↑Portfolio insurance verwendet, bei welcher ein diversifiziertes Aktienportfolio gegen adverse Preisbewegungen abgesichert wird.

Indexgebundene Anlagestrategie
↑Indexderivate; ↑Indexfonds; ↑Index future; ↑Index futures option.

Index growth linked unit (IGLU)
↑Strukturierte Produkte.

Indexierung
Bindung von Preisen an einen Index. ↑Indexanleihe; ↑Indexfonds; ↑Index future; ↑Indexklausel.

Indexklausel
Auch Wertsicherungsklausel oder Sachwertklausel genannt. Sichert den ↑Gläubiger einer Geldschuld gegen die durch die ↑Inflation verursachte Verschlechterung des ↑Geldwertes ab. Als Wertmesser wird häufig der ↑Landesindex der Konsumentenpreise herangezogen. Dank der Indexklausel erhält der Gläubiger bei ↑Fälligkeit der Geldsummenschuld *real* den ursprünglich vereinbarten Wert. Das Risiko zwischenzeitlicher Entwertung trägt der Schuldner.

Indexkontrakte
An den ↑Derivatbörsen werden ↑Kontrakte auf Indizes gehandelt. ↑Optionen und ↑Futures auf Indizes erlauben eine einfache ↑Spekulation auf die Entwicklung der betreffenden Indizes.

Indexkorb
↑Aktienindex; ↑Indexportfolio.

Indexoption
↑Option, deren zu Grunde liegender ↑Basiswert ein Index ist. Indexoptionen werden insbesondere zum ↑Risikomanagement von Aktienportfolios (↑Portfolio insurance) verwendet.

Indexportfolio
Das *Indexportfolio* ist die Menge der ↑Wertschriften, aus denen ein Kapitalmarktindex berechnet wird. Das Indexportfolio wird auch als *Indexkorb* bezeichnet. Für einen ↑Aktienindex wird das Indexportfolio durch die im Index enthaltenen Aktiengattungen und die dazugehörigen Aktienstückzahlen definiert. Enthält das Indexportfolio sämtliche Aktiengattungen des abgebildeten Aktienmarktes, liegt ein *Index mit Vollerhebung* vor. Umfasst der Indexkorb hingegen nur eine Auswahl an ↑Aktien, handelt es sich um einen *Stichprobenindex*.

Die Auswahl der im Index berücksichtigten *Aktiengattungen* richtet sich nach dem jeweiligen Segment des Aktienmarktes, welches der Index abbilden soll. Lokale Aktienindizes enthalten beispielsweise nur Aktien, die an einer bestimmten ↑Börse gehandelt werden oder deren ↑Emittenten ihr Domizil in einem bestimmten Land haben. Branchenindizes enthalten nur Aktien einer bestimmten Branche. Grössenindizes umfassen nur Aktien von ↑Blue chips, ↑Mid caps oder ↑Small caps. Anlagestilindizes beschränken sich auf Aktien mit gewissen renditebestimmenden Eigenschaften (z.B. ↑Value stocks oder ↑Growth stocks).

Die im Index berücksichtigten Aktienstückzahlen bestimmen sich nach dem Gewichtungsschema des Aktienindexes. Das Indexportfolio eines kursgewichteten Aktienindexes enthält von jeder berücksichtigten Gattung eine Aktie. Damit erhält der Titel mit dem höchsten ↑Kurswert das grösste Gewicht. Das Indexportfolio eines gleichgewichteten Aktienindexes enthält von jeder Gattung genau so viele Aktien, dass alle Gattungen den gleichen Anteil am Kurswert des Indexportfolios aufweisen. Bei kursgewichteten und gleichgewichteten Aktienindizes ist der Kurswert des Indexportfolios eine rein rechnerische Grösse ohne ökonomische Bedeutung.

Bei einem kapitalisierungsgewichteten Aktienindex entsprechen die im Indexportfolio berücksichtigten Aktienstückzahlen der Anzahl Aktien, die von der jeweiligen Gesellschaft emittiert wurden. Der Kurswert des Indexportfolios lässt sich daher als ↑Börsenkapitalisierung aller im Index enthaltenen Aktien interpretieren. Handelt es sich um einen streubesitzgewichteten Aktienindex, fliessen nur die im Streubesitz befindlichen Stückzahlen der jeweiligen Emittenten in die Indexberechnung ein. Der Kurswert des Indexportfolios entspricht dann der Streubesitzkapitalisierung der im Index enthaltenen Aktien. *Valerio Schmitz-Esser*

Indextracking
Unter *Indextracking* versteht man die Nachbildung der ↑Rendite eines vorgegebenen ↑Indexportfolios. Indextracking wird insbesondere im passiven ↑Portfolio management und zur Indexarbitrage

verwendet. Im *passiven Portfolio management* geht der ↑Kapitalanleger davon aus, dass der ↑Kapitalmarkt weitgehend informationseffizient ist. In diesem Fall ist von einer aktiven ↑Anlagestrategie keine risikobereinigte ↑Überrendite zu erwarten. Entsprechend gibt sich der Kapitalanleger mit der Rendite eines repräsentativen ↑Aktienindexes zufrieden. *Indexarbitrage* ist eine Strategie zur Ausnutzung von ökonomisch ungerechtfertigten Kursdifferenzen zwischen einem Aktienindex und einem ↑Future auf diesen Index. Indexarbitrage umfasst immer eine Kassaposition in den Aktien des Indexportfolios und eine gegenläufige Terminposition im Indexfuture. Um die Rendite der Kassaposition so nahe wie möglich an die Rendite des Indexes anzugleichen, werden Techniken des Indextracking angewandt.

Beim Indextracking ist die *vollständige Nachbildung (Full replication)* von der *näherungsweisen Nachbildung (Partial replication, Sampling)* zu unterscheiden. Bei der vollständigen Nachbildung kauft der Indexnachbilder alle im Index enthaltenen Aktien im Verhältnis ihrer Indexgewichtung und reinvestiert Bezugsrechtserlöse und ↑Dividenden nach den Berechnungsregeln des Indexes. Ändert sich die Zusammensetzung des Indexkorbes, passt der Indexnachbilder sein ↑Portfolio entsprechend an. Die vollständige Nachbildung minimiert das Abweichungsrisiko zum ↑Referenzindex. Aufgrund von ↑Transaktionskosten und Teilbarkeitsproblemen ist eine vollständige Nachbildung des Indexes in der Praxis jedoch nicht immer durchführbar.

Bei der näherungsweisen Nachbildung hält der Indexnachbilder nicht alle Aktien des Indexportfolios. Vielmehr versucht er, das Renditeverhalten des Indexportfolios durch ein Portfolio abzubilden, das nur eine Auswahl der Aktien des Indexportfolios enthält. Die Auswahl der Aktien des Nachbildungsportfolios kann durch ein *Schichtungsverfahren (Stratified sampling)* oder durch ein *Optimierungsverfahren (Optimised sampling)* erfolgen.

In einem Schichtungsverfahren ordnet der Indexnachbilder die Aktien des Indexportfolios bestimmten Klassen zu, die nach renditebestimmenden Faktoren definiert sind. Schichtungsverfahren beschränken sich dabei meist auf zwei bis drei Faktoren, nach denen die Klassen gebildet werden. Ein typisches Schichtungsverfahren verwendet die Faktoren Unternehmensgrösse (definiert als ↑Börsenkapitalisierung) und Branchenzugehörigkeit; bei internationalen Portfolios kann die Länderzugehörigkeit als weiterer Faktor berücksichtigt werden. Eine Heuristik bestimmt, welche Aktien aus den einzelnen Klassen in das Nachbildungsportfolio aufgenommen werden. Die Heuristik ist so ausgelegt, dass die Anteile der einzelnen Klassen im Nachbildungsportfolio in etwa den Anteilen dieser Klassen im Indexportfolio entsprechen. Das Nachbildungsportfolio erhält dadurch eine ähnliche Struktur wie das Indexportfolio.

Optimierungsverfahren erfordern ein quantitatives Gütemass für die Indexnachbildung. In diesem Zusammenhang wird die *aktive Rendite* definiert als Differenz zwischen der Rendite des Nachbildungsportfolios und der Rendite des Referenzindexes, wobei die Messung auf täglicher, wöchentlicher oder monatlicher Basis erfolgen kann. Als eigentliches Gütemass der Indexnachbildung dient der ↑*Tracking error,* definiert als ↑annualisierte Standardabweichung der aktiven Rendite. Mathematische Optimierungsverfahren bestimmen aus einer vorgegebenen Anzahl Aktien das Portfolio, das den Tracking error zum Referenzindex minimiert. Voraussetzung für ein brauchbares Ergebnis ist eine umfassende Datengrundlage, die eine Schätzung der künftigen Renditevarianzen der ↑Wertschriften des Indexportfolios und der Renditekovarianzen zwischen diesen Wertschriften ermöglicht.

Die Abbildung zeigt den erwarteten Tracking error in Abhängigkeit der Anzahl Titel im Nachbildungsportfolio für den MSCI Europe Index.

Tracking error eines Nachbildungsportfolios für den MSCI Europe

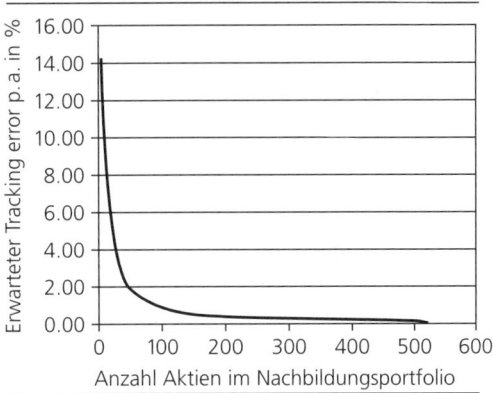

Dieser Index enthielt Ende 2000 insgesamt 509 Titel aus 15 europäischen Ländern. Wie die Schätzung nach dem Optimierungsverfahren von Barra Inc. (Berkeley CA, USA) zeigt, kann der annualisierte Tracking error mit 100 Titeln auf 0,94%, mit 200 Titeln auf 0,40% und mit 400 Titeln auf 0,24% gesenkt werden. *Valerio Schmitz-Esser*

Indexzertifikat

Ein *Indexzertifikat* verbrieft das Recht auf eine Zahlung, deren Höhe sich nach dem Stand eines ↑Aktienindexes am Fälligkeitstag bemisst. Diese Zahlung entspricht dem Indexstand, einem Vielfachen oder einem Bruchteil desselben. Indexzertifikate werden in der Schweiz und in Deutschland von Banken emittiert. Rechtlich handelt es sich bei einem Indexzertifikat um eine Teilschuldverschreibung ohne ↑Zinscoupons mit einer indexabhängigen ↑Rückzahlung. Ökonomisch ermöglicht ein Indexzertifikat die ↑Investition in ein breit diversifiziertes ↑Indexportfolio bereits für sehr kleine Anlagebeträge.

Der theoretische Wert eines Indexzertifikates richtet sich danach, ob es sich beim zu Grunde liegenden Index um einen Kursindex oder einen Performanceindex handelt. Bei einem ↑Zertifikat auf einen *Aktienkursindex* entgehen dem Anleger im Vergleich zu einer Direktanlage in Aktien die Dividendenzahlungen während der ↑Laufzeit des Zertifikates. Ein Zertifikat auf einen Aktienkursindex sollte daher zu einem ↑Disagio gegenüber dem Indexstand notieren. Die theoretische Höhe des Disagios entspricht dem ↑Barwert der während der Laufzeit erwarteten ↑Dividenden des Indexportfolios. Der Käufer eines Zertifikates auf einen *Aktienperformanceindex* ist durch die rechnerische ↑Wiederanlage der Dividenden im Index einer Direktanlage in Aktien gleichgestellt. Entsprechend rechtfertigt sich für ein Zertifikat auf einen Aktienperformanceindex kein Disagio für entgangene Dividenden. Weitere preisbestimmende Faktoren für Indexzertifikate sind die ↑Bonität des ↑Emittenten und die Handelsliquidität.

Valerio Schmitz-Esser

Indifferente Bankgeschäfte
↑Dienstleistungsgeschäfte.

Indikator
Grundsätzlich kann man zwischen monetären (↑Konjunkturindikatoren, monetäre) und realwirtschaftlichen Indikatoren unterscheiden. Indikatoren geben einen Hinweis auf einen Zustand oder eine Entwicklung eines (ökonomischen) Sachverhalts. Aufschlüsse über den Konjunkturverlauf liefern im Weiteren Messgrössen, die in vorlaufende, mitlaufende und nachhinkende Indikatoren eingeteilt werden.

Indirekte Anlagen
↑Anlagefonds; ↑Investmentgesellschaft.

Indirekte Amortisation
↑Hypothekargeschäft.

Indirekte Garantie
↑Bankgarantie.

Indirektes Hypothekargeschäft
↑Realkredit; ↑Hypothekargeschäft.

Individualkundengeschäft
Das Individualkundengeschäft ist ein Teilbereich des gesamten Geschäfts mit privaten Kunden. Die klassische ↑Segmentierung im ↑Privatkundengeschäft unterteilt die Kunden in die Kategorien ↑Retail-Kunden (Mengenkunden), Individualkunden (vermögende Privatkunden) und ↑Privatebanking-Kunden (↑High net worth individuals). Die Abgrenzung der einzelnen Kundengruppen erfolgt je Finanzinstitut auf unterschiedliche Weise. Meistens ist die Zuordnung zu einem Kundensegment vom Erreichen eines bestimmten Geschäftsvolumens, Vermögens, Einkommens oder einer entsprechend anspruchsvollen Produktnutzung oder Bedeutung des Kunden abhängig.

Die Aktivitäten im Individualkundengeschäft einer Bank umfassen neben dem Kontoverkehr auch die ↑Anlageberatung, das ↑Depotgeschäft, das ↑Emissionsgeschäft, die ↑Finanzanalyse, den Handel mit Wertpapieren, das ↑Kreditgeschäft, das ↑Treuhandgeschäft sowie die ↑Vermögensverwaltung.

Da das Individualkundensegment einen überdurchschnittlich hohen Deckungsbeitrag erwarten lässt, profitieren diese Kunden von einem gehobenen Beratungs- und Produktangebot, das eine aktive, problemlösungsorientierte Betreuung durch besonders qualifizierte Berater einschliesst. Das Individualkundengeschäft birgt für die Zukunft ein hohes Geschäftspotenzial, da es vor allem die einkommensstärkeren Bevölkerungsschichten sind, die ihre privaten Kapitalreserven weiter ausbauen können. Daher sind die Banken bestrebt, durch ein möglichst lückenloses Finanzdienstleistungsangebot ihren Marktanteil in diesem Kundensegment zu erhöhen.

Beat Bernet

Individualverwahrung
↑Depotgeschäft.

Individuelles Sparen
Ausdruck für das ↑Sparen durch den Einzelnen, im Gegensatz zum Kollektivsparen, z.B. über ↑Anlagefonds, ↑Investmentgesellschaften (↑Investmentsparen). Andere Sparformen sind z.B. ↑Zwecksparen, ↑Versicherungssparen, ↑Zwangssparen, Vorsorgesparen.

Indorsed bonds
↑Anleihen von ↑Emittenten, deren ↑Zinsen und ↑Rückzahlung von einer anderen Unternehmung garantiert sind. Es handelt sich in der Regel um Anleihen von im Ausland domizilierten Tochtergesellschaften von ↑Konzernen, für welche die ↑Muttergesellschaft eine formelle Garantieerklärung oder eine ↑Patronatserklärung abgegeben hat.

Indossable, indossierbare Wertpapiere
↑Wertpapiere, welche durch ein ↑Indossament übertragen werden können, z.B. die gesetzlichen oder gewillkürten ↑Ordrepapiere.

Indossament
Bei ↑Ordrepapieren die als Gültigkeitsvoraussetzung für die Übertragung zu Eigentum oder zu einem beschränkten dinglichen Recht (z.B. ↑Pfandrecht) vorgeschriebene Erklärung, die vom

Übertragenden (dem Indossanten) auf der Rückseite der Urkunde oder auf einem mit der Urkunde verbundenen Anhang (Allonge) angebracht wird und den Schuldner anweist, die Leistung an den neuen Berechtigten, an welchen das Wertpapier indossiert wird (den Indossatar), zu erbringen. Das Indossament muss vom Indossanten unterschrieben werden. In der Regel bezeichnet es den Indossatar mit Namen (z. B. «An die Ordre von N.N., Datum und Unterschrift»). Das Indossament muss aber den Indossatar nicht nennen. Es kann auch aus der blossen Unterschrift des Indossanten bestehen. In diesem Fall liegt ein ↑Blankoindossament vor, durch welches das Ordrepapier zu einer Art Inhaberpapier wird mit der Wirkung, dass der neue Berechtigte das Papier weitergeben oder einkassieren kann, ohne ein neues Indossament anzubringen. Neben dem Indossament setzt die Übertragung des Papiers auch die Übertragung des Besitzes an der Urkunde voraus.

Die für die Form des Indossamentes beim ↑Wechsel aufgestellten Regeln (OR 1001–1003) gelten im Wesentlichen auch für den ↑Check (OR 1108, 1109) und die übrigen Ordrepapiere (OR 967–969), so etwa für ↑Namenaktien (OR 684 II) und Namenschuldbriefe (ZGB 869). Allerdings ist bei Namenschuldbriefen das Blankoindossament nicht zulässig (ZGB 869 II).

Gültig indossieren kann nur, wer durch die Urkunde selbst und durch ein Indossament oder gegebenenfalls durch eine ununterbrochene Reihe von Indossamenten als Berechtigter ausgewiesen ist. Dabei kommt dem Indossament *Legitimationsfunktion* zu: Wer durch den Besitz des Papiers und durch ein auf ihn lautendes, formell einwandfreies Indossament ausgewiesen ist, gilt, auch wenn das letzte Indossament ein Blankoindossament ist, gegenüber dem gutgläubigen Schuldner (↑Guter Glaube) und späteren gutgläubigen Erwerbern des Papiers als Berechtigter aus dem Papier, auch wenn er oder ein früherer Indossant zu Unrecht in den Besitz des Papiers gelangt ist (OR 966 II allgemein; OR 1006, 1110, 1121 betreffend Wechsel und Check). Die Prüfung der Echtheit der Unterschriften der Indossanten wird grundsätzlich nicht verlangt (so betreffend die bezogene Bank beim Check OR 1121).

Beim Wechsel und beim Check hat das Indossament zusätzlich zur Übertragungs- und Legitimationsfunktion auch *Garantiefunktion:* Wer einen Wechsel indossiert, haftet den nachfolgenden Berechtigten für die Zahlung; diese können auf den Indossanten zurückgreifen (Regress nehmen) und von ihm die sofortige Zahlung der Wechselsumme und Spesenersatz und Zinsen verlangen, wenn der Wechsel unbezahlt bleibt (OR 1033, 1045). Wer die Regresspflicht aus einem Indossament erfüllt hat, erwirbt die Wechselforderung und ist seinerseits regressberechtigt, d.h. er kann gegen den Akzeptanten vorgehen und sich an allfällige vorausgehende Indossanten oder den Aussteller halten und von diesen Zahlung verlangen. Für den Check gilt Entsprechendes (OR 1128–1130).

Namenpapiere werden nicht durch Indossament übertragen. Für die Übertragung eines Namenspapiers wird eine schriftliche Erklärung verlangt (OR 967 II). Diese kann wie ein Indossament auf das Wertpapier gesetzt werden, hat aber nicht die Wirkungen eines solchen (insbesondere keine Legitimationsfunktion). ↑Inkasso-Indossament; ↑Nachindossament; ↑Pfandindossament; ↑Rektaindossament; ↑Teilindossament.

Indossant
↑Indossament.

Indossatar
↑Indossament.

Indossieren
↑Indossament.

Industrials
In der ↑Börsensprache Ausdruck für US-amerikanische Industrieaktien. Auch Kurzbezeichnung für den bekanntesten aller Aktienindizes (↑Aktienindex), den Dow-Jones-Industrial-Index. (↑Dow Jones industrial average).

Industriefinanzierung
Unter Finanzierung wird die Bereitstellung des für die Durchführung des Unternehmenszweckes erforderlichen Kapitals verstanden. Die Industrie im engeren Sinne umfasst die verarbeitende Produktion, wobei handwerklich produzierende Unternehmen (↑Gewerbefinanzierung) nicht dazugezählt werden. Charakteristika der Industrie sind die industriellen Fertigungsmethoden, der erhebliche Maschineneinsatz und der dadurch entstehende hohe Kapitalbedarf. Nicht der Industrie zugerechnet werden Handels- und Dienstleistungsunternehmen, obwohl sich deren Finanzierungsbedürfnisse im Falle von mittleren und grossen Unternehmen oft kaum von jenen der Industrie unterscheiden.

1. Geschichte
Vor der industriellen Revolution arbeiteten die Unternehmer vornehmlich mit ↑Eigenkapital. Das Kreditwesen entwickelte sich vor allem in den europäischen Handelszentren, wobei die norditalienischen Bankiers lange Zeit führend waren. Die industrielle Entwicklung in den ersten Jahrzehnten des 19. Jahrhunderts liess dann aber, zusammen mit dem beginnenden Ausbau des Eisenbahnwesens und der Energiewirtschaft, den Kapitalbedarf sprunghaft ansteigen. Dies führte zu zwei wichtigen Entwicklungen.
Zum einen entstanden die modernen ↑Kapitalgesellschaften, namentlich die Aktiengesellschaft.

Industriefinanzierung

	Fremdkapital	Eigenkapital	Vermögens-verflüssigung
Aussenfinanzierung	Kreditaufnahme	Beteiligungsfinanzierung	Vermögensliquidation
Innenfinanzierung	Mittelbindung aus Rückstellungsbildung	Selbstfinanzierung	Abschreibungsrückflüsse

Quelle: Volkart, Rudolf

Dank dieser Unternehmensform konnte das für den Einzelnen kaum mehr tragbare finanzielle ↑Risiko des industriellen Grossbetriebes beschränkt werden. Zugleich gewannen diese Unternehmen auch mehr Unabhängigkeit von einzelnen Personen.
Zum anderen entwickelte sich mit dem Kapitalbedarf der Unternehmen das Bedürfnis nach einem leistungsfähigen Finanzierungsapparat. Mitte des 19. Jahrhunderts setzte deshalb auch in der Schweiz eine Gründungswelle von Industrie- und ↑Handelsbanken ein. Unter anderem haben auch die heutigen ↑Grossbanken (↑Grossbanken [Geschichtliches]) UBS und Credit Suisse ihre Wurzeln in dieser Zeit. Sie halfen nicht nur, den in Gang kommenden Eisenbahnbau zu finanzieren, sondern beteiligten sich gleichzeitig aktiv an der Gründung von Industrieunternehmen verschiedener Branchen. Allerdings zeigten sich dabei auch rasch die Risiken dieser Gründungsfinanzierungen. Deshalb konzentrierten sich die Handelsbanken in der Folge vermehrt auf ihre Stärken: den kurz- und mittelfristigen Kredit, das ↑Emissions- und ↑Effektengeschäft sowie die Aussenhandelsfinanzierung.
Die boomende Wirtschaft in den letzten Jahrzehnten des 19. und den ersten drei Dekaden des 20. Jahrhunderts führte zu einer lebhaften Emissionstätigkeit. Zahl und Volumen der börsengehandelten ↑Wertschriften stieg stark an. Ebenso wuchs aber die mittel- und kurzfristige Verschuldung bei den Banken kräftig, insbesondere während der 20er-Jahre des letzten Jahrhunderts, in denen die Wirtschaftsmentalität weitgehend vom Glauben an die ewig währende Prosperität, den unaufhaltsamen Fortschritt und das schrankenlose Wachstum beherrscht war. Als die Weltwirtschaftskrise diesen Vorstellungen ein brutales Ende bereitete, waren viele Unternehmen auf diese veränderte Wirtschaftslage finanziell schlecht vorbereitet. Der schmerzhafte Anpassungsprozess zwang die Industrie zum Abbau des ↑Fremdkapitals und führte zur Redimensionierung der ↑Kapital- und ↑Kreditmärkte.
Die Erfahrungen der 30er-Jahre bewogen insbesondere die Grossindustrie, die ↑Innenfinanzierung zu verstärken. Bis in die 50er-Jahre nahm sie den Kapitalmarkt nur in sehr beschränktem Umfang in Anspruch. Nachher hat sich das Bild wieder etwas gewandelt. Die starke Investitionstätigkeit der Nachkriegszeit und der Ausbau der führenden Schweizer Unternehmen zu multinationalen ↑Konzernen erforderten mehr Mittel, als aus dem laufenden Geschäft erwirtschaftet werden konnten. Das fehlende Kapital wurde wieder zunehmend am Kredit- und am Kapitalmarkt beschafft. Die letzten Jahrzehnte des 20. Jahrhunderts waren geprägt durch drei unterschiedliche Entwicklungen. Die rasante Entwicklung der globalen ↑Finanzmärkte führte dazu, dass sich die grossen, multinationalen Unternehmen zunehmend direkt am ↑Geld- und Kapitalmarkt finanzierten. Demgegenüber kämpfte in den 90er-Jahren ein erheblicher Teil der mittelständischen Wirtschaft mit Finanzierungssorgen. Nach einem langen Wirtschaftsaufschwung mit rasanter Kreditexpansion machte sich eine hartnäckige Wirtschaftsflaute breit. Kreditverluste in bislang ungekanntem Ausmass zwangen die Banken zu einer Neuordnung der ↑Kreditpolitik. Die gleichzeitig zunehmende Bedeutung von ↑Risikokapitalgesellschaften und neue ↑Börsensegmente ermöglichten auf der anderen Seite eine Gründungswelle für innovative, schnell wachsende Hightech-Unternehmen.

2. Finanzierungsarten nach Mittelherkunft
Systematisch lassen sich die Finanzierungsarten nach der Herkunft in die ↑Aussenfinanzierung und die ↑Innenfinanzierung unterteilen. Während bei der Aussenfinanzierung das Kapital von aussen auf dem Kredit- oder Kapitalmarkt beschafft wird, erarbeitet sich das Unternehmen die Mittel bei der Innenfinanzierung aus seiner betrieblichen Tätigkeit selbst. Insbesondere bei Grossunternehmen ist die Innenfinanzierung wesentlich bedeutender als die Aussenfinanzierung.
Sowohl bei der Aussen- wie bei der Innenfinanzierung kann die Kapitalzufuhr in Form von Fremd- oder Eigenkapital erfolgen. Zur Fremdkapitalbeschaffung von aussen zählen die Kreditaufnahme bei Banken, aber auch die ↑Emission von Kapital- und Geldmarktpapieren. Die Beteiligungsfinanzierung erfolgt bei der Aktiengesellschaft durch die Ausgabe von ↑Aktien oder ↑Partizipationsscheinen, bei den anderen Rechtsformen durch Aufstockung des Eigen- bzw. Stammkapitals. Innenfinanzierung findet durch die Bildung von offenen und ↑stillen Reserven aus zurückgehaltenen Gewinnen (↑Selbstfinanzierung) oder durch die Erhöhung von Rückstellungen statt. Zur Finanzierung im weitesten Sinn kann auch die Vermögensverflüssigung gezählt werden. Zum einen erfolgt diese im Rahmen des normalen

Umsatzprozesses durch die Abschreibungsrückflüsse. Zum anderen kann sie aber auch durch den Verkauf von nicht betriebsnotwendigen Aktiven oder den beschleunigten Umschlag des Umlaufsvermögens erreicht werden.

Bei der Ausgestaltung der ↑Kapitalstruktur wird ein Gleichgewicht zwischen den sich teilweise konkurrierenden finanzpolitischen Zielen Rentabilität, ↑Liquidität, Sicherheit, Flexibilität, Unabhängigkeit und Finanzimage angestrebt. Man bezeichnet diese deshalb auch als *magisches Sechseck der Unternehmensfinanzpolitik*.

3. Finanzierungsarten nach Finanzierungszweck
Nach dem wirtschaftlichen Zweck kann die Industriefinanzierung in vier grosse Kategorien gegliedert werden, die sich wie folgt charakterisieren lassen:

– *Gründungsfinanzierung*. Die Gründung neuer Industriefirmen ist grundsätzlich Sache der privaten Unternehmer, die dafür auch das erforderliche Gründungskapital aufbringen müssen. Dieses Geschäft gehört heute nicht mehr zu den Kernaktivitäten der Geschäftsbanken. Hingegen sind in den letzten Jahren eine beträchtliche Zahl spezialisierter Private-equity-Gesellschaften (↑Private equity) entstanden, die neben Buy-out- und Expansionstransaktionen, auch Start-up-Unternehmen finanzieren. An diesen Private-equity-Gesellschaften sind wiederum oftmals Banken direkt oder indirekt via ↑Anlagefonds beteiligt. Aufgrund der hohen Anforderungen hinsichtlich Rentabilität und Wachstumspotenzial kommt diese Finanzierungsart nur für einen kleinen Teil der Gründungsprojekte in Frage. Der Grossteil der Unternehmensgründer bleibt weiterhin auf die traditionellen Geldquellen wie private Ersparnisse aus dem Bekannten- und Verwandtenkreis angewiesen. Obwohl die Banken sich in der Regel nicht am Eigenkapital beteiligen, spielen sie bei der Finanzierung von neu gegründeten Unternehmen oft dennoch eine wichtige Rolle, indem sie in Ausnahme zur normalen Kreditpolitik Fremdkapital in Form von ↑Betriebs- und Investitionskrediten (↑Anlagekredit) zur Verfügung stellen.

– *Betriebsmittelfinanzierung*. Darunter wird die Finanzierung der laufenden, bei der betrieblichen Leistungserstellung anfallenden Kosten, wie Materialeinkäufe, Löhne, Unterhalt usw. verstanden. Die Bereitstellung von Mitteln zu diesem Zweck gehört zum angestammten Tätigkeitsgebiet der Grossbanken. Dabei handelt es sich um kurzfristige Kredite des «Self-liquidating»-Typs. Man nennt diese so, weil sie aus dem Erlös des Geschäftes zurückgezahlt werden, zu dessen Finanzierung sie aufgenommen wurden. Klassisch erfolgt die Kreditgewährung in Form des ↑Kontokorrentkredites (↑Betriebskredit). Bei grösseren Beträgen werden auch feste Vorschüsse (↑Darlehen) gewährt. Eine wichtige Finanzierungsquelle für die Betriebsmittelfinanzierung ist neben den ↑Bankkrediten auch der *Lieferantenkredit*. Vor allem in der Investitionsgüterindustrie üblich sind Anzahlungen von Kunden bei der Auftragserteilung.

– *Absatzfinanzierung*. Grundsätzlich ist die Finanzierung eines Kaufgeschäftes Sache des Käufers. Oftmals kann aber die Unterstützung des Verkäufers bei der Finanzierung sehr verkaufsfördernd wirken oder gar Bedingung für das Zustandekommen eines Geschäftes sein. In der Praxis haben sich, branchenabhängig, verschiedene ↑Usanzen herausgebildet. Am verbreitetsten ist der Lieferantenkredit, bei dem der Verkäufer dem Kunden eine Zahlungsfrist von 10, 30, 60 oder 90 Tagen nach Rechnungstellung einräumt. Die ↑Refinanzierung kann durch einen Bankkredit erfolgen, typischerweise in Form eines ↑Blanko- oder ↑Zessionskredites. Eng verwandt mit dem Zessionskredit ist das ↑Factoring, bei dem der Factor die Rechnung in der Regel nicht bloss bevorschusst, sondern auch das Delkredererisiko und das ↑Inkasso übernimmt. Eine weitergehende Form der Absatzfinanzierung ist das Vertriebsleasing (↑Leasing), bei dem der Verkäufer Anlagegut und Finanzierung kombiniert anbietet. Manche kapitalkräftige Konzerne haben aus dieser Form der Absatzfinanzierung ein eigenes Geschäft gemacht und betreiben eigentliche Inhouse-Banken (↑Inhouse banking), während andere Anbieter eng mit Geschäftsbanken und Leasinggesellschaften zusammenarbeiten. Je nach Zusammenarbeitsmodell kann dabei der Verkäufer oder die Leasinggesellschaft als Vertragspartner des Produktekäufers in Erscheinung treten. Eine wichtige Rolle bei der *Absatzfinanzierung im Exportgeschäft* spielen die Banken. Das ↑Dokumenten-Akkreditiv ist ein Instrument zur Zahlungssicherung. Im mittel- bis langfristigen Bereich bildet der Exportkredit der Banken die klassische Form der ↑Exportfinanzierung in der Schweiz. Dabei kann die Kreditgewährung entweder an den Lieferanten oder an den ausländischen Besteller erfolgen. Bei sehr grossen Kreditbeträgen arbeiten in der Regel mehrere Banken zusammen. Häufig ist der Exportkredit auch mit der ↑Exportrisikogarantie des Bundes verbunden.

– *Investitionsfinanzierung*. Die Finanzierung des Anlagevermögens sollte grundsätzlich lang- oder mittelfristig erfolgen. Eine wichtige Rolle spielt hier die Innenfinanzierung aus der Reservenbildung und den Abschreibungsrückflüssen. Bei Wachstumsunternehmen reichen diese Mittel aber oft nicht aus und es werden auch externe Kapitalquellen benutzt. Grossunternehmen können diese Mittel durch die Ausgabe von Beteiligungs- oder Forderungspapieren auf dem Kapitalmarkt beschaffen. Andere für Ausrüs-

tungsgüter verbreitete Finanzierungsformen, die auch kleinen und mittleren Unternehmen offen stehen, sind der mittelfristige Investitionskredit und das inzwischen verbreitete Finanzierungsleasing, die beide von den Geschäftsbanken bzw. ihren Tochtergesellschaften angeboten werden.
Die *Finanzierung von Industriebauten* gestaltet sich aufgrund des meist hohen Spezialisierungsgrades der Bauten, der bedeutenden Investitionskosten und des langen Amortisationshorizontes oft anspruchsvoller. Hypotheken werden auch für Industrieliegenschaften gewährt, doch werden diese in der Regel nicht höher als 50% der Anlagekosten belehnt, und beim Kreditentscheid stützen sich die Banken in erster Linie auf die Kundenbonität ab. Eine Sonderform der Investitionsfinanzierung ist die ↑*Projektfinanzierung*. Sie ist eine massgeschneiderte Kombination verschiedener finanzieller Instrumente zur Durchführung bestimmter, in sich geschlossener Investitionsvorhaben, die von neu errichteten Firmen oder von Tochtergesellschaften bestehender Unternehmen vorgenommen werden. Vom normalen Kredit unterscheidet sie sich dadurch, dass die geldnehmenden Firmen oder Tochtergesellschaften zum Zeitpunkt des Finanzierungsentscheides noch nicht über eine ausgewiesene ↑Ertragskraft und ↑Substanz verfügen, sondern Erträge und Gewinne erst nach Vollendung des Projektes erzielen. Abgesehen von der technischen Evaluation des Vorhabens geht es bei der Projektfinanzierung somit in erster Linie darum, eine unternehmerische Einheit zu schaffen, die kreditwürdig ist. *Martin Wetter*

Lit.: Boemle, M.: *Unternehmungsfinanzierung*, Zürich 2002. – Volkart, R.: *Unternehmungsfinanzierung und Kreditpolitik*, Zürich 2000.

Industriewerte
Börsenbezeichnung für ↑Aktien von Industrieunternehmungen. ↑Industrials.

Inflation
Inflation bedeutet anhaltender Anstieg des Preisniveaus (das ist der gewogene Durchschnitt aller Einzelpreise für Waren und Dienstleistungen) und damit gleichzeitig Sinken der Kaufkraft des Geldes (↑Geldentwertung). Inflationäre Entwicklungen werden mit Preisindices (↑Preisindex) gemessen, in der Schweiz mit dem ↑Landesindex der Konsumentenpreise bzw. mit deren Veränderungsraten (↑Inflationsrate). Das Gegenteil von Inflation bezeichnet man als ↑Deflation.

1. Ursachen von Inflation
Die ökonomische Theorie stellt verschiedene Ansätze zur Erklärung von Inflation bereit, welche zum Teil miteinander konkurrieren.
Zu der ersten Gruppe gehören die ↑*monetären Inflationstheorien*. Diese sehen die einzige Inflationsursache darin, dass die Geldmenge rascher expandiert als die (reale) Produktion von Waren und Dienstleistungen.
Die *neoklassische Theorieschule* geht bei der Erklärung von Inflation von der Quantitätsgleichung des Geldes aus, in der Formulierung:

$$Y^r \cdot P = M \cdot v$$

mit Y^r als realer Produktionsmenge, P als Preisniveau, M als Geldmenge und v als Umlaufgeschwindigkeit des Geldes.

Der Beweis, dass Inflation immer (nur) daher resultiert, dass M stärker expandiert als Y^r, erfordert folgende Annahmen:
1. Y^r ist durch Vollbeschäftigung aller Produktionsfaktoren gegeben
2. M wird exogen durch die ↑Zentralbank gesteuert
3. Geld wird ausschliesslich zu Transaktionszwecken (↑Transaktion) nachgefragt
4. v kann dank stabiler Zahlungsgewohnheiten als konstanter Parameter betrachtet werden.

Das Preisniveau muss sich unter diesen Umständen immer proportional zur Geldmenge verändern. Einzige Inflationsursache ist in einer geschlossenen Volkswirtschaft dann eine zu expansive, das Zahlungsmittelbedürfnis übersteigende Geldversorgung durch die ↑Zentralbank, während beispielsweise Lohnsteigerungen nur die Preisstruktur, aber nicht das Preisniveau tangieren.

Die Quantitätsgleichung kann die Frage nicht beantworten, *wie* Geldmengenausweitungen schliesslich in höheren Preisen resultieren; man spricht von *monetärer Transmission*. Der auf Milton Friedman zurückgehende *Monetarismus* (↑Monetaristen), der die neoklassischen Grundannahmen teilt, hat den Transmissionsmechanismus näher beschrieben. Nach monetaristischer Auffassung streben die Wirtschaftssubjekte eine bestimmte reale Kassenhaltung (M/P) an. Nach einer plötzlichen Geldmengenerhöhung ist die Realkasse höher als geplant. Im Bestreben, die Realkasse wieder auf das gewünschte Niveau abzubauen, fragen die Wirtschaftssubjekte mehr Konsum- und Investitionsgüter sowie ↑Wertpapiere nach. Da das Angebot bei Vollbeschäftigung fixiert ist, führt der Nachfrageüberhang zu Preissteigerungen (↑Vermögenseffekt, ↑Asset price inflation). Im Zuge des Preisanstiegs der Konsumgüter sinkt der Reallohn, der nach neoklassischer und monetaristischer Sicht das einzige Argument in der Arbeitsnachfragekurve der Unternehmen darstellt. Die Arbeitsanbieter lassen sich durch erhöhte Geldlöhne unterhalb der Preissteigerung zu einer Erhöhung ihres Arbeitsangebots anreizen und bemerken die Reallohnabsenkung zunächst nicht. Dadurch steigt die Beschäftigung kurzfristig über das Vollbeschäftigungsniveau (bzw. sinkt die Arbeitslosigkeit unter ihr sog. natürliches Niveau). Allerdings lernen die Arbeitnehmerhaushalte dazu und bilden die Erwartung auf weiter ansteigende Preise. Nach Friedman bilden die Arbeitnehmer ihre Inflationserwartungen adaptiv, d. h. im Hinblick auf in der Vergangenheit realisierte Werte. In Zeiten sich beschleunigender Inflation unterschätzen sie daher systematisch die Preissteigerung. Weitet die Zentralbank also kontinuierlich die Geldmenge aus, kann die überhöhte Beschäftigungssituation gehalten werden. Bremst sie hingegen die Geldmengenexpansion ab, so überschätzen die Arbeitnehmer anschliessend in ihren Erwartungen die tatsächliche Inflation und verlangen höhere Reallöhne als vollbeschäftigungskonform wären. Dadurch sinken Beschäftigung und Produktion unter den Vollbeschäftigungswert *(monetaristische Stabilisierungskrise)*.

In der auf den Monetarismus folgenden Theorieschule der *rationalen Erwartungen* wird unterstellt, dass die Wirtschaftssubjekte über die Mechanismen, die ökonomische Resultate erzeugen, voll im Bilde sind. Sie können daher die Inflationsrate, sofern sie nicht durch rein zufällige Ereignisse beeinflusst wird, korrekt prognostizieren. Eine systematische Beschäftigungserhöhung durch eine kontinuierliche Geldmengenexpansion ist aus dieser Sicht nicht möglich.

Einen weiteren Ansatz zur Erklärung von Inflation stellen die *realwirtschaftlichen Inflationstheorien* dar. Sie führen Inflation auf Störungen auf der Angebots- oder Nachfrageseite zurück, die selbst durch Verteilungs- oder Verwendungskonflikte verursacht werden.

Als *Nachfrageinflation* wird ein Preisniveauanstieg bezeichnet, der auf eine exogene Erhöhung einer Nachfragekomponente, wie z. B. Staatsverbrauch oder Exportnachfrage des Auslands, zurückzuführen ist. Wenn die Produktion bei Vollbeschäftigung fixiert ist, führt die höhere Nachfrage zu proportional steigenden Preisen (sog. inflatorische Lücke); insofern ist Inflation die Lösung eines Verwendungskonflikts. Wenn noch unausgelastete Kapazitäten bestehen, werden sowohl die Produktion als auch die Preise steigen, wobei die Klärung des relativen Ausmasses beider Steigerungen analytisch äusserst schwierig ist. Auch aus Sicht der Nachfrageinflationstheorie kann Inflation Folge einer Geldmengenausweitung sein, aber die Transmission würde über die dadurch ausgelöste Zinssenkung (↑Zins) und nachfolgende Erhöhung der Investitionsgüternachfrage laufen.

Anbieterinflation entsteht durch einen Verteilungskonflikt. Wenn die Arbeitnehmerseite versucht, sich einen höheren Anteil am Sozialprodukt zu sichern, werden die gewerkschaftlichen Lohnforderungen steigen. Je nach Durchsetzungsmacht der Gewerkschaften kommt es zu höheren Tarifabschlüssen. (Die Durchsetzungsmacht der Gewerkschaften – und damit die Lohnsteigerungsrate – ist um so höher, je geringer die Arbeitslosigkeit ist; diesen Zusammenhang bildet die sog. Phillips-Kurve ab.) Wenn es das Wettbewerbsumfeld zulässt, werden die Unternehmen die gestiegenen Kosten auf die Preise überwälzen, was auf Arbeitnehmerseite wiederum höhere Lohnforderungen mit dem Argument des Teuerungsausgleichs auslöst. So kann sich eine Lohn-Preis-Spirale entwickeln. Aber nicht nur gestiegene Verteilungsansprüche der Arbeitnehmer, sondern auch jene der Arbeitgeber und des Staates können Inflation auslösen (Gewinndruckinflation, Überwälzung von Steuererhöhungen auf die Preise). Nachfrage- und Anbieterinflation sind zwar analytisch voneinander zu trennen, treten in der Realität aber oft gemeinsam auf, da steigende Lohnkosten i.d.R. auch steigende Nachfrage bedeuten. Analytisch geht Nachfrageinflation (ausser bei Vollbeschäftigung) mit realem Wirtschaftswachstum einher, während Anbieterinflation ceteris paribus zu einem Rückgang der realen Aktivität führt. In diesem Fall spricht man von *Stagflation*, wie sie in den 70er-Jahren durch die durch Ölpreiserhöhungen ausgelösten Kostensteigerungen verursacht worden ist. Der Fall der «Ölkrise» zeigt, dass die Ursache für Inflation auch im Ausland liegen kann, man spricht von *importierter Inflation*. In einem System ↑ fester Wechselkurse kann Inflation über drei Kanäle importiert werden. Vom *direkten internationalen Preiszusammenhang* spricht man, wenn schwer substituierbare (Vorleistungs-)Importgüter (v. a. Erdöl) sich verteuern, was im Inland eine Anbieterinflation auslöst. Weitere Übertragungsmechanismen sind der *Einkommenseffekt* und der *Liquiditätseffekt*. Ersterer besagt, dass eine höhere Nachfrage des Auslandes nach heimischen Gütern die inländische Gütermenge verknappt und so verteuert. Letzterer führt inländische Inflation auf einen Anstieg der ↑Notenbankgeldmenge infolge von Devisenzuflüssen aus dem Ausland (für exportierte Güter) zurück, welcher nach der Quantitätstheorie Inflation auslöst. In einem System flexibler Wechselkurse (↑Floating) wirken diese Mechanismen schwächer, weil sich ↑Währungen von Ländern, in denen Inflation herrscht, abzuwerten pflegen, was den Export von Inflation partiell unterbindet.

Zum Gegensatz zwischen monetären und realwirtschaftlichen Inflationstheorien ist abschliessend zu bemerken, dass auch in letzteren anerkannt wird, dass Inflation nicht ohne eine Ausweitung der Geldmenge möglich ist. Diese Ausweitung der Geldmenge wird aber – im Gegensatz zur monetaristischen Theorie – nicht als Ursache, sondern als Begleiterscheinung der Inflation angesehen. Dahinter steht die Wahrnehmung, dass die heutigen Geldversorgungssysteme «elastisch» seien. Die Zentralbank könne die Geldversorgung nicht genau kontrollieren, wie vom Monetarismus unterstellt. Der grösste Teil der Geldmenge besteht aus von ↑Geschäftsbanken in Reaktion auf Nachfrage aus dem privaten Sektor hin geschaffenem Buch-

bzw. Kreditgeld (↑Geldschöpfung). Um die Expansionsrate des Buchgeldes kontrollieren zu können, müsste der ↑Geldschöpfungsmultiplikator und die Umlaufgeschwindigkeit des Geldes stabil sein, wovon aber nicht ausgegangen werden könne.

2. Folgen von Inflation
Das wirtschafts-, insbesondere geldpolitische Ziel der Preisniveaustabilität wird mit den negativen Allokations- und Umverteilungswirkungen der Inflation begründet.

Preise sind ↑Indikatoren für relative Knappheiten von Gütern und signalisieren den Produktionsfaktoren, in welchen Bereichen der Wirtschaft und in welchem Umfang Ressourceneinsatz lohnt. Bei Inflation wird es für die Wirtschaftssubjekte zunehmend schwieriger, anhand von Preisveränderungen die Veränderung der relativen Knappheiten abzulesen. Es kommt zu Fehlleitungen von Arbeit und ↑Kapital *(Fehlallokationen)*, was volkswirtschaftliche Verluste nach sich zieht, z.B. Innovationsverluste oder Kosten für Revisionen von nachträglich als falsch erkannten Entscheidungen. Bei sehr hohen Inflationsraten (↑Hyperinflation) kann das Geld seine Funktion als Tauschmittel verlieren. Dann leidet die realwirtschaftliche Aktivität, weil ineffizientere Tauschgewohnheiten und -mittel in Gebrauch kommen und die sog. Flucht in die ↑Sachwerte einsetzt, welche ebenfalls als Fehlallokation gelten muss.

Inflation löst *Umverteilungen von Einkommen und Vermögen* aus, wenn sich Faktorpreise oder andere Einkommensbestimmungsfaktoren nicht vollständig oder nur verzögert an die Inflationsrate anpassen. Da Gesamtarbeitsverträge zu diskreten Zeitpunkten in Kraft treten, senkt Inflation während der ↑Laufzeit der Verträge den Reallohn und verteilt Einkommen zu den Gewinnbeziehern um. Analog sind Renteneinkommen betroffen; und Bezieher von nichtindexierten Transfereinkommen (z.B. Stipendien) werden am härtesten von der Inflation betroffen. Auch Zinssätze passen sich nicht generell flexibel an die Inflationsrate an, sodass der reale Zinssatz (↑Realzins) sinkt. In Zeiten sich beschleunigender Inflation und verzögerter Zinssatzanpassung profitieren Schuldner zulasten von ↑Gläubigern von Inflation, bei rückläufigen Inflationsraten kann es umgekehrt sein. Inflationsgewinner ist der Staat, da seine Verbindlichkeiten (Bargeld und Schulden) real entwertet werden und die Einnahmen aus progressiven Steuern während Lohn-Preisspiralen ansteigen (sog. kalte Progression).

3. Anti-Inflationspolitik
Welche Massnahmen gegen Inflation empfehlenswert sind, hängt von der Ursachenanalyse ab. Anhänger monetärer Inflationstheorien haben vorgeschlagen, Inflation dadurch zu vermeiden, dass die Geldmenge nur im Ausmass des Wachstums des Produktionspotenzials ausgedehnt wird (sog. monetaristische Geldmengenregel). Gegen Nachfrageinflation erscheint eine Beschränkung der Staatsnachfrage sowie Steuer- und/oder Zinserhöhungen wirksam. Anbieterinflation wurde verschiedentlich versucht, mit sog. Einkommenspolitik zu bekämpfen, nämlich runden Tischen von Arbeitgeber-, Arbeitnehmer- und Regierungsvertretern mit dem Ziel, zu moderaten Lohnrichtlinien zu gelangen. Gegen importierte Inflation wurde lange der Übergang zu einem System flexibler Wechselkurse empfohlen, welches schliesslich auch etabliert wurde. Auch Wettbewerbspolitik hat eine Rolle in der Inflationsbekämpfung zu spielen, indem die Brechung dominanter Marktmacht eine Durchsetzung überhöhter Gewinnaufschlagssätze verhindern soll. *Franz Jaeger, Jochen Hartwig*

Inflationsgesicherte Anleihen
↑Indexanleihe.

Inflationsprognose
↑Kerninflation.

Inflationsrate
Wachstumsrate eines als relevant erachteten Preisindexes, in der Schweiz üblicherweise des ↑Landesindexes der Konsumentenpreise. Die Inflationsrate ist eine der wichtigsten Kennziffern der Wirtschaftsentwicklung. Sie gibt Auskunft über das Ausmass der ↑Geldentwertung und die Entwicklung der Lebenshaltungskosten, und dient als Orientierungshilfe beim Entscheid über wirtschafts-, insbesondere geldpolitische Massnahmen (↑Geldpolitik). Auch die ↑Finanzmärkte beobachten die Inflationsrate sehr genau, da sie wichtigste Frühwarnindikator für die nächsten Zinsentscheidungen der ↑Zentralbank ist. Daneben wird die Inflationsrate als Massstab zur Festlegung des Teuerungsausgleichs für Löhne und zur Anpassung von Mieten und Renten herangezogen.

Franz Jaeger, Jochen Hartwig

Informatik im Bankwesen
In wohl keinem anderen Wirtschaftszweig hat die Informatik eine derart stürmische Entwicklung genommen wie im Bankwesen. Dies hat seinen Grund in der Art des Geschäftes. Bankwesen hat in hohem Masse mit Information zu tun. Dies trifft nicht nur zu für Informationen, welche Bankgeschäfte begleiten, auch der Kern dieses Geschäftes, nämlich Geld, tritt abgesehen von ↑Bargeld nur in Form von Information in Erscheinung, als Gutschrift oder Belastung auf einem ↑Konto, als Guthaben oder Verpflichtung, als ↑Wertpapier, als ↑Börsenauftrag oder -abrechnung usw. Dies erklärt, dass im Bankwesen Informationsverarbeitung nicht nur die Rolle einer Hilfsfunktion spielt, sondern das Rückgrat der Geschäftstätigkeit dar-

stellt. Damit kommt der Informatik im Bankwesen eine strategische Rolle zu.

Diese alle Bereiche des Bankgeschäftes umfassende Informatik brachte es mit sich, dass Banken sehr früh in deren Entwicklung danach strebten, einen integralen, auf einem Bankmodell beruhenden Ansatz zu wählen. Für Schweizer Banken ist dies das Universalbankmodell. Umgelegt auf das Informatikdesign kann dieses Modell in dem Sinne interpretiert werden, dass eine ↑Universalbank einem Kunden eine breite Palette von Produkten anbieten kann und sie ihre Kundenbasis nicht nach Produkten trennt, wie dies im amerikanischen Bankmodell üblich ist. Im Zentrum einer Informatikarchitektur steht deshalb der Kunde. Eine einheitliche Kundendatenbank und die zentrale Führung der Kundenkonten bilden den Kern einer auf dem Modell der Universalbank beruhenden Informatikarchitektur.

Die Bankinformatik umfasst die Geschäftsvorbereitung, die Geschäftsabwicklung, die Geschäftskontrolle und Managementinformationen. Basis jeder Bankinformatik ist die Unterstützung der Geschäftsabwicklung, welche sich üblicherweise gliedern lässt in Kernapplikationen im Umfeld der Kundendatenbank und der ↑Kontoführung, verarbeitende Applikationen wie ↑Zahlungsverkehr und ↑Wertschriftenverwaltung, Geschäftsapplikationen zur direkten Unterstützung der Kundenfront, wie das ↑Schaltergeschäft, die ↑Anlageberatung, das ↑Kreditgeschäft usw., Handelssysteme für den Devisen- und ↑Börsenhandel, ↑Electronic banking.

Die Informatik unterstützt in zunehmendem Masse auch die Geschäftsvorbereitung. Dazu gehören Systeme zur Bereitstellung geschäftsrelevanter Informationen, zur Unterstützung der Analyse- und der Entscheidungsprozesse und umfassende, meist globale Kommunikationssysteme. Insbesondere in allen Bereichen des ↑Investment banking kommt dieser Form der Informatikunterstützung grosse Bedeutung zu.

In jüngerer Vergangenheit hat die Bereitstellung von Managementinformation sowohl zur Führung der Banken als auch zur Kontrolle der einzelnen Geschäfte stark an Bedeutung gewonnen. Die zunehmende Komplexität der Bankprodukte, aber auch die globale Ausrichtung im Bankgeschäft stellen sehr hohe Anforderungen an die Überwachung der ↑Risiken, sowohl der Einzelgeschäfte als auch von Geschäftszweigen und des Gesamtunternehmens. Die Informatik unterstützt die gesetzlich vorgeschriebene Berichterstattung ebenso wie die finanzielle und innerbetriebliche Führung. Ein besonderer Schwerpunkt liegt auf der Bereitstellung und Aufbereitung von Informationen für ein umfassendes Risikomanagement.

Die technische Basis eines derart umfassenden Informatiksupports bilden Computernetzwerke zur Verarbeitung der ↑Transaktionsvolumina, und zur Führung der Datenbanken, vernetzte intelligente Arbeitsplatzsysteme und der Zugang zu weltweiten Kommunikationssystemen. Neben branchenspezifischen Netzwerken gewinnt vor allem im Umgang mit dem Kunden das ↑Internet zunehmende Bedeutung.

In Anbetracht der heute nahezu totalen Abhängigkeit des Bankbetriebes von funktionierenden Computer- und Kommunikationssystemen stellen Betriebssicherheit und Verfügbarkeit eine besondere Herausforderung dar. Das Gefahrenspektrum reicht von technischen Pannen bis hin zu Sabotage. Insbesondere mit dem direkten Zugang der Kunden zu den Computersystemen der Banken stellen sich Sicherheitsprobleme sowohl für die Kunden wie für die Banken.

Das Bankwesen bedient sich in grossem Umfang des Potenzials, welches die Informatik und die Kommunikationstechnologien bieten. Umgekehrt kann auch festgestellt werden, dass neue technische Möglichkeiten das Bankgeschäft beeinflussen und nachhaltig verändern. In ganz besonderem Masse gilt dies für das ↑Internet. Die Möglichkeit, den Kunden elektronisch direkt an die Systeme der Bank anbinden zu können, eröffnet völlig neue Dimensionen in der Distribution der Dienstleistungen. Die Reichweite einer Bank wird nicht mehr durch das Geschäftsstellennetz bestimmt, sondern primär durch den Bekanntheitsgrad und das Vertrauen der Kunden, welches sie in einem Markt geniesst. Die Expansion in neue Märkte wird heute mehr durch juristische und administrative Hürden behindert denn durch technologische.

Grosse Bedeutung haben Informatik und Kommunikationssysteme auch für die Infrastrukturen des Bankwesens, seien diese elektronische Zahlungsverkehrssysteme, branchenspezifische Kommunikationssysteme oder elektronische Handels- und Settlementsysteme (↑Settlement, ↑Clearing and settlement, ↑Swiss value chain). Die Globalisierung des Bankgeschäftes bringt eine Entwicklung von nationalen hin zu regionalen und internationalen Infrastrukturen.

Der Stellenwert der Informatik im Bankwesen findet seinen Ausdruck auch in den bedeutenden ↑Investitionen, welche Banken in diesem Bereich tätigen, und im grossen Bedarf an Informatikspezialisten. Teilweise versuchen Banken durch Outsourcing an spezialisierte Anbieter von Informatikdienstleistungen ihre Informatikprobleme zu lösen. In einem begrenzten Umfang ist dies möglich, wo es sich um Standardanwendungen handelt. Auch das Outsourcing des Betriebes der Computer- und der Kommunikationssysteme wird vermehrt angewendet. Die Grenzen des Outsourcing sind gegeben durch die Tatsache, dass eine einwandfrei funktionierende Informatik für eine Bank eine Überlebensfrage und von grosser strategischer Bedeutung sein kann. Die Kontrolle über derart wichtige Resourcen muss gewährleistet bleiben.

Zudem kann die Informatik zumindest in den innovativen Produktebereichen Wettbewerbsvorteile bieten. Eine weitere Möglichkeit besteht darin, dass Banken oder Bankengruppen ihre Informatik vermehrt gemeinsam betreiben.

Die Informatik im Bankwesen unterliegt einem starken Wandel als Folge der strukturellen Veränderungen im Bankwesen einerseits und des Potenzials neuer Entwicklungen in den Informationtechnologien anderseits. *Hubert Huschke*

Informationseffizienz von Finanzmärkten
↑Efficient-market-Theorie.

Informationskoeffizient
↑Portfolio management (Aktienfonds).

Informationspflicht des Effektenhändlers
Nach BEHG 11 I a muss der ↑Effektenhändler seine Kunden vor der ↑Abwicklung eines Effektenhandelsgeschäftes ungefragt auf die mit der betreffenden Geschäftsart verbundenen Risiken hinweisen. Diese sog. börsengesetzliche Informationspflicht tritt den beiden anderen in BEHG 11 statuierten Verhaltenspflichten des Effektenhändlers zur Seite (Sorgfaltspflicht, Treuepflicht). Die ↑Bankiervereinigung (SBVg) hat auf den 01.08. 1997 unter dem Titel «Verhaltensregeln für Effektenhändler bei der Durchführung des Effektenhandelsgeschäfts» Richtlinien erlassen, welche die rudimentäre Regelung des Gesetzes vervollständigen sollen. Nach Gesetz und Verhaltensregeln SBVg gilt für die Informationspflicht im Wesentlichen Folgendes:
– Die geschuldete Information bezieht sich auf die besondere Risikostruktur der als Anlageinstrumente gewählten Geschäftsarten und nicht auf die spezifischen Risiken der konkreten Effektentransaktion (BEHG 11 I a)
– Der Effektenhändler schuldet die Information ungefragt und grundsätzlich vor jedem Geschäft. Nach den Verhaltensregeln darf der Effektenhändler allerdings davon ausgehen, dass der Kunde die üblicherweise mit dem Kauf, Verkauf und dem Halten von ↑Aktien, ↑Obligationen und Anlagefondsanteilen verbundenen Bonitäts- und Kursrisiken kennt. Über solche «übliche» Risiken muss nur informiert werden, wenn die Aufklärungsbedürftigkeit des Kunden für den Effektenhändler erkennbar ist. Bei Geschäften mit erhöhtem Risiko muss in jedem Fall informiert werden. Dazu gehören etwa ↑Termingeschäfte, ↑Optionen, ↑Lombardkredite, ↑Derivate (Verhaltensregeln SBVg 3 II, Kommentar Rz 6 und 7)
– Da sich die Informationspflicht nicht auf die spezifischen Risiken der konkreten ↑Transaktion bezieht, kann sie auf Vorrat und in standardisierter Form geleistet werden. In diesem Fall soll die Information «in allgemein verständlicher Form und für alle Kunden gleich» erfolgen (Verhaltensregeln SBVg 3 IV). Die von den Banken verwendeten ↑Risikoaufklärungsbroschüren folgen einem von der Bankiervereinigung erarbeiteten Mustertext
– Nicht aufgeklärt werden muss, wer bereits aufgeklärt ist. Der Effektenhändler darf aber einen Kunden nur als aufgeklärt betrachten, wenn er in einer besonderen schriftlichen Erklärung angibt, die Risiken zu kennen; dabei sind die fraglichen Geschäftsarten genau zu bezeichnen (Verhaltensregeln SBVg 3 V).

Die Verhaltensregeln der Bankiervereinigung sind als Standesregeln für die Gerichte und die übrigen Behörden nicht verbindlich. Die Vereinbarkeit von Teilen dieser Regeln mit dem Gesetz wird gelegentlich unter Hinweis auf das Gebot der Berücksichtigung der Geschäftserfahrenheit und der fachlichen Kenntnisse des Kunden (BEHG 11 II) in Frage gestellt, so z.B. die Vermutung der Informiertheit des Kunden hinsichtlich der «üblichen» Risiken oder das Recht zur Abgabe einer standardisierten und für alle Kunden gleich formulierten Information. Abgesehen davon ist zu beachten, dass die börsengesetzliche Informationspflicht die von der bundesgerichtlichen Rechtsprechung entwickelten Grundsätze über die Sorgfaltspflichten des Beraters und über die zivilrechtliche Aufklärungspflicht der Bank nicht ersetzt hat. Soweit diese Grundsätze der Rechtsprechung dem Effektenhändler umfassende Risikoaufklärungspflichten auferlegen, die über das Börsengesetz und die Verhaltensregeln der Bankiervereinigung hinausgehen, haben sie Vorrang. ↑Aufklärungspflichten der Banken.

Informationsstelle für Konsumkredite (IKO)
Als Grundlage für die Kreditfähigkeitsprüfung sieht das neue Bundesgesetz über den Konsumkredit (KKG) vom 23.03.2001 eine gesetzliche *Informationsstelle für Konsumkredit* vor. Diese ist grundsätzlich privatrechtlich organisiert, stellt aber ein Bundesorgan im Sinne des Bundesgesetzes über den Datenschutz dar und untersteht der Aufsicht durch das Eidg. Justiz- und Polizeidepartement. Sie wird geführt durch den Verein zur Führung einer Informationsstelle für Konsumkredit (IKO) mit Sitz in Zürich, der in Absprache mit den Bundesbehörden am 30.05.2002 auf Initiative der ↑Zentralstelle für Kreditinformation (ZEK) gegründet worden ist. Datenzugang haben nur die dem KKG unterstellten ↑Kreditgeber, und auch diese nur soweit nötig zur Erfüllung der im KKG statuierten Pflichten im Zusammenhang mit der Kreditfähigkeitsprüfung für ↑Konsumkredite, für dem KKG unterstellte Leasingverträge und für die

Einräumung von ↑Kreditlimiten bei Kredit- und Kundenkartenkonti sowie bei Überziehungskrediten auf laufendem Konto.
Gemäss Art. 25 bis 27 des neuen KKG besteht eine gesetzliche Pflicht zur Meldung folgender Geschäftsvorfälle an die Informationsstelle für Konsumkredit:
– Alle gewährten Konsumkredite bei Vertragsabschluss
– Alle dem KKG unterstellten Leasingverträge bei Vertragsabschluss
– Benutzte Kreditoptionen und Überziehungslimiten bei ↑Kredit-, ↑Kundenkarten sowie Überziehungskrediten auf laufendem Konto, wenn die Kreditoption bzw. die Überziehungslimite während drei Abrechnungsperioden oder – bei Überziehungskrediten – während 90 Tagen mit einem Sollsaldo per Saldostichtag zulasten des Kunden von mindestens CHF 3 000 benutzt wird
– Verzug mit mindestens 10% des Netto-Kreditbetrages bei Konsumkrediten bzw. drei Leasingraten bei Leasingverträgen.
Zusätzliche Meldekategorien sind unzulässig.
In Nachachtung dieser engen gesetzlichen Beschränkung der zu meldenden Geschäftsvorfälle verfügt die Informationsstelle für Konsumkredit über erheblich weniger Datenkategorien als die von den Kredit-, Leasing- und Kreditkartenfirmen weiterhin auf rein privatrechtlicher Basis geführte ↑Zentralstelle für Kreditinformation (ZEK).

Robert Simmen

Informationswesen der Banken
Die Informationstätigkeit konzentriert sich heute vor allem auf die Datenbeschaffung innerhalb und ausserhalb der Bank. Sie dient der Bonitätsbeurteilung bestehender und künftiger Kunden. Dagegen wird auf die Auskunftserteilung über die ↑Bonität eigener Bankkunden an Dritte seit einigen Jahren aufgrund der strikten Befolgung des Datenschutzgesetzes, der Bewahrung des ↑Bankkundengeheimnisses und des informationellen Selbstbestimmungsrechtes des Betroffenen weitgehend verzichtet.
Eine sorgfältige Bonitätsprüfung durch Banken ist eine Selbstverständlichkeit. Die Banken haben die Pflicht, ihre Geldnehmer auf deren ↑Kreditwürdigkeit und ↑Kreditfähigkeit hin zu prüfen und für die Bewilligung von Krediten und deren Überwachung die erforderlichen Unterlagen zusammenzustellen. Hinzu kommt die Pflicht zur Identifizierung der Kunden und zur Feststellung des wirtschaftlich Berechtigten (↑Vereinbarung über die Standesregeln zur Sorgfaltspflicht der Banken [VSB] sowie der dazugehörigen Richtlinien der Eidg. ↑Bankenkommission [EBK] zur Bekämpfung und Verhinderung der ↑Geldwäscherei). Dazu sind die nötigen Informationen zu beschaffen und auf ihre Plausibilität zu überprüfen.

1. Informationsbeschaffung
Ein erster Schritt zur Datenbeschaffung für die Bonitätsprüfung ist die Befragung des Gesuchstellers bzw. Kreditnehmers. Heute bearbeiten EDV-Systeme (↑Credit rating, ↑Credit scoring) diese Angaben und liefern dem Kreditsachbearbeiter ein provisorisches Kundenrating. Bei einem nächsten Schritt werden bei den bankinternen Auskunftsstellen (Informationsabteilung, Fachstellen für Geldwäscherei und ↑Compliance) Datensammlungen konsultiert, die über vorhandene Kundschaftsbeziehungen, Handelsregistereinträge, ↑Verlustscheine, Betreibungsauszüge, Konkurse und weitere Informationen verfügen. Je nach Bedarf werden aktuelle Informationen bei Handelsregister-, Betreibungs-, und Steuerämtern, Einwohnerkontrollen sowie bei Auskunfteien eingeholt oder Daten aus Zeitungen und aus dem ↑Internet gesammelt.

2. Informationserteilung
Banken erteilen auf Anfrage hin und unter Beilage eines gültigen Interessennachweises nur noch zurückhaltend und vereinzelt Informationen über ihre Kunden unter Beachtung der strengen Gesetzesauflagen. Davon ausgenommen ist die gesetzlich vorgeschriebene Abgabe von Informationen im Zusammenhang mit der Gewährung von ↑Konsumkrediten. Aufgrund des neuen Konsumkreditgesetzes besteht bei der Gewährung von Konsumkrediten, bei Leasingverträgen und bei der Abgabe von ↑Kreditkarten mit Kreditoption zwingend auch eine Anfrage- und Meldepflicht bei der ↑Informationsstelle für Konsumkredite.
Das Kreditinformationswesen der Banken unterliegt heute stark den Einflüssen der Informationsbeschaffungsinteressen und -pflichten unter der Befolgung der eidgenössischen Gesetze. Benötigt die Bank Informationen von Dritten, z. B. für eine Bonitätsprüfung, ist u. a. das Bankkundengeheimnis zu beachten. Zudem gilt für die Bearbeitung gesammelter Daten gemäss Datenschutzgesetz die rechtmässige Beschaffung, die Bearbeitung nach Treu und Glauben und der Grundsatz der Verhältnismässigkeit sowie die Kontrolle der Datenrichtigkeit. Im Weiteren dürfen die eingeholten Informationen nicht für sachfremde Zwecke benützt werden.

Ruedi Mosberger

Information warehouse
↑Management-Informationssystem bei Banken.

Inhaber
↑Inhaberaktie; ↑Inhaberklausel; ↑Inhaberobligation; ↑Inhaberpapier; ↑Inhabersparheft.

Inhaberaktien
↑Aktien, bei denen sich der Inhaber durch Vorweisung des Aktientitels zur Geltendmachung seiner Aktionärsrechte legitimiert. Wer die Inhaber-

aktie besitzt, gilt unter Vorbehalt von OR 966 II als der rechtmässige Eigentümer. Der Verwaltungsrat darf deshalb grundsätzlich keinen weiteren Nachweis für die Legitimation verlangen. Weil bei Inhaberaktien die Pflege der Aktionärsbeziehungen erschwert ist und grosse Publikumsgesellschaften ihre Aktionäre kennen wollen, sind Inhaberaktien in den letzten Jahren selten geworden.

Inhaberklausel
Klausel in einem ↑Wertpapier, die den jeweiligen Inhaber als Berechtigten bezeichnet.

Inhaberobligation
In der Schweiz lauten ↑Anleihensobligationen auf den Inhaber, während ↑Kassenobligationen in Ausnahmefällen auch auf den Namen des Obligationärs ausgestellt werden.

Inhaberobligation mit Grundpfandverschreibung
Eine besondere, durch die Praxis entwickelte Form der Grundpfandsicherheit, die rechtlich den Charakter einer ↑Grundpfandverschreibung hat, aber praktisch wie ein Schuldbrief behandelt wird. Das Gesetz kennt drei Arten des Grundpfandrechts: Grundpfandverschreibung, ↑Schuldbrief und ↑Gült. Die *Grundpfandverschreibung* belastet das Grundstück mit einem ↑Pfandrecht für eine bestimmte Forderung, deren Identität sich aus dem zu Grunde liegenden öffentlich beurkundeten ↑Pfandvertrag ergibt. Ob das Pfandrecht tatsächlich existiert, geht für Dritte aus dem ↑Grundbuch nicht hervor, da das Pfandrecht akzessorisch, d. h. im Bestand und in seiner Höhe vom Bestand der gesicherten Forderung abhängt. Ist diese ganz oder teilweise zurückbezahlt worden, so geht auch das Pfandrecht entsprechend unter, ohne dass die Änderung im Grundbuch nachgetragen werden muss. Dem Dritterwerber (Zessionar) einer durch Grundpfandverschreibung gesicherten Forderung gibt also die Bestätigung des Grundbuchamts über die Errichtung der Grundpfandverschreibung keine Gewähr dafür, dass ihm der Zedent eine tatsächlich (noch) bestehende Forderung abtritt. Die Grundpfandverschreibung kann nicht als solche abgetreten werden; Gegenstand der ↑Abtretung ist immer die gesicherte Forderung, mit der, soweit sie tatsächlich besteht, die Grundpfandsicherheit als Nebenrecht verbunden ist. Anderes gilt für *Schuldbrief* und *Gült*. Hier führt die Errichtung des Titels zur Errichtung einer abstrakten, im ↑Wertpapier verkörperten Forderung, von deren Existenz in Höhe der Skriptur der gutgläubige Erwerber ausgehen darf und für deren Sicherheit das belastete Grundstück haftet.
Da die Kantone eine Höchstsumme der Belastung von Grundstücken mit Schuldbriefen und Gülten festlegen dürfen, hat sich in verschiedenen Gegenden der Schweiz die ↑Usanz gebildet, anstelle von Schuldbriefen sog. *Inhaberobligationen mit Grundpfandverschreibung (Obligations hypothécaires au porteur)* zu errichten. Rechtlich gesehen wird in diesem Fall ein ↑Grundpfandrecht als akzessorische, vom Bestand der gesicherten Forderung abhängige Sicherheit begründet. Da aber die gesicherte Forderung analog dem Inhaberschuldbrief als abstrakte Schuldverpflichtung gegenüber dem jeweiligen Inhaber der Urkunde formuliert wird, die somit als Wertpapier zirkulieren kann, braucht der gutgläubige Erwerber mit dem erwähnten Risiko der Einrede des Schuldners, die gesicherte Forderung sei nie zur Entstehung gekommen oder zurückbezahlt worden, kaum zu rechnen. Wegen der fehlenden amtlichen Bescheinigung der Existenz der gesicherten Forderung wird es trotzdem vielerorts für ratsam gehalten, Inhaberobligationen mit Grundpfandverschreibung nur vom Schuldner und Grundeigentümer, nicht aber aus der Hand von Dritten entgegenzunehmen. Da die Urkundspersonen regelmässig mehrere Ausfertigungen von Grundpfandverschreibungen errichten, ist es für Erwerber, denen die Urkunde nicht direkt von der Urkundsperson zugestellt wird, praktisch wichtig nachzuprüfen, ob ihnen die für die Zirkulation bestimmte Kopie der Urkunde vorliegt.
In den Kantonen, in denen sie als Instrumente der Grundpfandsicherheit Eingang gefunden haben, lassen sich Banken Inhaberobligationen mit Grundpfandverscheibung zur Sicherstellung von Forderungen mit wechselndem Betrag auch zu ↑Faustpfand übergeben (indirektes Hypothekargeschäft) oder fiduziarisch zu Eigentum übertragen (↑Sicherungsübereignung). *Christian Thalmann*

Inhaberpapier
Ein ↑Wertpapier, aus dessen Wortlaut oder äusserer Gestalt ersichtlich ist, dass der jeweilige Inhaber berechtigt sein soll (OR 978 ff.). ↑Hinkendes Inhaberpapier; ↑Inhaberschuldbrief; ↑Inhabersparheft.

Inhaberschuldbrief
↑Schuldbrief, der den jeweiligen Inhaber der Urkunde als ↑Gläubiger bezeichnet. Inhaberschuldbriefe können vom Grundbuchamt auf blosse schriftliche Anmeldung des Eigentümers des belasteten Grundstücks errichtet werden (↑Eigentümertitel). Mit der Begebung des Titels an einen Gläubiger zu ↑Eigentum oder Pfand kommt das im Inhaberschuldbrief latent angelegte ↑Grundpfandrecht zur Entstehung. Die Errichtung eines Inhaberschuldbriefs kann aber auch Gegenstand eines zwischen dem Grundeigentümer und seinem Gläubiger in öffentlicher Urkunde abgeschlossenen Pfanderrichtungsvertrages sein. In diesem Fall entsteht das Grundpfandrecht schon mit der Eintragung des Pfanderrichtungsvertrages im ↑Grundbuch.

Inhabersparheft

Sparer, welche im Bankverkehr Wert auf absolute Anonymität legen, können bei ihrer Bank die Ausstellung eines auf den Inhaber lautenden Sparheftes verlangen. Das Inhabersparheft ist ein ↑Wertpapier nach OR 965. Für Inhabersparhefte gilt das für die ↑Verrechnungssteuer geltende Sparheftprivileg (Befreiung vom Verrechnungssteuerabzug, wenn der Zinsertrag pro Kalenderjahr weniger als CHF 50 beträgt) nicht. Die Bank hat die Pflicht zur Identifizierung der Kunden und zur Feststellung des wirtschaftlich Berechtigten (↑Vereinbarung über die Standesregeln zur Sorgfaltspflicht der Banken [VSB] sowie der dazugehörigen Richtlinien der Eidg. Bankenkommission [EBK] zur Bekämpfung und Verhinderung der ↑Geldwäscherei). Dazu hat sie die nötigen Informationen zu beschaffen und auf ihre Plausibilität zu überprüfen. Inhabersparhefte werden nicht von allen Banken ausgegeben.

Inhouse banking

Beim Inhouse banking wird das Finanzmanagement einer Unternehmung verselbstständigt mit dem Ziel, die firmeneigenen banküblichen Aktivitäten (↑Cash management, Kredit- und Anlagegeschäft, ↑Risikomanagement und ↑Leasing) sowohl kostengünstiger wie gewinnsteigender abzuwickeln.
Inhouse banking ist gruppenintern ausgerichtet, weshalb dieses nicht unter die bankengesetzlichen Regelungen fällt.

Inhouse crosses
↑Codes of conduct.

Inhousefonds
↑Bankinterne Sondervermögen.

Inhouse funds
↑Bankinterne Sondervermögen.

Initial-Marge
↑Einschussmarge; ↑Initial margin.

Initial margin
↑Einschussmarge; ↑Margin; ↑Financial futures; ↑Additional margin; ↑Futures margin.

Initial public offering (IPO)

Als Initial public offering wird die Umgestaltung einer privaten Aktiengesellschaft (Closely held corporation oder Close corporation) in eine ↑Publikumsgesellschaft durch Beanspruchung des Kapitalmarktes zur ↑Beteiligungsfinanzierung bezeichnet. Der bisher geschlossene Kreis der Kapitalgeber (z.B. eine Familie oder die Dachgesellschaft eines ↑Konzerns) wird für neue Kapitalgeber «geöffnet». Dieser Vorgang wird deshalb auch als *Going public* bezeichnet. Eine besondere Form ist wegen der rechtlichen Unterschiede das Initial public offering bei öffentlich-rechtlichen Anstalten, z.B. die Ausgabe von ↑Partizipationsscheinen bei ↑Kantonalbanken.

1. Motive des Going public
Die Motive für ein Going public sind vielfältig. Sie können in der Unternehmung selber wie auch bei den bisherigen Eigentümern liegen.
Die Notwendigkeit, die Investitionstätigkeit zu verstärken oder die bisherige Marktstellung auszubauen, kann zu einem sprunghaft ansteigenden Kapitalbedarf führen. Dieser übersteigt häufig die Selbstfinanzierungsmöglichkeiten der Unternehmung, weshalb – ergänzend zur ↑Fremdfinanzierung – die für die Expansion benötigten Mittel durch Erhöhung des ↑Aktienkapitals bereitgestellt werden müssen. Sind die finanziellen Möglichkeiten der bisherigen Aktionäre ausgeschöpft, ist eine ↑Beteiligungsfinanzierung durch Dritte unumgänglich. Der direkte Zugang zum Aktienmarkt über die Börsenkotierung verbessert spürbar die Möglichkeiten der Beteiligungsfinanzierung.
Kotierte ↑Beteiligungspapiere sind in der Regel Voraussetzung für die Unternehmungsakquisitionen auf dem Weg von Aktienumtauschangeboten, sog. *Akquisitionswährung*. Die Börsenkotierung erleichtert überdies die Realisierung von Mitarbeiter-Kapitalbeteiligungsmodellen sowie von ↑Stock-options-Plänen und damit die Gewinnung von Mitarbeitern, insbesondere von Führungskräften. Hat eine Unternehmung eine gewisse Grösse erreicht, ist es überdies ratsam, ↑Risiko und Verantwortung auf eine grössere Zahl von Eigenkapitalgebern zu verteilen. Häufig ist auch der Wunsch unverkennbar, durch die Öffnung die Abhängigkeit der Unternehmung von einzelnen Kapitalgebern zu verringern.
Ferner sind die Kapitalkosten einer kapitalmarktfähigen Unternehmung – wie die Erfahrung zeigt – erheblich günstiger als für Unternehmungen, die keinen direkten Zugang zum Kapitalmarkt haben.
Der Beweggrund für die Öffnung mit einem IPO kann auch bei den bisherigen Unternehmenseigentümern liegen. Aktionäre möchten sich aus der Unternehmung zurückziehen, weil sie sich anderen Tätigkeiten zuwenden oder sich altershalber desengagieren wollen. Die Finanzierung eines ↑Management buy-out kann ebenfalls zu einem Going public Anlass geben. In der Regel lösen mehrere Motive ein IPO aus.
Ein Going public hat für eine Unternehmung nicht nur finanzwirtschaftliche Aspekte. Die Öffnung einer Unternehmung erhöht deren Bekanntheitsgrad auf den Beschaffungs- und Absatzmärkten, was zu einem nicht zu unterschätzenden Wettbewerbsvorteil werden kann. Man spricht deshalb

Initial public offering (IPO)

vom Image- und Werbeeffekt des Going public, der vor allem für Unternehmen im Konsumgüterbereich bedeutsam ist.

2. Voraussetzungen für ein erfolgreiches IPO
Die Öffnung einer privaten Aktiengesellschaft ist stets ein individueller Vorgang, sodass es schwierig ist, die Voraussetzungen für eine erfolgreiche Realisierung in allgemein gültigen Richtlinien zusammenzufassen. Dabei ist zu unterscheiden zwischen dem IPO einer etablierten Unternehmung und jenen von *Start-ups* (↑ Private equity) mit einer Kotierung am ↑ SWX New Market.
Ein IPO setzt primär eine Mindestgrösse der Unternehmung voraus: Für die Zulassung zum offiziellen ↑ Börsenhandel im Hauptsegment ist eine voraussichtliche ↑ Börsenkapitalisierung der Aktien/PS von CHF 25 Mio. erforderlich (KR 14). Die neuen Titel sollen keinen zu engen Markt aufweisen, was gewisse Mindeststückzahlen erfordert. Um einen regelmässigen Handel für die Aktien zu gewährleisten, müssen die im Hauptsegment zu kotierenden Titel zu mindestens 25% im Publikumsbesitz sein (KR 17). Erfolgt das Going public zur Beschaffung von sog. ↑ Venture capital mit Kotierung am SWX New Market, liegt das Geschäftsvolumen naturgemäss wesentlich tiefer. Am SWX New Market sollen die zu kotierenden ↑ Beteiligungsrechte eine voraussichtliche ↑ Kapitalisierung von CHF 8 Mio. aufweisen (KR ZR 8). Als weitere Zulassungsvoraussetzung für die ↑ Kotierung wird verlangt, dass der ↑ Emittent im Hauptsegment ein konsolidiertes ↑ Eigenkapital von CHF 25 Mio. (KR 8), am SWX New Market und als ↑ Local cap eines von CHF 2,5 Mio. aufweist (KR ZR 8, bzw. KR ZR 5).
Im ↑ Investment banking werden die Anforderungen für ein erfolgreiches IPO prägnant im Begriff erfolgreicher *Investment case* - auch ↑ *Equity story* genannt – zusammengefasst, worunter entweder eine Growth story (für den ↑ Investor überdurchschnittliches EPS-Wachstums [↑ Earnings per share]) oder eine Value story (für Investoren ein attraktiver Platzierungspreis im Verhältnis zum Unternehmungswert) verstanden wird.

3. Abwicklung eines Going public
Zuerst müssen *vorbereitende Massnahmen* getroffen werden. Zahlreiche Familiengesellschaften sind hinsichtlich des rechtlichen Aufbaus und der Führungsstruktur naturgemäss von personalistischen Elementen geprägt. Vor der ↑ Publikumsöffnung sind deshalb die gesellschaftsrechtlichen Strukturen und die Führungsorganisation nach den Erfordernissen einer Publikumsgesellschaft umzugestalten und die Struktur des Aktienkapitals auf eine Publikumsbeteiligung auszurichten. Die Beteiligungs- und Beherrschungsverhältnisse müssen im Interesse einer grösseren Transparenz vereinfacht und übersichtlich gestaltet werden. Die Zusammenfassung der verschiedenen Unternehmungen unter einer Obergesellschaft, in der Regel in Form einer reinen ↑ Holdinggesellschaft, in welche die Familienaktionäre ihre Beteiligungen einbringen, erweist sich oft als unumgänglich. Dabei ist es möglich, bestimmte Unternehmungen auszugliedern, bzw. im ausschliesslichen Familieneigentum zu belassen. Häufig sind auch finanzielle Entflechtungen im Bereich Aktionärsdarlehen/Kontokorrente vorzunehmen.

Verfügt die Gesellschaft aufgrund der bisherigen zurückhaltenden Dividendenpolitik über hohe Überschussliquidität, kann diese – sofern dies die Bilanzrelationen gestatten – als Sonderdividende den bisherigen Aktionären ausgeschüttet werden. Wichtig ist auch eine den Erfordernissen des KR entsprechende Rechnungslegung. Die Einhaltung der aktienrechtlichen Vorschriften (OR 662 ff.) genügt nicht. Eine Rechnungslegung nach ↑ Swiss GAAP FER (oder einem gleichwertigen Regelwerk wie IAS, bzw. US-GAAP) ist zwingend.

Grundsätzlich kann ein IPO in folgenden *Varianten* durchgeführt werden:
– *Variante 1:* Platzierung von Aktien im Publikum im Rahmen einer ↑ Kapitalerhöhung, wobei die bisherigen Aktionäre auf das ↑ Bezugsrecht verzichten. Der Emissionserlös fliesst in vollem Umfang in die Gesellschaftskasse. Die bisherigen Aktionäre erhalten aus der Transaktion keine flüssigen Mittel, haben jedoch den Vorteil, dass ihre Aktienbeteiligung nach dem IPO marktgängig (liquid) geworden ist.
– *Variante 2:* Besteht kein zusätzlicher Mittelbedarf der Unternehmung, geben die bisherigen Aktionäre einen Teil ihrer Aktien zur Platzierung an Investoren *(Secundary offering)* ab. Der Emissionserlös kommt ausschliesslich den bisherigen Aktionären zugut.
– *Variante 3:* Kombination der beiden Varianten (in den letzten Jahren die Regel).

In allen Varianten ist die Festsetzung des Emissions- bzw. Verkaufspreises von entscheidender Bedeutung für den Erfolg eines IPO. Das Tenderverfahren ist in der Schweiz nicht üblich. Beim *Festpreisverfahren* wird der ↑ Ausgabepreis von den ↑ Emissionsbanken vor der ↑ Zeichnung der Titel durch das Anlegerpublikum festgelegt. Wird der Preis für die dem Publikum überlassenen Aktien gemessen an den Börsenkursen bei der Erstkotierung zu tief angesetzt *(Underpricing)*, verliert bei Variante 1 die Gesellschaft, weil ein grösseres ↑ Agio möglich gewesen wäre. Bei Variante 2 kommen die bisherigen Aktionäre zu kurz, weil sie mit dem zu tiefen Platzierungspreis den Investoren ein Geschenk gemacht haben, indem Teile ihres Vermögens unter dem ↑ Marktwert verkauft wurden. Eher selten ist das *Overpricing*. Auf dem freien Markt bildet sich der Kurs für die Aktien nach der Börsenkotierung. Um Ober- und Underpricings zu verhindern, wurde in den letzten Jahren das Fest-

preisverfahren durch das *Bookbuilding-Verfahren* (↑Bookbuilding) abgelöst. Wie die Erfahrung zeigt, kann damit je nach der jeweiligen Grundstimmung im Markt aber weder ein Under- noch ein Overpricing verhindert werden.
Bei starker Nachfrage behalten sich die Emissionsbanken vor, zusätzliche Aktien am Markt abzugeben *(Over allotment option* oder *↑Greenshoe).* Um zu verhindern, dass durch die zusätzlichen Verkäufe ein Druck auf den Aktienkurs ausgelöst wird, haben die bisherigen Aktionäre für den ihnen verbleibenden Titelbestand eine Verkaufssperrfrist zu beachten *(Lock-up-Vereinbarung).* Um bei einem Underpricing die Verärgerung von privaten Anlegern, welche keine Zuteilung erhalten haben, zu vermeiden, muss in Deutschland die Öffentlichkeit über die Zuteilungskriterien informiert werden. Max Boemle

Inkasso
Einzug fälliger Forderungen, insbesondere von ↑Checks (Checkeinlösung), Lastschriften, ↑Wechseln, ↑Zins- und ↑Dividendencoupons, fälliger ↑Obligationen und Dokumente (↑Dokumentarinkasso). ↑Inkassogeschäft.

Inkasso gegen Dokumente
↑Dokumentarinkasso.

Inkassogeschäft
Unter Inkassogeschäft versteht man den durch Banken besorgten Einzug (↑Inkasso) von in Papieren dokumentierten fälligen Forderungen, von ↑Checks (Checkeinlösung), Lastschriften, ↑Wechseln, ↑Zins- und ↑Dividendencoupons (↑Zahlstelle), fälligen ↑Obligationen und Dokumenten (↑Dokumentarinkasso). Das Inkassogeschäft ist von der Diskontierung (↑Diskontkredit) streng zu unterscheiden. Im Gegensatz zum ↑Diskontgeschäft ist das Inkassogeschäft ein reines Dienstleistungsgeschäft. Die Bank übernimmt kein eigenes Risiko. Die Gutschriften erfolgen erst nach Eingang des Gegenwertes bzw. unter der Klausel ↑Eingang vorbehalten (E.v.).
Unverbriefte Forderungen, die schwierig einzubringen sind, werden heute häufig an professionelle Inkassobüros abgetreten. Diese handeln als Zessionare oder einfach als Bevollmächtigte des ↑Gläubigers.

Inkasso-Indossament
Übertragung eines ↑Wechsels ausschliesslich zum Einzug der Wechselforderungen (man spricht auch von Vollmachtsindossament). Dabei sind zwei Formen zu unterscheiden: Ein *offenes Vollmachtsindossament* (OR 1008 I) liegt vor, wenn anhand eines Vermerks «Wert zum ↑Inkasso» auch für Dritte ersichtlich ist, dass der Wechsel nur zum Inkasso übertragen wurde. Beim *verdeckten Inkassoindossament* ist die Beschränkung auf die Übertragungsvollmacht nicht ersichtlich.
Das verdeckte Vollmachtsindossament ist in der Praxis sehr verbreitet, obwohl eine entsprechende gesetzliche Regelung fehlt.

Inkassokommission
Die beim ↑Inkasso einer Forderung dem Auftraggeber berechnete Entschädigung für die Dienstleistung der Bank.

Inkassowechsel
Ein ↑Wechsel wird der Bank lediglich zum Einzug der Wechselsumme beim Bezogenen übergeben. Der Gegenwert wird dem Kunden entweder sofort mit der Klausel ↑Eingang vorbehalten oder erst nach Eingang des Gegenwertes gutgeschrieben

Inkassozession
Abtretung einer Forderung an einen Dritten, verbunden mit einem Inkassomandat. Der Dritte erwirbt die Forderung als Treuhänder seines Auftraggebers. Er tritt gegenüber dem Schuldner nicht als Bevollmächtigter seines Auftraggebers, sondern als ↑Gläubiger auf, was seine Stellung rechtlich vereinfacht und praktisch stärkt. Beim ↑Factoring hat die ↑Globalzession der Forderungen des Kunden an den Factor wirtschaftlich betrachtet immer auch die Funktion einer Inkassozession.

Inlandanleihe
↑Anleihe, welche von einem in der Schweiz domizilierten Schuldner ausgegeben wird.

Inlandkorrespondenten
Nach Gesetz hat die Schweizerische ↑Nationalbank (SNB) den Auftrag, den ↑Geldumlauf des Landes zu regeln und den ↑Zahlungsverkehr zu erleichtern. Zu diesem Zweck betreibt sie u. a. ein Korrespondentennetz in der Schweiz. Im Rahmen von Inlandkorrespondenten-Mandaten nehmen Bankstellen von ↑Gross-, ↑Kantonal-, ↑Raiffeisen- und ↑Regionalbanken Aufgaben in der Bargeldversorgung wahr, indem sie auf lokaler Ebene Bargeldüberschüsse der Post oder von den SBB übernehmen bzw. diesen Stellen bei Bargeldabfluss Nachschub liefern. Die Inlandkorrespondenten erfüllen im Weiteren gewisse Dienstleistungen für den Bund (↑Akkreditive, Vorschussmandate).

Inlandkredite
Inlandkredite sind Kredite an in der Schweiz domizilierte Personen und Firmen, gleichgültig, welcher Nationalität sie angehören. Es wird somit nicht auf die Staatsangehörigkeit des Schuldners, sondern auf das Domizil abgestellt. Die Inlandkredite werden auch Schweizer Kredite genannt. Sie stehen im Gegensatz zu den sog. ↑Auslandkrediten.

Innenfinanzierung
Durch die Innenfinanzierung wird Kapital aus unternehmungsinternen Quellen aufgebracht. Gegensatz dazu ist die Kapitalbeschaffung von aussen (↑Aussenfinanzierung). Die Innenfinanzierung im weiteren Sinn umfasst die Bereitstellung von Mitteln aus der operativen Tätigkeit. Im engeren Sinn umfasst sie den Mittelfluss aus Geschäftstätigkeit (auszahlungswirksame Erträge abzüglich auszahlungswirksame Aufwendungen) vor Veränderungen des nicht baren Nettoumlaufvermögens. Über den Umfang der Innenfinanzierung informiert die ↑Geldflussrechnung.

Mit der Innenfinanzierung nicht zu verwechseln ist die ↑Selbstfinanzierung, welche ausschliesslich den zurückbehaltenen Gewinn umfasst.

Innerer Wert
Schillernder Begriff, der in der Praxis nicht einheitlich verwendet wird:
1. ↑*Optionen:* ↑Innerer Wert eines Calls, ↑Innerer Wert eines Puts.
2. ↑*Aktien:* Der innere Wert wird korrekt aus dem Wert der Unternehmung als Ganzes abgeleitet. Der Gesamtwert der Unternehmung geteilt durch die Anzahl der ausstehenden Aktien ergibt die Wertquote je Aktie. Der innere Wert, auch ↑Verkehrswert genannt, ergibt sich nach einem Abschlag für Minderheitsanteile, bzw. einem Zuschlag für Mehrheitsanteile (↑Paketzuschlag) von Aktien. Häufig wird – sachlich allerdings unzutreffend – der ↑Substanzwert einer Aktie als innerer Wert bezeichnet. ↑Net asset value.

Innerer Wert eines Calls
Die Auszahlung einer Call option (↑Call) entspricht, wenn die ↑Option im Geld (↑Im-Geld-Option) ausgeübt wird, der Differenz zwischen dem Wert des ↑Underlyings und dem ↑Ausübungspreis, beziehungsweise null, wenn die Option nicht ausgeübt wird. Der innere Wert des Calls entspricht der Höhe der Auszahlung, unter der Annahme, dass die Option im Zeitpunkt der Betrachtung ausgeübt wird.

Innerer Wert eines Puts
Die Auszahlung einer Put option (↑Put) entspricht, wenn die ↑Option im Geld (↑Im-Geld-Option) ausgeübt wird, der Differenz zwischen dem ↑Ausübungspreis und dem Wert des ↑Underlyings, beziehungsweise null, wenn die Option nicht ausgeübt wird. Der innere Wert des Puts entspricht der Höhe der Auszahlung, unter der Annahme, dass die Option im Zeitpunkt der Betrachtung ausgeübt wird.

Innovationsfinanzierung
↑Venture-Finanzierung.

Insider
Als Insider (d.h. Eingeweihte) werden nach dem Strafgesetzbuch (StGB 161) Personen bezeichnet, die aufgrund ihrer Stellung in einem Unternehmen als Mitglied der Verwaltung, der Geschäftsleitung, der Revisionsstelle oder als Sachbearbeiter des Unternehmens über vertrauliche interne Informationen verfügen, deren öffentliche Bekanntgabe den Wert der vom Unternehmen ausgegebenen ↑Wertpapiere wesentlich beeinflussen kann. Im weiteren Sinn zählen zu den Insidern auch beigezogene Berater oder Beauftragte des Unternehmens oder Mitglieder einer Behörde oder Beamte, die vor der öffentlichen Bekanntgabe in den Besitz solcher Informationen gelangen. ↑Insider-Gesetzgebung.

Insidergeschäft
Auch Insidertransaktion, Insiderhandel. Verbotenes Effektenhandelsgeschäft, mit dem ein ↑Insider, d.h. ein Eingeweihter, der aufgrund seiner Stellung oder Funktion in einem börsenkotierten Unternehmen oder als Berater, Mitglied einer Behörde oder Beamter über vertrauliche, kursrelevante Informationen aus dem Bereich des Unternehmens verfügt, sein Wissen vor der öffentlichen Bekanntgabe der Information durch Käufe oder Verkäufe von ↑Effekten ausnützt. Von einem Insidergeschäft spricht man auch, wenn das Geschäft von einem Dritten veranlasst wird, der die vertrauliche Information von einem Insider mitgeteilt erhalten hat (Tippnehmer, Tippee). ↑Insider-Gesetzgebung.

Insider-Gesetzgebung
Staatliche Gesetze, die den Insiderhandel verbieten, bestehen heute in fast allen Ländern mit entwickeltem ↑Kapitalmarkt. In einzelnen Ländern bildet das Verbot Bestandteil des Kapitalmarktrechts; in diesem Fall richtet sich das Verbot normalerweise nicht nur an Einzelpersonen, sondern auch an die am Kapitalmarkt tätigen Unternehmen; diese werden für die in ihrem Bereich vorkommenden Insiderdelikte direkt verantwortlich gemacht und verpflichtet, vorbeugende Massnahmen gegen den Insiderhandel zu ergreifen. In anderen Ländern stehen strafrechtliche Verbote im Vordergrund; die Strafdrohung richtet sich hier meistens, so zurzeit auch noch in der Schweiz, nur an den einzelnen Täter. Auch in diesen Ländern werden jedoch die am Kapitalmarkt tätigen Unternehmen regelmässig durch aufsichtsrechtliche Vorschriften, die die Verhinderung von Insiderdelikten bezwecken, in die Pflicht genommen.

Den Anfang machte die amerikanische Wertpapier-Aufsichtsbehörde SEC (↑Securities and Exchange Commission), als sie spätestens in den 60er-Jahren das Verbot von betrügerischen Praktiken (Rule 10b-5 des Securities Exchange Act 1934) auch als Verbot des Insiderhandels auslegte. Schutzobjekt des Verbots war und ist nach amerikanischem Verständnis aber weniger das private Interesse der meist anonymen Gegenpartei des ↑Insiders, sondern eher das öffentliche Interesse an der Chancengleichheit der Anleger und die Glaubwürdigkeit der Aktienbörse als einer gerechten wirtschaftlichen Institution. Dieses Motiv liegt auch der Insider-Gesetzgebung anderer Länder zu Grunde. In der EU verlangt die ↑Insider-Richtlinie vom 13.11.1989 von den Mitgliedstaaten den Erlass von Insiderhandelsverboten auf dem Wege der Gesetzgebung. Dabei muss es sich nicht zwingend um Strafgesetze handeln. In der Schweiz kennt das Strafgesetzbuch seit dem 01.07.1988 eine Strafdrohung gegen Personen, die Insiderhandel betreiben oder Insiderinformationen unbefugt weitergeben: Bestraft wird, wer als Mitglied der Verwaltung, der Geschäftsleitung oder der Revisionsstelle, als Sachbearbeiter, Hilfsperson, Berater oder Beauftragter oder als Mitglied einer Behörde oder Beamter über vertrauliche, kursrelevante Informationen aus dem Bereich eines börsenkotierten Unternehmens verfügt und sein Wissen vor der öffentlichen Bekanntgabe der Information durch Käufe oder Verkäufe von ↑Effekten ausnützt oder die Information Dritten, die nicht zum Kreis der Eingeweihten zählen, zur Kenntnis bringt. Bestraft wird auch der Dritte (Tippnehmer, Tippee), der die erhaltene Information ausnützt (StGB 161).

Im Vergleich zu ausländischen Regelungen ist der Straftatbestand von StGB 161 eng formuliert:
- Als Insiderinformation gilt eine kursrelevante, vertrauliche Tatsache nur, wenn sie aus dem internen Bereich eines börsenkotierten Unternehmens stammt. Andere Rechtsordnungen zählen jede noch nicht öffentlich bekannte, kursrelevante Tatsache dazu.
- Es muss sich um eine bevorstehende ↑Emission neuer ↑Beteiligungsrechte, eine geplante Unternehmensverbindung (↑Fusion, Übernahme) oder einen ähnlichen Sachverhalt von vergleichbarer Tragweite handeln. Blosse Nachrichten über guten oder schlechten Geschäftsgang, neue Produkte, bevorstehende Dividendenerhöhungen oder -kürzungen fallen also im Allgemeinen nicht unter das Verbot von StGB 161, auch wenn ihre Bekanntgabe den Börsenkurs beeinflussen wird. Solche Tatsachen gelten nur als relevanter Sachverhalt, wenn sie sich voraussichtlich auf die ↑Kapitalstruktur des Unternehmens auswirken (z.B. ↑Sanierung, Liquidation)
- Als Täter kommen vor allem die eingeweihten Angehörigen des Unternehmens (echte Insider), seine Beauftragten und die ins Vertrauen gezogenen Angehörigen von Amtsstellen (unechte Insider) in Betracht. Drittpersonen können nur Täter sein, wenn ihnen die Information oder der Hinweis von einem Insider mittelbar oder unmittelbar mitgeteilt wurde. Zufällige Kenntnisnahme begründet nach StGB 161 keine Strafbarkeit.

Andere Rechtsordnungen beschränken den Kreis der Insider nicht auf Personen, die in einem Vertrauensverhältnis zum Unternehmen stehen. Trotz der vergleichsweise engen Umschreibung des Insidertatbestandes im StGB und obwohl nur Einzelpersonen mit Strafe bedroht werden, müssen sich Angehörige schweizerischer Banken und ↑Effektenhändler in der Praxis an den international geltenden Standards orientieren, die über die Anforderungen des schweizerischen Strafrechts hinausgehen. Dies heisst erstens, dass für eine auch im Ausland tätige Bank und ihre Angehörigen praktisch jede kursrelevante, noch unpublizierte Tatsache als Insiderinformation gilt, und zweitens, dass für deren Weiterverbreitung und Ausnützung auch die Bank selbst im Ausland zur Verantwortung gezogen werden kann. Aber auch eine schweizerische Bank, die nicht auf ausländischen Kapitalmärkten tätig ist, muss sich als Adressatin des Verbots betrachten und aktiv dafür sorgen, dass durch ihre Angehörigen keine Insiderdelikte begangen werden. Diese Verantwortung folgt nicht nur aus der Treuepflicht, die der Bank gebietet, ihre Angestellten vor Straffälligkeit zu schützen, sondern auch aus dem Banken- und dem Börsengesetz. Nach der Praxis der Eidg. ↑Bankenkommission EBK fliesst auch aus dem bankengesetzlichen Gebot der Gewähr für eine einwandfreie Geschäftstätigkeit (BaG 3 II c) die Verpflichtung der Bank, organisatorische Massnahmen zu ergreifen, die geeignet sind, eine Verletzung des Insiderhandelverbots durch Angehörige der Bank zu verhindern. Eine weitere Basis für diese Organisationspflicht wird im Börsengesetz gesehen (BEHG 10 I a).

Die organisatorischen Massnahmen, mit denen Banken Insiderdelikte in ihrem Bereich zu verhindern suchen, werden ↑Chinese walls genannt.

Dass für eine Bank, soweit sie für eigene Rechnung handelt, bei der Ausnützung vertraulicher Kenntnisse strengere Anforderungen gelten als StGB 161 sie vorsieht, ist auch die Meinung der EBK und des Bundesgerichts. Dieses warf einer Bank, die an der ↑Börse eigene Bestände an Aktien eines kriselnden Unternehmens verkauft hatte, dessen wirkliche Finanzlage sie als Insider (Kreditgeberin) besser kennen musste als das durchschnittliche Publikum, einen Verstoss gegen Treu und Glauben vor. Einen ähnlichen Zweck wie das straf- und bankengesetzliche Verbot des Insiderhandels verfolgt das ↑Kotierungsreglement der ↑SWX Swiss Exchange mit der Bekanntgabepflicht bei kursrelevanten Tatsachen (↑Ad-hoc-Publizität, Art. 72). Mit der Pflicht börsenkotierter Unternehmen zur schnellen Bekanntgabe kursrelevanter neuer Tatsachen soll das Risiko von Insidertransaktionen in Effekten des Unternehmens verhindert werden. Der Kreis der Tatsachen, die der Ad-hoc-Publizität unterstellt sind, ist weiter gezogen als der Kreis der Tatsachen, für die das Insiderhandelsverbot von StBG 161 gilt. Als kursrelevant gelten für die Ad-hoc-Publizität generell alle neuen Tatsachen, die wegen ihrer beträchtlichen Auswirkungen auf die Vermögens- und Finanzlage oder auf den allgemeinen Geschäftsgang des Emittenten geeignet sind, zu einer erheblichen Änderung der Kurse zu führen. Auf Informationen über Emissionen und Unternehmensverbindungen (geplante Fusionen und Firmenübernahmen) findet die Ad hoc-Publizität keine Anwendung, weil das Kotierungsreglement ein Ausnahme vorsieht für Tatsachen, die auf einem Plan oder Entschluss des Emittenten beruhen; gerade für diese Gruppe von Informationen steht aber fest, dass sie unter StGB 161 als relevante Informationen gelten.

Das Insiderhandelsverbot fand unter amerikanischem Druck in das schweizerische StGB Eingang. Erst seine Einführung in das StGB ermöglichte den schweizerischen Behörden wegen der nunmehr vorliegenden beidseitigen Strafbarkeit die weitgehend problemlose Gewährung von Rechtshilfe an die amerikanische Aufsichtsbehörde bei Untersuchungen über Verstösse gegen das amerikanische Insiderverbot. Da von einem direkten Betrug der anonymen Gegenpartei durch den an der Börse handelnden Insider nicht gesprochen werden kann und es die betroffenen Unternehmen in der Regel nur wenig kümmert, dass der Insider ihr Vertrauen missbraucht, war die Strafwürdigkeit des Insiderhandels in der schweizerischen Öffentlichkeit lange umstritten. Heute wird wohl das öffentliche Interesse an einem funktionierenden, allen Teilnehmern gleiche Chancen einräumenden Markt in der Öffentlichkeit mehrheitlich als strafrechtlich schützenswert anerkannt.

Problematisch ist und bleibt die Durchsetzung des Verbots. Seit dem Erlass von StGB 161 ist es zu zahlreichen Untersuchungen gekommen. Diese mussten zum grössten Teil eingestellt werden oder führten zu Freisprüchen. Nur sporadisch sind Strafen ausgesprochen worden. Der Beweis, dass ein Anleger, der nicht zum Kreise der Insider zählt, ein ungewöhnliches Geschäft in einem kritischen Papier gestützt auf den Hinweis eines Insiders getätigt hat, ist in der Praxis schwer zu erbringen. Wegen der erforderlichen Spezialkenntnisse bei der Strafverfolgung ist von Fachleuten auch schon die Forderung erhoben worden, die Strafverfolgung für Insiderdelikte beim Bund zu konzentrieren.
Christian Thalmann

Insiderhandel
↑Amtshilfe.

Insider-Informationen
Informationen aus dem internen Bereich eines börsenkotierten Unternehmens, die nur einem beschränkten Kreis von Angehörigen des Unternehmens oder ausgewählten Dritten (z. B. Beauftragten des Unternehmens oder Behördenmitgliedern oder Beamten) zugänglich sind wie zugänglich gemacht wurden und deren öffentliche Bekanntgabe den ↑Kurs der vom Unternehmen ausgegebenen ↑Effekten voraussichtlich erheblich nach oben oder unten beeinflussen wird. Die Ausnützung solcher Informationen durch Käufe oder Verkäufe von Effekten oder ↑Derivaten und die Weitergabe der Information an Dritte vor dem Datum der öffentlichen Bekanntgabe ist verboten (StGB 161). Nach allgemeinem Sprachgebrauch und internationalem Standard fallen unter die Insider-Informationen alle kursrelevanten Tatsachen vertraulicher Natur, z. B. auch Informationen über unerwartet guten oder schlechten Geschäftsgang. Das schweizerische Strafgesetzbuch fasst den Begriff enger und zählt nur Informationen über eine bevorstehende ↑Emission neuer ↑Beteiligungsrechte, eine Unternehmensverbindung oder einen ähnlichen Sachverhalt von vergleichbarer Tragweite zu den Insider-Informationen. ↑Insider-Gesetzgebung.

Insider-Richtlinie
Richtlinie der EG vom 13.11.1989 zur Koordinierung der Vorschriften betreffend ↑Insidergeschäfte (89/592 EWG). Die Richtlinie verpflichtet die Mitgliedstaaten der EU zum Erlass gesetzlicher Massnahmen zur Verhinderung von Insidertransaktionen. Die Richtlinie umschreibt den ↑Insidertatbestand in einem umfassenderen Sinn als das schweizerische Strafgesetzbuch. Insbesondere gilt als Insiderinformation jede nicht öffentlich bekannte Information, die geeignet ist, den ↑Kurs eines ↑Wertpapiers beträchtlich zu beeinflussen. Die Mitgliedstaaten dürfen in ihrer Gesetzgebung Regelungen vorsehen, die über die Anforderungen der Richtlinie hinausgehen. ↑Insider-Gesetzgebung.

Insidertatbestand
Auch Insiderdelikt, Insiderstrafnorm. Straftatbestand des Ausnützens der Kenntnis vertraulicher Tatsachen. Das Strafgesetzbuch (StGB 161) bestraft seit dem 01.07.1988 Personen, die als ↑Insider, d. h. aufgrund ihrer Stellung oder Funktion in einem Unternehmen als Mitglied der Verwaltung, der Geschäftsleitung, der Revisionsstelle, als Sachbearbeiter oder Hilfsperson oder als beigezogene Berater oder Beauftragte oder als Mitglied einer Behörde oder als Beamte über vertrauliche, kursrelevante Informationen aus dem Bereich des Unternehmens verfügen und ihr Wissen vor der öffentlichen Bekanntgabe der Information durch Käufe oder Verkäufe von ↑Effekten (Insidertransaktion) ausnützen oder die Information Dritten, die nicht zum umschriebenen Kreise der Eingeweihten zählen, zur Kenntnis bringen. Bestraft wird auch der Dritte, der die erhaltene Information aus-

nützt (Tippnehmer, Tippee). Auch die meisten ausländischen Rechtsordnungen stellen den Insiderhandel unter Strafe. ↑Insider-Gesetzgebung.

Insidertransaktion
↑Insidergeschäft.

Insolvenz
↑Zahlungsunfähigkeit.

Inspektorat
↑Revision, interne.

Instinet
Abk. f. Institutional network. Weitgehend automatisiertes Handelssystem für den ↑ausserbörslichen Wertpapierhandel in den USA.

Institute of International Bankers (IIB)
Das Institute of International Bankers ist der 1966 gegründete Auslandbankenverband in New York. Es vertritt 200 Auslandbanken (Tochtergesellschaften, Zweigniederlassungen und Wertschriftentöchter) sowie Bankenverbände aus 50 Ländern. Es setzt sich dafür ein, dass die bundes- und einzelstaatlichen Gesetze und Vorschriften den internationalen Banken dieselben Entwicklungsmöglichkeiten bieten wie den nationalen Instituten.
Links: www.iib.org

Institute of International Finance (IIF)
Das Institut wurde 1983 von einer Gruppe international tätiger ↑Geschäftsbanken gegründet und zählt heute auch Versicherungsgesellschaften und Vermögensverwaltungsfirmen zu seinen Mitgliedern. Das Ziel der Organisation liegt in der Unterstützung der internationalen Geschäfte seiner Mitglieder, speziell der Geschäfte in aufstrebenden Marktwirtschaften. Dazu setzt das Institut folgende Schwerpunkte:
1. Mitarbeiter des Instituts erstellen Länderanalysen, die über die wirtschaftliche und finanzielle Entwicklung sowie die internationale ↑Kreditwürdigkeit der wichtigsten Schuldnerländer informieren. Zudem werden den Mitgliedern statistische Daten aus einer eigenen Datenbank des Instituts zur Verfügung gestellt.
2. Das Institut dient als Forum für den Dialog zu Fragen der Politik in aufstrebenden Märkten zwischen der privaten Finanzgemeinschaft und öffentlichen internationalen Organisationen.
3. Das Institut dient als Plattform für einen Gedankenaustausch zu globalen Regulierungsfragen und vertritt die Meinungen der Mitglieder bei den wichtigsten Aufsichtsbehörden.
4. Verschiedene Arbeitsgruppen, die sich aus Vertretern der Mitglieder zusammensetzen, befassen sich mit aktuellen Problemen des internationalen Bankgeschäfts. *Susanne Bonomo*

Institutional banking
Der Begriff Institutional banking ist im Gegensatz zu ↑Investment banking, Corporate banking oder ↑Private banking wissenschaftlich wenig belegt. Während die letztgenannten drei Begriffe die Bankgeschäfte im ↑Kapitalmarkt (Investment banking), sämtliche Bankdienstleistungen für das Unternehmen (Corporate banking) oder für den privaten Kunden (Private banking) umreissen, fokussiert Institutional banking vor allem auf die Bedürfnisse institutioneller Anleger wie Pensionskassen, Versicherungen, ↑Finanzintermediäre, aber auch auf die Bedürfnisse der Verwaltung von Firmenliquidität. Im Unterschied zum Corporate banking wird v. a. das Kreditgeschäft ausgegrenzt und das Anlage- und Börsengeschäft betont.
Daniel Scheibler

Institutionelle Anleger
Unter dem Oberbegriff *Institutionelle Anleger* werden verschiedene Gruppen von ↑Kapitalanlegern zusammengefasst, die aus einem sehr differenzierten Umfeld kommen und entsprechend differenzierte Zielsetzungen bzw. regulatorische Regelungen und Publizitätspflichten haben. Als institutionelle Anleger werden in der Regel die privaten und öffentlichen ↑Vorsorgeeinrichtungen (Pensionskassen), ↑Anlagefonds, Versicherungen, Banken sowie Unternehmen (mit ihren Funktionen des ↑Cash management oder der gewinnorientierten ↑Kapitalanlage) bezeichnet. Es besteht ein fliessender Übergang zu den sehr grossen Privatanlegern mit «institutionellen» Ansprüchen. Die Bedeutung der institutionellen Anleger hat in den letzten zwei bis drei Dekaden sukzessive zugenommen. In der Schweiz war die obligatorische Einführung der betrieblichen Vorsorge (zweite Säule) im Jahr 1985 ein entscheidender Markstein. Von der vermehrten privaten Spartätigkeit vor dem Hintergrund der angespannten Finanzlage der staatlichen Vorsorgeeinrichtungen haben insbesondere die Versicherungen und der Anlagefondssektor profitiert. Aktuelle Entwicklungen im Ausland lassen ein weiteres Wachstum der institutionellen Anleger erwarten, das auch Auswirkungen auf den Schweizer ↑Kapitalmarkt haben wird (Richtlinienvorschlag vom Oktober 2000 der EU-Kommission über die beruflichen Pensionsfonds, Einführung der rechtlich verselbstständigten Altersvorsorgefonds in Deutschland).

Über den Gesamtbereich der institutionellen Anleger in der Schweiz liegen keine genauen Statistiken vor. Gemäss Statistiken der Schweizerischen ↑Nationalbank (SNB) betrugen per Ende März 2002 die Wertschriftenbestände in Kundendepots der Banken CHF 3 377 Mia. (davon: CHF 1 128 Mia. Obligationen, CHF 1 482 Mia. Aktien, CHF 652 Mia. Anlagefondsanteile, CHF 115 Mia. Sonstige Anlagen). Der Inländeranteil betrug total

CHF 1 478 Mia., der geschätzte Anteil der institutionellen Anleger dürfte über 50% liegen.
Abgesehen von den Anlagefonds ist der Sektor der Beruflichen Vorsorgeeinrichtungen statistisch am besten erfassbar, auch wenn die Daten nur mit grosser zeitlicher Verzögerung vorliegen. Ende 1998 gab es in der Schweiz 10 400 Vorsorgeeinrichtungen mit rund 3,14 Mio. Versicherten. Vom Total befassen sich 2 830 Pensionskassen mit 2,95 Mio. Versicherten mit der Durchführung des gesetzlichen Obligatoriums. Die addierten Bilanzsummen betrugen CHF 428 Mia. und lagen damit um CHF 80 Mia. über dem Stand von Ende 1996.
Die sukzessive Lockerung der BVG-Anlagevorschriften schlägt sich deutlich in der Anlagestruktur der Vorsorgeeinrichtungen nieder. Der Aktienanteil ist per Ende 1998 auf 25% gestiegen. Auf festverzinsliche Titel entfielen 31%, auf Liegenschaften 13%. Der Anteil von indirekten und kollektiven Anlagen (↑Anlagestiftungen, Anlagefonds, ↑Immobiliengesellschaften) erreichte 12%.
Während sich bei den Beruflichen Vorsorgeeinrichtungen der Trend zum Beitragsprimat sukzessive fortsetzt, arbeitet die Alters- und Hinterlassenenversicherung (AHV) weiterhin nach dem Umlageverfahren. Die Bedeutung der ersten Säule als institutioneller Anleger ist damit relativ eingeschränkt. Ende 2000 betrugen die Kapitalanlagen des Ausgleichsfonds AHV/IV/EO CHF 18,0 Mia. Davon waren CHF 12,5 Mia. in Darlehen und Inlandobligationen angelegt, CHF 4,2 Mia. in Aktien Schweiz und CHF 1,1 Mia. in ausländischen Obligationen. *Georg Sellerberg*

Instrumentarium der EBK

Die Eidg. ↑Bankenkommission (EBK) hat die Einhaltung der gesetzlichen Vorschriften der ihr unterstellten Institute zu überwachen. Damit die EBK ihre Aufgabe erfüllen kann, ist sie auf zuverlässige und aussagekräftige Informationen über die Lage der ihr unterstellten Institute angewiesen. Sie besitzt gegenüber den beaufsichtigten Instituten und deren Revisionsstellen ein umfassendes Auskunftsrecht (BankG 23bis, BEHG 35 II und AFG 61). Auskunftspflichtig sind nicht nur unterstellte Institute, sondern auch Personen und Unternehmen, bei denen die Unterstellungspflicht fraglich ist (BankV 2). Als Informationsmittel dienen der Aufsichtsbehörde nebst direkten Informationen der unterstellten Institute, Eingaben Dritter und Medienberichten hauptsächlich die Berichte der banken-, anlagefonds- bzw. börsengesetzlichen Revisionsstellen (↑Revision, externe). Für ihre rechtsanwendende und rechtsetzende Funktion steht der EBK ein umfangreiches Instrumentarium zur Verfügung.
Der Gesetzgeber hat der EBK im Banken-, Börsen- und Anlagefondsgesetz punktuell verschiedene rechtsetzende Kompetenzen übertragen. Rechtsetzungskompetenzen wurden der EBK vor allem dort übertragen, wo der Regelungsgegenstand eher technischer Natur ist und wechselnden Entwicklungen unterliegt. Die EBK hat von ihren Rechtsetzungskompetenzen wie folgt Gebrauch gemacht: Gestützt auf BankG 2 II hat sie die *Verordnung über die ausländischen Banken in der Schweiz* (sog. *Auslandbankenverordnung; ABV*) erlassen. Diese regelt die Errichtung von Zweigniederlassungen, Agenturen und Vertretungen ↑ausländischer Banken in der Schweiz. Im Bereich der ↑Börsengesetzgebung hat die EBK, gestützt auf BEHG 15 III, 19 III, 20 V und 32 II und VI, die *Verordnung über die Börsen und den Effektenhandel (BEHV-EBK)* erlassen. Sie konkretisiert verschiedene Gesetzesbestimmungen wie die Journalführungs- und Meldepflichten der ↑Effektenhändler, die ↑Offenlegung von Beteiligungen und die Pflicht zur Unterbreitung eines Übernahmeangebotes. Im Anlagefondsrecht hat die EBK schliesslich, gestützt auf AFG 43 II und 53 IV, die *Verordnung über die Anlagefonds (AFV-EBK)* erlassen. Sie enthält spezifische Anlagevorschriften für Effektenfonds und die Effektenleihe (↑Securities lending and borrowing), ferner Bestimmungen zur Buchführung und Erstellung der Jahresrechnung durch die ↑Fondsleitung, zur Revision und zum ↑Revisionsbericht.
Grosse Bedeutung kommt in der Praxis den sog. ↑*EBK-Rundschreiben* zu. Rundschreiben haben keinen rechtsetzenden Charakter, sondern stellen eine systematische Zusammenfassung und Bekanntgabe der bisherigen oder zukünftigen Praxis sowie eine Auslegung der Aufsichtsgesetzgebung durch die EBK dar. In den Rundschreiben können aber auch Empfehlungen erteilt oder bestimmte Auskünfte eingeholt werden (Art. 11 des Reglementes über die Eidgenössische Bankenkommission; R-EBK). Im Unterschied zu Verfügungen sind Rundschreiben der EBK für die Adressaten nicht an sich verbindlich, soweit sie sich nicht auf eine gesetzliche Grundlage stützen lassen (wie z.B. BankV 12p für die Eigenmittelunterlegung von Marktrisiken oder BankV 28 für die Rechnungslegungsvorschriften von Banken). Hält ein beaufsichtigtes Institut ein Rundschreiben oder eine bestimmte Regelung für rechtswidrig, kann es den Erlass einer vor Bundesgericht mit Verwaltungsgerichtsbeschwerde anfechtbaren Einzelverfügung bewirken. Alle aktuellen Rundschreiben sind in einem von der EDMZ vertriebenen Loseblatt-Ordner enthalten oder auf der EBK-Website abrufbar.
Will die EBK im Einzelfall verbindliche Anordnungen treffen, erlässt sie eine *Verfügung*. Alle drei Aufsichtsgesetze enthalten eine generalklauselartige Bestimmung, wonach die EBK die zum Vollzug notwendigen Verfügungen beziehungsweise bei Verletzungen des Gesetzes oder von sonstigen Missständen die zur Herstellung des ordnungsgemässen Zustandes und zur Beseitigung der Miss-

stände notwendigen Verfügungen erlässt (BankG 23bis I und 23ter I; BEHG 35 I und III; AFG 58 I). Die Palette möglicher Verfügungsgegenstände ist nicht limitiert und reicht von der Feststellungsverfügung (beispielsweise über die Einhaltung von Sorgfaltspflichten bei der Entgegennahme von Geldern), über Anordnungen auf organisatorischer Ebene bis hin zur Entfernung einer Person aus der Bankleitung. Verschiedene mögliche Massnahmen der EBK basieren auf ausdrücklichen gesetzlichen Bestimmungen. Die EBK kann beispielsweise eine ausserordentliche Revision, nötigenfalls durch eine andere Revisionsstelle, anordnen (BankG 23bis II) oder bei ernsthafter Gefährdung der Gläubigerinteressen die Revisionsstelle als ↑Beobachter in eine Bank abordnen, um deren Geschäftstätigkeit zeitnah und vor Ort überwachen zu können (BankG 23quater; AFG 59 und BGE 126 II 211 ff. betreffend BEHG und Einsetzung eines Beobachters). Als einschneidenste Massnahme kann die EBK den Entzug der Bewilligung zum Geschäftsbetrieb anordnen, wenn ein Institut die Bewilligungsvoraussetzungen nicht mehr erfüllt oder seine gesetzlichen Pflichten grob verletzt hat (BankG 23quinquies; BEHG 36; AFG 57) und keine mildere Massnahme zur Wiederherstellung des ordnungsgemässen Zustandes führt. Auf das von der EBK geführte Verfahren ist das Bundesgesetz über das Verwaltungsverfahren (Verwaltungsverfahrensgesetz; VwVG) anwendbar. Verfügungen der EBK können mit Verwaltungsgerichtsbeschwerde beim Bundesgericht angefochten werden (BankG 24; BEHG 39; AFG 62 II).

Als Vorstufe zur Verfügung kann die EBK *Empfehlungen* erlassen. In der Empfehlung legt das Sekretariat der EBK einem Institut ein bestimmtes Verhalten nahe und setzt ihm gleichzeitig eine Frist, innerhalb derer es sich über die Annahme der Empfehlung äussern muss. Im Falle der Ablehnung wird die Angelegenheit der Kommission zum Entscheid vorgelegt (Art. 8 des Reglementes über die Eidgenössische Bankenkommission; R-EBK).

Die EBK ist zur *Strafanzeige* verpflichtet, wenn sie Kenntnis von gemeinrechtlichen Delikten oder von strafbaren Widerhandlungen gegen das Banken-, Börsen- oder Anlagefondsgesetz erhält (BankG 23ter IV; BEHG 35 VI; AFG 58 V). Die EBK und die Strafverfolgungsbehörden sind zu gegenseitiger Rechtshilfe verpflichtet (BEHG 35 VI und BGE 123 IV 157 ff.). Die internationale Zusammenarbeit zwischen Aufsichtsbehörden ist den drei Aufsichtsgesetzen praktisch identisch geregelt (BankG 23sexies; BEHG 38 und AFG 63). Alle drei Gesetze setzen für die Übermittlung nicht öffentlich zugänglicher Informationen voraus, dass *erstens* die Informationen ausschliesslich zur direkten Beaufsichtigung verwendet werden (sog. *Spezialitätsprinzip*), *zweitens* die ausländische Behörde an das Amts- oder Berufsgeheimnis gebunden ist und *drittens* die erhaltenen Informationen nur mit Zustimmung der EBK weitergeleitet werden dürfen (sog. *Prinzip der langen Hand*). Betreffen die zu übermittelnden Informationen einzelne Kunden, ist das Verwaltungsverfahrensgesetz anwendbar und die betroffenen Kunden können eine anfechtbare Verfügung verlangen.

Edgar Wolhauser

Links: www.ebk.admin.ch

Instrumentarium der SNB

Unter dem Begriff Instrumentarium der Schweizerischen ↑Nationalbank (SNB) werden die Mittel und Massnahmen zusammengefasst, die der Nationalbank zur Erfüllung ihrer gesetzlichen Aufgaben zur Verfügung stehen. In einem engeren Sinn bezieht sich der Begriff nur auf Instrumente zur Führung der Geld- (↑Geldpolitik) und Währungspolitik. Aufgrund der Systematik des Gesetzes lassen sich rechtsgeschäftliche und hoheitliche Instrumente unterscheiden. Mit *rechtsgeschäftlichen Instrumenten* beeinflusst die Nationalbank die Höhe der Giroguthaben der ↑Banken (↑Liquidität), indem sie am Geld (↑Geldmarkt [Volkswirtschaftliches]), Devisen- oder Kapitalmarkt (↑Kapitalmarkt [Volkswirtschaftliches]) als Anbieter oder Nachfrager auftritt (Offenmarktpolitik). Rechtsgeschäftliche Mittel setzt die Nationalbank ferner ein, um ihre Aktiven ertragsbringend anzulegen und um den ↑Zahlungsverkehr zu erleichtern. *Hoheitliche Instrumente* dienen der Umsetzung der Geld- und Währungspolitik, indem Finanzmarktteilnehmer (↑Finanzmarkt) durch hoheitliche Anordnung zu einem bestimmten Verhalten verpflichtet werden. Bei der Anwendung von hoheitlichen Instrumenten übt die Nationalbank Befugnisse der Eingriffsverwaltung aus.

Das wichtigste rechtsgeschäftliche Instrument ist seit Ende der 1990er-Jahre das ↑Repo-Geschäft der SNB. Daneben stehen der Nationalbank zur Steuerung des ↑Zinsniveaus auf dem Schweizer-Franken-Geldmarkt auch Devisenswaps (↑Devisenswap-Geschäft) zur Verfügung. Auch ↑Lombardkredite zur Überbrückung unvorhergesehener Liquiditätsengpässe bei ↑Geschäftsbanken gehören zum rechtsgeschäftlichen Instrumentarium. In der Praxis seit 1993 bedeutungslos geworden ist der ↑Diskontkredit. Die rechtsgeschäftlichen Instrumente der SNB sind in NBG 14 abschliessend aufgezählt, wobei der Geschäftskreis durch verschiedene Kriterien (Art und Gegenstand des Rechtsgeschäfts, Schuldner und ↑Laufzeit der Forderung) weitgehend beschränkt wird. Das künftige schweizerische Notenbankrecht wird das rechtsgeschäftliche Instrumentarium wesentlich flexibler umschreiben (↑Nationalbankgesetz [NBG]). Die Einzelheiten der rechtsgeschäftlichen Beziehungen sind in den «Geschäftsbedingungen» der SNB niedergelegt.

Zu den hoheitlichen Instrumenten gehört die Möglichkeit, ↑Mindestreserven einzufordern (NBG

16a–16f), die Beschränkung (Kontrolle) der inländischen ↑Emissionen (NBG 16–16h), Massnahmen gegen den Zufluss ausländischer Gelder (Verzinsungsverbot für Schweizer-Franken-Guthaben von Ausländern, Negativzins auf deren Zuwachs, Verbot des Erwerbs inländischer ↑Wertpapiere durch Ausländer usw., NBG 16i) sowie die statistischen Meldepflichten (BankG 7) und die ↑Bewilligungspflicht für ↑Kapitalexporte der Banken (BankG 8). Über die Erhebung von Mindestreserven entscheidet die Nationalbank in eigener Kompetenz. Für die übrigen hoheitlichen Instrumente braucht es einen Beschluss des Bundesrats, der Vollzug obliegt jedoch der Nationalbank. Praktisch ist das hoheitliche Instrumentarium der SNB, das mit Ausnahme der Bewilligungspflicht für Kapitalexporte in den 60er- und 70er-Jahren durch Notrecht geschaffen und 1978 in das ordentliche Recht übergeführt wurde, weitgehend bedeutungslos geblieben. Das rechtsgeschäftliche Instrumentarium wird auch unter dem Aspekt der Wettbewerbs- und Strukturneutralität günstiger beurteilt als die hoheitlichen Instrumente. Das künftige schweizerische Notenbankrecht wird daher auf die Möglichkeiten einer Emissions- und von Kapitalverkehrskontrollen verzichten (Nationalbankgesetz [NBG]). Die Mindestreservepflicht wird beibehalten, um eine Mindestnachfrage der Geschäftsbanken nach Notenbankgeld sicherzustellen, jedoch nicht mehr als aktives Instrument der Geldpolitik ausgestaltet. *Hans Kuhn*

Lit.: *Das neue Nationalbankgesetz, Bericht und Entwurf der Expertengruppe Reform der Währungsordnung vom 16. März 2001.*

Integrierte Finanzmarktaufsicht
↑Finanzmarktaufsicht.

Inter-American Development Bank (IADB)
↑Entwicklungsbanken.

Inter-American Investment Corp. (IIC)
Die Inter-American Investment Corporation (IIC) wurde 1985 gegründet und ist ein staatliches Unternehmen, welches parallel zur Inter-American Development Bank und anderen internationalen Organisationen arbeitet. Der Hauptsitz der IIC liegt in Washington (USA) mit drei Zweigstellen in Bogotá (Kolumbien), Montevideo (Uruguay) und San José (Costa Rica). Die Mitgliedsländer der IIC sind die karibischen und amerikanischen Staaten. Im Jahre 2001 wurde Schweden das erste europäische Mitgliedsland der IIC. Das Ziel der IIC ist die Förderung der ökonomischen Entwicklung der Mitgliedsländer durch finanzielle Unterstützung von kleinen und mittelgrossen Privatbetrieben. Staatliche Firmen können ebenfalls finanzielle Mittel von der IIC erhalten, sofern sie zeigen können, dass ihre Tätigkeit den Privatsektor fördert. Die IIC vermittelt auch technische Hilfe und Managementkenntnisse. *Andreas Fischer*

Inter-Amerikanische Entwicklungsbank
↑Entwicklungsbanken.

Interbank-Applikationen
Anwendungen und technische Einrichtungen, welche Geschäftsabschlüsse bzw. deren Abwicklung zwischen einzelnen ↑Geschäftsbanken, der ↑Zentralbank und weiteren Interbank-Marktteilnehmern ermöglichen. Interbank-Applikationen werden zumeist von Gemeinschaftswerken, welche sich im Besitz der einzelnen Banken befinden, begründet und unterhalten. Wichtigstes Beispiel für den Schweizerischen ↑Bankensektor ist das elektronische Interbankenclearingsystem (↑Swiss Interbank Clearing [SIC]), welches zwischen den Banken, unter Aufsicht der ↑Nationalbank, zur papierlosen Abwicklung des ↑Zahlungsverkehrs dient.

Interbank-Clearingsystem
↑Swiss Interbank Clearing (SIC).

Interbank file transfer des S.W.I.F.T.
↑S.W.I.F.T.

Interbankgeschäft
Der Interbankenmarkt ist als der Markt definiert, auf dem Geschäfte des ↑Geld- und ↑Kapitalmarktes und des Devisenhandels (↑Devisengeschäft) nur zwischen Banken (zwischen ↑Geschäftsbanken und ggf. zwischen diesen und der ↑Zentralbank) getätigt werden. In einer erweiterten Definition des Begriffes zählen auch andere grosse Finanzinstitute (ohne Bankenstatus) wie ↑institutionelle Anleger, Versicherungen und multinationale Unternehmungen, sowie Intermediäre (↑Broker, Vermittler) zu den Akteuren am Interbankenmarkt. Das Interbankgeschäft spielt sich dabei nicht an einem formell organisierten Markt im Sinne einer ↑Börse ab, sondern ist als ein informelles Netzwerk der Zentralbanken, Geschäftsbanken und den weiteren Marktteilnehmern zu verstehen.

Am Interbankenmarkt werden grundsätzlich alle frei konvertierbaren ↑Währungen gehandelt, wobei sich der Handel auf die Hauptwährungen US-Dollar (über 60%), Yen (Japan) und ↑Euro konzentriert. Im Interbankengeschäft werden die ↑Transaktionen des Geld- und Kreditverkehrs hauptsächlich über den ↑Telefonhandel abgeschlossen. Die Marktteilnehmer geben dabei ihre indikativen Preise über Plattformen verschiedener Informationsdienstleister (Reuters, Bloomberg, ↑Telekurs) bekannt. Die gestellten Preise beinhalten in der Regel eine ↑Geld-Brief-Spanne, welche der Differenz zwischen Ankaufs- und Verkaufskurs entspricht. In seltenen Fällen, insbesondere bei durch Broker vermittelten Geschäften, wird zwischen den involvierten Parteien auch eine transaktionsabhängige Kommission vereinbart. Grundsätzlich werden am Interbankenmarkt Kassa- und ↑Termingeschäfte unterschieden. Bei Kassageschäften wird das Geschäft zu den am Handelstag definierten Konditionen nach Ablauf von zwei Werktagen erfüllt. Das Termingeschäft unterscheidet sich vom Kassageschäft dadurch, dass die Konditionen zwar ebenfalls am Handelstag fixiert werden, der definierte Erfüllungszeitpunkt des Geschäftes jedoch von der ↑Usanz des Kassageschäftes (Handelstag plus zwei Werktage) abweicht. Beim Interbankenmarkt handelt es sich um einen 24-Stunden-Markt, wobei ein Handelstag in Sydney unweit der internationalen Datumsgrenze beginnt, gefolgt von den Finanzzentren Tokio, Hongkong, Singapur, Frankfurt und New York. Der Interbankenmarkt zeichnet sich durch eine tiefe (staatliche) Regulationsdichte aus. Dennoch haben sich am Markt verschiedene Standards durchgesetzt, welche entweder auf Gewohnheitsrecht beruhen oder von nationalen und internationalen Gemeinschaftswerken erarbeitet wurden: Rahmenverträge für Standardgeschäfte; geschäftsspezifische Standards für ↑Laufzeiten, Betragsminima und Zinsusanzen; definierte ↑Referenzzinssätze, welche anderen Geschäften wiederum als Basis dienen (z.B. ↑Libor, ↑Euribor).

Der Interbankenmarkt hat im modernen Finanzsystem zumindest zwei zentrale Funktionen zu erfüllen, welche wiederum die ökonomischen Bestimmungsgründe für das Interbankgeschäft beinhalten. Zuerst und wohl am wichtigsten dient der Interbankenmarkt den Zentralbanken als der Ort, wo sie ihre ↑Offenmarktpolitik betreiben. Diese stellt das wichtigste Instrumentarium einer ↑Notenbank dar in einem Land mit freiem, unbeschränktem Kapitalverkehr und nicht fixiertem Aussenwert der Heimwährung. Die Zentralbank kann den Geschäftsbanken über den Interbankenmarkt auf effiziente Weise ↑Liquidität zuteilen oder entziehen. Über den Transmissionsmechanismus wird dadurch auch auf den dem Interbankenmarkt nachgelagerten Geld- und Kapitalmärkten in der geltenden ↑Geldpolitik entsprechendes Geldmengen- oder Zinsniveauziel der Notenbank erreicht. Das möglichst reibungslose Funktionieren dieser Transmissionsmechanismen innerhalb der Geschäftsbanken ist dabei gerade die zweite zentrale ökonomische Funktion des Interbankengeschäfts. Durch einen effizienten Interbankenmarkt wird der Liquiditätsausgleich in den einzelnen Währungen zwischen den ↑Kreditinstituten sichergestellt, die zu einem gegebenen Zeitpunkt Mittel benötigen bzw. einen Überschuss derselben am Markt anzulegen suchen. *Pascal Koradi*

Interbank(en)markt
↑Interbankgeschäft.

Interbank rate
↑Interbanksätze.

Interbanksätze
↑Zinssätze, zu denen auf Geldmärkten (↑Geldmarkt [Volkswirtschaftliches]), z.B. in London (↑Libor) oder Frankfurt (↑Frankfurt interbank offered rate [Fibor]), ↑Interbankgeschäfte abgeschlossen werden.

Interchange
Umsatzabhängige Gebühr, die beim Einsatz von ↑Kreditkarten an Verkaufspunkten (Point of sale) durch den Verkäufer oder Händler an die Kreditkarten-Organisation wie z.B. VISA, EUROCARD/MasterCard, American Express zu entrichten ist. Der Verkäufer oder Händler bezahlt den Interchange an den ↑Acquirer, dieser wiederum entrichtet via die Kreditkarten-Organisation einen Teil des Interchange an den Herausgeber der Kreditkarte (↑Issuer).

Interessenanmeldung
↑Statement of interest.

Interessenkäufe
Gezielter Erwerb von ↑Aktien im Hinblick auf einen bestimmten Zweck, z.B. Erwerb einer ↑qualifizierten Beteiligung, Beeinflussung des Aktienkurses.

Interessenkonflikte im Bank- und Effektenhandelsgeschäft
In einem Interessenkonflikt steht, wer in einer Sache, in der er als Beauftragter, als Arbeitnehmer, als Gesellschafter oder infolge einer Organstellung die Interessen eines andern wahren muss, eigene Interessen besitzt oder Interessen eines Dritten vertritt. Von einem nur *potenziellen Interessenkonflikt* kann man sprechen, wenn die verschiedenen Interessen parallel laufen; ein *akuter Interessenkonflikt (Interessenkollision)* liegt vor, wenn die Verfolgung des einen Interesses die gleichzeitige Verfolgung des andern Interesses ausschliesst. Die Treuepflicht verlangt von einem Beauftragten, dass er den Interessen seines Auftraggebers den Vorrang vor seinen eigenen Interessen gibt; sie verbietet einem Beauftragten die gleichzeitige Übernahme von Mandaten mehrerer Auftraggeber, wenn sie in der gleichen Sache einander ausschliessende Interessen haben. Öffentliches Recht und Standesregeln können besondere, zusätzliche Verhaltenspflichten aufstellen.

1. Banken im Interessenkonflikt
Die Grundsätze gelten auch für Banken und ↑Effektenhändler, soweit sie im Auftragsverhältnis zu ihren Kunden stehen oder anderweitig einer

Treuepflicht unterworfen sind. Da die Banken im Kernbereich des klassischen Bankgeschäfts (z. B. Einlagegeschäft, Kreditgeschäft) in der Regel nicht als Beauftragte handeln und nur in Bezug auf die Pflicht zur Verschwiegenheit einer besonderen Treuepflicht unterstehen, trifft man dort kaum je Interessenkonflikte an. So ist es unbedenklich, wenn eine Bank zwei Firmen Kredit gewährt, die miteinander in Konkurrenz stehen. Hingegen kommt es in den Bereichen ↑Effektenhandel, ↑Vermögensverwaltung, Investment research und im ↑Emissions- und im Beratungsgeschäft nicht selten zu Konflikten zwischen dem Interesse eines Kunden und demjenigen eines anderen Kunden oder dem Eigeninteresse der Bank. Grundsätzlich muss die Bank auf ein Mandat verzichten, wenn dieses zu einem akuten Interessenkonflikt führt. So ist es ihr etwa im Bereich ↑Mergers and acquisitions verwehrt, zwei potenzielle Übernehmer gleichzeitig zu beraten. Ebensowenig darf die Bank einen Übernehmer projektbezogen finanzieren und beraten, wenn sie früher schon einmal die ↑Zielgesellschaft beraten hat oder wenn die Zielgesellschaft ihr ↑Kreditnehmer ist; alles andere käme einer verbotenen Ausnutzung vertraulich erworbener Kenntnisse und damit einer Verletzung der Treuepflicht gleich.

2. Neutralisierung durch objektive Massstäbe
In manchen Fällen lässt das OR das Handeln trotz akutem Interessenkonflikt zu: Bei Aufträgen zum Kauf von ↑Wertpapieren, die einen Börsenpreis haben, ist die Bank berechtigt, aus eigenen Beständen zu liefern (echter Selbsteintritt). Hier dient der Börsenpreis zur Zeit der Ausführung als objektiver Massstab, der die Interessenkollision zwischen dem Kunden und dem Eigenhandel der Bank neutralisiert (OR 436). Dieser Gedanke ist verallgemeinerungsfähig. Die Bank kann also problemlos Kauf- und Verkaufsaufträge verschiedener Kunden über dasselbe Wertpapier ausführen. Manchmal kann die strikte Beachtung des Gleichbehandlungs- oder des Prioritätsprinzips eine Interessenkollision neutralisieren (↑Gleichbehandlungspflicht des Effektenhändlers).
Wo nur ein Konflikt mit *eigenen Interessen der Bank* vorliegt, verlangt die auftragsrechtliche Treuepflicht keine Abstinenz, sondern nur das Zurückstellen der eigenen Interessen der Bank; der Konflikt darf nicht zu einer Schädigung des Kunden führen. Die Bank darf also z. B. einem Vermögensverwaltungskunden eigene Bestände an Wertpapieren aus einer ↑Emission zuweisen, wenn die Anlage die Anforderungen an eine sorgfältige Verwaltung erfüllt. Typische Verstösse gegen den Grundsatz des Vorrangs des Kundeninteresses sind aber das Vorlaufen (↑Front running) im Eigenhandel und das Abladen von Eigenbeständen in verwaltete Kundendepots in Erwartung eines Kursrückgangs.

3. Organisatorische Vorkehren
Für den Kunden ist es oft schwierig zu erkennen, ob die Bank einen Interessenkonflikt zu seinen Lasten entschieden hat. Ausländische Rechtsordnungen haben daher früher versucht, solchen und anderen Missbräuchen durch das Gebot der Zuweisung kritischer Funktionen an verschiedene Unternehmen entgegenzuwirken (so in einem gewissen Sinne das ↑Trennbankensystem in den USA und die Trennung von Eigenhandel und Kundenhandel in England). Der Abbau dieser Schranken in England (↑Big bang 1986) hat die Diskussion über die Interessenkonflikte und die Vermeidung von Missbräuchen zunächst in den anglo-amerikanischen Märkten und dann auch weltweit angeregt und zum Erlass von Standesregeln und aufsichtsrechtlichen Vorschriften geführt. Diese konnten jedoch an der Erkenntnis nichts ändern, dass sich Interessenkonflikte im Rahmen des Universalbankprinzips aus praktischen Gründen nicht vermeiden und auch nicht immer verbieten lassen. Daher soll sich der Effektenhändler nach den IOSCO-Rules (1990) und nach der durch sie inspirierten EG-Wertpapierdienstleistungsrichtlinie (1993) zwar um die Vermeidung von Interessenkonflikten bemühen, aber, wenn sie sich nicht vermeiden lassen, dafür sorgen, dass die Kunden fair (nach Recht und Billigkeit) behandelt werden. In diesem Sinne verlangt auch das schweizerische Börsengesetz, dass allfällige Interessenkonflikte den Kunden nicht benachteiligen (BEHG 11 Ic). Die Bemühungen konzentrieren sich international auf die Durchsetzung von Verhaltensregeln bei der Abwicklung der Geschäfte (z. B. Chronologische Ausführung von ↑Transaktionen, Gleichbehandlung der Kunden, Gleichbehandlung, evtl. Priorität für die Kunden gegenüber dem Eigenhandel der Bank) und den Erlass von flankierenden Verhaltenspflichten, die Missbräuche seitens der im Interessenkonflikt stehenden Banken erschweren oder verhindern sollen. Im Vordergrund stehen hier erstens die organisatorische Trennung der kritischen Funktionen (z. B. Eigenhandel und Kundenhandel) im Unternehmen und die Verhinderung des Informationsflusses zwischen ihnen (sog. ↑Chinese walls); zweitens die Pflicht, den Kunden über bestehende Interessenkonflikte zu orientieren *(Disclosure)*. Dieses zweite Instrument wird in Kontinentaleuropa eher als eine Auffangmassnahme verstanden für den Fall, dass andere Instrumente nichts nützen. Die von der ↑Bankiervereinigung erlassenen ↑Verhaltensregeln für Effektenhändler (1997) sehen in diesem Sinn folgende Pflichten des Effektenhändlers vor:
– Angemessene organisatorische Massnahmen
– Offenlegung des Interessenkonflikts, wo sich ausnahmsweise eine Benachteiligung nicht vermeiden lässt
– Reglemente für Effektenhandelsgeschäfte der Mitarbeiter

– Chronologische Ausführung der Aufträge von Kunden und Mitarbeitern und der Eigengeschäfte der Bank
– Gleichbehandlung der Kunden (Art. 8–10 und Rz. 21–24 des offiziellen Kommentars).

4. Verhinderung der Wissenszurechnung
Aus der Sicht der Banken ist die organisatorische Trennung der kritischen Funktionen nach dem ursprünglich in den USA zur Verhinderung des Insiderhandels entwickelten Konzept der Chinese walls geeignet, dem Problem der Interessenkonflikte viel von seiner Schärfe zu nehmen. Man darf in kontinentaleuropäischen Verhältnissen im Normalfall davon ausgehen, dass die von einer durch Chinese walls vom Kundenhandel abgeschirmten Abteilung der Bank betriebenen Geschäfte aus der Sicht des Kunden nicht mehr der Bank zugerechnet werden. Drücken z. B. Eigengeschäfte der Bank den Kurs eines Wertpapiers nach unten, so liegt unter dieser Voraussetzung aus der Sicht des ebenfalls verkaufenden Kunden kein der Bank zurechenbarer Interessenkonflikt mehr vor. Chinese walls helfen der Bank aber nur im Routinebereich, wo die eine Abteilung der Bank in die Tätigkeit der abgeschirmten Abteilungen keinen Einblick haben muss. Anderes gilt wohl für grössere Transaktionen. Die Eidg. ↑Bankenkommission (EBK) verlangt, dass an der Spitze der Geschäftsleitung grundsätzlich alle Informationen zusammenlaufen, die für die Führung der Bank und ihren Auftritt als Unternehmen von Bedeutung sind. Für solche Informationen darf es im Verhältnis zur Geschäftsleitung keine Chinese walls geben; diese Informationen werden zwingend dem Unternehmen zugerechnet. Da Informationen im Zusammenhang mit Mandaten auf dem Gebiet der Unternehmensübernahmen zu dieser Kategorie zählen, ist es fraglich, ob eine Bank die Unterstützung des feindlichen Übernehmers im Kampf um die zu ihren Kreditkunden zählende Zielgesellschaft mit dem Hinweis auf funktionierende Chinese walls zwischen der Kreditabteilung und der Abteilung ↑Corporate finance rechtfertigen kann.

5. Insiderproblematik und Interessenkonflikte
Namentlich im anglo-amerikanischen Bereich wird auch das *Verbot des Insiderhandels* den Regeln über den Umgang der Bank mit Interessenkonflikten zugerechnet. Es geht auch hier für die Bank um das Verbot der Ausnützung von Kundeninformationen in eigenem Interesse oder im Interesse anderer Kunden. Nach anglo-amerikanischer Auffassung liegt eine echte Interessenkollision vor, weil nach Common law das Interesse der mit der Bank durch ein Beratungs- oder ein Vermögensverwaltungsmandat verbundenen Anlegerkundschaft dem öffentlichen Interesse an der Verhinderung von Insidertransaktionen mindestens gleichrangig gegenübersteht. Chinese walls dienen unter diesen Verhältnissen nicht nur der Verhinderung der bewussten Ausnützung des Insiderwissens durch die kundenbezogenen Abteilungen der Bank, sondern ebenso sehr auch der Verhinderung der Zurechnung des Insiderwissens der Bank an die kundenbezogenen Abteilungen. Nach kontinentaleuropäischer Auffassung kollidiert das Interesse der Privatkundschaft nicht mit dem öffentlichen Interesse an der Verhinderung von Insidertransaktionen, da hier das öffentliche Interesse ohne weiteres vorgeht. *Christian Thalmann*

Interessewahrend
Sog. ↑Bestens-Aufträge werden im ↑Effektenhandel oftmals mit der einschränkenden Bezeichnung «interessewahrend» versehen. Damit soll die Bank ermächtigt werden, je nach der Lage an der ↑Börse von einem sofortigen Kauf bzw. Verkauf zu den geltenden ↑Kursen Abstand zu nehmen, d.h. im Interesse des Kunden zuzuwarten (z.B. wenn die momentanen Kurse zu starke, nach Meinung der Bank nur vorübergehende Ausschläge aufweisen), oder vorerst nur einen Teil des Auftrages auszuführen (d.h. die Ausführung über mehrere ↑Börsentage zu verteilen), weil bei grösseren Börsenaufträgen eine plötzliche starke Nachfrage bzw. ein plötzliches starkes Angebot den Kurs beeinflussen kann.

Interest netting
Interest netting bezeichnet die gegenseitige ↑Verrechnung von Zinsforderungen von zwei Gegenparteien, sodass lediglich die Netto-Zinsforderung einen Zahlungsstrom an eine der beiden Parteien auslöst. Interest netting wird insbesondere zwischen den Parteien eines ↑Zinsswaps durchgeführt.

Interest rate
↑Zinssatz.

Interest rate collar
↑Zins mit einer Zinsober- und einer Zinsuntergrenze.

Interest rate corridor
Kombinierte Optionsstrategie mit ↑Caps. Bei einem *Long corridor* wird eine ↑Long position in einem Cap mit niedrigerem Basispreis und gleichzeitig eine ↑Short position in einem Cap mit höherem Basispreis eingegangen. Bei einem *Short corridor* wird hingegen eine Short position in einem Cap mit niedrigerem Basispreis und gleichzeitig eine Long position in einem Cap mit höherem Basispreis eingegangen. Long corridors sind eine Möglichkeit, die bezahlte ↑Optionsprämie zu reduzieren. Das variable Zinsrisiko ist allerdings nur bis zum Basispreis der Short position im zweiten Cap abgesichert, da die Long position im Corridor an die Short position eine Ausgleichszahlung

(↑Cash settlement) leisten muss. Corridors sind eine Variante von Bull spreads bzw. ↑Bear spreads. ↑Collar.

Interest rate exposure
Interest rate exposure bezeichnet den ↑Anteil eines ↑Portfolios oder die Finanzströme einer Unternehmung, welche einem ↑Zinsänderungsrisiko ausgesetzt sind.

Interest rate floor
↑Floor.

Interest rate futures
↑Zins-Futures; ↑Futures.

Interest rate futures option
Eine Interest rate futures option bezeichnet eine ↑Option, deren ↑Basiswert einen Terminkontrakt (↑Futures) auf einen ↑Zinssatz darstellt.

Interest rate guarantee
Absicherung für den ↑Gläubiger oder für den Schuldner gegen eine ungünstige Zinsentwicklung.

Interest rate hedging
Englische Bezeichnung für Absicherung des ↑Zinsänderungsrisikos. ↑Hedge.

Interest rate option
Englische Bezeichnung für ↑Zinsoption.

Interest rate risk
↑Zinsänderungsrisiko.

Interest rate swap
↑Zinsswap; ↑Couponswap.

Interest risk
↑Zinsänderungsrisiko.

Interimsausschuss
↑Internationaler Währungs- und Finanzausschuss.

Interimsdividende
Auch Abschlagsdividende genannt. Sie wird vor Ablauf des Geschäftsjahres zulasten des laufenden Gewinns ausbezahlt. Weil in der Schweiz eine Gewinnausschüttung nur aufgrund einer genehmigten Jahresrechnung und eines Beschlusses der Generalversammlung ausgerichtet werden darf, sind als Interimsdividenden erklärte ↑Ausschüttungen während des Geschäftsjahres aktienrechtlich als Vorschuss an die Aktionäre zu betrachten und dementsprechend zu buchen. Die auf diese Weise ausgeschüttete Interimsdividende wird in der Folge mit der ordnungsgemäss beschlossenen ↑Dividende verrechnet.

Interimsschein
Ein bei der Einzahlung von ↑Aktien an Aktionäre in der Form eines ↑Wertpapiers (OR 965) ausgestellte Urkunde, welche bis zur ↑Auslieferung der definitiven Aktienurkunde die Mitgliedschaftsrechte verbrieft (OR 688). In der Schweiz wurden Interimsscheine selbst bei der früher herrschenden Praxis der wertpapiermässigen Verbriefung von Aktionärsrechten nicht mehr verwendet, weil ein entsprechendes Bedürfnis fehlte.

Interlinking-System
↑TARGET.

Intermarket spread
Als Intermarket spread bezeichnet man eine Derivat-Transaktion (↑Derivate), bei welcher gleichzeitig eine ↑Option in einem Markt (dies kann ein Segment im ↑Bondmarkt oder ein regionaler Commodity-Markt sein) gekauft und in einem verwandten Markt verkauft wird. Intermarket spreads werden in Erwartung von Veränderungen der Preisdifferenzen zwischen den Märkten abgeschlossen.

Intermarket technical analysis
Die Intermarket technical analysis umschreibt jene Form der ↑technischen Analyse, die sich nicht auf die Interpretation einzelner ↑Charts beschränkt. Vielmehr untersucht sie die relative Veränderung der ↑Kurse verschiedener Sektoren untereinander. Es gibt Sektoren, die positiv korrelieren, und andere, die in einem inversen Verhältnis zueinander stehen. Einige Sektoren eilen anderen voraus und erleichtern damit die Erwartungsbildung.

Intermediation
↑Desintermediation.

Intermediationsfunktion der Banken
Die ↑Banken erfüllen verschiedene volkswirtschaftlich wertvolle und grundlegende Funktionen. Dazu zählen unter anderem die Kreditvermittlung (↑Bankkredit), der ↑Zahlungsverkehr, das Vermögensverwaltungsgeschäft (↑Vermögensverwaltung [Allgemeines]) und das ↑Emissionsgeschäft. Die Intermediationsfunktion der Banken besteht in der *Kreditvermittlung,* welche als das klassische ↑Bankgeschäft gilt. Dieses besteht in der Annahme fremder Gelder (das so genannte ↑Passivgeschäft), die auf eigene Rechnung und auf eigene Gefahr an Dritte weiter ausgeliehen werden (das so genannte ↑Aktivgeschäft). Ein wesentlicher Teil des Jahresergebnisses entsteht bei den meisten Banken aus der Differenz der ↑Zinsen, die für ausgeliehene Gelder eingenommen und denjenigen, die für angenommene Gelder bezahlt werden. Die Banken bemühen sich, ein grosses und zugleich stabiles Zinsdifferenzge-

schäft aufzubauen. Das heisst, für die Finanzierung eines sich ausweitenden Kreditgeschäfts versuchen sie, das Passivgeschäft entsprechend zu erhöhen. Die Kreditvergabe ist somit immer vom Passivgeschäft abhängig. Es können jedoch nicht alle hereingenommenen Gelder wieder ausgeliehen werden. Die Banken müssen einen Teil der ↑Fremdgelder in ↑liquiden Mitteln halten, um ihre Zahlungsbereitschaft zu sichern.

Finanzintermediation ermöglicht einer Volkswirtschaft Gelder, die nicht produktiv eingesetzt werden, zu kanalisieren und an andere Personen bzw. Unternehmen weiterzuleiten, welche diese Gelder in die Produktion eines Gutes oder einer Dienstleistung investieren oder konsumieren. Indem die Banken den Unternehmen ↑Kapital zur Verfügung stellen, das sonst brachliegen würde, fördern sie das ↑Sparen und Investieren und somit die wirtschaftliche Produktivität. Das Kreditwesen stellt folglich einen interpersonalen und intertemporalen Ausgleich her: Kleinere Beträge, welche von den Einlegern jederzeit abgehoben werden können, werden von ↑Finanzintermediären entgegengenommen und gebündelt als grössere, ↑langfristige Kredite wieder an die Wirtschaft und an Private abgegeben (↑Fristentransformation; ↑Transformationsfunktion der Banken).

Banken sind aber nicht bloss mechanische Kreditvermittler, sondern stiften neben der Fristentransformation noch weiteren Mehrwert, indem sie Informations- und ↑Transaktionskosten reduzieren und Kreditrisiken diversifizieren können. Transaktionskosten sind der Kreditvermittlung inhärent und entstehen aufgrund asymmetrischer Information zwischen Schuldner und ↑Gläubiger. Asymmetrische Information impliziert zwei Risiken (↑Risiko; ↑Kreditrisiko):
1. Vor Abschluss eines ↑Kreditvertrages besteht das Problem adverser Selektion
2. Nach Vertragsabschluss muss der Gläubiger damit rechnen, dass der Schuldner höhere Risiken eingeht, als optimal wäre und somit riskiert, den Kredit nicht zurückzahlen zu können (↑Moral hazard).

Adverse Selektion bedeutet in diesem Zusammenhang, dass der Gläubiger Gefahr läuft, überdurchschnittlich häufig auf einen schlechten Schuldner zu stossen, da sich die guten Schuldner anderweitig – zum Beispiel auf dem Kapitalmarkt (↑Kapitalmarkt [Volkswirtschaftliches]) – finanzieren. Banken vermögen diese Transaktionskosten zu senken, indem sie als erfahrene Experten zwischen den Gegenparteien vermitteln. Aufgrund der Skalenerträge lohnen sich für Banken die ↑Investitionen in Expertenwissen, die einem einzelnen Gläubiger zu teuer zu stehen kommen würden.

Die Bankkreditverschuldung in der Schweiz ist im internationalen Vergleich sehr gross. In den vergangenen Jahren nahm sie sogar leicht zu, während die ↑Spargelder sich rückläufig verhielten. Dieser Prozess wird auch als ↑Desintermediation bezeichnet und beschreibt die Verschiebung vom traditionellen Zinsgeschäft zum indifferenten Geschäft.

Jeannette Müller

Internal rate of return
↑Interner Zinsfuss.

International Accounting Standards (IAS)

Die International Accounting Standards stellen ein umfassendes Regelwerk für die Rechnungslegung internationaler ↑Konzerne dar. Fast alle bedeutenden multinationalen Konzerne an der ↑SWX Swiss Exchange wenden IAS (oder die ↑Generally Accepted Accounting Principles der USA [GAAP]) an. Das International Accounting Standards Committee (IASC) wurde 1973 gegründet und hat seinen Sitz in London. Im Jahre 2000 erfolgte der Durchbruch mit der Anerkennung der IAS-Standards durch die weltweite Börsenvereinigung ↑IOSCO, International Organization of Securities Commissions. Gleichzeitig hat das IASC mit der US-amerikanischen Börsenaufsichtsbehörde SEC (↑Securities and Exchange Commission) eine Vereinbarung über eine strategische Neuausrichtung und Reorganisation getroffen, um die Harmonisierung zwischen IAS und US GAAP rasch voranzutreiben.

1. Anerkennung durch die EU
Die Europäische Kommission beabsichtigt, IAS spätestens ab dem Jahre 2005 für alle rund 7000 in der Europäischen Union domizilierten und kotierten Unternehmungen als Rechnungslegungsstandard für obligatorisch zu erklären. Die Schweizer Börse SWX wird sich diesem Entscheid möglicherweise anschliessen und für die rund 300 an der SWX kotierten Gesellschaften auch IAS vorschreiben.

2. Professionalisierung der IAS-Organisation
Als eine der ersten Massnahmen wurde ab 1. Januar 2001 ein professioneller und unabhängiger International Accounting Standards Board (IASB) mit zwölf vollamtlichen und zwei Teilzeit-Mitgliedern ernannt. Der neue IASB hat ein «Improvements project» ins Leben gerufen, welches bestehende Wahlrechte weiter reduzieren, Inkonsistenzen bereinigen und die Harmonisierung mit US GAAP vorantreiben soll. Der Name IAS wird für künftige Standards durch *International Financial Reporting Standards (IFRS)* ersetzt. Diese können über reine Buchhaltungs- und Rechnungslegungsstandards hinausgehen. Das IASC arbeitet intensiv an der Schliessung weiterer Lücken bzw. Schlupflöcher durch Herausgabe von IAS-Interpretationen, die von dem, durch das IASC gegründete Standing Interpretations Committee (SIC, neuer Name IFRIC) erlassen werden. Die Interpretationen sind

den über 40 IAS-Standards gleichgestellt und treten nach Genehmigung meistens sofort in Kraft.

3. Frage der Durchsetzung der IAS
Die IAS haben schon heute ein hohes Qualitätsniveau erreicht. Das grösste Handicap des IASC liegt denn auch weniger in den Standards selbst als in der mangelhaften Durchsetzung *(Lack of enforcement)*. US GAAP dagegen werden unter der Aufsicht der starken amerikanischen Börsenaufsichtsbehörde (SEC) sehr viel konsequenter umgesetzt und überwacht, als dies bei IAS der Fall ist. In der Europäischen Union wird es ohne Ernennung einer starken Europäischen Börsenaufsichtskommission wie der SEC kaum möglich sein, die Einhaltung und konsistente Anwendung der IAS durch die rund 7000 börsenkotierten Gesellschaften in Europa wirksam zu überwachen.

Peter Bertschinger
Lit.: International Accounting Standards Board (Hrsg.): International Accounting Standards, deutsche Übersetzung der englischen Originalstandards, Stuttgart 2001.

International bank account number (IBAN)
Die IBAN (auf Deutsch: Internationale Kontonummer) dient der einheitlichen Benennung folgender drei wesentlichen Charakteristika einer Bank- oder Postbeziehung:
– Land (Staat)
– Finanzinstitut
– Kontonummer.
Die IBAN funktioniert in Verbindung mit der ↑International payment instruction IPI (auf Deutsch: Internationale Zahlungsinstruktion). Diese besteht aus zwei Elementen:
– Einem standardisierten Zahlungsteil
– Standardisierten Mitteilungen der Finanzinstitute für die elektronische Übermittlung der gespeicherten Daten.
Die blosse Vereinheitlichung des Zahlungsteils würde nicht genügen, um grenzüberschreitende Zahlungen (↑Crossborderzahlungen) automatisch abzuwickeln. Nur in Verbindung mit der IBAN können die unterschiedlichen ↑Zahlungssysteme in den verschiedenen Ländern eine Kontobeziehung zweifelsfrei erkennen, und die Übermittlung der Daten kann ohne zusätzliche, manuell einzugebende Instruktionen erfolgen, nach dem Prinzip des ↑Straight through processing (STP).

Germain Hennet

International Bank for Reconstruction and Development (IBRD)
↑Weltbank.

International banking facilities (IBF)
↑Euromärkte.

International Banking Summer School (IBSS)
Die International Banking Summer School (IBSS) steht unter dem Patronat von Bankenverbänden (↑Bankenverbände und -vereinigungen) aus 16 Ländern. Die IBSS wurde erstmals 1948 in Oxford, England, durchgeführt und hat sich bis heute zum bedeutendsten internationalen Weiterbildungsanlass im ↑Bankensektor entwickelt. Ziel der IBSS ist die Förderung des Erfahrungsaustausches und der Weiterbildung leitender Bankangestellter. Jedes Jahr ist ein anderes Land Gastgeber der IBSS. Die SBVg (↑Bankiervereinigung, Schweizerische) führte den Anlass bisher dreimal durch. Die 12. IBSS auf dem Bürgenstock stand 1959 unter dem Titel «Financing of Technical Progress». 1987 wurde die 40. IBSS in Interlaken zum Thema «International Financial Centers: Structure, Achievements and Prospects» durchgeführt (Schulleitung: Rainer E. Gut). Im Jahr 2000 fand die 53. IBSS in Basel zum Thema «Creating Value and Managing Risk» statt (Schulleitung: Georg F. Krayer).

International central securities depository (ICSD)
Ursprünglich vor allem für die ↑Abwicklung von Eurobond-, Primär- und Sekundärmarkttransaktionen gegründet, spielen die ICSD in Europa heute eine dominierende Rolle im ↑Clearing and settlement von grenzüberschreitenden ↑Transaktionen, hauptsächlich mit ↑festverzinslichen Wertpapieren. Zum Kreis der ICSD gehören ↑Euroclear, ↑Clearstream und teilweise ↑SIS SegaIntersettle AG.

International Chamber of Commerce (ICC)
↑Internationale Handelskammer.

International Conference of Banking Supervisors (ICBS)
↑Basler Ausschuss für Bankenaufsicht; ↑Home country control.

International depositary receipts (IDR)
Bezeichnung für ↑Zertifikate über die Hinterlegung von US-amerikanischen und nicht US-amerikanischen ↑Dividendenwerten in einer Art ↑Sammelverwahrung durch Eigentümer in Ländern ausserhalb der USA. IDRs werden von bedeutenden US-Banken ausgestellt. Diese auf den Inhaber lautenden Zertifikate dokumentieren die Hinterlegung einer beliebigen Anzahl von ↑Aktien der in dieses System aufgenommenen Gesellschaften bei einer zum System gehörenden Hinterlegungsstelle (Depositary). Die Zertifikate sind handelbar. Sie erleichtern, verbilligen und beschleunigen die Stücketransaktionen, weil die Versendung der hinter-

legten Aktien entbehrlich wird und die Hereinnahme von IDRs innerhalb von einem Tag abgewickelt werden kann.

International Development Association, internationale Entwicklungsagentur (IDA)

Die Internationale Entwicklungsagentur (IDA, Abk. f. International Development Association) ist eine ↑Entwicklungsbank. Sie wurde 1960 als Tochtergesellschaft der ↑Weltbank gegründet. Die IDA finanziert Entwicklungsprojekte in besonders armen Entwicklungsländern zu sehr günstigen Bedingungen. Die Kredite sind zinsfrei und mit einer ↑Laufzeit bis zu 50 Jahren. Die Kredittilgung beginnt erst nach 10 Jahren und kann in eigener ↑Währung erfolgen. Empfänger der Kredite sind ausschliesslich Regierungen von Ländern, die wegen ihrer wirtschaftlich schlechten Situation nicht in der Lage sind, banküblich Kreditzinsen (↑Zins) und kurzfristige ↑Rückzahlungen zu leisten. Die Kredite fliessen vorwiegend in Infrastrukturprojekte wie der Bau von Strassen, Schulen und Krankenhäusern. Die Mittel der IDA stammen aus Beiträgen der Mitgliedstaaten. Die Industriestaaten stellen ↑konvertible Währung und die Entwicklungsländer landeseigene Währung zur Verfügung. Zudem nimmt die IDA Mittel auf den ↑internationalen Kapitalmärkten auf.

Barbara Döbeli

Internationale Anleihen
↑Internationales Anleihensgeschäft.

Internationale Bankenaufsicht

Mit der fortschreitenden Internationalisierung des ↑Bankgeschäftes in einem globalen Umfeld der ↑Finanzmärkte steigen auch die Anforderungen an die ↑Bankenaufsicht (↑Aufsicht, Aufsichtsbehörde). Die internationale Bankenaufsicht soll als Antwort auf diese Entwicklung sicherstellen, dass bei international tätigen Bank- und Finanzgruppen keine Aufsichtslücken entstehen und solche Gruppen sowohl gesamthaft als wirtschaftliche Einheit wie auch auf Stufe Einzelinstitut überwacht werden können. Federführend in der Entwicklung der grenzüberschreitenden Zusammenarbeit zwischen nationalen Bankaufsichtsbehörden ist der ↑Basler Ausschuss für Bankenaufsicht. Im Rahmen seiner Bestrebungen für eine weltweite Harmonisierung der Bankaufsichtsregeln veröffentlicht er Empfehlungen (↑BIZ [Empfehlungen]) zur Erleichterung und Förderung der Zusammenarbeit unter nationalen Aufsichtsbehörden bei der Überwachung grenzüberschreitender Banktätigkeit.

Massgebend für die internationale Bankenaufsicht ist das vom Basler Ausschuss erarbeitete ↑Basler Konkordat (1983). Ebenfalls weltweite Beachtung der Bankaufsichtsbehörden finden die ↑Basler Kernprinzipien (1997). *Rolf Gertsch*

Internationale Bankenkooperation

Grenzüberschreitende Zusammenarbeit von Banken, nicht zu verwechseln mit der weltweiten Konzentration des Bankwesens durch ↑Fusion, Konzernbildung u.a. (↑Bankenkonzentration). Die Zusammenarbeit geschieht namentlich:
– In ursprünglich «nationalen» Gemeinschaftswerken, die sich zunehmend nicht mehr auf inländische Teilnehmer beschränken, sondern auch ausländische zulassen (z.B. der ↑SIS SegaIntersettle AG).
– In von Anfang an international angelegten Gemeinschaftswerken (z.B. der ↑S.W.I.F.T. auf dem Gebiet der Telekommunikation unter Finanzinstituten)
– In ↑Bankenverbänden und -vereinigungen zur gemeinsamen Interessenwahrung (z.B. der ↑Bankenvereinigung der Europäischen Union)
– In Konsortien für grössere ↑Emissionen oder Kredite.

Wettbewerbsrechtlich unzulässig ist heute die Kooperation in der Form von Kartellen (↑Kartelle im Bankensektor).

Internationale Bank für Wiederaufbau und Entwicklung
↑Weltbank.

Internationale Doppelbesteuerung
↑Doppelbesteuerung, internationale.

Internationale Emissionskonsortien

Soll eine Aktien- oder ↑Anleihenemission international vermarktet und platziert werden, müssen ein internationales Distributionsnetz und Erfahrungen bezüglich der Funktionsweise der ausländischen ↑Kapitalmärkte in das ↑Emissionskonsortium eingebracht werden. Dies erfordert ein internationales Emissionskonsortium, welches sich unter einem globalen Koordinator aus Banken mit ↑Platzierungskraft in den entsprechenden Regionen bzw. Ländern zusammensetzt.

Internationale Entwicklungsagentur
↑International Development Association (IDA).

Internationale Entwicklungsbank
↑Entwicklungsbanken.

Internationale Handelskammer

Die Internationale Handelskammer (IHK, engl. International Chamber of Commerce, frz. Chambre de Commerce Internationale) wurde 1919 gegründet. Ihr gehören tausende von Unternehmen und Wirtschaftsverbänden in 140 Staaten an. Sie steht im Dienst der global tätigen Wirtschaft, setzt sich für den internationalen Handel ein und fördert die weltweiten ↑Investitionen. Dabei steht sie auf dem Boden der Privatwirtschaft und befürwortet die ↑Selbstregulierung. In aller Welt nehmen die Nationalkomitees der IHK zuhanden ihrer Regierungen mit Gutachten Stellung und orientieren den Sitz der IHK, der sich in Paris befindet, über das örtliche Wirtschaftsgeschehen.

Das schweizerische Nationalkomitee legt grossen Wert auf die Mitwirkung seiner Delegierten in den Kommissionen der IHK. So trägt z. B. die Kommission für Techniken und Praktiken im Bankenbereich Wesentliches zur Handhabung der *Einheitlichen Richtlinien für Inkassi, der Einheitlichen Richtlinien und Gebräuche für* ↑*Dokumenten-Akkreditive sowie der* ↑*Incoterms* (der internationalen Regeln für die Auslegung der handelsüblichen Vertragsformeln) bei.

Die IHK unterhält auch den Internationalen Schiedsgerichtshof, der vorsitzende Schiedsrichter und Einzelschiedsrichter ernennt.

Die Schweiz spielt eine wichtige Rolle in den Kommissionen der IHK und besonders in dessen internationalem Schiedsgerichtshof. Das Sekretariat des schweizerischen Nationalkomitees der IHK befindet sich derzeit bei economiesuisse in Zürich.

Germain Hennet

Internationale Kapitalbewegungen
↑Kapitalbewegungen, internationale.

Internationale Liquidität
↑Internationaler Währungsfonds; ↑Sonderziehungsrechte.

Internationaler Geldmarkt
Nach dem geografischen Ort lässt sich der Geldmarkt in die nationalen Geldmärkte (↑Geldmarkt [Volkswirtschaftliches]), auf denen kurzfristige Anlagen in der jeweiligen nationalen ↑Währung gehandelt werden, und dem internationalen Geldmarkt (oder ↑Euromärkte), auf dem kurzfristige Anlagen in anderen als der nationalen Währung gehandelt werden, einteilen. Der internationale Geldmarkt entstand Ende der 50er-Jahre unter dem Namen Eurogeldmarkt in London. Besondere Vorteile des Eurogeldmarktes sind das Fehlen von Regulierungen, das den Eurogeldmarkt zu einem Vorreiter bei der Einführung von Finanzinnovationen machte, sowie die hohe ↑Liquidität und die relativ niedrigen ↑Transaktionskosten. Heute kann der Eurogeldmarkt geografisch nicht mehr einem bestimmten ↑Finanzplatz zugeordnet werden.

Andreas Fischer

Internationaler Kapitalmarkt
Im Gegensatz zu nationalen Kapitalmärkten (↑Kapitalmarkt [Volkswirtschaftliches]), an denen inländische Schuldner von inländischen Investoren Kapital (↑Kapital [Volkswirtschaftliches]) in inländischer ↑Währung aufnehmen, werden am internationalen Kapitalmarkt – meist durch Vermittlung von ↑Banken oder Investmenthäusern (↑Investment bank) – grenzüberschreitende Kapitaltransaktionen getätigt. Dabei stammen Schuldner und Investor nicht aus dem gleichen Land oder die ↑Transaktion wird über eine ↑ausländische Bank oder in einer anderen als der Landeswährung abgewickelt. In der Schweiz wird der Markt für in Schweizer ↑Franken denominierte ↑Anleihen ausländischer Schuldner (↑Auslandanleihe) dem internationalen Kapitalmarkt zugerechnet. Zum internationalen Kapitalmarkt gehören auch die ↑Euromärkte.

Internationaler Kapitalverkehr
Die Entstehung und Tilgung von grenzüberschreitenden finanziellen Forderungen und Verpflichtungen in Form von Krediten, Schuldtiteln sowie den grenzüberschreitenden Kauf und Verkauf von ↑Wertrechten und Beteiligungen an Unternehmen bezeichnet man als internationalen Kapitalverkehr. Der internationale Kapitalverkehr bewirkt eine Veränderung der Auslandguthaben und -verpflichtungen (↑Auslandvermögen). Er wird in der Kapitalverkehrsbilanz (↑Zahlungsbilanz) statistisch erfasst. Der Kapitalverkehr wird nach dem Anlagemotiv in ↑Direktinvestitionen, ↑Portfolioinvestitionen, derivative Finanzinstrumente (↑Derivate), ↑Währungsreserven und übriger Kapitalverkehr gegliedert. Der Erwerb einer finanziellen Forderung führt zu einem Kapitalexport (internationaler Kapitalverkehr) und die Übernahme einer finanziellen Verpflichtung zu einem Kapitalimport. Der internationale Kapitalverkehr ermöglicht die Ausnutzung von Preis- und Risikounterschieden in verschiedenen Ländern für die ↑Arbitrage (↑Arbitragestrategie) und die ↑Diversifikation der ↑Kapitalanlagen sowie die Übertragung von Kaufkraft vom kapitalexportierenden Land auf das kapitalimportierende Land.

Thomas Schlup

Internationaler Währungsfonds (IWF)
Der Internationale Währungsfonds (IWF) wurde am 27.12.1945 gegründet, als 29 Länder einen entsprechenden Vertrag (Articles of agreement of the International Monetary Fund) unterzeichneten. Ausgearbeitet wurde dieser Vertrag im Juli 1944 im amerikanischen Bretton Woods. Daher auch der häufig verwendete Begriff «Bretton Woods Institutionen» für IWF und ↑Weltbank. Im Zentrum einer neuen ↑Währungsordnung sollte der IWF stehen. Das neue Währungssystem – basierend auf der ↑Konvertibilität des Dollars in Gold – sollte die Handels- und Zahlungsrestriktionen der Zwischenkriegszeit vermeiden, die den Welthandel praktisch zum Erliegen gebracht hatten. Am 01.03.1947 nahm der IWF seine Tätigkeit auf. Artikel 1 des Übereinkommens definiert die Hauptziele des IWF: Die Förderung stabiler Wäh-

Internationaler Währungsfonds (IWF)

rungsverhältnisse und des Welthandels. Dazu stehen verschiedene Massnahmen zur Verfügung: Verhaltensregeln für die Wechselkurspolitik, Kreditgewährung, ein Konsultations- und Überwachungssystem, die Erbringung technischer Hilfe und die Definition von Standards.

1. Organisation

Die Mitgliedschaft beim IWF steht jedem Staat offen, der die Ziele des Fonds anerkennt. Mit 183 Mitgliedern im September 2001 ist der Fonds heute eine weltumspannende Organisation. Die Schweiz trat dem IWF am 29.05.1992 bei. Der IWF hat seinen Geschäftssitz in Washington D.C. Er beschäftigte im August 2001 rund 2 500 Mitarbeiter aus 133 Ländern.

Die finanzielle Beteiligung der Mitglieder errechnet sich nach ihrer wirtschaftlichen Grösse und ihrem Anteil am Welthandel. Diese Beteiligung wird als Quote bezeichnet. Die Quote eines Mitglieds bestimmt insbesondere seine Verpflichtungen, Kreditmöglichkeiten und sein Stimmrecht. Die Vereinigten Staaten sind mit einer Quote von 17,5% das bedeutendste Mitglied. Die Schweizer Quote beträgt derzeit 1,6%.

Die oberste Entscheidungsinstanz ist der aus allen Mitgliedern bestehende Gouverneursrat. Er verfügt über zwei halbjährlich tagende Beratungsgremien: den Internationalen Währungs- und Finanzausschuss (International Monetary and Financial Committee [IMFC]) und das Entwicklungskomitee. Das IMFC besteht aus 24 Mitgliedern und behandelt grundsätzliche Fragen der IWF-Politik sowie die weltwirtschaftlichen Aussichten (WEO). Das Entwicklungskomitee berät auch die Weltbank und setzt sich mit Fragen der Unterstützung von Entwicklungsländern auseinander. Der Gouverneursrat delegiert einen Grossteil seiner ausführenden Kompetenzen an den Exekutivrat. Dieser besteht derzeit aus 24 Exekutivdirektoren, die einzelne Länder oder Ländergruppen vertreten. Die Schweiz vertritt mit ihrem Exekutivdirektor die von ihr angeführte Stimmrechtsgruppe (bestehend aus Polen, den fünf zentralasiatischen Staaten Aserbeidschan, Kirgisien, Tadschikistan, Turkmenistan, Usbekistan sowie der Bundesrepublik Jugoslawien). Der Geschäftsführende Direktor ist Vorsitzender des Exekutivrates.

2. Verhaltensregeln für die Wechselkurspolitik

Ursprünglich überwachte der IWF das nach dem Zweiten Weltkrieg eingeführte System fixer Wechselkurse (↑Feste Wechselkurse). Seit dem Übergang zum ↑Floating in den 70er-Jahren bestimmen die Mitgliedsländer ihr Wechselkurssystem selbst (basierend auf der zweiten Änderung des IWF-Übereinkommens von 1978). Es ist den Mitgliedern jedoch untersagt, ihre ↑Währung an Gold zu binden sowie den laufenden Handels- und ↑Zahlungsverkehr zu beschränken. Jährlich wird überprüft, ob bestehende Devisenbeschränkungen aufrechterhalten werden dürfen.

3. Kreditgewährung

Der IWF kennt verschiedene Arten der Kreditgewährung an Mitglieder mit Zahlungsbilanzschwierigkeiten (↑Kreditfazilitäten). Mit der IWF-Finanzhilfe werden Anpassungsmassnahmen unterstützt, welche die Verhaltensregeln nicht verletzen. Der IWF reagiert mit neuen Fazilitäten auf Änderungen in der Weltwirtschaft und modifiziert diese laufend. Die wichtigsten IWF-Kreditfazilitäten sind heute – neben der vorbehaltlosen Ziehung der Reservetranche – die Bereitschaftskreditvereinbarungen (SBA, seit 1952) für kurzfristige Zahlungsbilanzprobleme und die Erweiterte Fondsfazilität (EFF, seit 1974) für strukturelle Probleme. Grosse, kurzfristige Finanzhilfe wird seit 1997 mit der Fazilität zur Stärkung von ↑Währungsreserven (SRF) geleistet. Um sich gegen die Ausweitung einer Finanzkrise zu schützen, können die Mitglieder seit 1999 die Vorsorgliche ↑Kreditlinie (CCL) beanspruchen. Entwicklungsländer werden seit 1976 mit Vorzugskrediten unterstützt; seit 1999 im Rahmen der Armutsbekämpfungs- und Wachstumsfazilität (PRGF). Dank der Initiative für hoch verschuldete arme Länder (HIPC) wird seit 1996 anspruchsberechtigten Ländern Unterstützung zur Reduktion ihrer Auslandsschulden gewährt.

Mit Ausnahme der PRGF beansprucht ein Mitglied IWF-Finanzhilfe, indem es ein internationales Reserveaktivum im Gegenwert seiner eigenen Währung vom IWF kauft (zieht). Der IWF erhebt dafür Gebühren und verlangt vom Land die Rückzahlung. Die Kreditvergabe wird von der Durchführung bestimmter wirtschaftspolitischer Auflagen abhängig gemacht (Konditionalität). Diese werden zusammen mit dem Schuldnerland definiert und in der Absichtserklärung (↑Letter of intent) veröffentlicht. Der Umfang und Detaillierungsgrad der Auflagen sind in den letzten Jahren ständig gewachsen. Insbesondere seit Anfang der 90er-Jahren verlangte der IWF nicht nur geld-, fiskal- und handelspolitische Massnahmen, sondern auch die Durchführung von Strukturreformen. Seit kurzem wird die Kreditvergabe wieder an weniger Bedingungen geknüpft.

Die Hauptquelle für die Finanzhilfe des IWF sind die Quoten. Im Rahmen der elften Quotenüberprüfung wurde 1999 die Gesamtquote auf 210 Mia. ↑Sonderziehungsrechte (SZR) erhöht. Um eine Störung im internationalen Währungssystem zu verhindern oder zu bewältigen, sind einige IWF-Mitglieder bereit, dem IWF zusätzliche Mittel zu leihen. Deshalb wurden 1962 die Allgemeinen Kreditvereinbarungen (AKV, zusammengeschlossen in der ↑Zehnergruppe) eingerichtet; darauf folgte 1998 die Schaffung der Neuen Kreditvereinbarungen (NKV). Sie stellen dem IWF je

17 Mia. SZR zur Verfügung. Die Schweizerische ↑Nationalbank ist daran mit 6% bzw. 4,8% beteiligt.
Zudem wurden 1969 (erste Änderung des IWF-Übereinkommens) als Ergänzung zu den konventionellen Währungsreserven und zur Entschärfung weltweiter Liquiditätsengpässe SZR geschaffen. Bisher erfolgten dreimal vorbehaltslose Zuteilungen von SZR. Hängig ist eine 1997 beschlossene Zuteilung aus Gerechtigkeitsgründen (vierte Änderung des IWF-Übereinkommens). SZR sind auch die Recheneinheit des IWF. Ihr Wert ermittelt sich aus den ↑Korbwährungen ↑Euro, japanischer Yen, Pfund Sterling und US-Dollar.

4. Konsultations- und Überwachungssystem
Der IWF überprüft normalerweise jährlich die ökonomische Lage und Wirtschaftspolitik eines Landes (Artikel IV-Konsultation). Damit kann der IWF das betreffende Land bei Anzeichen von Gefahr auf notwendige Massnahmen aufmerksam machen. Die Länder können seit Mitte 1999 den Bericht zur Artikel IV-Konsultation freiwillig veröffentlichen. Zur Stärkung des Finanzsektors wurde vor kurzem das Programm zur Bewertung des Finanzsektors (FSAP) eingeführt. Die multilaterale Überwachung erfolgt halbjährlich im Rahmen der weltwirtschaftlichen Aussichten (WEO). Dabei werden die globalen Auswirkungen der Politiken der Mitglieder eingeschätzt sowie die wichtigsten Entwicklungen und Aussichten im internationalen Währungssystem geprüft.

5. Erbringung technischer Hilfe
Seit 1964 leistet der IWF in drei Gebieten technische Hilfe: Durchführung der Geld- und Fiskalpolitik, Aufbau von Institutionen sowie Ausarbeitung der Wirtschaftsgesetzgebung. Dies soll das Humankapital und die institutionellen Kapazitäten der Mitgliedsländer für eine effektive Wirtschaftssteuerung verbessern.

6. Definition von Standards
Seit 1996 hält der IWF seine Mitglieder an, vermehrt Daten zu veröffentlichen und transparenter zu werden. Einheitliche und bessere Statistiken werden mit dem Allgemeinen Datenveröffentlichungs-System (GDDS) angestrengt. Der Spezielle Standard (SDDS) setzt höhere Ansprüche an die Verfügbarkeit der Daten und wurde bis im Juni 2000 von 47 Mitgliedern umgesetzt. Wenn die Öffentlichkeit Ziele und Instrumente von Politikmassnahmen kennt, können die nationalen Behörden effektiver und unabhängiger arbeiten, müssen jedoch auch Rechenschaft ablegen. Seit 1999 existiert deshalb ein Verfahrenskodex für Transparenz in der Geld- und Finanzpolitik. Der IWF selbst ist ebenfalls dazu übergegangen, vermehrt Dokumente zu veröffentlichen.

7. Heutige Rolle des IWF und zukünftige Herausforderungen
Während zur Zeit der fixen Wechselkurse Industrieländer IWF-Schuldner waren, sind es seither Entwicklungsländer und aufstrebende Volkswirtschaften (↑Emerging markets). Daraus ergab sich eine enge Zusammenarbeit zwischen IWF und Weltbank. In den letzten Jahren lösten zunehmende grenzüberschreitende Kapitalströme zahlreiche Finanzkrisen aus. Deshalb wird versucht, die Architektur des internationalen Finanzsystems zu stärken (↑Systemstabilität, Förderung der). Weit gediehen sind Reformanstrengungen in den Bereichen Transparenz, Definition von Standards, Massnahmen zur Stärkung des Finanzsektors und Anpassung der Kreditfazilitäten. Eine Herausforderung für die Zukunft ist die Einbindung des Privatsektors bei der Krisenprävention und -überwindung.
Doris Schiesser-Gachnang
Links: www.imf.org

Internationaler Währungs- und Finanzausschuss

Der Internationale Währungs- und Finanzausschuss ist der frühere Interimsausschuss des Gouverneursrates des ↑Internationalen Währungsfonds (IWF). Die Umwandlung erfolgte am 30.10.1999 durch einen Beschluss des Gouverneursrats. Wie früher der Interimsausschuss hat der Internationale Währungs- und Finanzausschuss den Auftrag, den Gouverneursrat des IWF in folgenden Bereichen zu beraten:
– Aufsicht über die Steuerung und die Anpassung des internationalen Währungs- und Finanzsystems
– Prüfung von Vorschlägen des IWF-Exekutivrats zur Änderung des IWF-Übereinkommens
– Bewältigung von plötzlich auftretenden systembedrohenden Störungen.

Der Beschluss vom 30.10.1999 bezweckte eine Verstärkung des Ausschusses, um die Legitimität der Politik des IWF zu erhöhen. Neben der Namensänderung sieht der Beschluss neu ausdrücklich vorbereitende Sitzungen von Vertretern der Ausschussmitglieder (Stellvertreter) vor. Zudem wurde aus dem Ausschuss ein dauerhafter Ausschuss, der neu auch Unterausschüsse und Arbeitsgruppen bilden kann.

Mitglieder des Internationalen Währungs- und Finanzausschusses sind die Gouverneure des IWF aus denjenigen Ländern, die im Exekutivrat mit einem Exekutivdirektor vertreten sind. Der Ausschuss besteht deshalb wie der Exekutivrat aus 24 Mitgliedern, normalerweise Finanzministern oder Zentralbankpräsidenten. Er trifft sich gewöhnlich zweimal jährlich: jeweils im Herbst, vor der Jahrestagung von IWF und ↑Weltbank, und im Frühling.

Der Internationale Währungs- und Finanzausschuss hat zwar wie früher der Interimsausschuss keine formellen Entscheidungsbefugnisse. Aufgrund seines politischen Gewichts kommt ihm aber dennoch die Rolle eines Leitungsorgans zu. Er berät über die wichtigsten Grundsatzfragen des IWF und liefert Richtlinien hinsichtlich aller wichtigen Fragen des Internationalen Währungs- und Finanzsystems.

Susanne Bonomo

Internationaler Zahlungsverkehr

Unter internationalem Zahlungsverkehr ist die Bewegung von baren und bargeldlosen (unbaren) Geldwerten über die Grenzen eines Landes zu verstehen. I.d.R. bezieht sich der internationale Zahlungsverkehr auf Zahlungsvorgänge zwischen zwei verschiedenen Währungsgebieten (↑Währungsraum); in einer weiter gefassten Definition werden gelegentlich aber auch grenzüberschreitende Zahlungsvorgänge innerhalb eines einheitlichen Währungsgebiets als internationaler Zahlungsverkehr bezeichnet. Anlass für internationale Zahlungsvorgänge sind beispielsweise der zwischenstaatliche Güteraustausch (Wareneinfuhr und -ausfuhr, Transithandel), das Erbringen oder die Inanspruchnahme von Dienstleistungen (z.B. im Tourismus, für Gütertransporte, Versicherungen), Kapitalleistungen einschliesslich deren Erträge (z.B. Kredite, ↑Direktinvestitionen und Beteiligungen, Portfolioanlagen [↑Zahlungsbilanz]) sowie weitere Finanztransaktionen (z.B. ↑Devisengeschäfte).

Teilnehmer am internationalen Zahlungsverkehr sind neben staatlichen und internationalen Institutionen (↑Zentralbanken, ↑Bank für Internationalen Zahlungsausgleich [BIZ] u.a.) vor allem die Zahlungspflichtigen bzw. die Zahlungsempfänger sowie die Zahlungsverkehrsdienstleister (in der Regel die inländischen Banken (↑Bank [Begriff und Funktionen]) und deren ausländische Niederlassungen bzw. ↑Korrespondenzbanken.

Wesentliche Unterschiede zum nationalen ↑Zahlungsverkehr bestehen insbesondere im Fehlen eines internationalen oder gar globalen währungsübergreifenden ↑Clearing- und Abwicklungssystems. Die ↑Abwicklung eines Zahlungsvorgangs erfolgt daher in zumindest zwei verschiedenen ↑Zahlungssystemen unter Inanspruchnahme von so genannten Korrespondenzbankbeziehungen (↑Internationaler Geldmarkt).

1. Volkswirtschaftliche Bedeutung

Die intensive aussenwirtschaftliche Verflechtung der Schweiz und die starke Präsenz der schweizerischen ↑Finanzinstitute an den globalen Geld-, Kapital- (↑Internationaler Kapitalmarkt) und Devisenmärkten widerspiegelt sich im umfangreichen internationalen Zahlungsverkehr der Schweizer Banken. Die volkswirtschaftliche Bedeutung grenzüberschreitender Aktivitäten und des damit verbundenen internationalen Zahlungsverkehrs der Schweizer Banken zeigt sich vor allem in der schweizerischen Zahlungsbilanz. Die Entwicklung der Ertragsbilanz verdeutlicht, dass Exporte und Importe von Gütern und Dienstleistungen im Sog der kontinuierlichen Expansion des Welthandels in den letzten Jahren stetig zugenommen haben. Die Auswirkungen der Globalisierung und der zunehmenden Integration der Geld- und Kapitalmärkte widerspiegeln sich aber auch in der Kapitalverkehrsbilanz, insbesondere bei den Direktinvestitionen, den Portfolioinvestitionen und den Krediten der Geschäftsbanken.

2. Traditionelle Abwicklung

Bei der Abwicklung des internationalen Zahlungsverkehrs wird zwischen zwei Verkehrsarten, dem Barzahlungsverkehr und dem unbaren Zahlungsverkehr (↑Bargeldloser Zahlungsverkehr) unterschieden. Internationaler Barzahlungsverkehr, dessen mengenmässige Bedeutung im Vergleich zum unbaren Zahlungsverkehr sehr bescheiden ist, entsteht in der Regel lediglich beim Reiseverkehr, wenn ausländische Sorten im Inland erworben oder im Ausland gegen eine andere ↑Währung eingetauscht werden. Unbarer Zahlungsverkehr wird verursacht durch Zahlungsverpflichtungen, die ihre Ursache in Import- und Exportgeschäften haben, durch Kapitalverkehr und durch die Benützung der vielfältigen Formen des Check- (↑Check) und Kreditkartenwesens (↑Kreditkarten). Der betragsmässig grösste Teil des internationalen bargeldlosen Zahlungsverkehrs hat seine Ursache jedoch nicht in realwirtschaftlichen Transaktionen des Nicht-Banken Sektors (↑Non banks), sondern stammt aus reinen Finanztransaktionen der Banken untereinander, insbesondere aus Devisengeschäften.

Sofern sie nicht durch eigene Bankstellen vertreten sind, sind die Banken zur Durchführung des grenzüberschreitenden Zahlungsverkehrs auf ein weltweites Netz von *Korrespondenzbanken* angewiesen. Mithilfe der Korrespondenzbanken und der damit in der Regel vorhandenen gegenseitigen Kontoverbindung werden alle Geschäftsarten in den entsprechenden Währungen buchungsmässig, d.h. ohne die Verwendung von ↑Zahlungsmitteln, abgewickelt. Eine Bank, welche eine Zahlung in einer Währung auszuführen hat, für die sie keinen direkten Zugang zum entsprechenden nationalen oder lokalen Zahlungssystem hat, beauftragt eine Korrespondenzbank im entsprechenden Währungsraum mit der Durchführung. Die Deckung des ↑Zahlungsauftrags, d.h. der Transfer des Geldes an die Korrespondenzbank, erfolgt über Konten bei einer gemeinsamen Drittbank. Besteht keine gemeinsame Drittbankbeziehung, so erhält die Korrespondenzbank ihrerseits das Geld von einer Bank überwiesen, bei der die auftraggebende Bank die Mittel in einer Währung konzentriert.

Weil beim internationalen bargeldlosen Zahlungsverkehr zwischen dem Zahlungserbringer und dem Zahlungsempfänger meist grössere Entfernungen liegen, entwickelte sich zur Risikobegrenzung (↑Bonität, Zahlungsmoral) im Laufe der Zeit ein vielfältiges *Abwicklungsinstrumentarium*. Die wichtigsten Instrumente im internationalen Zahlungsverkehr sind:
– Zahlungsauftrag (für alle Arten grenzüberschreitender Zahlungen)
– Kreditkarte
– Check (von Banken und Kunden ausgestellt)
– ↑Dokumenten-Akkreditiv (Sicherung der Warenlieferung bei Importen)
– ↑Dokumentarinkasso (Zahlungssicherung bei Exportlieferungen).

Wichtiger Träger im internationalen Zahlungsverkehr ist der Zahlungsauftrag, der für alle Formen der Zahlungsabwicklung Verwendung findet. Mit dem Zahlungsauftrag erteilt die Bank, für eigene Rechnung oder im Auftrag eines Dritten, in der Regel einer Korrespondenzbank den Auftrag, sich selbst oder einem Dritten eine bestimmte Summe gutzuschreiben oder auszuzahlen. Handelt es sich beim Zahlungserbringer um einen Bankkunden, so bestehen ähnlich wie im nationalen Zahlungsverkehr verschiedene Möglichkeiten, eine Zahlung auszulösen. Neben den traditionellen Formen wie der Bareinzahlung am Bankschalter und dem papierbelegten Zahlungsauftrag spielt dabei der elektronische Zahlungsauftrag per Filetransfer oder ↑Internet (↑Electronic banking) eine zunehmend wichtige Rolle. Die Abwicklung unter den Banken wird durch die Art und Weise der Übermittlung des Zahlungsauftrags durch den Bankkunden aber nicht beeinflusst.

Ein wesentlicher Träger des internationalen Zahlungsverkehrs ist die Society for worldwide international financial telecommunication (↑S.W.I.F.T.). Diese Organisation betreibt ein Telekommunikationsnetz, das den Austausch von standardisierten Zahlungs- und anderen Finanznachrichten unter Finanzinstituten weltweit erleichtert. Aufgrund seiner grossen Verbreitung wird das S.W.I.F.T.-Netz auch im nationalen Zahlungsverkehr genutzt.

3. Aktuelle Trends und Entwicklungen
Seit ein paar Jahren ist im Bereich des Korrespondenzbankengeschäfts ein kontinuierlicher Konzentrationsprozess zu beobachten. Sowohl die Anzahl der wichtigen Anbieter von Korrespondenzbankdienstleistungen als auch deren gegenseitige Kontobeziehungen wurden reduziert. Daneben gibt es auch einen Trend zur so genannten internen Konsolidierung, d.h. die grössten Banken konzentrieren ihr weltweites Zahlungs- und Liquiditätsmanagement (↑Liquiditätsmanagement [Allgemeines]) an einem oder einigen wenigen Standorten. Beide Trends lassen sich sowohl auf Entwicklungen in der Informationstechnologie als auch auf die fortschreitende Internationalisierung der Geld- und Kapitalmärkte zurückführen. Insbesondere kostspielige ↑Investitionen im Bereich der Informationstechnologie, die den Kunden einen besseren Service und den Banken eine Rationalisierung der internen Prozesse ermöglichen, sind nur für Institute tragbar, die eine kritische Grösse an Zahlungsvolumen überschreiten. Dies führt im nationalen Zahlungsverkehr zu vermehrtem Outsourcing der Zahlungsaktivitäten und auf internationaler Ebene zur beschriebenen Konzentration im Korrespondenzbankengeschäft, die speziell im europäischen Kontext durch die Einführung des ↑Euro noch akzentuiert wurde.

Die Einführung des Euro im Jahr 1999 und das Verschwinden der nationalen Währungen im Jahre 2002 haben grosse Auswirkungen auf den grenzüberschreitenden Zahlungsverkehr innerhalb des Euro-Gebiets. Mit Beginn der ↑Europäischen Währungsunion (EWU) haben die Zentralbanken der Teilnehmerländer das TARGET-System (Trans european automated realtime gross settlement express transfer system) als Verbindungselement ihrer nationalen Zahlungssysteme in Betrieb genommen. ↑TARGET erleichtert die Umsetzung der ↑Geldpolitik der ↑Europäischen Zentralbank (EZB) und den grenzüberschreitenden Euro-Zahlungsverkehr. Um über einen direkten Zugang zu TARGET zu verfügen und so Transaktionen in Euro abwickeln zu können, betreiben die Schweizer Banken in Frankfurt eine spezielle Clearingbank, die ↑Swiss Euro Clearing Bank (SECB). Ihr System ↑euroSIC wird vor allem für Euro-Zahlungen zwischen Schweizer Banken benutzt, einige Schweizer Banken setzen es aber auch im grenzüberschreitenden Zahlungsverkehr in EUR ein. Eine weitere Neuerung in der Abwicklung des internationalen Zahlungsverkehrs ist die Einführung des ↑Continuous linked settlement (CLS), das die ↑Risiken bei der Abwicklung von Devisengeschäften reduziert. Es soll seinen Betrieb im Laufe des Jahres 2002 aufnehmen. *Andy Sturm*

Internationaler Zinszusammenhang
↑Zinszusammenhang, internationaler.

Internationales Anleihensgeschäft
Form der Fremdkapitalbeschaffung durch die Ausgabe von ↑Auslandanleihen oder ↑Eurobonds im Rahmen eines regionalen, freien Wettbewerbs (Europa – USA – Asien). Im internationalen Anleihensgeschäft gelten zahlreiche ↑Usanzen, die unter der Verantwortung der entsprechenden Organisationen, der International Primary Market Association (IPMA) bzw. der International Securities Market Association (ISMA) und den international führenden Emissionshäusern in ↑Selbstregulie-

rung erlassen werden. Diese Usanzen sind v. a. für die Dokumentation massgebend (sog. Euromarket standards).

Internationales Währungssystem
↑Internationaler Währungsfonds.

Internationales Zahlungsabkommen
Internationale Zahlungsabkommen gehören zum System des gebundenen ↑Zahlungsverkehrs und regeln die gegenseitige ↑Verrechnung im zwischenstaatlichen Handels- und Kapitalverkehr (↑Internationaler Kapitalverkehr). In der Schweiz waren ↑Zahlungsabkommen vor allem in den beiden Weltkriegen und in den 30er-Jahren wirtschaftspolitisch von Bedeutung. Nach dem Zweiten Weltkrieg spielten sie noch eine gewisse Zeit im Verkehr mit osteuropäischen Ländern eine Rolle. Infolge der Liberalisierung des Handels- und Zahlungsverkehrs nach dem Zweiten Weltkrieg wurden sie überflüssig. *Thomas Schlup*

Internationale Verschuldung
Der Begriff der internationalen Verschuldung bezeichnet die Kapitalaufnahme im Ausland. Die beiden wichtigsten Kategorien von internationalen Krediten von privater Seite sind ↑Bankkredite und ↑Obligationen (↑Bonds), wobei sich das Gewicht über die Zeit von der einen Kategorie zur andern und zurück verschoben hat. Die Verschuldung erfolgt üblicherweise in einer für den Schuldner fremden ↑Währung. Die Tatsache, dass immer wieder Länder durch ihre Verschuldung in Schwierigkeiten gerieten und Schuldenkrisen auftraten, wirft allerdings ein negatives Licht auf die internationale Verschuldung. Die Verschuldung wird problematisch hoch, wenn der Schuldner den ↑Schuldendienst – Zins und Tilgung – nicht mehr reibungslos gewährleisten kann. Verschuldung wird dann zur ↑Überschuldung.

1. Hauptschuldner
Typischerweise fliesst Kapital aus Industrieländern in aufstrebende Nationen (↑Emerging markets), da in letzteren oft weniger gespart wird, als Erfolg versprechend investiert werden kann. Schuldner ist meist der Staat selbst, internationale Kredite können aber auch von Banken oder anderen grossen Firmen aufgenommen werden. Der ↑Internationale Währungsfonds (IWF) schätzt die externe Verschuldung aller Entwicklungs- und Transitionsländer per Ende 2000 auf USD 2,5 Billionen. Davon entfallen USD 752 Mia. auf Lateinamerika, USD 694 Mia. auf Entwicklungsländer in Asien, USD 285 Mia. auf Afrika, USD 410 Mia. auf den Nahen Osten, Malta und die Türkei und USD 359 Mia. auf die Transitionsländer. Über 85% der Schulden der Entwicklungsländer sind eher langfristig, knapp 60% entfallen auf private ↑Kreditgeber.

2. Nützliche und schädliche internationale Verschuldung
Die Motivation der privaten Kapitalgeber für ↑Kapitalanlagen im Ausland liegt in der Aussicht auf höhere Erträge. Aus der Sicht des kapitalimportierenden Landes erlaubt die internationale Kapitalaufnahme die Finanzierung von Erfolg versprechenden ↑Investitionen, ohne dass der Konsum stark eingeschränkt werden muss. Der Ausbau von Infrastruktur und Produktionsapparat erfolgt deshalb teilweise mit durch Ausländer finanzierten ausländischen Produktionsfaktoren. Mit ihnen werden die Güter hergestellt, über deren Verkauf – seien es Exporte ins Ausland oder Verkäufe an Inländer, die bisher Importprodukte bevorzugten – die Devisen zur ↑Amortisation und Verzinsung der Kredite gewonnen werden. Die internationale Verschuldung ist so lange vertretbar, als der Schuldner mit dem aufgenommenen Kapital mindestens Zins und Amortisation zu erwirtschaften vermag. Kreditaufnahmen im Ausland, die wohlüberlegten Investitionen dienen, erscheinen als nützlich. Dienen sie dagegen dem Konsum oder werden sie in nicht rentable Projekte investiert, so dürften sie sich in der Regel als schädlich erweisen.

3. Höhe der tragbaren Schuld
Bei der Beurteilung der Tragbarkeit der Schuld und damit der ↑Kreditwürdigkeit eines Landes sind Exporte, Importe und ↑Schuldendienst zentral. Die Exporte müssen langfristig die Importe um den Aufwand für Verzinsung und Amortisation der internationalen Verschuldung übersteigen. Da in vielen Fällen die Aussenschuld eines Landes die Schuld des Staates darstellt, muss die Schuld aber auch im Verhältnis zu den Staatseinnahmen und zum fiskalischen Primärüberschuss beurteilt werden. Das Wachstum des Bruttosozialprodukts ist ferner ein wichtiger Faktor. Es beeinflusst nicht nur die Höhe der Staatseinnahmen, sondern ist auch ein wichtiger ↑Indikator für die Leistungsfähigkeit der Wirtschaft, Exporte zu generieren. Für die Höhe und zeitliche Verteilung des Schuldendienstes spielen schliesslich die Refinanzierungsmöglichkeiten am ↑Kapitalmarkt und damit das internationale Angebot an Kapital eine Rolle. Nicht nur die heutigen, sondern auch die erwarteten zukünftigen Werte all dieser Grössen bestimmen die Tragbarkeit der Schuld. Sie werden wiederum von internen Faktoren, insbesondere der Wirtschaftspolitik des Landes selber, als auch externen Faktoren wie Wachstum der Weltwirtschaft, Entwicklung der Rohstoffpreise und internationales Angebot von Kapital beeinflusst.

4. Übersicht über wichtigste Schuldenkrisen
Schuldenkrisen traten regelmässig auf. Zu Beginn der 30er-Jahre wurde eine gravierende Krise durch die Einstellung der Zahlungen seitens einer Reihe

lateinamerikanischer Staaten ausgelöst. Fünf osteuropäische Länder sowie Deutschland und Österreich – die unter hohen Reparationszahlungen leidenden Verlierer des Ersten Weltkriegs – folgten. Die Krise zog sich hin, denn die grosse Zahl der Schuldnerländer fand sich erst nach dem Zweiten Weltkrieg – in den 40er-und 50er-Jahren – zu ↑Umschuldungen bereit. Der grossen Verschuldungskrise der 80er-Jahre ging eine Aufbruchstimmung in den Entwicklungs- und Schwellenländern voran. Während der Phase hoher Inflationsraten kostete die Verschuldung real nichts. Der Güterexport florierte dank guter Weltkonjunktur. Die Rohstoffpreise haussierten. Die Banken, die unter dem Vorzeichen des Recyclings der Petrodollars im Geld schwammen, erleichterten diesen Ländern die Verschuldung. Viele Gelder wurden aber verschwendet für übertriebene Prestigeprojekte, für Waffenimporte oder verschwanden in privaten Taschen wegen der Korruption. Der Einbruch der Weltkonjunktur mit der zweiten Erdölkrise von 1979 brachte die Wende. Sinkende Güternachfrage und fallende Rohstoffpreise führten zu drastisch reduzierten Deviseneingängen der Schuldnerländer. Eine ungewöhnliche Dollar- und Zinshausse erhöhte gleichzeitig die Schuldenlast. In den 90er-Jahren traten in kurzer Abfolge Krisen auf, unter anderem in Mexiko, Asien, Russland und Brasilien. Typisch für die Krisen der 90er-Jahre ist, dass sie durch einen raschen Kapitalabzug ausgelöst wurden und Wechselkursabwertungen (↑Aufwertung, Abwertung) bewirkten. Bemerkenswert an der Asienkrise von 1997/98 ist zudem, dass die staatlichen Schulden in den einzelnen Ländern vor der Krise im internationalen Vergleich niedrig waren. Die zentrale Schwäche lag vielmehr im privaten Sektor. Schlechte Führungsstrukturen im Firmensektor, schwach überwachte und regulierte Banken und staatliche Garantien für Finanzinstitutionen bewirkten einen Kreditboom und Überinvestitionen in riskante Projekte mit niedriger Rentabilität.

5. Probleme durch die Überschuldung

Die Verzinsung und Amortisation nicht produktiv verwendeter Kredite behindern die wirtschaftliche Entwicklung. Um ihren Verpflichtungen nachkommen zu können, müssen die überschuldeten Schwellen- und Entwicklungsländer unter Umständen eine drastische Austeritätspolitik verfolgen. Die hohen Schuldzahlungen beeinträchtigen andere notwendige Staatsausgaben. Alternativ könnte ein Land in einer solchen Situation seine Schuldzahlungen einseitig einstellen. Da die Gläubiger einen Staat im Gegensatz zu privaten Schuldnern nicht vor ein Gericht ziehen können, um ihre Ansprüche durchzusetzen, scheint eine solche Lösung für einen staatlichen Schuldner vorteilhaft. Diese Lösung ist jedoch auch mit Kosten verbunden. Zunächst könnte ein die Zahlung verweigerndes Land Sanktionen ausgesetzt werden, insbesondere könnte sein Aussenhandel gefährdet sein. Dazu kommt, dass das Land seinen Ruf schädigt und es somit in der Zukunft nur sehr schwer wieder neue Kredite bekommt. Speziell im Falle grosser Schuldnerländer kann eine Sistierung von Schuldzahlungen ausserdem die Gläubigerbanken und über Dominoeffekte das weltweite ↑Zahlungssystem in Schwierigkeiten bringen. IWF-Kredite oder andere Stützungsoperationen (↑Systemstabilität, Förderung der) haben in diesem Fall die wichtige Aufgabe, das internationale Zahlungssystem (↑Internationaler Zahlungsverkehr) zu stützen.

6. Überwindung von Schuldenkrisen

Wenn ein Land die Last der Schulden nicht durch Wachstum auf ein erträgliches Mass reduzieren kann, ist eine Umschuldung, meistens verbunden mit einem ↑Kapitalschnitt, zur Lösung einer Schuldenkrise unumgänglich. Im Gegenzug dazu fordern die Gläubiger im Allgemeinen von einem Land wirtschaftspolitische Massnahmen. Besondere Bedeutung erhält in den Umschuldungsverhandlungen zwischen Schuldnerländern und Gläubigern deswegen die IWF-Konditionalität: Die wirtschaftspolitischen Auflagen, die der IWF an seine Kreditgewährung knüpft. Diese Auflagen sollen die Rahmenbedingungen für ein gesundes Wachstum schaffen. Dazu gehören Preisstabilität, ein ausgeglichenes Staatsbudget, freie Märkte, ein günstiges Investitionsklima und realistische Wechselkurse. Die Umschuldungsverhandlungen werden dadurch kompliziert, dass mehrere Gläubiger ihre Ansprüche koordinieren müssen.

7. Prävention

Um Schuldenkrisen möglichst zu verhindern, aber gleichzeitig auch die Vorteile der internationalen Kreditgewährung zu bewahren, sind verschiedene Elemente wichtig. Im Land selber sind eine genaue Überwachung der Schuldensituation und ein gutes ↑Schuldenmanagement erforderlich. Langfristige Kredite machen ein Land weniger anfällig für raschen Kapitalabzug als kurzfristige. Ein effizientes Bankensystem (↑Bankensystem [Allgemeines]) ist zudem nötig, um sicherzustellen, dass die Mittel gut zugeteilt werden. Verbesserte Transparenz kann ferner dazu beitragen, dass die Gläubiger nicht unrentable Kredite gewähren. Die Industrieländer können schliesslich zur Vermeidung von Schuldenkrisen beisteuern, indem sie Entwicklungshilfe in Form von Subventionen statt von Krediten gewähren und auf Protektionismus verzichten.

Susanne Bonomo

Internationale Währungseinheit
↑Rechnungseinheiten; ↑Sonderziehungsrechte.

International federation of stock exchanges
Links: www.fibv.com

International Finance Corporation (IFC)
↑Entwicklungsbanken; ↑Weltbank.

International Financial Reporting Standards
↑IFRS International Financial Reporting Standards.

International Monetary Fund (IMF)
↑Internationaler Währungsfonds (IWF).

International monetary market, Chicago
↑Financial futures.

International money laundering abatement and anti-terrorist financing act of 2001
Am 26.10.2001 erliess der amerikanische Präsident gestützt auf seine notrechtlichen Kompetenzen den so genannten International money laundering abatement and anti-terrorist financing act, der Teil eines ganzen Gesetzgebungspakets zur Terror- und Geldwäschereibekämpfung – «the USA Patriot Act» – bildet, welches stufenweise nach dem 11. September 2001 geschaffen wurde. Das Gesetz bleibt in Kraft, sofern es der Kongress bis zum 30.09.2004 ratifiziert. Als wesentliche Neuerung verlangt das Gesetz die breite Umsetzung von ↑Know your customer rules für amerikanische Banken und ausländische Niederlassungen; mit detaillierten Regeln je nach Kategorie (A oder B) der Bank bzw. der Financial institution. Das Gesetz führt erstmals für die USA eine umfassende Pflicht zur Identifikation des Vertragspartners und des ↑Wirtschaftlich Berechtigten ein – Bestimmungen, die noch beim Erlass des ↑Gramm Leach Bliley act als gegen die Privatsphäre verstossend abgelehnt wurden. Sodann verlangt das Gesetz spezielle Vorsichtsmassnahmen im Umgang mit Potentatengeldern und die Etablierung einer bankinternen Compliance-Stelle (↑Compliance) zur Überwachung der Know-your-customer-Regeln. Diese ist ferner zuständig für sämtliche Präventionsmassnahmen, insbesondere für die Schulung der Mitarbeiter. Zur Überwachung der Einhaltung dieser Bestimmungen ist eine spezielle Revision (Audit) vorgesehen. Für Gelder, bei denen der Verdacht auf ↑Geldwäscherei oder terroristischer Beziehungen besteht, wird eine Meldepflicht eingeführt werden, die im Einzelnen aber noch ausgearbeitet werden muss. Einzig bei ↑Effektenhändlern (Brokern und Securities dealers) ist bekannt, dass die Meldepflicht gegenüber der Börsenaufsichtsbehörde ↑Securities and Exchange Commissions (SEC) bestehen wird. Ferner enthält das Gesetz Bestimmungen über ausländische Konten und die Beziehungen amerikanischer Banken zu ausländischen ↑Korrespondenzbanken, inkl. Offshore-Banken, eine weitreichende amerikanische Jurisdiktion über Ausländer, die Konten in den USA unterhalten (so genannte Long arm jurisdiction), sowie betreffend Rechtshilfe (↑Rechtshilfe in Strafsachen) und ↑Amtshilfe. *Sabine Kilgus*

International Organization of Securities Commissions (IOSCO)
↑IOSCO, International Organization of Securities Commissions.

International payment instruction
↑IPI (International payment instruction).

International Securities Market Association (ISMA)
Die International Securities Market Asscociation (ISMA) ist eine internationale Selbstregulierungsorganisation mit grossem Einfluss auf die rechtliche, dokumentarische sowie technische Gestaltung von ↑Euroemissionen. Die ISMA ist formell ein Verein unter Schweizer Recht (ZGB 60ff.). Sie wurde im Jahre 1969 unter dem Namen ↑Association of International Bond Dealers (AIBD) gegründet und ist in Zürich im Handelsregister eingetragen. In den folgenden Jahren erarbeitete die AIBD eine Reihe von Regelungen und Empfehlungen betreffend Handel und ↑Settlement von ↑Wertschriften. Am 01.01.1992 änderte der Verein seinen Namen in International Securities Market Association (ISMA).
Die ISMA verfolgt den Zweck, den Teilnehmern auf dem internationalen Wertschriftenmarkt eine Diskussionsgrundlage zu Fragen betreffend Wertschriften anzubieten, gibt konkrete fachliche Empfehlungen ab und erlässt direkt anwendbare, praxisbezogene Vorschriften. Das weltweit anerkannte Regelwerk der ISMA (ISMA-Standards) verschafft Klarheit, Sicherheit und Konstanz im internationalen Wertschriftenmarkt. Die ISMA repräsentiert die Interessen ihrer Mitglieder in Bezug auf regulatorische Fragen, Finanz- und andere Probleme, die den Markt betreffen, und vermittelt ihren Mitgliedern Information und Beratung betreffend die Auswirkungen neuer Regularien und Steuern. ISMA arbeitet eng mit Clearstream banking und ↑Euroclear zusammen, welche für das internationale ↑Clearing and settlement zuständig sind. ISMA stellt namentlich die folgenden Informationen zur Verfügung:
– Tägliche Bid- und Offer-Quoten der weltgrössten ↑Market makers für mehr als 8 000 internationale Anleihen
– Historische Daten, Prospekte sowie «Terms and conditions» von unzähligen Anleihen
– Informationen zu Federführern sowie zu ↑Ratings der ↑Emittenten

– Grafische Darstellungen von Preisen und Zinskurven.
Jedes Mitglied der ISMA erhält Zugriff zu mehr als 20 000 internationalen Wertschriften in über 60 verschiedenen ↑Währungen. Die Marktdaten werden täglich auf den neusten Stand gebracht. Die Mitgliedschaft ist jährlich zu erneuern.

Felix M. Huber

International Securities Services Association (ISSA)

Die International Securities Services Association ISSA – bis 1996 unter dem Namen International Society of Securities Administrators firmierend – ist eine in Zürich (c/o UBS AG) domizilierte Vereinigung von ↑Banken, ↑Börsen, Wertpapier-Zentralverwahrern und anderen Anbietern wertpapierbezogener Dienstleistungen. Sie bezweckt die Förderung einer zukunftsorientierten Entwicklung der Wertpapierverwahrung und -verwaltung, die Vertiefung des Informationsaustausches und des Fachwissens unter professionellen Marktteilnehmern sowie die Pflege internationaler Kontakte zwischen ihren Mitgliedern. Zur Erreichung des Zwecks führt die Vereinigung Tagungen und Konferenzen durch, stellt Referenten für Veranstaltungen Dritter, erarbeitet und publiziert Empfehlungen zuhanden der wertpapierverarbeitenden Industrie und verfasst Fachpublikationen. Die Vereinigung umfasst derzeit rund 100 Institute in 45 Ländern.

Urs Stähli

Links: www.issanet.org

International Standardization Organization (ISO)

Die International Organization for Standardization (ISO), mit Sitz in Genf, wurde 1947 gegründet. Ihr Ziel ist die weltweite Förderung des Austausches von Gütern und Dienstleistungen durch internationale Normen. Zur Erstellung von Standards hat ISO unter Leitung des Central Secretariat derzeit etwa 127 aktive themen-, produkt- und branchenorientierte Technical Committees (TC). Diese wiederum gliedern sich in spezialisierte Subcommittees (SC) und Working Groups (WG).
Für die internationalen Normen im Bank- und Finanzbereich bestehen bei ISO das TC 68 *Banking, securities and other financial services* sowie TC 222 *Personal financial planning*. Das TC 68 gliedert sich derzeit in:
– SC 2 Security management and general banking operations
– SC 4 Securities and related financial instruments
– SC 6 Retail financial services.
Vom TC 68 ausgehend sind z. B. die Währungsbezeichnungen international genormt worden (Beispiele für ISO-Währungscodes: USD = US-Dollar, CHF = Schweizer Franken, GBP = Pfund Sterling).

Leitung und Delegierte der ISO werden durch die nationalen Standardisierungsvereinigungen der 131 Mitgliedsländer nominiert. Auf dem Gebiete der Financial standards nimmt im Auftrag der Schweizerischen Normen-Vereinigung (SNV) die Schweizerische Kommission für Standardisierungen im Finanzbereich (SKSF) die entsprechenden Aufgaben wahr (↑Standardisierungen im Finanzbereich).
Mit der Zertifizierung, die eine Einhaltung der Standards bestätigt, können ISO-Normen als verbindlich erklärt werden.

Matthias Kälin

Links: www.iso.ch

International Swap Dealers Association (ISDA)

1985 von Swap-Händlern gegründete internationale Vereinigung mit heute über 500 Mitgliedern, deren Aufgaben insbesondere darin bestehen, einheitliche Standardkontrakte für ↑Zins- und ↑Währungsswaps zu entwickeln, die ↑Markttransparenz durch Ausbildung und Information der Händler zu erhöhen sowie deren Positionen gegenüber den Aufsichtsbehörden (↑Aufsicht, Aufsichtsbehörden), v. a. den ↑Zentralbanken und der ↑Bank für Internationalen Zahlungsausgleich (BIZ), zu vertreten.
Die Vereinigung wurde umbenannt in International Swaps and Derivatives Association, die Abkürzung ISDA konnte beibehalten werden.
Links: www.isda.org

International Swaps and Derivatives Association (ISDA)

↑International Swap Dealers Association (ISDA).

Interne Reserven

↑Stille Reserven.

Interne Revision

↑Revision, interne.

Interner Zinsfuss

Der interne Zinsfuss – Internal rate of return (IRR) – ist der ↑Diskontsatz, bei welchem der ↑Barwert der Netto-Geldzuflüsse (↑Cashflows) einer ↑Investition mit der ursprünglichen Investitionssumme übereinstimmt oder – anders ausgedrückt – der Barwert der Investition gleich null ist. Die Internal rate of return entspricht der durchschnittlichen ↑Rendite der Investition.

Internes Kontrollsystem

Das interne Kontrollsystem umfasst alle von Verwaltungsrat, Geschäftsleitung und übrigen Führungsinstanzen angeordneten Verfahren, Methoden und Massnahmen, welche darauf zielen, eine ordnungsgemässe Abwicklung der Geschäftsprozesse sicherzustellen. Hinter dem System interner Kontrollen steht die Überlegung, wonach diese in den betrieblichen Abläufen eingebaut werden müssen, damit sie einerseits eine grösstmögliche Wirkung erzielen und andererseits die Abläufe nicht unnötig hemmen. Das interne Kontrollsystem ist Teil des internen Überwachungssystems, zu welchem unter anderem auch die interne Revision (↑Revision, interne) gehört. Interne Kontrollsysteme sollen einen wesentlichen Beitrag zur Erreichung der Unternehmensziele, zur Sicherstellung einer effizienten und korrekten Geschäftsabwicklung, zur Sicherstellung der vollständigen, inhaltlich korrekten sowie zeitgemässen Buchführung und Berichterstattung, zur Einhaltung externer und interner Vorschriften sowie zur Verhinderung und Aufdeckung von Fehlern und Unregelmässigkeiten leisten.

Eine erste Unterteilung lässt sich in präventive und detektive Kontrollen vornehmen. *Präventive* oder *vorsorgliche Kontrollen* bezwecken, Fehler oder Unregelmässigkeiten zu verhindern oder unmittelbar bei Auftreten zu entdecken. Von der Idee her sind präventive Kontrollen das optimale, lassen sich jedoch nicht immer realisieren, unter anderem in Zusammenhang mit den dadurch verursachten Kosten. *Detektive Kontrollen* oder Aufdeckungskontrollen werden zusätzlich, im Nachhinein durchgeführt, wenn sich präventive Kontrollen als ungenügend erweisen, also nicht im Stande sind, Fehler zu verhindern oder bei Auftreten aufzudecken.

Eine weitere Unterteilung lässt sich in *organisatorische Massnahmen* auf der einen Seite sowie *Management-Kontrollen* auf der anderen Seite vornehmen.

1. Organisatorische Massnahmen
Die organisatorischen Massnahmen umfassen:
– Selbsttätige Kontrollen
– Funktionentrennung
– Instanzengliederung
– Regelung der Arbeitsabläufe
– Manuelle Kontrollen
– Programmierte Kontrollen.

Selbsttätige Kontrollen sind in die Arbeitsprozesse integriert, deshalb effizient und effektiv sowie im Normalfall wirtschaftlich. Selbsttätige Kontrollen können durch organisatorische Massnahmen oder durch die Anwendung technischer Hilfsmittel sichergestellt werden. Zu den organisatorischen Massnahmen zählen die Funktionentrennung, das Vieraugenprinzip, die Instanzeingliederung sowie die Regelung der betrieblichen Prozesse.

Das Prinzip der *Funktionentrennung* verlangt, dass unvereinbare Funktionen und Aufgaben innerhalb eines Prozesses aufgeteilt und verschiedenen Funktionsträgern zugewiesen werden. Entscheidend ist in diesem Zusammenhang die Abstimmung mit dem Zugriff auf Applikationen in der Informatik. Dabei ist sicherzustellen, dass die Funktionentrennung auch im Falle der Stellvertretung zur Anwendung kommt. Aus Sicht der internen Kontrolle sind folgende Funktionen zu trennen:
– Anordnung und Vollzug/Kontrolle (eine Stelle sollte nicht die von ihr getroffenen Entscheide oder ausgeführten Arbeiten kontrollieren)
– Anordnung und Kontrolle/Vollzug (eine wirkungsvolle Führung bedingt die Delegation von Vollzugsaufgaben)
– Kontrolle/Prüfung (die unabhängige Prüfung ist unvereinbar mit in den Arbeitsprozessen eingebauten Kontrollaufgaben)
– Verwaltung von Beständen/Aufzeichnung (Warenlager, Geldmittel, physische Wertpapiere usw.).

Das Vieraugenprinzip ist Ausfluss der Funktionentrennung.

Kontrollmassnahmen im Rahmen der *Instanzengliederung* sind aufgrund folgender Kriterien festzulegen: Führungsfähigkeiten, fachliche Anforderungen, zeitliche Belastung, Objektivität und Interessenkonflikte sowie Mass der Verantwortung.

Die *Regelung der Arbeitsabläufe* ist eine wichtige Voraussetzung, damit Kontrollmassnahmen überhaupt zur Anwendung kommen. Die einzelnen Tätigkeiten, deren Reihenfolge sowie die Zuordnung sind klar vorzugeben, was die Kontrollmassnahmen einschliesst. Bei häufiger Wiederholung gleichartiger Geschäftsvorfälle können die Arbeitsprozesse genauer strukturiert werden. Mittels Automatisierung lässt sich die Wirksamkeit und Effizienz der Kontrollen erhöhen.

Manuelle Kontrollen erfordern die bewusste Prüfungshandlung auf Seiten eines Funktionsträgers, der auch ausserhalb des betroffenen Arbeitsprozesses stehen kann. Dazu zählen:
– Überwachende Massnahmen und Kontrollen durch die Geschäftsleitung (Budgetvergleich, Umsatzanalyse usw.)
– Kontrollen im Informationsfluss (Abstimmungen, kritische Durchsicht, rechnerische Prüfung usw.)
– Physische Kontrollen (Eingangskontrolle, Bestandesaufnahme)
– Übrige Kontrollen (Fehleranalyse, Qualitätskontrollen usw.).

Programmierte Kontrollen kommen vor allem innerhalb der Informatik zur Anwendung. Die wichtigste Unterscheidung betrifft die applikationsabhängigen (in einer Applikation eingebaut) sowie die applikationsunabhängigen Kontrollen (ausserhalb einzelner Applikationen). Zu den programmierten Kontrollen werden gezählt:
– Die Zugriffsdifferenzierung (der Zugang zu Daten, Applikationen und somit zu den Entscheidungs- und Kontrollfunktionen wird gemäss zugeteilter Funktion zugewiesen)

– Die Authentisierung (die Berechtigung des Zugangs zu Informationen oder Funktionen wird mittels ↑Passwort geprüft)
– Die ↑Autorisierung (beispielsweise mittels elektronischer Unterschrift)
– Der Datenabgleich (im Normalfall durch zwei Teilapplikationen)
– Bei der Kontrolle rechnerischer Grössen die Plausibilisierung, die Verwendung von Prüfziffern und Kontrollsummen.

2. Management-Kontrollen
Management-Kontrollen gelten als unabhängige Kontrollen, da sich die Kontrollierenden ausserhalb der Arbeitsprozesse selbst befinden. Als Kontrollierende kommen dabei Funktionsträger aller Führungsstufen in Betracht, also auch Geschäftsleitung und Verwaltungsrat. Management-Kontrollen sind normalerweise Mittel, um Kompetenzen und Führungsverantwortung wahrzunehmen. Deren Effektivität beruht auf der Fachkenntnis und Erfahrung der Kontrollinstanzen sowie auf deren Unabhängigkeit von den Geschäftsprozessen. Bei den Management-Kontrollen besteht normalerweise ein grosser Spielraum bezüglich Zeitpunkt, Häufigkeit und Inhalt, der mit steigender Hierarchiestufe zunimmt.

3. Organisatorische Hilfsmittel interner Kontrollsysteme
Die wichtigsten organisatorischen Hilfsmittel zur Gestaltung interner Kontrollsysteme sind:
– Organigramm (zeigt die betriebliche Struktur, die Kompetenzbereiche, die Unterstellungsverhältnisse und die Kommunikationswege auf)
– Ablauf- und Funktionendiagramm (zeigt die Struktur betrieblicher Abläufe mit Reihenfolge und Zuteilung einzelner Aufgaben, Kontrollhandlungen, Informationsfluss auf)
– Stellenbeschreibung (enthält Angaben zu Funktion, Zielen, Anforderungen, Aufgaben, Kompetenzen, Verantwortung, Informationswegen, Stellvertretung, bezogen auf eine einzelne Stelle)
– Funktionsbeschreibung (inhaltlich wie die Stellenbeschreibung, jedoch bezogen auf eine Funktion oder Teilfunktion; eine Stelle kann aus mehreren Funktionen bestehen)
– Reglemente, Arbeitsanweisungen, Weisungen
– Kontenplan, Kontierungsrichtlinien und Kontendefinitionen
– Formular- und Belegwesen (wirkt bei Einhaltung von Inhalt und Reihenfolge vorgegebener Abläufe unterstützend).

↑Ablauforganisation; ↑Aufbauorganisation.

Mauro Palazzesi

Internet

Das Internet ist ein dezentraler Rechnerverbund, welcher 1982 in den USA durch den Zusammenschluss des überwiegend militärisch und wissenschaftlich genutzten Arpanet mit anderen Regierungsnetzen entstanden ist. Das Internet besteht aus tausenden von Netzwerken und wird als weltweites öffentliches Computer- und Kommunikationsnetzwerk eingesetzt.

Das Internet besteht aus verschiedenen Informationsdiensten, von denen der bekannteste das World Wide Web (www) ist. Dieses basiert auf der Client/Server-Architektur. Die Kommunikation im www ist nach dem Anforderungs-Antwort-Prinzip organisiert und läuft nach festen Regeln (Protokollen) ab. Der Client ruft mithilfe eines Browsers die gewünschten Dokumente von einem Server ab. Dieser stellt die angeforderten Dokumente zur Verfügung. Für ihre Darstellung auf dem lokalen Rechner ist der Client (Browser) zuständig.

Zur weltweiten Identifikation und Referenzierung der Dokumente muss ein eindeutiges Adressierungssystem verwendet werden. Die Darstellung der Adressen erfolgt durch sog. URLs (Uniform ressource locator). Als Zugriffsmethode zum Versenden und Empfangen von Dokumenten wird insbesondere http (Hypertext transfer protocol) angewendet. Dank des Einsatzes von HTML (Hypertext markup language) können Dokumente und Daten über die engen Grenzen spezieller Rechnerplattformen und spezifischer Software hinweg ausgetauscht werden.

Internet-Adressen wichtiger Börsen
AMEX: www.amex.com
Athens Stock Exchange: www.ase.gr
Australian Stock Exchange: www.asx.com.au
Barcelona Stock Exchange, Bolsa de Barcelona: www.borsabcn.es
Bermuda Stock Exchange: www.bsx.com
Bilbao Stock Exchange, Bolsa de Bilbao: www.bolsabilbao.es
CBOE, Chicago Board Options Exchange: www.cboe.com
CBOT, Chicago Board of Trade: www.cbot.com
Chicago Mercantile Exchange: www.cme.com
Chicago Stock Exchange: www.chicagostockex.com
Copenhagen Stock Exchange: www.xcse.dk
Helsinki Stock Exchange: www.hex.fi
Hong Kong Stock Exchange: www.hkex.com.hk
ISMA: www.isma.org
Istanbul Stock Exchange: www.ise.org
Italian Exchange, Borsa Italiana: www.borsaitalia.it
Johannesburg Stock Exchange: www.jse.co.za
Korea Stock Exchange: www.kse.or.kr
Kuala Lumpur Stock Exchange: www.klse.com.my
Lisbon and Oporto Exchange: www.bdp.pt/ www.bvl.pt
Ljubljana Stock Exchange: www.ljse.si
Luxembourg Stock Exchange: www.bourse.lu
Madrid Stock Exchange: www.bolsamadrid.es

Mexican Stock Exchange: www.mbv.com.mx
NASDAQ: www.nasdaq.com
Osaka Stock Exchange: www.ose.or.jp
Oslo Stock Exchange: www.ose.no
Sao Paulo Stock Exchange, BOVESPA, Bolsa de Valores de Sao Paulo: www.bovespa.com.br
Singapore Stock Exchange: www.sgx.com
Taiwan Stock Exchange: www.tse.com.tw
Tel-Aviv Stock Exchange: www.tase.co.il
Thailand Stock Exchange: www.set.or.th
Toronto Stock Exchange: www.tse.com
Warsaw Stock Exchange: www.wse.com.pl

Internet banking
↑Electronic banking (Allgemeines); ↑Electronic banking (Rechtliches).

Internet-Börse
Internet-Börsen sind vollelektronische, weltweit vernetzte Handelsplattformen für ↑Wertpapiere und Güter, die den Handelspartnern ermöglichen, unabhängig vom Standort, direkt und in Echtzeit am Handel teilzunehmen. Die Auftraggeber sind unmittelbar oder über einen (Internet-)↑Broker mit der Internet-Börse verbunden.
Die Verbreitung des ↑Internets hat im Finanzsektor massive Veränderungen bewirkt. Heutige Börsensysteme sind kaum mehr zu vergleichen mit dem früher üblichen System des Parketthandels (↑Handelssysteme). Das Internet zeichnet sich vor allem durch folgende Eigenschaften aus: Transparenz, Effizienz, kostengünstiger, direkter Informationsaustausch, echte Internationalität verbunden mit allen Möglichkeiten dezentraler Nutzung. Die handelshemmenden ↑Transaktionskosten des Börsengeschäfts können durch die Ausnutzung dieser Vorteile gegenüber den traditionellen Handelsarten stark gesenkt werden, was verbunden mit einem besseren und rascheren Informationsfluss das Ideal der Markteffizienz näher rücken lässt. Herkömmliche Abläufe werden durch die Umgehung zahlreicher zwischengeschalteter ↑Finanzintermediäre aufgebrochen, was die Abwicklungszeit und die Kosten senkt. Die Überwindung geografischer und zeitlicher Hindernisse bringt einstige Markzutrittsschranken zum Verschwinden und verringert Zeitverluste. Das Internet hat es möglich gemacht, virtuelle Handelsplätze ohne jede physische Präsenz der Teilnehmer zu errichten.
Neben den Entwicklungen im Sekundärhandel (↑Sekundärmarkt) hat das Internet auch neue Formen des ↑Primärmarktes für Wertpapiere und Beteiligungen ermöglicht. Das erste Beispiel eines *Internet-IPO* (↑Initial public offering) geht auf Andrew D. Klein zurück, der im Jahre 1995 für eine kleine Brauerei, die Spring Street Brewery, ↑Eigenkapital beschaffte, indem er ↑Beteiligungspapiere per Internet interessierten ↑Investoren anbot. Inzwischen sind Internet-IPOs ein fester Bestandteil des ↑Investment banking.

1. Vorstufen der Internet-Börsen
Schon seit längerer Zeit werden die Abläufe an den ↑Börsen durch elektronische Hilfsmittel unterstützt. Zuerst dienten die Computersysteme nur dazu, den Handelsteilnehmern im Parketthandel durch das Aufzeigen von Kursen und Aufträgen mehr und schnellere Informationen zu geben. Kurz vor dem Jahrtausendwechsel wurden die ersten vollelektronischen Computer-Börsen eingerichtet, an denen das ↑Clearing and settlement automatisch ausgeführt werden konnte. Wegen der beschränkten Vernetzung blieben solche Systeme meist lokal tätigen Handelspartnern vorbehalten. Erst die konsequente Erweiterung der Technologie und der Systeme führen zur Möglichkeit einer weltweit vernetzten Internet-Börse und zur Anbindung an andere Handelsplattformen. Mit der zunehmenden Verknüpfung der Binnenmärkte zu einer geschlossenen Weltwirtschaft gewinnen globale ↑Handelssysteme an Bedeutung. Als nächster Entwicklungsschritt im Finanzsektor steht die Überwindung der Zeitzonen durch eine weltweit aktive Internet-Börse bevor, die während 24 Stunden am Tag geöffnet ist.

2. Organisationsform
Der Begriff Internet-Börse umfasst ein breites Feld von Handelssystemen, die in ihrer organisatorischen und rechtlichen Ausgestaltung sehr heterogen sind, aber alle dieselbe ökonomische Funktion erfüllen. Man unterscheidet private elektronische Handelssysteme *(Proprietary trading systems, PTS)* von den Internet-Ablegern der offiziellen Börsenorganisationen. Die Abgrenzung erfolgt aufgrund der Struktur der Trägerschaft: Bei traditionellen Börsenorganisationen ist das Kollektiv der Handelsteilnehmer in der Regel identisch mit der Trägerschaft der jeweiligen Börse. Beispiele dafür sind die ↑Virt-x, die von der Schweizerischen Börse ↑SWX Swiss Exchange und der britischen TP Group gegründet wurde oder ↑Xetra der ↑Deutschen Börse. Anders bei PTS: Hier sind Trägerschaft und Marktteilnehmer nicht identisch. Die Dienstleistung von PTS besteht also einzig in der Aufrechterhaltung einer Handelsplattform. Beispiele dafür sind ↑Instinet von Reuters oder Jiway der OM Group.
Die Entstehung von PTS geht ursprünglich auf den ↑ausserbörslichen Wertpapierhandel *(Over the counter, OTC)* zurück. Zuerst waren PTS nur für den institutionellen Handel vorgesehen, aber bald begannen Finanzdienstleister, die Aufträge ihrer Privatkunden nicht mehr über die offiziellen Börsen, sondern zum Börsenkurs gegen den Eigenbestand auszuführen. Die heutigen Systeme bieten eine grosse Spanne von Diensten und können daher kaum mit dem traditionellen, telefonisch organisierten OTC-Markt verglichen werden. Im Gegensatz zu den herkömmlichen Börsen mit ihrer brei-

ten Palette gehandelter Effekten sind PTS meist auf ein ausgewähltes ↑Marktsegment spezialisiert.

3. Bewilligung und Aufsicht
Gemäss BEHG gelten alle Einrichtungen des Effektenhandels, die den Austausch von Angeboten und den Vertragsabschluss bezwecken, als Börse und unterstehen daher der ↑Bewilligungspflicht durch die Eidg. ↑Bankenkommission EBK. Letztere erfüllt eine Aufsichtsfunktion über die Börsen und überwacht die Einhaltung der gesetzlichen Vorschriften und der internen Reglemente. Sie kann im Falle von Verletzungen Einsicht in Dokumente verlangen und Massnahmen ergreifen. Die ↑Regulierung des Betriebes der Internet-Börsen unterscheidet sich grundsätzlich nicht vom gesetzlichen Umfeld traditioneller Börsen. Aus diesem Grund müssen alle ausländischen Handelssysteme, die Effekten von Unternehmen mit schweizerischem Sitz handeln wollen, von der EBK zugelassen sein. Auch in der EU benötigen Internet-Börsen den Status als anerkannte Handelsinstitution und stehen unter der Aufsicht der entsprechenden Landesbehörde.

4. Preisfindungsmechanismen von elektronischen Börsen
Der Mechanismus der Preisfindung ist das Kernstück jedes elektronischen Handelssystems. Er ist entscheidend für die Effizienz des Handels und der Abwicklung und bestimmt damit über Erfolg und Misserfolg der Plattform. Die hohe Frequenz von Aufträgen und die grössere Anonymität unter den Teilnehmern verlangen eine deutlich gesteigerte ↑Standardisierung des Ablaufs im Vergleich zum Handel «à la criée». Aufgrund der verschiedenen Wege zum Geschäftsabschluss werden die Handelssysteme von Computer- und Internet-Börsen von der US-Aufsichtsbehörde ↑Securities and Exchange Commission (SEC) in folgende drei Typen eingeteilt:
– *Hit-or-take-Systeme:* Die Handelspartner veröffentlichen ihre Kursangebote auf der Plattform. Jeder Teilnehmer kann jedes Angebot annehmen. Oft sind Hit-or-take-Systeme mit einem Verhandlungsmechanismus ausgestattet, der es den Handelspartnern erlaubt, bilateral über ein Geschäft zu verhandeln
– *Matching-Systeme:* Matching-Systeme bilden die Preise nicht selber, sie werden auf anderen Märkten gebildet und laufend von aussen ins System eingespeist *(Matching).* Der Handel findet zu einem definierten und allen Teilnehmern bekannten Zeitpunkt zu dem aktuellen Kurs statt. Systeme solcher Art werden vor allem beim Handel von Index-Derivaten verwendet
– *Auktionssysteme:* Bei Auktionssystemen wird ein Einheitskurs für alle Geschäfte innerhalb eines Zeitraums gebildet. Die Festlegung erfolgt nach dem ↑Meistausführungsprinzip: Es wird jener Kurs festgelegt, bei dem das höchste Umsatzvolumen erreicht werden kann.
Das ↑Clearing nach Vertragsabschluss wird meist auch von der Internet-Börse übernommen. Dadurch wird die Sicherheit der Marktteilnehmer sowie die Kostengünstigkeit und Schnelligkeit im Vergleich zum Parketthandel deutlich erhöht.

5. Auswirkungen der Internet-Börsen auf die internationalen Finanzplätze
An den internationalen ↑Finanzplätzen wirken die Internet-Börsen vor allem als Trendverstärker, ohne grundsätzlich neue Trends zu setzen: Volumina und Umsätze an den Börsen stiegen wegen tieferer Transaktionskosten, höherer Informationseffizienz, der stärkeren Performance-Orientierung und der allgemein grösseren Nachfrage nach Finanzprodukten deutlich. Wegen der Globalisierung der Märkte verschärft sich der Wettbewerb zwischen den Finanzplätzen, was Zusammenschlüsse von geografisch weit auseinander liegenden Börsen zu gemeinsamen Handelssystemen begünstigt. Zudem bewirkt die Errichtung von privaten elektronischen Handelssystemen neben den Internet-Ablegern der traditionellen Börsenorganisationen einen erhöhten Wettbewerbs- und Kostendruck innerhalb der Finanzplätze.
Auf den Märkten selbst führen diese Trends zu erhöhter ↑Volatilität der Kurse und zu einer Konvergenz der internationalen Marktentwicklung. Durch den vereinfachten Zugang zur Börse werden die Handelspartner heterogener und der Handel anonymer. Da die Transaktionen mit marktentscheidenden Volumina aber weiterhin von ↑institutionellen Anlegern (Pensionskassen, Investmentfonds) getätigt werden, kann davon ausgegangen werden, dass keine grundlegende Veränderung in den Strategien der Marktteilnehmer stattfinden wird.

6. Nichtfinanzielle Internet-Handelsplätze
Neben den Internet-Börsen für Finanzanlagen gibt es eine Reihe von virtuellen Auktionshäusern und Handelsplattformen für andere Güter (z.B. ebay, ricardo). Die Preisfindungsmechanismen dieser Handelsplätze gleichen teilweise den Systemen der finanziellen Internet-Börsen. Trotzdem werden diese virtuellen Handelsplätze nicht dem Begriff «Internet-Börse» untergeordnet, da mittels der Handelsplattform keine rechtlich verbindlichen Verträge, sondern nur ein Informationsaustausch zwischen Anbietern und Nachfragern erreicht wird. Die Abwicklung des Handels findet ausserhalb des Systems statt und basiert auf einem informellen Vertrauensverhältnis. Diese Handelsplätze gehören eher in das Segment der Kleinanzeigenmärkte oder können als Erweiterung des traditionellen Auktionshandels, nicht aber als Börse im engeren Sinne verstanden werden.

Elisabeth Meyerhans

*Lit.: Ahlert, D. (Hrsg.): Internet & Co. im Handel, Berlin 2000. – Fischges, W./Heiss, Chr./Krafczyk, M. (Hrsg.): Banken der Zukunft – Zukunft der Banken, Wiesbaden 2001. – Henning, P. A.: Wertpapierhandel im Internet, in: Rebstock, M./Weber, G./Daniel, S. (Hrsg.): Informationstechnologie in Banken, Heidelberg 2000. – Klenke, H.: Börsendienstleistungen im Europäischen Binnenmarkt, Berlin 1998. – Knickel, S.: Finanzdienstleister im Zeitalter der Neuen Medien: Potentiale der E-Business-Evolution, in: Rebstock, M./Weber, G./Daniel, S. (Hrsg.): Informationstechnologie in Banken, Heidelberg 2000. – Obst, G./Hintner, O.: Geld-, Bank- und Börsenwesen, Stuttgart 2000. – Rhinow, R./Schmid, G./Biaggini, G.: Öffentliches Wirtschaftsrecht, Basel 1998. – Weinhardt, Chr. (Hrsg.): Informationssysteme in der Finanzwirtschaft, Heidelberg 1998.
Links: www.virt-x.com – www.jiway.com – www.instinet.com – www.ebk.admin.ch – www.sec.gov*

Internet-Broker
Als Internet-Broker bezeichnet man jene Unternehmen, die als Verbindungsglied oder Intermediär zwischen Kunde und ↑Börse auftreten. Ihre Aufgabe ist es, die Börsen-Aufträge, die der Kunde per ↑Internet erteilt, am Markt auszuführen. Der Internet-Broker fordert für seine Dienstleistungen eine Kommission und tritt nicht als Eigenhändler auf. Im Gegensatz zu anderen ↑Finanzintermediären interagieren Internet-Broker nur auf elektronischem Weg mit Kunden und Börsen. Dies ermöglicht die ↑Standardisierung der Dienstleistungen und begünstigt die Optimierung der Abwicklungs- und Fixkosten. Internet-Broker mit überlegener Kostenstruktur und Preisvorteilen treten oft als ↑Discount broker am Markt auf. Im Vergleich zur individuellen, persönlichen Beratung einer Bank ist das Dienstleistungsangebot des Internet-Brokers beschränkt. Im Kernangebot jedoch bieten sie eine sehr grosse Fülle von aktuellen Börsen-Informationen und Real-time-Kursen an. Viele Banken haben für die neuen Bedürfnisse der Kunden eigene Internet-Broker-Systeme geschaffen.

Hans-Dieter Vontobel

Internet-Handel
Für das Massengeschäft haben um die Jahrhundertwende ↑Börsen, Banken und ↑Broker Internetapplikationen entwickelt. Damit können die Kunden ihre Aufträge sehr einfach und zudem rund um die Uhr aufgeben. Börsengeschäfte über das ↑Internet sind in der Regel mit kleineren Gebühren verbunden, weil die Banken und Broker die Weiterleitung dieser Aufträge vollständig automatisieren können. Aus der Sicht der Börse ist für diese Internetaufträge zwar die jeweilige Bank oder der Broker verantwortlich, doch bekommt der Kunde das Gefühl, direkt an der Börse zu handeln. Der Internet-Handel verwischt faktisch die strenge Trennung zwischen den eigentlichen Börsenteilnehmern (Banken, Broker) und den Kunden.
↑Internet-Börse; ↑Internet-Broker.

Internetportal
↑Portal.

Internet-Werte
Internet-Werte bilden ein relativ neues ↑Marktsegment an den Aktienmärkten. Es handelt sich dabei um ↑Beteiligungspapiere an Unternehmen der Informations- und Kommunikationsbranche, welche Internet-Technologien entwickeln, verkaufen oder schwerpunktmässig einsetzen. Neben Software- und Hardware-Herstellern sind dies vor allem Telekommunikationsanbieter und E-commerce-Firmen. Die Aufnahme von externem ↑Eigenkapital bereits während der Wachstumsphase stellt eine interessante Möglichkeit für mittelständische Internet-Firmen dar. Die ↑Börsen kommen mit der Einrichtung von Wachstumsmärkten diesem Trend entgegen (z. B. ↑SWX New Market oder ↑Neuer Markt der ↑Deutschen Börse).

Intersettle
↑SIS SegaIntersettle AG.

Intervention
Versteht man in der Wirtschaftswissenschaft unter Intervention allgemein das Eingreifen eines interessierten Akteurs in einen Markt zum Zwecke der Beeinflussung der Preisentwicklung, so geht es in einem engeren, geldpolitischen Sinn um Kursinterventionen von an einem System ↑fester Wechselkurse beteiligten ↑Notenbanken an den Devisenmärkten (↑Devisengeschäft). Oft in einer gemeinsamen Aktion kaufen diese Notenbanken beim Erreichen der ↑Interventionspunkte ↑Währungen, die einem Abwertungsdruck (↑Aufwertung, Abwertung) unterliegen gegen solche, am Wechselkurssystem beteiligte Währungen, für die ein Aufwertungsdruck herrscht, um die Devisenkurse (↑Wechselkurs) innerhalb der vereinbarten ↑Bandbreite zu halten.

Interventionspunkte
In einem System ↑fester Wechselkurse sind die Interventionspunkte jene von den beteiligten ↑Notenbanken festgelegten Devisenkurse (↑Wechselkurs), die die Ober- und Untergrenzen der jeweiligen ↑Bandbreiten bilden und zwischen denen die Kurse frei schwanken dürfen, bevor es zu einer ↑Intervention kommt.

Interzessionsgeschäft
↑Ehegatten im Bankverkehr.

In the money
↑In the money option.

In the money option
Von einer In the money option spricht man, wenn der ↑Kurs des der ↑Option zu Grunde liegenden ↑Basiswerts höher (bei einer Call option) bzw. tiefer (bei einer Put option) ist als der Strike (↑Ausübungspreis). Auch: im Geld.

Intraday-Handel
Kauf und Verkauf des gleichen ↑Handelsinstrumentes innerhalb eines Tages.

Intraday-Liquidität
↑Liquidität mit einer ↑Laufzeit von weniger als einem Geschäftstag, die zinslos von der SNB (↑Nationalbank, Schweizerische) zur Verfügung gestellt wird. Die SNB gewährt die Intraday-Liquidität in Form von ↑Repos allen Repo-Vertragsparteien im In- und Ausland. Die Abwicklung erfolgt über die bestehende Infrastruktur für Repos. Zweck dieses Geschäfts ist die Erleichterung der Abwicklung von Zahlungen im ↑Swiss Interbank Clearing (SIC). Die ↑Geldpolitik wird durch die Gewährung von Intraday-Liquidität nicht beeinflusst.

Intraday-Repo
↑Repo-Geschäft der SNB.

Intranet
Das Intranet ist ein privates unternehmensinternes Netzwerk, welches auf der Internet-Technologie basiert. Der Einsatz des Intranet dient der unternehmensinternen Kommunikation und Information. Es kann aus mehreren vernetzten lokalen Netzwerken LAN (Local area network) bestehen und zudem über einen Zugang zu einem grösseren Netzwerk WAN (Wide area network) verfügen. Das Intranet besitzt normalerweise eine oder mehrere Verbindungen zum ↑Internet.
Hauptmerkmale des Intranet sind die zentrale Speicherung und Verwaltung der unternehmensrelevanten Daten, der Einsatz von Netzwerk-Computern und die Verwendung von Browsern, deren grafische Oberflächen einen in Aussehen und Handhabung dem Internet vergleichbaren Seitenaufbau erlauben. Ein weiteres Merkmal ist die Internet-Fähigkeit. Alle Informationen sowie deren Transfer im Intranet sind geschützt vor äusseren Eingriffen. Aus diesem Grund erhalten ausser den firmeneigenen Mitarbeitern nur eine beschränkte Anzahl vertrauenswürdiger Aussenstehender eine Zugriffsbewilligung auf das Intranet.

Intrinsic value
↑Innerer Wert.

Introducing broker
Einführender ↑Broker. Vermittler von Finanzmarktgeschäften, insb. Effektenhandelsgeschäften, zwischen der inländischen Kundschaft und einem ausländischen ↑Effektenhändler (Broker). Typischerweise führt der Introducing broker die Geschäftsbeziehung (↑Kontoeröffnung) zwischen dem inländischen Kunden und dem ausländischen Broker herbei und nimmt in der Folge die Aufträge des Kunden zur Weiterleitung an den Broker entgegen. Die Tätigkeit als einführender Broker ist bei Effektenhandelsgeschäften bewilligungspflichtig, wenn der Introducing broker fest in die Organisation des ausländischen Brokers eingebunden, wenn er eine Tochtergesellschaft des ausländischen Brokers ist oder dessen Firma verwendet oder wenn der Introducing broker den ausländischen Broker exklusiv vertritt. Die Bewilligung als Effektenhändler wird dem ausländischen Broker, nicht dem Introducing broker, erteilt (BEHV 39 und Rundschreiben EBK 98/2 vom 01.07.1998 Rz. 54ff.).

Inventarwert
Der aus dem Inventar des Fondsvermögens zu ↑Verkehrswerten abgeleitete Wert eines Anteils am ↑Fonds auf den letzten Tag des Rechnungsjahres (AFG 48, AFV 63 III) oder für jeden Tag bei der Ausgabe und Rücknahme von Anteilen.

Inverse Zinsstruktur
Die ↑Zinsstruktur wird als invers bezeichnet, wenn die (Kassa-)Zinssätze (↑Zinsstruktur) mit zunehmender ↑Laufzeit abnehmen, die ↑Zinsstrukturkurve also im Gegensatz zum Normalfall negativ geneigt ist. ↑Backwardation.

Investition
In der ↑Bankensprache Ausdruck für ↑Kapitalanlage. Geldkapital wird langfristig und zinstragend angelegt.
Investitionen sind betriebs- wie volkswirtschaftlich von zentraler Bedeutung. Betriebswirtschaftlich sind Investitionen die Grundlage jeder ökonomischen Aktivität. Die Vorteilhaftigkeit einer Investition wird durch Investitions- oder Wirtschaftlichkeitsrechnungen ermittelt. Hierfür gibt es verschiedene Methoden und Entscheidungsregeln. Von besonderer Wichtigkeit für die betriebswirtschaftliche Beurteilung einer Investition ist die Art der Finanzierung. Bei ↑Innenfinanzierung werden die benötigten Mittel in der Unternehmung selbst erwirtschaftet. Bei ↑Aussenfinanzierung werden der Unternehmung entweder zusätzliches ↑Eigenkapital oder fremde Mittel (Kredite) zugeführt. Die bankmässige Investitions-Finanzierung steht dabei im Vordergrund. Weiter ist die Unterscheidung in Gründungs- und Ersatz- oder Folgeinvestitionen von Bedeutung. *Gründungs-, Erst- oder Anfangsinvestitionen* sind alle Ausgaben, die erforderlich sind, damit eine Firma überhaupt tätig werden kann. Wichtig sind die *Ersatz- oder Folgeinvestitionen*, die im weiteren Verlauf der Firmentätigkeit aus verschiedenen Gründen erforderlich werden. So dienen Ersatz- oder Reinvestitionen

dazu, technisch und/oder ökonomisch veraltete Anlagen zu ersetzen. Rationalisierungsinvestitionen sollen den Produktionsapparat verbessern und modernisieren, Erweiterungsinvestitionen ihn vergrössern, Änderungsinvestitionen erfolgen zur Umstellung der Produktion (Umstrukturierung). Diversifizierungsinvestitionen haben den Zweck, auf der Beschaffungs- und/oder Absatzseite das konjunkturelle ↑Risiko durch breitere Streuung der Produktpalette zu verringern oder durch Angliederung vor- und nachgelagerter Produktionsstufen Kostenvorteile zu erlangen.

Zu erwähnen ist ferner die Unterscheidung von *Sach- und Finanzinvestitionen* (auch als *direkte* und *indirekte* Investitionen bezeichnet). Sach- oder Realinvestitionen beziehen sich auf das Anlage- und Vorratsvermögen. Bei Finanz- oder Portfolioinvestitionen handelt es sich um den Kauf von ↑Wertschriften und Forderungen; Beteiligungen sind dagegen den Sachinvestitionen zuzurechnen. Bei relativ niedrigen Ertragserwartungen und/oder relativ grossen Risiken (aus ökonomischen oder politischen Gründen) steigt bei den Unternehmern die Neigung, statt längerfristiger Sachinvestitionen kurzfristig liquidierbare Finanzinvestitionen vorzunehmen. Je mehr flüssige Mittel in Finanzinvestitionen (auch und gerade im Ausland) angelegt werden, umso stärker wird die volkswirtschaftliche Investitionsschwäche.

Volkswirtschaftlich ist die Investition ein wichtiger Bestandteil der inländischen Gesamtnachfrage (neben dem privaten Konsum und dem Staatsverbrauch). Sie ist ein entscheidender Bestimmungsfaktor der Konjunktur (Zyklus) und des Wachstums (↑Trend). Eine Zunahme der Investitionstätigkeit wirkt konjunkturbelebend und wachstumsfördernd; eine Abnahme entsprechend umgekehrt. Die konjunkturelle Wirkung wird gewöhnlich auf den Einkommenseffekt zurückgeführt (mehr Einkommen infolge höherer Beschäftigung für die Erstellung von Sachinvestitionen). Bei der Wachstumswirkung spielt der Kapazitätseffekt eine Rolle (Vergrösserung und Verbesserung des Produktionsapparates). Volkswirtschaftlich werden also nur Realinvestitionen erfasst. *Max Gsell*

Investitionsbank
↑Crédit mobilier de France.

Investitionsgesellschaft
↑Investmentgesellschaft.

Investitionsgüterleasing
↑Leasing.

Investitionskredit
↑Anlagekredit; ↑Industriefinanzierung; ↑Investition.

Investitionsrisikogarantie
Die Investitionsrisikogarantie wurde 1970 eingeführt und gibt dem Bund die Möglichkeit, im Interesse der wirtschaftlichen Stärkung der Entwicklungsländer Investitionsrisiken im Ausland teilweise zu decken. Die rechtliche Grundlage findet sich im BG über die Investitionsrisikogarantie vom 20.03.1970 (SR 977.0) mit der VV vom 02.09.1970 (SR 977.03). Ein BB vom 09.10.1970 (SR 977.01) beschränkt die Verpflichtungen des Bundes im Rahmen ausstehender Garantien auf CHF 500 Mio. Der Bund kann Garantien nur für neue ↑Investitionen und für Reinvestitionen transferierbarer Erträge in Entwicklungsländern gewähren. Ausnahmsweise können auch Investitionen in zurückgebliebene Regionen relativ entwickelter Länder der Investitionsrisikogarantie unterstellt werden. Die Investitionen sollen zur Förderung der Wirtschaft der Entwicklungsländer beitragen und in enger Beziehung zur schweizerischen Wirtschaft stehen. Die Investitionsrisikogarantie kann von natürlichen und ↑juristischen Personen in Anspruch genommen werden.

Als Investition im Sinne des Gesetzes gilt die Hingabe von Beteiligungs- und Leihkapital. Die ↑Liberierung einer Beteiligung kann durch Barkapital und Sacheinlagen vorgenommen werden. Eine Mehrheitsbeteiligung ist nicht erforderlich. Die Hingabe von Leihkapital kann in Form von Krediten, ↑Darlehen und Anleihen erfolgen. Erträge aus Beteiligungskapital und Zinsen aus Leihkapital können zusammen mit dem Kapital der Garantie unterstellt werden. Im Inland aufgelegte Anleihen, die zur schweizerischen Wirtschaft in enger Beziehung stehen, können ebenfalls der Garantie unterstellt werden. Die Risiken, wie politische Ereignisse, staatliche Massnahmen im Ausland und ↑Zahlungsunfähigkeit oder -verweigerung öffentlich-rechtlicher Körperschaften, wirken sich auf das Beteiligungs- und Leihkapital sowie auf die Erträge daraus verschiedenartig aus. Bei Beteiligungen werden das Verstaatlichungs-, Beschlagnahme- und Kriegsrisiko, das Risiko der indirekten Enteignung sowie das Transferrisiko auf Entschädigungszahlungen, die der Anlagestaat für Kriegsschäden oder eine Enteignung geleistet hat, gedeckt, nicht aber das Transferrisiko bei einer freiwilligen Liquidation der Anlage. Bei Erträgen aus Beteiligungen ist im Wesentlichen das Transferrisiko gedeckt (↑Auslandrisiken).

Bei Leihkapital und Zinsen stehen das Transferrisiko und das Risiko der Zahlungsunfähigkeit und Zahlungsverweigerung öffentlich-rechtlicher Schuldner im Vordergrund. Handelt es sich um beteiligungsähnliches Leihkapital, hat der ↑Investor die Möglichkeit, gegen eine zusätzliche Prämie auch das Nationalisierungs- und Kriegsrisiko in die Garantie einzubeziehen. Die Garantie beträgt bei Beteiligungs- und Leihkapital höchstens 70% der investierten Summe. Sie kann bis zu einer

Dauer von fünfzehn Jahren gewährt werden; ausnahmsweise kann diese Frist auch überschritten werden. Garantien für Beteiligungskapital vermindern sich jährlich um einen bei der Garantiegewährung festzusetzenden Prozentsatz. Für Erträge aus Beteiligungskapital legt die Verordnung eine Höchstgrenze von 24% des der Garantie unterstellten Kapitals für die ganze Dauer der Garantie fest.

Der Investitionsrisikogarantie liegt das Eigenwirtschaftlichkeitsprinzip zu Grunde, d.h. die Gebühr soll nach Möglichkeit den mutmasslichen Gesamtaufwand an Entschädigungszahlungen und Verwaltungskosten decken. Die Gebührenansätze sind in der Verordnung festgelegt; sie betragen im Jahr 1,25% auf dem garantierten Beteiligungs- und Leihkapital und 4% auf dem garantierten Jahresertrag und können in besonderen Fällen erhöht oder reduziert werden. Ausführende Organe sind das Eidg. Volkswirtschaftsdepartement (EVD) und die vom Bundesrat eingesetzte paritätische Kommission für die Investitionsrisikogarantie, die sich aus je drei Vertretern von Bund und Wirtschaft zusammensetzt. Verfügungen über die Gewährung der Garantie werden vom EVD im Einvernehmen mit dem Eidg. Departement für auswärtige Angelegenheiten (EDA) und dem Eidg. Finanzdepartement (EFD) getroffen. Gesuche sind bei der Geschäftsstelle für die Investitionsrisikogarantie in Zürich einzureichen.
Kurt Schärer

Investment
Englische Bezeichnung für Anlage von Geldkapital. ↑Kapitalanlage.

Investment Company
↑SICAV; ↑Gesellschaftsrechtliche Anlagefonds.

Investment(-spar)plan
↑Anlagefonds; ↑Anlageplan.

Investment bank
↑Geschäftsbank, welche sich auf das ↑Investment banking spezialisiert.

Investment banking
Der Begriff *Investment banking* geht zurück auf die Unterscheidung im amerikanischen Bankensystem zwischen den im Wertpapiergeschäft tätigen ↑Banken (↑Investment banks) und jenen Banken, deren Geschäftstätigkeit ausschliesslich das Einlagen- und Kreditgeschäft umfasst (Commercial banks, ↑Commercial banking). Dem Oberbegriff Investment banking lassen sich folgende Tätigkeiten zuordnen: Durchführung von Kapitalmarkttransaktion auf dem ↑Primärmarkt (↑Emissionen), Handel mit ↑Wertschriften auf dem ↑Sekundärmarkt (Brokerfunktion), Durchführung von Geldmarktgeschäften, ↑Financial engineering, ↑Securities lending and borrowing und die Durchführung und Beratung bei ↑Mergers and acquisitions.
Teodoro Cocca

Investmentclub
Vereinigung von Sparern (die sich i.d.R. schon persönlich kennen) mit dem Ziel, für gemeinsame Rechnung ↑Effektengeschäfte durchführen zu lassen. Dahinter steht, dass sich durch Zusammenlegen zahlreicher kleinerer und mittlerer Sparbeträge eine für Börsengeschäfte interessante Grössenordnung ergibt.

Investmentfonds
↑Anlagefonds.

Investmentgesellschaft
Während die deutsche Rechtssprechung für die Investmentgesellschaft den Begriff der Kapitalanlagegesellschaft (KAG) kennt, existiert in der Schweiz kein einheitlicher Sprachgebrauch. Hier werden für die Investmentgesellschaft auch Ausdrücke wie (kotierte) Beteiligungsgesellschaft, Portfoliogesellschaft, Anlageaktiengesellschaft oder Investitionsgesellschaft verwendet. Letzterer findet sich auch in der Verordnung des Bundes über die Risikokapitalgesellschaften, die seit dem 01.05.2000 in Kraft ist. Der Ausdruck Investmentgesellschaft erhielt durch die Verwendung in den auf Anfang 2001 eingeführten Änderungen an der Verordnung über die ↑Anlagefonds offiziell Eingang in die rechtliche Terminologie.
Bei der Investmentgesellschaft handelt es sich im Sinne von OR 620ff. um eine Aktiengesellschaft, welche die kollektive ↑Kapitalanlage bezweckt, um damit Mehrwert – Erträge und Kapitalgewinne – für ihre Aktionäre zu schaffen. Sie wird bislang nicht durch die Eidg. ↑Bankenkommission (EBK) beaufsichtigt. Die wichtigsten Elemente der Investmentgesellschaft sind:
– Gemeinschaftliche Kapitalanlage in gesellschaftlicher Form. Dabei handelt es sich nicht um eine Konzernfunktion. Abgrenzen lässt sich die Investmentgesellschaft auch gegenüber ↑Holdinggesellschaften, Anlagefonds (wobei hier nur auf die Rechtsform abgestellt werden kann) und Gebilden, die andere Zwecke als die Investmentgesellschaft verfolgen oder sich nicht einem breiten Publikum zuwenden
– Hauptsächlicher Zweck ist die Erzielung von Ertrag und Kapitalgewinn und nicht die Verfolgung einer unternehmerischen Tätigkeit im eigentlichen Sinn.
Je nach Grad der Einflussnahme und nach Grad der ↑Diversifikation kann bei der Investmentgesellschaft zwischen zwei Formen unterschieden werden:
– *Beteiligungsgesellschaft:* Dabei handelt es sich um Gesellschaften, deren Vermögen aus grös-

seren Beteiligungen an anderen Gesellschaften besteht, was Mitspracherechte ergibt
– *Investmentgesellschaft im engeren Sinne:* Diese Gesellschaft ist anlagefondsähnlich aufgebaut. Es wird nicht versucht, Einfluss auf die Unternehmen auszuüben.

Zur Sicherstellung einer den Besonderheiten der Investmentgesellschaften angemessenen Transparenz hat die Zulassungsstelle der ↑SWX Swiss Exchange ein Zusatzreglement für die ↑Kotierung von Investmentgesellschaften erlassen.

Mit der Verwahrung des Vermögens einer Investmentgesellschaft wird üblicherweise eine ↑Depotbank beauftragt. Das so entstehende Beziehungsgeflecht gleicht dem klassischen Investmentdreieck zwischen Anleger, Verwalter und Verwahrer.

Hans-Dieter Vontobel

Lit.: Assmann, H.-D./Schütze, R. A.: Handbuch des Kapitalanlagerechts, München 1997. – Kunz, P. V.: Publikumsgesellschaften in der Schweiz, in: Recht (Zeitschrift für juristische Ausbildung und Praxis), Bern 1/1997. – Müller, R. C.: Die Investmentgesellschaft, Zürich 2001. – Reinholz, S.: Aktive Beteiligungsgesellschaften, Bamberg 1997.

Investment grade
↑Rating.

Investmentprogramme
↑Anlageplan.

Investment research
↑Finanzanalyse; ↑Primär-Research.

Investmentsparen
Erwerb von ↑Anteilscheinen von ↑Anlagefonds, insbesondere auch durch regelmässige monatliche Einzahlungen auf ein besonderes Fondssparkonto.

Investmentstiftung
↑Anlagestiftung.

Investmenttrust
↑Anlagefonds.

Investmentzertifikat
Andere Bezeichnung für ↑Anteilscheine von ↑Anlagefonds.

Investor
Aus dem Englischen stammende Bezeichnung für den ↑Kapitalanleger. ↑Investition.

Investor relations
Unter dem Begriff Investor relations – meist in der Kurzform «IR» verwendet – wird die planmässige, strategische, operative und taktische Gestaltung von Beziehungen zwischen börsenkotierten Unternehmen und gegenwärtigen wie potenziellen Aktionären verstanden. Investor relations umfasst alle jene Massnahmen, die eine zielgerichtete, systematische und kontinuierliche Kommunikation mit bestehenden und künftigen Anteilseignern (Entscheidungsträgern) sowie mit ↑Finanzanalysten und ↑Anlageberatern (Meinungsbildern) sicherstellt.

Die Investor-relations-Tätigkeit ist vor 50 Jahren in den USA entstanden und in den 70er-Jahren dank General Electrics institutionalisiert worden. In Europa hielt sie in den 80er-Jahren in den grossen deutschen Aktiengesellschaften Einzug und ist seit 1990 in beinahe jedem börsenkotierten Unternehmen in der Schweiz vorzufinden.

Die Gründe für das Entstehen der Investor-relations-Arbeit sind in der erhöhten Informationsnachfrage seitens der Investoren und Analysten und dem international stark zunehmenden Wettbewerb um ↑Kapital zu suchen. Als Gegenleistung und zur Sicherung des Wertes des zur Verfügung gestellten Kapitals werden weltweit zur gleichen Zeit identische Informationen sowie die schnelle Reaktion auf Fragen und Vermutungen erwartet. Investor relations, wörtlich aus dem Englischen übersetzt Aktionärsbeziehungen, entwickelte sich so zu einem weltweit gebräuchlichen und akzeptierten Begriff in der Finanzwelt.

1. Ziele
Hauptziel von Investor relations ist die Informationsvermittlung zur Erleichterung einer transparenten Unternehmensbewertung (Transparenz), die das gegenwärtige Geschäft objektiv richtig darstellt und die zukünftigen Wachstumsmöglichkeiten realistisch widerspiegelt (Vertrauen). Neben der Erfüllung der gesetzlichen Informationspflichten wird mit der Investor-relations-Arbeit insbesondere die Stabilisierung der Aktienkursentwicklung und das Erreichen einer angemessenen, langfristig auf hohem Niveau haltbaren ↑Börsenkapitalisierung angestrebt. Sie wirkt damit der Gefahr von unerwünschten Übernahmeversuchen entgegen und bindet Investoren bei langfristig kontinuierlicher Steigerung des Aktionärsvermögens über laufende Dividendenzahlungen und Kursgewinne. Zudem unterstützt eine gute Investor-relations-Arbeit die möglichst günstige Beschaffung von ↑Eigen- und ↑Fremdkapital und fördert so die Minimierung der Kapitalkosten.

2. Aufgaben
Hauptaufgabe eines Investor relators ist das Sammeln und Bündeln von Informationen sowie deren Weitergabe an die Finanzmarktteilnehmer in geeigneter Form unter Beachtung der gesetzlichen Publizitätsanforderungen. Informationswünsche und sonstige, im Kontakt mit Aktionären erhaltene Anregungen sind aufzugreifen, dem Management weiterzuleiten und gegebenenfalls in die Unternehmensstrategie einfliessen zu lassen.

Hauptbestandteil dieses Teils der Finanzkommunikation ist die Verdeutlichung der Unternehmensstrategie, die Darstellung des Marktumfeldes und des politischen Umfelds, die Erläuterung von ↑Erfolgsrechnung und Bilanz sowie das Aufzeigen von Hintergrundinformationen zu aktuellen Entwicklungen und Aussichten.

3. Grundsätze
Professionelle Investor-relations-Arbeit muss folgende vier Anforderungen erfüllen:
– Transparenz: Sachlich richtige, vollständige und faire Informationsversorgung sowie die Bekanntgabe guter wie schlechter Nachrichten
– Angepasste Offenlegung: Umfassende und offene Information. Situationsspezifisch sind jedoch Vor- und Nachteile abzuwägen. Nicht öffentlich bekannte, kritische Informationen sind bis zur Veröffentlichung stets geheimzuhalten
– Aktualität: Laufende Berichterstattung zur aktuellen Geschäftslage und -entwicklung sowie schnelle und rechtzeitige Bekanntgabe neuer, kursrelevanter Informationen
– Zukunftsbezogenheit: Verständliche Darstellung der Geschäftspolitik und geplanter Strategien sowie Hinweise und quantitative Erwartungen zur künftigen Geschäftsentwicklung.

4. Instrumente
Zur Wahrnehmung der genannten Aufgaben wird eine Vielfalt von Instrumenten eingesetzt. Diese reichen von der jährlichen Bilanz-/Medienkonferenz und Generalversammlung, Analystenmeetings, ↑Road shows und Einzelgesprächen mit Investoren über regelmässige Telefonkontakte, Conference calls mit grösseren Gremien, Web-based quarterly meetings bis zu Firmenbesuchen oder Aktionärsbriefen, Analystenmitteilungen, dem Investoren-Handbuch und laufend erneuerter Investor-relations-Internetseiten (News, Reports, Share infos, FAQ, Links). Während der tägliche persönliche Kontakt über Telefon, E-Mail oder der Individualkontakt seitens der Investoren am meisten geschätzt wird, hat die Informationsabgabe anlässlich von Resultaten (Pressemitteilungen, Analystenmeetings) einen leicht geringeren Stellenwert. Berichte und Bilanzen wie auch organisierte Firmenbesuche stehen bezüglich Wichtigkeit für Entscheidungsträger und Meinungsmittler deutlich an dritter Stelle.

5. Voraussetzungen guter Investor-relations-Arbeit
Wichtig ist der direkte Zugang institutioneller Anleger zu den Führungskräften des Unternehmens und deren Bereitschaft, umfassend die Ziele und Strategie des Unternehmens zu erklären. Kurze Entscheidungswege und eine klare Konzeption (inkl. Worst-case-Szenarien) sichern eine schnelle, verständliche und zuhörergerechte Informationsvermittlung. Eine hohe Flexibilität und eine gewisse Sensitivität in der Informationsaufbereitung für die unterschiedlichen Anspruchsgruppen wie Investoren, Analysten, ↑Finanzpresse, Kunden, Ratingagentur usw. sowie ein laufendes 360-Grad-Feedback erleichtern die systematische und kontinuierliche Gestaltung dieser Beziehungen. Dies prägt letztlich das Image des Unternehmens. *Carole Ackermann*

Invisibles
Als Invisibles werden im Zusammenhang mit der Zahlungs- bzw. Ertragsbilanz (↑Zahlungsbilanz) die unsichtbaren Aus- und Einfuhren von Dienstleistungen bezeichnet (Fremdenverkehr, Finanzdienste der Banken, Transportleistungen, Versicherungsleistungen, usw.) im Unterschied zum sichtbaren Handel mit Waren.

IOC
Abk. f. ↑Immediate or cancel (IOC).

IOSCO, International Organization of Securities Commissions
Die Internationale Organisation für Effektenhandel- und Börsenaufsichtsbehörden (International Organization of Securities Commissions [IOSCO]) wurde im Jahre 1974 als panamerikanische Organisation gegründet und ist seit 1985 für weltweite Mitgliedschaften offen. Der Organisation gehören – Stand Jahreskonferenz Juni 2001 – 172 Mitglieder an, die sich aus ordentlichen und assoziierten Mitgliedern, im Wesentlichen Aufsichtsbehörden (↑Aufsicht, Aufsichtsbehörden), sowie sog. Affiliate members, vor allem Börsenorganisationen, zusammensetzt.

1. Struktur
Oberstes Entscheidungsgremium ist das President Committee, geschäftsführendes Organ das Executive Committee. Dessen zwei Unterausschüsse, das Technical Committee und das Emerging Market Committee, sind mit der eigentlichen fachspezifischen Sacharbeit beauftragt. Ihnen unterstehen je fünf ständige Arbeitsgruppen (Standing Committees) – und gegebenenfalls Ad-hoc-task-forces für Spezialaufträge -, die auf der Basis von erteilten Mandaten Einzelthemen in den Bereichen Publikationspflicht und Rechnungslegung international tätiger ↑Emittenten (Multinational disclosure and accounting), ↑Regulierung der ↑Sekundärmärkte (Regulation of secondary markets), Regulierung der ↑Effektenhändler (Regulation of market intermediaries), Zusammenarbeit und Informationsaustausch (Enforcement and exchange of information) und ↑Vermögensverwaltung im Fondsbereich (Investment management) bearbeiten. Spezifisch regionale Fragestellungen werden in den vier Regional Standing Committees (Africa/Middle-East, Asia-Pacific, European, Interamerican) diskutiert. Das SRO Consultative Committee

schliesslich, dem vornehmlich ↑Börsen als selbstregulierende Organisationen (Self-regulatory organization [SRO]) als Mitglieder angehören, stellt den Praxis-Dialog mit diesen Marktorganisationen sicher. Der Sitz des Generalsekretariats der IOSCO wurde im Jahre 2001 von Montreal (Kanada) nach Madrid (Spanien) verlegt.

2. Ziele
Die Ziele der IOSCO sind vor allem der Anlegerschutz, die Sicherstellung von fairen, effizienten und transparenten Märkten, die Verhinderung systemischer Risiken (↑Systemstabilität, Förderung der), die internationale Zusammenarbeit sowie die Erarbeitung einheitlicher Standards für die Marktüberwachung. Die IOSCO hat hierzu im Jahre 1998 unter dem Titel «Ziele und Prinzipien der Effektenhandelsaufsicht» (Objekives and principles of securities regulation; Core principles) 30 Grundsätze erlassen, deren Umsetzung das vorrangige Projekt der Organisation darstellt. Die EBK (↑Bankenkommission, Eidg.) ist seit 1996 ordentliches Mitglied der IOSCO und deren Technical Committee bzw. der entsprechenden Standing Committees. Die ↑SWX Swiss Exchange ist Mitglied des SRO Consultative Committee.

Franz Stirnimann

Links: www.iosco.org

IPI (International payment instruction)
International payment instruction (IPI) bedeutet sinngemäss internationaler ↑Zahlungsauftrag. Hinter dem IPI verbirgt sich die im Zuge der Globalisierung notwendig gewordene ↑Standardisierung von Zahlungsbelegen für den ↑internationalen Zahlungsverkehr. Ein IPI besteht aus zwei Elementen:
1. Aus einem standardisierten Zahlungsbeleg, dem IPI-Beleg
2. Aus standardisierten Meldungsstrukturen für die elektronische Weiterleitung der Zahlungsdaten, die sich auf dem IPI-Beleg befinden.

Damit erfüllt der IPI-Standard eine wichtige Voraussetzung für die durchgängige automatische Verarbeitung (↑Straight through processing [STP]) eines Zahlungsauftrags – vom Auftraggeber bis zum Endbegünstigen, und zwar auch im grenzüberschreitenden Zahlungsverkehr.

1. Entstehung und Zielsetzung
Europaweit werden Anstrengungen unternommen, den grenzüberschreitenden, aber auch den nationalen Zahlungsverkehr zu vereinfachen. Aus diesem Grund hat das ↑European Committee for Banking Standards (ECBS) einen neuen Zahlungsstandard geschaffen, den IPI-Standard inklusive der standardisierten Kontonummer IBAN (↑International bank account number). Seit 2002, dem Jahr der Einführung des ↑Euro als ↑Bargeld, setzt sich der IPI-Beleg auf breiter Front im europäischen Zahlungsverkehr durch. Im Unterschied zu den meisten anderen europäischen Ländern haben die Schweiz und Liechtenstein mit dem ES- und dem ESR-Beleg seit Jahren zwei bewährte und vergleichsweise rationell verarbeitbare Einzahlungsbelege für den Inland-Zahlungsverkehr in Schweizer Franken. Mit SIC (↑Swiss Interbank Clearing [SIC]) und ↑euroSIC, DTA (↑Datenträgeraustausch) und LSV (↑Lastschriftverfahren) sowie dem ↑Postzahlungsverkehr verfügt die Schweiz ebenfalls über moderne, weitgehend standardisierte Zahlungsverkehrssysteme. Angesichts der zunehmenden Globalisierung und der ab dem Jahr 2002 stark wachsenden Bedeutung der Euro-Währung sind die schweizerischen Finanzinstitute zur Überzeugung gelangt, dass sie sich der Einführung des IPI-Standards anschliessen müssen, wenn sie vom grossen Nutzen des Straight through processing profitieren wollen. Die Einführung des IPI in der Schweiz wurde im März 2001 freigegeben.

2. Vorteile
Der IPI-Beleg wird von allen bedeutenden Finanzinstituten in ganz Europa akzeptiert und ist national wie international gleich aufgebaut. Bei konsequenter Umsetzung des IPI-Standards können sowohl die Finanzinstitute als auch deren Kunden (↑Begünstigte und Auftraggeber) mit einer Vielzahl an Vorteilen rechnen. Die Zahlungsabwicklung soll rationeller und insbesondere im grenzüberschreitenden Zahlungsverkehr kostengünstiger werden. Im Gegensatz zu den bisherigen Einzahlungsscheinen kann der IPI-Beleg nicht nur für den Zahlungsverkehr in einer ↑Währung eingesetzt werden. Für das ECBS stand bei der Planung die Währung Euro im Vordergrund, der IPI kann jedoch ebenfalls für Zahlungen in Schweizer Franken und jeder anderen Währung eingesetzt werden. Der Begünstigte kann somit im Zeitpunkt der Rechnungsstellung entscheiden, in welcher Währung er den IPI-Beleg ausstellen will.

André Bamat

IPO
Abk. für ↑Initial public offering.

IRF
Abk. f. Interest rate futures. ↑Zins-Futures; ↑Futures.

IRO
Abk. f. ↑Interest rate option.

IRR
Abk. f. Internal rate of return. ↑Interner Zinsfuss.

Irrational exuberance
↑Bubble.

Irrelevanz-Theorem
↑Dividendenpolitik der Banken.

Irrläufer
Die irrtümlich an eine ↑Bank gelangten Urkunden, Überweisungen usw. werden als Irrläufer bezeichnet. Die Bank reicht diese an den Absender zurück oder an die betreffende andere Bank. Bei Datenübermittlungen (z.B. Telefax, E-Mails) können durch Fehlleitungen Informationen an Empfänger gelangen, für die diese Daten nicht bestimmt sind. Diese Irrläufer sind oft auf organisatorische Mängel oder Bedienungsfehler zurückzuführen.

Irrtum vorbehalten
Eine hauptsächlich im Kontokorrentauszug gebräuchliche Klausel, die besagt, dass sich die Bank vorbehält, einen allfälligen Irrtum nachträglich zu berichtigen. Rechtlich ist die Klausel ohne Bedeutung, da Willenserklärungen bei wesentlichem Irrtum angefochten werden können und blosse Rechnungsfehler von Rechts wegen zu berichtigen sind (OR 24). Die Klausel ist als eine Aufforderung an den Vertragspartner anzusehen, den Kontokorrentauszug sorgfältig zu prüfen. Gleichbedeutend ist die Klausel ↑S. E. & O., für lat./ital. «Salvo errore & omissione», bzw. franz. «Sauf erreur et omission» (frei übersetzt: unter Vorbehalt der Berichtigung von Fehlern und des Nachtrags versehentlich vergessener Posten).

ISDA
Abk. f. ↑International Swap Dealers Association (ISDA).

ISIN
Abk. f. International securities identification number (internationale Valoren-Kenn-Nummer; ↑Valorennummer). ↑International Standardization Organisation (ISO).

ISMA
Abk. f. ↑International Securities Market Association (ISMA).
Links: www.isma.org

ISMA-Kursberechnung
Die Berechnung von Obligationenpreisen basierend auf ↑ISMA- Renditen (↑International Securities Market Association [ISMA]).

ISMA-Rendite
Die Berechung der ↑Rendite (↑Internal rate of return) von ↑Obligationen nach den Konventionen der ISMA (↑International Securities Market Association).

ISO
Abk. f. ↑International Standardization Organization (ISO).

ISO-Code
↑International Standardization Organization (ISO).

ISO-Zertifizierung
↑International Standardization Organization (ISO).

ISSA
Abk. f. ↑International Securities Services Association.

Issuance fee
↑Ausgabekommission.

Issuer
Englische Bezeichnung für Ausgeber, Herausgeber, ↑Emittent.
Im Zahlkartengeschäft bezeichnet Issuer diejenigen Unternehmungen, welche die ↑Kredit- und ↑Debitkarten ausgeben. Für Debitkarten sind normalerweise die Banken oder Bankgruppen die Issuer. Im Kreditkartengeschäft wird das ↑Issuing, mit Lizenz der entsprechenden grossen Kreditkartenorganisationen (VISA, EUROCARD/MasterCard, American Express), durch die ↑VISECA Card Services SA (für die ↑Kantonalbanken, ↑Raiffeisenbanken, ↑Regionalbanken, Migrosbank und Bank Coop), das UBS Card Center (für die UBS AG), die Swisscard AECS (für die Credit Suisse) und die CornèrBanca wahrgenommen.
Die komplementäre Seite im Kreditkartengeschäft ist das Acquiring (↑Acquirer).

Issuer call option
Englische Bezeichnung für ↑Stillhalteroption.

Issuer identification number (IIN)
4- bis 6-stellige Nummer, welche den Kartenherausgeber identifiziert. Registrierungsstelle für diese Nummern ist gemäss ISO 7812 (↑International Standardization Organization [ISO]) die ↑American Bankers Association (ABA).

Issuing
Im *Zahlkartengeschäft* Bezeichnung für die Herausgabe von ↑Kredit- oder ↑Debitkarten durch die ↑Issuer. Im Kreditkartengeschäft bestreiten die Issuer das *Geschäft mit dem Karteninhaber*, welches Vertragsabschluss, Produkt und Produkt-Entwicklungen (soweit nicht durch die Kreditkarten-Organisation, z.B. VISA oder EUROCARD/MasterCard vorgegeben), Preisgestaltung, Kommunikation, Kundendienst sowie Behandlung von Spezialfällen wie z.B. Schadensfälle umfasst. Die komplementäre Seite des Kreditkartengeschäfts ist das Acquiring (↑Acquirer), welches die Beziehung zu den Vertragspartnern (Händler, Dienstleister usw.) regelt.

Zwischen den meist innerhalb eines *geografischen Markts* präsenten Issuern und Acquirern stehen die internationalen Kreditkarten-Organisationen. Dies sowohl im juristischen Sinn als auch vom Zahlungsprozess und Geldfluss her.

Die grossen Kreditkarten-Organisationen erteilen Lizenzen an Issuer und Acquirer. Da im Issuing und Acquiring grundsätzlich *heterogene Märkte* und Zielgruppen bearbeitet werden, werden die Sparten i.d.R. von verschiedenen Unternehmen oder mindestens Geschäftseinheiten bedient. Ein Unternehmen kann gewöhnlich erst Acquirer werden, wenn es vorher Issuer war («Issuing first» als Grundsatz).

In der Schweiz wird das Issuing-Geschäft der Kreditkarten EUROCARD/MasterCard als auch VISA Card von folgenden Unternehmen wahrgenommen: ↑VISECA Card Services SA (für die ↑Kantonalbanken, ↑Raiffeisenbanken, ↑Regionalbanken, Migrosbank, und Bank Coop), UBS Card Center (für die UBS AG), Swisscard AECS (für die Credit Suisse) und CornèrBanca.

Das *Issuing der Debitkarten* wird im Normalfall durch die Banken oder Bankengruppen selbst wahrgenommen. *Barend Fruithof*

Istanbul Stock Exchange
Links: www.ise.org

Italian Exchange
Borsa Italia.
Links: www.borsaitalia.it

IWF
Abk. f. ↑Internationaler Währungsfonds.

Jahresbericht

Der Jahresbericht ist nach OR 663a ein Teil des Geschäftsberichts. Im Jahresbericht informiert der Verwaltungsrat über die wirtschaftliche und finanzielle Lage der Bank. Dazu gehören eine Darstellung der Rahmenbedingungen, insbesondere für die Bankaktivitäten, der Verhältnisse auf dem ↑Geld- und ↑Kapitalmarkt und des wirtschaftlichen Umfeldes im engeren Tätigkeitsgebiet der Bank, Vorgänge von besonderer Bedeutung wie Kapitalmarkttransaktionen, Erweiterung oder Einschränkung der Geschäftstätigkeit, ein Kommentar zur Jahresrechnung und Kennzahlen zur Entwicklung der Bank im Mehrjahresvergleich.

Jahresrechnung

↑Erfolgsrechnung; ↑Gläserne Bilanz; ↑Jahresrechnung bei Banken; ↑Konzernrechnung (konsolidierte Jahresrechnung).

Jahresrechnung bei Banken

Der Gesetzgeber hat umfangreiche Qualitätsanforderungen an die Rechnungslegung und Offenlegung formuliert, die im Nachfolgenden erläutert werden.

1. Zielsetzung

Das Ziel der Rechnungslegung für Banken ist es, Eigentümern, ↑Gläubigern, Regulatoren und Publikum eine verlässliche Rechenschaftsablage zur Verfügung zu stellen, die Aufschluss über die spezifischen Charakteristiken der Geschäftstätigkeit geben und eine möglichst zuverlässige Beurteilung der Vermögens-, Finanz- und Ertragslage gewähren soll. Angesichts der wirtschaftlichen, politischen und sozialen Bedeutung der Banken und ihrer besonderen Stellung gegenüber ihren Gläubigern erfordert die Ausgestaltung der Rechnungslegungs- und Offenlegungsvorschriften etwa im Vergleich zu anderen Wirtschaftszweigen besondere Beachtung. Sie sollen dem Gläubiger- und Systemschutz (↑Systemstabilität, Förderung der) dienen, welche als wesentliche Zielsetzungen in BankG und BankV verankert sind.

2. Gesetzliche Grundlagen

Das Bankengesetz und seine bilanzrechtlichen Vorschriften gehen als lex specialis grundsätzlich den entsprechenden Vorschriften des Obligationenrechts vor. Für die Erstellung des Geschäftsberichtes von Banken erklärt Art. 6 Abs. 2 BankG neben dem BankG die Vorschriften des Obligationenrechts über die Aktiengesellschaften als verbindlich. Die Eidg. ↑Bankenkommission (EBK) nimmt in ihrem Rundschreiben 93/1 zu Fragen Stellung, ob das BankG als lex specialis oder das Aktienrecht als lex posterior (späteres Recht) anwendbar ist. Die BankV enthält in Kapitel 7 die Rechnungslegungsvorschriften, auf welche in Art. 6 BankG verwiesen wurde. Gemäss Art. 24 BankV ist der Einzelabschluss nach den Grundsätzen ordnungsmässiger Rechnungslegung so aufzustellen, dass die Vermögens-, Finanz- und Ertragslage der Bank möglichst zuverlässig beurteilt werden kann. Die Bildung von ↑stillen Reserven im Einzelabschluss ist gemäss RRV-EBK Randziffer 30 mit Rücksicht auf das dauernde Gedeihen der Bank oder auf die Ausrichtung einer möglichst gleichmässigen Dividende sowie unter Berücksichtigung der Aktionärsinteressen zulässig, wenn sie innerhalb der Schranken von Art. 669 OR erfolgen. Die ↑Konzernrechnung hat demgegenüber gemäss Art. 25d BankV ein Bild zu vermitteln, das der tatsächlichen Vermögens-, Finanz- und Ertragslage des Bankkonzerns entspricht (↑True and fair view), demzufolge ist die Bildung von stillen Reserven nicht erlaubt. In Art. 28 BankV wird zudem auf die Richtlinien der Bankenkommission verwiesen, wobei die EBK von dieser Kompetenz Gebrauch machte und die RRV-EBK erlassen hatte. Darin wird präzisiert, dass neben den schweizerischen Normen als abweichende Rechnungslegung die

↑International Accounting Standards (IAS) und die ↑Generally Accepted Accounting Principles der USA (US-GAAP) akzeptiert werden. Weitere Vorschriften oder Erläuterungen zu den Rechnungslegungsvorschriften sind auch in den ↑Richtlinien der Schweizerischen Bankiervereinigung enthalten.
Spezielle Regelungen gelten für Geschäftsstellen von ↑Auslandbanken, welche in der seit dem 01.01.1997 gültigen Verordnung der Eidgenössischen Bankenkommission über die ausländischen Banken in der Schweiz (ABV) festgehalten sind. Nach schweizerischem Recht organisierte Banken, die unter dem beherrschenden Einfluss von Personen mit Wohnsitz oder Sitz in einem EWR-Mitgliedland stehen, können die Jahresrechnung nach den in ihrem Herkunftsland geltenden Vorschriften erstellen.

3. Inhalt der Jahresrechnung
Die Jahresrechnung besteht gemäss Art. 23 BankV aus der Bilanz, der ↑Erfolgsrechnung und dem ↑Anhang. Sie wird durch den ↑Jahresbericht ergänzt, dieser enthält auch Angaben über alle wesentlichen Ereignisse, die nach dem Bilanzstichtag eingetreten sind. Als weiterer Bestandteil der Jahresrechnung haben Banken, die eine ↑Bilanzsumme von wenigstens CHF 100 Mio. ausweisen und das Bilanzgeschäft in wesentlichem Umfang betreiben, eine Mittelflussrechnung (↑Geldflussrechnung) zu erstellen. Ist eine Bank mit mehr als der Hälfte der Stimmen direkt oder indirekt an einer oder mehreren Gesellschaften beteiligt oder übt sie auf diese in anderer Weise einen beherrschenden Einfluss aus (↑Bankkonzern), so muss die Bank gemäss Art. 23a BankV zusätzlich eine konsolidierte Jahresrechnung erstellen.

4. Prüfung
Die Banken haben gemäss Art. 18 BankG ihre Jahresrechnungen jedes Jahr durch eine ausserhalb des Unternehmens stehende Revisionsstelle (↑Revision, externe) prüfen zu lassen. Die bankengesetzliche Revisionsstelle prüft gemäss Art. 19 BankG, ob die Jahresrechnung nach Form und Inhalt gemäss den gesetzlichen, statutarischen und reglementarischen Vorschriften aufgestellt ist und ob die Bestimmungen des Bankengesetzes und seiner Vollziehungsverordnung sowie allfällige kantonale Bestimmungen über ein gesetzliches Pfandrecht (↑Retentionsrecht) zugunsten von ↑Spareinlagen beobachtet und die Voraussetzungen der Bewilligung eingehalten sind. Für Banken mit Effektenhändlerstatus ist zusätzlich gemäss Art. 19 Abs. 1 BEHG von der Revisionsstelle zu prüfen, ob der ↑Effektenhändler seine gesetzlichen Pflichten erfüllt und die Bewilligungsvoraussetzungen sowie die internen Vorschriften einhält. Die aktienrechtlichen Abschlussprüfungen werden demzufolge durch das BankG und das BEHG ausgeweitet. Die Prüfungsergebnisse sind im bankengesetzlichen ↑Revisionsbericht von der bankengesetzlichen Revisionsstelle festzuhalten. Für die Durchführung von Bankenprüfungen ist eine Bewilligung der EBK erforderlich, die nur erteilt wird, wenn die Voraussetzungen für die Anerkennung in Art. 35 Abs. 1 und 2 BankV bzw. Art. 32 BEHV erfüllt sind. Zwischen der banken- und börsengesetzlichen Revisionsstelle und der zu prüfenden Bank bzw. dem Effektenhändler besteht ein privatrechtliches Auftragsverhältnis.

5. Veröffentlichung der Jahresrechnung und des Zwischenabschlusses
Die Jahresrechnungen, Konzernrechnungen und ↑Zwischenabschlüsse sind gemäss Art. 6 Abs. 4 BankG zu veröffentlichen oder der Öffentlichkeit zugänglich zu machen. Die Art und die Fristen für die Veröffentlichung werden in Art. 26 und 27 BankV umschrieben. Die Veröffentlichung der Jahresrechnung hat dabei innerhalb von vier Monaten, die halbjährlichen Zwischenabschlüsse innerhalb von zwei Monaten nach dem Abschlusstermin zu erfolgen. *Paul-Robert Frey*

Januarphänomen
In der Börsensprache Ausdruck für die Meinung, gestützt auf Beobachtungen, im Januar finde meistens eine allgemeine Kurssteigerung an den Aktien- und Obligationenbörsen statt. Erklärt wird das Januarphänomen (auch als Januar-Effekt bezeichnet) damit, dass im Januar umfangreiche Beträge aus Zins- und Prämienzahlungen (v. a. bei Versicherungsgesellschaften und anderen ↑institutionellen Anlegern) zur Anlage bereit stehen und auch investiert werden. In jüngster Zeit scheint das Januarphänomen mehr und mehr auszubleiben, vielleicht als Folge entsprechender ↑Arbitrage, denn wenn ↑Kurse systematisch in der immer gleichen Periode anziehen, sind mit einem entsprechend frühzeitigen Kauf von ↑Aktien ebenso systematisch und mit geringem ↑Risiko Gewinne zu erwirtschaften. Arbitrage bringt solche Anomalien zum Verschwinden.

Japan offshore market
↑Euromärkte.

Java card
↑Smartcard.

Jensen-Alpha
Jensen geht davon aus, dass sich durch mögliche, kurzfristige Ungleichgewichte auf dem ↑Kapitalmarkt ausserordentliche Gewinne erzielen lassen. ↑Investoren und Fondsmanager können als Gruppe im Durchschnitt höhere ↑Renditen erzielen als der Durchschnitt der gesamten Marktteilnehmer, wenn sie einen Informationsvorsprung haben und somit

in der Lage sind, unter- bzw. überbewertete ↑Wertpapiere, das heisst Wertpapiere, die sich ober- oder unterhalb der Wertpapierlinie gemäss ↑Capital asset pricing model (CAPM) befinden, zu erkennen. Das Jensen-Alpha ist ein Performancemass, das die Differenz zwischen der tatsächlichen Rendite und der Rendite, die sich theoretisch bei gleichem ↑Risiko gemäss CAPM hätte ergeben müssen, ausdrückt:

$$J_i = R_i - E(R_i)$$

Die ↑Performance eines Wertpapierportfolios wird relativ zum Markt gemessen. Dies ermöglicht somit eine Beurteilung der Leistungsfähigkeit des Portfoliomanagers bezüglich der Frage, ob unterbewertete Wertpapiere selektiert werden konnten. Verzerrungen des Masses können allerdings auftreten, falls der Portfoliomanager versucht, den Markt durch die Variation des Anteils der risikolosen Veranlagung (so genanntes ↑Timing) zu übertreffen.   *Christoph Kaserer, Niklas Wagner*

J-Kurven-Effekt
↑Alternative Kapitalanlagen.

Johannesburg Stock Exchange
Links: www.jse.co.za

Joint venture
Bezeichnung für gemeinsame Tochtergesellschaften im Rahmen der Unternehmungskooperation. Ein Joint venture stellt weder einen Rechtsbegriff dar, noch handelt es sich um einen speziell geregelten Vertrag oder eine Gesellschaftsform. Joint ventures werden aus verschiedenen Motiven errichtet. Aus gesetzlichen Gründen kann die Zusammenarbeit mit einem Partner aus dem lokalen Markt bei der Errichtung einer Tochtergesellschaft im Ausland, insbesondere in Entwicklungsländern, zwingend sein. Joint ventures werden häufig auch als Hilfsunternehmungen ohne direkte Marktbeziehungen gegründet. Joint ventures beruhen juristisch, abgesehen von der Gesellschaftsform, auf einer besonderen Grundvereinbarung (Partnership agreement), deren Ausgestaltung für den Erfolg eines Joint ventures von entscheidender Bedeutung ist. So muss bei einem Fifty-fifty joint venture der ↑Konsortialvertrag eine gegenseitige Blockierung der beiden kapitalmässig gleich starken Partner verhindern, während bei Minoritäts-Joint-ventures der Minderheitspartner vor den nachteiligen Folgen einer ↑Majorisierung geschützt werden sollte.

Jouissance
Beginn der Zinsberechtigung von ↑Wertpapieren.

JP Morgan bond index
↑Obligationenindex.

Jugendsparkonto, Jugendsparheft
Mit dem Jugendsparkonto, Jugendsparheft bieten einige Banken ein ↑Sparkonto, Sparheft an, welches nur einer durch das Lebensalter begrenzten Kundengruppe abgegeben wird. Bis zur Erreichung dieser Altersgrenze verzinsen die Banken in der Regel als Sparanreiz das Vermögen auf dem Jugendsparkonto, Jugendsparheft höher als jenes auf dem gewöhnlichen Sparkonto, Sparheft.
Das Jugendsparkonto, Jugendsparheft profitiert ebenfalls vom gesetzlichen ↑Konkursprivileg nach BankG 37a (↑Sparkassengeschäft).

Jumbo-Anleihe
Anleihen mit einem grossen ↑Emissionsvolumen werden als Jumbo-Anleihen bezeichnet. In der Regel beträgt die Grösse einer solchen Anleihe mindestens CHF 1 Mia.

Jumbozertifikat
Zusammenfassung einer grösseren Zahl von ↑Obligationen einer Anleihe mit hohem ↑Nennwert in einem Titel. ↑Globalurkunde.

Junge Aktien
Die aus einer ↑Kapitalerhöhung entstandenen ↑neuen Aktien. Die Unterscheidung zu den alten Aktien ist vor allem so lange wichtig, als junge Aktien bezüglich der Dividendenberechtigung nicht den alten gleichgestellt sind.

Junior debt
↑Nachrangige Verbindlichkeiten, vor allem im Rahmen einer so genannten ↑Mezzanine-Finanzierung, entweder als «einfaches» nachrangiges ↑Darlehen oder als zusätzliche mit Wandel- oder Optionsanrechten ausgestatteten Darlehen (Junior debt with equity kicker). Gegensatz: ↑Senior debt, d. h. konventionelle ↑Bankkredite oder Darlehen.

Junk bonds
Unter der Bezeichnung Junk bonds (auch ↑High yield bond) werden Anleihen von Unternehmen geringerer ↑Bonität subsumiert. Die Bonität dieser Schuldner wird mit ↑Ratings schlechter als BBB- (von Standard & Poor's) bzw. Baa3 (von Moody's) bewertet. Somit wird die Fähigkeit des ↑Emittenten, Zins- und Kapitalzahlungen gemäss den Anleihensbedingungen pünktlich zu leisten, mehr oder weniger in Frage gestellt. Wegen ihres höheren ↑Risikos weisen Junk bonds naturgemäss überdurchschnittlich hohe ↑Renditen auf. Den Ursprung findet der Markt für High-yield-Anleihen in den USA und die Bezeichnung Junk bond entstand durch den Konkurs einiger grosser US-amerikanischer Schuldner, die Zweifel an der langfristigen Stabilität des Marktes für hoch verzinsliche Anleihen aufkommen liessen. Bedeutung hat dieser Markt vor allem durch den Einsatz von Junk bonds bei der Finanzierung von Firmenzusam-

menschlüssen und Unternehmensrestrukturierungen erlangt. ↑Distressed securities.
Lit.: Achleitner, A.-K.: Handbuch Investment Banking, Wiesbaden 1999.

Junktimgeschäft
↑Gegenseitigkeitsgeschäfte.

Juristische Personen
Juristische Personen sind Rechtsgebilde, die durch die Rechtsordnung als Träger von Rechten und Pflichten anerkannt werden. Sie können eigenes Vermögen haben. Sie werden damit den natürlichen Personen (also den Menschen) grundsätzlich gleichgestellt. Man unterscheidet juristische Personen des öffentlichen und des privaten Rechts. Juristische Personen des öffentlichen Rechts sind z.B. der Bund, die Kantone und die Gemeinden, ferner diejenigen durch das öffentliche Recht geschaffenen Anstalten und Stiftungen, denen das öffentliche Recht die Rechtspersönlichkeit zuerkennt (z.B. die Schweizerische Post, die Zürcher Kantonalbank). Unter die juristischen Personen des Privatrechts fallen:
– *Die körperschaftlich organisierten Personenverbindungen.* Darunter zählen *der Verein,* der im Personenrecht (ZGB 60–79) geregelt wird, sowie *die Aktiengesellschaft, die Kommanditaktiengesellschaft, die Gesellschaft mit beschränkter Haftung* und *die Genossenschaft,* die im Gesellschaftsrecht (OR 620–926) geordnet sind. Der Verein erlangt die Rechtspersönlichkeit, sobald der Wille, als Körperschaft zu bestehen, aus den Statuten ersichtlich ist (ZGB 60). Er kann sich in das Handelsregister eintragen lassen. Betreibt er ein nach kaufmännischer Art geführtes Gewerbe, so ist er zur Eintragung verpflichtet (ZGB 61). Aktiengesellschaft, Kommanditaktiengesellschaft, Gesellschaft mit beschränkter Haftung und Genossenschaft erlangen die Rechtspersönlichkeit durch den Eintrag in das Handelsregister (OR 643, 764, 783, 830)
– *Die Stiftungen,* d. h. selbstständige, meist wohltätigen und gemeinnützigen Zwecken gewidmete Vermögenskomplexe. Sie erhalten die juristische Persönlichkeit durch den in öffentlicher Urkunde oder letztwilliger Verfügung erklärten Errichtungsakt des Stifters (Stiftungsurkunde). Die Bestimmungen über die privatrechtlichen Stiftungen finden sich im Personenrecht (ZGB 80–89bis). ↑Unternehmungsstiftung; ↑Anlagestiftung.

Kaduzierung
Annullierung von ↑Beteiligungsrechten an einer Aktiengesellschaft, einer GmbH oder einer Genossenschaft infolge Verzugs des Aktionärs (Gesellschafters, Genossenschafters) mit der Einzahlung bzw. Nachzahlung seines Anteils am Kapital. ↑Einzahlungspflicht der Aktionäre.

Kagi-chart
Diese Chartform japanischen Ursprungs stellt eine subtilere Art des ↑Point & figure charts dar: Wie der Point & figure chart wird auch der Kagi-chart aufgrund von Schlusskursen erstellt. Es werden nur Bewegungen gegen einen bereits eingetragenen Trend vermerkt, die ein bestimmtes, im Voraus festgelegtes Ausmass überschreiten. Der Kagi-chart macht Trendwendeformationen deutlicher erkennbar als der Point & figure chart.

Alfons Cortés

Kalendereffekte
Unter Kalendereffekten versteht man innerhalb des Jahrs statistisch nachweisliche Phänomene. So zeigt z. B. ein Blick auf die Entwicklung des Welt-Aktien-Indexes MSCI-World (↑MSCI-Indizes) über die vergangenen 20 Jahre, dass die durchschnittlichen Renditen der Monate Mai bis September in der Regel deutlich tiefer lagen als in den Wintermonaten Oktober bis April. Die Gründe dafür sind vielfältig, dürften aber mit den Sommerferien zusammenhängen. In dieser Zeit sind die Handelsvolumina geringer. Kalendereffekte widersprechen der ↑Efficient-market-Theorie. ↑Börsenregeln. ↑Januarphänomen.

Kalkulation
↑Betriebliches Rechnungswesen im Bankgewerbe.

Kalkulatorische Zinsen
Kalkulatorische Kosten wie Abschreibungen und ↑Zinsen ergeben sich aus dem Unterschied zwischen der Finanz- und der Betriebsbuchhaltung. Die kalkulatorischen Zinsen werden zum kalkulatorischen ↑Zinssatz auf dem gesamten betriebsnotwendigen Kapital berechnet, unabhängig vom Verhältnis zwischen ↑Eigen- und ↑Fremdkapital und der Höhe der bezahlten Fremdkapitalzinsen.

Kantonalbanken
Kantonalbanken haben im schweizerischen ↑Bankensystem eine mehrheitlich über 100-jährige Tradition. Mit der fortschreitenden Industrialisierung der Schweizer Wirtschaft im 19. Jahrhundert stieg auch die Nachfrage nach Krediten. Da die Vorgängerinnen der heutigen Grossbanken (Grossbanken [Geschichtliches]) vorwiegend in den Eisenbahnbau sowie in Handel und Industrie investierten, wurde das Kapital für traditionelle Wirtschaftszweige, wie das Handwerk und die Landwirtschaft, knapp. In der Folge wuchs in verschiedenen Kantonen der Wunsch nach ↑Staatsbanken, die durch Vergabe zinsgünstiger Hypothekardarlehen die Nachfrage nach Krediten decken und mit sicheren Anlagemöglichkeiten den Sparwillen der Bevölkerung fördern sollten. Bankdienstleistungen für breite Bevölkerungskreise, die Entwicklung der regionalen Wirtschaft und die Sicherstellung des Wettbewerbs prägten ihre Tätigkeit. Heute ist vor allem ihre Rolle als starke Wettbewerber auf den Inlandmärkten von hoher Bedeutung. Die Verlässlichkeit des Bankpartners und die Qualität der Dienstleistungen sind vor dem Hintergrund des starken Wandels im ↑Bankensektor für Kunden ebenfalls wieder wichtiger geworden.

Die Bundesverfassung gibt dem Bund die Kompetenz, Bestimmungen über das Bankwesen aufzustellen. Der Gesetzgeber ist dabei verpflichtet, der besonderen Aufgabe und Stellung der Kantonalbanken Rechnung zu tragen. Die im revidierten, seit 01.10.1999 geltenden Bundesgesetz über die Banken und ↑Sparkassen vorgegebenen wesentlichen Merkmale einer Kantonalbank sind die gesetzliche Grundlage im kantonalen Recht und die Beteiligung des Kantons von mehr als einem Drittel an Kapital und Stimmen. Ausnahmen sieht das Bankengesetz – unter Berücksichtigung kantonaler Souveränitätsrechte und bereits vor Inkrafttreten der neuen Bestimmungen bestehender Regelungen – für die Institute in Genf und Zug vor. Die ↑Staatsgarantie bildet kein konstitutives Begriffsmerkmal.

Die konkrete Ausgestaltung der Rechts- und Organisationsform, der Eigentümer- oder Trägerschaft sowie des Aufgaben- und Geschäftskreises wird im Rahmen des Bundesrechts durch die Kantone als bestimmende Eigner wahrgenommen. Die jeweilige Ausgangs- und Interessenlage, d.h. die Zielsetzungen des Kantons in seiner Funktion als Eigner, erklären die bestehenden unterschiedlichen Strukturen und Organisationsformen.

In den kantonalen Gesetzen können die Kantonalbanken als öffentlichrechtliche Körperschaften mit eigener Rechtspersönlichkeit, als spezialgesetzliche (OR 763), gemischtwirtschaftliche (OR 762) oder privatrechtliche (OR 620ff.) Aktiengesellschaft begründet sein. In den letzten Jahren wurden einige öffentlichrechtliche Institute in eine Aktiengesellschaft umgewandelt. Bei den öffentlichrechtlichen Körperschaften in der Form einer kantonalen Anstalt stellt der Kanton das ↑Eigenkapital als so genanntes ↑Dotationskapital zur Verfügung. Dieses wird bei einigen Instituten ergänzt durch ein Partizipationsscheinkapital, über das privaten ↑Investoren die Beteiligung (ohne Stimmrecht) an der Bank ermöglicht wird. Nebst einer marktkonformen Verzinsung des Dotationskapitals partizipieren die Kantone über eine zusätzliche Gewinnausschüttung am Erfolg ihrer Bank.

Die als Aktiengesellschaft konzipierten Kantonalbanken verfügen über ein Gesellschaftskapital, das in Aktien aufgeteilt ist, wobei der Kanton heute in der Regel als Eigner jeweils die Mehrheit an Kapital und Stimmen hält. Wie bei anderen Aktiengesellschaften wird ein Teil des Gewinnes als ↑Dividende ausgeschüttet. Mit zwei Ausnahmen – das Institut im Kanton Waadt verfügt über keine und dasjenige im Kanton Genf über eine auf bestimmte Produkte und betragsmässig beschränkte Garantie – haben alle Kantonalbanken die volle Staatsgarantie.

Die 24 Kantonalbanken stehen in direktem Wettbewerb mit den übrigen Banken und Bankengruppen und unterliegen mit Ausnahme weniger Bestimmungen den nationalen, für alle Banken geltenden Regelungen. Als moderne, eigenständige Institute werden sie nach betriebswirtschaftlichen Grundsätzen geführt. Sie berücksichtigen aber auch bewusst eine soziale und volkswirtschaftliche Verantwortung gegenüber ihren Kundinnen und Kunden, den Mitarbeiterinnen und Mitarbeitern sowie den Trägerkantonen. Gerade in Zeiten der Strukturbereinigung bilden sie so innerhalb des Bankensektors einen stabilisierenden Faktor. Als Gruppe beschäftigen die Kantonalbanken gegen 17000 Personen (2002). Sie sind damit bedeutende Arbeitgeber mit hoch qualifizierten Arbeitsplätzen, auch in Regionen ausserhalb der grossen Finanzzentren.

Die Kantonalbanken sind schwergewichtig inlandorientiert. Der jeweilige Kanton ist das hauptsächliche Geschäftsgebiet. Von Beginn weg deckten sie die Anlage-, Kredit- und Geldbedürfnisse aus allen Bevölkerungskreisen und entwickelten sich im Laufe der Zeit zu ↑Universalbanken. Heute bieten sie eine breite Palette an Marktleistungen (Produkte und Dienstleistungen) an. Das Kreditgeschäft für kleine und mittlere Unternehmen (KMU) sowie das Retail banking (↑Retail banking, Retailgeschäft), mit Schwergewicht bei den Hypothekarausleihungen, bilden die bedeutendsten ↑Geschäftsbereiche. In den erwähnten ↑Sparten weisen die Kantonalbanken hohe Marktanteile auf; viele sind in ihrer Region Marktleader.

In den letzten Jahren haben sie sich aber auch als kompetente Partner im Anlagebereich profiliert und bieten umfassende Dienstleistungen für die Vermögensverwaltung an. Der Anteil der Kantonalbanken am Bilanzsummentotal aller Banken mit Sitz in der Schweiz liegt bei etwa 15%, derjenige am Inlandgeschäft bei rund 30%. Die Kantonalbanken bilden somit im Inlandbereich eine gut verankerte und äusserst wettbewerbsfähige Gruppe.

Mit einem flächendeckenden Filialnetz und ihrer lokalen Verankerung gelten sie als «Bank in der Nähe» mit Entscheidzentrum vor Ort. Kunden aus ländlichen wie städtischen Gebieten können jederzeit und bequem Bankdienstleistungen in Anspruch nehmen. ↑Internet (↑Online banking) und Telefon (Phone banking) bieten der Kundschaft einen zusätzlichen Service, der von Öffnungszeiten unabhängig ist.

Auch wenn die 24 Kantonalbanken eigenständige Unternehmen sind, die sich aufgrund ihrer juristischen und organisatorischen Ausgestaltung, ihrer Betriebsgrösse oder ihrer geschäftspolitischen Schwerpunkte zum Teil stark unterscheiden, bilden sie eine aktiv zusammenarbeitende Gruppe. In der Entwicklung hin zu Universalbanken haben die Kantonalbanken über das traditionelle Spar- und Hypothekengeschäft hinaus ein vielfältiges Angebot an Finanzprodukten und -dienstleistungen geschaffen. Dabei sind in der Gruppe auch verschiedene Kompetenz- und Produktionszentren entstanden. Ging es früher vorab um Zusammenarbeit im Kapitalmarkt (↑Emissionsgeschäft, ↑Pfandbriefzentrale) und im Ausbildungsbereich, sind später Netzwerkpartner insbesondere im Fonds- und Vorsorgegeschäft (Swissca-Gruppe), bei der Vermögensverwaltung und im Informatikbereich dazugekommen. Zur Gruppe der Kantonalbanken gehören heute ca. 20 überregional, national und

international tätige Gemeinschaftswerke, an denen alle oder mehrere Institute beteiligt sind. Im Kartenbereich wurde 1999 mit der ↑VISECA Card Services AG eine Kooperation zusammen mit anderen, vorwiegend inlandorientierten Partnerbanken und Bankengruppen ins Leben gerufen.
Durch den errungenen Grössenvorteil können Kräfte und Kompetenzen gebündelt, Synergien geschaffen sowie Stückkosten gesenkt werden. Die Netzwerkpartner vertreiben ihre Produkte und Dienstleistungen in erster Linie über die Kantonalbanken. So werden die lokale Verankerung und Kundennähe als Stärken der Kantonalbanken genutzt, ohne dass die Bank dabei ihre Eigenständigkeit verliert. Einzelne Netzwerkpartner bearbeiten die Märkte auch direkt oder über weitere Partner. Die Kooperationsphilosophie der Kantonalbanken kann mit dem Motto «Zentral produzieren, lokal vertreiben» umschrieben werden. Um das Angebot der Kantonalbanken abzurunden und die Kunden auch im Ausland begleiten zu können, wird die Kooperation mit ausländischen Partnern laufend erweitert.
Im Jahre 1907 haben sich die Kantonalbanken im «Verband Schweizerischer Kantonalbanken» zusammengeschlossen. Zur Erfüllung der zahlreichen und vielfältigen Verbandsaufgaben wurde 1971 in Basel eine Geschäftsstelle eingerichtet. Die Hauptzielsetzungen des Verbandes sind die Wahrung der gemeinsamen Interessen seiner Mitglieder nach aussen, die Stärkung der Stellung der Kantonalbanken in der Schweiz sowie die Förderung der Zusammenarbeit seiner Mitglieder.

Kurt Amsler

Kantonalbank-Zertifikat
↑Partizipationsschein (PS).

Kapital (Betriebswirtschaftliches)
In der Unternehmungsfinanzierung: Finanzielle Ressourcen (Geld) für Investitionen. Im Rechnungswesen: Die auf der Passivseite der Bilanz erfassten zukünftigen Geld-, Sachgüter- und Dienstleistungsabgänge an Dritte (↑Fremdkapital) oder an den oder die Unternehmungseigentümer (↑Eigenkapital).

Kapital (Volkswirtschaftliches)
Der Begriff Kapital wird in der volkswirtschaftlichen Theorie verschiedenartig verwendet. Kapital kann als Oberbegriff von Humankapital (Arbeit), Realkapital und Geldkapital aufgefasst werden. So verstanden kann Kapital generell umschrieben werden als eine Quelle gegenwärtiger und zukünftiger Wissens-, Güter- und Einkommensströme.
In den letzten Jahren wurde anstelle des Begriffs Arbeit *Humankapital* verwendet. Humankapital bezieht sich auf den Stand des Wissens und Könnens eines erwerbsfähigen Individuums. Unter *Realkapital* im Sinne der Produktionstheorie versteht man alle Produktionsmittel, d. h. Fabrikgebäude, Werkzeuge und Maschinen zur Produktion von Waren und Dienstleistungen. Es sind dies Güter, die in der Vergangenheit produziert worden sind und die im Gebrauch nicht sofort untergehen. Zum Realkapital zählen aber auch Wohngebäude, Warenlager, Rohstoffe und der Boden. Mit *Geldkapital* kann man den gegenwärtigen (diskontierten) Wert von zukünftigen Geldströmen aus Vermögen verstehen sowie den in Schweizer Franken ausgedrückten Wert des gesamten Kapitals zu einem bestimmten Zeitpunkt.
In der Produktionstheorie werden diese Kapitalbegriffe Produktionsfaktoren genannt. Die Herstellung von Waren und Dienstleistungen verlangt den Einsatz von Geldkapital, Realkapital, Arbeit, Rohstoffen sowie Boden. In der empirischen Ökonomie wird häufig die Produktionsfunktion von Cobb-Douglas verwendet. Die Produktion (auch Bruttoinlandprodukt einer Volkswirtschaft) hängt gemäss diesem Ansatz vom Einsatz der Produktionsfaktoren Arbeit und Realkapital ab.
Zur optimalen Allokation des Kapitals trägt der *Kapitalmarkt* (↑Kapitalmarkt [Volkswirtschaftliches]) bei. Er spielt eine wichtige Rolle bei der Bestimmung des Wertes des Kapitals und damit auch der zukünftigen Produktion von Waren und Dienstleistungen. Der Kapitalmarkt ist somit eng mit der Produktion verbunden. So gesehen ist er auch der Treffpunkt der Güterproduktion und davon abgeleitet der ↑Investitionen mit dem Konsum von Gütern bzw. dem Sparen (↑Sparen [Volkswirtschaftliches]). Der Kapitalmarkt erleichtert das Produzieren von Gütern, den Handel mit ↑Wertpapieren, das Sparen und Investieren. Er gestattet den Wirtschaftssubjekten, die Zusammensetzung ihres Vermögens jederzeit ihren geänderten Präferenzen anzupassen.

1. Kapitalstock
Da die vom Kapital effektiv erbrachten Leistungen nicht direkt gemessen werden können, weicht man auf die Veränderung des Bestandes an Kapitalgütern, den Kapitalstock, aus. Der Kapitalstock besteht aus den Produktionsmitteln, Warenlagern, Wohngebäuden, Infrastrukturbauten und dem Boden. Die Bestimmung des Wertes all dieser Komponenten ist nicht einfach. Der Kapitalstock eines Landes geht teilweise aus der Geldvermögensrechnung, einem Teil der Volkswirtschaftlichen Gesamtrechnung (VGR), hervor. Die Schweiz ist zur Zeit am Aufbau einer Geld-Vermögensrechnung; es ist deshalb noch nicht einmal möglich, den durch sie repräsentierten Kapitalstock zu beziffern.
Veränderungen des Kapitalstocks finden durch Kapitalbildung, Kapitalverschleiss, Kapitalvernichtung oder durch Bewertungsänderungen der einzelnen Produktionsfaktoren statt.

2. Kapitalbildung

Durch Investieren wird Kapital gebildet. Nach der neoklassischen Theorie investieren die Unternehmen so lange, bis sie den gewünschten Kapitalstock und damit das zukünftig gewünschte Produktionsniveau erreicht haben. Sobald das Güter-Angebot der Nachfrage entspricht, ist die Wirtschaft im Gleichgewicht. Zudem hängt der gewünschte Kapitalstock von den Kapitalkosten ab. Geld- (↑Geldpolitik) und Fiskalpolitik haben somit einen Einfluss auf die Kapitalbildung. Investitionen bezwecken den Aufbau von bzw. die Anpassung der Produktionskapazitäten an eine veränderte Nachfrage. Investitionen führen zu zusätzlichen Einkommen (Multiplikatoreffekt), das die Wohlfahrt einer Volkswirtschaft erhöht.

Im Zusammenhang mit den Investitionen spricht man im Rahmen der VGR von Bauinvestitionen und Ausrüstungsinvestitionen. Bauinvestitionen sind Investitionen in Fabrikgebäude, Wohnhäuser, Strassen usw. Ausrüstungsinvestitionen umfassen Investitionen in Maschinen, Computer usw. Bauten und Ausrüstungsinvestitionen zusammen bilden die Bruttoanlageinvestitionen. Zieht man von ihnen die Abschreibungen ab, so erhält man die Nettoanlageinvestitionen.

Lagerinvestitionen entstehen dann, wenn Produktion und Nachfrage nach einem Gut zeitlich und/oder qualitativ auseinander klaffen. Neben diesem unfreiwilligen Lageraufbau können Lager auch bewusst aufgebaut werden, etwa dann, wenn die Produzenten Preiserhöhungen erwarten. Bei erwarteten Preiserhöhungen decken sie sich vorher noch mit billigeren Produkten (Rohstoffen, Halbfabrikaten) ein.

Das Humankapital kann durch Bevölkerungswachstum und Aus- und Weiterbildung der erwerbsfähigen Bevölkerung vermehrt werden. Durch Aus- und Weiterbildung steigt die Leistungsfähigkeit. Besser ausgebildete Arbeitskräfte erlauben einen optimaleren Einsatz, was die Produktion steigert. Mit der höheren Ausbildung wird auch das Einkommen der Arbeitskräfte zunehmen und somit der Wohlstand einer Volkswirtschaft.

Durch Sparen (gleichbedeutend mit Konsumverzicht) wird das Geldkapital vermehrt und damit eine Voraussetzung für Investitionen geschaffen. Der Wert des Geldkapitals steigt (sinkt) aber auch infolge von Kurssteigerungen (Kursrückgängen) an der ↑Börse.

3. Kapitalvernichtung

Kapital wird durch Krieg oder Naturkatastrophen vernichtet. Beim Produzieren treten Verschleisserscheinungen auf. Der Kapitalstock veraltet mit Fortschreiten der Zeit und technologischem Fortschritt. Diesem Alterungsprozess und dem Verschleiss unterliegen die Anlage- und Ausrüstungsinvestitionen. Der Wertrückgang wird buchhalterisch in Form von Abschreibungen ausgedrückt.

Aber auch die erwerbsfähigen Personen sind einem Alterungsprozess unterworfen, indem die physische Leistungsfähigkeit abnimmt. Ebenso veraltet auch das einmal erworbene Wissen.

4. Daten

Kapitalbildung und Abschreibungen sind Stromgrössen, die in der VGR, die einmal jährlich vom Bundesamt für Statistik (BFS) veröffentlicht wird, festgehalten werden. Kapitalbildung und Kapitalvernichtung sind Grössen, die stark schwanken. Sie tragen wesentlich zu den Schwankungen des Realwachstums bei. Die VGR wurde in den Jahren 1995 und 1996 revidiert. Vergleichbare Werte liegen deshalb nur bis 1980 zurück vor.

Die nachstehenden Zahlen geben einen Einblick in die Grössenordnungen der Kapitalbildung und Abschreibungen in der Schweiz.

Kapitalbildung (zu Preisen von 1990)

Jahr	Bruttoanlageinvestitionen	Abschreibungen	Nettoanlageinvestitionen
1990	85 854	56 230	29 624
1991	83 400	59 181	24 219
1992	77 899	61 217	16 682
1993	75 797	62 284	13 513
1994	80 755	63 032	17 723
1995	82 187	64 206	17 981
1996	80 253	65 000	15 253
1997	81 450	65 819	15 631
1998	85 101	67 142	17 959
1999	87 654	69 850	17 803

Kapitalkomponenten (zu Preisen von 1990)

Jahr	Ausrüstungsinvestitionen	Bauinvestitionen	Bruttoanlageinvestitionen	Lagerinvestitionen
1990	39 135	46 719	85 854	3 786
1991	38 250	45 150	83 400	– 376
1992	33 132	44 767	77 899	– 3 983
1993	31 472	44 325	75 797	– 3 304
1994	33 306	47 450	80 755	– 3 002
1995	36 532	45 655	82 187	116
1996	37 430	42 823	80 253	1 139
1997	39 266	42 184	81 450	1 381
1998	42 757	42 343	85 101	6 501
1999	47 275	40 379	87 654	3 781

Quelle: Bundesamt für Statistik, Volkswirtschaftliche Gesamtrechnung

Die Bruttoanlageinvestitionen stammen hauptsächlich von den Sektoren Unternehmungen (nichtfinanzielle Unternehmen), den privaten

Haushalten und der öffentlichen Hand. Zu den Bauinvestitionen liefern die privaten Haushalte den grössten Beitrag, gefolgt von den nichtfinanziellen Unternehmungen und der öffentlichen Hand. Die Ausrüstungsinvestitionen werden mehrheitlich von den Unternehmen getätigt. Da in der VGR aber auch Baurenovationen zu den Ausrüstungsinvestitionen zählen, sind die Ausrüstungsinvestitionen der privaten Haushalte ebenfalls nicht zu vernachlässigen.

Die Zahlen zeigen, dass im Verlaufe der 90er-Jahre der Kapitalstock deutlich weniger kräftig zunahm als zu Beginn der Dekade. Die Bruttoanlageinvestitionen stiegen nur geringfügig, während die Abschreibungen um einen Viertel gesteigert wurden. Die Nettoanlageinvestitionen lagen somit Ende Jahrzehnt markant tiefer als am Anfang. Die Zahlen sagen auch etwas über die Zusammensetzung der Anlageinvestitionen aus. Sie weisen darauf hin, dass die Ausrüstungsinvestitionen (Renovationen und Investitionen in Computer, Maschinen usw.) stiegen, die Bauinvestitionen dagegen schrumpften. Die Zahlen sagen aber nichts über die Qualität der Kapitalbildung und den Strukturwandel bei den Ausrüstungsinvestitionen aus.

Christoph Menzel, Jean-Pierre Jetzer

Kapitalanlage

Unter einer Kapitalanlage versteht man die meist langfristige Anlage von Geld- und Sachwerten auf dem ↑Kapitalmarkt. Grundsätzliches Ziel ist die Erhaltung der ↑Substanz, wünschenswert ist darüber hinaus ein Ertrag und oder ein Wertzuwachs. Die Kapitalanlage hat damit andere Motive als der Erwerb von Gebrauchs- bzw. Verbrauchsgütern. Der Erwerb von Kunstobjekten oder der Aufbau einer Kunstsammlung kann reine Liebhaberei sein; der Erwerb kann aber auch als Kapitalanlage begründet werden.

Im Gegensatz zum Motiv der langfristigen Kapitalanlage können Güter auch zur ↑Thesaurierung oder zur Spekulation gekauft werden. Spekulative Käufe werden in der Hoffnung auf schnelle Gewinne getätigt, womit ihnen der langfristige Charakter der Kapitalanlage fehlt.

1. Arten der Kapitalanlage

Kapitalanlagen lassen sich in verschiedene Kategorien einteilen:
– *Grundstücke* (↑Immobilien als Kapitalanlage): Es handelt sich hier um eine der ältesten Formen der Kapitalanlage. Als Direktinvestition erfordert sie einen hohen Kapitaleinsatz, wenn keine Hypotheken aufgenommen werden. Aus diesem Grund ist sie für ↑institutionelle Anleger eher geeignet als für Privatanleger. Weniger finanzielles Potenzial verlangt die indirekte Form über ↑Immobilienfonds und Aktien von Immobiliengesellschaften. Bei einer direkten Anlage werden Häuser oder Grundstücke gekauft. Die Häuser sollen eine Rendite bzw. einen regelmässigen Mietertrag generieren. Wenig geeignet sind dafür Einfamilienhäuser, Saisonhotels und Industriebauten. Unüberbaute Grundstücke werden im Hinblick auf Wertsteigerungen des Bodens erworben. Immobilien oder Grundstücke legen im Zeitablauf aber keineswegs immer an Wert zu; wie die Vergangenheit gezeigt hat, sind dramatische Preiszerfälle möglich. Die Kapitalanlage in Immobilien hat den Nachteil, dass die Verwaltung erheblichen Aufwand erfordert. Gegen eine entsprechende ↑Provision kann die Verwaltung spezialisierten Firmen übertragen werden.

– *Verzinsliche Bankguthaben aller Art:* Die Kapitalanlage in verzinsliche Bankguthaben aller Art eignet sich einerseits für Anleger, denen es an besonderen Sachkenntnissen bei der Kapitalanlage fehlt; anderseits werden die verzinslichen Bankguthaben von sehr risikoaversen Anlegern genutzt. Diese Kapitalanlagen zeichnen sich durch grosse Sicherheit, Kurzfristigkeit und einfache Verwaltung aus. Als festverzinsliche Bankguthaben gibt es ↑Spar-, Depositen-, Einlage- und Anlagekonten bzw. -hefte. Die einzelnen Arten unterscheiden sich bei den Zinsen und Kündigungsfristen. Bei ↑Festgeldern handelt es sich um nicht benötigte ↑Liquidität oder um ↑Wartegelder, häufig in fremder Währung. Festgelder können in Zeiten hoher oder steigender Zinsen vorübergehend am ↑Geldmarkt zu einem relativ guten ↑Marktzins angelegt werden. Meist laufen sie über ein bis zwölf Monate und verfügen über einen festen Verfalltermin oder über eine ↑Kündigungsfrist. Bei der Kapitalanlage in Treuhandfestgelder (↑Treuhandgeschäft) werden von einer Bank gemäss Auftrag des Anlegers Gelder in einer bestimmten Währung bei einer Drittbank, meist im Ausland angelegt. Die Bank handelt im eigenen Namen, aber auf Rechnung und Gefahr des Kunden. Die gesamten Zinsen gehen an den Kunden; dieser bezahlt der Bank eine Kommission.

– *Effekten:* Mit ihren verschiedenartigen Ausprägungen bringen ↑Effekten zahlreiche Möglichkeiten der Kapitalanlage mit sich. Sie gliedern sich in *festverzinsliche Forderungsrechte* (↑Anleihensobligationen, ↑Kassenobligationen und ↑Pfandbriefe) und *Beteiligungspapiere* (↑Aktien, ↑Partizipationsscheine, ↑Genussscheine, Genossenschafts- und Anlagefondsanteile). Bei festverzinslichen Papieren handelt es sich um eine Schuldverpflichtung. Die ↑Rückzahlung erfolgt meist an einem bestimmten Kapitalrückzahlungstermin zum ↑Nennwert, möglich ist auch eine ratenweise Rückzahlungsregelung. Börsenkotierte Papiere lassen sich jederzeit kaufen und verkaufen. Während der Laufzeit der Papiere wird ein ↑Zinssatz bezahlt; dieser ist in der Regel fix. Es werden aber auch Anleihen mit variablem oder flottierendem Zinssatz ausgegeben (↑Variable Verzinsung). Im Allgemeinen werden die Kurse der Obligationen weit gehend von der ↑Laufzeit und dem Zinssatz bestimmt. Anleihen mit variablem Zinssatz werden meist zu pari gehandelt, da der Zinssatz regelmässig der Zinsentwicklung angepasst wird. Im Vergleich zu den Beteiligungspapieren unterliegen die festverzinslichen Papiere in der Regel nur geringeren Kursschwankungen. Durch die Rückzahlung zum Nennwert aber bieten sie keinen Schutz gegen Kaufkraftverluste bei Währungsverschlechterung oder -zerfall (Ausnahmen sind ↑Indexanleihen, ↑Bull and bear bonds). Beteiligungspapiere – vor allem Aktien – sind grösseren Kursschwankungen unterworfen, weil der Kurs nicht nur von der gesamtwirtschaftlichen Entwicklung geprägt wird, sondern insbesondere von der ↑Ertragskraft des einzelnen Unternehmens. Die ↑Dividende wird vom Geschäftsergebnis bestimmt. Allerdings schützen Beteiligungspapiere bei ↑Inflation besser vor Kaufkraftverlusten als verzinsliche Papiere. Sie werden deshalb wie Immobilien als Sachwerte bezeichnet. Neben reinen Beteiligungspapieren und festverzinslichen Papieren existieren auch Mischformen und Kombinationen, von denen ↑Wandel- und ↑Optionsanleihen die bekanntesten sind. ↑Vorzugsaktien mit fester, evtl. dazu kumulativer Dividende sind als Kapitalanlagen bei Industriefirmen der USA sehr beliebt.

– *Hypotheken* (↑Hypothekargeschäft): Auch hier handelt es sich um einen Typus der Kapitalanlage mit langer Tradition. Diese Art bedient sich fast ausschliesslich des ↑Schuldbriefes, früher auch der ↑Gült. Sofern sich die ↑Belehnung in angemessenen Grenzen hält, bietet die Hypothek eine hohe Sicherheit und eine in vielen Fällen höhere Verzinsung als vergleichbare Anleihen. Dagegen ist ihre ↑Mobilisierbarkeit beschränkt. Sie war vor allem in Mündelvermögen anzutreffen. Heute werden Hypothekarkredite vor allem von Banken, aber auch von Versicherungen und Pensionskassen gewährt. ↑Grossanleger ziehen häufig den direkten Immobilienbesitz oder Beteiligungspapiere vor. Aus diesen Gründen hat die Hypothek als Kapitalanlage ihre früher grosse Bedeutung eingebüsst.

– *Lebensversicherungsansprüche:* Basisformen der Lebensversicherung bilden Todesfall- und Erlebensfallversicherungen. Mit einer ↑gemischten Lebensversicherung lassen sich beide Formen kombinieren. Zur Kapitalanlage wird vor allem die gemischte Lebensversicherung eingesetzt. Mit den investierten Prämien wird vom Lebensversicherer ein ↑Portfolio gebildet, das Immobilien, Hypothekardarlehen, Obligationen und Aktien umfasst.

– *Gold und andere Edelmetalle* (↑Edelmetallhandel; ↑Edelmetalle als Kapitalanlage; ↑Gold als Kapitalanlage): Bei der Kapitalanlage in Edelmetallen handelt es sich ebenfalls um eine historisch sehr alte Form. Die wichtigsten Edelmetalle sind Silber, Platin, Palladium und natürlich Gold. Als Anlageformen kommen sowohl Barren, Münzen sowie Edelmetallkonten in Frage. Edelmetalle bieten Sicherheit bei politischen Umwälzungen und Kriegen, indem sie Unabhängigkeit von einer einzelnen Währung ermöglichen. Einen regelmässigen Ertrag generieren sie nicht. Mittels Goldoptionen wurde allerdings die Möglichkeit geschaffen, auf grösseren Goldbeständen einen Ertrag zu erzielen.

– *Wertgegenstände aller Art:* Der Erwerb von Schmuck, Kunstgegenständen, Raritäten, Briefmarken usw. gilt nur dann als Kapitalanlage, wenn er im Hinblick auf eine Erhaltung oder Steigerung des ↑Verkehrswertes geschieht. Tatsächliche Wertsteigerungen sind bei vielen dieser Wertgegenstände eher selten. Zudem sind für die Kapitalanlage grosses Fachwissen oder eine kompetente Beratung notwendig. Ein regelmässiger Ertrag entfällt auch hier.

2. Anlagepolitik
Eine Zusammenstellung der Kapitalanlagen zu einem Portfolio erfolgt gemäss der gewählten ↑Anlagepolitik (auch ↑Anlagestrategie). Die Anlageentscheide bezüglich Kapitalanlagen werden unter Berücksichtigung der Anlageziele des Anlegers getroffen. Die Anlageziele reflektieren die individuelle Situation des Anlegers sowie seine ↑Risikofähigkeit. *Hans-Dieter Vontobel*

Kapitalanlagegesellschaft
↑Holdinggesellschaft; ↑Anlagefonds.

Kapitalanleger
Kapitalanleger oder ↑Investoren sind entweder natürliche oder ↑juristische Personen, die Kapitalanlagen tätigen. Von steigender Bedeutung für die Finanzinstitute sind die institutionellen Kapitalanleger (↑institutionelle Anleger), da diese über ein sehr grosses Anlagepotenzial verfügen. Die Motive der Kapitalanleger sind vorwiegend oder ausschliesslich materieller Natur, wobei die finanzielle Absicherung und der Ausbau des Vermögens im Vordergrund steht. Indem den Finanzinstituten Kapital überlassen wird, besteht für die Anleger die Möglichkeit, Kapitalgewinne und ↑Kapitalerträge zu erzielen. Neben den materiell motivierten Kapitalanlegern gibt es auch Anleger, die sich bei ihren Investitionen primär von psychologisch-ethischen Beweggründen leiten lassen. Dies kann der Fall sein bei finanzieller Unterstützung der Gründung und des Aufbaus eines innovativen Unternehmens oder bei der Wahl von ↑Anlagefonds, die ausschliesslich in Unternehmen investieren, die bestimmte ethische und oder ökologische Standards erfüllen. Ausschlaggebende Faktoren bei der

Wahl der Anlage sind die ↑Anlageziele und die ↑Risikofähigkeit des Kapitalanlegers. Oft spielt auch die Optimierung der steuerlichen Belastung eine Rolle. *Hans-Dieter Vontobel*

Kapitalausfuhr
↑Internationaler Kapitalverkehr.

Kapitalbeteiligungsgesellschaft
Kapitalbeteiligungsgesellschaften in den verschiedenen Formen bezwecken die Bereitstellung von ↑Eigenkapital an nicht oder noch nicht börsenfähige Unternehmungen. Sie werden deshalb auch als institutionelle Equity-Partner bezeichnet. Wird Eigenkapital für Jungunternehmer bereitgestellt, spricht man von ↑Venture-Finanzierung. ↑Private equity; Investmentgesellschaft.

Kapitalbewegungen, internationale
Als internationale Kapitalbewegungen werden alle diejenigen ↑Transaktionen bezeichnet, die zu einer Änderung der Forderungen und Verbindlichkeiten einer Volkswirtschaft gegenüber dem Ausland führen. Internationale Kapitalbewegungen entstehen also durch den Erwerb und die Veräusserung von finanziellen Aktiven sowie durch die Gewährung und Tilgung von Krediten zwischen gebietsansässigen und gebietsfremden Parteien. Erhöhen sich dabei die Nettoforderungen von Inländern gegenüber dem Ausland, spricht man von einem Kapitalexport (↑Internationaler Kapitalverkehr), im umgekehrten Fall von einem Kapitalimport.

1. Strukturierung
Üblich ist eine Strukturierung der Kapitalbewegungen nach Investitionsmotiv und Sektorzugehörigkeit der ↑Investoren. Aufgrund des Investitionsmotivs werden *Direktinvestitionen* und *Portfolioinvestitionen* unterschieden. Als Direktinvestitionen bezeichnet man dabei diejenigen Investitionen, mittels derer ein dauerhafter Einfluss auf die Geschäftstätigkeit eines Unternehmens angestrebt wird. Bei den *Portfolioinvestitionen* handelt es sich um Anlagen in ↑Wertpapiere, bei denen die Erzielung einer angemessenen ↑Rendite im Zentrum steht. Weitere Kategorien des Kapitalverkehrs von zentraler Bedeutung sind die internationalen ↑Bankkredite sowie Kapitalbewegungen, welche die ↑Währungsreserven eines Landes betreffen. Aufgrund der Sektorzugehörigkeit der Investoren wird vor allem zwischen offiziellen und privaten Kapitalbewegungen differenziert.

2. Auswirkungen
Der internationale Kapitalverkehr hat einen Bezug zum Verhältnis zwischen den volkswirtschaftlichen Ersparnissen (↑Sparen [Volkswirtschaftliches]) eines Landes und den Inlandinvestitionen, wobei ein Nettokapitalexport (Nettokapitalimport) bedeutet, dass die Ersparnisse höher (niedriger) als die Inlandinvestitionen sind (↑Zahlungsbilanz). Deshalb ist es sinnvoll, die Auswirkungen von Kapitalbewegungen, die einen gesamtwirtschaftlichen Kapitalabfluss oder -zufluss zur Folge haben, und die Effekte sich kompensierender Kapitalströme getrennt zu betrachten. Was die Nettokapitalbewegungen betrifft, so können diese dann zum gegenseitigen Vorteil sein, wenn das Grenzprodukt der Investitionen im Kapitalimport- höher als im Kapitalexportland ist. Zudem kann bei Schwankungen des Volkseinkommens der gesamtwirtschaftliche Konsum eines Landes geglättet werden, indem in Perioden mit hohem Einkommen internationale Guthaben aufgebaut und in Perioden mit niedrigem Einkommen abgebaut werden, oder indem in Perioden mit geringem Einkommen Auslandschulden aufgenommen und in Perioden mit hohem Einkommen zurückbezahlt werden. Aus gegenseitigen Kapitalbewegungen zweier Länder können sich Vorteile ergeben, indem die multinationalen Unternehmen beider Länder mittels ↑Direktinvestitionen ihre technologischen oder anderweitigen Vorteile im anderen Land ausnützen. Weiter eröffnen gegenseitige Portfolioinvestitionen den Investoren aus beiden Ländern die Möglichkeit einer erweiterten Risikodiversifikation, wenn die Erträge auf Kapitalanlagen in verschiedenen Ländern nicht vollständig korreliert sind.

Die historische Entwicklung zeigt allerdings deutlich, dass eine Realisierung des potenziellen Nutzens internationaler Kapitalbewegungen angemessene Rahmenbedingungen erfordert. Risiken bestehen z.B. im Aufbau einer wirtschaftlich nicht tragbaren Schuldenlast, der Zugang zum ↑internationalen Kapitalmarkt kann plötzlich verloren gehen, oder Wechselkursregimes können das Ziel spekulativer Attacken sein, speziell wenn Zweifel bezüglich der Nachhaltigkeit der makroökonomischen Politik eines Landes angebracht sind.

3. Internationale Entwicklung
Eine erste Periode bedeutender internationaler Kapitalbewegungen war die durch Wechselkursstabilität und ein liberales Kapitalverkehrsregime gekennzeichnete Zeit des klassischen Goldstandards, die von etwa 1870 bis zum 1. Weltkrieg dauerte. Im Verhältnis zur gesamtwirtschaftlichen Produktion gesehen hatten die damaligen Kapitalströme Grössenordnungen, die erst in den 90er-Jahren wieder erreicht werden sollten. Herausragend waren dabei britische Portfolioinvestitionen zur Finanzierung von Infrastrukturprojekten in Übersee. In der Zwischenkriegszeit traten Spannungen im internationalen Währungssystem auf, womit das Problem destabilisierender spekulativer Kapitalströme entstand. Mit dem Beginn der Weltwirtschaftskrise führten dann viele Länder umfangreiche und zunehmend restriktivere Kapital-

verkehrskontrollen (↑Kapitalbewegungen, internationale) ein. Bei Ausbruch des 2. Weltkriegs waren die internationalen Kapitalflüsse praktisch versiegt.

Die nach dem 2. Weltkrieg in Bretton Woods ausgehandelte ↑Währungsordnung sah ↑feste Wechselkurse vor, die bei fundamentalen Ungleichgewichten aber angepasst werden konnten. Der ↑Internationale Währungsfonds (IWF) stellte Mittel zur Finanzierung von Zahlungsbilanzungleichgewichten bereit. Kontrollen der internationalen Kapitalbewegungen, die nicht einen direkten Bezug zu Handelsströmen hatten, waren erlaubt. Mangels eines privaten internationalen Kapitalmarkts wurde die ↑Weltbank gegründet, die dem vom Krieg versehrten Europa sowie den Entwicklungsländern Kapital zur Verfügung stellte. In den 50er-Jahren erfolgte dann aber eine Belebung der Direktinvestitionen und in den 60er-Jahren entstand ein Markt für internationale Bankkredite (↑Euromärkte). Damit wurde die Finanzierung über offizielle Kanäle durch private Kapitalströme bald massiv übertroffen. Im Bereich Direktinvestitionen fielen dabei bis in die 70er-Jahre vor allem die amerikanischen Investitionen in Europa ins Gewicht. Was die Kapitalbewegungen zwischen den Ländergruppen unterschiedlicher Entwicklungsstufen betrifft, so erfolgte bis in die frühen 70er-Jahre ein Nettokapitalfluss von den Industrieländern zu den nicht ölexportierenden Entwicklungsländern. Von Mitte der 70er-Jahre bis Anfang der 80er-Jahre wurden die internationalen Kapitalbewegungen dann durch die beiden Wellen von Erdölpreiserhöhungen geprägt. Die ölexportierenden Länder erzielten vorübergehend bedeutende Einnahmenüberschüsse, welche über das internationale Bankensystem (↑Bankensystem [Allgemeines]) zu einer erheblichen Ausweitung der Kapitalflüsse in die nicht ölexportierenden Entwicklungsländer führten. Einige der Kapitalimportländer verschuldeten sich dabei in einem Ausmass, das ihre Wirtschaftskraft überstieg und zu einer Schuldenkrise führte (↑Internationale Verschuldung).

Die Kapitalverkehrskontrollen wurden in den 50er- und 60er-Jahren schrittweise gelockert. Die Freigabe der Wechselkurse im Jahre 1973 sowie die zunehmende Bedeutung multinationaler Unternehmen und die Internationalisierung der Finanzmärkte verstärkten die Liberalisierung des Kapitalverkehrs, sodass zumindest in den Industrieländern Anfang der 90er-Jahre keine wesentlichen Einschränkungen mehr bestanden. In den Entwicklungsländern wurden in den 80er-Jahren infolge der Schuldenkrise einige Liberalisierungsschritte rückgängig gemacht, doch setzte Ende der 80er-Jahre wieder eine Lockerung der Kapitalverkehrskontrollen ein. Einschränkungen die danach als Reaktion auf Finanzkrisen verfügt wurden, waren in der Regel vorübergehender Natur.

Kennzeichnend für die Entwicklung der Kapitalbewegungen seit den 80er-Jahren war die starke Zunahme der Direkt- und der Portfolioinvestitionen. Nach rund USD 50 Mia. Anfang der 80er-Jahre erreichten die Direktinvestitionen und die Portfolioinvestitionen Ende der 90er-Jahre eine Grössenordnung von je einer Billion Dollar pro Jahr. Die regionale Verteilung der Direktinvestitionen erweiterte sich, allerdings mit einem klaren Schwerpunkt in den Industrieländern. In den 90er-Jahren floss aber auch Direktinvestitionskapital von erheblichem Ausmass in die Schwellen-, Transformations- und Entwicklungsländer (↑Emerging markets). Für die Entwicklung der Portfolioinvestitionen seit den 80er-Jahren war die zunehmende Bedeutung institutioneller Investoren (Pensionskassen, Versicherungen und Anlagefonds) ausschlaggebend. Den Hauptteil bildeten auch hier die Kapitalflüsse innerhalb der Industrieländer, die mehr oder weniger kontinuierlich anstiegen. Die Portfolioinvestitionen ausserhalb der Industrieländer nahmen tendenziell ebenfalls zu, wiesen aber starke Schwankungen auf. Was die gesamten Nettokapitalbewegungen betrifft, so dominierten in den 80er- und 90er-Jahren die Nettokapitalimporte der USA. In den Entwicklungsländern ging der Zufluss von privatem Auslandkapital in den 80er-Jahren wegen der Schuldenkrise stark zurück. In den 90er-Jahren folgten sich in den Schwellen-, Transformations- und Entwicklungsländern Phasen mit erheblichen Nettokapitalzuflüssen, verschiedene Finanzkrisen und Perioden sehr limitierter Finanzierungsmöglichkeiten.

4. Entwicklung in der Schweiz
Der grossen volkswirtschaftlichen Bedeutung des internationalen ↑Finanzplatzes und der multinationalen Unternehmen entsprechend, hatte die Schweiz traditionell ein liberales Kapitalverkehrsregime. Einschränkend ist allerdings zu erwähnen, dass aufgrund von Wechselkurs- und Zinsüberlegungen bis 1980 zeitweise erhebliche Restriktionen bezüglich ausländischer Bankeinlagen in der Schweiz verfügt wurden und bis 1995 einige Kapitalexportgeschäfte der Banken bewilligungspflichtig waren (↑Kapitalexportpolitik). Zudem bestehen gewisse Beschränkungen beim Erwerb von Unternehmen und Immobilien durch Ausländer.

In der Schweiz wird der internationale Kapitalverkehr erst seit Mitte der 80er-Jahre systematisch erfasst (↑Zahlungsbilanz). Es ist aber bekannt, dass erhebliche Direkt- und Portfolioinvestitionen im Ausland sowie der internationale Finanzplatz den Kapitalverkehr bereits vor dem 1. Weltkrieg geprägt haben. Diese Charakteristika finden sich auch in der jüngeren Entwicklung. Die schweizerischen Direktinvestitionen im Ausland betrugen in der zweiten Hälfte der 80er-Jahre rund CHF 10 Mia. pro Jahr und stiegen bis Ende der 90er-

Jahre auf über CHF 50 Mia. Waren es früher vor allem Industrieunternehmen, die im Ausland investierten, fand seit den 80er-Jahren eine deutliche Verlagerung zum Dienstleistungssektor hin statt. Wichtigste Destinationen des Direktinvestitionskapitals waren die EU-Länder und die USA, in den 90er-Jahren vermehrt auch Schwellen-, Transformations- und Entwicklungsländer. Die ausländischen Direktinvestitionen in der Schweiz, zu einem grossen Teil Investitionen in Holdinggesellschaften, Banken und Handelsunternehmen, betrugen in der Regel nur etwa einen Drittel der schweizerischen Direktinvestitionen im Ausland. Die Portfolioinvestitionen im Ausland fielen seit den 80er-Jahren durchschnittlich um etwa die Hälfte höher aus als die Direktinvestitionen. Traditionell überwogen die Investitionen in Anleihen deutlich, in den 90er-Jahren nahm aber der Anteil der Aktien und Anlagefondszertifikate stark zu. Die ausländischen Portfolioanlagen in der Schweiz, überwiegend Investitionen in Aktien und ↑Anlagefonds, betrugen durchschnittlich nur etwa die Hälfte der Investitionen im Ausland, sodass wie bei den Direktinvestitionen beträchtliche Nettokapitalexporte resultierten. Die aus internationalen Krediten der Banken – zum grossen Teil ↑Interbankgeschäfte – resultierenden Kapitalabflüsse und -zuflüsse erreichten Ende der 90er-Jahre eine Grössenordnung von CHF 100 Mia., wobei die Salden mittelfristig zu einem Ausgleich tendierten. Der Kapitalverkehr der Schweizerischen ↑Nationalbank (SNB) war vor allem bis Ende der 70er-Jahre wegen Interventionen zur Stabilisierung des Aussenwerts des Frankens (↑Geldwert) von grösserer Bedeutung. Danach waren die Transaktionen der Nationalbank im Vergleich zum privaten Kapitalverkehr eher gering. Der gesamte Nettokapitalexport der Schweiz erreichte Ende der 90er-Jahre CHF 50 Mia., was gut 10% des Bruttoinlandprodukts entspricht. Damit ist die Schweiz, sowohl absolut gesehen, besonders aber auf die Wirtschaftsgrösse bezogen, ein sehr bedeutendes Kapitalexportland.   *Jürg Bärlocher*

Kapitaldeckungsverfahren
Das Kapitaldeckungsverfahren ist ein Finanzierungsverfahren, das künftige Ausgaben, die aus bestimmten Rechtsverhältnissen zu erwarten sind, durch Bereitstellung entsprechender Kapitalien im Voraus reserviert. Das Verfahren findet bei Versicherungsgesellschaften und bei Personalvorsorgeeinrichtungen Anwendung. Es gilt der Grundsatz, dass jede Generation die Mittel für den eigenen Versicherungsschutz selber anspart. Dadurch werden sämtliche laufenden und anwartschaftlichen Ansprüche durch ein entsprechendes ↑Deckungskapital sichergestellt. Beim individuellen Kapitaldeckungsverfahren gilt dies für jeden einzelnen Versicherten.

Kapitaldienst
Aufgrund von KR 26 muss bei Forderungsrechten in- und ausländischer ↑Emittenten der Zins- und Kapitaldienst für Deponenten bei in der Schweiz domizilierten Banken und ↑Effektenhändlern im Sinne des BEHG spesenfrei sichergestellt sein. Bei Forderungsrechten gehen die Kosten des Zahlungsdienstes zulasten des Emittenten. Die bei einer ↑Emission federführende Bank hat regelmässig die Funktion einer Hauptzahlstelle und ist Empfängerin von Zins- und Kapitalüberweisungen des Emittenten, die über die ↑SIS SegaIntersettle AG an die einzelnen (Unter-)Zahlstellen weitergeleitet und schliesslich via Clearingsystem den einzelnen Obligationären gutgeschrieben werden. Die ↑Zahlstelle wird durch den Emittenten von Beteiligungs- oder Forderungsrechten im Zeitpunkt der Emission bezeichnet und beauftragt und führt alle sich aus der Ausgabe und dem Umlauf eines Wertpapiers ergebenden Kapitaltransaktionen durch. Sie bezahlt vornehmlich die fälligen Dividenden, Zinsen und Anleihensbeträge aus und stellt somit den Zins- und Kapitaldienst sicher. Gewöhnlich fungieren bei Emissionen mehrere Banken gleichzeitig als (Unter-)Zahlstellen.

Kapitalerhöhung aus Gesellschaftsmitteln
Im deutschen Aktienrecht Bezeichnung für «Kapitalerhöhung aus Eigenkapital». ↑Gratisaktie; ↑Stock-Dividende.

Kapitalersetzendes Darlehen
↑Nachrangige Darlehen, Anleihen; ↑Nachrangigkeit; ↑Nachrangige Verbindlichkeit.

Kapitalertrag
Der ↑Kapitalanleger stellt einem Unternehmen oder einem ↑Finanzintermediär Kapital zur Verfügung. Als Gegenleistung erhält er auf dem eingesetzten Kapital einen Kapitalertrag, der sich aus verschiedenen Wertzuflüssen zusammensetzt. Die Form der Wertzuflüsse ist abhängig von der Art der Kapitalanlage. Besitzer von Beteiligungspapieren erhalten gewöhnlich eine ↑Dividende, die der momentanen Ertragssituation des Unternehmens angepasst ist. Besitzern von festverzinslichen Wertpapieren wird jährlich ein Zins bezahlt, wobei der ↑Zinssatz fix sein kann oder variabel. Auch Anleger mit verzinslichen ↑Bankguthaben erhalten einen Zins, der jeweils an die Zinssatzentwicklung angepasst wird. Kapitalerträge werden als Einkommen versteuert.
Der Kapitalertrag muss in zweierlei Hinsicht abgegrenzt werden: einerseits vom Vermögensertrag, anderseits vom Kapitalgewinn. Der Vermögensertrag bezieht sich auf Wertzuflüsse für die Nutzung von sämtlichem beweglichem Vermögen. Kapitalgewinne entstehen aus einer positiven Differenz zwischen Verkaufserlös und Erwerbspreis.
Hans-Dieter Vontobel

Kapitalexport
↑Internationaler Kapitalverkehr.

Kapitalexportpolitik
Die Kapitalexportpolitik beinhaltet staatliche Massnahmen zur Beeinflussung des Kapitalexportes (↑Internationaler Kapitalverkehr) entweder durch direkte Reglementierung oder durch indirekte Einflussnahme, indem Anreize und Rahmenbedingungen zur Förderung bzw. Abschwächung des Kapitalexportes geschaffen werden. Die schweizerischen Behörden regelten den Kapitalexport in der Vergangenheit vor allem durch die Kontrolle der Kapitalexportgeschäfte der Banken. Bis zu Beginn der 70er-Jahre standen zins- und konjunkturpolitische Motive im Vordergrund der Kapitalexportpolitik. Nach dem Übergang zu flexiblen Wechselkursen (↑Floating) im Jahre 1973 diente die Kapitalexportpolitik vermehrt währungspolitischen Zielen. Mit der weltweiten Liberalisierung der Kapitalmärkte in den 80er- und 90er-Jahren des 20. Jahrhunderts hat die Kapitalexportpolitik ihre Bedeutung weit gehend eingebüsst.

Während des Ersten Weltkriegs versuchten die Behörden wegen der angespannten Lage auf dem Kapitalmarkt erstmals, die Emission von Anleihen ausländischer Schuldner in der Schweiz auf freiwilliger Basis einzuschränken. In den 20er- und 30er-Jahren folgten weitere Massnahmen, die im 1934 eingeführten Bankengesetz (↑Nationalbankgesetz [NBG]) ihren Niederschlag fanden. Das Bankengesetz unterstellte langfristige Bankkredite ans Ausland, die ↑Emission von Anleihen ausländischer Schuldner in der Schweiz und die Emission von Aktien ausländischer Gesellschaften einer Bewilligung durch die Nationalbank. In den 80er-Jahren wurde das Gesetz im Zusammenhang mit der weltweiten Liberalisierung des Kapitalverkehrs schrittweise gelockert und schliesslich im Jahre 1995 in der bisherigen Form ganz abgeschafft. Anstelle der ↑Bewilligungspflicht trat eine Meldepflicht zur Überwachung der Anleihensemissionen in Schweizer Franken (Art. 7 BankG, Art. 2 Abs. 2 Börsenverordnung). Verblieben ist nur noch die Einschränkung, dass Emissionen in Schweizer Franken mit ↑Laufzeit länger als ein Jahr unter Federführung einer Bank mit Domizil in der Schweiz oder im Fürstentum Liechtenstein durchgeführt werden müssen *(Verankerungsprinzip).* Andere Formen des Kapitalexportes, insbesondere Kapitalexporte von Nichtbanken, waren grundsätzlich keinen Einschränkungen unterworfen. Anreize zur Förderung des Kapitalexportes schuf der Bund mit der ↑Exportrisikogarantie (1934) und der ↑Investitionsrisikogarantie (1970), mit denen das Kredit- bzw. Investitionsrisiko im Auslandgeschäft mit Entwicklungsländern versichert werden kann.
Thomas Schlup

Kapitalflucht
Als Kapitalflucht gilt der nicht autorisierte ↑Transfer von Vermögenswerten aus Ländern, welche die Anlage von Geldern (↑Geld [Begriff]) im Ausland einschränken oder verbieten. Grundsätzlich kann es sich dabei um Vermögensanlagen von Privatpersonen oder von Unternehmen handeln. Kapitalflucht führt zu Forderungen gegenüber dem Ausland, die in der Ertragsbilanz (↑Zahlungsbilanz) des Ursprungslandes keine Kapitalerträge bewirken. Längst nicht alle grenzüberschreitenden ↑Kapitalanlagen haben mit Kapitalflucht zu tun; deshalb sind die Kapitalabflüsse aus Ländern mit wirtschaftlichen Schwierigkeiten, häufig Entwicklungs- oder Schwellenländer, nicht gleichbedeutend mit eigentlicher Kapitalflucht oder ↑Fluchtgeldern. Die Ursachen der Kapitalflucht sind vielfältig: Im Vordergrund stehen Befürchtungen über Währungsentwertungen (↑Aufwertung, Abwertung), politische Unsicherheiten, unzureichender Schutz des privaten ↑Eigentums, Bedürfnis nach geografischer Diversifikation von Vermögensanlagen. Die Kapitalflucht kann beim betreffenden Land weit reichende Folgen haben, wie etwa reduzierte Wachstumschancen, sinkende Investitionsbereitschaft, strukturelles Fiskaldefizit, zunehmende Verschuldung und Zinslast, Verlust der internationalen ↑Kreditwürdigkeit. Der Kapitalflucht kann in der Regel am ehesten Einhalt geboten werden, wenn die wirtschaftspolitischen und rechtlichen Rahmenbedingungen im Ursprungsland verbessert werden, z. B. unter Mithilfe des ↑Internationalen Währungsfonds (IWF).
Peter Klauser

Kapitalflussrechnung
↑Geldflussrechnung; ↑Mittelflussrechnung im Bankabschluss.

Kapitalgeschützte Produkte
↑Strukturierte Produkte.

Kapitalgesellschaft
Eine Kapitalgesellschaft ist eine ↑juristische Person mit körperschaftlicher Struktur, bei der die Mitgliedschaftsrechte ausschliesslich an die Kapitalbeteiligung des Mitglieds anknüpfen und nicht an dessen Person. Notwendigerweise verfügt eine Kapitalgesellschaft über ein Grundkapital, das als Haftungssubstrat für die Gläubiger dient. Bei der typischen Kapitalgesellschaft hat jedes Mitglied ausschliesslich eine Einzahlungsverpflichtung, aber keine Pflicht zu weiteren Leistungen oder gar zur Einbringung seiner Person (keine Treuepflicht). Im schweizerischen Gesellschaftsrecht ist die Aktiengesellschaft (AG) die typischste, vielseitigste und gebräuchlichste Form der Kapitalgesellschaft. Der Typus der AG findet Verwendung vom Handwerksbetrieb bis hin zur grossen ↑Publikumsgesellschaft. Kapitalgesellschaften sind auch

öffentlichrechtliche Aktiengesellschaften (z. B. die Schweizerische ↑Nationalbank) oder gemischtwirtschaftliche Aktiengesellschaften (OR 762, z. B. die Swisscom), ferner Kommandit-Aktiengesellschaften, die aber auch personengesellschaftliche Elemente aufweisen (OR 764 ff., z. B. Compagnie financière Michelin) und Gesellschaften mit beschränkter Haftung (OR 772 ff.). Die bevorstehende Revision des OR (GmbH-Revision) hebt den Charakter der GmbH als Kapitalgesellschaft deutlicher hervor als bisher. Demgegenüber sind Genossenschaften (OR 828 ff.), Kollektiv- (OR 552 ff.) und Kommanditgesellschaften (OR 594 ff.) sowie einfache Gesellschaften (OR 530 ff.) und Vereine (ZGB 60 ff.) keine Kapitalgesellschaften, sondern Personengesellschaften. Stiftungen sind verselbstständigte Zweckvermögen, also juristische Personen, aber weder Personen- noch Kapitalgesellschaften.

Das geltende OR lässt eine ↑Fusion nur zwischen Aktiengesellschaften (OR 748 ff.), zwischen Kommanditaktiengesellschaften (OR 770 III) und zwischen Genossenschaften (OR 914) sowie zwischen Aktiengesellschaft und Kommandit-Aktiengesellschaft (OR 750, 770 III) ausdrücklich zu. Die Praxis hat sich über diesen Rahmen bereits bisher hinweggesetzt. Das voraussichtlich 2004 in Kraft tretende neue Bundesgesetz über Fusion, Spaltung und Umwandlung und Vermögensübertragung (Fusionsgesetz, FusG) wird eine gesetzliche Grundlage bieten für den Zusammenschluss aller Arten von Kapitalgesellschaften unter sich sowie für den Zusammenschluss von Kapitalgesellschaften mit gewissen Personengesellschaften (Genossenschaften, Kollektiv- und Kommanditgesellschaften und im Handelsregister eingetragenen Vereinen). Das neue Fusionsgesetz gestattet zudem ausdrücklich die Fusion zwischen Personengesellschaften unter sich, ferner die Umwandlung einer Kapitalgesellschaft in eine Kapitalgesellschaft mit einer anderen Rechtsform oder in eine Genossenschaft, sowie die Umwandlung einer Kollektiv- bzw. Kommanditgesellschaft, einer Genossenschaft und eines im Handelsregister eingetragenen Vereins in eine Kapitalgesellschaft. Bei den Zusammenschlüssen und Umwandlungen spielt die Wahrung der Anteils- und Mitgliedschaftsrechte sowie der Schutz der Arbeitnehmer und Gläubiger stets eine zentrale Rolle. Insbesondere hat auch das Grundkapital als Haftungssubstrat für die Gläubiger erhalten zu bleiben.

Christian Thalmann

Kapitalgewinnbesteuerung, -steuer

Kapitalgewinne auf *beweglichem privatem Vermögen* sind in der Schweiz auf Bundesebene und in allen Kantonen *steuerfrei*, Kapitalgewinne auf unbeweglichem Privatvermögen werden von allen Kantonen mittels Grundstückgewinnsteuer und auf Geschäftsvermögen von Bund und Kantonen mit der Einkommenssteuer belastet. Der steuerfreie Kapitalgewinn muss in erster Linie vom steuerbaren *Kapitalertrag* (Zinsen, ↑Dividenden usw.) und vom *selbstständigen Erwerbseinkommen* (Wertschriftenhandel) abgegrenzt werden. Bei letzterem werden Kapitalgewinne von Steuerpflichtigen, welche die Grenze der sog. schlichten Vermögensverwaltung überschritten haben, als selbstständiges (Neben-)Erwerbseinkommen besteuert und mit Sozialversicherungsbeiträgen belastet. Massgebend ist die Gesamtheit der Umstände, wobei folgende Indizien für selbstständiges Erwerbseinkommen sprechen:
– Systematisches und planmässiges Vorgehen
– Ausnutzung spezieller beruflicher Kenntnisse
– Zahlreiche ↑Transaktionen
– Bloss kurze Haltedauer
– Erhebliches ↑Risiko (vor allem durch Einsatz auch von derivativen ↑Finanzinstrumenten [↑Derivate])
– Wiederanlage der Gewinne in gleichartige Vermögenswerte
– Fremdkapitaleinsatz.

Nach BV 127 II sollen die Steuerpflichtigen nach ihrer *wirtschaftlichen Leistungsfähigkeit* besteuert werden. Die Freistellung von Kapitalgewinnen, welche die wirtschaftliche Leistungsfähigkeit in gleichem Masse steigern wie Erwerbseinkünfte oder Vermögenserträge, steht daher in einem Spannungsverhältnis zum Verfassungsauftrag. Eine Besteuerung der Kapitalgewinne wird aus Gründen der *Praktikabilität* und *Erhebungseffizienz* abgelehnt. Ferner müssten bei Einführung einer Kapitalgewinnsteuer *Verluste* ebenfalls steuerlich in Abzug gebracht und die *wirtschaftliche Doppelbelastung* gemindert werden; die Vermögenssteuer auf kantonaler und die Umsatzabgabe auf eidgenössischer Ebene sollten schliesslich nicht noch kumulativ erhoben werden. Mit anderen Worten bedingte die Einführung einer Kapitalgewinnsteuer erhebliche Anpassungen im schweizerischen Steuersystem. Um das Spannungsverhältnis zum Verfassungsauftrag abzubauen, steht nach neueren Erkenntnissen statt der Einführung einer allgemeinen Kapitalgewinnsteuer die *Beteiligungsgewinnsteuer* kombiniert mit einer Entlastung von Ausschüttungen (Halb- oder Teileinkünfteverfahren für Dividenden und Kapitalgewinne aus wesentlichen Beteiligungen) im Vordergrund.

Steuerbehörden und Bundesgericht haben das obgenannte Spannungsverhältnis insofern eingeschränkt, als der Ertragsbegriff – in einem mit dem Legalitätsprinzip kaum zu vereinbarenden Mass – zulasten des Kapitalgewinns ausgedehnt worden ist. Dies wurde insofern erleichtert, als aus finanzwissenschaftlicher Sicht eine Unterscheidung in Kapitalertrag und Kapitalgewinn nicht vorgenommen werden kann, weil ein Mehrwert bloss in der einen oder anderen Form realisiert wird. Der

Kapitalmarkt (Volkswirtschaftliches)

Gesetzgeber hat ebenfalls keine Abgrenzungskriterien beigesteuert, sodass bereits heute in zahlreichen Fällen im Ergebnis eine Kapitalgewinnsteuer unter dem Titel *Mantelhandel* (Verkauf einer in liquide Form gebrachten Gesellschaft), *Transponierung* (Verkauf der Aktien einer Betriebsgesellschaft an die vom gleichen Aktionär beherrschte Holdinggesellschaft), *direkte Teilliquidation* (Aktiengesellschaft erwirbt von ihren Aktionären eigene Aktien) oder *indirekte Teilliquidationstheorie* (Verkauf der Aktien an eine Gesellschaft, welche den Kaufpreis aus Mitteln des Kaufobjekts begleicht) erhoben wird.

Urs R. Behnisch

Kapitalhypothek
↑Grundpfandverschreibung; ↑Grundpfandrecht; ↑Hypothekargeschäft; ↑Maximalhypothek.

Kapitalimport
↑Internationaler Kapitalverkehr.

Kapitalisierung
Der Begriff Kapitalisierung wird in folgenden zwei Bereichen angewendet:
1. Berechnung des Kapitalwertes von periodisch wiederkehrenden finanziellen Leistungen oder Erträgnissen – z.B. von Mietzinsen – unter Zugrundelegung eines bestimmten ↑Zinssatzes (des Kapitalisierungssatzes). ↑Hypothekargeschäft.
2. Bewertung eines Unternehmens durch die Börse, indem der Kurs mit der Anzahl der ausstehenden Beteiligungspapiere (Aktien und Partizipationsscheine) multipliziert wird. Das entspricht der ↑Börsenkapitalisierung.

Kapitalisierungszinsfuss
Der Kapitalisierungszinsfuss hat zwei Aufgaben:
1. Beträge, die erst in der Zukunft fällig werden, durch Diskontierung gleichnamig machen.
2. Das mit jeder ↑Investition verbundene ↑Risiko zu berücksichtigen.

Der Kapitalisierungszinsfuss entspricht der Renditeforderung des ↑Investors an das zu bewertende Objekt.

Kapitalkosten
↑WACC.

Kapitalmarkt (Volkswirtschaftliches)
Der Kapitalmarkt ist der Markt, an dem die ↑mittel- und ↑langfristigen Geldaufnahmen und Geldanlagen (↑Kapital) getätigt werden. Zusammen mit dem Geldmarkt (↑Geldmarkt [Volkswirtschaftliches]), dem Markt für ↑kurzfristige Gelder, bildet er den ↑Kreditmarkt.

1. Kapitalmarkt im engeren und weiteren Sinn
Zum Kapitalmarkt im weiteren Sinn gehört die Gesamtheit der längerfristigen Finanzierungsmittel und die damit zusammenhängenden ↑Transaktionen. Kapitalmarktrelevant ist so gesehen die gesamte längerfristige Geldvermögensbildung und die Beanspruchung dieses Geldvermögens durch die Wirtschaft für Finanzierungszwecke aller Art.

Der Kapitalmarkt im engeren Sinn umfasst demgegenüber nur die Geschäfte des Finanzsektors mit seinen Kapitalsammel- und Kapitalverteilstellen (↑Bank [Begriff und Funktionen]) oder sogar nur die organisierten ↑Wertpapiermärkte (↑Börse).

2. Organisierter und nicht organisierter Kapitalmarkt
Zum organisierten Kapitalmarkt gehören die über Banken und Börsen getätigten Kapitaltransaktionen. Der nicht organisierte, oft auch als «grau» spezifizierte Kapitalmarkt (↑Grauer Kapitalmarkt) umfasst alle übrigen Kapitaltransaktionen (Verwandtendarlehen, durch Pensionskassen, Versicherungsgesellschaften oder Private gewährte Hypothekarkredite [↑Hypothekargeschäft] usw.). Kennzeichen eines organisierten Marktes sind einheitliche Konditionen (↑Konditionenpolitik), Zugänglichkeit für jedermann und – im Falle des best organisierten Marktes, der Börse – spezielle Lokalitäten. Werden die organisierten Märkte durch staatliche Vorschriften zu stark eingeengt, so kann eine Verlagerung zum nicht organisierten Markt erfolgen.

3. Primär- und Sekundärmarkt
Bei den Wertpapiermärkten ist zwischen dem ↑Primärmarkt und dem ↑Sekundärmarkt zu unterscheiden. Der Primärmarkt umfasst die Ausgabe und Inverkehrsetzung von ↑Wertpapieren (↑Emissionsgeschäft). Unter Sekundärmarkt werden demgegenüber die Transaktionen mit früher emittierten Wertpapieren verstanden. Solche Transaktionen werden vornehmlich an der Börse vorgenommen. Sie werden aber auch vor- und ausserbörslich getätigt (↑Ausserbörslicher Wertpapierhandel). Der Sekundärmarkt ermöglicht die jederzeitige ↑Mobilisierung des in Wertpapieren gebundenen Kapitals.

4. Kapitalmarktinstrumente
Bei den Kapitalmarktinstrumenten kann zwischen ↑Beteiligungspapieren, ↑Schuldverschreibungen und Krediten (↑Bankkredit) unterschieden werden. Beteiligungspapiere sind die Aktien (↑Aktie [als Anlagepapier]), die ↑Partizipationsscheine, die Genossenschaftsanteile und die Anlagefondszertifikate (↑Anlagefonds). Bei den festverzinslichen Schuldverschreibungen stehen die langfristigen ↑Anleihensobligationen, die mittelfristigen Kassenscheine (↑Kassenobligationen) der Banken

sowie die ↑Notes (oder Privatplazierungen) im Vordergrund. Unter den Krediten sind namentlich die langfristigen Ausleihungen der Banken zu erwähnen: im Inlandgeschäft die Hypothekarkredite, die festen Vorschüsse und ↑Darlehen, im Auslandgeschäft die Exportkredite, die ↑Rahmenkredite und die Mischkredite, an denen sich die öffentliche Hand beteiligt. Vom Kapitalmarkt nicht mehr wegzudenken sind schliesslich die Optionen (↑Option [Allgemeines]) (auf Aktien und Aktienindices [↑Aktienindex]) und die ↑Futures (Aktienindex- und Zinssatzfutures).

5. Anbieter und Nachfrager am Kapitalmarkt
Die Hauptfunktion des Kapitalmarkts besteht darin, Angebot und Nachfrage nach längerfristigen Finanzierungsmitteln so zur Übereinstimmung zu bringen, dass die Ressourcen der Wirtschaft optimal eingesetzt werden. Letztlich verdankt der Kapitalmarkt seine Existenz dem Umstand, dass die Geldvermögensbildung in der Regel unabhängig von der ↑Investition erfolgt, dass also ein interpersonaler und intertemporaler Transfer nötig ist. Als Geldgeber treten neben den ↑Finanzinstituten und privaten Haushalten mehr und mehr die öffentlichen und privaten Versicherer hervor. Wichtigste Schuldner sind die öffentlichen Haushalte und die investierende Wirtschaft des In- und Auslandes. Der noch immer hohe Anteil der ↑Selbstfinanzierung der Wirtschaft hat jedoch zur Folge, dass Kapitalbildung und -beanspruchung keineswegs ausschliesslich über den Kapitalmarkt erfolgen.

6. Die Zinssätze
↑Zinssätze sind Preise für die Überlassung von Geld und Kapital. Als solche sind sie die eigentlichen Marktregulatoren: sie beeinflussen das Ausmass der Kapitalbildung und sorgen dafür, dass das Kapital produktive Verwendungszwecke findet. Sie werden vordergründig durch Angebot und Nachfrage am Geld- und Kapitalmarkt, letztlich aber von Grössen wie der Sparneigung (↑Sparen [Volkswirtschaftliches]), der Kapitalproduktivität und den Inflationserwartungen (↑Inflation) bestimmt. Nehmen z.B. die Produktivität des Realkapitals und die Inflationserwartungen bei gleichbleibender Sparneigung zu, so steigen die Zinssätze; erhöht sich die Sparneigung, so tendieren die Zinssätze nach unten. Über prinzipiell gleichartige Faktoren wirken auch der Geldmarkt und die ausländischen Finanzmärkte (↑Internationale Finanzmärkte) auf den Kapitalmarkt.

7. Bedeutung des schweizerischen Kapitalmarkts
Der Kapitalmarkt lebt von der Leistungsfähigkeit des Finanzsystems, der Spartätigkeit der Bevölkerung und der Stabilität der ↑Währung. Die Schweiz erfüllt diese Voraussetzungen in hohem Mass. Das internationale Format und Ansehen des hiesigen Kapitalmarkts hängt unter anderem auch vom beträchtlichen Anlagepotenzial des stark entwickelten Versicherungs- und Pensionskassenwesens ab.

8. Kapitalmarkt-Politik
Der Kapitalmarkt wird wegen seiner grossen volkswirtschaftlichen Bedeutung oft Gegenstand hoheitlicher Eingriffe. Auch in der Schweiz rechtfertigt das Interesse an einer ruhigen Zinsentwicklung und an der Erhaltung eines funktionsfähigen Marktes Massnahmen.
Unangemessen hohe Zinsen behindern die Investitions- und Produktionstätigkeit; sie führen bei ↑festen Wechselkursen zu letztlich preistreibenden zusätzlichen Kapitalzuflüssen aus dem Ausland und bei flexiblen ↑Wechselkursen zu exporthemmenden Wechselkurserhöhungen. Die Einflussnahme der Schweizerischen ↑Nationalbank (SNB) erfolgte früher hauptsächlich durch Offenmarktoperationen am Olbigationenmarkt (↑Bondmarkt) und Devisenswaps (↑Devisen-Geschäft). Seit die SNB ein neues geldpolitisches Konzept (↑Geldpolitik [Umsetzung]), das auf einer expliziten Definition der Preisstabilität und mittelfristigen Inflationsprognosen basiert, entwickelt hat, werden die geldpolitischen Beschlüsse operativ durch die vierteljährliche Festlegung eines Zielbandes (↑Zielband Dreimonatssatz) für den Dreimonate-Libor (London interbank offered rate) (↑Libor) umgesetzt. Das Zielband umfasst 100 ↑Basispunkte. Die Steuerung des Dreimonate-Libor am Geldmarkt erfolgt indirekt durch die ↑Repo-Geschäfte der SNB. Repo-Geschäfte stellen für die SNB wegen geringerer ↑Risiken, grösserem Liquiditätspotenzial und einem grösseren Kreis potenzieller Geschäftspartner im Vergleich zu den früher hauptsächlich verwendeten geldpolitischen Instrumenten (Devisenswaps, Offenmarktoperationen) eine Bereicherung des geldpolitischen Instrumentariums dar. Repos sind heute mit Abstand wichtigstes Instrument für die SNB und haben Devisenswaps praktisch vollständig abgelöst. *Thomas Wiedmer*

Kapitalmarktanomalie
↑Efficient-market-Theorie.

Kapitalmarkteffizienz
↑Efficient-market-Theorie.

Kapitalmarktfähigkeit
Die Kapitalmarktfähigkeit bezeichnet die Fähigkeit eines ↑Emittenten, auf dem ↑Kapitalmarkt mittel- und langfristige Geldaufnahmen zu tätigen, um damit seinen Finanzierungsbedürfnissen nachzukommen (durch die ↑Emission von Anleihen, ↑Aktien, ↑Partizipationsscheinen usw.). Die Kapitalmarktfähigkeit setzt eine gewisse Kombination von «Standing», Grösse, Bekanntheit und Zukunftsaussichten voraus.

Kapitalmarktfinanzierungen
↑Anleihensobligation; ↑Emissionsgeschäft; ↑Euromärkte; ↑Euroemission; ↑Eurobond; ↑Kapitalexportpolitik; ↑Eurokapitalmarkt.

Kapitalmarktpapiere
An der ↑Börse gehandelte ↑Effekten.

Kapitalmarktsatz, -zins
Mit Kapitalmarktzins wird das in einem Zeitpunkt am Kapitalmarkt (↑Kapitalmarkt [Volkswirtschaftliches]) herrschende ↑Zinsniveau bezeichnet. Er dient vorab zur Beschreibung von Zinsbewegungen im Zeitablauf und für Vergleiche zwischen verschiedenen Märkten und Marktsegmenten (Länder, Bonitätsklassen). Zur Beschreibung des Zinsniveaus wurden bisher oft Renditen (↑Rendite auf Verfall) verwendet, die sich auf einen bezüglich ↑Laufzeit und ↑Bonität möglichst homogenen Korb von Anleihen beziehen. Dabei widerspiegelt der Korb ein repräsentatives ↑Marktsegment. Mitunter beziehen sich die Renditen gar auf eine einzelne Anleihe mit spezifischen Qualitäten, wie z.B. Staatsanleihen (↑Staatsanleihen, -papiere) mit zehnjähriger ↑Restlaufzeit (↑Bundesanleihe). Für gewisse Untersuchungen sind solche Renditen zu wenig aussagekräftig, weil die Laufzeit des Anleihenkorbs oder der Anleihe, auf die sich die Rendite bezieht, nicht konstant bleibt, sondern sich laufend verkürzt. Dieser Nachteil gilt jedoch nicht für ↑Swap-Sätze. Sie geben die Renditen auf Verfall der täglich neu abgeschlossenen ↑Swap-Geschäfte wieder, deren Restlaufzeiten noch der ursprünglichen Laufzeit von normalerweise 1 bis 10 Jahren entsprechen. Sie reagieren allerdings – wie die Renditen von Anleihen und Anleihenkörben – umso stärker auf Stimmungsänderungen am Kapitalmarkt, je höher der fest verzinsliche Teil des Swaps verzinst wird (↑Coupon). Wo sich allenfalls daraus ergebende Verzerrungen vermieden werden sollen, haben sich so genannte Kassasätze durchgesetzt. Dabei handelt es sich um ↑Zinssätze für spezifische ↑Durations, die mithilfe mathematisch-statistischer Verfahren aus einer Menge von Anleihen möglichst homogener Bonität berechnet werden (↑Zinsstruktur).

Hans-Christoph Kesselring

Kapitalmarkt-Swaps
↑Swap-Geschäft; ↑Swap-Markt.

Kapitalmarktteilnehmer
Unternehmen, Institutionen und Personen, die als Anbieter, Nachfrager oder Vermittler von Kapital (↑Kapital [Volkswirtshaftliches]) an den Kapitalmarkt (↑Kapitalmarkt [Volkswirtschaftliches]) gelangen und deren Einschätzung der Lage das Geschehen am Kapitalmarkt beeinflusst. Nachfrager sind typischerweise Unternehmen (↑Investitionen) und der Staat (Budgetdefizit), Anbieter sind typischerweise institutionelle ↑Investoren, der Staat (Budgetüberschuss) und Unternehmen. In einem erweiterten Sinne können auch vermögende Privatpersonen dazugezählt werden. Vermittler sind ↑Banken und ↑Finanzgesellschaften.

Kapitalmarkttheorie
↑Efficient-market-Theorie.

Kapitalmarkttransaktionen
Auch Kapitalmarktgeschäfte. Der Ausdruck bezeichnet eigentlich alle Geschäfte, die am ↑Kapitalmarkt abgeschlossen werden. Er wird aber in der Praxis meistens nur für Geschäfte mit ↑Effekten, und zwar vor allem für Transaktionen im ↑Primärmarkt (↑Emissionsgeschäft) und im Markt für Unternehmenskontrolle (↑Fusionen, ↑Feindliche [bzw. freundliche] Übernahmen, Übernahmeangebote) verwendet.

Kapitalrentabilität
Betriebswirtschaftliche Kennzahl, die ein Periodenergebnis ins Verhältnis zum investierten Kapital setzt, entweder als Rentabilität des gesamten Kapitals (Return on investment) oder des Eigenkapitals (↑Return on equity [ROE]).

Kapitalreserve
Jener Teil der offenen Reserve, der durch zusätzliche Einzahlungen der Gesellschafter entstanden ist. In der Aktiengesellschaft handelt es sich vor allem um Agioeinzahlungen.

Kapitalrückflusszeit
↑Payback-Periode.

Kapitalrückzahlung
Tilgung von Finanzverbindlichkeiten oder Verminderung des Eigenkapitals (in der Aktiengesellschaft durch Nennwertreduktion mit ↑Rückzahlung von Eigenkapital an die Aktionäre).

Kapitalschnitt
Herabsetzung des ↑Aktienkapitals durch Verminderung des ↑Nennwertes zum Ausgleich des Bilanzverlustes.

Kapitalstruktur
Die Analyse und Gestaltung der Kapitalstruktur ist ein zentrales Element der Unternehmensbewertung bzw. der wertorientierten Unternehmungsführung (Value based management). Dabei wird die Passivseite der Bilanz betrachtet, welche in ↑Eigenkapital (eigene Mittel) und ↑Fremdkapital gegliedert ist.
Unter dem *Eigenkapital* wird das Reinvermögen einer Unternehmung verstanden, das sich aus der Differenz zwischen Aktiven (Assets) und Verbindlichkeiten (↑Liabilities) ergibt. Übersteigen die

ausgewiesenen Verbindlichkeiten die bilanzierten Aktiven, so spricht man von einer (offenen) Überschuldung. Aufgrund allenfalls vorliegender stiller Reserven und nicht bilanzierten originären Geschäftsmehrwerten (↑Goodwill) können unter Umständen effektiv aber dennoch sämtliche Verbindlichkeiten mit Aktiven gedeckt sein. Dies illustriert, dass der Wert des Eigenkapitals aufgrund der bilanziellen Grössen nicht abschliessend ermittelt werden kann. Der wirkliche Wert resultiert vielmehr aus einer Gegenüberstellung der erwarteten Zu- und Abflüsse aus den Aktiven bzw. Verbindlichkeiten. Darin kommt auch die Funktion des Eigenkapitals als *Risikoträger* zum Ausdruck. Dabei wird zwischen Grund- (Aktien- bzw. Partizipationskapital), Gewährleistungs- (nicht einbezahltes Aktienkapital) und Ergänzungskapital (stille und offene Reserven, Gewinnvortrag) unterschieden. Als ↑Haftungskapital für Verluste kommen aber auch das laufende Ergebnis sowie nachrangige Fremdkapitalien in Frage. Die Gefahr einer mangelnden ↑Zahlungsfähigkeit kann jedoch durch reichlich vorhandenes Eigenkapital nicht ausgeschlossen werden, wenn auf den eingesetzten Mitteln nicht auch tatsächlich eine ↑Rendite erzielt wird. Insofern ist die *Liquiditätsfunktion* des Eigenkapitals beschränkt.

Das *Fremdkapital* lässt sich einerseits nach der Fristigkeit in ↑kurz-, ↑mittel- und ↑langfristiges, andererseits nach der Frage der Zinsverpflichtungen in Finanzschulden und unverzinsliche Verbindlichkeiten (z.B. Kreditoren) unterteilen. Bei Banken erreichen Finanzverbindlichkeiten einen hohen Anteil am Bilanzvolumen. Nichtmonetäre Posten (z.B. Rückstellungen) müssen für die bilanzielle Erfassung anhand subjektiver Kriterien bewertet werden. Ist dies (z.B. aufgrund einer mangelnden Quantifizierbarkeit) nicht möglich, ist zu prüfen, ob ein Ausweis zumindest im Anhang vorzunehmen ist. Damit die Bilanz einen möglichst sicheren Einblick in die wirtschaftliche Lage des Unternehmens vermittelt, geben Rechnungslegungswerke Normen zum Ansatz und zur Bewertung einzelner Positionen sowie zur Gliederung der Bilanz vor. Ziel ist in diesem Zusammenhang u. a. die eindeutige Zuordnung von Passivposten zum Fremd- oder Eigenkapital (↑Hybride Finanzierungsinstrumente).

Für die *Rechnungslegung* von Schweizer Banken gelten neben den Normen des Obligationenrechts die branchenspezifischen Regeln des Bankengesetzes (BankG) und der dazugehörigen Verordnung (BankV). Um das Ziel, ein Bild zu vermitteln, welches der tatsächlichen Vermögens-, Finanz- und Ertragslage des Unternehmens (Fair presentation) entspricht, werden Grundsätze einer ordnungsmässigen Rechnungslegung postuliert (BankV 24). Die Bildung und Auflösung stiller Willkürreserven wird im ↑Konzernabschluss nicht toleriert. Solche Reserven sind ausschliesslich unter der Rubrik «allgemeine Bankrisiken» zu verbuchen und offenzulegen.

Bezüglich der *materiellen Ausgestaltung* der Passivseite sind bei Bankinstituten zwei Besonderheiten zu beachten. Die eigentliche Geschäftstätigkeit (Entgegennahme und Vergabe von Geldern) von Banken widerspiegelt sich im Gegensatz zu Industrieunternehmungen nicht nur in der ↑Erfolgsrechnung, sondern auch in der Bilanz. Das Fremdkapital steht in einem engen Zusammenhang zur Geschäftstätigkeit (passives Kreditgeschäft). Zum einen weisen Bankinstitute daher einen sehr hohen Fremdkapitalanteil aus. Zum andern führt gerade der tiefe Anteil an Eigenkapital zu einem staatlichen Regulierungsbedarf.

Der *Fremdfinanzierungsgrad* (Verbindlichkeiten in Prozenten des Gesamtkapitals) gilt gemeinhin als Mass für die ↑Risikoposition einer Unternehmung. Diese ist darum bemüht, ihre Finanzierungs- bzw. Kapitalstruktur zu optimieren, d.h. die *Gesamtkapitalkosten* zu minimieren – wenngleich Modigliani und Miller theoretisch postuliert haben, dass es eine optimale Kapitalstruktur nicht geben kann. Dennoch setzen Unternehmen Fremdkapital in der Praxis nicht zuletzt dazu ein, die Rendite auf dem Eigenkapital (↑Return on equity [ROE]) zu steigern. Dabei ist jedoch zu beachten, dass auch das Risiko der Eigenkapitalgeber mit steigender Verschuldung zunimmt. Die Tatsache, dass die Eigenkapitalgeber auf ihren Einlagen aufgrund der Risikoübernahme wesentlich höhere Renditeanforderungen stellen, führt dazu, dass insbesondere Bankinstitute bestrebt sind, die kostspieligen Eigenmittel in wohlüberlegten Grenzen zu halten. Der Entscheid zur Ausgestaltung der Kapitalstruktur ist somit im Spannungsfeld der Zielgrössen *Rentabilität* und *Sicherheit* zu sehen. Um die *Sicherheit* zu gewährleisten, überlässt der Schweizer Gesetzgeber die Entscheidung zur Kapitalstruktur nicht alleine der Bank. Dabei befindet sich aber auch der Normensetzer in einem Spannungsfeld: einseitig hohe Eigenmittelanforderungen würden die internationale Konkurrenzfähigkeit direkt beeinträchtigen. Das sog. *regulatorische Eigenkapital* hat daher den Charakter einer Minimalanforderung. Zur Berücksichtigung aller Risikogruppen (Kredit-, Markt- und operationelle Risiken) ist ein höheres, ökonomisch begründetes Eigenkapital notwendig. Der Gesetzgeber greift das Problem der genügenden Eigenmittelausstattung sowohl mit absoluten (Bewilligung zum Geschäftsbetrieb wird nur bei voll einbezahltem Mindestkapital von CHF 10 Mio. erteilt, BankG 3 II b i.V. mit BankV 4) als auch mit institutsspezifischen Vorschriften auf. Letztere orientieren sich an den jeweiligen Kredit- und Marktrisiken der Bilanz- und Ausserbilanzgeschäfte. Dabei können sich die Normen auf Eigenkapitalrelationen abstützen, die sich sowohl an der Aktiv- wie auch an der Passivseite der Bankbilanz orientieren. Grundsätzlich hat allerdings die Quantität und Qualität der Aktiven als Massstab für die Höhe des Eigenkapitals erste Priorität, da die im ↑Aktivgeschäft effektiv eingegangene Risikobelastung der Risikotragfähigkeit des Bankinstituts gegenüberzustellen ist. *Conrad Meyer*

Kapitalumschlag
Englische Bezeichnung: turn over. Kennzahl für Umschlagdauer und Umschlagshäufigkeit, als Verhältnis von Umsatz zu durchschnittlich investiertem Kapital. Durch Rationalisierung kann der Kapitalumschlag beschleunigt werden, was vor allem für stark fremdfinanzierte Unternehmungen von Bedeutung ist. Bei hohem Kapitalumschlag reicht eine kleine Gewinnspanne, um eine gute Rentabilität zu erzielen.

Kapitalverkehr
↑Kapitalbewegungen, internationale.

Kapitalverkehr, internationaler
↑Kapitalbewegungen, internationale.

Kapitalverkehrsbilanz
↑Zahlungsbilanz.

Kapitalverkehrskontrollen
↑Kapitalbewegungen, internationale.

Kapitalversicherung
Die ↑Kapitalversicherung ist die Form der Lebensversicherung, ↑bei welcher die versicherte Leistung in der Auszahlung eines bestimmten, im Versicherungsvertrag ↑festgelegten Kapitals (= einmaliger Betrag) besteht. Die Kapitalversicherung ist kapitalbildend. Sie ↑gehört zusammen mit der ↑Risikoversicherung zu den Lebensversicherungen. Kapitalversicherungen sind entweder Erlebensfallversicherungen (Auszahlung nur bei Erleben eines vertraglich vereinbarten Datums) oder Gemischte Versicherungen (Auszahlung bei Tod, spätestens aber bei Erleben eines vertraglich vereinbarten Datums).
Zur Kapitalversicherung sind auch die folgenden Begriffe bekannt:
– *Einzelkapital-Versicherung.* Als Lebensversicherung nach Einzeltarif bildet sie während der Vertragsdauer durch das Sparteil der Versicherungsprämie ein ↑Deckungskapital, das zum garantierten Zins (↑technischer Zinsfuss) verzinst und spätestens bei Ablauf der Versicherung fällig wird.
– *Kapitalbildende Lebensversicherung.* Dies sind Lebensversicherungen, mit denen in irgendeiner Form ein Sparprozess verbunden ist (vermögensbildende Lebensversicherung). Bekannte Formen sind gemischte, Erlebensfall-, Termefixe, ↑anteil- und/oder indexgebundene Versicherungen. Die Finanzierung erfolgt mit periodischen ↑Prämien, oft aber auch mit Einmalprämien.
– ↑*Versicherungssparen.* Vollumfängliche Übertragung der Anlagetätigkeit auf den Versicherer. Volle Delegation der Verantwortung an den Versicherer.

Kapitalversicherungen mit Einmalprämie
Gemischte Lebensversicherung, bei der die versicherte Leistung mit einer einzigen Zahlung zu Beginn des Versicherungsvertrags finanziert wird. Kapitalversicherungen mit Einmaleinlage sind ab Versicherungsbeginn rückkaufsfähig. Seit dem 01.04.1998 ist auf der Einmaleinlage eine Stempelsteuer von $2^1/_2\%$ zu entrichten. Kapitalversicherungen mit Einmalprämie dienen der Vorsorge. Deren ausbezahlte Erträge sind dann steuerfrei (Steuerprivileg), falls diese Versicherungen mindestens fünf Jahre Versicherungsdauer aufweisen, sie der Versicherungsnehmer vor seinem 66. Geburtstag abgeschlossen hat und die Auszahlung bei Vertragsablauf nach dem 60. Geburtstag des Versicherungsnehmers erfolgt. Nicht steuerprivilegiert sind Drittlebensversicherungen (so genannte «Versicherungen auf fremdes Leben») und Kapitalversicherungen mit Einmalprämie auf mehrere Leben.

Kapitalverwässerung
Verminderung des auf die einzelne ↑Aktie entfallenden Anteils am ↑Eigenkapital bzw. am ↑Substanzwert der Gesellschaft infolge Ausgabe von ↑jungen Aktien unter dem Eigenkapital bzw. Substanzwert im Rahmen einer ↑Kapitalerhöhung. Der Gegensatz dazu ist die *Kapitalverdichtung.*

Kapitalwertmethode
Investitionsrechnungsverfahren, welches die ↑Cashflows des Investitionsvorhabens mit dem ↑Kapitalisierungszinsfuss abzinst. Der Kapitalwert entspricht dem Net present value (NPV).

Kappa
↑Vega.

Karat
Der Begriff Karat hat zwei Bedeutungen:
1. Gewichtseinheit beim Wägen von Diamanten und anderen Edelsteinen. Früher gab es verschiedene Karate; das heute gebräuchliche metrische Karat entspricht 0,205 g, z.T. 0,2 g.
2. Mass zur Festlegung des Grades der Reinheit von Goldlegierungen. Reines Gold wird mit 24 Karat bewertet = 1000 fein; Industriegold mit 22 Karat, entsprechend $916^2/_3$ Tausendstel Feingehalt (↑Feingewicht).

Karibische Entwicklungsbank
↑Entwicklungsbanken.

Kartelle im Bankensektor

Bis in die 1990er-Jahre zeichnete sich das Schweizer Bankwesen durch einen hohen Kartellierungsgrad aus (Kartellgesetz). Von der Schweizerischen ↑Bankiervereinigung (SBVg) aufgelegte und von den Banken unterzeichnete *Konventionen* (K.) betrafen z.B. die Zinsen auf Kontokorrentguthaben (K. II), Kundenakquisition und Werbung (K. III), die Gebühren für offene ↑Depots (K. IV), Spesen und ↑Valutierung im ↑Zahlungsverkehr (K. VII), die Weitergabe von Kommissionen bei öffentlichen ↑Emissionen (K. VIII), ↑Einlösungskommissionen und ↑Retrozessionen auf Erträgnissen bzw. ↑Rückzahlungen von ↑Kapitalmarktpapieren (K. IX). Daneben hatte die SBVg zwei *Inkassotarife* für Handelspapiere. Von einiger Bedeutung war die *Courtage-Konvention* der damaligen Vereinigung der Schweizer ↑Börsen. Auch bestanden verschiedene *Emissionskonsortien bzw. -syndikate* (↑Syndikat) und eine *Devisenkonvention* (zur Währungsumwandlung unterhalb gewisser Beträge, ↑Devisengeschäft). Schliesslich bestanden auf den regionalen Finanzplätzen formlose *Zinskonvenien*.

Die SBVg hielt an ihren Vereinbarungen und Absprachen lange mit der Begründung fest, sie würden ohnehin periodisch den Marktverhältnissen angepasst, federten aber den Strukturwandel zum Vorteil aller Beteiligten ab; ausserdem herrsche auf der Qualitätsebene und im internationalen Umfeld ein harter Wettbewerb. Charakteristisch waren die Mischtarife, deren höchste und niedrigste Sätze einander stärker angenähert waren, als es der Markt ergeben hätte (etwa bei ↑Depotgebühren und ↑Einlösungskommissionen). Im Gefolge von 1989 ergangenen *Empfehlungen der Kartellkommission* (heute Wettbewerbskommission, Kartellgesetz) kam es zum schrittweisen Abbau dieser Kartellabsprachen. Heute unterhält die SBVg keine solchen Vereinbarungen mehr, sondern bloss noch Standesregeln und Empfehlungen (↑Selbstregulierung). *Christoph Winzeler*
Lit.: *Die gesamtschweizerisch wirkenden Vereinbarungen im Bankgewerbe, Veröffentlichungen der Schweizerischen Kartellkommission und des Preisüberwachers 1989, Heft 3; Schweizerische Bankiervereinigung, Banken im Wettbewerb, Basel 1989*.

Kartellgesetz (Bedeutung für Finanzinstitutionen)

Das Bundesgesetz über Kartelle und andere Wettbewerbsbeschränkungen (Kartellgesetz) vom 06.10.1995 (SR 251) bezweckt, volkswirtschaftlich oder sozial schädliche Auswirkungen von Kartellen und anderen Wettbewerbsbeschränkungen zu verhindern und damit den Wettbewerb im Interesse einer freiheitlichen marktwirtschaftlichen Ordnung zu fördern (KG 1). Dieser Zweck wird erreicht:

1. Durch das Verbot unzulässiger Wettbewerbsabreden
2. Durch das Verbot des Missbrauchs marktbeherrschender Unternehmen
3. Durch die präventive Kontrolle geplanter Unternehmenszusammenschlüsse (Fusionskontrolle).

1. Unzulässige Wettbewerbsabreden
Folgende drei Voraussetzungen müssen gegeben sein, damit eine Wettbewerbsabrede unzulässig ist (KG 4 I):
1. Es müssen daran *zwei oder mehr Unternehmen* beteiligt sein. Vereinbarungen zwischen Privatpersonen stellen keine Wettbewerbsabreden dar.
2. Die *Art der Wettbewerbsabrede* ist ohne Belang. Als Wettbewerbsabreden gelten schriftliche, mündliche oder durch konkludentes Verhalten geschlossene Verträge, aber auch rechtlich nicht erzwingbare sog. Gentlemen's agreements, Beschlüsse von Verbänden, Statuten und aufeinander abgestimmte Verhaltensweisen (d. h. Unternehmen verhalten sich ohne Verträge oder Beschlüsse, aber aufgrund ausgetauschter Informationen auf dem Markt bewusst gleichförmig). Ebenfalls als Wettbewerbsabrede gelten Empfehlungen, sofern sie befolgt werden.
3. Die Wettbewerbsabrede muss eine *Wettbewerbsbeschränkung bezwecken oder bewirken*. Innerhalb eines ↑*Konzerns* gibt es keine Wettbewerbsbeschränkungen, da ein Konzern eine Zusammenfassung juristisch selbstständiger Unternehmen unter einheitlicher wirtschaftlicher Leitung darstellt. Die wirtschaftliche Einheit schliesst konzerninternen Wettbewerb aus, sodass eine Wettbewerbsbeschränkung gar nicht möglich ist. Selbstverständlich können aber Konzerne mit Dritten Wettbewerbsabreden schliessen.

Gemäss KG 5 I ist eine Wettbewerbsabrede in jedem Fall unzulässig, wenn sie zur *Beseitigung wirksamen Wettbewerbs* führt (sog. *hartes Kartell*). Auch eine bloss *erhebliche Beschränkung des Wettbewerbs* ist unzulässig, ausser wenn diese Beschränkung aus Gründen der *wirtschaftlichen Effizienz* (KG 5 II) gerechtfertigt werden kann (sog. *weiches Kartell*). Der Bundesrat kann auf Gesuch hin eine an sich unzulässige Wettbewerbsabrede dennoch genehmigen, wenn dies aus überwiegenden öffentlichen Interessen erforderlich sein sollte (KG 8).

Die Kartellkommission hatte unter den früheren Kartellgesetzen in mehreren Fällen mit Wettbewerbsabreden im Bereich von Finanzinstitutionen zu tun (z.B. Konvention XIV der Schweizerischen ↑Bankiervereinigung bezüglich der ↑Emissionskontrolle, Statuten der Vereinigung Schweizerischer Effektenbörsen, schweizerische, regionale und lokale Vereinbarungen über Zinsen und Gebühren, ↑Courtage- und Devisen-Konvention). Nach Inkrafttreten des KG 95 hatte sich die Wettbewerbskommission bis heute (2002) mit keinen neuen Wettbewerbsabreden im Bereich der Finanzinstitutionen zu befassen, musste in einem Fall jedoch wegen der fehlenden Aufhebung einer früher gerügten Konvention intervenieren (Recht und Politik des Wettbewerbs, RPW 1997, 38 und 148).

2. Missbrauch marktbeherrschender Stellungen
Ein Unternehmen ist dann marktbeherrschend, wenn es auf einem bestimmten Markt in der Lage ist, sich von den übrigen Marktteilnehmern (d.h. von Konkurrenten, Lieferanten und Kunden) in wesentlichem Umfang unabhängig zu verhalten (KG 4 II). Da Konzerne wirtschaftliche Einheiten darstellen, werden alle Konzernunternehmen zusammen als ein Unternehmen behandelt. Aber auch mehrere wirtschaftlich voneinander unabhängige Unternehmen zusammen können marktbeherrschend sein. Die Wettbewerbskommission hat die kollektive Marktbeherrschung bisher allerdings nur im Zusammenhang mit Unternehmenszusammenschlüssen behandelt.
Marktbeherrschung an sich ist nicht verboten, nur deren Missbrauch. Ein Missbrauch liegt dann vor, wenn *Mitbewerber* in der Ausübung oder sogar in der Aufnahme des Wettbewerbs behindert werden (sog. *Behinderungsmissbrauch*) oder wenn die *Marktgegenseite* benachteiligt wird (sog. *Ausbeutungsmissbrauch*), ohne dass es dafür sachliche (d.h. betriebswirtschaftlich gerechtfertigte) Gründe gibt (sog. Legitimate business reasons).
Das Gesetz erwähnt die folgenden typischen Missbrauchstatbestände: Verweigerung von Geschäftsbeziehungen (sog. Boykott), Diskriminierung von Handelspartnern bei Preisen oder sonstigen Geschäftsbedingungen, Erzwingung unangemessener Preise oder sonstiger Geschäftsbedingungen, Unterbieten von Preisen oder sonstigen Geschäftsbedingungen (sog. Dumping), Einschränkung der Erzeugung, des Absatzes oder der technischen Entwicklung, Koppelungsverträge (Zwang zum Bezug von anderen Waren oder Dienstleistungen, um gewünschte Waren oder Dienstleistungen beziehen zu können).
Die Wettbewerbskommission hatte sich seit Inkrafttreten des KG 95 bis heute (2002) mit keinen Fällen von Missbrauch einer marktbeherrschenden Stellung im Bereich von Finanzinstituten zu befassen.

3. Kontrolle von Unternehmenszusammenschlüssen
Anders als bei den Wettbewerbsabreden und dem Missbrauch marktbeherrschender Positionen wird bei der Kontrolle von Unternehmenszusammenschlüssen nicht ein Verhalten untersucht, sondern eine Struktur: Es soll verhindert werden, dass durch exogenes Wachstum marktbeherrschende Stellungen überhaupt entstehen bzw. verstärkt werden können.

Als Unternehmenszusammenschlüsse gelten:
– *Fusionen* (d.h. die juristische Verschmelzung bisher unabhängiger juristischer Einheiten)
– *Kontrollerwerb* (d.h. Schaffung der Möglichkeit einer Kontrolle über ein anderes Unternehmen)
– *Konzentrative Gemeinschaftsunternehmen* (sog. Vollfunktions-Joint-Ventures), d.h. das Gemeinschaftsunternehmen erfüllt auf die Dauer alle Funktionen einer selbstständigen wirtschaftlichen Einheit. Bleibt eine der Parteien jedoch weiterhin im gleichen Tätigkeitsbereich wie das Gemeinschaftsunternehmen aktiv, so liegt kein Unternehmenszusammenschluss vor.
Geplante Zusammenschlüsse sind den Wettbewerbsbehörden *vor ihrem Vollzug zu melden,* sofern gewisse Umsatzschwellen erfüllt sind: Weltweiter Umsatz aller Beteiligten von mind. CHF 2 Mia. oder Umsatz in der Schweiz von mind. CHF 500 Mio. *und* Umsatz von je 100 Mio. in der Schweiz von mind. zwei der beteiligten Unternehmen. Bei *Banken* sind anstelle des Umsatzes *10% der ↑Bilanzsumme* massgebend. Im Rahmen der Revision des KG 95 ist vorgesehen, für Banken und übrige Finanzintermediäre (sofern sie den Rechnungslegungsvorschriften gemäss Bankengesetz unterstellt sind) beim Schwellenwert auf den *Bruttoertrag* abzustellen. Bei *Versicherungen* gelten anstelle des Umsatzes die *Bruttoprämieneinnahmen.*
Ein geplanter Unternehmenszusammenschluss kann untersagt oder nur mit Auflagen oder Bedingungen bewilligt werden, wenn er zu einer Begründung oder Verstärkung einer marktbeherrschenden Stellung führt, welche die Gefahr beinhaltet, dass der wirksame Wettbewerb im betreffenden ↑Marktsegment beseitigt werden könnte, ohne dass der Zusammenschluss zu Verbesserungen in einem anderen Markt führt (KG 10 I b). Dies gilt auch dann, wenn aufgrund der hohen Konzentration eine kollektive Marktbeherrschung durch die verbleibenden Oligopolisten entsteht. Die Wettbewerbskommission hat sich bisher in drei Fusionsfällen zur kollektiven Marktbeherrschung geäussert, wobei ein Fall den Zusammenschluss der beiden grössten Finanzinstitute der Schweiz, der UBS und dem Schweizerischen Bankverein, betroffen hat (RPW 1998, 278 ff.).
Ein an sich unzulässiger Unternehmenszusammenschluss kann auf Antrag durch den Bundesrat ausnahmsweise aus überwiegenden öffentlichen Interessen bewilligt werden (KG 11).
Eine *Sonderbestimmung für ↑Banken* enthält KG 10 III: Bei Bankzusammenschlüssen, die der EBK aus Gründen des Gläubigerschutzes notwendig erscheinen, können die Interessen der Gläubiger vor wettbewerbspolitischen Gesichtspunkten Berücksichtigung finden. In einem solchen Fall entscheidet die EBK anstelle der Wettbewerbskommission, die lediglich zur Stellungnahme eingeladen wird.

Die Wettbewerbsbehörden hatten sich im Bereich der Finanzinstitutionen bisher (2002) mit sehr vielen Unternehmenszusammenschlüssen zu befassen, nämlich: Spar- und Leihkasse Bern/Gewerbekasse Bern/BB Bank Belp; General Electric Capital Corp./Bank Aufina; Credit Suisse Group/Winterthur Versicherungen; Valiant Holding/Bank Langnau; Union Bank of Switzerland/Swiss Bank Corporation; General Electric Capital Corp./Bank Prokredit; Banque Nationale de Paris/United European Bank; Banca della Svizzera Italiana/Assicurazioni Generali; Société Générale/Paribas; Westdeutsche Landesbank Girozentrale/Carlson Companies Inc./Preussag; Rentenanstalt-Swiss Life/Banca del Gottardo; Credit Suisse Group/Belcom Holding; HSBC Holdings/Republic of New York; Basler Kantonalbank/Coop Bank; Banque Nationale de Paris/Paribas; HSBC Holdings/Crédit Commercial de France; Dai-Ichi Kangyo/Fuji Bank/The Industrial Bank of Japan; Bâloise Holding/Solothurner Bank; HypoVereinsbank/Bank Austria; Chase Manhatten/J. P. Morgan; Landesbank Hessen-Thüringen Girozentrale/Bayerische Landesbank Girozentrale; Allianz/Dresdner Bank.

Roland von Büren

Kartenbasierte Zahlungsmittel
Kartenbasierte Zahlungsmittel sind Zahlungsmittel in Form einer Karte. Die häufigsten Kartentypen sind ↑Kreditkarten, ↑Debitkarten und ↑Wertkarten. Neben ↑Bargeld und kartenbasierten Zahlungsmitteln existieren viele weitere Arten von Zahlungmitteln, wie z.B. virtuelles Geld (e-Cash), Münzen, Checks, Tokens (z.B. aufladbare Schlüssel), schriftliche Schuldanerkennungen und gewisse Edelmetallmünzen.

Kartengarantierter Check
↑Eurocheque-System; ↑Eurocheque.

Karteninhaber (KI)
Inhaber einer Zahlkarte (↑Kartenbasierte Zahlungsmittel).

Kartenprocessing
↑Processing im Zahlkartengeschäft.

Kartenzahlungsnetzwerke
Von den internationalen Kartenorganisationen unterhaltene, weltumspannende Kommunikationsnetzwerke für die Abwicklung von Zahlungstransaktionen zwischen ↑Acquirern und ↑Issuern. Sie sind das Rückgrat für die globale Akzeptanz und internationale Verarbeitung von Zahlkarten.

Kassakurs
Der Preis oder Kurs für Wertpapiere, Devisen, Gold oder andere Waren, die «per Kasse» (Kassa- oder ↑Comptantgeschäft) gehandelt werden. Der Kassakurs ist zu unterscheiden vom Terminkurs oder -preis (↑Termingeschäft).

Kassamarkt
Markt, an dem Kassageschäfte (Kassa- oder ↑Comptantgeschäft) abgeschlossen werden, d.h. Verträge über Kauf und Verkauf von ↑Effekten, Devisen (↑Devisengeschäft), Finanzinstrumenten oder Waren, die sofort oder innerhalb ganz kurzer, durch Handels- oder Börsenusanzen (↑Usanz) bestimmte Fristen zu erfüllen sind. Kassamärkte können börsenmässig organisiert sein (Effektenbörse: ↑Börse; Devisenbörse: ↑Devisengeschäft), oder als freier Handel zwischen den Teilnehmern stattfinden. Gleichbedeutende Begriffe für Kassamarkt sind ↑Spot-Markt, Spotmarket. Der Gegensatz dazu ist der ↑Terminmarkt.

Kassaobligationen
↑Kassenobligationen.

Kassa- oder Comptantgeschäft
↑Comptantgeschäft.

Kassazinsen
Auch Kassazinssätze. ↑Bewertung von Anleihensobligationen; ↑Zinsstruktur.

Kassenliquidität
↑Liquidität (Allgemeines und Aufsichtsrechtliches).

Kassenobligationen
Die Kassenobligation ist eine für die Schweiz typische Form der mittelfristigen ↑Schuldverschreibung der Banken. Der am Tage der ↑Emission fixierte, für die ganze Laufzeit geltende Couponzinssatz orientiert sich an den Kapitalbedürfnissen der ausgebenden Bank und an den Verhältnissen am ↑Kapitalmarkt. Die Zinszahlung erfolgt jährlich und ist verrechnungssteuerpflichtig (↑Verrechnungssteuer). Die ↑Laufzeit der angebotenen Titel beträgt i.d.R. zwei bis acht Jahre und ist vom Kunden frei wählbar. Dieses laufend am Bankschalter emittierte ↑Wertpapier lautet vorwiegend auf den Inhaber, seltener auf den Namen. Kassenobligationen sind frei handelbar, jedoch nicht börsenkotiert.

Die Kassenobligationen sind bei physischer Lieferung normalerweise in Stückelungen von CHF 1000, CHF 5000, CHF 10000 oder einem Titel über den Anlagebetrag bei Verzicht auf die Ausstellung des Wertpapieres (↑Entmaterialisierung von Wertpapieren) mit beliebigem Nominal erhältlich. Der Mindestanlagebetrag liegt je nach Bank zwischen CHF 1000 und CHF 5000. Die Emission von Kassenobligationen unterliegt der Umsatzabgabe (Stempelabgabe) von derzeit 1,5‰, die von den Banken auf die Gläubiger abgewälzt wird.

Das Auflegen von Kassenobligationen bietet den Banken verschiedene Vorteile. Sie können die Emission entsprechend ihrem Geldbedarf und nach der anzustrebenden Passivenstruktur dosieren. Durch die laufende Ausgabe können die ↑Zinssätze schnell den Entwicklungen am Kapitalmarkt angepasst werden. Da für vergleichbare Laufzeiten der Zinssatz für Kassenobligationen im Normalfall unter demjenigen am Kapitalmarkt liegt, fallen die Fremdkapitalkosten für die Bank günstiger aus. Zudem ist das Auflegen von Kassenobligationen einfach und kostengünstig. Die Emissionsbedingungen werden ohne Prospekt (↑Prospekt, Prospektpflicht) durch Anschlag in der Schalterhalle, Zeitungsreklame oder Rundschreiben an die Kundschaft bekannt gemacht. Den geschilderten Vorteilen entsprechend ist die Kassenobligation bei beinahe allen Bankengruppen als Finanzierungsinstrument im Einsatz. Ausnahmen sind die ↑Privatbankiers und die meisten ausländisch beherrschten Banken sowie einzelne ↑Sparkassen.

Der Kassenobligationär kann seine Anlage durch Verkauf oder ↑Belehnung vor dem Verfalltermin mobilisieren. Für Kassenobligationen erster Adresse existiert ein ausserbörslicher Markt. Die hie und da anzutreffende Behauptung, Kassenobligationen seien keinen Preisschwankungen ausgesetzt resp. risikolos, ist allerdings nicht zutreffend. Wie bei jedem gehandelten Wertpapier unterliegen die Preise von Kassenobligationen dem Gesetz von Angebot und Nachfrage sowie der ↑Bonität der emittierenden Bank.

Allen Vorteilen der Kassenobligationen zum Trotz haben diese seit Anfang der 30er-Jahre beinahe ohne Unterbruch an Bedeutung im ↑Passivgeschäft eingebüsst. Stellten sie 1932 noch rund 35% der Fremdgelder der Banken dar, so waren es im Jahr 2000 weniger als 5%. Als Konkurrenzprodukte für die Kassenobligationen sind zum einen die Termingeldanlagen und zum anderen ↑Fonds, im speziellen ↑Geldmarktfonds, zu erwähnen. Beide Anlageinstrumente verfügen aus Sicht des Kunden über eine höhere Flexibilität infolge der hohen Fungibilität sowie eine im Durchschnitt höhere Rendite bei ähnlichem Risiko.

Dominique Folletête

Kassenschein
↑Kassenobligationen.

Kassenverkehr
↑Schaltergeschäfte.

Katastrophenklausel
↑Emissionsgeschäft.

Käufermarkt
Ein Käufermarkt zeichnet sich dadurch aus, dass das Angebot grösser ist als die Nachfrage. Sowohl ein Angebotsüberschuss als auch ein Nachfragedefizit kann eine solche Situation auslösen. Ein Käufermarkt entsteht, wenn Kurskorrekturen stattfinden und die Anleger Gewinne realisieren oder ihre Verluste einschränken wollen. Sie verkaufen deshalb in grösserem Umfang, was zu fallenden Preisen führt. Bei dieser Börsensituation liegt die Marktmacht bei den Käufern. Sie können auf die Verkaufsbedingungen und die Abschlusspreise einen wesentlichen Einfluss ausüben. Bei einem ↑Verkäufermarkt verhält es sich genau umgekehrt. Die Nachfrage übersteigt das Angebot und die Preise steigen.

Kaufkraft des Geldes
↑Geldwert.

Kaufkraftparität
↑Geldwert.

Kaufkraftstabilität
↑Geldwert.

Kaufoption
↑Call.

Kaufsignal
Die ↑technische Analyse (↑Aktienanalyse) gründet auf der Theorie, dass sich Aktienkurse in ↑Trends bewegen und sich der zukünftige Kursverlauf somit vom bisherigen ableiten lässt. Ziel der technischen Analyse ist die Bestimmung des richtigen Zeitpunkts für den Anlageentscheid. Bestimmte Konstellationen innerhalb der Methode des gleitenden Durchschnitts, des Momentumindikators oder der Elliott-Wave-Theorie weisen beispielsweise auf Trendänderungen hin. Daraus leiten die technischen Analysten Kaufsignale ab.

Kaufsrecht
Das Kaufsrecht gibt dem Berechtigten die Befugnis, durch einseitige Erklärung gegenüber dem Verpflichteten eine Sache, z.B. ein Grundstück oder eine Anzahl von Aktien, zu kaufen. Kaufpreis und weitere Kaufbedingungen müssen schon im Vertrag, mit dem das Kaufsrecht begründet wird, bestimmt oder bestimmbar gemacht werden. Dort wird auch die Zeitdauer festgelegt, während der das Kaufsrecht für den Berechtigten besteht und von ihm ausgeübt werden kann.

Wird ein Kaufsrecht anlässlich des Verkaufs einer Sache zu Gunsten des Verkäufers vorbehalten, so spricht man von Rückkaufsrecht.

Das Kaufs- oder Rückkaufsrecht betreffend ein Grundstück ist öffentlich zu beurkunden (OR 216 II). Ein solches Kaufsrecht kann für höchstens 10 Jahre vereinbart und im ↑Grundbuch vorgemerkt werden (OR 216a); für das Rückkaufsrecht betragen die Fristen 25 Jahre (OR 216a). Mit der Vormerkung erhält das Recht

Wirkung gegenüber jedem späteren Erwerber des Grundstücks (ZGB 959).

Das Kaufsrecht wird häufig auch ↑Option genannt; dies ist insbesondere der Fall, wo es sich auf ↑Wertpapiere bezieht.

Kaution

Während im Französischen «La caution» die Person des Bürgen und «Le cautionnement» die ↑Bürgschaft meint, verwendet man im allgemeinen deutschen Sprachgebrauch den Ausdruck «Kaution» als Sammelbegriff für Sicherheitsleistungen irgendwelcher Art, in der Regel für Verpflichtungen, die ungewiss, umstritten oder noch nicht fällig sind. Die Kaution kann in der Form der Garantie oder Bürgschaft eines Dritten oder in Form einer ↑Realsicherheit (z.B. durch Begründung eines Faustpfandrechts an ↑Wertpapieren oder einer Geldsumme durch Hinterlegung beim sicherzustellenden Gläubiger oder bei einem Dritten) oder durch Übergabe eines Kautions-(Sicherungs- oder Depot-)Wechsels geleistet werden. So wird etwa unter Kaution die Sicherheit verstanden, die in manchen Bereichen als Voraussetzung für die Bewilligung einer beruflichen Tätigkeit geleistet werden muss und die bei der Verletzung der beruflichen Pflichten zur Deckung von Schadenersatzansprüchen dienen soll. In diesem Sinne müssen z.B. die Mitglieder der Schweizer Börse ↑SWX Swiss Exchange der Börse eine Kaution leisten (↑Kaution im Effektenhandel). Im Gerichtswesen nennt man Kaution die Sicherheit, die eine Prozesspartei unter bestimmten Umständen leisten muss, damit die von ihr erhobene Klage oder das von ihr eingelegte Rechtsmittel (Beschwerde, Berufung) an die Hand genommen wird; oder die Sicherheit, die ein Angeschuldigter als Voraussetzung für die Entlassung aus der Untersuchungshaft leisten muss.

Im Bankgeschäft wird der Ausdruck Kaution spezifisch zur Bezeichnung einer von der Bank im Auftrag des Kunden abgegebenen Bürgschaft oder Garantie verwendet (↑Kautionskredit).

Kaution im Effektenhandel

Kaution im Höhe von CHF 500000, die von jedem Mitglied der Schweizer Börse ↑SWX Swiss Exchange in ↑bar oder in ↑Effekten geleistet werden muss. Sie kann in Anspruch genommen werden, wenn das Mitglied seinen Verbindlichkeiten aus den abgeschlossenen Börsengeschäften nicht nachkommt und die Forderungen anderer Mitglieder durch die in Art. 20–22 der Usanzen SWX vorgesehene Zwangsregulierung (↑Exekution) nicht voll gedeckt werden. Über die Leistung und Inanspruchnahme der ↑Kaution sowie das Verfahren der Zwangsregulierung gibt das Kautionsreglement der Schweizer Börse SWX Auskunft.

Kautionsdepot
↑Kaution; ↑Depotgeschäft.

Kautionsgeschäft
↑Bankgarantie; ↑Kaution.

Kautionskommission
↑Kautionskredit.

Kautionskredit

Aufgrund eines Kautionskredites verpflichtet sich die Bank zu Gunsten des Kautionskredit-Nehmers gegenüber Dritten als Bürgin oder Garantin (↑Bankgarantie, ↑Kaution).

Der Kautionskredit gehört zu den sog. Verpflichtungskrediten, da die Bank hier keinen ↑Geldkredit gewährt, sondern sich für den Kreditnehmer verpflichtet.

Im Inlandgeschäft dienen Kautionskredite hauptsächlich zur Sicherstellung der richtigen Ausführung von Arbeiten (sog. Werkgarantie) und der Qualität gelieferter Materialien, und zwar gewöhnlich für die Zeitdauer der von den Fabrikanten, Handwerkern und Lieferanten im Werk- oder Kaufvertrag übernommenen Garantie. Statt dass der Auftraggeber beispielsweise 10% des Rechnungsbetrages bis zum Ablauf der Garantiefrist zurückbehält (sog. Bargarantie), wird die Rechnung sofort voll bezahlt, sofern die Garantiesumme in Form einer Bankkaution sichergestellt wird. Grundsätzlich ist der Anwendungsbereich des Kautionskredites unbeschränkt; es können Verpflichtungen verschiedenster Art durch Banken garantiert werden, z.B. auch Fracht-, Zoll- und Steuerbeträge, ferner Anzahlungen, und immer mehr werden auch im Inland Erfüllungsgarantien verlangt. In der Regel verpflichten sich die Banken in der Form einer einfachen ↑Bürgschaft, nur ausnahmsweise in der Form der Solidarbürgschaft.

Bei der Übernahme von Kautionen verwenden die Banken vorwiegend ihre eigenen Formulare; vielfach werden ihnen indes die Kautionsbedingungen, insbesondere bei Kautionen gegenüber der öffentlichen Hand, wie Bund und Kantonen, aber auch gegenüber Post und SBB, vorgeschrieben.

Der von der Bank aufgrund eines Kautionskredites nach schweizerischem Recht übernommenen Bürgschaft kommt lediglich der Charakter einer ↑*Eventualverpflichtung* zu. Die Bank hat nur dann zu zahlen, wenn der Kautionskredit-Nehmer von seinem Vertragsgegner, dem gegenüber sich die Bank verpflichtet hat, belangt werden kann. Wurde die Kaution in Form der einfachen Bürgschaft übernommen, muss der Kunde zudem zuerst ausgepfändet werden oder im Konkurs sein, bevor die Bank in Anspruch genommen werden kann; nur bei der Kaution in Form einer Solidarbürgschaft übernimmt die Bank eine primäre Leistungspflicht, aber auch hier, wie bei der Übernahme einer einfachen Bürgschaft, hat die Bank das Recht sowie die Pflicht, die dem Schuldner zustehenden Einreden geltend zu machen, und unter diesem Vorbehalt hat die Bank eine Regressforderung gegen den Kautionskredit-Nehmer (betreffend Bankgarantien im internationalen Verkehr, Anzahlungs-, Erfüllungs- und Bietungsgarantien; ↑Bankgarantie).

BankV 25 3.1 Eventualverpflichtungen schreibt vor, dass die Kautionsverbindlichkeiten unter den Ausserbilanzgeschäften (↑Off-balance-sheet-Geschäfte) auszuweisen sind.

Kautionskredite können als ↑ungedeckte Kredite oder auf gedeckter Basis ausgesetzt werden. Sind die Kautionskredit-Nehmer als Lieferanten, Handwerker oder Fabrikanten fachtüchtig, so enthalten die Kautionskredite (Werkgarantien) keine besonderen Risiken; bei der Verbürgung von finanziellen Leistungen wie Zoll-, Fracht- und Steuerbeträgen sowie insbesondere bei der Sicherstellung geleisteter Vorauszahlungen, Erfüllungsgarantien und nach ausländischem Recht übernommenen Bankgarantien bemisst sich das Risiko indes nach der finanziellen Lage des Kautionskredit-Nehmers und allfällig bestellter Sicherheiten.

Als Entgelt für die Bürgschaftsübernahme verlangen die Banken die sog. Kautionskommission, die gewöhnlich pro Quartal berechnet wird. Ihre Höhe richtet sich nach der ↑Bonität des Kautionskreditnehmers und allfällig bestellter Sicherheiten. Die Banken leisten in der Regel ihre Kautionen nur befristet; die Terminierung wird der Laufdauer der zu garantierenden Verpflichtung angepasst. Nach OR 510 III erlöschen für eine bestimmte Zeit eingegangene Bürgschaften, wenn der Gläubiger nicht binnen vier Wochen nach Ablauf der Frist seine Forderung rechtlich geltend macht und den Rechtsweg ohne erhebliche Unterbrechung verfolgt.
Paul Nyffeler

Kautionsversicherung
↑Kreditversicherung.

Kautionswechsel
↑Kaution.

Keep-well-Erklärung
↑Auslandanleihe.

Kellerwechsel
Ein ↑Wechsel, gezogen auf eine nicht existierende oder dem Aussteller nichts schuldende Firma, wobei deren ↑Akzept fingiert oder gefälscht ist. Der Aussteller löst den Wechsel wenn möglich vor Verfall ein, damit der Schwindel nicht auskommt. Einreicher, die ihre Wechsel vor Verfall regelmässig ohne ersichtlichen Grund zurückrufen, laufen Gefahr, sich verdächtig zu machen. Das Inverkehrbringen von Kellerwechseln ist als Betrug strafbar. ↑Wechselreiterei.

Kennzahlen
↑Eigenkapitalkennzahlen; ↑Finanzierungskennzahlen; ↑Kennzahlen im Bankcontrolling; ↑Kennzahlen in der Finanzanalyse; ↑Sensitivitätskennzahlen.

Kennzahlen im Bankcontrolling
Die ↑Banken besitzen in ihrer Funktion als Finanzintermediäre eine besondere Stellung in der Volkswirtschaft. Daraus resultiert ein starkes Interesse des Staates und seiner Aufsichtsinstitutionen (im Falle der Schweiz der Eidgenössischen ↑Bankenkommission) an einem funktionsfähigen Bankwesen. Dies hat auch weit reichende Implikationen auf das Bankcontrolling (Einhaltung der Bestimmungen zum ↑Einlegerschutz, zur Bilanzstruktur u.a.m.). Im Gegensatz zum Controlling in Handels- und Industriebetrieben ist das ↑Bankgeschäft durch zahlreiche spezifische Merkmale eines Dienstleistungsbetriebs charakterisiert. Die (meist sehr heterogenen) erbrachten Leistungen sind durchwegs immaterieller Natur. Die Entstehung und der Konsum erfolgen gleichzeitig. Dies führt dazu, dass sich die Elemente des Industriecontrollings nicht direkt übertragen lassen. Unabhängig vom konkret zu analysierenden Bankgeschäft kann das Bankcontrolling als Steuerung der Bank in den drei Bereichen

– Rentabilität
– Liquidität
– Sicherheit

verstanden werden. Je nach Geschäftszweig (Kommerzgeschäft, ↑Investment banking oder Trust banking) ist der Abstimmungsprozess der einzelnen Parameter auf die gewählte Strategie unterschiedlich zu definieren.

Die Steuerung der Bank wird auch mit dem Begriff des Risikomanagements verbunden. Es geht dabei um das klassische Managementproblem der Zielkonflikte und Wechselwirkungen im magischen Dreieck, d.h. zwischen der ↑Liquidität, der damit eng verbundenen ↑Risikoposition aller getätigten Bankgeschäfte und der von diesen zwei Komponenten abhängenden Rentabilität.

1. Banksteuerung
Im Rahmen des betriebswirtschaftlichen Controllingprozesses wird dieser Zielkonflikt durch die Definition ausgewählter Kennzahlen gelöst. Zu deren Kalkulation werden Daten aus dem Rechnungswesen systematisch aufbereitet und in Form von Kennzahlensystemen dargestellt. Die Bedeutung und Gewichtung der einzelnen Ratios ergibt sich aus der durch die Strategie vorgegebenen Eckwerte.

Die Strukturierung der Kennzahlensysteme führt im Wesentlichen zu drei Bereichen:
Rentabilitätsmanagement: In Anlehnung an die in der Industrie gebräuchlichen Konzepte (z.B. DuPont-Schema oder ZVEI-Kennzahlensysteme)

wird auch im Bankmanagement die Spitzenkennzahl Return on investment (ROI; Gewinn vor Steuern und Zinsen im Verhältnis zum eingesetzten Kapital) als Basisgrösse analysiert. Sowohl für die Gesamtbank als auch für einzelne Geschäftsbereiche lässt sich aufgrund des resultierenden Erfolgsüberschusses im Verhältnis zum eingesetzten Kapital der ROI berechnen.

Die Leistungserstellung ist mit Kosten und Erlösen verbunden. Für die Steuerung der Geschäfte sind deshalb Informationen über den Erfolgsbeitrag der einzelnen Aktivitäten erforderlich. Gebräuchlich ist dabei eine mehrdimensionale Auswertung nach Geschäftsstellen, Kundengruppen und Produktearten (Würfelmodell). Je nach Zweck können die disaggregierten Informationen zur Entscheidungsunterstützung (z.B. Schliessung einzelner Filialen) oder Verhaltenssteuerung (z.B. Festlegung interner Verrechnungspreise) verwendet werden.

Unter Separierung der durch Steuern bewirkten Verzerrungen lässt sich die Spitzenkennzahl ↑Return on Equity (ROE, ↑Reingewinn im Verhältnis zum eingesetzten Eigenkapital) in die
– Reingewinnspanne (Reingewinn im Verhältnis zum Geschäftsvolumen) sowie die
– Eigenkapitalquote (Eigenkapital im Verhältnis zum Gesamtkapital)

zerlegen. Die zur Erklärung der Eigenkapitalrentabilität berechneten Eckwerte Reingewinnspanne und Eigenkapitalquote lassen sich ihrerseits weiter auf die aus Bilanz und Erfolgsrechnung stammenden Basisgrössen zurückführen. In diesem Zusammenhang stehen vor allem folgende Kennzahlen im Vordergrund:
– Bruttozinsspanne (Zinsüberschuss im Verhältnis zum Geschäftsvolumen)
– Durchschnittlicher ↑Aktivzins (Gesamtzinsertrag im Verhältnis zum Geschäftsvolumen)
– Durchschnittlicher ↑Passivzins (Gesamtzinsaufwand im Verhältnis zum Geschäftsvolumen).

Sicherheit (Risikomanagement): Für alle wesentlichen Risikobereiche, mit denen sich das Bankgeschäft konfrontiert sieht, können – in Abstimmung mit den bankbetrieblichen Geschäftsfeldern – Risikokennzahlen definiert werden. Unter besonderer Berücksichtigung des Preisrisikos gelangen folgende Kennzahlen zur Anwendung:
– Offene Festzinsquoten: Verhältnis zwischen den Festzinsüberhängen in den verschiedenen Fälligkeitsbereichen und dem gesamten Geschäftsvolumen als ↑Indikator für das Zinsänderungsrisiko. Durch die Erstellung einer Zinsbindungs- oder Zinselastizitätsbilanz (in Kombination mit dem Analyseinstrument der ↑Marktzinsmethode oder demjenigen der ↑Duration) kann die Steuerung verfeinert werden.
– Fremdwährungsanteilsquote: Volumen der offenen Devisenposition in einer bestimmten Fremdwährung im Verhältnis zum Gesamtvolumen aller offenen Devisenpositionen. Analog kann – ebenfalls im Verhältnis zum Gesamtvolumen – die Quote der offenen und damit exponierten Positionen berechnet werden. Die Steuerung dieses Risikos ist sehr vielschichtig, da es einerseits aus politisch-adminstrativ bedingten ↑Transferrisiken (↑Länderrisiken) sowie marktbedingten Risiken besteht.
– Verlustpotenzial im Handels- und Wertschriftengeschäft: Wert des Portefeuilles der offenen Positionen im Bereiche der ↑Aktien, Aktienoptionen und -termingeschäften, multipliziert mit Beta (Sensitivität der von der Bank gehaltenen offenen Positionen) und der ↑Volatilität des gewählten Indexes.

Zusammenfassend ist festzuhalten, dass die entscheidende Frage im bankbetrieblichen ↑Risikomanagement die Veränderung des marktwertigen Eigenkapitals durch das Eintreten möglicher Gefahren und Chancen ist. In ihrer Gesamtheit werden diese durch die Berechnung des ↑Value at risk gemessen. Diese Kennzahl misst den Anteil des Eigenkapitals, der durch das Eingehen von Risiken bei einem bestimmten Signifikanzniveau exponiert ist.

Liquiditätsmanagement: Eine abschliessende und geschlossene Liquiditätstheorie existiert zum heutigen Zeitpunkt nicht. Einigkeit besteht jedoch darin, dass die Liquiditätsproblematik nicht im Sinne einer punktuellen Betrachtung analysiert werden darf, sondern als Vergleich der erwarteten Liquiditätszu- und -abflüsse ausgestaltet werden muss. Zur Liquiditätsüberwachung sind die bankengesetzlich vorgesehenen Kennzahlen zu beachten:
– Kassenliquidität: Monatliche Kontrolle des Verhältnisses zwischen den greifbaren Mitteln (BankV 15) und gewissen kurzfristigen Verbindlichkeiten (BankV 19). Der dabei zur Anwendung gelangende Mindestsatz wird vom Eidgenössischen Finanzdepartement festgelegt (momentane Höhe: 2,5%).
– Gesamtliquidität: Vierteljährliche Kontrolle des Verhältnisses zwischen den leicht verwertbaren Aktiven (BankV 16a) sowie den greifbaren Mitteln und den kurzfristigen Verbindlichkeiten (BankV 17). Der hier zur Anwendung gelangende Satz beträgt 33%.

Zur bankbetrieblichen Steuerung sind ergänzende, risikospezifische Kennzahlen einzusetzen:
– Auslastungskoeffizienten: Sie geben an, inwiefern die ↑langfristigen Aktiven durch langfristige Finanzierungsmittel gedeckt sind. Analog wird auch für den ↑kurz- und ↑mittelfristigen Bereich verfahren. Im Bereich des Risikomangements wird dadurch die Steuerung des Refinanzierungsrisikos (als Folge der ↑Fristentransformation) ermöglicht.

– Rückstandsquote im Kreditgeschäft: Volumen der Kredite mit Kapitalrückständen im Verhältnis zum gesamten ↑Kreditvolumen. Diese Kennzahl ermöglicht die Steuerung des Terminrisikos (als Folge einer unplanmässigen Verlängerung der Kapitalbindungsdauer von Aktivgeschäften).
– Liquiditätsabrufindex: Verhältnis zwischen den Liquiditätsreserven und dem Abrufpotenzial aus Kreditzusagen und Einlagen. Damit soll die Steuerung des Abrufrisikos (also Folge der unerwarteten Inanspruchnahme von Kreditzusagen) ermöglicht werden.

Basierend auf den kalkulierten Werten, werden traditionelle Instrumente zur Steuerung dieser Risiken eingesetzt: ↑Goldene Bankregel, ↑Bodensatztheorie sowie Maximalbelastungsrechnung. Aufgrund ihrer nur statischen Betrachtungsweise werden diese Ansätze vermehrt durch Restlaufzeitmodelle (GAP-Analysen) ergänzt.

2. Ertragsorientierte Banksteuerung
Die ertragsorientierte Steuerung der Bank bedeutet längerfristig hauptsächlich das Management der ↑Rendite als oberstes Ziel (Wertsteigerung des Eigenkapitals). Als Rahmen dafür ist die Liquidität jederzeit zu gewährleisten. Ebenso sind sicherheitstechnische Aspekte unter dem Gesichtspunkt der Risikopolitik zu definieren. Kennzahlensysteme auf der Basis von geschäftsbezogenen Margenkalkulationen unterstützen die Steuerung sowohl einzelner als auch vernetzter Bereiche. Die Wahl der verwendeten Kennzahlen hängt dabei nicht zuletzt auch ab vom jeweiligen Konzept der Kosten- und Erlösrechnung. *Conrad Meyer*
Lit.: *Fickert, R./ Schedler, B.: Trends im Management Accounting für Service-Unternehmen, in: Fickert, R./Meyer, C. (Hrsg.): Management-Accounting im Dienstleistungsbereich, Bern 1995. – Kilgus, E.: Strategisches Bank-Management, Bern 1994. – Meyer, C.: Strategie-Controlling – aktueller denn je?, in: Fickert, R./ Meyer, C.: Strategie-Controlling, Bern 1999. – Meyer, C.: Die Bankbilanz als finanzielles Führungsinstrument, Bern 1996. – Schierenbeck, H.: Ertragsorientiertes Bankmanagement, Bern 1991. – Hail, L./Meyer, C.: Abschlussanalyse und Unternehmensbewertung, Zürich 2002.*

Kennzahlen in der Finanzanalyse

Unter Kennzahlen in der Finanzanalyse versteht man eine Vielzahl von Verhältniszahlen und weiteren Berechnungen, die eine Grundlage bilden sowohl für den Entscheid über Aktienanlagen und deren ↑Derivate wie auch für Entscheide über die Gewährung von Krediten. Die Kennzahlen ermöglichen Branchen- und Marktvergleiche wie auch Vergleiche über verschiedene Zeitperioden. Sie bilden Instrumente für die relative Methode der Bewertung, im Gegensatz zur absoluten, wie z.B. die ↑Discounted-cashflow-Methode. Die Basis bilden Unternehmensdaten und Prognosen. Die Aussagekraft der Kennzahlen hängt stark von der Datenqualität wie auch den von den zu beurteilenden Unternehmen angewandten Rechnungslegungsstandards ab.

Die gebräuchlichsten zur Beurteilung herangezogenen Kennzahlen sind das Kurs/Gewinn-Verhältnis (↑Price earnings ratio [PER]), das Price/Cash earnings-Verhältnis (Cash earnings = Gewinn plus Goodwillabschreibungen), die ↑Dividendenrendite, das Kurs/Buchwert-Verhältnis, die Eigenkapitalquote, das Kurs/Cashflow-Verhältnis, die PEG-Ratio und das Verhältnis ↑Enterprise value/ EBITDA, aber auch die Rentabilitätskennzahlen wie die Eigenkapitalrendite (ROE), die Gesamtkapitalrendite, der Return on investment und die Umsatzrendite.

Kerninflation

Die Kerninflation ist die Komponente der unbereinigten ↑Inflationsrate, welche den Inflationstrend widerspiegelt. Von anderen Konzepten zur Messung des Inflationstrends unterscheidet sich die Kerninflation dadurch, dass sie nicht auf der Glättung der Bewegungen des aggregierten Preisniveaus, sondern auf der Bereinigung des Warenkorbes, welcher der Berechnung des aggregierten Preisniveaus zugrunde liegt, basiert. Die Kerninflation entspricht also der aggregierten Veränderung jener Güterpreise, von denen man aufgrund bestimmter Kriterien ausgeht, dass sie den Inflationstrend am besten widerspiegeln.

Hinter dem Konzept der Kerninflation steht die Idee, dass ↑Inflation in der langen Frist ein ↑monetäres Phänomen ist. Die ↑Geldpolitik bestimmt mit anderen Worten nicht die kurzfristigen Schwankungen der Inflationsrate, sondern die trendmässige Entwicklung der Inflation. Die Währungsbehörden stehen damit vor der Schwierigkeit, so schnell wie möglich zu erkennen, ob der Inflationstrend vom langfristigen Stabilitätsziel divergiert. In diesem Zusammenhang bringt die Kerninflation im Vergleich zu einer simplen Glättung der aggregierten Inflationsrate am aktuellen Rand zwei Vorteile. Erstens führen neue Beobachtungen der Preisveränderungen nicht dazu, dass auch frühere Werte der Kerninflation angepasst werden müssen. Zweitens schlagen sich Veränderungen der monetär bestimmten Trendinflation im Idealfall schneller in der Kerninflation nieder.

Da die Idee der Kerninflation relativ vage ist, gibt es auch keine allgemein akzeptierte Methode zu ihrer Messung. Eine einfache Methode besteht darin, jene Güter aus dem Warenkorb des KPI (Konsumentenpreisindex) zu entfernen, deren Preise durch starke kurzfristige Schwankungen geprägt sind und oder vor allem durch Angebotsfaktoren bestimmt werden. Dieses Verfahren ist in den letzten Jahren sehr populär geworden und wird von den meisten Ländern, die Zeitreihen für die

Kerninflation publizieren, verwendet. Die am häufigsten ausgeklammerten Gütergruppen sind Energieträger und Nahrungsmittel. In einigen Ländern werden diese Gruppen eng definiert und beispielsweise auf Erdölprodukte bzw. auf frische Früchte und Gemüse beschränkt. Andere Komponenten, die oft ausgeklammert werden, sind die indirekten Steuern und die Schuldzinsen. Diese Komponenten sind zwar in der Regel nicht sehr volatil, doch verschleiern sie die Wirkung der Geldpolitik auf die Inflation. Sie werden deshalb vor allem in Ländern ausgeklammert, deren ↑Zentralbank ihr Stabilitätsziel anhand der Kerninflation definiert. Der Vorteil dieses Ansatzes zur Berechnung der Kerninflation liegt in der Einfachheit. Problematisch ist, dass die KPI-Komponenten oft nicht aufgrund klarer Kriterien eliminiert werden. Zwar gehören Nahrungsmittel und Energieträger zu den Gruppen mit hoher Preisvolatilität, doch gibt es in der Regel auch noch andere Güter mit stark schwankenden Preisen, die im Warenkorb verbleiben, während die Gruppen Nahrungsmittel und Energieträger auch Produkte einschliessen, deren Preise überhaupt nicht überdurchschnittlich stark schwanken.

Ein alternatives Verfahren zur Berechnung der Kerninflation besteht darin, in jeder ↑Periode die Gütergruppen mit den extremsten Preisveränderungen nach oben und unten auszuklammern. Dieses Verfahren wird oft als Methode des getrimmten Mittelwertes bezeichnet. Die Methode des getrimmten Mittelwertes basiert auf zwei statistischen Eigenschaften der Verteilungen der Preisveränderungen. Untersuchungen für verschiedene Länder zeigen, dass die Preisveränderungen der verschiedenen KPI-Komponenten nicht normal verteilt sind. Vielmehr haben sie regelmässig zu viel Masse in den Enden (Fat tails). Das arithmetische Mittel der Stichprobe ist unter diesen Umständen kein effizienter Schätzer des theoretischen Mittelwertes der Grundgesamtheit. Einen effizienteren Schätzer erhält man durch Eliminierung der Extremwerte auf beiden Seiten der Verteilung.

Ein weiteres Merkmal der Verteilung der Preisveränderungen der KPI-Komponenten ist die Schiefe der Verteilung. Eine Erklärung beruht darauf, dass Preisanpassungen Kosten verursachen, weshalb sie nur dann vorgenommen werden, wenn die mit unveränderten Preisen verbundene Ertragsminderung die Kosten der Preisanpassung übertrifft. Firmen, die den relativen Preis ihres Produktes senken wollen, werden in Inflationszeiten deshalb dazu tendieren, die Preise unverändert zu lassen, weil die relative Preissenkung im Laufe der Zeit auch ohne kostspielige Preisanpassung zu Stande kommt. Demgegenüber würden Firmen, die ihren relativen Preis anheben wollen, sich laufend weiter vom Optimum entfernen, wenn sie auf eine Anpassung ihrer Preise verzichteten. Sie werden deshalb die Anpassungskosten in Kauf nehmen und die Preise erhöhen. Daraus ergibt sich eine rechtsschiefe Verteilung der Preisveränderungen. Der Mittelwert der Stichprobe würde unter diesen Bedingungen eine verzerrte Schätzung des Mittelwertes der Grundgesamtheit liefern. Durch die Eliminierung der Enden der Querschnittsverteilung der Preise erhält man eine getrimmte Verteilung, deren Mittelwert eine bessere Schätzung des Mittelwertes der Grundgesamtheit liefert. In der Schweiz publiziert das Bundesamt für Statistik (BfS) seit Mai 2000 zwei Masse der Kerninflation. Sie beruhen auf der Strategie, den KPI-Warenkorb um einzelne Komponenten zu reduzieren. Die Kerninflation-1 des BfS schliesst Nahrung, Getränke, Tabak, Saisonprodukte, Energie und Treibstoffe aus und umfasst 77% des ursprünglichen Warenkorbs. Die Kerninflation-2 ist als Kerninflation-1 abzüglich die Produkte mit administrierten Preisen definiert und schliesst noch 62% des KPI-Warenkorbes ein. Die Schweizerische ↑Nationalbank berechnet seit einigen Jahren Kerninflationsraten, die auf dem Ansatz des getrimmten Mittelwertes basieren, und publiziert sie im Rahmen ihres Berichts zur Wirtschafts- und Währungslage.

Andreas Fischer

Kernkapital bei Banken

Der ↑Basler Ausschuss für Bankenaufsicht erachtet das einbezahlte Kapital, die offenen Reserven und den Gewinnvortrag als wichtigsten Teil, d.h. gleichsam als Kern, der ↑eigenen Mittel einer Bank. Das Kernkapital muss mindestens 50% der geforderten Eigenmittel (↑Eigenmittelanforderungen) ausmachen. Der Beitrag des Kernkapitals zu den Eigenmitteln wird auch als Tier 1 (Englische Bezeichnung für Schicht) bezeichnet. Die übrigen Eigenmittel bestehen aus dem so genannten ergänzenden Kapital (Tier 2) (↑Ergänzendes Kapital bei Banken) und dem Zusatzkapital (Tier 3). Diese drei Schichten der Eigenmittel weisen eine absteigende ↑Bonität auf. (Vergleiche hierzu auch Bank V 11a).

Kernprozesse
↑Ablauforganisation.

Key rate duration
↑Duration.

KFX Aktienindex der Börse von Kopenhagen

Der *KFX* ist der Index der umsatzstärksten Aktien, die an der Kopenhagener Börse notiert sind. Der Index enthält im Regelfall 20 Aktien und wird nach deren ↑Börsenkapitalisierung gewichtet. Der KFX ist ein Kursindex, d.h. Kursabschläge nach regulären Dividendenzahlungen werden nicht korrigiert. Der Startwert des KFX wurde mit 100 Indexpunkten per 03.07.1989 festgelegt. ↑Aktienindex.

KGAST
Abk. f. Konferenz der Geschäftsführer von Anlagestiftungen. ↑Anlagestiftung.

KGV
Abk. f. Kurs/Gewinn-Verhältnis. ↑Price earnings ratio.

KI
Abk. f. ↑Karteninhaber (KI).

Kick-back
↑Retrozession.

Kindesvermögen
↑Minderjährige im Bankverkehr.

KIS
Abk. f. Kommission internationale Standards. ↑Standardisierungen im Finanzbereich.

Kleinaktien
Bezeichnung für Aktien mit einem niedrigen ↑Kurswert. Voraussetzung für die Schaffung von Kleinaktien ist ein möglichst tiefer ↑Nennwert.

Kleinaktionär
Aktionäre, die nur eine geringe Anzahl von ↑Aktien bzw. Stimmen besitzen und dementsprechend keinen Einfluss auf das Abstimmungsergebnis an der Generalversammlung haben. Der Gegensatz dazu sind ↑bedeutende Aktionäre, ↑Grossaktionäre.

Kleinanleger
Die Kapitalanleger setzen sich aus ↑institutionellen Anlegern und Privatanlegern zusammen. Bei den Privatanlegern wird zusätzlich zwischen vermögenden Personen und solchen, die nur über begrenzte finanzielle Ressourcen verfügen, unterschieden. Letztere werden als Kleinanleger bezeichnet, machen den Massenmarkt im Anlagegeschäft aus und werden vom Retail banking (↑Retail banking, Retailgeschäft) betreut. Kleinanleger investieren in der Regel in standardisierte Produkte wie ↑Anlagefonds. Vor allem in Zeiten boomender ↑Börsen investieren sie zunehmend in Einzeltitel.
Dennoch sind die Kleinanleger mehrheitlich passive Anleger, die ihr ↑Portfolio ruhen lassen und auf eine positive Entwicklung hoffen. Als Hauptmotive für Kapitalanlagen steht bei den Kleinanlegern der Vorsorgegedanke im Vordergrund. Die Möglichkeit, Anlagen im ↑Internet zu handeln (Internet banking), lässt zahlreiche Kleinanleger vermehrt spekulative Anlagen tätigen. Die ↑Börsengesetzgebung enthält mehrere Bestimmungen zum Schutz der Kleinanleger. Mit dem BEHG soll im Übrigen die Gleichbehandlung der Anleger auf dem Börsenmarkt gefördert und mehr Transparenz geschaffen werden. Es verpflichtet die professionellen Händler und Berater gegenüber den Anlegern zur Risikoaufklärung sowie zur Treue- und Sorgfaltspflicht (Informationspflicht des Effektenhändlers). *Hans-Dieter Vontobel*

Kleinkredit
Kleinkredit ist der traditionelle Begriff für einen ↑Konsumkredit, der einem Konsumenten durch Auszahlung der Darlehensvaluta in bar oder durch Überweisung auf ein Konto zur Verfügung gestellt wird und meistens in Raten rückzahlbar ist. Im Gegensatz zum zweckgebundenen, ausschliesslich zur Finanzierung einer bestimmten Sache oder Dienstleistung gewährten Abzahlungskredit (↑Abzahlungsgeschäft) ist der Kleinkredit frei verwendbar und damit nicht zweckgebunden. Die Ausdrücke Barkredit, Bardarlehen, ↑Privatkredit, Privatdarlehen, persönliches ↑Darlehen werden synonym verwendet.
Die Schweizerische ↑Nationalbank veröffentlicht jährlich eine Statistik zu den von Banken gewährten Kleinkrediten. Sie erfasst darin unter «Beanspruchte Kleinkredite» Teilzahlungsdarlehen von höchstens CHF 60000, deren Kosten um mehr als 2% über dem für ↑Blankokredite üblicherweise vereinbarten Nettosatz liegen, an Privatpersonen gewährt und mit Einschluss des Zinses in regelmässigen Raten abzuzahlen sind. Diese Begriffsabgrenzung vernachlässigt den Verwendungszweck des Kredites. Die Höhe des Kreditbetrags hat als wesensbestimmendes Kriterium an Bedeutung eingebüsst, denn steigende Realeinkommen haben ihren Niederschlag in einer stetigen Erhöhung der Kreditbeträge gefunden. In die Statistik der ↑Zentralstelle für Kreditinformation (ZEK), fliessen Kleinkredite unter den Begriffen Barkredite und Festkredite ein. Sie machen rund 98% aller von der ZEK ausgewiesenen Konsumkredite aus. *Lydia Saxer Waser*

Kleinspekulation
Von Kleinspekulation spricht man, wenn sich Leute mit bescheidenem Vermögen an der Wertschriftenspekulation beteiligen. Kleinspekulanten sehen sich zur Hauptsache auf Fondsanlagen oder das Kassageschäft in leichten Werten verwiesen. Weiter betätigen sie sich häufig auch im Optionsgeschäft, das kleinen Einsatz fordert, allerdings aber hohe Risiken und Chancen beinhaltet. In der Regel ist der Kleinspekulant ↑Haussier (↑Hausse).

Klumpenrisiko
Als Grundsatz gilt, dass die Risiken einer Bank oder eines ↑Effektenhändlers zu streuen sind, da mehrere kleinere Risiken ein Institut weit weniger gefährden als ein einziges grosses Risiko. Die Banken und Effektenhändler haben deshalb ihre Ausleihungs- und Anlagepolitik derart zu gestalten, dass keine Klumpenrisiken entstehen, welche

das Institut bei einem Ausfall des Schuldners oder der zur Verfügung gestellten Deckung gefährden könnten. Die aufsichtsrechtlichen Risikoverteilungsvorschriften (BankG 4bis; BEHG 13, BankV 21 ff., BEHV 29, ↑Risikomanagement) regeln, ab wann eine Position einer Gegenpartei (↑Gegenparteirisiko) ein Klumpenrisiko darstellt und wie hoch dieses im Verhältnis zu den ↑eigenen Mitteln der Bank oder des Effektenhändlers höchstens sein darf.

Die erwähnten Vorschriften basieren weit gehend auf den Vorgaben des ↑Basler Ausschusses für Bankenaufsicht sowie den Richtlinien der EU. Mit Ausnahme der Schweizer Zweigniederlassungen ausländischer Banken und Effektenhändler müssen sämtliche Banken und Effektenhändler diese Vorschriften auf Einzel- sowie auf konsolidierter Basis einhalten.

Die ↑Risikoposition (BankV 21d) einer einzelnen Gegenpartei oder einer Gruppe verbundener Gegenparteien (BankV 21c I) setzt sich zusammen aus den Forderungen gegenüber dieser Gegenpartei, den Ausserbilanzgeschäften mit dieser und den Netto-Longpositionen in Effekten, welche die Gegenpartei ausgegeben hat. Bevor sie in die Risikoposition einfliessen, müssen die Forderungen sowie die Netto-Longpositionen entsprechend dem Risiko gewichtet werden, und zwar in Anlehnung an die in den Eigenmittelvorschriften (BankV 12a ff.; ↑Eigenmittelrichtlinien) festgelegten Sätze. Die Ausserbilanzgeschäfte ihrerseits müssen zuerst in ihr Kreditäquivalent umgerechnet und anschliessend nach dem Risiko gewichtet werden (BankV 21f). Zu berücksichtigen ist überdies, dass die vom zuständigen Organ der Bank oder des Effektenhändlers bewilligte ↑Limite oder, wenn diese höher ist, die effektive Beanspruchung für die Risikoverteilung massgebend ist.

Die Begrenzung der Klumpenrisiken findet auf drei Ebenen statt. Eine erste Grenze von 10% der anrechenbaren eigenen Mittel macht, sofern sie erreicht oder überschritten ist, aus einer Risikoposition ein Klumpenrisiko (BankV 21 I). Dieses Klumpenrisiko muss, obwohl es in dieser Grösse im Prinzip gestattet ist, der Revisionsstelle sowie dem Organ für Oberleitung, Aufsicht und Kontrolle (Verwaltungsrat) vierteljährlich gemeldet werden (BankV 21 II). Betrifft die Risikoposition ein Mitglied der Organe oder einen qualifiziert Beteiligten der Bank oder des Effektenhändlers, eine ihnen nahe stehende Person oder Gesellschaft, so ist das diesbezügliche Klumpenrisiko auf dem Meldeformular mit dem Sammelbegriff «Organgeschäft» (↑Organkredite und Organgeschäfte) zu kennzeichnen (BankV 21 III).

Die Verordnung sieht zudem eine Obergrenze von 25% der anrechenbaren eigenen Mittel vor, die ein Klumpenrisiko nicht überschreiten darf (BankV 21a I). Schliesslich besteht eine Grenze von 800% der anrechenbaren eigenen Mittel (BankV 21b I.).

Die Gesamtheit der Klumpenrisiken einer Bank oder eines Effektenhändlers darf diese Grenze nicht überschreiten, wobei gewisse Bilanzpositionen, die in finanzieller Hinsicht mit ↑Eigenkapital unterlegt werden müssen, aber verhältnismässig geringe Risiken in sich schliessen, für die Ermittlung der Gesamtheit der Klumpenrisiken ausser Betracht bleiben können (BankV 21b II).

Die Überwachung der Klumpenrisiken muss laufend geschehen, sodass sich jede Bank und jeder Effektenhändler jederzeit der Risikolage bewusst ist und unerlaubten Überschreitungen vorbeugen kann.

In bestimmten Fällen lassen die Vorschriften eine Überschreitung der Obergrenze zu, sofern die Überschreitung vollständig durch freie anrechenbare eigene Mittel gedeckt ist (BankV 21a V). In diesem Falle kann davon ausgegangen werden, dass das zusätzliche Risiko eliminiert ist. Diese Möglichkeit darf jedoch nicht in der Weise ausarten, dass die gesamten freien Eigenmittel für eine einzige Risikoposition verwendet werden. Weiter ist auch der Fall geregelt, bei welchem ein die Obergrenze übersteigendes Klumpenrisiko einzig durch die Verbindung bisher unabhängiger juristischer Personen (oder einer natürlichen mit einer juristischen Person) entsteht. Derartige Überschreitungen sind innert zwei Jahren zu beseitigen (BankV 21a IV).

Wenn eine Bank oder ein Effektenhändler einem Bank- oder Finanzkonzern angehört, welcher einer als angemessen erachteten Aufsicht auf konsolidierter Basis untersteht, sind die Risikopositionen derjenigen Konzerngesellschaften, welche in die Eigenmittel- und Risikoverteilungskonsolidierung (Konsolidierung) einbezogen sind und ihrerseits einzeln einer angemessenen Aufsicht unterstehen, von der Einhaltung der Obergrenzen ausgenommen (BankV 21a II). Die Geschäfte innerhalb eines Bankkonzerns sollen nicht durch die normalen Grenzen der Risikoverteilung eingeengt werden. Eine absolute Grenze von 25% würde insbesondere die Zentralisierung der Tresorerie und des Risikomanagements des Konzerns verunmöglichen. Stellt ein Institut fest, dass eine Risikoposition die Obergrenze überschreitet und es sich nicht um eine der vorerwähnten Ausnahmen handelt, muss unverzüglich die Revisionsstelle und die Bankenkommission unterrichtet werden (BankV 21a III). Gemäss BankV 22 kann die Bankenkommission in besonderen Fällen Erleichterungen von den Bestimmungen zulassen oder Verschärfungen anordnen, wobei insbesondere die Gewährung von Erleichterungen sehr restriktiv gehandhabt wird.

Matthias Villiger

KMU-Finanzierung

Als Klein- und Mittelunternehmen (KMU) bezeichnet man Unternehmungen mit weniger als 250 Beschäftigten. Im Jahr 1998 waren 99,7% aller

privatrechtlichen Unternehmen in der Schweiz KMU; nur 0,3% zählten zu den Grossunternehmen.
Man unterscheidet aufgrund der Anzahl Beschäftigten folgende vier Klassen: Kleinstunternehmen 0–9 Beschäftigte; Kleinunternehmen 10–49; Mittelunternehmen 50–249; Grossunternehmen 250 und mehr Beschäftigte. Im Jahr 1998 wurden in diesen vier Klassen folgende Anzahl Betriebe registriert: 270 813 (89,2%); 27 380 (9,0%); 4 745 (1,5%); 794 (0,3%). Die Verteilung der Beschäftigten auf die vier Klassen präsentierte sich wie folgt: 909 929 (31,6%); 665 947 (23,2%); 569 213 (19,8%); 730 066 (25,4%).
Ein idealtypisches kleines oder mittleres Unternehmen gibt es in der Schweiz nicht, jede KMU-Finanzierung ist deshalb sehr individuell. Die Bank stellt dem KMU ↑Fremdkapital zur Verfügung, die gebräuchlichsten Kreditarten hierzu sind der Investitionskredit (↑Anlagekredit) und der ↑Betriebskredit.
Aufgabe des Unternehmens selber ist es, genügend ↑Eigenkapital zu beschaffen respektive zu erarbeiten. Für viele KMU ist die Eigenkapitalbeschaffung ein Problem, weil ihnen der Zugang zum ↑Kapitalmarkt erschwert ist. Finanzierungsschwierigkeiten treten im umgekehrten Verhältnis zur Betriebsgrösse auf: je kleiner das Unternehmen, desto häufiger die Finanzierungsschwierigkeiten. Mit so genannten Start-up-Finanzierungen (↑Venture-Finanzierung) versuchen Banken und Risikokapitalgeber, Jungunternehmer auf ihrem Weg in die Selbstständigkeit zu beraten und zu unterstützen. *Hans-Mathias Käppeli-Gebert*
Lit.: Bernet, B./Denk, C.L.: Finanzierungsmodelle für KMU, Bern 2000.

Knapp behauptet
In der ↑Börsensprache Ausdruck für einen Börsenverlauf mit leichten Kursabschwächungen.

Knock-in-level
Festgelegte Grenze einer ↑Barrier option, bei der die ↑Option erst entsteht, wenn der Wert des ↑Underlying eben diese erreicht hat.

Knock-in-option
↑Option, die erst entsteht, wenn der Preis des ↑Underlying den vereinbarten ↑Knock-in-level erreicht hat.

Knock-out-level
Festgelegte Grenze einer ↑Barrier option, bei der die ↑Option verschwindet, wenn der Wert des ↑Underlying eben diese erreicht hat.

Knock-out-option
↑Option, die verschwindet, wenn der Preis des ↑Underlying den vereinbarten ↑Knock-out-level erreicht hat.

Knowledge base
↑Expertensysteme.

Know your customer rules
Know your customer rules enthalten Sorgfaltspflichten, die ↑Finanzintermediäre verpflichten, ihre Kunden zu identifizieren und deren Geschäfte zu kennen; allfällige im Hintergrund stehende, wirtschaftlich Berechtigte sind festzustellen. Die resultierenden Kenntnisse sind aktenkundig zu machen (Sorgfaltspflichtvereinbarung; ↑Vereinbarung über die Standesregeln zur Sorgfaltspflicht der Banken [VSB]). Gute Kenntnis der Kunden und ihrer Geschäfte versetzt die Bank in die Lage, Ungewöhnliches festzustellen und kriminellen Missbrauch zu verhindern.

Ko-Finanzierungen
↑Co-Finanzierung.

Kollektivanlagevertrag
Der Kollektivanlagevertrag ist ein typischer Formularvertrag und als solcher die Rechtsgrundlage für das Verhältnis zwischen der ↑Fondsleitung und der ↑Depotbank einerseits und dem Anleger andererseits. Der Inhalt des Kollektivanlagevertrages wird entscheidend durch das ↑Fondsreglement bestimmt, das regelmässig Bestandteil des Vertrages wird.

Kollektive Anlagen
↑Anlagefonds; ↑Kollektive Anlagen von Vorsorgeeinrichtungen.

Kollektive Anlagen von Vorsorgeeinrichtungen
Unter kollektiven Anlagen von Vorsorgeeinrichtungen werden die gemeinschaftlich angelegten Vermögensteile verschiedener Anleger verstanden (BVV 2, 56 in der Fassung 20.03.2000; vorher hatte man die kollektiven Anlagen als indirekte Anlagen bezeichnet). Die ↑Vorsorgeeinrichtung kann sich an kollektiven Anlagen beteiligen, sofern diese die ↑Anlagevorschriften der BVV 2, 53 einhalten und die Organisation so geregelt ist, dass die Interessen der beteiligten Vorsorgeeinrichtung gewahrt sind.

Kollektive Kapitalanlage
↑Bundesgesetz über die Anlagefonds (AFG); ↑Gesellschaftsrechtliche Anlagefonds.

Kollektivsparen
↑Sparen (Volkswirtschaftliches).

Kollektivversicherung
In der Kollektivversicherung (im Bereich der Privatversicherung) werden mehrere Personen durch einen einzigen Versicherungsvertrag bei einer in der Schweiz konzessionierten Lebensversiche-

rungsgesellschaft versichert. Der Vertrag regelt die Beziehungen zwischen dem Versicherungsnehmer und der Versicherungsgesellschaft. Insbesondere geregelt werden die Art und Höhe der Versicherungsleistungen, die Meldungen, die durch den Versicherungsnehmer vorzunehmen sind, die Risikodeckung sowie die ↑Fälligkeit und Verwendung der Überschüsse. Als Entgelt entrichtet der Versicherungsnehmer eine nach den Tarifgrundlagen der Versicherungsgesellschaft bemessene ↑Prämie. Den ↑Begünstigten selbst stehen keine direkten Ansprüche gegenüber der Versicherungsgesellschaft zu.

Das Bundesamt für Privatversicherungswesen regelt als Aufsichtsorgan die Voraussetzungen für die Anwendung des Geschäftsplanes für Kollektivversicherungen. Voraussetzungen sind die Planmässigkeit der Versicherung, das zentrale ↑Inkasso, Einsparungen gegenüber dem Einzeltarif und das Erfordernis, dass der Hauptzweck des Kollektivs nicht die Versicherung sein darf.

Kombination
↑Fusion.

Kommerzbereich
Eine ↑Universalbank kann in einzelne Teilbereiche aufgegliedert werden. Traditionell war eine produktorientierte Spartengliederung üblich, heute dominiert die kundengruppenorientierte Gliederung. Theoretisch ist der Kommerzbereich bei einer reinen Spartengliederung nur verantwortlich für die Produkte und Dienstleistungen des Kommerzgeschäftes, namentlich des Kreditgeschäftes, bei der reinen Kundenorientierung obliegt ihm die integrale Betreuung der kommerziellen und der öffentlich-rechtlichen Kundschaft mit allen ihren Geschäften.

In der Praxis finden sich bei der heute vorherrschenden Kundengruppenstruktur Elemente beider Ausrichtungen im Kommerzbereich vereinigt. Typische Funktionen sind:
1. Die Betreuung der kommerziellen und der öffentlich-rechtlichen Kundschaft. Hiervon sind die grossen internationalen Kunden oft ausgenommen, die dann in den Zuständigkeitsbereich des ↑Investment banking fallen. Dagegen gehören andere Banken oft auch in den Verantwortungskreis des Kommerzgeschäftes. Die Kundenbeziehungen bilden den Kern des Kommerzbereiches. Falls der Bereich als Profitcenter betrachtet wird, bildet die Summe der Kundenerfolgsrechnungen die Grundlage für den Gewinnbeitrag des Kommerzbereiches.
2. Beurteilung, Genehmigung und oft auch Abwicklung der Kreditgeschäfte.
3. Genehmigung und Verwaltung aller ↑Kreditlimiten. ↑Kreditrisiken fallen nicht nur im kommerziellen Kreditgeschäft an, sondern auch beim Kreditgeschäft mit andern Kunden und Kontrahenten sowie im Handel und im Zahlungsverkehr. Neben den Gegenparteienlimiten gehören auch Länder- und allenfalls Branchen- und Produktlimiten in den Verantwortungsbereich. Bei zahlreichen Banken ist die Verantwortung für die Kundenbeziehungen allerdings organisatorisch getrennt von der Verantwortung für die Kreditrisiken, die bei einem unabhängigen «Bereich» Kreditmanagement liegt. In diesem Falle gehen nicht die effektiven Kreditverluste, sondern die aufgrund des ↑Ratings kalkulierten Standardrisikokosten in die Profitcenterrechnung des Kommerzbereiches ein, während die Differenzen zwischen den effektiven und den kalkulierten Verlusten dem Kreditmanagementbereich als Kosten oder Erlös zugerechnet werden.
4. Wahrnehmung der Produktverantwortung für kommerzielle Kunden. Dazu gehören aus dem Kreditbereich die ↑Betriebs-, Investitions-, Export-, Hypothekar- und ↑Baukredite, sodann die Leasing-, Forfaitierungs- (↑Forfaitierung) und Factoringgeschäfte (↑Factoring), die ↑Akkreditive, ↑Kautionen, Garantien (↑Bankgarantie). Im Rahmen der ↑Passivgeschäfte zählen dazu die ↑Kreditoren auf Sicht und ↑Kreditoren auf Zeit, allenfalls auch die Salärkonten für die Angestellten der Kommerzkunden. Eine wichtige Rolle spielen schliesslich die Produkte des ↑Zahlungsverkehrs, die in elektronischer Form oft in die Geschäftsprozesse der Kommerzkunden eingebunden werden. Die Anlagegeschäfte der Pensionskassen der kommerziellen Kunden werden normalerweise nicht dem Kommerzbereich zugerechnet, sondern der Finanz- oder Asset-Management-Sparte.
5. In der Vergangenheit oblag schliesslich die Führungsverantwortung für die Filialen oft ebenfalls dem Kommerzbereich. *Hans Geiger*

Kommerzieller Kredit
Unter kommerziellem Kredit versteht man die Kreditgewährung der Banken an im Handelsregister eingetragene Firmen, d.h. Einzelunternehmung, Kollektiv- und Kommanditgesellschaft, AG, Kommandit-AG, GmbH und Genossenschaft. Somit ist der Kreditnehmer ein nach kaufmännischen Grundsätzen geführtes Unternehmen und unterliegt der Konkursbetreibung. Den kommerziellen Kredit kann man unterteilen in den industriellen Kredit (↑Industriefinanzierung), den gewerblichen Kredit (↑Gewerbefinanzierung) sowie Handelskredit. Typische Erscheinungsform des Industrie- und Handelskredites ist der ↑Blankokredit. Der kommerzielle Kredit steht im Gegensatz zum ↑Privatkredit.

Kommerzielles Bankgeschäft
↑Firmenkunden, Firmenkundengeschäft.

Kommerzpapier
↑Warenwechsel, Handelswechsel.

Kommissionen im Kontokorrentverkehr
Man unterscheidet im Kontokorrentverkehr, sofern es sich nicht um kommissionsfreie Konti handelt, folgende Kommissionsarten:
1. *Kreditkommission.* Sie wird je nach Vereinbarung oder ↑Usanz vom eingeräumten Kredit, vom höchstbeanspruchten Kredit (vielfach bei überschrittenen ↑Kontokorrentkrediten, falls die Bank nicht eine besondere Überschreitungskommission belastet) oder vom durchschnittlich beanspruchten Kredit, dem sog. mittleren Debetsaldo, berechnet. Den mittleren Debetsaldo findet man, indem man den Zinsnummernsaldo mit 100 multipliziert und durch die Anzahl der Tage der Kontokorrent-Periode teilt.
2. *Minimalkommission.* Sie wird von Banken etwa ausbedungen für den Fall, dass die Kommission einen bestimmten Minimalbetrag nicht erreicht. Sie kann auch als ↑Bereitstellungskommission gedacht sein.
3. *Kontoführungsgebühr.* ↑Bankprovision; ↑Kontokorrent.

Kommissionsgeschäft
Im banktechnischen Sinn versteht man unter Kommissionsgeschäft alle von der Bank mit Klienten abgeschlossenen Geschäfte gegen Vergütung einer Kommission (↑Bankprovision). Hiezu gehören alle sog. Dienstleistungsgeschäfte; darüber hinaus jedoch auch Kreditgeschäfte, die nicht auf Zinsbasis, sondern, wie z. B. die ↑Akzept-, ↑Remboursund ↑Kautionskredite, auf Kommissionsgrundlage abgewickelt werden.
Von der banktechnischen Bedeutung zu unterscheiden ist der rechtliche Begriff der Kommissionsgeschäfte. Danach sind Kommissionsgeschäfte entgeltliche Aufträge, bewegliche Sachen, Waren oder ↑Wertpapiere auf Rechnung des Auftraggebers, aber auf den Namen des Beauftragten, einzukaufen oder zu verkaufen, wie sie in OR 425 ff. umschrieben werden. Darunter fällt jeder Kauf oder Verkauf von Wertschriften durch die Bank im Auftrag des Kunden. Hierbei besteht die Eigenheit, dass die Banken in der Regel als Eigenhändler, als sog. Selbstkontrahenten, auftreten. ↑Selbstkontrahieren im Wertpapierhandel.

Kommissionstratte, Kommissionswechsel
↑Rembourskredit.

Kommissionsweise Platzierung
↑Emissionsgeschäft.

Kommunalbanken
↑Gemeindebanken.

Kommunaldarlehen, -kredit
↑Kredite an öffentlich-rechtliche Körperschaften.

Kommunikations-Management
↑Public relations der Banken.

Kompensationsgeschäft
↑Bartergeschäfte; ↑Gegenseitigkeitsgeschäfte.

Kompensierte Valuta
Gleiche Wertstellung (↑Valutierung) für Belastung und Gutschrift bei einem Kontoübertrag, damit dem Kunden kein Zinsverlust entsteht. Im Devisengeschäft bedeutet kompensierte Valuta, dass der Käufer den Gegenwert erst am Tage zu entrichten braucht, an dem die Devisen zur Verfügung gestellt werden.

Kompetenzordnung
↑Aufbauorganisation.

Komptant
↑Comptant.

Komptantgeschäft
↑Comptantgeschäft.

Komptantkurs
↑Kassakurs.

Konditionenbeitrag
Der Konditionenbeitrag ist Bestandteil der ↑Marktzinsmethode, bei der eine Aufteilung des Zinserfolges (↑Zinsmarge) nach Profitcenter angestrebt wird. Es resultieren somit ein ↑Strukturbeitrag, ein Konditionenbeitrag der Aktiven sowie ein Konditionenbeitrag der Passiven.
Der *spezifische Ergebnisbeitrag eines Kreditgeschäfts* besteht darin, höhere Zinserlöse zu erbringen als eine ↑alternative Kapitalanlage am Geld- und Kapitalmarkt mit vergleichbarer Qualität (↑Zinsbindung, ↑Laufzeit und Währung). Der Opportunitätsgedanke steht im Mittelpunkt der Kalkulation. Demnach hat das Profitcenter «Aktivgeschäft» nur Interesse an Ausleihungen der Gelder in Form von Krediten an die Kunden, wenn die von ihr zu erhaltende Verzinsung über dem ↑Zinssatz liegt, den sie für eine direkte Anlage am ↑Kapitalmarkt erzielen würde. Die Summe der jeweiligen Zinsbeiträge, gewichtet mit ihrem Volumen, ergibt dann den Konditionenbeitrag Aktiven, was die Entschädigung für die Intermediation sowie die Übernahme von Kreditrisiken darstellt.
Der *spezifische Zinsbeitrag eines Einlagegeschäfts* besteht darin, niedrigere Zinskosten zu verursachen als eine alternative Geldaufnahme am Geld- und Kapitalmarkt. Der Opportunitätsgedanke steht auch hier im Mittelpunkt der Kalkulation. Demnach hat das Profitcenter «Passivgeschäft» nur

Interesse an Kundeneinlagen, wenn die zu leistende Verzinsung unterhalb des Zinssatzes liegt, den es für eine Verschuldung mit derselben Laufzeit am Kapitalmarkt zu entrichten hätte. Die Summe der jeweiligen Zinsbeiträge, gewichtet mit ihrem Volumen, ergibt dann den Konditionenbeitrag Passiven, was die ↑Prämie für die Intermediation darstellt.   *Stefan Jaeger*

Konditionenpolitik
Die Konditionenpolitik einer Finanzdienstleistungsunternehmung bezeichnet ein System von Zielen, Grundsätzen und Regelungen im Zusammenhang mit der Planung, Entscheidung und Durchsetzung von Preisen für Bankprodukte. Oft spricht man in diesem Zusammenhang auch von Preispolitik. Sie beinhaltet die grundlegenden, allgemein und langfristig gültigen und wirksamen Entscheidungen und Handlungen, die das Verhalten des Finanzdienstleisters in allen Fragen der Preissetzung und -durchsetzung für seine Leistungen bestimmen und prägen sollen. Diese Entscheidungen umfassen in erster Linie das preisliche Zielsystem der Bank, die Festlegung der zur Erreichung dieser Ziele notwendigen Preisstrategien sowie das zu deren Umsetzung benötigte instrumentelle und institutionelle Regelwerk. Darüber hinaus beinhaltet sie auch alle Entscheidungen und Handlungen im Zusammenhang mit der konkreten Festsetzung von Preisen für die Produkte und Leistungen sowie deren Durchsetzung am Markt.

Die wichtigsten Fragestellungen, die es im Zusammenhang mit der Definition einer Konditionenpolitik zu beantworten gilt, können folgendermassen skizziert werden:
– Welche strategische Bedeutung hat der Preis für die einzelnen Produkte? Die Erreichung welcher strategischen Zielsetzungen sollen durch die Konditionenpolitik unterstützt werden?
– Welche preispolitischen Optionen stehen zur Wahl? Gibt es alternative Denkansätze oder Entscheidungsmodelle?
– Wann und wie soll man Preise verändern?
– Soll man Preise für einzelne Produkte festlegen oder für ganze Produktlinien bzw. Lösungspakete?
– Wann und wie soll man auf Preisveränderungen der Konkurrenten reagieren?
– Welche Elemente bestimmen den Preis für einzelne Produkte, für Produktlinien oder für einen bestimmten Markt?
– Wie hängen Pricing und Distributionsstrategie zusammen?
– Wie organisiert man den Prozess der Preissetzung?
– Wie sollen Preisänderungen nach innen und nach aussen kommuniziert werden?
– Welche Instrumente sollen für welche Fragestellungen eingesetzt werden?

Die Erarbeitung und Umsetzung einer Konditionenpolitik ist eine Abfolge von Entscheidungen, die miteinander in einem systemischen, funktionalen und hierarchischen Zusammenhang stehen. Aufgrund ihrer Positionierung in diesem System kann man Preisentscheidungen einer der drei Phasen Preisplanung, Preissetzung und Preisdurchsetzung zuordnen. Wie bei anderen strategischen Entscheidungen besteht auch hier das Problem darin, mit unvollständigen Informationen unter Unsicherheit und in einem mehrdimensionalen Zielsystem entscheiden, d.h. Preisziele, Preisstrategien, Preismodelle und Einzelpreise für Bankprodukte in einem spezifischen Marktsegment festlegen zu müssen.

Im Rahmen der Konditionenplanung geht es darum, die für das Pricing relevanten unternehmensinternen und -externen Rahmenbedingungen zu evaluieren und zu analysieren, die Preisziele festzulegen, die notwendigen institutionellen und instrumentalen Voraussetzungen für die nachfolgenden Phasen zu schaffen und den Preisentscheidungsprozess zu strukturieren. Die Phase der Preissetzung beinhaltet alle Entscheidungen, die direkt oder indirekt mit der quantitativen Festsetzung des Preises, d.h. des Verhältnisses zwischen Preiszähler und Preisnenner für ein bestimmtes Finanzdienstleistungsprodukt, in Zusammenhang stehen. Dazu gehören in erster Linie die zur Zielerreichung zu wählende Preisstrategie, die Auswahl und Ausarbeitung der anzuwendenden Preismodelle sowie die Entscheidungen im Zusammenhang mit der Preisdifferenzierung. Die Phase der Preisdurchsetzung schliesslich umfasst die Entscheidungen und Handlungen, die mit der operativen Umsetzung der getroffenen Preisentscheidungen im Zusammenhang stehen. Im Vordergrund stehen dabei Entscheidungen, die ausgerichtet sind auf die Verhaltensbestimmung der eigenen Mitarbeiter, auf die Kommunikation von Preisentscheidungen am Markt oder auf Fragen der Integration von Preisentscheidungen in das Marketingkonzept.

Die Entscheidungs- und Handlungsfelder der Konditionenpolitik lassen sich in einem aus vier Elementen bestehenden Praxismodell zusammenfassen, anhand dessen die komplexen Problemstellungen im Zusammenhang mit der konkreten Erarbeitung und Umsetzung einer Konditionenpolitik dargestellt werden können (vgl. Abbildung S. 657).

Das *konditionenpolitische Konzept* beschreibt die für die Unternehmung geltenden Rahmenbedingungen der Konditionenpolitik. Es definiert und analysiert die für die Finanzdienstleistungsunternehmung, aber auch für die einzelnen Produkte, Produktbereiche und Kundensegmente geltenden Prämissen, die Annahmen über die segment- und produktbezogenen Preiselastizitäten der Nachfrage, und über die Reaktionsfunktion der Konkurrenten. Insbesondere aber werden die Verbindung der Konditionenpolitik zur Wettbewerbsstrategie der Unternehmung im jeweiligen Markt aufgezeigt und die entsprechenden Schlussfolgerungen in der Form von produkt- und kundensegmentbezogenen Preiszielen für den Preissetzungs- und Preisdurchsetzungsprozess abgeleitet.

Elemente der bankbetrieblichen Preisentscheidung

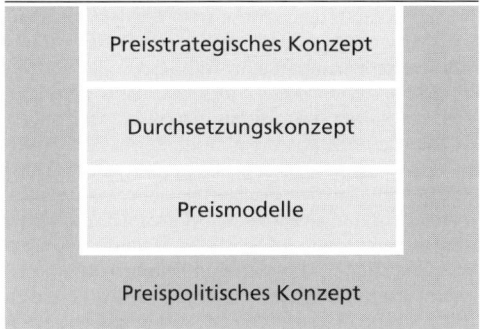

Das *preisstrategische Konzept* legt fest, wie diese Zielsetzungen erreicht werden sollen. Es beschreibt und analysiert die zur Diskussion stehenden preisstrategischen Optionen und bewertet sie im Hinblick auf die definierten Preisziele. Ihren Ausdruck finden die Preisstrategien in den für die einzelnen Produktbereiche und Kundensegmente gewählten Preismodellen. *Preismodelle* sind Regelsysteme zur Berechnung von Preisen und Preiselementen. Im Preisdurchsetzungskonzept schliesslich werden die Rahmenbedingungen und Determinanten der Umsetzung und Durchsetzung der getroffenen Entscheidungen evaluiert und definiert. Es beinhaltet ein System von Entscheidungen und Handlungen, die auf die konkrete Durchsetzung von Preisen in einem bestimmten Markt für ein bestimmtes Proukt und ein bestimmtes Kundensegment ausgerichtet sind.

Der *Preis* ist angesichts der Veränderungen im wettbewerbsrelevanten Umfeld für jeden Finanzdienstleister zu einem wichtigen wettbewerbsstrategischen Faktor geworden. In allen Markt- und Produktbereichen nimmt die *Preiselastizität der Nachfrage* zu. Der wachsende Konkurrenzdruck intensiviert den Preiswettbewerb zusätzlich. Ein Finanzdienstleistungsanbieter, welcher die ihm zur Verfügung stehenden preisstrategischen Optionen erkennen und nutzen will, muss die dazu notwendigen theoretischen, organisatorischen und technologischen Grundlagen schaffen. Die Erarbeitung und Umsetzung einer individuellen Konditionenpolitik und die Ableitung entsprechender Preisstrategien ist ein wichtiger Bestandteil der Wettbewerbsstrategie geworden.

Beat Bernet

Konglomerat
↑Conglomerates.

Kongruente Refinanzierung
Währungs-, laufzeit- und allenfalls betragsmässige Übereinstimmung einer Finanzierung mit den zu finanzierenden Aktiven. Bei den zu finanzierenden Aktiven kann es sich um eine ↑Investition oder um Ausleihungen und ↑Finanzanlagen einer Bank handeln. Mittels kongruenter Refinanzierung werden verschiedene Ziele erreicht:
– Ausschaltung des ↑Währungsrisikos
– Ausschaltung des ↑Zinsänderungsrisikos
– Ausschaltung des ↑Risikos einer Restfinanzierungslücke oder eines Finanzierungsüberschusses.

Bei der Finanzierung von Realinvestitionen ist die Einhaltung des ↑Kongruenzprinzips verhältnismässig einfach. Innerhalb einer ↑Bankbilanz können indessen alle drei ↑Risikoarten kumuliert auftreten, weil die Refinanzierung der Aktiven Teil des Geschäftes mit einer grossen Zahl von Kunden ist und nicht Spiegel eines finanzpolitischen Entscheides. Durch den Einsatz der Instrumente des ↑Asset and liability managements können jedoch diese Risiken gesteuert und bewirtschaftet werden. Eine wichtige Rolle spielen dabei Ertragsüberlegungen, weil die Übernahme von Risiken durch den Markt entschädigt wird. Das Eingehen und Bewirtschaften von Risiken im Rahmen des Asset and liability managements müssen durch ein unabhängiges Risikocontrolling überwacht werden.
↑Fristentransformation; ↑Hedge accounting.

Kurt Aeberhard

Kongruenz der Fälligkeiten
↑Liquidität (Allgemeines und Aufsichtsrechtliches); ↑Liquidität (Betriebswirtschaftliches); ↑Goldene Bankregel; ↑Kongruente Refinanzierung.

Kongruenzprinzip
Prinzip der Deckungsgleichheit in verschiedenen Wissensgebieten:
– Rechnungswesen: formale und inhaltliche Übereinstimmung der Eröffnungsbilanz eines Geschäftsjahres mit der Schlussbilanz des vorangegangenen Jahres (Bilanzidentität)
– Organisationslehre: Übereinstimmung von Aufgabe, Kompetenz und Verantwortung
– Finanzierung: währungs-, betrags- und laufzeitmässige Übereinstimmung einer Finanzierung mit der zu finanzierenden ↑Investition zwecks Ausschaltung des Währungs- und des ↑Zinsänderungsrisikos. ↑Hedge accounting.

Konjunkturindikatoren, monetäre
Mit dem Begriff Konjunkturindikatoren werden üblicherweise statistische Informationen charakterisiert, die entweder Auskunft über die jeweils aktuelle gesamtwirtschaftliche Lage geben können oder sich als Basis für die Prognose gesamtwirt-

schaftlicher Aktivitäten eignen. Der angestrebte Prognosezeitraum umfasst dabei in der Regel einen Bereich zwischen sechs Monaten und zwei Jahren. Aufgrund dieser beiden Zielsetzungen werden Konjunkturindikatoren auch in mit der gesamtwirtschaftlichen Entwicklung gleichlaufende *(Coincident indicators)* und vorlaufende ↑ Indikatoren *(Leading indicators)* unterteilt. Konjunkturindikatoren sind entweder Daten, die sich auf eine einzelne gesamtwirtschaftlich relevante Grösse beziehen, oder statistische Konstrukte (Sammelindikatoren), die den Informationsgehalt verschiedener Grössen zusammenfassen.

Monetäre Konjunkturindikatoren geben entweder direkt Aufschluss über die Entwicklung von Preisen, ↑ Zinsen, ↑ Wechselkursen, Geldmengenaggregaten, ↑ Kreditvolumina usw. oder enthalten für die Gestaltung der ↑ Geldpolitik relevante Informationen, wie z. B. über die Auslastung des Produktionsfaktors Arbeit bzw. des gesamten Produktionspotenzials in einer Volkswirtschaft, die Beurteilung der Geschäftslage der Unternehmen in den verschiedenen Wirtschaftssektoren bzw. -branchen oder die Investitionspläne der privaten und öffentlichen Unternehmen.

Verfügbarkeit, Revisionsanfälligkeit und Messniveau der grundsätzlich als Konjunkturindikatoren in Frage kommenden statistischen Informationen entscheiden dann mit darüber, ob und inwieweit diese Daten die genannten Zielsetzungen erfüllen können. Daten, die sich nur auf einen bereits länger zurückliegenden Zeitpunkt bzw. Zeitraum beziehen, sind damit als Konjunkturindikatoren ebenso wenig geeignet wie Daten, die erfahrungsgemäss aufgrund des spezifischen Erhebungs- und Aufbereitungsprozesses immer wieder erheblich revidiert werden müssen.

1. Quantitative Daten als Basis für monetäre Konjunkturindikatoren

Daten zur Preisentwicklung, Kreditbeanspruchung und über die Veränderung der Geldmengenaggregate stehen praktisch immer mit einer für die Einschätzung der momentanen Situation ausreichenden Aktualität zur Verfügung, Informationen zur Zins- und Wechselkursentwicklung sowie über die Kursentwicklung auf den Aktienmärkten (↑ Aktie [als Anlagepapier]) sogar laufend und praktisch ohne Zeitverzögerung. Das Problem dieser Informationsquellen in Bezug auf die Analyse und Prognose der gesamtwirtschaftlichen Situation besteht vor allem in deren Aufbereitung und Interpretation. Ein Teil dieser Daten – wie z. B. die Preise für bestimmte Konsumgüter – unterliegt jahreszeitlichen Schwankungen, eine direkte Verwendung ohne eine Bereinigung von den saisonalen Einflüssen erschwert deshalb die Interpretation. Die Wahl des zur Anwendung kommenden Saisonbereinigungsverfahrens hat jedoch einen erheblichen Einfluss auf die bei einer Verwendung als Konjunkturindikatoren besonders interessierende Entwicklung am jeweils aktuellen Rand.

Bei der Zusammenfassung einzelner Preisinformationen zu einem für eine spezifische Preisentwicklung aussagekräftigen Index, wie z. B. dem Index für die Konsumentenpreise (↑ Landesindex der Konsumentenpreise), ist die dazu gewählte Indexkonstruktion bei der Interpretation mit zu berücksichtigen. Die Wahl des Indextypes bestimmt die Indexeigenschaften, mögliche Überschätzungen der tatsächlichen Preisentwicklung sind daher u. U. nicht auszuschliessen. Subindizes liefern oft ergänzende Informationen, insbesondere dann, wenn nur temporär wirkende Sonderfaktoren, wie z. B. eine Erhöhung des Mehrwertsteuersatzes, die aktuelle Teuerungsentwicklung bestimmen. Ein den Einfluss solcher Sonderfaktoren nicht berücksichtigender Massstab für die unter dem Aspekt einer Analyse der aktuellen gesamtwirtschaftlichen Lage geldpolitisch allein relevante «Kernteuerung» (↑ Kerninflation) ist daher, trotz der damit verbundenen Abgrenzungsschwierigkeiten, ebenfalls zu berechnen und auszuweisen. Prognosen über die weitere Teuerungsentwicklung sollten auf einer geschätzten Kernteuerung basieren. Die auf temporäre Störungen meist stark reagierenden Rohstoffpreise z. B. sind deshalb als Frühindikatoren für die allgemeine Teuerungsentwicklung nur bedingt geeignet.

Der Zinsspread, d. h. die Differenz zwischen einem ↑ langfristigen und einem ↑ kurzfristigen ↑ Zinssatz, liefert ergänzende Informationen zum jeweiligen ↑ Zinsniveau und auch, neben den Angaben über die Veränderungen der Geldmengenaggregate, Anhaltspunkte über den jeweiligen geldpolitischen Kurs der ↑ Notenbank. Der Zinsspread signalisiert z. B. eine Lockerung der Geldpolitik, falls die Kurzfristsätze im Vergleich mit den Zinssätzen für langfristige Kredite und damit auch zu den die Langfristsätze mitbestimmenden Inflationserwartungen (↑ Inflation) relativ niedrig sind. Der Zinsspread ist erfahrungsgemäss auch ein guter Indikator für konjunkturelle Wendepunkte. Dabei ist allerdings zu beachten, dass die Definition von Wendepunkten in der gesamtwirtschaftlichen Entwicklung stets vom zu Grunde liegenden Zykluskonzept abhängig ist.

Eine Zyklusvorstellung basiert entweder auf der zeitlichen Entwicklung der Veränderungsraten einer gesamtwirtschaftlichen Referenzgrösse, wie z. B. dem Bruttoinlandprodukt oder der Industrieproduktion, gegenüber der Vorperiode – Monat oder Quartal – bzw. gegenüber der entsprechenden Vorjahresperiode oder auf der zeitlichen Entwicklung der Abweichungen von einer trendmässigen Entwicklung der die gesamtwirtschaftliche Lage charakterisierenden Referenzgrösse.

Aufgrund der heute äusserst kurzfristig orientierten Akteure auf den ↑ Finanzmärkten haben dagegen die Aktienkurse ihre frühere Bedeutung als

Frühindikatoren für die künftige gesamtwirtschaftliche Entwicklung weit gehend verloren. Hinzu kommt, dass die Mehrzahl der börsenkotierten Unternehmen international tätig sind und damit direkte Rückschlüsse auf die gesamtwirtschaftliche Lage in einer bestimmten Volkswirtschaft aufgrund von Aktienkursindizes (↑Aktienindex) nur noch bedingt möglich sind.

Die für die Geldpolitik massgebende Entwicklung des gesamtwirtschaftlichen Produktionspotenzials und dessen Auslastung lässt sich aufgrund der nur mit grossen Verzögerungen zur Verfügung stehenden quantitativen Informationen über Produktion und Auftragseingänge sowie den noch später erhältlichen Angaben zur Volkswirtschaftlichen Gesamtrechnung (VGR) nur sehr schwer abschätzen. Hinzu kommen die unvermeidlichen Revisionen bei dieser Datenkategorie. Eine gewisse Ausnahme bilden dabei allein die rasch verfügbaren Arbeitsmarktdaten.

2. Die Bedeutung qualitativer Daten für die Konjunkturanalyse

Eine Alternative zu den mit der Revisions- und Verfügbarkeitsproblematik belasteten quantitativen statistischen Daten sind die Ergebnisse von regelmässig durchgeführten Umfragen bei Unternehmen und privaten Haushalten. Die Befragungen erfolgen dabei entweder durch den Versand von Fragebogen mit Rückantwortcouverts, über das ↑Internet oder telefonisch. Mehrheitlich werden dabei nur Fragen gestellt, die sich mit Ja oder Nein beantworten lassen oder z. B. mit Besser bzw. Mehr, Unverändert und Schlechter bzw. Weniger. Die Differenz zwischen den Prozentanteilen der mit Besser bzw. Mehr und der mit Schlechter bzw. Weniger Antwortenden stellt eine einfache und häufig benutzte Form einer Quantifizierung dieser qualitativen Daten dar und wird in der Regel mit dem Begriff Saldo bezeichnet. Die zeitlichen Entwicklungen solcher Salden eignen sich vielfach direkt als Konjunkturindikatoren.

Regelmässig durchgeführte Unternehmensbefragungen (Business surveys) geben Aufschluss über die Einschätzung der aktuellen Lage durch die Unternehmen selbst und deren Erwartungen über die weitere Entwicklung bei den Preisen, den Auftragseingängen usw. Bei ausreichender Stichprobengrösse und Beantwortungsquote sind differenzierte Analysen nach Branchen, Unternehmensgrösse, Regionen und Exportabhängigkeit möglich.

Die Investitionspläne der privaten und öffentlichen Unternehmen, unterschieden nach Ausrüstungs- und Bauinvestitionen, geben Aufschluss über die erfahrungsgemäss zyklusbestimmende Investitionstätigkeit. Obwohl der private Konsum im Vergleich zu den Anlageinvestitionen eine wesentlich geringere ↑Volatilität zeigt, ist der Verlauf dieses Verwendungsaggregats aufgrund seines hohen Anteils am Bruttoinlandprodukt für die gesamtwirtschaftliche Entwicklung ganz entscheidend. Konsumentenbefragungen (Consumer surveys) ermöglichen ein Bild über das aktuelle Konsumentenverhalten und die Erwartungen der privaten Haushalte in Bezug auf die Einkommens-, Preis- und Arbeitsmarktentwicklung.

Erwartungsgrössen erweisen sich in vielen Fällen als geeignete Frühindikatoren (Leading indicators), insbesondere auch als relativ zuverlässige Indikatoren zur Früherkennung von Wendepunkten. Allerdings besteht häufig ein Trade off zwischen der Länge des zeitlichen Vorlaufs und der Zuverlässigkeit der Frühindikatoren. Mithilfe von Sammelindikatoren lassen sich solche Nachteile teilweise etwas abschwächen. Einige dieser Sammelindikatoren sind eng korreliert mit den für eine konjunkturelle Lagebeurteilung in Betracht zu ziehenden Referenzgrössen, wie dem Bruttoinlandprodukt oder der Auslastung des gesamtwirtschaftlichen Produktionspotenzials. *Bernd Schips*

Lit.: Lahiri, K./Moore, G. H. (Hrsg.): Leading economic indicators, Cambridge 1991. – Oppenländer, K. H. (Hrsg.): Konjunkturindikatoren – Fakten, Analysen, Verwendung, München 1995. – Amstad, M.: Konjunkturelle Wendepunkte: Datierung und Prognose, Spescha 2000. – Conference Board, Business Cycle Indicators Handbook, New York 2000.

Konkordat

Auch Interkantonales Konkordat über Massnahmen zur Bekämpfung von Missbräuchen im Zinswesen.

Gestützt auf die einschlägigen verfassungs- und obligationenrechtlichen Kompetenzen (Art. 31 Abs. 2 der früheren Bundesverfassung, Art. 73 Abs. 2 OR) wurde das Interkantonale Konkordat über Massnahmen zur Bekämpfung von Missbräuchen im Zinswesen vom 08.10.1957 erlassen. Das ab 01.01.2003 gültige Bundesgesetz über den ↑Konsumkredit vom 23.03.2001, das gemäss Art. 38 die Konsumkreditverträge abschliessend regelt, löst das Konkordat ab (↑Konsumkreditgesetz). Dem Konkordat traten seinerzeit die Kantone Bern, Zug, Freiburg, Schaffhausen, Waadt, Wallis, Neuenburg, Genf und Jura bei. Sein Zweck bestand darin, Schuldner vor Übervorteilung zu schützen, die auf dem Gebiet der Konkordatskantone Gelddarlehen in irgendeiner Form oder Kredite aufnahmen. Banken und Versicherungen sowie die weiteren in Art. 17 erwähnten Unternehmen unterstanden den Vorschriften nur, soweit sie Kleinkredite gewährten. Zu den wesentlichsten Vorschriften des Konkordates gehörte die Festlegung einer Gesamtentschädigung von monatlich höchstens 1% für Zinsen, Provisionen, Kommissionen und Gebühren sowie höchstens 0,5% für ausgewiesene Auslagen und Kosten, was einem kontokorrentmässig, d. h. auf dem jeweiligen Aussenstand berechneten Jahreszinssatz von maximal 18% entsprach (Art. 1). Es durfte keine Schuldanerkennung ausgestellt werden, die auf einen höheren als den wirklich ausbezahlten Betrag lautete (Art. 4) und kein Entgelt für eine Kreditvermittlung (Art. 2) sowie für ein nicht zu Stande gekommenes Darlehens- oder Kreditgeschäft (Art. 7) gefordert werden. Das Konkordat verbot das «Schneeball-System», ohne es näher zu definieren (Art. 6). Doktrin und Rechtsprechung interpretierten die Vorschrift als Verbot der Gewährung von Kettendarlehen, das heisst eines Zweitkredites während der ↑Laufzeit eines früher eingeräumten Kredites bei gleichzeitiger Verrechnung der neuen Darlehensvaluta mit dem noch offenen Restsaldo der Erstschuld, und zwar ohne Gutschrift des nicht verfallenen Zinses. Die Schutzwürdigkeit des Schuldners gründete auf dem Vorwurf, dass die auf die nicht beanspruchte Laufzeit entfallenden Zinsen nicht gebührend zurückerstattet würden, was zu einer beträchtlichen Zinserhöhung zulasten des Darlehensnehmers führe. Das Konkordat untersagte, dass die Darlehensgewährung oder Krediteröffnung von zusätzlichen Bedingungen, etwa der Zeichnung von ↑Aktien, ↑Obligationen, Genossenschaftsanteilen oder dem Abschluss einer Versicherung, ausgenommen einer Ablebensversicherung für das Darlehen, abhängig gemacht werden darf (Art. 8). Es enthielt ferner Vorschriften zur Werbung (Art. 9), u. a. war das Anwerben von Kunden in Gastwirtschaften oder an Arbeitsstätten verboten (Art. 10), sowie zu Form, Inhalt und Abschluss von Verträgen (Art. 11, 12). Widerhandlungen ahndete das Konkordat mit Strafsanktionen, d. h. Haft oder Busse bis CHF 10000 sowie allenfalls einem zeitlich befristeten Berufsverbot für Darleiher oder ↑Kreditgeber (Art. 13, 14). Begingen ↑juristische Personen Verstösse, so wurden die fehlbaren Gesellschaftsorgane bestraft (Art. 16).

Lydia Saxer Waser

Konkordat, interkantonales, über Massnahmen zur Bekämpfung von Missbräuchen im Zinswesen
↑Konsumkreditgesetz; ↑Konkordat.

Konkurrenzanalyse
↑Marketing der Banken.

Konkursprivileg
Vorrecht, das ungesicherte Gläubiger bestimmter Forderungsklassen im Konkurs des Schuldners dadurch geniessen, dass Gläubiger einer nachfolgenden Klasse und insbesondere die gewöhnlichen Gläubiger (Kurrentgläubiger, Drittklassgläubiger) nur Anspruch auf den Verwertungserlös haben, wenn die Gläubiger der vorangehenden Klassen voll befriedigt sind. Konkursprivilegien widersprechen dem Prinzip der Gleichbehandlung der ungesicherten Gläubiger, welches dem Konkursverfahren zu Grunde liegt. Mit der Revision des SchKG (in Kraft seit 01.01.1997) wurde deshalb der Kreis der privilegierten Forderungen enger gezogen und die Zahl der Konkursklassen von bisher 5 auf 3 herabgesetzt (SchKG 219). Im Insolvenzverfahren von Banken werden mit Wirkung ab 01.01.1997 folgende Forderungen bis zum Höchstbetrag von CHF 30000 je Gläubiger einer besonderen Klasse zwischen der zweiten und dritten Klasse zugewiesen: (1) Forderungen aus Konten, auf die regelmässig Erwerbseinkommen, Renten oder Pensionen von Arbeitnehmern oder familienrechtliche Unterhalts- oder Unterstützungsbeiträge überwiesen werden; (2) Forderungen von Kunden aus ↑Spar-, Depositen- oder ↑Anlagekonti oder -heften oder aus ↑Kassenobligationen (BaG 37a). ↑Einlegerschutz.

Konkursstatus
↑Status.

Konkursverfahren bei Banken
Insolvente Banken unterliegen den Bestimmungen zum Nachlass- und Konkursverfahren des SchKG, sofern keine Sonderbestimmungen zur Anwendung kommen. Demnach kann ein Konkurs gegen eine Bank nach den Bestimmungen zur ordentlichen Konkursbetreibung (SchKG 159 f.), Wechsel- oder Scheckbetreibung (SchKG 177 ff.) oder Konkurseröffnung ohne vorgängige Betreibung (SchKG 190) eröffnet werden. Zudem kann ohne Betreibung der Konkurs auch bei Zahlungseinstellung durch die Bank (SchKG 190), bei Abgabe der ↑Insolvenzerklärung durch die Bank (SchKG 191) oder bei Deponierung der Bilanz (OR 725) erklärt werden. Der Besonderheit von Bankinsolvenzen hat der Gesetzgeber durch Erlass von besonderen Vorschriften im Bankengesetz (BankG) Rechnung getragen. Diese Gesetzesbestimmungen werden präzisiert in der ↑Bankenverordnung (BankV) und in der Vollziehungsverordnung zum Bundesgesetz über die Banken und Sparkassen vom 30.08.1962 (BankVV). Schliesslich hat das Schweizerische Bundesgericht in seiner Verordnung betreffend das Nachlassverfahren von Banken und Sparkassen vom 11.04.1935 (VNB) vom SchKG abweichende Regelungen für das Nachlassverfahren für Banken erlassen. Demgegenüber hat das Gericht auf Sonderbestimmungen im Konkursverfahren verzichtet.

Einer Eröffnung eines Nachlass- oder Konkursverfahrens geht in der Regel eine von der Bankenkommission (EBK) angeordnete Schliessung (↑Bankschliessung) oder ein Bewilligungsentzug mit anschliessender Zwangsliquidation (↑Liquidation von Banken) voraus. Da die ↑Bankenstundung nur nicht überschuldeten Banken gewährt werden kann, müssen überschuldete Banken um Nachlassstundung ersuchen. Rechtlich ist die Überschuldung jedoch nicht Voraussetzung für eine Nachlassstundung. Wie die Bankenstundung muss auch die Nachlassstundung von der Bank selbst beantragt werden (BankG 37). In der Praxis geschah dies in den letzten Jahren ausnahmslos durch die von der Bankenkommission eingesetzten Liquidatoren. Zuständig für den beim Bundesgericht anfechtbaren Entscheid über die Nachlassstundung ist eine von den Kantonen zu bestimmende Nachlassbehörde (BankG 37). Die Nachlassbehörde ernennt bei Eingang des Gesuchs um Nachlassstundung einen provisorischen ↑Sachwalter. Zwischen der Einreichung des Gesuchs und der Einsetzung des provisorischen Sachwalters sind der Bank alle Rechtshandlungen untersagt bzw. den ↑Gläubigern gegenüber unwirksam. Eine allfällige anstehende Konkurserkenntnis wird bis zum Entscheid über das Nachlassstundungsgesuch ausgesetzt. Wenn die Nachlassbehörde die Stundung bewilligt, ernennt sie definitiv einen Sachwalter. Die Dauer der Nachlassstundung beträgt sechs Monate und kann nötigenfalls um weitere sechs Monate verlängert werden. Aufgrund der Besonderheit von Banken weicht das Nachlassverfahren für Banken vom ordentlichen Nachlassverfahren gemäss SchKG in einigen Punkten ab. So findet keine Gläubigerversammlung statt (BankG 37). Die Gläubiger haben indessen die Möglichkeit, den Entwurf des ↑Nachlassvertrags während der Auflagefrist einzusehen und Einwendungen zu machen. Ein Nachlassvertrag kommt nicht zustande, wenn mehr als ein Drittel der im Passivenverzeichnis figurierenden Gläubiger mit mehr als einem Drittel des Gesamtbetrages der Forderungen Einwendungen gegen den Nachlassvertrag erhebt. Die Nachlassbehörde muss von Amtes wegen prüfen, ob mit dem vorgeschlagenen Nachlassvertrag die Interessen der Gesamtheit der Gläubiger besser gewahrt werden als bei einer Konkursliquidation. Im Nachlassverfahren kann im Gegensatz zum Konkursverfahren nur bei Nachweis eines berechtigten Interesses Einsicht in das Passivenverzeichnis verlangt werden, was eine relative Wahrung des Bankgeheimnisses ermöglicht. Eine entsprechende Vorschrift im Konkursverfahren fehlt. Der Bankenkonkurs ist in den letzten Jahrzehnten kaum mehr zur Anwendung gekommen. Beim Bankenkonkurs gibt es wie auch im Nachlassverfahren keine Gläubigerversammlung. Sämtliche Rechte der Gläubigerversammlung werden durch die vom Konkursgericht ernannte Konkursverwaltung ausgeübt.

1. Gläubigerschutz
Im Konkurs und Nachlassverfahren werden gewisse Forderungen privilegiert behandelt und vor der letzten Gläubigerklasse befriedigt (BankG 37a). Privilegiert sind Konti, auf die regelmässig arbeits- oder familienrechtliche Leistungen einbezahlt werden, Spar-, Depositen- oder Anlagehefte oder -konti und Kassenobligationen. Die Privilegierung ist auf den Höchstbetrag von CHF 30 000 pro Person beschränkt. Im Sinne der ↑Selbstregulierung besteht im Rahmen der Schweizerischen ↑Bankiervereinigung die Vereinbarung über den ↑Einlegerschutz bei zwangsvollstreckungsrechtlicher Liquidation einer Bank. Gemäss der heute gültigen Vereinbarung vom 01.07.1993 gewährleisten die Unterzeichnerbanken bei einer Nachlassstundung oder im Konkurs eine beschleunigte Auszahlung der gesetzlich privilegierten Einlagen von nunmehr CHF 30 000, wobei es sich rechtlich um eine rückzahlbare Bevorschussung handelt. Gegen Verpfändung ihres Guthabens im entsprechenden Umfang gelangen die Kleingläubiger nach Eröffnung des Konkurses oder Bewilligung der Nachlassstundung rasch zu ihrem Geld. Die Finanzierung der an die Einleger ausbezahlten Vorschüsse geschieht im konkreten Einzelfall durch Beiträge der Unterzeichnerbanken, d. h. die Banken bringen die notwendigen Mittel erst bei Bedarf im Einzelfall auf. Die Bankiervereinigung lässt sich die ausbezahlten Guthaben durch die betroffenen Einleger verpfänden und tritt im entsprechenden Umfang als Gläubigerin der Masse an deren Stelle. Die Bevorschussung durch die Unterzeichnerbanken ist auf eine Gesamtsumme von CHF 1 Mia. begrenzt.

Seit der Revision des SchKG vom 16.12.1994 gibt es im Bankengesetz einen Aussonderungstatbestand für Depotwerte von Kunden im Konkurs und im Nachlassverfahren der Bank ein Aussonderungsrecht. Als Depotwerte im Sinne des BankG gelten «bewegliche Sachen und ↑Effekten der Depotkunden, bewegliche Sachen, Effekten und Forderungen, welche die Bank für Rechnung der Depotkunden fiduziarisch innehat, frei verfügbare Lieferansprüche der Bank gegenüber Dritten aus Kassageschäften, abgelaufenen ↑Termingeschäften, ↑Deckungsgeschäften oder ↑Emissionen für Rechnung der Depotkunden» (BankG 16). In einem Konkursverfahren wie auch im Nachlassverfahren müssen diese Depotwerte unter Vorbehalt sämtlicher Ansprüche der Bank gegenüber dem ↑Deponenten zu dessen Gunsten abgesondert werden (BankG 37b). Unterhält die Bank ein Depot bei einem Dritten (z. B. bei einer ↑Sammelverwahrungsstelle), so wird vermutet, dass es sich dabei um Bestände ihrer Depotkunden handelt, die abzusondern sind.

2. Gesetzgeberische Entwicklungen
Der Chef des Eidgenössischen Finanzdepartements (EFD) beauftragte am 19.03.1999 eine Expertenkommission, zum einen die geltenden Regelungen über die ↑Bankensanierung und -liquidation anzupassen und zum anderen abzuklären, ob die Regelungen über den Einlegerschutz befriedigen und allenfalls Verbesserungen angezeigt sind. Die Expertenkommission hat den Bericht im Oktober 2000 verabschiedet und dem

EFD übergeben. Sie hat die Bestimmungen zur Bankensanierung und -liquidation von Grund auf überarbeitet und einen entsprechenden Entwurf zur Änderung des Bankengesetzes vorgelegt. Das Vernehmlassungsverfahren wurde im Mai 2001 abgeschlossen. Im Bereich der Sanierung und ↑Liquidation von Banken sollen die gegenwärtig zahlreichen und zum Teil in verschiedenen Verordnungen verstreuten Bestimmungen ins Bankengesetz aufgenommen und auf das Wesentliche konzentriert werden. Der Expertenentwurf erweitert die Befugnisse der EBK bei der Behandlung von Problembanken und sieht vor, dass bei Vorliegen einer dauernden Verletzung der Eigenmittelvorschriften oder bei Verdacht auf Überschuldung anstelle eines sofortigen Bewilligungsentzuges mit anschliessender Liquidation, wie unter geltendem Recht vorgesehen, Massnahmen zur Wahrung der Gläubigerinteressen sowie zum Schutz der Bank vor Geldrückzügen ergriffen werden können. Neu soll die EBK eine Stundung anordnen und der Bank damit direkt oder indirekt Betreibungsschutz gewähren können. Bei Aussicht auf Sanierung einer insolvenzgefährdeten Bank soll die EBK ein Sanierungsverfahren einleiten können. In Fällen ohne Aussicht auf Sanierung oder auf Antrag einer qualifizierten Mehrheit von Gläubigern soll die EBK verpflichtet sein, ein Bankenkonkursverfahren zu eröffnen. Ein einziges Liquidationsverfahren (Bankenkonkurs) tritt an die Stelle des gegenwärtigen Nachlass- und Konkursverfahrens. Es lehnt sich an das ordentliche Konkursverfahren an, wobei aber entsprechend den Besonderheiten der Bankenliquidation einige zum Teil bereits jetzt bestehende Spezialregeln gelten. Im Bereich des Einlegerschutzes sollen in Anlehnung an die Regelung in der Europäischen Union die Banken gesetzlich verpflichtet werden, privilegierte Einlagen im Rahmen einer Selbstregulierung zu sichern, wobei ihnen – die Genehmigung der EBK vorbehalten – freigestellt wird, wie sie diese Sicherung gestalten und finanzieren.

Eva Hüpkes

Konnossement (Bill of lading [B/L])

Ein im Schiffsgüterverkehr gebräuchliches ↑Wertpapier, welches die Erklärung über den Empfang der Ware (Fracht), die Bedingungen, zu denen der Transport übernommen wird, und die Verpflichtung zur Auslieferung im vorgeschriebenen Bestimmungshafen an den rechtmässigen Konnossement-Inhaber enthält. Das Transportdokument ist das wichtigste der im ↑Dokumenten-Akkreditiv und Dokumentarinkassogeschäft (↑Dokumentarinkasso) vorkommenden Dokumente.

Das Konnossement wird gewöhnlich in drei in gleicher Weise negoziierbaren Originalexemplaren ausgefertigt (= voller Satz). Die Waren werden von den Schifffahrtsgesellschaften gegen das zuerst vorgewiesene Exemplar ausgeliefert, wodurch die andern gegenstandslos werden. Neben Originalexemplaren können beliebig viele Kopien eines Konnossements ausgestellt werden. Sie tragen den Vermerk «not negotiable» und verkörpern keinen Anspruch auf die Ware. Verschiedene an der Spedition Beteiligte können ein Interesse an solchen Kopien haben, wie der Kapitän, der Spediteur oder der Reeder.

Die Konnossemente können ausgestellt werden:
1. an «Order» oder an «Order of shipper» (Absender, Verfrachter). In beiden Fällen sind sie vom «shipper» auf der Rückseite ↑blanko zu indossieren, damit der jeweilige Inhaber seinen Rechtsanspruch geltend machen kann, d. h. gegen Vorweisung des Konnossements die Ware in Empfang nehmen kann.
2. an die Order des Empfängers der Ware (Bank, Käufer oder deren Agenten). Dieses Konnossement kann vom darin erwähnten Empfänger der Ware auf der Rückseite an einen anderen Empfänger indossiert werden – es ist also negoziierbar (↑Negoziierung).
3. auf den Namen des Empfängers der Ware (Straight consigned), also nicht an Order, in welchem Falle nur dieser zum Bezug der Ware berechtigt ist. Ein solches Konnossement ist nicht negoziierbar. Eine Übertragung auf Dritte könnte nur mittels eigentlicher ↑Abtretung erfolgen.

Die Banken müssen auf der Einreichung von *reinen Konnossementen (clean B/L)* bestehen. Der Verkäufer muss die Ware in seetüchtiger Verpackung liefern. Manchmal lässt der Käufer die Ware bei der Übergabe an den Spediteur kontrollieren, meist jedoch verlässt er sich ganz auf das Konnossement. Die Bestätigung des Frachtführers auf dem Konnossement, dass er die Ware «On board in apparent good order and condition» entgegengenommen hat, wird als Erklärung an den Empfänger akzeptiert, dass der Transporteur die Sendung geprüft und keine Mängel festgestellt hat. Ein «clean B/L» ist ein Dokument, das keine hinzugefügten Klauseln oder Angaben enthält, die einen mangelhaften Zustand der Waren und/oder der Verpackung ausdrücklich vermerken. Die Banken lehnen die Aufnahme von Konnossementen ab, die solche Klauseln oder Beifügungen enthalten, sofern der Bankkunde (Auftraggeber) die Bank nicht ausdrücklich zu deren Aufnahme ermächtigt. Ist eine Verschiffungsfrist in einem Dokumenten-Akkreditiv vorgeschrieben, so darf das Datum des Konnossements bzw. das Datum des darauf angebrachten On-board-Vermerks diese Frist nicht überschreiten.

Through bill of lading oder Durch-Konnossement kann ein *Bord- oder Übernahmekonnossement* sein. Es wird in einem inländischen Warenübernahmeort von den hier domizilierten offiziellen Vertretern (Agenten) der grossen internationalen

Schifffahrtsgesellschaften ausgestellt und unterzeichnet. Im Through bill of lading wird der Empfang der Ware zum Weiterversand auf dem Schienenweg nach dem Einladehafen und zum Transport auf dem im Konnossement vorgesehenen Schiff oder nur ab Einladehafen bestätigt. Für spätere Teile der Transportstrecke werden mitunter separate Anschluss-Konnossemente ausgefertigt, in welchen der Unterzeichner des Durch-Konnossements als Verlader auftritt. Das neue Papier trägt dann auf der Rückseite etwa den Vermerk «Delivery to be made to the holders of the original bill of lading duly endorsed, per s/s … from … dated …». Durch diesen Vermerk wird verhindert, dass die Ware aufgrund des alten und neuen Konnossements geltend gemacht werden kann. Die mit der Umladung verbundenen Risiken sind zu versichern. Für den Exporteur hat das Durch-Konnossement den grossen Vorteil, dass er sich über die Transportkosten für die gesamte Strecke sofort und leicht unterrichten kann.

Die ↑Internationale Handelskammer, Paris, verfolgt die Probleme, die sich im Bankverkehr im Zusammenhang mit dem Konnossement ergeben, fortlaufend. Sie erlässt Empfehlungen in Form der *«Einheitlichen Richtlinien und Gebräuche für Dokumenten-Akkreditive (ERA)»*, die von den meisten im Akkreditivgeschäft tätigen Banken übernommen werden. In diesen Richtlinien wird insbesondere festgehalten, dass nicht der Titel des Konnossements massgebend ist, sondern dessen Inhalt. ↑Incoterms. *Christian Gut*

Konservative Anlage
↑Kapitalanlage.

Konservative Anlagepolitik
↑Anlagestil.

Konsolidierte Bilanz
↑Konzernrechnung (konsolidierte Jahresrechnung).

Konsolidierte Jahresrechnung
↑Konzernrechnung (konsolidierte Jahresrechnung).

Konsolidierung
Der Begriff Konsolidierung wird verschieden angewendet:
1. Umwandlung von kurzfristigen (im öffentlichen Finanzhaushalt ↑schwebenden Schulden) in langfristige Schulden (↑fundierte Schulden).
2. In der ↑Börsensprache Stabilisierung der Effektenkurse nach einer starken Bewegung, die sich in relativ kurzer Zeit vollzogen hat.
3. Im Rechnungswesen Zusammenfassung der Abschlüsse der ↑Muttergesellschaft und der Tochtergesellschaft unter Eliminierung der konzerninternen Beziehungen.
4. ↑Bankenkonzentration.

Konsorte
↑Konsortialvertrag; ↑Emissionsgeschäft.

Konsortialbanken
Banken, die in einem Bankenkonsortium zusammengeschlossen sind, mit dem Zweck, gemeinsam ein ↑Emissions- oder Kreditgeschäft abzuwickeln (↑Konsortialkredit). ↑Syndikat.

Konsortialführung
Führung eines Bankenkonsortiums durch eine Bank, auch federführende Bank genannt; englische Bezeichnung dafür: ↑Lead-Manager. ↑Konsortialkredit.

Konsortialgeschäft
↑Konsortialkredit; ↑Konsortialvertrag; ↑Syndikatsgeschäft, Konsortialgeschäft.

Konsortialkredit
Ein Konsortialkredit ist ein Kredit (im Inland in der Regel ↑Anlagekredit oder ↑Baukredit), der von einer Gruppe von Banken unter der Federführung eines Instituts gewährt wird. (Euro-Konsortialkredit: ↑Syndicated loans.) Ein Konsortialkredit wird statt eines Individualkredites gewährt, wenn aus der Sicht des ↑*Kreditgeber*
– der Kreditbetrag die Finanzierungskapazität eines einzelnen Institutes übersteigen würde
– das Risiko breit abgestützt werden soll
– aufgrund der Höhe des Kreditbetrages ein ↑Klumpenrisiko entstehen könnte
– aus geschäftspolitischen Überlegungen (Reziprozität) andere Banken an einem grossen Kredit mitbeteiligt werden
– liquiditäts- oder andere, geschäftspolitische Überlegungen gegen ein grosses, langfristiges Alleinengagement sprechen,
oder wenn der ↑*Kreditnehmer* all seine Hausbanken berücksichtigen will, aber nur mit einer Bank verhandeln möchte.

Die am Konsortialkredit beteiligten Banken bilden rechtlich eine einfache Gesellschaft. Sie legen in der Regel die Kreditbedingungen gemeinsam fest, und auch die Kreditbewilligung erfolgt normalerweise gemeinsam. Die ↑*federführende Bank* eröffnet und führt die Kreditrechnung des Kreditnehmers. Sie nimmt die vom Kunden zu leistenden Sicherheiten entgegen und verwahrt sie. Die einzelnen Konsorten sind an den Sicherheiten und am ↑Risiko im Verhältnis ihrer Kreditquoten beteiligt. Die federführende Bank eröffnet für die einzelnen Konsorten Beteiligungskonti. Hat die Kreditbeanspruchung des Hauptkontos zugenommen, werden die anteilsmässigen Beträge bei den beteiligten Banken eingefordert und dem Beteiligungskonto gutgeschrieben. Bei einer Abnahme der Kreditbeanspruchung erfolgen zulasten der Beteiligungskonti die Vergütungen an die beteiligten Banken. Dieser Ausgleich wird normalerweise auf jedes Monatsende vorgenommen. Die federführende Bank ist somit für die Abwicklung, Verwaltung und Überwachung des Kredits zuständig. Das Interesse an der Federführung besteht einerseits darin, dass dem Schuldner gegenüber Leistungsfähigkeit und Marktpräsenz gezeigt werden kann, woraus weitere Geschäftsbeziehungen erhofft werden; dann in der Kommission (Federführungskommission, ↑Management fee) und nicht zuletzt in Reziprozitätserwartungen gegenüber mitbeteiligten Banken. Beteiligungen an Konsortialkrediten sollten von keiner Bank allein aus Prestigedenken, Reziprozitätserwartungen und aus einem Anlagenotstand heraus übernommen werden. Jede beteiligte Bank ist verpflichtet, unabhängig von der federführenden Bank, die Kreditprüfung nach den eigenen Normen vorzunehmen.

Die Bedeutung von Konsortialkrediten hat in den letzten Jahren im Inland stark abgenommen.

Paul Nyffeler

Konsortialvertrag

Der Konsortialvertrag ist der bei der Bildung eines Konsortiums, insb. Bankenkonsortiums unterzeichnete, mehr oder weniger ausführlich formulierte Vertrag, der die Rechte und Pflichten der Mitglieder des Konsortiums regelt. Unter einem Konsortium (↑Syndikat) versteht man eine in der Regel auf beschränkte Dauer angelegte Vereinigung von Personen oder Unternehmen zum Zwecke der Durchführung eines bestimmten Geschäfts, dessen Umfang die Finanzierungskraft oder die Risikokapazität eines einzelnen Teilnehmers übersteigen würde. Zum Konsortium gehört wesentlich, dass das Risiko auf die Teilnehmer verteilt wird. Bankenkonsortien werden typischerweise zur Durchführung der ↑Fremdemission von Wertpapieren (↑Emissionsgeschäft) oder zur Syndizierung von Krediten (↑Konsortialkredit) und Übernahmefinanzierungen oder ↑Projektfinanzierungen gebildet.

Von einem Konsortium sollte man nicht schon sprechen, wenn Banken ihr Verhalten in einem bestimmten Bereich koordinieren, sondern erst wenn die Folgen aus dem gemeinsam beschlossenen Vorgehen gemeinsam getragen werden sollen. So liegt z.B. kein Konsortium vor, wenn Banken einander nur versprechen, einem Dritten unter der Bedingung, dass auch die andern Banken dies tun, ein ↑Darlehen in bestimmter Höhe zu gewähren. Auch ein reines ↑Stillhalteabkommen unter Gläubigern eines bestimmten Schuldners ist noch kein Konsortium. Ein Konsortium liegt hingegen vor, wenn die beteiligten Banken einander versprechen, Rückzahlungen zu verteilen und Zahlungen des Schuldners, die nicht beim Konsortialführer, sondern bei einem einzelnen Teilnehmer eingehen, pro rata an die anderen Mitglieder des Konsortiums weiterzuleiten. In diesem Zusammenhang wird manchmal auch ausdrücklich festgehalten, dass unter diese Regelung auch Tilgungen fallen, die nicht auf Barzahlungen, sondern auf die ↑Verrechnung mit Gegenforderungen des Schuldners zurückzuführen sind. Mit der gemeinsamen Übernahme des ↑Risikos hängt es auch zusammen, dass der Konsortialvertrag normalerweise die zentrale Verwaltung der aus dem Konsortium fliessenden Forderungen durch einen Konsortialführer vorsieht und für den Fall von Zahlungsschwierigkeiten des Schuldners bestimmt, dass Entscheidungen über die vorzeitige Fälligstellung und Eintreibung der Kredite sowie über Stundungen und Forderungsverzichte, eventuell auch über die Gewährung weiterer Kredite bei Restrukturierungen (sog. Neugeld) gemeinsam, in der Regel durch Mehrheitsbeschluss der Teilnehmer getroffen werden. Häufig sieht der Konsortialvertrag auch Bestimmungen vor über die Voraussetzungen der Abtretbarkeit der den einzelnen Teilnehmern zustehenden Forderungen an Dritte.

Normalerweise werden bei Konsortialkrediten die Bestimmungen des Konsortialvertrages und die Bestimmungen über den oder die dem Schuldner gewährten Kredite in einem und demselben Dokument festgehalten, das vom Schuldner und den Teilnehmern am Konsortium unterzeichnet wird.

In der Praxis geben sich Banken, die ihr Kreditverhalten miteinander koordinieren, oft nicht voll Rechenschaft darüber, ob sie in diesem Sinne ein ↑Joint venture eingehen wollen und wie weit die gegenseitige Bindung gehen soll.

Eine ausführliche Regelung über die Risikoverteilung und über die Organisation der Entscheidungsbefugnisse bei der Verwaltung der gemeinsam erworbenen Rechte drängt sich für Emissionskonsortien weniger auf, weil hier das Konsortialgeschäft mit der Unterbringung der ↑Wertpapiere im Markt in der Regel schnell abgewickelt ist. Bei Zahlungsschwierigkeiten des Emissionsschuldners sind es die Käufer der Wertpapiere, für deren Rechnung und zu deren Lasten allfällige Entscheidungen über Fälligstellung, Stundung, Forderungsverzichte usw. getroffen werden müssen. Die entsprechenden Fragen zu regeln ist nicht Sache des Konsortialvertrages, sondern der Anleihensbedingungen (↑Gläubigergemeinschaft bei Anleihensobligationen und Gläubigerschutz).

Juristisch wird im Konsortialvertrag wegen des für ihn kennzeichnenden Merkmals der gemeinsamen Tragung des Risikos (Joint venture, Poolvertrag) mehrheitlich ein Anwendungsfall der einfachen Gesellschaft gesehen (OR 530–551). Dabei kommt es nicht darauf an, ob bei Konsortialkrediten die Teilnehmer im Verhältnis zum Schuldner als ↑Gläubiger der Kreditforderungen zu gesamter

Hand oder – dies ist heute auch in der Schweiz die Regel – als Gläubiger von separaten Forderungen auftreten (was zur Verrechnung mit Schulden der betreffenden Bank Anlass geben kann). Unerheblich ist auch, ob sich die beteiligten Banken gegenüber dem Kreditnehmer solidarisch zur Gewährung der Kredite verpflichten oder ob sie – was üblich ist – die Solidarschuldnerschaft ausdrücklich wegbedingen.

Die im Innenverhältnis zwischen den Teilnehmern an einem Konsortium zu regelnden Fragen stellen sich regelmässig auch dort, wo eine Bank einer anderen Bank oder einer Mehrheit von Banken eine Unterbeteiligung an einem Kredit einräumt. Obwohl in diesem Fall nicht von einem Konsortialvertrag gesprochen wird, liegen vergleichbare Verhältnisse vor, und es liegt nahe, auch in diesem Fall von einer einfachen Gesellschaft zu sprechen.

Christian Thalmann

Konsortium
↑Syndikat; ↑Konsortialvertrag.

Konsumentenpreisindex
↑Landesindex der Konsumentenpreise.

Konsumfinanzierung
↑Konsumkredit; ↑Kleinkredit; ↑Abzahlungsgeschäft; ↑Vorauszahlungsvertrag.

Konsumkredit
Konsumkredite definieren sich primär über den Verwendungszweck. Es sind Kredite, die von natürlichen Personen zu privaten, also nicht einer beruflichen oder gewerblichen Tätigkeit zuzurechnenden Zwecken in Anspruch genommen werden. Sie dienen der Finanzierung von Bedürfnissen des privaten Haushalts, etwa der Beschaffung von überwiegend dauerhaften Konsumgütern, wie Fahrzeugen, Möbeln, Haushalt- und Freizeiteinrichtungen, elektronischen Geräten, ferner Dienstleistungen (Ausbildung, Ferien usw.) und zur Finanzierung zuweilen unerwarteter Ausgaben, wie Arzt- und Zahnarztrechnungen usw. Synonym verwendet werden Ausdrücke wie Abzahlungs-, Teilzahlungs-, Ratenkredit, ↑Festkredit, ↑Kleinkredit, Barkredit, Blankodarlehen, ↑Privatkredit, persönliches ↑Darlehen, Konsumentenkredit, die auf verschiedene, für Konsumkredite charakteristische Kriterien Bezug nehmen, so etwa die Art der ↑Rückzahlung, die Kredithöhe, die ↑Kreditsicherung und die Person des Kreditnehmers. Konsumkredite werden in der Regel ungedeckt, d. h. ohne bankmässige Sicherheiten, gewährt. Die Tilgung in Raten gilt, vor allem aus Sicht des Gesetzgebers, zwar nicht als Subsumtionskriterium. In der Praxis ist sie jedoch eines der am häufigsten anzutreffenden Wesensmerkmale, da sie sich auf den typischen Einnahmen-und-Ausgaben-Rhythmus des privaten Haushaltes bezieht, der die Voraussetzungen für die Gewährung von Konsumkrediten schafft.

1. Arten
Die durchschnittliche Dauer der Kapitalbeanspruchung schlägt sich in unterschiedlichen Abwicklungsprozessen und damit in den verschiedenen Arten von Konsumkrediten nieder.

– *Kurzfristige Konsumkredite*: Zu ihnen zählen Überziehungen auf laufenden Konten, häufig Salärkonten, sowie die Beanspruchung von Kreditoptionen in Kreditkartenverträgen internationaler Kartenorganisationen (VISA, Eurocard usw.) und in Kundenkartenverträgen von Detailhandelsunternehmen (Jelmoli, Manor, Globus usw.) sowie lokaler Detailhandelsvereinigungen in Städten und Agglomerationen. Auch Einzelhandel, Gewerbe und Post gewähren kurzfristige Konsumkredite. Sie weisen in der Regel Beträge von wenigen hundert bis tausend Franken auf und sind innert ein paar Monaten, maximal eines Jahres, zu begleichen. Meistens gründen sie auf einer Rahmenvereinbarung und können vom ↑Kontoinhaber bzw. Kreditkartenbenützer innerhalb der vertraglichen Abmachung formlos in Anspruch genommen werden, d. h., der ↑Kreditgeber akzeptiert sie stillschweigend. Solche in der Regel kontokorrentmässig geführten Kredite unterstehen selektiv gewissen Vorschriften des Bundesgesetzes über den Konsumkredit vom 23.03.2001 (Art. 8 KKG).

– *Mittelfristige Konsumkredite*: Dazu gehören die den drei Hauptgruppen Barkredite, Teilzahlungskredite und Festkredite zuzuordnenden Darlehen. Barkredite, die klassischen Kleinkredite, sind frei verwendbar und in monatlichen Raten, die einen Zins- und Kapitalanteil enthalten, zu tilgen. Sie werden auf eine Dauer von meistens bis zu 60, vereinzelt auch 72 Monaten abgeschlossen. Bei den Festkrediten handelt es sich um feste Vorschüsse ohne vereinbarte ↑Laufzeit. Sie werden durch ↑Kündigung zur Rückzahlung fällig. Der ↑Kreditnehmer leistet periodisch, z. B. quartalsweise, Zinszahlungen ohne Kapitalamortisation. Letztere erfolgt häufig durch Umwandlung des Festkredites in einen ratenweise rückzahlbaren Kredit. Teilzahlungskredite werden zweckgebunden, d. h. zur Finanzierung eines bestimmten Gutes gewährt und sind ebenfalls in monatlichen Raten rückzahlbar. Im Gegensatz zum Abzahlungsrecht (Art. 226a ff. OR) sieht das, letzteres ablösende, per 01.01.2003 gültige ↑Konsumkreditgesetz für Teilzahlungskredite weder eine Laufzeitbegrenzung noch eine Anzahlungspflicht vor.

2. Statistik
Es existiert keine umfassende Statistik über die in der Schweiz gewährten Konsumkredite. Die

Konsumkredit

Ausstehende Konsumkredite gemäss ZEK, Zentralstelle für Kreditinformation

Kreditart	31. 12. 2001	31. 12. 2000	31. 12. 1999	31. 12. 1998
Barkredite				
Anzahl	355 002	354 054	360 783	364 223
Restbetrag (CHF 1000)	5 131 546	4 807 607	4 631 420	4 616 894
Durchschnittlicher Restkredit	14 455	13 579	12 837	12 676
Durchschnittliche Laufzeit (Monate)	44,4	44	45,7	45,4
Teilzahlungsverträge				
Anzahl	18 975	20 050	18 985	18 845
Kreditbetrag (CHF 1000)	130 927	137 280	126 342	116 261
Durchschnittlicher Kreditbetrag	6 900	6 847	6 655	6 169
Durchschnittliche Laufzeit (Monate)	27,5	26,9	27,4	27,2
Festkredite				
Anzahl	16 030	15 948	17 099	17 230
Betrag (CHF 1000)	186 964	185 019	199 087	199 847
Durchschnittlicher Restkredit	11 663	11 601	11 643	11 599
Durchschnittliche Laufzeit (Monate)	50,1	54	58	57,4
Konsumkredite total				
Anzahl	390 007	390 052	396 867	400 298
Betrag (CHF 1000)	5 449 437	5 129 906	4 956 849	4 933 002
Durchschnittlicher Restkredit	13 973	13 152	12 490	12 323
Durchschnittliche Laufzeit (Mischrechnung der Autorin)	43,8	43,5	45,4	45,1

(Quelle: ZEK-Jahresbericht 2001)

Schweizerische ↑ Nationalbank publiziert jährlich die Statistik «Beanspruchte Kleinkredite» und erfasst die von Kreditgebern mit Bankenstatus an Privatpersonen zu Zinsen von mehr als 2% über dem Blankokreditsatz gewährten Teilzahlungsdarlehen bis höchstens CHF 60000. Im Weiteren existiert eine Statistik der Aufsicht über die Darleiher und Kreditvermittler des Kantons Zürich zu den im Kantonsgebiet abgeschlossenen Abzahlungsverträgen und Konsumkrediten bzw. Darlehen. Einen umfassenderen Überblick, speziell zu den ↑ mittelfristigen Konsumkrediten, geben die Zahlen des von den Kreditgebern im Jahre 1945 gegründeten ZEK, Vereins zur Führung einer ↑ Zentralstelle für Kreditinformation. Ihm gehören per Ende 2001 83 Mitglieder an.

3. Marktsituation
Die Marktsituation im Konsumkreditgeschäft war in der vergangenen Dekade von einem Nachfrageeinbruch Mitte der 90er-Jahre, der darauf folgenden nur zögernden Erholung sowie von Anbieterkonzentration und Produktesubstitution geprägt.

– *Nachfrage*: Die Nachfrage nach Konsumkrediten wird durch die Konsumgewohnheiten, die Einkommensverhältnisse sowie die subjektiven Einschätzungen der Konsumentinnen und Konsumenten zur Entwicklung der Arbeitsmarkt- und Einkommenssituation bestimmt. Der Bedarf an Kredit zum Aufbau der Infrastruktur des Haushaltes ist im Alter zwischen 25 und 45 am grössten. Aus diesen Altersklassen rekrutieren sich denn auch die meisten Konsumkreditnehmer. Sie sind vorwiegend verheiratet oder leben in einer anderen Gemeinschaft, in Zwei- bis Vierpersonenhaushalten und gehören mittleren Einkommensklassen an. Vertreter unterster Einkommensschichten fallen als Kreditnehmer in der Regel ausser Betracht, weil der nach Bezahlung der laufenden Ausgaben für Nahrung, Wohnung, Kleider, Versicherungen usw. frei verfügbare Teil ihres Salärs für die Tilgung eines Kredites nicht ausreicht. Ausserdem spielen psychologische Faktoren eine wichtige Rolle. Unsicherheiten bezüglich der wirtschaftlichen Entwicklung, speziell des Arbeitsplatzes, veranlassen die Konsumierenden zur Zurückhaltung im Eingehen von Kreditverpflichtungen. So erklärt sich der Rückgang des Konsumkreditvolumens im Zuge der ↑Rezession der 90er-Jahre, die von Arbeitsplatzverlusten, Kurzarbeit und Einkommensreduktionen geprägt war. Gemäss Statistik der ZEK hat sich das Konsumkreditvolumen vom Höchststand von CHF 7,8 Mia. im Jahre 1992 auf CHF 4,9 Mia. im Jahre 1998 und damit um 37% zurückgebildet. Seither erholt sich die Nachfrage langsam wieder. Diese Entwicklung ist nicht zuletzt ein Beweis dafür, dass die Konsumentinnen und Konsumenten ihre Finanzen vorsichtig und vorausschauend disponieren.

– *Angebot:* Konsumkredite werden heute gewährt von ↑Kantonal-, ↑Gross-, ↑Regional-, ↑Handelsbanken, spezialisierten Konsumkreditanbietern mit und ohne Bankenstatus, zu letzteren zählen auch Finanzierungsinstitute von Automobilherstellern, sowie von Detailhandel, Gewerbe und Post. Die massgeblichen Konsumkreditanbieter sind im VSKF, Verband Schweizerischer Kreditbanken und Finanzierungsinstitute, zusammengeschlossen. Gemäss VSKF-Jahresbericht 2001 entfielen per 31.12.2001 auf diese 11 Mitglieder CHF 5,0 Mia. oder 92,6% der von der ZEK erfassten Konsumkredite. In den vergangenen zwei Dekaden war die Anbieterstruktur geprägt von Integrationen, Zusammenschlüssen und Besitzerwechseln. Erwähnenswert ist der Eintritt von General Electric (GE) in den schweizerischen Markt für Konsumkredite. Im Zuge des Zusammenschlusses der Schweizerischen Bankgesellschaft (SBG) und des Schweizerischen Bankvereins (SBV) zur UBS erwarb GE die Bank Aufina (ehemals SBG) und die Bank Prokredit (ehemals SBV), die per 01.01.1999 in die GE Capital Bank Switzerland fusioniert wurden.

– *Produktesubstitution*: Die Palette der traditionellen Konsumkredite ist nicht nur durch Überziehungskredite, vorwiegend auf Salärkonten, und durch Kreditierungen aus Kreditkartenvereinbarungen erweitert worden. Speziell im Bereich der Automobilfinanzierung hat zunehmend eine Substitution von Kreditierungen durch Leasingvereinbarungen stattgefunden. Gemäss Statistik des Schweizerischen Leasingverbandes erreichte das Volumen der mit privaten Konsumenten abgeschlossenen Autoleasingverträge per 31.12.2001 CHF 4,1 Mia. und damit rund ¾ des von der ZEK ausgewiesenen Bestandes an traditionellen Konsumkrediten.

4. *Geschäftsabwicklung*
Zu den typischen Elementen der Geschäftsabwicklung im Konsumkreditwesen gehören:
– *Akquisition, Vertrieb*: Kundenakquisition und Vertrieb erfolgen weit gehend über die Geschäftsstellen der Kreditanbieter. Vor allem Banken unterhalten mehr oder weniger umfangreiche Filialnetze. Ferner stehen der Korrespondenzweg via Zeitungsinserate mit Antragscoupons und mit wachsender Bedeutung auch das ↑Internet als Kontaktmedien für eine Konsumkreditaufnahme zur Verfügung. Ein wichtiger Akquisitionskanal sind die Warenverkäufer und Agenten, die ihre Kredit suchenden Kunden gegen eine ↑Provision an Kreditgeber vermitteln.

– *Antragsprüfung*: Die Prüfung von Kreditanträgen und die Risikoauswahl erfolgen heute vorwiegend auf der Basis sog. Scoringsysteme, die anhand verschiedener, für die Risikoeinschätzung signifikanter Kriterien zur persönlichen und beruflichen Situation eine Einschätzung der ↑Kreditwürdigkeit erlauben. Die wirtschaftliche Leistungsfähigkeit, in der die ↑Kreditfähigkeit zum Ausdruck kommt, wird anhand des Einkommens und eines individuell errechneten Haushaltbudgets beurteilt. Eine weitere massgebliche Informationsquelle zum Zahlungsverhalten eines Gesuchstellers bietet neben Auskünften von Betreibungsämtern die Datenbank der ZEK, die über allenfalls bereits bestehende Konsumkredit- und Leasingverpflichtungen, das Zahlungsverhalten des Gesuchstellers, pendente anderweitige Kreditgesuche und saldierte Kreditgeschäfte Auskunft gibt. Eine wichtige Rolle spielt die Kundenidentifikation, die durch Nachfragen bei Einwohnerkontrollen und durch Verifizierungen anhand amtlicher Originaldokumente (Pass, Identitäts-, Ausländerausweis) vorgenommen wird. Die Risikoauswahl für Konsumkredite ist ein umfassender und aufwändiger Prozess, was u. a. aus der relativ hohen Ablehnungsquote hervorgeht. Die Mitglieder der ZEK haben im Jahre 2001 26% aller Kreditanfragen abgelehnt. Das ab 01.01.2003 in Kraft stehende Konsumkreditgesetz verankert die bei den massgeblichen Konsumkreditanbietern seit längerem übliche Praxis der Kreditfähigkeitsprüfung in verbindlichen Regelungen und schreibt ausserdem einen individuell zu errechnenden Höchstkreditbetrag vor.

– *Kreditsicherung*: Die Sicherheit eines Konsumkredites besteht nicht im Wert ausgeschiedener und hinterlegter Sicherheiten, sondern letztlich in der Zahlungswilligkeit und ↑Zahlungsfähigkeit des Kreditnehmers, die mit einer umfassenden Kreditprüfung ermittelt wird. Ergänzendes, häufig angewandtes Sicherungsmittel ist der Abschluss einer ↑Restschuldversicherung, die je nach Abmachung Risiken wie Tod, Unfall, Krankheit, Arbeitslosigkeit deckt und im Risikofall die Zahlung der noch ausstehenden Restschuld ganz oder teilweise garantiert. Weniger verbreitet ist die Verpfändung von Ansprüchen aus Lebensversicherungen und ↑Bürgschaften.

– *Kreditabwicklung*: Erweist sich der Gesuchsteller aufgrund der Kreditprüfung als kreditfähig, so wird der ↑Kreditvertrag abgeschlossen und der Kreditgeber zahlt gemäss den Kundenanweisungen die Darlehensvaluta an ihn persönlich oder an eine von ihm bezeichnete Stelle (Warenverkäufer usw.) aus. Das neue Konsumkreditgesetz schreibt vor, dass die Auszahlung frühestens sieben Tage nach der Vertragsunterzeichnung erfolgen darf. Innerhalb dieser Frist kann der Kunde den Vertrag kostenlos widerrufen. Die nachfolgenden, meistens monatlich eingehenden Ratenzahlungen erfordern eine laufende Überwachung und ein systematisches Mahnwesen. Kreditnehmerinnen und Kreditnehmer, die ihren vertraglichen Verpflichtungen nicht nachkommen, werden im Rahmen des Inkassos betreut. Verschiedene Kreditgeberinnen unterhalten eigene Inkassoabteilungen, andere übertragen ihre Forderungen zur Eintreibung an spezialisierte Inkassoorganisationen.

– *Preisfestsetzung*: Konsumkreditzinsen sind seit je ein Politikum. Dementsprechend finden sich bereits in den vom neuen Konsumkreditgesetz abgelösten kantonalen Konsumkreditregelungen Höchstzinssätze. Das KKG legt einen solchen bei 15% fest. Aktuell liegen die Marktsätze für Konsumkredite zwischen 9% und 15%. Sie widerspiegeln unterschiedliche Servicemerkmale, Kostenstrukturen und unternehmerische Zielsetzungen der Anbieter. Eine im VSKF-Jahresbericht 2000 veröffentlichte, im Zusammenhang mit gesetzlichen Zinshöchstgrenzen für Konsumkredite erstellte wissenschaftliche Analyse hat anhand der empirischen Erfassung der Marktzinssätze von 1986 bis Juni 2000 und ihrer Umrechnung in die massgeblichen Refinanzierungssätze für Konsumkredite eine durchschnittliche, vollkostenorientierte Mindestmarge von 7,65%, innerhalb einer Bandbreite zwischen 5,6% und 9,7%, ermittelt. Der Autor zieht daraus den Schluss, dass eine Zinsobergrenze von 15% die Durchsetzung vollkostenorientierter Kreditkonditionen aufgrund der Zinsfluktuationen – wie das in den Jahren 1989 bis 1993 bereits der Fall war – auch in Zukunft in bestimmten wirtschaftlichen Situationen wirksam begrenzen wird.

5. *Volkswirtschaftliche und sozialpolitische Bedeutung*

Im volkswirtschaftlichen Vergleich erwecken Konsumkredite auf den ersten Blick den Eindruck einer sehr bescheidenen Grösse. Das Ende 2001 ausstehende Volumen von CHF 5,4 Mia. entspricht (Zahlen aus VSKF-Jahresbericht 2001)
– 2,2% des Endkonsums der privaten Haushalte von CHF 251,1 Mia.
– 2,0% des verfügbaren Haushalteinkommens von CHF 270,8 Mia.
– 1,5% des Bruttoinlandproduktes von CHF 353,6 Mia.

Eine Untersuchung der Konjunkturforschungsstelle (KOF) der ETH Zürich aus dem Jahre 1995 hat gezeigt, dass von der Nachfrage nach Gütern und Dienstleistungen, die für Private mit Kredit und ↑Leasing finanziert werden, rund 69 000 Arbeitsplätze abhängen, die Hälfte davon in der Schweiz. Das entspricht 1,1% der Gesamtbeschäftigung. Damit tragen die Konsumkredite und das Konsumgüterleasing 0,95% zur gesamtwirtschaftlichen Wertschöpfung bei. Auch wenn dieser Effekt auf den ersten Blick nicht sehr erheblich erscheint, darf nicht unterschätzt werden, dass die ↑Fremdfinanzierung für dauerhafte Konsumgüter in bestimmten Wirtschaftsbereichen, speziell im Gewerbe und Detailhandel, entscheidende Absatzimpulse auslöst und den konjunkturellen Trend beeinflusst.

Die sozialpolitischen Diskussionen um den Konsumkredit werden in erster Linie durch die in einer eher konservativen Mentalität verwurzelte Kritik geprägt und punktuell durch Zahlen sozialer Institutionen, die Schuldensanierungen durchführen, untermauert. Diesen Argumentationen stehen die Erhebungen der Mitglieder des VSKF entgegen, die seit vielen Jahren den Anteil der notleidenden Konsumkredite erfassen. Im Jahre 2001 etwa mussten 0,16% (Vorjahr 0,17%) der im Jahresmittel fälligen Raten auf dem Betreibungsweg eingefordert werden, und der Anteil der Fortsetzungsbegehren betrug 0,10% (Vorjahr 0,12%) (VSFK Jahresbericht 2001). In diesen seit Jahren geringen und relativ stabilen Verhältniszahlen widerspiegeln sich der rationale Umgang mit Geld und die vorsichtige Budgetplanung der meisten Konsumentinnen und Konsumenten sowie die professionelle Risikoauswahl durch die Kreditgeber.

Lydia Saxer Waser

Lit.: *Jahrbuch des Schweizerischen Konsumentenrechts, Bern 1997. – Linder, W.: Konsumkredit – ein Tummelplatz der Emotionen, in: Veröffentlichungen des SHIV, Vorort, Zürich 1996. – Jahresberichte Verband Schweizerischer Kreditbanken und Finanzierungsinstitute VSKF. Jahresberichte ZEK, Verein zur Führung einer Zentralstelle für Kreditinformation. Schweizerische Nationalbank: Die Banken in der Schweiz.*

Konsumkreditgesetz

Das ab 01.01.2003 geltende Bundesgesetz über den Konsumkredit (KKG) vom 23.03.2001 erfasst Kredite und Kreditversprechen, die Konsumentinnen und Konsumenten, also natürlichen Personen, zu nicht gewerblichen oder nicht beruflichen Zwecken eingeräumt werden.

1. Geltungsbereich

Der Regelung unterstehen die bereits unter das frühere Bundesgesetz über den ↑Konsumkredit vom 08.10.1993 fallenden Barkredite, Teilzahlungskaufverträge (↑Abzahlungsgeschäft), Überziehungskredite (↑Kreditlimite, ↑Bankkredit) sowie Verträge über ↑Kredit- und ↑Kundenkarten mit Kreditoption. Neu werden auch Leasingverträge (↑Leasing) mit einbezogen, sofern bei vorzeitiger Vertragsauflösung die Leasingraten nach Massgabe der Entwertung des zu finanzierenden Objektes aufgerechnet werden. Die schon im Abzahlungsrecht aus dem Jahre 1963 (OR 226a–d, 226f–m) offene Frage, unter welchen Bedingungen ein Leasingvertrag einem Abzahlungsvertrag (↑Abzahlungsgeschäft) rechtlich gleichgestellt wird, bleibt auch im revidierten KKG der Einschätzung des Richters überlassen.

Von den Vorschriften des KKG ausgenommen sind Konsumkredite mit Beträgen unter CHF 500 oder über CHF 80000, durch Grundpfand oder hinterlegte bankübliche Sicherheiten gedeckte sowie nicht verzinsliche oder innert drei Monaten oder einem Jahr in nicht mehr als vier Raten rückzahlbare Kredite. Das revidierte KKG nimmt auf die wirtschaftlichen und technischen Besonderheiten der verschiedenen Konsumkreditarten Rücksicht, weshalb sich die Regelungen für ↑Darlehen, Leasingverträge, Überziehungskredite sowie Kredit- und Kundenkarten im Einzelnen unterscheiden.

2. Zielsetzung

Das neue KKG verfolgt drei Ziele:

– *Verbesserter Konsumentenschutz.* Zentrales Anliegen des neuen KKG ist die Verbesserung des Schutzes der Konsumierenden im Bereich des Konsumkredites. Gemäss der Botschaft des Bundesrates vom 14.12.1998 orientieren sich die Sozialschutzvorschriften am Profil jener Konsumentinnen und Konsumenten, die nicht in der Lage sind, ihre wirtschaftliche Situation richtig einzuschätzen oder die, etwa manipuliert durch Werbung, der Versuchung nicht widerstehen können, einen für sie nicht angemessenen Konsumkredit zu beanspruchen.

– *Vereinheitlichung des Konsumkreditrechts.* Im Interesse der Transparenz und Rechtssicherheit wird das Konsumkreditgeschäft landesweit einheitlich geregelt und damit die Rechtszersplitterung durch die verschiedenen Normen in Bund und Kantonen rückgängig gemacht.

– *Erhaltung des Schutzniveaus kantonaler Vorschriften.* Aus politischen Gründen, nämlich, um die Zustimmung seitens der Kantone zu erhalten, die als Folge des neuen Erlasses auf ihre Gesetzgebungskompetenz im Bereich des Konsumkredites verzichten müssen, sollte das neue Bundesgesetz zumindest ein ähnlich hohes Schutzniveau garantieren wie jene Kantone, die bisher auf diesem Gebiet legiferiert hatten.

3. Inhalt

Die wesentlichsten Inhalte des KKG sind:

– *Abschliessende Bundesregelung.* Art. 38 hält fest, dass der Bund die Konsumkreditverträge abschliessend regelt. Aus den Gesetzesmaterialien geht hervor, dass das KKG damit kantonale Vorschriften sowohl zivilrechtlicher wie öffentlich-rechtlicher Natur unterbindet. Mit dem neuen KKG werden eine Reihe kantonaler Erlasse aufgehoben, nämlich das Interkantonale Konkordat über Massnahmen zur Bekämpfung von Missbräuchen im Zinswesen vom 08.10.1957, dem sich die Kantone BE, ZG, FR, SH, VD, VS, NE, GE und JU angeschlossen hatten, sowie Gesetze in den Kantonen ZH, NE, BE, BS, BL, SG, SH und FR mit unterschiedlichen Vorschriften zu Höchstzinssatz, Kreditprüfung, Höchstkredit, Höchstlaufzeit, Aufstockungs- und Zweitkreditverbot, Werbung, Geschäftsführung und Kreditvermittlung. Auf Bundesebene fallen die Bestimmungen über den Abzahlungsvertrag vom 01.01.1963 (OR 226a–d, 226f–m) sowie das Bundesgesetz über den Konsumkredit vom 08.10.1993 dahin.

– *Höchstzinssatz.* Art. 14 bestimmt, dass der Bundesrat den zulässigen Höchstzinssatz, berechnet – soweit möglich – nach der Formel für den effektiven Jahreszins, festlegt, und zwar unter Berücksichtigung der von der Nationalbank ermittelten, für die Refinanzierung des Konsumkreditgeschäfts massgeblichen Zinssätze. Dabei soll der Höchstzinssatz, der sämtliche Kosten, d.h. Zinsen und sonstige Kosten, umfasst, «in der Regel» 15% nicht überschreiten. Die Obergrenze von 15% erwies sich in der parlamentarischen Beratung als Politikum, da sie bereits in mehreren Kantonen (ZH, BE, BS, BL, SG, SH) festgelegt war. Anderseits setzte sich die Einsicht durch, dass im Lichte volatiler Zinsbewegungen eine gesetzlich verankerte Limite bei einem Anstieg der Refinanzierungssätze das Gewinn bringende Konsumkreditgeschäft relativ rasch zum Erliegen bringen könnte. Weil eine solche Entwicklung, welche die Kreditnehmenden letztlich dem schwarzen Markt auslieferte, nicht im Interesse der Konsumenten läge, übertrug der Gesetzgeber dem Bundesrat die Kompetenz, allfällig notwendige Anpassungen der Höchstzinslimite auf dem schnelleren Weg einer Verordnung statt über eine zeitaufwändige Gesetzesänderung vorzunehmen.

– *Widerrufsrecht.* Art. 16 räumt dem Kreditnehmer das Recht ein, innerhalb von sieben Tagen nach Erhalt einer unterzeichneten Vertragskopie den Vertrag schriftlich zu widerrufen. Für die Fristberechnung zählt als erster Tag nicht der Tag des Erhalts der Vertragskopie, sondern gemäss den allgemeinen Regeln von OR 77 f. der darauf folgende. Da der Widerruf als erfolgt gilt, wenn die Erklärung am siebten Tag der Post übergeben wird, kann in der Praxis zwischen Vertragsunterzeichnung und Kreditauszahlung eine Frist von bis zu 10 Tagen verstreichen. Missachtung der Widerrufsfrist führt zur Nichtigkeit des Vertrags (Art. 15) und damit für die Kreditgeberin zum Verlust von Zinsen und Kosten. Der Kreditnehmer erhält dann einen «Gratiskredit», den er innerhalb der vereinbarten ↑ Laufzeit zurückzahlen kann. Bei Teilzahlungsverträgen sind die Leistungen nach OR 40 f. beidseits zurückzuerstatten, für den Gebrauch des Vertragsgegenstandes schuldet der Konsument lediglich einen angemessenen Mietzins.

– *Verzugsregelung*. Die Kreditgeberin kann gemäss Art. 18 vom Vertrag erst dann zurücktreten und die ganze Forderung für fällig erklären, wenn Teilzahlungen ausstehend sind, die mindestens 10% des Nettobetrags des Kredites, bei Leasingforderungen mehr als drei monatliche Leasingraten, ausmachen. So lange der Zahlungsrückstand die gesetzliche Limite nicht erreicht, können somit nur einzelne Raten, nicht aber die ganze ausstehende Forderung betrieben werden.

– *Obligatorische Meldungen an die ↑ Informationsstelle für Konsumkredit (IKO)*. Das neue KKG schreibt in Art. 22–27 eine von den Kreditgeberinnen zu gründende, als Bundesorgan auszugestaltende Informationsstelle vor. Deren Statuten bedürfen der Genehmigung durch das Eidgenössische Justiz- und Polizeidepartement. Dem Meldeobligatorium unterliegen grundsätzlich nur die Vertragsdaten und ein allfälliger Verzug. Je nach Vertragsart bestehen Unterschiede bezüglich Umfang und Zeitpunkt der Meldungen. Für Kredite ist eine Verzugsmeldung erforderlich, wenn Raten ausstehend sind, die mindestens 10% des Nettokreditbetrags erreichen, für Leasingverpflichtungen, wenn drei Leasingraten ausstehend sind, für Kredit- und Kundenkarten, wenn der Konsument dreimal hintereinander von der Kreditoption Gebrauch gemacht hat und der offene Betrag CHF 3 000 oder mehr beträgt. Die vom Gesetz vorgeschriebene Informationsstelle erfasst erheblich weniger Daten zur Geschichte eines Kreditkontos als die seit dem Jahre 1945 bestehende, auf privater Basis geführte ↑ Zentralstelle für Kreditinformation (ZEK), in der u. a. auch Kreditanfragen und Kreditablehnungen sowie Amtsinformationen über die Kreditnehmer gespeichert sind.

– *Prüfung der Kreditfähigkeit*. Die Vorschriften in Art. 28–32 zur Kreditfähigkeitsprüfung sind das Kernstück des neuen KKG. Konsumierende gelten vor dem Gesetz nur dann als kreditfähig, wenn sie einen Konsumkredit inklusive Zinsen und Kosten zurückzahlen können, ohne den nicht pfändbaren Teil des Einkommens beanspruchen zu müssen. Letzterer wird nach den Richtlinien zur Berechnung des Existenzminimums des Wohnsitzkantons des Konsumenten ermittelt. Dabei sind in jedem Fall der tatsächlich geschuldete Mietzins, die nach Quellensteuertabelle geschuldeten Steuern und allfällige bei der Informationsstelle gemeldete Verpflichtungen mit zu berücksichtigen. Bei der Beurteilung der Kreditfähigkeit muss überprüft werden, ob der Konsument die Gesamtbelastung aus Konsumkrediten, d. h. allenfalls bereits bestehender und neu zu gewährender Kredite, innerhalb einer theoretischen Amortisationsdauer von 36 Monaten zurückzahlen kann, auch wenn vertraglich eine längere Laufzeit vereinbart wird. Damit legt das KKG für Barkredite und Abzahlungsverträge de facto eine *Höchstkreditbegrenzung* fest, die bewirkt, dass jede Kreditanfrage auf die Gesetzmässigkeit der beiden Kriterien monatliche Rate und Höchstkreditbetrag überprüft werden muss. Leasinggeschäfte sowie Kredit- und Kundenkartenkonti entgehen der Höchstkreditbegrenzung. Für Letztere schreibt der Gesetzgeber eine summarische Kreditfähigkeitsprüfung vor, also ohne Existenzminimumsberechnung, aufgrund der Angaben über die Vermögens- und Einkommensverhältnisse. Allfällige Vermögenswerte können gemäss Art. 29 Abs. 2 in die Kreditfähigkeitsprüfung mit einbezogen werden, allerdings enthält das Gesetz nur für Leasinggeschäfte einen ausdrücklichen Hinweis. Art. 31 gesteht der Kreditgeberin zu, dass sie sich auf die Angaben des Konsumenten zu den finanziellen und wirtschaftlichen Verhältnissen verlassen darf, ausgenommen offensichtlich unrichtige oder den Daten der Informationsstelle widersprechende Angaben sowie bestehende Zweifel an der Richtigkeit der Angaben des Konsumenten. In diesem Falle verpflichtet das Gesetz die Kreditgeberin, die Richtigkeit der Angaben anhand einschlägiger amtlicher oder privater Dokumente wie eines Auszugs aus dem Betreibungsregister oder eines Lohnausweises zu überprüfen. Die Kreditgeberin wird sich auch ihren Wissensstand aus anderen Quellen, wie etwa der Zentralstelle für Kreditinformation (ZEK) und aus den üblichen Plausibilitätsprüfungen von Einkommen, Alter, beruflicher Stellung, Anstellungsdauer usw., anrechnen lassen müssen. Schwer wiegende Verstösse, und als solche dürften etwa Versäumnisse bei der Konsultation der Informationsstelle für Konsumkredit und der Beachtung der Höchstkreditvorschrift gewertet werden, ziehen als Sanktion den Verlust der gewährten Kreditsumme samt Zinsen und Kosten nach sich, ausserdem kann der Konsument bereits erbrachte Leistungen zurückfordern (Art. 32).

– *Bewilligungspflicht für Gewährung und Vermittlung von Konsumkrediten*. Wer Konsumkredite gewährt oder vermittelt, hat nach Art. 39 eine kantonale Bewilligung einzuholen. Von dieser Pflicht dispensiert sind jene Kreditgeber, die dem Bankengesetz unterstehen oder Konsumkredite zur Finanzierung des Erwerbs der von ihnen angebotenen Güter oder Dienstleistungen ver-

mitteln. Die Voraussetzungen zur Erteilung von Bewilligungen durch die Kantone sind in einer Verordnung zum KKG festgelegt. Dazu zählen gemäss Art. 40 u.a. geordnete Vermögensverhältnisse, ausreichende Fachkenntnisse sowie eine Berufshaftpflichtversicherung.
– *Vorschriften zur Werbung.* Die Vorschriften des Bundesgesetzes gegen den unlauteren Wettbewerb vom 19.12.1986 zu öffentlichen Auskündigungen für Konsumkredite schreiben vor: die Deklaration von Firma, Kreditkosten und effektivem Jahreszins sowie neu auch einen Hinweis, dass die Kreditvergabe verboten ist, falls sie zur Überschuldung der Konsumentin oder des Konsumenten führt.

4. Zur Gesetzesentstehung

Am 23.03.2001 ist mit der in der Schlussabstimmung der eidgenössischen Räte erfolgten Verabschiedung des neuen Konsumkreditgesetzes ein Gesetzesmarathon zu Ende gegangen, der seinen Anfang vor rund 30 Jahren genommen hatte. Wohl schreiten parlamentarische Entscheidungsprozesse immer mit einer gewissen Bedächtigkeit voran. Dennoch können die Etappen, welche dieses Konsumkreditgesetz zurückgelegt hat, sowohl in der zeitlichen wie inhaltlichen Perspektive als aussergewöhnlich, ja geradezu abenteuerlich bezeichnet werden:
– *Initiative Deonna als Auslöser der Revision.* Im Jahre 1971 hatte der liberale Nationalrat Deonna die Revision des im Jahre 1963 in Kraft getretenen Abzahlungsrechts (OR 226a ff.) gefordert. Er wollte nicht nur Teilzahlungskaufverträge, sondern auch Kleinkredite, d.h. Blankodarlehen (↑ Blankokredit) an private Konsumentinnen und Konsumenten, einem Bundesgesetz unterstellen. Für Letztere galten zwar in einzelnen Kantonen bereits öffentlich-rechtliche Vorschriften zum Schutz der Kreditnehmenden.
– *Gesetzesentwurf von 1978 in der Schlussabstimmung 1986 gescheitert.* Das Parlament folgte dem Vorstoss Deonna und beauftragte den Bundesrat, einen Entwurf für ein neues Konsumkreditgesetz auszuarbeiten. Was dabei im Jahre 1978 herauskam, übertraf die kühnsten Erwartungen: Ein «Gesetzesmoloch» mit über 100 Vorschriften sollte die Konsumentinnen und Konsumenten vor allem vor sich selbst schützen. Die vorgeschlagenen Regelungen liessen jeden kreditsuchenden Konsumenten aus der Perspektive des Gesetzgebers in die wirtschaftliche und rechtsgeschäftliche Unmündigkeit zurückfallen: Höchstlaufzeit von 18 Monaten, Zweitkredit-, Ablösungs- und Verrechnungsverbot, obligatorische Zustimmung des Ehegatten zum Vertrag, Rücktrittsfrist von 7 Tagen, rigorose Form- und Inhaltsvorschriften für Verträge, durch den Richter anzuordnende Stundung, den Kreditgeber einseitig belastende Verzugsregelungen und Strafsanktionen. Jedem Kreditnehmenden sollte anlässlich der Unterzeichnung eines Kreditvertrags gegen eine schriftliche Empfangsbestätigung der vollständige Gesetzestext ausgehändigt werden. Dieser Vorschlag des Bundesrates wurde in einem acht Jahre dauernden, zähen Ringen im Parlament so weit demontiert, dass am Schluss ein systematisch und inhaltlich fragwürdiger Gesetzestorso übrig blieb, der keine der gegensätzlichen Interessen auch nur noch annähernd zu befriedigen vermochte. Das Gesetz scheiterte schliesslich am 04.12.1986, als es der Ständerat in der Schlussabstimmung ablehnte.
– *«Hydra» kantonaler Gesetzesvorstösse.* Als Folge der den Kantonen in OR 73 II eingeräumten Kompetenz zum Erlass öffentlich-rechtlicher Vorschriften gegen Missbräuche im Zinswesen verlagerten sich die politischen Anstrengungen für eine Regulierung des Konsumkreditwesens in die kantonalen Parlamente. Einer Hydra gleich breiteten sich seit dem Jahre 1987 die Postulate für kantonale Konsumkreditgesetze aus, in denen Vorschriften des abgelehnten Bundesgesetzes verankert werden sollten. Von den 26 Kantonen widerstanden nur gerade zwei, nämlich Appenzell Innerrhoden und Obwalden, einem solchen Ansinnen. Acht Kantone setzten zu Beginn der 90er-Jahre neue oder revidierte Vorschriften für Konsumkredite in Kraft. In BE, BS und BL, die Begrenzungen zur Kredithöhe und Kreditlaufzeit sowie Aufstockungs- und Zweitkreditverbote vorschrieben, brach das Kreditvolumen innert Jahresfrist teilweise bis zu 50% ein.
– *Motion Affolter.* Die Notwendigkeit einer einheitlichen Bundesregelung blieb unbestritten. Die eidgenössischen Räte überwiesen deshalb die Motion Affolter vom 14.06.1989 an den Bundesrat mit dem Auftrag zu einer bundesrechtlichen Regelung des Konsumkreditwesens. Um einem erneuten Fiasko vorzubeugen, forderte der Motionär eine konzis formulierte Missbrauchsgesetzgebung, welche die Einwände, die zum Scheitern der Vorlage von 1978 geführt hatten und die seitherige Entwicklung der Kreditierungsmöglichkeiten mit einbeziehen sollte.
– *«Swisslex» – Angleichung an EWR-Richtlinie.* Die Schweiz hatte sich aufgrund der Unterzeichnung des Abkommens über den Europäischen Wirtschaftsraum (EWR) zur Umsetzung der Richtlinie 87/102/EWG vom 22.12.1986 zur Angleichung der Rechts- und Verwaltungsvorschriften der Mitgliedstaaten über den Verbraucherkredit (revidiert durch die Richtlinie 90/88/EWG vom 22.02.1990) verpflichtet. Unabhängig vom Auftrag der Motion Affolter verfasste der Bundesrat in der Folge ein Gesetz, das sich strikte in den Grenzen der Standards der EWG-Richtlinie hielt und vom eidgenössischen Parlament auf Anhieb abgesegnet wurde. Dieses unter dem Begriff «Swisslex» entstandene Bundesge-

setz über den Konsumkredit vom 08.10.1993 trat trotz der Ablehnung des EWR-Abkommens durch Volk und Stände am 01.04.1994 in Kraft. Damit wurde der Forderung nach einem Bundesgesetz zwar Genüge getan, inhaltlich wurde es jedoch aus Kreisen des Konsumenten- und Sozialschutzes als «ungenügende Minimallösung» kritisiert. Die Anbieter befriedigte es nicht, weil es die Rechtszersplitterung durch die Kantone zuliess.

– *Gesetzesinitiativen in Kantonen und Bund.* Dem Wunsch nach einer verschärften Bundesregelung verliehen der Kanton Luzern mit der Standesinitiative vom 03.06.1992 und der Kanton Solothurn mit der Standesinitiative vom 11.05.1993 sowie die im Nationalrat eingebrachte, von beiden Kammern unterstützte parlamentarische Einzelinitiative Goll vom 21.06.1996 Nachdruck. Diese Vorstösse verlangten u. a. den Miteinbezug von Leasing und Kreditkarten in ein künftiges Gesetz, eine Herabsetzung des Höchstzinssatzes auf 15%, die Festlegung einer maximalen Laufzeit von 24 Monaten, ein Widerrufsrecht, die Möglichkeit richterlich anzuordnender Vertragszinsreduktionen, Stundungen und Nachlässe in Überschuldungssituationen sowie die Ausweitung des Geltungsbereichs auf Kredite von mehr als CHF 40 000. Einer Initiative, die ein Verbot der Kleinkreditwerbung verlangte, verweigerte das Parlament jedoch die Zustimmung.

5. Meinungspolaritäten zum neuen Konsumkreditgesetz
Selbstverantwortung contra Bevormundung, Missbrauchsbekämpfung contra Sozialschutz, auf diese Schlagworte haben sich die Diskussionen um die Eingriffsintensität eines Konsumkreditgesetzes seit je polarisiert. Aus systematischer Sicht wird dem neuen Konsumkreditgesetz allgemein zugute gehalten, dass es der Rechtszersplitterung durch die Aufhebung der kantonalen Normen und des Abzahlungsrechtes ein Ende setzt und mit dem Obligatorium der Kreditfähigkeitsprüfung grundsätzlich ein geeignetes Mittel zur Bekämpfung von Überschuldungen bereitstellt. Über die Angemessenheit der Eingriffe in die Wirtschaftsfreiheit und die Entscheidungsfreiheit der Konsumentinnen und Konsumenten scheiden sich jedoch die Geister. Fest steht, dass die Schweiz Konsumkredite unvergleichlich rigoroser regelt als das benachbarte Ausland. Offen ist die Frage, welche Konsequenzen im Lichte der europäischen Harmonisierung daraus auf das inländische Konsumkreditgeschäft resultieren. Die von der Deregulierung und Liberalisierung geförderte Flexibilität und Aufgeklärtheit der Konsumentinnen und Konsumenten kann durchaus dazu führen, dass die Nachfrage, die dank der weltweiten Vernetzung nationale und damit auch rechtspolitische Grenzen leicht überwindet, den Erschwernissen der schweizerischen Gesetzgebung ausweicht und sich ins Ausland verlagert. *Lydia Saxer Waser*

Lit.: Botschaft über ein Konsumkreditgesetz vom 12.06.1978, BBl 1978 II 485 ff.; Botschaft I über die Anpassung des Bundesrechts an das EWR-Recht (Zusatzbotschaft I zur EWR-Botschaft) vom 27.05.1992, BBl 1992 V; Botschaft betreffend die Änderung des Bundesgesetzes über den Konsumkredit vom 14.12.1998, BBl 1998 3188. Giger, H.: Konsumentensouveränität im Fadenkreuz der Rechtspolitik, Positive und negative Aspekte der geplanten Revision des Konsumkreditgesetzes, Zürich 1999. Wiegand, W.: Das neue Konsumkreditgesetz (KKG), Sammelband zum Berner Bankrechtstag 1994, Bern 1994. Brunner, A./Rehbinder, M./Stauder, B.: Jahrbuch des Schweizerischen Konsumentenrechts, Bern 1997.

Konsumtiver Kredit
↑ Kleinkredit; im Gegensatz zu ↑ produktiver Kredit; ↑ Konsumkredit; ↑ Abzahlungsgeschäft.

Kontennummerierung
Die Kontennummerierung dient dem Zweck einer eindeutigen Identifikation von Konten (Guthaben) innerhalb eines Nummerierungssystems.
Die Kontennummern bestehen aus Ziffernfolgen, die «sprechend» (feste Bedeutung von Ziffern oder Zifferngruppen) oder «nichtsprechend» (z. B. fortlaufende Nummerierung) sein können. Integrierender Bestandteil einer «sprechenden» Kontennummer kann eine Prüfziffer sein. Diese wird nach einem Algorithmus aus einzelnen Ziffernfolgen der Kontennummer berechnet und dient zur Verifikation der Integrität einer Kontennummer.
Ein standardisiertes Kontennummerierungssystem ist IBAN (↑ International bank account number [IBAN]), das international eindeutige Finanzinstituts- und Konto-Identifikationen ermöglicht. Die zuständigen Gremien der Schweizer Banken haben einen schweizerischen IBAN-Standard definiert und beschlossen, dass alle Finanzinstitute in der Schweiz diesen Standard ihren Kunden ab dem Jahr 2000 bekanntgeben können (IBAN wird in den Zahlungssystemen SIC [↑ Swiss Interbank Clearing], ↑ euroSIC und DTA [↑ Datenträgeraustausch] unterstützt).

Kontenplan
Auf die Informationsbedürfnisse der Unternehmung ausgerichtetes Verzeichnis aller zur Erfassung der Buchungstatbestände notwendigen Konten, das in der Regel auf einem ↑ Kontenrahmen aufbaut.

Kontenrahmen
Nach bestimmten Grundsätzen strukturiertes Ordnungsschema zur Kontenklassifikation. Der Kontenrahmen dient zur einheitlichen Gestaltung der

Finanzbuchhaltung von Unternehmungen, wobei entsprechend den Bedürfnissen der einzelnen Wirtschaftszweige Anpassungen vorgenommen werden. Ein einheitlicher Kontenrahmen ist eine Grundvoraussetzung für aussagefähige Betriebsvergleiche. In der Schweiz wurde der 1943 von Prof. Dr. Karl Käfer erarbeitete Kontenrahmen für Gewerbe-, Industrie- und Handelsbetriebe 1996 durch den Kontenrahmen KMU, herausgegeben vom Schweizerischen Gewerbeverband, abgelöst. Im Gegensatz zu Deutschland besteht in der Schweiz kein verbindlicher Kontenrahmen für Banken.

Kontinuierliche Verzinsung

Im Gegensatz zur diskreten Verzinsung erfolgt die kontinuierliche Verzinsung nicht über diskrete Zeiträume (z.B. ein Jahr, ein Tag), sondern über einen gegen Null strebenden Zeitraum, d.h. man unterstellt, dass die Wiederanlage der Zinserträge laufend erfolgt.

Ein Anfangskapital von K_0 wächst nach einer Laufzeit von n Jahren und einem kontinuierlichen Zinsfuss von $p\%$ pro Jahr auf ein Endkapital K_n an. Es gilt:

$$K_n = K_0 \cdot e^{\frac{p \cdot n}{100}}$$

Konto

Italienische Bezeichnung für Rechnung. Man unterscheidet Konto im Bankwesen und in der Buchführung.
1. Im Bankwesen: ↑Bankkonto, insbesondere ↑Kontokorrentkonto.
2. In der Buchführung: Eine allgemein anerkannte zweiseitige Verrechnungsform von Geschäftsvorfällen. Jedes Konto hat eine Soll- und eine Habenseite. Die Differenz zwischen dem Total aller Soll- und Habenposten wird als ↑Saldo bezeichnet. Ein Konto abschliessen und aufheben heisst, das Konto saldieren. Unter den Sachkonten wird unterschieden zwischen Bestandeskonten und Erfolgskonten. Bestandeskonten werden über die Bilanz, Erfolgskonten über die ↑Erfolgsrechnung abgeschlossen.

Kontoauszug

Für eine bestimmte Periode ausgedruckte Aufstellung der Transaktionen auf einem ↑Bankkonto. Die Banken stellen ihren Kunden den Kontoauszug je nach Kontokategorie oder Wunsch des Kunden jährlich, halbjährlich, vierteljährlich, monatlich oder auch auf einen andern Termin zu, wobei die Zinsberechnung, auch wieder je nach Kontokategorie, quartalsweise, halbjährlich oder jährlich erfolgt.

Im Korrespondentenverkehr mit ausländischen Banken ist der *Tagesauszug* zur Regel geworden. Tagesauszüge werden von schweizerischen Banken auch den Kontokorrentkunden, hauptsächlich der kommerziellen Kundschaft, zugestellt. Sie zeigen den Endsaldo des Vortages, die Transaktionen und den Schlusssaldo des laufenden Tages. Nach dem Abschlusstermin erhalten die ↑Kontoinhaber in der Regel nochmals eine vollständige Aufstellung des Kontoverkehrs für die entsprechende Periode. Vermehrt sind Kontoauszüge bei den Banken auch elektronisch abrufbar. Die Kontoauszüge tragen den Hinweis «ohne Gegenbericht innert 30 Tagen gilt der Auszug als richtig befunden und genehmigt» oder einen ähnlich lautenden Text. Zusätzlich verlangen die Banken oft, insbesondere bei Krediten, vom Kunden die Unterzeichnung einer Richtigbefundsanzeige. ↑Kontokorrentkredit; ↑Kontokorrentvertrag.

Kontoeröffnung

Rahmenvereinbarung zwischen der Bank und dem Kunden, welche die Begründung einer potenziell umfassenden Geschäftsbeziehung zum Inhalt hat. Mit der Kontoeröffnung verschafft die Bank dem Kunden Zutritt zu ihrer Organisation und gibt ihm eine Reihe von stillschweigenden Zusagen ab, darunter die, dass sie seine Zahlungsaufträge bei genügender Deckung ausführen und eingehende Überweisungen für ihn entgegennehmen und seinem Konto gutschreiben wird (↑Girovertrag). Eine Verpflichtung des Kunden, von den Dienstleistungen der Bank Gebrauch zu machen, ist mit der Kontoeröffnung nicht verbunden.

Bei der Kontoeröffnung nimmt die Bank die öffentlich-rechtlich und standesrechtlich (↑Vereinbarung über die Standesregeln zur Sorgfaltspflicht der Banken [VSB]) vorgeschriebenen Prüfungen vor (Identität des Kunden, Feststellung des wirtschaftlich Berechtigten). Ferner legt sie mit dem Kunden die technischen Einzelheiten fest, die ihm und seinen Bevollmächtigten die Inanspruchnahme der wichtigsten Dienstleistungen der Bank am Schalter und auf Distanz ermöglichen und erleichtern sollen (z.B. Unterschriftenregelung, Unterschriftenkarte, Kontovollmachten, ggf. Aushändigung einer ↑Kundenkarte und Vereinbarung eines PIN-Code); zudem werden allgemeine Grundsätze für die Abwicklung der Geschäfte sowie Regeln über die Abrechnung und die Führung der Konten durch die Bank festgelegt (↑Allgemeine Geschäftsbedingungen); regelmässig werden dafür Formulare verwendet.

Von der Kontoeröffnung zu unterscheiden sind die einzelnen Bankgeschäfte, die auf der Grundlage der Geschäftsbeziehung abgeschlossen werden, wenn der Kunde die Bank dafür in der Folge in Anspruch nimmt (z.B. Einlagegeschäft, ↑Depotgeschäft, Kreditgeschäfte, Zahlungsverkehrsgeschäfte, Effektenhandelsgeschäfte). Für einzelne dieser Geschäfte (insbesondere Kreditgeschäfte) setzt die Bank den vorgängigen Abschluss besonderer Vereinbarungen voraus. Nur wenige Geschäfte werden von Banken ohne Kontoeröffnung abgewickelt. Zu diesen Ausnahmen, die keine Kontoeröffnung voraussetzen, können etwa die Schaltergeschäfte mit Nichtkunden, das Schrankfachgeschäft und die Eröffnung und Führung von Spar- und Einlageheften gezählt werden. Die allgemeinen Geschäftsbedingungen der Bank finden nach schweizerischer Auffassung nur Anwendung, wenn die Bank für den Kunden ein Konto eröffnet hat. *Christian Thalmann*

Kontoführung
Die Kontoführung ist die Buchung aller Geschäftsvorfälle auf einem ↑Konto – Einlagen auf der Habenseite, Belastungen auf der Sollseite. Auf bestimmte Zeitpunkte wird nach Berechnung und Buchung von Zins und Spesen der ↑Saldo zu Gunsten der einen oder anderen Partei gezogen. Dieser Saldo bildet eine neue, von den einzelnen Buchungsposten unabhängige Forderung (↑Novation). ↑Kontoauszug; ↑Bankkonto; ↑Kontokorrentkonto.

Kontoführungsgebühr
Entgelt für die Kosten der ↑Kontoführung. Die Richtlinien für die Berechnung der Kontoführungsgebühr sind in der Regel in einem internen Tarif der einzelnen Banken festgehalten. Die Kontoführungsgebühr wird etwa nach der Anzahl Buchungsposten, pro Kontoblatt (pro Seite des Kontoauszuges) oder als Pauschale berechnet. Sie ist zu unterscheiden von der Umsatzprovision bzw. Quartalskommission (↑Bankprovision).

Kontoinhaber
Der Bankkunde, der bei einer Bank ein ↑Konto oder mehrere Konti unterhält. Das Konto hat immer auf eine oder mehrere natürliche oder juristische Personen zu lauten. Bezeichnungen wie «Gasthaus zum Löwen» reichen als Kontoinhaber nicht aus; sie sind mit dem oder den Namen des Inhabers oder der Inhaber zu ergänzen, damit die Bank bei allfälligen Kontoüberzügen (↑Kontoüberziehung) genau weiss, wen sie zur Begleichung der Schuld heranziehen kann. Künstlernamen zur Bezeichnung des Kontoinhabers sind nicht zu beanstanden, sofern der Inhaber unter diesem Namen allgemein bekannt ist. Daneben muss auch der bürgerliche Name vermerkt sein. Konti können auch auf Nummern oder Kennworte lauten (↑Nummernkonto). ↑Kontoeröffnung; ↑Vereinbarung über die Standesregeln zur Sorgfaltspflicht der Banken (VSB).

Kontokorrent
↑Kontokorrentkonto.

Kontokorrentkonto
Das Kontokorrentkonto, der Kontokorrent oder die laufende Rechnung ist ein Konto, bei dem die Geschäftsvorfälle nach einer besonderen, banktechnischen Buchungsweise erfasst werden. Diese beruht auf der vertraglichen Vereinbarung (↑Kontokorrentvertrag), dass alle aus dem gegenseitigen Verkehr von Bank und Kunde entstehenden Geldforderungen nicht einzeln geltend gemacht und beglichen, sondern fortlaufend verbucht und verrechnet werden. Auf bestimmte Zeitpunkte wird nach Buchung von Zins und Spesen der Saldo zu Gunsten der einen oder andern Partei gezogen. Dieser Saldo bildet eine neue, von den einzelnen Buchungsposten unabhängige Forderung (↑Novation). (Übersicht über die Kontoarten: ↑Bankkonto.)
Auf dem Kontokorrentkonto werden die sich aus dem Geschäftsverkehr für den einzelnen Kontokorrent-Kunden ergebenden Gutschriften und Belastungen chronologisch verbucht. Beim Bank-Kontokorrent wird dem Kunden ein Zins vergütet oder belastet, je nachdem, ob er bei der Bank ein Kontokorrent-Guthaben besitzt oder Kontokorrent-Schuldner ist. Der Zinssatz ist in der Regel im Voraus vereinbart, andernfalls werden die Zinsen nach ↑Usanz berechnet. Überwiegt die Habenseite des Kontokorrentkontos, d.h. ist der Kunde Gläubiger, so handelt es sich um eine *Kreditoren-* oder *Depotrechnung*, um ein *Privat-* oder *Gehaltskonto* usw. Ist dagegen die Sollseite stärker, so wird das Kontokorrentkonto *Debitorenrechnung* genannt. Über den Stand der laufenden Rechnungen werden den Kontoinhabern periodische Meldungen in Form von ↑Kontoauszügen zugestellt. In der Regel werden Kreditorenrechnungen halbjährlich, Debitorenrechnungen (↑Kontokorrentkredit) vierteljährlich abgeschlossen. Zwischenzeitliche Abschlüsse kommen etwa vor bei Kontoauflösung, Zahlungsrückstand oder wenn der Buchhaltungsabschlusstag des Kunden nicht mit einem der banküblichen Abschlusstermine zusammenfällt. Ein Auszug über den Kontokorrent-Verkehr während eines Teiles der Periode, ohne Zinsberechnung, wird Postenauszug genannt. Aus Gründen der Rationalisierung sind viele schweizerische Banken in den letzten Jahren dazu übergegangen, Richtigbefundsanzeigen nicht mehr bei jedem Rechnungsabschluss, sondern nur noch einmal im Jahr oder überhaupt nicht mehr einzuholen. Nachträglich entdeckte Rechnungsfehler müssen stets richtiggestellt werden, auch wenn der Saldo bereits anerkannt worden ist.
Die *Zinsabrechnung* kann nach verschiedenen Methoden vorgenommen werden. Allgemein wird die deutsche Usanz (jeder Monat zu 30 Tagen, das Jahr zu 360 Tagen) und das Zinsnummernverfahren angewendet. Nach der Art der Tageszählung, die entweder vorwärts (von jedem Postenverfall bis zum Abschlusstag), rückwärts (vom Postenverfall zu einer weiter zurückliegenden Epoche) oder stufenweise von Verfalltag zu Verfalltag erfolgt, unterscheidet man die progressive Methode, die retrograde Methode und die Staffelmethode.

Kontokorrentkredit

Der Kontokorrentkredit oder Kredit in laufender Rechnung ist die klassische und in der Schweiz auch heute noch wichtigste Form des Bankkredites. Er kann als ↑Blankokredit oder als ↑gedeckter Kredit gewährt werden. Wenn man vom Kredit im banktechnischen Sinne spricht, meint man denn auch in der Regel den Kontokorrentkredit. Der Kontokorrent als solcher ist eine rein banktechnische Rechnungsweise, welche die Banken nicht nur auf die Kreditrechnungen anwenden, bei denen sie in der Regel Gläubiger sind, sondern auch auf die Kreditorenrechnungen, bei denen sie Schuldner sind. Erst in Verbindung mit der Gewährung eines revolvierenden Kreditrahmens kann somit von Kontokorrentkredit gesprochen werden.

Unter dem Kontokorrentkredit versteht man im Gegensatz zum ↑Festkredit einen Kredit, bei dem es dem Kreditnehmer nach seiner Wahl freisteht, im Rahmen der ihm ausgesetzten ↑Limite das Geld jederzeit zu beziehen oder zurückzuzahlen, wobei die Bezüge oder Rückzahlungen in Kontokorrent belastet bzw. gutgeschrieben werden. Infolgedessen kann bei einem Kontokorrentkredit der Kreditnehmer vorübergehend auch Gläubiger der Bank werden, nämlich dann, wenn seine Rückzahlungen höher sind als die erfolgten Bezüge. Während dieser Zeit vergütet ihm die Bank den für Sichtgelder üblichen Zins. Der Kreditnehmer ist also in seinen finanziellen Dispositionen sehr beweglich und kann sich durch jederzeitige Rückzahlungen Zinsen ersparen. Wegen dieser Elastizität entspricht der Kontokorrentkredit am besten dem rasch wechselnden Kreditbedarf von Handel, Gewerbe und Industrie und ist deshalb auch die häufigste Form der Kreditgewährung der ↑Handelsbanken.

Diesem Vorteil des Kreditnehmers entspricht umgekehrt die Verpflichtung der Bank, ständig entsprechende Mittel bereitzuhalten, d. h. für eine ausreichende Kassahaltung zu sorgen.

Im Sinne einer zinsmässigen Entlastung räumen die Banken den grösseren Kunden des öfteren die Möglichkeit ein, im Rahmen eines Kontokorrentkredites feste Vorschüsse für in der Regel 3 oder 6 Monate zu beziehen.

Im Übrigen legen die Banken Wert darauf, dass der Kunde einen wesentlichen Teil seines Geldverkehrs über den Kontokorrent abwickelt; denn aus der Art und Weise, wie die Ein- und Auszahlungen erfolgen, lassen sich gewisse Schlüsse auf die Geschäftsführung des Kunden sowie auf die Entwicklung seines Unternehmens und damit ganz allgemein auf seine ↑Kreditfähigkeit ziehen. Begünstigt wird diese Tendenz durch die modernen Formen des Zahlungsverkehrs, wie ↑Lastschriftverfahren, ↑Electronic banking usw.

Die rechtliche Grundlage des Kontokorrentkredites bilden neben dem ↑Kreditvertrag die ↑Allgemeinen Geschäftsbedingungen. In der Regel sind die Kontokorrentkredite unbefristet, und es gelten daher für die ↑Kündigung die Allgemeinen Geschäftsbedingungen, die praktisch bei allen Banken jederzeitige Kündigungsmöglichkeit vorsehen. Bei einigen Kreditarten, wie z. B. beim ↑Bau- oder Saisonkredit oder auch bei gewissen Zusatzkrediten, wird hingegen im Kreditvertrag eine Befristung vorgesehen. Blanko-Kontokorrentkredite werden in der Regel von den Banken jährlich überprüft. Kontokorrent-Rechnungen werden von der Bank für Debitoren in der Regel viertel- und für Kreditoren halbjährlich abgeschlossen. Der Kunde erhält einen ↑Kontoauszug, der alle Buchungen seit dem letzten Abschluss enthält, wobei für jeden Posten der ↑Valutatag angegeben wird. Dazu kommen die sog. Abschlussbuchungen und der Saldovortrag. Die Abschlussbuchungen erfolgen beim Kontokorrentkredit aufgeteilt nach Zins, Kommission und Spesen. Die Kreditkommission wird entweder auf dem durchschnittlich benützten Kredit (mittlerer Debetsaldo) oder auf dem höchst benützten Kredit berechnet.

Dadurch, dass der ↑Saldo gezogen und anerkannt wird, tritt nach OR 117 II eine Neuerung (↑Novation) ein: die einzelnen Forderungen, aus denen sich die laufende Rechnung zusammensetzt, gehen unter, und es wird nur noch der anerkannte Saldo geschuldet. Sicherheiten, die für einzelne Posten bestehen, gehen aber nach OR 117 III trotzdem nicht unter. Diese Bestimmung hat im Bankwesen keine grosse Bedeutung, weil bei gedeckten Kontokorrentkrediten die Sicherheiten, die ↑Bürgschaft oder ↑Pfandrechte, nicht zur Deckung einzelner, dem Kontokorrent belasteter Forderungen, sondern zur Deckung des Saldos geleistet werden. Lautet der Saldo zu Gunsten der Bank, so hat ihn der Kunde durch Unterzeichnung einer Richtigbefundsanzeige anzuerkennen. Aus Gründen der Rationalisierung sind viele schweizerische Banken in den letzten Jahren allerdings dazu übergegangen, Richtigbefundsanzeigen nicht mehr bei jedem Rechnungsabschluss, sondern nur noch einmal im Jahr oder überhaupt nicht mehr einzuholen. Die unterzeichnete Richtigbefundsanzeige gilt als Schuldanerkennung im Sinne von SchKG 82. Gestützt darauf kann die Bank in einem eventuellen Betreibungsverfahren gegen den Schuldner, der Rechtsvorschlag erhebt, die provisorische Rechtsöffnung erwirken. Die Richtigbefundsanzeige verliert jedoch diese Eigenschaft, wenn der anerkannte Saldo vorgetragen und der Kontokorrent von der Bank weitergeführt wird.

Vielfach enthalten die Formulare der Banken, mit denen sie den Kunden die Kontokorrentauszüge zustellen, die Klausel, der Saldo gelte als anerkannt, wenn innert einer gewissen Frist, z. B. 30 Tage, keine Einwendungen gemacht werden. Eine solche stillschweigende Anerkennung des Saldos stellt selbstverständlich keinen Rechtsöffnungstitel dar. Muss die Bank die betreffende Position liquidieren und gegen den Schuldner betreibungsrechtlich vorgehen, so riskiert sie, dass er Rechtsvorschlag erhebt und sie, um die Betreibung fortsetzen zu können, gegen ihn den gewöhnlichen Prozessweg beschreiten muss. In einem solchen Prozess wird sich allerdings aus der Tatsache, dass der Schuldner gegen den ihm zugestellten Rechnungsauszug keinen Einwand erhoben hat, die Vermutung für die Richtigkeit des Auszuges ergeben.

Paul Nyffeler, Hans R. Frey

Kontokorrentvertrag

Im Bankkontokorrent verrechnen Bank und Kunde ihre gegenseitigen, aus den diversen zwischen ihnen bestehenden Bankverträgen (namentlich dem ↑ Girovertrag) entstehenden Forderungen. Mit dem Abschluss des Kontokorrentvertrages, der durch die Kontoeröffnung erfolgt, wird die Kontokorrentpflicht begründet, d. h. gegenseitige Forderungen sind über die Kontokorrentrechnung abzuwickeln und dürfen nicht mehr einzeln geltend gemacht werden.

Das ältere schweizerische Schrifttum betrachtete den Kontokorrentvertrag entsprechend der deutschen Theorie als aufgeschobene Rechnung, in der Forderungen und Leistungen vorerst gestundet bzw. im Tilgungseffekt suspendiert und nur in vereinbarten regelmässigen Zeitabständen nebst Zinsen verrechnet werden. Das jüngere schweizerische Schrifttum ist der Ansicht, es liege eine laufende Rechnung vor, bei der durch ständige Verrechnung nach jeder Operation eine Saldoforderung entsteht. Die Annahme einer solchen laufenden Rechnung dürfte sich zumindest beim Bankkontokorrent aufdrängen.

Durch periodische Anerkennung bestimmter Saldi tritt gemäss OR 117 ↑Novation ein. Die Anerkennung erfolgt seitens der Bank durch Zustellung des Kontoauszuges und seitens des Kunden durch Richtigbefundsanzeige oder Unterlassen eines Einspruches innert einer bestimmten Frist (BGE 104 II 192 E 2 a). Die Anerkennung des Kontokorrentsaldos hat allerdings nicht zur Folge, dass auf Posten, welche bei der Saldoziehung versehentlich berücksichtigt bzw. nicht berücksichtigt wurden, schlechthin nicht mehr zurückgekommen werden könnte. Die Novation hat nach schweizerischer Rechtsauffassung nur beschränkte Bedeutung. Neuerung, wie sie nach OR 117 II eintritt, setzt nämlich den Rechtsbestand der Forderung voraus, auf der sie beruht. Eine nichtige Schuldverpflichtung wird nicht etwa in eine gültige umgewandelt.

Im Betrage des anerkannten Saldos liegt ein Schuldbekenntnis ohne Angabe eines Verpflichtungsgrundes vor (OR 17). Daher hat, wer die Richtigkeit des anerkannten Saldos bestreitet, seine Unrichtigkeit zu beweisen. Auch wird mit der Anerkennung des Saldos auf Einwendungen gegen versehentliche Buchungen nicht verzichtet (BGE 100 III 85 E 6). Anderseits wird aber hinsichtlich der in der Kontokorrentrechnung aufgeführten Posten mit Anerkennung des Saldos auf die Geltendmachung bereits bekannter Willensmängel sowie streitiger oder ungewisser, aber nicht ausdrücklich vorbehaltener Einreden verzichtet. Aufgelaufene Zinsen werden mit der Saldoziehung zu Kapital und tragen ihrerseits wieder Zinsen (BGE 53 II 340). Der Kontokorrentvertrag zwischen Bank und Kunde enthält neben der Kontokorrentabrede ein Auftragsverhältnis, unter dem die Bank verpflichtet ist, die Buchführung über den Kontokorrentverkehr zu besorgen.

Die ↑Allgemeinen Geschäftsbedingungen werden, soweit sie sich mit dem Kontokorrent befassen, durch Verweisung auf den Unterschriftsdokumenten Bestandteil des Kontokorrentvertrages. Ein Kontokorrentvertrag kann sich auch auf ↑Transaktionen in einer bestimmten fremden Währung beziehen, die für den Kunden im Lande der betreffenden Währung abgewickelt werden (↑Fremdwährungskonto). ↑Bankkredit; ↑Kontokorrentkredit; ↑Kreditvertrag.

Wolfgang Wiegand

Lit.: Kleiner, B.: Die allgemeinen Geschäftsbedingungen der Banken, Giro- und Kontokorrentvertrag, Zürich, 1964. – Kleiner, B.: Internationales Devisen-Schuldrecht, Zürich 1985. – Gauch, P. (Hrsg.): Schweizerisches Obligationenrecht, Allgemeiner Teil (Art. 1–183): Rechtsprechung des Bundesgerichts, Zürich 1996, zu OR 117 (bearb. von Aepli, Viktor und Casanova, Hugo unter Mitwirk. des Hrsg.).

Kontonummer

↑Kontennummerierung.

Konto pro Diverse

Auch *provisorisches Konto* genannt und von den Banken für voraussichtlich nur vorübergehend zu Buch stehende einzelne *Gutschriften oder Belastungen* für Personen (natürliche und juristische) eröffnet, die nicht in Kontokorrentverkehr stehen, d. h. über kein ↑Bankkonto verfügen. Am Anfang einer Kundenbeziehung können auch Buchungen auf Konto pro Diverse erfolgen. Es sind aber in jedem Fall im Umgang mit dem Konto pro Diverse die Bestimmungen der ↑Vereinbarung über die Standesregeln zur Sorgfaltspflicht der Banken und die zur Bekämpfung der ↑Geldwäscherei (↑Geldwäschereigesetz) zu beachten. Guthaben auf Konto pro Diverse werden in der Regel nicht verzinst, während Schuldposten, falls es sich nicht um kleinste Summen handelt, den Bedingungen der Debitorenrechnungen hinsichtlich Zins und Kommission unterliegen.

Kontosperre

Eine Kontosperre liegt vor, wenn ein ↑Kontoinhaber nur erschwert bzw. gar nicht über seine Vermögenswerte bei der Bank verfügen kann. Die Sperre kann auf vertraglicher Vereinbarung oder auf behördlicher Anordnung beruhen.

1. Vertragliche Vereinbarung
Nach schweizerischem Recht kann ein ↑Gläubiger auf seine Fähigkeit, seine Rechte auszuüben, nicht durch einseitigen Akt Verzicht leisten. So wäre z. B. ein Auftrag des Kunden an seine Bank, sein Konto für 10 Jahre einzufrieren und seine abweichenden Verfügungen während dieser Zeit nicht zu beachten, für die Bank und für den Kunden unverbindlich. Möglich sind hingegen Kontosperren, wenn sie als Rechtsfolge aus einer vertraglichen Verpflichtung herauswachsen, die der Kunde gegenüber der Bank oder gegenüber einem Dritten eingegangen ist.

So gibt z. B. ein Pfandrecht am Guthaben des Kunden *der Bank* das Recht, den Kunden an der Verfügung über sein Konto zu hindern. Umstritten ist dabei die Tragweite der AGB-Pfandrechtsklausel, insbesondere die Frage, ob eine Bank, die den Kunden bisher trotz eigener Forderungen über seine Guthaben frei hat verfügen lassen, berechtigt ist, dem Kunden unter Berufung auf die Pfandrechtsklausel in den AGB den Zugang zu seinem Konto von heute auf morgen zu sperren. Klar dürfte sein, dass die AGB-Verrechnungsrechtsklausel der Bank zwar die Möglichkeit gibt, ein Guthaben des Kunden mit einer eigenen Forderung zu verrechnen, nicht aber das Recht, das Guthaben des Kunden im Hinblick auf eine evtl. später vorzunehmende ↑Verrechnung vorsorglich zu sperren. Soll ein Guthaben des Kunden der Bank als Sicherheit für einen Kredit dienen, so tut die Bank gut daran, sich das Recht zur Sperrung des Kontos vom Kunden ausdrücklich einräumen zu lassen. Rechtlich ist eine solche Abrede als Einräumung eines Pfandrechts am Guthaben des Kunden zu verstehen.

Soll das Konto im Interesse *eines Dritten* gesperrt werden, so muss nach schweizerischem Recht der Dritte bei der Eröffnung bzw. Sperrung des Kontos mitwirken. Beispiele: Das Mündeldepot (↑Bevormundete und Verbeiständete im Bankverkehr); das Nutzniessungsdepot. Gelegentlich wird auch das Gesamthandkonto als Sperrdepot bezeichnet, obwohl hier die Pflicht der Bank, nur kollektiv erteilte Weisungen auszuführen, auf einer Vereinbarung mit den Kunden, nicht mit einem Dritten beruht. Eine scheinbare Ausnahme vom Grundsatz, dass der Dritte bei der Sperrung mitwirken muss, liegt vor, wenn der Kunde die Bank unwiderruflich anweist, einem Dritten unter Anzeige einen Betrag während einer bestimmten Frist zur Verfügung zu halten und unter bestimmten Bedingungen auszuzahlen; ebenso, wenn der Kunde die Bank mit der Abgabe einer ↑Bankgarantie oder mit der Eröffnung eines ↑Dokumenten-Akkreditivs beauftragt. Die Sperrung des Kontos erfolgt hier primär im Interesse der Bank, die mit der Ausführung des Auftrages eine eigene Eventualverpflichtung gegenüber dem Dritten begründet und für ihren Eventualanspruch auf Auslagenersatz kraft AGB ein ↑Pfandrecht am Guthaben des Kunden erwirbt.

2. Behördliche Anordnung
Am häufigsten sind die durch Strafverfolgungsbehörden und Betreibungs- und Konkursbehörden (Arrest, Pfändung) veranlassten Sperren. Auch die Zivilgerichte können Kontosperrungen als sichernde Massnahmen in zivilprozessualen Streitigkeiten anordnen. In bestimmten Fällen ist eine Bank oder ein anderer Finanzintermediär verpflichtet, Vermögenswerte von Kunden im Vorgriff auf zu erwartende behördliche Anordnungen *aus eigener Initiative* zu sperren, so im Zusammenhang mit der Meldepflicht, wenn die Bank den begründeten Verdacht hat, dass die Vermögenswerte im Zusammenhang mit ↑Geldwäscherei stehen oder aus einem Verbrechen herrühren oder der Verfügungsmacht einer kriminellen Organisation unterliegen (GwG 9 und 10). Liegt kein begründeter Verdacht vor, sondern bestehen nur Zweifel, so müssen die Vermögenswerte jedenfalls dann gesperrt werden, wenn konkrete Anzeichen bestehen, dass behördliche Sicherstellungsmassnahmen unmittelbar bevorstehen (Geldwäscherei-Richtlinie der EBK Rz 30).

3. Sperre aufgrund privater Intervention Dritter?
Dritte, die einen Anspruch gegen den Kunden der Bank durchsetzen wollen und die nicht bereits Partei einer Sperrevereinbarung mit der Bank sind, müssen die Mitwirkung der Behörden in Anspruch nehmen. Dies gilt auch für Dritte, die das ↑Eigentum an den hinterlegten Vermögenswerten beanspruchen, und zwar – nach nicht mehr ganz unbestrittener Ansicht – selbst dort, wo der Dritte bei der Bank als sog. wirtschaftlich Berechtigter aktenkundig vorgemerkt ist. Nach OR 479 muss die Bank den Eigentumsanspruch des Dritten nicht beachten, solange sie vom Dritten nicht gerichtlich eingeklagt wird oder solange nicht eine vom Dritten eingeschaltete Behörde das Konto sperrt. Die Bank wird jedoch gut daran tun, den Dritten auf diesen Umstand hinzuweisen, und sie wird das Konto unter Umständen so lange sperren, wie der Dritte braucht, um eine amtliche Sperre zu veranlassen.

4. Sperre und Solidarkonto
Umstritten ist, ob der Mitinhaber eines Solidarkontos (↑Compte-joint, Gemeinschaftskonto, Oder-Konto) bei der Bank die Sperrung des Kontos veranlassen kann, wenn der Vertrag diese Möglichkeit nicht ausdrücklich vorsieht. Die Bank wird

sich hüten müssen, dem betreffenden Kunden als vermeintliche Lösung ihres Dilemmas den Abzug der Vermögenswerte vorzuschlagen, weil ihr dies als Anstiftung zur Veruntreuung vorgeworfen werden könnte. *Christian Thalmann*

Kontoübertrag
Der zu bezahlende Betrag wird dem Konto des Zahlungspflichtigen belastet und dem Konto des Empfängers *bei der gleichen Bank* gutgeschrieben. Unterhalten Auftraggeber und Begünstigter ihre Konten nicht bei der gleichen Bank, spricht man von Überweisung. ↑Bankgiro; ↑Swiss Interbank Clearing (SIC).

Kontoüberziehung
Eine Kontoüberziehung liegt vor, wenn die Bank stillschweigend oder in Abmachung mit dem Kunden zulässt, dass eine Kreditorenrechnung vom Kunden überzogen wird, der Klient also vom Gläubiger zum Schuldner der Bank wird. Damit gewährt die Bank einen Kredit. Geschieht dies stillschweigend oder auf bloss mündliche Abmachung, besteht kein schriftlicher ↑Kreditvertrag zwischen Bank und Kunde.

Eine Kontoüberziehung entsteht auch, wenn ein Kunde seinen Kredit über die im Kreditvertrag vereinbarte ↑Limite hinaus beansprucht. In diesem Fall spricht man von ↑Kreditüberziehung. Kontoüberziehungen werden etwa geduldet, um den Kunden, z.B. durch eine Annahmeverweigerung eines ↑Checks, nicht in Verlegenheit zu bringen. Die Banken gestatten Kontoüberziehungen gewöhnlich nur nach interner Prüfung, denn der durch Kontoüberziehung gewährte Kredit ist in der Regel ungedeckt (↑Ungedeckter Kredit). Neigungen zu Kontoüberziehungen lassen beim Kunden auf angespannte Liquiditätsverhältnisse und/oder auf einen Mangel an Organisation schliessen. Kontoüberziehungen sind normalerweise zum Überziehungssatz, d.h. einem über den normalen Kreditzinssätzen liegenden Ansatz zu verzinsen, womit die Umtriebe und das in der Regel höhere ↑Kreditrisiko abgegolten werden.

Lohn- und Gehaltskonten werden seit der Einführung der ↑bargeldlosen Lohn- und Gehaltszahlung von den Banken grundsätzlich zwar als reine Kreditorenrechnungen geführt. Kontoüberziehungen sind bei diesen Konten aber häufig, weil Lohngutschrift und Geldbedarf zeitlich nicht selten etwas verschoben sind oder ein begründeter kurzfristiger Geldbedarf besteht.

Solange der ↑Kontoinhaber in ungekündigtem Anstellungsverhältnis steht, erwächst der Bank bei kleineren Kontoüberziehungen kein grosses Risiko, da mit dem künftigen Lohneingang gerechnet werden kann.

Banken gestatten ihren Lohnkontoinhabern zum Teil auch generell eine Kontoüberziehung in Höhe eines oder mehrerer Monatslöhne. Die allgemeine Einräumung der Möglichkeit zur Kontoüberziehung kommt der generellen Gewährung eines ↑Konsum- oder ↑Dispositionskredites gleich.
Paul Nyffeler

Konto- und Depotvollmacht
Auch Bankvollmacht. ↑Vollmacht, die vom Bankkunden unterzeichnet und der Bank übergeben wird, und mit der der Bankkunde einen Dritten für eine unbestimmte Dauer zu seiner umfassenden Vertretung gegenüber der Bank ermächtigt. Regelmässig bestehen die Banken für diesen Fall auf der Verwendung der von ihnen vorformulierten Formulare. Diese sehen regelmässig vor, dass der ↑Bevollmächtigte zulasten des Kontos des Kunden alle Handlungen vornehmen kann, die auch der Kunde selbst vornehmen könnte. Dazu gehört insbesondere auch das Recht, Vermögenswerte von der Bank abzuziehen. Häufig wird festgehalten, dass der Bevollmächtigte auch zur Eingehung von Verbindlichkeiten zulasten des Kunden berechtigt ist. Der Umfang dieser Ermächtigung bestimmt sich nach der Bedeutung der deponierten Vermögenswerte. Zu einer durch diese Vermögenswerte nicht gedeckten Kreditaufnahme ist der Bevollmächtigte trotz des generellen Wortlauts dieser Klausel nicht berechtigt. Im Übrigen findet die Bankvollmacht wie jede andere Vollmacht ihre Grenze im bösen Glauben des Dritten, gegenüber dem die Vollmacht sich auswirken soll. Erkennt also die Bank oder müsste sie bei gehöriger Aufmerksamkeit erkennen, dass der Bevollmächtigte gegen den Willen des Kunden handelt, so riskiert sie, das Konto des Kunden für dessen Dispositionen nicht belasten zu können. Bedenken dieser Art können z.B. aktuell werden, wenn der Bevollmächtigte nach dem Tod des Kontoinhabers alle Vermögenswerte oder einen wesentlichen Teil davon zu eigenen Gunsten abziehen will.

Solange die Vollmacht nicht widerrufen ist, ist der Bevollmächtigte immer auch zur Einholung von Auskünften über das Konto berechtigt.

Für einzelne Geschäfte oder für die Erteilung von Auskünften akzeptieren die Banken gelegentlich auch Vollmachten, die nicht auf ihrem Formular erteilt worden sind. *Christian Thalmann*

Kontovollmacht
↑Konto- und Depotvollmacht.

Kontrakt
Ein Kontrakt ist im allgemeinen Sprachgebrauch ein Vertrag. In der Banksprache versteht man unter Kontrakt zumeist einen Vertrag mit standardisierten Spezifikationen des Inhalts. ↑Termingeschäft; ↑Futures; ↑Warentermingeschäfte.

Kontraktgüter
↑Finanzdienstleistungen.

Kontraktvolumen
Anzahl der gehandelten Futureskontrakte.

Kontraktwert
Der Kontraktwert beschreibt die einem ↑Termingeschäft tatsächlich zu Grunde liegenden Werte. Der Kontraktwert errechnet sich aus der Zahl der ↑Kontrakte mal Kontraktgrösse mal ↑Kurs des ↑Basiswerts.

Kontrollaktivitäten
Massnahmen der Überprüfung im Rahmen der internen Kontrolle (↑Kontrolle, interne bei Banken), unter anderem bestehend aus Ablauf-, Ergebnis- und Verhaltenskontrollen.

Kontrolle, interne bei Banken
Die interne Kontrolle bei Banken soll sicherstellen, dass alle ↑Risiken (finanzielle sowie ↑operationelle Risiken usw.), welche die Erreichung der Geschäftsziele, das Geschäftsvermögen und die Einhaltung von Gesetzen und Vorschriften negativ beeinflussen könnten, zeitgerecht und kontinuierlich erkannt und beurteilt werden. Unter interner Kontrolle werden alle angeordneten Vorgänge, Methoden und Massnahmen verstanden, die dazu dienen, einen ordnungsgemässen Ablauf des betrieblichen Geschehens sicherzustellen. Bei Banken gehören entsprechende organisatorische Massnahmen zu den Bewilligungsvoraussetzungen (Art. 3, Abs. 2 lit. a BankG). Es muss ein wirksames ↑internes Kontrollsystem bestehen (Art. 9, Abs. 4 BankV). Die Revisionsstelle muss das System beurteilen (Art. 44 lit. o BankV). Der ↑Basler Ausschuss für Bankenaufsicht definierte im Papier «Framework for Internal Control Systems in Banking Organizations» Grundsätze, die als Basis für entsprechende Richtlinien der SBVg bezüglich der internen Kontrolle dienen.
Verwaltungsrat und Geschäftsleitung prägen mit der Art ihrer Führung und ihrem Verhalten die Risiko- und Kontrollkultur. Die Umsetzung der internen Kontrolle bedient sich verschiedener Kontrolltypen: Überwachung durch Vorgesetzte, Aktivitätskontrollen mittels Reports, physische Kontrollen (z.B. Vier-Augen-Prinzip) usw. Zudem ist eine geeignete Funktionentrennung sowie die Minimierung der Zuweisung konfliktärer Verantwortungen zu beachten. Die Verfügbarkeit entscheidungsrelevanter Informationen (↑Management-Informationssystem bei Banken [MIS]) sowie entsprechende Kenntnisse der Mitarbeiter bezüglich der Grundsätze und Abläufe der internen Kontrolle sind Voraussetzung für die Wirksamkeit des Systems der internen Kontrolle. Im Weiteren ist sicherzustellen, dass im Falle von Mängeln Korrekturmassnahmen eingeleitet werden.
Pius Schwegler

Kontrolle im Bankbetrieb
↑Kontrolle, interne bei Banken; ↑Revision, externe; ↑Revision, interne.

Konvention
↑Kartelle im Bankensektor; ↑Kartellgesetz (Bedeutung für Finanzinstitutionen).

Konventionskurs
↑Devisengeschäft.

Konversion
Auch Konvertierung, Schuldumwandlung. Unter Konversion versteht man die Erneuerung einer Obligationenanleihe unter Abänderung bzw. Anpassung der Zins- und Rückzahlungsbedingungen an die neuen Verhältnisse. Die Erneuerung von ↑Kassenobligationen (Kassenschein; ↑Obligationenausgabe der Banken) wird ebenfalls als Konversion bezeichnet.
Aus Gründen der Arbeitsvereinfachung verzichteten die Emissionshäuser seit Ende der 1980er-Jahre mehr und mehr, seit Mitte der 1990er-Jahre ganz auf die Begebung von Konversionsanleihen. Benötigt ein Schuldner das Ganze oder Teile des Kapitals aus einer bisherigen Obligationenanleihe auch weiterhin, so wird die alte Anleihe zurückbezahlt und eine neue wird aufgelegt. Für den Schuldner ergeben sich dadurch keine Nachteile. Der Inhaber von Obligationen der fälligen Anleihe kann ↑Titel der neuen ↑Emission zeichnen; ein Recht auf Zuteilung aber hat er nicht mehr.

Konversionsanleihe
Die Konversionsanleihe dient der ↑Rückzahlung einer fälligen ↑Anleihe durch die Ausgabe einer neuen Anleihe. Die bisherigen Obligationäre können ihre Obligationen in Titel der neuen Anleihe umtauschen (konvertieren), wobei jedoch kein Konversionszwang besteht. Aus den unterschiedlichen Konditionen der alten und der neuen Anleihe resultiert in der Regel eine rechnerische Differenz, die *Konversionssoulte*. Aus Rationalisierungsgründen wird seit längerer Zeit auf die Ausgabe von Konversionsanleihen verzichtet.

Konversionsprämie
↑Wandelprämie.

Konvertibilität
Die Konvertibilität einer ↑Währung bezeichnet die Möglichkeit für Deviseninländer und Devisenausländer, diese Währung zum jeweiligen ↑festen Wechselkurs oder flexiblen Wechselkurs frei gegen eine andere Währung zu tauschen. Es gibt verschiedene Grade der Konvertibilität, die von den Restriktionen abhängen, mit denen die Regierung die Konvertibilität einschränkt. Länder mit liberalem ↑Zahlungsverkehr und Kapitalverkehr waren nach dem Zweiten Weltkrieg die USA, Kanada und

die Schweiz. Inzwischen hat sich die Konvertibilität aber immer stärker durchgesetzt und auch in den Entwicklungsländern mehr und mehr Fuss gefasst.

Man kann unterscheiden zwischen interner und externer Konvertibilität.

Die *interne Konvertibilität* bezeichnet die Konvertibilität zwischen Deviseninländern. Dazu gehört die Möglichkeit, ein ↑Fremdwährungskonto zu eröffnen oder lokal mit Fremdwährungen zu handeln. Beschränkungen der internen Konvertibilität bezwecken häufig, die Verdrängung der eigenen Währung durch eine der grossen Währungen wie z. B. den US-Dollar zu verhindern (Dollarisierung). Die Regierungen der betreffenden Länder befürchten den damit verbundenen Verlust einer Einnahmequelle (↑Seigniorage) und den Verlust der Wirksamkeit der eigenen ↑Geldpolitik.

Die *externe Konvertibilität* bezeichnet die Konvertibilität zwischen Deviseninländern und Devisenausländern. Dabei kann man weiter zwischen Ertragsbilanz- und Kapitalverkehrsbilanz-Konvertibilität unterscheiden. Die Ertragsbilanz-Konvertibilität bezieht sich auf Konversionen aus Transaktionen der Ertragsbilanz, während die Kapitalverkehrsbilanz-Konvertibilität (↑Zahlungsbilanz) Konversionen aus ↑Transaktionen der Kapitalverkehrsbilanz betrifft. Der Ertragsbilanz-Konvertibilität wird in der Regel die grössere Bedeutung zugemessen. Sie ist das natürliche Korrelat zum freien Güterhandel und eine wichtige Voraussetzung für ein gut funktionierendes multilaterales Welthandelssystem. Die Förderung der Ertragsbilanz-Konvertibilität bildete von Anfang an eine Hauptaufgabe des 1946 gegründeten ↑Internationalen Währungsfonds (IWF). Art. 8 der IWF-Statuten untersagt grundsätzlich alle Beschränkungen der laufenden Zahlungen und eine Beteiligung an diskriminierenden Währungspraktiken. Die Zahl der IWF-Länder, welche die Verpflichtungen aus Art. 8 akzeptiert haben, liefert deshalb einen guten Indikator für die Ausdehnung der Ertragsbilanz-Konvertibilität. In den letzten Jahrzehnten stieg die Zahl relativ rasch von 35 im Jahre 1970 auf 68 im Jahre 1990 und 148 im Jahre 2000. Die wichtigsten westeuropäischen Länder nahmen diesen Art.-8-Status im Jahre 1961 an. Der Kapitalverkehrsbilanz-Konvertibilität wurde nach dem Ende des Zweiten Weltkriegs zunächst keine grosse Bedeutung zugemessen. Der Grund lag darin, dass Kapitalverkehrskontrollen als nützliches Instrument betrachtet wurden, um das in Bretton Woods (1944) geschaffene System fester Wechselkurse zu stabilisieren. Internationale Bestrebungen zur Förderung der Kapitalverkehrsbilanz-Konvertibilität gab es vor allem im Rahmen der ↑Organisation für wirtschaftliche Zusammenarbeit und Entwicklung (OECD) (Code of Liberalization of Capital Movements, ab 1962) und der EU (Monetary Committee, ab 1958). Die Währungskrisen der 1970er-Jahre brachten vorübergehend einen schweren Rückschlag. Selbst Länder mit traditionell liberalem Kapitalverkehr wie die Schweiz führten vorübergehend wieder einzelne Kapitalverkehrskontrollmassnahmen ein. In den 1980er-Jahren gewann die Liberalisierung des Kapitalverkehrs auf breiter Front an Boden, nicht zuletzt wegen des raschen Wandels auf den ↑Finanzmärkten und des Auftretens neuer ↑Finanzinstrumente. Im Jahre 1988 erliess die EU eine Kapitalverkehrsrichtlinie, die bis 1992 in fast allen EU-Ländern den vollständigen Abbau der verbliebenen Kapitalverkehrskontrollen brachte.

In den 90er-Jahren verschob sich die Konvertibilitätsdiskussion auf die Entwicklungsländer und ab 1989 auf die osteuropäischen Länder und die Länder der ehemaligen Sowjetunion. Sie drehte sich vor allem um die Voraussetzungen für eine erfolgreiche Liberalisierung und die Frage nach der optimalen Reihenfolge der verschiedenen Liberalisierungsschritte. Rückschläge wie die Asien- und Russlandkrise von 1997/98 führten dazu, dass die Forderungen nach einer gesunden Geld- und Fiskalpolitik sowie einer funktionstüchtigen ↑Bankenaufsicht und ↑Finanzmarktaufsicht vermehrt Echo fanden.

Mathias Zurlinden

Konvertible Währung

Eine ↑Währung ist konvertibel, wenn sie am Devisenmarkt jederzeit frei zum aktuellen ↑festen Wechselkurs oder zum flexiblen Wechselkurs gegen andere Währungen ausgetauscht werden kann (↑Konvertibilität). Zur Zeit der Goldwährung bezog sich Konvertibilität auf eine Währung, die bei der ↑Zentralbank in Gold getauscht werden kann (Goldkonvertibilität).

Konzentration im Bankwesen

↑Bankenkonzentration.

Konzern

Nach OR 663e I liegt ein Konzern vor, wenn eine Gesellschaft – die Ober- oder ↑Muttergesellschaft (↑Holdinggesellschaft) – durch Stimmenmehrheit oder auf andere Weise eine oder mehrere Gesellschaften – die Unter- oder Tochtergesellschaften – unter einheitlicher Leitung zusammenfasst. Der Gesetzgeber konkretisiert nicht, was als Zusammenfassung unter einer einheitlichen Leitung zu verstehen ist. Es werden zwei gegensätzliche Auffassungen vertreten. Im angelsächsischen Rechtsraum genügt die Möglichkeit der Beherrschung (*Control-Prinzip*). In der Schweiz wird dagegen für das Vorliegen eines Konzerntatbestandes die tatsächliche Einflussnahme der Obergesellschaft auf die Geschäftspolitik der einzelnen Tochtergesellschaften *(Faktizitätsprinzip)* gefordert. In der Schweiz fehlt eine umfassende Gesetzgebung. Das BankG sieht für ↑Bankkonzerne jedoch verschiedene Sondervorschriften vor, insbesondere bezüglich der Aufsicht (BankG 4^quinquies), der Risikoverteilung und der Rechnungslegung (BankV 23a).

Konzernbank
Banken, die von einem ↑Konzern beherrscht werden. Eine Konzernbank kann verschiedene Aufgaben erfüllen. Neben der Durchführung der in den verschiedenen Konzerngesellschaften anfallenden Bankgeschäfte (↑Zahlungsverkehr, ↑Cash management, ↑Effektengeschäft und Kreditgeschäft, ↑Projektfinanzierungen und Leasingtransaktionen), wird die Entwicklung von absatzfördernden ↑Finanzdienstleistungen immer wichtiger. Auch Konzernbanken haben alle bankengesetzlichen Vorschriften zu beachten. Sie unterscheiden sich damit von den Inhouse-banking-Aktivitäten eines Konzerns. Schweizerische Handels- und Industriekonzerne haben – vom Sonderfall der Migros abgesehen – keine Konzernbanken. Dagegen hat ihre Bedeutung in den letzten Jahren in Deutschland zugenommen.

Konzernrechnung (Allgemeines)
Eine Konzernrechnung, auch konsolidierte Jahresrechnung genannt, fasst die Jahresabschlüsse der ↑Muttergesellschaft (Holding- oder Stammhaus) und deren Tochtergesellschaften so zusammen, als ob sie ein einziges Unternehmen wären. Einzubeziehen bzw. voll zu konsolidieren sind beherrschte Tochtergesellschaften. Die Beherrschung wird angenommen, wenn die ↑Holdinggesellschaft mehr als 50% der Stimmrechte der Tochtergesellschaft kontrolliert (OR 663e). Voraussetzung einer ordnungsmässigen ↑Konsolidierung sind einheitliche Gliederung, einheitliche Bewertungsgrundsätze und einheitliche ↑Bilanzstichtage.

1. Konsolidierungspflicht nach Aktienrecht
Nach Aktienrecht (OR 663 e) besteht eine Pflicht zur Erstellung einer Konzernrechnung, wenn die folgenden Voraussetzungen erfüllt sind:
– Die Obergesellschaft hat die Rechtsform einer AG. Die Merkmale eines Konzerns sind gegeben: eine einheitliche wirtschaftliche Leitung, die sich auf die Mehrheit der Stimmen oder auf andere Faktoren, wie vertragliche Vereinbarungen über die Führung, abstützt. Dabei ist zu beachten, dass die Konsolidierungspflicht nach der herkömmlichen Lehre durch die Möglichkeit zur einheitlichen Leitung ausgelöst wird (Control-Prinzip), ungeachtet darüber, ob diese auch ausgeübt wird.
– Eine Mindestgrösse, gemessen an der Höhe der Aktiven (CHF 10 Mio.), des Umsatzes (CHF 10 Mio.) oder der Mitarbeiter (mehr als 200), wobei zwei Kriterien während zwei aufeinander folgenden Jahren zutreffen müssen.
– Besondere Verhältnisse: Wenn Anleihensobligationen ausstehend sind, Aktionäre, welche 10% des Aktienkapitals vertreten, eine Konzernrechnung verlangen (wichtig bei Teilkonzernen) oder eine Konzernrechnung zur möglichst zuverlässigen Beurteilung der Vermögens- und Ertragslage notwendig ist.

2. True and fair view der Konzernrechnungslegung
Die Konzernrechnung hat ein den tatsächlichen Verhältnissen entsprechendes Bild der Vermögens-, Finanz- und Ertragslage (↑True and fair view) des Konzerns zu vermitteln (FER 2 und BankV 25d). Die Rechnungslegungsstandards sind für Schweizer Unternehmen namentlich die ↑Fachempfehlungen zur Rechnungslegung (Swiss GAAP FER), die ↑International Accounting Standards (IAS) und die ↑Generally Accepted Accounting Principles in den USA (US GAAP). Eine Konzernrechnung, die nach den minimalen Vorschriften des Aktienrechts (OR) erstellt wurde, eine so genannte Buchwertkonsolidierung, gilt in der Praxis als wenig aussagefähig. Die Schweizer Börse ↑SWX Swiss Exchange verlangt deshalb von den börsenkotierten Unternehmen als Minimum Swiss GAAP FER und neu voraussichtlich IAS/IFRS.

3. Ablauf der Konsolidierung im internationalen Konzern
Die in die Konsolidierung einbezogenen Jahresrechnungen der Konzerngesellschaften haben einheitlichen konzerninternen Richtlinien zu entsprechen. Diese werden nach der Umrechnung in die Konzernwährung (für Schweizer Konzerne z.B. CHF, USD oder EUR) zur so genannten Summenbilanz bzw. -erfolgsrechnung zusammenaddiert. Konzerninterne Aktiven und Passiven in den einzelnen Jahresrechnungen sowie Aufwendungen und Erträge aus konzerninternen ↑Transaktionen werden gegeneinander verrechnet bzw. eliminiert. Die so konsolidierten Zahlen werden (gerundet) in die Konzernbilanz und -erfolgsrechnung übernommen. Daraus werden der konsolidierte Eigenkapitalnachweis sowie Anlagespiegel, die konsolidierte ↑Geldflussrechnung und die Angaben zur Konzernrechnung im ↑Anhang entwickelt. Die konsolidierte Jahresrechnung muss von besonders befähigten Revisoren (Konzernprüfer) geprüft werden (OR 731). Die Konzernrechnung ist den Aktionären an der ordentlichen Generalversammlung zur Genehmigung vorzulegen (OR 698).

4. Bestandteile der Konzernrechnung
Die Bestandteile der Konzernrechnung sind:
– Die Konzernbilanz
– Die Konzernerfolgsrechnung
– Die Konzerngeldflussrechnung
– Der Konzerneigenkapitalnachweis
– Der Anhang der Konzernrechnung (mit Konsolidierungs- und Rechnungslegungsgrundsätzen

und Erläuterungen zu ↑Positionen der Konzernbilanz- und ↑Erfolgsrechnung).

5. Wichtige Konsolidierungsgrundsätze
Zu den wichtigen Konsolidierungsgrundsätzen gehören:
- Umschreibung des Konsolidierungskreises, inkl. Liste der Beteiligungen
- Beschreibung der Fremdwährungsumrechnungsmethode zur Umrechnung der Jahresrechnungen von ausländischen Tochtergesellschaften in Konzernwährung
- Vollkonsolidierung mit 100%-Einbezug von Aktiven und Passiven sowie Aufwendungen und Erträgen aller Konzerngesellschaften und separater Ausweis der ↑Anteile, an denen Dritte beteiligt sind (Minderheitsanteile) im konsolidierten Eigenkapital sowie in der konsolidierten Erfolgs- und Geldflussrechnung
- Elimination von Forderungen und Schulden der konsolidierten Gesellschaften untereinander (Schuldenelimininierung)
- Methode der Kapitalkonsolidierung (Purchase-Methode), d.h. Verrechnung des Eigenkapitals der konsolidierten Tochtergesellschaften mit den Beteiligungsbuchwerten der Holdinggesellschaft inkl. Berechnung des Goodwills, dessen Aktivierung und erfolgswirksame ↑Amortisation
- Elimination von konzerninternen Aufwendungen und Erträgen sowie ↑Dividenden von Tochtergesellschaften
- Behandlung nichtkonsolidierter Minderheitsbeteiligungen bzw. assoziierten Gesellschaften (Equity-Methode) durch Bilanzierung zum anteiligen Eigenkapital und Ausweis des anteiligen Jahresergebnisses der Beteiligung in der Konzernerfolgsrechnung
- Elimination von konzerninternen Gewinnen, die am Jahresende in Aktiven enthalten sind (Zwischengewinne z.B. auf Vorräten oder Anlagevermögen)
- Angaben zu den Bewertungsgrundsätzen (historische Anschaffungskosten bzw. aktuelle ↑Verkehrswerte)
- Grundsätze für die Bewertung wesentlicher ↑Bilanzpositionen.

6. Konzernhandbuch
Die Erstellung und Prüfung der Konzernrechnung erfordern eine ausgebaute Organisation. Die Grundsätze sind in einem Konzernhandbuch (Accounting manual) festgehalten. Dieses umfasst insbesondere:
- Die Konsolidierungrundsätze
- Bewertungs- und Gliederungsgrundsätze
- Fremdwährungsumrechnungsgrundsätze
- Kontenplan
- Formularsets
- Abschluss-Stichtag

- Zeitplan
- Beteiligungsliste
- Kontenabstimmung
- Organisation der Konsolidierungsstelle.

Peter Bertschinger

Lit.: Schweizer Handbuch der Wirtschaftsprüfung (HWP), Band 1, Konzernrechnungslegung, Zürich 1998. – Glanz, St.: Prinzipien der Konzernrechnungslegung, Chur, Zürich 1997. – Meyer, C.: Konzernrechnung, Zürich 2000.

Konzernrechnung (Banken)

Die Konzernrechnung erfüllt zwei Ziele:
- Die Konzernrechnung bildet ein unerlässliches Instrument zur finanziellen Führung des Konzerns als wirtschaftliche Einheit, ohne Rücksicht auf die oft aus verschiedenen Gründen (insbesondere steuerliche Überlegungen) komplizierten rechtlichen Strukturen.
- Die Konzernrechnung informiert die Eigen- und Fremdkapitalgeber sowie eine weitere interessierte Öffentlichkeit über die Vermögens- und Ertragslage der Bankengruppe als wirtschaftliche Einheit. Die Konzernrechnung stellt vor allem für die Aktionäre ein zentrales Informationsinstrument dar, denn der Wert ihrer Beteiligung hängt nicht von der Ertragslage der Holding (Muttergesellschaft, Obergesellschaft), sondern ausschliesslich von der Gruppe als Ganzes ab.

1. Konsolidierungspflicht nach BankG
Für die Banken sind die Vorschriften zur Erstellung einer Konzernrechnung mit den erhöhten Informationsbedürfnissen im Vergleich zum Aktienrecht entsprechend präzisiert und verschärft worden. Nach BankV 23a ist eine Konzernrechnung zu erstellen, wenn eine Bank mit mehr als der Hälfte der Stimmen direkt oder indirekt an einer oder mehreren Gesellschaften beteiligt ist oder auf diese in anderer Weise einen beherrschenden Einfluss ausübt (↑Bankkonzern). Sind die beherrschten Gesellschaften für die Zielsetzungen der Konzernrechnung unwesentlich, ist keine Konzernrechnung zu erstellen. Dies ist der Fall, wenn beispielsweise eine Bank Liegenschaften in Form einer Immobilien AG hält. Bankkonzerne, die eine ↑Bilanzsumme von weniger als einer Milliarde Franken und weniger als 30 Beschäftigte aufweisen, sind von der Erstellung einer Konzernrechnung befreit. Unabhängig von der Grösse ist eine Konzernrechnung zu erstellen,
- wenn die Beteiligungstitel der Bank an der ↑Börse kotiert sind
- wenn die Bank eine oder mehrere Banken, Finanz- oder Immobiliengesellschaften mit Sitz im Ausland durch Stimmenmehrheit oder auf andere Weise beherrscht.

2. Grundsätze der Konsolidierung
BankV 23a II verweist für die Erstellung der Konzernrechnung auf die allgemein anerkannten Grundsätze der ↑Konsolidierung. Diese sind für die schweizerische Rechnungslegungspraxis durch die Richtlinien der Fachkommission für Empfehlungen zur Rechnungslegung (Swiss GAAP FER) festgelegt und umso wichtiger, als das Aktienrecht lediglich auf die allgemeinen Grundsätze der Rechnungslegung verweist. In Abweichung zur höchst ungenügenden Minimalregelung des Aktienrechts schreibt BankV 25d das True-and-fair-view-Konzept vor. Zusätzlich werden ausdrücklich einzelne Konsolidierungsgrundsätze stipuliert, wie die Festlegung des Konsolidierungskreises (BankV 25e I), die Methode der Kapitalkonsolidierung (Purchase-Methode), Behandlung von Minderheitsbeteiligungen und Gemeinschaftsunternehmen.

Die Gliederungsvorschriften sind den Besonderheiten der Konzernrechnung anzupassen (BankV 25f und 25g). Ebenso wird der ↑Anhang um konzernspezifische Pflichtinformationen erweitert. Eine Besonderheit ist der sog. *Konsolidierungsrabatt*, welcher für Banken, die verpflichtet sind, eine Konzernrechnung zu erstellen, zahlreiche Erleichterungen für den Einzelabschluss vorsieht (BankV 25 K, sowie RRV-EBK VII. 5).

Nach BankV 28 II kann die EBK eine von den bestehenden Vorschriften abweichende Rechnungslegung zulassen, wenn diese nach anerkannten internationalen Standards erfolgt, welche mindestens eine gleichwertige Information des Publikums gewährleisten. Gestützt auf diese Vorschriften wenden ↑Grossbanken und international ausgerichtete Institute IAS oder US-GAAP an. Diese erfordern die Berücksichtigung von zahlreichen zusätzlichen Normen, nicht zuletzt weil auch die Regelungsdichte in den letzten Jahren deutlich zugenommen hat. Schweizerische Banken, die ihre Aktien auch an der New Yorker Börse kotieren, sind bei einer Konzernrechnungslegung nach IAS überdies verpflichtet, die wichtigsten Schlüsselgrössen auch nach US-GAAP auszuweisen, was in Form einer Überleitung (Reconciliation) geschieht.

Max Boemle

Konzertzeichner
Im ↑Emissionsgeschäft gebräuchlicher Ausdruck für Zeichner von Neuemissionen, welche die Absicht haben, die zugeteilten ↑Effekten möglichst bald wieder mit Gewinn zu verkaufen. Der Konzertzeichner zeichnet häufig bei mehreren Banken. Bei ↑Initial public offerings (IPO) ist die Nachfrage nach Titeln meist viel höher als das Angebot, darum sind Konzertzeichnungen hier sehr häufig. Konzertzeichnungen verfälschen das Zeichnungsergebnis ähnlich wie ↑Majorisierungen. Konzertzeichner – wenn sie als solche erkannt werden – gehen häufig leer aus, denn die ↑Emissionsbanken haben ein Interesse an Platzierungen in feste Hände.

Kopf-Schulter-Formation
↑Schulter/Kopf/Schulter-Formation.

Korbwährungen
Mehrere ↑Währungen können gewichtet und zu einer Korbwährung aggregiert werden. Die bekanntesten Beispiele sind der ↑ECU (↑Europäische Währungseinheit) und die ↑Sonderziehungsrechte (SZR) des ↑Internationalen Währungsfonds (IWF).

Korea Stock Exchange
Links: www.kse.or.kr

Korn
↑Feingewicht, Feingehalt; ↑Schrot und Korn.

Korrelation
Die Korrelation gibt den Grad der linearen Abhängigkeit zwischen verschiedenen, zufällig schwankenden Merkmalen an. Wenn der Anstieg des ersten Merkmals im Durchschnitt einen Anstieg bzw. ein Sinken des zweiten nach sich zieht, dann spricht man von einer positiven bzw. einer negativen Korrelation. Gemessen wird die Korrelation der Merkmale X und Y durch die Kovarianz, welche als

$$E[(X - E[X])(Y - E[Y])]$$

definiert ist. Daraus leitet sich dann der Korrelationskoeffizient gemäss der folgenden Gleichung ab:

$$\rho_{x,y} = \frac{\sigma_{x,y}}{\sigma_x \sigma_y}$$

Dabei ist σ_x bzw. σ_y die Standardabweichung der Merkmale X und Y. Für den Korrelationskoeffizienten muss immer gelten: $-1 \leq \rho \leq 1$

Korrelationsanalyse
Die Korrelationsanalyse ist ein multivariates, statistisches Verfahren, welches der Analyse des linearen Zusammenhangs mehrerer Merkmale von gegebenen Objekten dient. Das Analyseverfahren basiert auf der Ermittlung der Korrelationskoeffizienten zwischen zwei zufälligen Merkmalen X und Y. Auf der Basis einer Auswertung können Aussagen darüber getroffen werden, ob die zufälligen Merkmale bei den Objekten tendenziell gemeinsam auftreten, sich tendenziell eher ausschliessen oder aber eher unabhängig voneinander auftreten. Voraussetzung für die Anwendung der Korrelationsanalyse ist, dass Daten für die Merkmalsvariablen der gegebenen Objekte vorliegen. Die Merkmalsvariablen können metrisch oder auch nominal skaliert sein, wobei die Skalierung durch Verwendung eines entsprechend geeigneten

Korrelationskoeffizienten berücksichtigt werden kann. Eine Anwendung des Analyseverfahrens findet sich beispielsweise mit dem ↑Markowitz-Modell, bei dem die Objekte durch einzelne ↑Wertpapiere und die Merkmale durch Periodenrenditen gegeben sind. Die Grundidee des Modells besteht darin, die Wirkung von Korrelationen zu berücksichtigen, wenn es darum geht, optimale Mischungen riskanter Wertpapiere zu ermitteln.

Christoph Kaserer, Niklas Wagner

Korrelationskoeffizient
↑Korrelation.

Korrespondenzbank
Die ständige ↑Bankverbindung eines Bankinstitutes auf einem andern Platze, wo es nicht durch eine eigene Zweigstelle vertreten ist. Bei der Korrespondenzbank wird ein Kontoguthaben im Rahmen des erfahrungsgemässen Bedarfes für die Abwicklung von Zahlungsaufträgen unterhalten (↑Verpflichtungen gegenüber Banken, ↑Forderungen gegenüber Banken). Im Übrigen werden über Korrespondenzbanken auch Börsenaufträge, der Noten- und Devisenhandel, das Wechseleinkasso und Akkreditiveröffnungen abgewickelt. ↑Handelsbanken verfügen entsprechend ihrer Bedeutung über eine mehr oder weniger grosse Zahl von Korrespondenzbanken auf den verschiedenen Bankplätzen der Welt. Man nennt dies das Korrespondentennetz. Ein gutes Korrespondentennetz bietet der Bank Vorteile, da ihr regelmässig aufgrund der kontomässigen Verbindung Gegengeschäfte zugewiesen werden. In erster Linie ist jedoch der Zweck des Korrespondentennetzes, ohne Verwendung von ↑Bargeld – lediglich buchungsmässig – Zahlungsaufträge zu erledigen (↑Bargeldloser Zahlungsverkehr; ↑S.W.I.F.T.). Im Bankers almanac sind die Korrespondenzbanken der wichtigsten Banken der Welt verzeichnet und zwar als sog. Standard settlement instructions oder SSI.

Seit der Einführung der Verrechnungssysteme wie ↑Swiss Interbank Clearing SIC, ↑euroSIC, ↑TARGET usw. hat das Korrespondentennetz an Bedeutung verloren.

Links: www.bankers.almanac.com

Korrespondenzcheck
Beim Korrespondenzcheck ist dem eigentlichen Checkformular ein Mitteilungsblatt zuhanden des Empfängers angefügt, das für Abrechnungen und andere Kurzmitteilungen bestimmt ist. Ein getrennter Begleitbrief erübrigt sich damit. Seit 1979 verfügen die Schweizer Banken über ein zentral hergestelltes, einheitliches Korrespondenzcheck-Formular. Diese Garnitur besteht aus dem Original und zwei Kopien (Buchungsbeleg und Dossierkopie). ↑Check, Mitteilungsblatt und Kopien werden im gleichen Arbeitsgang ausgestellt.

Kostenartenrechnung
↑Betriebsergebnis der Kreditinstitute.

Kostenrechnung im Bankgewerbe
↑Betriebliches Rechnungswesen im Bankgewerbe. ↑Betriebsabrechnung; ↑Betriebsergebnis der Kreditinstitute; ↑Konditionenpolitik; ↑Deckungsbeitragsrechnung; ↑Ergebnisstruktur bei Banken; ↑Handelsergebnis; ↑Kostenverursachungsprinzip; ↑Kundenkalkulation, ↑Margenanalyse; ↑Margenkalkulation; ↑Marktzinsmethode; ↑Preiskalkulation; ↑Produktrechnung; ↑Zinsmarge, -spanne.

Kostenstellenrechnung im Bankgewerbe
↑Betriebsabrechnung; ↑Betriebsergebnis der Kreditinstitute.

Kostenträgerrechnung
↑Betriebsergebnis der Kreditinstitute.

Kostenverursachungsprinzip
Das Kostenverursachungsprinzip ist Ausdruck eines Kalkulationsansatzes, der davon ausgeht, dass jedem Kalkulationsobjekt jene Kosten zuzurechnen sind, die es im Rahmen der Entwicklung, Produktion und Distribution verursacht hat bzw. verursacht. Kalkulationsobjekte sind dabei in erster Linie Produkte bzw. Dienstleistungen, können aber auch andere Elemente der Kostenträgerrechnung sein (wie etwa Marktsegmente, Kunden, Kundengruppen oder ↑Transaktionen). Im Rahmen einer Vollkostenkalkulation wird versucht, den Kalkulationsobjekten neben den direkten Stückkosten auch indirekte Kostenelemente (inkl. Gemeinkosten) möglichst verursachergerecht zuzuordnen. Die Teilkostenkalkulation dagegen ordnet den Kalkulationsobjekten nur die von diesen nachweislich direkt verursachten Kosten zu. In der Konditionenpolitik werden dann auf der Grundlage einer Zuschlagskalkulation die Preise für die einzelnen Produkte so festgelegt, dass sie die dem Objekt zugerechneten Kosten plus einen entsprechenden Zuschlag abdecken. Dazu werden entsprechende Verteilschlüssel angewendet.

Der Ansatz, dass jedes Produkt die von ihm verursachten Kosten zu decken habe, ist in Theorie und Praxis nicht unumstritten. Als Vorteil dieses Ansatzes kann die für Anbieter wie Nachfrager resultierende Transparenz und Kostengerechtigkeit bezeichnet werden. Quersubventionierungen zwischen einzelnen Produkten und Produktgruppen können weitgehend eliminiert werden. Es resultieren faire, weil kostenbasierte Preise. Der Nachfrager bezahlt nur für das, was er auch wirklich an Leistungen bezieht bzw. dadurch den Anbieter an Kosten (plus Deckungsbeiträgen) abzugelten hat. Nachteilig wirkt sich aus Sicht des Anbieters die

Fokussierung der Marktaktivitäten auf einzelne Produkte oder Leistungen und nicht auf die Kundenbeziehung insgesamt aus. Letztlich wollen Finanzdienstleister nicht primär Produkte verkaufen, sondern Kundenbeziehungen über die Zeit rentabel gestalten. Damit wird die Kundenbeziehung insgesamt zum eigentlichen Kalkulationsobjekt. Es muss nicht zwingend jedes einzelne Produkt über den Preis seine Kosten decken, sondern die aus einer Kundenbeziehung resultierenden Erträge müssen die diesem Kunden bzw. den ihm erbrachten Leistungen zuzuordnenden Kosten abdecken. In der Finanzdienstleistungspraxis stellt man denn auch zunehmend die Kundenbeziehung als das eigentliche zentrale Kalkulationsobjekt in den Mittelpunkt der kostenrechnerischen Überlegungen.

Beat Bernet

Kotierung

Die Kotierung (Börseneinführung, Börsenzulassung) bezeichnet ein Verfahren, nach welchem ↑Effekten bei Erfüllung bestimmter Voraussetzungen zum Handel an einer ↑Börse zugelassen werden. Das Verfahren ist im Kotierungsreglement der ↑SWX Swiss Exchange (SWX) und in verschiedenen Zusatzreglementen bezüglich Kotierung in einzelnen Börsensegmenten (z.B. Investmentgesellschaften, ↑SWX New market, SWX Local caps, Immobiliengesellschaften) festgelegt. Ergänzungen und detaillierte Erläuterungen der reglementarischen Bestimmungen finden sich in diversen Richtlinien (z.B. Ausnahme von der ↑Drei-Jahres-Regel, Sicherungsversprechen, Kotierung ausländischer Gesellschaften, Kotierung von ↑Derivaten, ↑Dekotierung von Valoren). Zusätzlich werden Rundschreiben als Kommentare und Erläuterungen herausgegeben. Ferner publiziert die Zulassungsstelle Mitteilungen, worin sie spezifische Entscheide und neue Detailregeln erläutert.

Von der Kotierung sind vier Parteien mit verschiedenen Interessen betroffen: die Börse, die Emittenten, die Gesuchsteller sowie die Anleger. Gesuchstellern und Emittenten werden durch die Kotierung Pflichten auferlegt, deren Erfüllung in erster Linie den Anlegern als Nutzniesser zugute kommen. Den Anlegern stehen keine vertraglichen Ansprüche zu. Die Kotierung wird als einseitiger Rechtsakt qualifiziert.

1. Kotierungsvoraussetzungen

Damit Effekten kotiert werden können, müssen bestimmte Voraussetzungen erfüllt werden. Diese Voraussetzungen betreffen die Emittenten (z.B. gesellschaftliche Grundlage, Dauer des bisherigen Bestehens, Kapitalausstattung), die Effekten und deren ↑Emission (z.B. Mindestkapitalisierung, Streuung, Handelbarkeit, Form) und verfahrenstechnische Aspekte (z.B. Einhaltung von Publizitätspflichten im Zeitpunkt der Kotierung und Verpflichtung zur Erfüllung von späteren Publizitätspflichten während der Kotierung).

Die Kotierung kommt aufgrund der Bewilligung der Zulassungsstelle der SWX als zuständiges Organ zustande. Die Zulassungsstelle muss prüfen, ob die Kotierungsvoraussetzungen erfüllt sind. Sie ist verpflichtet sicherzustellen, dass die Kotierungspublizität eingehalten wird. Ein besonders wichtiger Aspekt ist dabei die Rechnungslegung des Emittenten. Sie muss ein den tatsächlichen Verhältnissen entsprechendes Bild der Vermögens-, Finanz- und Ertragslage (Grundsatz der ↑True and fair view) vermitteln. Die SWX verlangt, dass mindestens die Swiss-GAAP-FER-Richtlinien (Fachkommission für Empfehlungen zur Rechnungslegung) eingehalten werden. Zulässig ist auch die Rechnungslegung nach IAS-Richtlinien (↑International Accounting Standards [IAS]) oder nach US-GAAP (↑Generally Accepted Accounting Principles der USA).

Die SWX verpflichtet sich anderseits sicherzustellen, dass ein täglicher, transparenter Handel in geordneten Bahnen abläuft und dass die gestellten und bezahlten Kurse und Marktinformationen in geeigneter Weise publik gemacht werden.

Die Kotierungsrichtlinien sind auf sog. Primärkotierungen ausgerichtet, also auf Schweizer ↑Valoren, für welche die SWX die ↑Hauptbörse ist. Von Sekundärkotierungen spricht man insbesondere bei der Kotierung ausländischer Valoren, deren Handel in erster Linie an einer anderen Börse (↑Heimatbörse) stattfindet. Bei Sekundärkotierungen geht die SWX in der Regel davon aus, dass die Kotierungsanforderungen der Heimatbörse den schweizerischen Ansprüchen genügen.

2. Kotierungsverfahren

Im Zentrum der Kotierung steht der Kotierungsprospekt. Er muss die Angaben enthalten, die nötig sind, um den sachkundigen Anlegern ein begründetes Urteil über die Vermögens-, Finanz- und Ertragslage und die Entwicklungsaussichten des ↑Emittenten sowie über die mit dem Valor verbundenen Rechte zu gestatten. Der *Inhalt des Kotierungsprospekts* wird für jedes Börsensegment im Anhang zum Kotierungsreglement im Detail beschrieben (verschiedene Schemata). Von Fall zu Fall kann die Zulassungsstelle dem Emittenten auf Gesuch hin gestatten, bestimmte Angaben im Prospekt (↑Prospekt, Prospektpflicht) wegzulassen, den Prospekt zu kürzen oder in ganz speziellen Fällen überhaupt auf einen Prospekt zu verzichten. In der Regel dient der anlässlich der Emission publizierte Prospekt auch als Kotierungsprospekt.

Der Antrag muss vom Emittenten (Gesuchsteller) oder einem anerkannten Vertreter schriftlich bei der Zulassungsstelle eingereicht werden. Das Gesuch hat den Valor kurz zu beschreiben und einen Antrag betreffend den vorgesehenen ersten

Handelstag zu enthalten. Es muss spätestens einen Monat vor dem vorgesehenen Kotierungstermin eingereicht werden. Falls bestimmte Kotierungsvoraussetzungen nicht erfüllt sind, hat das Gesuch eine entsprechende Ausnahmebewilligung zu beantragen.

Der Emittent muss zusätzlich u. a. erklären, dass
1. seine Organe mit der Kotierung einverstanden sind
2. Kotierungsprospekt und -inserat im Sinne des Kotierungsreglements vollständig sind
3. seit der Veröffentlichung des Kotierungsprospekts (anlässlich der Emission) sich keine wesentlichen Verschlechterungen der Vermögens-, Finanz- und Ertragslage sowie der Geschäftsaussichten ergeben haben
4. er von den Informationspflichten und der Sanktionsordnung des Kotierungsreglements Kenntnis genommen hat und sich dem vorgeschriebenen Verfahren unterwirft und
5. er die Kotierungsgebühren übernimmt.

Dem Gesuch sind verschiedene Unterlagen beizulegen u. a. vier Exemplare des Kotierungsprospekts, eines davon rechtsgültig vom Emittenten und gegebenenfalls vom Sicherheitsgeber unterzeichnet sowie zwei Exemplare des *Kotierungsinserats*. Diese Unterlagen dienen in erster Linie der Erfüllung der ↑Publizitätspflicht des Emittenten. Der Kotierungsprospekt wird einer blossen formellen und nachträglichen Kontrolle durch die Zulassungsstelle unterzogen. Der Prospekt muss in deutscher, französischer, italienischer oder englischer Sprache spätestens am Tag der Kotierung veröffentlicht werden.

Nebst dem Kotierungsprospekt ist ein Kotierungsinserat in zwei oder mehreren Zeitungen auf Deutsch und Französisch zu veröffentlichen. Das Kotierungsinserat hat den Zweck, die Anleger auf
1. die beantragte Kotierung
2. die Möglichkeit zum Bezug des Kotierungsprospekts
3. allfällige wesentliche Änderungen gegenüber den im Kotierungsprospekt enthaltenen Informationen aufmerksam zu machen.

3. Bedingungen für die Aufrechterhaltung der Kotierung
Eines der wesentlichen Ziele der Kotierung ist der Anlegerschutz; Transparenz ist deshalb nicht nur zum Zeitpunkt der Kotierung sondern auch als Grundlage für die Aufrechterhaltung der Kotierung wesentlich. Der ↑Investor soll stets die Möglichkeit haben, sich über die Entwicklungsaussichten seiner Investitionen auf dem Laufenden zu halten. Der Emittent ist daher zu einer periodischen Berichterstattung verpflichtet (Veröffentlichung und Einreichung bei der Zulassungsstelle des Geschäftsberichts samt Bericht der Revisionsstelle innert sechs Monaten nach Beendigung eines jeden Geschäftsjahres und des Zwischenberichts binnen vier Monate nach Beendigung des Berichtzeitraums). Zusätzlich verpflichtet sich der Emittent zur Veröffentlichung kursrelevanter Tatsachen (↑*Ad-hoc-Publizität*).

4. Sanktionen
Die Zulassungsstelle oder die Disziplinarkommission der SWX kann u. a. bei Verletzung der Informationspflichten des Emittenten, des Sicherheitsgebers oder des Revisionsorgans sowie bei Unterlassung von vorgeschriebenen Bekanntgaben oder Veröffentlichung falscher oder irreführender Informationen Sanktionen ergreifen. Solche Sanktionen können sein: ein Verweis, eine Zwangspublikation der betreffenden Tatsache unter Hinweis auf den Verstoss, eine Busse bis zu CHF 200 000, eine Sistierung des Handels oder eine Dekotierung.

5. Gebühren
Für die Einführung von Valoren werden einmalige, für die Aufrechterhaltung der Kotierung wiederkehrende Gebühren erhoben. Die Zulassungsstelle regelt die Einzelheiten in einer Gebührenordnung (unterschiedlich je nach Titelkategorie).

Jacqueline Morard, Richard T. Meier

Kotierungsinserat
↑Kotierung.

Kotierungsprospekt
Grundlage zur ↑Kotierung von ↑Effekten ist die Veröffentlichung eines Kotierungsprospekts. In der Regel dient der Emissionsprospekt auch als Kotierungsprospekt. Er muss gemäss den einschlägigen Vorschriften des ↑Kotierungsreglements der ↑SWX Swiss Exchange erstellt werden. Der Kotierungsprospekt muss Angaben enthalten über: (1) den ↑Emittenten sowie dessen Jahresabschlüsse und ihre Prüfung, (2) einen allfälligen Sicherheitsgeber bzw. Garanten, (3) den Valor und (4) die Personen oder Gesellschaften, die für den Inhalt die Verantwortung übernehmen. Je nach Art von Produkten und Emittenten sind spezifische Angaben erforderlich, die im Rahmen von verschiedenen Prospekt-Schemata im Anhang zum Kotierungsreglement der SWX Swiss Exchange erwähnt sind.

Kotierungsreglement
Das Kotierungsreglement ist von der ↑SWX Swiss Exchange erlassen.
Es regelt zum einen die Zulassung von ↑Effekten zum Handel und ist zugleich das Reglement, aus dem sich alle anderen kotierungsrechtlichen Regulierungen herleiten, u. a.
– die Zusatzreglemente, die jeweils die spezifischen Anforderungen für die Zulassung in einem bestimmten Börsensegment regeln, im Übrigen

aber auf das Kotierungsreglement und seine Ausführungen verweisen
– ferner Richtlinien, welche der Ergänzung und detaillierteren Erläuterungen der reglementarischen Bestimmungen dienen.

Kraftloserklärung
↑Amortisation.

Kraftloserklärung von Wertpapieren
↑Amortisation.

Kredit
↑Bankkredit.

Kreditabteilung
↑Kommerzbereich.

Kreditauftrag
Wer um ein ↑Darlehen angegangen wird, kann den Borger an seine Bank verweisen und diese beauftragen, das gewünschte Darlehen zur Verfügung zu stellen. Durch die Annahme des Kreditauftrages verpflichtet sich die beauftragte Bank, im eigenen Namen und auf eigene Rechnung, aber unter Verantwortlichkeit des Auftraggebers, dem Dritten Kredit zu gewähren (OR 408–411). Von der Kreditgewährung an haftet der Auftraggeber «wie ein Bürge» (OR 408, ↑Bürgschaft). Die Bürgschaftsgrundsätze sind weit gehend auch auf den Kreditauftrag anwendbar. Strenger als der Bürge haftet der Auftraggeber insofern, als er dem Beauftragten nicht die Einrede entgegenhalten kann, der Dritte sei bei Eingehung des Schuldverhältnisses handlungsunfähig gewesen (OR 409). Zum Schutze des Auftraggebers verlangt das Gesetz für den Kreditauftrag die Schriftform. Da die Bürgschaft den Bürgen einer ähnlich strengen Haftung unterwirft wie der Kreditauftrag den Kreditauftraggeber, aber für die Bürgschaft weit strengere Formvorschriften gelten (OR 493, 494), müssen Banken mit der Möglichkeit rechnen, dass die Gerichte Kreditaufträge, insbesondere solche natürlicher Personen, als Umgehungsgeschäfte ansehen und die Haftung des Auftraggebers für ungültig erklären, wenn die Bürgschaftsform nicht eingehalten wird. Daher wird im Bankverkehr vom Kreditauftrag selten Gebrauch gemacht. Die Bank, die einen Kreditauftrag annimmt, wird meistens verlangen, dass der Auftraggeber bei der Erteilung des Auftrags die Bürgschaftsform einhält, oder sie wird den Auftraggeber von Anfang an als Bürgen in Pflicht nehmen.

Kreditauskunftei
↑Wirtschaftsauskunftei.

Kreditausschuss
Ein Gremium, das für die Bewilligung von ↑Kreditrisiken und ↑Kreditlimiten zuständig ist. Kreditausschüsse sind auf verschiedenen Stufen möglich: Direktion, Generaldirektion, Verwaltungsrat. Im Kreditausschuss soll ein hohes, vielseitiges, sich gegenseitig ergänzendes Wissen vertreten sein. Ein funktionierender Kreditausschuss schützt die Bank vor übertriebenem Optimismus oder Pessimismus eines Einzelnen. Ein Kreditausschuss kann zur Bildung und Durchsetzung einer einheitlichen ↑Kreditpolitik und -kultur beitragen; ihm können auch Aufgaben des Kredit-Portfoliomanagements übertragen werden (Länder- und Branchenlimiten). Im Kreditausschuss kommt es zu gegenseitigem Lernen und zur Weiterbildung der jüngeren Führungskräfte. Die Schwächen eines Kreditausschusses können bei der Verwischung der Verantwortung, der Verzögerung und Verteuerung des Kreditprozesses oder dem dominierenden Einfluss eines Einzelnen liegen.

Kreditbetrug
Kreditbetrug begeht, vereinfachend gesagt, wer sich in Bereicherungsabsicht durch arglistige Irreführung einen Kredit geben lässt und dadurch den ↑Kreditgeber schädigt. Der Kreditbetrug ist ein Anwendungsfall des allgemeinen Betrugstatbestandes im Strafgesetzbuch, der jedes durch arglistige Irreführung bewirkte «Verhalten, durch das das Opfer sich selbst oder einen Dritten am Vermögen schädigt», unter Strafe stellt (StGB 146). Beim Kreditbetrug besteht die Irreführung in der Regel darin, dass der Täter dem Kreditgeber falsche Angaben über seine Identität und seine Verhältnisse, insbesondere über sein Vermögen, seine Schulden oder über den Zweck der Kreditaufnahme macht und sich dadurch zu Unrecht den Anschein der ↑Kreditwürdigkeit gibt. In anderen Fällen bringt der ↑Kreditnehmer Kreditsicherheiten bei, die sich später als inexistent oder wertlos herausstellen.
Das entscheidende Tatbestandsmerkmal ist die Arglist. Nicht jede Lüge und Irreführung und nicht jedes Ausnützen eines Irrtums beim Geschädigten ist Betrug. Betrüger ist nur, wer ein ganzes Lügengebäude errichtet oder seine Behauptungen durch Handlungen oder Belege stützt, die sie als glaubwürdig erscheinen lassen. Arglist scheidet aus, wenn die Angaben des Täters in zumutbarer Weise überprüfbar gewesen wären und z.B. schon die Aufdeckung einer einzigen Lüge zur Aufdeckung des ganzen Schwindels genügt hätte.
In der Praxis wird also Kreditbetrug verneint, wenn die Bank die Angaben des Kreditnehmers über seine Identität und seine Kreditwürdigkeit nicht genügend überprüft. Eine Bank, die einem Unbekannten auf einen auf dem Korrespondenzweg eingereichten schriftlichen Antrag hin eine ↑Kreditkarte ohne Prüfung von Identität und Kreditwürdigkeit zustellt, kann nicht Betrug geltend machen. In der Praxis gibt auch immer wieder die Einreichung fiktiver Debitorenforderungen zum Zwecke

der Bevorschussung im Rahmen eines ↑Zessionskredits zu Diskussionen Anlass. Da von einer ↑Notifikation des Drittschuldners aus Rücksicht auf den Kreditnehmer meistens abgesehen wird, wird die Bank die Plausibilität des Umfangs der eingereichten Debitorenzessionen mindestens anhand der Bilanz des Kreditnehmers überprüfen müssen. *Christian Thalmann*

Kreditbrief
↑Letter of credit.

Kreditdeckung
↑Kreditsicherung; ↑Gedeckter Kredit.

Kreditderivate
Ein Kreditderivat ist ein ausserbilanzieller Finanzkontrakt, der es den Vertragspartnern erlaubt, das ↑Ausfallrisiko und das Bonitätsrisiko eines oder mehrerer Schuldner zu isolieren und damit handelbar zu machen. Es existieren auch Kreditderivate, die zusätzlich gewisse Marktrisiken abdecken. Kreditderivate können als Alternative zur Asset securitisation angesehen werden. Im Unterschied zur Asset securitisation können Kreditderivate auch mit kleineren Volumina abgewickelt werden und die Aktiva verbleiben grundsätzlich in der Bilanz des Sicherungskäufers.

Die Unterteilung der Kreditderivate erfolgt in nichtstrukturierte Kreditderivate, zu denen Credit-default-Produkte (↑Credit default option) und Credit-spread-Produkte (↑Credit spread) gehören und die sich durch eine einfache Konstruktion und eine hohe ↑Standardisierung auszeichnen. Dazu existieren strukturierte Kreditderivate, zu denen die ↑Credit linked notes und First-to-default notes gehören. *Heinz Zimmermann*

Kredite an öffentlich-rechtliche Körperschaften
Die Banken sind wesentliche, aber nicht alleinige ↑Kreditgeber an die öffentliche Hand, wozu laut RRV EBK RZ 242 die im öffentlichen Recht geregelten Körperschaften, Stiftungen und Anstalten zählen, d.h. Bund, Kantone, Gemeinden (Einwohner-, Bürger-, Kirch- und Schulgemeinden), Regiebetriebe und im Ausland in Analogie: Staaten, Länder, Departemente und Gemeinden. Gemischtwirtschaftliche Unternehmen der öffentlichen Hand in privatrechtlicher Form fallen unabhängig der Höhe der ↑Beteiligungsquote nicht unter diesen Begriff, ausser das öffentliche Gemeinwesen garantiere vollumfänglich und unbeschränkt für deren Verpflichtungen. ↑Kantonalbanken gelten in jedem Fall bezüglich ihrer Bilanzierung als Banken.

Kredite an öffentlich-rechtliche Körperschaften werden von den Banken als ↑ungedeckte Kredite gewährt, und zwar als kurzfristige Überbrückungskredite in der Form von ↑Kontokorrentkrediten und als langfristige ↑Anlagekredite in der Form von ↑Festkrediten oder ↑Darlehen. Überbrückungskredite werden entweder aus Steuer- oder Subventionseingängen zurückbezahlt oder durch Anleihen oder Darlehen konsolidiert.

Bei der Gewährung von Krediten an öffentlich-rechtliche Körperschaften ist nicht auf das zweckgebundene Verwaltungsvermögen (wie Verwaltungsgebäude, Schulhäuser und andere öffentlichen Zwecken dienende Anlagen), sondern auf die vorhandenen ertragabwerfenden Aktiven (wie Elektrizitäts- und Gaswerke) und vor allem auf die Steuerkraft sowie den Verschuldungsgrad der betreffenden öffentlich-rechtlichen Körperschaft abzustellen. Die Bank muss sich anhand von Rechnungsabschluss und Budget vergewissern, dass die zur ↑Rückzahlung des Kredites notwendigen Einnahmen zur Verfügung stehen werden. Zur Bonitätsmessung werden verschiedene Kennzahlen verwendet, wie Selbstfinanzierungsgrad, Selbstfinanzierungsanteil, Zinsbelastungsanteil, Kapitaldienstanteil usw. Vermehrt beschaffen sich Kantone auch ↑Ratings von international anerkannten Ratinggesellschaften. Bei Krediten an Gemeinden ist auch eine allfällig bestehende subsidiäre Haftung des Kantons von Bedeutung. ↑Emissionszentrale; ↑Reskriptionen; ↑Schatzanweisung; ↑Geldmarkt-Buchforderungen des Bundes; ↑Gemeinderating; ↑Bundestender. *Paul Nyffeler*

Krediteindeckungspflicht
↑Wertpapierverpfändung.

Krediteröffnungsvertrag
↑Kreditvertrag.

Kreditfähigkeit
Kreditfähig sind Unternehmen und Privatpersonen, die aufgrund ihres Eigenkapitals bzw. Vermögens und ihrer Rentabilität bzw. Einkommensverhältnisse als Kreditnehmer in Frage kommen. Auch bei vorliegender Kreditfähigkeit wird unter Umständen die Gewährung eines Kredites wegen mangelnder ↑Kreditwürdigkeit verweigert. ↑Bonität.

Kreditfazilität
Die einem Bankkunden bei einer oder mehreren Banken zur Verfügung stehenden ↑Kreditlimiten.

Kreditgeber
Die natürliche oder ↑juristische Person, die einen Kredit gewährt. Kreditgeber sind vor allem Banken, aber auch Unternehmungen (Lieferantenkredit).

Beim ↑Bankkredit besteht die Leistung des Kreditgebers, der Bank, in der Regel in der Hingabe von Geld an den ↑Kreditnehmer gegen dessen Verpflichtung, die erhaltene Summe zu verzinsen und zurückzuzahlen. Es gibt aber Bankkreditarten,

(↑Akzept- und ↑Kautionskredit), bei denen sich die Bank nicht zur Hingabe von Geld, sondern dazu verpflichtet, zu Gunsten des Kreditnehmers gegenüber einem Dritten eine eigene Verbindlichkeit einzugehen, wogegen sich der Kreditnehmer zur Leistung einer Kommission und zur Deckung für die zu seinen Gunsten eingegangene Verbindlichkeit verpflichtet.

Kreditgeld
↑Geld (Begriff); ↑Geldschöpfung.

Kreditgenossenschaft
Die Kreditgenossenschaft ist eine Form der ↑Genossenschaftsbank.

Kreditgeschäft
↑Bankkredit.

Kreditinflation
Kreditinflation bezeichnet eine durch übermässige Ausweitung des ↑Kreditvolumens in einer Volkswirtschaft hervorgerufene ↑Inflation. Die Expansion des Kreditgeldes kann durch die ↑Geschäftsbanken und/oder die ↑Notenbank erfolgen und impliziert eine Vergrösserung der Geldmenge.

Kreditinstitut
In der Schweiz Sammelbegriff für Unternehmungen, die gewerbsmässig Bankgeschäfte betreiben. Der Oberbegriff von Kreditinstitut ist Finanzdienstleistungsinstitut oder Finanzinstitut (Finanzdienstleistungen). In Deutschland wird der Begriff Kreditinstitut häufig synonym für ↑Bank gebraucht.

Kreditkarten
Kreditkarten gehören zu den wichtigsten Instrumenten des ↑bargeldlosen Zahlungsverkehrs.
Drei wesentliche ↑Kreditkarten-Kategorien sind zu unterscheiden; nämlich so genannte Travel-and-Entertainment-Karten (T+E-Karten), Bankkreditkarten und Kundenkreditkarten.
Die *Travel-and-Entertainment-Karten* oder *Charge-Karten,* wie z.B. American Express, Diners Club, VISA oder ↑EUROCARD/MasterCard, werden von Kreditkarten-Organisationen oder Banken herausgegeben und sind heute weltweit am stärksten verbreitet. Gegen Vorweisung der Karte braucht der Inhaber bei den der Kreditkarten-Organisation vertraglich angeschlossenen Partnern (Detailgeschäfte, Fachhandel, Hotels, Restaurants, Fluggesellschaften, Autovermietungen usw.) die Fakturen nicht bar zu bezahlen, sondern durch seine Unterschrift (z.T. auch ↑Personal identification number [PIN]) lediglich deren Richtigkeit anzuerkennen. Diese Vertragsunternehmen rechnen mit der Kreditkarten-Organisation direkt ab. Letztere sendet ihrem Kunden eine Monatsrechnung über die mittels Kreditkarte getätigten Käufe oder beanspruchten Dienstleistungen. Auf diesen sind die Nummern und Beträge der bei Benützung der Kreditkarte ausgestellten ↑Belege zu Kontrollzwecken für den Kreditkarten-Kunden einzeln aufgeführt. Die Rechnung wird in der Regel via ↑Lastschriftverfahren (LSV) oder Einzahlungsschein beglichen.

Mittels Kreditkarte können auch Bezüge von Waren und Dienstleistungen an Automaten sowie via Versandhandel oder ↑E-commerce getätigt werden. Zudem sind mit der Kreditkarte auch Bargeldbezüge möglich. Der Inhaber einer Kreditkarte ist bei Verlust vor Missbrauch weit gehend geschützt. Lediglich bei verspäteter Meldung hat er einen Selbstbehalt zu tragen. Die Schadenregelungen sind je nach Kreditkarten-Organisation verschieden. *«Bankkreditkarten»,* wie z.B. VISA oder EUROCARD/MasterCard, bieten neben den Charakteristiken der T+E-Karten noch die Möglichkeit, einen Kredit in Anspruch zu nehmen.

«Kundenkreditkarten» oder *«Loyalty-Karten»* werden in der Schweiz und im Ausland vor allem von Benzingesellschaften sowie von Warenhaus-, Restaurant- und Hotelketten abgegeben. Sie haben meistens nur nationale Gültigkeit. Ihr Einsatz erfolgt nur im kartenherausgebenden Unternehmen und evtl. innerhalb der Unternehmensgruppe bzw. angeschlossenen Drittunternehmen.
↑Acquirer im Kartengeschäft; ↑Kreditkartenprocessing. *Jacques Bischoff*

Kreditkartenprocessing
Unter Kreditkartenprocessing versteht man die Verarbeitung von Karten-Transaktionen (↑Kreditkarten, ↑Debitkarten und ↑Wertkarten), d.h. die gesamten Prozesse, die zwischen der Akzeptanz einer Karte an einer Akzeptanzstelle und der abschliessenden Vergütung an diese liegen. Dies umfasst ↑Autorisierung, ↑Clearing und ↑Settlement.

Kreditkondition
↑Konditionenpolitik.

Kreditkonsortium
↑Konsortialkredit.

Kreditkontrolle
↑Credit rating; ↑Kreditüberwachung.

Kreditkosten
Kreditkosten können aus der Sicht des Kreditnehmers wie auch des Kreditgebers betrachtet werden. Für den Kreditnehmer beinhalten sie alle ihm aus einem Kredit entstehenden direkten und indirekten Kosten. Zu den direkten Kosten zählen in erster Linie die Kreditzinsen, die Kreditprovisionen (z.B. beim ↑Akzeptkredit oder bei Avalprovisionen), die ↑Bereitstellungskommissionen sowie allfällige

weitere mit dem Kreditvertrag verbundene Kostenelemente. Den indirekten Kreditkosten sind schuldnerseitig alle Kostenelemente im Zusammenhang mit der Suche nach Kreditgebern, den Vertragsverhandlungen, der Beschaffung der zur Bonitätsbeurteilung notwendigen Informationen, der Bereitstellung von Sicherheiten und der Absicherung von allfälligen mit dem Kreditkontrakt verbundenen ↑Marktrisiken (Währungs- und/oder Zinssatzänderungen) zuzurechnen.

Die kreditgewährende Bank basiert ihre interne Stückkostenkalkulation im Kreditbereich auf insgesamt fünf Kostenelementen:

– Die *Refinanzierungskosten* beinhalten alle Kosten im Zusammenhang mit der Beschaffung des Kreditbetrages. Sie werden in der Bankkostenrechnung meist aufgrund eines vom Treasury der Bank vorgegebenen internen Kostensatzes berechnet (↑Marktzinsmethode).

– Die ↑*Risikokosten* beinhalten einerseits die erwarteten Verluste aus dem Kredit *(Expected loss)*, andererseits die unerwarteten Kreditverluste *(Unexpected loss)*. Mit dem Begriff des «erwarteten Verlustes» werden jene Kosten bezeichnet, die aufgrund der statistischen Erwartung mit einem Kreditengagement in einer bestimmten Risikoklasse verbunden sind. Die «unerwarteten» Verluste beinhalten die in einer Zeitperiode auftretenden negativen Abweichungen vom statistischen Erwartungswert der Kreditverluste. Sie gehören nicht zu den in der Kreditkalkulation einzurechnenden Kostenelemente, können die Bankerfolgsrechnung aber dennoch erheblich belasten (z.B. in Zeiten rezessiver Wirtschaftsentwicklung).

– Die ↑*Transaktionskosten* umfassen alle Kostenelemente, die der Bank aus der Abwicklung eines Kreditkontraktes entstehen. Dazu gehören in erster Linie alle Akquisitionskosten, die Kosten der Vertragsgestaltung (inkl. Bonitätsprüfung), der eigentlichen Abwicklung des Kreditkontraktes (Auszahlung, Zinszahlungen, Amortisationen), der Verwaltung von Sicherheiten, der laufenden Überwachung der Bonität des Kreditnehmers sowie der mit all diesen Aktivitäten verbundenen administrativen Tätigkeiten.

– Kredite müssen gemäss den bankengesetzlichen Vorschriften mit Eigenmitteln unterlegt werden. Das führt zu den dem Kredit zuzuschlagenden *Eigenmittelkosten*.

– Schliesslich führen Kreditkontrakte für die Bank oft auch zu ↑*Liquiditätskosten*, etwa wenn Liquidität für noch nicht ausgenutzte Kreditlinien reserviert werden muss, oder wenn Kreditnehmer vorzeitige Kreditamortisationen zu tätigen wünschen.

Im Rahmen der Preiskalkulation (↑Konditionenpolitik) eines Kredites wird die Bank versuchen, diese Kosten möglichst genau und fair in den Kreditzinssatz einzuberechnen. *Beat Bernet*

Kreditleihe

Man spricht von Kreditleihe, wenn die Leistung der Bank bei einem Kreditvertrag nicht in der Ausleihung von Geld besteht, sondern darin, dass sie ihre eigene ↑Kreditwürdigkeit, ihren «guten Namen», zugunsten des Kreditnehmers einsetzt, indem sie sich für ihn verpflichtet (↑Verpflichtungskredit). Das ist der Fall beim ↑Akzept-, ↑Rembours- und ↑Kautionskredit. Bei diesen Kreditgeschäften berechnet die Bank nicht einen Zins, sondern eine Kommission (↑Kommissionsgeschäft). Trotzdem sind es Kredit- und nicht Dienstleistungsgeschäfte. ↑Bankkredit.

Kreditlimite

Höchstbetrag, der einem Kunden von der Bank als Kredit zur Verfügung gestellt wird. Man spricht auch von ↑Kreditlinie (Line of credit). In der Regel wird die Kreditlimite dem Bankklienten von der Bank mitgeteilt; sie kann aber auch nur intern festgelegt werden (z.B. beim ↑Diskontkredit). Eine Überschreitung der Kreditlimite nennt man ↑Kreditüberziehung. Bei der Kreditierung gegen Verpfändung bestimmter Objekte hält sich die Bank bei der Aussetzung der Kreditlimite neben der Prüfung der ↑Kreditwürdigkeit und ↑Kreditfähigkeit an die sog. ↑Belehnungsgrenze (↑Marge). Beim ↑Blankokredit stellt die Bank auf die finanzielle Situation des Kreditnehmers ab und bemisst hieran die Kreditlimite.

Kreditlinie

Unter Kreditlinie versteht man den Betrag, bis zu dem einem ↑Kreditnehmer seitens der Bank ein Kredit eingeräumt wird (Line of credit). In der Schweiz spricht man eher von ↑Kreditlimite, in anderen deutschsprachigen Ländern ist Kreditlinie gebräuchlicher. Ähnliche Ausdrücke sind Kreditrahmen und ↑Kreditfazilität. ↑Offener Kredit.

Kreditmarkt

Zusammen mit dem Geldmarkt (↑Geldmarkt [Volkswirtschaftliches]) und dem Kapitalmarkt (↑Kapitalmarkt [Volkswirtschaftliches]) bildet der Kreditmarkt den ↑Finanzmarkt. Der Kreditmarkt unterscheidet sich von den beiden anderen Teilmärkten insbesondere durch die zentrale Bedeutung der ↑Finanzintermediäre in der Abwicklung des Kreditgeschäftes (↑Bankkredit). Begründet wird dies mit der Minimierung von Informations- und ↑Transaktionskosten sowie der Risikodiversifikation (↑Risikomanagement). In hoch entwickelten Volkswirtschaften existiert eine Vielzahl an Kreditmärkten, die sich anhand folgender Kriterien unterteilen lassen: beteiligte Wirtschaftssubjekte, Dauer, Verwendungszweck und Sicherstellung des Kredits sowie Form der Kreditgewährung. Sowohl zwischen den einzelnen Kreditmärkten einerseits als auch zwischen den Kredit-, Geld- und Kapitalmärkten andererseits – und damit auch zwischen den einzelnen ↑Zinssätzen (↑Zinsniveau, ↑Zinsstruktur) – besteht eine starke Interdependenz. Diese gründet zum einen auf der mehr oder weniger hohen Substituierbarkeit der ↑Titel, zum andern jedoch auch auf der Existenz von Finanzinstitutionen, die auf mehreren Märkten gleichzeitig tätig werden. In der Schweiz sind insbesondere die ↑Kantonal-, ↑Regional- und ↑Raiffeisenbanken stark auf den Kreditmarkt fokussiert, währenddem die ↑Grossbanken ihren Erfolg zu einem grossen Teil auch mit dem ↑Dienstleistungs- und ↑Kommissionsgeschäft sowie dem Handelsgeschäft auf dem Geld- und Kapitalmarkt erwirtschaften. *Nicole Allenspach*

Kreditnehmer
Der Kreditnehmer ist eine Privatperson, eine Unternehmung oder der öffentliche Haushalt (öffentlich-rechtliche Körperschaft), die oder der einen Kredit von einer Bank (oder einer Nicht-Bank) zugesagt erhält bzw. in Anspruch nimmt.
Beim ↑Bankkredit besteht die Leistung des ↑Kreditgebers, der Bank, in der Regel in der Hingabe von Geld an den Kreditnehmer gegen dessen Verpflichtung, die erhaltene Summe zu verzinsen und zurückzuzahlen. Es gibt aber Bankkreditarten, (↑Akzept- und ↑Kautionskredit), bei denen sich die Bank nicht zur Hingabe von Geld, sondern dazu verpflichtet, zu Gunsten des Kreditnehmers gegenüber einem Dritten eine eigene Verbindlichkeit einzugehen, wogegen sich der Kreditnehmer zur Leistung einer Kommission und zur Deckung für die zu seinen Gunsten eingegangene Verbindlichkeit verpflichtet.

Kreditoren auf Sicht
Die unter übrige Verpflichtungen gegenüber Kunden verbuchten, jederzeit abrufbaren Gelder von Kunden, die nicht unter Verpflichtungen in Spar- und Anlageformen fallen, bezeichnet man als Kreditoren auf Sicht. Der Betrag der Sichtguthaben von Kunden ist der Tabelle Fälligkeitsstruktur des Umlaufvermögens und des Fremdkapitals im ↑Anhang zum Bankjahresabschluss zu entnehmen.

Kreditoren auf Zeit
Unter übrige Verpflichtungen gegenüber Kunden verbuchte Verpflichtungen mit ↑Kündigungsfrist oder einem festen Verfalltermin bezeichnet man als Kreditoren auf Zeit. Man spricht auch von ↑Festgeldern.

Kreditorenrechnung
↑Kreditoren auf Sicht.

Kreditpolitik
Unter Kreditpolitik versteht man einerseits die Gesamtheit der Massnahmen, welche die ↑Notenbank zur Beeinflussung des ↑Geld- und ↑Kapitalmarktes (des volkswirtschaftlichen Kreditvolumens) im wirtschaftlichen Gesamtinteresse des Landes trifft (↑Notenbankpolitik), anderseits die Politik der Geschäftsbanken bei der Ausübung der Funktion als Kreditvermittler zur Realisierung ihrer Ziele.

Kreditpolitisches Instrumentarium der SNB
↑Instrumentarium der SNB.

Kreditportefeuille
Auch Kreditportfolio. Gesamtbestand an Krediten einer Bank. Die Struktur des Kreditportefeuilles wird durch die ↑Kreditpolitik einer Bank gesteuert und bestimmt. Die Strukturierung (↑Segmentierung) des Kreditportefeuilles kann geschehen nach Kreditarten (Kreditgeschäft), nach Privat- oder Firmenkunden, nach Deckung (↑Blankokredit, ↑Gedeckter Kredit), nach Branchen, nach regionaler oder internationaler Streuung, nach Höhe der ↑Kreditlimite usw.

Kreditprovision
↑Bankprovision.

Kreditprüfung
↑Credit rating.

Kreditrating
↑Rating der Banken; ↑Credit rating; ↑Credit scoring.

Kreditrestriktion
↑Kreditlimite; ↑Kreditlinie.

Kreditrisiko
Die Gefahr des teilweisen oder vollständigen Verlustes von gewährten Krediten wird in der ↑Banksprache als Kreditrisiko bezeichnet. Der Begriff «Kredit» muss dabei im weitesten Sinne (↑Bankkredit) ausgelegt werden; neben dem klassischen ↑Geldkredit enthalten auch alle ↑Verpflichtungskredite Kreditrisiken. Diese Feststellung ist umso wichtiger, als auf dem Markt laufend neue Geschäftsarten und Finanzierungsformen auftreten, bei denen die damit verbundene Kreditgewährung nicht immer so offensichtlich ist wie beim Geldkredit, ein Kreditrisiko aber trotzdem und oft sogar in grösserem Umfang vorhanden sein kann. Das allgemein bestehende, latente Kreditrisiko ist vom bereits erkennbaren, in der Höhe aber erst abschätzbaren, weil noch nicht realisierten Verlust zu unterscheiden. Ersteres ist ein Teil des allgemeinen Unternehmerrisikos, zu dessen Abdeckung die Banken eigene Mittel bereitstellen müssen, letzteres eine (wenn auch erst abschätzbare) Wertverminderung eines Aktivums. (Rückstellung; ↑Bilanzpolitik).
Ob und in welchem Ausmass sich ein Kreditrisiko in der Form von Verlusten konkretisiert, hängt von

der ↑Bonität des Schuldners (Kreditprüfung) und allenfalls vom Liquidationswert der Pfänder (↑Kreditsicherung) im Zeitpunkt der Fälligkeit des Kredites ab. Deshalb darf bei der Risikoanalyse nicht nur auf Zahlen der Vergangenheit (die den Vorzug haben, bekannt zu sein), abgestellt werden, sondern es müssen auch in die Zukunft weisende Aspekte wie Marktstellung, allgemeine Konjunkturlage, Organisation, aber auch Business-Pläne, Budget, Mittelfristplanung usw. einbezogen werden. Die Kreditrisikoprognose ist umso schwieriger, je länger der Zeitraum ist, den sie abzudecken hat. Aus diesem Grunde wird oft angenommen, bei kurzfristigen Krediten sei das Kreditrisiko generell kleiner. Dies trifft jedoch nur insofern zu, als der Zeitraum bis zur Fälligkeit leichter überschaubar ist. Keinesfalls darf daraus der Schluss gezogen werden, bei Postlaufkrediten, Call-Geld und anderen sehr kurzfristigen Krediten bestünde an sich kein Kreditrisiko.

Neben der Risikoanalyse vor der Krediterteilung ist die Entwicklung während der gesamten Kreditdauer regelmässig zu überwachen. Dadurch erhält die Bank die Möglichkeit, durch Interventionen beim Schuldner für eine Verbesserung der Risikolage zu sorgen, allenfalls aber auch durch eine rechtzeitige Kündigung das Kreditverhältnis in einem für sie noch günstigen Zeitpunkt aufzulösen. Letztlich ist die laufende Überwachung auch für die Feststellung der bankeigenen Vermögenslage (Bewertung der Aktiven) notwendig.

Das Kreditrisiko hängt auch von nicht vom Schuldner beeinflussbaren Faktoren ab. So können Zahlungen von einem Währungsgebiet in ein anderes durch im Domizilland des Schuldners bedingte politische oder wirtschaftliche Ursachen beeinträchtigt oder sogar verunmöglicht werden (↑Auslandrisiken).

Das Kreditrisiko lässt sich durch eine sorgfältige und fachmännisch durchgeführte Analyse vermindern, nicht aber ausschliessen. Deshalb hat der Kreditgeber bei der Kreditgewährung auch seine eigene Solvenz in dem Sinne zu prüfen, als ein einzelner Kredit nie so gross sein darf, dass dessen Verlust die eigene Existenz bedrohen könnte.

↑Klumpenrisiko; Risikoverteilung im Bankgeschäft (↑Risikomanagement); ↑Gegenparteirisiko; ↑Credit rating; ↑RAROC. *Max Gsell*

Kreditrisikomanagement

Aufgrund des verstärkten Wettbewerbs und der Tendenz zur Disintermediation sinkt die Profitabilität des traditionellen Kreditgeschäftes. Andererseits etablieren sich alternative Kreditprodukte und eigentliche «Kreditrisikomärkte» für ↑Kreditderivate, für den Sekundärhandel von Krediten und für ↑Asset backed securities (ABS). Der Erweiterung des traditionellen Kreditgeschäftes um moderne, Eigenmittel sparende und risikoreduzierende Arten der Finanzierung werden sich auch die europäischen Banken nicht entziehen können. Vor diesem Hintergrund gehört das Kreditrisikomanagement zur strategischen Herausforderung eines Finanzinstitutes. Das Kreditrisikomanagement *im weiteren Sinn* befasst sich mit dem *Risikocontrolling* (Erkennung, Messung, Bewertung und Kontrolle) und der *Steuerung und Bewältigung* von Kreditrisiken. *Im engeren Sinne* bezieht sich das Kreditrisikomanagement ausschliesslich auf die Risikosteuerung. Diese beinhaltet, vereinfacht ausgedrückt, die Handlungsoptionen Risiko
– *abzulehnen*
– *beizubehalten*
– *zu reduzieren oder*
– *zu transferieren.*

Die Früherkennung von Kreditrisiken stellt die Grundlage für ein erfolgreiches Kreditrisikomanagement dar. Voraussetzung ist die Erfassung sämtlicher Risikobereiche. Denn Risiken, die falsch oder nicht identifiziert wurden, können zu kostspieligen Kreditverlusten führen. Andererseits sollen aber auch profitable Schuldner identifiziert werden, an denen die Bank eine *Kreditrisikoprämie* verdienen kann. Dabei werden unterschiedliche ↑Risikoarten (↑Kreditrisiko, ↑Marktrisiko, ↑Liquiditätsrisiko, ↑operatives Risiko) identifiziert und klassifiziert. Diese Unterscheidung ist jedoch wegen des *Ursache-Wirkung-Gefüges* problematisch, da ein eingegangenes Marktrisiko (z. B. ↑Fremdwährungskredit) zusätzlich ein potenzielles ↑Exposure (Kreditrisiko) beinhaltet.

Nach der Identifizierung erfolgt die Messung und Bewertung von Kreditrisiken mit der grundsätzlichen Zielsetzung, die unsichere Gegenleistung eines Schuldners mit auf die Person (↑*Kreditfähigkeit*) und das Projekt oder Unternehmen (↑*Kreditwürdigkeit*) explizit gerichteten Methoden explizit oder implizit zu ermitteln und zu beurteilen. Traditionelle Verfahren stützen sich anhand der Cs of Credit auf die Bereiche der formellen, persönlichen (Character) und der wirtschaftlichen Verhältnisse (Capacity, capital, collateral, conditions) des Kreditanwärters. Zur traditionellen Vorgehensweise gehören intuitive Verfahren, einfache Scoring- und Rating-Methoden und die Kennzahlenanalyse von Jahresabschlüssen. Neuere Verfahren zielen hingegen auf die ↑Standardisierung und Automatisierung bei gleichzeitiger Erhöhung der Objektivität und Effizienz in der Entscheidungsfindung. In diese Kategorie der *quantitativen, deskriptiven Verfahren* gehören u. a. die ↑Diskriminanzanalyse, Regressionsanalyse und künstliche ↑neuronale Netze (KNN).

Die Zielsetzung bei der Kreditrisikomessung ist es, den *erwarteten Verlust* (Expected loss) zu quantifizieren. Der erwartete Verlust einer Position setzt sich zusammen aus

1. der *Höhe der ausstehenden Forderung* (Credit exposure)

2. der *Ausfallwahrscheinlichkeit* (Default probability) der Gegenpartei und
3. der *Verlustquote* (Loss severity), welche den nicht einzubringenden Anteil an der ausstehenden Forderung wiedergibt.

Die Multiplikation dieser Bestandteile ermöglicht eine erste Einschätzung der Höhe des Kreditrisikos. Als weitere Komponente ist der *unerwartete Verlust* (Unexpected loss) abzuschätzen, der sich als Schwankung um den durchschnittlich erwarteten Verlust ergibt. Bei einer umfassenden Beurteilung gilt es, auch Effekte des ↑*Netting* (zur Vermeidung eines Cherry picking durch den Konkursverwalter), der *Besicherung* (↑Collateralisation) sowie *Portfolioaspekte* wie Diversifikations- und Konzentrationseffekte adäquat zu berücksichtigen.

Dem Kreditrisikomanagement i.e.S. eröffnen sich durch innovative Kreditprodukte und -märkte neue Wege. Während in der Vergangenheit die Steuerung des Kreditrisikos mittels Annahme oder Ablehnung des Kreditentscheides ausgeübt wurde, ermöglichen neue *Produkte des Kreditrisikomanagements* wie syndizierte Kredite (↑Syndicated loans), Kreditverbriefung und Kreditderivate einen Transfer von Kreditrisiken auf andere Marktteilnehmer. Somit wird die traditionelle *Risikoabsorption* der Banken durch eine *Risikointermediation* ersetzt. Einerseits wird diese Tendenz durch die wachsende Informationseffizienz von mittleren und grösseren Unternehmen herbeigeführt. Je höher nämlich die Risikotransparenz, desto wertvoller ist die Risikoabsorption und das Risikopooling im Vergleich zum Weiterverkauf. Bei transparenten Risiken gibt es für Banken allerdings keinen Grund, die Finanzierungsbedürfnisse eines Unternehmens über die Bankbilanz zu befriedigen. Andererseits bewegen sich Banken als ↑Finanzintermediäre im Spannungsfeld zwischen einer für die *Kreditvergabekompetenz* notwendigen Spezialisierung und einer für die optimale Allokation der Mittel erforderlichen *Risikodiversifikation*. Der Handel mit Kreditrisiken bedeutet für ein Finanzinstitut die Abkopplung der Kreditvergabe von der Übernahme von Kreditrisiken. Durch diese Produkte lassen sich Kreditrisikokonzentrationen abbauen, die aufgrund einer Spezialisierung auf die Kreditvergabe für bestimmte Kundensegmente entstehen würden. Durch den Erwerb untervertretener Kreditrisiken können Banken aber auch ihr vorhandenes Kreditportfolio besser diversifizieren. *Peter Csoport, Rudolf Volkart*

Kreditrisikopolitik
↑Kreditrisikomanagement.

Kreditschädigung, Kreditgefährdung
Seit der Aufhebung des früheren Straftatbestandes der Kreditschädigung im Strafgesetzbuch (alt StGB 160) per 01.01.1995 werden die Kreditschädigung und die Kreditgefährdung zulasten von Nicht-Banken strafrechtlich nur noch durch das Bundesgesetz über den unlauteren Wettbewerb geregelt (UWG 3a / UWG 23). Strafbar ist auf Antrag, wer bei der Ausübung wirtschaftlicher Tätigkeit andere, ihre Waren, Werke, Leistungen und deren Preise oder ihre Geschäftsverhältnisse durch unrichtige, irreführende oder unnötig verletzende Äusserungen herabsetzt. Dieser zum Schutz des allgemeinen wirtschaftlichen Rufes der Wettbewerbsteilnehmer aufgestellte Straftatbestand schliesst auch die Kreditschädigung und Kreditgefährdung in sich. Zum Schutz der Banken sieht überdies BankG 48 vor, dass auf Antrag mit Gefängnis oder Busse bestraft wird, wer den Kredit einer Bank, der Nationalbank oder der Pfandbriefzentralen wider besseres Wissen durch Behauptung oder Verbreitung unwahrer Tatsachen schädigt oder gefährdet. Unter «Kredit» ist das Vertrauen in die ↑Zahlungsfähigkeit zu verstehen, dessen eine Bank bedarf, um sich normal mit ↑Fremdgeld versorgen zu können. Von BankG 48 werden kreditschädigende oder -gefährdende Äusserungen auch erfasst, wenn sie nicht bei der Ausübung einer wirtschaftlichen Tätigkeit gemacht werden.

Kreditschöpfung
↑Geldschöpfung.

Kreditsicherheit
↑Credit rating; ↑Kreditüberwachung.

Kreditsicherung
Unter Kreditsicherung bzw. Kreditdeckung versteht man die Sicherungsgeschäfte, die zwischen der Bank und dem Kreditnehmer bzw. einem zu dessen Gunsten intervenierenden Dritten (z.B. bei ↑Bürgschaft, ↑Drittpfandbestellung) abgeschlossen werden (↑gedeckter Kredit). Die Bank-Kreditsicherung ist zu unterscheiden von der ↑Kreditversicherung, d.h. der von Versicherungsgesellschaften berufsmässig übernommenen ↑Deckung des Kreditrisikos. ↑Collateralisation. ↑Hedge accounting.

Kreditsicherungsgarantie
↑Bankgarantie.

Kreditsubstitute, -surrogate
Finanzierungsinstrumente, welche die Funktion von ↑Bankkrediten übernehmen können. Beispiele: Lieferantenkredit, Anzahlung von Kunden (Anzahlungsgarantie: ↑Bankgarantie). ↑Leasing; ↑Factoring; ↑Forfaitierung.

Kreditsyndizierung
↑Konsortialkredit.

Kreditüberwachung

Die Kreditüberwachung ist ein entscheidendes Instrument der Banken zur Vermeidung von Verlusten im Kreditgeschäft. Eine seriöse Kreditprüfung bei der Gewährung, Erhöhung oder Verlängerung eines Kredites bildet das Fundament einer Kreditbeziehung. Entscheidend für den geordneten Verlauf einer Kundenbeziehung ist die zukünftige Entwicklung des ↑Kreditnehmers. Die Kreditnehmer müssen sich in einem rasch ändernden Umfeld anpassen und behaupten. Deshalb gewinnt die Früherkennung von ↑Kreditrisiken, d.h. die Kreditüberwachung, stets an Bedeutung.

Die Kreditüberwachung erstreckt sich auf das Bonitätsrisiko und umfasst damit die Beurteilung der ↑Kreditwürdigkeit (persönliche Eigenschaften des Kreditnehmers; Zahlungswille) und der ↑Kreditfähigkeit (Zahlungsfähigkeit des Schuldners aufgrund der Vermögens- und Ertragslage). Bei gedeckten Krediten ist zusätzlich oder ergänzend der Wert der Sicherheiten zu überwachen.

Im Sinne einer laufenden Beurteilung berücksichtigt die Kreditüberwachung folgende Gruppen von Kriterien:

– *Kriterien der gesamtwirtschaftlichen Lage* und Entwicklung (z.B. Konjunktur, Beschäftigungslage, ↑Inflation, ↑Geldmarkt und ↑Kapitalmarkt, Situationen in einzelnen Ländern und Regionen, Währungsrelationen, Branchenentwicklungen)
– *Kundenspezifische Kriterien* (z.B. Stellung in der Branche, Management, Produkte, Marketing, Verfahrenstechniken, Forschung und Entwicklung, Konkurrenzsituation, Abhängigkeiten, Nachfolgefrage)
– *Kredit- und beziehungsspezifische Kriterien* (z.B. Einhalten der Kreditbedingungen, Kreditverwendung, Zins- und Amortisationszahlungen, Einhaltung von Terminen, Kreditbenützung, Geschäftsverkehr, Zeitpunkt der Einlieferung der Jahresabschlüsse, Budgeterreichung).

Im Rahmen der Kreditüberwachung sind ferner insbesondere bei ↑Blankokrediten periodisch, mindestens einmal jährlich, Daten des internen Rechnungswesens der Kreditnehmer (z.B. Bilanz und ↑Erfolgsrechnung, ↑Cashflow- und Mittelflussrechnung, Bericht der aktienrechtlichen Revisionsstelle, Budget, Finanzplan, Investitionsplan) zu beschaffen und zu beurteilen. Diese Unterlagen werden in der Regel mit dem Kreditnehmer besprochen. Aufgrund dieser ergänzenden Informationen (z.B. Strategien) kann eine fundierte Analyse vorgenommen werden. Gleichzeitig bietet dieser Kontakt – häufig verbunden mit einer Betriebsbesichtigung – Gelegenheit, das Management und die Firma besser kennen zu lernen. Alle diese Informationen fliessen in das ↑Rating ein, das seinerseits Grundlage für das risikogerechte Pricing (↑Risikoadjustiertes Pricing) des Kredites bildet. Der sinnvolle Einsatz der bankeigenen personellen und materiellen Ressourcen führt im Sinne eines Ausleseverfahrens zu einer differenzierten Intensität der Kreditüberwachung und Periodizität des Kundenkontaktes. Problemlose Positionen bedürfen keiner engen Überwachung, während anderseits risikobehaftete Positionen intensiver verfolgt werden müssen. Entsprechend staffeln die Banken die Periodizität der Wiedervorlage der einzelnen Kreditengagements.

Die Schwierigkeiten einer effizienten Kreditüberwachung beruhen auf der Tatsache, dass sich die Bank in wesentlichen Teilen auf Vergangenheitswerte (Jahresrechnungen) abstützen muss und die notwendige zukunftsgerichtete Betrachtungsweise immer mit erheblichen Unsicherheiten (z.B. Budget, Finanzplan) belastet ist. Deutet das eine oder andere der erwähnten Kriterien auf eine Verschlechterung der Situation und damit auf ein wesentlich erhöhtes Kreditrisiko hin, ist eine vertiefte Analyse notwendig. Zur Evaluierung, Einleitung und Durchsetzung von geeigneten Massnahmen in Zusammenarbeit mit dem Kreditnehmer steht in der Regel eine eher kurze Zeitspanne zur Verfügung.

Eine erfolgreiche Kreditüberwachung zeichnet sich deshalb durch eine *frühzeitige* Erkennung von Kreditrisiken und die *zeitgerechte* Einleitung von entsprechenden Massnahmen aus. Die Erfahrung zeigt, dass ein Grossteil der Kreditverluste der Banken bei seriöser Kreditprüfung nicht auf falsche Kreditentscheide, sondern auf eine ungenügende Kreditüberwachung bzw. ein zu spätes oder zu zögerliches Reagieren auf negative Entwicklungen zurückzuführen ist.

Kreditüberziehung

Eine Kreditüberziehung oder Kreditüberschreitung liegt vor, wenn ein Kredit über die festgesetzte ↑Kreditlimite hinaus in Anspruch genommen wird. Die Banken lassen bei erwiesener ↑Bonität des Kunden Kreditüberziehungen kurzfristig entweder stillschweigend oder nach telefonischer Rückfrage zu. Bei gedeckten Krediten werden Kreditüberziehungen auch etwa im Hinblick auf die in den Pfändern vorhandene ↑Marge geduldet. Von der Bank nicht stillschweigend geduldete oder nicht ausdrücklich bis zu einem bestimmten Termin bewilligte Kreditüberziehungen sind durch den Kreditnehmer sogleich zu ordnen. Von der Kreditüberziehung ist die ↑Kontoüberziehung zu unterscheiden.

Kreditumrechnungsfaktor

↑Marktbewertungsmethode.

Kreditversicherung

In der Schweiz versteht man unter Kreditversicherung die von spezialisierten Versicherungsgesellschaften angebotenen Policen zur Absicherung des Delkredererisikos im Zusammenhang mit *Handelskrediten* (keine Darlehen) mit Domizil im In-

oder Ausland. In Deutschland ist Kreditversicherung ein Oberbegriff, der sowohl die Delkredere-Versicherung (auch Warenkreditversicherung oder Ausfuhrkreditversicherung genannt) als auch die Kautionsversicherung umfasst.

1. Kategorien von Kreditversicherungen
Grundsätzlich unterscheidet man zwei Kategorien:
– *Kurzfristige Kreditversicherung:* Anwendung für *Warenkredite* (Rohstoffe, Halb- und Fertigfabrikate, kurzlebige und dauerhafte Konsumgüter, Nahrungs- und Genussmittel, u. ä.) *und/oder* das Erbringen von *Dienstleistungen mit kurzfristigen Zahlungsfristen* (bis max. 180 Tage). Sie hat zahlenmässig die grösste Bedeutung.
– *Mittelfristige Kreditversicherung:* Anwendung für die klassische *Investitionsgüterfinanzierung* (Anlagen, industrielle Produktionsmaschinen) mit Zahlungsfristen zwischen 6 Monaten und 5 Jahren. Obschon auch hier das Ziel die Absicherung des Delkredererisikos des Kunden ist, weist dieses Geschäft doch einen völlig anderen Charakter auf. Naturgemäss ist sie weniger verbreitet.
– *Gemeinsame Elemente der kurzfristigen und mittelfristigen Kreditversicherung:* Kunden sind privatrechtliche Firmen (B2B – keine Privatpersonen). *Gegenstand der Versicherung* sind die aus den Lieferungen entstehenden, berechtigten Forderungen des Lieferanten. *Versichertes Risiko,* d.h. der Schadenfall, ist die *vermutete oder nachgewiesene Zahlungsunfähigkeit* der Kunden. Nicht versichert sind bei beiden Kategorien Forderungsverluste, bei denen die Insolvenz des Kunden auf politische Ereignisse, staatliche Eingriffe, Naturkatastrophen und Atomrisiken zurückzuführen ist oder wenn die Forderung bestritten wird. Auch nicht versicherbar sind Lieferungen an liierte Kunden.

2. Politische Risiken und Transferrisiken
Die politischen ↑Risiken und ↑Transferrisiken werden nicht durch die klassische Kreditversicherung gedeckt. In der Schweiz bietet die ↑*Exportrisikogarantie des Bundes* Deckungen für diese Risiken, sofern die Waren mehrheitlich schweizerischen Ursprungs sind. Für ausländische Ware fehlte über Jahrzehnte ein Angebot. Erst im Zuge der Internationalisierung und der ↑Privatisierung haben sich in beschränktem Masse Möglichkeiten aufgetan, eine solche Deckung bei privaten Kreditversicherern zu erhalten. Allerdings lassen deren unterschiedliche Marktleistungsgestaltungen und Underwriting-Richtlinien keine allgemeinen Aussagen zu.

3. Funktionsweise der kurzfristigen Kreditversicherung
Die klassische kurzfristige Kreditversicherung ist ein als Versicherung aufgezogenes Dienstleistungspaket, das banknahe Elemente enthält: Die Deckungen werden aufgrund einer Bonitätsprüfung festgelegt. Zu diesem Zwecke hat der Lieferant für jeden seiner Kunden eine ↑*Kreditlimite* zu beantragen, die betraglich so hoch anzusetzen ist, dass sie den künftigen, *höchsten Debitorenaussenstand* des betreffenden Kunden abdeckt. Kreditprüfungsspezialisten des Kreditversicherers entscheiden aufgrund eines umfangreichen Datenarchivs, weltweiten Informantennetzes und jahrzehntelangen Erfahrungsschatzes, wie viel sie davon decken. Restriktive und ablehnende Entscheide wegen ungenügender ↑Kreditwürdigkeit dienen dem Lieferanten als Zeichen, beim betreffenden Kunden Vorsicht walten zu lassen bzw. diesen nur auf gedeckter Basis zu beliefern.
Der Kreditversicherer überwacht die genehmigten Kunden anschliessend laufend. Stellt er eine *Bonitätsverschlechterung* fest, *warnt* er den Lieferanten vor neuen Lieferungen mittels Limitenreduktion bzw. -aufhebung.
Die genehmigten Kreditlimiten haben revolvierenden Charakter, d.h., eingehende Kundenzahlungen schaffen wieder Platz für neue Lieferungen. Somit gibt es keine Meldepflicht für die einzelnen Lieferungen, ebenso wenig für die eingehenden Zahlungen. Bei Bedarf für eine höhere Kreditlimite ist ein *Erhöhungsgesuch* einzureichen. Nur stark überfällige Forderungen sind nach einer vertraglich festgelegten längsten Mahnfrist dem Kreditversicherer zum *Forderungsinkasso* aufzugeben. Letzteres ist in den leistungsfähigsten Policen voll integriert und mit einem *Spätestzeitpunkt* für die *Auszahlung der Entschädigung* verknüpft. Ist das Forderungsinkasso in einem Fall nicht angezeigt, besteht die Möglichkeit eines *Verlängerungsgesuches*.
Die *Entschädigung* beträgt *max. 90%* des versicherten Debitorenverlustes. Es kann auch ein tieferer Deckungssatz gewählt und so eine Prämienreduktion erzielt werden. Die *Differenz* auf 100% ist vom Versicherungsnehmer stets als *Selbstbehalt* zu tragen. In der Police besteht eine betragliche Höchstentschädigung für alle Schadenfälle ein und desselben *Versicherungsjahres*.

4. Funktionen der kurzfristigen Kreditversicherung
Die Kreditversicherung nimmt Funktionen auf drei Ebenen wahr:
– *Schadenverhütung:* Durch Übernahme der serviceintensiven Aufgaben: 1. Beschaffung von Informationen über die Kunden, 2. deren Aus- und Bewertung, und 3. der laufenden Bonitätsüberwachung
– *Schadenminderung:* Durch Übernahme des Forderungsinkassos
– *Schadenvergütung:* Durch Entschädigungszahlungen bei Forderungsausfällen.

Mit diesem Dienstleistungsbündel erhält der versicherte Lieferant ein *systematisch betriebenes, professionelles Credit risk management*. Dies ist besonders für Unternehmen von Bedeutung, die ein solches aus organisatorischen, personellen oder anderen Gründen selbst nicht oder nur unzureichend sicherstellen können oder das vorhandene verstärken möchten. Der spezielle Kundennutzen dabei: Das Credit risk management wird *«mit Garantie»* geliefert (Versicherungsdeckung), wodurch *Umlaufvermögen* und ↑ *Liquidität geschützt* werden.

5. *Policentypen in der Kreditversicherung*
Die Policentypen sind auf die Charakteristika der entsprechenden Kategorie ausgelegt:
– *Policen für das kurzfristige Geschäft:* Das kurzfristige Kreditgeschäft wird im Rahmen von so genannten *Pauschalpolicen* versichert, in welchen die Absatzländer festgelegt sind. Alle Kunden in diesen Ländern sind zur Versicherung anzubieten, die gemäss oben beschriebenem Prozedere vom Kreditversicherer einzeln geprüft und genehmigt werden. *Deckungsbeginn* entspricht dem Zeitpunkt der *Lieferung* der Ware bzw. des Erbringens der Dienstleistung. Für kundenspezifisch hergestellte Waren kann das Delkredererisiko vor Lieferung (= Fabrikations- und Wiederverkaufsrisiko) als Zusatzmodul in die Police eingeschlossen werden. Als *Vertrags- und Kreditlimitenwährung (oder Währungen)* stehen der Schweizer Franken, der Euro und US-Dollar zur Auswahl. Bei einer Vielzahl von Kunden mit einem relativ tiefen *Höchstaussenstand* (= niedriges Segment) empfiehlt sich aus Kostengründen eine andere Lösung als die Bonitätsprüfung durch den Kreditversicherer. Hierzu stehen verschiedene *Zusatzmodule* zur Verfügung (z.B. Deckung auf Grund positiver Zahlungserfahrung oder Ausschluss aus der Police), mit deren Hilfe *massgeschneiderte Deckungskonzepte* bereitgestellt werden können. Wo die betragliche Grenze für das niedrige Segment zu ziehen ist, hängt von Branche und Wünschen des Lieferanten ab. In der Regel liegt sie zwischen CHF 5000 und 20000. Angeboten werden grundsätzlich zwei Deckungen, die sich bezüglich Zeitpunkt der Auszahlung der Entschädigung unterscheiden: Bei der *Standarddeckung* erfolgt die Entschädigung erst nach Abschluss des Insolvenzverfahrens (Ultimate net loss). Bei der *Karenzfristdeckung* (Protracted default) erfolgt sie bereits nach Ablauf einer vertraglich vereinbarten Karenzfrist (in der Regel 6 Monate). Wegen des so garantierten, im Voraus berechenbaren *Spätestzeitpunktes der Entschädigung* empfiehlt sich diese Deckung vor allem für den Export, weil zahlreiche Länder Zwangsverwaltungen (eine Art Nachlassstundungen) kennen, die sich über mehrere Jahre erstrecken. Die *Entschädigungsansprüche* aus der Police können an eine *Bank abgetreten* werden, was gewisse Erleichterungen bei der Finanzierung bringen kann.
– *Policen für das mittelfristige Geschäft:* Grundsätzlich wird hier jede Lieferung mit einer *Einzelpolice* abgehandelt. Mit der Annahme des Geschäftes bindet sich der Kreditversicherer für die gesamte Laufzeit. Die Erfahrungen der einzelnen Kreditversicherer in diesem Teilmarkt, der sich charakterisiert durch eine einseitige Nachfrage nur für Exporte nach Schwellen- und Entwicklungsländern, durch das relativ langfristige Engagement sowie durch die damit verbundenen politischen Risiken und Transferrisiken, haben zu unterschiedlichen Marktleistungsgestaltungen und Underwriting-Richtlinien geführt. Es besteht daher keine Transparenz über das derzeitige Angebot, zumal dieses wegen der sich rasch verändernden wirtschaftlichen und politischen Verhältnisse dieser Länder schwankt.

6. *Kosten*
Die Kosten der Kreditversicherung bestehen aus der *Prämie*, die in der Regel auf dem versicherten Kreditumsatz erhoben wird, den *Kreditprüfungsspesen* und *Inkassokosten*.   Peter Werder

Kreditvertrag

Der Kreditvertrag (präziser: Vertrag über die Einräumung einer ↑Kreditlimite; deshalb auch etwa Krediteröffnungsvertrag genannt) ist rechtlich vom ↑Darlehen («fester Vorschuss») zu unterscheiden, das in OR 312ff. geregelt ist. Durch den Darlehensvertrag verpflichtet sich der Darleiher zur *einmaligen* Auszahlung der Darlehensvaluta und der Darlehensnehmer zur Abnahme derselben. Demgegenüber berechtigt der Kreditvertrag den ↑Kreditnehmer, den Kredit bis zu einer bestimmten ↑Limite und innerhalb einer bestimmten oder durch ↑Kündigung begrenzbaren Zeitspanne *wiederholt*, und zwar ganz oder teilweise, in Anspruch zu nehmen. Der Kreditnehmer ist nicht verpflichtet, den Kredit zu beanspruchen, er hat aber allenfalls eine Entschädigung für die Bereitstellung zu leisten (↑Bereitstellungskommission). Der Kreditvertrag setzt einen ↑Kontokorrentvertrag voraus und ist in der Regel mit einem ↑Girovertrag verbunden.
Beim sog. ↑Geldkredit (↑*Kontokorrentkredit*) kann der Kunde durch Barbezüge oder durch Überweisungsaufträge über den Kredit verfügen. Beim ↑*Verpflichtungskredit* erklärt sich die Bank bereit, bis zu einer bestimmten Limite und innerhalb einer bestimmten oder durch Kündigung begrenzbaren Zeitspanne gegenüber Dritten Verpflichtungen einzugehen, wie z.B. Akzeptleistungen auf Wechseln (↑Akzeptkredit), Eingehung von Bürgschafts- oder Garantieverpflichtungen (↑Kautionskredit) oder durch Eröffnung bzw. Bestätigung unwiderruflicher ↑Dokumenten-Akkreditive (Akkreditiv-

limite). Kreditlimiten können ↑blanko, d.h. ohne besondere Sicherheiten (↑Blankokredit, ↑Ungedeckter Kredit) oder aber auf gedeckter Basis (↑Gedeckter Kredit) eingeräumt werden.

In der Regel kommt der Kreditvertrag dadurch zu Stande, dass das Krediteröffnungsschreiben der Bank, das die Einzelheiten der Kreditgewährung regelt und die Sicherheiten aufzählt, vom Kunden durch Gegenzeichnung anerkannt wird. Es kann aber auch formlos zur Gewährung eines Kredites an den Kunden kommen, so etwa, wenn die Bank eine Überziehung des Kontos durch den Kunden toleriert oder wenn die Bank dem Kunden einen zum Inkasso eingereichten ↑Check sofort gutschreibt und ihn damit über den Checkbetrag verfügen lässt, obwohl der Gegenwert noch nicht bei ihr eingegangen ist (↑Checkverkehr). Für solche Fälle sehen die ↑Allgemeinen Geschäftsbedingungen (AGB) der Bank ein ↑Pfandrecht der Bank an den Vermögenswerten vor, die der Kunde bei ihr deponiert hat.

Weil die meisten Kredite, auch ↑Baukredite, im routinemässigen Bankgeschäft nicht befristet sind, ist für den Kreditvertrag die AGB-Klausel von Bedeutung, die es der Bank erlaubt, einen nicht auf eine feste Dauer zugesagten Kredit jederzeit mit sofortiger Wirkung zu kündigen und einen dann bestehenden Schuldsaldo sofort zurückzufordern. Die Rechtsgültigkeit dieser AGB-Klausel wird gelegentlich bestritten, weil sie der Bank ohne Grund erlaube, dem Kunden den Geldhahn plötzlich zuzudrehen und seine wirtschaftliche Persönlichkeit zu vernichten. Die Gerichte haben sich von dieser Kritik bisher nicht beeindrucken lassen. Auch das Recht zur Kündigung von Krediten steht unter dem Vorbehalt der Pflicht zum Handeln zu Treu und Glauben. Dabei sind aber die Umstände des Einzelfalles zu berücksichtigen. Die Praxis trägt der Tatsache Rechnung, dass Banken die Massnahme in aller Regel nur als Ultima ratio in Betracht ziehen und die Kündigung eines Kredites nicht ohne Grund aussprechen.

In neuerer Zeit wird auch in der Schweiz die umgekehrte Frage diskutiert: Kann sich eine Bank durch die Gewährung oder Verlängerung eines Krediten gegenüber dem Kunden oder gegenüber Dritten, insbesondere gegenüber Gläubigern des Kreditnehmers verantwortlich machen (sog. *Lender liability*)? Auch in dieser Hinsicht sind die Gerichte in der Schweiz zurückhaltend. Die da und dort geäusserte Ansicht, die Bank sei *ihrem Kunden gegenüber* verpflichtet, von einer Kreditgewährung abzusehen, wenn die Höhe des Kredits dessen Verhältnissen nicht entspricht oder wenn der Verwendungszweck des Kredits unvernünftig erscheint, hat sich in der Praxis bisher nicht durchgesetzt; die Pflicht der Bank zur Prüfung der ↑Kreditwürdigkeit des Kunden wird als eine öffentlich-rechtliche Obliegenheit aufgefasst, welche die Bank in eigenem Interesse und im Interesse ihrer Einleger wahrnehmen muss. In besonderen Fällen ziehen die Gerichte immerhin eine Pflicht zur Aufklärung des Kunden über die Risiken der Kreditgewährung in Betracht; bei Verletzung dieser Pflicht kann die Bank dem Kunden gegenüber schadenersatzpflichtig werden.

Auch *Dritte*, die dem insolventen Kunden einer Bank Waren geliefert oder ihm anderweitig Kredit gewährt haben, versuchen bisweilen rechtlich mit dem Argument gegen die Bank vorzugehen, sie habe ihrem kreditunwürdig gewordenen Kunden mit der Gewährung des Kredits oder mit der Unterlassung einer rechtzeitigen Kreditkündigung den ungerechtfertigten Anschein der Kreditwürdigkeit verliehen und ihm damit ermöglicht, länger als zulässig am Markt aufzutreten. Die in der Schweiz immer noch herrschende Auffassung sieht aber, anders als anderswo, in der Kreditgewährung an einen kreditunwürdigen Kunden (und im Absehen von einer Kreditkündigung) keine unerlaubte Handlung. Auch die in jüngster Zeit viel diskutierte Vertrauenshaftung setzt für einen Schadenersatzanspruch eines Dritten eine besondere Beziehung der Bank zum geschädigten Gläubiger voraus. In extremen Fällen kann sich eine Bank allerdings unter dem Gesichtspunkt der absichtlichen Schadenszufügung auch einem gewöhnlichen Dritten gegenüber schadenersatzpflichtig machen, so etwa wenn sie einem Kunden im Bewusstsein der Unvermeidlichkeit seines Zusammenbruchs eine kurzfristige, zusätzliche Kreditspritze verabreicht, nicht im Bemühen, seinem Unternehmen über eine Krise hinwegzuhelfen, sondern in der Absicht, seine Agonie hinauszuzögern und während der künstlichen Verlängerung seiner Lebensdauer die eigene Position zu verbessern, etwa weil mit grösseren Eingängen gerechnet wird, die in diesem Zeitraum auf dem Konto noch zur ↑Verrechnung eingehen werden (Konkursverschleppung).

Christian Thalmann

Kreditvolumen

Man unterscheidet bei Kreditvolumen zwischen zwei Ebenen:
1. Gesamtheit der Kreditgewährung des ↑Bankensystems eines Landes.
2. In der Bilanz einer Bank (↑Jahresrechnung bei Banken) die Summe aller von dieser Bank gewährten Kredite.

Kreditwürdigkeit

Kreditwürdig sind natürliche oder juristische Personen, die aufgrund ihrer bzw. der charakterlichen und beruflichen Fähigkeiten und Eigenschaften ihrer Leiter als Kreditnehmer Vertrauen verdienen. Kreditwürdigkeit ist die erste Vorbedingung für die Kreditvergabe, d.h., es muss erwartet werden können, dass der Kreditnehmer den aus dem Kreditvertrag sich ergebenden Verpflichtungen (Erbringung des Kapitaldienstes) nachkommt. Ob die

Gewährung eines Kredites verantwortet werden kann, hängt in der Regel nicht nur von der Kreditwürdigkeit, sondern auch von der ↑Kreditfähigkeit des Gesuchstellers ab. ↑Bonität.

Kreditwürdigkeitsprüfung, -analyse
↑Credit rating; ↑Kreditüberwachung; ↑Neuronale Netze.

Kreditzusage
Schriftliche Bestätigung einer Bank nach erfolgter Kreditprüfung an den Kreditantragsteller, dass er den nachgesuchten Kredit beanspruchen kann, sofern er alle Formalitäten erfüllt. Diese Zusage ist für die Bank bindend.

Kreuzen
↑Gekreuzter Check; ↑Verrechnungscheck.

Kreuzparität
Die Kreuzparität zwischen zwei ↑Währungen errechnet sich aus dem Verhältnis der ↑Wechselkurse dieser beiden Währungen zu einer dritten Währung. Beispielsweise ergibt die Kreuzparität CHF/GBP 2,43, wenn der Wechselkurs CHF/USD 1,70 und der Wechselkurs GBP/USD 0,70 beträgt (CHF/USD : GBP/USD = CHF/GBP). Bei handelbaren Währungen gewährleistet die ↑Arbitrage, dass Kreuzparität und Marktkurs tendenziell jederzeit übereinstimmen.

Krügerrand
Der Krügerrand ist eine Goldmünze Südafrikas mit einer Unze Feingold. Den Krügerrand gibt es seit 1970 in unlimitierter Auflage. Seit 1980 prägt Südafrika auch Minikrügerrands, d.h. Münzen zu $^1\!/_2$, $^1\!/_4$ und $^1\!/_{10}$ Unze. Motive auf den Münzseiten sind der Springbock (Teil des südafrikanischen Staatswappens) und das Porträt des Burenführers Krüger. Der Krügerrand gilt nicht mehr als gesetzliches Zahlungsmittel. ↑Bullion.

Kuala Lumpur Stock Exchange
Links: www.klse.com.my

Kumulative Dividende
↑Vorzugsaktien, Prioritätsaktien.

Kumulative Vorzugsaktie
Kumulative Vorzugsaktien sind Aktien mit einem Dividendenvorrecht, wobei die statutarischen Mindestdividenden, die in Geschäftsjahren wegen ungenügender Ertragslage nicht ausbezahlt werden konnten, später nachzuzahlen sind, entweder während einer beschränkten Anzahl Jahre oder unbegrenzt. Unlimitierte kumulative Vorzugsaktien können eine schwere finanzielle Belastung für die Gesellschaft und vor allem eine massive Beeinträchtigung des Rechts auf Dividende für die Inhaber von ↑Stammaktien bedeuten. Sie sind selten.

Kundenausleihungen
↑Ausleihungen an Kunden.

Kundendepot
↑Depotgeschäft.

Kunden-Direktorders
Aufträge zum Kauf oder Verkauf von Anlagen, die ein Kunde einer Bank erteilt, der er die Verwaltung seines Vermögens anvertraut hat. Da die Bank für die Verwaltung des Vermögens des Kunden die Verantwortung trägt, kommen Kunden-Direktorders einer Einmischung in den Pflichtenbereich der Bank gleich und erhöhen für die Bank das ↑Risiko, aus unsorgfältiger Verwaltung in Anspruch genommen zu werden. Die Bank kann die vom Kunden veranlassten Dispositionen nicht passiv zur Kenntnis nehmen, sondern muss reagieren, wenn sie der von ihr verfolgten ↑Anlagestrategie zuwiderlaufen. Weil sich dadurch die Aufgabe der Bank kompliziert und wegen der Gefahr der Verwischung der Verantwortlichkeiten behalten sich Banken gelegentlich vor, bei wiederholten Direktorders des Kunden das Verwaltungsmandat niederzulegen. Eine solche Massnahme ist zulässig und sachlich gerechtfertigt. Eine eigentliche Verzichtserklärung des Kunden auf Direktorders, verbunden mit dem Recht der Bank, die Aufträge des Kunden nicht zu beachten, wäre rechtlich nicht durchsetzbar.

Oft versuchen Banken den Konflikt dadurch zu lösen, dass sie die vom Kunden direkt getätigten Anlagen auf ein separates Konto buchen und für diesen Teil des Vermögens ihre Verantwortung ablehnen.

Nicht als Direktorders sind generelle Weisungen des Kunden anzusehen, welche die ↑Anlagepolitik der Bank näher umschreiben oder eingrenzen wollen, z.B. die Weisung, nur Anlagen mit konservativem Charakter vorzunehmen oder bestimmte Währungen zu meiden.

Christian Thalmann

Kundengelder
Die Entgegennahme von Kundengeldern bildet eine eigenständige Kernaufgabe einer ↑Universal- oder Retailbank (↑Retail banking, Retailgeschäft) im Rahmen der Finanzintermediation. Banken refinanzieren ihr Ausleihungs- und Anlagegeschäft grösstenteils mit Kundengeldern. Sie nehmen Kundengelder aber auch entgegen, wenn sie keinen aktuellen Refinanzierungsbedarf haben. Die Kundengelder lassen sich nach verschiedenen Kriterien unterteilen: einerseits in Zeit-, Sicht- und Kündigungsgelder, andererseits in unverbriefte und verbriefte Ansprüche. Teile der Kundengelder profitieren von staatlichen Förderungsmassnahmen. In der Schweiz sind dies namentlich Anlagegelder im Rahmen der ↑Altersvorsorge (zweite und ↑dritte Säule). Zu den *verbrieften Kundengeldern* gehören in der Schweiz hauptsächlich die ↑Kas-

senobligationen. Die *Zeitgelder* lassen sich weiter nach der Fristigkeit in ↑kurz-, ↑mittel- und ↑langfristige Gelder gliedern. Bei schweizerischen Banken entfällt ein substanzieller Teil der Kundengelder auf ausländische Kunden, zum grössten Teil in der Form von Festgeldern in fremden Währungen. Im Jahr 2000 waren dies rund 40% aller Kundengelder. Dieses Geschäft konzentriert sich auf die ↑Grossbanken, die ausländisch beherrschten Banken und die Vermögensverwaltungsinstitute. Verwandt mit solchen Kundengeldern sind die fiduziarischen oder ↑Treuhandgelder, die allerdings nicht in der Bilanz der Banken erscheinen. Dabei legen die Banken diese Kundengelder im eigenen Namen, aber auf Rechnung und Gefahr des Kunden bei andern Banken an, namentlich im ↑Euromarkt. Falls die Bank über Filialen im Ausland verfügt, kann sie die Treuhandgelder bei dieser Filiale anlegen (umgelagerte Treuhandgelder), womit sie als ausländische Kundengelder in der publizierten Bilanz erscheinen. In diesem Falle hat der Kunde eine Forderung gegenüber der schweizerischen Bank, er trägt aber das ausländische ↑Transferrisiko. Unter bestimmten Umständen sind die Erträgnisse der Treuhandgelder von der schweizerischen ↑Verrechnungssteuer befreit. Die Kunden können ihre Gelder nicht nur in Schweizer Franken und in fremden Währungen anlegen, sondern auch in der Form der Wertpapier- und Edelmetallleihe (↑Securities lending and borrowing). Der entsprechende Betrag ist insgesamt allerdings bescheiden.

Die Hereinnahme von Kundengeldern ist ein Gebiet, dem sich die ökonomische Forschung intensiv angenommen hat. Ein erster Forschungsschwerpunkt widmet sich der Frage, warum Menschen sparen. Die Theorie widmet sich dabei den Themen der Zeitpräferenz, der intertemporalen Konsumallokation, der Risikoaversion sowie der staatlichen Einflussnahmen. Ein zweites Forschungsthema ist der Depositenvertrag, der gemäss der Theorie aufgrund seiner Nichthandelbarkeit besser geeignet ist, Konsumunsicherheiten auszugleichen als handelbare Wertpapiere. Ein Problem mit Depositenverträgen kann im Falle eines Bank-Runs auftreten. Aus dieser Einsicht wird insbesondere in der amerikanischen Literatur die Notwendigkeit einer ↑Einlagensicherung abgeleitet. Dem Schutz der Einlagenversicherung dient die ↑Bankenaufsicht. Die Schweiz kennt keine staatliche Versicherung der Kundengelder. Historisch wird daher die Notwendigkeit der Bankenaufsicht direkt mit dem Postulat des ↑Einlegerschutzes begründet. Einen direkten staatlichen Schutz geniessen die Kundengelder bei der Mehrzahl der ↑Kantonalbanken aufgrund der ↑Staatsgarantie. Bei den schweizerischen Banken zeichnet sich seit den späten 80er-Jahren eine zunehmende Knappheit an Kundengeldern zur ↑Refinanzierung des inländischen Kreditgeschäftes ab. Der rasche Aufund Ausbau der Sozialversicherungen, namentlich der zweiten Säule, die steuerliche Bevorzugung von Lebensversicherungsprodukten und die steigende Beliebtheit des Effekten- und Anlagefondssparens haben zu einer Refinanzierungslücke im inländischen Bilanzgeschäft der Banken geführt. Dies ist aus den veröffentlichten Bankbilanzen nicht ohne weiteres zu erkennen, da die ausländischen Kundengelder die Lücke zum Teil verdecken. Ausländische Kundengelder, auch umgelagerte Treuhandanlagen, sind aber insbesondere aus steuerrechtlichen Gründen (↑Stempelabgaben und ↑Verrechnungssteuer) für die Refinanzierung in der Schweiz nur sehr beschränkt verwendbar. Dies stellt insbesondere inlandorientierte, kleinere Banken, die nur beschränkten Zugang zum ↑Kapitalmarkt haben, vor bedeutende Probleme. Kleinere Banken versuchen mit innovativen Kundengeld-Produkten dieses Problem zu mildern. Ein Beispiel ist das VintoKonto der RBA-Banken, das ein längerfristiges Festgeldkonto mit Gewinnchancen am Aktienmarkt verbindet. Die Rückzahlung des Kapitalbetrages ist garantiert. Anstelle der Zinsausschüttung erhält der Anleger eine Call option auf einen ↑Aktienindex. Eine andere Lösungsmöglichkeit des Refinanzierungsproblems liegt in der Verbriefung von Krediten (↑Securitisation), bei welcher der Anleger statt einer Anlage bei der Bank eine handelbare Forderung gegenüber einem ↑Pool von Krediten erwirbt. *Hans Geiger*

Kundenhändler

↑Effektenhändler, der gewerbsmässig für Rechnung von Kunden am Effektenmarkt tätig wird (↑Broker), im Gegensatz zu den übrigen Kategorien von Effektenhändlern, die auf eigene Rechnung handeln (Emissionshäuser, Eigenhändler, ↑Market maker, ↑Derivathäuser). Gewerbsmässigkeit ist gegeben, wenn der Kundenhändler bei sich selbst oder bei Dritten für mehr als 20 Kunden Konten führt oder ↑Effekten aufbewahrt (BEHV 3 V und VI, Rundschreiben der EBK 98/2 vom 01.07.1998 Rz. 46ff.).

Kundenkalkulation

In der Kundenkalkulation (auch als Kundenergebnisrechnung bezeichnet) werden alle Kosten und Erlöse zusammengefasst, die sich direkt einem Kunden zuordnen lassen. Sie ist die Grundlage zur Analyse des Ergebnisbeitrages einer Kundenbeziehung oder einer ganzen Kundengruppe bzw. eines Kundensegments. Zielsetzung der Kundenkalkulation ist die Analyse der Deckungsbeiträge einer einzelnen Kundenbeziehung bzw. eines bestimmten Kundensegmentes. Dazu müssen
– die Kundensegmente definiert und charakterisiert werden
– den einzelnen Kunden bzw. den Kundensegmenten Produktnutzungen zugeordnet werden können

– den einzelnen Kunden bzw. Kundensegmenten nicht direkt produktbezogene Erlöse und Kosten zugeordnet werden können.

Die Ergebnisse der Kundenkalkulation werden einerseits in einer *mehrstufigen ↑Deckungsbeitragsrechnung*, andererseits in einer *Kundenwertrechnung* zusammengestellt, die ihrerseits Grundlage für die ertrags- und kostenorientierte Steuerung der Kundenbeziehungen ist. Grundlage der kundensegmentbezogenen Rechnung ist die Einzelkalkulation eines jeden Kunden. Die Kundensegmentrechnung wird deshalb grundsätzlich Bottom-up aufgebaut, indem Einzelkunden zu Kundensegmenten zusammengefasst werden. Die Definition des Kalkulationsobjektes «Kundensegment» orientiert sich an der strategischen Kundensegmentierung. Dabei wird die Kundenkalkulation jedoch so aufgebaut, dass grundsätzlich beliebige Clusters von Kunden gebildet und kalkuliert werden können.

Mittels der Kundenkalkulation soll vor Abschluss eines Geschäftes bzw. der Aufnahme einer Kundenbeziehung oder ex post festgestellt werden können, welchen Ergebnisbeitrag ein bestimmter Kunde oder ein bestimmtes Kundensegment in einer bestimmten Zeitperiode erbringen wird bzw. erbracht hat. Über diese generelle Zielsetzung hinaus soll die Kundenrechnung als Element der Kostenträgerrechnung der Bank Antworten auf folgende Fragestellungen ermöglichen:
– Welche Kosten- und Ertragselemente bestimmen die Deckungsbeiträge für Kunden und Kundensegmente?
– Wo sollen knappe Ressourcen der Bank eingesetzt werden, um das Gesamtergebnis in einem Produktbereich oder einem Kundensegment zu verbessern?
– Wie sind Ergebnisse bei Kunden bzw. Kundensegmenten zu messen und zu beurteilen, und wie sollen bankinterne wie kundenbezogene Anreizsysteme konzipiert werden?
– Wie verändern sich Produkt- und Segmentdeckungsbeiträge im Zeitverlauf? Welche Faktoren beeinflussen diese Veränderungen, und wie kann demnach der Veränderungsprozess beeinflusst werden?

Die Kundenkalkulation sucht Antworten auf diese Fragen bereitzustellen. Sie fasst auf der Grundlage der Kostenträgerrechnung eine Vielzahl von Instrumenten, Methoden und Verfahren zur Erfassung, Messung, Analyse und Beurteilung der kundenbezogenen Erlöse und Kosten zusammen, ergänzt um weitere quantitative und qualitative Messgrössen. Sie bildet die Grundlage für entsprechende Rentabilitäts-, Wirtschaftlichkeits- und Produktivitätsrechnungen. Da bei Bankprodukten Produktion und Konsum häufig zusammenfallen und eine Vorratshaltung im industriellen Sinn nicht möglich ist, stellen Produkt- und Kundenrechnungen unterschiedliche Sichten auf das gleiche Ergebnis dar.

Während die ↑Produktrechnung das Betriebsergebnis der Bank oder einer ihrer Teilbereiche aus der Sicht des Ergebnisbeitrages der einzelnen Produkte bzw. Produktgruppen darstellt, untersucht die Kundenrechnung, wie sich dieses Ergebnis auf unterschiedliche Kundensegmente verteilt bzw. was der Beitrag eines bestimmten Kunden zum Ergebnis ist, war oder sein wird. Da alle Produkte letztlich von Kunden gekauft bzw. alle Kundenergebnisse aus der Nutzung der Produkte zustande kommen, muss die Summe der Kundenergebnisse theoretisch mit der Summe der Produktergebnisse übereinstimmen – theoretisch deshalb, weil sich nicht alle Kosten- und Erlöskomponenten einwandfrei einem Produkt bzw. einer Kundenbeziehung zuordnen lassen; zudem kommt es in der Regel auch zu Differenzen bei der Zuordnung von Einzelkosten zu Produkten und Kunden.

Beat Bernet

Kundenkarten

Kundenkarten sind von Banken ausgegebene Zahlungskarten für belegloses Zahlen. Sie lassen sich ähnlich wie eurocheque-Karten (↑ec/Maestro-Karte) zur Bargeldbeschaffung über Geldausgabeautomaten (↑Bancomat), zur Erstellung von Kontoauszügen mittels Kontoauszugsdruckern sowie zum POS-(↑Point of sale terminal)Banking nutzen. Als typische Dateninhalte gelten persönliche Daten (Name, Adresse, Geburtsdatum, Familienstand, Unterschrift), bankspezifische Daten (Profil, Kreditgrenze) und statistische Daten (Zahlungsabwicklungen pro Monat).

Die Kundenkarten ermöglichen den Banken eine Verbesserung der Transparenz des jeweiligen Kunden bzw. des Kundenverhaltens. Zudem erlaubt das durch den Einsatz der Kundenkarte generierte Know-how den Banken, kundenorientierte Strategien und Aktionen zu planen.

Kundensegmentierung

↑Organisation der Bank; ↑Marktsegmentierung; ↑Sparte.

Kundentresor

↑Schrankfach; ↑Tresoranlage.

Kündigung

Einseitige empfangsbedürftige Willenserklärung, durch die ein auf unbestimmte Zeit eingegangenes Vertragsverhältnis beendigt werden kann. Je nach der anwendbaren gesetzlichen Vorschrift oder vertraglichen Vereinbarung kann die Kündigung entweder fristlos oder nur unter Einhaltung einer bestimmten Frist (↑Kündigungsfrist) ausgesprochen werden. Im letzten Fall ist die Kündigung oft nur auf bestimmte Termine hin möglich (Kündigungstermin).

Im Bankgeschäft können wichtige Vertragsverhältnisse beidseitig fristlos gekündigt werden, so insbesondere der Vertrag über ein ↑Kontokorrentkonto und der Hinterlegungsvertrag im ↑Depotgeschäft. Kündigungsfristen werden vereinbart für Guthaben auf Spar-, Einlage- und ähnlichen Konten. Im ↑Aktivgeschäft ist der ↑Kreditvertrag (↑Kontokorrentkredit) normalerweise beidseitig fristlos kündbar. Für ↑Darlehen, die nicht auf eine feste Dauer lauten, wird in der Regel die gesetzliche sechswöchige, für Hypothekardarlehen eine drei- oder sechsmonatige Kündigungsfrist vereinbart.

Kündigungsfrist
Frist, mit der ein Rechtsverhältnis, das nicht jederzeit sofort kündbar ist, gekündigt werden kann. ↑Kündigung.

Kündigungsrecht
Bei befristeten Kreditforderungen das vertraglich vorbehaltene Recht eines Gläubigers, seine Forderung vor der vereinbarten Fälligkeit zur Rückzahlung zu kündigen; oder das vorbehaltene Recht eines Schuldners, seine Verbindlichkeit ganz oder teilweise vor der vereinbarten Fälligkeit zurückzuzahlen. Die Ausübung des Kündigungsrechts ist meistens an den Eintritt bestimmter Ereignisse gebunden; manchmal ist sie von einem bestimmten Zeitpunkt an bedingt oder ohne weiteres zulässig. Bei Anleihen ist der ↑Emittent häufig von einem bestimmten Zeitpunkt an berechtigt, seine Schuld vorzeitig zurückzuzahlen.

Kündigung von Krediten
↑Allgemeine Geschäftsbedingungen; ↑Bankkredit; ↑Kontokorrentkredit; ↑Kreditvertrag; ↑Darlehen.

Kurantmünzen
↑Edelmetallhandel.

Kuriertransport
↑Valorenversicherung.

Kurs
Der Preis von an der Börse gehandelten ↑Wertpapieren, ↑Währungen, Waren, Edelmetallen und ↑Derivaten wird als Kurs bezeichnet. Er kann als *Stückkurs* oder als *Prozentkurs* angegeben werden. Der Stückkurs bezeichnet, wie viel ein Wertpapier zu einem bestimmten Zeitpunkt in einer bestimmten Währung kostet (z. B. ↑Aktien). Der Prozentkurs gibt an, welchen Wert das Wertpapier in Prozenten seines ↑Nennwertes hat (z. B. ↑Obligationen). Der Kurs oder Marktpreis wird durch das Angebot und die Nachfrage an der Börse bestimmt. Als Geldkurs (↑Geld, Geldkurs) oder Bid price wird aus Sicht der Bank jener Kurs bezeichnet, der für den Kauf eines Wertpapiers geboten wird. Der Briefkurs (↑Brief, Briefkurs) oder Ask price drückt – wiederum aus Sicht der Bank – aus, zu welchem Preis ein Wertpapier verkauft wird. Alle Kurse (Geld-, Brief- und ↑Abschlusskurse) werden im «FinanzMarktSchweiz» (↑Kursblatt) publiziert.

1. Kursarten
Die Kursbestimmung erfolgt je nach Land und Börsengesetzgebung auf unterschiedliche Art. In der Schweiz werden die Kurse von kotierten ↑Effekten über ein elektronisches Auftragsbuch ermittelt. Darin werden alle Käufe und Verkäufe registriert. Unterschieden wird zwischen ↑Eröffnungs- und ↑Schlusskurs, variablen Kursen, Einheits- und ↑Mittelkurs.
– Bei der täglichen Eröffnung der Börse wird der so genannte *Eröffnungskurs* nach dem Meistausführungsprinzip bestimmt. Dabei werden die Auftragsbücher für jeden Titel geschlossen und die Kaufs- und Verkaufsangebote miteinander verglichen. Der Eröffnungskurs ist derjenige Kurs, bei dem am meisten Titel gehandelt werden. Er gilt anschliessend für alle Abschlüsse zum Eröffnungszeitpunkt. Die Aufträge, die zu diesem Kurs nicht ausgeführt werden können, bleiben im Auftragsbuch stehen.
– Der *Schlusskurs* wird am Ende eines Handelstages (an der Schweizer Börse ↑SWX Swiss Exchange um 18.00 Uhr) anhand eines Auktionsverfahrens *(Closing auction)* ermittelt, d. h., die Aufträge im Auftragsbuch werden nach dem Meistausführungsprinzip abgewickelt.
– Beim *variablen Kurs* werden die Kurse fortlaufend im Auftragsbuch notiert. Für jeden Abschluss ergibt sich auf diese Weise ein eigener Kurs. Zum variablen Handel sind Wertpapiere von Unternehmen zugelassen, welche die Anforderungen aus dem Kotierungsreglement (↑Kotierung) der SWX erfüllen. Im elektronischen Auftragsbuch werden sämtliche Kaufs- und Verkaufsangebote eingetragen und einander gegenübergestellt. Es wird versucht, jeden neuen Auftrag sofort auszuführen. Zuerst werden die Aufträge mit dem besten Preisangebot ausgeführt. Priorität haben die so genannten ↑Bestens-Aufträge. Anschliessend folgen die limitierten Aufträge (↑Limitierung von Aufträgen). Beim Kauf sind dies diejenigen mit dem höchsten Kaufpreis, beim Verkauf diejenigen mit dem tiefsten Verkaufspreis. Sind die Preisangebote gleich, kommt der ältere Auftrag zuerst zum Zug.
– Der *Einheitskurs* wird vor allem für Aktien ermittelt, die aufgrund ihres geringen Handelsvolumens nicht zum variablen Handel zugelassen sind. Die Verkaufs- und Kaufaufträge werden bis zum Annahmeschluss gesammelt. Zu diesem Zeitpunkt wird der Einheitskurs anhand des Meistausführungsprinzips ermittelt und gilt für alle Abschlüsse des betreffenden Tages.

– Der *Mittelkurs* wird als arithmetisches Mittel zwischen Geld- und Briefkurs ermittelt. Für Aufträge, die sich nicht direkt ausgleichen lassen, kann der Mittelkurs angewandt werden.

2. Ausserbörslicher Handel
Sowohl bei kotierten als auch bei nichtkotierten Aktien existiert ein ausserbörslicher Wertpapierhandel. Die Kurse richten sich nach Angebot und Nachfrage. Der Handel erfolgt meist telefonisch und erreicht geringere Volumina als der offizielle Handel an der Börse. Aus diesem Grund ist der Unterschied zwischen Geld- und Briefkurs beim ausserbörslichen Handel in der Regel grösser.

3. Einflussfaktoren auf die Kurse
Grundsätzlich bestimmen Angebot und Nachfrage die Entwicklung der Kurse. Ist die Nachfrage grösser als das Angebot, steigen die Kurse; ist sie kleiner, fallen sie. Das Verhältnis zwischen Angebot und Nachfrage hängt von verschiedenen wirtschafts- und währungspolitischen Faktoren sowie von der Entwicklung der Unternehmen ab. Im Devisenhandel gehören zur Kursbildung alle Faktoren, die in die Zahlungsbilanz eines Landes eingehen: Der grenzüberschreitende Warenhandel, der Dienstleistungsverkehr, der Kapitalverkehr und die Deviseninterventionen der zuständigen Währungsbehörden. Die Effektenkurse, insbesondere jene der ↑ Beteiligungspapiere, richten sich in erster Linie nach der erwarteten Entwicklung der ihnen zugrunde liegenden Unternehmungen. Dazu gehören beispielsweise der Geschäftsgang, die Bonität, die Zukunftsaussichten und das Management des Unternehmens. Aber auch die allgemeine Konjunkturlage, die Währungssituation und die Zinssätze beeinflussen die Kursentwicklung. ↑ Kursänderungsrisiko. *Hans-Dieter Vontobel*

Kursabschlag

Der Kurs einer ↑ Aktie wird am Auszahlungstag der ↑ Dividende theoretisch genau um die Höhe der Dividende niedriger als am Vortag sein. Diesen technisch bedingten Kursrückgang nennt man Kursabschlag oder Dividendenabschlag. In der Praxis entspricht der Abschlag nur selten exakt dem Dividendenbetrag, weil neben der technischen Korrektur auch normale Markteinflüsse wirksam sind. Im Zeitablauf wird der Kursabschlag schnell wieder ausgeglichen. Aus Aktionärssicht handelt es sich beim Dividendenabschlag streng genommen nicht um einen eigentlichen Kursrückgang, weil zuvor das Äquivalent – die Dividende – auf das Konto des Titelinhabers geflossen ist. Nebst dem Dividendenabschlag gibt es auch den Bezugsrechtsabschlag, der nach dem Fortfall eines Bezugsrechts entsteht. Die Kurse notieren am Ausübungstag «ex Div» (↑ Ex Coupon, ex Dividende) bzw. «ex B/ex BR» (↑ Ex Bezugsrecht).

Kursabstufung

Es gibt an der Börse in der Regel minimale Kursabstufungen, die beim Stellen von ↑ Kursen eingehalten werden müssen. Je nach Titel und Kurs kann dies z.B. CHF 1.00, CHF 0.01 oder 1 Promille sein.

Kursänderungsrisiko

Das Kursänderungsrisiko bezeichnet unvorhersehbare ↑ kurz-, ↑ mittel- oder ↑ langfristige Kursschwankungen von ↑ Wertpapieren, ↑ Währungen, Waren, Edelmetallen und ↑ Derivaten. Das ↑ Risiko hängt eng mit der erwarteten ↑ Rendite und mit der ↑ Liquidität an den jeweiligen Märkten zusammen. Weitere wichtige Faktoren sind die zeitliche Perspektive einer Anlage, die ↑ Marktrisiken und die unternehmensspezifischen Risiken. Durch gezielte Diversifikation lässt sich das Kursänderungsrisiko reduzieren.

1. Rendite, Liquidität und Risiko
Eine ↑ Kapitalanlage wird üblicherweise mit dem Ziel getätigt, eine möglichst hohe Rendite zu erzielen. Die effektive Rendite ist abhängig vom Risiko und von der Liquidität der Märkte. Je höher das eingegangene Risiko ist, desto grösser sollte längerfristig die Rendite der entsprechenden Anlage ausfallen. Mit dem Risiko steigt auch die Gefahr eines Verlustes.
Als Mass für das Kursänderungsrisiko gilt die ↑ Volatilität. Sie zeigt wie stark die Renditen einer Anlage schwanken. Je grösser die Streuung der Renditen, desto höher die Volatilität und dementsprechend höher das Kursänderungsrisiko. Die Liquidität spielt ebenfalls eine wichtige Rolle bei der Betrachtung des Kursänderungsrisikos und hat grossen Einfluss auf die Entwicklung von Risiko und Rendite. Die Liquidität spiegelt die Möglichkeit, jederzeit zu fairen Preisen eine Anlage zu kaufen oder zu verkaufen und damit wieder über flüssige Mittel zu verfügen. Bei illiquiden Märkten ist das Risiko gross, dass sich eine Anlage zwar gut entwickelt, aber letztlich nicht verkauft werden kann. Dieses Risiko besteht besonders bei kleinen und jungen Gesellschaften, da schon zu «normalen» Zeiten nur eine geringe Zahl Aktien dieser Unternehmen gehandelt werden.

2. Zeitfaktor
Bei der Bestimmung des Kursänderungsrisikos spielt der Faktor Zeit eine wichtige Rolle. Langfristig sind die Kursbewegungen vor allem durch die Ertragslage der Unternehmen bestimmt, die ihrerseits durch die Entwicklung der Gesamtwirtschaft und die politischen Rahmenbedingungen beeinflusst wird. Mittelfristig überlagern sich Einflüsse aus dem Bereich der Wirtschafts-, Währungs- und ↑ Geldpolitik. Kurzfristig können aktuelle, zeitlich begrenzte nationale Ereignisse oder auch internationale Krisen (Handelshemmnisse oder -boykotte, Kriege usw.) Einfluss auf die

Stimmung an den Märkten und damit auf die Kursentwicklung nehmen.

3. Risikoarten
In der Theorie wird zwischen systematischem und unsystematischem Risiko unterschieden. Zu den systematischen Risiken zählen alle Faktoren, welche die gesamte Volkswirtschaft treffen. Sie sind kaum diversifizierbar, dafür aber leichter prognostizierbar. Zu den unsystematischen Risiken zählen alle Aspekte, die mit der gewählten Anlage direkt zusammenhängen. Diese können in der Regel mittels ↑Diversifikation im Rahmen einer Portfoliobildung reduziert werden. Zu den systematischen Risiken gehören z. B. allgemeine Marktrisiken und das psychologische Marktrisiko. Zu den unsystematischen Risiken werden unternehmensspezifische Risiken, Bonitäts-, Dividenden- und ↑Liquiditätsrisiken gezählt.

– *Allgemeines Marktrisiko:* Das Marktrisiko bezeichnet Kursänderungen, die auf Entwicklungen am gesamten Markt zurückzuführen sind und in keinem direkten Zusammenhang mit der wirtschaftlichen Situation des einzelnen Unternehmens stehen. Die Gründe für solche Schwankungen sind äusserst vielfältig und schwierig einzuschätzen, da sie sich gegenseitig überlagern können. Dazu zählen Änderungen in Zins- und Währungspolitik, politische, wirtschaftliche und gesetzgeberische Entwicklungen eines Landes, Überschuldung von Schwellenländern, politische Krisen oder Umstürze. Das allgemeine Marktrisiko kann durch eine gezielte Diversifikation kaum reduziert werden. Je breiter gestreut, desto exakter wird die Anlage die Entwicklung des Gesamtmarktes nachvollziehen. Im Extremfall entspricht das ↑Portfolio einem Index (z. B. dem ↑Swiss Performance Index [SPI]).
– *Psychologisches Marktrisiko:* Die Kapitalangebots- und -nachfrageentscheide werden nicht nur aufgrund rationaler ökonomischer Faktoren getroffen. Sie unterliegen je nach politischer und ökonomischer Situation starken psychologischen Einflüssen. Phänomene wie das Angstsparen oder sachlich nicht begründbare Kursschwankungen können auf positive oder negative psychologische Stimmungen zurückzuführen sein. Auch Gerüchte können ähnliche Auswirkungen haben.
– *Unternehmensspezifisches Risiko:* Risiken, die in direktem Zusammenhang mit der Entwicklung der Gesellschaft stehen, werden als unternehmensspezifische Risiken bezeichnet. Die Quellen des Risikos sind im betriebs- und finanzwirtschaftlichen Bereich der Unternehmung zu suchen: Zielerreichung beim Umsatz, Gewinnentwicklung, Kostenstruktur, Finanzierungssituation, Managemententscheide, Kooperationen, Fusionen, Forschung, usw. Eine Verminderung oder Vermeidung des finanziellen Risikos erfolgt durch die entsprechende Risikopolitik im Unternehmen.
– *Dividendenrisiko:* Ebenfalls von unternehmerischen Faktoren abhängig ist das Dividendenrisiko. Die Auszahlung einer ↑Dividende richtet sich vor allem nach den Gewinnen des Unternehmens. Werden keine oder geringe Dividenden ausbezahlt, hat dies negative Folgen für die Kursentwicklung, sofern in der Vergangenheit regelmässig Dividendenausschüttungen erfolgten.
– *Bonitätsrisiko:* Das Risiko, dass eine Unternehmung in finanzielle Schwierigkeiten gerät und nicht mehr in der Lage ist, Zinsen oder Schulden zu bezahlen, nennt man Bonitätsrisiko. Zu den meisten Unternehmen liegen Bonitätsprüfungen oder so genannte ↑Ratings vor, die Aufschluss über die Sicherheit des bewerteten Unternehmens geben.

Ein besonderes Risiko stellt das Kursänderungsrisiko bei Devisen dar. Man spricht in diesem Fall gewöhnlich von *Wechselkurs-* oder *Währungsrisiken*. Währungsschwankungen betreffen alle in einer Fremdwährung lautenden Vermögensteile und können damit grossen Einfluss auf den Wert einer Anlage haben. Das Währungsrisiko tritt aber auch im Zusammenhang mit unternehmensspezifischen Risiken auf, wenn eine Unternehmung international tätig ist. In diesem Fall sind ihre Ergebnisse von der Entwicklung der verschiedenen Währungen und somit vom internen Währungsmanagement abhängig.

4. Spezialfall «Liebhaberaktie»
Je nach Ziel, das ein Anleger verfolgt, kann das Kursänderungsrisiko beim Anlageentscheid bedeutungslos sein. So ist beispielsweise das Kursänderungsrisiko einer «Liebhaberaktie» gleich null, da der Inhaber die Aktie nicht hält, um eine Rendite zu erzielen, sondern um seine Verbundenheit zu einer Unternehmung oder einer sonstigen Organisation auszudrücken. Gleich verhält es sich oftmals mit Sammlern von Münzen oder Briefmarken. Das Ziel ist nicht die Wertsteigerung an sich, sondern das Sammeln der jeweiligen Liebhaberobjekte.

Hans-Dieter Vontobel

Kursbildung
↑Kurs.

Kursblatt
Das Kursblatt ist das offizielle Publikationsorgan der ↑Börsen, das täglich erscheint und alle an der Börse zum Handel zugelassenen ↑Wertpapiere mit ihren wichtigsten Stammdaten (z. B. Art, ↑Emittent, ↑Nennwert, Verzinsung) und den im Handel erzielten Preisen verzeichnet. Die elektronischen Kommunikationsmedien – zusammen mit der Privatisierung der Börsen – haben die offiziellen Kursblätter weit gehend verdrängt. In der Schweiz

gibt es eine elektronische Nachfolgepublikation der früheren amtlichen Kursblätter. Sie heisst «FinanzMarktSchweiz».

Kurs-Buchwert-Verhältnis
↑Price book value ratio.

Kurs-Chart
↑Chart.

Kursfantasie
Ein typischer Begriff aus der ↑Börsenpsychologie. Wer einem Titel Kursfantasie nachsagt, geht davon aus, dass dieser ↑Kurs in nächster Zeit steigen könnte (ohne, dass man im Moment notwendigerweise den Grund dafür kennt).

Kurs/Gewinn-Verhältnis
↑Price earnings ratio (PER).

Kursindex
↑Aktienindex; ↑Obligationenindex.

Kursinformation
↑EXFEED.

Kursmanipulation
An der Börse versteht man unter Kursmanipulation die künstliche Beeinflussung der ↑Kurse nach oben oder nach unten für ein bestimmtes Papier oder den Markt insgesamt, wobei die daran Beteiligten hoffen, auf Kosten der übrigen Marktteilnehmer zu profitieren, indem für ein Haussemanöver vorgekauft, für ein Baissemanöver vorverkauft wird. Zur Kursmanipulation werden u. a. Gerüchte, Tipps, tendenziöse Presseberichte und Anlageempfehlungen oder Scheingeschäfte eingesetzt. Eine Kursmanipulation grössten Stils ist der ↑Corner. Mit dem Inkrafttreten des Börsengesetzes (BEHG) am 01.02.1997 wurde in das StGB eine Bestimmung über die Strafbarkeit der Kursmanipulation aufgenommen. Strafbar macht sich, wer in der Absicht, in eigenem oder fremdem Interesse den Kurs von an der Börse gehandelten Effekten zu beeinflussen, wider besseres Wissen irreführende Informationen verbreitet oder Scheingeschäfte tätigt (StGB 161bis). ↑Stabilisierung (des Kurses nach Emission). ↑Kursstützung.

Kursmünzen
↑Münzen mit gesetzlichem Kurs, im Gegensatz zu ausser Kurs gesetzten Münzen (z.B. 2-Rappen-Münze). ↑Münzordnung.

Kursnotierung, Kursnotiz
↑Kurs; ↑Notierung.

Kurspflege
Als Kurspflege bezeichnet man Interventionen an der Börse, um Effektenkurse zu beeinflussen, damit zufällige grössere Kursschwankungen, welche nicht der allgemeinen Marktentwicklung entsprechen, vermieden werden. Die Kurspflege arbeitet nicht gegen die Markttendenz und unterscheidet sich somit von der ↑Kursstützung. ↑Stabilisierung (des Kurses nach Emission).

Kursrelevanz
Kursrelevante Tatsachen sind im Tätigkeitsbereich einer börsenkotierten Gesellschaft eingetretene, nicht öffentlich bekannte Sachverhalte, die wegen ihrer beträchtlichen Auswirkungen auf die Vermögens- und Finanzlage oder auf den allgemeinen Geschäftsgang des ↑Emittenten geeignet sind, zu einer erheblichen Änderung der Kurse zu führen. ↑Ad-hoc-Publizität. ↑Insider-Gesetzgebung.

Kursschnitt
Unerlaubter Gewinn, den ein ↑Effektenhändler in einem Markt mit variablen Kursen (↑Kurs) auf Kosten seines Auftraggebers dadurch zu erzielen sucht, dass er ihm für den Abschluss eines Geschäftes einen höheren oder niedrigeren Kurs in Rechnung stellt als denjenigen, zu dem er das Geschäft im Markt tatsächlich abgeschlossen hat. Kursschnitte sind nach OR 428 III und nach den ↑Verhaltensregeln für Effektenhändler verboten. Der Effektenhändler ist auch nicht zu einem Kursschnitt berechtigt, wenn er, wie dies im Börsengeschäft üblich ist, bei der Abrechnung den Selbsteintritt erklärt («Handeln als Selbstkontrahent/ Eigenhändler»), das Geschäft aber in Wirklichkeit über die Börse abschliesst (sog. technischer Selbsteintritt). Beim echten Selbsteintritt (↑Selbstkontrahieren im Wertpapierhandel), der aber für an der SWX gehandelte Effekten nur noch in Ausnahmefällen zulässig ist, muss der Effektenhändler den im Zeitpunkt der (gesollten) Ausführung des Auftrages geltenden Kurs in Rechnung stellen (OR 436 II).
Kein Kursschnitt liegt vor, wenn eine Bank im gleichen Zeitpunkt verschiedene Abschlüsse für verschiedene Kunden zu verschiedenen Kursen tätigt und allen Kunden den Durchschnittskurs in Rechnung stellt.

Kurssicherung
↑Hedge.

Kurssicherungsgeschäfte
↑Hedge.

Kursspanne
Die Kursspanne ist die Differenz zwischen dem Geld- und dem Briefkurs (↑Geld, Geldkurs; ↑Brief, Briefkurs), also zwischen dem ↑Kurs, zu dem man den betreffenden Titel kaufen könnte einerseits und zu dem man ihn anderseits verkaufen könnte (englische Bezeichnung: Spread). Je kleiner diese Kursspanne, desto liquider ist ein Markt,

mit desto kleineren Kosten kann man einen Titel kaufen und wieder verkaufen. Für die ↑Liquidität ebenso wichtig (oft wichtiger) ist allerdings die ↑Markttiefe bei einem bestimmten Spread; sie besagt, wie viele Titel ein Investor zum jeweiligen Geld- und Briefkurs tatsächlich kaufen oder verkaufen kann.

Kursstabilisierung
↑Stabilisierung (des Kurses nach Emission).

Kursstellung
↑Market maker.

Kursstützung
Als Kursstützung bezeichnet man Interventionen am ↑Effektenmarkt, um Kurse entgegen der Markttendenz zu beeinflussen mit dem Ziel, einen durch den Kursrückgang für die Gesellschaft entstehenden Vertrauensverlust zu vermeiden (Price keeping oder Price lifting operation). Die Kursstützung ist – im Gegensatz zur ↑Kurspflege – problematisch, vor allem wenn der Kursrückgang auf unternehmungsspezifische Gründe zurückzuführen ist. Eine wirkungsvolle Kursstützung erfordert im Allgemeinen eine ↑Intervention über einen längeren Zeitraum und damit einen erheblichen Mitteleinsatz. Zudem bleiben dem aufmerksamen Marktbeobachter länger anhaltenden Kursstützungen nicht verborgen, sodass verkaufswillige Investoren ihre Titel abstossen, so lange der Kurs gestützt wird, was zu einem zusätzlichen Abgabedruck führt. Aus der Sicht der Bank ist die Kreditgewährung gegen Verpfändung der im Rahmen der Stützungsoperationen aufgekauften Titel aus diesem Grund kritisch zu würdigen.

Ausserdem sind die Vorschriften über den Erwerb von ↑eigenen Aktien (OR 659ff. und OR 663b Ziff. 10) zu beachten. Aus diesem Grund werden mit der Kursstützung der Gesellschaft nahe stehende Dritte beauftragt. ↑Stabilisierung (des Kurses nach Emission).

Kurswert
Der Preis, zu dem Wertpapiere, Edelmetalle, Devisen am Markt gehandelt werden. ↑Kurs.

Kursziel
Als Kursziel wird der Preis einer Anlage definiert, der in einem bestimmten Zeitraum erreicht werden soll. In der Regel findet die Angabe des Kursziels nur bei der Kaufempfehlung von ↑Aktien und ähnlichen Wertpapieren sowie ↑Währungen statt, seltener bei anderen Anlageformen wie ↑Wandel- oder ↑Optionsanleihen. Das Kursziel kann absolut oder als Prozentangabe formuliert werden.

Kurzfristig
Im Bankverkehr weniger als 1 Jahr.

Kurzfristige Verbindlichkeiten
↑Liquidität (Allgemeines und Aufsichtsrechtliches).

Kurzläufer
↑Anleihensobligationen mit kurzer (Rest-)Laufzeit, in der Regel weniger als 4 Jahre, die entweder direkt mit einer kurzen ↑Laufzeit emittiert werden oder die ursprünglich eine längere Laufzeit aufwiesen, nun aber nur noch eine kurze Restlaufzeit haben. Das Gegenteil eines Kurzläufers ist ein ↑Langläufer

Lack of enforcement
↑International Accounting Standards (IAS).

Lagerempfangsschein
↑Warenverpfändung.

Lagerschein
↑Warenverpfändung.

Lambda
↑Vega.

Länderengagement
Die Gesamtheit der Forderungen einer Bank gegenüber ↑Kreditnehmern in einem anderen Land als dem Sitzstaat.

Länderfonds
↑Anlagefonds, dessen Anlagen sich auf ein bestimmtes Land oder eine Region (in diesem Fall als Regionenfonds bezeichnet) beschränken.

Länderindizes
↑Aktienindex.

Länder-Rating
Einstufung des ↑Länderrisikos in ein Klassifikationssystem. Für das Länderrating gibt es keine allgemein anerkannte oder angewandte Methode. Länderratings werden von Rating-Agenturen, ↑Banken und Versicherungen erstellt. Die bekanntesten Rating-Agenturen sind Standard & Poor's Corporation und Moody's Investor Service, die neben dem ↑Rating von Firmen und Institutionen auch Länderratings erstellen. Beide Agenturen gehen in ihrem Ratingverfahren ähnlich vor. Nach einem erstmaligen Rating erfolgen periodische Überprüfungen, die zu einer Herab- oder Heraufstufung führen können. Für verschiedene Zeithorizonte können unterschiedliche Ratings erfolgen.
Caesar Lack

Länderrisiko
Dem Länderrisiko sind Unternehmen und Banken mit Auslandtätigkeiten (↑Auslandrisiken) ausgesetzt. Ein solches entsteht, wenn länderspezifische, politische oder wirtschaftliche Entwicklungen und Ereignisse den Wert eines Auslandengagements negativ beeinflussen. Es ist vom Bonitätsrisiko der ausländischen Gegenpartei zu unterscheiden. Für Banken ist das Länderrisiko vor allem im Auslandkreditgeschäft relevant, zunehmend aber auch im Geschäft mit ↑Wertpapieren und ↑Derivaten, soweit deren Wertbeständigkeit von länderspezifischen Bedingungen abhängt.
Das Länderrisiko kann aufgeteilt werden in das ↑Transferrisiko und in übrige Länderrisiken. Das *Transferrisiko* bezeichnet das ↑Risiko, dass vertraglich vereinbarte Zahlungen infolge von ↑Devisenrestriktionen des Schuldnerlandes nicht oder nur beschränkt ins Inland übergeführt werden können. *Die übrigen Länderrisiken* bezeichnen die spezifisch wirtschaftlichen und politischen Risikofaktoren eines Schuldnerlandes, die unabhängig vom Transfer- und Bonitätsrisiko den Wert von Auslandforderungen beeinflussen.
Die Bestimmung des Länderrisikos richtet sich nach dem Risikodomizil, das nicht notwendig mit dem Domizil des Schuldners identisch sein muss. Bei gedeckten Auslandforderungen ist das Risikodomizil unter Berücksichtigung der Sicherheiten zu bestimmen.
Für die Behandlung des Länderrisikos existieren keine allgemeingültigen Methoden. Für alle der EBK als Aufsichtsbehörde unterstehenden Banken in der Schweiz gelten seit Anfang 1999 die Richtlinien für das Management des Länderrisikos der SBVg. Sie sind als Mindestanforderungen an die Banken im Umgang mit Länderrisiken gedacht und äussern sich summarisch zu allen wesentlichen Aspekten des Länderrisiko-Managements. Dazu gehören neben der Risikoerfassung, die Risikobegrenzung und -vorsorge sowie das Reporting und

die Offenlegung des Länderrisikos. Die Richtlinien bezwecken keine Vereinheitlichung des Länderrisiko-Managements, sondern berücksichtigen die unterschiedliche ↑Risikobereitschaft und ↑Risikofähigkeit der Banken. Sie sollen die Banken bei der Festlegung betriebsinterner Strukturen und Prozesse für die Behandlung des Länderrisikos unterstützen.

Für die *Erfassung, Messung und Beurteilung* des Länderrisikos werden in der Praxis unterschiedliche Verfahren verwendet. Dabei geht es darum, wesentliche Risikogrössen zu identifizieren, die erforderlichen Informationen zu sammeln und diese mit geeigneten Verfahren auszuwerten, um die Länderrisiken prognostizieren zu können.

Vollständig-qualitative Verfahren resultieren in Länderberichten, die über die wirtschaftliche, politische und soziale Lage eines Landes berichten. Sie sollen denkbare Entwicklungen aufzeigen, die sich auf die länderspezifischen Risikoparameter auswirken können. Dabei kann es z. B. um die Einschätzung der ↑Zahlungsfähigkeit und -willigkeit einer ausländischen Regierung gehen oder um die Einschätzung möglicher Änderungen des ↑Devisenrechts eines Landes. Darauf basierend werden bankrelevante Risikoszenarien erarbeitet, die es der Bank ermöglichen, eine Risikoabschätzung bestehender und zukünftiger Auslandengagements vorzunehmen. Länderberichte können mehr oder weniger stark schematisiert sein. Schwach schematisierte Länderberichte haben den Vorteil, dass der Verfasser bei der Beurteilung des Länderrisikos den länderspezifischen Eigenheiten Rechnung tragen kann. Dies setzt aber grosse Länderkenntnisse des Verfassers voraus. Schwach strukturierte Länderberichte haben den Nachteil, dass die subjektive Auswahl der Beurteilungskriterien und ihre nicht transparente Verknüpfung und Gewichtung die Vergleichbarkeit zwischen verschiedenen Ländern und im Zeitablauf erschweren. Solche Länderberichte werden von Banken verwendet, die in Auslandengagements einsteigen oder nur beschränkt solche betreiben. Oft dienen sie auch als Ergänzung zu komplexeren Verfahren.

Standardisierte Verfahren benutzen standardisierte Schemata für die Beurteilung des Länderrisikos. Damit wird eine bessere Vergleichbarkeit zwischen verschiedenen Ländern und im Zeitablauf möglich. Um die Auswahl und Gewichtung der Risikoindikatoren transparenter und objektiver zu machen, können mathematisch-statistische Methoden angewendet werden. Bei den so genannten Rating-Verfahren (auch bekannt als Checklisten-, Scoring-Verfahren) werden die Risikoindikatoren quantifiziert und zu einer einzigen Risikokennzahl aggregiert. Damit können das Länderrisiko eines Landes im Zeitablauf sichtbar und die Länderrisiken verschiedener Länder in einer Rangskala vergleichbar gemacht werden. ↑Länder-Ratings, d. h. die Einteilung der Länder in verschiedene Risikoklassen, werden regelmässig von Rating-Agenturen (wie Moody's, Standard & Poor's) und Finanzzeitschriften (wie Institutional investor, Euromoney) veröffentlicht. Solche externen Länder-Ratings werden von den Banken oft für die Bewertung des Länderrisikos der unbedeutenderen Auslandengagements herangezogen. Die Länderrisiken der wichtigeren Auslandtätigkeiten werden hingegen mit internen Rating-Verfahren ermittelt.

Strukturiert-qualitative Verfahren sind eine Mischung aus den beiden zuvor genannten Verfahren. Derart werden z. B. die politischen und sozialen Risikoindikatoren qualitativ bewertet, während die ökonomischen Risikoindikatoren nach einem einheitlichen Schema quantitativ erfasst werden. Diese für die Beurteilung des Länderrisikos von den Banken häufig eingesetzten Verfahren können für den strukturierten Teil der Länderrisikobewertung die Vergleichbarkeit zwischen den Ländern und im Zeitablauf verbessern. Wieweit dies auch für den qualitativen Teil gilt, hängt vom Schematisierungsgrad ab.

Das Informationsproblem ist bei Länderrisikoanalysen oft besonders ausgeprägt. Dieses ergibt sich daraus, dass viele wichtige Länderdaten nicht erhoben oder nicht veröffentlicht werden, nicht vollständig oder qualitativ mangelhaft sind und häufig an fehlender Aktualität und Vergleichbarkeit leiden. Die in der zweiten Hälfte der 90er-Jahre gehäuft aufgetretenen Finanzkrisen (↑Finanzkrise, globale) in wichtigen aufstrebenden Volkswirtschaften haben zu verstärkten Anstrengungen von internationalen Organisationen, namentlich vom ↑Internationalen Währungsfonds (IWF), geführt, das länderbezogene Informationsangebot qualitativ zu verbessern.

Die Banken verwenden die Länderrisikobeurteilung zur Festsetzung von Länderlimiten. Diese legen fest, in welchem Umfang eine Bank maximal bereit ist, ↑Engagements in den einzelnen Ländern einzugehen. Sie lassen sich durch Regionenlimiten, die das Risiko der Bank gegenüber den Ländern einer Region begrenzen, ergänzen. Solche ↑Limiten dienen der Diversifikation des Länderrisikos, indem das von der Bank festgelegte gesamte Auslandengagement auf einzelne Länder und Regionen aufgeteilt wird. Die Richtlinien für das Management des Länderrisikos der SBVg verlangen, dass die Limiten regelmässig zu überprüfen, gegebenenfalls anzupassen und zu genehmigen sind. Zudem müssen die Banken über Informationssysteme verfügen, die gewährleisten, dass die Limiten eingehalten, Limitenüberschreitungen zeitnah erfasst und an die zuständige Entscheidungsstelle gemeldet werden.

Die Banken bestimmen aufgrund ihrer Länderrisikobeurteilung auch, wieweit sie sich gegen Länderrisiken absichern wollen. Zudem wird die Länderrisikobeurteilung bei der Preis- und Konditionenfestlegung von Auslandengagements benutzt. Dabei gehen die Banken von der Überlegung aus, sich die Länderrisiken von Auslandgeschäften risikogerecht abgelten zu lassen. Als Gegenstück haben die Banken eine entsprechende Rückstellungspolitik (↑Bilanzpolitik) zu betreiben. So müssen sie den unterschiedlichen Länderrisiken ihrer Auslandengagements mit nach Länderrisiken abgestuften Rückstellungen und ↑Wertberichtigungen angemessen Rechnung tragen.

Die Länderrisikopolitik als Teil des ↑Risikomanagements ist Bestandteil der Geschäftspolitik einer Bank, weshalb sie zu den Aufgaben der obersten Bankorgane gehört. So schreiben die Richtlinien für das Management des Länderrisikos der SBVg vor, dass das Organ der Bank für Oberleitung, Aufsicht und Kontrolle (bei einer Aktiengesellschaft der Verwaltungsrat) für die Formulierung, Umsetzung und Kontrolle der Länderrisikopolitik verantwortlich ist. *Walter Näf*

Landesindex der Konsumentenpreise

In der Schweiz finden periodisch sog. Einkommens- und Verbrauchserhebungen statt. In ihnen wird u. a. ein durchschnittlicher haushaltstypischer Warenkorb ermittelt. Der Landesindex der Konsumentenpreise (LIK) gibt an, wie sich die Verkaufspreise der in diesem Warenkorb enthaltenen Güter und Dienstleistungen von Monat zu Monat entwickeln.

Der LIK wird seit 1922 berechnet und wurde seither sieben Revisionen unterzogen. Revisionen sind notwendig, um verändernden Konsumgewohnheiten mit neugewichteten Warenkörben Rechnung zu tragen. Der aktuelle Warenkorb stammt vom Dezember 2001. Seine zwölf «Hauptgruppen» sind wie folgt gewichtet: Wohnen und Energie: 26,0%, Gesundheit: 14,5%, Nahrung: 11,7%, Verkehr: 9,8%, Freizeit und Kultur: 9,6%, Gaststätten: 9,4%, Hausrat: 4,6%, Bekleidung und Schuhe: 4,5%, Nachrichtenübermittlung: 2,4%, Alkohol und Tabak: 1,9%, Bildung: 0,6%, Übriges: 5,0%. Für jede dieser Hauptgruppen sowie für weitere Untergliederungen (Warengruppen, Indexpositionen) werden Unterindices gebildet. So wird z. B. die Preisentwicklung der Indexposition «Kartoffeln» transparent, welche den LIK mit dem Gewicht beeinflusst, das Ausgaben für Kartoffeln im Schweizer Haushaltsbudget durchschnittlich zukommt.

Der LIK nimmt im sog. Basismonat (zur Zeit Mai 2000) einen Wert von 100 an. Muss für den Warenkorb insgesamt im nächsten Monat mehr bezahlt werden, so steigt der LIK über 100. Sein aktueller Stand ist die auf den aktuellen Preisen basierende Gesamtausgabe für den Warenkorb in Prozenten der Gesamtausgabe im Basismonat. Die Wachstumsrate des LIK ist die gebräuchlichste Darstellung der ↑Inflationsrate.

Bis anhin ist es weltweit üblich, Preisindizes nach dem sog. Laspeyres'schen Indexkonzept zu berechnen, das dadurch charakterisiert ist, dass die Preisentwicklung eines über einen längeren Zeitraum fest vorgegebenen Warenkorbes betrachtet wird. Seit einem Bericht der US-amerikanischen «Boskin-Kommission» von 1996 ist die an sich schon lange bekannte Kritik in den Vordergrund getreten, dass dieses Indexkonzept die Steigerung der Lebenshaltungskosten überschätzt, weil es nicht berücksichtigt, dass Haushalte relativ teurer werdende Indexpositionen in ihrem Verbrauch durch preisstabilere ersetzen und dass ein Teil der Preissteigerung Qualitätsverbesserungen der Indexpositionen kompensiert. Dieser Kritik wird seit der letzten Revision des LIK dadurch begegnet, dass der Warenkorb ab 2001 jedes Jahr im Dezember jeweils entsprechend einer aktuellen Einkommens- und Verbrauchserhebung neu gewichtet wird. Dabei werden auch Qualitätsverbesserungen berücksichtigt; allerdings herrscht hinsichtlich der Aufteilung einer beobachteten Preissteigerung auf eine separate Teuerungs- und Qualitätsverbesserungskomponente einiger Beurteilungsspielraum. Jeweils im Dezember wird nun der neue Warenkorb auf den Indexstand gesetzt, den der vorherige Warenkorb im betreffenden Monat Dezember erreicht hatte. Beispielsweise hatte der Warenkorb von Mai 2000 im Dezember 2001 einen Stand von 101,3 erreicht. Von diesem Indexstand ausgehend, wird die Preisentwicklung des neuen Warenkorbs im Jahr 2002 fortgeschrieben. Das Problem eines solchen Vorgehens besteht allerdings darin, dass sich die nachfolgende Preisentwicklung auf eine nicht klar definierte Mischung der Warenkörbe von Mai 2000 und Dezember 2001 bezieht. *Franz Jaeger, Jochen Hartwig*

Landwirtschaftskredit

Unter dem Begriff Landwirtschafts- oder Agrarkredit werden ↑Darlehen und Kredite verstanden, welche an Landwirte und auch an landwirtschaftliche Organisationen gewährt werden. Grundsätzlich unterscheiden sich Landwirtschaftskredite bezüglich ↑Kreditprüfung, Kreditabwicklung und ↑Kreditüberwachung nicht von den Ausleihungen an die übrigen Kunden. ↑Kreditwürdigkeit und ↑Kreditfähigkeit des Schuldners spielen auch beim Landwirtschaftskredit die ausschlaggebende Rolle. Allerdings nimmt der Staat in diesem Bereich verstärkt Einfluss.

Eine besondere Betrachtungsweise ist deshalb bei der Finanzierung landwirtschaftlicher Betriebe notwendig, welche der Agrargesetzgebung unterstellt sind.

Die massgeblichen Erlasse sind:
– Das Bundesgesetz über das bäuerliche Bodenrecht vom 04.10.1991 (BGBB)
– Das Bundesgesetz über die Landwirtschaft vom 29.04.1998 (Landwirtschaftsgesetz) und die dar-

auf gestützte Verordnung über die Strukturverbesserungen in der Landwirtschaft vom 07.12.1998 (Strukturverbesserungsverordnung). Beide Gesetze bezwecken die Erhaltung von Familienbetrieben, die Sicherung einer nachhaltigen Bodenbewirtschaftung und eine Verbesserung der Strukturen der Landwirtschaft.

1. BGBB
Das BGBB regelt den Rechtsverkehr mit landwirtschaftlichen Grundstücken, enthält Preisbeschränkungen sowie ein Realteilungs- und Zerstückelungsverbot. Im privatrechtlichen Teil wird mit erbrechtlichen Bestimmungen und Vorkaufsrechten von Verwandten die Eigentumsübertragung von landwirtschaftlichen Gewerben und Grundstücken innerhalb der Familie geregelt. Dabei kommen tragbare, unter dem ↑Marktwert liegende Bedingungen zur Anwendung. Im Weiteren wird die grundpfandgesicherte Belastung von landwirtschaftlichen Grundstücken eingeschränkt.

2. Belastungsgrenze
Landwirtschaftliche Grundstücke dürfen nur bis zur Belastungsgrenze mit Grundpfandrechten belastet werden. Damit soll eine Überschuldung verhindert werden. Die Belastungsgrenze entspricht dem um 35% erhöhten landwirtschaftlichen ↑Ertragswert. Dieser ist definiert als Kapital, das mit dem Ertrag eines landwirtschaftlichen Gewerbes oder Grundstücks zum durchschnittlichen ↑Zinssatz für ↑erste Hypotheken verzinst werden kann. Vor der Bewilligung eines grundpfandgesicherten Landwirtschaftskredites muss der Ertragswert bekannt sein. Überschreitungen der Belastungsgrenze sind nur in wenigen Ausnahmefällen und mit Hilfe von durch den Bundesrat ermächtigten Institutionen möglich.

3. Eigentumsübertragung
Als weitere Besonderheit bei der Finanzierung von landwirtschaftlichen Grundstücken ist zu beachten, dass der Erwerber eine Erwerbsbewilligung braucht. Eine Erwerbsbewilligung wird nicht verlangt, wenn es sich um eine Eigentumsübertragung innerhalb der Familie handelt. Handänderungen innerhalb der Familie erfolgen zu Vorzugspreisen. Zugunsten des Abtreters oder der Miterben der Erwerber wird dafür ein Gewinnanspruchsrecht begründet.

4. Investitionsdarlehen nach Strukturverbesserungsverordnung
Nach der Strukturverbesserungsverordnung werden vom Staat Investitionsdarlehen gewährt:
– Als Starthilfen für Junglandwirte, die das 35. Altersjahr noch nicht überschritten haben
– Für den Bau oder die Verbesserungen von Bauten und Anlagen
– Für den Kauf von Liegenschaften zugunsten von langjährigen Pächtern.

Diese Darlehen werden als Sockelkredite gewährt; die Höhe richtet sich nach dem zu finanzierenden Objekt. In aller Regel werden sie im Nachgang zu den Bankschulden sichergestellt.
Für bestimmte Sanierungsfälle kann der Staat zudem Betriebshilfedarlehen gewähren.
Die Durchführung der Massnahmen in den Bereichen Investitionsdarlehen und Betriebshilfe haben die Kantone den landwirtschaftlichen Kreditkassen übertragen. *Pierin Vincenz*

Langfristig
Im Bankverkehr länger als 4 Jahre, in der Rechnungslegung länger als 12 Monate.

Langläufer
↑Anleihensobligationen mit einer langen ↑Laufzeit (länger als 10 Jahre). Das Gegenteil vom Langläufer ist der ↑Kurzläufer.

Laspeyres-Index
↑Aktienindex.

Lastschrift
↑Lastschriftverfahren (LSV).

Lastschriftverfahren (LSV)
Seit Herbst 1977 bieten die Schweizer Banken mit dem Lastschriftverfahren (LSV) den Bankkunden die Möglichkeit, ihr ↑Inkasso von fälligen Forderungen auf elektronischem Weg abzuwickeln. Für die Verarbeitung stehen die gleichen Abläufe und Medien wie beim ↑Datenträgeraustausch (DTA) zur Verfügung. Im Gegensatz zum DTA-System löst beim LSV jedoch nicht der Zahlungspflichtige (Schuldner), sondern der Zahlungsempfänger (Gläubiger) die Zahlungsabwicklung über die Banken aus. Der Rechnungssteller kann somit die Forderungen gegenüber seinen Kunden direkt einkassieren, bzw. von deren ↑Konti direkt abbuchen lassen. Im Ausland wird das LSV deshalb auch als Abbuchungsverfahren bezeichnet.
Die Teilnahme am LSV-System setzt die Einhaltung vertraglicher Abmachungen voraus. Andernfalls wäre die Gefahr eines Missbrauchs zu gross, und die Schuldner wären kaum bereit, ihr Konto durch Dritte belasten zu lassen. Deshalb muss der Zahlungsempfänger im Voraus bei den Schuldnern eine Belastungsermächtigung einholen, mit der letztere ihrer Bank die ausdrückliche Genehmigung erteilen, eine über das LSV-System eingereichte Belastung vorzunehmen. Parallel dazu muss sich der Zahlungsempfänger in einem Vertrag gegenüber seiner Bank verpflichten, nur Lastschriften auszulösen, für die eine entsprechende Belastungsermächtigung vorliegt. Zudem muss er sich bereit erklären, allfällige Rücklastschriften zu

akzeptieren, welche die Banken unter gewissen Voraussetzungen auslösen können.
In Abhängigkeit von den Regeln, die für die Auslösung solcher Rücklastschriften gelten, werden zwei verschiedene Varianten unterschieden: Das LSV mit und das LSV ohne Widerspruchsmöglichkeit.
Beim *LSV mit Widerspruchsmöglichkeit* wird dem Zahlungspflichtigen die Möglichkeit eingeräumt, eine Belastung ohne Grundangabe innert 30 Tagen stornieren zu lassen. Erfolgt diese Zurückweisung durch den Zahlungspflichtigen zu Unrecht, muss der Zahlungsempfänger seine Forderung auf zivilrechtlichem Weg ausserhalb des Bankensystems eintreiben.
Demgegenüber kann der Schuldner beim *LSV ohne Widerspruchsmöglichkeit* keine Rücklastschrift auslösen, falls er aus irgendwelchen Gründen mit der Belastung nicht einverstanden ist. Rücklastschriften können bei dieser Variante nur durch die Bank, und zwar aus folgenden Gründen, ausgelöst werden:
– Es liegt keine Belastungsermächtigung des Schuldners vor
– Die Bank kann die Belastung mangels ↑ Deckung auf dem Kundenkonto nicht durchführen
– Das Kundenkonto wurde in der Zwischenzeit saldiert.
Der Zahlungspflichtige kann gegen einzelne Belastungen bei der Bank keine Einsprachen erheben, sondern lediglich seine Belastungsermächtigung zugunsten eines bestimmten Zahlungsempfängers rückgängig machen. Dazu muss er die seiner Bank erteilte Belastungsermächtigung schriftlich widerrufen. Allfällige Rückforderungen gegenüber dem Zahlungsempfänger muss er parallel dazu auf zivilrechtlichem Weg ausserhalb des Bankensystems geltend machen. Beim LSV mit Widerspruchsmöglichkeit werden somit die Interessen des Zahlungspflichtigen stärker geschützt; beim LSV ohne Widerspruchsmöglichkeit befindet sich demgegenüber der Zahlungsempfänger in der stärkeren Verhandlungsposition.

André Bamat

Lateinische Münzunion
↑ Münzwesen der Schweiz.

Latentes Kreditrisiko
Das latente Kreditrisiko ist als Sammelbegriff für sämtliche ↑ Risiken zu verstehen, die für eine Bank zu einem teilweisen oder vollständigen Ausfall beziehungsweise Verlust aus der Kreditgewährung führen können. Die einzelnen Risiken lassen sich grob wie folgt unterteilen:
– ↑ Ausfallrisiko (Bonitätsrisiko, Transaktionsrisiko, ↑ Klumpenrisiko)
– ↑ Marktrisiko (↑ Währungsrisiko, Aktienkursrisiko, ↑ Zinsänderungsrisiko)
– Verhaltensrisiko (Abwicklungsrisiko, Betrugsrisiko) und
– ↑ Länder- oder ↑ Transferrisiko.

Das ↑ Kreditrisiko, als Teil des allgemeinen Unternehmensrisikos der Bank, ist bei jedem Kredit mehr oder weniger latent vorhanden und kann im Extremfall für Banken bei einer Fehleinschätzung zu einer Existenzbedrohung führen. Im Interesse des Gläubigerschutzes schreibt der Gesetzgeber zur Abdeckung dieses Risikos in BankV 12 die Unterlegung von Krediten mit eigenen Mitteln vor. Aufgrund der zentralen Bedeutung sind die Banken bestrebt, diese Risiken durch eine sorgfältige und fachmännische Analyse, unterstützt durch entsprechende Ratingsysteme, vor der Kreditvergabe zu erkennen und beim Kreditentscheid sowie in der ↑ Kreditüberwachung angemessen zu berücksichtigen.

Latente Steuern
Latente Steuern sind einerseits in der Konzernrechnungslegung von Bedeutung: Besteht zwischen dem in der ↑ Konzernrechnung ausgewiesenen Wert eines Bilanzpostens und dem für die zu konsolidierende Gesellschaft massgebenden Steuerwert eine Differenz, so sind die steuerlichen Auswirkungen dieser Differenz als latente Steuerverbindlichkeit oder als latentes Steuerguthaben zu berücksichtigen. Die Veränderung des Gesamtbetrages der latenten Steuerschulden oder Steuerguthaben während der Rechnungsperiode führt zu latentem Steueraufwand oder Steuerertrag. ↑ Swiss GAAP FER und vor allem international gebräuchliche Rechnungslegungsvorschriften wie IAS (↑ International Accounting Standards [IAS]) oder US GAAP (↑ Generally Accepted Accounting Principles [GAAP] der USA) enthalten umfangreiche Vorschriften zu den latenten Steuern.
Andererseits spielen latente Steuern auch für Unternehmensbewertungen eine Rolle: Soll der ↑ Substanzwert eines Unternehmens ermittelt werden, so sind auf dem Differenzbetrag zwischen ↑ Verkehrswert und Gewinnsteuerwert (häufig identisch mit dem Buchwert) von Aktiven und Passiven die latenten Steuern abzugrenzen. Umstritten ist, zu welchem Steuersatz die latente Steuerlast auf solchen Wertdifferenzen zu berücksichtigen ist, da im Zeitpunkt der Bewertung häufig nicht bekannt ist, wann die Wertdifferenz realisiert wird. In der Praxis werden latente Steuern auf betrieblichen Aktiven häufig zum halben, auf übrigen Aktiven zum ganzen Maximalsteuersatz zurückgestellt.

Later-stage-Finanzierung
Im Rahmen der ↑ Venture-Finanzierung Deckung des Kapitalbedarfs in der letzten Phase der Expansion zur Verstärkung und Ausweitung der Marktstellung, Erweiterung des Leistungsprogramms usw. ↑ Private equity.

Latino-Anleihe
↑Anleihen lateinamerikanischer ↑Emittenten.

Laufender Auftrag
Der laufende Auftrag, auch Dauer- oder permanenter Auftrag genannt, ist ein Auftrag zur Ausführung regelmässig wiederkehrender Zahlungen wie Mieten oder Versicherungsprämien. Eine andere Art des laufenden Auftrages ist das ↑Lastschrift- oder Einzugsverfahren, bei dem der Schuldner die Bank beauftragt, periodische Rechnungen (z. B. für Gas, Wasser, Elektrizität), die ihr auf seine Veranlassung hin direkt zugestellt werden, zulasten seines Kontos zu bezahlen. Die Banken berechnen dem Auftraggeber für laufende Aufträge in der Regel eine Gebühr.

Laufende Rechnung
↑Kontokorrentkonto.

Laufender Handel
Auch Continuous trading. An der Schweizer Börse ↑SWX Swiss Exchange schliesst an die Phase (↑Periode) der Eröffnung (↑Opening) der laufende Handel an. Während des laufenden Handels wird jeder eingegebene Auftrag laufend, d. h. soweit gemäss den Preisbildungsregeln der SWX möglich, gegen die Aufträge, die sich bereits im ↑Auftragsbuch der betreffenden ↑Effekte befinden, ausgeführt.

Laufende Zinsen
Noch nicht fällige Zinsen, auch anteilige March-, Bruch-, Stück- oder Pro-rata-Zinsen genannt: z. B. Zinsen für die Zeit vom Fälligkeitsdatum des letzten eingelösten Coupons bis zum Tage des Verkaufes des betreffenden Obligationentitels.
Börse: Die Notierung der festverzinslichen Wertpapiere erfolgt an der Schweizer ↑Börse (↑SWX Swiss Exchange) in Prozenten des Nominalwertes. Die Abrechnung erfolgt unter Zurechnung des March-(Stück-)zinses auf dem Nominalwert vom Verfalltag des letztbezahlten Coupons bis zum dritten ↑Bankwerktag = ↑Valutatag (↑Valutierung) nach dem Geschäftsabschluss. Dies gilt auch, wenn die Lieferung der Titel erst später erfolgt. Die ↑Verrechnungssteuer wird in der Marchzinsberechnung nicht berücksichtigt. Ausnahmen von dieser Regel betreffen ↑notleidende Anleihen sowie Doppelwährungsanleihen, die ↑flat gehandelt und abgerechnet werden, d. h. ohne Marchzinsverrechnung. Die Notiz von Dividendenpapieren erfolgt in der Schweiz per Stück in Franken, inklusive laufender ↑Dividende.
Rechnungslegung: In der Jahresrechnung werden die laufenden Zinsen vom letzten Zinstag bis zum Bilanztermin transitorisch erfasst. In der Bankbilanz werden die laufenden Aktivzinsen (Marchzinsen von Aktivpositionen) unter der aktivseitigen Bilanzrubrik 1.10 Rechnungsabgrenzungen (Transitorien) und die laufenden Schuldzinsen (Marchzinsen von Passivpositionen) passivseitig unter der Rubrik 2.7 Rechnungsabgrenzungen aufgeführt.

Laufzeit
Zeit zwischen der Begründung einer Schuld und ihrer ↑Fälligkeit bzw. der tatsächlichen ↑Rückzahlung. Bei ↑Obligationen ist die Ursprungslaufzeit die Zeit zwischen ↑Emission und Tilgung, die ↑Restlaufzeit der ab einem bestimmten Zeitpunkt noch verbleibende Zeitabschnitt bis zur Fälligkeit.

Lausanner Börse
Die Lausanner Börse wurde 1873 gegründet. Nachdem sie noch 1987 eigene neue Räumlichkeiten bezogen hatte, wurde sie 1991 als Société de Bourse Lémanique (Sammelmitglied der Lausanner Börsenmitglieder) in die ↑Genfer Börse integriert.

LBO
Abk. f. Leveraged buy-out. ↑Management buy-out (MBO).

Leading indicators
↑Konjunkturindikatoren, monetäre.

Lead management
Englische Bezeichnung für Erfüllung aller wirtschaftlichen und rechtlichen Tätigkeiten als ↑Lead-Manager.

Lead-Manager
Der Lead-Manager ist die ein ↑Syndikat bei einer Anleihensemission (↑Anleihensobligation) oder ein Konsortium bei einem Grosskredit führende Bank. Der Lead-Manager ist bei der Vorbereitung und Durchführung der gesamten ↑Transaktion federführend (↑Federführende Bank) und nimmt normalerweise als Erster den Kontakt mit dem Schuldner in der Phase des Marketings (sog. Origination) auf. Der Lead-Manager ist umfassend für die wirtschaftliche Ausgestaltung der Transaktion (einschliesslich Preisfestlegung, sog. Pricing), für die Herstellung des Emissions- oder Kotierungsprospekts, für die Kotierung und für die ↑Abwicklung von ↑Settlement und Payment verantwortlich. Insbesondere bestimmt er in Absprache mit dem ↑Emittenten und formalisiert durch den Syndikatsvertrag die Zusammensetzung des Bankensyndikats für den gemeinsamen Verkauf, leitet die Platzierung einer Anleihe und führt das Emissionsbuch (als sog. Bookrunner) bzw. bildet innerhalb des Syndikats Verkaufsgruppen (sog. ↑Selling group) oder setzt ausserhalb des Syndikats und auf der Basis eines Agenturvertrages weitere Banken und Effektenhändler als rechtlich selbstständige Agenten (sog. Agents) ein, die gegen eine sog. ↑Agency fee im Namen des Emittenten Geschäfte vermitteln oder abschliessen.

League tables
In regelmässigen Zeitabschnitten veröffentlichte Ranglisten zum Anleihens-Emissionsvolumen von ↑Investment banks. Die League tables geben Aufschluss über die Stellung der jeweiligen Banken auf dem ↑Emissionsmarkt.

Lean banking
Das Lean-banking-Konzept beruht auf der Idee der Übertragung der Konzepte der Lean production und des Lean management auf die Banken. Beide Ansätze lassen sich aber nicht ohne weiteres auf Dienstleistungsunternehmen anwenden. Optimierungskonzepte der Lean production sind auf klassische Produktionsunternehmen zugeschnitten. Den branchen- und tätigkeitsspezifischen Besonderheiten im Bankgewerbe tragen sie nur ungenügend Rechnung.
In Kontinentaleuropa wird das Lean banking als Oberbegriff für quantitative und qualitative Optimierungsansätze innerbetrieblicher Geschäftsprozesse in Banken verwendet. Das Ziel des Lean banking ist eine Vereinfachung der Strukturen sowie die Erzielung von leistungsfähigen Geschäftsprozessen.
Die «schlanke Bank» (Lean bank) weist dezentrale Führungsstrukturen und eine kundengruppenorientierte ↑Aufbauorganisation auf, arbeitet prozessorientiert und strebt die Reduktion von Kernkompetenzen, Komplexität und Wertschöpfungsketten an. Dies führt zu einer messbaren Erhöhung der Dienstleistungs- und Produktequalität, der Kundenzufriedenheit und Kundenbindung sowie zu einer nachhaltigen Kostensenkung.

Beat Bernet

Lean production
↑Ablauforganisation.

Leaseurope
↑Cross border leasing.

Leasing
Leasing hat seinen Ursprung in den USA. In der Schweiz fasste diese Finanzierungsart Ende der 50er-Jahre Fuss. Bis Mitte der 70er-Jahre wurden vorwiegend Fahrzeuge, mehr und mehr aber auch Investitionsgüter (wie Maschinen, Büromobiliar, Computer usw.) verleast. In den 80er-Jahren wurde Leasing als Finanzierungsalternative von vielen Unternehmen entdeckt. Es kam zu einem eigentlichen Boom bei Investitionsgütern und Immobilien. Die 90er-Jahre waren geprägt von einem massiven Aufschwung des Autoleasings auch für Privatpersonen. Gleichzeitig wurden mehr und mehr Flugzeuge verleast, wobei solche Verträge meist international angelegt sind. Gegen Ende der 90er-Jahre war ein kurzer Boom von internationalen Finanzierungsleasinggeschäften für öffentliche und private Infrastrukturanlagen (z.B. Rollmaterial von Strassenbahnen, Elektrizitätswerke) festzustellen, so genannte Lease-in-lease-out-Geschäfte. Mit diesen wurden vor allem Steuervorteile für das Leasinggeschäft in den USA ausgenützt. Eine Gesetzänderung in der steuerlichen Erfassung von Abschreibungen in den USA liess diese Quelle von Finanzierungen weitgehend austrocknen. Leasing ist in der Schweiz als eigenständiger Vertrag in einem umfassenden Sinne gesetzlich nicht geregelt. Lediglich aus Konsumentenschutzgründen werden bestimmte Leasingverträge von dem am 01.01.2003 voraussichtlich in Kraft tretenden Bundesgesetz über den Konsumkredit (KKG) erfasst. Weitere gesetzliche Bestimmungen schliessen an den Begriff des Finanzierungsleasings an. Leasing kommt in unterschiedlichen Ausprägungen vor. Es lässt sich generell definieren als Überlassung einer vom Leasingnehmer bestimmten beweglichen oder unbeweglichen Sache zu umfassender Nutzung und umfassendem Gebrauch auf bestimmte Zeit gegen Entgelt, wobei Gefahr und Instandhaltungspflichten vom Leasingnehmer zu tragen sind. Das Bundesgesetz über den Konsumkredit (KKG) vom 23.03.2001 definiert als Konsumkreditverträge auch «Leasingverträge über bewegliche, dem privaten Gebrauch des Leasingnehmers dienende Sachen, die vorsehen, dass die vereinbarten Leasingraten erhöht werden, falls der Leasingvertrag vorzeitig aufgelöst wird». (KKG 1 I a). Nicht bilanzierte Leasingverbindlichkeiten sind in ihrer Gesamtheit sodann gemäss OR 663b 3 im Anhang der Jahresrechnung einer Aktiengesellschaft aufzuführen.
In der Schweiz lassen sich folgende Leasingtypen unterscheiden:

1. Finanzierungsleasing
Finanzierungsleasing gilt nach herrschender Lehre und Praxis in der Schweiz als Gebrauchsüberlassungsvertrag eigener Art. Der nachmalige Leasingnehmer wählt beim Hersteller oder Lieferanten eine Sache zu einem bestimmten Preise aus, die eine (dritte) Leasinggesellschaft im Hinblick auf den Leasingvertrag erwirbt und sie anschliessend dem Leasingnehmer zu Nutzung und Gebrauch gegen Entgelt überlässt. Die Leasingdauer entspricht der mutmasslichen technischen Lebensdauer der Leasingsache. Die Leasinggesellschaft ist mit dem Hersteller oder Lieferanten nicht identisch (auch Drei-Parteien-Leasing genannt). Finanzierungsleasing gilt als Finanzintermediation im Sinne des GwG, weil die Leasinggesellschaft als dritte Partei zwischen Hersteller oder Lieferant einerseits und dem Leasingnehmer andererseits eine Finanzierung sicherstellt. Finanzierungsleasing

betrifft sowohl bewegliche als auch unbewegliche Gegenstände. In letzterem Falle spricht man von *Immobilienleasing*. Diese Leasingart erfuhr nebst den in der Schweiz üblichen Finanzierungen über Hypotheken noch keine allzu grosse Verbreitung. Als Finanzierungsleasing ist sowohl das Leasing über Investitionsgüter für beruflichen und gewerblichen Gebrauch als auch das so genannte Konsumentenleasing (auch Konsumgüterleasing genannt) anzusehen.

2. Operatingleasing
Beim Operatingleasing ist der Leasingvertrag für den Leasingnehmer leicht kündbar, ohne dass ihn eine rechtliche oder wirtschaftliche Pflicht für den Erwerb der Leasingsache trifft. Oder aber der Leasingvertrag ist nur auf kurze Zeit abgeschlossen, wobei die Leasingrate mit einem hohen Restwert der Leasingsache am Ende der ordentlichen Leasingdauer kalkuliert ist. Mit der Einführung der internationalen Buchführungsstandards US GAAP und IAS nimmt das Bedürfnis nach Operatingleasing namentlich im Bereich der Immobilien zu, weil der Leasingnehmer die Leasingraten jedenfalls als Aufwand verbuchen will.

3. Hersteller-, Händler- oder Vertriebsleasing
Bei diesem Vertragstyp ist der Hersteller bzw. Lieferant identisch mit der Leasinggesellschaft. Das Leasing dient dem Absatz der eigenen Produkte des Herstellers oder Lieferanten. Oft werden solche Leasingverträge nach ihrem Abschluss über Forderungszessionen bei Finanzierungsinstituten (auch Leasinggesellschaften) refinanziert. In der Lehre und Praxis wird teilweise bezweifelt, ob auch dieser Leasingtypus als Vertrag eigener Art qualifiziert werden könne oder ob er nicht eher als Abzahlungskauf anzusehen sei. Einigkeit herrscht darüber, dass diese Leasingart nicht als Finanzintermediation im Sinne des GwG, hingegen auch als Lieferung im Sinne des MWST gilt. Zivilrechtlich spricht nichts dagegen, auch diese Art von Leasing als Vertrag eigener Art zu qualifizieren. Der einzige Unterschied zum Finanzierungsleasing besteht in der Rollenverteilung der am Leasinggeschäft beteiligten Parteien, indem entweder nur zwei Parteien am Leasinggeschäft beteiligt sind oder ein Finanzierungsinstitut erst nach abgeschlossenem Leasingvertrag die Forderungen daraus gegenüber dem Leasingnehmer erwirbt und vorfinanziert.

4. Sale-and-lease-back-Geschäfte
Beim Sale-and-lease-back-Geschäft verkauft der Leasingnehmer die Leasingsache der Leasinggesellschaft, um sie gleichzeitig zurückzuleasen. Beim Mobilienleasing erwirbt die Leasinggesellschaft im Verhältnis unter den Parteien zwar Eigentum an der Leasingsache, doch kann sie dieses gegenüber Dritten nicht geltend machen. Der Geschäftsvorgang wird als eine Verletzung des in ZGB 717 I i.V.m. ZGB 884 enthaltenen Faustpfandprinzipes angesehen. Sale-and-lease-back-Geschäfte sind beim Immobilienleasing bezüglich Eigentumserwerb durch die Leasinggesellschaft unproblematisch, da die Leasinggesellschaft auch dann Eigentümerin wird, wenn sie das betreffende Grundstück vom Leasingnehmer erwirbt und als Eigentümerin im Grundbuch eingetragen wird. Eine besondere Spielart des Sale-and-lease-back-Geschäftes (sog. unechtes Sale-and-lease-back-Geschäft) kommt beim Immobilienleasing in der Gestalt vor, dass der Leasingnehmer der Leasinggesellschaft anstelle des Eigentums am Grundstück darauf ein selbstständiges und dauerndes Baurecht einräumt. Diesfalls wird lediglich das Recht zur Überbauung des Grundstückes und nicht das Grundstück selbst auf die Leasinggesellschaft übertragen. Sale-and-lease-back-Geschäfte gelten gemäss der Branchenbroschüre Nr. 05 der Eidgenössischen Steuerverwaltung für das Motorfahrzeuggewerbe (dort Ziff. 7) nicht als Lieferungen im Sinne des MWST, sondern als von der Mehrwertsteuer ausgenommene Finanzierungen, wenn das Eigentum an der Leasingsache nach Ablauf der unkündbaren Leasingdauer und Bezahlung aller Leasingraten oder bei vorzeitiger Auflösung des Vertrages gegen einen zum Voraus festgesetzten Restbetrag wieder an den Leasingnehmer zurückfällt. Diese Steuerfolgen sind im Einzelfalle zu klären. Insbesondere beim Immobilienleasing bestehen noch keine klaren Kriterien bezüglich der mehrwertsteuerlichen Behandlung von Leasingumsätzen, für die grundsätzlich optiert werden kann.

Nach Swiss GAAP FER 13 muss der Leasingnehmer Finanzierungsleasing unter Sachanlagen bilanzieren. Finanzierungsleasing gilt gemäss dem Bundesgesetz zur Bekämpfung der Geldwäscherei im Finanzsektor (GwG) vom 10.10.1997 als Finanzintermediation mit der Folge, dass die Ausübung des Gewerbes einer Bewilligungspflicht und der Aufsicht durch die Eidgenössische Kontrollstelle für die Bekämpfung der Geldwäscherei oder einer Selbstregulierungsorganisation gemäss GwG untersteht (GwG 2 III a). Im Mehrwertsteuerrecht gilt Leasing (wie Miete) von beweglichen Gegenständen als Lieferung und nicht, wie in anderen Ländern, als Dienstleistung (MWST 6 II b; so schon MWSTV 5 II b). Leasing von Immobilien ist grundsätzlich von der Mehrwertsteuer ausgenommen. Es besteht aber die Möglichkeit, Umsätze aus Immobilienleasingverträgen freiwillig der Besteuerung zu unterstellen (MWST 18 Ziff. 21 a i.V.m. MWST 26 I a; so schon MWST 14 Ziff. 17 i.V.m. MWSTV 20 I b). Eine Steuerbefreiung ist in einer Spezialbestimmung namentlich für die Vermietung von Luftfahrzeugen vorgesehen (MWST 19 Ziff. 7). *Markus Hess*

Leasing-Fonds
↑Cross border leasing.

Leasing-Gesellschaft
Finanzierungsinstitut, das auf das Leasinggeschäft (↑Leasing, Finanzierungsleasing) spezialisiert ist und als sog. Leasing-Geber auf Veranlassung des ↑Leasing-Nehmers das Leasingobjekt erwirbt, um es dem Leasingnehmer zur langfristigen Nutzung zu überlassen. Meistens handelt es sich um Tochtergesellschaften von Banken oder Herstellern von Investitionsgütern.

Leasing-Nehmer
Beim Leasinggeschäft (↑Leasing, Finanzierungsleasing) derjenige, der den Kauf des Leasingobjekts durch den Leasing-Geber veranlasst und es von ihm gemäss Leasingvertrag zur langfristigen Nutzung übernimmt.

Lebenskostenindex
↑Landesindex der Konsumentenpreise; ↑Preisindex.

Lebensversicherung als Kapitalanlage
Die Lebensversicherung ist eine der traditionellen Möglichkeiten und auch eine sehr weit verbreitete Form der ↑Kapitalanlage. Das ↑Versicherungssparen profitiert von einer während der gesamten ↑Laufzeit garantierten Verzinsung (↑Technischer Zinsfuss) sowie von erbrechtlichen, konkursrechtlichen und fiskalischen Privilegien. Die Lebensversicherung kann zudem bei Bedarf als Kreditinstrument eingesetzt werden. Diese Flexibilität erlaubt es dem Versicherungsnehmer, sie während der verschiedenen Lebensphasen in unterschiedlicher Form als Kapitalanlage und/oder als Kreditinstrument einzusetzen.

Jede kapitalbildende Versicherung ist nicht nur ein Spar-, sondern auch ein Finanzierungsinstrument. Sie weist spätestens nach drei Jahren einen Rückkaufswert auf. Diese Kapitalien können in der freien Vorsorge (Säule 3b) im Bedarfsfall schon vor ihrer ↑Fälligkeit durch ↑Belehnung oder Verpfändung genutzt werden. In der gebundenen Vorsorge (Säule 3a) kann dank dem Vorbezug selbstbewohntes Wohneigentum finanziert werden.

Gegen einen angemessenen Zins kann bei der Versicherungsgesellschaft bis zu etwa 90% des Rückkaufswertes ein ↑Policendarlehen bezogen werden. Im Unterschied zum Rückkauf wird dabei die Versicherung nicht aufgelöst und der Risiko-Versicherungsschutz bleibt vollumfänglich erhalten. Die Police kann bei einer Bank oder bei Dritten hinterlegt werden. Bei Krediten wird vielfach verlangt, dass das Risiko im Todesfall oder bei Erwerbsunfähigkeit durch eine ↑Versicherungspolice abgesichert wird. Dies ist mit einer gemischten Versicherung, einer reinen Todesfall-Risikoversicherung mit Prämienbefreiung bei Erwerbsunfähigkeit und einer Erwerbsunfähigkeitsrente möglich. Mit der Verpfändung wird der Leistungsanspruch an den Pfandgläubiger übertragen und die bestehende Begünstigung tritt für den Teil der pfandrechtlich geforderten Leistung zurück. Alle weiteren Rechte und Pflichten bleiben beim Versicherungsnehmer. Die Leistungen dürfen nur an den Pfandgläubiger oder mit dessen Zustimmung an den Versicherungsnehmer ausbezahlt werden.

Der Familienschutz mit einer Lebensversicherung wird durch das Gesetz erheblich erleichtert. Die Lebensversicherung bietet dabei jedoch nicht nur Schutz bei vorzeitigem Tod, bei Erwerbsunfähigkeit oder im Alter, sondern sichert auch bei wirtschaftlichen Notlagen die Familienexistenz.

Die ↑Begünstigten haben nach Eintritt des versicherten Ereignisses, unabhängig vom Erbrecht, ein direktes Forderungsrecht gegenüber dem Versicherer. Die Versicherungsleistung fällt im Todesfall also nicht in den Nachlass. Zur Berechnung der Pflichtteile und einer allfälligen Pflichtteilsverletzung wird nur der Rückkaufswert der Versicherung im Zeitpunkt des Todes berücksichtigt.

Sind erbberechtigte Nachkommen, der Ehegatte, Eltern, Grosseltern oder Geschwister die Begünstigten, erhalten sie die Versicherungsleistungen auch dann, wenn der Nachlass überschuldet ist oder sie aus anderen Gründen die Erbschaft nicht antreten. Mit der Pfändung oder der Konkurseröffnung über den Versicherungsnehmer erlischt die vom Versicherungsnehmer erlassene Begünstigung und die Versicherung (Rückkaufswert) fällt in die Konkursmasse. Sind jedoch der Ehegatte oder die Nachkommen begünstigt, so treten sie, sofern sie dies nicht ausdrücklich ablehnen, von Gesetzes wegen in die Rechte und Pflichten des Versicherungsnehmers aus dem Versicherungsvertrag ein. Sind Ehegatte oder Nachkommen nicht begünstigt, können sie mit Zustimmung des Versicherungsnehmers verlangen, dass ihnen gegen Bezahlung des Rückkaufswertes der Versicherungsanspruch übertragen wird.

Manfred Zobl

Lebensversicherungsanspruch (Verpfändung)
Lebensversicherungen sind ein beliebtes Mittel zur Sicherstellung von Bankkrediten. Sie sind damit über ihren ursprünglichen Zweck der Fürsorge für die Hinterbliebenen oder das eigene Alter weit hinausgewachsen und zu einem bedeutenden Kreditinstrument in der Hand des Versicherungsnehmers geworden. Wegen der Möglichkeit, eine Lebensversicherung, die nicht den Charakter einer reinen Todesfallrisikoversicherung hat, jederzeit zurückzukaufen, wenn die Prämien für wenigstens drei Jahre bezahlt worden sind, gelten Ansprüche aus Lebensversicherungen als bankmässige Sicherheit. Regelmässig lassen sich die Banken auch das Recht auf die sog. Umwandlungs- und Rück-

kaufssumme sowie auf etwaige Gewinn- und Überschussanteile verpfänden.

Für die Verpfändung eines Lebensversicherungsanspruchs verlangt das Versicherungsvertragsrecht eine besondere Form, die von den gewöhnlichen Verpfändungsregeln des Forderungspfandrechts (↑Fahrnispfandrecht) abweicht. Nach Art. 73 des Versicherungsvertragsgesetzes muss die Verpfändung dem Versicherer angezeigt werden. Diese Anzeige an die Versicherungsgesellschaft kann vom Kreditnehmer oder von der Bank vorgenommen werden; in der Bankpraxis geschieht dies ausnahmslos durch die Bank. Überdies müssen der ↑Pfandvertrag schriftlich formuliert und unterzeichnet sein und die ↑Versicherungspolice dem Pfandgläubiger übergeben werden. Verpfändet wird aber jeweils der Lebensversicherungsanspruch und nicht etwa die Lebensversicherungspolice als solche, da diese kein ↑Wertpapier ist.

Bevor ein Lebensversicherungsanspruch zu Pfand genommen wird, erkundigt sich die Bank beim Versicherer über den Rückkaufswert. Der Rückkaufswert, welchen der Versicherer, wenn die Prämien für mindestens drei Jahre bezahlt sind, beim Rücktritt des Versicherungsnehmers vom Vertrage als Abfindung zu bezahlen hat, stellt indirekt die Pfandsicherheit des Gläubigers dar, d. h. die Rückkaufsumme ist jeweils die Richtlinie für die Bestimmung der ↑Kreditlimite. Gewöhnlich wird der jeweilige Rückkaufswert mit etwa 90% bevorschusst, allenfalls sogar mit 100%. Dabei ist zu berücksichtigen, dass die Versicherungsgesellschaft gemäss VStG 7, 8 und 13 verpflichtet ist, bei einem Leistungsbetrag von mehr als CHF 5000 entweder der Eidg. Steuerverwaltung Meldung zu erstatten oder einen Abzug von 8% auf dem auszubezahlenden Betrag vorzunehmen.

Falls der Versicherungsfall während der Dauer der Kreditbeziehung nicht eintritt, kann bei Verzug des Kreditnehmers nur auf die vom Versicherer zu leistende, jederzeit realisierbare Rückkaufssumme gegriffen werden. Durch die im Laufe der Jahre bezahlten Prämien erhöht sich der Rückkaufswert ständig. Tritt der Versicherungsfall ein, so erreicht das ↑Pfandrecht mit der Fälligkeit der Versicherungssumme das Höchstmass an Wirkung und Ausdehnung. Die Versicherungsgesellschaften erstatten den Banken regelmässig Bericht, wenn ein Versicherungsnehmer, der seinen Versicherungsanspruch verpfändet hat, mit den Prämienzahlungen in Rückstand kommt. Für den Fall, dass der Kreditnehmer in Verzug gerät, behält sich die Bank das Recht vor, selbstständig vom Versicherer den Rückkauf der Versicherung zu verlangen. Dieses Rückkaufsrecht versieht die Funktion eines Rechtes zur freihändigen Verwertung. Eine Verwertung über das Betreibungsamt erübrigt sich schon deshalb, weil in der Versteigerung unter normalen Umständen niemand mehr als den Rückkaufswert bieten wird.

In der Regel werden Lebensversicherungsansprüche zu Pfand angeboten, bezüglich deren eine *widerrufliche* Begünstigung besteht, z. B. zugunsten der Ehefrau oder der Kinder. Der ↑Begünstigte braucht in diesem Fall der Verpfändung nicht zuzustimmen. Mit der Verpfändung wird zwar die Begünstigung nicht aufgehoben, aber das Recht des Begünstigten muss vor dem Recht des Pfandgläubigers zurücktreten. Wird die Verpfändung in der Folge aufgehoben, so lebt das Recht des Begünstigten ohne Förmlichkeit wieder voll auf. Bei *unwiderruflicher* Begünstigung kann jedoch der Versicherungsnehmer den Anspruch nur mit der Einwilligung des Begünstigten verpfänden. Der Begünstigte hat in diesem Falle die ihm anlässlich der Begünstigung übergebene Police der Bank auszuhändigen, womit auch die Anerkennung des Vorrangs des Pfandrechts verbunden ist. Lebensversicherungsansprüche werden von Banken sehr oft auch nur als zusätzliche ↑Deckung neben andern Pfändern entgegengenommen. Es kann sich in diesem Fall auch um Versicherungspolicen handeln, die noch keinen oder nur einen geringen Rückkaufswert aufweisen. Sind Persönlichkeit und Arbeitskraft eines Kreditnehmers für die Bank von besonderer Bedeutung, so lässt sich durch die Inpfandnahme eines Lebensversicherungsanspruchs das ↑Kreditrisiko wesentlich vermindern. Dem gleichen Zweck dient die Verpfändung der Ansprüche aus einer reinen Todesfallrisiko-Versicherung, welche sich von der gewöhnlichen Lebensversicherung dadurch unterscheidet, dass die Versicherungssumme nur im Todesfall, dagegen nicht im Erlebensfall ausbezahlt wird. Die Todesfallrisiko-Versicherung hat also keinen Rückkaufswert. Der Vorteil der Todesfallrisiko-Versicherung gegenüber der gewöhnlichen Lebensversicherung liegt in den wesentlich tieferen Prämien, der Nachteil darin, dass die Prämien à fonds perdu geleistet werden.

Christian Thalmann

Leerabgeber
Börsenteilnehmer, der Leerverkäufe vornimmt, auch Fixer oder Baissier genannt.

Leere Pfandstelle
↑Nachrückungsrecht; ↑Grundpfandrecht.

Leere Stücke
↑Optionsanleihen.

Leerverkauf
↑Short selling; ↑Leerabgeber; ↑Securities lending and borrowing.

Legalisierung
Amtliche ↑Beglaubigung der Echtheit von Aktenstücken oder Unterschriften. Sie ist nicht mit der öffentlichen Beurkundung, d. h. dem Abschluss

eines Rechtsgeschäfts in der Form der öffentlichen Urkunde, wie sie z. B. für den Kauf oder die Verpfändung eines Grundstücks verlangt wird, zu verwechseln.

Legal opinion
Legal opinion ist allgemein ein Rechtsgutachten, insbesondere das Rechtsgutachten eines im Lande des Kreditnehmers praktizierenden Anwalts, das bei grenzüberschreitenden Kreditverhältnissen und ↑Kapitalmarkttransaktionen, namentlich solchen, die den anglo-amerikanischen Rechtskreis berühren, dem ↑Kreditgeber die Rechtsgültigkeit der mit dem ↑Kreditnehmer abzuschliessenden Verträge nach dem Recht des Domizillandes des Kreditnehmers bestätigt. Mit dem Bestehen auf einer Legal opinion sucht sich der Kreditgeber gegen rechtliche Risiken des ihm unbekannten fremden Rechts zu schützen. In der Regel wird der ausstellende Anwalt vom Kreditnehmer beauftragt, die Legal opinion zuhanden seines Vertragspartners abzugeben. Finden sich bei einer solchen Transaktion beide Parteien in der Rolle des Kreditgebers, so ist es üblich, dass jede Seite der andern eine Legal opinion beibringt.

Legal opinions sind im Geschäftsverkehr mit anglo-amerikanischen Vertragsparteien regelmässig auch dort beizubringen, wo das Rechtsverhältnis dem Recht am Domizil der Partei untersteht, welche die Legal opinion verlangt. Beispiel: Eine schweizerische Bank nimmt auf dem amerikanischen Markt gegen ↑Certificates of deposit (CD) Geld auf; das Recht des Staates New York ist anwendbar. In diesem Fall äussert sich der im Auftrag der schweizerischen Bank handelnde Aussteller der Opinion naturgemäss nicht über den Inhalt des ihm fremden Vertragsrechts. Er hat jedoch zur Frage Stellung zu nehmen, ob die ihn beauftragende Bank unter dem für sie geltenden schweizerischen Recht gültig existiert, ob sie insbesondere in der Lage ist, eine Verpflichtung von der Tragweite des abzuschliessenden Vertrages gültig einzugehen und ob die für die Bank handelnden Personen die Bank im Zusammenhang mit dem Geschäft gültig verpflichten können. Dass über solche Fragen von Unternehmen, die im anglo-amerikanischen Rechtskreis beheimatet sind, regelmässig eine Legal opinion eingefordert wird, erklärt sich daraus, dass im amerikanischen und im englischen Recht die Existenz einer ↑juristischen Person und die Zeichnungsberechtigung der für sie handelnden Personen nicht immer aus einem öffentlichen Register ersehen werden kann; ferner aus der Tatsache, dass eine juristische Person nach der im Common law auch heute noch teilweise geltenden Ultra-vires-Doktrin nur verpflichtet wird, wenn das fragliche Geschäft durch die der Gesellschaft in den Statuten (Articles of association) übertragenen «Powers» (Geschäftszweck) positiv gedeckt ist und das Geschäft von den zuständigen Instanzen nach dem in den Statuten und den internen Reglementen der Gesellschaft vorgesehenen Verfahren beschlossen worden ist. Die Abklärung dieser Fragen durch eine Legal opinion ist daher im Verkehr mit und unter englischen und amerikanischen Vertragsparteien bei grösseren Finanztransaktionen eine notwendige Vorkehr. Aus Gewohnheit bestehen englische und amerikanische Firmen auch im Verkehr mit ihren kontinentaleuropäischen Vertragspartnern auf der Beibringung von Legal opinions zu solchen Fragen, obwohl sie sich dafür auf das Handelsregister verlassen könnten.

Regelmässig wird in der hier vorausgesetzten Konstellation vom Aussteller der Legal opinion auch Auskunft darüber verlangt, ob das schweizerische Recht die Unterstellung des Vertrages unter das Recht von New York anerkennt und ob ein unter dem anwendbaren Vertragsrecht ergangenes ausländisches Urteil im Ernstfall von den schweizerischen Gerichten vollstreckt würde.

Christian Thalmann

Legitimationsklausel
↑Hinkendes Inhaberpapier; ↑Legitimationspapier.

Legitimationspapier
Schuldanerkennung, verbunden mit *Legitimationsklausel*. Der Verpflichtete anerkennt in der Urkunde, eine bestimmte Leistung schuldig zu sein (Beweisfunktion). Gleichzeitig erklärt er, dass er sich vorbehält, die geschuldete Leistung mit befreiender Wirkung an jeden zu erbringen, der ihm die Urkunde vorweist (Legitimations- oder Liberationsfunktion). Die Befreiungswirkung tritt aber nur ein, wenn der Schuldner gutgläubig ist, d. h. wenn er nicht aufgrund der Umstände erkennen müsste, dass der Vorweisende nicht der Gläubiger ist. (↑Hinkendes Inhaberpapier).

Häufig enthält das Legitimationspapier auch noch eine ↑*Präsentationsklausel*. Darin behält sich der Verpflichtete vor, die geschuldete Leistung nur gegen die Vorweisung der Urkunde zu erbringen. Schuldanerkennungen sind manchmal mit einer Präsentationsklausel versehen, ohne eine Legitimationsklausel zu enthalten. Man spricht dann von einem reinen Präsentationspapier. Beispiele: Die Reparaturannahmequittung eines Uhrmachers; in bestimmten Fällen der ↑Depotschein einer Bank. Die Übertragung eines blossen Legitimationspapiers bewirkt keine Übertragung des verurkundeten Anspruchs auf den Erwerber, denn der Schuldner ist nur berechtigt, aber nicht verpflichtet, die Vorweisung zu verlangen; er kann, wenn er will, die Leistung an den ursprünglichen Gläubiger erbringen, auch ohne dass dieser ihm die Urkunde vorlegt. Daher gibt z. B. die Übergabe eines Sparheftes dem Empfänger nicht ohne weiteres die Gewissheit, dass die Bank keine Auszahlung an ihren Kunden vornehmen wird, so lange er das Heft in seinen Händen hält. Wenn aber die Bank – und dies ist heute wohl die Regel – in der Urkunde ohne Vorbehalt zum Ausdruck bringt, sie werde nur leisten, wenn ihr das Papier vorgelegt wird, wird das Sparheft zum ↑Wertpapier (BGE 117 II 166). Die Bank ist in diesem Fall nicht nur berechtigt, sondern auch verpflichtet, die Vorweisung des Heftes zu verlangen.

Legitimationsurkunden werden im täglichen Leben oft mit rudimentärem Text oder sogar in anderer als schriftlicher Form ausgestellt (Konzertbillette, Garderobemarken). Ob solchen Urkunden und Marken der Charakter von Legitimationsurkunden mit Präsentationsklausel zukommt, ergibt sich aus der Verkehrsauffassung. Für Schrankfachschlüssel besteht eine solche Verkehrsauffassung nicht. Sie sind im Zweifel nicht als Legitimationsurkunden anzusehen, welche die Bank berechtigen würden, jedem Inhaber den Zutritt zum ↑Schrankfach zu gewähren.

Enthält ein Wertpapier, das auf einen bestimmten Namen lautet, eine Legitimationsklausel, so spricht man von einem hinkenden Inhaberpapier.

Christian Thalmann

Legitimationsprüfung
Bei der Legitimationsprüfung geht es um die Frage, wen die Bank im täglichen Verkehr als zum Rückzug von Guthaben, zur Erteilung von Aufträgen und zur Einholung von Auskünften berechtigt ansehen darf. Voraussetzung der Legitimationsprüfung ist die einwandfreie Identifikation des Vertragspartners bei der Aufnahme der Geschäftsbeziehung (↑Vereinbarung über die Standesregeln zur Sorgfaltspflicht der Banken [VSB]); bei der Aufnahme der Geschäftsbeziehung werden ausdrücklich oder stillschweigend Abreden über die vom Kunden zu verwendenden Legitimationsmittel getroffen. Das klassische Legitimationsmittel ist die Unterschrift des Kunden und seiner Bevollmächtigten, bei Firmen die Unterschrift der Organe und sonstigen Vertretungsberechtigten. Dies gilt jedenfalls für den schriftlichen Verkehr, z.T. auch noch für Schaltergeschäfte. Das früher beliebte Spar-, Einlage- oder Depositenheft, dessen Vorweisung am Schalter bei gutem Glauben der Bank als Legitimationsausweis genügte, verliert mehr und mehr an Bedeutung, da die Kunden zunehmend auf Distanz mit der Bank verkehren wollen und an die Aufmerksamkeit der Bank zunehmend höhere Anforderungen gestellt werden (↑Hinkendes Inhaberpapier, ↑Guter Glaube).

Für den Kunden mit einem Konto oder Depot, häufig auch für Schrankfachkunden, sehen die ↑Allgemeinen Geschäftsbedingungen (AGB) und die Spezialreglemente vor, dass die Bank sich zu einer gewissenhaften Prüfung der bei ihr hinterlegten Unterschriften verpflichtet, aber die Haftung für Schäden aus Fälschungen ablehnt, die trotz Anwendung der erforderlichen Aufmerksamkeit nicht erkannt werden. Im gleichen Sinne wird oft auch mit einer allgemeineren Formulierung die Haftung der Bank für nichterkannte Legitimationsmängel abgelehnt, wenn die Bank kein grobes Verschulden trifft. Solche Vereinbarungen stehen sinngemäss unter dem Vorbehalt von OR 100 II, der den Richter ermächtigt, diese Freizeichnung je nach den Umständen des Falles als ungültig zu behandeln. Dabei bezieht sich die erforderliche Aufmerksamkeit der Bank nicht nur auf die Prüfung der Unterschrift, sondern auf die gesamten Umstände. Die Überwälzung des Risikos des Nichterkennens der fehlenden Legitimation von der Bank auf den Kunden hat vor allem dort eine gewisse Chance, vom Richter anerkannt zu werden, wo die Bank überhaupt kein Verschulden trifft und wo die Prüfung der Unterschrift im Routinegeschäft unter Zeitdruck stattfinden muss.

Immer häufiger werden Methoden der Geschäftsabwicklung angewendet, bei denen keine Unterschriften mehr vorkommen. Heikel ist die Identitätsüberprüfung am Telefon, besonders auch bei Auskunftsbegehren. Die Angabe von gewissen Einzelheiten, etwa von Name und Kontonummer, genügt bei weitem nicht als Legitimationsausweis. Wenn der Angerufene über die Identität des Anrufers nicht ganz sicher ist, empfiehlt sich ein Kontrollrückruf oder schriftliche Beantwortung an die aus den Unterlagen der Bank ersichtliche Adresse. Die AGB lehnen zwar in ihren Formularverträgen regelmässig die Haftung für Schäden ab, die aus Übermittlungsfehlern bei der Benützung von Telefon und anderen elektronischen Kommunikationsmitteln entstehen, aber diese Regelung findet auf die Frage der Legitimationsprüfung keine Anwendung.

Im Verkehr mit der Kundschaft haben elektronische Legitimationsmittel an Stelle der Unterschrift stark an Bedeutung gewonnen. Schon beim Bargeldverkehr am Schalter tritt häufig, bei Bargeldbezügen am Geldausgabeautomaten und bei der bargeldlosen Zahlung am Ladentisch (EFTPOS) ausnahmslos, die Legitimation mittels Benützung einer codierten Karte mit Magnetband, verbunden mit der Eingabe der persönlichen Codezahl (PIN) an die Stelle der klassischen Legitimationsprüfung. Die Verwendung der Karte, verbunden mit der Eingabe des Codes gilt der Bank und in der Regel auch dem Verkäufer am Ladentisch gegenüber als genügende und abschliessende Legitimation. Der Kunde muss für solche Geschäfte einstehen, auch wenn Karte und Code von einem Unberechtigten verwendet werden. Eine Nachprüfung der Berechtigung des Dritten aufgrund der Umstände ist der Bank hier nicht möglich und dem Verkäufer am Ladentisch nicht zumutbar. Daher ist der Kunde für die sichere Aufbewahrung der Karte und für die Geheimhaltung der Codezahl allein verantwortlich. Kommen ihm Karte und Code abhanden, so liegt es an ihm, wie beim Verlust eines

Checkhefts (↑Check) für die Sperrung (↑Sperren, Sperrung) seines Kontos zu sorgen. Solche Vereinbarungen, mit denen der Kunde die Verantwortung für Missbräuche ganz übernimmt, werden im Bereich der elektronischen Legitimationsmittel von den Gerichten in der Regel als gültig anerkannt, vor allem wenn die von der Bank eingesetzten Systeme den jeweils technisch verfügbaren Standards von Sicherheit und Kundenfreundlichkeit genügen.

Verkehrt der Kunde mit der Bank über den Bildschirm (↑Electronic banking) so finden ähnlich funktionierende elektronische Instrumente als Legitimationsmittel Verwendung (z. B. elektronischer Code in Verbindung mit Passwörtern gemäss Streichliste). Auch zur Sicherung des elektronischen Verkehrs der Banken untereinander dienen Codes und Schlüsselvereinbarungen.

Schliesslich ist immer zu prüfen, ob der Bankkunde die von ihm beabsichtigten Geschäfte überhaupt tätigen darf. Bei natürlichen Personen stellt sich die Frage nach ihrer Handlungsfähigkeit (Urteilsfähigkeit und Mündigkeit). (↑Ehegatten im Bankverkehr, ↑Bevormundete und Verbeiständete im Bankverkehr, ↑Minderjährige im Bankverkehr).

Bei Firmen können bestimmte Geschäfte durch den statutarischen Zweck oder durch gesetzliche Einschränkungen ausgeschlossen sein. Die Abklärung dieser Punkte ist in der Regel bei Verfügungen über das Konto (Rückzug von Guthaben, Erteilung von Aufträgen) nicht mehr möglich; sie muss bei der Eröffnung des Kontos vorgenommen werden. *Werner de Capitani, Christian Thalmann*

Lego-Strategie
Modulares Dienstleistungskonzept, das erlaubt, bei grösstmöglicher ↑Standardisierung eine Individualisierung für definierte Kundensegmente zu erreichen. Banken definieren ein Dienstleistungspaket als ein oder mehrere Produkte beinhaltende Leistung. Dasselbe Produkt kann dabei in mehreren Paketen enthalten sein. Dies führt zu einer rekursiven Produkte- bzw. Dienstleistungspaketstruktur. Das rekursive Element stellt das wesentliche definitorische Element einer Lego-Strategie dar, indem Produktbündel und auch einzelne Produkte sich aus komplementären Einzelteilen zusammensetzen. Die Lego-Strategie ist damit Bestandteil der Produktpolitik und hat in der Leistungserstellung wesentliche Kostensparimplikationen. Denn wenn es einer Bank gelingt, einfache modularisierte Produkte zu erstellen, welche in Dienstleistungspaketen mehrfach Einsatz finden, erhöht sich der Produktdeckungsbeitrag dieser einfachen Bestandteile verschiedener Dienstleistungspakete.

Leibrente
Die Leibrente umfasst die regelmässige Auszahlung einer Rente, so lange die versicherte Person lebt. Finanziert wird eine Leibrente entweder mit einer einmaligen Geldleistung (Einmaleinlage) des Versicherungsnehmers bei Vertragsbeginn (sofort beginnende oder aufgeschobene Leibrente) oder mit periodischen Geldleistungen (aufgeschobene Leibrente). Der Vertrag zur Begründung einer Leibrente bedarf der Schriftlichkeit. Vielfach werden die aufgeschobenen Altersrenten als Leibrenten, die sofort beginnenden als Altersrenten bezeichnet. In der Praxis werden beide Begriffe synonym gebraucht. Als ↑Rentenversicherung ist sie von der Leibrente nach OR (Art. 516ff.) zu unterscheiden. Gebräuchlich sind für die Leibrente zudem die Begriffe Lebensrente oder Altersrente. Die Rente wird normalerweise bezahlt, so lange die versicherte Person lebt. Bekannt ist aber auch die temporäre Altersrente, die für eine bestimmte Zeitdauer zur Auszahlung gelangt, zum Beispiel zur Finanzierung der Überbrückungsphase bei vorzeitiger Pensionierung. Die temporäre Altersrente ist analog zur lebenslänglichen Rente zu versteuern. Von der temporären Altersrente zu unterscheiden ist die Zeitrente. Bei der Zeitrente handelt es sich – im Sinne einer Option – um die ratenweise Auszahlung einer fällig gewordenen Leistung aus einem Kapitalversicherungsvertrag.

Leicht verwertbare Aktiven
↑Liquidität (Allgemeines und Aufsichtrechtliches).

Leihgeld
↑Call-Geld.

Leistungsbilanz
↑Zahlungsbilanz.

Leitbörse
Den Begriff Leitbörse braucht man insbesondere im Zusammenhang mit Kursbewegungen. Die Leitbörse geht bezüglich der Kursbewegung den andern ↑Börsen voran, beziehungsweise Letztere folgen ihr in einer gewissen Regelmässigkeit. Häufig hat die New York Stock Exchange eine Leitbörsenfunktion. Diese kann zu verschiedenen Zeiten allerdings mehr oder weniger ausgeprägt sein.

Leitkurs
↑Aufwertung, Abwertung.

Leitsatz
↑Leitzins.

Leitwährung
Eine Leitwährung ist eine im ↑internationalen Geldmarkt und im ↑internationalen Kapitalmarkt weit verbreitete ↑Währung, in der grosse Teile des Welthandels abgerechnet werden. ↑Zentralbanken legen ihre ↑Währungsreserven in der Regel in einer Leitwährung an. Falls sie eine Wechselkursbin-

dung gegenüber einer anderen Währung eingehen, so tun sie das in der Regel gegenüber einer Leitwährung (↑Managed floating, ↑Feste Wechselkurse, ↑Currency board). Nach dem Zweiten Weltkrieg löste der US-Dollar das britische Pfund als wichtigste Leitwährung ab. Leitwährungen von eher regionaler Bedeutung sind heute der ↑Euro (als Nachfolger der Deutschen Mark) und der Yen.

Caesar Lack

Leitzins

↑Zinssatz, mit dem die ↑Zentralbank die Umsetzung ihrer Geldpolitik (↑Geldpolitik [Umsetzung]) kommuniziert. Damit hat der Leitzins eine Leitfunktion für das allgemeine ↑Zinsniveau am Geldmarkt (↑Geldmarkt [Volkswirtschaftliches]). Häufig ist er gleichzeitig auch der Zinssatz, zu dem die Zentralbank ihre Geldmarktgeschäfte abschliesst. Dies war vor allem früher der Fall, als in der Regel der ↑Diskontsatz oder der ↑Lombardsatz die Leitzinsen waren. Der Wandel in der Technik des ↑Zahlungsverkehrs und im Bankgeschäft führte dazu, dass heute meist ein kurzfristiger Geldmarktzins (↑Geldmarktsätze, -zins) als Leitzins verwendet wird.

Der Leitzins der Schweizerischen ↑Nationalbank ist seit Anfang 2000 der Dreimonate-Libor für Frankenanlagen. Die Nationalbank publiziert für diesen Zinssatz ein Zielband (↑Zielband Dreimonatssatz), das 100 ↑Basispunkte beträgt. In der Regel hält sie den Dreimonate-Libor mithilfe von Repogeschäften (↑Repo-Geschäft der SNB) ungefähr in der Mitte des Zielbandes. *Caesar Lack*

Lender liability

Haftung des ↑Kreditgebers gegenüber dem ↑Kreditnehmer oder gegenüber Dritten für Fehlverhalten bei der Kreditgewährung. Auslöser der Lender liability ist in der Regel nicht eine Verletzung des ↑Kreditvertrages, sondern die Tatsache der Kreditgewährung selbst. Diese kann bei fehlender ↑Kreditwürdigkeit des Kreditnehmers, z.B. wenn der Kredit wegen seines Umfangs, wegen der mit ihm verbundenen Kosten oder wegen seiner Zweckbestimmung den Verhältnissen des Kunden nicht angemessen ist, dem Kreditgeber als Fehlverhalten angelastet werden und in extremen Fällen zu Schadenersatzansprüchen des Kunden oder von Gläubigern des Kunden gegen den Kreditgeber führen. In den USA werden Banken aus Lender liability auch in Anspruch genommen, wenn das finanzierte Projekt Umweltschäden hervorruft. In der Schweiz hat sich der Gedanke der Lender liability in der Praxis der Gerichte bisher noch kaum durchsetzen können.

Lender of last resort

Der Begriff Lender of last resort (Kreditgeber in letzter Instanz) bezeichnet die Funktion der ↑Zentralbank, die Banken mit der nötigen Liquidität (↑Liquidität [Allgemeines und Aufsichtsrechtliches]) so zu versorgen, dass auch bei krisenhaften Entwicklungen an den ↑Finanzmärkten die Funktionsfähigkeit und die Stabilität des Finanzsystems (↑Systemrisiken) gewahrt bleiben. Wegen der von den ↑Geschäftsbanken betriebenen ↑Fristentransformation ist das Bankensystem naturgemäss nicht in der Lage, alle ihm anvertrauten Gelder jederzeit und vollumfänglich zurückzuerstatten. Unter normalen Verhältnissen genügt zur Aufrechterhaltung der Zahlungsbereitschaft (↑Liquidität [Betriebswirtschaftliches]), dass die Banken aus eigener Einsicht oder aus gesetzlichem Zwang eine gewisse Liquidität halten. In ausserordentlichen Verhältnissen ist allein die Schweizerische ↑Nationalbank (SNB) als letzte Liquiditätsquelle in der Lage, den Schutz des inländischen Finanzsystems sicherzustellen. Zum Finanzsystem gehören in einer umfassenden Betrachtung neben den Banken auch Wertschriftenhäuser, Versicherungen und ↑Finanzgesellschaften. Weil jedoch die Banken die hauptsächlichen Finanzvermittler für den Rest der Wirtschaft sind, konzentriert sich das Lending of last resort im Grunde auf sie.

Die Funktion des Lender of last resort hat *zwei Erscheinungsformen*. Zum einen kann die Zufuhr ausserordentlicher Liquidität an das gesamte Bankensystem angezeigt sein (z.B. nach einem Börsencrash). Zum andern können einzelne Banken oder Bankengruppen zufolge eines Vertrauensverlusts übermässigen Geldabhebungen ausgesetzt sein und Liquiditätshilfe der Zentralbank benötigen. Generell wird die Ansicht vertreten, dass die ↑Zahlungsunfähigkeit einer einzelnen Bank unter Umständen auf andere Banken übergreifen und das Vertrauen in ganze Bankengruppen oder gar das Bankensystem insgesamt in Mitleidenschaft ziehen kann (sog. Domino-Effekt). Als hauptsächliche Übertragungskanäle gelten das Zahlungsverkehrssystem (↑Zahlungssysteme) und der Interbankenmarkt (↑Interbankgeschäft). Das «Ansteckungspotenzial» hat sich mit dem Aufkommen neuer Technologien, der ↑Deregulierung und der internationalen Verflechtung des Finanzsystems erhöht. Krisenhafte Entwicklungen können sich nicht nur rasch von einer Bank zur andern, sondern auch von einem Land zum andern, von einem Finanzmarkt auf weitere Märkte übertragen. Die SNB ist durch das ↑Nationalbankgesetz weitgehend davor geschützt, aus der Gewährung von Liquiditätshilfe selber Verluste zu erleiden, denn sie stellt ihren Kredit nur gegen Sicherheiten (notenbankfähige Aktiven) zur Verfügung. In ihrer Funktion als Lender of last resort sollte eine Zentralbank Hilfsbegehren, die über die Lösung von Liquiditätsproblemen hinausgehen, nicht erfüllen. Nur solvente Banken sollten Liquiditätshilfe erhalten. Insolvente Banken dürfen nicht mithilfe der Zentralbank im Markt gehalten werden. Sie müssen liquidiert oder rekapitalisiert werden. Die

Überwachung der ↑Solvenz der Banken ist Aufgabe der ↑Bankenaufsicht, in der Schweiz der Eidgenössischen ↑Bankenkommission (EBK).

Das Lending of last resort kann eine Zentralbank vor schwierige *Zielkonflikte* stellen. Diese sind im Wesentlichen zweifacher Art: Zum einen beinhaltet eine ausserordentliche Liquiditätszufuhr an das Bankensystem stets das ↑Risiko, dass die Zentralbank mit den Erfordernissen einer auf Preisstabilität ausgerichteten ↑Geldpolitik in Konflikt gerät. Die ↑kurzfristigen Vorteile einer Lockerung des geldpolitischen Kurses, um die Liquiditätsbedürfnisse der Geschäftsbanken zu decken, müssen deshalb gegen die ↑mittelfristigen Risiken einer Erhöhung der Teuerungsrate (↑Inflationsrate) abgewogen werden. Zum anderen schafft die gezielte Liquiditätshilfe zur Verhütung oder Eindämmung von Krisen die Gefahr, dass die Banken die Existenz einer letzten Refinanzierungsquelle (↑Refinanzierung) in ihr Kalkül einbeziehen. Sie verhalten sich risikofreudiger, als dies ohne eine solche «Versicherung» der Fall wäre. Diese Gefahr wird mit dem Stichwort ↑Moral hazard bezeichnet. Um sie zu vermindern, muss eine gewisse Unsicherheit bezüglich der Interventionsbereitschaft der Zentralbank bestehen.

Die erwähnten Zielkonflikte verdeutlichen, dass das Lending of last resort schwierige Entscheidungs- und Dosierungsprobleme stellt. Wegleitend für eine Zentralbank dürfte stets die Optik sein, was an zusätzlicher Liquidität erforderlich ist, um die Funktionsfähigkeit des Finanzsystems als Ganzes zu schützen, nicht jedoch die Optik, was die Interessen allenfalls gefährdeter Bankeinleger erfordern. Ein marktwirtschaftlich orientiertes Bankensystem schliesst mit ein, dass nicht überlebensfähige Banken aus dem Markt ausscheiden, ebenso wie andere neu in den Markt eintreten.

Peter Klauser

LEPO
Abk. f. Low exercise price option. ↑Strukturierte Produkte.

Leptokurtosis
↑Börsenpsychologie.

Letter of awareness
↑Patronatserklärung.

Letter of comfort
Englische Bezeichnung für eine Form der weichen ↑Patronatserklärung.

Letter of credit
Der Letter of credit (LC) ist im angelsächsischen und südostasiatischen Raum gebräuchlich und entspricht dem ↑Dokumenten-Akkreditiv.

Letter of intent
Meistens gleichbedeutend mit *Absichtserklärung:* Erklärung der grundsätzlichen Bereitschaft, mit einer bestimmten Gegenpartei einen Vertrag (z. B. einen ↑Kreditvertrag oder ein Kapitalmarktgeschäft) abzuschliessen. Gewöhnlich nennt die Erklärung die von der Gegenseite zu erfüllenden Voraussetzungen bzw. zu akzeptierenden Bedingungen, von denen die Bereitschaft zum Abschluss abhängt. Wer eine Absichtserklärung abgibt, ist zwar nicht in gleicher Weise gebunden, wie wenn er den Vertrag bereits unterzeichnet hätte, doch kann die sachlich nicht gerechtfertigte Weigerung, den Vertrag später abzuschliessen, Schadenersatzpflichten begründen. Manchmal wird der Ausdruck Letter of intent auch in der Bedeutung von ↑*Patronatserklärung* verwendet (französische Bezeichnung: Lettre d'intention).

Letter of lien
↑Trust receipt.

Lettre d'intention
↑Patronatserklärung.

Leverage
Leverage bedeutet wörtlich übersetzt Hebelwirkung. Der Leverage spielt in der Finanzwirtschaft in verschiedenen Zusammenhängen eine zentrale Rolle. Im Rahmen der Unternehmensfinanzierung (↑Corporate finance) versteht man darunter zunächst den Fremdkapitaleinsatz in einer Unternehmung, erfasst als Verschuldungsgrad (↑Fremdkapital im Verhältnis zum Gesamtkapital) oder ↑Finanzierungsverhältnis bzw. ↑Kapitalstruktur (Fremdkapital im Verhältnis zum ↑Eigenkapital). Dabei deutet der Leverage auf die rentabilitätssteigernde Wirkung von fest vereinbarten Zinszahlungen auf das Eigenkapital hin (↑Leverage-Effekt bzw. finanzieller Leverage-Effekt). Man spricht in diesem Zusammenhang auch von Trading on the equity oder ↑Gearing. Weitere Begriffe mit sinngemässer Bedeutung sind: ↑Leverage fund, ↑Leveraged finance, Leveraged management buy-out (LMBO) bzw. Leveraged buy-out (LBO).

Im Zusammenhang mit Termin- und Optionskontrakten spricht man ebenfalls vom Hebel- oder Leverage-Faktor bzw. Gearing (auch: Options-Omega, Options-Elastizität) und versteht darunter das Verhältnis der prozentualen Optionspreisveränderung zur prozentualen Aktienkursveränderung bzw. als annäherungsweise Berechnung die Division des Aktienkurses durch den Optionspreis.

Simon Lamprecht

Leveraged buy-out (LBO)
↑Management buy-out (MBO).

Leveraged finance
Besteht bei einer Finanzierung der weitaus grössere Teil aus ↑Fremdkapital, so z.B. bei einem Leveraged management buy-out (LMBO), allgemein bei einem Leveraged buy-out (LBO) oder im Rahmen von ↑Restrukturierungen und Akquisitionen, spricht man von Leveraged finance. Das Fremdkapital wird dabei zumeist in Form eines ↑Bankkredits oder einer ↑Emission von (High-Yield-)↑Bonds am ↑Kapitalmarkt aufgenommen. Wegen des sehr hohen Leverage trägt dieses Fremdkapital ein spürbares ↑Risiko. Die kreditgebenden Banken oder ↑Investoren verlangen eine erhöhte ↑Rendite, die sie für das eingegangene Risiko entschädigt. Diese hohen Zinszahlungen belasten den ↑Cashflow auf Seiten des Schuldners, was zusätzlich zu einem erhöhten Insolvenzrisiko führt. Es ist daher bei Leveraged finance unerlässlich, die ↑Zahlungsfähigkeit des Schuldners durch ein umfassendes Management der operationellen und finanziellen Risiken laufend zu überwachen. ↑Leverage; ↑Leverage-Effekt.

Leveraged management buy-out (LMBO)
↑Management buy-out (MBO).

Leverage-Effekt
Unter Leverage-Effekt versteht man die Wirkung von Fixkosten auf Gewinn- und Renditegrössen. Fixkosten im operativen Bereich (z.B. Abschreibungen) induzieren Operating leverage, solche auf Finanzierungsseite (Fremdkapitalzinsen) Financial leverage. Die Fixkosten weiten das Chancen-Risiken-Potenzial von Gewinn- und Renditegrössen aus. Feste Zinskosten können die Eigenkapitalrendite (ROE) sowohl erhöhen (guter Geschäftsgang) als auch reduzieren (schlechter Geschäftsgang). ↑Leverage; ↑Leveraged finance.

Leverage fund
↑Anlagefonds, die durch Aufnahme von Krediten die Hebelwirkung zu Gunsten einer Renditesteigerung ausnützen. Leverage fund sind Anlagefonds mit besonderem Risiko.

Leverage im Optionengeschäft
Als ↑Leverage im Optionengeschäft bezeichnet man die Möglichkeit, mit einem im Verhältnis zum Aktienanleger kleineren Kapitaleinsatz an den Marktbewegungen zu partizipieren. Diese Hebelwirkung ergibt eine überdurchschnittliche Gewinnmöglichkeit (im Vergleich höher als die ↑Rendite bei der direkten Aktienanlage), doch geht auch ein deutlich erhöhtes Risiko mit ihr einher.

LGZ
Abk. f. ↑Lieferung gegen Zahlung (LGZ).

Liabilities
Englische Bezeichnung für Verbindlichkeiten, d.h. die Passiven ohne ↑Eigenkapital. Das Gegenteil davon sind die Assets, d.h. die Aktiven.

Liability management
↑Asset and liability management (ALM).

Liability swap
Diese Art von Swaps wird angewendet, wenn ein Schuldner (z.B. ↑Emittent) eine variabel verzinsliche Schuld in eine festverzinsliche umwandeln will (oder umgekehrt). Beiden Fällen liegt die Motivation zu Grunde, die Passiven (↑Liabilities) zu modifizieren bzw. umzustrukturieren, damit ihre ↑Cashflows besser mit denjenigen der Aktiven (Assets) zusammenpassen. Der Gegensatz dazu ist der ↑Asset swap.

Liberalisierung
↑Deregulierung.

Liberierung
In der Banksprache die Einzahlung auf gezeichnete Obligationen oder Aktien. Bei Aktien spricht man von Teil- oder Vollliberierung, je nachdem, ob auf dem Aktiennennwert nur ein Teilbetrag oder der gesamte Betrag einbezahlt wird. ↑Non-versé; ↑Depositenstelle für Aktienkapitaleinzahlungen.

Libid
Abk. f. ↑London interbank bid rate (Libid).

Libor
Abk. f. London interbank offered rate. Am Londoner ↑Geldmarkt ermittelter repräsentativer Geldmarktzinssatz (↑Brief, Briefkurs). Der grossen Bedeutung des Finanzplatzes London wegen ist der Libor der bedeutendste ↑Geldmarktsatz überhaupt und der ↑Referenzinssatz für den Euro-Geldmarkt, d.h. für die Aufnahme von ↑Euro-Geldern und für viele Zinsinstrumente. Die Differenz zur ↑London interbank bid rate (Libid) beträgt in der Regel ca. $1/8\%$. ↑Eurex.

Liechtenstein, Bankwesen im Fürstentum Liechtenstein
Das Fürstentum Liechtenstein bietet dem Finanzdienstleistungssektor günstige Rahmenbedingungen. Die folgenden Standortfaktoren haben wesentlich dazu beigetragen, dass sich der ↑Bankplatz in den letzten Jahrzehnten zu einem wichtigen Element der liechtensteinischen Volkswirtschaft entwickelt hat: politische Stabilität, liberale Gesetzgebung vor allem im Bereich der Steuern und des Gesellschaftswesens, Zollvertrag (1923) und Währungsvertrag (1980) mit der Schweiz, gesetzlich verankertes ↑Bankkundengeheimnis, starke ↑Währung, moderne Infrastruktur, breites

Entwicklung der liechtensteinischen Banken

	1960	1970	1980	1990	2000
Anzahl Banken	3	3	3	3	15
Bilanzsumme (in CHF Mia.)	0,2	1,5	4,4	17,3	37,0
Reingewinn (in CHF Mio.)	2	10	20	59	549
Personalbestand	96	272	485	1 144	1 758

Finanzdienstleistungsangebot, laufende Anpassung der gesetzlichen Grundlagen an internationale Standards. Der Wertschöpfungsanteil des Finanzdienstleistungssektors beträgt ca. 28%.
Seit dem 01.05.1995 ist Liechtenstein Vertragsstaat des Abkommens über den Europäischen Wirtschaftsraum (EWR). Dennoch konnte die enge Partnerschaft mit der Schweiz weitergeführt werden. Die Zugehörigkeit zu zwei Wirtschaftsräumen eröffnet insbesondere dem Bankplatz neue Chancen. Einerseits profitiert der Bankplatz Liechtenstein von der starken und frei konvertierbaren Schweizer Währung (↑Konvertible Währung) sowie der offenen Grenze zur Schweiz, und andererseits ermöglicht die EWR-Mitgliedschaft den liechtensteinischen Banken den diskriminierungsfreien Zugang zu den europäischen Märkten.
Die drei ältesten liechtensteinischen Banken sind moderne ↑Universalbanken mit Schwerpunkt im ↑Private banking und figurieren unter den grösseren schweizerischen Banken. Aufgrund der restriktiven Bewilligungspraxis kam es während Jahrzehnten zu keinen Bankgründungen in Liechtenstein. Erst das neue Bankengesetz von 1992 bewirkte eine Änderung der Bewilligungspraxis, und der Beitritt zum EWR im Jahre 1995 brachte eine Liberalisierung des Marktes. Zu Beginn der 90er-Jahre wurden zwei weitere Banken bewilligt, während von 1999 bis 2001 ein Boom an Bankgründungen in Liechtenstein festzustellen war. Per September 2002 umfasst der Bankplatz Liechtenstein 17 konzessionierte Banken. Davon sind 15 Banken dem Liechtensteinischen Bankenverband angeschlossen. Die fünf grössten Banken umfassen ca. 90% des Marktvolumens. Die oben stehende Übersicht verdeutlicht die stürmische Entwicklung der liechtensteinischen Banken. Auf der Aktivseite fällt der hohe Anteil der Bankendebitoren mit etwa 60% der ↑Bilanzsumme auf. Einen beachtlichen Teil dieser Anlagen platzieren die liechtensteinischen Banken bei erstklassigen schweizerischen Banken, womit sie für das schweizerische Bankensystem zu einem wichtigen Kapitalzubringer geworden sind. Auf der Passivseite ist der hohe Anteil von rund 70% der Kundenkreditoren ein gemeinsames Merkmal der liechtensteinischen Banken. Die ↑Anlageberatung und Vermögensverwaltung (↑Vermögensverwaltung [Allgemeines]) sind seit jeher traditionelle ↑Geschäftsfelder. Im übrigen indifferenten Geschäft (↑Nicht bilanzwirksame Geschäfte) sind die Banken aktiv im Geld-, Devisen- und Wertpapierhandel tätig. Da Liechtenstein keine eigene Wertschriftenbörse hat, wird ein beachtlicher Teil des Börsenumsatzes an schweizerischen ↑Börsen über schweizerische Banken abgewickelt. Die von den liechtensteinischen Banken betreuten Kundenvermögen betragen per Ende 2001 CHF 105,6 Mia.
Die Einführung des Schweizer Frankens 1924 als gesetzliches ↑Zahlungsmittel und die enge Partnerschaft mit der Schweiz waren für Liechtenstein die Grundlage für den wirtschaftlichen Aufbau des Landes. Während 56 Jahren galt der Schweizer Franken als gesetzliches Zahlungsmittel in Liechtenstein, obwohl dies nicht durch einen Staatsvertrag mit der Schweiz abgesichert war. Erst der Währungsvertrag aus dem Jahre 1980 bildete die rechtliche Grundlage für die Anwendung der schweizerischen geld-, kredit- und währungspolitischen Bestimmungen im Fürstentum Liechtenstein. Auf dieser Grundlage hat die Schweizerische ↑Nationalbank (SNB) gegenüber den liechtensteinischen Banken dieselben Kompetenzen wie gegenüber schweizerischen Instituten. Die liechtensteinischen Banken haben nach den gleichen Regeln wie schweizerische Banken Zugang zum Notenbankkredit (↑Lombardkredit der SNB), können sich grundsätzlich bei der Schweizerischen Nationalbank refinanzieren (↑Refinanzierung) und haben die nötigen statistischen Informationen bereitzustellen. Durch die Lender-of-last-resort-Funktion (↑Lender of last resort) der SNB ist die Vertrauenswürdigkeit der liechtensteinischen Banken international gestiegen. Die liechtensteinische Währungshoheit wird durch den Währungsvertrag nicht berührt.
Zwei Jahre vor dem Beitritt zum EWR, im Jahre 1993, hat Liechtenstein ein neues Bankengesetz erlassen, welches bereits zahlreiche EU-Richtlinien umgesetzt hatte. 1999 wurde es umfassend revidiert und wird auch in Zukunft laufend den internationalen Entwicklungen angepasst werden. Neben der Einführung des Zweckartikels (Gläubiger- und ↑Vertrauensschutz) wurde der Geltungsbereich des Gesetzes auf ↑Finanzgesellschaften und ↑Bankkonzerne ausgedehnt. Die ↑Einlagensicherung und eine Legaldefinition des Bankgeheimnisses wurden in das Bankengesetz aufgenommen. Das Bankgeheimnis kann durch die Zeugnis- oder Auskunftspflicht gegenüber den Strafgerichten durchbrochen werden. Die Bankenverordnung aus dem Jahre 1994 enthält zusätzliche Regelungen in Bezug auf Eigenmittel (↑Eigenmittelanforderungen), ↑Liquidität, Risikovertei-

lung, Rechnungslegung usw. und wurde ebenfalls 1999 und 2001 umfassend revidiert.
Wie in der Schweiz erfolgt die ↑Bankenaufsicht in Liechtenstein auf indirekte Weise. Die speziell konzessionierten bankengesetzlichen Revisionsstellen prüfen die dem Bankengesetz unterstellten Unternehmen und reichen ihre Berichte dem Amt für Finanzdienstleistungen ein. Neben diesen externen Revisionsstellen (↑Revision, externe) muss jede Bank über eine interne Revision (↑Revision, interne) verfügen, welche direkt dem Verwaltungsrat untersteht. Zusätzlich unterliegen die Banken und Finanzgesellschaften gegenüber dem Amt für Finanzdienstleistungen verschiedenen Meldepflichten (↑Meldepflichten im Bank- und Finanzmarktbereich). Das Amt überwacht den Vollzug der Gesetze und der dazu erlassenen Verordnungen und trifft die notwendigen Massnahmen. Es kann von den unterstellten Personen alle erforderlichen Auskünfte und Abklärungen verlangen, ausserordentliche Revisionen anordnen oder selber durchführen und Entscheidungen und Verfügungen erlassen. Die Bankenkommission steht als nebenamtliches Gremium der Regierung als beratendes Organ zur Verfügung und befasst sich mit allen grundsätzlichen Fragen der Bankenaufsicht.
In den Jahren 2000 und 2001 ist der ↑Finanzplatz Liechtenstein in die Schlagzeilen internationaler Kritik (FATF, OECD) geraten. Regierung und Finanzplatz haben die Probleme im Bereich ↑Geldwäscherei und Sorgfaltspflicht erkannt und gemeinsam dafür gesorgt, dass die gesetzlichen Rahmenbedingungen grundlegend revidiert und der Vollzug in kurzer Zeit massiv verbessert werden konnten. Somit bietet Liechtenstein dem Bankplatz weiterhin optimale Rahmenbedingungen. Die gleichzeitige Zugehörigkeit zu zwei Wirtschaftsräumen, die politische Stabilität und die moderne Gesetzgebung eröffnen dem Bank- und Finanzdienstleistungsbereich gute Zukunftschancen.   *Roland Müller*

Lieferantenkredit
↑Industriefinanzierung.

Liefergarantie
↑Bankgarantie.

Lieferung gegen Zahlung (LGZ)
Eine Lieferung gegen Zahlung, die so genannte DVP-Abwicklung (delivery versus payment), bezeichnet die Geschäftsabwicklungsart, bei der die Geldzahlung im direkten Tausch gegen die Titel erfolgt. Sie beinhaltet somit sowohl die Titellieferung, das Giro als auch die Zahlung. Mit diesem Verfahren wird sowohl die Sicherheit als auch die Liquiditätsdisposition verbessert, da keine Zahlungen stattfinden, ohne dass die entsprechenden Titel eingehen oder umgekehrt keine Titel geliefert werden müssen, ohne dass sichergestellt ist, dass die dagegen stehende Zahlung eingehen wird. Diese Abwicklungsart umfasst heute u. a. auch die Lieferung gegen Zahlung aus Emission, die Terminliquidation, die Lieferung aus Privatplatzierungen ausländischer Schuldner und die Gutschrift von Dividenden aus US-Aktien.

LIFFE
Abk. f. ↑London international financial futures exchange (LIFFE). ↑Financial futures; ↑Futures-Markt.

Limean
Abk. f. ↑London interbank mean rate.

Limite
Der einem ↑Effektenhändler vorgeschriebene äusserste Preis zum Kauf oder Verkauf von ↑Effekten. Der Gegensatz zum limitierten Auftrag ist der ↑Bestens-Auftrag. Die Stop loss order (↑Stop loss order, Verlustbegrenzungsauftrag) ist eine spezielle Art des limitierten Auftrags. ↑Kreditlimite.

Limiterneuerung
In der ↑Börsensprache bedeutet Limit allgemein eine Preis- oder Mengengrenze. Die Effektenkäufer oder -verkäufer teilen der Bank oder dem ↑Broker einen ↑Kurs mit, der auf keinen Fall überschritten (Preisobergrenze) oder unterschritten (Preisuntergrenze) werden soll. Wenn nun der Börsenkurs beim Aktienkauf über das Limit steigt oder beim Verkauf darunter sinkt, werden die limitierten Aufträge nicht ausgeführt. Es kommt kein Geschäft zu Stande. Gegen Monatsende teilt die Bank mit, dass die noch nicht ausgeführten Effektengeschäfte am ↑Ultimo erlöschen. Sie fragt den Kunden gleichzeitig an, ob eine Limiterneuerung gewünscht wird. Der Kunde entscheidet nun, ob es dazu kommt oder nicht.

Limitieren
In der ↑Börsensprache heisst limitieren eine ↑Limite setzen. ↑Limitierung von Aufträgen.

Limitierter Auftrag
↑Limitierung von Aufträgen.

Limitierte Vorzugsaktien
↑Vorzugsaktien.

Limitierung von Aufträgen
Ist für einen Auftrag an der ↑Börse keine ↑Limite (Preis- bzw. Mengengrenze) nach oben oder unten festgesetzt, so führt die Bank so bald wie möglich und bestmöglich aus (↑Bestens-Auftrag). Setzt der Auftraggeber eine bestimmte Limite in das Auftragsformular der Bank, so spricht man von einem limitierten Auftrag. Das Limit wird entweder in Prozentsätzen (beim Handel in Prozenten des

Limit-order-Buch
↑Handelssysteme.

Lingot
Französische Bezeichnung für Barren: Lingot d'or für Goldbarren, Lingot d'argent für Silberbarren.
↑Edelmetallhandel.

Linien-Chart
Linien-Charts zeichnen ausschliesslich ↑Schlusskurse auf. Sie entstehen dadurch, dass die Schlusskurse der gewählten ↑Periode durch eine Linie miteinander verbunden werden.

LIONS
Abk. für Lehman investment opportunities notes.
↑Zerobonds.

Liquidation
↑Termingeschäft.

Liquidationsgewinn
Unter Liquidationsgewinn fallen alle Beträge, die ein Aktionär bei der Liquidation einer Gesellschaft über den ↑Nennwert seiner Aktienbeteiligung hinaus erhält. Liquidationsgewinne sind steuerbare Vermögenserträge und unterliegen der ↑Verrechnungssteuer.

Liquidationswert
Veräusserungswert von Vermögensteilen, wobei dieser wesentlich vom Liquidationsverfahren (zwangsweise Liquidation oder sorgfältiger Verkauf unter normalen Marktbedingungen) abhängt.

Liquidation von Banken
Wie die übrigen Gesellschaften können sich Banken nach den entsprechenden gesellschaftsrechtlichen Bestimmungen (Aktiengesellschaft OR 736, Genossenschaft OR 911, einfache Gesellschaft OR 545) selbst auflösen. Grund dafür kann ein Wegfall des Geschäftsinteresses sein. Mitunter erfolgt die Selbstliquidation auch unter Druck der Eidg. ↑Bankenkommission (EBK). Auf einen Bewilligungsentzug durch die EBK kann in diesem Fall verzichtet werden (EBK-Bulletin 1978 S. 49 ff.). Eine durch die bisherigen Organe durchgeführte Liquidation lässt die EBK allerdings nur dann zu, wenn sie vertrauenswürdig sind und eine Überschuldung der Gesellschaft ausgeschlossen werden kann. Die Liquidation erfolgt nach den im Gesellschaftsrecht vorgesehenen Regeln unter voller Befriedigung aller ↑Gläubiger. Durch die Liquidation ändert sich der Geschäftszweck der Bank. Der bewilligungspflichtige «Geschäftsbetrieb einer Bank» wird eingestellt und der Gesellschaftszweck auf die Liquidation der Bank beschränkt. Die Bank bleibt während der Liquidation im Handelsregister eingetragen und untersteht so lange auch weiterhin der Aufsicht der EBK. Diese überwacht die Tätigkeit des Liquidators. Die Gesellschaften werden grundsätzlich nach beendigter Liquidation im Handelsregister gelöscht; für Banken braucht dies die Zustimmung der EBK. Diese wird erteilt, sofern die Vorschriften zum Schutz der Gläubiger erfüllt sind.

Werden die Voraussetzungen für die Fortführung der Banktätigkeit nicht mehr erfüllt oder verletzt eine Bank ihre gesetzlichen Pflichten grob, so entzieht die EBK der Bank die Bewilligung zur Geschäftstätigkeit (BankG 23^{quinquies}). Der Bewilligungsentzug löst zwingend die Liquidation aus, die nicht durch die bisherigen Bankorgane, sondern durch einen von der Bankenkommission zu bestimmenden und zu überwachenden Liquidator erfolgen muss. Die Bankenkommission entzieht den Bankorganen die Vertretungsbefugnis und ordnet einen entsprechenden Eintrag im Handelsregister an. Die Zwangsliquidation erfolgt wie die Selbstliquidation nach den Regeln des Gesellschaftsrechts. Erweist sich die Bank als überschuldet, ist beim Gericht das Nachlass- oder das Konkursverfahren (↑Konkursverfahren bei Banken) einzuleiten. Spätestens mit der Genehmigung des ↑Nachlassvertrages bzw. der Konkurseröffnung endet unter der heutigen Regelung die Aufsicht der Bankenkommission über die Bank und auch über den Liquidator. *Eva Hüpkes*

Liquide Mittel
Bezeichnung für flüssige oder sofort greifbare Mittel, wie Kassenbestände, Postcheckguthaben, Giroguthaben bei der SNB oder einer anerkannten Girozentrale.

Liquidität
↑Liquidität (Allgemeines und Aufsichtsrechtliches); ↑Liquidität (Betriebswirtschaftliches); ↑Marktliquidität; ↑Marktliquiditätsrisiko; ↑Liquiditätskosten; ↑Liquiditätsmanagement (Allgemeines); ↑Liquiditätsrisiko; ↑Primärliquidität; ↑Sekundärliquidität.

Liquidität (Allgemeines und Aufsichtsrechtliches)
Dem Begriff Liquidität werden verschiedene Bedeutungen zugeordnet. Zum einen versteht man unter Liquidität diejenigen Vermögensteile, die als Zahlungsmittel verwendet werden können. In diesem Zusammenhang werden häufig die Begriffe liquide Mittel, flüssige Mittel, Barliquidität usw. gebraucht. Darunter fallen die sofort zur Verfügung stehenden Mittel wie Kassabestände, Postkontoguthaben sowie Sichtguthaben bei Banken.
Zum anderen wird unter Liquidität auch das Verhältnis zwischen den flüssigen Mitteln und den leicht veräusserbaren Aktiven einerseits und den

Liquidität (Allgemeines und Aufsichtsrechtliches)

kurzfristigen Verbindlichkeiten andererseits verstanden. Zu den leicht veräusserbaren Aktiven werden diejenigen Vermögensteile gezählt, die kurzfristig und ohne Verlust zu Geld gemacht werden können, da für sie ein regelmässiger Markt besteht und sie deshalb leicht verkauft oder verpfändet werden können.

Eine dritte Definition umschreibt den Begriff Liquidität als die Eigenschaft einer Unternehmung, alle Zahlungsverpflichtungen fristgerecht erfüllen zu können.

Schliesslich wird der Begriff Liquidität auch im Bereich Handel verwendet. Ein liquider Markt liegt dann vor, wenn für die gehandelten Güter ein ausreichendes Angebot-und-Nachfrage-Verhältnis besteht.

1. Liquidität allgemein und bei Banken

Durch ihre wirtschaftliche Tätigkeit löst eine Unternehmung ein- und ausgehende Zahlungsströme aus. Die Bezahlung der Löhne an die Arbeitnehmer, die Begleichung der Rechnungen für eingekaufte Rohstoffe usw. bewirken einen Abfluss an liquiden Mitteln. Auf der anderen Seite fliessen der Unternehmung durch den Verkauf ihrer Produkte oder Dienstleistungen laufend Barmittel zu. Eine zentrale Aufgabe jeder Unternehmung ist es, diese beiden Zahlungsströme so zu koordinieren, dass eine fristgerechte Erfüllung der Zahlungsverpflichtungen jederzeit gewährleistet ist.

Diese Fähigkeit der jederzeitigen Zahlungsbereitschaft gilt in besonderem Masse für die Banken. Einleger, die ihr Geld einer Bank anvertrauen, erwarten, dass sie dieses bei Fälligkeit wieder beziehen können. Kann eine Bank diese Erwartung infolge ungenügender Liquidität nicht erfüllen, hat dies aufgrund des damit verbundenen Vertrauensverlustes in den meisten Fällen deren Liquidation zur Folge. Eine Bank hat aus diesem Grunde die ↑Goldene Bankregel zu beachten, die besagt, dass sie die ihr anvertrauten Gelder nur fristenkongruent als Kredite wieder ausleihen darf. Entscheidend sind dabei jedoch nicht die juristischen, sondern die tatsächlichen Fristen. So können Spargelder in der Regel nach einer kurzen ↑Kündigungsfrist gänzlich zurückgezogen werden. In der Realität verbleibt der grösste Teil diese Gelder aber Jahre bei einer Bank. Dieser Grundstock an Passivgeldern wird als ↑Bodensatz bezeichnet. Ein Teil dieser, nach juristischen Gesichtspunkten kurzfristigen Passivgelder kann deshalb problemlos als langfristige ↑Darlehen ausgeliehen werden. Wie nachstehend ersichtlich wird, basieren die heute gültigen gesetzlichen Liquiditätsvorschriften für Banken zu einem grossen Teil auf dieser ↑Bodensatztheorie.

2. Die bankengesetzlichen Liquiditätsvorschriften

Die Liquiditätsgesetzgebung verfolgt drei Hauptziele: einerseits den Schutz der Gläubiger der Bank, andererseits den Schutz der Bank selbst und drittens soll damit eine ausreichende Liquidität im gesamten Bankensystem sichergestellt werden. Die Vorschriften sollen Liquiditätsprobleme bei einzelnen Instituten und daraus allenfalls entstehende Kettenreaktionen, d.h. eine auf den ganzen ↑Bankensektor übergreifende Krise, verhindern helfen. Im Weiteren sollen die Vorschriften der SNB bei der Steuerung der Geldmenge dienlich sein.

Bei den gesetzlichen Liquiditätsvorschriften handelt es sich aber ganz klar um Minimalanforderungen. Sie basieren auf statischen Berechnungen, d.h. in die Auswertungen werden nur die Bilanzaktiven und -passiven miteinbezogen, nicht aber mögliche zukünftige Zahlungsströme wie z.B. Mittelabflüsse aus offenen Kreditlimiten. Die Ausserbilanzgeschäfte werden bei den Berechnungen ebenfalls nicht mitberücksichtigt. Damit wird klar, dass die bestehenden Vorschriften niemals die Erfahrungen, das Urteilsvermögen und die vorsichtige Liquiditätspolitik einer Bankleitung ersetzen können. Sie sind lediglich dazu geeignet, Liquiditätskrisen im Bankgewerbe in Grenzen zu halten.

BankG 4 I b schreibt den Banken vor, dass sie für ein angemessenes Verhältnis zwischen ihren greifbaren Mitteln und leicht verwertbaren Aktiven einerseits und ihren kurzfristigen Verbindlichkeiten andererseits zu sorgen haben. BankV 15 bis 20 setzt die unter normalen Umständen einzuhaltenden Richtlinien fest. In diesen Artikeln der BankV werden auch die Begriffe der greifbaren Mittel und der leicht verwertbaren Aktiven sowie der kurzfristigen Verbindlichkeiten näher umschrieben.

Die BankV unterscheidet zwischen zwei voneinander unabhängigen Liquiditätsgrössen, der Kassenliquidität und der Gesamtliquidität.

3. Kassenliquidität

Die Kassenliquidität soll im Sinne eines Stossdämpferkonzeptes der Bank ermöglichen, im Falle einer Vertrauenskrise diejenige Zeitspanne zu überbrücken, die notwendig ist, um Teile der Gesamtliquidität zur Sicherung der Zahlungsbereitschaft heranzuziehen. Gleichzeitig steht die Kassenliquidität aber auch in engem Zusammenhang mit der Geldpolitik der SNB (↑Geldpolitik [Umsetzung]).

Bei der Berechnung der Kassenliquidität werden ausschliesslich Bestände in Schweizer Franken berücksichtigt. Die erforderlichen greifbaren Mittel errechnen sich aus dem Durchschnitt der in BankV 19 definierten, auf Schweizer Franken lautenden Verbindlichkeiten. Massgebend sind dabei die Bestände an den der Unterlegungsperiode vorangehenden drei Monatsenden. Die greifbaren Mittel setzen sich aus den auf Schweizer Franken lautenden Kassabeständen, Postkontoguthaben, Guthaben bei der SNB und Giroguthaben bei einer von der Bankenkommission anerkannten Clearingzentrale zusammen. Dabei ist nicht ein bestimmter Stichtag relevant, sondern der massgebende Wert errechnet sich aus dem Monatsdurchschnitt vom 20. eines Monats bis zum 19. des Folgemonats. Dies bedeutet, dass an einzelnen Tagen durchaus zu tiefe Liquiditätsbestände erlaubt sind. Allein relevant ist der im Durchschnitt gehaltene Bestand. Die Banken haben deshalb die Unter- bzw. Überdeckungen laufend, im Sinne einer kumulativen Analyse, zu überwachen. Gemäss BankV wird das Anforderungsniveau bezüglich der Kassenliquidität auf maximal 4% der massgebenden Verbindlichkeiten begrenzt. Der zurzeit gültige, von der Bankenkommission in Absprache mit der SNB festgelegte Satz beträgt 2,5%. Die Kassenliquidität ist monatlich zu berechnen.

4. Gesamtliquidität
Die Vorschriften über die Gesamtliquidität sollen sicherstellen, dass die Bank über einen Notvorrat verfügt, der es ihr erlaubt, ihren Verpflichtungen im Falle einer gegen sie gerichteten Vertrauenskrise und der dadurch ausgelösten übermässigen Einlagenrückzüge so lange nachzukommen, bis von anderen Banken und allenfalls den Behörden ein Auffangnetz bereitgestellt ist. Es wird dabei von einer Zeitspanne von ein bis zwei Wochen ausgegangen.
Die Vorschriften bezüglich der Gesamtliquidität basieren auf einem dreistufigen Konzept. In einem ersten Schritt werden betriebswirtschaftlich gleichwertige Aktiven und Passiven, die auf Sicht lauten oder innerhalb eines Monats fällig werden, verrechnet. Diese zu verrechnenden leicht verwertbaren Aktiven und Passiven sind in BankV 16a und 17a detailliert aufgeführt. In einem zweiten Schritt erfolgt die Berechnung der kurzfristigen Verbindlichkeiten, und zwar teilweise in Anwendung der Bodensatztheorie, d.h. einzelne Bilanzpositionen der Passivseite werden nur zu 15% bzw. 50% miteinbezogen. Gleichzeitig müssen die so errechneten kurzfristigen Verbindlichkeiten nur zu 33% mit anrechenbaren Aktiven unterlegt werden. Die genaue Zusammensetzung der kurzfristigen Verbindlichkeiten ist in BankV 17 umschrieben. In einem dritten Schritt werden diejenigen anrechenbaren Aktiven erfasst, die zur Erfüllung der Liquiditätsanforderungen herangezogen werden dürfen, und es wird überprüft, ob eine Unter- oder Überdeckung resultiert. Zu den anrechenbaren Aktiven zählen dabei die greifbaren Mittel sowie die in BankV 16 definierten leicht verwertbaren Aktiven. Die Berechnungen zur Gesamtliquidität sind vierteljährlich zu erstellen.

5. Zusätzliche Vorschriften
Als flankierende Massnahmen wurden zusätzliche Vorschriften bezüglich Klumpenrisiken auf der Passivseite sowie der Liquiditätsvorsorge im ↑Konzern erlassen. In BankV 18 II werden die Banken verpflichtet, die Revisionsstelle zu unterrichten, wenn ihre auf Sicht lautenden und innerhalb eines Monats fälligen Verpflichtungen gegenüber einem Kunden oder einer Bank 10% der gesamten unverrechneten, auf Sicht lautenden und innerhalb eines Monats fälligen Verbindlichkeiten übersteigen. Diese Regelung soll der Gefahr vorbeugen, dass eine Bank durch massive Bezüge von Guthaben einzelner Kunden in Schwierigkeiten gerät.
In BankV 18 III wird vorgeschrieben, dass die Banken für eine angemessene Liquidität innerhalb des Konzerns zu sorgen haben. Auf die Vorgabe verbindlicher Liquiditätskennzahlen auf Stufe Konzern wurde jedoch verzichtet.

6. Ausblick
Die heute gültigen Liquiditätsvorschriften wurden letztmals per 01.01.1988 angepasst. Seither sind in der Bank- und Finanzbranche tiefgreifende Veränderungen eingetreten. Neue Produkte wurden lanciert, welche unter den bestehenden Liquiditätsvorschriften nicht erfasst werden. Es handelt sich dabei zu einem grossen Teil um Ausserbilanz-Transaktionen, die nicht in die Liquiditätsberechnungen miteinbezogen werden. Weiter sind die ↑Rechnungslegungsvorschriften für Banken grundlegend überarbeitet worden. Die Bezeichnungen und die Zusammensetzung einzelner Bilanzpositionen sind dabei geändert worden und stimmen nicht mehr mit der Terminologie in BankV 15 bis 20 überein.
Weiter ist zu erwähnen, dass der ↑Basler Ausschuss für Bankenaufsicht im Februar 2000 das Papier «Sound practices for managing liquidity in banking organisations» verabschiedet hat. Darin sind insgesamt 14 Grundsätze aufgeführt, welche von Banken im Zusammenhang mit der Liquiditätsüberwachung eingehalten werden sollten.
Aufgrund der vorerwähnten Umstände hat die Bankenkommission eine Arbeitsgruppe mit der vollständigen Überarbeitung der bestehenden Liquiditätsvorschriften beauftragt.
In einem ersten Schritt werden im Rahmen der Totalrevision des Nationalbankgesetzes die Vorschriften bezüglich der Kassenliquidität in dieses Gesetz überführt und in die Regelungen betreffend das Mindestreservesystem integriert. Damit wird dem Umstand Rechnung getragen, dass die Vorschriften bezüglich Kassenliquidität seit jeher in engem Zusammenhang mit der Geldpolitik der SNB stehen. Gleichzeitig wird mit den Schlussbestimmungen zur Revision des Nationalbankgesetzes auch BankG 4 angepasst.
Die Überarbeitung der Vorschriften betreffend Gesamtliquidität ist derzeit (2. Quartal 2002) noch nicht abgeschlossen. *Edith Röthlisberger*

Liquidität (Betriebswirtschaftliches)
Der Begriff Liquidität wird unterschiedlich verwendet:
1. Fähigkeit einer Unternehmung, ihren fälligen Zahlungsverpflichtungen fristgerecht nachzukommen.
2. Gesamtheit aller ↑liquiden Mittel (↑Primärliquidität) und jener ↑Finanzinstrumente, die kurzfristig in liquide Mittel umgewandelt werden können (↑Sekundärliquidität). Bei statischer Betrachtung wird die Liquidität anhand verschiedener Liquiditätskennzahlen, dynamisch anhand zukünftiger Zahlungsströme (Ein- und Auszahlungen) beurteilt.
3. Als Liquidität von Finanzinstrumenten ist die Möglichkeit für den ↑Investor zu verstehen, diese jederzeit und rasch zu fairen Preisen verkaufen zu können. Dementsprechend ist ein ↑Finanzmarkt liquide, wenn grössere Anlagebeträge rasch und ohne negative Folgen auf die Preisgestaltung realisiert werden können.

↑Liquidität (Allgemeines und Aufsichtsrechtliches).

Liquiditätsbewirtschaftung
↑Fristentransformation; ↑Liquiditätsmanagement; ↑Treasury management.

Liquiditätsfalle
Bezeichnung für eine Situation, in der die Zinselastizität der Geldnachfrage gemäss der Liquiditätspräferenztheorie nach J. M. Keynes gegen unendlich geht. Eine solche Situation impliziert eine horizontale LM-Kurve, die durch Änderungen der Geldmenge auch nicht mehr verschoben wird. Ausweitungen der Geldmenge haben dann keinen Effekt auf das Einkommen oder auf den ↑Zinssatz. Die ↑Geldpolitik ist wirkungslos.

In der Liquiditätsfalle herrscht ein extrem niedriger Zinssatz, weshalb für die Wirtschaftssubjekte kein Anreiz besteht, ↑Effekten zu halten und sie statt dessen jede beliebige Geldmenge als Kassenbestand halten. Wirtschaftssubjekte, die bei diesem niedrigen Zinssatz Effekten halten, können sie nicht ohne Kursverluste verkaufen; Wirtschaftssubjekte, die Geld halten, kaufen aus Angst vor Kapitalverlusten keine Effekten, da der mit Wertpapieren erzielbare Zins als zu niedrig angesehen wird, bzw. nicht einmal die mit der Anlage verbundenen Kosten zu decken vermag.

Kauft die ↑Zentralbank ↑Wertpapiere im Rahmen einer expansiven Offenmarktpolitik, erhält sie zum herrschenden Zinssatz jede gewünschte Menge an Wertpapieren. Jedes zusätzliche Geldangebot wird seitens der Wirtschaftssubjekte als Kassenbestand gehalten (vollkommene Liquiditätspräferenz). Eine Erhöhung des Geldangebots hat in der Liquiditätsfalle keine oder zumindest nur marginale Auswirkung auf die Höhe des Zinses. Allerdings erweist sich die Liquiditätsfalle aus einer historischen Perspektive als eine rein akademische Übung. Nicht einmal für die Zeiten schwerster Rezession existieren gesicherte Hinweise für das Wirksamwerden einer Liquiditätsfalle.

Beat Bernet

Liquiditätskosten
Liquiditätskosten entstehen generell durch die Ertragsdifferenz (in Form von ↑Opportunitätskosten) zwischen einer Anlage gegenüber der Haltung liquider Mittel, was auf den klassischen Konflikt von Rentabilität und Liquidität hinausläuft. Die Haltung liquider Mittel kann sowohl geschäftspolitisch wie auch regulatorisch begründet sein.

Bei Banken im Speziellen existieren in der EU so genannte *Mindestreservevorschriften*. ↑Mindestreserven sind Pflichtguthaben, die ↑Geschäftsbanken bei der ↑Zentralbank zu unterhalten haben. Dies beeinflusst die Liquidität und damit die Kreditvergabemöglichkeiten der ↑Banken nicht unwesentlich.

Im Gegensatz zu den europäischen Bestimmungen wurden in der Schweiz im Jahre 1974 die inländischen und 1977 auch die ausländischen Einlagen gänzlich von der Mindestreserve befreit, sodass eine solche Regelung hier nicht mehr zum Tragen kommt. Es ist jedoch zu beachten, dass die schweizerischen *Vorschriften zur Kassenliquidität* (*↑Liquidität, [Allgemeines und Aufsichtsrechtliches]*), die ein angemessenes Verhältnis zwischen liquiden Mitteln und den Verbindlichkeiten fordern, ähnliche Wirkungen haben wie die europäischen Mindestreservevorschriften.

Die regulatorische Verpflichtung zur Haltung liquider Mittel hat einen wesentlichen Einfluss auf die Höhe der passivischen Konditionsbeiträge, da bei einer zum Kundengeschäft alternativen ↑Refinanzierung am ↑Geldmarkt und ↑Kapitalmarkt lediglich der um die Mindest- bzw. Liquiditätsreserve gekürzte Anteil der Einlagen aufgenommen werden muss.

Daher ist im Rahmen der ↑Margenkalkulation der Berücksichtigung von Liquiditäts- bzw. Mindestreservevorschriften durch eine Korrektur des Geld- und Kapitalmarktzinses und nicht etwa – wie in der Vergangenheit oft praktiziert – durch eine Korrektur des Einlagenzinses Rechnung zu tragen. Hält eine Bank Liquidität, die über der gesetzlich geforderten Liquiditäts- bzw. Mindestreserve liegt, führt dies zu Liquiditätskosten im Sinne von Opportunitätskosten.

Henner Schierenbeck

Liquiditätsmanagement (Allgemeines)
Eine zentrale volkswirtschaftliche Aufgabe der Banken ist die ↑Fristentransformation, insbesondere die Umwandlung liquider ↑Kundengelder in wenig liquide Kredite. Die klassische ↑Goldene Bankregel von Hübner darf also nicht als Forderung nach formeller Übereinstimmung der aktiven und passiven ↑Fälligkeiten verstanden werden.

Liquiditätsmanagement (Allgemeines)

Das Management der ↑Liquidität gehört damit zu den Kernaufgaben einer Bank. Liquidität bildet einen Eckpunkt im geschäftspolitischen Dreieck von Rentabilität, Sicherheit und Liquidität.

Eine erste Aufgabe des Liquiditätsmanagements ist die Sicherstellung der jederzeitigen *Erfüllung der gesetzlichen Vorschriften* betreffend erster und zweiter Liquidität, wobei der Gewinn durch die Liquiditätshaltung möglichst wenig beeinträchtigt werden soll. Der Gewinn oder der Unternehmenswert stellt für die Bank die Zielfunktion dar, die Liquiditätsvorschriften bilden eine der einzuhaltenden Restriktionen.

Die zweite Aufgabe ist die Auswahl und die Strukturierung der Aktiven und Passiven sowie der gegebenen und erhaltenen ↑Kreditlimiten, sodass die Bank unter Wahrung der Rentabilitäts- und Sicherheitsziele die Auszahlungsansprüche ihrer Kunden und Kontrahenten in Zukunft jederzeit und vollständig befriedigen kann. Die grosse Herausforderung liegt nicht in einer statischen Optimierung, sondern in der Meisterung dieser Aufgabe in dynamischen Wirtschaftszyklen. Für den Erfolg der Bank ist das Management der strukturellen Liquidität von strategischer Bedeutung, das Management der ↑kurzfristigen Liquidität kann an eine Fachstelle delegiert werden.

Das Liquiditätsmanagement der Bank war traditionell eng verknüpft mit der Bewirtschaftung der Zinssensitivität der Bilanz (Rentabilität versus Liquidität der Bankbilanz). Dieser Konnex wurde in den letzten Jahren durch das Aufkommen grosser und liquider Märkte für Derivatprodukte gebrochen. Namentlich durch die Entwicklung der Zinsswapgeschäfte, aber auch durch ↑Währungsswaps und ↑Forward rate agreements, ist es heute auch grossen Banken möglich, die Fristigkeit der Zinsen von der Fristigkeit der Kapitalbeträge weitgehend zu entkoppeln und die beiden Elemente getrennt zu steuern. Lösen kann aber der ↑Swap-Markt die Kapitalbindungsproblematik nicht, er dient nur dem Management der ↑Zinsbindung.

Zur Lösung des Liquiditätsproblems wurden in der Theorie verschiedene Methoden entwickelt. Zu den klassischen Ansätzen zählen namentlich die Goldene Bankregel, die ↑Bodensatztheorie und die Maximalbelastungstheorie, neuere Arbeiten basieren vorwiegend auf Restlaufzeitmodellen. Doch auch diese Methoden, die aufgrund der Fälligkeits- und Kündigungsstruktur der heutigen Bilanz unter der Annahme des «Einfrierens des heutigen Geschäftes» die künftige Liquidität planen, werden den realen Anforderungen häufig nicht gerecht. Je weiter in Zukunft die Planung der Liquidität reicht, desto wichtiger werden Aktiven und Passiven, die aufgrund der heutigen Situation noch nicht mehr oder noch nicht in der Bilanz stehen werden.

Ein neuer Ansatz des Liquiditätsmanagements bezieht die Liquiditätsfrage ins Gesamtrisikomanagement der Bank ein. Das Management der ↑*Liquiditätsrisiken* tritt hierbei als viertes Element neben das ↑Marktrisikomanagement, das ↑Kreditrisikomanagement und das operationelle Risikomanagement. Man unterscheidet dabei zwischen *originären* und *abgeleiteten Liquiditätsrisiken*. Erstere unterteilen sich in das Refinanzierungs-, das Termin- und das Abrufrisiko. Das *Refinanzierungsrisiko* ist Ausdruck für die Gefahr, dass im Rahmen der kurzfristigen Refinanzierung ↑langfristiger Aktiven die Anschlussfinanzierung nicht oder nur zu ungünstigen Bedingungen möglich ist. Das *Terminrisiko* bezeichnet die Gefahr des verspäteten Eingangs fälliger Zahlungen, insbesondere aus dem Kreditgeschäft. Das *Abrufrisiko* steht für die Gefahr des Liquiditätsabgangs aus unerwarteten Beanspruchungen von ↑Kreditzusagen, fälliger oder kündbarer Kunden- sowie anderer Refinanzierungsgelder. Als *abgeleitete Liquiditätsrisiken* bezeichnet man den Liquiditätsentzug beim Eintreten anderer Risiken, z.B. beim Eintritt eines grossen Kreditverlustes, der nicht nur die ↑Substanz, sondern auch die Liquidität der Bank reduziert. Alle diese originären und abgeleiteten Liquiditätsrisiken können sich in Krisensituationen einer Bank kumulieren. Im Rahmen eines ganzheitlichen Liquiditätsrisikomanagements werden die Liquiditätsrisiken nicht nur aggregiert über die ganze Bankbilanz analysiert und geplant, sondern für einzelne Bereiche, Länder und Kundengruppen. In dieser Art nähert sich das strukturelle Liquiditätsmanagement dem Marketing der Bank, bei dem es ebenfalls darum geht, die Bedürfnisse und das Verhalten der Kunden zu verstehen.

Auf diesem Gebiet des Kundenverhaltens besteht in der Schweiz ein Trend, der die Banken vor bedeutende Probleme der Planung der strukturellen Liquidität stellt. Es geht um die Disintermediation der Passivseite der Bankbilanzen. Durch den Ausbau der Sozialversicherungen, namentlich der zweiten Säule, sowie aufgrund der steigenden Attraktivität anderer Spar- und Anlageformen (Effekten-, Fonds- und ↑Versicherungssparen) fehlen den Banken teilweise bereits heute die Kundengelder zur liquiditätsgerechten Refinanzierung ihres Kreditgeschäftes. Kapitalmarktrefinanzierungen sind für kleinere Banken im Ausmass beschränkt und zudem teuer. Die Liquiditätsbeschaffung von anderen Banken, oft Banken aus dem Ausland, genügt langfristig den qualitativen Ansprüchen eines strukturellen Liquiditätsmanagements nicht immer. Wie dargelegt, eignen sich die Methoden des ↑Asset and liability management (ALM) nicht für das Management der Liquidität. Das ALM geht davon aus, dass die Liquidität der Bank gewährleistet ist.

In wirtschaftlichen Krisenzeiten kann die Liquidität des gesamten Bankensystems einer Volkswirtschaft knapp werden (Systemrisiko; ↑Systemstabilität, Förderung der). In diesem Falle kann auch ein vorsichtiges Liquiditätsmanagement einer einzelnen Bank versagen. In solchen Situationen hat die ↑Zentralbank als ↑Lender of last resort die Aufgabe, die Liquiditätsversorgung des Bankensystems sicherzustellen, ohne dabei als Retter einer einzelnen Bank auftreten zu müssen. Ob dann eine einzelne Bank von der durch die Zentralbank zur Verfügung gestellten Liquidität einen genügenden Teil erhalten kann, ist weitgehend von ihrer sekundären Liquidität und insbesondere ihrem guten Ruf und der ↑Bonität abhängig. Ob die Zentralbank diese Rolle eines Lender of last resort erfolgreich wahrnehmen kann, dürfte unter anderem von der «sekundären Liquidität» des Bankensystems abhängig sein. Nur wenn genügend Aktiven vorhanden sind, die sich für die ↑Belehnung oder den Kauf durch die Zentralbank eignen, kann diese die ihr zugedachte Rolle Erfolg versprechend übernehmen. Andernfalls würde sie zwangsläufig zum Versicherer oder Garantiegeber der privaten Banken. *Hans Geiger*

Liquiditätsmanagement bei Banken
↑Cash management.

Liquiditätsreserve
↑Liquiditätsmanagement (Allgemeines); ↑Cash management.

Liquiditätsrisiko
Das Liquiditätsrisiko einer Unternehmung umfasst einerseits das Risiko der eigenen ↑Zahlungsunfähigkeit, andererseits das ↑Marktliquiditätsrisiko, d. h. das Risiko, dass sich normalerweise leicht veräusserbare Vermögensteile nur mit hohen Preiszugeständnissen veräussern lassen. ↑Liquidität (Allgemeines und Aufsichtsrechtliches); ↑Liquidität (Betriebswirtschaftliches).

Liquiditätssicherung
↑Liquiditätsmanagement (Allgemeines); ↑Cash management.

Liquiditätsvorschriften
↑Liquidität (Allgemeines und Aufsichtsrechtliches).

Lisbon and Oporto Exchange
Links: www.bdp.pt – www.bvl.pt

Listed option
Börsenkotierte ↑Option.

Ljubljana Stock Exchange
Links: www.ljse.si

LMBO
Abk. f. Leveraged management buy-out. ↑Management buy-out (MBO).

Loan stock
↑Stock.

Lobbying im Bankwesen
Der Begriff Lobby geht auf das althochdeutsche louba (Schutzdach, Hütte, Halle, Vorbau) bzw. das mittelalterlich-lateinische lobia (Kreuzgang) zurück. Im englischen Sprachgebrauch umschreibt lobby u. a. die Wandelhalle im Parlamentsgebäude. Der Duden definiert Lobbyismus – Lobbying kennt er nicht – als Versuch, Gepflogenheit, Zustand der Beeinflussung von Abgeordneten durch Interessengruppen. Mit dieser Begriffsbestimmung offenbart sich die unverhohlene Skepsis v. a. der deutschsprachigen Öffentlichkeit gegenüber dem Lobbying. Politische Arbeit umfasst heute wesentlich mehr als punktuelle Versuche, Einfluss auf die Gesetzgebung zu nehmen. *Public affairs* steht für diesen umfassenderen Ansatz. Unternehmen agieren nicht in einem Vakuum. Die nationale ebenso wie die internationale Politik beeinflussen in vielfacher Weise das Umfeld und die Geschäftstätigkeit der Unternehmen. Politik und Wirtschaft sind durch enge Wechselwirkungen miteinander verbunden. Dies trifft ganz speziell auf einen in hohem Masse regulierten Wirtschaftszweig wie den Finanzsektor zu. Politische Willensbildung ist ein gesellschaftlicher Vorgang, der schliesslich in staatliches Handeln mündet. Public affairs befasst sich mit diesen politischen Willensbildungsprozessen aus der Warte der Privatwirtschaft.
Vorerst ist es die Aufgabe von Public affairs, die Meinungsbildungsvorgänge in Öffentlichkeit und Medien, anderen Interessengruppierungen (z. B. Wirtschaftsverbänden, Nichtregierungsorganisationen) sowie natürlich Parteien und Verwaltung wahrzunehmen und zu analysieren. Danach sind die eigenen Interessen zu erkennen und kohärent zu definieren – grundsätzlich ein anspruchsvoller, häufig auch dornenvoller Vorgang. Darauf folgt die Versorgung der Meinungsbildner und Entscheidungsträger in Verwaltung, Regierung und Parlament mit relevanter, das heisst qualitativ hochstehender Information.
Voraussetzung dafür, im Entscheidungsfindungsprozess Akzeptanz für die eigenen Positionen zu finden, ist der dauernde, konstruktive und also partnerschaftliche Dialog. Partnerschaftlich heisst dabei nicht, auf unklarer Basis vorzeitig verwässerte Kompromisse zu fabrizieren – im Gegenteil. Partnerschaftlich bedeutet vielmehr in Respekt vor den jeweils anders gearteten Aufgaben und angesichts der unterschiedlichen Interessen der Beteiligten die jeweils eigenen klar herauszuschälen, um gemeinsam einen qualitativ hochstehenden Entscheid zu erarbeiten.
Bedingt durch die zunehmende Komplexität der ↑Finanzmärkte und ↑Finanzdienstleistungen, die zusehends heftigere Konkurrenz der wichtigsten ↑Finanzplätze weltweit bei global steigender Inter-

dependenz, die hohen Ansprüche bei ↑Regulierung und Besteuerung ist die politische Arbeit im Bankwesen von wachsender Bedeutung, sind doch konkurrenzfähige Rahmenbedingungen essenziell für zukünftigen geschäftlichen Erfolg.

Kuno Hämisegger

Local cap
Spezielles Segment an der ↑SWX Swiss Exchange für lokale ↑Aktien. Dieses Segment ging im Jahre 2001 aus der früheren Nebenbörse hervor.

Lock-up-Periode
Die Lock-up-Periode umfasst den Zeitraum bei einem Börsengang (↑Initial public offering, IPO), während dem es den bisherigen Eigentümern nicht erlaubt ist, ihre Anteile zu verkaufen. Der Zeitraum, der häufig 180 Tage dauert, wird von der ↑Emissionsbank festlegt. Diese ist im Übrigen auch berechtigt, die Frist aufzuheben.

Lock-up-Vereinbarung
↑Initial public offering (IPO).

Lohn-, Gehaltszession
Die ↑Abtretung (fiduziarische Abtretung, Sicherungszession) künftiger Lohn- und Gehaltsforderungen zur Sicherstellung von Kreditforderungen war früher vor allem im Konsumkreditsektor üblich; die Konsumkreditbanken verzichteten aber seit dem 01.07.1981 im Rahmen einer freiwilligen Übereinkunft auf dieses Sicherungsinstrument. Seit dem 01.07.1991 ist die Abtretung und die Verpfändung künftiger Lohn- und Gehaltsforderungen zur Sicherstellung von Verbindlichkeiten generell unzulässig (OR 325 II). Möglich bleibt sie nur zur Sicherung familienrechtlicher Unterhalts- und Unterstützungspflichten im Rahmen der pfändbaren Quote, d. h. soweit der Arbeitnehmer den Lohn für seinen und den Unterhalt seiner Familie nicht zwingend benötigt (Existenzminimum, OR 325 I, SchKG 93). Möglich bleibt ferner die Abtretung fälliger Lohn- und Gehaltsforderungen, insbesondere deren Verkauf an eine Bank gegen Leistung eines Kaufpreises in bar in der Höhe des Netto-Nominalwertes der abgetretenen Forderung. Die Bank erwirbt in diesem Fall die Forderung aus dem Arbeitsverhältnis mit dem ihr anhaftenden ↑Konkursprivileg erster Klasse; dieses Privileg ist nur wirksam in einem Konkursverfahren, das innerhalb von sechs Monaten seit der Entstehung der Forderung eröffnet wird (SchKG 219 IV 4 a). Solche Finanzierungen, die gelegentlich vorgenommen werden, wenn einem Arbeitgeber keine Mittel zur Bezahlung der Löhne zur Verfügung stehen, liegen im Interesse der Arbeitnehmer und des Arbeitgebers, evtl. auch im Interesse der Bank selbst. In extremen Fällen kann sich eine Bank, die so vorgeht, dem Vorwurf aussetzen, sie habe mit der Finanzierung der Löhne aus eigensüchtigen Motiven zur Verlängerung der Agonie einer nicht mehr lebensfähigen Unternehmung beigetragen und damit anderen Gläubigern rechtswidrig Schaden zugefügt (↑Lender liability). Die Bank tut überdies gut daran, die auf den erworbenen Lohn- und Gehaltsforderungen geschuldeten Sozialversicherungsbeiträge abzuführen.

Christian Thalmann

Lohnpfändung
Erwerbseinkommen eines Schuldners aus selbstständiger und unselbstständiger Tätigkeit kann wie auch Einkommen aus Pensionen, Renten usw. (soweit dieses nicht nach SchKG 92 ganz und gar unpfändbar ist) vom Gläubiger in der Betreibung nur so weit gepfändet werden, als es nach dem Ermessen des Betreibungsbeamten nicht für den Lebensunterhalt des Schuldners und seiner Familie unbedingt notwendig ist (Notbedarf, Existenzminimum, SchKG 93). Die Pfändung zukünftigen Erwerbseinkommens ist zudem längstens für die Dauer eines Jahres, vom Pfändungsvollzug an gerechnet, möglich. Reicht das für die Dauer eines Jahres gepfändete Erwerbseinkommen nicht zur vollen Befriedigung des pfändenden Gläubigers aus, so stellt das Betreibungsamt für den nicht gedeckten Betrag der Forderung einen ↑Verlustschein aus. Erst in einer aufgrund desselben angehobenen neuen Betreibung kann der Gläubiger wieder eine neue Lohnpfändung für die Dauer eines Jahres verlangen. Dabei haben allfällige in der Zwischenzeit vorgenommene Lohnpfändungen anderer Gläubiger den Vorrang.

Mit der per 01.07.1991 in Kraft getretenen Revision von OR 325 II, welche die ↑Abtretung zukünftiger Lohnforderungen zur Sicherstellung von gewöhnlichen Kreditforderungen für ungültig erklärt (↑Lohn-, Gehaltszession), ist die Streitfrage, ob eine frühere Lohnzession dem pfändenden Gläubiger vorgeht, gegenstandslos geworden.

Christian Thalmann

Lohn- und Gehaltskonto
↑Bargeldlose Lohn- und Gehaltszahlung.

Lokalbanken
↑Regionalbanken.

Lokalpapiere
Wertpapiere, für die nur am Ort oder in der Region der Ausgabe grösseres Interesse besteht. Synonyme: Lokalwerte, Regionalwerte.

Lokogeschäft
Auch Locogeschäft, Kurzform: Loko oder Loco. Ein Lokogeschäft ist ein Kassa- oder ↑Comptantgeschäft, im Unterschied zum ↑Termingeschäft. Loko (Loco) ist auch ein selten gebrauchter Ausdruck für den ↑Börsenplatz, an dem ein Titel gehandelt wird. Beispiel: Loco Frankfurt.

Lombard
↑Wertpapierverpfändung; ↑Lombardieren.

Lombarddepot
Der Begriff Lombarddepot wird wie folgt verwendet:
– Von den Geschäftsbanken bei der SNB (↑Nationalbank, Schweizerische) fest unterhaltene Effektendepots. Gegen Verpfändung von ↑Effekten höchster ↑Bonität (↑lombardfähige Wertpapiere) kann eine Geschäftsbank zur Deckung eines ↑kurzfristigen Liquiditätsengpasses im Rahmen der ihr von der SNB ausgesetzten Limite jederzeit ihren Lombardkredit beanspruchen (↑Lombardkredit der SNB).
– Bei einer Geschäftsbank zum Zweck der Beanspruchung eines Lombardkredits verpfändetes Effektendepot (↑Wertpapierverpfändung).

Seit die SNB das Repo-Geschäft (↑Repo-Geschäft der SNB) als geldpolitisches Instrument einsetzt (1998), hat der Lombardkredit der SNB seine frühere Bedeutung verloren. Die Lombarddepots bei der SNB sind im Durchschnitt kleiner als vorher.

Lombardfähige Wertpapiere
Unter lombardfähigen Wertpapieren versteht man im Allgemeinen: ↑Effekten, die für das ↑Effektenlombardgeschäft eingesetzt bzw. für einen Lombardkredit belehnt werden können (↑Wertpapierverpfändung).
Im Speziellen: Effekten, welche die SNB (↑Nationalbank, Schweizerische) für einen ↑Lombardkredit der SNB belehnt.

Lombardgeschäft
↑Wertpapierverpfändung.

Lombardieren
Kreditgewährung einer Bank (Lombardkredit) gegen Verpfändung von ↑Effekten (↑Wertpapierverpfändung), seltener auch gegen Verpfändung von Edelmetallen, ↑Wechseln oder Waren. ↑Lombardkredit der SNB.

Lombardkredit
↑Wertpapierverpfändung.

Lombardkredit der SNB
Die Schweizerische ↑Nationalbank (SNB) räumt den ↑Geschäftsbanken gegen Verpfändung fest hinterlegter ↑Wertschriften von Schuldnern hoher ↑Bonität Lombardkreditlimiten ein. Im Rahmen ihrer ↑Limite kann eine Bank zur ↑Deckung eines kurzfristigen Liquiditätsengpasses bei der SNB jederzeit einen Lombardkredit beanspruchen. Der Kredit ist zum offiziellen ↑Lombardsatz zu verzinsen, der zwei Prozentpunkte über dem Marktsatz für ↑Tagesgeld liegt. Der Lombardkredit der SNB dient als Notventil; eine Bank kann damit den Teil ihres täglichen Bedarfs an Notenbankgeld (↑Notenbankgeldmenge) decken, den sie sich nicht durch ↑Repos mit der SNB oder über den Interbankenmarkt (↑Interbankgeschäft) beschaffen konnte. Die Option, notfalls auf den Lombardkredit zurückzugreifen, erlaubt den Geschäftsbanken, ihre unverzinsten ↑Girokonten bei der SNB knapp zu dotieren, ohne dass sie Gefahr laufen, Folgekosten von nicht ausgeführten Zahlungen im ↑Giroverkehr der Schweizerischen Nationalbank (Verzugszinsen, Reputationsverlust, Umtriebsspesen) tragen zu müssen. Diesem Vorteil stehen neben dem Zinszuschlag zum Tagesgeldsatz die Kosten der Lombardkreditlimite gegenüber, die den entgangenen Bewirtschaftungserträgen auf den verpfändeten Wertschriften (↑Securities lending and borrowing) entsprechen. Die Grössenordnung der Lombardkreditlimiten reicht von wenigen Millionen Schweizer Franken für kleinere Institute bis zu mehreren Milliarden für ↑Grossbanken (Juni 2001).

Markus Gähwiler, Erich Spörndli

Lombardpolitik der SNB
↑Lombardkredit der SNB.

Lombardsatz
Der Lombardsatz ist der bei Krediten gegen Verpfändung von ↑Wertschriften (↑Lombardkredit) angewandte ↑Zinssatz. Der offizielle Lombardsatz (↑Lombardkredit der SNB) wird seit 1989 von der Schweizerischen Nationalbank (SNB) täglich berechnet und liegt zwei Prozentpunkte über dem Marktsatz für ↑Tagesgeld.

Londoner Börse
London Stock Exchange.
Links: www.londonstockexchange.com

Londoner Club
Der Londoner Club ist ein informeller Zusammenschluss von Gläubigerbanken mit dem Ziel der gemeinsamen Verhandlung von Schuldenrestrukturierungen mit Gläubigerländern. Ein Londoner Club kann von einem Schuldnerland einberufen werden bei Zahlungsproblemen und wird wieder aufgelöst nach erfolgter ↑Restrukturierung der Schuld. Entgegen dem Namen finden die Verhandlungen eines Londoner Clubs nicht notwendigerweise in London statt. Der Londoner Club kann als kommerzielles Gegenstück zum ↑Pariser Club angesehen werden

London interbank bid rate (Libid)
Die London interbank bid rate (Libid) ist der in London festgestellte Geldkurs des Euro-Geldmarktes, d.h. der ↑Zinssatz, der für die Hereinnahme von ↑Euro-Geldern bezahlt werden muss. Die Differenz zu ↑Libor beträgt in der Regel $1/8\%$.

London interbank mean rate (Limean)
Mittlerer Geldmarktzinssatz (↑Interbankensatz) zwischen ↑Libor und Libid (↑London interbank bid rate [Libid]) am Londoner ↑Geldmarkt.

London interbank offered rate (Libor)
↑Libor.

London international financial futures exchange (LIFFE)
Die London international financial futures exchange (LIFFE) war während mehreren Jahren die führende Derivatbörse Europas, bis sie diese Position an die ↑Eurex verlor. Sie wurde im Jahre 2001 von ↑Euronext übernommen.
Links: www.liffe.com.

Long
Verkürzte Bezeichnung für ↑Long position oder ↑Long run. Das Gegenteil von Long ist ↑Short. ↑Long gehen.

Long bonds
Eine andere Bezeichnung für Long bonds ist ↑Langläufer. Das heisst, es handelt sich um ↑Anleihen mit einer langen ↑Restlaufzeit, in den USA z. B. die 30-jährigen ↑Treasury bonds.

Long-call-Option
Bezeichnung für einen erworbenen ↑Call (Kaufoption). Das Gegenteil von der Long-call-Option ist die Short-call-Option.

Long gehen
Kauf von ↑Wertpapieren, ↑Finanzinstrumenten oder Waren auf Termin. Long gehen führt zu einer ↑Long position. Das Gegenteil von Long gehen ist Short gehen.

Long position
Devisen-, Edelmetall- oder Wertpapierposition, bei welcher die Forderungen höher sind als die Verpflichtungen. Eine Long position ist eine Hausse-Position, d. h. ein Engagement in Effekten, das eine Wertsteigerung erfährt, wenn deren Preis steigt. Der Gegensatz zur Long position ist die ↑Short position. ↑Devisengeschäft; ↑Währungsposition.

Long run
Als Long run bezeichnet man Zeiträume, die in der Regel länger als ein Jahr dauern.

Long term debt rating
Beurteilung der ↑Bonität der ↑Emittenten von langfristigen Schuldverpflichtungen durch eine international anerkannte Rating-Agentur oder durch eine bankinterne Stelle.

Look-back-Option(-sschein)
Look-back-Optionen gehören zu den ↑exotischen Optionen. Eine Look-back-Option gewährt dem ↑Optionskäufer das Recht, einen ↑Call zum niedrigsten und einen ↑Put zum höchsten ↑Kurs auszuüben, der innerhalb eines bestimmten Zeitraums erreicht wird. Für den Käufer einer Look-back-Option bedeutet dies, dass immer der günstigste ↑Ausübungspreis verwendet wird.

Loro
Kurzbezeichnung für Guthaben, ↑Effekten oder Verpflichtungen einer Bank bei andern Banken. Gegensatz: ↑Nostro. Loro bedeutet dasselbe wie Vostro. Die Ausdrücke Loro, Nostro und Vostro werden nur noch selten verwendet.

Losanleihe
↑Premium bonds.

Loss aversion
↑Börsenpsychologie.

Louis d'or
Ludwigdor. Französisches 20-Franken-Goldstück mit dem Kopfbild französischer Könige; ab 1640 bis zur Französischen Revolution geprägt.

Low exercise price option (LEPO)
↑Strukturierte Produkte.

Loyalty-Karten
↑Kreditkarten.

LSV
Abk. f. ↑Lastschriftverfahren, -verkehr.

Luftfahrzeugverschreibung
↑Pfandrecht an einem Luftfahrzeug aufgrund des BG über das Luftfahrzeugbuch vom 07.10.1959, das erlassen wurde, um die Finanzierung von Luftfahrzeugen durch ↑Bankkredite zu erleichtern. Bei der Luftfahrzeugverschreibung handelt es sich um ein Registerpfandrecht, das durch den Eintrag in das Luftfahrzeugbuch entsteht (↑Mobiliarhypothek). Diese Form des Pfandrechtes wurde gewählt, weil Luftfahrzeuge von den Fluggesellschaften nicht aus der Hand gegeben und infolgedessen nicht durch Übertragung des Besitzes (↑Faustpfand) verpfändet werden können. Das Pfandrecht an einem Luftfahrzeug kann unter bestimmten Voraussetzungen auf das Ersatzteillager, das in der Regel einen bedeutenden Wert darstellt, ausgedehnt werden. Das Luftfahrzeugbuch wird als öffentliches Register geführt. Daraus sind die an einem eingetragenen Luftfahrzeug bestehenden dinglichen Rechte ersichtlich, wie vor allem ↑Eigentum und Pfandrechte. Es wird vom Bundesamt für Zivilluftfahrt geführt, und zwar

getrennt vom Luftfahrzeugregister, in das sämtliche privaten Luftfahrzeuge eingetragen werden müssen.

Lustlos
In der Börsensprache Ausdruck zur Bezeichnung des Fehlens einer bestimmten Tendenz.

Luxembourg Stock Exchange
Links: www.bourse.lu

Luxemburger Fonds
↑Anlagefonds mit Sitz in Luxemburg. Seit vielen Jahren ist Luxemburg innerhalb der Europäischen Union der beliebteste Fondsplatz für die europaweite Lancierung von Anlagefonds. Sofern sie der EU-Fondsrichtlinie 85/611/EWG entsprechen und unter die «Première Partie» des Luxemburgischen Anlagefondsgesetzes fallen, können Luxemburger Fonds innerhalb des Europäischen Wirtschaftsraumes bewilligungsfrei vertrieben werden (Single license), während für die Schweiz ein vereinfachtes Bewilligungsverfahren Platz greift. Ende 2001 waren 2 038 Luxemburger Fonds in der Schweiz zum Vertrieb zugelassen.

Luxibor
Abk. f. Luxemburg interbank offered rate. Der Luxibor ist der am Luxemburger Geldmarkt ermittelte repräsentative Geldmarktzinssatz (↑Brief, Briefkurs), der als Referenzzinssatz oder als Basis für zinsvariable Anleihen oder Kredite dient. Wird analog zu ↑Libor (Abk. f. London interbank offered rate); Fibor (Abk. f. ↑Frankfurt interbank offered rate); Nibor (Abk. f. ↑New York interbank offered rate); ↑Zibor (Abk. f. Zürich interbank offered rate) ermittelt. Die weitaus grösste Bedeutung unter allen Interbank offered rates hat Libor.

M & A
Abk. f. ↑Mergers and acquisitions.

Macaulay-Duration
↑Duration.

MACD
Die Abkürzung MACD steht für Moving average convergence/divergence. Er wird aus drei exponentiell gewichteten ↑Moving averages (MA) berechnet, die in Form von zwei Linien dargestellt werden. Dabei stellt die erste Linie die Differenz zwischen einem 12-Perioden exponentiell gewichteten MA und einem 26-Perioden exponentiell gewichteten MA dar. Die zweite Linie, die als Signallinie (↑Signal) bezeichnet wird, ist das exponentielle Äquivalent eines 9-Perioden-MA der ersten Linie. Die exponentiellen Werte sind dabei 0.15, 0.075 und 0.20. Der MACD gehört zur Familie der Trendfolgeindikatoren (↑Indikator) und findet weit verbreiteten Einsatz.

Macro hedge
Absicherungsmassnahmen, die auf der Ebene der Gesamtbilanz beziehungsweise eines ganzen ↑Portfolios durchgeführt werden. Macro hedges werden auf der Basis von aggregierten Risikokennzahlen einer Anzahl von Einzelpositionen durchgeführt. ↑Hedge accounting.

Madrid Stock Exchange
Links: www.bolsamadrid.es

Maestro
Maestro steht für das von Europay International (bzw. MasterCard International) verbreitete internationale Debitsystem. Das Logo Maestro auf Schweizer ↑ec/Maestro-Karten wie auch auf anderen ↑Debitkarten zeigt an, dass die ↑Karteninhaber mittels Eingabe des persönlichen ↑Codes, respektive der persönlichen Identifikationsnummer (↑Personal identification number [PIN]), weltweit sowohl Bargeld an Geldausgabeautomaten (↑Bancomat) beziehen können wie auch Waren und Dienstleistungen am ↑Point of sale terminal (POS) bezahlen können.
Mit dem Signet «Maestro» sind weltweit alle Geldausgabeautomaten gekennzeichnet, die den Bargeldbezug mit einer mit Maestro gekennzeichneten Debitkarte ermöglichen, sowie alle Verkaufsstellen, bei denen Waren und Dienstleistungen bargeldlos mit einer mit Maestro gekennzeichneten Debitkarte bezahlt werden können. ↑Electronic funds transfer at the point of sale (EFT/POS).

Magisches Sechseck der Unternehmensfinanzpolitik
↑Industriefinanzierung.

Magnetstreifen
Alle international üblichen Zahlkarten (↑Kartenbasierte Zahlungsmittel) sind mit einem Magnetstreifen ausgerüstet, der die zur Abwicklung der ↑Transaktionen erforderlichen Daten enthält. Um die internationale Kompatibilität sicherzustellen, sind Format und Bedeutung dieser Daten weltweit normiert. Von den drei normierten Magnetspuren wird heute international vorwiegend die als «ISO-2» bekannte Magnetspur verwendet. Diese enthält als wichtigste Information eine als PAN (Primary account number) bekannte, 11–19-stellige Zahl, die den Kartenherausgeber und das der Karte zugeordnete ↑Konto weltweit eindeutig identifiziert. Die Übermittlung der Transaktionen erfolgt aufgrund von entsprechenden Tabellen in den Rechnern der Kartenorganisationen. Weitere Daten umfassen das Verfalldatum und technische Informationen für das verarbeitende Terminal.
In der Schweiz ist zudem noch die als «ISO-3» bekannte Magnetspur im Gebrauch, die zusätzliche Daten enthält. Diese Daten ermöglichen eine Offline-Verarbeitung, wie sie bis 1991 im Banco-

mat-System üblich war und bei älteren Tankautomaten noch heute verwendet wird.
Da Magnetstreifen relativ leicht kopiert werden können, planen die internationalen Organisationen zur Erhöhung der Sicherheit seit Ende der 90er-Jahre den Einsatz von Chipkarten (↑Chip).

Jacques Bischoff

Mailänder Börse
Italien Exchange, Borsa Italia.
Links: www.borsaitalia.it

Maintenance leasing
↑Brutto-Leasing.

Maintenance margin
↑Margin; ↑Financial futures; ↑Futures margin.

Majorisierung
Mit dem Begriff Majorisierung ist eine absichtlich erhöhte ↑Zeichnung bei einer (Aktien-)Emission gemeint (↑Emissionsgeschäft). Rechnet ein ↑Investor mit einer starken Überzeichnung bei einer ↑Emission, insbesondere bei einem ↑Initial public offering (IPO), wird er eine grössere Menge zeichnen als er tatsächlich zu erwerben beabsichtigt. Durch dieses Vorgehen erhofft er sich trotz Zuteilungskürzungen den eigentlich gewünschten Betrag zu erhalten. Eine risikolose Majorisierung setzt Kenntnisse über das mutmassliche Zeichnungsergebnis und die Zuteilungsmethode voraus. Werden die ↑Effekten entgegen aller Erwartungen ungekürzt zugeteilt, haftet der Majorisierer gegenüber der ↑Zeichnungsstelle für den gesamten gezeichneten Betrag. Eine Berufung auf Majorisierung ist nicht möglich. In jedem Fall verzerren solche Überzeichnungen das tatsächliche Zeichnungsergebnis und geben ein falsches Bild von der Lage am ↑Kapitalmarkt ab. Verwandt mit der Majorisierung ist die Konzertzeichnung, bei der eine Zeichnung gleichzeitig bei verschiedenen Banken eingereicht wird.

Major market index
Der *Major market index (MMI)* ist ein indexähnlicher Kursdurchschnitt der ↑Aktien von 20 amerikanischen Grossunternehmen und lehnt sich an die Berechnungsweise des ↑Dow Jones Industrial Average (DJIA) an. Der MMI wurde von der American Stock Exchange (↑AMEX) kreiert, da Dow Jones in der Vergangenheit Lizenzen zum Handel von ↑Futures auf die DJIA verweigerte. Mit der Aufgabe dieser Geschäftspolitik und der Lancierung von Futures auf den DJIA im Oktober 1997 ist der MMI bedeutungslos geworden.

Makler
Ein Vermittler, der gewerbsmässig in eigenem Namen, aber für fremde Rechnung, Gelegenheit zum Abschluss von Verträgen nachweist und/oder Verträge vermittelt (Börsen-, Immobilien-, Versicherungs-, Stellenvermittlungs-, Heiratsmakler). Im Wertpapierhandel nannte man den Makler früher in der Schweiz ↑Sensal, in der Westschweiz Agent de change. Schon Ende des 19. Jahrhunderts ging diese Funktion aber an die ↑Banken über. Heute spricht man oft von ↑Effektenhändlern.

Maklerdarlehen
↑Effektenkredit.

Maklergebühr
↑Courtage.

Managed floating
Managed floating (auch ↑Dirty floating, d.h. schmutziges Floating genannt) bezeichnet eine Zwischenstufe zwischen einem reinen ↑Floating und einem ↑festen Wechselkurs. Die ↑Zentralbank betreibt ↑Kurspflege und interveniert zu diesem Zweck nach freiem Ermessen durch Devisenkäufe oder -verkäufe am Devisenmarkt. Anders als beim reinen Floating überlässt die Zentralbank die Bestimmung des ↑Wechselkurses also nicht dem freien Spiel der Marktkräfte, sondern ist selber am Devisenmarkt aktiv. Im Unterschied zu festen Wechselkursen verpflichtet sie sich aber nicht dazu, einen festgelegten Leitkurs zu verteidigen.
Die Devisenmarktinterventionen lassen sich in *geldmengenwirksame* und *geldmengenneutrale* ↑Interventionen unterteilen. Wenn die Zentralbank am Devisenmarkt Devisen kauft (verkauft) und damit die Geldmenge (↑Geld [Begriff], ↑Geldschöpfung) erhöht (senkt), spricht man von einer geldmengenwirksamen Intervention. Wenn sie die Wirkung des Devisenkaufs (Devisenverkaufs) durch ein anderes Instrument, beispielsweise durch den Verkauf (Kauf) von inländischen ↑Wertpapieren kompensiert, sodass die Geldmenge unverändert bleibt, handelt es sich um eine geldmengenneutrale Intervention. Geldmengenneutrale und geldmengenwirksame Interventionen werden oft auch als sterilisierte bzw. nichtsterilisierte Interventionen bezeichnet. Die Wirkungen von geldmengenwirksamen Interventionen sind mit Sicherheit grösser als jene von geldmengenneutralen Interventionen. Ob geldmengenneutrale Interventionen überhaupt eine Wirkung haben, ist umstritten. Ihre Wirkung hängt im Prinzip davon ab, ob Devisen und inländische Wertpapiere von den ↑Investoren als gute oder schlechte Substitute betrachtet werden. Die empirische Literatur deutet insgesamt darauf hin, dass die beiden Wertpapiere verhältnismässig enge Substitute sind, sodass die durch eine geldmengenneutrale Intervention herbeigeführte veränderte Währungszusammensetzung der Portefeuilles (↑Portfolio) von Firmen und Haushalten eine sehr geringe Wirkung auf die ↑Risikoprämien am Devisenmarkt hat. Geldmengenneutrale Interventionen sind in diesem Fall

weitgehend wirkungslos, es sei denn, die Märkte betrachten die sterilisierte Intervention als ↑Signal dafür, dass die Wahrscheinlichkeit einer Anpassung des geldpolitischen Kurses, d. h. einer Veränderung der Geldmenge, gestiegen ist.

Alle Zentralbanken haben seit dem Zusammenbruch des Währungssystems von Bretton Woods (↑Internationaler Währungsfonds) immer wieder am Devisenmarkt interveniert. Koordinierte Interventionen der grossen Industrieländer (USA, Japan, Deutschland) waren vor allem im Anschluss an die Vereinbarungen von Plaza (1985) und Versailles (1987) zu beobachten. Die Schweizerische ↑Nationalbank (SNB), die in den 70er-Jahren noch sehr häufig am Devisenmarkt interveniert hatte, tat dies in den 80er-Jahren eher selten und in den 90er-Jahren fast gar nicht mehr. Dies ist nicht allein auf den Wechselkursverlauf oder auf Zweifel an der Wirksamkeit geldmengenneutraler Inverventionen, sondern auch auf die Entwicklung des Notenbankinstrumentariums (↑Instrumentarium der SNB) zurückzuführen. Während die Geldmenge in den 70er-Jahren vor allem mit Kassageschäften (↑Kassa- oder Comptantgeschäft) am Devisenmarkt gesteuert wurde, waren es später zunächst vor allem Devisenswaps (↑Devisenswap-Geschäft) und dann die ↑Repos.

Mathias Zurlinden

Management
↑Geschäftsleitung der Bank.

Management buy-in (MBI)
↑Management buy-out (MBO).

Management buy-out (MBO)
Der Management buy-out (MBO) ist eine Spezialform des Unternehmenskaufes, bei der nicht ein aussen stehender Dritter, sondern das Management der Unternehmung als Käufer auftritt. Der MBO ist eine interessante Alternative für die Nachfolgeregelung bei Familienunternehmen. Auch der Verkauf nichtstrategischer Konzernbereiche an das Management eignet sich, um als MBO strukturiert zu werden. Vorbereitung, Strukturierung und Durchführung von MBOs sind anspruchsvoll und erfordern spezielle Expertisen.

Bei grossen ↑Transaktionen wird das Management von so genannten Private-equity-Investoren unterstützt. Diese institutionellen ↑Investoren spezialisieren sich auf Eigenkapitalfinanzierungen nichtbörsenkotierter, d. h. privat gehaltener Firmen. ↑Private equity im Rahmen von MBOs hat sich zu einer eigentlichen «MBO-Industrie» entwickelt.

Die Verwendung des englischen Fachausdrucks MBO in ganz Europa geht auf den zeitlichen Vorsprung der angelsächsischen Entwicklung sowohl in der Praxis als auch in der Literatur zurück. Mit *Buy-out* wird angedeutet, dass neben der Übernahme ganzer Unternehmungen auch das Herauslösen einzelner Unternehmensbereiche (z. B. Tochtergesellschaften oder Divisionen) angesprochen wird.

Der MBO ist in der Schweiz ein noch junges Phänomen. Obwohl MBOs vereinzelt bereits in den 80er-Jahren zu beobachten waren, setzte der eigentliche Aufschwung erst in den 90er-Jahren ein. Die Anzahl durchgeführter Transaktionen vervielfachte sich und das durchschnittliche ↑Transaktionsvolumen stieg deutlich an. In den letzten Jahren wurden im Durchschnitt zwischen 50 bis 60 publizierte MBOs gezählt, wovon ca. jede sechste Übernahme mit Private equity gestützt wurde.

Die Kaufpreisfinanzierung erfolgt üblicherweise unter Nutzung der sog. Leverage-Finanzierungstechnik, indem ein massgeblicher Teil der Akquisition mit ↑Fremdkapital finanziert wird. Dadurch können die einzusetzenden Eigenmittel beschränkt und die ↑Eigenkapitalrentabilität im Falle einer guten ↑Ertragskraft erhöht werden. Stark fremdfinanzierte Übernahmen, sog. *Leveraged buy-outs (LBO)*, auch als Leveraged management buy-outs (LMBO) bezeichnet, hatten in den 80er-Jahren in den angelsächsischen Märkten ihre Blütezeit. Die Anfälligkeit solcher Strukturen auf Veränderungen des Zinsniveaus und der Unternehmenserträge hat in den 90er-Jahren wieder zu einer Rückbesinnung auf tragfähige Finanzstrukturen geführt. Bei der Buy-out-Finanzierung spielt der Fremdkapitalaspekt eine zentrale Rolle, da die privaten Mittel des Managements ↑limitiert sind. Bei grösseren MBOs wird das Management trotz Beanspruchung einer weitgehenden ↑Fremdfinanzierung weitere Eigenkapitalinvestoren beiziehen müssen. Nur dadurch können die notwendigen Mittel zur Kaufpreisfinanzierung aufgebracht und gleichzeitig eine entsprechende und risikogerechte Eigenkapitalbasis geschaffen werden. Der verständliche Wunsch des Managements, Alleinaktionär oder ↑Mehrheitsaktionär zu werden, ist bei grossen MBOs nicht realisierbar. Bei Transaktionen mit einem Kapitaleinsatz von zwei- bis dreistelligen Millionenbeträgen reduziert sich der Managementanteil auf eine mehr oder weniger ausgeprägte Minderheitsbeteiligung.

Von fundamentaler Bedeutung ist im MBO-Konzept die Zusammenführung von Arbeits- und Kapitaleinsatz, die eine neue unternehmerische Dynamik entstehen lässt. Die Eigenkapitalquote des Managements muss dabei gewichtig genug sein, damit sich diese Dynamik entfalten kann. Für die Maximierung der Managementposition stehen im ↑Financial engineering verschiedene Instrumente zur Verfügung, wie beispielsweise Aktionärsdarlehen, ↑Vorzugsaktien usw.

Alle in bedeutendem Umfang mit Fremdmitteln finanzierten Fälle sind eigentlich *Leveraged buyouts (LBO)*. In den USA werden MBOs deshalb generell als LBOs bezeichnet. Da sich in Europa die Praxis bei der Verwendung des Begriffs weniger am Finanzierungsaspekt, sondern eher an der involvierten Käufergruppe orientiert, hat sich hier jedoch der Begriff MBO durchgesetzt. Eine spezielle Ausprägung des MBO-Konzeptes bildet der *Management buy-in (MBI)*, bei dem nicht das bestehende Management, sondern ein mehrheitlich von aussen kommendes Management als Käufer auftritt. *Alexander E. Krebs, Eric Trüeb*

Management fee
Die Management fee ist eine Verwaltungs- oder Managementgebühr, die bei Investitionen in einen Anlagefonds oder eine Beteiligungsgesellschaft erhoben wird. Ihre Höhe wird in Prozenten oder ↑Basispunkten des angelegten Vermögens ausgedrückt.
Üblicherweise bewegt sie sich für ↑Geldmarktfonds zwischen 0,5% und 1%, für ↑Obligationenfonds zwischen 0,5% und 1,25% und für ↑Aktien- und ↑Anlagezielfonds zwischen 1% und 2%. Teilweise höhere Gebühren werden für ↑Fonds verlangt, die auf Regionen oder Branchen spezialisiert sind. Belastet wird die Management fee nicht dem Anleger, sondern direkt dem ↑Fondsvermögen. Durch die tägliche anteilsmässige Belastung weist dieses somit jeweils den Nettoinventarwert aus.
Die Management fee ist unter den laufenden Kosten eines Fonds ein gewichtiger Posten; zu den laufenden Kosten gehören im Weiteren auch die Administrationskosten, Depotbankgebühren und ↑Transaktionskosten. Zusehends mehr Anklang findet in der Schweiz die ↑All-in-fee. Mit dieser Kostenpauschale sind alle Kosten eines Fonds erfasst. Die transparente All-in-fee hat für die Anleger den Vorteil der grösseren Transparenz und der besseren Vergleichbarkeit der Produkte.
Bei Beteiligungsgesellschaften wird die Management fee mit 0,5% bis 1,5% eher tiefer angesetzt als bei Anlagefonds. Sie wird ebenfalls täglich dem Gesamtwert der Aktiven belastet. Anders als bei den Anlagefonds kommt in der Regel aber noch eine leistungsabhängige ↑Performance fee dazu.
Hans-Dieter Vontobel

Management fund
↑Anlagefonds, dessen Reglement die Anlageentscheide im Rahmen der reglementarischen ↑Anlagevorschriften der ↑Fondsleitung überlässt. Die Bezeichnung stammt aus den Anfängen der Anlagefonds, als Gegensatz zum damals noch üblichen Fixed investment trust, welcher die Anlagen in einer zum Voraus festgelegten Zusammensetzung vorgenommen hat.

Management group
Begriff aus dem internationalen ↑Emissionsgeschäft. Die Management group ist verantwortlich für die Koordination und ordnungsgemässe Durchführung der ↑Emission. Sie führt die Verhandlungen mit den ↑Emittenten. Bei Bildung eines ↑Emissionskonsortiums nach dem Verfahren der Three-tier syndication verpflichtet sich die Management group gegenüber dem Emittenten zur Übernahme und Platzierung der ↑Wertpapiere (↑Firm commitment). Bei einem nach dem Verfahren der ↑Two-tier syndication gebildeten Emissionskonsortium ist die Management group ein Teil der Underwriting group (↑Underwriting, ↑Underwriter). Die Verpflichtung gegenüber dem Emittenten zur Übernahme und Platzierung der Wertpapiere erfolgt hier durch die Underwriting group.

Management-Informationssystem bei Banken (MIS)
Der Begriff ist weitgehend synonym zu Executive information system (EIS) und Führungsinformationssystem (FIS). Die Idee des umfassenden Management-Informationssystems (MIS) entstand im Gefolge der Entwicklung der Informationstechnologie, die in Banken in einer Frühphase vorwiegend für operationelle Tätigkeiten eingesetzt wurde. Die MIS-Idee weckte anfänglich hohe Erwartungen bezüglich der Verbesserung der Führung aufgrund besserer Informationen. In den frühen 70er-Jahren wurden grosse Investitionen in Systeme und Datenbanken getätigt, die sicherstellen sollten, dass die relevanten Informationen zum richtigen Zeitpunkt in der gewünschten Form am richtigen Ort zur Verfügung stehen. Manchmal war mit der MIS-Idee auch die Erwartung verbunden, dass der Computer aufgrund solcher Systeme auch selbst Entscheide treffen oder mindestens vorschlagen könne. Das weitgehende Scheitern dieser umfassenden Systeme hat zu verbreiteter Skepsis und bescheideneren Erwartungen geführt.
Heute ist man von der Idee umfassender Management-Informationssysteme auch bei Banken abgekommen. Eine strategische Entscheidung über die Standortpolitik einer Filialbank braucht andere Informationen und andere Systeme als die monatlichen Entscheidungen über die im Bankenbuch einzugehenden ↑Zinsrisiken, und diese Informationen sind wiederum von ganz anderer Art als die Informationen für die Budgetierung und Abrechnung der Kostenstellen und Profitcenters einer Bank. Das System für die Kontrolle der ↑Marktrisiken im Devisenhandel hat kaum Ähnlichkeiten mit einem Informationssystem zur Überwachung der ↑operationellen Risiken im ↑Zahlungsverkehr. Was von den ursprünglichen Ideen des integrierten MIS übriggeblieben ist, ist das Bestreben, die Informationen der Bank aufgrund der immensen Menge von Transaktionsdaten ohne Mehrfacherfassungen systematisch zu strukturieren und zu speichern. Für eine solche Datenbank einschliesslich der Instrumente zur Verwaltung, Auswertung und Darstellung der Informationen wurde der Begriff *Information warehouse* geprägt, der inzwi-

schen durch den Ausdruck *Data warehouse* abgelöst wurde. Die enormen Fortschritte der Informationstechnologie und der Telekommunikation haben dazu verholfen, diesem Ziel wesentlich näher zu kommen und die Daten auch dezentral den verschiedenen Benutzern und Interessenten zur Verfügung zu stellen. Man spricht in diesem Zusammenhang von *Data mining*. Fachkundige und gut ausgebildete Anwender sind dann in der Lage, die für einen bestimmten Zweck benötigten Informationen selbst aufzubereiten und auszuwerten. Aktuelle Beispiele hierzu sind *Customer-relationship-management-(CRM)-Systeme*. Banken investieren bedeutende intellektuelle und materielle Ressourcen in den Aufbau von Datenbanken über bestehende und potenzielle Kunden, in welchen alle verfügbaren Bestandes- und Bewegungsdaten sowie persönlichen und soziodemografischen Informationen gespeichert werden. CRM wird einerseits zur Planung, Umsetzung und Kontrolle der Marktsegmentspolitik eingesetzt, andererseits dienen solche Systeme auch der technischen Vertriebsunterstützung, namentlich auf den elektronischen Kanälen.

Neben solchen internen Systemen spielen in einer Welt rascher Veränderungen externe Informationen eine Schlüsselrolle für das strategische Management von Unternehmen. Informationen über Märkte, Kunden und Konkurrenten sind auch für Banken oft wichtiger als die Ergebnisse interner Systeme. Zu den externen Informationssystemen gehören auch Finanzdatenbanken über Märkte, Preise, ↑Volumen und ↑Volatilitäten. Eine zentrale Rolle kommt auch Mediensystemen zu, die eine rasche und freie Analyse der Fakten und Meinungen in der Umwelt der Bank erlauben. Das ↑Internet als Datenquelle wie auch als Informationstechnologie ist aus der heutigen Bankenwelt nicht mehr wegzudenken.

In einer Abhandlung über Management und Informationssysteme darf ein Hinweis nicht fehlen: Informationen haben nur dann einen ökonomischen Wert, wenn Manager damit etwas tun. Information und Kommunikation lassen sich nicht auf einen rein technischen Aspekt reduzieren. Die soziale und kulturelle Seite des Umgangs mit Information und Kommunikation ist für den Erfolg von Management-Informationssystemen mitentscheidend.
Jean-Marc Piaz

Manipulation
↑Kursmanipulation.

Manipulierte Währung
↑Währungsordnung; ↑Wechselkurs.

Manko
Fehlbetrag, z.B. Kassadifferenz, Fehlgewicht.

Mantel
Bezeichnung für die eigentlichen Aktien- oder Obligationenurkunden im Gegensatz zum ↑Couponsbogen und zum ↑Talon.

Mantelhandel
↑Kapitalgewinnbesteuerung, -steuer.

Mantelkauf
Ein ↑Aktienmantel entsteht, wenn eine Aktiengesellschaft tatsächlich aufgelöst ist und keine Tätigkeit mehr ausübt, ohne dass die Löschung im Handelsregister erfolgt. Als Mantelkauf wird der Erwerb von ↑Aktien einer solchen Mantelgesellschaft bezeichnet. Wegen der Umgehung von Gründungsvorschriften ist der Mantelkauf ein nichtiges Rechtsgeschäft. Vom Mantelkauf zu unterscheiden ist die nachträgliche Reaktivierung einer Mantelgesellschaft. Steuerrechtlich wird der Mantelhandel als Liquidation mit anschliessender Neugründung behandelt.

Maple leaf
Kanadische Goldmünze mit dem Feingewicht von 1 Unze (31,1035 g). Motive auf den Münzseiten sind das Ahornblatt (engl. Maple leaf) als kanadisches Staatswappen und das Porträt von Elisabeth II. Der Maple leaf ist gesetzliches ↑Zahlungsmittel, ohne aber als solches verwendet zu werden. ↑Bullion.

Marché parallèle
Beschönigende Umschreibung für Devisen-Schwarzmarkt (↑Schwarzer Markt). Devisen-Schwarzmärkte gibt es in Ländern mit staatlich geregeltem (offiziellem) Devisenmarkt. Nicht zu verwechseln ist der Begriff Marché parallèle mit ↑Parallelwährung.

Marchzinsen
↑Laufende Zinsen.

Marge
Das Wort Marge stammt aus dem lateinischen margo (d.h. Grenze, Abstand, Spielraum). Im Bankgeschäft hat es verschiedene Bedeutungen. Zum einen spricht man von ↑*Zinsmarge* und meint damit die Spanne zwischen den Passiv- und den Aktivzinssätzen der Bank. Die ↑*Arbitrage* (↑Effektenarbitrage, ↑Zinsarbitrage) beruht auf einer Marge zwischen den Kursen bzw. Zinssätzen auf verschiedenen Handelsplätzen im selben Zeitpunkt.

Die Bezeichnung Marge wird zum anderen auch gebraucht bei der ↑Belehnung von ↑Wertpapieren und Wertgegenständen durch die Bank, wie z.B. bei der ↑Wertpapierverpfändung und der ↑Warenverpfändung. Marge bedeutet hier die Differenz zwischen dem ↑Kurs- bzw. ↑Verkehrswert und dem seitens der Bank ausgesetzten Kreditbetrag;

denn die Bank gewährt nur in Ausnahmefällen eine 100%ige Belehnung. In der Marge liegt ihre Sicherheitsgarantie gegen Entwertung der Pfänder durch Preisrückgang und allenfalls nicht bezahlte Zinsen. Die Höhe der Marge und damit der Belehnungsgrenze hängt von der Art und Güte des Pfandes ab; je konstanter die Deckung, desto geringer die Marge; je unbeständiger der Wert des Pfandes, um so grösser die Marge.

Im Handel mit ↑Futures und im ↑Optionenhandel spricht man von ↑Margin. *Max Gsell*

Margenanalyse

Die Margenanalyse hat zum Ziel, Margenabweichungen und -entwicklungen durch den Vergleich von ex ante kalkulierten und ex post realisierten Ergebnisbeiträgen sichtbar zu machen.

Die in der ↑Margenkalkulation ermittelte Nettokonditionsmarge (Marktergebnis) orientiert über den Ergebnisbeitrag des Kundengeschäfts, der unter Berücksichtigung aller direkt zurechenbarer Kosten und Erlöse unter normalen Bedingungen bei Geschäftsabschluss zu erwarten ist. Da die darin eingerechneten Standardrisikokosten und -betriebskosten nur in Ausnahmefällen mit den tatsächlichen Kosten übereinstimmen, sind die kalkulierten Standardkosten den realisierten Ist-Kosten gegenüberzustellen. Die so berechneten Risiko- und Produktivitätsergebnisse zeigen, ob die bei Geschäftsabschluss zur Kalkulation von Standardkosten vermuteten Normalbedingungen in der abgelaufenen Periode tatsächlich Gültigkeit hatten.

Die Nettokonditionsmargen der Kundengeschäfte bilden die Grundlagen für die Auswertungsrechnungen der Ergebnisanalyse. Sie werden im Rahmen der ROI-Analyse (Return on investment, ↑Return on assets), ausgehend von den Einzelgeschäften bis hin zum Betriebsergebnis aggregiert, was einen lückenlosen Nachvollzug des gesamten Prozesses der Ergebnisentstehung erlaubt.

Conrad Meyer

Margenkalkulation

Die Margenkalkulation ist ein Kalkulationsverfahren im Rahmen der (Bank-)Kostenrechnung (↑Betriebliches Rechnungswesen im Bankgewebe), das der Beurteilung der Rentabilität von Einzelgeschäften dient.

Traditionelle Verfahren der Margenkalkulation sind die Poolmethode und die ↑Schichtenbilanzmethode, die in neuerer Zeit von der ↑Marktzinsmethode abgelöst wurden.

↑Margen (Teilzinsspannen) vermitteln nur dann umfassende Ergebnisinformationen, wenn alle wesentlichen Ergebniskomponenten des jeweiligen ↑Aktiv- oder ↑Passivgeschäfts berücksichtigt werden. Zur Beurteilung der Nettomarge eines Einzelgeschäfts ist folgende Kalkulation erforderlich:

  Kundenzinssatz
– Marktzinssatz (Zinssatz des Opportunitätsgeschäfts am Geld- oder Kapitalmarkt)

= Bruttokonditionsmarge
  (mittels Marktzinsmethode ermittelt)
– Risikokosten
  (auf Basis von Standardkosten ermittelt)
– Betriebskosten
  (auf Basis von Standardkosten ermittelt)
+ Kommissionsbeiträge

= Nettokonditionsmarge (bzw. Marktergebnis)
– Overhead-Kosten (Soll-Marge)
– Eigenkapitalkosten (Soll-Marge)

= Nettomarge

↑Risikokosten; ↑Overhead-Kosten; ↑Eigenkapitalkosten. *Conrad Meyer*

Margenspekulation

Die Margenspekulation ist eine Form der Börsenspekulation auf Kreditbasis und baut auf dem Grundsatz des Margin buying (auf ↑Marge kaufen) auf. Margin buying ermöglicht den Kauf von ↑Wertpapieren, ohne dafür den ganzen Preis aufwenden zu müssen. Die Wertpapiere werden vom ↑Broker auf Rechnung des Kunden gekauft. Der Kunde hinterlegt für den Kauf lediglich eine Marge (sog. Margendeckung) und verpfändet die gekauften ↑Wertschriften als Sicherheit für den Kredit. Die Marge dient als Sicherheit im Fall eines Kursverlustes. Dem Spekulanten wird so ermöglicht, über seine eigenen Mittel hinaus beim Broker einen Vorschuss aufzunehmen. Tritt ein Kursverlust ein, fordert der Broker beim Käufer eine Nachdeckung ein. Wird diese nicht geleistet, verkauft der Broker die Wertpapiere bestmöglich. Eine fallende Börsentendenz bringt es oftmals mit sich, dass die Spekulanten ihre Haussepositionen unter Verlust der Margendeckung abbauen müssen.

Börsenkäufe auf Kredit in Form des Margin buying sind in den USA üblich. Entsprechend dem Federal reserve board (↑Federal reserve system) muss innert dreier Geschäftstage 50% des Kaufpreises hinterlegt werden. Die Marge kann allerdings auch zwischen 50% und 100% betragen. In der Vergangenheit setzte das Federal reserve board die Anforderung vorübergehend bei 100% an, was einem Verbot von ↑Börsenkrediten gleichkam. Sämtliche Kauforders an der New Yorker Stock Exchange mussten auf Barbasis erteilt werden. Damit wurde das Ziel verfolgt, inflatorische Erscheinungen zu vermeiden.

In der Schweiz werden Börsenkredite nur innerhalb der gewöhnlichen Ansätze für Verpfändungen von börsengängigen Wertschriften gewährt (↑Wertpapierverpfändung).

Hans-Dieter Vontobel

Margin
Auch Einschuss. Mindesteinzahlung als Sicherheitsleistung für ↑Transaktionen im Handel mit ↑Futures und für bestimmte Transaktionen im ↑Optionenhandel. Die Margins sind in ↑bar oder in Wertpapierform bei der Clearingstelle (↑Clearing) der ↑Terminbörse zu leisten.
Man unterscheidet Initial margins, Maintenance margins und Variation margins. Initial margins sind Einschüsse, die bei Geschäftsabschluss zu hinterlegen sind. Maintenance margins sind dauernd aufrecht zu haltende Mindestsicherheitsleistungen. Variation margins dienen der börsentechnischen Verrechnung von Preisänderungen. Die Veränderungen der Tagesendwerte der einzelnen ↑Positionen werden den Teilnehmern sofort belastet oder gutgeschrieben. Sie sind geldmässig zu regulieren. Als ↑Margin call bezeichnet man die Aufforderung zur Nachdeckung, d.h. zur Nachschusszahlung. ↑Marge.

Margin account
Auf dem Margin account werden alle ↑Transaktionen im Zusammenhang mit der ↑Margenspekulation verbucht (↑Margin). ↑Börsenkredit; ↑Futures margin.

Margin buying
↑Margenspekulation.

Margin call
Aufforderung (↑Call) zur Nachschusszahlung aufgrund einer Nachschussverpflichtung bei nicht mehr ausreichenden Sicherheiten im ↑Termingeschäft. ↑Margin; ↑Futures margin.

Margin requirements
Ausdruck, der im Zusammenhang mit der ↑Margenspekulation gebraucht wird. Margin requirement ist die ↑Quote, die der Anleger nicht belehnen kann. Sie wird in Prozenten angegeben. ↑Margin; ↑Marge.

Margin transfer
Ein Margin transfer gleicht mit einer Übertragung von ↑Bargeld (Cash margin) oder ↑Effekten (Securities margin) ein so genanntes *Net exposure* aus. Dieses bezieht sich auf die Differenz zwischen Guthaben und Verpflichtungen gegenüber einer Gegenpartei. Der ↑Transfer erfolgt automatisch durch das SECOM-System (↑SIS SegaIntersettle communication system), sobald die von beiden Parteien als tolerierbare ↑Bandbreite vereinbarte Margin threshold (Margen-Schwelle) überschritten wird. ↑Repo.

Markenkommunikation
↑Public relations der Banken.

Market index linked exchangeable securities (MILES)
↑Strukturierte Produkte; ↑Bond-Handel.

Marketing der Banken
Um die wichtigsten Eigenheiten des Marketings von Banken darstellen zu können, sind zunächst die für das Verständnis der weiteren Ausführungen relevanten konzeptionellen Grundlagen zu präzisieren. Hierauf aufbauend werden die Besonderheiten des ↑Bankensektors aus der Sicht des Marketings erläutert und die sich daraus ergebenden Implikationen für das Bankenmarketing abgeleitet.

1. Grundlagen
Aus der Sicht der Unternehmensführung ist Marketing eine *Funktion,* die neben anderen Funktionen (wie etwa der Beschaffung und der Produktion) steht und wie diese mithelfen soll, die obersten Unternehmensziele zu erreichen. Der Beitrag des Marketings zur Erfüllung der obersten Unternehmensziele besteht – auf den einfachsten Nenner gebracht – darin, dass Massnahmen geplant und realisiert werden, die es erlauben, neue Kunden zu gewinnen und bestehende Kunden an die Unternehmung zu binden, um deren Nachfragepotenzial zur Erzielung gewinnträchtiger Verkäufe zu nutzen. Kundengewinnung und Kundenbindung werden oft auch als *Kernaufgaben des Marketings* bezeichnet, die simultan zu verfolgen sind. Die Bedeutung der Kundenbindung ergibt sich – wie auch empirische Studien belegen – daraus, dass der durchschnittliche Jahresgewinn pro Kunde proportional zur Bindungsdauer aus verschiedenen Gründen wächst. Zu nennen sind u.a. Einsparungen bei den Vertriebs- und Verwaltungskosten, mögliche Erhöhungen der Kaufintensität und des ↑Cross selling, Weiterempfehlung sowie mit zunehmendem Vertrauen sinkende Preissensibilität.
Als Mittel zur Gestaltung der Kundengewinnungs- und Kundenbindungsmassnahmen stehen grundsätzlich die Instrumente des *Marketing-Mix* (Kern- und Zusatzleistungen, Preise und Konditionen, Werbung und andere Kommunikationsmassnahmen, Verkauf und Distribution) sowie der *Marketing-Infrastruktur* (Ressourcenausstattung, spezifische Führungsinstrumente und Informationssysteme des Marketingbereichs) zur Verfügung. An der Gestaltung vieler dieser Massnahmen sind nicht nur Marketingstellen, sondern auch Mitarbeiter anderer Funktionsbereiche und Personen mit allgemeinen Führungsfunktionen (z.B. Geschäftsleiter, Regionalleiter, Filialleiter) beteiligt. Letztere spielen naturgemäss auch eine zentrale Rolle bei der Bestimmung der *Marketingstrategie* (Marktwahl, Marktsegmentwahl, Wettbewerbsstrategie, Marktbearbeitungsstrategie), die als mit-

telfristiger Rahmenplan Ziele und Leitlinien für den Einsatz der Instrumente des Marketing-Mix und der Marketing-Infrastruktur vorgibt.

Grundsätzlich wird davon ausgegangen, dass die Effektivität und Effizienz der Erfüllung der Kernaufgaben des Marketings nicht nur von den Kenntnissen und dem Informationsstand der Marketingverantwortlichen, sondern auch von der *Marketingkultur* der Unternehmung abhängt. Darunter versteht man die von der Mehrheit der Mitarbeiter einer Unternehmung geteilten Grundeinstellungen zu Kunden bzw. Kundenbedürfnissen (= Kundenorientierung) sowie zum konkurrenzbezogenen Einsatz der Instrumente der Marktbearbeitung (= Wettbewerbsorientierung).

2. Besonderheiten

Die geschilderten konzeptionellen Grundlagen sowie die zur Lösung der damit zusammenhängenden Fragen entwickelten Methoden der Marktdatenbeschaffung, der Marktanalyse und der Marketingplanung gelten grundsätzlich auch für das Marketing von Banken. Besonderheiten ergeben sich jedoch aufgrund der spezifischen Marktleistungen des Bankensektors. Banken erbringen und verkaufen mit der Anlage von Geld, der Gewährung von Krediten, der Vermittlung von Kapital und dem ↑Zahlungsverkehr verbundene ↑Finanzdienstleistungen. Dienstleistungen weisen aus der Sicht des Marketings folgende zu spezifischen Marketingproblemen führende Besonderheiten auf:

– Dienstleistungen sind im Wesentlichen immateriell und deshalb nicht lagerbar, nicht transportierbar, schwer kommunizierbar sowie aus Kundensicht bezüglich ihrer Qualität schwer beurteilbar *(Immaterialität)*
– Kunden sind in den Prozess der Dienstleistungserstellung integriert, sie erleben das Verhalten der «Dienstleister» und beeinflussen durch ihr eigenes Verhalten die Dienstleistungsqualität *(Integration des externen Faktors)*
– Das Verhalten der Mitarbeiter ist ausschlaggebend für die Leistungsqualität, Leistungsdifferenzen zwischen Personen bzw. Personengruppen und Leistungsschwankungen im Zeitablauf beeinflussen die Marktleistung *(Bedeutung des Menschen als Leistungsersteller)*
– Neue Marktleistungen sind rechtlich kaum schützbar und im Allgemeinen, zumindest in ihren Basismerkmalen, rasch imitierbar *(schwacher Imitationsschutz)*.

Finanzdienstleistungen zeichnen sich darüber hinaus noch dadurch aus,
– dass der Kunde bereit sein muss, sensitive Daten zu seiner persönlichen oder betrieblichen Situation offen zu legen, was zu spezifischen Anforderungen an die vertrauliche Behandlung der getätigten Geschäfte führt *(Vertrauensschutz)* und

– dass das Gesamtangebot im Allgemeinen sowohl Leistungen für Unternehmen wie auch für Privatpersonen bzw. Privathaushalte umfasst und mithin verschiedene Marketingansätze nebeneinander anzuwenden sind *(verschiedenartige Kundenkategorien)*.

Die angedeuteten Besonderheiten von Finanzdienstleistungen führen zu einer ganzen Reihe von Implikationen für das Bankenmarketing, die im Folgenden kurz erläutert werden.

3. Implikationen für das Bankenmarketing

Die Immaterialität der zentralen Marktleistungen führt dazu, dass in der Marketingkommunikation nicht die Leistung selbst, sondern die Ressourcen, insbesondere die Menschen, als «Garanten» für Kompetenz und Kundennähe vorgestellt werden. Darüber hinaus erhalten alle «tangiblen» Elemente der Leistungserstellung und der Leistung, wie z.B. die Gebäude, die Kundenkontakträume, die Kontenauszüge und sonstigen schriftlichen Unterlagen, eine spezielle Bedeutung, weil sie vom Kunden als Signalreize (Cues) bei der für ihn schwierigen Qualitätsbeurteilung herangezogen werden. Die aus der Immaterialität sich ergebende *fehlende Lagerfähigkeit* hat in erster Linie zur Folge, dass zeitweilig unternutzte Leistungserstellungskapazitäten (mit entsprechenden Kostenfolgen) schwer zu vermeiden sind und deshalb die Kapazitätsplanung (Filialnetz, Dienstleistungsautomaten, IT-Infrastruktur) zu einem zentralen Problem wird. Die Notwendigkeit der *Integration des Kunden* in den Leistungserstellungsprozess zwingt dazu, dem Kunden entweder durch räumliche Nähe (Filialnetz) oder durch Bereitstellung von kostengünstigen interaktiven Kommunikationsmitteln (Online banking) den Direktkontakt zu erleichtern. Demzufolge dominiert im Bankenmarketing klar der direkte Absatzweg. Im Direktkontakt erlebt der Kunde das Verhalten und die Kompetenz verschiedener am Leistungserstellungsprozess beteiligter Bankmitarbeiter. Deren Ausbildung, Motivation und insbesondere ihre Kundenorientierung (im Sinne der Marketingkultur) wird damit zu einem wesentlichen Erfolgsfaktor.

Die *zentrale Bedeutung der Mitarbeiter* aller Funktionsbereiche, auch des «↑Back office», für den Marketingerfolg unterstreicht einerseits die Bedeutung der Personalpolitik und Personalführung, andererseits die Notwendigkeit, eine kundenorientierte Unternehmenskultur durch gezielte Kulturentwicklungsprogramme zu stärken. Aus dieser Optik wird es u. a. wichtig, dass das «Human resource management» in der Bank einen hohen Stellenwert hat und Marketinggesichtspunkte bei seiner Gestaltung beachtet werden. Letzteres setzt voraus, dass fundierte Informationen über die Erwartungen und die Zufriedenheit der Kunden beschafft werden.

Der *schwache Imitationsschutz* führt dazu, dass die Kernbausteine klassischer Finanzdienstleistungen verschiedener Anbieter sich kaum unterscheiden und es damit schwierig wird, durch Leistungsdifferenzen Konkurrenzvorteile zu erzielen. Demzufolge erhalten Zusatzdienstleistungen und das optische Erscheinungsbild, die sog. Visual identity, als Basis für kommunikative Differenzen eine zentrale Bedeutung. Da jedoch selbst bei konsequenter Nutzung dieser Profilierungsansätze die Unterschiede zum Auftreten der Konkurrenten beschränkt bleiben, werden die Intensität der Werbung, die Zahl der realisierten Kundenkontakte und die Qualität des Kundenbeziehungsnetzes zu extrem wichtigen Erfolgsfaktoren.

Das für Finanzdienstleistungen besonders wichtige *Bedürfnis nach Vertrauensschutz* unterstreicht nicht nur die Bedeutung des institutionellen Rahmens für die Standortwahl einer Bank. Es führt wohl auch dazu, dass der Pflege und Entwicklung des Unternehmensimage einer Bank hohe Bedeutung zukommt und dass aggressiven Preisstrategien, die «Billiglösungen» kommunizieren, Grenzen gesetzt sind. Zudem unterstreicht es die Bedeutung einer langfristig konstanten Personifizierung der Kundenkontakte, welche die Vertrauensbildung erleichtert und als wesentlicher Kundenbindungsfaktor gilt.

Der Umstand, dass viele Banken Finanzdienstleistungen für *verschiedenartige Kundenkategorien* erbringen, macht das Bankenmarketing aus strategischer Sicht komplexer. Häufig müssen nebeneinander ein auf «Konsumenten» ausgerichtetes Massenmarkt-Marketing und ein auf Organisationen bzw. Institutionen ausgerichtetes «Business to business»-Marketing betrieben werden. Da die beiden Marketingstrategie-Typen unterschiedliche Massnahmen und Ressourcen erfordern, erscheint es verständlich, dass an Kundenkategorien orientierte Organisationsformen im Bankensektor an Bedeutung gewinnen.
Richard Kühn

Lit.: Bächtold, R.: *Marketing für Finanzdienstleistungen*, Bern 2001. – Kühn, R./Fasnacht, R.: *Dienstleistungsmarketing – Planung und Gestaltung der Kundenbeziehungen*, Zürich 2002.

Market maker

Der Market maker ist ein Marktteilnehmer (Bank, Wertpapierhaus oder -händler), der dazu verpflichtet ist, jederzeit verbindliche An- und Verkaufskurse für bestimmte Mindestmengen einzelner ↑Titel zu stellen. Diese Handelsobjekte wurden von ihm bekannt gegeben oder ihm zugewiesen. Der Market maker handelt auf eigenes ↑Risiko und auf eigene Rechnung. Durch den Market maker wird für die entsprechenden Titel ein Markt geschaffen und deren ↑Liquidität gewährleistet (↑Stabilisierung des Kurses nach Emission). Normalerweise sorgen die Gesetzmässigkeiten des Marktes dafür, dass der Market maker die ↑Kurse marktgerecht und die Spannen zwischen An- und Verkaufskursen klein hält. Mit einem anderen Verhalten würde er unweigerlich hohe Bestände aufbauen oder nur einen tiefen Umsatz erzielen.

Market multiples

Die Praxis der ↑Unternehmensbewertung verwendet vermehrt verschiedene Methoden. Die Bewertungsmethoden sollen das subjektive Ermessen des Bewerters durch objektive Massstäbe des Marktes ergänzen, indem der Wert eines Unternehmens durch Vergleich mit den Marktpreisen von börsenkotierten Gesellschaften auch anhand von sog. Multiples (Multiplikatoren) bestimmt wird, z.B. ↑Enterprise value im Verhältnis zum EBITDA oder Market multiple im Verhältnis zum Book value multiple (↑Price book value ratio). Verbreitet sind auch branchenspezifische Multiples. Zum Beispiel wird für die Bewertung von in der ↑Vermögensverwaltung tätigen Unternehmungen ein Multiple von x-mal die «Assets under management» (↑Betreute Kundenvermögen) herangezogen. *Transaction multiples* arbeiten mit den auf dem Markt bei Übernahme für vergleichbare Unternehmungen bezahlten Preisen.
Max Boemle

Market order
↑Bestens-Auftrag.

Markowitz-Diversifikation

Die Markowitz-Diversifikation beschreibt die rationale Gestaltung der ↑Diversifikation eines ↑Portfolios, sodass es das ↑Markowitz-Kriterium erfüllt, d.h. dass es effizient ist.

Markowitz-Kriterium

Das Markowitz-Kriterium ist eine Methode zur Ermittlung der Effizienzkurve nach Markowitz anhand der beiden Portfoliokennzahlen Erwartungswert und Varianz. Die Effizienzkurve gibt die Menge aller effizienten ↑Portfolios wieder. Ein Portfolio ist dann effizient, wenn es bei gegebenem erwarteten Ertrag die niedrigstmögliche Standardabweichung bzw. bei gegebener Standardabweichung den höchstmöglichen erwarteten Ertrag aufweist.

Markowitz-Modell

Die Grundidee des Markowitz-Modells besteht darin, die Wirkung von ↑Korrelationen zu berücksichtigen, wenn es darum geht, optimale Mischungen riskanter ↑Wertpapiere zu ermitteln. Diese Idee geht auf Harry Markowitz zurück, der in den 50er-Jahren erstmals Mischungen von Vermögensgegenständen analytisch untersucht hat.
Markowitz misst den Ertrag über die erwartete ↑Rendite und das ↑Risiko mittels der Varianz

(↑Value at risk) der Wertpapierrenditen. Aus seinen Überlegungen entwickelt er ein Entscheidungsmodell, mit dessen Hilfe, unter Berücksichtigung gegebener subjektiver Einschätzungen zu Rendite und Risiko, optimale Portfoliogewichtungen ermittelt werden können. Im Markowitz-Modell gelten ↑Portfolios als risikoeffizient, wenn sie bei gegebener Renditeerwartung das niedrigstmögliche Risiko, oder bei gegebenem Risiko die höchstmögliche erwartete Rendite aufweisen. Aus der Menge aller effizienten Portfolios muss der Investor dann in Abhängigkeit von seinen Risikopräferenzen sein optimales Portfolio auswählen.

Die *Annahmen des Markowitz-Modells* lassen sich in den folgenden fünf Punkten darstellen:
– Den Ausgangspunkt der Betrachtung bildet eine Entscheidungssituation zur Wahl des Gewichtungsvektors eines Portfolios. Dabei wird eine Risikosituation unterstellt, in der subjektive Informationen über die Verteilungseigenschaften der Wertpapierrenditen vorliegen
– Es erfolgt eine Entscheidung in Hinblick auf den «Endwohlstand» nach einer Periode. Es handelt sich somit um ein statisches Einperiodenmodell
– Die Entscheidungsträger verhalten sich risikoavers und es liegt Nichtsättigung vor, d. h. sie ziehen stets ein höheres Endvermögen einem geringeren Endvermögen vor
– Die Entscheidungsträger verhalten sich rational. Dieses Postulat wird normativ durch die Hypothese präzisiert, dass sie den Nutzenerwartungswert ihres Portfolioendvermögens maximieren
– Die Maximierung des Nutzenerwartungswertes des Endvermögens sei mit der Anwendung des Erwartungswert/Varianz-Entscheidungskriteriums vereinbar. Dementsprechend wird entweder unterstellt, dass die Nutzenfunktion der Entscheidungsträger (näherungsweise) quadratisch ist oder aber, dass die Wertpapierrenditen nach der subjektiven Einschätzung des Entscheidungsträgers (näherungsweise) multivariat normalverteilt sind.

Die Identifikation risikoeffizienter Portfolios kann entweder als Minimierungs- oder als Maximierungsproblem formuliert werden. Üblicherweise wird das Modell als Minimierungsproblem dargestellt, bei welcher die Varianz der Rendite des Portfolios für einen gegebenen Erwartungswert der Portfoliorendite minimiert wird. Als zusätzliche Nebenbedingung wird gefordert, dass sich die Portfolioanteile zu eins aufaddieren. Gelegentlich wird auch verlangt, dass keine negativen Portfolioanteile auftreten, d. h., dass keine Leerverkäufe durchgeführt werden.

Das Markowitz-Modell erklärt unter vereinfachenden Annahmen, warum ↑Diversifikation bei unvollständig korrelierten Renditen mit dem Prinzip der Maximierung des Nutzenerwartungswertes vereinbar ist, d. h., warum es rational sein kann, nicht das gesamte Vermögen in das Wertpapier mit der höchsten Renditeerwartung zu investieren. Aufgrund der Unterstellung quadratischen Nutzens bzw. normalverteilter Renditen ist das Markowitz-Modell allerdings kein allgemein gültiges Modell zur rationalen Portfoliowahl unter Risiko. Vielmehr wird es als Näherung und wegen seiner einfachen analytischen Handhabbarkeit verwendet.

Christoph Kaserer, Niklas Wagner

Marktbewertungsmethode

Die Marktbewertungsmethode ist ein rechnerisches Verfahren, das bei der Ermittlung des regulatorisch notwendigen ↑Eigenkapitals (↑Eigene Mittel) für ↑Kreditrisiken von Banken Anwendung findet. Die Methode ist auch bei der Ermittlung von ↑Klumpenrisiken anwendbar. Die Methode wurde durch den ↑Basler Ausschuss für Bankenaufsicht im Rahmen der Eigenkapitalvereinbarung von 1988 (1988 Capital accord) entwickelt. Sie findet heute in den bankengesetzlichen Vorschriften der meisten Industrieländer Anwendung. Die geltende Marktbewertungsmethode soll auch im Rahmen der per 2005 zur Einführung vorgesehenen Neufassung der Vereinbarung in den wesentlichen Punkten beibehalten werden.

Gemäss der Eigenkapitalvereinbarung von 1988, die 1996 einer Teilrevision unterzogen wurde, sind sowohl Kreditrisiken wie auch ↑Marktrisiken mit Eigenkapital zu unterlegen. Da Kreditrisiken einerseits in direkten Kreditgeschäften, andererseits in verschiedenen Ausserbilanzgeschäften entstehen können, erfordert die Berechnung der notwendigen Eigenmittel einen Umrechnungsmechanismus, der die Bilanzgeschäfte und Ausserbilanzgeschäfte gleichnamig macht. Hier kommt die Marktbewertungsmethode zum Einsatz.

Um ein Ausserbilanzgeschäft mit einem Bilanzgeschäft gleichnamig zu machen, wird das Kontraktvolumen mit einem Kreditumrechnungsfaktor (Credit conversion factor) multipliziert. Beträgt dieser Kreditumrechnungsfaktor für einen zweijährigen Devisenterminkontrakt z. B. 5%, so entspricht ein solcher Kontrakt von CHF 100 Mio. risikomässig einem kommerziellen ↑Kreditvolumen von CHF 5 Mio. Man spricht auch von Risikovolumen. Zur Ermittlung des notwendigen Eigenkapitals ist dieses Risikovolumen mit einem Risikofaktor für das ↑Rating der Gegenpartei (z. B. 20% für eine Bank im OECD-Raum) zu multiplizieren. Das Eigenmittelerfordernis beträgt dann 8% des resultierenden Betrages (in unserem Beispiel 8% von 20% von 5% [Kreditumrechnungsfaktor] von CHF 100 Mio., d. h. 5% von CHF 100 Mio. = CHF 5 Mio., davon 20% = CHF 1 Mio. und davon wiederum 8% = CHF 80000).

Der Kreditumrechnungsfaktor kann auf zwei verschiedene Arten ermittelt werden: Nach der komplexen Marktbewertungsmethode (↑Mark-to-market-Methode oder Current-exposure-Methode) oder nach der einfacheren und weniger genauen

Laufzeitmethode (Original-exposure-Methode). Bei der Marktbewertungsmethode wird ein ↑Kontrakt täglich mit dem ↑Marktpreis bewertet. Aus dem Vergleich von Marktwert und Kontraktwert ergeben sich allfällige Wiederbeschaffungskosten. Dabei werden nur Kontrakte mit einem positiven Marktwert angerechnet, denn nur in diesem Falle würde bei einem Ausfall der Gegenseite ein Verlust entstehen. Bei dieser Methode ist eine Verrechnung von Geschäften verschiedener Gegenparteien mit positiven und negativen Werten nicht zulässig. Unabhängig vom Vorzeichen und der Höhe der Wiederbeschaffungskosten wird gemäss dem Basler Ausschuss auf sämtlichen Kontrakten ein Zuschlag (Add on) ermittelt, um so auch möglichen zukünftigen ↑Ausfallrisiken (Potential exposure) Rechnung zu tragen. Diese Zuschläge sind laufzeiten- und kontraktabhängig. Beispielsweise betragen sie für einen Devisenkontrakt mit einer Restlaufzeit von bis zu einem Jahr 1% des Kontraktwertes, bei Rohstoffkontrakten mit Restlaufzeiten über fünf Jahre 15%.

Das gesamte Ausfallrisiko aus offenen Ausserbilanzgeschäften kann durch den Abschluss bilateraler Netting-Vereinbarungen (↑Netting) von einem Brutto- auf einen Nettobetrag pro Gegenseite reduziert werden. Die Aufsichtsbehörden haben strenge Formvorschriften als Voraussetzung für die aufsichtsrechtliche Anerkennung solcher Vereinbarungen erlassen.

Hans Geiger, Barbara Haeringer

Marktbreite

Der Begriff Marktbreite bezieht sich auf eine hohe ↑Kapitalisierung eines ↑Wertpapiers. Abschlüsse werden täglich in grösserer Zahl, bzw. in beträchtlichen ↑Volumina abgewickelt; eine grosse Investorenzahl ist im Markt engagiert und für die Transaktion kann jeweils problemlos eine Gegenpartei gefunden werden. Anders als bei der ↑Marktenge bleiben die ↑Kurse relativ konstant. Das wichtigste Merkmal eines breiten Marktes besteht darin, dass der ↑Blockhandel möglich ist.

Markteffizienztheorie
↑Efficient-market-Theorie.

Marktenge
Von Marktenge ist die Rede, wenn ↑Effekten regelmässig nur einen geringen Tagesumsatz verzeichnen. Mögliche Gründe dafür sind eine kleine Anzahl ausgegebener ↑Titel oder nur teilweiser Handel des gezeichneten Kapitals an der ↑Börse. Bei einem engen Markt können Veränderungen bei Angebot und Nachfrage zu überdurchschnittlichen Kursschwankungen führen. Betrifft die Marktenge nicht bloss einen Einzeltitel, sondern die Gesamtsituation einer Börse, wird von einer engen Börse gesprochen.

Marktfähigkeit
Marktfähigkeit ist die Eignung eines Vermögensgegenstandes, am Markt gehandelt zu werden. Besonders ausgeprägt ist die Marktfähigkeit für die an der ↑Börse kotierten ↑Effekten mit einem ↑weiten Markt. Marktfähige Effekten werden wegen der leichten Überwachbarkeit und Realisierbarkeit höher belehnt als unkotierte Papiere (↑Wertpapierverpfändung, ↑Enger Markt).

Marktgängigkeit
↑Marktenge; ↑Marktbreite; ↑Marktliquidität.

Marktgewichten
Entspricht in der ↑Finanzanalyse der Beurteilung «neutral» oder ↑*Halten.*

Marktkapitalisierung
↑Börsenkapitalisierung.

Marktliquidität
Die Marktliquidität bezieht sich darauf, wie gut sich am Markt Kaufs- und Verkaufsaufträge jederzeit zu marktgerechten Preisen ausführen lassen. Einflussfaktoren der Marktliquidität sind die Nähe zum Gleichgewichtspreis (↑Markttiefe) und das ↑Volumina (↑Marktbreite) der Aufträge. Ebenfalls in Betracht gezogen werden muss, ob kurzfristigen Änderungen des ↑Kurses, verursacht durch temporäre Auftragsungleichgewichte, sogleich Aufträge folgen, welche diese Ungleichgewichte beseitigen (Erneuerungskraft). Relevant ist auch die Geschwindigkeit, in der ein Auftrag zu gegebenen Kosten abgewickelt werden kann (Zeitaspekt). Eine hohe Marktliquidität reflektiert einen hohen Informationsgehalt der Marktpreise und trägt so zur Effizienz der ↑Finanzmärkte bei.

Die wichtigste Kennzahl der Marktliquidität ist der Bid ask spread. Dieser betrachtet die Kosten des Anlegers bei einem Kauf mit anschliessend sofortigem Wiederverkauf. Das ↑Wertpapier ist um so liquider, je kleiner der Spread (↑Kursspanne) ist.

Hans-Dieter Vontobel

Marktliquiditätsrisiko
Eine wichtige Voraussetzung für einen effizienten Handel ist eine ausreichende ↑Liquidität auf dem Markt. Darunter wird verstanden, dass der Preis einer Anlage aufgrund von Geboten vieler Anbieter und Nachfrager zustande kommt. Ist eine ausreichende Liquidität nicht gegeben, so können Käufe und Verkäufe nur zu schlechteren Kursen getätigt werden. Insbesondere bei grossen Handelstransaktionen (beispielsweise dem Verkauf eines grossen ↑Aktienpakets) wird der Preis aufgrund eines Handelsauftrages massiv nachteilig verändert. Hierdurch werden Situationen, wenn ein Verkauf unbedingt getätigt werden muss (beispielsweise wenn zur Liquiditätsbeschaffung verkauft werden muss), zusätzlich verschärft. Das

Risiko, aufgrund unzureichender ↑Markttiefe oder von Marktstörungen Transaktionen nicht oder nur mit Verlusten durchführen zu können, wird Marktliquiditätsrisiko genannt. Somit kann gesagt werden, dass die Anlage in Instrumenten mit tiefer Liquidität (zumeist gemessen am Handelsvolumen) neben dem Preisrisiko eine zweite substanzielle Quelle von ↑Marktrisiken aufweist.

Heinz Zimmermann

Mark-to-market hedge accounting
↑Hedge accounting.

Mark-to-market-Methode
Es handelt sich um einen Marktbewertungsansatz: Die Bewertung erfolgt zu aktuellen (täglichen) ↑Marktwerten. An der ↑Terminbörse werden die nach dem Mark-to-market-Prinzip ermittelten täglichen Transaktionsgewinne bzw. -verluste dem Margin-Konto (↑Margin account) gutgeschrieben bzw. belastet.

Marktperformer
Empfehlung der ↑Finanzanalyse, gleichbedeutend mit ↑Halten.

Marktpflege
↑Intervention; ↑Kurspflege; ↑Kursstützung; ↑Offenmarktpolitik.

Marktpreis
Preis, der sich auf einem Markt bei freiem Spiel von Angebot und Nachfrage ergibt (Gleichgewichtspreis). Zu diesem Preis wird am Markt der grösstmögliche Umsatz erreicht, denn ein höherer Preis würde zwar ein höheres Angebot bewirken, jedoch ginge gleichzeitig die Nachfrage zurück (et vice versa). An den ↑Finanzmärkten ist der Marktpreis für die Geldausleihung der ↑Zins bzw. ↑Zinssatz (↑Marktzins); an der ↑Börse ist der Marktpreis für ↑Effekten der Börsenkurs. Der Marktpreis einer Liegenschaft (↑Immobilien als Kapitalanlage) ist der Verkehrswert.

Marktregulierung
Allgemeine Bezeichnung für steuernde Eingriffe staatlicher (gelegentlich auch nichtstaatlicher) Stellen in Märkte zum Zweck, bestimmte, als im übergeordneten Interesse notwendig erachtete Bedingungen zu bewirken. ↑Regulierung; ↑Kartellgesetz (Bedeutung für Finanzinstitutionen); ↑Börsenregulierung; ↑Selbstregulierung.

Marktrisiko
Unter dem Begriff Marktrisiko wird die systematische Unsicherheit bezüglich Preis, ↑Volumen und ↑Korrelation (↑Basisrisiko) von und zwischen gehandelten Anlagen auf den ↑Finanzmärkten verstanden (es wird angenommen, dass mittels ↑Diversifikation ↑unsystematische Risiken eliminiert worden sind). Ausgehend vom ↑Exposure einer Unternehmung oder eines ↑Portfolios werden die Auswirkungen adverser Marktentwicklungen beurteilt. Das Marktrisiko ist neben dem ↑Kreditrisiko und dem ↑operationellen Risiko eine der zentralen Risikodimensionen, welcher Unternehmungen und Anleger ausgesetzt sind.
Im Zentrum der Betrachtung von Marktrisiken stehen die Preisrisiken. Diese lassen sich unterteilen in:
– Zinsrisiko (↑Zinsänderungsrisiko)
– Aktienkursrisiko
– Wechselkursrisiko (↑Währungsrisiko)
– Rohstoffrisiken (Commodity risk)
– weitere handelbare Risikoformen, wie zum Beispiel Wetter- und Katastrophenrisiken.

Im Allgemeinen stellt das Marktrisiko die substanziellste Risikoquelle einer Unternehmung dar, wodurch die Absicherung von Preisrisiken zur zentralen Aufgabe des ↑Marktrisikomanagements wird.

Thomas Bollinger

Marktrisikomanagement
Die Kontrolle und Absicherung von ↑Marktrisiken steht, neben dem Management von ↑Kredit- und ↑operationellen Risiken, im Mittelpunkt des unternehmerischen ↑Risikomanagements.
Insbesondere Industrie-, Handels- und Finanzdienstleistungsunternehmungen sind aufgrund ihrer Geschäftstätigkeit Marktrisiken ausgesetzt. Dies insbesondere durch Finanzierungskosten, internationale Güterströme, ↑Kapitalanlagen und den Bedarf an Rohstoffen. Zur Optimierung der Kapitalallokation auf die verschiedenen Unternehmensbereiche müssen die ↑Risiken sehr genau erfasst, gesteuert und überwacht werden. Werden die Risiken nicht beherrscht, so besteht eine erhebliche Gefahr, dass die Unternehmung aufgrund adverser Preisbewegungen in finanzielle Schwierigkeiten kommen könnte, sprich die nachteiligen Preisentwicklungen würden einen existenziell bedrohlichen Anteil des ↑Eigenkapitals vernichten.
Marktrisiken sind zu unterteilen in Preis-, Volumen- und ↑Basisrisiko. Traditionellerweise stehen Preisrisiken im Mittelpunkt des klassischen Marktrisikomanagements. Entsprechend verfügt man über viel Erfahrung und ein breites Instrumentarium, wie mit diesen Risiken umgegangen werden muss. Der grösste Teil der abgeschlossenen ↑Finanzkontrakte zielt auf einen Transfer von Marktrisiken hin. Hierbei spielen insbesondere ↑Derivate eine zentrale Rolle; über die internationalen Derivatmärkte (börsengehandelt und ausserbörslich) wird der grösste Teil von Risikoabsicherungen (↑Hedge) abgewickelt. Bedeutsam ist das Preisrisiko insbesondere hinsichtlich der Absicherung von Zinsrisiken bei Finanzdienstleistungsunternehmungen und von Produktionsanlagen,

Marktsegment

↑Währungsrisiken im internationalen Geschäft mit Waren und Dienstleistungen, die in Fremdwährung erfolgen, Rohstoffrisiken beim Einkauf von Produktionsressourcen für den Fertigungsprozess sowie Aktienrisiken bei ↑Portfolios von Anlegern und Firmen, die im ↑Effektenhandel tätig sind oder Finanzanlagen tätigen.

Über die Preisrisiken hinaus sind Unternehmungen und Portfolios oftmals auch den andern Marktrisiken ausgesetzt. So ist eine Preisabsicherung nur dann sinnvoll und möglich, wenn das Volumen des ↑Exposures auch tatsächlich bekannt ist. Ist dieses aber seinerseits eine unsichere Grösse, so drängt sich eine Absicherung auch des Volumens auf. Diese Problemstellung tritt beispielsweise in Elektrizitätsmärkten auf, in welchen das verbrauchte Volumen sehr stark variiert, oder auch bei der Absicherung von Rückflüssen aus ↑Investitionen (gegen Zins- oder Währungsrisiken) mit ungewisser Rückzahlungshöhe.

Weiter stellt das Basisrisiko eine weitere Quelle von Marktrisiko dar. So bedeutet eine unvollständige ↑Korrelation zwischen Hedging- und Basisinstrument eine weitere Ursache für Unsicherheit hinsichtlich dem zukünftigen Wert. Basisrisiko spielt insbesondere im Handel mit ↑Commodities eine wichtige Rolle, da diese von Natur aus heterogen sind, aber aus Gründen der Handelbarkeit standardisiert werden müssen. So ergeben sich vor allem hinsichtlich der Qualität, der Kontraktdauer und geografischer Begebenheiten Basisrisiken.

Da es sich bei Volumen- und Basisrisiken zumeist um unternehmensspezifische Problemstellungen handelt und es nur sehr wenige börsengehandelte ↑Kontrakte gibt, die auf diese Risiken ausgerichtet sind, erfolgen Absicherungen fast ausschliesslich in Form von OTC-Transaktionen (Over the counter). *Thomas Bollinger*

Marktsegment

Die ↑Börsen hatten schon seit je unterschiedliche Marktsegmente, beispielsweise für ↑Aktien und ↑Obligationen oder für Hauptwerte (↑Blue chip) und Nebenwerte (↑Ausserbörslicher Wertpapierhandel, ↑Local cap). In jüngster Zeit haben die Börsen weitere Segmente ausgegliedert, zum Beispiel bei der ↑SWX Swiss Exchange durch die Bildung folgender Segmente:
– ↑Investmentgesellschaften
– ↑Anlagefonds
– ↑Immobiliengesellschaften
– SWX Local caps
– ↑SWX New Market.

Für die Kotierung von Effekten in diesen neueren Segmenten hat die SWX Zusatzreglemente erlassen, welche exakte Umschreibungen enthalten:
– *Investmentgesellschaften* sind gesellschaftlich organisierte Formen der gemeinschaftlichen Kapitalanlage, die hauptsächlich die Erzielung von Erträgen und/oder Kapitalgewinnen bezwecken und keine unternehmerische Tätigkeit im eigentlichen Sinne verfolgen.
– Für *Anteile (oder Aktien) in- und ausländischer Anlagefonds,* die gemäss dem Bundesgesetz über die Anlagefonds vom 18.03.1994 (AFG) der Aufsicht der Eidgenössischen ↑Bankenkommission (EFB) unterstellt sind oder von der EBK zum Vertrieb in der Schweiz oder von der Schweiz aus einer Bewilligung bedürfen, wurde das Segment Anlagefonds geschaffen.
– Als *Immobiliengesellschaften* gelten Gesellschaften, deren Erträge zu mindestens ²/₃ aus Immobilienaktivitäten, namentlich aus Miet- und Pachtzinseinnahmen oder aus Immobiliendienstleistungen stammen und bei denen mindestens ²/₃ der zu aktuellen Werten berechneten Bruttoaktiven direkt oder indirekt Immobilienanlagen sind.
– *SWX Local caps* sind Beteiligungsrechte börsenreifer Unternehmungen, die sich aufgrund ihrer Investorenbasis, Unternehmensgeschichte, Kapitalisierung oder Streuung nicht oder noch nicht für eine Kotierung an einem andern Börsensegment qualifizieren. Angesprochen sind namentlich Unternehmen mit lokaler Bedeutung oder engem Investorenkreis, wie etwa Familienunternehmen.
– An den *SWX New Market* gelangen Unternehmen, die sich durch die Erschliessung neuer Absatzmärkte, die Anwendung innovativer Verfahren oder die Entwicklung neuer Produkte oder Dienstleistungen auszeichnen. Dabei soll namentlich jungen Unternehmen der Zutritt zur Börse erleichtert werden.

↑Marktsegmentierung; ↑Strategisches Geschäftsfeld.

Marktsegmentierung

Das Wort Segment stammt aus dem Lateinischen und bedeutet «Abschnitt». In der Sprache der Wirtschaft wird der Ausdruck in einem übergeordneten Sinn generell für die Zerlegung komplexer Bereiche in einzelne Abschnitte, ↑Geschäftsfelder oder eben Segmente verwendet. Der Begriff Segment wird häufig verwendet in den Bereichen Strategie, Marketing, Rechnungswesen und ↑Aufbauorganisation. In der Rechnungslegungsliteratur spricht man von der ↑Segmentberichterstattung und versteht darunter die Aufteilung des Gesamtergebnisses in einzelne, geschäftlich sinnvolle Teilbereiche. Die schweizerischen ↑Grossbanken unterteilen beispielsweise in ihren ↑Geschäftsberichten das Gesamtergebnis in die Marktsegmente ↑*Retail banking,* ↑*Private banking,* Institutionelles Geschäft und ↑*Investment banking*. Sie segmentieren damit primär nach Kundengruppen, obschon in der externen Segmentberichterstattung subsidiär auch andere Kriterien Verwendung finden, insbesondere der Produktansatz im Falle des

Versicherungsgeschäftes und der Private-equity-Anlagen der Bank.
Ein zweites geschäftspolitisches Segmentierungskriterium sind Produktgruppen. Diese waren früher bei Banken üblich. Statt Segment wurde dabei häufig der Ausdruck ↑ *Sparte* verwendet. Eine Produktsegmentierung würde das Geschäft einer Bank unterteilen in die Segmente *Kreditgeschäft, Einlagengeschäft, Wertschriftengeschäft,* ↑*Zahlungsverkehr* usw.
Häufig wird der Ausdruck Marktsegmentierung in Strategie und Marketing der Banken verwendet. Dabei werden die erwähnten grossen Segmente weiter in Teilbereiche aufgegliedert, um so die Strategie und das Marketing wirkungsvoller zu gestalten. Für die Teilsegmente wird oft der Begriff Geschäftsfeld oder Geschäftseinheit verwendet. Bei dieser strategischen Segmentierung geht es darum, Produkte und Kundengruppen so zu identifizieren und zu strukturieren, dass sich daraus nachhaltige wirtschaftliche Vorteile gegenüber den Konkurrenten aufbauen lassen. In der so verstandenen strategischen Marktsegmentierung spielt das Verhältnis zwischen Kosten für die Bank und Wert der Leistungen für den Kunden eine zentrale Rolle. Dabei geht es für Banken insbesondere darum, Standardsegmente von High-end-Segmenten (oder Individualsegmenten) zu unterscheiden. Damit soll eine Lösung für das Problem gefunden werden, dass bei Banken eine kleine Zahl von Kunden praktisch den gesamten Gewinn erbringt, während mit der Grosszahl der Kunden neutrale oder negative Erfolgsbeiträge erwirtschaftet werden. Ein wichtiges Resultat der Segmentierung ist eine präzise und segmentspezifische Preis- und Leistungspolitik. Fehlerhafte Segmentierungen und solche, die nicht umgesetzt werden können, gehören zu den wichtigsten Ursachen strategischen Misserfolges.
Naturgemäss spielt die Segmentierung im Geschäft mit kleinen und mittleren Privat- und Kommerzkunden eine besondere Rolle. Das beschränkte Ertragspotenzial pro Kundenverbindung verlangt eine strikte Ausrichtung des Angebotes und der Preispolitik auf die Kosten, die durch Standardisierung und Ausnützung von Skaleneffekten tief zu halten sind. Die Standards und Schnittstellen sind dabei nicht nur auf die Effizienz der Geschäftsprozesse der Bank auszurichten, sondern auch auf diejenigen der Kunden, insbesondere der kommerziellen. Das Ertragspotenzial ist durch eine langjährige Kundenbindung und eine hohe Produkte-Nutzung aufgrund eines wirksamen ↑Cross selling zusätzlich auszuschöpfen. Im standardisierten Geschäft mit Privatkunden stehen den Banken grundsätzlich drei Denkansätze zur Segmentierung der Kunden zur Verfügung: Der *All-in Ansatz* geht davon aus, dass es zwar wohl Retail-banking-Produkte, aber keine typischen Retail-banking-Kunden gibt, weil die Retail-banking-Produkte die finanziellen Grundbedürfnisse jedes Bankkunden abdecken. Der *quantitative Ansatz* orientiert sich bei der Unterteilung des Retail-banking-Kundensegmentes in einzelne Teilsegmente an rein quantitativen Kriterien. Im Mittelpunkt dieser horizontalen Segmentierung stehen die Vermögenswerte, das Einkommen, allenfalls das Vermögenspotenzial. Kunden bis zu einem gewissen Einkommen oder Vermögen oder Vermögenspotenzial gehören zum Retail banking, wer höhere Werte erreicht, wird einem andern Teilsegment zugeordnet, beispielsweise den Individualkunden oder den Privatkunden. Der *soziodemografische Ansatz* geht im Rahmen einer vertikalen Segmentierung von einer Reihe meist qualitativer Faktoren aus, beispielsweise vom Alter, Beruf, von der Ausbildung, vom Status, von der Lebenssituation. Im Zusammenhang mit der verstärkten Inanspruchnahme des ↑Internets und anderer elektronischer Kanäle werden ergänzend auch Segmente aufgrund der Kanalnutzung gebildet, da die Kosten- und Wachstumsverhältnisse in diesen neuen Segmenten bei raschen Erfolgen bedeutende Wettbewerbsvorteile bringen können.
Unter dem Titel *Customer relationship management (CRM)* investieren viele Banken bedeutende intellektuelle und materielle Ressourcen in den Aufbau, den Unterhalt und die Auswertung von Datenbanken über bestehende und potenzielle Kunden, in welchen alle verfügbaren Bestandes- und Bewegungsdaten sowie persönliche und soziodemografische Informationen gespeichert werden. CRM wird einerseits zur Planung, Umsetzung und Kontrolle der Marktsegmentierung eingesetzt, andererseits dienen solche Systeme auch der Vertriebsunterstützung und -steuerung, namentlich auf den elektronischen Kanälen. ↑Organisation der Bank; ↑Sparte.

Hans Geiger

Markttiefe

Damit die Markttiefe vorliegt, müssen sowohl Kauf- wie auch Verkaufsaufträge nahe am Gleichgewichtspreis angeboten werden. Ein Ungleichgewicht zwischen Kauf- und Verkaufsaufträgen kann ohne wesentliche Kursschwankungen ausgeglichen werden. Die Tiefe des Marktes ist für die Preiskonstanz verantwortlich.

Markttransparenz

Transparenz ist ausserordentlich wichtig für das gute Funktionieren von Märkten. Transparenz schafft Vertrauen und ist letztlich der beste Anlegerschutz (↑Einlegerschutz). Unter Markttransparenz im engeren Sinne versteht man die rasche Verfügbarkeit von ↑Kursen und anderen Handelsdaten, ferner die Offenheit und Nachvollziehbarkeit der Handelsabläufe. Das offene Orderbuch (↑Auftragsbuch) schafft bezüglich Markttransparenz sehr gute Verhältnisse. Wichtig ist allerdings auch die Transparenz über die kotierten ↑Titel, beziehungsweise die ↑Emittenten dieser Titel. Es ist für die Anleger von entscheidender Bedeutung, dass die Emittenten nicht nur bei der ↑Kotierung einen informativen ↑Prospekt publizieren müssen, sondern dass auch bezüglich der periodischen Publizität (↑Jahresberichte; Quartalsberichte) wie der so genannten ↑Ad-hoc-Publizität (sofortige Bekanntgabe von neuen Entwicklungen, die für den Börsenkurs relevante Auswirkungen haben) entsprechende Regeln durchgesetzt werden.

Marktüblicher Zins
↑Marktzins.

Marktwert
Preis, der auf einem aktiven Markt für einen Verkauf von Vermögenswerten erzielt werden könnte oder für einen entsprechenden Erwerb zu zahlen wäre (IAS 32/5).

Marktzins
Der Marktzins ist der ↑Marktpreis für die Geldausleihung. Er bildet sich am ↑Geldmarkt, ↑Kapitalmarkt, ↑Kreditmarkt, ↑Finanzmarkt. Synonym: marktüblicher Zins. ↑Marktzinsmethode.

Marktzinsmethode
Die Marktzinsmethode ist ein modernes, entscheidungsorientiertes Zinsverrechnungskonzept, das einerseits die verursachungsgerechte Verteilung des ↑Zinsüberschusses in seine Entstehungskomponenten ermöglicht, andererseits den Entscheidungsträgern steuerungsrelevante Informationen über die Vorteilhaftigkeit von einzelnen Kundengeschäften sowie die ergebnismässigen Konsequenzen der ↑Fristentransformation gibt. Gegenüber den traditionellen Verfahren *Poolmethode* und *Schichtenbilanzmethode* hat sich die Marktzinsmethode *(Matched funds transfer pricing concept)* für die Kalkulation von Erfolgsbeiträgen im Wertebereich von Banken in der Praxis durchgesetzt. Das grundlegende Prinzip besteht darin, dass zinsabhängige Bankgeschäfte mithilfe von aktuellen Marktzinssätzen bewertet werden. Dies gilt sowohl für die Ermittlung von periodischen Steuerungs- und Ergebnisgrössen als auch für die Kalkulation von Barwertgrössen. Die grundsätzliche Ergebnisspaltung der Marktzinsmethode wird im Folgenden am so genannten Grundmodell anhand eines einfachen Beispiels (siehe Abbildung) aufgezeigt, das als *Margen-Kalkül* durch den Vergleich von ↑Zinssätzen auf die Kalkulation von periodischen Zinsergebnissen abstellt. Betrachtet wird ein (endfälliger) Kundenkredit zu 7,5% mit einer ↑Laufzeit von 5 Jahren, der durch eine 1-jährige Kundeneinlage zu einem Zinssatz von 3% refinanziert wird. Somit beträgt die Bruttozinsspanne 4,5%. Die Ergebnisbeiträge, die dezentral den für den Abschluss der beiden Kundengeschäfte verantwortlichen Marktbereich zuzuordnen sind und von

daher als ↑*Konditionenbeiträge* bzw. *Konditionsmargen* bezeichnet werden, ergeben sich durch den Vergleich des jeweiligen Kundenzinssatzes mit dem Zinssatz, der aktuell für fristengleiche Geschäfte am ↑Geld- und ↑Kapitalmarkt gilt *(Opportunitätsprinzip)*.

Da im Beispiel der 5-jährige Geld- und Kapitalmarktzins 6% beträgt, ergibt sich für den Kundenkredit eine Konditionsmarge von 1,5% (7,5%–6%). Die Konditionsmarge für die Einlage in Höhe von 2% ergibt sich aus der Differenz von 1-jährigem Geld- und Kapitalmarktzins – im Beispiel 5% – und dem Kundeneinlagenzins. Dass die Zurechnung dieser Erfolgsbeiträge verursachungsgerecht ist, lässt sich damit erklären, dass bei Abschluss der fristengleichen Gegengeschäfte zu den aktuell gültigen Marktzinssätzen durch die Treasury ausschliesslich diese Erfolgsbeiträge aus den Kundengeschäften realisiert werden könnten *(Gegenseitenkonzept)*. Diese Betrachtungsweise ist besonders auch von Bedeutung bei in der Praxis üblich vorhandenen *gespaltenen Geld- und Kapitalmarktsätzen*.

Durch derartige Massnahmen würde die Treasury jedoch die zweite zentrale Ergebnisquelle des Zinsüberschusses, nämlich den Erfolg aus der Fristentransformation ausschliessen. Dieser resultiert daraus, dass über unterschiedliche durchschnittliche Laufzeiten von aktivischen und passivischen Bilanzgeschäften Fristentransformation betrieben wird und am Geld- und Kapitalmarkt in der Regel keine komplett flache ↑Zinsstrukturkurve vorherrscht. Im Beispiel ergibt sich das Ergebnis aus der Fristentransformation aus dem Vergleich der Marktzinssätze für 5-jährige Anlagen und für 1-jährige ↑Refinanzierungen am Geld- und Kapitalmarkt. Somit beträgt die *Fristentransformationsmarge* 1% (6%–5%), die verursachungsgerecht der Treasury für das Betreiben der positiven Fristentransformation bei normaler Zinsstrukturkurve – und damit für das Eingehen von ↑Zinsänderungsrisiken – zuzurechnen ist. Sofern zinsabhängige Geschäfte in Fremdwährungen abgeschlossen werden, lässt sich ein zusätzlicher Erfolg aus der Währungstransformation isolieren, sodass die Zusammenfassung von *Fristen- und Währungstransformationsmarge* als *Strukturmarge* bezeichnet wird.

Eine Ausdehnung des Margen-Kalküls auf das gesamte Spektrum von Bankgeschäften erfolgt mit der Bildung von Typen nach Zinsanpassungskriterien, wofür sich entsprechende Bewertungsgeschäfte aus Geld- und Kapitalmarktgeschäften konstruieren lassen. Während das zuvor dargestellte Grundkonzept in der Regel nur eine periodische Betrachtung vornimmt, erweitert das *Barwert-Kalkül* den Horizont, indem es zu kalkulierendes Bankgeschäft vom Zeitpunkt des Geschäftsabschlusses über die Gesamtlaufzeit hinweg bewertet. Ziel des Barwert-Konzepts ist es,

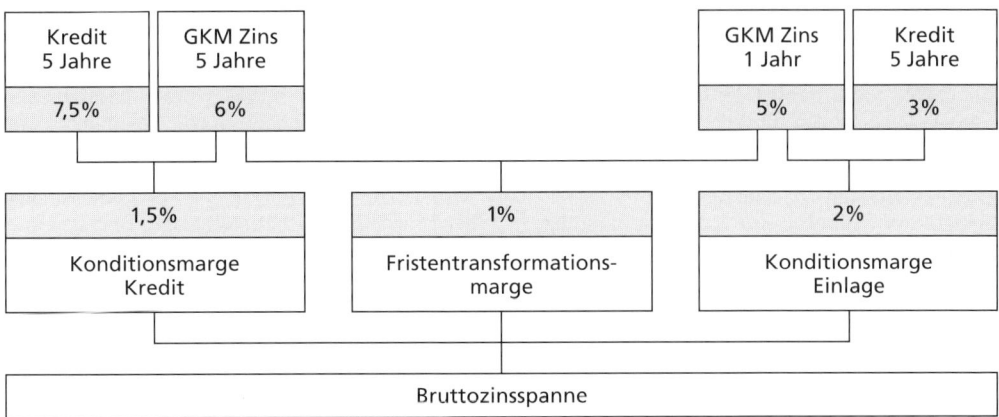

den heutigen und, wenn gewünscht, auch realisierbaren Wert von sämtlichen zukünftigen Zahlungen eines Bankgeschäftes zu bestimmen. Somit ergeben sich *Konditionsbeitrags-Barwerte* für Kundengeschäfte aus dem Vergleich des jeweiligen ↑Barwertes des noch ausstehenden Zahlungsstromes (↑Ertrags- oder ↑Kurswert des Kundengeschäftes) und dem Barwert des strukturgleichen Geld- und Kapitalmarktgeschäftes. Das strukturgleiche Marktgeschäft wird als Gegengeschäft zum Kundengeschäft konstruiert, sodass zukünftig ausstehende Kundenzahlungen kompensiert werden und somit der Konditionsbeitrags-Barwert die auf den Zeitpunkt des Geschäftsabschlusses bezogene, komprimierte Vorteilhaftigkeit eines Kundengeschäfts ausdrückt. Analog ergibt sich das *Fristentransformationsergebnis* aus dem Vergleich von Barwerten (Ertrags- oder Kurswerten) von Geld- und Kapitalmarktgeschäften unterschiedlicher Laufzeit.

Über die Anwendung von Verrentungskonzepten lässt sich ein Barwert jederzeit in periodische Erfolgsgrössen umwandeln, die gewährleisten, dass die Abzinsung der periodisch verrechneten Überschussbeiträge zum barwertigen Erfolgsbeitrag führt. Da es sich bei barwertigen und periodischen Ergebnisgrössen lediglich um einen unterschiedlichen Ausweis der gleichen Ergebnisse handelt, sind Barwert- und Margen-Kalkül unter Steuerungsgesichtspunkten miteinander zu vergleichen. Für das Kundengeschäft ist die Verwendung von Barwerten nicht unproblematisch, da Barwerte bei variabel verzinslichen Geschäften nur schwer interpretierbar sind, bei Kundengeschäften unterschiedlicher Laufzeit bzw. ↑Duration keinen Indikator für die relative Margenattraktivität liefern und an der «Front» unter Umständen falsche Verhaltensanreize hervorrufen (Vertretermentalität wird gefördert, allerdings auch klare Neugeschäftsorientierung). Unbestritten ist der Vorteil von Barwertrechnungen für die Zwecke der Zentraldisposition oder des Bilanzstrukturmanagements (↑Asset and liability management [ALM]). Hier liefern Barwerte (zumindest ex post) klare Handlungsanweisungen für Fristentransformationsentscheidungen und sind die Grundlage für eine saubere *Treasury-performance-Rechnung*. Als Fazit lässt sich festhalten, dass am besten beide Kalkülvarianten der Marktzinsmethode im Controlling vorzuhalten sind, um je nach speziellem Entscheidungsbedarf eingesetzt werden zu können.   *Henner Schierenbeck*

Lit.: Schierenbeck, H.: Ertragsorientiertes Bankmanagement, Wiesbaden 2001.

Massengeschäft
↑Privatkunden, Privatkundengeschäft; ↑Retail banking, Retailgeschäft.

Massenvertretung
↑Depotstimmrecht.

Masseschulden
Masseschulden, ein Begriff aus dem Insolvenzrecht, gibt es im Konkurs- und im Nachlassverfahren (↑Nachlassvertrag). Masseschulden sind Verbindlichkeiten, die nach Konkurseröffnung oder Gewährung der Nachlassstundung eingegangen werden (z.B. Anwaltshonorare, Schulden aus der Fortführung der Geschäftstätigkeit) und zulasten der Masse gehen. Ihrer Natur nach müssen sie vollständig und vor Ausrichtung einer allfälligen Konkurs- oder Nachlassdividende aus der Masse befriedigt werden. Anders als eine «gewöhnliche» Konkurs- oder Nachlassforderung, die definitionsgemäss immer vor Konkurseröffnung oder Gewährung der Nachlassstundung entsteht, erscheinen diese Schulden nicht im Kollokationsplan. Vor allem in Nachlassverfahren erlaubt diese rechtliche Qualifikation, jemanden zu finden, der bereit ist, mit dem angeschlagenen Unternehmen weiter zusammenzuarbeiten.

Massgebende Beteiligung an einem Effektenhändler

Als massgebend an einem ↑Effektenhändler beteiligt gelten nach BEHV 23 IV natürliche oder ↑juristische Personen, die direkt oder indirekt mindestens 10 Prozent des Kapitals oder der Stimmrechte eines Effektenhändlers halten oder dessen Geschäftstätigkeit auf andere Weise massgebend beeinflussen können. Zu den Voraussetzungen für eine Bewilligung als ↑Effektenhändler gehört unter anderem, dass solche Personen Gewähr für eine einwandfreie Geschäftstätigkeit bieten (BEHG 10 IV lit. d). Sind ausländische Personen mit massgebenden Beteiligungen an einem Effektenhändler mit mehr als der Hälfte der Stimmen beteiligt, so gilt der Effektenhändler als ausländisch beherrscht (BEHG 37, BEHV 56 I). ↑Qualifizierte Beteiligung an einer Bank.

Master agreement (Rahmenvertrag)

↑International Swap Dealers Association (ISDA);
↑Bankenvereinigung der Europäischen Union.

Master card

↑Kreditkarten.

Matched funds transfer pricing concept

↑Marktzinsmethode.

Matched orders

↑Codes of conduct.

Matcher

↑SWX Plattform.

Matching

↑Auftragsbuch.

Material

In der ↑Börsensprache Bezeichnung für das ↑Volumen der angebotenen ↑Effekten, vor allem im Zusammenhang mit «Materialknappheit» verwendet (zu knappes Effektenangebot verglichen mit der Nachfrage).

Matrixorganisation

↑Aufbauorganisation.

Maximalhypothek

Eine von der Praxis entwickelte und verbreitete Art der ↑Grundpfandverschreibung. Im Gegensatz zur gesetzlich vorgesehenen Kapitalhypothek, die zur Sicherheit für eine auch betragsmässig bestimmte Kapitalforderung errichtet wird und gemäss ZGB 818 in beschränktem Rahmen auch über diese Kapitalforderung hinaus für die ↑Zinsen und Betreibungskosten Sicherheit gibt, begrenzt die Maximalhypothek die Höhe der Haftung des Grundstücks auf einen bestimmten Höchstbetrag, in dem auch allfällige Nebenforderungen Platz finden müssen. Der Höchstbetrag der Haftung wird daher von den Parteien in der Regel so hoch angesetzt, dass neben der zu sichernden Kapitalforderung noch einige Jahreszinsen gedeckt sind. So wird z.B. bei einem Kreditbetrag von CHF 100000 eine Maximalhypothek in der Höhe von CHF 130000 im ↑Grundbuch eingetragen; es wird analog vorgegangen wie bei der Festlegung des Höchsthaftungsbetrages einer ↑Bürgschaft.

Maximalhypotheken eignen sich besonders zur Sicherstellung von Schuldverhältnissen mit wechselndem oder unbestimmtem Forderungsbetrag, namentlich zur Sicherstellung von ↑Kontokorrent- und ↑Baukrediten. Das Schuldverhältnis wird in der öffentlichen Urkunde über die Errichtung der Grundpfandverschreibung zwar meistens erwähnt; regelmässig wird aber gesagt, dass das Grundpfand im Sinne einer ↑Generalpfandklausel auch für alle übrigen, gegenwärtigen und zukünftigen Forderungen des ↑Gläubigers gegen den Schuldner Sicherheit bieten soll. Mit dieser Klausel kann der Kreis der gesicherten Forderungen im Rahmen des Höchstbetrages der Haftung auf alle aus dem gegenseitigen Geschäftsverkehr der Parteien zur Entstehung gelangenden Forderungen erstreckt werden, soweit deren Entstehung im Zeitpunkt der Beurkundung von den Parteien vernünftigerweise in Betracht gezogen werden konnte. Keine Deckung bietet die Generalpfandklausel aber etwa für Forderungen, die der Gläubiger in einem späteren Zeitpunkt von Dritten auf dem Zessionsweg erwirbt, oder für Forderungen aus Delikt, die nicht im Zusammenhang mit dem Geschäftsverkehr stehen.

Ungeachtet der Generalpfandklausel ist eine ↑Abtretung der Maximalhypothek problematisch. Die Maximalhypothek ist kein ↑Wertpapier. Man darf annehmen, dass der Zessionar einer durch Maximalhypothek gesicherten Forderung die Sicherheit für die Forderung in ihrem im Zeitpunkt der Zession bestehenden Umfang miterwirbt. Für Neuauszahlungen durch den neuen Gläubiger bietet die Maximalhypothek dem neuen Gläubiger nach herrschender Auffassung keine Sicherheit mehr, und es empfiehlt sich für den neuen Gläubiger, die Errichtung einer neuen Hypothek in öffentlicher Urkunde zu seinen Gunsten zu verlangen. Die Zession einer leeren Maximalhypothek ist unwirksam.

Christian Thalmann

Maximalzinsfuss

Auch Höchstzinsfuss. Beim Begriff Maximalzinsfuss denkt man in der Regel nicht an die gesetzlichen Regelungen über die zulässige Höhe vertraglich vereinbarter ↑Zinsen (↑Höchstzinsvorschriften, ↑Wucher), sondern an den ↑Zinssatz, über den hinaus der vertragliche Zinssatz bei einem Grundpfand (↑Schuldbrief; Kapitalhypothek) durch nachträgliche Vereinbarung zwischen dem ↑Gläubiger und dem Schuldner zulasten nachgehender Pfandgläubiger nicht erhöht werden darf. Von Gesetzes wegen gilt dafür eine Grenze von 5% (ZGB 818 II). Dieser Satz wird in der Praxis als zu niedrig empfunden. Durch Vereinbarung eines höheren Maximalzinsfusses im öffentlich zu beurkundenden ↑Pfandvertrag und die Eintragung desselben im ↑Grundbuch können Gläubiger und Schuldner die Grenze nach oben verschieben. Die Vereinbarung eines höheren Maximalzinsfusses ist bei Schuldbriefen und Kapitalhypotheken üblich. Gelegentlich sehen Schuldbriefe keine Regelung über den Zins, dafür aber einen Maximalzinsfuss vor. Solche Vereinbarungen sind problematisch, wenn der Schuldbrief für die Verzinsung der Schuldbriefforderung nicht ausdrücklich auf separate Abmachungen zwischen dem Gläubiger und dem Schuldner verweist oder wenn gegebenenfalls solche Abmachungen nicht nachgewiesen werden können. Der Gläubiger kann in solchen Fällen nicht einfach den Maximalzinsfuss als Schuldbriefzins geltend machen.

MBI
Abk. f. Management buy-in. ↑Management buy-out (MBO).

MBO
Abk. f. ↑Management buy-out.

MBS
Abk. f. ↑Mortgage backed securities (MBS).

MDAX
Der *MDAX* ist ein Index aus 70 deutschen ↑Aktien mittlerer Grösse (sog. ↑Mid caps), die im amtlichen Handel im geregelten Markt der Frankfurter Wertpapierbörse notiert sind. Der Index wird seit Juni 2002 nach der streubesitzadjustierten ↑Börsenkapitalisierung gewichtet. Die Auswahlkriterien für den Indexkorb entsprechen denen des ↑DAX. Erforderliche Auswechslungen treten nach Börsenschluss des dritten Freitags im März und September (Verfalltermine des DAX-Futures) in Kraft. Die Gewichtung des MDAX wird einmal pro Quartal so angepasst, dass kein ↑Titel mehr als 10% Gewicht aufweist. Der MDAX ist ein Performanceindex, d.h. Kursabschläge nach Dividendenzahlungen werden in der Indexberechnung neutralisiert. Der Startwert des MDAX wurde mit 1000 Indexpunkten per 30.12.1987 festgelegt. ↑Aktienindex.

Mean reversion
Mit Mean reversion wird die empirische Beobachtung umschrieben, wonach Aktienkurse die ↑Tendenz haben, zu ihren Durchschnittswerten zurückzukehren. Auf eine Periode mit überdurchschnittlichen ↑Renditen folgt eine mit unterdurchschnittlichen Renditen, sodass der langjährige Durchschnitt beibehalten wird.

Medaille
Münzähnliche ↑Prägungen ohne gesetzlichen ↑Kurswert. Sie werden zur Erinnerung an ein bedeutendes Ereignis oder zur Ehrung einer Persönlichkeit ausgegeben. ↑Gold als Kapitalanlage.

Media relations
↑Public relations der Banken.

Medio
Medio heisst «in der Mitte». Ein Medio-Wechsel ist ein am 15. Tag des genannten Monats fälliger ↑Wechsel (OR 1026 III).

Medium term
Englische Bezeichnung für ↑mittelfristig.

Medium term notes
Mittelfristige Schuldverpflichtungen, die im Rahmen eines entsprechenden Emissionsprogramms ↑revolvierend von erstklassigen ↑Emittenten über eine oder mehrere Banken ausgegeben werden. ↑Commercial paper.

Mehrheitsaktionär
Aktionär, der mit 50% plus einer Stimme an einer Aktiengesellschaft beteiligt ist.

Mehrheitsbeteiligung
↑Aktienmehrheit.

Mehrstufige Beteiligung
Beteiligungsverhältnis, das sich über mehrere Ebenen von der ↑Muttergesellschaft über Tochter- und «Enkel-Gesellschaften» erstreckt.

Mehrwertsteuer im Geld-, Bank- und Finanzgeschäft
Die Umsatzsteuer in der Ausprägung der Mehrwertsteuer ist eine der tragenden Säulen des Eidgenössischen Steuersystems und für einen Drittel der Fiskaleinnahmen des Bundes verantwortlich. Der Finanzsektor in der Schweiz und in Liechtenstein ist von dieser Abgabe, im Gegensatz zur vor der Einführung der Mehrwertsteuer praktizierten Warenumsatzsteuer, umfassend betroffen.

1. Allgemeines
Die Mehrwertsteuer als allgemeine Verbrauchs- oder Konsumsteuer wird in der Erhebungsform der Allphasensteuer mit Vorsteuerabzug grundsätzlich auf allen Stufen des Produktions- und Verteilprozesses sowie bei der Einfuhr von Gegenständen erhoben, ferner beim inländischen Dienstleistungsgewerbe und bei den Bezügen von Dienstleistungen, die von Unternehmen mit Sitz im Ausland erbracht werden. Die Steuer wurde in der

Schweiz 1995 eingeführt und entspricht in ihrer Ausgestaltung weitgehend dem System der Europäischen Gemeinschaft.

Die Steuer belastet den Gesamtwert der steuerbaren Leistung insgesamt nur einmal. Zwar wird auf jeder Stufe der volle Wert der Ware oder Dienstleistung besteuert, es wird jedoch der Abzug der vom Vorunternehmer geleisteten Steuer zugelassen. Damit verringert sich die Steuerlast des Unternehmens jeweils in der Höhe der Vorsteuer; wirtschaftlich belastet werden soll der Endverbraucher.

Steuer- und abrechnungspflichtig sind selbstständige Leistungserbringer, die im Inland (Schweiz und Liechtenstein, das Gebiet des Fürstentums Liechtenstein gemäss staatsvertraglicher Regelung) einen Umsatz von jährlich mehr als CHF 75 000 aus steuerbaren Leistungen erzielen. Für die meisten Lieferungen und Dienstleistungen gilt der Normalsatz von gegenwärtig 7,6% (Stand 2002). Waren des täglichen Bedarfs, Medikamente und gewisse Druckerzeugnisse werden mit einem reduzierten Satz von 2,4% belastet. Eine ganze Reihe von Leistungen schliesslich ist von der Mehrwertsteuer ausgenommen.

2. Finanzsektor und Mehrwertsteuer

Die grosse Mehrzahl der Banken, ↑Finanzintermediäre sowie ↑Vermögensverwalter und Finanzberater mit Domizil im Inland sind steuerpflichtig. Entsprechend sind sie bei der Eidgenössischen Steuerverwaltung (ESTV) registriert und müssen regelmässig ihren Abrechnungs- und Zahlungspflichten nachkommen.

Dienstleistungen des Finanzsektors stellen entweder der Mehrwertsteuer unterliegende oder von der Mehrwertsteuer ausgenommene ↑Transaktionen dar. Diesem Unterschied kommt bei der Ermittlung der zum Abzug berechtigten Vorsteuern tragende Bedeutung zu. Nur für steuerbare Dienstleistungen kann der entsprechende Abzug gemacht werden. Der von der Steuer ausgenommene Umsatz wird zwar nicht besteuert, der für die Erbringung solcher Umsätze nötige Sachaufwand (Lieferungen und Dienstleistungen) bleibt aber mit der Steuer belastet. Diese «taxe occulte» ist insbesondere bei den Banken sehr hoch, beträgt doch der Vorsteuerabzug häufig weniger als einen Drittel der Vorsteuern. Die Mehrwertsteuer im System der Selbstveranlagung macht es notwendig, dass die ESTV die Steuerabrechnungen und das Buchungs- und Abrechnungssystem kontrolliert. Bei der Durchführung von Kontrollen bei Banken und ↑Sparkassen ist das ↑Bankkundengeheimnis zu wahren. Analog den Vorschriften bei der ↑Verrechnungssteuer (VStG 40 V) dürfen Feststellungen betreffend Dritte ausschliesslich für die Durchführung der Mehrwertsteuer und nicht für die Veranlagung anderer Steuern verwendet werden (MWSTG 62 III).

3. Von der Mehrwertsteuer ausgenommene Finanzdienstleistungen

↑Transaktionen, die nicht der Mehrwertsteuer unterliegen und nicht zum Vorsteuerabzug berechtigen, sind im Gesetz abschliessend geregelt und umfassen aus dem Bereich des Geld- und Kapitalverkehrs folgende Umsätze (MWSTG 18 IXX):
– Gewährung, Verhandlung und Verwaltung von Krediten. Von der Besteuerung sind nicht nur die ↑Zinsen ausgenommen, sondern alle mit dem reinen Kreditgeschäft zusammenhängenden Nebenleistungen
– Übernahme, Vermittlung und Verwaltung von Verbindlichkeiten und Sicherheiten
– Einlagegeschäft, Kontokorrent und ↑Zahlungsverkehr. Diese Ausnahme umfasst einen Grossteil des klassischen Retail-banking-Geschäftes (↑Retail banking, Retailgeschäft) wie ↑Passivzinsen, ↑Kontoführung und den Überweisungsverkehr
– Umsätze mit gesetzlichen ↑Zahlungsmitteln. Dies ist vor allem für das ↑Sortengeschäft (Geldwechselgeschäft) von Bedeutung
– Umsätze mit ↑Wertpapieren. Diese Freistellung gilt nicht nur für den Kaufs- oder Verkaufspreis, sondern auch für die ↑Courtage. Ferner sind von der Besteuerung ausgenommen die Leistungen im ↑Emissionsgeschäft, z. B. die Übernahme und Platzierung von Neuemissionen und die Börseneinführung von Wertpapieren
– Verwaltung von ↑Anlagefonds und Sondervermögen durch ↑Fondsleitungen, ↑Depotbanken und deren Beauftragte. Der Anwendungsbereich dieser Ausnahme ist auf die im Anlagefondsgesetz geregelten Arten von Sondervermögen beschränkt
– Verwahrung von Lombardhinterlagen durch die Schweizerische ↑Nationalbank.

Ferner sind von der Steuer ausgenommen die Prämienumsätze der Versicherungs- und Rückversicherungseinrichtungen mit Einschluss der Umsätze aus der Tätigkeit als Versicherungsvertreter, -makler oder -broker (MWSTG 18 XVIII).

4. Steuerbare Dienstleistungen

Können Dienstleistungen aus dem Geld-, Bank- und Finanzgeschäft nicht einem der oben erwähnten Ausnahmetatbestände zugeordnet werden, so liegen grundsätzlich steuerbare Leistungen mit Recht auf Vorsteuerabzug vor. Versteuert werden müssen deshalb insbesondere die Umsätze in der ↑Vermögensverwaltung und im ↑Inkassogeschäft. Dazu gehören dem Kunden in Rechnung gestellte Entschädigungen für die individuelle Anlageberatung wie für das ↑Portfolio management. Ebenfalls steuerbar ist das ↑Depotgeschäft, d.h. das Verwahren und Verwalten von Wertpapieren in offenen oder verschlossenen ↑Depots, und das ↑Treuhandgeschäft. Das steuerbare Inkassogeschäft besteht im Einzug von Forderungen durch einen hierzu Beauftragten, der dem Auftraggeber gegenüber abzurechnen hat und kein Delkredererisiko übernimmt. Steuerbare Leistungen sind ferner die Vermietung von ↑Schrankfächern, das Zuführen von potenziellen Kunden (das Entgelt dafür ist als «Finder's fee» bekannt) sowie Umsätze in Edelmetallen (ohne Gold) und Medaillen sowie in Banknoten und Münzen, die nicht als gesetzliche Zahlungsmittel verwendet werden (↑Numismatik). Befreit (mit Anrecht auf Vorsteuerabzug) sind hingegen die Inlandumsätze und die Einfuhr von Münz- und ↑Feingold.

Unabhängig vom Status des Leistungserbringers, ob Bank, Rechtsanwalt, Wirtschaftsberater oder Treuhänder, ist die Beratung, Begutachtung und Vertretung in juristischen, wirtschaftlichen und organisatorischen Belangen steuerbar. So sind unter anderem Entschädigungen für Rechts- und Steuerberatung, Tätigkeit als Willensvollstrecker, Schätzungen, Dienstleistungen aus dem Bereich von ↑Mergers and acquisitions, soweit nicht dem steuerbefreiten Umsatz zuzuordnen, generell der Steuer unterstellt.

Abgrenzungsprobleme ergeben sich bei den pauschalen Gebühren für die Vermögensverwaltung, den sog. ↑All-in-fees. Diese Gebühren sind Entgelt für Courtagen, Vermögensverwaltung und Depotführung und umfassen so von der Steuer ausgenommene wie steuerbare Leistungen. Werden steuerbare Dienstleistungen an Kunden mit Wohnsitz im Inland erbracht, so ist die Mehrwertsteuer geschuldet und in der Kundenabrechnung auszuweisen. Werden hingegen grundsätzlich steuerbare Dienstleistungen, wie Vermögensverwaltung, Beratungen und Inkassogeschäfte, an Kunden mit Domizil im Ausland erbracht, so ist mit wenigen Ausnahmen aufgrund des Empfängerortsprinzips die Mehrwertsteuer nicht geschuldet (sog. «steuerbefreite» Leistung); dennoch besteht die Berechtigung zum Vorsteuerabzug.

Die ESTV hat in der Broschüre Nr. 14 «Finanzbereich» umfassende Vorschriften für Banken, Vermögensverwalter, Finanzgesellschaften, ↑Effektenhändler und Fondsgesellschaften erlassen; ein detaillierter Leistungskatalog ordnet zahlreiche branchenspezifische Geschäfte steuerrechtlich ein.

Walter von Wyl

Lit.: *Kompetenzzentrum MWST der Treuhandkammer (Hrsg.), Mwst.com: Kommentar zum Bundesgesetz über die Mehrwertsteuer, Basel, Genf, München 2000.*

Mehrzuteilungsoption
↑Greenshoe.

M1, M2, M3
↑Geldmenge M1; ↑Geldmenge M2; ↑Geldmenge M3.

Meinungskäufe, -verkäufe
Effektentransaktionen, die in Erwartung bestimmter Ereignisse, wie positive oder negative Periodenergebnisse, eine ↑Kapitalerhöhung zu vorteilhaften Bedingungen usw., vorgenommen werden.

Meistausführungsprinzip
Die Methode, die angewendet wird, wenn an einer ↑Börse nicht laufend gehandelt, sondern für die einzelnen Effekten nur ein Börsenkurs pro ↑Börsentag ermittelt wird: Alle limitierten Verkaufs- und Kaufsaufträge werden bis zu einem festgelegten Zeitpunkt gesammelt. Anschliessend wird durch Gegenüberstellung der zu jedem ↑Kurs möglichen Umsätze derjenige Kurs ermittelt, zu dem das grösste ↑Volumen an Geschäften abgewickelt werden kann. Zu diesem Kurs werden dann auch die vorliegenden ↑Bestens-Aufträge abgewickelt. An der Schweizer Börse ↑SWX Swiss Exchange wird dieses Prinzip im Eröffnungsstadium für die Abwicklung der während der Voreröffnung eingegangenen Aufträge angewendet (↑Börsenperiode, ↑Eröffnungsprozedere). Nach Abschluss der Eröffnung findet bis zum Abschluss des Börsentages der laufende Handel zu variablen Kursen statt.

Meldepflichten gegenüber der EBK
Zur Gewährleistung einer effizienten Aufsicht (↑Aufsicht, Aufsichtsbehörde) haben ↑Banken, ↑Börsen und ↑Effektenhändler, die in der Schweiz allesamt der Aufsicht der EBK (↑Bankenkommission, Eidg.) unterstellt sind, gegenüber der EBK zahlreiche Meldepflichten zu erfüllen. Diese Meldepflichten sind im ↑EBK-Rundschreiben «Bewilligungs- und Meldepflichten» aufgeführt und basieren auf einzelnen Vorschriften in den entsprechenden Gesetzen (BankG, BankV, BEHG, BEHV, BEHV-EBK sowie EBK-GebV). Die meldepflichtigen Tatbestände betreffen Bereiche wie Überwachung des Börsenhandels, ↑Offenlegung von Beteiligungen, ↑eigene Mittel, ↑Liquidität, Risikoverteilung, ↑Zinsänderungsrisiken, Jahresrechnung und Zwischenabschlüsse auf Einzelbasis oder auf konsolidierter Basis. Die Meldungen haben je nach Anweisung an die EBK oder an die SNB (↑Nationalbank, Schweizerische), die beide untereinander einen Informationsaustausch pflegen, zu erfolgen. Die in die Aufsichtstätigkeit einbezogenen bankengesetzlichen und börsengesetzlichen Revisonsstellen haben die Einhaltung der meldepflichtigen Tatbestände jährlich in ihrem ↑Revisionsbericht an die EBK zu bestätigen.

Meldepflichten im Bank- und Finanzmarktbereich
Meldepflichten haben im Bank- und Finanzmarktbereich stark an Bedeutung gewonnen. Diese Entwicklung steht z.T. im Zusammenhang mit der Liberalisierung der ↑Kapitalmärkte und der zu-

nehmenden Bedeutung der Information: Riskante Anlageinstrumente, die früher einem Teil des Publikums nicht zugänglich waren (z. B. Börsentermingeschäfte) oder die dem Publikum nur beschränkt oder gar nicht angeboten wurden (z. B. ↑Junk bonds) sind heute für jedermann erhältlich. Zum Ausgleich soll verbesserte Information den (als mündig vorausgesetzten) Durchschnittsanleger vor unvernünftigen Anlageentscheidungen schützen und überdies zur Gleichstellung aller Anleger am Markt beitragen, was nicht nur den einzelnen Anlegern, sondern auch dem Markt als solchem zugute kommen soll.

Spricht man von Informations- oder Meldepflichten, so meint man in der Regel, dass der Verpflichtete die geschuldeten Informationen nicht nur auf Aufforderung hin, sondern spontan liefern muss. Dabei ist von einer Informationspflicht meistens dort die Rede, wo der Empfänger der Information der Vertragspartner des Informationsverpflichteten ist (so etwa bei der ↑Informationspflicht des Effektenhändlers, BEHG 11). Von Meldepflichten spricht man eher dort, wo die Information an eine Behörde oder eine andere zentrale Stelle zuhanden der Öffentlichkeit abzuliefern ist. Es geht bei den Meldepflichten oft im eingangs erwähnten Sinn um die Herstellung der Transparenz des Marktes, z.B. wenn Beherrschungsverhältnisse offen gelegt werden müssen oder wenn ↑Effektenhändler den Umfang und die Konditionen der am Markt getätigten Geschäfte bekannt geben müssen. In anderen Fällen sollen Meldepflichten der zuständigen Behörde die Kontrolle der Einhaltung gesetzlicher Vorschriften durch den Meldepflichtigen erleichtern. Neuerdings sind Meldepflichten auch zur Aufdeckung und Verfolgung krimineller Machenschaften eingeführt worden.

1. Meldepflichten im Bankbereich

Meldepflichten der Bank gegenüber der Eidg. Bankenkommission (EBK): Aufgrund des Bankengesetzes und der einschlägigen Verordnungen und Richtlinien unterstehen die Banken einer Pflicht zu periodischen Meldungen an die EBK. Sie dienen der Behörde zur Kontrolle der Einhaltung der gesetzlichen Rechnungslegungsvorschriften, insbesondere über die ↑eigenen Mittel, die ↑Liquidität und die Risikoverteilung (↑Meldepflichten gegenüber der EBK).

Meldepflicht des ↑Finanzintermediärs bei Geldwäschereiverdacht: Diese Meldpflicht besteht seit 1998. Sie verpflichtet den Finanzintermediär zur Meldung an die eidg. Meldestelle für ↑Geldwäscherei, wenn er weiss oder den begründeten Verdacht hat, dass die Gegenstand der Geschäftsbeziehung bildenden Vermögenswerte im Zusammenhang mit Geldwäscherei stehen oder aus einem Verbrechen herrühren oder der Verfügungsmacht einer kriminellen Organisation unterliegen. Diese Meldepflicht hat die Aufdeckung und Verfolgung krimineller Machenschaften zum Zweck (↑Melderecht und Meldepflicht bei Geldwäscherei).

Meldepflicht der Inhaber einer qualifizierten Beteiligung an einer Bank: Schliesslich sieht das Bankengesetz vor, dass Personen oder Personengruppen, die eine ↑qualifizierte Beteiligung an einer schweizerischen Bank erwerben wollen, der EBK Meldung machen müssen, bevor sie die Beteiligung erwerben. Als qualifiziert gilt eine Beteiligung von mindestens 10% des Kapitals oder der Stimmen oder eine andere Art der Beteiligung, die die Möglichkeit einer massgebenden Beeinflussung der Geschäftstätigkeit der Bank eröffnet. Diese Meldepflicht besteht auch, wenn eine qualifizierte Beteiligung in solcher Weise vergrössert oder verkleinert wird, dass die Schwellen von 20, $33^{1}/_{3}$ oder 50% des Kapitals oder der Stimmen erreicht oder über- bzw. unterschritten werden (BankG 3 V). Bei dieser Meldepflicht geht es nicht um die Information des Marktes, sondern um die Durchsetzung des öffentlichen Rechts. Nach BankG 3 II lit. c darf die EBK einer Bank die Bewilligung nur erteilen, wenn die Inhaber einer qualifizierten Beteiligung gewährleisten, dass sich ihr Einfluss nicht zum Schaden einer umsichtigen und soliden Geschäftstätigkeit auswirken wird. Handelt es sich bei der Bank um eine kotierte Gesellschaft mit Sitz in der Schweiz, so unterliegen die Inhaber der Beteiligung zusätzlich der Meldepflicht gemäss BEHG 20 (↑Offenlegung von Beteiligungen).

2. Meldepflichten im Kapitalmarktbereich

Offenlegung von Beteiligungen: Das Börsengesetz auferlegt dem Inhaber kotierter ↑Beteiligungspapiere eine Pflicht zur Meldung an die Gesellschaft und an die ↑Börse innerhalb von vier Börsentagen, wenn er im Zusammenhang mit dem Erwerb oder Verkauf von börsenkotierten Beteiligungspapieren einer schweizerischen Gesellschaft unter Einschluss der bereits vorher gehaltenen Stimmrechte den Grenzwert von 5, 10, 20, $33^{1}/_{3}$, 50 oder $66^{2}/_{3}$% der Stimmrechte erreicht, unter- oder überschreitet. Meldepflichtig ist auch der indirekte Erwerb oder der Erwerb in gemeinsamer Absprache mit Dritten (BEHG 20). Die Gesellschaft muss innerhalb von zwei Börsentagen für die Veröffentlichung der erhaltenen Meldung sorgen (BEHG 21). Zentrales Anliegen ist bei dieser Melde- und Veröffentlichungspflicht die rasche Herstellung der Transparenz der Beteiligungsverhältnisse an kotierten Gesellschaften mit Sitz in der Schweiz und die Verhinderung «stiller» Übernahmen. Das Unterlassen der Meldung wird mit Busse bestraft (BEHG 41). In der Praxis kam es bisher noch nie zu einem Strafverfahren, jedoch schon zu Mahnungen durch die für die Entgegennahme und Überwachung der Melde- und Veröffentlichungspflicht erstinstanzlich zuständige Offenlegungsstelle der ↑SWX Swiss Exchange. Auch das Aktienrecht kennt eine Pflicht zur Offenlegung «bedeutender» Beteiligungen. Verpflichtet zur «Meldung» ist hier die Gesellschaft, Adressat ist das Anlegerpublikum. Die Gesellschaft nimmt die Meldung an das Publikum im Rahmen ihrer Rechnungslegungs- und Berichterstattungspflichten (OR 662 ff.) durch Angabe im Anhang zur Bilanz vor (OR 663 c). Als «bedeutend» gilt grundsätzlich eine Beteiligung, die 5% der Stimmrechte übersteigt. Da diese Meldepflicht erst im ↑Jahresbericht oder im Rahmen von ↑Zwischenabschlüssen wahrzunehmen ist, kommt ihr kein zeitnaher Informationsgehalt zu. Dementsprechend spielt sie in der Kapitalmarktpraxis keine grosse Rolle (↑Bekanntgabepflicht der Aktiengesellschaft).

Meldepflicht beim öffentlichen Kaufangebot: Wer freiwillig oder aufgrund einer gesetzlichen Pflicht (BEHG 33) dem Publikum ein ↑öffentliches Kaufangebot nach BEHG 22 ff. unterbreitet, unterliegt einer Reihe von Pflichten. Zu diesen zählt eine transaktionsspezifische Meldepflicht. Der Urheber des Angebots muss der ↑Übernahmekommission und den Börsen, an denen die Papiere kotiert sind, von der Veröffentlichung des Angebots bis zum Ablauf der Angebotsfrist innert kürzester Frist jeden Erwerb oder Verkauf von Beteiligungspapieren der ↑Zielgesellschaft oder einer andern Gesellschaft, deren Papiere zum Tausch angeboten werden, melden. Die gleiche Pflicht trifft auch Aktionäre (inkl. Aktionärsgruppen) der Zielgesellschaft, die eine Beteiligung von mindestens 5% der Stimmrechte an der Zielgesellschaft oder gegebenenfalls an der anderen Gesellschaft halten. Diese Meldepflicht dient der Herstellung der Transparenz des Marktes; sie will der betroffenen Gesellschaft und deren Aktionären helfen, einen rationalen Entscheid über die Annahme oder Ablehnung des Angebotes zu treffen.

Reportingpflicht der Effektenhändler: Die ↑Börsenordnung der Schweizer Börse SWX unterwirft die ↑Börsenmitglieder einer Pflicht zur Meldung der an der Börse oder ausserbörslich abgeschlossenen Geschäfte (↑Trade reports, ↑Trade confirmations, ↑Post recorded trades, vgl. Art. 38–42, und Art. 28, 29 und 35). Die Meldung geht an die Börse. Sie bezweckt die Herstellung der ↑Markttransparenz.

Publizitätspflichten der börsenkotierten Gesellschaften: Das ↑Kotierungsreglement der Schweizer Börse SWX unterwirft die Gesellschaften, deren Beteiligungspapiere an der Börse kotiert sind, einer ganzen Reihe von Pflichten zur periodischen Berichterstattung über ihre finanzielle Lage (KR 64 ff.). Diese Pflichten müssen während der Dauer der ↑Kotierung eingehalten werden. Die Berichterstattungspflicht besteht gegenüber der Öffentlichkeit und gegenüber der Zulassungsstelle. Sie besteht für die Gesellschaft zusätzlich zu den gesellschaftsrechtlichen Berichterstattungspflichten. Sie dient der Orientierung des Anlegerpublikums. Eine andere Stossrichtung verfolgt die Bekanntgabepflicht bei kursrelevanten Tatsachen gemäss KR 72 (↑Ad-hoc-Publizität). Die Bekanntgabe erfolgt durch Publikation unter vorheriger Meldung an die Börse. Sie ist so anzusetzen, dass die Gleichbehandlung der Marktteilnehmer möglichst gewährleistet ist. Die Ad-hoc-Publizität bezweckt die Verhinderung von Insidertransaktionen (↑Insidergeschäft).

Zur näheren Regelung der Publizitätspflichten der börsenkotierten Gesellschaften hat die Zulassungsstelle der Schweizer Börse SWX die Rundschreiben Nr. 1 vom 02.11.1998, aktualisiert per 01.01.2001 (Meldepflichten im Rahmen der Aufrechterhaltung der Kotierung), und Nr. 2 vom 02.11.1998, aktualisiert per 20.07.2001 (Ad-hoc-Publizität und Handelseinstellungen), erlassen.

↑*Anlagefonds:* Auch im Anlagefondsrecht gibt es Meldepflichten zum Zwecke der Transparenz. So verlangt AFG 10 II, dass die ↑Fondsleitung der Aufsichtsbehörde EBK die natürlichen und ↑juristischen Personen meldet, die direkt oder indirekt mit einem Mindestanteil an Kapital und Stimmen beteiligt sind oder die ihre Geschäftstätigkeit unmittelbar oder mittelbar massgebend beeinflussen können. AFV 13 lässt erkennen, dass der kritische Mindestanteil 10% des Kapitals oder der Stimmen ausmacht und präzisiert, dass auch eine Änderung im Bestand der Personen, die eine solche Beteiligung halten, der Aufsichtsbehörde gemeldet werden muss.

Felix M. Huber

Melderecht und Meldepflicht bei Geldwäschereiverdacht

Seit dem 01.08.1994 kennt das Strafgesetzbuch die Bestimmung, die einem ↑Finanzintermediär das Recht gibt, den schweizerischen Strafverfolgungsbehörden oder der vom Gesetz bezeichneten Bundesbehörde (heute: Meldestelle für Geldwäscherei, GwG 23) Meldung zu machen, wenn ernst zu nehmende Anhaltspunkte dafür vorliegen, dass die Gegenstand der Kundenbeziehung bildenden Vermögenswerte aus einem schweren Delikt stammen könnten (StGB 305bis II). Der Sinn dieser Vorschrift besteht darin, einen Finanzintermediär, insbesondere eine Bank, die in einem solchen Fall Meldung erstattet, vom Vorwurf der Verletzung des Berufsgeheimnisses (BaG 47; ↑Bankkundengeheimnis) zu entlasten. Mit der am 01.04.1998 erfolgten Inkraftsetzung des ↑Geldwäschereigesetzes wurde das Melderecht um eine *Meldepflicht* ergänzt. Seither ist ein Finanzintermediär im genannten Fall («Begründeter Verdacht, dass die Vermögenswerte aus einem Verbrechen stammen oder der Verfügungsmacht einer kriminellen Organisation unterliegen», GwG 9) nicht nur berechtigt, sondern auch verpflichtet, der Eidg. Meldestelle für Geldwäscherei Meldung zu machen. ↑Geldwäscherei.

Memory card
↑Smartcard; ↑Chip; ↑Debitkarte; ↑Plastikkarten.

Mengengeschäft
↑Privatkunden, Privatkundengeschäft; ↑Retail banking, Retailgeschäft.

Mengennotierung
↑Wechselkurs.

Merchant banks
Merchant banks sind britischen Ursprungs. Reine Handelsunternehmen entwickelten sich zu Banken, indem sie sich neben den Warengeschäften auch mit der Abwicklung des Aussenhandels befassten. Schwerpunkte bildeten das Akzeptieren und Handeln von Auslandwechseln (↑Akzeptkredit). Heute betreiben Merchant banks das internationale ↑Emissionsgeschäft, ↑Corporate finance und ↑Mergers and acquisitions.

Merger
Durch einen Merger (↑Fusion) werden zwei oder mehrere Gesellschaften durch Vermögensübertragung ohne Liquidation vereinigt, wobei den Gesellschaftern der übertragenden Gesellschaft Gesellschaftsanteile oder Mitgliedschaftsrechte an der übernehmenden Gesellschaft eingeräumt werden. Die übertragende Gesellschaft wird aufgelöst und im Handelsregister gelöscht. Die gesamten Aktiven und Passiven der übertragenden Gesellschaft gehen auf dem Weg der Universalsukzession auf die übernehmende Gesellschaft über. Gesellschaften können fusionieren, indem eine Gesellschaft von einer anderen übernommen wird (sog. Absorptionsfusion) oder indem zwei oder mehrere Gesellschaften sich zu einer neuen Gesellschaft zusammenschliessen (sog. Kombinationsfusion).

Mergers and acquisitions
Mergers and acquisitions kennzeichnet einen Tätigkeitsbereich, der schwerpunktmässig die professionelle Umsetzung von Kauf- und Verkaufsmandaten von Unternehmen bzw. von Unternehmensanteilen sowie Teilbetrieben und Tochtergesellschaften beinhaltet. Marktakteure in diesem Segment sind kleinere und mittelgrosse auf Mergers and acquisitions spezialisierte Firmen und Mergers-and-acquisitions-Abteilungen von Banken. Dabei ist zwischen einer freundlichen Übernahme (sog. Friendly ↑takeover), die durch das Management der übernommenen Unternehmung unterstützt wird, zu unterscheiden und einem sog. Hostile takeover, der gegen die Zustimmung des Managements vollzogen wird. ↑Übernahme, wirtschaftliche.

Metageschäft
Conto a metà bedeutet «Rechnung zur Hälfte», auf gleichen Gewinn und Verlust (Gewinn oder Verlust werden hälftig geteilt). Metaverbindung nennt man eine geschäftliche Verbindung, bei der alle oder einzelne Geschäfte auf gemeinschaftliche Rechnung gemacht werden. Entgegen dem engen Wortsinn können auch mehrere Geschäftspartner (Metisten) als eine Art Konsortium Metageschäfte abschliessen.

Metalldeckung
Bereithaltung von Edelmetall seitens der ↑Notenbank, um zurückströmende ↑Banknoten in Edelmetall gleichen Wertes einlösen zu können (↑Gebundene Währung, ↑Banknotendeckung). Der ↑Nennwert der umlaufenden Banknoten kann voll oder teilweise gedeckt sein.

Metallgeld
↑Geld (Begriff); ↑Münze; ↑Münzwesen der Schweiz.

Metallkonto
↑Edelmetallkonto.

Mexican Stock Exchange
Links: www.bmv.com.mx

Mezzanine-Finanzierung
Die Finanzierung durch nachrangige, in der Regel nicht dinglich besicherte ↑Darlehen (Mezzanine capital) im Bereich ↑Private equity. Diese hat im Prozess der Venture-capital-Finanzierung (↑Venture-Finanzierung) die Aufgabe, Mittel für die zweite Finanzierungsstufe zu beschaffen, nachdem zuvor die erste Stufe mit so genanntem Seed capital finanziert worden ist. Die Mezzanine-Finanzierung hat ihren Ursprung in der Finanzierung von ↑Management buy-outs. Eingesetzt wird die Mezzanine-Finanzierung auch bei Akquisitionsstrategien. Der Begriff Mezzanine deutet darauf hin, dass es sich um eine Finanzierungsform handelt, die zwischen dem voll haftenden ↑Eigenkapital und einem dinglich besicherten erstrangigen Darlehen steht. Zur Vergütung des damit verbundenen höheren ↑Risikos partizipiert der Mezzanine-Geber zusätzlich zu einer festen Verzinsung des Darlehens häufig am Wertzuwachs des Unternehmens. Dies geschieht beispielsweise mit einer Kaufoption (Stock option, ↑Stock) auf einen definierten ↑Anteil am Grundkapital des kreditnehmenden Unternehmens. In der Praxis existieren viele Variationen der Mezzanine-Finanzierung; so etwa in der Form typischer oder atypischer stiller Beteiligungen, ↑Genussscheinen oder ↑Wandel- bzw. ↑Optionsanleihen (Convertible bonds). Neben den spezialisierten Structured-finance-Abteilungen der Grossbanken haben sich auch banken-

unabhängige Mezzanine-Geber etabliert, die besonders bei komplexen Finanzierungen zum Zuge kommen, beispielsweise bei einem Management buy-out. *Hans-Dieter Vontobel*

M-Formation
Eine M-Formation entsteht in einem Aufwärtstrend dadurch, dass nach einer Bewegung gegen den ↑Trend eine langsame Erholung bis zum vorangegangenen Kurshöchstpunkt erfolgt und die ↑Kurse dann wieder stagnieren oder zurückfallen.

MIB 30
Das Kürzel *MIB* steht für *Mercato Italiano di Borsa* (früher Milano Indice Borsa). Der *MIB 30* ist ein ↑Aktienindex mit 30 Standardwerten, die an der *Borsa Italiana* notiert sind. Die Gewichtung des Indexes erfolgt nach der ↑Börsenkapitalisierung der im Indexkorb enthaltenen ↑Aktien. Der MIB 30 ist ein Kursindex, d.h. Kursabschläge nach regulären Dividendenzahlungen werden nicht korrigiert. Der Startwert des MIB 30 wurde mit 10000 Indexpunkten per 31.12.1992 festgelegt.

Micro hedge
Absicherungstransaktion (↑Hedging) einer Einzelposition einer Bilanz oder eines ↑Portfolios.

Midcap DAX
↑MDAX.

Mid-cap-Fonds
↑Anlagefonds, der in ↑Aktien von Gesellschaften mit einer mittelgrossen Börsenbewertung (Middle capitalization, ↑Mid caps) investiert, wobei das Grössenkriterium nach Anlagegebiet unterschiedlich ist.

Mid caps
Unter *Mid caps* versteht man in der ↑Börsensprache die ↑Aktien mittelgrosser Unternehmen, die nach ↑Börsenkapitalisierung und Handelsumsatz unterhalb der ↑Blue chips und oberhalb der ↑Small caps anzusiedeln sind.

Mietfinanzierung
Mietfinanzierung ist eine Form des ↑Leasings.

Mietkauf
Mietkauf bezeichnet eine Form des ↑Leasings.

Mietzinsdepot
Auch Mieterdepot. Dient dem Vermieter zur Absicherung von Mietzinsausfällen und Schäden am vermieteten Objekt.
Das Mietzinsdepot wird an den Vermieter verpfändet. Es wird bei der Bank des Vermieters bzw. Verwalters in der Höhe von einem, zwei oder meistens drei Netto-Monatsmietzinsen auf den Namen des Mieters eröffnet. Verfügungsberechtigt sind Mieter und Vermieter bzw. Verwalter gemeinsam. Das Mietzinsdepot wird nach der Wohnungsabgabe am Ende des Mietverhältnisses in dem Umfang freigegeben, als der Vermieter aus dem Mietverhältnis und aus der Schlussabrechnung keine Ansprüche stellt. Die Banken verzinsen Mietzinsdepots normalerweise zum Satz für ↑Sparkonten oder -hefte.

Mikuni
↑Rating.

MILES
Abk. f. Market index linked exchangeable securities. ↑Strukturierte Produkte; ↑Bond-Handel.

Miller-Modigliani-Theorem
↑Eigene Mittel.

Minderheitsaktionär
Minderheitsaktionäre sind grundsätzlich alle Aktionäre, die nicht über die Stimmenmehrheit verfügen. Die Bezeichnung wird häufig auch für Streubesitzaktionäre (↑Streubesitz von Aktien) verwendet. Das Aktienrecht enthält verschiedene Bestimmungen zum Schutz der Minderheitsaktionäre, so die Sonderprüfung (OR 697 a ff.) und insbesondere in privaten Gesellschaften die Auflösungsklage (OR 736 I Ziff. 4).

Minderheitsbeteiligung
↑Aktienminderheit.

Minderjährige im Bankverkehr
Als Minderjährige werden unmündige Personen bezeichnet. Unmündig ist nach schweizerischem Recht, wer das 18. Lebensjahr noch nicht vollendet hat. Gesetzlicher Vertreter eines Unmündigen ist entweder der Inhaber der elterlichen Sorge oder, im Falle einer Vormundschaft, der Vormund (↑Bevormundete und Verbeiständete im Bankverkehr).
Sind beide Eltern Inhaber der elterlichen Sorge, dürfen gutgläubige Dritte voraussetzen, dass jeder Elternteil im Einvernehmen mit dem andern handelt (ZGB 304 II). Dies dürfte für die Bank so lange zutreffen, als sich bei angemessener Aufmerksamkeit keine Anhaltspunkte für das fehlende Einvernehmen ergeben. Bei Uneinigkeit der Eltern hat die Bank eine übereinstimmende Erklärung der Eltern zu verlangen.
Wie im Falle der Vormundschaft gilt auch bei Unmündigen unter elterlicher Sorge, dass die Eingehung von ↑Bürgschaften, die Vornahme erheblicher Schenkungen und die Errichtung von Stiftungen zulasten des Unmündigen von vornherein ausgeschlossen sind (sog. verbotene Geschäfte, ZGB 304 III und 408).

Minderjährige im Bankverkehr

1. Handeln der Inhaber der elterlichen Sorge
Die Inhaber der elterlichen Sorge können ↑Bankgeschäfte für den Unmündigen in dessen Namen vornehmen. Sie haben auch das Recht und die Pflicht, das Vermögen des Unmündigen, das sog. Kindesvermögen, zu verwalten (ZGB 318 I). Zwar sind die Befugnisse der Inhaber der elterlichen Sorge mit Bezug auf Werte des Kindesvermögens begrenzt (ZGB 319 und 320). Die Bank kann jedoch in der Regel davon ausgehen, dass von den Inhabern der elterlichen Sorge vorgenommene Bankgeschäfte, die sich auf solche Werte beziehen, gültig sind, ausser sie hat Kenntnis davon, dass diese Schranken missachtet werden.
Soweit freies Kindesvermögen betroffen ist, dessen Verwaltung nicht dem Inhaber der elterlichen Sorge belassen wurde (ZGB 321 II und 322) bzw. das der urteilsfähige Unmündige selbst verwalten kann, entfällt das Recht, Bankgeschäfte im Namen des Unmündigen vorzunehmen.

2. Eigenes Handeln der Unmündigen
Unmündige können, soweit sie urteilsunfähig sind, nicht durch eigenes Handeln Bankgeschäfte vornehmen. An ihrer Stelle muss jeweils der Inhaber der elterlichen Sorge handeln. Soweit Unmündige urteilsfähig sind, können sie zwar durch eigenes Handeln Bankgeschäfte vornehmen. Indessen bedürfen sie hiefür grundsätzlich der Zustimmung des Inhabers der elterlichen Sorge. Die Zustimmung kann sowohl für das einzelne Geschäft als auch generell erteilt werden (Letzteres geschieht mittels spezieller Bankformulare). Möglich ist auch eine nachträgliche Genehmigung, wobei das Geschäft bis dahin in der Schwebe bleibt und nichtig ist, wenn die Genehmigung nicht erteilt wird.
Eine Ausnahme gilt für Werte, welche die urteilsfähigen Unmündigen entweder durch eigene Arbeit erworben haben oder die ihnen von den Eltern aus dem Kindesvermögen zur Ausübung eines Berufes oder eines eigenen Gewerbes herausgegeben wurden (ZGB 323 I) oder bei Zuwendungen von dritter Seite unter ausdrücklichem Ausschluss der elterlichen Verwaltung, ohne dass die Verwaltung einem Dritten übertragen wird (ZGB 321 II). Mit Bezug auf solche Vermögenswerte, die alle zum sog. freien Kindesvermögen gehören, können die urteilsfähigen Unmündigen in deren Namen ohne Mitwirkung und unter Ausschluss der Inhaber der elterlichen Sorge Bankgeschäfte vornehmen. Die urteilsfähigen Unmündigen können indessen den Inhabern der elterlichen Sorge entsprechende Vollmachten erteilen.
Das Angebot an Bankprodukten für Minderjährige ist in den letzten Jahren erheblich erweitert worden und nicht immer wird bei solchen Produkten die ausdrückliche Zustimmung der Inhaber der elterlichen Sorge verlangt. Soweit die erwähnten, dem freien Kindesvermögen zugehörigen Vermögenswerte betroffen sind, darf indessen ohne weiteres von der Berechtigung eines Unmündigen ausgegangen werden. Dies wird namentlich bei Lohnkonti zutreffen. Davon abgesehen kann das Gewährenlassen der Eltern in einem gewissen Umfang für das Vorliegen der entsprechenden Zustimmung sprechen.

3. Interessenkollision
Bei einer Interessenkollision entfällt die Vertretungsmacht der Inhaber der elterlichen Sorge und es finden die Bestimmungen über die Vertretungsbeistandschaft Anwendung (ZGB 306 II und 392 II). Interessenkollisionen können etwa vorliegen bei Geschäften zwischen einem Unmündigen und den Inhabern der elterlichen Sorge oder diesen nahe stehenden Dritten sowie bei Doppelvertretungen durch die Inhaber der elterlichen Sorge. Die Frage, ob eine Interessenkollision vorliegt, kann sich für Banken namentlich stellen im Falle von Nachlässen, bei denen sowohl der Unmündige als auch die Inhaber der elterlichen Sorge Erben sind, sowie bei Geschäften, die den Unmündigen gegenüber der Bank verpflichten bzw. sein Vermögen entsprechend belasten, insbesondere etwa bei Solidarschuldverpflichtungen des Unmündigen, bei ↑Darlehen, die auf den Namen des Unmündigen aufgenommen werden, oder bei Verpfändungen von Kindesvermögen.

4. Internationales Privatrecht
Die Voraussetzungen für das Vorliegen der Mündigkeit und der Urteilsfähigkeit beurteilen sich nach dem Wohnsitzrecht (IPRG 35). Wohl gilt für in der Schweiz vorgenommene Bankgeschäfte der sog. Verkehrsschutz, d.h. für die Wirksamkeit solcher Geschäfte genügt es, wenn der betreffende Bankkunde nach Schweizer Recht urteilsfähig und mündig ist (IPRG 36 I). Dieser Schutz gilt allerdings nur bei Gutgläubigkeit der Bank, d.h., wenn diese den ausländischen Wohnsitz des Bankkunden nicht erkennen konnte, was aufgrund der Identifikationspflichten der Bank von vornherein nur in einem beschränkten Rahmen in Frage kommen dürfte. Bei familien- und erbrechtlichen Rechtsgeschäften sowie bei Rechtsgeschäften über dingliche Rechte an Grundstücken entfällt dieser Verkehrsschutz ohnehin (IPRG 36 II). Besondere Regeln gelten im Wechsel- und Checkrecht (OR 1086 und 1138).
Soweit Unmündigkeit vorliegt, beurteilt sich die gesetzliche Vertretung des Unmündigen sowie die Verwaltung des Kindesvermögens grundsätzlich nach dem Recht am gewöhnlichen Aufenthalt des Unmündigen. Haben indessen weder die Mutter noch der Vater Wohnsitz im Staat des gewöhnlichen Aufenthaltes des Kindes, besitzen aber die Eltern und das Kind die gleiche Staatsangehörigkeit, so ist ihr gemeinsames Heimatrecht anzuwenden (IPRG 82). Vorbehalten bleibt das gegebenenfalls anwendbare Recht gemäss dem Haager

Übereinkommen über die Zuständigkeit der Behörden und das anzuwendende Recht auf dem Gebiet des Schutzes von Minderjährigen vom 05.10.1961 (IPRG 85). *Daniel Baumann*

Mindesteinlage
Von der Bank festgesetzter Mindestbetrag für die Eröffnung eines ↑Kontos oder Heftes (↑Sparkonto, Sparheft; ↑Anlagekonto, Anlageheft usw.).

Mindesterfordernisse an die Kassenliquidität
↑Liquidität (Allgemeines und Aufsichtsrechtliches).

Mindestklauseln
↑Währungsklauseln.

Mindestnennwert
Nach OR 622 IV muss der ↑Nennwert einer ↑Aktie mindestens einen Rappen betragen (bis Mai 2001 waren es noch CHF 10). Mit der Herabsetzung des Mindestnennwertes soll die Flexibilität bei der Gestaltung der Eigenkapitalstruktur verbessert und die Möglichkeit zum Aktiensplit (↑Split-up) und damit zur Schaffung von leichten Aktien erweitert werden. Überdies kann eine ↑Mitarbeiterbeteiligung einfacher und auf breiterer Basis durchgeführt werden. Bei Fusionen und Übernahmen erleichtert der sehr tiefe Mindestnennwert die Festlegung eines «runden» Umtauschverhältnisses.

Mindestrendite
↑Hurdle rate.

Mindestreserven
Mindestreserven sind Gelder, welche die ↑Geschäftsbanken in bestimmter Form und in vorgeschriebenem Umfang bei der ↑Zentralbank zu halten haben. Ihre Höhe wird in der Regel aufgrund der Höhe der Publikumseinlagen (↑Bankeinlagen) bei den Banken (Bankpassiven) festgelegt. Mit Mindestreserven können grundsätzlich zwei Ziele verfolgt werden:
– Kontrolle der Bankenliquidität (↑Liquidität [Allgemeines und Aufsichtsrechtliches]) und damit Steuerung des Geldschöpfungspotenzials (↑Geldschöpfung) der Banken
– Milderung der ↑Volatilität der ↑Geldnachfrage bzw. der ↑Geldmarktsätze.

Bei der Ausrichtung auf das erste Ziel werden die Mindestreserven als aktives Instrument der ↑Geldpolitik verwendet. Die Zentralbank hat die Möglichkeit, durch Veränderung der Mindestreservesätze die Liquidität im Bankensystem zu vermindern oder zu erhöhen. Damit kann die Geldschöpfung der Banken unmittelbar beeinflusst werden: Verlangt die Zentralbank höhere Mindestreserven, so stehen den Banken weniger Mittel für Ausleihungen (↑Ausleihungen an Kunden) zur Verfügung, umgekehrt erhöht eine Herabsetzung der Mindestreserven die Kreditkapazität der Banken. Auf diesem Konzept beruht die Regelung der Mindestreserven im geltenden ↑Nationalbankgesetz (NBG 16a–16f). Das Instrument wurde indessen seit 1977 nicht mehr eingesetzt, weil die Schweizerische ↑Nationalbank (SNB) die Bankenliquidität bei flexiblen ↑Wechselkursen einfacher und wirksamer durch Offenmarktoperationen (↑Offenmarktpolitik) steuern kann. Im künftigen Notenbankrecht (Nationalbankgesetz [NBG]) soll es nicht mehr figurieren.

Bei der Ausrichtung auf das zweite Ziel geht es darum, mit einem gewissen Niveau an Mindestreserven eine stetige Mindestnachfrage der Banken nach Notenbankgeld (↑Notenbankgeldmenge) sicherzustellen. Zufallsbedingte Ausschläge der ↑Zinssätze am Geldmarkt (↑Geldmarkt [Volkswirtschaftliches]) werden dadurch verringert. Zu diesem Zweck genügt es, dass die Banken die Mindestreservepflicht im Durchschnitt einer bestimmten Zeitperiode einhalten. In der Schweiz erfüllen die bankengesetzlichen Vorschriften über die Kassenliquidität (BankV 15–19) heute im Wesentlichen diese Funktion: Die Banken müssen einen Mindestprozentsatz ihrer kurzfristigen Verbindlichkeiten in Form von greifbaren Mitteln (↑Bargeld; Giro- und Postkontoguthaben) unterhalten. Im Zuge der geplanten Revision des Nationalbankgesetzes soll diese Regelung leicht modifiziert in das Notenbankrecht übernommen werden.

Peter Klauser

Mindestreservenpolitik
Unter Mindestreservenpolitik versteht man die unmittelbare Steuerung der Geldmenge (↑Geld [Begriff], ↑Geldschöpfung) in einer Volkswirtschaft durch die Festsetzung und Veränderung von Mindestreservesätzen. Mindestreservenpolitik ist nur eines von mehreren Instrumenten (↑Instrumentarium der SNB) einer ↑Zentralbank, ihre ↑Geldpolitik zu führen. Das Instrument der Mindestreservenpolitik wurde jedoch in den vergangenen Jahren mehrheitlich durch andere Instrumente ersetzt. Das heutzutage wohl gebräuchlichste Instrument der Geldpolitik ist die ↑Offenmarktpolitik. Weitere Möglichkeiten sind Diskontpolitik (↑Diskont) und Lombardpolitik (↑Lombardieren).

Unter einer Mindestreservenregelung verlangt die Zentralbank von den ↑Kreditinstituten, dass sie einen bestimmten Prozentsatz ihrer Verbindlichkeiten als (meist unverzinste) Einlagen bei der Zentralbank deponieren. Über diese ↑Mindestreserven können die Kreditinstitute dann nicht mehr verfügen. Häufig sind die Mindestreservesätze nach der erwarteten Fristigkeit der Verbindlichkeit abgestuft, indem für ↑Sichteinlagen höhere Sätze gelten als für ↑Termin- und ↑Spareinlagen. Durch eine Veränderung dieser Mindestreservesätze kann die

Zentralbank unmittelbaren Einfluss auf die Entwicklung der Geldmenge nehmen. Werden höhere Mindestreserven verlangt, so stehen den Kreditinstituten weniger Mittel für Ausleihungen (↑ Ausleihungen an Kunden) zur Verfügung; umgekehrt erhöht eine Herabsetzung der Mindestreserven die Kreditkapazität der Banken. Die theoretischen Grundlagen der Mindestreservepolitik basieren auf dem Konzept des ↑ Geldschöpfungsmultiplikators (↑ Geldschöpfung). Die Bankreservehaltung stellt in diesem Konzept eine wesentliche Bestimmungsgrösse der Geldschöpfung dar.

In den USA existierten erste Reserveregelungen zu Beginn des 19. Jahrhunderts, in England entstanden solche Mitte des 19. Jahrhunderts. Der Zweck von Mindestreserveregelungen bestand ursprünglich nur in der Liquiditätssicherung und in der Stabilisierung des Bankensystems (↑ Bankensystem [Allgemeines]). Die Liquiditätssicherung stand auch im Mittelpunkt des Mindestreservesystems, das 1913 mit dem ↑ Federal reserve system (FED) in den USA geschaffen wurde. Die Idee, die Reservesätze zu geldpolitischen Zwecken zu variieren, wurde 1930 von J. M. Keynes in «A Treatise on Money» erstmals geäussert. Danach hat sich die Bedeutung der Mindestreserven allmählich von der Liquiditätssicherung auf das geldpolitische Gebiet verschoben, da die Zentralbanken durch eine Veränderung der Mindestreservesätze die Liquidität (↑ Liquidität [Allgemeines und Aufsichtsrechtliches]) der Kreditinstitute und damit das Geldangebot zu beeinflussen vermögen.

Die Mindestreservenpolitik kann in der Schweiz auf eine nur kurze Geschichte zurückblicken. Die Schweizerische ↑ Nationalbank (SNB) hatte bis Mitte 1972 keine gesetzliche Kompetenz zur Einforderung von Mindestreserven. Aufgrund freiwilliger Vereinbarungen mit der SNB unterhielten jedoch die Banken verschiedentlich (erstmals 1955–1958) Mindestreserven bei der SNB. In den Jahren 1955–1958 war der Bestand der Verbindlichkeiten in Schweizer Franken mindestreservenpflichtig, ab August 1971 der Zuwachs der ausländischen und ab April 1972 auch der Zuwachs der inländischen Verbindlichkeiten. Gestützt auf den Währungsbeschluss vom 08.10.1971 erliess der Bundesrat 1972 eine Verordnung, durch die der Zuwachs ausländischer Gelder mindestreservenpflichtig wurde. Die Mindestreserven wurden auf einem besonderen Konto blockiert und waren unverzinslich. Gestützt auf den Kreditbeschluss vom 20.12.1972 erhielt die SNB 1973 die Kompetenz, auf dem Bestand und dem Zuwachs in- und ausländischer Verbindlichkeiten Mindestreserven zu erheben.

Im Jahre 1978 wurde die Mindestreserveregelung ins ↑ Nationalbankgesetz (NBG) aufgenommen (Artikel 16). Die maximalen Reservesätze sind im Gesetz fixiert; sie schwanken je nach Fristigkeit der Depositen zwischen 2% und 12% für die Bestände und zwischen 5% und 40% für den Zuwachs. Auf den ↑ Bankeinlagen von Ausländern können die Mindestreserven bis auf das Doppelte dieser Sätze erhöht werden. Nach 1973 verloren die Mindestguthaben zunehmend an Bedeutung. Im November 1974 wurden die inländischen, im Februar 1977 auch die ausländischen Einlagen gänzlich aus der Reservepflicht entlassen. Seither hat die SNB keine Mindestreserven mehr eingefordert. Es hatte sich gezeigt, dass die SNB die Bankenliquidität bei flexiblen ↑ Wechselkursen einfacher und flexibler durch Offenmarktoperationen regulieren kann.

Die ↑ Geschäftsbanken sind jedoch gemäss dem Schweizerischen Bankengesetz dazu verpflichtet, Liquiditätsvorschriften einzuhalten, die eine ökonomisch ähnliche Funktion wie die Mindestreservenvorschriften erfüllen. Die Geschäftsbanken müssen Mindestbestände an Kasse (Einlagen bei der SNB, Postcheckguthaben und ↑ Bargeld) und anderen kurzfristigen Aktiven ausweisen. Da die Sätze der Liquiditätsvorschriften nicht aktiv verändert werden, haben sie vor allem die Funktion einer Generierung einer Mindestnachfrage der Banken nach Notenbankgeld (↑ Notenbankgeldmenge) zur Folge. Eine solche Mindestnachfrage kann die Umsetzung der Geldpolitik (↑ Geldpolitik [Umsetzung]) vereinfachen. *Caesar Lack*

Lit.: Alting, J.: Europäische Zentralbank und Mindestreservepolitik, Wiesbaden 1998.

Mindestreservepflicht
↑ Mindestreserven.

Mindestschluss
↑ Schlusseinheit.

Mindestzinssatz
Bei variabel verzinslichen Schuldverpflichtungen ist der Mindestzinssatz jener Satz, der unabhängig von der Entwicklung des ↑ Referenzzinssatzes zur Anwendung gelangt. ↑ Floor.

Mindestzinssatz in der beruflichen Vorsorge
Der ↑ Mindestzinssatz in der ↑ beruflichen Vorsorge ist der Mindestsatz für die Verzinsung der Altersguthaben im BVG. Das Altersguthaben besteht aus Altersgutschriften, die jährlich in Prozenten des koordinierten (versicherten) Lohnes berechnet werden. Hinzu kommen Zinsen für die Zeit, in welcher der Versicherte der Personalvorsorgeeinrichtung angehört und gegebenenfalls Altersguthaben aus vorhergehenden Einrichtungen. Gemäss BVG 15 II legt der Bundesrat aufgrund der Anlagemöglichkeiten den Mindestzinssatz fest. Diese Kompetenz findet in BVV 2 ihre Umsetzung. Die gegenwärtige Bestimmung (Stand 1. Quartal 2002) lautet: «Das Altersguthaben wird mit mindestens 4% verzinst.» Im Sommer 2002 ist um die

Flexibilisierung des Mindestzinssatzes in der beruflichen Vorsorge und insbesondere um deren Ausmass und Berechnungsgrundlagen eine heftige Debatte ausgebrochen.

Mini caps
Innerhalb der Gruppe der ↑Small caps sind Mini caps Gesellschaften mit besonders tiefer ↑Börsenkapitalisierung.

Minimax floater
Minimax floater bezeichnet eine besondere Form der ↑Floating rate notes (bonds), die mit einer Zinsober- und einer Zinsuntergrenze ausgestattet sind.

Minuszinsen
↑Negativzins, Negativverzinsung.

MIS
Abk. f. ↑Management-Informationssystem bei Banken (MIS).

Mischkalkulation
Die Mischkalkulation ist ein Rechenverfahren, um für Materialien Standardpreise festzulegen, die aus verschiedenen Bezugsquellen stammen oder unterschiedlich produziert worden sind. Damit wird die Anwendung eines einheitlichen Preisbzw. Kostenansatzes gewährleistet. Der Mischpreis errechnet sich durch die Gewichtung der einzelnen Kalkulationen zu den Beschaffungsalternativen über Verhältniszahlen.

Mischkredit
↑Rahmenkredit und Rahmenkreditabkommen.

Mischzinssatz
Bezeichnung für einen (häufig durchschnittlichen) ↑Zinssatz, der sich aus verschiedenen Zinssätzen errechnet, z.B. Durchschnittszinssatz für einen Kredit mit verschiedenen ↑Deckungen, die bei der Berechnung des Mischzinssatzes anteilmässig berücksichtigt werden.

Mispricing
↑Credit pricing.

Missbräuche im Zinswesen
↑Konsumkredit.

Mistrades
Auch Fehlabschlüsse, Fehleingaben. Bezeichnung für irrtümlich zustande gekommene Abschlüsse an der ↑Börse. Nach der Weisung 15 der ↑SWX Swiss Exchange kann die Börse auf Verlangen einer beteiligten Partei einen Abschluss für ungültig erklären, wenn der Preis des Geschäftes erheblich vom ↑Marktwert abweicht oder wenn zur Zeit des Abschlusses keine geordneten und fairen Marktverhältnisse herrschten.

Mitarbeiteraktien
↑Mitarbeiterbeteiligung.

Mitarbeiterbeteiligung
Die Mitarbeiterbeteiligung am Erfolg oder Kapital ihres Betriebes ist, neben einem marktüblichen, festen Gehalt, ein zusätzliches, flexibles Anreizsystem. Als Bemessungsgrundlage dienen häufig der Unternehmensgewinn, das Produktivitätswachstum oder die Umsatzentwicklung. Zielsetzung ist es, den Mitarbeitern Anreize zu geben, sich dem Aktionärsnutzen entsprechend zu verhalten. Gleichzeitig wird die Lösung des Principal-agent-Dilemma (↑Agency-Theorie) angestrebt: Interessenkonflikte, die durch die Trennung von Besitz und Leitung entstehen, werden so reduziert. Man unterscheidet zwischen folgenden Formen der Mitarbeiterbeteiligung:
– Das *Cash-Bonussystem* für Mitarbeiter ist eine neben dem marktüblichen, festen Gehalt, vom Unternehmenserfolg abhängige, zusätzliche Barvergütung, d. h. eine gehaltsunabhängige Einkommenssteigerung in Form einer vertraglich nicht zugesicherten Barzahlung.
– *Stock- oder Aktienbeteiligungsprogrammen* liegt die Idee zugrunde, Mitarbeiter zu Miteigentümern zu machen, um das Principal-agent-Dilemma zu eliminieren. Die Beteiligung ist vom Aktienkurs abhängig. ↑Aktien können von Mitarbeitern fallweise zu Vorzugskonditionen bezogen werden.
– Bei *Optionsbeteiligungsprogrammen* für Mitarbeiter stellt die ↑Option das Recht (aber keine Verpflichtung) dar, eine Aktie zu einem bestimmten Zeitpunkt zu einem vordefinierten Preis zu erwerben. Optionsbasierende Mitarbeiterbeteiligung wird in der Zukunft an Bedeutung gewinnen, nicht zuletzt da diese gegenüber den Cash- und den Aktienbeteiligungsprogrammen steuerliche Vorteile aufweist.

↑Stock-option-Pläne werden dem Mitarbeiter i.d.R. unter ↑Marktpreis, kostenlos oder als Prozentsatz der fixen Vergütung angeboten und unterliegen vertraglich definierten Bezugs- und Veräusserungsrestriktionen. *Markus Eberle*

Lit.: Risi, A.: Mitarbeiteroptionen und -aktien, Zürich 1999.

Mitbürgschaft
↑Bürgschaft.

Miteigentum
↑Eigentum.

Mitläufer
In der ↑Börsensprache Bezeichnung für Spekulanten, die dann auftreten, wenn sie glauben, dass sich in einem bestimmten Börsenpapier eine «besondere Bewegung» vollzieht. Da der Mitläu-

fer nicht weiss, wann diese beendet ist, geht seine Rechnung nicht immer auf, denn er kann auf seiner ↑Position «sitzen bleiben». Zuweilen werden besondere Bewegungen unterbrochen, um die Mitläufer «abzuschütteln». Mitläufer werden auch Trittbrettfahrer genannt.

Mittelflussrechnung
↑Geldflussrechnung.

Mittelflussrechnung im Bankabschluss
Die ↑Banken mit einer Bilanzsumme von mindestens CHF 100 Mio. und einem Bilanzgeschäft in wesentlichem Umfang haben in der ↑Jahresrechnung neben der Bilanz, ↑Erfolgsrechnung und dem ↑Anhang auch zusätzlich eine Mittelflussrechnung zu erstellen (BankV 23). Mittelflussrechnungen sollen die Liquiditätslage (statische Komponente) und die Liquiditätsentwicklung (dynamische Komponente) darstellen und Aufschluss geben über die Fähigkeit des Unternehmens:
– Zahlungsüberschüsse zu erwirtschaften
– Verbindlichkeiten zu tilgen (um kreditwürdig zu bleiben)
– Dividenden zu zahlen.

Wegen der branchenspezifischen Besonderheiten erfordert dieser Teil der Jahresrechnung für Banken besondere Regelungen. Gemäss den Vorschriften der BankV soll mit der Mittelflussrechnung die Veränderung eines Zahlungsmittelbestandes (↑Zahlungsmittel) erklärt werden, indem Zahlungsvorgänge gegliedert in vier Teilbereiche dargestellt werden:
– Mittelfluss aus operativem Ergebnis
– Mittelfluss aus Eigenkapitaltransaktionen
– Mittelfluss aus Vorgängen im Anlagevermögen
– Mittelfluss aus dem Bankengeschäft.

Diese Gliederung deckt sich nicht mit der neuesten Entwicklung (z.B. Deutsche Rechnungslegungsstandards zur Kapitalflussrechnung von Kreditinstituten), die in Übereinstimmung mit den ↑International Accounting Standards (IAS) die Bereiche
– ↑Cashflow aus laufender Geschäftstätigkeit
– Cashflow aus Investitionstätigkeit
– Cashflow aus Finanzierungstätigkeit
unterscheidet.

Die Mittelflussrechnung kann nach der direkten Methode oder – wie allgemein üblich – nach der indirekten Methode dargestellt werden. Diese geht zur Ermittlung des Cashflows aus laufender Geschäftstätigkeit vom Periodenergebnis aus, das um die zahlungsunwirksamen Vorgänge wie ↑Abschreibungen, ↑Rückstellungen sowie die Veränderungen des Vermögens und der Verbindlichkeiten aus laufender Geschäftstätigkeit bereinigt wird. Die Mittelflussrechnung als ein Indikator für die Liquiditätslage und die Liquiditätsentwicklung eines Unternehmens hat für Banken eine begrenzte Aussagekraft und kann deshalb im Gegensatz zu andern Wirtschaftsbranchen nur beschränkt als wirkungsvolles Steuerungsinstrument angesehen werden. *Max Boemle*

Mittelfristig
Im Bankverkehr länger als 1 Jahr, aber kürzer als 4 Jahre.

Mittelkurs
Der Mittelkurs ist ein Durchschnittskurs, bzw. das arithmetische Mittel von verschiedenen ↑Kursen (z.B. ↑Brief, Briefkurs und ↑Geld, Geldkurs). Mittelkurse dienen etwa als ↑Steuerkurse oder als Grundlage für besondere ↑Transaktionen, z.B. Handänderung grösserer ↑Pakete von ↑Beteiligungspapieren.

Mittlere Laufzeit
Arithmetisches Mittel aus dem frühest und dem spätest möglichen Rückzahlungstermin einer Anleihe.

Mitverschluss, Doppelverschluss
Die Verfügungsgewalt über eine Sache steht zwei Personen nur gemeinsam zu. Regelmässig liegt Mitverschluss vor bei der Vermietung eines ↑Schrankfachs, weil der Bankkunde den Safe nur gemeinsam mit der Bank öffnen kann und umgekehrt. Mitverschluss genügt auch zur rechtsgültigen Bestellung eines Pfandes (↑Faustpfand, ↑Warenverpfändung). Das zürcherische Gesetz über die Sicherstellung von ↑Spareinlagen vom 20.02.1938 sah für die zur Sicherstellung der Spareinlagen ausgeschiedenen Vermögenswerte einer Bank die Aufbewahrung unter Mitverschluss von Bank und Behördenvertreter (Schlüssler) vor. Dieses Gesetz wurde 1996 mit der Revision des BankG (Aufhebung der Ermächtigung an die Kantone, ein ↑Sparkassenpfandrecht einzuführen, alt BankG 16) hinfällig und formell aufgehoben.

MMF
Abk. f. Money market fund. ↑Geldmarktfonds.

Mobiliarhypothek
Eine besondere Verpfändungsart für bewegliche Sachen (Fahrnis, Mobilien). Sie unterscheidet sich vom ↑Faustpfand dadurch, dass der Pfandgläubiger nicht, wie dies sonst bei Mobilien unumgänglich ist, den Pfandbesitz erhalten und ausüben muss. Die Besitzesübergabe wird vielmehr ersetzt durch die Eintragung des ↑Pfandrechtes in ein Register, d.h. das Pfand bleibt im Besitz des Verpfänders. Es liegt somit ein *Registerpfandrecht* vor. Diese Art der Durchbrechung des sonst bei Pfandrechten an Fahrnis (↑Fahrnispfandrecht) geltenden Prinzips der Besitzesübertragung findet in der Schweiz bis jetzt ihr Anwendungsgebiet nur bei der ↑Viehverpfändung, dem ↑Schiffspfandrecht, der

↑Luftfahrzeugverschreibung und beim Pfandrecht im Pfandbriefwesen (↑Pfandbrief). ↑Eigentumsvorbehalt.

Mobile commerce
↑E-commerce.

Mobiliarkredit
↑Gedeckter Kredit; ↑Realkredit.

Mobilien-Leasing
↑Leasing.

Mobilisierbarkeit
Ausdruck für die Möglichkeit, rasch und ohne grosse Wertverluste Vermögensgegenstände in Geld umzuwandeln. Synonyme: Liquidisierbarkeit, Monetisierbarkeit.

Mobilisierung
Beschaffung von flüssigen Mitteln durch ↑Belehnung von Aktiven oder Umwandlung einer Buchforderung in ein verkehrsfähiges ↑Wertpapier. Beispiel: Aufnahme von Pfandbriefdarlehen gegen Verpfändung von Hypotheken.

Modified duration
↑Duration.

Modigliani/Miller-Theorem
↑Dividendenpolitik der Banken.

Momentum
Momentum in der ↑technischen Analyse beschreibt den Grad der Kursveränderung innerhalb eines vorgegebenen Zeitrahmens. Die Momentumindikatoren (↑Indikator) verändern sich folglich in dem Masse, in dem sich der letzte ↑Kurs vom ersten Kurs der Erhebungsperiode unterscheidet. Momentumindikatoren haben eine ausgeprägte Neigung, den Kursen vorauszueilen. Sie sind Vorlaufindikatoren und warnen vor möglichen Trendwenden (↑Trend). Der aktuelle Momentumwert ergibt sich aus der Subtraktion des aktuellen Kurses mit dem ↑Eröffnungskurs der gewählten ↑Periode.

Momentumindikator
↑Momentum.

Monatsgeld
↑Termingeld, das mit einer ↑Laufzeit oder einer ↑Kündigungsfrist von einem Monat aufgenommen oder ausgeliehen wird. ↑Forderungen gegenüber Banken; ↑Verpflichtungen gegenüber Banken.

Monetär
Allgemein das ↑Geld, die ↑Währung, das Geldwesen betreffend. Wird in Wortverbindungen wie monetäre Basis (↑Geldpolitik), monetärer Kreislauf gebraucht. ↑Monetaristen; ↑Monetisierung.

Monetäre Basis
↑Geld (Begriff); ↑Geldtheorie; ↑Geldpolitik; ↑Geldschöpfung.

Monetäre Konjunkturindikatoren
↑Konjunkturindikatoren, monetäre.

Monetäre Transmission
↑Inflation.

Monetaristen
Milton Friedman, Karl Brunner und Allan Meltzer gelten als führende Exponenten des *Monetarismus,* einer anfangs der 60er-Jahre entstandenen vorwiegend makroökonomisch orientierten Forschungsrichtung. Der Monetarismus, als Gegenposition zu den damals vorherrschenden *Keynesianischen Auffassungen,* hat sich jedoch in verschiedene Spielarten verzweigt und deckt ein breites Spektrum ab. Die Bandbreite reicht vom extremen Monetarismus bis zu speziellen Ausprägungen des Keynesianismus. Entsprechend unterschiedlicher Schattierung sind die Ökonomen, die man in das Spektrum monetaristischer Lehrmeinungen einordnen kann. Dazu gehören Bennett McCallum, Thomas Mayer, Phillip Cagan, David Laidler, Michael Parkin und William Poole.
Die zentrale Vorstellung, die den Monetaristen gemeinsam ist, drückt sich in der entscheidenden Rolle aus, welche dem ↑*Geld* in der Makroökonomie zufällt. Die Vertreter des Monetarismus betonen die Wichtigkeit des Verhaltens bzw. der Wachstumsrate der Geldmenge bei der Bestimmung der ↑*Inflationsrate* auf lange Sicht sowie bei der Bestimmung des kurzfristigen realen Sozialprodukts. Eine Beschleunigung oder Verlangsamung des Geldmengenwachstums führt mithin zu Veränderungen des realen Aktivitätsniveaus. Aufgrund historischer Untersuchungen zeigte Friedman, dass ein Anstieg der Wachstumsrate der Geldmenge Hochkonjunktur und ↑Inflation erzeugte, ein Rückgang der Geldmenge dagegen zu ↑Rezession und teilweise ↑Deflation führte. Die Monetaristen betonen zudem, dass die Auswirkungen von Veränderungen des Geldmengenwachstums auf das Sozialprodukt nach relativ langen und variablen zeitlichen Verzögerungen (↑Time lags) eintreten. Aus den erwähnten Gründen argumentiert Friedman gegen die Anwendung aktiver ↑Geldpolitik, welche die Volkswirtschaft eher destabilisieren denn stabilisieren könnte (Gefahr der prozyklischen Wirkung der Geldpolitik). Die Monetaristen empfehlen entsprechend die *Verstetigung* der Geldpolitik, d.h. die Geldmenge mit einer bestimmten Rate nach Massgabe des mittel- bis langfristigen Potenzialwachstums der Volkswirtschaft ansteigen zu lassen (Regelbindung). Durch die Berücksichtigung der Theorie der *rationalen Erwartungen* (John F. Muth, Robert E. Lucas, Thomas J. Sargent) haben sich die Mei-

nungen der Post-Keynesianer und Monetaristen angenähert, d. h., dass für die Vertreter beider Richtungen monetäre Impulse nur kurzfristig zu einer Output-Erhöhung führen, langfristig jedoch überwiegend *Preiseffekte* auslösen. Diese zentrale These der Monetaristen lässt sich anhand der um (adaptive) Erwartungen erweiterten *Phillips-Kurve* darstellen, welche langfristig einen vertikalen Verlauf annimmt.
Die Auffassungen der Monetaristen lassen sich nicht auf die Analyse der Wirkungen der Geldpolitik reduzieren. Dem Monetarismus liegt vielmehr eine Weltanschauung zugrunde, die – im Gegensatz zum Ungleichgewichtsleitbild der Keynesianer – im *Gleichgewichtsleitbild* des gesamtökonomischen Systems verankert ist. Nach dieser grundlegenden Anschauung ist eine sich selbst überlassene Volkswirtschaft stabiler als eine durch diskretionäre Massnahmen der Politik gelenkte Wirtschaft. Auch verfügt die freie Marktwirtschaft über eine grosse *Absorptionsfähigkeit* bzw. löst bei Schocks automatisch Gegenkräfte aus, um wieder auf den Gleichgewichtspfad bei Vollbeschäftigung zu tendieren.
Jean-Pierre Jetzer

Monetisierung
Einführung von Geld in eine bisher geldlos verlaufene Transaktion. Beispielsweise die Monetisierung des Handels: Übergang vom Tauschhandel zum Austausch von Gütern gegen Geld. Man spricht aber auch von der Monetisierung einer Staatsschuld und meint damit die Reduktion der Schuld durch Vermehrung der Geldmenge (↑Demonetisierung).

Money-back-Optionsschein
Als Money back option bezeichnet man einen Optionsschein, der eine bedingte ↑Prämie beinhaltet. Der Käufer einer Money back call option erhält dieselbe Auszahlung wie der Käufer einer European call option (↑European option). Endet die ↑Option im Geld, wird zusätzlich die ↑Optionsprämie (bezogen auf den Zeitpunkt der ↑Emission der Option) zurückbezahlt.

Money broker
Der Money broker ist ein im ↑Geldmarkt tätiger ↑Makler bzw. Vermittler.

Money flow index (MFI)
Der Money flow index gehört zur Familie der Volumenindikatoren (↑Indikator) und verknüpft Preis- und Umsatzveränderungen zu einer einheitlichen Aussage.

Money laundering
↑Geldwäscherei; ↑Geldwäschereigesetz.

Money market funds
↑Geldmarktfonds.

Money on call
↑Call-Geld.

Money order
Abk.: M.O. In den USA und in Kanada gebräuchliche checkähnliche (↑Check) Anweisung auf Auszahlung eines bestimmten Geldbetrages. (Vergleichbare Papiere werden auch in Grossbritannien und Irland ausgegeben.) Money orders sind durch ↑Indossament übertragbar. ↑Emittenten: ↑Banken, Post, aber auch Nichtbanken, wie z. B. grosse Kaufhäuser.

Monosatz
↑Hypothekargeschäft.

Moody's
↑Rating.

Moral hazard
Verhaltensänderung einer Vertragspartei nach Vertragsabschluss mit dem Ziel, den eigenen Nutzen aus dem Vertrag auf Kosten der Gegenpartei zu maximieren. Insbesondere Versicherungsverträge, bei welchen der Versicherungsnehmer das ↑Risiko eines Schadenfalles beeinflussen kann, sind anfällig für Moral hazard.
Beispiel: Nach Abschluss einer Diebstahlversicherung hat der Besitzer eines teuren Fahrrades einen Anreiz, seine Vorsicht bezüglich Dieben zu verringern, da er im Schadenfall von der Versicherung entschädigt wird. Er kann somit auf Kosten der Gegenpartei seinen eigenen Nutzen steigern, da die Reduktion des Diebstahlrisikos mühsam ist und somit den Nutzen aus dem Besitz reduziert. Die Versicherung wird versuchen, das Moral-hazard-Problem zu entschärfen, indem beispielsweise die Zahlung der Versicherungssumme an gewisse Verhaltensregeln geknüpft wird (z. B. Abschliessen des Fahrrades) oder sonstige Anreize zur Schadensverhinderung gegeben werden (Selbstbehalt, Schadenfreiheitsbonus usw.).
Moral-hazard-Probleme entstehen auch auf einer gesamtwirtschaftlichen Ebene. Explizite und implizite Garantien des Staates bezüglich der Existenzsicherung von Individuen oder Firmen ändern die Risikopräferenz der Agenten und führen, weil gewisse Kosten an den Staat abgetreten werden können, zu ineffizienter Allokation in der Volkswirtschaft.
Manuel Ammann

Moral suasion
Das Instrument der Moral suasion wird in der Wirtschaftspolitik eingesetzt und bedeutet einen Aufruf an die Selbstdisziplin. Gemeint ist damit ein Aufruf an die Wirtschaftssubjekte, eine Aktion zu unterlassen oder Massnahmen zu ergreifen, ohne dass dafür eine Vereinbarung oder sogar eine gesetzliche Bestimmung bestünde.

Moratorium

Moratorium (lat. mora = Aufschub, Verzug) ist ein meistens einer Gesamtheit oder einer bestimmten Gruppe von Schuldnern durch Staatsakt gewährter Aufschub zur Erfüllung fälliger Verbindlichkeiten. Gemäss SchKG 337 sind die Kantonsregierungen mit Zustimmung des Bundesrates ermächtigt, für wirtschaftlich in Not geratene Landesteile und Wirtschaftsgruppen Moratorien zu gewähren. In diesem Sinn spricht man von *Generalmoratorien,* im Unterschied zum *Spezialmoratorium,* das Einzelschuldnern bewilligt wird.

Spezialmoratorien sind die Notstundung (SchKG 337 ff.) und die Nachlassstundung gemäss SchKG 293 ff. (↑Nachlassvertrag). Im privatrechtlichen Bereich kann der Richter einem zahlungsunfähigen oder überschuldeten Schuldner eine Stundung von vier Monaten – die höchstens um zwei Monate verlängerbar ist – gewähren, falls Aussicht auf Sanierung durch Nachlassvertrag oder, praktisch, durch Veräusserung von Aktiven oder durch Übernahme eines Unternehmens durch dessen Gläubiger besteht (OR 725, SchKG 295). Im BankG kommt dem Fälligkeitsaufschub und der Stundung der Charakter eines Moratoriums zu. (↑Bankensanierung).

Von *Staatsmoratorium* spricht man, wenn der Staat für seine eigenen Schulden die Zahlungen durch einseitigen Staatsakt zeitweise einstellt. Im ↑internationalen Kapitalverkehr hat die Gewährung eines Moratoriums an ein Schuldnerland durch die Gläubigerbanken seit Beginn der Weltverschuldungskrise in den 1980er-Jahren zunehmende Bedeutung erlangt (↑Finanzkrise, globale), wobei oft Hunderte von Banken unter einer Führungsgruppe als Vertragsparteien auftreten. Solche Moratorien dauern gewöhnlich 6–12 Monate und bilden die Vorstufe von weiteren ↑Stillhalteabkommen, Vereinbarungen zu ↑Umschuldungen oder ↑Schuldenkonsolidierungen. *Max Gsell*

Morgan Stanley Capital International Indices (MSCI-Indizes)
↑MSCI-Indizes.

Mortgage
Englische Bezeichnung für ↑Hypothek.

Mortgage backed securities (MBS)
↑Asset backed securities.

Mortgage bond
↑Bond; ↑Bond-Handel.

Mortifikationserklärung
↑Entkräftung des Schuldscheins.

Moving average differential (MAD)

Hierbei werden ↑Moving averages (MA) verschiedener ↑Perioden eingesetzt und das Verhältnis zueinander interpretiert. Ein positives ↑Signal entsteht, wenn ein kurzer MA ansteigt und einen längeren flach verlaufenden MA von unten nach oben durchkreuzt. Ein negatives Signal entsteht, wenn der kürzere MA fällt und dabei den längeren durchkreuzt. Eine Warnung davor, dass ein ↑Trend in Gefahr ist auszulaufen, wird signalisiert, wenn die Differenz zwischen dem kurzen und dem langen MA extrem hohe Werte erreicht hat. Was als extrem gilt, ergibt sich aus dem historischen Verhältnis zwischen den gewählten Perioden der beiden MA. *Alfons Cortés*

Moving averages (MA)

Durchschnittskurse werden als gleitende Durchschnitte, auf Englisch Moving averages (MA), bezeichnet. MA können verschiedene Zeiträume umfassen, abhängig vom Zweck, dem sie dienen sollen.

Es gibt arithmetische, exponentiell gewichtete und linear gewichtete MA. Die Berechnung eines arithmetischen MA ist einfach: Es werden die bezahlten ↑Schlusskurse der gewählten ↑Periode, z. B. 50 Tage, addiert und durch die Periodendauer geteilt, im erwähnten Beispiel also durch 50. Am nächsten Tag wird der 51. ↑Kurs dazugezählt, während der erste abgezogen wird. Erneut wird das Ergebnis durch 50 geteilt, und so setzt sich die Berechnung nach vorne endlos fort, während sie nach hinten immer nur die Daten der gewählten Periode, in unserem Beispiel von 50 Tagen, berücksichtigt.

Linear gewichtete MA werden in der Weise berechnet, dass die neuste Eintragung eine höhere Gewichtung erfährt als die erste der gewählten Periode. Ein Dreiperiodendurchschnitt würde also wie folgt berechnet werden: Schlusskurs der ersten Periode mal eins, Schlusskurs der zweiten Periode mal zwei, Schlusskurs der dritten Periode mal drei, Summe geteilt durch sechs (1 plus 2 plus 3).

Linear gewichtete MA geben früher ↑Signale als arithmetische. Häufigere Signale bedeuten oft aber nur mehr Fehler. Umfangreiche Studien haben ergeben, dass arithmetische MA dienlicher sind als gewichtete.

Exponentiell gewichtete MA finden in der Praxis wenig Anwendung ausser im ↑MACD.

MA sind Hilfen zur Bestimmung des ↑Trends. Besonders verbreitet ist die Verwendung eines arithmetischen 200-Tage-MA. Ein Aufwärtstrend gilt nach dieser Regel als etabliert, wenn der MA sich unterhalb der Kurse befindet und steigt, ein Abwärtstrend wenn die Kurse sich unter dem MA befinden. Ein steigender MA bietet Unterstützung für Kursrückschläge. Ein fallender MA bietet Widerstand für Kurserholungen. Der Durchbruch durch flach verlaufende MA gilt als Bestätigung einer Trendwende. Befinden sich die Kurse extrem weit weg von einen Trend darstellenden MA, ist mit einer Korrektur in Richtung des den Trend darstellenden MA zu rechnen.

Fast jedes Instrument der ↑technischen Analyse steckt voller Tücken, wenn es isoliert eingesetzt wird, eine Feststellung, die auch für MA gilt. Erst die Vernetzung verschiedener Instrumente führt zu Aussagekraft. *Alfons Cortés*

Moyenne
↑Average, Moyenne; ↑Moyenne machen.

Moyenne machen
In der ↑Börsensprache Ausdruck für Verbilligen. Wenn eine ↑Aktie nach dem Kauf im ↑Kurs sinkt, werden zusätzliche ↑Titel zum tieferen Kurs hinzugekauft, um den durchschnittlichen Einstandspreis zu senken.

MSCI-Indizes
Das Kürzel *MSCI* steht für den Indexanbieter *Morgan Stanley Capital International,* einer Tochtergesellschaft der Investmentbank Morgan Stanley Dean Witter. Die MSCI-Aktienindizes bilden eine weltweite, modular aufgebaute Indexfamilie. Der Gesamtmarktindex *MSCI All Country World Index* setzt sich aus den Titeln von insgesamt 49 Länderindizes zusammen. Der *MSCI World Index* enthält die Titel von 23 entwickelten Aktienmärkten, während der *MSCI Emerging Markets Index* die Werte aus 26 Schwellen- und Entwicklungsländern umfasst. Zahlreiche weitere Subindizes sind nach Weltregionen und nach Branchen abgegrenzt. So enthält beispielsweise der *MSCI EAFE (Europe, Australasia and Far East) Index* die Titel der 21 entwickelten Aktienmärkte ohne die USA und Kanada. ↑Aktienindex.

Die Konstruktionsmerkmale der MSCI-Indizes wurden 2001 und 2002 grundlegend überarbeitet. Nach der bis Mai 2001 allein gültigen Methode wurde bei der Titelauswahl eine Marktabdeckung pro Land und Industriegruppe von 60% der vollen ↑Börsenkapitalisierung angestrebt. Die Gewichtung der Indizes erfolgte ebenfalls nach der vollen Börsenkapitalisierung, die nur in Ausnahmefällen an den Streubesitz einzelner Titel angepasst wurde. Nach der neuen Konstruktionsmethode strebt MSCI eine Marktabdeckung pro Land und Industriegruppe von 85% der Streubesitzkapitalisierung an. Die Gewichtung aller Indizes erfolgt neu ebenfalls nach dem ↑Marktwert des Streubesitzes. Im Zuge dieses Methodenwechsels haben die Aktien von Gesellschaften mit dominierenden Grossaktionären (z.B. die europäischen Telefongesellschaften) an Gewicht in den MSCI-Indizes eingebüsst, während Aktien mit breitem Streubesitz an Gewicht gewonnen haben. Die Umstellung auf die neue Berechnungsmethode erfolgte in zwei Schritten per Ende November 2001 und Ende Mai 2002.

Um institutionellen Anlegern einen individuellen Übergang auf die neuen Indizes zu ermöglichen, berechnete MSCI von Mai 2001 bis Mai 2002 die so genannten *Provisional Indices,* die bereits vollumfänglich der neuen Berechnungsmethode entsprachen.

Die Titel in den MSCI-Indizes müssen Mindestanforderungen hinsichtlich Börsenkapitalisierung, ↑Liquidität und Streubesitz erfüllen, wobei das Indexportfolio mehrere Aktiengattungen eines Emittenten enthalten kann. Reguläre Veränderungen der Indexzusammensetzung treten zum Ende der Monate Februar, Mai, August und November in Kraft. Die Anzahl Titel pro Index ist dabei variabel. Sämtliche MSCI-Indizes werden als Kursindex (ohne ↑Wiederanlage von Dividenden), als Brutto-Performanceindex (mit Wiederanlage der Dividenden vor Quellensteuerabzug) und als Netto-Performanceindex (mit Wiederanlage der Dividenden nach Quellensteuerabzug) berechnet. Die Branchenindizes folgen der Struktur des *Global Industry Classification Standard (GICS)* mit 10 Sektoren, 23 Industriegruppen, 59 Industriezweigen und 123 Branchen.

Valerio Schmitz-Esser

Muddling through
Englische Bezeichnung für «Durchwursteln». Ausdruck, der kritisch gebraucht wird, z.B. für Lösungsansätze in internationalen Schuldenkrisen, die nicht zielführend, sondern nur auf Zeitgewinn angelegt sind.

Multi-access-Strategie
↑Fahrbare Zweigstelle.

Multichannel distribution
Am Kundennutzen orientierter Aufbau multipler Zugangswege zu einer Bank. Dieses Vertriebskonzept sieht die Integration unterschiedlicher Vertriebswege vor, bei dem sich der Kunde wahlweise verschiedener Zugangswege zur Bank bedienen kann. Hierzu gehören in der Regel Call-Center (↑Contact-Center), E-Banking (↑Electronic banking), ↑Internet, Schalter, WAP-Banking, ↑Bancomat usw.

Bankbetrieblich ist das Ziel dieses Vertriebskonzeptes, nicht sämtliche Leistungen über sämtliche Kanäle anzubieten, sondern diese zu integrieren. Integration heisst in diesem Zusammenhang, dass Leistungen nur über einen bestimmten Vertriebskanal angeboten werden oder dass verschiedene Phasen der Leistungserstellung über unterschiedliche Vertriebskanäle abgewickelt werden. Beispielsweise bieten verschiedene Banken online Kredite an und auch entsprechende Berechnungshilfen für Zinsen und Belastungen. Will der Kunde sich über die Tragbarkeit und das erforderliche ↑Eigenkapital informieren, kann er online einen Kreditantrag ausfüllen. Im nächsten Schritt wird

z. B. ein Call-Center mit dem Kunden Kontakt aufnehmen oder es findet ein Folgegespräch mit dem Kundenverantwortlichen statt.

Multi currency bank loan
↑Bankkredit, bei dem der Schuldner den zugesagten Kreditbetrag in verschiedenen, jeweils von ihm benötigten ↑Währungen beanspruchen kann. Die Zinskonditionen ändern sich entsprechend der gewählten Währung.

Multi currency credit
↑Multi currency bank loan.

Multifunktionskarte
↑Smartcard; ↑Chip; ↑Debitkarte; ↑Plastikkarten.

Multinationale Bankkooperationen
Bankkooperationen können auf nationaler Basis erfolgen, wie dies beispielsweise unter Banken eines gleichen Staats, innerhalb eines Bankenverbands (z. B. Verband schweizerischer ↑Kantonalbanken, Regionalbankengruppe [↑RBA-Holding]) oder unter verschiedenen Bankengruppen eines gleichen Staats der Fall sein kann. Spricht man von internationaler Bankkooperation, so ist die Zusammenarbeit einer Bank oder einer Bankengruppe mit anderen Banken oder Bankengruppen verschiedener Staaten gemeint. Logischerweise kann man die multinationale Bankenkooperation als Einbezug mehrerer Banken in mehreren Ländern in einer Zusammenarbeit verstehen. Eine multinationale Gesellschaft wäre sinngemäss zu verstehen als eine industrielle, kommerzielle oder finanzielle Wirtschaftsgruppe, deren Tätigkeiten und Kapital sich auf verschiedene Länder verteilt. Die Usanz verwendet jedoch die Begriffe international und multinational in diesem Zusammenhang oft synonym. *Christine Hirszowicz*

Multiple Wechselkurse
Festsetzung unterschiedlicher ↑Wechselkurse für unterschiedliche aussenwirtschaftliche ↑Transaktionen. Die wichtigste Ausprägungsform multipler (auch: gespaltener) Wechselkurse ist, dass für Transaktionen, die für die Leistungsbilanz (↑Zahlungsbilanz) relevant sind, ein anderer Wechselkurs gewählt wird, als für die Kapitalverkehrsbilanz (↑Zahlungsbilanz) relevante. In der Regel lässt man die *«Financial rate»* frei floaten (↑Floating), während die *«Commercial rate»* fixiert oder von der ↑Zentralbank in Form eines ↑Dirty floating gemanagt wird. Dahinter steht das Ziel, dass die durch (spekulative) Kapitalströme induzierten Aufwertungen (↑Aufwertung, Abwertung) der «Financial rate» nicht die Exporttätigkeit belasten sollen. Multiple Wechselkurse sind ein Element einer interventionistischen Aussenwirtschaftspolitik.

Multiplikator
↑Market multiples.

Mündelsicherheit
Als mündelsicher werden Vermögenswerte bezeichnet, die als so sicher gelten, dass sie für die Anlage des Vermögens bevormundeter Personen (Mündelvermögen) in Frage kommen. Der Ausdruck wird im allgemeinen Sprachgebrauch oft auch ohne jeden Zusammenhang mit Mündelvermögen verwendet; in diesem Falle meint Mündelsicherheit die zuverlässige und sichere ↑Kapitalanlage schlechthin, eine Vorstellung, die es in der Wirklichkeit nicht gibt, da auch vermeintlich sichere Anlagen wie z. B. ↑Staatsanleihen in Krisenzeiten ihren Wert verlieren können. Nach wohl immer noch herrschender Sprachregelung gelten als mündelsicher nur erstklassige schweizerische Anlagen, die auf einen bestimmten Nominalwert lauten und einen festen ↑Zins abwerfen, insbesondere ↑Anleihensobligationen des Bundes und andere Forderungen gegenüber der Eidgenossenschaft, Anleihensobligationen der Kantone, unter bestimmten Umständen auch ↑Obligationen von Städten und Gemeinden, ferner Pfandbriefe und Einlagen bei ↑Kantonalbanken mit ↑Staatsgarantie, Einlagen bei anderen Banken mindestens bis zur Höhe des ↑Konkursprivilegs, unter Umständen auch ↑erste Hypotheken auf marktgängigen Wohn- und Geschäftsliegenschaften.

Nicht zu den mündelsicheren Papieren werden Industrieobligationen gezählt; doch wurden Obligationen von staatlichen und gemischtwirtschaftlichen Elektrizitätswerken bisher als mündelsicher angesehen. Diese Ansicht muss heute als überholt gelten, da damit zu rechnen ist, dass die Elektrizitätswerke im Zuge der ↑Deregulierung den Charakter von Monopolbetrieben verlieren werden. Auch ↑Aktien und andere ↑Beteiligungspapiere zählen nach der herrschenden Sprachregelung *nicht* zu den mündelsicheren Papieren.

Das Gesetz verwendet den Begriff nicht. Es verlangt nur, dass Vermögenswerte bevormundeter Personen zinstragend und sicher anzulegen sind und zwar bei einer hierfür bestimmten Bank («Kasse») oder in Werttiteln, die von der Vormundschaftsbehörde nach Prüfung ihrer Sicherheit genehmigt sind (ZGB 401, 402). Der Vormund muss also das Vermögen so anlegen, dass es nominell unversehrt erhalten bleibt und gleichzeitig einen Ertrag abwirft. Das Gesetz lässt also für die Anlage von Mündelvermögen einen gewissen Spielraum. Der Vormund und die Vormundschaftsbehörde werden im Einzelfall prüfen müssen, ob nicht die Voraussetzungen für die Anlage eines angemessenen Teils des Vermögens in Sachwerten, insbesondere Beteiligungspapieren gegeben und entsprechende ↑Investitionen zu verantworten sind. Nach einer in der Lehre zunehmend vertretenen Ansicht ist nämlich die gesetzliche Verpflichtung zur «zinstragenden» Anlage nicht so zu verstehen, dass Anlagen mit Erträgnissen in anderer Form von vorneherein ausgeschlossen wären. Die Besonderheiten des Einzelfalls, insbesondere auch die Grösse des Vermögens, sollten berücksichtigt werden dürfen. Dieser modernen, bei grösseren Mündelvermögen auch von vormundschaftlichen Aufsichtsbehörden vertretenen Auffassung liegt die Erkenntnis zu Grunde, dass die Erträgnisse festverzinslicher Werte erfahrungsgemäss auf lange Sicht die schwindende Kaufkraft des Geldes (↑Geldwert) nicht wettmachen. Die Voraussetzungen für die Anlage in erstklassigen Beteiligungspapieren dürften namentlich zutreffen, wenn beim Eintritt des Bevormundungsfalles bereits Sachwerte vorhanden sind und deren ↑Kurs- oder ↑Verkehrswert weit über dem Erwerbspreis liegt, oder wenn für den Lebensunterhalt des Mündels anderweitig (z.B. aus Pensionskassen und Versicherungen) ausreichende Mittel zur Verfügung stehen.

Das Bundesrecht kennt Richtlinien zur Vermögensanlage im Bereich der ↑beruflichen Vorsorge (VO über die berufliche Alters-, Hinterlassenen- und Invalidenvorsorge, BVV 2, SR 831.441.1, Art. 49ff.). Der dort in Art. 49ff. gezogene Rahmen geht über das nach ZGB 401, 402 normalerweise für die Anlage von Mündelvermögen zulässige Mass hinaus (z.B. Belassen in ↑Bargeld, Anlage in Geschäftsliegenschaften, Beteiligungspapiere ausländischer Gesellschaften); diese Vorschriften können also nicht ohne weiteres auf die Anlage von Mündelvermögen angewendet werden. Nach ZGB 425 sollen auch die Kantone Bestimmungen über die «Anlage und Verwahrung des Mündelvermögens» aufstellen. Solche Vorschriften können praktisch die Freiheit des Vormunds und der Behörden in der Anlage von Mündelvermögen im Vergleich zu dem nach ZGB zulässigen Mass einengen, auch wenn sie sich theoretisch an den Grundsätzen orientieren müssten, die das ZGB für die Anlage von Mündelvermögen aufstellt.

In einigen Kantonen dürfen Mündelvermögen nur durch Amtsstellen (Aufbewahrung im «Schirmkasten» oder «Waisenladen») oder evtl. nur durch die Kantonalbank oder die SNB (↑Nationalbank, Schweizerische) verwahrt und verwaltet werden. ↑Bevormundete und Verbeiständete im Bankverkehr.
Christian Thalmann

Münze

Eine Münze ist ein staatlich geprägtes ↑Zahlungsmittel meist in Form einer runden Metallscheibe, dem ein Zahlungswert – auch Nominal- oder ↑Nennwert genannt – zugewiesen wird. Der Wert dieses Geldstückes wird vom Herausgeber garantiert. In der Regel weist eine Münze eine Bild- und eine Wertseite auf. Die Reliefprägung besteht aus dem Münzbild, der Beschriftung (Hoheitsbezeichnung, Jahreszahl usw.) und – abgesehen von früheren Sonderfällen – der Angabe eines Nennwertes.

In der Schweiz ist gemäss Art. 3 Abs. 1 des ↑Währungs- und Zahlungsmittelgesetzes (WZG) vom 22.12.1999 jede Person gehalten, bis zu 100 schweizerische Umlaufmünzen (↑Münzordnung) an Zahlung zu nehmen.

Münzeinheit

↑Währungseinheit.

Münzenumlauf

Als Münzenumlauf versteht man die Gesamtheit der sich im Umlauf befindlichen ↑Münzen. In der Schweiz betrug der Münzumlauf inklusive ↑Gedenkmünzen per Ende 2001 4,056 Mia. Stück mit einem ↑Nennwert von CHF 2,324 Mia. (ohne Gedenkmünzen: 4,033 Mia. Stück mit einem Nennwert von CHF 2,117 Mia.).

Münzfuss

↑Währungseinheit; ↑Geldwert.

Münzgewicht

Der Begriff Münzgewicht hat zwei Bedeutungen:
1. Unter Münzgewicht wird das Gesamtgewicht einer ↑Münze verstanden. Dieses setzt sich in der Regel aus verschiedenen Legierungsanteilen (Metallen) zusammen. Bei den vollwertig ausgeprägten Edelmetallmünzen (↑Kurantmünzen) konnte früher aufgrund von Münzgewicht (Schrot) und Edelmetallgehalt (Feingehalt, Korn) sowie der Münzeinheit (Nominal) auf den Münzfuss geschlossen werden. Letzterer gab an, wie viele Münzen aus einer Gewichtseinheit Edelmetall in einem bestimmten Feingehalt geprägt werden konnten. So wurde der ↑Franken im Bundesgesetz über das Münzwesen von 1850 wie folgt definiert: «Fünf Gramm Silber, neun Zehnteile fein, machen die schweizerische Münzeinheit aus, unter dem Namen Franken.», und im Münzgesetz von 1931: «Ein Kilogramm Feingold entspricht 3 444 $^{4}/_{9}$ Franken.»
2. Als Münzgewichte werden auch die früher verwendeten Vergleichsgewichte zum Prüfen des richtigen Gewichtes von Edelmetallmünzen bezeichnet. Neben den Normgewichten gab es auch so genannte Passiergewichte, die sich auf das zulässige Mindestgewicht der gebräuchlichen Goldmünzen bezogen. Eine Goldmünze, die das Passiergewicht nicht mehr erreichte, wurde im ↑Zahlungsverkehr nicht mehr als vollwertig akzeptiert.
Hanspeter Koch

Münzhoheit
Recht des Staates, das Münzwesen (↑Münzwesen der Schweiz) zu regeln (↑Münzordnung).

Münzkontrollreglement
Das Münzkontrollreglement enthält neben den zulässigen ↑Toleranzen der ↑Münzen zusätzliche Qualitätskriterien wie Beschaffenheit der Münzoberfläche und Güte des Gepräges.

Münznachsicht
↑Toleranz.

Münzordnung
Die geltenden gesetzlichen Vorschriften im Bereich des Münzwesens werden als Münzordnung bezeichnet. In der Schweiz hat der Bund das alleinige Recht auf Münzprägung (BV 99 I). Die Einzelheiten der Ausübung dieses Rechtes sind im Bundesgesetz über die ↑Währung und die Zahlungsmittel (WZG) vom 22.12.1999 geregelt. Danach werden Bilder und Eigenschaften der Umlaufmünzen durch den Bundesrat bestimmt. Gemäss der Münzverordnung (MünzV) vom 12.04.2000 gelten für die Umlaufmünzen folgende ↑Nennwerte und Eigenschaften (vgl. Tabelle unten).
Der Bundesrat entscheidet, welche Münzen zu prägen, in Umlauf zu bringen und ausser Kurs zu setzen sind. Die vom Bund ausgegebenen Münzen gelten bis zu ihrer Ausserkurssetzung als gesetzliche ↑Zahlungsmittel. Für den numismatischen Bedarf und für Anlagezwecke kann der Bund zusätzlich Umlaufmünzen in besonderen Qualitäten sowie Gedenk- und Anlagemünzen prägen. Diese Münzen können über dem Nennwert abgegeben werden. Ihre Nennwerte, Bilder und Eigenschaften werden vom Eidg. Finanzdepartement bestimmt.
Die Münzprägung richtet sich nach den Bedürfnissen des Verkehrs. Die Prägeprogramme werden vom Eidg. Finanzdepartement im Einvernehmen mit der Schweizerischen ↑Nationalbank (SNB) festgesetzt. Die Nationalbank als Zentralstelle für den Münzwechsel führt dem Verkehr die von ihm benötigten ↑Münzen zu und nimmt überzählige Stücke gegen Vergütung des Nennwertes zurück. Zur Säuberung des Münzumlaufs entzieht sie dem Verkehr die beschädigten, unansehnlichen und gefälschten Münzen. Für beschädigte und unansehnliche Münzen vergütet sie den Nennwert, für vernichtete, verlorene oder gefälschte Stücke wird kein Ersatz geleistet. Die Schweizerische Nationalbank wird in ihren Aufgaben von der Schweizerischen Post und den Schweizerischen Bundesbahnen unterstützt. Die vom Bund ausgegebenen Münzen gelten bis zu ihrer Ausserkurssetzung als gesetzliche Zahlungsmittel.
Die SNB, die Schweizerische Post, die Schweizerischen Bundesbahnen und die Polizeistellen haben gefälschte, verfälschte und verdächtige Münzen, die bei ihnen eingehen oder vorgewiesen werden, unverändert dem Bundesamt für Polizei einzusenden, unter Angabe des Namens und der Adresse des Einreichers und allfälliger Wahrnehmungen (Verdachtsmomente). *Hanspeter Koch*

Münzparität
↑Währungseinheit.

Münzprägungsrecht
↑Prägerecht.

Münzreform
↑Münzwesen der Schweiz.

Münzregal
Das Münzregal bezeichnet das Recht, die ↑Münzordnung zu bestimmen und das Münzrecht finanziell auszunutzen. In der Schweiz wird das Münzregal durch den Bund ausgeübt. Geprägt werden die ↑Münzen durch die offizielle Münzstätte der Schweizerischen Eidgenossenschaft, die ↑Swissmint.

Münzstätte, Eidg.
↑Swissmint.

Nennwert	Durchmesser Millimeter	Gewicht Gramm	Rand Merkmal	Legierung
5 Franken	31	13,2	Schrift	Kupfernickel
2 Franken	27	8,8	gerippt	Kupfernickel
1 Franken	23	4,4	gerippt	Kupfernickel
½ Franken	18	2,2	gerippt	Kupfernickel
20 Rappen	21	4	glatt	Kupfernickel oder Reinnickel
10 Rappen	19	3	glatt	Kupfernickel oder Reinnickel
5 Rappen	17	1,8	glatt	Aluminiumbronze
1 Rappen	16	1,5	glatt	Bronze

Münzwesen der Schweiz

Zu Beginn des 19. Jahrhunderts zirkulierten in der Schweiz rund 860 Münzsorten mit insgesamt rund 8000 verschiedenen Münzbildern. Geprägt wurden die ↑Münzen von 79 verschiedenen Münzherren (Kantone, Städte und Abteien), denen das ↑Münzregal entweder durch den Kaiser oder den Papst verliehen worden war. Die Wirtschaft der Eidgenossenschaft gründete bis ins 19. Jahrhundert hauptsächlich auf der Landwirtschaft. Sie verfügte weder über Bodenschätze noch über bedeutende Zentren handwerklicher und frühindustrieller Produktion, sodass keine Güter exportiert werden konnten. Das ausländische Geld stammte sozusagen aus dem Dienstleistungssektor, nämlich aus der Reisläuferei (Söldnerdienste) und dem Alpentransitverkehr. Der Anteil ausländischer Münzen betrug daher rund 80%.

Da die Münzherren vom *Schlagschatz (Prägegewinn)* profitierten, wurden drei- bis viermal jährlich die Münzen verrufen, zurückgezogen und neu, aus billigerem Material, wieder geprägt. Teilweise verpachteten die Prägestätten die Münzrechte auch an Private. Dies führte dazu, dass die Münzen immer minderwertiger wurden und die guten durch die schlechteren verdrängt wurden. Eine solide Münzpolitik war dadurch nicht möglich.

Vom 14. bis ins 18. Jahrhundert bemühte sich die Tagsatzung immer wieder vergeblich um eine Vereinheitlichung des Münzwesens. Zwar entstanden zwischen einzelnen Kantonen immer wieder grössere und kleinere Münzbündnisse, die aber meist nur kurze Zeit überdauerten und keine Verbesserung herbeiführen konnten.

1. Von der Helvetik bis zur Bundesverfassung

Die Helvetische Republik entzog den Kantonen die ↑Münzhoheit und beanspruchte sie für sich. Da sie über keine eigene Münzstätte verfügte, bediente sie sich derer von Basel, Bern und Solothurn. Um aber die alten Münzen einzuziehen, fehlten ihr sowohl die Macht als auch die Mittel. Zudem prägten die alten Münzherren, die nicht auf ihre Einnahmequelle verzichten wollten, weiterhin grossen Mengen ziemlich geringhaltiger Münzen, wodurch die Situation letztendlich statt verbessert weiter verschlechtert wurde.

Nach dem Scheitern der Helvetik ging die Münzhoheit wieder an die Kantone. Die Mediationsakte schrieb vor, dass die Münzen einheitlich sein sollten, worauf die Tagsatzung den Schweizer Franken als Einheit bestimmte. Bei der ↑Prägung von Scheidemünzen (Münzen für den Kleinverkehr, die unterwertig ausgeprägt sind im Gegensatz zu vollwertig ausgeprägte Münzen ↑Kurantmünzen) waren die Kantone – abgesehen von einer mengenmässigen Beschränkung – frei.

Auch diese Vorschriften wurden grösstenteils missachtet und ein Versuch der Tagsatzung von 1833, den französischen Franken zur schweizerischen Münzeinheit zu erklären, scheiterte. Einzig die Scheidemünzen aus der Helvetik, nicht aber jene aus den Kantonen, wurden eingeschmolzen. Dies führte dazu, dass in den 40er-Jahren des 19. Jahrhunderts die Missstände im schweizerischen Geldwesen in ganz Europa berüchtigt waren und Reisende davor ausdrücklich gewarnt wurden.

2. Bundesverfassung und Münzreform

Laut der Bundesverfassung von 1848 steht das Münzregal und alle darin enthaltenen Rechte einzig dem Bund zu. Die Münzprägung der Kantone wurde abgeschafft und die Festsetzung des Münzfusses dem Bund übertragen.

Der Bundesrat nahm die Münzreform sofort an die Hand. Nachdem sich in den vergangenen Jahrzehnten allseits die Einsicht durchgesetzt hatte, dass das Münzsystem vereinheitlicht werden muss, herrschte nun ein heftiger Streit über die Frage des zu wählenden Systems. In dieser Frage fällte der Bundesrat einen Vorentscheid, indem er den Basler Bankier J. J. Speiser – ein Verfechter des französischen Systems – beauftragte, ein Gutachten über die Münzreform sowie einen Entwurf für ein Münzgesetz auszuarbeiten. 1850 wurde das Münzgesetz gemäss dem Entwurf von J. J. Speiser in Kraft gesetzt und der französische Münzfuss eingeführt. Das Gesetz hält unter anderem die Einteilung des Frankens in hundert Rappen fest und listet die Münzsorten und deren Zusammensetzung auf.

Da die Schweiz vorerst noch über keine eigene, leistungsfähige Münzstätte verfügte, wurden die Aufträge zur Prägung der neuen Münzen an die Münzstätten von Paris und Strassburg vergeben. Die Einziehung der alten kantonalen Prägungen beziehungsweise deren Eintausch gegen die neuen Münzen erfolgte kantonsweise gestaffelt und konnte innerhalb eines Jahres (August 1851 bis August 1852) rasch und reibungslos abgeschlossen werden. Im Jahre 1853 übernahm der Bund, vorerst versuchsweise, die frühere Münzstätte des Standes Bern. Die alte Berner Münze wurde in Eidgenössische Münzstätte umbenannt und 1890 definitiv übernommen.

Da erkannt wurde, dass die Schweiz während der Münzreform von 1850/52 den Münzbedarf niemals selber zu decken vermochte, war es nicht das Ziel, die gesamte Masse der in der Schweiz zirkulierenden Münzen zu nationalisieren. Etwa 80% der Geldmenge bestand damals aus ausländischen Prägungen. 1852 erhielten daher Münzen aus Frankreich, Belgien und aus dem Gebiet des heutigen Italien, soweit sie dem schweizerischen System entsprachen, gesetzlichen ↑Kurswert. Gleichzeitig wanderten aber auch die neuen Schweizer Münzen in die betreffenden Länder ab. Das Gebaren der Schweiz, mangels genügend eigener Münzen auf ausländische Münzsorten zurückzugreifen

und so Prägekosten zu sparen, wurde als *Münzparasitismus* (Schmarotzertum) kritisiert.
Im Gegensatz zur Schweiz, die vorerst eine reine ↑Silberwährung hatte, beruhte das französische Münzsystem auf einer Gold-Silber-Währung mit einem *festen Wertverhältnis* zwischen den beiden Metallen, auch *Bimetallismus* genannt. Durch die Entdeckung der Goldfelder in Kalifornien und Australien verlagerte sich das Preisverhältnis zugunsten des Silbers, was dazu führte, dass es vorteilhaft wurde, Gold nach Frankreich zu bringen und dort ausprägen zu lassen. In der Folge verdrängten die Goldmünzen sowohl in Frankreich als auch in der Schweiz mehr und mehr das Silbergeld. Als die schweizerische Geldzirkulation im Jahre 1860 zu 90% aus französischen Goldmünzen bestand, entschloss sich der Bundesrat, diese als gesetzliche ↑Zahlungsmittel anzuerkennen.
Die anhaltende Silbergeldabwanderung führte dazu, dass die Einheitlichkeit des Münzumlaufes zwischen diesen Ländern auseinander zu brechen drohte. Aus diesem Grunde lud Frankreich Italien, Belgien und die Schweiz zu einer gemeinsamen Konferenz nach Paris ein, um die früher bestandene Münzgemeinschaft wieder herzustellen, d. h. den Scheidegeldverkehr zu vereinheitlichen.

3. Die Lateinische Münzunion
Die aufstrebende Weltwirtschaft des 19. Jahrhunderts verlangte nach einem internationalen ↑Zahlungssystem, das nationale Grenzen überwinden und sich störungsfrei in den internationalen Handelsverkehr integrieren lassen sollte. Im Jahre 1865 schlossen daher Frankreich, Belgien, Italien und die Schweiz einen Münzvertrag ab, der später als Lateinische Münzunion (LMU) bezeichnet wurde und detaillierte Vorschriften über Gewicht, Feingehalt, Form und Kurs von Gold- und Silbermünzen enthielt, sowie für die einzelnen Staaten Prägekontingente für die Scheidemünzen gemäss ihrer Bevölkerungszahl festlegte. Die Kurant- und Scheidemünzen wurden im gesamten Gebiet der Münzunion zum Nominalwert angenommen. Ziele der Münzunion waren, neben der Wiederherstellung der früher bestandenen Münzverbindungen zwischen den frankophonen Ländern, die Schaffung einer Weltgeldgemeinschaft sowie die Erleichterung des Reise- und Güterverkehrs.
Im Jahre 1867 machte Frankreich den Versuch, die LMU durch die Einberufung einer internationalen Konferenz, an der 20 Staaten aus Europa und Amerika teilnahmen, zu erweitern. Da sich aber die meisten Delegationen für die reine Goldwährung und gegen den Bimetallismus aussprachen, war die Idee eines Weltwährungssystems praktisch vom Tisch. Einzig Griechenland trat 1868 der Münzunion bei. Entsprechend international war die Zusammensetzung der in der Schweiz zirkulierenden Gold- und Silbermünzen.

Die Mitgliedschaft der Schweiz in der LMU erleichterte ihr wesentlich den Zugang zum französischen Markt. Sie erlaubte ihr aber auch, noch verstärkt dem Münzschmarotzertum zu frönen, sodass die ausländischen Münzen bald ein Vielfaches der eigenen Prägungen ausmachten. Der Anteil der in der Schweiz kursierenden schweizerischen 5-Franken-Stücke schwankte in den Jahren 1885–1920 zwischen 2 und 7%. Den Vorteilen, welche die Münzunion brachte, standen aber auch gewichtige Nachteile gegenüber, die dazu führten, dass die Schweiz im Jahre 1884 den LMU-Vertrag vorsorglich aufkündigte. Die engen wirtschaftlichen Beziehungen zu Frankreich erlaubten es ihr aber nicht, aus der Münzunion auszubrechen.
Der sinkende Silberpreis in den 70er-Jahren wurde kaum ein Jahrzehnt nach der Gründung zu einer grossen Belastungsprobe für die LMU. Das Wertverhältnis verlagerte sich immer mehr zu Gunsten des Goldes. Durch den Preissturz des Silbers wurde die Ausprägung von silbernen 5-Franken-Stücken zu einem lukrativen Geschäft. Die Goldmünzen wurden mehr und mehr verdrängt (↑Greshamsches Gesetz). 1874 intervenierte die Schweiz und forderte in Anbetracht der Umstände vergeblich die Einführung der reinen Goldwährung. Um die weitere Abwanderung des Goldes zu stoppen, wurde schliesslich beschlossen, die Prägung von Fünflibern einzustellen. Da verschiedene Länder zur Goldwährung wechselten, war es durch den hohen Goldbedarf schwierig, an Gold zu kommen, was innerhalb der LMU zu einer Geldverknappung führte. So wurden die ersten Schweizer Goldmünzen erst 1883 herausgegeben obwohl das Bundesgesetz betreffend die Prägung von Goldmünzen bereits 1870 erlassen wurde.
Der erwähnte Mangel an Scheidemünzen führte auch in der Schweiz zu einer übertriebenen Ausgabe an Papiergeld. Herausgeber waren zahlreiche Privat- und Kantonalbanken. Die dadurch bedingte Entwertung des Schweizer Frankens führte zu einem Abfliessen der 5-Franken-Stücke, was zu einer weiteren Verknappung des Münzumlaufs führte. Die von der Münzunion zusätzlich gewährten Kontingente an Scheidemünzen reichten jedoch nicht aus, den herrschenden Mangel an Münzgeld zu beheben. Mit der Gründung der Schweizerischen ↑Nationalbank im Jahre 1907 ging das Notenmonopol an die neue ↑Zentralbank, welche fortan für Ordnung bei der Ausgabe von Papiergeld sorgte.

4. Der Erste Weltkrieg und das Ende der LMU
Bei Ausbruch des Ersten Weltkrieges setzte ein grosser Abfluss von Silbermünzen nach Italien und Frankreich ein. Zudem wurden viele Münzen von verunsicherten Bürgern als Notgroschen auf die Seite gelegt. Da wie schon beim Deutsch-Französischen Krieg (1870/71) der Münzverkehr mit den Unionsstaaten unterbrochen war, kam es in der

Schweiz zu einer grossen Geldknappheit. Eine Silberhausse, die dazu führte, dass zahlreiche Münzen in den Schmelztiegel wanderten, verschärfte die Situation zusätzlich.

Um diesem Notstand zu begegnen, ermächtigte der Bundesrat die Nationalbank, vorübergehend Banknoten zu CHF 5 auszugeben. Das Einschmelzen von Silbermünzen wurde per Bundesbeschluss verboten. Die Bestimmungen des LMU wurden durch den Krieg, an dem ausser der Schweiz alle Unionsstaaten beteiligt waren, weitgehend ausser Kraft gesetzt. Um dem herrschenden Mangel an Silbergeld nach dem Ersten Weltkrieg entgegenzutreten, plante der Bundesrat eine Neuprägung von 5-Franken-Stücken. Ein Preissturz des Silbers und die gegenüber dem Ausland hoch bewertete Schweizer ↑Währung führten im Jahre 1920 zu einer Überschwemmung der Schweiz mit silbernen 5-Franken-Stücken aus den Vertragsstaaten der LMU. Aus diesem Grunde setzte der Bundesrat im Dezember 1920 die fremden Fünfliber – ohne Rücksprache mit den Unionspartnern – ausser Kurs. Dieses Vorgehen wurde im Dezember 1921 nachträglich, als *vorübergehende Massnahme*, durch die Vertragspartner der LMU genehmigt. Die Schweiz wurde ermächtigt, unter Verwendung von Unionsmünzen für CHF 80 Mio. Fünfliber mit eigenem Münzbilde zu prägen.

Der Münzvertrag blieb formell bis 1926 in Kraft. Durch das Ausscheiden Belgiens erfolgte auf Ende 1926 die Auflösung der LMU. Die grossen Erwartungen, die man in diese Institution gesetzt hatte, hatten sich leider nicht erfüllt. Seit dem 01.04.1927 haben in der Schweiz ausschliesslich eigene Münzen Kurswert.

5. Die Münzreform von 1931 und die Abwertung
Die Auflösung der LMU ermöglichte der Schweiz, ihr Münzwesen fortan selber zu regeln. Bei der Totalrevision des Bundesgesetzes über das Münzwesen von 1931 wurde angesichts der negativen Erfahrungen, die man mit dem Bimetallismus gemacht hatte, der Schweizer Franken neu in Gold definiert. Der Fünfliber, der als einzige Silbermünze noch vollwertig ausgeprägt wurde, verlor daher seinen Charakter als Kurantmünze. Das ermöglichte es, ihn zu verkleinern und im Feingehalt zu reduzieren. Im Vorfeld der Gesetzesrevision wurde sogar erwogen, alle Silbermünzen nur noch in Nickel auszuprägen. Der Gedanke wurde aber aus Prestigegründen und aus Angst vor vermehrten Fälschungen, bedingt durch den geringeren Metallwert der Münzen, fallen gelassen. Das zuvor revidierte Nationalbankgesetz von 1929 verpflichtete die Nationalbank, ihre ↑Noten in Gold einzulösen, womit auch rechtlich der Übergang zur Goldwährung vollzogen war.

Im September 1936 entschloss sich daher der Bundesrat, gestützt auf den «Bundesbeschluss über ausserordentliche Massnahmen zur Wiederherstellung des finanziellen Gleichgewichts im Bundeshaushalt», die Schweizer Währung den international veränderten Verhältnissen anzupassen und den Franken um rund 30% abzuwerten. Dies hatte zur Folge, dass der Metallwert der Goldmünzen plötzlich über deren ↑Nennwert lag und diese, obwohl sie nicht ausser Kurs gesetzt wurden, faktisch ihren Kurswert verloren. Sie verschwanden damit vollständig aus dem ↑Zahlungsverkehr und erhielten den Charakter einer Handelsware.

6. Kriegsreserve und neue Goldmünzen
Angesichts der angespannten politischen Lage und gestützt auf die Erfahrungen aus dem Ersten Weltkrieg entschied der Bundesrat im Mai 1938 eine Kriegsreserve bestehend aus 1-Franken- und 2-Franken-Stücken aus Kupfer-Nickel mit der Jahreszahl 1938 zu prägen. Für die Reserve-Prägungen wurden die gleichen Münzbilder wie für die normalen Prägungen verwendet. Gleichzeitig wurde die Beschaffung von Bundeskassascheinen mit den gleichen Nennwerten in Auftrag gegeben. Anstelle von Fünflibern gab die Nationalbank Banknoten zu CHF 5 heraus. Da während des gesamten Krieges genügend Silber beschafft werden konnte, gelangten die Kupfer-Nickel-Münzen nicht in Zirkulation. Sie wurden eingeschmolzen und für die Herstellung von Kleinmünzen verwendet.

Um die im Krieg stark angewachsenen Goldbestände abzubauen und um der grossen Nachfrage nach Goldmünzen gerecht zu werden, wurden von Februar 1945 bis April 1947 aus Goldbeständen der Nationalbank eine grosse Anzahl an 20-Franken-Goldmünzen nach altem Recht (Münzgesetz von 1931) geprägt, die allerdings nicht für die Zirkulation, sondern für die Hortung bestimmt waren. Wie bereits erwähnt, wurden die Goldmünzen durch die Abwertung des Schweizer Frankens im Jahre 1936 de facto ausser Kurs gesetzt. Im Zahlungsverkehr fehlten fortan entsprechende Goldmünzen. Das revidierte Bundesgesetz über das Münzwesen vom Dezember 1952 sah deshalb in Artikel 3 wieder Kurantmünzen aus Gold zu CHF 25 und 50 vor. Da das überarbeitete ↑Nationalbankgesetz von 1953 die Wiedereinführung der Goldeinlösepflicht der Nationalbank anstrebte, liess die Notenbank in den Jahren 1955–1959 eine grosse Menge Goldmünzen zu CHF 25 und 50 prägen. Dies, obwohl sie bereits 1954 von der Goldeinlösepflicht befreit wurde und es auch später geblieben ist. Rechtliche und währungspolitische Gründe verhinderten die Ausgabe der damals geprägten Goldstücke.

7. Vom Silber zum Kupfer-Nickel
Das Ende einer alten Tradition bedeutete die Aufgabe der Silberprägung im Jahre 1967. Als Folge

eines stark steigenden Silberpreises lag der Metallwert der 2-, 1- und $^1/_2$-Franken-Stücke im März 1968 rund ein Drittel über dem jeweiligen Nennwert. Diese Tatsache hatte eine Hortungs- und Sammelwelle zur Folge, die rasch zu ernsthaften Störungen des Münzumlaufs führte. Zudem wurden grosse Mengen Silbermünzen ins Ausland transferiert und dort zur Metallverwertung eingeschmolzen. Um derartigen Missbräuchen zu begegnen, beschloss der Bundesrat, die Ausfuhr und das Einschmelzen von Silbermünzen zu verbieten.

Da sich die Silberhausse bereits im Vorjahr abzeichnete, beschloss die Bundesversammlung im Oktober 1967 eine Teilrevision des Münzgesetzes, die dem Bundesrat die Befugnis erteilte, die technischen Eigenschaften der Scheidemünzen selber zu bestimmen. Der Bundesrat verfügte mit Bundesratsbeschluss im Mai 1968 eine Änderung der Legierung der betroffenen Münzen von Silber zu Kupfer-Nickel. Später wurde auch die Legierung des Fünflibers angepasst, sodass nun die ganze Münzreihe entsilbert war. Dank der guten Zusammenarbeit mit den Rondellenlieferanten und den beteiligten Stellen der Bundesverwaltung konnte die Krise innerhalb von vier Monaten weitgehend bewältigt werden. Um die Umstellung innert nützlicher Frist über die Bühne zu bringen, wurde ein Teil der Münzen bei der Royal Mint in London in Auftrag gegeben. Mit der Umstellung auf Kupfer-Nickel wurde auch die Fabrikation der Münzplättchen (Rondellen) eingestellt. Schmelzerei, Walzerei und Stanzerei blieben vorerst noch bestehen, wurden aber kaum mehr genutzt.

Die Ablösung des Silbergeldes löste in der Schweiz einen Sammelboom aus. Um den Ansprüchen der Sammler zu genügen, wurden neben den Umlaufmünzen ab 1974 jährlich mindestens eine ↑Gedenkmünze sowie Münzsätze herausgegeben. Ausserdem wurden weiterhin Münzen für ausländische Staaten und Medaillen für Dritte hergestellt.

8. Ein flexibleres Münzgesetz

Bei der Silberkrise zeigte sich, dass das geltende Münzgesetz wenig Spielraum für eine flexible Münz- und Währungspolitik bot. So war für die Umstellung auf Kupfer-Nickel der langwierige Weg einer Gesetzesänderung notwendig. Mit der Totalrevision des Bundesgesetzes über das Münzwesen von 1970 wurde die Goldparität nicht mehr im Gesetz festgeschrieben. Die Formulierung «Die Goldparität des Frankens wird vom Bundesrat nach Rücksprache mit dem Direktorium der Nationalbank festgesetzt.» erlaubte es der Regierung, auf Veränderungen an der Währungsfront rascher und effizienter zu reagieren. Die alte Münzordnung war immer noch auf die Goldwährung zugeschnitten und sah die Ausprägung von Kurantmünzen aus Gold sowie auch deren Ausprägung auf Rechnung Dritter vor. Da die Goldumlaufwährung schon lange der Vergangenheit angehörte, wurden die diesbezüglichen Vorschriften fallen gelassen.

Rückläufige Prägemengen infolge des vermehrten bargeldlosen Zahlungsverkehrs sowie der Einsatz modernster Produktionsmittel, vor allem in den Bereichen «Prägen» und «Verpacken», bewirkten im Jahre 1986 eine personelle und räumliche Redimensionierung der Münzstätte. Auf Ausland- und Medaillenaufträge wurde fortan verzichtet. Seit 1998 wird die Eidg. Münzstätte mit Leistungsauftrag und Globalbudget geführt und nennt sich ↑Swissmint. Da die Prägemengen bei den Umlaufmünzen durch die Konkurrenz des ↑Plastikgeldes stark rückläufig sind (rund 50 Mio. Stück bei einer Kapazität von über 150 Mio. Münzen), wurden die Aktivitäten im numismatischen Sektor (Gedenkmünzen, Jahressätze der Umlaufmünzen) ausgebaut. Heute führt die Swissmint auch wieder Fremdaufträge (Münzen, Medaillen) aus.

9. Das Bundesgesetz über die Währung und die Zahlungsmittel

Im Mai 2000 trat das neue Währungs- und Zahlungsmittelgesetz (WZG) in Kraft. Hauptziel des neuen Gesetzes war es, alle publikumsrelevanten Eigenschaften von Währung und staatlichem Geld unter einem Dach zu vereinigen. Dazu wurden das bisherige Münzgesetz sowie die Bestimmungen über die Banknoten aus dem Nationalbankgesetz ins neue WZG übertragen.

Mit der vorausgegangenen Totalrevision der Bundesverfassung im Jahre 1999 wurde die Bindung des Frankens an das Gold auf Verfassungsebene gelöst. Das WZG setzte diese Aufhebung auf Gesetzesstufe um und schuf damit die Voraussetzungen für eine Neubewertung der Goldreserven der Nationalbank sowie für den geplanten Verkauf von 1 300 Tonnen Gold.

10. Schlussbetrachtung

Im Januar 2002 wurde in vielen europäische Ländern der ↑Euro eingeführt. Im Gegensatz zur einstmaligen Lateinischen Münzunion ist die Schweiz diesmal nicht am neuen europäischen ↑Währungsraum beteiligt. Vielmehr hat der Schweizer Franken kürzlich sein 150-jähriges Bestehen gefeiert. Er brachte unserem Land wirtschaftlichen Wohlstand und Sicherheit. Wie lange sich die Schweiz freilich noch ein Inseldasein im europäischen Währungsraum leisten kann, wird uns die Zukunft zeigen.

Doch auch die europäische Einheitswährung kommt nicht ohne Münzen aus. Bei einem allfälligen späteren Beitritt könnte die Schweiz wie alle übrigen Mitgliedstaaten die Bildseiten ihrer Münzen selber gestalten. Ob mit dieser Vielfalt an Münzbildern (heute 96 Bild- und 8 Wertseiten bei 12 beteiligten Staaten – ohne Vatikan, San Marino und Monaco) der Münzverkehr noch übersichtlich bleibt, bleibe dahingestellt. *Hanspeter Koch*

Muttergesellschaft
Eine Gesellschaft (auch Obergesellschaft oder Dachgesellschaft, im deutschen Recht beherrschendes Unternehmen genannt), die an der Spitze eines Konzerns steht und die Tochtergesellschaften (Untergesellschaften) zusammenfasst. Die Muttergesellschaft – eine ↑Kapitalgesellschaft oder Genossenschaft – kann die Form einer reinen oder einer gemischten Holding (↑Holdinggesellschaft) aufweisen.

Mutual funds
US-amerikanische Bezeichnung für offene Wertpapierfonds und Investmentfonds. ↑Offener Fonds.

Nachbürgschaft
↑Bürgschaft.

Nachdeckungspflicht
↑Wertpapierverpfändung.

Nachfrist
Frist zur nachträglichen Erfüllung, die der ↑Gläubiger bei zweiseitigen Verträgen der mit ihrer Leistung in Verzug geratenen Gegenpartei ansetzen oder durch das Gericht ansetzen lassen kann. Leistet die Gegenpartei innerhalb der angesetzten, angemessenen Frist nicht, so kann der Gläubiger auf die nachträgliche Leistung verzichten und sich dadurch von seiner eigenen Leistungspflicht befreien. In besonderen Fällen, insbesondere im Börsen- und im Devisenhandel (↑Fixgeschäft), ist die Ansetzung einer Nachfrist nicht erforderlich.

Nachgangshypothek
↑Hypothekargeschäft.

Nachgangspfandrecht
↑Faustpfand.

Nachgangs- und Abtretungserklärung beim Blankokredit
↑Blankokredit.

Nachgemeldete Abschlüsse
↑Post recorded trades.

Nachhaltigkeit
↑Finanzanalyse.

Nachindossament
↑Indossament, das nach dem Verfall des ↑Wechsels angebracht wird. Es hat nur die volle Wirkung eines Indossaments, wenn es vor der Erhebung des Protests und vor Ablauf der Protestfrist angebracht wird. Ist der Wechsel notleidend, geht dem Wechsel die Zirkulationsfähigkeit ab.

Nachlassverfahren
↑Bankensanierung.

Nachlassvertrag
Der *gerichtliche* Nachlassvertrag ist trotz seines Namens kein privatrechtlicher Vertrag, sondern bildet den Abschluss des Nachlassverfahrens, einer besonderen Art der Zwangsvollstreckung, die in SchKG 293–332 geregelt wird. Das Verfahren wird in der Regel durch einen in finanzielle Schwierigkeiten geratenen Schuldner eingeleitet und ermöglicht ihm, die Auspfändung oder den Konkurs zu vermeiden. Seit dem 01.01.1997 ist auch ein ↑Gläubiger, der ein Konkursbegehren stellen kann, berechtigt, beim Gericht ein Gesuch um Eröffnung eines Nachlassverfahrens über seinen Schuldner zu stellen.
Formell ist der Nachlassvertrag eine Vereinbarung zwischen dem Schuldner und seinen nichtprivilegierten Gläubigern. Er kommt zu Stande, wenn ihm die Mehrheit der Gläubiger, die zugleich mindestens zwei Drittel des Gesamtbetrages der nichtprivilegierten Forderungen vertreten, oder ein Viertel der Gläubiger, die mindestens drei Viertel dieser Forderungen vertreten, zustimmen und das Gericht ihn bestätigt. Die Bestätigung des Nachlassvertrages ist an eine Reihe von Voraussetzungen gebunden (SchKG 306).
Inhaltlich kann der Nachlassvertrag sehr verschieden aussehen: Der Schuldner offeriert seinen Gläubigern entweder die Zahlung eines Prozentsatzes ihrer Forderungen *(Prozentvergleich),* oder er überlässt ihnen alle seine Aktiven zur Liquidation, wogegen sie auf den durch den Verwertungserlös nicht gedeckten Teil ihrer Forderungen verzichten *(Nachlassvertrag mit Vermögensabtretung, Nachlassliquidation);* weniger häufig ist der Stundungsvergleich, bei dem die Gläubiger dem

Schuldner eine bestimmte Frist zur Tilgung seiner Schulden einräumen.
Im Gegensatz dazu ist der *aussergerichtliche Nachlassvertrag* eine rein privatrechtliche Abmachung eines Schuldners mit seinen Gläubigern, die nicht durch Mehrheitsbeschluss, sondern durch Zustimmung aller Gläubiger zu Stande kommt. Seit dem 01.01.1997 kann auch ein Schuldner, der nicht der Konkursbetreibung unterliegt und diesen Weg beschreiten will, beim Richter einen Antrag auf Stundung und Ernennung eines ↑ Sachwalters stellen (SchKG 333–336).
Für das *Nachlassverfahren von Banken* gelten besondere Vorschriften. ↑ Bankensanierung.

Nachmeldeverfahren
↑ Post recorded trades.

Nachrangige Darlehen, Anleihen
Nachrangige Darlehen, Anleihen werden bei Konkurs oder Liquidation des Schuldners erst nach ↑ Rückzahlung sämtlicher anderer Schuldverpflichtungen getilgt. Seitdem in der Schweiz nachrangige Anleihen bankengesetzlich beschränkt als ↑ eigene Mittel anrechenbar sind, haben sich zahlreiche Banken dieses Instrumentes bedient.
↑ Nachrangige Verbindlichkeit.

Nachrangige Verbindlichkeit
Verbindlichkeit, die vom Schuldner im Falle seiner Liquidation, insbesondere in einem Nachlass- oder Konkursverfahren, erst erfüllt werden muss, wenn alle übrigen ↑ Gläubiger voll befriedigt worden sind. Der Gläubiger einer nachrangigen Forderung wird somit im Falle der Insolvenz seines Schuldners so behandelt, wie wenn seine Forderung einer in SchKG 219 nicht vorgesehenen vierten Konkursklasse angehören würde. Nachrangige Verbindlichkeiten sind auf den ↑ Kapitalmärkten als ↑ nachrangige Darlehen *(Subordinated loans)* und nachrangige Anleihen *(Subordinated bonds* oder *Subordinated debentures)* eine geläufige Erscheinung. Sie bieten dem Gläubiger zum Ausgleich für das erhöhte Risiko den Vorteil einer höheren Verzinsung. Der Schuldner kann die aufgenommenen Mittel oft ganz oder teilweise den ↑ eigenen Mitteln zurechnen und dadurch seine Bilanz entlasten. Eine verbindliche Regelung über die Entstehung und die Rechtswirkungen von nachrangigen Verbindlichkeiten lässt sich dem schweizerischen Gesetz nicht entnehmen; doch wird die Existenz dieser besonderen Art von Verbindlichkeit seit der Aktienrechtsrevision von 1992 im Gesetz (OR 725 II) ausdrücklich vorausgesetzt. Die früher offene Frage der Zulässigkeit von Vereinbarungen über die Nachrangigkeit von Forderungen bzw. Verbindlichkeiten ist damit im schweizerischen Recht positiv beantwortet. Die rechtliche Qualifikation der Vereinbarung über die Nachrangigkeit einer Forderung ist ungeklärt.

Die Nachrangigkeit einer Forderung beruht auf einer Vereinbarung zwischen dem Gläubiger und dem Schuldner. Dabei sind zwei grundsätzlich verschiedene Fälle zu unterscheiden: die ursprüngliche Nachrangigkeit und der nachträgliche Rangrücktritt.

1. Die ursprüngliche Nachrangigkeit
Eine ursprüngliche Nachrangigkeit liegt vor, wenn Gläubiger und Schuldner von allem Anfang an vereinbaren, dass der Gläubiger mit seiner Forderung rangmässig hinter die übrigen Gläubiger zurücktritt. Dies ist beim nachrangigen Darlehen und bei der nachrangigen Anleihe der Fall. Eine typische Formulierung lautet wie folgt: «Im Falle der Liquidation, des Konkurses oder eines Nachlassverfahrens stehen die Obligationäre dieser Anleihe allen übrigen Gläubigern im Range nach. Sie sind indessen Gläubigern anderer nachrangiger Forderungen gleichgestellt. Ausgeschlossen ist sowohl die ↑ Verrechnung von Forderungen aus dieser Anleihe mit Verbindlichkeiten der Obligationäre als auch die Sicherstellung dieser Anleihe. Die Vereinbarung der Nachrangigkeit sowie der Verrechnungs- und Sicherstellungsverzicht erfolgen unwiderruflich zu Gunsten der vorrangigen Gläubiger.»
Die ursprüngliche Nachrangigkeit ist nicht an eine Stundungsvereinbarung geknüpft. Sie wirkt sich auf die Stellung des Gläubigers nur nachteilig aus, wenn der Schuldner im Zeitpunkt der ↑ Fälligkeit seiner Leistung oder schon vorher insolvent oder überschuldet ist, liquidiert wird oder einem Zwangsverwertungsverfahren (Konkurs, Nachlassverfahren) unterworfen ist. Ist dieser Fall nicht gegeben, so muss und darf der Schuldner seine nachrangige Schuld bei Fälligkeit voll zurückzahlen.

2. Der nachträgliche Rangrücktritt (Subordinationserklärung)
Anlass für den nachträglichen Rangrücktritt bildet in der Regel die akute ↑ Überschuldung einer Unternehmung. Wenn die Forderungen der Gläubiger einer Aktiengesellschaft durch die Aktiven nicht mehr voll gedeckt sind, muss der Verwaltungsrat zwecks Konkurseröffnung oder Konkursaufschub den Richter benachrichtigen. Diese Massnahme kann unterbleiben, wenn Gesellschaftsgläubiger im Ausmass der Unterdeckung im Rang hinter alle anderen Gesellschaftsgläubiger zurücktreten (OR 725 II). In der Praxis werden solche Rangrücktritte oft durch Personen ausgesprochen, die der Gesellschaft nahe stehen, z.B. Aktionäre, die der Gesellschaft ↑ Darlehen zur Verfügung gestellt haben. Um seine Funktion zu erfüllen, muss der Rangrücktritt vom Gläubiger gegenüber der Gesellschaft und mit Vorteil auch gegenüber deren Revisionsstelle unwiderruflich erklärt werden und für so lange gültig sein, wie die Überschuldung besteht oder besser: bis die Gesellschaft wieder

über ein minimales ↑Eigenkapital verfügt, das ihr die Fortsetzung ihrer Geschäftstätigkeit auch nach der ↑Rückzahlung der subordinierten Forderungen erlaubt. Der nachträgliche Rangrücktritt muss also – anders als bei der ursprünglichen Nachrangigkeit – mit einer Stundung der ursprünglichen Forderung verbunden sein. Damit der Rangrücktritt bei der schuldnerischen Gesellschaft die vom Gesetz vorgesehenen Wirkungen hervorruft, muss der Gläubiger überdies in der Lage sein, das erhöhte Risiko zu tragen, ohne selbst insolvent zu werden; andernfalls besteht für die schuldnerische Gesellschaft die Gefahr, dass die Rücktrittserklärung von den Gläubigern des selbst insolvent gewordenen Gläubigers nach SchKG 288 angefochten wird (↑Anfechtungsklage).

3. Abgrenzung: Der zwischen zwei Gläubigern vereinbarte Rangrücktritt
Die beiden vorerwähnten Fälle der ursprünglichen Nachrangigkeit und des nachträglichen Rangrücktritts zeichnen sich dadurch aus, dass die Nachrangigkeit den Gegenstand einer zwischen dem Gläubiger und dem Schuldner der nachrangigen Verbindlichkeit getroffenen Vereinbarung bildet, die den Schuldner entlastet und sich im Insolvenzfall zu Gunsten *sämtlicher übrigen Gläubiger* des Schuldners auswirkt. Diese Wirkungen treten nicht ein, wenn ein Geldgeber die Gewährung oder Fortführung eines Kredits an den Schuldner davon abhängig macht, dass ein anderer Gläubiger *ihm gegenüber* den Rangrücktritt für seine Forderungen erklärt. Der ↑Kreditgeber lässt sich in diesem Fall das Recht geben, auch die Forderung des anderen Gläubigers insoweit geltend zu machen, als er für seine eigene Forderung nicht voll befriedigt wird. Der ursprüngliche Gläubiger hat erst wieder Anspruch auf Ab- und Rückzahlungen an seine Forderung (oder im Insolvenzfall: auf die Konkursdividende), wenn der Kreditgeber für seine eigene Forderung voll befriedigt ist. Es liegt eine Nachrangigkeit im Verhältnis zu einem bestimmten Gläubiger vor. Technisch wird diese Wirkung regelmässig durch eine ↑Abtretung der Forderung des zurücktretenden Gläubigers an den begünstigten Gläubiger erreicht bzw. verstärkt (↑Rücktritts- und Abtretungserklärung). *Christian Thalmann*

Nachrichtenlose Vermögenswerte
Die Problematik der nachrichtenlosen Vermögenswerte – früher auch erblose oder herrenlose Vermögenswerte genannt – ist in der zweiten Hälfte der 1990er-Jahre ein Thema der schweizerischen Bankpolitik geworden.

1. Aufarbeitung der Geschichte
Anfangs 1996 haben die Schweizerische ↑Bankiervereinigung (SBVg) und jüdische Organisationen das Independent Committee of Eminent Persons (ICEP, Volcker-Committee) gegründet mit dem Ziel, bei den Schweizer Banken eine umfassende Untersuchung über noch vorhandene Vermögenswerte von Holocaust-Opfern und den Umgang der Banken mit diesen Vermögenswerten nach dem Zweiten Weltkrieg durchzuführen. Die durch ausländische Revisionsgesellschaften erfolgte Untersuchung erstreckte sich über einen Zeitraum von drei Jahren und verursachte einen Aufwand von rund CHF 600 Mio. an externen Kosten. In seinem Schlussbericht vom Dezember 1999 hielt das ICEP fest, dass sich die Schweizer Banken insgesamt fair verhalten und keine Kunden aufgrund ihrer Herkunft systematisch diskriminiert hätten. Die Revisoren haben in dieser Zeit rund 4,1 Mio. Konten aus der Periode des Zweiten Weltkriegs geprüft; für rund 46 000 wurde ein wahrscheinlicher oder möglicher Bezug zum Holocaust eruiert; bei rund 5 200 handelt es sich um noch offene Ansprüche; alle übrigen sind geschlossen (saldiert).

Parallel zur Untersuchung des ICEP und der 1997 erfolgten Publikation von Namenlisten ursprünglich Berechtigter an seit 1945 nachrichtenlosen Guthaben haben die beiden Schweizer Grossbanken (Credit Suisse Group, UBS AG) im August 1998 mit den jüdischen Organisationen und den amerikanischen Sammelklägern einen historischen Vergleich geschlossen und USD 1,25 Mrd. in einen Settlement fund einbezahlt. Der zuständige US-Bundesrichter Edward Korman hat diesen Vergleich im Sommer 2000 genehmigt. Alle in die ICEP-Untersuchung einbezogenen Banken haben sich bereit erklärt, die von den Grossbanken durch den Vergleich zugesagten Massnahmen in einem von der Eidgenössischen ↑Bankenkommission (EBK) genehmigten Verfahren mitzutragen, insbesondere hinsichtlich der Publikation einer weiteren Namenliste und der Zentralisierung der Daten. So wurden mit diesem Vergleich sämtliche Ansprüche gegen Banken, öffentliche und private Institutionen der Schweiz im Zusammenhang mit nachrichtenlosen Vermögenswerten bzw. ihrer Tätigkeit während des Zweiten Weltkriegs abschliessend abgegolten.

Gestützt auf die Empfehlungen des ICEP hat die EBK am 30.03.2000 die Banken verpflichtet bzw. ermächtigt, rund 26 000 Konten zu publizieren und die gesamte Anzahl der genannten 46 000 Konten zentral zu erfassen. Am 05.02.2001 erschien die letzte Liste auf dem Internet. Publiziert worden sind nunmehr die Namen von 18 502 früheren Kontoinhabern (einschliesslich rund 160 Firmen) und von 3 195 ↑Bevollmächtigten. Die Anzahl Konten beträgt 20 825, weil einzelne Personen mehr als ein Konto hatten oder es sich um gleichlautende Namen handelt. Von diesen Konten sind 2 642 offen und 18 183 geschlossen. Die Differenz zwischen den im ICEP-Bericht genannten rund 26 000 und der Anzahl der publizierten Konten erklärt sich durch die seither zusätzlich erfolgten Recherchen unter der Aufsicht der ICEP-Revisoren. Dasselbe gilt für die Reduktion der zu zentralisierenden Daten von rund 46 000 auf neu 36 000. Einen Anspruch konnten grundsätzlich nur Personen geltend machen, die Opfer oder Angehörige einer Zielgruppe der damaligen Naziverfolgung und an einem Konto berechtigt waren, das zwischen 1933 und 1945 bestanden hatte oder eröffnet worden war. Die mit einem Formular eingereichten Ansprüche wurden vom ↑Claims Resolution Tribunal (CRT) in Zürich geprüft. Dessen Verfahren richtet sich nach den von Special Masters ausgearbeiteten und von Richter Korman genehmigten Regeln. Für die definitive Genehmigung der Entscheide des CRT ist letztlich das Gericht in New York zuständig. Die Frist für das Einreichen von Ansprüchen von Opfern der Naziverfolgung ist Ende August 2001 abgelaufen.

2. Standesregeln
Die Schweizerische Bankiervereinigung hat erstmals 1995 Richtlinien über die Behandlung nachrichtenloser Konten, ↑Depots und ↑Schrankfächer bei Schweizer Banken erlassen. Teil dieser Richtlinien war die Schaffung einer zentralen Anlaufstelle beim Schweizerischen ↑Bankenombudsman für Personen, die nach nachrichtenlosen Vermögenswerten suchen. Am 01.07.2000 traten die revidierten Richtlinien über die Behandlung nachrichtenloser Konti, Depots und Schrankfächer bei Schweizer Banken in Kraft und ersetzten jene von 1995.
Diese Richtlinien haben den Charakter von Standesregeln (↑Selbstregulierung). Ihnen zufolge tritt Nachrichtenlosigkeit grundsätzlich ereignisbezogen ein – wenn einerseits Nachrichten seitens des Kunden bzw. des Bevollmächtigten fehlen und andererseits die Bank den Kunden oder allfällig Bevollmächtigten nicht mehr kontaktieren kann. Mithin tritt Nachrichtenlosigkeit ein, wenn die Korrespondenz von der Post retourniert wird, sonst keinerlei Kontakt der Bank mit dem Kunden mehr besteht und Suchmassnahmen der Bank, die in den Richtlinien vorgeschrieben sind, erfolglos bleiben. Zudem tritt Nachrichtenlosigkeit nach Ablauf von zehn Jahren ein, wenn in einem Sparheft der Zins seit zehn Jahre nicht nachgetragen wurde, bei Schrankfächern, wenn der Kunde gemäss Protokoll sein Fach seit zehn Jahren nicht mehr besucht hat, und bei banklagernder Post oder anderen speziellen Weisungen des Kunden, wenn mit ihm seit zehn Jahren kein Kontakt besteht und auch keine Nachricht mehr von ihm eingetroffen ist.
Sodann verbieten es die Richtlinien den Banken ausdrücklich, «Vertragsverhältnisse mit ihren Kunden bloss wegen Nachrichtenlosigkeit zu kündigen und die Verjährungsfrist in Gang zu setzen» – ausser, wenn ihre Forderungen gegen einen Kunden oder seine Rechtsnachfolger nicht mehr gedeckt sind. Des Weiteren stellen die Richtlinien Grundsätze zur interessenwahrenden Verwaltung nachrichtenloser Vermögenswerte auf.
Im Rahmen des mit der ↑SAG SIS Aktienregister AG gemeinsam entwickelten, aktiven Suchsystems, welches das Auffinden von Kunden erleichtern soll, zu denen die Bank den Kontakt verloren hat, müssen die Banken seit Ende 2000 ihre nachrichtenlosen Vermögenswerte an die SAG melden. Seit März 2001 hat der Bankenombudsman Zugriff auf diese Datenbank. Suchanfragen sind nunmehr direkt an ihn zu richten. Der Bankenombudsman untersteht als Beauftragter der Banken vollumfänglich dem ↑Bankkundengeheimnis.
Gleichzeitig wurde die Suchmöglichkeit für Berechtigte über die Anlaufstelle beim Bankenombudsman leicht modifiziert. Ab 01.01.2001 melden die Banken ihre nachrichtenlosen Vermögenswerte an die SAG SIS Aktienregister AG, die eine Datenbank mit Angaben über nachrichtenlose Vermögenswerte führt. Der alleinige Zugriff auf diese Datenbank liegt bei der Anlaufstelle des Bankenombudsman. Erhält sie von einer Person eine Suchanfrage, so vergleicht sie die eingereichten Angaben mit der Datenbank und leitet die Anfrage im positiven Fall an die betroffene Bank weiter. Diese setzt sich darauf mit dem Ansprecher direkt in Verbindung.

3. Gesetzgebung
Im Sommer 2000 hat der Bundesrat den Vorentwurf zu einem BG über nachrichtenlose Vermögenswerte (EBGNV) veröffentlicht und das Vernehmlassungsverfahren dazu eingeleitet. Die Ergebnisse der Vernehmlassung sind kontrovers ausgefallen. Die Botschaft des Bundesrats steht noch aus. Darin soll dem Anliegen der Selbstregulierung verstärkt Rechnung getragen werden. Über den Regelungsbedarf herrscht Einigkeit. Der Entwurf will Banken und Versicherungen (sog. Finanzakteure) verpflichten, ihre Kunden aktiv zu suchen, wenn sie von diesen während acht Jahren keine Nachricht erhalten haben. Bleibt die Suche erfolglos, sollen die Kunden zwei Jahre später einer vom Bundesrat einzurichtenden Nachrichtenstelle gemeldet werden. Diese soll später Personen, die einen glaubhaften Anspruch auf einen nachrichtenlosen Vermögenswert erheben, Auskunft über dessen Verbleib erteilen. 50 Jahre nach dem letzten Kundenkontakt und nach vorausgegangener Publikation sollen nachrichtenlose Vermögenswerte an die Eidgenossenschaft fallen. Der Finanzakteur wird damit von seinen vertraglichen Verpflichtungen dem Kunden gegenüber befreit. Für die Auflösung des ↑Eigentums eines Kunden an Vermögenswerten bzw. dessen Übergang an die Eidgenossenschaft ist ein Gesetz im formellen Sinn erforderlich. Als präventive Massnahmen zur Erhaltung des Kundenkontakts sind im Gesetzesentwurf organisatorische Vorkehrungen vorgese-

hen, damit Vermögenswerte gar nicht erst nachrichtenlos werden bzw. Berechtigte leichter gefunden werden können. *Alexandra Salib*
Lit.: Independent Committee of Eminent Persons (ICEP), Report on Dormant Accounts of Victims of Nazi Persecution in Swiss Banks, Bern 1999. – Bonhage, B./Lussy, H./Perrenoud, M.: Nachrichtenlose Vermögen bei Schweizer Banken, Veröffentlichungen der Unabhängigen Kommission Schweiz – Zweiter Weltkrieg (UEK), Bd. 15, Zürich 2001. – Jung, J. (Hrsg.): Zwischen Bundeshaus und Paradeplatz, Die Banken der Credit Suisse Group im Zweiten Weltkrieg, Zürich 2001.

Nachrückungsrecht

Das System des ↑Grundpfandrechtes nach ZGB beruht auf dem Prinzip der festen Pfandstelle, wonach das ↑Pfandrecht stets den bei seiner Begründung eingetragenen Rang behält, auch wenn durch vorgehende Pfandrechte sichergestellte Forderungen ganz oder teilweise abbezahlt werden. Die Löschung eines Vorgangspfandrechtes gibt dem nachfolgenden Pfandgläubiger keinen Anspruch auf Nachrücken; der Eigentümer kann vielmehr über die entstandene Lücke verfügen, indem er eine leere Pfandstelle oder ein neues Grundpfandrecht eintragen lässt.

ZGB 814 III sieht indessen im Sinne einer Ausnahme von der gesetzlichen Regel vor, dass zwischen Gläubiger und Schuldner in öffentlicher Urkunde eine Vereinbarung über das Nachrücken anstelle abbezahlter Vorgangsposten getroffen werden kann. Dieses Nachrückungsrecht ist kein dingliches Recht, sondern ein obligatorischer Anspruch gegenüber dem Grundeigentümer auf Zulassung des Nachrückens nach allfälliger Löschung des vorgehenden Pfandrechts; durch Vormerkung im ↑Grundbuch wird diesem Anspruch Wirkung gegenüber jedem späteren Erwerber der Pfandsache verliehen. Als Akzessorium einem bestimmten Grundpfandrecht zugeordnet, ist das Nachrückungsrecht nicht befristet, sondern teilt dessen Untergangsgründe.

Das Bestreben der Kapitalgeber geht naturgemäss auf ständige Verbesserung ihrer Gläubigerposition, im ↑Hypothekargeschäft auf eine Besserstellung im Rang hin. Daher machen die Banken von der gesetzlichen Ausnahme des Nachrückungsrechtes regelmässig Gebrauch und bedingen sich bei der Gewährung grundpfändlich sichergestellter Kredite die Einräumung des Nachrückungsrechtes. Die regelmässige Begründung des Nachrückungsrechts macht das gesetzliche System der festen Pfandstelle weit gehend illusorisch.

Nachschüssige Zinszahlung
↑Postnumerando.

Nachschusspflicht

Man unterscheidet zwischen Nachschusspflicht im ↑Effekten- und ↑Devisengschäft und Nachschusspflicht im Gesellschaftsrecht.

1. Im Effekten- und Devisengeschäft

Hier ist Nachschusspflicht gleichbedeutend mit Nachdeckungspflicht (↑Wertpapierverpfändung, ↑Margenspekulation, ↑Margin call).

2. Im Gesellschaftsrecht

Bei der Genossenschaft können die Genossenschafter, bei der GmbH die Gesellschafter zur Leistung von Nachschüssen verpflichtet werden, um Bilanzverluste zu decken (OR 871 und 803).

– *Genossenschaft:* Zu ihrer Gültigkeit bedarf die Nachschusspflicht der Aufnahme in die Statuten und der ausdrücklichen Erwähnung in der Beitrittserklärung zur Genossenschaft (OR 840 II). Bei der Genossenschaft kann sie an Stelle oder neben der persönlichen Haftung der Genossenschafter vorgesehen werden; sie lautet auf einen unbeschränkten, auf einen bestimmten Betrag oder auf ein bestimmtes Verhältnis zum Mitgliederbeitrag oder Genossenschaftsanteil. Mangels diesbezüglicher Angaben werden die Nachschüsse nach dem Betrag der Genossenschaftsanteile oder, wenn solche fehlen, nach Köpfen auf die einzelnen Genossenschafter verteilt. Der Prototyp der ↑Genossenschaftsbank mit unbeschränkter Nachschusspflicht war früher die Raiffeisenkasse. Heute sehen die Musterstatuten für ↑Raiffeisenbanken eine betragsmässige Begrenzung der Nachschusspflicht vor.

– *GmbH:* Hier sind Bestimmungen über die Nachschusspflicht nur gültig, wenn ihre Höhe auf einen bestimmten Betrag oder im Verhältnis zum ↑Stammkapital begrenzt ist. In der Regel werden die Nachschüsse durch Beschluss des Verwaltungsrates bzw. der Gesellschafterversammlung eingefordert, im Konkurs durch die Konkursverwaltung. Im Falle des Verzugs wird gleich vorgegangen wie bei der Nichterfüllung der Einzahlungspflicht auf Genossenschaftsanteilscheinen oder ↑Stammeinlagen (↑Kaduzierung). Auch nach dem Vorentwurf für eine Reform des Rechts der GmbH vom April 1999 sollen die Statuten weiterhin Nachschusspflichten, begrenzt auf das Doppelte des ↑Nennwerts der gehaltenen Stammanteile, vorsehen können.

Nachsichtwechsel
↑Wechsel, der eine bestimmte Zeit nach der ersten Vorlage (zum Akzept) zahlbar ist.

Nachttresor
Der Nachttresor ermöglicht den Bankkunden die Einlieferung von ↑Bargeld, ↑Wechseln, ↑Checks, ↑Coupons usw. ausserhalb der Schalterstunden (Tag und Nacht). Die Benützung des Nachttresors

wird zwischen dem Kunden und der Bank in einem schriftlichen Vertrag geregelt. Die Bank übergibt dem Kunden entsprechende Behältnisse (Kassetten mit dazugehörendem Schlüssel oder Kunststoffbeutel) sowie einen Schlüssel für die Einwurföffnung des Nachttresors. Der Kunde wirft das gefüllte Behältnis in die im oder am Bankgebäude angebrachte Nachttresor-Öffnung. Der Inhalt des eingeworfenen Behältnisses ist auf einem Verzeichnis aufzuführen, das in das Behältnis zu legen ist. Der Nachttresor und die Behältnisse werden von zwei Angestellten der Bank gemeinsam geöffnet. Der Inhalt wird dem Kunden unter Anzeige gutgeschrieben.

Nachverpfändung
↑Faustpfand.

Nachwährschaft
↑Gewähr.

Nachzugsaktien
↑Deferred shares.

Naked warrant
Optionsschein, welcher ohne Verbindung mit einem anderen ↑Finanzinstrument emittiert wird.

Namenaktie
↑Aktie, welche auf den Namen des Aktionärs lautet. Die Rechtsnatur der Namenaktie hängt von den Statuten ab. Bestimmen die Statuten nichts anderes, ist die Namenaktie ein frei übertragbares ↑Ordrepapier. Auch wenn die Statuten Übertragungsbeschränkungen vorsehen, bleiben die dadurch vinkulierten Namenaktien gesetzlich durch ↑Indossament übertragbare Ordrepapiere. In den Statuten können Namenaktien auch ausdrücklich als *Rektaaktien*, d.h. Namenpapiere nach OR 967, ausgestaltet werden. In diesem Fall kann die Namenaktie nur durch Zession übertragen werden. Die Zessionserklärung muss schriftlich, aber nicht unbedingt auf der Urkunde erfolgen (OR 967 II). Weil unter dem revidierten Aktienrecht Rektaaktien nicht strenger vinkuliert werden können als gewöhnliche Namenaktien, ist ihre Bedeutung erheblich zurückgegangen.

Namenaktien mit aufgeschobenem Titeldruck
Nach allgemein anerkannter Auffassung besteht für eine Aktiengesellschaft keine Pflicht, die Mitgliedschaft von Namenaktionären wertpapiermässig zu verbriefen. Nachdem auch unverurkundete ↑Aktien kotiert werden können (KR 23), sehen zahlreiche Gesellschaften in den Statuten vor, auf den Druck und die ↑Auslieferung von Aktienurkunden zu verzichten, wobei es jedoch dem einzelnen Aktionär freigestellt ist, in der Regel auf seine Kosten, die wertpapiermässige Verbriefung seiner Aktien zu verlangen. Von dieser Möglichkeit machen vor allem Heimverwahrer (↑Heimverwahrung) Gebrauch. Das Recht auf Druck und Auslieferung von Aktienurkunden wird jedoch immer mehr statutarisch ausgeschlossen. ↑SIS Namenaktien-Modell; ↑Sammelverwahrung.

Namenaktien-Modell
↑SIS Namenaktien-Modell.

Namenpapier
Das Namenpapier (OR 974 ff.) lässt sich nur negativ umschreiben. Es ist ein ↑Wertpapier, welches weder auf den Inhaber lautet, noch eine ↑Orderklausel enthält. Namenpapiere sind eher selten. Darunter fallen ↑Kassenobligationen, welche auf den Namen des Obligationärs ausgestellt werden und unter Umständen Namensparhefte (BGE 117 II 166). Zu beachten ist, dass ↑Namenaktien und ↑Namenschuldbriefe keine Namenpapiere, sondern gesetzliche ↑Ordrepapiere sind. ↑Rektapapier.

Namenschuldbrief
Schuldbrief, der nicht den jeweiligen Inhaber, sondern eine bestimmte Person als ↑Gläubiger bezeichnet. Es kann sich dabei um einen Gläubiger des Eigentümers des belasteten Grundstücks oder eines Dritten oder um den Eigentümer des Grundstücks selbst handeln (ZGB 859). Im letzten Fall spricht man von einem Eigentümerschuldbrief (↑Eigentümertitel); der Eigentümer kann den Schuldbrief entweder zu Pfand oder zu ↑Eigentum (Volleigentum, meistens Sicherungseigentum) an einen Geldgeber weiterübertragen. Namenschuldbriefe sind von Gesetzes wegen ↑Ordrepapiere; die Übertragung geschieht durch Übergabe des ↑Titels, verbunden mit einem vom bisherigen Gläubiger unterzeichneten ↑Indossament unter Nennung des Namens des Erwerbers; ↑Blankoindossamente kommen vor, sind aber ungesetzlich (ZGB 869).

Namenschuldverschreibungen
Auch Namenschuldverpflichtungen. Auf den Namen des ↑Gläubigers ausgestellte ↑Obligationen. Namenschuldverschreibungen sind im Gegensatz zu den ↑Namenaktien keine gesetzlichen ↑Ordrepapiere. Sie unterstehen dem Recht der ↑Namenpapiere (OR 974 ff.)

Napoléon
Französisches 20-Francs-Goldstück mit dem Kopfbild Napoléons I. oder III. Es weist einen Feingehalt von 5,8064 g auf. Heute Gattungsbegriff für die seit Napoléon I. geprägten französischen Goldmünzen schlechthin. ↑Edelmetallhandel.

NASDAQ
Links: www.nasdaq.com

Nasdaq Composite
Der *Nasdaq Composite Index* umfasst sämtliche ↑Aktien, die am amerikanischen NASDAQ gehandelt werden. Der Startwert des Nasdaq Composite wurde auf 100 Indexpunkte per 05.02.1971 festgelegt. Neben dem Nasdaq Composite wird der Nasdaq-100-Index aus den 100 grössten Nasdaq-Werten berechnet. Der Startwert des Nasdaq 100 betrug ursprünglich 250 Indexpunkte per 31.01. 1985. Mit Stichtag 01.01.1994 wurde die gesamte Zeitreihe und damit auch der Startwert auf 125 Indexpunkte halbiert. ↑Aktienindex.

Nationalbank, Schweizerische
Die Schweizerische Nationalbank (SNB) ist die ↑Zentralbank der Schweiz.

1. Rechtsgrundlagen und Rechtsform
Auftrag und Rechtsstellung der SNB sind in der neuen, am 01.01.2000 in Kraft getretenen Bundesverfassung (nBV 99 II) wie folgt umschrieben: Die Schweizerische Nationalbank führt als unabhängige Zentralbank eine Geld- (↑Geldpolitik) und Währungspolitik, die dem Gesamtinteresse des Landes dient; sie wird unter Mitwirkung und Aufsicht des Bundes verwaltet.
Die SNB wurde 1905 durch Bundesgesetz geschaffen und nahm zwei Jahre später ihre Tätigkeit auf. Die Rechtsform als spezialgesetzliche Aktiengesellschaft hat sie bis heute beibehalten. Massgebend ist das Bundesgesetz über die Schweizerische Nationalbank (↑Nationalbankgesetz [NBG]) vom 23.12.1953 und 15.12.1978. Dieser Erlass bedarf noch der Anpassung an die neue Bundesverfassung. Der Bundesrat hat am 26.06.2002 Botschaft und Entwurf für das neue Nationalbankgesetz verabschiedet.
Die SNB ist mit einem ↑Aktienkapital von CHF 50 Mio. ausgestattet, das zur Hälfte einbezahlt ist. Die Aktien sind als Namenpapiere (↑Namenaktie) ausgestaltet und an der ↑Börse kotiert. Ende 2001 befanden sich die Aktien zu rund 55% im Besitz der Kantone sowie anderer öffentlich-rechtlicher Körperschaften und Anstalten, der Rest grösstenteils in den Händen von Privaten. Der Bund ist nicht Aktionär der SNB. Die Rechte der Aktionäre und die Befugnisse der Generalversammlung sind bei der SNB von Gesetzes wegen stark beschränkt.

2. Aufgaben
Die SNB verfügt über das Monopol zur Ausgabe von ↑Banknoten (↑Banknotenmonopol). Ihren Auftrag, die Geld- und Währungspolitik im Gesamtinteresse des Landes zu führen, interpretiert die SNB so, dass sie die Geldversorgung der Wirtschaft auf das Ziel der Preisstabilität (↑Inflation, ↑Deflation) auszurichten habe. Dabei beachtet sie die konjunkturelle Entwicklung. Im neuen Nationalbankgesetz soll der ↑Notenbankauftrag in diesem Sinne präzisiert werden. Preisstabilität ist eine wichtige Voraussetzung für das reibungslose Funktionieren der Wirtschaft und damit für nachhaltiges Wirtschaftswachstum und Wohlstand. Zu den Kernaufgaben, welche die SNB im Rahmen ihres Auftrags zu erfüllen hat, gehören die Versorgung des Schweizer-Franken-Geldmarktes (↑Geldmarkt [Volkswirtschaftliches]) mit ↑Liquidität, die Gewährleistung der Bargeldversorgung (↑Bargeld), die Erleichterung und Sicherung des Funktionierens bargeldloser Zahlungssysteme (↑Bargeldloser Zahlungsverkehr) und die Verwaltung der ↑Währungsreserven. Weil geldpolitische Impulse über das ↑Bankensystem auf die Realwirtschaft übertragen werden, wird die SNB mitunter als Bank der Banken bezeichnet. Sie nimmt gegenüber dem Bankensystem die Funktion eines ↑Lender of last resort wahr.
Eine Sonderaufgabe erfüllt die SNB, indem sie bei der internationalen Währungskooperation mitwirkt. So hält sie die Beteiligung der Schweiz am Aktienkapital der ↑Bank für Internationalen Zahlungsausgleich (BIZ), ist Teilnehmende Institution an den Allgemeinen Kreditvereinbarungen des ↑Internationalen Währungsfonds (IWF) und erbringt die finanziellen Leistungen, die mit der schweizerischen Mitgliedschaft beim IWF verbunden sind. Eher eine Nebenaufgabe stellt die Rolle der SNB als ↑Bankier des Bundes dar.
Die Nationalbank ist bei der Wahrnehmung der geld- und währungspolitischen Kernaufgaben unabhängig. Im neuen Nationalbankgesetz soll die Weisungsfreiheit der SNB und der Mitglieder ihrer Organe ausdrücklich vorgesehen werden. Als Gegengewicht zur Unabhängigkeit soll im neuen Nationalbankgesetz eine formelle Rechenschaftspflicht der SNB gegenüber dem Bundesrat, der Bundesversammlung und der Öffentlichkeit verankert werden. Zur Erfüllung ihrer gesetzlichen Aufgaben setzt die Nationalbank verschiedene Instrumente ein; diese können rechtsgeschäftlicher oder hoheitlicher Natur sein (↑Instrumentarium der SNB).

3. Geldpolitisches Konzept
Mit dem Übergang zu flexiblen ↑Wechselkursen anfangs 1973 erhielt die Nationalbank die Möglichkeit, das Geldangebot autonom zu bestimmen. Ihr geldpolitisches Konzept sah während rund einem Vierteljahrhundert eine kontrollierte, stetige Ausweitung der Geldmenge vor, um das Preisniveau zu stabilisieren. Von 1975–1978 verwendete die SNB die ↑Geldmenge M1 (↑Bargeldumlauf im Nichtbankensektor und inländische ↑Sichteinlagen bei Banken) als geldpolitische Zielgrösse zur Kontrolle des Geldmengenwachstums. Von 1980–1999 diente die ↑Notenbankgeldmenge (ge-

samter ↑Notenumlauf plus Giroguthaben der Banken bei der SNB) als Zielgrösse für die schweizerische Geldpolitik. Ihre ↑Interventionen am Devisenmarkt beschränkte die SNB nach dem Übergang zu flexiblen Wechselkursen – mit wenigen Ausnahmen – auf die Dämpfung von erratischen Bewegungen des Schweizer-Franken-Kurses.

In der zweiten Hälfte der 90er-Jahre begann die Notenbankgeldmenge zunehmend an Aussagekraft einzubüssen. Seit Beginn des Jahres 2000 folgt die Nationalbank daher einem neuen geldpolitischen Konzept, das aus drei Elementen besteht: Erstens hält die SNB explizit fest, was sie unter Preisstabilität versteht; es ist dies eine am Konsumentenpreisindex (↑Landesindex der Konsumentenpreise) gemessene Teuerung von unter 2% pro Jahr. Zweitens erstellt die SNB eine mittelfristige Inflationsprognose, welche sie in regelmässigen Abständen publiziert und auf die sie ihre geldpolitischen Entscheide abstützt. Drittens setzt die SNB ein operationelles Zielband (↑Zielband Dreimonatssatz) für den Dreimonate-Libor für Frankenanlagen fest, wobei die ↑Bandbreite einen Prozentpunkt beträgt. Demzufolge verzichtet die Nationalbank auf die Bekanntgabe eines Wachstumsziels in der Geldaggregat; die ↑Geldmenge M3 (Bargeldumlauf sowie Sichteinlagen, Transaktionskonten, Spar- [↑Spareinlage] und ↑Termineinlagen bei Banken) spielt aber weiterhin eine wichtige Rolle als geldpolitischer ↑Indikator (↑Konjunkturindikatoren, monetäre).

4. Gewinnausschüttung

Die Nationalbank hat ihre Tätigkeit auf das Gemeinwohl auszurichten; die Erzielung eines Gewinns steht nicht im Vordergrund. Die neue Bundesverfassung (nBV 99 III) verpflichtet die SNB, aus ihren Erträgen ausreichende Währungsreserven zu bilden. Die Reservebildung soll mithelfen, das Vertrauen der Öffentlichkeit in die Wertstabilität des Geldes (↑Geldwertstabilität) zu sichern. Die Bundesverfassung (nBV 99 IV) schreibt zudem vor, dass der ↑Reingewinn der SNB zu mindestens zwei Drittel an die Kantone geht. Die Verteilung des Nationalbankgewinns ist gesetzlich genau geregelt: Vom Reingewinn gemäss ↑Erfolgsrechnung wird zunächst dem Reservefonds ein Betrag zugewiesen, dann wird eine ↑Dividende von höchstens 6% des einbezahlten Grundkapitals an die Aktionäre ausgerichtet und die Kantone erhalten eine Entschädigung von 80 Rappen pro Kopf der Bevölkerung. Der Rest wird zu zwei Drittel an die Kantone und zu einem Drittel an den Bund ausgeschüttet.

Das geltende Nationalbankgesetz enthält indessen keine Regelung, wie der Reingewinn der SNB bzw. die zum Aufbau von Währungsreserven erforderlichen Rückstellungen (↑Wertberichtigungen und Rückstellungen) zu ermitteln sind. Diese Lücke soll im Zuge der Gesetzesrevision geschlossen werden. Nach einem Konzept, auf das sich Bundesrat und SNB Anfang 1992 einigten, werden die Rückstellungen der SNB in einem Ausmass erhöht, das ein Wachstum der Währungsreserven im Gleichschritt mit dem nominalen Bruttoinlandprodukt ermöglicht. Der darüber hinausgehende Gewinn steht grundsätzlich für eine zusätzliche Ausschüttung an Bund und Kantone zur Verfügung. Weil die Ertragslage der SNB stark schwankt, werden die jährlichen Ausschüttungen an Bund und Kantone mittelfristig verstetigt. Gestützt auf entsprechende Vereinbarungen mit dem Eidg. Finanzdepartement schüttete die SNB für die Geschäftsjahre 1991–1997 jährlich CHF 600 Mio., für die Geschäftsjahre 1998–2001 jährlich CHF 1 500 Mio. als Gewinnüberschuss an Bund und Kantone aus.

5. Organisation

Die Nationalbank hat ihren rechtlichen und administrativen Sitz in Bern; der Sitz des Direktoriums befindet sich in Zürich. Dem Sitz Zürich sind das I. und III. Departement, dem Sitz Bern das II. Departement zugeordnet. Daneben unterhält die SNB Zweiganstalten mit eigenem Kassenbetrieb in Genf und Lugano sowie vier Vertretungen zur Wirtschaftsbeobachtung und Kontaktpflege in weiteren Städten. Die SNB unterhält ferner Agenturen, die von ↑Kantonalbanken geführt werden. Die SNB verfügt nach geltendem Recht über sieben Organe, nämlich fünf für die Aufsicht und Kontrolle (Generalversammlung der Aktionäre, Bankrat, Bankausschuss, Lokalkomitees und Revisionskommission) und zwei für die Leitung (Direktorium und Lokaldirektionen). Diese seit der Gründung der Nationalbank beibehaltene Organisationsstruktur genügt wegen ihrer Schwerfälligkeit den Anforderungen der heutigen Zeit nicht mehr. Sie soll im Rahmen der geplanten Revision des Nationalbankgesetzes gestrafft werden.

Kennzeichnend für die Organisation der SNB ist das Ineinandergreifen aktienrechtlicher und verwaltungsrechtlicher Elemente: So wählt die Generalversammlung lediglich 15 der 40 Mitglieder des Bankrates; 25 Mitglieder, worunter der Präsident und der Vizepräsident, werden vom Bundesrat gewählt. Der Bundesrat wählt auch die drei Mitglieder des Direktoriums und ihre Stellvertreter. Ferner hat der Bundesrat Geschäftsbericht und Jahresrechnung der SNB vor ihrer Abnahme durch die Generalversammlung zu genehmigen. Das Direktorium ist das oberste geschäftsleitende und ausführende Organ der SNB. Es trifft die konzeptionellen und operativen Entscheide der Geldpolitik, bestimmt über die Zusammensetzung der Währungsreserven und entscheidet über die Anlage der Aktiven. Das Direktorium vertritt die SNB in der Öffentlichkeit. Dem Bankrat obliegt hauptsächlich die allgemeine Aufsicht über Geschäftsgang und

Geschäftsführung der SNB. Der Bankausschuss, der aus 10 Mitgliedern des Bankrats besteht, übt als dessen Delegation die nähere Aufsicht und Kontrolle über die Bankleitung aus. Die Lokalkomitees sind den einzelnen ↑Bankstellen (Sitzen, Zweiganstalten, Vertretungen) zugeordnet und bestehen aus drei vom Bankrat gewählten Wirtschaftsvertretern. Die Revisionskommission, die von der Generalversammlung gewählt wird, prüft die Buchführung und die Jahresrechnung der SNB.

Peter Klauser

Lit.: Jubiläumsschriften der Schweizerischen Nationalbank von 1932, 1957 und 1982. – Klauser, P.: Das Recht der Notenbank, in: Schürmann, L., «Wirtschaftsverwaltungsrecht», Bern 1994. – Das neue Nationalbankgesetz, Bericht und Entwurf der Expertengruppe Reform der Währungsordnung vom 16. März 2001.

Links: www.snb.ch

Nationalbankfähig

Als nationalbankfähig bezeichnet man ↑Wertpapiere und andere Aktiven, die von der Schweizerischen ↑Nationalbank (SNB) als ↑Deckung für die Kreditgewährung an die Banken akzeptiert werden. Es handelt sich im Wesentlichen um die ↑Effekten, die Gegenstand des Repo- (↑Repo-Geschäft der SNB) und des Lombardgeschäfts (↑Lombardkredit der SNB) der Nationalbank bilden.

Nationalbankgesetz (NBG)

Das Nationalbankgesetz (NBG) vom 23.12.1953 bildet das Grundstatut der Schweizerischen ↑Nationalbank (SNB), das ihre Aufgaben, Instrumente und Organisation regelt. Es wurde zwar in den Jahren 1978 und 1997 partiell revidiert. Jedoch haben die Entwicklung der schweizerischen Währungsverhältnisse nach dem Zusammenbruch des Fixkurs-Systems von Bretton Woods (↑Internationaler Währungsfonds [IWF]), die Veränderungen im institutionellen Umfeld der SNB, wie etwa die Nachführung der Bundesverfassung (neuer Art. 99 BV über die Geld- und Währungspolitik), oder die Reform des Aktienrechts sowie die erhöhte politische Bedeutung der Gewinnausschüttung der SNB im Gesetz bisher keinen Niederschlag gefunden. Deshalb wird das NBG einer Totalrevision unterzogen.

Der mit Botschaft des Bundesrates vom 26.06. 2002 vorgelegte Gesetzesentwurf (E-NBG) strebt eine umfassende Modernisierung des schweizerischen Zentralbankrechts an. Der verfassungsrechtliche Auftrag der SNB, eine Geld- und Währungspolitik im Gesamtinteresse des Landes zu führen, soll wie folgt präzisiert werden: «Die SNB gewährleistet die Preisstabilität. Dabei beachtet sie die konjunkturelle Entwicklung.» Ferner werden die einzelnen Zentralbankaufgaben im neuen Gesetz zeitgemäss umschrieben. Zu den Kernaufgaben der SNB gehören die Liquiditätsversorgung (↑Liquidität) des Schweizer-Franken-Geldmarktes, die Gewährleistung der Bargeldversorgung (↑Bargeld), das Erleichtern und Sichern des Funktionierens bargeldloser ↑Zahlungssysteme (↑Bargeldloser Zahlungsverkehr), die Verwaltung der ↑Währungsreserven und der Beitrag der SNB zur Stabilität des Finanzsystems (↑Systemstabilität, Förderung der).

Die Unabhängigkeit der SNB ist in der Verfassung festgeschrieben. Ihre Rechtsform als spezialgesetzliche Aktiengesellschaft des Bundes gewährleistet der SNB weit gehende institutionelle und finanzielle Unabhängigkeit. Im neuen NBG wird in Form einer ausdrücklichen Weisungsfreiheit auch die Unabhängigkeit in der Auftragserfüllung – die funktionelle Unabhängigkeit – umschrieben. Als Gegengewicht zur Unabhängigkeit führt das neue Gesetz eine formelle Rechenschaftspflicht der SNB gegenüber Bundesrat, Bundesversammlung und Öffentlichkeit ein.

Die rechtsgeschäftlichen Instrumente (↑Instrumentarium der SNB), welche die SNB zur Erfüllung ihrer Aufgaben einsetzen kann, sind im geltenden NBG abschliessend und sehr detailliert geregelt. Dieser Geschäftskreis hat sich in Anbetracht der dynamischen Entwicklung der ↑Finanzmärkte als zu starr erwiesen. Im neuen Gesetz wird der Geschäftskreis offen und flexibel gehalten. Die Definition der Notenbankgeschäfte erfolgt primär über die an sie gestellten Anforderungen, nicht wie bisher über ihre Eigenschaften. Damit kann die konkrete Ausgestaltung der Rechtsgeschäfte verstärkt in den Geschäftsbedingungen und internen Richtlinien der SNB vorgenommen werden.

Die hoheitlichen Instrumente der SNB werden im Zuge der Totalrevision des NBG umfassend erneuert. Nicht mehr benötigte Befugnisse wie die ↑Emissionskontrolle und die Kapitalverkehrskontrollen (↑Kapitalbewegungen, internationale) werden abgeschafft. Die im bestehenden NBG enthaltene Mindestreserveregelung (↑Mindestreservenpolitik) hat im neuen Gesetz ebenfalls keinen Platz mehr, da sie keinen Beitrag zu einer stabilitätsorientierten ↑Geldpolitik erbringen kann. Dagegen decken die heutigen Vorschriften über die Kassenliquidität (↑Liquidität [Allgemeines und Aufsichtsrechtliches]) der Banken in hohem Masse geldpolitische Bedürfnisse der SNB ab. Diese Normen sollen in modifizierter Form vom Bankengesetz in das neue NBG übertragen werden, das damit eine zeitgemässe Mindestreserveregelung erhält. Neu soll die SNB formelle Befugnisse erhalten, das Funktionieren von Zahlungs- und Effektenabwicklungssystemen zu überwachen. An den Betrieb von Zahlungs- und Effektenabwicklungssystemen, von denen Risiken für die Stabilität des Finanzsystems ausgehen, wird die SNB qualitative Mindestanforderungen stellen können. Der Geset-

zesentwurf sieht eine enge Zusammenarbeit zwischen der SNB und der Eidg. Bankenkommission (↑Bankenkommission, Eidg. [EBK]) in der Überwachung der Systeme bzw. der Beaufsichtigung der Betreiber vor. Schliesslich wird die SNB im neuen NBG eine vereinheitlichte Rechtsgrundlage für die Erstellung von Finanzmarktstatistiken erhalten.
Die Bundesverfassung verpflichtet die SNB, aus ihren Erträgen ausreichende Währungsreserven zu bilden. Bisher ist im NBG nicht geregelt, welcher Anteil der Nationalbankerträge zum Aufbau von Rückstellungen herangezogen werden soll und welcher Anteil als Gewinn ausgeschüttet werden kann. Das neue Gesetz wird festlegen, dass die SNB sich bei der Bildung von Rückstellungen an der Entwicklung der schweizerischen Volkswirtschaft orientiert und den verbleibenden Ertrag als Gewinn ausschüttet. Gleichzeitig soll die Höhe der jährlichen Gewinnausschüttungen an Bund und Kantone über die mittlere Frist geglättet werden.
Im Rahmen der Totalrevision des NBG soll auch die Organisationsstruktur der SNB gestrafft werden. Die Zahl der Organe soll von bisher sieben auf vier (Generalversammlung, Bankrat, Direktorium, Revisionsstelle) reduziert werden. Der Bankrat wird von gegenwärtig 40 auf 11 Mitglieder verkleinert; gleichzeitig werden seine Kompetenzen verstärkt. So wird inskünftig der Bankrat über die Höhe der erforderlichen Rückstellungen entscheiden sowie die Anlage der Aktiven und das ↑Risikomanagement der SNB überwachen.

Peter Klauser

Nationalbankstatistik
↑Bankenstatistik der Schweiz.

National central securities depository (NCSD)
Im Gegensatz zu den ↑International securities depositories (ICSD) sind National central securities depositories (NCSD) vorwiegend auf einen nationalen Markt ausgerichtete, zentrale Institutionen für die Abwicklung (↑Clearing and settlement) von Wertschriftentransaktionen und die ↑Sammelverwahrung (custody, depository) – meist in dematerialisierter Form – von ↑Wertpapieren. Für die Schweiz nimmt ↑SIS SegaIntersettle AG diese Aufgabe wahr. Die europäischen NCSD sind in der European Central Securities Depositories Association (ECSDA) zusammengeschlossen.

Werner Frey

Naturaldividende
↑Dividendenpolitik (Allgemeines).

Naturalgeld
↑Geld (Geschichtliches); ↑Münzwesen der Schweiz.

Natural hedge
↑Hedge accounting.

NAV
Abk. f. ↑Net asset value.

NCSD
Abk. f. ↑National central securities depository (NCSD).

Near banks
Banknahe Unternehmungen und Institutionen, die keine Bankgeschäfte im Sinne des BankG erbringen, jedoch den Bankgeschäften ähnliche, komplementäre oder substitutive ↑Finanzdienstleistungen anbieten. Zu den Near banks zählen z. B. Versicherungsgesellschaften, ↑Leasing-Gesellschaften, Factoring-Institute und Forfaitierungsfirmen (↑Factoring; ↑Forfaitierung), ↑Makler, ↑Broker, Kreditkartengesellschaften, Kapitalanlage- und ↑Investmentgesellschaften, Vermögensverwaltungs- und Anlageberatungsgesellschaften, bankunabhängige Anlageberater. Sofern die als Beispiele aufgeführten Unternehmungen bestimmte Tätigkeiten ausüben, sind sie Finanzdienstleister im Sinne des BankG. ↑Non banks.

Near money
↑Quasi-Geld; ↑Geldsurrogat.

Nebenbörse
↑Local cap.

Nebenfolgen, Nebenkosten
Die vom Schuldner neben Kapital und Zinsen allfällig geschuldeten weiteren Leistungen, wie z. B. ↑Verzugszins, Betreibungs-, Gerichts- und Pfandverwertungskosten. Für die Hauptschuld bestellte Sicherheiten haften oft für Nebenkosten nur in beschränktem Umfang; vgl. OR 499 (↑Bürgschaft) und ZGB 818 (↑Grundpfandrecht).

Nebengeschäfte
Nicht zum Kerngeschäft gehörend; keine Kernkompetenz beinhaltend, nicht banktypisch. Beispiele: Numismatische Abteilung, Ticket corner, Betrieb eines Reisebüros.

Nebenplatz
↑Bankplatz.

Nebensegment
Frühere Bezeichnung für ein spezielles ↑Börsensegment für lokale ↑Aktien. Hier fanden sich teils auch Titel von grossen Unternehmungen, welche nicht bereit waren, alle Kotierungsbedingungen der ↑Hauptbörse zu erfüllen. Das Nebensegment an der ↑SWX Swiss Exchange wurde im Jahre 2001 neu geregelt und in ↑Local caps umbenannt.

Nebenwerte
↑Ausserbörslicher Wertpapierhandel; ↑Local cap.

Negativbescheinigung
Negativbestätigung. Eine Bescheinigung, mit der eine Bank bestätigt, dass sie mit dem Adressaten keine Geschäftsbeziehungen unterhält bzw. unterhalten hat. Ausländische Behörden verlangen gelegentlich von Steuerpflichtigen die Beibringung solcher Bescheinigungen durch bestimmte Banken. Banken geben solche Bescheinigungen nur mit grosser Zurückhaltung ab und weisen den Anfragenden stattdessen darauf hin, dass sie aus grundsätzlichen Erwägungen auf die Anfrage nicht eintreten können. Eine vergleichbare Funktion kommt den ↑Vollständigkeitsbescheinigungen zu.

Negative Hypothekenklausel
Aufgrund der negativen Hypothekenklausel verpflichtet sich der Schuldner gegenüber dem ↑Gläubiger, ohne dessen Zustimmung seinen Immobilienbesitz nicht zu verpfänden, d.h., keine neuen ↑Grundpfandrechte zu Gunsten eines Dritten zu errichten und bereits bestehende Grundpfandrechte nicht zu erhöhen. In der Regel wird sie schriftlich vereinbart.

Die Banken machen von der negativen Hypothekenklausel etwa bei Gewährung von ↑Blankokrediten Gebrauch, indem sich der Blankokreditnehmer verpflichten muss, während der Dauer des Blankokredits seinen Liegenschaftenbesitz nicht zu verpfänden. Denn die blankokreditgebende Bank vertraut darauf, dass der wesentliche Aktivenbestand des Kreditschuldners während der Dauer der Blankokreditbeziehung unverändert bleibt; sie rechnet mit dem weiteren Vorhandensein von unbelasteten Aktiven.

Auch bei der ↑Emission von Anleihen findet die Klausel Anwendung; in der Regel wird sie wie folgt formuliert: «Die Anleihe ist mit keiner besonderen Sicherheit ausgestattet, wobei sich die Gesellschaft jedoch verpflichtet, während der ganzen Dauer der gegenwärtigen Anleihe keine hypothekarische Eintragung auf die Fabrikliegenschaften vorzunehmen und keiner späteren Anleihe besondere Pfandsicherheiten einzuräumen, ohne dass die gegenwärtige Anleihe in den gleichen Rang miteinbezogen würde.» Diese Gleichstellung wird im internationalen Kredit- und Anleihensgeschäft auch ↑Pari-passu-Klausel genannt.

Unter Hinweis auf ZGB 812, wonach ein Verzicht des Eigentümers auf das Recht, weitere Lasten auf das verpfändete Grundstück zu legen, unverbindlich ist, wird vielfach behauptet, dass die negative Hypothekenklausel nicht rechtswirksam sei; sie bedeute bloss ein rechtlich zu nichts verpflichtendes ↑Gentlemen's agreement. Indessen wird auch die Auffassung vertreten, die Klausel sei wirksam, weil ZGB 812 nur den Gläubiger betreffe, der bereits ein ↑Pfandrecht am Grundstück besitze, und sich nicht auf einen Gläubiger beziehe, der noch nicht grundpfändlich gesichert ist. Weil aber die negative Hypothekenklausel nicht ins ↑Grundbuch eingetragen werden kann, wirkt sie bloss persönlich, unter den Vertragsparteien, und nicht dinglich, gegenüber jedermann. Sie vermag deshalb nicht den Schuldner an weiterer Belastung seines Grundstücks zu hindern, würde ihn vielmehr nur wegen Vertragsverletzung schadenersatzpflichtig werden lassen. Allein angesichts der Schwierigkeit, den Schaden und seine Höhe nachzuweisen, kommt der negativen Hypothekenklausel im Effekt mehr moralische als rechtliche Bedeutung zu.

Kurt Amonn

Negativerklärung
In ↑Kreditverträgen oder Anleihebedingungen Kurzformel für die ↑negative Verpfändungsklausel, eventuell für die ↑negative Hypothekenklausel. Als separate Erklärung gleichbedeutend mit ↑Negativbescheinigung.

Negativer Realzins
↑Realzins.

Negative Verpfändungsklausel
Auch negative ↑Pfandklausel. Vertragsklausel, in der sich ein Kreditschuldner gegenüber dem ↑Gläubiger verpflichtet, seine Vermögenswerte während der Dauer des Kreditverhältnisses ohne dessen Zustimmung nicht zu Gunsten Dritter mit ↑Pfandrechten zu belasten. Die Tragweite der Verpflichtung im Einzelfall hängt von der Formulierung und von den Umständen ab. Im Zweifel wird sich die Erklärung auch auf andere Sicherstellungsarten wie ↑Abtretung und ↑Sicherungsübereignung beziehen und sowohl Grundstücke als auch mobiles Vermögen (↑Wertpapiere, Waren, Forderungen) des Schuldners erfassen. Manchmal wird ausdrücklich vorgesehen, dass der Schuldner Dritten Sicherheiten unter der Voraussetzung einräumen darf, dass der bisherige Gläubiger im gleichen Rang daran beteiligt wird. Namentlich bei Anleihen kommt es vor, dass sich der Schuldner auch noch dazu verpflichtet, wesentliche Teile seines Vermögens nicht ohne Zustimmung der Gläubiger bzw. des Gläubigervertreters zu veräussern oder weitere Anleihen nur mit dessen Zustimmung zu begeben; in solchen Fällen wird meistens der allgemeinere Ausdruck ↑Negativklausel oder ↑Negativerklärung verwendet. Erstreckt sich die negative Verpfändungsklausel nur auf Grundstücke, so spricht man von einer ↑negativen Hypothekenklausel.

Negativklausel
Kurzform für ↑negative Verpfändungsklausel, eventuell ↑negative Hypothekenklausel.

Negativzins, Negativverzinsung

Von (i.d.R. ausländischen) Anlegern zu zahlende ↑Strafzinsen auf ↑Bankguthaben, wodurch letztere geschmälert werden, mit dem Ziel, spekulative Kapitalzuströme abzuwehren bzw. die von ihnen induzierte Aufwertung (↑Aufwertung, Abwertung) der heimischen ↑Währung zu bremsen. Negativzinsen sind ein Element einer interventionistischen (↑Intervention) Aussenwirtschaftspolitik. Sie wurden in der Schweiz zwischen 1964 und 1966 und mit kurzen Unterbrechungen zwischen 1971 und 1979 erhoben.

Negoziation
↑Negoziierung.

Negoziierung

Auch Negoziierung. Bedeutet im weitesten Sinn den Abschluss und die Abwicklung eines Handelsgeschäftes. Negoziabel sind frei übertragbare ↑Wertpapiere. In der Bankensprache versteht man unter Negoziierung den Ankauf und Verkauf von (frei übertragbaren) Wertpapieren, namentlich den Ankauf von ↑gezogenen Wechseln (↑Tratten) ohne ↑Regress durch die eröffnende oder abwickelnde Bank im Rahmen eines ↑Dokumenten-Akkreditivs. Häufig, aber nicht ganz korrekt, wird bei einem Dokumenten-Akkreditiv die Abwicklung des Geschäfts auch dann als Negoziierung bezeichnet, wenn die abwickelnde Bank keinen Ankauf von ↑Wechseln vornimmt, sondern ermächtigt ist, gegen die blosse Aushändigung bzw. Entgegennahme der Akkreditivdokumente (meistens ↑Konnossemente und weitere Dokumente) Zahlung zu leisten (sog. Aufnahme der Dokumente). Letzteres ist jedenfalls dann die Regel, wenn sich unter den Akkreditivdokumenten keine Wechsel befinden.

Nemax 50

Der *Nemax 50* ist ein Index der 50 grössten und liquidesten ↑Aktien des ↑Neuen Marktes. Der Index wird seit Juni 2002 nach der streubesitzadjustierten ↑Börsenkapitalisierung gewichtet. Im Gegensatz zum ↑DAX, ↑MDAX, SDAX und ↑CDAX können auch Aktien ausländischer ↑Emittenten in den Nemax 50 aufgenommen werden. Die übrigen Auswahlkriterien für den Indexkorb entsprechen weit gehend denen des DAX. Erforderliche Auswechslungen treten nach Börsenschluss des dritten Freitags der Monate März, Juni, September und Dezember (Verfalltermine der ↑Futures auf DAX und Nemax 50) in Kraft. Zu diesen Terminen wird die Gewichtung des Nemax 50 so angepasst, dass kein Titel mehr als 10% Gewicht aufweist. Der Nemax 50 ist ein Performanceindex, d.h. Kursabschläge nach Dividendenzahlungen werden in der Indexberechnung neutralisiert. Der Startwert des Nemax 50 wurde mit 1000 Indexpunkten per 30.12.1997 festgelegt. ↑Aktienindex.

Nemax-All-Share-Index

Der *Nemax-All-Share-Index* enthält alle Titel deutscher und ausländischer ↑Emittenten, die am ↑Neuen Markt notiert sind. Der Index wird seit Juni 2002 nach der streubesitzadjustierten ↑Börsenkapitalisierung gewichtet. Da es sich beim Nemax All Share um einen Gesamtmarktindex handelt, ist der Umfang des Indexkorbes nicht auf eine bestimmte Anzahl von Titeln beschränkt. Neuaufnahmen und Löschungen bei den am Neuen Markt gehandelten Titeln werden unmittelbar im Index nachvollzogen. Im Gegensatz zum Nemax 50 werden die Indexgewichte einzelner ↑Aktien im Nemax All Share nicht gekappt. Der Startwert des Nemax All Share wurde mit 1000 Indexpunkten per 30.12.1997 festgelegt. Zusätzlich zum Hauptindex werden aus den Titeln des Nemax All Share zehn ↑Branchenindizes berechnet. ↑Aktienindex.

Valerio Schmitz-Esser

Nennbetrag
↑Nennwert.

Nennwert

Auch Nominalwert, nominal, nominell. Der auf ↑Wertpapieren angegebene Forderungs- oder Beteiligungsbetrag, im Unterschied zum ↑Kurswert oder ↑Marktwert.

Ferner der auf Zahlungsmitteln (Münzen und Noten) aufgedruckte oder geprägte Betrag.

Nennwertaktie

Auf einen bestimmten ↑Nennwert, besser Nennbetrag, ausgestellte ↑Aktien. Gegensatz: ↑Nennwertlose Aktien.

Nennwertlose Aktie

Nennwertlose Aktien sind in zwei Varianten möglich:

1. Als ↑*Quoten- oder Stückaktien*. Die ↑Aktie verkörpert einen Bruchteil des statutarisch festgelegten ↑Aktienkapitals. Die Anzahl der ausgegebenen Aktien ist in den Statuten festgehalten. Auf den Urkunden ist weder eine ↑Quote noch eine Angabe über den rechnerischen Anteil am Grundkapital, d.h. dem fiktiven ↑Nennwert, enthalten. Stückaktien sind 1998 im Zusammenhang mit der Umstellung auf den ↑Euro im deutschen Aktienrecht eingeführt worden.

2. Als *echte nennwertlose Aktie*. Diese Variante setzt den Verzicht auf ein festes, durch die Statuten festgelegtes Grundkapital voraus. Die Statuten enthalten lediglich eine Bestimmung über die Höchstzahl der auszugebenden Aktien. Unter den echten nennwertlosen Aktien, wie sie in den USA in den meisten Bundesländern zulässig sind, erhält die Unternehmung die höchstmögliche Flexibilität, weil jegliche Vorschriften über einen Mindestanteil am Grundkapital (in Deutschland z.B. 1 Euro je Stückaktie) wegfällt.

Nennwertprinzip
↑Nominalwertprinzip.

Nennwertrückzahlung
Die Herabsetzung des ↑Nennwertes durch Rückzahlung an die Aktionäre hat, insbesondere auch als Folge der neuen Mindestnennwertvorschriften, als Form der Gewinnausschüttung (↑Dividende) an Bedeutung gewonnen. Eine Nennwertrückzahlung kann an Stelle oder ergänzend zur Bardividende vorgenommen werden. Sie ist weder einkommens- noch verrechnungssteuerpflichtig. Übersteigt die Nennwertrückzahlung den üblichen Dividendenbetrag je ↑Aktie deutlich, handelt es sich nicht mehr um eine Form der Gewinnausschüttung, sondern um eine Massnahme zur Optimierung der Eigenkapitalstruktur (↑Kapitalstruktur). ↑Shareholder value.

Net asset value
Bei ↑Investmentgesellschaften und ↑Anlagefonds der auf eine ↑Aktie bzw. einen ↑Anteil entfallende Wert des zu aktuellen ↑Marktpreisen bewerteten Vermögens.

Net operating profit after taxes (NOPAT)
↑Economic value added.

Net present value
↑Barwert.

Netting
Der Begriff Netting wird in verschiedenen Zusammenhängen verwendet. Neben dem Begriff Netting werden oft auch die Ausdrücke ↑Verrechnung oder Aufrechnung verwendet.
1. Netting in der Rechnungslegung: Eine ordnungsmässige Rechnungslegung erfolgt gemäss Art. 662a OR unter anderem nach dem Grundsatz der Unzulässigkeit der Verrechnung von Aktiven und Passiven sowie von Aufwand und Ertrag. Bilanzpositionen dürfen miteinander verrechnet werden, wenn die rechtlichen Voraussetzungen der Verrechnung nach Art. 120ff. OR erfüllt sind. Das Verrechnungsverbot ist auch in der Bankenverordnung (Art. 24 Abs. 2 BankV) erwähnt, und wird im Kapitel I Grundsätze der RRV EBK weiter erläutert, wobei auch die zulässigen Ausnahmen vom Verrechnungsverbot beschrieben werden.
2. Aufrechnung bei der Eigenmittelberechnung: Grundlage des Netting bei der Eigenmittelberechnung bildet Art. 12 f. BankV, wobei zurzeit nur das bilaterale Netting zugelassen ist und die Formen des Close out netting, des Netting-by-Novation oder des Payment netting anerkannt werden. Unzulässig ist das Netting immer dann, wenn die Vereinbarung eine Ausstiegsklausel (Walk away clause) enthält, d.h. eine Bestimmung, welche der nichtsäumigen Partei erlaubt, nur beschränkte oder gar keine Zahlungen an die säumige Partei zu leisten, auch wenn Letztere per Saldo ↑Gläubigerin ist.
3. Aufrechnung bei der Berechnung der ↑Klumpenrisiken: Grundlage des Netting bei der Berechnung der Klumpenrisiken bei Terminkontrakten und gekauften ↑Optionen bildet Art. 21h BankV. Dieser Artikel verweist wiederum auf die Anwendung von Art. 12 f. BankV, welcher das Vorhandensein von rechtlich durchsetzbaren Vereinbarungen für das Netting verlangt.
4. Verrechnung von Zinszahlungen bei Produkten: Zinszahlungen beispielsweise bei Zinssatzswaps und ↑Währungsswaps erfolgen meistens netto, d.h., es erfolgt eine gegenseitige Aufrechnung von Zinszahlung (↑Interest netting). Die Aufrechnung hat den Vorteil, dass nur die Zinsdifferenz zwischen den Vertragsparteien gezahlt wird und dadurch das ↑Gegenparteirisiko verringert werden kann.
5. ↑Cash management: Um die Anzahl und das Volumen von Zahlungsbewegungen zwischen Konzernunternehmen zu verringern, werden gegenläufige Zahlungen in derselben Währung im Rahmen des Cash managements gegenseitig aufgerechnet. Dadurch können Absicherungs- und ↑Transaktionskosten gesenkt werden.
6. Netting von Währungspositionen: Das Netting von ↑Währungspositionen hat zum Ziel, gegensätzliche ↑Währungsrisiken mit gleicher ↑Fälligkeit miteinander aufzurechnen, sodass nur die verbleibende ↑Nettoposition gegen Marktkursschwankungen abzusichern ist.

Paul-Robert Frey

Netting-System
Grenzüberschreitende ↑Zahlungs- und Abwicklungssysteme im Interbankverkehr, um die Abwicklungsrisiken bzw. ↑Liquiditäts- sowie ↑Kreditrisiken zu minimieren und die Effizienz und Stabilität der ↑Finanzmärkte zu unterstützen bzw. ↑Systemrisiken zu vermindern. Der Bericht des Ausschusses für Interbank-Netting-Systeme an die G10-Zentralbankpräsidenten («Lamfalussy-Bericht») aus dem Jahre 1990 analysierte Probleme im Zusammenhang mit grenzüberschreitenden, mehrere Währungen einbeziehenden Netting-Systemen und legte Mindestanforderungen und allgemeine Ziele für deren Gestaltung und Betrieb fest. Seither wurden diese Standards erweitert und verschiedene Bemühungen seitens der Banken bestanden, globale Zahlungs- und Abwicklungssysteme, welche im internationalen Devisen- und Wertpapierhandel gleichzeitige Zahlungen und Gegenzahlungen beziehungsweise ↑Lieferung gegen Zahlung ermöglichen sollen, zu errichten.

Nettodividende
↑Ausschüttung nach Abzug der ↑Quellensteuer.

Nettoertrag
In der Schweiz rechnet sich der Nettoertrag eines ↑Wertpapiers aus dem Bruttoertrag abzüglich der ↑Verrechnungssteuer bzw. ausländischen ↑Quellensteuern (↑Doppelbesteuerung, internationale). Bei verrechnungssteuerfreien Schweizer-Franken-Auslandsobligationen sind Brutto- und Nettoertrag identisch. Man spricht auch von Nettorendite (bei ↑Obligationen) oder Nettodividende (bei ↑Beteiligungspapieren). Der Zinsverlust, der durch die zeitverschobene Rückerstattung der Verrechnungssteuer entsteht, wird im Allgemeinen nicht berücksichtigt.
Von *Nettoverzinsung* spricht man im ↑Kreditgeschäft der Banken, wenn neben dem Zins keine Kommission berechnet wird. Der ↑Zinssatz wird in diesem Fall als Nettosatz bezeichnet.

Nettogeschäft
↑Courtage.

Nettokreditaufnahme
Differenzbetrag zwischen der Kreditaufnahme eines Wirtschaftssubjekts, einer Unternehmung oder des Staates, und dem Tilgungsbetrag für fällig gewordene Schulden, in der Regel bezogen auf ein Kalenderjahr.

Nettoposition
Bei Bestandsgrössen (↑Position) in verschiedenen Zusammenhängen verwendeter Ausdruck für den ↑Saldo, berechnet als Differenz von Forderungen und Verbindlichkeiten.

Nettoprämien
Prämieneinnahmen einer Versicherungsgesellschaft nach Abzug der ↑Anteile von Rückversicherern. Man spricht auch von ↑Prämien für eigene Rechnung.

Nettoprinzip
Grundsatz der Rechnungslegung, wonach es in besonderen Fällen – in Abweichung vom Verrechnungsverbot nach OR 662a – möglich ist, Aktiven und Passiven sowie Aufwand und Ertrag zu verrechnen (kompensieren). In der ↑Erfolgsrechnung von Banken ist die Verrechnung möglich für die Darstellung des ↑Erfolgs aus dem Handelsgeschäft, der Veräusserung von ↑Finanzanlagen und der Liegenschaftsrechnung. In der ↑Bankbilanz werden u. a. diskontierte eigene ↑Wechsel, von der Bank ausgegebene und von ihr zurückgekaufte Schuldtitel (↑Kassen- und ↑Anleihensobligationen, ↑Certificates of deposit [CD] usw.) verrechnet. Mit dem Nettoprinzip als bilanztechnische Massnahme nicht zu verwechseln ist die ↑Verrechnung im Sinne von OR 120.

Nettorendite von Effekten
↑Rendite nach Abzug der ↑Quellensteuer.

Nettorendite von Liegenschaften
↑Nettoertrag in Prozenten des investierten ↑Eigenkapitals.

Nettoschuldner
Bei einem Nettoschuldner übersteigen die Verpflichtungen die Forderungen (inkl. Bargeld). ↑Nettoposition. Gegenteil: Nettogläubiger.

Nettosystem
In einem Nettosystem werden Forderungen über einen bestimmten Zeitraum auf bilateraler oder multilateraler Basis aufgerechnet (↑Clearing- und Abwicklungssysteme). Die Aufrechnungsperiode dauert meistens einen Tag. Erst nach der Berechnung der ↑Nettoposition findet die Abwicklung durch die Übertragung von ↑Geldwerten statt.

Nettoumlaufvermögen
↑Net working capital.

Nettovermögen bei Anlagefonds
Gesamtfondsvermögen (Flüssige Mittel und Anlagen) zu ↑Verkehrswerten berechnet, abzüglich Verbindlichkeiten.

Nettoverschuldung
Die Nettoverschuldung wird berechnet, indem die kurz- und langfristigen Finanzverbindlichkeiten um die flüssigen Mittel, gegebenenfalls auch um die als Liquiditätsreserve gehaltenen ↑Wertschriften, vermindert werden.

Nettoverzinsung
↑Nettoertrag.

Nettozins
Zins ohne die im Bruttozins (↑Bruttorendite) enthaltenen Kosten (inkl. Steuern).

Nettozinsspanne, -marge
↑Zinsmarge, -spanne.

Net working capital
Unter Net working capital (deutsch: Nettoumlaufvermögen) versteht man das Umlaufvermögen abzüglich das kurzfristige ↑Fremdkapital.

Neue Aktien
Synonym für ↑junge Aktien.

Neuemission
↑Initial public offering (IPO).

Neuenburger Börse
Die Neuenburger Börse (↑Börse) wurde 1905 gegründet und war immer eine rein private Organisation der Neuenburger Banken. Im Zusammenhang mit der ↑Restrukturierung des Schweizeri-

schen Börsenwesens kam es im Jahre 1991 zur Auflösung der Neuenburger Börse.

Neuer Markt
Im Jahre 1997 als Teilsegment der ↑Deutschen Börse lanciert. Der Neue Markt unterstützt den Börsengang kleiner und mittlerer Unternehmen. ↑Börsenbanken als sog. Betreuer sorgen für zusätzliche ↑Liquidität, indem sie Preise stellen. Geschick und glückliches ↑Timing (Beginn der «Technologieblase») brachten dem Neuen Markt viel Erfolg und verhalfen dem ↑Finanzplatz Deutschland zu zusätzlicher Statur.
Mitte der 90er-Jahre erhielten die Klein- und Mittelunternehmen (KMU) einen prominenten Platz auf der Agenda der EU. Man hoffte, die in Europa vergleichsweise geringe Dynamik der Wirtschaft und die hohe Arbeitslosigkeit durch die Förderung der KMU zu überwinden. Aus dem Kreise belgischer Venture capitalists kam 1994 die Initiative zur Gründung einer Venture-Börse. Europäischen KMU sollte das frühere Erreichen der ↑Kapitalmarktfähigkeit erleichtert werden. Mit Unterstützung der ↑NASDAQ nahm die paneuropäische Wachstumsbörse EASDAQ 1996 den Betrieb auf. Sie schaffte den Durchbruch zum Erfolg zwar nie und wurde 2001 von NASDAQ übernommen (NASDAQ Europe). Die Gründung der EASDAQ setzte erhebliche Abwehr- und Innovationskräfte bei den europäischen ↑Börsen frei. In Paris, Frankfurt, Bruxelles und Amsterdam, später an weitern Börsen (1999 ↑SWX New Market), kam es zur Schaffung solcher Wachstumsbörsen. Unter der Marke Euro-NM wurden einheitliche Marketinganstrengungen unternommen. Mit dem Platzen der Technologieblase im Jahre 2000 nahmen diese Höhenflüge der europäischen Börsenzusammenarbeit allerdings ein Ende.

Neuerung
↑Novation, Neuerung.

Neuronale Netze
Künstliche neuronale Netze haben ihren Ursprung in der Neurobiologie und Kognitionsforschung. Innerhalb dieser Fachdisziplinen wurden mathematische Modelle entwickelt, um die Funktionsweise von biologischen neuronalen Netzen zu erklären und zu verstehen, wie kognitive Prozesse ablaufen. Da die mathematische Theorie der neuronalen Netze auch ganz allgemein als ein flexibler Rahmen für die Modellierung dynamischer Systeme aufgefasst werden kann, wurden neuronale Netze im Laufe der letzten Jahre von anderen Wissenschaftsgebieten aufgegriffen: So werden neuronale Netze beispielsweise in der Ökonomie (Zins-, Aktien-, Währungs-, Absatz-, Liquiditäts- und Risikoprognosen) wie auch in technischen Anwendungen (Softsensorik, präventive Wartung und Qualitätskontrolle) eingesetzt.

1. Bestandteile
Neuronale Netze sind aus mehreren informationsverarbeitenden Einheiten, so genannten Neuronen, zusammengesetzt. Nach ihrer Aufgabe im Netzwerk unterscheidet man Input-Neuronen von Hidden- und Output-Neuronen. Input-Neuronen stellen dem Netzwerk externe Daten zur Verfügung. Hidden-Neuronen dienen der Informationsverarbeitung dieser Datensignale, während die Output-Neuronen die Ausgaben des Netzwerkes liefern.
Gleichartige Neuronen werden innerhalb eines Netzwerkes zu Schichten zusammengefasst. Die einzelnen Schichten des Netzwerkes sind miteinander verbunden, d. h. jedes Neuron einer Schicht ist mit allen Neuronen der unmittelbar nachfolgenden Schicht verknüpft. Diese Verbindungen werden als Gewichte bzw. als Netzwerkparameter bezeichnet. Grössere Netzwerke enthalten zumeist mehrere Hidden-Schichten, die zwischen mindestens einer Input- und mindestens einer Output-Schicht angeordnet sind.

2. Typen von neuronalen Netzen
Es gibt eine Vielzahl unterschiedlicher Typen von neuronalen Netzwerken mit gänzlich unterschiedlichen Strukturen und Funktionsweisen. In der Finanzwirtschaft werden neben so genannten Feedforward-Netzen vor allem auch rekurrente neuronale Netze eingesetzt.
Der Unterschied zwischen Feedforward- und rekurrenten Netzen ist in der Richtung des Informationsflusses innerhalb des Modells zu sehen: In einem Feedforward-Netz fliessen die Informationen ausschliesslich in eine Richtung. Die Input-Schichten übertragen Informationen auf nachgelagerte Hidden-Schichten, deren Ausgaben wiederum an nachgelagerte Hidden- oder Output-Schichten weitergegeben werden. Der Informationsfluss ist mithin ausschliesslich vorwärts gerichtet. Im Gegensatz dazu enthalten rekurrente Netzwerke Rückkoppelungen (Feedback loops), d.h. die Ausgaben einer Output-Schicht oder einer Hidden-Schicht werden an eine vorgelagerte Schicht zurückgegeben. Des Weiteren können Neuronen innerhalb einer Schicht miteinander verbunden sein.

3. Optimierung und Training
Die Optimierung des neuronalen Netzes, d.h. die Anpassung der Gewichte im Hinblick auf einen möglichst geringen Fehler zwischen Netzwerkausgabe (z.B. Rendite einer Aktie) und festgelegter Zielgrösse (z.B. beobachtete Rendite), wird als Training bezeichnet. Der Lernvorgang impliziert die Lösung eines komplexen, nichtlinearen Optimierungsproblems. Neuronale Netze werden im Allgemeinen unter Verwendung des so genannten Backpropagation-Algorithmus trainiert, der schrittweise die partiellen Ableitungen der Netzwerkfehlerfunktion bezüglich der Gewichte be-

rechnet. Lernregeln sorgen dann – im Sinne einer Optimierung – für eine Anpassung der Gewichte.

4. Modellierung mit neuronalen Netzen
Neuronale Netze können beliebige funktionale Zusammenhänge approximieren. Die funktionale Beziehung kann dabei aus einer Vielzahl von Variablen bestehen und zudem hochgradig nichtlinear sein. Diese Mächtigkeit und Flexibilität lässt neuronale Netze als eines der wichtigsten Werkzeuge zur Datenmodellierung erscheinen.

Die Sichtweise von neuronalen Netzen als reines Werkzeug zur Datenmodellierung ist jedoch in der Finanzwirtschaft sehr oft problematisch, da die Qualität der Daten die Prognosegüte des Netzwerks determiniert. An dieser Stelle sei beispielsweise auf fehlende externe Einflussfaktoren oder Rauschen in den Daten hingewiesen.

Ein Lösungsvorschlag besteht nun darin, vorhandenes Wissen über die Problemstruktur in das neuronale Netz einzubeziehen. Dies kann in Form von Erweiterungen der Netzwerkarchitektur erfolgen. Beispielsweise können zeitliche Abhängigkeiten explizit in der Netzwerkarchitektur eines rekurrenten neuronalen Netzes abgebildet werden, indem das Netzwerk zur Identifizierung des dynamischen Systems über die Zeit hinweg entfaltet wird. Ein Fehlerkorrekturmechanismus im Netzwerk hilft, kurzfristig auf externe Schocks der Marktdynamik zu reagieren. Hochdimensionale Prognoseaufgaben können durch die Separation varianter und invarianter Strukturen innerhalb der Dynamik vereinfacht werden. Ferner können auch explizit formulierte Regeln im Rahmen so genannter Neuro-fuzzy-Modelle einbezogen werden. Derartige Erweiterungen des Netzwerks vermindern zudem den Effekt des so genannten Overfittings, d.h. einem rapiden Abfall der Generalisierungsfähigkeit des Netzwerks. Overfitting steht im Zusammenhang mit den universellen Approximationseigenschaften von neuronalen Netzen. Das Netzwerk lernt nicht nur die zu Grunde liegende Problemstruktur, sondern auch Rauschen und andere Fehler in den Daten.

Andere Techniken zur Vermeidung von Overfitting bestehen in einer Regularisierung der Netzwerkstruktur, die beispielsweise durch eine Ausdünnung von Netzwerkparametern durch so genannte Pruning-Verfahren erfolgen kann. Zudem werden häufig Kriterien für den Abbruch des Lernvorgangs diskutiert (z.B. das Early- oder Late-stopping-Paradigma).

5. Anwendungsbereiche
An dieser Stelle seien die Einsatzmöglichkeiten von neuronalen Netzen in der Finanzwirtschaft anhand einer klassischen und einer jüngeren Anwendung verdeutlicht.

– *Bonitätsbeurteilung (↑ Rating) von Unternehmen im Kreditmanagement:* Ziel der Bonitätsprüfung ist die frühzeitige Erkennung der Insolvenz eines potenziellen oder aktuellen Kreditnehmers. Dazu muss eine Vielzahl von Informationen (meist Kennzahlen des Jahresabschlusses) zu einem Gesamturteil (Ablehnung oder Annahme des Kreditantrags) verdichtet werden. Mittels neuronaler Netze kann die dazu benötigte Auswahl und Gewichtung von relevanten Informationen optimiert werden. Das heisst, die Zielgrösse im Ratingprozess, die fälschlicherweise solvent (Alpha-Fehler) bzw. insolvent (Beta-Fehler) klassierten Beobachtungen werden minimiert. Dem neuronalen Netz werden dazu in einer Trainingsstichprobe solvente sowie später insolvente Beobachtungen präsentiert. Als Input-Neuronen kann eine (traditionelle Scoring-Ansätze oft überfordernde) Vielzahl von Finanzkennzahlen verwendet werden. Das neuronale Netz ist problemlos in der Lage, nichtlineare Beziehungen zwischen den Kennzahlen zu explorieren. Als Output liefert das Netzwerk Information zur «Krisenanfälligkeit des Unternehmens» beispielsweise in Form einer normierten Ratingskala.

– *Marktmodellierung in Form von Multiagenten-Modellen:* Neuronale Netze erlauben auch eine unmittelbare Marktmodellierung in Form von so genannten Multi-Agenten-Modellen: Ein Neuron kann als ein elementares Entscheidungsmodell eines Marktteilnehmers (Agenten) verstanden werden. Zur Illustration sei ein Händler an einem ↑ Finanzmarkt angeführt. Im Allgemeinen hat ein solcher Händler Zugriff auf eine Vielzahl von Informationen verschiedener Datenanbieter. Die einzige Möglichkeit des Händlers, eine solche Informationsflut zu handhaben, ist sich auf wenige Einflussfaktoren zu beschränken, die aus seiner Sicht die Marktentwicklung am stärksten beeinflussen. Diese Informationsfilterung ist der erste Schritt des Entscheidungsprozesses. Im zweiten Schritt wird der Händler die ausgewählten Informationen auswerten und gegeneinander abwägen. Zu diesem Zweck muss der Händler eine Modellvorstellung haben, die das Zusammenwirken der Einflussfaktoren auf die Zielgrösse beschreibt. Der dritte Schritt besteht schliesslich in der Entscheidungsfindung. Aus der Interpretation der Einflussfaktoren wird eine Handlung (Kauf oder Verkauf) abgeleitet. Der Entscheidungsprozess des Händlers kann durch ein einzelnes Neuron beschrieben werden: Die Informationssignale eines Neurons werden zunächst gewichtet. Unwichtige Signale können dabei durch eine geringe Gewichtung unterdrückt werden. Dies entspricht der Informationsfilterung. Die ausgewählten Informationen werden dann innerhalb des Neurons verdichtet. Diese Überlagerung der Signale kann als eine Art der Markteinschätzung verstanden werden. Der Transfer dieses Signals durch die nichtlineare

Aktivierungsfunktion des Neurons beschreibt schliesslich den Übergang zu einer Handlung (Kauf- oder Verkaufssignal). Interpretiert man ein Neuron auf diese Art, so spiegelt ein neuronales Netz die Interaktionen von Entscheidungen wieder. Dies kann als ein Marktprozess verstanden werden, dessen Ergebnis ein ↑Marktpreis ist. Ein neuronales Netz hat somit eine semantische Verbindung zur Ökonomie, da es Marktpreise aus einer Interaktion von Entscheidungen erklärt.

6. Vorteile und derzeitiger Forschungsstand
Neuronale Netze bieten einen flexiblen Modellierungsrahmen, der es nicht nur erlaubt, hochgradig nichtlineare Zusammenhänge zwischen einer Vielzahl von Variablen darzustellen, sondern auch die Integration von theoretischem Vorwissen über die Anwendung ermöglicht. Durch die Integration von anwendungsspezifischem Wissen wird zudem die Interpretation der Netzwerklösung erleichtert, sodass das neuronale Netz nicht mehr als «Black box» erscheint. Die derzeitige Forschung auf dem Gebiet der neuronalen Netze konzentriert sich insbesondere auf die Analyse und Prognose dynamischer Systeme. Der verbleibende Prognosefehler kann hierbei als Risiko interpretiert werden. Insbesondere für Entscheidungsunterstützungssysteme, wie etwa für ein ↑Portfoliomanagement, ist eine solche Risikokomponente wichtig: Neben der Prognose wird eine Einschätzung der Prognosegüte zur Beurteilung geliefert.
Hans-Georg Zimmermann, Marlene Amstad
Lit.: *Zimmermann, H.-G./Rehkugler, H. (Hrsg.): Neuronale Netze in der Ökonomie – Grundlagen und finanzwirtschaftliche Anwendungen, München, 1994.*

Neutrale Geschäfte
↑Dienstleistungsgeschäfte.

New capital adequacy framework
↑Bank für Internationalen Zahlungsausgleich (BIZ).

New economy
Als New economy bezeichnen viele die Wachstumsmärkte der Informations-, Medien- und Kommunikationstechnologie bzw. deren Konvergenz hin zu einer interaktiven Multimediaindustrie. Andere verstehen darunter ähnlich, aber nicht deckungsgleich, die Ende der 90er-Jahre rasch und stark gewachsenen Branchen Technologie, Medien, Telekommunikation (TMT). Geprägt wurde der Begriff, nachdem die amerikanischen Wirtschaftsdaten für die Jahre 1996/97 veröffentlicht worden waren. Diese wiesen einen signifikanten Produktionszuwachs der nichtlandwirtschaftlichen Sektoren im Vergleich zu den Vorjahren auf. Diese Entwicklung war Anlass zur Ankündigung einer neuen Ära mit anhaltend hohem Wachstum und tiefer ↑Inflation. Gemäss den Protagonisten der New economy haben sich die wirtschaftlichen Bedingungen, die in der Vergangenheit (für die «Old economy») Erfolg versprechend waren, grundlegend geändert, insbesondere als Folge der Internet-Anwendungsmöglichkeiten.

Newly industrialized countries (NIC)
Auch newly industrialized economies (NIE). Von der OECD vorgeschlagene sprachliche Abgrenzung für Schwellenländer, deren wirtschaftliche Eigendynamik weder die Zuordnung zu reinen Entwicklungsländern im gebräuchlichen Sinne des Wortes noch zu Industrieländern zulässt.

Newly industrialized economies (NIE)
↑Newly industrialized countries (NIC).

New market
↑SWX Swiss Exchange.

New Yorker Börse
New York Stock Exchange (NYSE).
Links: www.nyse.com

New York interbank offered rate (Nibor)
Am New Yorker Geldmarkt ermittelter repräsentativer Geldmarktzinssatz (↑Brief, Briefkurs), der als ↑Referenzzinssatz oder als Basis für zinsvariable Anleihen oder Kredite dient. Analog zum ↑Libor (London interbank offered rate); Fibor (↑Frankfurt interbank offered rate); ↑Zibor (Zürich interbank offered rate) usw. Die weitaus grösste Bedeutung unter allen Interbank offered rates hat Libor.

New York Stock Exchange (NYSE)
↑New Yorker Börse.

NGO
Abk. f. ↑Non Governmental Organizations (NGO).

Nibor
Abk. f. ↑New York interbank offered rate (Nibor).

NIC
Abk. f. ↑Newly industrialized countries (NIC).

Nichtbanken
↑Non banks.

Nicht bilanzwirksame Geschäfte
Es handelt sich um Geschäfte, welche in den ↑Bilanzpositionen gemäss BankV 25 nicht erscheinen. Sie werden «unter dem Bilanzstrich» aufgeführt und sind im Bankjahresabschluss im ↑Anhang weiter zu spezifizieren, besonders ausführlich die ↑Derivate.

Nicht einbezahltes Kapital
↑Non-versé.

Nichteröffnung
Im Status der Nichteröffnung (Non-opening) befinden sich an der ↑SWX Swiss Exchange ↑Effekten, wenn sich vor der Phase der Eröffnung (↑Eröffnungsprozedere) nur ↑Bestens-Aufträge im ↑Auftragsbuch befinden, die aber wegen eines Überhangs der Kaufs- über die Verkaufsaufträge (oder umgekehrt) nicht alle ausgeführt werden können. Das Eröffnungsverfahren wird in diesem Fall erst eingeleitet, wenn ein neuer Auftrag in das Auftragsbuch eingegeben oder ein Auftrag, der sich bereits im Auftragsbuch befindet, gelöscht wird und dadurch eine gegenseitige Ausführung aller Aufträge, die mindestens einer ↑Schlusseinheit entsprechen, möglich wird. Als ↑Eröffnungskurs gilt in diesem Fall – weil keine limitierten Aufträge vorliegen, die im Eröffnungsverfahren für die Preisermittlung massgebend sind – der Referenzpreis, d.h. in der Regel der letztbezahlte ↑Kurs (Art. 19 und 21 Börsenordnung).

Nicht-Fiduziar-Erklärung
↑Vinkulierte Aktie.

Nichtgeld
↑Geldschöpfung.

Nichtigkeit
Der Begriff der Nichtigkeit findet seine Grundlage im Privatrecht, in OR 20 I: Ein Vertrag mit einem unmöglichen, widerrechtlichen oder sittenwidrigen Inhalt ist nichtig. Bei der Nichtigkeit werden die Verhältnisse so betrachtet, wie wenn nie ein Vertrag geschlossen worden wäre (nihil actum est). Die Nichtigkeit braucht von keiner Partei geltend gemacht zu werden, sondern ist von Amtes wegen zu berücksichtigen. Der Begriff ist nicht auf das Vertragsrecht und auch nicht auf das Privatrecht beschränkt. Gesellschaftsbeschlüsse können ebenso nichtig sein wie ein Testament oder die Ehe. Im öffentlichen Recht können Erlasse und Verwaltungsakte nichtig sein.

Nicht kotierte Wertpapiere
↑Ausserbörslicher Wertpapierhandel.

Nicht realisierte Gewinne
Wertzunahme von Aktivpositionen bzw. Wertverminderung von Verbindlichkeiten, welche buchhalterisch erfasst sind, aber noch nicht zu einem Zahlungsmittelzufluss geführt haben, weil z.B. die entsprechenden Aktiven nicht veräussert worden sind.

Nicht realisierte Verluste
Wertverminderung von Aktivpositionen oder Werterhöhung von Verbindlichkeiten, welche buchhalterisch erfasst, aber noch nicht zu einem Zahlungsmittelabfluss geführt haben.

NIE
Abk. f. Newly industrialized economies (NIE). ↑Newly industrialized countries (NIC).

Niederstwertprinzip
Grundsatz der Rechnungslegung, wonach Vermögenswerte mit dem niedrigeren Wert aus dem Vergleich zwischen dem ↑Marktwert oder den Anschaffungs- bzw. Herstellungskosten zu bewerten sind (at the lower of cost or market).

Niedrigzinspolitik
↑Zinspolitik (Allgemeines).

NIFs
Abk. für ↑Note issuance facilities.

Nifty fifty
Ausdruck aus der amerikanischen ↑Börsensprache, welcher fünfzig besonders aussichtsreiche ↑Aktien bezeichnet. Sie wurden auch «One decision stocks» genannt, weil man sie angeblich nach der Kaufentscheidung ohne Überprüfung auf einen möglichen Verkauf (↑Timing) im ↑Depot belassen kann.

Nikkei-225-Index
Der *Nikkei 225* ist ein kursgewichteter Index aus 225 japanischen ↑Aktien, die in der ersten Sektion der Tokioter Börse, ↑Tokio Stock Exchange, gehandelt werden. Um den verzerrenden Einfluss unterschiedlicher ↑Nennwerte der im Index berücksichtigten Aktien zu neutralisieren, werden die ↑Kurse der einzelnen Aktien auf einen einheitlichen Nennwert von 50 Yen umgerechnet. Damit erhält diejenige Aktie das grösste Gewicht, die den höchsten ↑Kurswert pro 50 Yen Nennwert aufweist. Die ↑Titel des Nikkei 225 werden nach ihrem wertmässigen Handelsumsatz und mit dem Ziel einer möglichst repräsentativen Wiedergabe der Branchenverteilung des japanischen Aktienmarktes ausgewählt. Die Überprüfung der Indexzusammensetzung erfolgt mindestens einmal jährlich. Dividendenabschläge werden im Nikkei 225 nicht korrigiert. Der Nikkei 225 wird seit dem 07.09.1950 berechnet. Die Zeitreihe geht bis auf den 16.05.1949 zurück. ↑Aktienindex.

Valerio Schmitz-Esser

Nikkei-300-Index
Der *Nikkei 300* ist ein ↑Aktienindex mit 300 japanischen ↑Aktien, die in der ersten Sektion der Tokioter Börse, ↑Tokio Stock Exchange, gehandelt werden. Im Gegensatz zum ↑Nikkei-225-Index werden die ↑Titel des Nikkei 300 nach ihrer ↑Börsenkapitalisierung gewichtet. Der Index enthält die grössten Werte aus 36 Branchen. Die Auswahl der Titel erfolgt nach den Kriterien Handelsumsatz, Umschlaghäufigkeit und Anzahl umsatzloser Tage. Unternehmen mit Verlustausweis über einen län-

geren Zeitraum können aus dem Index ausgeschlossen werden. Darüber hinaus wird eine repräsentative Branchenverteilung des ↑Indexportfolios angestrebt. Die Überprüfung der Indexzusammensetzung erfolgt einmal jährlich im September. Der Nikkei 300 ist ein Kursindex, d. h., Kursabschläge nach regulären Dividendenzahlungen werden nicht korrigiert. Der Nikkei 300 wurde im Oktober 1993 eingeführt. Der Startwert des Indexes wurde nachträglich mit 100 Indexpunkten per 01.10.1982 festgelegt. *Valerio Schmitz-Esser*

Noise trader risk
↑Börsenpsychologie.

No load fund
↑Anlagefonds, für die bei der Ausgabe von ↑Anteilen keine ↑Ausgabekommission berechnet wird.

No-material-adverse-change-Erklärung
↑Emissionsgeschäft.

Nominal
↑Nennwert.

Nominaleinkommen
Das in Geld ausgedrückte Einkommen eines einzelnen Wirtschaftssubjekts oder der Summe der Nominaleinkommen aller Wirtschaftssubjekte in einer Volkswirtschaft ohne Berücksichtigung der realen Kaufkraft. Gegensatz: Realeinkommen, Einkommen unter Berücksichtigung der Kaufkraft.

Nominalismus
Der Nominalismus ist eine Theorie, wonach das Geld keinen stofflichen Eigenwert zu haben brauche, ja nicht einmal haben dürfe. Der Staat kann nach dieser Vorstellung irgendein Tauschmittel mit Geldfunktion ausstatten. Entsprechend ist die von Anfang an vereinbarte Summe unabhängig von den Schwankungen des ↑Geldwertes geschuldet.

Nominalkapital
Grundkapital der Aktiengesellschaft, bestehend aus dem ↑Aktienkapital und gegebenenfalls dem Partizipationskapital.

Nominallohn
In reinen Geldgrössen ausgedrückter, nicht um Preisniveauänderungen korrigierter Lohn, als Entgelt für das Zurverfügungstellen von Arbeit. Gegensatz: Reallohn.

Nominalverzinsung
Der auf den ↑Nennwert einer ↑Anleihensobligation oder einer Kapitalsumme bezogene ↑Zinssatz.

Nominalwert
↑Nennwert.

Nominalwertanlagen
Gegenteil von ↑Sachwertanlagen. Beispiel: ↑Festverzinsliche Wertpapiere.

Nominalwertprinzip
Das schweizerische Aktienrecht beruht auf dem Nominalwertprinzip (Nennwertprinzip), indem für verschiedene rechtlich relevante Tatbestände der ↑Nennwert des Grundkapitals bzw. einer ↑Aktie massgebend ist, z. B. beim Mindestausgabepreis von Aktien oder bei der Einbringung von Aktien eines Steuerpflichtigen aus seinem Privatvermögen in eine von ihm beherrschte Holdinggesellschaft zu einem Preis, der über dem Nominalwert liegt (Transponierungstheorie). ↑Holdinggesellschaft; ↑Kapitalgesellschaft.

Nominalzinssatz
Der Nominal- oder Geldzinssatz (bezogen auf eine bestimmte Zeitperiode) ist der Quotient aus dem Geldbetrag, den man für die Überlassung eines bestimmten Geldbetrages an einen anderen für diese Zeitperiode erhält bzw. für die Ausleihung eines Geldbetrages bezahlen muss und eben jenem ver- oder ausgeliehenen Geldbetrag. In der Finanzierungsrechnung wird der Nominalzins gegen den ↑Effektivzins, in der Volkswirtschaftslehre gegen den ↑Realzins abgegrenzt.

Nominee
Als Nominee werden in Anlehnung an das angelsächsische Recht Personen bezeichnet, welche treuhänderisch die Stellung eines Aktionärs einnehmen. Die Statuten können vorsehen, dass bei vinkulierten ↑Namenaktien Nominees unter bestimmten Voraussetzungen bis zu einem bestimmten Prozentsatz im Aktienbuch eingetragen werden.

Nominee-Modell
↑SIS Nominee-Modell.

Nominell
↑Nennwert.

Nominelles Eigenkapital
Das nominelle Eigenkapital entspricht in Personengesellschaften den vertraglichen Einlageverpflichtungen, in ↑Kapitalgesellschaften dem ↑Grundkapital.

Non bank banking
↑Inhouse banking.

Non banks
Dieser englische Terminus wird als Sammelbegriff verwendet für ↑Finanzintermediäre, die keine ↑Sicht- oder ↑Spareinlagen des Publikums entgegennehmen. Darunter fallen beispielsweise

Kapitalanlagegesellschaften, Versicherungen oder ↑Leasing-Gesellschaften. Non banks sind oftmals in Allfinanzkonzernen anzutreffen. Im gleichen Sinne wird auch der Begriff ↑Parabank verwendet.

Non Governmental Organizations (NGO)
Sammelbezeichnung für Nicht-Regierungsinstitutionen i.d.R. für «Hilfswerke», d.h. Kirchen, Stiftungen, Vereine und weitere private Träger von Hilfe im weitesten Sinn, z.B. bei Naturkatastrophen, Krankheiten und Seuchen, Kriegen oder allgemein für Entwicklung, Erziehung u.a.m.

Non performing loans
Als notleidende Ausleihungen (engl. Non performing loans) werden im allgemeinen Kredite betrachtet, für welche ↑Kapitalrückzahlung, Zinsen und/oder Kommissionen mehr als 90 Tage ausstehend sind. Nach den schweizerischen ↑Rechnungslegungsvorschriften für Banken sind die entsprechenden Angaben nicht offen zu legen. Unter dem Einfluss der internationalen Rechnungslegungspraxis (IAS 30/43) informieren jedoch auch schweizerische Banken vermehrt über die Non performing loans und die auf diesen Krediten vorgenommenen ↑Wertberichtigungen.

Nonvaleurs
↑Aktien und ↑Obligationen, welche seit längerer Zeit notleidend sind, deren ↑Kurs auf wenige Prozent des ↑Nennwertes gesunken ist oder die überhaupt wertlos geworden sind. Auch ↑Optionen, welche höchstwahrscheinlich wertlos verfallen werden, können als Nonvaleurs bezeichnet werden.

Non-versé
Französischer Ausdruck für den nicht liberierten Betrag einer ↑Aktie. Vollliberierung ist bei börsenkotierten ↑Publikumsgesellschaften die Regel. Die einzige Ausnahme ist die Aktie der Schweizerischen ↑Nationalbank SNB (Einzahlung 50% des ↑Nennwertes von CHF 500). Banken dürfen das Non-versé weder ganz noch teilweise als Bestandteil der ↑eigenen Mittel angerechnet. Für die ↑Pfandbriefzentralen gilt eine andere Regelung: auch die Einzahlungsverpflichtungen der Aktionäre werden an die eigenen Mittel angerechnet. Deshalb sind z.B. vom ↑Aktienkapital der Pfandbriefbank (↑Pfandbriefzentralen) von CHF 300 Mio. nur 30% einbezahlt.

No par value share
Englische Bezeichnung für ↑nennwertlose Aktie. ↑Quotenaktie.

NOPAT
Abk. f. Net operating profit after taxes. ↑Economic value added.

Normaler Auftrag
Als normaler Auftrag (Normal order) gilt an der ↑SWX Swiss Exchange ein Auftrag zum Kauf oder Verkauf einer bestimmten Anzahl von ↑Effekten. Er kann entweder ohne Preisangabe (Bestens-Auftrag, Market order) oder mit Preisangabe (Limitierter Auftrag, Limit order) eingegeben werden. Nicht zu den normalen Aufträgen zählen der Auftrag mit versteckter Menge (↑Hidden size order), der ↑Akzeptauftrag (Accept order) und der Fill-or-kill-Auftrag (↑Fill or kill).

Normale Zinsstruktur
↑Zinsstruktur.

Normal order
↑Normaler Auftrag.

Nostro
Kurzbezeichnung für bankeigene Guthaben, Wertschriften oder Verpflichtungen. Gegensatz: ↑Loro. Die Ausdrücke Nostro und Loro werden nur noch selten verwendet.

Nostrogeschäfte in Effekten
In der überwiegenden Anzahl der ↑Börsengeschäfte tritt die Bank ihrem Börsenkunden gegenüber rechtlich als Selbstkontrahent auf. Sie kauft und verkauft ↑Wertpapiere am Markt in eigenem Namen, jedoch für Rechnung des Kunden; die am Handel beteiligten Gegenparteien bleiben anonym. Im Unterschied zu diesem «rechtlichen» und «technischen» Selbsteintritt der Bank, der im normalen Kundengeschäft praktiziert wird, spricht man dann von einem «echten» Selbsteintritt beziehungsweise einem ↑Eigen- oder Nostrogeschäft, wenn die Bank Wertpapiere aus ihren eigenen Beständen (Nostro-Bestand), auf denen sie während einer gewissen Zeit ein Kursrisiko getragen hat, verkauft oder zu Gunsten dieser Bestände kauft.
Ziele des echten Nostrogeschäfts sind das Ausnutzen von Arbitragemöglichkeiten, von Marktineffizienzen oder das Einnehmen gezielter taktischer ↑Positionen im Rahmen einer Marktentwicklung. Die mit dem ↑Eigenhandel verbundenen ↑Risiken verlangen nach einer rigorosen Kontrolle. Mittels ↑Limiten wird sichergestellt, dass das Risiko im Wertpapierhandel innerhalb des von der Eidgenössischen ↑Bankenkommission und dem ↑Risikomanagement der Bank gesetzten Rahmens verbleibt. Auf der Ebene des einzelnen Nostrohändlers dominieren in der Praxis strikte Nominal-Limiten, die den maximalen Betrag einer Nostro-Position bezeichnen. Intraday-Limiten werden getrennt definiert von zumeist kleineren Overnight-Limiten. Auf Abteilungsebene dominiert demgegenüber die Value-at-risk-Limite, die das Volumen der Nostrogeschäfte volatilitätsbereinigt (↑Volatilität) definiert. Sämtliche Limiten werden

heute in der Regel online und in Echtzeit überwacht. Abweichungen müssen gemäss bankinternen Weisungen zumeist am selben Tag vom Nostrohändler schriftlich begründet werden.
Die saubere Trennung zwischen Kunden- und Nostrogeschäft erfordert eine Reihe spezifischer Vorkehrungen. So regeln Richtlinien der SBVg (↑Verhaltensregeln für Effektenhändler bei der Durchführung des Effektenhandelsgeschäftes) mögliche Interessenkonflikte zwischen Kunden- und Eigenhandel. Banken werden demnach verpflichtet, den Kunden auf dessen Verlangen detailliert über Preisfestsetzung, ↑Transaktionskosten, Zeitpunkt und Art der Ausführung (börslich oder ausserbörslich) und über allfälligen Selbsteintritt zu informieren. Ferner wird geregelt, dass Ausführungen nach Massgabe des Weisungseingangs abgewickelt werden, unabhängig davon, ob es sich um Kunden- oder Eigengeschäfte handelt. Viele Institute, die den Eigenhandel nicht organisatorisch vom Kundenhandel getrennt haben, gehen noch weiter und geben dem Kundenhandel auf der Ebene von Arbeitsanleitungen für Händler die absolute Priorität vor dem Nostrogeschäft.   *Daniel Scheibler*

Notadresse
Der Aussteller sowie jeder Indossant oder Bürge eines ↑Wechsels kann auf dem Wechsel selbst eine Person, d. h. eine Notadresse angeben, die im Notfall annehmen oder zahlen soll (OR 1054 ff.).

Note
↑Banknoten; ↑Banknotenhandel; ↑Promissory note; ↑Notes.

Note issuance facilities (NIFs)
↑Kreditlimiten, welche im Euromarkt (↑Euromärkte) erstklassigen ↑Kreditnehmern eingeräumt werden, welche durch ↑revolvierende Emissionen (↑Notes, ↑Certificate of deposit [CD]) ihren mittelfristigen Kapitalbedarf decken.

Notenausgabe
↑Banknotenmonopol.

Notenbankausweis, Ausweis der Schweizerischen Nationalbank
Der Nationalbankausweis (Notenbankausweis) entspricht einer zusammengefassten Bilanz. Gemäss dem bei Drucklegung geltenden Recht (NBG 16) weist die Schweizerische ↑Nationalbank (SNB) am 10., 20. und letzten Tag jedes Monats den Stand ihrer Aktiven und Passiven aus. Im Rahmen der im Gang befindlichen Totalrevision des NBG dürften die Vorschriften über den Ausweis vereinfacht werden (Übergang zu wöchentlichem Rhythmus mit Beschränkung auf die geldpolitisch wichtigen ↑Bilanzpositionen). Der Ausweis ermöglicht Rückschlüsse auf die Geschäfte der SNB und erlaubt damit eine gewisse öffentliche Kontrolle ihrer Tätigkeit, insbesondere bezüglich der Umsetzung der Geldpolitik (↑Geldpolitik [Umsetzung]). Bei der Interpretation der Ausweispositionen ist die Bewertungspraxis zu beachten. Die ↑Kurse zur Bewertung der Fremdwährungen und des Goldes werden nur an den Quartalsenden an das Marktniveau angepasst.
Als Beispiel ist der Ausweis vom 20.08.2002 wiedergegeben:

Notenbankausweis vom 20. 08. 2002

Aktiven	CHF Mio.
Gold und Forderungen aus Goldgeschäften	30 774.4
Devisenanlagen	50 619.9
Reserveposition beim IWF	2 693.7
Internationale Zahlungsmittel	563.0
Währungshilfekredite	324.4
Forderungen aus Repo-Geschäften in CHF	23 600.5
Lombardvorschüsse	–
Forderungen gegenüber Inlandkorrespondenten	0.5
Wertschriften in CHF	6 542.1
Übrige Aktiven	1 597.6
Total	116 716.1

Passiven	CHF Mio.
Notenumlauf	33 958.7
Girokonten inländischer Banken	4 307.2
Verbindlichkeiten gegenüber Bund	8 971.2
Girokonten ausländischer Banken und Institutionen	245.7
Übrige Sichtverbindlichkeiten	171.7
Verbindlichkeiten aus Repo-Geschäften in CHF	–
Verbindlichkeiten in Fremdwährungen	756.2
Sonstige Passiven	835.0
Rückstellungen	67 353.4
Aktienkapital und Reservefonds	117.0
Total	116 716.1

1. Aktiven
Die ersten vier Aktivposten geben Auskunft über Bestand und Struktur der ↑Währungsreserven. Die Goldreserven umfassen den physischen Goldbestand sowie Forderungen auf Gold, das gegen eine Gebühr an Dritte ausgeliehen ist. Die Devisenanlagen als gewichtigster Bestandteil der Währungsreserven sind bei Schuldnern guter ↑Bonität in fremden Währungen, grösstenteils in US Dollar und Euro, an ↑Geld- und ↑Kapitalmärkten plat-

ziert. Die Reserveposition beim ↑Internationalen Währungsfonds (IWF) entspricht der Differenz zwischen der schweizerischen ↑Quote und dem Frankenguthaben, das der IWF bei der SNB hält. Als internationale ↑Zahlungsmittel werden die verzinslichen Sichtguthaben in ↑Sonderziehungsrechten (SZR) beim IWF ausgewiesen. Währungshilfekredite entstehen aus der schweizerischen Beteiligung an der internationalen währungspolitischen Zusammenarbeit.

Mit ↑Repo-Geschäften, dem wichtigsten geldpolitischen Instrument (↑Instrumentarium der SNB), wird den Banken ↑Liquidität gegen Pensionierung von ↑Wertschriften zugeführt. Der Bestand an Forderungen aus Repo-Geschäften in Schweizer Franken hängt davon ab, wie häufig und mit welchen ↑Laufzeiten die SNB am Repomarkt auftritt. Auch die ↑Termineinlagen des Bundes bei der SNB beeinflussen den Bestand, da sie in der Regel über Repo-Transaktionen in den Geldmarkt zurückgeleitet werden. Die Lombardvorschüsse zeigen die Beanspruchung des ↑Lombardkredits der SNB durch die Banken zur kurzfristigen Überbrückung unerwarteter Liquiditätsengpässe. Forderungen gegenüber ↑Inlandkorrespondenten entstehen aus dem lokalen Bargeldausgleich, den mehrere hundert Geschäftsstellen schweizerischer Banken für die SNB besorgen.

Unter dem Titel Wertschriften ist das Portefeuille kotierter Schweizer-Franken-Obligationen der SNB aufgeführt. Es sorgt, zusammen mit den primär geldpolitisch motivierten Forderungen aus Repo-Geschäften in Franken für eine Verringerung des ↑Währungsrisikos und für eine zusätzliche Diversifizierung der SNB-Aktiven. Die übrigen Aktiven umfassen im Wesentlichen Sachanlagen (Liegenschaften, noch nicht im Umlauf befindliche Banknotenvorräte zu Gestehungskosten, Informatikinvestitionen, Mobiliar u.Ä.), Münzbestände sowie positive Wiederbeschaffungswerte aus Derivatgeschäften (↑Derivate).

2. Passiven

Der ↑Notenumlauf weist den Wert aller vom Publikum und von den Banken gehaltenen Banknoten (↑Banknoten [Serien]) aus, einschliesslich zurückgerufener, noch einlösbarer Noten früherer Serien. Die bei der SNB liegenden Noten zählen demgegenüber nicht zum Notenumlauf. Der Notenumlauf musste früher durch Gold (zuletzt zu mindestens 25%) und kurzfristige Guthaben gedeckt sein. Mit dem Inkrafttreten des ↑Währungs- und Zahlungsmittelgesetzes (WZG) vom 01.05.2000 entfiel dieses Erfordernis. Die ↑Girokonten inländischer Banken (↑Giroverkehr der Schweizerischen Nationalbank) sind unverzinste Sichtguthaben (↑Sichteinlagen) bei der SNB. Sie widerspiegeln die Liquiditätsversorgung der Banken am Geldmarkt und dienen insbesondere zur Abwicklung der Zahlungen im SIC (↑Swiss Interbank Clearing).

Die Verbindlichkeiten gegenüber dem Bund enthalten ein Sichtguthaben, über das die SNB den ↑Zahlungsverkehr für den Bund abwickelt. Dieses Konto, dessen Höhe von Tag zu Tag beträchtlich schwanken kann, wird bis zu einer Höchstlimite zu Tagesgeldkonditionen (↑Tagesgeld) verzinst. Daneben legt der Bund ↑Festgelder (↑Termineinlagen) unterschiedlicher Laufzeit bei der SNB an, die ohne ↑Limite marktgerecht verzinst werden. Die ausländischen Girokonten lauten hauptsächlich auf ↑Zentral- und ↑Geschäftsbanken sowie internationale Organisationen wie etwa die ↑Weltbank. Sie sind unverzinslich und deshalb in der Regel niedrig. Die übrigen Sichtverbindlichkeiten umfassen Konten einiger schweizerischer öffentlicher Institutionen sowie von Mitarbeitenden, Pensionierten und ↑Vorsorgeeinrichtungen der SNB. Verbindlichkeiten aus Repo-Geschäften in Schweizer Franken entstehen, falls die SNB im Rahmen der Geldmarktsteuerung mittels Reverse repos (↑Repo) bei den Banken Liquidität abschöpft. Die Position enthält ausserdem erhaltene Zahlungen zum Wertausgleich bei Repos (Cash margins). Fremdwährungsverbindlichkeiten bestehen hauptsächlich aus im Rahmen von Special repos (↑Repomarkt Schweiz) mit Fremdwährungsobligationen eingegangenen Verpflichtungen. Der Posten Sonstige Passiven enthält diverse Kreditoren, negative Bruttowiederbeschaffungswerte aus Derivatgeschäften sowie, während des Jahres, die laufenden Erträge.

Rückstellungen bestehen insbesondere für ↑Markt-, ↑Kredit- und ↑Liquiditätsrisiken (Ende 2000: CHF 28,9 Mia. für Devisenanlagen, CHF 6,6 Mia. für Gold). Im Mai 2000 begann ein auf rund fünf Jahre verteiltes Verkaufsprogramm für 1 300 t Gold, d.h. für ungefähr die Hälfte des damaligen Goldbestandes der SNB. Da dieses Gold nicht mehr für geld- und währungspolitische Zwecke benötigt wird, müssen die Verkaufserlöse zu einem (bei Drucklegung) noch nicht festgelegten Zeitpunkt zugunsten anderer öffentlicher Zwecke abgetreten werden. Eine Rückstellung in Höhe der bereits erzielten Erlöse sowie des Wertes des noch nicht verkauften Teils der 1 300 t Gold deckt diese Abtretung freier Aktiven ab (Ende 2000: CHF 18,9 Mia.). In der Position ↑Aktienkapital und Reservefonds erscheint das – nur zur Hälfte einbezahlte – Aktienkapital seit der Gründung der SNB unverändert mit CHF 50 Mio.

Die aktuelle Bilanzsumme der SNB liegt (Juni 2001) über dem längerfristigen Normalniveau. Sie wird durch die abzutretenden freien Aktiven und die entsprechende Rückstellung um knapp 19 Mia. aufgebläht. Zudem war Ende 2000 in den Rückstellungen ein ausschüttbarer Überschuss von gut 14 Mia. enthalten. Er dürfte durch erhöhte ↑Gewinnablieferungen an Bund ($^1/_3$) und Kantone

($^2/_3$) abgetragen werden, was bei den Aktiven wohl hauptsächlich durch eine Reduktion der Devisenanlagen kompensiert würde. *Erich Spörndli*

Notenbanken
Notenbanken waren ursprünglich Banken, die vom Staat mit dem Recht zur alleinigen Ausgabe von ↑Banknoten, mit dem sog. ↑Banknotenprivileg, ausgestattet wurden. In der Schweiz existierten über 30 Notenbanken, als im Jahre 1907 die Schweizerische ↑Nationalbank (SNB) gegründet wurde und von diesen das alleinige Recht zur Ausgabe von Banknoten übernahm. Heute erfüllen die Notenbanken, die auch ↑Zentralbanken genannt werden, neben der ↑Notenausgabe eine Reihe weiterer und wesentlich wichtigerer Aufgaben. Sie tragen insbesondere die Verantwortung für die ↑Geldpolitik des betreffenden Landes. Dazu gehört zumeist auch der Schutz der Landeswährung und die Aufsicht über den ↑Zahlungsverkehr. Ferner obliegt vielen Notenbanken die ↑Aufsicht über die inländischen Banken und andere Finanzinstitute. In der Schweiz sind allerdings zwei verschiedene Institutionen für die Geldpolitik und die Aufsicht über die Banken zuständig. So trägt die Nationalbank die Verantwortung für die Geldpolitik, während die Aufsicht über die Banken in den Händen der Eidgenössischen Bankenkommission (↑Bankenkommission, Eidg. [EBK]) liegt. *Georg Rich*

Notenbankgeldmenge
Die Notenbankgeldmenge entspricht der Summe von ↑Notenumlauf und Giroguthaben der inländischen ↑Geschäftsbanken bei der Schweizerischen ↑Nationalbank (SNB). Als Synonyme werden mitunter die Begriffe monetäre Basis oder Geldbasis verwendet. Die um saisonale Schwankungen korrigierte Notenbankgeldmenge diente als Grundlage für die Festlegung der geldpolitischen Zwischenziele der SNB zwischen 1989 und 1999 (↑Nationalbank, Schweizerische).

Notenbankinstrumentarium
↑Instrumentarium der SNB.

Notenbankpolitik
↑Geldpolitik; ↑Geldpolitik (Umsetzung).

Notenbankpolitisches Instrumentarium
↑Instrumentarium der SNB.

Notendeckung
↑Banknotendeckung.

Notenhandel
↑Banknotenhandel.

Notenkonvention
↑Banknotenhandel.

Notenmonopol
↑Geldhoheit.

Notenprivileg
↑Banknotenmonopol.

Notenumlauf
Die Summe aller von der Schweizerischen ↑Nationalbank (SNB) ausgegebenen Noten (↑Banknoten) wird als Notenumlauf bezeichnet. Er macht rund 90% der ↑Notenbankgeldmenge aus. Der Notenumlauf stellt eine Verbindlichkeit der ↑Zentralbank gegenüber dem Publikum dar und erscheint somit auf der Passivseite der Notenbankbilanz (↑Notenbankausweis, Ausweis der Schweizerischen Nationalbank).

Notes
Notes (vom englischen «↑Promissory note» = ↑Eigenwechsel) sind ↑fest- oder variabelverzinsliche Wertpapiere bzw. ↑Wertrechte ohne Titeldruck, die aus rechtlicher Sicht ↑Anleihensobligationen (OR 1156ff.) darstellen und ausschliesslich als Privatplatzierungen von Banken und ↑Effektenhändlern ihrer Kundschaft zu Anlagezwecken angeboten werden. Die ↑Laufzeiten bewegen sich in der Regel zwischen 3 und 8 Jahren (überwiegend 5 bis 7 Jahre). Kürzere oder längere Laufzeiten sind von der Schweizerischen ↑Nationalbank (SNB) ebenfalls zugelassen. Notes waren früher oft in ↑Aktien der schuldnerischen Gesellschaft wandelbar (Wandel-Notes) oder mit Bezugsscheinen auf Aktien versehen (Notes mit Warrants). Charakteristisch für Notes ist, dass sie nicht kotiert werden und so die ↑Transaktionskosten tiefer als bei Anleihen sind. Die emittierenden Banken unterhalten für die von ihnen ausgegebenen Notes einen Markt am Telefon oder über die eigenen elektronischen Handelsplattformen.
Im Übrigen unterscheiden sich Notes nicht von Anleihen und sind mit ganz ähnlichen Bedingungen («Terms and conditions») versehen wie Anleihensobligationen. Notes sind derzeit in erster Linie für ausländische ↑Emittenten zu einem kostengünstigen Finanzierungsinstrument und für ↑institutionelle Anleger zu einer beliebten, mittelfristigen Anlage geworden. Notes werden oft als ganze ↑Emission «one-to-one» durch Vermittlung von Banken verkauft. Gemäss der 1993 revidierten Konvention XIX über Notes ausländischer Schuldner der Schweizerischen ↑Bankiervereinigung besteht für Notes die Prospektpflicht (↑Prospekt), wobei sich der Inhalt des Emissionsprospektes nach OR 1156ff. und bei Wandel-Notes sinngemäss nach OR 652a richtet. *Felix M. Huber*

Notgeld
In Zeiten von ↑Währungskrisen, insbesondere bei ungenügender Versorgung mit gesetzlichen ↑Zahlungsmitteln, i.d.R. im Rahmen von Selbsthilfeak-

tionen von lokalen Behörden ausgegebene Geldzeichen mit entsprechend begrenztem Verbreitungsgebiet (↑Geldsurrogat).

Notierung
Festsetzung eines ↑Kurses oder Preises bzw. Bezeichnung für den bereits festgesetzten (notierten) Kurs an einer ↑Börse.
In der Schweiz wird umgangssprachlich, im Gegensatz zu Deutschland, häufig Notierung synonym zu ↑Kotierung (englischer Ausdruck ↑Quotation) verwendet.

Notifikation
Der Begriff Notifikation wird in zwei verschiedenen Bedeutungen verwendet:
1. *Wechselrecht; Benachrichtigung.* Der Inhaber eines ↑Wechsels, der vergeblich um die Annahme oder die Zahlung beim ↑Bezogenen nachgesucht hat (↑Protest), ist von Gesetzes wegen verpflichtet, seinem unmittelbaren Vormann sowie dem Aussteller die Tatsache der Wechselnot binnen vier Werktagen anzuzeigen. Jeder Indossant hat binnen zweier Werktage seinen unmittelbaren Vormann zu benachrichtigen. Wer die rechtzeitige Benachrichtigung unterlässt, haftet bis zur Höhe der Wechselsumme für den durch seine Nachlässigkeit entstandenen Schaden (OR 1042). Die ↑Notifikationspflicht trifft auch den Inhaber eines ↑Checks, dem die bezogene Bank die Einlösung verweigert (OR 1143 I Ziff. 10).
2. *Abtretung und Verpfändung von Forderungen.* Hier versteht man unter Notifikation die Benachrichtigung des ↑Drittschuldners über die ↑Abtretung oder Verpfändung; sie kann durch den Zedenten oder den Zessionar vorgenommen werden (OR 167). ↑Zessionskredit; ↑Lebensversicherungsanspruch (Verpfändung).

Notifikationspflicht
Auch Benachrichtigungspflicht. Wer einen ↑Wechsel dem ↑Bezogenen erfolglos zur Annahme oder bei ↑Fälligkeit zur Zahlung vorlegt, ist verpflichtet, seinem unmittelbaren Vormann und dem Aussteller innerhalb von vier Werktagen die Tatsache der Wechselnot anzuzeigen. Jeder Indossant muss innerhalb von zwei Werktagen seit Empfang der Anzeige seinen unmittelbaren Vormann benachrichtigen. Die Unterlassung der rechtzeitigen Benachrichtigung hat nicht den Verlust des Rückgriffs zur Folge, verpflichtet aber zum Ersatz des durch die Nachlässigkeit oder die Verspätung entstandenen Schadens bis zur Höhe der Wechselsumme (OR 1042).
Die Benachrichtigungspflicht gilt auch für den Inhaber eines ↑Checks, der von der bezogenen Bank keine Zahlung erhält (OR 1143 I 10). Legt der Empfänger den Check, wie üblich, nicht selbst bei der bezogenen Bank zur Zahlung vor, so überbindet er seine Pflicht, im Nichtzahlungsfalle die Benachrichtigung vorzunehmen, mit dem Inkassoauftrag seiner Bank (der Einreicherbank). Die Einreicherbank gibt diese Pflicht regelmässig direkt oder indirekt an die bezogene Bank weiter; diese übernimmt mit der Entgegennahme des Checks aufgrund von Art. 2 der Konvention XIII der Schweizerischen ↑Bankiervereinigung auch die Funktion einer Inkassobeauftragten und muss somit gewissermassen den Check bei sich selbst zur Zahlung vorlegen. Zahlt sie nicht, so muss sie als Inkassobeauftragte für Rechnung des Einreichers den Nichtzahlungsvermerk anbringen und für die rechtzeitige Benachrichtigung sorgen. Anstelle der bezogenen Bank handelt heute regelmässig die Checkzentrale. In der Praxis wird im ↑Checkverkehr von einer direkten Benachrichtigung des Ausstellers regelmässig abgesehen; die Meldung wird über die Einreicherbank an den Einreicher weitergeleitet. Dieser ist seinerseits gesetzlich zur rechtzeitigen Benachrichtigung des Ausstellers verpflichtet.

Notleidende Anleihen
Anleihen, bei denen der Schuldner bezüglich Zins- oder ↑Kapitalrückzahlung in Verzug ist. Notleidende Anleihen werden an der Börse ↑*flat* gehandelt. ↑Distressed securities.

Notleidende Ausleihungen
↑Non performing loans.

Notleidender Kredit
Das Kreditgeschäft ist seit jeher mit dem Risiko verbunden, dass ein Schuldner seinen Verpflichtungen dem ↑Kreditgeber gegenüber nicht mehr nachkommen kann oder will. Ein Kredit wird dann als notleidend bezeichnet, wenn der Schuldner mit den vereinbarten Zins- und/oder ↑Kapitalrückzahlungen in Verzug gerät oder wenn die ↑Zahlungsunfähigkeit des Schuldners offenkundig ist. Die Bank ist in diesem Fall verpflichtet, im Hinblick auf einen möglichen, späteren Verlust eine entsprechende ↑Wertberichtigung zu bilden. Für Banken, welche im ↑bilanzwirksamen Geschäft tätig sind, stellen notleidende Kredite wegen den möglicherweise daraus resultierenden Ausfällen einen bedeutenden Risikofaktor dar. Die Qualität der Ausleihungen muss daher mit grösster Sorgfalt geprüft werden; sie kann, wie die 90er-Jahre gezeigt haben, für eine Bank von existenzieller Bedeutung sein.
Die Gründe, die zu einem notleidenden Kredit führen, lassen sich in endogene und exogene Ursachen gliedern. Sie können sowohl auf den Kreditgeber (zu grosszügige Finanzierung, Fehleinschätzungen, ungenügende Überwachung, formelle Fehler usw.), auf den Schuldner (persönliche Probleme, Management, Produkte, Nachfolge usw.), aber

auch auf die wirtschaftlichen Rahmenbedingungen (Rezession, Strukturwandel usw.) zurückzuführen sein. Sie können absehbar sein oder völlig unerwartet eintreten. Aus den schmerzhaften Erfahrungen der 90er-Jahre haben die Banken die Lehren gezogen und aufgrund ihrer Erkenntnisse bezüglich Ursachen von notleidenden Krediten ihre ↑Kreditpolitik (↑Risikobereitschaft, Bewertungsgrundsätze, Belehnungsnormen usw.) angepasst. Diese wiederum kommt in internen, formellen Anforderungen an einen Kreditantrag, im Kreditentscheid (zentral oder dezentral, Kompetenzen, Vieraugenprinzip), aber auch in der besseren Überwachung der Kreditengagements zum Ausdruck.

Stand früher bei den kommerziellen Kunden vorwiegend eine statische Betrachtungsweise mit vergangenheitsbezogenen Zahlen und die ↑Substanz des Kreditnehmers im Zentrum, versuchen die Banken heutzutage, unter Beizug von plausibilisierbaren Planzahlen und qualitativen Kriterien (Soft facts) wie Management, Produkte, Märkte, Umwelt usw. eine dynamische, am ↑Cashflow orientierte Betrachtungsweise in den Vordergrund zu stellen.

Der zunehmende Einsatz der Informatik ermöglicht die Beurteilung der Kunden mittels ↑Scoring-Systemen, welche mit standardisierten Fragestellungen und einer differenzierten Gewichtung der einzelnen Kriterien einen Vergleich der Kreditnehmer untereinander zulassen und letztendlich Aussagen über die Qualität des gesamten Schuldnerportefeuilles ermöglichen. Das Gesamtbild eines ↑Kreditnehmers wird mit einem ↑Rating ausgedrückt, welches in direkter Abhängigkeit von der Qualität auch Angaben über das latente Verlustrisiko liefert. Dies wiederum erlaubt den Banken, differenzierte Risikozuschläge als Bestandteil des Preises für Kredite anzuwenden (↑Credit pricing). Mit der Realisierung der vorerwähnten Systeme erfolgen in einzelnen Banken Kreditentscheide für gewisse, standardisierte und betraglich limitierte Kredite elektronisch.

Die bestehenden Ausleihungen werden in zweierlei Hinsicht überwacht. Einerseits werden dem Kundenbetreuer systemmässig Angaben bezüglich Einhaltung der vertraglich vereinbarten Zins- und Amortisationszahlungen sowie über Kreditüberschreitungen und Kontoumsatz geliefert, was Rückschlüsse auf die ↑Liquidität und auf das Kundenverhalten erlaubt. Andererseits wird von der Bank je nach Kundenart, Kreditart und ↑Deckung periodisch überprüft, ob alle erforderlichen Beurteilungskriterien noch erfüllt sind. Hier zeigt sich, dass ein standardisiertes Ratingverfahren die Neubeurteilung des Kunden wesentlich vereinfacht und Veränderungen bezüglich Qualität und ↑Bonität klar zum Vorschein kommen. Für die Banken ist es wichtig, sich abzeichnende, notleidende Kredite möglichst frühzeitig zu erkennen, da dem Faktor Zeit in der Schadenbegrenzung eine zentrale Bedeutung zukommt.

Die Betreuung der notleidenden Kredite erfolgt in der Regel durch spezialisierte Abteilungen *(Risk work out* oder nur *work out)*, da nebst dem ordentlichen Know-how bezüglich ↑Bank- und Kreditgeschäft besondere Kenntnisse in Bezug auf ↑Sanierung und ↑Restrukturierung und zwangsrechtliche Massnahmen und Möglichkeiten (SchKG) erforderlich sind. Die Betreuung beziehungsweise die zu treffenden Massnahmen haben das Ziel, die möglichen Verluste für die Bank zu begrenzen bzw. zu minimieren. Denkbar ist eine verlustlose Rückführung der Position in das ordentliche Kreditgeschäft, die Verwertung der Sicherheiten, eine Ablösung oder Rückzahlung des ↑Engagements mit teilweisem oder ohne Forderungsverzicht, eine Sanierung bzw. Restrukturierung mit oder ohne Sanierungsbeitrag der Bank oder zwangsrechtliche Massnahmen wie Betreibung oder Konkurs, um nur die wesentlichsten zu nennen. ↑Non performing loans.

Weil das Ausmass der notleidenden Kredite für die Beurteilung der Vermögenslage einer Bank von zentraler Bedeutung ist, sind inskünftig die entsprechenden Zahlen in der Jahresrechnung zwingend offen zu legen. *Pius Schwegler*

Nouveau marché

Der *Nouveau marché* wurde 1996 als Segment der ↑Pariser Börse (heute ↑Euronext Paris) für junge Wachstumsunternehmen eröffnet. Der Nouveaumarché-Index umfasst sämtliche ↑Aktien, die am Nouveau marché gehandelt werden.

Novation, Neuerung

Ein Vertrag, durch welchen die Parteien gleichzeitig eine Forderung untergehen lassen und an ihrer Stelle ein neues Schuldverhältnis begründen. Die Novation bewirkt die Tilgung einer alten Schuld durch Begründung einer neuen. Infolgedessen gehen grundsätzlich die mit der alten Forderung verbundenen Nebenrechte ebenfalls unter.

Eine Novation tritt im Kontokorrentverkehr zwischen der Bank und dem Kunden ein, wenn der ↑Saldo gezogen und anerkannt wird; spätestens mit der Anerkennung des Saldos gehen die einzelnen Forderungen, aus denen sich die laufende Rechnung zusammensetzt, unter, und es wird nur noch der anerkannte Saldo geschuldet (OR 116). Die Schuldverpflichtung aus dem anerkannten Saldo ist abstrakt; Rechnungsfehler sind jedoch zu berichtigen; deshalb die übliche Klausel «Irrtum vorbehalten». Wichtig ist hier aber die gesetzlich geltende Beschränkung der novatorischen Wirkung der Saldoanerkennung: ↑Bürgschaften, ↑Pfandrechte und andere Nebenrechte, welche für einzelne Posten bestehen, gehen entgegen der allgemeinen Regel durch die Ziehung und Anerkennung des Saldos nicht unter (OR 117 III).

Keine novatorische Wirkung hat, vorbehältlich anderer Parteiabrede, die Eingehung einer Wechselverbindlichkeit. Die Forderung, welche Anlass zur Wechselverpflichtung gab, geht nicht unter, sondern gilt nur als gestundet, so lange der ↑Wechsel läuft. Ebenso wenig bedeuten inhaltliche Änderungen, die von den Parteien an einem Forderungsverhältnis vorgenommen werden, oder die Ausstellung eines neuen Schuld- oder Bürgschaftsscheines eine Neuerung. Dagegen soll die Errichtung von ↑Schuldbriefen und ↑Gülten nach dem Gesetz die Novation des bisherigen Schuldverhältnisses zur Folge haben (ZGB 855). Auch diese Regel gilt aber nicht, wenn der ↑Grundpfandtitel dem ↑Gläubiger zu ↑Faustpfand oder, wie heute fast allgemein üblich, zu fiduziarischem Eigentum (↑Sicherungsübereignung) übergeben wird.

Nugget
Bezeichnung für Goldkörner, die beim Goldschürfen als Granulat ausgewaschen werden.

Nullcouponanleihe
↑Zerobonds.

Null-Prozent-Anleihe
↑Zerobonds.

Numismatik
Numismatik oder Münzkunde ist die Wissenschaft von der ↑Münze (nomos, nomisma, nummus) in allen ihren Bedeutungen, also als staatlich sanktioniertes Geld, als Sprach-, Schrift- und Metallzeugnis sowie als Kunstwerk. Münzen sind wichtige Quellen der Polit-, Wirtschafts- und Kulturgeschichte sowie der Archäologie.
Als Numismatiker bezeichnet man auf diesem Gebiet tätige Forscher, Museumskuratoren (die bedeutendsten öffentlichen Sammlungen befinden sich in London, Paris, Berlin, St. Petersburg, New York und Wien), Sammler und Händler. Nach dem Zweiten Weltkrieg bis etwa Mitte der 90er-Jahre haben sich auch viele Banken bzw. deren speziell geschaffene Numismatik-Abteilungen mit Münzen und ↑Medaillen beschäftigt.
In der Umgangssprache werden etwa auch Geizhälse bzw. stark am Geld, am Einkommen, an Nebeneinkünften interessierte Personen als Numismatiker («Geldsammler») bezeichnet.

Numismatische Münzen
Numismatische Münzen sind nicht mehr als ↑Zahlungsmittel anerkannt oder gebräuchlich und haben nur noch Sammlerwert. Bei Goldmünzen und sehr alten oder seltenen ↑Münzen ist der Sammlerwert häufig höher als der auf der Münze angegebene ↑Nennwert. Im Gegensatz zu ↑Medaillen haben Münzen bei der Ausgabe einen ↑Kurswert und sind als gesetzliches Zahlungsmittel anerkannt.
Beispiele numismatischer Münzen aus der Schweiz sind:
– *Goldmünzen:* Duplone, Dukat, ↑Helvetia, ↑Vreneli
– *Silbermünzen:* Taler, Dicken, 5-, 2-, 1-, ½-Franken-Stücke
– ↑*Scheidemünzen:* Batzen, Groschen, Kreuzer, Vierer, Schilling.

Bekannte ausländische numismatische *Gold*münzen sind der ↑Napoléon (Frankreich) oder der Sovereign (England).

Nummernkonto
Ein ↑Konto oder Wertschriftendepot (Nummerndepot), bei dem der Name des ↑Gläubigers bzw. ↑Deponenten in den Geschäftsbüchern der Bank und in der Bankkorrespondenz durch eine Nummer oder durch ein Kennwort ersetzt wird. Nicht selten trifft die Bank bei einem Nummernkonto mit dem Kunden die zusätzliche Vereinbarung, dass auch der Kunde seine Instruktionen an die Bank handschriftlich mit einem Kennwort oder mit der (als Wort ausgeschriebenen) Kontonummer unterzeichnet. Mit dem Nummernkonto verfolgt der Bankkunde in der Regel die Absicht, sein Inkognito auch gegenüber dem Bankpersonal zu wahren. Die Unterlagen zu den Nummernkonten sind in der Regel nur der Direktion der Bank oder einer dazu bestimmten besonderen Abteilung (z. B. Sekretariat für Privatkundschaft) zugänglich. Das Nummernkonto gibt dem Kunden auch einen gewissen Schutz gegenüber Dritten ausserhalb der Bank, die unbefugt Einsicht in seine Korrespondenz nehmen könnten.
Was die Auskunftspflicht der Bank gegenüber Dritten angeht, so bietet das Nummernkonto dem Kunden keine besonderen Vorteile. Das ↑Bankkundengeheimnis gilt in der Schweiz für Namenkonten wie für Nummernkonten in gleicher Weise, und die Bank als solche weiss immer, wer der Kunde ist. Die im Ausland gelegentlich anzutreffende Meinung, in der Schweiz könnten Gelder und ↑Wertschriften ohne Namenangabe auf einem Nummernkonto hinterlegt werden, ist unzutreffend. Schon das öffentliche Recht (ausdrücklich GwG 3, indirekt auch StGB 305ter) und die Standesregeln (VSB 1) verlangen für die Eröffnung einer auf Dauer angelegten Geschäftsbeziehung und für grössere Kassengeschäfte die Identifikation des Kunden. Es wäre aber – vom Fall des ↑Inhabersparhefts und -einlagehefts abgesehen – für eine Bank schon aus zivilrechtlichen und banktechnischen Gründen ausgeschlossen, ein Konto für einen ihr nicht bekannten «Inhaber» zu eröffnen, denn sie befreit sich von ihrer Rückzahlungsverpflichtung nur durch Leistung an denjenigen, für dessen Rechnung sie die Vermögenswerte zur

Aufbewahrung entgegengenommen hat. Sie hat also ein eigenes Interesse daran, ihren Gläubiger genau zu kennen (↑Legitimationsprüfung).

Nutzniessung

↑Dienstbarkeit, die dem Berechtigten den Besitz, die Nutzung und den Gebrauch eines Vermögenswertes verschafft (ZGB 745–775). Nutzniessung kann auch an Rechten (Forderungen, ↑Aktien usw.) bestellt werden. Stehen Aktien in Nutzniessung, so kann der Nutzniesser das Stimmrecht ausüben, wird aber gegenüber dem Eigentümer schadenersatzpflichtig, wenn er dessen Interessen verletzt (OR 690 II).

Zur Absicherung des mit der Nutzniessung belasteten Eigentümers wird bewegliches Nutzniessungsvermögen häufig auf einem Nutzniessungsdepot bei der Bank angelegt. Dieses lautet auf die Namen des Eigentümers und des Nutzniessers gemeinsam und steht unter der Bestimmung, dass die Erträgnisse dem Nutzniesser ausgehändigt werden dürfen, während Verfügungen über das Kapital nur mit der Zustimmung des Eigentümers erlaubt sind.

Bei der Gewährung grundpfandgesicherter Kredite verlangen die Banken regelmässig, dass Nutzniesser am Grundstück, deren Recht im ↑Grundbuch eingetragen ist, gegenüber dem ↑Grundpfandrecht der Bank den Nachgang erklären (↑Rangrücktrittserklärung), weil die Nutzniessung andernfalls bei der Verwertung als Last auf den Erwerber übergeht und so den Erlös aus der Liegenschaft vermindern kann. ↑Wertschriften, die mit einer Nutzniessung belastet sind, können vom Eigentümer verpfändet werden; auch hier muss aber der Pfandnehmer berücksichtigen, dass die Nutzniessung bei der Verwertung als Last auf den Erwerber übergeht; ferner muss er beachten, dass der Ertrag aus dem Pfandobjekt dem Nutzniesser und nicht dem ↑Kreditnehmer zusteht. Banken nehmen deshalb nur ausnahmsweise mit Nutzniessung belastete Pfänder entgegen.

Nutzniessungsdepot

↑Depotgeschäft.

NYSE

Abk. f. New York Stock Exchange. ↑New Yorker Börse.

NYSE Composite Index

Der *NYSE Composite Index* enthält als Gesamtmarktindex sämtliche ↑Aktien, die an der ↑New Yorker Börse, New York Stock Exchange (NYSE), gehandelt werden. Die Aktien werden nach ihrer ↑Börsenkapitalisierung gewichtet. Da Zugänge und Abgänge an der NYSE laufend im Index nachvollzogen werden, ist die Anzahl der Aktien des Indexkorbes variabel. Der Startwert des NYSE Composite wurde mit 50 Indexpunkten per 31.12.1965 festgelegt. ↑Aktienindex.

OAS
Abk. f. Option adjusted spread. ↑Bewertung von Anleihensobligationen.

Obergesellschaft
↑Muttergesellschaft.

Objektfinanzierung
↑Projektfinanzierung.

Objektkredit
↑Projektfinanzierung.

Obligation
In der schweizerischen Bankpraxis Kurzbezeichnung für Schuldverpflichtungen, die eine Geldleistung zum Inhalt haben, entweder in der Form von ↑Kassenobligationen oder ↑Anleihensobligationen.

Obligationenanleihe
↑Anleihensobligation.

Obligationenausgabe der Banken
Die Obligationenausgabe der Banken ist für die Banken eine wichtige Form der Beschaffung ↑mittel- bis ↑langfristiger ↑Fremdgelder. Dabei unterscheidet man ↑Anleihensobligationen, die als langfristiges Finanzierungsinstrument nur von einem relativ engen Kreis von Banken verwendet werden, und ↑Kassenobligationen, die mittelfristig sind und von den meisten Banken ausgegeben werden.
Die Vermittlungstätigkeit der Banken bei der Obligationenausgabe wird im ↑Emissionsgeschäft behandelt, während hier von der Obligationenausgabe für eigene Rechnung die Rede ist. Anleihensobligationen von Banken unterscheiden sich in ihrer Ausstattung und den Kotierungsmerkmalen nicht wesentlich von jenen anderer Unternehmen. Die Mittelaufnahme erfolgt in der Regel durch eine direkte Begebung der Bank und nicht, wie bei anderen Unternehmen üblich, in Form einer Festübernahme durch Drittbanken (↑Syndikat). Anleihensobligationen sind für Banken ein wichtiges Finanzierungsinstrument. Der effiziente ↑Emissionsmarkt und der stete Anlagebedarf ↑institutioneller Anleger für inländische Papiere erlaubt es kapitalmarktfähigen Banken, selbst in einem schwierigen Umfeld öffentliche Anleihen zu begeben. Bedingt durch den zunehmenden Einsatz von derivativen Zinsinstrumenten (↑Derivate) wie ↑Zinsswaps und ↑Zins-Futures lassen sich heute auch die mit grossvolumigen Anleihensobligationen einhergehenden Zins- und Liquiditätsrisiken kontrollieren und steuern.
Da von den institutionellen Investoren aus Liquiditätsgründen für Anleihensobligationen ein Nominalbetrag von mindestens CHF 100 bis 150 Mio. gefordert wird, stellt dieses Finanzierungsvehikel für kleinere Finanzinstitute oftmals keinen gangbaren Weg der Finanzierung dar. Eine attraktive alternative Geldbeschaffungsquelle finden diese Banken in den beiden Pfandbriefinstituten (↑Pfandbriefzentralen), die regelmässig den Wertpapiermarkt beanspruchen. Zur ↑kurz- und mittelfristigen ↑Refinanzierung kann überdies der Interbankenmarkt (↑Interbankgeschäft) genutzt werden.
Eine Sonderform der Obligationenausgabe der Banken bilden die nachrangigen Anleihen (↑Nachrangige Darlehen, Anleihen). Sie können dem ergänzenden Kapital (↑Eigene Mittel) zugerechnet werden und haben in der Regel einen höheren ↑Coupon. Neben der ↑Emission klassischer Anleihensobligationen können Banken aufgrund ihrer individuellen Bedürfnisse auch auf flexiblere Instrumente wie ↑Wandel- oder ↑Optionsanleihen zurückgreifen.
Dominique Folletête

Obligationenfonds
↑Anlagefonds, dessen Vermögen zu mindestens zwei Dritteln in ↑Obligationen (↑Straight bonds) investiert werden muss. Daneben dürfen bis max. 10% des Fondsvermögens ↑Aktien und bis zu max. 25% des Fondsvermögens ↑Wandelanleihen erworben werden.

Obligationenhandel
↑Bond-Handel.

Obligationenindex
Ein *Obligationenindex* dokumentiert die Wertentwicklung eines Obligationenportfolios, das für bestimmte Segmente des Obligationenmarktes repräsentativ ist. Diese Segmente können nach Emissionswährung, ↑Emittenten (Regierungsanleihen, Unternehmensanleihen) oder Laufzeitklassen definiert werden.

Ein methodisches Problem bei der Konstruktion eines Obligationenindexes besteht darin, dass sich die Restlaufzeit einer Obligation täglich verkürzt. Ohne Anpassungen des Indexkorbes würden sich Rendite- und Risikoeigenschaften des Indexportfolios im Zeitablauf entscheidend verändern. Besteht das Indexportfolio aus einem Korb handelbarer Anleihen, müssen einige Anleihen bei Fälligkeit oder bei Unterschreiten einer gewissen Restlaufzeit durch neue Anleihen mit längerer Restlaufzeit ersetzt werden. In den Obligationenindizes der Schweizer Börse werden z.B. jeweils zum Monatsende alle Obligationen mit einer Restlaufzeit von weniger als einem Jahr herausgenommen und durch jüngere ↑Emissionen ersetzt.

Das Problem der sich laufend verkürzenden Restlaufzeit lässt sich auch durch einen *synthetischen Obligationenindex* lösen. Bei einem solchen Index besteht das Indexportfolio nicht aus handelbaren Anleihen, sondern aus einer vorgegebenen Anzahl fiktiver Anleihen mit konstantem ↑Coupon und konstanter Restlaufzeit. Die Kurse dieser synthetischen Anleihen werden vom Indexanbieter täglich aus einer Zinsstrukturkurve errechnet. Ein Beispiel für einen solchen synthetischen Obligationenindex ist der *Deutsche Rentenindex (REX)*.

Obligationenindizes lassen sich weiterhin in Kursindizes und Performanceindizes unterscheiden. Ein *Kursindex* misst die reine Kursentwicklung des Indexportfolios ohne Berücksichtigung von Couponzahlungen. Ein *Performanceindex* orientiert über die Wertentwicklung des Indexportfolios unter der Annahme, dass Couponzahlungen in das Indexportfolio reinvestiert werden.

Die im Portfoliomanagement verwendeten Obligationenindizes sind meist Teil einer umfangreichen Indexfamilie. Der *Swiss Bond Index (SBI)* enthält den grössten Teil der an der Schweizer Börse gehandelten Obligationen, die in Schweizer Franken denominiert sind. Der *Swiss Bond Index Domestic* ist ein Subindex des SBI und umfasst lediglich die Obligationen inländischer Emittenten. Seit 2002 existiert in der Schweiz auch ein Pfandbriefindex. Der *Swiss Bond Index Domestic Government* enthält nur die Obligationen der Eidgenossenschaft. Auf internationaler Ebene berechnen die Investmentbanken Salomon Schroder Smith Barney, J.P. Morgan, Lehman Brothers und Merrill Lynch umfangreiche Obligationenindexfamilien, die eine differenzierte Betrachtung des Bondmarktes nach Währungen, Emittenten und Laufzeitklassen ermöglichen.

Valerio Schmitz-Esser

Obligationenmarkt
↑Bondmarkt.

Obligatorische Rechte
Im Gegensatz zu den absoluten Rechten richten sich die obligatorischen Rechte (relative Rechte, persönliche Rechte, Forderungsrechte) nur gegen einzelne, bestimmte Personen (die Verpflichteten, Schuldner), von denen der Rechtsinhaber Leistung – ein Geben (dare), Tun (facere) oder Gewährleisten (praestare) – fordern darf. Das obligatorische Recht entsteht bei seiner Begründung, die Verhaltenspflicht der Gegenpartei wird dagegen erst durch entsprechende Anspruchserhebung seitens des Berechtigten ausgelöst.

Lit.: Bucher, E.: Kommentar zum Schweizerischen Privatrecht, Obligationenrecht I, Art. 1–529; Basel 1996, Einleitung vor OR 1 ff. N 36, 38; Vorbemerkung vor OR 1–40 N 31. – Bucher, E.: Schweizerisches Obligationenrecht, Allgemeiner Teil ohne Deliktsrecht, Zürich 1988.

Obligo, Verpflichtung
Italienische Bezeichnung: obbligo, Verpflichtung. Obligo ist eine vielfach gebrauchte Bezeichnung für Schuldverpflichtung (ohne Obligo, ohne Verpflichtung, ohne Verbindlichkeit). Diese Klausel wird im Bankverkehr vor allem in folgenden Zusammenhängen verwendet:
1. Banken verwenden die Klausel, um die Haftung für eine Information abzulehnen, z.B. bei der Erteilung von Kreditinformationen. Bei nachgewiesener fehlender Sorgfalt der Bank ist die Wirksamkeit der Klausel aber fraglich. (↑Informationswesen.)
2. Der Wechselindossant kann mit den Worten «ohne Obligo» (Ohne-Obligo-Klausel, Angstklausel) oder einem gleichbedeutenden Ausdruck bei seinem ↑Indossament für sich die Regresshaftung wegbedingen (OR 1005 I).

Odd lot
↑Schlusseinheit.

Odd lot dealer
Auf die Ausführung von Börsenaufträgen über Odd lots an der ↑New Yorker Börse spezialisierte Börsenfirmen. Odd lot dealer sind im übertragenen Sinn Händler, die Transaktionen in geringeren als den marktüblichen Grössenordnungen ausführen.

Oder-Depot
Andere Bezeichnung für Dépot-conjoint. ↑Depotgeschäft.

Oder-Konto
↑Compte-joint, compte-conjoint.

OECD
Abk. f. Organization for Economic Co-operation and Development. ↑Organisation für wirtschaftliche Zusammenarbeit und Entwicklung (OECD).

Off balance sheet
Bezeichnung für Geschäfte, die keinen unmittelbaren Niederschlag in der Bilanz finden. Sie spielen jedoch bei der Beurteilung des Unternehmungsrisikos eine entscheidende Rolle. Eine einheitliche Definition existiert nicht, weil eine präzise Abgrenzung ebenso wenig möglich ist wie eine umfassende Klassifizierung.

Off-balance-sheet-Geschäft
Ausserbilanzgeschäfte. Angesichts der Vielfalt der Off-balance-sheet-Geschäfte wäre eine sachgerechte Klassifizierung erwünscht. Das Cooke-Committee der BIZ hat die Ausserbilanzgeschäfte in vier Kategorien eingeteilt:
– ↑Bürgschaften und ähnliche ↑Eventualverbindlichkeiten
– Zusagen (Commitments)
– ↑Termingeschäfte
– Anlageberatungs- und Vermögensverwaltungsgeschäfte

Swiss GAAP FER 10/1 bildet drei Gruppen:
– Eventualverpflichtungen: Bürgschaften, Garantieverpflichtungen und Pfandbestellungen zu Gunsten Dritter sowie alle weiteren quantifizierbaren Verpflichtungen mit Eventualcharakter wie Indossamentsverpflichtungen oder aufgrund interner Regressverhältnisse (↑Regress, Rückgriff) nicht bilanzierte Anteile an Solidarschulden (z.B. einfache Gesellschaft). Rechtlich verpflichtende ↑Patronatserklärungen gehören zu den Garantieverpflichtungen
– Weitere nicht zu bilanzierende Verpflichtungen: unwiderrufliche Zahlungsverpflichtungen aus nicht passivierungspflichtigen Verträgen und anderen festen Lieferungs- und Abnahmeverpflichtungen (z.B. Investitionsverpflichtungen, Gewährleistungsverpflichtungen, unwiderrufliche Kreditzusagen). Nicht darunter fallen im Rahmen der ordentlichen Geschäftstätigkeit übernommene, nicht zu bilanzierende kurzfristige Verpflichtungen, Ausserbilanzgeschäfte oder Verpflichtungen, die innert zwölf Monaten gekündigt werden können (z.B. unterjährige Arbeits- und Mietverträge, Einkaufsverpflichtungen und Bestellungen im Rahmen der ordentlichen Geschäftstätigkeit)

Unternehmen, zu deren Geschäftszweck die Gewährung von Krediten gehört, haben Kreditzusagen auszuweisen, soweit deren zeitliche Bindung die gesetzliche ↑Kündigungsfrist überschreitet (↑SWISS GAAP FER 10/15).
– Derivative Finanzinstrumente: Terminkontrakte, ↑Swaps, ↑Futures sowie ↑Optionen auf Zinsen (einschliesslich Zinstitel), ↑Währungen, Beteiligungstitel und Edelmetallen. Die übrigen ↑Derivate (z.B. auf Rohstoffen) sind gleich wie derivative Finanzinstrumente zu behandeln

Für die Behandlung der Ausserbilanzgeschäfte in der Rechnungslegung von Banken gelten ausführliche Sondervorschriften. BankV 25 schreibt als Anmerkung zur Bilanz den Ausweis von sechs Kategorien von Ausserbilanzgeschäften vor:
– Eventualverpflichtungen (entsprechend Swiss GAAP FER 10) sowie zusätzlich Bietungsgarantien (↑Bid bonds), Lieferungs- und Ausführungsgarantien (↑Performance bonds), Bankhandwerkerbürgschaften, übrige Gewährleistungen einschliesslich unwiderrufliche ↑Akkreditive
– Unwiderrufliche Zusagen: nicht benützte, aber verbindlich abgegebene, unwiderrufliche Kreditzusagen (ohne die jederzeit kündbaren Limiten), feste Übernahmezusagen aus Wertschriftenemissionen (↑Emissionsgeschäft) (abzüglich feste Zeichnungen), feste Kreditablösezusagen
– Verpflichtungskredite: Verpflichtungen aus aufgeschobenen Zahlungen (↑Deferred payments), Akzeptverpflichtungen
– Einzahlungs- und Nachschussverpflichtungen (↑Akzeptkredit), übrige Verpflichtungskredite soweit nicht mindestens einseitig erfüllt
– Derivative Finanzinstrumente, aufgeschlüsselt nach ↑Basiswerten (z.B. Devisen, Edelmetalle, Beteiligungstitel bzw. Indizes), übrige positive und negative Wiederbeschaffungswerte und ↑Kontraktvolumen
– ↑Treuhandgeschäfte (Anlagen, Kredite und Beteiligungen, welche die Bank im eigenen Namen, aber ausschliesslich für Rechnung und Gefahr des Kunden trägt oder gewährt).

In der internationalen Rechnungslegung sind in jüngster Zeit Bestrebungen deutlich erkennbar, ↑Transaktionen, die bisher keine oder nur eine verzögerte Abbildung in der Bilanz gefunden haben, in den Jahresabschluss zu integrieren, z.B. durch die Vorschrift von IAS 39, wonach alle derivativen Finanzinstrumente zu bilanzieren sind, oder die Verpflichtung zum Einbezug von Special purpose vehicles (entities) in die ↑Konzernrechnung. Nach BankV 21f sind bestimmte Ausserbilanzgeschäfte in ihr Kreditäquivalent umzurechnen und mit den nach Gegenpartei oder Sicherheiten nach BankV 21e anwendbaren Sätzen zu gewichten.

Max Boemle

Offene Devisenposition
Bei einer offenen Devisenposition decken die Forderungen in einer Fremdwährung die Verpflichtungen nicht oder umgekehrt – den aktiven Positionen stehen keine entsprechenden Passivposten gegenüber. So lange eine Devisenposition offen ist, besteht ein ↑Währungsrisiko. Das Schliessen offener Devisenpositionen nennt man ↑Glattstellen, z.B. durch entsprechende Devisentermingeschäfte.
Synonym dazu wird verwendet: ↑Offene Währungsposition; ↑Offene Position; ↑Offene Fremdwährungsposition.

Offene Pfandstelle
↑Grundpfandrecht.

Offene Position
Handelsposition (↑Position), die ein ↑Risiko beinhaltet, weil einem Aktivum kein entsprechendes Passivum gegenübersteht, bzw. umgekehrt. Bei Vorliegen einer Pluspositon – die Forderungen übersteigen die Verpflichtungen – spricht man von einer ↑Long position, im umgekehrten Fall von einer ↑Short position oder Minusposition. Das Gegenteil der offenen Position ist die geschlossene Position.

Offene-Posten-Buchführung
Die Offene-Posten-Buchhaltung dient der Vereinfachung der Debitoren- und Kreditorenbuchhaltung. Sie beruht auf einer systematischen Belegablage, wobei diese bis zur Begleichung der Rechnungen die Kontenführung ersetzt.

Offene Reserven im Bankabschluss
Im Einzelabschluss umfassen die offenen Reserven die allgemeine gesetzliche Reserve, die unter Beachtung der Einschränkung von BankV 25 V gebildete Reserve für eigene Beteiligungstitel, andere (freie) Reserven, sowie die Reserve für allgemeine Bankrisiken und den Gewinnvortrag, der betriebswirtschaftlich ebenfalls einer Reserve gleichzusetzen ist. Eine Aufwertungsreserve gemäss OR 670 dürfte in Bankabschlüssen nur in Ausnahmefällen vorkommen. Im ↑Konzernabschluss sind die offenen Reserven zwingend in drei Positionen zusammenzufassen: ↑Kapitalreserve, ↑Gewinnreserve und Neubewertungsreserve.

Offener Fonds
Ein offener Fonds ist ein in- und ausländischer ↑Anlagefonds jeder Rechtsform, bei dem der Anleger gegenüber der ↑Fondsleitung oder gegenüber einer anderen nahestehenden Gesellschaft Anspruch auf Auszahlung seines ↑Anteils zum jeweiligen ↑Inventarwert des ↑Fonds hat.
In der Praxis wird der Begriff allerdings auch verwendet für Anlagefonds, die vorübergehend die Ausgabe neuer Anteile eingestellt haben oder, wie namentlich die ↑Immobilienfonds, nur unter bestimmten Bedingungen neue Anteile emittieren dürfen (AFG 41 I i.v.m. AFV 54). In diesem Fall bleibt der Anspruch auf Auszahlung zum Inventarwert jedoch unverändert bestehen. ↑Open end fund.

Offener Kredit
Ein gewährter, aber noch nicht in Anspruch genommener Kredit. Für solche Kredite berechnet die Bank etwa eine ↑Bereitstellungskommission. Als offener Kredit einer Bank wird auch das Total sämtlicher bewilligter ↑Kreditlimiten bezeichnet. (↑Standby credit, ↑Kreditlinie).
Der Begriff «offener Kredit» wird auch für einen Kredit verwendet, der vom Gläubiger nicht gekündigt ist.

Offener Markt
Die englische Bezeichnung dafür ist der Open market. Ein offener Markt ist ein Markt, auf dem Marktteilnehmer ohne Zutrittsbeschränkungen auftreten können. Der Gegensatz dazu ist der geschlossene Markt.

Offenes Depot
↑Depotgeschäft.

Offene Terminposition
↑Offene Position aus Termingeschäften. Einer Kaufs- oder Verkaufsposition steht kein bereits abgeschlossenes kompensierendes Geschäft gegenüber. Es besteht darum ein Eindeckungsrisiko. Das Gegenteil der offenen Terminposition ist die geschlossene Terminposition (↑Glattstellen).

Offene Währungsposition
↑Offene Position aus einem ↑Devisengeschäft. Sie beinhaltet als ↑Long position oder als ↑Short position ein ↑Währungsrisiko. ↑Glattstellen.

Offenlegungspflicht
Unter die Offenlegungspflicht (Disclosure) fallen in der Rechnungslegung alle Daten und Informationen, welche den Rechnungslegungsadressaten im Jahresabschluss bekannt zu geben sind, während OR 697 h den Begriff der Offenlegung auf die Veröffentlichung bezieht. Die Rechnungslegung verwendet für diesen Tatbestand den Ausdruck Publizität (↑Publizitätspflicht). ↑Offenlegung von Beteiligungen.

Offenlegungsstelle

Offenlegungsstelle
Gemäss OR 663c müssen kotierte Gesellschaften ihre Aktionäre mit über 5% Beteiligung im Jahresbericht publizieren. Das Börsengesetz bestimmt weiter, dass Anleger Beteiligungen ab 5% an Gesellschaften mit Sitz und ↑Kotierung in der Schweiz sowohl der Gesellschaft als auch der Börse melden müssen (↑Offenlegung von Beteiligungen). Diese Meldpflichten sind in Einzelfällen komplex. Die ↑Börse wurde deshalb verpflichtet, eine besondere Stelle zu schaffen, welche die Einhaltung der Offenlegungsbestimmungen überwacht, Vorentscheide fällt und Ausnahmen und Erleichterungen gewährt. Die Offenlegungsstelle hat also eine öffentliche Aufgabe; ihre Arbeit richtet sich nach dem Börsengesetz, der Börsenverordnung der EBK und den Bestimmungen des «Reglements für die Offenlegungsstelle». Beratend steht ihr die Fachkommission Offenlegungsstelle zur Seite. Administrativ ist die Offenlegungsstelle Teil der SWX, untersteht jedoch der direkten Aufsicht durch die EBK.
Links: www.swx.com

Offenlegung von Beteiligungen
Bei der Offenlegung von Beteiligungen sind zu unterscheiden: die börsengesetzliche Meldpflicht des Aktionärs, die aktienrechtliche Bekanntgabepflicht der Gesellschaft und die bankengesetzliche Pflicht zur Offenlegung von Beteiligungen von Banken.

1. *Börsengesetzliche Meldepflicht des Aktionärs:* Nach BEHG 20 und BEHV-EBK 9–23 ist innerhalb von vier Börsentagen zur Meldung an die Gesellschaft und an die Offenlegungsstelle der ↑SWX Swiss Exchange verpflichtet, wer im Zusammenhang mit dem Erwerb von börsenkotierten ↑Beteiligungspapieren einer schweizerischen Gesellschaft unter Einschluss der bereits vorher gehaltenen Papiere den Grenzwert von 5% der Stimmrechte erreicht. Die Meldepflicht wird beim Erreichen der Grenzwerte von 10, 20, 33^1/$_3$, 50 und 66^2/$_3$% erneut ausgelöst. Sie besteht auch, wenn durch Veräusserung von Beteiligungspapieren einer der genannten Grenzwerte unterschritten wird. Meldepflichtig ist auch der indirekte Erwerb und der Erwerb in gemeinsamer Absprache mit Dritten. Die Meldepflicht besteht auch, wenn die Stimmrechte nicht ausgeübt werden können. Die Gesellschaft muss innerhalb von zwei Börsentagen für die Veröffentlichung der Meldung sorgen (Informationspflicht, BEHG 21).

2. *Aktienrechtliche Bekanntgabepflicht der Gesellschaft:* Auch bei dieser bereits im Rahmen der Aktienrechtsrevision 1992 eingeführten Pflicht (OR 663c) geht es um die Offenlegung von grösseren Beteiligungen. Die Offenlegung erfolgt in diesem Fall durch die Gesellschaft, *an der die Beteiligung gehalten* wird, und zwar durch Angabe im ↑Anhang zur Bilanz. Die Pflicht wird ausgelöst, wenn eine Gesellschaft mit börsenkotierten Beteiligungspapieren davon Kenntnis hat, dass ein Aktionär oder eine Aktionärsgruppe eine Beteiligung an ihr hält, die 5% der Stimmrechte übersteigt. Sehen die Statuten der Gesellschaft für die Pflicht zur Eintragung von Erwerbern von Namenaktien als Vollaktionäre mit Stimmrecht eine niedrigere Limite vor, so gilt diese Grenze auch für die Bekanntgabepflicht. Die aktienrechtliche Bekanntgabpflicht der Gesellschaft hat mit der Einführung der griffigeren börsengesetzlichen Meldepflicht des Aktionärs einen grossen Teil der ihr zugedachten Bedeutung eingebüsst.

3. *Offenlegung von Beteiligungen von Banken gemäss BankV:* Banken haben zusätzlich zur allenfalls zu beachtenden börsengesetzlichen Meldpflicht im Anhang zur Bilanz für wesentliche, *von ihnen selbst gehaltene* Beteiligungen an anderen Firmen, auch wenn die Beteiligungspapiere nicht an der ↑Börse kotiert sind, Firmennamen, Sitz, Geschäftstätigkeit, Gesellschaftskapital und ↑Beteiligungsquote (Stimm- und Kapitalanteile sowie allfällige vertragliche Bindungen) anzugeben (BankV 25c Ziff. 3.3).

Christian Thalmann

Offenmarktpolitik
↑Geldpolitik (Umsetzung).

Öffentlicher Kredit
↑Kredite an öffentlich-rechtliche Körperschaften.

Öffentliches Bankwesen
↑Öffentlich-rechtliche Banken.

Öffentliches Kaufangebot
Gemäss BEHG 2e sind «öffentliche Kaufangebote» Angebote an das Publikum zum Kauf oder zum Tausch von ↑Aktien, ↑Partizipations- oder ↑Genussscheinen oder von anderen ↑Beteiligungspapieren, die sich öffentlich an Inhaber von Aktien oder anderen Beteiligungspapieren von denjenigen schweizerischen Gesellschaften richten, deren Beteiligungsapiere mindestens teilweise an einer ↑Börse in der Schweiz kotiert sind. ↑Beteiligungsrechte sind nach UEV-UEK 2 (Übernahmeverordnung der Übernahmekommission) Aktien, Partizipations- und Genussscheine sowie Wandel- und Erwerbsrechte (↑Optionen) auf Beteiligungspapiere. Wer direkt, indirekt oder in gemeinsamer Absprache mit Dritten Beteiligungspapiere erwirbt und damit, zusammen mit den Papieren, die er bereits besitzt, den Grenzwert von 33^1/$_3$% der Stimmrechte einer ↑Zielgesellschaft überschreitet, muss für alle kotierten Beteiligungspapiere der Gesellschaft ein öffentliches Angebot unterbreiten (BEHG 32 I). Der Grenzwert ist gestützt auf die Gesamtzahl der Stimmrechte

gemäss dem jeweiligen Eintrag im Handelsregister zu berechnen (BEHV-EBK 28). Es spielt keine Rolle, ob die Stimmrechte ausübbar sind oder nicht (BEHG 32 I), etwa wegen einer Prozent-Vinkulierung (OR 685 d), oder weil die Stimmrechte von Gesetzes wegen ruhen (OR 659). Ein ↑Pflichtangebot muss innerhalb von zwei Monaten nach Überschreiten des Grenzwertes unterbreitet werden (BEHV-EBK 36) und muss sich auf alle Arten von kotierten Beteiligungspapieren der Zielgesellschaft erstrecken (BEHV-EBK 29 I). Dementsprechend müssen etwa auch Optionen auf Aktien der Zielgesellschaft vom Angebot umfasst sein, wenn diese noch vor Ablauf der Angebotsfrist ausgeübt werden (BEHV-EBK 29 II). Ausnahmen von der Pflicht zur Unterbreitung eines öffentlichen Kaufangebots bestehen insbesondere, wenn der den Grenzwert von $33^{1}/_{3}\%$ auslösende Vorgang kein Kauf, sondern eine Schenkung ist oder durch Erbgang, Erbteilung, eheliches Güterrecht oder Zwangsvollstreckung erfolgt ist (BEHG 32 III). Ebenso ergibt sich kein Pflichtangebot, wenn die Zielgesellschaft in ihren Statuten über ein ↑Opting out verfügt, oder ein ↑Opting up bis höchstens 49% besteht, und dieser höhere Grenzwert nicht erreicht wird (BEHG 32 I). Zeitlich befristete Ausnahmen von der ↑Angebotspflicht bestehen für Sanierungen und Festübernahmen sowie – nach begründetem Antrag durch die ↑Übernahmekommission bewilligt – in Sonderkonstellationen, wie etwa für Aktionärsgruppen (BEHG 32 II) oder wenn der Erwerber eine Zielgesellschaft nicht kontrollieren kann, weil ein anderer ↑Mehrheitsaktionär über einen höheren Stimmenanteil verfügt (BEHV-EBK 34 II).

1. Zielsetzungen und Verfahren
Wie die Pflicht zur ↑Offenlegung von massgebenden Beteiligungen (BEHG 20) dient die Pflicht zur Unterbreitung eines öffentlichen Angebots der Transparenz und der Funktionsfähigkeit des Marktes. Der offene Begriff des öffentlichen Kaufangebots bezweckt zudem den präventiven Schutz der ↑Minderheitsaktionäre vor einer Mehrheit, die mit über $33^{1}/_{3}\%$ Stimmen einen beherrschenden Einfluss auf die Gesellschaft ausüben kann, indem sie die ↑Sperrminorität (OR 704) besitzt. Für diesen Fall soll der Mehrheitsaktionär verpflichtet sein, sich der Öffentlichkeit mit einem fairen, transparenten und verbindlichen Kaufangebot in Form eines haftungsbegründenden Angebotsprospektes zu stellen. Mit diesem Angebot soll den Minderheitsaktionären die Möglichkeit geboten werden, während der Hauptfrist von mindestens 20 und maximal 40 ↑Börsentagen sowie einer anschliessenden ↑Nachfrist von 10 weiteren Börsentagen ihre Beteiligung zu einem marktnahen Preis, allenfalls mit einer ↑Prämie (↑Paketzuschlag), zu veräussern (BEHG 32 IV). In der Praxis unterscheidet man zwischen dem obligatorischen Kaufangebot (↑Pflichtangebot) einerseits, das vollumfänglich den Verfahrensregeln und Preisvorschriften des BEHG sowie der vorgängigen Bewilligung durch die Übernahmekommission untersteht (BEHG 22), und dem freiwilligen Kaufangebot andererseits, bei dem die Preisvorschriften des BEHG lediglich fakultativ zur Anwendung gelangen. Die Übernahmekommission (UEK) spielt bei der Durchführung eines öffentlichen Kaufangebots eine zentrale Rolle, weil sie von Gesetzes wegen und unter Aufsicht durch die Eidgenössische ↑Bankenkommission (EBK) die Einhaltung des BEHG im Einzelfall zu überprüfen hat (BEHG 28). Kennzeichnend für das Verfahren vor UEK sind kurze Fristen, weil die Durchsetzung der Vorschriften des BEHG in einem sehr kurzlebigen Marktumfeld dies erzwingt.

2. Pflicht zur Erstellung eines Angebotsprospektes
Die Prospektpflicht stellt den Kern der Regeln über die Angebotspflicht dar, weil sich nur damit die Minderheitsaktionäre ein zuverlässiges Bild vom Kaufangebot machen können (BEHG 24 I und UEV-UEK 17). Der Prospekt muss Angaben über den Anbieter, die Finanzierung des Angebots, über den Angebotsgegenstand, den Preis sowie über die Zielgesellschaft enthalten (UEV-UEK 19 ff.). Eine ↑Fairness opinion, die durch eine unabhängige Stelle, meistens eine Revisionsgesellschaft oder eine Investmentbank abgegeben wird, und die Angemessenheit des Angebotspreises oder des Austauschverhältnisses bestätigt, ist nicht im Angebotsprospekt zu veröffentlichen. Zwingend ist jedoch die Veröffentlichung eines Berichts des Verwaltungsrates der Zielgesellschaft, in dem er zum Angebot Stellung nimmt und eine Empfehlung abgibt (BEHG 29 I). Vor der Veröffentlichung des Angebotsprospektes muss der Übernehmer das Angebot von einer durch die EBK anerkannten Revisionsstelle (sog. Prüfstelle) prüfen lassen. Dabei erfolgt insbesondere eine Prüfung des Prospektes, der Einhaltung der Meldepflicht gemäss BEHG 31 sowie der technischen Abwicklung des Angebots in Form eines Prüfungsberichts (UEV-UEK 27). Dem Markt gegenüber müssen nach der Hauptfrist das Zwischenergebnis und nach der Nachfrist das Schlussergebnis in Form von Inseraten und in den elektronischen Börsenmedien offengelegt werden (BEHG 27 und UEV-UEK 43).

3. Konkurrierende und feindliche Angebote
Ein konkurrierendes Angebot ist die Offerte eines Zweitanbieters, die vor Ablauf der Angebotsfrist des ersten Angebots veröffentlicht wird. Die Inhaber von Beteiligungsrechten der Zielgesellschaft müssen in einem solchen Fall die freie Wahl zwischen den beiden Angeboten haben (BEHG 30 I). Weil ein Gegenangebot die Entscheidungsgrundlage für die Aktionäre entscheidend verändern kann, muss der Erstanbieter Gelegenheit haben,

sein Angebot anzupassen oder zurückzuziehen, und die Aktionäre müssen ihre Zustimmung zum Erstangebot widerrufen können (UEV-UEK 51). In der Praxis nimmt die UEK mit gesetzlich nicht vorgesehenen «verfahrensleitenden Empfehlungen» verfahrensmässig stark Einfluss und tendiert zu einer zeitlichen Gleichschaltung der beiden Angebote, was der Transparenz und Gleichbehandlung am besten gerecht wird.

Im Falle eines feindlichen Angebots, d.h. einem Angebot, zu dem der Verwaltungsrat ablehnend steht, ist er in Abwehrmassnahmen (Defense) eingeschränkt. So darf er vor Veröffentlichung des Angebots bis zur Veröffentlichung des Ergebnisses keine Rechtsgeschäfte beschliessen, die den Aktiv- oder Passivbestand der Gesellschaft in bedeutender Weise verändern würden (BEHG 29 II). Dementsprechend sind etwa ↑Poison pills oder die Eingehung eines Lock-up-Agreement oder die Veräusserung von Crown jewels unzulässig. Die Generalversammlung kann gewisse Abwehrmassnahmen, wie etwa die Schaffung von neuem genehmigtem oder ↑bedingtem Kapital sowie den Rückkauf eigener Aktien, vorgängig sanktionieren (BEHG 29 II). Allerdings gibt sich die Gesellschaft mit der Einberufung einer (ausserordentlichen) Generalversammlung der breiten Öffentlichkeit und einer potenziellen «Schlammschlacht» (sog. Proxy fights) und dem Anfechtungsrisiko (OR 706) preis. In der bisherigen Schweizer Kapitalmarktpraxis haben sich feindliche Angriffe gegen Gesellschaften mit aktien- und börsenrechtlichen Mitteln am Ende meistens nicht durchgesetzt (vgl. etwa Incentive/Sulzer 2001, Multipapiers und Edelman/Baumgartner 2001/2002).
Felix M. Huber

Öffentlichkeitsarbeit der Banken
↑Public relations der Banken.

Öffentlich-rechtliche Banken
Unter öffentlich-rechtlichen Banken versteht man Banken, die von öffentlich-rechtlichen Körperschaften betrieben werden und eine spezielle Rechtsform aufweisen oder unter deren kapitalmässigem Einfluss stehen. Grundlegend ist die Unterscheidung der Rechtsformen zwischen der in der kantonalen Gesetzgebung begründeten öffentlich-rechtlichen Körperschaft und der als private Aktiengesellschaft (AG) auf der Basis des Obligationenrechts betriebenen Gesellschaft. Für öffentlich-rechtliche Körperschaften stehen die Varianten der selbstständigen Anstalt und der spezialgesetzlichen, d.h. durch kantonalen Gesetzeserlass begründeten AG nach Art. 763 OR zur Wahl. Der öffentlich-rechtliche Charakter kommt darin zum Ausdruck, dass nicht primär wirtschaftliche Interessen verfolgt werden, sondern diese Rechtsform zur Wahrung öffentlicher Interessen und zur Erfüllung staatlicher Aufgaben geeignet ist. Während in Deutschland ↑Sparkassen, Girozentralen, ↑Kreditgenossenschaften und Spezialbanken als öffentlich-rechtliche Kreditinstitute gelten, sind für die Schweiz die Schweizerische ↑Nationalbank, fast alle ↑Kantonalbanken sowie die Gemeindeinstitute als Banken mit öffentlichem Charakter zu betrachten.

1. Die Schweizerische Nationalbank (SNB)
Die SNB ist eine spezialgesetzliche Aktiengesellschaft des Bundesrechts. Sie wird unter Mitwirkung und Aufsicht des Bundes nach den Vorschriften des ↑Nationalbankgesetzes (NBG) verwaltet. Die ↑Aktien sind als ↑Namenpapiere ausgestaltet und werden an der ↑Börse gehandelt. Der Kreis der Aktionäre ist beschränkt. Vom ↑Aktienkapital sind rund zwei Drittel im Besitz der öffentlichen Hand (Kantone, Kantonalbanken usw.). Die übrigen Aktien befinden sich grösstenteils im Besitz von Privatpersonen. Der Bund besitzt keine Aktien.

2. Kantonalbanken
Art. 763 OR eröffnet den Kantonen die Möglichkeit, ihre Kantonalbanken als Aktiengesellschaften zu konstituieren und die Aktien bei Privaten zu platzieren, ohne sich den Regeln des Aktienrechts unterziehen zu müssen, sofern der Kanton für alle Verbindlichkeiten haftet. Bei den öffentlich-rechtlichen Körperschaften in der Form einer kantonalen Anstalt stellt der Kanton das ↑Eigenkapital als so genanntes ↑Dotationskapital zur Verfügung. Dieses wird bei einigen Instituten ergänzt durch ein Partizipationsscheinkapital, über das privaten ↑Investoren die Beteiligung (ohne Stimmrecht) an der Bank ermöglicht wird. Nebst dem marktkonformen Verzinsung des Dotationskapitals partizipieren die Kantone über eine zusätzliche Gewinnausschüttung am Erfolg ihrer Bank. Historisch gewachsen tragen auch heute noch die meisten Kantonalbanken das Kleid einer öffentlich-rechtlichen Anstalt.

3. Gemeindeinstitute
Eine weniger grosse Bedeutung kommt den in der Rechtsform des Gemeindeinstitutes ausgestalteten Banken zu. Diese umfassen u.a. die DC BANK (Deposito-Cassa der Stadt Bern, Abteilung der Burgergemeinde Bern), die Spar- und Leihkasse Thayngen oder die Ersparnisanstalt der Stadt St.Gallen.
Teodoro D. Cocca

Offered rate
Englische Bezeichnung für Verkaufskurs (↑Brief, Briefkurs; ↑Ask). Das Gegenteil ist der Kaufskurs (↑Geld, Geldkurs; ↑Bid).

Offizieller Lombardsatz
↑Lombardkredit der SNB.

Offshore banking

Unter Offshore banking versteht man ganz generell – aus der Sicht des Inkorporationsstaates (Staat, in dem die Bank die Bewilligung zum Geschäftsbetrieb erhalten hat) – jegliche Banktätigkeit von inländischen Banken im Ausland. Der Umfang der Tätigkeit im Ausland hängt einerseits von der inländischen Bankbewilligung ab, andererseits von der Gesetzgebung im betreffenden Gastland. Das Gegenteil von Offshore banking ist ↑*Onshore banking*. Eine nach schweizerischem Recht organisierte Bank muss der Eidgenössischen ↑Bankenkommission (EBK) Meldung erstatten, bevor sie im Ausland eine Tochtergesellschaft, Zweigniederlassung, Agentur oder Vertretung errichtet (BankG 3 VII). Offshore banking kann auch in einem engeren Sinne als ↑Bankgeschäft, in der Regel ↑Vermögensverwaltung und ähnliche Geschäftstypen, in einem ↑Offshore-Finanzplatz verstanden werden, typischerweise Finanzplätze mit niedriger oder gar keiner Steuerpflicht.

Offshore-Finanzplätze

Als Offshore-Finanzplätze bezeichnet man *Zentren des internationalen Bankgeschäfts,* deren ↑Transaktionen den Inlandmarkt nicht berühren und die in einer fremden ↑Währung abgewickelt werden. Diese Offshore-Geschäfte (vor allem Geldmarkt-Geschäfte und ↑Roll-over-Kredite) unterliegen besonderen gesetzlichen Bestimmungen, die eine Trennung von den das Inland berührenden Transaktionen gewährleisten und meistens mit bestimmten Vorteilen für Banken und Anleger verbunden sind. Dazu zählen vor allem steuerliche Begünstigungen sowie wenig Reglementierungen seitens der ↑Zentralbanken und der übrigen Aufsichtsbehörden dieser Offshore-Finanzplätze. Entscheidend ist dabei neben Kosten- und Ertragsgesichtspunkten auch die Garantie eines von Restriktionen freibleibenden Devisenverkehrs. Diese lokalen Rahmenbedingungen begünstigen nicht nur den Umschlag grosser Geldmengen, sondern machen darüber hinaus die Offshore-Finanzplätze für treuhänderische Geschäfts- und Vermögensverwaltungen attraktiv.

Im bankgeschäftlichen Sinn sind alle Offshore-Finanzplätze Teil eines einzigen sehr kompetitiven Marktes, der auch als ↑Euromarkt bezeichnet wird und dessen Zentrum nach wie vor London ist. Wird der Begriff Offshore-Finanzplatz extensiv ausgelegt, so fällt auch der Eurobond-Markt (↑Eurobonds) darunter. Im Eurobondmarkt werden Obligationen und andere Finanzmarktpapiere normalerweise von einem internationalen Bankenkonsortium unter Mitwirkung von Finanzinstituten mehrerer Länder aufgelegt.

Im Bezug auf die Fristigkeit sind im Offshore-Geschäft ↑kurzfristig und ↑mittel- bis ↑langfristige Geschäfte zu unterscheiden. Im kurzfristigen Bereich spricht man vom Offshore- oder Eurogeldmarkt. Tatsächlich werden auf den Offshore-Märkten vorab kurzfristige Gelder, vor allem US-Dollar (von Zentralbanken, Banken, multinationalen Unternehmen und grossen Privatanlegern) angeboten. Diese Einlagen werden von den Banken untereinander wieder kurzfristig platziert oder aber in mittel- bis langfristige Gelder auf Rollover-Basis umgewandelt, um der vornehmlich längerfristig orientierten Nachfrage nach Geldern zu entsprechen. Die Form der Kredite auf Roll-over-Basis ermöglicht es den Banken, das sonst bei der ↑Fristentransformation involvierte Zinsrisiko auszuschliessen.

Weil das Offshore-Bankgeschäft vor allem von grossen internationalen Banken oder deren Tochtergesellschaften getätigt wird, kann das Einlegerrisiko als gering eingestuft werden. Zudem sind im Schosse der ↑Bank für Internationalen Zahlungsausgleich (BIZ) Bestrebungen im Gange, welche die Koordination der ↑Bankenaufsicht unter den Zentralbanken fördern und die heute bestehenden Lücken in der Aufsicht schliessen sollen, um das Einlegerrisiko gering zu halten und die Stabilität des internationalen Bankensystems zu festigen (↑Systemstabilität, Förderung der).

Offshore-Finanzplätze sind in den letzten Jahren aus aufsichtsrechtlicher und steuerlicher Sicht kritisch betrachtet worden. So werden im periodisch erscheinenden Bericht der im Rahmen der OECD und des ↑Basler Ausschusses für Bankenaufsicht tätig werdenden ↑*Financial Action Task Force on Money Laundering* (FATF) Offshore-Finanzplätze genannt, welche die von der FATF veröffentlichten Anforderungen zur Bekämpfung der ↑Geldwäscherei nicht erfüllen, so z.B. im Bericht vom 14.02.2000. Die ursprünglichen Empfehlungen der FATF sind in EBK-Bulletin 31 (1996), S. 19ff. in französischer und deutscher Sprache veröffentlicht. Sie werden durch die Grundsätze des Basler Ausschusses für Bankenaufsicht und der Offshore-Gruppe von Bankaufsichtsbehörden für die grenzüberschreitende Bankenaufsicht ergänzt (vgl. den Entwurf in: EBK-Bulletin 31 [1996], S. 59ff.). Diese Grundsätze flossen dann in die vom Basler Ausschuss für Bankenaufsicht im September 1997 veröffentlichten Grundsätze für eine wirksame Bankenaufsicht (EBK-Bulletin 33 [1997], S. 73ff.). Im Bericht der FATF vom 22.06.2000 wurden 30 Offshore-Finanzplätze vertieft untersucht, darunter z.B. Liechtenstein, und wegen mangelnder Umsetzung der Grundsätze gerügt und öffentlich angeprangert. Befindet sich ein Land auf dieser schwarzen Liste, sind die anderen Länder angehalten, Gelder aus diesen Herkunftsländern besonders detailliert zu prüfen. In der Zwischenzeit versuchen verschiedene dieser Offshore-Finanzplätze, wie die Bahamas, Cayman Islands, aber auch Liechtenstein, Zypern, Russland oder die britischen Kanalinseln, ihre Seriosität zu etablieren, indem sie sich der weltweiten Geldwäschereibekämpfung anschliessen und auch limitiert ↑Rechtshilfe in Strafsachen leisten. (Liechtenstein ist seit dem 2. Quartal 2002 nicht mehr auf der schwarzen Liste der FATF.) Die Offshore-Finanzplätze charakterisieren sich somit immer mehr als Orte, die lediglich aus Steuergründen gewählt werden. Auch dies stösst auf Kritik, wie der Bericht der OECD vom Februar 2000 über das Bankgeheimnis und den staatlichen Informationsaustausch in Steuersachen belegt.

Die *historischen Wurzeln* des Offshore- oder Euromarktgeschäftes reichen in die 50er-Jahre zurück. Damals sammelten sich bei europäischen Banken beträchtliche Dollarguthaben an, die eine Wiederverwendung ausserhalb der USA suchten. Die zunehmenden Spannungen zwischen Ost und West gaben dann einen weiteren Anstoss und führten aus Furcht vor einer Blockierung von Dollarguthaben in den USA zu einer Aufstockung dieser im Ausland gehaltenen und gehandelten US-Devisenbeträge. Zusätzliche Impulse gingen 1957 von der Pfundkrise und den Bemühungen der britischen Regierung aus, die Rolle des Pfundes als internationale Handelswährung zu reduzieren. Schliesslich kam auf amerikanischer Seite mit der Einführung der «RegulationQ» das Verzinsverbot für Dollar-Sichtdepositen und eine Zinsobergrenze für Termingelder hinzu. Diese Massnahmen stellten einen erheblichen Anreiz dar, Dollarguthaben nicht in den USA, sondern dank der positiven Zinsdifferenz auf den jetzt institutionalisierten Offshore-Märkten anzulegen.

Das rasche Wachstum des Eurogeldmarktes in den 60er-Jahren wurde zweifellos durch die zahlungsbilanzbedingten amerikanischen Restriktionen des Kapitalverkehrs unterstützt. In den 70er-Jahren hat das ↑Recycling der Petrodollar-Überschüsse eine weitere Schubwirkung gezeigt und gleichzeitig erhebliche Strukturänderungen mit sich gebracht: Die Anleger kamen jetzt vermehrt aus dem Nahen und Mittleren Osten, während als Kreditnehmer neben den europäischen Staaten Entwicklungsländer aus Lateinamerika und dem Fernen Osten auftraten.

Während am Anfang vor allem die Channel Isles, die Staaten in der Karibik und Luxemburg durch spezielle gesetzliche Regelungen das Offshore-Geschäft an sich zu ziehen suchten, gibt es heute Offshore-Finanzplätze in allen Zeitzonen der Erde. Um wenigstens einen Teil des Offshore-Geschäfts ins Land zurückzuholen, haben selbst die USA im Dezember 1981 die IBF's (International banking facilities) geschaffen, die mit bankgesetzlichen und steuerlichen Erleichterungen die grenzüberschreitenden Geldmarktgeschäfte am Platz New York und in anderen Städten des Landes pflegen und fördern sollen.

Aufgrund der geringen Anforderungen an die Bankinfrastruktur kann langfristig von einer grossen geographischen Mobilität des Offshore-Bankgeschäfts ausgegangen werden. Ständige Strukturverschiebungen und die Dynamik des Marktes ergeben sich infolge der ausgeprägten internationalen Konkurrenz und dem Vordringen neuer Länder mit einer starken wirtschaftlichen Basis. Dank der für die jeweiligen Gastländer sich bietenden Vorteile (Steuereinnahmen und Arbeitsbeschaffung) werden diese alles daran setzen, die Offshore-Finanzplätze intakt zu halten.

Sabine Kilgus

Links: www.oecd.org

Offshore funds

↑Anlagefonds, deren Verwaltungsgesellschaften und damit deren Geschäftssitz in ↑Offshore-Finanzplätzen liegen. Steuerliche Begünstigungen sowie wenig Reglementierung seitens der örtlichen ↑Zentralbanken und der Aufsichtsbehörden (↑Aufsicht, Aufsichtsbehörde) bewirken günstige Kosten- und Ertragssituationen und machen daher Offshore funds für Banken und Anleger attraktiv. Entscheidende Rahmenbedingung ist die Garantie eines von Restriktionen freibleibenden Devisenverkehrs. Während anfänglich vor allem die Channel Isles, die Staaten in der Karibik und Luxemburg durch spezielle Regelungen des Offshorefund-Geschäfts dominierten, gibt es heute Offshore-Finanzplätze und damit Offshore funds in allen Zeitzonen der Welt. Offshore funds werden vor allem von grossen international tätigen Banken und Finanzinstitutionen oder deren Tochtergesellschaften mit Niederlassung oder Sitz im Offshore-Finanzplatz vergeben. Der Gegensatz dazu ist das Onshore-Geschäft mit Onshore funds.

Ohne Kosten

Mit dem Vermerk «ohne Kosten» befreit der Aussteller den Wechselinhaber sowie jeden Indossanten und den Wechselbürgen von der Protestaufnahme (OR 1043).

Ohne Obligo

↑Gewähr; ↑Obligo, Verpflichtung.

Ökoanlagen

Der Begriff der Ökoanlagen tauchte Ende der 70er-Jahre auf, ist bis heute sehr breit gefasst und beinhaltet teilweise subjektive Elemente, deren Interpretation sich im Verlauf der Zeit auch gewandelt hat.

Ökoanlagen umfassen in der einfachsten *Definition* alle ↑Kapitalanlagen, die sich durch eine umweltbewusste (*öko*logische) Ausrichtung auszeichnen.

1. Anlageformen

Unter die *Kapitalanlagen*, welche aus Sicht eines ökologisch motivierten Anlegers in Frage kommen, fallen generell alle Möglichkeiten, sich an als ökologisch erachteten *Unternehmen* zu betei-

ligen (↑Aktien, Kommanditbeteiligung, in Form von ↑Fremdkapital: ↑Obligationen) oder anderweitig unternehmerische Aktivitäten zu unterstützen (Sparheft, Sparbrief, ↑Festgeld u.a.; die so angelegten Mittel weisen häufig einen etwas niedrigeren ↑Zinssatz als marktüblich auf und werden dafür ausschliesslich für ökologisch motivierte ↑Darlehen verwendet).
In einer engeren Sicht – wie sie auch heute immer häufiger verstanden wird – fallen unter Ökoanlagen Aktien und Obligationen von Unternehmen, die als ökologisch erachtet werden, sowie darauf basierende Finanzprodukte wie ↑*Anlagefonds,* ↑*Baskets,* ↑*fondsgebundene Lebensversicherungen* und dergleichen.
Die Entscheidung, welche Kapitalanlagen besonders ökologisch ausgerichtet sind, beinhaltet – wie eingangs erwähnt – gewisse subjektive Elemente, denn es bedarf eines möglichst abgeschlossenen Kriterienkataloges, mittels dessen die Selektion vorgenommen wird. Dieser Wechsel der Gewichtung und Perspektive, der in den vergangenen Jahren wiederholt stattgefunden hat, lässt sich am besten anhand der Entwicklung der Konzepte ökologisch orientierter Investmentfonds aufzeigen.

2. Konzepte und Analyseansätze
Anfangs wurde die umweltbewusste Ausrichtung von Unternehmen als rein produktbezogen gedacht: Nur Unternehmen, deren Produkte und Dienstleistungen gemeinhin als umweltfreundlich erachtet werden, galten als Ökoanlagen. Somit wurde bevorzugt in den Branchen wie die Umwelttechnik (Filterhersteller u.dgl.), erneuerbare Energie (Wind, Wasser, Sonne, Biomasse) sowie die ökologische Landwirtschaft Geld angelegt. Die um 1990 lancierten Ökofonds legten in diesem Sinne an. Die Wertentwicklung war eher enttäuschend: Grund dafür ist die Tatsache, dass Unternehmen teure Umwelttechnik mieden und somit – wo immer möglich – statt auf additiven, auf integrierten Umweltschutz setzten.
Mit dem Auftauchen des Begriffes der *Ökoeffizienz* bewegte sich der Fokus weg von den Produkten hin zu den Prozessen. Nicht mehr nur das Was, sondern das Wie wurde hinterfragt. Somit konnte mittels dieses Konzeptes generell in alle Branchen investiert werden, was zu höheren Diversifikationsmöglichkeiten und auch zu einer marktkonformen ↑Rendite der Investmentprodukte führte. Der weltweit erste Ökoeffizienzfonds wurde 1994 in der Schweiz aufgelegt; später aufgelegte Fonds übernahmen dieses Konzept, und auch viele bereits existierende schwenkten darauf um.
Ausgangspunkt ökologischer Analysen von Unternehmen ist heute im Allgemeinen das Lebenszykluskonzept, bei dem sowohl die Vorleistungen, die Prozesse als auch die Produkte bis hin zur Entsorgung in die ökologische Bewertung mit einbezogen werden. Dabei werden solche Unternehmen als ökologisch positiv bewertet, welche die Ökoeffizienz, d.h. die *Wertschöpfung* pro Einheit *Schadschöpfung,* kontinuierlich zu verbessern suchen.
Da die Durchführung einer solchen Unternehmensanalyse aus ökologischer – und heute in vielen Fällen auch aus sozialer – Sicht sehr aufwändig ist, werden diese von speziellen Abteilungen von Finanzdienstleistern oder von besonderen Rating-Agenturen durchgeführt.

3. Geschichte und Ausblick
Reine Ökoanlagen sind im Investmentfondsbereich heute kaum noch anzutreffen. Die durch die Integration von ethischen mit ökologischen Sichtweisen entstandenen Anlageprodukte werden heute als ethisch-ökologisch bezeichnet. Im Englischen ist heute auch der Begriff des *Socially responsible investment* gebräuchlich.
Im angelsächsischen Raum entwickelten sich diese Produkte von der ethisch motivierten Seite her. So wurde bereits 1928 der Pioneer fund in den USA als erster ethischer Fonds aufgrund religiöser Beweggründe lanciert und dabei die Branchen Alkohol, Glücksspiel und Tabak von potenziellen Investments ausgeschlossen. Vor dem Hintergrund des Vietnam-Krieges kommt bei den ethisch motivierten Fonds als weitere auszuschliessende Branche die Rüstungsindustrie hinzu. Später wurde zusätzlich auch die Umweltwirkung von Unternehmen untersucht. Sie tritt jedoch in vielen Fällen als ein Unterpunkt der sozialen Verantwortung auf.
In Kontinentaleuropa – besonders im deutschsprachigen Raum und Nordeuropa – hingegen wurden Ende der 80er-Jahre aufgrund der gestiegenen Sensibilität hinsichtlich ökologischer Probleme zuerst ökologisch motivierte Produkte angeboten. Diese haben sich wie dargestellt weiterentwickelt und durch die ethische und soziale Dimension erweitert. Hier stehen also die ökologische und die soziale Perspektive häufig gleichberechtigt nebeneinander.
Losgelöst von ethischen oder idealistischen Überlegungen entstanden ab 1997 die so genannten *nachhaltigen* Produkte *(Sustainable investment),* welche im Sinne des ↑*Shareholder value* in solche Unternehmen investieren, die das Management von ökologischen und sozialen Aspekten als Mittel zur Steigerung des Unternehmenswertes einsetzen. Denn das Hauptziel auch von Anlegern, die in Ökoanlagen investieren, ist es, eine zumindest marktkonforme Rendite zu erwirtschaften. Daneben besteht – im Gegensatz zum klassischen ↑Investor – ein zweites Ziel, nämlich die Förderung einer umweltfreundlicheren Wirtschaftsweise bzw. die Meidung umweltschädlichen Wirtschaftens. Auch bei nachhaltigen Produkten werden Branchen ausgeschlossen, jedoch erfolgt dies aufgrund von Risikoüberlegungen. Dies betrifft insbesondere dieje-

nigen, welche Grossrisiken in sich bergen (zum Beispiel die nicht versicherbare Kernenergie).
Für die Zukunft lassen sich hinsichtlich ökologisch-ethischer bzw. nachhaltiger Anlagen drei Dinge erwarten:
1. Das Volumen solcher Anlageprodukte wird weiter stark steigen, da neben dem Neuzufluss von Kapital auch bereits existierende Anlagen – in der Schweiz sind dies insbesondere die Pensionskasssen – umgeschichtet werden.
2. Die Analyseansätze dürften sich weiter angleichen. Die aussichtsreichsten Kandidaten für diesen Standard stellen für die ökologische Perspektive der Ökoeffizienzansatz in Verbindung mit dem Lebenszykluskonzept sowie zur sozialen Beurteilung das *Anspruchsgruppenkonzept* dar.
3. Die ↑Diversifikation dieser Produkte wird zunehmen und sich derer klassischer Produkte annähern. So werden in Zukunft auch Branchenfonds und auch ↑Länder- bzw. Regionenfonds angeboten werden.   *Andreas Knörzer*

Ökobanken
Ökobanken sind bestrebt, ihre ↑Bankgeschäfte so auszurichten, dass sie Umweltverträglichkeit, Sozialverträglichkeit und Nachhaltigkeit miteinander verbinden. Dabei werden die üblichen Bankleistungen angeboten: am ↑Geld- und ↑Kapitalmarkt orientierte, verzinsliche Anlagen und Kredite, ↑Wertpapiere und andere ↑Finanzdienstleistungen. Ökologische und soziale Massstäbe gelten auch für die Arbeit innerhalb der Ökobank. Hierzu unterzieht diese sich regelmässigen Audits und stellt eine Öko- und Sozialbilanz auf.
Sita Mazumder, Christine Hirszowicz

Ombudsman
↑Bankenombudsman, Schweizerischer.

Omega
Das Omega (auch ↑Leverage) einer ↑Option misst die prozentuale Änderung des ↑Optionspreises bei einer Veränderung des zu Grunde liegenden ↑Basiswerts um ein Prozent. Das Omega einer Call-Option ist stets grösser als eins bzw. für eine Put-Option kleiner als minus eins. Eine Option ist demnach elastischer als der zu Grunde liegende Basiswert. Da sich sowohl Kurssteigerungen als auch Kursverluste des Basiswerts stärker im Optionspreis niederschlagen als im Basiswert, verdeutlicht das Omega das erhöhte Risiko einer Option im Vergleich zum Basiswert.

OMX Aktienindex der Stockholmer Börse
Der OMX ist der ↑Aktienindex der 30 umsatzstärksten schwedischen Aktien, die an der ↑Stockholmer Börse gehandelt werden. Die Gewichtung des Indexes erfolgt nach der ↑Börsenkapitalisierung. Der Startwert des OMX wurde mit 125 Indexpunkten per 30.09.1986 festgelegt.

On-balance-sheet-Geschäfte
Unter On-balance-sheet-Geschäfte fallen alle bilanzierungspflichtigen Buchungstatbestände.

On balance volume (OBV)
On balance volume (OBV) ist ein Indikator, der quantifiziert, wie sich das Volumen bei steigenden und fallenden Kursen verändert. On balance volume wird aus den Umsätzen einer ↑Periode und der Kursveränderung der gleichen Periode berechnet. Dadurch ist es möglich, auf kumulativer Basis Veränderungen des Verhältnisses zwischen Preisschwankung und Umsatz zu erkennen und bei Auftritt von ↑Divergenzen auf die bevorstehende Trendwende zu schliessen.

One share one vote
↑Einheitsaktie.

One stop banking
Integration verschiedener ↑Finanzdienstleistungen am Verkaufspunkt (↑Point of sale terminal [POS]), beinhaltet oft auch den Vertrieb von Versicherungsprodukten. Der POS kann sowohl eine physische Geschäftsstelle, das ↑Internet oder ein anderer Vertriebskanal sein. Für den Kunden bedeutet das One stop banking erhöhte Bequemlichkeit beim Bezug von Finanzdienstleistungen sowie eine Reduktion der ↑Transaktionskosten. Der Finanzdienstleistungsanbieter kann durch die Integration mehrerer Leistungen in einen Kanal oder durch die kanalspezifische Kooperation mit anderen Anbietern Skaleneffekte erzielen.

On first demand
Erklärt der Schuldner aus einer Zahlungsverpflichtung, er werde «on first demand», d.h. auf erstes Verlangen, Zahlung leisten, so wird seine Schuld fällig, sobald der ↑Begünstigte die Zahlung abruft. Der Fall liegt ähnlich wie bei einem jederzeit abrufbaren ↑Bankguthaben (↑Sichteinlagen) oder einem auf Sicht zahlbaren ↑Wertpapier (↑Sichtwechsel). Findet sich die Klausel in einer Garantieverpflichtung, insbesondere in einer ↑Bankgarantie, und wird die Zahlung nicht von weiteren Bedingungen wie z.B. der Einreichung bestimmter Dokumente abhängig gemacht, so verzichtet der Garant darauf, dem Begünstigten die Einrede entgegenzuhalten, dass der Garantiefall nicht eingetreten sei. Vielmehr bildet hier der Abruf durch den Begünstigten den (formellen) Garantiefall.

Online banking
↑Electronic banking (Allgemeines); ↑Online-Dienste.

Online broker
↑Internet-Broker.

Online-Dienste

Online-Dienste sind, im Gegensatz zum ↑Internet, geschlossene Rechnerverbünde mit einer zentralen Verwaltung, die im Rahmen ihres Dienstes ausgewählte Leistungen erbringen. Darunter fällt zum Beispiel das Zurverfügungstellen von Online-Speicherplatz zum Anlegen der eigenen Homepage, eigene Zugangssoftware und das Anbieten von eigenen Inhalten.

Online-Dienste sind kommerzielle Einrichtungen, die sich im Wesentlichen über die Benutzergebühren ihrer Mitglieder finanzieren. Die verfügbaren Angebote und Datenbestände sind anders als im Internet unter einheitlicher Oberfläche organisiert, strukturiert und gepflegt. Zudem bieten sie eine hohe Datensicherheit an, die bewirkt, dass bestimmte Dienstleistungen von Online-Diensten schon länger angeboten werden als im Internet. Klassisches Beispiel ist hier das Online banking, das hohe Sicherheit bei der Übertragung von sensiblen Daten verlangt. Viele Online-Dienste fungieren gleichzeitig als Provider (Anbieter eines Internet-Zugangs) oder ermöglichen den Zugang auf das Internet über Gateways (Schnittstelle zwischen zwei verschiedenen Kommunikationssystemen).

Onshore banking

Unter Onshore banking versteht man die Tätigkeit einer Bank in dem Land, in dem sie die Bewilligung zum Geschäftsbetrieb erhalten hat, d.h. im Inland. Der Umfang der Tätigkeit bestimmt sich dabei nach der Umschreibung in der Bankbewilligung. Das Gegenteil zum Onshore banking ist das ↑Offshore banking.

Open end fund

↑Anlagefonds, der täglich oder in periodischen Abständen Anteile ausgibt und zurücknimmt. Nach dem Anlagefondsgesetz (AFG) sind Anlagefonds nach schweizerischem Recht grundsätzlich Open end funds, wobei allerdings die ↑Immobilienfonds eine Sonderstellung einnehmen. Bei der Ausgabe von Anteilen haben die bisherigen Anteilinhaber ein ↑Bezugsrecht. Zudem können Immobilienfondsanteile nur unter Einhaltung einer ↑Kündigungsfrist von 12 Monaten auf Ende des Rechnungsjahres gekündigt werden. Eine weitere Ausnahme ist für Hypothekenfonds vorgesehen. (↑Offener Fonds). Der Gegensatz zum Open end fund ist der Closed end fund (↑Geschlossener Fonds).

Opening

Auch Eröffnung. Zweite Phase (↑Börsenperiode) der ↑Börsenzeit an der Schweizer Börse ↑SWX Swiss Exchange. Während dieser Börsenperiode werden die in der vorangehenden Börsenperiode (Voreröffnung, ↑Preopening) eingegebenen Aufträge zum ↑Eröffnungskurs (↑Meistausführungsprinzip, ↑Eröffnungsprozedere) ausgeführt (gematcht).

Open market policy
↑Offenmarktpolitik.

Open repo
↑Repo.

Operational auditing
↑Revision, interne; ↑Revision, externe; ↑Revisionsbericht.

Opération blanche

Im Rahmen einer ↑Kapitalerhöhung werden ↑Bezugsrechte in dem Umfang verkauft, der nötig ist, um die jungen Aktien ohne zusätzlichen Mitteleinsatz zu liberieren (↑Liberierung). Der Opération blanche liegt die Überlegung zu Grunde, die in einem bestimmten Aktienbestand investierte Summe «aus sich heraus», d.h. ohne Einsatz von zusätzlichen Mitteln, wachsen zu lassen.

Operationelles Risiko

Das Management von ↑Risiken im Allgemeinen und in der Finanzindustrie im Speziellen gilt als strategisch wichtiger Erfolgsfaktor. Dabei hat sich der Managementfokus sukzessive von ↑Marktrisiken über ↑Kreditrisiken bis hin zu operationellen Risiken verlagert. Mit ein Grund für diese Verlagerung sind die zahlreichen aufsehenerregenden Verlustfälle namhafter Banken, die primär auf operationelle Risiken zurückzuführen sind. Das systematische Management operationeller Risiken sowie eine adäquate Eigenkapitalallokation ist daher vermehrt in den Mittelpunkt des Interesses gerückt. Operationelle Risiken sind keine neuen Risiken, sondern zählen zu den ältesten Risiken überhaupt. Dadurch, dass sie zwangsläufig mit jeder wirtschaftlichen Aktivität verbunden sind, haften sie einem jeden Unternehmen an. Operationelle Risiken entstehen bereits bei der Gründung eines Unternehmens und bewirken stets ein inhärentes Kosten- und ↑Risikopotenzial. Während in der Industrie die Problematik der operationellen Risiken bereits seit langem Berücksichtigung findet, wird sie innerhalb des Finanzsektors erst seit wenigen Jahren thematisiert. Aufgrund der komplexen Charakteristik operationeller Risiken sind diese nur schwer erfassbar und in hohem Masse unternehmensspezifisch ausgerichtet. Trotz erheblicher begrifflicher Schwierigkeiten hat sich ein definitorischer Kern zu den operationellen Risiken herausgebildet: Operational risk is the risk of direct or indirect loss resulting from inadequate or failed internal processes, people, and systems or from external events.

Eine quantitative Bewertung operationeller Risiken steht immer noch in den Anfängen und hängt entscheidend von den zur Verfügung stehenden Daten ab. Dabei gelten Quantität und Qualität der Daten als kritische Erfolgsfaktoren. Qualitative Bewertungsinstrumente werden stets einen hohen Stellenwert innerhalb des operationellen Risikomanagements geniessen. Zur Bewältigung operationeller Risiken werden einerseits klassische Instrumente wie Qualitätsmanagement, interne Kontrollsysteme und Sicherheitssysteme einzubeziehen und um den operationellen Risikoaspekt zu vervollständigen sein. Andererseits müssen neu auch Agency-, Komplexitäts- und Zuverlässigkeitstheorien sowie versicherungsmässige Instrumente vermehrt berücksichtigt werden. Nebst der Identifikation operationeller Risiken erweist sich deren Bewertung als äusserst komplex. Vielfach gelten operationelle Risiken als nicht vollständig quantifizierbar. Dies ist einerseits auf die grosse Komplexität und auf die Unkenntnis dieser Risikokategorie zurückzuführen. Andererseits werden einige Fälle nie entdeckt oder nur sehr selten eintreten. Es wird auch die Meinung vertreten, dass im Unterschied zu Markt- und Kreditrisiken meistens keine direkte ↑ Korrelation zwischen dem operationellen Risiko und der Grösse sowie der Häufigkeit der eingetretenen Verluste besteht. Die Entwicklung von Bewertungsmethoden, die zumindest einen Grossteil der operationellen Risiken quantifizieren können, befindet sich nach wie vor im Anfangsstadium. In erster Linie geht es darum, operationelle Risikoinformationen zu sammeln sowie Risikotreiber zu identifizieren. Ziel wird es sein, möglichst umfassende Abbildungen der operationellen Risikosituation zu generieren. Für die identifizierten operationellen Risiken gilt es zu entscheiden, für welche Fälle konkrete Massnahmen getroffen werden müssen. Grundlage dazu bildet die Bewertung der relevanten operationellen Risiken.

Das Ausmass der operationellen Risiken bemisst sich allgemein nach der Wahrscheinlichkeit und der Höhe der unerwarteten Verluste. Eine quantitative Bewertung setzt voraus, dass für solche Verluste Erwartungswerte bestehen, die als (Risiko-)Kosten (↑Risikokosten) in die Kalkulation eingehen, und dass die Eintretenswahrscheinlichkeiten und die effektiven Verlusthöhen gemessen werden können. Die zurzeit bestehenden *Methoden zur Bewertung operationeller Risiken* können zum einen in quantitative Ansätze und qualitative Ansätze unterteilt werden. Zum anderen können sie anhand ihrer Ausgestaltung in Bottom-up- und Top-down-Ansätze aufgeteilt werden.

Innerhalb des Finanzdienstleistungssektors sind beide Ausgestaltungsmöglichkeiten vertreten. Im Fall einer *Bottom-up-Vorgehensweise* wird ausgehend von den Ursachen operationeller Risiken versucht, die möglichen Folgen für das Unternehmen herzuleiten und zu bewerten. Dazu ist eine eingehende Analyse der Prozesse sowie deren Korrelationen notwendig. Problematisch ist allerdings der fehlende Bezug zum Gesamtrisikomanagement, die Abhängigkeit des Bewertungserfolges von der Initiative der Mitarbeiter sowie die Kostenintensität. Erfolgt die *Bewertung Top down*, dann stehen die bekannten Folgen operationeller Risiken für ein Finanzinstitut im Vordergrund. Als Konsequenz daraus werden mithilfe von internen und externen historischen Daten die gesamten operationellen Risiken geschätzt. Nebst dem Vorteil der Vergleichbarkeit operationeller Risiken zwischen verschiedenen Unternehmen weist diese Vorgehensweise den Nachteil auf, dass keine exakte Berechnung vorliegt und die Ursachen unberücksichtigt bleiben.

Quantitative Ansätze weisen ein weites Spektrum von sehr trivialen Instrumenten, wie z.B. den gewinnorientierten Ansätzen, bis zu äusserst komplexen Instrumenten (z.B. Simulationsmodelle) auf. Buchhalterisch geprägte Ansätze verwenden die Ausgaben bzw. ↑ Volatilitäten der Gewinne oder Vermögenswerte als Treibergrösse. Ein fixer Prozentsatz dieses um Markt- und Kreditrisikokomponenten bereinigten Wertes wird dann als operationelles Risikoexposure taxiert. Sind genügend operationelle Risikodaten vorhanden, können empirische Verteilungen direkt abgeleitet werden. In den meisten Fällen ist jedoch mit Datenmängeln zu rechnen. Es ist deshalb naheliegend, theoretische Zufallsverteilungen zu verwenden. Neben den diskreten und stetigen Zufallsverteilungen, wie z.B. der Binomial- und Poissonverteilung, wird bei sehr seltenen und verlustreichen Ereignissen auch auf die so genannte Extreme value theory (EVT) zurückgegriffen.

Qualitative Methoden als zweite wichtige Dimension der Bewertung operationeller Risiken beruhen auf der Überlegung, dass subjektive, erfahrungsbezogene Werteinschätzungen in systematischer oder unsystematischer Form zu einer Abbildung der Risikolage führen. Top-down-Ansätze sind primär durch die Bestimmung von Schlüsselindikatoren oder deren Systematisierung (z.B. mithilfe von Nutzwertanalysen) charakterisiert. Durch die Festlegung sog. Key risk indicators, die als Warnsignale für ein mögliches Risikoereignis dienen, wird versucht, die Ursachen operationeller Risiken zu ergründen. Mit der Kenntnis der Ursachen wird sodann ein künftiges operationelles Risikoexposure geschätzt. Die Ausgestaltung von Schlüsselfaktoren kann sehr flexibel und unternehmensspezifisch erfolgen, wie z.B. eine Fokussierung auf die ↑ Performance oder die Kontrolle. Eine höhere Bewertungssystematik wird durch die gezielte Auswahl und Kombination von Risikoindikatoren erreicht. Werden diese Indikatoren den Präferenzen des Entscheidungsträgers entsprechend gewichtet und geordnet, entsteht ein individuelles Bewertungsschema, eine sog. Nutzwertanalyse. Eine Risikobewertung erfolgt dann insofern, als dass verschiedene Unternehmensbereiche einander gegenüber gestellt und nach der Erfüllung bestimmter Kriterien benotet werden.

Heinz Zimmermann

Opportunitätskosten

Opportunitätskosten (auch: Alternativkosten) bezeichnen den *Nutzenentgang,* der daraus entsteht, dass die höchstbewertete Alternative aus den zur Verfügung stehenden Handlungsmöglichkeiten nicht gewählt wurde. Abhängig von der Definition können Opportunitätskosten als entgangener Gewinn, entgangener ↑Zins (↑Opportunitätszins) oder entgangener Deckungsbeitrag aus der nicht getätigten alternativen Investitionsmöglichkeit interpretiert werden. Die Anwendung des Konzepts der Opportunitätskosten setzt die Existenz eines Allokationsproblems voraus.

Opportunitätszins

Der Opportunitätszins basiert auf dem Prinzip der ↑Opportunitätskosten. Statt der Realisierung eines Projektes (Opportunität) könnte ein Anleger alternativ auch am ↑Geldmarkt oder ↑Kapitalmarkt tätig werden. Der Opportunitätszins bezeichnet den mit einer *risikoadäquaten, kongruenten Alternativanlage erzielbaren Zins.* Als Kalkulationszins findet dieser in der ↑Unternehmensbewertung, aber auch bei der ↑Marktzinsmethode Verwendung.

Opposition von Wertpapieren

Ist ein ↑Wertpapier verloren gegangen, gestohlen oder vernichtet worden, kann dies bei der Telekurs Finanz (↑Telekurs) opponiert werden. Die zur Opposition aufgenommenen Titel umfassen kotierte und nicht kotierte schweizerische Wertpapiere (ohne ↑Grundpfandtitel und Sparhefte) sowie ausländische Titel, sofern diese an der Schweizer Börse (↑SWX Swiss Exchange) gehandelt werden. Die Oppositionen werden täglich von der Telekurs Finanz erfasst und ihren Kunden weitergeleitet. Die Opposition hat nicht die Bedeutung von behördlichen Titelsperren oder Kraftloserklärungen, sondern besagt nur, dass diese Titel von den Eigentümern vermisst werden und allenfalls mit der Durchführung eines Verfahrens zur gerichtlichen Kraftloserklärung gerechnet werden muss, oder dass sie in einem amtlichen Publikationsorgan durch ein Gericht kraftlos erklärt wurden. Sie will einerseits dazu beitragen, vermisste Titel aufzufinden und andererseits Banken und deren Kunden vor dem Erwerb solcher Titel warnen. Die Telekurs Finanz übernimmt für die Vollständigkeit und Genauigkeit der Angaben keine Gewähr, da sie die Richtigkeit der eingegangenen Meldungen selbst nicht überprüfen kann (↑Guter Glaube).

Optimales Portefeuille

↑Portfoliozusammensetzung.

Opting out

Von Opting out spricht man, wenn eine Gesellschaft mit börsenkotierten Beteiligungspapieren in ihre Statuten eine Bestimmung aufnimmt, welche die Aktionäre von der Pflicht befreit, beim Überschreiten einer Beteiligung an der Gesellschaft in der Höhe von $33^1/_3\%$ der Stimmrechte den übrigen Aktionären das in BEHG 32 vorgeschriebene Übernahmeangebot zu unterbreiten (↑Angebotspflicht). Von ↑Opting up spricht man im Gegensatz zum Opting out, wenn die Statuten die Angebotspflicht nicht abschaffen, sondern nur die kritische Schwelle erhöhen (bis 49%).

Opting up

Von Opting up spricht man, wenn eine Gesellschaft mit börsenkotierten Beteiligungspapieren in ihre Statuten eine Bestimmung aufnimmt, wonach Aktionäre, die eine beherrschende Beteiligung an der Gesellschaft halten, den übrigen Aktionären nicht schon beim Überschreiten des börsengesetzlichen Grenzwerts von $33^1/_3\%$ der Stimmrechte, sondern erst beim Überschreiten eines höheren Grenzwertes (höchstens 49% der Stimmrechte) ein Übernahmeangebot unterbreiten müssen (↑Angebotspflicht, BEHG 32). Von ↑Opting out spricht man im Gegensatz zum Opting up, wenn die Statuten die Angebotspflicht vollständig ausschliessen.

Option (Allgemeines)

Optionen haben sich in den letzten Jahrzehnten in grosser Vielfalt, an verschiedenen Optionsbörsen und ausserhalb derselben (OTC), verbreitet. ↑Puts und ↑Calls gehören zu den unentbehrlichen Grundbausteinen des modernen Finanzmanagements und sind zentral für das Verständnis komplexer oder exotischer Optionskonstruktionen, wie sie heute in der strukturierten Finanzierung und im ↑Asset and liability management (ALM) verwendet werden. Darüber hinaus treten Optionen im Zusammenhang mit ↑Finanzkontrakten (also Verträgen, die letztlich einen Tausch von Zahlungen zum Gegenstand haben) in vielfältiger Weise auf. Eine simple ↑Kreditzusage weist den Charakter einer Call option auf. Wer eine Garantie oder ↑Bürgschaft gewährt, verkauft in der Sprache der ↑Derivate eine Put option, das heisst gewährt dem Begünstigten das Recht, im Ausübungsfalle eine Zahlung einzufordern. Es wäre deshalb weit verfehlt, derivative Instrumente nur im Zusammenhang mit exotischen Finanztransaktionen zu orten.

Optionen treten auf Finanzmärkten in drei Formen auf: als standardisierte Kontrakte, als börsengehandelte oder ausserbörsliche Wertpapiere oder als Optionsklauseln in traditionellen Anlagen. Bereits in der Antike wurden Geschäfte mit Optionscharakter abgeschlossen, namentlich bezüglich Ernten von landwirtschaftlichen Erzeugnissen. Bereits gegen Ende des 17. Jahrhunderts hat sich ein relativ gut organisierter Aktienoptionshandel in London entwickelt. Optionsähnliche Klauseln finden sich in praktisch sämtlichen Börsengeschäften. So lassen sich an schweizerischen und französischen Börsen Termingeschäfte auf Aktien durch den Abschluss einer Rücktrittsoption im Falle einer ungünstigen Kursentwicklung annulieren (Prämiengeschäft); die dafür zu bezahlende ↑Prämie stellt einen Optionspreis dar. Zudem sind traditionelle ↑Wertpapiere mit den vielfältigsten Optionsklauseln ausgestattet. Bei Anleihen hat der Schuldner häufig das Recht, den Anleihebetrag zu einem bei der↑Emission festgesetzten Rückzahlungskurs vorzeitig zu tilgen. Er wird dies tun, wenn die Zinssätze hinreichend stark gesunken sind und damit der ↑Kurswert der Anleihe über den festgesetzten Rückzahlungskurs gestiegen ist. Der Wert dieser Kündigungsoption äussert sich rationalerweise in einem im Vergleich zu einer unkündbaren Anleihe tieferen Emissionspreis.

Verbreitet sind Optionsscheine (Warrants), die ein Recht zum Erwerb neu emittierter (oder für diesen Zweck reservierter) Unternehmungsanteile verkörpern. Sie werden entweder als eigenständige Wertpapiere oder als Nebenpapier zu Anleihen gehandelt. Im letzten Fall werden sie zusammen mit der Anleihe emittiert, die zur Kompensation des Optionsrechts einen meistens tieferen ↑Coupon als sonst vergleichbare Anleihen aufweist. Später können die Optionsscheine abgetrennt und an der ↑Börse als eigenständige Papiere gehandelt werden. Immer beliebter sind in den letzten Jahren im deutschsprachigen Raum gedeckte Optionen (Covered options, auch ↑Stillhalteroptionen genannt) geworden. Dabei handelt es sich um Wertpapiere, welche von Banken emittiert werden und ein meistens mehrjähriges Optionsrecht auf den Bezug bereits emittierter Aktien, Aktienkörbe u.a. verkörpern, die bei der Bank oder einer ihr nahestehenden Gesellschaft zur Lieferung vorgesehen (stillgelegt) sind. Die Optionen werden nach einer gewissen Zeit an einer Börse notiert und weisen damit einen ↑Sekundärmarkt auf. Andere Optionsinstrumente werden von Banken OTC angeboten; soweit es sich dabei nicht um kundenspezifische Produkte handelt, unterhält die emittierende Bank durch das Stellen von Geld-Brief-Kursen einen Sekundärmarkt. Besonders verbreitet sind diese OTC-Instrumente in Form von strukturierten Absicherungsprodukten, bei denen eine indexierte Vermögensanlage mit einer ↑Mindestrendite auf dem investierten ↑Kapital garantiert wird.

Den eigentlichen Durchbruch erlebten Optionsgeschäfte mit der Einführung des börsenmässigen Optionshandels. Die erste Optionsbörse wurde 1973 in Chicago eröffnet (↑Chicago Board Options Exchange). Im deutschsprachigen Raum wurde mit der Eröffnung der Swiss options and financial futures exchange (SOFFEX) im Jahre 1988, der Deutschen ↑Terminbörse (DTB) 1989 und der österreichischen Terminbörse (öTOB) 1991 das Zeitalter der voll computerisierten, derivativen Börsen eingeleitet. Börsengehandelte Optionskontrakte weisen eine Reihe wichtiger Merkmale auf. Zunächst handelt es sich um (meist) zertifikatlose, standardisierte Kontrakte und nicht um Wertpapiere. Die ↑Standardisierung bezieht sich auf die Kontraktgrösse (Anzahl Aktien, Umfang einer Fremdwährungsposition, Nominalwerte einer Anleihe), die Spezifikation der zu Grunde liegenden Anlagen, die ↑Laufzeit (meistens 1, 2, 3, 6 und 9 Monate) sowie den ↑Ausübungspreis. Im Unterschied zu den meisten Optionsscheinen bezieht sich das Optionsrecht auf bereits ausstehende, also an Kassamärkten gehandelte Anlagen. Als Gegenpartei jeder ↑Transaktion tritt die Optionsbörse, vertreten durch die an ihr tätigen ↑Market makers, auf. Dadurch werden nicht nur die Suchkosten zum Finden der Gegenpartei einer Transaktion minimal; da die Börse die Marktteilnehmer zusammenführt und auch die resultierende Transaktion garantiert, entfällt für die Marktteilnehmer das Bonitätsrisiko bezüglich der Gegenpartei (Counterparty risk). Die Börse sichert sich gegenüber diesen Risiken dadurch ab, dass die Marktteilnehmer, die auf ihren Positionen Verluste erleiden können, einer Einschusspflicht (↑Margin requirements) unterliegen, und zwar sowohl bei der Eröffnung als auch bei anschliessenden ungünstigen Wertänderungen ihrer ↑Position. Dazu müssen Sicherheiten über ein Margenkonto bei der ↑Zahlstelle der Optionsbörse (Clearing house) geleistet und andere, im Börsenreglement vorgesehene Garantien nachgewiesen werden.

Die Standardisierung in Verbindung mit der Garantiefunktion der Börse ermöglicht das Zustandekommen und den Abschluss einer grossen Zahl von Geschäften und damit eine hohe ↑Marktliquidität. Tatsächlich ist es so, dass das an Options- und Futures-Börsen gehandelte Börsenvolumen ein Mehrfaches des zu Grunde liegenden Kassamarktes repräsentiert. Die hohe ↑Liquidität bewirkt, dass volumenmässig dieselbe Transaktion über Options- und Futuresmärkte billiger, schneller, einfacher und mit einem geringeren Price impact abgewickelt werden kann als über die Kassamärkte. Die Einfachheit der ↑Abwicklung beruht vor allem darauf, dass der börsenmässige Optionshandel zertifikatlos und bei vielen Kontrakten die ↑Optionsausübung als Barandienung (↑Cash settlement) erfolgt. In diesem Fall wird auf die ↑physische Lieferung von Wertpapieren verzichtet und stattdessen lediglich der Gewinn oder Verlust auf den Konten der beteiligten Parteien ausgeglichen. Diese Form trifft man wesensmässig bei Aktienindex- und Devisenoptionen immer an.

Eine hohe Liquidität wird auf Optionsmärkten praktisch nur durch eine Marktstruktur ermöglicht, in welcher Händler (Market makers) verbindliche Geld- und Brief-Kurse stellen, zu denen sie Transaktionen ausführen und auf diese Weise einen Sekundärmakrt in den einmal eröffneten Optionsserien (Laufzeit, Ausübungspreis) aufrechterhalten. Die Marktteilnehmer verfügen damit über verbindliche Preisinformationen als Grundlage ihrer Anlage- und Absicherungsentscheidungen. Die Liquidität lässt sich an der Differenz zwischen dem Geld- und Briefkurs, dem Bid ask spread, erkennen: Liquide Optionen weisen in der Regel einen geringen Spread auf, illiquide einen grossen. Das Stellen und die laufende Anpassung der Optionspreise, aber auch die erforderliche Geschwindigkeit bei der Abwicklung von Transaktionen erfordern immer mehr eine Elektronisierung des Optionshandels. An modernen Optionsbörsen wird neben dem Handel auch das ↑Clearing vollelektronisch abgewickelt. Die Elektronisierung der Börsen bewirkt letztlich auch eine grössere Anonymität der Marktteilnehmer, was eine gewisse adverse Selektion zugunsten informationsmotivierter Transaktionen nach sich ziehen mag.

Börsenmässige Optionen werden in erster Linie auf Aktien und Aktienindizes sowie (im amerikanischen Raum) auf Bonds/Zinssätze und Währungen gehandelt. Zins- und Währungsoptionen werden in Europa dagegen weitgehend durch Banken OTC gehandelt. Devisenoptionen wurden in Europa in den frühen 80er-Jahren eingeführt und eigenständige Zinsoptionen (↑Caps, ↑Floors, ↑Swaptions u. a.) werden seit den späten 80er-Jahren im Zuge der gestiegenen Nachfrage nach Absicherungsmöglichkeiten von Zinsrisiken durch Finanzintermediäre vermehrt eingesetzt. Daneben sind Optionen auf Edelmetalle und Warentermingeschäfte (↑Commodities) verbreitet.

Heinz Zimmermann

Option adjusted spread (OAS)
↑Bewertung von Anleihensobligationen.

Option broker
↑Optionenmärkte.

Option delta
↑Delta risk.

Optionen
Optionen sind derivative Finanzprodukte, d. h. sie leiten ihren Wert von einem anderen Instrument, dem so genannten ↑Basiswert ab. Als Basiswert sind ↑Aktien, ↑Aktienindizes, ↑Obligationen, Rohstoffe oder ↑Währungen häufig anzutreffen. Der Wert einer Option ist dabei unter anderem abhängig vom Preis des zu Grunde liegenden Basiswerts. Eine Standard option beinhaltet das Recht (aber nicht die Pflicht), einen Basiswert oder einen Terminkontrakt (↑Future), innerhalb einer festgelegten Frist (↑Amerikanische Option) oder zu einem bestimmten Endfälligkeitstermin (Europäische Option, ↑European option) zu einem fixierten Preis (↑Ausübungspreis, Strike) zu kaufen (Call-Option) bzw. zu verkaufen (Put-Option). Für dieses Recht hat der Käufer der Option den ↑Optionspreis zu bezahlen. ↑Traded options; ↑Option (Allgemeines).

Optionen, «nackte»
↑Naked warrant.

Optionen, gedeckte
↑Gedeckte Option.

Optionen, gekappte
↑Capped option.

Optionenhandel
Handel mit ↑Optionen an ↑Optionenmärkten.

Optionenmärkte
Märkte für ↑Optionen. Der Handel mit standardisierten Kontrakten findet überwiegend an ↑Börsen statt, während nicht standardisierte Optionen «over the counter» gehandelt werden.

Option pricing model
In den heutigen Finanzmärkten sind derivative Instrumente nicht mehr wegzudenken. Sie erfüllen zentrale Funktionen wie die Verarbeitung von Informationen und den Transfer von Risiken. Eine besondere Position innnerhalb der ↑Derivate nehmen die bedingten Verpflichtungen beziehungsweise Forderungen (Contingent claims) ein. Diese stehen im Mittelpunkt der Optionspreismodelle. Hierbei steht die Bestimmung einer fairen ↑Optionsprämie im Mittelpunkt. Die erste bekannte wissenschaftliche Arbeit zu diesem Themenkomplex um 1900 geht auf Bachelier zurück. In den späten 60er-Jahren wurde die Thematik von Samuelson neu lanciert und im Jahr 1973 wurden die wegweisenden Arbeiten von ↑Black/Scholes und Merton veröffentlicht, die, begleitet von der Eröffnung der ersten Aktienoptionsbörse der Welt (↑Chicago Board Options Exchange [CBOE]), den endgültigen Durchbruch des Optionshandels und der zugrunde liegenden Modelle bedeutete.

Wenngleich der Black/Scholes-Ansatz das erste Optionspreismodell war, das auf dem Arbitragebewertungsprinzip basierte, ist methodisch betrachtet das binomiale Optionspreismodell nach Cox, Ross und Rubinstein, das Ende der 70er-Jahre (und damit nach Black/Scholes) veröffentlicht wurde, die erste Stufe zum Verstehen von Optionspreismodellen. Es handelt sich dabei um ein diskretes Modell, d. h., die Preise werden für einzelne Zeitpunkte innerhalb der ↑Laufzeit des Kontraktes errechnet, aber es ist kein kontinuierlicher Preis über die Zeit. Ausgegangen wird von einem Aktienkursprozess, der mit einem pfadunabhängigen Binomialprozess modelliert wird. Das heisst, der Aktienkurs hat in jedem diskreten Zeitpunkt die

Möglichkeit, entweder zu steigen oder zu sinken. Die ↑Option wird als eine Kombination aus Aktien- und Festgeldkomponente in jedem Zeitpunkt repliziert. Mathematisch handelt es sich um eine Rückwärtsinduktion, bei welcher der Preis der Option vom Verfallzeitpunkt rückwärts gerechnet wird. Hierbei wird der zukünftige Preis mit dem äquivalenten Martingalmass abdiskontiert. Das ↑Binomialmodell ist eine einfache und flexible Art, Optionen (auch mit exotischen Eigenschaften) zu bewerten. In der Praxis werden daher Binomialbäume, zur Errechnung von Optionspreisen, entsprechend häufig eingesetzt.

Die Idee des Binomialansatzes, die ↑Restlaufzeit der Option in kleine Zeitperioden zu unterteilen, führt, wenn man den Grenzübergang, bei welcher die Zeitperioden unendlich klein werden (also gegen Null konvergieren), zu einer stetigen Betrachtung – dem Black/Scholes-Modell, bei dem für jeden beliebigen Zeitpunkt der Restlaufzeit der Preis der Option bewertet werden kann. Diese stetigen Modelle erweisen sich gegenüber dem Binomialmodell insofern als weniger flexibel, als für jeden Optionstyp jeweils ein neues Modell formuliert werden muss. Das klassische Black/Scholes-Modell bezieht sich auf europäische Call-Optionen ohne Dividenden und mit konstanter Verzinsung. Seither wurde eine grosse Anzahl Erweiterungen des Modells beschrieben, die auch ↑amerikanische Optionen und ↑exotische Optionen bewerten, stochastische Verzinsungen und Dividenden berücksichtigen. Dennoch gilt es zu beachten, dass den Modellen nach wie vor teilweise sehr restriktive Annahmen zu Grunde liegen. Als weitere Methoden zur Bewertung von Optionen sind numerische Verfahren, wie Monte-Carlo-Simulationen zu nennen. Diese spielen insbesondere bei der Bewertung von pfadabhängigen Optionen (↑Asiatische Optionen) eine wichtige Rolle. Weiter gibt es methodische Frameworks zur Bewertung von Zinsoptionen, wie der Ansatz von Heath, Jarrow und Morton. Es gibt eine Vielzahl weiterer Modelle, die zur Bewertung von bestimmten Problemstellungen herangezogen werden können. Ihnen allen ist gemein, dass sie einen Preisprozess für den ↑Basiswert definieren und eine risikoneutrale Bewertung vornehmen müssen.

Heinz Zimmermann

Optionsanleihen

Optionsanleihen sind festverzinsliche Effekten mit einer ↑mittel- bis ↑langfristigen ↑Laufzeit, die ihrem Inhaber das Recht einräumen, innerhalb einer im Zeitpunkt der ↑Emission bestimmten Frist (↑Optionsfrist) ↑Beteiligungsrechte des Schuldners oder eines anderen Emittenten zu im Voraus festgelegten Optionsbedingungen zu beziehen (Optionsberechtigung). Der ↑Optionspreis je Beteiligungspapier kann entweder während der ↑Bezugsfrist gleich bleiben oder ansteigen. Die ↑Optionsfrist ist in der Regel erheblich kürzer als die Laufzeit der Anleihe. Der wesentlichste Unterschied zur ↑Wandelanleihe besteht bei der Optionsanleihe darin, dass die Berechtigung auf den Bezug von Beteiligungsrechten in einem separaten Recht (sog. Warrant) verbrieft ist und getrennt von der ↑Obligation an der ↑Börse gehandelt werden kann. Der Optionsschein ist ein ↑Spekulationspapier, dessen Börsenkurs (Optionskurs) meistens stark schwankt. Der Optionsschein kann wie eine normale ↑Option nach dem Modell von ↑Black/Scholes bewertet werden. Optionsanleihen werden meistens mit amerikanischen Optionen ausgestattet, d. h. Optionen, die während der ganzen ↑Optionsfrist jederzeit bis zu ihrem ↑Verfalltag ausgeübt werden können. Weiter steht dem Optionsobligationär neben dem ↑Bezugsrecht ein Forderungsrecht zu, das bei Ausübung des Bezugsrechts nicht untergeht. Nach Ausübung der Option ist er gleichzeitig Gläubiger und Gesellschafter. Auch bleibt bei Optionsanleihen die Tilgungsverpflichtung der Gesellschaft für das aufgenommene ↑Fremdkapital bestehen. Dem Emittenten gegenüber hat der Optionsinhaber eine Liberierungsverpflichtung. Die mittels ↑Optionsausübung beziehbaren ↑Beteiligungsrechte werden meistens durch vorher geschaffenes, ↑bedingtes Kapital sichergestellt, seltener durch ↑eigene Aktien des Emittenten (↑Vorratsaktien). Die ↑Kotierung von Optionsanleihen untersteht den Bestimmungen des KR zur Kotierung von Forderungsrechten (für die Anleihe) bzw. der Richtlinie der ↑SWX Swiss Exchange betr. ↑Kotierung von Derivaten (für den Warrant). Bei der Ausgabe von Optionsanleihen ist ein vollständiger Emissions- und Kotierungsprospekt gemäss OR 1156 i.V.m. OR 652a sowie KR 32ff. zu erstellen. Optionsanleihen werden meistens von grossen Unternehmen ausgegeben, deren Aktien eine hohe ↑Liquidität aufweisen, sind aber in der jüngeren schweizerischen Kapitalmarktpraxis selten geworden.

Im Börsenhandel von Optionsanleihen sind drei Kursnotierungen möglich: Kurse für die Anleihe mit Optionsrecht (Anleihe cum), für die Obligationen nach Ausübung des Optionsrechtes (Anleihe ex) und für den Optionsschein (Warrant).

Felix M. Huber

Optionsausübung

Erklärung des Optionsinhabers, den ↑Basiswert zu den im Optionskontrakt festgelegten Bedingungen kaufen oder verkaufen zu wollen.

Options-Delta

↑Delta.

Option seller

Den Verkäufer oder Schreiber einer ↑Option nennt man Option seller.

Optionsfrist
Unter der Optionsfrist wird im Allgemeinen die ↑Laufzeit einer ↑Option verstanden. Die Option kann innerhalb der Optionsfrist (↑Amerikanische Option) oder am Ende der Optionsfrist (Europäische Option) ausgeübt werden. Die Ausübung wird allerdings nur erfolgen, wenn die Option einen ↑inneren Wert hat.

Options-Gamma
↑Gamma.

Optionsgeschäft
Als Optionsgeschäfte bezeichnet man bedingte Termingeschäfte, welche einer Partei ein Wahlrecht hinsichtlich dem Kauf (im Falle einer Call option) beziehungsweise dem Verkauf (im Falle einer Put option) einräumt. Der Käufer einer ↑Option erwirbt somit das Recht und nicht die Pflicht, eine bestimmte Menge eines ↑Basiswerts zu einem festgelegten Zeitpunkt (oder Zeitraum), zu einem festgelegten Preis zu kaufen beziehungsweise zu verkaufen. Der Käufer der Option muss dieses Recht mit der Bezahlung der ↑Optionsprämie entgelten.
Optionsgeschäfte werden über ↑Börsen oder Over the counter (OTC) abgewickelt. Es wird eine Vielzahl an Kontrakten gehandelt. Als Standardinstrumente werden American options (↑Amerikanische Option) und ↑European options verwendet. Daneben spielen die so genannten ↑exotischen Optionen eine wichtige Rolle, sie umfassen Kontrakte mit speziellen Eigenschaften. Beispiele für solche Optionsgeschäfte sind Asian option (↑Asiatische Option), ↑Barrier option, ↑Bermuda-Option, ↑Look-back-Option(-sschein) und ↑Range option.

Heinz Zimmermann

Optionskäufer
Der Optionskäufer kauft eine ↑Option und bezahlt den ↑Optionspreis.

Optionsklasse
Unter einer Optionsklasse versteht man alle ↑Optionen eines Typs, die sich auf den gleichen ↑Basiswert beziehen.

Options-Lambda
↑Lambda.

Optionsobligation
↑Optionsanleihen.

Options-Omega
↑Omega.

Options on futures
Als Options on futures versteht man ↑Optionen, die sich nicht direkt auf den Preis eines ↑Basiswertes, sondern auf den Preis eines Futures Kontrakts beziehen. Options on futures sind in den Märkten bedeutend, in welchen der Basiswert, welchem der ↑Future zu Grunde liegt, nicht ausreichend liquide gehandelt wird (bedeutend sind diese Kontrakte vor allem in Commodity-Märkten und Bond-Märkten).

Optionsprämie
Die Optionsprämie kann entweder absolut oder relativ zum ↑Basiswert (d.h. in Prozenten) angegeben werden:
– *Absolute Optionsprämie*: Die absolute Optionsprämie entspricht dem ↑Optionspreis, den der ↑Optionskäufer zu bezahlen bereit ist bzw. für den der Verkäufer der Option zu verkaufen bereit ist.
– *Relative Optionsprämie*: Die relative Optionsprämie gibt an, um wie viel Prozent der Basiswert steigen muss, damit der Käufer der Option seine Kosten (die absolute Optionsprämie bzw. der Optionspreis) decken kann bzw. den Breakeven erreicht, oder um wie viel teurer der Erwerb des Basiswerts durch Ausübung des Optionsrechts gegenüber dem direkten Erwerb des Basiswerts ist.

Optionspreis
Der bei einem ↑Optionsgeschäft festgelegte Preis. ↑Optionsprämie.

Optionsrecht
↑Option (Allgemeines).

Options-Rho
↑Rho.

Optionsrisiken
Als Optionsrisiken bezeichnet man jene Faktoren von Unsicherheit, die mit dem Handel von ↑Optionen einhergehen. Sie umfassen einerseits die Höhe des ↑Optionspreises, der aufgrund von Veränderungen der Input-Parameter schwankt (↑Greeks), und andererseits die Unsicherheit bezüglich der Ausübung des Optionsrechts, das beispielsweise (im Falle einer Short call option, deren ↑Underlying nicht im ↑Portfolio ist) die Beschaffung des ↑Basiswerts erfordern kann.

Optionsschein
↑Option (Allgemeines); ↑Optionsanleihen.

Optionsschreiber
Der Optionsschreiber ist der Verkäufer einer ↑Option. Synonym dazu wird verwendet Optionsverkäufer oder ↑Option seller.

Optionsserie
Eine Optionsserie besteht aus ↑Optionen der gleichen ↑Optionsklasse und gleichem Verfallsdatum, aber mit unterschiedlichen ↑Ausübungspreisen.

Options-Theta
↑Theta.

Optionstyp
↑Option (Allgemeines).

Options-Vega
↑Vega.

Optionsverkäufer
↑Option seller.

Option writer
↑Optionsschreiber.

Order
Gängiger Begriff für einen ↑Börsenauftrag.

Orderbuch
↑Auftragsbuch.

Order routing
Elektronisches System, das effizient und ohne Zeitverzug Kauf- und Verkaufaufträge nach definierten Parametern zur Ausführung an bestimmte Handelspartner bzw. ↑Börsenplätze weiterleitet.

Ordinary share, -stock
↑Stammaktien.

Ordrebevorschussung
↑Zessionskredit.

Ordreklausel
Die aus den Worten «oder Ordre» bestehende Klausel ist ein dem Namen des ↑Remittenten (↑Begünstigten) beigefügter Bestandteil der ↑Ordrepapiere, die nicht schon von Gesetzes wegen (↑Wechsel und ↑Check) als Ordrepapiere erklärt sind. Die Klausel «oder Ordre» ist bei gesetzlichen Ordrepapieren deshalb überflüssig; in der Praxis wird sie aber dennoch meistens beigefügt. ↑Indossament.

Ordre lié
↑Affaires liées.

Ordrepapier
Ein ↑Wertpapier gilt als Ordrepapier, wenn der Schuldner darin verspricht, die Schuld dem durch die Schrift (Skriptur) der Urkunde formell ausgewiesenen Vorweiser zu erfüllen (OR 1145 und 1146). Die Bezeichnung Ordrepapier rührt von der bei bestimmten Wertpapiertypen üblichen Wendung «oder an Ordre» her. Das Ordrepapier ist immer Präsentationspapier, d.h. der Schuldner ist nur demjenigen zu leisten verpflichtet, der sich als Gläubiger durch die Vorweisung der Urkunde ausweist.

Die Ordrepapierqualität einer Urkunde ergibt sich entweder aus gesetzlicher Anordnung (= gesetzliche Ordrepapiere) z.B. ↑Wechsel und ↑Check, ↑Namenaktie, ↑Namenschuldbrief; oder durch vertragliche Vereinbarung (z.B. für wechselähnliche Papiere).
Die Übertragung von Ordrepapieren geschieht in Form einer schriftlichen Übertragungserklärung (↑Indossament oder – eher selten und abweichend von der gesetzlichen Regelung – ↑Zession) und Übergabe der Urkunde.
Dem Schuldner aus einem Ordrepapier stehen im Interesse der Umlauffähigkeit gegenüber einem gutgläubigen rechtsgeschäftlichen Erwerber keine Einreden zu, die auf einer unmittelbaren Beziehung zu einem früheren Gläubiger beruhen.

Organigramm
↑Aufbauorganisation.

Organisation der Bank
Jede Unternehmung mit mehreren Personen benötigt eine Organisation zur dauerhaften Regelung ihrer Strukturen und Abläufe. Entsprechend gliedert sich die Lehre von der Organisation der Bank in die ↑Aufbauorganisation und die ↑Ablauforganisation. Der *Aufbauorganisation* kommen drei grundsätzliche Aufgaben zu: Die Koordinations-, die Orientierungs- und die Motivationsaufgabe. Das Ziel der *Ablauforganisation* ist die Effizienz der Bankprozesse, die sich äussert in den Teilzielen geringe Kosten, kurze Warte- und rasche Durchlaufzeiten, Gewährleistung einer angemessenen Qualität und einer hohen Sicherheit und Betriebsbereitschaft. Heute spricht man statt von Ablauforganisation vermehrt auch von *Prozessorganisation oder Prozessmanagement*.
Sowohl bei der Aufbau- wie der Ablauforganisation von Banken spielen Fragen der Sicherheit und Kontrolle eine besondere Rolle. Die einzelnen Banken sind in dieser Beziehung nicht frei in ihrer Organisationsgestaltung. Sie müssen zahlreiche organisatorische Vorschriften, Auflagen und Empfehlungen beachten, die in Gesetzen und Verordnungen festgeschrieben sind, oder die durch Aufsichtsbehörden, internationale Organisationen und Selbstregulierungsorgane aufgestellt werden. In der Schweiz wird die Einhaltung dieser Auflagen von der externen Revisionsstelle überprüft. Die Resultate und allfällige Empfehlungen und Auflagen werden nicht nur an die Geschäftsleitung und den Verwaltungsrat der Bank rapportiert, sondern auch an die Bankenaufsichtbehörden. Wichtige Rahmenvorschriften über die innere Organisation einer Bank sind im Falle der Schweiz in BankG 3 und BankV 7–10 festgehalten.
Jede Organisation bewegt sich im Spannungsfeld von Stabilität und Flexibilität. Stabilität stellte sicher, dass auf gleiche oder ähnliche Impulse standardisiert reagiert wird. Wichtige Mittel der

Sicherstellung von Stabilität sind Standards und Sollvorgaben. Der Stabilität der Organisation von Banken kam während Jahrzehnten Priorität zu. Das dominierende Kriterium der Organisation war die Effizienz, durch welche vorgegebene und über die Zeit weitgehend stabile Aufgabenstellungen mit minimalem Einsatz von Ressourcen zu bewältigen waren, wobei der Sicherheit eine hohe Bedeutung zukam. Als Gegenstück zur Stabilität steht das Erfordernis der Flexibilität. Flexibilität bedeutet, dass ein System auf unterschiedliche und im Zeitablauf sich ändernde Impulse differenziert reagieren kann. Flexibilität ist damit Voraussetzung zum Überleben in einer sich wandelnden Umwelt. Die Bedeutung der Flexibilität der Bankorganisation hat sich in den 90er-Jahren für die Banken dramatisch erhöht. Im Zeichen des Umbruchs und Strukturwandels der Bankbranche hat sich die Fähigkeit zum Wandel, zur Anpassung an eine neue Umwelt und an neue Spielregeln als entscheidender Erfolgsfaktor herausgebildet. Nicht die stärksten, sondern die agilen Banken setzen sich im Markt erfolgreich durch. Zur Beschreibung des für die Banken neuen Phänomens werden oft Analogien zur biologischen Welt verwendet, während die traditionelle Organisationslehre ihre Bilder eher aus den Militär- oder Ingenieurbereichen bezieht. Im Zusammenhang mit dem radikalen Wandel haben neu die Fragen nach Wesen, Funktion und Grenzen einer Bank in die Organisationslehre Einzug gehalten. Diese Existenzfragen der Bank galten traditionell als beantwortet, es ging bei der Organisation nur noch darum, die zweckmässigen Strukturen und Abläufe zu finden.

Im Kontext von Wandel und Umbruch hat sich neben der Aufbau- und der Ablauforganisation die *Projektorganisation* als dritte Disziplin etabliert. Die *Projektorganisation* spielte in Banken seit jeher im Liegenschaftsbereich und seit den 70er-Jahren im Bereich der Informatikentwicklung eine traditionelle und wachsende Rolle. Mit dem Umbruch der 90er-Jahre erfolgte ein Quantensprung, indem Projektmanagement und -organisation zu einem zentralen Erfolgsfaktor für das erfolgreiche Überleben der Banken wurde. Projektorganisation ist die formelle Disziplin, mit deren Hilfe Banken den Strukturwandel meistern. Das Thema Meisterung des Wandels oder Change management geht aber weit über die formale Disziplin Projektorganisation hinaus, die sich vor allem den harten Faktoren widmet. Mitentscheidend für den Erfolg sind die weichen Faktoren, namentlich die mentale Mobilisierung, Motivation und Neuausrichtung des Personals auf neue Strategien, Strukturen und Abläufe. Die Kommunikation spielt hierbei eine zentrale Rolle.

Ein Projekt unterscheidet sich von einer traditionellen Organisationsaufgabe in mehrfacher Hinsicht: Es ist zeitlich begrenzt, nach Erreichen des Projektziels (oder nach dessen Abbruch) ist das Projekt beendet. Es ist damit etwas Besonderes und Einmaliges, und es hat einen Umfang, der eine Unterteilung in verschiedene, untereinander verbundene und wechselseitig voneinander abhängige Teilaufgaben notwendig macht. An seiner Durchführung sind meist mehrere Stellen und Personen innerhalb und ausserhalb der eigenen Organisation beteiligt. Häufig konkurrieren Projekte mit projektfremden Aufgaben um Ressourcen, und es bestehen, vor allem in den entscheidenden Frühphasen, hohe Unsicherheiten bzw. Projektrisiken. Die wichtigsten Aufgaben des Projektmanagements liegen in der Vereinbarung der Ziele und der Logik des Projektablaufes, der Abgrenzung der Aufgabenstellung, der Festlegung der Projektorganisation mit den entsprechenden Kompetenzen, der Führung der Projektgruppen und deren Verzahnung nach innen und aussen, der Überwachung und Steuerung des Projektablaufes nach Terminen, Inhalten und Kosten. Praktische Projekterfahrung zählt heute zu den wichtigen Voraussetzungen für die Karriere von Führungskräften von Banken.
↑Sparte. *Hans Geiger*

Organisation für wirtschaftliche Zusammenarbeit und Entwicklung (OECD)

Die am 14.12.1960 (mit Wirkung vom 30.09.1961) geschaffene OECD (englische Bezeichnung Organization for Economic Co-operation and Development) ist eine internationale Wirtschaftsorganisation mit Sitz in Paris. Sie ist die Nachfolgeorganisation der 1948 gegründeten OEEC (englische Bezeichnung Organization for European Economic Co-operation, Europäischer Wirtschaftsrat), welche die Organisation zur Durchführung des Marshall-Plans war. Die Mitgliedländer der OECD sind (2001): Australien, Belgien, Dänemark, Deutschland, Finnland, Frankreich, Griechenland, Irland, Island, Italien, Japan, Luxemburg, Kanada, Korea, Mexiko, Neuseeland, Niederlande, Norwegen, Österreich, Polen, Portugal, Schweden, Schweiz, Slowakische Republik, Spanien, Tschechische Republik, Türkei, Ungarn, Vereinigtes Königreich und Vereinigte Staaten. Die Schweiz war schon Mitglied der OEEC und war auch bei der OECD von Anfang an dabei.

Gemäss OECD-Konvention ist die Aufgabe der Organisation die Förderung einer nachhaltigen Wirtschaftsentwicklung in den Mitgliedstaaten unter Wahrung finanzieller Stabilität, eines gesunden Wirtschaftswachstums der Mitgliedländer sowie der Länder, die in wirtschaftlicher Entwicklung begriffen sind, und schliesslich des Wachstums des Welthandels auf multilateraler und nichtdiskriminierender Grundlage und in Übereinstimmung mit internationalen Verpflichtungen. Leitendes Organ ist der Rat der Mitgliedländer, dessen Beschlüsse der Einstimmigkeit bedürfen. Der Rat tagt in der Regel einmal pro Jahr auf Ministerebene und in der übrigen Zeit auf Botschafterebene (Ständige Delegationen). Er wird in seiner Tätigkeit durch das Sekretariat und die Fachausschüsse unterstützt.

Die Fachausschüsse decken alle Gebiete der Wirtschaftspolitik ab. Bekannt sind vor allem der Prüfungsausschuss für Wirtschafts- und Entwicklungsfragen, der etwa alle 1 bis 2 Jahre mit Empfehlungen verbundene Berichte über die Wirtschaftslage und -probleme der Mitgliedländer publiziert. Andere Ausschüsse gibt es u. a. für Wirtschaftspolitik (mit der Arbeitsgruppe 3 für die internationale Währungspolitik), Finanzmärkte, Kapitalverkehr, Aussenhandel, Landwirtschaft, Industrie, Arbeitskräfte, Energie, Umwelt sowie Entwicklungshilfe.   *Mathias Zurlinden*

Organisationsabteilung
↑Organisation der Bank.

Organization for Economic Co-operation and Development (OECD)
↑Organisation für wirtschaftliche Zusammenarbeit und Entwicklung (OECD).

Organkredite und Organgeschäfte

Die Vorschriften bezüglich Organkredite wurden in das Bankengesetz (↑Bankengesetzgebung, [Inhalt des Bankengesetzes]) aufgenommen, nachdem Banken, bei welchen beträchtliche Kredite an Verwaltungsratsmitglieder, Direktoren oder wichtige Aktionäre der jeweiligen Bank vergeben worden waren, in existenzielle Schwierigkeiten gerieten. BankG 4ter schreibt vor, dass eine Bank Kredite an Mitglieder ihrer Organe und an massgebende Aktionäre der Bank sowie an die ihnen nahestehenden Personen und Gesellschaften nur nach den allgemein anerkannten Grundsätzen des Bankgewerbes gewähren darf. Hierdurch soll verhindert werden, dass Personen, die einen entscheidenden Einfluss auf die Bank nehmen können, diesen zu ihrem Vorteil ausnutzen und so die Gläubiger der Bank schädigen.

1. Personeller Geltungsbereich
Unter Organen versteht man in erster Linie die Mitglieder der Gremien für die Oberleitung, Aufsicht und Kontrolle (Verwaltungsrat, Bankrat oder Aufsichtsrat) und der Geschäftsführung, sowie der aktienrechtlichen Revisionsstelle. Personen, die einen ausschlaggebenden Einfluss auf die Entscheide der Bank nehmen können, werden ebenfalls als Organe betrachtet (faktische Organe). Auch Ehepartner, nahe Verwandte sowie von Organmitgliedern dominierte Gesellschaften werden diesen Vorschriften zugeordnet. Schliesslich fällt die bankengesetzliche Revisionsstelle angesichts ihrer Kontrollfunktion ebenfalls darunter, obschon sie nicht mit eigentlichen Organeigenschaften ausgestattet ist.

Die Vorschriften sind ausserdem auf die massgebenden Aktionäre anzuwenden, ohne dass das Gesetz diese näher definiert. Das ausschlaggebende Kriterium ist die Möglichkeit, einen tatsächlichen Einfluss auf die Führung der Geschäfte ausüben zu können.

In Bezug auf alle vorerwähnten Personengruppen besteht das Risiko, dass die Kreditvergabe nicht vollständig objektiv erfolgt oder, umgekehrt, dass das Bestehen eines Kreditverhältnisses die Objektivität dieser Personen bei der Ausübung ihrer Funktion beeinträchtigt.

2. Sachlicher Geltungsbereich
Die Vorschriften über Organkredite erstrecken sich auf alle Geschäfte, die für die Bank ein Kreditrisiko beinhalten (↑Risikoverteilung bei Kapitalanlagen). Neben Forderungen in Form von Kontokorrentkrediten oder festen Vorschüssen gehören hierzu auch ↑Eventualverpflichtungen, derivative Finanzinstrumente (↑Derivate) und Longpositionen in ↑Effekten. Als Sicherheiten dienende Rechte und Werte fallen ebenso darunter.

Im Rundschreiben «Revisionsbericht: Form und Inhalt» (Rz. 19) hat die EBK die bankengesetzlichen Revisionsstellen beauftragt, Organgeschäfte zu prüfen, und zwar unter Einbezug jener Geschäfte, die kein Kreditrisiko für die Bank beinhalten (z. B. reine Dienstleistungen). Damit hat sie sich die Möglichkeit geschaffen, Situationen zu erkennen, die aus dem Blinkwinkel einer umsichtigen Bankaufsicht problematisch sein könnten. Faktisch wurde damit der Anwendungsbereich von BankG 4ter auf alle Geschäfte mit Organen ausgedehnt.

3. Grundsätzliche Voraussetzungen
Von Gesetzes wegen sind Kredite an Organe nicht untersagt. Jedoch wird in BankG 4ter ausdrücklich gefordert, dass sie den allgemein anerkannten Grundsätzen des Bankgewerbes zu entsprechen haben. Dies schliesst somit Geschäfte aus, die eine unabhängige Bank nicht abgeschlossen hätte, oder jedenfalls nicht zu gleichen Konditionen. Diese Definition impliziert, dass die gesetzlichen Bestimmungen und die im Geschäftsreglement der Bank festgelegten Richtlinien bei der Vergabe von Organkrediten vollständig eingehalten werden müssen, vor allem jene betreffend:
– die Risikoverteilung (BankG 4bis und BankV 21 ff.)
– die internen Zuständigkeiten betreffend die Kreditvergabe (BankV 9 II)
– die Dokumentation der Geschäfte (BankV 9 III)
– die Art und Bewertung von Sicherheiten sowie die Richtlinien betreffend Belehnungssätze
– die Beurteilung der ↑Zahlungsfähigkeit der Gegenpartei sowie
– die Bedeutung des Kredits angesichts deren Finanzsituation.

Die Organstellung der Gegenpartei rechtfertigt keinerlei Lockerung dieser Bestimmungen, sie erfordert im Gegenteil eine erhöhte Wachsamkeit. Die Bank hat ferner das Verbot zur Rückerstattung von einbezahltem Kapital (OR 680 II), die Richtlinien betreffend die erforderlichen eigenen Mittel (BankG 4 und BankV 11 ff.) sowie diejenigen bezüglich der Kapitalherabsetzung (BankG 11 und 12, OR 732 ff.) zu beachten.

Gemäss allgemeiner Bankenpraxis ist es hingegen zulässig, Organmitgliedern für Hypothekarkredite, die der Finanzierung ihrer Wohnliegenschaft dienen, Vorzugszinssätze einzuräumen. Vorzugskonditionen könnten im Sinne einer strengen Auslegung von BankG 4ter angefochten werden, sofern es sich um bedeutende Investitionskredite handelt. Diese könnten nämlich de facto die Rentabilität der Bank spürbar verändern.

Schwere Verstösse gegen BankG 4ter waren bislang in der Praxis selten anzutreffen. Im Allgemeinen gingen sie zudem einher mit tief greifenden organisatorischen Problemen, Unsicherheiten bei der Bewertung der Aktiven und einer ungenügenden Eigenmittelausstattung, welche in der Folge zu einer Sanierung, der Übernahme der Bank durch ein anderes Institut oder gar zu einem Bewilligungsentzug führten.

Beispiele von Organkrediten, welche die gesetzlichen Bestimmungen verletzen:
– Die Bank gewährte dem Verwaltungsratspräsidenten einen Kredit, der durch ↑Effekten mit sehr hoher ↑Volatilität sichergestellt war. Die Wertschriften wurden dabei zu 100% belehnt (*Lombardkredite*).
– Die Organkredite waren unzureichend dokumentiert. In einem Fall waren die Verpflichtungen eines Teilhabers durch Wertschriften einer Gesellschaft gedeckt, deren Wert anhand der vorhandenen Dokumentation nicht geschätzt werden konnte.
– In einem anderen Fall enthielt das Dossier keine Angaben über die Organstellung der Gegenpartei.
– Die Bank gewährte massgebenden Aktionären und nahen Gesellschaften Kredite, die im Lichte deren finanzieller Situation und abgegebener Garantien unverhältnismässig waren.
– Die Bank missachtete bei einem Organkredit die Meldepflicht gemäss BankV 21.

4. Pflicht zur Veröffentlichung und Meldung
Um die Banken gegenüber der Öffentlichkeit zu einer erhöhten Transparenz bezüglich ihrer Organkredite zu verpflichten, muss jeweils der Gesamtwert der Organkredite im ↑Anhang zur Jahresrechnung veröffentlicht werden (BankV 25c I Ziff. 3.13). Ausnahme hierzu sind die Forderungen gegenüber Konzerngesellschaften und qualifiziert Beteiligten, die ihrerseits im Anschluss an die Bilanz aufzuführen sind (BankV 25 I Ziff. 1.13.2).

Organkredite, die unter die Meldepflicht von BankV 21 (↑Klumpenrisiken) fallen, müssen explizit als Organkredite in der Meldung gekennzeichnet werden. Zudem können die Organkredite unter die Pflicht, jährlich die zehn grössten Schuldner der EBK zu melden, fallen (Rundschreiben «Revisionsbericht: Form und Inhalt», Anhang III).

Serge Montangero
Lit.: *Bodmer, D./ Kleiner, B./ Lutz, B.: Kommentar zum schweizerischen Bankengesetz, 3. Abschnitt – Art. 4ter BankG.*

Organvertretung
↑Depotstimmrecht.

Originäre Instrumente
↑Basiswert; ↑Underlying; ↑Derivate.

Originator
↑Asset backed securities (ABS).

Osaka Stock Exchange
Links: *www.ose.or.jp*

Oslo Stock Exchange
Links: *www.ose.no*

Oszillation
Oszillation ist in der ↑Börsensprache Ausdruck für Schwingung; gemeint ist die Schwingung von ↑Kursen um einen ↑Trend oder auch insgesamt die Auf- und Abbewegungen der Kurse. ↑Volatilität.

OTC
Abk. f. Over the counter. ↑Ausserbörslicher Effektenhandel.

OTC calls
OTC steht für Over the counter und bezeichnet Geschäfte, die ausserbörslich getätigt werden. Ein OTC call ist somit eine nicht börsengehandelte Call option.

OTC-Derivate
OTC steht für Over the counter und bezeichnet Geschäfte, die ausserbörslich getätigt werden. Die wichtigsten OTC-Derivate sind ↑Stillhalteroptionen, Zinsprodukte, wie Swaps, ↑Caps und ↑Floors, ↑strukturierte Produkte sowie ↑exotische Optionen.

OTC market
↑Ausserbörslicher Effektenhandel.

OTC option
OTC steht für Over the counter und bezeichnet Geschäfte, die ausserbörslich getätigt werden. Eine OTC option ist somit eine nicht börsengehandelte ↑Option.

OTC puts
OTC steht für Over the counter und bezeichnet Geschäfte, die ausserbörslich getätigt werden. Ein OTC put ist somit eine nicht börsengehandelte Put option.

OTC-Transaktionen
Ausserbörsliche Geschäfte zwischen zwei Parteien, bei denen die gegenseitigen Rechte und Pflichten geregelt werden, d.h., es handelt sich also nicht um standardisierte Geschäfte. Beispiele für OTC-Transaktionen sind Devisen- und Edelmetallgeschäfte, Währungs- und Edelmetalloptionen, unverbriefte, nicht standardisierte Optionsgeschäfte auf beliebige ↑Basiswerte, Swapgeschäfte.

Out of the money option
Von einer Out of the money option spricht man, wenn der ↑Kurs des der ↑Option zu Grunde liegenden ↑Basiswerts tiefer (bei einer Call option) bzw. höher (bei einer Put option) als der Strike ist. Synonym dazu wird auch «aus dem Geld» verwendet.

Outperformance
↑Overperformance.

Outperformer
Ein ↑Wertpapier, ↑Wertrecht oder ↑Fonds wird dann als Outperformer bezeichnet, wenn dessen Kursentwicklung in einer bestimmten Periode über dem ↑Benchmark liegt, also z.B. über einem entsprechenden Börsenindex. Bei Investmentfonds kann mithilfe der Performance-Messung festgestellt werden, ob ein überdurchschnittliches Resultat zufällig oder systematisch erreicht worden ist. Outperformer ist eine Empfehlung der ↑Finanzanalyse, gleichbedeutend wie ↑*Strong buy*.

Outright-Geschäft
↑Devisengeschäft.

Outsourcing von Bankdienstleistungen
Outsourcing (dt. Auslagerung) liegt vor, wenn ein Unternehmen Dienstleistungen, die zu seiner Kerntätigkeit gehören, nicht mehr selbst erbringt, sondern von einem unabhängigen Dienstleister erbringen lässt. Beispielsweise kann eine Bank ihre Informatiksysteme einem Spezialisten anvertrauen (↑Informatik im Bankwesen). Soweit das Outsourcing die *Weitergabe von Kundendaten* des Unternehmens an den beigezogenen Dienstleister zur Folge hat, sind die Anforderungen des Datenschutzgesetzes zu erfüllen (↑Datenschutz im Bankverkehr). Ist das Unternehmen eine Bank oder ein ↑Effektenhändler, muss auch das ↑Bankkundengeheimnis bzw. Berufsgeheimnis des Effektenhändlers eingehalten sein.
Deshalb hat die Eidgenössische ↑Bankenkommission (EBK) mit ihrem Rundschreiben 99/2 «Auslagerung von Geschäftsbereichen (Outsourcing)» die Rechtslage für Banken und Effektenhändler zusammengefasst. Das Rundschreiben erfasst nur *wesentliche Dienstleistungen*, die sich insbesondere auf die Erfassung, Begrenzung und Überwachung von bankbetrieblichen ↑Risiken auswirken können (Ziff. 2).

1. Grundsätze
Das Rundschreiben stellt insgesamt neun Grundsätze auf, die eine Bank oder ein ↑Effektenhändler, zusammenfassend «Unternehmung» genannt, beim Outsourcing einhalten muss:
– «Der auszulagernde Geschäftsbereich ist zu definieren» (Grundsatz 1, Ziff. 19)
– «Die Unternehmung hat den Dienstleister sorgfältig auszuwählen, zu instruieren und zu kontrollieren» (Grundsatz 2, Ziff. 21)
– «Die Unternehmung trägt gegenüber der Aufsichtsbehörde weiterhin die Verantwortung für den ausgelagerten Geschäftsbereich» (Grundsatz 3, Ziff. 26)
– «Die Unternehmung und der Dienstleister legen Sicherheitsanforderungen fest und erarbeiten ein Sicherheitsdispositiv» (Grundsatz 4, Ziff. 28)
– «Der Dienstleister ist dem Geschäftsgeheimnis und, soweit ihm Kundendaten bekannt sind, dem Bank- oder Berufsgeheimnis der auslagernden Unternehmung zu unterstellen» (Grundsatz 5, Ziff. 34, ↑Bankkundengeheimnis)
– «Kunden, deren Daten durch eine Outsourcing-Lösung an einen Dienstleister gelangen, sind über die Auslagerung zu informieren» (Grundsatz 6, Ziff. 37). Dabei sieht das Rundschreiben eine Differenzierung vor. Zunächst müssen die Kunden «in allgemeiner Form», z.B. durch die ↑Allgemeinen Geschäftsbedingungen (AGB), über Möglichkeit und Ausmass des Outsourcing orientiert werden (Ziff. 38). Gehen Daten von Kunden ins Ausland, sind diese «mit besonderem Schreiben und detailliert zu informieren» (Ziff. 39)
– «Die auslagernde Unternehmung, deren interne und externe Revision sowie die EBK müssen den ausgelagerten Geschäftsbereich vollumfänglich, jederzeit und ungehindert einsehen und prüfen können» (Grundsatz 7, Ziff. 40)
– «Auslagerungen ins Ausland sind vom ausdrücklichen Nachweis der Prüfmöglichkeiten abhängig zu machen» (Grundsatz 8, Ziff. 48)
– «Es ist ein schriftlicher und klarer Vertrag zwischen der Unternehmung und dem Dienstleister abzuschliessen» (Grundsatz 9, Ziff. 51).

2. Ausnahmen
Nur die Grundsätze 5 (Wahrung des Bankkundenbzw. Berufsgeheimnisses), 6 (Orientierung der Kunden) und 8 (Nachweis der Prüfmöglichkeit im Ausland) gelten für das Outsourcing (Ziff. 6)

– von der schweizerischen Zweigniederlassung einer ausländischen Unternehmung an deren Stammhaus bzw. in umgekehrter Richtung oder an eine andere Niederlassung (Ziff. 7)
– an eine Konzerngesellschaft oder «zentrale Organisation» (Ziff. 8)
– an ↑Gemeinschaftswerke der Banken (Ziff. 9), sofern der beauftragte Dienstleister seine Dienstleistungen von einer durch die EBK anerkannten Revisionsstelle überprüfen lässt (Ziff. 10) und sich verpflichtet, der EBK, dem auslagernden Unternehmen und seinen Prüfungsorganen «alle verlangten Informationen offenzulegen» (Ziff. 11).

Schliesslich behält sich die EBK vor, ein Unternehmen «in besonderen Fällen» von der Einhaltung des Rundschreibens – aber nicht des Bankkunden- bzw. Berufsgeheimnisses und nicht des Datenschutzgesetzes! – zu befreien (Ziff. 55).

3. Ausblick
Das Rundschreiben wird zurzeit im Licht der bisherigen Erfahrungen durch die EBK überarbeitet (vgl. deren Jahresbericht 2000, 41).

Christoph Winzeler

Lit.: Dietzi, H.: *Outsourcing von Dienstleistungen von Banken und Effektenhändlern nach schweizerischem Recht*, in: Funktionsauslagerung (Outsourcing) bei Kreditinstituten, Schriften der Bankrechtlichen Vereinigung 18, Berlin und New York 2001.

Over-allotment-Option
↑Stabilisierung (des Kurses nach Emission); ↑Greenshoe.

Overbanked
Ein ↑Bankplatz gilt als overbanked, wenn die Zahl der Banken im Vergleich zum Marktvolumen (Einlagenmarkt, ↑Kreditmarkt, potenzielle Vermögensverwaltungskunden) überhöht ist.

Overbought
Overbought ist ein Begriff aus der technischen ↑Wertpapieranalyse. Der Markt für ein ↑Wertpapier gilt dann als overbought, wenn ein unerwarteter, starker Preisanstieg stattgefunden hat, was gemessen an den fundamentalen Daten zu einer Überbewertung des Titels geführt hat. Diese Situation zieht sehr oft eine Korrektur nach unten nach sich.

Over confidence
↑Börsenpsychologie.

Overdraft
↑Kontoüberziehung.

Overhead-Kosten
Overhead-Kosten sind betriebliche Gemeinkosten des Geschäftsleitungsbereichs, die keinem einzelnen Kostenträger direkt, d. h. ohne eine Kostenschlüsselung, zugeordnet werden können. Es handelt sich somit um diejenigen Betriebskosten, die weder dem Marktergebnis (Kundengeschäft) noch dem Zentralergebnis (Nichtkundengeschäft) unmittelbar zurechenbar sind.
Die Overhead-Kosten stellen im internen Rechnungswesen neben dem Marktergebnis und dem Zentralergebnis die dritte Komponente des Betriebsergebnisses der Gesamtbank dar (↑Ergebnisstruktur bei Banken).

Over-Hedge
↑Hedge accounting.

Overnight banking
Bezeichnung für Marktpräsenz rund um die Uhr durch Aufrechterhaltung des Bankbetriebes während 24 Stunden. Durch geeignete technische Vorrichtungen soll dem Kunden ermöglicht werden, ausgewählte, hoch standardisierte ↑Bankgeschäfte innerhalb von definierten Prozessen tätigen zu können.
War früher der Begriff Overnight banking auf die rund um die Uhr geöffnete Schalterhalle reduziert, so ist in der jüngsten Vergangenheit, durch die Fortschritte im Bereich der elektronischen Datenverarbeitung und die damit verbundene hohe Verbreitung und Akzeptanz des ↑Internets bei vielen Kundensegmenten der Schweizer Banken, ein sehr breites Angebot entstanden.

Overnight money
Mittel, die am ↑Geldmarkt mit der kürzest möglichen, fest definierten ↑Laufzeit vom Abschlusstag bis nächstfolgendem Arbeitstag aufgenommen oder angelegt werden. Die Schweizerische Nationalbank stellt am ↑Repo-Markt Schweiz den ↑Geschäftsbanken hauptsächlich Overnight money zur Verfügung, wobei die Konditionen der Umsetzung ihrer ↑Geldpolitik angemessen sind. Overnight-Geschäfte sind die zeitlich letzte Möglichkeit zur Steuerung der Liquiditätserfordernisse, überschüssige ↑Liquidität zinstragend anzulegen oder fehlende zu beschaffen. ↑Tagesgeld.

Overnight-Position
Position eines Händlers oder ↑Brokers (Vermittlers) am Ende eines Handelstages. Die Position, welche am Devisen-, ↑Geld-, Aktien- oder Obligationenmarkt eingegangen wurde, kann erst per nächstem Handelstag wieder bewirtschaftet werden. Durch Ausdehnung der Handelszeiten an den organisierten ↑Börsen und aufgrund des grenzüberschreitenden Handels, insbesondere im Devisengeschäft, ist in vielen Bereichen das Ende eines

Handelstages nicht mehr klar zu definieren und damit die Abgrenzung einer Overnight-Position hinfällig.

Overnight risk
↑ Futures.

Overperformance
Auch Outperformance (↑ Outperformer) genannt. Die Wertentwicklung von Kapitalanlagen übertrifft eine bestimmte ↑ Benchmark.

Overpricing
↑ Initial public offering (IPO).

Overshooting
Overshooting bezeichnet die kurzfristige Überreaktion eines ↑ Kurses auf einen äusseren Einfluss. Die Überreaktion hat in der Regel keine oder nur schwache langfristige Auswirkungen. Bei ↑ Wechselkursen steht ein Overshooting meist in Zusammenhang mit Änderungen der Geldmenge. Die unterschiedliche Anpassungsgeschwindigkeit der Flussgrössen auf Änderungen in den Bestandesgrössen begünstigt das Auftreten von Overshootings.

Oversold
Oversold ist ein Begriff aus der technischen ↑ Wertpapieranalyse. Ein Markt oder ein Einzeltitel, die durch zahlreiche unerwartete Verkaufsangebote einen Kurssturz erleben, gelten als oversold. Die Theorie der ↑ technischen Analyse besagt, dass der ↑ Kurs erst dann wieder aufwärts tendiert, wenn alle verkaufswilligen ↑ Investoren auch tatsächlich verkauft haben (so lange bei einem Kurssturz Verkäufer da sind, fällt der Preis).

Over the counter market (OTC)
↑ Ausserbörslicher Effektenhandel; ↑ Ausserbörsliche Abschlüsse.

Paasche-Index
↑Aktienindex.

Packaging
Bezeichnung für den Zusammenzug verschiedener Finanzdienstleistungen zu Dienstleistungs«bündeln». Der Ausdruck wird sowohl für Strategien im Firmen- und Privatkundengeschäft (↑Firmenkunden, Firmenkundengeschäft; ↑Privatkunden, Privatkundengeschäft) als auch im Marketing gebraucht, insbesondere für kundenbedürfnisorientierte Zusammenfassungen von Produkten und Dienstleistungen. (↑One stop banking.)
Der Zusammenzug komplexer, aus verschiedenen Finanzierungsinstrumenten bestehenden Finanzierungsfazilitäten z. B. Multiple-component-Fazilitäten, wird auch Packaging genannt.

Pac-man-Strategie
Strategie zur Abwehr eines feindlichen Übernahmeangebotes (↑Feindliche Übernahme), die darin besteht, dass die ↑Zielgesellschaft ihrerseits zur Gegenattacke übergeht und den Aktionären des Anbieters ein unfreundliches Übernahmeangebot (↑Übernahme, wirtschaftliche) unterbreitet.

Paket
Eine grössere Anzahl von ↑Beteiligungspapieren im Besitz eines Aktionärs oder einer verbundenen Aktionärsgruppe, die im Allgemeinen eine mehr oder weniger starke Einflussnahme ermöglicht. Je nach der Zahl der ↑Aktien und der damit verbundenen Stimmrechte spricht man vom Minderheits- oder Mehrheitspaket.

Paketabschlag
Abschlag auf den aus dem Gesamtwert der Unternehmung (↑Unternehmungsbewertung) abgeleiteten Wert von Minderheitsanteilen. Er beträgt im Allgemeinen 10–30%.

Pakethandel
↑Blockhandel; ↑Paketzuschlag.

Paketkauf, -verkauf
↑Transaktion über ein ↑Paket von ↑Beteiligungspapieren, die in der Regel ausserhalb der ↑Börse abgewickelt wird. Je nach dem Umfang wird zum aktuellen ↑Marktwert ein Zuschlag bezahlt. ↑Paketzuschlag.

Paketzuschlag
Mehrwert gegenüber dem Börsenwert einer kleineren Anzahl ↑Aktien, welcher einem ↑Aktienpaket zukommt. Bei nicht kotierten Unternehmungen beträgt der Zuschlag für ein Mehrheitspaket 10–30% des anteiligen Unternehmungswertes. Bei börsenkotierten Unternehmungen hängt die Höhe des Paketzuschlags davon ab, inwieweit der Börsenkurs dem ↑inneren Wert der Aktie entspricht. Bei öffentlichen ↑Übernahmeangeboten ist der Paketzuschlag (Takeover-Zuschlag) auf $33^{1}/_{3}$% beschränkt, weil der Angebotspreis für die Streubesitzaktionäre höchstens 25% unter dem höchsten Preis liegen darf, welcher der Anbieter in den letzten 12 Monaten für ↑Beteiligungspapiere der ↑Zielgesellschaft bezahlt hat (BEHG 32 IV). Zu beachten ist, dass für Minderheitspakete von nicht kotierten Gesellschaften ein ↑Paketabschlag auf dem inneren Wert vorgenommen wird (↑Unternehmungsbewertung).

Palladiumhandel
↑Edelmetallhandel.

PAN
Abk. f. Primary account number. ↑Magnetstreifen.

Pan european exchange market feed (PEX-MF)
Elektronischer Datenstrom mit ↑Kursen und weiteren Daten der ↑Virt-x. Betrieben wird der

PEX-MF von einer gemeinsamen Tochtergesellschaft der ↑SWX Swiss Exchange und der Virt-x, der ↑EXFEED.

Panikkäufe, -verkäufe
Ausgelöst durch überraschende Neuigkeiten und die dadurch erwarteten Kursveränderungen kommt es an ↑Finanzmärkten oft zu Panikkäufen und -verkäufen. Hohe Volumina und ein plötzliches Hochschiessen der Kaufs- bzw. Verkaufsangebote sind typische Charakteristika dieses Phänomens. Um einen völligen Kurszerfall aufzuhalten, setzen die meisten ↑Börsen nach hohen Kursstürzen den Handel für eine bestimmte Zeit aus, damit die Anleger bzw. Händler Zeit finden, die Fundamentaldaten des ↑Titels zu analysieren, bevor sie ihre Käufe oder Verkäufe tätigen.

Paper trail
Ein ↑Finanzintermediär, der weiss oder den begründeten Verdacht hat, dass die in die Geschäftsbeziehung involvierten Vermögenswerte aus einem Verbrechen herrühren, im Zusammenhang mit ↑Geldwäscherei stehen oder der Verfügungsmacht einer kriminellen Organisation unterliegen, muss der Meldestelle für Geldwäscherei Meldung erstatten und die Vermögenswerte sperren (GwG 9). Reichen die Feststellungen des Finanzintermdiärs nicht aus, einen solchen Verdacht zu begründen, lassen sich aber Zweifel bezüglich der kriminellen Herkunft der Vermögenswerte nicht beseitigen oder ist Korruption oder Missbrauch öffentlicher Vermögenswerte zu vermuten und bricht der Finanzintermediär deswegen die Geschäftsbeziehung ab, ohne von seinem Melderecht (↑Melderecht und Meldepflicht bei Geldwäschereiverdacht) Gebrauch zu machen, so darf er nach den derzeitigen Geldwäscherei-Richtlinien der Eidg. ↑Bankenkommission (EBK) den Rückzug der Vermögenswerte zulassen, dies aber nur in einer Form, die den Strafverfolgungsbehörden nötigenfalls erlaubt, die Spur weiter zu verfolgen (Paper trail). Er darf also in diesem Fall nicht in bedeutendem Umfang Geld ↑bar auszahlen oder ↑Wertpapiere usw. physisch herausgeben (↑EBK-Rundschreiben 98/1 Rz. 28–30).

Christian Thalmann

Papiergeld
↑Banknoten.

Parabank
Eine Parabank ist ein Institut, das – ähnlich einer Bank – ↑Finanzdienstleistungen anbietet, z.B. die ↑Anlageberatung oder die ↑Vermögensverwaltung. Die Parabank ist nicht zur Entgegennahme von ↑Sicht- und ↑Spareinlagen des Publikums und zur Vergabe von Krediten berechtigt. Aus diesem Grunde bedarf sie auch nicht einer Bewilligung der EBK (↑Bankenkommission, Eidg.) und ist dieser Behörde auch nicht unterstellt. Im gleichen Sinne wird auch der Begriff ↑Non banks verwendet.

Parallel-Anleihen
Grossanleihen, die in mehreren Ländern zu möglichst gleichen Bedingungen mit auf die jeweilige Landeswährung lautenden Teilbeträgen platziert werden.

Parallelfinanzierung
↑Exportfinanzierung.

Parallelmarkt
↑Marché parallèle.

Parallel-Notierung
Auch: Parallel-Listing. Gleichzeitige ↑Notierung eines ↑Wertpapiers an zwei oder mehreren verschiedenen ↑Börsen bzw. ↑Finanzmärkten.

Parallelwährung
Gleichzeitiges Zirkulieren von mehreren, miteinander konkurrierenden ↑Währungen in einem Wirtschaftsraum, z.B. von ↑Kurantmünzen aus Gold und Silber. Je nach Angebot und Nachfrage der Metalle schwanken die Tauschwerte der Münzen gegeneinander und gegen die übrigen Waren und Dienstleistungen. *F. A. v. Hayek* hat die Aufhebung des staatlichen Geldschöpfungsmonopols (↑Banknotenmonopol) samt Annahmezwangs des gesetzlichen ↑Zahlungsmittels vorgeschlagen, um privaten ↑Geschäftsbanken die Ausgabe von eigenen Zahlungsmitteln zu erlauben. Davon versprach er sich eine marktmässige Herstellung von Kaufkraftstabilität, da sich die Nachfrage immer auf die wertstabilste der Parallelwährungen richten würde. Allerdings müsste dann vor jedem Zahlungsvorgang eine Vereinbarung erfolgen, mit welcher Währung die Zahlung abgewickelt werden soll.

Pari, al pari
Ein aus der italienischen in die deutsche Fachsprache übernommener Ausdruck, der so viel wie «gleich» bedeutet. Im ↑Effektenhandel spricht man von ↑Parikurs oder einfach al pari. Damit wird der ↑Nennwert bzw. der Preis, welcher dem Nennwert entspricht, bezeichnet. Übersteigt der ↑Kurs den Paristand, so weist er ein ↑Agio auf; ist er niedriger, so spricht man von ↑*Disagio*. Die Bezeichnung wird auch bei der Festsetzung des ↑Ausgabepreises von ↑Effekten verwendet (↑*Überpariemission*, ↑*Unterpariemission*).

Pari forward
Bezeichnung für einen in der Zukunft liegenden Rücktausch von ↑Finanzinstrumenten zum ursprünglichen Wert bzw. zum ↑Nennwert; vor allem bei ↑Währungsswaps üblich.

Parikurs
↑Kurs, der 100% des ↑Nennwertes von ↑Effekten entspricht.

Pari-passu-Klausel
Die Pari-passu-Klausel ist oft Bestandteil der Bedingungen internationaler Anleihen und Grosskredite, für die keine besonderen Sicherheiten bestellt sind. Sie bedeutet, dass die Schuld (Kapital und ↑Zinsen) jeder andern bestehenden und künftigen ungedeckten, nicht nachrangigen Anleihens- und/oder Kreditschuld derselben Gesellschaft gleichgestellt ist, insbesondere auch bezüglich der Folgen bei Zahlungsverzug. Bei Zahlungsverzug einer Anleihe oder eines Kredites werden die übrigen Verpflichtungen mit Pari-passu-Klausel ebenfalls fällig. (↑Blankokredit.)
Die ↑negative Hypothekenklausel wird vielfach mit einer Pari-passu-Klausel verbunden.

Pariser Börse
Die Pariser Börse wurde 1724 durch Erlass des Staatsrates gegründet. Die Agents de Change waren in der Compagnie des Agents de Change zusammengeschlossen. Die Pariser Börse spielte auf dem europäischen Kontinent lange Zeit eine führende Rolle. Dies erklärt, warum viele Begriffe der früheren Schweizer Börsen französischen Ursprungs waren (Corbeille, d.h. ↑Börsenring, à la criée, d.h. durch Ausrufen usw.). Die Pariser Börse schloss sich im Jahr 2000 mit den ↑Börsen von Brüssel und Amsterdam zu ↑Euronext zusammen.
Links: www.euronext.com.

Pariser Club
Der Pariser Club ist ein informeller Zusammenschluss von 19 Gläubigerländern mit dem Ziel, auf einer Fall-zu-Fall-Basis einvernehmliche und nachhaltige Lösungen zu finden für die Zahlungsprobleme von Schuldnernationen im Rahmen von Schuldenrestrukturierungen, ↑Umschuldungen und Schuldenerlassen. Neben den 19 permanenten Mitgliedern (hauptsächlich OECD-Länder) werden von Fall zu Fall auch andere Gläubigerländer als temporäre Mitglieder zu Verhandlungen zugelassen. Im Pariser Club können nur Schulden des öffentlichen Sektors zu Verhandlungen zugelassen werden. In den Umstrukturierungen orientiert sich der Pariser Club an einer Reihe von Grundsätzen und Regeln, welche die Mitglieder und die Schuldnerländer, die eine ↑Restrukturierung ihrer Schuld beantragen, anerkennen müssen. So gilt beispielsweise der Grundsatz des Konsenses unter den Mitgliedern und der Gleichbehandlung aller Kreditoren, auch Nichtmitgliedern des Pariser Clubs.
Der Begriff des Pariser Clubs ist geprägt worden, weil die Treffen der Mitglieder und die Verhandlungen mit den Schuldnern traditionell in Paris stattfinden. Seit dem ersten Treffen des Pariser Clubs im Jahre 1956 mit dem Schuldner Argentinien hat der Pariser Club 345 Umschuldungsvereinbarungen mit 77 Schuldnerländern getroffen. Der im Rahmen des Pariser Clubs seit 1983 restrukturierte Schulden-Nominalwert beträgt USD 391 Mia. *Manuel Ammann*

Paris interbank offered rate (Pibor)
↑Pibor.

Parität
↑Geldwert.

Paritätskurs
↑Dollarparität; ↑Kreuzparität; ↑Währungsparität.

Parkettbörse
In Deutschland gängiger Begriff für ↑Präsenzbörse; also die ↑Börse, an der sich die Händler noch treffen.

Parketthandel
↑Handelssysteme; ↑Parkettbörse; ↑Präsenzbörse.

Part de fondateur
Französische Bezeichnung für ↑Gründeranteilschein. ↑Genussschein.

Partialobligation
Bezeichnung für Teilschuldverschreibung (↑Anleihensobligation).

Partiarische Rechtsgeschäfte
Beim partiarischen Rechtsgeschäft handelt es sich um einen Vertrag, dessen Besonderheit darin besteht, dass das Entgelt für die Leistung des einen Vertragspartners vom Geschäftserfolg des anderen Vertragspartners abhängt. Als Beispiele können Miet- oder Pachtverträge dienen, bei welchen sich der Miet- und Pachtzins am Umsatz des Mieters oder Pächters orientiert. Das gemeinsame Interesse der Vertragspartner am Geschäftsergebnis ist ein Element, das partiarische Rechtsgeschäfte und Gesellschaften verbindet. Da die Vertragspartner aber nicht verabreden, den Erfolg durch gemeinsame Anstrengung, mit gemeinsamen Kräften und Mitteln zu erreichen, bleiben partiarische Verträge zweiseitige Schuldverträge. Im Zusammenhang mit dem Bank- und Börsengeschäft sind neben dem partiarischen ↑Darlehen die folgenden Geschäftsbesorgungsverträge von praktischer Bedeutung: der einfache Auftrag mit Erfolgshonorar und von diesem abgeleitete Formen, der Mäklervertrag, der Agenturvertrag und die Kommission, bei welcher eine erfolgsabhängige Vergütung bereits gesetzlich verankert ist, sowie die gemischten Rechtsgeschäfte des Bankenverkehrs, wie etwa der Vermögensverwaltungsauftrag. Ob im konkreten Fall eine Gesellschaft oder ein partiarisches Rechts-

verhältnis vorliegt, ist oft schwer zu bestimmen, da es häufig an klaren vertraglichen Abmachungen mangelt und sich die Parteien nicht selten widersprüchlich verhalten. Für die Rechtsfolgen und im Speziellen die Haftung ist die rechtliche Qualifikation aber entscheidend. ↑Partiarisches Darlehen.

Peter Forstmoser

Partiarisches Darlehen

Das partiarische Darlehen ist ein echtes ↑Darlehen im Sinne von OR 312ff. Es setzt die Verpflichtung des Darlehensgebers zur Übertragung des Eigentums an einer Summe Geld oder anderen vertretbaren Sachen und die Rückerstattungspflicht des Darlehensnehmers von Sachen der nämlichen Art in gleicher Menge voraus. Vom klassischen kaufmännischen Darlehen unterscheidet sich das partiarische Darlehen dadurch, dass ein fester ↑Zins überhaupt nicht oder nur in bescheidener Höhe vorgesehen ist, dafür aber eine Beteiligung am Geschäftsgewinn (und ausnahmsweise auch am Geschäftsverlust) vereinbart wird.

Besteht das Entgelt ausschliesslich in einem Anteil am ↑Reingewinn (und allenfalls auch am Verlust), kann die Grenzziehung zur einfachen Gesellschaft und vor allem ihrer Abart, der stillen Gesellschaft, bei welcher Dritten gegenüber nur der Hauptgesellschafter in Erscheinung tritt, schwierig sein. Wie bei der Gesellschaft decken sich die Interessen des Darlehensgebers und Darlehensnehmers teilweise, da beide an einer positiven Gewinnentwicklung interessiert sind. Ob im Einzelfall ein Darlehen oder ein Gesellschaftsverhältnis vorliegt, ist aufgrund der gesamten Umstände zu entscheiden. Die Bezeichnung, welche die Parteien für ihr Rechtsverhältnis verwendet haben, ist kein absolutes Kriterium für die Qualifikation, da diese dem Parteiwillen entzogen ist.

Wichtigstes Abgrenzungskriterium ist das Mitbestimmungsrecht des Geldgebers: Eine Gesellschaft setzt voraus, dass dem Geldgeber zumindest bei den grundlegenden Entscheidungen ein Mitbestimmungsrecht zukommt. Fehlt ein solches vollständig, ist ein partiarisches Darlehen anzunehmen. Sodann ist auf die folgenden Indizien zu achten: Der vertragliche Ausschluss einer Verlustbeteiligung deutet auf ein partiarisches Darlehen hin, da ein solcher bei Gesellschaftsverträgen aussergewöhnlich ist. Die Verbuchung des Betrages als ↑Fremdkapital spricht ebenfalls für ein partiarisches Darlehen. Dagegen deutet die vertragliche Vereinbarung eines Konkurrenzverbots zulasten des Geldgebers auf ein Gesellschaftsverhältnis hin, da sich die Pflicht des Darlehensgebers regelmässig in der Kapitalhingabe erschöpft.

Die rechtliche Qualifikation ist von eminenter praktischer Bedeutung, da der Gesellschafter für die Schulden mithaftet, während den ↑Gläubiger nicht nur keine Haftung trifft, sondern er vielmehr den zur Verfügung gestellten Betrag zurückverlangen kann. Zu beachten ist, dass sich die Qualifikation einer rechtlichen Beziehung im Laufe der Zeit ändern kann: Mischt sich ein Geldgeber mehr und mehr in die geschäftlichen Belange ein, dann kann aus dem (partiarischen) Darlehen eine stille Gesellschaft werden, mit entsprechenden Haftungsfolgen.

Peter Forstmoser

Participating bond
↑Bond; ↑Bond-Handel.

Participation cap
Participation cap hat zwei Bedeutungen:
1. Gleichzeitiger Kauf eines ↑Cap und Verkauf eines ↑Floor mit der gleichen Zinsbegrenzung, aber mit unterschiedlichen Anlagebeträgen.
2. Bei einem ↑partiarischen Darlehen Begrenzung des Gewinnanteils auf einen zum Voraus festgelegten Höchstbetrag.

Participation fee
Derjenige Teil der ↑Management fee (Führungsprovision), der bei der ↑Emission von ↑Euronotes an die übrigen ↑Underwriters bezahlt wird.

Partizipationsgeschäft
↑Konsortialkredit; ↑Metageschäft.

Partizipationsschein

Der Partizipationsschein (PS) ist seinem Ursprung nach ein Kapitalbeschaffungs-Genussschein. Die Bezeichnung ist erstmals 1963 für die PS der Sulzer verwendet worden, um die ↑Titel vom ↑Genussschein im herkömmlichen Sinn (OR 657) zu unterscheiden.

Die Partizipationsscheine erfreuten sich als ↑Inhaberpapiere in den 70er- und 80er-Jahren grosser Beliebtheit bei der Beschaffung von ↑Eigenkapital, weil durch die ↑Emission von nicht stimmberechtigten ↑Beteiligungspapieren die bestehenden Kontrollverhältnisse der Aktiengesellschaft (AG) nicht verändert worden sind. Ein wichtiges Anliegen der Aktienrechtsreform war deshalb die ausführliche Regelung der Partizipationsscheine. Dem Partizipanten werden grundsätzlich die gleichen Vermögensrechte wie einem Aktionär eingeräumt, ebenso das Recht auf Anfechtung von Generalversammlungsbeschlüssen, nicht dagegen das Stimmrecht und die damit zusammenhängenden Rechte (OR 656f I, 656e I).

Zwischen Aktionären und Partizipanten besteht eine Schicksalsgemeinschaft, da die Aktionäre durch Generalversammlungsbeschlüsse die Stellung der Partizipanten zwar verschlechtern können, aber nur dann, wenn sie auch selber eine entsprechende Einbusse auf sich nehmen (OR 656f III). Durch diese Ordnung wird sichergestellt, dass die Aktionäre Veränderungen nicht einseitig zulasten der Partizipanten beschliessen. Zugleich wird aber die Flexibilität der AG erhalten: Die Partizipanten haben keinen Anspruch auf Beibehaltung des Status quo. Nur in den Fällen, in denen ihnen einseitig Vorrechte entzogen werden sollen, müssen sie – in einer Sonderversammlung – zustimmen (OR 656f IV).

Im Übrigen gelten die Vorschriften über das ↑Aktienkapital, die ↑Aktie und den Aktionär grundsätzlich auch für das Partizipationskapital, den Partizipationsschein und den Partizipanten (OR 656a II) mit Ausnahme des Mindestkapitals. Um zu verhindern, dass eine Gesellschaft allzu viel stimmrechtsloses Eigenkapital einsetzt, darf das Partizipationskapital das Doppelte des Aktienkapitals nicht übersteigen (OR 656ff.).

Trotz der umfassenden gesetzlichen Regelung hat der Partizipationsschein als ↑Finanzierungsinstrument von Publikumsgesellschaften erheblich an Bedeutung eingebüsst. Als Folge neuer Vorschriften über das Aktienkapital (Aktienrechtsrevision) hat der Partizipationsschein gegenüber dem früheren Recht bedeutende Vorzüge verloren. Professionelle ↑Investoren betrachten vor allem das fehlende Stimmrecht als Mangel und bewerten den Partizipationsschein, ungeachtet der vermögensrechtlichen Gleichstellung, niedriger als die vergleichbare Aktie, was eine tiefere ↑Börsenkapitalisierung zur Folge hat und eine Shareholder-value-orientierten Unternehmungsführung beeinträchtigt. Die Tendenz, die ↑Kapitalstruktur zu vereinfachen und nur noch eine Kategorie von Beteiligungsrechten – die ↑Einheitsaktie – vorzusehen, hat ebenfalls dazu beigetragen, den Partizipationsschein zu verdrängen. Das Partizipationskapital ist in Publikumsgesellschaften bis auf wenige Ausnahmen durch Umwandlungen in Aktienkapital abgeschafft worden. Bei privaten Aktiengesellschaften kommen Partizipationsscheine gelegentlich vor, wenn – etwa im Rahmen einer Familie – einzelne Beteiligte zwar an Chancen und ↑Risiken partizipieren, aber von Mitbestimmungsrechten ausgeschlossen werden sollen. Solche Partizipationsscheine weisen gegenüber Aktien einen erheblichen Minderwert auf. *Max Boemle*

Partly paid bond
Anleihe, die zum Zeitpunkt der ↑Emission nur zu einem Teil liberiert werden muss. Der Restbetrag ist an einem späteren, zum Voraus festgelegten Zeitpunkt fällig.

Partnership agreement
↑Joint venture.

Passive Anlagestrategie
Unter einer ↑Anlagestrategie versteht man jene Grundsätze, nach denen der Portfoliomanager das Anlagemanagement ausrichtet. Dabei hat er die Wahl zwischen einer ↑aktiven Anlagestrategie oder einer passiven. Diese Entscheidung hängt wiederum davon ab, welche Annahmen er über die Effizienz der ↑Finanzmärkte trifft. Geht der Portfoliomanager von effizienten Finanzmärkten (↑Effizienter Markt) aus, wird er ein passives Management wählen, weil sich allfällige Ineffizienzen wegen der ↑Transaktionskosten nicht gewinnbringend ausnützen lassen. Im Gegensatz zur aktiven Anlagestrategie besteht bei der passiven Strategie das Ziel nicht darin, den Markt zu schlagen, sondern möglichst exakt der ↑Performance des ↑Benchmarks zu folgen. Benchmark ist ein mit dem betreffenden Markt stark korrelierter Index. Mit verschiedenen Methoden kann nun versucht werden, diesen Index abzubilden. Im angelsächsischen Sprachraum wird ein passives Management deshalb Indexing genannt.

Die geläufigsten Methoden des passiven Portfoliomanagements sind die *vollständige ↑Replikation* des Marktindizes und das *Optimized sampling*. Bei der vollständigen Replikation entspricht das ↑Portfolio in seiner Gewichtung dem Marktindex. Wegen der dabei entstehenden Transaktionskosten bringt diese Methode einen grossen Aufwand mit sich und ist relativ teuer. Als Alternative bietet sich das Optimized sampling an. Bei dieser Methode ist die Anzahl ↑Titel im Portfolio vorgegeben. Obwohl auch hier eine möglichst grosse Annäherung an den Benchmark angestrebt wird, entstehen Unterschiede in der Performance von Portfolio und Benchmark (↑Tracking error).

Weitere Methoden der passiven Anlagestrategie sind:
– *Stratified sampling:* Das Portfolio weist weniger Titel als der Benchmark auf, wobei einige Titel die gleiche Gewichtung wie im Benchmark haben
– *Factor matching:* Das Portfolio besteht aus einer beschränkten Anzahl Titel; es soll bei den ↑systematischen Risiken die gleiche Sensitivität wie der Benchmark aufweisen
– *Synthetische ↑Indexierung:* Stellt eine Kombination von Geldmarktanlagen und Indexfutures dar.

Neben den oben genannten Methoden kann im Rahmen der passiven Anlagestrategie auch eine ↑Buy-and-hold-Strategie gewählt werden. Dabei werden im Portfolio nach subjektiven Kriterien Titel kombiniert und für längere Zeit gehalten. Die eingegangenen unsystematischen Risiken werden im Allgemeinen nicht durch eine höhere ↑Rendite gerechtfertigt. Im Vergleich zum aktiven Portfoliomanagement bringt die Wahl eines passiven Managements wesentlich tiefere Kosten bei den Transaktionskosten und ↑Management fees mit sich. Die Statistik zeigt, dass passiv geführte Portfolios in einer Mehrheit der Fälle eine ebenso gute oder sogar eine bessere Performance erzielen als aktive. Kritiker führen an, dass ein passives Portfoliomanagement langfristig den Märkten schaden könne, weil nur Titel berücksichtigt würden, die im Vergleichsindex enthalten seien. Das führe zu einer

Passivenüberhang

Vernachlässigung jener Titel, die nicht im Marktindex enthalten sind. *Hans-Dieter Vontobel*
Lit.: Auckenthaler, Chr.: Theorie und Praxis des modernen Portfolio-Managements, Bern, 1996. – Bruns, Chr./ Meyer-Bullerdiek, F.: Professionelles Portfoliomanagement, Stuttgart, 2000. – Gast, Chr.: Asset Allocation – Entscheidungen im Portfolio-Management, Bern, 1998. – Lottenbach, W.: Der Anlageentscheidungsprozess im internationalen Portfolio-Management, St. Gallen, 1995.

Passivenüberhang
↑Passivlastigkeit.

Passive Rechnungsabgrenzungsposten
Bei der periodengerechten Erfassung von Aufwendungen und Erträgen entstehende transitorische Passiven, z.B. zum Voraus erhaltene Erträge wie ↑Zinsen und Mieten, sowie Aufwendungen der Rechnungsperiode, die erst im nächsten Jahr bezahlt werden.

Passivgeschäft
Begriff für die Geschäfte, bei welchen die Bank Schuldnerin wird; sie finden auf der Passivseite der Bilanz ihren Niederschlag. Im Passivgeschäft nimmt die Bank die Gelder herein, die sie im ↑Aktivgeschäft auf eigene Rechnung ausleiht.

Passivieren
Verbuchung der beim Jahresabschluss unter die Passiven aufzunehmenden Verpflichtungen.

Passivlastigkeit
Auch Passivenüberhang. Von Passivlastigkeit spricht man, wenn bei einer Bank, meistens bei einer Geschäftsstelle, mehr ↑Kundengelder eingehen als Kredite gewährt werden können. Die überschüssigen Passiven werden der Zentrale zur Verfügung gestellt, die sie – unter interner Zinsverrechnung und je nach Situation – an Geschäftsstellen mit ↑Aktivlastigkeit weiterleitet oder am ↑Geldmarkt anlegt.

Passivsaldo
Der Betrag, um den die Passiven grösser sind als die Aktiven. ↑Überschuldung. Gegenteil: ↑Aktivsaldo.

Passivzinsen
↑Zinsen, welche die Bank zahlen muss, im Gegensatz zu ↑Aktivzinsen, die sie fordern kann. Bei den übrigen Unternehmungen (Nichtbanken) spricht man von Zinsaufwand und -ertrag.

Passwort
Erkennungswort, welches zwischen Bank und Kunde vereinbart wird; der Kunde legitimiert sich gegenüber der Bank ausser mit seiner Unterschrift noch zusätzlich durch Nennung des Passworts. Die Vereinbarung eines Passworts soll eine erhöhte Sicherheit gegen Missbräuche gewähren. Es wird sowohl im ↑Depotgeschäft, bei ↑Nummernkonten als auch vor allem bei der Schrankfachvermietung (↑Schrankfach) vereinbart. Auch bei Spar- und Depositenkonten (↑Sparkonto, Sparheft; ↑Depositen- und Einlagekonti, -hefte) wird vereinzelt ein Passwort festgelegt. Im elektronischen Benutzer- und Geschäftsverkehr ist das Passwort eine Art ↑Code, ein geheimes Kennwort, das vom Systembetreiber zugeteilt und vom Benutzer verwendet wird, um Zugang zum System und damit zu den dort in Dateien gespeicherten Informationen zu erhalten.

Patronatserklärung
Im ↑Konzern werden die Finanzmittel der angeschlossenen Gesellschaften in geringerem oder stärkerem Ausmass zentral bewirtschaftet. Die Möglichkeit der Verschiebung von Mitteln im Konzern kann bei der externen ↑Fremdfinanzierung einzelner Konzerngesellschaften für den ↑Kreditgeber zur Ungewissheit über das vorhandene Haftungssubstrat führen. Daraus ergibt sich eine Beeinträchtigung der ↑Kreditwürdigkeit, welcher durch eine Patronatserklärung entgegengewirkt werden kann. Solche Erklärungen gehen von einer andern als der kreditnehmenden Konzerngesellschaft aus und können verschiedenste Inhalte aufweisen, welche darauf angelegt sind, die Bereitschaft des Kreditgebers zur Finanzierung zu erhöhen.

Ausstellerin der Patronatserklärung ist meist die ↑Muttergesellschaft oder eine andere, in der Konzernhierarchie hoch platzierte bzw. mit Management- und/oder Thesaurierungsfunktionen (↑Thesaurierung) ausgestattete Gesellschaft. Die Idee der Patronatserklärung ist dabei zweiteilig: Einerseits soll eine Gesellschaft, die gegenüber der kreditnehmenden Gesellschaft Leitungsaufgaben wahrnimmt, mit einer solchen Erklärung zum Ausdruck bringen, dass sie die Leitungsmacht nicht zum Nachteil des Kreditgebers ausüben wird. Anderseits engagiert diese Gesellschaft im Rahmen der übernommenen Verpflichtung ihr eigenes Haftungssubstrat, welches durch das Zusammenlaufen der Beteiligungswerte bzw. der Erträge bei ihr grösser oder jedenfalls stabiler ist als bei der kreditnehmenden Untergesellschaft.

Üblich ist die Unterscheidung in *harte und weiche Patronatserklärungen*. Nach dem einen Sprachgebrauch werden als hart diejenigen Patronatserklärungen verstanden, die eine eigentliche Sicherungspflicht (Garantie, ↑Bürgschaft) und damit die Erwähnungspflicht im Anhang zur Bilanz (OR 663b I; BankV 25 I 3.1) begründen. Die andere, in der Schweiz vorherrschende Terminologie bezeichnet als hart überhaupt jede Patronatserklärung mit rechtlich verbindlichem Inhalt.

Häufig anzutreffen sind etwa folgende *harte Patronatserklärungen* in diesem zweitgenannten Sinn:
– Erklärung, die Beteiligung an der kreditnehmenden Gesellschaft beibehalten zu wollen
– Erklärung, auf die kreditnehmende Gesellschaft im Sinne der Erhaltung der ↑Bonität einwirken zu wollen
– Erklärung, keine den betreffenden Kredit gefährdende ↑Ausschüttungen aus der kreditnehmenden Gesellschaft vornehmen zu wollen
– Erklärung, die ↑Zahlungsfähigkeit der kreditnehmenden Gesellschaft aufrechtzuerhalten.

Auch die letztgenannte Variante ist nicht ohne weiteres mit einem eigentlichen Sicherungsgeschäft im Sinne von Garantie oder Bürgschaft gleichzusetzen. Denn der Umstand, dass die erklärende Gesellschaft die Formulierung einer eigentlichen Sicherung (Zahlung mangels Zahlung durch die Hauptschuldnerin) vermieden hat, muss bei der Auslegung beachtet werden. Die Gewährleistung gesunder Finanzverhältnisse (sog. *Keep-well-Klauseln*) muss in der Regel als blosse Erklärung des Willens verstanden werden, im Rahmen der vorhandenen Kräfte in dieser Richtung zu wirken; eine Verpflichtung, im Fall schlechten Geschäftsgangs zum Nachteil der erklärenden oder anderer Konzerngesellschaften zu handeln, wird damit nicht übernommen.

Den Ausweis im Anhang zur Jahresrechnung empfiehlt das Schweizer Handbuch der Wirtschaftsprüfung 1998 aus dem Vorsichtsprinzip heraus auch für diejenigen rechtsrelevanten Patronatserklärungen, die nicht eigentliche Sicherungsgeschäfte sind. Über den Gesetzestext hinaus gehen auch die ↑Fachempfehlungen zur Rechnungslegung (Swiss GAAP FER 10, 1.3.), welche aufgrund des ↑Kotierungsreglements für die an der Schweizer ↑Börse kotierten Unternehmen allgemein gelten. Für die nur den gesetzlichen Vorschriften des OR unterworfenen Gesellschaften dürften diese Regeln zu streng sein.

Weiche Patronatserklärungen sind demgegenüber solche, die durch ihren Text keine Rechtsverbindlichkeit, sondern nur faktisch oder moralisch gewisse Erwartungen erzeugen. Verschiedene der für Patronatserklärungen üblichen Bezeichnungen auf Englisch (Letter of comfort; Letter of awareness) oder Französisch (Lettre d'intention) deuten auf einen solchen «weichen» Charakter hin. Indessen kann der Text der allenfalls routinemässig gewählten Überschrift widersprechen und ist dann massgebend. *Jean Nicolas Druey*

Paulianische Anfechtung
↑Anfechtungsklage.

Pauschalwertberichtigung
Pauschalwertberichtigungen werden in der Regel für nicht einzeln ermittelbare oder erkennbare, aber bereits eingetretene ↑Kreditrisiken gebildet. Soweit diese betriebswirtschaftlich erforderlich sind, handelt es sich nicht um ↑stille Reserven. Werden Pauschalwertberichtigungen auf Handelsbeständen für ↑Marktrisiken, Kursschwankungen, ↑Zinsänderungsrisiken vorgenommen, gelten diese dagegen als stille Reserven. Auch bei Pauschalwertberichtigungen und Rückstellungen (↑Wertberichtigung und Rückstellungen) ist die Zweckbestimmung klar festzuhalten, damit die zweckbestimmte, perioden- und positionsgerechte Verwendung nachvollziehbar und überprüfbar ist.

Payback-Periode
Kapitalrückflusszeit oder Amortisationsdauer. Diejenige Zeitspanne, innerhalb der die Einzahlungsüberschüsse eine ↑Investition und die Investitionssumme zuzüglich die Verzinsung decken.

Pay before
Allgemeine Bezeichnung für Zahlungsprodukte, bei denen das ↑Konto des ↑Karteninhabers schon vor der eigentlichen Produktenutzung belastet wird. ↑Elektronisches Portemonnaie CASH; ↑Wertkarte (Electronic purse).

Payer swap
Vereinbarung zwischen zwei Parteien über den Austausch einer fixen Zinszahlung gegen eine variable über einen gewissen Zeitraum. Der Payer verpflichtet sich, die fixen Zahlungen zu leisten und erhält dafür die variablen zu den jeweils vorherrschenden Marktbedingungen. Der Receiver erhält die fixen Zinszahlungen und leistet die variablen. Payer swaps eignen sich zur Absicherung gegen steigende ↑Zinsen. Gegenteil: ↑Receiver swap. ↑Asset and liability management (ALM).

Paying agency agreement
↑Zahlstelle.

Paying agent
↑Zahlstelle.

Pay later
Allgemeine Bezeichnung für Kartenprodukte, bei deren Einsatz die Transaktionsbeträge erst nach Nutzung der Karte auf dem Kartenkonto verbucht und gesammelt werden. Dem Karteninhaber geht in regelmässigen Zeitabständen eine Sammelabrechnung mit allen bis zum Stichtag getätigten Umsätzen zum Zahlungsausgleich zu. ↑Kreditkarte.

Payment order
↑Zahlungsauftrag.

Pay now
Allgemeine Bezeichnung für Kartenprodukte, bei deren Nutzung die getätigten Transaktionsbeträge dem ↑Konto des ↑Karteninhabers sofort belas-

tet werden, d.h. unmittelbar nach Abrechnung der Transaktionsdaten durch die Acquirer-Bank (↑Acquirer) gegenüber der Issuer-Bank (↑Issuer). Dieses Verfahren gilt für Kartenprodukte wie ↑ec, ↑Maestro und ↑Cirrus. ↑Debitkarte.

Pay-off
Gewinn oder Verlust eines ↑Derivats bei ↑Verfall in Abhängigkeit vom Preis des ↑Underlyings.

Pay-off-Zeit
↑Payback-Periode.

Pay out ratio
Die Pay out ratio gibt das Verhältnis zwischen dem erzielten und dem ausgeschütteten Gewinn (↑Dividende und gegebenenfalls ↑Nennwertrückzahlung) an. Für einkommensorientierte Aktionäre ist die Pay out ratio eine wichtige Kennzahl. Verschiedene Gesellschaften informieren deshalb die Marktteilnehmer über die Ziel-pay-out-Ratio.

Payserv
↑Telekurs.

PC banking
↑Electronic banking.

PDC
Abk. f. Pas de correspondance (↑Banklagernderklärung).

PEG
↑Price earnings growth ratio.

P1 / P2 / P3
Rating-Symbole von Moody's für kurzfristige Finanzpapiere bzw. deren ↑Emittenten. ↑Rating.

Penalty fee
↑Roll-over-Kredit.

Penny stocks
↑Aktien mit einem sehr tiefen ↑Kurswert und deshalb spekulativen Einschlags.

Pensionsgeschäft
↑Wechselpension; ↑Report.

Pensionskassen
↑Vorsorgeeinrichtungen.

PER
Abk. f. ↑Price earnings ratio.

P/E-Ratio
↑Price earnings ratio (PER).

Per aval
↑Aval.

Per Erscheinen
Bezeichnung für den Handel mit ↑Effekten, die angekündigt sind, aber real noch nicht existieren. Wenn die ↑Emission eines ↑Wertpapiers feststeht, kann bereits vor der eigentlichen Titelausgabe ein ausserbörslicher Handel «per Erscheinen» stattfinden. Dies ist bei Neuemissionen von ↑Obligationen, Kapitalerhöhungen und Umwandlungen von Inhaber- in Namenaktien möglich. Der Handel findet normal statt, aber es gilt die Bedingung, dass die ↑Valoren sofort nach Erscheinen ausgeliefert werden müssen. Laut den Börsenusanzen der ↑SWX Swiss Exchange sind schweizerische ↑Titel innerhalb von drei Tagen nach Erscheinen auszuliefern, ausländische innert 5 Tagen. Diese Phase des Handels stellt eine Verwischung der Grenze zwischen ↑Primärmarkt (↑Emissionsmarkt) und ↑Sekundärmarkt dar, an der sich hauptsächlich institutionelle Händler und Banken beteiligen. In den angelsächsischen Ländern ist darüber hinaus meist sogar ein Pre-Market möglich, bevor die Emission des Wertpapiers definitiv feststeht (↑As if and when issued). *Hans-Dieter Vontobel*

Perfekter Hedge
Als perfekten ↑Hedge (perfektes Hedging) bezeichnet man Absicherungsmassnahmen, welche sämtliche zu eliminierenden ↑Risiken vollständig absichern. Bei der abzusichernden ↑Position resultiert also kein verbleibendes ↑Exposure. Perfektes Hedging ist in der Praxis kaum jemals anzutreffen, erstens weil aufgrund von Kontraktgrössen und vorgegebenen ↑Laufzeiten meistens ein ↑Residual risk entsteht und zweitens weil eine vollständige Absicherung wegen des Wunsches nach ↑Spekulation und aufgrund zu hoher Kosten nicht gewünscht wird.

Performance
Performance wird gemeinhin als *Leistung* oder auch *Erfüllung* im Zusammenhang mit einer Zielvorgabe verstanden. Der Begriff wird verwendet beim Kursverlauf eines ↑Wertpapiers; beim Indexverlauf eines Teil- oder Gesamtmarktes; bei der Wertentwicklung eines Portefeuilles und auch bei der anlagepolitischen Leistung eines ↑Anlageberaters oder eines Fondsmanagers mit Blick auf das ↑Anlageziel. Die Bedeutung des Begriffs Performance ist somit kontextbezogen zu betrachten und hängt immer vom Anwender als auch vom Anwendungsgebiet ab. So könnte Performance ohne weiteres auch im Rahmen der Personalentwicklung oder des Qualitätsmanagements diskutiert werden. In der Finanzwirtschaft wird Performance als *Wertentwicklung* bzw. *Wertzuwachs* verstanden. Die folgenden Ausführungen beschränken sich auf die finanzwirtschaftliche Performance von ↑Kapitalanlagen.

Die Basis der Kapitalanlagen bildet das investierte ↑Kapital. Hauptziel der Anlage ist die Erzielung einer ↑Rendite. Die Performance deswegen mit der Rendite gleichzusetzen, wäre eine zu enge Betrachtung, da auch die jeweiligen Anlageziele, das ↑Risiko und weitere Faktoren mitberücksichtigt werden müssen.

Die Performance ist kein *absolutes,* sondern ein *relatives* Mass. Die Resultate müssen vergleichbaren Anlagen und der allgemeinen Marktentwicklung gegenübergestellt werden. Dafür existieren so genannte *Performanceindizes.* Nicht zu verwechseln sind diese mit reinen Kursindizes. Ein Performanceindex erfasst sämtliche Erträge, die aus einer Anlage resultieren, also auch ↑Dividenden, ↑Boni und ↑Bezugsrechte. Die meisten grossen ↑Aktienindizes sind Kursindizes. Ein Performanceindex ist beispielsweise der Deutsche Aktienindex ↑DAX, den es jedoch auch als Kursindex gibt. Das Pendant in der Schweiz ist der ↑Swiss Performance Index (SPI).

Die Performance-Messung stellt einen integrierten Bestandteil der strategischen Vermögensallokation (Strategic asset allocation) dar. Wie wird die Wertentwicklung der Kapitalanlagen gemessen? Welche Faktoren werden nebst der Rendite noch berücksichtigt?

Für einen sinnvollen Vergleich verschiedener Investment-Performances müssen zuerst Risiko und die Rendite mit standardisierten Verfahren erfasst werden. Dabei gilt es, verschiedene Arten von Renditen auseinanderzuhalten, nämlich *einfache Renditen,* ↑*Durchschnittsrenditen* und *stetige Renditen.* Sollen Ein- und Auszahlungen mitberücksichtigt werden, gibt es zwei Wege der Renditeberechnung: die Zeit- und die Geldrendite. Um das Risiko zu erfassen, müssen die ↑*Volatilitäten* gemessen werden. Untersucht man das Risiko von ↑Portfolios, so kann festgestellt werden, dass dieses nicht nur von den Volatilitäten der einzelnen ↑Aktien, sondern auch von der ↑Korrelation der Volatilitäten untereinander abhängt. Eines der bekanntesten Risikomasse aus der Theorie ist der ↑*Beta-Faktor.* Es orientiert sich am gesamten Markt und symbolisiert jeweils das ↑systematische Risiko, dasjenige Risiko also, das auf den gewählten ↑Anlagestil zurückzuführen ist. Der Beta-Koeffizient ist das Risikomass des nicht minder bekannten ↑Capital asset pricing model (CAPM). Das CAPM wurde von William Sharpe in den 60er-Jahren entwickelt und basiert seinerseits auf der *Portfolioselektions-Theorie* von Harry Markowitz aus den 50er-Jahren, die als Ausgangspunkt nahezu sämtlicher im Rahmen der modernen Portfolio- und Finanzmarkttheorie entstandenen Performance-Messmethoden verstanden werden kann.

Für die Beurteilung der Performance und deren Teilaspekte gibt es verschiedene Ansatzpunkte, für die jeweils die Rendite und das Risiko sowie weitere Faktoren herangezogen werden:

– *Interne und externe Performance-Messung:* Dies betrifft die Unterscheidung zwischen der externen Sicht der ↑Investoren und der internen Sicht der Kapitalanlagegesellschaften. Für Erstere bedeutet die Performance die Möglichkeit, Rückschlüsse auf die Qualität der Portfoliomanager zu ziehen. Damit können sie bewerten, ob die zu entrichtenden Kommissionen und Gebühren (Fees) gerechtfertigt sind. Im internen Bereich geht die Performance-Messung in der Regel weit über die reine Leistungsmessung hinaus. Der Ertrag wird zerlegt, die Risikoanalyse gewinnt ebenso wie der Anlagestil (Investment style) an Bedeutung.

– *Quellenanalyse:* Um die Performance eines Portfolios hinsichtlich seiner Quellen zu analysieren, kann die Rendite des Portfolios in einzelne Komponenten zerlegt werden. Unterschieden werden dabei *Strategie-, Timing- und Selektivitätskomponente.* Die Komponenten müssen mit den einzelnen Entscheidungen, die ein Portfoliomanager zu treffen hat, übereinstimmen, also mit der *Allokation* (Strategie) und dem *Anfangs- und Endzeitpunkt* (↑Timing) und der *Titelauswahl* (Selektion).

– *Investment style:* Gelingt es, den Investment style zu identifizieren, so kann ein ↑Anlagefonds bezüglich seiner anlagepolitischen Vorgaben beurteilt und die Frage untersucht werden, welchen Wert das aktive Management hinzugefügt hat. Diese Bewertung geschieht anhand eines ↑Benchmark portfolios.

– *Performance-Masse:* Für die Bestimmung der Performance gibt es einige auf dem CAPM basierende Formeln. Das *Jensen-Alpha* bewertet das Ausmass der Über- bzw. Unterbewertung einer Anlage. Die *Treynor-Ratio* setzt durch Quotenbildung die erzielte durchschnittliche Überschussrendite in Relation zum eingegangenen systematischen Risiko-Beta. Die *Sharpe-Ratio* bezieht sich auf die gleiche Relation wie die Treynor-Ratio, verwendet jedoch als Risikomass nicht Beta, sondern die Gesamtvolatilität Sigma. Als Mass für den Portfoliovergleich existiert weiter der ↑*Time weighted return,* d.h. die zeitgewichtete Rendite.

– *Anlagehorizont und Struktur des Anlagevermögens:* Bei einer Betrachtung über längere Zeit wird ersichtlich, dass die Volatilität mit der Quadratwurzel des Zeithorizontes wächst, während sich die durchschnittliche Rendite proportional zum Zeithorizont bewegt. Nebst dem Einfluss des Zeithorizonts, hat auch die Zusammensetzung des Portfolios einen Einfluss auf die Performance. *Hans-Dieter Vontobel*

Lit.: Auckenthaler, Chr.: Mathematische Grundlagen des modernen Portfolio-Managements, Bern, 1995. – Bickel, A.: Moderne Performance-Analyse, Bern, 1999. – Hoffmann, O.: Performance Management, Stuttgart, 1999. – Kleeberg, J. M./

Rehkugler, H.: Handbuch Portfoliomanagement, Bad Soden, 1998. – Stucki, E.: Beschreibende Methoden zur Messung der Performance von Aktienportfolios, Zürich, 1988. – Wittrock, C.: Messung und Analyse der Performance von Wertpapierportfolios, Bad Soden, 2000. – Zimmermann, H.: Moderne Performance-Messung, Bern, 1996.

Performance bond
↑Bankgarantie.

Performancefaktor
Als Performancefaktor bezeichnet man jene Ertragskennzahl, die anzeigt, um wie viel sich das eingesetzte ↑Kapital innerhalb eines bestimmten Zeitraumes vervielfacht, bzw. um welchen Faktor die ↑Performance zugenommen hat. Performancefaktoren können mit folgender einfacher Formel ermittelt werden:

$$P = 1 + \frac{\text{Performance}}{100}$$

Die Wertentwicklung von ↑Kapitalanlagen wird meist in Prozenten ausgedrückt und auf einen bestimmten Zeitraum bezogen. Eine Performance von null schliesst nicht aus, dass die Anlage an nominalem Wert gewonnen hat. Letzteres ist dann der Fall, wenn die Performance eines bestimmten ↑Portfolios mit der positiven ↑Benchmark übereinstimmt, also exakt die Marktperformance erzielt. Ist der Performancefaktor grösser als 1, so spricht man von outperformen (↑Outperformance) einer ↑Aktie oder einer Anlage; ist er kleiner als 1, hat die Anlage underperformt. Angewendet wird der Performancefaktor, um die ↑historische Volatilität zu errechnen. Diese zeigt an, wie stark der ↑Kurs oder der Preis eines ↑Finanzinstrumentes in einem bestimmten Vergangenheitszeitraum geschwankt hat. Die Volatilität wird durch die ↑annualisierte Standardabweichung der Kurs- oder Renditeveränderungen gemessen.

Hans-Dieter Vontobel

Performance fee
Englische Bezeichnung für erfolgsabhängige Entschädigung.

Performance fund
Ein *Performance fund* ist ein Investmentfonds, dessen ↑Anlageziel vornehmlich in einem hohen Wertzuwachs und nicht in möglichst hohen ↑Ausschüttungen besteht. Dem Begriff liegt ein Verständnis zu Grunde, das ↑Performance hauptsächlich als ↑Rendite versteht. Man kann also auch von einem Renditefonds sprechen.
Um die benötigte, hohe Performance zu erreichen, besteht der ↑Fonds in der Regel hauptsächlich aus ↑Aktien, und zwar aus so genannten ↑Wachstumsaktien. Als Wachstumsaktien gelten ↑Titel, an die hohe Ertragserwartungen gestellt werden und hinter denen Unternehmen stehen, die grosse ↑Investitionen getätigt haben, was im Normalfall stark wachsende Umsätze und Erträge erwarten lässt. Solche Aktien sind für gewöhnlich entsprechend hoch bewertet und weisen ein überdurchschnittliches Kurs-Gewinn-Verhältnis aus. Dagegen ist die ↑Dividendenrendite eher niedrig, weil diese Unternehmen nicht ausschütten, sondern reinvestieren.
Die so zusammengesetzten Fonds werden oft auch als ↑*Wachstumsfonds* oder Growth funds bezeichnet, wobei der Performance fund in dieser Betrachtungsweise eine besonders aggressive Variante des Wachstumsfonds darstellt. Das Besondere an diesen Fonds ist, dass selbst dann, wenn ↑Dividenden und sonstige Erträge anfallen, diese nicht ausbezahlt, sondern thesauriert bzw. gleich wieder angelegt werden. Das Gegenteil von Wachstums- bzw. ↑Thesaurierungsfonds sind so genannte Einkommensfonds oder Income funds, die auf möglichst hohe Ausschüttungen an die Anteilscheininhaber abzielen.

Hans-Dieter Vontobel

Performance index
↑Aktienindex; ↑Obligationenindex.

Performance-Messung bei Anlagefonds
Mit der Performance-Messung wird der Anlageerfolg eines Investmentfonds bestimmt. Dabei stehen ↑Rendite und ↑Risiko im Vordergrund. Die ↑Performance wird dabei mit einem ↑Benchmark *(Performance-Index)* verglichen. Wenn ein ↑Fonds den Benchmark schlägt, spricht man von einer positiven Performance. Gestützt auf die Theorie der ↑effizienten Märkte bestreiten viele Autoren, dass aktiv verwaltete Fonds langfristig eine Performance erzielen können, die über dem Benchmark liegt. Ein aktives Management erfordert für die Allokation, die Selektion und das ↑Timing des Portefeuilles einen Aufwand, den der Anleger dem Fondsmanagement entschädigen muss. Vor diesem Hintergrund gewinnt die Performance-Messung bei Investmentfonds an Relevanz: Sie zeigt, ob die Managemententschädigung «verdient» ist oder nicht.
Es gibt verschiedene Methoden, mit denen die Performance gemessen werden kann. In der Theorie werden dementsprechend eine ganze Reihe von Performance-Masse hergeleitet. Dazu gehören beispielsweise diejenigen von *Sharpe, Jensen* oder *Treynor* sowie darauf aufbauende wie jenes von *Treynor/Black* oder alternative Methoden wie die ↑*Arbitrage pricing theory (APT)*. In der Praxis wird die Performance bei Fonds jedoch weiterhin häufig mit der Rendite gleichgesetzt und mit der *zeitgewichteten Rendite* errechnet (Time weighted rate

of return). Die Nicht-Berücksichtigung der Zu- und Abflüsse bei der Performance-Messung wird damit begründet, dass diese Bewegungen nicht vom Fondsmanager, sondern von den Anlegern gesteuert werden.

Internationale Performance-Vergleiche sind oft mit Vorsicht zu geniessen, weil viele Länder unterschiedliche Berechnungsusanzen anwenden oder die Fondskategorien anders einteilen. Die Europäische Investmentvereinigung (↑FEFSI) hat Ende 2001 Empfehlungen zur Vereinheitlichung der Performance-Messung erarbeitet. Im Bereich des ↑Asset managements existieren seit 1995 jedoch viel detailliertere Empfehlungen, die ↑*Global investment performance standards (GIPS)*. Sie sind in den USA von der ↑Association for Investment Management and Research (AIMR) aufgestellt worden und entwickeln sich früher oder später zum weltweiten Qualitätsstandard. Ausserhalb der USA gehörte die Schweiz zu den ersten Ländern, die sich ebenfalls ausführlich mit dem Thema befassten: 1997 führte die Schweizerische ↑Bankiervereinigung die ↑*Swiss performance presentation standards (SPPS)* ein, wobei es den einzelnen Finanzinstituten überlassen bleibt, ob sie sich dem SPPS unterstellen. Bis Ende 2001 haben in der Schweiz rund 40 Unternehmen die Empfehlungen übernommen. Nach einer Phase der eigenständigen Entwicklung sind die SPPS im Jahr 2001 weitgehend mit den GIPS harmonisiert worden. Die revidierten SPPS, die seit dem 01.01.2002 gelten, haben die ausdrückliche Anerkennung der GIPS-Trägerschaft erhalten und sind damit die schweizerische Adaption der GIPS. Mit dem Anschluss an diesen Standard mit weltweiter Ausstrahlung verzichtet die Schweiz auf die autonome Weiterentwicklung der SPPS. Ihre Expertise bringt sie künftig im International Performance Council ein, der mit seinen Subcommittees für die Weiterentwicklung der GIPS verantwortlich ist. Nach einer Übergangszeit bis 2005 sollen nationale Adaptionen zu Gunsten eines neuen GIPS-Gold-Standards vollständig verschwinden.

Hans-Dieter Vontobel

Lit.: Bickel, A.: Moderne Performance-Analyse, Bern, 1999. – Den Otter, M.: Investmentfonds, Zürich/Wien, 1999. – Egner, T.: Performancemessung bei Wertpapier-Investmentfonds, Heidelberg, 1998. – Zimmermann, H.: Moderne Performance-Messung, Bern, 1996.

Links: www.fefsi.org - www.aimr.org

Periode

Mit dem Begriff Periode wird der von jedem einzelnen Balken im Balkenchart (↑Bar-Chart) bzw. von jeder einzelnen ↑Kerze im ↑Candlestick chart dargestellte Zeitraum bezeichnet. Eine Periode von einem Tag bedeutet ein ↑Chartsymbol von einem Tag. Die Aneinanderreihung mehrerer Perioden ergibt einen ↑Chart.

Periodenfremde Aufwendungen, periodenfremde Erträge

Aufwände und Erträge, die einer früheren Rechnungsperiode zu belasten bzw. gutzuschreiben wären, weil ihre Ursachen nicht in der laufenden Rechnungsperiode liegen. Nach BankV 25a I sind diese unter den Positionen ausserordentlicher Aufwand bzw. ausserordentlicher Ertrag auszuweisen.

Permanenter Handel
↑Laufender Handel.

Per medio
↑Medio.

Perpetual bond
Perpetual bonds, auch ↑ewige Anleihen oder Rentenanleihen genannt, werden erst bei Liquidation der Gesellschaft zur ↑Rückzahlung fällig, wobei sich der ↑Emittent in der Regel jedoch vorbehält, eine vorzeitige Rückzahlung vorzunehmen. Der Zinssatz eines Perpetual bond wird im Allgemeinen für eine erste längere Periode festgelegt und in der Folge in gleichen Zeitabständen entsprechend den Anleihensbedingungen angepasst. Werden Perpetual bonds mit einem Rangrücktritt (↑Rangrücktrittserklärung) ausgestattet, handelt es sich um wirtschaftliches ↑Eigenkapital.

Perpetual floater
Variabel verzinsliche Anleihen ohne festen Rückzahlungstermin. ↑Perpetual bond.

Perpetual floating rate note
Als Perpetual floating rate note bezeichnet man eine «↑note» mit ↑variabler Verzinsung, die kein Verfalldatum hat. ↑Ewige Anleihen; ↑Perpetual bond.

Perpetuals
↑Ewige Anleihen.

Personalausbildung
↑Ausbildung im Bankensektor.

Personal identification number (PIN)
Die Personal identification number (PIN) ist ein nur dem Verfügungsberechtigten bekannter persönlicher Code (↑Code, Codierung) zur Identifikation bei der Benützung elektronischer Geldausgabe- oder ↑Zahlungssysteme mithilfe von ↑Plastikkarten (↑Plastikgeld). Es kann sich dabei um eine mehrstellige Geheimzahl oder um eine Kombination aus Ziffern und Buchstaben handeln. In der Schweiz wird die PIN in Verbindung mit der ↑ec/Maestro-Karte «ec-Code» genannt. Der ec-Code wird am Geldausgabeautomaten (↑Bancomat) oder am ↑Point of sale terminal am Bankschalter, an der Kasse, an der Tankstelle usw. vom Benützer über eine Tastatur eingetippt. Dabei prüft

das Gerät die Übereinstimmung mit den auf der Karte im Magnetstreifen und in der EMV-Chip-Applikation gespeicherten Angaben.

Ruedi Berger

Personalkredit

Im engeren Sinne ein Kredit, den eine natürliche Person allein aufgrund ihrer Vertrauenswürdigkeit, ihres Einkommens oder ihrer Vermögenslage erhält. Dem Geldgeber haften keine ausgeschiedenen Vermögenswerte des Schuldners als Pfand. Eine Sicherheitsleistung kann allenfalls in der Verpfändung der Ansprüche aus einer das Todesfall-, das Erwerbsausfall- und eventuell das Invaliditätsrisiko deckenden Versicherung bestehen. Im letzteren Fall sind die Bezeichnungen ↑Kleinkredit, ↑Konsumkredit und Barkredit gebräuchlich.

Im weiteren Sinn handelt es sich beim Personalkredit um einen Kredit, der entweder im Hinblick auf die Vertrauenswürdigkeit und wirtschaftliche Leistungsfähigkeit des Schuldners allein (↑Blankokredit) oder gestützt auf die Einkommens- und Vermögensverhältnisse mitverpflichteter Bürgen (↑Bürgschaftskredit) gewährt wird.

Der Personalkredit wird unterschieden vom ↑Realkredit.

Personalvorsorgeeinrichtungen

↑Berufliche Vorsorge; ↑Vorsorgeeinrichtungen.

Personalvorsorge-Gemeinschaftseinrichtung

↑Sammel- und Gemeinschaftsstiftungen als Vorsorgeeinrichtungen.

Personelle Risiken bei Banken

Das Personenrisiko ist Bestandteil des ↑operationellen Risikos eines jeden Unternehmens und umfasst die ↑Risiken, die auf unzureichende Qualität und Verfügbarkeit von Mitarbeitern sowie deren Fehler und absichtliches Fehlverhalten zurückzuführen sind. Unter unzureichender Qualität versteht man dabei mangelnde Eigenschaften oder Fähigkeiten eines Mitarbeiters, wie z.B. Ausbildung, Gesundheit, Begabung. Diese Mängel können für den Mitarbeiter unbewusst, d.h. durch dessen Selbstüberschätzung begründet sein, können aber auch durch absichtliche Täuschung der Vorgesetzten durch den Mitarbeiter selbst entstehen.

Bezüglich des Auftretens der mangelnden Mitarbeiterqualität unterscheidet man zwischen Fällen, bei denen bei Abschluss des Arbeitsvertrags die Mängel bereits feststehen, jedoch durch unzureichende Kontrolle seitens des Arbeitgebers nicht bemerkt werden und solchen, bei denen die mangelnde Eignung des Mitarbeiters erst während dessen Tätigkeit im Unternehmen auftritt und die damit eingehende Veränderung nicht bemerkt wird, z.B. bei Entzug des Führerscheins, Krankheit, Überforderung des Mitarbeiters durch veränderte Arbeitsumgebung.

Das Personenrisiko beinhaltet sowohl Schäden, die tatsächlich durch Fehler und Fehlverhalten eines Mitarbeiters verursacht werden, als auch potenzielle Schäden, die sich durch Qualitätsmängel eines Mitarbeiters jederzeit auswirken können.

Wie für alle Arten von operationellen Risiken typisch, sind auch die mit dem Personenrisiko verbundenen ökonomischen Kosten nur schwer einzuschätzen. Eine Eindämmung dieser Risiken erfolgt durch ständige Qualitäts- und Eignungskontrolle der Mitarbeiter einerseits sowie durch die Verbesserung der unternehmensinternen Überwachungssysteme andererseits, allen voran den in den Arbeitsprozessen integrierten internen Kontrollen (Vieraugenprinzip, Funktionentrennung, Kontrolle durch vorgesetzte Instanzen usw.).

Guido Giese

Persönliche Identifikationsnummer (PIN)

↑Personal identification number (PIN).

Persönliche Rechte

↑Obligatorische Rechte.

Per ultimo

↑Ultimo.

Petrodollar

↑Euromärkte.

PEX-MF

Abk. f. ↑Pan european exchange market feed.

Pfandausfallschein

Einem Pfandgläubiger, dessen Forderung in der Betreibung auf ↑Pfandverwertung nicht vollständig gedeckt wird, stellt das Betreibungsamt einen Pfandausfallschein aus, in dem diese Tatsache bescheinigt wird. Der nicht gedeckte Teil der Forderung bleibt als persönliche Verpflichtung des Schuldners bestehen. Der Pfandausfallschein gilt insoweit als Schuldanerkennung gemäss SchKG 82 und gibt dem ↑Gläubiger in einer späteren Betreibung das Recht, die provisorische Rechtsöffnung zu verlangen. Geht der Gläubiger innert Monatsfrist seit der Zustellung des Pfandausfallscheins vor, so kann er ohne neuen Zahlungsbefehl direkt die Pfändung oder die Konkurseröffnung verlangen (SchKG 158).

Pfandbestellung

Im Bankverkehr üblicher Ausdruck für den Vertrag, mit dem der Kunde oder ein Dritter der Bank ein ↑Pfandrecht an Sachen oder Forderungen (↑Fahrnispfandrecht) einräumt (↑Pfandvertrag). In der Regel werden vorformulierte Verträge verwendet.

Pfandbrief

Der schweizerische Pfandbrief ist ein mit besonderen Sicherheiten ausgestattetes obligationenähnliches ↑Wertpapier. Ein einheitlicher Pfandbrief besteht in der Schweiz seit dem Erlass des Pfandbriefgesetzes (PfG) vom 25.06.1930 und der Pfandbriefverordnung (PfV) vom 23.01.1931. Er wird nicht durch einzelne Banken begeben, sondern ausschliesslich durch die besonders dafür ermächtigten ↑Pfandbriefzentralen, auch Pfandbriefinstitute genannt. Der Pfandbrief hat den Zweck, den schweizerischen Banken langfristige Mittel zu günstigen Bedingungen für das ↑Hypothekargeschäft zu beschaffen. Die Form des Pfandbriefes, d. h. Wortlaut und Gestaltung, wird durch den Bundesrat festgelegt. Pfandbriefe lauten in der Regel auf den Inhaber und sind für den ↑Gläubiger nicht kündbar, wohl aber für den Schuldner. Bis 1982 forderte das Gesetz für den Pfandbrief eine Mindestlaufzeit von 15 Jahren, die von den Kapitalanlegern (↑Investoren) immer weniger akzeptiert wurde. Seit 1983 schreibt das Gesetz keine konkrete ↑Laufzeit mehr vor, sondern belässt es generell beim Erfordernis «langfristig». Die Laufzeiten wurden seither zum Teil sehr stark reduziert. So betrugen die Laufzeiten der von der Pfandbriefbank schweizerischer Hypothekarinstitute ausgegebenen Anleihen Ende 2000 zwischen 3 und 12 Jahren. Die einzelnen Anleihen mit Pfandbriefen einheitlicher Laufzeit und einheitlichen ↑Zinssatzes werden Pfandbrief-Serien genannt. Die meisten Serien werden in jüngster Zeit nur noch durch öffentliche ↑Emissionen ausgegeben und an der Schweizer ↑Börse kotiert. Die ↑Titel werden gedruckt, ein grosser Teil der Anleihen jedoch nur noch in Form einer technischen ↑Globalurkunde. Die Pfandbriefe sind mit Jahrescoupons versehen. Im Vergleich zu Pfandbriefen und ähnlichen Instrumenten in anderen Ländern weist der Schweizer Pfandbrief eine besonders reichhaltige Kombination von Bonitätsfaktoren auf. Die ↑Deckung der von den Pfandbriefinstituten ausgegebenen Pfandbriefe besteht aus durch Hypotheken gesicherte Grundpfand- oder Faustpfandforderungen gegenüber Hypothekarschuldnern der Mitgliedbanken. Die Grundpfänder dieser Forderungen müssen in der Schweiz liegen, die Faustpfänder in inländischen Grundpfandforderungen oder schweizerischen Pfandbriefen bestehen. Die Pfandobjekte dürfen höchstens zu $^2/_3$ ihres vorsichtig ermittelten ↑Verkehrswertes als Deckung angerechnet werden. Das PfG enthält einige grundlegende Bestimmungen über die Schätzung der Grundpfänder. So haben die Pfandbriefinstitute für die Ermittlung von möglichst zuverlässigen Deckungswerten Schatzungsreglemente zu erlassen, die vom Bundesrat zu genehmigen sind (PfG 32). Die einem Pfandbriefinstitut verpfändeten Forderungen werden von den Schuldnerbanken selbstverwaltet. Sie werden jedoch in ein Pfandregister eingetragen und von den übrigen Vermögenswerten getrennt aufbewahrt. Die Darlehen der Pfandbriefinstitute und die darauf ausstehenden ↑Zinsen geniessen ein gesetzliches ↑Pfandrecht an der im Pfandregister eingetragenen Deckung, ohne dass ein besonderer Pfandvertrag besteht und ohne dass die Übergabe der Deckung an die Pfandbriefinstitute erforderlich ist (PfG 23). Das Einhalten der Verfahrens- und Sicherstellungsvorschriften wird von den bankengesetzlichen Revisionsstellen jährlich kontrolliert und vom Sekretariat der Eidg. ↑Bankenkommission (EBK) überwacht. Das Sekretariat der EBK prüft zudem jährlich die Jahresrechnungen der Pfandbriefinstitute und die Einhaltung der gesetzlichen, statutarischen und reglementarischen Vorschriften.

Die Kapital- und Zinsforderungen der Pfandbriefinhaber sind in drei Stufen durch gesetzliche Pfandrechte auf schweizerische Grundstücke sichergestellt:
– Pfandrecht der Pfandbrief-Inhaber an den von den Pfandbriefinstituten ihren Mitgliedbanken gewährten Darlehen
– Pfandrecht der Pfandbriefinstitute an den von den Mitgliedbanken gewährten und in das Pfandregister eingetragenen erstklassigen Grundpfandforderungen
– Pfandrecht der Mitgliedbanken an den zur Sicherstellung der gewährten Hypothekarkredite belasteten Grundstücken.

Zudem haften die Pfandbriefinstitute für die ausgegebenen Pfandbriefe, als auch die Mitgliedbanken für die bezogenen Darlehen und deren Schuldner für die erhaltenen Hypothekarkredite, mit ihren Vermögen, respektive ↑Eigenkapitalien.

Anfang 2001 waren am Schweizer ↑Kapitalmarkt öffentliche Anleihen im Gesamtbetrag von rund CHF 210 Mia. ausstehend. Die beiden Pfandbriefinstitute waren an diesem Gesamtbetrag mit etwa CHF 43 Mia. (rund 20%) beteiligt. Der Pfandbrief ist aufgrund der einzigartigen ↑Bonität ein sehr beliebtes und liquides Anlageinstrument und geniesst aus diesem Grunde vor allem bei den institutionellen Anlegern eine sehr hohe Akzeptanz. Da es sich um ein repo- und lombardfähiges Wertpapier handelt, dient er auch als Liquiditätsreserve der Banken.

Paul Bättig

Pfandbriefbank
↑Pfandbriefzentralen.

Pfandbriefdarlehen
↑Pfandbrief.

Pfandbriefdeckung
Die Deckung der von den Schweizerischen ↑Pfandbriefzentralen ausgegebenen ↑Pfandbriefe ist mehrfach. Einmal besteht sie aus durch Hypotheken gesicherte Grundpfand- oder Faustpfandforderungen gegenüber Hypothekarschuldnern der

geldaufnehmenden Mitgliedbanken. Weiter haften die Schuldnerbanken für die erhaltenen Hypothekarkredite. Schliesslich haften die Pfandbriefinstitute ihrerseit mit ihren ↑eigenen Mitteln, die mindestens 2% des Pfandbriefumlaufs betragen müssen.

Pfandbriefemission

Die ↑Emission von ↑Pfandbriefen ist in der Schweiz den beiden ↑Pfandbriefzentralen vorbehalten (PfG 1 II), nämlich der Pfandbriefbank Schweizerischer Hypothekarinstitute und der Pfandbriefzentrale der Schweizerischen ↑Kantonalbanken.

Pfandbriefgeld
↑Pfandbriefzentralen.

Pfandbriefgesetz (PfG)
↑Pfandbriefzentralen.

Pfandbriefinspektor
↑Pfandbriefzentralen.

Pfandbriefzentralen

Das Pfandbriefgesetz (PfG) vom 25.06.1930, mit Teilrevisionen vom 05.10.1967 und 19.03.1982, regelt die Ausgabe von ↑Pfandbriefen. Ursprünglich hatte der Gesetzgeber beabsichtigt, nur ein Pfandbriefinstitut zu schaffen, denn eine allzu grosse Zersplitterung würde die Börsengängigkeit zunichte machen. Diese Absicht scheiterte am Widerstand der ↑Kantonalbanken, die ein eigenes Zentralinstitut wollten. Deshalb verleiht PfG 1 II das Recht zur Ausgabe an zwei Anstalten, nämlich jener der Kantonalbanken und jener der übrigen Kreditanstalten. Es sind dies die *Pfandbriefzentrale der schweizerischen Kantonalbanken* und die *Pfandbriefbank schweizerischer Hypothekarinstitute*. Der in PfG 1 verbindlich festgelegte Auftrag an beide Pfandbriefinstitute lautet: Dem Grundeigentümer langfristige Grundpfanddarlehen zu möglichst gleichbleibendem und billigem Zinsfuss zu vermitteln.

Gemäss PfG 4 sind als Aktionäre der Pfandbriefinstitute nur Banken im Sinne des Bankengesetzes zugelassen, die ihren Hauptsitz in der Schweiz haben und deren Hypotheken mehr als 60% der Gesamtaktiven betragen. Ausnahmen können die Verwaltungsräte der Pfandbriefinstitute bewilligen.

Der Geschäftskreis der Pfandbriefinstitute ist eng begrenzt. Er umfasst:
– Die Ausgabe von Pfandbriefen
– Die Weitergabe des Erlöses als ↑Darlehen an die Mitgliedbanken
– Die Anlage des ↑Eigenkapitals
– Andere kurzfristige ↑Bankgeschäfte, insoweit es die Ausgabe der Pfandbriefe erfordert.

Beide Pfandbriefinstitute unterliegen den Vorschriften des PfG in gleicher Weise. Die Pfandbriefinstitute sind von den direkten Steuern des Bundes, der Kantone und Gemeinden befreit. Damit soll die wirtschaftliche Doppelbelastung vermieden werden, denn Pfandbriefinstitute sind in gewissem Sinne nichts anderes als die ausgelagerten Emissionsabteilungen der Mitgliedbanken. Der Verwaltungsrat eines Pfandbriefinstitutes besteht aus Vertretern der Mitgliedbanken sowie aus einem Delegierten, der vom Bundesrat bezeichnet wird und die Grundpfandschuldner vertritt. Obwohl Pfandbriefinstitute eine Bankenlizenz weder benötigen noch besitzen und formal auch nicht dem BankG, sondern dem PfG unterstehen, werden sie von der Eidg. ↑Bankenkommission (EBK) direkt beaufsichtigt. Die Organe der Pfandbriefinstitute bescheinigen auf dem Pfandbrief vor ihrer Ausgabe, dass die gesetzliche Deckung vorhanden ist. Der Pfandbriefumlauf darf das Fünfzigfache des Eigenkapitals des Pfandbriefinstitutes nicht übersteigen. Die Fälligkeit der Darlehen muss mit der Fälligkeit derjenigen der Pfandbriefe übereinstimmen, aus deren Erlös die Darlehen gewährt werden. Es gibt keine ↑Fristentransformation.

Die *Pfandbriefbank schweizerischer Hypothekarinstitute* wurde als erstes Pfandbriefinstitut am 25.06.1930 gegründet. Sie ist eine Aktiengesellschaft nach schweizerischem Obligationenrecht und hat ihren Sitz in Zürich. Die treibenden Kräfte zur Gründung waren vor allem Hypothekarbanken aus dem Kreise der ↑Regionalbanken, der Verband der ↑Raiffeisenbanken, die Schweiz. Volksbank und die Bank Leu. Erst später stiessen die ↑Grossbanken zum Mitgliederkreis. Dieser umfasste Ende 2001 229 Institute. Ende 2001 betrug das Aktienkapital der Pfandbriefbank CHF 300 Mio., wovon CHF 90 Mio. einbezahlt waren. Es waren Pfandbriefe für CHF 19 472 Mio. ausstehend, deren durchschnittlicher Zinssatz 4,19% betrug. Die entsprechenden Darlehen an die Mitgliedbanken verteilten sich auf 234 Institute.

Die *Pfandbriefzentrale der schweizerischen Kantonalbanken* wurde am 10.02.1931 ebenfalls in Zürich als Aktiengesellschaft gegründet. Ihr gehören alle 24 Kantonalbanken an. Das Aktienkapital betrug am 31.03.2001 CHF 825 Mio., wovon CHF 165 Mio. einbezahlt waren. Deren Pfandbriefumlauf erreichte am 31.03.2001 CHF 25 340 Mio. mit einem durchschnittlichen Zinssatz von 4,474%. Die Darlehen verteilen sich auf alle Kantonalbanken.

Paul Bättig

Pfanddepot

Wertschriftendepot eines Kunden (↑Depotgeschäft), an dem die Bank im Zusammenhang mit Kreditforderungen ein ↑Pfandrecht geltend macht und über das der Kunde daher in der Regel bis zur ↑Rückzahlung des Kredits nicht frei verfügen kann

(↑Wertpapierverpfändung, ↑Sperrdepot, -guthaben). Nach den ↑Allgemeinen Geschäftsbedingungen steht den Banken ein Pfandrecht an allen Vermögenswerten des Kunden als Sicherheit für alle Forderungen der Bank gegen den Kunden zu. Von einem Pfanddepot wird aber nur gesprochen, wenn die Bank das Wertschriftendepot eines Kunden gestützt auf eine besondere Vereinbarung im Zusammenhang mit einem konkreten Kreditverhältnis ausdrücklich als Pfandobjekt vormerkt und sperrt.

Pfandhalter
↑Faustpfand.

Pfandindossament
Ein ↑Indossament durch das der Indossant einen ↑Wechsel oder ein anderes ↑Ordrepapier dem Indossatar als Sicherheit verpfändet. Es handelt sich in der Regel um ein Vollindossament, das als *verdecktes* oder *fiduziarisches Indossament* dem Pfandgläubiger alle Rechte an dem Papier überträgt, aber mit der Verpflichtung, einen über seine sicherzustellende Forderung hinaus erzielten Überschuss an den Verpfänder auszuzahlen. (↑Fiduziarisches Rechtsgeschäft; ↑Wertpapierverpfändung).
Das Wechselrecht kennt auch ein *offenes Pfandindossament* mit dem Vermerk «Wert zur Sicherheit», «Wert zu Pfande», das auch alle Rechte aus dem Wechsel auf den Indossatar überträgt. Dieser kann aber den Wechsel nur durch ein Vollmachtsindossament weitergeben (OR 1009). Das Pfandindossament ist äusserst selten.

Pfandklausel
Im *Wechselrecht* der Zusatz «Wert zu Pfande», «Wert zur Sicherheit» oder ein anderer die Verpfändung ausdrückender Vermerk, der dem ↑Indossament die Wirkung eines ↑Pfandindossaments verleiht (OR 1009). In den ↑*Allgemeinen Geschäftsbedingungen* der Banken bedeutet Pfandklausel die Bestimmung, wonach der Bank an allen Vermögenswerten, die sie jeweils für den Kunden aufbewahrt, ein ↑Pfandrecht zusteht. Die Pfandklausel hat den Charakter einer ↑Generalpfandklausel. Sie ist regelmässig mit der Einräumung des Rechts zur freihändigen Verwertung verbunden (↑Pfandverwertung, ↑Wertpapierverpfändung). Die Klausel steht sachlich in engem Zusammenhang mit der Verrechnungsklausel, die der Bank das Recht gibt, alle Ansprüche des Kunden jederzeit mit eigenen Forderungen unabhängig von der ↑Fälligkeit und der ↑Währung zu verrechnen (↑Verrechnung).

Pfandleihanstalt
↑Versatzpfand.

Pfandleihe
↑Versatzpfand.

Pfandrecht
Das zur Sicherung einer Forderung dienende beschränkte dingliche Recht (↑dingliche Sicherheit) an einer fremden Sache oder Forderung (Pfandgegenstand, Pfandobjekt), das dem ↑Gläubiger der gesicherten Forderung die Befugnis gibt, sich im Fall der Nichtbefriedigung aus dem Verwertungserlös des Pfandgegenstandes bezahlt zu machen. ↑Fahrnispfandrecht; ↑Faustpfand; ↑Forderungspfandrecht; ↑Grundpfandrecht; ↑Pfandbrief; ↑Schiffspfandrecht; ↑Luftfahrzeugverschreibung; ↑Viehverpfändung; ↑Warenverpfändung; ↑Wertpapierverpfändung.

Pfandschuldübernahme
Man spricht von Pfandschuldübernahme, wenn ein verpfändetes Grundstück veräussert wird und die Pfandschulden dem Erwerber unter Anrechnung an den Kaufpreis überbunden werden (ZGB 832). Die Pfandschuldübernahme zerfällt in zwei Rechtsakte. Der erste Rechtsakt ist der Vertrag zwischen dem bisherigen Schuldner und dem Erwerber des Grundstücks (dem Schuldübernehmer) und die Mitteilung der Schuldübernahme an den ↑Gläubiger durch den Grundbuchverwalter (ZGB 834). Vom Zeitpunkt dieser Mitteilung an haftet für die darin aufgeführten Pfandschulden neben dem bisherigen Schuldner auch der Schuldübernehmer. Der zweite Rechtsakt ist regelmässig, insbesondere im Bankverkehr, ein Schuldübernahmevertrag zwischen dem Gläubiger und dem Schuldübernehmer, durch den dieser als neuer Schuldner angenommen wird, wodurch der alte Schuldner frei wird. Reagiert der Gläubiger auf die Mitteilung des Grundbuchverwalters nicht innerhalb Jahresfrist, so wirkt der blosse Zeitablauf wie eine stillschweigende Entlassung des bisherigen Schuldners und wie ein eigentlicher Pfandschuldübernahmevertrag zwischen Gläubiger und Schuldübernehmer. Will der Gläubiger den neuen Schuldner nicht annehmen, sondern den alten beibehalten, so muss er dies dem alten Schuldner binnen Jahresfrist seit der Mitteilung des Grundbuchverwalters schriftlich erklären.

Pfandstelle
↑Nachrückungsrecht.

Pfandtitel
↑Grundpfandtitel.

Pfandvertrag
Auch ↑Pfandbestellung. Vertrag, wodurch der Schuldner oder eine Drittperson (↑Drittpfandbestellung) dem ↑Gläubiger als ↑Deckung für einen gewährten Kredit ein ↑Pfandrecht bestellt. Im Bankverkehr wird jedes Sicherungsgeschäft for-

mularmässig abgeschlossen, auch wenn das Gesetz, wie z.B. bei der ↑Wertpapierverpfändung, keine besondere Form verlangt. Die einzelnen Verträge weisen von Bank zu Bank ähnliche Strukturen und weitgehend ähnliche, typische Klauseln auf. ↑Fahrnispfandrecht; ↑Lebensversicherungsanspruch (Verpfändung); ↑Grundpfandkredit; ↑Warenverpfändung; ↑Wertpapierverpfändung.

Pfandverwertung

Das ↑Pfandrecht gibt dem ↑Gläubiger die Befugnis, den Pfandgegenstand bei ↑Fälligkeit der gesicherten Forderung im Falle des Ausbleibens der Erfüllung zu verwerten und sich aus dem Erlös bezahlt zu machen. Die Verwertung erfolgt grundsätzlich in dem vom Gesetz vorgesehenen Verfahren: Der Pfandgläubiger muss gegen den Schuldner und, wenn das Pfandobjekt im ↑Eigentum eines Dritten steht, auch gegen den Dritten die Betreibung auf Pfandverwertung einleiten (SchKG 151 ff.). Die Verwertung geschieht auf dem Weg der öffentlichen Versteigerung; für besondere Fälle, insbesondere für ↑Wertpapiere und andere Mobilien mit einem ↑Markt- oder Börsenpreis, kommt auch der Freihandverkauf durch das Amt (SchKG 130) und für Forderungen die ↑Abtretung an den Gläubiger zur Einziehung (Forderungsüberweisung) in Frage (SchKG 131). Da der Schuldner und der Dritte im Betreibungsverfahren die Forderung und das Pfandrecht bestreiten können und dies sehr häufig auch tun, nimmt das Verfahren meistens viel Zeit in Anspruch. Deshalb räumt der Besteller des Pfandes dem Pfandgläubiger oft das Recht ein, den Pfandgegenstand im Falle des Verzugs freihändig, d.h. ausserhalb des amtlichen Verfahrens zu verwerten. Dies ist zulässig, wenn es sich beim Pfandgegenstand um Fahrnis (insbesondere Wertpapiere, auch ↑Grundpfandtitel) oder um Forderungen handelt. Im Bankverkehr wird mit dem Recht zum Freihandverkauf überdies regelmässig das Recht zum Selbsteintritt verbunden: Der Pfandgläubiger kann in diesem Fall das Pfandobjekt als Käufer zu Eigentum erwerben. Vorausgesetzt wird auf jeden Fall, dass der Pfandgläubiger die Interessen des Pfandeigentümers wahrt, d.h. der Verkaufspreis muss dem Marktpreis entsprechen; ist ein solcher nicht bekannt, so muss dem Eigentümer Gelegenheit gegeben werden, Offerten beizubringen. Handelt es sich beim Pfandobjekt um einen Grundpfandtitel, so ist es üblich, als Kaufpreis beim Selbsteintritt den noch unbekannten Betrag einzusetzen, den der nun Eigentümer des Grundpfandtitels gewordene Pfandgläubiger im Verlaufe der anschliessenden amtlichen Betreibung auf Grundpfandverwertung lösen wird.

Ist der Pfandgegenstand eine Forderung, so kann sich der Pfandgläubiger das Recht einräumen lassen, die Forderung gegenüber dem Schuldner fällig zu erklären und selbstständig einzuziehen. Auch diese Abrede ist bei der Verpfändung von verbrieften Forderungen (z.B. Grundpfandtiteln, ↑Obligationen) im Bankverkehr üblich. ↑Buchforderungen werden im Bankverkehr nicht verpfändet, sondern sicherheitshalber abgetreten. Hier ergibt sich das Recht der Bank zum Einzug schon aus ihrer fiduziarischen Gläubigerstellung.

P & F chart
↑Point & figure chart.

Pflichtangebot

Die Pflicht zur Unterbreitung eines öffentlichen Kaufangebots gemäss BEHG ist eine Ausnahme vom Grundprinzip des Aktienrechts, wonach die einzige Pflicht des Aktionärs in der ↑Liberierung seiner ↑Aktien besteht (OR 680). Diese Ausnahme findet ihre Berechtigung im Minderheitsschutz. Nach BEHG 32 ist jede Person, die direkt, indirekt oder in gemeinsamer Absprache mit Dritten ↑Beteiligungspapiere (d.h. Aktien, ↑Partizipations- und ↑Genussscheine sowie Wandel- und Erwerbsrechte [↑Optionen] auf Beteiligungspapiere) einer börsenkotierten Gesellschaft erwirbt und damit den Grenzwert von $33^1/_3\%$ der Stimmrechte überschreitet, verpflichtet, den übrigen Aktionären ein öffentliches Angebot für den Erwerb der restlichen Beteiligungspapiere zu unterbreiten. Das Überschreiten des gesetzlichen Grenzwertes von $^1/_3$ Stimmen genügt also bereits, den Erwerber von über $33^1/_3\%$ der Stimmrechte zu zwingen, die volle Beteiligung an der Gesellschaft zu übernehmen. Mit dem Pflichtangebot soll die durch den Erwerber faktisch ausübbare Sperrminorität (OR 704) zu einem rechtlich vollständigen Einfluss ausgeweitet werden. Dabei geht das BEHG von der Annahme aus, dass derjenige Erwerber, der über mehr als $33^1/_3\%$ Stimmrechte verfügt, im Rahmen des öffentlichen Angebots ohne weiteres das Geld aufbringen kann, die restlichen $66^2/_3\%$ Stimmrechte den ↑Minderheitsheitsaktionären abzukaufen. Die wesentlichste Wirkung des Pflichtangebots ist die vollständige Anwendung der «Auktionsregeln» des BEHG (BEHG 22), insbesondere dessen Vorschriften zur Bestimmung des Angebotspreises. Der Preis des Angebots muss mindestens dem Börsenkurs entsprechen und darf höchstens 25% unter dem höchsten Preis liegen, den der Anbieter in den letzten 12 Monaten für Beteiligungspapiere der ↑Zielgesellschaft bezahlt hat (BEHG 32 IV). Die Unterlassung eines Pflichtangebots kann dessen Ersatzvornahme durch die EBK (↑Bankenkommission, Eidg.) zur Folge haben.

Pflichtlagerkredit

Gestützt auf das BG über die wirtschaftliche Landesversorgung vom 08.10.1982 und entsprechende Verordnungen schliesst das Bundesamt für wirtschaftliche Landesversorgung (BWL) mit privaten

Unternehmungen je nach Branche und Gut obligatorische oder freiwillige Pflichtlagerverträge (Grundvertrag und Anhang) ab. Damit wird die Sicherstellung der Landesversorgung mit lebenswichtigen Gütern und Dienstleistungen bei schweren Mangel- oder Notlagen bezweckt, denen die Wirtschaft nicht selber begegnen kann. Um die Finanzierung dieser im nationalen Interesse errichteten Lager zu erleichtern, gewährt die Eidgenossenschaft ihre Garantie für Pflichtlagerkredite, die in Wechselform (↑Eigenwechsel der Vertragsfirmen an die Order der kreditgebenden Bank, Laufzeit i.d.R. drei, sechs oder zwölf Monate) bei einer ↑Geschäftsbank aufgenommen werden können.

Die maximale Kredithöhe entspricht dem massgebenden Warenwert, abzüglich 10% Eigenfinanzierungsanteil. Bei Pflichtlagern mit amortisierten Basispreisen, deutlich unter dem Marktwert liegend, darf der Kredit bis 100% des massgebenden Warenwertes betragen. Die Werte werden bei obligatorischen Pflichtlagern durch die Pflichtlagerorganisationen, bei den freiwilligen Pflichtlagern durch das BWL aufgrund der Weltmarktpreise festgesetzt. Der Umfang der durch den Bund garantierten Leistung entspricht dem im Anhang zum Pflichtlagervertrag festgelegten Betrag. Die Banken haben die ↑Kreditfähigkeit und ↑Kreditwürdigkeit der Pflichtlagerhalter in der für Kreditgeschäfte üblichen Weise zu prüfen und laufend zu überwachen. Entstehen Zweifel an der ↑Bonität des Schuldners, so haben die Banken das Bundesamt unverzüglich zu benachrichtigen. Kommt die Bank diesen Verpflichtungen nicht nach, wird sie dem Bund gegenüber schadenersatzpflichtig. Dagegen ist die Kontrolle der Einhaltung der Lagerpflicht nicht Aufgabe der Banken.

Falls der Eigentümer eines Pflichtlagers in Konkurs gerät oder eine Nachlass- oder Notstundung bewilligt wird, so gehen das Eigentum am Pflichtlager und allfällige Ersatzansprüche des Eigentümers unmittelbar auf den Bund über, sofern dieser die vertraglichen Verpflichtungen des bisherigen Eigentümers aus der Bankfinanzierung übernimmt. Dieses Aussonderungsrecht des Bundes geht allen vertraglichen und gesetzlichen ↑Pfand- und ↑Retentionsrechten vor. Eine Ausnahme macht das Gesetz nur zu Gunsten des Besitzers von Lagerräumen für Lagergeld und Auslagen wie Fracht, Zoll usw. (Forderungen nach OR 485). Über Pflichtlager dürfen keine ↑Wertpapiere ausgegeben werden.

Die Zinsbedingungen für Pflichtlagerkredite werden zwischen dem Eidg. Volkswirtschaftsdepartement und den Banken einheitlich geregelt. Pflichtlagerwechsel werden zum ↑Libor diskontiert, der zwei Werktage vor Benützung des Kredites Gültigkeit hat. Die Banken sind berechtigt, für die Wechselbearbeitung eine individuelle Gebühr zu verlangen. Angesichts der geringen Bedrohungslage, in der sich die Schweiz seit Ende des Kalten Krieges (1989) befindet, ist die Bedeutung der Pflichtlagerhaltung und damit des Pflichtlagerkredits stark zurückgegangen. *Paul Nyffeler*

Pflichtreserven
↑Mindestreserven.

Phantom shares
Phantom shares (↑Stocks) sind synthetische Beteiligungsinstrumente im Rahmen eines Employee-stock-options-Planes (↑Mitarbeiterbeteiligung). Sie werden den Mitarbeitern in Form von fiktiven ↑Aktien oder Bucheinheiten unentgeltlich zugeteilt und nach einer bestimmten ↑Laufzeit mit dem Börsenkurs der effektiven Aktien bewertet. Den Mitarbeitern wird der Gegenwert in bar (allenfalls auch in Aktien) ausgerichtet. Phantom stocks haben aus der Sicht des ↑Emittenten den Vorteil, dass keine effektiven Aktien benötigt werden und die Zahl der ausstehenden Aktien unverändert bleibt. Ebenso entfällt eine Gewinnverwässerung (↑Verwässerung), weil den Mitarbeitern im Normalfall der Gegenwert nicht in Form von effektiven Aktien vergütet wird.

Physical settlement
Die Erfüllung einer Verpflichtung aus einem Derivatgeschäft, die mit der Lieferung des ↑Basiswerts getätigt wird. Physical settlement ist insbesondere bei Bond futures (↑Bond) mit der Lieferung des CTD-Bond (↑Cheapest to deliver) sowie im Handel mit ↑Commodities mit der physischen Auslieferung des gehandelten Rohstoffs von Bedeutung.

Physische Erfüllung
Im ↑Effektenhandel Lieferung von ↑effektiven Stücken.

Physische Lieferung
↑Physische Erfüllung.

Pibor
Abk. f. Paris interbank offered rate. Ehemaliger Referenzzinssatz des französischen Domestic-Geldmarktes. Der Pibor diente als Referenzzinssatz für viele Zinsinstrumente des ↑Geldmarktes oder als Basis für zinsvariable Anleihen (↑Floater) und Kredite. Mit der Geschäftsaufnahme der ↑Europäischen Währungsunion (EWU) am 01.01. 1999 wurde der Pibor durch den ↑Euribor ersetzt. ↑Libor; ↑Frankfurt interbank offered rate (Fibor).

PICA
Abk. f. Private investment company for Asia. ↑Entwicklungsbanken.

Pictet-Obligationenindex
↑Obligationenindex.

Pigou-Effekt
↑Vermögenseffekt.

PIN
Abk. f. ↑Personal identification number (PIN). ↑Code, Codierung; ↑Electronic funds transfer at the point of sale.

Pink sheet
↑Ausserbörslicher Effektenhandel.

Pips
Pips steht für Points. Im ↑*Devisengeschäft* gebräuchliche Bezeichnung für einen Punkt in der letzten Stelle einer Quotierung (↑Quote). Ein USD/CHF-Kurs von 1.4960/66 weist eine Geld-Brief-Spanne von 6 Pips auf. Beim USD/CHF-Wechselkurs entsprechen 100 Pips einem Rappen. Im Handel mit ↑*Anleihensobligationen* entspricht 1 Pip $^1/_{100}$ des Nominalwertes. Steigt der ↑Kurs einer Obligation von 89.50 auf 99.00, so entspricht die Kursveränderung 50 Pips.
Im Gegensatz zum ↑Basispunkt bezieht sich das Mass Pips immer auf Kurse; Basispunkte beziehen sich auf ↑Nominalzinssätze oder ↑Renditen.

Plain-vanilla-Emission, -Swap
Bezeichnung für ↑Transaktionen auf den internationalen ↑Finanzmärkten im üblichen Rahmen ohne zusätzliche Eigenschaften.

Planung im Bankbetrieb
Formal gesehen ist die Planung die erste Führungsfunktion, die immer gefolgt sein soll von der Entscheidung, der Anordnung und der Kontrolle. Bei der konkreten Ausgestaltung der Planung können drei Elemente unterschieden werden: Erstens die *Planungsorganisation*, zweitens die *Planungsprozesse* und drittens die *Planungsinstrumente*, die in ihrer Gesamtheit das Planungssystem bilden.
Die Gesamtheit aller Pläne lässt sich nach verschiedenen Kriterien gliedern, beispielsweise nach der Planungsdauer, dem geplanten Bereich, der Planungstiefe und der Hierarchiestufe. In der Praxis hat sich die folgende Gliederung der vielfältigen Planungstätigkeiten etabliert:
– Die langfristig ausgerichtete *strategische Planung*, für die der Verwaltungsrat die Verantwortung trägt
– Die *operative Planung*, zu der einerseits die Budgetierung, andererseits die mittelfristige Planung einzelner Teilbereiche gehört
– Die *dispositive Planung*, die der Steuerung sich wiederholender Prozesse in der leistungswirtschaftlichen und der finanziellen Sphäre dient. Bei dieser dominiert oft der kurzfristige Zeithorizont.
Die Planung im Bankbetrieb unterscheidet sich in vielen Belangen nicht von der Planung in andern Wirtschaftszweigen. Einzelne Aspekte sind aber stark durch die Besonderheit des ↑Bankgeschäftes geprägt. (↑Budgetierung im Bankbetrieb; ↑Bilanzstrukturplanung; ↑Strategie im Bankwesen; ↑Betriebliches Rechnungswesen im Bankgewerbe). An dieser Stelle sollen wichtige Gemeinsamkeiten und Zusammenhänge zwischen den verschiedenen Planungsebenen aufgezeigt werden.

1. Strategische Planung
In der strategischen Planung bestehen die wichtigsten vier Gefahren darin, dass:
1. Die Bank sich unrealistische Ziele setzt, die nicht im Einklang mit ihren Ressourcen und Möglichkeiten stehen
2. Sich die Planung einseitig auf finanzielle Kennzahlen bezieht
3. Die übergeordneten strategischen Ziele nicht in einzelne Teilziele aufgebrochen werden
4. Die strategischen Ressourcen bezüglich Qualität und Quantität nicht entsprechend entwickelt und zugewiesen werden.

Zu den strategischen Ressourcen gehören das Personal, die Informationssysteme und die entsprechenden Geschäftsprozesse sowie das regulatorische und das ökonomische ↑Kapital, das bei Banken eine besondere Rolle spielt.
Als nützliche Methode der Komplexitätsreduktion, welche die genannten Gefahren mindert, empfiehlt sich einerseits die gedankliche Unterteilung der Gesamtbank in strategische ↑Geschäftsfelder (SGF). Anderseits hat sich die Methode der ↑*Balanced scorecard* auch bei Banken als zweckmässiges Mittel zur Umsetzung und Überwachung der strategischen Ziele auf operativer Ebene bewährt. Die Planung für die SGF geschieht unter Beizug der wichtigsten Verantwortungsträger innerhalb der Bank. Strategische Geschäftsfelder sollen primär nach Kundengruppen gebildet werden. Im Konzept der Balanced scorecard werden für die vier Bereiche *Finanzielles, Kunden, Lernen und Entwickeln* und *Interne Prozesse* Kennzahlen entwickelt. Diese Kennzahlen bringen die Ursachen und Wirkungen zwischen den vier Bereichen und der Strategie der Bank in Einklang. Ein Vorteil der Balanced scorecard besteht darin, dass die Kennzahlen auf hierarchisch tiefere Stufen aufgeteilt werden können, womit der Übergang zur operativen Planung erleichtert wird.

2. Operative Planung
Im Rahmen der operativen Planung bildet das Budget den Gesamtplan für eine oder mehrere Perioden, der alle Ressourcen, Verantwortungsbereiche, Produkte und Projekte umfasst. Das Budget ist durch den Verwaltungsrat der Bank zu beurteilen und zu genehmigen. Durch diesen Prozess werden die Ressourcen für die einzelnen Bereiche der Bank einerseits limitiert, andererseits aber auch zugesprochen. Damit werden Kompetenzen und Verantwortungen auf tiefere hierarchische Stufen

delegiert. Neben den Orientierungs-, Koordinations- und Kontrollfunktionen spielt das Budget vermehrt eine wichtige Rolle für die Motivation und das Verhalten der Führungskräfte. Dies ist in besonderem Masse der Fall, falls die Entschädigung und vor allem der ↑Bonus der Führungskräfte mit der Ziel- und Budgeterreichung in Einklang gebracht werden soll. Neben dem Budget bildet die Projektplanung, insbesondere im Bereich der Informatikentwicklung, der Prozessgestaltung und der Restrukturierung der Banken, den wichtigsten Bereich der operativen Planung.

3. Dispositive Planung
Beim dritten Planungsbereich – der dispositiven Planung – zeigen sich bei Banken einige branchenspezifische Besonderheiten in der finanziellen und der technischen Sphäre. Finanziell sind die dezentralen Kundenbereiche für die Preispolitik und damit für die Planung der Profitabilität der Kundenverbindungen und -geschäfte zuständig. Die Kundenprofitabilität ergibt sich im Bilanzgeschäft einerseits aus dem Konditionenbeitrag des Zinsgeschäftes, andererseits (im Falle von Krediten) aus den erwarteten Verlusten. Demgegenüber ist die Verantwortung für die Planung und Kontrolle des Transformationsbeitrages (aus unterschiedlichen Zinsbindungen) und der effektiven Verluste, die auch die unerwarteten Ausfälle enthalten, spezialisierten zentralen Einheiten übertragen. Die zentralen Einheiten verfolgen in ihrer Planung einen Portfolio-Management-Ansatz. Die technische Sphäre der Bank ist geprägt durch hohe saisonale und andere Volumenschwankungen einerseits, die Forderung nach Tagfertigkeit bei praktisch allen Bankgeschäften andererseits. Angesichts der mangelnden Lagerfähigkeit der bankbetrieblichen Produkte führt dies zu besonderen Ansprüchen an die kurzfristige Arbeitsplanung und die Konzeption und Dimensionierung der Verarbeitungssysteme. *Hans Geiger*

Plastikgeld
Umgangssprachlicher Begriff für Karten, die zur Abwicklung von ↑Transaktionen, insbesondere zum Bezahlen von Waren und Dienstleistungen oder zum Bargeldbezug (↑Bancomat) verwendet werden. ↑Debitkarten; ↑Kreditkarten; ↑Wertkarten.

Plastikkarten
↑Plastikgeld.

Platin als Kapitalanlage
Neben Gold und Silber wird auch Platin zu den Edelmetallen gezählt (Art. 1 Abs. 1 des schweizerischen Edelmetallkontrollgesetzes). Zu den Platinmetallen gehören Palladium, Platin, Osmium, Ruthenium, Rhodium und Iridium. Mit Ausnahme von Platin und Palladium steht bei all diesen Metallen die industrielle Verwertung im Vordergrund. Nur Platin und Palladium werden in geringem Mass auch als Anlagemedium verwendet. Im Vergleich zu Gold und Silber macht Platin jedoch nur einen sehr kleinen Teil am gesamten ↑Edelmetallhandel aus.

Als Anlageformen für Platin bestehen grundsätzlich die gleichen Möglichkeiten wie für Gold und Silber (↑Edelmetalle als Kapitalanlage). Nebst dem physischen Handel sind dies Kassa- und ↑Termingeschäfte, ↑Münzen, Metallkonti, ↑Zertifikate und ↑Aktien von Minengesellschaften. Allerdings wird nur rund 1% der Platin-Gesamtnachfrage in Form von ↑Kapitalanlagen getätigt. Die Märkte sind also im Vergleich zu Gold und Silber sehr klein. Die wichtigsten Handelsplätze für Platin sind London, New York und Zürich.

Ein Grossteil der geförderten Platinmenge wird direkt vom Produzenten an die Verwerter geliefert. Etwa 50% wird für die Herstellung von Schmuck (insbesondere in Japan) gebraucht. Der Grossteil des übrigen Platins wird für die industrielle Produktion verwertet. Aufgrund der zunehmenden Verwendung in der Autoindustrie (Katalysator) sowie in weiteren Bereichen wie beispielsweise der Elektronik oder der Chemie, ist der Platinpreis seit Mitte der 90er-Jahre stark gestiegen. So war er Ende 2000 mit USD 600 pro Unze mehr als doppelt so hoch wie der ↑Goldpreis. Die weitere Entwicklung der Nachfrage nach Platin hängt einerseits stark von der allgemeinen Wirtschaftslage ab (insbesondere vom Automarkt und der Elektronik) und andererseits von der technischen Entwicklung in Zusammenhang mit Brennstoffzellen.

72% der jährlichen Platinproduktion stammen aus Südafrika. Der zweitgrösste Produzent ist Russland. Zusammen fördern diese beiden Staaten rund 90% der Jahresproduktion. Diese beläuft sich auf rund 165 Tonnen. Die Nachfrage übersteigt regelmässig das Angebot. Die relativ kleinen ↑Volumen auf dem Platinmarkt führen dazu, dass er um einiges anfälliger für Spekulationswellen und Preistreiberei ist als die Gold- und Silbermärkte. Daher ist eine Anlage in Platin mit einem sehr hohen ↑Risiko behaftet. *Hans-Dieter Vontobel*

Platinhandel
↑Edelmetallhandel.

Platzierung
↑Emissionsgeschäft.

Platzierungsarten
↑Emissionsgeschäft.

Platzierungskommission
↑Guichetkommission, Schalter-, Vermittler-, Platzierungskommission.

Platzierungskraft
Fähigkeit einer Bank, ↑Emissionen bei ↑Investoren zu platzieren.

Platzierung unter der Hand
↑Emissionsgeschäft.

Point & figure chart
Beim Point & figure chart handelt es sich um eine sehr alte Darstellungsform, die sowohl ihre Tücken als auch ihre besonderen Stärken hat. Eingetragen werden nur die ↑Schlusskurse, und zwar im fallenden Trend als 0, im steigenden Trend als X. Der Point & figure chart hat keine Zeitachse. Eine herausragende Besonderheit besteht darin, dass nur dann eine Eintragung erfolgt, wenn die ↑Kurse sich um eine vorher festgelegte Mindestgrösse verändert haben. Diese Mindestgrösse kann in Geldeinheiten (z.B. CHF 1, 2, 3) oder in Prozenten festgelegt werden. Verändert sich ein Kurs um weniger als die gewählte Einheit, wird der Kurs nicht eingetragen. Der Vorteil dieser Darstellungstechnik besteht darin, geringe Kursveränderungen wegzufiltern und dadurch ein langes geschlossenes Bild entstehen zu lassen, das besondere Erfahrungszonen (z.B. Widerstand oder Unterstützung) sichtbar macht. Der Nachteil besteht darin, dass grosse Kursveränderungen in einem kurzen Zeitraum die Aussagekraft des Point & figure charts erheblich reduzieren. Es ist dann erforderlich, die eine Eintragung auslösende Zahl neu festzulegen. Der Point & figure chart erfordert viel Erfahrung zu seiner nutzbringenden Anwendung.

Alfons Cortés

Point of sale terminal
Ein Point of sale terminal ist ein elektronisches Gerät, das zwecks Abwicklung von ↑Transaktionen mit Zahlkarten (↑kartenbasierte Zahlungsmittel) an Verkaufspunkten eingesetzt wird. Die Hardware umfasst mindestens einen Kartenleser (↑Magnestreifen und/oder ↑Chip), eine Kundentastatur für die Bedienung, ein Sicherheitsmodul zur Eingabe des PIN-Codes (Persönliche Identifikationsnummer, englische Bezeichnung: ↑Personal identification number [PIN]) und eine Anzeige (Display) zur Führung des Kunden. Einfachere Geräte, die ausschliesslich ↑Kreditkarten verarbeiten, kommen ohne PIN-Tastatur aus. Die kassenseitige Bedienung – insbesondere die Betragseingabe – erfolgt durch die Kasse (integriertes System) oder durch ein spezielles, als Betragseingabemodul (BEM) oder Kassenterminal (KAT) bezeichnetes Modul.

Jacques Bischoff

Poison pills
Bildlicher Ausdruck für die Ermächtigung zur Ausgabe von ↑Effekten mit ↑Bezugsrecht der bisherigen Aktionäre, die nur benützt wird, wenn die Gefahr einer unfreundlichen Übernahme (↑Übernahme, wirtschaftliche) besteht, z.B. ein unerwünschter Übernahmeinteressent eine Übernahmeofferte (Takeover bid) unterbreitet oder bereits einen bestimmten Teil des Aktienkapitals an der ↑Börse erworben hat (sog. Sneak attack – heimlicher Aktienaufkauf an der Börse im Hinblick auf eine Übernahme). Die Poison pills sollen die Übernahme prohibitiv verteuern.

Poison pills wurden in den USA in verschiedenen aus der Sicht der Aktionäre und auch juristisch teilweise umstrittenen Varianten entwickelt.

Der Ausdruck wird auch generell für andere Abwehrmassnahmen verwendet.

Policendarlehen
Ein Policendarlehen kann zulasten der Versicherungsleistungen im Rahmen des Rückkaufswertes durch den Versicherungsnehmer einer rückkaufsfähigen Lebensversicherungspolice bezogen werden. Der Versicherungsnehmer verpflichtet sich zur Zahlung eines Darlehenszinses. Das Policendarlehen muss nicht zwingend zurückbezahlt (amortisiert) werden. Bei Eintritt des versicherten Ereignisses (Eintritt Rentenbezug, Tod, Vertragsablauf) wird die fällige Versicherungsleistung um das ↑Darlehen gekürzt, sofern das Darlehen noch besteht. Man spricht auch von der ↑Belehnung des Lebensversicherungsvertrags. Der Schuldzins für ein Policendarlehen ist steuerlich absetzbar.
↑Lebensversicherungsanspruch (Verpfändung).

Policy
↑Bankpolitik, Geschäftspolitik der Banken.

Politisches Risiko
↑Exportfinanzierung.

Pool
Im weitesten wirtschaftlichen Sinne dieses Wortes ist der Pool ein Vertrag zur Durchsetzung gemeinsamer Interessen. Bei solchen Interessengemeinschaften unterscheidet man zwischen Geldpool und Mengenpool. Reine Geld- und Mengenpools wären Kartelle. Sie sind darum aus wettbewerbsrechtlichen Gründen selten. Vorwiegend Merkmale des Geldpools, aber auch solche des Mengenpools, liegen vor, wenn sich die Mitwirkenden gegenseitig an den Erträgen und Kosten eines Teils oder aller ihrer Geschäfte beteiligen. So beim Pool im Versicherungsgeschäft, wenn die einzelnen Versicherer bestimmte Kategorien von Abschlüssen – insbesondere Grossrisiken – in eine Zentralstelle einbringen, die diese gemäss einem Schlüssel aufteilt (Beispiele sind der Schweizer Pool für die Versicherung von Nuklearrisiken, der Schweizer Pool für Luftfahrtversicherungen und der Schweizerische Elementarschaden-Pool).

Ein Pool ist auch die Zusammenfassung des Aktienbesitzes verschiedener Aktionäre, um durch einheitliche Ausübung des Stimmrechtes gemeinsame Interessen (z.B.. Bewahrung des nationalen Charakters einer Aktiengesellschaft, Sicherung der Mehrheit einer Aktionärsgruppe, Verhinderung des Eindringens von Konkurrenten oder anderer unerwünschter Aktionäre) wahrzunehmen (↑Aktionärbindungsvertrag).

Als deutsche Bezeichnung für Pool wird gelegentlich der Ausdruck «Ring» gebraucht. Zürcher Goldpool (↑Edelmetallhandel).

Pooling

In den allermeisten Fällen wird unter Pooling das *Cash pooling* verstanden. Pooling ist ein Begriff aus dem Liquiditätsmanagement bzw. aus dem ↑Cash management. Neben dem ↑Netting und dem Matching dient auch das Pooling der Verbesserung von Anlagen- und Finanzierungsmöglichkeiten. Beim Pooling werden im Rahmen des Cash managements alle Liquiditätspositionen eines ↑Konzerns oder einer Filialunternehmung zentral, nach ↑Währungen getrennt, zusammengefasst. Mit Netto-cash-Positionen können Einheiten finanziert oder Anlagen am ↑Geld- und ↑Kapitalmarkt vorgenommen werden. Bei nationalen oder multinationalen Konzernen, die ein Poolingsystem implementiert haben, erfolgt die Abwicklung in der Regel über die Hauptbankverbindung. Grosse Firmen bieten der Firmenkundschaft spezielle Systeme zur Information, Analyse und Disposition der Zahlungsströme an.

Poolmethode
↑Marktzinsmethode.

Poolvertrag
↑Aktionärbindungsvertrag.

POP
Abk. f. Protection or participation. ↑Strukturierte Produkte.

Portal
Übertragen auf die Informations- und Kommunikationstechnologie verstehen sich Internetportale als themenbezogene Einstiegs- und Orientierungshilfen für das ↑Internet, die dem Nutzer einen schnellen Zugriff auf andere Internet-Seiten entsprechend seiner Interessen ermöglichen.

Werden Internetportale nach dem Gesichtspunkt der Zielsetzung des Portalbetreibers voneinander abgegrenzt, so ergeben sich erstens Portale, die der Unterstützung anderer Geschäfte des Portalbetreibers dienen und sich im Normalfall auf unternehmenseigene Produkte beschränken *(Unternehmensportale)* sowie zweitens Portale, die als eigenständiges Geschäft betrieben werden und gegenüber dem Konsumenten als unabhängige Vermittler zwischen Anbietern und Nachfragern von Dienstleistungen fungieren *(Konsumentenportale).*

Finanzportale sind in diesem Sinne als Konsumentenportale konzipierte, auf ↑Finanzdienstleistungen fokussierte Internetportale mit den folgenden Zielsetzungen:
1. Den Nutzern den Zugang zum Finanzdienstleistungsmarkt durch internetbasierte Unterstützungstools zu erleichtern
2. Eine weitgehende vertikale Integration entlang der nachfrageseitigen Wertschöpfungskette direkt und ohne Medienbruch sicherzustellen, wobei die Stufe der Durchführung von Online-Finanztransaktionen zwingend gegeben sein muss (d.h. mehrere Stufen der Wertschöpfungskette des Kunden – Informationsbeschaffung, Informationsselektion, Informationsbewertung, Entscheidung, Umsetzung, Überwachung – können ohne Medienbruch von der Portalseite aus durchlaufen werden. Das Portal dient also nicht ausschliesslich der Bereitstellung von Finanzinformationen)
3. Eine horizontale Integrationsfunktion über mehrere Produktfelder und mehrere Anbieter innerhalb der Produktfelder zu übernehmen (d.h. sowohl ein Produkt- als auch ein Anbietervergleich ist möglich).

Portefeuille
↑Portfolio; ↑Kapitalanlagen.

Portefeuille-Ausschüttung
↑Ausschüttungspolitik; ↑Sachdividende.

Portfolio
Ein Bestand an Vermögenswerten, typischerweise in Form von ↑Wertpapieren, klassifizierbar in die Anlagekategorien ↑Aktien, ↑Obligationen, ↑Liquidität, ↑Immobilen, Edelmetalle und Waren, ↑Derivate, ↑alternative Kapitalanlagen u.a.m.

Portfolio-Alpha
Das Portfolio-Alpha entspricht der kapitalisierungsgewichteten Summe der ↑Alphas der einzelnen Portfolio-Positionen. Das Alpha einer einzelnen ↑Wertschrift ist derjenige Teil des erwarteten Ertrages, der von der Marktperformance unabhängig ist. ↑Capital asset pricing modell; ↑Alphafaktor.

Portfolioanlagen
↑Kapitalbewegungen, internationale.

Portfolio-Effizienz
↑Markowitz-Kriterium.

Portfoliogesellschaft
↑Investmentgesellschaft.

Portfolio hedging
↑Hedge accounting.

Portfolio-Immunisierung
Bei der Portfolio-Immunisierung handelt es sich um eine ↑Anlagestrategie, welche die Zins-Sensitivität der Anlagen – typisch ↑Bonds – derart mit der Zins-Sensitivität der Verpflichtungen – typisch Versicherungsleistungen – kombiniert, dass die erwartete Wertänderung der gesamten ↑Position als Folge von Zinsbewegungen über eine Durationsvorgabe (↑Duration) gesteuert werden kann. Wenn das Ziel darin besteht, dass sich Zinsänderungen nicht auf die Summe der Gegenwartswerte zukünftig erwarteter Einnahmen abzüglich der zukünftig erwarteten Ausgaben auswirken sollen, dann wird die Ziel-Duration gleich null gesetzt.

Portfolio insurance
Portfolio insurance ist die Absicherung des ↑systematischen Risikos eines diversifizierten Portefeuilles mit Aktienindexderivaten. Die Absicherung kann symmetrisch (unter Verwendung von ↑Futures) und asymmetrisch erfolgen (Einsatz von ↑Optionen). Eine Absicherung gegen sinkende ↑Kurse ist auch möglich durch die dynamische ↑Replikation einer Put option. Hierbei wird durch den Verkauf der ↑Aktien und die Anlage des Erlöses in ↑Termingelder ebenfalls ein ↑Floor, eine untere Grenze des Verlustes, erreicht. ↑Portfolio-Immunisierung.

Portfolioinvestitionen
Unter Portfolioinvestitionen versteht man ↑Investitionen in handelbare ↑Wertpapiere und ↑Wertrechte ausländischer ↑Emittenten. Bei Portfolioinvestitionen steht das Renditemotiv im Vordergrund des Anlageentscheids und nicht die Einflussnahme auf die Geschäftstätigkeit des Unternehmens wie bei den ↑Direktinvestitionen. Zu den verbreiteten Anlagen gehören Anleihen, Geldmarktpapiere, ↑Aktien, und Anlagefondszertifikate. Dagegen werden Investitionen in derivative Finanzinstrumente (↑Derivate) nach neuer international üblicher Konzeption nicht mehr als Portfolioinvestitionen betrachtet. Der ↑Marktwert der schweizerische Portfolioanlagen im Ausland belief sich Ende 2000 auf CHF 826 Mia., während der Marktwert der ausländischen Portfolioanlagen in der Schweiz Ende 2000 auf CHF 673 Mia. beziffert wird. ↑Kapitalbewegungen, internationale.

Portfolio management
Unter Portfolio management versteht man die aktive ↑Bewirtschaftung eines Bestandes an mehr oder weniger leicht mobilisierbaren Vermögenswerten (↑Liquide Mittel, ↑Aktien, ↑Obligationen, Edelmetalle, ↑Alternative Kapitalanlagen). Portfolio management umfasst die laufende Überwachung und Anpassung der Anlagen an die Bedürfnisse und Wünsche des Kunden (Kundenprofil) einerseits und an eine gezielte ↑Anlagestrategie andererseits (↑Vermögensverwaltung).

Portfolio management (Aktienfonds)
Das Portfolio management von ↑Aktienfonds umfasst die Planung von Investitions- und Desinvestitionsentscheiden, die Auslösung von Käufen und Verkäufen an organisierten ↑Börsen sowie im Over-the-counter-(OTC-)Handel, die Überwachung und Optimierung der ↑Positionen im ↑Portfolio, die Anpassung der Portfoliozusammensetzung im Rahmen der ↑Anlagepolitik und das Rapportieren der Resultate an den Kunden im Rahmen von Performance-Gesprächen.
Die Investitions- und Desinvestitionsentscheide werden im Hinblick auf Kapitalzu- und Kapitalabflüsse, Marktschwankungen, Neubeurteilung der erwarteten ↑Performance von Aktienmarktsegmenten wie Regionen, Länder, Sektoren, Industrien und Firmen, ↑Kapitalisierung (gross-, mittel- und kleinkapitalisierte Firmen), Bewertung (Wachstumsfirmen mit hohen Bewertungen nach Price/Earnings-, Price/Book-, Price/Cashflow-Kennzahlen beziehungsweise Substanzfirmen mit entsprechend tiefen Bewertungskennzahlen) und ↑Momentum (positiv oder negativ autokorrelierte Aktienpreisbewegungen) vorgenommen. Auch möglich sind Anpassungen im Hinblick auf veränderte Erwartungen bezüglich den Vor- und Nachteilen von ↑Aktien im Vergleich zu Anlagekategorien wie ↑Obligationen, ↑Geldmarkt, ↑Immobilien im In- und Ausland, ↑Private equity, ↑Hedge funds, Rohstoffe und Edelmetalle.
Insgesamt erfolgen die Anlageentscheide im Rahmen der modernen ↑Portfolio-Theorie. Hierbei wird unterstellt, dass nur nichtdiversifizierbare ↑Risiken entschädigt werden (Portfolio-Diversifikation). Ausserdem werden die erwarteten ↑Renditen mit den erwarteten Risiken derart in Übereinstimmung gebracht, dass es für eine angenommene Renditeerwartung nicht mehr möglich ist, das erwartete Risiko zu senken, beziehungsweise bei einem vorgegebenen Risiko die erwartete Rendite zu erhöhen (Portfolio-Optimierung).
Zwei Portfolio-management-Methoden werden voneinander unterschieden: *aktive* und *passive Verwaltung von Aktienfonds*. Passive Aktienfonds, auch indexierte Aktienfonds genannt, werden vom ↑Portfolio manager derart verwaltet, dass die Ertrags- und Risikoeigenschaften möglichst identisch zu einem vorbestimmten Index (↑Benchmark) sind. Der ↑Investor geht hier davon aus, dass es nicht möglich ist, durch bewusste Abweichung von der Indexzusammensetzung Mehrerträge zu erwirtschaften. Im Gegensatz dazu positioniert sich der Portfolio manager von aktiv verwalteten Aktienfonds bewusst unterschiedlich zum Index. Er strebt einen höheren Ertrag als den Indexertrag an. Der Grad an aktivem Management wird über

den ↑Tracking error quantifiziert. Je höher der erwartete Tracking error des aktiven Aktienfonds, desto grösser ist die erwartete Streuung der Erträge um den Index.

Aus empirischen Untersuchungen ist bekannt, dass die Mehrheit der aktiven Aktienfondsmanager den Indexertrag nicht erreicht. Das ↑Alpha dieser Manager ist negativ. Gelingt es dem aktiven Manager den Index zu überbieten, dann ist sein Alpha positiv. Eine positive ↑Überrendite alleine ist zu wenig aussagekräftig. Der Vergleich von aktiven Aktienmanagern sollte auch die zur Alpha-Generierung eingegangenen Risiken berücksichtigen. Dazu wird der *Informationskoeffizient* verwendet: Alpha dividiert mit dem Tracking error. Sehr gute Aktienmanager haben Informationskoeffizienten zwischen 0,5 und 1. Diese Kennziffer kann verwendet werden, um unterschiedliche Aktienmanager miteinander zu vergleichen.   *Roman von Ah*

Portfolio manager
Der Portfolio manager ist beruflich auf das Management von ↑Portfolios spezialisiert. ↑Portfolio management; ↑Portfolio management (Aktienfonds).

Portfolio-Methode
Die Portfolio-Theorie wurde von Harry M. Markowitz entwickelt, der dafür zusammen mit William F. Sharpe sowie J. Lintner im Jahr 1990 den Nobelpreis der ökonomischen Wissenschaft bekam. Die Portfolio-Theorie befasst sich mit Anlegern, die sich in einem von Unsicherheit geprägten Umfeld ökonomisch verhalten. Markowitz' Einsicht war, dass sich Anleger bei ihren Investitionsentscheiden nicht nur am erwarteten Ertrag, sondern auch am ↑Risiko orientieren. Beide Grössen sind für Portfolioentscheide relevant. Die moderne Portfolio-Theorie bestimmt die Mittelwert-Varianz-Grenzen mithilfe von Datenbanken, Computer-Algorithmen und Schätzmethoden.

Portfolioorientierte Aktienanalyse
Die moderne ↑Portfolio-Theorie verlangt vom professionellen ↑Vermögensverwalter eine aggregierte Sichtweise. Nicht mehr die einzelne Vermögensanlage steht im Vordergrund, sondern das ↑Portfolio, mit seinen spezifischen Ertrags- und Risikoeigenschaften. Der erwartete Ertrag eines Portfolios entspricht der kapitalisierungsgewichteten Summe der erwarteten Erträge der Einzelanlagen. Das erwartete ↑Risiko eines Portfolios entspricht der gewichteten Summe der Einzelrisiken, einschliesslich der gegenseitigen Abhängigkeiten der Risiken in Form von ↑Korrelationen beziehungsweise Kovarianzen.

Zusätzliche Aktienanlagen sind in einem Portfolio dann interessant, wenn dadurch der erwartete Ertrag – bei konstantem Risiko – gesteigert, oder das Risiko – bei konstantem Ertrag – gesenkt werden kann. Diese zweidimensionale Betrachtung verlangt, dass die Ertragsdimension durch quantifizierte Risikobetrachtungen ergänzt wird. Häufig werden dazu mehrfaktorielle Risikomodelle eingesetzt.

Portfolio-Risiko
Als Mass für das Portfolio-Risiko wird gemeinhin die Varianz, oder gleichbedeutend die Standardabweichung, der erwarteten Erträge eingesetzt. Die Varianz eines ↑Portfolios ist die gewichtete Summe der Varianzen, einschliesslich der Kovarianzen der einzelnen Vermögensanlagen des Portfolios.

Portfolio selection
Portfolio selection ist der Titel eines Buches von Harry M. Markowitz (Yale University Press, New Haven, 1959). Darin entwickelte er die ↑Portfolio-Methode.

Portfolio-Theorie
Die Portfolio-Theorie bildet einen Kernbaustein der modernen Kapitalmarkt- und Finanzierungstheorie. Die Grundüberlegung der Portfolio-Theorie besteht darin, zu beschreiben, wie ↑Investoren ↑Portfolios, d.h. Mischungen riskanter Vermögensgegenstände, zusammenstellen. Die Grundlage der Theorie bildet die statistische Modellierung der ↑Renditen der betrachteten Vermögensgegenstände wie beispielsweise die Renditen einzelner ↑Wertpapiere. Normative portfoliotheoretische Modelle beschreiben, wie sich rationale Anleger aufgrund allgemeiner Überlegungen zur optimalen Entscheidungsfindung entscheiden sollten. Im Gegensatz dazu versuchen deskriptive Modelle der Portfoliowahl zu beschreiben, wie sich Anleger in realen Entscheidungssituationen verhalten. Die klassischen Modelle der Portfolio-Theorie basieren auf dem normativen Ansatz. Die wohl bekannteste Arbeit zur Portfolio-Theorie ist hierbei das ↑Markowitz-Modell und seine Verfeinerungen durch die Klasse der Faktor-Modelle und durch Mehrperioden-Modelle. Ein weiterer Vertreter ist das so genannte Hybrid-Modell. Ein früher Vorschlag zur deskriptiven Portfolio-Theorie ist beispielsweise der Safety-first-Ansatz von Telser. Auf Grundlage der empirischen Untersuchungen von Kahneman und Tversky zum Verhalten in realen Entscheidungssituationen wurden in jüngerer Zeit vermehrt deskriptive Modelle der Portfoliowahl vorgeschlagen und dem Bereich des ↑Behavioral finance zugeordnet.

Christoph Kaserer, Niklas Wagner

Portfoliozusammensetzung
Die Summe von einzelnen Vermögensanlagen eines ↑Investors definieren ein ↑Portfolio. Häufig werden Portfolios nach den Kriterien ↑Aktien, ↑Obligationen, ↑Liquidität und ↑Immobilien im

In- und Ausland klassifiziert. Diese Zusammensetzung wird weiter aufgeschlüsselt: bei Aktien wird nach Sektoren, Branchen und geografischen Gebieten gruppiert, bei Obligationen nach Sektoren, Branchen, ↑Laufzeiten und ↑Ratings sowie bei Immobilien nach Geschäfts- und Privatliegenschaften.

POS
↑Point of sale terminal.

Position
Eine Position ist eine Bestandesgrösse. In der ↑Banksprache wird Position sehr vielfältig – vor allem in Wortkombinationen – verwendet:
- Stand der geldlichen Beziehung eines Kunden zur ↑Bank. Man spricht z.B. von einer Schuldner- oder Gläubiger-Position
- Als Gesamtposition eines Kunden werden alle seine Beziehungen zur Bank bezeichnet; da und dort werden unter Gesamtposition nur alle Verpflichtungen des Kunden bei seiner Bank verstanden
- Als Börsenposition bezeichnet man das ↑Engagement eines Kunden oder der Bank in einen bestimmten ↑Titel an der ↑Börse.

Weitere häufige Wortkombinationen mit Position sind:
- Edelmetallposition
- ↑Währungsposition, Devisenposition
- ↑Offene Position
- Geschlossene Position (das Schliessen einer Position bezeichnet man als ↑Glattstellen)
- ↑Long position
- ↑Short position
- Nettoposition.

Entsprechend der Unterscheidung in Kassa- und Comptantgeschäft (↑Comptantgeschäft) gibt es auch noch die Kassapositionen oder Terminpositionen.

POS-Systeme
↑Electronic funds transfer at the point of sale (EFT/POS).

Postbank
Ursprünglich war unter dem Begriff Postbank eine von der Postverwaltung betriebene Bank zu verstehen. Heute erschwert die grosse Anzahl von unterschiedlichsten Betriebsmodellen eine klare Definition. Eine Postbank besitzt den Bankenstatus und eine mehr oder weniger enge Beziehung zur Postverwaltung. Die Spannweite dieser Beziehungsart reicht dabei von einer juristischen Verflechtung, wie z.B. einem Mutter-Tochter-Verhältnis, bis zu einem losen vertraglichen Verhältnis, das die Nutzung des Poststellennetzes als Verkaufskanal regelt. Nach der ersten Gründung einer Postbank 1861 in England folgten weitere Gründungen in ganz Europa, sodass heute in zahlreichen europäischen Ländern Postbanken bestehen. Ursprünglich dienten diese Finanzinstitute der Verbreitung des Spargedankens. Bürgerliche Kreise erachteten es als wichtig, dass auch Personen mit geringerem Einkommen zum Sparen animiert wurden, da es zu dieser Zeit weder ↑Altersvorsorge noch Krankenversicherungen gab. Durch das weit verzweigte Poststellennetz und die kundenfreundlichen Öffnungszeiten sollte das Sparen für eine breite Bevölkerungsschicht attraktiv gemacht werden. Für den Staat boten die Postbanken den Vorteil, dass sie ihm durch die ihr zufliessenden Gelder günstig ↑Kapital zur Verfügung stellen konnten.

In fast allen europäischen Ländern bietet die Post heute ↑Finanzdienstleistungen an. Der Umfang dieser Dienstleistungen unterscheidet sich dabei von Land zu Land erheblich. In Frankreich, Italien, Belgien, Irland, Griechenland und der Türkei beispielsweise verfügt die Post über den Bankenstatus und somit über ein umfassendes Finanzdienstleistungsangebot; Deutschland, England, Spanien, Portugal, die Niederlande, Österreich, Dänemark, Schweden, Norwegen, Finnland und die meisten Länder des ehemaligen Ostblocks haben Postorganisationen mit unterschiedlich weit ausgebauten Dienstleistungen.

Neben dem Umfang des Finanzdienstleistungsangebotes unterscheidet sich auch das Rechtskleid der Institutionen. Einzig in Deutschland ist eine Postbank mit Bankenstatus staatlich organisiert und als Tochtergesellschaft in den Postkonzern integriert. Die übrigen Postbanken mit Bankenstatus sind privatisiert. Finanzinstitute der Post ohne Bankenstatus sind immer öffentlich-rechtliche Organisationen.

Die Schweiz gehört zu den wenigen europäischen Ländern ohne eigene Postbank, obwohl bereits im 19. und Anfang des 20. Jahrhunderts erste Versuche einer Gründung gestartet wurden. Nachdem die Motion zur Gründung einer schweizerischen Postbank von Nationalrat Morel 1881 nach dessen Ausscheiden aus dem Parlament von der Geschäftsliste gestrichen wurde, scheiterte eine Motion mit demselben Plan von Nationalrat Calame-Colin 1907 kurz vor dem Ziel. Hauptzweck der von Calame-Colin ins Auge gefassten Postsparkasse sollte die Entgegennahme und Verzinsung von ↑Spareinlagen sein. Dabei beabsichtigte man vor allem kleine Spareinlagen zu begünstigen. Um die Konkurrenzierung der ↑Kantonalbanken zu unterbinden war eine Begrenzung des ↑Zinssatzes vorgesehen. Der Gesetzesentwurf betreffend die Postsparkasse wurde 1917 vom Parlament verabschiedet, das Gesetz wurde jedoch nie in Kraft gesetzt, da im Anschluss an das Vollmachtsregime des Ersten Weltkrieges eine anti-etatistische Stimmung herrschte und man dem Staat nicht mehr Kompetenzen zugestehen wollte.

Handlungsbedarf bestand jedoch beim ↑Zahlungsverkehr, der aufgrund seiner damals dezentralen Organisation vereinfacht und verbilligt werden musste. Deshalb erteilte der Bund der Post den Auftrag, den Zahlungsverkehr flächendeckend aufzubauen. 1906 wurde der Postcheckdienst (↑Postzahlungsverkehr) gegründet. In Konkurrenz zu den Banken entwickelte sich die Post seither zur Spezialistin im Massenzahlungsverkehr.

Anfang 1998 trat ein neues Postgesetz in Kraft. Dieses Gesetz ermöglicht es der Post, ihre ↑Geschäftsfelder auszuweiten und Finanzdienstleistungen im Spar-, Anlage- und Lebensversicherungsbereich anzubieten. Mit der Vervollständigung der Angebotspalette wurde bereits ein erster Schritt in Richtung Retailbank (↑Retail banking, Retailgeschäft) gemacht. Um das Ziel der Eigenwirtschaftlichkeit und der landesweit flächendeckenden Grundversorgung im Brief-, Paket- und Zahlungsverkehr zu erreichen, hat der Bundesrat im Jahr 2000 ein Paket zur Schaffung der verfassungsmässigen Grundlage einer Bankenlizenz für die Post in die Vernehmlassung geschickt. Die Antworten waren mehrheitlich kritisch. Die linken Parteien und die Gewerkschaften begrüssten die Gründung einer Postbank, unter der Bedingung, dass die Post mindestens eine Mehrheitsbeteiligung an der Postbank aufrechterhält. Die Bürgerlichen hingegen waren einer Postbank gegenüber abgeneigt. Nur unter der Voraussetzung einer ↑Privatisierung hätten sie einer Postbank zugestimmt. Aufgrund dieser kontroversen Vernehmlassung beschloss der Bundesrat, von der Gründung einer Postbank abzusehen. Die Post soll ihr Angebot stattdessen im Rahmen von Kooperationen mit Banken ausbauen. Die Politik ist gefordert, den Rahmen für die Weiterentwicklung der Post zu setzen. Dazu muss der Grundsatzentscheid gefällt werden, ob die Post sich zum wettbewerbsstarken Marktteilnehmer entwickeln oder ob sie sich nur auf die Aufrechterhaltung der Grundversorgung konzentrieren soll. Ersteres bedingt weitere Liberalisierungsschritte, letzteres die finanzielle Unterstützung mittels Subventionen. Neben den politischen sind es aber auch ökonomische Sachzwänge, die bei der Schaffung einer Postbank angeführt werden müssen. Mittelfristig ist die Rentabilität des reinen Postzahlungsverkehrs bedroht. Zwar sinken die ↑Transaktionskosten dank zunehmender Automatisierung. Dem stehen aber Ertragsausfälle gegenüber, da die Verweildauer der Gelder auf den Konti immer kürzer wird. Diese Ertragsausfälle lassen sich nur auffangen, wenn auch ↑Postfinance Gesamtlösungen anbieten kann und ihr damit die von den Banken genutzten Verbundvorteile mittels Finanzpaketen ebenfalls ermöglicht werden. Im Sinne eines gerechteren Wettbewerbs sind gleich lange Spiesse im Bankenmarkt erforderlich.

Jürg Bucher

Postcheque
↑Postzahlungsverkehr.

Postengebühr
Form der Berechnung von ↑Bankspesen nach der Anzahl Buchungsposten auf einem ↑Konto oder der Anzahl Zahlungen auf einem ↑Zahlungsauftrag.

Postfinance
Postfinance ist ein eigenständiger und ergebnisverantwortlicher ↑Geschäftsbereich innerhalb der Schweizerischen Post, einer selbstständigen Anstalt des öffentlichen Rechts mit Rechtspersönlichkeit. Postfinance ist für das ↑Geschäftsfeld ↑Finanzdienstleistungen zuständig. Um sich im bewegten ↑Finanzmarkt behaupten zu können, setzt Postfinance bewusst auf eine dynamische Vorwärtsstrategie. Die konsequente Ausrichtung auf den Markt hat auch Auswirkungen auf die interne Organisation von Postfinance. Sie ist in 8 Unternehmensbereiche, 7 dezentrale Operationscenter, 7 dezentrale Distributionsregionen für ↑Privat- und Geschäftskunden aufgeteilt und besitzt das dichteste Filialnetz der Schweiz. Seit Juli 2001 verfügt Postfinance über eine den Markt- und Branchenbedürfnissen angepasste Struktur, wie sie vergleichbare Schweizer Finanzinstitute kennen. Zur besseren Überwachung der ↑Risiken ist ein bankenkonformes Finanz- und ↑Risikomanagement aufgebaut worden. Die verschiedenen Kundenkanäle werden im Bereich Distribution zusammengefasst. Postfinance strebt prozessorientierte Strukturen zur Sicherstellung effizienter und effektiver Arbeitsabläufe an. Mit einem ISO-9001 geprüften Dienstleistungsangebot und einem ausgewiesenen Preis-Leistungs-Verhältnis stärkt Postfinance ihre Position als Marktführerin im Bereich ↑Zahlungsverkehr weiter.

Der ↑Postzahlungsverkehr wurde 1906 eingeführt, rund anderthalb Jahre vor der Errichtung der Schweizerischen ↑Nationalbank. Anlass zur Einführung des Postzahlungsverkehrs war die unzulängliche Versorgung der Wirtschaft durch die damals 36 ↑Emissionsbanken mit ↑Banknoten. Gemäss der schweizerischen Bundesverfassung und dem Nationalbankgesetz gehört es zu den Aufgaben der Schweizerischen Nationalbank, den Zahlungsverkehr zu erleichtern. In der Praxis überlässt sie allerdings die Erledigung dieser Aufgabe weitgehend der Schweizerischen Post und den Banken. Der Postzahlungsverkehr stand nie unter dem Schutz des Postregals oder eines Monopols, sondern hatte sich stets im harten Wettbewerb mit den Banken zu behaupten. Im Laufe der Zeit entwickelte sich der Postzahlungsverkehr zum eigentlichen Träger des Massenzahlungsverkehrs in der Schweiz. Nach Schätzungen werden mehr als die Hälfte aller inländischen Zahlungen über die Post abgewickelt, was die Rolle der Post als Sammelbecken von vielen Zahlungen zugunsten der Wirtschaft, der öffentlichen Gemeinwesen und -werke sowie nicht zuletzt der Banken widerspiegelt. Betragsmässig sind die Relationen im Vergleich zwischen der Post und den Banken umgekehrt, weil grosse Summen traditionsgemäss über die Banken laufen. Im Gegensatz zu den Banken, deren Zahlungsverkehr mehrheitlich defizitär ist, erwirtschaftet Postfinance Ertragsüberschüsse. Dies ist dank einer steten Kosten- und Prozessoptimierung möglich sowie dank der Bewirtschaftung der Kontoguthaben am ↑Geld- und ↑Kapitalmarkt. Seit dem 01.01.1998 gilt das neue Postgesetz. Dieses Gesetz regelt im Wesentlichen die Versorgungspflicht der Post, die Möglichkeiten und Grenzen ihrer Geschäftstätigkeit, die Finanzierung, die Preisbildung und die Kundenbeziehungen. Mit dem neuen Postgesetz wurde Postfinance die Ausweitung ihres Angebots vom Zahlungsverkehr auf eine umfassende Finanzdienstleistungspalette ermöglicht. Gestützt darauf gewährleistet Postfinance einen ausreichenden und flächendeckenden Universaldienst.

Mit ihrem Angebot spricht Postfinance in erster Linie das Retailsegment an, d. h. Privatpersonen mit kleinen und mittleren Einkommen und Vermögen sowie kleine und mittlere Unternehmen. Die Kundinnen und Kunden finden bei Postfinance Produkte im Bereich Zahlen (Zahlungsverkehr), ↑Sparen (Depositen-Konto), Anlegen (↑Anlagefonds; ↑Wertschriften) und Vorsorgen (Versicherungen). Für Geschäftskunden schafft Postfinance umfassende, massgeschneiderte und internationale Finanzdienstleistungen, welche die Bedürfnisse von Unternehmen jeder Grösse vollständig abdecken: globale ↑Zahlungssysteme, ↑Cash management sowie Geld- und Kapitalmarktanlagen. Seit Mitte der 90er-Jahre fand eine kontinuierliche Weiterentwicklung vom Einprodukte- zu einem Mehrprodukteunternehmen statt. 1991 wurde mit der Einführung der Postcard (↑Kartenbasierte Zahlungsmittel) der Grundstein für eine optimale Verfügbarkeit der Kontoguthaben gelegt. In den folgenden Jahren wurde das Kartenangebot stetig ausgebaut. Als Nächstes führte Postfinance 1997 zusammen mit der UBS die Gelben Fonds ein. Mit yellownet hatte Postfinance 1998 als eines der ersten Finanzinstitute die einfache und sichere Zahlungsmöglichkeit im Web eingeführt. In Zusammenarbeit mit Winterthur Leben schaffte Postfinance im gleichen Jahr mit den gelben Lebensversicherungen (↑Lebensversicherung als Kapitalanlage) den Einstieg in einen weiteren Markt. Bereits ein Jahr später wurde das nächste Produkt eingeführt: das Gelbe Festgeld. Das Depositen-Konto (↑Depositen- und Einlagekonti, -hefte), ein weiteres Produkt aus dem Bereich Sparen, wurde noch im gleichen Jahr auf den Markt gebracht. Die Kooperation von Postfinance mit der Banque Cantonale Vaudoise ermöglichte 2001 mit yellowtrade den Einstieg ins Onlinebrokerage (↑Internet-Broker). Dank Partnerschaften ist Postfinance in der Lage, das Leistungs- und Ertragspotenzial voll auszuschöpfen. Eine Partnerschaft ist dann erfolgreich, wenn Stärken und Talente sinnvoll kombiniert und Synergien genutzt werden. Die erfolgreichen Kooperationen von Postfinance basieren alle auf dem gleichen Prinzip: Die eigenständigen gelben Produkte werden gemeinsam mit dem Kooperationspartner entwickelt. Postfinance bringt in die Zusammenarbeit einen Stamm von rund 2 Mio. Kundinnen und Kunden sowie die Vertriebskompetenz mit ein, die Kooperationspartner bringen die technischen Voraussetzungen, das Know-how und die Erfahrung in den entsprechenden Bereichen mit.

Jürg Bucher

Postnumerando

Postnumerando heisst nachträglich und bedeutet nachträglich zahlbar, nachschüssig zahlbar. Auf die Zinszahlung angewendet bedeutet dies, ein am Ende der ↑Zinsperiode (Jahr, Semester, Quartal) zahlbares Zinsbetreffnis. Das Gegenteil heisst *praenumerando,* zum Voraus, vorschüssig zahlbar, was, auf die Zinszahlung angewendet, ein zu Beginn der Zinsperiode, d. h. am Anfang des Jahres, Semesters, Quartals oder Monats, zahlbares Zinsbetreffnis bedeutet. (↑Diskont).

Bei der Praenumerando-Zahlung des Zinses stellt sich die Effektivverzinsung höher heraus als die, welche grundsätzlich dem auf Jahresbasis berechneten nominellen Zinsfuss entspricht, da der Zinsbetrag dem Zinsberechtigten sogleich zu Beginn der Zinsperiode zur Verfügung steht. Im schweizerischen Bankgeschäft sind Postnumerando-Zinszahlungen die Norm. Postnumerando und praenumerando werden auch im Steuerrecht verwendet (Postnumerando-/Praenumerando-Besteuerung).

Postomat

↑Postzahlungsverkehr.

Post recorded trades

Auch nachgemeldete Abschlüsse. Ist in Notstandssituationen (z. B. Ausfall des Händlersystems eines ↑Börsenmitglieds) der Zugang zur Schweizer Börse ↑SWX Swiss Exchange blockiert, so können die Mitglieder der ↑Börse den Handel behelfsmässig weiterführen. Sie sind verpflichtet, solche Abschlüsse der Börse nach dem Ende der Notstandssituation als nachgemeldete Abschlüsse im Nachmeldeverfahren zu melden (Art. 35 der Börsenordnung).

Postzahlungsverkehr

Der Postcheckdienst wurde 1906, mit dem Auftrag an die Post, den schweizerischen ↑Zahlungsverkehr zu erleichtern und zu verbilligen, gegründet. Der Postzahlungsverkehr genoss nie den Schutz des Postregales. Er musste sich seit seiner Gründung in einem sich stark wandelnden, vom Konkurrenzdruck der ↑Banken geprägten Umfeld behaupten. Dennoch entwickelte sich die Post zum Spezialisten des Massenzahlungsverkehrs. Innerhalb des Unternehmens Post ist ↑Postfinance als ertragsverantwortlicher Geschäftsbereich für den Zahlungsverkehr zuständig. Seit Mai 1989 werden die Postkontoguthaben verzinst und vom Bund garantiert, was zu einem weiteren Aufschwung im Postzahlungsverkehr führte. Heute bewältigt die Post mehr als die Hälfte des gesamten schweizerischen Massenzahlungsverkehrs.

Der Postzahlungsverkehr umfasst folgende Grundleistungen: Einzahlungen am Postschalter, Auszahlungen am Schalter und Domizil sowie Überweisungen von ↑Konto zu Konto. Das Angebot wurde im Verlaufe der Zeit laufend den Bedürfnissen der Kunden angepasst und erweitert. Seit der Einführung von yellownet 1998, der Internetbanking-Lösung von Postfinance, wurden die elektronischen Dienstleistungen gezielt ergänzt.

Dank Verbindungen zu internationalen Finanztransaktionssystemen können die Kunden mit Postfinance weltweit Überweisungen auf Bank- und Postkonti tätigen. *Jürg Bucher*

Potentatengelder
Banken dürfen keine kriminell erworbenen Gelder entgegennehmen (Verbot der ↑Geldwäscherei). Darunter fallen auch durch Korruption oder Veruntreuung erworbene Vermögenswerte von politisch exponierten Personen (PEPs). Die Geldwäschereirichtlinien (↑Geldwäschereigesetz) verlangen nach den Erfahrungen im Fall Marcos, dass die Banken ihre Geschäftspolitik gegenüber Personen mit bedeutenden öffentlichen Funktionen für einen ausländischen Staat (oder Personen, welche solchen Funktionsträgern erkennbar nahe stehen) in internen Weisungen festlegen. Geschäftsbeziehungen mit solchen dürfen nur von der Geschäftsleitung (oder von Mitgliedern derselben) eingegangen werden und diese hat die Pflicht, solche Geschäftsbeziehungen regelmässig zu überprüfen. Nachdem 1997 im Fall Mobutu die Schweizer Behörden mit ihren Massnahmen noch ziemlich allein standen, haben ihre im Jahr 2000 im Fall Abacha getroffenen Massnahmen internationalen Wiederhall gefunden, und ausländische Behörden sind selber aktiv geworden.

Potsystem
Praxis auf den internationalen Anleihensmärkten mit dem Ziel, die ↑Effekten bei langfristig operierenden ↑Investoren zu platzieren. Zu diesem Zweck müssen die ↑Banken des Emissionssyndikates den Konsortialführern (↑Konsortialführung) die Namen der Investoren bekannt geben. Das Potsystem hat im Hinblick auf die Zuteilung der ↑Titel den Nachteil, dass die Syndikatsmitglieder (↑Emissionsgeschäft, ↑Emissionskonsortium) ihre Kundenbeziehungen offen legen müssen und auf die Zuteilung keinen Einfluss nehmen können.

PPS
Abk. f. Performance presentation standards. ↑Swiss performance presentation standards (SPPS).

Praecipium
↑Emissionsgeschäft.

Praenumerando
↑Postnumerando.

Prägefreiheit
↑Münzwesen der Schweiz.

Prägegebühr
Private hatten früher das Recht, der Münzstätte Gold zur Ausmünzung einzureichen. Dabei hatten sie für die Umarbeitung eine Prägegebühr zu entrichten. So sah zum Beispiel Art. 4 Abs. 1 des Bundesgesetzes über das Münzwesen vom 03.06. 1931 vor: «Jedermann kann, unter den vom Bundesrat festzusetzenden Bedingungen, der eidgenössischen Münzstätte Gold einliefern und zu Münzen im Nennwerte von zwanzig und zehn Franken prägen lassen.» Premium bonds. Diese Bestimmung blieb bis zur Einführung des Münzgesetzes von 1970 in Kraft, hatte aber nach der Abwertung von 1936 faktisch keine Bedeutung mehr.

Prägegewinn
Die in die Staatskasse fliessende Differenz zwischen den Herstellungskosten einer ↑Münze und ihrem ↑Nennwert nennt man Prägegewinn oder auch Schlagschatz. Letztere Bezeichnung stammt noch aus der Zeit, als die Münzen mit Stempel und Hammer geschlagen und nicht mit Maschinen geprägt wurden.

Prägerecht
↑Münzregal.

Prägung
Bei der Prägung wird das metallene Münzplättchen (Schrötling, Rondelle) unter grosser Druckeinwirkung verformt. Dabei passt sich die glatte Oberfläche der Rondelle der strukturierten Oberfläche des Prägestempels und des Prägeringes an. Während das Münzbild auf den Stempeln seitenverkehrt und vertieft erscheint, präsentiert es sich auf der geprägten ↑Münze seitenrichtig und erhaben, das heisst im Relief. Bei den Schweizer ↑Umlaufmünzen variiert der Prägedruck zwischen 15 und 140 Tonnen (abhängig von Grösse und Metalllegierung).

Präjudizierter Wechsel

Präjudizierte Wechsel sind ↑Wechsel, bei denen Fristen versäumt worden sind, so namentlich die Frist für die Protesterhebung (↑Protest) mangels Annahme oder Zahlung, wodurch der Inhaber seine wechselmässigen Ansprüche gegen die Indossanten, den Aussteller und die andern Wechselverpflichteten, ausgenommen den Anspruch gegen den Akzeptanten bzw. den Aussteller des ↑Eigenwechsels, verliert (OR 1050/1052).

Prämie

Der Begriff Prämie hat mehrere Bedeutungen:
1. Zahlung der öffentlichen Hand an Sparer für ein bestimmtes Sparverhalten. In der Schweiz nicht üblich.
2. In der Versicherung regelmässige Leistungen des Versicherungsnehmers an den Versicherer.
3. Im Effektenverkehr Aufschlag gegenüber einem bestimmten Basisbetrag (↑Optionsprämie, ↑Wandelprämie).

Prämien, verdiente

Die dem Geschäftsjahr zuzurechnenden ↑Prämien, einschliesslich der ↑Prämienüberträge aus dem Vorjahr, abzüglich Prämienbeträge für die Folgejahre.

Prämienanleihen

↑Premium bonds.

Prämienobligation

↑Premium bonds.

Prämienüberträge

In der Versicherung jener Anteil der Prämieneinnahmen, für welche die Gesellschaft erst im folgenden Jahr das ↑Risiko trägt. Der Prämienübertrag umfasst die im Geschäftsjahr nicht verdienten Prämien. ↑Prämien, verdiente.

Präsentationsklausel

Erklärung des Schuldners, er werde nur gegen Vorweisung oder Rückgabe der Schuldurkunde leisten. Während beim ↑Wertpapier der Schuldner verspricht, nicht ohne Vorweisung der Urkunde zu erfüllen, hat er beim einfachen Präsentationspapier das Recht, jedoch nicht die Pflicht, die Leistung so lange zu verweigern, bis die Urkunde vorgewiesen wird oder sich der Ansprecher anderweitig ausweist. Durch die Präsentationsklausel werden Geldschulden, die von Gesetzes wegen (OR 74) Bringschulden sind, zu Holschulden. ↑Legitimationspapier.

Präsenzbörse

Eine Präsenzbörse ist eine traditionelle ↑Börse, an der die Händler noch persönlich zusammenkommen, um ihre Geschäfte auszuhandeln. Nur noch eine kleine Minderheit der Börsen – vor allem die grossen Börsen der USA – sind Präsenzbörsen. Zu beachten ist, dass dahinter handfeste Interessen stehen. Präsenzbörsen verschaffen ihren Teilnehmern ein geografisches Monopol.

Preference share

↑Vorzugsaktien; ↑Stock; ↑Preferred stock.

Preferred stock

Synonyme: Preferred shares; Preference shares. Amerikanische bzw. Englische ↑Vorzugsaktien, auf denen eine ↑Dividende zu einem im Voraus festgelegten Satz ausgeschüttet werden muss, bevor auf den ↑Stammaktien eine Dividende bezahlt werden darf. Ein rechtlicher Anspruch auf die Vorzugsdividende, wie auf Obligationszinsen, besteht indessen nicht. Die Vorzugsaktionäre erhalten auch im Falle einer Auflösung der Gesellschaft zumeist einen festgesetzten Teil des Liquidationserlöses vor der Verteilung eines allfälligen Liquidationsüberschusses an die Stammaktionäre. Preferred stocks sind oft stimmrechtslos. Sie sind *«cumulative»* (kumulativer Dividendenanspruch), wenn ein Dividendenausfall in den folgenden Jahren nachbezahlt werden muss, bevor die Dividendenausschüttung auf den Stammaktien wieder aufgenommen werden darf, *«redeemable»* bzw. *«callable»*, wenn eine Kündigungsmöglichkeit besteht, *«convertible»*, wenn sie mit einem Wandelrecht in Stammaktien ausgestattet sind. In den USA sind Preferred stocks vor allem bei institutionellen Anlegern beliebt, weil die Vorzugsdividenden nur beschränkt steuerpflichtiges Einkommen darstellen. Für die Berechnung des Reingewinns je Aktie (↑Earnings per share) wird die Vorzugsdividende vom Jahresgewinn abgezogen. Der Preferred stock wird – obwohl Bestandteil des ↑Eigenkapitals – nicht in die Berechnung des Bilanzwertes (Book value) je Aktie einbezogen.

Preisführerschaft

Bezeichnung für eine preis- und absatzpolitische Haltung am Markt, bei der für eine Gruppe konkurrenzierender Banken eine Bank sowohl Zeitpunkt als auch Ausmass von Preisveränderungen für bestimmte ↑Finanzdienstleistungen bestimmen kann, ohne dass sie Preiskämpfe durch die anderen Banken zu befürchten hat. Die anderen Banken nehmen die Preise der preisführenden Bank als gegeben hin. Preisführende Banken zeichnen sich durch einen besonders hohen Marktanteil bei bestimmten Bankdienstleistungsarten und/oder Kundengruppen aus. Preisführerschaft ist typisch für Oligopole, in denen ein Anbieter die anderen an Grösse weit übertrifft.

Preisindex

↑Landesindex der Konsumentenpreise.

Preiskalkulation

Innerhalb der Preispolitik ist die Preiskalkulation das wesentlichste Element, da sie die für die Bank mögliche Preisspanne angibt. Auf der einen Seite kann ein kalkulatorischer Preis ermittelt werden, indem der Markt Ausgangspunkt der Preisüberlegungen darstellt, und auf der anderen Seite kann von den Leistungserstellungskosten der Bank, d. h. von den Produktionskosten, ausgegangen werden. Die primär auf die Kostenseite der Bankprodukte fokussierende Preiskalkulation berücksichtigt beispielsweise Refinanzierungs-, Eigenkapital-, Verwaltungs- und Risikokosten zuzüglich einer bestimmten ↑Marge. Sind marktliche Überlegungen, wie Zahlungsbereitschaft der Kunden oder generell am Markt durchsetzbare Preise der Ausgangspunkt der Preiskalkulation, wird als Instrument das Targetcosting eingesetzt, indem vom Zielpreis ausgegangen wird und die Prozesse und einzelnen Leistungskomponenten, die schliesslich in die Endleistung münden, so gestaltet werden, dass der Zielpreis nicht überschritten wird.

Preisnotierung
↑Wechselkurs.

Preisrisiko
↑Marktrisiko.

Preliminary prospectus
↑Emissionsgeschäft.

Premium
↑Prämie.

Premium bonds
Deutsche Bezeichnung: Prämienobligationen. Sie werden nur in bescheidenem Rahmen oder überhaupt nicht verzinst, sind aber mit ↑Prämien ausgestattet, die ausgelost werden (Losanleihen). Prämienobligationen werden in der Schweiz als Folge sehr restriktiver gesetzlicher Grundlagen nicht mehr aufgelegt.

Premium convexity
Die Beziehung zwischen dem ↑Basiswert und dem Gewinn (beziehungsweise Verlust) einer ↑Long position einer ↑Option ist konvex. Diese für Optionen typischerweise gekrümmte Beziehung ist notwendig, um eine arbitragefreie Bewertung (↑Arbitrage) zu erhalten.

Preopening
Auch Voreröffnung. Die erste Phase (↑Börsenperiode) der ↑Börsenzeit an der Schweizer Börse ↑SWX Swiss Exchange. Während dieser Börsenperiode können alle ↑Börsenmitglieder Aufträge eingeben. Die Ausführung der Aufträge findet erst in einer der späteren Börsenperioden (Eröffnung oder ↑Opening; ↑Laufender Handel) statt.

Prepaid card
↑Wertkarte (Electronic purse).

Present value
↑Barwert; ↑Gegenwartswert.

Pre-settlement
↑Clearing and settlement.

Price book ratio
↑Price book value ratio.

Price book value ratio
Die Kennzahl Price book value ratio setzt den Börsenkurs mit dem ↑Buchwert je ↑Aktie in Verbindung, wobei bei Vergleichen zu berücksichtigen ist, nach welchen Rechnungslegungsgrundsätzen (Aktienrecht, Swiss GAAP FER, IAS, US-GAAP) und nach welchen Bewertungsgrundlagen (Anschaffungswert- oder Tageswertprinzip) das ↑Eigenkapital ermittelt worden ist. Liegt die Price book ratio unter 1, lässt dies bei einer branchenüblichen ↑Rendite auf eine Unterbewertung der Aktien schliessen.

Price dividend ratio
Die Price dividend ratio ist das Kurs/Dividenden-Verhältnis. Sie ist der Kehrwert der ↑Dividendenrendite und wird ermittelt, indem der Aktienkurs durch die ↑Dividende geteilt wird. Beispiel: Kurs CHF 80, Dividende CHF 5, Dividend ratio somit 16.

Price earnings growth ratio (PEG)
Die PEG errechnet sich aus der ↑Price earnings ratio (PER) (Kurs/Gewinn-Verhältnis [KGV]) dividiert durch das *erwartete* durchschnittliche Gewinnwachstum in Prozenten. ↑Aktien mit einer PEG unter 1 werden als günstig erachtet, weil das erwartete Gewinnwachstum nicht vollumfänglich im Aktienkurs ↑eskomptiert ist. Die PEG ermöglicht einen sinnvollen Quervergleich zwischen rasch wachsenden Gesellschaften mit hoher PER.

Price earnings ratio (PER)
Für die Beurteilung der relativen Kurshöhe einer ↑Aktie wichtige Kennziffer, die sich aus der Division des ↑Kurses durch den Gewinn pro Aktie (↑Earnings per share) ergibt.
Bei der Interpretation der PER ist vorerst abzuklären, ob sich diese auf den Gewinn des zurückliegenden oder auf Gewinnschätzungen des laufenden oder des nächsten Geschäftsjahres bezieht. Zudem ist zu beachten, inwieweit der Verwässerungseffekt aus der Ausübung von Wandel- und Optionsrechten auf den Gewinn je Aktie berücksichtigt ist. Der ermittelte Wert erhält seine Aussagekraft ausserdem erst durch einen Vergleich mit dem anderer Gesellschaften der gleichen Branche

und/oder früherer Jahre, sowie dem allgemeinen ↑Zinsniveau. (↑Aktienanalyse).
Die PER ist der Kehrwert der ↑Gewinnrendite.

Price keeping operation
↑Kursstützung.

Price lifting operation
↑Kursstützung.

Price R & D spending ratio
Angesichts der grossen Bedeutung der Forschungs- und Entwicklungs-Aufwendungen (Research and development [R & D]) für industrielle Unternehmungen, die auf zukunftsorientierte Technologien ausgerichtet sind, wird diese Kennzahl als Bewertungskriterium für solche Gesellschaften angewendet. Diese Verhältniszahl wird ermittelt, indem der Börsenkurs durch den Forschungsaufwand je ↑Aktie geteilt wird. Die Kennzahl ist allerdings mit Vorsicht zu interpretieren, weil R & D-Aufwendungen nicht einheitlich ermittelt werden.

Price spread
Spread heisst Kursdifferenz, Renditedifferenz.
Im ↑Optionengeschäft unterscheidet man folgende Strategien: ↑Vertical spread (Price spread), ↑Horizontal spread (Time spread) und ↑Diagonal spread.
Im Aktienhandel versteht man unter Price spread die Kursdifferenz zwischen ↑Aktienindizes.
Der Price spread bezieht sich immer auf einen oder mehrere ↑Kurse, der Yield spread auf ↑Renditen.

Price steps
Auch Kursabstufungen. Die Schweizer Börse ↑SWX Swiss Exchange legt für jedes Wertpapier eine beschränkte Anzahl möglicher Kurse fest, zu denen ein Abschluss zustande kommen kann. Der Abstand eines möglichen Kurses zum nächst höheren bzw. nächst tieferen möglichen Kurs wird Price step genannt.

Pricing im Emissionsgeschäft
Festlegen der Konditionen einer ↑Emission, wie z.B. Emissionspreis, ↑Zinssatz, ↑Laufzeit. Das Pricing ist für den Erfolg der Wertpapierplatzierung von zentraler Bedeutung, da eine fehlerhafte Preisbestimmung dazu führen kann, dass das ↑Wertpapier nicht oder nur unvollständig platziert werden kann.

Pricing supplement
↑Auslandanleihe.

Pricing von Bankprodukten
↑Konditionenpolitik.

Primärbewegung
↑Börsentheorien.

Primärliquidität
Unter Primärliquidität sind ↑Zahlungsmittel zu verstehen, die ohne zeitliche Verzögerung und ohne vorherige ↑Monetisierung zur Begleichung von Verbindlichkeiten herangezogen werden können. Bei Banken wird dieser Begriff – gemäss den geltenden schweizerischen Liquiditätsvorschriften – mit der Kassenliquidität gleichgesetzt. Die Primär- oder Kassenliquidität ist auf das zur ↑Geldmengensteuerung durch die Schweizerische ↑Nationalbank (SNB) erforderliche Mass beschränkt. Die Notwendigkeit einer gesetzlich geregelten Mindestkasse steht in Zusammenhang mit dem geldpolitischen Konzept der SNB. Dieses erfordert, dass für die Steuerung der Geldmenge genügend hohe Bestände an Notenbankgeld im ↑Bankensystem gehalten werden. Um eine gewisse Konstanz im Geldangebot zu garantieren, ist die Festlegung eines Mindestbestandes an flüssigen Mitteln eine notwendige Voraussetzung einer wirksamen Geldmengenpolitik. Die Primärliquidität liegt zudem auch im Interesse der Bank und des Gläubigerschutzes. ↑Sekundärliquidität.

Primärmarkt
Der ↑Emissionsmarkt für ↑Effekten. Auf dem Primärmarkt werden ↑Titel erstmals begeben, verkauft, emittiert. Der ↑Emittent beauftragt in der Regel eine Bank (und durch diese weitere Banken als Unterbeauftragte) mit der Durchführung einer ↑Emission. Auf dem ↑Sekundärmarkt sodann handeln Anleger untereinander; der Emittent ist hier normalerweise nicht mehr involviert.

Primär-Research
Analyse- und Prognoseerstellung aufgrund von Wirtschaftsdaten. Beim Primär-Research werden die Analysen und Prognosen direkt auf ökonomische Daten abgestützt, während beim ↑Sekundär-Research die Meinungsbildung aufgrund von Primär-Analysen Dritter erfolgt. Primär-Research ist sehr aufwendig und wird in der Regel nur von grösseren Instituten angeboten. Mit der zunehmenden Breite an verfügbaren Daten haben quantitative ökonometrische Methoden stark an Bedeutung gewonnen. ↑Aktienanalyse.

Primärtrend
In der ↑Dow-Theorie erwähnte bedeutende Trendkomponente. Primärtends sind ausgedehnte Auf- und/oder Abwärtsbewegungen mit einer Dauer von einem Jahr bis zu mehreren Jahren. ↑Sekundärtrend.

Primary account number (PAN)
↑Magnetstreifen.

Primary dealer
↑Londoner Börse.

Primary market
↑Börse; ↑Primärmarkt; ↑Sekundärmarkt.

Primawechsel
Der Primawechsel ist die erste Ausfertigung eines ↑Wechsels. Zweit- oder Drittausfertigungen werden als Secunda- bzw. Tertiawechsel bezeichnet.

Prime
Englische Bezeichnung für
1. ↑Prämie
2. erst, erstklassig, erste Adresse (↑Adresse, erste).
↑Prime rate.

Prime rate
↑Sollzinssatz von ↑Geschäftsbanken für erstklassige Schuldner im angelsächsischen Sprachraum. Der Prime rate kommt Bedeutung zu als ↑Benchmark für Darlehen an Schuldner minderer ↑Bonität, die einen höheren ↑Zins zahlen müssen, sowie als ↑Indikator für zukünftige Zinsentwicklungen.

Principal
In der allgemeinen Bedeutung «Hauptsache» oder «Hauptperson». Wird im Geld-, Bank- und Finanzbereich meistens in einer der folgenden Bedeutungen verwendet:
1. Kapitalforderung (im Gegensatz zur Zinsforderung)
2. Eigenhändler, auch Properhändler. Jemand, der auf eigene Rechnung handelt (im Gegensatz zum Kundenhändler). ↑Effektenhändler.
3. Auftraggeber oder Vollmachtgeber (im Gegensatz zum Beauftragten oder Bevollmächtigten).
↑Agency-Theorie; ↑Corporate governance.

Principal risk
Principal risk bezeichnet das ↑Risiko, einen Teil des Nominalbetrags aus einem Kredit oder einer Anleihe zu verlieren.

Prioritätsaktien
↑Preferred stock; ↑Vorzugsaktien.

Privatamortisationsverfahren
↑Amortisation; ↑Entkräftung des Schuldscheins.

Privatbank
Zu den Privatbanken i.w.S. werden alle privatrechtlich organisierten Banken gerechnet, die sich im Gegensatz zu den öffentlich-rechtlichen Banken (Staats-, ↑Kantonal- oder ↑Gemeindebanken) und den gemischtwirtschaftlichen Banken in den Händen von Privaten befinden. Gemäss der ↑Bankenstatistik der Schweizerischen ↑Nationalbank gehören auch viele der unter «übrigen Banken» (in der Rubrik «auf Börsen-, Effekten- und Vermögensverwaltungsgeschäfte spezialisierte Institute»), verschiedene Handels- und Verwaltungsbanken, ↑Regionalbanken und ↑Sparkassen sowie einige ↑ausländische Banken zu den Privatbanken. *Privatbanken im engeren Sinne* sind nur die von ↑Privatbankiers in Form von Einzelfirmen, Kollektiv- oder Kommanditgesellschaften betriebenen Banken. Die Vereinigung schweizerischer Privatbankiers (VSP) (↑Privatbankiers, Vereinigung schweizerischer) nimmt grundsätzlich nur Institute als Mitglieder auf, die zum Kreis der Privatbanken im engeren Sinne gehören.

Im allgemeinen Sprachgebrauch wird der Begriff Privatbank – fälschlicherweise – oft als Synonym zu Privatbankier verwendet. *Christian Rahn*

Privatbankier
In der Schweiz ist der Begriff *Privatbankier* im Bankengesetz definiert: Privatbankiers sind alle Banken in der Rechtsform von Einzelfirmen, Kollektiv- und Kommanditgesellschaften. Bei ihnen haften ein oder mehrere Gesellschafter für die Verbindlichkeiten der Bank unbeschränkt und solidarisch mit ihrem ganzen Vermögen. Darin unterscheiden sich die Privatbankiers vom breiter angewendeten Begriff ↑*Privatbank*, mit dem heute üblicherweise Banken bezeichnet werden, die hauptsächlich in der Rechtsform von Aktiengesellschaften organisiert sind, und deren Haupttätigkeit wie bei den Privatbankiers die ↑Vermögensverwaltung – auch ↑Private banking genannt – darstellt. Diese Dienstleistungen liegen im Bereich des indifferenten ↑Bankgeschäftes. Das kommerzielle Geschäft ist von geringer Bedeutung.

Die Bezeichnung Privatbankier weckt Vorstellungen wie freies, durch unabhängige Persönlichkeiten geprägtes Unternehmertum, weit zurückreichende Tradition, Diskretion, Weltoffenheit, vor allem aber Beherrschung der Vermögensverwaltung und des Wertschriftengeschäftes. Die Rechtsform der Personengesellschaft ist der Geschäftstätigkeit der Privatbankiers sehr angepasst. Die Privatbankiers stellen die älteste Unternehmungsform im schweizerischen Bankwesen dar, wobei sich oft das reine Bankgeschäft erst im Laufe der Zeit herauskristallisierte. Viele schweizerische Privatbankhäuser können ihre Anfänge bis ins 18. und das beginnende 19. Jahrhundert zurückverfolgen. Ursprünglich waren sie oft Warengrosshändler, Kommissionäre oder Spediteure. Die damit verbundenen Kredit- und Wechselgeschäfte gewannen dabei immer mehr an Bedeutung. Die enormen Entwicklungssprünge der Industrialisierung Mitte des 19. Jahrhunderts erforderten die Bereitstellung des entsprechenden Kapitals. Da die Privatbankiers nicht der gesamten Kapitalnachfrage gerecht werden konnten, bestanden in den 30er-Jahren des 19. Jahrhunderts die ersten Bestrebungen, grössere

Banken in der Form von Aktiengesellschaften zu gründen, um damit die Kapitalsuchenden nicht ins Ausland verweisen zu müssen. Ausserdem wurden die Kapitalbedürfnisse nebst den ↑Grossbanken auch immer mehr durch die ↑Kantonalbanken abgedeckt.

Die Privatbankiers unterstehen wie alle Banken dem Bankengesetz (↑Bankengesetzgebung). Die meisten Vorschriften des Bankengesetzes gelten somit für die Privatbankiers genauso wie für die übrigen Bankengruppen. So unterliegen die Privatbankiers insbesondere auch den Bestimmungen über die Eigenmittel (↑eigene Mittel), die ↑Liquidität, die Pflicht zur Prüfung der Jahresrechnung durch eine unabhängige Revisionsstelle sowie die Pflicht zur Einreichung der Jahresrechnung bei der Schweizerischen ↑Nationalbank (SNB) und der Eidgenössischen ↑Bankenkommission (EBK). Die Sondervorschriften für Privatbankiers umfassen zur Hauptsache die Befreiung von der Pflicht der Veröffentlichung der Jahresrechnung. Das Bankengesetz unterscheidet zwischen Privatbankiers, die sich öffentlich zur Annahme fremder Gelder empfehlen, und solchen, die sich nicht öffentlich zur Annahme fremder Gelder empfehlen. Nur für die letztgenannten Privatbankiers gilt die erwähnte Ausnahmebestimmung. Alle Privatbankiers sind indessen von der Bildung gesetzlicher Reserven befreit. Diese Ausnahmeregelung in BankG 5 II ergibt sich aus der persönlichen Haftung der Gesellschafter über das in der Bank gebundene Kapital hinaus. Eine weitere Unterscheidung der Privatbankiers von den übrigen Banken besteht darin, dass sie nur den Haftungsbestimmungen des OR unterliegen (BankG 38 II). Die Bilanz der Privatbankiers hat nicht die gleiche Bedeutung für einen ↑Gläubiger, wie diejenige einer Aktiengesellschaft oder Genossenschaft, denn das ebenfalls der Haftung unterliegende Privatvermögen ist in der Bankbilanz nicht enthalten. Da sich das Hauptgeschäft der Privatbankiers, die Vermögensverwaltung, ebenfalls nicht in der Bilanz niederschlägt, ist die Aussagekraft der Bilanz zusätzlich eingeschränkt. Schliesslich muss berücksichtigt werden, dass bei der Rechtsform der Privatbankiers die Steuerpflicht nicht bei der Bank, sondern bei den Gesellschaftern liegt.

Seit 1934 sind die Privatbankiers in der Vereinigung schweizerischer Privatbankiers (VSP) zusammengeschlossen (↑Privatbankiers, Vereinigung schweizerischer).

Die Zahl der Privatbanken hat seit Ende des Zweiten Weltkrieges deutlich abgenommen, wogegen die Bedeutung der noch bestehenden Häuser stetig gewachsen ist. Die Mitglieder der Vereinigung schweizerischer Privatbankiers beschäftigten im März 2001 weltweit rund 5 300 Mitarbeiterinnen und Mitarbeiter. Gemäss der Statistik der SNB bestehen heute noch 17 Privatbankiers, wovon 7 in Genf, 4 in Basel, je 2 in Zürich und Lausanne, je 1 in St.Gallen und Luzern. 1938 bestanden in der Schweiz noch etwa 85 Privatbankhäuser.

Um die Verwässerung und den anspruchsverletzenden Gebrauch des Begriffs Privatbankier durch Dritte zu vermeiden, hat die VSP 1997 die Kollektivmarke «Privatbankier» (in der Einzahl und Mehrzahl in verschiedenen Sprachen) beim Eidgenössischen Institut für Geistiges Eigentum hinterlegt. Die VSP besitzt so den exklusiven Anspruch auf diese Marke und nur ihre Mitglieder oder andere Banken, die den gesetzlichen Kriterien entsprechen, sind berechtigt, diese zu benützen.

Christian Rahn

Privatbankiers, Vereinigung schweizerischer (VSP)

Diese Vereinigung wurde anlässlich des Inkrafttretens des Bankengesetzes am 29.11.1934 gegründet. Sie bezweckt, den Privatbankierstand im Rahmen des schweizerischen Bankgewerbes zu fördern und dessen Interessen zu wahren. Gemäss Art. 4 der Statuten kann grundsätzlich jeder ↑Privatbankier Mitglied werden, der im Handelsregister als ↑Bankier oder Bankgeschäft eingetragen und in der Rechtsform einer Einzelfirma, Kollektiv- oder Kommanditgesellschaft organisiert ist, d.h. einer Firma, die mindestens einen unbeschränkt haftenden Gesellschafter aufweist. Ferner muss ein unbeschränkt haftender Gesellschafter mindestens drei Jahre Mitglied der Schweizerischen ↑Bankiervereinigung sein. Mitte 2002 bestand die Vereinigung aus 13 Bankhäusern. Ferner gehörten 52 ehemalige ↑Privatbankiers der Vereinigung als Einzelmitglieder an. Das Sekretariat der Vereinigung hat seinen Sitz in Genf und wird mit dem Sekretariat des «Groupement des Banquiers Privés Genevois» in Personalunion geführt.

Christian Rahn

Privatdarlehen
↑Kleinkredit.

Private Aktiengesellschaft

Bei einer privaten Aktiengesellschaft liegen alle ↑Aktien in einem beschränkten Kreis von Aktionären (z.B. einer Familie), von Geschäftspartnern (z.B. einem Handwerkerkonsortium), einer ↑Holdinggesellschaft oder bei einer einzigen natürlichen oder ↑juristischen Person (Einpersonen-AG). Entsteht eine private Aktiengesellschaft aus der Umwandlung einer ↑Publikumsgesellschaft, z.B. bei einem ↑Management buy-out oder einem ↑Squeeze out, spricht man von ↑Going private.

Private Banken

Zu den *Privatbanken im wirtschaftlichen Sinne* werden alle privatrechtlich organisierten Banken gerechnet, die sich im Gegensatz zu den öffentlich-rechtlichen Banken (Staatsbanken, ↑Kantonalbanken, ↑Gemeindebanken) und den gemischtwirtschaftlichen Banken vollständig in den Händen von Privaten befinden. Gemäss der Übersicht über die Banken in der Schweiz der Schweizerischen ↑Nationalbank SNB gehören viele der unter «übrige Banken» (in der Rubrik «auf Börsen-, Effekten- und Vermögensverwaltungsgeschäfte spezialisierte Institute»), verschiedene ↑Handelsbanken, zahlreiche ↑Regionalbanken und ↑Sparkassen und einige ↑ausländische Banken zu den Privatbanken.

Privatbanken im juristischen Sinne sind die von ↑Privatbankiers in Form von Einzelfirmen, Kollektiv- oder Kommanditgesellschaften betriebenen Banken. Die Vereinigung schweizerischer Privatbankiers (↑Privatbankiers, Vereinigung schweizerischer) nimmt nur solche Institute als Mitglieder auf, die zum Kreis der Privatbanken in diesem Sinne gehören.

Im allgemeinen Sprachgebrauch wird der Begriff Privatbanken synonym zu Privatbankier verwendet.   Christine Hirszowicz, Sita Mazumder

Private banking

Private banking bezeichnet das ↑Bankgeschäft mit vermögenden Privatkunden. Im Mittelpunkt der Dienstleistung steht der Anlagebedarf des Kunden. Private-banking-Kunden erhalten Dienstleistungen, die auf ihre individuellen Wünsche und Bedürfnisse abgestimmt sind. Die persönliche Beziehung zwischen Kunden und Berater, die auf Diskretion und Vertrauen basiert, spielt dabei eine zentrale Rolle. Als vermögende Privatkunden werden in der Regel Personen mit Vermögenswerten ab rund USD 500000 bezeichnet. Private-Banking-Anbieter sind neben den spezialisierten Privatbanken (↑Privatbankiers) auch ↑Universalbanken, Retailbanken (↑Retail banking, Retailgeschäft) oder unabhängige ↑Vermögensverwalter.

1. Private banking als Geschäftsfeld
Private banking ist für Finanzdienstleister ein sehr profitables ↑Geschäftsfeld. In der Schweiz können rund zwei Drittel des Reingewinns der Banken dem Vermögensverwaltungsgeschäft zugeordnet werden. Auch die Eigenkapitalrentabilität ist im Private banking wesentlich höher als bei anderen Bankgeschäften. Die Attraktivität dieses Geschäftszweiges führt denn auch dazu, dass immer mehr Banken und andere Finanzdienstleister auf den Markt drängen. Haupteinnahmequellen des Private bankings sind insbesondere Kommissionserträge im Wertschriften- und Anlagegeschäft, Depot- und Vermögensverwaltungsgebühren, Zinserträge sowie auch Entgelte für verschiedene Beratungen.

Beim Private banking wird davon ausgegangen, dass die Anlage- und Beratungsbedürfnisse der Kunden mit der Grösse des verfügbaren Anlagevermögens steigen (↑Anlageberatung). Die Kunden erwarten eine hohe Qualität und Individualität der Leistungen sowie eine langfristig ausgerichtete, persönliche Betreuung. Der damit verbundene Aufwand ist aber sowohl für die Bank als auch für die Kunden erst ab einem bestimmten Volumen lohnend. Deshalb werden Dienstleistungen im Private banking in der Regel erst ab einem bestimmten Mindestanlagevermögen angeboten. Diese Grenze ist allerdings selten starr. Bei Vermögen, die (vorerst) noch darunter liegen, werden häufig das Einkommen und die potenzielle Vermögensentwicklung des Anlegers mitberücksichtigt. Beim Dienstleistungsangebot gilt folgende Regel: Je grösser das verfügbare Vermögen der Kunden ist, desto individueller gestalten auch die Banken ihr Angebot aus.

Eine grundsätzliche Unterscheidung im Private banking betrifft das ↑Onshore und das ↑Offshore banking. Beim Onshore banking wird das persönliche Vermögen im Wohnsitzland des Kunden verwaltet; beim Offshore banking bringt der Kunde sein Vermögen an einen ↑Finanzplatz ausserhalb seines Domizillandes. Die Attraktivität des Offshore private banking liegt darin, dass an bestimmten Märkten ausserhalb des eigenen Staates die Rahmenbedingungen für die Vermögensverwaltung günstiger sind. Dazu können beispielsweise steuerliche, politische und regulatorische Aspekte gezählt werden.

2. Das Leistungsangebot im Private banking
Im Unterschied zum Bankgeschäft mit kleinen und mittleren Kunden, bei dem standardisierte Bankdienstleistungen im Vordergrund stehen, werden Private-banking-Kunden sehr individuell betreut und erhalten speziell auf ihre Bedürfnisse zugeschnittene Produkte und Lösungen. Private banking ist gekennzeichnet durch die enge persönliche Beziehung zwischen Kunde und Berater und schliesst oftmals unentgeltliche Zusatzdienstleistungen wie beispielsweise Reise- und Reservationsservices oder Einladungen an exklusive Kundenanlässe mit ein. Die im Private banking angebotenen Dienstleistungen gehen weit über die traditionellen Bankleistungen hinaus: Neben der ↑Vermögensverwaltung und der Verwahrung und Vermittlung von banküblichen Anlageinstrumenten kommen ganzheitliche Beratungskonzepte zum Einsatz. Damit wird das Ziel verfolgt, die persönlichen Einkommens- und Vermögensverhältnisse der Kunden langfristig zu optimieren, wobei auch Aspekte wie Liquiditäts-, Steuer-, Versicherungs-, Vorsorge- und Nachfolgeplanung einbezogen werden. Hier geht es um die langfristige Finanzplanung im eigentlichen Sinne. Ausserdem umfasst das Angebot häufig Spezialprodukte für international ausgerichtete Kunden wie beispielsweise die Errichtung von ↑Trusts, privaten Investitionsgesellschaften und Stiftungen.

3. Private banking in der Schweiz
Der ↑Bankensektor ist einer der wichtigsten Pfeiler der Schweizer Volkswirtschaft. Die Banken erarbeiteten im Jahr 2000 11% der gesamten Wertschöpfung des Landes. Zudem gehörten sie mit 12% aller direkten und indirekten Abgaben auch zu den wichtigsten Steuerzahlern des Landes. Weder in Deutschland noch in Frankreich oder den USA ist die Bedeutung des Finanzsektors für den Wohlstand des Landes so gross. Im internationalen Vergleich zählt die Schweiz zu den wichtigsten Finanzplätzen. Bei der Verwaltung von Kundenvermögen, die ihr Domizil im Ausland haben (Offshore banking), wird der Marktanteil der Schweiz auf 30 bis 40% geschätzt. Rund 55% der Ende 2000 von Schweizer Banken verwalteten Wertschriften gehörten ausländischen Depotinhabern (CHF 3 717 Mia.). Zahlreiche Faktoren haben zu dieser starken Stellung des Schweizer Private banking beigetragen: Die wirtschaftliche und politische Stabilität, der starke Schweizer Franken sowie die Professionalität, die Diskretion und die Sorgfalt der Banken sind Attribute, die seit langem für das Private banking in der Schweiz stehen. Auch das gesetzlich verankerte ↑Bankkundengeheimnis, das die finanzielle Privatsphäre der Bankkunden schützt, ist ein sehr wichtiger Aspekt des Schweizer Finanzplatzes. Die touristische Attraktivität, die geografisch zentrale Lage, die Vielsprachigkeit und eine gute Reputation sind weitere Argumente, welche die Private-banking-Tradition in der Schweiz mitgeprägt haben.

4. Regulatorische Bestimmungen
Die rechtlichen Grundlagen für das Bankgeschäft finden sich in den Bundesgesetzen über die Banken und Sparkassen (↑Bankengesetzgebung), über die Börsen (↑Börsengesetzgebung) und den Effektenhandel (↑Effektenhändler [BEHG]) sowie im ↑Bundesgesetz über Anlagefonds und im Obligationenrecht. Das Bankkundengeheimnis ist im Bundesgesetz über die Banken und Sparkassen verankert (Art. 47 I). Im Private banking von besonderer Bedeutung ist die Bekämpfung der ↑Geldwäscherei. Die Grundlage dafür bildet das Strafgesetzbuch (StGB), das ↑Geldwäschereigesetz (GwG) und die Richtlinien der Eidgenössischen ↑Bankenkommission zur Verhinderung der Geldwäscherei. *Hans-Dieter Vontobel*
Lit.: *Gehrig, B. (Hrsg.): Private Banking, Zürich 1995. – Hess, H.: Private Banking, Bern, 2001. – Hügli, B.: Das Idealprofil des Private Bankers, Bern, 1999. – Galasso, G.: Retention Marketing im Private Banking, Bern, 1998. – Matti, S.: Private Banking im Zeitalter des Internets, Bern, 2001. – Schäli, St. D.: Kernkompetenzen im Private Banking, Bern, 1998. – Schäpper, G. R.: Der schweizerische Privatbankier und seine Herausforderungen der Zukunft, Zürich, 1997.*

Private equity
Mit Private-equity-Finanzierungen werden einem Unternehmen, das zum Investitionszeitpunkt nicht an der ↑Börse kotiert ist, ↑Kapital und zum Teil auch Managementressourcen zur Verfügung gestellt. Unternehmen, die sich auf diese Weise finanzieren, befinden sich zum Beteiligungszeitpunkt in einer frühen, oft kritischen Phase der Entwicklung und benötigen zusätzliches Kapital.
Private equity gehört zu den nichttraditionellen oder ↑alternativen Kapitalanlagen. Für Anleger ist Private equity interessant, da diese Anlageform wegen ihrer geringen ↑Korrelation zu traditionellen Anlagen eine zusätzliche ↑Diversifikation des Portfeuilles erlaubt. Private-equity-Anlagen sind sehr risikoreich, eröffnen aber oft gute Renditemöglichkeiten.

1. Private equity als Finanzierungsinstrument
Private equity wird in Situationen eingesetzt, in denen ein Unternehmen nicht über genügend Kapital verfügt und die Banken wegen mangelnder Sicherheiten keine Kredite geben. In der Regel erfolgt die Finanzierung über ↑Eigenkapital oder eigenkapitalähnliches Fremdkapital, allerdings kann auch ↑Fremdkapital verwendet werden. Im Laufe der Unternehmensentwicklung können verschiedene Finanzierungsphasen notwendig werden:
– Bei *Seed financing* werden neue Produktideen und deren Erforschung unterstützt. Meist generieren die Unternehmen in dieser Phase noch keine Einnahmen
– Auch bei *Start up financing* werden noch keine oder nur geringe Einnahmen erzielt. Ein konkretes Produkt ist aber meist schon vorhanden
– Sind Produktionsaufnahme und Markteinführung bereits erfolgt, braucht es wegen Liefer- und Qualitätsschwierigkeiten oder der Suche nach qualifiziertem Personal im Management und Marketing trotz ersten Verkaufserfolgen ein *Early stage financing*. Das Beteiligungskapital fliesst grösstenteils in diese erste Wachstumsphase des Unternehmens
– In der Expansionsphase wird vermehrt auf Produktionskapazitäten, Distributionsnetz und Umlaufvermögen Wert gelegt. Im *Later stage financing* soll das Unternehmenswachstum oder die Verbesserung der Finanzstruktur gefördert werden. Ab dieser Phase wird auch die Finanzierung über Fremdkapital möglich
– *Buy-out financing* umfasst die Übernahmefinanzierung eines reifen Unternehmens. Dabei lassen sich drei Subklassen unterscheiden: Wird viel Fremdkapital eingesetzt, spricht man von *Leveraged buy-out*, bei einer Übernahme durch das bestehende Management handelt es sich um ein ↑*Management buy-out*, beim Hinzukommen eines neuen Managementteams spricht man von einem *Management buy-in*

Bei *Distressed firms / Turnaround financing* werden in Schwierigkeiten geratene Firmen mit einer Überbrückungsfinanzierung neu strukturiert und für einen Weiterverkauf vorbereitet.

Mithilfe der Finanzierungsphasen lässt sich Private equity vom ebenfalls häufig verwendeten Begriff ↑Venture capital (↑Venture-Finanzierung) unterscheiden. Mit Venture capital wird einem jungen Unternehmen nur bis zur Later-stage-Phase Kapital zur Verfügung gestellt, während Private equity alle Phasen umfasst.

2. Beendigung des Beteiligungsverhältnisses durch die Beteiligungsgesellschaft

Bei einer Private-equity-Finanzierung wird dem Unternehmen Kapital auf eine begrenzte Zeit zur Verfügung gestellt. Am Ende dieser Zeitspanne realisieren die Anleger ihren Erfolg (↑Exit). Sie haben dazu verschiedene Möglichkeiten, die je nach Zeitpunkt und Zustand des Unternehmens einen erheblichen Einfluss auf die ↑Rendite der Private-equity-Anlage haben:

- ↑*Initial public offering (IPO):* Die ↑Titel des Unternehmens werden an der Börse platziert und ans Publikum veräussert. Diese Form der Beendigung eines Beteiligungsverhältnisses tritt nur nach einer optimalen Entwicklung des Unternehmens ein und wird eher selten gewählt
- *Trade sale:* Die am häufigsten gewählte Form des Exits ist der Verkauf an ein anderes Unternehmen. Ein Trade sale ermöglicht oft höhere Erträge als eine ↑Publikumsöffnung
- *Buy back:* Kommen die obigen beiden Exit-Möglichkeiten nicht in Frage, obwohl die Weiterführung des Unternehmens lohnenswert scheint, kann ein Rückkauf der Anteile durch das Unternehmen oder den Unternehmer erfolgen
- *Secondary sale:* An andere Finanzinvestoren wird verkauft, wenn der ursprüngliche ↑Investor keinen Mehrwert mehr bieten kann oder die Investition nicht mehr seinen Vorstellungen bezüglich ↑Portfolio oder Investitionsstrategien entspricht
- *Write-off:* Etwa jedes zehnte mit Private equity finanzierte Unternehmen muss liquidiert und vollständig abgeschrieben werden.

3. Beteiligungsmöglichkeiten für Anleger

Bei Private equity werden drei typische Beteiligungsformen unterschieden:

- Bei ↑*Direktinvestitionen* in Einzelunternehmen erfolgt die Anlage ohne Intermediäre. Der Investor unterstützt dabei ein Unternehmen direkt mit seinem Kapital und zum Teil auch mit Managementressourcen. Diese direkte Beteiligungsform erlaubt dem Anleger zwar eine gewisse Kontrolle und Einflussnahme, sie bringt ihm aber auch einen erheblichen Betreuungsaufwand. Direktinvestitionen sind sehr riskant, da eine breite Diversifikation kaum möglich ist. Direkte Investitionen in Private equity tätigen typischerweise ↑institutionelle Anleger oder so genannte Business angels. Bei letzteren handelt es sich um vermögende Einzelpersonen, die junge Firmen mit ihrem Vermögen unterstützen, weil sie sich dem Unternehmen verbunden fühlen. Die Motive der institutionellen Anleger hingegen sind rein finanzieller Natur: Hohe Renditen und Diversifikationspotenzial stehen im Vordergrund. Privatanleger investieren kaum direkt in Private equity. Gründe dafür sind die grossen Beträge, die mangelnden Diversifikationsmöglichkeiten, die als hoch eingeschätzten Risiken, fehlende Informationen und wenig Erfahrung bei der Überwachung der Anlage.
- Bei Investitionen in einen Private-equity-Fonds handelt es sich um *indirekte Beteiligungen* an nichtkotierten Unternehmen. Dabei werden verschiedene Aufgaben von Intermediären, den Fondsmanagern, übernommen: Sie evaluieren und bewerten die möglichen Beteiligungen, regeln die Investition für die Anleger und die Finanzierung für die Unternehmen, sie nehmen während des Engagements eine Kontroll- und Betreuungsfunktion wahr und begleiten die Exitphase. Der Informationsaufwand für die Investoren beschränkt sich bei dieser Anlageform auf die Auswahl des richtigen Private-equity-Fonds. Durch die Fondstruktur wird eine gewisse Diversifikation erreicht und eine professionelle Auswahl der Investitionsobjekte gewährleistet. Wegen der zum Teil grossen Mindesteinlagen eignet sich diese Anlageform für private Investoren nur beschränkt.
- Bei einem ↑*Fund of fund* investiert ein ↑Dachfonds in verschiedene Private-equity-Fonds. Dieser ↑Fonds kümmert sich um die Auswahl der Private-equity-Fonds und sorgt für eine professionelle Überwachung und eine höhere, zweistufige Diversifikation. Fund-of-fund-Konstrukte, die an der Börse kotiert sind, gelten als ↑Investmentgesellschaften. Der Vorteil dieser Anlagevehikel besteht darin, dass jederzeit ein Börsenkurs besteht, zu dem die Aktie gekauft oder verkauft werden kann. Aus einer illiquiden wird dadurch eine liquide Anlageform. Diese Art in Private equity zu investieren ist am ehesten für private Anleger geeignet, da die Mindestanlagesumme dem Aktienkurs entspricht, der oft unter CHF 100 liegt.

4. Risiken bei Private-equity-Anlagen

Private-equity-Investitionen werden generell als sehr riskant bezeichnet. Gleichzeitig ermöglichen sie aber auch überdurchschnittliche Renditen. Zu den Risiken gehören eine oftmals eingeschränkte ↑Liquidität, mangelnde Informationen, Bewertungsrisiken sowie das Risiko eines Konkurses.

- *Liquidität:* Bei Private-equity-Anlagen ist das investierte Kapital meist über Jahre gebunden.

Direkte Beteiligungen, aber auch Private-equity-Fonds sind häufig schlecht verkäuflich, da keine ↑Sekundärmärkte vorhanden sind. Die Investoren gehen somit das Risiko ein, dass sie eine einmal getätigte Investition nur sehr schwer vorzeitig auflösen können
- *Informationen und Transparenz:* Über Private-equity-Investitionen sind meist nur sehr wenige Informationen vorhanden. Die Märkte sind schwach reguliert und intransparent. Viele Informationen sind nur Spezialisten oder gar nur dem Management des Unternehmens zugänglich. Das Risiko ist entsprechend grösser als bei anderen Anlageformen
- *Bewertungsrisiko:* Da für die meisten Private-equity-Anlagen keine offiziellen Kurse existieren, ist es für Anleger oft schwierig, den Wert der Anlage zu kennen. Dieser kann nur aufgrund einer Einschätzung des Potenzials der zugrunde liegenden Unternehmen bestimmt werden. Da sich die meisten Unternehmen in kritischen Entwicklungsphasen befinden, ist Wert und Potenzial nur schwer einschätzbar
- *Konkursrisiko:* Weil sich Unternehmen, die mittels Private equity finanziert werden, in einer frühen Entwicklungsphase befinden, ist die Zukunft der Firmen schwer abschätzbar. Es besteht das Risiko, dass sie gar nie erfolgreich sein werden und Konkurs anmelden müssen.

Die hier aufgeführten Risiken gelten insbesondere bei Direktinvestitionen. Bei Private-equity-Fonds und in noch stärkerem Mass bei Fund of funds sind die Risiken dank des professionellen Managements und der breiteren Diversifikation geringer.

Elisabeth Meyerhans

Lit.: Bachmann, B.: Private Equity, Bern, 1999. – Bader, H.: Private Equity als Anlagekategorie, Bern, 1996. – Furrer, B.: Sustainable Private Equity, Bern, 2001. – Grünbichler, A./Graf, S./Gruber, A.: Private Equity und Hedge Funds, Zürich, 2001. – Kraft, V.: Private Equity-Investitionen in Turnarounds und Restrukturierungen, Frankfurt a.M., 2001.

Private Investment Company for Asia (PICA)
↑Entwicklungsbanken.

Private placement
↑Emissionsgeschäft.

Privatisierung
Überführung von öffentlich-rechtlichen Unternehmungen in privates ↑Eigentum, in der Regel verbunden mit der Umwandlung einer öffentlich-rechtlichen Anstalt in eine privatrechtliche Aktiengesellschaft. Wenn sich der Staat nur auf eine Mehrheits- oder Minderheitsbeteiligung am Grundkapital zurückzieht, liegt eine Teilprivatisierung vor. Für verschiedene ↑Kantonalbanken wurden in den letzten Jahren Teilprivatisierungen durchgeführt.

Privatkredit
Ein Privatkredit ist ein ↑Konsumkredit, der einer natürlichen Person zu konsumtiven Zwecken, d.h. nicht für berufliche oder gewerbliche Tätigkeit, gewährt wird. ↑Kleinkredit, Barkredit, persönliches ↑Darlehen werden als synonyme Begriffe verwendet.

Privatkunden, Privatkundengeschäft
Das Geschäft mit Privatpersonen (Kinder, Studenten, unselbstständig Erwerbende, Nichterwerbstätige, Rentner) wird als Privatkundengeschäft bezeichnet. Oft werden auch Selbstständigerwerbende, Kleingewerbebetriebe und Vereine zum Geschäftsbereich Privatkunden gezählt.

Das Privatkundengeschäft teilt sich auf in Retail- oder Mengengeschäft (nur standardisiertes Produktangebot, keine feste Kundenbetreuung), ↑Individualkundengeschäft (persönliche Beratung im Anlage-, Vorsorge- und Hypothekargeschäft) sowie ↑Private banking (laufende Betreuung mit umfassender Finanzberatung sowie dem Angebot komplexer Anlageprodukte/-dienstleistungen). Im Durchschnitt unterhalten die Privatkunden Geschäftsbeziehungen mit zwei bis drei Bankinstituten. Zu ihren klassischen Bedürfnissen zählen Sparen, Zahlen (inklusive Bargeldverkehr), Anlegen, Vorsorgen und Finanzieren. Für den Kunden sind vor allem eine kompetente Beratung, eine zuverlässige Ausführung von Zahlungs- und Börsenaufträgen, eine freundliche Bedienung sowie der Preis wichtig. Weil das Privatkonto (Lohnkonto, Salärkonto) mit dazugehörigem ↑Zahlungsverkehr und die Hypothek beim Einrichten und Auflösen besonders aufwändig sind, gelten diese Produkte als Indikator für eine Hauptbank-Beziehung.

Früher wurde das Privatkundengeschäft vorwiegend von den ↑Kantonal-, ↑Regional- und ↑Raiffeisenbanken betrieben. In den 60er-Jahren sind die ↑Grossbanken in das Geschäft eingestiegen und mit dem Ausbau der Filialnetze in den 60er- und 70er-Jahren in die Nähe der Kunden gerückt. Hohe Kreditverluste (verursacht durch ↑Rezession und Immobilienkrise) und teure Überkapazitäten führten in den 90er-Jahren zu einer Reihe von Bankenzusammenschlüssen und einem insgesamt gesteigerten Bewusstsein für Geschäfte mit hohem Ertragspotenzial. Seit ein paar Jahren gilt das Privatkundengeschäft wieder als profitabel. Deswegen drängen neue Konkurrenten und neue Geschäftsmodelle in den Markt und die Post möchte eine eigene ↑Postbank gründen.

Das Angebot im Privatkundengeschäft ist vorwiegend auf die Bedürfnisse von Kunden mit Wohnsitz in der Schweiz ausgerichtet, aber nicht auf sie beschränkt. Die Leistungen der Anbieter werden von den Kunden als austauschbar und vergleichbar wahrgenommen. Trotzdem bewegen sich die Banken bezüglich Preis, lokaler Verankerung und Anspruch an die Qualität der Beratung unterschiedlich im Markt. Das Angebot hat sich über die Jahre laufend weiter entwickelt. In den 70er-Jahren wurde das Spar- und Depositenheft zum Beispiel ergänzt durch Jugend- und Alterssparhefte, Prämiensparpläne und Mietkautionen. In den 80er-Jahren wurde die gebundene Vorsorge 3a (↑Dritte Säule) eingeführt, und die ↑Kredit- und ↑Debitkarten entwickelten sich zu Standardprodukten. Die 90er-Jahre standen dann ganz im Zeichen des Wertschriftensparens (insbesondere der ↑Anlagefonds), der neuen Hypothekarmodelle und der steuerbegünstigten Vermögensanlage in Form von Lebensversicherungen. Mit den Fonds-gebundenen Lebensversicherungen fand der Allfinanzgedanke eine der ersten Ausprägungen.

Die Banken bieten ihre Dienstleistungen und Informationen über eine Vielzahl von Kommunikationskanälen an: Schalter, Bargeld-Automaten, Schriftverkehr, Telefon oder ↑Internet (vormals Videotex). Im Multichannel management wird die Leistungserbringung der verschiedenen Kommunikationskanäle bestimmt und koordiniert mit dem Ziel, dem Kunden einfach und schnell Zugang zur Bank zu schaffen. Für allgemeine und persönliche Informationen sowie das selbstständige Erfassen von Zahlungs- und Börsenaufträgen hat das Internet seit Ende der 90er-Jahre stark an Bedeutung gewonnen. Dienstleistungen, die keine persönliche Beratung erfordern, wie Auftragsdienst, einfache Anfragen, Bestellungen und Reklamationen, werden zunehmend aus Call-Centern (↑Contact-Center) übers Telefon erbracht. Wenn es allerdings um umfassende Lösungen geht, ist das persönliche Gespräch vor Ort unersetzlich geblieben.

Um die Kosten für die Leistungserbringung tief halten zu können, investieren die Banken in die automatische Abwicklung von Informationen und ↑Transaktionen. Dazu zählen die Beschaffung von Automaten für Bargeldtransaktionen, die Initiativen im bargeldlosen Zahlungsverkehr (Kreditkarte, Debitkarte ec, ↑Wertkarte, ↑Elektronisches Portemonnaie CASH, codierte Zahlungsaufträge, ↑Lastschriftverfahren, Daueraufträge u.v.m.), die Angebote auf dem Internet sowie der Einsatz von Call-Centern. Gegensatz: ↑Firmenkunden, Firmenkundengeschäft; ↑Marktsegmentierung; ↑Organisation der Bank; ↑Sparte.

Dominique Folletête

Privatplatzierung
↑Emissionsgeschäft.

Processing im Zahlkartengeschäft
Abwicklung des Zahlkartengeschäftes. Es wird in Acquirer- und Issuer-Processing eingeteilt.

1. Acquirer-Processing
Das Acquirer-seitige Transaktions-Processing wird eingeteilt in Netzwerk-Processing, Autorisations-Processing, Clearing-Processing und Chargeback-Processing. Das Netzwerk-Processing bezeichnet den Betrieb von Zahlterminal-Netzwerken (ATM, POS, CAT, MO/TO, ↑E-commerce, M-commerce), den Datenaustausch mit diesen Terminals und die Weiterleitung der Daten zu den anderen Verarbeitungsgesellschaften. Das Autorisations-Processing empfängt Autorisations-Anfragen von Händlern (telefonisch bzw. mehrheitlich elektronisch), prüft die Berechtigung des Händlers (Konformität der Transaktion mit den Vertragsbestimmungen), holt beim Issuer-Processing über das Kartenzahlungs-Netzwerk eine Autorisation ein, retourniert das Ergebnis an den Händler und hält es im Transaktionslog fest. Das Clearing-Processing empfängt Buchungen vom Händler und prüft sie bezüglich Konformität mit den Vertragsbestimmungen (z. B. Abgleich mit den Autorisationen, Termine). Bei positivem Prüfergebnis vergütet es den Betrag an den Händler und reicht beim Issuer-Processing über das Kartenzahlungs-Netzwerk eine Clearing-Transaktion ein. Das Chargeback-Processing empfängt Chargeback-Requests (↑Chargeback) vom Issuer-Processing über das Kartenzahlungs-Netzwerk, prüft und beantwortet sie. Gegebenenfalls wird eine Rückvergütung an den ↑Issuer und eine Rückbelastung an den Händler ausgelöst.

2. Issuer-Processing
Das Issuer-seitige Processing wird eingeteilt in Autorisations-Processing, Clearing-Processing und Chargeback-Processing. Das Autorisations-Processing empfängt Autorisations-Anfragen des ↑Acquirers vom Kartenzahlungs-Netzwerk, prüft die Anfrage und beantwortet sie. Geprüft werden erstens die Kartenechtheit und die Kartengültigkeit (Verfalldatum). Der zu autorisierende Betrag wird mit den Bezugslimiten verglichen. Autorisationen sind nicht saldowirksam, doch werden die Bezugslimiten der Karte reduziert. Ferner wird bei PIN-basierten Transaktionen (PBT) die PIN (↑Personal identification number) geprüft. Weitere Prüfungen kommen vor bei Chip-basierten Transaktionen. Das Autorisationsergebnis wird im Transaktionslog festgehalten und an das Kartenzahlungsnetzwerk zurückgegeben.

Das Clearing-Processing empfängt Clearing-Transaktionen des Acquirers vom Netzwerk, prüft sie bezüglich Regelkonformität, vergütet sie dem Clearing-Konto des Acquirers und belastet sie dem Karteninhaber. Letzteres erfolgt je nach Produkt sofort (↑Debitkarte) oder mit Monatsrechnung (↑Kreditkarte).

Das Chargeback-Processing nimmt Chargeback-Requests vom Kunden entgegen, prüft sie auf Regelkonformiät und leitet sie im positiven Falle

über das Kartenzahlungs-Netzwerk an den Acquirer weiter. Chargebacks können bei Feststellung von Regelverstössen auch automatisch durch das Clearing-Processing initiiert werden. Gegebenenfalls wird eine Gutschrift des Kunden und eine Rückbelastung des Acquirers ausgelöst.
In einem weiteren Sinn umfasst das Issuer-Processing auch die Herausgabe von Zahlkarten, die Kontoführung sowie die Betreuung der Karteninhaber durch das kartenherausgebende Institut.

Jacques Bischoff

Produktiver Kredit
Der produktive Kredit unterscheidet sich vom konsumtiven Kredit (↑Konsumkredit; ↑Kleinkredit; ↑Abzahlungsgeschäft). Für diese Unterscheidung ist der Verwendungszweck des Kredits ausschlaggebend. Von produktivem Kredit spricht man, wenn die von der Bank zur Verfügung gestellten Gelder als Betriebsmittel oder für ↑Investitionen im Unternehmen des ↑Kreditnehmers verwendet werden, von konsumtivem Kredit, wenn der Kreditnehmer den Kreditbetrag «verbraucht». Der konsumtive Kredit kann infolgedessen nicht wie der produktive Kredit aus dem Ertrag, der damit erarbeitet wird, verzinst und zurückbezahlt werden.
Die Gewährung produktiver Kredite als kommerzielle Kredite, hauptsächlich im Firmenkundengeschäft (↑Firmenkunden, Firmenkundengeschäft), ist Kerngeschäft der Banken. Bankkredite an Privatpersonen, die durch erstklassige ↑Wertpapiere, Grundpfänder oder ↑Bürgschaften sichergestellt sind, werden meist konsumtiv verwendet. Das Konsumkreditgeschäft auf Blankobasis wird hauptsächlich von darauf spezialisierten Instituten gepflegt. Die meisten Banken haben sich daraus zurückgezogen.

Max Gsell

Produktkalkulation
↑Produktrechnung.

Produkt-Management
Bezeichnung für die Handhabung aller mit der Entwicklung und Gestaltung eines Produkts oder einer Produktgruppe verbundenen Aufgaben des Produktmanagers (Brand-Manager, Produkt-Marketing-Manager, Produktbetreuer). Diese Aufgaben reichen von der Ideensuche über die Planung bis hin zur Kontrolle und Koordination der Produkte. Der Produktmanager trägt die Verantwortung für ein Produkt in allen Phasen des Produktlebenszyklus und kooperiert mit allen Abteilungen des Unternehmens, die für den Erfolg des Produktes relevant sind. Die Institutionalisierung des Produkt-Managements ist entweder auf einen Teilbereich des Unternehmens beschränkt oder ist teilbereichsübergreifend angelegt. Sie erfolgt in Form von Stäben (Stabs-Produkt-Management) oder in Form von Entscheidungseinheiten (Matrix-Produkt-Management).

Produktrechnung
Die Produktrechnung hat zum Ziel, den in der Vergangenheit erzielten oder in einer künftigen Periode zu erzielenden Ergebnisbeitrag eines Produktes bzw. einer Produktgruppe zu ermitteln. Zu diesem Zweck werden die einem Produkt zuzuordnenden Erlöse und Kosten erfasst und in der Produktdeckungsbeitragsrechnung zusammengestellt. Die Produktrechnung ist damit in der Regel eine Stückkostenrechnung, die auf Einzelkosten basiert. Zu unterscheiden ist auch hier der Ergebnisbeitrag aus dem Wertbereich, dem Betriebsbereich und dem Risikobereich.
Der *Ergebnisbeitrag eines Produktes* wird auch als ↑Marge bezeichnet. Diese *Marge* ist eine der zentralen Steuerungsgrössen im produktbezogenen Controllingsystem der Bank. Um diese Funktion als Steuerungsgrösse erfüllen zu können, muss sie:
– Grenznutzenorientiert ausgerichtet sein, d.h. dem Entscheidungsträger Informationen darüber vermitteln, wie sich das Ergebnis der Bank bzw. eines ihrer Teilbereiche verändert, wenn ein Produkt verkauft oder eben nicht verkauft wird
– Den Ergebnisbeitrag realitätsgerecht darstellen, d.h. aufgrund aktueller Daten und objektiver Bewertungsmassstäbe erfasst werden
– Stückbezogene Wert-, Betriebs- und Risikoergebnisse zu einer für produktbezogene Entscheidungen und Kontrollen relevanten Grösse zusammenfassen
– Für Planungs- wie für Kontrollrechnungen auf den gleichen Entscheidungsgrundlagen beruhen
– Den Gesamterfolg der Bank (mit Ausnahme der ausserordentlichen Erträge und Aufwendungen) als Summe der Einzelgeschäftserfolge erklären können.
Im *Produktkatalog* werden die Marktleistungen der Bank definiert. Dabei kann eine primär bankinterne Sichtweise oder aber eine externe Sichtweise unterschieden werden. Die interne Sichtweise basiert auf einem produktionsorientierten Produktverständnis, das ein am Markt angebotenes Produkt als Summe verschiedener Bausteine sieht, aus denen es zusammengesetzt wird. Diese Sichtweise entspricht weitgehend dem prozessorientierten Bankmodell, indem letztlich einzelne Aktivitäten als Basisbausteine jeder Banktätigkeit identifiziert werden. Diese Aktivitäten können einerseits zu Prozessen, andererseits zu Produkten zusammengesetzt werden. Aus einem Prozess können dabei mehrere Produkte entstehen, und ein Produkt kann als Ergebnis mehrerer Prozesse (bzw. Teilprozesse) charakterisiert werden. Die externe Sicht definiert und gliedert die Produkte aus Markt- bzw. Kundenoptik. Als Produkt wird ein Bündel von Aktivitäten der Bank verstanden, für das auf

einem Markt eine Nachfrage besteht und für das der Nachfrager einen Preis zu bezahlen bereit ist. Diesen Produkten werden Aktivitäten zugeordnet, die ihrerseits im Rahmen der Prozesskostenrechnung mit Kosten verbunden werden.

Im Rahmen der Produktkalkulation ist zu unterscheiden zwischen Produktrechnung und Einzelgeschäftskalkulation. Während eine Produktrechnung die Ergebnisbeiträge eines Produktes über eine bestimmte Zeitperiode (beispielsweise ein Jahr) hinweg zusammenstellt, bezieht sich die *Einzelgeschäftsrechnung*, wie ihr Name ausdrückt, auf eine einzelne ↑Transaktion bzw. ein einzelnes Geschäft. Die *Produktrechnung* ist in der Regel die Zusammenfassung einer Vielzahl von Einzelgeschäften eines bestimmten Typs (beispielsweise zeigt die Produktrechnung des Produktes Hypothekarkredite das Ergebnis aller Hypothekargeschäfte in der Periode T1).

Der *wertbezogene Ergebnisbeitrag* wird auf der Grundlage der ↑Marktzinsmethode errechnet. Im Unterschied zur auf Pool-Verfahren basierenden Zinsspannenrechnung kann mit der Marktzinsmethode ein Einzelgeschäft relativ zu einem alternativen Geschäft am ↑Geld- und ↑Kapitalmarkt bewertet und der entsprechende wertbezogene Ergebnisbeitrag berechnet werden. Der ↑Konditionenbeitrag misst den Wertbeitrag eines bestimmten Produktes und, über die Aggregation der Produkte auf Kunden und Kundensegmente, denjenigen eines einzelnen Kunden oder eines Kundensegmentes.

Der *betriebsbezogene Ergebnisbeitrag* resultiert aus der Differenz zwischen den Erlösen und den Stückkosten des Produktes. Wichtigste Zielsetzung der Stückkostenrechnung ist die Produktkalkulation, in deren Rahmen sowohl die Wirtschaftlichkeit der Produktion wie auch die Profitabilität einzelner Produkte und Produktpakete ermittelt werden. Stückkostenrechnungen können auf der Basis von Vollkosten oder von Teilkosten aufgebaut werden. Im Rahmen der Produktkalkulationen werden dabei immer Standardkosten eingesetzt. Der Vergleich von Standardkosten und effektiv erzielten Kostensätzen erlaubt eine detaillierte Analyse der Wirtschaftlichkeit eines Produktes.

Jedes Bankgeschäft hat eine Risikokomponente. Dazu gehören neben den ↑Marktrisiken auch ↑Liquiditätsrisiken, ↑operationelle Risiken, ↑Ausfallrisiken usw. Die gezielte Übernahme solcher Risiken, d. h. deren Planung, Steuerung und Überwachung, ist eine der wichtigsten Ertragsquellen der Bank. Anderseits sind diese jedem Bankgeschäft inhärenten Risiken auch Kostenfaktoren, die in geeigneter Form in die Produktkalkulation einzubeziehen und vom Kunden über den Produktpreis abzugelten sind. Dabei gilt es zu unterscheiden zwischen Risiken (und entsprechenden Risikokosten), die durch das Produkt selbst hervorgerufen werden, und solchen, die einem Produkt nur im Zusammenhang mit dem Kunden, der das Produkt nutzt, zugeordnet werden können. Für die Produktkalkulation sind nur erstere relevant, während letztere in der Kundenrechnung zu erfassen sind. Bei den produktbezogenen Risiken gilt es wiederum zu unterscheiden zwischen solchen, die durch geeignetes Verhalten der Bank reduziert oder eliminiert werden können und solchen, die untrennbar mit dem Produkt verbunden und deshalb in die Produktkalkulation einzubeziehen sind.

Zu den in die Kalkulation einzubeziehenden produktbezogenen Risikokosten gehören in erster Linie die Kosten im Zusammenhang mit operationellen Risiken, mit Verhaltensrisiken, Liquiditätsrisiken und mit ↑Gegenparteirisiken. Obschon diese Risikokosten meist nicht exakt kalkulierbar sind, wird versucht, auch sie über Standardrisikokosten in die Produktkalkulation einzubeziehen. Der Vergleich zwischen den kalkulierten und den effektiv festgestellten Risikokosten führt dann zum Risikoergebnis eines Produktes bzw. eines Geschäftes.
Beat Bernet

Produzenten-Leasing
↑Leasing.

Professional practice of internal auditing, standards for
↑Revision, interne.

Professionelle Anleger
Der Ausdruck professionelle Anleger wird in der Literatur uneinheitlich verwendet. Eine allgemeingültige Definition, wie sie in den USA beim vergleichbaren Begriff *Accredited investor* existiert, wäre deshalb wünschenswert. Teilweise wird der Terminus professionelle Anleger synonym mit dem der ↑institutionellen Anleger verwendet, was nicht ganz korrekt ist. Institutionelle Anleger, also juristische Personen mit beträchtlichem und kontinuierlichem Anlagebedarf wie etwa Versicherungen, Pensionskassen oder Anlagefondsgesellschaften, müssen zweifellos zu den professionellen Anlegern gezählt werden. Ebenfalls in diese Kategorie gehören aber auch selbstständige ↑Vermögensverwalter oder ↑Broker. Die professionellen Anleger unterscheiden sich von den nichtprofessionellen ↑Investoren einerseits durch ihr grösseres Fachwissen und ihre Erfahrungen mit ↑Kapitalanlagen und ↑Finanzmärkten. Professionelle Anleger verfolgen eigene Strategien und benötigen keine weitere Beratung; sie kaufen und verkaufen ↑Wertpapiere entweder für sich selbst oder auf fremde Rechnung und Gefahr. Zudem zeichnen sie sich in der Regel durch einen höheren Finanzeinsatz aus. Professionelle Anleger treten häufig in speziellen Situationen in Erscheinung. So übernehmen sie beispielsweise bei ↑Emissionen einen

grossen ↑Anteil der ausgegebenen ↑Titel oder sie unterstützen viel versprechende nichtbörsenkotierte Unternehmen (↑Private equity).

Hans-Dieter Vontobel

Profitcenter
↑Aufbauorganisation.

Profitcenter-Organisation
↑Organisation der Bank.

Profit taking
↑Gewinnmitnahme.

Programmhandel
Computerbasierter Handel von Banken oder ↑institutionellen Anlegern, die ↑Arbitrage zwischen den Spot- und den Derivatmärkten (↑Spot-Markt) betreiben. Namentlich die ↑Index-Arbitrage ist eine häufige Form des Programmhandels.

Projektfinanzierung
Projektfinanzierung ist eine Finanzierungsart für kapitalintensive und langfristige Projekte, die meistens in einer Kombination von Fremd- und Eigenkapitalfinanzierung besteht. Charakteristisch für die Projektfinanzierung ist, dass sowohl die ↑Rückzahlung als auch der Zinsendienst aus dem zukünftigen, im Zeitpunkt der Finanzierung prognostizierten ↑Cashflow der zu finanzierenden Projekte erfolgen. Für den Bau des Projektes *(Construction phase)* wird im Voraus ↑Fremd- bzw. ↑Eigenkapital zur Verfügung gestellt, das nach der Betriebsaufnahme (Operation phase) aus den laufend generierten Erträgen der Anlage neben der Deckung ihrer Unterhaltskosten *(Maintenance costs)* zurückbezahlt wird. Typischer Anwendungsbereich für Projektfinanzierungen sind daher Projekte der Privatindustrie oder der öffentlichen Hand mit einem grossen Kapitalbedarf, der innerhalb eines langen Zeitraums abgeschrieben werden kann. Normalerweise werden mittels Projektfinanzierungen Anlagen zur Gewinnung oder Verarbeitung von Rohstoffen (Öl, Gas, Kohle, Eisenerz, Aluminium), zur Produktion von elektrischer Energie (Wasser- und thermische Kraftwerke), zur Entsorgung (Kehrichtverbrennungsanlagen) oder Transportinfrastruktur (Häfen und Flughäfen) sowie Telekommunikationsanlagen finanziert. Projektfinanzierungen zugunsten von Infrastrukturanlagen erfolgen in der Regel nach einer Privatisierung des entsprechenden Sektors.

Projektfinanzierungen basieren in der Regel auf einer komplexen rechtlichen Struktur, in die zahlreiche Parteien eingebunden sind: Im Zentrum steht meistens ein unabhängiges *Special purpose vehicle (SPV)*, das die nötigen Betriebskonzessionen und Bewilligungen für das konkrete, zu erstellende Projekt hat und auch nach aussen als Projektgesellschaft auftritt. An diesem SPV sind die zu einem Konsortium zusammengeschlossenen Aktionäre als ↑Investoren oder Nutzer der Konzession (Abnehmer, Lieferanten, Kunden usw.) beteiligt. Im Vorfeld der Projektfinanzierung schliesst das SPV die zahlreichen, zur Projekterstellung nötigen Verträge *(z.B. Financing agreement, Supply agreement, Construction agreement, Operation/Maintenance agreement, Shareholders/Investors agreement)* mit den involvierten Drittparteien (wie etwa *Funders, Suppliers, Purchasers, Contractors, Operators* und *Sponsors*). Das SPV stellt auch die Erfüllung der Voraussetzungen der Betriebskonzession sicher.

Ein wichtiges strukturelles Merkmal der Projektfinanzierung liegt im beschränkten Rückgriff der Investoren auf den Eigentümer *(Sponsor)* des Projektes bzw. den Aussteller und die Nutzer der Konzession, was vertraglich detailliert geregelt wird. Diese Risikobeschränkung und die Risikobeurteilung sind zentrale Elemente der Projektfinanzierung. Da sich die Sicherheiten auf die zukünftigen Cashflows und die Projektaktiven beschränken, kommt der Prüfung der wirtschaftlichen, technischen und kommerziellen Durchführbarkeit des Projektes in Form einer umfangreichen ↑*Due diligence* grosse Bedeutung zu. Ebenso zentral ist die sorgfältige Prüfung der umfangreichen Vertragsdokumentation, wobei insbesondere langfristige Abnahmeverträge entscheidend zur Kreditwürdigkeit der Projektgesellschaft beitragen können. Daher sind in die Due diligence neben Banken, Wirtschaftsprüfern und technisch versierten Projektfachleuten regelmässig auch spezialisierte, internationale Anwaltsfirmen eingebunden, die zur Vertragsdokumentation *Legal opinions* abzugeben haben.

Die *Due diligence* bei Projektfinanzierungen ist meistens sehr aufwändig. Sie umfasst im Wesentlichen die Risikokategorien Anlagerisiken, ↑Marktrisiken und politische Risiken. Im Rahmen der Anlagerisiken ist insbesondere abzuklären, ob die vorhandene Projektleitung tatsächlich in der Lage ist, das Projekt innerhalb von Zeitplan, gestecktem Kostenrahmen, Konzessionsanforderungen und den technischen Spezifikationen zur Realisation zu bringen und später auch erfolgreich zu betreiben. Auch ist abzuklären, ob das Projekt für die spätere Refinanzierung überhaupt genügend *Cashflow* erwirtschaften kann. Dabei werden insbesondere Lagervorräte, Bodenschätze und die zu erstellende Anlage samt anzuwendender Technologie bewertet. Unter den Marktrisiken ist sodann etwa zu prüfen, ob die Produktionskosten und die ↑Margen des durch die Anlage erzeugten Produkts national und international konkurrenzfähig sind. Bei den politischen Risiken ist insbesondere im Voraus abzuschätzen, ob damit zu rechnen ist, dass das Projekt verstaatlicht wird, Steuern und

Import- bzw. Exportbewilligungen zum Nachteil des Projektes verändert werden oder staatliche Wettbewerbseingriffe die Ertragskraft des Projektes reduzieren. Um solche Transferrisiken zu limitieren, müssen nötigenfalls zusätzlich private oder öffentliche Risikoträger eingeschaltet werden, was gerade bei Projektfinanzierungen in Entwicklungsländern von Bedeutung ist. Die Verminderung der Transferrisiken kann aber auch zum Motiv für eine Projektfinanzierung werden, indem etwa ein ausländisches Finanzierungskonsortium internationale Entwicklungsorganisationen (oder ↑ Entwicklungsbanken) mit einschliesst und somit einem lokalen Partner als Projektbetreiber den sicheren Aufbau des Projektes ermöglicht, was keine dieser Parteien allein erreicht hätte. Dementsprechend sind Projektfinanzierungen gerade in den Entwicklungsländern von Bedeutung. Ihren Ursprung haben Projektfinanzierungen aber in Nordamerika, Kanada und in der Nordseeregion, wo ↑ Investitionen im Öl- und Gasbereich seit Jahrzehnten auf diese Art finanziert werden.

Die wirtschaftliche Attraktivität der Projektfinanzierung besteht darin, dass die zukünftigen, aus dem Betrieb der Anlage generierten Cashflows als prognostizierte Zahlungsströme unter den ↑ *International Accounting Standards (IAS)* ausserbilanzmässig verbucht werden können. Im Rahmen eines ↑ Konzerns können zudem die Bilanzrelationen und die Verschuldungskapazität einer Konzernobergesellschaft verbessert werden, indem risikoreiche Grossprojekte in separaten, nicht konsolidierten Projektgesellschaften geführt werden. Dadurch können das ↑ Rating der ↑ Muttergesellschaft erhöht bzw. ihre Finanzierungskosten gesenkt werden. Der Anteil von Fremd- und Eigenkapital kann je nach der Art des Projektes und der aktuellen Marktlage stark unterschiedlich sein. Projekte mit starken Cashflows können mit einem hohen Anteil von günstigerem Fremdkapital und mit wenig teurem Eigenkapital finanziert werden (bis zu 90% FK und 10% EK). Aber auch der Einsatz von nachrangigem Fremdkapital oder einer ↑ *Mezzanine-Finanzierung* ist denkbar.

Aus Steuersicht sind Schuldzinsen innerhalb gewisser Schranken abzugsfähig, ebenso die ↑ Abschreibung der Projektinvestition. Der Überschuss der Erträge der Projektgesellschaft über die Aufwendungen ist steuerbar. Verluste können während sieben Jahren vorgetragen werden. Die steuerlich zulässige Abschreibung beträgt zwischen 4% und 8% des Buchwertes je nach Gebäudeart. In Sonderfällen (z. B. Umweltschutzanlagen) ist eine deutlich höhere Abschreibung bei Projektbeginn möglich. Das schweizerische Steuerrecht setzt die Steuerfolgen nach dem Erfolg der einzelnen am Projekt beteiligten Gesellschaften fest und kennt keine konsolidierte Betrachtung bei den Gewinnsteuern. Für die ↑ Mehrwertsteuer gilt unter Umständen, dass schon während der Bauphase die in den Investitionskosten enthaltene Mehrwertsteuer vom Fiskus zurückgefordert werden kann. Im internationalen Umfeld ist ↑ Leasing, entweder als sog. ↑ *Sale and lease back* oder als *Lease and lease back*, mit der Projektfinanzierung verwandt. Bei diesen beiden Leasingarten, die Mitte der 90er-Jahre vereinzelt auch in der Schweiz für bestehende Grossanlagen (v. a. für Kraftwerke, Stromverteilungsanlagen und Privatbahnen) eingesetzt wurden, vermittelt die inländische Projektgesellschaft (Konzessionär) dem ausländischen (amerikanischen) Investor zeitlich befristet Nutzungsrechte an einem geeigneten Wirtschaftsgut. Der Investor überlässt diese Nutzungsrechte gegen ein im Zeitpunkt des Abschlusses der ↑ Transaktion zu bezahlendes Entgelt wieder der Projektgesellschaft, wohingegen diese während der meist mehrere Jahrzehnte (bis zu 100 Jahren) dauernden ↑ Laufzeit der Transaktion zu periodischen Zahlungen verpflichtet bleibt. Je nach Struktur dieses Leasings konnte der ausländische Investor aus der Vorauszahlung eine Rückstellung bilden bzw. auf den erworbenen Rechten Abschreibungen vornehmen, die er in den USA steuerwirksam mit seinen (Finanz-)Gewinnen konsolidierte und so einen Steuerstundungseffekt erzielte. Diesen finanziellen Vorteil teilte er mit der schweizerischen Vertragspartei. Bei dieser Art von Leasing-Finanzierung hat der Investor am steuerlichen Optimierungspotenzial Interesse und nicht an der Anlage selbst. Dies steht in einem gewissen Widerspruch zu den Rechtswirkungen dieses Leasings, weil es auf Grund der zu vereinbarenden Sicherheiten (↑ *Covenants*) zu einer temporären Übertragung der Betriebskonzession oder gar zu einem «Heimfallsrecht» des Investors bezüglich der Grossanlage kommen kann. Zur Projektfinanzierung eignen sich diese Arten von Leasing jedoch nicht.
↑ Cross border leasing. *Felix M. Huber*

Projektorganisation
↑ Organisation der Bank.

Prolongation
↑ Wechselprolongation.

Pro-memoria-Wert
↑ Erinnerungswert.

Promissory note
↑ Eigenwechsel, im Allgemeinen mit mittelfristiger ↑ Laufzeit, den ein Schuldner mit gutem ↑ Rating im Rahmen einer Finanzierungsvereinbarung begibt. Die Papiere werden über die Bank im Markt platziert. ↑ Notes.

Promoter
Auch Promotor. Bezeichnung für eine Person, die sich berufsmässig oder gelegentlich im Gründungs- und Immobiliengeschäft betätigt und sich

vor allem um die Ausarbeitung von Plänen, die Beschaffung von Bewilligungen und um die Kapitalbeschaffung bemüht.

Promptgeschäft
↑Kassa- oder Comptantgeschäft.

Propergeschäft, -handel
↑Eigengeschäfte.

Pro rata temporis
Bedeutet zeitanteilig, d.h. die Berechnung – z.B. von ↑Zinsen – erfolgt für die exakte Zeitspanne in Tagen. Pro-rata-Zinsen nennt man auch Bruchzinsen, Marchzinsen. ↑Laufende Zinsen.

Pro-rata-Zinsen
↑Laufende Zinsen.

Prospekt, Prospektpflicht
Aufgrund von OR 652a ist bei der öffentlichen Ausgabe von ↑Aktien (kotierungsrechtlich auch ↑Beteiligungsrechte genannt) und aufgrund von OR 1156 bei der öffentlichen Ausgabe von ↑Anleihensobligationen (Forderungsrechte) grundsätzlich immer ein Emissionsprospekt zu erstellen. Diese zwingende gesetzliche Prospektpflicht gilt für die Ausgabe von neu geschaffenen Beteiligungs- und Forderungsrechten und in der Praxis auch für die erstmalige ↑Kotierung von bereits bestehenden Aktien im Rahmen eines ↑Initial public offering (IPO). Die Prospektpflicht gilt unabhängig von der wirtschaftlichen oder produktmässigen Ausgestaltung einer ↑Emission, bei börsenkotierten wie auch nichtkotierten ↑Emittenten und grundsätzlich für schweizerische und in der Schweiz emittierende ausländische Gesellschaften gleichermassen. Einzig bei der öffentlichen Ausgabe von ↑Derivaten besteht von Gesetzes wegen keine Pflicht zur Erstellung eines Emissionsprospektes. Bei der öffentlichen Ausgabe von ↑Notes gilt die gesetzliche Prospektpflicht kraft der im Jahre 1993 revidierten Konvention XIX über Notes ausländischer Schuldner der Schweizerischen ↑Bankiervereinigung, wobei sich der Inhalt des Emissionsprospektes sinngemäss nach OR 1156 ff., bzw. bei Wandel-Notes nach OR 652a richtet.

Das vom Gesetz verwendete Kriterium der Öffentlichkeit, insbesondere die Frage, wann eine öffentliche ↑Zeichnung vorliegt, ist in der Praxis nicht immer klar. Gemäss OR 652a II und OR 1156 II und nach bisher herrschender Rechtslehre ist jede Einladung zur Zeichnung grundsätzlich als öffentlich zu qualifizieren, die sich an einen unbegrenzten, nicht kontrollierbaren Adressatenkreis richtet. Zudem wird die Auffassung vertreten, dass ein öffentliches Angebot erst dann vorliege, wenn sich ein Angebot an 20 oder mehr Personen richte, weil BankV 3a II von einem Schwellenwert von 20 und mehr Kunden bzw. von mehr als 20 Publikumseinlagen ausgeht. Die Zahl 20 ist allerdings in der Praxis wenig verlässlich, weil nach der Erstplatzierung im ↑Sekundärmarkt meistens eine sofortige Weiterplazierung der emittierten Wertpapiere erfolgt, sodass der Kreis der Anleger rasch unbestimmbar gross wird. Daher besteht die Prospektpflicht unabhängig von der Anzahl ↑Investoren. Gleichermassen gilt die Einladung an Inhaberaktionäre ohne weiteres als öffentlich, namentlich wenn diese über Zeitungsinserate erfolgen. Umstritten ist das Kriterium der Öffentlichkeit bei der Ausgabe von neuen ↑Namenaktien mit einem ↑Bezugsangebot an die bisherigen Aktionäre anlässlich einer Kapitalerhöhung mit Festübernahme. Denn als nicht öffentlich wird die Abgabe von Wertschriften an einen kontrollierten Kreis, wie etwa an die bisherigen, im Aktienregister eingetragenen und daher der Gesellschaft bekannten Namenaktionäre qualifiziert. Vor der Festübernahme ist ein Bankensyndikat namentlich bestimmt, sodass von einem kontrollierten Kreis gesprochen werden könnte, zumal sich der Kreis erst mit der Platzierung der Aktien durch das Bankensyndikat am Markt öffnet. Somit wäre im Hinblick auf die Festübernahme noch keine Prospektpflicht gegeben. Diese Argumentation wird der Praxis aber nicht gerecht, weil die Festübernahme meistens nur wenige Tage vor der Weiterplatzierung am Markt erfolgt. Die Prospektpflicht entfiele somit nur für einzelne Tage. Abgesehen davon erfolgt die Festübernahme durch Banken nur treuhänderisch, interimistisch und mit der vertraglichen Verpflichtung zur breiten öffentlichen Platzierung. Ferner haben die bisherigen Namenaktionäre die Möglichkeit, ihre aktienrechtlich gewährten ↑Bezugsrechte im Rahmen des Bezugsrechtshandels an Dritte zu verkaufen. Aus diesen Gründen kann selbst bei Namenaktien der Kreis nicht beschränkt gehalten werden, sodass die Prospektpflicht greift. Im Übrigen liegt bei börsenkotierten Gesellschaften realistischerweise immer ein unbegrenzter Adressatenkreis vor, zumal KR 17 kotierungsrechtlich eine Streuung von mindestens 25% der Aktien im Publikum verlangt. Umgekehrt begründet die Pflicht zur Erstellung eines Kotierungsprospektes nach KR 32 ff. nicht unbedingt auch eine Prospektpflicht nach OR. Somit ist im Einzelfall stets zu unterscheiden zwischen dem Emissionsprospekt nach OR und dem Kotierungsprospekt nach KR. Liegt eine Pflicht zur Erstellung beider Prospektarten vor, werden diese in der Praxis zu einem einzigen Dokument verbunden.

1. Prospekthaftung
Die schweizerische Prospekthaftung nach OR 752 für unrichtige, irreführende oder den gesetzlichen Anforderungen nicht entsprechende Angaben knüpft an die Erstellung eines Prospektes im Hinblick auf die Emission einer Aktiengesellschaft an,

und zwar unabhängig davon, ob Wertpapiere oder Wertrechte ausgegeben werden. Wie schon für die Pflicht zur Erstellung eines Prospektes, ist auch für die Begründung der Prospekthaftung die Ausgabe von neuen bzw. die Erstkotierung bestehender Effekten, mithin das Vorliegen einer Emission entscheidend. Die Prospekthaftung entfällt aber nicht, wenn trotz Prospektpflicht auf die Erstellung und Abgabe eines Prospektes verzichtet wird. Für die Prospekthaftung bei Aktien ist OR 752 im Zusammenhang mit OR 652a zu sehen und für Anleihensobligationen OR 1156 III massgebend. Diese Gesetzesbestimmungen überschneiden sich in ihrem Anwendungsbereich: Während OR 752 grundsätzlich nur auf sämtliche von einer Aktiengesellschaft neu emittierten, kapitalmarktfähigen Wertpapiere oder Wertrechte, mithin Aktien, ↑Partizipationsscheine, ↑Genussscheine und ↑Optionen anwendbar ist, bezieht sich OR 1156 III auf sämtliche Gesellschaftsformen, beschränkt sich jedoch auf die Emission von Anleihensobligationen, selbst wenn diese unverbrieft sind. In der Praxis spielt dies jedoch selten eine Rolle, weil fast ausschliesslich Aktiengesellschaften am ↑Kapitalmarkt auftreten und ohnehin meistens ein Kotierungsprospekt erstellt werden muss, für den die Prospekthaftung direkt gilt, weil er die Funktion und den Charakter eines Prospektes aufweist. Zudem wird in der jüngeren Schweizer Emissionspraxis fast immer ein Prospekt erstellt, um volle Transparenz über den Emittenten und die Emission zu geben. Daher besteht die Prospekthaftung fast immer.

In rechtlicher Hinsicht wird die Prospekthaftung allgemein als Delikthaftung für schuldhaft verursachte Prospektfehler und neuerdings spezifischer auch als eigenständige Haftung für die Verletzung gesetzlicher Informationspflichten aufgefasst. Daraus folgt, dass im Klagefall ein Anleger stets einen Schaden zu beweisen hat, der unzulässigerweise und adäquat kausal, d. h. wegen einer Falschinformation durch den Prospekt verursacht wurde. Die Prospektinformation muss den Anleger mithin derart fehlgeleitet haben, dass er eine Investition tätigte, die in seinem Vermögen zu einer negativen Differenz in Form einer finanziellen Einbusse bzw. eines entgangenen Gewinns führte. Prospekthaftungsklagen sind in der Praxis meistens nur mit grossem Aufwand und wenig Aussicht auf Erfolg führbar. Immerhin können sie aber zu negativer Publizität für den Emittenten und die Bank führen (Reputationsschaden).

OR 752 sieht die Prospekthaftung nicht nur für unrichtige, irreführende oder den gesetzlichen Anforderungen nicht entsprechende Angaben in einem Emissionsprospekt vor, sondern auch für solche Angaben in prospektähnlichen Dokumenten. Diese gesetzliche Ausdehung der Prospekthaftpflicht auf auch «ähnliche Mitteilungen» geht im internationalen Vergleich weit und führt in der Schweiz insbesondere dazu, dass auch der Kotierungsprospekt nach KR 32 darunter fällt. Von der Prospekthaftung erfasst werden aber auch sämtliche Mitteilungen, die bei einer Emission sonst gemacht werden, wie etwa Inserate, Kurzprospekte, Werbeschreiben, Werbespots in elektronischen Medien, Internet-Seiten sowie massenweise an potenzielle Anleger versandte E-Mails. Aber auch Aktionärsinformationen, die anlässlich einer ↑Fusion oder eines ↑Spin-offs erstellt werden, sind «ähnliche Mitteilungen», sofern ein funktioneller Zusammenhang zwischen der Emission und der gemachten Publikation bzw. Aussage besteht. Der Emittent haftet demnach auch bei prospektähnlichen Dokumenten für Falschaussagen und gravierende Unterlassungen. Die Prospekthaftpflicht ergibt sich also grundsätzlich auch für prospektähnliche Dokumente, insbesondere auch für den Preliminary prospectus und Road-show-Unterlagen bei einem IPO oder einem Secondary offering, allerdings relativiert unter professionellen Parteien, die sich der Unvollständigkeit von vorläufigen Emissionsunterlagen bewusst sein müssen und ihren Anlageentscheid noch auf andere Dokumente und eigene Quellen abstützen.

2. Anforderungen an den Prospekt

Unter den Begriff Prospekt fallen somit nicht nur die im Rahmen von OR 652a und 1156 normalerweise in Form eines Prospektbuches veröffentlichten Angaben zur Emission und zum Emittenten, sondern vielmehr unabhängig von ihrer Form jede Erklärung des Emittenten oder seiner Bank, die im Vorfeld eines Emissionsvorhabens für die Beurteilung des Anlageobjektes und des Emittenten erhebliche Angaben enthält oder den Eindruck eines solches Inhalts erweckt. Entscheidend ist dabei, dass die Richtigkeit solcher Angaben für den Anleger unüberprüfbar oder mit unzumutbaren Aufwendungen verbunden und wegen der objektiven Fachkompetenz der Hintermänner als Grundlage für den Anlageentscheid geeignet ist. Gerade das Kriterium der Vertrauen erweckenden Aussage ist heute angesichts der Komplexität von Emittenten und Produkten zentral geworden. Aus Anlegerschutzgründen wird auch der aufgrund internationaler ↑Usanz normalerweise angebrachte ausdrückliche Haftungsvorbehalt (↑Disclaimer), dass das Dokument nicht als Emissionsprospekt im Sinne des Schweizer Rechts gelte, bei Retail-Kunden nicht mehr genügen, um die Prospekthaftung gemäss OR 752 auszuschliessen, obschon gestützt auf OR 100 Enthaftungsklauseln grundsätzlich zulässig wären. Auch eine andere Bezeichnung (z. B. als Offering memorandum) vermag die Prospekthaftung nicht auszuschliessen. Dagegen fallen mündliche Äusserungen, die im Zusammenhang mit einer Emission z. B. anlässlich einer ↑Road show gemacht werden, streng genommen nicht unter den Begriff der ähnlichen Mitteilung gemäss OR 752 und damit nicht unter die Prospekthaftung. Die strenge Schweizer Prospekthaftung gilt im Übrigen auch für ausländische Emittenten (IPRG 156).

3. Rechtsvergleich mit Deutschland
Unter deutschem Recht, das für den Kapitalmarkt gesamteuropäisch als modern gilt, ist die Haftung für fehlerhafte Verkaufsprospekte konzeptionell anders geregelt als in der Schweiz: Paragraf 13 des Verkaufsprospektgesetzes von 1998 verweist auf die Paragrafen 45–48 des Börsengesetzes von 1998 und stellt auf die Zulassung zum Börsenhandel und nicht auf die Ausgabe von Effekten ab. Als Prospekt ist präziser nur ein Verkaufsdokument gemeint, das vom Bundesamt für das Wertpapierwesen (BAWe, neu: Bundesanstalt für Finanzwesen [Bafin]) genehmigt worden ist und das demzufolge richtig und vollständig ist. Auch sind andere schriftliche Werbemittel, wie etwa die schriftliche Aufforderung zur Zeichnung von Aktien gemäss höchstrichterlicher Rechtsprechung nicht der börsengesetzlichen Prospekthaftung unterstellt, sondern allenfalls einer Deliktshaftung. Mit Bezug auf seinen Inhalt hat auch in Deutschland ein Verkaufsprospekt richtig und vollständig zu sein und darf keine zukunftsbezogenen Berichte (sog. Forward looking statements) enthalten. Im Gegensatz zum schweizerischen Recht muss in Deutschland ein Prospekthaftungsanspruch innerhalb von sechs Monaten nach dem Erwerb der fraglichen Wertpapiere eingeklagt werden. Dabei ist ebenfalls ein Schaden, eine haftungsbegründende Kausalität sowie ein Verschulden zu beweisen.
Felix M. Huber

Prospekthaftung
↑Prospekt, Prospektpflicht.

Prospektzwang
↑Prospekt, Prospektpflicht.

Protected index participation (PIP)
↑Strukturierte Produkte; ↑Hedging-Strategie.

Protection or participation (POP)
↑Strukturierte Produkte.

Protective-put-Strategie
↑Hedging-Strategie.

Protest
Öffentliche Urkunde über die Weigerung des Bezogenen, den ↑Wechsel anzunehmen oder zu bezahlen. Der Protest ist Voraussetzung für den ↑Regress, ausser wenn der Wechsel den Vermerk «ohne Kosten» oder «ohne Protest» trägt (OR 1034ff.).

Provision
Vergütung für geschäftliche Besorgungen oder Leistungen. ↑Bankprovision; ↑Kommissionsgeschäft.

Provisional indices
↑MSCI-Indizes.

Provisionsgeschäft
↑Kommissionsgeschäft.

Provisorisches Konto
↑Konto pro Diverse.

Proxy
Vollmacht, insbesondere zur Vertretung eines Aktionärs an der Generalversammlung. In den USA wird das Einsammeln von Vollmachten durch oppositionelle Aktionäre als *Proxy contest* bezeichnet.

Prozentnotierung
Übliche Kursangabe für kotierte ↑Obligationen. Sie versteht sich in Prozenten des ↑Nennwertes. Für ↑Aktien gilt die ↑Stücknotierung, d.h. der ↑Kurs wird in der jeweiligen Landeswährung pro Stück angegeben.

Prozessorganisation
↑Ablauforganisation.

Prozessorkarte
↑Smartcard.

Prüfungsausschuss
↑Audit Committee.

Prüfziffer
↑Kontennummerierung.

PS
Abk. f. ↑Partizipationsschein.

PSI 20 Aktienindex der Lissaboner Börse
Der *PSI 20* ist der Index der an der *Euronext Lissabon* notierten portugiesischen Standardwerte. Der Index enthält im Regelfall 20 Aktien und wird nach der streubesitzadjustierten ↑Börsenkapitalisierung gewichtet. Das Gewicht eines einzelnen Titels wird zweimal jährlich auf maximal 20% gekappt. Der PSI 20 ist ein Kursindex, d.h., Kursabschläge nach regulären Dividendenzahlungen werden nicht korrigiert. Der Startwert des PSI 20 wurde mit 3000 Indexpunkten per 31.12.1992 festgelegt. Neben dem PSI 20 existiert der *PSI Geral* (früher BVL Geral) als Gesamtmarktindex der an der Euronext Lissabon gehandelten Aktien. Der PSI Geral ist ein Performanceindex mit einem Startwert von 1000 Indexpunkten per 05.01.1988.
↑Aktienindex.

Public affairs
↑Lobbying im Bankwesen; ↑Public relations der Banken.

Public relations der Banken
Die Public relations – auch Öffentlichkeitsarbeit genannt – sind in den letzten Jahren einerseits vielschichtiger, anderseits auch umfassender geworden. Bei den Banken, aber nicht nur dort, sind sie in einem weiteren Sinne Bestandteil der Corporate communications. Diese richten sich an eine Vielzahl möglicher Kommunikations-Zielgruppen: Medien, ↑Investoren und Analysten, Regierungen, Parlamente und Organisationen, Regulatoren, die Kunden und – last but not least – die eigenen Mitarbeiter.

Organisatorisch werden die verschiedenen Kommunikationseinheiten immer öfter zusammengefasst und einem so genannten «Chief communications officer» unterstellt. Dieser ist verantwortlich für die integrierte Kommunikation und nimmt mit Vorteil Einsitz in die Konzernleitung oder verfügt zumindest über einen direkten Draht zur Unternehmensspitze.

Zu den klassischen Kommunikationsaufgaben einer Bank gehören Media relations, ↑Investor relations, Public affairs, Employee communications und die verschiedenen Disziplinen der Kundenkommunikation. Neu dazu gekommen ist in vielen Fällen ein so genanntes *Communications management*. Aus der Erkenntnis heraus, dass zwischen den verschiedenen Zielgruppen eines Unternehmens starke Verbindungen bestehen, sollen die wichtigen Botschaften einerseits zielgruppenspezifisch, anderseits koordiniert und integriert an die Öffentlichkeit gebracht werden. Eine bei Banken und anderen Unternehmen recht gebräuchliche und in der Praxis sehr sinnvolle Unterscheidung ist jene zwischen bezahlter und unbezahlter Kommunikation. Selbstverständlich bezieht sich diese Definition nicht auf die Gesamtkosten einer Kommunikationsmassnahme, sondern lediglich auf die Kosten der Informationsvermittlung: die Frage, ob auf bezahlten Raum oder über «kostenlose» Kanäle kommuniziert wird. Zur bezahlten Kommunikation zählen Werbung, Corporate identity, Markenkommunikation, Sponsoring und Event-Kommunikation. Zur unbezahlten Kommunikation gehören Media relations, Investor relations, Public affairs und die Mitarbeiterkommunikation. Bei dieser Betrachtungsweise sind die Public relations eine Teilmenge der Corporate communications mit Schwergewicht auf der unbezahlten Kommunikation.

1. Ziele der Public relations
Die guten Nachrichten maximieren und die schlechten auf ein Minimum beschränken – das war lange Zeit eine ebenso einfache wie wirkungsvolle Hauptzielsetzung professioneller Öffentlichkeitsarbeit. Gute Beziehungen zu den nationalen Medien und regelmässige Kontakte zu wichtigen Aktionären waren die Grundpfeiler der Kommunikationspraxis in einem Umfeld, wo die Unternehmungen noch weit gehend selber bestimmen konnten, welche Informationen sie an das Publikum weiterreichen wollten.

In der globalisierten Wirtschaft, zu der auch einige grosse Banken gehören, haben sich die Rahmenbedingungen radikal verändert. Informationen aus verschiedensten Quellen, nicht zuletzt auch kritische Nachrichten über ein Unternehmen oder eine ganze Branche, sind jederzeit weltweit verfügbar. Der Zugriff erfolgt zum Beispiel über ↑Internet, weltweit zur gleichen Zeit und durch sämtliche Zielgruppen, ob Investoren, Aktionäre, Kunden, Mitarbeiter oder andere Interessenten. Das eröffnet ungeahnte Chancen für die Kommunikation, gleichzeitig aber auch neue ↑Risiken. Die wahren Sieger sind jene Firmen, die ihre Fortschritte und Geschäftserfolge zur richtigen Zeit mit den geeigneten Mitteln an die richtigen Zielgruppen kommunizieren können.

Für eine global operierende Bank gibt es zahlreiche mögliche Kommunikationsziele. Zu den wichtigsten gehören zweifelsohne der Aufbau einer weltweit beachteten Marke (Brand awareness), die Wahrung und Stärkung des guten Rufes (Reputation), die Förderung einer starken Unternehmenskultur, mit der sich die Mitarbeiter identifizieren können (Corporate culture), und das Erreichen eines nachhaltigen und mit der aktuellen und zukünftigen Unternehmensleistung kongruenten Aktienwertes.

2. Grundprinzipien der Unternehmenskommunikation
Um diese Ziele zu erreichen, müssen die Unternehmenskommunikation im Allgemeinen und die Public relations im Besonderen verschiedenen Prinzipien folgen. Die Wichtigsten sind:
– Die Kommunikationsstrategie ist Teil der übergeordneten Unternehmensstrategie und muss diese unterstützen
– Die konkreten Aktivitäten und das Verhalten des Unternehmens und seiner Mitarbeiter sind integrierender Bestandteil der Kommunikation (Corporate behaviour)
– Die Kommunikation muss transparent und nachhaltig sein und mit gesetzlichen und regulatorischen Vorgaben im Einklang stehen
– Sämtliche Ansprechgruppen (interne wie externe) müssen gleichzeitig mit denselben Inhalten – allenfalls massgeschneidert auf ihre spezifischen Bedürfnisse – bedient werden
– Informationen dürfen nur Erwartungen wecken, die auch befriedigt werden können (Expectations management)
– Die Qualität der Informationen ist stets höher zu gewichten als die Quantität.

3. Das Kommunikations-Management
Damit diese Prinzipien eingehalten und die Ziele erreicht werden, muss der Kommunikationsprozess aktiv geführt werden. Reaktive Öffentlichkeitsarbeit genügt – auch wenn sie rasch und professionell erfolgt – den gestiegenen Anforderungen nicht mehr. Der Kommunikationsprozess umfasst im Wesentlichen drei Phasen:
1. Die frühzeitige Identifikation von eigenen Nachrichten, Reputationsrisiken und Informationsbedürfnissen der Öffentlichkeit
2. Analyse der Fakten und Bedürfnisse sowie Formulierung einer bedürfnisgerechten Kommunikationsstrategie
3. Zielgruppen-spezifische Implementierung der beschlossenen Massnahmen.

Bei allen drei Schritten ist eine enge Zusammenarbeit zwischen den Public-relations-Spezialisten und den Vertretern der betroffenen Geschäftsbereiche notwendig.

Der Identifikation der Kommunikationsbedürfnisse in Phase 1 dienen verschiedene Instrumente, u. a. ein internes Nachrichten-Monitoring, das Medien-Monitoring und die Medienanalyse, eine permanente Image-Analyse des Unternehmens und seiner wichtigsten Exponenten sowie ein Frühwarnsystem für Reputationsrisiken (Risk monitoring). Ein frühzeitiges Erkennen der Risiken und Bedürfnisse schafft Chancen für eine proaktive PR-Arbeit. Das so genannte «Agenda-Setting» im Unterschied zur bloss reaktiven Öffentlichkeitsarbeit ist die Grundlage für eine erfolgreiche Positionierung des Unternehmens in der Öffentlichkeit. Eine Besonderheit des Finanzsektors ist die Kommunikation von Informationen, die das Verhalten der Anleger und damit den Aktienkurs der eigenen oder anderer Firmen beeinflusst. Hier gilt es, die Anforderungen der Transparenz und der Gleichzeitigkeit für die verschiedenen Interessengruppen ganz besonders streng einzuhalten. Regulatorische Vorschriften – in verschiedenen Ländern oft unterschiedlich ausgestaltet – müssen zusätzlich beachtet werden. Gerade in jüngster Zeit ist die Anleger-Kommunikation der Finanzinstitute aufgrund unrühmlicher Vorkommnisse hart kritisiert worden. Strengere interne und externe Regeln werden diesen Bereich in Zukunft noch schärfer unter Kontrolle nehmen.

Wenn Bedürfnisse und Risiken identifiziert sind, muss in Phase 2 eine passende Kommunikationsstrategie festgelegt werden. Welches sind die Fakten? Wie agieren und reagieren die verschiedenen Zielgruppen? Welches sind die Risiken und Chancen? Und wie können die übergeordneten Unternehmensziele am besten unterstützt werden?

Entscheidend für Erfolg oder Misserfolg einer Public-relations-Strategie ist schliesslich in Phase 3 eine professionelle Umsetzung. Dazu gehören die Priorisierung der Massnahmen, das richtige Timing, die Wahl geeigneter Kommunikationskanäle, ein transparentes Management der Datenbanken und selbstverständlich die Inhalte. Nur wer eine interessante Geschichte zu erzählen hat, wird letztlich seine Zielgruppen erreichen und seine Botschaften glaubhaft zur Darstellung bringen.

4. Zusammenarbeit mit verwandten Bereichen
Die zunehmend komplexen Public-relations-Aufgaben im Finanzsektor erfordern schliesslich eine enge Zusammenarbeit mit verwandten Funktionen wie dem Rechtsdienst, dem Compliance management und dem Risk management (↑Risikomanagement) sowie dem Bereich der Corporate responsibility. Nur wenn alle mit der Öffentlichkeit im weitesten Sinne befassten Einheiten Hand in Hand arbeiten, wird es gelingen, den guten Ruf, die Marke, die Kultur und den Wert eines Unternehmens optimal zu stärken und zu fördern.

Bernhard Stettler

Public takeover
↑Öffentliches Kaufangebot.

Public utilities
↑Utilities.

Publikumsgelder
↑Fremdgelder.

Publikumsgesellschaft
Eine Publikumsgesellschaft liegt vor, wenn das ↑Aktienkapital nicht in einem geschlossenen Kreis von Aktionären liegt. Bei der echten Publikumsgesellschaft sind die ↑Aktien breit gestreut. Nehmen ↑Grossaktionäre eine beherrschende Stellung ein, z. B. über nicht börsenkotierte, vinkulierte Namenstimmrechtsaktien, spricht man von einer unechten Publikumsgesellschaft.

Publikumsöffnung
Ein Teil des bisherigen, von einem geschlossenen Kreis von Aktionären gehaltenen ↑Aktienkapitals wird im Rahmen eines Going public oder ↑Initial public offering (IPO) einem grösseren Kreis von ↑Investoren angeboten.

Publizitätspflicht
Pflicht zur Bekanntgabe bestimmter Informationen oder des Jahresabschlusses. Die aktienrechtliche Publizitätspflicht besteht nur gegenüber den eigenen Aktionären und (beschränkt) gegenüber den Partizipanten und umfasst insbesondere den ↑Geschäftsbericht und den ↑Revisionsbericht (OR 696). Die börsenrechtliche Publizitätspflicht richtet sich an alle am ↑Finanzmarkt interessierten Personen, d.h. an die Öffentlichkeit. Sie umfasst die Pflicht, jeder Person, die es innerhalb eines Jahres seit der Abnahme des Geschäftsberichtes mit Jahresrechnung und der ↑Konzernrechnung verlangt, diese Dokumente zuzustellen. Ferner besteht

die Pflicht nach KR 65 zur Zwischenberichterstattung (↑Zwischenabschluss) und zur Bekanntgabe von kursrelevanten Tatsachen (Ad-hoc-Publizität, KR 72–74), sowie – von Fall zu Fall – zur Auflage von Informationsdokumenten im Zusammenhang mit dem ↑Kotierungsprospekt (KR 49). Publizitätspflichtig ist auch der Erwerb von ↑Beteiligungspapieren, sofern dabei bestimmte Grenzwerte nach BEHG 20 überschritten werden. ↑Offenlegungspflicht.

Pumpwechsel
Andere Bezeichnung für ↑Darlehenswechsel.

Punkt
Englische Bezeichnung: point. Die einer Kurs- oder Preisnotierung zugrunde gelegte Einheit. ↑Basispunkt; ↑PIPS; ↑Stelle.

Purchase fund
Bei Anleihen amerikanischer ↑Emittenten in den Anleihensbedingungen enthaltene Verpflichtung, einen bestimmten Betrag der Anleihenssumme zurückzukaufen, falls die Obligationenkurse unter den ↑Ausgabepreis oder ↑unter pari fallen.

Put
In der ↑Bank- und ↑Börsensprache übliche Kurzbezeichnung für eine *Verkaufsoption* (synonyme Begriffe Put option, Putrecht). Mit einem Put ist für den Erwerber das Recht, nicht aber die Verpflichtung verbunden, einen ↑Basiswert (Devisen, Aktien, Indizes) oder einen Terminkontrakt (↑Futures) innerhalb einer festgelegten Frist (↑Amerikanische Option) oder zu einem bestimmten Endfälligkeitstermin (↑European option) zu einem spezifizierten Preis zu verkaufen. Im Gegenzug übernimmt der ↑Stillhalter die Verpflichtung, den Basiswert bei Optionsausübung gegen Zahlung des Basispreises zu erwerben. Die Einräumung des Optionsrechtes vergütet der Käufer dem Verkäufer mit der Zahlung des ↑Optionspreises (↑Optionsprämie).

Put-call-Parität
Die Put-call-Parität ist eine fundamentale Beziehung zwischen dem Preis einer europäischen Call option und dem Preis einer europäischen Put option. Analog der gesamten Optionspreistheorie wird auch dieser Zusammenhang durch eine Arbitragebeziehung (↑Arbitrage) beschrieben. Wenn man zwei ↑Portfolios gegenüberstellt, eines bestehend aus einer ↑Aktie und einer Put option, das andere bestehend aus einer Call option und dem ↑Barwert des ↑Ausübungspreises (der für beide ↑Optionen gleich sein muss), so haben diese beiden Positionen die exakt gleiche Auszahlungsstruktur bei ↑Verfall. Aus Arbitrageüberlegungen folgt somit, dass die beiden Portfolios auch in jedem Zeitpunkt bis zum Verfall den gleichen Wert haben müssen. *Heinz Zimmermann*

Put call ratio
Die Put call ratio misst das Verhältnis von gehandelten ↑Puts zu gehandelten ↑Calls. Wird pro Call mehr als ein Put gehandelt, liegt die Put call ratio über 1, was als Zeichen für eine pessimistische Marktstimmung gedeutet wird.

Put option
↑Put; ↑Option (Allgemeines).

Puttable swap
Swaps können puttable oder extendable (Extendable swap, ↑Callable swap) sein. Bei einem Puttable swap hat eine der Vertragsparteien das Recht, das ↑Swap-Geschäft vor dem Ende der vereinbarten ↑Laufzeit zu beenden. ↑Swap-Markt.

QI
Abk. f. ↑Qualified intermediaries (QI).

Qualified intermediaries (QI)
Die USA haben per 01.01.2001 neue Vorschriften betreffend die ↑Quellensteuern auf ↑Kapitalerträgen ausländischer ↑Investoren eingeführt und dabei die Meldepflichten stark erweitert. Ausgangslage ist, dass eine amerikanische ↑Zahlstelle, die Dividenden- und Zinszahlungen ausführt, immer wissen soll, wer letztlich der Empfänger dieser Zahlungen ist. Der Zahlungsempfänger hat deshalb grundsätzlich seine Identität offenzulegen. Damit soll zum einen verhindert werden, dass ausländische Investoren Entlastungen von der amerikanischen Quellensteuer in Anspruch nehmen können, ohne dazu berechtigt zu sein. Zum andern soll die lückenlose Erfassung amerikanischer Steuerpflichtiger, die Einkünfte aus US-Quellen erzielen, sichergestellt werden.

Unter den neuen Vorschriften besteht jedoch eine Ausnahme von dieser ↑Offenlegungspflicht der einzelnen Investoren gegenüber der amerikanischen Zahlstelle, das sog. Qualified-intermediary-System. Ausländische Finanzinstitute, die über ein von der amerikanischen Steuerbehörde IRS (Internal Revenue Service) als ausreichend erachtetes Verfahren bei der Identifikation ihrer Kunden verfügen (↑Know your customer rules) und die bereit sind, mit dem IRS einen speziellen Vertrag abzuschliessen (Qualified intermediary agreement), können aufgrund ihrer Kundenkenntnis die nichtamerikanischen Investoren in Pools mit den jeweils anwendbaren Quellensteuersätzen einteilen. Gegenüber den USA erfolgt dann für ausländische Investoren nur noch eine Meldung dieser Pools. Nebst der Wahrung der Anonymität der Kunden hat dieses System insbesondere den Vorteil, dass auch Investoren, die nicht im gleichen Land domiziliert sind wie die QI-Bank, direkt und ohne Anträge in den Genuss der ihnen unter den jeweils anwendbaren ↑Doppelbesteuerungsabkommen und unter inneramerikanischem Steuerrecht zustehenden Steuerentlastungen kommen.

Auf der andern Seite müssen sich die QI-Banken verpflichten, für amerikanische Steuerpflichtige nur noch dann US-Wertschriften zu halten, wenn diese Kunden bereit sind, ihre Identität der amerikanischen Zahlstelle und damit dem IRS bekanntzugeben. Im Prinzip müsste die Meldung auch ohne Einverständnis des Kunden erfolgen. Für QI-Banken, die rechtlich nicht in der Lage sind, ohne Einverständnis der Kunden deren Identität zu melden (↑Bankkundengeheimnis), bestehen im QI-System Sondervorschriften. Anstelle der Meldung haben die Banken die inneramerikanische Sicherungssteuer (Backup withholding tax) in Höhe von zurzeit 30,5% auf den Vermögenserträgen aus den USA und auf den mit amerikanischen ↑Wertschriften erzielten Verkaufserlösen einzubehalten. Die Einhaltung der vertraglichen Verpflichtungen durch die QI-Banken wird von externen Revisionsstellen überprüft.

Trotz des administrativen Aufwands, der für die QI-Banken mit diesem System verbunden ist, hat sich der grösste Teil der Schweizer Banken entschlossen, ein QI-Agreement mit dem IRS abzuschliessen, zum einen sicher wegen der für nichtamerikanische Investoren anfallenden Vorteile; stärker ins Gewicht fällt allerdings der Umstand, dass Banken ohne QI-Status amerikanische Wertschriften generell nur noch für solche Kunden halten können, die bereit sind, ihre Identität gegenüber den USA offenzulegen, und zwar unabhängig davon, ob es sich um Ausländer oder um amerikanische Steuerpflichtige handelt.

Andreas Hubschmid

Qualifizierte Beteiligung
Von einer Beteiligung lässt sich sprechen, wenn jemand ein grösseres ↑Paket von ↑Beteiligungspapieren einer Gesellschaft erwirbt und damit in

der Regel nicht nur die Absicht der ↑Kapitalanlage, sondern auch der Einflussnahme auf die Geschicke der Gesellschaft verbindet. Von einer qualifizierten oder massgebenden Beteiligung ist die Rede, wenn die Beteiligung ein kritisches Ausmass erreicht, das für den ↑Investor oder für die Gesellschaft gesetzliche Pflichten auslöst, insbesondere Meldepflichten im Interesse der von der jüngeren kapitalmarkt- und gesellschaftsrechtlichen Gesetzgebung angestrebten Transparenz der Beherrschungsverhältnisse.
↑Offenlegung von Beteiligungen; ↑Bekanntgabepflicht der Aktiengesellschaft; ↑Qualifizierte Beteiligung an einer Bank; ↑Qualifizierte Beteiligung der Bank. ↑Massgebende Beteiligung an einem Effektenhändler.

Qualifizierte Beteiligung an einer Bank
Eine qualifizierte Beteiligung an einer schweizerischen Bank hält eine natürliche oder ↑juristische Person, wenn sie direkt oder indirekt mit mindestens 10% des Kapitals oder der Stimmen an der Bank beteiligt ist oder auf andere Weise deren Geschäftstätigkeit massgebend beeinflussen kann (BankG 3 II c^{bis}). Zu den Voraussetzungen für die Bewilligung zur Geschäftstätigkeit einer Bank gehört unter anderem, dass solche Personen erwarten lassen («gewährleisten»), dass sich ihr Einfluss nicht zum Schaden einer umsichtigen und soliden Geschäftstätigkeit auswirkt. Qualifizierte Beteiligungen an einer Bank müssen der Eidgenössischen ↑Bankenkommission (EBK) gemeldet werden (BankG 3 V). Eine nach schweizerischem Recht organisierte Bank gilt als ausländisch beherrscht, wenn Ausländer mit qualifizierten Beteiligungen mit mehr als der Hälfte der Stimmen an der Bank beteiligt sind oder in anderer Weise einen beherrschenden Einfluss auf sie ausüben (BankG 3bis III). ↑Massgebende Beteiligung an einem Effektenhändler.

Qualifizierte Beteiligung der Bank
Beteiligung einer Bank an einer anderen Gesellschaft, die die Pflicht zur Erstellung einer konsolidierten Jahresrechnung auslöst. Dies ist unter Vorbehalt von Ausnahmen der Fall, wenn die Bank an einer oder mehreren anderen Gesellschaften direkt oder indirekt mehr als die Hälfte der Stimmrechte hält oder in anderer Weise einen beherrschenden Einfluss auf sie ausübt (BankV 23a I).

Qualitätsoption
↑Embedded option.

Quantitätstheorie
↑Geldtheorie; ↑Geldwert.

Quanto swap
Ein Quanto swap wird auch Rate differential swap, Cross rate swap oder Difference swap genannt. Es handelt sich dabei um ein Austauschgeschäft, bei welchem zwei Zahlungsströme, welche von variablen ↑Zinssätzen in unterschiedlichen ↑Währungen abhängen, ausgetauscht werden. Die Abrechnung der effektiv zu leistenden Zahlungen erfolgt, entsprechend der vertraglichen Vereinbarung, nur in einer der beiden Währungen. Quanto swaps dienen zur Absicherung von Fremdwährungspositionen.

Quartalsdividende
In den USA übliche, aufwändige und deshalb wohl nicht mehr zeitgemässe Form der Gewinnausschüttung, welche in einem engen Zusammenhang mit der vierteljährlichen Finanzberichterstattung zu sehen ist. In Europa wird – wenn überhaupt – nur eine ↑Interimsdividende ausgeschüttet.

Quasi-Geld
Als Quasi- oder Beinahe-Geld bezeichnet man finanzielle Aktiva, die in einer engen Substitutionsbeziehung zu Geld in der Definition der ↑Geldmenge M1 stehen. Quasi-Geld ist zwar nicht direkt als ↑Zahlungsmittel einsetzbar, kann aber relativ leicht liquidiert werden. In den meisten Ländern werden ↑Termineinlagen inländischer Nichtbanken (↑Non banks) mit einer ↑Laufzeit von weniger als einem Jahr als Hauptbestandteil des Quasi-Geldes betrachtet. In der Schweiz werden auch Termineinlagen mit längeren Laufzeiten dazugerechnet.

Quellensteuer
Die Quellensteuer ist dadurch charakterisiert, dass der Steuerbezug nicht beim ↑Gläubiger, sondern beim Schuldner einer geldwerten Leistung erfolgt, der die Steuer durch entsprechende Kürzung seiner Leistung auf den Empfänger (Steuerdestinatär) überwälzt und selbst abführt. Die Quellensteuer erleichtert die Steuerdurchsetzung. ↑Verrechnungssteuer.

Quick ratio
Auch Acid test genannt. Kennzahl zur Beurteilung der ↑Liquidität einer Unternehmung auf den ↑Bilanzstichtag. Sie wird ermittelt, indem die Zahlungsmittel zuzüglich kurzfristige Forderungen durch das kurzfristige ↑Fremdkapital dividiert werden.

Quiet period
Als Quiet period, auch Silent period genannt, wird die Zeitspanne zwischen der Verfügbarkeit von kursrelevanten Daten bzw. der Gewissheit über kursrelevante Informationen (z.B. eine Kapitaltransaktion) und dem Zeitpunkt der Veröffentlichung dieser Daten bzw. Informationen bezeichnet. In dieser Zeitspanne wird den ↑Finanzanalysten und Medienvertretern grundsätzlich keine Auskunft erteilt, und es werden keine Treffen abge-

halten. Damit soll die Gleichbehandlung aller Marktteilnehmer sichergestellt sein. ↑Blackout period.

Quittung
Eine schriftliche und verbindliche Erklärung des ↑Gläubigers oder seines Vertreters, dass er eine ihm zustehende Leistung erhalten hat. Der Schuldner, der eine Zahlung leistet, ist berechtigt, eine Quittung, und falls die Schuld vollständig getilgt wird, auch die Rückgabe des ↑Schuldscheins oder dessen Entkräftung zu verlangen (OR 88). Weitere Wirkungen der Quittung: Werden Zinsen oder periodische Leistungen geschuldet, so begründet die für eine spätere Leistung ohne Vorbehalt ausgestellte Quittung die (widerlegbare) Vermutung, es seien alle früher fällig gewordenen Leistungen entrichtet; ist eine Quittung für eine Kapitalschuld ausgestellt, so wird vermutet, dass auch die Zinsen bezahlt seien (OR 89). Mit einer Saldoquittung, in welcher ausdrücklich «per Saldo», «per Saldo aller Ansprüche» oder mit einem gleichbedeutenden Ausdruck quittiert wird, anerkennt der Gläubiger verbindlich, dass er die Leistung erhalten hat und damit alle Forderungen aus dem Schuldverhältnis vollständig getilgt worden sind. Oft will der Erklärende mit der Klausel auch bestätigen, dass er überhaupt keine Ansprüche mehr gegen den Schuldner hat. ↑Doppelquittung.

Quorum
Die zur rechtsgültigen Beschlussfassung einer Körperschaft benötigte Mindestzahl von vertretenen Stimmen bzw. von anwesenden oder vertretenen Aktionären.

Quotation
In Deutschland und im anglosächsischen Sprachraum bedeutet Quotation dasselbe wie in der Schweiz ↑Kotierung.

Quote
Kursstellung – Stellen eines Kurses zum Kauf (↑Geld, Geldkurs, ↑Bid) oder zum Verkauf (↑Brief, Briefkurs, ↑Ask) durch einen Marktteilnehmer. Insbesondere ↑Market makers stellen regelmässig Quotes für die ↑Effekten, in denen sie den Markt machen.

Quote machine
↑Handelsprogramm.

Quotenaktie
↑Aktie, die nicht einen bestimmten ↑Nennwert, sondern einen Bruchteil des ↑Aktienkapitals verkörpert. Die auf eine Aktie entfallende ↑Quote wird weder in den Statuten noch in der Aktienurkunde genannt *(stumme Quotenaktie)*. Das deutsche Aktienrecht verwendet den Begriff der *Stückaktie*. Die Verknüpfung mit dem Aktienkapital bleibt bei der Quoten- oder Stückaktie, indem anstelle eines Nennwertes ein rechnerischer Anteil am Grundkapital entsteht. So gelten weiterhin Vorschriften über die Mindestbeträge. Entsprechend darf nach deutschem Aktiengesetz (§ 8) der auf die einzelne Aktie entfallende anteilige Betrag einen ↑Euro nicht unterschreiten. Man spricht deshalb auch von *unechten, ↑nennwertlosen Aktien*.
Echte nennwertlose Aktien liegen vor, wenn weder wirtschaftlich noch rechtlich eine Beziehung zum Grundkapital besteht und die Statuten lediglich die Zahl der auszugebenden Aktien festlegen.

Rahmenkredit und Rahmenkreditabkommen

Der Rahmenkredit ist ein Instrument der ↑ mittel- bis ↑ langfristigen ↑ Exportfinanzierung. Der Rahmenkredit ist ein ↑ Darlehen, das auf der Grundlage eines sog. Rahmenkreditabkommens gewährt wird und ein konkretes Ausfuhrgeschäft finanzieren soll. Das Rahmenkreditabkommen stellt nicht einen eigentlichen ↑ Kreditvertrag dar, sondern ist eine Vereinbarung zwischen einer Bank (teilweise auch mehreren Banken) als Kreditgeberin einerseits und einem Staat oder Privaten als Darlehensnehmer andererseits, in dem die Rahmenbedingungen für die Finanzierung einer Vielzahl von Einzelgeschäften festgelegt sind. Der Mischkredit ist eine Variante des Rahmenkredits. Das Rahmenkreditabkommen schafft die rechtliche Grundlage für die Finanzierung einer Vielzahl von einzelnen Investitionsgüterexporten oder Dienstleistungsverträgen verschiedener Exporteure zu standardisierten Bedingungen. Es bezieht sich somit nicht auf ein konkretes Ausfuhrgeschäft. Dadurch unterscheidet sich das Rahmenkreditabkommen insbesondere vom herkömmlichen Exportkredit. Auf die unter einem Rahmenkreditabkommen abgewickelten Finanzierungen werden die im Rahmenabkommen festgelegten Kreditkonditionen einheitlich angewendet, wie die Zahlungsbedingungen, die Zinsmargen sowie die Kommissionen für alle Liefergeschäfte. Die Vorteile der Finanzierung eines Liefergeschäfts unter einem Rahmenkreditabkommen bestehen vor allem darin, dass die Verhandlungen zwischen Exporteur und Käufer stark vereinfacht und abgekürzt werden. I.d.R. sieht das Rahmenkreditabkommen eine Exportrisikogarantie-Deckung des Bundes gestützt auf das Bundesgesetz über die Exportrisikogarantie für die einzelnen Lieferungen vor. Der Rahmenkredit wird im Rahmen des OECD-Exportkreditarrangement (Arrangement on guidelines for officially supported export credits der OECD von 1978) und gemäss dem Bundesgesetz über die ↑ Exportrisikogarantie (ERG) strukturiert. Rahmenkredite kommen grundsätzlich für alle Länder in Frage, für die eine Exportrisikogarantie-Deckung des Bundes erhältlich ist. *Mischkredite* stellen eine Art Rahmenkredit dar, die unter Mitwirkung des Bundes zu Stande kommen. Mischkredite bilden einen wichtigen Bestandteil der schweizerischen Entwicklungshilfe. Ausgangslage ist das Bundesgesetz über die Entwicklungszusammenarbeit und humanitäre Hilfe, wonach die Entwicklungszusammenarbeit u.a. die Form von Finanzhilfe annehmen kann (Art. 6 Abs. 1 lit. b des BG über die Entwicklungszusammenarbeit und humanitäre Hilfe). Die Mittel für die internationale Entwicklungszusammenarbeit und humanitäre Hilfe werden als Rahmenkredite für jeweils mehrere Jahre bewilligt (Art. 9 Abs. 1 des BG über Entwicklungszusammenarbeit und humanitäre Hilfe). Bilaterale Finanzhilfe (Massnahmen, welche unmittelbar direkt von den beteiligten Regierungen oder durch Vermittlung öffentlicher oder privater Stellen durchgeführt werden) kann die Form von Mischkrediten annehmen (Art. 7 Abs. 2 der V über die internationale Entwicklungszusammenarbeit und humanitäre Hilfe). Mit dem Mischkredit erhält die Regierung eines Entwicklungslandes oder eine staatliche Organisation einen Kredit in Schweizer Franken, der es ihr erlaubt, die für prioritäre Entwicklungsprojekte nötigen Schweizer Güter und Dienstleistungen zu finanzieren. Der Mischkredit besteht aus zwei Teilen: Einer Bundes- und einer Bankentranche, weshalb die Banken anstelle von Mischkredit intern von der sog. Mischfinanzierung sprechen. Die Finanzierung der Bankentranche erfolgt zu marktüblichen Konditionen, d.h. die Bankentranche wird zu kommerziellen Bedingungen gewährt, meist mit einer Kreditlaufzeit von 10 Jahren, inklusive drei Jahren Karenzfrist, und wird von der Exportrisikogarantie mehrheitlich zum gesetzlich höchstmöglichen Garantiesatz von 95%

gedeckt, inklusive Deckung des Delkredererisikos. Die Bundestranche muss in jüngerer Zeit in der Regel durch den Schuldner weder verzinst noch zurückbezahlt werden, m.a.W. handelt es sich in Bezug auf den Bundesanteil des Mischkredites um ein Geschenk. *Rita M. Portmann*

Raider
Finanzinvestor, der gegen den Willen der ↑Zielgesellschaft in der Regel durch ein unfreundliches Übernahmeangebot (↑Übernahme, wirtschaftliche) oder vor dem Inkrafttreten des BEHG durch heimliche Aufkäufe an der ↑Börse die Kontrolle über die Zielgesellschaft übernehmen will.

Raiffeisenbanken
Die Schweizer Raiffeisen-Gruppe besteht aus rund 500 genossenschaftlich organisierten Banken an 1 300 Standorten, die in einem Verband zusammengeschlossen sind. Ebenfalls zur Gruppe gehören verschiedene spezialisierte Tochtergesellschaften. Bilanzsummenmässig nimmt die Gruppe nach den beiden ↑Grossbanken in der Schweiz den dritten Platz ein.

1. Geschichte
Die Raiffeisenbewegung entstand in der Mitte des 19. Jahrhunderts im rheinischen Heddesdorf in Deutschland. Der Bürgermeister Friedrich Wilhelm Raiffeisen (1818–1888) gründete die erste Darlehenskasse, um damit dem herrschenden Zinswucher zu begegnen. Er sammelte das Geld der Dorfgemeinschaft und lieh es zu günstigen Bedingungen wieder an Bewohner des Ortes aus. Dieser Selbsthilfegedanke fand 1899 Eingang in die Schweiz. Auf Initiative von Pfarrer Johann Traber wurde in Bichelsee im Kanton Thurgau die erste Raiffeisenbank des Landes gegründet. Von dort aus verbreitete sich die Idee in der ganzen Schweiz. Bis Ende der 80er-Jahre des vorigen Jahrhunderts erfolgten die Neugründungen überwiegend im ländlichen Raum. Erst in den 90er-Jahren wurden die regionalen Zentrumsorte, Agglomerationen und Städte systematisch erschlossen. Bereits 1902 schlossen sich die Raiffeisen-Institute im Schweizer Verband der Raiffeisenbanken zusammen. Seit 1936 ist dieser in St. Gallen domiziliert.

2. Grundsätze
Jede der rund 500 Raiffeisenbanken ist eine selbstständige Genossenschaft. Die Mitglieder zeichnen einen ↑Anteilschein und sind dadurch zu gleichen Teilen Miteigentümer ihres Bankinstituts mit Stimm- und Wahlrecht. Gesamtschweizerisch zählt die Raiffeisen-Gruppe über eine Million Genossenschafter. Als Genossenschaften erfüllen die lokalen Raiffeisenbanken gegenüber ihren Mitgliedern einen Förderungsauftrag. Materiell äussert sich dieser in der Bereitstellung vorteilhafter Bankdienstleistungen, immateriell in der Aufrechterhaltung der Bank-Nahversorgung und erhöhtem Engagement gegenüber der Bevölkerung des Geschäftskreises. Die Raiffeisenbanken gestalten ihre Geschäftstätigkeit nach folgenden Grundsätzen:
– Wirken in einem überschaubaren Geschäftskreis
– Kreditgewährung nur an Mitglieder und gegen Sicherheiten
– Verpflichtung der Genossenschafter zur Leistung beschränkter Nachschüsse
– Keine Gewinnausschüttung, abgesehen von der Verzinsung der Anteilscheine.

3. Kundensegmente und Dienstleistungen
Die Raiffeisenbanken pflegen schwergewichtig das Bankgeschäft mit Privat- und Geschäftskunden. Sie profilieren sich dadurch als Banken des breiten Mittelstandes. Zur Kundschaft zählen neben Privatpersonen insbesondere Selbstständigerwerbende, Gewerbebetriebe, Landwirte und die öffentliche Hand. Die Dienstleistungen umfassen einerseits das klassische Spar- und Kreditgeschäft. Der Hauptteil der ausgeliehenen Gelder ist in Wohnbauten investiert. Andererseits bieten die Raiffeisenbanken ein umfassendes Angebot im indifferenten Bereich an. Dazu gehören insbesondere das ↑Wertschriftengeschäft, Vorsorgeprodukte und Lebensversicherungen, ↑Leasing und der ↑Zahlungsverkehr. Auslandgeschäfte sind den einzelnen Raiffeisenbanken statutarisch untersagt.

4. Strukturen
Die Raiffeisen-Gruppe zeichnet sich durch dezentrale Strukturen aus. Es gilt das Prinzip der Subsidiarität. Dies bedeutet für die einzelne Raiffeisenbank einen grossen unternehmerischen Handlungsspielraum. Die Entscheidungen werden vor Ort durch die lokalen Bankbehörden und die lokale Bankleitung getroffen. Dadurch sind Kundennähe und kurze Entscheidungswege gewährleistet. An den Schweizer Verband werden jene Aufgaben übertragen, die entweder die Möglichkeiten der einzelnen Bank übersteigen oder deren zentrale Erbringung wesentliche Vorteile für die Gesamtorganisation bewirkt. Die gegenseitige Haftung zwischen Schweizer Verband und angeschlossenen Raiffeisenbanken trägt massgeblich zur Sicherheit der Bankengruppe bei. Zur Raiffeisen-Organisation gehören verschiedene mit Spezialaufgaben betraute Gruppenunternehmen. Dazu zählen die ↑Bürgschaftsgenossenschaft, die Raiffeisen-Leasing-Genossenschaft, die ↑Emissionszentrale, das Informatikunternehmen basoft AG, die Raiffeisen Schweiz (Luxemburg) Fonds Management SA und zwei Stiftungen im Bereich der Vorsorge. Das Versicherungsgeschäft wird in Zusammenarbeit mit dem Kooperationspartner Helvetia Patria Versicherungen gepflegt. Durch eine namhafte Beteiligung ist Raiffeisen mit cosba private banking ver-

bunden. Dieser Kooperationspartner bildet eine europäische Plattform für genossenschaftliches ↑Private banking mit Standort Schweiz. Der Schweizer Verband mit seinen Aussenstellen in Lausanne, Bellinzona und Olten ist verantwortlich für die Unternehmensstrategie, die Unternehmensplanung, die Vertretung der Gruppeninteressen in der Öffentlichkeit, die Produkt- und Dienstleistungsentwicklung, das Liquiditätsmanagement, die ↑Refinanzierung am Kapitalmarkt, die Bereitstellung einer einheitlichen Informatikplattform sowie das ↑Risikomanagement innerhalb der Gesamtgruppe. Über den Verband wird der gesamte Geldverkehr zwischen den einzelnen Raiffeisenbanken abgewickelt. Neben dem Kredit- und Kapitalausgleich gewährleistet er die gesetzlichen Liquiditätserfordernisse der Gruppe. Er wickelt zudem eigene ↑Bankgeschäfte ab. Weiter führt er das Inspektorat als bankengesetzliche Revisionsstelle der einzelnen Raiffeisenbanken.

5. Perspektiven
Mit der Kombination von stationärem und elektronischem Vertrieb setzt die Raiffeisen-Gruppe auf eine Multi-Channel-Strategie. Dies erlaubt sowohl die umfassende Beratung einer anspruchsvollen Kundschaft als auch die Nutzung von Rationalisierungseffekten. Das Raiffeisen-Service-Netzwerk, bei Bedarf verstärkt durch externe Kooperationspartner, gewährleistet bei der Leistungserstellung die notwendige Flexibilität. Die Fähigkeit zum Wandel verbunden mit einer zeitgemässen Auslegung des Genossenschaftsgedankens wird Raiffeisen auch in Zukunft einen wichtigen und interessanten Platz im Schweizer ↑Finanzmarkt sichern. *Pierin Vincenz*

Rally
Bezeichnung für eine schnelle und kräftige Hausse-Bewegung (↑Hausse) an der ↑Börse.

Random-walk-Theorie
Der Begründer der Random-walk-Theorie, Louis Bachelier, geht davon aus, dass die ↑Kurse einer ↑Aktie zufällig um deren ↑inneren Wert schwanken. Dies wird dadurch präzisiert, dass die Kursveränderungen in der Zeit als unabhängig und identisch verteilt angenommen werden. Ein ökonomisches Modell dafür ist z.B. die Börse als ↑effizienter Markt, der laufend zufällige Informationen zum Wert der gehandelten ↑Effekten verarbeitet. Die Random-walk-Theorie sieht den Aktienkurs zu jedem Zeitpunkt als gewogenes Mittel aus allen öffentlich verfügbaren Informationen. Er stellt daher die beste verfügbare Schätzung für den inneren Wert der Aktie dar. Neue Informationen, die im Sinne der Random-walk-Theorie zufällig an den Markt gelangen, sind der einzige Grund für Kursveränderungen bzw. -schwankungen. Sie werden sogleich in den Kursen berücksichtigt, d.h. Überoder Unterreaktionen, die früher oder später wieder korrigiert werden und daher zu Abhängigkeiten in den Kursveränderungen führen würden, treten nicht auf. Informationseffiziente Märkte erzeugen daher Aktienkursprozesse, die einem Randomwalk folgen. *Christoph Kaserer, Niklas Wagner*

Range option
↑Exotische Option, deren Auszahlung von der Anzahl Tage abhängt, in welchen der Preis des ↑Basiswerts (je nach Spezifizierung) innerhalb beziehungsweise ausserhalb einer bestimmten ↑Bandbreite zu liegen kommt. Die Höhe der Auszahlung an den ↑Optionskäufer errechnet sich aus der Anzahl Tagen, an denen die ↑Option im Geld ist, multipliziert mit einem fixen Betrag, der für jeden dieser Tage ausbezahlt wird.

Rangrücktrittserklärung
Eine Rangrücktrittserklärung ist eine Erklärung, mit der der Inhaber eines Rechtes zu Gunsten eines andern oder mehrerer anderer, die ebenfalls einen Anspruch gegen den selben Schuldner oder auf die selbe Sache besitzen, verbindlich darauf verzichtet, von seinem Recht Gebrauch zu machen, soweit der andere oder die anderen für ihren Anspruch überhaupt oder im Rahmen eines Liquidationsoder Insolvenzverfahrens über den Schuldner nicht voll befriedigt werden. Rangrücktrittserklärungen können beschränkte dingliche Rechte oder Forderungsrechte zum Gegenstand haben. So werden z.B. Rangrücktrittserklärungen von Grundpfandgläubigern oder Dienstbarkeitsberechtigten zu Gunsten von anderen Inhabern beschränkter dinglicher Rechte am belasteten Grundstück abgegeben, um deren Stellung im Verwertungsfall zu verbessern. Solche Rangrücktritte führen zu Änderungen der Pfandstelle im ↑Grundbuch und werden im Grundbuch eingetragen. Bei Forderungen wird der Rangrücktritt mit dem Schuldner oder mit einem anderen Gläubiger vereinbart. Im ersten Fall wirkt er sich zu Gunsten des Schuldners und aller übrigen Gläubiger des Schuldners aus; die betroffene Forderung wird zu einer *nachrangigen Verbindlichkeit* des Schuldners (↑Nachrangige Verbindlichkeit). Wird der Rangrücktritt gegenüber einem anderen Gläubiger des Schuldners erklärt, so ändert sich am Status der betroffenen Forderung im Verhältnis zum Schuldner und seinen übrigen Gläubigern nichts. Doch wird der begünstigte Gläubiger im Verhältnis zum zurücktretenden Gläubiger berechtigt, zusätzlich zu seiner eigenen Forderung auch die von der Erklärung betroffene Forderung in Anspruch zu nehmen, wenn seine ursprüngliche Forderung nicht voll bezahlt wird. Dem zurücktretenden Gläubiger steht ein Erlös aus seiner Forderung nur zu, wenn die ursprüngliche Forderung des Begünstigten durch den Erlös aus

beiden Forderungen voll befriedigt wird und dann noch etwas übrig bleibt (↑Rücktritts- und Abtretungserklärung).

Rapportierungspflicht
↑Meldepflichten im Bank- und Finanzmarktbereich.

RAROC
RAROC (Risk adjusted return on capital) ist ein risikokorrigiertes Rentabilitätsmass, das insbesondere im Bankgeschäft im Rahmen der Performance-Messung verwendet wird. Die Risikoadjustierung erfolgt dabei mittels der Reduktion der erwarteten bzw. gemessenen Erfolgsgrössen um die statistisch mit einer bestimmten Wahrscheinlichkeit zu erwartenden maximalen Verluste. Berücksichtigt werden dabei primär ↑Markt- und ↑Kreditrisiken sowie vermehrt auch ↑operationelle Risiken. Der RAROC errechnet sich dann aus dem Verhältnis dieses risikoadjustierten Erfolgs zum allozierten ↑Eigenkapital. Der Begriff RAROC ist eng verbunden mit der Unternehmung Bankers trust, welche diese Methodik in den 80er-Jahren entwickelte. Bei ihrem neuesten, 1995 vorgestellten RAROC 2020-System handelt es sich um ein portfoliobasiertes VaR-(↑Value at risk) Modell, das mithilfe der Monte-Carlo-Simulation eine Capital-at-risk-Berechnung vornimmt.

Neben RAROC wurden weitere risikoadjustierte Rendite-Kennzahlen entwickelt wie z.B. RORAC (Return on risk adjusted capital), bei der die unkorrigierten Erfolge in Relation zu einer risikoadjustierten Kapitalgrösse gestellt werden oder RARORAC (Risk adjusted return on risk adjusted capital) als Kombination der beiden ersten Varianten.

Simon Lamprecht

Ratazins
Gleichbedeutend mit Pro-rata-Zins, Bruchzins, Marchzins, ↑laufende Zinsen.

Rate average differential (RAD)
Rate average differential (RAD) bezeichnet die Differenz zwischen einem ↑Moving average (MA) und dem ↑Kurs. Ein extrem hoher RAD in Verbindung mit ↑Divergenzen des Kurses zu einem Momentumindikator ist indikativ für eine Rückkehr der Kurse auf den MA.

Ratenkredit
↑Kleinkredit; ↑Abzahlungsgeschäft; ↑Konsumkredit.

Rate of change
Die Rate of change (ROC) ist ein Momentumindikator. Sie wird berechnet, indem der aktuelle ↑Kurs durch den ↑Eröffnungskurs der gewählten ↑Periode dividiert und mit 100 multipliziert wird.

Rating
Als Rating wird ein Verfahren zur Beurteilung von Finanzierungstiteln oder Unternehmungen mithilfe von Skalen bezeichnet. Unter Rating wird auch das Ergebnis des Verfahrens, das heisst also das durch Symbole einer Ratingskala ausgedrückte Urteil über die ↑Bonität einer Unternehmung oder einer Anleihe, verstanden. Ratings (Bonitätseinstufungen) helfen den ↑Investoren bei ihren Anlageentscheiden.

1. Bedeutung des Ratings
Auf den internationalen Finanzmärkten wird anhand von Ratings die Wahrscheinlichkeit beurteilt, mit der ein ↑Emittent in der Lage sein wird, die Zins- und Rückzahlungsverpflichtungen zu erfüllen. Die Klassierung von Anleihensschuldnern erfolgt durch spezialisierte, unabhängige Ratingagenturen. Die bekanntesten sind Standard & Poor's (S & P), Moody's Investor Service, Fitch IBCA und (beschränkt auf Japan) Mikuni. Die Bonitätsbeurteilung erfolgt in Form von Kurzsymbolen.

Das Rating eines Anleihensschuldners spielt primär eine Rolle bei der Festsetzung der Emissionsbedingungen (↑Pricing im Emissionsgeschäft), hat aber auch wegen seiner Auswirkungen auf die Renditeforderung des Investors eine Bedeutung für die spätere Kursgestaltung (↑Bewertung von Anleihensobligationen). Ratings bis BBB bzw. Baa gelten als Anlagequalität (*Investment grade*), während Obligationen mit schlechteren Ratings spekulativen Charakter (*Speculative grade*) aufweisen. Die ↑Anlagevorschriften für ↑institutionelle Anleger, wie z.B. ↑Personalvorsorgeeinrichtungen, beziehen sich auf diese Skalen. Die Ratings stellen keine Kauf- oder Verkaufsempfehlungen dar und beurteilen auch nicht die Marktkonformität der Emissionsbedingungen.

Der Beurteilungskriterien-Raster der internationalen Agenturen umfasst das Land, in dem ein Schuldner operiert (ein Unternehmen erhält im Prinzip nie ein besseres Rating als das Land, in dem es den Hauptsitz hat), die Branche, das Unternehmen selbst sowie die spezifische Ausgestaltung jedes emittierten Papiers. Dabei werden Garantien und die ↑Laufzeit speziell berücksichtigt. Deshalb können Papiere des gleichen Schuldners unterschiedliche Ratings aufweisen. Die ↑Ausfallwahrscheinlichkeit bei AAA-Schuldnern beträgt beispielsweise nach einem Jahr 0,00%, nach 20 Jahren dagegen 2,05%. Bei Baa/BBB-Schuldnern betragen die Ausfallwahrscheinlichkeiten 0,01% bzw. 10,8%.

Die Kosten der Beurteilung dürften der wichtigste Grund sein, weshalb nur wenige schweizerische Unternehmungen regelmässig durch die beiden grossen internationalen Ratingagenturen S & P und Moody's «geratet» werden. Gemäss Standard & Poor's sind (Stand 2002) z.B. AAA-Schuldner die

Ratingsymbole

	Moody's	Standard & Poor's	Ratingerklärungen
Investmentklassen	Aaa	AAA	Beste Schuldnerqualität, geringste Ausfallwahrscheinlichkeit, Zinsendienst und Rückzahlung ausserordentlich sicher.
	Aa1 Aa2 Aa3	AA+ AA AA–	Starke Fähigkeit zur Zins- und Kapitalrückzahlung. Geringer Qualitätsunterschied zu AAA-Rating.
	A1 A2 A3	A+ A A–	Gute Zahlungsfähigkeit, aber empfindlich auf Veränderungen des Umfeldes, der Konjunktur und Branche.
	Baa1 Baa2 Baa3	BBB+ BBB BBB–	Ausreichende Zahlungsfähigkeit, aber starke Konjunktur- und Umfeldempfindlichkeit.
Spekulationsklassen	Ba1 Ba2 Ba3	BB+ BB BB–	Schuldner ist noch zahlungsfähig, aber ein schwieriges Umfeld vermindert die Zahlungsfähigkeit und -willigkeit des Emittenten.
	B1 B2 B3	B+ B B–	Akute Gefahr eines Zahlungsverzugs bzw. -ausfalls. Die Zahlungsfähigkeit ist abhängig von der Verbesserung des Geschäfts- und Konjunkturumfeldes.
	Caa Ca C	CCC CC C	Ausfallrisiko extrem hoch, sehr geringe Wahrscheinlichkeit der vollständigen Bedienung der Verbindlichkeit.
		D	Zins- und Rückzahlungsverpflichtungen im Verzug, Schuldner zahlungsunfähig.

Eidgenossenschaft, Nestlé, Novartis, die Zürcher Kantonalbank und der Kanton Zürich. Ciba ist mit A, bzw. A2, die Migros mit AA-, SIKA mit A-, und, als einzige Regionalbank, Valiant mit A2 für die langfristigen Verbindlichkeiten beurteilt. Adecco hat ein Rating von BBB.

Wie statistische Erhebungen zeigen, ist auf die Ratings im Allgemeinen Verlass. Im Zusammenhang mit der Schuldenkrise 1997/98 (↑Finanzkrise, globale) verschiedener asiatischer Länder, aber auch im Fall von Firmenzusammenbrüchen (SAir-Group, Enron), wurden allerdings die verspäteten Korrekturen der zu günstigen Benotungen für verschiedene Schuldner kritisiert. In den USA wird deshalb geprüft, ob die Ratingagenturen der Aufsicht der SEC (↑Securities and Exchange Commission) unterstellt werden sollen.

Für Anleihen mit einem tieferen Rating verlangt der Markt – verglichen mit Emissionen von AAA-Schuldnern – eine Risikoprämie (↑Credit spread). Diese ist umso höher, je länger die Laufzeit ist, weil die Wahrscheinlichkeit des Zahlungsverzugs und oder eines Kapitalverlustes mit zunehmender Laufzeit steigt.

Wenn offizielle Ratings fehlen, nehmen die Grossbanken sowie die Zürcher Kantonalbank (ZKB) interne Ratings vor. Diese werden jedoch in der Regel nicht publiziert. Sie gelten auch als professionell erstellt und qualitativ gut. Im Unterschied zu den internationalen Ratingagenturen werden die Schweizer Grossbanken und die ZKB aber als weniger unabhängig beurteilt.

Für die Kapitalmarktteilnehmer hat das Rating verschiedene Vorteile. Für die Investoren ersetzt oder ergänzt das Rating die eigene Bonitätsanalyse. Zwischen den Renditeanforderungen des Marktes und dem Rating besteht ein enger Zusammenhang. Steigendes Risiko entspricht einer höheren Verzinsung. Aufgrund des Ratings kann der Anleger eine Beurteilung des Credit spreads verschiedener Emissionen vornehmen. Ratings erhöhen die Informationseffizienz des ↑Geld- und ↑Kapitalmarktes.

Dem Emittenten erschliessen sich durch das Rating ergiebige und kostengünstige Märkte, nicht zuletzt auch dank dem damit verbundenen höheren Emissionsstanding und einem gezielter führbaren Finanzmarketing.

2. Ratingverfahren

Das Ratingverfahren variiert geringfügig je nach der Konzeption des Ratingsystems. Es wird ausgelöst durch einen Auftrag des Emittenten. Der Auftrag wird zurückgewiesen, wenn die Unternehmung die für die Durchführung des Verfahrens notwendigen Voraussetzungen nicht erfüllt. In einem ersten Schritt erfolgt eine agenturinterne Untersuchung (Basisresearch), deren Ergebnis Grundlage für eine Besprechung der Analysten mit der Geschäftsleitung des Emittenten über die Stärken, Schwächen, Chancen und Risiken der einzelnen Geschäftsbereiche, der Planzahlen und Strategien bilden. Gestützt auf diese Managementgespräche legt ein besonderer Rating-Ausschuss das Rating fest. Dem Emittenten steht das Recht zu, durch Bereitstellung von zusätzlichem, nicht veröffentlichtem Datenmaterial auf ein abweichendes Rating hinzuwirken. Falls der Emittent der Publizierung des Ratings nicht widerspricht, wird dieses veröffentlicht. Das Honorar der Agentur ist jedoch unabhängig von der Veröffentlichung geschuldet. Treten Faktoren auf, die eine Änderung des Ratings erfordern, wird der Emittent auf eine so genannte ↑ *Watch list* (Credit list) gesetzt, bis in einem besonderen Überprüfungsverfahren das abgegebene Rating bestätigt, heraufgesetzt (↑ *Up grading*) oder herabgesetzt (↑ *Down grading*) wird.

3. Kreditrating
Viele Banken raten ihre Kreditkunden im Rahmen des Kreditgenehmigungs- und des laufenden Kreditbeurteilungsprozesses. ↑ Credit rating.
Max Gsell
Lit.: Heinke, V. G.: *Bonitätsrisiko und Creditrating festverzinslicher Wertpapiere*, Bad Soden 1998.

Rating migration risk
↑ Gegenparteirisiko.

Rating trigger
Verpflichtung eines Schuldners, im Rahmen von Kreditvereinbarungen ein bestimmtes ↑ Rating einzuhalten. ↑ Covenants.

Rating von Anlagefonds
Mit dem Rating von Anlagefonds soll vor allem dem privaten ↑ Investor eine Entscheidungshilfe für die Auswahl von ↑ Anlagefonds geboten werden. Die von spezialisierten Bewertungsagenturen (z. B. Standard & Poor's fund rating, Lipper, Feri trust, Morningstar) angewendeten Kriterien berücksichtigen im Allgemeinen die risikoadjustierte ↑ Performance sowie die Qualität der Investmentprozesse. Dadurch unterscheidet sich das Fondsrating vom reinen performanceorientierten Fondsranking. Weil die Gewichtungen der Ratingkriterien, Ratingskalen und -symbole (Buchstaben oder Sterne) der verschiedenen Ratinganbieter nicht einheitlich sind, können die Ratingergebnisse nicht verglichen werden.

Rating von Banken
Die Beschaffung von kostengünstigen Interbank- und Kapitalmarktgeldern ist vor allem für Banken mit einem bedeutenden Kreditgeschäft eminent wichtig. Die Konditionen werden weitgehend durch das ↑ Rating bestimmt, welches die geldsuchende Bank besitzt. International tätige Banken lassen deshalb ihre Bonität durch alle drei bedeutenden Ratingagenturen (Standard & Poor's, Moody's und durch die auf Banken-Ratings spezialisierte Fitch/IBCA, New York/London) beurteilen. Kantonalbanken und die Valiant-Gruppe begnügen sich dagegen wegen der mit einem Ratingverfahren verbundenen hohen Aufwendungen bisher mit der Beurteilung durch eine der beiden führenden Ratingagenturen. Neben dem langfristigen Rating für Verpflichtungen mit einer Restlaufzeit von über einem Jahr erfolgt auch ein kurzfristiges Rating, wobei *Prime* (Prime –1 bis Prime –3) den Investmentgrade-Bonitätsstufen und *Not prime* dem spekulativen Bereich gleich zu setzen ist. Moody's gibt für Banken zudem noch Merkmale zur Beurteilung der finanziellen Stärke (Financial strength rating [FSR]) von A bis D+ für Investmentqualität und D bis E (spekulativer Bereich).
Max Gsell

Rating von Gemeinden
↑ Gemeinderating.

Ratio
Ratio ist die englische Bezeichnung für eine Verhältniszahl. Der Ausdruck wird vor allem im Zusammenhang mit Kennzahlen zur Unternehmungs- und ↑ Aktienanalyse verwendet.

Ratio spread
Eine Optionsstrategie, bei der ↑ Optionen des gleichen Typs gekauft und verkauft werden (zu je einem ↑ Ausübungspreis wird gekauft und verkauft), wobei die Anzahl der verkauften Optionen grösser ist als die Anzahl gekaufter ↑ Kontrakte. Ratio spreads eignen sich bei erwarteten stabilen Marktverhältnissen. Eine Strukturierung mit ↑ Calls wird in der Erwartung sinkender, eine mit ↑ Puts in der Erwartung steigender ↑ Kurse eingesetzt. Eine entgegengesetzte ↑ Position wird Ratio backspread genannt.

Raugewicht
Das Bruttogewicht einer Münze, auch Schrot genannt, im Gegensatz zum Feingewicht oder Korn; letzteres ist das Gewicht des reinen (unlegierten) Metalls, das in der Münze enthalten ist.
↑ Schrot und Korn.

RBA-Holding
Mit der Gründung der RBA-Holding im Jahre 1994 reagierten die ↑ Regionalbanken auf den anhaltenden Strukturbereinigungsprozess, der zur dramatischen Schrumpfung ihrer Gruppe geführt hatte. Zweck der RBA-Holding ist, die strategischen Voraussetzungen der Regionalbanken durch Zusammenarbeit zu stärken. Das Zusammenarbeitskonzept gründet auf dem Leitsatz: autonom an der Front, Aufgabendelegation im Rückwärtigen, Sicherung des gesunden Mitgliederkreises.
Die Regionalbanken, die Aktionäre der RBA-Holding sind, bezeichnen sich als RBA-Banken. Die RBA-Holding ist die Dachgesellschaft im Rahmen

der zentralen Organisation der Bankengruppe. Sie hat die Verantwortung für die Unterstützung der RBA-Banken mit Dienstleistungen. Die entsprechenden operativen Tätigkeiten werden von vier Tochtergesellschaften der RBA-Holding wahrgenommen:
- RBA-Finanz: Sicherung des gesunden Mitgliederkreises und interne Revision bei allen RBA-Banken
- RBA-Zentralbank: Girozentrale der RBA-Banken sowie Volumenbündelung und gemeinsamer Leistungseinkauf im Interbank-, Handels- und Vorsorgegeschäft
- RBA-Service: einheitliche, konkurrenzfähige und zukunftsorientierte Informatiklösung für alle RBA-Banken
- RBA-Dienste: Dienstleistungen in den klassischen Stabsbereichen.

Die RBA-Banken bilden zusammen einen Pool der Aktionäre der RBA-Holding in der Form einer einfachen Gesellschaft. Im Gesellschaftsvertrag (↑Aktionärsbindungsvertrag) haben sie – im Sinne eines Konsenses – die Zielsetzungen, die wichtigsten Realisierungswege, die Beteiligungsverhältnisse und die Entscheidmechanismen in der zentralen Organisation der Bankengruppe festgelegt sowie die Rechte und Pflichten der RBA-Banken im Verhältnis zur RBA-Holding und ihren Tochtergesellschaften geregelt. *Max Gsell*

R&D
Abk. f. Research and development. ↑Price R&D spending ratio.

Realer Zinssatz
↑Realzins.

Real estate fund
Englische Bezeichnung für ↑Immobilienfonds.

Realignment
Das Realignment ist die Neufestlegung der ↑Wechselkurse in einem multilateralen System ↑fester Wechselkurse (↑Aufwertung, Abwertung). Beispiele sind die wiederholten Anpassungen der Leitkurse im ↑Europäischen Währungssystem (EWS) oder das Smithsonian agreement (18.12.1971) (↑Edelmetallhandel), mit dem nach der Aufhebung der Goldkonvertibilität (↑Konvertibilität) des Dollars (18.12.1971) das Währungssystem von Bretton Woods (↑Internationaler Währungsfonds [IWF]) auf eine neue Grundlage gestellt werden sollte.

Realkassen-Effekt
↑Vermögenseffekt.

Realkredit
Während der Bank beim ↑Personalkredit der Kreditnehmer und eventuelle Mitverpflichtete, z.B. Bürgen, nur persönlich haften, wird die persönliche Haftung beim Realkredit durch ausgeschiedene Vermögenswerte, sei es des Kreditnehmers oder eines Dritten, verstärkt. Die ↑Realsicherheit besteht entweder in beweglichen Sachen (Mobilien, wie ↑Wertpapiere oder Waren) oder in Grundstücken (Immobilien).

Demgemäss gliedert man den Realkredit in den Mobiliarkredit und den Immobiliarkredit.

Den *Mobiliarkredit* kann man unterteilen in den Effekten- oder den Lombardkredit, falls Wertpapiere, oder den Warenkredit, falls Waren verpfändet sind (↑Wertpapierverpfändung; ↑Warenverpfändung). Als Mobiliarkredite sind auch Kredite gegen ↑Viehverpfändung, gegen ↑Schiffspfandrecht und ↑Luftfahrzeugverschreibung sowie gegen Verpfändung von ↑Lebensversicherungsansprüchen zu betrachten.

Beim *Immobiliarkredit* spricht man von direktem und indirektem ↑Hypothekargeschäft. Ein *direktes Hypothekargeschäft* liegt vor, wenn das Grundpfand der Bank direkt haftet aufgrund eines ↑Schuldbriefes, einer ↑Gült oder einer ↑Grundpfandverschreibung (↑Maximalhypothek), die im Grundbuch zu Gunsten der Bank eingetragen sind. Ein *indirektes Hypothekargeschäft* liegt hingegen vor, wenn der Bank ein ↑Grundpfandtitel, sei es ein Schuldbrief oder eine Gült, als ↑Faustpfand übergeben wird. In diesem Fall bildet das Grundstück nur mittelbar die Deckung der Bank. Will sie das Pfand realisieren, so muss sie zuerst den Grundpfandtitel, sei es freihändig oder in einer Betreibung auf Pfandverwertung, erwerben und kann erst dann auf dem Wege der Betreibung auf Grundpfandverwertung auf das Grundstück selbst greifen. *Max Gsell*

Realoptionen
Als Realoptionen bezeichnet man gewinnversprechende Möglichkeiten, die durch Schaffung und Aufrechterhaltung von Handlungsspielräumen für die Unternehmungsleitung entstehen. Diese können den Wert eines Investitionsvorhabens massgeblich beeinflussen. Die Handlungsspielräume können in verschiedenen Ausprägungen auftreten. Bei der *Erweiterungs- oder Wachstumsoption* besteht die Möglichkeit, das Investitionsvorhaben bei günstiger Marktentwicklung auszuweiten und zusätzliche Investitionen zu tätigen, während bei einer *Schrumpfungsoption* das Projekt den ungünstigen Umweltbedingungen angepasst und reduziert werden kann. *Switch-Realoptionen* nutzen die Flexibilität, den Nutzen des Projektes zu verändern. Bei einer *Exit-Option* kann das Projekt bei unbefriedigendem Geschäftsverlauf frühzeitig abgebrochen werden. Investitionsprojekte mit einem zeitlichen Spielraum für die Entscheidungsfindung werden als *Aufschub- oder Warteoption* (Waiting to invest option) bezeichnet.

Realsicherheiten

Realoptionen sind – wie alle Wahlrechte – wertvoll. Von verschiedenen Investitionsvorhaben ist jenes am attraktivsten, welches in Kombination mit dem Net present value den höchsten Wert der Realoption aufweist. Die Bewertung der Realoptionen kann analog zur Bewertung von Finanzoptionen erfolgen, z.B. nach dem Optionspreismodell von ↑Black/Scholes. *Max Boemle*
Lit.: Loderer, C. et al.: Handbuch der Bewertung, Zürich 2000.

Realsicherheiten
Kreditsicherheiten, die gegenständlicher, dinglicher Art sind wie das ↑Pfandrecht an unbeweglichen (Grundstücke) oder beweglichen (Waren, ↑Wertpapiere) Sachen oder das Sicherungseigentum an solchen Objekten. Der Gläubiger, dem eine solche Sicherheit eingeräumt worden ist und dessen Forderung bei Fälligkeit nicht bezahlt wird, kann die ihm als Sicherheit dienenden Objekte unter Ausschluss des Zugriffs der ungesicherten Gläubiger des Eigentümers verwerten und sich aus dem Erlös befriedigen; vorbehalten bleibt die ↑Anfechtungsklage. Nicht zu den Realsicherheiten zählen Forderungen des Schuldners, die dem ↑Kreditgeber verpfändet oder sicherheitshalber abgetreten wurden (↑Zessionskredit). Nicht zu den Realsicherheiten zählen ferner die Personalsicherheiten wie z.B. ↑Bürgschaft, Garantie (↑Bankgarantie), ↑Aval, die dem Gläubiger, der nicht befriedigt wird, das Recht geben, einen Dritten für seine Forderung persönlich zu belangen.

Realtime gross settlement system (RTGS)
Bruttoverrechnungssystem: ein Übertragungssystem, in dem Aufträge zur Überweisung von ↑Geld oder Übertragung von ↑Wertpapieren einzeln, in Echtzeit und unwiderruflich abgewickelt werden. Im Gegensatz zum Nettosystem werden in einem Bruttosystem keine Kreditbeziehungen zwischen den Teilnehmern geschaffen. Daher bietet es eine extreme Sicherheit gegen den Domino-Effekt immer weiter gehender Ausfälle (↑Systemstabilität, Förderung der). Mit dem ↑Swiss Interbank Clearing SIC hat die Schweiz seit 1987 ein höchst bewährtes Realtime gross settlement system. ↑TARGET; ↑RTGS^{plus}.

Realtime settlement (RTS)
Die Realtime-Verarbeitung stellt einen enormen Fortschritt in der Finanzbranche und insbesondere im ↑Zahlungsverkehr und bei der Abwicklung von Börsengeschäften dar. Realtime settlement bedeutet, dass Zahlungsanweisungen und Börsengeschäfte in Echtzeit verarbeitet werden, sowie die vorhandenen und korrekten Abwicklungsinstruktionen sofort ausgeführt werden. Im Wertpapiergeschäft ist es zudem wesentlich, dass alle Verarbeitungsschritte (titel- und geldmässig) simultan erfolgen (↑Lieferung gegen Zahlung). Bei einer transaktionsweisen Zug-um-Zug-Abwicklung spricht man genauer vom ↑Realtime gross settlement. Die RTS-Verarbeitung hat das ↑Batchverfahren für Wertschriften abgelöst.

Realverzinsung
↑Realzins.

Realwert
Der Realwert einer Liegenschaft setzt sich zusammen aus dem Landwert und dem Gebäudewert. Der Gebäudewert entspricht den Kosten, die für die Erstellung der Bauten im Zeitpunkt der Bewertung aufgewendet werden müssten, wobei die Altersentwertung berücksichtigt wird. ↑Bewertung von Grundstücken.

Realzins
In der Zinstheorie von *Wicksell* ist der Realzins der Grenzertrag des physischen Kapitals (im Gegensatz zum Nominalzins). Nach *Fisher* berechnet sich der Realzinssatz als ↑Nominalzinssatz abzüglich ↑Inflationsrate.

Rebate
↑Securities lending and borrowing (SLB).

Received bill of lading
Englische Bezeichnung für Empfangskonnossement. ↑Konnossement (Bill of lading).

Receiver swap
Vereinbarung zwischen zwei Parteien über den Austausch einer fixen Zinszahlung gegen eine variable Zinszahlung über einen gewissen Zeitraum. Der Receiver verpflichtet sich, die variablen Zahlungen zu den jeweils vorherrschenden Marktbedingungen zu leisten und erhält dafür die fixen Zahlungen. Der Payer erhält die variablen Zinszahlungen und leistet die fixen Zinszahlungen. Receiver swaps eignen sich zur Absicherung gegen sinkende ↑Zinsen. Das Gegenteil von Receiver swap ist ↑Payer swap. ↑Asset and liability management (ALM).

Rechnerische Restlaufzeit
Die Restlaufzeit gibt die Anzahl Jahre an, die vom jetzigen Datum bis zur ↑Fälligkeit des Rückzahlungsbetrages noch verstreichen müssen.

Rechnungsabgrenzungsposten
↑Passive Rechnungsabgrenzungsposten.

Rechnungseinheiten
Künstlicher Wertmassstab. Bekannt war in den 70er-Jahren die europäische Rechnungseinheit ↑ECU (European currency unit).

Rechnungslegung
↑Buchführungspflicht.

Rechnungslegungsvorschriften für Banken
Im Interesse des breiten Kreises von ↑Stakeholdern (z.B. Aktionäre, ↑Finanzanalysten, ↑Gläubiger, ↑Zentralbanken) sind die Banken mit Domizil in der Schweiz zur öffentlichen Rechnungslegung verpflichtet (BankG 6). Zielsetzung der Rechnungslegung ist eine verlässliche Rechenschaftsablage gegenüber den Eigentümern, den Gläubigern und dem Publikum über die Vermögenslage, die Schuld- und Forderungsverhältnisse und den Erfolg einer Bank (EBK-Bulletin 26, Seite 15). Für die Rechnungslegung ist das Organ für Oberleitung, Aufsicht und Kontrolle (Verwaltungsrat, Bankrat) verantwortlich.

Nebst der öffentlichen Rechnungslegung ist die Rechnungslegung gegenüber der EBK und der SNB von Bedeutung.

1. Massgebende Normen
Gestützt auf das BankG und die BankV hat die EBK die Rechnungslegung für Banken in den RRV EBK umfassend geregelt. Diese Bestimmungen gelten auch für ↑Effektenhändler (BEHV 29). Weitere Rechnungslegungsnormen finden sich in den Richtlinien der SBVg für das ↑Risikomanagement im Handel und bei der Verwendung von ↑Derivaten und in den Richtlinien für das Management des ↑Länderrisikos. Das KR der SWX regelt Besonderheiten für Banken mit kotierten ↑Effekten. Die Rechnungslegung für die Auslandbanken ist in der ABV geregelt. Für die Rechnungslegung gegenüber der SNB haben die Banken einheitliche Formulare zu verwenden (BankG 7), die heutzutage auch in elektronischer Form verfügbar sind. Die ↑Meldepflichten gegenüber der EBK sind in den ↑EBK-Rundschreiben und in der BankV geregelt.

2. Jahresrechnung
Das Herzstück der Rechnungslegung bildet die Jahresrechnung, welche sich aus der Bilanz, der ↑Erfolgsrechnung, der ↑Mittelflussrechnung und dem ↑Anhang zusammensetzt. Die Mindestgliederung der Bilanz (inklusive der Ausserbilanz), der Erfolgsrechnung und des Anhangs sind umfassend geregelt. Damit soll die Vergleichbarkeit zwischen den Abschlüssen der einzelnen Institute erleichtert werden. Durch die vorgeschriebene Angabe der Vorjahreszahlen wird auch der Vergleich auf der Zeitachse ermöglicht. Da jede Bank innerhalb der vorgegebenen Rechtsgrundlagen ihre eigenen, institutspezifischen Bilanzierungs- und Bewertungsgrundsätze festzulegen hat, sind der ↑Analyse der Jahresrechnung von Banken gewisse Grenzen gesetzt.

Der Einzelabschluss wird nach folgenden Grundsätzen ordnungsmässiger Rechnungslegung errichtet (BankV 24): Ordnungsmässige Erfassung, Vollständigkeit, Klarheit, Wesentlichkeit (Materiality), Vorsicht, Unternehmensfortführung (Going concern), Stetigkeit, periodengerechte Abgrenzung Verrechnungsverbot und wirtschaftliche Betrachtungsweise (substance over form). Die Vorschriften der RRV EBK für die Bewertungen in der Jahresrechnung regeln die Grundsätze
– wie die Geschäfte im Hinblick auf die Erfolgsermittlung und die Messung des ↑Eigenkapitals zu bewerten sind
– in welchem Zeitpunkt der Aufwand und der Ertrag in der Erfolgsrechnung berücksichtigt wird
– in welcher Höhe die ↑Positionen in der Bilanz auszuweisen sind.

Da im Einzelabschluss lediglich ein möglichst zuverlässiger Einblick in die Vermögenslage zu verschaffen ist, erlaubt die BankV die Bildung von ↑stillen Reserven. Dabei kann das ↑Eigenkapital einer Bank nach dem Ermessen der Bankleitung unter den gesetzlichen Höchstwerten dargestellt werden. Stille Reserven dürfen nur in gewissen Positionen der Bilanz zulasten vorbestimmter Positionen der Erfolgsrechnung gebildet werden. Die wesentliche Auflösung von stillen Reserven ist im Anhang zur Jahresrechnung offenzulegen. Nebst der Ergebnissteuerung im Hinblick auf eine ausgewogene Dividendenpolitik dienen stille Reserven in dem von den kantonalen und eidgenössischen Steuerverwaltungen erlaubten Masse auch zum Aufschub von Ertragssteuern. Im Interesse des ↑Finanzplatzes werden noch Lösungen zu finden sein, wie die Transparenz des Einzelabschlusses der Banken und ↑Effektenhändler in Richtung einer ↑True and fair view weiterentwickelt werden könnte, ohne die im deutschsprachigen Europa unbestrittenen Vorteile der stillen Reserven aufgeben zu müssen.

3. Konzernrechnung
BankV 23a regelt die Pflicht zur Erstellung der ↑Konzernrechnung. Der ↑Konzernabschluss einer Bank hat im Unterschied zum Einzelabschluss ein den tatsächlichen Verhältnissen entsprechendes Bild der Vermögens-, Finanz- und Ertragslage des ↑Bankkonzerns (True and fair view) zu vermitteln. In der Konzernrechnung dürfen keine stillen Reserven gebildet werden. Wie international für Banken üblich, ist die Bildung von ↑Reserven für allgemeine Bankrisiken auch in der Schweiz zulässig. Die Kapitalkonsolidierung erfolgt nach der Purchase-Methode. Spezialfälle wie die Behandlung von branchenfremden Beteiligungen sowie Minderheitsbeteiligungen sind genau geregelt (Equity-Methode, Quotenkonsolidierung). Die Verpflichtung zur Erstellung einer Konzernrechnung befreit die Bank im Einzelabschluss vom Ausweis einer

Mittelflussrechnung und von zahlreichen Angaben des Anhangs (Konsolidierungsrabatt).

4. Zwischenabschluss
Banken mit einer ↑Bilanzsumme von wenigstens CHF 100 Mio. müssen halbjährlich einen Zwischenabschluss, konsolidierungspflichtige Banken einen konsolidierten Zwischenabschluss erstellen (BankV 23b). Dieser besteht aus Bilanz und Erfolgsrechnung. Beschränkt eine Bank die Gliederung der Erfolgsrechnung auf den Ausweis bis zur Position «Bruttogewinn», müssen der Risikoverlauf sowie die Wertberichtigungen und Rückstellungen verbal erläutert werden.

5. Internationale Rechnungslegungsstandards
Die Schweizer Rechnungslegungsvorschriften für Banken erlauben, die Jahres- und Konzernrechnung nach anerkannten internationalen Standards zu errichten, sofern eine mindestens gleichwertige Information des Publikums gewährleistet ist. Wesentliche Abweichungen der angewendeten internationalen Rechnungslegungsnormen zu den Schweizer Bestimmungen sind im Anhang zu erwähnen und zu quantifizieren. Dies erfolgt üblicherweise mit einer Überleitungstabelle, die auch *Bridging statement* genannt wird.
Die Anwendung internationaler Standards liegt hauptsächlich für Institute im Trend, die eine ↑Kotierung ihrer ↑Effekten an einer ausländischen ↑Börse ins Auge fassen. Zudem können sich für ausländisch beherrschte Banken Vereinfachungen ergeben, wenn sie die Rechnungslegungsstandards des Herkunftslandes ihres Mutterhauses anwenden. Als zulässige Standards hat die EBK explizit die ↑International Accounting Standards (IAS) und die ↑Generally accepted accounting principles der USA (US-GAAP) bezeichnet. Zudem wurde den Banken, welche von Personen mit Wohnsitz oder Sitz in einem EWR-Mitgliedland beherrscht werden, generell erlaubt, die Jahresrechnung nach den in ihrem Herkunftsland geltenden Vorschriften zu erstellen.

6. Publizitätsvorschriften
Die Banken haben ihre Jahresrechnung innerhalb von 4 Monaten und die Zwischenabschlüsse innerhalb von 2 Monaten nach dem Abschlusstermin zu veröffentlichen (BankV 27). Es ist ein ↑Geschäftsbericht zu erstellen und der Presse und allen Personen, die es verlangen, zur Verfügung zu stellen. ↑Privatbankiers, die sich öffentlich zur Annahme fremder Gelder empfehlen, sowie Banken mit einer Bilanzsumme von weniger als CHF 5 Mio. können sich darauf beschränken, ihre Geschäftsberichte am Schalter der Öffentlichkeit zur Einsicht zur Verfügung zu halten. Privatbankiers, welche sich nicht öffentlich zur Annahme fremder Gelder empfehlen, sind von der Veröffentlichung ihrer Jahres- und Konzernrechnung befreit.

7. Kotierungsreglement (KR) der Schweizer Börse (SWX)
Banken mit an der SWX kotierten Effekten (↑Aktien, ↑Partizipationsscheine, ↑Obligationen, Warrants) haben den Grundsatz der True and fair view im Einzelabschluss einzuhalten, sofern keine Konzernrechnung veröffentlicht wird (KR 67–69). Diese an sich zweckmässige Regel entzieht den an der SWX kotierten Banken jedoch die Vorteile aus der Bildung von steuerlich zum Abzug zugelassenen stillen Reserven.
Die grosszügigen Fristen des KR für die Publikation der Jahres- und Zwischenabschlüsse gelten für die Banken und Effektenhändler nicht. Massgebend sind die strengeren Bestimmungen der BankV. Dazu kommt für ↑Emittenten von kotierten Effekten nebst der Pflicht zur Erstellung eines ↑Kotierungsprospektes bzw. eines Kotierungsinserates die Bekanntgabepflicht von kursrelevanten Informationen (↑Ad-hoc-Publizität KR 72), die Bekanntgabepflicht von Änderungen der mit dem ↑Valor verbundenen Rechte (KR 73) sowie die generelle Auskunftspflicht des Emittenten gegenüber der Zulassungsstelle, welche die Publikation bestimmter Informationen durchsetzen kann (KR 74).

8. Rechnungslegung der Auslandbanken
Die Schweizer Zweigniederlassungen ↑ausländischer Banken müssen in der Schweiz den Geschäftsbericht der ausländischen Gesamtbank veröffentlichen (ABV 9). Die Jahresrechnungen und Zwischenabschlüsse für die Schweizer Zweigniederlassung müssen hingegen nicht veröffentlicht werden, eine Zustellung an die EBK genügt. Für diese Filialabschlüsse dürfen die im Ausland für die Gesamtbank massgebenden Rechnungslegungsnormen angewendet werden, sofern sie internationalen Standards genügen (ABV 8).

9. Das Testat des Wirtschaftsprüfers
Die Jahres- und Konzernrechnungen der Banken sind von unabhängigen Wirtschaftsprüfern zu testieren. Der Schweizer Berufsstand der Wirtschaftsprüfer, die Treuhand-Kammer, hat für den Bericht der Revisionsstelle und des Konzernprüfers besondere Grundsätze zur Abschlüssprüfung erlassen. Darin sind z. B. die Erstattung eines Standardberichtes und die Voraussetzungen für das begehrte Qualitätsmerkmal der True and fair view genau festgelegt.

10. Zusammenfassung
Zusammenfassend darf festgehalten werden, dass die Schweizer Rechnungslegungsvorschriften für Banken und Effektenhändler eine transparente Information des Publikums gewährleisten. Die Schweizer Rechnungslegungsvorschriften sind modern, halten auch einem Vergleich mit den inter-

nationalen Normen weit gehend Stand und erhöhen den guten Ruf des Finanzplatzes.
Willi Grau
Lit.: *Rechnungslegungsvorschriften für Banken und Effektenhändler,* PricewaterhouseCoopers, Zürich 1998.

Rechtsformen von Banken

Das Bankengesetz schreibt den Banken zwar ein Mindestkapital und eine angemessene Organisation vor, es macht aber nur wenig direkte Angaben über die Rechtsform, in die sich eine Bank kleiden muss, um den Anforderungen an eine angemessene Organisation zu genügen. Dass Banken in der Rechtsform einer Einzelfirma oder einer Personengesellschaft (Kollektiv- oder Kommanditgesellschaft) auftreten können, geht ausdrücklich aus BankG 1 I hervor. In diesem Fall hat man es mit ↑Privatbankiers zu tun. Diese Rechtsform sollte nach herrschender Anschauung grundsätzlich Banken vorbehalten bleiben, die im Wesentlichen das Vermögensverwaltungsgeschäft und damit verbundene Geschäfte betreiben.

Für alle übrigen Banken steht abgesehen von der früher für die ↑Kantonalbanken typischen Form der öffentlich-rechtlichen Anstalt die ↑Kapitalgesellschaft im Vordergrund, vor allem die mit einem festen ↑Kapital ausgestattete Aktiengesellschaft. Als ebenso geeignet wie die Aktiengesellschaft bietet sich wegen des festen Kapitals die Kommanditaktiengesellschaft an; sie ist aber in der Praxis kaum anzutreffen. Nicht mehr in Frage kommt heute die GmbH, weil deren ↑Stammkapital nicht mehr als CHF 2 Mio. betragen darf, was weit unter dem für Banken vorgeschriebenen gesetzlichen Mindestkapital von CHF 10 Mio. liegt (BankV 4 I). Die Rechtsform der Genossenschaft ist zulässig und immer noch verbreitet (↑Genossenschaftsbanken); doch dürfen seit 1934 neue ↑Handelsbanken wegen des fehlenden festen Grundkapitals nicht mehr in der Rechtsform der Genossenschaft errichtet werden. Entwickelt sich eine bestehende Genossenschaft nachträglich zur Handelsbank, so muss sie sich in eine andere Form der Kapitalgesellschaft umwandeln (BankG 13).

Seit dem 01.10.1999 ist für Kantonalbanken die Rechtsform der öffentlich-rechtlichen Anstalt oder der Aktiengesellschaft vorgeschrieben (BankG 3a). Als öffentlich-rechtliche Anstalt wird die Kantonalbank durch einen staatlichen Hoheitsakt errichtet und nach öffentlichem Recht organisiert (z.B. Zürcher Kantonalbank). Auch als Aktiengesellschaft kann eine Kantonalbank durch einen Akt des kantonalen öffentlichen Rechts errichtet und nach kantonalem öffentlichem Recht organisiert werden (wobei das kantonale Recht dann in der Regel für weite Teile auf das Gesellschaftsrecht des Bundes verweist, das dann als subsidiäres kantonales Recht Anwendung findet, sog. spezialgesetzliche Aktiengesellschaft). Beispiele für solche nach öffentlichem Recht errichtete Aktiengesellschaften sind die Kantonalbanken der Kantone Zug, Wallis, Genf, Waadt und Jura. Ist die Aktiengesellschaft hingegen nach den Regeln des OR gegründet worden, so kann es sich entweder um eine reine privatrechtliche Aktiengesellschaft handeln (z.B. Berner und Luzerner Kantonalbank) oder um eine sog. gemischtwirtschaftliche Aktiengesellschaft (St. Galler Kantonalbank). Diese unterscheidet sich von der reinen privatrechtlichen Aktiengesellschaft dadurch, dass die Statuten der Gesellschaft dem Kanton das Recht geben, direkt und unter Umgehung der Generalversammlung Vertreter in den Verwaltungsrat und die Revisionsstelle zu delegieren und abzuberufen. Vorbehältlich dieser und weiterer in OR 762 aufgezählten Besonderheiten gilt auch für solche Gesellschaften das Aktienrecht des OR.
Christian Thalmann

Rechtshilfe in Strafsachen

Rechtshilfe in Strafsachen ist eine Art der zwischenstaatlichen Zusammenarbeit in Strafsachen. Sie fördert ein im Ausland geführtes Strafverfahren durch Prozesshandlungen der zuständigen inländischen Behörden, wie die Zustellung gerichtlicher Urkunden, Befragung von Zeugen oder Sachverständigen, Durchsuchungen und Beschlagnahmungen.

Internationale Rechtshilfe in Strafsachen ist notwendig, weil die Amtsgewalt jeder Behörde an den Grenzen ihres Landes aufhört. Sie erhält zunehmende Bedeutung wegen der steigenden Mobilität der Bevölkerung, aber auch wegen der zunehmenden Notwendigkeit der Bekämpfung von Delikten, die nicht an Landesgrenzen Halt machen. Dazu gehören Terrorismus, Delikte, die dem organisierten Verbrechen zugeordnet werden wie z.B. die ↑Geldwäscherei, aber auch Wirtschaftsdelikte wie Anlegerbetrug, betrügerische Konkurse usw. Die Täter verstehen es, Vermögenswerte aus Delikten in Kürze von Land zu Land zu verschieben und dem Zugriff der Strafverfolgungsbehörden zu entziehen. Eine Zusammenarbeit zwischen den Strafverfolgungsbehörden verschiedener Länder ist von daher unabdingbar.

Die Rechtshilfe in Strafsachen untersteht zwei Regelungen, den Staatsverträgen, mit denen sich die Schweiz einem oder mehreren anderen Staaten gegenüber zur Rechtshilfe verpflichtet, und dem Gesetzesrecht, welches den Schweizer Behörden innerstaatlich das Recht gibt, Rechtshilfehandlungen vorzunehmen.

Wichtigste Staatsverträge sind das Europäische Übereinkommen vom 20.04.1959 über die Rechtshilfe in Strafsachen (EUeR), das allen Nachbarländern gegenüber gilt, und das Übereinkommen des Europarates über die Bekämpfung der Geldwäscherei, das Aufspüren, die Beschlagnahme und die Einziehung von Vermögenswerten aus Verbrechen vom 08.11.1990. Bedeutsam ist ferner der Staatsvertrag vom 25.05.1973 mit den Vereinigten Staaten von Amerika über gegenseitige Rechtshilfe in Strafsachen (USV). Landesrechtlich ist das Bundesgesetz vom 20.03.1981 über die internationale Rechtshilfe in Strafsachen (IRSG) massgebend, das so weit als möglich die Regelungen des europäischen Übereinkommens übernahm.

Die Rechtshilfe in Strafsachen kann aus materiellrechtlichen Gründen verweigert werden, wenn deren Durchführung die wesentlichen Interessen der Schweiz, wie deren Souveränität oder Sicherheit, beeinträchtigen würde, IRSG 1 II, EUeR 2b. Sie ist ausgeschlossen, wenn die verfolgte Tat ein politisches, militärisches oder fiskalisches Delikt i.w.S. ist (IRSG 3, EUeR 2a, USV 2 I c Ziff. 1). Völkermord und schwere Gewalttaten gelten gemäss IRSG 3 II nie als politische Taten.

Im Sinne einer Ausnahme zum Gesagten erlaubt IRSG 3 III Satz 2 Rechtshilfe in Strafsachen auch in einem Verfahren, das einen Abgabebetrug i.S. von Art. 14 II des Bundesgesetzes über das Verwaltungsstrafrecht zum Gegenstand hat. Abgabebetrug ist die durch arglistiges Verhalten erwirkte Hinterziehung einer Abgabe in erheblichem Betrage. Nach bundesgerichtlicher Praxis setzt Abgabebetrug nicht notwendig die Verwendung falscher oder gefälschter Urkunden voraus. Denkbar sind auch andere Fälle arglistiger Täuschung, dies in Anlehnung an den gemeinrechtlichen Straftatbestand des Betruges (StGB 146). Für den Grundsatz der beidseitigen Strafbarkeit genügt es, wenn die Schweiz eine der ausländischen Steuer ähnliche Steuer kennt, IRSV 24 II USV 7 Ziff. 2 ermöglicht sogar Rechtshilfe in einem Verfahren wegen Steuerhinterziehung, wenn leitende Personen des organisierten Verbrechens verfolgt werden.

Die Rechtshilfe in Strafsachen kann aus prozessualen Gründen abgelehnt werden, wenn das Verfahren, welches der um Rechtshilfe ersuchende Staat gegen den Beschuldigten führt, schwere Mängel aufweist (IRSG 2d). Ein solcher Mangel besteht, wenn das Verfahren den von der Europäischen Menschenrechtskonvention vom 04.11.1950 zum Schutze der Menschenrechte und Grundfreiheiten aufgestellten Verfahrensgrundsätzen nicht entspricht (IRSG 2l a), wenn ein Verfahren durchgeführt wird, um eine Person wegen ihrer politischen Anschauungen, wegen ihrer Zugehörigkeit zu einer bestimmten sozialen Gruppe oder aus Gründen der Rasse, Religion oder Volkszugehörigkeit zu verfolgen oder zu bestrafen (lit. b), oder wenn ein solcher Grund die Lage des Beschuldigten erschweren könnte (lit. c).

In einem Rechtshilfeverfahren können die im Strafprozess zulässigen Zwangsmassnahmen vorgenommen werden, wie Vorführungen, Hausdurchsuchungen oder Beschlagnahmen. Zwangsmassnahmen sind jedoch gemäss IRSG 64 I nur gestattet, wenn die Tat, zu deren Verfolgung Rechtshilfe geleistet werden soll, nicht nur nach dem Recht des ersuchenden Staates strafbar ist, sondern zugleich die objektiven Merkmale eines nach schweizerischem Recht strafbaren Tatbestandes aufweist. Dies ist der *Grundsatz der beidseitigen Strafbarkeit*. Dabei ist es nicht erforderlich, dass die Tat nach Schweizer Recht denselben Tatbestand erfüllt wie nach dem Recht des ersuchenden Staates. Es genügt, wenn sie nach schweizerischem Recht überhaupt strafbar ist. Ist die Rechtshilfe in Strafsachen zulässig und dürfen Zwangsmassnahmen eingesetzt werden, so hat das ↑ Bankkundengeheimnis zurückzutreten. Die Bank ist verpflichtet, im Rechtshilfeverfahren über ihre Beziehung zu einem Kunden Auskunft zu erteilen, indem Bankangestellte darüber als Zeugen aussagen, die entsprechenden Urkunden vorlegen oder Einsicht in sie gewähren. Ebenso sind Vermögenswerte, die der betreffende Kunde bei der Bank deponiert hat, auf entsprechendes behördliches Ersuchen hin bekannt zu geben und allenfalls zu blockieren.

Der Schutz unbeteiligter Dritter wird im USV dadurch gewährleistet, dass die erhobenen Informationen nur übermittelt werden dürfen, wenn das Ersuchen eine schwere Straftat betrifft, die Offenbarung des Geheimnisses für die Ermittlung oder den Beweis einer wesentlichen Tatsache wichtig ist und angemessene Bemühungen, den Beweis auf anderem Weg zu beschaffen, erfolglos geblieben sind (USV 10 Ziff. 2). Im IRSG wurden entsprechende Beschränkungen anlässlich der Revision im Jahre 1997 ohne nähere Begründung aufgehoben. Der unbeteiligte Dritte geniesst somit unter dem IRSG keinerlei Schutz mehr, da er in der Regel über das Rechtshilfeverfahren nicht orientiert ist.

Rechtshilfe in Strafsachen wird auf Ersuchen des Staates, der die Strafverfolgung betreibt, geleistet. Für die Bundesverwaltungsbehörden gelangt nach IRSG 12 subsidiär das Bundesgesetz über das Verwaltungsverfahren (VwVG) zur Anwendung. Für die kantonalen Behörden gilt das jeweilige Strafprozessrecht. Das Bundesamt für Polizeiwesen prüft, ob die Ersuchen nicht offensichtlich unzulässig sind. Ist dies nicht der Fall, leitet es sie an die zuständige kantonale Behörde zur genauen Prüfung der Zulässigkeit und zur Ausführung weiter. Im Rechtshilfeverkehr mit den USA prüft das Bundesamt ausnahmsweise sogleich die Zulässigkeit der Rechtshilfe, weil die Rechtsordnungen der beiden Staaten grundverschieden sind.

Gegen die Verfügungen der kantonalen Behörden ist ein kantonales Rechtsmittel zu gewähren (IRSG 23). Letztinstanzliche kantonale Entscheide und Verfügungen des Bundesamtes können mit der verwaltungsgerichtlichen Beschwerde an das Bundesgericht weitergezogen werden (IRSG 25). Aktiv legitimiert ist nach Art. 103 des Bundesgesetzes über die Organisation der Bundesrechtspflege in Übereinstimmung mit VwVG 6 und in Verbindung mit IRSG 25 I, wer durch die angefochtene Verfügung berührt ist und ein schutzwürdiges Interesse an deren Aufhebung oder Änderung hat. Für eine Bank ist erforderlich, dass sie eigene Interessen an der Aufhebung oder Änderung, nicht bloss diejenigen ihres Kunden, geltend macht. Das Interesse an der Wahrung des Bankkundengeheimnisses genügt dazu nicht. Nur, wo dieses Institut geradezu ausgehöhlt oder der ganzen schweizerischen Wirtschaft Schaden zugefügt würde, müsste die Rechtshilfe verweigert werden und wäre auch eine Bank legitimiert, aus Gründen des Bankkundengeheimnisses ein Rechtsmittel zu ergreifen.

Die Behörden des ersuchenden Staates dürfen die rechtshilfeweise erhaltenen Auskünfte nur in dem Verfahren verwenden, für welches die Rechtshilfe geleistet worden ist. Dies ist der Grundsatz der *Spezialität* (IRSG 67 I). Eine weitere Benützung dieser Auskünfte ist nur zulässig, wenn das Bundesamt für Polizeiwesen zugestimmt hat. Doch dürfen die durch Rechtshilfe übermittelten Auskünfte nie für Ermittlungen oder als Beweise benützt werden in Verfahren wegen Taten, deretwegen die Rechtshilfe nicht zulässig ist. Die Schweiz hat mit einem Vorbehalt zu EUeR 2 erklärt, in besonderen Fällen Rechtshilfe nur unter der Bedingung der Spezialität zu leisten. Insbesondere muss der ersuchende Staat darauf hingewiesen werden, dass sich der Begriff des von der Rechtshilfe ausgeschlossenen fiskalischen Deliktes nach Schweizer Recht bestimmt. USV 5 sieht die Spezialität der Rechtshilfe ausdrücklich vor. *Renate Schwob*

Lit.: Bodmer, D./Kleiner, B./Lutz, B.: *Kommentar zum schweizerischen Bankengesetz, Art. 47 BankG.*

Recognised investment exchange (RIE)
Anerkannte ↑Börse gemäss den englischen Vorschriften.

Record date
Stichtag, an dem man Wertpapiereigentümer (im Aktienregister eingetragen) sein muss, um bestimmte Rechte (Recht auf ↑Dividende, auf Zutritt zur Generalversammlung) geltend machen zu können.

Recovery rate
↑Credit pricing.

Recycling
↑Euromärkte.

Red chips
Bezeichnung für erstklassige ↑Aktien aus der Volksrepublik China.

Red-clause-Kredit
↑Dokumenten-Akkreditiv.

Redeemable
Bezeichnung für ↑Effekten, die vom ↑Emittenten zurückgekauft werden können. Preference shares, stocks.

Rediskontierung
Der Weiterverkauf von bereits durch eine Bank angekauften (diskontierten) ↑Wechseln an eine andere Bank, namentlich an die ↑Zentralbank, wird Rediskontierung genannt. (↑Diskont, ↑Wechselportefeuille, ↑Wechselpension). Die Schweizerische ↑Nationalbank (SNB) rediskontiert bereits seit 1993 keine Wechsel mehr. Sie publizierte dennoch bis 1999 einen offiziellen ↑Diskontsatz, der eine gewisse Funktion als geldpolitisches ↑Signal hatte. Seit dem Jahre 2000 fällt diese Rolle dem Dreimonate-Franken-Libor (↑Libor) zu (↑Geldpolitik [Umsetzung]).

Rediskontkredit
↑Diskontkredit.

Referenz
↑Informationswesen der Banken.

Referenzanleihen
↑Benchmark bond.

Referenzindex
Ein Referenzindex ist eine *massgebliche Bezugsgrösse*. Der ↑Landesindex der Konsumentenpreise ist eine solche Bezugsgrösse. Referenzindices müssen eine absolut zuverlässige Grundlage haben bzw. nach transparenten, nachvollziehbaren Regeln ermittelt werden.

Referenzwährung
↑Währung, die ausserhalb des eigenen Währungsgebietes Funktionen wahrnimmt, welche die dort geltende Währung praktisch – wenngleich nicht rechtlich – (teilweise) eingebüsst hat. So war etwa die Deutsche Mark in ost- und südosteuropäischen Ländern seit 1989 zunehmend zu einer Referenzwährung geworden. Mit der Einführung des ↑Euro per 01.01.1999/01.01.2002 (Bargeld) löste dieser die Deutsche Mark als Referenzwährung ab.

Referenzzinssatz
Als Referenzzinssatz wird der ↑Zinssatz bezeichnet, der für die Verzinsung eines beliebigen Finanzgeschäfts oder -instruments (↑Finanzinstrument) als massgebende Bezugsgrösse dient. Referenzzinssätze müssen eine zuverlässige Grundlage haben. Häufig dienen von ↑Zentralbanken festgesetzte (offizielle Refinanzierungssätze wie etwa ↑Lombardsatz oder ↑Diskontsatz) bzw. ermittelte (z.B. der von der Schweizerischen ↑Nationalbank [SNB] berechnete synthetische Kassazinssatz für eidgenössische ↑Anleihen mit zehnjähriger ↑Lauf-

zeit) Zinssätze als Referenzgrössen. Werden Marktzinssätze (↑Marktzins) verwendet, so müssen diese gemäss klaren Regeln ermittelt werden und die Marktsituation optimal widerspiegeln. Dies ist insbesondere bei den für viele Geschäfte als Referenzzinssätze dienenden und für die wichtigen ↑Währungen und Laufzeiten verfügbaren Liborsätzen (↑Libor) in verschiedenen Laufzeiten der Fall. Beispiele für auf Referenzzinssätzen basierende Geschäfte und Instrumente sind Zinssatzswaps (bei welchen die variable Seite üblicherweise auf einem Liborsatz basiert), ↑Floating rate notes (FRN) oder Libor-Hypotheken. Auch für die Kommunikation der geldpolitischen Absichten (Zielzinssatz) der SNB dient der Dreimonate-Libor als Bezugsgrösse (↑Geldpolitik [Umsetzung]).

Markus Gähwiler, Erich Spörndli

Refinanzierung
Bei Banken versteht man unter Refinanzierung allgemein die Finanzierung der Aktiven oder speziell der Ausleihungen. Für Unternehmungen im Allgemeinen geht es bei der Refinanzierung darum, ↑kurzfristig die Zahlungsbereitschaft zu gewährleisten, und mittel- und ↑langfristig ausreichende Finanzmittel sicherzustellen. Quellen der Refinanzierung sind ↑Eigenfinanzierung (Selbst- und ↑Beteiligungsfinanzierung) und ↑Fremdfinanzierung. Dies gilt auch für Banken, jedoch bestehen bei Finanzinstituten vier Besonderheiten:
1. Das ↑Eigenkapital dient nicht primär der Finanzierung des Anlagevermögens, sondern der Versicherung der Finanzrisiken und der Erfüllung gesetzlicher Vorschriften.
2. Die wichtigste Refinanzierungsquelle von Kommerz- und ↑Universalbanken bildet die Entgegennahme von *Kundeneinlagen* in der Form von Zeit-, Sicht- oder Kündigungsgeldern. Die Entgegennahme von ↑Kundengeldern bildet eine eigenständige Kernaufgabe einer Bank. Banken nehmen auch Kundengelder entgegen, wenn sie keinen aktuellen Refinanzierungsbedarf haben. Die Entgegennahme von Kundengeldern und die Gewährung von Krediten wird als zentrale Funktion der Banken im Rahmen der Finanzintermediation betrachtet.
3. ↑Fremdkapital kann analog einer Industriefirma auch am ↑Geld- und ↑Kapitalmarkt aufgenommen oder als Kredit von einer andern Bank besorgt werden (Refinanzierung im engeren Sinne). In diesem Abschnitt wird die *Refinanzierung i.e.S.* behandelt.
4. Als indirekte Refinanzierung ist schliesslich der Verkauf von Krediten im Rahmen einer Securitisierung (↑Securitization) zu erwähnen. Dabei verschwindet das Aktivum aus der Bankbilanz, die Bank verliert auch die Zinsspanne als Ertragsquelle. Sie vermittelt aber weiterhin die Refinanzierung der Ausleihungen und kann in der Rolle des Originators und Servicer die entsprechende Kundenbeziehung behalten und Kommissionen verdienen.

Bei der *Refinanzierung i.e.S.* stehen die Banken grundsätzlich im freien Wettbewerb mit allen andern kreditsuchenden Firmen. Entsprechend spielt das ↑Rating für kurzfristige und langfristige Verbindlichkeiten einer Bank auf den Geld- und Kapitalmärkten eine wichtige Rolle. Allerdings geniessen die Banken aufgrund ihres Sonderstatus und der bankengesetzlichen Überwachung auch in diesem Geschäft gewisse Vorteile. Die Aufnahme von Geldern am Geld- und Kapitalmarkt fällt den Banken aufgrund einer expliziten oder impliziten Einlagenversicherung, die theoretisch nur als Schutz für die Kundeneinlagen gedacht ist, leichter als andern Schuldnern. Von diesem Privileg sind allenfalls nachrangige Anleihen ausgenommen. Nachrangige Anleihen gelten dementsprechend bankengesetzlich als eine Art von Eigenkapital. Auch von Drittbanken erhalten Banken zu günstigeren Bedingungen Kredite als andere Schuldner, da allgemein gilt, dass Ausleihungen an Banken weniger risikobehaftet sind als Ausleihungen an andere Schuldner. Dies zeigt sich insbesondere auch an den Eigenkapitalvorschriften und -empfehlungen, die für Kredite an Banken in OECD-Ländern wesentlich tiefere Unterlegungssätze fordern als für solche an andere Schuldner. Wie für eine Industriefirma bilden für ein Finanzinstitut nicht einfach die beanspruchten Kredite, sondern die fest zugesagten ↑Limiten eine wichtige Quelle der Refinanzierung. Für Finanzinstitute, welche das Einlagengeschäft nicht als eigenen Geschäftszweig pflegen (z.B. Konsumkreditinstitute), bildet die Refinanzierung i.e.S. die Hauptquelle an Finanzierungsmitteln.

Eine besondere Quelle der Refinanzierung von Banken bildet die ↑Zentralbank, in der Schweiz die Schweizerische ↑Nationalbank. Die traditionellen *Refinanzierungsinstrumente* sind der Rediskont- und der Lombardkredit, durch welchen die ↑Notenbank den ↑Geschäftsbanken auf besicherter Basis ↑Liquidität zur Verfügung stellt. In der Schweiz waren ↑Währungsswaps während Jahrzehnten die wichtigste Refinanzierungsform der Geschäftsbanken durch die Nationalbank. Seit der Revision des Nationalbankengesetzes im Jahre 1997 wurde die Refinanzierung durch die Nationalbank auf eine neue Grundlage gestellt. Innerhalb kurzer Zeit wurde die Refinanzierung fast vollständig auf Repo-Geschäfte (↑Repurchase agreements) verlagert. (↑Repo). Eine besondere Funktion der Refinanzierung kommt den Zentralbanken in wirtschaftlichen Krisenzeiten zu, in denen sie den Geschäftsbanken als ↑Lender of last resort Liquidität zur Verfügung stellen, ohne dass sie dabei insolvente Banken vor dem Untergang bewahren sollen.

Das veränderte Verhalten der Nationalbank und die Verfügbarkeit einer leistungsfähigen Repo-Infrastruktur im Rahmen der elektronischen ↑Börse ↑Eurex haben auch Geschäftsbanken dazu bewogen, Kredite an andere und von anderen Geschäftsbanken in der besicherten Form des Repo zu tätigen. Damit wurde die Refinanzierung durch Bankkredite einerseits auf eine stabilere, eigenkapital- und kostengünstigere Basis gestellt, andererseits hat sich unter den Banken die Einsicht durchgesetzt, dass Repo-fähige Sicherheiten einen eigenständigen Wert haben, ähnlich der Liquidität. Dies hat dazu geführt, dass generell der Bewirtschaftung und Verwendung von belehnbaren Sicherheiten (↑Collateralisation) für die eigene Refinanzierung wie auch bei der Kreditfinanzierung anderer Banken eine hohe Bedeutung zukommt. Heute bildet der Handel mit Collaterals unter Banken sowie zwischen Banken und ihren Kunden einen wichtigen neuen Geschäftszweig. Zu diesem ↑Geschäftsbereich gehören neben dem allgemeinen (General collateral) Repo-Geschäft auch das Special-Repo-Geschäft und die Effektenleihe (↑Securities lending and borrowing). Diese Geschäftsarten geben den Banken nicht nur neue Möglichkeiten der allgemeinen Refinanzierung, sondern sie eignen sich auch zu einer speziellen Form der Refinanzierung, zur Beschaffung von spezifischen ↑Finanzinstrumenten, z.B. zur Eindeckung von Leerverkäufen von ↑Wertpapieren an der Börse.

Die schweizerischen Banken sind seit den späteren 80er-Jahren mit einer substanziellen ↑Desintermediation der Kundengelder auf der Passivseite ihrer Bilanz konfrontiert. Durch den Ausbau der Sozialversicherungen, namentlich der zweiten Säule, sowie aufgrund der steigenden Attraktivität anderer Spar- und Anlageformen (Effekten-, Fonds- und ↑Versicherungssparen) fehlen den Banken teilweise die Kundengelder zur fristengerechten Refinanzierung ihres Kreditgeschäftes. Kapitalmarktrefinanzierungen sind für kleinere Banken im Ausmass beschränkt und zudem teuer, die Liquiditätsbeschaffung von andern Banken, oft aus dem Ausland, genügt den qualitativen Ansprüchen einer strukturgerechten ↑Bilanzpolitik nicht immer. In diesem Zusammenhang dürfte die indirekte Refinanzierung des traditionellen Kreditgeschäftes durch Securitisation (Verbriefung) eine steigende Bedeutung erlangen. Die Bank refinanziert dabei ihr Bilanzgeschäft nicht mehr direkt, sondern sie besorgt die Refinanzierung der Kredite ausserhalb ihrer Bilanz bei Anlegern.

Hans Geiger

Refinanzierungskosten
↑Refinanzierung.

Refinanzierungspolitik
↑Refinanzierung.

Refinanzierungsrisiko
↑Liquiditätsrisiko; ↑Refinanzierung.

Regionalbanken

Regionalbanken üben eine regional begrenzte Tätigkeit aus. Ihr Eigenkapital wird grösstenteils aus den Regionen aufgebracht, in denen sie ihre Geschäfte abwickeln. Die Bankenstatistik der SNB fasst sie seit 1972 in der Gruppe «Regionalbanken und Sparkassen» zusammen. Seit Gründung der ↑RBA-Holding, der neuen Dachorganisation der Regionalbanken, im Jahr 1994 unterscheidet die SNB zwei Untergruppen: «Institute der RBA-Holding» und «übrige Regionalbanken und Sparkassen». Ende 2001 arbeiteten 81 selbstständige Einzelinstitute mit Bilanzsummen von total CHF 54 Mia. über die RBA-Holding zusammen. Unter den übrigen Regionalbanken und Sparkassen figurierten 15 Institute mit Bilanzsummen von total CHF 21 Mia., worunter sowohl selbstständige Banken als auch Institute, die von anderen Banken oder Finanzdienstleistungskonzernen kontrolliert werden.

Unter wirtschaftlichen Gesichtspunkten lassen sich heute Regionalbanken und Sparkassen nicht mehr auseinander halten. Die Institute sind mehrheitlich entweder Aktiengesellschaften oder Genossenschaften, einige sind Gemeindeinstitute und zwei haben die Rechtsform der Stiftung beibehalten. Die Regionalbanken unterscheiden sich auch stark bezüglich ihrer Grösse: Die Bilanzsummen reichen von einigen Dutzend Millionen Schweizer Franken bis über 15 Milliarden Schweizer Franken.

Die Geschäftsfelder der Regionalbanken liegen zur Hauptsache im Geschäft mit regional agierenden, kleinen und mittleren Privat- und Firmenkunden. Diesen Kundengruppen bieten die Regionalbanken alle bankgeschäftlich wichtigen Produkte und Dienstleistungen an. Einige Institute decken auch darüber hinausreichende Geschäftsfelder ab.

Die Geschäftsstruktur der Regionalbanken zeigt ein deutliches Schwergewicht im Zinsdifferenzgeschäft. Auf der Aktivseite der Bilanz dominieren die Hypothekaranlagen (↑Hypothekargeschäft). Von einiger Bedeutung ist daneben das Kreditgeschäft mit kleinen und mittleren Unternehmen (KMU). Die Regionalbanken refinanzieren (↑Refinanzierung) ihre Ausleihungen vorwiegend mit klassischen ↑Kundengeldern, setzen aber in zunehmendem Masse auch Kapitalmarktgelder (grösstenteils Pfandbriefdarlehen) ein. Die meisten Institute sind, oft mit zunehmender Bedeutung, auch im indifferenten Geschäft tätig. Im Vordergrund stehen die ↑Vermögensverwaltung mit Anlage- und Vorsorgeberatung sowie Finanzplanung und das daraus resultierende ↑Depot- und Handelsgeschäft.

Die meisten Regionalbanken entstanden um die Mitte des 19. Jahrhunderts. Oft waren es Gewerbetreibende, welche die neue Handels- und Gewerbefreiheit im modernen Bundesstaat nutzten und in dieser Zeit auch Regionalbanken gründeten. Die

Gründungen mancher anderer Institute gingen auf die kollektive Selbsthilfe und auf sozialpolitisches Engagement von Vereinen, wie beispielsweise bei Sparkassen, zurück. Sparkassen wiederum entwickelten sich mit der Zeit zu Regionalbanken.

Das Eindringen neuer, auch branchenfremder Konkurrenten in die angestammten Märkte, die technologischen Entwicklungen mit hohen Investitionskosten, das Aufbrechen der herkömmlichen Wertschöpfungsketten sowie die zunehmende Regulierungsdichte auf den ↑Finanzmärkten zwingen heute die Regionalbanken zu vermehrter Kooperation und zu Konsolidierungen. Die Entwicklungen laufen aber auch darauf hinaus, die Fertigungstiefe zu reduzieren, Produkte und Dienstleistungen zu standardisieren und Back-office-Teile zu zentralisieren bzw. auszulagern. Ferner wird anvisiert, neue ↑Geschäftsfelder zu erschliessen.

In der Konkurrenz mit andern Anbietern setzen die Regionalbanken vor allem auf die günstigen Vertriebsvoraussetzungen des überschaubaren, in der Region verankerten Betriebes: Kenntnis des regionalen Marktes, Kundennähe, kurze Entscheidungswege und einfache Betriebsabläufe sowie Flexibilität, mit der auf die regionalen Bedürfnisse reagiert werden kann. *Max Gsell*

Regionenfonds
↑Anlagefonds.

Registered bond
Auf den Namen des Obligationärs ausgestellte ↑Anleihensobligationen. In der Schweiz lauten Anleihensobligationen grundsätzlich auf den Inhaber, während ↑Kassenobligationen auf Wunsch auf den Namen des Zeichners ausgestellt werden.

Registered share
Anglo-amerikanischer Ausdruck für ↑Namenaktie.

Registerpfandrecht
↑Mobiliarhypothek; ↑Pfandbrief; ↑Luftfahrzeugverschreibung; ↑Viehverpfändung; ↑Schiffspfandrecht.

Regress, Rückgriff
Von Regress spricht man im Allgemeinen, wenn eine Person, die mit andern direkt (z.B. als Solidarschuldner) oder indirekt (z.B. als Bürge) haftet, dem Gläubiger leistet und für den geleisteten Betrag ganz oder teilweise den Hauptschuldner oder Mitverpflichtete in Anspruch nehmen kann. Besondere Vorschriften gelten im Wechsel- und Checkregressrecht (OR 1033ff. bzw. 1128ff.).

Regulatory audit
↑Bankengesetzgebung (Inhalt des Bankengesetzes).

Regulierung
Unter dem Oberbegriff Regulierung wird im Bereich des Bank-, Finanz- und Börsenwesens die Gesamtheit aller Normen verstanden, welche das Verhalten, die Aufsicht und Kontrolle von ↑Finanzintermediären sowie im weiteren Sinne die Organisation, Transparenz und die Stabilität des Finanzsystems zum Gegenstand haben. Je nach Urheber der Regulierung wird zwischen staatlicher und privater Regulierung unterschieden. Während die von der Privatwirtschaft selbst geschaffenen Normen als Selbstregulierung bezeichnet werden, fallen unter die staatliche Regulierung alle in hoheitlicher Funktion erlassenen Gesetze, Verordnungen und Erlasse der Aufsichtsbehörden (↑Instrumentarium der EBK, ↑EBK-Rundschreiben). ↑Deregulierung.

Reingewinn
Ertragsüberschuss in der ↑Erfolgsrechnung einer Rechnungsperiode.

Reisecheck, Travelers Cheque
Der Reisecheck ist ein bequemes und sicheres Reisezahlungsmittel, das weltweit und zeitlich unbeschränkt gültig ist. Reisechecks werden von grossen, international bekannten Banken, Bankengruppen oder Reiseorganisationen herausgegeben und vertrieben. Am verbreitetsten sind Reisechecks der American Express Company, der Thomas-Cook-Gruppe sowie der von den Schweizer ↑Grossbanken, ↑Kantonalbanken, ↑Regionalbanken sowie ↑Raiffeisenbanken vertriebene ↑Swiss Bankers Travelers Cheque (SBTC). Reisechecks lauten auf feste Beträge (z.B. CHF 50, 100, 200 und 500; USD 20, 50, 100, 500 und 1000) und werden nur gegen vorherige Bezahlung und gleichzeitige Verrechnung einer Ausstellungskommission abgegeben, sodass keine ungedeckten Reisechecks in Umlauf kommen. Beim Kauf sind die Reisechecks sofort vom Käufer mit seiner Unterschrift zu versehen. Löst oder kassiert er einen Reisecheck ein, muss er vor den Augen des Empfängers seine Unterschrift zur Kontrolle ein zweites Mal auf das Formular setzen. Eingelöst werden Reisechecks von den meisten Banken und vielen Unternehmen des Nichtbankensektors (z.B. Hotels, Reisebüros, Ladengeschäften). Meist muss sich der Einlöser des Reisechecks mit dem Pass oder einem gleichwertigen Ausweis legitimieren. Verlorene oder gestohlene Reisechecks werden ersetzt, Ersatz wird innerhalb von 24 Stunden geleistet. Der Erwerber von Reisechecks hat den Verlust oder Diebstahl sofort der ausgebenden Stelle oder einem ihrer Korrespondenten oder Agenten zu melden. *Fritz Frey*

Reisezahlungsmittel
↑Reisecheck, Travelers Cheque; ↑Swiss Bankers Travelers Cheque (SBTC); ↑Reka-Check; ↑Kre-

ditkarten; ↑Debitkarte; ↑Bancomat; ↑Banknotenhandel; ↑Wechselstube.

REIT
Abk. f. Real estate investment trusts. ↑Immobilienfonds.

Reka-Check
Die Erleichterung der Finanzierung von Ferien, Freizeit und Reisen ist eines der Hauptziele der Schweizer Reisekasse (Reka). Das Instrument zur Verwirklichung dieser im Jahr 1939 stipulierten Zielsetzung war ursprünglich die Reisemarke, die in den Jahren 1966/68 schrittweise durch den Reka-Check ersetzt wurde. Der Reka-Check ist Spar-, Verbilligungs- und Zahlungsmittel in einem. Er wird in Werten von CHF 10 und 50 ausgegeben. Die Abgabe bleibt ausschliesslich auf die Schweiz beschränkt. Sein zweckbestimmter Verwendungsbereich umfasst praktisch alle touristischen Dienstleistungen, die von der schweizerischen Verkehrs- und Tourismuswirtschaft angeboten werden.

Die Reka-Checks sind bei rund 3 700 Abgabestellen erhältlich, davon sind fast zwei Drittel Arbeitgeber (Industrie, Handel, Banken, Versicherungen, Spitäler und öffentliche Verwaltungen). Diese verkaufen die Reka-Checks an ihr Personal. Weitere wichtige Abgabestellen sind Arbeitnehmerverbände und Gewerkschaften, die sie an ihre Mitglieder vergünstigt abgeben, und COOP, die Reka-Checks mit 4% Rabatt an ihre Kunden verkauft. Der Umsatz an Reka-Checks ist in den letzten Jahren ununterbrochen angestiegen. 2000 erreichte er CHF 406 Mio.

Um das zweckbestimmte Vorsparen für Ferien und Reisen zu fördern, leisten die Verkaufsstellen und die Reka Beiträge zur verbilligten Abgabe von Reka-Checks. Im Jahre 2000 betrug der von den Verkaufsstellen dafür aufgewendete Betrag CHF 54,2 Mio., derjenige der Reka CHF 9,4 Mio., was insgesamt CHF 63,6 Mio. oder im Durchschnitt 15,6% ausmacht. Diese Verbilligung kommt den Benützern der Reka-Checks zugute und trägt dazu bei, die mit Reka-Checks zahlbaren Dienstleistungen preisgünstiger zu gestalten. Dadurch wird das Angebot der Unternehmen des Tourismus und Verkehrs attraktiver, es fliessen Gelder in diese Branche, die sonst anderweitig verwendet würden, und die Umsätze steigen.

Rund 6000 Unternehmen in Tourismus, Verkauf, Gastronomie und Freizeit, wie z.B. Bahnen, Schiffe, Postautos, Seilbahnen und Skilifte, Hotels, Tankstellen, Ferienheime, Restaurants und Bahnhofbuffets, Jugendherbergen, Campingplätze, Skischulen, Reisebüros, Museen, Fussball- und Eishockeyclubs, Freizeit- und Sportanlagen nehmen die Reka-Checks als vollwertiges Zahlungsmittel wie ↑Bargeld entgegen. Der Reka-Führer und die Internet-Homepage informieren über den umfassenden Verwendungsbereich der Reka-Checks.

Alle Unternehmen und Betriebe, die Reka-Checks an Zahlung nehmen, tauschen die einkassierten Werte direkt bei der Reka wieder in Bargeld um. Dabei leisten sie als Beitrag an die Förderungstätigkeit der Reka eine Provision von 3–4%. Davon verwendet die Reka 2,5% für die Verbilligung der Reka-Checks und den Rest zur Deckung der Betriebs- und Kommunikationskosten. So schliesst sich ein Kreislauf, in dem alle Beteiligten etwas beitragen und gleichzeitig ihren Nutzen ziehen. Gewinner sind am Ende auch einkommensschwache Familien, denen die Reka die Erträge aus dem Check-Kreislauf in Form ihrer sozialen Ferienhilfe zukommen lässt. *Werner Bernet*
Links: www.reka.ch

Rektaindossament
Ein Rektaindossament ist nach OR 1005 II ein ↑Indossament mit dem Zusatz «nicht an Ordre» (Rektaklausel). Damit beschränkt der Indossant seine wechselmässige Haftung auf den unmittelbaren Nachfolger.

Rektaklausel
↑Rektaindossament.

Rektapapier
In Deutschland übliche Bezeichnung für ↑Namenpapier.

Relationship banking
Relationship banking basiert auf den drei Elementen:
1. Planung, Steuerung und Überwachung der Kundenzufriedenheit
2. Auf- und Ausbau stabiler Beziehungen, d.h. der gezielten Steuerung der Bankloyalität
3. Kundenwertmanagement, d.h. der konsequenten Ertragsorientierung aller kundenbezogenen Entscheidungen und Massnahmen

Relationship management
Summe der Entscheidungen und Handlungen im Rahmen der systematischen Analyse, Planung, Durchführung und Kontrolle aller auf den bestehenden Kundenstamm ausgerichteten Massnahmen zur Aufrechterhaltung und Intensivierung der Beziehung zwischen dem Kunden und der Unternehmung. Ziel ist der Auf- und Ausbau von Vertrauen zwischen den Marktpartnern, die Steigerung der Loyalität des Kunden zur Unternehmung und die Intensivierung der Kundenbindung.

Relative Rechte
↑Obligatorische Rechte.

Relative Stärke
Kursentwicklung eines individuellen ↑Finanzinstruments (z.B. einer ↑Aktie) im Vergleich zur Entwicklung eines Kollektivs von Finanzinstrumen-

ten (z.B. einem ↑Aktienindex) während eines vorgegebenen Zeitraums. Die systematische Auswertung der relativen Stärke verschiedener Zeiträume zeigt die Ordnung der Präferenzen der Marktteilnehmer sowie Ausmass und Geschwindigkeit ihrer Veränderungen.

Rembourskredit
Der Rembourskredit ist eine Sonderform des ↑Akzeptkredites. Das gewöhnliche Bankakzept stellt einen ↑Finanzwechsel dar; es ist ein Mittel zur Geldbeschaffung für den Akzeptkreditnehmer. Der Akzeptkredit kann aber überdies die Funktion einer Warenimport- bzw. ↑Exportfinanzierung annehmen. Man spricht dann von Rembourskredit und versteht damit die Gewährung und Inanspruchnahme eines Bankakzeptkredites zur Bezahlung einer Warenschuld, wobei der Kredit durch die Waren selbst mittels Dokumenten sichergestellt ist.
Beim Rembourskredit wird das ↑Akzept entweder von der Bank des Importeurs oder, was meistens der Fall ist, durch eine Bank des Exportlandes im Auftrage der Bank des Importeurs abgegeben, gegen gleichzeitige Übernahme der die Waren verbriefenden Dokumente. Man spricht daher auch von *Documents against acceptance.* Ein vom Importeur akzeptierter ↑Wechsel würde im Lande des Exporteurs wohl kaum diskontiert. Deshalb wird die Unterschrift des Importeurs ersetzt durch diejenige der akzeptgebenden Bank im Import- oder Exportland. Ein solches Akzept kann vom Warenverkäufer problemlos diskontiert werden. Anstatt den Wechsel durch eine Bank im Import- oder Exportland akzeptieren zu lassen, kann auch das Akzept einer Bank in einem dritten Land eingeholt werden, so etwa im Lande, in dessen ↑Währung der Kaufvertrag abgeschlossen wurde. Daher erklärt sich die beherrschende Stellung, die früher die Akzepte der Londoner Bankhäuser hatten. Soweit der Rembourskredit heute noch praktische Anwendung findet, sind die Londoner teilweise durch die New Yorker Akzepte abgelöst worden. Auch die Akzepte der schweizerischen ↑Grossbanken konnten sich einen gewissen internationalen Markt verschaffen.
Falls es dem Rembourskredit-Nehmer nicht möglich ist, auf den Verfalltag des Akzeptes für die erforderliche Deckung bei der akzeptgebenden Bank selbst zu sorgen, kann der Rembourskredit nach Eintreffen der Waren im Importland in einen gewöhnlichen ↑Kontokorrentkredit übergeführt werden, der durch Verpfändung der Waren (↑Warenverpfändung) oder, wenn die Waren vorverkauft sind, durch ↑Abtretung der Forderungen (↑Zessionskredit) sichergestellt wird. Beim Rembourskredit tritt nicht etwa die Bank selbst in den zwischen Exporteur und Importeur abgeschlossenen Kaufvertrag ein. Sie leistet ihr Akzept nicht als Schuldnerin der Warenforderung, sondern aufgrund des zwischen ihr und dem Importeur eingegangenen Rembourskredit-Vertrages. Die den Rembourskredit gebende Bank verpflichtet sich somit gegenüber dem Exporteur nur durch ihr Akzept, gegenüber dem Importeur aber lediglich aufgrund des eingeräumten Rembourskredites. Die Bank haftet demnach auch nicht für ordnungsgemässe Lieferung der Waren oder für die Fälschung der Dokumente, da das zwischen Exporteur und Importeur abgeschlossene Kausalgeschäft sie an sich nicht berührt. (↑Dokumenten-Akkreditiv).
Aufgrund der Entwicklung neuer Finanzierungsinstrumente und effizienterer Abwicklungsarten hat der Rembourskredit stark an Bedeutung verloren.
Paul Nyffeler

Remedium
↑Toleranz.

Remittent
Die wechselrechtliche Bezeichnung für die Person oder Firma, an die oder deren Order nach Angabe des Wechselausstellers/Checkausstellers gezahlt werden soll. Ist ein ↑Wechsel «an eigene Order» ausgestellt, so ist der Aussteller zugleich Remittent.

Remote access
Allgemein bedeutet Remote access Zugriff zur ↑Börse aus Distanz, ohne Präsenz am Ort der Börse. Bei den meisten elektronischen Börsen ist Remote access der Normalfall, da die Händler sich nicht mehr an der Börse versammeln, sondern von ihren jeweiligen Handelsräumen aus handeln. Häufig versteht man allerdings unter Remote access Zugriff zu einer Börse von einem andern Land, beziehungsweise von einer andern Jurisdiktion aus. Somit sind mit diesem Remote access dann auch rechtliche Auswirkungen verbunden. Um die Börsenüberwachung bei unterschiedlicher Jurisdiktion von Börse und Börsenteilnehmer sicherzustellen, sind rechtliche Vereinbarungen zwischen den beiden betreffenden Ländern notwendig.

Remote banking
Remote banking wurde bisher meist gleichgesetzt mit der Abwicklung von ↑Transaktionen am Geldautomaten und mittels Telefonbanking. Aufgrund der rasanten Entwicklung neuer Technologien entstand in den letzten Jahren eine Vielfalt an elektronischen Kanälen für einen Einsatz im Sinne des Remote banking, die dessen Verständnis wesentlich veränderten. Remote banking erlaubt heute die Abwicklung praktisch der gesamten Bankgeschäfte eines Kunden «remotely», d.h. ohne den Besuch einer Bankfiliale.
Das Angebot von Remote-banking-Lösungen führt bei den Banken zu einer Verminderung der ↑Transaktionskosten und ermöglicht ihnen eine Straffung

des Filialnetzes. Dem Kunden bringt die Anwendung des Remote banking eine Vereinfachung sowie eine höhere zeitliche Flexibilität in der Abwicklung der Bankgeschäfte. Weiter führt das Remote banking zu einer zunehmenden Personalisierung und Individualisierung der Bankgeschäftsabwicklung.

Remote member
Börsenteilnehmer (↑Effektenhändler), die ↑Remote access haben.

Rendite
Unter Rendite versteht man den Ertrag einer Anlage in Prozenten des tatsächlich investierten Kapitals. Die einfache Rendite oder Dividendenrendite ergibt sich aus den im Laufe eines Jahres gutgeschriebenen Zins- bzw. Dividendenerträgen bezogen auf das investierte Kapital.

Die effektive Rendite einer Anlage ergibt sich, indem man die Wertveränderungen des Basistitels in der Renditeberechnung berücksichtigt. Für Anlagen mit einer ↑Laufzeit von mehr als einem Jahr wird die Rendite in der Regel pro Jahr (p. a.) angegeben.

$$\text{Einfache Rendite} = \frac{\text{Dividenden bzw. Zinsertrag} \cdot 100}{\text{Investiertes Kapital}}$$

$$\text{Effektive Rendite} = \frac{(\text{Ertrag} +/- \text{Wertveränderung}) \cdot 100}{\text{Investiertes Kapital}}$$

Rendite auf Verfall
Die Rendite auf Verfall (↑Yield to maturity [YTM]) bezeichnet den jährlichen Ertrag einer festverzinslichen Anlage in Prozenten des investierten Kapitals, sofern diese Anlage bis zum Endverfall gehalten wird. In die Berechnung der Rendite auf Verfall fliessen folgende Parameter ein:
– Marktpreis (Prevent value)
– Nennwert (↑Face value), Rückzahlungsbetrag (Final payment)
– Restlaufzeit (Time to maturity).

Bei der Berechnung der Rendite auf Verfall geht man von der vereinfachenden Annahme aus, dass die Zinszahlungen zu gleichen Konditionen wie das Kapital reinvestiert werden können.
Die Rendite auf Verfall ist derjenige Zinssatz, mit dem man alle zukünftigen Zahlungsströme (↑Cashflows) einer Anlage diskontieren muss, um den Marktpreis zu erhalten.
Zur Berechnung der Rendite auf Verfall wurden in der Vergangenheit hauptsächlich Tabellen verwendet. Heute verfügen die meisten kaufmännischen Taschenrechner und Tabellenkalkulationen über diese Funktion. Im professionellen ↑Bond-Handel werden oftmals Berechnungsmodelle eingesetzt, die für die Reinvestition der Zinserträge die effektiven Marktsätze bis Endverfall berücksichtigen. ↑Bewertung von Anleihensobligationen.

Renditedenken
Verhalten von Anlegern, die mehr Wert auf die Barrendite von ↑Aktien als auf Kapitalgewinn durch Kurssteigerung legen. Das Renditedenken gewinnt jeweils vor allem in Zeiten mit schwacher Börsenverfassung an Bedeutung.

Renditedifferenz
Differenz der ↑Renditen von Anleihen mit unterschiedlicher ↑Bonität (auch Renditespread genannt).

Renditen von Obligationen
Die Schweizerische ↑Nationalbank (SNB) berechnet periodisch Renditen von verschiedenen Schuldnerkategorien, die sie auch veröffentlicht. Für die SNB von spezieller Bedeutung ist die Rendite von Obligationen der Eidgenossenschaft. Sie gilt als Indikator für das Zinsniveau auf dem Kapitalmarkt (↑Kapitalmarkt [Volkswirtschaftliches). Bis zum Jahr 2000 berechnete die SNB eine Durchschnittsrendite einer Gruppe von eidgenössischen ↑Obligationen und anderer Schuldnerkategorien. Diese Berechnungsmethode wies nicht zu vernachlässigende Mängel auf, weshalb sie durch ein neues Verfahren abgelöst wurde. Die SNB ermittelt seither Renditen anhand von Kassazinssätzen, nach der international gebräuchlichen Methode von Nelson/Siegel. Die Rendite wird für Obligationen mit unterschiedlichen ↑Laufzeiten von 2 bis 30 Jahren berechnet und veröffentlicht. ↑Bewertung von Anleihensobligationen.

Christoph Menzel

Renditepapier
↑Effekten mit einem hohen Ertrag aus dem jährlichen ↑Zins oder der ↑Dividende.

Renko-Chart
Dieser aus Japan stammende Chart-Typus basiert ausschliesslich auf ↑Schlusskursen. Eingetragen werden nur im Voraus bestimmte Kursveränderungen, und zwar selbst dann, wenn die Kursveränderungen in Richtung eines bereits eingezeichneten ↑Trends entstanden sind. Die Eintragungen erfolgen in Form von weissen (bei steigenden) bzw. schwarzen (bei fallenden ↑Kursen) Balken. Der Zweck dieses Typus besteht darin, insignifikante Bewegungen wegzufiltern und nur dann ↑Signale zu erhalten, wenn für die eigene Portfolioführung massgebliche Veränderungen stattgefunden haben.

Alfons Cortés

Rentabilität
↑Bankpolitik, Geschäftspolitik der Banken; ↑Betriebliches Rechnungswesen im Bankgewerbe; ↑Zinsmarge, -spanne.

Rentenanleihen
↑Ewige Anleihen.

Rentenfonds
↑Anlagefonds.

Rentenindex
↑Obligationenindex.

Rentenmarkt
In Deutschland Bezeichnung für den gesamten Obligationenmarkt.

Rentenversicherung
Als Rente bezeichnet man eine periodisch wiederkehrende Leistung. Sie kann zeitlich begrenzt sein (temporäre Rente), sie kann aber auch bezahlt werden, solange die versicherte Person lebt (lebenslängliche Rente).
Die Lebensversicherungen gliedern sich in ↑Kapitalversicherungen einerseits und Rentenversicherungen andererseits. Während die Kapitalversicherungen dem Kapitalaufbau dienen (Sparprozess), handelt es sich bei den Rentenversicherungen um den Verzehr eines angesparten Kapitals.
Eine spezielle Ausprägung stellt die Erwerbsunfähigkeitsrente dar. Die Erwerbsunfähigkeitsrente wird gewährt, wenn die versicherte Person nach Ablauf der vertraglich vereinbarten Wartefrist wegen den Folgen von Krankheit oder Unfall zu einem bestimmten Prozentsatz erwerbsunfähig ist. Die Erwerbsunfähigkeitsrente stellt ein Ersatzeinkommen dar und ist als solches zu versteuern.
Nur dem Begriff nach handelt es sich bei der so genannten Zeitrente um eine Rente. Die Zeitrente ist die ratenweise Auszahlung einer fällig gewordenen Leistung aus einem Kapitalversicherungsvertrag.

Reopening
↑Anleihensobligation.

Repackaging
Besondere Form von Anleihen, die in der ursprünglichen Ausstattung vom Markt nicht aufgenommen worden sind und durch Umgestaltung wesentlicher Elemente wie ↑Laufzeit, ↑Zinssatz usw. für die ↑Investoren attraktiv gemacht werden.

Repartierung
Vom französischen Begriff répartition: Verteilung, Zuteilung. Die Repartierung wird notwendig, wenn bei einer Wertpapieremission die Nachfrage (d.h. die ↑Zeichnungen) das Angebot an verfügbaren ↑Titeln übersteigt. Die Banken fühlen sich im Allgemeinen bei der Repartierung nicht zu einer gleichmässigen Verteilung der ihnen zur Verfügung stehenden Titel verpflichtet, d.h., sie beliefern ihre Effektenkundschaft nach Grundsätzen, die sie selbst für gerecht und zweckmässig halten. Repartierung setzt also begrifflich nicht eine gleichmässige Aufteilung voraus. ↑Emissionsgeschäft.

Repatriierung
Rückführung, Heimschaffung von im Ausland angelegtem Kapital. Befürchtungen hinsichtlicher politischer oder wirtschaftlicher Sicherheit und damit häufig verbundener Währungsschwächen können Ursachen von Repatriierungen sein.

Replacement cost
Wiederbeschaffungswert. ↑Marktwert der offenen derivativen Finanzinstrumente (↑Derivate) aus Kunden- und Eigengeschäften der Bank. Positive Wiederbeschaffungswerte entsprechen dem Betrag, der beim Ausfall der Gegenpartei verloren ginge. Sie stellen eine Forderung der Bank dar und sind deshalb einem ↑Kreditrisiko (Ausfall der Gegenpartei) ausgesetzt. Negative Wiederbeschaffungswerte sind Verpflichtungen und unter «Sonstige Passiven» bilanziert. ↑Replacement value.

Replacement cost risk
Als Replacement cost risk wird das Risiko bezeichnet, dass eine Gegenpartei einer offenen ↑Transaktion vor der Abwicklung der Transaktion nicht mehr zahlungsfähig ist. Dadurch verbleibt die solvente Gegenpartei mit einer nicht abgesicherten ↑Position, die sie gegebenenfalls zu Marktkonditionen nachträglich hedgen (↑Hedge) muss. Das Replacement cost risk kann auch als das durch das ↑Gegenparteirisiko induzierte ↑Marktrisiko bezeichnet werden.

Replikation
Unter Replikation versteht man die Nachbildung der Auszahlungsstruktur einer Anlage durch andere Anlagen. Replizierende ↑Portfolios bilden die Grundlage für ↑Arbitragestrategien.

Repo
Bei einem (Sale and) ↑Repurchase agreement (REPO) werden ↑Effekten (Collaterals) von einer Marktpartei (Geldnehmer) verkauft und gleichzeitig auf einen bestimmten oder offenen (Open repo) Termin gleichartige Effekten zum ursprünglichen Preis wieder zurückgekauft. Wirtschaftlich stellt ein Repo einen durch die zugrunde liegenden Effekten gedeckten Geldmarktkredit dar. Für die Dauer des Repo entrichtet der Geldnehmer der Gegenpartei (Geldgeber) den beim Geschäftsabschluss vereinbarten Repozins (Price differential). Für die Gegenpartei ist das Geschäft ein Reverse-Repo. Das Eigentum an den Effekten geht vom Geldnehmer an den Geldgeber über, der Geldnehmer verzichtet jedoch nicht auf die Erträge auf dem Collateral und trägt auch weiterhin die mit dem Collateral verbundenen Kurs- und ↑Kreditrisiken; er ist der Beneficial owner (↑Wirtschaftlich Berechtigter), der Geldgeber der Legal owner der Effekten. Differenzen zwischen dem ↑Marktwert der zugrunde liegenden ↑Titel und dem ausgelie-

henen Geldbetrag werden in der Regel täglich ermittelt und durch Geldzahlungen oder Wertschriftenlieferungen (↑Margin transfer) ausgeglichen. Repos weisen damit im Gegensatz zu ungesicherten Geldmarktgeschäften kaum ein ↑Gegenparteirisiko auf und sind gleichzeitig flexibler als andere durch Wertschriften gedeckte Kredite wie z. B. der Lombardkredit. Die Schweizerische ↑Nationalbank (SNB) setzt ihre Geldpolitik wie andere Notenbanken fast ausschliesslich mittels Repo-Geschäften um (↑Repo-Geschäft der SNB; ↑Geldpolitik [Umsetzung]; ↑Repomarkt Schweiz). Die ↑Laufzeiten von Repos reichen von ganz kurzen Fristen (↑Intraday-Liquidität und ↑Overnight money) bis zu einigen Monaten. Beim allgemeinen Repo (General collateral, GC) können beliebige Titel einer bestimmten Wertschriftenkategorie – die zulässigen ↑Valoren sind in einer definierten Liste (Basket) aufgeführt – hinterlegt werden. Demgegenüber dienen beim Special repo ganz bestimmte, vom Geldgeber gesuchte Effekten als Collateral. Special repos werden in der Regel mit einem Zinsabschlag als ↑Prämie für die Überlassung der gesuchten Wertpapiere gehandelt (↑Refinanzierung).

Markus Gähwiler

Repo-Geschäft der SNB

Als geldpolitisches Instrument (↑Instrumentarium der SNB) spielen ↑Repos seit vielen Jahren in verschiedenen Ländern eine wichtige Rolle, so etwa in den USA seit den Anfängen des 20. Jahrhunderts. Mit dem komptanten Kauf von ↑Wertschriften und ihrem Verkauf auf Termin schafft die ↑Zentralbank für einen befristeten Zeitraum Sichtguthaben (↑Sichteinlagen), d.h. ↑Liquidität. Bilanziell erhöhen sich dabei die «Forderungen aus Repo-Geschäften» (↑Notenbankausweis, Ausweis der Schweizerischen Nationalbank) und das ↑Girokonto der Gegenpartei. Im in der Praxis weitaus selteneren Fall eines Wertschriftenverkaufs per Kasse und ihres Rückkaufs auf Termin schöpft die Zentralbank Liquidität ab. Sie tätigt dann – aus ihrer Sicht – ein *Reverse-Repo*.

Nach Massgabe der Deckung unterscheidet man zwischen speziellen (nur eine Wertschriftenposition) und allgemeinen Repos (eine Mehrzahl von Titelpositionen einer bestimmten Wertschriftenkategorie aus einer definierten Liste, einem sog. ↑Basket). Im Repo-Geschäft der SNB kommen mehrere Baskets ausgewählter notenbankfähiger Aktiven zum Einsatz:

– Der SNB-Basket, der aus Schweizer-Franken-Obligationen des Bundes, anderer öffentlicher Inlandschuldner, ausländischer Staaten, internationaler Organisationen und ausländischer Banken sowie aus schweizerischen ↑Pfandbriefen besteht
– Der deutsche (German GC) Basket, der sich im wesentlichen aus auf ↑Euro lautenden ↑Obligationen Deutschlands zusammensetzt
– Der Euro-Jumbo-Pfandbrief-Basket, der ↑Jumbo-Anleihen deutscher Hypothekenbanken enthält.

Bei der durch die gesetzlich vorgegebene Nationalbankfähigkeit begrenzte Festlegung der Baskets spielen Kriterien der ↑Bonität, der Liquidität, der Marktbedürfnisse und der Verfügbarkeit, ↑Lieferung gegen Zahlung bei der SEGA-Intersettle (↑SIS SegaIntersettle AG) eine Rolle. Die aktuellen Baskets können den Websites der SNB und der ↑EUREX entnommen werden.

Schon kurz nach ihrer im Jahre 1998 erfolgten Einführung haben sich die Repos als geldpolitisches Offenmarktinstrument durchgesetzt. Sie haben die traditionellen Instrumente des Devisenswaps (↑Devisengeschäft), des Swaps mit ↑Geldmarkt-Buchforderungen des Bundes und der Weiterplatzierung von Depositen des Bundes weit gehend abgelöst. Dank der leistungsfähigen und transaktionskostengünstigen Handels- und Abwicklungsplattform (↑Repomarkt Schweiz) hat sich der Kreis der Gegenparteien der SNB markant erweitert. Überdies erlauben Repos eine transparente Zinssteuerung (↑Geldpolitik [Umsetzung]). Schliesslich sind mit Repos für die SNB und alle anderen Marktteilnehmer nur äusserst geringe ↑Kredit- (Bonität der Baskets) und Abwicklungsrisiken verbunden.

Von geldpolitischen Repos zu trennen sind die *Intraday-Repos* (↑Intraday-Liquidität). Diese stehen den Banken zinslos zur Verfügung. Sie müssen bis zum Tagesende zurückbezahlt werden. Ihr Zweck liegt in der Erleichterung und Beschleunigung des Zahlungsprozesses im ↑Swiss Interbank Clearing (SIC). Sie spielen überdies eine wichtige Rolle bei der täglichen Alimentierung des ↑Continuous linked settlements (CLS) mit Schweizer-Franken-Liquidität.

Die SNB offeriert ihre Repos in der Regel an täglichen über die Eurex-Plattform vorgenommenen Auktionen, an denen sich Banken aus dem In- und Ausland beteiligen. Sie kündigt dabei die ↑Laufzeit (fast ausschliesslich zwischen Overnight und drei Wochen) und den entsprechenden Repozins an. Die nachgefragten Liquiditätsbeträge sind v. a. abhängig vom Liquiditätsbedarf der Banken und der Differenz zwischen dem Repozins und den Marktzinssätzen. Die Zuteilungsquote weist starke Schwankungen auf: im Durchschnitt liegt sie bei 30–40 Prozent. Zins und zugeteilte Beträge stehen im Dienst geldpolitischer Absichten. In der Regel offeriert die SNB zu marktkonformen Zinssätzen und legt die zugeteilten Mengen nach Massgabe der täglichen Steuerungserfordernisse fest.

Bruno Gehrig

Links: www.snb.ch – www.eurexrepo.com

Repo-Geschäft-Reverse
↑Repo.

Repo-Markt Schweiz

Die Entstehung eines Repo-Marktes in der Schweiz erfolgte im Gegensatz zu anderen Ländern, wo sich das Repo-Geschäft in den 80er-Jahren etabliert hat, vergleichsweise spät. Grund war die Umsatzabgabe auf Wertpapiertransaktionen. Seit Anfang 1997 betrachtet die Eidgenössische Steuerverwaltung ein ↑Repo nicht mehr als Wertpapiertransaktion, sondern als gesicherten Kredit, wodurch die Stempelsteuer (↑Stempelabgaben im Finanzgeschäft) entfallen ist. Diese Änderung schuf zusammen mit dem Entscheid der Schweizerischen ↑Nationalbank (SNB), das Repo-Geschäft als geldpolitisches Instrument einzusetzen (↑Repo-Geschäft der SNB), und der Anpassung des ↑Nationalbankgesetzes (NBG) die Voraussetzungen für die Entstehung eines Repo-Marktes in der Schweiz.

1. Motivation für das Repo-Geschäft
Der Schweizer Repo-Markt dient primär der Beschaffung und vorübergehenden Platzierung von Liquidität. Die Geldseite steht im Vordergrund, und es werden hauptsächlich General collateral repos (↑Repo) abgeschlossen. Vier *General collateral baskets* stehen am Schweizer Markt zur Verfügung: der SNB-Basket, der German-GC-Basket, der deutsche Euro-Jumbo-Pfandbrief-Basket sowie der SMI-Basket. Der Geldnehmer verschafft sich Collateral über die eigenen Wertpapierbestände oder über das ↑Securities lending and borrowing (SLB). Das sehr geringe ↑Gegenparteirisiko reduziert die ↑Risikoprämie im Zinssatz im Vergleich zu ungedeckten Geldmarktgeschäften und erleichtert Schuldnern minderer ↑Bonität die Kreditaufnahme. Zudem erlauben Repos denjenigen Marktteilnehmern, für welche Eigenmittelvorschriften gelten, ↑Eigenkapital freizusetzen.
Bei Special repos liegt die Motivation darin, ein bestimmtes Wertpapier im Markt auszuleihen bzw. zu borgen. Special repos dienen z. B. der Erfüllung von Lieferverpflichtungen aus dem Leerverkauf von Wertpapieren oder der Absicherung eines Wertpapier-Portfolios. Sie spielen im Repo-Markt Schweiz jedoch nur eine untergeordnete Rolle.

2. Rechtliche Aspekte
Das Repo-Geschäft geniesst im Rahmen der Eigenmittelvorschriften, der Bestimmungen zum ↑Klumpenrisiko sowie der Liquiditätsanforderungen gegenüber ungesicherten Geldmarktkrediten eine bevorzugte Behandlung. Voraussetzung ist, dass die als Sicherheit dienenden ↑Effekten an einer anerkannten ↑Börse oder an einem organisierten Markt gehandelt werden, täglich eine Marktbewertung der Geld- und Titelseite stattfindet und Margenausgleiche (↑Margin transfer) erfolgen. Ungesicherte Geldmarktausleihungen mit ↑Restlaufzeit bis zu einem Jahr an eine Bank im OECD-Raum erfordern gemäss ↑Bankenverordnung eine Eigenkapitalunterlegung von zwei Prozent. Während dabei für ungesicherte Geldmarktgeschäfte die gesamte ↑Risikoposition angerechnet wird, findet beim Repo-Geschäft nur derjenige – sehr geringe – Teil Berücksichtigung, welcher nicht durch Titel gedeckt ist.
Für Repo-Geschäfte sind drei Verbuchungsvarianten zulässig: Kauf/Verkauf, Securities lending and borrowing (SLB) sowie ↑gedeckter Kredit. Die Verbuchungsarten haben unterschiedliche Auswirkungen auf die Bilanz, die Unterlegung und die Liquidität. Bei Banken, die das Regelwerk GAAP (↑Generally Accepted Accounting Principles der USA) anwenden, ist die Variante Kauf/Verkauf nicht zulässig, da eine Rückkaufsvereinbarung vorliegt. Darf der Geldgeber die erhaltene ↑Deckung an Dritte weiterleiten, ist die Verbuchungsart in Abhängigkeit der Substitutionsmöglichkeit zu wählen. Liegt ein Substitutionsrecht vor, kann der Geldnehmer übertragene Titel jederzeit durch andere Vermögenswerte ersetzen.

3. Straight through processing (STP)
Die Vernetzung der ↑SIS SegaIntersettle AG, der Schweizerischen Nationalbank (↑Swiss Interbank Clearing SIC) und der Schweizer Börse (↑SWX Swiss Exchange) ermöglicht die vollständige Integration und Automatisierung der bei einem Repo involvierten Prozesse wie Titelauswahl, Weiterleitung der Erträge und ↑Risikomanagement (↑Straight through processing). Die SIS SegaIntersettle AG ist als Triparty Repo Service Provider für das ↑Clearing und ↑Settlement verantwortlich. Via SECOM (↑SIS SegaIntersettle communication system [SECOM]) erledigt diese sämtliche Operationen, welche nach Geschäftsabschluss anfallen. Haben die Geschäftspartner ein General collateral repo abgeschlossen, wählt der so genannte GC Select selbsttätig aus dem SIS-Depot des Geldnehmers die zu liefernden Titel nach bestimmten Kriterien (Korb, ↑Laufzeit, Volumen) aus. Er wählt jene Wertpapiere aus, die vom Geldnehmer für Repo-Geschäfte freigegeben worden sind. Nach dem Prinzip ↑Lieferung gegen Zahlung (LGZ) werden zur gleichen Zeit das Geld dem SIC-Konto des Geldnehmers und die Titel ins SIS-Depot des Geldgebers verbucht. Dadurch wird das Abwicklungsrisiko massgeblich reduziert. Während der Repo-Laufzeit werden die Effekten nicht blockiert. Die uneingeschränkte Verfügungsmacht des jeweiligen Eigentümers ermöglicht die Mehrfachnutzung der Wertpapiere. Die Weitervergütung von Zinszahlungen oder Dividendenausschüttungen, die tägliche Bewertung der Titelseite, allfällige Margenausgleiche in Form von Effekten oder Geld sowie die Rücklieferung von Titeln und Geldbetrag nach Ablauf der Repo-Laufzeit werden vom SECOM automatisch generiert.

4. Teilnahme am Repo-Markt Schweiz
Bedingung für die Teilnahme am Repo-Markt Schweiz ist die Unterzeichnung des Schweizer Rahmenvertrags für Repo-Geschäfte oder des Standardvertrags Global master repurchase agreement (GMRA), welcher im Ausland häufig angewendet wird. Zudem sind ein Vertrag über die Teilnahme an Eurex repo mit der ↑Eurex Zürich AG, ein Dienstleistungsvertrag und ein Vertrag über die Abwicklung von Repo-Geschäften mit der SIS SegaIntersettle AG abzuschliessen. Der Marktzugang ist nicht auf Mitglieder der Schweizer Börse beschränkt, jedoch müssen die Marktteilnehmer bestimmte Voraussetzungen erfüllen. Laut den ↑Allgemeinen Geschäftsbedingungen von Eurex repo müssen diese in ihrem Sitzstaat einer ↑Finanzmarktaufsicht unterstellt sein und gemäss dem Recht ihres Sitzstaates Banken sein oder einen den schweizerischen ↑Effektenhändlern gleichwertigen Status besitzen. Teilnehmer mit Sitz im Ausland bedürfen keiner Effektenhändlerbewilligung der Eidgenössischen ↑Bankenkommission (EBK). ↑Zentralbanken sowie internationale Organisationen, die im Besitze einer Spezialbewilligung der Eurex Zürich AG sind, sind als Teilnehmer zugelassen, ohne über den Banken- oder Effektenhändlerstatus zu verfügen. Marktzutrittskosten halten sich in engen Grenzen. Nebst einmaligen Investitionsausgaben fallen Transaktionsgebühren in der Höhe von 0,3 ↑Basispunkten sowie Kosten für die Datenübermittlung an.

5. Repo-Handel
Mitte 1999 wurde der telefonische Handel vom elektronischen Handel über die Plattform der Schweizer Börse SWX abgelöst. Im Oktober 2000 wurde die elektronische Lösung der SWX in die deutsch-schweizerische ↑Terminbörse Eurex integriert und wird seitdem als eigenständiges Segment unter dem Namen Eurex repo geführt. Das System ermöglicht den Handel nicht nur in Schweizer Franken, sondern auch in Fremdwährungen (Geld- und Titelseite). Für General collateral repos stehen nebst den standardisierten Kontrakttypen mit Laufzeiten zwischen einigen Stunden (Intraday) und mehreren Monaten auch nichtstandardisierte Kontrakte zur Auswahl. Special repos werden ebenfalls über die Plattform Eurex repo abgeschlossen. Die am häufigsten gehandelten Laufzeiten liegen zwischen Overnight und mehreren Wochen.

Im August 2001 belief sich die Zahl derjenigen, welche den Schweizer Rahmenvertrag für Repo-Geschäfte unterzeichnet hatten, auf 102 Gegenparteien. Darunter sind zahlreiche im Ausland ansässige Banken zu finden. Voraussetzungen für deren Teilnahme waren die Zulassung ausländischer Banken durch die Schweizerische Nationalbank (SNB) an den Repo-Auktionen sowie die Möglichkeit, in Fremdwährung denominierte Hinterlagen liefern zu können. Das durchschnittliche Volumen ausstehender Repo-Kontrakte der SNB betrug im Juli 2001 CHF 18,4 Mia., währenddem sich das Volumen am Interbankenmarkt (↑Interbankgeschäft) auf CHF 10,0 Mia. belief.

Karl Hug

Report
Im Wertschriftengeschäft: Verlängerung einer Hausseterminposition auf einen späteren Liquidationstermin.
Im ↑Devisengeschäft: Aufschlag des ↑Terminkurses auf den ↑Kassakurs. Der Aufschlag wird in Prozenten ausgedrückt. (↑Swap-Satz).
Das Gegenteil von Report ist ↑Deport.

Reportingpflicht
↑Meldepflichten im Bank- und Finanzmarktbereich.

Repo-Satz
Der Repo-Satz ist jener Satz, zu dem die Schweizerische ↑Nationalbank bereit ist, ↑Wertpapiere entgegenzunehmen (↑Repo-Geschäft der SNB). Dieser Satz richtet sich nach dem ↑Zinsniveau und wird täglich neu festgelegt.

Repo-Sätze SNB
↑Repo-Geschäft der SNB.

Repo-Segment
Im Jahre 1999 entwickelte die ↑SWX Swiss Exchange ein Repo-Segment. Insbesondere benötigte die Schweizerische ↑Nationalbank SNB diesen Repo-Markt für die Steuerung des schweizerischen ↑Geldmarktes. Da der Schweizer Markt sich als zu klein erwies, wurde das ↑Marktsegment im Jahre 2000 an die ↑Eurex übertragen und zu einem europäischen Repo-Markt ausgebaut.

Repräsentanz
Der Begriff Repräsentanz wird wie folgt verwendet.
1. Unter Repräsentanzen werden Vertretungen ↑ausländischer Banken in der Schweiz bzw. schweizerischer Banken im Ausland verstanden. Repräsentanzen werden mit dem Ziel eröffnet, ausländische Bankmärkte eigenständig zu erschliessen. Die Aufgabe der Repräsentanz besteht in der Akquisition und Vermittlung neuer Kunden und Geschäftsbeziehungen für die ausländische Bank sowie in der Kontaktpflege zu bestehenden Kunden. Daneben dienen sie als Informationsstellen, indem sie das eigene Institut über die Entwicklungen in der Schweiz, aber auch die Interessenten auf dem ↑Finanzplatz Schweiz über die Entwicklungen im Heimatland und in der eigenen Bank informieren. Den Repräsentanzen sind sowohl das Abschliessen

von eigenen Geschäften wie auch das Vermitteln von Geschäften auf eigene Rechnung nicht erlaubt. Die Errichtung einer Repräsentanz bedarf der Bewilligung der Eidgenössischen ↑Bankenkommission. Diese wird erteilt, wenn die ausländische Bank einer angemessenen Aufsicht untersteht, die zuständigen ausländischen Aufsichtbehörden keine Einwände erheben, das Gegenrecht gewährt ist und die mit der Leitung betrauten Personen Gewähr für eine einwandfreie Vertretungstätigkeit bieten.

2. Repräsentanzen ausländischer ↑Anlagefonds, die von der Schweiz aus vertrieben werden, bedürfen einer Bewilligung der Eidgenössischen Bankenkommission. Die Bewilligung wird einem *Vertreter,* d. h. einer natürlichen oder ↑juristischen Person mit Sitz in der Schweiz und nicht der ↑Fondsleitung im Ausland erteilt (AFG 45 III). Der Vertreter repräsentiert den ausländischen Anlagefond in der Schweiz gegenüber den Anlegern und der Aufsichtsbehörde (↑Aufsicht, Aufsichtsbehörde). Er ist ferner für die Veröffentlichungen und Werbung in der Schweiz verantwortlich. Seine Identität ist in jeder Publikation zu nennen. Der Sitz des Vertreters gilt als Erfüllungsort und ↑Gerichtsstand, auch nach einem Bewilligungsentzug oder der Auflösung des ausländischen Anlagefonds.

Repricing-Frist
↑Zinsbindungsdauer.

Reprise
In der ↑Börsensprache Bezeichnung für die Erholung der ↑Kurse nach einem Rückschlag. Früher zweite Lesung beim Handel am Börsenring (↑Präsenzbörse).

Reproduktionskostenwert
↑Status.

Repudiation, Zurückweisung
Fachausdruck für die Weigerung eines Staates, die Schulden oder einen Teil davon (z. B. eine Anleihe) zurückzuzahlen.

Repurchase agreement
Bei einem Repurchase agreement (abgekürzt ↑Repo) verkauft der, der Liquidität nachfragt, eigene oder geliehene ↑Wertpapiere an den Geldgeber. Gleichzeitig wird vereinbart, dass der Geldnehmer Wertpapiere gleicher Art und zum gleichen Wert zu einem späteren Zeitpunkt vom Geldgeber zurückkauft. Obwohl bei einem Repo das Eigentum der Wertschriften an den Geldgeber übertragen wird, handelt es sich ökonomisch betrachtet um ein gesichertes ↑Darlehen. Verglichen mit einem Darlehen weist der Repo aber zwei zusätzliche Eigenheiten auf. (1) Für den Fall, dass während der ↑Laufzeit des Repos die Kursschwankungen auf dem oder den Titeln zu einer Über- oder Unterdeckung des Kredits führen, ist ein Margenausgleich vorgesehen. Dieser Ausgleich findet statt durch zusätzliche Lieferungen von Titeln oder durch Geld. (2) Eventuelle Zins- oder Dividendenzahlungen gehen an den ursprünglichen Eigentümer des Wertpapiers, da dieser der wirtschaftlich ↑Begünstigte ist.

Re-Regulierung
Die 90er-Jahre waren in den meisten Branchen stark geprägt vom Abbau staatlicher Regeln, gemeinhin bekannt unter dem Schlagwort ↑Deregulierung. Der Finanzsektor bildete diesbezüglich indes kein illustratives Beispiel. Wohl wurden nationalstaatlich-protektionistische und regulatorische Wettbewerbsschranken weit gehend abgebaut. Gleichzeitig wurden aber ein bedeutender Teil der Aufsichtsgesetzgebung überarbeitet und verfeinert sowie eine Vielzahl neuer Vorschriften erlassen. Es fand ein eigentlicher Regulierungsschub statt, der auch als Re-Regulation oder Re-Regulierung bezeichnet wird. Nebst der Erfassung neuer ↑Risiken diente die Re-Regulation der internationalen Harmonisierung der Aufsichtsstandards unter der Federführung des ↑Basler Ausschusses für Bankenaufsicht.

Research
↑Bond research; ↑Equity research.

Research and development
↑Price R&D spending ratio.

Reservebank
↑Federal reserve system (FED).

Reserven
↑Eigene Mittel; ↑Stille Reserven.

Reserven für allgemeine Bankrisiken
Die Reserven für allgemeine Bankrisiken umfassen zurückbehaltene Gewinne, die nicht in einer anderen Position Reserven enthalten sind. Erfolgt die Bildung über die Position ausserordentlicher Aufwand, handelt es sich betriebswirtschaftlich betrachtet um eine ↑Gewinnverwendung. Zuweisungen erfolgen auch erfolgsneutral durch Übertragung von nicht mehr notwendigen ↑Wertberichtigungen und ↑Rückstellungen oder durch Umbuchung von ↑stillen Reserven. Ungeachtet ihrer Einreihung im Bilanzschema ist die Reserve für allgemeine Bankrisiken Teil des ↑Eigenkapitals.

Reservewährung
↑Währung eines Landes, in der die Währungsbehörden anderer Länder ihre Devisenreserven (↑Währungsreserven) halten. Als Reservewährun-

gen kommen harte Währungen in Frage. Wichtigste internationale Reservewährung ist nach wie vor der US-Dollar, aufgrund des wirtschaftlichen Leistungspotenzials der USA sowie wegen ihrer Bedeutung als internationales Finanzzentrum und im Welthandel.

Resetklausel
↑Wandelanleihe.

Residual risk
Als Residual risk bezeichnet man einerseits das ↑Risiko, das man durch ↑Diversifikation nicht eliminieren kann (↑systematisches Risiko) und andererseits das verbleibende Risiko, das durch Hedging (↑Hedge) nicht abgesichert werden kann.

Residualwert
↑Bewertung von Grundstücken.

Reskriptionen
Reskriptionen sind ↑kurz- und ↑mittelfristige Schuldverschreibungen des Bundes, der Kantone oder der Gemeinden. Aktuell sind die ↑Geldmarkt-Buchforderungen des Bundes (GMBF), das meistverbreitete Instrument unter den Reskriptionen. Daneben können die Reskriptionen auch die Form von ↑Schatzanweisungen (↑Treasury bills, Bons du trésor), Schatzscheinen oder Schatzwechseln annehmen.

Restanten
Gekündigte ↑Anleihensobligationen, die am Rückzahlungstermin nicht eingelöst worden sind.

Restlaufzeit
Verbleibende ↑Laufzeit vom gegenwärtigen Zeitpunkt bis zum Rückzahlungstermin bei Anleihen mit festem Verfalldatum. Besteht die Möglichkeit einer vorzeitigen ↑Kündigung, wird in der Regel die mittlere Restlaufzeit (↑Mittlere Laufzeit) betrachtet.

Restricted list
↑Chinese walls.

Restrukturierung
Der Begriff Restrukturierung soll vorliegend verstanden werden als ein fortwährender Prozess zur wirksamen Anpassung des Unternehmens an neue interne wie externe Erfordernisse. Somit stellt die Restrukturierung einen Anpassungsprozess dar mit dem Ziel, die Wettbewerbsfähigkeit eines Unternehmens zu erhalten oder wiederherzustellen. Diesem Verständnis folgend grenzt sich der Begriff Restrukturierung von den oft synonym verwendeten Begriffen Sanierung (↑Sanierung [Allgemeines]) oder Turnaround insoweit ab, als der Anpassungsprozess fortwährend über den ganzen Lebenszyklus einer Unternehmung stattfindet und nicht begrenzt ist auf eine Zeit wirtschaftlicher Not. Motor einer kontinuierlichen Anpassung sind dabei gerade die in der kürzeren Vergangenheit immer rascher und radikaler ändernden Rahmenbedingungen für Unternehmen. Ehemals protektionierte und regulierte Märkte werden heute durch einen einzigen globalen, weit gehend deregulierten Markt abgelöst, was die Konkurrenzsituation entscheidend verschärft. Antwort auf diese Herausforderung ist das Bestreben, die eigene Fähigkeit, sich den ändernden Umständen anpassen zu können, stetig zu verbessern. Die dafür notwendige Flexibilität kann nicht mehr nur in punktuellen, in grossen Zeitintervallen vorkommenden Reorganisationen erreicht werden, sondern bedingt einen stetigen Unternehmenswandel. Die Unternehmen sind heute gefordert, ihre Strategie, Struktur und Kultur dahingehend zu entwickeln, dass sie die Prämissen unternehmerischen Erfolgs wie Marktnähe, Kundenorientiertheit, Flexibilität, Schnelligkeit und Innovationsfähigkeit nachhaltig erfüllen können.

Restrukturierungsmassnahmen werden verschiedentlich unterschieden nach deren Wirkungskreis. Sind die Strukturen und Prozesse der vorhandenen ↑Geschäftsbereiche eines Unternehmens Ziel der Restrukturierung, kann von innerbetrieblichen Restrukturierungsmassnahmen gesprochen werden. Wird darüber hinaus das unternehmenseigene Geschäftsportfolio bereinigt, wird darin ein branchen-struktureller Anpassungsprozess gesehen. Gegenstand innerbetrieblicher Restrukturierung sind Massnahmen im Beschaffungsbereich (Beschaffungspolitik, Lieferantenportefeuille, Lagerhaltung usw.), im leistungswirtschaftlichen Bereich (Produktionsprogramme, Produktionsmengen, Fertigungstypen und Fertigungsverfahren usw.), im Absatzbereich (Vertriebsnetz, ↑Konditionenpolitik, Verkaufsunterstützung usw.) und im finanzwirtschaftlichen Bereich (Finanzierungsstrukturen unter Aspekt von Rentabilität, ↑Liquidität und Sicherheit) sowie im Bereich Personalwirtschaft (Personalbedarf, Rekrutierungskanäle, Massnahmen zur Mitarbeiter-Retention usw.). Ebenfalls miteinbezogen können die Unternehmensorganisation (↑Aufbau- und ↑Ablauforganisation) sowie die Führung (Leitbilder und -sätze, Strategien, Unternehmenskultur usw.) sein. Ziel dieser Fülle von Massnahmen ist dabei die Ausschöpfung von Kostensenkungs- und Effizienzsteigerungspotenzialen.

Ist die Optimierung des eigenen Geschäftsportfolios Ziel der Restrukturierungsmassnahmen, gelingt dies mittels Devestition und/oder Akquisition einzelner Geschäftsbereiche. Wie in den letzten Jahren verschiedentlich zu beobachten war, sehen Unternehmensverantwortliche häufig darin eine Optimierung, das unternehmenseigene Leistungsspektrum auf möglichst wenige Kernaktivitäten zu konzentrieren und jene Geschäftsbereiche abzustossen, die nicht innerhalb dieser Kernaktivitäten liegen. Ziel dieser Konzentration ist dabei die Steigerung der Wettbewerbsfähigkeit in den fokussierten Segmenten. Aus Transaktionssicht ergeben sich für eine Devestition eines Geschäftsbereiches im Wesentlichen drei Varianten. Die wohl verbreitetste Variante ist nach wie vor der Verkauf an einen strategischen respektive industriellen ↑Investor, der damit sein eigenes Geschäftsportfolio optimiert. Immer häufiger wird aber versucht, den ↑Kapitalmarkt in Anspruch zu nehmen mittels eines ↑Initial public offering (IPO) oder eines ↑Spin-offs. Diese letzteren Varianten sind dann geeignet, wenn der zu devestierende Geschäftsbereich eine genügende Grösse aufweist, um selbstständig überleben und eine ↑Refinanzierung am Kapitalmarkt finden zu können.

Wie bei der Devestition steht auch bei einer Akquisition die Optimierung des eigenen Geschäftsportfolios respektive die Steigerung der Wettbewerbsfähigkeit im Vordergrund. Dabei erhofft man sich mit dem Kauf verwandter Geschäftsbereiche insbesondere die Nutzung von Synergien, der Zugang zu neuen Märkten, zu neuen Technologien sowie zu neuen Vertriebskanälen. *Bruno Bohlhalter*

Restschuldversicherung

Die Restschuldversicherung ist eine ↑Kreditversicherung, die spezielle Risiken abdeckt, denen ein ↑Kreditnehmer während der Dauer der Kreditrückzahlung ausgesetzt ist. Restschuldversicherungen sind im Konsumkreditgeschäft üblich und werden hauptsächlich zur Deckung der Risiken Tod, Unfall, Krankheit sowie Arbeitslosigkeit abgeschlossen. Häufig schreiben die ↑Kreditgeber den Versicherungsschutz für einzelne dieser Risiken, speziell des Todesfallrisikos, als Voraussetzung für einen Vertragsabschluss vor. Trifft dies zu, so ist der Prämienanteil in die Gesamtkosten des Kredites mit einzurechnen, die den gesetzlichen Höchstzinsvorschriften unterliegen. Das gilt nicht für Prämien, die der Kreditnehmer für die Versicherung weiterer Risiken, über deren Abschluss er frei entscheiden kann, zu bezahlen hat.

Restschuldversicherungen werden meistens als Rahmenverträge (Pauschalpolicen) zwischen dem Kreditgeber und einer Versicherungsgesellschaft abgeschlossen und decken das Risiko für die gesamten Kreditabschlüsse. Mit der Unterzeichnung eines Kreditvertrags erklärt der Kreditnehmer sein Einverständnis mit den Abmachungen zur Restschuldversicherung, und er erhält die Versicherungsbedingungen ausgehändigt. Im Schadensfall leistet die Versicherungsgesellschaft an seiner Stelle die Zahlungen zur Tilgung der gesamten oder eines Teils der noch ausstehenden Restschuld des Kredites. *Lydia Saxer Waser*

Retail banking, Retailgeschäft

Retail (englische Bezeichnung für Einzel- oder Kleinhandel) charakterisiert im Bankgeschäft diejenigen standardisierten Produkt- und Dienstleistungsangebote, die sich auf grundlegende Finanzbedürfnisse eines Grossteils der Bevölkerung ausrichten. Gebräuchlich sind in diesem Zusammenhang auch die Begriffe Mengengeschäft, Massengeschäft oder Consumer banking.

Retailkunden sind Privatkunden aller Alterskategorien, Firmen (Kleinbetriebe, lokales Gewerbe) sowie Institutionen ohne Erwerbscharakter (Vereine, Verbände, Stiftungen), die durch ihre Bankbeziehung vor allem Zahlen, Sparen und Vorsorgen wollen. Charakteristisch für das Retailgeschäft ist ein dichtes Filialnetz im Einzugsgebiet, ausgerüstet für das ↑Schalter-, Schrankfach-, Nachttresor- und Automatengeschäft. Retailkunden werden zumeist nicht persönlich betreut, sondern durch die gerade anwesende Person am Schalter beraten oder telefonisch in einem ↑Contact-Center bedient. Die typische Produktnutzung besteht aus Zahlungsverkehrskonten (Salär-, Privatkonto), damit verbundenen bargellosen ↑Zahlungsmitteln (↑ec/Maestro-Karte, ↑Kreditkarten), sowie ↑Zahlungs- und Daueraufträgen. Ebenfalls dazu gehört das ↑Sparkassengeschäft, heute überwiegend auf Sparkonten (↑Sparkonto, Sparheft) sowie Vorsorgekonten der Säule 3a (↑Dritte Säule). Das Retail-Kundensegment dominiert den ↑Zahlungsverkehr und das ↑Passivgeschäft einer ↑Universalbank.

Das Retail-Produktsortiment weist über das Kundensegment im engeren Sinn hinaus, zählen doch zusätzlich auch Hypothekarkredite, Portfolio-Fonds und Lebensversicherungen nebst ↑Konsumkrediten und Auto-Leasing (↑Leasing) zu den Angeboten im Retailgeschäft. Je nach Anbieter mit unterschiedlicher Abstufung werden Retailkunden mit grösseren ständigen Guthaben zu Individualkunden (↑Individualkundengeschäft) mit persönlicher Betreuung durch einen definierten Kundenberater, aber immer noch unter Nutzung des Retailproduktangebots. In Anlehnung an die Bekleidungsbranche wandelt sich das Angebot der Bank mit wachsendem Anlagevermögen des Kunden zur Masskonfektion mit «Mass customized solutions» und erhöhter Beratungsintensität.
Dominique Folletête

Retailkunden

Im Bank- und Börsengeschäft wurden Kleinsparer und ↑Kleinanleger (trotz des Schlagwortes des Volkskapitalismus) während langen Jahren vernachlässigt. Sie galten als zu kostenintensiv und deshalb unprofitabel. Mit den jüngsten Entwicklungen der Technologie und insbesondere des Internet banking wurde die Retailkunden ab Mitte der 90er-Jahre als interessantes Kundensegment buchstäblich «wieder entdeckt». ↑Retail banking,

Retailgeschäft, ↑Direct banking; ↑Electronic banking; ↑Privatkunden, Privatkundengeschäft.

Retentionsrecht

Das Retentionsrecht ist ein unmittelbar auf dem Gesetz beruhendes Sicherungsrecht, das ähnliche Wirkungen entfaltet wie das ↑Pfandrecht, weshalb gelegentlich von gesetzlichem Pfandrecht gesprochen wird. Im Bankverkehr sind folgende Arten von Retentionsrechten von Bedeutung:

1. *Das sachenrechtliche Retentionsrecht (ZGB 895 ff.)*. Es gibt einem ↑Gläubiger die Befugnis, bewegliche Sachen und ↑Wertpapiere eines Schuldners, die sich in seinem Besitze befinden, und die er sonst herausgeben müsste, zurückzubehalten und nötigenfalls wie ein ↑Faustpfand zu verwerten. Eine rechtliche Verfügungsmacht des Gläubigers ist nicht erforderlich; das Retentionsrecht kann daher z.B. auch an nicht zu Gunsten des Gläubigers indossierten Ordrepapieren oder nicht an ihn abgetretenen Namenpapieren ausgeübt werden. Gehört die Sache nicht dem Schuldner, so besteht das Retentionsrecht trotzdem, wenn der Gläubiger die Sache in gutem Glauben an das ↑Eigentum des Schuldners entgegengenommen hat. Im sog. bürgerlichen Verkehr ist das Retentionsrecht nur gegeben, wenn Besitz und Forderung in einem inneren Zusammenhang stehen; so besitzt die Bank das Retentionsrecht an von ihr im Auftrag eines privaten Kunden gekauften Wertpapieren für die Kaufpreisforderung und die ↑Courtage, aber nicht, was oft übersehen wird, an bei ihr im offenen ↑Depot liegenden Wertpapieren für eine Kreditforderung. Unter Kaufleuten ist das Retentionsrecht ausgedehnter; es genügt, wenn Sachbesitz und Forderung aus ihrem gegenseitigen geschäftlichen Verkehr entspringen. So kann z.B. die Bank im offenen Depot liegende Wertpapiere für eine Kreditforderung retinieren, wenn dem Schuldner Kaufmannseigenschaft zukommt, d.h., wenn er selbstständig im Handelsregister eingetragen ist oder bei ihm eine Pflicht zur Eintragung besteht. Das Retentionsrecht spielt im praktischen Bankverkehr keine besondere Rolle, da die ↑Allgemeinen Geschäftsbedingungen der Banken jeweils für Forderungen der Bank aus irgendwelchen Gründen ein generelles Pfandrecht ausbedingen (↑Generalpfandklausel). Das Retentionsrecht als eine vom Gesetz verliehene Sicherungsbefugnis würde lediglich aktuell, wenn keine vertraglichen Beziehungen zwischen Bank und Kunden spielten; so etwa, wenn aus irgendeinem Grunde eine vorgenommene ↑Pfandbestellung unwirksam wäre.

2. *Das Retentionsrecht des Vermieters und Verpächters (OR 268 ff., 299c)*. Vermieter und Verpächter von Geschäftsräumen haben zur Sicherheit für die Miet- und Pachtzinsforderung ein besonderes, nicht auf Besitz beruhendes Retentionsrecht an den beweglichen Sachen, die vom Mieter oder Pächter in die gemieteten oder gepachteten Räume zu deren Einrichtung oder Benützung eingebracht worden sind. Es gibt Sicherheit für einen verfallenen Jahreszins und den laufenden Halbjahreszins bei der Miete bzw. für einen verfallenen und einen laufenden Jahreszins bei der Pacht. Die Verwertung wird durch das Betreibungsamt mittels Aufnahme der Retentionsgegenstände in das sog. Retentionsverzeichnis sichergestellt. Da sich das Retentionsrecht seit der Revision des Mietrechts von 1990 nur noch auf Geschäftsräume und ihren Inhalt erstreckt, ist fraglich geworden, ob die Bank heute noch am Inhalt eines Tresorfaches ein Retentionsrecht zur Sicherheit für die Tresormiete beanspruchen kann.

Retouren

Im Wechseldiskont- und ↑Inkassogeschäft Bezeichnung für ↑Wechsel, die am Verfalltag nicht eingelöst worden sind (Retourwechsel).

Retourwechsel

↑Retouren.

Retractible bond

Anleihen, die vom Schuldner vorzeitig zur ↑Rückzahlung gekündigt werden können. ↑Rückzahlung von Anleihen.

Retrozession

Im Bankgeschäft spricht man von Retrozession, wenn eine Bank eine vereinnahmte Kommission teilweise einem Dritten, gestützt auf eine getroffene Abmachung, weitergibt. Retrozessionen kommen besonders bei ↑Emissionsgeschäften, bei ↑Konsortialkrediten und an Vermittler im Vermögensverwaltungs- und im Kapitalanlagegeschäft vor. Häufig auch als Kick-back bezeichnet.

Return on assets (ROA)

Der Return on assets (ROA) ist eine Kennzahl zur Beurteilung der Vermögens- bzw. ↑Kapitalrentabilität. Die Bezeichnung Return on investment (ROI) ist deshalb ein Synonym. Vereinfacht wird der ↑Reingewinn in Bezug zum investierten Vermögen (Kapital) gesetzt. Weil es sich um die Rentabilität des gesamten investierten Kapitals handelt, ist jedoch die Berechnung

$$\frac{(\text{Reingewinn} + \text{Zinsen}) \cdot 100}{\text{Durchschnittliches Vermögen}}$$

sachlich zutreffender.

Return on equity (ROE)
Englische Bezeichnung für die Rentabilität des ↑Eigenkapitals. Sie wird wie folgt berechnet:

$$\frac{\text{Reingewinn} \cdot 100}{\text{Durchschnittliches Eigenkapital}}$$

Die Kennzahl ist nur aussagekräftig, wenn die Jahresrechnung nach dem True-and-fair-view-Konzept (↑True and fair view) erstellt worden ist.

Return on investment (ROI)
↑Return on assets (ROA).

Return on net assets (RONA)
Rendite des Nettovermögens. Variante der ↑Kapitalrentabilität, wobei weder die Erfolgsgrösse (Return) noch das eingesetzte Kapital (Net assets) einheitlich definiert werden. Im Allgemeinen wird das Unternehmungsvermögen um das unverzinsliche ↑Fremdkapital gekürzt und der Gewinn (gegebenenfalls zuzüglich Fremdkapitalzinsen) in Prozenten des Nettovermögens ausgedrückt. Die uneinheitliche Berechnungsart erschwert zwischenbetriebliche Vergleiche auf der Grundlage des RONA.

Return on required equity (RORE)
↑Analyse der Jahresrechnung von Banken.

Return on risk adjusted capital (RORAC)
↑RORAC.

Return or underlying (ROUND)
↑Strukturierte Produkte.

Reuters
↑Data vendors; ↑Electronic communication network (ECN).

Revalorisation
Auch Revaluation, Revalvation. ↑Aufwertung, Abwertung; ↑Valorisation.

Revaluation
Auch Revalorisation, Revalvation. ↑Aufwertung, Abwertung; ↑Valorisation.

Revers
↑Schadloserklärung.

Reverse convertible bonds
↑Bond-Handel.

Reverse dual currency bonds
Reverse dual currency bonds (umgekehrte ↑Doppelwährungsanleihen) sind ↑Anleihensobligationen, die in einer bestimmten ↑Währung (Währung 1) emittiert, deren ↑Coupons (Zinsen) jedoch in einer anderen Währung (Währung 2) bezahlt werden. Die Währung 2 ist normalerweise die Währung des ↑Emittenten. Amortisiert wird der Reverse dual currency bond in der Währung 1, der für den Anleger relevanten Währung. Demgegenüber sind bei normalen «Dual currency bonds» (Doppelwährungsanleihen) üblicherweise die Emissionswährung (Kapital), die Währung des Emittenten und die Währung der Zinszahlungen die Währung des ↑Investors. Doppelwährungsanleihen werden heute nicht mehr begeben, weil ein Devisenswap meistens günstiger ist und für den Emittenten zum gleichen wirtschaftlichen Resultat führt.

Reverse exchangeables
↑Wandelanleihe.

Reverse exchangeable units (REVEXUS)
↑Strukturierte Produkte; ↑Bond-Handel.

Reverse floater
Variabel verzinsliche Anleihen bzw. ↑Notes, die zu einem festen ↑Zinssatz abzüglich des ↑Referenzzinssatzes (↑Libor, ↑Euribor, usw.) verzinst werden. Reverse floater werden vor allem von ↑Investoren erworben, die fallende Geldmarktzinsen (↑Geldmarktsätze, -zins) erwarten.

Reverse-Repo
↑Repo.

Reverse split
Zusammenlegung von einzelnen ↑Aktien mit einem niedrigen ↑Nennwert und entsprechend tiefem ↑Kurswert zu einer neuen Aktie mit höherem Nennwert mit dem Ziel, für eine Aktie einen optisch höheren Börsenkurs zu erreichen. Mit einem Reverse split soll verhindert werden, dass eine Aktie von den Marktteilnehmern als wenig attraktiver ↑Penny stock wahrgenommen wird. Nach schweizerischem Recht (OR 623 II) ist ein Reverse split nur auf freiwilliger Grundlage zu erreichen, weil kein Aktionär zur Zusammenlegung von Aktien gezwungen werden kann. Gegenteil: ↑Split-up.

Reverse swap
Der Reverse swap ist eine ↑Transaktion, die ein bestehendes ↑Swap-Geschäft mit identischen Bedingungen, aber umgekehrten Gegenparteien, beinhaltet. Ein Reverse swap eliminiert die Verpflichtungen aus dem ursprünglichen Swap-Geschäft. Diese Art von Transaktion wird angewendet, wenn eine blosse Stornierung des ursprünglichen Swap-Geschäfts aus steuerlichen oder buchhalterischen Gründen für eine der Gegenparteien unattraktiv erscheint.

REVEXUS
Abk. f. Reverse exchangeable units. ↑Strukturierte Produkte; ↑Bond-Handel.

Revision, externe
Banken unterscheiden sich in verschiedenen Belangen von Unternehmen anderer Branchen. Dies zeigt sich nicht zuletzt in besonderen Vorschriften für die Gestaltung und Prüfung der Jahresabschlüsse von Banken. Neben dem Eigeninteresse der Bank an einer Prüfung durch die externe Revision bzw. Revisionsstelle besteht ein übergeordnetes Interesse an einem stabilen und leistungsfähigen Bankensystem. Aufgrund der Tatsache, dass den Banken eine zentrale Rolle bei der Finanzierung der Wirtschaft und somit für deren Funktionieren insgesamt zukommt, unterliegen sie einer höheren Regulierungsdichte und umfangreicheren Prüfungen als andere Unternehmen.

1. Die bankengesetzliche Revisionsstelle
BankG 18 I statuiert für die Banken die Pflicht, ihre Jahresrechnungen jedes Jahr durch eine ausserhalb des Unternehmens stehende (externe) Revisionsstelle prüfen zu lassen. Die Revisionsstellen für Banken und ↑Effektenhändler bedürfen einer Bewilligung durch die Eidgenössische ↑Bankenkommission, EBK, worunter eine Bewilligung des Bundesrechts zu verstehen ist. Die EBK anerkennt Revisionsstellen, wenn sie die gesetzlich vorgesehenen Voraussetzungen erfüllen (BankG 20 I, BankV 35 und 36, BEHG 18, BEHV 32 III). Die EBK entzieht die Anerkennung, falls eine Revisionsstelle die Voraussetzungen nicht mehr erfüllt oder ihre gesetzlichen Pflichten, betriebsinterne Vorschriften oder berufsständische Pflichten grob verletzt (BankV 37 II, BEHV 37).
Durch die Bewilligungsvoraussetzungen für Revisionsstellen bei Banken und Effektenhändlern sollen Fachwissen, Stellung und Unabhängigkeit gesichert werden. Gemäss den gesetzlichen Bestimmungen muss die externe Revisionsstelle von der Geschäftsleitung und der Verwaltung der zu prüfenden Bank bzw. des zu prüfenden Effektenhändlers unabhängig sein (BankG 20 III, BEHG 18 III). Diese Vorschrift wird auf Verordnungsstufe in Bezug auf die Gewährleistung der finanziellen Unabhängigkeit und die mit der Prüftätigkeit unvereinbaren Geschäftstätigkeiten konkretisiert. Für den Prüfer ist die Unabhängigkeit ein wichtiges Instrument, damit er sein Prüfungsurteil objektiv und unbeeinflusst abgeben kann.
Die für die externe Revision in erster Linie massgebenden Vorschriften des BankG befinden sich in BankG 18–22 (neunter Abschnitt: Überwachung und Revision). Die entsprechenden Normen auf Verordnungsstufe, welche die bankengesetzlichen Normen konkretisieren, finden sich in BankV 35–42 (Kapitel 12: Revisionsstellen und Revisionsverfahren). BankV 43–49 (Kapitel 13: Revisionsbericht). Bei der Überwachung und Revision von Effektenhändlern sind analog BEHV 30–37 (4. Abschnitt: Externe Revision) und BEHV-EBK 8 massgebend. Die Bestimmungen zur Revision im BankG und im BHG sind parallel aufgebaut und entsprechend einheitlich zu interpretieren. Die Revisionsstelle kann zumindest auch teilweise Sonderaufgaben erfüllen (Mandate als Liquidatoren, als ↑Beobachter sowie Mandate im Rahmen von Untersuchungen).

2. Das dualistische Aufsichtssystem der Schweiz
Das Hauptmerkmal der Organisation der ↑Bankenaufsicht in der Schweiz besteht darin, dass dualistisch ist. Das schweizerische Aufsichtssystem beruht im Gegensatz zu den meisten anderen Ländern grundsätzlich nicht auf einer direkten Überwachung durch die Aufsichtsbehörden. Die direkte Prüfungstätigkeit wird in der Schweiz von anerkannten Revisionsstellen durchgeführt, welche der EBK als oberste Aufsichts- und Vollzugsinstanz Bericht erstatten. Die EBK ist befugt, von den Revisionsstellen und den Banken alle Auskünfte und Unterlagen zu verlangen, die sie zur Erfüllung ihrer Aufgaben benötigt. Die Prüfungsgesellschaften haben jedoch eine eigene Ordnungskompetenz; stellen sie Verletzungen gesetzlicher Vorschriften oder sonstige Missstände fest, setzen sie dem geprüften Institut eine angemessene Frist zur Wiederherstellung des gesetzlich ordnungsgemässen Zustandes. Falls aber Missstände unter Aspekten des Gläubiger-, Funktions-, System-, Vertrauens- und Rufschutzes schwer wiegend sind, ist von der Revisionsstelle direkt und unverzüglich Nachricht an die EBK zu erstatten. Der Entscheid für das dualistische Aufsichtssystem wurde bereits bei der Schaffung des BankG getroffen. Damals wurde das System der direkten staatlichen Aufsicht vom Gesetzgeber bewusst abgelehnt. Heute ist die Stellung der Revisionsstelle gekennzeichnet durch das rechtliche Verhältnis zum beaufsichtigten Institut und zur EBK. Sie steht in einer Doppelstellung einerseits des privatrechtlichen Mandates, anderseits der gesetzlichen Aufgabenerfüllung, die eine amtsähnliche Funktion beinhaltet.
Im internationalen Vergleich ist das dualistische System zwar nicht einzigartig, in seiner Ausprägung für die Schweiz jedoch kennzeichnend.
Die Aufsicht beginnt beim beaufsichtigten Institut selbst. Das Institut hat zu sorgen, dass ein internes Überwachungssystem besteht, welches das interne Kontrollsystem, Informations-, Rechenschafts- und Dokumentationsfunktionen sowie Monitoring-Funktionen umfasst. Mit der letztgenannten Funktion sind namentlich die interne Revision, die Compliance-Funktion und die Risikokontrolle als Bestandteil des ↑Risikomanagements gemeint. Die interne und externe Revision müssen ihre Tätigkeitsbereiche koordinieren, um Doppelspu-

rigkeiten zu vermeiden (BankG 19 III, BankV 40a, BEHV 36 II), aber auch damit sich die beiden verschiedenen Revisionssysteme gegenseitig ergänzen und dadurch ihre Gesamtwirkung erhöhen.

3. Der Prüfungsgegenstand im Wandel
Der Revisionsstelle kommt im Rahmen der Aufsicht eine grosse Verantwortung zu. Die Rolle der Prüfungsgesellschaft geht weit über diejenige eines reinen Rechnungsprüfers hinaus, obwohl im Mittelpunkt der Prüfungstätigkeit die Ordnungsmässigkeit des Jahres- bzw. des Konzernabschlusses nach Form und Inhalt steht. Nach BankG 19 I hat die Revisionsstelle u. a. zu prüfen, ob die Bestimmungen des BankG und der BankV und die Voraussetzungen der Bewilligung eingehalten worden sind. Entsprechend gilt für die Effektenhändler BEHG 19 I, wobei noch zusätzlich ausdrücklich erwähnt wird, dass ihre Tätigkeit als solche zu prüfen ist (BEHG 17 I). Ebenfalls ausdrücklich vorgesehen ist die Pflicht zur Durchführung von Zwischen- und Nachrevisionen (BankV 40/41 und BEHG 17 I). Das Ergebnis des Prüfungsberichts wird im ↑Revisionsbericht festgehalten (BankG 21 I, BEHG 19 II). Der Inhalt des Revisionsberichtes ist in BankV 43–49 und im ↑EBK-Rundschreiben 96/3 geregelt. Der Revisionsbericht ist dem Präsidenten des Verwaltungsrates zuzustellen, und jährlich geht der Bericht auch an die EBK.

Der Vollständigkeit halber sei auch auf die aktienrechtliche Revisionsstelle hingewiesen, die bei Banken-Aktiengesellschaften die im OR festgelegten Aufgaben übernimmt. In der Praxis werden die beiden Funktionen regelmässig von der gleichen Prüfungsgesellschaft ausgeübt.

Die Aufgaben und Verantwortlichkeiten der Revisionsstelle haben sich in den letzten Jahren stark erweitert. Zum einen werden heute viel mehr Sachverhalte und die Einhaltung von mehr Regeln geprüft und der Prüfungsgegenstand ist komplexer geworden.

Die bankengesetzliche Revisionsstelle muss in ihrem Bericht kurz aber eindeutig und kritisch über die Einhaltung der Bewilligungsvoraussetzungen und weitere Punkte Stellung nehmen. Dazu gehören u. a. die Verwaltungsorganisation, die interne Revision, die Kompetenzordnung, die Funktionstrennung der obersten Organe, die Angemessenheit der Organisation (inkl. EDV-Organisation), des Risikomanagements, des internen Kontrollsystems, der globalen Compliance-Funktion (↑Compliance) eines Bankkonzerns oder die Messung und Einhaltung der Eigenkapitalanforderungen. Der Revisor hat ebenfalls bezüglich der Bewilligungsvoraussetzungen Stellung zu nehmen, ob die leitenden Organe der Bank oder des Effektenhändlers für eine einwandfreie Geschäftstätigkeit Gewähr leisten. Die Änderungen im Aufsichtsrecht und somit des Prüfungsgegenstandes führen zu einer verstärkt qualitativ orientierten Prüfung.

Von der Revisionsstelle wird auch zur Risiko-, Ertrags- und Vermögenslage und über die Einhaltung von Verfügungen und Rundschreiben der EBK sowie der Standesregeln Stellung genommen.

4. Ausblick
Auch in Zukunft wird das dualistische Aufsichtssystem grundsätzlich beibehalten werden. Bereits heute wird es aber durch neue Aufsichtshandlungen im In- und Ausland ergänzt und beispielsweise für die ↑Grossbanken weiterentwickelt. Der EBK stehen neue Aufsichtsinstrumente zu, nämlich:
– Aufsichtsbesuche der EBK (Supervisory visits),
– Begleitung von Vor-Ort-Prüfungen der Prüfungsgesellschaften (Regulatory attendance) und
– Vor-Ort-Reviews (On-site reviews).

Das reine dualistische System ist auch durch Aufsichtshandlungen in Bezug auf die Eigenmittel teilweise durchbrochen.

Durch eine neu überdachte Rollendarstellung der Prüfungsgesellschaften und der staatlichen Aufsichtsbehörde einerseits, gezieltem Einsatz neuer Aufsichtsinstrumente andererseits, wird sich das schweizerische dualistische Aufsichtssystem den internationalen Herausforderungen stellen.

Claude Bourqui

Revision, interne

Die *Interne Revision* ist eine unabhängige und objektive Tätigkeit. Ihre Aufgabe besteht sowohl in der Feststellung der Sicherheit (Assurance) als auch in der Beratung. Sie ist auf Wertschöpfung und Verbesserung der Geschäftsaktivitäten ausgerichtet.

Assurance services sind objektive Untersuchungen von Prüfungsnachweisen, um eine unabhängige Beurteilung des ↑Risikomanagements, der Steuerung und Kontrolle sowie Governance-Prozessen der Organisation zu erreichen. Beispielhaft seien hier Prüfungen in den Bereichen Finanzen, Leistungserbringung, Einhaltung, Sicherheit der Systeme und bei Due-diligence-Aufträgen (↑Due diligence) genannt.

Consulting services (Beratungsleistungen) sind die über die Assurance services der Internen Revision hinausgehenden Leistungen, die erbracht werden, um das Management beim Erreichen seiner Ziele zu unterstützen. Art und Umfang der Arbeiten werden mit dem Kunden abgestimmt. Beispielhaft seien hier Moderation, Prozessgestaltung, Schulung und Beratung genannt.

Die Interne Revision trägt zur Zielrealisierung von Organisationen bei, indem sie eine systematische und anerkannte Vorgehensweise für die Bewertung und Steigerung der Effektivität des Risikomanagements, der Steuerung und Verwaltung (Governance) bereitstellt.

Die Aufgaben der internen Revision werden in den Standards for the professional practice of internal auditing aufgezeigt und definiert.

1. Art der Arbeiten (Nature of work)
Die Interne Revision bewertet das Risikomanagement, Steuerung und Kontroll- sowie Governance-Systeme und trägt zu deren Verbesserung bei:
– *Risikomanagement (Risk management):* Die Interne Revision unterstützt die Organisation bei der Erkennung und Bewertung wesentlicher Risikopotenziale und leistet Beiträge zur Verbesserung der Risikomanagement- und Steuerungs- und Kontrollsysteme.
– *Steuerung und Kontrolle (Control):* Die Interne Revision unterstützt die Organisation bei der Aufrechterhaltung wirksamer Steuerung und Kontrolle, indem sie deren Effektivität und Effizienz beurteilt sowie kontinuierliche Verbesserungen fördert.
– *Governance (Governance):* Die Interne Revision trägt zum Governance-Prozess der Organisation bei, indem sie den Prozess beurteilt und verbessert, durch den (1) Werte und Ziele vorgegeben und kommuniziert werden, (2) die Zielerreichung überwacht wird, (3) Verantwortlichkeiten sichergestellt werden und (4) Vermögenswerte erhalten werden.
– *Governance-Prozess:* Umfasst die von den Vertretern der beteiligten Anspruchsgruppen der Organisation (z. B. Aktionäre) verwandten Verfahren zur Überwachung der vom Management eingesetzten Risiko-, Steuerungs- und Kontrollprozesse.
– *Steuerungs- und Kontrollprozesse (Control processes):* Umfassen die Richtlinien, Verfahren und Aktivitäten, die Teil eines internen Kontrollsystems sind und den Zweck verfolgen, dass die Risiken die im Risikomanagementprozess vorgegebenen Risikotoleranzen nicht übersteigen.
– *Interne Revision (Internal audit activity):* Eine Abteilung (oder ein Bereich, ein Team von Beratern oder anderen Praktikern), die unabhängige, objektive Assurance services und Beratungsleistungen erbringt, die dazu dienen, eine Wertschöpfung oder Verbesserung bei den Geschäftsprozessen einer Organisation herbeizuführen. Dabei unterstützt die Interne Revision die Organisation bei der Erreichung ihrer Ziele durch eine systematische, zielgerichtete und anerkannte Vorgehensweise zur Bewertung und Verbesserung der Effektivität des Risikomanagements, der Steuerung und Kontrolle sowie der Governance-Prozesse.
– *Berufsethik (Code of ethics):* Zweck der vom Institute of Internal Auditors (IIA) aufgestellten Berufsethik ist die Förderung einer ethischen Kultur innerhalb des globalen Berufsstandes der Internen Revision. Ein Code of ethics ist notwendig und zweckmässig für den Berufsstand der Internen Revision, damit das Vertrauen in ihre objektive Prüfung des Risikomanagements, der Steuerung und Kontrolle und der Governance begründet werden kann. Die Berufsethik gilt sowohl für Einzelpersonen als auch für Organisationseinheiten, welche Dienstleistungen im Bereich Interne Revision erbringen.
– *Einhaltung (↑Compliance):* Die Fähigkeit, in hinreichendem Mass die Übereinstimmung und die Befolgung von Organisationsrichtlinien, Plänen, Verfahren, Gesetzen, Verordnungen und Verträgen sicherzustellen.
– *Interessenkonflikt (Conflict of interest):* Jegliche Beziehung, die sich tatsächlich oder dem Anschein nach als ungünstig für die Organisation darstellt. Ein Interessenkonflikt würde die Fähigkeit einer Person, ihren Aufgaben und Pflichten objektiv nachzugehen, beeinträchtigen.
– *Kontrolle (Control):* Jede vom Management, Board oder von anderen Parteien eingeleitete Massnahme, die das Risikomanagement verbessert und die Wahrscheinlichkeit erhöht, dass gesetzte Ziele erreicht werden. Das Management plant, organisiert und steuert die Durchführung ausreichender Massnahmen, um eine angemessene Zusicherung zu erhalten, dass die gesetzten Ziele erreicht werden.
– *Kontrollumfeld (Control environment):* Die Einstellung und die Handlungen von Board und Management sind im Hinblick auf die Bedeutung der Kontrollen in Organisationen von grosser Relevanz. Das Kontrollumfeld bestimmt die Disziplin und die Struktur für das Erreichen der Hauptziele eines ↑internen Kontrollsystems. Zum Kontrollumfeld gehören folgende Elemente: Integrität und ethische Werte, Philosophie und Arbeitsstil des Managements, organisatorische Struktur, Zuordnung von Befugnissen und Verantwortung, Personalpolitik und deren Umsetzung und Kompetenz des Personals.
– *Prüfungsziele (Engagement objectives):* Weit gefasste Aussagen, die von Internen Revisoren erarbeitet werden und in denen die beabsichtigte Zielrealisierung der Prüfung festgelegt wird.
– *Prüfungsablaufprogramm (Engagement work program):* Schriftstück, in dem die Verfahrensschritte aufgeführt sind, die zur Realisierung der Planung während einer Prüfung durchgeführt werden müssen.
– *Externer Dienstleister (External service provider):* Von der Organisation unabhängige Person oder Firma, die über Spezialwissen, Fähigkeiten und Erfahrungen in einem bestimmten Fachgebiet verfügt. Zu den externen Dienstleistern gehören u. a. Versicherungsmathematiker, Fachleute des Rechnungswesens, Umweltschutzexperten, Ermittler in Fällen doloser (vorsätzlicher) Handlungen, Rechtsanwälte, Ingenieure, Geologen, Sicherheitsexperten, Statistiker, Informationstechnologie-Fachleute, Wirtschaftsprüfer

des Unternehmens und andere Revisionsorganisationen. Das Board, das Senior management oder der Leiter der Revision können einen externen Dienstleister beauftragen.
– *Dolose Handlungen (Fraud):* Illegale Handlungen, die durch vorsätzliche Täuschung, Verschleierung oder Vertrauensmissbrauch gekennzeichnet sind. Diese Handlungen sind nicht abhängig von Gewaltandrohungen oder Anwendung von körperlicher Gewalt. Dolose Handlungen werden von Personen oder Organisationen begangen, um in den Besitz von Geldern, Vermögensgegenständen oder Dienstleistungen zu gelangen, um Zahlungen oder den Verlust von Dienstleistungen zu vermeiden oder um sich einen persönlichen oder geschäftlichen Vorteil zu verschaffen.

2. Unabhängigkeit und Objektivität
Die Interne Revision soll unabhängig sein, und die Internen Revisoren sollen bei der Durchführung ihrer Aufgaben objektiv vorgehen.
– *Unabhängigkeit (Independence):* Der Leiter der Internen Revision (Chief audit executive) untersteht der Ebene innerhalb der Organisation, die dafür sorgt, dass die Interne Revision ihre Verantwortlichkeiten wahrnehmen kann. Die Interne Revision soll bei der Festlegung des Umfangs der internen Prüfung, der Durchführung ihrer Arbeiten und der Kommunikation der Ergebnisse nicht behindert werden.
– *Objektivität (Objectivity):* Eine unvoreingenommene geistige Haltung, die von den Internen Revisoren verlangt, die Prüfungen so durchzuführen, dass sie vom Ergebnis ihrer Arbeit selbst überzeugt sind und dass keine Kompromisse bezüglich der Qualität eingegangen werden. Objektivität verlangt von Internen Revisoren, ihre Beurteilung nicht derjenigen von anderen Personen unterzuordnen.

3. Risiko (Risk)
Die Ungewissheit, dass ein Ereignis eintritt, das sich auf die Zielerreichung auswirken könnte. Das Risiko wird im Hinblick auf seine Folgen und seine Wahrscheinlichkeit gemessen. Die Interne Revision überwacht und bewertet die Effektivität des Risikomanagementsystems der Organisation. Die Interne Revision bewertet Risikopotenziale in der Governance, in den Geschäftsprozessen und in den Informationssystemen der Organisation in Bezug auf die Zuverlässigkeit und Integrität von finanziellen und anderen betrieblichen Daten, die Effektivität und Effizienz von Geschäftsprozessen, die Sicherung des Betriebsvermögens und die Einhaltung von Gesetzen, Verordnungen und Verträgen.
Banken und Effektenhändlern ist die Errichtung einer internen Revisionsstelle seit 1997 zwingend vorgeschrieben. Die EBK kann jedoch im Einzelfall eine Bank von der Bestellung einer internen Revisionsstelle befreien, wenn diese aus organisatorischen oder kostenmässigen Überlegungen gerechtfertigt erscheint, was in einfachen und übersichtlichen Verhältnissen der Fall ist.
Interne Revision und externe Revisionsstelle sind gehalten, ihre Tätigkeiten zu koordinieren und im Interesse einer möglichst effizienten Überwachung aufeinander abzustimmen. Die interne Revisionsstelle ist deshalb verpflichtet, ihre Berichte den externen Prüfern vorzulegen (BankG 19 III).
Flemming Ruud

Revisionsabteilung
↑Kontrolle, interne bei Banken; ↑Revision, interne; ↑Revision, externe.

Revisionsbericht
Der Revisionsbericht ist ein auf gesetzlichen und regulatorischen Vorschriften sowie auf Grundsätzen des entsprechenden Berufsstandes basierender, nach strengen formellen und materiellen Kriterien abgefasster, schriftlicher Bericht, der jeweils an den Verwaltungsrat eines Unternehmens gerichtet ist, und der in knapper Form festhält, dass eine Prüfung der Jahresrechnung stattgefunden und zu welchem Ergebnis diese geführt hat. Damit stellt der Revisionsbericht ein wichtiges Überwachungsinstrument für die Organe der Gesellschaft dar. Er dient im Bankenumfeld aber auch der Aufsichtsbehörde als Überwachungsinstrument zur Wahrnehmung ihrer wesentlichen Zielsetzungen, nämlich zur Systemstabilität beizutragen, das Vertrauen des Publikums in das Bankensystem zu schützen und den guten Ruf des Finanzplatzes zu erhalten.
Für Aktiengesellschaften wird die Berichterstattung der Revisionsstelle gemäss dem revidierten Aktienrecht vom 01.07.1992 (OR 729) geregelt; für alle Banken legen die spezialgesetzlichen Vorschriften des BankG 21, bzw. der BankV 43–45 die Form und den Inhalt des Revisionsberichtes fest. Zusätzlich sind von denjenigen Banken und ↑Effektenhändlern, die einen gewerbsmässigen Handel mit ↑Wertpapieren und ↑Wertrechten betreiben, auch die Vorschriften des BEHG 19 III und BEHV 8 zu beachten. Schliesslich hat auch die Eidgenössische ↑Bankenkommission ihr Recht zur Konkretisierung der Einzelheiten über die Berichterstattung ausgeübt und im Rundschreiben 96/3 «Revisionsbericht» (EBK-RS) dessen Mindestgliederung detailliert festgehalten.
Der Bericht der Revisionsstelle gliedert sich für Einzelinstitute in vier Hauptteile, während Bankkonzerne einen zusätzlichen fünften Teil mit der Berichterstattung auf konsolidierter Basis enthalten. Damit beginnt jeder Revisionsbericht mit einer Zusammenfassung der Revisionsergebnisse, gibt dann in einem zweiten Teil die Einhaltung der nach BankV 43–46 und 48 sowie nach BEHG 15 geforderten Stellungnahmen wieder, hält in einem drit-

ten Teil die Feststellungen zur Einhaltung der übrigen Vorschriften und Standesregeln fest, und endet schliesslich im vierten Teil mit Ergänzungen und Beilagen, bzw. nimmt bei Bankkonzernen in einem fünften und letzten Teil gewisse Analysen der vorherigen Abschnitte nochmals auf und beurteilt diese aus der Sicht der konsolidierten Überwachung.

– *1. Teil – Zusammenfassung der Revisionsergebnisse:* Das Herzstück des Revisionsberichtes bildet die Zusammenfassung, wo die Prüfungsergebnisse und Rückschlüsse aus den Abschnitten 2 bis 4 bzw. 5 eine aussagekräftige und gehaltvolle Würdigung durch die Prüfer erfahren, womit dessen Empfänger erst in die Lage versetzt werden, sich rasch und zuverlässig über die Buchführung und die Jahresrechnung zu informieren. Dieser Absatz enthält neben der sehr allgemein gehaltenen Einleitung zur Tätigkeit der Bank, bzw. des Effektenhändlers auch eine Stellungnahme zur Frage der Bewilligungsvoraussetzung. Das eigentliche Ergebnis der gesamten Revision bilden dann die Beanstandungen, Vorbehalte und Fristansetzungen, wo jeder Tatbestand, der gegen eine gesetzliche, regulatorische oder statutarische Vorschrift verstösst, zu beanstanden und vom Prüfer gemäss BankG 21 III, bzw. BEHG 19 IV mit einer Frist zur Wiederherstellung des ordnungsmässigen Zustandes zu versehen ist. Nach Ablauf der gesetzten Frist hat die Revisionsstelle dann in einer Nachrevision die von den verantwortlichen Bankorganen eingeleiteten Massnahmen zu prüfen und im Rahmen eines Sonderberichtes wiederum schriftlich darüber Rechenschaft abzulegen, oder erstattet, als schärfste Massnahme bei ungenutztem Ablauf der Frist, Meldung an die Aufsichtsbehörde. Praktisch als gleichwichtig in diesem Teil des Revisionsberichtes ist die Analyse der Jahresrechnung (Bilanz, ↑Erfolgs-, Mittelflussrechnung und ↑Anhang) und der Kennzahlen einzustufen, wo eine knappe und aussagekräftige Beurteilung zur Vermögens-, Finanz- und Ertragslage erfolgt, sowie die Beurteilung der Risikopolitik, des ↑Risikomanagements und der ↑Risikokontrolle, wo eine grobe Einschätzung der Risikolage der Bank vorgenommen wird.

– *2. Teil – Stellungnahme zu BankV 43 – 46 und 48 sowie zu BEHG 15:* Dieser Abschnitt fasst das Ergebnis der Prüfungstätigkeit nach der Reihenfolge und dem Detaillierungsgrad der relevanten Bestimmungen der ↑Bankenverordnung in tabellarischer Form zusammen, jeweils versehen mit einer klaren und eindeutigen Bestätigung des Prüfers. Neben einer Würdigung der Bestimmungen nach dem Massstab der Ordnungsmässigkeit mit «ja», «nein» oder «n/a» (nicht anwendbar) ist die Beurteilung zwingend mit Zahlenangaben oder verbalen Aussagen zu begründen.

– *3. Teil – Einhaltung der übrigen Vorschriften und Standesregeln:* In analoger Weise wie der zweite Teil präsentiert sich auch der Abschnitt zur Einhaltung der übrigen Vorschriften und Standesregeln. Darin sind alle gültigen Rundschreiben der Eidgenössischen Bankenkommission (EBK), die geltenden Standesregeln der Schweizerischen ↑Bankiervereinigung (SBVg), die Vorschriften der Schweizerischen ↑Nationalbank (SNB) und des Pfandbriefgesetzes sowie die Bestimmungen über ↑bankinterne Sondervermögen und die gesetzeskonforme Ausübung der Aufgaben als ↑Depotbank gemäss dem Anlagefondsgesetz (AFG) und der Anlagefondsverordnung (AFV) vom Prüfer wiederum unter dem Gesichtspunkt der Ordnungsmässigkeit zu beurteilen und mit ergänzenden Kommentaren zu versehen.

– *4. Teil – Ergänzungen und Beilagen:* In diesem Teil des Revisionsberichtes sind primär die geprüften Zusammenstellungen und Formulare der Bank zu verwenden. Dazu zählen namentlich die Erfolgs- und Eigenkapital-Analyse gemäss dem EBK-RS «Frühinformationen», der Eigenmittelausweis, die Liquiditätsausweise I und II, der Devisenstatus sowie die Meldung der ↑Klumpenrisiken und diejenige der zehn grössten Schuldner. Darüber hinaus sind hier auch die Mandate der Revisionsstelle aufzuführen, die im Betrachtungszeitraum durchgeführten Schwerpunktprüfungen aufzuzählen, die im Abschluss angewendeten Bilanzierungs- und Bewertungsgrundsätze zu kommentieren und wesentliche Feststellungen und Ergänzungen zu einzelnen Positionen der Jahresrechnung festzuhalten.

– *5. Teil – Konsolidierte Überwachung (Konzern):* Dieser nur bei Bankkonzernen nach BankV 23a anwendbare Absatz des Revisionsberichtes umfasst die Bestätigung und Würdigung der Einhaltung der Eigenmittelanforderungen und der Risikoverteilungsvorschriften, der Ordnungsmässigkeit der ↑Konzernrechnung nach Form und Inhalt sowie der Angemessenheit der Liquiditätsvorsorge auf konsolidierter Grundlage. Dazu kommen verbale Aussagen zum Konsolidierungskreis, zur Organisation und Führung des Konzerns, zur Vermögens-, Finanz-, Ertrags- und Risikolage sowie wesentliche Feststellungen und Empfehlungen zu einzelnen Positionen der Konzernrechnung. Schliesslich sind dem Revisionsbericht in analoger Weise auch alle, bereits im vierten Teil erwähnten, nun allerdings auf Konzernbasis erstellten Aufstellungen beizulegen.

Da dem Revisionsbericht die Funktion zukommt, summarisch gegenüber den Organen der Gesellschaft über die Prüfungstätigkeit zu berichten, verbunden mit einer Stellungnahme zur Gesetzes- und Statutenkonformität von Buchführung und Jahresrechnung, weist dieser notwendigerweise eine beschränkte Aussagekraft auf. Dies nicht zuletzt auch aufgrund der Tatsache, dass die Abschlussprüfung immer vergangenheitsorientiert ist und sich ausschliesslich mit der Situation des zurückliegenden Geschäftsjahres befasst. Somit erlaubt der Revisionsbericht weder Rückschlüsse auf die Qualität der Geschäftsführung noch auf die Gesundheit oder die Zukunftschancen einer Gesellschaft und äussert sich damit eben gerade nicht zu denjenigen Kriterien, die einen ↑Investor oder einen Kunden in erster Linie interessieren. Gleichzeitig dürften damit auch Schadenersatzansprüche gegenüber der Revisionsstelle, die sich allein auf zu Unrecht vorbehaltlose Revisionsberichte stützen, juristisch schwierig durchzusetzen sein, denn es müsste den Revisoren im Einzelfall unter anderem ein Verschulden bei der Erfüllung ihrer Pflichten nachgewiesen werden können. *René Saluz*

Revolvierend
Aus dem Englischen revolving, d.h. sich erneuernd, drehend. Der Begriff wird vor allem im Kontokorrentkreditgeschäft (während des vereinbarten Zeitraumes kann der Kredit zurückbezahlt und wieder beansprucht werden), im Akkreditiv-Geschäft (↑Akkreditiv) und bei der Platzierung von ↑Euronotes (↑Revolving underwriting facilities [RUFs]) verwendet. ↑Roll-over-Kredit; ↑Dokumenten-Akkreditiv.

Revolving-Akkreditiv
↑Dokumenten-Akkreditiv.

Revolving credit
↑Bankkredit; ↑Dokumenten-Akkreditiv; ↑Kontokorrentkredit; ↑Roll-over-Kredit.

Revolving credit facility
Kredit, der in einem Teilbetrag oder in mehreren Teilbeträgen während der vereinbarten Kreditlaufzeit in Anspruch genommen werden kann, wobei die erneute Inanspruchnahme zurückbezahlter Beträge bis zur vereinbarten Höchstlimite (Kreditrahmen) möglich ist. Eine Revolving credit facility wird deshalb in der Regel als Finanzierungsreserve für die Deckung kurzfristiger Finanzierungslücken verwendet.

Revolving underwriting facilities (RUFs)
Mittelbeschaffung über die ↑revolvierende Platzierung von kurzfristigen Schuldverschreibungen, wobei sich die ↑Underwriting bank verpflichtet, die Papiere bei Nicht-Platzierbarkeit zu einem vereinbarten Höchstsatz zu übernehmen bzw. die benötigten Mittel selbst zur Verfügung zu stellen. ↑Note issuance facilities (NIFs).

Reward to variability ratio
Die Reward to variability ratio ist insbesondere unter dem Namen Sharpe ratio (↑Sharpe-Mass, benannt nach Nobelpreisträger William Sharpe)

bekannt und ein Mass für die ↑Performance einer Anlage oder eines ↑Portfolios relativ zur ↑Volatilität.

REX
Rex ist die Abkürzung für den Deutschen Rentenindex (↑Obligationenindex).

Rezession
Eine Rezession ist im Konjunkturverlauf die dem oberen Wendepunkt folgende Phase wirtschaftlicher Abkühlung (Abschwung). In der herkömmlichen Konjunkturphasen-Einteilung folgt der Rezession die Depression (Krise); Rezession und Depression sind aber nicht eindeutig voneinander abzugrenzen. Oft wird der Begriff Rezession für eine kurze oder nicht sehr ausgeprägte Konjunkturkrise verwendet, die gekennzeichnet ist durch sinkende, aber nicht unbedingt durchwegs negative Gewinne, einen Rückgang, aber nicht unbedingt Einbruch der Investitionstätigkeit und einen eher stagnierenden als rückläufigen privaten Verbrauch. In den USA hat es sich eingebürgert, von einer Rezession zu sprechen, wenn die gesamtwirtschaftliche Wertschöpfung in zwei aufeinander folgenden Quartalen rückläufig ist. Oft wird der Begriff aber auch auf Situationen angewandt, in denen die Wachstumsrate des Bruttoinlandprodukts zwar noch positiv, aber sehr niedrig ist.

Reziprozitätsprinzip
Auch Wechselseitigkeits- oder Gegenseitigkeitsprinzip. Reziprozität bedeutet, dass eine bestimmte, mit einem Vertragspartner, z.B. einem andern Land, vereinbarte Leistung oder Behandlung nur gilt, wenn der Partner, das andere Land, Entsprechendes tut. Im europäischen Binnenmarkt, für den europäischen Finanzdienstleistungsmarkt (innerhalb der Europäischen Union), in der World Trade Organization (WTO), im ↑General Agreement on Trade in Services (GATS) wird strikte das Reziprozitätsprinzip angewendet.

Rheinkonnossement
↑Konnossement.

Rho
Das Rho ist eine dynamische Optionskennzahl und gehört zu den ↑Greeks. Das Rho einer ↑Option drückt die Sensitivität des ↑Optionspreises bezüglich Veränderungen des risikolosen ↑Zinssatzes aus.

Richtigbefundsanzeige
↑Kontokorrentkredit; ↑Kontokorrentvertrag.

Richtlinien der Schweizerischen Bankiervereinigung
Durch den Verwaltungsrat der Schweizerischen ↑Bankiervereinigung erlassene, für die Banken

bzw. ↑Effektenhändler verbindliche Standesregeln (↑Selbstregulierung). Ein Beispiel dafür sind die ↑Richtlinien für Vermögensverwaltungsaufträge.

Richtlinien für Vermögensverwaltungsaufträge
Von der SBVg (↑Bankiervereinigung, schweizerische) formulierte Standesregeln (↑Selbstregulierung) zur Umschreibung der Sorgfaltspflichten, die eine Bank bei der Übernahme und Ausübung von Vermögensverwaltungsaufträgen beachten muss. Die Richtlinien wurden erstmals 1979 unter dem damaligen Titel «Richtlinien der SBVg für die Ausübung von Verwaltungsaufträgen an die Bank» erlassen und letztmals im Juli 2000 revidiert. Aufsichtsrechtlich betrachtet die EBK die Richtlinien als Mindeststandard, von dem die Bank nicht abweichen darf, ohne die Gewährsregel (↑Gewähr) zu verletzen. Zivilrechtlich sind die Richtlinien im Verhältnis der Bank zum Kunden nicht direkt Inhalt der vertraglichen Abrede; wohl aber gilt ihre Verletzung in aller Regel als Verstoss gegen die nach OR 398 II vertraglich geschuldete Sorgfaltspflicht der Bank als beauftragter Partei. Nach der Praxis der Gerichte gelten die Richtlinien sogar über den Bankenbereich hinaus als Berufsstandard und bestimmen so auch den Umfang der Sorgfaltspflicht von unabhängigen Vermögensverwaltern. ↑Vermögensverwaltung (Rechtliches).

Richtlinie SWX Swiss Exchange betreffend Information zur Corporate governance
↑Corporate governance.

Riding the yield curve
Eine nicht fristenkongruente aktive ↑Anlagestrategie mit festverzinslichen ↑Wertpapieren. Die Ausgangslage dafür ist die Tatsache, dass am ↑Kapitalmarkt für verschiedene Restlaufzeiten unterschiedlich hohe ↑Renditen existieren. Meist sind die Renditen am Markt umso höher, je länger die Restlaufzeit des festverzinslichen Papiers ist. Man spricht dann von einer «normalen» Renditestrukturkurve. Bei einer normalen Zinsstruktur würden langfristige Anlagen durch eine kurzfristige Geldaufnahme finanziert werden.

RIE
Abk. f. ↑Recognised investment exchange (RIE).

Rimesse
In der ↑Banksprache Bezeichnung für eine Titelsendung, z.B. von ↑Wechseln, ↑Checks, ↑Coupons, meistens zum Einzug. Der Begriff Rimesse wird heute selten gebraucht.

Ringbank
↑Börsenbank.

Ringhandel
A-la-criée-Handel (Präsenzhandel) an den Ringen der früheren Schweizer ↑Börsen, bis diese 1995/96 automatisiert und in der ↑SWX Swiss Exchange zusammengelegt wurden. Der Handel am ↑Börsenring (Corbeille) geht auf die Handelsusanzen der ↑Pariser Börse um die 2. Hälfte des 19. Jahrhunderts zurück, zur Zeit also, als die Schweizer Börsen gegründet wurden und Paris die wichtigste kontinentaleuropäische Börse war.

Risiken derivater Instrumente
Der Einsatz derivativer Instrumente kann aus verschiedenen Motiven erfolgen. Unabhängig davon, ob ein Absicherungsmotiv oder ein Anlagemotiv vorliegt, müssen beim Einsatz von ↑Derivaten die ↑Risiken mit besonderer Aufmerksamkeit überwacht werden. Dem Handel mit derivativen Instrumenten stellen sich verschiedene Formen von Risiken. Die bekanntesten Kennzahlen zur Quantifizierung und Messung von ↑Marktrisiken derivativer Instrumente sind die so genannten Greek letters (oder einfach ↑Greeks) zur Erfassung der Risiken von ↑Optionen. Dies sind eine Reihe von Grössen, welche die Ableitung des ↑Optionspreises nach unterschiedlichen Input-Parametern des Optionspreismodells darstellen. Es sind somit reine Sensitivitätsmasse, die addiert das Gesamtrisiko (beispielsweise das Gesamtdelta) eines ↑Portfolios ergeben. Die Messung des Marktrisikos von linearen derivativen Kontrakten ist demgegenüber relativ einfach, können doch dieselben Methoden wie bei der Bewertung der ↑Basiswerte verwendet werden.
Über das Marktrisiko hinaus weisen Derivate weitere Risikodimensionen auf, die einen substanziellen Teil des Gesamtrisikos ausmachen können. So ist namentlich das ↑Kredit- beziehungsweise ↑Gegenparteirisiko zu nennen, das im Handel mit OTC-Instrumenten von grosser Bedeutung ist. Aufgrund des Marktrisikos von Derivaten entstehen unter Umständen auch höhere Gegenpartei-Exposures. Dies wiederum erhöht das Kreditrisiko. Es ist somit notwendig, die ↑Ratings der Gegenparteien zu erfassen und, abgestimmt auf die Kreditrisikopolitik, kontrolliert das Portfolio zu optimieren. Dies umfasst auch Limitensysteme, die Gegenparteikonzentrationen verhindern sollen (↑Klumpenrisiko). Im Falle von börsengehandelten Kontrakten ist die Bedeutung des Kreditrisikos auf den Ausfall einer ↑Börse beschränkt. Da diese jedoch ausnahmslos über hervorragende ↑Bonitäten verfügen, kommt diesem Aspekt in der Praxis eine untergeordnete Rolle zu.
Im Zusammenhang mit den Abläufen im Derivathandel spielen die ↑operationellen (operativen) Risiken eine bedeutende Rolle. Viele der so genannten Derivate-Desaster der 90er-Jahre sind durch Fehler in Systemen, mangelnde Kontrolle

und Fehlverhalten von einzelnen Mitarbeitern ausgegangen. Im Zentrum stehen beim Management von operationellen Risiken insbesondere die Organisation und die Prozesse im ↑Risikomanagement, ebenso entsprechende Massnahmen, welche die Sicherheit der Informatikmittel sowie die Integrität der Daten gewährleisten. Zu den wichtigsten Massnahmen zählen die Unabhängigkeit der Risikokontrollstelle, Überprüfung der verwendeten Modelle im Front office und eine strikte Durchsetzung der Risikopolitik und der Prozessvorgaben auf dem Führungsweg.

Auf den Finanzmärkten werden entsprechend den Kundenbedürfnissen viele massgeschneiderte ↑OTC-Derivate gehandelt. Jedem dieser Derivat-Typen muss ein adäquates Bewertungsmodell zu Grunde liegen. Aufgrund der oftmals sehr hohen Komplexität in diesen Kontrakten ist die Überprüfung der Modelle von grosser Bedeutung. Dies geht über das bisher erwähnte operationelle Risiko hinaus (dies wäre nur der Fall, wenn das verwendete Modell nicht überprüft wird). Immer wenn ein nicht angemessenes oder nicht ausreichendes Modell verwendet wird, spricht man von einem Modellrisiko. Dieses entsteht im Allgemeinen aufgrund vereinfachender Annahmen, welche dem Bewertungsansatz zu Grunde liegen.

Im Handel mit exotischen Derivaten trifft man auf ein weiteres Risiko. Da solche Kontrakte auf spezielle Anforderungen von Kunden zugeschnitten sind und somit besondere Merkmale aufweisen, sind sie schwer handelbar, da ein entsprechend spezifisches Kundenbedürfnis vorhanden sein muss. In diesem Fall spricht man von ↑Liquiditätsrisiko. Dies bedeutet, dass ein entsprechender exotischer Kontrakt nur schwer und mit der Bezahlung einer Liquiditätsprämie an den Käufer verbunden handelbar ist. Dies kann, insbesondere in Zeiten eines ungünstigen Marktumfeldes, die Situation einer Handelspartei zusätzlich schwächen.

Heinz Zimmermann

Risiko
Mit Risiken, ihrer Entstehung, ihrer Bemessung, ihrer Bewirtschaftung, ihren Auswirkungen befassen sich verschiedene Bereiche der Wissenschaft. Die technischen Wissenschaften beurteilen Schadenfälle oder Ausfälle von Produktionsprozessen, Psychologen beschreiben die Bedingungen oder Voraussetzungen der ↑Risikobereitschaft der Individuen, Soziologen interessieren sich für die gesellschaftlichen Rahmenbedingungen und Einflussfaktoren der kollektiven Risikoakzeptanz und Mathematiker beschäftigen sich mit den probabilistischen oder empirischen Modellen über Eintrittswahrscheinlichkeiten von Schadenfällen. Der Ansatz von Ökonomen bezieht sich auf die Abwägung von Risiko und Nutzen beziehungsweise Risikoreduktion und Nutzeneinbusse. Die zentrale Fragestellung aus der Sicht der Ökonomie lautet: Wie lassen sich die Maximen der rationalen Entscheidungsfindung auf Situationen mit Risiko übertragen?

Ausgangslage für eine eingehende Diskussion ist eine Begriffsklärung. Man unterscheidet grundsätzlich zwischen Situationen von Ungewissheit und Unsicherheit. Wird ein Individuum mit einer Ausgangslage konfrontiert, von der weder die möglichen Ausgänge noch die zugehörigen Eintretenswahrscheinlichkeiten bekannt sind, so spricht man von Ungewissheit. Mit anderen Worten kann gesagt werden, dass kein vollständiger Bezugsrahmen für eine Entscheidungsfindung vorhanden ist. Wird ein Individuum vor eine Situation gestellt, bei der sowohl die möglichen Ausgänge wie auch die zugehörigen Wahrscheinlichkeiten bekannt sind, so wird von Unsicherheit gesprochen. Risiko wird im allgemeinen Sprachgebrauch mit Unsicherheit gleichgesetzt, wobei eine wichtige Einschränkung gemacht werden muss. Wenn von Risiken gesprochen wird, dann ist damit implizit gemeint, dass nur nachteilige Ergebnisse der Unsicherheitssituation und deren Eintretenswahrscheinlichkeiten gemeint sind. Es wird somit als asymetrisches Mass verstanden (nur adverse Fälle), wenngleich Unsicherheit sämtliche Möglichkeiten beinhaltet. Bei der Quantifizierung wird, sofern nichts anderes vermerkt wird, von Risiken im Sinne von Unsicherheit ausgegangen. Die erste bedeutende Arbeit über Problemstellungen von Unsicherheit gehen auf den Basler Mathematiker Daniel Bernoulli aus dem Jahre 1738 zurück. Eine rigorose Behandlung erfuhr das Thema in der entscheidungstheoretisch motivierten Arbeit von John von Neumann und Oskar Morgenstern aus dem Jahre 1944 sowie in einer grundlegenden ökonomischen Studie von Frank Knight im Jahre 1921. Diesem neoklassischen Ansatz der Risikotheorie, dem Erwartungsnutzenkonzept, werden eine Reihe von Kritikpunkte entgegengebracht. Namentlich wird der Vorwurf erhoben, dass sich Individuen gegenüber Risiken nicht rational verhalten und sogar gewissen gruppenpsychologischen Effekten ausgesetzt sind. Dies wird durch Untersuchungen, Experimente und empirische Evidenz teilweise bestätigt. Weitergehende Forschungsbeiträge haben ergeben, dass das Verhalten der Akteure in Entscheidungssituationen unter Unsicherheit von ihrem vergangenen Glück oder Pech, von Signaleffekten, von gruppenpsychologischen Faktoren und anderem abhängig ist. Wenngleich Rationalität nur jeweils unter einer Anzahl von Annahmen und Informationen definiert ist, so ist es durchaus auch von der Perspektive der Betrachtung sowie den verfügbaren Informationen abhängig, inwiefern die rationale Betrachtung der Wirklichkeit gerecht wird. Bei der praktischen Betrachtung von ökonomischen Risiken müssen zwei grundsätzliche Dimensionen beachtet werden:

– *Operationalisierbarkeit und Handhabbarkeit von Risiken; Modellrisiko.* Aufgrund der Vieldimensionalität von Risiko ist man gezwungen, im Sinne der Handhabbarkeit Einschränkungen vorzunehmen. Namentlich Vereinfachungen, welche Risiken als statistische Masszahlen formulieren, stehen hierbei im Mittelpunkt. So hat die Mean-Variance-Theorie (↑Portfolio-Theorie) und die damit verbundenen Konzepte (Portfolioselektion, Marktmodell, Performance-Mass, CAPM) ganz bestimmt deshalb eine enorme Verbreitung im ↑Risikomanagement gefunden, weil die damit verbundene Operationalisierung des Risikos analytische und damit praktische Vorzüge im Risikomanagement hat. Dieser Ansatz hat sich lange bewährt, mit dem zunehmenden Einsatz von derivativen Instrumenten lässt sich diese Vereinfachung jedoch nicht mehr ohne grösseres Modellrisiko in Kauf nehmen: Die Verwendung eines inadäquaten Modells wird damit selbst zu einem Risikofaktor.
– *Verhaltensrisiko.* Mit dem besten quantitativen Risikoüberwachungssystem können Verhaltensrisiken (↑Moral hazard) weder erkannt noch unterbunden werden. Darunter versteht man jene Risikoquellen, welche durch das unsorgfältige oder eigennützige menschliche Handeln hervorgerufen werden.

Aus ökonomischer Sicht sind drei Dimensionen des Risikos von Interesse:
– *Risiken vermeiden.* Die Vermeidung von Risiken darf als das zentralste Anliegen des Risikomanagements bezeichnet werden. Darunter wird verstanden, dass die Voraussetzungen geschaffen werden, dass bestimmte Risiken gar nicht erst eintreten. Diese Betrachtung ist für viele Risikoarten (Eintritt von Schadensfällen, Fehlern, Verhaltensrisiken) sehr zentral, während es bei der Betrachtung von Marktrisiken eine untergeordnete Rolle spielt, da diese als exogen gegeben betrachtet werden.
– *Risiken diversifizieren.* Finanzmärkte spielen im Zusammenhang mit der Diversifikation von Risiken eine zentrale Rolle. Die Auf- und Verteilung wirtschaftlicher Risiken zu ermöglichen oder zu verbessern (Risiko-Allokation), steht im Mittelpunkt der Marktfunktion.
– *Risiken handeln.* Eine vollständige Elimination von Risiken kann durch Diversifikation nicht erreicht werden – es verbleibt immer das so genannte systematische Risiko, das zwischen allen wirtschaftlichen Akteuren aufgeteilt wird. Der Kapitalmarkt erfüllt zusätzlich eine weitere sehr wichtige Funktion: Das Preissystem liefert laufend Informationen über die Bewertung unterschiedlicher Risiken.
Heinz Zimmermann

Risikoadjustiertes Pricing
↑Credit pricing.

Risikoanalyse
↑Risikomessung.

Risikoarten
↑Risiken erscheinen in vielerlei Dimensionen. Dies schafft die Notwendigkeit, diese zu kategorisieren. Vorab ist anzumerken, dass Risikobetrachtungen immer davon ausgehen, dass nur systematische Risiken relevant sind – unsystematische Risiken müssen vorab durch ↑Diversifikation eliminiert werden.
Als Risikoarten im Sinne des finanziellen ↑Risikomanagements werden verstanden:
– ↑Marktrisiko
– ↑Kredit- und ↑Gegenparteirisiko
– ↑Operationelles Risiko
– ↑Liquiditätsrisiko.
Der Bereich der Marktrisiken, der neben dem reinen Preisrisiko auch ↑Basis- und Volumenrisiko umfasst, kann weiter in die wichtigsten Kategorien unterteilt werden:
– Aktienrisiko
– Zinsrisiko
– ↑Fremdwährungsrisiko
– Rohstoffrisiko.
Diese Aufzählung ist nicht abschliessend. Sie richtet sich nach dem Handelsvolumen und der Bedeutung der betreffenden ↑Basiswerte. Zuletzt wurden mit Wetter- und Katastrophenrisiken weitere Risikoarten handelbar gemacht – mit einer wachsenden Bedeutung dieser ↑Kontrakte würde sich die Liste entsprechend erweitern.
Heinz Zimmermann

Risikoaufklärungsbroschüre
Risk disclosure statement. Standardisierte Informationsschrift, mit deren Aushändigung an den Kunden der ↑Effektenhändler die Absicht verfolgt, seiner Risikoinformationspflicht (BEHG 11 II lit. a) nachzukommen. Die Schweizerische ↑Bankiervereinigung unterhält eine Sammlung von Mustertexten für die verschiedenen Effektenarten und -märkte. ↑Informationspflicht des Effektenhändlers.

Risikoaufklärungspflichten
↑Aufklärungspflichten der Banken.

Risikobegrenzung
↑Risikomanagement.

Risikobereitschaft
Die Risikobereitschaft (auch Risikoneigung genannt) beschreibt die individuelle Präferenz eines Akteurs bei Entscheidungen unter Unsicherheit. Im Anlageprozess entspricht dies der Abwägung zwischen ↑Risiko und ↑Rendite. Das Konzept geht auf die Arbeit von John von Neumann und Oscar Morgenstern aus dem Jahr 1944

zurück. Es werden drei Formen der Risikoneigung unterschieden:
– Risikoavers (Risikoscheu): Ein risikoaverser Anleger möchte für die Übernahme einer zusätzlichen Einheit Risiko mit einer überproportionalen zusätzlichen Rendite entschädigt werden
– Risikoneutral: Ein risikoneutraler Anleger möchte für die Übernahme einer zusätzlichen Einheit Risiko mit einer proportionalen zusätzlichen Rendite entschädigt werden
– Riskofreudig: Ein risikofreudiger Anleger möchte für die Übernahme einer zusätzlichen Einheit Risiko mit einer unterproportionalen zusätzlichen Rendite entschädigt werden.

Heinz Zimmermann

Risikodiversifikation
↑Risiko; ↑Risikomanagement; ↑Diversifikation.

Risikofähigkeit
Unter der Risikofähigkeit versteht man die ausreichende Ausstattung eines ↑Investors mit Eigenmitteln, mit der er realisierte Verluste einer ↑Anlagestrategie tragen kann, ohne in finanzielle Schwierigkeiten zu kommen.

Risikoformen
↑Risikomanagement.

Risikofreier Zinssatz
Der risikofreie Zinssatz (Risk free rate) stellt den reinen Preis für die zeitweilige Überlassung von Geld für eine bestimmte ↑Laufzeit dar. Dabei wird eine garantierte, fristgerechte ↑Rückzahlung von Kapital und ↑Zinsen angenommen. Der risikofreie Zinssatz gilt also für Anlagen ohne ↑Ausfallrisiko. Er stellt damit eine Art Untergrenze für ↑Zinssätze dar, die für ↑Kapitalanlagen und -aufnahmen gelten. Er spielt in der finanztheoretischen Literatur eine wichtige Rolle (↑Capital asset pricing model [CAPM], ↑Option pricing model). Für Anwendungen gilt i.d.R. der Staat als risikoloser Schuldner und entsprechend werden die Sätze von Staatsanleihen (↑Staatsanleihen, -papiere), in der Schweiz von Bundesschuldverschreibungen (↑Bundesanleihe), als risikofreie Zinssätze verwendet.

Risikokapital
↑Venture capital.

Risikokapitalgesellschaft
Eine Risikokapitalgesellschaft (RKG) ist ein Unternehmen, das mit hohem Risiko behaftete Beteiligungsformen (↑Venture capital) eingeht. Die Risikokapitalgesellschaft ist massgeblich am Prozess der Venture-capital-Finanzierung beteiligt, d.h. an der Ausstattung kleinerer und mittlerer innovativer Unternehmen mit Risiko- oder Wagniskapital, mit dem diese ihre Investitionen tätigen bzw. ihr Wachstum finanzieren können. Die Bereitstellung von haftendem Kapital über einen bestimmten Zeitraum ist oft verbunden mit Beratung der kapitalnehmenden Gesellschaft in Belangen der Unternehmensstrategie und oder -führung. Die Risikokapitalgesellschaft hat als Kapitalgeberin die Form eines speziellen Beteiligungsfonds oder einer Beteiligungsgesellschaft. Um das Risiko durch Diversifikation zu vermindern, sind die Risikokapitalgesellschaften an verschiedenen innovativen Unternehmen aus ganz unterschiedlichen Branchen beteiligt. Sie refinanzieren sich durch Ausgabe von Aktien oder Fondsanteilen bei institutionellen und privaten Anlegern. Die Venture-Finanzierung ist abgeschlossen, wenn sich die Unternehmung durch einen Börsengang (Going public, ↑Initial public offering [IPO]) das benötigte Risikokapital beschaffen und die Risikokapitalgeber aus dem Emissionserlös auszahlen kann.

Mit dem BG über die Risikokapitalgesellschaften (BRKG) vom 08.10.1999 sowie der Verordnung über die Risikokapitalgesellschaften (VRGK) vom 05.04.2000 wurden in der Schweiz rechtliche Rahmenbedingungen geschaffen, um den Zugang zu Risikokapital zu erleichtern und steuerlich zu begünstigen. Gemäss BRKG 3 gelten Aktiengesellschaften als Risikokapitalgesellschaften, wenn sie mindestens 50% ihrer Mittel in neue Unternehmungen mit innovativen, international ausgerichteten Projekten im Bereich von Produkten und Dienstleistungen investieren. Die verbleibenden 50% können beliebig angelegt werden (z.B. in Blue-chip-Aktien). Damit Risikokapitalgesellschaften gemäss BRKG investieren können, müssen die Kapital suchenden Jungunternehmungen nach BRKG 3 fünf Voraussetzungen erfüllen:
1. Die Unternehmung hat ihren Sitz oder die Verwaltung sowie einen wichtigen Teil der betrieblichen Tätigkeit in der Schweiz
2. Die Unternehmung ist nicht börsenkotiert (vorbehalten ist jedoch die ↑Kotierung an einer auf Klein- und Mittelbetriebe spezialisierten Börse, z.B. New Market an der ↑SWX Swiss Exchange)
3. Das Kapital der Unternehmung ist nicht zu mehr als 25% im Besitz von Grossunternehmungen, die mehr als 100 Angestellte beschäftigen
4. Die Verantwortlichen der Unternehmung beteiligen sich nicht gleichzeitig an der Finanzierung der Risikokapitalgesellschaft
5. Die Investitionen der Risikokapitalgesellschaft erfolgen in den ersten fünf Jahren nach Aufnahme der Geschäftstätigkeit.

Treffen diese Voraussetzungen zu, so werden anerkannte RKG von den Eidg. Emissionsabgaben befreit und profitieren von einer ermässigten Gewinnsteuer (sinngemäss DBG 69 und DBG 70). Zurzeit sind vom Eidg. Volkswirtschaftsdepartement (EVD) erst wenige Risikokapitalgesellschaften anerkannt. Das geringe Echo auf das BRKG wird darauf zurückgeführt, dass die Limite von mindestens 50% Investitionen in schweizerische Unternehmungen unter Aspekten der internationalen Portfoliodiversifikation hoch ist und viele Risikokapitalgesellschaften ihre Steuerstrukturen bereits vor Inkrafttreten des BRKG über Offshore-Konstruktionen optimiert haben.

Hans-Dieter Vontobel, Max Boemle

Risikokontrolle

Unabhängige Überwachung (↑Kontrolle, interne bei Banken) des eingegangenen Risikoprofils. Risikokontrolle ist eine Funktion der unternehmerischen Risikopolitik, der ↑Risikobereitschaft sowie der Risikolimiten, die von den zuständigen Stellen erlassen worden sind. Sie überwacht die Einhaltung des dadurch festgelegten Rahmens.

Risikokosten

Als Risikokosten bezeichnet man jene Nutzeneinbusse, die durch die Übernahme eines ↑Risikos entsteht. Die Entschädigung für das Eingehen des Risikos erfolgt durch eine ↑Risikoprämie, welche den aufgrund der Unsicherheit verminderten Nutzen kompensiert.

Risikomanagement

Als einer der wichtigsten Faktoren zur Sicherung und Kontrolle der unternehmerischen Handlungsfreiheit hat sich das Risikomanagement etabliert. Darunter wird die Gesamtheit aller Strukturen, Systeme und Massnahmen verstanden, die dazu dienen, finanzielle Risiken zu identifizieren, zu bewerten, abzusichern, zu kontrollieren und Handlungsrichtlinien für die Organisation abzuleiten.

Das Ziel des Risikomanagements ist die Schaffung von Unternehmenswert (↑Shareholder value) durch die Sicherung des langfristigen Bestehens der Unternehmung. Im Sinne eines kontrollierten Umgangs mit Risiken werden die Bilanz und die ↑Cashflows systematisch erfasst und mit geeigneten finanzwirtschaftlichen Massnahmen entsprechend der Risikopolitik gesteuert. Der Argumentation von Modigliani und Miller entsprechend hat die ↑Kapitalstruktur, die durch entsprechende Hedging-Massnahmen verändert wird, keinerlei Auswirkungen auf den Unternehmenswert. Dieser These widersprechen eine Anzahl Argumente, welche Hedging (und somit Risikomanagement) als Mittel darstellen, das Unternehmenswert schafft:

- Risikomanagement bewirkt für die Unternehmung einerseits Transparenz bezüglich der finanziellen Situation und schafft damit Grundlagen für die Planung und eine finanzwirtschaftliche Stabilität, die besagte langfristige Planung überhaupt erst ermöglicht
- Finanzwirtschaftliche Stabilität ermöglicht einer Unternehmung, die geplanten Investitionsvorhaben (als Teil des Geschäftsplans) durch ↑eigene Mittel (einbehaltene Gewinne) zu finanzieren. Da dies im Allgemeinen die kostengünstigere Finanzierungsform darstellt als die Aufnahme von ↑Fremd- oder neuem ↑Eigenkapital, können die Kapitalkosten der Unternehmung verringert werden
- Die Steuerbelastung kann, sofern ein progressives Steuersystem zu Grunde liegt, verringert werden, indem die Jahresabschlüsse konstante Ergebnisse ausweisen. Die durchschnittliche Steuerbelastung von zwei ähnlichen Jahresergebnissen ist tiefer als von zwei unterschiedlichen Ergebnissen
- Die Konkursgefahr kann durch eine Glättung der Ergebnisse deutlich verringert werden. Firmen, welche Jahresergebnisse mit hohen Schwankungen ausweisen, laufen eher Gefahr, in Zahlungsschwierigkeiten zu kommen. Dadurch wird die Schuldnerfähigkeit des Unternehmens deutlich verbessert und mittels kostengünstigeren Finanzierungskosten wird Unternehmenswert geschaffen
- Die Aktionäre sind aufgrund mangelnder Informationen über die finanzielle Situation der Unternehmung nicht in der Lage, entsprechende Risikoabsicherungen selbstständig in ihren Portfeuilles vorzunehmen (dies würde bedeuten, dass die Aktionäre die Absicherung vornehmen, während die Unternehmung dies nicht tut). Das heisst, es wird für den Aktionär ein Mehrwert generiert, wenn die Unternehmung, welche über die notwendigen Informationen verfügt, diese Absicherung im Auftrag der Aktionäre durchführt

Zentrale Voraussetzung für das Risikomanagement ist die Definition einer Risikostrategie und einer adäquaten Organisation. Als eine der wichtigsten organisatorischen Massnahmen ist die Unabhängigkeit des Risikomanagements zu nennen. Dieses agiert von den Handelsabteilungen getrennt und rapportiert direkt an die Geschäftsleitung. Da das Risikomanagement der Handelsabteilung nicht unterstellt wird, können Interessenskonflikte unterbunden werden, die aufgrund der Abwägung zwischen Renditestreben (der Händler, deren ↑Bonus von der erreichten ↑Performance abhängt) und Risikodenken (der Risk controller, welche für die Interessen der Gesamtunternehmung eintreten müssen) entstehen können.

Risikomanagement bezieht sich zu einem wesentlichen Teil auf den eigentlichen Risikomanagementprozess. Dieser stellt eine standardisierte und dokumentierte Folge von Handlungen zur Umsetzung der Risikostrategie dar. Die Ausgestaltung des Prozesses muss den unternehmerischen Gegebenheiten Rechnung tragen – die untenstehenden Elemente stellen einen festen Bezugsrahmen für einen solchen Prozess dar:

1. *Risiken identifizieren:* Im Rahmen einer Unternehmensanalyse werden die Risikodimensionen

extrahiert, die für die Unternehmung von Bedeutung sind. Es wird somit festgestellt, gegenüber welchen Risikoarten eine Unternehmung Exposures hat

2. *Risiken quantifizieren:* Die identifizierten Exposures werden bewertet, das heisst, die Höhe sowie die Abhängigkeit von anderen Unternehmensgrössen werden durch ein quantitatives Modell erfasst. Dadurch können Aussagen über den Einfluss der einzelnen Risikogrössen, beziehungsweise deren Veränderungen, auf den Unternehmenswert gemacht werden. Es handelt sich um die Erfassung der Ist-Situation

3. *Hedging-Massnahmen ableiten:* Entsprechend der Risikopolitik werden Zielgrössen für die einzelnen Risikoarten der Unternehmung festgelegt. Entsprechend wird die Abweichung von den jeweiligen Zielwerten errechnet und die Höhe sowie die Art (der Kontrakte) der notwendigen Absicherungen ermittelt. Dies kann als Massnahmenpaket verstanden werden, welches den Ist- in den Soll-Zustand überführen wird

4. *Hedging-Massnahmen durchführen:* Mittels Transaktionen auf Finanzmärkten werden die geplanten Hedging-Massnahmen durchgeführt. Hierbei kommt insbesondere dem Einsatz von ↑Derivaten eine wichtige Funktion zu. Der aufgrund der Risikopolitik bestimmte Soll-Zustand wird hergestellt

5. *Performance-Messung:* Hedging-Massnahmen haben unmittelbare Auswirkungen auf die Risiko- und Renditestruktur einer Unternehmung. Es ist somit von entscheidender Bedeutung, die Effizienz der getroffenen Massnahmen (quantitativ) zu beurteilen. Hierbei werden die Exposures und Hedge-Positionen einer Unternehmung zusammengefasst und als Gesamtportfolio betrachet. Aufgrund der Resultate der Performance-Messung können die Hedging-Massnahmen und auch die Risikopolitik in einem stetigen Prozess (Regelkreis) optimiert werden.

Risikomanagement wird hinsichtlich aller Risikoarten durchgeführt. Traditionell wird der Absicherung von ↑Marktrisiken die grösste Bedeutung zugeschrieben. Hierbei spielen die Bewirtschaftung von Zinsrisiken (im Rahmen des ↑Asset and liability management [ALM] bei Banken sowie bei Obligationsportfolios), Wechselkursrisiken (insbesondere im internationalen Handel und bei Direktinvestitionen und international diversifizierten Anlageportfolios), Aktienpreisrisiken (insbesondere für institutionelle Anleger) sowie Rohstoffrisiken (bedeutend bei der fertigenden Industrie und in der Energiebranche) eine grosse Rolle. Aufgrund hoher Verluste in der Vergangenheit und nicht zuletzt wegen regulatorischen Vorschriften wird dem Management von ↑Kreditrisiken und ↑operationellen Risiken erhöhte Bedeutung zugemessen. Die entsprechenden Risikomanagement-Techniken haben in letzter Zeit eine grosse Verbreitung erfahren. *Thomas Bollinger*

Risikomessung

Zur Messung von Risiken bedient man sich primär der Methoden der Statistik und Mathematik. Zu unterscheiden sind Risikomessung auf der Basis von Wahrscheinlichkeitsverteilungen und Risikomessung auf der Basis von Ableitungs- bzw. Sensitivitätsmassen. Als eines der verbreitetsten Risikomasse ist die ↑Volatilität zu nennen, welche der (annualisierten) Standardabweichung vergangener Preisänderungen entspricht. Mittels Regressionsanalyse können Beta-Koeffizienten ermittelt werden, welche das relative Risiko beispielsweise einer ↑Aktie zum Gesamtmarkt (dargestellt durch einen Index) angeben. Bei der Quantifizierung von Risiken bei festverzinslichen Anlagen werden insbesondere ↑Duration und Sensitivitäten (Neubewertung der Anlage beispielsweise mit einem ↑Zins von +100 Basispunkte und Errechnung der Preisveränderung) verwendet.

Bei der Risikomessung von Optionen werden Ableitungsmasse verwendet, es wird die Veränderung des ↑Optionspreises bei der Veränderung eines Input-Parameters wie des Aktienpreises berechnet. Diese Risikokennzahlen werden ↑Greeks genannt. *Heinz Zimmermann*

Risikoneigung
↑Risikobereitschaft.

Risikopolitik
↑Risikomanagement.

Risikopositionen

Bei Risikopositionen *im weiteren Sinne* handelt es sich um finanzielle Bestandesgrössen, deren zukünftiger Wert unsicher ist. Sämtliche Bilanz- und Ausserbilanzpositionen sind einer oder mehreren ↑Risikoarten (↑Ausfall-, ↑Markt-, ↑Liquiditäts- und Rechtsrisiken sowie ↑operationellen Risiken) ausgesetzt, welche die Gefahr eines Wertverlustes mit sich bringen können.

Bei Risikopositionen *im engeren Sinne* handelt es sich um Positionen, die nicht den Richtlinien und Vorstellungen der Bank entsprechen (↑Bonität Schuldner, Überbelehnung Pfand) respektive sich nicht den Richtlinien und Vorstellungen der Bank entsprechend entwickelt haben (Schuldner kommt seinen Verpflichtungen nicht mehr nach, Werthaltigkeit des Pfandes nicht mehr gegeben). Für diese Positionen sind dem Risiko entsprechend ↑Wertberichtigungen zu bilden.

Risikopositionen können durch eine klar definierte Risikopolitik minimiert werden. Diese hat die Bereiche Risikoidentifikation, -erfassung, ↑Risikomessung, -bewirtschaftung und -kontrolle zu regeln. *Rolf Beyeler*

Risikopotenzial

Der allgemeine Begriff Risikopotenzial gibt Auskunft über den Risikogehalt einer Anlage. Im Sprachgebrauch wird Risikopotenzial als Vereinfachung für die Beurteilung des ↑Risikos einer Anlage verwendet und eindimensional mit Ausprägungen wie «tief» oder «hoch» ausgedrückt. Will man Risikopotenzial quantitativ erfassen, bedarf es hierzu einer Abgrenzung bezüglich der relevanten Dimensionen und der Arten der Risiken, die betrachtet werden. Es ist somit notwendig, Einschränkungen auf ein Modell, welches die definierten Risikoaspekte aggregiert, vorzunehmen. Mit dem errechneten Risikomass (Beispiele hierfür sind unter anderem Sharpe-Ratio, Treynor ratio, ↑Value at risk, Earnings at risk, Beta, Sensitivitäten) kann das Risikopotenzial beziffert werden. Solche Masse sind untereinander nur vergleichbar, sofern ihnen dasselbe Modell mit identischen Annahmen zugrunde liegt, ansonsten werden ungleiche Risikodimensionen miteinander verglichen. Sowohl bei der ↑Risikomessung als auch der Kommunikation des Risikos ist diesem Umstand besondere Rechnung zu tragen, damit das Risikopotenzial immer mit den zugrunde liegenden Einschränkungen betrachtet wird.

Heinz Zimmermann

Risikoprämie

Die Risikoprämie ist die Differenz zwischen der erwarteten ↑Rendite eines riskanten ↑Wertpapiers und dem risikolosen ↑Zinssatz.

Risiko-Rendite-Beziehung

↑Risiko.

Risikostrategie

↑Risikomanagement.

Risikostreuung

Die Risikostreuung (auch Risikoverteilung genannt) von ↑Kapitalanlagen wird mit der Varianz, oder gleichbedeutend mit der Standardabweichung, der erwarteten Erträge geschätzt. In der überwiegenden Mehrzahl der Fälle wird unterstellt, dass die Verteilung der Erträge einer Normalverteilung folgt. Es wird auch von log-normalverteilten Erträgen gesprochen, da gemeinhin stetige ↑Renditen unterstellt werden.

Risikotragfähigkeit

↑Risikofähigkeit.

Risikotransformation

Behebung der ↑Divergenz zwischen Einlagen von risikoaversen Sparern und riskanten Ausleihungen durch Übernahme der ↑Risiken von Ausleihungen (Hypotheken und kommerzielle Kredite) bei gleichzeitiger Garantie von sicheren Kundeneinlagen. Die Transformation von Risiken ist eine wichtige Funktion von ↑Finanzintermediären, die ihnen durch die ↑Zinsmarge entschädigt wird. Der Einbau risikogerechter Zuschläge in der Zinsmarge wird damit zur wichtigen Ertragsquelle von Banken. Die Transformation von Risiken durch Banken erfordert Systeme und Instrumente zur Überwachung und Steuerung der Risiken. Im Vordergrund steht dabei die ↑Diversifikation nach Volumen, Branchen und allenfalls Ländern. In neuerer Zeit kommen auch ↑Derivate zum Einsatz, welche die Weitergabe der Risiken an den ↑Kapitalmarkt ermöglichen. Die Überwachung und Steuerung der Risiken bei Banken werden weltweit durch die nationalen Aufsichtsbehörden geregelt. Weltweit einheitliche und strenge Eigenmittelvorschriften dienen unter anderem dazu, die Risiken in der Bankbilanz abzufedern. ↑Fristentransformation; ↑Volumentransformation.

Kurt Aeberhard

Risikoversicherung

Bei einer Risikoversicherung wird der Versicherer nicht leistungspflichtig, wenn sich das versicherte Risiko während der Vertragsdauer nicht verwirklicht hat, d.h. nicht eingetreten ist. Im Gegensatz zu einer Erlebensfall-Versicherung ist sie nicht mit einem Sparvorgang verbunden. Die Risikoversicherung ist deshalb grundsätzlich auch nicht rückkaufsfähig. Zu unterscheiden ist zwischen dem Todesfallrisiko und dem Erwerbsunfähigkeitsrisiko.

1. Todesfallrisiko-Versicherung

Die Versicherungsgesellschaft zahlt die vereinbarte Leistung aus, falls der Versicherte vor dem vereinbarten Endtermin stirbt. Erlebt der Versicherte den Vertragsablauf, so werden keine Leistungen fällig. Da bei dieser Versicherung kein Sparprozess wie bei einer gemischten Versicherung eingeschlossen ist, liegt die ↑Prämie entsprechend tiefer. Wenn das versicherte Kapital während der Vertragsdauer gleich hoch bleibt, handelt es sich um eine Todesfallrisiko-Versicherung mit gleichbleibendem Kapital. Sie dient vorab dem Schutz der Familie beim Tod des Versicherten. Sie kann aber auch zur Sicherstellung einer Schuld eingesetzt werden. Wird diese Schuld jährlich amortisiert, kann vereinbart werden, dass die Risikodeckung entsprechend abnimmt (Todesfallrisiko-Versicherung mit abnehmendem Kapital). Beim Tod des Versicherten vor dem Endtermin wird das im Zeitpunkt des Todes noch versicherte Kapital an die ↑Begünstigten ausbezahlt. Erlebt der Versicherte den Ablauf der Versicherung, werden auch hier keine Leistungen fällig. Diese Art Risikoversicherung wird oft auch zur Abdeckung einer amortisierbaren zweiten Hypothek eingesetzt. Durch die jährliche Abnahme der versicherten Leistungen und das geringere Risiko für die Gesellschaft ist die Prämie äusserst günstig. Die Todesfallrisiko-

Versicherung mit abnehmendem Kapital eignet sich daher auch besonders gut für Personen, die kurzfristig einen sehr hohen Vorsorgeschutz brauchen, aber nur wenig Prämien aufwenden können.

2. Erwerbsunfähigkeitsversicherung
Das Risiko der Erwerbsunfähigkeit kann entweder in Form der Prämienbefreiung oder in Rentenform versichert werden. Eine Erwerbsunfähigkeitsrente kann als selbstständige Versicherung oder als Zusatzversicherung in einer Todesfall- oder ↑ Kapitalversicherung versichert werden. Die Erwerbsunfähigkeitsleistung wird gewährt, wenn die versicherte Person nach Ablauf der vertraglich vereinbarten Wartefrist wegen den Folgen von Krankheit oder Unfall zu einem bestimmten Prozentsatz erwerbsunfähig ist. *Manfred Zobl*

Risikoverteilung bei Kapitalanlagen

Seit den 50er-Jahren wurden in einem bisher unbekannten Ausmass theoretische Erkenntnisse in praktikable Methoden zur Kontrolle von Portfoliorisiken umgesetzt. Parallel zur spektakulär gestiegenen Rechenkapazität und der weltweiten Vernetzung der Computer setzen sich immer mehr ↑ Vermögensverwalter sophistizierte Methoden aus Statistik, numerischer Mathematik und Ökonometrie bei der täglichen Bewirtschaftung der Vermögensrisiken ein. Als umfassendes Risikomass zur Beschreibung der Risikoverteilung von Kapitalanlagen bewährt sich die Standardabweichung seit Jahrzehnten.
Professionelle Vermögensverwalter (u.a. von ↑ Anlagefonds, ↑ Anlagestiftungen sowie institutionellen Mandaten) setzen seit gut einem Jahrzehnt Risikomodelle ein. Dabei geht es vor allem um die Beantwortung von drei Fragetypen:
1. Voraussage der ↑ Risiken eines heute existierenden ↑ Portfolios
2. Messung von historischen Risiken zur Erklärung der Portfolioperformance
3. Konstruktion von neuen Portfolios, um die erwarteten Erträge und Risiken optimal aufeinander abzustimmen.

Die Standardabweichung der Erträge, häufig auch ↑ Volatilität genannt, ist die mit Abstand verbreitetste Methode zur Quantifizierung der Risikoverteilung von Kapitalanlagen. Es wird allgemein unterstellt, dass die Erträge von diversifizierten Kapitalanlagen einer Normalverteilung folgen.
Diese Verteilung hat den Vorteil, dass nur zwei Kennziffern zur Beschreibung völlig ausreichen: Mittelwert und die Standardabweichung. Der Mittelwert bestimmt die Lage der Verteilung und die Standardabweichung gibt an, wie stark die ↑ Renditen um den Mittelwert schwanken. Basierend auf Annahmen über Mittelwert und Standardabweichung kann die Wahrscheinlichkeit berechnet werden, mit der die Renditen innerhalb einer bestimmten Bandbreite zu liegen kommen. Konkret bedeutet die Annahme normalverteilter Renditen, dass diese mit einer Wahrscheinlichkeit von rund 68% (95%) innerhalb eines Bandes von plus/minus 1x oder 2x der Standardabweichung um den durchschnittlichen Ertrag liegen. In den letzten 30 Jahren lagen z.B. die monatlichen Renditen des Schweizer Aktienmarktes in rund zwei Dritteln aller Fälle in einem Bereich zwischen –4.06% und +5.94% (durchschnittlicher monatlicher Ertrag von 0.94%; plus/minus ein Mal die Standardabweichung der monatlichen Erträge von 5%), in 95% der Fälle in einem Bereich zwischen –9.06% und +10.94% (0.94% plus/minus 2 x 5%). Die Standardabweichung ist in diesem Sinne ein Mass für das Schwankungsrisiko einer Anlagemöglichkeit. Je grösser die Standardabweichung ist, desto grösser ist die Bandbreite, in der die Rendite mit einer bestimmten Wahrscheinlichkeit zu liegen kommt.
Die statistischen Eigenschaften der meisten gebräuchlichen Indizes zeigt ein ähnliches Bild: relativ gute Approximation durch die Normalverteilung, wobei extreme Ereignisse etwas zu häufig auftreten. Deshalb basiert die überwiegende Mehrheit der wissenschaftlichen Untersuchungen im ↑ Finanzbereich auf der Annahme normalverteilter stetiger Renditen. Die Normalverteilung hat den Vorteil, dass sie mit nur zwei Kennziffern vollständig beschrieben werden kann und auch andere Risikomasse (Downside risk oder Semivarianz, ↑ Ausfallwahrscheinlichkeit, ↑ Value at risk) daraus abgeleitet werden können.
Wie kann die Risikoverteilung von Portfolios vorausgesagt werden?
Grundsätzlich gibt es drei Methoden, dies zu tun: Realisiertes (historisches) Risiko, Prognose von Risiko basierend auf historisch erzielten Erträgen und Voraussage von Risiken, basierend auf dem aktuellen ↑ Portfolio.
Die *erste Methode* prognostiziert das Portfolio-Risiko aufgrund der historisch erzielten Standardabweichung der Erträge. Dem Vorteil der einfachen, billigen und unkontroversen Messung stehen Nachteile gegenüber, wie die Annahme eines konstantes Risikos sowie der fehlenden Möglichkeit, die Risiken neuer oder stark veränderter Anlageinstrumente einzubeziehen.
Die *zweite Methode* prognostiziert das Risiko aufgrund von Stil-Analysen. Dabei wird zunächst untersucht, wie stark ein Portfolio mit bestimmten Anlagestilen – repräsentiert durch Stil-Indizes wie Large/Small, Value/Growth, High/Low-Momentum usw. – korreliert und wie stark ein ↑ Portfolio manager davon abweicht. Dann werden mit komplexen ökonometrischen Verfahren die Erträge der Stil-Indizes prognostiziert und davon die zukünftigen Risiken des analysierten Portfolios abgeleitet. Dies setzt offensichtlich voraus, dass die historisch beobachteten Verhaltensmuster des Portfo-

lio managers beibehalten werden. Allerdings gehen die theoretischen Ansichten etwas auseinander, wie ein Stil definiert und gemessen werden kann, und der Einfluss von neuen Anlagetechniken/-instrumenten auf das Portfolio kann nicht ohne weiteres abgeschätzt werden. Es existieren Softwareprodukte zur Unterstützung dieses Ansatzes – und es ist erstaunlich, wie wenig diese Methode in Europa verbreitet ist.

Der am weitesten fortgeschrittene und damit teuerste Ansatz setzt direkt bei aktuellen Portfoliopositionen an. Komplexe ökonometrische Verfahren zerlegen die Ertragsschwankungen in Risikofaktoren. Bei Aktienportfolios können rund 35% der Schwankungen auf systematische Faktoren wie Grösse, Erfolg, ↑Dividendenrendite, Volatilität, Rendite, Bewertung, Gewinnwachstum/-variabilität, finanzieller Hebel u. a. zurückgeführt werden. Risikomodelle für Obligationen erreichen Erklärungsgrade bis zu 95% der Schwankung, mit einer kleinen Anzahl von fundamentalen Risikofaktoren, wie das Niveau und die Drehung der Zinskurve sowie die Abhängigkeit von den Swapsätzen bei Nicht-Regierungsanleihen. Selbstverständlich spielen die ↑Wechselkurse bei internationalen Portfolios auch eine gewichtige Rolle.

Die Abhängigkeiten werden zeitdynamisch modelliert und erlauben die Prognose der erwarteten Standardabweichung absolut und relativ zu einem Index in Form des Abweichungsfehlers (Tracking error). Die Risiken neuer Anlageinstrumente können ebenso berücksichtigt werden, wie die sich ändernde Umwelt. Die dabei verwendeten quantitativen Methoden sind sehr komplex, was neben den Anschaffungskosten zu hohen Aufwendungen in der Ausbildung der Mitarbeiter führt.

Wie geht es weiter? Die Messung der sich aus den Marktrisiken ergebenden Schwankungen der Kapitalanlagen ist ein weitgehend gelöstes Problem. Schwierigkeiten treten hier nur noch auf, wenn die Modelle nicht systematisch in den Anlageprozess integriert sind, die Portfolios nicht von unabhängiger Seite geprüft werden oder das notwendige Verständnis der Ansätze und deren Begrenzungen fehlt. Die Schwerpunkte in der Risikoforschung haben sich verlagert. Kredit- und Liquiditätsrisiken sind aktuelle Themen. Parallel dazu erfolgt auch eine Rückbesinnung auf das Management operativer Risiken. *Roman von Ah*

Risikoverteilung im Bankgeschäft
↑Risikomanagement.

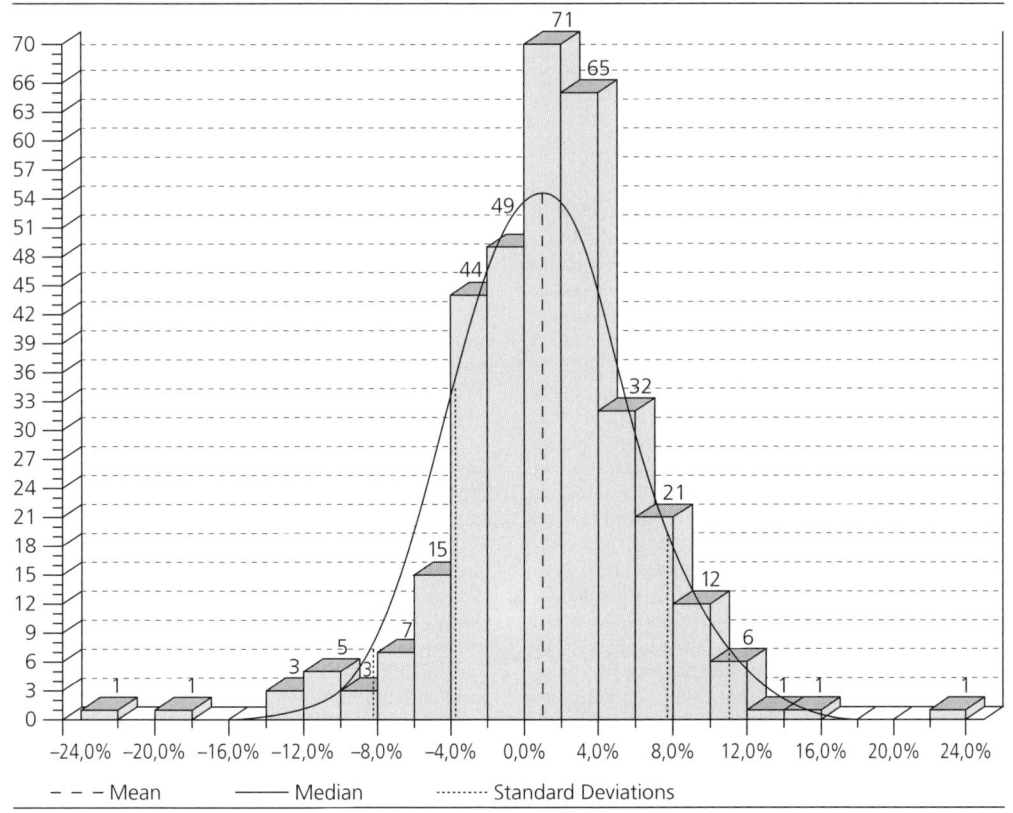

Risikovorsorge (Allfinanz)

Vorsorge bedeutet Vorkehrungen treffen für das Alter, für Hinterlassene und für den Invaliditätsfall, die auf dem in BV 111 ff. verankerten Drei-Säulen-Konzept basieren. Unter Risikovorsorge sind sämtliche Vorkehren zu verstehen, die zur Deckung des Eintrittes eines ungewissen, weitgehend zufälligen, unvorhersehbaren Ereignisses (Tod, Invalidität, Langlebigkeit) getroffen werden.

1. Freie Vorsorge
Unter freier Vorsorge versteht man alle Vorkehren, die im Hinblick auf Vorsorge getroffen werden. Dazu gehören in erster Linie Lebensversicherungen, aber auch Kapitalanlagen, Erwerb von Wohneigentum. Innerhalb des Drei-Säulen-Konzepts fällt die freie Vorsorge unter die Säule 3b.

2. Gebundene Vorsorge
In der Schweiz steuerpflichtige Erwerbstätige haben die Möglichkeit, mit zusätzlichen steuerlichen Erleichterungen Selbstvorsorge zu betreiben. Die zurückgelegten Mittel müssen jedoch ausschliesslich und unwiderruflich der Vorsorge dienen. Den steuerlichen Vergünstigungen stehen andererseits einschränkende Vorschriften bezüglich Abschluss, Gestaltung und Verfügung gegenüber. Die gebundene Vorsorge kann sowohl über die gebundene Lebensversicherung wie auch über Banksparpläne getroffen werden. Innerhalb des Drei-Säulen-Konzepts fällt die gebundene Vorsorge unter die Säule 3a.

3. Allfinanz
Unter ↑Allfinanz versteht man ein System, in dem unter dem gleichem Dach Dienstleistungen sowohl einer Versicherung als auch einer Bank angeboten werden, sei es durch Kooperation oder einen Zusammenschluss einer Bank mit einer Versicherung oder durch Gründung einer Versicherung durch eine Bank bzw. umgekehrt. In der Praxis sind verschiedene Allfinanzmodelle bekannt. Allfinanz kann, muss sich aber nicht als Unternehmensform manifestieren. Der Allfinanzgedanke schlägt sich zunehmend auch in der Gestaltung von Finanzprodukten und ↑Finanzdienstleistungen nieder. Ein typisches Allfinanzprodukt stellt die anteilgebundene Lebensversicherung (Synonym ist ↑fondsgebundene Lebensversicherung) dar. Anteilgebundene Lebensversicherungen sind ↑gemischte Lebensversicherungen, bei denen der Sparteil der ↑Prämie in ↑Anlagefonds investiert wird. Das Anlagerisiko trägt also im Gegensatz zur konventionellen Lebensversicherung der Versicherungsnehmer selbst. Bei den meisten Versicherern ist nur das Todesfallkapital garantiert, nicht aber das Erlebensfallkapital. Anteilgebundene Versicherungen werden auch in Form von Lebensrenten angeboten.
Manfred Zobl

Risikovorsorge (Kreditgeschäft)

Der systematischen Vorsorge zur Steuerung von und der Absicherung gegen ↑Kreditrisiken wird in zahlreichen Wirtschaftszweigen eine herausragende Bedeutung beigemessen. Insbesondere in der Finanzindustrie stellt sie inzwischen einen entscheidenden Wettbewerbsfaktor dar. Mit der Intensivierung des Wettbewerbs in der sich konsolidierenden Bankenbranche, den aktuellen Entwicklungen in den regulatorischen Eigenkapitalanforderungen (↑Basler Ausschuss für Bankenaufsicht) sowie den hohen Erwartungen der Eigenkapitalgeber hinsichtlich der Realisierung einer soliden Eigenkapitalrendite sind nur einige Aspekte genannt, die ein aktives, systematisches Management der Risikovorsorge im Kreditgeschäft mehr und mehr zu einem wesentlichen strategischen Erfolgsfaktor werden lassen. Das Thema der Risikovorsorge ist insbesondere im Kontext von Zahlungsausfallrisiken zu beachten.

Die Zielsetzung einer systematischen Risikovorsorgepolitik ist es in der Regel nicht, jegliches Risiko a priori zu vermeiden. Im Fokus steht vielmehr das Erreichen einer (risiko-)optimalen Allokation des ökonomischen Kapitals im Hinblick auf die Realisierung der betriebswirtschaftlichen Ziele eines Unternehmens, bei gleichzeitiger Erfüllung aller regulatorischen und gesetzlichen Vorgaben an die Risikovorsorge.

Der Themenkomplex der Risikovorsorge im Kreditgeschäft kann grundlegend in zwei Dimensionen gegliedert werden: *Vorsorge durch Managementmassnahmen* sowie *Vorsorge durch finanzielle Absicherung*.

1. Vorsorge durch Managementmassnahmen
Verfahren, die in der Antragsphase zur Analyse des Kreditrisikos eingesetzt werden, zielen darauf ab, Risiken aus einzelnen Kreditengagements und – daraus resultierend – des Gesamtportfolios zuverlässig zu identifizieren und zu quantifizieren. Darauf aufbauend kann der erwartete Verlust (Expected loss) je ↑Engagement unter Berücksichtigung der ↑Ausfallwahrscheinlichkeit (Default probability) des ausfallzeitpunktbezogenen Volumens der Gegenleistung (Credit exposure) sowie der (teilweisen) Einbringlichkeit der Forderung in der Abwicklungsphase (Loss severity) bestimmt werden.

Praxisorientierte Verfahren zur Analyse des Kreditrisikos basieren häufig auf *Rating- oder Scoring-Modellen,* bei denen Schuldner auf ↑Basis von quantitativen und oder qualitativen Merkmalen einer systematischen Bewertung und Risiko-Einstufung mithilfe von Punktbewertungsmodellen unterzogen werden. Die Bandbreite solcher Verfahren reicht von einfachen intuitiven (subjektiven) Schätzverfahren bis hin zu komplexen, datenbasierten, mathematisch-statistischen Modellen.

Da der Gläubiger-Schuldner-Prozess in den meisten Kreditformen einen eher dynamischen Verlauf aufweist, endet die Analyse des Kreditrisikos in der Regel nicht mit dem Abschluss des ↑Kreditvertrags. Vielmehr sollte das Engagement während der Gesamtlaufzeit des Vertrags einer regelmässigen Überprüfung des Bonitätsänderungsrisikos unterzogen werden.

Die aus der Analyse des Kreditrisikos eines Schuldners resultierenden Handlungsalternativen für die Risikovorsorge sind vielfältig und beschränken sich nicht auf die grundlegende Entscheidung der Annahme bzw. Fortsetzung oder Ablehnung bzw. Kündigung eines Kreditverhältnisses. Vielmehr kann das höhere Ausfallpotenzial von einzelnen oder Kategorien von Schuldnern z. B. im Rahmen der Preispolitik durch die Festlegung entsprechender Risikomargen (Risk based pricing) kompensiert und damit vorgesorgt werden. Der Begrenzung von Kreditrisiken aus Individual-Engagements oder gegenüber Schuldnergruppen (z. B. Konzerne, Branchen, Produkte, geografische Einheiten; Gefahr von ↑Klumpenrisiken) dienen ↑Kreditlimiten, deren Festlegung innerhalb der gesetzlichen Bestimmungen ebenfalls auf der Grundlage der Ergebnisse einer Kreditrisikoanalyse erfolgen kann. Der Risikovorsorge im Rahmen von Kreditgeschäften wird daneben auch durch die Wahl der Kreditform Rechnung getragen. Bei grund- oder faustpfandrechtlich besicherten Real-Krediten (z. B. Lombardkrediten) steht der Kreditforderung eine mindestens gleichwertige Sicherheit gegenüber, die im Falle der (teilweisen) Uneinbringlichkeit der Forderung durch den Gläubiger verwertet werden kann. Aufgrund des Sicherheitenrisikos (Verwertbarkeit, Wertschwankungen bzw. -verlust der Sicherung) sind bei der Berechnung des Gegenwerts des Sicherungsgutes entsprechende Risikoabschläge zu berücksichtigen. Ähnliches gilt für gedeckte Personalkredite.

Andere Verfahrensweisen sehen dagegen vor, das Kreditrisiko auf andere Marktteilnehmer zu transferieren. Den klassischen Methoden des Kreditverkaufs und der syndizierten Kredite stehen hier innovative Kreditrisikomanagement-Produkte wie die Verbriefung von Krediten oder ↑Kreditderivate gegenüber.

2. Vorsorge durch finanzielle Absicherung
Die finanzielle Absicherung von ↑Risikopositionen aus Kreditgeschäften stellt die zweite Betrachtungsebene dar und ist vom pro-aktiven Management der Kreditrisiken abzugrenzen. Sie erfolgt auf operativer Ebene vor allem über ↑Wertberichtigungen, die Bildung von Rückstellungen (insbesondere Delkredere-Wertberichtigung bzw. -Rückstellungen) sowie die Schwankungsreserve für Kreditrisiken. In strategischer Hinsicht wird finanziellen Kreditrisiken vornehmlich durch die adäquate Unterlegung mit eigenen Mitteln der Bank vorgebeugt.

Die Schwankungsreserve für Kreditrisiken wird auf Basis statistischer Risikovorsorgemodelle berechnet und dient der finanziellen Absicherung potenzieller Ausfallrisiken in einem bestehenden Kreditportfolio einer Bank oder eines Bankkonzerns. Der Gesetzgeber knüpft die Zulässigkeit der modellbasierten Bildung einer Schwankungsreserve an einen umfassenden Katalog von Anforderungen und Voraussetzungen, die insbesondere Zweck und Anwendung des Modells, die Klassifizierung der Risiken, das Verfahren und die Offenlegung betreffen.

Das ↑Eigenkapital dient als wesentlicher Risikoträger zum Auffangen von Verlusten, ohne den Bankgläubiger zu schädigen. BankV 12 sieht für Kreditrisiken eine dauerhafte Unterlegung mit eigenen Mitteln von mindestens 8% der risikogewichteten Positionen vor. Mit der Differenzierung der Risikogewichte und der Vorgabe von Gewichtungssätzen trägt der Gesetzgeber dabei dem Umstand Rechnung, dass Kreditrisiken, je nach Art und Ausgestaltung der Kreditgeschäfte, in ihrem Ausmass variieren. Besonderes Augenmerk in Form von Meldepflichten und Obergrenzen legt die Legislative auf eine adäquate Verteilung des ↑Gegenparteirisikos zur Vermeidung von Klumpenrisiken (BankV 21 ff.).

Wesentliche Änderungen in Gesetzgebung und Praxis zur Eigenmittelunterlegung von Kreditrisiken sind in den nächsten Jahren zu erwarten. Darauf deutet die derzeit in Arbeit befindliche Neuregelung der Eigenkapitalvereinbarung von 1988 durch den Basler Ausschuss für Bankenaufsicht hin. Die Umsetzung dieser umfassenden Neuregelung in den Mitgliedsstaaten (u. a. die Schweiz) wird für das Jahr 2005 erwartet und dürfte speziell für Banken, die ihre Risikoparameter mittels fortgeschrittener mathematischer Verfahren schätzen können, Erleichterungen in der Höhe der erforderlichen Eigenmittelunterlegung mit sich bringen.

Uwe Behr

Rising star
Schuldner, ↑Emittent, dessen ↑Rating sich deutlich verbessert hat. (↑Up grading). Das Gegenteil vom Rising star ist der ↑Fallen angel.

Risk adjusted pricing
↑Credit pricing.

Risk adjusted return on capital (RAROC)
↑RAROC.

Risk arbitrage
Unter dem Begriff Risk arbitrage versteht man eine Arbitrage-ähnliche Strategie, bei der im Falle von ↑Fusionen und Übernahmen ↑Aktien der Käuferfirma verkauft und gleichzeitig Aktien der übernommenen Firma gekauft werden. Im Gegensatz

zur ↑Arbitrage im eigentlichen Sinne ist bei Risk arbitrage der Einsatz von ↑Kapital notwendig und die Möglichkeit eines Verlustes kann nicht vollständig ausgeschlossen werden. Bedeutsam ist Risk arbitrage insbesondere bei ↑Hedge funds.

Risk disclosure statements
↑Risikoaufklärungsbroschüre.

Risk-return
↑Corporate finance.

Risk work out
↑Notleidender Kredit.

RKG
Abk. f. ↑Risikokapitalgesellschaft.

ROA
Abk. f. ↑Return on assets.

Road show
Eine Road show ist ein Instrument der ↑Investor relations zur Präsentation der Unternehmung bei ↑institutionellen Anlegern, individuellen ↑Grossaktionären, ↑Finanzanalysten usw. an wichtigen ↑Finanzplätzen in regelmässigen Abständen. Eine besondere Bedeutung kommt den Roadshows bei der Vorbereitung eines ↑Initial public offering (IPO) zu.

ROE
Abk. f. ↑Return on equity.

Rohgewicht
↑Raugewicht.

ROI
Abk. f. Return on investment. ↑Return on assets (ROA).

Rollende Absicherung
↑Rolling hedge.

Rollende Bank
↑Fahrbare Zweigstelle.

Rolling hedge
Unter einem Rolling hedge (zu Deutsch: rollende Absicherung) wird eine ↑Hedging-Strategie verstanden, bei der eine langfristige Absicherung mit kurzfristigen ↑Kontrakten durchgeführt wird. Der ↑Hedger schliesst einen kurzfristigen Kontrakt ab, stellt diesen kurz vor ↑Verfall glatt und kauft wiederum einen kurzfristigen Kontrakt. Auf diese Weise kann die Absicherung stetig aufrechterhalten werden. Eine solche Strategie wird angewendet, wenn langfristige Kontrakte entweder nicht verfügbar oder nicht ausreichend liquide sind. Der Vorteil eines Rolling hedge liegt darin, dass in den kurzfristigen Kontrakten im Allgemeinen gute Liquiditätsbedingungen vorliegen und somit bessere Preise gestellt werden. Der Nachteil liegt darin, dass (insbesondere wenn solche ↑Transaktionen mit ↑Futures durchgeführt werden) ein ↑Basisrisiko eingegangen wird, da die ↑Laufzeit der Absicherungskontrakte und der abzusichernden ↑Position nicht vollständig miteinander korreliert sind.
Heinz Zimmermann

Roll-over-Kredit
Der Roll-over-Kredit ist eine seit den 70er-Jahren am Eurokreditmarkt (↑Euromärkte) üblich gewordene Kreditform. Dem Wesen nach handelt es sich um ↑mittel- bis ↑langfristige ungedeckte Vorschüsse, deren Verzinsung nicht während der gesamten ↑Laufzeit fest ist, sondern innerhalb bestimmter Zeitspannen, meist drei oder sechs Monaten, den Marktverhältnissen angepasst wird. Die Basis für diese Zinsberechnung bildet in den meisten Fällen der im Verkehr zwischen erstklassigen Banken in London angewendete ↑Zinssatz für kurzfristige Eurodepositen, die London interbank offered rate (↑Libor). Der eigentliche Zinssatz wird unter Zuschlag einer ↑Marge (Spread) bestimmt. Dieser Zuschlag bildet einen Bestandteil des ↑Kreditvertrages und wird je nach Qualität (↑Rating, ↑Bonität) des Kreditnehmers und Laufzeit (Lifetime) des Roll-over-Kredites abgestuft. In den meisten Kreditverträgen wird eine für die gesamte Laufzeit des Krediters gleich bleibende Marge festgesetzt. Häufig werden indessen auch gleitende Margen (Gliding spreads oder Split rates) vereinbart, d. h. nach einer bestimmten Frist verändert sich der Zuschlag. Als zusätzliche Entschädigungen erheben die Banken in der Regel eine Auszahlungskommission (Fee). Erfolgt die Auszahlung (Draw-down) nicht unmittelbar nach Vertragsabschluss, so stellt die Bank dem Kreditnehmer eine ↑Bereitstellungskommission (↑Commitment fee) in Rechnung. Die ↑Rückzahlung des Krediters kann in einem Betrag (Bullet) oder in Raten erfolgen, die über die gesamte Laufzeit verteilt sind oder nach Ablauf einer gewissen Zeitspanne (Grace period) zu laufen beginnen. Häufig wird dem Kreditnehmer das Recht eingeräumt, den Kredit vorzeitig, unter Voravis, an einem Roll-over-Termin gegen Bezahlung einer bestimmten «Strafgebühr» (Penalty fee) zurückzuzahlen. Gelegentlich wird dem Kreditnehmer auch zugestanden, den Kredit innerhalb der Laufzeit ↑revolvierend zu benützen (↑Revolving credit facility), d. h. ihn zwischenzeitlich zurückzuzahlen und ihn später wieder nach Bedarf zu benützen. Dadurch erhält der Roll-over-Kredit den Charakter eines Bereitstellungskredites (↑Standby credit).
Als Folge der wirtschaftlichen und monetären Entwicklung und des harten Konkurrenzkampfes unter den Banken bildeten sich und bilden sich noch immer beim Roll-over-Kredit verschiedene

Spielarten heraus. So kann als Basis für die Zinsberechnung ein anderer international oder national massgebender Zinssatz, z. B. die amerikanische ↑Prime rate, herangezogen werden. Es gibt Fälle, in denen der ↑Kreditgeber die Wahl hat, den Zinssatz entweder auf der Basis von Libor oder Prime (rate) festzusetzen; insbesondere schwächere Schuldner müssen den Kreditgebern diese Option einräumen. In vielen Fällen wird in die Kreditverträge eine Währungsoptionsklausel eingebaut, die so genannte Multi-currency-Klausel; sie berechtigt den Kreditnehmer, unter Voravis innerhalb einer bestimmten Frist, seinen Vorschuss ganz oder teilweise von einer auf eine oder mehrere andere Währungen umzustellen. Stets ist in den Verträgen eine Härteklausel enthalten, welche es den Banken erlaubt, sich unter Hinweis auf die Nichtverfügbarkeit der Lieferpflicht für eine bestimmte Währung zu entziehen (Subject do availability).

Nicht zuletzt unter dem Einfluss der Beanspruchung der Euromärkte durch staatliche Schuldner wuchsen die Beträge der Roll-over-Kredite in Dimensionen, die das Finanzierungspotenzial einer einzelnen Bank übersteigen oder das kreditgebende Institut vor das Problem des ↑Klumpenrisikos stellen. So entstand der Euro-Konsortialkredit (↑Syndicated loans).

Als Kreditnehmer treten Regierungen, ↑Zentral-, Entwicklungs- und ↑Geschäftsbanken auf sowie private und staatliche Unternehmen. Roll-over-Kredite werden verwendet zur Finanzierung von Zahlungsbilanz-Defiziten, Investitionen, Grossobjekten (↑Projektfinanzierung) usw.

Der Roll-over-Kredit war das Instrument, das in den 70er-Jahren die sprunghafte Entwicklung des Eurokreditmarktes ermöglicht hat. Den Anstoss von Seiten der Kreditnehmer gab das Bestreben, sich zur längerfristigen Finanzierung nicht zu den in der Regel höheren Zinssätzen des Europakapitalmarktes zu verschulden. Hinzu kommt, dass die Beschaffung längerfristiger festverzinslicher Mittel, namentlich während Zeiten hoher Inflationsraten und Währungsunruhen sowie in Perioden wirtschaftlicher und politischer Unsicherheit, ohnehin praktisch kaum möglich war. Für die Banken ergibt sich durch die Technik des Überrollens die Möglichkeit, sich kurzfristig statt strukturkonform langfristig zu refinanzieren (↑Fristentransformation).

Die Roll-over-Kredite haben in schwierigen Zeiten mitgeholfen, die Weltwirtschaft zu finanzieren. Hauptabnehmer für die durch die Eurobanken kanalisierte ↑Liquidität und anlagesuchenden Mittel waren neben einzelnen Industriestaaten und Grossunternehmen vor allem die Entwicklungsländer, die sich über die Euromärkte die Mittel beschafften, die sie für den Ausgleich der Zahlungsbilanzdefizite und zur Finanzierung langfristiger und oftmals ehrgeiziger Projekte benötigten. Die leichte Verfügbarkeit von Eurokrediten wie auch der bankpolitische Sündenfall, aus kurzfristigen Geldern langfristige Kredite zu gewähren unter gleichzeitiger Überwälzung des Zinssatzrisikos auf den Schuldner, ist ihnen zum eigentlichen Verhängnis geworden. (↑Internationale Verschuldung.) Der Verstoss gegen den bankpolitischen Grundsatz der Kongruenz der Fälligkeiten im ↑Aktiv- und ↑Passivgeschäft birgt jedoch auch für die einzelne Bank ein Risiko in sich, wenn sie nicht sicherstellt, dass sie an einem Roll-over-Termin über das nötige Geld verfügt oder dieses ohne Schwierigkeiten am Markt aufnehmen kann. Hier muss sich die verantwortungsbewusste Bankleitung vom Prinzip des Prudent banking leiten lassen und sich dort, wo keine gesetzlichen Einschränkungen bestehen, die notwendige Selbstbeschränkung auferlegen. *Paul Nyffeler*

RONA
↑Return on net assets (RONA).

Rondelle
↑Prägung.

RORAC
Abk. f. Return on risk adjusted capital. ↑RAROC.

RORE
Abk. f. Return on required equity. ↑Analyse der Jahresrechnung von Banken.

Rosinen picken
↑Stockpicking.

ROUND
Abk. f. Return or underlying. ↑Strukturierte Produkte.

Round lot
↑Schlusseinheit.

Royalty
Anglo-amerikanische Bezeichnung für Lizenzgebühr, die dem Patentinhaber für die Ausnützung seines Patentes bezahlt wird, gewöhnlich berechnet nach dem Umsatz. Im Speziellen ist in den USA unter Royalty jedoch der Produktionsanteil zu verstehen, den jemand erhält, wenn er ein Stück Land einer Gesellschaft zu Ausbeutungszwecken, sei es Kohleschürfung, Erdölgewinnung oder Mineralienabbau, überlässt. Der Grundeigentümer erhält als Entgelt für diese Ausbeutungkonzession eine Royalty. Es wird unterschieden zwischen «Producing royalties» und «Non producing royalties», je nachdem ob das Grundstück ausgebeutet wird oder nicht. Die Royalty wird durch einen Grundtitel (Mineral deed) verbrieft.

In der Schweiz werden als Royaltys auch Vergütungen für die Anwendung oder Nutzung von (geheimen) Verfahren und für die Benützung eines Namens bezeichnet.

Roy-Portfolio
Das Roy-Portfolio bildet dasjenige ↑Portfolio mit der geringstmöglichen ↑Ausfallwahrscheinlichkeit unter einer gegebenen Mindestrendite ab.

RRV-EBK
↑Rechnungslegungsvorschriften für Banken.

RSI
RSI steht für Relative strength index. Er wurde entwickelt um anzuzeigen, wann eine übergekaufte bzw. überverkaufte Marktverfassung vorherrscht. Der RSI darf nicht mit Methoden zur Messung der so genannten äussern ↑relativen Stärke (z. B. jener einer bestimmten ↑Aktie im Vergleich zu einem Index) verwechselt werden.

RTGS
Abk. f. ↑Realtime gross settlement system. ↑RTGS^{plus}.

RTGS^{plus}
Deutsches ↑Realtime gross settlement system (RTGS). Das Echtzeit-Bruttosystem für die Abwicklung des Euro-Zahlungsverkehrs wurde Ende 2001 eingeführt und stellt den deutschen Zugangspunkt zum TARGET-Verbund der europäischen Notenbanken dar. Die Deutsche Bundesbank ist nicht nur Systembetreiberin und -managerin, sondern auch Teilnehmerin am RTGS^{plus}. Kontoinhaber der Deutschen Bundesbank können damit – soweit sie nicht anderweitig am RTGS teilnehmen – indirekt über die Bundesbank im RTGS erreicht werden. Über das RTGS sind rund 9000 Kreditinstitute in aller Welt als direkte oder indirekte Teilnehmer erreichbar. Das Vorgängersystem von RTGS^{plus} war das ↑Euro link system (ELS). Kreditinstituten, die sich RTGS^{plus} nicht direkt anschliessen, steht weiterhin das ELS zur Verfügung, dann allerdings als Zugangsverfahren zum Grosszahlungsverkehr der Bank.

RTS
Abk. f. ↑Realtime settlement (RTS).

Rückbürgschaft
↑Bürgschaft.

Rückdiskontierung
↑Rediskontierung.

Rückgarantie
↑Bankgarantie.

Rückgriff
↑Regress.

Rückkauf eigener Aktien
Die Eigenkapitalpolitik ist ein wesentliches Element des Finanzmanagements, wobei die Bestimmung der optimalen Eigenkapitalausstattung von zentraler Bedeutung ist. Es gilt, eine ↑Überkapitalisierung zu vermeiden. Deshalb werden Eigenkapitalrückzahlungen in den letzten Jahren – in Anlehnung an die Praxis von USA-Gesellschaften sowie auch unter dem Einfluss der Shareholdervalue-Ausrichtung – vermehrt auch von kontinentaleuropäischen Gesellschaften als steuerlich besonders attraktiver Werttransfer an die Aktionäre eingesetzt. Teilrückzahlungen des Eigenkapitals erfolgen aufgrund der praktischen Gegebenheiten vor allem über Aktienrückkäufe. In der Schweiz wurden für den Rückkauf von eigenen Aktien mit der Revision des Aktienrechts 1997 entsprechende Rechtsgrundlagen geschaffen. Nachdem die steuerlichen Hindernisse weitgehend beseitigt werden konnten, setzen zahlreiche Gesellschaften auf den Rückkauf eigener Aktien als Instrument zur Eigenkapitaloptimierung.
Als Motive für den Rückkauf eigener Aktien können u. a. genannt werden:
– Gestaltung eines optimalen ↑Finanzierungsverhältnisses, u. a. durch Verstärkung der Hebelwirkung (↑Leverage), insbesondere bei vermehrter Beanspruchung von verzinslichem ↑Fremdkapital dank den damit verbundenen Steuereinsparungen (Tax shield)
– Signalisierung der Finanzkraft. Aktienrückkäufe setzen eine gesunde Finanzlage und einen in der Zukunft erwarteten, angemessenen ↑Free cashflow voraus. Mit einer Aktienkapitalrückzahlung wird dem ↑Finanzmarkt deshalb ein positives Signal gegeben
– Die Rückzahlung nichtbetriebsnotwendiger flüssiger Mittel verringert den finanziellen Spielraum des Managements und verhindert leichtfertiges Geldausgeben (z. B. Prestigeinvestitionen)
– Korrektur einer Unterbewertung der Aktien. Aktienrückkäufe durch die Gesellschaft steigern die Nachfrage nach Aktien und treiben den Kurs in die Höhe. Dieses Motiv ist besonders wichtig, wenn die Gesellschaft ihre Titel als unterbewertet betrachtet.
Die Erfahrung aus den USA zeigt, dass der Aktienmarkt Teilrückzahlungen des Eigenkapitals über Aktienrückkäufe positiv beurteilt, indem diese zu überdurchschnittlichen Renditen führen. In der Schweiz sind die Wirkungen – wie empirische Studien zeigen – jedoch eher schwach. Dies wird einerseits damit erklärt, dass die Optimierung des Eigenkapitals bereits erwartet worden ist oder sich die Aktionäre Rechenschaft darüber geben, dass z. B. die mit einem Aktienrückkauf verbundene Gewinnverdichtung oder Steigerung des ↑Return on equity (ROE) nicht ohne weiteres auch einen Mehrwert für den Aktionär auslöst. So zeigen

Modellrechnungen, dass für den Aktionär die eigenmittelreduzierenden ↑Transaktionen wertneutral sind und für ihn im Grunde genommen keine Vorteile bringen, zumindest nicht im vermuteten Ausmass. Beim Vergleich mit den empirischen Studien in den USA ist zu beachten, dass der sehr breite und liquide USA-Markt mit den doch engen schweizerischen Verhältnissen nicht vergleichbar ist, was auch darin zum Ausdruck kommt, dass die Stichproben für schweizerische Unternehmungen relativ klein sind.

In der schweizerischen Praxis haben sich verschiedene Formen des Aktienrückkaufs herausgebildet.

1. Öffentliches Rückkaufangebot an alle Aktionäre
Ein öffentliches Angebot an alle Aktionäre ist das am meisten verwendete Verfahren. Dabei sind festzulegen:
– der Rückkaufpreis
– das Rückkaufvolumen
– die Angebotsfrist.

Für die Festsetzung des Rückkaufspreises sind zwei Varianten möglich: Das Festpreisverfahren oder das holländische Verfahren (↑Dutch auction). Beim Festpreisverfahren muss die Gesellschaft darauf achten, den Rückkaufspreis möglichst marktgerecht festzusetzen. Ist er aus der Sicht der Aktionäre zu tief, weil z.B. während der Angebotsfrist der Börsenkurs über den Rückkaufspreis ansteigt, besteht für die Unternehmung die Gefahr, dass sie das gewünschte Rückkaufvolumen nicht erreicht. Ist er zu hoch, wird das Angebot voraussichtlich überzeichnet und die Gesellschaft ist verpflichtet, die Offerte der Aktionäre entsprechend des Gleichbehandlungsgebots proportional zu kürzen. Das in der Schweiz nur ausnahmsweise angewendete holländische Verfahren ermöglicht eine flexiblere Gestaltung des Rückkaufsprozesses, indem die Gesellschaft eine Preisspanne und das maximale Rückkaufsvolumen festlegt. Die Gesellschaft berücksichtigt die Offerten vom tiefsten Preis bis zu jenem Angebot, bei dem die Anzahl der zurückgekauften Aktien erreicht ist. Je weiter die Preisspanne, desto grösser die Wahrscheinlichkeit, dass die von der Gesellschaft gewünschten Rückkäufe erreicht sind. Alle Offerten werden jedoch zum einheitlichen Tenderkurs (↑Bundestender) abgerechnet.

Weil für natürliche Personen das Angebot wegen der Einkommenssteuerpflicht nicht attraktiv ist, werden nur institutionelle Investoren als Verkäufer auftreten.

2. Rückkauf über die zweite Handelslinie
Beim Rückkauf über die zweite Handelslinie erfolgt der Aktienrückkauf über die Börse, wobei aus steuerrechtlichen Gründen bei der zweiten Handelslinie nur ein Käufer, nämlich die Gesellschaft, bzw. die von ihr beauftragte Bank, auftritt. Anders als beim normalen Kauf über die Börse entfällt die Anonymität des Käufers. Aktionären, die ihre Aktien auf der zweiten Handelslinie verkaufen, wird von der Gesellschaft, bzw. der beauftragten Bank, die Verrechnungssteuer auf der Differenz zwischen dem Verkaufspreis und dem ↑Nennwert der Aktie abgezogen. Die Gesellschaft setzt bei einem Rückkaufsangebot über die zweite Handelslinie eine Frist fest, während der sie als Käufer auftritt. Diese Variante bietet der Gesellschaft die grösstmögliche Beweglichkeit bei der Abwicklung eines Rückkaufsprogramms, denn sie bestimmt – entsprechend der jeweiligen Börsenlage – den Rückkaufspreis, den Zeitpunkt des Rückkaufs und die jeweilige Zahl der zurückzukaufenden Titel. In Zeiten steigender Kurse wird sie sich zurückhalten, in einer Baissephase dagegen Titel zu einem tiefen Kurs zurückkaufen. Anders als beim Festpreisverfahren ist der Kurs nicht während der ganzen Frist für einmal festgelegt. Die Gesellschaft ist jedoch in keinem Zeitpunkt verpflichtet, als Käufer aufzutreten.

3. Rückkaufsofferte an einzelne Aktionäre
Dieses Verfahren kommt zur Anwendung, wenn ein ↑Grossaktionär seine Beteiligung an der Gesellschaft verringern oder abstossen möchte und bei einem Verkauf über die Börse ein Druck auf den Aktienkurs zu befürchten ist, oder wenn die Gesellschaft von OR 685b Gebrauch macht. Diese Form der Teilrückzahlung ist vor allem wegen dem Grundsatz der Gleichbehandlung der Aktionäre (↑Gleichbehandlungspflicht des Effektenhändlers) problematisch.

4. Freihändiger Rückkauf an der Börse
Der Erwerb eigener Aktien über die Börse stellt das einfachste Verfahren zur Durchführung eines Aktienrückkaufprogramms dar. Soll der Rückkauf der Aktien mit einer ↑Grundkapitalherabsetzung verbunden werden, ist das Vorhaben allerdings aus steuerlichen Gründen (↑Teilliquidation [Steuerliches]) praktisch nicht möglich. Freihändig zurückgekaufte Aktien bleiben deshalb bis zu einer späteren Verwendung im Portefeuille der Gesellschaft (Treasury stock), wobei seit der Steuerrechtsrevision 1998 die Haltefrist allerdings auf 6 Jahre begrenzt ist. Nachdem die ↑International Accounting Standards (IAS) ausdrücklich vorschreiben, dass Aktien im Eigentum als Minusposten zum Eigenkapital zu erfassen sind, wird bezüglich der bilanzmässigen Kapitalstrukturgestaltung und aufgrund von OR 685 a bezüglich der Gewinnberechtigung finanzwirtschaftlich (nicht aktienrechtlich) die gleiche Wirkung erzielt wie bei einer formellen Kapitalherabsetzung.

5. Aktienrückkauf via Put option
Nachdem in einem BGE 1999 festgestellt worden ist, dass Put options kein für den Verkäufer steuer-

bares Einkommen darstellen, ist es den Gesellschaften möglich, alle Aktionäre, also auch Privatpersonen, an einem Rückkaufprogramm teilhaben zu lassen. Den Aktionären wird für jede Aktie eine Put option zugeteilt. Diese verkörpern das Recht, der Gesellschaft während einer bestimmten Frist zu einem festgesetzten Preis eine bestimmte Anzahl Aktien zu verkaufen. Die Ausübung der Put option ist allerdings, wie ein direkter Rückkauf, aus steuerlichen Gründen nur für institutionelle Investoren attraktiv. Streubesitzaktionäre werden ihre Put options deshalb über die Börse steuerfrei verkaufen. Auch beim Aktienrückkauf über Put options ist der Rückkaufspreis eher grosszügig anzusetzen, will die Gesellschaft nicht Gefahr laufen, dass die Put options wertlos verfallen. Entscheidend für Attraktivität der Put option und damit für den Erfolg des Rückkaufprogramms ist eine relativ hohe Prämie, d.h. eine beachtliche Differenz zwischen dem aktuellen Aktienkurs und dem ↑Ausübungspreis. Wichtig ist auch, dass die ↑Laufzeit der Option kurz gehalten wird, um zu vermeiden, dass die Marktentwicklung den Rückkauf in Frage stellt, weil bei einem Anstieg des Aktienkurses in die Nähe des Ausübungspreises die Option an Wert einbüsst.

Die verschiedenen Rückkaufvarianten können selbstverständlich kombiniert werden. Es ist möglich, sowohl Put options auszugeben und im gleichen Rückkaufprozess auch eine zweite Handelslinie zu eröffnen. *Max Boemle*

Rückkaufswert
↑Lebensversicherungsanspruch (Verpfändung).

Rücklage
Auch Reserve. ↑Eigene Mittel; ↑Wertberichtigungen und Rückstellungen; ↑Stille Reserven.

Rücknahmekommission
Abzug vom ↑Inventarwert bei der Auszahlung von ↑Anteilen von ↑Anlagefonds nach einer ↑Kündigung. Bei schweizerischen Effekten-Anlagefonds sind Rücknahmekommissionen eher selten. Beim Rückkauf von ↑Immobilienfonds ist dagegen eine Rücknahmekommission die Regel. Der Inventarwert abzüglich Rücknahmekommission ergibt den ↑Rücknahmepreis. ↑Rücknahme von Anlagefondsanteilen.

Rücknahmepreis
Der ↑Inventarwert eines Anlagefondsanteils, abzüglich die ↑Rücknahmekommission und allfällige Nebenkosten (z.B. Verkaufsaufwendungen bei ↑Immobilienfonds), ergibt den Rücknahmepreis.

Rücknahmeverpflichtung
↑Rücknahme von Anlagefondsanteilen.

Rücknahme von Anlagefondsanteilen
Nach EU-Recht gehört die Pflicht der ↑Fondsleitung zur jederzeitigen Rücknahme der Anteile zum ↑Verkehrswert zur Fondsdefinition. Die Rücknahme erfolgt aufgrund einer ↑Kündigung (AFG 24) durch Auszahlung des Anteils in bar. Sondervorschriften bestehen für ↑Immobilienfonds (AFG 41 II) und ↑Fonds in Anlagen mit beschränkter ↑Marktgängigkeit oder erschwerter Bewertung (AFV 25). Eine Ausnahme von der Rücknahmeverpflichtung kann im ↑Fondsreglement eines ↑Hypothekarfonds vorgesehen werden.

Die Aufsichtsbehörde (↑Aufsicht, Aufsichtsbehörde) kann in ausserordentlichen Verhältnissen im Interesse der Gesamtheit der Anleger einer Fondsleitung einen befristeten Aufschub für die Rückzahlung der Anteile gewähren.

Rückstellung
↑Wertberichtigungen und Rückstellungen.

Rückstellungspolitik
↑Bilanzpolitik.

Rücktrittsklausel
↑Emissionsgeschäft.

Rücktrittsrecht
Bei einem zweiseitigen Vertrag (z.B. Kaufvertrag, Börsen- oder Devisenhandelsgeschäft) das Recht der einen Partei, sich von ihrer Verpflichtung zu befreien, wenn die Gegenpartei die geschuldete Gegenleistung bei Fälligkeit nicht erbringt (OR 107) oder wenn der Anspruch auf die Gegenleistung wegen ↑Zahlungsunfähigkeit der Gegenpartei gefährdet erscheint (OR 83). Vom Rücktrittsrecht zu unterscheiden ist das Widerrufsrecht des Kunden bei Haustürgeschäften (OR 40 a ff.) sowie das Widerrufsrecht des Konsumenten beim ↑Konsumkredit (KKG 16) und beim ↑Vorauszahlungsvertrag (OR 227a II 7). Dieses Recht zum Widerruf des Antrages zum Vertragsschluss oder der Erklärung der Annahme des Vertrages kann vom Berechtigten innerhalb einer sehr kurzen Frist ohne weitere Voraussetzung ausgeübt werden.

Rücktritts- und Abtretungserklärung
Auch Darlehensabtretungserklärung. Verpflichtung des Gläubigers eines Kunden der Bank, seine Forderung (häufig ein Aktionärsdarlehen) nicht geltend zu machen, so lange die Bank gegenüber dem Kunden Kreditforderungen ausstehend hat, verbunden mit einer oft stillen Zession (↑Zessionskredit) dieser Forderung an die Bank. Die Abtretung erfolgt zur Sicherheit für die Kreditforderung der Bank. Bei ↑Insolvenz des Kunden macht die Bank neben ihrer Kreditforderung auch die ihr abgetretene Forderung des Zedenten geltend. Sie nimmt den Erlös aus dieser Forderung vorweg für sich in Anspruch und gibt dem Zeden-

ten nur heraus, was nach vollständiger Befriedigung ihrer Kreditforderung übrig bleibt. Diese Abrede entfaltet ihre Wirkung zu Gunsten der Bank nur, wenn die Forderung des Gläubigers in der Insolvenz des Kunden gleichberechtigt mit den Forderungen der übrigen Kurrentgläubiger behandelt wird. In ausländischen Konkursen ist dies bei Aktionärsdarlehen oft nicht der Fall. ↑Rangrücktrittserklärung.

Rückversicherung

Die Rückversicherung ist die Versicherung der von einem Versicherer übernommenen Gefahr. Es besteht ein Vertrag zwischen Rückversicherer und Erstversicherer; eine Rechtsbeziehung zum Endverbraucher des Versicherungschutzes besteht nicht. Bei der Rückversicherung handelt es sich um eine echte Versicherung. Sie orientiert sich jedoch am Leistungsangebot des Erstversicherers. Der Rückversicherer nimmt dem Erstversicherer Aufgaben ab, die ihn in die Lage versetzen, seinen Verpflichtungen nachzukommen.

1. Versicherungstechnisches Risiko
Die vom Erstversicherer übernommene Gefahr besteht im versicherungstechnischen Risiko, d. h. der Möglichkeit der Abweichung des tatsächlichen Schadenverlaufes von den der Prämienkalkulation zu Grunde gelegten statistischen Annahmen. Abweichungen können durch hohe Einzelrisiken oder durch Schäden entstehen, die ihre Ursache in vielen relativ kleinen Risiken haben. Aber auch der Eintritt andauernder Änderungen kann Abweichungen begründen. Der Rückversicherer erweitert durch die Übernahme der Risiken die Zeichnungskapazität des Erstversicherers. Er selbst bewältigt die Risiken entweder durch einen grossen Bestand, sodass das Gesetz der grossen Zahlen wirkt, oder schützt sich seinerseits durch Weiterrückversicherung.

2. Eigenkapital
Je mehr Rückversicherung genommen wird, desto weniger Eigenkapital ist für den Erstversicherer erforderlich. Somit dient die Rückversicherung auch zur Hebung der Solvabilitätsmarge (↑Solvabilität, Solvabilitätskoeffizient bei Versicherungen).

3. Finanzierung
Bei einem im Verhältnis zur Bestandesprämie hohen Neugeschäft, bei Aufnahme eines neuen Versicherungszweiges oder auch des gesamten Versicherungsbetriebes bieten die Rückversicherer die Finanzierung von Abschlussprovisionen an.

4. Serviceleistungen
Neben diesen finanziellen Leistungen bieten die Rückversicherer den Erstversicherern auch Kenntnisse an, die sie aufgrund weltweiter Kontakte mit einer Vielzahl von Versicherungsgesellschaften gewonnen haben. Dies sind einerseits risikobezogene Leistungen wie die Abwicklung der Risiken, die Risikoeinschätzung, die Bedingungsgestaltung, die Tarifierung, die Schadenverhütung und -regulierung sowie die Gestaltung der Annahmepolitik. Andererseits werden aber auch Beratung und Ausbildung angeboten.

Da Angebot und Nachfrage nach Rückversicherungsschutz international ausgerichtet ist, gibt es keine regional abgegrenzten Rückversicherungsmärkte. Die Nachfrage kommt sowohl von Erst- als auch von Rückversicherern. Angeboten werden Rückversicherungen von gemischten Versicherungs- und auf dieses Geschäft spezialisierten Rückversicherungsgesellschaften. Die gemischten Versicherungsgesellschaften betreiben sowohl die Erst- als auch die Rückversicherung, wobei das Rückversicherungsgeschäft vor allem innerhalb des eigenen Konzerns entsteht. Der Vorteil einer reinen Rückversicherungsgesellschaft liegt in ihrer Spezialisierung. Da der Rückversicherer mit schwankenden Ergebnissen rechnen muss, kann er im Gegensatz zu einer gemischten Versicherungsgesellschaft diesen Geschäftszweig nicht einfach aufgeben und muss daher die Verbindung mit dem Erstversicherer langfristig ausrichten.

Manfred Zobl

Rückzahlung

Auch Tilgung. Allgemein die Rückerstattung einer früher erfolgten Zahlung, im Besonderen die Rückzahlung des Kapitals eines Zinsinstrumentes durch den ↑Emittenten, im Gegensatz zu den Zinszahlungen.

Rückzahlungsagio

Agio in Prozenten des Nennwertes, das bei der ↑Rückzahlung von ↑Anleihensobligationen ausbezahlt wird. Eine Rückzahlung über dem ↑Nennwert wird im Allgemeinen bei Anleihen mit dem Recht des Schuldners auf vorzeitige Rückzahlung vorgesehen, wobei das Rückzahlungsagio umso höher ausfällt, je früher der Schuldner vom ↑Kündigungsrecht Gebrauch macht.

Rückzahlungsgewinn

Ein Rückzahlungsgewinn ergibt sich, wenn ↑Obligationen unter dem Rückzahlungskurs (in der Regel 100%) erworben und bis zur ↑Endfälligkeit behalten werden. Rückzahlungsgewinne gelten als steuerfreie Kapitalgewinne und bedeuten für den ↑Investor deshalb eine besonders ins Gewicht fallende Renditeverbesserung.

Rückzahlung von Anleihen

Anleihen können in verschiedenen Formen zurückbezahlt werden:
– Rückzahlung der Anleihenssumme in einem Betrag

– Rückzahlung in regelmässigen Tranchen durch Auslosung nach einem festen ↑Tilgungsplan. (Diese Variante setzt physische ↑Titel mit Nummern voraus.)
– Durch freihändigen Rückkauf an der ↑Börse.
Die ratenweise Rückzahlung aufgrund eines Tilgungsplans ist bei schweizerischen Anleihen praktisch verschwunden.

Rückzahlung von Eigenkapital
In Personengesellschaften ist die Rückzahlung von Eigenkapital formlos im Rahmen des Gesellschaftsvertrages möglich. Weil in der Aktiengesellschaft mit einer Eigenkapitalrückzahlung das Haftungssubstrat für die ↑Gläubiger vermindert wird, ist diese an strenge Voraussetzungen gebunden (u. a. Schuldenruf, besonderer Revisionsbericht, der feststellt, dass die Forderungen der Gläubiger nach wie vor voll gedeckt sind). Für die Kapitalrückzahlung stehen zwei Varianten zur Verfügung: Die Herabsetzung des ↑Nennwertes der ↑Aktien und der ↑Rückkauf eigener Aktien.

RUFs
Abk. f. ↑Revolving underwriting facilities (RUFs).

Ruhende Banken
Banken, welche die Bewilligung zum Geschäftsbetrieb von der Eidgenössischen ↑Bankenkommission (EBK) erhalten, ihre Tätigkeit jedoch wieder eingestellt bzw. nie aufgenommen haben. Die ruhende Bank hat einen vorübergehenden Charakter, denn die Bewilligung zum Geschäftsbetrieb wird durch die Bankenkommission wieder entzogen. Damit wird die Entstehung und Veräusserung von Bank-Aktienmänteln (↑Aktienmantel) verhindert (diese dienen der Vermeidung von Umtrieben und Kosten, die mit der Gründung einer AG und der Erlangung einer Bewilligung zum Geschäftsbetrieb verbunden sind).

Ruhendes Konto
Andere Bezeichnung für inaktives Konto. Gegensatz: ↑Aktives Konto.

Run
Ansturm der Einleger auf die Kassen einer Bank, um ihre Einlagen zurückzufordern. Er wird ausgelöst durch Gerüchte über Zahlungsschwierigkeiten oder erst durch das Bekanntwerden tatsächlich vorhandener Schwierigkeiten (Beispiel: Spar+Leihkasse Thun 1991). Ob der Vertrauensverlust gerechtfertigt ist oder nicht, jeder Run kann selbst die solideste Bank in Schwierigkeiten bringen. (↑Liquidität [Allgemeines und Aufsichtsrechtliches], ↑Liquidität [Betriebswirtschaftliches]). Das leichtfertige In-die-Welt-Setzen von Gerüchten und die daraus resultierende Kreditschädigung hat das BankG in Art. 48 unter Strafe gestellt. Eine ähnliche Wirkung wie der Run der Kleinanleger können Rückzüge oder Nichterneuerungen von Anlagen im ↑Interbankgeschäft haben.
Der Run kann vermieden oder abgewendet werden, wenn andere Banken für das in Schwierigkeiten geratene Institut durch Kreditgewährung (↑Standby credit), durch Garantieleistung oder durch ein Übernahmeangebot eintreten. Anderseits besteht aber auch die Gefahr, dass sich der Run auf andere Institute ausdehnt. Als Schutzmassnahme gegen den Run auf gesunde Banken hat das BankG den Fälligkeitsaufschub, evtl. die ↑Bankenstundung (↑Bankensanierung), eingeführt. Bei einem allgemeinen Run auf die Banken, der durch wirtschaftliche oder politische Krisen ausgelöst werden kann, muss gewöhnlich der Staat mit einem ↑Moratorium eingreifen. (Beispiel: Argentinien 2002)
Es hat sich gezeigt, dass Banken, die ihre Zahlungen einmal nicht mehr fristgerecht leisten, nachher nur schwer wieder aufzurichten sind, da das Vertrauen weitgehend zerstört ist und zerstört bleibt. ↑Einlegerschutz; ↑Feuerwehrfonds.

Rundschreiben der EBK
↑EBK-Rundschreiben.

Russell 2000
Der *Russell 2000* ist ein Index kleinerer US-amerikanischer Aktiengesellschaften, der von der Investmentberatungsfirma *Frank Russell* berechnet wird. Neben dem Russell 2000 existiert der *Russell 1000* für die 1000 grössten US-amerikanischen Gesellschaften. Die Aktien des Russell 1000 und des Russell 2000 bilden zusammen das Indexportfolio des *Russell 3000*. Die Indizes von Frank Russell werden nach ihrer streubesitzadjustierten ↑Börsenkapitalisierung gewichtet. Es können nur Aktien von Unternehmen mit Sitz in den Vereinigten Staaten aufgenommen werden, die zum jährlichen Auswahlstichtag per Ende Mai einen Aktienkurs von mindestens USD 1 aufweisen. Mit Ausnahme von Tracking stocks ist pro ↑Emittent nur eine Titelgattung zugelassen. Die Indexportfolios werden einmal jährlich nach ihrer Börsenkapitalisierung per Ende Mai geordnet und so verteilt, dass der Indexkorb des Russell 1000 die 1000 grössten Titel und der Indexkorb des Russell 2000 die 2000 nächstgrösseren Aktien enthält. Alle Änderungen in der Indexzusammensetzung treten per Ende Juni in Kraft. Kommt es zwischen zwei jährlichen Korbrevisionen zu Unternehmenszusammenschlüssen, Konkursen oder ↑Spin-offs, kann der Russell 2000 mehr oder weniger als 2000 Titel enthalten. Das Gleiche gilt für den Russell 1000 und den Russell 3000. Die Indizes von Frank Russell werden sowohl als Kursindex als auch als Performance index berechnet. Der Startwert des Russell 2000 betrug 135 Indexpunkte per 31.12. 1986. ↑Aktienindex. *Valerio Schmitz-Esser*

Sachdividende
Gegensatz zur Bardividende. Musterbeispiel einer Sachdividende ist die ↑Ausschüttung von Wertpapieren aus dem Gesellschaftsvermögen an die Aktionäre (sog. Portefeuille-Ausschüttung).

Sacheinlage
↑Einzahlungspflicht der Aktionäre.

Sachübernahme
↑Einzahlungspflicht der Aktionäre.

Sachwalter
Im Nachlassverfahren (↑Nachlassvertrag) durch den Richter ernannte ↑juristische oder natürliche Person, welche die Handlungen des Schuldners zu überwachen hat. Sie hat die in SchKG 295, 298–302 und 304 erwähnten Aufgaben zu erfüllen (Aufsicht, Inventaraufnahme, Schuldenruf, Leitung der Gläubigerversamlung, Gutachten über den vorgeschlagenen Nachlassvertrag). Bei ↑Anlagefonds wird ein Sachwalter für die durch Entzug der Bewilligung oder Konkurs geschäftsunfähig gewordene ↑Fondsleitung oder ↑Depotbank eingesetzt. Er hat an Stelle der abgesetzten Fondsleitung oder Depotbank den ↑Fonds vorläufig zu verwalten, das ↑Fondsvermögen festzustellen, die Rechte der Anleger zu wahren, der Aufsichtsbehörde Antrag über Fortführung oder Liquidation zu stellen und allenfalls die Liquidation durchzuführen (AFG 60, AFV 84).

Sachwertanlage
Als Sachwertanlagen gelten Kapitalanlagen in Werten, die weit gehend Schutz gegen die ↑Geldentwertung bieten, worunter nach der Erfahrung in der Vergangenheit insbesondere ↑Indexanleihen, ↑Aktien, ↑Immobilien und je nach der Umschreibung des Kapitalanlagebegriffs auch Kunstgegenstände, Sammlungen usw. fallen.

Der Inflationsschutz hängt jedoch weit gehend davon ab, dass die Sachwerte nicht zu überhöhten Preisen erworben worden sind, wie z.B. Liegenschaften in der Schweiz Ende der 80er-Jahre. Der Gegensatz von Sachwertanlagen sind ↑Nominalwertanlagen.

Sachwertklausel
↑Indexanleihe; ↑Indexklausel.

Safe
↑Schrankfach; ↑Tresoranlage.

SAG
Abk. f. ↑SAG SIS Aktienregister AG.

SAG SIS Aktienregister AG
SAG SIS Aktienregister AG wurde am 17.06.1996 als 100%ige Tochtergesellschaft der damaligen SEGA gegründet; heute gehört sie, wie auch ↑SIS SegaIntersettle AG, zur Finanzplatzholding ↑SIS Swiss Financial Services Group AG.
Die SAG ist spezialisiert auf das Führen von Aktienbüchern bzw. Aktienregistern für Drittgesellschaften und erbringt Dienstleistungen bei der Vorbereitung und Durchführung von Generalversammlungen, sowie im Zusammenhang mit der Verwahrung von ↑Wertrechten. Des Weiteren unterhält SAG unter dem Patronat der SBVg die zentrale Datenbank der Banken betreffend ↑nachrichtenlose Vermögenswerte (vgl. Richtlinien SBVg vom 01.07.2000) und ermöglicht den Banken gegebenenfalls die Wiederherstellung von nachrichtenlos gewordenen Kundendaten.
Ende 2000 zählte die SAG im Aktienregisterbereich 92 Gesellschaften als Kunden, im Bereich Verwahrung von Wertrechten 36 Kunden und im Bereich Generalversammlungen 58 Kunden.

Heinz Haeberli

Links: www.sag.sisclear.com

Saisonkredit
↑Betriebskredit; ↑Blankokredit.

Salärkonto
↑Bargeldlose Lohn- und Gehaltszahlung.

Saldo
Der Saldo ist der Unterschied zwischen dem Total aller Sollposten und dem Total aller Habenposten eines Kontos oder einer Kontokorrentrechnung. *Soll-Saldo* bedeutet Überschuss des Totals der Sollposten, *Haben-Saldo* Überschuss der Habenseite. Sinngemäss wird auch der unbezahlte Rest einer Rechnung als Saldo bezeichnet. *Saldieren* heisst, ein Konto abschliessen, aber nicht zwingend auch aufheben. *Saldo-Vortrag* ist der Übertrag des Saldos einer abgeschlossenen Rechnung auf neue Rechnung.
Die Anerkennung des Saldos durch die Gegenpartei kommt einer Schuldererneuerung (↑Novation) gleich, d. h. der Begründung eines neuen abstrakten Forderungsrechtes an Stelle des alten (OR 117); der Gläubiger kann den anerkannten Saldo einklagen, ohne die Einzelposten der alten Rechnung nachweisen zu müssen. Der Saldo kann auch stillschweigend anerkannt werden. ↑Kontokorrent; ↑Kontokorrentkredit. *Max Gsell*

Sale and lease back
Sale and lease back ist eine Sonderform des Leasinggeschäfts (↑Leasing). Im Gegensatz zum normalen Finanzierungsleasing erwirbt der Leasinggeber das Leasingobjekt nicht vom Hersteller, sondern vom Leasingnehmer, der das Objekt bereits bisher als Eigentümer genutzt hat und dem es der Leasinggeber aufgrund des Leasing-Vertrages zur langfristigen Nutzung zurückvermietet. Wirtschaftlich dient das Sale and lease back aus der Sicht des Leasingnehmers in erster Linie der Freisetzung des im Investitionsgut gebundenen Kapitals. Der Leasingnehmer kann die ihm zufliessenden liquiden Mittel für andere unternehmerische Aufgaben nutzen oder Schulden tilgen. Da die Übertragung des Eigentums vom bisherigen Eigentümer auf den Leasinggeber ausser dem Sicherungszweck keine wirtschaftliche Funktion erfüllt, fällt das Sale-and-lease-back-Verfahren bei beweglichen Gegenständen nach herrschender Ansicht unter die Regel, wonach der sicherheitshalber erfolgte Eigentumsübergang an einer beweglichen Sache wegen Verletzung des Faustpfandprinzips Dritten gegenüber unwirksam ist, wenn die Sache infolge eines besonderen Rechtsverhältnisses beim Veräusserer verbleibt (ZGB 717). Das Sale-and-lease-back-Verfahren findet daher fast ausschliesslich im Bereiche des Immobilien-Leasings Anwendung.

Sales promotion bei Banken
Verkaufsförderungsmassnahmen dienen primär dazu, Kaufhandlungen auszulösen, um kurzfristig den Umsatz zu steigern. Sie sind im Vergleich zur Werbung weniger dazu geeignet, Angebote bzw. deren Eigenschaften bei potenziellen Käufern bekannt zu machen, um bei diesen positive Einstellung zu den Leistungen aufzubauen. Ein zu häufiger Einsatz von Verkaufsförderungsmassnahmen kann im Gegenteil sogar zu einer imagemässigen Abwertung eines Leistungsangebots führen. Speziell bei der Einführung neuer Leistungen werden Verkaufsförderungsaktionen auch genutzt, um Erstkäufe bzw. Erstkontakte auszulösen, die zu entsprechenden Erfahrungen führen und den Diffusionsprozess beschleunigen.
Zur Verkaufsförderung zählt man gängigerweise zwei Gruppen von Massnahmen:
– Aktionsmassnahmen (Promotionen im engeren Sinne) als zeitlich begrenzte Leistungen bzw. Leistungsversprechen sowie Preisreduktionen, die häufig mit Promotionswerbung bekannt gemacht werden.
– Massnahmen der Verkaufsförderungskommunikation, die im Kundenkontakt eingesetzt werden, um Kaufentscheide auszulösen (z.B. Point-of-sale-Plakate, Displays, Schaufenstergestaltung).
Im Bereich der ↑Finanzdienstleistungen sind Verkaufsförderungsmassnahmen im Allgemeinen weniger wichtig als bei klassischen Konsumgütern. Der zunehmende Wettbewerbsdruck führt jedoch immer häufiger auch bei Finanzdienstleistungen zu einem Einsatz von Promotionsinstrumenten (z.B. von Wettbewerben), zu einer bewussteren Gestaltung von Verkaufshilfen in und um Filialen oder auch zu zeitlich begrenzten Aktionen (z.B. im Bereich der ↑Kleinkredite oder des Internet banking [↑Electronic banking]). *Richard Kühn*

Sales restrictions (USA)
Verschiedene Länder (vorab USA, Vereinigtes Königreich, Japan, Australien, Niederlande, Frankreich, Italien und Israel) haben strenge landesrechtliche Verkaufsrestriktionen (sog. Sales restrictions) bzw. Anlagerestriktionen (sog. Investment regulations), die den ausländischen ↑Emittenten den Zugang zum jeweiligen lokalen ↑Kapitalmarkt nur unter ganz spezifischen, einschränkenden Voraussetzungen gestatten. Insbesondere die beiden massgebenden kapitalmarktrechtlichen Erlasse der USA auf Bundesebene, der United States Securities Act 1933 für den ↑Primärmarkt und der United States Securities Exchange Act 1934 für den ↑Sekundärmarkt enthalten zahlreiche Verkaufs- bzw. Anlagerestriktionen und knüpfen in erster Linie am öffentlichen Vertrieb von ↑Effekten auf dem inländischen Markt an, in zweiter Linie

an die Eigenschaft des Käufers als U.S.–Person. Weil der Regelungsansatz die Vermögensanlage und nicht die Eigenschaft als Gesellschafter (Aktionär) ist, gelten die US-amerikanischen Vorschriften unabhängig von der Rechtsform oder vom Domizil des Emittenten, sobald ein Vertrieb von Effekten in den USA erfolgt. Die Vorschriften des US-amerikanischen Kapitalmarktrechts werden von der Securities and Exchange Commission (SEC), einer unabhängigen Regierungsstelle mit weit reichenden Aufsichtskompetenzen interpretiert, überwacht und durchgesetzt.

Nach dem Recht der USA variieren die Voraussetzungen für den Verkauf von und die Anlage in ausländischen ↑Wertschriften nach dem individuellen Rechts- und Steuerstatus der U.S.-Person (steuerlich bedingt durch die sog. TEFRA-Rules), nach der vertraglichen Beziehung zwischen Kunde und Bank (etwa bei ↑Nominees), nach dem Rechtsstatus der Kapitalmarkttransaktion selbst (Regulation S, Regulation D, 144A-Private placement, Full stock exchange listing, SEC-Registration F-1, F-2 oder F-3) oder nach den durch die Aufsichtsbehörden erteilten Ausnahmen (sog. No action letters oder Exemptions).

Mit USA sind im Wesentlichen die Vereinigten Staaten von Amerika und davon abhängige Territorien (Territories, Possessions und All areas subject to its jurisdiction) gemeint. U.S.-Person ist ein Rechtsbegriff der amerikanischen Bundessteuergesetzgebung und umfasst im Wesentlichen Bürger der USA, unabhängig von ihrem Wohnsitz oder aktuellen Aufenthalt, sowie (natürliche und juristische) Personen mit Wohnsitz (Sitz) in den USA. Mit QIBs sind *Qualified institutional buyers,* d.h. sophistizierte ↑institutionelle Anleger gemeint, die einer speziellen aufsichtsrechtlichen Befreiung unterliegen (Rule 144A) und unter eingeschränkten Voraussetzungen als Investoren berücksichtigt werden dürfen. Unter Offering material sind im Wesentlichen der Emissions- bzw. Kotierungsprospekt, Research reports, Inserate, elektronische Mitteilungen und ähnliche, öffentlich gestreute Informationen, die einen Bezug auf die Tatsache eines Angebots von Wertschriften enthalten, zu verstehen.

Um solchen Restriktionen (insbesondere solchen der USA) Rechnung zu tragen enthalten die Emissionsdokumentationen von Emissionen, die ausserhalb des Restriktionsstaates durchgeführt werden, regelmässig Warnungen in Form von Standardtexten (sog. *Legends*), in welchen im Wesentlichen festgehalten wird, dass
– die massgebenden Wertschriften im Restriktionsstaat nicht registriert wurden
– kein Angebot dieser Wertschriften im Restriktionsstaat erfolgen darf und
– kein Verkaufsprospekt für diese Wertschriften in den Restriktionsstaat gesandt werden darf.

Felix M. Huber

Sales-side-Analyst
↑Finanzanalyst, der mit seinen Empfehlungen den Verkauf von ↑Effekten fördern will. Auch Sell-side-Analyst genannt. ↑Finanzanalyse.

Sales slip
Verkaufsbeleg, der beim Einsatz von bargeldlosen ↑Zahlungsinstrumenten (meistens ↑Kreditkarten) erstellt wird. Er enthält Angaben zur ↑Transaktion (u.a. Kartennummer, Betrag). Mit seiner Unterschrift anerkennt der ↑Karteninhaber die Transaktion und bestätigt, dass er den angegebenen Betrag (zusätzlich weiterer Kosten) gemäss Kartenvertrag bezahlt. Für PIN-(Personal identification number) verifizierte Transaktionen entfällt diese Unterschriftspflicht.

Sallie Mae
Abk. f. Anleihen, die von der amerikanischen Finanzgesellschaft Student loan marketing association emittiert werden.

Sammelauftrag
Zusammenzug mehrerer Einzelzahlungsaufträge in Listen oder in anderer Form. Bei einem Sammelauftrag ist für die Belastung nur ein Zahlungsverkehrsbeleg über die gesamte Summe auszustellen und zu verbuchen. ↑Zahlungsauftrag.

Sammeldepot
↑Sammelverwahrung; ↑SIS SegaIntersettle AG.

Sammelkonto
Zusammenfassung der Totalbeträge in einem Konto aus verschiedenen, separat geführten Einzelkonten bei gleichartigen Geschäften, ohne das grundsätzliche Verrechnungs- und Saldierungsverbot zu verletzen. Sammelkonten werden in der Praxis auch gelegentlich als Durchlaufkonti verwendet, so z.B. als Gegenkonto für die auf verschiedenen Konten belastete ↑Verrechnungssteuer, um sie danach in einem Betrag an die Steuerverwaltung weiterzuvergüten.

Sammeltitel
↑Globalurkunde; ↑Zertifikat.

Sammel- und Gemeinschaftsstiftungen als Vorsorgeeinrichtungen
In der Schweiz gab es 1996 139 Sammeleinrichtungen mit rund 173 000 angeschlossenen Arbeitgebern (Firmen) und rund 1,08 Mio. Versicherten – sowie 142 Gemeinschaftseinrichtungen mit rund 93 000 angeschlossenen Arbeitgebern und rund 0,57 Mio. Versicherten. Dies sind 43% aller (1996 rund 3,83 Mio.) aktiv Versicherten und Rentner. Die Stellung der Sammel- und Gemeinschaftseinrichtungen ist somit sehr bedeutend.
Für kleine und mittlere Unternehmen (KMU) ist der Anschluss an eine Sammel- oder Gemein-

schaftseinrichtung die übliche Lösung. Auf die Schaffung einer eigenen Vorsorgeeinrichtung kann dann verzichtet werden. Sammel- und Gemeinschaftseinrichtungen weisen stets die Rechtsform der Stiftung auf und haben das Todes- und Invaliditätsrisiko mit einer ↑Kollektivversicherung bei einer Lebensversicherungsgesellschaft gedeckt. Der Trend zu Sammelstiftungen hält an.

Die meisten Sammelstiftungen wurden von Lebensversicherungsgesellschaften, Banken, Treuhandgesellschaften und Pensionskassenverwaltern geschaffen und werden von diesen geführt. Sammelstiftungen sind geeignet, wenn der Arbeitgeber keine eigene Stiftung errichten will oder für einzelne Mitarbeiterkategorien eine Zusatzvorsorge betreiben möchte.

Die Sammelstiftung (in der Praxis gelegentlich bei älteren Einrichtungen noch als Gemeinschaftsstiftung bezeichnet) führt für die angeschlossenen Arbeitgeber organisatorisch und wirtschaftlich getrennte Vorsorgekassen. Für jede Arbeitgeberfirma besteht ein eigenes Reglement, das lediglich innerhalb von Rahmenbedingungen den anderen entspricht. Das Vermögen wird bei einzelnen Sammelstiftungen gemeinsam, bei anderen getrennt verwaltet.

Demgegenüber sind Gemeinschaftsstiftungen in der Regel nur im gleichen Firmenverbund tätig. Die einzelnen Abschlüsse für die angeschlossenen Arbeitgeber sind rechnungsmässig nicht getrennt und alle verfügen über ein gemeinsames Reglement sowie ein gemeinsames Vorsorgevermögen.

Die Aufsichtsbehörde – für gesamtschweizerische Einrichtungen das Bundesamt für Sozialversicherung, sonst die Kantone – hat nur mit der Sammel- oder Gemeinschaftsstiftung zu verkehren und nicht mit jedem Arbeitgeber. Vor allem Lebensversicherungen mit einer grossen Anzahl sehr kleinen angeschlossenen Firmen klagen, dass bei Sammelstiftungen das Beiträgeinkasso oft schwierig ist und zu Ausfällen führt. Die Insolvenzzahlungen des Sicherheitsfonds BVG sind daher bei Sammelstiftungen erheblich. Sammelstiftungen haben in der Regel keine allgemeinen Reserven oder versicherungstechnischen Überschüsse, höchstens Ausgleichs- und Schwankungsfonds. Das Langlebigkeitsrisiko (vgl. Diskussion der 1. BVG-Revision um die Herabsetzung des Rentensatzes von 7,2%) oder Ausfälle im Vermögensertrag gegenüber den zu garantierenden 4% gemäss BVG-Vorschrift von BVV 2 12) treffen Sammelstiftungen besonders hart.

Die Organisation, die Vertretung der angeschlossenen Unternehmen, die Parität zwischen Arbeitgeber und Arbeitnehmer und namentlich die Information der Versicherten über ihre Rechte und ihre Vorsorgedeckung und allgemein über die Sammelstiftung ist in vielen Fällen ungenügend. Es ist zu erwarten, dass die hängige 1. BVG-Revision Verbesserungen bringen wird. *Carl Helbling*

Sammelurkunde
↑Globalurkunde.

Sammelverwahrung
Die Sammelverwahrung dient der rationellen Hinterlegung und Verwaltung von Werten wie ↑Wertpapieren oder ↑Edelmetallen. Sammelverwahrung bedeutet, dass vertretbare (↑Fungibel, vertretbar) Wertpapiere oder Edelmetalle zwecks Hinterlegung in einem Sammeldepot vereinigt werden. Die Werte sowohl der Kunden wie der Bank selbst werden nicht mehr einzeln (Sonder-, Einzel-, Streifbandverwahrung), sondern mit Werten gleicher Art anderer Deponenten zusammengelegt und in einem Sammeldepot verwaltet. Dem Deponenten steht dabei im Verhältnis der von ihm deponierten Titel zum jeweiligen Gesamtbestand ein Miteigentumsrecht an jedem Wertpapier derselben Gattung zu. Rechtliche Grundlagen dieser Verwahrungsform bilden neben dem Sammelverwahrungsvertrag (als Teil des Depotvertrages mit der Bank) die Art. 727 ZGB und Art. 484 OR. Der Sammelverwahrungsvertrag enthält regelmässig den Verzicht auf den Anspruch, dass die gleichen Wertpapiere zurückzugeben sind. Der Miteigentümer hat indessen Anspruch auf Rückgabe von Effekten gleicher Art und im gleichen Nennbetrag. Die von den Banken sammeldepotmässig in Verwahrung genommenen ↑Effekten der Kunden wie die eigenen Bestände können wahlweise als internes Sammeldepot verwaltet oder der ↑SIS SegaIntersettle AG zur Verwahrung und Verwaltung übergeben werden. Die Hinterlegung bei der SIS ist Voraussetzung für den ↑Effektengiroverkehr. Die Sammelverwahrung von Effekten hat zusammen mit dem Effektengiroverkehr eine wesentliche Rationalisierung im Effektenverkehr erlaubt. Die physische Lieferung entfällt, die Übertragung der Effekten vom Verkäufer auf den Käufer erfolgt rein buchmässig.

Das *Globalurkunden-System* ist ein weiterer Rationalisierungsschritt im Effektenverkehr. Anstatt, dass für jeden Anteil einer Anleihe ein separates Wertpapier ausgestellt wird, wird die Gesamtheit der Rechte einer ↑Emission in einer einzigen Urkunde (↑Globalurkunde) verbrieft, an welcher – ähnlich wie bei der Sammelverwahrung – Miteigentum der Anleger besteht.

Die dritte Rationalisierungsstufe, die ↑*Wertrechte mit aufgeschobenem oder aufgehobenem Titeldruck*, basiert auf einem rein schuldrechtlichen Konzept. Es werden keine Wertpapiere mehr ausgedruckt, weshalb der Anleger nur noch über eine schuldrechtliche Position, über ein Wertrecht verfügt. Dieses System stellt heute bei kotierten ↑Namenaktien den Normalfall dar und ist für solche Effekten gemäss einer Weisung der SIS obligatorisch vorgeschrieben. Aufgeschobener Titeldruck bedeutet, dass der Anleger nach Aktienrecht

Anspruch auf Verbriefung hat und damit jederzeit die Aushändigung eines physischen Wertpapiers verlangen kann. Ist dieser Anspruch statutarisch ausgeschlossen, liegen Wertrechte mit aufgehobenem Titeldruck vor. Die Übertragung von Wertrechten erfolgt nach zessionsrechtlichen Prinzipien (↑Abtretung). Diese Wertrechte werden mittels Erteilung eines ↑Blankoindossaments bzw. einer ↑Blankozession an die ↑Depotbank umlauffähig gemacht. Der maximalen Negoziabilität bei Namenaktien dient das couponslose *Einweg-Aktienzertifikat* (↑Einweg-Titel). Zunächst wird bei der Ausgabe der Couponsbogen weggelassen und die Dividende den im Aktienregister Eingetragenen gutgeschrieben. Hernach werden die verschiedenen Einertitel oder Aktienzertifikate eines Aktionärs in einer Urkunde zusammengefasst. Bei jeder Handänderung der Titel wird ein neues Zertifikat ausgestellt, das der Anzahl der erworbenen Titel entspricht; das alte Zertifikat wird vernichtet. Da Wertrechte lediglich buchmässig geführt werden, spricht man auch von so genannten ↑*Bucheffekten*. Das vorbeschriebene Modell der SIS hat weit gehend die Entmaterialisierung der Namenaktie (↑Entmaterialisierung von Wertpapieren) zur Folge. Dieser Trend wird sich bei allen Effekten fortsetzen.

Bei Edelmetallen spielt die Sammelverwahrung nur noch eine untergeordnete Rolle. Üblicherweise werden heute für den Kunden bei den Banken Metallkonten (↑Edelmetallkonto) geführt. Der Kontoinhaber hat dabei keinen Eigentums-, sondern einen Lieferanspruch auf die auf seinem Konto ausgewiesene Metallmenge, welche bei Gold als ↑Feingewicht, bei den übrigen Edelmetallen als Bruttogewicht der entsprechenden Barren oder Platten und bei Münzen als deren Anzahl verstanden wird. Erst mit der physischen Auslieferung erwirbt der Kontoinhaber Eigentum am Metall. Werden Edelmetalle ausnahmsweise noch sammelverwahrt, richtet sich der dingliche Anspruch des Deponenten nach dem Verhältnis seines Depotbestandes zum gesamten Sammeldepot der einzelnen Metallart und wird in Gewichtseinheiten festgehalten. Dieses Miteigentumsrecht des Kunden findet seine Grundlage in dessen Vertrag mit der Bank. *Heinz Haeberli*

Samurai-Bond

Umgangssprachliche Bezeichnung für Anleihen auf dem externen Obligationenmarkt Japans. Samurai-Bonds sind Yen-Anleihen, die von nichtjapanischen Schuldnern auf dem japanischen ↑Primärmarkt emittiert und fast ausschliesslich ausserbörslich auf dem internationalen ↑Sekundärmarkt gehandelt werden. Finanzanlagen auf dem externen Anleihenmarkt sind für japanische ↑Investoren besonders attraktiv, da Samurai-Bonds im Gegensatz zu anderen an japanischen ↑Börsen kotierten Yen-Obligationen der ↑Quellensteuer nicht unterstehen. Samurai-Bonds treten meistens als Straight bonds auf: Sie haben keine besondere Ausstattung, der Zinssatz ist fixiert und die Laufzeit beträgt fünf oder zehn Jahre. Mit einem Gegenwert von rund USD 450 Mrd. und einem Anteil von knapp 7% waren Samurai-Bonds im September 2001 die viertgrösste Klasse von externen Anleihen auf dem internationalen Obligationenmarkt.

Hans-Dieter Vontobel

Sanierung (Allgemeines)

Der Begriff Sanierung steht im Nachfolgenden für die wirtschaftliche «Gesundmachung» einer Unternehmung. Im Allgemeinen differenziert man den Sanierungsbegriff insofern, als unter «Sanierung im engeren Sinn» die Durchführung finanzwirtschaftlicher Massnahmen zur Bilanzbereinigung, insbesondere die Eliminierung einer ↑Unterbilanz oder Überschuldung (rechtlicher Sanierungsbegriff), verstanden wird, und unter «Sanierung im weiteren Sinn» alle Massnahmen subsumiert werden, die dazu dienen, die einer wirtschaftlich notleidenden Unternehmung anhaftenden, existenzgefährdenden Schwächen zu beheben und ihre ↑Ertragskraft wiederherzustellen (betriebswirtschaftlicher Sanierungsbegriff). Es wird nachfolgend auf die Rechtsform der Aktiengesellschaft nach schweizerischem Recht abgestellt.

1. Sanierungskriterien

Sanierungskriterien sind einerseits die Sanierungsfähigkeit sowie andererseits die Sanierungswürdigkeit einer Unternehmung. Gegenstand einer Prüfung der Sanierungsfähigkeit ist es, eine Beurteilung darüber abzugeben, ob ein Unternehmen nach erfolgter Sanierung wieder eine für ein nachhaltiges Überleben angemessene Ertragskraft erzielt. Mindestanforderung muss dabei die Lebensfähigkeit im rechtlichen Sinne, d. h. die Einhaltung der gesetzlichen Vorgaben für die Deckung von ↑Aktienkapital und Reserven, sowie die Wiedergewinnung der finanziellen Stabilität, das Erreichen einer für den selbstständigen Fortbestand erforderlichen Ertragskraft sowie die zukünftige Realisation einer marktgerechten Verzinsung des eingesetzten Kapitals sein.

Bei der Prüfung der Sanierungswürdigkeit stehen die für die Unternehmensführung verantwortlich zeichnenden Personen im Vordergrund. Dabei gilt es insbesondere, die fachlichen und charakterlichen Qualitäten des Managements sowie dessen Sorgfalt und Einsatzwille zu beurteilen. Die Prüfung der Sanierungswürdigkeit ist insofern wichtig, als die Informationsasymmetrie zwischen Management auf der einen und Gläubigern wie Aktionären auf der anderen Seite nie ganz überwunden werden kann und die Gefahr des damit einhergehenden Missbrauchspotenzials ganz wesentlich von den vorerwähnten Eigenschaften abhängig ist.

2. Sanierungszeitpunkt
Untrügerische Zeichen eines Sanierungsbedarfs sind einerseits mangelnde ↑Liquidität (↑Illiquidität) und andererseits ein Missverhältnis zwischen ↑Fremd- und ↑Eigenkapital (Unterbilanz und Überschuldung). Während die ↑Zahlungsunfähigkeit unmittelbar Anstoss für eine Sanierung ist, ergibt sich in der Beurteilung der Eigenmittelausstattung eines Unternehmens ein gewisser Graubereich. Dieser resultiert meist aus der mangelnden Aussagekraft einer einzelnen Unternehmensbilanz bezüglich Aktivenbewertung (vor allem Beteiligungen und Goodwill) sowie Verschuldungsgrad. So ergibt sich bei den Unternehmensaktiven trotz vorliegenden Testaten von Buchprüfern bei kritischer Beurteilung oft ein zusätzlicher Wertberichtigungsbedarf mit entsprechender Wirkung auf die Eigenkapitalausstattung. Im Weiteren variieren die Finanzierungsverhältnisse deutlich im Branchenvergleich. So kann ein hoher Verschuldungsgrad in Branchen mit hohen Wachstumsraten und guten Ertragschancen vorübergehend toleriert werden, wogegen ähnliche Finanzierungsverhältnisse in konsolidierten Märkten unmittelbares Alarmsignal sind und das Einleiten von Sanierungsmassnahmen ratsam erscheinen lassen. Eine für alle Unternehmen gleichermassen gültige Vorgabe gibt das Gesetz. OR 725 I schreibt vor, dass für den Fall, dass die Hälfte des nominellen Aktienkapitals und der gesetzlichen Reserven nicht mehr durch Eigenkapital gedeckt sind (Unterbilanz), der Verwaltungsrat unverzüglich eine Generalversammlung einzuberufen und Sanierungsmassnahmen zu beantragen hat. Im Weiteren ermöglicht OR 725a, dass ein Richter auf Antrag des Verwaltungsrates auch im Fall einer Überschuldung (Aktienkapital und gesetzliche Reserven sind gar nicht mehr gedeckt) den Konkurs der Gesellschaft aufschieben kann, falls Aussicht auf Sanierung besteht.

3. Sanierungsleistungen
Die Höhe des Eigenkapitals eines Unternehmens bemisst sich am Residuum der Summe seiner Aktiven abzüglich seiner Schulden. Entsprechend bedingt eine Unterbilanz oder Überschuldung als primäre Sanierungsleistung eine Anpassung des nominalen Aktienkapitals an seinen wirtschaftlichen Wert (Kapitalschnitt). Darüber hinausgehende Sanierungsleistungen können sowohl durch Eigen- als auch Fremdkapitalgeber erfolgen, wie folgende Beispiele zeigen.
Sanierungsleistungen von Anteilseignern (Aktionäre):
– Einschuss zusätzlicher Geldmittel mit Verzicht auf ↑Rückzahlung (A-fonds-perdu-Beiträge)
– Herabsetzung des Aktienkapitals mit gleichzeitiger Wiedererhöhung (Barliberierung)
– Rangrücktritt oder Verzicht auf allfällige Aktionärsdarlehen bzw. Umwandlung derselben in Eigenkapital
– Gründung und kapitalmässige Ausstattung einer Auffanggesellschaft.
Sanierungsleistungen von Gläubigern:
– Überbrückungskredite (im Regelfall gegen Bestellung neuer Sicherheiten)
– Forderungsverzichte (strenge Anforderungskriterien)
– Umwandlung von Forderungen in Eigenkapital (Debt equity swap).

4. Einsatz von Sanierungsleistungen
Ausgangspunkt des Entscheides über den Einsatz von Sanierungsleistungen ist die Identifikation der Bedürfnisse des notleidenden Unternehmens. Die Sanierungstatbestände Illiquidität sowie Unterbilanz und Überschuldung bestimmen dann den Einsatz der verschiedenen Sanierungsleistungen. Entsprechend sind die verschiedenen Sanierungsleistungen nach ihrer Liquiditäts- sowie Bilanzwirksamkeit zu differenzieren. Während liquiditätswirksame Sanierungsleistungen neue Geldmittel in das Unternehmen einfliessen lassen, sind bilanzwirksame Sanierungsleistungen nur dazu geeignet, vernünftige, der Vermögens- wie Ertragslage angepasste Bilanzrelationen wiederherzustellen.

5. Zusammenfassung
Zusammenfassend lässt sich festhalten, dass bei wirtschaftlich notleidenden Unternehmen zuerst die Erfolgswahrscheinlichkeit einer Sanierung sorgfältig geprüft werden muss, damit sich die Erbringung von Sanierungsleistungen später nicht als Fehlallokation von neuem Kapital erweist. Es gilt, einerseits Fehlinvestitionen in nicht mehr überlebensfähige Unternehmen zu verhindern und andererseits unnötigen, alle ↑Stakeholder schädigenden Liquidationen zuvorzukommen.

Bruno Bohlhalter

Sanierungshilfe durch Banken

Ist eine Bank als Gläubigerin einer notleidenden Unternehmung von deren Sanierungsfähigkeit wie -würdigkeit überzeugt, stellt sich für sie die Frage, inwieweit und mit welchen Mitteln sie an einer Sanierung partizipieren will. Obwohl die Gläubiger von Gesetzes wegen dazu nicht verpflichtet sind, ist für sie das Angebot von Sanierungshilfen dann sinnvoll, wenn deren Kapitaleinsatz bezüglich der Werthaltigkeit nach der Sanierung im Vergleich zum Vorsanierungsstadium bessergestellt wird.
Aus Sicht der Banken werden Sanierungshilfen in der Regel nach zwei Kategorien differenziert und

entsprechend unterschiedlich bewertet beim Entscheid über deren Einsatz. Handelt es sich um einen Verzicht auf Ansprüche aus der eingegangenen Verpflichtung des Schuldners oder eine Umwandlung derselben in ↑Eigenkapital, so ist das Ausmass der Sanierungshilfe bei theoretischer Betrachtung insofern nach oben begrenzt, als die zu erwartende ↑Rückzahlung der Restschuld nach der Sanierung dem zu erwartenden Erlös aus einer Zwangsliquidation des Schuldners entspricht. Benötigt das notleidende Unternehmen jedoch zusätzliches ↑Fremdkapital, ist der Finanzierungsentscheid darauf abzustellen, ob der zu erwartende Erlös aus einer Zwangsliquidation zuzüglich des vom Schuldner beantragten Kapitalzuschusses zu Nominalwerten kleiner ist als der Erwartungswert der Summe von bestehendem und neuem Kreditengagement inklusive Zinsen unter einem Fortführungsszenario (Barwertbetrachtung).

Für die Finanzierungsumsetzung steht eine Vielzahl von Möglichkeiten offen, einen Risikokredit dermassen auszugestalten, dass er sowohl der angespannten finanziellen Situation des Schuldners im Zeitpunkt der Sanierung als auch der geforderten ↑Risikoprämie über die gesamte Laufzeit des Kreditengagements Rechnung tragen kann.

Beispiele für Sanierungshilfen ohne ↑Einschuss von neuen Geldmitteln:

– *Stundung von Zinsen und/oder Amortisationen:* In diesem Falle verzichtet die Bank während einer bestimmten Zeitdauer auf die Einforderung fälliger Zinsen und/oder vertraglich vereinbarter Amortisationen, d.h., es werden in dieser Zeit keine Betreibungshandlungen vorgenommen. Der Schuldner hat die Ausstände zuzüglich allfälliger Verzugszinsen zu einem späteren Zeitpunkt zu begleichen.
– *Sonderkonditionen:* Die Bank gewährt dem Schuldner zwecks Schonung der ↑Liquidität während einer festgelegten Dauer günstigere Zinsen auf Krediten und ↑Darlehen.
– *Forderungsverzicht:* Die Bank erlässt dem Schuldner einen Teil oder die gesamte Zins- und/oder Kapitalforderung. Ein Forderungsverzicht ist Mittel zur Verbesserung des Finanzierungsverhältnisses und der Liquiditätslage des Schuldners. Vor dem Inkrafttreten sind in der Regel Auflagen, die von der Bank stipuliert werden, zu erfüllen.
– *Rangrücktritt:* Damit im Falle einer Überschuldung das Deponieren der Bilanz beim Konkursrichter verhindert werden kann, erklärt die Bank einen Rangrücktritt eines Teils oder der gesamten Forderung gegenüber dem notleidenden Schuldner. Dabei muss das Total der Rangrücktritte mindestens dem Ausmass der Überschuldung entsprechen, damit die vorgenannte Wirkung erzielt werden kann (OR 725 II.). Mit einer ↑Rangrücktrittserklärung werden Forderungen faktisch zu Eigenkapital, jedoch mit dem Unterschied, dass der Zinsenlauf nicht gestoppt wird. Eine mit Rangrücktritt belegte Forderung wird im Falle des Konkurses erst nach allen anderen Gläubigern befriedigt.
– *Debt equity swap:* Beim ↑Debt equity swap erklärt sich die Bank bereit, ihre Forderung (oder Forderungen) in Eigenkapital der zu sanierenden Gesellschaft umzuwandeln. Eine solche Massnahme gelangt grundsätzlich nur bei Sanierungsfällen zum Einsatz, wo eine reelle Chance besteht, die Aktien zu einem späteren Zeitpunkt wieder veräussern zu können. Dabei sind für die Bank relativ hohe Renditeforderungen zu erfüllen, da das Halten der Aktien wegen der Eigenmittel-Unterlegungspflichten für die Bank sehr kostenintensiv ist. Der Debt equity swap ist ein effektives Mittel zur Beseitigung einer Überschuldung oder ↑Unterbilanz und zur Verbesserung der Liquiditätslage des Schuldners (Zinsaufwendungen reduzieren sich).

Beispiele für Sanierungshilfen mit Einschuss von neuen Geldmitteln:

– *Überbrückungskredit:* Ein Überbrückungskredit kann gewährt werden, wenn sich der Schuldner in einem bedrohlichen Liquiditätsengpass befindet und die Chance besteht, dass die finanziellen Mittel infolge Erholung in absehbarer Zeit wieder zurückgeführt werden können. Überbrückungskredite haben i.d.R. kurzfristigen Charakter und werden häufig in Form eines ↑Betriebskredites gegen Bestellung neuer Sicherheiten zur Verfügung gestellt.
– *Formen partiarischen Fremdkapitals:* Diese Finanzierungsform entlastet den Schuldner hinsichtlich des Zinsaufwandes während der Sanierung und wirkt kompensatorisch im Falle eines positiven Sanierungsausganges.

Mit der Erbringung von Sanierungshilfen durch eine oder mehrere Banken gehen häufig die Vereinbarung eines ↑*Stillhalteabkommens* zwischen Schuldner und Gläubiger sowie im Fall von mehreren involvierten Banken die Etablierung eines Bankenkonsortiums einher. Mit einem Stillhalteabkommen verpflichtet sich die Bank, ihre Forderung gegenüber dem Schuldner für einen bestimmten Zeitraum weder fällig zu stellen noch geltend zu machen. Ebenso werden allfällige Amortisationszahlungen für dieselbe ↑Periode sistiert. Damit verbunden ist in der Regel die Bestimmung von Auflagen an den Schuldner, sog. ↑Covenants, wie z.B. die Durchführung von Devestitionen, Kosteneinsparungen usw. Sinn und Zweck dieser Massnahme ist es, dem notleidenden Unternehmen die für die finanzielle wie betriebliche Sanierung notwendige Zeit einzuräumen. Die Etablierung eines Bankenkonsortiums dient im Wesentlichen dazu, ein koordiniertes Vorgehen zwischen den Banken sicherzustellen und eine Übervorteilung beziehungsweise Benachteiligung einer einzelnen Bank zu verhindern.

Bruno Bohlhalter

Sanierungsverfahren
↑Bankensanierung.

Sanktionen (der SWX)
Sanktionen sind fallweise durch die ↑Börse gegenüber ↑Emittenten und ↑Börsenmitgliedern zu treffende Massnahmen, insbesondere Verweis, Ersatzvornahme, Publikation, Busse bis CHF 200 000, Sistierung der ↑Kotierung, ↑Dekotierung und Ausschluss von weiteren Kotierungsverfahren und die Suspendierung von Mitgliedschaftsrechten. Sanktionswürdig sind v. a. falsche oder irreführende Angaben im Kotierungsverfahren, die Unterlassung wesentlicher Informationen durch die Emittenten (↑Ad-hoc-Publizität und ↑Folgepublizität) und die wiederholte Verletzung von Berufspflichten durch die Börsenmitglieder. Bei der Bemessung jeder Sanktion muss die Börse nach dem Prinzip der Verhältnismässigkeit vorgehen und auf die Schwere der Verletzung sowie das Verschulden abstellen. Ergriffene Sanktionen werden durch die Börse veröffentlicht. Der sanktionierte Marktteilnehmer braucht vorher nicht angehört zu werden, er kann aber gegen die verhängte Sanktion Beschwerde einreichen.

Sao Paulo Stock Exchange, BOVESPA
Bolsa de Valores de Sao Paulo.
Links: www.bovespa.com.br

Säule 3a /3b
↑Dritte Säule.

Savings and Loan Associations
Als Savings and Loan Associations (S&L) werden im amerikanischen ↑Bankensystem ↑*Sparkassen* bezeichnet. S&L können als Gesellschaften oder Genossenschaften organisiert sein. Diese refinanzieren sich traditionell durch niedrig oder nicht verzinsliche Einlagen (Deposits) und finanzieren hauptsächlich Hypotheken (↑Mortgages). Sie sind i.d.R. in einem Bundesstaat inkorporiert und je nach Staat mehr oder weniger daran gehindert, in einen anderen Staat zu expandieren. Von der einzelstaatlichen Gesetzgebung hängt es auch ab, ob eine S&L innerhalb des Staates Filialen eröffnen darf oder nicht.
Ende der 80er-, Anfang der 90er-Jahre gerieten die S&L und die ↑Savings banks in eine schwere Liquiditätskrise. Als Folge der Deregulierung (Aufhebung der Regulation Q) und der Marktentwicklung mussten die Deposits plötzlich mit hohem ↑Zinssatz verzinst werden, sodass sich eine fatale Zinsschere zwischen kurzfristigen und hochverzinslichen Deposits und niedrig- und festverzinslichen Hypothekarkrediten öffnete. Das führte zusammen mit einer erhöhten ↑Risikobereitschaft vieler S&L zu einem Engagement in immer risikoreichere Immobiliengeschäfte (↑*Moral hazard*), die durch entsprechende ungenügende Buchführungsvorschriften und der gesetzlich verbotenen Diversifizierung in bankfremde Aktivitäten zusätzlich begünstigt wurden. Schliesslich fielen ca. 1 000 S&L und ca. 1 500 Savings banks und Thrifts in Konkurs, was den Beinahe-Bankrott der staatlichen Einlageversicherung ↑FDIC zur Folge hatte.
Als Folge der S&L-Krise wurden die Buchführungsvorschriften und Eigenmittelunterlegungspflichten (↑Eigenmittelanforderungen) mit dem 1989 erlassenen Financial Institutions, Reform, Recovery, and Enforcement Act (FIRREA) verschärft, und die FDIC mit Steuergeldern in der Höhe von mehreren Milliarden Dollar saniert.
Sabine Kilgus

Savings banks
Savings banks sind im amerikanischen ↑Bankensystem ein Sammelbegriff für Banken und ↑Sparkassen, ↑Savings and Loan Associations und Credit unions (meist genossenschaftlich organisierte Sparkassen).

Savings bonds
Sparanleihen, die eine niedrige ↑Stückelung aufweisen, womit die ↑Zeichnung auch Anlegern in bescheidenen Vermögensverhältnissen zugänglich gemacht wird.

SBF 120/250
Die Indizes *SBF 120* und *SBF 250* umfassen die 120 bzw. 250 grössten, hoch liquiden Aktien, die an der ↑Euronext Paris gehandelt werden. Beide Indizes sind Kursindizes, d. h. Kursabschläge nach regulären Dividendenzahlungen werden nicht korrigiert. Die Startwerte beider Indizes wurden mit 1000 Indexpunkten per 31.12.1990 festgelegt.

SBI
Abk. f. Swiss Bond Index; ↑Obligationenindex.

SBVg
Abk. f. ↑Bankiervereinigung, Schweizerische.

Scalping
Bezeichnung für Empfehlungen im Rahmen der ↑Finanzanalyse, die wider besseres Wissen im Eigeninteresse der Bank abgegeben werden.

SCFOA
Abk. f. Swiss Commodities, Futures and Options Association.

Schachtelbeteiligung
Im deutschen Recht Beteiligung von mindestens 10% einer ↑Kapitalgesellschaft an einer anderen. Schachtelbeteiligungen geniessen eine steuerliche Sonderbehandlung (sog. *Schachtelprivileg*).

Schadenfonds ec/Maestro/CASH/Bancomat

Unter dem Namen «Schadenfonds ec/Maestro/CASH/Bancomat» wurden am 01.01.1997 die folgenden bisherigen Schadenfonds zusammengelegt: «eurocheque-Schadenpool», «ec-Bancomat- und ec-direct Schadenfonds». Der Schadenfonds bezweckt, Schäden, die im Zusammenhang mit ↑ec/Maestro- oder ↑CASH-Karten entstehen, zum Nutzen der beteiligten Kartenherausgeber und im Interesse ihrer Kundschaft sowie der Telekurs Services, und der Telekurs Europay und weiterer Betroffener zu decken.

Voraussetzung für die Teilnahme am Schadenfonds ist, dass die jeweiligen Kartenherausgeber die entsprechenden Dienstleistungsverträge mit Telekurs Europay unterzeichnet haben. Telekurs Europay ist gemäss den jeweiligen Dienstleistungsverträgen einerseits zur Einforderung der Gebühren und Nachdeckungen berechtigt und andererseits zur Ausrichtung von Leistungen an Anspruchsberechtigte aus dem Schadenfonds verpflichtet. Die Beurteilung von Schadenfällen erfolgt durch die Schweizerische ↑Bankiervereinigung, und zwar nach Massgabe eines von den Kartenherausgebern (↑Issuer) verabschiedeten Reglements. *Jacques Bischoff*

Schadlosbürgschaft
↑Bürgschaft.

Schadloserklärung

Wer einen Anspruch geltend macht, seine Gläubigereigenschaft aber nicht einwandfrei nachweisen kann, erreicht gelegentlich mit einer Schadloserklärung, dass ihm der Schuldner die Leistung erbringt. Oft geht es dabei um Ansprüche aus einem abhanden gekommenen ↑Wertpapier. Sind z.B. einzelne ↑Coupons von Obligationen oder Aktien abhanden gekommen, so verzichten viele Gesellschaften, insbesondere Banken, auf das gesetzlich für diesen Fall vorgesehene Amortisationsverfahren und begnügen sich stattdessen mit einer Schadloserklärung des Gläubigers. Darin bestätigt der Gläubiger, dass ihm die Coupons abhanden gekommen – d.h. nicht etwa von ihm an einen Dritten veräussert worden – sind; er quittiert überdies für den Empfang des Gegenwertes der Coupons und verpflichtet sich, der Gesellschaft jeden Schaden zu ersetzen für den Fall, dass diese später von einem besser Berechtigten mit Erfolg belangt werden sollte. Da die Coupons nach schweizerischem Recht nach fünf Jahren verjähren, entfällt auch die Haftung aus einer solchen Schadloserklärung nach fünf Jahren.

Beim Verlust von Namenssparheften wird normalerweise das meist auch im Heftreglement vorgesehene vereinfachte Verfahren nach OR 90 und 977 II praktiziert (Entkräftung des Schuldscheins, Privatamortisation, Mortifikation). Mit der Auszahlung an den Titular des Heftes, der die Erklärung über die Entkräftung des Heftes und die Tilgung der Schuld in der vorgesehenen Form (öffentliche oder beglaubigte Urkunde) abgegeben hat, gilt die Schuld als getilgt. Trotzdem verlangen viele Banken, dass sich der Titular in der Privatamortisationserklärung auch noch verpflichtet, die Bank schadlos zu halten, falls Drittpersonen Ansprüche gegen die Bank geltend machen sollten.

Banken nehmen Schadloserklärungen gelegentlich auch von Angehörigen verstorbener Kunden entgegen, die ihre Erbeneigenschaft nur mit Dokumenten belegen können, die nicht den üblichen Anforderungen an eine einwandfreie Erbenlegitimation genügen (Erbschaftsbescheinigung oder eine gleichwertige ausländische Urkunde). Eine Bank darf nie eine Schadloserklärung als Ersatz für Erbschaftsdokumente entgegennehmen, wenn die konkrete Möglichkeit besteht, dass die Erbschaft einem Dritten zusteht.

Schaltergeschäfte

Geschäfte zwischen Bank und Kundschaft, die sich am Schalter per Kassa abwickeln. Die Gesetzgebung und die Standesregeln zur Sorgfaltspflicht der Banken im Zusammenhang mit der Geldwäscherei betreffen massgeblich die Schaltergeschäfte (↑Vereinbarung über die Standesregeln zur Sorgfaltspflicht der Banken; ↑Geldwäschereigesetz). Im Wertpapiergeschäft spricht man vom «Handel über den Schalter» (Over the counter market; ↑Ausserbörslicher Effektenhandel). In Deutschland nennt man Schaltergeschäfte Tafelgeschäfte.

Schalterkommission
↑Guichetkommission, Schalter-, Vermittler-, Platzierungskommission.

Schatzanweisung

Die Schatzanweisung oder ↑Reskription ist ein traditionelles Geldbeschaffungsinstrument des Bundes im kurzfristigen Bereich. Es handelt sich um ein diskont- und lombardfähiges ↑Wertpapier mit einer ↑Laufzeit von in der Regel 3 bis 24 Monaten, das ausschliesslich bei Banken platziert wird. Die Verzinsung erfolgt auf Diskontbasis. Das bedeutet, dass die Titel zu einem Preis unter 100% ausgegeben werden; die ↑Rückzahlung erfolgt zu 100% des Nominalbetrages. Die ↑Emission von Schatzanweisungen erfolgt jeweils Mitte Monat. Dieses Instrument ist von der ↑Geldmarkt-Buchforderung des Bundes (GMBF) abgelöst worden; die Schatzanweisung hat für den Bund stark an Bedeutung eingebüsst. *Peter Thomann*

Schatzschein
↑Schatzanweisung.

Schätzung von Grundstücken
↑Hypothekargeschäft; ↑Bewertung von Grundstücken.

Schatzwechsel
↑Schatzanweisung.

Schaukelbörse
In der ↑Börsensprache bildhafter Ausdruck für eine ↑Tendenz schwankender ↑Kurse ohne klar ersichtlichen ↑Trend.

Scheck
↑Check.

Scheidemünzen
Unterwertig ausgeprägte ↑Münzen für den Kleinverkehr mit begrenzter gesetzlicher ↑Annahmepflicht. Ausser den öffentlichen Kassen des Bundes und der Schweizerischen ↑Nationalbank (SNB) ist niemand gehalten, für eine Zahlung mehr als 100 Umlaufmünzen (↑Münzordnung) an Zahlung zu nehmen (Art. 3, Abs. 1 WZG).

Schenkungsdepot
↑Depotgeschäft.

Schichtenbilanz
Im Bankenbereich anzutreffende, nach bestimmten Kriterien definierte Zinsertragsbilanz, wobei eine durch Gruppenbildung klar ersichtliche Zuordnung von Passiv- auf Aktivpositionen vorgenommen wird. Der Schichtenbilanz liegt die Idee zugrunde, dass zwischen passivseitiger Mittelbeschaffung und aktivseitiger Mittelverwendung ein Verursachungszusammenhang besteht und somit eine sinnvolle Verknüpfung zwischen Aktiven und Passiven vorgenommen werden kann. Die Unterteilung der Aktiven und Passiven wird in der Praxis vor allem vorgenommen nach
– dem Finalprinzip (Verursachungszusammenhang; ist gegeben, wenn bestimmte Passiven zur Finanzierung bestimmter Aktivgeschäfte aufgenommen worden sind)
– der ↑goldenen Bankregel bzw. dem Liquiditätsprinzip
– dem Rentabilitätsprinzip
– gesetzlichen Anlage- und Finanzierungsvorschriften.
Die Anwendung der Schichtenbilanz ist problematisch. Die ↑Refinanzierung eines Neugeschäfts erfolgt zumeist nicht zu den Konditionen der aus der Schichtenbilanz gewonnenen Kalkulationsbasis. Darüber hinaus können stark volatile ↑Zinssätze laufend von der Durchschnittsverzinsung abweichen und zu erheblich verzerrten Resultaten führen.

Schichtenbilanzmethode
Die Zinsertragsbilanz eines Finanzinstitutes wird durch die Anwendung der Schichtenbilanzmethode in horizontale Schichten unterteilt und ordnet bestimmte Aktiv- und Passivkategorien einander zu (↑Schichtenbilanz). Die Schichtenbilanzmethode vergleicht bei der Beurteilung des Erfolgsbeitrags eines Einzelgeschäftes die Zinssätze von Kundengeschäften mit dem durchschnittlichen Zinssatz der jeweils anderen Bilanzseite derselben Schicht und errechnet dadurch die erwirtschaftete ↑Marge des spezifischen Geschäftes.
↑Marktzinsmethode.

Schiffshypothek
↑Schiffspfandrecht.

Schiffspfandrecht
Um die Finanzierung neuer oder gebrauchter Schiffe zu ermöglichen, musste für den Gläubiger ein Sicherungsinstrument geschaffen werden, das Schiffspfandrecht. Es ist der ↑Grundpfandverschreibung nachgebildet. Gesichert werden gegenwärtige, zukünftige oder auch bloss eventuelle Forderungen. Der Vertrag auf Errichtung eines Schiffspfandrechts bedarf der schriftlichen Form. Da es sich um ein Registerpfandrecht handelt, entsteht die Sicherheit erst durch den Eintrag in das Schiffsregister.
Die gesetzlichen Grundlagen sind zu finden im
– BG über das Schiffsregister vom 28.09.1923 mit zugehöriger Verordnung und Änderungen 1971
– BG über die Seeschifffahrt unter Schweizer Flagge (Seeschifffahrtsgesetz) vom 23.09.1953 mit Verordnung
– internationalen Übereinkommen zur einheitlichen Feststellung einzelner Regeln über Privilegien und Hypotheken an Seeschiffen (I.U.)
Möglich, aber sehr selten, ist der Eintrag gesetzlicher Pfandrechte. Sie sind in Art. 51 des BG über das Schiffsregister geregelt. Von grösserer praktischer Bedeutung sind die privilegierten Forderungen, welche dem Registerpfandrecht vorgehen und insbesondere bei der Zwangsverwertung von Schiffen erhebliche Summen ausmachen können. Im Einzelnen handelt es sich z.B. um Gerichtskosten, Hafengebühren, Lotsengelder, Forderungen aus Dienstvertrag, Vergütung für Bergung und Hilfeleistung, teilweise Forderungen aus Haftpflichtrecht, Ansprüche aus ↑Konnossementen.
Aufgrund der Mobilität des Pfandes, der bedeutenden privilegierten Forderungen und der beschränkten Lebensdauer der Schiffe, ist das Schiffskreditgeschäft mit weit grösseren Risiken verbunden als das übliche ↑Hypothekargeschäft. Die Schiffspreise im freien Markt sind grossen Schwankungen unterworfen, da der Sachwert der Schiffe nur von untergeordneter Bedeutung ist und der ↑Ertragswert auf Basis des Frachtmarktes die entscheidende Rolle spielt. Eine Verdoppelung

oder Halbierung des Verkehrswertes des Schiffes in wenigen Monaten ist in bewegten Zeiten durchaus möglich. Aus diesem Grund wird diese Geschäftssparte weltweit nur von Spezialbanken und von ↑Grossbanken mit Spezialabteilungen gepflegt. Die Credit Suisse mit ihrer Abteilung Ship finance in Basel ist die einzige auf diese Geschäftsart spezialisierte Grossbank der Schweiz.   *Yvonne B. Graf-Cathomen*

Schlagschatz
↑Münzregal; ↑Prägegewinn.

Schlussdividende
Dividendenausschüttung von Gesellschaften, die ↑Interimsdividenden ausschütten, nach Abschluss des Geschäftsjahres. Die Schlussdividende kann auch als ↑Wahldividende gestaltet werden.

Schlusseinheit
Mindestanzahl oder Mindestmenge eines Titels, der an der ↑Börse gehandelt werden kann, beziehungsweise dessen Handel zu einem offiziellen ↑Kurs berechtigt. Schlusseinheiten (englische Bezeichnung Round lots) sind in den USA meist 100 Aktien. Mit der Automatisierung des Handels verlieren die Schlusseinheiten an Bedeutung. Deshalb wurden in der Schweiz die Schlusseinheiten mit der kleinsten lieferbaren Einheit (meist 1 Wertpapier) gleichgesetzt. Nur bei den ↑Optionen werden die Schlusseinheiten immer noch je nach ↑Kurswert der Option auf 1, 5, 10 oder 100 Stück festgelegt. – Auch wenn Teile (Fraktionen) von Schlusseinheiten (Odd lots) nicht zu einem offiziellen Kurs berechtigen, so werden sie in aller Regel an der Börse trotzdem gehandelt.

Schlüssel
↑Code, Codierung

Schlusskurs
Letzter ↑Kurs, der für ↑Effekten während der Handelszeit bezahlt worden ist. Der Gegensatz dazu ist der ↑Eröffnungskurs.

Schmutziges Floating
↑Dirty floating.

Schrankfach
Die Vermietung von Schrankfächern, auch *Tresorfächer* oder *Safes* (englische Bezeichnung) genannt, ist ein Zweig der Banktätigkeit. Der eigentliche *Banktresor* (für die Aufbewahrung der eigenen Werte der Bank) ist i.d.R. von dem für die Schrankfachvermietung eingerichteten sog. *Kundentresor* baulich getrennt.
Die Schrankfachvermietung ist ein *Bankverwahrungsgeschäft*. Von den übrigen Verwahrungsmöglichkeiten, nämlich dem offenen und dem geschlossenen Depot (↑Depotgeschäft), unterscheidet sich das Safegeschäft dadurch, dass der Kunde *Selbstverwahrung* ausübt. Über den Inhalt des Schrankfaches ist die Bank nicht orientiert. Das Schrankfach eignet sich u.a. für die Aufbewahrung von Wertpapieren, Wertgegenständen und wichtigen Dokumenten, darf aber keine verderblichen oder explosiven Gegenstände enthalten. Zwischen Bank und Klient wird ein *Mietvertrag*, nicht etwa ein Hinterlegungsvertrag abgeschlossen. Mietobjekt ist das Schrankfach. Die gegenseitigen Rechte und Pflichten sind in einem *Schrankfachreglement* formuliert, das bei Vertragsabschluss vom Kunden schriftlich zu anerkennen ist.
Das Schrankfach steht unter Verschluss des Mieters und dem Mitverschluss der Bank. Es lässt sich nur von beiden gemeinsam öffnen. Zutritt zum Schrankfach haben lediglich der Mieter oder sein Bevollmächtigter, nachdem sie sich zuvor legitimiert haben (z.B. durch Nennung eines Passwortes). Da die Initiative der Öffnung stets beim Kunden liegt, kann aus dieser technischen Geschäftsabwicklung nicht auf einen Mitbesitz der Bank geschlossen werden. Weil vielmehr Alleinbesitz des Mieters vorliegt, hat die Bank an Inhalt allenfalls nur für den Mietzins das Vermieterretentionsrecht gemäss OR 268, nicht aber das allgemeine ↑Retentionsrecht gemäss ZGB 895, weshalb die Bank z.B. auch beim Bestehen einer Kreditforderung gegenüber einem Kaufmann bei dessen Verzug nicht sein Schrankfach sperren kann. Es wird auch nicht von einem generellen Pfandrecht erfasst, falls der Mieter der Bank eine Generalpfandklausel für seinen Kreditverkehr unterzeichnet hat.
↑Vereinbarung über die Standesregeln zur Sorgfaltspflicht der Banken (VSB); ↑Geldwäschereigesetz.   *Max Gsell*

Schrot
↑Raugewicht; ↑Schrot und Korn.

Schrötling
↑Prägung.

Schrot und Korn
Beim Prägen von ↑Münzen aus Edelmetall wird unterschieden zwischen dem Brutto- oder ↑Raugewicht (Schrot) und dem Netto- oder Feingewicht (Korn). Ersteres umfasst das Gewicht der gesamten Münze, letzteres nur das Gewicht des darin enthaltenen Edelmetalls.
Die Aufschrift auf Münzen «nach dem alten Schrot und Korn» verbürgt die Echtheit.

Schuldbeitritt
Auch Schuldmitübernahme. Eine Person verpflichtet sich, dem Gläubiger einer schon bestehenden Forderung unter Fortdauer der Schuldpflicht des bisherigen Schuldners zu haften, wobei

diese Haftung meist eine solidarische ist (↑Solidarhaftung). Beispiel: Schuldbeitritt des Ehemannes, wenn eine Liegenschaft auf den Namen der Ehefrau erworben wird. Hat derjenige, der den Schuldbeitritt erklärt, kein eigenes Interesse am Geschäft, so besteht das Risiko, dass seine Verpflichtung als ↑Bürgschaft behandelt und nur als gültig anerkannt wird, wenn die Bürgschaftsform eingehalten wird.

Schuldbrief

Der Schuldbrief (ZGB 842–846 und 854–874) ist neben der ↑Grundpfandverschreibung und der ↑Gült eine der drei Arten des Grundpfands. Im Gegensatz zur Grundpfandverschreibung, aber zusammen mit der Gült, hat er die Besonderheit, dass die Forderung und das ↑Pfandrecht untrennbar miteinander verbunden und in einer als ↑Wertpapier ausgestalteten Urkunde verkörpert sind. Die Rechte aus dem Schuldbrief können nur in Verbindung mit dem Besitz des Pfandtitels geltend gemacht und übertragen werden.

Der Schuldbrief kann auf den Inhaber oder auf den Namen eines bestimmten Gläubigers oder denjenigen des Eigentümers des belasteten Grundstücks ausgestellt werden. Im letzten Fall liegt ein Eigentümerschuldbrief vor (↑Eigentümertitel). Die Übertragung des Schuldbriefs erfolgt unter Beachtung der wertpapierrechtlichen Übertragungsformen. Beim ↑Inhaberschuldbrief genügt die blosse Übergabe des Titels; beim ↑Namenschuldbrief bedarf es eines vom bisherigen Gläubiger unterzeichneten Indossamentes auf dem Schuldbrief selbst. Das in der Praxis vorkommende ↑Blankoindossament ist unzulässig (ZGB 869).

Der Schuldbrief wird, gestützt auf einen öffentlich beurkundeten Pfanderrichtungsvertrag, im ↑Grundbuch eingetragen und vom Grundbuchamt ausgestellt. Lautet der Schuldbrief auf den Inhaber oder auf den Eigentümer des belasteten Grundstücks, so genügt für die Errichtung die schriftliche Anmeldung des Eigentümers (Art. 18–20 Grundbuchverordnung, SR 211.432.1).

Der Grundsatz, dass die Rechte aus dem Schuldbrief nur in Verbindung mit dem Besitz des Pfandtitels geltend gemacht werden können, gilt uneingeschränkt, sobald der Schuldbrief vorliegt. Vor der Ausstellung kommt der Gläubiger ausnahmsweise auch ohne den Besitz des Titels in den Genuss der Pfandsicherheit, wenn sich die Anmeldung des Schuldbriefs beim Grundbuchamt auf einen öffentlich beurkundeten Pfanderrichtungsvertrag stützt, in dem sich der Eigentümer des Grundstücks dem Gläubiger gegenüber zur Errichtung des Pfandrechts verpflichtet hat, und wenn das Grundbuchamt bei der Anmeldung angewiesen wurde, dem Gläubiger den Titel nach der Ausfertigung direkt auszuhändigen. Wird der Schuldbrief aufgrund einer einfachen schriftlichen Anmeldung des Grundeigentümers errichtet, so entsteht das Pfandrecht erst mit der Ausfertigung des Titels.

Nach der Vorstellung des Gesetzes wird das der Errichtung des Schuldbriefs zugrunde liegende Forderungsverhältnis durch Novation (↑Novation, Neuerung) getilgt (ZGB 855) und in ein abstraktes Wertpapier übergeführt, aus dem weder Bedingungen noch Gegenleistungen hervorgehen dürfen. Diese Abstraktion des Schuldverhältnisses, die auch bei gegenteiliger Abrede unter den Parteien gegenüber Dritten wirkt, führt zu gewichtigen Vorteilen: Der ganz oder teilweise abbezahlte Schuldbrief geht, im Gegensatz zur Grundpfandverschreibung, nicht unter; die abbezahlte Forderung kann durch einfache, schriftliche Vereinbarung unter den Parteien jederzeit wieder bis zur Höhe der im Titel und im Grundbuch eingetragenen Schuld- und Pfandsumme erhöht werden. Von der Möglichkeit, teilweise abbezahlte Schuldbriefe teilweise löschen zu lassen, wird in der Praxis nur selten Gebrauch gemacht. Bei vollständiger Rückzahlung der Schuld hat der Gläubiger dem Schuldner den Titel (beim Namenschuldbrief mit Indossament) unentkräftet herauszugeben. Der Schuldner kann ihn bei späterem Geldbedarf auf einen neuen Gläubiger übertragen und damit die Kosten einer Neuerrichtung des Grundpfandes vermeiden. Ist im Schuldbrief keine andere Abrede getroffen, so können Schuldner und Gläubiger das Kapital auf die üblichen Zinstage unter Beobachtung einer Frist von sechs Monaten kündigen. Die Kantone sind ermächtigt, einschränkende Bestimmungen über die Kündbarkeit aufzustellen und eine bestimmte Grenze der Belastung von Grundstücken mit Schuldbriefen vorzuschreiben.

Die vom Gesetz vorausgesetzte Novationswirkung der Schuldbrieferrichtung wird in der Praxis auf dem Wege der Parteivereinbarung häufig durchkreuzt. Zwar errichtet der Grundeigentümer mit der Errichtung und Begebung eines Schuldbriefes eine neue, abstrakte und grundpfändlich gesicherte Forderung, er verbindet mit diesem Vorgang aber im Verkehr mit Banken nicht immer die Absicht, das ursprüngliche Schuldverhältnis durch die Schuldbriefforderung zu ersetzen. Keine Novation findet insbesondere statt, wenn *erstens* der Grundeigentümer seinem Gläubiger nur ein Faustpfandrecht am Schuldbrief einräumt. Der Grundeigentümer behält in diesem Fall das ↑Eigentum am Schuldbrief und bleibt Gläubiger der abstrakten Schuldbriefforderung. Der Gläubiger der sicherzustellenden Forderung erwirbt nur ein Pfandrecht an der Schuldbriefforderung; er besitzt ein sog. indirektes ↑Grundpfandrecht. Die sicherzustellende Forderung und die abstrakte Schuldbriefforderung bestehen nebeneinander. Dasselbe gilt *zweitens*, wenn der Grundeigentümer seinem Gläubiger nicht das volle, sondern nur das ↑fiduziarische Eigentum am Schuldbrief einräumt (↑Sicherungsübereignung). Auch in diesem Fall wollen die Parteien die ursprüngliche Forderung nicht durch die Schuldbriefforderung ersetzen. Vielmehr bleibt der fiduziarische Erwerber des Schuldbriefs Gläubiger der ursprünglichen Forderung. Mit der Sicherungsübereignung erwirbt er zusätzlich nach aussen hin die abstrakte Schuldbriefforderung; kraft interner Abrede darf er diese nur (aber immerhin) in dem Umfang ausüben, wie ihm Rechte aus dem sichergestellten Schuldverhältnis zustehen.

Dabei wird vereinbart, dass allfällige, für die sichergestellte Forderung geltende kurze Kündigungsfristen auch für die Schuldbriefforderung gelten.

Die Einräumung eines Faustpfandrechts an einem Schuldbrief hat ebenso wie die Sicherungsübereignung eines Schuldbriefs für den Gläubiger den Vorteil, dass er den Schuldbrief als Sicherheit nicht nur für die ursprüngliche Forderung, sondern auch für weitere Forderungen gegen seinen Schuldner in Anspruch nehmen kann. Dies gilt jedenfalls dort, wo die Parteien dies ausdrücklich oder stillschweigend vereinbart haben. In der Bankpraxis hat die Sicherungsübereignung von Schuldbriefen sowohl die vom Gesetz vorausgesetzte direkte Begebung von Schuldbriefen mit Novationswirkung, aber auch die früher namentlich zur Sicherung von Forderungsverhältnissen mit wechselnden Beträgen beliebte Verpfändung von Schuldbriefen in den Hintergrund gedrängt. Im Vergleich zur Verpfändung von Schuldbriefen hat die Sicherungsübereignung für den Gläubiger den Vorteil, dass er gegen den in Verzug geratenen Schuldner sofort mit der Betreibung auf Grundpfandverwertung vorgehen kann. Dagegen muss der Inhaber eines Faustpfandrechts am Schuldbrief beim indirekten Grundpfand grundsätzlich zunächst den Schuldbrief als solchen verwerten, was ihm dann erst nach dem allfälligen Erwerb des Schuldbriefs aus der Verwertung die Möglichkeit eröffnet, in einem zweiten Schritt als neuer Gläubiger die Schuldbriefforderung fällig zu erklären und anschliessend die Betreibung auf Grundpfandverwertung einzuleiten.

Christian Thalmann

Schuldbuch, eidgenössisches

Durch BG vom 21.09.1939 (und VV) errichtete der Bund unter der Bezeichnung eidg. Schuldbuch (Livre de la dette de la Confédération, Libro del debito pubblico della Confederazione) ein Staatsschuldbuch, in das zum Zwecke dauernder Anlage Forderungen aus der Geldaufnahme oder aus einer Schuldübernahme für Rechnung der Bundesverwaltung und der Bundesbahnverwaltung eingetragen werden können. Die Schuldbuchforderung ist eine reine Buchforderung, d.h., die Eintragungsbescheinigung ist nur Beweismittel und kein ↑Wertpapier, daher weder übertragbar noch verpfändbar. Die Schuldbuchforderungen sind bezüglich Schuldverhältnis und Sicherheit den Bundesobligationen gleichgestellt. Sie sind wie diese auch bei der Schweizerischen ↑Nationalbank (SNB) lombardierbar (↑Lombardieren). Ab 1974 konnten ↑Gläubiger ihre Forderungen aus Obligationenemissionen (↑Emission) des Bundes bei der SNB, die im Namen und Auftrag des Bundes das Schuldbuch führt, jederzeit in Schuldbuchforderungen umwandeln lassen. Die Umwandlung einer Schuldbuchforderung zurück in einen Anleihen-Titel ist jedoch nicht möglich.

1. Entstehung, Vor- und Nachteile

Bis zur Einführung des Schuldbuchs hatte der Bund auf Verlangen des Obligationengläubigers die von ihm begebenen Anleihen kostenlos zur Verwahrung entgegengenommen. Ein Vorläufer des heutigen Schuldbuchs war das Schuldbuch der Wehranleihe von 1936. Schon bei deren Emission war abzusehen gewesen, dass ihr ↑Kurswert wegen des unter dem Marktniveau liegenden ↑Coupons den ↑Ausgabekurs unterschreiten würde. Um trotzdem genügend Nachfrage zu schaffen, sollte die Erstbilanzierung bei der Schuldbuch-Tranche zum höheren Beschaffungspreis möglich sein. Eine allfällige Differenz zwischen Beschaffungspreis und Rückzahlungsbetrag (↑Rückzahlung) war während der ↑Restlaufzeit linear abzuschreiben bzw. aufzuwerten. Die Vorschrift wurde 1939 ins BG übernommen. Ein Vorteil gegenüber Anleihen ist für den ↑Investor sodann, dass kein Aufwand für die Depotverwaltung anfällt. Dafür sind Schuldbuchforderungen schwer verkäuflich, weil es im Gegensatz zu Anleihen keinen Markt dafür gibt. Der Bund versprach sich von der Einrichtung des Schuldbuchs seinerzeit eine Verminderung des Fremdfinanzierungsaufwands (↑Fremdfinanzierung) (billigere Coupons- und Titelinkasso [↑Inkasso], kein Titeldruck), eine Dämpfung der Kursschwankungen am Markt, indem ein Teil der Bundesschuld dem Handel entzogen wird, und eine einfachere Evakuation im Kriegsfall.

2. Beabsichtigte Aufhebung

Seither hat sich vieles geändert. Die Abschottung eines Teils der Bundesschuld vom Markt gilt nicht mehr als Vor-, sondern als Nachteil (geringere ↑Marktliquidität), die heutige Verwahrungstechnik – mit Zentralverwahrung, Globalzertifikaten und fiktiver Couponsabtrennung – ist praktisch gleich effizient wie ein Schuldbuch, und die speziellen Bilanzierungsregeln für Schuldbuchforderungen stehen im Gegensatz zur Marktbewertung, die sich immer mehr durchsetzt. Der Anteil der Schuldbuchforderungen am ausstehenden ↑Emissionsvolumen des Bundes nahm von 20% bei der Wehranleihe 1936 auf 0,2% Ende 2000 ab. Der Entwurf für das revidierte Nationalbankgesetz (NBG) sieht daher unter Wahrung der wohlerworbenen Rechte der eingetragenen Gläubiger die

Abschaffung des Schuldbuchs vor. Die Anleihens-Prospekte neu emittierter ↑Bundesanleihen sehen seit Anfang 1998 die Umwandlung in Schuldbuchforderungen nicht mehr vor.

3. Schuldbuch für kantonale Anleihen
Ende 1974 errichtete der Kanton Bern unter der Bezeichnung Schuldbuch des Kantons Bern ein Staatsschuldbuch. Dabei wurden die Bestimmungen über das eidg. Schuldbuch weit gehend übernommen. Mit der Verwaltung ist ebenfalls die SNB betraut. Weitere Kantone sind diesem Beispiel nicht gefolgt. Der Kanton Bern beabsichtigt ebenfalls, das Schuldbuch auslaufen zu lassen.

Hans-Christoph Kesselring

Schuldendienst
Verpflichtungen des Schuldners zur Begleichung seiner Zins- und Kapitalschulden. Der Schuldendienst von ↑Anleihensobligationen wird im Allgemeinen von der ↑Emissionsbank für Rechnung des Schuldners durchgeführt.

Schuldenkonsolidierung
Der Begriff Schuldenkonsolidierung wird unterschiedlich verwendet:
1. Im Rahmen der Konzernbilanz (↑Konzernabschluss): Zusammenfassung der Schulden von Mutter- und Tochtergesellschaften.
2. Umwandlung von ↑schwebenden (kurzfristigen) Schulden in ↑fundierte (langfristige) Schulden, z.B. Umwandlung eines ↑Baukredits in einen Hypothekarkredit (↑Hypothekargeschäft).
3. Im Rahmen einer ↑Umschuldung: Ersatz der bestehenden, meist komplexen und belastenden Schuldverhältnisse durch eine neue, meist einfachere und besser tragbare Struktur.

Schuldenkrise, internationale
↑Finanzkrise, globale.

Schuldenmanagement
Auch: Schuldenpolitik. Das Schuldenmanagement ist die Gesamtheit der Grundsätze, Verfahren und Wege einer Unternehmung oder eines Staates, sich zu verschulden bzw. mit den Schulden umzugehen.

Schuldschein
Schweizerischer Ausdruck für den schriftlichen Vertrag über ein ↑Darlehen. Der Schuldschein ist kein ↑Wertpapier, sondern eine Beweisurkunde, d.h., er ist zur Geltendmachung des betreffenden Rechts nicht notwendig. Er dient aber zur Umkehrung der Beweislast vom Gläubiger auf den Schuldner. Erbringt der Schuldner die geschuldete Leistung, so kann er neben einer Quittung auch die Rückgabe des Schuldscheins verlangen.

Schuldscheindarlehen ausländischer Schuldner
↑Emissionsgeschäft.

Schuldurkunde
↑Schuldschein.

Schuldverschreibung
↑Anleihensobligation; ↑Kassenobligationen.

Schuldverschreibungen der Schweizerischen Nationalbank
Schuldverschreibungen der Schweizerischen ↑Nationalbank (SNB) sind verurkundete ↑Wertpapiere und ↑Wertrechte (↑Bucheffekten), welche die SNB zur ↑Geldmengensteuerung emittieren kann. Das Instrument (↑Instrumentarium der SNB) wurde bei der Revision von 1978 ins Nationalbankgesetz (NBG) aufgenommen. Zuvor hatte die ↑Abschöpfung inflationär (↑Inflation) wirkender Mittelzuströme aus dem Ausland der Nationalbank wegen Fehlens geeigneter Wertpapiere Schwierigkeiten bereitet: Damals hatten Abschöpfungsoperationen umständlich durch eigens hierzu emittierte ↑Schatzanweisungen des Bundes – sog. Sterilisierungsreskriptionen – durchgeführt werden müssen. Mit der Einführung des neuen Instruments wurde die SNB ermächtigt, zu Zwecken der Offenmarktpolitik eigene verzinsliche Schuldverschreibungen mit höchstens zweijähriger ↑Laufzeit auszugeben und wieder zurückzukaufen. Das neue Instrument sollte die Flexibilität der Geldpolitik erhöhen, indem es die SNB in die Lage versetzte, auch dann Abschöpfungsoperationen durchzuführen, wenn zuvor kein ↑Portfolio marktgängiger Papiere aufgebaut werden konnte. Zu Beginn der 80er-Jahre gab die SNB mehrmals solche Schuldverschreibungen aus. Danach wurde das Instrumentarium nicht mehr eingesetzt, da der Abschöpfungsbedarf zurückging. Heute dürfte nur noch in sehr seltenen Fällen ein Bedarf für die ↑Emission eigener Schuldverschreibungen entstehen, denn der SNB steht mit dem ↑Repo-Geschäft seit Ende der 90er-Jahre ein sehr wirksames Instrument zur Umsetzung der Geldpolitik (↑Geldpolitik [Umsetzung]) zur Verfügung. Seit den frühen 80er-Jahren wurde zudem ein Franken-Portfolio aufgebaut, das bei Bedarf zur Mittelabschöpfung zur Verfügung steht.

Hans-Christoph Kesselring

Schulter/Kopf/Schulter-Formation
Die Schulter/Kopf/Schulter-Formation entsteht dadurch, dass ein Reaktionspunkt (↑Trend) in einem Aufwärtstrend die gleiche Höhe erreicht wie der vorangegangene Reaktionspunkt und dass dann eine schwache Erholung folgt, bevor beide vorangegangenen Reaktionspunkte unterboten werden. Inverse Schulter/Kopf/Schulter-Formationen entstehen nach einem vorangegangenen Abwärtstrend dadurch, dass ein Reaktionspunkt

die Höhe eines vorangegangenen Reaktionspunktes erreicht, bevor erneute vorübergehende Kursschwäche einsetzt und die beiden vorangegangenen Reaktionspunkte danach überboten werden.

Schutzaktie
↑Vinkulierte Aktie.

Schwach
In der ↑Börsensprache Bezeichnung einer Tendenz rasch fallender Kurse.

Schwache Hände
In der ↑Börsensprache Ausdruck für Spekulanten, die nur geringe Mittel besitzen und bei einer stärkeren Kursbewegung zu ihren Ungunsten leicht aus ihren Engagements gedrängt werden können oder sich herausdrängen lassen.

Schwankende Wechselkurse
↑Floating; ↑Geldpolitik (Umsetzung).

Schwankungsbreite
Die Schwankungsbreite bezieht sich üblicherweise auf Preisschwankungen innerhalb einer ↑Periode (wie z.B. ein Handelstag) und ist definiert als die Differenz zwischen dem maximalen und dem minimalen innerhalb der Periode festgestellten Preis.

Schwankungsreserve für Kreditrisiken
↑Erfolgsrechnung.

Schwänze
↑Aufschwänzen; ↑Corner.

Schwanzhypothek
Eine nachrangige Hypothek, die meistens die bankmässig vertretbare ↑Belehnungsgrenze übersteigt.

Schwarze Listen
↑Chinese walls.

Schwarzer Freitag
↑Schwarzer Montag; ↑Börsenkrach.

Schwarzer Markt
Auch Schwarzmarkt. Handel mit Waren, Devisen oder Noten (↑Sorten) mit dem Ziel und/oder dem Effekt einer Umgehung bestehender Gesetze und Bewirtschaftungsvorschriften. In Ländern mit Devisenzwangswirtschaft oder ↑Devisenbewirtschaftung existiert in der Regel ein illegaler Schwarzmarkt. Das ist nicht zu verwechseln mit der ↑Parallelwährung.

Schwarzer Montag
In Anlehnung an die Ereignisse des «schwarzen Freitags» am 25. Oktober 1929 Bezeichnung für die starken Kurseinbrüche an den Weltbörsen am 19. Oktober 1987, die ihren Ausgangspunkt an der ↑New Yorker Börse hatten. ↑Börsenkrach.

Schwebende Geschäfte
Schwebende Geschäfte sind beidseits noch nicht oder erst teilweise erfüllte Geschäfte, insbesondere ↑Termingeschäfte aller Art. Daraus resultierende Ansprüche und Verpflichtungen werden im Allgemeinen nicht bilanziert, da davon ausgegangen wird, dass sie sich ausgleichen. Sobald feststeht, dass aus einer Verpflichtung aus einem schwebenden Geschäft eine bilanzpflichtige Verbindlichkeit entsteht, weil der Wert der eigenen Leistung den Wert der zu erwartenden Gegenleistung übersteigt, muss eine entsprechende Rückstellung gebildet werden (OR 669 I).

Schwebende Schulden
Früher Bezeichnung für kurzfristige Verbindlichkeiten der öffentlichen Gemeinwesen. Mit der Erweiterung des Kontenrahmens wurde diese Bezeichnung geändert. Heute spricht man an Stelle von schwebenden Schulden von «laufenden Verpflichtungen». Zu den laufenden Verpflichtungen zählen z.B. Kreditoren, Depotgelder, Entschädigungen an Gemeinwesen, Kontokorrentverpflichtungen, übrige laufende Verpflichtungen.

Schweizer Börse
↑SWX Swiss Exchange.

Schweizerische Bankiervereinigung
↑Bankiervereinigung, Schweizerische.

Schweizerische Effektenbörse
Die Schweizerische Effektenbörse ist der offizielle, im Handelsregister eingetragene Name der ↑SWX Swiss Exchange.

Schweizerische Gesellschaft für Hotelkredit (SGH)
↑Tourismusfinanzierung; ↑Bürgschaftsgenossenschaften.

Schweizerische Kommission für Standardisierungen im Finanzbereich (SKFS)
↑Standardisierung im Finanzbereich.

Schweizerische Nationalbank
↑Nationalbank, Schweizerische.

Schweizerischer Anlagefondsverband
↑Swiss Funds Association (SFA).

Schweizerischer Bankpersonalverband
↑Bankpersonalverband, Schweizerischer (SBPV).

Schweizerischer Verband unabhängiger Effektenhändler
Der Schweizerische Verband unabhängiger Effektenhändler wurde im Jahr 2000 gegründet und steht allen in- und ausländischen, nach dem BEHG zugelassenen ↑Effektenhändlern ohne Bankstatus offen. Er setzt sich für einen einheitlichen, starken Auftritt der unabhängigen Effektenhändler in der Schweiz ein. Neben der Vertretung der Interessen seiner Mitglieder gegenüber den Behörden, der allfälligen Selbstregulierung und dem internen Erfahrungsaustausch bezweckt der Verband die Förderung des Ansehens des Effektenhändlers und des ↑Finanzplatzes Schweiz im In- und Ausland.

Schweizerisches Bankensystem
↑Bankensystem, schweizerisches.

Schweizerische Vereinigung für Finanzanalyse und Vermögensverwaltung (SVFV)
Die Schweizerische Vereinigung für Finanzanalyse und Vermögensverwaltung (SVFV) wurde 1962 gegründet und verfügt im Jahr 2001 über mehr als 1200 Mitglieder, vornehmlich aus dem Finanzsektor.
Zu den Aufgaben der Vereinigung gehört es:
– Standesregeln aufzustellen
– die Ausbildung ihrer Mitglieder zu organisieren sowie sie zu deren Teilnahme zu motivieren
– die Interessen des Berufsstandes zu vertreten
– die Transparenz und die Strukturen des Finanzplatzes Schweiz zu fördern und
– die Kontakte zwischen den Mitgliedern dank Tagungen und Konferenzen zu ermöglichen.
Die Vereinigung unterhält enge internationale Beziehungen mit vergleichbaren Organisationen. Sie nimmt teil an internationalen Arbeitskommissionen, die für die SVFV relevante Themen behandeln, insbesondere im Rahmen der ↑European Federation of Financial Analysts'» Societies (EFFAS). ↑Ausbildungszentrum für Experten der Kapitalanlage (AZEK). *Stephan E. Meier*
Links: www.svfv.ch

Schweizer Verband der Raiffeisenbanken
↑Raiffeisenbanken.

Schweres Papier
↑Aktien, die wegen ihrer hohen ↑Stückelung (z.B. CHF 1000) oder ihres hohen ↑Kurswertes nur von einem beschränkten Kreis von finanzkräftigen Kapitalanlegern erworben werden können und deshalb im Allgemeinen einen engen Markt haben. Schwere Aktien kommen unter den kotierten ↑Effekten wegen der im Jahr 2000 geschaffenen Möglichkeit zur Reduktion des ↑Nennwertes auf CHF 0.01 nur noch ausnahmsweise vor. Häufiger sind sie unter den ausserbörslich gehandelten Aktien, wo Ende 2001 das schwerste Papier (die streng vinkulierte ↑Namenaktie der AG Neue Zürcher Zeitung) einen ↑Kurs von CHF 150 000 aufwies.

Schwimmendes Material
Auch flottantes Material. In der ↑Börsensprache Ausdruck für ↑Effekten, meistens aus ↑Emission, die nicht in Dauerbesitz sind, sondern vielmehr häufig, auch bei kleinen Kursschwankungen, die Hand wechseln.

Scoring-System
Punktebewertungsverfahren. Das Scoring-System dient zur Erfassung relevanter Kreditnehmerdaten in grosser Zahl und deren statistische Auswertung zum Zweck, beispielsweise Kreditentscheidungen und die Überwachung von Krediten (↑Kreditüberwachung), aber auch das Pricing der Kredite (↑Credit pricing), benchmarken (↑Benchmark) zu können. ↑Credit scoring.

Scripophilie
Begriff für das Sammeln historischer ↑Wertpapiere. Der Scripophilist ist der Sammler historischer Wertpapiere.

SDR
Abk. f. Special drawing right. ↑Sonderziehungsrechte.

SEBR
Abk. f. Swiss export base rate. ↑Exportfinanzierungen.

SEC
Abk. f. ↑Securities and Exchange Commission.

SECA; Swiss Private Equity and Corporate Finance Association
Die SECA (Schweizerische Vereinigung für Unternehmensfinanzierung) ist ein nicht gewinnorientierter Verein, in dem sich jene Organisationen und Personen zusammengeschlossen haben, die aktiv in den Bereichen ↑Private equity, ↑Venture-Finanzierung wie auch ↑Corporate finance tätig sind, oder sich für diese Bereiche interessieren. Die SECA fördert den Gedankenaustausch wie auch die fachspezifische und professionelle Weiterbildung in diesen Bereichen. Die SECA erarbeitet und unterstützt Richtlinien für eine professionelle und ethisch korrekte Ausführung dieser Tätigkeiten. Die SECA engagiert sich für eine starke Private-equity- und Corporate-finance-Industrie sowie für weitere Rahmenbedingungen, welche die Innovation und somit die Schweizer Volkswirtschaft stärken. Sie unterstützt die Meinungsbildung von Entscheidungsträgern in Politik,

Behörden und Wirtschaft sowie der Öffentlichkeit und ist in diesem Zusammenhang publizistisch tätig. Die SECA ist der Ansprechpartner für alle Fragen in den Bereichen Private equity, Venture-Finanzierung und Corporate finance.

Massimo S. Lattmann

SECB
Abk. f. ↑Swiss Euro Clearing Bank (SECB). ↑euroSIC.

SECOM
↑SIS SegaIntersettle Communication system.

Secondary market
↑Sekundärmarkt.

Secondary placement
↑Sekundärplatzierung.

Secondary sale
↑Private equity.

Secundary offering
↑Initial public offering (IPO).

Secure electronic transaction (SET)
SET – Secure electronic transaction – ist ein offener technischer Standard für sichere Zahlungen mit der ↑Kreditkarte im ↑Internet. Das Internet ist ein offenes Netzwerk, das Datenschutz und Datensicherheit nicht garantiert. SET will darum sichere Zahlungen über das Internet gewährleisten. Die Spezifikation von SET Version 1.0 wurde von VISA und MasterCard erarbeitet und im Mai 1997 publiziert. SET gewährleistet mittels digitalen Signaturen (↑Digitale Zertifikate und digitale Signatur) und Chiffrierung (↑Code, Codierung) die Authentifizierung des Karteninhabers und des Händlers sowie die Vertraulichkeit und Integrität der ausgetauschten Daten.

Securities
Angelsächsischer Sammelbegriff für
1. ↑Wertpapiere, ↑Effekten (↑Aktien, ↑Obligationen, ↑Derivate usw.)
2. Sicherheiten, Deckung.

Securities and Exchange Commission (SEC)
Die Securities and Exchange Commission (SEC) ist die amerikanische Börsenaufsichtsbehörde.
Links: www.sec.gov

Securities lending and borrowing (SLB)
Auch Securities lending, Wertpapierleihe. Beim Securities lending and borrowing geht es um die Ausleihe von ↑Wertschriften gegen eine Gebühr. In der Regel macht der Borger vom Securities lending and borrowing Gebrauch, weil er eine offene Lieferverpflichtung erfüllen muss, aber die benötigten Wertschriften zurzeit nicht in seinem eigenen Bestand hat. Securities lending dient also der Verminderung von Settlement-Risiken (↑Settlement risk) bei Wertschriftentransaktionen. Bedeutsam ist Securities lending auch für die Unterstützung von Trading-Strategien mit ungedeckten Optionen (↑Optionsgeschäft). Wird z.B. eine ungedeckte Call option ausgeübt, kann die Belieferung mit gekauften oder geborgten Wertschriften erfolgen. Bei der Erfüllung mit geborgten Wertschriften wird gleichzeitig eine Spekulation ↑à la Baisse eröffnet, welche darauf hinauslaufen soll, die Rückerstattungspflicht aus dem Wertschriftendarlehen zu einem ↑Kurswert zu erfüllen, der unter dem ↑Ausübungspreis (Strike price) der Call option liegt.

Von Rechts wegen handelt es sich beim Securities lending um ein *Sachdarlehen* (OR 312ff.). Bilden ↑Wertrechte (entmaterialisierte Wertschriften) Gegenstand einer Ausleihe, findet Darlehensrecht analog Anwendung. Bei der Gebühr, welche der Borger dem Darleiher für die Nutzung der Wertschriften bezahlen muss, handelt es sich von Rechts wegen um einen Zins (OR 313), wobei dieser Terminus in der Praxis nicht gebräuchlich ist. Stattdessen wird von *Ausleihgebühr (Lending fee)* gesprochen. Da der Borger Eigentümer der Wertschriften wird, erhält er alle damit verbundenen Rechte, wie den Anspruch auf Zinsen und Dividenden. In der Praxis ist der Borger allerdings regelmässig verpflichtet, den Darleiher vermögensmässig so zu stellen, wie wenn dieser die Wertschriften nicht ausgeliehen hätte. Der Borger schuldet dem Darleiher deshalb eine Ersatzleistung in Höhe des entsprechenden Wertschriftenertrages (Manufactured payments). Auch die mit Aktien verbundenen Stimmrechte gehen auf den Borger über. Will der Darleiher die Mitgliedschaftsrechte selbst ausüben, muss er die Ausleihe rechtzeitig beenden. Der Darleiher kann dem Borger für die Ausübung des Stimmrechts allerdings Instruktionen erteilen, wobei die zwingenden aktienrechtlichen Schranken zu berücksichtigen sind (OR 691). Üblicherweise erfolgt die Ausleihe gegen Sicherstellung (Collaterals; ↑Collateralisation), sei es in Form von Geld, Wertschriften oder der Garantie eines Dritten. Stellt der Borger dem Darleiher für die Sicherstellung ein Cash collateral, so werden diese liquiden Mittel durch den Darleiher investiert. Der Ertrag auf dem Cash collateral abzüglich der Nutzungsgebühr für die ausgeliehenen Wertschriften steht aufgrund vertraglicher Vereinbarung dem Borger zu. Dieser Differenzbetrag wird im Fachjargon als Rebate bezeichnet.

Viele Banken haben *Securities-lending-Programme* aufgebaut. Die Banken lassen sich in Rahmenverträgen zur automatischen Ausleihe von Wertschriften ihrer Kunden beauftragen. Dabei treten die Banken entweder selbst als Borger auf (↑Principal) oder handeln als indirekte Stellvertreter ihrer Depotkunden (Agent). Das Finder-Prinzip, das in AFV-EBK 22 I Erwähnung findet, ist in der Praxis kaum verbreitet. Den Privatkunden wird für die Ausleihe normalerweise kein Collateral gestellt. Tritt die Bank als Principal auf, konzentriert sich das Risiko für den Kunden somit in der Person seiner Bank, wogegen dem Agent-Prinzip eine Diversifikation des ↑Risikos bei den verschiedenen Borgern inhärent ist. Im Konkurs der Bank kommt dem Kunden gemäss BankG 16 II ein Aussonderungsrecht an den Forderungen zu, welche die Bank für Rechnung der Kunden fiduziarisch hält. Handelt die Bank als Agent, kann der Kunde deren Forderung gegen den Borger aussondern. Tritt die Bank als Principal auf, kann es sich nicht anders verhalten, denn die Bank handelt auch hier als Beauftragte für Rechnung des Depotkunden und tritt diesem nicht ausschliesslich als Borger gegenüber.

Für ↑Anlagefonds besteht in AFV-EBK 21 ff. eine detaillierte Spezialregelung. Soll das Securities lending nicht über die ↑Depotbank des Anlagefonds abgewickelt werden, so bedarf es deren Zustimmung (AFV-EBK 23 I). Es sind dem Anlagefonds Sicherheiten in Höhe von 105% des Marktwertes des ausgeliehenen Wertschriften zu verpfänden oder zu Eigentum zu übertragen. Gewisse Spezialregelungen der jeweiligen Aufsichtsbehörden existieren auch für Pensionskassen und private Versicherungsgesellschaften.

Gemäss BEHV-EBK 12 besteht für Securities-lending-Transaktionen eine Meldepflicht nach den börsengesetzlichen Regeln über die ↑Offenlegung von Beteiligungen im Rahmen der börsenrechtlichen Schwellenwerte, wenn der Borger das Stimmrecht ausüben kann. Unter vertragsrechtlichem Gesichtspunkt darf der Borger das Stimmrecht nur ausüben, wenn ihm dies vertraglich nicht verboten ist; er kann aber die Mitgliedschaftsrechte gegenüber der Gesellschaft, auch wenn er vertragswidrig handelt, gültig abgeben. Nach Auskünften (2002) der ↑Offenlegungsstelle der ↑SWX Swiss Exchange soll sich die Meldepflicht des Borgers offenbar am rechtlichen Können und nicht am rechtlichen Dürfen orientieren, wobei zurzeit noch unklar ist, ob Darleiher und Borger im Rahmen von BEHG 20 damit stets meldepflichtig werden. Man kann sich allerdings fragen, ob der Grundsatz «Verträge sind einzuhalten» nicht auch in diesem Zusammenhang Recht machen sollte, ein vertragliches Stimmverbot für den Borger im Securities lending also von der Meldepflicht ausnehmen würde.

Ob das Borgen ↑eigener Aktien durch die Gesellschaft den gesetzlichen Einschränkungen des Erwerbs eigener Aktien unterliegt (OR 659ff.), lässt sich nicht allgemein beantworten. Das Stimmrecht geborgter eigener Aktien ruht (OR 659a). Die Vorschriften über den Erwerb eigener Aktien (frei verwendbares Eigenkapital, Schwellenwerte, Reservenbildung) sind jedenfalls dann uneingeschränkt anwendbar, wenn die Gesellschaft den ↑Marktwert der geborgten Aktien sicherstellen muss.

Securities lending ist von der Umsatzabgabe (↑Stempelabgaben im Finanzgeschäft) gemäss dem Bundesgesetz über die Stempelabgaben befreit. Diese grundlegende Praxisänderung der Eidgenössischen Steuerverwaltung von 1983 war die erste Voraussetzung für die Entstehung eines Securities-lending-Marktes in der Schweiz. Der entscheidende steuerliche Schritt folgte 1990 mit einer Regelung für die ↑Quellensteuer auf Manufactured payments (Zirkulare Nr. 6584 und 6586 der Schweizerischen Bankiervereinigung vom Mai 1990), womit fortan das Securities lending mit quellensteuerbelasteten Wertschriften ermöglicht wurde.

Urs Bertschinger

Securitization

Als Securitization wird die Verbriefung von Finanzkontrakten in Effektenform bezeichnet, damit diese ↑börsengängig, d.h. handelbar werden. Eine besondere Form von securitizierten Finanzkontrakten sind collaterisierte Anleihen, ursprünglich in Form von Verbriefung hypothekarisch gesicherter Kredite (Mortgage backed securities), später auch von anderen Aktiven, wie Forderungen aus dem Kreditkarten- und dem Leasinggeschäft, die bestimmte Anforderungen wie Bewertbarkeit und Verwertbarkeit, prognostizierbare Zahlungsströme usw. erfüllen. Die verpfändeten Vermögenswerte erhöhen die Kreditqualität der Schuldverpflichtung. Aus der Sicht des ↑Emittenten liegt der Vorteil einer Securitization in der Liquidisierung bisher illiquider Aktiven. Im engeren Sinn wird von Securitization gesprochen, wenn die entsprechenden Aktiven aus der Bilanz ausgeklammert und auf eine Zweckgesellschaft (↑Special purpose vehicle) übertragen werden, wobei die zufliessenden Mittel entweder reinvestiert oder zur Bilanzverkürzung für die ↑Rückzahlung von ↑Fremd- oder ↑Eigenkapital verwendet werden können.

Seed financing
↑Private equity; ↑Venture-Finanzierung.

SegaIntersettle
↑SIS SegaIntersettle AG.

Segment
↑Börsensegment; ↑Geschäftsfeld; ↑Marktsegment; ↑Marktsegmentierung.

Segmentberichterstattung

Die Segmentberichterstattung entwickelte sich in den 60er- und 70er-Jahren, nachdem die Unternehmungen vermehrt diversifizierten. Die Adressaten der Jahresabschlussrechnung – insbesondere Finanzanalysten – verlangten in der Folge zunehmend desaggregierte Informationen, um die historische Unternehmungsperformance, die Risiken und die Zukunftsaussichten der unterschiedlichen Geschäftsfelder zu beurteilen.

In den USA führte dies 1976 zum Financial Accounting Standard FAS 14, der seit 1998 durch SFAS 131 (Disclosures about segments of an enterprise and related information) abgelöst wurde. Das International Accounting Standards Committee (IASC) regelt die Segmentberichterstattung mit dem International Accounting Standard IAS 14 (revised) (Segment reporting). In der Schweiz weisen die ↑ Fachempfehlungen zur Rechnungslegung (Swiss GAAP FER) in FER 8 (Anhang zur Konzernrechnung) auf die Notwendigkeit einer Segmentberichterstattung hin. In Deutschland ist die Segmentberichterstattung allgemein im Deutschen Rechnungslegungsstandard DRS 3 (Segmentberichterstattung) geregelt. Bankspezifische Regelungen finden sich in DRS 3–10 (Segmentberichterstattung von Kreditinstituten).

Die Segmentberichterstattung gewinnt durch die Shareholder-value-Orientierung zusätzlich an Bedeutung. Um die Steigerung des Unternehmungswertes beurteilen zu können, sind wertschaffende und wertvernichtende Geschäftsfelder zu identifizieren. Durch den Einbezug der Segmentberichterstattung in die externe Berichterstattung erhalten auch die Akteure auf den Finanzmärkten Zugang zu diesen entscheidungsrelevanten Informationen.

Die *Abgrenzung der Segmente* und die *Ermittlung der Segmentdaten* sind die Kernprobleme der Segmentberichterstattung.

1. Abgrenzung der Segmente

Die in Rechnungslegungsstandards geregelte Segmentberichterstattung bezieht sich auf Publikumsgesellschaften. Nicht börsenkotierte Unternehmungen bleiben bei den folgenden Überlegungen unberücksichtigt.

Grundsätzlich wird für die Abgrenzung der Segmente ein *Managementansatz* und ein *Ansatz nach Chancen und Risiken* unterschieden:

Bei dem von den US-GAAP vertretenen *Managementansatz (Management approach)* folgt die Abgrenzung der Segmente von den bei internen Entscheidungsprozessen berücksichtigten Geschäftsfeldern. Gegenstand der Segmentberichterstattung sind damit Segmente, in denen, erstens, Erträge anfallen und die Aufwendungen verursachen, zweitens, welche von der Geschäftsleitung oder vom Vorsitzenden der Geschäftsleitung bei der Ressourcenallokation und Performancemessung berücksichtigt werden und, drittens, für welche klar abgrenzbare Finanzinformationen verfügbar sind. Die Segmentabgrenzung erfolgt auf der Basis von drei so genannten 10%-Tests:

– Das Segment umfasst mindestens 10% der gesamten Segmenterträge (externe und gruppeninterne Erträge, so genannter *Revenue test*).
– Das Segment umfasst mindestens 10% der gesamten Segmentergebnisse (so genannter *Operating profit and loss test*).
– Das Segment umfasst mindestens 10% des gesamten Reinvermögens der Segmente (so genannter *Asset test*).

In jedem Fall müssen alle Segmente, die mindestens einen der obigen 10%-Tests bestehen, zusammen mindestens 75% der konsolidierten Erträge ergeben (so genannter 75%-Test). Ansonsten sind zusätzliche Segmente zu definieren, bis dieses Kriterium erfüllt ist.

Nach dem von den IAS vertretenen *Ansatz nach Chancen und Risiken (Risk and rewards approach)* folgt die Abgrenzung der berichtspflichtigen Segmente grundsätzlich auch den in den internen Berichtssystemen und Entscheidungsprozessen berücksichtigten Geschäftsfeldern. Diese Segmentsstruktur muss jedoch angepasst werden, wenn der externe Adressat der Informationen die künftigen Chancen und Risiken nicht beurteilen kann, weil die internen Segmente nicht den leistungsbezogenen (Business segments) und geografischen Segmenten entsprechen. Bezüglich leistungsbezogenen und geografischen Segmenten unterscheidet IAS zwischen primärem und sekundärem Segmentreporting: Liegen Chancen und Risiken vor allem in den leistungsbezogenen Segmenten, so bilden diese das primäre Segmentreporting; ergänzende Informationen zu den geografischen Segmenten bilden das sekundäre Segmentreporting. Liegen Chancen und Risiken vor allem in den geografischen Segmenten, so bilden diese das primäre Segmentreporting; ergänzende Informationen zu den leistungsbezogenen Segmenten bilden dann das sekundäre Segmentreporting. IAS 14 (revised) unterstützt die Abgrenzung der Segmente im Anhang mit einem Entscheidungsbaum.

Sowohl im Managementansatz als auch im Ansatz nach Chancen und Risiken können Residualaktivitäten, die keinen Ausweis als eigenständige Segmente rechtfertigen, zum Zweck der Überleitung von der konsolidierten Jahresrechnung auf das Segmentreporting in einer Sammelposition «Sonstige Aktivitäten» zusammengefasst oder zusammen mit dem Corporate center ausgewiesen werden.

Die ↑ *Segmentierung bei Kreditinstituten* orientiert sich ebenfalls an der internen Organisations- und Berichtsstruktur. Zudem kann bei der Segmentierung eine homogene Chancen- und Risikostruktur der Segmente angestrebt werden. In der wissenschaftlichen Diskussion sowie in der Praxis der Rechnungslegung von Banken wird sowohl der Konzeption nach US-GAAP als auch jener nach IAS gefolgt. Die bankbezogenen Abgrenzungsüberlegungen unterscheiden sich daher grundsätzlich nicht von den allgemeinen, industrieunabhängigen Abgrenzungsüberlegungen.

In der Praxis wird die Segmentberichterstattung bei Banken z. B. als Aggregationsebene zwischen interner Profitcenter-Rechnung und Konzernabschluss positioniert. In der bankbetrieblichen Steuerung bietet sie Ansatzpunkte für strategische Vorgaben, die sich auf Einzelpläne und Budgets einzelner Geschäftsfelder oder Regionen auswirken. Die sinnvolle Umsetzung einer externen Segmentberichterstattung setzt eine divisionalisierte ↑Organisation der Bank mit einer entsprechenden Ausrichtung der internen Berichts- und Informationssysteme voraus.

Bankspezifische Ansatzpunkte für die Segmentberichterstattung bilden zum Beispiel Kundengruppen wie Privat-, Anlage- und Geschäftskunden. Weiterhin können die Handelsaktivitäten und das Corporate-Center eigene Segmente für die externe Berichterstattung bilden. Segmentberichte wird es letztlich für diejenigen Geschäftsfelder geben, die einen wesentlichen Anteil an Bilanz und ↑Erfolgsrechnung haben, die strategisch unabhängig planbar sind und eine eigenständige Marktleistung erbringen.

Unabhängig von den besonderen Aspekten der Mittelflussrechnung bei Banken werden ↑Cashflows meist nicht in die Segmentberichterstattung einbezogen; die Mittelflussrechnung findet in der Segmentberichterstattung von Banken in der Regel keine Berücksichtigung.

2. Ermittlung der Segmentdaten

Die Ermittlung der *quantitativen* Segmentdaten kann zwei Grundkonzepten folgen:
– Beim *Disaggregation approach* bilden die externen konsolidierten Abschlussinformationen die Grundlage für die Ableitung der Segmentinformationen. Der Disaggregation approach wird von den IAS vertreten.
– Alternativ können *interne Zahlen der Segmente* zugrunde gelegt und auf die externen Abschlusszahlen übergeleitet werden. Dies kann zusätzliche wertvolle Informationen bieten, deren Wert jedoch von der Nachvollziehbarkeit der Ermittlung und der Transparenz der Überleitungen abhängt. Die US-GAAP basieren die Segmentberichterstattung auf internen Zahlen.

Damit die Segmentrechnung aussagefähig ist, muss generell eine Symmetrie zwischen den einbezogenen Bestandsgrössen der Bilanz und den zugehörigen Stromgrössen der Erfolgsrechnung gewährleistet sein. Zinserträge aus Kundengeschäften müssen daher beispielsweise dem Segment zugerechnet werden, dem auch die zugehörige ↑Bilanzposition im ↑Aktivgeschäft zugerechnet wurde.

Die Bewertung von konzerninternen Segmenterträgen und -aufwendungen hängt von den *Transferpreisen* ab. Solange die Transferpreise dem ↑*Arm's-length-Prinzip* genügen, kommt es zu einer marktgerechten Bewertung und Zurechnung der Segmenterträge und -aufwendungen.

Bei der Überleitung zwischen den Segmenterträgen und -aufwendungen zu den Erträgen und Aufwendungen in der konsolidierten Rechnung sind Erträge und Aufwendungen, welche bei der ↑Konsolidierung als konzerninterne Transaktionen eliminiert werden, wieder zu korrigieren. Gleiches gilt für die Überleitung von den summierten Segmentreinvermögen zum konsolidierten Reinvermögen.

Der Umfang der allgemeinen Segmentsinformationen, der Überleitungen und der Informationen zum ↑Zwischenabschluss ist grundsätzlich nicht industriespezifisch. Hingegen sind die zu berücksichtigenden Bilanz- und Erfolgsgrössen *bankspezifisch*:

– Zu den *Segmenterträgen* gehören vor allem Erträge aus dem Zinsengeschäft, Erträge aus dem Kommissions- und Dienstleistungsgeschäft, Erträge aus dem Handelsgeschäft und übrige betriebliche Erträge.
– Zu den *Segmentaufwendungen* gehören vor allem Zinsaufwendungen, Aufwendungen im Zusammenhang mit dem Kommissions- und Dienstleistungsgeschäft sowie dem Handelsgeschäft, übriger betrieblicher Aufwand sowie der Personal- und Sachaufwand.
– Zum *Segmentvermögen* gehören vor allem ↑liquide Mittel, Forderungen gegenüber Kreditinstituten, Forderungen gegenüber Kunden und Handelsaktiva. Beim Segmentvermögen ist die mit dem Aktivgeschäft verbundene Risikovorsorge zu berücksichtigen, sodass die entsprechenden Positionen Nettogrössen darstellen.
– Die *Segmentschulden* umfassen vor allem Verbindlichkeiten gegenüber Kreditinstituten, Verbindlichkeiten gegenüber Kunden, verbriefte Verbindlichkeiten und Handelspassiva.

In die Ermittlung des Segmentergebnisses gehen grundsätzlich nur die dem Segment direkt zurechenbaren Erträge und Aufwendungen ein. Anspruchsvoll ist die Zuordnung von nicht direkt zurechenbaren Posten (z.B. liquide Mittel oder emittierte Obligationenanleihen zur ↑Refinanzierung der Gesamtbank). Entweder erfolgt hier eine transparente Schlüsselung oder diese Posten werden nicht den Segmenten zugeordnet, sondern verbleiben im Corporate-Center. In letzterem Fall ist auf Segmentsebene dann eher von einem Segmentsdeckungsbeitrag als von einem Segmentsergebnis zu sprechen. Die Behandlung nicht direkt zurechenbarer Bilanz-, Ertrags- und Aufwandspositionen (z.B. von mehreren Segmenten genutzte

Liegenschaften, Abschreibungen auf von mehreren Segmenten genutztem Anlagevermögen oder Steueraufwendungen) wirkt sich auf den segmentsbezogenen Ausweis von Kennzahlen wie z. B. die Aufwands-Ertrags-Relation oder die Eigenkapitalrentabilität aus.

Besonderer Aufmerksamkeit bedarf bei Banken die *Aufteilung des Eigenkapitals* auf die einzelnen Segmente. Der Kapitalzuordnung können das bilanzielle ↑Eigenkapital, das regulatorische Kapital oder ökonomische Kapitalgrössen zugrunde gelegt werden. Ob bilanzielles, regulatorisches oder ökonomisches Eigenkapital zugeordnet wird, hängt von der für die bankinterne Steuerung verwendeten Eigenkapitalgrösse ab. Wird z. B. das regulatorische Kapital zugeordnet, so erfolgt die Zuordnung entsprechend den dem Segment zugeordneten Risikoaktiva.

Die Verwendung verschiedener Eigenkapitalgrössen wirkt sich auf die zeitliche und zwischenbetriebliche Vergleichbarkeit aus. Gegen eine Verwendung des ökonomischen Kapitals können eine geringe Nachvollziehbarkeit seiner Ermittlung sowie die fehlende zwischenbetriebliche Vergleichbarkeit sprechen. Das regulatorische Kapital unterliegt Anpassungen der bankenaufsichtsrechtlichen Vorschriften, was Auswirkungen auf Mehrjahresvergleiche haben kann. Aus diesen Gründen werden Auffassungen vertreten, die das Segmentreporting aus Gründen der Praktikabilität und zur Vermeidung von Strukturbrüchen ausschliesslich auf das bilanzielle Eigenkapital abstellen.

Auch bei Kreditinstituten können die Segmentdaten generell aus dem externen Rechnungswesen oder aus internen Zahlen abgeleitet werden. Bankspezifische Probleme stellen sich, wenn die Segmentberichterstattung auf internen Zahlen beruht. So verlangt DRS 3–10 z. B., dass auf Standardrisikokosten beruhende internen Zahlen in diesem Fall auf Ist-Risikokosten überzuleiten sind.

Carsten Stolz

Lit.: *International Accounting Standards IAS 14 (revised), Segment Reporting Statement of Financial Accounting Standards SFAS 131, Disclosures about Segments of an Enterprise and Related Information. – Deutscher Rechnungslegungsstandard DRS 3, Segmentberichterstattung. – Deutscher Rechnungslegungsstandard DRS 3–10, Segmentberichterstattung von Kreditinstituten.*

Segmente an der SWX
↑Marktsegmente.

Segmentierung
Aufteilung in kleinere, geschlossene Einheiten, z. B. für den ↑Effektenhandel an der Aktienbörse (↑Hauptbörse und besondere Segmente für ↑Local cap, ↑Investmentgesellschaften, ↑Immobiliengesellschaften und New-market-Gesellschaften) oder in der ↑Aufbauorganisation einer Bank.

Segmentinformation
Segmentinformationen sind im Rahmen der Finanzberichterstattung zusätzliche Informationen über einzelne Geschäftsbereiche. ↑Segmentberichterstattung.

Seignoriage
Seit dem Beginn der Münzprägung (↑Prägung) ist bekannt, dass mit dem Recht zur ↑Geldschöpfung auch Einnahmen verbunden sein können. Während der Zeit der Verwendung von Metallmünzen resultierten diese Einnahmen entweder aus den Gebühren, welche die Geldpräger für die Prägung des Metalls in ↑Münzen verlangen konnten oder aus der Differenz zwischen dem Metallwert und der Kaufkraft des geprägten Metalls. Das Recht zur Münzprägung stand im Mittelalter nur bestimmten Lehns- und Gebietsherren zu. Dieses Münzrecht wurde üblicherweise vom Kaiser, König oder Papst verliehen. Aus dem französischen Begriff *seigneur* für Lehnsherr stammt daher die Bezeichnung Seignoriage für den Gewinn aus der Münzprägung, welcher dem mit dem Prägerecht ausgestatteten Gebietsherrn zustand. Mit der Bildung von Nationalstaaten in Europa wurde das Recht zur Prägung von Münzen an den Zentralstaat übertragen. Dies setzte vielerorts dem Durcheinander von verschiedenen sich im Umlauf befindenden Münzen ein Ende und erlaubte es dem Zentralstaat, die Gewinne aus der Geldschöpfung fortan für sich zu beanspruchen.

Bei einer reinen Metallwährung ist der Ertrag aus dem Recht zur Prägung von Münzen beschränkt auf die Gebühr für die Prägung der Münzen oder auf die Differenz zwischen Metallwert und Nominalwert bei der Prägung von unterwertigen ↑Scheidemünzen. Die Einführung der ↑Banknoten führte zur Möglichkeit, die umlaufenden Banknoten nur zum Teil mit Metall (üblicherweise Gold oder Silber) zu decken, sodass die ausgebende Bank den nicht gedeckten Teil ihrer Noten für zinsbringende Anlagen verwenden und somit einen Gewinn erzielen konnte, der über den Geldschöpfungsgewinn bei der Münzprägung hinaus ging. Die Möglichkeit, durch die Ausgabe von Banknoten einen Gewinn zu erzielen, war mit ein Grund, dass das Recht der Notenausgabe mit der Zeit an den Zentralstaat transferiert wurde. Das alleinige Recht zur Ausgabe von Banknoten (↑Banknotenmonopol) wird heute in den meisten Staaten an die ↑Notenbank delegiert. Die Loslösung des Geldes von jeglicher Deckungspflicht durch Metall erlaubt es den Notenbanken theoretisch, die gesamte Ausgabe von Notenbankgeld durch den Ankauf zinstragender Aktiven zu vollziehen. Die Einnahmen aus dem Notenmonopol setzen sich dann aus Zinserträgen auf den durch die Schaffung der ↑Notenbankgeldmenge erworbenen Aktiven und aus Einnahmen aus dem Zuwachs der Notenbankgeldmenge zusammen. Dies bedingt eine umfassendere Betrachtung der Einnahmen aus dem Recht der Geldschöpfung, als dies bei einer reinen Metallwährung der Fall war. Der Begriff der Seignoriage wurde in der ökonomischen Literatur von der Metallwährung auf das Papiergeldsystem (Banknoten) übertragen und umfasst heute alle Einnahmen, die als direkte Folge des monopolistischen Angebots an Notenbankgeld anfallen.

Die *Messung* der Seignoriage erfolgt am einfachsten durch das Produkt von ↑Nominalzinssatz und (realer) Notenbankgeldmenge. Diese Grösse hält fest, was die Wirtschaft gemessen an entgangenen Erträgen für die Haltung von zinslosem Notenbankgeld «zu zahlen» bereit ist (Opportunitätskostenkonzept [↑Opportunitätskosten]). Aus der Sicht der Notenbank kann man sagen, dass die Seignoriage den theoretischen Zusatzkosten der Notenbank für den Fall entspricht, dass sie die Notenbankgeldmenge gegen einen verzinslichen Kredit eintauschen müsste.

Die *Höhe* der Seignoriage ist damit vom Nominalzinssatz und von der Bereitschaft der Wirtschaft zur Haltung von Notenbankgeld abhängig. Der Nominalzinssatz entspricht der Summe von Realzinssatz und ↑Inflation. Die Notenbank kann die Seignoriage beeinflussen, indem sie die ↑Inflationsrate verändert (Inflationssteuer). Da aber die Nachfrage nach Notenbankgeld negativ vom Nominalzins und somit von der Inflationsrate abhängt, kann die Notenbank die Seignoriage nicht beliebig erhöhen. Mit zunehmender Inflation wird die Notenbankgeldmenge kleiner, sodass das Produkt von ↑Zinssatz und Geldmenge ab einer bestimmten Inflationsrate ebenfalls kleiner wird. Die Nachfrage nach Notenbankgeld wird aber nicht nur durch die Inflationsrate bestimmt. Der technische Fortschritt im ↑Zahlungsverkehr (↑Kreditkarten, Electronic money, ↑Clearingsysteme usw.) kann zu einer Verminderung der Nachfrage nach Notenbankgeld führen. Die Nachfrage nach Notenbankgeld wird zudem auch durch gesetzliche Faktoren bestimmt wie z. B. die Vorschriften über die Mindestliquidität (↑Mindestreserven) von Banken.

Die *Seignoriageeinnahmen* der Notenbank sind Teil der Einnahmen der öffentlichen Hand. Gelegentlich werden daher Überlegungen über den optimalen Beitrag dieser Einnahmenquelle innerhalb des gesamten staatlichen Steuer- und Einnahmensystems angestellt (Theorie der optimalen Besteuerung). Die moderne ökonomische Literatur zeigt aber deutlich, dass die Erhaltung von Preisstabilität und die Verhinderung von unnötigen Inflations- und Deflationsschüben (↑Deflation) den wichtigsten Beitrag der ↑Geldpolitik zu optimalen wirtschaftlichen Rahmenbedingungen darstellt. Im Vergleich zum volkswirtschaftlichen Nutzen einer stabilitätsorientierten Geldpolitik stellt die Seignoriage einen relativ unbedeutenden Betrag dar. Durch die technischen Innovationen im Zahlungsverkehr weist sie zudem ohnehin eine sinkende Tendenz auf. Überlegungen zur Optimierung der Seignoriage sollten deshalb in entwickelten Industriestaaten bei der Festlegung der Geldpolitik im Hintergrund stehen.

Ernst Baltensperger

Seitwärtsbewegung
In der ↑Börsensprache Ausdruck für eine Kursentwicklung, die keinen klaren Trend nach oben oder nach unten erkennen lässt.

Sektoranalyse
↑Technische Analyse.

Sektorrotation
Anlagestrategie, die auf die im jeweiligen Zeitpunkt von den Investoren bevorzugten Branchen setzt und gewisse Sektoren bewusst vernachlässigt. Der Gegensatz zur Sektorrotation ist das ↑Contrarians-Verhalten. Beim Sektorrotationsansatz wird in die Branchen mit den höchsten Preismomentum investiert, z. B. High-tech, Biotechnologie, ↑Finanzdienstleistungen. Die Strategie ist vor allem in jenen Phasen erfolgreich, wo der Performanceverlauf innerhalb der Branchen stark auseinander driftet.

Sekundärbewegung
↑Börsentheorien.

Sekundärliquidität
Unter Sekundärliquidität werden alle sekundärliquiden Mittel verstanden. Zu den sekundärliquiden Mitteln zählen alle Vermögenswerte, die zwar jederzeit, aber nicht unbedingt kostenfrei in Zentralbankgeld umgewandelt werden können. Bei Banken wird die Sekundärliquidität – gemäss den geltenden schweizerischen Liquiditätsvorschriften – als *Gesamtliquidität* bezeichnet. Die Gesamtliquidität wurde in Ergänzung zur *Kassenliquidität* bzw. ↑*Primärliquidität* als zusätzliche ↑*Liquidität* konzipiert, um im Falle einer gegen eine Bank gerichteten Vertrauenskrise und der dadurch ausgelösten übermässigen Einlagenrückzüge die fälligen Verpflichtungen so lange erfüllen zu können, bis von anderen Banken und allenfalls den Behörden ein Auffangnetz bereitgestellt wird.

Sekundärmarkt
↑Geld- und ↑Kapitalmarkt lassen sich in einen ↑Primär- und einen Sekundärmarkt einteilen. Der Sekundärmarkt ist ein Markt, auf dem bereits umlaufende ↑Effekten wie ↑Aktien, ↑Obligationen, ↑Indexzertifikate usw. börslich oder ausserbörslich gehandelt werden. Der Sekundärmarkt verhilft den Effekten zu ihrer ↑Liquidität. Effekten werden bei der ↑Emission zunächst auf dem Primärmarkt, dem Markt der neu emittierten Effekten, ausgegeben und danach bei Bedarf auf dem Sekundärmarkt von einem Anleger zum

nächsten weiterveräussert. Am Sekundärmarkt kommt den Geschäftsbanken eine wichtige Vermittlerrolle zu; weitere relevante Parteien sind die ↑Broker, die jeweilige ↑Börse, aber auch nichtbankmässige ↑Finanzintermediäre wie Pensionskassen, ↑Finanz- und Fondsgesellschaften, Versicherer usw.

Auf dem Sekundärmarkt findet ein permanenter Tausch unter den Inhabern der Effekten statt, wobei nur die Kapitalgeber wechseln, während der jeweilige Kapitalnehmer immer derselbe bleibt. Obwohl die Kapitalallokation über die Primärmärkte abläuft, stellen sich die Sekundärmärkte häufig als die «eigentlichen» ↑Finanzmärkte dar. Das hat seinen Grund vor allem in den ungleich höheren Umsätzen der Sekundärmärkte, aber auch in den täglichen Notierungen, die das Börsengeschehen allgemein versinnbildlichen.

Für konventionelle Anlagefondsanteile existiert im engeren Sinne kein Sekundärmarkt, da sie von den Anlegern direkt an die Fondsgesellschaft zurückgegeben werden.   *Hans-Dieter Vontobel*

Sekundärplatzierung

Emittiert ein Unternehmen erstmals Aktien auf einem organisierten ↑Kapitalmarkt, so handelt es sich dabei um eine Erstplatzierung (auch: Going public, ↑Initial public offering [IPO]). Eine Sekundärplatzierung hingegen bezieht sich auf weitere Platzierungen von Unternehmen, die bereits an der ↑Börse kotiert sind. Sie sind den Anlegern bereits bekannt und können auf ihre Leistungsausweise aus der Vergangenheit bauen. Als Sekundärplatzierung gilt im deutschen Sprachgebrauch sowohl die Ausgabe von neuen Aktien mit Hilfe einer Kapitalerhöhung (englische Bezeichnung Primary offering) als auch die Veräusserung von bereits existierenden Aktien über die Börse ohne Schaffung von neuem Kapital (englische Bezeichnung Secondary offering). Im ersten Fall werden Aktien emittiert, damit das Unternehmen wachsen und expandieren kann. Das neugeschaffene Kapital fliesst – abzüglich Emissionskosten – dem Unternehmen zu, womit in dessen Büchern eine Bilanzveränderung eintritt. Im zweiten Fall dagegen – beim Handel bestehender Aktien – wird die Bilanz des Unternehmens nicht tangiert: Bei einem Verkauf wechseln die Aktien lediglich den Besitzer, die Erlöse gehen an die verkaufenden Aktionäre. Sekundärplatzierungen führen oft dazu, dass die Titel breit gestreut werden und sich der Aktionärskreis ausweitet. Mit der Durchführung einer Sekundärplatzierung werden je nach Umfang der ↑Emission eine oder mehrere Banken beauftragt. ↑Emissionsgeschäft.   *Hans-Dieter Vontobel*

Sekundär-Research

In der ↑Finanzanalyse wird unterschieden zwischen ↑Primär-Research und Sekundär-Research einerseits, Investment-Research (Buy side research) und Brokerage-Research (Sell side research) anderseits. Unter Primär-Research werden eigenständige Analysen und Prognosen auf der Basis wirtschaftlicher Daten durch die Analyseabteilungen von Finanzinstituten verstanden. Als Sekundär-Research wird die Meinungsbildung auf der Basis von Analysen und Prognosen Dritter bezeichnet.

Sekundärtrend

In der ↑Dow-Theorie erwähnte Trendkomponente. Sekundärtrends sind kurzfristige, wenig bedeutende Schwankungen von drei oder mehr Monaten, kürzer aber als ein Jahr. ↑Primärtrend.

Selbstauskunft

Im Bankwesen neben der Einholung von Fremdauskünften (↑Evidenzzentrale; ↑Zentralstelle für Kreditinformation [ZEK]; ↑Informationswesen der Banken) insbesondere im Kleinkreditgeschäft übliche Erklärung dessen, über den die Auskunft benötigt wird. Beispiele: Kreditantragsteller, Bürgen, Leasingnehmer, Wechselverpflichtete haben mit Gesuchseinreichung über ihre wirtschaftlichen, persönlichen und rechtlichen Verhältnisse «selbst Auskunft» zu erteilen.

Selbsteintritt

↑Selbstkontrahieren im Effektenhandel; ↑Freihändiger Verkauf.

Selbstemission

↑Emissionsgeschäft.

Selbstfinanzierung

Finanzierung durch Zurückbehalten von Gewinnen. Die Selbstfinanzierung im ↑Bankkonzern wird in der Position ↑Gewinnreserve nachgewiesen. Im Einzelabschluss von Banken ist die Selbstfinanzierung nicht ersichtlich, weil die offenen Reserven auch Agioeinzahlungen enthalten und durch Bildung von stillen Reserven zurückbehaltene Gewinne nicht ausgewiesen werden.

Selbstkontrahieren im Effektenhandel

Die Rechtsbeziehungen zwischen der Bank als Effektenhändlerin und dem Kunden qualifizieren sich als Auftrag, genau gesagt als ↑*Kommissionsgeschäft* gemäss OR 425 ff. Bei Kommissionsgeschäften zum Einkauf von Wertpapieren, die einen Börsen- oder ↑Marktpreis haben, darf der Kommissionär (die Bank) dem Kommittenten (Auftraggeber) ohne gegenteilige Instruktion die Wertpapiere zu dem im Zeitpunkt der geschuldeten Ausführung des Auftrages geltenden Börsen- oder Marktpreis aus eigenen Beständen liefern; Entsprechendes gilt für Kundenaufträge zum Verkauf von Wertpapieren (echter Selbsteintritt, OR 436). Die Erlaubnis zum Selbsteintritt führte früher dazu, dass die Bank nicht alle Börsenaufträge über die ↑Börse leiten musste. Sie konnte Kauf- und Verkaufsaufträge im selben Papier auf der Grundlage der an der Börse bezahlten Kurse intern kompensieren und musste nur die ↑Spitzen an den Markt bringen. Diese Kompensationen waren bei grossen Banken häufig; es ging daher nicht der volle Umsatz über die Börse. Heute sind die ↑Börsenmitglieder nach Art. 7 der ↑Börsenordnung der SWX während der Handelszeit im Normalfall verpflichtet, Kauf- und Verkaufsaufträge in die Auftragsbücher einzugeben, d.h. im Matcher auszuführen (↑Börsenpflicht).

Trotzdem erklären die Banken für Abschlüsse in der Schweiz auch heute noch regelmässig den *Selbsteintritt*. Dies geschieht zunächst implizit, weil das Gesetz von der Vermutung ausgeht, dass den Selbsteintritt erklärt, wer als Kommissionär seinem Kunden die Ausführung des Auftrages meldet, ohne eine bestimmte Person als Verkäufer oder Käufer zu nennen (OR 437). Häufig bringen die Banken die Erklärung des Selbsteintritts auch noch auf dem Abrechnungsformular zum Ausdruck, z.B. durch den Hinweis: «Abschlüsse in der Schweiz tätigen wir als Eigenhändler (oder: als Selbstkontrahenten, als Properhändler)». Die Banken praktizieren in diesem Sinn auch nach aussen hin, d.h. im Verhältnis zu ihrem Kunden, den Selbsteintritt auch dann, wenn sie den Auftrag tatsächlich über die Börse abgewickelt haben (unechter Selbsteintritt). Mit der Erklärung des Selbsteintritts übernimmt die Bank die Verpflichtungen der Gegenpartei aus dem an der Börse abgeschlossenen und dem Kunden gemeldeten Geschäft. Sie wird insoweit ihrem Kunden gegenüber zum Verkäufer bzw. Käufer. Der unechte Selbsteintritt liegt im Interesse des Kunden und der Bank. Der Kunde kann sich für die Erfüllung des Geschäfts direkt an die Bank halten. Die Bank ist anderseits nicht verpflichtet, den Dritten, von dem sie das ↑Wertpapier gekauft hat, zu nennen. Es unterliegt heute keinem Zweifel mehr, dass der unechte Selbsteintritt eine Bank nicht zum ↑Kursschnitt berechtigt. Die Bank ist verpflichtet, dem Kunden den mit dem Dritten vereinbarten Börsenpreis in Anrechnung zu bringen; dem Kunden dürfen aber sowohl beim echten wie beim unechten Selbsteintritt die ↑Courtage zuzüglich Umsatzabgabe und Gebühren sowie allfällige weitere Spesen in Rechnung gestellt werden.

Selbstregulierung

Selbstregulierung ist die Schaffung von Regeln durch einen begrenzten Kreis von Menschen oder Unternehmen für sich selber (↑Regulierung). In diesem Sinn gibt es von jeher Selbstregulierungskreise (z.B. Kirchen, Wirtschafts- und Sportverbände, Zünfte).

1. Grundsätzliches

Seit der moderne Staat ein Monopol der Rechtssetzung beansprucht, hat Selbstregulierung in ihm nur noch begrenzten Raum. Wegen ihrer *ständestaatlichen und wettbewerbsbeschränkenden Vergangenheit* (↑Kartelle im Bankensektor) wird sie teilweise nach wie vor kritisch beurteilt. Im Rechtsstaat von heute ist ihre Funktion jedoch eine andere. Zu einer politischen Auseinandersetzung darüber kam es bei der ↑Börsengesetzgebung. Sie wurde 1995 zugunsten der Selbstregulierung entschieden: mit einem Rahmengesetz, das der Konkretisierung durch den regulierten Wirtschaftszweig bedarf. Derselben Konzeption folgte das Parlament 1997 beim ↑Geldwäschereigesetz und gab den bislang nicht beaufsichtigten ↑Finanzintermediären die Chance, sich in Selbstregulierungsorganisationen zusammenzuschliessen (GwG 24–28).

2. Im Rechtsstaat und in der Wirtschaft

Soweit die Privatautonomie reicht, lässt der moderne Rechtsstaat *unterschiedliche Formen* der Selbstregulierung gelten (Vereinssatzungen im Rahmen von BV 23 und ZGB 60–79, Standesregeln von Wirtschaftsverbänden unter BV 27–28, Kirchenrecht im Zusammenhang mit BV 15). Sie können über die staatlichen Gerichte aber nur durchgesetzt werden, soweit ihnen kein ↑zwingendes Recht entgegensteht. Ein häufiger Anwendungsfall sind die Vereins- oder Vertragsstrafen.

In der Wirtschaft ist Selbstregulierung *v.a. in Gestalt von Standesregeln* üblich. Diese sind i.d.R. nur für die Mitglieder des Verbands, der sie erlassen hat, verbindlich. Die Satzung kann Strafen für ihre Missachtung vorsehen. Oft ist der Ausschluss aus dem Verband aber die einzige Strafe. Unternehmen, die bewusst dem Verband nicht angehören, sind durch solche Standesregeln nicht erfassbar.

3. Bei Banken und Effektenhändlern

Eine *Sonderstellung* geniessen die Standesregeln der Banken und ↑Effektenhändler.

– Bei den Banken werden sie zwar durch die Schweizerische ↑Bankiervereinigung (SBVg) erlassen, aber nicht von ihr, sondern von der Eidgenössischen ↑Bankenkommission (EBK) als staatlicher Aufsichtsbehörde durchgesetzt (EBK-Rundschreiben 96/3 «Revisionsbericht: Form und Inhalt», Ziff. 24 und Anh. 1). Denn die EBK betrachtet die Einhaltung der Standesregeln als ein Erfordernis der «Gewähr für eine einwandfreie Geschäftstätigkeit» (BankG 3 II c). Daher muss die bankengesetzliche Revision jährlich darüber berichten. Kraft dieser hoheitlichen Durchsetzung gelten die an sich «privaten» Standesregeln auch für Banken, die der SBVg nicht angehören. Sie haben faktisch den Geltungsrang einer vom Bundesrat erlassenen Verordnung. Aus diesem Grund kann die SBVg keine Standesregeln erlassen, ändern oder aufheben, ohne vorher das Einverständnis der EBK zu erlangen. Wichtige Beispiele sind die Richtlinien über Vermögensverwaltungsaufträge (2000), die

Richtlinien über die Behandlung nachrichtenloser ↑Konten, ↑Depots und Schrankfächer (2000) (↑nachrichtenlose Vermögenswerte), die ↑Vereinbarung über die Standesregeln zur Sorgfaltspflicht der Banken (1998) und die Vereinbarung über den Einlegerschutz (1993).
– Bei den Effektenhändlern werden die Standesregeln ebenfalls durch die SBVg erlassen und von der EBK kraft ihrer Aufsicht durchgesetzt. Rechtsgrundlage ist hier BEHG 11. Hauptbeispiel sind die ↑Verhaltensregeln für Effektenhändler (1997).

Zuständig für den Erlass, die Änderung und die Aufhebung von Standesregeln der SBVg ist deren Verwaltungsrat. Er bedient sich der Form von Verträgen oder von Richtlinien.

Von den Standesregeln zu unterscheiden sind die blossen *Empfehlungen*. Ihre Befolgung ist freiwillig. Deshalb setzt die EBK sie nicht aufsichtsrechtlich durch und äussert sich auch nicht zu ihrem Inhalt.

4. Bei den Börsen
Für die ↑Börsen sieht das Gesetz ebenfalls eine Form der Selbstregulierung vor: «Die Börse gewährleistet eine eigene, ihrer Tätigkeit angemessene *Betriebs-, Verwaltungs- und Überwachungsorganisation*. Sie unterbreitet ihre Reglemente und deren Änderungen der Aufsichtsbehörde zur Genehmigung» (BEHG 4 I–II).

Christoph Winzeler

Lit.: Nobel, P.: Selbstregulierung, in: Freiheit und Ordnung im Kapitalmarktrecht, FG Jean-Paul Chapuis, Zürich 1998. – Winzeler, Ch.: Banken- und Börsenaufsicht, Basel, Genf und München 2000.

Selbstverwahrung
↑Heimverwahrung.

Selective disclosure
↑Ad-hoc-Publizität.

Self fulfilling prophecy
↑Börsenpsychologie.

Self liquidating credit
Englische Bezeichnung für «sich selbst liquidierend». Gemeint sind damit Kredite, die sich selber liquidieren. Beispiele: Der Saisonkredit und der Wechseldiskontkredit (heute selten), bei denen sich der eingeräumte Kredit (selbst) aus dem Erlös der verkauften Waren tilgt. ↑Betriebskredit.

Sell/buy-back
Spotverkauf (↑Spot) von ↑Effekten mit der gleichzeitigen Verpflichtung zum Rückkauf von ↑Titeln gleicher Art und Menge zu einem vorher ausgehandelten Preis an einem Forwardvalutatag (↑Forward).

Selling climax
Höhepunkt der Verkaufswelle in der Endphase einer Baisse-Periode.

Selling group
Am ↑Eurokapitalmarkt werden Banken und Effektenhändler, die nicht Mitglieder der ↑Management group oder der Underwriting group zu sein brauchen, zur Teilnahme in der Selling group eingeladen. Sie tragen kein Platzierungsrisiko, erhalten aber für ihre Platzierungsanstrengungen eine Kommission.

Sell-off
Sell-off ist eine Art der ↑Desinvestition. Man versteht darunter die Veräusserung von Unternehmungsteilen, z.B. einem Vermögenskomplex, ohne rechtliche Selbstständigkeit oder einer Tochtergesellschaft an aussen stehende Dritte, insbesondere an Konkurrenzunternehmungen.

Sell-out
Englische Bezeichnung für «ausverkaufen, alles verkaufen». Der Begriff Sell-out wird für panikartige Effektenverkäufe an der Börse mit dem Ergebnis starker Kursstürze verwendet. ↑Börsenkrach.

Sell-side due dilligence
↑Due dilligence.

Sell side research
↑Finanzanalyse; ↑Primär-Research; ↑Sales-side-Analyst.

Senior debt
Bei Senior debt handelt es sich um Schuldverpflichtungen im Rahmen von konventionellen ↑Bankkrediten.

Sensal
Alte schweizerische Bezeichnung für ↑Makler, Vermittler an der ↑Börse.

Sensitivität
↑Beta-Faktor.

Sensitivitätskennzahlen
Sensitivitätskennzahlen dienen der Quantifizierung der Kurssensitivität von ↑Finanzinstrumenten. Der Delta-Faktor zeigt z.B. an, um wie viel sich der Preis einer ↑Option bei einem Kursanstieg des ↑Basiswertes um eine Einheit verändert.

Der Beta-Koeffizient gibt die Sensitivität der erwarteten Periodenrendite eines Einzelwertes in Bezug auf die Renditeänderung eines für den Gesamtmarkt repräsentativen Marktindexes wieder.

Sentiment-Indikatoren
Verfahren zur Erfassung der Erwartungen der Marktteilnehmer und damit der Marktstimmung: Mit dem Sentiment-Indikator soll festgestellt werden, ob der Markt kurzfristig überkauft oder überverkauft ist und eine ↑*technische Korrektur* bevorstehen könnte. Zur Beurteilung der Marktstimmung wird auch die *Put call ratio* oder der Investitionsgrad der ↑Anlagefonds verwendet.

S. E. & O.
Die handelsübliche Abkürzung für «salvo errore e omissione». Auf Deutsch: Irrtum und Auslassung vorbehalten. ↑Irrtum vorbehalten.

Separatkonto, Sonderkonto
Ein Konto, das von der Bank neben dem gewöhnlichen Konto (Conto ordinario) des Kunden geführt wird. Gründe für ein Separatkonto können sein: bestimmte Buchungen sollen auf dem gewöhnlichen Konto nicht in Erscheinung treten; über das Separatkonto sollen noch andere Personen verfügen können als über das gewöhnliche Konto.

Service leasing
↑Brutto-Leasing.

Servitut
↑Dienstbarkeit.

SET
Abk. f. ↑Secure electronic transaction (SET).

Settlement
Unter Settlement versteht man die Abwicklung und Erfüllung von Geschäftstransaktionen. Ausgangspunkt für einen Settlement-Prozess ist eine Handelstransaktion zwischen zwei oder mehreren Parteien. Die im ↑Bankgeschäft gängigsten Geschäftstransaktionen sind der Handel mit Devisen (↑Devisengeschäfte), Geldmarktgeschäfte, der Kauf und Verkauf von ↑Wertschriften sowie von derivativen-Produkten (↑Derivate). Im Zentrum des Settlement-Prozesses steht die ↑Lieferung gegen Zahlung (LGZ), also ↑Währung gegen Währung im Falle einer Devisentransaktion oder Lieferung von Wertschriften gegen Bezahlung im Falle einer Wertschriftentransaktion. Das Settlement einer Finanztransaktion setzt demnach zwei Mechanismen voraus, ein Liefersystem für die gehandelten Produkte und ein ↑Zahlungssystem.
Mit dem Settlement sind zwei Arten von ↑Risiken verbunden, ↑Marktrisiken und Erfüllungsrisiken. Marktrisiken können inhärente Risiken einer Geschäftstransaktion sein, z. B. im Falle von ↑Termingeschäften. Diese Art von Marktrisiken sind nicht dem Settlement zuzuordnen. Da aber auch in ↑Transaktionen, welche nicht auf Termin abgeschlossen werden, in vielen Fällen aus technischen Gründen zwischen dem Abschluss der Transaktion und ihrer Ausführung eine bestimmte Zeit verstreicht – je nach Komplexität können dies mehrere Tage sein – entsteht ein Marktrisiko dadurch, dass im Falle eines Ausbleibens der Lieferung der Käufer im Markt einen alternativen Lieferanten finden muss. Je mehr Zeit zwischen Transaktionsabschluss und Ausführung verstreicht, desto grösser wird das Risiko, dass die Marktkonditionen sich verändern und der Käufer unter Umständen keinen Ersatz zu denselben Konditionen finden kann. Umgekehrt gilt Gleiches für den Fall, dass der Käufer nicht bezahlt. Der Verkäufer muss im Markt einen anderen Käufer finden mit dem Risiko, nicht mehr denselben Preis zu erzielen. Um diese Risiken so gering wie möglich zu halten, besteht ein Interesse an einer raschen Abwicklung der Transaktionen.
Dieses *Marktrisiko* ist in seinen finanziellen Auswirkungen unter funktionierenden Marktbedingungen ungleich geringer als das Erfüllungsrisiko. Letzteres entsteht, wenn Lieferung und Zahlung nicht zeitgleich erfolgen. Falls eine Partei Lieferung oder Zahlung verbindlich und unwiderruflich ausgeführt hat und die Gegenpartei nach diesem Zeitpunkt ihre Verpflichtung nicht erfüllen kann, verliert erstere den vollen Wert der Transaktion. Von besonderer Tragweite ist dieses Risiko im Devisenhandel, dort bekannt unter Herstatt-Risiko, benannt nach dem deutschen Bankhaus Herstatt, welches Anfang der 70er-Jahre in Konkurs ging und damit bei seinen Handelspartnern grosse Verluste durch nicht erfüllte Devisenkontrakte auslöste. Wegen des enormen Wachstums des weltweiten Devisenhandels in den letzten zwanzig Jahren – das tägliche internationale Zahlungsvolumen als Folge dieser Transaktionen beträgt mehrere Billionen Dollar – ist dieses Risiko zu einer Gefahr für das gesamte internationale Finanzsystem geworden. Der Ausfall eines grossen Marktteilnehmers könnte aufgrund der sehr hohen involvierten Beträge eine Kettenreaktion auslösen, welche zum Zusammenbruch des internationalen Finanzsystems führen könnte. Die ↑Zentralbanken befassen sich seit längerem mit diesem Problem und es sind auch internationale Projekte der Finanzindustrie zu seiner Lösung in Arbeit.
Die Ursache für das *Erfüllungsrisiko* liegt im Fehlen eines Systems, welches die zeitgleiche Zug-um-Zug-Abwicklung der mit einer Devisentransaktion verbundenen Zahlung erlauben würde. Da im heutigen Umfeld die Zahlung der involvierten Währungen in den jeweiligen lokalen bzw. nationalen Zahlungssystemen unabhängig voneinander ausgeführt werden, ist es schon wegen den Zeitverschiebungen der Zahlungssysteme in den verschiedenen Zeitzonen unvermeidlich, dass Erfüllungsrisiken entstehen. Nur ein System, welches die simultane Ausführung von Zahlungen in allen betroffenen Währungen sicherstellt, kann dieses

Risiko eliminieren. Ein derartiges System als gemeinsame Anstrengung von über 60 internationalen Banken ist mit CLS (↑Continuous linked settlement) in Aufbau begriffen und steht kurz vor seiner Einführung (Sommer 2002).

Ähnliche Probleme, teilweise noch komplexerer Art, stellen sich auch für das Settlement von Wertschriftentransaktionen. Insbesondere der Lieferprozess ist im heutigen Umfeld äusserst fragmentiert und vermag mit der Globalisierung des Geschäftes nicht Schritt zu halten.

Die heutigen Settlement-Infrastrukturen sind nicht nur ineffizient und verursachen hohe ↑Transaktionskosten – für einzelne nationale Märkte gibt es dazu auch Ausnahmen -, sie genügen in den meisten Fällen auch nicht den Anforderungen, die an ein sicheres Settlement gestellt werden müssen. Es sind dies in den gängigen englischen Bezeichnungen:
– *Delivery versus payment* (↑Lieferung gegen Zahlung, Zug um Zug)
– *Finality* (Unwiderruflichkeit der Liefer- und der Zahlungstransaktionen)
– ↑*Realtime gross settlement systems* (RTGS)

Delivery versus payment stellt sicher, dass Lieferung und Zahlung gleichzeitig und in gegenseitiger Abhängigkeit erfolgen. Dies verhindert die einseitige Erfüllung eines ↑Kontraktes und eliminiert damit das Erfüllungsrisiko, was allerdings voraussetzt, dass die Ausführung sowohl der Liefer- als auch der Zahlungstransaktion endgültig und unwiderruflich ist. Dies ist ein juristisches Problem und wirft insbesondere bei internationalen Transaktionen enorme Probleme auf, da die Rechtsumgebungen aller an einer Settlement-Transaktion Beteiligten zu berücksichtigen sind. Schliesslich sollte das Settlement realtime, Transaktion um Transaktion und in Bezug auf die Zahlungen in Zentralbankgeld erfolgen. Letzteres ist eine Forderung der Zentralbanken an einen sicheren ↑Zahlungsverkehr zwischen Banken.

Diese Forderungen werden für Transaktionen, die nationale Märkte und/oder Währungen überschreiten, gar nicht oder nur ungenügend erfüllt. Diese Feststellung gilt auch für viele nationale Märkte, wenngleich sich hier die Situation differenzierter darstellt, je nach Qualität eines ↑Finanzplatzes. Für das Settlement des Devisenhandels zeichnet sich eine umfassende internationale Lösung ab, welche den genannten Prinzipien genügt (Continuous linked settlement). Auf dem Gebiete des Wertschriftengeschäftes ist der Strukturwandel noch in vollem Gange. In einzelnen lokalen Märkten gibt es bereits sichere Infrastrukturen in obigem Sinne (für die Schweiz: ↑SIS SegaIntersettle AG; ↑Swiss value chain). Generell muss aber festgehalten werden, dass im Settlement noch immer bedeutende Risiken und Kosten für eine globalisierte Finanzindustrie stecken.

↑Clearing and settlement. *Hubert Huschke*

Settlement-Limite

Die Settlement-Limite dient dazu, das ↑Gegenparteirisiko während des ↑Settlements zu reduzieren. Deshalb wird für jede Gegenpartei eine ↑Limite festgelegt, die verhindern soll, dass mit dem Ausfall eines Vertragspartners keine substanzielle Gefährdung für die Gegenpartei entstehen kann. Durch diese Form der Kontingentierung kann das ↑Settlement risk erheblich vermindert werden.

Settlement-Preis

Als Settlement-Preis bezeichnet man jenen Preis, der zur Abrechnung von Futures-Positionen verwendet wird. Hierzu gehört der tägliche Gewinn- und Verlustausweis, ↑Margin calls sowie die Einforderung des Abrechnungspreises bei physischer Lieferung.

Settlement risk

Als Settlement risk bezeichnet man das ↑Risiko, dass bei der Abwicklung einer ↑Transaktion eine Gegenpartei zahlungsunfähig wird und ihren Verpflichtungen nicht nachkommen kann, obschon der Vertragspartner bereits die vereinbarte Leistung erbracht hat.

Settlement T+3

↑Emissionsgeschäft.

SFA

Abk. f. ↑Swiss Funds Association (SFA).

SFIDVP

Abk. f. ↑Simultaneous final irrevocable delivery versus payment (SFIDVP).

SFS-Group

↑SIS Swiss Financial Services Group AG

SGH

Abk. f. Schweizerische Gesellschaft für Hotelkredit. ↑Tourismusfinanzierung; ↑Bürgschaftsgenossenschaften.

Share deal

Beim Share deal erfolgt der Kauf eines Unternehmens durch die Übertragung des Rechtsträgers durch den Erwerb von Anteilen bzw. Beteiligungen. Dabei stellt die gesellschaftsrechtliche Beteiligung den rechtlichen Kaufgegenstand dar und die Identität des übernommenen Unternehmens bleibt bestehen. Die Bilanzierung des Kapitalanteilerwerbs wird im Anlagevermögen unter dem Gliederungsposten Beteiligungen (Finanzanlagen) vorgenommen. Dabei wird ein über dem ↑Buchwert liegender Kaufpreis zum Wert der Beteiligung hinzugerechnet und darf nicht entsprechend der Vorgehensweise beim ↑Asset deal als Goodwill aktiviert werden.

Shareholder

Unter Shareholder versteht man den ↑Anteilseigner (Aktionär) einer Gesellschaft. Dieser ist am Unternehmen – ohne zusätzliche private Risikoübernahme im Sinne der Limited liability – beteiligt; dem ↑Risiko ausgesetzt ist ausschliesslich sein Aktienanteil. Der Shareholder besitzt einen Residualanspruch: das nach Erfüllung aller festen Verpflichtungen (Arbeitnehmer, Lieferanten, Zinsen, Steuern usw.) verbleibende Residuum steht dem Aktionär zu. Wie der Werttransfer an ihn erfolgt, wird durch die Dividenden- und Eigenkapitalpolitik bestimmt.

Shareholder value

Unter Shareholder value wird der für die ↑Anteilseigner (Aktionäre) durch eine Gesellschaft generierte finanzielle Wert verstanden. Als Bestandesgrösse widerspiegelt der Wert des ↑Eigenkapitals den Shareholder value in einem bestimmten Zeitpunkt. Ersterer leitet sich analytisch aus dem so genannten ↑Enterprise value, dem Bruttowert einer Gesellschaft, und dem davon zu subtrahierenden ↑Fremdkapital ab. Die Wertmessung erfolgt dabei zu theoretischen oder beobachtbaren ↑Marktwerten, d.h. zum DCF-Wert (↑Discounted-cashflow-Methode [DCM]) oder zum Marktwert im engeren Sinne. Der theoretische, fundamental ermittelte Wert ist eine reine Wertgrösse; der beobachtbare Marktwert leitet sich aus der Preisnotierung der ↑Aktie ab. Bei direkter Ermittlung des Werts des Eigenkapitals ergibt sich dieser aus der ↑Börsenkapitalisierung. Als Wertveränderungsgrösse eines Geschäftsjahres besteht der generierte Shareholder value aus dem in dieser Zeitspanne erzielten Mehrwert des Eigenkapitals. Dazu kommen zwischenzeitlich ausgeschüttete ↑Dividenden und andere vom Aktionär erzielte Einnahmen, z.B. aus Bezugsrechtserlösen oder einer Herabsetzung des Aktien-Nennwertes. Aus Aktionärssicht sind dabei die Einkommens- bzw. Gewinnsteuern der Anteilseigner wesentlich, die für verschiedene Werteelemente, beispielsweise Wertsteigerung auf den Aktien (so genannter Kapitalgewinn) oder Dividendeneinnahmen, verschieden sein können.

Mit dem Shareholder-value-Begriff eng verbunden ist das *Shareholder-value-Konzept* und das darin geforderte Shareholder-value-Streben. Danach stellt die Generierung von Aktionärsmehrwert die oberste finanzielle Zielsetzung einer ↑Kapitalgesellschaft dar. In einer etwas erweiterten Perspektive geht es dabei um die Steigerung des Unternehmenswertes. Betrachtet man diesen zunächst als Enterprise value, d.h. als Brutto-Unternehmenswert, so leitet sich daraus die an Investitionsprojekte zu stellende finanzielle Anforderung ab. Investitionsprojekte generieren nur dann Mehrwert, wenn ihr Net present value (NPV) (Nettokapitalwert) positiv ausfällt. Anders formuliert müssen Investitionen eine ↑Rendite als Internal rate of return (IRR) bzw. als Return on invested capital (ROIC) erbringen, die über dem durchschnittlichen Kapitalkostensatz (↑WACC, d.h. Weighted average cost of capital) liegt. Diese Anforderung stellt in neueren Wertmanagement-Ansätzen eine zentrale Zielorientierung dar, z.B. im so genannten EVA-(↑Economic value added-) oder Economicprofit-Konzept.

Während die Ausrichtung auf den Shareholder value in den USA ein seit vielen Jahren breit akzeptiertes Postulat darstellt, wurde diesem in Kontinentaleuropa erst im Verlauf der 90er-Jahre vermehrte Beachtung geschenkt. Begleitet war dies von einer mehrjährigen kritischen Diskussion, in welcher dem Shareholder value der so genannte Stakeholder value gegenübergestellt wurde. Letzterer fordert eine explizite Berücksichtigung der Interessen anderer Anspruchsgruppen (Arbeitnehmer, Lieferanten, Kunden, Staat, Öffentlichkeit usw.) im Rahmen der unternehmerischen Zielbildung. Gemäss der Harmoniethese wird das Management bei konsequenter Shareholder-value-Ausrichtung den Interessen aller Stakeholder-Gruppen optimal gerecht. Dem steht die Antinomiethese gegenüber, welche die erwähnte Forderung des Stakeholder-Ansatzes begründet. In der Praxis erscheint die Harmoniethese langfristig gesehen plausibel. Auf kurze Sicht wird es aber insbesondere in schwierigen Zeiten immer wieder zu Zielkonflikten kommen, welche dem Management entsprechende Interessenabwägungen abfordern. Im Zusammenhang mit den Anliegen der Nachhaltigkeit (Sustainability) spricht man heute auch vom nachhaltigen Shareholder value. Ausdruck dafür ist die so genannte Triple bottom line, die Ergänzung der Unternehmensführung, dabei auch der finanziellen Berichterstattung, durch ein soziales und umweltbezogenes Wertverständnis. Damit werden neue Forderungen an das ethische Verhalten von Unternehmen gestellt.

Der Begriff des Shareholder value beinhaltet zwei zu unterscheidende Elemente. Es ist dies einerseits die *finanzielle Wertorientierung,* wobei die Wertbildung auf den aus einem Objekt in Zukunft zu erwartenden ↑Free cashflows (saldierte Finanzrückflüsse) basiert. Dazu kommt die zur Barwertbildung der Free cashflows notwendige Diskontierungsrate – in der Praxis zumeist der durchschnittliche Kapitalkostensatz (WACC). Das Wertsteigerungsziel ist der Verwendung von Gewinn- und Renditezielen überlegen. Es werden das ↑Risiko, der ↑Zeitwert des Geldes, die gesamten Kapitalkosten und eine langfristige Einschätzung berücksichtigt. Dies fördert eine gesamtwirtschaftlich optimale Allokation des Investitionskapitals und kommt somit der Wohlfahrt einer Volkswirtschaft zugute. Andererseits beinhaltet der Shareholder-value-Begriff die Interessenlage der Aktionäre, für welche die Wertgenerierung zu erbringen ist. Dieses Postulat ist praktisch immer dann kritisch, wenn unternehmerische Entscheidungen nicht mit einer genügend langfristigen Orientierung getroffen werden. Marktunvollkommenheiten bilden einen weiteren Grund dafür, dass eine reine Aktionärsausrichtung problematisch werden kann. Und schliesslich muss stets unter Unsicherheit entschieden werden.

Im Zusammenhang mit dem Shareholder value sind die Wertgenerierung im Unternehmen einerseits und die *Werttransformation* an die Aktionäre andererseits zu unterscheiden. Die Wertgenerierung basiert auf den zuvor beschriebenen Gesetzmässigkeiten. Bei ↑Publikumsgesellschaften muss sich nun die firmeninterne Wertgenerierung in einer entsprechenden Aktienkursentwicklung niederschlagen. Dabei spielt die Finanzpublizität, d. h. die Informationsvermittlung des Unternehmens an die Umwelt, eine zentrale Rolle. Im Idealfall deckt sich der börsenkapitalisierte Wert des Eigenkapitals einer Gesellschaft mit ihrem «internen» Wert. Allerdings lässt sich letzterer analytisch nie zweifelsfrei «objektiv» bestimmen, es bleibt stets die subjektive Sicht des (oder der) Bewertenden wirksam. Im Zusammenhang mit einer nur unzureichend im Aktienkurs widerspiegelten Wertgenerierung spricht man auch von einem so genannten *Value gap*. Ziel des Managements muss es daher sein, mittels einer geeigneten Finanzpublizität auf die Kursbildung einzuwirken. Eine neuere Forderung besteht in diesem Bereich darin, die externe Rechnungslegung auf ein eigentliches ↑Value reporting auszuweiten. Dieses hat ein weit über die herkömmlichen Finanzdaten hinausgehendes Bild der wertrelevanten Sachverhalte (Strategie, Produkte und Märkte, Zukunftsaussichten usw.) zu vermitteln.

Besondere Fragen für den Shareholder value wirft die Gestaltung moderner Management-Kompensations-Systeme, insbesondere die Bemessung und Strukturierung der variablen Gehaltsanteile, auf. Besonders ausgeprägt ist dies im Zusammenhang mit der Abgabe von Kaderoptionen (so genannte SOPs, d. h. ↑Stock-option-Pläne), aber auch mit der Implementierung von Kaderbeteiligungen der Fall. Der zunächst im Unternehmen generierte Wert teilt sich dann – vor Entrichtung der variablen Gehaltsanteile, insbesondere von Kaderoptionen – auf die beiden Interessengruppen Management und Shareholders auf. Der letztlich im Unternehmen verbleibende oder teilweise an die Aktionäre ausbezahlte Mehrwert ist um die Anteile des Managements geringer als der insgesamt generierte. Werden Kaderoptionen in der Rechnungslegung nicht als Aufwand erfasst, vermittelt der ausgewiesene Gewinn in jedem Fall eine überhöhte Vorstellung der Shareholder-value-Generierung eines Geschäftsjahres. Ein sinnvolles Shareholder-value-Management, verbunden mit einem zweckmässigen Value reporting und einer wirksamen ↑Corporate governance, ruft hier nach neuen Modalitäten in der finanziellen Rechnungslegung. Darüber hinaus ist die Auffassung des Gewinnbegriffs ganz grundsätzlich zur Diskussion gestellt.

Rudolf Volkart

Shares
Anteile am ↑Aktienkapital (↑Aktien).

Sharpe-Mass
Kennzahl zur risikoadjustierten Performancemessung eines ↑Portfolios; dafür wird die ↑Überrendite ins Verhältnis zur Standardabweichung der erwirtschafteten Portfoliorendite gesetzt. Die ↑Performance des Portfolios ist umso besser, je höher das Sharpe-Mass ausfällt.

Short
Abgekürzte Bezeichnung für ↑Short position. Short wird häufig in Wortkombinationen verwendet wie: short gehen, ↑Going short, ↑Short selling usw.

Short calls
Basisstrategie im ↑Optionenhandel, die in Erwartung stagnierender oder fallender Märkte zur Anwendung kommt. Der Short call wird durch den Leerverkauf einer Call option realisiert. Der Verkäufer der Call option verpflichtet sich, das Basispapier im Ausübungszeitpunkt zum ↑Ausübungspreis zu verkaufen. Er erzielt dann einen Gewinn, wenn der Kurs des Basiswertes tiefer liegt als die Summe aus Basispreis und ↑Optionspreis. Der maximale Gewinn ist auf die ↑Optionsprämie beschränkt; das Verlustrisiko ist unbeschränkt.

Shortfall risk
Das Shortfall risk misst, basierend auf einer festgelegten ↑Mindestrendite, die auf das Ende eines Anlagezeitraumes erzielt werden soll, die Ausfallwahrscheinlichkeit einer Anlage. Je höher die Mindestrendite (Threshold return) für ein ↑Portfolio angesetzt wird, desto grösser ist auch die Ausfallwahrscheinlichkeit. In der ↑Asset allocation wird das Shortfall risk zur Portfolio-Optimierung eingesetzt. Die Langzeitstudie von Pictet von 1926 bis 1999 errechnet für den Aktienmarkt Schweiz eine jährliche ↑Durchschnittsrendite von 8,7% und eine Standardabweichung von 18,7%. Das Shortfall risk beträgt damit für Schweizer Aktien auf Jahresbasis 31,92%. Die Wahrscheinlichkeit, einen Gewinn zu erzielen, liegt demzufolge bei 68,08%.

Shortfall threshold level
Der Shortfall threshold level bezeichnet die vorgegebene ↑Mindestrendite eines ↑Portfolios für einen Anlagezeitraum. Die Wahrscheinlichkeit, den Shortfall threshold level zu unterschreiten, wird mit dem ↑Shortfall risk gemessen. Je höher

der Shortfall threshold level für ein Portfolio gesetzt wird, um so kleiner ist die Wahrscheinlichkeit, diesen zu übertreffen.

Short hedge (hedging)
Beabsichtigt jemand, zu einem späteren Zeitpunkt eine risikobehaftete Position zu kaufen oder verkaufen, so kann er sich gegen künftige Schwankungen absichern. Die Preis-, Zins- oder Wechselkursrisiken der bestehenden oder entstehenden Position werden mittels Short hedge vermindert oder ganz ausgeschaltet. Die Risikokompensation geschieht durch Eingehen eines gleichartigen, aber entgegengesetzt wirkenden ↑Risikos wie in der abzusichernden Position. Mittels Short hedge kann der Erlös schon vor dem Kauf oder Verkauf der Position festgelegt werden. Diesen Geschäften ist gemeinsam, dass Verpflichtungs- und Verfügungsgeschäft zeitlich auseinanderfallen. Sehr häufig gelangt Short hedge bei Devisentermingeschäften zur Anwendung.

Short interest ratio
Der Short interest ratio ist das Verhältnis zwischen dem monatlichen Short interest (Summe aller offenen ↑Short positions) und dem Durchschnitt des täglichen Handelsvolumens in dieser ↑Aktie bzw. dieser ↑Option während des gleichen Monats. In der Sentimenttechnik wird der Short interest ratio als ↑Indikator zur Messung der hinter einer Kursentwicklung stehenden Marktstimmung verwendet. Hohe Ratios gelten als bullish, tiefe als bearish.

Short position
Verkaufsposition in börsenmässig gehandelten Werten, die noch nicht durch den Kauf einer entgegengesetzten Position ↑glattgestellt worden ist. Ein Anleger befindet sich dann in einer Short position, wenn er im Anschluss an einen Leerverkauf (↑Short selling) sich zur Einhaltung seiner Verpflichtung erst noch ↑eindecken muss. Bei einem Optionskontrakt ist der ↑Optionsschreiber verpflichtet, die Basiswerte bei Zuteilung zu liefern (↑Call) bzw. abzunehmen (↑Put). Im ↑Devisengeschäft bezeichnet die Short position eine Fremdwährungsminusposition. Gegensatz der Short position ist die ↑Long position.

Short puts
Der Short put ist eine der vier Grundstrategien bei ↑Optionen. Die Short put position wird durch den Verkauf einer Put option erreicht. Der Put-option-Verkäufer (↑Stillhalter, Schreiber) verpflichtet sich, im Ausübungszeitpunkt das Basispapier zum ↑Ausübungspreis zu kaufen. Der maximale Gewinn aus der Short put position ist auf die Höhe der ↑Optionsprämie beschränkt. Der maximale Verlust wird durch die Höhe des Ausübungspreises beschränkt.

Short run
Englisch Bezeichnung für: Kurze Frist. In der ökonomischen Theorie werden ↑kurz- und ↑langfristige Vorgänge aufgrund der Veränderlichkeit bestimmter Input-Faktoren (z. B. Kapital) und Preise unterschieden. Für die kurzfristige Analyse können stärkere Rigiditäten angenommen werden als für die langfristige. Dies kann zu temporären Ungleichgewichten führen. ↑Overshooting

Short sein
↑Short selling.

Short selling
Unter Short selling versteht man den Verkauf von geliehenen ↑Wertpapieren. Die Rückgabe der Wertpapiere erfolgt zu einem späteren Zeitpunkt durch Erwerb von Wertpapieren gleicher Art am Markt. Der ↑Investor realisiert einen Gewinn, wenn der ↑Kurs zum Zeitpunkt des Verkaufs höher ist als zum Zeitpunkt des Rückkaufs.

Short straddle
Kombinierte Strategie im Optionshandel. Unter Short straddle versteht man den gleichzeitigen Verkauf von Call und Put options mit identischem Basispreis und identischer Fälligkeit auf einen ↑Basiswert. Diese Strategie nutzt Volatilitätserwartungen aus, wobei der Verkäufer (↑Stillhalter) von Short straddle bis zum Verfall der ↑Optionen mit einer konstanten Marktentwicklung rechnet. Das Verlustpotenzial des Verkäufers ist unbegrenzt; das Gewinnpotenzial beschränkt sich auf die Optionsprämien.

Short strangle
Unter einem Short strangle versteht man den gleichzeitigen Verkauf von gleich vielen Call options und Put options des gleichen Basispapiers mit unterschiedlichen Ausübungspreisen (jener der Call options ist höher als derjenige der Put options). ↑Risiko und Gewinnchance sind beim Short strangle kleiner als beim ↑Short straddle. ↑Basiswert des Short strangle ist oft ein Index.

Short swap
Position im ↑Swap-Geschäft. Swap-Geschäfte sind unbedingte derivative ↑Termingeschäfte, denen ein zeitlich befristeter Tausch (englische Bezeichnung swap) von Wertpapieren bzw. von deren Zinsströmen zugrunde liegt. Die häufigste Form ist der so genannte ↑Zinsswap, bei dem sich zwei Handelspartner verpflichten, Verträge mit fixer Verzinsung gegen Verträge mit variablem Zins (z. B. ↑Libor) zu tauschen. Die ↑Short position hat der Verkäufer des Swaps inne – im Falle des Zinsswaps derjenige Partner, der den Festzins empfängt und den variablen Zins an den Käufer (↑Long position) bezahlt. Im englischen Sprachraum haben sich die Begriffe Receiver für den Empfänger des Festzin-

ses und Payer für den Zahlenden etabliert. Ein Short swap wird in Erwartung fallender Zinsen eingegangen.

Short term debt rating
Beurteilung kurzfristiger Schuldtitel. Dabei wird die Wahrscheinlichkeit des Zahlungsverzuges oder Zahlungsausfalls der kurzfristigen Schuldtitel aufgrund der ↑Bonität der ↑Emittenten analysiert und bewertet. Die ↑Ratings werden von spezialisierten Rating-Agenturen wie zum Beispiel Moody´s, Standard & Poor´s, DBRS oder Fitch IBCA erstellt.

Short term note issuance facilities (SNIFs)
↑Note issuance facilities (NIFs).

SIC
↑Swiss Interbank Clearing (SIC).

SICAV
Abk. f. Société d'investissement à capital variable. ↑Anlagefonds; ↑Gesellschaftsrechtliche Anlagefonds.

Sicherheitsdepot
↑Depotgeschäft.

Sicherheitshinterlegung
↑Depotgeschäft.

Sicherungsabtretung
↑Zessionskredit.

Sicherungsgeschäft
↑Kreditsicherung; ↑Hedge accounting.

Sicherungshypothek
↑Baurecht; ↑Maximalhypothek.

Sicherungsübereignung
Übertragung des Eigentums an einer Sache, verbunden mit der obligatorischen, d. h. nur zwischen dem Veräusserer und dem Erwerber wirksamen Abrede, dass der Erwerber über die Sache nur beschränkt verfügen darf. Die Sicherungsübereignung ist also ein ↑fiduziarisches Rechtsgeschäft. Meistens hat die Sicherungsübereignung zum Zweck, Forderungen des Erwerbers gegen den Veräusserer oder gegen einen Dritten sicherzustellen. Der Erwerber darf die Sache nach der internen Abrede nur weiterveräussern, wenn er für die sichergestellte Forderung bei Fälligkeit nicht befriedigt wird. Wirtschaftlich erfüllt die Sicherungsübereignung denselben Zweck wie ein ↑Faustpfand (↑Fahrnispfandrecht). Dank seiner Eigentümerstellung kann der Erwerber die ihm als Sicherheit dienende Sache im Falle der Nichtbefriedigung ohne weiteres freihändig verwerten.

Nach schweizerischem Recht ist die Sicherungsübereignung einer beweglichen Sache gegenüber den Gläubigern des Veräusserers nur wirksam, wenn der Erwerber die Sache in Besitz nimmt. Das Faustpfandprinzip lässt sich also, anders als nach deutschem Recht, nicht dadurch umgehen, dass der Besteller der Sicherheit dem Gläubiger vertraglich das ↑Eigentum an der Sache einräumt, aber die Sache in seinem Besitz behält (Faustpfandprinzip, ZGB 717, 884). Weil nach deutschem Recht das Faustpfandprinzip durch Sicherungsübereignung umgangen werden kann, werden bewegliche Sachen in Deutschland einer Bank normalerweise nicht verpfändet, sondern sicherungshalber übereignet, wobei der Schuldner den Besitz behält. In der Schweiz hatte die Sicherungsübereignung früher in der Praxis kaum Bedeutung. Sie ist erst seit den 80er-Jahren im ↑Hypothekargeschäft – selbstverständlich unter Wahrung des Faustpfandprinzips – in der Form der Sicherungsübereignung von ↑Grundpfandtiteln an Stelle der Einräumung direkter oder indirekter Grundpfandrechte (Übergabe von Grundpfandtiteln zu Volleigentum beim sog. direkten Grundpfandgeschäft bzw. Verpfändung von Grundpfandtiteln beim sog. indirekten Grundpfandgeschäft) üblich geworden.

Christian Thalmann

Sicherungswechsel
Auch Kautionswechsel. ↑Kaution.

Sicherungszession von Buchforderungen
↑Globalzession; ↑Zessionskredit.

Sicht
Sofort, d. h. bei Vorlage des betreffenden Dokumentes oder Zahlungsauftrages beim Schuldner eintretende Fälligkeit. Der Begünstigte hat Zug um Zug Anspruch auf Zahlung. ↑Nachsichtwechsel; Sichtakkreditiv (↑Dokumenten-Akkreditiv); ↑Sichtwechsel.

Sichtakkreditiv
↑Dokumenten-Akkreditiv.

Sichteinlagen
Unter Sichteinlagen werden Guthaben von Privaten wie auch Unternehmen verstanden, über die jederzeit durch Barbezug, ↑Bancomat, ↑Check, ↑Zahlungsauftrag oder ↑Lastschriftverfahren (LSV) verfügt werden kann. Aufgrund dieser uneingeschränkten Rückzugsmöglichkeiten des Guthabens werden diese meist gar nicht oder nur mit einem niedrigen Prozentsatz verzinst.

Sichtgelder
↑Kreditoren auf Sicht; ↑Forderungen gegenüber Banken; ↑Verpflichtungen gegenüber Banken.

Sichtguthaben
↑Sichteinlagen.

Sichtwechsel
Ein Sichtwechsel ist ein ↑Wechsel, auf dem kein Kalendertag als ↑Fälligkeitstag angegeben, sondern vermerkt ist, dass er «bei Sicht» fällig und zahlbar sei. Der Sichtwechsel ist bei der Vorlegung zahlbar; er muss spätestens binnen Jahresfrist nach der Ausstellung zur Zahlung vorgelegt werden, wenn nicht im Wechsel selbst vom Aussteller eine kürzere oder längere Frist bestimmt oder von einem der Indossanten die Frist gekürzt wird (OR 1023 ff.). Ein Wechsel ohne Angabe der Verfallzeit im Text gilt als Sichtwechsel (OR 992 II). Das kommt in der Praxis selten, am ehesten noch im Zusammenhang mit ↑Akkreditiven und ↑Dokumentarinkassi, vor.

SICOVAM
Abk. f. Société Interprofessionnelle de Compensation de valeurs mobilières, die in Frankreich seit 1950 die Funktion einer Wertpapiersammelbank und ↑Effektengirostelle erfüllt. ↑Entmaterialisierung von Wertpapieren. ↑Euroclear.

SIFIDA
Abk. f. Société Internationale Financière pour les Investissements et le Développement en Afrique SA. ↑Entwicklungsbanken.

Signal
Als Signal wird eine plötzliche Kursveränderung verstanden, die einen ↑Moving average (MA), eine ↑Trendlinie, einen Trendkanal oder ↑Unterstützung und Widerstand verletzen, bzw. ↑Bomaroder ↑Bollinger-Bänder verlassen. Ein richtig interpretiertes Signal zeigt eine neue Phase an.

Sign-up fee
Im Rahmen der Vertragsverhandlungen vereinbarte Entschädigung, die bereits im Zeitpunkt der Vertragsunterzeichnung fällig wird. Die Sign-up fee ist namentlich in Mandatsverhältnissen bei ↑Mergers and acquisitions (M&A) oder bei komplexen internationalen Kapitalmarktgeschäften üblich, um die beauftragte Bank entweder für Vorbereitungsarbeiten im Hinblick auf den Abschluss des Mandates oder im Sinne eines Vorschusses zu entschädigen.

Silber als Kapitalanlage
Silber zählt zusammen mit Gold und Platin zu den wichtigsten Edelmetallen. Grundsätzlich bietet Silber dieselben Anlagemöglichkeiten wie Gold, nämlich Investitionen in Münzen, Medaillen, Schmuck und Barren. Silber wurde im Gegensatz zu Gold nie zur Abfederung von Inflationsrisiken verwendet und erreichte deshalb auch nicht dessen Bedeutung als ↑Kapitalanlage. Neben physischen Anlagen in Silber bestehen weitere Anlagemöglichkeit darin, Silber auf ein ↑Edelmetallkonto oder ↑Aktien von Silberminengesellschaften zu erwerben. Als ↑Termingeschäfte bieten sich Silber-Futures und Silber-Optionen an.

1. Herkunft
Die weltweit bedeutendsten Silberproduzenten sind Mexiko, Peru, Australien und die USA. Aber auch GUS-Staaten, China, Kanada, Chile und Polen bauen in grösserem Umfang Silber ab. Nur rund 60% des im Jahr 2000 abgebauten Silbers stammten aus eigentlichen Silberminen. Der Rest wird als Nebenprodukt bei der Kupfer-, Gold-, Blei- oder Zinkförderung gewonnen. Ein Teil des Silberangebots stammt von Verkäufen aus Silberreserven, über die beispielsweise die USA oder Mexiko aus strategischen Gründen verfügten. Das Angebot wird komplettiert durch Silber, das jährlich via Recycling wiedergewonnen wird. Im Jahr 2000 belief sich das gesamte Silberangebot auf 29 433 t.

2. Verwendung
Rund 41% des Silbers wurden im Jahr 2000 in der Elektroindustrie verwertet, 25% in der Fotoindustrie. Silber eignet sich wegen seiner Leitfähigkeit und seiner optischen Eigenschaften ausgezeichnet für verschiedene Anwendungen in diesen Industriebereichen. Für die Herstellung von Schmuck werden 31% des Silbers verwendet, wobei Indien und Südamerika die grössten Abnehmer sind. 3% des Silbers werden zu Münzen verarbeitet.

3. Preisentwicklung
Die Entwicklung des Silberpreises verlief in der Vergangenheit in der Regel parallel zum ↑Goldpreis. Die ↑Volatilität war allerdings meist höher. Die Preisentwicklung des Silbers wird von den Einsatzmöglichkeiten in der Industrie geprägt. Bis 1970 entwickelte sich der Silberpreis relativ ruhig. Zwischen 1970 und 1980 erlebte Silber wegen der grossen Nachfrage aus der Foto- und Elektroindustrie eine richtige Hausse. Die später wieder fallenden Preise können dadurch erklärt werden, dass technische Innovationen immer häufiger ein Substituieren des Silbers zulassen. Dennoch konnte das jährliche Angebotsdefizit in der zweiten Hälfte der 90er-Jahre nur dank den Verkäufen aus Lagerbeständen ausgeglichen werden. Die Lagervorräte waren Ende 2000 beinahe aufgebraucht. Falls die Nachfrage nach Silber nicht abbricht, ist deshalb mit einer Verteuerung des Edelmetalls zu rechnen.

4. Handelbarkeit
Gehandelt wird Silber als London good delivery bar. Ein solcher Barren ist zwischen 500 bis 1 250 Unzen (oder 15 bis 40 kg) schwer. Allerdings werden auch kleinere Stückelungen ab einem Minimum von 50 g gehandelt. Der Feingehalt muss min-

destens 999/1000 (99,9% reines Silber) betragen. Um die Bedingungen der London Bullion Market Association zu erfüllen, muss ein Silberbarren über ein anerkanntes Schmelzzeichen sowie eine Seriennummer verfügen. Wichtigster Handelsplatz für Silber ist London.

Hans-Dieter Vontobel

Silberfixing
↑Edelmetallhandel.

Silberhandel
↑Edelmetallhandel.

Silberwährung
Die Silberwährung ist ein Währungssystem mit ↑Metalldeckung, in der Silber alleiniges ↑Währungsmetall und die Geldeinheit durch ein bestimmtes Gewicht Silber festgesetzt ist (↑Gebundene Währung). Silbermünzen zirkulieren als gesetzliches ↑Zahlungsmittel.

Silent period
↑Quiet period.

Simultaneous final irrevocable delivery versus payment (SFIDVP)
Bei Simultaneous final irrevocable delivery versus payment handelt es sich um eine speziell für die Schweiz gültige Form von ↑Lieferung gegen Zahlung, die einen zeitgleichen Austausch von Titeln und Nationalbankengeld in einer Form gestattet, die im Gegensatz zu anderen Ländern keine Rückabwicklung mehr erlaubt. Die Abwicklung ist simultan (zeitgleich), final (Notenbankgeld im nationalen Zahlungsverkehrssystem) und unwiderruflich (es ist keine Rückabwicklung mehr möglich). In der ↑Swiss value chain wird ein Börsenabschluss elektronisch von der Börse (↑SWX Swiss Exchange oder ↑Virt-x) an die ↑SIS SegaIntersettle gesandt. Die handelnde Bank braucht keine weiteren Instruktionen zu senden. Am Abwicklungstag blockiert die SIS die zu liefernden Titel und sendet eine Zahlungsinstruktion an ↑Swiss Interbank Clearing (SIC). Nach der Überprüfung des Saldos und dem Übertrag des Geldes an den Verkäufer instruiert SIC die SIS, die blockierten Titel an den Käufer zu übertragen. Dieser Meldungsaustausch findet «realtime» (↑Realtime settlement) innert Sekundenbruchteilen statt.

Singapore international monetary exchange (SIMEX)
↑Financial futures.

Singapore Stock Exchange
Links: www.sgx.com

Sinking fund
↑Tilgungsplan.

Sinking fund bonds
In den USA Anleihen, deren ↑Rückzahlung über einen vom Schuldner bei einem Treuhänder durch regelmässige Einzahlungen errichteten ↑Tilgungsfonds erfolgt. Der Treuhänder kann die Fondsmittel auch für Rückkäufe auf dem Markt einsetzen.

SISI Sentiment-Index
Der Swiss investors sentiment index (SISI) ist ein Stimmungsindikator. Er zeigt, welche Erwartungen die ↑Investoren über die mutmassliche Entwicklung der Schweizer Börse ↑SWX Swiss Exchange an den folgenden fünf Handelstagen haben. Mithilfe dieses Indizes lässt sich frühzeitig ein allfälliger Meinungsumschwung erkennen. Aus drei verschiedenen Entwicklungsmöglichkeiten können die Teilnehmer diejenige auswählen, die ihren Erwartungen entspricht:
– *SISI Sentiment bullish:* Investoren, die auf diese Variante setzen, rechnen für die nächsten fünf Handelstage mit einer Kurssteigerung des SMI von mehr als 2%
– *SISI Sentiment bearish:* Diese Investoren erwarten einen Kursrückgang des SMI von mehr als 2%
– *SISI Sentiment neutral:* In der Optik dieser Investoren bewegt sich der SMI innerhalb der Bandbreiten von +2% und -2% und bleibt damit stabil.

Die prognostizierten Werte der drei Ausprägungen des Stimmungsindikators werden vor jedem Handelstag auf dem ↑Internet veröffentlicht, wo die Investoren auch ihre Erwartungen für die nächsten fünf Handelstage online äussern können. Eine mehrmalige Meinungsabgabe und somit eine Verfälschung des Indizes ist nicht möglich, da sich die Teilnehmer über ihre E-Mail-Adresse identifizieren müssen.

Hans-Dieter Vontobel

Links: http://sisi.invest.ch

SIS Namenaktien-Modell
Im Bestreben, den Handel mit ↑Namenaktien und die Abwicklung der sich daraus ergebenden Transaktionen (↑Clearing and settlement) sowohl für die beteiligten Banken wie auch für die Gesellschaften zu beschleunigen und zu rationalisieren, wurde das SIS Namenaktien-Modell (vorm. SEGA Namenaktien-Modell) bereits 1988 eingeführt. Die erste Gesellschaft, die ihre Namenaktien ins SIS-System eingebracht hat, war der Schweizerische Bankverein (heute UBS AG). Heute sind alle an der ↑SWX Swiss Exchange kotierten Namenaktien dem SIS Namenaktien-Modell obligatorisch angeschlossen.

Das SIS Namenaktien-Modell beruht auf dem Prinzip des Einwegaktien-Zertifikates (↑Einweg-Titel) mit aufgeschobenem oder auch aufgehobenem Titeldruck (↑Sammelverwaltung), d.h., dass eine Gesellschaft ihre Titel nicht mehr in jedem Falle drucken und ausliefern muss. Durch die elektronische Verbindung zwischen den Banken und der SIS sowie die vollständige Integration der Aktienregister in das SIS Namenaktien-Modell lassen sich Namenaktien innert Sekunden sicher abwickeln und umregistrieren.

Die SIS führt die Bestände an Namenaktien in Form von Sammelkonti pro Bank und Valor, wobei zwischen Sammelkonti «Eingetragener Bestand» und «Disponibler Bestand» unterschieden wird. Die Sammelkonti «Eingetragener Bestand» weisen pro Bank und Valor den SIS-Bestand sämtlicher bei der betreffenden Bank individuell verbuchten Namenaktien aus, für die der Aktienregistereintrag – sei dies auf die Bank selbst oder auf deren Kunden – vollzogen ist. Die Verbuchung bei der SIS erfolgt rein mengenmässig. Die SIS erhält keine Kenntnis von den Namen der einzelnen Aktionäre. Die Sammelkonti «Disponibler Bestand» geben pro Bank und Valor den Bestand aller von den Aktionären veräusserten oder umzuschreibenden und noch nicht auf einen Neuerwerber eingetragenen Namenaktien wieder. Die Belieferung von Börsengeschäften kann nur über die Sammelkonti «Disponibler Bestand» erfolgen.

Mit der Funktion «AREG-Data» können Aktionärsdaten zwischen den Banken, der SIS und den Aktienregistern elektronisch übermittelt werden (verschlüsselt), sofern eine Eintragungsermächtigung vorliegt. Es ist vorgesehen, das schweizerische Namenaktien-Modell crossborderfähig zu gestalten. *Heinz Haeberli*

SIS Nominee-Modell
1978 hat die SEGA (heute ↑SIS SegaIntersettle AG) die Nominee-Funktion übernommen: auf ihren Namen können treuhänderisch Wertpapiere aller Art eingetragen werden. Die SIS kann Depotzertifikate ausgeben. Sie übt die Nominee-Funktion in folgenden Geschäftsbereichen aus: Ausgabe von Depotzertifikaten für japanische Namenstammaktien, Führung eines Sonderdepots für dematerialisierte ausländische ↑Namenaktien sowie als Resttätigkeit infolge der Absorption der SNOC Swiss Nominee Company im Jahr 2001 die Nominee-Funktion gegenüber amerikanischen und kanadischen Gesellschaften für Aktien, die noch physisch zirkulieren und noch nicht zur Redeponierung eingereicht worden sind. Weiterhin können in Absprache mit den Gesellschaften schweizerische Namenaktien mit aufgeschobenem Titeldruck, die nicht auf die eigentlichen Aktionäre eingetragen werden konnten, im Bestand «Nominee SIS» geführt werden. Diese Aktien sind dann fiduziarisch auf die SIS als Aktionärin ohne Stimmrecht eingetragen. *Heinz Haeberli*

SIS SegaIntersettle AG
Die SIS SegaIntersettle AG (SIS) ist ein Schweizer Unternehmen mit Bankenstatus der Finanzplatzholding ↑SIS Swiss Financial Services Group AG. Die SIS ging im Mai 1999 aus der Fusion der SEGA (SEGA Schweizerische Effekten-Giro AG) und der INTERSETTLE (Swiss Corporation for International Securities Settlements) hervor. Hauptsitz der SIS ist Olten. Mit ihren Dienstleistungen will die SIS eine weit gehende Entlastung ihrer Teilnehmer auf dem Gebiet der Verwahrung und Verwaltung von ↑Wertpapieren und der Abwicklung des Wertpapiergeschäfts erreichen. Sie unterstützt die SIS Holding in allen Initiativen, die ein ↑Straight through processing und eine Reduktion der Banken-back-office-Kosten anstreben.

Die Gesellschaft bezweckt die Abwicklung (↑Clearing and settlement) von Transaktionen in ↑*Effekten* (Wertpapiere, ↑Wertrechte und ↑Derivate) sowie die Ausführung von Verwaltungs- und Verwahrfunktionen. Das Schwergewicht der Geschäftstätigkeit liegt in folgenden Kernbereichen:

– Die nationale und grenzüberschreitende Abwicklung von Effektentransaktionen (Clearing and settlement), d. h. die Übertragung von Effekten und Buchgeld zwischen den Parteien einer Effektentransaktion
– Das Führen von Effektendepots und die Vornahme von Ein- und Ausbuchungen in Effektendepots
– Die Verwahrung von in- und ausländischen Effekten und Wertgegenständen
– Die Verwaltung (↑Corporate actions, Entitlements) von in- und ausländischen Effekten und Wertgegenständen
– Das ↑Securities lending and borrowing (Wertschriftenleihe) zur Unterstützung der Transaktionsabwicklung
– Das ↑Repo-Geschäft unter Einschluss von ↑Repurchase agreements und Reverse repurchase agreements.

Die SIS betreibt die primäre Depotstelle für alle in der Schweiz gehandelten Werte und Wertrechte. Wertschriften sind in ihrem Zentraltresor in Einzelverwahrung oder ↑Sammelverwahrung immobilisiert. Sie fördert die Entmaterialisierung (↑Entmaterialisierung von Wertpapieren) der schweizerischen Wertpapiere (↑Globalurkunde, ↑SIS Namenaktien-Modell, ↑Kassenobligation). Die SIS ist ein wichtiges Glied der Wertschöpfungskette des Finanzplatzes Schweiz (↑Swiss value chain). Das Schweizer Handels- und Abwicklungssystem für Wertschriftentransaktionen vereint alle Etappen der Wertschriftentransaktion: Handel, ↑Clearing und ↑Settlement sowohl geld- als auch titelseitig. An erster Stelle der Wertschöpfungskette steht der Handel an der ↑SWX Swiss Exchange. Ein Abschluss an der Börse wird automatisch an das von der SIS entwickelte SECOM-System weitergeleitet. Am Fälligkeitstag wird via SIC-System der ↑Swiss Interbank Clearing (SIC) das Konto des Käufers bei der Schweizerischen ↑Nationalbank belastet. Im Gegenzug werden die

Effekten vom SIS-Depot (Sammelverwahrung) des Verkäufers auf jenes des Käufers übertragen. Geld- und Titeltransaktionen laufen dabei simultan ab (↑Lieferung gegen Zahlung [LGZ]). Dieses Verfahren – ↑Simultaneous final and irrevocable delivery versus payment; kurz SFIDVP – wird in Echtzeit (↑Realtime settlement) durchgeführt. Die Verbuchung der Aufträge erfolgt transaktionsweise (RTGS: ↑Realtime gross settlement system). Für den internationalen Bereich des Wertschriftengeschäftes unterhält die SIS ein Depotstellennetz mit erstklassigen ↑Custodians oder ausländischen ↑Central securities depository (CSD) und ↑International central securities depository (ICSD). Kunden können zurzeit über die SIS Wertschriftengeschäfte in 40 Märkten abwickeln lassen. Diese grenzüberschreitenden Wertschriftentransaktionen werden via Depotstelle im entsprechenden Land abgewickelt. Die SIS übernimmt für die bei ihr deponierten nationalen und internationalen Titel sämtliche Verwaltungstätigkeiten, die im Laufe eines Wertpapierlebens anfallen. Dazu zählen Entitlements, Corporate actions sowie zusätzliche Dienstleistungen wie Market claims, Proxy voting und Tax reclaims. Durch die Auslagerung von Custody-Dienstleistungen an die SIS benötigen die Kunden kein eigenes Depotstellennetz und keine eigenen Verbindungen zu den entsprechenden landesspezifischen Abwicklungssystemen. Im Rahmen der europäischen Konsolidierung der Wertpapierindustrie kooperiert SIS eng mit ↑CRESTCo, der zentralen britischen Abwicklungsorganisation mit Sitz in London, im ↑TSN ↑The settlement network. Zugleich ist sie eine der zentralen Abwickler der paneuropäischen Bluechips-Börse ↑Virt-x.

Als Teilnehmer waren ihr am 31.12.2000 383 Banken, Broker und Finanzdienstleister im In- und Ausland angeschlossen. Ende 2000 konnten 66 440 Valoren über die SIS abgewickelt werden, davon 15 676 schweizerische und 50 764 ausländische Titel. Der Wert der bei der SIS verwahrten Wertschriften betrug per 31.12.2000 CHF 2 131 Mia. Im Jahr 2000 konnten insgesamt 20 Mio. Transaktionen abgewickelt werden. Die Zahl der abgewickelten Schweizer Girolieferungen betrug 2000 14,5 Mio., die der grenzüberschreitenden Lieferungen 3,2 Mio., was einem Tagesdurchschnitt von knapp 71 000 Titelgiri entspricht.

Christoph Ammann
Links: www.sec.sisclear.com

SIS SegaIntersettle communication system (SECOM)

SECOM (Abk. für SIS SegaIntersettle communication) heisst das zentrale EDV-System der ↑SIS SegaIntersettle AG. Herzstück der Architektur ist die kontinuierliche Online-Verbindung zu ihren Teilnehmern, den angeschlossenen Aktienregistern und Depotstellen sowie die Realtime-Verarbeitung der Instruktionen, die eine Auftragsabwicklung rund um die Uhr, vollautomatisiertes ↑Straight through processing (STP) und grösstmögliche Informationstransparenz zwischen allen Parteien erlauben.

SIS Swiss Financial Services Group AG

Die im Mai 1999 gegründete Holdinggesellschaft SIS Swiss Financial Services Group AG bezweckt das Halten und die Verwaltung von Beteiligungen von Gesellschaften, die insbesondere im schweizerischen Finanzdienstleistungsbereich und im Bankinfrastrukturbereich tätig sind. Sie bildet das Dach der fünf Unternehmen ↑SIS SegaIntersettle AG, SIS Systems AG, SAG SIS Aktienregister AG sowie ↑X-clear.

Die SIS Holding ist als Gemeinschaftswerk organisiert. Ihr Aktionariat und Verwaltungsrat repräsentieren die wesentlichen Institute und Gruppierungen des für sie relevanten Marktes. Das Geschäftsvolumen, das Institute den SIS-Töchtern übertragen, wird dabei angemessen berücksichtigt. Man spricht in diesem Zusammenhang von einer Market-driven governance. Sie erwirtschaftet Profit und bildet Rücklagen insofern nur, als die gesunde finanzielle Verfassung der Gruppe sicherzustellen und die strategische Ausgangsposition zu schaffen ist, um auf das sich stark verändernde Umfeld innerhalb der Wertschriften-Industrie flexibel reagieren zu können. Die SIS als Holding der Gruppe erbringt gegenüber ihren Tochtergesellschaften folgende Leistungen: Finanzierung der Tochtergesellschaften mit dem nötigen Eigenkapital und Fremdkapital, Wahrnehmung der Interessen der Tochtergesellschaften gegenüber dem Aktionariat des ↑Finanzplatzes Schweiz bzw. der Bankengruppen, Wahrnehmung der Geschäftsinteressen und Geschäftsmöglichkeiten im Schweizer und im internationalen Finanzmarkt zu Gunsten ihrer Tochtergesellschaften, Lancierung entsprechender Analysen und Projekte auf Holdingstufe zugunsten ihrer Tochtergesellschaften; inkl., falls erforderlich, die Gründung neuer Tochtergesellschaften zur Wahrnehmung spezifischer Interessen. Die Holdinggesellschaft soll bei der Anbahnung möglicher Kooperationen im ↑Clearing and settlement (↑The settlement network [TSN]) eine wichtige strategische Funktion ausüben und die dringend erforderliche Koordination innerhalb aller Exponenten des Finanzplatzes Schweiz sicherstellen.

Christoph Ammann
Links: www.group.sisclear.com

SIS Systems AG

↑SIS Swiss Financial Services Group AG.

Sistierung des Handels

↑Einstellung des Handels.

Sitzgesellschaft

Im Steuerrecht meistens Domizilgesellschaft genannt. Sitzgesellschaften sind Kapitalgesellschaften oder andere ↑juristische Personen, die in der Regel von Personen oder Unternehmen im Ausland beherrscht und gesteuert werden und in dem Staat, in dem sie ihren Sitz haben, keine voll ausgebaute Infrastruktur besitzen oder jedenfalls abgesehen von reinen Verwaltungsfunktionen keine Geschäftstätigkeit ausüben; ihr Sitz wird in der Regel aus Rücksicht auf besondere steuerliche Vergünstigungen gewählt, die der Domizilstaat solchen Unternehmen gewährt.

1. Steuerrecht
Im Steuerrecht wird unterschieden zwischen schweizerischen Domizilgesellschaften und ausländischen Domizilgesellschaften.
– *Schweizerische Domizilgesellschaften:* Bisher erfuhren Domizilgesellschaften in den meisten Kantonen (aber nicht im Bund) eine weit gehende Steuerbefreiung. Als Domizilgesellschaften wurden in manchen Kantonen auch Gesellschaften mit eigenem Personal und Büroräumlichkeiten anerkannt, sofern die wesentlichen Geschäftsentscheide im Ausland getroffen wurden. Unter dieser letzten Voraussetzung (ausländische Beherrschung und Leitung) gewährten viele Kantone auch sog. gemischten Domizilgesellschaften eine anteilmässige Steuerbefreiung für die mit der blossen Verwaltungstätigkeit zusammenhängenden Gewinne. Das Bundesgesetz über die Harmonisierung der direkten Steuern der Kantone und Gemeinden (StHG) lässt nach verbreiteter Meinung seit dem 01.01.2001 eine steuerliche Vorzugsbehandlung nur noch im Rahmen des Holdingprivilegs und des Holdingabzugs zu oder dann für Verwaltungsgesellschaften (Kapitalgesellschaften, Genossenschaften und Stiftungen, die in der Schweiz eine Verwaltungstätigkeit, aber keine Geschäftstätigkeit ausüben, StHG 28 III), oder für Gesellschaften, deren Geschäftstätigkeit überwiegend auslandsbezogen ist (StHG 28 IV). Die meisten bisherigen reinen Domizilgesellschaften werden eines dieser Kriterien erfüllen.
– *Ausländische Domizilgesellschaften:* Zahlreiche ausländische Staaten kennen die Befreiung der Domizilgesellschaften von der Gewinnbesteuerung.

2. Feststellung des wirtschaftlich Berechtigten
Ist der Kunde einer schweizerischen Bank oder eines schweizerischen ↑Finanzintermediärs eine in- oder ausländische Sitzgesellschaft, so muss nach dem ↑Geldwäschereigesetz (GwG 4 I) und der Sorgfaltspflichtvereinbarung (VSB 4) auf jeden Fall eine Erklärung gemäss Formular A über die Identität der wirtschaftlich berechtigten Personen eingeholt werden. Dabei kann wirtschaftlich Berechtigter an einer Sitzgesellschaft nur eine natürliche Person sein oder eine ↑juristische Person, die ein Handels-, Fabrikations- oder ein anderes nach kaufmännischer Art geführtes Gewerbe betreibt. Eine Sitzgesellschaft kann selbst nicht wirtschaftlich Berechtigter sein (VSB Rz. 36). Die VSB umschreibt den Begriff der Sitzgesellschaft unabhängig von steuerrechtlichen Kriterien. Als Sitzgesellschaften im Sinne der VSB gelten alle in- und ausländischen Unternehmen (Gesellschaften, Anstalten, Stiftungen, Trusts/Treuunternehmungen usw.), die im Domizilstaat nicht einen Betrieb des Handels, der Fabrikation oder eines anderen nach kaufmännischer Art geführten Gewerbes führen (VSB 4 I). Insbesondere ist von einer Sitzgesellschaft zu sprechen, wenn keine eigenen Geschäftsräume bestehen (z.B. Sitz bei einem Rechtsanwalt, bei einer Treuhandgesellschaft, bei einer Bank) oder wenn kein eigenes, ausschliesslich für das Unternehmen tätiges Personal angestellt ist oder das eigene Personal sich nur mit administrativen Arbeiten befasst (Führung der Buchhaltung und der Korrespondenz nach Weisung der die Sitzgesellschaft beherrschenden Personen oder Gesellschaften, VSB Rz. 34). Nicht als Sitzgesellschaften gelten juristische Personen und Gesellschaften mit Sitz in der Schweiz, die die Wahrung der Interessen ihrer Mitglieder in gemeinsamer Selbsthilfe bezwecken oder hauptsächlich politische, religiöse, wissenschaftliche, künstlerische, gemeinnützige, gesellige oder ähnliche Zwecke verfolgen (VSB Rz. 31, 35).

Christian Thalmann

Size-Effekt
Mit Size-Effekt wird die Outperformance von ↑Aktien mit kleiner Marktkapitalisierung bezeichnet, weshalb auch vom Small-cap-Effekt (↑Small caps) gesprochen wird.

SKSF
Abk. f. Schweizerische Kommission für Standardisierung im Finanzbereich. ↑Standardisierungen im Finanzbereich.

SLB
Abk. f. ↑Securities lending and borrowing (SLB).

Slip
Händlerslip, Händlerzettel. Von einem Wertpapier-, Geld- oder Devisenhändler ausgeschriebene Schlussnote über ein abgeschlossenes Geschäft; auch Formular zur Weitergabe von Kaufs- oder Verkaufsaufträgen an den Händler. ↑Sales slip; ↑Kreditkarten.

Small caps
Small caps steht für kleinkapitalisierte, regulär kotierte Gesellschaften. Damit wird eine begriffliche Grenze gezogen zu kleineren nichtkotierten

Gesellschaften (↑Private equity) oder den Gesellschaften der neuen Märkte mit ihren besonderen Kotierungsvorschriften.

Viele nationale ↑Börsen offerieren nach Kapitalisierungsgrösse gegliederte Varianten der Gesamtmarktindizes. Solche Small-cap-Segmente werden typischerweise durch einen bestimmten Prozentsatz der nach Kapitalisierungsgrösse geordneten kotierten Gesellschaften definiert. Die SWX teilt etwa 60% der kotierten Gesellschaften der Small-cap-Kategorie zu, die nächst grösseren 33% bilden das Mid-cap-Segment und die grösstkapitalisierten 7% vereinen die Large caps. Die durchschnittliche ↑Börsenkapitalisierung der Mitte 2001 insgesamt 142 Schweizer Small caps erreichte CHF 200 Mio. pro Gesellschaft, verglichen mit CHF 1,6 Mia. für die 88 ↑Mid caps und CHF 46,4 Mia. für die 19 Large caps des SPI. Die 60% der im Small-cap-Segment kotierten Gesellschaften repräsentierten zu diesem Zeitpunkt etwa 3% der Gesamtmarktkapitalisierung (13% Mid caps, 84% Large caps). Fondsgesellschaften, Banken und andere Indexanbieter offerieren eine Vielzahl weiterer Small-cap-Indizes, die dem ↑Investor Anlagen im Small-cap-Segment erleichtern. Im Unterschied zu den Small-cap-Gruppierungen der Börsen, die sämtliche kotierten ↑Titel berücksichtigen, fokussieren die Indizes der ↑Finanzintermediäre auf jene Small caps mit der höchsten ↑Liquidität. So wählen etwa Russell 2000 und S&P Small cap 600 die neben anderen Kriterien liquidesten unter den an US Börsen kotierten Small Caps (Mitte 2001 galt eine Kapitalisierung von etwa USD 300 mio. bis 500 Mio. als Small cap), während Dow Jones STOXX TMI Small Index Gesellschaften mit einer Free-float-Kapitalisierung in der Kategorie der tiefsten 5% bis 10% der europäischen Märkte erfasst, was Mitte 2001 543 Gesellschaften mit einer Free-float-Kapitalisierung zwischen EUR 100 Mio. und EUR 1 Mia. beinhaltete. Small-cap-Indizes werden oft nach Anlagestil-Merkmalen wie Kurs/Gewinn-Verhältnis (↑Price earnings ratio [PER]), ↑Price book value ratio oder durchschnittlichem Gewinnwachstum zusätzlich gegliedert, um so dem Anleger die Umsetzung einer Small-cap-growth- oder Small-cap-value-Strategie zu erleichtern.

Das Interesse der Anleger an der Small-cap-Kategorie fusst zum Teil auf der Vermutung, dass Small caps in bestimmten Zeiten (z. B. am Ende einer langen ↑Hausse, Anfang und Mitte einer ↑Baisse) gegenüber Large oder Big caps outperformen. Die Gültigkeit solcher systematischer Marktanomalien ist in der Wissenschaft allerdings umstritten.

Daniel Scheibler

Smartcard

Bei den Chipkarten wird zwischen einfacher Speicherkarte und intelligenter Prozessorkarte unterschieden. Die Prozessorkarte wird auch *Smartcard* genannt und macht die Karte zu einem «Minicomputer». Sie kann für komplexe Anwendungen im ↑Zahlungsverkehr eingesetzt werden, wie z. B. dem Überprüfen einer Geheimzahl oder Autorisieren eines Zahlungsvorganges, und ist in der Lage, Informationen vorübergehend oder dauerhaft zu speichern und zu verarbeiten. Sie wird in der Schweiz auch als ↑Wertkarte für das elektronische Zahlungsmittel CASH (↑Elektronisches Portemonnaie [CASH]) verwendet. Smartcards finden auch Verwendung bei der Zugriffskontrolle für PCs, zur Nutzung von Pay-TV oder auch für die Zutrittskontrolle von Gebäuden.

Bei der Datenübertragung von der Smartcard zum Smartcard-Lesegerät wird zwischen kontaktbehafteter und kontaktloser Smartcard unterschieden. Die kontaktbehaftete Smartcard verfügt über sechs bis acht vergoldete Kontaktflächen und muss bei Verwendung in einen Kartenleser eingeführt werden. Die Kartendimension, die Funktion und die Position der Kontakte auf der Karte, sowie die elektrischen Eigenschaften und Kommunikationsprotokolle, sind nach den ISO-Standards der Reihe 7 816 festgelegt, sodass gewährleistet wird, dass die kontaktbehaftete Smartcard auch von verschiedenen Kartenlesern benutzt werden kann.

Die kontaktlose Smartcard kommuniziert mit dem Lesegerät kontaktlos über eine Distanz von wenigen Zentimetern bei induktivem oder kapazitivem und bis zu einem Meter bei elektromagnetischem Übertragungsverfahren. Die Kartendimension, die elektrischen Eigenschaften und Kommunikationsprotokolle sind in den beiden ISO-Standards der Reihe 10 536 für induktiv oder kapazitiv gekoppelte Karten und 14 443 für elektromagnetisch gekoppelte Karten festgelegt.

Bei modernen Smartcards, z. B. Java card, können Anwendungen auch noch nach der ursprünglichen Smartcard-Herstellung in die Smartcard geladen werden, analog dem Laden eines zusätzlichen Programms in den Personal-Computer.

Jacques Bischoff

SMF
Abk. f. ↑Swiss market feed (SMF).

SMI
↑Swiss Market Index (SMI).

SMI-Basket
↑Repomarkt Schweiz.

SMI-futures
SMI-futures sind an der ↑Eurex gehandelte ↑Index futures, die sich auf den ↑Swiss Market Index (SMI) beziehen.

SMI-futures-option
SMI-futures-options sind an der ↑Eurex gehandelte ↑Optionen auf den ↑SMI-futures.

Smithsonian agreement
↑Edelmetallhandel; ↑Europäisches Währungssystem (EWS); ↑Internationaler Zahlungsverkehr.

Snake trading
Als Snake trading bezeichnet man das systematische Durchsuchen der ↑Auftragsbücher nach ↑Bestens-Aufträgen in börsenkotierten ↑Effekten, für die keine Geld- bzw. Briefkurse existieren, mit dem Ziel, Geld- oder Briefkurse zu stellen, die massgeblich von marktkonformen Preisen abweichen, um so zu ungerechtfertigt günstigen Ausführungen zu kommen. Snake trading stellt eine Verletzung der Sorgfaltspflicht nach BEHG 10 I und 11 dar und ist mit den Anforderungen an eine einwandfreie Geschäftsführung nicht vereinbar.

SNB
↑Nationalbank, Schweizerische.

SNB-Basket
↑Repo-Geschäft der SNB; ↑Repo-Markt Schweiz.

Sneak attack
↑Poison pills.

SNIFs
Abk. f. Short term note issuance facilities (SNIFs) ↑Note issuance facilities (NIFs).

SNMI
Abk. f. ↑Swiss New Market Index.

SNOC
Abk. f. Swiss nominee company. ↑SIS Nominee-Modell.

Société Internationale Financière pour les Investissements et le Développement en Afrique SA (SIFIDA)
↑Entwicklungsbanken.

Society for Worldwide Interbank Financial Telecommunication (S.W.I.F.T.)
↑S.W.I.F.T.

SOFFEX
Abk. f. Swiss Options and Financial Futures Exchange AG. Die SOFFEX wurde am 19.05.1988 eröffnet und war die weltweit erste vollelektronische ↑Derivatbörse mit integriertem Clearing-System. Sie wurde im Rahmen der ATB (Association Tripartite Bourses) von den Börsen von Zürich, Genf und Basel in enger Zusammenarbeit mit den Banken entwickelt.
Der Derivathandel im Allgemeinen und die SOFFEX im Besonderen hatten vielerlei Auswirkungen auf das schweizerische Börsenwesen. Im Hinblick auf die SOFFEX wurde an den schweizerischen Börsen für die wichtigsten Titel der permanente Handel eingeführt. Die Börsenzeiten wurden ausgedehnt und es gab neu eine fixe Schlusszeit. Ferner verlangt der Derivathandel nach verbesserter Transparenz über den Handel in den ↑Basiswerten. Deshalb wurde ein Reporting-System entwickelt, wonach alle Wertpapierumsätze innert der vorgegebenen Frist in ein elektronisches System einzugeben waren. Sodann wurde mit der SOFFEX formal ↑Market makers im schweizerischen Finanzmarkt eingeführt. Schliesslich gab die SOFFEX den Anlass zur Entwicklung einer eigenen Indexfamilie (damals SwissIndex-Familie, insbesondere SPI und SMI). Dabei ermöglichte erst der permanente Handel die laufende Indexberechnung und somit den Handel von ↑Indexderivaten.
Ein zentrales Charakteristikum von ↑Options und ↑Futures ist das Clearing house, das in jedes Geschäft als zentrale Gegenpartei eintritt. Damit ergibt sich eine Minimierung und Standardisierung des ↑Gegenparteienrisikos. An der SOFFEX wurden Optionskontrakte (↑Traded options) auf Aktien und den ↑Swiss Market Index (SMI) sowie ↑Financial futures auf den SMI und Zins-Futures-Kontrakte (↑Zins-Futures) gehandelt.
Im Jahre 1998 führten die Schweizer Börse und die Deutsche Börse ihre Tochtergesellschaften SOFFEX und DTB zur ersten grenzüberschreitenden Börse ↑Eurex zusammen. Sie wurde bald zur grössten Derivatbörse der Welt.

Richard T. Meier, Otto E. Nägeli

Solawechsel
↑Eigenwechsel.

Solidarbürgschaft
↑Bürgschaft.

Solidarforderung
Auch Solidargläubigerschaft. Eine Solidarforderung liegt vor, wenn der Schuldner gegenüber mehreren Gläubigern erklärt, jeden Einzelnen auf die ganze Forderung berechtigen zu wollen. Diese Gläubiger nennt man Solidargläubiger. Die Leistung an den einen befreit den Schuldner gegenüber allen anderen Solidargläubigern (OR 150). ↑Compte-joint.

Solidarhaftung
Haftung mehrerer Personen für eine einzelne Forderung (↑Solidarschuld). Der Gläubiger kann wählen, gegen welchen Schuldner er vorgehen will. Im Umfang der von einem Schuldner geleisteten Zahlung werden die übrigen Schuldner im Verhältnis zum Gläubiger befreit. Solidarhaftung entsteht aufgrund vertraglicher Abrede (OR 143ff.) oder von Gesetzes wegen, so z. B. bei gemeinsamer Verursachung einer unerlaubten Handlung (OR 50) oder unter bestimmten Voraussetzungen im Rahmen der aktienrechtlichen Verantwortlichkeit (OR 759).

Solidaritätsstiftung

Mit Botschaft vom 17.05.2000 betreffend die Verwendung von Goldreserven (↑Währungsordnung) und ein Bundesgesetz über die Stiftung solidarische Schweiz hat der Bundesrat vorgeschlagen, ein neues und zukunftsgerichtetes Werk zu schaffen, welches die humanitäre Tradition der Schweiz fortführen und die Solidarität als wichtigen gesellschaftlichen Grundwert stärken soll. Dabei nimmt insbesondere die junge Generation einen hohen Stellenwert ein: Sie soll einerseits von den Stiftungsaktivitäten profitieren und andererseits im Stiftungsrat an der Ausgestaltung der Stiftung aktiv mitwirken.

1. Aufgaben

Die Stiftung Solidarität Schweiz leistet einen Beitrag zur Verhütung der Ursachen und zur Linderung der Folgen von Armut, Krankheit und Ausgrenzung sowie von Gewalt, Menschenrechtsverletzung und Völkermord. Sie fördert das einvernehmliche Zusammenleben und hilft beim Aufbau von Strukturen einer funktionsfähigen und demokratischen Gesellschaft mit. Zur Erfüllung dieser Aufgaben arbeitet die Stiftung partnerschaftlich mit in- und ausländischen Institutionen und Organisationen zusammen und setzt ihre Mittel sowohl im Inland wie auch im Ausland ein.

2. Finanzierung

Die Stiftung wird aus nicht mehr für die ↑Geldpolitik benötigten ↑Währungsreserven der Schweizerischen ↑Nationalbank (SNB) finanziert: Im Rahmen der Reform der Bundesverfassung vom 18.04.1999 (Art. 99) wurde die rechtliche Goldbindung des ↑Frankens aufgehoben. Dies ermöglichte eine Neubewertung der Goldreserven der Nationalbank und die einmalige Entstehung eines Sondervermögens im Gegenwert von 1 300 Tonnen Gold. Das Sondervermögen wird durch einen ↑Fonds bewirtschaftet und in seiner ↑Substanz erhalten werden. Die Fondserträge werden zunächst während 30 Jahren je zu einem Drittel an die Stiftung Solidarität Schweiz, an den AHV-Fonds und an die Kantone ausgeschüttet. Danach wird die künftige Generation über die weitere Verwendung dieses Vermögens entscheiden können.

3. Umsetzung

Die Rechtsgrundlagen für die Verwendung des Sondervermögens für AHV, Kantone und Stiftung sowie das Bundesgesetz über die Stiftung Solidarität Schweiz wurden in den Jahren 2001 und 2002 im Parlament beraten und sollen im September 2002 zusammen mit der Goldinitiative, welche sämtliche von der SNB nicht mehr benötigten Währungsreserven oder deren Erträge der AHV zukommen lassen will, dem Stimmvolk vorgelegt werden.

Walter Schmid, Marianne Widmer

Solidaritätsvereinbarung

Mit Solidaritätsvereinbarung kann im banktechnischen Sinn die Vereinbarung gemeint sein, wonach mehrere Kunden im Verhältnis zur Bank als Solidargläubiger auftreten (↑Compte-joint). Sie versteht sich aber oft spezifisch als die in diesem Zusammenhang zusätzlich getroffene Vereinbarung, wonach die am Compte-joint beteiligten Kunden gegenüber der Bank die Solidarschuldnerschaft (↑Solidarhaftung) übernehmen für den Fall, dass durch Verfügungen eines der beteiligten Kunden das Konto überzogen wird.

Solidarkonto

↑Compte-joint, compte-conjoint.

Solidarschuld

Ein Rechtsverhältnis, bei dem mehrere Schuldner dem Gläubiger gegenüber ausdrücklich oder sinngemäss versprechen, dass jeder Einzelne für die Erfüllung der ganzen Schuld haften wolle. Diese Schuldner nennt man Solidarschuldner oder Gesamtschuldner. Ohne eine solche Abrede gilt, dass jeder Schuldner nur für einen Teil der Forderung haftet. Der Gläubiger kann nach seiner Wahl von jedem Solidarschuldner bis zu seiner Befriedigung Zahlung fordern (OR 143 ff.). Im Bankverkehr wird in der Regel Solidarschuldnerschaft vereinbart, wenn mehrere Personen nebeneinander als Schuldner derselben Forderung auftreten.

Sollzinssätze

Sollzinssätze sind Zinssätze, die für in Anspruch genommene Kredite von der Bank vereinnahmt werden. Das Niveau der Sollzinssätze ist zunächst vom allgemeinen Zinsniveau am ↑Geld- und ↑Kapitalmarkt, von der Kreditart, der vereinbarten ↑Laufzeit oder ↑Kündigungsfrist abhängig, insbesondere aber auch von der ↑Bonität des Kreditnehmers (↑Credit pricing). Das Gegenteil von den Sollzinssätzen sind die ↑Habenzinssätze.

Solo-Geschäft

↑Devisengeschäft.

Solo-plus-Methode

↑Finanzkonglomerat.

Solvabilität

Englische Bezeichnung: Solvency. Unter diesem Begriff wird die ↑Zahlungsfähigkeit eines Instituts verstanden, d.h. die ausreichende Ausstattung mit finanziellen Mitteln, um einer Verpflichtung zu einem bestimmten Zeitpunkt nachkommen zu können. ↑Eigene Mittel.

Solvabilität, Solvabilitätskoeffizient bei Versicherungen

Solvabilität (auch Solvenz) bezeichnet die Fähigkeit eines Erstversicherers, seine gegenüber den

Solvabilitätskoeffizient

Kunden eingegangenen Verpflichtungen im Schadensfall zu erfüllen. Je grösser der Geschäftsumfang, desto höher ist im Allgemeinen das für zukünftige Schadensleistungen notwendige Deckungskapital, wofür die Prämieneinnahmen und Erträge aus den Kapitalanlagen (↑Lebensversicherung als Kapitalanlage) hauptsächlich verwendet werden. Für den Fall, dass der tatsächliche Schadenverlauf höher als erwartet ausfällt, stellt die Solvabilität eine Sicherheitsreserve dar. Die Solvabilität wird durch eine dem Geschäftsumfang angemessene Eigenmittelausstattung sichergestellt. Dafür geben die Versicherungsaufsichtsbehörden in der Schweiz wie in der EU Solvabilitätsspannen (auch Solvabilitätskoeffizienten, Soll-Solvabilität) als Mass vor. Diese werden für das Leben- und das Nicht-Leben-Geschäft unterschiedlich berechnet. Der Solvabilitätsdeckungsgrad beschreibt das Verhältnis der tatsächlich vorhandenen Eigenmittel zur aufsichtsrechtlich geforderten Soll-Solvabilität.
Fritz Stahel

Solvabilitätskoeffizient
↑Deckungsverhältnis.

Solvenz
Synonym für ↑Zahlungsfähigkeit.

Sondergut
↑Ehegatten im Bankverkehr.

Sonderkonto
↑Separatkonto, Sonderkonto.

Sonderverwahrung
↑Sonderdepot.

Sonderziehungsrechte (SZR)
Den Mitgliedern des ↑Internationalen Währungsfonds (IWF) gewährter Buchkredit im Verhältnis zu ihren eingezahlten Quoten. Der Kredit wird den jeweiligen nationalen ↑Notenbanken gewährt, und diese können die erhaltenen Sonderziehungsrechte (SZR) bei Notenbanken anderer Länder in die gewünschte fremde ↑Währung umtauschen. Die Abwicklung erfolgt durch den IWF. SZR sind internationale ↑Währungsreserven neben den nationalen ↑Reservewährungen. Sie wurden Ende der 60er-Jahre auf Initiative der ↑Zehnergruppe geschaffen, da sich die internationale Liquidität (↑Marktliquidität) in Form von US-Dollars zu verknappen drohte.

Sonstige Aktiven
Sammelposition im Gliederungsschema von Bankbilanzen (BankV 25, RRV-EBK III.), die u. a. folgende Positionen umfasst:
– Die positiven Wiederbeschaffungswerte aller am ↑Bilanzstichtag offenen derivativen Finanzinstrumente

– Den Aktivsaldo des Ausgleichskontos für in der Berichtsperiode nicht erfolgswirksame Wertanpassungen
– ↑Coupons
– Fremde Geldsorten
– ↑Gründungs-, ↑Emissions-, Organisations- und Restrukturierungskosten
– Salden aus dem bankinternen Geschäftsverkehr.

Sonstige Passiven
Sammelposition im Gliederungsschema von Bankbilanzen (BankV 25, RRV-EBK III.), die u. a. die folgenden Positionen umfasst:
– Die negativen Wiederbeschaffungswerte aller am ↑Bilanzstichtag offenen derivativen Finanzinstrumente aus Eigen- und Kundengeschäften
– Den ↑Passivsaldo des Ausgleichskontos für in der Berichtsperiode nicht erfolgswirksame Wertanpassungen (derivative Finanzinstrumente, Darlehensgeschäft mit anderen Vermögenswerten als Geld)
– Bankeigene ↑Fonds ohne Rechtspersönlichkeit
– Reine Abrechnungskonti
– Den Saldo aus dem bankinternen Abrechnungsverkehr
– Fällige, nicht eingelöste ↑Coupons
– Schuldtitel
– Im Halbjahresabschluss überdies den Semestergewinn.

Sorgfaltspflicht der Banken
↑Vereinbarung über die Standesregeln zur Sorgfaltspflicht der Banken (VSB).

Sorgfaltspflicht des Effektenhändlers
Die Sorgfaltspflicht des ↑Effektenhändlers ist eine der drei in BEHG 11 ausdrücklich genannten Verhaltenspflichten des ↑Effektenhändlers (neben der ↑Informations- und der ↑Treuepflicht des Effektenhändlers). Sie sind bereits im Zivilrecht verankert (einfacher Auftrag, OR 398 II), werden aber im BEHG aufgezählt, um klarzustellen, dass der Effektenhändler ihnen auch unterworfen ist, wenn das konkrete Geschäft zivilrechtlich nicht als Auftrag gilt. Die Sorgfaltspflicht verlangt, dass der als Fachperson tätige Beauftragte bei der Abwicklung der Aufträge seiner Kunden professionell vorgeht und die Interessen seiner Kunden bestmöglich wahrnimmt. Darunter ist im Fall des Effektenhändlers die bestmögliche Erfüllung in preismässiger, zeitlicher und quantitativer Hinsicht zu verstehen; allerdings schliesst das Prinzip den Selbsteintritt nicht aus, wenn dies nicht zum Nachteil des Kunden geschieht (Art. 5 der ↑Verhaltensregeln für Effektenhändler der Schweizerischen ↑Bankiervereinigung). Professionalität ist auch in dem Sinn verlangt, dass der Kunde die Abwicklung der Geschäfte nachvollziehen kann und dadurch eine Chance bekommt, die Erfüllung der Sorgfaltspflicht des Effektenhändlers nachzuprüfen: Über

die getätigten Geschäfte ist unverzüglich abzurechnen; die Abrechnung muss einen Mindestgrad an Detaillierung und Transparenz aufweisen (Einzelheiten sind in Art. 6 und 7 der Verhaltensregeln nachzulesen). *Christian Thalmann*

Sorgfaltspflichtvereinbarung (VSB)
↑Vereinbarung über die Standesregeln zur Sorgfaltspflicht der Banken (VSB).

Sorten
In der ↑Banksprache versteht man unter Sorten ausländische Münzen und Banknoten (ausländisches Bargeld). Sie sind Gegenstand des Geldwechsels (↑Banknotenhandel). Sorten sind i.e.S. keine Devisen (↑Devisengeschäft).

Sortengeschäft
↑Banknotenhandel.

Sortenhandel
Auch Sortengeschäft, Geldwechselgeschäft genannt. Unter Sortenhandel versteht man den An- und Verkauf von Sorten (Notengeld in fremder Währung) durch die Bank, insbesondere für den Auslandreisezahlungsverkehr der Kunden. In der Regel werden ausländische Münzen von den Banken nicht getauscht.

Soulte
↑Konversionssoulte.

Spanne
↑Spread.

Spareinlagen
Als Spareinlagen gelten nach BankG 15 alle Einlagen, die in irgendeiner Wortverbindung durch den Ausdruck Sparen gekennzeichnet sind (z.B. Sparkonto [↑Sparkonto, Sparheft] und Anlagesparkonto). Diese Einlagen dürfen nur von Banken entgegengenommen werden, welche öffentlich Rechnung ablegen. Spareinlagen profitieren vom gesetzlichen ↑Konkursprivileg gemäss BankG 37a (↑Sparkassengeschäft).

Sparen (Volkswirtschaftliches)
Im allgemeinen Sprachgebrauch hat Sparen mehrere Bedeutungen. Üblicherweise werden die Ersparnisse als *Überschuss* der Einnahmen über die Ausgaben definiert. Sämtliche Wirtschaftssubjekte (private Haushalte, öffentliche Hände, Unternehmen) können sparen. Ersparnisbildung kennt verschiedene *Formen*, wie etwa Banksparen, ↑Wertpapiersparen und ↑Versicherungssparen. Auch der Kauf von Immobilien wird häufig als Ersparnis betrachtet. Im Umfang ihres (Netto-)Sparens bilden die Wirtschaftssubjekte *Vermögen*. Das Sparen ist deshalb ein wichtiger Bestimmungsfaktor des Wirtschaftsgeschehens. Es ermöglicht die *Kapitalbildung*, wovon letztlich der technologische Stand und das Wachstum einer Volkswirtschaft abhängig sind. Sparen kann *freiwillig* oder *erzwungen* erfolgen. Freiwillig bedeutet, dass der Entscheid zum Sparen durch das Wirtschaftssubjekt selbst gefällt wird. Freiwilliges Sparen kann ein Element der individuellen Lebensvorsorge sein. Beiträge für die Alters- und Hinterlassenenversicherung (AHV), für Pensionskassen, Krankenkassen usw. zählen dagegen zum ↑Zwangssparen.

In der Ökonomie wird Sparen als *nicht konsumierte Einkommensteile* definiert. Dahinter steckt die Annahme, dass aufgrund eines gegenwärtigen Ausgabenverzichts ein Teil des Konsums auf später verschoben wird. Verfügt ein Wirtschaftssubjekt über Sparaufkommen aus früheren Perioden, kann es mehr ausgeben, als es in der laufenden Periode aus Einkommen generiert. Sparen kann somit auch negativ sein (Entsparen). Während die Sparflüsse im Wirtschaftskreislauf verbleiben, wird im Fall der Hortung Geld dem Kreislauf entzogen. Wird vom Brutto-Sparvolumen in einer Periode die Summe der in der Wirtschaft vorgenommenen *Abschreibungen* abgezogen, so resultiert das Nettosparen.

Während in der Auffassung von *John Maynard Keynes* Sparen und Investieren notwendig einander gleich sind, können diese beiden Grössen in einer Mehrperiodenbetrachtung voneinander abweichen. Es handelt sich dabei um eine Ex-post-Diskrepanz, die als wichtiger Faktor zur Erklärung von *konjunkturellem Auf- und Abschwung* gilt.

1. Sparverhalten
Zwischen Zinssatzentwicklung und Sparverhalten besteht ein Zusammenhang. So führen steigende Zinssätze tendenziell zu höheren Sparvolumen und umgekehrt *(Spar-Zins-Funktion)*. Nur in aussergewöhnlichen Situationen fällt (steigt) trotz steigender (sinkender) Zinssätze das Sparaufkommen. Empirisch nicht eindeutig ist dagegen der Zusammenhang zwischen Sparen und Einkommen *(Spar-Einkommens-Funktion)*. Bei den kurzfristigen Veränderungen des Realeinkommens, wie sie für den Konjunkturverlauf typisch sind, zeigt der angewöhnte Konsumstandard der privaten Haushalte eine gewisse Beharrungstendenz. Dies bedeutet, dass die durchschnittliche Sparneigung im konjunkturellen Aufschwung zunimmt, während sie sich im Niedergang zurückbildet. Ebenso kann in konjunkturell unsicheren Zeiten beobachtet werden, dass mit steigendem Realeinkommen das Sparen nicht nur absolut zunimmt, sondern auch relativ. In langer Sicht erweist sich die *Sparquote* als ziemlich konstante Grösse. Im internationalen Vergleich weist die Schweiz eine der höchsten Sparquoten auf. Auf gesamtwirtschaftlicher Ebene ist zu beobachten, dass die Schweiz *Sparüberschüsse* über den Gesamtinvestitionsbedarf im Inland hin-

aus erzielt. Der Sparüberschuss des Landes wird im Ausland angelegt und entspricht betragsmässig jeweils dem Ertragsbilanzüberschuss. Damit steigt das ↑*Auslandvermögen* der Schweiz.

Empirische Untersuchungen zum Sparverhalten zeigen, dass die einfache funktionale Verknüpfung von Konsum, Ersparnis und Einkommen, wie sie *Keynes* seiner Konsumfunktion zugrunde legt, keine Allgemeingültigkeit beanspruchen kann. Auch bedürfen die Ergebnisse des auf dem Keynesschen «fundamentalen psychologischen Gesetz» basierenden Sparverhaltens der Ergänzung durch die Befunde komplexerer Einkommenskonzepte. Dazu zählen die Hypothese der relativen Einkommen von *James S. Duesenberry*, die Hypothese des permanenten Einkommens von *Milton Friedman* oder die Hypothese des Lebenszyklus von *Albert K. Ando* und *Franco Modigliani*. Gemeinsam ist diesen Hypothesen des Konsumverhaltens, dass sie – im Gegensatz zur Keynesschen Konsumfunktion – von langfristigen Einflüssen des Einkommens auf den Konsum und damit das Sparen ausgehen.

2. Sparmotive

Sparen beruht auf verschiedenen *Motiven*. Sparen kann aus Freude am Besitz *(Besitzmotiv)* oder mit dem Ziel der Erweiterung der Konsummöglichkeiten in der Zukunft *(Konsummotiv)* erfolgen. Weitere Gründe können sein: die Absicherung von allfälligen Einkommenseinbussen oder die ↑Altersvorsorge *(Vorsichtsmotiv)*.

3. Empirie

In der *Volkswirtschaftlichen Gesamtrechnung (VGR)* sind die Ersparnisse definitionsgemäss eine Residualgrösse, ermittelt als Differenz zwischen den laufenden Einnahmen und Ausgaben. Die gesamtwirtschaftlichen Ersparnisse ergeben sich aus der Summierung der Ersparnisse in den einzelnen institutionellen Sektoren. In der VGR werden die sektoriellen Brutto- und Nettoersparnisse ausgewiesen.

Der Anteil der inländischen Bruttoersparnis am verfügbaren Bruttovolkseinkommen *(gesamtwirtschaftliche Sparquote)* entwickelte sich im Zeitraum 1990–1998 tendenziell rückläufig.

Darin widerspiegelt sich der relativ zum Bruttovolkseinkommen stärkere Zuwachs des letzten Verbrauchs.

Die in Prozenten des verfügbaren Haushalteinkommens berechnete *Sparquote der privaten Haushalte* (inklusive Private Organisationen ohne Erwerbscharakter) entwickelte sich im Zeitraum 1990–1998 wie folgt.

Aus den Zahlen unten geht hervor, dass sich hinsichtlich der Anteile der einzelnen *institutionellen Sektoren* an der inländischen Bruttoersparnis im Zeitraum 1990–1998 klare Tendenzen abgezeichnet haben. Während sich die Beteiligung der nichtfinanziellen Unternehmungen und der Sozialversicherungen an der gesamtwirtschaftlichen Ersparnis sowohl relativ als auch absolut zurückgebildet hat, verzeichneten die Finanzinstitute und die privaten Haushalte einen deutlichen bzw. leichten

Gesamtwirtschaftliche Sparquote (%)

1990	1991	1992	1993	1994	1995	1996	1997	1998
31,2	29,2	27,6	28,0	27,2	27,6	27,0	28,7	29,3

Quelle: Eigene Berechnungen auf der Grundlage von VGR-Zahlen

Sparquote der privaten Haushalte und POoE (%)

1990	1991	1992	1993	1994	1995	1996	1997	1998
9,2	10,5	10,1	10,8	9,1	9,4	8,7	10,1	8,9

Quelle: VGR

Bruttoersparnis der Sektoren in Prozenten der inländischen Bruttoersparnis

Sektoren	1990	1991	1992	1993	1994	1995	1996	1997	1998
Nichtfinanzielle Unternehmungen	32,2	27,5	27,5	25,2	30,9	29,9	29,1	27,9	25,7
Finanzinstitute	12,1	15,7	16,3	18,7	14,3	14,9	17,6	22,5	24,8
Versicherungsunternehmen	2,5	2,3	2,9	3,0	3,1	2,7	2,7	2,7	2,3
Öffentliche Haushalte	7,7	2,7	0,4	0,7	3,5	3,9	3,8	3,3	7,4
Sozialversicherungen	27,6	29,4	29,6	27,5	27,0	26,9	26,2	21,1	20,8
Private Haushalte und POoE	17,9	22,4	23,3	24,9	21,2	21,7	20,6	22,5	19,0

Quelle: Eigene Berechnungen auf der Grundlage von VGR-Zahlen

Bedeutungsgewinn. Die Zeitreihen veranschaulichen zudem, dass es sich keinesfalls um lineare Trends handelt. Konjunkturelle Faktoren bewirken mitunter markante kurzfristige Schwankungen der Anteilswerte (öffentliche Haushalte) und überlagern damit die strukturellen Verschiebungen.

Die bei den Banken liegenden Spargelder werden von der *Schweizerischen* ↑*Nationalbank (SNB)* erfasst und fliessen – mit Ausnahme der langfristig gebundenen Vorsorgegelder – in die Berechnung der *Geldmengen* ein.

Jean-Pierre Jetzer, Christoph Menzel

Sparformen

Die Formen des Sparens und die damit zusammenhängenden bankenspezifischen Sparprodukte sind sehr vielfältig. Als Hauptformen können das klassische Kontosparen, das ↑Bau-, das ↑Versicherungs- und das ↑Wertpapier- oder Fondssparen genannt werden. Beim Kontosparen handelt es sich um die einmalige oder regelmässige Einlage von Geld auf ein ↑Sparkonto bei einem Finanzinstitut. Im Gegensatz dazu ist das Versicherungssparen eine Sparform, in der Risikovorsorge und Vermögensbildung miteinander verknüpft sind. Das Bausparen bietet in einigen Kantonen zukünftigen Wohneigentümern die Möglichkeit, Geld für ihre eigenen vier Wände bei Banken oder anderen Instituten zins- und vor allem auch steuerbegünstigt anzulegen. In jüngster Vergangenheit hat vor allem das Wertpapiersparen laufend an Bedeutung gewonnen. Damit wird das Anlegen in ↑Spargeldern in Fonds- oder anderen Investment-Zertifikaten (Fondssparen), festverzinslichen ↑Wertpapieren und ↑Aktien bezeichnet. Das Horten von Gold, Juwelen, Grundstücken usw. gilt nicht als Sparen im eigentlichen Sinn, kann aber als Sachwertsparen bezeichnet werden.

Dominique Folletête

Spargelder

Gemäss ↑Bankenstatistik der Schweiz und Rechnungslegungsvorschriften der EBK umfassen die bankmässigen Spargelder alle Verpflichtungen gegenüber Kunden in Spar- und Anlageform.

Sparkasse

Sparkassen beschränken sich auf die Entgegennahme von ↑Spargeldern und deren hauptsächliche Anlage in Hypotheken, ↑Wertschriften sowie Ausleihungen an öffentlich-rechtliche Körperschaften. Zwar zählt das BankG nebst Banken auch Sparkassen zu den ihm unterstehenden Instituten und die ↑Bankenstatistik der SNB führt eine Gruppe «Regionalbanken und Sparkassen». Sparkassen im ursprünglichen Sinn gibt es aber nicht mehr. Selbst wo die Bezeichnung Sparkasse noch heute Bestandteil der Firma ist, handelt es sich um ↑Regionalbanken mit breiterem Tätigkeitsfeld.

Die ersten Sparkassen entstanden in der Schweiz im ausgehenden 18. Jahrhundert. Häufig wurden sie von gemeinnützigen Vereinen und Stiftungen ins Leben gerufen. Ihre Gründung erfolgte nicht aus Gewinnabsicht, sondern im Bestreben, in einem breiteren Bevölkerungskreis den Sparsinn zu wecken und damit die finanzielle Vorsorge zu fördern. Die Institute gewährleisteten eine sichere Anlage der Ersparnisse und vergüteten dafür einen Zins. Vielfach unterstützten Gemeinden und Kantone die Bestrebungen, indem sie entweder die Einlagen garantierten oder selbst Sparkassen gründeten. Einige ↑Kantonalbanken (z.B. in den Kantonen Appenzell Innerrhoden, Obwalden, Glarus, Graubünden) sind aus der Umwandlung von Sparkassen hervorgegangen.

Sparkassen hatten vorwiegend die Rechtsform der Genossenschaft. Nicht selten bestanden deren Eigenmittel im Wesentlichen nur aus Reserven. Es gab aber auch Sparkassen in der Form von Gemeindeinstituten und Aktiengesellschaften.

Max Gsell

Sparkassengeschäft

Während sich im Ausland der Gesetzgeber schon früh veranlasst sah, das Sparkassenwesen zu ordnen, konnten sich in der Schweiz die im Sparkassengeschäft tätigen Institute zunächst aufgrund der Handels- und Gewerbefreiheit im Rahmen der allgemeinen Rechtsordnung frei entfalten. Immerhin erliessen einige Kantone (so Bern, Freiburg, Aargau und St. Gallen) schon im 19. Jh. Vorschriften, die vor allem die Konzession für den Betrieb einer ↑Sparkasse und eine gewisse Aufsicht einführten. In der Folge wuchs das Bedürfnis nach Sicherung der Einlagen. In Art. 57 des Schlusstitels zum ZGB von 1907 wurden die Kantone ermächtigt, ein gesetzliches ↑Pfandrecht zum Schutz der Einleger an Forderungen und Wertpapieren zu schaffen, wobei die gesetzlichen Vorschriften über das Fahrnispfand (↑Fahrnispfandrecht) nicht beachtet werden mussten. Unter dem Eindruck des Zusammenbruchs einiger Sparkassen zwischen 1910 und 1914 machte die Mehrzahl der Kantone von dieser Befugnis Gebrauch. Diese Bestimmung des ZGB wurde durch das am 01.03.1935 in Kraft gesetzte Bundesgesetz über die Banken und Sparkassen (Bankengesetz, BankG) vom 08.11.1934 abgelöst. Dieses nahm u.a. in Art. 15 die Definition des Begriffes «Spareinlagen» vor und erliess für die Banken und Sparkassen weitere Vorschriften mit dem Ziel, eine geordnete und gesunde Geschäftstätigkeit der Geldinstitute zu gewährleisten. Daneben führte es für Spareinlagen eine Bevorzugung im Konkursfall ein, soweit nicht der Staat – wie bei den meisten Kantonalbanken – mit seiner Haftung dafür einstand. Heute ist das ↑Konkursprivileg in BankG 37a geregelt.

1. Rechtliche Grundlagen

Das Sparkassengeschäft besteht hauptsächlich aus der Entgegennahme und Verwaltung von Spareinlagen im Rahmen des ↑Passivgeschäftes einer

Bank. Unter einer ↑Spareinlage im Sinne von BankG 15 ist jede geldmässige Einlage zu verstehen, die in irgendeiner Wortverbindung durch den Ausdruck «Sparen» gekennzeichnet ist. Solche Einlagen dürfen nur von Banken entgegengenommen werden, die öffentlich Rechnung ablegen. Heute legen alle Banken ausser den ↑Privatbankiers, die sich nicht öffentlich zur Annahme fremder Gelder empfehlen, öffentlich Rechnung ab. Alle andern Unternehmen sind zur Entgegennahme von Spareinlagen nicht berechtigt und dürfen weder in der Firma noch in der Bezeichnung des Geschäftszweckes noch in Geschäftsreklamen den Ausdruck «Sparen» mit Bezug auf die bei ihnen gemachten Geldeinlagen verwenden (BankG 15). Das Verbot betrifft auch Nichtbanken, die aufgrund von BankG 1 II 2. Satz im Besitz einer Ausnahmebewilligung zur gewerbsmässigen Entgegennahme von Publikumsgeldern sind, nämlich Körperschaften und Anstalten des öffentlichen Rechts und Kassen, für die sie vollumfänglich haften, sowie Genossenschafts- und Betriebs-«Sparkassen».

Spareinlagen können auf Sparkonten oder gegen Ausgabe von Sparheften entgegengenommen werden. Sparhefte stellen dabei – je nach den vereinbarten Bestimmungen – entweder einfache Schuldurkunden oder ↑Wertpapiere dar. Entscheidend ist, ob die im Heft abgedruckten Bestimmungen die Bank verpflichten, bei Auszahlungen die Präsentation des Heftes zu verlangen (Wertpapierklausel). Lauten Sparhefte in der Form von Wertpapieren auf den Inhaber (↑Inhabersparhefte), so handelt es sich um Inhaberpapiere im Sinne von OR 978 ff. Lauten sie auf den Namen, so liegen Namenpapiere im Sinne von OR 974 ff. vor. Namensparhefte enthalten normalerweise eine Legitimationsklausel, gemäss welcher die Bank jeden Vorweiser des Heftes als verfügungsberechtigt betrachten darf. Dadurch werden die Namensparhefte zu so genannten hinkenden Namen- oder Inhaberpapieren (OR 976 ff.). Eine Kraftloserklärung erfolgt bei Inhabersparheften nach den Bestimmungen über die Kraftloserklärung von Inhaberpapieren (OR 981 ff.). Namensparhefte werden gemäss der Bestimmung von OR 977 kraftlos erklärt. Ein vereinfachtes Kraftloserklärungsverfahren bei Namensparheften ist möglich, wenn dies in den Bestimmungen des Sparheftes vorgesehen ist (OR 977 II in Verbindung mit OR 90). Zwecks Besserstellung von Spareinlagen geniessen Forderungen aus ↑Spar-, Depositen- oder ↑Anlagekonti oder -heften sowie aus ↑Kassenobligationen (mit Ausnahme der Einlagen von andern Banken) nach der Bestimmung von BankG 37 a bis zu einem Höchstbetrag von CHF 30 000 ein Konkursprivileg derart, als sie einer besonderen Klasse zwischen der zweiten und der dritten zugewiesen werden.

Das Konkursprivileg wird ergänzt durch die Vereinbarung vom 01.07.1993 über den ↑Einlegerschutz bei zwangsvollstreckungsrechtlicher Liquidation einer Bank, abgeschlossen zwischen den unterzeichneten Banken. Sie ersetzt die am 01.05.1984 in Kraft getretene Konvention XVIII der Schweizerischen ↑Bankiervereinigung (SBVg) betreffend die Auszahlung von Spareinlagen und Gehaltskonten bei Zwangsliquidation einer Bank. So werden heute bei Nachlassstundung oder Konkurs einer Unterzeichnerbank durch die andern Unterzeichnerbanken Gelder bereitgestellt, damit die SBVg auf Rechnung der Unterzeichnerbanken die zwangsvollstreckungsrechtlich privilegierten Kundenforderungen bevorschussen kann. Dabei werden jedoch nur Kunden schweizerischer Geschäftsstellen einer Bank bevorschusst und es besteht eine generelle Leistungsgrenze der andern Banken in Höhe von CHF 1 Mia. (ohne Verzinsung).

Da man das geltende Verfahren zur Sanierung und ↑Liquidation von Banken als nicht mehr den aktuellen Bedürfnissen angepasst sah, setzte Ende 1998 der zuständige Bundesrat eine Kommission mit Experten aus Verwaltung, Wissenschaft und Praxis zur Ausarbeitung einer neuen Regelung ein. Im Rahmen dieser Aufgabe wurden auch die Bestimmungen über den Einlegerschutz begutachtet. Dabei schlug die Kommission in ihrem Bericht vom Februar 2001 die folgenden Massnahmen vor: Die Kombination von ↑Selbstregulierung und Konkursprivileg wird beibehalten. Neu geschaffen werden soll die Möglichkeit, im Insolvenzfall Kleinstgläubiger mit Einlagen von bis zu CHF 5000 vor allen anderen Gläubigern auszuzahlen. Weiter soll das Konkursprivileg auf sämtliche Einlagen ausgedehnt werden. Die privilegierten Einlagen sollen ausserdem durch eine nunmehr obligatorische, sich weit gehend auf Selbstregulierung der Banken stützende ↑Einlagensicherung garantiert werden. Diese Selbstregulierung ist durch die eidgenössische Bankenkommission zu genehmigen. Mit diesen Massnahmen soll beim Einlegerschutz das Niveau der EU erreicht werden. Kritisiert wird jedoch der Vorschlag der Kommission, grossen Banken, deren geschützte Einlagen die Obergrenze der Selbstregulierung von heute CHF 1 Mia. übersteigen, eine «Zusatzsicherung» aufzuerlegen.

2. Eigenschaften und volkswirtschaftliche Bedeutung

Die Verzinsung der Spargelder hängt grundsätzlich von der Lage am ↑Geld- und ↑Kapitalmarkt ab. Dabei liegt der ↑Zinssatz für Spargelder i.d.R. unter dem Satz für Kassenobligationen, aber über dem Zinssatz für jederzeit verfügbare Einlagen auf ↑Kontokorrentkonti. In jüngerer Zeit stehen Spareinlagen vermehrt in Konkurrenz mit alternativen Sparformen (Fondssparen). Das rückläufige Spargeldvolumen beeinflusst die Verzinsungspolitik bei Spargeldern in zunehmendem Masse und fördert auch die Entwicklung attraktiver Sparprodukte. Zur Förderung des Sparsinns geniessen Sparguthaben Jugendlicher (↑Jugendsparkonto) und von Personen ab Pensionsalter (↑Altersparkonto) oft einen Vorzugszins.

Aus Gründen der Sicherheit (kundenseitig) und der Kosteneffizienz (bankenseitig) verliert das Sparheft gegenüber dem Sparkonto laufend an Bedeutung. Gleichzeitig steht dem Sparer neben dem klassischen Banksparen eine immer grösser werdende Anzahl verschiedenster Sparprodukte zur Verfügung.

Für die Banken gehört die Entgegennahme von Spareinlagen zum traditionellen Passivgeschäft. Spareinlagen sind Teil der Verpflichtungen der Banken gegenüber Kunden. Seit Jahren ist der Gesamtanteil der ↑Kundengelder – zu denen auch Spargelder in Anlageform, Kassenobligationen sowie Anleihen und Pfandbriefdarlehen gehören – an der aggregierten ↑Bilanzsumme aller Banken rückläufig. Im Jahre 2000 lag er mit etwas mehr als CHF 1 000 Mia. bei knapp 50%. Den stärksten Rückgang verzeichnete der Anteil der Spareinlagen. Dieser schmolz von 1985 bis 2000 von etwa 15% auf knapp 10% und lag zuletzt bei rund CHF 200 Mia.

Gemessen an der jeweiligen Bankbilanz haben sowohl die Spareinlagen als auch die Kundengelder insgesamt die grösste Bedeutung bei den ↑Raiffeisenbanken sowie den ↑Regionalbanken und Sparkassen, die geringste bei den ↑Grossbanken und den Kantonalbanken. Obschon Spareinlagen mit Spargeldern bis zu CHF 5 000 anzahlmässig bei weitem überwiegen, tragen jene mit Beträgen über CHF 30 000 den grösseren Teil zum Gesamtvolumen bei.

Bei den volkswirtschaftlichen Geldaggregaten M1, M2 und M3 sind die Spareinlagen mit Abstand die wichtigste Komponente. Die schweizerische Bevölkerung spart seit einiger Zeit zwar vermehrt auf anderem Wege – z. B. über ↑Wertschriften oder ↑Anlagefonds. Als Refinanzierungsquelle für die Kreditwirtschaft und somit für die Aufrechterhaltung des wirtschaftlichen Kreislaufs spielen die Spareinlagen – trotz rückläufigem Anteil an den Bankenbilanzen – nach wie vor eine wichtige Rolle. Ende 2000 standen einem den privaten Haushalten, den Unternehmen und der öffentlichen Hand gewährten ↑Kreditvolumen von insgesamt rund CHF 650 Mia. Spareinlagen von gut CHF 200 Mia. gegenüber. *Dominique Folletête*

Sparkassenpfandrecht

Das Sparkassenpfandrecht bezweckte früher den Schutz der Kleinsparer. In BankG 16 alt wurde den Kantonen die Kompetenz eingeräumt, zur Sicherstellung von Spareinlagen bis zu CHF 5 000 im Einzelfall ein gesetzliches ↑Pfandrecht an Aktiven der Bank zu schaffen. Von dieser Möglichkeit hatten jedoch nur wenige Kantone Gebrauch gemacht. Dementsprechend erlangte dieses Instrument lediglich eine marginale Bedeutung.

Im Zusammenhang mit der Revision des Bundesgesetzes über Schuldbetreibung und Konkurs (SchKG) in den Jahren 1994/1995 wurde BankG 16 alt durch eine vollständig neue Fassung ersetzt, womit die alte Regelung über kantonale Vorschriften betreffend des Spareinlagen-Pfandrechtes ersatzlos entfiel. Den Kantonen, die Bestimmungen über das Sparkassenpfandrecht erlassen hatten, wurde eine Übergangsfrist von drei Jahren eingeräumt, um die kantonalen Regelungen anzupassen. Bisherige kantonale Bestimmungen über ein gesetzliches Pfandrecht zu Gunsten von Spareinlagen, die innert dieser Frist nicht modifiziert wurden, fielen dahin (BankG 53). Das Sparkassenpfandrecht existiert in seiner ursprünglichen Form nicht mehr. An dessen Stelle sind andere Instrumente getreten, um den Sparer zu schützen (↑Sparkassengeschäft). Forderungen aus Spar-, Depositen- oder Anlageheften oder -konten oder aus ↑Kassenobligationen (mit Ausnahme der Einlage anderer Banken) geniessen heute gestützt auf BankG 37a bis zum Höchstbetrag von CHF 30 000 ein ↑Konkursprivileg. *Dominique Folletête*

Sparkonto, Sparheft

Das Sparkonto ist ein bei einer Bank geführtes Konto, auf dem Geldeinlagen verbucht werden, die für Anlagezwecke und nicht für den ↑Zahlungsverkehr bestimmt sind. Im Vergleich zum Privatkonto weist das Sparkonto einen höheren ↑Zinssatz mit restriktiveren Rückzugsbedingungen auf, wodurch es für kurz- und mittelfristige Sparzwecke geeignet ist. In der Regel wird das Sparkonto spesenfrei angeboten. Das Sparkonto entspricht der klassischen Form einer Geldanlage mit gesetzlichem ↑Konkursprivileg (↑Sparkassengeschäft). Vor allem für jüngere Generationen verliert das Sparkonto laufend an Bedeutung, da die Finanzinstitute mittlerweile attraktivere Sparprodukte (z. B. Fondssparen) anbieten. Bei der Eröffnung eines Sparkontos kann dem Einleger ein auf seinen Namen oder auch auf den Inhaber (Vorweiser) lautendes Sparheft übergeben werden. Darin werden Einzahlungen und Rückzüge sowie der Bestand des Guthabens verbucht. Die Rechtsnatur der Sparhefte ergibt sich aus den in ihnen abgedruckten Bestimmungen (↑Sparkassengeschäft). Aus Sicherheits- (Verlust, Missbrauch) und Kostengründen ist die Verbreitung des Sparheftes in den vergangenen Jahren stark zurückgegangen.

Dominique Folletête

Sparplan
↑Anlageplan (bei Anlagefonds).

Sparquote
↑Sparen (Volkswirtschaftliches).

Sparte

Als Sparte oder Geschäftssparte bezeichnet man einen Teilbereich der Bank auf hierarchisch hoher Ebene. Der Begriff ist heute etwas aus der Mode geraten. Er wurde und wird vor allem im betrieblichen Rechungswesen verwendet und steht für einen Kostenträger. Dies gilt namentlich dann, wenn die Kostenträger aufgrund von zusammenhängenden Produktgruppen definiert werden, während bei einer kundengruppenorientierten Gliederung eher der Ausdruck Segment verwendet wird. Ziel der Geschäftsspartenrechnung ist es, Transparenz in die Erfolgszusammenhänge der integrierten ↑Universalbanken zu bringen. Bei einer konsequenten Produktgruppengliederung wird eine Universalbank in folgende Sparten aufgeteilt: Kreditgeschäft (eventuell unterteilt nach In- und Ausland); Einlagengeschäft; ↑Zahlungsverkehr; Wertschriftengeschäft; ↑Devisen-, Edelmetall- und ↑Sortengeschäft. Ein Hauptproblem der Spartenrechnung liegt bei der Ermittlung und Verrechnung von durchschnittlich gebundenen und beanspruchten Kapitalien und den damit zusammenhängenden Zinskosten und -erlösen. Die zum Einsatz kommenden Rechenverfahren sind die ↑Schichtenbilanz, die Ein- und Mehrpoolmethode und die ↑Marktzinsmethode.

Die schwindende Verwendung des Begriffes Sparte ist darauf zurückzuführen, dass die Produktgruppengliederung im Rahmen der ↑Aufbauorganisation der Bank stark an Bedeutung verloren hat. Heute dominiert bei Universalbanken eine segmentorientierte Organisationsstruktur, während bis in die 70er-Jahre die Spartengliederung üblich war. ↑Geschäftsfeld; ↑Geschäftssparte; ↑Organisation der Bank; ↑Marktsegmentierung.

Hans Geiger

Special drawing right
↑Sonderziehungsrechte (SZR).

Special purpose vehicle
Rechtlich und wirtschaftlich selbstständiges, zum Zwecke der Asset securitization gegründetes Finanzierungsvehikel, beispielsweise in Form eines ↑Trusts oder einer ↑Kapitalgesellschaft. ↑Asset backed securities (ABS).

Special repo
↑Repo-Markt Schweiz.

Special situation
↑Aktie (als Anlagepapier).

Speculative grade
↑Rating.

Spediteurempfangsschein
Englische Bezeichnung dafür: Forwarding agent's certificate of receipt (FCR). Der Spediteurempfangsschein ist eine schriftliche Erklärung, mit der eine Speditionsfirma bestätigt, die Ware zur Auslieferung an einen bestimmten Empfänger entgegengenommen zu haben. Wer den Spediteurempfangsschein in Händen hält, ist berechtigt, dem Spediteur bis zur Ankunft der Ware am Bestimmungsort Weisungen zu erteilen. Mit der Weitergabe des Empfangsscheins verliert der Absender somit die Kontrolle über die Ware. Obschon er kein ↑Wertpapier ist und keinen Anspruch auf die Ware verkörpert, findet der Spediteurempfangsschein als Dokument im Dokumenten-Akkreditivgeschäft (↑Dokumenten-Akkreditiv) Verwendung. Der Spediteurempfangsschein hat eine dem Frachtbrief-Duplikat vergleichbare Funktion.

Spekulation
Das Wesen der Spekulation liegt in der gewinnbringenden Ausnützung von erwarteten Preisunterschieden auf einem Markt. Da die zukünftigen Preise nicht mit Sicherheit vorauszubestimmen sind, sind spekulative Engagements stets mit einem Risiko verbunden. Spekulation im engen Sinn liegt vor, wenn Transaktionen in Wertpapieren, Devisen und ↑Commodities ausschliesslich und allein mit der Absicht abgeschlossen werden, einen kurzfristigen Gewinn zu realisieren. Spekulationen können preis- und risikoausgleichend wirken, vorausgesetzt, dass die Zahl der Spekulanten gering ist und diese nur das Ausmass, nicht aber die Richtung der Preisveränderung beeinflussen können. Ist der Anteil der Spekulanten unter den Marktteilnehmern jedoch hoch, wirkt sich dies preisdestabilisierend aus. ↑Bubble.

Spekulationspapiere
Als Spekulationspapiere werden ↑Effekten bezeichnet, die sich aufgrund ihrer Kursschwankungen für Spekulationsgeschäfte (↑Spekulation) eignen. Bei solchen Börsengeschäften steht das Ausnutzen von meist kurzfristigen Kurs- oder Preisunterschieden zwischen dem Kaufzeitpunkt und dem Verkaufstermin im Vordergrund. Spekulationspapiere zeichnen sich durch ein unverhältnismässig hohes Gewinn- und Verlustrisiko aus. In diese Kategorie werden ↑Optionen, ↑Futures und spekulative ↑Aktien und ↑Fonds gezählt (z.B. Schwellenländer- oder ↑Hedge funds).

Sperrdepot, -guthaben
Wertpapierdepot bzw. Guthaben bei einer Bank, über das der Kunde nur erschwert, d.h. nur nach Erfüllung bestimmter Bedingungen oder nur mit Zustimmung eines Dritten verfügen kann. ↑Kontosperre. ↑Depotgeschäft.

Sperren, Sperrung
Die Begriffe Sperren oder Sperrung werden unterschiedlich verwendet:
1. Von der Sperrung eines Kontos oder eines Wertschriftendepots spricht man im Bankverkehr, wenn der Kunde aufgrund einer Vereinbarung mit der Bank oder einem Dritten oder durch behördliche Anordnung oder in Erwartung einer solchen an der freien Verfügung über die hinterlegten Vermögenswerte gehindert ist (↑Kontosperre)
2. Von der Sperrung eines einzelnen ↑Wertpapiers oder Sparhefts wird gesprochen, wenn der rechtmässige Inhaber der Urkunde dem Aussteller vom Abhandenkommen der Urkunde Mitteilung macht, um zu verhindern, dass dieser Auszahlungen an einen Unberechtigten vornimmt (z.B. ↑Checksperre). Der Aussteller wird in der Regel das Abhandenkommen an die Telekurs Finanzinformationen AG (↑Telekurs) zuhanden der von dieser Organisation geführten und den Banken zugänglichen Sperrliste (↑Opposition von Wertpapieren) weitermelden, damit die gemeldeten Papiere aufgefunden werden können, wenn sie bereits einer Bank übergeben wurden, oder, wenn dies noch nicht geschehen ist, um zu verhindern, dass sie von einer Bank entgegengenommen werden
3. ↑Sperrverpflichtung.

Sperrfrist
Frist, während welcher der Eigentümer über bestimmte ↑Wertpapiere nicht frei verfügen darf, insbesondere im Anschluss an die Zuteilung von Mitarbeiteraktien (↑Mitarbeiterbeteiligung) oder von Wertpapieren aus ↑Emission. ↑Sperrverpflichtung.

Sperrkonto
↑Bankkonto, über das der ↑Kontoinhaber nur erschwert, d.h. nach Erfüllung bestimmter Bedingungen, oder gar nicht verfügen kann, z.B. Sperrkonto für Aktienkapitaleinzahlungen, Sperrkonto für Grundstückgewinnsteuern, ↑Mietzinsdepot.
Bei der Verpfändung einer Forderung aus einem Bankkonto muss der kontoführenden Bank die Verpfändung angezeigt werden. Das entsprechende ↑Konto wird während der Dauer der Verpfändung gesperrt (↑Kontosperre).

Sperrliste
↑Opposition von Wertpapieren.

Sperrminorität bei der AG
Als Sperrminorität bezeichnet man die Anzahl ↑Aktien bzw. Stimmen, die wichtige Beschlüsse nach OR 704 verhindern können, weil die Zustimmung von mindestens zwei Dritteln der vertretenen Stimmen und das absolute Mehr der vertretenen Aktiennennwerte erforderlich ist. Stimmenthaltungen, leere und ungültige Stimmen wirken als Nein-Stimmen. Die Statuten können wohl strengere Bestimmungen, nicht aber eine weniger weit gehende Mehrheit vorsehen.
Anders als unter dem früheren Aktienrecht ist bei ↑Publikumsgesellschaften die Sperrminorität wegen der nicht bekannten Zahl der vertretenen Stimmen nicht zum Voraus zahlenmässig festzulegen. Wenn bei ↑privaten Aktiengesellschaften alle Aktien vertreten sind, umfasst die Sperrminorität zwei Drittel zuzüglich einer Stimme der Aktien und die Hälfte der ↑Nennwerte zuzüglich den Nennwert einer Aktie.

Sperrstücke
↑Gesperrte Stücke.

Sperrverpflichtung
Der Begriff Sperrverpflichtung wird unterschiedlich verwendet:
1. Die Verpflichtung der Banken im ↑Emissionsgeschäft, die zugeteilten Titel nicht vor Ablauf einer bestimmten Frist (in der Regel 30 Tage) unter dem ↑Emissionskurs zu veräussern. Damit soll ein Druck auf den Kurs der Anleihe im ↑Sekundärmarkt verhindert werden
2. Die Verpflichtung von bisherigen Aktionären oder der Geschäftsleitung des ↑Emittenten bei einem ↑Initial public offering (IPO) während einer in den Emissionsbedingungen festgelegten Periode von mindestens sechs Monaten aus dem ihnen verbleibenden Aktienbestand keine Verkäufe vorzunehmen. (Für den ↑SWX New Market, Zusatzreglement Art. 7)
3. Beim Bezug von Zutrittskarten zur Generalversammlung die Verpflichtung der Bank gegenüber der Kartenausgabestelle, die bei ihr deponierten ↑Inhaberaktien zu sperren, bis die Generalversammlung stattgefunden hat
4. ↑Sperrdepot
5. Aktienkapitaleinzahlungen: Bei der Bargründung einer Aktiengesellschaft Verpflichtung der Bank als Depositenstelle, den einbezahlten Betrag der Einlagen erst nach der Eintragung der Gesellschaft im Handelsregister freizugeben (OR 633 II). ↑Depositenstelle für Aktienkapitaleinzahlungen.

Spesen im Bankverkehr
↑Bankspesen.

Spezialfonds für institutionelle Anleger mit professioneller Tresorerie
↑Bundesgesetz über die Anlagefonds (AFG).

Spezialitätenfonds
In der Praxis verwendete Bezeichnung für ↑Anlagefonds, die sich durch eine besondere Ausrichtung auf bestimmte originelle Themen (z.B. Lei-

sure fund) statt Länder, Branchen oder Sektoren oder auf besondere ↑Finanzinstrumente (z. B. Protected floor funds) auszeichnen. Da auch Anlagefonds und die von ihnen verfolgten ↑Anlagestrategien Modetrends unterliegen, ist der Begriff in ständigem Wandel und daher wenig aussagekräftig.

Spezielle Verpfändung
↑Wertpapierverpfändung.

S & P 500 Index
↑Standard & Poor's 500 Index.

SPI
Abk. f. ↑Swiss Performance Index (SPI).

Spieleinwand
↑Differenzgeschäft.

Spielpapier
Andere Bezeichnung für ↑Spekulationspapier. Aktien oder Obligationen, die zu niedrigen Kursen an der Börse gehandelt werden, jedoch die Möglichkeit eines erheblichen Kursgewinnes, aber auch das Risiko einer völligen Entwertung enthalten, falls sich die Verhältnisse noch verschlechtern. Als Spielpapier werden auch etwa Aktien bezeichnet, die an sich (noch) keine ↑Nonvaleurs sind, jedoch in der Regel sehr starken Kursschwankungen unterliegen. ↑Penny stocks.

Spin-off
Unter einem *Spin-off* wird
– die vollständige Abspaltung
– einer rechtlich selbstständigen Konzerneinheit (Tochtergesellschaft oder Subholding)
– mittels liquiditätsneutraler Pro-rata-Sachausschüttung
– an die Aktionäre der Konzernobergesellschaft verstanden.
Führen Spin-offs zu einer vollständigen Abspaltung eines Unternehmungsteils, werden sie auch als *Split-up* bezeichnet. Erfolgt statt einer vollständigen nur eine teilweise Abspaltung, wird auch von einem *Teil-Spin-off* gesprochen.
Denkbar sind auch Spin-offs, bei denen der abzuspaltende Unternehmungsteil mit einem geringen ↑*Free float* bereits teilkotiert ist. In diesem Fall gibt es bereits Publikumsaktionäre im Teilkonzern. Da Gegenstand des Spin-offs jedoch die von der Konzernobergesellschaft gehaltene Beteiligung an der Tochter bzw. am Teilkonzern ist, erfolgt auch in diesem Fall die Pro-rata-Ausschüttung an die Aktionäre der Konzernobergesellschaft.
Spin-offs sind von ↑*Sell-offs* und ↑*Equity carve outs* zu unterscheiden:

– Beim *Sell-off* werden nicht Aktien an bisherige Aktionäre ausgeschüttet, sondern ein fortzuführender Unternehmungsteil an ein anderes Unternehmen oder einen ↑Investor verkauft. Der Sell-off ist die klassische Form der ↑Desinvestition. Im Gegensatz zum Spin-off hat er keine Definanzierungswirkung
– Während Spin-offs liquiditätsneutral sind und sich der Aktionärskreis a priori nicht verschiebt, führen *Equity carve outs* durch das damit verbundene ↑*Initial public offering (IPO)* zu einem Mittelzufluss in der Konzernobergesellschaft und zu einer veränderten Zusammensetzung des Aktionärskreises. Equity carve outs werden auch als Split-off-IPOs bezeichnet.

In der Praxis wird der Begriff Spin-off gelegentlich dem Begriff *Desinvestition* gleichgesetzt. Der Desinvestitionsbegriff ist jedoch weiter zu interpretieren, da er auch den einfachen Verkauf eines Unternehmungsteils an eine andere Unternehmung *(Sell-off)*, eine Teilliquidation oder die Veräusserung von Anlagevermögen umfasst.
Die Gestaltung eines Spin-offs wird von der finanzwirtschaftlichen Ausgangslage und steuerlichen Überlegungen massgebend beeinflusst. So kann ein Spin-off beispielsweise mittels ↑Ausschüttung einer Sonderdividende in Form von Aktien der abzuspaltenden Unternehmung an die Aktionäre der Konzernobergesellschaft erfolgen. Dabei kann die Obergesellschaft die ↑Verrechnungssteuer tragen, womit die Sonderdividende eine Netto-Ausschüttung an die Aktionäre ist. Die steuerliche Optimierung kann bei Spin-offs zu komplizierten mehrstufigen ↑Transaktionen führen.

1. Spin-offs aus der Sicht der abspaltenden Unternehmung
Für die abspaltende Unternehmung sind Spin-offs das Ergebnis strategischer und finanzwirtschaftlicher Überlegungen zur Konzernstrukturierung. Der Spin-off kann beispielsweise dem Ziel der Konzentration auf Kernaktivitäten dienen. Aus Sicht der wertorientierten Unternehmungsführung (↑*Shareholder value*) kann ein Spin-off zu einer Erhöhung des Unternehmungswertes führen. Diesen Effekt zeigen Ereignisstudien in den USA und Europa durch den Nachweis abnormaler Renditen. Finanzwirtschaftlich werden Spin-offs oft als eine kombinierte Desinvestition und Definanzierung charakterisiert. Allerdings haben klassische Spin-offs keinerlei Liquiditätswirkung und sind daher streng genommen kein Finanzierungsvorgang. Aus diesem Grund ist der Spin-off – sachlich richtiger – bei der abspaltenden Unternehmung als liquiditätsneutrale Form der Eigenkapitalrestrukturierung zu interpretieren.
Die Eigenkapitalrestrukturierung durch Spin-off führt bilanziell gesehen zu einer *Bilanzverkürzung*, die sich auf die horizontale und vertikale Bilanzstruktur auswirkt. Ebenso verschwinden aus der

↑Erfolgsrechnung die Erträge und Aufwendungen der abgespaltenen Konzerneinheit.

2. Spin-offs aus der Sicht der abgespaltenen Unternehmung

Aus der Sicht der abgespaltenen Unternehmung sind die Auswirkungen des Spin-offs mit denen eines *Initial public offerings (IPO)* vergleichbar, da der Spin-off in seiner Reinform aus einer Konzerneine ↑Publikumsgesellschaft macht. Für die abgespaltene Unternehmung ändert sich die Zusammensetzung des Aktionärskreises: Während vor dem Spin-off die Konzernobergesellschaft alleiniger Aktionär war, sind es nun direkt die Publikumsaktionäre der ehemaligen ↑Muttergesellschaft.

Auch für die abgespaltene Unternehmung ist der Spin-off liquiditätsneutral. Da mit dem Spin-off jedoch eine Herauslösung aus dem Konzernverbund erfolgt, kann die Transaktion weit gehende finanzwirtschaftliche Auswirkungen haben, z.B. hinsichtlich
– der Liquiditätsbewirtschaftung, die nach dem Spin-off nicht mehr in das Konzerntreasury integriert ist
– der ↑Fremdfinanzierung, die nach der Transaktion ausserhalb des Konzernverbundes gesichert werden muss
– der Ausschüttungspolitik, die nicht mehr nach konzerninternen Richtlinien an die Konzernobergesellschaft erfolgt, sondern mit Blick auf die Publikumsaktionäre festzulegen ist.

Da die abgespaltene Unternehmung durch den Spin-off Zugang zum organisierten Eigenkapitalmarkt erhält, muss sie zudem anderen Anforderungen hinsichtlich Unternehmungspublizität und Rechnungslegung gerecht werden und ihre ↑*Corporate governance* an die Anforderungen bei Publikumsgesellschaften anpassen.

3. Spin-offs aus der Sicht der Aktionäre

Ein Spin-off erfolgt, indem die Aktien des abzuspaltenden Unternehmungsteils, die bisher von der Konzernobergesellschaft als Beteiligung gehalten wurden, an deren Aktionäre «ausgeschüttet» werden. Nach einem Spin-off hält der Aktionär daher nicht nur die Aktien der Konzernobergesellschaft, sondern neu auch Aktien des veräusserten Unternehmungsteils. Ein Spin-off verändert somit die Zusammensetzung und ↑Diversifikation des Wertschriftenportefeuilles des Aktionärs, weshalb Spin-offs auch als *Portefeuille-Ausschüttung* bezeichnet werden.

Diese Ausschüttung hat auf der Ebene des Aktionärs ebenfalls steuerliche Auswirkungen. Erfolgt die Ausschüttung beispielsweise als Netto-Sonderdividende, bei der die Verrechnungssteuer von der ausschüttenden Gesellschaft getragen wird, so ist die Brutto-Ausschüttung für Privatpersonen einkommenssteuerpflichtig. *Carsten Stolz*

Spitzen

Grundsätzlich wird die Bezeichnung Spitzen für überschiessende Beträge bei der Aufrechnung von Leistungen und Gegenleistungen verwendet.

Spitzen entstehen, wenn beim Umtausch von ↑Effekten, z.B. von ↑Wandelobligationen gegen ↑Aktien, die entsprechenden ↑Wertrechte durch die zu beziehende runde Zahl von Effekten nicht dargestellt werden können, weil das schweizerische Recht keine Bruchteile von Aktien kennt. Spitzen entstehen ferner bei Kapitalerhöhungen, wenn der einzelne Aktionär über zu wenig oder zu viel ↑Bezugsrechte für den Bezug der neuen Aktie verfügt. Der Spitzenausgleich erfolgt über den Zukauf oder Verkauf von Anrechten.

Split
↑Split-up.

Split-off-IPO
↑Equity carve out.

Splitting up
↑Demerger.

Split-up

Als Split-up bezeichnet man die Vermehrung der Anzahl der ausstehenden ↑Beteiligungspapiere durch Herabsetzung des ↑Nennwertes der bisherigen Titel mit dem Ziel, einen zu hohen Aktienkurs auf ein niedrigeres Niveau zu bringen. Weil sich das Grundkapital dabei nicht verändert, hat der Split-up keine Finanzierungswirkung. Ein Split-up schafft auch keinen Mehrwert für die Aktionäre, weil sich die bestehende ↑Ertragskraft und das vorhandene ↑Eigenkapital lediglich auf eine grössere Anzahl Titel verteilt. Bildlich gesprochen: Ein Kuchen wird in eine grössere Anzahl Stücke aufgeteilt.

Sponsoring
↑Public relations der Banken.

Spot

Englische Bezeichnung für sofort, sofort zahlbar, sofort lieferbar, ↑bar. Spot trifft man häufig in Wortverbindungen an: ↑Spot date; ↑Spot delivery; ↑Spot price; Spot-Valuta; ↑Spot-Markt u.a.

Spot date

Auch Spot-Valuta. Valutatag zwei Arbeitstage nach Geschäftsabschluss. ↑Devisengeschäft; ↑Termingeld; ↑Geldmarkt.

Spot delivery

Bezeichnung für ein sofort zu erfüllendes Geschäft im Devisen- oder Effektenhandel, ein Kassageschäft, im Unterschied zu ↑Future delivery.

Spot-Geschäft
Kassa- oder Comptantgeschäft, im Unterschied zum ↑Termingeschäft.

Spot-Markt
Synonym für ↑Kassamarkt, im Gegensatz zum ↑Terminmarkt. ↑Devisengeschäft.

Spot next
↑Swap-Geschäft, dessen Kassaseite normal valutiert ist, dessen Terminseite aber einen Tag später fällig wird.

Spot price
Englische Bezeichnung für Kassapreis. ↑Kassakurs.

Spot-Valuta
↑Spot date.

SPPS
Abk. f. ↑Swiss performance presentation standards (SPPS).

Spread
↑Kursspanne.

Squeeze out
Transaktion mit dem Ziel, nach einem erfolgreichen Übernahmeangebot eine noch verbleibende Zahl von ↑Minderheitsaktionären zu eliminieren. Nach BEH 33 kann der Anbieter nach Ablauf der Angebotsfrist – sofern er über mehr als 98% der Stimmrechte der ↑Zielgesellschaft verfügt – binnen dreier Monate vom Richter die Kraftloserklärung der restlichen ↑Beteiligungspapiere verlangen. Die Gesellschaft gibt diese Papiere neu aus und übergibt sie dem Anbieter gegen Entrichtung des Angebotspreises zu Gunsten der Eigentümer der «kraftlos» erklärten Beteiligungspapiere.

St. Galler Börse
Die Tätigkeit von ↑Sensalen lässt sich in St. Gallen bis ins 17. Jahrhundert zurückverfolgen. Die erste St. Galler Sensalenordnung diente den Zürchern als Vorbild. Die Anfänge der eigentlichen ↑Börse gehen auf das Jahr 1887 zurück. Im Jahre 1991 wurde der Betrieb der St. Galler Börse im Rahmen der schweizerischen Börsenkonsolidierung eingestellt.

Staatsanleihen, -papiere
Anleihen, welche der Staat zur Deckung seiner finanziellen Bedürfnisse (Deckung von Haushaltsdefiziten oder Finanzierung von Investitionen) aufnimmt. Staatsanleihen sind in der Schweiz die Anleihen des Bundes und der Kantone. Rechtlich und wirtschaftlich den Staatsanleihen gleichgestellt sind Anleihen von öffentlich-rechtlichen oder gemischtwirtschaftlichen Unternehmungen, die ausdrücklich mit einer ↑Staatsgarantie versehen sind, z.B. Anleihen der ↑Kantonalbanken (mit Ausnahme von Waadt und Genf) und anderen öffentlich-rechtlichen Unternehmungen.

Staatsbank
Banken, welche aufgrund eines besonderen gesetzlichen Erlasses in der Regel in Form einer öffentlich-rechtlichen Anstalt oder als Aktiengesellschaft errichtet worden sind. Auch Aktiengesellschaften gelten als Staatsbank, wenn der Staat alleiniger Aktionär ist. Sind neben dem Staat als ↑Mehrheitsaktionär auch private Investoren am ↑Aktienkapital beteiligt, liegt nach OR 762 eine gemischtwirtschaftliche (spezialgesetzliche) Aktiengesellschaft vor. In der Schweiz sind die ↑Kantonalbanken als Staatsbanken zu betrachten, solange der Kanton für die Verbindlichkeiten vollumfänglich haftet. Für den Begriff der Kantonalbank ist aufgrund von BankG 3a die uneingeschränkte Staatshaftung jedoch kein konstitutives Merkmal mehr. Im Ausland sind verschiedentlich Staatsbanken durch die Verstaatlichung (Nationalisierung) von privatrechtlichen Banken entstanden.

Staatsgarantie
Den ↑Kantonalbanken kam ursprünglich in der Regel die Aufgabe zu, zinsgünstige Kredite, insbesondere an die Landwirtschaft und das Handwerk, zu gewähren, attraktive Hypotheken zur Förderung des Grundeigentums zu vergeben sowie für alle Bevölkerungskreise und Wirtschaftszweige ihres Tätigkeitsgebietes flächendeckend Bankdienstleistungen anzubieten. Ebenso hatten sie den Sparwillen der Bevölkerung zu fördern und sollten für Wettbewerb in der damals von wenigen Instituten bestimmten Bankenbranche sorgen. Ausgehend von diesem im Grundsatz immer noch gültigen Kernauftrag sind sie im Laufe ihrer Entwicklung zu leistungsfähigen ↑Universalbanken geworden.
Gewissermassen als Gegenleistung für die Wahrnehmung dieser Aufgaben übernahm der Kanton die Haftung für die Verbindlichkeiten seiner Bank. Die Staatsgarantie wird in den Gesetzen mit Formulierungen wie «Der Staat haftet für alle Verbindlichkeiten der Bank, soweit ihre eigenen Mittel nicht ausreichen» oder «Der Kanton haftet für alle Verpflichtungen der Kantonalbank, soweit deren eigenen Mittel zur Deckung der Verbindlichkeiten nicht ausreichen» umschrieben. Sie stellt somit in ihrer Wirkung eine besondere Form der ↑Einlagensicherung (im Sinne einer Solvenzsicherung, nicht aber Liquiditätssicherung) bei den Kantonalbanken dar. In der ökonomischen Theorie gelten Einlagensicherungssysteme grundsätzlich als ein zentrales Element eines modernen Bankensystems, denen eine wesentliche Stabilisierungsfunktion (↑Systemstabilität, Förderung der) zukommt.

Was seinen rechtlichen Charakter und sich daraus ergebende Schlussfolgerungen anbelangt, ist das Instrument der Staatsgarantie eher wenig erforscht. So ist in der Wissenschaft insbesondere umstritten, ob der Staatsgarantie die Wirkung einer Institutsgarantie zukommt, im Sinne der Aufrechterhaltung einer permanenten Zahlungsbereitschaft der Bank. Es gibt auch die Ansicht, dass die Staatsgarantie ihre Wirkung nur im Liquidationsfall entfaltet, und zwar subsidiär, indem der jeweilige Kanton den ↑Gläubigern seines Institutes einen allfälligen Ausfall decken muss.

Juristisch handelt es sich trotz des Begriffes nicht um eine «Garantie» im technischen Sinne, also um ein selbständiges, abstraktes Schuldversprechen des Kantons. Es ist ebenfalls umstritten, ob überhaupt ein direkter Anspruch des Gläubigers gegen den Kanton geltend gemacht werden könnte, oder ob nicht vielmehr stets gegen die Bank bzw. deren Liquidationsmasse vorzugehen wäre und die entsprechenden Organe dann die Staatsgarantie gegenüber dem Kanton zur Deckung geltend machen müssten. So wird von vielen die Ansicht vertreten, dass die Staatsgarantie auch aus privatrechtlicher Sicht kaum als individuelles Haftungsversprechen, sondern als Institutsgarantie und allenfalls als Deckungsgarantie bei der Liquidation zu verstehen sei. Die Staatsgarantie entspricht in diesem Sinne eher einem öffentlich-rechtlichen Schuldverhältnis. Die abschliessende rechtliche Beurteilung hat für jeden Kanton einzeln auf der Basis des jeweiligen Kantonalbankgesetzes zu erfolgen.

Tritt der Fall ein, dass ein Kanton effektiv für die Verbindlichkeiten seiner Bank einstehen muss, so hat er die notwendigen Mittel bereitzustellen. Dabei ist er allerdings an die eigene Finanzkompetenzordnung gebunden. Für notwendige Budgetbeschlüsse, Steuererhöhungen oder Mittelaufnahmen am ↑Kapitalmarkt müssen je nach Regelung das Parlament oder gar der Souverän zustimmen.

Bis zur Revision des Bundesgesetzes über die Banken und Sparkassen vom 01.10.1999 (BankG) war die Staatsgarantie konstitutives Begriffsmerkmal einer Kantonalbank. Seit dieser Gesetzesrevision ist sie, neben der Rechts- und Organisationsform oder der Höhe der Beteiligung und der Art der Einflussnahme des Kantons, ein Gestaltungselement, das durch die vom Eigner gewünschte Struktur und Organisation seiner Kantonalbank bestimmt wird. Der Kanton als (Haupt-)Träger einer Kantonalbank hat somit auch hinsichtlich Definition der Staatsgarantie heute einen grösseren Handlungsspielraum als unter der früheren Regelung. Bei der Beurteilung der Staatsgarantie ist immer auch zu berücksichtigen, wie nahe beim Kanton ein Institut steht bzw. stehen soll. Diese Nähe kann sich im Ausmass der kapital- bzw. stimmenrechtmässigen Beteiligung, in den Bestimmungen über die Mitsprachemöglichkeiten des Kantons oder in den Regelungen über die Aufsicht äussern. Letztlich gilt aber unabhängig von der konkreten Regelung und einer möglichen Beschränkung der Staatsgarantie, dass ein Kanton – will er seine Bank und steht er zu ihr – gehalten ist, sie mit den erforderlichen Mitteln auszustatten, allenfalls auch in schwierigen Zeiten. Dieser Verantwortung hat sich jeder massgebliche Aktionär in einem Unternehmen, auch ein privater, zu stellen.

Mit zwei Ausnahmen verfügen alle Kantonalbanken traditionell über eine alle Verbindlichkeiten umfassende Staatsgarantie. Das Institut im Kanton Waadt kennt keine und dasjenige im Kanton Genf nur eine auf bestimmte Produkte und pro Einleger betragsmässig beschränkte Garantie. Im Rahmen des grösseren Gestaltungsspielraumes wird die Ausgestaltung der Staatsgarantie in verschiedenen Kantonen vermehrt diskutiert. Mit überstürzten Veränderungen ist nicht zu rechnen. Der kantonale Gesetzgeber stellt im eigenen Interesse sicher, dass allfällige Anpassungen mit den Erwartungen an die Bank übereinstimmen und keine Unsicherheiten oder Vertrauensverluste provoziert werden. In jedem Fall ist in einer Übergangsregelung festzulegen, dass von Gläubigern wohlerworbene Rechte geschützt bleiben.

Die Staatsgarantie stellt insgesamt einen Stabilitätsfaktor dar, der dem ganzen ↑Finanzplatz zu Gute kommt. Sie ist – obwohl auf Bundesgesetzebene formaljuristisch kein zwingendes Begriffsmerkmal mehr – als zusätzlicher Sicherheitsfaktor von einem grossen Teil der Kundschaft geschätzt und bei breiten Bevölkerungskreisen weiterhin eng mit dem Begriff «Kantonalbank» verbunden.

Anderseits ist auch dem Anliegen des Steuerzahlerschutzes Rechnung zu tragen. Nicht zuletzt aus ordnungspolitischen Überlegungen wurde in jüngster Zeit in verschiedenen Kantonen eine finanzielle Abgeltung der gewährten Garantie eingeführt, obwohl von der Wettbewerbsbehörde bei bisherigen Untersuchungen keine grundsätzlichen marktverzerrenden Wirkungen der Staatsgarantie nachgewiesen werden konnten. Solange der Kanton alleiniger Eigentümer der Bank ist, macht eine Abgeltung aus wirtschaftlicher Sicht wenig Sinn. Da eine solche den Gewinn vermindert, reduziert sich entsprechend auch die Gewinnausschüttung. Die Gesamtablieferung an den Kanton bleibt also grundsätzlich gleich. Sind jedoch auch Dritte am Kapital und somit an der Gewinnausschüttung beteiligt, ist eine finanzielle Abgeltung an den Kanton – nur er gewährt ja die Garantie – durchaus angebracht. Die bis anhin realisierten Modelle sind in Bezug auf die Berechnung des Abgeltungsbetrages unterschiedlich: Neben eher pauschalen Regelungen gibt es Modelle, die sich auf die risikogewichteten Aktiven bzw. die erforderlichen Eigenmittel, auf das Total der ↑Fremdgelder, auf die versicherten Einlagen oder aber auf Überlegungen aus der Optionspreisbewertung abstützen.

Wie für andere Elemente zur Ausgestaltung einer Kantonalbank gilt auch für die Abgeltung der Staatsgarantie: Die richtige – im Sinne einer einheitlichen – Lösung gibt es nicht. Entscheidend ist vielmehr, dass ein Konzept transparent und nachvollziehbar ist sowie von Kanton und Bank akzeptiert wird. *Kurt Amsler*

Staatsschuldbuch
↑Schuldbuch, eidgenössisches.

Stabile Wechselkurse
↑Wechselkurse, die nicht oder nur geringfügig schwanken. Im Unterschied zu festen Wechselkursen setzen stabile Wechselkurse nicht notwendigerweise eine Verpflichtung der ↑Zentralbank, einen Leitkurs zu verteidigen, voraus. Auch unter flexiblen Wechselkursen gibt es oft längere Zeiträume, in denen der Wechselkurs zweier ↑Währungen nur geringfügig schwankt. Dies ist beispielsweise häufig dann der Fall, wenn die Fundamentaldaten der beiden Länder bzw. Währungen (↑Inflationsraten, Konjunkturlage usw.) nur geringfügig divergieren. *Mathias Zurlinden*

Stabilisierung (des Kurses nach Emission)
Stabilisierung ist die stützende Beeinflussung des Aktienkurses durch den ↑Lead-Manager (Federführer) einer Kapitalmarkttransaktion und erfolgt v.a. bei ↑Initial public offerings (IPO), Secondary offerings (↑Sekundärplatzierungen) und bei Kapitalerhöhungen mit ↑Bezugsrecht. Mit Ausnahme des Straftatbestandes der ↑Kursmanipulation (StGB 161bis) und den Regeln des OR und des BEHG betr. Rückkäufe eigener Beteiligungspapiere durch die Gesellschaft untersteht die Stabilisierung in der Schweiz bisher keinen spezifischen Vorschriften. In der Praxis erfolgt die Stabilisierung mittels Zu- und Verkäufen nach Marktpreisen durch die ↑federführende Bank. Aus aufsichtsrechtlichen und Reputationsgründen werden keine künstlichen Preise gestellt und keine unzulässigen Scheingeschäfte getätigt.

Ein wesentliches Element zur Stabilisierung stellt bei einem IPO die im Festübernahmevertrag enthaltene *Mehrzuteilungsoption* (auch ↑*Greenshoe* oder *Over allotment option* genannt), die ein einseitiges, unwiderrufliches Gestaltungsrecht in Form einer ↑amerikanischen Option (Call option) des Federführers auf Ausgabe von weiteren 10–15% neu zu emittierenden Aktien zum Emissionspreis im Falle einer positiven Kursentwicklung beinhaltet. Bei entsprechend guter Nachfrage teilt die Bank den ↑Investoren mehr Aktien zu als anfangs tatsächlich zur ↑Emission gelangen. Damit kommt es zu einer Überzuteilung und somit zu einer ↑Short position, die nach angelaufenem Handel durch den Rückkauf der Titel oder durch die Ausübung des Greenshoe wieder gedeckt wird. Sinkt der Aktienkurs unter den Emissionspreis, kann die Bank die Aktien zum tieferen ↑Marktpreis zurückkaufen, was kursstabilisierend wirkt. Die Greenshoe option ist dann Out of the money und wird nicht ausgeübt. Steigt hingegen der Aktienkurs über den Emissionspreis, so wird die Bank ihre In the money greenshoe option ausüben und ihre Short position decken können, wodurch der Kurs nicht hochgetrieben wird. Eine vertragliche Pflicht der Bank zur Stabilisierung wird durch die Greenshoe option nicht begründet. Wird der Greenshoe ausgeübt, so muss er innert 30 Tagen durch ein zusätzliches ↑Closing *(Additional closing)* abgewickelt worden sein.

Der Aktienkurs kann aber auch mittels ↑Kurspflege durch den Emittenten oder mittels Market making durch eine Bank oder einen ↑Effektenhändler gestützt werden. Allerdings ist die Wirkung dieser Massnahmen meist nicht so nachhaltig wie bei der Stabilisierung, sodass in der Praxis in diesen Fällen von Kurspflege oder ↑Kursstützung und nicht von Stabilisierung gesprochen wird. *Felix M. Huber*

Stabilisierungskrise
↑Inflation.

Staffelanleihe
↑Anleihensobligation; ↑Step-up-Anleihe.

Staggered board
↑Abwehrmassnahmen der Zielgesellschaft.

Stakeholder
Stakeholders (Anspruchsgruppen) sind alle Personengruppen, die von den unternehmerischen Tätigkeiten betroffen sind und ihrerseits Ansprüche – sei es aus reinem Interesse, Legitimationsgründen oder Eigentumsansprüchen – gegenüber dem Unternehmen geltend machen.

Aus Sicht der Unternehmensführung bildet der Stakeholder-Ansatz ein Konzept, das nicht nur die Ansprüche der ↑Anteilseigner (↑Shareholders), sondern auch die Ansprüche anderer Stakeholder berücksichtigt, mit dem Ziel das langfristige Überleben des Unternehmens zu sichern. Der bekannteste Vertreter dieses Ansatzes ist Milton Freeman. Er unterscheidet zwischen internen und externen Anspruchsgruppen. Interne Anspruchsgruppen stehen in einer engen, meist sogar in einer festen vertraglichen Beziehung zum Unternehmen. Zu diesen Interessengruppen zählen beispielsweise die Arbeitnehmer, das Management sowie die Anteilseigner. Die externen Anspruchsgruppen weisen eine mittelbare Beziehung zum Unternehmen auf. Kunden, Lieferanten, Konkurrenten, die Öffentlichkeit oder der Staat können hier subsumiert werden.

Es existieren verschiedene Auffassungen, inwiefern die Ansprüche der Stakeholder befriedigt werden sollten, um für das Unternehmen Wert zu generieren. Dabei kann man drei Ansätze – das Residualmodell, das Koalitionsmodell und das Sozialmodell – unterscheiden.

Im Residualmodell wird das Unternehmen als verlängerter Arm der Eigentümer aufgefasst. Das *Residualmodell* lässt sich in das ursprüngliche und in das erweiterte Residualmodell unterteilen. In beiden Varianten steht der Anteilseigner im Mittelpunkt. Im ursprünglichen Residualmodell wird allerdings davon ausgegangen, dass die Verträge in allen Aspekten explizit geregelt sind. Dementsprechend sollen nur die expliziten Ansprüche entschädigt werden. Im erweiterten Residualmodell wird die Anspruchsbefriedigung der Eigentümer ebenfalls als zentral erachtet, wobei auch implizite Ansprüche des Anteilseigners berücksichtigt werden sollten. Die Interessen der anderen Stakeholder haben lediglich instrumentale Bedeutung und werden nur dann berücksichtigt, wenn dies aus Sicht der Eigentümer profitabel erscheint.

Im *Koalitionsmodell* wird die Stellung des Anteilseigners beschränkt, und dessen Ansprüche werden gleichrangig neben den Ansprüchen der übrigen Stakeholder betrachtet. Im Unterschied zum erweiterten Residualmodell berücksichtigt das Koalitionsmodell sämtliche Anspruchsgruppen, die in der Lage sind, auf das Unternehmen Einfluss auszuüben, und zwar unabhängig davon, ob sie vertraglich an das Unternehmen gebunden sind oder nicht.

Im *Sozialmodell* herrscht die Auffassung, dass alle Stakeholders in die Entscheidungsfindung des Unternehmens miteinbezogen werden sollten, wobei es nicht erforderlich ist, dass die Stakeholders mit dem Unternehmen in vertraglicher Verbindung stehen oder auf das Unternehmen massgeblich Einfluss nehmen können.

Reto Rauschenberger

Stammaktien

Die Bezeichnung Stammaktie (Common stock) ist relevant, wenn daneben noch eine weitere Kategorie von Aktien mit besonderen finanziellen Vorrechten (↑Vorzugsaktien oder Prioritätsaktien) ausstehend ist. Hat eine Aktiengesellschaft nur eine Aktienkategorie ausstehend, was in der Schweiz die Regel darstellt, sind die Aktien ohne weiteres Stammaktien. Man spricht in diesem Fall einfach von Aktien. Die präzise Bezeichnung ist vor allem in den USA wichtig, weil in den Satzungen zahlreicher amerikanischer Aktiengesellschaften die Möglichkeit vorgesehen ist, neben den Stammaktien jederzeit auch Vorzugsaktien (↑Preferred stock) auszugeben.

Stammdaten

Stammdaten von ↑Wertpapieren sind die Grundangaben über das Wertpapier, die man haben muss, um dieses zu handeln und insbesondere zu verwalten (z. B. Name des ↑Emittenten, Charakterisierung des Wertpapiers, ↑Zinssatz bei verzinslichen Titeln, Nominalwert, Angaben zur allfälligen ↑Rückzahlung). Bei den so genannten ↑Corporate actions werden in der Regel solche Stammdaten verändert.

Stammeinlage

Das ↑Stammkapital einer GmbH ist entsprechend der Zahl der Gesellschafter in Stammanteile aufgeteilt. Die Stammeinlage ist der liberierte Betrag eines Stammanteils.

Stammkapital

Das Stammkapital ist das Grundkapital der GmbH, das in feste Stammanteile unterteilt ist. Nach OR 733 darf das Stammkapital nicht weniger als CHF 20 000 und nicht mehr als CHF 2 000 000 betragen. In der geplanten Revision des GmbH-Rechts soll die untere Grenze auf CHF 40 000 heraufgesetzt werden und die obere Grenze wegfallen.

Stand-alone-Anleihe

↑Anleihensobligation.

Standard

↑Standardisierung.

Standard & Poor's

↑Rating.

Standard & Poor's 500 Index

Der *Standard & Poor's (S&P) 500* zählt zu den meistbeachteten Aktienindizes für den amerikanischen Aktienmarkt und dient als Grundlage für ↑Indexderivate sowie zahlreiche ↑Indexfonds. Der Index enthält jederzeit 500 Titel, die nach ihrer ↑Börsenkapitalisierung gewichtet werden. Die Aktien des Indexkorbes müssen an der New York Stock Exchange (NYSE), der American Stock Exchange (↑AMEX) oder der ↑NASDAQ gehandelt werden, wobei sich das Domizil des ↑Emittenten auch ausserhalb der Vereinigten Staaten befinden kann. So enthält der S&P 500 einige Gesellschaften mit juristischem Sitz in Kanada, der Karibik und in den Niederlanden. Über die Auswahl des Indexkorbes entscheidet eine Indexkommission nach den Kriterien Börsenkapitalisierung, Branchenzusammensetzung, Streubesitz, Handelsumsatz und finanzielle Stärke des Unternehmens. Die meisten Auswechslungen im Indexkorb des S&P 500 werden durch Übernahmen, ↑Fusionen, Insolvenzen oder ↑Spin-offs einzelner Gesellschaften ausgelöst. Der S&P 500 ist ein Kursindex, d. h. Kursabschläge nach regulären Dividendenzahlungen werden nicht korrigiert. Die Basierung des S&P 500 erfolgte mit 10 Indexpunkten für den Zeitraum 1941 bis 1943.

Valerio Schmitz-Esser

Standard & Poor's Mid Cap 400
Der *Standard & Poor's (S&P) Mid Cap 400* enthält eine feste Anzahl von 400 Aktien amerikanischer Unternehmen, die von ihrer Grösse unterhalb der Unternehmen im S&P 500 angesiedelt sind. Die Gewichtung der Aktien erfolgt nach ihrer ↑Börsenkapitalisierung. Der S&P Mid Cap 400 ist ein Kursindex, d. h. Kursabschläge nach regulären Dividendenzahlungen werden nicht korrigiert. Der Startwert des S&P Mid Cap 400 wurde mit 100 Indexpunkten per 31.12.1990 festgelegt.

Standard & Poor's Small Cap 600
Der *Standard & Poor's (S&P) Small Cap 600* enthält eine feste Anzahl von 600 Aktien kleinerer amerikanischer Unternehmen. Die Gewichtung der Aktien erfolgt nach ihrer ↑Börsenkapitalisierung. Der S&P Small Cap 600 ist ein Kursindex, d. h. Kursabschläge nach regulären Dividendenzahlungen werden nicht korrigiert. Der Startwert des S&P Small Cap 600 wurde mit 100 Indexpunkten per 31.12.1993 festgelegt.

Standardbankdienstleistungen
Standardbankdienstleistungen umfassen die klassischen Geschäfte, wie Einlagen-, Kredit-, ↑Diskont-, ↑Effekten-, ↑Depot-, Investment- und Garantiegeschäfte sowie die Abwicklung des ↑bargeldlosen Zahlungsverkehrs. Im Vordergrund steht die Skalierbarkeit, d.h. die generelle Einsetzbarkeit der Produkte und Leistungen mit einem damit einhergehenden hohen Standardisierungsgrad. Alle darüber hinausgehenden Leistungen sind Zusatzleistungen, die oft auch separat kostenpflichtig sind. Beispielsweise definiert die Deutsche Bank als Standardleistungen im ↑Zahlungsverkehr nur noch die Bearbeitung aufgrund einer Ein- und Auslieferung per Datensätzen per Datenfernübertragung DFÜ. Alles andere wird als Zusatzleistung definiert. Der Begriff Zusatzleistungen schliesst demgemäss sowohl Belege als auch Datenträger ein, und zwar einlieferungs- wie auslieferungsseitig. Mit der neuen Preisstruktur vermeidet die Bank eine unwirtschaftliche «Quersubventionierung». Der Preis für die «Standardleistung» wurde auf rund $1/3$ des Preises gesenkt, bei Zusatzleistungen, beispielsweise wenn ein Kunde noch Belege einreicht, wird eine «Abwehr»-Gebühr (von 2 Euro) erhoben.

Standardbarren
↑Edelmetallhandel.

Standardisierung
Mit Standardisierung wird die Definition von Regeln, Rahmenbedingungen, ↑Benchmarks für ein Objekt mit dem Ziel der Vereinheitlichung hinsichtlich inhaltlichen, formalen, prozessbezogenen oder normativen Aspekten bezeichnet. Im Finanzwesen konzentrieren sich die Standardisierungsbestrebungen vor allem auf ↑Finanzkontrakte, Transaktionsprozesse, Informationsaustauschprozesse und auf normative Vorgaben:

– *Finanzkontrakte:* Standardisiert werden einerseits Basisinstrumente, andererseits die aus ihnen abgeleiteten derivativen Instrumente. Die internationale Vereinheitlichung von Kontraktspezifikationen erhöht deren Marktfähigkeit und trägt damit zur Verbesserung der Effizienz der Finanzmärkte bei. Für die einzelne Finanzinstitution ist die Standardisierung des Kontrakt- und Dienstleistungsangebots die Grundlage für eine effiziente und kostengünstige Produktion und Distribution. Standards beziehen sich dabei sowohl auf inhaltliche wie auch auf formale (insbesondere rechtliche und regulatorische) Aspekte der einzelnen Instrumente.

– *Transaktionsprozesse*: Die Standardisierung von Prozessen geschieht einerseits auf der Makroebene der einzelnen nationalen Finanzintermediationssysteme, wo beispielsweise die Handels-, Clearing- und Settlementprozesse sowie Zahlungsverkehrsprozesse auch im internationalen Rahmen immer stärker normiert werden, andererseits auf der Mikroebene der einzelnen Finanzinstitution, wo die Vereinheitlichung der Kernprozesse oder ganzer Geschäftsmodelle die Grundlage zur Rationalisierung und Effizienzsteigerung in vielen Geschäftsbereichen bildet.

– *Informationsaustauschprozesse*: Als Folge der zunehmenden Vernetzung von Finanzmärkten und Finanzmarktakteuren wächst das Bedürfnis, Informationen im Zusammenhang mit Finanztransaktionen einfach, rasch und kostengünstig auszutauschen. Doch auch innerhalb einer Finanzinstitution oder einer Gruppe von Finanzinstitutionen kommt der Ausgestaltung von Schnittstellen zwischen Applikationen, Systemen und Organisationen aus Effizienz- wie Effektivitätsüberlegungen sowie aus Gründen der Sicherheit und Qualitätssicherung eine sehr grosse Bedeutung zu.

– *Normative Vorgaben*: Standards spielen auch im normativen Bereich eine immer wichtigere Rolle. Sie haben meist die Form von Minimalvorgaben und legen Grenzwerte fest, die nicht unter- oder überschritten werden dürfen. Regulatorische Vorgaben sind solche Standards, aber auch Vorgaben von Branchenverbänden oder unternehmungsinterne Richtlinien. Angesichts der Globalisierung der Finanzmärkte ist die internationale Harmonisierung dieser Standards von grosser Wichtigkeit für das Funktionieren eines weltweiten effizienten Finanzmarktes.

Für eine möglichst weit gehende Standardisierung lassen sich im Finanzwesen zahlreiche Argumente anführen. Das wichtigste Argument ist das *Transaktionskostenargument*, das davon ausgeht, dass sich aufgrund einer Standardisierung von Inhalten, Prozessen und Normen sowohl die volkswirtschaftlichen Kosten der Finanzintermediation als auch die betriebswirtschaftlichen Kosten der einzelnen Finanzinstitution reduzieren lassen. Das *Investitionskostenargument* basiert auf der Erkenntnis, dass eine weit gehende Standardisierung im Technologiebereich den Anteil an teurer Eigenentwicklungen reduziert und den Bezug von Fremdleistungen erleichtert. Das *Kommunikationsargument* besagt, dass Standards die Kommunikation zwischen allen Systemelementen erleichtern oder oft überhaupt erst ermöglichen. Standards erhöhen auch die Sicherheit von Systemen *(Sicherheitsargument)* sowie die strategische und operative Flexibilität der Institutionen *(Flexibilitätsargument)*. Standards sind oft auch Massstäbe zum Vergleich *(Benchmarkingargument)*. Sie sind die Voraussetzung, um sich in Netzwerke einzufügen und von Netzwerkeffekten zu profitieren *(Net-economies-Argument)*. Und schliesslich tendieren auch Wettbewerbsbehörden dazu, Normierung und Standardisierung als wichtiges Element zur Sicherstellung des Wettbewerbs zu definieren *(Wettbewerbspolitisches Argument)*.

Insbesondere für kleinere und mittlere Banken, die sich kaum über ihre Basisprodukte von ihren Konkurrenten differenzieren können, ist die möglichst weit gehende Standardisierung von Produkten, Prozessen und Instrumenten eine der Voraussetzungen zum erfolgreichen Bestehen in einem schwierigen Wettbewerbsumfeld. Sie reduziert die Stückkosten und den Koordinationsaufwand in der Organisation und erhöht die Flexibilität der Institution.

Mit Fragen der Standardisierung befassen sich auch im Finanzwesen heute eine Vielzahl nationaler und internationaler Gremien und Organisationen. Bereits 1991 beschloss der Bankenverband der Europäischen Union zusammen mit der Europäischen Sparkassenvereinigung und der Vereinigung der Genossenschaftsbanken die Schaffung des ↑European Committee for Banking Standards (ECBS), in dem auch die Schweiz vertreten ist und welches die Interessen des europäischen Bankensektors in Normierungsfragen vertritt und als direkter Ansprechpartner für die im Bereich der Normierung tätigen Organisationen (wie etwa der ISO, Internationale Organisation für Normung, oder das CEN, Europäisches Komitee für Normung) zuständig ist. In der Schweiz selbst werden alle Fachkreise, die sich mit Fragen der Standardisierung im Finanzwesen befassen, über die Schweizerische Kommission für Standardisierungen im Finanzbereich (SKSF) koordiniert. Sie befasst sich vor allem mit den Projekten in den Bereichen ↑UN/EDIFACT, ISO, CEN, ECBS, ↑S.W.I.F.T. sowie mit den von diesen Institutionen durchgeführten Programmen. Daneben sind zahlreiche weitere finanzspezifische Gremien im Bereich der nationalen und internationalen Standardisierung tätig. *Beat Bernet*

Standardisierungen im Finanzbereich

Die zunehmende Globalisierung und Vernetzung der ↑Finanzmärkte sowie die Entwicklungen auf dem Gebiete der Informations- und Telekommunikations-Technologie bedingen die weltweite ↑Standardisierung von Prozessen und der zu übermittelnden Informationen.

Globalisierung verlangt Standardisierung.

1. Ziel und Nutzen der Standardisierung

Mit der Gestaltung und Umsetzung eindeutiger Standards wird:
– die Effizienz und Effektivität in den Businessprozessen gesteigert
– die Fehlerrate gesenkt
– die Sicherheit erhöht
– die Interoperabilität von Anwendungen zwischen den Finanzinstituten und deren Partnern und Kunden gewährleistet.

Zusätzlich gewinnen die Mitglieder von Standardisierungs-Kommissionen durch ihre Mitarbeit bei der Entwicklung neuer Standards einen wesentlichen Informationsvorsprung.

Standardisierung führt zu Kostenreduktion.

Zur Erreichung dieser Nutzenaspekte ist die Entwicklung neuer sowie die Weiterentwicklung bestehender internationaler Normen bzw. Standards laufend voranzutreiben.

2. Nationale und internationale Gremien

Folgende internationale Gremien sind heute massgebend auf dem Gebiete der Financial Standards tätig:
– ISO (↑International Standardization Organization)
– ECBS (↑European Committee for Banking Standards)
– ↑S.W.I.F.T., International
– CEN (Comité Européen de Normalisation)
– ↑UN/EDIFAKT XML
– Weitere internationale Gremien (wie z.B. Mobey-Forum, European Payments Group, ↑Global Straight Through Processing Association [GSTPA], ↑International Securities Services Association [ISSA]).

Auf nationaler Ebene im Finanzbereich sind in der Schweiz aktiv beteiligt:
– SNV (Schweizerische Normen- Vereinigung)
– SKSF (Schweizerische Kommission für Standardisierungen im Finanzbereich)
– S.W.I.F.T., Schweiz
– ↑Telekurs
– ↑SIS SegaIntersettle AG

3. Die Schweizerische Kommission
 für Standardisierungen im Finanzbereich
 (SKSF) und deren Auftrag

Aufgrund der oben dargelegten Erkenntnisse sowie der steigenden Nachfrage nach Mitarbeit in internationalen Standardisierungs-Gremien gründete

die Schweizerische ↑Bankiervereinigung zusammen mit der Telekurs im Jahre 1993 die Kommission für Standardisierungen. 1999 erfolgte die Namensänderung in Schweizerische Kommission für Standardisierungen im Finanzbereich (SKSF). Die SKSF hat den Auftrag, die Interessen der schweizerischen Finanzindustrie bezüglich Standardisierungen zu koordinieren und diese Interessen in nationalen und vor allem internationalen Gremien aktiv zu vertreten. Sie hat zudem den Auftrag, sich auf diejenigen Standards und Vorhaben zu konzentrieren, die der Finanzindustrie einen realen Mehrwert erbringen.
Die SKSF ist die nationale Drehscheibe für internationale Standards im Finanzbereich.

Matthias Kälin

Links: www.sksf.ch

Standards, banktechnische
↑Standardisierungen im Finanzbereich; ↑International Standardization Organization (ISO); ↑European Committee for Banking Standards (ECBS).

Standardwerte
↑Aktie (als Anlagepapier).

Standby credit
Bereitschafts- oder Bereitstellungskredit, auch Stand-by-Kredit. Dem ↑Kreditnehmer wird – ähnlich wie beim ↑Kontokorrentkredit – das Recht eingeräumt, sich bei Bedarf bis zu einem bestimmten Betrag beim Geldgeber zu verschulden. Im Unterschied zu jenem ist die Kreditzusage beim Stand-by-Kredit für den Geldgeber während einer bestimmten Frist rechtsverbindlich und daher nicht einseitig widerrufbar. Der Stand-by-Kredit findet sowohl auf der multilateralen Ebene als auch bei privatwirtschaftlichen Finanzierungen Anwendung.

1. Multilaterale Ebene
Im währungspolitischen Sinn wird der Stand-by-Kredit auch Stabilisierungskredit genannt. Er ist in erster Linie zur Überbrückung von *Zahlungsbilanzschwierigkeiten* und *Währungsproblemen* gedacht. Kreditnehmer ist die ↑Zentralbank des begünstigten Landes. Als ↑Kreditgeber fungieren ↑Notenbanken, ↑Geschäftsbanken und insbesondere der ↑Internationale Währungsfonds (IWF). Dieser knüpft seine Finanzhilfen in der Regel an die Durchführung wirtschaftspolitischer Reformen, welche die Probleme beheben sollen, die den Zahlungsbilanzschwierigkeiten zugrunde liegen. Der IWF hat sein Instrumentarium an Bereitschaftskrediten im Laufe der Jahre schrittweise ausgeweitet. Der grösste Teil der Finanzhilfe erfolgt nach wie vor über die 1952 geschaffenen *Stand-by arrangements* (SBA). Sie zielen darauf ab, kurzfristige, vorübergehende oder konjunkturell bedingte Zahlungsbilanzschwierigkeiten zu beheben. Diese Kredite müssen innerhalb von 3 bis 5 Jahren zurückgezahlt werden. Für Länder mit Zahlungsbilanzungleichgewichten, die in erster Linie auf strukturelle Probleme zurückzuführen sind, wurden 1974 die *Extended fund facilities* (EFF) eingeführt. Weil die Reformen hier mehr Zeit benötigen, liegen die Rückzahlungsfristen zwischen 5 und 10 Jahren. Im Zusammenhang mit den Finanzkrisen in Mexiko und Asien wurden 1997 die *Supplemental reserve facilities* (SRF) geschaffen. Sie kommen bei einem grossen kurzfristigen Finanzierungsbedarf zur Anwendung, der sich aus einem plötzlichen Vertrauensverlust auf dem Markt ergibt. Entsprechend kürzer ist hier die Rückzahlungsfrist mit 1–2 Jahren. Um der Ausweitung einer internationalen Finanzkrise entgegenzuwirken, wurden schliesslich 1999 die *Contingent credit lines* (CCL) eingeführt. Dadurch erhalten Länder, die eine solide Wirtschaftspolitik verfolgen, vorsorglich Zugang zu kurzfristiger Finanzhilfe des IWF.
Bis Anfang der 70er-Jahre wurde mit Stand-by-Krediten vor allem (erfolglos) versucht, das *System fixer Wechselkurse* von Bretton Woods zu verteidigen. Mit den beiden Erdölkrisen erhöhte sich der Bedarf an Überbrückungskrediten drastisch und angesichts der internationalen Verschuldungskrise der 80er-Jahre dienten die Stand-by-Kredite insbesondere der Aufrechterhaltung des Schuldendienstes. Im Zuge der *Globalisierung* der 90er-Jahre erreichten die Finanzkrisen neue Grössenordnungen, die ein kritisches Überdenken der Politik des IWF auslösten. Den Stand-by-Krediten soll künftig verstärkt eine vorsorgliche Rolle im Rahmen der internationalen Finanzarchitektur zukommen.

2. Privatwirtschaftliche Ebene
Was die privatwirtschaftlichen Finanzierungen betrifft, so ist der Stand-by-Kredit in der Schweiz im normalen Geschäftsverkehr wenig verbreitet. Seine Funktion übernimmt weitestgehend die in der Regel unentgeltliche Einräumung von Kontokorrentkrediten (Verzicht auf eine ↑Bereitstellungskommission). Vereinzelt kommt der Stand-by-Kredit *bei grösseren Projekten* zur Anwendung. Für den Kreditnehmer bedeutet die feste Zusage des Stand-by-Kredits die Sicherheit, zu einem späteren Zeitpunkt über die entsprechenden Mittel verfügen zu können. Dies ist vor allem dann wichtig, wenn er z. B. für eine Übernahme oder für einen Grossauftrag entsprechende Offerten stellt und dazu eine klare Kalkulationsbasis benötigt. Als Entschädigung für die Bereitstellung dieses Kredits ist es üblich, dass die Banken eine *Bereitstellungskommission* (Commitment fee) verlangen. Mit Ausnahme von M&A- und MBO-Finanzierungen hat sich diese Commitment fee im schweizerischen Geschäft aber noch nicht richtig durchgesetzt. So werden insbesondere Konsolidierungs-

zusagen, bei denen Banken und Versicherungsgesellschaften die Ablösung von ↑Baukrediten durch ↑langfristige Grundpfandkredite vertraglich zusichern, noch häufig ohne Berechnung einer Bereitstellungskommission abgegeben.

Im ↑*Kreditvertrag* werden die Bedingungen aufgeführt, wie ein effektiv gezogener Kredit zu verzinsen und zu amortisieren ist. Dabei wird häufig als Basis ein ↑Zinssatz festgelegt, der sich nach dem zum Benützungszeitpunkt geltenden Euromarktsatz für die entsprechende Laufzeit orientiert ↑Libor (London interbank offered rate). Je nach Vereinbarung kann dieser *Zinssatz* für die gesamte Laufzeit fest fixiert werden oder es erfolgen periodisch Anpassungen an die Marktverhältnisse, wie z.B. in Form eines alle sechs Monate zu erneuernden ↑Roll-over-Kredits. Zu diesem ↑Basiszinssatz wird in der Regel eine feste ↑*Marge* zugeschlagen, die sich nach dem Risikoprofil des Kreditnehmers und der allfälligen Deckung richtet. Während der Laufzeit des Kredites kann sich die im Zeitpunkt des Vertragsabschlusses definierte feste Marge für den Kreditnehmer aufgrund von bereits im Voraus festgelegten Kriterien (Financial covenants) allenfalls reduzieren oder erhöhen. In neuester Zeit wird bei solchen Geschäften zudem eine Cost-increase-Klausel vereinbart, um gegenüber *regulatorischen Anpassungen* reagieren zu können.   *Fritz Stahel*

Stand-by-Fazilität
Bereitstellungsfazilität, welche dem Schuldner die Verfügbarkeit von Finanzierungsmitteln durch die ↑Emission von Geldmarktpapieren oder einen ↑Bankkredit zusichert – namentlich im Rahmen der ↑Euro note facilities.

Standby letter of credit
Ähnlich einer ↑Kaution (↑Bankgarantie), ist der Standby letter of credit ein Instrument der Zahlungs- oder Leistungssicherung. Er wird in der Regel den ERA (Einheitliche Richtlinien und Gebräuche für ↑Dokumenten-Akkreditive) oder, hauptsächlich im angelsächsischen Bereich, den ISP 98 (International standby practices) unterstellt. Am häufigsten dient er als Kreditsicherungs-Instrument oder an Stelle von Anzahlungs- oder Erfüllungsgarantien, seltener als Zahlungssicherung für Warenlieferungen.

Standesregeln
↑Selbstregulierung.

Standing
Ausdruck für den Ruf, das Ansehen einer Unternehmung ganz allgemein.
Die Elemente, welche das Standing einer Unternehmung begründen, gehen über die Determinanten für ein ↑Rating hinaus. Rating ist die Beurteilung und Klassifizierung der relativen und absoluten ↑Bonität von Schuldtiteln und deren ↑Emittenten anhand einheitlicher Massstäbe. Standing umfasst nebst einem guten Rating z.B. folgende Aspekte: keine negative Medienpublizität, erfolgreiche Geschichte, Qualität und Bekanntheit des obersten Managements, Grösse der Unternehmung, Innovationsfähigkeit und – speziell bei Versicherungsgesellschaften – die Kulanz.

Start-up-Finanzierung
↑Private equity; ↑Venture-Finanzierung.

Statement of cashflow
↑Geldflussrechnung.

Statement of interest
Auch Interessenanmeldung. Funktionalität der Schweizer Börse ↑SWX Swiss Exchange, die es einem Mitglied der ↑Börse ermöglicht, allen anderen Mitgliedern unverbindlich anzuzeigen, dass es in einer bestimmten ↑Effekte handeln möchte.

Statische Absicherung
Die statische Absicherung zeichnet sich durch eine Buy-and-hold-Strategie aus, d.h. bis zur Auflösung der ↑Position erfolgt keine Änderung der Absicherungsinstrumente. Dadurch entsteht eventuell eine Über- oder Untersicherung.

Statisches Hedging
↑Hedge accounting; ↑Dynamisches Hedging.

Status
Beim Status handelt es sich um eine Zusammenstellung (Inventur) von Aktiven und Passiven einer natürlichen Person (evtl. nur des Geschäftsvermögens) oder einer Gesellschaft auf einen bestimmten Stichtag mit dem Zweck, losgelöst von der Buchführung das Reinvermögen (bzw. das ↑Eigenkapital) oder die ↑Überschuldung zu ermitteln. Der Vermögensstatus ist deshalb weder an die handelsrechtlichen Bewertungsgrundsätze (insbesondere Imparitätsprinzip, Vorsichtsprinzip), an steuerliche Bewertungsvorschriften, an die Erfolgsrechnung, an Gliederungsvorschriften oder an einen bestimmten Abschlussstichtag gebunden. *Anlässe* zur Erstellung eines Status sind die Ermittlung des ↑Substanzwertes im Rahmen einer Sacheinlagegründung, Umwandlung in andere Rechtsformen, Abfindung von Teilhabern, Erbteilung, Unternehmungsbewertung, Sanierung (↑Sanierung [Allgemeines]). Die Gliederung des Status ist auf dessen Zweck auszurichten und kann insbesondere nach Gläubigeransprüchen (verpfändete, zedierte und frei verfügbare Werte) oder nach der Realisierbarkeit vorgenommen werden, wobei auch beide Kriterien miteinander verbunden werden können. Im Gegensatz zur ordentlichen Jahresbilanz kann ein Status zu betriebswirtschaftlichen *Fortführungswerten* (Going concern) oder zu ↑*Liquidationswerten* aufgestellt werden. Als

Fortführungswert gilt der Reproduktionskostenwert. Fortführungswerte kommen dann in Betracht, wenn das Bewertungsobjekt (z. B. Unternehmung) weitergeführt wird. Dies ist anzunehmen, wenn eine angemessene Ertragslage erwartet werden kann und die Zahlungsbereitschaft sichergestellt ist. Die Bewertung der Aktiven erfolgt dann zu Reproduktionskostenwerten, d.h. Wiederbeschaffungswerten nach Abschreibungen. Die Anschaffungs- und Herstellungskosten sind nur als Hilfswerte zu betrachten. Immaterielle Werte werden nur berücksichtigt, wenn sie einen selbstständigen, handelbaren Wert darstellen. Der ↑Goodwill wird in der Regel nicht erfasst. Der Vermögensstatus ist also ein Teilwertstatus. Unter den Passiven sind die latenten Steuerlasten zu erfassen.
Die Erstellung eines Status zu *Liquidationswerten (Veräusserungswerten)* erfolgt dann, wenn die Unternehmung nicht mehr weitergeführt wird oder sich die Weiterführung nach betriebswirtschaftlichen Grundsätzen nicht mehr lohnt. Die Bewertung erfolgt nach dem zu erwartenden Erlös der einzelnen Aktiven auf dem Veräusserungsmarkt (Realisations-, Zerschlagungs-, Schrott- oder Occasionswerte). Insbesondere sind auch sämtliche Liquidationskosten (u. a. auch Personalabfindungen und Zahlungen für Vertragsauflösungen) und die bis zum Ende der Liquidationsphase zu erwartenden Ausgaben- oder Einnahmenüberschüsse sowie die vollen Steuern auf den Liquidationserlösen (Grundstücksgewinnsteuern, Ertragssteuern usw.) zu berücksichtigen.
Eine besondere Bedeutung erhält die Erstellung des Status bei Unternehmungen in finanziellen Schwierigkeiten. Gemäss OR 725 II ist im Falle der begründeten Besorgnis der Überschuldung einer Aktiengesellschaft aufgrund der Veräusserungswerte eine Zwischenbilanz zu erstellen. Es handelt sich hier um einen Vermögensstatus zu Liquidationswerten. Im Konkursverfahren ist nach SchKG 221 ff. zur Feststellung der Konkursmasse ein Inventar aufzunehmen. Dieses Inventar kann als *Konkursstatus* bezeichnet werden. Unterschieden wird dabei in aussonderungsberechtigtes (pfandgesichertes) und freies Vermögen, entsprechend der Rangordnung des Kollokationsplanes (SchKG 219).
Die Bewertung der Aktiven und Passiven erfolgt im Konkursstatus zu Liquidationswerten. Auch im *Nachlassverfahren* hat der Sachwalter nach SchKG 299 einen Status zu erstellen. Eine besondere Form des Status ist die *Liquidationseröffnungsbilanz,* welche die Liquidatoren auf den Stichtag der Auflösung zu erstellen haben.

Carl Helbling

Stelle
Im Devisenhandel (↑Devisengeschäft) für USD/CHF, EUR/CHF oder GBP/CHF die vierte Stelle hinter dem Komma.

Stellenbeschreibung
↑Aufbauorganisation.

Stempelabgaben im Finanzgeschäft
Gestützt auf das *BG vom 27.06.1973 über die Stempelabgaben (StG)* erhebt der Bund eine *Emissionsabgabe*, eine *Umsatzabgabe* sowie eine *Abgabe auf Versicherungsprämien*. Als Steuern, die an bestimmte Vorgänge des Rechtsverkehrs anknüpfen, sind die Stempelabgaben zu den Kapitalverkehrssteuern zu zählen.
Die *Überwälzung* der Stempelabgaben ist im StG nicht geregelt: Das Gesetz statuiert weder eine Überwälzungspflicht noch ein Überwälzungsverbot. Die von den Banken geschaffene «Konvention V betreffend Überwälzung der Stempelabgabe» ist mit Rücksicht auf die neuere Entwicklung im Rahmen der ↑Virt-x auf den 30.09.2001 ersatzlos aufgehoben worden.
Zu den einzelnen Stempelabgaben hat die Eidg. Steuerverwaltung verschiedene Richtlinien und Wegleitungen herausgegeben, die auf dem ↑Internet abgerufen werden können.

1. Emissionsabgabe
Die Emissionsabgabe erfasst einmal die ↑Emission von ↑*Beteiligungsrechten* (inkl. ↑Genuss- und ↑Partizipationsscheine) durch die im Inland domizilierten ↑Kapitalgesellschaften und Genossenschaften. Die Abgabe fällt daher an, wenn eine neue Kapitalgesellschaft oder Genossenschaft mit Sitz in der Schweiz gegründet wird oder wenn eine bestehende inländische Kapitalgesellschaft oder Genossenschaft zu einer Kapitalerhöhung (oder zur Ausgabe von Genuss- oder Partizipationsscheinen) schreitet. Die Abgabe beträgt 1% und berechnet sich auf dem Betrag, der der Gesellschaft oder Genossenschaft als Gegenleistung für die Beteiligungsrechte zufliesst (d.h. auch auf dem allfälligen ↑Agio), mindestens aber vom ↑Nennwert der neuen Beteiligungsrechte. Die ersten CHF 250 000 sind von der Abgabe ausgenommen. Ebenfalls ausgenommen sind die Beteiligungsrechte, die im Zuge von ↑Fusionen, fusionsähnlichen Zusammenschlüssen, Aufspaltungen und Umwandlungen geschaffen werden.
Die Emissionsabgabe erfasst ferner die Ausgabe von ↑*Obligationen* durch im Inland domizilierte Schuldner. Die vom ↑Emittenten zu entrichtende Abgabe berechnet sich vom Nominalwert und beträgt:
– bei ↑Anleihensobligationen 1,2‰ pro ↑Laufzeitjahr
– bei ↑Kassenobligationen 0,6 ‰ pro Laufzeitjahr.

2. Umsatzabgabe
Die Umsatzabgabe knüpft eng an das Wertschriftengeschäft an. Sie fällt *beim Kauf, beim Verkauf*

sowie beim Tausch von Wertschriften an und erfasst nicht nur den *börslichen, sondern auch den* ↑*ausserbörslichen Effektenhandel.* Die Umsatzabgabe berechnet sich jeweils auf dem Entgelt (im Fall des Tausches auf dem ↑Verkehrswert der getauschten ↑Titel) und beträgt:
– für inländische Titel 1,5‰
– für ausländische Titel 3‰.

Die Umsatzabgabe ist auf den Wertschriftengeschäften geschuldet, welche die abgabepflichtigen ↑Effektenhändler für eigene Rechnung oder für Rechnung ihrer Kunden tätigen. Für das Erhebungsverfahren gilt der Grundsatz, dass der Effektenhändler für jede Partei eine halbe Abgabe zu entrichten hat, welche sich nicht als registrierter Effektenhändler ausweisen kann (StG 17).

Als steuerbare, der Umsatzabgabe unterliegende Titel gelten Obligationen, Beteiligungsrechte und Anlagefondsanteile. Der Handel mit ↑Optionen und mit ↑Bezugsrechten wird von der Umsatzabgabe nicht erfasst. Dasselbe gilt für das ↑Emissionsgeschäft, in dem nur noch die Ausgabe von ↑Anteilen an ausländischen Anlagefonds der Umsatzabgabe unterliegt.

Im Interesse des ↑Finanzplatzes Schweiz haben die eidg. Räte durch entsprechende Teilrevisionen des StG verschiedene Entlastungen beschlossen. Zu erwähnen sind hier vor allem
– die Befreiung der Handelsbestände der professionellen Händler (StG 14 III)
– die Entlastung des Handels mit ↑Eurobonds (StG 14 I h).

Aufgrund des BG vom 15.12.2000 über neue dringliche Massnahmen im Bereich der Umsatzabgabe gelten seit dem 01.01.2001 weitere Entlastungen:
– für Geschäfte mit in- und ausländischen Anlagefonds, mit ausländischen Staaten und ↑Zentralbanken, mit ausländischen Einrichtungen der Sozialversicherung und der beruflichen Vorsorge sowie mit ausländischen Lebensversicherern
– für den Handel mit schweizerischen ↑Aktien an der neuen Londoner Börse Virt-x.

3. Abgabe auf Versicherungsprämien
Die in der Regel zum Satz von 5% auf den Prämien verschiedener Versicherungen erhobene Abgabe wurde im Rahmen der Gesetzesrevision vom 10.10.1997 auf die *mit Einmalprämien finanzierten rückkaufsfähigen Lebensversicherungen* ausgedehnt. Die vom Lebensversicherer geschuldete Abgabe beträgt 2,5% der Barprämie. Als rückkaufsfähige Lebensversicherungen gelten alle Versicherungen, bei denen der Eintritt des versicherten Ereignisses gewiss ist (↑Gemischte Lebensversicherung, lebenslängliche Todesfallversicherung und ↑Rentenversicherung mit Prämienrückgewähr). Lebensversicherungen mit periodischer Prämienzahlung unterliegen der Abgabe nicht.

4. Ertrag der Stempelabgaben

Ertrag der Stempelabgaben (in CHF Mio.)

	1998	1999	2000
Emissionsabgabe	807	546	785
Umsatzabgabe	1 963	2 000	2 807
Versicherungsprämien	484	571	549
Total	3 254	3 117	4 141

Conrad Stockar

Lit.: Stockar, C.: Übersicht und Fallbeispiele zu den Stempelabgaben und zur Verrechnungssteuer, Basel 2000. – Stockar, C.: Schweizerisches Steuerlexikon, Bd. 2, Zürich 1999 (Stichwort Eidg. Stempelabgaben).
Links: www.estv.admin.ch

Stempelglanz
↑Erhaltungsgrade von Münzen.

Stempelsteuer
↑Stempelabgaben im Finanzgeschäft.

Step-up-Anleihe
Staffel- oder Stufenzinsanleihen. Anleihen mit einem über die Laufzeit in festen Zeitabständen steigenden ↑Zinssatz. Mit Step-up-Anleihen nicht zu verwechseln sind Anleihen mit einer ↑Step-up-Klausel.

Step-up-Klausel
Mit einer Step-up-Klausel oder Couponzuschlag-Klausel sichert der ↑Emittent einer ↑Obligationenanleihe den Obligationären eine Erhöhung des jährlichen Zinssatzes, in der Regel 25 bis 50 ↑Basispunkte, für den Fall zu, dass sich sein von einer anerkannten ↑Rating-Agentur festgelegtes ↑Rating nach der ↑Emission verschlechtert. Bei einer späteren Ratingverbesserung fällt der Zuschlag wieder weg.

Sterilisierung
Sterilisierung bezeichnet die Neutralisierung von Geldzu- oder -abflüssen auf ein Geldaggregat (↑Geld [Begriff]). Der Begriff wird häufig im Zusammenhang mit Zentralbankinterventionen am Devisenmarkt verwendet. Wenn eine ↑Zentralbank ↑Devisen von einer ↑Geschäftsbank kauft oder an eine Geschäftsbank verkauft, um den ↑Wechselkurs zu beeinflussen, so spricht man von einer geldmengenwirksamen oder nichtsterilisierten ↑Intervention. Wenn die Zentralbank aber in einem zweiten Schritt die Veränderung der Geldmenge wieder kompensiert, indem sie z.B. inländische ↑Wertpapiere am Obligationenmarkt (↑Bondmarkt) verkauft bzw. kauft, so spricht man von einer sterilisierten oder geldmengenneutralen Devisenmarktintervention (↑Devisengeschäft).

Sterilisierungsreskriptionen
↑Instrumentarium der SNB; ↑Sterilisierung; ↑Schuldverschreibungen der Schweizerischen Nationalbank.

Sterling-Zone
Auch Sterling-Ära. Bezeichnung für die Gebiete des Britischen Commenwealth und die aus diesem früheren Bereich selbstständig gewordenen Länder, offiziell «Scheduled Territories» genannt, die zu einer Währungsgemeinschaft zusammengeschlossen sind. Die Währungen der Mitgliedländer sind seit der Aufhebung des Goldstandards in England 1931 eng an das Pfund Sterling gebunden. Innerhalb der Sterling-Zone besteht grundsätzlich volle Transferfreiheit. Die Länder der Sterling-Zone unterhalten in London einen gemeinsamen Währungsreservefonds.

Steuerbetrug
↑Steuerhinterziehung.

Steuerhinterziehung
Steuerhinterziehung und Steuer- bzw. Abgabebetrug sind die wichtigsten Sanktionstatbestände des schweizerischen Steuerrechts. Ihnen ist gemeinsam, dass ein Steuerpflichtiger vorsätzlich oder fahrlässig weniger als die nach Gesetz geschuldeten Steuern bezahlt.

1. Steuerhinterziehung
Seine Steuern hinterzieht, wer es unterlässt, steuerbares Einkommen oder Vermögen den zuständigen Behörden offenzulegen, und dadurch weniger als die geschuldeten Steuern bezahlt (BG über die direkte Bundessteuer vom 14.12.1990, DBG 175 ff., BG über die Harmonisierung der direkten Steuern der Kantone und Gemeinden vom 14.12.1990, StHG 56 f., kantonale Gesetze, BG über die Mehrwertsteuer vom 02.09.1999, MWStG 85 und 88, BG über die Stempelabgaben vom 27.06.1973, StG 45; für Mehrwertsteuer und Stempelabgaben zusätzlich: BG über das Verwaltungsstrafrecht vom 22.03.1974, VStR 6 f.). Steuerhinterziehung wird mit hohen Bussen bestraft, die bei den direkten Steuern bis zum Dreifachen des hinterzogenen Betrags, bei der Mehrwertsteuer sogar bis zum Fünffachen gehen können.
Wegen Steuerhinterziehung sind auch ↑juristische Personen – also Unternehmen – strafbar.
Die Ahndung der Steuerhinterziehung erfolgt im Verwaltungsverfahren und obliegt nicht dem Strafrichter, sondern der zuständigen Steuerbehörde. Ihr gegenüber ist die Bank des Steuerpflichtigen an das ↑Bankkundengeheimnis gebunden (ausser im Fall von besonderen Untersuchungsmassnahmen, die der Vorsteher des Eidgenössischen Finanzdepartements nach DBG 190ff. bei fortgesetzter Hinterziehung grosser Beträge anordnen kann). Standesregeln verbieten der Bank jedoch, ihrem Kunden durch die Abgabe falscher Bescheinigungen «aktive Beihilfe» zur Steuerhinterziehung zu leisten (↑Vereinbarung über die Standesregeln zur Sorgfaltspflicht der Banken 1998, VSB 98 8). Im Staatsverständnis und Steuerrecht der Schweiz ist der Steuerpflichtige für die Erfüllung seiner Steuerpflicht an erster Stelle selbst verantwortlich (Prinzip der Selbstdeklaration, DBG 124ff., StHG 42, MWStG 46).
Deshalb unterstützt die Schweiz auch andere Staaten bei Verfahren wegen Steuerhinterziehung grundsätzlich nicht (↑Amtshilfe, ↑Rechtshilfe in Strafsachen; Ausnahme: die Bekämpfung der organisierten Kriminalität nach dem Rechtshilfevertrag mit den USA).

2. Steuerbetrug und Abgabebetrug
Steuerbetrug ist eine Steuerhinterziehung besonders schwer wiegender Art, bei den direkten Steuern mittels gefälschter, verfälschter oder inhaltlich unwahrer Urkunden, wozu Dokumente der Buchführung und Rechnungslegung, aber auch Lohnausweise zählen (DBG 186, StHG 59, kantonale Gesetze). Die Strafe lautet auf Gefängnis oder Busse bis CHF 30000 und wird zusätzlich neben einer allfälligen Busse wegen Steuerhinterziehung verhängt.
Wegen Steuerbetrug sind bei den direkten Steuern, wie es den allgemeinen Lehren des Strafrechts entspricht, bloss natürliche Personen, bei den indirekten Steuern des Bundes auch juristische Personen strafbar (VStG 6 f.).
Die Ahndung des Steuerbetrugs obliegt bei den direkten Steuern nicht den Steuer-, sondern den ordentlichen Strafverfolgungsbehörden. Ihnen gegenüber ist die Bank des Beschuldigten auskunftspflichtig.
Bei den indirekten Steuern des Bundes, wozu Mehrwertsteuer und Stempelabgaben gehören, heisst der Steuerbetrug Abgabebetrug und erfordert keine Urkundenfälschung oder Falschbeurkundung, sondern eine arglistige Täuschung der Steuerbehörde (VStG 14 II), wie sie auch den Betrugstatbestand des Strafgesetzbuchs kennzeichnet (StGB 146). Die Strafe ist Gefängnis oder Busse.
Anderen Staaten leistet die Schweiz Rechtshilfe bei der Ahndung von Steuerbetrug (auch in der Form des Abgabebetrugs). Die Voraussetzung der beidseitigen Strafbarkeit ist erfüllt, wenn der im Ausland zur Anwendung kommende Tatbestand die Merkmale des Abgabebetrugs aufweist (arglistige Täuschung, nicht notwendigerweise durch Urkundenfälschung oder Falschbeurkundung).

Christoph Winzeler

Lit.: Behnisch, U.: Steuerstrafrecht, in: Archiv für Schweizerisches Abgaberecht 61 (1992–93). – Winzeler, Ch.: Die Zukunft des Bankkundengeheimnisses, in: jusletter vom 01.03.2002.

Steuerkurse

Bis Ende 2001 setzte die Eidg. Steuerverwaltung jährlich aufgrund der Durchschnittskurse im Dezember die Steuerkurse für kotierte und ausgewählte ausserbörslich gehandelte ↑Aktien, ↑Obligationen, derivative Finanzinstrumente, Devisen, ↑Banknoten, Geldmünzen und Edelmetalle auf den 1. Januar fest. Erstmals per 31.12.2002 verzichtet die Eidg. Steuerverwaltung darauf, Durchschnittskurse zu berechnen, und wird in ihren Kurslisten jeweils den letzten Schlusskurs des Monats Dezember berücksichtigen. Diese Schlusskurse gelten als Steuerwerte.

Steueroasen

Als Steueroasen (englische Bezeichnung: Tax havens) werden Staaten bezeichnet, die den finanzkräftigen Steuerzahlern günstige Steuersätze und ein grosszügiges Niederlassungsrecht bieten (auch für Sitzgesellschaften) oder beim Kampf gegen Steuerbetrug und Steuerhinterziehung ungenügend mit anderen Staaten zusammenarbeiten. Der Begriff hat keine fassbaren Konturen und wird zumal in fiskalpolitischen Auseinandersetzungen verwendet; die OECD charakterisiert ihn durch vier Elemente:
– Keine oder nur geringfügige Besteuerung von Einkommen ab einer gewissen Höhe
– Wirksamer Schutz der Privatsphäre der Steuerpflichtigen und kein Informationsaustausch mit Steuerbehörden anderer Staaten
– Undurchsichtige Rechtsordnung, Rechtsprechung oder Verwaltung
– Grosszügige Zulassung von Sitzgesellschaften.

Nach der umstrittenen Lehre vom «schädlichen Steuerwettbewerb» (englische Bezeichnung: Harmful tax competition) bezeichnet er einen örtlich eingegrenzten Missstand, dem durch eine koordinierte Fiskalpolitik der Staaten abzuhelfen sei. *Christoph Winzeler*
Lit.: OECD, Harmful tax competition: An Emerging Global Issue, Paris 1998.

Stichcoupon

Bezeichnung für den zuletzt fälligen Coupon des Couponbogens einer ↑Aktie oder einer ↑Obligation, der auch das Recht zum Bezug eines neuen Couponbogens repräsentiert. Der Stichcoupon tritt häufig an die Stelle des Talons.

Stichtag

↑Bilanzstichtag.

Stichtagsprinzip

Prinzip, wonach für die Bewertungen in der Bilanz der jeweilige Abschlusstermin (Stichtag) massgebend ist.

Stille Reserven

Stille Reserven beeinflussen, was häufig nicht beachtet wird, sowohl die Bilanz wie die ↑Erfolgsrechnung. In der Bilanz handelt es sich um nicht sichtbare Teile des Eigenkapitals, die durch erzielte, aber nicht ausgewiesene Gewinne entstanden sind. Der Bestand der stillen Reserven nach Aktienrecht ergibt sich aus der Differenz zwischen dem aktienrechtlichen Höchstwert der Aktiven bzw. dem niedrigsten Wert der Passiven und dem ↑Buchwert (RRV-EBK, VIII). Marktbedingte stille Bewertungsreserven oder Zwangsreserven entstehen erfolgsneutral durch eine Wertsteigerung des Vermögens. Zwangsreserven sind auch in nach dem True-and-fair-view-Konzept erstellten Bilanzen nicht ersichtlich, es sei denn, die Bilanzierung erfolge nach dem Tageswertprinzip (Current cost accounting). In der Erfolgsrechnung stellen stille Reserven jene Teile des erzielten Jahresgewinnes dar, die durch bewusste buchhalterische Massnahmen wie nicht betriebsnotwendige Wertberichtigungen, Abschreibungen und Rückstellungen nicht ausgewiesen werden.

Stille Reserven der Banken

Die Jahresabschlüsse von Banken werden in der Öffentlichkeit stark beachtet und haben deshalb ein weit grösseres Gewicht als jene von anderen Wirtschaftszweigen. Bei der Darstellung der Ertrags- und Vermögenslage kommt deshalb den stillen Reserven auch eine besondere Bedeutung zu. Die Vorschriften über die Bildung und Auflösung von stillen Reserven in der Jahresrechnung von Banken (↑Jahresrechnung bei Banken) sind – im Vergleich zur aktienrechtlichen Regelung (OR 669 III) – wesentlich präziser. So enthält der RRV-EBK eine präzise Definition der stillen Reserven als die Differenz zwischen den Buchwerten und den gesetzlichen Höchstwerten. Die Bildung in der ↑Erfolgsrechnung muss entweder über die Positionen «Wertberichtigungen, Rückstellungen und Verluste» oder über «Abschreibungen auf dem Anlagevermögen» sowie über «ausserordentlicher Aufwand» erfolgen. Überdies wird der schwammige Begriff der «wesentlichen» Ergebnisverbesserung (OR 663b VIII) in der RRV-EBK klar umschrieben. Wesentlich ist die gesamte Nettoauflösung, wenn diese mindestens 2% des ausgewiesenen Eigenkapitals oder 20% des ausgewiesenen Jahresgewinnes ausmacht. Stille Reserven dienen grundsätzlich der Gewinnivellierung und damit einer konstanten ↑Dividendenpolitik der Banken. Vor allem in früheren Jahren wurde die Bedeutung der stillen Reserven als vertrauensbildende Massnahme hervorgehoben, weil befürchtet wurde, die Bekanntgabe sinkender Gewinne als Folge von erheblichen Verlusten könnte sich negativ auf den Bestand an Kundeneinlagen auswirken (↑Run).

Unter dem Einfluss der Transparenzanforderungen der internationalen Finanzmärkte haben im Ausland global tätige Banken – trotz der ausdrücklichen Ausnahmevorschriften in der EU-Bankbilanzrichtlinie – ihre Jahresrechnung auf das True-and-fair-view-Prinzip (↑True and fair view) umgestellt und auf das bilanzpolitische Instrument der stillen Reserven verzichtet. In Übereinstimmung mit der internationalen Entwicklung untersagen die BankV sowie das ↑Kotierungsreglement der SWX im ↑Konzernabschluss stille Reserven. Vor allem ↑Kantonalbanken gehen vermehrt dazu über, ohne gesetzlichen Zwang auch den Einzelabschluss nach dem True-and-fair-view-Konzept zu erstellen.

Die veränderte Haltung der Banken gegenüber dem Problemkreis der stillen Reserven wird dadurch erleichtert, dass wegen der Gliederungs- und Offenlegungsvorschriften (RRV-EBK IV. und VI.) der mit den stillen Reserven verbundene Vorteil der Verschleierung von wesentlichen Verlusten ohnehin wegfällt.
Max Boemle

Stille Zession
↑Lohn-, Gehaltszession; ↑Zessionskredit.

Stillhalteabkommen, -vereinbarung
Im ↑internationalen Kapitalverkehr versteht man unter einem Stillhalteabkommen eine organisierte Stundung von ↑Auslandkrediten, die von den Gläubigerbanken einem Schuldnerland gewährt wird, für das meist dessen ↑Zentralbank als Verhandlungspartner auftritt.

Der Begriff geht auf das Stillhalteabkommen zwischen den westlichen Banken und dem Deutschen Reich von 1931 zurück, das eine Stundung der kurzfristigen Kredite um zunächst sechs Monate vorsah, welche dann durch immer wieder erneuerte Kreditabkommen verlängert wurde. Damit sollten die Folgen der auf die deutschen Reparationsverpflichtungen und die interalliierten Kriegsschulden des Ersten Weltkriegs zurückgehende Schulden- und Transferkrise gemildert und dem amerikanischen Vorschlag für einen allgemeinen Zahlungsaufschub (Hoover-Moratorium) entsprochen werden.

Den gleichen Grundsätzen folgen auch die Stillhalteabkommen im inländischen Kreditgeschäft.

Vor allem für krisengeschüttelte Unternehmungen ist die offene und konstruktive Information aller involvierter Parteien von zentraler Bedeutung. Dies gilt insbesondere auch für die involvierten Kreditgeber. Um gewisse Verhaltensregeln unter den jeweils involvierten Banken festzulegen, haben die SBG, die SKA und der SBV bereits im Jahre 1983 Richtlinien erarbeitet. Die Zielsetzungen dieser Richtlinien waren insbesondere: Bestimmung der Federführung bei Firmensanierungen, Modus für den Verteilerschlüssel zur Berechnung der Sanierungsbeiträge der Banken sowie für die Gewährung von zusätzlich benötigten Überbrückungskrediten. Obwohl bereits zum damaligen Zeitpunkt die Absicht bestand, auch weitere Bankinstitute zur Unterzeichnung der Richtlinien einzuladen, gelang dies aus verschiedenen Gründen nicht. Das ursprünglich auf drei Jahre fixierte «Grossbankenabkommen» wurde dann mehrere Male verlängert. Auch in den 90er-Jahren wurden unzählige grössere Sanierungsfälle nach den Richtlinien dieses Abkommens geregelt, obwohl viele involvierte Banken gar nicht Partner dieses Abkommens waren.

Nach längeren Verhandlungen konnte erst im Jahre 2000 das neue Bankenabkommen mit der Bezeichnung «Richtlinien für Kreditgeber bei finanziellen Schwierigkeiten eines Kreditnehmers (Schweiz)» abgeschlossen werden. Das unter den Banken UBS AG, Crédit Suisse und Zürcher Kantonalbank ausgehandelte Abkommen wurde auf unbefristete Zeit abgeschlossen. Alle andern Banken in der Schweiz wurden dazu eingeladen, diesem Abkommen ebenfalls beizutreten, was einige Kantonalbanken mittlerweile taten. Das Banken-Abkommen 2000 besteht aus den Richtlinien, den technischen Grundsätzen und dem Schlüssel für die Ermittlung des risikogewichteten Engagements. Die Richtlinien enthalten Verhaltensregeln für Banken bzw. andere Kreditgeber, wonach beispielsweise Banken den Schuldner bei der Kenntnisnahme von akuten und absehbaren Schwierigkeiten anhalten sollen, alle Banken und Kreditgeber über die aktuelle Situation offen zu informieren. Von Bedeutung für einen reibungslosen Ablauf unter den Banken ist auch die Bestimmung der Federführung (↑Federführende Bank). Die Regie unter den Banken hat in der Regel diejenige Bank mit den grössten Gesamtengagement inkl. Beteiligungen zu übernehmen. Je nach Grösse des notleidenden Unternehmens bzw. Komplexität der Problemstellungen ist die Rolle der federführenden Bank wegen der fachlichen Anforderungen und auch wegen der zeitlichen Beanspruchung eine sehr anspruchsvolle Aufgabe. Als Koordinatorin der wesentlichen Bankanliegen ist die Federführerin erste Ansprechperson für das Management des Unternehmens in der Krise. Zusätzlich organisiert die Federführerin die Bankensitzungen, schlägt beizuziehende Fachspezialisten oder Turnaroundmanager vor, beurteilt für die andern Banken alle notwendigen Massnahmen und ist zudem verantwortlich für die Ausarbeitung der erforderlichen Vertragsdokumente. Die entschlossene, professionelle Übernahme der Leadfunktion durch die designierte Federführerin ist für den erfolgreichen Verlauf eines Restrukturierungs- oder Sanierungsprozesses von entscheidender Bedeutung. In den technischen Grundsätzen werden insbesondere die Kriterien für die Wertermittlung der Sicherheiten im Zusammenhang mit Grundstücken definiert. Das Dokument «Schlüssel für Ermittlung des risikogewichteten Engagements» beinhaltet eine Auflistung der häufigsten Banksicherheiten, die je nach Qualität und Verwertungsmöglichkeit unterschiedlich für den Schlüssel angerechnet werden können. Es gilt hier noch anzumerken, dass auch nach Beitritt zum Bankenabkommen 2000 jede Bank in ihrer Meinungsbildung und Entscheidung frei bleibt. Die neuen Bankenrichtlinien haben sich in der Praxis bewährt. Durch die gemeinsam festgelegten Verhaltensregeln erleichtern sie ein effizientes und schnelles Vorgehen bei Kreditnehmern, die sich aus Liquiditäts-, ertragsbedingten oder bilanztechnischen Gründen in finanziellen Schwierigkeiten befinden.   *Rolf Rufer*

Stillhalten

Beim ↑Optionsgeschäft muss der Verkäufer der ↑Option warten, stillhalten, bis sich der Käufer entschieden hat, ob er die Erfüllung des Geschäfts verlangt oder nicht. Der Verkäufer erhält als Entgelt für sein Stillhalten den ↑Optionspreis. ↑Stillhalter in Wertpapieren ist der Verkäufer einer Kaufoption, Stillhalter in Geld ist der Verkäufer einer Verkaufsoption. ↑Stillhalteroption. Von Stillhalten spricht man auch, wenn eine Schuld gestundet wird. ↑Stillhalteabkommen.

Stillhalter

Verkäufer einer ↑Option, der aufgrund eines Stillhaltervertrages eine entsprechende Anzahl ↑Aktien in einem Sperrdepot hinterlegt und im Gegenzug die ↑Optionsprämie, d. h. den Preis der Option, erhält. Als Verkäufer verpflichtet er sich zur Lieferung des ↑Basiswertes. Man unterscheidet zwischen Stillhaltern in Geld und Stillhaltern in Papier. Der Stillhalter kann sich durch Rückkauf der Option vor dem Ausübungstag aus der Verpflichtung herauslösen. ↑Stillhalteroption.

Stillhalteroption

Stillhalteroptionen beruhen, im Gegensatz zu dynamisch abgesicherten Optionen, auf einer Vereinbarung zwischen der emittierenden ↑Bank und dem ↑Stillhalter, welcher die Optionen verkauft (schreibt). Dabei handelt es sich immer um Call options. Auf Grundlage eines Stillhaltervertrages hinterlegt der Stillhalter eine entsprechende Anzahl ↑Aktien (Mindestgegenwert CHF 50 Mio. für SMI-Titel, CHF 25 Mio. für andere). Die ↑Titel werden in einem Sperrdepot blockiert, gleichzeitig hat der ↑Emittent auf diesen Titel ein ↑Pfandrecht, damit er bei der Ausübung der Option seiner Verpflichtung zur Lieferung der Aktie jederzeit nachkommen kann.

1. Transaktionen
Die Stillhalteroption setzt sich aus zwei ↑Transaktionen zusammen: der ↑Investor bringt eine Aktie ein und verkauft eine Option. Als Verkäufer oder Stillhalter der Option verpflichtet er sich zur Lieferung des ↑Basiswertes. Der Stillhalter behält in der Regel alle Aktionärsrechte. Das Gewinnpotenzial des Stillhalters verkleinert sich allerdings und wird ausgeschöpft, wenn der Aktienkurs des Basiswerts den ↑Ausübungspreis der Option erreicht. Die Aufgabe des unlimitierten Gewinnpotenzials wird durch den Verkaufspreis der Option abgegolten.

2. Entbindung aus der Stillhalterverpflichtung
Erfolgt nach Ablauf der ↑Optionsfrist keine Ausübung, kann der Stillhalter wieder frei über seine Aktien verfügen. Will er sich, z. B. aufgrund einer veränderten Kapitalmarktsituation, vor Ablauf der Optionsfrist aus der Stillhalterverpflichtung lösen, kann er jederzeit die notwendige Anzahl Optionen am Markt erwerben und bei der ↑Emissionsbank einreichen. Sie wird ihn anschliessend aus der Stillhalterverpflichtung entlassen.

3. Investitionsrechnung
Wird die Stillhalteroption als Investitionsrechnung betrachtet, ergeben sich folgende Eckdaten: Der Anfangswert besteht aus dem Kaufpreis des Basiswertes, welcher sich um den Nettoerlös aus dem Verkauf der Option reduziert. Während der ↑Laufzeit der Option werden die Zahlungen von ↑Dividenden dem Stillhalter gutgeschrieben. Bei ↑Verfall der Option ergeben sich zwei Szenarien: Liegt der Aktienkurs über dem Ausübungspreis, so muss die Aktie geliefert werden und der Stillhalter erhält eine Gutschrift in der Höhe des Ausübungspreises – liegt der Aktienkurs unter dem Ausübungspreis, so verfällt die Option wertlos und der Stillhalter bleibt Besitzer der Aktie. Die maximal erzielbare ↑Rendite steht bei Abschluss des Geschäfts somit bereits fest. Sie setzt sich zusammen aus dem Kursanstieg der Aktie bis zur Erreichung des Ausübungspreises sowie aus der ↑Prämie und den Dividenden.

Das Stillhaltergeschäft ist geeignet für Investoren, die an eine weitere Kurssteigerung des Basiswertes glauben, jedoch bereit sind, ihre Aktien bei Erreichung eines bestimmten Niveaus zu verkaufen. Ihr Ertrag wird durch die erhaltene ↑Optionsprämie gesteigert. Bei einem Kursrückgang kann ein Teil eines eventuellen Verlustes durch die ursprünglich erhaltene Optionsprämie aufgefangen werden. Je nach Ausgestaltung des Stillhaltergeschäfts kann beispielsweise erreicht werden, dass bei einem Kursrückgang von 7% kein Verlust erlitten wird, jedoch bei einem Kursanstieg von bis zu 20% vollumfänglich partizipiert wird. Durch die erhaltene Optionsprämie wird der Kursrückgang kompensiert, wogegen das Kurspotenzial bei einem Anstieg des Basiswertes bis zum Ausübungspreis erhalten bleibt. Mit Stillhalteroptionen kann man das ↑Risiko minimieren oder den Ertrag steigern, d.h. eine nachhaltige Wertsteigerung bei geringeren Kursschwankungen steht im

Vordergrund. Durch Stillhalteroptionen kann im Vergleich zu einer reinen Aktienposition also ein wesentlich besseres Risiko-/Ertrags-Verhältnis erreicht werden, was sich in höheren risikoadjustierten Renditen äussert. ↑Covered option writing; ↑Option (Allgemeines).
Markus Eberle

Stimmrechtsaktien
Grundsätzlich bemisst sich die Stimmkraft der einzelnen Aktionäre nach dem gesamten ↑Nennwert ihrer ↑Aktien. Mit jeder Aktie ist eine Stimme verbunden (One share one vote). Nach OR 693 können die Statuten jedoch das Stimmrecht nach der Anzahl Aktien unabhängig vom Nennwert festlegen, indem z. B. Aktien im Nennwert von CHF 100 und Aktien im Nennwert von CHF 10 ausgegeben werden (verdeckte Stimmrechtsaktien). Die Aktien mit einem kleineren Nennwert gewähren somit, gemessen am Kapitaleinsatz, das Zehnfache an Stimmen. Dieses Verhältnis entspricht dem höchst zulässigen Stimmkrafthebel. Stimmrechtsaktien mit höherem Stimmrechtsprivileg, die unter dem früheren Aktienrecht ausgegeben worden sind, behalten jedoch ihre Vorrechte. Das offene Pluralstimmrecht, das z. B. Aktien der Serie A zu CHF 10 nominal mit 5 Stimmen, Aktien der Serie B mit dem gleichen Nennwert nur mit einer Stimme ausstattet, ist in der Schweiz nicht zulässig.

Das Stimmrechtsprivileg gilt jedoch nicht uneingeschränkt. OR 693 nennt Wahlen und Beschlüsse, bei denen die verstärkte Stimmkraft von Stimmrechtsaktien nicht zur Anwendung kommt. Zudem schränkt OR 704 den Einfluss von Stimmrechtsaktien auf die «wichtigen Beschlüsse» ein. Bei schweizerischen Banken sind Stimmrechtsaktien die Ausnahme. Die von den ↑Grossbanken und verschiedenen ↑Regionalbanken in den 70er-Jahren zum Schutz gegen die Überfremdung eingeführten Stimmrechtsaktien sind zugunsten der ↑Einheitsaktie wieder abgeschafft worden.

Stimmrechtsklausel
↑Depotstimmrecht.

Stock
In den USA Synonym für «share» (↑Aktie). Der Ausdruck wird vor allem im Zusammenhang mit ↑Stockholder und mit zahlreichen anderen Begriffen wie Common stock (Stammkapital), ↑Preferred stock (Preferred shares, Vorzugsaktienkapital), Stock option (Aktienkaufrechte), Treasury stock (Aktien im Eigenbesitz der Gesellschaft), ↑Stock-Dividende, (↑Gratisaktie) verwendet. In Grossbritannien wird der Begriff des Stock für Obligationenschulden verwendet (Loan stock).

Stockbroker
Englische Bezeichnung für einen Börsenmakler, der ↑Wertpapiere für fremde Rechnung kauft und verkauft.

Stock-Dividende
Auch Wertpapierdividende genannt. Gewinnausschüttung in Form von ↑eigenen Aktien (↑Gratisaktien). Von periodischen Stock-Dividenden spricht man, wenn die Aktienausgabe zulasten des Gewinnes des Rechnungsjahres erfolgt. Ausserordentliche oder aperiodische Stock-Dividenden stammen dagegen aus den in den Vorjahren angesammelten ↑Gewinnreserven. Stock-Dividenden werden an Stelle oder zusätzlich zur Bardividende ausgerichtet und sollen vor allem die flüssigen Mittel der Gesellschaft schonen. Aktionäre, die eine Gewinnausschüttung in ↑bar vorziehen würden, können die Gratisaktien an der ↑Börse verkaufen. Stock-Dividenden sind vor allem in den USA gebräuchlich. In der Schweiz ist die Ausrichtung von Stock-Dividenden wegen der damit verbundenen steuerlichen Belastungen selten. Rechtlich bedeutet die Ausrichtung einer Stock-Dividende eine Kapitalerhöhung aus ↑Eigenkapital (OR 652d).

Stock exchange
Englische Bezeichnung für Wertpapierbörse, ↑Börsenplatz.

Stockholder
Englische Bezeichnung für Aktionär.

Stockholmer Börse
Links: www.stockholmborsen.se

Stockholmer Empfehlungen
↑Home country control.

Stock index option
↑Indexoption.

Stock market bubble
↑Börsenpsychologie.

Stock option
↑Stock.

Stock-option-Pläne
Stock-option-Pläne sind eine Form der ↑Mitarbeiterbeteiligung mittels ↑Optionen. Ein möglicher Interessenkonflikt zwischen Geschäftsleitung und Anteilsinhabern lässt sich vermeiden, indem die Geschäftsleitung zu Miteigentümern wird. Insbesondere Unternehmen, die überdurchschnittlich wachsen und künftig auf steigende ↑Kurse setzen, bieten ihren Mitarbeitern damit eine interessante Möglichkeit, am Erfolg zu partizipieren. Diese Art der Beteiligung hat den Vorteil, dass sich Mitarbeiter bereits mit geringem Kapitaleinsatz beteiligen können. Stock-option-Pläne sind ein Anreizsystem für Mitarbeiter, bergen aber auch ↑Risiken. Für die erfolgreiche Einführung ist eine sorgfältige Ausgestaltung bezüglich Umfang, ↑Sperrfristen

und Behandlung von Altaktionären eine wesentliche Voraussetzung. Angesichts der zunehmenden Bedeutung der Stock-option-Pläne als Bestandteil der Verwaltungsrats- und Managementvergütungen sind aussagekräftige Informationen im Rahmen der finanziellen Berichterstattung aus der Sicht der ↑Investoren unerlässlich.
Lit.: Weilenmann, R.: Value based compensation plans, Bern 1999.

Stockpicking
In der ↑Börsensprache Ausdruck für eine ↑Anlagestrategie, bei der einzelne ↑Wertpapiere erworben werden, von denen der Käufer erwartet, dass sie sich besser entwickeln als der Gesamtmarkt. Stockpicking wird auch Cherrypicking oder Rosinen picken genannt.

Stockwerkeigentum
Das Stockwerkeigentum (ZGB 646 bis 651 und 712 a-t) bedeutet rechtlich selbstständiges Miteigentum (↑Eigentum) zu einem bestimmten Bruchteil (Wertquote) an einer Liegenschaft, wobei dem Stockwerkeigentümer ein Sonderrecht zu ausschliesslicher Nutzung bestimmter Gebäudeteile zusteht, die in sich abgeschlossen und mit eigenem Zugang versehen sein müssen, aber getrennte Nebenräume und Teile davon mit umfassen können. Für jede Stockwerkeigentumseinheit wird ein besonderes Grundbuchblatt eröffnet; das Grundbuchblatt für die Liegenschaft als Ganzes (Stammblatt) bleibt bestehen. Ein Aufteilungsplan, der zu den Grundbuchbelegen gehört, ergänzt die Beschreibung der Gebäudeteile, die im Sondernutzungsrecht stehen. Ferner empfiehlt es sich, das (laut Gesetz fakultative) Reglement, welches die Gemeinschaft der Stockwerkeigentümer möglichst klar und objektbezogen regeln sollte, im ↑Grundbuch anzumerken. Das Sonderrecht des Stockwerkeigentümers auf ausschliessliche Benützung, Verwaltung und Gestaltung einer Stockwerkeinheit findet seine Schranke an den Rechten der andern Stockwerkeigentümer und der Gemeinschaft. Jeder Stockwerkeigentümer hat an die gemeinsamen Lasten seinen Beitrag zu leisten; die Aufteilung der Lasten erfolgt in der Regel nach Wertquoten, doch kann je nach Interessenlage auch ein anderer Schlüssel vereinbart werden.
In der Versammlung der Stockwerkeigentümer, welche dem Vereinsrecht nachgebildet ist, regelt die Gemeinschaft die gemeinsamen Angelegenheiten. Diese Versammlung wählt einen Verwalter (laut Gesetz fakultativ), welcher die laufenden Geschäfte besorgt und die Gemeinschaft vertritt. Die Bildung von Ausschüssen, die Ernennung eines Abgeordneten oder die Einsetzung einer Kontrollstelle sind möglich. Die Gemeinschaft der Stockwerkeigentümer kann eigenes Vermögen erwerben, in eigenem Namen klagen und betrieben werden, sowie am Ort der gelegenen Sache beklagt und betrieben werden; sie ist indessen kein selbstständiges Steuersubjekt.

Die wirtschaftliche und sozialpolitische Bedeutung des Stockwerkeigentums ist heute unbestritten. Die Anlagekosten von in Stockwerkeigentum erstellten Wohnungen liegen in der Regel aufgrund des höheren Ausbaustandards über denjenigen gleich grosser Mietwohnungen. Die Banken belehnen Stockwerkeigentum analog wie andere Liegenschaften. Die kreditgebende Bank wird entsprechend den Besonderheiten des Stockwerkeigentums bei der Prüfung der ↑Belehnung folgenden Aspekten besondere Beachtung schenken: Qualität der Bauweise (insbesondere Schallisolation), Wohnqualität, Angemessenheit der Wertquoten, funktionsfähiges Reglement, allfällige reglementarische Nutzungsbeschränkungen (Vorkaufs- und Einspruchsrecht gemäss ZGB 712c).
Der ↑Baukredit für die Erstellung eines Neubaus, der in Stockwerkeigentum aufgeteilt werden soll, wird normalerweise nicht durch ein ↑Grundpfandrecht auf der Stammparzelle gesichert. In der Praxis wird die Aufteilung meistens bereits aufgrund der Pläne vor Baubeginn vorgenommen und der Baukredit durch ein ↑Gesamtpfandrecht auf allen, oder Pfandrechte im Verhältnis zu den Miteigentumsquoten auf den einzelnen Stockwerkeigentumsparzellen sichergestellt. Besondere Beachtung zu schenken ist der Sicherstellung von Anzahlungen, welche der Käufer einer Eigentumswohnung bei Abschluss eines Kaufvertrages für eine neu zu bauende, nach Fertigstellung in sein Eigentum zu übertragende Wohnung leistet. Wenn die Stockwerkeigentumsanteile mit Grundpfandrechten belastet werden, kann gemäss ZGB 648 III die Stammparzelle nicht mehr mit Pfandrechten belastet werden; daraus folgert die Praxis, dass das ↑Bauhandwerkerpfandrecht für Arbeiten am ganzen Gebäude, wenn Grundpfandrechte auf den Stockwerkeigentumsanteilen errichtet wurden, im Verhältnis der Miteigentumsquoten gegenüber den einzelnen Stockwerkeigentümern geltend zu machen ist.
Christian Thalmann

Stop loss order, Verlustbegrenzungsauftrag
Die Stop loss order ist ein ↑Börsenauftrag, bei dem die Bank vom Anleger beauftragt wird, ↑Effekten bestmöglich zu verkaufen, sobald der Börsenkurs eine bestimmte ↑Limite erreicht. Mit einem solchen vorsorglich erteilten Verkaufsauftrag lässt sich das ↑Risiko reduzieren. Noch nicht realisierte Gewinne können gesichert oder Verluste beschränkt werden. Für die Stop loss order wird deshalb auch die Bezeichnung Verlustbegrenzungsauftrag verwendet.
Die Stop loss order kann aber auch beträchtliche Verluste nach sich ziehen, wenn der ↑Kurs wesentlich unterhalb der gesetzten Limite eröffnet und die Bank gar nicht die Möglichkeit hat, zu einem bes-

seren Preis zu verkaufen. Sie ist dann gezwungen, den Auftrag bestens (↑Bestens-Auftrag) auszuführen. Dies kommt insbesondere bei Werten mit grossen Kursschwankungen oder bei illiquiden Titeln vor. Gegenteil eines Stop loss orders ist der On stop order. Dabei werden ↑Wertschriften gekauft, sobald eine gesetzte Limite erreicht oder überschritten wird. ↑Hedging-Strategien.

Hans-Dieter Vontobel

Stop order
↑Stopp-Auftrag; ↑Stop loss order, Verlustbegrenzungsauftrag.

Stopp-Auftrag
Eine besondere Form des ↑Börsenauftrages. Es geht darum, einen zunehmenden Kursverlust zu beschränken oder einen zunehmenden Kursgewinn sicherzustellen. Wenn ein Titel bei 110 gekauft wurde, der ↑Kurs jetzt bei 100 steht, so lautet der Stopp-Verkaufsauftrag beispielsweise auf 95. Wenn der Kurs weiter auf 95 absinkt, so soll der Titel verkauft und damit der Verlust auf 15 begrenzt werden. ↑Stop loss order, Verlustbegrenzungsauftrag.

Stop trading
Kurzfristige ↑Handelseinstellung wegen hoher ↑Volatilität.

Storno
Italienische Bezeichnung für Streichung. Rückbuchung, Annullierung einer Buchung oder Transaktion.

STOXX
Der Indexanbieter Stoxx Ltd. berechnet seit Februar 1998 eine gesamteuropäische Aktienindexfamilie. Stoxx Ltd. ist ein Gemeinschaftsunternehmen der ↑Deutschen Börse AG, ↑Euronext Paris, der Schweizer Börse (↑SWX Swiss Exchange) und Dow Jones (DJ). Der Gesamtmarktindex *DJ Stoxx TMI (Total market index)* strebt eine Marktabdeckung von 95% der Streubesitzkapitalisierung von siebzehn europäischen Aktienmärkten an, wobei die Anzahl der im ↑Indexportfolio berücksichtigten Titel variabel ist. Der Index DJ Stoxx 600 enthält die 600 grössten Werte des DJ Stoxx TMI. Für beide Indizes existieren zahlreiche Subindizes, die nach Branchen, Ländergruppen und Unternehmensgrösse definiert sind. Die Startwerte des DJ Stoxx TMI und des DJ Stoxx 600 wurden nachträglich mit 100 Indexpunkten per 31.12.1991 festgelegt. Seit September 2000 werden alle Stoxx-Indizes nach der streubesitzadjustierten ↑Börsenkapitalisierung gewichtet. Alle Stoxx-Branchenindizes folgen dem Dow Jones global classification standard.
Neben den marktbreiten Aktienindizes berechnet Stoxx die Blue-chip-Indizes *DJ Stoxx 50* für den gesamteuropäischen Aktienmarkt und *DJ Euro Stoxx 50* für die Eurozone. Beide Indizes enthalten jederzeit 50 Titel, wobei ein ↑Emittent nur mit einer Aktiengattung vertreten ist. Die Zusammensetzung der beiden Indexportfolios wird einmal jährlich im September nach einer Rangliste der Streubesitzkapitalisierung überprüft. Die Rangliste enthält nur die Aktien, die entweder zusammen 60% ihres Marktsektors abdecken oder bereits in einem der beiden Indizes enthalten sind. Erforderliche Auswechslungen treten nach Börsenschluss des dritten Freitags im September (Verfalltermin der ↑Futures auf DJ Stoxx 50 und DJ Euro Stoxx 50) in Kraft. Die Gewichtung der beiden Blue-chip-Indizes wird einmal pro Quartal so angepasst, dass kein Titel mehr als 10% Gewicht aufweist.
Die Indexfutures auf den DJ Stoxx 50 und DJ Euro Stoxx 50 basieren auf Kursindizes. Zusätzlich berechnet Stoxx für jeden Index einen Performanceindex. Die Startwerte der beiden Blue-chip-Indizes wurden nachträglich mit 1000 Indexpunkten per 31.12.1991 festgelegt.

Valerio Schmitz-Esser

STP
Abk. f. ↑Straight through processing (STP).

STP-Rate
STP-Rate (Straight-through-processing-Rate) bezeichnet den Automatisierungsgrad einer durchgängigen Bearbeitung (↑Straight through processing) von Daten. Je höher die STP-Rate, desto niedriger die ↑Transaktionskosten und desto kleiner das Abwicklungsrisiko (↑Settlement risk). Eine nahezu 100%ige STP-Rate weist das Schweizer Clearingsystem SIC (↑Swiss Interbank Clearing SIC) systembedingt auf: In der Regel werden dort von 100 Interbank-Zahlungen alle 100 Transaktionen durchgängig automatisch verarbeitet und verrechnet.

Straddle
Ein Long straddle wird mit dem gleichzeitigen Kauf eines ↑Calls und eines ↑Puts mit gleichem Ausübungspreis und gleicher Laufzeit strukturiert. Daraus resultieren Gewinne bei grösseren Marktbewegungen und ein Verlust bei tiefer Volatilität. Ein ↑Short straddle wird mit dem gleichzeitigen Verkauf eines Calls und eines Puts mit gleichem Ausübungspreis und gleicher Laufzeit strukturiert. Aus einem Short straddle resultieren bei grösseren Marktbewegungen (Volatilität) ein Verlust und bei geringen Bewegungen ein Gewinn.

Strafzins
Beim Strafzins handelt es sich um eine im ↑Hypothekargeschäft vorkommende Mehrzinsbelastung, wenn der Schuldner mit der Zahlung des Hypothekarzinses über eine bestimmte Frist hinaus in Verzug gerät. Die betreffenden Zinsbestimmungen

lauten etwa wie folgt: «Die Schuld ist vom ... an mit $4^{1}/_{2}$% jährlicher Zinsen, halbjährlich auf den 30. Juni und 31. Dezember, erstmals am ... zu verzinsen. Bei Verspätung in der Zinszahlung um mehr als vier Wochen erhöht sich der verfallene Zins auf 5%.» Es ist somit für den Verzug $^{1}/_{2}$% Strafzins auf der geschuldeten Summe für ein halbes Jahr zu zahlen. Strafzins ist nicht allgemein gebräuchlich. Als Strafzins wird auch der ↑Negativzins bezeichnet.

Straight
Kurzform für ↑Straight bond.

Straight bond
Anleihen mit Normalausstattung bezüglich Verzinsung und ↑Rückzahlung.

Straight through processing (STP)
Unter Straight through processing (STP) versteht man im Allgemeinen eine durchgängig automatisierte Prozesskette, in der Datenströme zwischen Systemen verarbeitet werden mit dem Ziel einer möglichst effizienten Abwicklung von Finanzgeschäften (↑Zahlungsverkehr, Wertschriftentransaktionen). Manuelle Interventionen in den Verarbeitungsablauf und die erneute Erfassung bereits in elektronischer Form verfügbarer Daten sollen also wenn immer möglich vermieden werden (manuelle Eingriffe auf strikter Ausnahmebasis). Als eine besonders ausgeprägte Form des STP kann der vollautomatische Verarbeitungsablauf zwischen der ↑SWX Swiss Exchange, ↑SIS SegaIntersettle AG und ↑Swiss Interbank Clearing SIC bezeichnet werden (vollautomatische Abwicklung als «Locked-in»-Trades mit minimalem Matching des Handelsgeschäfts auf der Handelsplattform). STP in der Zahlungsabwicklung beginnt beim Zahlungspflichtigen, läuft über dessen Bank zur kontoführenden Bank des Begünstigten und von dieser zum Begünstigten selber. Die STP-Verarbeitung der Zahlungen ist soweit automatisiert, dass Daten nur einmal eingegeben werden müssen und danach für alle weiteren Stufen der Prozesskette verwendet werden können (100% ↑STP-Rate). Der Automatisierungsgrad im Zahlungsverkehr ist insofern beachtenswert, als er gewisse Rückschlüsse auf Effizienz, Sicherheit und Kosten eines Zahlungssystems erlaubt. Je grösser dieser ist, desto effizienter werden die Zahlungen verarbeitet, was zu günstigeren ↑Transaktionskosten und geringeren ↑Systemrisiken (↑Settlement risk) führt. *Heinz Haeberli*

Straits Times Index
Der *Straits Times Index (STI)* umfasst die 45 grössten und liquidesten Aktien, die an der ↑Börse von Singapur gehandelt werden. Die Gewichtung der Aktien erfolgt nach ihrer streubesitzadjustierten ↑Börsenkapitalisierung. Der STI ist ein Kursindex, d. h., Kursabschläge nach regulären Dividendenzahlungen werden nicht korrigiert. Der STI wird in seiner heutigen Form seit Ende August 1998 berechnet. Zur Dokumentation der Kursvergangenheit wurde der STI mit der Zeitreihe seines Vorgängerindexes, des kursgewichteten *Straits Times Industrials Index (STII)*, verknüpft. Der Indexstand zum Verknüpfungstermin am 31.08.1998 betrug 885,26 Indexpunkte.

Strangle
Ein Long strangle wird mit dem gleichzeitigen Kauf eines ↑Calls und eines ↑Puts mit unterschiedlichen Ausübungspreisen strukturiert. Ein ↑Short strangle wird entsprechend mit dem gleichzeitigen Verkauf eines Calls und eines Puts mit unterschiedlichen Ausübungspreisen konstruiert. Ähnlich dem Straddle handelt es sich beim Strangle um eine Optionsstrategie, die auf einer bestimmten Volatilitätserwartung basiert.

Strap
↑Optionsgeschäft.

Strategiefonds
Synonym für ↑Anlagezielfonds.

Strategie im Bankwesen
Der Begriff der Strategie stammt aus dem militärischen Bereich. Sprachlich geht er zurück auf das Griechische und bedeutet Heerführung. Strategie in diesem Sinne wird heute verstanden als die Kunst der Verwendung aller Machtinstrumente zur Verwirklichung der Ziele einer Nation oder Allianz im Krieg oder Frieden. Eine Strategie kann erst formuliert werden, wenn die zu verwirklichenden Ziele feststehen. Im Bankmanagement dagegen wird auch die Festlegung der Ziele der Strategie oder der strategischen Führung zugerechnet. Strategische Führung ist demnach das grundsätzliche und langfristige Denken, Handeln und Verhalten der Bank. Die strategischen Fragen lassen sich auf die «4 W» reduzieren: *W*elchen Kunden bietet die Bank *w*elche Produkte auf *w*elchen Märkten *w*ie an? Als Kontrollfrage eignet sich das «5. W»: *W*arum diese Bank? Dabei sind zwei Themen zu vertiefen: «Wie kann die Bank für Kunden Wert schaffen?», und «Warum kann sie das besser als die Konkurrenten?» Bei der Strategie lassen sich rein logisch zwei verschiedene Risiken unterscheiden: Erstens das Risiko, dass die Strategie schlecht ist («not to do the right thing»), und zweitens das Risiko, dass die gewählte Strategie nicht oder nicht genügend gut umgesetzt werden kann («not to do the thing right»). Das erste Risiko spricht die Sphäre der Effektivität an, das zweite diejenige der Effizienz. In der Praxis können die beiden Fragen nicht getrennt beantwortet werden, die Kunst der strategischen Führung liegt gerade in der Verbindung der zwei Sphären.

Die *Anforderungen an die strategische Führung* können sich im Zeitablauf stark verändern, und sie haben sich für die Banken in den letzten Jahren enorm gewandelt. Während Jahrzehnten war die Bankbranche geprägt durch eine hohe Stabilität und Planbarkeit. Im letzten Jahrzehnt verschob sich die Perspektive von der Stabilität zur Flexibilität. Flexibilität oder Anpassungsfähigkeit wurde zur entscheidenden strategischen Kompetenz für das erfolgreiche Überleben in einer sich radikal wandelnden Bankenumwelt. Die sechs Grundkräfte dieses Wandels sind die enorme Entwicklung der Informations- und Kommunikationstechnologie, die weltweite ↑Deregulierung und teilweise Re-Regulierung, die Wertorientierung der Aktionäre und Finanzmärkte, bedeutende demografische Trends in praktisch allen Ländern, die Erkenntnisse und Fortschritte der Finanztheorie, und schliesslich die Entwicklung des europäischen Währungsraums. Diese Grundkräfte verändern im Zusammenspiel mit drei daraus resultierenden Manifestationen die strategischen Voraussetzungen radikal. Die drei Manifestationen sind die Globalisierung der Märkte, die Innovation der Produkte und Prozesse, und das Aufkommen neuer Wettbewerber. Regulierung und Aufsicht wirken in diesem Umfeld stabilisierend auf die Finanz- und Bankbranche, was den Banken mehr Zeit in ihren strategischen Dispositionen gewährt, verhindert wird auf die Dauer der Strukturwandel dadurch aber nicht.

Die Festlegung, Überprüfung und Anpassung der Strategie erfolgt im Rahmen der *strategischen Planung,* die aus folgenden Elementen besteht:
– Einer kritischen Beurteilung der bankeigenen Lage. Zu dieser gehören namentlich die Beurteilung der eigenen Stärken und Schwächen
– Die Beurteilung der eigenen Lage wird ergänzt um die Umweltanalyse, in welcher die wichtigsten gesellschaftspolitischen, demografischen, technologischen und wirtschaftlichen Entwicklungen zu gewichten sind. Dabei geht es heute insbesondere um die Untersuchung der erwähnten sechs Grundkräfte und der drei Manifestationen des Wandels. Zentrale Themen sind die Beurteilung der Entwicklung der Kunden, der Konkurrenz und der Finanzmärkte. Erst die Verbindung von Innen- und Aussensicht ermöglicht eine Beurteilung der Risiken und Chancen. Als Instrument dieser Verbindung von Beurteilung der eigenen Lage und Umweltanalyse hat sich die SWOT-Matrix (Strenghts, Weaknesses, Opportunities, Threats) entwickelt
– Die Erarbeitung oder Überprüfung von Vision und Leitbild bildet die dritte Phase der strategischen Planung
– Das eigentliche Kernstück der strategischen Planung bildet die Erarbeitung der konkreten Ziele und die Massnahmen und Aktionspläne zu deren Umsetzung. Dabei geht es nicht nur um die strategischen Geschäftsfelder im Markt, sondern auch um die unterstützenden logistischen Funktionen sowie die Konsequenzen für die Organisation und die Führungskräfte der Bank. In dieser vierten Phase darf sich die Bank nicht auf eine Variante beschränken, die Auseinandersetzung mit verschiedenen Szenarien (optimistisch und pessimistisch, wahrscheinlich und unwahrscheinlich) gehört zwingend zum disziplinierten Umgang mit strategischen Fragen. Der Entscheid über die Strategie, und damit die Verantwortung dafür, steht gemäss schweizerischem Aktienrecht dem Verwaltungsrat zu
– Abgeschlossen wird die strategische Planung durch das strategische Controlling.

Im Umfeld der traditionellen schweizerischen ↑Universalbanken stellen sich heute insbesondere zwei grosse strategische Fragen:
– Ist die Universalbank den spezialisierten Instituten überlegen? Soll sie gar zum Allfinanzkonzern werden und ihren Geschäftsbereich in Gebiete erweitern, die bisher andern Finanzdienstleistungsunternehmen vorbehalten waren, insbesondere den Versicherungsgesellschaften?
– Die zweite Grundsatzfrage beschäftigt sich mit der Fertigungstiefe: Soll eine Bank weiterhin die Wertschöpfung in der vollen Tiefe selbst erbringen, oder versteht sie sich mehr und mehr als finanzielle Kundenschnittstelle, die im Sinne des Outsourcing (↑Outsourcing von Bankdienstleistungen) die Produkte und Dienstleistungen bei andern Banken und Unternehmen einkauft und ihren Kunden anbietet? *Hans Geiger*

Strategien mit Optionen

Der Einsatz von ↑Optionen ermöglicht es, Auszahlungsstrukturen zu generieren, die mit den Basisinstrumenten alleine nicht abgebildet werden können. Auf der Basis von ↑Aktien, Call und Put options, die in unterschiedlichen Kombinationen gekauft und verkauft werden, können eine grosse Zahl an Strukturen entsprechend den Bedürfnissen des ↑Investors geschaffen werden. Die einzelnen Optionen können als Bausteine zur Schaffung (beinahe) beliebiger Strukturen verwendet werden. Die Motive eines Investors, eine Strategie mit Optionen einzugehen, können in einer ↑Anlagestrategie mit Risikolimitierung (also Gewinn- und Verlustbegrenzungen), in der Schaffung von Strukturen, die auf eine erhöhte oder verringerte ↑Volatilität im Markt ausgerichtet wird oder bei der Realisierung von Arbitragegewinnen in nicht effizienten Märkten liegen. Die wichtigsten Strategien mit Standardoptionen sind:
1. Spreads: Unter einem ↑Spread versteht man eine Optionsstrategie, bei der nur Optionen eines Typs verwendet werden. Es handelt sich somit entweder ausschliesslich um Kombinationen von Call options oder solche, die nur Put options beinhalten. Die unterschiedlichen Strukturen

werden durch verschiedene ↑Ausübungspreise und ↑Restlaufzeiten erreicht. In diesem Zusammenhang sind zu nennen: ↑Vertical spreads (zu unterscheiden in Bull spreads und ↑Bear spreads), ↑Diagonal spreads, ↑Horizontal spreads (auch Calendar spread genannt), ↑Butterfly spreads, ↑Condors, ↑Ratio spread, Ratio backspread sowie ↑Caps und ↑Floors.
2. Kombinationen: Als Kombinationen bezeichnet man eine Optionsstrategie, bei der man Call und Put options desselben ↑Basiswertes kauft beziehungsweise verkauft. Die wichtigsten Kombinationen sind ↑Straddles, ↑Strangles, Strips (Kombination von zwei ↑Puts mit einem ↑Call) und Straps (zwei Calls kombiniert mit einem Put) sowie ↑Collars (Long cap und Short floor) und Reverse collars (Long floor und Short cap).
3. Absicherungsstrategien und strukturierte Produkte: Im letzten Jahrzehnt haben im ↑Private banking und im ↑Asset management Kapitalschutzprodukte und ↑strukturierte Produkte einen bedeutsamen Marktanteil erobert. Die meisten grossen Banken treten als ↑Emittenten und ↑Market maker für solche strukturierten Produkte auf. Diese weisen im Allgemeinen folgende Merkmale auf: Die Produkte können als ↑Portfolio angesehen werden, das teilweise aus Basiswerten (Aktien oder ↑Festgelder) sowie aus einem Anteil an ↑Derivaten besteht. Die Produkte weisen eine nichtlineare Auszahlungsstruktur aus. Die derivative Komponente kann auch ↑Short positions beinhalten. Die erhaltene ↑Prämie wird beispielsweise bei der Verzinsung aufgeschlagen. Die Kontrakte haben gegenüber börsengehandelten Optionen in der Regel längere Laufzeiten. Die klassischen Strukturen für Kapitalschutzprodukte (Aktie und Option) sind der Covered call (Aktie und Short call) sowie der Protective put (Aktie plus Long put).

Viele der genannten Produkte können (aufgrund der ↑Put-call-Parität) auf zwei Arten hergestellt werden (z. B. können Bear und Bull spreads jeweils mit Calls oder Puts generiert werden). Es ist somit möglich, mittels ↑Arbitrage Optionsstrategien, die nicht korrekt bewertet sind, gewinnbringend zu replizieren. Strategien mit Optionen können nicht nur mit europäischen und amerikanischen Optionen durchgeführt werden, sondern auch mit exotischen Kontrakten. Hierdurch würde die Zahl der möglichen Strukturen nochmals erheblich erhöht.

Heinz Zimmermann

Strategisches Geschäftsfeld

Als strategisches Geschäftsfeld wird im Folgenden ein abgegrenztes Markt-, Produkt- und Kundensegment verstanden, auf dem die Bank längerfristig einen substanziellen und nachhaltigen Beitrag zur Erreichung ihrer Unternehmensziele erwirtschaften will und zu diesem Zweck gewillt ist, finanzielle, materielle und personelle Ressourcen zu investieren und den Einsatz dieser Ressourcen einer einheitlichen Willensbildung und -durchsetzung zu unterstellen. Ein strategisches Geschäftsfeld kann damit anhand der folgenden Kriterien beschrieben werden:

– *Marktsegment:* Das strategische Geschäftsfeld umfasst ein geografisch abgegrenztes Marktsegment. Das Geschäftsfeldmanagement ist (im Rahmen der übergeordneten Gesamtbankstrategie) weit gehend frei in der Auswahl der geografischen Märkte sowie in der Bestimmung strategischer Prioritäten in einzelnen Märkten.

– *Kundensegment:* Innerhalb der definierten Marktsegmente werden bestimmte Kundensegmente bzw. Bedürfniskategorien angesprochen. Die Auswahl des Kundensegmentes ist die wichtigste Determinate des Geschäftsfeldes. Zusammen mit der Marktdefinition bestimmt die Auswahl des Kundensegmentes den für das Geschäftsfeld relevanten Markt.

– *Produktpalette:* Zur Abdeckung der Bedürfnisse der definierten Kundensegmente in den einzelnen relevanten Märkten werden geschäftsfeldbezogene Produkte definiert. Da ein Produkt gleichzeitig Bedürfnisse verschiedener Kundensegmente abdecken kann, eignet sich die Produktepalette weniger gut zur Charakterisierung eines Geschäftsfeldes als etwa das spezifizierte Kundensegment. Dennoch lassen sich für jedes Geschäftsfeld charakteristische Produktspezifikationen feststellen.

– *Ressourceneinsatz:* Geschäftsfelder verfügen über weit gehende Freiheiten im Einsatz von verfügbaren finanziellen, materiellen und personellen Ressourcen. Die Verteilung und Gewichtung der eingesetzten Ressourcen ist ein weiteres charakteristisches Merkmal für ein Geschäftsfeld.

– *Wertschöpfungsbeitrag:* Ein Geschäftsfeld erarbeitet einen massgeblichen Wertschöpfungsbeitrag im Rahmen der Gesamtbank und trägt damit in substanziellem Ausmass zur Erreichung der Unternehmungszielsetzungen bei.

– *Willensbildung und -durchsetzung*: Geschäftsfelder sind strategische Führungseinheiten, die über eigene rentabilitäts- und risikobezogene Zielsetzungen verfügen, zu deren Erreichung eine Geschäftsfeldstrategie entwickeln und zu deren Umsetzung über weit gehende Freiheit im Hinblick auf die Planung und Steuerung des Ressourceneinsatzes verfügen.

Die Unternehmungsziele der Gesamtbank definieren dabei Rahmenbedingungen und Leitplanken für die Erreichung der Geschäftsfeldzielsetzungen. Die Definition der strategischen Geschäftsfelder sieht natürlich bei jeder Bank etwas anders aus. Basierend auf den obigen Merkmalen kann die Geschäftsfeldabgrenzung jedoch anhand folgender Geschäftsfeldtypen systematisiert werden:

– Das *Retail banking* (↑Retail banking, Retailgeschäft) bezieht sich auf ↑Privatkunden und klei-

nere und mittlere Unternehmungen mit einem limitierten Anlage- und Finanzierungsvolumen, deren finanzbezogene Bedürfnisse durch standardisierte Produkte mit geringem Erklärungsbedarf abgedeckt werden.
- Das Geschäftsfeld ↑*Private banking* und ↑*Asset management* fokussiert sich auf die vielfältigen Anlagebedürfnisse von privaten und ↑institutionellen Anlegern.
- Im Geschäftsfeld *Corporate banking* werden spezifische Finanzierungs- und Transaktionsbedürfnisse von mittleren und grossen Firmenkunden abgedeckt, während die Sparte ↑*Investment banking* sich auf die Unterstützung von Kunden bei der ↑Emission von ↑Wertpapieren, bei komplexen Finanzierungstransaktionen sowie beim Kauf, Verkauf und der Fusion von Unternehmungen oder Unternehmungsteilen fokussiert.
- Zwei Geschäftsfelder sind Wertgeneratoren nicht nur aufgrund ihrer eigenen marktorientierten Aktivitäten, sondern auch durch ihre Unterstützungsfunktion zugunsten der anderen vier Geschäftsfelder. Das Geschäftsfeld *Trading und Brokerage* erbringt internen und externen Kunden Dienstleistungen im Zusammenhang mit dem Handel von ↑Effekten, ↑Devisen und ↑Commodities. Das Geschäftsfeld *Operations and Ressourcenmanagement* unterstützt die übrigen Geschäftsfelder bei der Abwicklung der jeweiligen Transaktionen, sorgt für die dazu benötigte technologische und logistische Infrastruktur und unterstützt die Marktbereiche beim Ressourceneinsatz; gleichzeitig kann diese Sparte aber ihre Leistungen gegen Marktpreise auch Dritten anbieten und so einen direkten Beitrag zum Gesamtergebnis der Bank leisten.
- Im Geschäftsfeld *Risk management* schliesslich werden aus der gezielten Planung und Steuerung von Risiken im Aktiv-, Passiv- und Ausserbilanzgeschäft im Rahmen des ↑Treasury management Erträge generiert.

Die verschiedenen Geschäftsfelder sind in der Regel nicht unabhängig voneinander. Je nach Bank bestehen mehr oder weniger ausgeprägte Überschneidungen zwischen einzelnen, mehreren oder gar allen strategischen Geschäftsfeldern. Die Überschneidungen sind intensiver bei einer ↑Universalbank, die alle Geschäftsfelder gleichzeitig abzudecken versucht, und weniger ausgeprägt (oder hinsichtlich einzelner Geschäftsfelder gar nicht vorhanden) bei einer spezialisierten ↑Privat- oder ↑Investment bank. *Beat Bernet*

Street market
↑Curb market.

Street side
↑Ablauforganisation.

Streichung
Endgültige Einstellung des Börsenhandels in einer ↑Effekte, welche die Voraussetzung des ↑Kotierungsreglementes nicht mehr erfüllt.

Streifbandverwahrung
↑Depotgeschäft.

Stresstesting
↑Value at risk.

Streubesitz von Aktien
Als Streubesitz werden jene ↑Aktien bezeichnet, die von kleinen und ↑institutionellen Anlegern mit einer Beteiligung unter 5% gehalten werden.

Strike price
In der Kurzform nur Strike. ↑Ausübungspreis; ↑Optionsgeschäft.

Strip
↑Optionsgeschäft.

Strip hedge
Termingeschäft, das zum Schutz gegen eventuelle Verluste durch Preisänderungen im Waren-, Devisen- und Wertpapierverkehr abgeschlossen wird. Bei dieser Optionsstrategie werden zwei ↑Puts und ein ↑Call auf den gleichen ↑Basiswert und mit identischem ↑Ausübungspreis und Verfalldatum abgeschlossen.

Stripped bonds
Anleihen nach Abtrennung der ↑Zinscoupons. Dabei werden festverzinsliche Anleihen in einen Zerocouponbond umgewandelt. ↑Step-up-Anleihen.

Stripping
↑Stripped bonds.

Strohmann
Meist etwas abschätzig gemeinte Bezeichnung für Treuhänder (↑Treuhandgeschäft).

Strong buy
In der ↑Finanzanalyse Empfehlung, eine ↑Aktie unbedingt zu kaufen. Gleichbedeutend: ↑Outperformer.

Strukturbeitrag
Der Strukturbeitrag ist Bestandteil der ↑Marktzinsmethode, bei der die ↑Zinsmarge in einen ↑Konditionenbeitrag der Aktiven, Konditionenbeitrag der Passiven und einen Strukturbeitrag aufgeteilt wird. Somit stellt der Strukturbeitrag die Prämie für die Kapitalbindung (↑Fristentransformation) dar und fliesst in das Profitcenter «Tresorerie». ↑Zinsänderungsrisiko.

Struktureffekt
↑Zinsänderungsrisiko.

Strukturierte Produkte
Ein strukturiertes Produkt ist eine Anlageform, bei der verschiedene ↑Finanzinstrumente kombiniert und zu einem neuen Produkt verknüpft werden. Neben Basisanlagen wie ↑Aktien oder ↑Obligationen bilden ↑Derivate einen Bestandteil von strukturierten Produkten. Durch das Kombinieren können die ↑Risiken der einzelnen Anlagen vermindert, eliminiert oder verstärkt werden. Dadurch kann das Rendite-Risiko-Profil eines Finanzproduktes auf die spezifischen Bedürfnisse eines ↑Investors abgestimmt werden.

Weil die Produkte von einer Finanzinstitution strukturiert werden, entsteht für die Investoren ein ↑Gegenparteirisiko. Dies ist der Hauptunterschied gegenüber ähnlichen, gelegentlich ebenfalls als «strukturierte Produkte» bezeichneten Anlageformen, die von Unternehmen zur Optimierung ihrer ↑Kapitalstruktur eingesetzt werden (Structured notes). Strukturierte Produkte lassen sich in kapitalgeschützte Produkte und Produkte ohne Kapitalschutz unterteilen.

1. Kapitalgeschützte Produkte
Kapitalgeschützte Produkte garantieren den Investoren am Ende der ↑Laufzeit die ↑Rückzahlung eines bestimmten Anteils (z.B. 100%) des investierten Vermögens. Gleichzeitig hat der Anleger die Möglichkeit, an der ↑Performance einer risikobehafteten Anlage (z.B. ↑Aktienindex) zu partizipieren. Einfache Produkte mit Kapitalschutz lassen sich gemäss ↑Put-call-Parität auf zwei verschiedene Arten konstruieren. Die Kombination von ↑Festgeld und Call option ist dabei häufiger anzutreffen als die Verbindung von Put option und ↑Basiswert. Das Festgeld gewährleistet die garantierte Rückzahlung, während die Optionskomponente für die Partizipation an einem Basiswert verantwortlich ist. Ein ↑Investment in ein solches Produkt ist sinnvoll, wenn steigende ↑Kurse erwartet werden und gleichzeitig die Verlustrisiken begrenzt werden sollen. Das limitierte Verlustpotenzial reduziert das Risiko gegenüber einer Direktinvestition im Basiswert beträchtlich.

Bei strukturierten Produkten mit Kapitalschutz ist eine möglichst hohe Partizipationsrate erstrebenswert. Deshalb sind Indizes oder Körbe aus einzelnen Anlagen (↑Baskets) als Basiswerte besonders geeignet, da tiefe ↑Volatilitäten tiefe ↑Optionspreise und diese wiederum eine hohe Partizipationsrate bewirken. Weiter wirken sich eine lange Laufzeit und ein hohes ↑Zinsniveau positiv auf die Partizipationsrate aus. Der Einsatz von mehreren Optionskomponenten bietet zahlreiche zusätzliche Ausgestaltungsmöglichkeiten: So ist eine Erhöhung der Partizipationsrate denkbar, indem zusätzlich zum Festgeld und zum gekauften ↑Call der Verkauf eines Calls mit einem höheren ↑Ausübungspreis getätigt und damit das Gewinnpotenzial limitiert wird.

Neben einfachen Produkten mit Kapitalschutz existieren auch komplexere Formen. Bei diesen Produkten gelangen an Stelle von Standardoptionen (Plain-vanilla-Optionen) ↑exotische Optionen zum Einsatz. Beliebt sind z.B. ↑Barrier options und Durchschnittsoptionen. Grund für den Einsatz dieser Optionen ist oft die resultierende Steigerung der Partizipationsrate des strukturierten Produktes. Produkte mit Kapitalschutz treten auf dem Markt je nach Anbieter unter diversen Bezeichnungen auf: POP (Protection or participation), GROI (Guaranteed return on investment), IGLU (Index growth linked unit) und PIP (Protected index participation) sind nur einige Beispiele der Begriffsvielfalt.

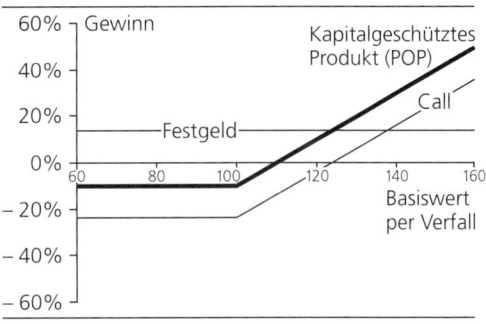

2. Produkte ohne Kapitalschutz
Ein Produkt ohne Kapitalschutz hat – wie der Name bereits sagt – die Eigenschaft, dass das investierte Kapital nicht gegen Kursverluste abgesichert ist. Dabei lassen sich grundsätzlich ↑Zertifikate, die unbeschränktes Gewinnpotenzial bieten, und Produkte mit maximaler Rendite, bei denen das Gewinnpotenzial beschränkt ist, unterscheiden.

Zertifikate widerspiegeln exakt die Wertentwicklung des Basiswertes, bei welchem es sich normalerweise um Indizes oder Baskets handelt. Ein solches Instrument bietet die Möglichkeit, auch bei kleineren Anlagevolumen diversifiziert zu investieren und ohne Kapitalschutz auf steigende Kurse des Basiswertes zu spekulieren.

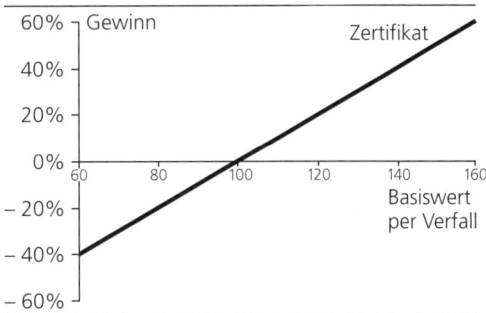

Strukturorganisation

Ein Produkt mit Maximalrendite lässt sich gemäss Put-call-Parität durch den Kauf eines Basiswertes und den gleichzeitigen Verkauf eines Calls auf denselben ↑Titel konstruieren. In der Praxis wird der Basiswert durch einen LEPO (Low exercise price option) ersetzt. Schliesst der Basiswert bei ↑Verfall über dem Ausübungspreis der Option, erhält der Investor eine Barzahlung in der Höhe des Ausübungspreises und erzielt eine attraktive Rendite; schliesst der Basiswert jedoch unter dem ↑Strike, wird dem Anleger das ↑Underlying geliefert. In diesem Fall konnte jedoch ein bedeutend tieferer Einstandspreis als bei einer Direktinvestition erzielt werden. Das Verlustpotenzial liegt in der Höhe des Basiswertes abzüglich des eingenommenen Optionspreises. Ebenfalls zur Kategorie der Produkte mit Maximalrendite gehören die so genannten «Aktienanleihen» oder «Reverse convertibles». Sie sind als Obligation mit aussergewöhnlich hohem ↑Coupon ausgestaltet, wobei am Ende der Laufzeit der ↑Schlusskurs des Underlyings ausschlaggebend ist, ob der Investor das Nominale in bar oder eine vorbestimmte Anzahl Aktien zurückerstattet erhält. Durch die Kombination einer Obligation mit einem ↑Short put erhält man den beschriebenen ↑Pay-off, wobei der kassierte Optionspreis den hohen Coupon ermöglicht. Daneben werden bei der Optionskomponente analog zu den kapitalgeschützten Produkten exotische Optionen eingesetzt. Dabei stehen Barrier und Rainbow options im Vordergrund.

Der Einsatz von strukturierten Produkten mit Maximalrendite eignet sich besonders gut bei einer ↑Seitwärtsbewegung des Basiswertes, da in diesem Fall der gesamte Optionspreis als Gewinn eingenommen wird. Während mit Zertifikaten und kapitalgeschützten Produkten auf steigende Kurse spekuliert werden kann, erlauben Produkte mit Maximalrendite von stagnierenden Kursen zu profitieren.

Betreffend den Namen ist die Vielfalt nicht minder reichhaltig als bei den kapitalgeschützten Produkten: COSO (Cash or share option), ROUND (Return or underlying), YOS (Yield or share), BLOC (Buy low or cash), ROE (Return or equity), EROS (Enhanced return or security) oder auch Capped LEPOS sind nur einige Beispiele.

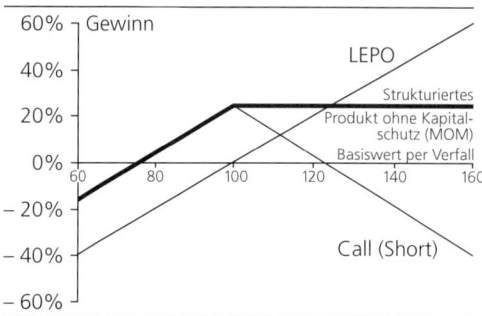

Neben den hier erläuterten Produkten sind noch unzählige weitere Kombinationsmöglichkeiten von Basisinstrumenten und Derivaten denkbar. Der Kreativität sind bei der Gestaltung von strukturierten Produkten kaum Grenzen gesetzt, weshalb auch weiterhin von einem Anstieg der Produktevielfalt ausgegangen werden darf.

Konrad Hummler

Strukturorganisation
↑Aufbauorganisation.

Stückaktie
↑Quotenaktie; ↑Nennwertlose Aktie.

Stückekonto
↑Sammelverwahrung.

Stückelung
Aufteilung einer Anleihe oder des Grundkapitals in Teilbeträge.

Stücknotierung
Auch Stücknotiz; Stückkurs. Notierung in Stück pro ↑Aktie oder ↑Wertrecht, nicht in Prozent. ↑Festverzinsliche Wertpapiere (↑Anleihensobligationen) werden in Prozent notiert (↑Prozentnotierung).

Stückzinsen
↑Laufende Zinsen.

Stufenzinsanleihen
↑Step-up-Anleihe.

Stumme Verpflichtungen
Anderer Ausdruck für ↑Eventualverpflichtungen.

Stundung
↑Bankenstundung.

Stützungslinie
Verbindung von zwei oder mehr Reaktionspunkten in einem ↑Trend oder in einer ↑Formation (↑Schulter/Kopf/Schulter-Formation).

Subaccount
↑Depotgeschäft.

Subordinated debentures
↑Nachrangige Darlehen, Anleihen; ↑Nachrangige Verbindlichkeit.

Subordinated loan
↑Nachrangige Darlehen, Anleihen.

Subordinationserklärung
↑Nachrangige Verbindlichkeit.

Subskription
Synonym für ↑Zeichnung (↑Emissionsgeschäft).

Substanz
Die Substanz ist das betrieblich und nichtbetrieblich notwendige Vermögen einer Unternehmung. Daraus berechnet sich der Bruttosubstanzwert der Unternehmung und – nach Abzug aller Verbindlichkeiten – der Nettosubstanzwert einer Unternehmung.

Substanzstarke Aktien
↑Aktien, deren Wert massgeblich vom ↑Substanzwert abhängt, z.B. dank eines erheblichen, wertvollen Grundbesitzes.

Substanzwert
Der Substanzwert (genau: Vollsubstanzwert) setzt sich zusammen aus bilanzfähigen Einzelwerten und einzeln bewertbaren Vermögenswerten sowie aus nicht bilanzfähigen und nicht einzeln bewertbaren Vermögensbestandteilen, die Bestandteile des ↑Goodwills bilden (z.B. das Humankapital, Effizienz der Organisation). Im Teilsubstanzwert ist dagegen der Goodwill nicht enthalten. Der Substanzwert hängt von den Wiederbeschaffungs- oder Reproduktionskosten im Zeitpunkt der Bewertung ab. Nicht betriebsfremde und nicht betriebstätige Vermögenswerte werden bei der Ermittlung des Substanzwertes nicht berücksichtigt, sondern erst bei der Ermittlung des Unternehmungswertes zum ↑Liquidationswert erfasst.

Substitutionsrecht
↑Vollmacht.

Sucharrest
↑Arrest, Arrestverfahren.

Summenschuld
↑Nominalismus.

Superdividende
In der Praxis übliche Bezeichnung für jenen ↑Dividendensatz, welcher die Grunddividende von 5% übersteigt.

Surplus
Englische Bezeichnung für Überschuss. In der Rechnungslegung amerikanischer Gesellschaften jener Teil des ↑Eigenkapitals (Stockholders equity), welcher das ↑Aktienkapital (Common stock) übersteigt. Dabei wird zwischen Paid-in surplus (oder Additional paid-in capital) aus Agioeinzahlungen und dem Earned surplus (↑Gewinnreserve) unterschieden. Der Surplus entspricht den Reserven nach kontinentaleuropäischem Recht.

Sushi bond
Auf Dollar lautende Anleihe japanischer Unternehmungen, die vor allem auf dem japanischen Markt platziert wird.

SVFV
Abk. f. ↑Schweizerische Vereinigung für Finanzanalyse und Vermögensverwaltung (SVFV).

Swap
↑Swap-Geschäft; ↑Swap-Markt.

Swap-Abkommen
Swap-Abkommen dienen den ↑Zentralbanken als Mittel der Liquiditäts- und/oder Währungspolitik, z.B. ein Swap-Kredit zur Devisenkursstützung.

Swap-Anleihe
↑Swap-Geschäft.

Swap-Arrangierer
↑Swap-Markt.

Swapbuch
↑Swap-Markt.

Swap exposure
Marktveränderungen können grosse Effekte auf das Kreditexposure (↑Gegenparteirisiko) einer Swap-Transaktion haben: Verliert ein Swap an Wert, sinkt das Swap exposure. Das Swap exposure steigt im Falle einer Wertsteigerung des Swaps, d.h., ein möglicher Verlust bei Nichterfüllung der Gegenpartei wird höher.

Swapfinanzierung
↑Swap-Geschäft; ↑Swap-Markt.

Swap-Geschäft
Als Swap-Geschäft bezeichnet man einen Vertrag, welcher den Austausch von Zahlungsströmen beinhaltet. Der Ausgestaltung einer solchen Vereinbarung sind kaum Grenzen gesetzt – sowohl bei der Bestimmung des ↑Basiswerts des jeweiligen Zahlungsstroms wie auch hinsichtlich der übrigen Vertragsbestimmungen wie z.B. der ↑Laufzeit oder der Gewährung von optionalen Rechten (↑Embedded option) sind die Vertragsparteien frei. Der Handel mit Swaps findet ausschliesslich ausserbörslich (OTC) statt. Dies begünstigt aufgrund der fehlenden ↑Standardisierung den Abschluss von massgeschneiderten Lösungen und erklärt die grosse Vielfalt an Strukturen, die vereinbart werden. Bei einem Swap-Geschäft handelt es sich also um eine Reihe von zukünftigen ↑Cashflows, die zwischen den Partnern ausgetauscht werden. Die Berücksichtigung des daraus entstehenden ↑Gegenpartei-

risikos ist von zentraler Bedeutung beim ↑Risikomanagement von Swap-Kontrakten. Je nachdem, ob Zahlungsforderungen oder -verbindlichkeiten Gegenstand der Swap-Vereinbarung sind, spricht man von einem ↑Asset swap oder von einem ↑Liability swap. Letztere haben in der Praxis grössere Bedeutung.

Swap-Geschäfte basieren auf dem *Konzept von komparativen Vorteilen*. Dies bedeutet, dass die Konditionen auf dem Markt für die verschiedenen Teilnehmer aufgrund deren spezifischer Stellungen innerhalb eines Finanzmarktsegments unterschiedlich sind und die potenziellen Gegenparteien relative Vorteile haben, die sie durch eine entsprechende Swap-Transaktion dem Vertragspartner zugänglich machen können. Dieser Aspekt spielt auf den Zinsmärkten eine grosse Rolle. Wenn eine Vertragspartei einen relativen Kostenvorteil bei variabel verzinstem Kapital und die Gegenpartei einen solchen bei festverzinslichen Mitteln hat, so können beide durch den Abschluss eines Swaps zu vorteilhafteren Konditionen als ihnen der Markt gewährt, Kapital aufnehmen. ↑Zinsswaps dieser Art (feste gegen variable Verzinsung: ↑Payer swap und ↑Receiver swap) sind von grosser Bedeutung auf den Märkten und gehören zu den meistgehandelten Kontrakten dieser Art.

Die wichtigsten *Charakteristika* eines Swap-Geschäfts (und somit die notwendigen Determinanten für die Bewertung) sind:
– Die Laufzeit des Swap
– Die Struktur des Swap (also die Bestimmung der Cashflows)
– Die Kreditwürdigkeit des Partners (↑Rating)
– Die Angebots- und Nachfragekonditionen für Kredite im Allgemeinen und für Swaps im Speziellen in allen Ländern, deren ↑Währungen mit dem Swap zu tun haben
– Regulatorische Hemmnisse auf den Kapitalfluss, welche die Effizienz dieser Märkte stören.

Der *Einsatz* von Swaps ist ebenso vielfältig wie deren Ausgestaltung. Auf dem ↑Swap-Markt spielen insbesondere Zinsswaps, ↑Währungsswaps und ↑Commodity swaps eine bedeutende Rolle. Neben der bereits erwähnten Optimierung der Finanzierungskosten spielen insbesondere Absicherungsmotive (↑Hedge) eine zentrale Rolle.

Swap-Geschäfte können nicht nur als einzelne Instrumente, sondern auch als Elemente zur Schaffung von ↑strukturierten Produkten benutzt werden. Mit Methoden des Financial engineerings können durch die Kombination von Swaps mit anderen ↑Derivaten (insbesondere ↑Optionen) spezielle Strukturen geschaffen werden, welche auf die individuellen Bedürfnisse einer Unternehmung zur Risikosteuerung zugeschnitten sind.

Stefan Jaeger

Swap market maker
↑Swap-Markt.

Swap-Markt
Die Hauptteilnehmer im Swap-Markt sind der Swap market maker, der Swap-Arrangierer sowie die jeweiligen Gegenparteien. Der *Swap market maker* ist ein ↑Finanzintermediär, der ein Swapbuch führt und Preise für eine Vielzahl von Swaps stellt und für die er Hedging-Transaktionen (↑Hedge) unternimmt, um seinerseits eine geschlossene Position zu erhalten (um somit grundsätzlich kein Marktpreisrisiko tragen zu müssen). Ein *Swap-Arrangierer* bringt lediglich die beiden Gegenparteien für ein ↑Swap-Geschäft zusammen. Er unterscheidet sich damit wesentlich vom Swap market maker.

Die Motive der Marktteilnehmer sind neben dem genannten Market making auch die reine Anlage in Terminmärkten (↑Trading respektive ↑Spekulation), die Absicherung von Exposures (Hedging) sowie ↑Arbitrage.

Ein grosser Teil des Swap-Markts wird von der ↑*Commodity Futures Trading Commission (CFTC)* überwacht. Um Swap-Geschäfte mit Gegenparteien zu tätigen, die nicht unter die Aufsichtspflicht der CFTC fallen, muss der Status eines berechtigten Swap-Teilnehmers gewährt sein. Teilnehmer sind beispielsweise Banken, Versicherungen oder auch Privatinvestoren, welche ein ausreichend grosses Vermögen nachweisen können.

Es werden verschiedene Typen von Swaps im Markt gehandelt. Da es sich um ↑OTC-Transaktionen handelt, sind die Marktteilnehmer in der Ausgestaltung der Vertragsspezifikationen grundsätzlich frei. Es kann aber festgestellt werden, dass in den liquidesten Swap-Märkten eine relativ starke (freiwillige) ↑Standardisierung stattfindet. So sind namentlich die meistgehandelten Zinsswaps in der Form einfacher ↑Payer swaps und ↑Receiver swaps (also ein Austausch fester gegen variable Zinszahlungen) ausgestaltet. Daneben findet sich eine grosse Vielzahl an Kontraktformen, welche darüber hinaus besondere Vereinbarungen hinsichtlich ↑Basiswert, ↑Laufzeiten, Zahlungsmodalitäten sowie Optionsrechte (z.B. Kündigungsrechte oder das Recht, die Laufzeit zu verlängern) beinhalten.

↑Zinsswaps sind hinsichtlich der gehandelten Volumen die wichtigsten Swap-Geschäfte. Weiter sind ↑Währungsswaps (Devisenswap-Geschäft) inbesondere hinsichtlich der Absicherung von Wechselkursrisiken bedeutsam. Auf diesen beiden Märkten werden jährlich Volumen von mehreren Dutzend Billionen (10 hoch 12) US-Dollars umgesetzt (dies bezieht sich auf die Nominalwerte der Kontrakte). Weiter haben ↑Commodity swaps insbesondere in den Energie- und Metallmärkten eine grosse Bedeutung. Namentlich in der Mineralöl- und der fertigenden Industrie wird ein grosser Teil der offenen Forderungen beziehungsweise Verpflichtungen in Rohstoffen durch Swap-Geschäfte abgesichert. Mit Equity swaps können auch Positionen auf Aktienmärkten abgesichert werden (insbesondere Dividendenzahlungen oder Wertentwicklungen verschiedener Aktienindizes). Diese Aufzählung ist in keiner Weise abschliessend, wie die zunehmende Vielzahl an Basiswerten, welche auf den Finanzmärkten gehandelt werden, zeigt.

Stefan Jaeger

Swappen
Unter der Bezeichnung Swappen wird der Austausch von zwei Zahlungsverpflichtungen verstanden. In der einfachsten Form wird eine feste mit einer variablen Zahlungsverpflichtung ausgetauscht. Durch das Swappen von zwei Zahlungsströmen wird ein ↑Swap-Geschäft begründet.

Swap rate
↑Devisengeschäft.

Swap-Satz
Der Swap-Satz ist die zeitbezogene Differenz zwischen ↑Termin- und ↑Kassakurs einer ↑Währung. Währungen mit positiver Differenz (Terminkurs grösser als Kassakurs) weisen einen ↑Report, solche mit negativer Differenz einen ↑Deport auf.

Swaption
Unter einer Swaption wird eine ↑Option verstanden, die dem Käufer das Recht gibt, bei ↑Ausübung einen Swap mit der Gegenpartei abzuschliessen. Als ↑Basiswert einer Swaption können alle Arten von Swaps dienen.

S.W.I.F.T.
Die Society for Worldwide Interbank Financial Telecommunication (S.W.I.F.T.) ist eine genossenschaftlich organisierte Gesellschaft mit Sitz in Brüssel. Sie wurde am 03.05.1973 gegründet. Ihr Ziel ist es, zum Nutzen ihrer Mitglieder ein computergesteuertes internationales Kommunikationsnetz für die schnelle, standardisierte und sichere Übertragung von Meldungen des Bankgeschäftes zu betreiben. S.W.I.F.T. nahm seinen Betrieb 1977 auf und baute den Umfang seiner Dienstleistungen sukzessive aus. S.W.I.F.T. ist nach Ländern organisiert, in der Schweiz seit 1974 im Verein S.W.I.F.T.–Switzerland, der im Jahr 2001 aus 250 Members, Sub-Members und Participants bestand. Der Verein vertritt die Interessen dieser Teilnehmer gegenüber S.W.I.F.T. und legt die Admission-Criteria für die Schweiz fest. Pro Teilnehmer-Kategorie bestehen unterschiedliche Nutzungsrechte für das System. Im Jahre 2001 nutzten über 7 500 Teilnehmer aus allen Ländern S.W.I.F.T. und generierten ein globales Meldungsvolumen von bis zu 7,5 Mio. Transaktionen pro Tag; davon hatten die Mitglieder mit Sitz in der Schweiz einen Anteil von 5% und standen damit weltweit an sechster Stelle. Die Schweiz kann mit diesem Volumen auf die Ausrichtung und die Entwicklungen massgeblichen Einfluss ausüben. Die Abwicklung des globalen ↑Bankgeschäftes ist auf einen standardisierten Meldungsverkehr und ein sicheres Netzwerk angewiesen. Der Anteil von Wertschriften- und Devisen-Meldungen nimmt zulasten des beim Start rein zahlungsverkehrsorientierten Meldungsverkehrs stetig zu. Im Bestreben zur Realisierung des ↑Straight trough processing (STP), d. h. der einmaligen Erfassung und elektronischen Verarbeitung end-to-end aller Bankgeschäfte, bildet die S.W.I.F.T.-Infrastruktur eines der Hauptelemente. Die Geschwindigkeit, Sicherheit der Übertragung, automatische Verarbeitung und Abstimmung senken das ↑operationelle Risiko der zugrunde liegenden Geschäfte. Damit und mit den zunehmend höheren Transaktions-Volumen sinken die Kosten laufend. Im Rahmen von S.W.I.F.T. wurden umfangreiche Standards für das internationale Bankgeschäft entwickelt. Es handelt sich um einen Open standard, der frei zugänglich und von anderen Systemen und Anwendern frei benutzt werden kann. Standardisiert wurde der Meldungsverkehr über alle Bankgeschäfte hinweg. Die entsprechenden Meldungs- und Feld-Formate haben sich im internationalen Bankgeschäft und den entsprechenden Applikationen durchgesetzt. Proprietäre Standards der national organisierten Abwicklungs-Systeme von Ländern und Bankengruppen wurden zunehmend durch diese Standards abgelöst. Entwickelt werden diese Standards von Fachleuten aus der Finanzindustrie (↑Standardisierungen im Finanzbereich) im Rahmen von international zusammengesetzten Arbeitsgruppen. Die Schweiz kann dank ihrer umsatzstarken Transaktionsmenge massgeblichen Einfluss auf die Gestaltung nehmen, was wiederum dem ↑Finanzplatz Schweiz zugute kommt. Die Meldungen werden nach ihrer Funktion in folgende Kategorien aufgeteilt: MT0xx System-Meldungen, MT1xx Kunden-Vergütungen (z. B. MT100, MT103: Kundenzahlung), MT2xx Banküberträge (z. B. MT200: Bankübertrag für eigene Rechnung), MT3xx ↑Devisengeschäfte, Geldanlagegeschäfte (z. B. MT300: Devisenhandelsbestätigung), MT4xx Ausstellung und ↑Inkasso von Dokumenten, MT5xx Wertschriftengeschäfte, MT6xx Edelmetalle, MT7xx Kreditbriefe, MT8xx ↑Reisechecks, MT9xx Spezielle Meldungen (z. B. MT950: ↑Kontoauszug für Banken).

Für Absender und Empfänger werden codierte Adressen von acht oder elf Zeichen verwendet, der so genannte BIC-Code, der sich global als eindeutige Adresse der Finanzinstitute durchgesetzt hat. Der Meldungstext ist in einzelne Felder aufgeteilt, deren Zusammensetzung und maximale Länge durch die Formatvorschriften geregelt sind. Das heutige S.W.I.F.T.–Netz arbeitet nach dem Prinzip der Zwischenspeicherung (Store and forward). Dieses gestattet, dass Terminals von verschiedener

Art und Geschwindigkeit miteinander verkehren können. Mehrere Verarbeitungszentralen in Europa und den USA, die vollredundant ausgerüstet sind, stellen die Meldungsvermittlung weltweit sicher. Alle Terminals eines Landes sind über einen zentralen Regional-Prozessor angeschlossen. Dieser verkehrt mit einer S.W.I.F.T.–Zentrale entweder direkt oder über einen weiteren Regional-Prozessor. Alle Verbindungen zwischen Regional-Prozessor und Zentrale laufen über Mietleitungen und sind chiffriert. Die Teilnehmer sind entweder mit einer von S.W.I.F.T. entwickelten Softwarelösung oder mit Interfaces von Drittlieferanten verbunden. Die Sicherheit wird durch die Chiffrierung und einen Authentisierungs-Schlüssel (BKE) sichergestellt. Das proprietäre BKE-Verfahren wird durch eine Public key infrastructure (PKI) ersetzt. Die Teilnehmer, welche in einen Geschäftsaustausch treten, tauschen zudem Authentisierungs-Schlüssel untereinander aus. S.W.I.F.T. hat im Jahre 2002 den Schritt von einem proprietären X25- zu einem allgemein gültigen, aber geschützten IP-Netzwerk-Protokoll eingeleitet; dabei wechselt man auch von Store-and-forward zu interaktiven Möglichkeiten.

S.W.I.F.T. prüft die Meldungen und weist fehlerhafte zurück. Eine ISN/OSN (= Input/Output seqence number) verhindert doppelte Tranksaktionen. Der Empfänger hat damit die Gewissheit, dass die ankommenden Meldungen formal korrekt sind. Alle Meldungen werden in den Zentralen während vier Monaten in verschlüsselter Form gespeichert. Daneben bietet S.W.I.F.T. eine Reihe von weiteren Dienstleistungen wie System-Support, Umleitungen, Mailings, Statistiken usw. an. Die bezogenen Leistungen werden den Mitgliedern nach einem differenzierten Tarif verrechnet. S.W.I.F.T. hat durch seine enorme mengenmässige und geografische Verbreitung und die Erfolge in der Normierung der Meldungen einen wichtigen Beitrag zum volks- und betriebswirtschaftlich zweckmässigen Informationsaustausch zwischen den Banken geleistet. Die Weiterentwicklung für neue Dienstleistungen und neue Benutzungsgruppen ist im Gange. Die Admission-Criteria werden daher laufend den neuen Marktbedürfnissen angepasst. Die Herausforderungen für S.W.I.F.T. liegen in der Integration von neuen Business-Anforderungen wie das E-Business, der schnelleren Umsetzung von Anpassungen und gleichzeitig der Berücksichtigung möglichst vieler Bedürfnisse ihrer Genossenschafter. *Daniel Wettstein*

Swiss Bankers Club
↑Bankiervereinigung, Schweizerische.

Swiss Bankers Travelers Cheque (SBTC)
Schweizer Banken gründeten 1975 das Swiss Bankers Travelers Cheque Center. Partner sind UBS AG, CREDIT SUISSE, alle 24 Kantonalbanken, die Schweizer Regionalbanken und der Schweizer Verband der Raiffeisenbanken. Seit 1995 ist auch die American Express Travel Related Services Company, Inc. beteiligt. Die hinter dem Swiss Bankers Travelers Cheque Center stehenden Banken bürgen für Sicherheit und machen den Swiss Bankers Travelers Cheque zum weltweit akzeptierten bargeldlosen Zahlungsmittel.

Der Swiss Bankers Travelers Cheque wird in vier Werten verkauft (CHF 50, 100, 200 und 500). Er ist auf Sicherheitsreagenzpapier gedruckt, das mit mehrstufigen Wasserzeichen versehen ist. Der dreifarbige Stahldruck und die Anwendung des Irisdrucks gewährleisten einen aussergewöhnlich hohen Schutz gegen Fälschungen und Verfälschungen.

Der Swiss Bankers Travelers Cheque wird weltweit akzeptiert, insbesondere in Europa (inklusive Osteuropa) und den touristisch erschlossenen Gebieten Afrikas, Asiens und Australiens. Um vom günstigeren Devisenkurs profitieren zu können, empfiehlt sich die Einlösung bei Banken oder Wechselstuben. Ferner wird er als Zahlungsmittel in Hotels, Restaurants, Reisebüros und Läden verwendet.

Der Swiss Bankers Travelers Cheque kann heute weltweit bei über 6000 Verkaufsstellen bezogen werden. Bei Diebstahl oder Verlust wird innerhalb von 24 Stunden Ersatz geboten.

Vom gesamten Reisescheckvolumen in Schweizer Franken entfallen heute praktisch 100% auf den Swiss Bankers Travelers Cheque. Im Jahr 2000 wurden weltweit Checks für rund CHF 450 Mio. verkauft.

Das Swiss Bankers Travelers Cheque Center ist eine einfache Gesellschaft, der die eingangs erwähnten Partner angehören, mit Sitz in Grosshöchstetten. Oberstes Gremium ist der Verwaltungsrat, in den jeder Partner mindestens einen Vertreter delegiert. *Fritz Frey*

SwissBanking
↑Bankiervereinigung, Schweizerische.

Swiss Banking School (SBS)
↑Ausbildung im Bankensektor.

Swiss Bid Ask Index (SBAI)
Die Schweizer Börse (SWX Swiss Exchange) berechnet zusätzlich zum *Swiss Market Index (SMI)* den *Swiss Bid Ask Index (SBAI)*. Während in die Berechnung des SMI jeweils die letzten bezahlten Kurse einfliessen, wird der SBAI mit den aktuellen Geldkursen (↑Bid prices) und Briefkursen (Ask prices) berechnet. Veröffentlicht wird der SBAI als Zahlenpaar für die Geldseite und für die Briefseite. Aus der Differenz zwischen dem Ask-Indexstand und dem Bid-Indexstand errechnet sich die aktuelle ↑Geld-Brief-Spanne (Bid ask spread) des SMI-Indexportfolios.

Swiss Bond Index
↑Obligationenindex.

Swiss code of best practice
↑Corporate governance.

Swiss Euro Clearing Bank (SECB)
Die Swiss Euro Clearing Bank (SECB) mit Sitz in Frankfurt am Main ist eine ↑Universalbank, die sich zunächst auf den ↑Zahlungsverkehr und auf alle damit zusammenhängenden Cash- und Collateral-Management-Dienstleistungen spezialisiert hat.

1. Gründung
Da die Schweiz als «out-out»-Land weder Mitglied der Europäischen Wirtschafts- und Währungsunion (EWWU) noch der Europäischen Union (EU) ist, besitzt sie bis auf weiteres keinen Anschluss an ↑TARGET, den Interlink zwischen den Clearingsystemen der Mitgliedstaaten der EWWU. Um ↑euroSIC, dem Clearingsystem für Zahlungen in Euro in der Schweiz und über ihre Grenzen hinaus, trotzdem einen entsprechenden Anschluss zur Verfügung stellen zu können und es auch mit ↑Liquidität zu versorgen, wurde ↑Telekurs mit der Suche nach einer anderen Lösung beauftragt. Am 27.02.1998 gründeten Telekurs, die Credit Suisse Group und die UBS AG die SECB, an der sich im Frühjahr 1999 auch die schweizerische Post beteiligte.

2. Aufgaben
Die SECB wurde mit der Steuerung und Überwachung des euroSIC-Systems betraut und erhielt den Auftrag, die notwendigen Anschlüsse nach Euroland zur Verfügung zu stellen. Dies wurde durch die Mitgliedschaft bei den deutschen Clearingsystemen sowie – via TARGET – auch bei den Clearingsystemen der anderen Länder der EWWU sichergestellt. Als weitere wesentliche Aufgabe übernahm die SECB das ↑Liquiditätsmanagement für das euroSIC-System. In diesem Zusammenhang übt sie die Funktion des Settlement-Agenten für alle euroSIC-Teilnehmer aus, die ein Euro-Girokonto bei der SECB zu unterhalten haben, über das die Liquiditätssteuerung für euroSIC erfolgt. Zu Beginn eines jeden Clearingtages überträgt die SECB alle Giroguthaben der euroSIC-Teilnehmer in das Clearingsystem. Falls erforderlich, kann jederzeit während des Clearingtages zusätzliche Liquidität via SECB für euroSIC angeschafft beziehungsweise überschüssige Liquidität abdisponiert werden. Am Ende eines Clearingtages veranlasst die SECB den Übertrag der Clearingguthaben auf die ↑Girokonten.

3. Liquiditätsmanagement
Als liquiditätsschonende Möglichkeit stellt die SECB eine Innertageskredit-Fazilität gegen Verpfändung zentralbankfähiger Sicherheiten zur Verfügung, die dem von der ↑Europäischen Zentralbank (EZB) veröffentlichten Verzeichnis der Kategorie-I- beziehungsweise Kategorie-II-Sicherheiten der Deutschen Bundesbank entsprechen. Die Beleihungskriterien entsprechen exakt denen der EZB. Die SECB stellt ausserdem eine Übernachtkredit-Fazilität zu den gleichen EZB-Beleihungskriterien zur Verfügung. Die ↑Wertpapiere, die für eine mögliche Inanspruchnahme der Innertageskredit-Fazilität eingeliefert und zugunsten der SECB verpfändet wurden, finden auch zur Sicherung eines Übernachtkredites Verwendung. Der Zinssatz richtet sich nach dem Zinssatz der Spitzenrefinanzierungs-Fazilität der EZB. Diesem wird eine von der SECB festgelegte ↑Marge zugeschlagen. Die tägliche Bewertung der verpfändeten Wertpapiere zur Ermittlung des Beleihungswertes erfolgt durch das Collateral-Management-System Xemac der ↑Clearstream Banking AG.

4. Single point of entry
Ausserdem bietet die SECB die qualitativ hochstehenden Dienste ihrer Clearingspezialisten als europäische ↑Korrespondenzbank auch Finanzinstituten an, die nicht an euroSIC teilnehmen beziehungsweise einen zentralen Euro-Link zu sämtlichen Clearingsystemen der ↑Europäischen Währungsunion und gleichzeitig zu fast allen Schweizer Finanzinstituten (↑Grossbanken, ↑Kantonalbanken, Schweizerische ↑Nationalbank, ↑SWX Swiss Exchange und ↑Postfinance) wünschen.

5. Zahlungsverarbeitung
Zahlungsaufträge, welche die teilnehmenden Banken einliefern, werden zuerst auf formale Richtigkeit überprüft. Zudem werden die Angaben mit den ↑Stammdaten der Bank verglichen und es wird kontrolliert, ob derselbe ↑Zahlungsauftrag nicht bereits vorliegt. Als zweites folgt die Deckungsprüfung. Bei ungenügender Deckung kommen Zahlungen in eine Warteschlange, bis aus Eingängen oder Deckungsanschaffungen via SECB wieder Liquidität vorhanden ist: euroSIC lässt also keine Zahlungen unter Vorbehalt zu. Betreffen Eurozahlungen nur Teilnehmer von euroSIC, werden sie direkt verrechnet (Transaktionen des Domestic-Bereichs); Gleiches gilt für die Abwicklung von Wertschriftengeschäften in Euro (SECOM, ↑Eurex). Handelt es sich hingegen um Crossborder-Zahlungen (Zahlungen an Finanzinstitute, die nicht direkt an euroSIC angeschlossen sind), werden diese bei der SECB automatisch in S.W.I.F.T.-Meldungen konvertiert und «realtime» an die angeschlossenen ausländischen Clearingsysteme weitergeleitet. Zur Wahl dieses Clearingsystems (Routing) besteht bei der SECB eine Steuertabelle, die sowohl Systemkriterien als auch bilaterale Vereinbarungen berücksichtigt. Zahlun-

gen aus dem EU-Raum an euroSIC-Teilnehmer gehen den umgekehrten Weg.

6. Keine zusätzlichen Zahlungsverkehrsanbindungen
Dank der einmaligen Kombination euroSIC/SECB können direkt oder indirekt angeschlossene Finanzinstitute ohne zusätzliche Euro-Korrespondenzbankverbindung beziehungsweise ohne zusätzliche direkte Anschlüsse an andere Euro-Clearingsysteme ihren gesamten Euro-Zahlungsverkehr rund um die Uhr online, liquiditätsschonend und zu äusserst günstigen Konditionen abwickeln – innerhalb der Schweiz wie auch grenzüberschreitend. EuroSIC und die SECB vereinigen die Vorzüge anderer ↑Euro-Clearingsysteme, ohne deren Nachteile (beispielsweise kein oder schwieriger Abzug überschüssiger Liquidität innertags, früher Clearingschluss) zu übernehmen. Ausserdem werden mit dem wegen CLS (Continuous linked settlement system) erheblichen Einbrechen der weltweiten Abwicklungsvolumina im Grossbanken-Clearing ab dem Jahre 2001 mehrere Nostroverbindungen beziehungsweise die Investitionen in Direktanschlüsse an andere Clearingsysteme nicht mehr wirtschaftlich sein. *André Bamat*

Swiss Exchange
↑SWX Swiss Exchange.

Swiss Financial Services Group AG (SFSG)
↑SIS Swiss Financial Services Group AG.

Swiss Funds Association SFA
Die 1992 gegründete Swiss Funds Association SFA (Schweizerischer Anlagefondsverband) versteht sich als repräsentative Branchenorganisation der schweizerischen Fondswirtschaft. Ihr Mitgliederkreis umfasst alle wichtigen schweizerischen ↑Fondsleitungen (gemäss Art. 9 ff. des BG über die ↑Anlagefonds vom 18.03.1994 [AFG]) und Vertreter ausländischer ↑Fonds in der Schweiz (gemäss AFG 44 ff.). Damit charakterisiert sich die SFA als Verband der «Fondsproduzenten». Die Swiss Funds Association SFA befolgt im Wesentlichen drei strategische Ziele:
– Wahrung und Förderung des Ansehens des schweizerischen Fondsmarktes
– Vertretung der Interessen der Mitglieder gegenüber den wichtigsten Partnern im In- und Ausland
– Unterstützung der Mitglieder durch fachliche Beratung und Informationen.

Zur Wahrung und Förderung des Ansehens des schweizerischen Fondsmarktes übernimmt die SFA in der ↑Selbstregulierung eine führende Rolle. Modular strukturierte Standesregeln bieten Gewähr für eine einheitliche Umsetzung der im AFG stipulierten Treuepflicht. Sie verpflichten Fondsleitungen und Vertreter ausländischer Fonds in der Schweiz dazu, eine ihrer Struktur und Geschäftstätigkeit entsprechende zweckmässige Betriebsorganisation, Ausbildung und ↑Compliance zu gewährleisten. Fondsleitungen und Vertreter ausländischer Fonds sind ferner gehalten, über die von ihnen angebotenen Fonds offen und umfassend zu informieren und ihre Fonds über sorgfältig ausgewählte Vertriebsträger zu vertreiben.

Die Eidgenössische ↑Bankenkommission hat die Standesregeln der SFA zustimmend zur Kenntnis genommen. Diese gelten für alle schweizerischen Fondsleitungen und Vertreter ausländischer Fonds in der Schweiz, unabhängig von einer Mitgliedschaft im Verband. Mit der Setzung von Normen und Standards (↑Standardisierung) will die SFA eine grösstmögliche Transparenz der am schweizerischen Markt angebotenen Fonds gewährleisten.

Sodann vertritt die SFA die Interessen ihrer Mitglieder gegenüber Behörden, anderen Verbänden, den Medien und der Öffentlichkeit im Inland und – soweit nötig und möglich – im Ausland. Sie setzt sich für optimale regulatorische und fiskalische Rahmenbedingungen für die schweizerische Fondswirtschaft ein. Die Swiss Funds Association SFA ist aktives Mitglied der Europäischen Investmentvereinigung in Brüssel.

Sie unterstützt ihre Mitglieder sowie Behörden, Medien und andere interessierte Gremien mit fachlichen Informationen und Informationen zur Entwicklung in- und ausländischer Fondsmärkte.
Max Baumann

Swiss Futures and Options Association (SFOA)
Vereinigung der sich in der Schweiz mit dem Terminhandel befassenden Verbände, Unternehmen und Institutionen. Grösste Veranstaltung ihrer Art auf der Welt. Führende Vertreter der bedeutenden internationalen Terminbörsen, der Banken, aus Regierungskreisen und anderen Institutionen treffen sich, um Informationen und Anregungen über den Terminhandel und insbesondere die ständig neu aufzunehmenden Produkte und Handelstechniken auszutauschen.
Links: www.sfoa.org

Swiss GAAP FER
Swiss Generally Accepted Accounting Principles. Seit 2002 verwendete Bezeichnung für das von der Fachkommission Empfehlungen zur Rechnungslegung FER erlassene Regelwerk zur Rechnungslegung (↑Fachempfehlungen zur Rechnungslegung). Banken, welche ihre Abschlüsse nach der RRV-EBK erstellen, sind verpflichtet, bestimmte Swiss GAAP FER einzuhalten. Damit soll eine Übereinstimmung der Rechnungslegung zwischen

börsenkotierten Gesellschaften, für welche die Swiss GAAP FER gemäss KR 67 verbindlich sind, und den Banken erreicht werden.

Swiss Interbank Clearing (SIC)

Damit ein Zahlungsverkehrssystem für die Benutzer attraktiv ist, muss es möglichst transparent sein, d. h., sowohl die Kunden als auch die Banken sollten laufend über die ihnen zur Verfügung stehenden Beträge orientiert sein. Bereits im Jahre 1980 wurde von den Schweizer ↑Grossbanken eine Vorstudie ausgearbeitet, welche die Grundlage bildete für die Projektierung eines neuen Online-Clearingsystems, das im Frühjahr 1987 unter dem Namen Swiss Interbank Clearing SIC in Betrieb genommen wurde. Die damit verfolgten Zielsetzungen können wie folgt zusammengefasst werden:
– Optimierung des ↑Cashmanagements durch eine verbesserte Liquiditätssteuerung
– Minimierung des Delkredererisikos
– Beschleunigung der Zahlungsabwicklung und damit Verbesserung der Dienstleistungen für die Bankkunden
– Keine Zahlungen unter Vorbehalt, d. h. Deckungskontrolle bei jeder einzelnen Zahlung.

1. Systemaufbau
Die Konzeption des SIC stützt sich auf ein zentrales Computer-System bei der ↑Telekurs mit Online-Anschluss der Teilnehmer. Die teilnehmende Bank kann sich dabei entsprechend der ihr zur Verfügung stehenden technischen Ausrüstung entweder mit ihrem eigenen Computer oder mit über ein von mehreren Softwarehäusern angebotenes SIC-Interface anschliessen. Zusätzlich besteht die Möglichkeit, im Fall von technischen Störungen, Zahlungen auf Magnetbändern einzuliefern und den Output auch in dieser Form oder auf Papier zu beziehen.
Teilnehmer sind alle dem schweizerischen Bankenclearing angeschlossenen Banken und die Schweizerische ↑Nationalbank (SNB). Einlieferer und ↑Begünstigte von Zahlungstransaktionen sind ausserdem die ↑Postfinance.

2. Abwicklung der Zahlungen
Das SIC-System arbeitet mit einem 24-Stunden-Zyklus, dem sog. Clearingtag. Jede Bank unterhält im System ein SIC-Verrechnungskonto mit der Funktion eines Hilfskontos zu ihrem Nationalbank-Girokonto (↑Giroverkehr der SNB). Es werden ausschliesslich Zahlungen in Schweizer Franken abgewickelt.
Die Zahlungsaufträge können an ↑Bankwerktagen rund um die Uhr eingeliefert werden. Dabei ist es möglich, dem System auch bereits Aufträge einzugeben, die erst innerhalb der nächsten fünf Bankwerktage ausgeführt werden sollen. Bei ↑Fälligkeit wird dann die Zahlung automatisch vorgenommen. Im Einzelnen sind die folgenden ↑Transaktionen durchführbar:
– Zahlungen von Bankkunden zugunsten eines ↑Bankkontos
– Deckungsanschaffungen
– Bank-an-Bank-Zahlungen
– Überweisungen auf Postcheckkonto bzw. von der Post auf ein Bankkonto.

Vor der ↑Verrechnung erfolgt eine Deckungskontrolle, bei der festgestellt wird, ob der aktuelle Stand des SIC-Verrechnungskontos für die Ausführung der Transaktion ausreicht. Ist dies nicht der Fall, wird die Zahlung in der Warte-Datei solange zurückgehalten, bis durch eingehende Beträge wieder genügend Mittel verfügbar sind. Grundsätzlich wird immer der älteste Auftrag zuerst ausgeführt (FIFO-Prinzip). Unmittelbar nach der Verrechnung kann die begünstigte Bank über den Betrag verfügen und alle Daten der Zahlungen online beziehen. Bei technischen Problemen kann sie sich aber auch die Transaktionen am Ende des Clearingtages auf Magnetband oder Papier zustellen lassen. Der ↑Buchungsschnitt am Ende des Clearingtages ist in der Regel um 15.00 Uhr, kann aber auf Ersuchen einer ↑Geschäftsbank durch die SNB verschoben werden. Dabei werden insgesamt vier Stufen unterschieden:
– Nach Beginn der ersten Stufe (Clearingstopp 1) können von den Banken nur noch Deckungsanschaffungen vorgenommen werden. Alle übrigen Transaktionen werden zur Ausführung mit ↑Valuta des nächsten Tages vorgemerkt
– In der zweiten Stufe (Clearingstopp 2) sind nur noch Operationen der SNB möglich
– Die dritte Stufe beinhaltet die Tagesendverarbeitung bei der Telekurs. Die Freigabe für den Beginn der Verarbeitung erfolgt jeweils durch die SNB
– Schliesslich werden bei der SNB die Tagesumsätze auf den ↑Girokonten der einzelnen Banken verbucht und die Betriebsmittel für den nächsten Clearingtag bereitgestellt
– Nach Abschluss dieses Prozesses beginnt ein neuer Clearingtag.

3. Verfügbare Informationen
Das den am SIC teilnehmenden Banken zur Verfügung stehende Abfragesystem erlaubt eine jederzeitige Information über den aktuellen Stand des Verrechnungskontos und gleichzeitig auch des Saldos des Girokontos bei der SNB. Der Teilnehmer kann zudem laufend jede einzelne ihn betreffende Zahlung mit sämtlichen Details abfragen, sei es als Auftraggeber oder als Begünstigter. Diese Informationen sind noch während zwei Tagen nach Verrechnung im System online abrufbar. Die begünstigte Bank kann sich ferner einen Überblick über die vorvalutierten Zahlungen verschaffen. Die SNB ihrerseits hat die Möglichkeit, alle sich im

System befindenden Zahlungen abzufragen. Dabei hat sie jedoch nur auf die für die Verrechnung relevanten Daten Zugriff, d. h. auf die Clearing-Nummern des Auftraggebers und des Begünstigten, den Betrag und die Valuta.

André Bamat

Swisslex

Am 06.12.1992 haben Volk und Stände einen Beitritt der Schweiz zum Europäischen Wirtschaftsraum (EWR) abgelehnt. Damit wurde die *Anpassung zahlreicher Gesetze an das Recht der Europäischen Union* (die Eurolex) hinfällig. Im Sinn der marktwirtschaftlichen Erneuerung setzte das Parlament anschliessend eine Reihe der ursprünglich für den EWR-Beitritt geplanten Änderungen selbstständig um. Dafür hat sich, in Anlehnung an die Vorlage von 1992, die Bezeichnung Swisslex eingebürgert.

Die Swisslex wurde von den eidgenössischen Räten am 18.03.1994 beschlossen und trat auf den 01.02.1995 in Kraft. Sie enthielt u. a. folgende *Revisionen des Bankengesetzes:*
– BankG 3bis (Ergänzung des Erfordernisses des Gegenrechts bei der Bewilligung von Auslandsbanken um den Vorbehalt anderslautenden Völkerrechts, insbesondere des GATS ↑General Agreement on Trade in Services)
– BankG 3^{quater} (Ermächtigung des Bundesrats, mit andern Staaten Verträge über die Bewilligung von Auslandsbanken abzuschliessen)
– BankG $4^{quinquies}$ (Regelung des Informationsflusses von schweizerischen Auslandsbanken an ihre ↑Muttergesellschaft im Ausland, ↑Bankkundengeheimnis und ↑Auslandsniederlassungen)
– BankG 23^{sexies} (Regelung der ↑Amtshilfe zwischen der Eidgenössischen ↑Bankenkommission und ausländischen Finanzmarktaufsichtsbehörden).

Sodann enthielt die Swisslex u. a. Vorlagen zum BG über den ↑Konsumkredit und zum BG über den unlauteren Wettbewerb.

Nicht Gegenstand der Swisslex, aber im weiteren Sinn des Programms der *marktwirtschaftlichen Erneuerung,* waren die Revision des Kartellgesetzes (an dem der Bundesrat 2001 weitere Änderungen beantragt hat), das neue BG über den Binnenmarkt und das ebenfalls neue BG über die technischen Handelshemmnisse (alle vom 06.10.1995).

Christoph Winzeler

Swiss market feed (SMF)

Elektronischer Datenstrom mit Kursen und weiteren Daten der ↑SWX Swiss Exchange. Betrieben wird der SMF von einer gemeinsamen Tochtergesellschaft der SWX und der ↑Virt-x, der ↑EXFEED.

Swiss Market Index (SMI)

Der *Swiss Market Index (SMI)* ist der Index der grössten und umsatzstärksten Schweizer Aktien. Der SMI enthält maximal 30 Titel und wird seit Oktober 2001 nach der streubesitzadjustierten ↑Börsenkapitalisierung gewichtet. Die Grundvoraussetzungen für die Aufnahme in den Indexkorb sind eine Börsennotierung an der Schweizer Börse oder ↑Virt-x sowie ein Gesellschaftssitz in der Schweiz oder im Fürstentum Liechtenstein. Investmentgesellschaften können sich nicht für den SMI qualifizieren. Ferner müssen die Aktien Mindestanforderungen hinsichtlich Streubesitzkapitalisierung und Umschlaghäufigkeit erfüllen. Sofern mehrere Titelgattungen eines ↑Emittenten (z. B. Inhaberaktien und ↑Namenaktien) die Aufnahmekriterien separat erfüllen, kann dieser Emittent mit mehr als einer Gattung im Indexkorb vertreten sein. Die Zusammensetzung des Indexkorbes wird einmal jährlich im August nach dem durchschnittlichen Marktanteil am ↑Börsenumsatz und am ↑Marktwert des ↑Streubesitzes neu bestimmt. Erforderliche Auswechslungen treten nach Börsenschluss des letzten Handelstages im September in Kraft. Der SMI ist ein Kursindex, d. h. Kursabschläge nach regulären Dividendenzahlungen werden nicht korrigiert. Der Startwert des SMI wurde mit 1500 Indexpunkten per 30.06.1988 festgelegt.

Valerio Schmitz-Esser

Swissmint

Swissmint ist die offizielle Münzstätte der Schweizerischen Eidgenossenschaft und den meisten wohl besser bekannt als Eidgenössische Münzstätte oder einfach «Münz». Seit dem 01.01.1998 ist die traditionsreiche Institution eine selbstständige Einheit der Eidgenössischen Finanzverwaltung und wird im Sinne des New public management (NPM) mit Leistungsauftrag und Globalbudget geführt.

1. Das Unternehmen

Die Swissmint ist ein modern geführter Fabrikationsbetrieb auf dem neusten Stand der Technik. Ihre Hauptaufgabe ist die Versorgung der Schweiz mit den notwendigen Kleingeld (Prägeprogramm). Neben den Umlaufmünzen (↑Scheidemünzen) für den ↑Zahlungsverkehr (1 Rappen bis 5 Franken) prägt sie Gedenk- und Sammlermünzen (↑Gedenkmünzen) in unterschiedlichen Qualitäten. Sämtliche Prägewerkzeuge (Stempel) werden in der Münzstätte hergestellt, während die Münzplatten (Rondellen) zugekauft werden. Weitere Aufgaben der Swissmint sind die Vermarktung der Sammlermünzen, die Vernichtung von abgenutzten, beschädigten und beschmutzten Münzen sowie die Prüfung von gefälschten, verfälschten oder verdächtigen Geldstücken. Bei freier Kapazität kann sie Prägeaufträge für Dritte ausführen.

Die Swissmint beschäftigt gegenwärtig 21 Personen (Stand 2002).

2. Herstellung der Prägewerkzeuge – vom künstlerischen Entwurf zum fertigen Stempel

Am Anfang jeder ↑Münze steht der Entwurf des Künstlers. Davon ausgehend, wird zuerst ein Gipsmodell des Prägebildes von rund 20 cm Durchmesser hergestellt. Durch zweimaliges Abgiessen entsteht zuerst ein Silikon-, dann ein Kunstharzmodell. Letzteres wird in die Reduktionsmaschine eingespannt, welche das Relief des Modells abtastet und auf Münzgrösse verkleinert. Bis zu 36 Stunden werden gebraucht, um alle Einzelheiten des Modells in den ungehärteten Stahl zu fräsen. Der dabei entstehende Stahlstempel wird Reduktion genannt.

Mit höchster Präzision arbeitet der Graveur anschliessend die Konturen und plastischen Feinheiten heraus und gibt dem Münzrelief den letzten Schliff. Danach wird die Reduktion gehärtet und durch mehrmaliges Umsenken der positive Senkstempel hergestellt. Beim Umsenken wird jeweils der gehärtete Stahl in einen ungehärteten Stahl eingedrückt und es entsteht ein präziser Abdruck der Vorlage. Mithilfe des Senkstempels fabriziert man schliesslich die eigentlichen Prägestempel im Negativ. Diese werden nach dem Umsenken in Form gedreht, gehärtet und, um die Lebensdauer zu verlängern, hartverchromt. Mit einem Paar Prägestempel lassen sich je nach Münzsorte zwischen 100 000 und 500 000 Geldstücke prägen.

3. Rondellenfabrikation

Die meisten Eigenschaften der Münzen müssen bereits vom prägefertigen Münzplättchen – auch Rondellen oder Ronden genannt – erfüllt werden. Die Münzstätte stellt seit der Umstellung im Jahre 1968 vom Silber- zu Kupfernickelgeld selber keine Rondellen mehr her. Sie bestellt die fertigen Münzplättchen vorwiegend bei ausländischen Lieferanten. Diese schmelzen die für die Rondellenherstellung benötigten Metalle in Elektroschmelzöfen. Von der Schmelze wird eine Probe entnommen und die Legierungszusammensetzung durch Analyse mit dem Röntgenfluoreszenz-Spektrometer kontrolliert und wenn nötig korrigiert. Die anschliessend gegossenen Metallblöcke werden in grossen Walzwerken in mehreren Durchgängen in ihrer Dicke reduziert, bis die daraus entstandenen Bleche die gewünschte Stärke erreicht haben. Aus diesen Blechbändern werden anschliessend die Münzplättchen ausgestanzt. Mit der Randrier oder Rändelmaschine wird der Rand der Rondellen gestaucht, sodass ein Randwulst entsteht. Dieser Wulst ist notwendig, damit später beim Prägevorgang genügend Material für die Ausprägung des Randstabes vorhanden ist. Aufgabe des Randstabes ist es, das Prägebild vor Abnützung zu schützen.

4. Prägung und Verpackung

Für die ↑Prägung stehen der Swissmint sieben leistungsfähige Prägemaschinen zur Verfügung. Die Prägepressen stellen – je nach Münzsorte – pro Minute bis zu 700 Münzen her. Der Prägedruck variiert dabei von 50 bis 200 Tonnen. Die Prägung von Vorderseite, Rückseite und Rand erfolgt stets in einem Schlag. Zwischen Ober- und Unterstempel befindet sich der so genannte Prägering, ein stählerner Ring, in den die Münzplättchen zu liegen kommen und dessen Durchmesser demjenigen der zu prägenden Münzen entspricht. Er dient dazu, der Münze die schöne kreisrunde Gestalt zu erhalten und ein Ausweichen des Metalls unter dem gewaltigen Prägedruck zu verhindern. Bei Münzen mit erhabener Randschrift wie z. B. dem Fünfliber wird ein aus drei Segmenten bestehender Prägering verwendet, der sich nach dem Prägen öffnet, damit die Münze, ohne Beschädigung des Randes, ausgestossen werden kann.

Die geprägten Münzen werden auf einer modern eingerichteten Verpackungsstrasse zuerst gezählt und in Rollen zu 25 bzw. 50 Stück verpackt. Anschliessend laufen die Rollen über ein Förderband zur Waage und werden, wenn das Gewicht stimmt, durch einen Industrieroboter in die Faltkartons verpackt. Die fertigen Kartons werden mit Bändern verschlossen, noch einmal gewogen, etikettiert und palettiert. Die Schweizerische ↑Nationalbank (SNB) übernimmt anschliessend die Feinverteilung der Münzen.

Im Gegensatz zu den Umlaufmünzen, die im normalen Durchlauf geprägt werden, erfolgt die Prägung der Sammlermünzen entweder im reduzierten Durchlauf für die Münzen in der *Stempelglanz*-Qualität (↑Erhaltungsgrade von Münzen) oder einzeln im Doppelschlag für die Münzen in *polierter Platte* (auch *Proof, PP* oder *Spiegelglanz* genannt). Sammlermünzen in normaler Prägequalität werden wie die Umlaufmünzen geprägt. Während für die Münzen in *Normalprägung* und *Stempelglanz* die angelieferten Rondellen – gleich wie bei den Umlaufmünzen – ohne weitere Vorbereitung verprägt werden, durchlaufen die für die *Proof*-Prägung vorgesehenen Münzplättchen einen Vorbereitungsprozess. Dieser umfasst das Glühen, Beizen, Polieren, Waschen und fleckenfreie Trocknen und hat zum Ziel, eine optimale Oberflächenqualität zu erreichen. Um einen bestmöglichen Kontrast zwischen glänzendem Münzgrund und mattem Relief zu erreichen, werden die Prägestempel für die *Proof*-Münzen ebenfalls poliert. Die Gedenkmünzen in *polierter Platte* werden von Hand in Münzdosen und anschliessend in geschmackvolle Etuis verpackt, diejenigen in Normalprägung werden entweder in Folie eingeschweisst oder gerollt. Die Jahressätze der Umlaufmünzen präsentieren sich sowohl in der *Proof*- als auch der *Stempelglanz*-Ausführung in einer transparenten Schalenverpackung mit modernem Outfit.

5. Qualitätskontrolle
Um den hohen Qualitätsstandard der Münzen zu garantieren, werden diese einer strengen Qualitätskontrolle unterzogen. Von den angelieferten Rondellen werden Stichproben entnommen, die auf Durchmesser, Dicke, Härte und Zusammensetzung der Legierung kontrolliert werden. Weitere Kriterien sind eine möglichst flecken- und kerbenfreie Oberfläche der Schrötlinge. Zusätzlich prüft die Eidgenössische Edelmetallkontrolle als unabhängige Instanz die Richtigkeit der Abmessungen und der Zusammensetzung der fertig geprägten Münzen aufgrund des Münzkontrollreglementes.
Hanspeter Koch

Swiss Nominee Company (SNOC)
↑ SIS Nominee-Modell.

Swiss options and financial futures exchange (SOFFEX)
↑ Eurex; ↑ SOFFEX.

Swiss Performance Index (SPI)
Der *Swiss Performance Index (SPI)* enthält alle Aktien Schweizer und Liechtensteiner ↑ Emittenten, die an der Schweizer Börse notiert sind, mit Ausnahme der Investmentgesellschaften. Der Index wird seit Oktober 2001 nach der streubesitzadjustierten ↑ Börsenkapitalisierung gewichtet. Da es sich beim SPI um einen Index mit Vollerhebung handelt, ist der Umfang des Indexkorbes nicht auf eine bestimmte Anzahl von Werten beschränkt. Neuaufnahmen und Löschungen bei den an der Schweizer Börse gehandelten Titeln werden unmittelbar im Index nachvollzogen. Der SPI ist ein Performance index, d.h. Kursabschläge nach Dividendenzahlungen werden in der Indexberechnung neutralisiert. Zusätzlich berechnet die Schweizer Börse den SPIX (SPI ex Dividenden) als Kursindex. Der Startwert des SPI wurde mit 1000 Indexpunkten per 01.06.1987 festgelegt.
Valerio Schmitz-Esser

Swiss performance presentation standards (SPPS)
Empfehlungen der Schweizerischen ↑ Bankiervereinigung für eine einheitliche und moderne Performance-Berichterstattung, 1997 eingeführt. Die SPPS haben sich in der ↑ Vermögensverwaltung für institutionelle Anleger, insbesondere für die Gelder der ↑ beruflichen Vorsorge, fest etabliert. Auf Anfang 2002 wurden die SPPS auf der Grundlage der ↑ Global investment performance standards (GIPS) revidiert.

Swiss Plus – Financial Excellence
Swiss Plus ist ein gemeinschaftliches PR-Instrument der wichtigsten Träger des ↑ Finanzplatzes Schweiz. Daran beteiligt sind die Schweizer Banken, vertreten durch die Schweizerische ↑ Bankiervereinigung (SBVg), die ↑ SWX Swiss Exchange, die Telekurs-Gruppe und die ↑ SIS SegaIntersettle AG. Die Koordination und administrative Leitung des Projekts liegt bei der SBVg. Hintergrund und Auslöser dieser PR-Offensive war die Anfang 1999 Realität gewordene ↑ Europäische Währungsunion. Die erwähnten Institutionen einigten sich auf einen gemeinsamen Auftritt im Ausland unter dem Titel «Swiss Plus – Financial Excellence», um die Attraktivität und insbesondere die Eurokompatibilität des Finanzplatzes Schweiz zu unterstreichen. Swiss Plus richtet sich an ausländische Vertreter von Finanzinstituten, Regierungen, Behörden (insbesondere Regulierungsbehörden), Parlamente, Medien und an Diplomaten. Swiss Plus präsentiert die traditionellen Vorzüge der Schweiz als internationales Finanzzentrum: Sicherheit, Stabilität, Zuverlässigkeit, überdurchschnittliche Leistung, erstklassige Beratung, internationale Ausrichtung und die tief verankerte Kultur der Diskretion. Zusätzlich wird auf die neuen Stärken hingewiesen, die dem Kunden als weiteres Plus einen Mehrwert bieten: die sog. ↑ Swiss value chain als Garantin eines modernen, sicheren, kostengünstigen und eurokompatiblen Effektenhandels einschliesslich ↑ Clearing and settlement. Abwicklungsrisiken werden in diesem System minimiert. Die Swiss value chain ist eine gemeinsame Entwicklung von SWX Swiss Exchange (für den Handel), SIS SegaIntersettle AG (für die Wertschriftenabwicklung bzw. -verwahrung) und ↑ Swiss Interbank Clearing AG (SIC) (für den ↑ Zahlungsverkehr).
Die Botschaften von Swiss Plus werden an Veranstaltungen (sog. ↑ Road shows) in internationalen Finanzzentren wie London, Frankfurt, New York, Paris u.a. vermittelt. Die Schweizer Delegation steht in der Regel unter der Leitung eines Bundesrats und umfasst hohe Vertreter der beteiligten Partner und der Schweizerischen ↑ Nationalbank (SNB). Swiss Plus darf zudem auf die Unterstützung der jeweiligen diplomatischen Vertretung der Eidgenossenschaft am Veranstaltungsort zählen.
Neben diesen Grossveranstaltungen ist Swiss Plus vertreten an individuellen Auftritten der beteiligten Partner. Eine Website und verschiedene Drucksachen runden das Angebot von Swiss Plus ab. Das in auffälligem rot gehaltene, grossflächige Corporate design von Swiss Plus unterstreicht das selbstbewusste Auftreten des Finanzplatzes und verkörpert Kompetenz und Vertrauen. Die Botschaften von Swiss Plus werden laufend angepasst. Die strategische Führung liegt dabei beim Leitenden Ausschuss Internationales Finanzzentrum Schweiz (LAIF) der SBVg. Dieser kann sich auf Einschät-

zungen von Beratern auf den jeweiligen Finanzplätzen sowie auf Analysen der internationalen Medienberichterstattung stützen. Damit ist es möglich, auf aktuelle Entwicklungen zu reagieren.

Balz Stückelberger

Links: www.swissplus.ch

Swiss value chain

Die Übertragung von Wertpapieren erfolgt i.d.R. sequenziell: Am Anfang steht der Handel, der mit dem Matching zu einem Abschluss führt; es folgen die Abrechnung (das ↑Clearing) und schliesslich die Abwicklung (das ↑Settlement; ↑Clearing and Settlement). Das Clearing umfasst die Übermittlung, die Abstimmung und die Bestätigung der Forderungen. Unter das Settlement fällt die Übertragung der Titel bzw. des Geldes. Dies alles beansprucht Zeit und muss nicht zwingend gleichzeitig ablaufen. Erfolgt aber die Lieferung von Titel und Geld nicht gleichzeitig und unwiderruflich (↑Lieferung gegen Zahlung, «Payment versus delivery»), so entsteht ein Erfüllungsrisiko (↑Settlement risk) für jene Partei, welche die Titel liefert bevor bei ihr der Gegenwert in Geld eingegangen ist.

Swiss value chain bezeichnet den automatisierten Verbund von Abschluss, Abrechnung und Abwicklung im Rahmen eines sog. ↑Straight through processing (STP). Erfolgen die drei Prozessschritte gleichzeitig und gelten unwiderruflich, so entfallen Erfüllungsrisiken. Weiter werden dadurch potenzielle Fehler, die durch die wiederholte manuelle Eingabe von Daten entstehen können, eliminiert. Die Swiss value chain ist eine gemeinsame Entwicklung von ↑SWX Swiss Exchange (Handel), ↑SIS Swiss Financial Services Group AG (Wertschriftenabwicklung und -verwahrung) und ↑Swiss Interbank Clearing AG SIC (↑Zahlungsverkehr).

Stefan Hoffmann

Switch

Englische Bezeichnung für umlenken, umleiten, umschalten.

Von *Devisen-Switch* sprach man in den Jahren bilateraler Verrechnungsabkommen bei Devisentransaktionen, deren Ziel es war, eine Abkommenswährung in eine andere, frei konvertierbare Währung oder in eine andere Verrechnungswährung umzuwandeln. *Switching* nennt man die Liquidation eines Future-Kontraktes bei gleichzeitiger Eröffnung der gleichen Position mit späterem Fälligkeitstermin.

Eine *Switch-Klausel* ist eine vertragliche Vereinbarung in internationalen Kredit- und Anleiheverträgen, die es zulässt, dass unter bestimmten Bedingungen für die Erfüllung eine andre als die ursprünglich vereinbarte Währung zur Anwendung kommt.

In der ↑Börsensprache wird das Wort switchen ganz allgemein gebraucht für den Wechsel von einer Anlage in eine andere.

Switch-Geschäft

Liquidation eines Futures-Kontraktes bei gleichzeitigem Eingehen der gleichen Position mit späterem Fälligkeitstermin.

SWOT-Matrix

Strenghts-, Weaknesses, Opportunities-, Threats-Matrix; zu Deutsch Stärken-, Schwächen-, Chancen-, Gefahren-Matrix. ↑Strategie im Bankwesen.

SWX-Eurobonds

↑Eurobond.

SWX New Market

Der *SWX New Market* wurde im Juni 1999 als Segment der Schweizer Börse (↑SWX Swiss Exchange) für junge Wachstumsunternehmen eröffnet. Das Segment steht sowohl schweizerischen als auch ausländischen ↑Emittenten offen. Um am SWX New Market notiert zu werden, muss ein Unternehmen gemäss den Vorschriften des Zusatzreglementes für die ↑Kotierung von ↑Effekten im SWX New Market (Fassung Februar 2001) Mindestanforderungen bezüglich ↑Eigenkapital und Streubesitz erfüllen, mindestens ein Jahr bestehen, Quartalsabschlüsse publizieren und die Rechnungslegung nach IAS oder US GAAP führen. Beim ↑Initial public offering (IPO) müssen mindestens 50% des Emissionserlöses der Gesellschaft zufliessen. Die ↑Anteilseigner dürfen während einer sechsmonatigen ↑Lock-up-Periode keine Aktien verkaufen. Ferner muss der Börsengang von einer Bank begleitet werden, die während zwei Jahren Studien über die Gesellschaft veröffentlicht und als ↑Market maker die ↑Liquidität der ↑Aktie gewährleistet.

SWX New Market Index (SNMI)

Der *SWX New Market Index (SNMI)* enthält sämtliche Aktien, die am ↑*SWX New Market* notiert sind. Im Gegensatz zum ↑Swiss Market Index (SMI) und ↑Swiss Performance Index (SPI) umfasst der SNMI auch Aktien ausländischer Emittenten. Neuaufnahmen und Löschungen bei den am SWX New Market gehandelten Aktien werden unmittelbar im Index nachvollzogen. Der SNMI wird sowohl als Kursindex (ohne ↑Wiederanlage der Dividenden) als auch als Performance index (mit Wiederanlage der Dividenden) berechnet. Der Startwert des SNMI wurde mit 1000 Indexpunkten per 30.12.1999 festgelegt.

SWX Plattform

Die SWX-Plattform ist das elektronische Börsenhandelssystem der ↑SWX Swiss Exchange, teilweise noch bekannt unter der früheren Projekt-

bezeichnung «EBS» für «Elektronische Börse Schweiz». Sie besteht aus diversen, eng miteinander verknüpften Subsystemen und verbindet die SWX, die Marktteilnehmer und die Geschäftsabwicklungs-Organisationen (↑Clearing und ↑Settlement) durch ein leistungsfähiges Netzwerk. Ein Mausklick genügt, um eine ganze Transaktionskette bis hin zu ↑Clearing and settlement auszulösen. Die SWX Plattform besteht aus vier grundlegenden Systemkomponenten und einigen Zusatzsystemen:
– Das *Exchange system* (ES) erledigt die zentralen Funktionen des Börsenhandels
– Das *Netzwerk,* ein Wide area network (WAN) mit Redundanz und hoher Leistungsfähigkeit, stellt die fehlerlose Datenübertagung zwischen den zahlreichen Systemen sicher
– Die *Gateways* sind das (elektronische) Verbindungsstück zwischen dem Netzwerk der SWX einerseits und dem Netzwerk des Börsenteilnehmers andererseits
– Das *Trading system* (TS) stellt den Händlern die eigentliche Business-Funktionalität, eine Benutzeroberfläche sowie zahlreiche Hilfsfunktionen zur Verfügung. Über eine Schnittstelle kann das TS auch mit eigenen Applikationen des Börsenteilnehmers verbunden werden.

1. Das Exchange system
An ein Börsenhandelssystem werden hohe Anforderungen gestellt bezüglich Leistungsfähigkeit, Verfügbarkeit, Zuverlässigkeit, Sicherheit, Ausbaufähigkeit sowie Anpassbarkeit an unterschiedliche Leistungsstufen. Das Exchange system umfasst folgende Komponenten:

Komponente	Produkt
Hardware	Compaq Alpha machines
Betriebssystem	Open VMS
Netzwerkschichten	DECnet, RTR
Datenbank	Oracle Rdb
Programmiersprache	C, Level4

Das Herz bildet der *Front end cluster.* Hier wird für jedes gehandelte Instrument (jede ↑Aktie, jede ↑Obligation, jeden Warrant usw.) ein Orderbuch mit allen eingegangenen Aufträgen geführt. Hier werden aber auch die zentralen Funktionalitäten des Börsenhandels abgewickelt: Eröffnung, laufendes Matching von Aufträgen, Schlussauktion usw. Die gehandelten Instrumente sind auf zahlreiche Order-matcher-Maschinen aufgeteilt. Diese Zuteilung wird laufend optimiert, um durch gleichmässige Auslastung der Maschinen die Antwortzeiten niedrig zu halten. Die Order matcher erhalten ihre Transaktionsaufträge (Kaufs- und Verkaufsaufträge, Löschung solcher Aufträge) über das Netzwerk und die Gateways von den TS bei den Teilnehmern. In umgekehrter Richtung verschicken sie laufend Meldungen über abgeschlossene Geschäfte sowie «Rundschreiben» über den Stand der Orderbücher.
Der *Back end cluster* verwaltet die Aufträge und ↑Transaktionen, die nicht über die Order matcher laufen (off-exchange). Beispiele dafür sind die Adressed offer (der Händler richtet ein Angebot ausschliesslich an einen bestimmten andern Händler), aber auch die Trade confirmation (die nachträgliche Bestätigung eines ausserbörslichen Abschlusses; Zweck einer solchen Trade confirmation ist in der Regel die Abwicklung einer ausserbörslichen Transaktion über die Clearing- und Settlement-Funktion der SWX Plattform).
Neben diesen beiden System-Clusters gibt es im ES diverse Subsysteme:
– Ein *Exchange control system* überwacht alle Abläufe zeitlich (Handelsbeginn, Handelsende, Handelsunterbrüche einzelner Titel)
– Das *Trade settlement system* stellt alle Daten für das Settlement zusammen und liefert diese an die ↑SIS SegaIntersettle AG weiter
– Das *Audit system* erhält zahlreiche Daten und führt das rechtlich relevante Datenarchiv der Börse
– Daneben gibt es technische Systeme für Sicherheitskonzepte, insbesondere die *Verschlüsselung* aller Übermittlungen (Kerberos).

Zur Erhöhung der Betriebssicherheit ist das Exchange system doppelt ausgelegt und auf zwei getrennte Standorte verteilt. An einem dritten Standort steht das System, welches im Bedarfsfall die Umschaltung vom einen auf das andere ES überwacht.

2. Das Netzwerk
Der Datenverkehr zwischen Börse und Teilnehmern ist mehrstufig gegliedert. Das Backbone-Netz zwischen dem ES und den momentan 4 «Metropolitan access points» in Zürich, London, Frankfurt und Paris ist äusserst leistungsfähig. Diese Access points sind technisch doppelt ausgelegt, geografisch getrennt und so untereinander verbunden, dass jeder Access point über mehrere Wege erreicht werden kann. Von diesen Access points führen Leitungen zu den einzelnen Gateways der Teilnehmer.

3. Die Gateways
Die Gateways als Relaisstationen zwischen Börse und Börsenteilnehmern stellen die Gleichbehandlung der Teilnehmer sicher. Sie haben eine Sicherheitsfunktion, indem sie das Netzwerk der Börse und dasjenige des betreffenden Teilnehmers gegenseitig abschirmen. Ferner speichern sie wichtige Daten und erlauben bei einem Betriebsunterbruch eine rasche Wiederinbetriebnahme. Die Gateways sind bei den Teilnehmern installiert, werden jedoch ausschliesslich durch die SWX

betrieben und gewartet. An jedes Gateway können mehrere TS angeschlossen sein. Als Absicherung gegen Ausfälle wird normalerweise ein zweites Gateway parallel betrieben.

4. Trading system (TS)
Jeder Börsenteilnehmer benötigt ein TS. Dieses basiert auf einer Client/Server Architektur. Der Server stellt die Funktionen und Daten zur Verfügung, der Client besorgt die Darstellung der Daten für den Händler. Die Tabelle unten zeigt eine Übersicht der Plattformen, auf denen das TS läuft.
Ein Kernstück des TS ist das Graphical user interface (GUI). Der Händler kann sich am Bildschirm aus vielfältigen Möglichkeiten diejenigen Informationsfenster und Funktionen zusammenstellen, die er für seine Tätigkeit benötigt, z. B. das Orderbuch für bestimmte Titel, laufende Kurse und Indexverläufe, Felder zur Auftragseingabe und Auftragsüberwachung usw.
Das Member application programming interface (MAPI) ermöglicht dem Teilnehmer, eigene Applikationen mit den Standardfunktionalitäten der SWX zu kombinieren. Beispiele dafür sind eigene Order-routing-Systeme, Pricing-Modelle und Handelsprogramme.

5. Zusatzsysteme
Auf separaten Compaq-Tandem-Anlagen, die den hohen Anforderungen an einen unterbrechungsfreien Betrieb genügen, werden die *Indizes* der SWX-Indexfamilie (SMI, SPI usw.) und der STOXX-Familie gerechnet. Insgesamt sind dies rund 1 500 verschiedene Indexwerte, die teils laufend, teils ein Mal täglich gerechnet werden. Auf der gleichen Anlage werden auch die *Datenströme* für die Vendoren erzeugt: seit 1991 der ↑ Swiss market feed (SMF) und seit Betriebsaufnahme der ↑ Virt-x auch der PEXMF. Mit diesen Datenströmen werden bis zu 120 Mitteilungen pro Sekunde verbreitet.
Im *Data warehouse* werden Daten aus dem ↑ Börsenhandel, aber auch Indexdaten, ↑ Stammdaten der Wertpapiere und Eurex-Daten auf Schweizer Basiswerten archiviert.
Das *Integrated monitoring and investigation system* (IMIS) stellt eine reiche Auswahl von Funktionalitäten und eine eigene Datenbank für die Überwachungsstelle der SWX zur Verfügung. Leistungsfähige Spezialprogramme erlauben es, die Marktaktivitäten laufend zu verfolgen und allfällige Irregularitäten aufzuspüren. Im so genannten Stockwatcher können z. B. verschiedene Kriterien eingegeben werden (z. B. auffällige Häufung von Auftragseingängen, auffällige Kursverläufe usw.), sodass das System den Handelsverlauf auf diese Kriterien hin verfolgt und allenfalls Meldungen generiert. Ein ↑ Handelssystem mit Zusatzfunktonalität (TS+) gestattet es der Überwachungsstelle, den Handel aller Teilnehmer aus der Sicht der jeweiligen Handelssysteme zu verfolgen. Mithilfe einer weiteren Spezial-Applikation, dem Order book replay, kann die Entwicklung in einem Orderbuch Schritt für Schritt nachvollzogen werden. Schliesslich können zahlreiche verschiedene Reports generiert werden, um den Handelsablauf nach ganz spezifischen Kriterien zu überprüfen.
Nach den Vorschriften des Börsengesetzes müssen ausserbörsliche Wertpapierhändler ihre Transaktionen an eine zentrale Stelle melden. Die EBK hat die SWX beauftragt, diese *Meldestelle für das Reporting* zu betreiben. Die SWX hat dazu eine effiziente Internet-Applikation entwickelt.

Jürg Spillmann, Richard T. Meier
Links: www.swx.com

SWX Swiss Exchange

Die SWX Swiss Exchange (SWX) sieht sich nicht nur als ↑ Börse, sondern als Anbieter von Börsendienstleistungen im weiteren Sinn. Die SWX war seit ihrer Gründung im Jahre 1993 – als Folge des Zusammenschlusses der Börsen von Basel, Genf und Zürich – rechtlich ein Verein. Ihre Organisation war schon damals durchaus mit jener einer Aktiengesellschaft vergleichbar. Im Jahre 2002 wurde der operative Teil der SWX in eine Aktiengesellschaft umgewandelt. Sämtliche Aktien werden aber weiterhin von einem Verein mit einem unveränderten Mitgliederkreis gehalten. Die SWX betreibt die *Börse in der Schweiz*. Sie hat über 100 Teilnehmer, etwa ein Drittel davon als so genannte Remote participants im Ausland. An der SWX sind Ende 2001 über 5 000 ↑ Valoren (↑ Wertpa-

Plattformen des Trading systems

Plattform	Produkt	Hardware	Betriebssystem
UNIX	SUN Microsystems	SPARCservers SPARCstations SUN servers/workstations	Solaris 8
UNIX	Compaq	DEC AlphaServer DEC AlphaStations	Tru64 UNIX Version 4.0f
Windows	Microsoft	Desktop PCs Servers	Windows 2000

piere, ↑Effekten) zum Handel zugelassen: etwa 470 ↑Aktien, 2 600 ↑Obligationen, gegen 4 000 ↑Optionen (Warrants) und rund 25 ↑Anlagefonds; die hinter diesen Produkten stehenden ↑Emittenten sind teils in der Schweiz, zum grösseren Teil aber im Ausland domiziliert. Im Jahre 2001 erzielte die SWX einen *Handelsumsatz* von CHF 793 Mia. (alle Produkte ohne ↑Virt-x). Zählt man den Umsatz der Virt-x hinzu, erreichte das Handelsvolumen CHF 1 255 Mia.

Gemäss ↑Börsenwert der kotierten einheimischen Aktien liegt die SWX weltweit auf Rang 7. Gemessen am Umsatz kommt sie – ohne die an der Virt-x gehandelten ↑Blue chips – weltweit etwa auf Rang 25; zusammen mit den an der Virt-x gehandelten Schweizer Blue chips erreicht sie Rang 12. (Die internationalen Umsatzvergleiche der World Federation of Exchanges dienen als grobe Indikationen; die Berechnungsweise der Umsatzzahlen ist international nicht streng einheitlich.)

Die SWX hält eine Reihe von *Beteiligungen* an Gesellschaften im In- und Ausland, welche ebenfalls Börsendienstleistungen erbringen. Zu nennen sind hier namentlich die ↑Eurex (50%), die Virt-x (ca. 39%), ↑STOXX (25%) und ↑EXFEED (100%). Namentlich für diese Gesellschaften erbringt die SWX eine Reihe von Dienstleistungen; so betreibt sie z.B. das ↑Handelssystem der Virt-x in London; sie rechnet und unterhält die STOXX-Indizes, unterhält als Provider mehrere Web-Sites und nimmt diverse operative und andere Aufgaben, z.B. im Bereich des Marketings, wahr. Im Jahr 2002 werden nur noch etwa 15% der Einnahmen der SWX durch Börsenumsatzgebühren generiert (im Jahr 2000 noch etwa 50%). Die übrigen Einnahmen stammen aus der Erbringung von Dienstleistungen, aus Einnahmen aus der regulatorischen Tätigkeit, dem Datenverkauf sowie direkt aus Ausschüttungen der Beteiligungsgesellschaften. Im Jahre 2001 erzielte die SWX aus diesen Aktivitäten Erträge von gegen CHF 100 Mio.

Ein wichtiges Standbein der SWX sind die *regulatorischen Aufgaben* (↑Börsenregulierung). Die SWX erlässt die Börsenreglemente und passt sie laufend an neue Marktbedürfnisse an, wobei Änderungen an Reglementen durch die EBK genehmigt werden müssen. Sie regelt die Zulassung von Händlern (Prüfung) und Emittenten. Sie beaufsichtigt das Marktgeschehen, führt Untersuchungen durch und erlässt Sanktionen.

Oberstes Organ der SWX ist die Generalversammlung. Die oberste Führung liegt beim Verwaltungsrat. Die Gruppenleitung umfasst die GL-Mitglieder aller Gruppengesellschaften. Die GL der SWX selber umfasst die Leiter der vier Geschäftsbereiche (GB): GB Emittenten (etwa 45 Mitarbeiter), GB Märkte (45 Mitarbeiter), GB Information products (25 Mitarbeiter), GB Informatik (280 Mitarbeiter). Insgesamt hatte die SWX Ende 2001 gegen 500 Mitarbeiter.

1. Konzentration auf eine Schweizer Börse
Mit der zunehmenden Komplexität des Wertpapierhandels wirkte der feingliederige Börsenföderalismus der Schweiz überholt. Acht Börsen für ein Land, das keine 2% der weltweiten ↑Börsenkapitalisierung ausmacht, schien etwas viel. So formulierte der Verwaltungsrat der Vereinigung der Schweizer Börsen im Jahre 1989 das Ziel der schrittweisen Konzentration der gesamtschweizerischen Börse. Um diese Zielsetzung zu unterstützen, sprach er sich nunmehr auch für ein eidgenössisches Börsengesetz (↑Börsengesetzgebung) aus. (Erste Diskussionen zu diesem Thema gehen auf die Zeit des Ersten Weltkrieges zurück; Banken und Börse hatten sich immer gegen ein eidgenössisches Börsengesetz gesperrt und z.B. im Jahr 1938 als Konzession die schweizerische ↑Zulassungsstelle SWX geschaffen, um die Entstehung eines solchen Gesetzes zu verhindern.) Die kantonalen Börsengesetze wurden am 01.02.1997 durch das neue Bundesgesetz über die Börsen und den Effektenhandel (BEHG) abgelöst. Die Oberaufsicht lag von da an bei der EBK (↑Bankenkommission, Eidgenössische).

Erleichtert wurde die Konzentration durch einen andern wichtigen Trend der Zeit: die ↑Deregulierung. Sie äusserte sich in der Schweiz vor allem in der Aufhebung der Courtage-Konvention im Jahre 1990 (Aufhebung der Preisbindung). Damit entschwand ein wesentlicher Vorteil der Börsenmitgliedschaft und damit der kleinen Börsen.

Im Jahre 1991 traten die damals noch fünf ↑Grossbanken aus den vier kleineren Schweizer Börsen aus. Das führte zum Anschluss der ↑Lausanner Börse an Genf, zum Rückzug der ↑Berner Börse auf eine Telefonbörse und zur Schliessung der Börsen von St. Gallen und Neuenburg. Im Jahre 1993 entstand rechtlich die «Schweizer Börse» als Trägerschaft der in Entwicklung begriffenen elektronischen Börse. Sie übernahm damit die Aufgaben der Vereinigung der Schweizer Börsen wie auch der Association Tripartite Bourses.

2. Von den Ringen zur Elektronik
Schon im Jahre 1964 hatte der Effektenbörsenverein Zürich der ↑Telekurs den ersten Auftrag gegeben, die Möglichkeiten zur Automatisierung des Börsenhandels zu studieren. Für die CTB (Commission Tripartite Bourses, später ATB, Association Tripartite Bourses) war das Automatisierungsprojekt auch 20 Jahre später noch das schwierigste und umstrittenste. 1995/96 aber war es dann soweit: der ↑Ringhandel konnte in drei Schritten auf den automatischen Handel umgestellt werden. Das elektronische System bewährte sich; die Umsätze wie die Kursentwicklung eilten von Rekord zu Rekord. Im Verlaufe von Monaten verstummten die kritischen Stimmen, welche die Entwicklung des elektronischen Handelssystems ständig begleitet hatten.

3. Neue Handelssegmente

Man hatte schon immer spezifische Regeln für Aktien, Obligationen und später auch Optionen, für schweizerische und ausländische Titel, für die Haupt- und die Nebenbörse gehabt. Diese Segmente waren traditionell auf verschiedene Handelsringe aufgeteilt und hatten teils unterschiedliche Börsenzeiten. Diese Segmentierung bestimmte die Handelsorganisation sehr stark. Änderungen waren mit weit reichenden Umstellungen auch bei den Ringbanken verbunden.

Mit dem elektronischen Handel wurde man wesentlich flexibler. So wurden neue Handelssegmente (↑Marktsegmente) geschaffen, die sich teils nur durch die besonderen Kotierungsregeln (↑Kotierungsreglement) voneinander unterschieden.

Im Jahre 1998 startete die SWX mit dem Eurobondhandel auf ihrem System. ↑Eurobonds wurden bis anhin nur ausserbörslich, am Telefon gehandelt. Hintergrund dazu waren die positiven Erfahrungen im Geschäft mit kotierten Obligationen, vor allem für die Abwicklung von Kleinaufträgen. Die Zielsetzung bestand darin, den Tausenden von Eurobonds-Emissionen die leistungsfähige Handelsplattform der SWX zu erschliessen. Dies verlangte nach verschiedenen, auch regulatorischen Massnahmen. Insbesondere kam eine formelle ↑Kotierung deshalb nicht in Frage, weil es undenkbar war, den Emittenten dieser Eurobonds die Verpflichtungen des ↑Kotierungsreglements aufzuerlegen. Also musste die Möglichkeit zum Handel nicht kotierter Titel geschaffen und von der Aufsichtsbehörde genehmigt werden. Die Marktorganisation verlangte nach ↑Market makers, was es bisher bei der SWX formell nicht gegeben hatte. Absolut zentral war die Befreiung des Eurobondhandels vom Stempel (↑Stempelabgaben im Finanzgeschäft). Aber auch die Aufnahme von so genannten ↑Remote members (insbesondere aus London) war für dieses Marktsegment wichtig. Hierzu waren 1999 die regulatorischen und steuerlichen Voraussetzungen geschaffen worden. Gleichzeitig wurde im Zentrum des Eurobondgeschäftes, London, eine Repräsentanz der SWX geschaffen, um eine effiziente Teilnehmerbetreuung vor Ort sicherzustellen.

Im Jahre 1999 wurde der ↑SWX New Market in Betrieb genommen. Verschiedene europäische Börsen hatten schon früher solche Marktsegmente entwickelt. Die Deutsche, die Pariser, die Amsterdamer und die Brüsseler Börse hatten sogar einen Verbund (Euro-NM) geschaffen, um Reglemente und Marketinganstrengungen zu koordinieren. Diese Märkte entstanden aus der Technologie-Euphorie der Jahrtausendwende. Um jungen Gesellschaften ein frühes ↑Initial public offering (IPO) zu ermöglichen, wurden gewisse Zutrittshürden der Kotierung reduziert, dafür aber die Publizitätsanforderungen erhöht. Mit dem Platzen der Technologieblase im Jahr 2000 schwand allerdings das Interesse an diesem Segment.

Im Jahre 1999 begann die SWX mit dem Handel des ↑Repo-Segments. Dieses war in enger Zusammenarbeit mit der Schweizerischen ↑Nationalbank entwickelt worden, nachdem sich der Repomarkt als effizientester Markt für die Steuerung der Geldmenge abzeichnete. Auch in diesem Fall war die Befreiung vom Stempel eine unabdingbare Voraussetzung für den Erfolg. – Der ↑Repomarkt Schweiz erwies sich in der Folge jedoch als zu klein. Dieses Segment wurde im Jahr 2000 deshalb an die Eurex übertragen mit dem Ziel, einen internationalen Repomarkt zu entwickeln.

In den 90er-Jahren erlebten Beteiligungsgesellschaften einen grossen Aufschwung als Finanzierungsvehikel und als diversifizierte Anlagemöglichkeit – eine flexiblere Alternative zu den stark regulierten Anlagefonds. Die SWX schuf neue Segmente für Beteiligungsgesellschaften (1999) und für Immobiliengesellschaften (2000). Dabei ging es ausschliesslich um besondere Kotierungs- und Publizitätsvorschriften, die das spezifische Geschäftsmodell dieser Wirtschaftszweige berücksichtigten. – Im Jahre 2001 wurde schliesslich die bisherige Nebenbörse in das Segment der SWX Local caps mit höheren Kotierungsanforderungen übergeführt.

4. Von den Allianzen zur Virt-x

Im Hinblick auf die Einführung des ↑Euros wurde gegen die Jahrtausendwende die Konsolidierung der europäischen Kapitalmärkte und somit auch der Börsen ein dominierendes Thema der EU – eine ähnliche Diskussion wie ein Jahrzehnt zuvor auf schweizerischer Ebene. Die Börsen hofften vorerst, ihr Überleben durch Allianzen zu sichern. Nach der Prüfung verschiedener Möglichkeiten kristallisierte sich für die SWX die Kooperation mit der englischen Börse Tradepoint und dem hinter Tradepoint stehenden Konsortium führender Investmentbanken heraus. Die Virt-x wurde entwickelt und nahm im Juni 2001 den Betrieb auf. Mit der Auslagerung ihres Blue-chips-Handels an die Virt-x ist die SWX zwar als Börse in der Schweiz, gemessen am lokalen Handelsvolumen, deutlich kleiner geworden; insgesamt aber ist sie – im Hinblick auf den in der SWX erzielten Unternehmensumsatz – deutlich gewachsen; dies dank ihrer umfangreichen Leistungen als Börsendienstleister in den Bereichen Technologie, Organisation und ↑Regulierung.

Heinrich Henckel, Richard T. Meier
Links: www.swx.ch

Syndicated loans

Im internationalen ↑Kreditmarkt üblicher Begriff für einen ↑Konsortialkredit. Es ist ein Kredit, der von einer Gruppe von Banken unter der Federführung einer oder mehrerer Banken gewährt bzw. abgewickelt wird. Die Kreditgewährung erfolgt meist auf Roll-over-Basis und wird in den verschiedenen verfügbaren ↑Währungen gewährt.

Anstelle des Individualkredites gelangen Syndicated loans insbesondere dann zur Anwendung, wenn der Kreditbetrag seiner Grösse wegen die Finanzierungskapazität einer einzelnen Bank übersteigt oder wenn die mit der Kreditgewährung beauftragte Bank das ↑Kreditrisiko auf einen oder mehrere Konsorten aufteilen oder ein ↑Klumpenrisiko vermeiden möchte.

Der Syndikatsführer wird *Arranger* genannt. Er wird vom Kreditsuchenden mit der Federführung (Mandat) beauftragt. Der Arranger bestimmt die Mitglieder der Führungsgruppe, die *Co-Arranger,* sofern der Kreditnehmer bei der Erteilung des Mandates nicht ganz spezifische Wünsche in Bezug auf die Zusammensetzung äussert; der Kreditnehmer tut dies dann, wenn er durch die Berücksichtigung einzelner Banken (z. B. ↑Hausbanken) bestimmte Beziehungen pflegen will. Für den Arranger ist bei der Wahl der Co-Arranger in erster Linie deren ↑Platzierungskraft massgebend.

Die Teilnahme in der Management-Gruppe ist für den Co-Arranger nicht nur wegen der ↑Management fee oder *Up-front fee,* sondern auch wegen der damit verbundenen Publizität begehrt. Daraus erhofft sich die Bank neue Möglichkeiten für die Anknüpfung von Geschäftsbeziehungen mit anderen Kreditnehmern und Banken.

Bei der Bildung des erweiterten Syndikates wird der Lead-Arranger durch die Co-Arranger unterstützt. Die meisten Syndikate werden auf Ad-hoc-Basis gebildet, d. h., die Syndikatsführung lädt eine beschränkte Anzahl weiterer Institute als Beteiligte (Manager, ↑Co-Manager, Participant) zur Teilnahme ein. Die Beteiligten kommen in den Genuss einer nach Grösse der Beteiligung abgestuften einmaligen Kommission, die in der Regel aus der Management fee bestritten wird. Als Auswahlkriterien gelten auch hier die Finanzkapazität der einzelnen Banken sowie geschäftspolitische Erwägungen, insbesondere Reziprozitätserwartungen.

Gegenüber dem Kreditsuchenden handelt der ↑Lead-Manager bezüglich der Zusammenstellung des Syndikates auf *Best-effort-Basis,* d. h. er lässt den Kunden wissen, dass er sich bemühen wird, ein Syndikat zu bilden, das die Gewährung des gewünschten Kredites zu bestimmten Bedingungen gewährleistet. Gelingt die Syndikatsbildung, so kommt der Kredit zustande; wenn nicht, wird der Lead-Manager im Einvernehmen mit dem Kreditsuchenden – sofern dieser nicht verzichtet – mit veränderten Konditionen und möglicherweise mit einem reduzierten Betrag einen neuen Anlauf unternehmen. Es kommt auch vor, dass der Kreditsuchende dem Lead-Manager das Mandat entzieht und eine andere Bank mit der Zusammenstellung des Syndikates beauftragt.

In den vergangenen Jahren wurden die Arranger (und Co-Arranger) mehr und mehr verpflichtet, den Kreditbetrag «fest» zu übernehmen. Man spricht von ↑Underwriting. Das Platzierungsrisiko wird vom Arranger getragen, der in der Regel einen bestimmten Betrag seiner Quote für eigene Rechnung behält und den Rest in der Folge im Rahmen einer allgemeinen Syndizierung bei Drittbanken platziert. Syndicated loans, die von einem kleinen Kreis von Banken fest übernommen werden und nicht weiter syndiziert werden, werden ↑Club deal genannt.

Diejenige Bank, welche die Abwicklung, Verwaltung und Überwachung des Kredites besorgt, wird als *Agent* bezeichnet; sie muss nicht unbedingt mit der ↑federführenden Bank identisch sein. Als Entschädigung bezieht der Agent eine so genannte ↑Agency fee.

Die Einladung an die Syndikatsbanken zu einer Beteiligung an einem Kredit erfolgt mittels des so genannten *Offering memorandum;* darin sind alle Informationen bezüglich der geplanten ↑Transaktionen enthalten.

Die Unterzeichnung (Signing) des ↑Kreditvertrages, die häufig in einem feierlich zeremoniellen Rahmen stattfindet, wird vom Lead-Arranger organisiert; er setzt in Absprache mit den Co-Arranger Ort und Datum fest und lädt die Syndikatsbanken zur Teilnahme ein. Der Abschluss von Syndicated loans wird häufig in Inseraten (Tombstones), die in der Wirtschaftspresse und in international gelesenen Zeitungen erscheinen, bekannt gemacht. Auch wird darüber in Publikationen, die sich mit der Geschäftstätigkeit am ↑Euromarkt befassen, eingehend berichtet.

Rodolfo Straub

Syndikat
Auch *Konsortium*. Bezeichnung für verschiedenartige Zusammenschlüsse von Personen oder Firmen (gewöhnlich in Form der einfachen Gesellschaft) zur Erreichung eines gemeinsamen Zweckes. Banksyndikate oder -konsortien sind Zusammenschlüsse von Banken zur gemeinsamen Durchführung von Kredit- oder Emissionsgeschäften sowie auch zur Kontrolle gemeinsamer Beteiligungen. ↑Syndikatsgeschäft, Konsortialgeschäft; ↑Aktionärbindungsvertrag.

Syndikatsbeteiligung
↑Emissionsgeschäft; ↑Syndicated loans.

Syndikatsgeschäft, Konsortialgeschäft
Die Mitglieder eines Syndikats gehen eine zeitliche und in ihrem Umfang begrenzte Bindung in Form einer einfachen Gesellschaft ein, durch die sie sich verpflichten, bei der Erreichung des Syndikatszweckes mitzuwirken. Es handelt sich in der Regel um Transaktionen bedeutenden Ausmasses, deren Durchführung den Beizug von Geschäftspartnern, z. B. im ↑Kreditgeschäft zwecks Risiko-

aufteilung (↑Risikomanagement) oder, sofern der Kreditbetrag die Möglichkeiten eines einzelnen Institutes übersteigt, zur Vermeidung von ↑Klumpenrisiken als notwendig oder, wie im ↑Emissionsgeschäft als wünschenswert erscheinen lässt.
↑Syndicated loans.

Syndikatsvertrag
↑Emissionsgeschäft.

Syndizierter Kredit
↑Syndicated loans.

Syndizierung
↑Syndicated loans; ↑Syndikat, ↑Syndikatsgeschäft, Konsortialgeschäft.

Synthetische Finanzinstrumente
Als synthetische Finanzinstrumente bezeichnet man die Struktur von ↑Basiswerten und ↑Derivaten, die ein anderes Instrument replizieren (↑Replikation). Solche Konstruktionen basieren üblicherweise auf der ↑Put-call-Parität und finden insbesondere als ↑strukturierte Produkte eine weit verbreitete Verwendung.

Synthetische Produkte
↑Synthetische Finanzinstrumente; ↑Strukturierte Produkte.

Systematisches Risiko
Das systematische Risiko (auch als nicht diversifizierbares ↑Risiko oder ↑Marktrisiko bezeichnet) ist das Risiko, welches alle Vermögensgegenstände einer Assetklasse betrifft, nicht nur einzelne Werte. Es kann deshalb, im Gegensatz zum unsystematischen Risiko, nicht durch Diversifikation innerhalb der Assetklasse verringert werden.
Bei ↑Aktien gibt das systematische Risiko an, inwieweit Aktien die Marktbewegungen (gemessen z. B. an einem ↑Aktienindex) nachvollziehen. Eine überproportionale Reaktion auf die Veränderung des Aktienindexes steht für ein hohes systematisches Risiko. Das systematische Risiko wird bei Aktienkursen mittels des Beta-Koeffizienten gemessen.

Systemrisiken
Der Begriff des Systemrisikos wird in der Literatur nicht einheitlich definiert. Im Allgemeinen assoziiert man damit einen Vorfall oder eine Kombination von Vorfällen, welche die Stabilität des gesamten Finanzsystems (↑Systemstabilität, Förderung der) in Gefahr bringen. Konkreter versteht man darunter das ↑Risiko, dass ein Teilnehmer, z. B. eine Bank oder eine ähnliche Institution, in einem Übertragungssystem (↑Zahlungssysteme), aber auch generell an ↑Finanzmärkten, seine Verpflichtungen nicht erfüllen kann und dies dazu führt, dass andere Teilnehmer ihren Verpflichtungen (einschliesslich Zahlungs- oder Lieferverpflichtungen in einem Übertragungssystem) bei ↑Fälligkeit gleichfalls nicht nachkommen können. Eine solche kettenreaktionsartige Verbreitung von (Liquiditäts-)Störungen wird in der Literatur als *Dominoeffekt* definiert: Ein Schock kann zunächst nur eine einzelne Bank in Schwierigkeiten bringen (Mikroschock), aber aufgrund von Interbank-Verflechtungen (↑Interbankgeschäft) das ganze System belasten. Direkte Geschäftsbeziehungen sind allerdings nicht der einzige Grund für Systemzusammenhänge. Die Lage einer Schweizer ↑Grossbank könnte beispielsweise ein wichtiger ↑Indikator für die Situation des gesamten inländischen ↑Bankensektors darstellen und dementsprechend die Geschäftskonditionen aller Institute beeinflussen. In diesen Fällen spricht man von *Informationseffekt*. Noch gefährlicher sind jedoch Schocks auf Makroebene, die mehrere oder sogar alle Institute simultan treffen, und in der Regel volkswirtschaftlich bedingt sind. Anzumerken bleibt, dass eine derartige Unterteilung nicht immer möglich ist, denn Schocks sind oft stark korreliert. Infolge dieser Eigenschaften sind Systemrisiken kaum quantifizierbar und Hedge-Möglichkeiten (↑Hedge) daher begrenzt. Ursachen sind ebenfalls schwierig zu identifizieren; sie können institutioneller, struktureller oder operationeller Natur sein. Systemrisiken sind mit anderen Worten eng mit Unsicherheit verbunden und werden von allen Marktteilnehmern gemeinsam getragen. Da im Globalisierungszeitalter der Verflechtungs- und Komplexitätsgrad der internationalen ↑Finanzmärkte kontinuierlich zunimmt, wird diese Kategorie von Risiken immer mehr im Mittelpunkt der Diskussion stehen. Spätestens seit der Asienkrise Ende der 90er-Jahre sind sich Ökonomen bewusst, was für schwer wiegende Konsequenzen Systemrisiken auf eine Volkswirtschaft, wenn nicht auf die ganze Weltwirtschaft, haben können. In der Zukunft wird es daher eine immer wichtigere Aufgabe der ↑Zentralbanken und der Aufsichtsbehörden (↑Aufsicht, Aufsichtsbehörde) sein, diese zu berücksichtigen und genau zu analysieren. Dies bezieht sich zum einen auf den Einfluss neuer ↑Finanzinstrumente (z. B. ↑Derivate), zum andern müssen aber vor allem die Rahmenbedingungen, die zu einer Systemkrise führen können, sorgfältig geprüft werden. Regulierungsmassnahmen (↑Regulierung) sind daraufhin auszurichten, die Auswirkungen eines allzeit möglichen Bankrotts des einen oder anderen Schuldners zu begrenzen.
Im überstaatlichen Kontext werden solche Anstrengungen durch die ↑Bank für Internationalen Zahlungsausgleich (BIZ) koordiniert. Das dort angesiedelte Basler Komitee (↑Basler Ausschuss für Bankenaufsicht), welches die Harmonisierung der ↑Bankenaufsicht auf internationaler Ebene weiter voran zu treiben versucht, ist die wichtigste supranationale Institution, die sich mit Systemrisi-

ken befasst. Systemrisiken sind ein wichtiger Grund dafür, dass Finanz- und Kapitalmärkte (↑Internationaler Kapitalmarkt; ↑Kapitalmarkt [Volkswirtschaftliches]) nicht vollständig dereguliert werden sollten. *Matteo Facchinetti*

Systemschutz
↑Systemrisiken; ↑Systemstabilität, Förderung der.

Systemstabilität, Förderung der
Die Förderung der Systemstabilität ist ein integraler Bestandteil von ↑Regulierung und Aufsicht im Finanzsektor. Diese bezwecken die Einschränkung der Gläubigerrisiken, die Sicherung der Integrität der Anbieter und Märkte, die Förderung des Wettbewerbs und die Förderung der Stabilität des Finanzsystems.

Finanzsystem bezeichnet die Gesamtheit der Anbieter von und der Nachfrager nach Finanzdienstleistungen aller Art einschliesslich der durch sie benutzten *Finanzmarktinfrastrukturen*. Typische Akteure im Finanzsystem sind Banken, Versicherungen, ↑Vermögensverwalter, ↑Effektenhändler, ↑Anlagefonds, die ↑Pfandbriefzentralen, ↑institutionelle und private Anleger sowie die übrigen Nachfrager nach Finanzdienstleistungen. Finanzmarktinfrastrukturen sind unter anderem Systeme des Zahlungsverkehrs (z. B. ↑Swiss Interbank Clearing [SIC]), des Effektenhandels (↑Börsen, z. B. ↑SWX Swiss Exchange, ↑Virt-x, ↑Eurex) und der Effektenabrechnung und -abwicklung (z. B. ↑SIS SegaIntersettle AG). Die Finanzsysteme sind miteinander vielfältig verbunden. Es ist sinnvoll, zwischen nationalen (z. B. Schweiz), regionalen (z. B. Europäische Union) und globalen Finanzsystemen zu unterscheiden.

Während sich Regulierung und Aufsicht traditionellerweise auf einzelne Anbieter, Produkte, Märkte oder Finanzmarktinfrastrukturen konzentrieren, nahm in den letzten Jahren ihr Interesse an der Stabilität des Finanzsystems zu. Zusätzlich zu den klassischen ↑Gegenpartei-, ↑Markt-, Zins- und anderen ↑Risiken rückten die systemischen Risiken in den Mittelpunkt der Aufmerksamkeit. Sie münden im Extremfall im Verlust der Funktionsfähigkeit des Finanzsystems oder wesentlicher Teile davon und gründen entweder in Übertragungen von Liquiditäts- und Solvenzproblemen zwischen den Finanzdienstleistern (z. B. Banken) oder in der gleichzeitigen Betroffenheit aller oder vieler Dienstleister von denselben, nicht diversifizierbaren Risiken bzw. Makroschocks (z. B. grossflächiger Preiseinbruch bei Vermögenswerten aufgrund einer Wirtschaftskrise).

Entsprechend der nationalen, regionalen und globalen Dimension der Finanzsysteme ist das Interesse an deren Stabilität auf allen diesen Ebenen gegeben. Im Zusammenhang mit systemischen Risiken spielen internationale bzw. globale Aspekte eine besondere Rolle. So schärfte die Herstatt-Krise 1974 das Bewusstsein für die internationale Übertragung von Liquiditäts- und Solvenzproblemen und führte zur Einrichtung des ↑Basler Ausschusses für Bankenaufsicht. Diesem wurden analoge Institutionen in den Bereichen der Börsen (z. B. ↑IOSCO, International Organization of Securities Commissions) und Versicherungen (IAIS, International Association of Insurance Supervisors) zur Seite gestellt. Diese drei Institutionen arbeiten im Joint-Forum zusammen. Hinzu kam im Oktober 1998 die Schaffung des FSF (↑Financial Stability Forum) durch die Finanzminister und die Notenbankgouverneure der G7-Länder (↑G7). Naturgemäss befasst sich aber selbstverständlich auch der IWF (↑Internationaler Währungsfonds) mit der Stabilität der Finanzsysteme. Allen diesen Institutionen, aber auch jenen auf regionaler und nationaler Ebene, geht es darum, den erhöhten systemischen Risiken im Gefolge der zügigen Integration der Finanzmärkte entgegenzutreten. Die dabei eingesetzten Mittel bestehen einerseits in der international abgestimmten Verbesserung von Regulierung und Aufsicht, vor allem auf nationaler und regionaler Stufe, und andererseits in der Politikkoordination in allen relevanten Bereichen zwecks Vermeidung nicht-diversifizierbarer Risiken und schliesslich der Verstärkung der Netzwerke, innerhalb welcher im Krisenfall gehandelt werden kann.

So wenig die Schweiz über eine integrierte ↑Finanzmarktaufsicht verfügt, so wenig existiert vorderhand eine durch eine zentrale Stelle wahrgenommene Verantwortung für die Systemstabilität. Eine Veränderung dieser Situation ist von der Umsetzung der Empfehlungen der durch das EFD (Eidgenössisches Finanzdepartement) eingesetzten Expertenkommission Finanzmarktaufsicht (Expertengruppe Zufferey) zu erwarten. Die Empfehlungen der Kommission sehen unter anderem eine Integration von Banken- und Versicherungsaufsicht vor. Die Verhältnisse sind insofern günstig, als die EBK (Eidgenössische ↑Bankenkommission) und die SNB (Schweizerische ↑Nationalbank) schon heute den grössten Teil der Dossiers der Finanzmarktregulierung und -aufsicht abdecken. Wesentliche, anderen Behörden zugeordnete Aufgaben betreffen die Versicherungen (BPV, Bundesamt für Privatversicherungen) und die Geldwäschereibekämpfung (EFD, Eidgenössisches Finanzdepartement, und EJPD, Eidgenössisches Justiz und Polizeidepartement).

Im Bereich der Banken, der ↑Geld- und ↑Kapitalmärkte und des ↑Zahlungsverkehrs wird die Verantwortung für die Systemstabilität in erster Linie von der EBK und von der SNB wahrgenommen. Während der Beitrag der EBK vor allem darin besteht, das Entstehen von Liquiditäts- und Solvenzproblemen auf der Ebene der einzelnen Finanzinstitutionen zu verhindern und somit die Ausbreitung der Probleme im Finanzsystem und ein Einmünden in eine Systemkrise zu verhüten, nimmt die SNB überwiegend und gegebenenfalls nachgelagerte Aufgaben wahr.

In diesem Sinn kann die SNB sowohl gegenüber einzelnen Banken als auch gegenüber Bankengruppen als ↑Lender of last resort (Kreditgeber in letzter Instanz) dann auftreten, wenn diese ihre ↑Liquidität aus anderen Quellen trotz umfassender eigener Anstrengungen nicht sichern können. Allerdings ist dafür eine unabdingbare Voraussetzung unter anderen die ↑Solvenz der Kreditnehmer. Die SNB wird sich als Lender of last resort in erster Linie davon leiten lassen, inwiefern sie einen wesentlichen Beitrag zur Förderung der Systemstabilität leisten kann.

Nicht zur Systemverantwortung der SNB zählt die Leistung von finanziellen Beiträgen an Banken, Bankengruppen oder andere Finanzdienstleistungsanbieter, deren Solvenz fragwürdig ist. In der Privatwirtschaft obliegt die Aufrechterhaltung der Solvenz ebenso wie der Liquidität den Unternehmen selber. Allerdings sind angesichts drohender Schäden für das Finanzsystem Fälle denkbar (und kamen auch schon vor), in welchen zwar nicht die SNB, aber der Staat privaten Unternehmen im Finanzsektor Solvenzhilfe leistet.

Die SNB hat im 1. Quartal 2001 ein Kompetenzzentrum Systemstabilität geschaffen. Damit trägt sie zur Systemstabilität im Verbund mit anderen nationalen und internationalen Behörden bzw. Institutionen konzeptionell und praktisch bei. Im Mittelpunkt der Interessen der SNB steht naturgemäss die Funktionstüchtigkeit und Stabilität der Systeme des Zahlungsverkehrs und der darin involvierten Intermediäre (in erster Linie Banken). Die SNB stützt sich dabei auf die Einsicht, dass sie ihre gesetzliche geld- und währungspolitische Verantwortung umso erfolgreicher wahrnehmen kann, je funktionstüchtiger und stabiler das Finanzsystem ist, innerhalb dessen sie operiert.

Niklaus Blattner

Lit.: Evans, H.: Plumbers and Architects – A supervisory perspective on international financial architecture, Occasional Paper Series, 4, FSA Financial Services Authority, London, January 2000. – Goodhart, C./Hartmann, P./Llewellyn, D./Rojas-Suárez, L./Weisbrod, S.: Financial Regulation – Why, how and where now? Routledge, London, New York, 1998.

SZR
Abk. f. ↑Sonderziehungsrechte.

Tagesauszug
↑Kontoauszug.

Tagesgeld
Tagesgelder sind Geldmarktanlagen mit einer ↑Laufzeit von einem ↑Bankwerktag. Man unterscheidet dabei folgende Handelsformen:
– Overnight = laufender zum nächsten Bankwerktag
– ↑Tom next = nächster (tomorrow) zum übernächsten Bankwerktag
– ↑Spot next = Anlage für einen Bankwerktag mit normaler Valuta (Valuta 2 Tage nach Abschluss bis zum nächsten Bankwerktag).

Aufgrund der hohen Anforderungen bezüglich der Volumen sowie der Bereitstellung der Gelder sind Tagesgelder fast ausschliesslich im Interbankhandel sowie im Verkehr mit grossen ↑institutionellen Anlegern anzutreffen. Tagesgeld ist nicht zu verwechseln mit Intraday money (↑Intraday-Liquidität).

Tagesgeschäft
↑Day trading; ↑Intraday-Handel.

Tageskurs
↑Börsenkurs.

Tagesspekulation
↑Day trading.

Tageswert
Wert eines Vermögensgegenstandes zum Preis auf dem Beschaffungs- oder Absatzmarkt am Bewertungsstichtag. Das Tageswertprinzip ist nach Swiss GAAP FER 5/2 und 5/9 in der ↑Konzernrechnung eine zulässige Bewertungsgrundlage (Current cost accounting).

Tagfertigkeit
Die Tagfertigkeit ist ein Grundsatz der Bankbuchhaltung (↑Bankbuchhaltung [betriebliche Erfordernisse]), wonach alle Geschäftsvorfälle am Tag ihres Anfalles verbucht werden müssen, um der Ordnungsmässigkeit zu entsprechen. Tagfertig ist eine Buchhaltung, wenn am Ende des Tages keine Verarbeitungsrückstände bestehen. Der ↑Buchungsschnitt, beschränkte Arbeitszeiten und technischen Voraussetzungen setzen der Tagfertigkeit aber ihre Grenzen. Eine besondere Bedeutung kommt ihr im ↑Zahlungsverkehr, beim ↑Börsenauftrag und in der Grundbuchführung zu. Ein bei der Bank eingehender ↑Zahlungs- oder Börsenauftrag ist grundsätzlich gleichentags auszuführen. Beim Grundbuchamt werden im Tagebuch alle eintragungswirksamen Vorfälle strikte nach dem Zeitpunkt ihres Einganges (à jour) eingetragen.

Tägliches Geld
↑Call-Geld.

Täglich fälliges Geld
↑Call-Geld.

Taiwan Stock Exchange
Links: www.tse.com.tw

Take it!
↑Bankpersonalverband, Schweiz. (SBPV).

Takeover
Übernahme einer Gesellschaft im Rahmen eines freundlichen oder feindlichen Übernahmeangebotes (↑öffentliches Kaufangebot). ↑Übernahme, wirtschaftliche.

Takeover bid
↑Übernahme, wirtschaftliche; ↑Öffentliches Kaufangebot.

Talon, Bezugsschein, Erneuerungsschein
Der Talon berechtigt bei wertpapiermässiger Verbriefung von ↑Aktien zum Bezug eines neuen ↑Couponsbogens nach dem Verbrauch des letzten ↑Coupons. Der Talon ist ein ↑Inhaberpapier und muss bei Verlust kraftlos erklärt werden.

Tantième
Statutarisch festgelegte Gewinnanteile des Verwaltungsrates. Tantièmen dürfen erst ausgerichtet werden, nachdem die Zuweisung an die gesetzlichen Reserven gemacht und eine ↑Dividende von 5% ausgeschüttet worden ist (OR 677). Anstelle von Tantièmen wird jedoch – schon seit längerem aus steuerlichen Überlegungen bis auf wenige Ausnahmen – dem Verwaltungsrat eine feste Entschädigung zulasten des Geschäftsaufwandes ausgerichtet.

Tap certificates of deposit
Entsprechend dem Kapitalbedarf ausgegebene ↑Certificates of deposit (CD).

Tap issue
↑Emission in Teilbeträgen (↑Tranchen) je nach Kapitalbedarf und Marktlage.

TARGET
TARGET (Trans european automated realtime gross settlement express transfer system) ist das europäische Zahlungsverkehrssystem für grenzüberschreitende Euro-Zahlungen, welches die verschiedenen nationalen Clearingsysteme miteinander verbindet. TARGET besteht aus den ↑Realtime gross settlement (RTGS) systems der EU-Notenbanken und dem «Euro payment mechanism» (EPM) der ↑Europäischen Zentralbank. Die RTGS-Systeme und EPM sind über gemeinsame Schnittstellen miteinander verbunden, bekannt als «Interlinking-System». Das Interlinking stellt den grenzüberschreitenden TARGET-Verbund her. TARGET startete erfolgreich am 04.01.1999: Es verbindet über 30 000 ↑Kreditinstitute in der EU und ist eines der grössten Zahlungsverkehrssysteme der Welt. Verglichen mit der Zeit vor Einführung des ↑Euro hat TARGET den Gebrauch von RTGS-Systemen verstärkt. TARGET wurde aus den folgenden Gründen geschaffen:
- Bereitstellung eines sicheren Mechanismus für die Abwicklung von grenzüberschreitenden Grossbetragszahlungen
- Steigerung der Effizienz von grenzüberschreitenden Zahlungen und, am bedeutendsten
- Unterstützung der Geld- und Währungspolitik des Eurosystems.

Target (M & A)
Börsenkotierte Gesellschaft, die Gegenstand eines Übernahmeangebotes ist (BEHG 22 I). BHEG 29 und die Übernahmeverordnung (UEV-UEKK 29) regeln die Pflichten des Verwaltungsrates der ↑Zielgesellschaft bei einem ↑Takeover. ↑Übernahmegesetzgebung.

Target costing
↑Preiskalkulation.

Targeted stocks, Tracking stocks
Targeted stocks bezeichnen eine börsennotierte Gattung von ↑Aktien, deren Vermögensrechte (insbesondere ↑Gewinnbeteiligung, Liquidationserlös) sich auf einen Teilgeschäftsbereich oder eine Tochtergesellschaft des ↑Emittenten beschränken. Je nach konkreter Ausgestaltung werden bestimmte ↑Beteiligungsrechte am gesamten Gesellschaftsvermögen gewährt. Wie der Begriff schon sagt, sind die verbrieften Rechte dieser Aktienart teilweise auf eine genau spezifizierte Einheit gerichtet.
Die wirtschaftliche Spaltung der Gesellschaft erfolgt durch eine separate Rechnungslegung der Geschäftseinheiten, auf die Targeted stocks emittiert wurden. Die Bildung einer neuen rechtlich selbstständigen Gesellschaft innerhalb des von der Gesellschaft betriebenen Gesamtunternehmens ist nicht erforderlich. Targeted stocks sind somit eine Methode, Beteiligungsrechte an einem Geschäftsbereich zum Börsenhandel zuzulassen, ohne den Weg einer rechtlichen Abspaltung, wie etwa beim ↑Spin-off oder Carve out (↑Equity carve out), gehen zu müssen. Derzeit sind Targeted stocks in den USA einigermassen verbreitet, wohingegen dieses Instrument in Europa bislang kaum genutzt wurde. *Christoph Kaserer, Niklas Wagner*

Tauschgeschäfte
↑Bartergeschäfte; ↑Gegenseitigkeitsgeschäfte.

Tauschwert
Der Tauschwert ist der Wert eines wirtschaftlichen Gutes im Vergleich zum Wert eines andern oder aller andern wirtschaftlichen Güter. Der Tauschwert einer ↑Währung ist ihr ↑Wechselkurs. Synonyme zum Tauschwert sind natürlicher Wert, objektiver Wert, Vergleichswert.

Tax leverage leasing
↑Cross border leasing.

T-bills
Kurzbezeichnung für ↑Treasury bills.

T-bond futures
Kurzbezeichnung für ↑Futures auf ↑Treasury bonds.

T-bonds
Kurzbezeichnung für ↑Treasury bonds.

T + 3
T + 3 ist die Bezeichnung für Geschäfte, die an der Schweizer Börse ↑SWX Swiss Exchange drei Bankwerktage nach Abschluss abgewickelt, d. h. erfüllt werden müssen («zahl- und übertragbar sind»). Ausschliesslich solche Geschäfte sind Gegenstand der sog. börslichen Geschäftsart (Gegensatz: Ausserbörsliche Geschäftsarten). Die ↑Börse erteilt für diese Geschäfte automatisch die entsprechenden Abwicklungsinstruktionen an die anerkannte ↑Effektengirostelle (Art. 30 der ↑Börsenordnung; Art. 18 und 19 der Usanzen SWX).

Technische Analyse
Technische Analyse ist alt, heimtückisch, originell, umstritten und doch viel beachtet. Steve Nison, der Autor von «Japanese Candlestick Charting Techniques» und «Beyond Candelsticks» berichtet von charttechnischen Ursprüngen aus dem 18. Jahrhundert in Japan. Aufzeichnungen von mehreren ↑Chartisten aus den USA datierend von der Mitte des 19. Jahrhunderts sind bekannt. Den Schritt von der ↑Chart-Analyse zur technischen Analyse vollzog Charles Dow. Ihr langes Leben verdankt die technische Analyse wohl in erster Linie dem Wunsch breiter Massen, mit wenig Aufwand und geringem Fachwissen möglichst punktpräzise Kursvorhersagen abgeben zu können. Diese massive Überforderung der technischen Analyse einerseits und der Einsatz ungeeigneter Instrumente, die nur eine Eigenschaft hatten, nämlich «einfach» zu sein, hat zu einem schlechten Ruf geführt.
Die Tücken der Methode sind zahlreich; ihre Überforderung wurde schon erwähnt. Sie hat Konzepte mit hohen Ansprüchen und bescheidenen Leistungen entstehen lassen. Der Wunsch nach Einfachheit hat anderseits bewirkt, dass immer wieder nach dem ↑Indikator gesucht wurde, auf dessen Signale in jeder Lage Verlass ist. Er wurde selbstverständlich nicht gefunden. Dabei fiel jedoch das konzeptionell Entscheidende aus dem Blickwinkel: Da technische Analyse nicht tief gräbt, kann sie nur dann Nutzen stiften, wenn sie weit ausgreift und vernetzt. Einzelne ↑Charts mit oder ohne Hilfsmittel wie ↑Moving averages (MA), Momentum-Oszillatoren, Volumen usw., haben nur fragmentarische Mitteilungen zu machen. Erst die Vernetzung dieser Mitteilungen führt zu brauchbaren Ergebnissen, z. B. so, dass kongruentes Verhalten korrelierender Sektoren regional oder global relevante Aussagen über kommende ökonomische Entwicklungen zulassen. «Reverse Economics» nannte ein gut informierter Kritiker diese Leistung. Die legitime Suche nach einfacher Methodik führte jedoch zu exzessiver Vereinfachung und entfremdete dadurch die Methode von ihren Ursprüngen. Ohne die Vernetzung überwiegen die Tücken: Da zu simplizistisch, führen die meisten Chartanalysen zu naiven Extrapolationen der Vergangenheit in die Zukunft. Um technische Analyse erfolgreich zu betreiben, bedarf es grosser Erfahrung. Wann sollten welche Indikatoren wie eingesetzt werden? Welche Perioden sollen z. B. zur Quantifizierung von Momentumveränderungen zu Grunde gelegt werden? Wie sollen welche Preisbewegungen interpretiert werden? Welche Sektoren sollen wie vernetzt werden? Im Sinne der technischen Analyse haben unerfahrene Wissenschafter einzelne technische Analyseverfahren herausgepickt und mit rigoroser Wissenschaftlichkeit untersucht, ob ihnen prognostische Kraft innewohnt oder nicht. Selten wären die gewählten Indikatoren oder Kombinationen von Indikatoren in der untersuchten Form von erfahrenen Praktikern eingesetzt worden. Zudem haben die wissenschaftlichen Untersuchungen auf jegliche Vernetzung verzichtet und immer nur Fragmente untersucht. Entsprechend banal sind die meisten wissenschaftlichen Befunde. Die Originalität der technischen Analyse gründet darin, dass ihre Ansätze epistemologisch relevant sind. Epistemologie als Wissenschaft von Erwerb und Verteilung von Wissen lehrt den Unterschied zwischen explizitem, an Bildungsstätten lernbarem und implizietem Wissen und klassifiziert das implizierte Wissen als höchstpersönliches, autobiografisches und nur in sehr beschränktem Masse verbal oder formal weiter vermittelbares Wissen. Erkennbar wird jedoch der Einsatz solchen Wissens als Ergebnis der handelnden Marktteilnehmer, welches an der ↑Börse in Form von Kursen auftritt. Schon Charles Dow hatte vor über 100 Jahren den Nutzen einer Vernetzung eben dieser Ergebnisse erkannt. Diese Erkenntnis bildete Gegenstand von Beiträgen im von ihm mitgegründeten Wall Street Journal, die nach seinem Tod zur ↑Dow-Theorie ausformuliert wurden. Kern der Dow-Theorie ist die gegenseitige Bestätigung der Signale des Dow Industrial und des damaligen Dow Rail Average, der heute als Dow Jones Transportation Average geführt wird. Die Hintergrundüberlegung war klar und einfach: Die Händler spürten als erste den Rückgang der Konsumnachfrage und bestellten weniger Ware. Dadurch ging das Transportvolumen zurück, was rascher bekannt wurde als der Rückgang der Bestellungseingänge in den Industrieunternehmen. In einer Zeit notorischen Mangels an zuverlässigen fundamentalen Daten erhielt Dow über die Vernetzung von Preisdaten somit exakt jene Informationen über den fundamentalen Hintergrund, die seinerzeit weder für ihn noch für andere zugänglich waren.
Heute fehlt es nicht mehr an Unternehmensmeldungen. Das Problem besteht viel mehr in einer Überflutung der Marktteilnehmer mit Meldungen aller Art, womit das grundlegende Gesetz des negativen Zusammenhangs zwischen der Qualität der Information und ihrer Relevanz aktiviert wird: je mehr Information zur Verfügung gestellt wird, umso irrelevanter ist sie. Damit wird die Erstellung von Prioritäten für die Aufnahme von Meldungen

zur conditio sine qua non für die erfolgreiche Verarbeitung. Für die Vernetzung von technischen Daten genügen nicht mehr Dow Jones Industrial und Transportation Average. Diese Aufgabe erfüllen regionale und globale Sektorenanalysen. Das Prinzip ist jedoch geblieben: Erwerb und Verteilung des Wissens über die Analyse der Preisentwicklung zu verfolgen, um daraus Umkehrschlüsse für die Hypothesenbildung der Wirtschaftssubjekte vorzunehmen und Mustervorhersagen über wahrscheinliche Marktverläufe zu treffen. Diese Art der technischen Analyse hat einen Namen: ↑Intermarket technical analysis.

Alfons Cortés

Lit.: *Bollinger, J.: Bollinger on Bollinger Bands, New York 2001. – Murphy, J. J.: Visuelle Aktienanalyse, New York 1996. – Nison, St.: Beyond Candlesticks, New York 1994.*

Technische Globalurkunde
↑Globalurkunde.

Technische Korrektur
In der ↑Börsensprache Bezeichnung für eine kurzfristig gegenläufige Kursentwicklung, die den grundsätzlichen ↑Trend aber nicht beeinflusst. Synonym zur technischen Korrektur wird auch «technische Reaktion» verwendet.

Technische Rückstellung
↑Deckungskapital.

Technischer Zinsfuss
Die *Sparteile der Lebensversicherungsprämien* (↑Kapital- und ↑Rentenversicherungen) werden mit einem garantierten Mindestzins, dem so genannten technischen Zinsfuss aufgezinst (bei den gegenwärtig [2002] gültigen Tarifen für Neuabschlüsse: $2^{1}/_{2}\%$). In der Regel liegt der effektiv erzielte Zinsertrag aus der «Kapitalanlage» des Versicherers höher, sodass die Differenz dem Versicherungsnehmer mit der Überschussbeteiligung vergütet wird.

Der vom Bundesrat (BR) festgelegte ↑*Mindestzinssatz in der beruflichen Vorsorge* (BVG 15, BVV2 12) wird umgangssprachlich ebenfalls als technischer Zinssatz bezeichnet. Er beträgt gegenwärtig (2. Q 2002) 4%. Die seit mehreren Jahren tiefe Verzinsung erstklassiger Anlagen (unter 4%) veranlasste den BR im Sommer 2002, den Mindestzinssatz in der beruflichen Vorsorge massiv zu senken. Im Zeitpunkt der Drucklegung dieses Buches ist noch eine heftige politische Diskussion darüber im Gang.

Technologiebörse
↑NASDAQ.

Technologietitel
↑Hightech-Titel.

Teilakzept
Annahmeerklärung des ↑Bezogenen für einen Teil der Wechselschuld (OR 1016, OR 1033 II).

Teilbürgschaft
↑Bürgschaft.

Teilindossament
↑Indossament, mit dem ein Wechsel nur für einen Teil der Wechselsumme übertragen werden soll. Die Verbriefung der Wechselforderung in einem Wertpapier schliesst dieses Vorgehen aus. Nach OR 1002 ist ein auf einen Teil der Wechselsumme beschränktes Indossament nichtig.

Teilliquidation (Steuerliches)
Wird eine ↑Kapitalgesellschaft (AG, GmbH) oder eine Genossenschaft aufgelöst, so stellt der den Gesellschaftern oder Genossenschaftern vergütete Liquidationserlös bei diesen steuerbares Einkommen dar, soweit dieser Erlös das einbezahlte Grund- oder Stammkapital übersteigt (Liquidationsüberschuss gemäss DBG 20 I c). Von einer (direkten) *Teilliquidation* spricht man im Steuerrecht vor allem, wenn *eine AG zwecks Herabsetzung des Aktienkapitals zum* ↑*Rückkauf eigener Aktien schreitet* (↑Verrechnungssteuer). In diesem Fall ist die Differenz zwischen dem Rückkaufspreis und dem ↑Nennwert der zurückgekauften Aktien steuerbarer Vermögensertrag. Das Vorliegen einer *indirekten Teilliquidation* wird bejaht, wenn die Aktien einer über ausschüttbare Reserven verfügenden Gesellschaft veräussert werden und der Käufer den Erwerbspreis im Wesentlichen aus Mitteln der erworbenen Gesellschaft finanziert (z.B. durch eine Substanzdividende oder durch Übernahme von bestehenden Aktionärsdarlehen).

Lit.: *Locher, P.: Kommentar zum DBG, I. Teil, Basel 2001, Noten 90ff. zu DBG 20.*

Teilschuldverschreibung
↑Anleihensobligation.

Teilzahlungskredit
↑Abzahlungsgeschäft; ↑Konsumkredit.

T + E-Karten
Abk. f. Travel-and-entertainment-Karten. ↑Kreditkarten.

Tel-Aviv Stock Exchange
Links: www.tase.co.il

Telebanking
↑Electronic banking, ↑Direktbank.

Telefonbanking
↑Direktbank; ↑Electronic banking.

Telefonhandel
↑Wertpapiere können auch übers Telefon gehandelt werden. Dies ist in aller Regel ↑ausserbörslicher Wertpapierhandel; allerdings kann auch Telefonhandel börsenähnlich geregelt sein (Eurobondhandel, Telefonische Börse Bern).

Telefonische Börse Bern (TBB)
↑Berner Börse.

Telekurs
Die Telekurs ist ein Dienstleistungsunternehmen der Schweizer Banken mit den Schwerpunkten internationale Finanzinformationen, bargeldlose ↑Zahlungsinstrumente und elektronische ↑Zahlungssysteme sowie Informatik-Services. Das Aktienkapital von CHF 45 Mio. befindet sich im Besitz der Banken in der Schweiz. Im Aktionärskreis sind alle wichtigen Banken und Bankengruppierungen vertreten, insbesondere die Schweizer ↑Grossbanken sowie die ↑Kantonal- und ↑Regionalbanken, ferner die ↑Raiffeisenbanken, die ↑Privatbanken, ↑Auslandsbanken und ↑Handelsbanken. Trotz ihrer Bindung an die Banken ist die Telekurs eine wirtschaftlich selbstständige Unternehmung. Die Firma beschäftigt rund 2000 Mitarbeiterinnen und Mitarbeiter, davon knapp 400 im Ausland. Zur Telekurs-Gruppe gehören die Telekurs Holding, die Telekurs Europay, die Telekurs Services, die Telekurs Financial, die ↑Swiss Interbank Clearing, die PayNet (Schweiz), die 3C Holding und die Rolotec.

1. Vom Gemeinschaftswerk zum marktwirtschaftlichen Unternehmen
Das Unternehmen wurde 1930 als Ticker AG zur Verbreitung der Kurse der Zürcher Effektenbörse gegründet. Hilfsmittel dazu war der so genannte Börsenticker, eine Art Schreibtelegraf, mit dem die Informationen in normaler Schrift verbreitet werden konnten. Derartige Anlagen hatten sich bereits seit den 60er-Jahren des 19. Jahrhunderts in New York bewährt. Zürich besass damals eine der ersten Tickeranlagen in Europa.
Im Jahre 1961 erfolgte die Umstellung auf die neue Technologie des Fernsehens, indem die handschriftlichen Eintragungen in das Kursblatt laufend von Fernsehkameras aufgenommen und über einen eigenen Sender im Gebiet der Stadt Zürich ausgestrahlt wurden. Die damalige technische Lösung der Kursübermittlung eines ↑Handelssystems «à la criée» stellte eine Pionierleistung dar. 1962 änderte die Gesellschaft ihren Namen in Anspielung auf die neue Übermittlungstechnik in Telekurs AG.
Mit der Einführung moderner Computeranlagen in den 70er-Jahren wurden die Dienstleistungen auf dem Gebiet der Finanzinformationen sukzessive ausgebaut. Ab 1986 folgten die Gründungen von eigenen Tochtergesellschaften an den wichtigsten Finanzplätzen der Welt. Heute ist die Telekurs in folgenden Ländern mit eigenen Niederlassungen vertreten: Deutschland, Luxemburg, Niederlande, Italien, England, USA, Japan, Singapur und Hongkong.
Im Bereich des Zahlungsverkehrs übernahm die Telekurs 1978 die zentrale Überwachung der Bancomatkette und betrat damit das weite Gebiet der Interbankaufgaben. Nur zwei Jahre später folgte das zentrale ↑Clearing für die Schweizer Banken. In den folgenden Jahren kamen laufend weitere Interbank-Dienstleistungen dazu: 1987 das SIC-System (das ↑Swiss Interbank Clearingsystem für Zahlungen in Schweizer Franken), 1988 das ec-Direct-System, 1990 das Online-System Bancomat 90, 1999 PayNet (das Electronic-bill-present-ment-and-payment-System) und ↑euroSIC (das Clearingsystem für Zahlungen in Euro) für dessen Überwachung und Steuerung bereits im Jahr zuvor die SECB ↑Swiss Euro Clearing Bank GmbH mit Sitz in Frankfurt gegründet wurde.

2. Internationale Finanzinformationen
Die Telekurs ist die führende Schweizer Anbieterin von internationalen Finanzinformationen. Ihre Dienstleistungen sind auf das Wertschriftengeschäft der Banken und die ↑Kapitalanleger ausgerichtet. Daten und Informationen über ↑Wertpapiere und zu den übrigen ↑Finanzinstrumenten sind zudem für all jene Arbeiten unerlässlich, die dem Handel vor- und nachgelagert sind, wie etwa die ↑Finanzanalyse, die Abrechnung der Börsentransaktionen oder die sachgerechte Verwaltung der Wertschriftendepots. Die Gruppengesellschaft Telekurs Financial und die neun Niederlassungen auf den wichtigsten Finanzplätzen unterstützen die Beschaffung und Aufbereitung von Stamm- und Ereignisdaten sowie die Bereitstellung von Real-time-Börseninformationen. Als nationale Wertpapier-Kennnummernagentur und führender Finanzinformations-Anbieter leistet die Telekurs Financial einen wichtigen Beitrag zur hohen Servicequalität des ↑Finanzplatzes Schweiz.
↑Finanzinformationsdienste; ↑Finanzinformationssysteme.

3. Bargeldlose Zahlungsmittel und elektronische Zahlungssysteme
Die Telekurs Europay, das führende Unternehmen im schweizerischen Acquiring-Geschäft (Kartenakzeptanz beim Handel/Vertragspartner), und die in den Bereichen Zahlterminal und E-payment-Lösungen tätige 3C-Gruppe verfolgen das Ziel, den sicheren und effizienten bargeldlosen ↑Zahlungsverkehr zu fördern. Mit der Verarbeitung der EUROCARD/MasterCard als führende ↑Kreditkarte, den ↑Debitkarten ↑ec und ↑Maestro sowie der ↑Wertkarte CASH bietet die Telekursgruppe den Vertragspartnern einen umfassenden und exklusiven All-in-one-Service aus einem Kompetenzzentrum an. Mit der PayNet (Schweiz) AG ist

die Telekurs-Gruppe im zukunftsträchtigen Internet-Zahlungsverkehr tätig. PayNet ist ein EBPP-System (↑Electronic bill presentment and payment [EBPP]), das den Kreislauf zwischen Rechnungsstellern und Zahlungspflichtigen elektronisch schliesst. Der Versand und die Präsentation einer Rechnung über das ↑Internet sowie die anschliessende automatische Verarbeitung und Zahlung ermöglichen beim Rechnungssteller und beim Rechnungsempfänger substanzielle Kosteneinsparungen im Vergleich zu den traditionellen Auf-Papier-Prozessen.

4. Clearingsysteme
Die Swiss Interbank Clearing AG betreut das bewährte SIC-System sowie euroSIC, das Clearingsystem für Zahlungen in Euro in der Schweiz und über ihre Grenzen hinaus. Das Clearingsystem SIC ist seit 1987 das Herz des Franken-Zahlungsverkehrs der Banken in der Schweiz. SIC bildete auch die Basis bei der Realisierung von euroSIC. Dank euroSIC können Schweizer Banken und Finanzinstitute seit dem 01.01.1999 in der Schweiz und grenzüberschreitend Zahlungen in Euro ausführen. Weil die Schweiz weder Mitglied der EU noch der EWU ist, besitzt die Schweizerische ↑Nationalbank keinen direkten Anschluss an ↑TARGET, das Clearingsystem der europäischen Zentralbanken. Um euroSIC trotzdem mit genügend ↑Liquidität versorgen zu können, betreibt die Telekurs Holding AG zusammen mit der UBS, der Credit Suisse Group und ↑Postfinance die SECB Swiss Euro Clearing Bank GmbH in Frankfurt/Main.

5. Processing von Bank- und Kartenzahlungen
Die Telekurs Services erbringt umfassende Processing- und Logistikdienstleistungen für Banken und Kartenherausgeber sowie für andere Dienstleistungsunternehmen und betreibt sichere Informatikplattformen und Online-Applikationen in den Bereichen Finanzinformationen und Zahlungsverkehr. Als führendes Verarbeitungscenter für Kredit-, Debit- und Wertkarten in der Schweiz bietet sie Banken und Kartenunternehmen massgeschneiderte Processing-Lösungen für das Karteninhaber- und das Vertragspartnergeschäft an. Unter anderem betreibt und betreut die Telekurs Services die nationalen Systeme ↑Bancomat, EFT/POS und CASH.

6. Informatik-Dienstleistungen
Die Telekurs Services ist ferner für die technische und betriebliche Infrastruktur der gesamten Telekurs-Gruppe zuständig. Sie betreibt eines der modernsten und leistungsfähigsten Rechenzentren der Schweiz und erbringt umfassende IT-Services im Massenverarbeitungsbereich. Als Outsourcing-Partner stellt sie Drittfirmen ihre umfassenden Rechenzentrums- und Netzwerklösungen sowie Sicherheits- und Consulting-Dienstleistungen für die Verarbeitung firmenspezifischer EDV-Anwendungen zur Verfügung. Im Dokumentbereich ist die Telekurs Services zudem der führende Schweizer Verarbeiter für den Rechnungsversand, für Kundenbindungsprogramme und für Direct-marketing-Aufgaben. *Georg Kramer*
Links: www.europay.ch – www.paynet.ch – www.payserv.ch – www.sic.ch – www.telekurs-financial.com – www.telekurs.com – www.rolotec.ch – www.3C-systems.ch

Tel quel
Französische Bezeichnung für das englische ↑Flat.

Tendenz
Tendenz bedeutet in der ↑Börsensprache Richtung, ↑Trend. Grundsätzlich wird unterschieden in aufwärts, seitwärts und abwärts. In Börsenberichten werden häufig folgende Ausdrücke synonym verwendet:
– Für aufwärts: steigend, freundlich, ↑fest, anziehend, ↑haussierend
– Für seitwärts: unverändert, ↑behauptet, ↑gehalten, ruhig, unregelmässig, schleppend
– Für abwärts: abgeschwächt, sinkend, fallend, ↑abbröckelnd, leichter, ↑lustlos, gedrückt.

Tendenzpapier
Aktien, deren Kursentwicklung charakteristisch für die ↑Tendenz der ganzen ↑Börse ist. Unter der grossen Zahl von ↑Beteiligungspapieren, die an einer oder mehreren Börsen kotiert sind, gibt es immer einige, deren Kursentwicklung besonders beachtet wird und deren Kursverlauf Einfluss auf die Gesamttendenz des Marktes hat oder diese erkennen lässt. Solche Papiere, die nicht immer dieselben zu sein brauchen, nennt man Tendenzpapiere, Trendtitel oder seltener auch Leitpapiere.

Tender issue
↑Bundestender.

Tender offer
↑Bundestender; ↑Übernahmeangebot.

Tender panel
↑Bundestender.

Tenderverfahren
↑Bundestender.

TER
Abk. f. ↑Total expense ratio.

Terminbörse
In Anlehnung an die angelsächsische Terminologie spricht man heute von ↑Kassamarkt und ↑Terminmarkt. Unter dem Kassamarkt versteht man den Wertpapierhandel und insbesondere die Wert-

papierbörsen, während unter Terminbörse die Derivatbörsen, also Options- und Futures-Börsen gemeint sind. Es gibt auch grosse Warenterminbörsen, insbesondere in Chicago und London. Unter ↑Termingeschäft versteht man eine Handelstransaktion auf einen zukünftigen Termin hin. An der ↑Börse sind diese Termine standardisiert (Ende Monat, ↑Ultimo). Ausserbörslich sind irgendwelche Termine möglich. Heute versteht man unter Termingeschäften vor allem ↑Optionen und ↑Futures. Bis zur Entstehung der ↑SOFFEX waren an den schweizerischen Wertpapierbörsen Termingeschäfte auf Ende des laufenden, des nächsten und des übernächsten Monats sehr verbreitet. Neben dem festen Termingeschäft gab es auch das Prämiengeschäft, das sich mit dem ↑Optionsgeschäft vergleichen lässt (Möglichkeit von einer ↑Transaktion zurückzutreten gegen Bezahlung einer ↑Prämie).

Terminclearing
Früher verstand man unter Terminclearing auf Termin gekaufte und verkaufte ↑Wertpapiere, die per Monatsende unter den Ringbanken titel- und geldmässig über eine zentrale Abrechnungsstelle verrechnet wurden. Seit der Einführung der ↑Elektronischen Börse Schweiz (EBS) wird nicht mehr zwischen einem Ausgleich von Kassageschäften (Comptantclearing) und ↑Termingeschäften (Terminclearing) unterschieden. ↑Wertschriftenclearing.

Termindevisen
Zu einem im Voraus vereinbarten späteren Zeitpunkt (z. B. nach 30 oder 90 Tagen) zahlbare Devisen (↑Devisengeschäft), im Gegensatz zu Sichtdevisen.

Termineinlage
↑Festgeld.

Termingeld
↑Festgeld.

Termingeschäft
Vertragliche Vereinbarung zwischen zwei Parteien, eine bestimmte Menge eines Gutes (↑Wertpapiere, Devisen, ↑Finanzinstrumente, Waren) zu einem bestimmten Preis und an einem im Voraus festgelegten Termin zu kaufen oder zu verkaufen. Termingeschäfte werden entweder an ↑Terminbörsen (↑Terminmarkt, ↑Warenterminbörsen) auf der Basis standardisierter Kontrakte (↑Futures, ↑Financial futures, ↑Traded options) oder mit individuell ausgearbeiteten Vertragsinhalten ausserbörslich abgewickelt (↑Forwards). Der Gegensatz dazu ist das Kassa- oder ↑Comptantgeschäft. Während per Kasse alle ↑Effekten gehandelt werden können, sind gewisse Effekten, z. B. nicht voll einbezahlte ↑Aktien (↑Non-versé), vom Termingeschäft ausgeschlossen.

Terminierung
Auch Befristung. Ein Auftrag zum Kauf oder Verkauf von ↑Effekten kann terminiert oder befristet, ↑widerrufgültig oder ↑börsengültig erteilt werden. Bei der Terminierung wird ein Kauf- bzw. Verkaufsdatum angegeben, bis zu dem der betreffende Auftrag auszuführen ist bzw. aufrechterhalten werden soll. Eine übliche Terminierung ist z. B. ↑Ultimo.

Terminkontrakt
↑Termingeschäft.

Terminkurs
Kurs für ein ↑Termingeschäft, v. a. bei einem Devisentermingeschäft (↑Devisengeschäft); auch Preis für per Termin gehandelte Finanzkontrakte (Futures contract, ↑Optionen, ↑Traded options). ↑Swap-Satz.
Der Gegensatz zum Terminkurs ist der ↑Kassakurs.

Terminmarkt
Markt, an dem ↑Termingeschäfte abgeschlossen werden, im ↑Effektenhandel Markt für die zum Terminhandel zugelassenen ↑Wertpapiere. I.w.S. zählt auch der Markt für standardisierte Terminkontrakte (Futures contract, ↑Optionen, ↑Traded options) zu den Terminmärkten (↑Terminbörse). ↑Warenterminbörsen; ↑Warentermingeschäfte.
Der Gegensatz zum Terminmarkt ist der ↑Kassamarkt.

Term loan
↑Anlagekredit.

Terms of trade
Terms of trade stellen das Verhältnis der Indizes der ermittelten Preise von Exportgütern zu Importgütern dar. Wenn die Exportpreise eines Landes stärker steigen (fallen) als die Importpreise, spricht man von einer Verbesserung (Verschlechterung) der Terms of trade. Dies bedeutet, dass weniger (mehr) Exporte für die Bezahlung der Importe aufgewendet werden müssen. Dieses Verhältnis ist insofern für mit dem Ausland verflochtene Volkswirtschaften wichtig, weil es einen Hinweis darauf gibt, ob das betreffende Land aus dem Aussenhandel einen Gewinn oder Verlust erzielt.

Tertiärbewegung
↑Dow-Theorie.

Testamentsvollstreckung
Ein Testamentsvollstrecker, auch Willensvollstrecker genannt, wird vom Erblasser durch Verfügung von Todes wegen in der Regel dann eingesetzt, wenn die Erben mit der Abwicklung und Teilung

des Nachlasses überfordert wären oder wenn zu befürchten ist, dass die Teilung durch die Erben zu Streitigkeiten führen wird. Zu den Aufgaben des Testamentsvollstreckers gehört es, den Nachlass zu verwalten und gegenüber Dritten, insbesondere Banken und Behörden, zu vertreten, die Schulden des Erblassers zu bezahlen, die Vermächtnisse auszurichten und den Nachlass nach den vom Erblasser getroffenen Anordnungen bzw. nach Vorschrift des Gesetzes zu verteilen.

Der Testamentsvollstrecker übt diese Befugnisse unter Ausschluss der Erben aus, diese können ihm keine Weisungen erteilen. Er untersteht nur der behördlichen Aufsicht. Die Behörde, die das Testament eröffnet, stellt dem Testamentsvollstrecker zum Ausweis über seine Befugnisse das Testamentsvollstreckerzeugnis aus (ZGB 517, 518).

Der Testamentsvollstrecker eines verstorbenen Kunden ist gegenüber der Bank allein und unter Ausschluss der Erben zur Verfügung über das deponierte Vermögen berechtigt. Die Bank darf jedoch auch den einzelnen ausgewiesenen Erben, nicht aber den Vermächtnisnehmern, Auskunft erteilen. Für Nachlässe ausländischer Kunden gelten z.T. andere Regeln.

Viele Depotkunden beauftragen ihre Bank mit der Vollstreckung ihres letzten Willens. Wird eine Bank zum Testamentsvollstrecker ernannt, so bildet das Mandat eine organische Ergänzung zum ↑Depotgeschäft. Für den Erblasser liegt ein Vorteil darin, dass die Bank ihn sicher überleben wird, was bei natürlichen Personen als Willensvollstrecker jeweils nicht von vornherein feststeht. Die Banken übernehmen die Testamentsvollstreckung als Dienstleistung und berechnen dafür eine Gebühr, die meistens nach dem Wert des Nachlassvermögens und nach dem Aufwand berechnet wird. In einzelnen Kantonen ist die berufsmässige Testamentsvollstreckung den Rechtsanwälten vorbehalten.

Teuerung
↑Inflation; ↑Landesindex der Konsumentenpreise.

Thailand Stock Exchange
Links: www.set.or.th

Themenfonds
↑Anlagefonds, deren ↑Anlagepolitik auf bestimmte und als besonders aussichtsreich beurteilte Anlagebereiche wie Financial services, Gesundheit, Freizeit oder in ↑Aktien von Gesellschaften, welche ↑Trends setzen, ausgerichtet sind. Eng verwandt mit den Themenfonds sind die Branchenfonds wie Pharma, Biotechnologie, Rohstoff- oder Energieproduzenten. Auch die Ökofonds, die in Gesellschaften investieren, die eine nachhaltige Entwicklung gewährleisten und bestimmten Ökostandards entsprechen, sind eine besondere Art der Themenfonds.

Theoretischer Eröffnungskurs
Fiktiver ↑Kurs, der vom ↑Börsensystem der Schweizer Börse ↑SWX Swiss Exchange während der Phase (↑Börsenperiode) der Voreröffnung (↑Preopening) aufgrund der sich im ↑Auftragsbuch anhäufenden Aufträge laufend errechnet wird (↑Meistausführungsprinzip; ↑Eröffnungsprozedere).

Theoretische Verfallrendite
↑Zinssatz, mit dem zukünftige ↑Cashflows eines Zinsinstruments (Finanzprodukt, dessen ↑Kurs massgeblich durch eine Veränderung des Zinsniveaus bestimmt wird) diskontiert werden, damit die Summe der diskontierten Cashflows dem ↑Dirty price entspricht. Der Dirty price ist der Kurs eines Zinsinstrumentes inklusive Stückzinsen. Die Verfallrendite entspricht somit der Verzinsung, die man realisiert, wenn das Zinsinstrument bis zur ↑Fälligkeit gehalten wird und alle Zahlungsverpflichtungen erfüllt werden.

Thesaurierung
Thesaurierung hat mehrere Bedeutungen:
1. Horten, aufspeichern, abnormales Ansammeln von werthaltigen Objekten, Edelmetallen und Waren, meist in der Erwartung negativer gesamtwirtschaftlicher Entwicklungen, insbesondere ↑Inflation.
2. ↑Thesaurierungsfonds schütten Erträge nicht aus, sondern reinvestieren sie.
3. Unternehmungen, die Gewinne thesaurieren und nicht ausschütten, tun dies zum Zweck der ↑Selbstfinanzierung.

Thesaurierungsfonds
Wertzuwachsfonds. ↑Anlagefonds, welcher die laufenden Erträge nicht ausschüttet, sondern im ↑Fondsvermögen zurückbehält, was einen Zinseszinseffekt ergibt. Dadurch werden die bei Ausschüttungen anfallenden Kosten vermieden. Für den ↑Investor entfällt das Problem der ↑Wiederanlage. Die Praxis zur Besteuerung der Erträge von Thesaurierungsfonds ist nicht einheitlich. Grundsätzlich wird dem Anleger der zurückbehaltene Ertrag in gleicher Weise zugerechnet wie die vereinnahmten Erträge.

The settlement network (TSN)
The settlement network (TSN) wurde im März 2000 von der ↑CRESTCo, der zentralen britischen Abwicklungsorganisation mit Sitz in London, und der ↑SIS SegaIntersettle AG lanciert und stellt einen integrierten Abwicklungsprozess für grenzüberschreitende Wertpapiergeschäfte in Europa zur Verfügung. Die vollautomatisierte, auf Echtzeit basierende Verbindung der SIS zur CRESTCo ermöglicht Banken und ↑Brokern einen umfassenden Dienstleistungsprozess – vom Handel bis zur Abwicklung – für Wertschriftentransaktionen.

Es stellt Dienstleistungen im Abwicklungsbereich und eine breite Palette von Instrumenten und Gegenparteien zu niedrigen, lokalen Kosten zur Verfügung. Die CRESTCo und die SIS nutzen ihre bestehenden Dienstleistungen gemeinsam und arbeiten bei weiteren Entwicklungen zusammen, wobei alle Kosten aus den laufenden Einnahmen finanziert werden. The settlement network stellt sicher, dass Doppelspurigkeiten bei der Entwicklung vermieden werden. Seit Oktober 2000 bieten die beiden Unternehmen im paneuropäischen Börsenhandel die grenzüberschreitende Abwicklung von Wertschriftentransaktionen an. Damit können alle europäischen ↑Blue chips zu ähnlichen Konditionen wie bei einheimischen Titeln abgewickelt werden. Englische CRESTCo-Kunden haben Zugriff auf die internationalen Wertschriftenmärkte und den nationalen Markt der SIS – zu denselben Konditionen wie bei einem englischen Lokalwert. Gleichzeitig erhalten Schweizer Kunden über die SIS-Schnittstelle direkten und günstigen Zugang zum britischen Wertpapiermarkt. SIS SegaInterSettle AG und CRESTCo sind neben ↑Euroclear zudem die zentralen Abwickler der paneuropäischen Börse ↑Virt-x. *Heinz Haeberli*
Links: www.thesettlementnetwork.com

Theta
Das Theta ist eine dynamische Optionskennzahl und gehört zu den ↑Greeks. Das Theta gibt die Veränderung des ↑Optionspreises abhängig von der ↑Restlaufzeit an und kann somit als Mass für den Zeitwertverlust einer ↑Option interpretiert werden.

Threshold return
↑Shortfall risk.

Through bill of lading
↑Konnossement.

Tick
Kleinstmögliche Einheit, um die sich der ↑Kurs eines Finanzterminkontraktes (↑Financial futures) verändern kann.

Ticker
Als Ticker wird eine elektronische Kursübermittlungsanlage bezeichnet. Von der ↑Börse werden die ↑Kurse laufend an die Ticker-Abonnenten übermittelt, damit die Interessenten permanent über die Kursentwicklungen im Bilde sind (↑Telekurs). Auf einem Print-Ausdruck oder häufiger auf einem elektronischen Laufband werden drei Informationen gezeigt: die Abkürzung der jeweiligen ↑Aktie, der letzte gehandelte Preis und die Differenz zum vorhergehenden Preis. Eine Aktie erscheint nur auf dem Ticker, wenn sich ihr Preis verändert hat.
Der erste Ticker wurde 1867 an der New Yorker Effektenbörse installiert. Ursprünglich wurden die Kursinformationen mit einer Art Schreibtelegraf weitergeleitet; auf den Empfangsapparaten wurden die Angaben auf fortlaufende Papierstreifen übertragen. 1974 wurde das Ticker-System zum Consolidated tape ausgeweitet. Dabei erschienen sämtliche Abschlüsse in Aktien, die an der New Yorker Effektenbörse kotiert waren und auch an den meisten übrigen Börsen der USA gehandelt wurden. Das System mit dem Schreibtelegrafen wurde später durch die TV-Technologie abgelöst. Seit Ende der 90er-Jahre ermöglicht das ↑Internet Echtzeit-Übertragungen der Kurse und zusätzlicher Börsennachrichten. Doch auch das Internet sollte nicht vergessen lassen, dass bereits das alte Ticker-System so rasch funktionierte, dass die Börsenabschlüsse mit Kurs und Stückzahl beinahe augenblicklich über den Ticker gingen, was ihnen sogleich eine weite Publizität verlieh. Lediglich bei ganz stürmischen Börsensitzungen gelangte der Ticker etwas in Rückstand. *Hans-Dieter Vontobel*

Tier-1-, Tier-2-, Tier-3-Kapital
↑Kernkapital bei Banken; ↑Ergänzendes Kapital bei Banken.

Tigerbörsen
Sammelbezeichnung für die ↑Börsen in den Tigerstaaten. Als solche werden die aufstrebenden Volkswirtschaften in Asien bezeichnet, nämlich u. a. Indonesien, Malaysia, die Philippinen, Südkorea, Taiwan, Thailand und Vietnam. Die Tigerbörsen befinden sich in den Hauptstädten Jakarta, Kuala Lumpur, Manila, Seoul, Taipeh, Bangkok bzw. Hanoi. Aufgrund der wirtschaftlichen Entwicklungspotenzials einerseits, der noch nicht nachhaltig gefestigten wirtschaftlichen und politischen Situation in den jungen Volkswirtschaften anderseits, bergen diese Märkte hohes Chancen- und Risikopotenzial, wie die Ereignisse vor, während und nach der Asienkrise 1997/98 belegen.

Tilgung
↑Annuität.

Tilgungsanleihen
↑Amortisationsanleihen.

Tilgungsfaktor
↑Effektivverschuldung.

Tilgungsfonds
Ein Tilgungsfonds ist ein bei einem Treuhänder aus Einzahlung des Anleihens-Emittenten gebildeter ↑Fonds, der für die Tilgung der Anleihen, insbesondere durch Rückkauf am Markt, verwendet wird.

Tilgungshypothek
↑Amortisationshypothek.

Tilgungsplan
Bei ↑Amortisationsanleihen verbindlicher Plan, der festlegt, mit welchen Beträgen und innert welcher Zeit eine Anleihe getilgt wird.

Time bands
↑Zinsbindungsbilanz.

Time deposits
↑Festgeld.

Time lag
Zeitliche Verzögerung, Wirkungsverzögerung. Time lag ist ein Ausdruck für den zeitlichen Abstand zwischen dem Eintritt eines (z. B. wirtschaftlich) bedeutsamen Ereignisses bis zur Einsetzung einer Massnahme bzw. bis zur Wirkung dieser Massnahme. Beispiel: Feststellung nachhaltiger inflationärer Tendenzen – Einsatz geldpolitischer Massnahmen durch die ↑Zentralbank – Ansteigen des allgemeinen ↑Zinsniveaus. ↑Konjunkturindikatoren, monetäre.

Time weighted return
↑Performance.

Timing
Unter Timing versteht man die Wahl des geeigneten Zeitpunktes für Kauf- und Verkaufsentscheidungen auf den Effektenmärkten. Geschicktes Timing ist vor allem bei kurzfristigen Börsentransaktionen wichtig. Um die Unsicherheiten bei der Wahl des richtigen Anlagezeitpunktes auszuschalten, werden ↑Chartanalysen sowie das ↑Averaging eingesetzt.
In der Unternehmungsfinanzierung bedeutet Timing die Wahl des richtigen Zeitpunktes für eine Kapitaltransaktion, insbesondere eine Kapitalerhöhung. Eine zuversichtliche Stimmung auf dem ↑Finanzmarkt vermindert das Platzierungsrisiko und ermöglicht die Kapitalaufnahme zu günstigen Konditionen.

Tipp, Wink, Andeutung
In der ↑Börsensprache Meinungsäusserungen von Eingeweihten oder angeblich eingeweihten Personen (↑Insider) über eine zu erwartende Kursentwicklung. Tipps, auch wenn sie auf Gerüchten beruhen, können vor allem in Phasen mit lebhafter Börsenspekulation die Kursentwicklung stark beeinflussen, weil dann Marktteilnehmer für solche Tipps besonders empfänglich sind.

Tippee
↑Insider.

Titans
↑Dow-Jones-Index.

Titel
In der deutschen Schweiz verbreiteter Ausdruck für ↑Wertschriften (französische Bezeichnung: titre).

Titelkategorieindizes
↑Aktienindex.

Titelstempel
↑Stempelabgaben im Finanzgeschäft.

TMT-Aktie
In der ↑Börsensprache Kurzbezeichnung für Technologie-, Medien- und Telekommunikations-Aktien.

T + n
T + n bestimmt die Abwicklungsfrist einer ↑Transaktion. T + 1 bedeutet, dass ein abgeschlossenes Geschäft einen Tag nach Abschluss erfüllt wird. T + 3 heisst, dass der Vollzug eines Geschäfts drei Tage nach Handelsabschluss erfolgt.

Tobin's Q
Tobin's Q bezeichnet das Verhältnis zwischen dem ↑Marktwert der Unternehmung und dem Wiederbeschaffungs- bzw. Reproduktionskostenwert des Vermögens. Das Tobin'sche Q ist nicht zu verwechseln mit der ↑Price book value ratio, weil sich diese auf das ↑Eigenkapital zu ↑Buchwerten (Bewertungsgrundlage Anschaffungskosten) bezieht.

Tobin's Separationstheorie
Unter Tobin's Separationstheorie versteht man die Trennbarkeit der Entscheidung über die Zusammensetzung eines ↑Portfolios risikobehafteter ↑Effekten vom Grad der Risikoaversion des ↑Investors.

Tokio Stock Exchange
Links: www.tse.or.jp

Toleranz
Im Münzwesen maximal zulässige Abweichung neugeprägter ↑Münzen von den gesetzlich festgelegten Daten wie Gewicht, Durchmesser, Dicke und Legierung (Mischungsverhältnisse der Metalle). Die Toleranzen werden vom Eidgenössischen Finanzdepartement bestimmt und sind im Münzkontrollreglement festgehalten.
Aus wirtschaftlichen und technischen Gründen ist es nicht möglich, jede einzelne Münze in präziser Übereinstimmung mit den gesetzmässigen Daten herzustellen. Um eine einwandfreie Zirkulation der Münzen in Automaten und Geldbearbeitungsanlagen zu gewährleisten, gilt es jedoch, die Abweichungen in möglichst engen Grenzen zu halten. Enge Toleranzen sind auch im Hinblick auf die

Fälschungssicherheit von Bedeutung. Die Beachtung der vorgeschriebenen Toleranzen wird vom Zentralamt für Edelmetallkontrolle überwacht.

Tombstone
↑Eurobond;   ↑Roll-over-Kredit;   ↑Syndicated loans.

Tom next
Tom next ist ein im ↑Geldmarkt üblicher Ausdruck für ↑Tagesgeld für einen Tag (an Wochenenden 3 Tage), vom Tag nach dem Abschluss (TOMorrow) bis zum folgenden ↑Bankwerktag, dem ↑Spot date; sehr häufig gehandelte kurze ↑Laufzeit.

Tomorrow next
↑Tom next.

Top
↑Formation am Ende eines ↑Trends. ↑Technische Analyse.

Top down approach
Ansatz der ↑Aktienanalyse, der von der Globalanalyse (Konjunktur, Währungs- und Zinsentwicklung usw.) ausgeht und auf den Wirtschaftssektor und die einzelne Unternehmung schliesst.

Toronto Stock Exchange
↑TSE 300 Composite Index.

Total expense ratio (TER)
Die Total expense ratio (TER) fasst (nahezu) alle Kosten zusammen, welche Anleger beim Investment in einen ↑Fonds bezahlen müssen, und setzt sie ins Verhältnis zum verwalteten Fondsvermögen. Damit werden Transparenz und Vergleichbarkeit erhöht. Früher wurden oft nur der Ausgabeaufschlag und die Management-Gebühren übersichtlich ausgewiesen. Bei Fonds fallen aber darüber hinaus weitere (laufende) Kosten an – z.B. die Honorare der Revisionsstelle, die Gebühren der Aufsichtsbehörden, Aufwändungen für den Druck der Jahres- und Halbjahresberichte. Solche «versteckten» Kosten können die Gesamterträge empfindlich schmälern.

Total return
Gesamtertrag einer Effektenanlage, bestehend aus den Zins- bzw. Dividendenzahlungen zuzüglich der Wertsteigerung (Kursgewinne) oder abzüglich der Wertverminderung (Kursverluste). ↑Compound yield.

Total return index
Ein *Total return index* oder *Performance index* zeigt die Wertentwicklung eines ↑Indexportfolios einschliesslich der Ausschüttungen. Demgegenüber misst ein *Kursindex* die reine Kursentwicklung ohne Ausschüttungen.

Total return swap
Der Total retun swap gehört zur Gruppe der Credit derivatives, wie z.B. auch der Credit default swap oder die ↑Credit linked notes. Ein Credit derivative ist ein Vertrag zwischen zwei Gegenparteien, welche die Erträge von Kreditaktiven oder eines Kreditportfolios austauschen, ohne dabei rechtlich das Aktivum oder ↑Portfolio als solches zu transferieren.

Total return swaps sind vor allem in Aktien- und Commodity-Märkten anzutreffen. Wie schon der Name des Instruments impliziert, handelt es sich beim Total return swap um einen Tausch der gesamten Erträge eines Kreditaktivums oder Kreditportfolios gegen einen im Voraus vertraglich festgelegten Zahlungsstrom (z.B. basierend auf dem ↑Libor) oder ebenfalls ein Kreditaktivum oder ein Kreditportfolio mit differierenden Risikocharakteristiken (z.B. Branchenrisiken).

Der gesamte Ertrag eines Kreditaktivums oder eines Kreditportfolios kann von verschiedenen Faktoren abhängen, wie z.B. dem ↑Zinsänderungsrisiko und Währungsänderungsrisiko oder spezifischen Branchenrisiken. Mehrheitlich wird der Total return swap dazu gebraucht, Aktiven zu replizieren, die nur schwierig transferierbar sind.

Stefan Jaeger

Tourismusfinanzierung
Tourismusbetriebe weisen bekanntlich eine hohe Anlageintensität und damit in der Regel auch entsprechende Fremdkapitalbedürfnisse auf. Aufgrund der oftmals beträchtlichen Fremdverschuldung, basierend auf früheren Realwertbetrachtungen, ist die Aufstockung mit verzinslichem Fremdkapital oft nicht mehr vertretbar; vielmehr müsste eine konsequentere Rückführung von Kreditfinanzierungen erfolgen. In einer Anzahl von Finanzierungsanalysen musste festgestellt werden, dass die Verschuldung den wirtschaftlichen Unternehmungswert übersteigt! Zudem beeinträchtigen die sehr heterogenen touristischen Betriebsstrukturen und damit nicht integrierten Wertschöpfungsketten, die Effizienz und Effektivität des Ressourceneinsatzes.

*1. Neuausrichtung der Finanzierungs-
   Strukturierung*

Im Dialog mit dem Management oder dem Eigner eines Betriebes wird eine aussagekräftige Entscheidungsgrundlage erarbeitet, wie sich eine bestehende oder künftige Strategie auf Finanz- und Ertragsplanung auswirken könnte. Zentral ist dabei die inhaltliche und konzeptionelle Qualität und die Konsistenz der Planungsgrundlagen sowie eine nachvollziehbare Logik des dem Betrieb angepassten Business-Planes. Nach Vorliegen einer gut fundierten finanziellen Geschäftsplanung kann im Modell das Finanzierungspotenzial als Richt-

Finanzierungspotenzial und Unternehmenswert

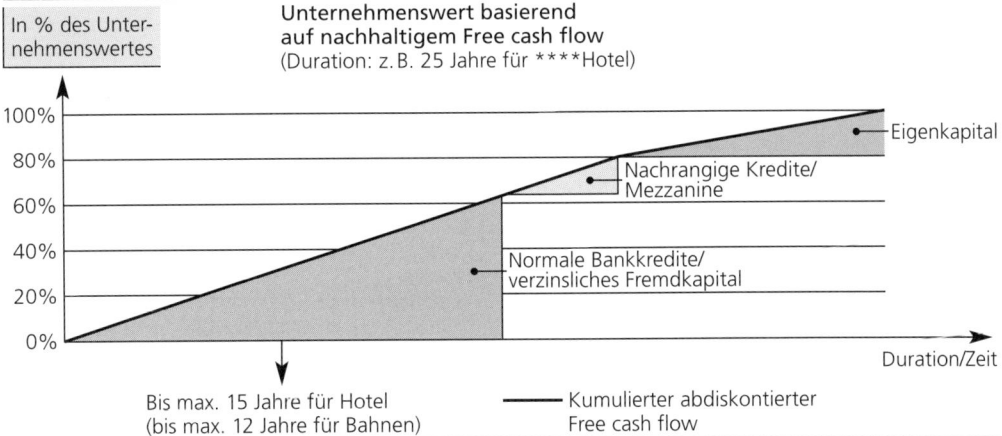

grösse einer vertretbaren Fremdkapitalbelastung errechnet und analysiert werden.

2. Finanzierungspotenzial

Die Grundüberlegung liegt darin, dass der realistische Prognosehorizont für jede Unternehmung und somit für die wirtschaftliche Nutzungsdauer der Investition, auch für einen Tourismusbetrieb, zeitlich limitiert ist. Die Finanzierung ist deshalb als Modellrechnung dieser abschätzbaren Vorhersehbarkeit anzupassen. Konkret bedeutet dies, dass das verzinsbare Fremdkapital innerhalb einer bestimmten, überschaubaren Frist nicht nur verzinst, sondern auch «theoretisch amortisiert» werden sollte. Dieser Grundsatz wird auch dadurch bestätigt, dass die nachhaltig ertragsbringende Periode einer jeden Investition oder Anlage einmal abgeschlossen sein wird. Es geht nicht nur um die bauliche, technische oder physische Lebensdauer, sondern auch um die Demodierung eines möglicherweise noch physisch intakten Angebots, das aber wegen Trends und veränderter Marktkonstel-

Beispiel Finanzierungspotenzial für ein Hotel mit Restaurant

Dreisternhotel mit Restaurant in einer Schweizer Grossstadt, 36 Zimmer, Restaurant, gehobene Preisklasse: 45 Sitzplätze, Bar/Café, Weinstube: 70 Sitzplätze (Mobiliar/Gebäudesubstanz praktisch neuwertig)

	Jahr -2	Jahr -1	Jahr X	Budget	Free cash flow (est.)
Umsatz	5 200	6 300	6 090	6 450	6 000
Betriebsgewinn	480	600	545	581	550
– kalkulatorische Steuern	– 60	– 90	– 79	– 112	– 83
+ Abschreibungen	420	533	545	516	500
– (Ersatz)Investitionen	– 198	– 746	– 890	– 497	– 500
+ Unterhalt, Ersatz	90	141	136	129	130
– (Dividenden)	0	0	0	0	0
Free cash flow	732	438	257	617	597
Rückzahlungsperiode in Jahren					15
Kalkulatorischer Steuersatz					15%
Zinssatz (kalkulatorische Fremdkapitalkosten)					6%
Zinssatz nach Steuern					5,1%
Dimensionierung für das betriebliche Finanzierungspotenzial					6 154
Zusätzlicher nicht betrieblicher Ertrag (z.B. Mietertrag Personalhaus)					0
Total Finanzierungspotenzial					6 154
Total verzinsliche Schulden (per 31. 12. 1998)					7 500
– nicht betriebsnotwendige flüssige Mittel					– 500
Nettoverschuldung (effektive Verschuldung)					7 000
Beanspruchung Finanzierungspotenzial					114%

lationen die budgetierten Erträge ab einem bestimmten Zeitpunkt nicht mehr generiert. Im Modellansatz werden nicht nur die bestehenden Abschreibungen, sondern auch die für die Aufrechterhaltung der Servicequalität nötigen Ersatzinvestitionen in einem Nullwachstumszenario bezüglich Kapazität der Anlagen berücksichtigt. (↑Debt capacity).

3. Berechnungsüberlegungen

Ausgehend von der bisherigen Ertragskraft einer Unternehmung, realistischen Budgetwerten und der nachhaltigen mittelfristigen Planung, wird als zentrale Ausgangsgrösse der zukünftige nachhaltige ↑Free cash flow ermittelt. Dieser Wert wird für eine Unternehmenswertberechnung, für die Strukturierung der Finanzierung und letztlich für die Errechnung des Finanzierungspotenzials als Basisgrösse herangezogen. Ausgegangen wird vom operativen Ergebnis (EBIT = Ertrag vor Zinsen und Steuern); dieser Betrag wird steuerbereinigt und ergänzt durch die effektiven Abschreibungen. Für die zukünftige Beurteilung der Nettoertragskraft sind die notwendigen Ersatzinvestitionen für die Weiterführung der vorgegebenen Betriebsqualität von zentraler Bedeutung. Falls keine Anlagerechnung zur detaillierten Berechnung vorliegt, wird auf eine Objektwertanalyse oder allenfalls auch auf buchhalterische Abschreibungen zurückgegriffen. Letztlich werden zusätzliche Mittelabgänge, wie z. B. vorgesehene Dividenden berücksichtigt. Als Ergebnis dieser Modellrechnung verbleibt der zukünftige nachhaltige Free cashflow, der für die Bedienung sämtlicher Kapitaldienstverpflichtungen am Ende einer Rechnungsperiode zur Verfügung steht. Dieser nachhaltige zukünftige Free cashflow wird über eine bestimmte Dauer (je nach Unternehmungszyklus für Hotels bis max. 15 Jahre; für Bergbahnen bis max. 12 Jahre) im Sinne einer Barwertberechnung (Net present value) abdiskontiert. Je nach Objektzustand müssen noch aufgestaute respektiv nicht vorgenommene Unterhaltsarbeiten oder auch allfällige Kosten für (einmalige) Konzeptänderungen abgezogen werden. Allenfalls könnten vorgeholte Renovationen dazugerechnet werden. Mögliche zusätzliche nichtbetriebliche Erträge (z. B. Mieterträge aus Personalliegenschaften oder sonstige an Dritte vermietete Objekte), berechnet als netto ↑Cashflow, werden zu einem marktüblichen (Investoren-Anforderung) Satz abdiskontiert. Der daraus resultierende Ertragswert wird im Umfang von ca. 70% zum Finanzierungspotenzial dazugerechnet.

4. Finanzierungspotenzial als Beurteilungsmassstab und Konditionen-Kriterium

Dieser Gesamtbetrag, abzüglich der allenfalls nicht operativ notwendigen freien liquiden Mittel, entspricht dem Finanzierungspotenzial als Richtgrösse für eine adäquate Dimensionierung des verzinslichen Fremdkapitals (↑Senior debt). Bei einer bestehenden Finanzierung kann dieser Wert mit dem bestehenden verzinslichen Fremdkapital verglichen werden. Dieser Vergleich der Finanzierungspotenzialgrösse zur effektiven Nettoschuld ergibt eine prozentuale Beanspruchung. Die Relation des Finanzierungspotenzials zum effektiv bestehenden verzinslichen Fremdkapital beeinflusst das Kundenrating (↑Rating) und somit auch die Preisstellung.
Jürg Stucki

Tracking error

Der Tracking error ist definiert als die Abweichung zwischen der ↑Rendite eines ↑Indexfonds oder ↑Portfolios und der Rendite des ↑Benchmark portfolios. Man beachte, dass der Tracking error häufig auch alternativ über die Standardabweichung dieser Renditeabweichung definiert wird. In beiden Fällen gilt, dass ein geringerer Tracking error eine bessere Nachbildung der Rendite des Benchmark portfolios bedeutet.

Track record

Track record ist die Bezeichnung für die ↑Performance eines ↑Portfolio managers in der Vergangenheit. Der Track record ist vor allem bei der Akquisition von neuen Verwaltungsmandaten von Bedeutung.

Trade confirmation

Auch Abschlussbestätigung. Ausserbörsliche Funktionalität der Schweizer Börse ↑SWX Swiss Exchange, die einem Mitglied der ↑Börse ermöglicht, einen Abschluss, den es ausserbörslich mit einem anderen Mitglied getätigt hat, diesem über die Börse zu bestätigen. In diesem Fall erfasst die Börse das Geschäft automatisch, und es muss ihr keine separate Abschlussmeldung (↑Trade report) gemacht werden.

Traded options

Börsengehandelte ↑Option. Mit Traded options sind kontraktmässig gehandelte Optionen mit zentraler Gegenpartei gemeint. Im Unterschied dazu gibt es die wertpapiermässig begebenen Optionen (oft Warrants genannt). Sie werden vorwiegend an den Effektenmärkten gehandelt. An der ↑SWX Swiss Exchange ist dieses Geschäft sehr bedeutend.

Tradepoint

↑SWX Swiss Exchange.

Trader

Spekulativ veranlagter Marktteilnehmer an ↑Finanzmärkten, der gezielt ↑Risikopositionen eingeht. Der Trader versucht, durch Ausnützen von kurzfristigen Rendite- oder Kursschwankungen Gewinn zu erzielen. Auch Banken treten im Eigenhandel in gewissem Umfang als Trader auf. Die Traders insgesamt bilden die Gegenseite zu den ↑Hedgers (↑Hedge), welche Terminpositionen zur Absicherung von Kassapositionen eingehen. ↑Trading positions.

Trade report
Auch Abschlussmeldung. Mitglieder der Schweizer Börse ↑SWX Swiss Exchange müssen der ↑Börse alle ausserbörslichen Abschlüsse innerhalb von 30 Minuten melden. Dafür steht ihnen die Funktionalität Abschlussmeldung (Trade report) zur Verfügung. Hat das Mitglied von der Möglichkeit Gebrauch gemacht, seinem Vertragspartner den ausserbörslichen Abschluss über die Börse zu bestätigen (Abschlussbestätigung, ↑Trade confirmation), so erübrigt sich eine separate Abschlussmeldung.

Trade sale
↑Private equity.

Trading
Englische Bezeichnung für (intensives) Handeln. ↑Trader sind (meist professionelle) Finanzmarktteilnehmer, die am Aktien- und Devisenmarkt durch kurzfristige Ausnutzung erwarteter Kursschwankungen Gewinne erzielen wollen.

Trading authority
Trading authority hat zwei grundsätzlich verschiedene Bedeutungen:
1. Aufsichtsbehörden des Wertpapierhandels. ↑Börsenaufsicht; ↑Aufsicht, Aufsichtsbehörde
2. ↑Vollmacht, mit der eine Bank einen Kunden oder dessen Vertreter (z.B. seinen externen Vermögensverwalter) in die Lage versetzt, in ihrem Namen direkt bei einem ↑Broker Wertschriftentransaktionen in Auftrag zu geben.

Trading book
↑Auftragsbuch.

Trading positions
Offene Positionen (↑Wertschriften, Devisen, ↑Optionen, ↑Traded options, ↑Financial futures, ↑Forwards, Financial swaps) mit spekulativem Charakter. Der ↑Trader erwartet, aus kurzfristigen Kursschwankungen der Trading positions Gewinn zu erzielen. Das Gegenteil davon sind ↑Hedge-Positionen.

Trading unit
Im ↑Effektenhandel Anzahl ↑Titel, die einem Abschluss zugrunde liegen. In der Schweiz werden diese als ↑Schlusseinheit bezeichnet. (Auf dem ↑Terminmarkt Mindest-Kontraktgrösse).

Traditionspapiere
↑Dispositionspapier.

Tragbarkeit
↑Zinsendienst; ↑Bankkredit.

Tragfähiger Markt
↑Weiter Markt.

Tranche
Teile einer an sich einheitlichen Anleihensemission, die auf verschiedenen Märkten platziert wird. Es können von der gleichen Anleihe auch Tranchen in verschiedenen ↑Währungen aufgelegt werden, z.B. als schweizerische, deutsche, niederländische Tranche.

Transactional banking
Ausgestaltungskriterium der Bank-Kunden-Beziehung sind ↑Transaktionen. Aus Kundensicht rückt die langfristige Beziehung zur ↑Hausbank in den Hintergrund. Transaktionen werden aufgrund aktueller Konditionen mit dem jeweils günstigsten Institut getätigt. Aus Sicht der Bank kann dieser Entwicklung durch Massnahmen des ↑Relationship banking entgegen gewirkt werden. ↑Transaktionsbanken verfolgen hingegen die strategische Ausrichtung der Kostenführerschaft in transaktionsintensiven ↑Bankgeschäften wie beispielsweise dem ↑Zahlungsverkehr. Durch hohe ↑Transaktionsvolumen, automatisierte und optimierte Prozesse werden Skalenerträge generiert.

Transaction flow manager (TFM)
↑Global Straight Through Processing Association (GSTPA).

Transaction multiples
↑Market multiples.

Transaktion
In der ↑Bank- und ↑Börsensprache Ausdruck für ein Geld-, Effekten- oder anderes Finanzmarktgeschäft, verstanden als wirtschaftliche Handlung.

Transaktionsbank
Im Unterschied zum Outsourcing des Banken-Backoffice sind Wertschriften-Transaktionsbanken als eigenständige, profitable Geschäftseinheiten auf die effiziente Abwicklung von Wertschriften-Transaktionen spezialisiert. Die Reduktion der Fertigungstiefe der Banken und die Spezialisierung der Zulieferindustrie für das Wertpapiergeschäft erlauben es bei entsprechend grossen Volumina, weit kostengünstiger und effizienter als einzelne Banken zu produzieren. In diesem Sinne sind Transaktionsbanken eine Alternative zu Bankenfusionen, denen nicht zuletzt aus wettbewerbsrechtlichen Gründen Grenzen gesetzt sind. Die Beziehungen zu Kunden, die auf die Transaktionskosten fokussieren, werden als ↑Transactional banking bezeichnet.

Transaktionskommission
Eine Transaktionskommission wird von Finanzdienstleistern für das Ausführen einer individuellen ↑Transaktion verrechnet. Meistens ist die Transaktionskommission abhängig vom ↑Transaktionsvolumen, wobei normalerweise eine Minimalgebühr existiert. Die Struktur der Kommission ist im Weiteren abhängig vom Produkt, dem Markt und dem ↑Finanzintermediär, der die Transaktion ausführt. Transaktionskommissionen bilden eine Teilmenge der ↑Transaktionskosten.

Transaktionskosten
Kosten, die im Zusammenhang mit einer ↑Transaktion anfallen. Die Kosten müssen einen direkten Bezug zur effektiven Durchführung der Transaktion haben. Informationskosten zur Vorbereitung einer Transaktion sind keine Transaktionskosten. ↑Bankprovision; ↑Bankspesen; ↑Courtage; ↑Börsengebühren.

Transaktionsvolumen
Das Transaktionsvolumen kann in Mengen- oder Geldeinheiten ausgedrückt werden. In Mengeneinheiten ist das Transaktionsvolumen die Zahl der ↑Transaktionen. In Geldeinheiten ausgedrückt ist es die Zahl der Transaktionen multipliziert mit deren Preis.

Transfer
Vom lateinischen Begriff transferre = übertragen. Transferieren heisst, in fremder ↑Währung von und nach dem Ausland, bzw. von einem in ein anderes Währungsgebiet zahlen. Der Transfer erfolgt in der Regel in der Währung des Empfängerlandes.

Transferabkommen
↑Internationaler Zahlungsverkehr.

Transferable loan certificates (TLCs)
Durch wertpapierähnliche Titel übertragbare Kreditteilbeträge. TLCs gehören zu den ↑Transferable loan instruments (TLIs). TLCs sind eine besondere Ausprägung von Euro-Konsortialkrediten, bei denen eine eventuell gewünschte Übertragung von Kredittranchen vereinfacht wird. Dem TLC liegt eine Novation (↑Novation, Neuerung) zugrunde. Diese Begründung eines neuen Schuldverhältnisses, das an die Stelle des alten tritt, ist bereits im ↑Kreditvertrag vorgesehen. Mit der Übertragung durch Übergabe des Instruments erhält der Erwerber einen unmittelbaren rechtlichen Anspruch gegenüber dem ↑Kreditnehmer. Er trägt kein ↑Risiko des Ausfalls des Abgebenden wie etwa bei der Unterbeteiligung.

Transferable loan facilities (TLFs)
Nicht wertpapiermässig verbriefte übertragbare Kreditteilbeträge am Eurokreditmarkt. TLFs gehören zu den ↑Transferable loan instruments (TLIs). TLFs stellen eine besondere Ausprägung von Euro-Konsortialkrediten dar, bei denen eine eventuell gewünschte Übertragung von Kredittranchen vereinfacht wird. Die Einholung der Zustimmung der übrigen Konsorten und/oder des ↑Kreditnehmers, die bislang in der ↑Notifikation oder der ↑Abtretung erforderlich war, wird hinfällig. ↑Transferable loan certificates (TLCs).

Transferable loan instruments (TLIs)
Sammelbezeichnung für ↑Transferable loan facilities (TLFs) und ↑Transferable loan certificates (TLCs) am Euro-Kreditmarkt (Euro-Konsortialkredit). ↑Konsortialkredit, bei dem die Übertragung der Kreditforderungen vorgesehen und im Darlehensvertrag vereinbart ist. Mit der Übertragung der Kreditforderung, die registermässig erfasst wird, erwirbt der Käufer unmittelbar Rechte gegen den ↑Kreditnehmer. Die Grundidee ist, Kredite bzw. Kredittranchen handelbar zu machen.

Transfer agent
In den USA Übertragungsstelle für ↑Namenaktien. Diese entwertet das auf den Namen des Verkäufers ausgestellte Aktienzertifikat, ändert den Eintrag im Aktienregister und stellt ein neues auf den Namen des Erwerbers lautendes ↑Zertifikat aus und erbringt weitere Dienstleistungen für die Aktionäre, z.B. Abwicklung der Dividenden-Reinvestment-Pläne.

Transfergarantie
Die Deckung des ↑Transfer- und des Konvertierungsrisikos des Exporteurs für seine Erlöse durch eine Exportkreditversicherung (↑Exportfinanzierung), in der Schweiz gegebenenfalls durch die ↑Exportrisikogarantie (ERG) des Bundes.

Transferkredit
↑Rahmenkredit.

Transferrisiko
Risiko, dass vertraglich vereinbarte Zahlungen von einem Währungsgebiet in ein anderes infolge ↑Devisenrestriktionen des Schuldnerlandes nicht oder nur beschränkt erfolgen können. ↑Auslandrisiken; ↑Exportrisikogarantie; ↑Transfergarantie.

Transfer- und Zahlungsklausel
↑Auslandanleihe.

Transformationsfunktion der Banken
Die Banken üben eine Transformationsfunktion in zweierlei Hinsicht aus:
1. Sie formen kurzfristige Einlagen in langfristige Kredite (↑Bankkredit) um, was sich als ↑Fristentransformation umschreiben lässt

2. Sie bündeln zahlreiche kleinere Einlagen (↑Kundengelder) und gewähren damit grosse Kredite.
↑Intermediationsfunktion der Banken.

Transitorien
Veraltete Bezeichnung für Rechnungsabgrenzungsposten.

Transitorische Zinsen
↑Laufende Zinsen.

Transmissionsmechanismus
Es ist allgemein anerkannt, dass geldpolitische Impulse sich auf die Realwirtschaft und letztlich auf die Teuerung auswirken. Die Übertragung eines monetären Impulses vom Finanzsektor über die Realwirtschaft bis hin zur Teuerung ist komplex. Sehr vereinfacht ausgedrückt läuft der Transmissionsmechanismus wie folgt ab: Eine Änderung im Geldangebot ändert die ↑Zinssätze. Diese beeinflussen die Nachfrage nach Waren und Dienstleistungen. In der Folge reagiert die Produktion auf diese Nachfrageänderungen. Produktionsveränderungen und Beschäftigungswirkungen hängen eng zusammen. Letztlich sind Wirkungen auf das Preisniveau zu erwarten.

Transponierung
↑Kapitalgewinnbesteuerung, -steuer.

Transponierungstheorie
Steuerrechtlicher Begriff im Zusammenhang mit einer besonderen Form der Gründung von ↑Holdinggesellschaften. ↑Kapitalgesellschaft; ↑Nominalwertprinzip.

Transports
Kurzbezeichnung für den Dow Jones Transportation Index (DJTI). Er wird aus 20 Aktien der führenden Transportgesellschaften (Luftverkehr, Eisenbahn, Autotransport) der USA nach den gleichen Prinzipien wie der Dow Jones Industrial Index (↑Dow-Jones-Index) ermittelt.

Trassant
Aussteller eines gezogenen ↑Wechsels.

Trassat
↑Bezogener.

Trassierungskredit
Eine andere Bezeichnung für ↑Akzeptkredit.

Tratte
Bezeichnung für den gezogenen, nicht akzeptierten ↑Wechsel.

Travel-and-entertainment-Karten
↑Kreditkarten.

Travelers' check
↑Reisecheck, Travelers' Cheque; ↑Swiss Bankers Travelers Cheque (SBTC).

Treasurer (Allgemeines)
Der Treasurer ist im Rahmen des Finanzmanagements einer Unternehmung für die Planung und Sicherstellung der täglichen Zahlungsbereitschaft, die optimale Bewirtschaftung der flüssigen Mittel, die Fremdwährungstransaktionen, die Abwicklung von ↑Kapitalmarkttransaktionen, die Pflege der Beziehung zu den Banken, ↑Finanzanalysten und ↑Investoren, sowie das Credit management (Debitorenbewirtschaftung) zuständig.
Für Banken: ↑Treasury management.

Treasury
↑Treasury management.

Treasury bills
Englische Bezeichnung für Schuldverpflichtungen des amerikanischen Staates (auch ↑Schatzanweisungen, Schatzwechsel oder Schatzscheine genannt) mit einer ↑kurzfristigen ↑Laufzeit von 3–12 Monaten.

Treasury bonds
Englische Bezeichnung für Schuldverpflichtungen des amerikanischen Staates (auch ↑Schatzanweisungen, Schatzwechsel oder Schatzscheine genannt) mit einer ↑mittel- bis ↑langfristigen ↑Laufzeit von meist mehr als 10 und bis zu 30 Jahren. Treasury bonds werden in Obligationenform ausgegeben.
In der Schweiz werden vom Bund regelmässig ↑Obligationen der Schweizerischen Eidgenossenschaft mit einer mittel- bis langfristigen Laufzeit ausgegeben, deren Emissionspreis im Tenderverfahren (↑Bundestender) bestimmt wird.

Treasury management
Es gibt keine allgemeingültige Definition der Aufgaben des Treasury management. Je nach Unternehmung wird der Aufgabenbereich enger oder weiter gefasst. Speziell bestehen auch Unterschiede zwischen Banken und industriellen Unternehmungen im Treasury management.
Generell ist das Treasury management in der Unternehmenszentrale angesiedelt und entweder dem CFO oder direkt der Geschäftsleitung unterstellt. Das Treasury management strukturiert und bewirtschaftet in dieser Funktion die nicht an die Kundeneinheiten delegierten Finanzfunktionen. Dies sind Kernprozesse der Unternehmung, die direkt durch die Geschäftsleitung gesteuert werden können.
In diesem Sinne umfasst das Treasury management die Strukturierung und Bewirtschaftung der unter-

nehmensinternen, durch die Kundeneinheiten verursachten Geldströme, die Steuerung der ↑Refinanzierung und Anlage der Liquidität sowie die Bewirtschaftung des ↑Eigenkapitals inklusive die Transaktionen in ↑eigenen Aktien. Grundsätzlich sollten im Treasury management möglichst geringe ↑Markt- und ↑Kreditrisiken eingegangen werden, da dies im Normalfall keine Kernkompetenzen der Mitarbeiter sind. Der Mehrwert des Treasury management liegt in der optimalen Strukturierung von unternehmensweiten Prozessen und der Überprüfung von Strategien von Kundeneinheiten und falls notwendig deren Einbindung in eine optimale finanzielle Gesamtstrategie der Unternehmung.

1. Liquiditätsmanagement

↑Liquidität bedeutet, immer genug flüssige Mittel zu haben, um alle laufenden Zahlungsverpflichtungen zu erfüllen. Man unterscheidet drei Arten von Liquidität:
– die tägliche, operative Liquidität
– die Möglichkeit, sich zu refinanzieren und
– die Möglichkeiten, Aktiven zu verkaufen.

Das tägliche Liquiditätsmanagement kann Teil des Treasury management sein. Es wird aber teilweise auch durch Zahlungsverkehrsabteilungen und bei Banken durch Geldhandelsabteilungen ausgeführt. Während industrielle Unternehmungen beim Liquiditätsmanagement völlig freie Hand haben, sind Banken an die Liquiditätsvorschriften gebunden, die in der Verordnung zum Bankengesetz festgelegt sind.

Ebenso wichtig für die Liquidität ist ein Krisenkonzept. Dafür sollte in der Planung zwischen einer unternehmensspezifischen und einer allgemeinen Krise unterschieden werden. Es ist lebenswichtig für eine Unternehmung, in einer Krise rasch zu agieren und die notwendigen finanziellen Transaktionen vorbereitet zu haben. Mögliche Liquiditätsquellen sind feste Kreditzusagen, Back-up lines für Commercial-paper-Programme, Wertschriften als Collaterals und ↑Diskont- und Lombardkredite von ↑Zentralbanken.

2. Refinanzierung

Das Treasury management umfasst grundsätzlich auch die ↑Emission von unternehmenseigenen Anleihen. Dabei entscheidet das Treasury management über Zeitpunkt, Betrag, ↑Währung und ↑Laufzeit der Anleihen und auch über die Verbindung mit ↑Derivaten. Für die Unternehmung ist dies ein Instrument zur langfristigen Refinanzierung. Im kurzfristigen Bereich entscheidet das Treasury management zwischen der Aufnahme von ↑Bankkrediten und der Emission von Instrumenten im Geldmarkt, z.B. ↑Commercial papers oder ↑Certificates of deposits.

3. Bewirtschaftung des Eigenkapitals und der eigenen Aktien

Eigenkapital ist für die Unternehmung eine wertvolle, knappe Ressource. Die aktive Bewirtschaftung ist deshalb entscheidend. Wesentlich ist der Einsatz des Eigenkapitals innerhalb der Unternehmung, sei es zur Risikosteuerung, sei es im umfassenden Rahmen des Value based management oder sei es als blosses Refinanzierungsinstrument. Bei Banken legt der Regulator die minimale Höhe des Eigenkapitals im Verhältnis zu den Risiken fest; dabei sind dies momentan hauptsächlich Kredit- und Marktrisiken. Neben den Regulatoren und dem Bankenmanagement nehmen auch Gläubiger, Analysten, Ratingagenturen und Aktionäre zumindest indirekt Einfluss auf die Höhe der Eigenmittelquote. Bei industriellen Unternehmungen ist der Eigenkapitalisierungsgrad im Verhältnis zur Bilanzsumme bedeutend höher als bei Banken. Grund dafür ist, dass bei Banken ein grösserer Teil der Geschäfsaktivitäten in der Bilanz erfasst wird, was deren Bilanzsumme verlängert. Weitere Beweggründe sind das Streben nach strategischer Flexibilität und geringere Abhängigkeit von den Kreditgebern.

Massnahmen zur Steuerung der Höhe des Eigenkapitals sind traditionell die Kapitalerhöhung mit ↑Bezugsrecht für bisherige Aktionäre und die Dividendenausschüttungen. Neuere Instrumente sind Aktienrückkaufsprogramme, die Zuteilung von Aktien an Mitarbeiter oder ihr Einsatz als «Akquisitionswährung».

4. Refinanzierung der Tochtergesellschaften

Das Treasury management regelt die Gesamtheit der finanziellen Transaktionen der Tochtergesellschaften. Ein Hauptpunkt dabei ist, inwieweit eine Tochtergesellschaft selbst am Markt auftreten kann, sei es als Kreditnehmer oder durch die Emission von ↑Beteiligungspapieren. Im Innenverhältnis gilt es im Rahmen der gesamten Rechtsstruktur der Unternehmung die Kapitalausstattung der Tochtergesellschaften, die internen Refinanzierungen sowie die Politik der finanziellen Unterstützung der Tochter- durch die ↑Muttergesellschaft (Garantien usw.) zu bestimmen. Optimierungskriterien sind rechtliche und steuerliche Vorschriften, wobei die Führung nicht unnötig kompliziert werden soll.

5. Währungsmanagement

Bei international tätigen Unternehmen kann das Währungsmanagement einen bedeutenden Einfluss auf das Kapital und oder auf den Gewinn haben. Zwecks Bewirtschaftung unterscheidet man zwischen Transaction, Translation und Economic risk. Das Transaction risk entsteht, wenn Gewinn, Verlust und Kosten in verschiedenen Währungen zwischen verschiedenen Einheiten innerhalb der Unternehmung transferiert werden.

Ziel ist es, diese Risiken zu erkennen und durch entsprechende Strukturierung der Prozesse auf ein Minimum zu reduzieren. Das Translation risk ist ein Bewertungsrisiko, wenn innerhalb der Bilanz unterschiedliche Währungspositionen auf der Aktiv- und Passivseite bestehen. Ein währungsneutrales Riskmanagement versucht, Ungleichgewichte schon bei der Erfassung zu vermeiden. Das Economic-Währungsrisiko besteht darin, dass die Produktion in einem anderen Währungsgebiet stattfindet als der Verkauf.

6. Zinsrisikobewirtschaftung
Zinsrisiken sind in praktisch allen Finanztransaktionen enthalten, sei dies in ↑Finanzanlagen, Kundendebitoren, Lagerbeständen oder in Immobilien. Je nach Transaktion sind Zinssatz und -fälligkeit bekannt oder hängen vom Kundenverhalten ab. Alle diese unterschiedlichen Zinsrisiken müssen für eine gesamtheitliche Bewirtschaftung in ein Fälligkeitsprofil umgesetzt werden. Aufgabe des Treasury management ist es, diese zentrale Zinsposition dynamisch aufgrund der Prozesskenntnis, aber ohne allzu grosse Risiken zu steuern. Bei Banken wird diese Zinsposition als Bankbuchrisiko bezeichnet. Diese Art von Zinsrisikomanagement ist bei Nichtbankunternehmungen noch wenig verbreitet.
Rudolf Enderli

Treasury notes
Englische Bezeichnung für Schuldverpflichtungen des amerikanischen Staates (auch ↑Schatzanweisungen, Schatzwechsel oder Schatzscheine genannt) mit einer ↑mittelfristigen ↑Laufzeit von 1–10 Jahren. Treasury notes werden in Obligationenform ausgegeben.

Treasury stock
↑Eigene Aktien; ↑Stock.

Trend
Ein Trend ist eine teilrepetitive Folge von einer Verteuerung und einer Verbilligung eines Preises. Bei einem Aufwärtstrend bedeutet dies, dass jede Preissteigerung einen Teil der Verteuerung wieder preisgibt, jedoch weniger als die ganze Avance. Als Konsequenz dieser Definition ist das äussere Kennzeichen eines Aufwärtstrends eine Folge von Preissteigerungen zu neuen Höchstmarken, abgelöst durch Rückschläge, die oberhalb der Tiefstmarken des vorangegangenen Rückschlages wieder nach oben drehen (Reaktionspunkte). Ein Abwärtstrend ist gekennzeichnet durch eine sich abwechselnde Folge von tieferen Tiefstpreisen und tieferen Höchstpreisen.
Unterschieden wird zwischen primären, sekundären und tertiären Trends:
– Der *primäre Trend* wird als Haupttrend oder langfristiger Trend bezeichnet. Ein primärer Trend wird nicht durch seine Dauer oder sein Ausmass definiert, sondern durch seine Qualität. Ein primärer Trend ist immer durch die Umstände motiviert, daher breit abgestützt.
– *Sekundäre Trends* sind mittelfristiger Natur und auf Rückkoppelungen zurückzuführen: Positive Rückkoppelungen führen vorübergehend zu einer Beschleunigung der Preisbewegungen in Richtung des Trends (nach oben im primären Aufwärtstrend, nach unten im primären Abwärtstrend), negative Rückkoppelungen führen zu einer Rückkehr der ↑Kurse auf jenen Durchschnitt, der den um Rückkoppelungen bereinigten Verlauf des primären Trends darstellt (Reversion to the mean).
– *Tertiäre Trends* verhalten sich zu den sekundären Trends wie die sekundären zu den primären. Der Hintergrund eines Trends besteht darin, dass eine vorherrschende Vision der Zukunft von einer steigenden Zahl von Marktteilnehmern graduell akzeptiert und durch den Nachrichtenfluss bestätigt wird. ↑Dow-Theorie.
Alfons Cortés

Trendakzeleration
Die Trendakzeleration ist daran erkennbar, dass sich die Preisentwicklung beschleunigt, ist ausserordentlich weit von einem bis vor Eintritt der Beschleunigung repräsentativen ↑Moving average (MA) entfernt, begleitet von steigenden Umsätzen und lautstarker Kommentierung des Geschehens in populären Medien.

Trendanalyse
Analyse mit dem Ziel einer Mustervorhersage. Es stellt sich für die Analyse die Frage, geht der Trend auf unbestimmte Zeit weiter oder bildet sich eine ↑Trendumkehrformation aus.

Trendkanal
Trendkanäle bestehen aus zwei parallelen ↑Trendlinien. Im Aufwärtstrend verbindet die untere Trendlinie einen Tiefpunkt mit einem Reaktionspunkt, die obere, parallel verlaufende zwei Höchstpunkte. Im Aufwärtstrend verbindet die obere Trendlinie einen Höchstpunkt mit mindestens einem Reaktionspunkt, die untere, parallel verlaufende Linie zwei bisherige Tiefstpunkte. Die Parallel-Linien sollen die ↑Volatilität des ↑Trends eingrenzen. Trendkanälen sollte mit der gleichen Skepsis wie Trendlinien begegnet werden.
Alfons Cortés

Trendlinien
Trendlinien werden dadurch eingezogen, dass ein Tiefstpunkt (im Aufwärtstrend) oder ein Höchstpunkt (im Abwärtstrend) mit mindestens einem Reaktionspunkt verbunden wird. Als Faustregel gilt: Je häufiger ein Reaktionspunkt auf einer Trendlinie aufsetzt, umso signifikanter ist die Trendlinie. Trendlinien sind sehr rudimentäre Hilfsmittel in der ↑technischen Analyse. Ihr arbi-

trärer Charakter ist daran zu erkennen, dass sehr unterschiedliche Trendlinien gezogen werden können, sodass unterschiedliche Trendbrüche ausgemacht werden, und zwar nicht nur von einer Person zur andern, sondern am gleichen Objekt von einem Tag zum nächsten durch die gleiche Person. Überdies ist der Verlauf einer Trendlinie zwischen einem arithmetischen und halblogarithmischen ↑Chart verschieden.

Trendlinienanalyse
Einsatz einer oder mehrer Trendlinien zwecks ↑Trendanalyse.

Trendumkehrformation
In der Literatur über ↑technische Analyse werden zahlreiche Trendumkehrformationen mit z.T. exotischen Begriffen umschrieben. Der Hintergrund einer Trendumkehrformation ist entweder eine auf Dauer nicht haltbare Zunahme des Konsens hinsichtlich künftiger Kursentwicklungen unter den Marktteilnehmern oder eine Heterogenisierung der Zukunftshypothesen, d.h. eine Abnahme des Konsens verbunden mit einer Periode kontroverser Erwartungsbildungen.
Der erstgenannte Hintergrund führt zu einer ↑Trendakzeleration.
Die zweite Variante ist gekennzeichnet durch zeitraubende trendlose ↑Volatilität. Da sich in solchen Perioden die Kurse nicht mehr in ↑Trends bewegen, entstehen auf den ↑Charts Formationen, die typischen Charakter für Trendumkehrformationen haben. Die zwei wichtigsten sind bei der Umkehr von Aufwärtstrends die so genannten ↑Schulter/Kopf/Schulter-Formation, sowie die ↑M-Formation, bei der Wende von Abwärtstrends die inverse Schulter/Kopf/Schulter-Formation und die ↑W-Formation. *Alfons Cortés*

Trennbankensystem
Das Trennbankensystem ist das Gegenteil des Universalbankensystems. Es ist und war verbreitet in Grossbritannien und v.a. in den USA, wo der Glass Steagall wall des Banking act von 1933 das Trennbankensystem für zwingend erklärte.
Das Trennbankensystem verlangt, dass die Geschäftsbereiche Kommerz, ↑Investment banking und ↑Effektenhandel (Commercial banking, Investment banking und Securities dealer) durch verschiedene Gesellschaften ausgeführt werden und nicht innerhalb derselben Bank. Grund für die Einführung des Trennbankensystems waren unlautere Geschäfte der alten Wallstreet-Banken vor und im Zusammenhang mit dem Börsencrash von 1929 sowie in der Folge die vielen Zusammenbrüche von Kommerzbanken. Kommerzbanken sollten deshalb zu ihrem eigenen Schutz und zum Schutz der Einleger bzw. der ↑Federal deposit insurance corporation (FDIC) – vom Effektenhandel, und zwar vom Primär- und vom Sekundärhandel, ausgeschlossen sein, um nicht den Schwankungen und Unberechenbarkeiten des ↑Kapitalmarktes ausgesetzt zu sein.
Heute werden die Vorteile im Trennbankensystem einerseits mit der klaren Fokussierung auf eine Kernkompetenz und der Abwesenheit von Interessenkonflikten zwischen dem Investment banking und dem Kommerzgeschäft, aber auch dem ↑Private banking begründet, die in ↑Universalbanken mit ↑Chinese walls verhindert werden müssen. In einem reinen Trennbankensystem sind wenig bis keine Chinese walls zwischen den einzelen Bereichen nötig. Der Nachteil ist eine mangelhafte Diversifizierungsmöglichkeit, falls in einem Bereich Probleme auftreten. Dies hat die Krise der amerikanischen ↑Savings and Loan Associations deutlich gezeigt. Als sich die Zinsschere zwischen Hypothekar- und Sparzins immer weiter öffnete, gingen viele in Konkurs.
Weltweit entwickelt sich die Bankengesetzgebung seit längerem in Richtung Universalbank oder gar ↑Allfinanz. In den USA schuf der Bank holding company act von 1956 die erste Möglichkeit für Kommerzbanken, indirekt über eine ↑Holdinggesellschaft an Investmentbanken beteiligt zu sein. Die 80er- und 90er-Jahre brachten schrittweise Lockerungen bezüglich der Beteiligungsmöglichkeiten. Mit dem ↑Gramm Leach Bliley act von 1999 wurde der Glass Steagall wall aufgehoben, indem Kommerzbanken jetzt direkt Investmentbanken erwerben dürfen. ↑Glass Steagall act.
Sabine Kilgus

Tresor
↑Tresoranlage.

Tresoranlage
Tresoranlagen dienen der sicheren Aufbewahrung von Wertsachen, sowohl der Bank als auch ihrer Kundschaft. Die Sicherheit von Tresoranlagen hängt von folgenden Kriterien ab:
– *Mechanische Sicherung:* Ausmass und Konstruktion von Wänden, Decken, Böden, Panzertüren und Schlössern
– *Elektronische Sicherung:* Einbruch- und Überfallmeldeanlagen, Zutrittskontroll- und Überwachungssysteme
– *Organisatorische Massnahmen:* personelle Überwachungsdienste, Interventionskräfte, Öffnungszeiten, Zugangswege.
Die heute verfügbaren Werkzeuge erlauben es, praktisch jede Panzerung zu durchbrechen, sofern genügend Zeit zur Verfügung steht. Deshalb wurden aus einst einfachen Sicherheitskonzepten gegen Einbruch äusserst komplexe Sicherungssysteme entwickelt, die ständig dem neuesten Stand der Sicherheit und der Technik angepasst werden. Die Tresoranlage ist normalerweise in einen Kunden- und einen Banktresor unterteilt, oft mit separaten Zugängen.

Die Kundenschrankfächer (↑Schrankfach, Safes) werden in verschiedenen Grössen hergestellt. Jedes Fach ist mit zwei Schlössern ausgestattet, das eine wird mit dem Kundenschlüssel, das andere mit dem Bankschlüssel geöffnet. Anstelle der Bankschliessung mit dem Schlüssel werden zunehmend elektronische Systeme verwendet.

Eine Tresoranlage sollte an einer Lüfungsanlage angeschlossen sein, wobei der Konstruktion der Zu- und Abluftkanäle spezielle Beachtung zu schenken ist. Werden in einer Tresoranlage Kunstwerke oder Briefmarken deponiert, muss eine Regulierung der Luftfeuchtigkeit sichergestellt sein.

Tresor conjoint
↑Schrankfach.

Tresorerie
↑Treasury management.

Tresorerie des Bundes
↑Bundestresorerie.

Tresorfach
↑Schrankfach; ↑Tresoranlage.

Treueaktien
Um bei einem ↑Initial public offering (IPO) diejenigen Zeichner zu belohnen, die darauf verzichten, die ihnen zugeteilten ↑Aktien schon nach kurzer Zeit wieder mit Gewinn zu veräussern, werden diesen Anlegern nach Ablauf einer zum Voraus festgelegten Frist in einem bestimmten Verhältnis zum bisherigen Aktienbesitz ↑Gratisaktien zugeteilt.

Treuepflicht des Effektenhändlers
Eine der drei in BEHG 11 I ausdrücklich genannten Verhaltenspflichten des ↑Effektenhändlers (neben der ↑Informations- und der ↑Sorgfaltspflicht des Effektenhändlers). Diese Pflichten sind bereits im Zivilrecht verankert (einfacher Auftrag, OR 398 II), wobei dort die Informations- bzw. Aufklärungspflicht zur Treuepflicht gerechnet wird. Mit der ausdrücklichen Aufzählung im BEHG wird klargestellt, dass der Effektenhändler den Verhaltenspflichten auch unterworfen ist, wenn das konkrete Geschäft nach Zivilrecht nicht als Auftrag gilt.

Die Treuepflicht besagt, dass der Beauftragte bzw. der Effektenhändler seine eigenen Interessen denjenigen des Kunden unterordnen muss. Er darf aber auch nicht einen Kunden gegenüber anderen bevorzugen. Aus der Treuepflicht folgt in erster Linie, dass der Effektenhändler Interessenkonflikte nach Möglichkeit vermeiden soll. In zweiter Linie soll der Effektenhändler dafür sorgen, dass Interessenkonflikte, wie sie sich nicht vermeiden lassen, den Kunden nicht benachteiligen. Ist auch dies nicht möglich, so soll der Effektenhändler dies in dritter Linie wenigstens offen legen (Art. 8 der ↑Verhaltensregeln für Effektenhändler der Schweizerischen ↑Bankiervereinigung). Der Vermeidung von manifesten Interessenkonflikten dienen organisatorische Massnahmen, wie z.B. die Trennung von Eigenhandel und Kundenhandel und die Begrenzung des Informationsflusses (↑Chinese walls). Wo sich Interessenkonflikte, namentlich solche zwischen Kunden, nicht vermeiden lassen, können die strikte Beachtung des Gleichbehandlungsprinzips und des Prinzips der Zeitpriorität dafür sorgen, dass es nicht zu einer Benachteiligung einzelner Kunden kommt (Art. 9 und 10 der Verhaltensregeln). ↑Interessenkonflikte im Bank- und Effektenhandelsgeschäft.

Treugeber
Beim ↑Treuhandgeschäft derjenige, der einem andern, dem Treuhänder, Vermögenswerte zu ↑Eigentum übergibt mit der Abrede, dass dieser die Vermögenswerte nach seinen Weisungen und in seinem Interesse hält oder verwendet. Unter besonderen Umständen sieht die Treuhandvereinbarung vor, dass der Treuhänder das Treugut von einem Dritten erwerben und das Eigentum daran im Interesse des Auftraggebers ausüben soll. Auch in diesem Fall kann man den Auftraggeber des Treuhänders Treugeber nennen.

Treuhandanlagen
↑Treuhandgeschäfte der Banken.

Treuhanddepot
↑Depot, das sich der Kunde von der Bank auf seinen Namen eröffnen lässt, wobei er aber als Treuhänder für Rechnung eines Dritten, des sog. wirtschaftlich Berechtigten, handelt. ↑Treuhandkonten.

Treuhänder
↑Trustee; ↑Treuhandgeschäft; ↑Treuhandgeschäfte der Banken; ↑Baukredit; ↑Warenverpfändung.

Treuhandgelder
Treuhandgelder oder Treuhandfestgelder sind kurz-, selten mittelfristige Anlagen, die eine Bank in eigenem Namen, aber als Treuhänderin, also auf Rechnung und Gefahr ihres Kunden, bei einer anderen Bank im Ausland tätigt. Man spricht auch von Treuhandanlagen. ↑Treuhandgeschäfte der Banken.

Treuhandgeschäft
Das Treuhandgeschäft ist dadurch gekennzeichnet, dass eine Person (Treuhänder, Fiduziar) Sachen, Werte oder Forderungen zu vollem Recht (↑Eigentum) erwirbt und sich vertraglich verpflichtet, das Treugut im Interesse und auf Rechnung und Gefahr einer anderen Person (↑Treugeber, Fiduziant) nach

deren Weisungen zu halten, zu verwalten und zu verwenden. Gleich wie beim bevollmächtigten Vertreter geht sein rechtliches Können weiter als sein Dürfen, aber im Gegensatz zu diesem handelt der Treuhänder nach aussen hin in eigenem Namen. Dem Treuhänder wird eine stärkere Stellung eingeräumt, als es der Zweck des Geschäfts verlangt; dies setzt ein Vertrauensverhältnis zwischen Fiduziant und Fiduziar voraus. Das Treuhandgeschäft wird von Lehre und Rechtssprechung als gültig anerkannt; doch fehlt in der Schweiz eine gesetzliche Regelung.

Das Treuhandgeschäft kann der Sicherung des Fiduziars dienen (Sicherungstreuhand); für diesen Fall verwendet man vorzugsweise den Begriff des ↑*fiduziarischen Rechtsgeschäfts*.

Beim Begriff der *Treuhand* oder des *Treuhandgeschäfts* denkt man meistens an den Fall des Treugebers, der die Übertragung der Vermögenswerte auf den Treuhänder im eigenen Interesse vornimmt (Verwaltungstreuhand). Die Übertragung des vollen Rechts am Vermögen dient hier der Vereinfachung der Verwaltung (z. B. Erwerb von ↑Wertschriften im Namen der Bank, aber auf Rechnung des Kunden), manchmal der Verheimlichung (z. B. treuhänderische Gründung von Gesellschaften). Dient das Treuhandgeschäft der Umgehung von zwingenden Rechtsvorschriften, so ist es rechtswidrig und nichtig (BGE 72 II 73). Die Treuhandabrede wird von der herrschenden Lehre und von der höchstrichterlichen Rechtsprechung als Auftrag im Sinne von OR 394ff. qualifiziert (BGE 99 II 393). Der Treuhandvertrag erlischt mit dem Tod des Treuhänders, sofern vertraglich nichts anderes vereinbart wurde; das Treugut fällt in dessen Nachlass. Anders, wenn mehrere Treuhänder gemeinsam eingesetzt wurden; in diesem Fall wächst das Eigentum am Treugut den verbleibenden Treuhändern an. Fällt der Treuhänder in Konkurs, so steht dem Treugeber nach OR 401 ein Aussonderungsrecht nur zu, wenn es sich beim Treugut um Forderungen oder bewegliche Vermögenswerte handelt, die der Treuhänder für Rechnung des Treugebers von einem Dritten erworben hat (BGE 99 II 393ff., BGE 102 II 103ff.). Kein Aussonderungsrecht hat der Treugeber nach schweizerischem Recht bei Liegenschaften, die auf den Namen des Treuhänders im Grundbuch eingetragen sind, und wenn das Treugut aus beweglichen Sachen besteht, die der Treugeber selbst dem Treuhänder übergeben hat. Handelt es sich aber beim Treuhänder um eine Bank, so kann der Depotkunde seit dem 01.01.1997 bewegliche Sachen, ↑Effekten und Forderungen, die die Bank für seine Rechnung fiduziarisch hält, auf jeden Fall aussondern (BankG 16 I Ziff. 2 und 37b).

Steuerlich werden das Treugut und dessen Erträge dem Treugeber als dem wirtschaftlichen Eigentümer zugerechnet. Das Treuhandverhältnis wird vom Fiskus indessen nur berücksichtigt, wenn ein schriftlicher Treuhandvertrag vorliegt, der den Anforderungen des Merkblatts der Eidg. Steuerverwaltung vom Oktober 1967 entspricht. Schaltet sich bei ↑Darlehen und anderen Krediten oder bei Festgeldanlagen im Ausland eine Bank als Treuhänderin für den ↑Kreditgeber oder Anleger ein (↑Treuhandgeschäfte der Banken), so muss sie bei der Weiterleitung der Erträgnisse an ihren Kunden keine ↑Verrechnungssteuer abziehen. Der Treuhänder hat anderseits keinen eigenen Anspruch auf Rückforderung der von den Erträgnissen des Treugutes beim Kreditschuldner abgezogenen Verrechnungssteuer (Art. 61 der Vollziehungsverordnung zum VStG).

Eine besondere Form des Treuhandgeschäfts ist der im anglo-amerikanischen Rechtskreis beheimatete ↑Trust.

Treuhandgeschäfte der Banken

Treuhänderische Beziehungen entstehen im Bankverkehr, wenn die Bank als Treuhänderin ihres Kunden auftritt (↑Treuhandgeschäft). Dies kann im Interesse der Bank (Sicherungstreuhand, ↑fiduziarisches Rechtsgeschäft im engeren Sinn) oder im Interesse des Kunden geschehen. Von Treuhandgeschäften spricht man im Bankverkehr nur im zweiten Fall.

1. Treuhandanlagen
Bei den Treuhandanlagen geht es um Guthaben, meistens ↑Festgelder, die von der Bank in eigenem Namen aber auf Rechnung und auf Gefahr des Kunden bei Dritten – vor allem Drittbanken im ↑Euromarkt – angelegt werden. Die Bank belastet das Kontokorrent des Kunden mit der Summe, die sie aufwenden musste, um die Anlage beim Dritten vorzunehmen. Sie schreibt einem auf den Namen des Kunden in ihren Büchern eröffneten Treuhandkonto (Treuhand-Festgeldkonto) einen Betrag in der Höhe ihrer eigenen Anlage in der entsprechenden Währung gut. Da der Kunde das Risiko trägt, schuldet ihm die Bank unter diesem Konto nur diejenigen Beträge, die ihr selbst aus ihrer Anlage zurückfliessen. Für Schäden aus der Insolvenz des Dritten, bei dem die Anlage vorgenommen wurde, haftet die Bank ihrem Kunden nur, wenn sie selber die Auswahl des Dritten besorgt und dabei unsorgfältig gehandelt hat. Eingenommene Zinsen leitet die Bank unter Abzug einer zum voraus festgesetzten Treuhandkommission, aber ohne Abzug der ↑Verrechnungssteuer, an den Kunden weiter. Gerät die Bank selbst in Konkurs, so kann der Kunde die Aussonderung der Forderung der Bank verlangen (OR 401, BGE 99 II 393ff.). Unklar ist, ob BankG 16 I Ziff. 2 (in Kraft seit 01.01.1997) eine Aussonderung von Rückzahlungen erlaubt, welche die Bank vor der Insolvenz entgegengenommen, aber nicht getrennt von eigenem Vermögen verwaltet hat. Da die Forderung der Bank im Falle der Aussonderung mit allen Einre-

den belastet auf den Kunden übergeht, muss dieser damit rechnen, dass der Dritte allfällige Gegenforderungen gegen die insolvente Bank auch ihm gegenüber zur ↑Verrechnung bringen kann. Dieser Fall kann namentlich dort eintreten, wo die Bank dem Dritten nicht offen gelegt hat, dass sie die Anlage in treuhänderischer Funktion vorgenommen hat.

Treuhandanlagen hatten in den 70er- und 80er-Jahren grosse Bedeutung. Die Beliebtheit der Treuhandanlagen beruhte auf der Anonymität der Anlage und auf der Tatsache, dass die Erträgnisse von der eidgenössischen Verrechnungssteuer befreit sind, wenn bestimmte Voraussetzungen beachtet werden: schriftlicher Vertrag, gleiche Bedingungen für den ↑Treugeber wie für den Geldnehmer, Ausschaltung des Währungs-, Transfer- und Delkredererisikos (↑Auslandrisiken) für die Bank, ungekürzte Weiterleitung der vereinnahmten Erträgnisse an den Treugeber, Belastung einer Kommission von nicht mehr als 1%. Mit dem Rückgang der Zinsen am Eurogeldmarkt haben die Treuhandanlagen einen grossen Teil ihrer Attraktivität für die Kundschaft verloren.

2. Treuhandkredite
Nach dem selben Prinzip wie bei den Treuhandanlagen gehen Banken vor, wenn sie in treuhänderischer Eigenschaft für Rechnung und Gefahr eines Kunden einem Dritten einen ↑kommerziellen Kredit aussetzen. Im Gegensatz zur Treuhandanlage geht es hier aber nicht um ein Routinegeschäft. Auch ist der wirtschaftliche Auslöser solcher Geschäfte nie der Anlagebedarf des Kunden, sondern der Kreditbedarf des Dritten, den der Kunde der Bank auf eigene Gefahr befriedigen will, ohne aber nach aussen hin als Geldgeber in Erscheinung zu treten. Die Bank wird ihre Mitwirkung davon abhängig machen, dass ihr Dazwischentreten und die Verdeckung der Identität des Risikoträgers nicht gegen gesetzliche Vorschriften (z. B. ↑Offenlegungspflichten) verstösst. Wirtschaftlich ist das Verhältnis der Bank zum Kunden dem ↑Kreditauftrag verwandt.

3. Fiduziarischer Erwerb von Beteiligungsrechten
Von einem Treuhandgeschäft der Bank lässt sich auch sprechen, wenn die Bank für den Kunden nach aussen hin als Erwerberin von Beteiligungsrechten auftritt, insbesondere wenn sie sich an Stelle des Kunden im Aktienbuch einer Gesellschaft als Aktionär eintragen lässt (↑Fiduziarische Eintragung).

Treuhandkonten
Der Ausdruck wird in zwei Bedeutungen verwendet:
1. *Gewöhnliche Konten und Depots,* die sich der Kunde der Bank als Treuhänder, d. h. auf seinen Namen, aber für Rechnung eines Dritten eröffnen lässt (↑Treuhandgeschäft). Das interne Verhältnis zwischen ↑Treugeber und ↑Treuhänder berührt die Bank zivilrechtlich nicht. Gegenüber der Bank ist allein der Treuhänder als Kunde legitimiert; die Bank ist aber nach öffentlichem Recht und Standesrecht zur Feststellung des wirtschaftlich berechtigten Dritten verpflichtet, d. h. der Kunde muss dessen Identität gegenüber der Bank offen legen (↑Vereinbarung über die Standesregeln zur Sorgfaltspflicht der Banken). Gelegentlich wird auf Wunsch des Kunden auch in der Bezeichnung des Kontos auf das Treuhandverhältnis hingewiesen (z. B. Konto Hans Meier, Rubrik Eva).
2. *Bankkonten,* die Ansprüche des Kunden aus Treuhandanlagen oder aus Treuhandkrediten enthalten, welche die Bank als Treuhänderin für seine Rechnung vorgenommen oder gewährt hat (↑Treuhandgeschäfte der Banken).

Trigger rate
Englische Bezeichnung für kritischer Zinssatz. Bezeichnung am Eurokapital- und am Eurokreditmarkt für den (kritischen) ↑Zinssatz, bei dem vereinbarungsgemäss eine variabel verzinsliche Verbindlichkeit in eine festverzinsliche übergeht. ↑Drop lock clause.

Triple-A (-B, -C)
↑Rating.

Triple witching hour
↑Geisterstunde.

True and fair view
Synonym dazu wird ↑Fair presentation oder getreue Darstellung verwendet. True and fair view ist ein Grundsatz der Rechnungslegung. Er verlangt die Anwendung der im Rahmenkonzept der IAS (↑International Accounting Standards) aufgestellten qualitativen Anforderungen an den Jahresabschluss, wie Verständlichkeit, Relevanz der vermittelten Informationen für die ↑Investoren, Wesentlichkeit, Verlässlichkeit, glaubwürdige Darstellung, Willkürfreiheit. Mit diesen Grundsätzen ist die Bildung und Auflösung von ↑stillen Reserven nicht vereinbar. Das True-and-fair-view-Konzept ist für den ↑Konzernabschluss der Banken zwingend (BankV 25d), ebenso für die Jahresabschlüsse der börsenkotierten Gesellschaften (Kotierungsreglement der SWX 66 f.).

TRUFs
Abk. f. Transferable revolving underwriting facilities. ↑Revolving underwriting facilities (RUFs).

Trust
Der Begriff Trust wird unterschiedlich verwendet:
– Allgemein: eine treuhandähnliche Institution des anglo-amerikanischen Rechts

– Kartellähnliche Institution; Kartell. In diesem Sinn wird das Wort heute abgesehen vom Begriff der Anti-Trustgesetzgebung (USA) kaum mehr verwendet
– ↑Investment trust; früher gebräuchlicher Ausdruck für ↑Anlagefonds.

1. Der Trust als Institution des anglo-amerikanischen Rechts

Unter einem Trust übt jemand (der ↑Trustee) das ↑Eigentum oder andere Rechte an bestimmten Vermögenswerten in eigenem Namen, aber im Interesse eines Begünstigten oder einer Mehrzahl von Begünstigten (Beneficiary, beneficiaries) aus. Dabei gelten anders als bei kontientaleuropäischen Treuhandverhältnissen auch die Begünstigten als Eigentümer; ihre Rechte am Treugut sind nicht nur vertraglicher, sondern dinglicher Natur; sie können z.B. das Treugut im Konkurs des Trustee aussondern.

Die Parteien eines Trust sind Settlor, Trustee und Beneficiary. Der Settlor ist der Errichter des Trust. Er überträgt das Treugut (Trust property, Trust funds), meistens Grundstücke oder ↑Wertschriften, auf den Trustee. Dieser hält und verwaltet das Treugut in eigenem Namen gemäss den Bestimmungen der Trusturkunde (Trust deed). Statt einem einzigen Settlor können mehrere Settlors auftreten und oft werden mehrere Trustees ernannt. Die Beneficiaries sind die aus dem Trust begünstigten Personen; sie können ihre Ansprüche gegenüber dem Trustee gerichtlich durchsetzen; ebenso können sie unter bestimmten Umständen das Treugut von Dritten herausverlangen, wenn der Trustee darüber zu Unrecht verfügt hat. Wichtig ist die Unterscheidung in Strict (Instrumental) trust und Discretionary trust; jener lässt dem Trustee keinen Ermessensspielraum in der Ausübung seiner Kompetenzen; bei diesem entscheidet der Trustee nach freiem Ermessen, ob und an welche der Beneficiaries er Leistungen erbringen will. In einem Discretionary trust sind die Rechte der Beneficiaries somit bloss anwartschaftlicher Natur. Der Trust kann widerruflich oder unwiderruflich errichtet werden (Revocable trust, Irrevocable trust).

Das Institut des Trust ist wegen der Möglichkeit der Errichtung eines Revocable trust und wegen des Umstands, dass der Settlor auch Trustee und Beneficiary sein kann, ausserordentlich flexibel. Er kann vielen Zwecken dienen und erspart die mit der Gründung und Verwaltung einer ↑juristischen Person verbundenen Umtriebe. Im Vordergrund stehen Vermögensbindungen zu Gunsten der Familie (Family trust), insbesondere zu Gunsten der Ehefrau und der Nachkommen im Todesfall sowie Vermögensbindungen zu Gunsten der Mitarbeiter eines Unternehmens (Pensionskasse). Wichtige Aufgaben erfüllt der Trust auch im Recht der Personengesellschaften, wo er dafür sorgen kann, dass das Gesellschaftsvermögen dem Zwecke der Gesellschaft erhalten bleibt; insofern erfüllt er hier oft eine Funktion, die in den kontinentaleuropäischen Rechten nur über die Errichtung einer juristischen Person erreicht werden kann. Schliesslich sind die Charitable trusts von Bedeutung, die zum Teil grosse Vermögen wohltätigen oder gemeinnützigen Zwecken widmen. Der Voting trust, ein Begriff des amerikanischen Rechts, entspricht unserem Stimmbindungsvertrag (↑Aktionärbindungsvertrag) mit dem Unterschied, dass die Aktien auf den Trustee übertragen werden.

2. Das schweizerische Recht und der Trust

Im Gegensatz zum liechtensteinischen Recht kennt das schweizerische Recht kein dem anglo-amerikanischen Trust vergleichbares Institut. Der Unterschied von anglo-amerikanischem Trust und dem Treuhandverhältnis nach schweizerischem Recht zeigt sich unter zwei Aspekten:

– *Selbstbindung:* Wer nach schweizerischem Recht einen Teil seines Vermögens auf einen Treuhänder überträgt, tut dies nach den zwingenden Regeln des Auftragsrechts auf Widerruf (OR 404). Eine dauerhafte Selbstbindung oder gar eine definitive Entäusserung der Vermögenswerte zu Gunsten eines bestimmten Zwecks lässt sich auf diesem Weg nicht erreichen. Mit der Errichtung eines Trusts kann sich der Settlor in einem der Mehrzahl der kontinentaleuropäischen Rechte unbekannten Ausmass einer Selbstbindung unterwerfen, ohne deswegen die Herrschaft über sein Vermögen ganz aufgeben zu müssen. Der unter den kontinentaleuropäischen Rechten in einzelnen Fällen nahe liegende Umweg über die Errichtung einer juristischen Person (z.B. Aktiengesellschaft, Stiftung) ist kein vollwertiger Ersatz für den Trust, denn er setzt insbesondere im Fall der Stiftung eine definitive Entäusserung des betreffenden Vermögens voraus, was dem Willen der Beteiligten nicht immer entspricht.

– *Trennung der Vermögensmassen:* Nach dieser Richtung ist die Rechtsstellung des Treugebers nach schweizerischem Recht im Verhältnis zum Treuhänder und zu Dritten weniger stark als die eines Settlor oder eines Beneficiary unter einem anglo-amerikanischen Trust: Der Treugeber, der nach schweizerischem Recht Vermögenswerte auf einen Treuhänder überträgt, verliert das Eigentum; er hat gegen den Treuhänder nur einen obligatorischen Anspruch und kann das Treugut unter Vorbehalt bestimmter Ausnahmen in der Insolvenz des Treuhänders nicht aussondern. Auch kann er das Treugut nicht von Dritten herausverlangen, wenn es vom Treuhänder abredewidrig veräussert wird. Dem gegenüber bildet die Trust property eine separate Vermögensmasse, die den gewöhnlichen Gläubigern des Trustee nicht haftet. Sie fällt auch beim Tode des Trustee nicht in dessen Nachlass.

3. Eröffnung von Bankkonten für Trusts

Konten für Vermögenswerte eines nach anglo-amerikanischem Recht errichteten Trusts werden von schweizerischen Banken nicht auf den Namen des Trust, sondern auf den Namen des oder der Trustees eröffnet, in der Regel mit einem Zusatz (Rubrik), der auf das Trustverhältnis hinweist. In der Regel verlangt die Bank das Rechtsgutachten (↑Legal opinion) eines vertrauenswürdigen, unter der massgebenden Rechtsordnung praktizierenden Rechtsanwalts, das bestätigt, dass der Trustee im Verhältnis zu Dritten frei über das Trustvermögen verfügen kann und bei mehreren Trustees angibt, ob Einzel- oder Kollektivzeichnungsrecht besteht. Gelegentlich wird auch ein Einblick in die Trusturkunde verlangt; dieser Schritt erhöht aber das Risiko, dass die Bank im Falle der Veruntreuung des Trustvermögens durch den Trustee als bösgläubig gilt und von den Beneficiaries zur Verantwortung gezogen werden kann. Aus ähnlichen Gründen lehnen es Banken oft ab, für Trustvermögen Vermögensverwaltungsmandate entgegenzunehmen. Als ↑*wirtschaftlich Berechtigte* sind im Formular A gemäss Art. 3 und 4 VSB bei Revocable trusts der Settlor und bei Irrevocable trusts die Beneficiaries aufzuführen; handelt es sich im zweiten Fall um einen Discretionary trust, so ist anstelle der in der VSB vorgesehenen Feststellung des wirtschaftlich Berechtigten vom Trustee (Vertragspartner) eine schriftliche Erklärung zu verlangen, welche die Tatsache bestätigt, dass es sich um einen Discretionary trust handelt; ferner sind Angaben zu machen über die Identität des effektiven (d. h. nicht treuhänderisch auftretenden) Settlors und, falls bestimmbar, der Personen, die dem Trustee oder seinen Organen gegenüber instruktionsberechtigt sind, sowie über den Kreis der Personen, die als ↑Begünstigte in Frage kommen (kategorieweise, z. B. Familienangehörige des Settlors). Sind neben dem Trustee weitere Verantwortungsträger wie Kuratoren, Protektoren usw. vorhanden, so sind sie in der Erklärung aufzuführen (Rz. 39 und 40 VSB).

4. Anerkennung ausländischer Trusts im schweizerischen Recht

Da das schweizerische Recht kein dem anglo-amerikanischen Trust in Funktion und rechtlicher Ausgestaltung vergleichbares Institut kennt, bereitet die Adaptation eines Trust auf schweizerische Verhältnisse Schwierigkeiten. Dies gilt namentlich für Auseinandersetzungen im Innenverhältnis Settlor–Trustee–Beneficiary. Eine klare Regelung zur Bestimmung der Rechtsordnung, dem ein nach anglo-amerikanischem Modell errichteter Trust nach schweizerischer Auffassung untersteht, ist dem schweizerischen Gesetz nicht zu entnehmen. Dem Haager Übereinkommen über das auf Trusts anwendbare Recht und ihre Anerkennung vom 01.07.1985, in Kraft seit dem 01.01.1992, ist die Schweiz bisher nicht beigetreten. Mit einem Beitritt würde aus schweizerischer Sicht die Bestimmung des auf einen ausländischen Trust anwendbaren Rechts vereinfacht, und das schweizerische Recht würde damit auch bestimmte Rechtswirkungen eines nach ausländischem Recht errichteten Trust ausdrücklich anerkennen. In schweizerischen Bank- und Juristenkreisen scheint die frühere Skepsis gegenüber der Anerkennung der Rechtswirkungen eines nach ausländischem Recht errichteten Trust einer zunehmenden Akzeptanz Platz zu machen. Das Eidgenössische Justiz- und Polizeidepartement hat 1999 bei einem Experten ein Gutachten über die Wünschbarkeit eines Beitritts zum Haager Übereinkommen vom 01.07.1985 angefordert. *Christian Thalmann*

Trust company

Unter Trust company versteht man in den USA eine Bank, die neben der eigentlichen Banktätigkeit auch ↑Treuhandgeschäfte im weitesten Sinne besorgt.

Trustee

Englische Bezeichnung für Treuhänder, der entweder die Verwaltung von Vermögensrechten zu Gunsten von Dritten innerhalb eines ↑Trust wahrnimmt, an dem nach angelsächsischem Recht sowohl der Treuhänder (Trustee) als auch die Begünstigten (Beneficiaries) ↑Eigentum haben, oder der bei einer ↑Auslandanleihe oder einer European medium term note (EMTN) die Interessen der Anleihensgläubiger vertritt. Ein Trustee bei Auslandanleihen ist normalerweise eine ausschliesslich auf diese Aufgaben spezialisierte und dafür zugelassene Bank, die im Zeitpunkt der ↑Emission vom Anleihensschuldner vertraglich in diese Rolle eingesetzt wird. Der Trustee kann dabei nicht zugleich auch ↑Zahlstelle (sog. ↑Fiscal agent) sein. Anders als der Vertreter der Anleihensgläubiger im Sinne von OR 1157 ff. wird der Trustee erst aktiv, wenn eine in den Anleihensbedingungen prozentual bestimmte, grosse Anzahl Gläubiger dies verlangt und ihn spezifisch für diese Aufgaben beauftragt. Die Einflussmöglichkeiten und damit auch das Rechtsrisiko eines Trustee sind daher gering. Neben hohen Kosten ist dies der beschränkte Macht des Trustee der Hauptgrund, weshalb in der Praxis bei Unternehmensumstrukturierungen Trustees meist überhaupt nicht und bei Sanierungen selten oder erst spät in Erscheinung treten. *Felix M. Huber*

Trust receipt

Trust receipt, auch Letter of lien («Pfandrechtbrief») genannt, ist eine Erklärung des Importeurs gegenüber der das Geschäft finanzierenden Bank, wonach diese auch nach Übergabe der Warendokumente (↑Konnossemente) Eigentümerin der

Ware bleibt. Der Kunde erhält die Ware also nur treuhänderisch von der Bank, die darüber jederzeit frei verfügen kann.

Trustzertifikat
↑Anlagefonds.

TSE 300 Composite Index
Der *TSE 300 Composite Index* ist der Gesamtmarktindex der *Toronto Stock Exchange (TSE)*. Der Index enthält eine feste Anzahl von 300 Aktien und wird nach der streubesitzadjustierten Börsenkapitalisierung gewichtet. Neben dem TSE 300 Composite wird der *Standard & Poor's (S&P)/TSE 60* als Blue-chip-Index berechnet. Der S&P/TSE 60 enthält eine feste Anzahl von 60 Titeln und dient als Grundlage für Indexfutures. Sowohl der TSE 300 Composite als auch der S&P/TSE 60 sind Kursindizes, d.h. ↑Kursabschläge nach regulären Dividendenzahlungen werden nicht korrigiert.
Links: www.tse.com

TSN
Abk. f. ↑The settlement network (TSN).

Turnaround financing
↑Restrukturierung; ↑Private equity.

Turn-around-Wert
↑Aktien einer Gesellschaft, für die aufgrund einer Umstrukturierung oder durchgeführten ↑Sanierung ein günstiger Kursverlauf erwartet wird.

Turn over
↑Kapitalumschlag.

Two-tier syndication
Englische Bezeichnung für zweistufige Syndizierung, im Hinblick auf die Platzierung von Anleihen oder ↑Aktien am Euro-Kapitalmarkt. Innerhalb eines Two-tier-Syndikats haben einzelne ↑Banken oder ↑Effektenhändler als Syndikatsmitglieder unterschiedliche Stellungen (z.B. als Mitglieder einer ↑Selling group), tragen ein unterschiedliches Platzierungsrisiko und erhalten dementsprechend auch andere Kommissionen.

Überbrückungskredit
↑Betriebskredit.

Überbund
Schweizerischer Ausdruck für ↑Pfandschuldübernahme.

Überfällige Kredite
Überfällige Kredite sind Ausleihungen, bei denen die ↑Kapitalrückzahlung aufgrund des aktuell gültigen ↑Kreditvertrages oder entsprechenden ↑Kündigungen nach 90 Tagen nicht vollumfänglich geleistet worden ist (terminierte oder gekündigte Ausleihungen). Nicht dazu gehören ausstehende, ordentliche ↑Amortisationen auf Hypotheken und ↑Darlehen. Diese fallen unter ↑Non performing loans.

Übergewichten
Empfehlung in der ↑Finanzanalyse, die einem ↑Strong buy entspricht.

Überkapitalisierung
Überhöhte Ausstattung einer Unternehmung mit ↑Eigenkapital. Weil eine Überkapitalisierung den ↑Shareholder value beeinträchtigt, wird diese im Allgemeinen durch bewusste Massnahmen – z.B. durch ↑Nennwertrückzahlung oder Rückkauf von ↑Aktien – abgebaut.

Übernahmekonnossement
↑Konnossement (Bill of lading).

Übernahme (Rechtliches)
↑Übernahmegesetzgebung.

Übernahme, wirtschaftliche
Vielfältige Motive sind Anlass zu einer Firmenübernahme *(↑Mergers and acquisitions)* und damit eines Unternehmungszusammenschlusses. Eine Firmenübernahme bietet oft eine Möglichkeit zu bedeutenden Kosteneinsparungen durch Betriebsvergrösserung *(Economies of scale, Degressionseffekt)* oder durch gemeinsame Herstellung eines verwandten Leistungsprogramms *(Economies of scope)*. Angesichts der hohen Kosten für die Neuentwicklung von Produkten und die Erschliessung neuer Märkte kommt der Kauf einer bestehenden Unternehmung oft günstiger zu stehen als eigene Forschung und Bemühungen zur Eroberung von Marktanteilen. Naturgemäss stehen dabei vor allem Zusammenschlüsse innerhalb der gleichen Branche auf der gleichen Produktions- und Handelsstufe im Vordergrund *(horizontaler Zusammenschluss)*. Im Finanzsektor führen die gemeinsame Erstellung und der Vertrieb von Bank- und Versicherungsdienstleistungen *(Allfinanz-Konzept [↑Allfinanz])* zu Unternehmungszusammenschlüssen in recht unterschiedlichen Varianten, die von der rein vertraglichen Kooperation bis zur echten ↑Fusion reichen. Bei *technologiekonzentrischen Übernahmen* decken sich Forschung und Entwicklung oder gleiche Produktion, jedoch mit unterschiedlichen Kundengruppen (z.B. Feinchemikalien für pharmazeutische und auch für kosmetische Produkte). Zur Verminderung des wachsenden Unternehmungsrisikos infolge der verschärften Konkurrenz (Preis- und Neuheitenwettbewerb) kann die Unternehmungstätigkeit durch *heterogene oder konglomerate Zusammenschlüsse* diversifiziert werden. In den letzten Jahren hat das Diversifikationsmotiv jedoch an Bedeutung verloren, nachdem neuerdings die Fokussierung auf die Kernaktivitäten angestrebt wird.

In Familienunternehmungen ist das ungelöste *Nachfolgeproblem*, hervorgerufen z.B. durch Krankheit des Firmeninhabers oder Fehlen eines familieneigenen Nachfolgers, Anlass zur Eingliederung in einen grösseren Unternehmungsverband. Auch wirtschaftliche Schwierigkeiten können den Zusammenschluss mit einem finanzkräftigen Partner nahe legen, eine Erscheinung, die vor allem in den 90er-Jahren bei Banken zu beobachten war. Besonders problembehaftet sind Zusammenschlüsse zu *Sanierungszwecken*. Sie stellen daher hohe Anforderungen an alle beteiligten Partner. Die Lösung von *Agency-Problemen* als Motiv von Unternehmungszusammenschlüssen dürfte dagegen vorwiegend in der amerikanischen Praxis relevant sein. Eine Verschiebung in den Stimmrechtsverhältnissen kann jedoch hier zu Lande ein hin und wieder nicht unerwünschter Nebeneffekt einer Fusion sein. Ein nicht gerade rühmliches Übernahmemotiv ist das sog. ↑*Asset stripping*. Die zu erwerbende Firma wird nicht aus produktions- oder absatzwirtschaftlichen Überlegungen erworben, sondern in der spekulativen Absicht, deren Produktion vollständig oder teilweise stillzulegen und den Grundbesitz möglichst günstig zu veräussern. Auch subjektive Motive können zu einer Übernahme führen (Steigerung der Machtstellung des Managements, Prestige, Reiz der Grösse, Managerial empire building usw.). Betriebswirtschaftliche Überlegungen können auch die rechtliche Form von Übernahmen wie Kauf des gesamten ↑Aktienkapitals oder nur der Mehrheit (↑Share deal), Kauf von einzelnen Aktiven und Passiven (↑Asset deal), Übernahme durch Aktientausch (Quasi-Fusion), unechte Fusion, Annexion oder eher selten Kombination beeinflussen.

Empirische Untersuchungen zeigen, dass im Allgemeinen mehrere Motive für einen Unternehmungszusammenschluss massgebend sind und sich keine eindeutigen Trennungslinien zwischen den einzelnen Fusionsmotiven ziehen lassen. Umstritten ist der ökonomische Erfolg von Firmenübernahmen. Enttäuschungen für alle ↑Stakeholders sind nach einer Übernahme nicht selten, ebenso, dass teuer erworbene Unternehmungen nach einigen Jahren mit Verlust wieder abgestossen oder stillgelegt werden. Vor allem Zusammenschlüsse als Mittel zur ↑Diversifikation erweisen sich als risikoträchtig. Die Ergebnisse von verschiedenen Untersuchungen über den Erfolg von Unternehmungszusammenschlüssen stimmen in der Erfolgs- bzw. Misserfolgsquote nicht überein. Die Erfahrung zeigt jedoch, dass sich die Übernahme vor allem für die Eigentümer der übernommenen Unternehmung auszahlt, während die Aktionäre der übernehmenden Unternehmung mehrheitlich sogar eine Verminderung des ↑Marktwertes ihres ↑Investments in Kauf nehmen müssen.   *Max Boemle*

Übernahmeangebot
↑Öffentliches Kaufangebot; ↑Pflichtangebot.

Übernahmegesetzgebung
Die Gesetzgebung zur Regelung von Übernahmeangeboten wird im Folgenden für die Schweiz und in einer rechtsvergleichenden Übersicht für die Europäische Union, die EU-Mitgliedstaaten Deutschland und England sowie die USA beschrieben.

1. Schweiz
Die Gesetzgebung zur Regelung von Übernahmeangeboten findet sich im BEHG und in den verschiedenen, teilweise umfangreichen Ausführungserlassen BEHV, BEHV-EBK, BEHV-UEK, UEV-UEK und im Reglement der Übernahmekommission (UEK). Angesichts der zahlreichen Ausführungserlasse musste das BEHG zeitlich gestaffelt, nämlich mit einem ersten Teil («Allgemeine Bestimmungen», «Börsen» und «Effektenhändler») auf den 01.02.1997 und mit den übrigen Bestimmungen («Offenlegung von Beteiligungen» und «↑Öffentliche Kaufangebote») auf den 01.01.1998 in Kraft gesetzt werden. Die Übernahmegesetzgebung ist öffentlich-rechtlicher und privatrechtlicher Natur zugleich. Die meisten Regeln (mit Ausnahme des «↑Opting out» und «↑Opting up») sind zwingend und nicht der Parteivereinbarung zugänglich. Die Rechtsetzungssystematik und Regelungstechnik der Ausführungserlasse ist aus historischen Gründen und wegen der selbstregulatorischen Natur («Disparität») des BEHG komplex, ja sogar teilweise doppelspurig, was aber in der Praxis wenig Probleme bietet. Das BEHG wurde, erstmalig für die Schweiz, als Rahmengesetz nach dem Prinzip der ↑Selbstregulierung erlassen, sodass seine Ausführungsbestimmungen durch die Marktteilnehmer erarbeitet werden mussten und auch einfacher revidiert werden können. Das BEHG gilt für alle öffentlichen Kaufangebote, mithin auch für freiwillige, während sich die BEHV-EBK nur auf ↑Pflichtangebote bezieht. Die ↑Übernahmekommission hat als Vollzugsorgan für die Übernahmegesetzgebung die Verordnung über öffentliche Kaufangebote (UEV-UEK) vom 21.07.1997 erlassen. Die Kommission arbeitet eng zusammen mit der ↑SWX Swiss Exchange, insbesondere mit deren Offenlegungsstelle (OLS), sowie mit der Eidgenössischen ↑Bankenkommission (EBK).

2. Europäische Union
Die Europäische Union wollte im Sinne eines europäischen Mindeststandards mit dem geänderten Vorschlag für eine 13. Richtlinie des Rates auf dem Gebiet des Gesellschaftsrechts über Übernahmeangebote vom 14.09.1990 wie in der Schweiz eine Verpflichtung zum öffentlichen Übernahmeangebot ab 33 1/3% für alle ↑Beteiligungspapiere der in der EU kodierten ↑Zielgesellschaften mit Sitz in einem der EU-Mitgliedstaaten einführen. Wegen dieser strengen ↑Angebotspflicht und dem hohen Detaillierungsgrad der Vorschriften war jedoch der Vorschlag nicht mehrheitsfähig und trat nie in Kraft. Der daraufhin revidierte Richtlinienvorschlag von 1996 liess den Mitgliedstaaten mehr Freiraum bezüglich Minderheitenschutz. Er ent-

hielt insbesondere keine Angebotspflicht mehr und sehr allgemein gehaltene Regeln betreffend die Schaffung eines Aufsichtsorgans, die Grundsätze der Durchführung des Angebotes, die Information der Adressaten sowie die Pflichten der Zielgesellschaft. Im Jahre 2001 lehnte aber das Europäische Parlament diesen Richtlinienvorschlag überraschend ab, sodass die EU bis heute keine Übernahmegesetzgebung hat. Dagegen haben verschiedene EU-Mitgliedstaaten eigenständige Übernahmeregeln, teilweise in Form einer öffentlich-rechtlichen Übernahmegesetzgebung.

3. Deutschland
In Deutschland trat am 01.01.2002 das Gesetz zur Regelung von öffentlichen Angeboten zum Erwerb von ↑Wertpapieren und von Unternehmensübernahmen in Kraft (WpÜG). Der Übernahmekodex der Börsensachverständigenkommission BSK, der eine Verpflichtung zu einem öffentlichen Übernahmeangebot bei «Erreichen von Kontrolle» bestimmte, ist seit Inkrafttreten des WpÜG nur noch anwendbar auf Angebote zum Erwerb von Wertpapieren und Übernahmegebote, die bis zum 31.12.2001 veröffentlicht worden sind oder Kontrollerwerbe, die bis zu diesem Zeitpunkt vollzogen worden sind. Im neuen WpÜG wurde der Grenzwert «Erreichen von Kontrolle» näher definiert. So bestimmt § 29 Abs. 2 des Gesetzes, dass Kontrolle «das Halten von mindestens 30% der Stimmrechte der Zielgesellschaft» ist. Damit liegt der Grenzwert in Deutschland tiefer als in der Schweiz und in der Europäischen Union.

Aus Gründen der Gleichbehandlung kannte Deutschland das sog. «Nachbesserungsrecht» («Best price rule») schon früh. Danach wird der ursprüngliche Angebotspreis für alle Adressaten des Angebots erhöht, wenn der Anbieter während der Angebotsfrist die gleichen Beteiligungspapiere zu besseren als den im Angebot angegebenen Bedingungen erwirbt.

4. England
In England besteht seit den 1980er-Jahren mit dem «City code on takeovers and mergers» eine umfassende und detaillierte Übernahmegesetzgebung, die im Rahmen der Selbstregulierung erlassen wurde. Danach ist u. a. ein Erwerber von mindestens 30% der Stimmrechte verpflichtet, ein öffentliches Übernahmeangebot zu mindestens dem höchsten Preis zu unterbreiten, den der Anbieter innerhalb der letzten zwölf Monate bezahlt hat. Ebenso der Angebotspflicht unterworfen ist, wer zwischen 30% und 50% der Stimmrechte besitzt und innert 12 Monaten mehr als 1% zusätzliche Stimmrechte hinzukauft. Verfahrensmaxime ist auch hier die Gleichbehandung der Aktionäre und die Transparenz über Parallelgeschäfte im Übernahmeverfahren. Die Aufsicht in England erfolgt durch das «Takeover panel», eine prominente Behörde mit Praktikern, die eng mit der London Stock Exchange (LSE) und den verschiedenen Handelsplattformen (wie etwa ↑Virt-x) zusammenarbeitet.

5. Vereinigte Staaten von Amerika
In der USA ist ein zweistufiges System, bestehend aus Regelungen auf Bundesebene und auf der Ebene Glied- oder Einzelstaat massgebend.
So verankert auf bundesstaatlicher Ebene der «Williams act 1968» Offenlegungs- und Meldepflichten (ab 5% innerhalb eines «Ten day window») sowie den Gleichbehandlungsgrundsatz, enthält aber keine Bestimmungen über obligatorische Angebote. Das Übernahmerecht besteht primär aus den auf gliedstaatlicher Ebene ausgestalteten «Takeover statutes». Diese regeln die innere Funktionsweise der Gesellschaften. *Felix M. Huber*
Lit.: Küng, M./Huber, F. M./Kuster, M.: Kommentar zum Börsengesetz, Zürich 1998, 1. Nachlieferung.
Links: www.takeover.ch

Übernahmekandidat
Gesellschaft, welche aufgrund einer Unterbewertung oder einer anderen unternehmungsspezifischen Ursache für einen Übernahmeinteressenten attraktiv ist.

Übernahmekodex
Der freiwillig aufgestellte, privatrechtliche Übernahmekodex bestand vom 01.09.1989 bis zum 01.01.1998 und wurde von der Kommission für Regulierungsfragen, einem Gremium von prominenten Praktikern, gehandhabt. Er regelt ↑öffentliche Kauf- und Tauschangebote sowie später auch den Rückkauf eigener ↑Beteiligungspapiere. Mit Inkrafttreten des zweiten Teils des BEHG auf den 01.01.1998 ging die Kommission für Regulierungsfragen in der heutigen ↑Übernahmekommission UEK (BEHG 23) auf. An die Stelle des Übernahmekodex trat die Verrechnung der UEK über öffentliche Kaufangebote.

Übernahmekommission
Die Übernahmekommission (UEK) ist eine öffentlich-rechtliche Behörde des Bundes (BEHG 23) und trat am 01.01.1998 an die Stelle der Kommission für Regulierungsfragen, die unter dem privatrechtlichen schweizerischen ↑Übernahmekodex bestand und das Gebiet der Übernahme kotierter Gesellschaften auf freiwilliger Basis zu regulieren und zu überwachen hatte. Die heutige Übernahmekommission ist personell mit der Kommission für Regulierungsfragen teilweise noch identisch, mithin ebenfalls ein Gremium von ausgewiesenen Kapitalmarktpraktikern, und muss deren reichhaltige Praxis auch noch unter dem BEHG materiell beachten. Die UEK überprüft die Einhaltung des BEHG im Einzelfall, kann Empfehlungen erlassen

und das Verfahren leiten. Sie hat ein erhebliches Ermessen, insbesondere bei der Prüfung des Angebotsprospektes, den Bedingungen des Angebots und den Fristen (BEHG 28). Dabei stehen für die UEK Gleichbehandlung und Transparenz eines Angebots im Vordergrund. Ebenso kommt der UEK eine massgebliche Stellung bei den Pflichten der ↑Zielgesellschaft (BEHG 29), bei konkurrierenden Angeboten (BEHG 30), bei der Meldepflicht während des Angebotes (BEHG 31) und bei der Anwendung des Angebotspreises (BEHG 32 IV) zu. Nach bisheriger Praxis überprüft die UEK aber den Preis eines Angebots nicht. Aufsichtsbehörde über die UEK ist die Eidgenössische ↑Bankenkommission (EBK), die eine beim Bundesgericht anfechtbare Verfügung erlassen und ein bei der UEK hängiges Verfahren an sich ziehen kann, etwa wenn es um eine grundsätzliche Rechtsfrage geht. Von diesem Attraktionsrecht hat die EBK schon mehrfach Gebrauch gemacht (erstmals in Sachen Pharma Vision, BK Vision, Stillhalter Vision 2000 betr. Pflicht zur Unterbreitung eines ↑öffentlichen Kaufgebots für eigene ↑Beteiligungspapiere; sodann bei LVMH, Tag Heuer 1999 betr. öffentliches Kaufangebot für alle ↑Namenaktien der Tag Heuer International SA; Esec Holding AG, Unaxis Holding AG 2000 betr. Einführung einer statutarischen, befristeten Opting-out-Klausel zu Gunsten eines ↑Mehrheitsaktionärs). In anderen Fällen war die EBK die von den Parteien angerufene Rechtsmittelinstanz gegenüber der erlassenen Empfehlung der UEK (Baumgartner Papiers Holding SA, Edelman 2000 betr. öffentliches Kaufangebot; Intersport PSC Holding AG, Stancroft Trust Limited 2000 betr. Due-diligence-Prüfung des konkurrierenden Anbieters im Rahmen eines konkurrierenden Angebotes gemäss Börsengesetz). *Felix M. Huber*
Lit.: Küng, M./Huber, F. M./Kuster, M.: Kommentar zum Börsengesetz, Zürich 1998, 1. Nachlieferung.
Links: www.takeover.ch

Übernahmekonsortium
Auch ↑Syndikat, ↑Emissionskonsortium oder Konsorten genannt. Bankengruppe, die sich im Hinblick auf die öffentliche oder private Platzierung auf eigene Rechnung und Gefahr aufgrund eines Übernahmevertrags zu einem Effektenkauf (↑Bought deal) von ↑Anleihensobligationen oder ↑Aktien zusammenschliesst. Rechtstechnisch nimmt das Übernahmekonsortium eine Festübernahme vor.

Übernahmekurs
↑Emissionsgeschäft.

Übernahmevertrag
↑Emissionsgeschäft.

Über pari
Über dem ↑Nennwert, Nominalwert (nominal, nominell; ↑Pari, al pari). Gegenteil: ↑Unter pari.

Überpariemission
Ausgabe von ↑Aktien – oder seltener – ↑Obligationen mit ↑Agio.

Überrendite
Die Differenz zwischen einer erwirtschafteten Portfoliorendite und dem risikolosen ↑Zinssatz wird als Überrendite bezeichnet.

Überschuldung
Eine Unternehmung ist überschuldet, wenn zu einem bestimmten Bewertungszeitpunkt das vorhandene Vermögen die Verbindlichkeiten nicht mehr deckt. Wenn die begründete Besorgnis einer Überschuldung besteht, ist bei einer Aktiengesellschaft der Verwaltungsrat verpflichtet, eine Zwischenbilanz zu Fortführungs- und zu Liquidationswerten zu erstellen (OR 725). Wenn aufgrund der Zwischenbilanz der Tatbestand der Überschuldung feststeht, ist der Richter zu benachrichtigen, sofern nicht Gesellschaftsgläubiger im Umfang der Unterdeckung eine ↑Rangrücktrittserklärung abgeben. ↑Illiquidität.

Überschussrendite
Englischer Ausdruck: Excess return. Überschuss der erwirtschafteten Portfolio-Rendite über eine risikolose Verzinsung; auch jener Teil der ↑Rendite einer Anlage, welcher die Benchmark-Rendite übersteigt. ↑Sharpe-Mass.

Übertragungsakkreditiv
↑Dokumenten-Akkreditiv.

Überwachungsstelle
Neuerdings auch Surveillance & Enforcement (SVE) genannt. Eines der Organe der ↑SWX Swiss Exchange (neben der Generalversammlung, dem Verwaltungsrat, dem Verwaltungsratsausschuss, der Geschäftsleitung, der Revisionsstelle, der ↑Zulassungsstelle u. a.). Die Überwachungsstelle überwacht den Handel an der SWX Swiss Exchange und kontrolliert die Einhaltung der für einen fairen und transparenten Handel massgebenden Regeln; sie geht insbesondere Hinweisen auf ↑Kursmanipulationen und mögliche Verletzungen von Insiderbestimmungen und anderen börsenrelevanten Gesetzen nach.

Überweisung
↑Banküberweisung; ↑Bankgiro; ↑Giroverkehr der Schweizerischen Nationalbank; ↑S.W.I.F.T.; ↑Swiss Interbank Clearing (SIC).

Überzeichnung

Darunter versteht man die bei der ↑Emission von ↑Wertpapieren (↑Emissionsgeschäft; ↑Initial public offering [IPO]) vorkommende, über den im ↑Prospekt angegebenen Emissionsbetrag hinausgehende Mehrnachfrage. Im Falle der Überzeichnung erfolgt eine ↑Repartierung, d.h. eine Reduktion bei der Zuteilung, ausser der ↑Emittent habe sich vorbehalten, für den Fall der Überzeichnung die Emission zu erhöhen oder gar die gesamte gezeichnete Summe entgegenzunehmen. Fehlt dieser Vorbehalt, so darf der Emissionsbetrag nachträglich nicht erhöht werden. Wenn eine Überzeichnung erwartet wird, mit der in der Regel ein ↑Agio verbunden ist, majorisieren viele Zeichner oder sie geben Konzertzeichnungen auf. ↑Majorisierung; ↑Konzertzeichner.

Überziehung

↑Kontoüberziehung; ↑Kreditüberziehung.

Übrige Banken

In der ↑Bankenstatistik werden in der Gruppe Übrige Banken verschiedene Gruppen mit stark unterschiedlicher Geschäftsstruktur erfasst.

Bei den *schweizerisch beherrschten Banken* lassen sich drei Gruppen unterscheiden: ↑Handelsbanken, Börsenbanken und andere Banken. Die Institute für ↑Kleinkredite, ↑Abzahlungsgeschäfte und Konsumfinanzierung erscheinen in der Untergruppe «Andere Banken», zusammen mit jenen Banken, die sich nicht oder nur schwer in eine der übrigen Gruppen einfügen lassen.

Die *Handelsbanken* sind in der Regel ↑Universalbanken, bei denen neben den kommerziellen Krediten an Handel, Industrie und Gewerbe auch die Hypothekaranlagen eine bedeutende Rolle spielen. Die Tätigkeit der auf *Börsen-, ↑Effekten- und Vermögensgeschäfte* spezialisierten Institute schlägt sich nur teilweise in der Bilanz nieder. Hypothekarkredite sind von geringer Bedeutung. Bei den ↑Kundengeldern dominieren die Verpflichtungen auf Sicht und Zeit. ↑Spareinlagen fehlen meistens.

Bei den ausländisch beherrschten Banken schweizerischen Rechts handelt es sich zum grössten Teil um Gründungen aus den vergangenen fünfzig Jahren. Die «Auslandbanken», d.h. die ausländisch beherrschten Banken schweizerischen Rechts sowie die in der Schweiz tätigen unselbstständigen Niederlassungen (Filialen) ausländischer Banken bilden keinen einheitlichen Bankentyp. Sie sind Universalbanken oder auf Spezialgebieten tätig. Gemeinsam ist ihnen, dass sie sich mehrheitlich mit einer ausländischen Kundschaft und mit dem internationalen ↑Bankgeschäft befassen.

Übrige Fonds

↑Anlagefonds; ↑Hedge fund.

Übriger ordentlicher Erfolg

In der ↑Position «ordentlicher Erfolg» wird der Erfolg, d.h. entweder der Aufwand- oder Ertragsüberschuss aus der Veräusserung von ↑Finanzanlagen, der Beteiligungsertrag, der Liegenschaftserfolg, anderer ordentlicher Aufwand und Ertrag, z.B. marktbedingte Wertanpassungen der zum ↑Niederstwert bewerteten Finanzanlagen, ausgewiesen.

UCP

Abk. f. Uniform customs and practice for documentary credits, deutsche Abkürzung ERA (Einheitliche Richtlinien und Gebräuche für Dokumenten-Akkreditive). ↑Internationale Handelskammer; ↑Akkreditiv.

Ultimo

Italienisch: der Letzte. Gemeint ist der letzte Geschäftstag eines Monats. In der ↑Börsensprache spricht man von ↑Ultimogeschäften und versteht darunter Geschäfte, die am Ultimo abzuwickeln sind (Liquidation). Eine *Ultimo-Liquidation* ist die am Monatsende von den Liquidationszentralen vorgenommene gemeinsame Abrechnung der Ultimogeschäfte (↑Terminclearing). *Ultimo-Wechsel* heissen die am letzten Tag des Monats fälligen ↑Wechsel. ↑Termingeschäft; ↑Ultimogeld.

Ultimogeld

Bezeichnung für kurzfristige Geldanlagen und -aufnahmen über das Monatsende (↑Ultimo), vornehmlich unter Banken, mit einer ↑Laufzeit von einem Tag bis zu einer Woche. Das Ultimogeld hatte solange eine grosse Bedeutung, als die durch das Bankengesetz geforderte Mindestliquidität auf Stichtagsbasis einzuhalten war. Heute ist die Mindestliquidität auf Monatsdurchschnittsbasis einzuhalten. ↑Liquidität (Allgemeines und Aufsichtsrechtliches); ↑Cash management; ↑Interbankgeschäft; ↑Window dressing.

Ultimogeschäft

Bezeichnung für ↑kurzfristige Geldanlagen und -aufnahmen über das Monatsende vornehmlich unter Banken, mit einer ↑Laufzeit von einem Tag bis zu einer Woche. Diese Geschäfte haben an Bedeutung verloren, seit die Liquidität I (Kassenliquidität) auf Durchschnittswerten berechnet wird.

Umbrella-Fonds

↑Anlagefonds, der in ein oder regelmässig mehrere Segmente (Subfonds) unterteilt ist (AFG 7 III k). Die Gesamtheit der Segmente bildet eine rechtliche Einheit (den Umbrella-Fonds). Diese Konstruktion ermöglicht es der ↑Fondsleitung, innerhalb desselben Anlagefonds unterschiedliche Anlagebedürfnisse zu befriedigen. Ferner kann sie von Skalenerträgen durch Zusammenfassung verschiedener Segmente unter einer einzigen rechtlichen Einheit profitieren. Nach der Genehmigung können weitere Segmente geschaffen werden. In der Schweiz sind Umbrella-Fonds erlaubt seit 01.01.1995. Sie sind nicht zu verwechseln mit sog. ↑Dachfonds (vgl. AFV 41).

Umfinanzierung
Unter Umfinanzierung versteht man alle Massnahmen zur Veränderung der ↑Kapitalstruktur einer Gesellschaft, im Allgemeinen ohne Ausweitung der ↑Bilanzsumme, z.B. Substitution von Bankverbindlichkeiten durch ↑Eigenkapital oder Substitution von Eigenkapital durch ↑Fremdkapital (Herabsetzung des Grundkapitals, Ersatz durch Aktionärsdarlehen), Ablösung von kurzfristigen Verbindlichkeiten durch Aufnahme von langfristigen Schulden.

Umlageverfahren
Allgemein gilt: Das Umlageverfahren ist eine Methode zur Aufbringung von Mitteln durch einen jeweils aus irgendwelchen Gründen beteiligten Personenkreis für einen kürzeren Zeitabschnitt. Z.B. spricht man vom Umlageverfahren bei der Kostenaufteilung im Rahmen der innerbetrieblichen Leistungsverrechnung.
Bei der *Sozialversicherung:* Die Bezahlung der z.B. in einem Jahr fällig gewordenen Versicherungsleistungen erfolgt durch die Prämieneinnahmen in dieser Periode, d.h. die Einnahmen entsprechen den Ausgaben. Es werden weder die laufenden noch die anwartschaftlichen Ansprüche durch eine entsprechende Kapitalbildung sichergestellt. Jede Generation lebt auf Kosten der folgenden; die Aktiven bezahlen für die Rentner, die Jungen für die Alten. Voraussetzung für das erfolgreiche Umlageverfahren ist, dass die Abgänge dauernd durch Neuzugänge wettgemacht werden.
Die eidgenössische AHV beruht zu rund 90% auf dem Umlageverfahren. Bei diesem staatlichen Sozialversicherungswerk ist der Versichertennachwuchs infolge gesetzlicher Bestimmungen dauernd gewährleistet.

Umlaufgeschwindigkeit des Geldes
↑Geldtheorie; ↑Geldnachfrage.

Umlaufmünzen
↑Münzordnung; ↑Scheidemünzen.

Umlaufrendite
↑Rendite von ↑Anleihensobligationen, die sich aus den ↑Kursen am ↑Sekundärmarkt ergibt. Der Gegensatz dazu ist die ↑Emissionsrendite.

Umplatzierung
In der ↑Banksprache Ausdruck für die Situation, wenn ein Kreditkunde seine Bankbeziehung wechselt, also seine Kreditkonti, die damit verbundenen Pfänder, die zugehörigen Transaktionskonti u.a.m. auf eine andere Bank «umplatziert».

Umrechnungskurse
↑Umrechnungssätze, feste, im Effektenhandel.

Umrechnungssätze, feste, im Effektenhandel
Für ↑Obligationen, die auf ausländische ↑Währungen lauten, aber an der Schweizer Börse ↑SWX Swiss Exchange kotiert sind, werden offizielle Umrechnungskurse angewendet. Es spielt dabei keine Rolle, wie die Zahlung von Kapital und Zinsen erfolgt, ob zum Tageskurs oder zu einem auf den ↑Effekten aufgedruckten und im Prospekt (↑Prospekt, Prospektpflicht) genannten Umrechnungskurs. Die offiziellen Umrechnungskurse werden von der SWX festgesetzt und den Mitgliedern bekannt gegeben. Die festen Umrechnungssätze erleichtern den Handel, weil damit die täglichen Kursschwankungen der Fremdwährungen nicht berücksichtigt werden müssen.

Umsatzabgabe
↑Stempelabgaben im Finanzgeschäft.

Umsatzkommission
↑Bankprovision; ↑Kommissionen im Kontokorrentverkehr.

Umsatzprovision
↑Bankprovision; ↑Bankkommission; ↑Kommissionen im Kontokorrentverkehr.

Umschlagskredit
↑Betriebskredit; ↑Blankokredit.

Umschuldung
Die Umschuldung dient der Anpassung der Zahlungsverpflichtungen eines Schuldners an seine Möglichkeiten. Meistens geht es dabei um eine Verlängerung von Fälligkeiten, um eine drohende ↑Zahlungsunfähigkeit zu verhindern.
Bei der ↑internationalen Verschuldung kam es seit der Schuldenkrise der 1980er-Jahre wiederholt zu Umschuldungen für einzelne Staaten oder Staatengruppen. Bei vielen ärmeren Entwicklungsländern enthielten die Umschuldungen auch einen teilweisen Forderungsverzicht. Kurzfristiges Ziel der Umschuldung ist es, die Einführung von Devisen- und Handelsrestriktionen zu verhindern. Mittel- bis langfristig geht es darum, ein Land wieder kapitalmarktfähig zu machen. Üblicherweise erfolgen Umschuldungen in Verbindung mit einem kurzfristigen Beistandsprogramm des IMF sowie den damit einhergehenden wirtschaftspolitischen Bedingungen.
Mit der in den 1990er-Jahren beschleunigten Tendenz zur Verbriefung auch bei internationalen Finanzierungen, wurde die Organisation von Um-

schuldungsaktionen wegen der hohen Zahl von Gläubigern erschwert. Um das Risiko einer einseitigen Lastenverteilung bei den internationalen Organisationen zu begrenzen, laufen Bestrebungen, in Zukunft auch den privaten Sektor bei der Prävention und Lösung von akuten internationalen Schuldenproblemen einzubeziehen.

Alois Bischofberger

Umtauschangebot
Ein wesentliches Merkmal einer ↑Fusion ist die Abgeltung der Aktionäre der übernommenen Gesellschaft mit ↑Aktien der übernehmenden Gesellschaft. Der Fusionsvertrag legt deshalb die Konditionen des Umtauschs fest. Ein Umtauschangebot erfolgt auch bei einer Quasifusion, wobei der Unterschied zur Fusion darin besteht, dass es den Aktionären frei gestellt ist, ob sie vom Umtauschangebot Gebrauch machen wollen. Im E FusG ist vorgesehen, dass den Aktionären der übernommenen Gesellschaft ein Wahlrecht zwischen dem Aktienumtauschangebot und einer Barabfindung eingeräumt werden kann.

Umwandlungssatz in der beruflichen Vorsorge
In der beruflichen Vorsorge wird die Altersrente in Prozenten des Altersguthabens (Umwandlungssatz) berechnet, das der Versicherte bei Erreichen des Rentenalters erworben hat. Der Bundesrat bestimmt den Mindestumwandlungssatz unter Berücksichtigung der anerkannten technischen Grundlagen.
Mit der Zustimmung des Bundesrates können Vorsorgeeinrichtungen einen tieferen Umwandlungssatz anwenden, wenn sie die sich daraus ergebenden Überschüsse zur Leistungsverbesserung verwenden. (BVG 14).
Anspruch auf Altersleistung haben:
– Männer, die das 65. Altersjahr zurückgelegt haben.
– Frauen, die das 62. Altersjahr zurückgelegt haben.
Die reglementarischen Bestimmungen der Vorsorgeeinrichtung können abweichend davon vorsehen, dass der Anspruch auf Altersleistungen mit der Beendigung der Erwerbstätigkeit entsteht. In diesem Fall ist der Umwandlungssatz entsprechend anzupassen. (BVG 13). Der Mindestumwandlungssatz für die Altersrente beträgt (2002) 7,2% des Altersguthabens. Er gilt unabhängig von Geschlecht und Zivilstand. (BVV 2, 17).

UN/EDIFACT
UN/EDIFACT steht für United Nations/Electronic Data Interchange for Administration, Commerce and Transport. UN/EDIFACT ist ein von den Vereinten Nationen definiertes und unterhaltenes, weltweit gültiges Regelwerk für den elektronischen Datenaustausch. Es normiert die Darstellung von Geschäfts- und Handelsabläufen und wirkt proprietären Standards einzelner Branchen entgegen. Dabei werden für verschiedene Vorgänge Datendefinitionsregeln aufgestellt, die sich auf die Darstellung der Daten und auf die Syntax für die Gliederung der elektronisch übertragenen Objekte bzw. Meldungen beziehen.

Unakzeptierter Wechsel
↑Tratte.

Unbarer Zahlungsverkehr
↑Bargeldloser Zahlungsverkehr.

Unbefristeter Kredit
Im Gegensatz zum ↑befristeten Kredit ist ein unbefristeter Kredit ein Kredit, der nicht auf eine bestimmte Zeit gewährt ist, sondern jederzeit, meist auf einen Tag, zur ↑Rückzahlung gekündigt werden kann; speziell die ↑Kontokorrentkredite fallen darunter.

Unbestätigtes Akkreditiv
↑Dokumenten-Akkreditiv.

Unbundling
Zerlegung eines ↑Finanzinstrumentes in seine Bestandteile. Ein Beispiel für Unbundling sind die ↑Stripped bonds.

Undatierte Anleihen
↑Ewige Anleihen.

Und-Depot
Bezeichnung für Gesamthanddepot, d.h. Gemeinschaftsdepot mit gemeinschaftlicher Verfügungsberechtigung. Das Gegenteil des Und-Depots ist das ↑Oder-Depot. ↑Depotgeschäft.

Under-Hedge
↑Hedge accounting.

Underlying
↑Basiswert bei ↑Derivaten.

Underperformance
Kursentwicklung einer ↑Aktie oder eines Wertschriftenportefeuilles, die unter dem gewählten ↑Benchmark (z.B. einem ↑Aktienindex) liegt. Das Gegenteil der Underperformance ist die ↑Overperformance.

Underpricing
↑Initial public offering (IPO).

Underwriter
Ein Underwriter ist ein Mitglied des ↑Syndikates bei der Durchführung eines internationalen Anleihensgeschäftes. Er verpflichtet sich, ↑Titel, die

Underwriting

nicht platziert werden können, entsprechend seinem ↑Underwriting anteilsmässig zu übernehmen.

Underwriting
Mit Underwriting bezeichnet man im internationalen Anleihensgeschäft die Übernahme- oder Garantieverpflichtung des Bankensyndikates gegenüber dem ↑Emittenten, die ↑Titel einer ↑Emission fest zu übernehmen. Die ↑Underwriters brauchen nicht der ↑Management group anzugehören. Im Falle eines Platzierungsmisserfolges werden nicht verkaufte Titel nach Massgabe ihrer Beteiligung unter die Underwriters verteilt. Einzelheiten werden in einem Underwriting-Agreement vereinbart. Die Underwriting group umfasst regelmässig weniger Teilnehmer als die mit der Platzierung der Emission beauftragte Selling group. In der Praxis sind die Underwriters zumeist aber auch Mitglieder der Selling group. ↑Emissionsgeschäft.

Unexpected loss
↑Kreditkosten.

Unfreundliche Übernahme
Englische Bezeichnung: Unfriendly takeover. ↑Übernahme, wirtschaftliche.

Ungedeckter Kredit
Ein ungedeckter Kredit liegt vor, wenn dafür keine besonderen Sicherheiten bestellt werden. Die Bank ist lediglich durch das unbelastete Vermögen des ↑Kreditnehmers gedeckt, das gleicherweise auch den andern ↑Gläubigern haftet. Im Falle von Schwierigkeiten kann die Bank nicht auf einen im Voraus bestimmten, ausgesonderten Vermögensanteil (wie beim ↑Realkredit) oder auf ein anderes Vermögen (wie beim ↑Bürgschaftskredit) greifen. In der Bankpraxis finden wir den ungedeckten Kredit in verschiedenen Gebieten. Die weiteste Verbreitung hat der ungedeckte Kredit als ↑kommerzieller Kredit, und zwar vor allem als kurzfristiger ↑Blankokredit, seltener als mittelfristiger ↑Anlagekredit. Ohne Deckung werden ferner ↑Kautionskredite, ↑Akzeptkredite und kredite im Zusammenhang mit dem Akkreditivgeschäft (↑Dokumenten-Akkreditiv; ↑Remboursekredit) gewährt. Als ungedeckter Kredit ist auch die Diskontierung von ↑Eigenwechseln zu betrachten, ferner ↑Kontoüberziehungen.
Ungedeckte Kredite sind in der Regel auch ↑Kredite an öffentlich-rechtliche Körperschaften, die aufgrund besonderer Kriterien gewährt werden.
Ohne besondere Sicherstellung erfolgt ferner die Kreditgewährung der Banken unter sich (↑Interbankkredit, ↑Forderungen gegenüber Banken, ↑Verpflichtungen gegenüber Banken). Im Bereiche des Kredites an Privatpersonen ist der ↑Kleinkredit meistens ein ungedeckter Kredit. Je nach Bank wird er unter verschiedenen Bezeichnungen offeriert, wie Barkredit, Privatdarlehen, ↑Privatkredit, ↑Dispositionskredit.
Im Gegensatz zum kommerziellen Kredit, der ein ↑produktiver Kredit ist, sind Kredite an Privatpersonen immer konsumtive Kredite.

Uniform customs and practice for documentary credits
Deutsch: Einheitliche Richtlinien und Gebräuche für ↑Dokumenten-Akkreditive. ↑Internationale Handelskammer; ↑Akkreditiv.

Universalbank
Als Universalbank bezeichnet man eine ↑Geschäftsbank, die nicht auf einen bestimmten Geschäftszweig der Banktätigkeit spezialisiert ist, sondern grundsätzlich alle ↑Bankgeschäfte betreibt, wenn auch mit unterschiedlicher Intensität. Während das englische Bankensystem früher als Schulbeispiel eines Bankensystems (↑Bankensystem [Allgemeines]) mit scharfer Arbeitsteilung galt, darf das schweizerische (↑Bankensystem, schweizerisches) als Schulbeispiel eines Bankensystems mit ausgesprochenem Universalcharakter bezeichnet werden. In allen westlichen Ländern ist ein Trend zu Universalbanken festzustellen. ↑Universalbanksystem.

Universalbanksystem
Während in den angelsächsischen Ländern das Spezialbanken- oder ↑Trennbankensystem im Vordergrund steht, ist ein besonderes Merkmal der schweizerischen Bankenlandschaft der Universalbanktypus. In der Schweiz sind die Banken seit jeher berechtigt, nicht jedoch verpflichtet, sämtliche ↑Bankgeschäfte zu tätigen. Entsprechend sind viele der im Schweizer Inlandgeschäft bedeutenden Institute ↑Universalbanken. Dies hindert diese Banken jedoch nicht daran, ihr Schwergewicht auf einzelne Geschäftssparten zu setzen. In der Regel sind ↑Börsen- und ↑Privatbanken sowie Auslandbanken nicht als Universalbanken tätig.

1. Wesen und Begriff
Die institutionelle Struktur des Bankensektors ist weitgehend rechtlich determiniert. Die Bankensysteme unterscheiden sich hinsichtlich Arbeitsweise und Arbeitsteilung. Art und Umfang der Bankgeschäfte, die ein Kreditinstitut betreibt, bestimmen seine Geschäftsstruktur. An diese Geschäftsstruktur knüpfen sowohl bankbetriebs- als auch volkswirtschaftliche Überlegungen an. Man unterscheidet zwischen Universalbanken mit differenzierter Struktur, die alle Bankgeschäfte, und Spezialbanken mit Monostruktur, die nur ein oder wenige Bankgeschäfte betreiben.
Auf einer anderen Ebene dagegen liegt die Unterscheidung zwischen Universalbank- und Trennbankensystem. Während es in einem Universalbankensystem jedem Kreditinstitut freisteht, di-

verse Bankgeschäfte als Universalbank oder nur wenige Bankgeschäfte als Spezialbank gleichzeitig zu betreiben, werden im Trennbankensystem nur bestimmte Kombinationen von Bankgeschäften per Gesetzesvorschriften erlaubt. Insbesondere ist es in einem klassischen Trennbankensystem nicht möglich, gleichzeitig das Wertpapiergeschäft (↑Investment banking) und das ↑Depositen- und Kreditgeschäft zu betreiben.

2. Gesamtwirtschaftliche Perspektive
Es gehört zu den frühen Erkenntnissen der Wirtschaftswissenschaften, dass ein gut funktionierendes Finanzsystem entscheidend für die Entwicklung und den ökonomischen Erfolg eines Staates ist. Die Vorteile eines Universalbankensystems sind aus gesamtwirtschaftlicher (makroökonomischer) Sicht wie folgt zu sehen:
– Betrachtet man die Krisen im Bankenbereich, so zeigt die historische Evidenz, dass sich universal geprägte Bankensysteme im Hinblick auf die Anzahl der Bankenzusammenbrüche weitaus krisensicherer erwiesen haben als etwa angelsächsische Systeme. Die wiederkehrenden Schwierigkeiten von regional oder sektoral spezialisierten Kreditinstituten sind nicht zuletzt als Folgen der gesetzlichen Überregulierung zu verstehen. Die Stabilität des Bankensystems ergibt sich hierbei aus der Stabilität der Einzelinstitute. Die intersektorale Gewinn- und Verlustkompensation zwischen den Geschäftsbereichen hat bei der Universalbank eine stark stabilisierende Wirkung.
– Da es einer Wertpapierspezialbank erheblich schwerer fällt, auch kleinste, über das gesamte Wirtschaftsgebiet verteilte Sparbeträge zu mobilisieren, gelingt es aus volkswirtschaftlicher Sicht den Universalbanken leichter, die Geld- und Kapitalquellen einer Volkswirtschaft zu erschliessen und der Wirtschaft bedarfskongruente Kredite zur Verfügung zu stellen. Bei einem gegebenen Geldvolumen kann im Universalbankensystem ein grösseres ↑Kreditvolumen als im Trennbankensystem geschaffen werden. Die Zusammenfassung aller Bankfunktionen in einem einzigen Bankbetriebstyp reduziert den Bedarf an Transaktionskasse auf ein Minimum und erhöht gleichzeitig die für die Gewährung zusätzlicher Kredite verfügbare Überschusskasse, sodass das gesamtwirtschaftliche Geldvolumen im Universalbankensystem rationeller genutzt werden kann.
– Aus kapitalmarktpolitischer Zielsetzung ist bedeutungsvoll, dass die Universalbank einen Anreiz haben kann, das ↑Effektengeschäft gegenüber dem Kreditgeschäft und dem Einlagengeschäft zu vernachlässigen. Dadurch wird eine aus kapitalmarktpolitischen Gründen zu favorisierende Förderung des Wertpapiersparens und der Beteiligungsfinanzierung verhindert.

3. Einzelwirtschaftliche Perspektive
Befürworter des Universalbankentypus sehen aus bankbetriebswirtschaftlicher Sicht gegenüber einer Spezialbank die Stärken in folgenden Punkten:
– Als Vorteil der Universalbank können die Economies of scale und scope genannt werden, die durch die Grösse und Verschiedenartigkeit der Geschäftssparten realisiert werden können. Eine Universalbank generiert durch ihre natürliche Grösse vor allem in den transaktionsstarken Geschäftsbereichen – so z.B. im Retailgeschäft (↑Retail banking, Retailgeschäft), im ↑Zahlungsverkehr, im Handel und in der Wertschriftenadministration bzw. innerhalb des Abwicklungsbereichs – Economies of scale. Zudem ist die Grösse einer Universalbank im Bankgeschäft auch im Zusammenhang mit Bonitätsaspekten ein wichtiger Nutzen. Das ↑Cross selling bzw. die Beratung und der Verkauf von Finanzdienstleistungen über einzelne Kundensegmente hinweg, die Konvergenz und die globale Präferenz für Kapitalstärke erlauben das Erzielen von Synergien zwischen verwandten Geschäftsfeldern und Segmenten (Economies of scope).
– Die weiten Diversifizierungsmöglichkeiten bieten Universalbanken einen effizienten Risiko- und schliesslich auch Gewinn- und Verlustausgleich zwischen den einzelnen Geschäftsfeldern sowie über die Konjunkturzyklen hinweg. Folglich stabilisiert sich die Ertragssituation. Konjunkturschwankungen beeinträchtigen daher die Universalbanken weniger. Die sehr volatilen Ergebnisse des Investment banking können so beispielsweise mit den relativ stabilen Erträgen des Retailgeschäfts oder des Zahlungsverkehrs geglättet werden.
– Weiter kann die Nutzung einer Marke bzw. des Brand name bei einer Universalbank vorteilhaft sein, weil die Investitionen in die Bildung einer Marke über zahlreiche Produkte und Märkte verteilt werden können.
– Die Ansprüche der Bankkunden werden immer differenzierter. Sie verlangen eine individuelle, kompetente Beratung und massgeschneiderte Problemlösungen über den gesamten Bereich der Finanzdienstleistungen hinweg. Sie kann den Firmenkunden (↑Firmenkunden, Firmenkundengeschäft) optimale Finanzierungsalternativen aus einer Hand (↑One stop banking) für jeden Zweck anbieten, gleichgültig ob es sich um Kredite, Schuldverschreibungen, Aktienemissionen oder wie auch immer geschnürte anderweitige Finanzierungspakete handelt.
– Auch im Privatkundengeschäft (↑Privatkunden, Privatkundengeschäft) gibt es Tendenzen, welche die Universalbank begünstigen. Ein wachsendes Wohlstands- und Informationsniveau hat die Ansprüche des Privatkunden gegenüber der Bank verändert. So wird von einem Kreditinsti-

tut heute erwartet, dass es über bankspezifische Anlage- und Kreditprodukte hinaus Finanzdienstleistungen im weitesten Sinn anbietet. ↑Allfinanz lautet hier das Stichwort. Nur Universalbanken können sich diesen Veränderungen der Kundenwünsche schnell und flexibel anpassen, da sie auf einem breiten Know-how aufbauen und eine umfassende Leistungspalette besitzen. Trennbanken hingegen können auf entsprechende Kundenwünsche unter Umständen nicht reagieren, weil ihnen per Gesetz die Hände gebunden sind.
Als Nachteil der Universalbank werden oft folgende Aspekte erwähnt:
– Aus gesellschaftspolitischer Sicht und seitens der Bankkunden sind bei der Beurteilung des Universalbankensystems Interessenkollisionen im Bereich des Effekten-, Effektenemissions- und Investmentgeschäfts durchaus gegeben. Die Universalbanken wickeln Kundenaufträge an der Börse und ausserhalb der Börse ab, handeln für sich selbst, sind in den Verwaltungsräten von kotierten Gesellschaften vertreten, gewähren diesen Unternehmen Kredite, betreuen deren Emissionen, verwalten Wertschriftenportfeuilles von Kunden und wirken als ↑Anlageberater.
– Den möglichen Verbundvorteilen stehen Nachteile entgegen, die sich aus der Schwierigkeit ergeben, ein komplexes ↑Finanzkonglomerat zu führen. Hierdurch treten Qualitätsprobleme für die Universalbanksysteme auf.
– Eine spezialisierte Bank kann sich durch ihre Fokussierung Spezialwissen aneignen und ein höheres Rationalisierungspotenzial aufweisen.

4. Konvergenzthese
Die derzeitigen Entwicklungen in den Ländern mit Trennbankensystemen sind durch eine Tendenz in Richtung auf ein universelles Leistungsangebot gekennzeichnet. Stellvertretend für diesen (weltweiten) Trend stehen die Neuerungen in der US-amerikanischen Bankenwelt (↑Gramm Leach Bliley act). Im Umfeld des raschen Wandels bleibt den grossen Universalbanken nichts anderes übrig, als neue Schwerpunkte zu setzen. Veränderte Wettbewerbs- und Nachfragebedingungen zwingen die Kreditinstitute, von der Universalität in Vertrieb und Produktion Abschied zu nehmen. Dies bedeutet eine Trennung von Produktion, Verwaltung und Abwicklung auf der einen Seite und Akquisition und Kundenbetreuung auf der anderen Seite. Da auf der Nachfrageseite künftig nicht mehr ein Standardbankprodukt, sondern die Frage nach individuellen Problemlösungen in Finanzierungsangelegenheiten im Vordergrund steht und die einzelnen Bankprodukte immer facettenreicher werden, sind die Universalbanken gezwungen, darüber nachzudenken, wo die Fokussierung auf Erfolg versprechende Geschäftsfelder sinnvoll sein kann.

Universalbanken tendieren folglich dazu, eine fokussierte Strategie zu verfolgen und bis anhin als Spezialbanken operierende Institute werden ihre neue gesetzgeberische Freiheit nutzen, um ihr Angebotsspektrum auszubauen. Die Konvergenz der beiden Bankenmodelle dürfte eine logische Konsequenz dieser Entwicklung sein. Denkbar ist auch, dass die Finanzwelt bald nur noch von ganz wenigen Finanzkonglomeraten beherrscht werden wird, in denen mehrere unabhängige Spezialfinanzdienstleister unter dem Dach einer ↑Holdinggesellschaft alle möglichen Finanzdienstleistungen anbieten und jeweils die Vertriebswege der anderen Konzerngesellschaften nutzen. ↑Bankensystem (Allgemeines); ↑Bankensystem, schweizerisches.   *Teodoro D. Cocca*
Lit.: Steinherr, A.: Performance of Universal Banks: Historical Review and Appraisal 1994. – Altunbas, Y./Molyneuz, P.: Economies of scale and scope in European Banking, 1996. – Lang, G./Welzel P.: Efficiency and technical progress in banking: Empirical Results for a Panel of German Cooperative Banks, 1996. – Smith, R. C./Walter, I.: Global Financial Services: Strategies Building Competitive Strengths in International Commercial and Investment Banking, 1990. – Rich, G./Walter, C.: The future of universal banking, 1993.

Universalsukzession
↑Fusion.

Unkotierte Wertpapiere
Unkotierte Wertpapiere sind ↑Aktien, ↑Partizpationsscheine, ↑Genusscheine und ↑Anleihensobligationen, die an keiner offiziellen (bewilligten) ↑Börse gehandelt werden. Unkotierte Anleihensobligationen sind selten. Diese werden in der Regel über eine Selbstemission (↑Emissionsgeschäft) platziert. ↑Kassenobligationen sind nicht fungibel und deshalb vom börsenmässigen Handel ausgeschlossen. Bei den unkotierten ↑Beteiligungspapieren ist zu unterscheiden zwischen den Aktien von ↑privaten Aktiengesellschaften, die nur ausnahmsweise die Eigentümer wechseln und solchen von rund 500 Aktiengesellschaften mit einem mehr oder weniger regelmässigen ausserbörslichen Handel. Die ersteren werden für die Vermögenssteuer nach besonderen von der Konferenz staatlicher Steuerbeamter und der Eidgenössischen Steuerverwaltung herausgegebenen Richtlinien (Wegleitung zur Bewertung von Wertpapieren ohne Kurswert, Ausgabe 1995) bewertet. Für die Aktien von rund 200 Aktiengesellschaften, insbesondere ↑Regionalbanken, Transportunternehmungen im Tourismusbereich, setzte die Eidgenössische Steuerverwaltung bis Ende 2001 einen ↑Steuerkurs aufgrund der Durchschnittskurse im Monat vor dem massgebenden Stichtag fest; seit Ende 2002 stellt sie auf den Schlusskurs ab und

publiziert diesen in der jährlichen Amtlichen Kursliste HB. ↑Ausserbörslicher Effektenhandel.

Unlimitierter Auftrag
↑Bestens-Auftrag.

Unmündige
↑Minderjährige im Bankverkehr.

Unpfändbarkeit
Im Betreibungsverfahren unpfändbar sind die sog. Kompetenzstücke, darunter z. B. die dem Schuldner und seiner Familie zum persönlichen Gebrauch dienenden Kleider und Effekten, die Hausgeräte und die Möbel, soweit sie unentbehrlich sind, die Werkzeuge, Instrumente und Bücher, welche der Schuldner und seine Familie zur Ausübung des Berufes unbedingt brauchen, und die dem Schuldner und seiner Familie für zwei Monate notwendigen Nahrungs- und Feuerungsmittel oder die zu ihrer Anschaffung erforderlichen Barmittel. Absolut unpfändbar sind ferner Unterstützungen aus Kranken- und Armenkassen, Invaliditätsentschädigungen, die Rente der Alters- und Hinterbliebenenversicherung usw. (SchKG 92). Beschränkt pfändbar sind Lohnguthaben, Gehälter, Alterspensionen usw. Sie können nur soweit gepfändet werden, als sie nicht nach dem Ermessen des Betreibungsbeamten für den Schuldner und seine Familie unumgänglich notwendig sind (SchKG 93, Notbedarf, Existenzminimum). ↑Lohnpfändung.

Unsystematisches Risiko
Das unsystematische Risiko (auch als diversifizierbares oder idiosynkratisches Risiko bezeichnet) steht für ↑Risiken, die nicht im Zusammenhang mit übergeordneten ökonomischen Einflussfaktoren stehen. Es wird auch als wertpapierbezogenes oder titelspezifisches Risiko bezeichnet. Durch Diversifikation kann das unsystematische Risiko approximativ eliminiert werden. Hierzu muss man unterstellen, dass die Anzahl der Einzeltitel im ↑Portfolio hinreichend gross ist.

Unterbeteiligung bei Krediten
↑Syndicated loans.

Unterbeteiligungen
↑Emissionsgeschäft; ↑Syndikatsgeschäft, Konsortialgeschäft.

Unterbilanz
Eine Unterbilanz liegt vor, wenn durch die vorhandenen Aktiven das ↑Fremdkapital noch ganz, das ↑Aktien- und PS-Kapital hingegen nur noch zum Teil gedeckt sind. Man spricht auch von *Kapitalverlust*. Wenn der Bilanzverlust die Summe von Aktien- und PS-Kapital und die gesetzlichen Reserven zu mindestens 50% aufgezehrt hat, liegt ein *hälftiger Kapitalverlust* vor (OR 725 II).

Untergewichten
In der ↑Finanzanalyse eine versteckte Empfehlung, Aktienbestände entweder zu reduzieren oder ganz abzustossen. Gleichbedeutend *Underperformer*.

Unterlegungssatz
Mit Unterlegungssatz wird der Prozentsatz bezeichnet, zu dem die Banken ihre risikogewichteten Positionen (Aktiven, Ausserbilanzgeschäfte und ↑offene Positionen) und ihre ↑Marktrisiken mit eigenen Mitteln unterlegen müssen (BankV 12). Die anrechenbaren ↑eigenen Mittel müssen dauernd mindestens der Summe aus 8% der risikogewichteten Positionen und den nicht risikogewichteten erforderlichen Eigenmitteln zur Unterlegung von Marktrisiken entsprechen, vermindert um die Abzüge nach BankV 13. ↑Eigenmittelanforderungen; ↑Deckungsverhältnis.

Unternehmensbewertung
Anlässe für eine Unternehmensbewertung sind vor allem *Eigentumsveränderungen*, wie Kauf, Verkauf, ↑Mergers and acquisitions, ↑Management buy-outs usw. Für *Fremdkapitalgeber* ist eine Unternehmensbewertung wichtig für die Risikobeurteilung eines Kredites. Für die *Unternehmensführung* ist sie eine wichtige Entscheidungshilfe.

1. Grundlagen
Zu den Grundlagen für eine Unternehmensbewertung gehören unabhängig vom gewählten Verfahren:
– *Betriebswirtschaftlich bereinigte Erfolge* (oder ↑*Free cashflows*) *der letzten drei Jahre* (nicht einfach Buch- oder IAS-Gewinne). Diese Erfolge sind zu analysieren (einmalig oder wiederkehrend, betrieblich oder nichtbetrieblich usw.)
– *Betriebswirtschaftlicher Substanzwert* am Bewertungsstichtag (↑Net asset value)
– *Planrechnungen und Budgets* über die nächsten 5 bis 7 Jahre
– *Kapitalisierungszinsfuss bzw. Kapitalkostensatz,* der im Mittel über die nächsten 5 bis 7 Jahre zu erwarten ist.

2. Wert und Preis
Zwischen Wert und Preis besteht ein Unterschied. Der *Wert* ist das Ergebnis einer Schätzung oder Rechnung nach betriebswirtschaftlichen Kriterien, dargestellt in der Investitionsrechnung. Der *Preis* ergibt sich aus Angebot und Nachfrage und kann erheblich vom Wert abweichen.
Zu unterscheiden ist sodann zwischen dem *Schiedswert* (zu bestimmen durch Experten, neu-

tral, unabhängig, von keiner Partei beeinflusst) und dem *Entscheidungswert* (im Auftrag des Käufers bzw. Verkäufers zu ermitteln und individuell dessen Situation berücksichtigend).

Die Unterschiede bei der Bewertung der Aktien einer *börsenkotierten Gesellschaft* durch einen Finanzanalysten und der Bewertung eines *nichtkotierten Unternehmens* als Ganzes (KMU) durch einen Berater für einen Kauf sind wesentlich. Im ersten Fall ist das Unternehmen zu bewerten, wie es steht und liegt, auch mit der derzeitigen Finanzierung. Im zweiten Fall bestehen in der Regel Gestaltungs- und Optimierungsfreiheiten.

3. Bewertungsverfahren
Basis jeder Unternehmensbewertung bleibt die *zukunftsorientierte Investitionsrechnung.* Diese Erkenntnis gilt für alle Bewertungsverfahren. Die *Basisformel* lautet: *Unternehmenswert = Barwert der künftigen Nettoeinnahmen des Investors.* Der Unternehmenswert (Net present value) entspricht dem Barwert der künftigen *Netto-Einnahmen des* ↑*Investors* (Aktionärs) *aus seiner Investition,* einschliesslich der Nebenerlöse daraus, wie verkaufte Bezugsrechte, Steuerrückerstattungen usw.

Diese theoretisch richtige Methode ist seit Jahrzehnten bekannt – aber infolge Fehlens genügend gesicherter Zukunftswerte direkt nicht anwendbar. Alle anderen Verfahren sind *Näherungen an vorstehendes Basismodell* und hängen vom Gütegrad der Schätzungswerte ab.

Die häufigsten *Bewertungsverfahren* sind:
– Ertragswertverfahren
– ↑Discounted-(Free-)Cashflow-Methode (DCF-Methode)
– Economic-value-added(EVA)-Methode (↑Economic value added)
– ↑Market multiples, Comparables (Vergleich mit kotierten Vergleichsunternehmen)
– Praktikerverfahren (Mittel aus Substanz- und ↑Ertragswert, evtl. gewichtet 1:2).

Bewertungsobjekt ist in der Regel eine *Aktiengesellschaft* (mit den Tochtergesellschaften) – bzw. ein ↑*Aktienpaket* – und nicht ein *Unternehmen* im betrieblichen Sinne. Dies bedeutet, dass nichtbetriebstätiges Vermögen, unterschiedliche Segmente und völlig unabhängige Sparten wohl möglich als eigene betriebliche Einheiten *separat zu bewerten sind,* auch wenn sie Teil der zu bewertenden Gesellschaft sind. *Der Gesamtwert* entspricht dann dem *Wert des Betriebes plus dem* ↑*Liquidationswert des nicht betrieblichen Vermögens* (Total company value = Operating value + Excess value).

Der *tiefste Wert* eines Unternehmens ist der *Liquidationswert* (Break up value, nach Abzug aller Kosten), es sei denn, das Unternehmen könne nicht oder kaum liquidiert werden, so wegen der Konzession (z.B. Bahnbetrieb) oder weil der ↑Mehrheitsaktionär nicht will.

4. Ertragswert/DCF-Bewertung
In der Regel wird bei der Unternehmensbewertung entweder vom künftigen *Erfolg,* also den *Gewinnen,* oder den künftigen *Free cashflows* oder den künftigen *Ausschüttungen* (so bei der Bewertung von Unternehmensanteilen) ausgegangen. Alle Verfahren müssten bei voller Transparenz und richtiger Risikogewichtung zum selben Resultat führen. Obwohl das Rechnen mit Einzelbudget für die nächsten Jahre wünschbar wäre, wird in der Regel mit *Durchschnittswerten* über eine grössere Anzahl Jahre gerechnet.

Die Analyse vor der eigentlichen Unternehmensbewertung dient zum *Erkennen möglicher Wertoptimierungen.* So sollten latente Mehrwerte durch *Umstrukturierungen,* durch eine Verbesserung der Finanzierung oder durch getrennte Verwertung des *nichtbetriebsnotwendigen Vermögens,* falls Gestaltungsfreiheit für den Käufer besteht, berücksichtigt werden (z.B. Aufsplittungen, Teilveräusserungen, Umfinanzierungen, interne Fusionen, Stillegungen, bessere Nutzung von Aktiven, Rationalisierungen). Den Umstrukturierungskosten ist der Nutzen gegenüberzustellen. Zu beachten sind die steuerlichen Folgen.

5. Kapitalisierungszinsfuss
Von grosser Bedeutung ist der ↑*Kapitalisierungszinsfuss* bzw. der *Kapitalkostensatz.* Der Kapitalisierungszinsfuss kann aus den zu erwartenden *Bankzinsen zuzüglich Risikozuschlägen* (inkl. Berücksichtigung der Inflationsraten, Verkäuflichkeitserschwernisse usw.) oder der ↑*Price earning ratio* ähnlicher Unternehmen abgeleitet werden. Die marktorientierten Kapitalkostensatzmodelle gehen oft von einer falschen Genauigkeit aus (z.B. bei der Bestimmung des Beta [↑Beta-Faktor]). Hier sind auch die Finanzplanung und die anvisierte ↑Kapitalstruktur des Käufers wichtig.

Beim *Entity approach* wird auf das Gesamtkapital abgestellt. Die *Weighted average cost of capital* (↑WACC) berechnen sich aus den Fremdkapitalkosten (nach Steuern) und den ↑Eigenkapitalkosten. Unter Berücksichtigung des *Leverage-Effektes* müssen der *Entity* und der *Equity approach* zum selben Resultat führen.

6. Funktion des Substanzwertes
Der ↑Substanzwert eines Unternehmens sollte bei jeder Unternehmensbewertung ermittelt werden. Es geht um den Rekonstruktionswert, für einen Käufer möglicherweise um die Frage «Make or buy», also ob ein Unternehmen aufgebaut oder «betriebsfertig» gekauft werden soll. Ähnlich stellt sich die Frage bei Liegenschaftenbewertungen. So wie der Substanzwert heute verstanden wird, ist er ein Teilsubstanzwert, nämlich ohne die allgemeinen, nicht aktivierten immateriellen Teile (↑Goodwill). Der Substanzwert hat eine Reihe von Funktionen.

7. Schlussbemerkung
Wenn Unternehmensbewertungen sich später als unzutreffend erweisen, ist es in der Regel nicht wegen der Methode, sondern wegen dem *Nichterkennen der grossen Entwicklungen* und der im Unternehmen steckenden *Möglichkeiten* (positiv) und *Risiken* (negativ). Auch Mehrwerte durch Umstrukturierungen bleiben häufig unerkannt. Anderseits werden oft – nachträglich auf der Hand liegende – Gefahren nicht gesehen, z. B. solche bedingt durch die Branche, Produkte, Führungsstruktur, Lage des Unternehmens oder Finanzierung. *Carl Helbling*
Lit.: Helbling, C.: Unternehmensbewertung und Steuern, Düsseldorf 1998. – Institut der Wirtschaftsprüfer (IDW Standard), Grundsätze zur Durchführung von Unternehmensbewertungen (IDW S1) Stand 28.06.2000. – Volkart, R.: Unternehmungsbewertung und Akquisitionen, Zürich 1999.

Unternehmenskommunikation
↑Public relations der Banken.

Unternehmerkredit
In der schweizerischen Banksprache verwendete Bezeichnung für einen ↑Zessionskredit, der einem Bauunternehmer oder -handwerker gewährt wird gegen fiduziarische ↑Abtretung der zukünftigen Forderung aus einem Werkvertrag.
Der Unternehmerkredit unterscheidet sich somit vom gewöhnlichen Zessionskredit insbesondere dadurch, dass er immer durch Abtretung einer zukünftigen und nicht einer schon bestehenden ↑Buchforderung sichergestellt wird.
Der Unternehmerkredit ist eine häufig verwendete Kreditart. Bauunternehmern und Handwerkern, die über ein nur bescheidenes Betriebskapital verfügen, bietet er eine günstige, oft sogar die einzige Möglichkeit, um die zur Ausführung grösserer Aufträge erforderlichen Betriebsmittel bereitzustellen, weil Materialien und Löhne in der Regel bezahlt werden müssen, bevor dem Auftraggeber Rechnung gestellt werden kann.
Seitens der Bank setzt die Gewährung eines Unternehmerkredits grosses Vertrauen in die charakterliche Integrität und in das berufliche Können des Kreditnehmers voraus. Denn ob die abgetretene Forderung entsteht, hängt davon ab, dass die Arbeit einwandfrei ausgeführt wird. Verzichtet die Bank auf die ↑Notifikation, nähert sich der Unternehmerkredit stark dem ↑Blankokredit. Oft werden grosse Aufträge an mehrere Firmen vergeben, die eine Arbeitsgemeinschaft (ARGE), auch Baukonsortium genannt, bilden. In diesem Falle nehmen die Konsorten Unternehmerkredite gemeinsam auf, wobei sie der Bank in der Regel solidarisch – heute häufig auch nach Quoten – haften.

Der Unternehmerkredit wird gewährt in der Höhe eines bestimmten Prozentsatzes (etwa 50–70%) entweder der Werkvertragssumme oder aber der, durch die im Baugewerbe üblichen Situationen, ausgewiesenen geleisteten Arbeit. Im ersten Fall kann der Kreditnehmer den Kredit beanspruchen, ohne dass die Bank nachprüft, wie viel Arbeit bereits geleistet worden ist. Dient ein wesentlicher Teil des Kredits zur Anschaffung von Material, so kann nur diese erste Methode angewendet werden, wobei die Bank etwa verlangt, dass die Bezahlung der betreffenden Rechnung durch sie zulasten des Kredites erfolge. Gehen Ratenzahlungen des Auftraggebers ein, dann wird die Kreditlimite entsprechend der verbleibenden Auftragssumme reduziert. Die zweite Methode (Auszahlungen aufgrund von Situationen) ist zweifellos die vorsichtigere, erfordert aber von der Bank mehr Kontrollarbeit. Auch hier ist die Bank weitgehend auf die Ehrlichkeit des Kreditnehmers angewiesen, weil eine Nachprüfung der eingereichten Situationen meist gar nicht möglich ist. Deshalb darf es eine Bank, die einem Kunden das zur Gewährung eines Unternehmerkredits unerlässliche Vertrauen entgegenbringt, verantworten, auf die ohnehin nicht ganz lückenlose Kontrolle der zweiten Methode zu verzichten. Bei der ersten Methode hat die Bank allerdings für Kreditbezüge, so lange noch keine Arbeit geleistet und damit noch keine Forderung entstanden ist, keine Deckung, während sie bei der zweiten Methode von Anfang an im Rahmen der geleisteten Arbeit sichergestellt ist.
Abgesehen von den erwähnten spezifischen Merkmalen unterscheidet sich der Unternehmerkredit vom Zessionskredit, insbesondere in rechtlicher Hinsicht. *Kurt Streit*

Unternehmungsfinanzierung
↑Corporate finance.

Unternehmungsstiftung
Die Unternehmungsstiftung ist eine von der Praxis geschaffene Art der Stiftung gemäss ZGB 80ff. Ihre Eigenart besteht im besonderen Zweck und der Art des Stiftungsvermögens. Mit der Unternehmungsstiftung wird ein direkter oder indirekter (über ↑Beteiligungsrechte, z. B. Aktien), dauernder, bestimmender oder mitbestimmender Einfluss auf eine Unternehmung bezweckt. Die reine Unternehmungsstiftung bezweckt ausschliesslich die Führung und Erhaltung einer Unternehmung. Die gemischte Unternehmungsstiftung erfüllt neben der Unternehmungsfinanzierung und -kontrolle noch andere Aufgaben, z.B. Personalfürsorge oder andere gemeinnützige Zwecke. Das Vermögen einer Unternehmungsstiftung besteht demnach aus den Aktiven und Passiven einer Unternehmung oder – bei indirektem Einfluss – aus Beteiligungsrechten an einer Unternehmung. Im ersten Fall ist die Unternehmungsstiftung unmittel-

bare Trägerin der Unternehmung (sog. Unternehmungsstiftung im engern Sinn). Diese Form ist in der Schweiz kaum gebräuchlich. Im andern Fall spricht man von einer sog. Holding-Unternehmungsstiftung (↑Holdinggesellschaft). Diese kann entweder alleiniger Inhaber sämtlicher Beteiligungsrechte, ↑Mehrheitsaktionär (↑Aktienmehrheit) oder auch nur ↑Minderheitsaktionär (↑Aktienminderheit) sein. Als Minderheitsaktionär kommt der Unternehmungsstiftung im Allgemeinen eine stabilisierende Ausgleichsfunktion zwischen zwei oder mehreren Aktionärsgruppen zu.

Anlass zur Errichtung einer Unternehmensstiftung bildet das Fehlen von Nachkommen des Allein- oder Hauptaktionärs (Beispiel: Stiftung Hasler Werke Bern) oder die Sicherung der Kontinuität der Unternehmungsführung durch Loslösung des Schicksals der Unternehmung vom persönlichen Schicksal der Hauptaktionäre und deren Rechtsnachfolger (Beispiel: Kuoni-und-Hugentobler-Stiftung). Die Unternehmungsstiftung kommt sowohl bei Grossunternehmungen wie bei mittleren Betrieben vor. Sie ist besonders in Deutschland stark verbreitet, wobei auch bedeutende Konzerne im ↑Eigentum von Unternehmungsstiftungen stehen (Beispiele: Bosch, Grundig).

Rechtsgrundlage für die Tätigkeit der Unternehmungsstiftung ist die Stiftungsurkunde, die neben den Bestimmungen über die Organisation der Stiftung insbesondere auch die von den Stiftungsorganen im Hinblick auf die Erfüllung des Stiftungszweckes zu befolgenden Weisungen enthält. Der 1993 in Vernehmlassung geschickte Vorentwurf zu einer Revision des Stiftungsrechts sah als zentrales Anliegen ein Teilverbot der Unternehmungsstiftungen vor. Die Revision stiess auf Widerstand und wurde nicht weiter verfolgt.

Unter pari
Unter dem ↑Nennwert, Nominalwert (nominal, nominell; ↑Pari, al pari). Das Gegenteil davon ist ↑Über pari.

Unterpariemission
Die Ausgabe von ↑Wertpapieren zu einem unter ihrem ↑Nennwert liegenden ↑Kurs. Als Differenz zwischen dem Nominalwert und dem Emissionspreis entsteht ein ↑Disagio. Bei Schuldverschreibungen sind Unter- und Überpariemissionen ohne weiteres zulässig; sie kommen bei ↑Anleihensobligationen oft vor. Damit geschieht eine Feineinstellung des normalerweise abgestuften Nominalzinssatzes an die ↑Effektivverzinsung gleichwertiger ↑Titel, die im ↑Sekundärmarkt gehandelt werden.
↑Aktien dürfen nicht unter dem Nennwert emittiert werden (OR 624). Das Gegenteil einer Unterpariemission ist die ↑Überpariemission. ↑Ausgabepreis.

Unterschriftenkarte
Formular, auf dem der Kunde bei der ↑Kontoeröffnung seine Unterschrift und die Unterschriften allfälliger Bevollmächtigter zuhanden der Bank festhält. Für natürliche Personen und für kaufmännische Unternehmungen werden in der Regel verschiedene Formulare verwendet. Die Bank prüft die vom Kunden eingehenden Aufträge und Weisungen auf ihre Übereinstimmung mit den bei ihr «hinterlegten» Unterschriftsmustern. Die ↑Allgemeinen Geschäftsbedingungen der Bank sehen regelmässig vor, dass die Bank, die eine Fälschung nicht erkennt, den Schaden nur tragen muss, wenn sie nicht die übliche Sorgfalt angewendet hat, nach anderer Formulierung: wenn sie ein grobes Verschulden trifft (↑Legitimationsprüfung). Mit der zunehmenden Verwendung elektronischer Kommunikationsmittel und dem Einsatz von ↑Kundenkarten auch am Bankschalter hat die Unterschrift ihre früher fast exklusive Bedeutung als Legitimationsinstrument eingebüsst.

Unterschriftenprüfung
↑Echtheitsprüfung von Unterschriften; ↑Digitale Zertifikate und digitale Signatur.

Unterstützung und Widerstand
Als Unterstützung und Widerstand werden Kurszonen bezeichnet, in denen heftige Auseinandersetzungen zwischen ↑Haussiers und Baissiers stattgefunden haben. Liegen solche Zonen unter den aktuellen ↑Kursen, werden sie als Unterstützung, liegen sie darüber, als Widerstand bezeichnet.

Untertasse
Trendwendeformation (↑Trendumkehrformation) nach Ende eines fallenden ↑Trends.

Unwiderrufliches Akkreditiv
↑Dokumenten-Akkreditiv.

Up-front fee
↑Syndicated loans.

Up grading
Verbesserung, Heraufsetzung des ↑Ratings eines Schuldners oder ↑Emittenten. ↑Rising star. Das Gegenteil von Up grading ist ↑Down grading.

Up-selling
↑Contact-Center.

Upside downside volume ratio
Verhältnis zwischen den Umsätzen von Perioden mit steigendem und Perioden mit fallenden ↑Kursen.

Upside risk
↑Risiko einer Kurssteigerung, dem der Inhaber einer ↑Short position ausgesetzt ist (auch Hausse-Risiko genannt). ↑Corporate finance.

Urbanis
↑Emissionszentrale.

Ursprungszeugnis
Englische Bezeichnung: Certificate of origin. Im Aussenhandelsverkehr verwendete Bescheinigung über den Ursprung einer Ware. Das Ursprungszeugnis dient den Zollbehörden im Einfuhrland als Beweismittel bei der Anwendung der zumeist in internationalen Abkommen vorgesehenen Regeln über die Zollbefreiung von Waren aus bestimmten Ursprungsländern sowie bei der Durchsetzung allfälliger gegen das Ursprungsland gerichteter Einfuhrbeschränkungen. In der Schweiz sind die kantonalen Handelskammern mit der Ausstellung von Ursprungszeugnissen betraut. Ursprungszeugnisse sind häufig beim ↑Remboursekredit und beim ↑Dokumenten-Akkreditiv Gegenstand der Dokumentenaufnahme. Nach Art. 21 der Einheitlichen Richtlinien und Gebräuche für Dokumenten-Akkreditive (ICC-Publikation Nr. 500) ist ein Ursprungszeugnis unter einem Dokumentarakkreditiv auch dann aufnahmefähig, wenn es der ↑Begünstigte selbst erstellt. Muss es von einer bestimmten Stelle, z.B. einer Handelskammer, ausgestellt sein, so muss der Auftraggeber dies im Akkreditivauftrag ausdrücklich angeben.

Usanzen
Das Wort leitet sich ab vom Lateinischen usancia = Gewohnheit. Die Usanzen verkörpern den Handels- bzw. Geschäftsbrauch zwischen Kaufleuten; man spricht auch von Verkehrssitten. Für den Fall, dass nicht ausdrücklich etwas anderes vereinbart ist, gelten die Usanzen als vermuteter Parteiwille. Die Usanzen können zwingende Vorschriften des Gesetzes nicht ausser Kraft setzen, sondern vom Gesetz Abweichendes allenfalls nur festlegen, sofern es sich um dispositives Recht handelt. Die Usanzen bilden ein Mittel der Vertragsauslegung bzw. der Vertragsergänzung. Usanzen sind nicht immer ungeschriebene Normen, sondern werden sehr oft schriftlich fixiert. Dies trifft z.B. zu auf die Usanzen an den Warenbörsen.
Die ↑Allgemeinen Geschäftsbedingungen (AGB) der Banken sind grossenteils schriftlich fixierte Bankenusanzen. Für die einheitliche Auslegung der Vertragsformeln im internationalen Bank- und Handelsverkehr hat die ↑internationale Handelskammer Richtlinien und Regeln aufgestellt, die ebenfalls als Usanzen gelten. Beispiele: Einheitliche Richtlinien und Gebräuche für ↑Dokumenten-Akkreditive (ERA), Einheitliche Richtlinien für Inkassi (ERI) sowie die ↑Incoterms als internationale Lieferklauseln. ↑Selbstregulierung.

US-Fed funds
↑Federal funds.

US-GAAP
Abk. f. ↑Generally Accepted Accounting Principles der USA.

US-Long bonds
↑Long bonds.

Utilities
In den USA ↑Aktien der Versorgungsgüterindustrie. Die Kursentwicklung von 15 Gesellschaften wird in einem besonderen Dow-Jones-Utilities-Index dargestellt.

U. ü. V.
Abk. für unter üblichem Vorbehalt. Ein banküblicher Vorbehalt besteht vor allem bei der Gutschrift noch nicht definitiv eingegangener Beträge, z.B. bei der Abrechnung noch einzuziehender ↑Checks, ↑Wechsel, ↑Coupons und anderer Dokumente. Der Vorbehalt ist vielfach gleichbedeutend mit ↑Eingang vorbehalten (E.v.).

u. V.
Abk. f. unter Vorbehalt. ↑U. ü. V.

Valoren
Im engeren Sinn Bezeichnung für ↑Wertpapiere und Wertrechte (↑Effekten), im weiteren auch für Wertsachen.

Valorennummer
Die eindeutige Identifikation (Wertpapierkennnummer) eines ↑Wertpapiers und jedes anderen bei einer Bank deponierten ↑Finanzinstruments (inländisch und ausländisch) erfolgt in der Schweiz mithilfe der Valorennummer. Jede Valorennummer ist in der Valoren-Datenbank erfasst, die seit 1976 von der ↑Telekurs geführt wird. Die Valoren-Datenbank umfasst rund 2 000 000 in- und ausländische Finanzinstrumente (Stand 31.12.2001) und wird laufend ergänzt und aktualisiert. Auch im Ausland bestehen entsprechende Wertpapierkennnummern, beispielsweise Cusip in den USA, Quick in Japan oder Sedol im U.K.
Die Valorennummer ist neunstellig und umfasst den Nummernbereich von 000.000.001 bis 999.999.999. Die Zuteilung der Valorennummer und die Beschaffung der Informationen über die entsprechenden ↑Titel obliegt der Telekurs. In der Valoren-Datenbank werden alle Wertpapiere und wertpapierähnlichen Finanzinstrumente aufgenommen, für die ein allgemeines Interesse besteht oder angenommen werden kann. Es werden nur Titel registriert, deren effektives Vorhandensein nachprüfbar ist. Der Antragsteller hat im Zweifelsfalle den Nachweis über den Titel zu erbringen.
Eugen Niesper

Valorenversicherung
Die Valorenversicherung ist eine Transportversicherung. Für die Versicherung von ↑Valoren (↑Wertpapiere, ↑Banknoten, Gold, Silber und dergleichen) bestehen besondere Bedingungen, die auf die Eigenart dieser Güter zugeschnitten sind. Die Deckung kann hier sowohl aufgrund einer Einzel- als auch einer Generalpolice vereinbart werden. Für beide Vertragsarten gelten grundsätzlich die gleichen Bedingungen. Oft finden bei Valoren so genannte Kuriertransporte statt. Ein Kuriertransport liegt dann vor, wenn eine Person beauftragt wird, das versicherte Gut dem Empfänger persönlich zu übergeben.

Valorisation
Beeinflussung der Preise auf Rohstoffmärkten zugunsten der Produzenten durch Aufkauf und Lagerung von überschüssigen Mengen durch staatliche oder besonders geschaffene Organisationen mit der Absicht der (späteren) Marktregulierung. In der Zwischenkriegszeit des 20. Jahrhunderts wurden zur Erfüllung dieses Zwecks besondere Valorisationsanleihen ausgegeben.

Value added services
↑Added value services.

Value at risk
Der Value at risk ist eine Risikomasszahl, die das Verlustpotenzial beim Eintreffen eines bestimmten Szenarios ausdrückt. Anfangs der 90er-Jahre entwickelten amerikanische Investmentbanken zur Kontrolle von Finanzmarktrisiken den Value-at-risk-Ansatz. Dies insbesondere, weil es zunehmend schwieriger wurde, die immer grösseren und komplexer strukturierten ↑Portfolios zu überwachen. Durch den Value-at-risk-Ansatz lässt sich das ↑Risiko eines Portfolios mit einer einzigen Kennzahl darstellen.
Der Value at risk ist wie folgt definiert: Mit einer bestimmten Wahrscheinlichkeit (z.B. 95% oder 99%) wird innerhalb eines bestimmten Zeithorizontes (Haltedauer von z. B. einem Tag oder einem Monat) ein maximaler Verlust nicht überschritten. Der so quantifizierte maximale Verlust liefert jedoch noch keine Angabe zur Höhe des Verlustes,

der bei Überschreitung der Wahrscheinlichkeitslimite eintreten könnte.

Bei Banken wird der Value at risk täglich neu berechnet und der entsprechenden internen Stelle (Chief risk officer) gemeldet. Durch bestimmte Value-at-risk-Limiten wird der maximale Umfang der Risiken auf den verschiedenen Ebenen gesteuert. Eine Gesamtbankenlimite soll sämtliche Einzellimiten zusammenfassen und allfällige Korrelationen berücksichtigen. Solche Diversifikations- oder Portfolioeffekte führen dazu, dass Einzellimiten nicht aufsummiert werden können.

Zur Berechnung des Value at risk bieten sich zwei Verfahren an: der Varianz/Kovarianz-Ansatz sowie das Simulationsverfahren.

Der *Varianz/Kovarianz-Ansatz* geht von der Annahme aus, dass sich das betrachtete Portfolio linear aus bestimmten elementaren Risikofaktoren mit jeweils normalverteilten ↑Renditen zusammensetzt. Sollte das Portfolio auch ↑Optionen enthalten, so trifft die Linearitätsannahme nicht mehr zu. Zusätzlich trifft die Normalverteilungshypothese nicht bedingt zu, da extreme Ausschläge in der Praxis der ↑Finanzmärkte wesentlich häufiger auftreten, als es der Verteilungsannahme entsprechen würde.

Als Alternative zum Varianz/Kovarianz-Ansatz bietet sich das *Simulationsverfahren* an. Dabei werden zwischen der Monte-Carlo-Simulation und der historischen Simulation unterschieden. Beide Varianten gehen von einer Reihe von Marktszenarien aus, die jeweils einer Realisation der einzelnen Risikofaktoren entsprechen. Bei der Monte-Carlo-Simulation werden mithilfe eines Zufallsgenerators etwa 5000 bis 10000 solcher Szenarien erzeugt. Bei der historischen Simulation werden die Szenarien dagegen aus historischen Marktbewegungen abgeleitet, wobei jeweils ausgehend vom aktuellen ↑Kurs eine Bewegung der Risikofaktoren unterstellt wird, die den simultanen prozentualen Veränderungen der Risikofaktoren an den einzelnen zurückliegenden Handelstagen entspricht. Bei einem historischen Beobachtungszeitraum von einem Jahr entsprechen ungefähr 255 historische Marktbewegungen der Anzahl Marktszenarien. Bei beiden Szenarien findet eine Neubewertung des Portfolios statt, was den Rechenaufwand deutlich erhöht. Aus der sich schliesslich ergebenden Häufigkeitsverteilung der Abweichungen der hypothetischen ↑Marktwerte vom aktuellen Marktwert des Portfolios kann dann der gesuchte Value at risk abgelesen werden.

Stefan Jaeger

Value based management compensation plans
↑Bonussysteme.

Value gap
↑Shareholder value.

Value Line
Der amerikanische Datenanbieter *Value Line* berechnet seit Juni 1961 den *Value Line Geometric Index (VLG)* als geometrisch gleichgewichteten Index für den amerikanischen Aktienmarkt. Da ein geometrischer ↑Aktienindex die Kursentwicklung des Aktienmarktes systematisch unterschätzt, berechnet Value Line seit Februar 1988 zusätzlich einen arithmetisch gleichgewichteten Index, den *Value Line Arithmetic Index (VLA)*.

Value reporting
Traditionell ist die Berichterstattung in Europa primär am Gläubigerschutz ausgerichtet; sie ist vergangenheitsbezogen und orientiert sich vor allem an Bilanz-, Erfolgs- und Cashflow-Rechnungen. Qualitative und zukunftsorientierte Aspekte wie Markt- oder Wettbewerbsposition werden häufig nur am Rande behandelt. Der Informationsbedarf von Führungskräften und ↑Investoren geht jedoch zunehmend über die traditionelle Berichterstattung hinaus. Das bislang eher auditorientierte Reportingverhalten der Unternehmen kann den gestiegenen Informationsbedürfnissen der Akteure auf dem ↑Kapitalmarkt immer weniger gerecht werden. Mit dem Value reporting soll diese Lücke geschlossen werden, indem neben das vergangenheitsorientierte Reporting das zukunftsorientierte, an den Informationsbedürfnissen der Investoren ausgerichtete, Reporting tritt.

1. Begriff und Bedeutung
Unter Value reporting wird die Kommunikationspolitik verstanden, die relevante Informationen über die Erfolge im Wertmanagement der Unternehmen bereitstellt und Pläne zur künftigen Wertsteigerung präsentiert, um den Marktteilnehmern eine Einschätzung der Entwicklung des Unternehmenswertes zu ermöglichen.

Als Vorteile einer transparenteren Berichterstattung werden vor allem stärkere Beachtung durch Analysten, Vertrauen in die Unternehmensleitung, steigende Aktienkurse, eine grössere Anzahl langfristig engagierter Aktionäre sowie eine geringere ↑Volatilität des Aktienkurses mit entsprechend geringeren Kapitalkosten angeführt. Je weniger der Entscheidungsprozess der Kapitalmarktteilnehmer mit Unsicherheiten behaftet ist, umso präziser sind die Prognosen der künftigen Kurssteigerungen und ↑Dividenden eines Unternehmens und desto geringer wird ceteris paribus die informationsbedingte ↑Risikoprämie sein. Darüber hinaus wird angenommen, dass eine einheitliche interne und externe Kommunikation von Strategien, Zielen und Massnahmen zu Effizienzsteigerungen im Unternehmen selbst und dadurch zu wachsendem Vertrauen der Adressaten führt.

Der Veröffentlichung zukunftsorientierter, bisher unternehmensinterner Daten sind allerdings auch

Grenzen gesetzt. Wettbewerber könnten dadurch zu wichtigen Informationen gelangen, Imageprobleme könnten bei Verfehlen der Prognosen entstehen und die Gefahr von Rechtsstreitigkeiten kann sich durch nicht eintreffende Prognosen erhöhen.

2. Phasen des Wertmanagements
Im Value reporting sind alle Phasen des Wertmanagements von der Wertschöpfung über die Wertbewahrung bis zur Wertrealisierung zu berücksichtigen.
- In der Phase der *Wertschöpfung* wird eine Strategie, basierend auf den komparativen Wettbewerbsvorteilen des Unternehmens festgelegt. Aus dieser wird ein Wertmodell abgeleitet, das die wichtigsten Werttreiber in den Führungsprozessen verankert. Damit können Ziele für Wertbeiträge definiert und in einem System von Leistungskennzahlen kommuniziert werden, um damit eine konsistente Steuerung auf allen Stufen zu ermöglichen.
- Nachfolgend muss sichergestellt werden, dass der erarbeitete Mehrwert nicht durch Ineffizienzen gefährdet wird. Zur *Wertbewahrung* sind Massnahmen notwendig, die ihren Niederschlag in der Ressourcenallokation sowie in einem funktionsfähigen ↑Treasury management, ↑Risiko- und Steuermanagement finden.
- Die *Wertrealisierung* für die Investoren erfolgt durch Kurssteigerungen und ↑Ausschüttungen in Form von Dividendenzahlungen, ↑Nennwertrückzahlungen oder Aktienrückkäufen. Der grösste Teil dieses Total shareholder return stammt meist aus Kurssteigerungen. Für die Kursentwicklung sind die Kapitalmärkte auf die Verarbeitung von verfügbaren Informationen angewiesen. Unternehmen, die den Märkten zeitnah relevante und verlässliche Informationen zur Verfügung stellen, werden eher einen Marktwert haben, der ihrem «wahren Wert» (Fair value) entspricht, als kommunikationsschwache Unternehmen.

3. Elemente des Value reporting
Die Umsetzung des Value reporting umfasst die vier Elemente Marktüberblick, Wertstrategie, Führungsprozesse und Controllinginstrumente sowie Werteplattform.
- Der *Marktüberblick* fordert von den Unternehmen eine klare und transparente Darstellung der Markt- und Wettbewerbssituation. Hierbei sollen Aspekte wie Industriedynamik und regulatorische Herausforderungen aufgezeigt werden. Von besonderem Interesse sind Angaben zu Marktanteil und -wachstum, da diese Daten von Finanzanalysten und Investoren genutzt werden, um die Gewinnaussichten einer Unternehmung zu prognostizieren. Ferner soll die eingeschlagene Marktstrategie erläutert werden. Diese Informationen können in die ↑Segmentberichterstattung integriert werden.
- Die *Wertstrategie* verlangt eine klare Aussage zur Wert- und Wachstumsstrategie der Unternehmung: Was will die Unternehmung erreichen, wie will sie ihre Ziele erreichen und was sind die konkreten Schritte zur Steigerung des Unternehmenswertes? Die Strategie muss vorausschauend, zielgerichtet und unternehmensspezifisch sein sowie kritische Erfolgsfaktoren aufzeigen.
- Die *Führungsprozesse und Controllinginstrumente* des wertorientieren Managements sind darzulegen. Um glaubwürdig zu sein, müssen die Grössen zur Messung der finanziellen ↑Performance und des ↑Risikos offen gelegt werden. Gängige Grössen sind Marktmultiplikatoren (Kurs-Gewinn-Verhältnis, Marktwert-Buchwert-Verhältnis) sowie Renditekennzahlen (↑Return on equity, ↑Return on assets und risikoadjustierte Returnzahlen wie RORAC [Return on risk adjusted capital] oder ↑RAROC). Zusätzlich eignen sich vor allem Wertgrössen wie Discounted cashflow, EVA (↑Economic value added), Real option value oder ↑Value at risk.
- Mit der *Werteplattform* soll aufgezeigt werden, welche Strategien zur Erhaltung und Stärkung der Wertgenerierung von der Unternehmensführung verfolgt werden.

4. Prozess- und systemmässige Umsetzung
Geschäftsberichte werden in mehreren Varianten zur Verfügung gestellt: in gedruckter Form, im ↑Internet zur Ansicht und als Datei zum Download, teilweise auch als CD-ROM. Alle diese Systeme haben aus der Perspektive der Nutzer der Jahresabschlussinformationen einen wesentlichen Nachteil: Die Finanzinformationen liegen in einer Form vor, die nicht unmittelbar zu Analysen weiterverwendet werden können. Der Nutzer muss die Daten manuell in sein eigenes Analysewerkzeug transferieren. Zur Vermeidung von Medienbrüchen in der Nutzungskette von Jahresabschlussinformationen wurde die internetkompatible Extensible business reporting language (XBRL) entwickelt. XBRL ist eine standardisierte Methode zur Erstellung, Veröffentlichung und Analyse von Jahresabschlüssen in verschiedenen Formaten. XBRL birgt das Potenzial, die Prozesskette von der Entstehung jahresabschlussrelevanter Informationen im Unternehmen über die Prüfung durch den Wirtschaftsprüfer bis hin zur Weiterverarbeitung bei Investoren, Finanzanalysten und Finanzdienstleistern, grundlegend zu verändern.

Marc Gössi, Kai Simon-Keuenhof

Value stocks

Als Value stocks werden ↑Aktien bezeichnet, bei denen der ↑innere Wert im Verhältnis zum ↑Börsenwert sehr hoch ist. Es handelt sich in der Regel um ↑defensive Aktien, welche den Marktschwankungen nur beschränkt ausgesetzt sind und deshalb ein interessantes Rendite-Risikoprofil (↑Risiko) aufweisen. Gegensatz: ↑Growth stocks.

Value story
↑Initial public offering (IPO).

Valuta
Italienische Bezeichnung für ↑Währung; Mz. Valuten. Der Begriff umfasst zwei Bedeutungen:
1. Ausländische Währung, d.h. fremde Geldsorten (↑Banknoten, ↑Münzen) und Devisen (↑Checks, ↑Wechsel und Guthaben auf das Ausland)
2. Bezeichnung für die Wertstellung von Gutschriften und Belastungen, d.h. Festlegung des Beginns bzw. Endes des Zinsenlaufes.

Valutakonto
↑Fremdwährungskonto.

Valutarisiko
↑Währungsrisiko.

Valutatag
Der Valutatag ist:
1. Der Erfüllungstag von ↑Effektengeschäften und andern Finanzgeschäften, d.h., es ist der Tag, an dem der Kunde bei einem Wertpapierkauf zahlen muss oder bei einem Verkauf den Erlös erhält. Der Valutatag ist also der Tag, an dem ↑Comptantgeschäfte (Kassa- oder Comptantgeschäft) lieferbar und zahlbar sind.
2. Der Wertstellungstag von Gutschriften und Belastungen, d.h., am Valutatag beginnt oder endet der Zinsenlauf.

↑Valuta; ↑Valutierung; ↑T + n.

Valutawechsel
↑Auslandwechsel.

Valutierung
Bezeichnung des Tages, von dem an Gutschriften und Belastungen für die Zinsberechnung zählen.
↑Valuta; ↑Valutatag; ↑Kompensierte Valuta.

VAR
Abk. f. ↑Value at risk.

Variable Notierung
↑Fortlaufende Notierung.

Variable Verzinsung
Die variable Verzinsung ist eine Spielform bei der Ausgestaltung von Anleihensbedingungen. Der ↑Zinssatz wird viertel- oder halbjährlich im Voraus, unter Bezugnahme auf einen ↑Referenzzinssatz des ↑Geldmarktes, z.B. ↑Libor, Libid, Limean, ↑Euribor, zuzüglich eines Aufschlags oder abzüglich eines Abschlags festgelegt. Die Höhe des Aufschlags oder Abschlags richtet sich nach der ↑Bonität des Schuldners (↑Emittent), der ↑Laufzeit der Anleihe sowie nach der Marktlage. Sie wird bei der ↑Emission für die genannte Laufzeit der Anleihe fixiert. Die Zinszahlungen erfolgen viertel- oder halbjährlich zum Zeitpunkt der Neuanpassung. Durch die Variabilität des Zinssatzes wird eine Verbindung zwischen Geld- und ↑Kapitalmarkt hergestellt. (↑Floating rate notes). Gegenteil: Fixe, feste Verzinsung. ↑Straight bonds; ↑Festverzinsliche Wertpapiere; ↑Festzins, Festzinssatz.

Varianz/Kovarianz-Ansatz
↑Value at risk.

Variation margin
↑Futures margin.

VDAX
↑Volatilität-Indizes.

VE
Abk. f. ↑Vorsorgeeinrichtung.

Vega
Das Vega ist eine dynamische Optionskennzahl und gehört zu den ↑Greeks. Das Vega einer ↑Option gibt die Veränderung des ↑Optionspreises in Abhängigkeit von der Änderung der ↑Volatilität des ↑Basiswerts wieder und wird auch als Epsilon, Eta, Kappa, Sigma oder Lambda bezeichnet. Ein hohes Vega bedeutet, dass der Optionspreis stark auf kleine Änderungen der Volatilität des Basiswerts reagiert. ↑Volatilität-Indizes.

Vendor leasing
↑Cross border leasing.

Venture capital
Auch Wagniskapital genannt. Damit gemeint ist Risikokapital, das vor allem jungen innovativen Unternehmungen mit dem Ziel eines Kapitalgewinnes zur Verfügung gestellt wird, und zwar von Institutionen, die auf diese Art der Finanzierung spezialisiert sind (z.B. ↑Risikokapitalgesellschaften, Venture funds [sind keine Anbieter von Fonds im Sinne des AFG, sondern gesellschaftliche Partnerships], Private-equity-Gesellschaften).

Venture-Finanzierung
Venture-Finanzierung (Finanzierung durch ↑*Venture capital, Risikokapital, Wagniskapital*) ist eine Finanzierungsform von Start-up-Unternehmen, bei der institutionelle Investoren ↑Eigenkapital zur Verfügung stellen und damit Eigentumsrechte (↑Aktien) an der entsprechenden Unternehmung erhalten.

Venture-Finanzierung

Das für Venture-Finanzierungen eingesetzte Kapital wird mittels ↑Fonds bereitgestellt, die durch entsprechend spezialisierte Venture-capital-Firmen verwaltet werden, die mit ihren umfassenden Erfahrungen und einem strukturierten Selektionsprozess eine möglichst optimale Allokation dieser Mittel gewährleisten. Solche Fonds können selbst börsenkotiert sein, wobei dann die Aktien dieser Fonds durch Publikumsaktionäre (Institutionen oder Privatpersonen) gehalten werden. Der ↑Anlagehorizont für Venture-Finanzierungen liegt im Bereich von drei bis sieben Jahren und eignet sich somit als ↑Diversifikation eines längerfristig orientierten Portefeuilles, jedoch nicht für eine spekulative Kurzfristanlage.

1. Venture-Finanzierung im Ablauf der Unternehmensentwicklung
Die Finanzierung durch ↑Private equity kann je nach Entwicklungsstadium einer Unternehmung in drei übergeordnete Phasen unterteilt werden. In einer sehr frühen Phase wird – typischerweise durch ↑Business angels – *Seed capital* zur Verfügung gestellt. Mit Beginn einer operativen Tätigkeit, d. h. dem Start-up der Unternehmung und der nachfolgenden Wachstumsphase bzw. den -phasen, erfolgt dann eine Venture-Finanzierung.
Die Venture-Finanzierung ist, bedingt durch das frühe Entwicklungsstadium des Unternehmens, mit überdurchschnittlich hohen ↑Risiken für die Kapitalgeber behaftet, da u. a. die vom finanzierten Unternehmen geplanten Marktleistungen, in Form von Produkten oder Dienstleistungen, sich noch nicht am Markt etablieren konnten. Dementsprechend ist eine Finanzierung über Kredite nicht möglich, da die dem Risiko angemessenen Zinsen für ein Start-up-Unternehmen zu hoch wären. Bei der Venture-Finanzierung handelt es sich um Eigenkapital und erfolgt deshalb zinsfrei, was das Unternehmen vom ↑Zinsendienst entlastet. Eine angemessene ↑Rendite kann also nur längerfristig durch das Wachstum und der damit verbundenen Wertsteigerung des Unternehmens erreicht werden. Die Aktien von erfolgreich aufgebauten Firmen werden dann durch einen Börsengang an ein breites Publikum veräussert oder sie werden im Rahmen einer Merger-and-acquisition-Transaktion an einen neuen Eigentümer veräussert.
Demzufolge muss sich die Venture-Finanzierung auf Branchen und Unternehmen mit entsprechend hohen Erfolgschancen fokussieren. Der Grossteil der Venture-Finanzierungen erfolgte somit in den letzten Jahren in den Bereichen Informatik, Kommunikation, Neue Medien, Medizinaltechnologie sowie Bio- und Gentechnologie.
Um die Erfolgschancen eines Start-up-Unternehmens zu erhöhen, erfolgt bei der Venture-Finanzierung nicht nur eine Bereitstellung von Kapital, sondern die Venture-capital-Firmen bieten den Start-up-Unternehmen, meistens verbunden mit einem Verwaltungsratsmandat, einen umfassenden Support in der Form eines Coachings für das Management in Fragen der strategischen und operativen Unternehmungsführung, der Unternehmensentwicklung, wie auch durch die Bereitstellung notwendiger Kontakte und von Netzwerken (Spezialisten, Berater, Hochschulen, Kunden, Investoren, staatlichen Stellen und anderen Know-how-Trägern). Ausgewiesene Venture-Finanzierungs-Manager können insbesondere in schwierigen Phasen den Jungunternehmern mit der notwendigen professionellen Erfahrung zur Seite stehen. Die Bereitstellung einer Venture-Finanzierung erlaubt es einem Start-up-Unternehmen, sich in einer immer stärker international vernetzten Weltwirtschaft überdurchschnittlich schnell zu etablieren und sich auch gegenüber aufkommender Konkurrenz zu behaupten. Trotz des umfassenden Coachings gelingt es nicht, der Natur der Venture-Finanzierung entsprechend, alle der unterstützten Firmen längerfristig konkurrenzfähig aufzubauen, sodass insbesondere in gesamtwirtschaftlich schwierigen Zeiten ein Teil der Firmen im Rahmen einer Liquidation wieder aufgelöst werden muss.
Bedingt durch diesen erheblichen Betreuungsaufwand und im Bewusstsein der Grenzen der eigenen Erfahrungen und Kompetenzen ergibt sich eine Spezialisierung der professionellen Venture-capital-Firmen (z. B. nach geografischen Regionen, Branchen, Unternehmensstadien), die mit einer Risikoverteilung balanciert werden muss.

2. Volkswirtschaftliche Bedeutung der Venture-Finanzierung
Auch wenn erste Venture-Finanzierungen in der Schweiz bereits im 19. Jahrhundert beim Bau der ersten Eisenbahnlinien und des Gotthard-Tunnels erfolgten, so hat sich eine Schweizer Venture-capital-Industrie in der Form von professionellen und institutionellen Venture-capital-Firmen erst in der zweiten Hälfte der 90er-Jahre etabliert.
Erfahrungen aus den USA zeigen, dass in den 30 Jahren zwischen 1971 und 2000 durch die Venture-Finanzierung 7,6 Millionen neue Arbeitsstellen geschaffen wurden (entspricht mehr als der doppelten Anzahl aller heute existierenden Arbeitsplätze in der Schweiz) und durch diese Firmen 13,1% des amerikanischen Bruttoinlandproduktes des Jahres 2000 erwirtschaftet wurde. Auch europäische Untersuchungen zeigen auf, dass durch Venture-Finanzierung unterstützte Firmen über bedeutend höhere Wachstumsraten verfügen als Firmen ohne Venture-Finanzierung. Dementsprechend bedeutungsvoll sind die Venture-Finanzierung und deren gesetzliche Rahmenbedingungen für die ökonomische Weiterentwicklung, insbesondere für die wirtschaftliche Umsetzung der Innovationsfähigkeit einer Volkswirtschaft.

Massimo S. Lattmann

Venture fund
↑Venture capital.

Verankerungsprinzip
↑Emissionsgeschäft.

Verband ausländischer Banken
↑Ausländische Banken.

Verband Schweizerischer Kantonalbanken
↑Kantonalbanken.

Verband Schweizerischer Kreditbanken und Finanzierungsinstitute (VSKF)
↑Konsumkredit.

Verbeiständete im Bankverkehr
↑Bevormundete und Verbeiständete im Bankverkehr.

Verbriefung
↑Securitization.

Verbundene Gesellschaften
Gesellschaften, die konzernmässig miteinander verbunden sind, oder Gesellschaften, die, ohne einen ↑Konzern zu bilden, in einer bestimmten Angelegenheit in gemeinsamer Absprache handeln. Die Rechnungslegungs-Richtlinien der EBK (↑Bankenkommission, Eidg.) verwenden den Ausdruck spezifisch zur Bezeichnung von Gesellschaften, die nicht Teil des von einer Bank gebildeten Konzerns sind, aber durch eine in der Konzernstruktur über der Bank stehende Gesellschaft unter einheitlicher Leitung zusammengefasst werden. Die Verbindung von Gesellschaften in der einen oder anderen Weise ist relevant für die Meldepflicht (↑Offenlegung von Beteiligungen, BEHG 20 f.), für die ↑Angebotspflicht (BEHG 32), für die Anwendung statutarischer Gruppenklauseln im Hinblick auf die Vinkulierung (OR 685d) und die Stimmrechtsbeschränkung (OR 692) sowie – bei konzernmässiger Verbindung – für die Pflicht zur Erstellung einer ↑Konzernrechnung (OR 663e).

Verdeckte Gewinnausschüttung
Eine verdeckte Gewinnausschüttung, in der Terminologie des Verrechnungssteuerrechts als geldwerte Leistungen bezeichnet, liegt vor, wenn die Gesellschafter einer ↑Kapitalgesellschaft in den Genuss verdeckter Vorteile durch einseitige Leistungen ohne übersetzte Gegenleistungen gelangen, z. B. in Form von im Drittvergleich (↑Arm's length-Prinzip) geschäftsmässig nicht begründeten, übersetzten Salären, Spesenvergütungen oder, im ↑Konzern, überhöhten ↑Management fees.

Vereinbarungen der Schweizerischen Bankiervereinigung (SBVg)
↑Selbstregulierung.

Vereinbarung über die Anstellungsbedingungen der Bankangestellten (VAB)
In Ergänzung der gesetzlichen Bestimmungen werden die Arbeitsverhältnisse im schweizerischen Bankgewerbe durch die VAB geregelt. Im Jahr 1921 haben die Sozialpartner der Bankbranche einen ersten, die Arbeitsbedingungen regelnden Vertrag unterzeichnet, eine Folge der im Anschluss an den Generalstreik von 1918 aufgenommenen Gespräche.
Im Laufe der folgenden Jahrzehnte wurden diese ersten Verhandlungsergebnisse stetig erneuert und ausgebaut.
Vertragspartner der heutigen VAB sind:
– Die Arbeitgeberorganisation der Banken in der Schweiz, gebildet aus dem Verband Zürcherischer Kreditinstitute und den Organisationen der Plätze Basel, Bern, Neuenburg, St. Gallen sowie der Associazione Bancaria Ticinese und Association Vaudoise des Banques
– Der Schweizerische ↑Bankpersonalverband SBPV
– Der KV Schweiz.
Die VAB regelt insbesondere folgende Gebiete:
– Geltungsbereich
– Arbeitsvertragliche Bestimmungen
– Funktionsgruppen und Salärrahmen
– Mitwirkung der Arbeitnehmer
– Meinungsverschiedenheiten bei Salärverhandlungen.
Aufgrund von periodischen Verhandlungen wird die VAB jeweils den veränderten Verhältnissen angepasst.

Vereinbarung über die Standesregeln zur Sorgfaltspflicht der Banken (VSB)
Die Sorgfaltspflichtvereinbarung, welche die Schweizerische ↑Bankiervereinigung mit den Schweizer Banken als Werk der ↑Selbstregulierung abgeschlossen hat, handelt von der Sorgfalt, welche die Banken bei der Entgegennahme von Vermögenswerten einzuhalten haben. Seit 1998 gilt die VSB 98. Die Banken haben diese Sorgfalt einerseits im Interesse der einwandfreien Bankführung walten zu lassen («Customer due diligence for banks», ↑Basler Ausschuss für Bankenaufsicht, Oktober 2001), andererseits erwarten Öffentlichkeit und Staat, dass die Banken aktiv mitwirken an der Bekämpfung der organisierten Kriminalität und Wirtschaftskriminalität, und dass sie Vorkehrungen treffen, um nicht für Zwecke der ↑Geldwäscherei missbraucht zu werden. Unter beiden Aspekten geht es um ↑Know your customer rules: Die Bank soll nicht nur ihre Schuldner kennen, son-

Vereinbarung über die Standesregeln zur Sorgfaltspflicht der Banken (VSB)

dern auch ihre ↑Gläubiger und Auftraggeber. Gute Kenntnis ihrer Kunden sowie die Kenntnis über deren finanziellen Verhältnisse und Geschäfte ermöglichen es den Banken, ihre Dienstleistungen optimal zu erbringen, die Reputationsrisiken zu kontrollieren und Ungewöhnliches festzustellen, was unter Umständen ein Indiz für kriminellen Hintergrund von Vermögenswerten sein kann.

1. Identifikation des Kunden bzw. Vertragspartners
Während in den Geldwäscherei-Richtlinien der EBK (↑Bankenkommission, Eidg.) die spezifischen Vorschriften für eine risikogerechte Geldwäschereibekämpfung festgehalten sind, enthält die VSB die grundlegenden Sorgfaltspflichten, die im Verkehr mit allen Bankkunden einheitlich einzuhalten sind. Kernthema ist die Identifikation eines jeden Bankkunden, ob natürliche oder ↑juristische Person, ob Inländer oder Ausländer, ob er nun persönlich bei der Bank vorspricht oder ob er auf dem Korrespondenzweg die Geschäftsbeziehung aufnimmt. Angesichts des wachsenden Umfangs der über ↑Internet angebahnten und abgewickelten Geschäfte, erhält die Identifikation ohne persönliche Vorsprache eine immer grössere Bedeutung. Die Identifikation muss fehlerlos gelingen, sonst hat eine Bank die VSB verletzt und muss mit Sanktionen rechnen (VSB 98 Art. 2).

2. Feststellung des wirtschaftlich Berechtigten
Bestehen Zweifel, ob der Kunde eigene Vermögenswerte bringen wird oder ob er allenfalls als ↑Strohmann für einen Dritten auftritt, so ist die Bank verpflichtet festzustellen, wer wirtschaftlich berechtigt ist. Es handelt sich dabei nicht um eine Identifikation, sondern es wird beim künftigen ↑Kontoinhaber eine schriftliche Erklärung darüber eingeholt, wer der an den einzubringenden Werten wirtschaftlich Berechtigte sei (Formular A, im Anhang der VSB). Grundsätzlich sind Zweifel immer gegeben und damit Erklärungen über den wirtschaftlich Berechtigten einzuholen bei ↑Finanzintermediären und bei ↑Domizilgesellschaften (verselbständigte Vermögenswerte in irgendeiner rechtlichen Form). Die Bank hat diese Erklärungen zu ihren Akten zu nehmen und darf – wenn sie ihr plausibel erscheinen – auf die Beziehungen und Geschäfte eintreten (VSB 98 Art. 3–5).
Eine Sondervorschrift besteht für Rechtsanwälte oder Notare; bei rein anwaltlichen oder notariellen Mandaten ohne Vermögensverwaltungscharakter haben diese Berufsgeheimnisträger nicht die Namen ihrer Kunden, dafür aber den Typus des Mandats anzugeben (z.B. Erbteilung oder güterrechtliche Auseinandersetzung bei Ehescheidung; VSB 98 Art. 5 und Formular R, im Anhang der VSB). In allen Vermögensverwaltungsgeschäften und übrigen Finanzsachen haben auch Berufsgeheimnisträger der Bank die Namen der wirtschaftlich Berechtigten auf Formular A anzugeben.

Alle Formalitäten der Identifikation und der Feststellung des wirtschaftlich Berechtigten müssen abgeschlossen und voll dokumentiert sein, bevor die Bank für den Kunden Geschäfte tätigen bzw. der Kunde über seine Vermögenswerte verfügen darf.

3. Dauernde Geltung der Identifikationspflichten
Sowohl die Identifikation wie auch die Feststellung des wirtschaftlich Berechtigten sind vor Aufnahme der Geschäftsbeziehung vorzunehmen; beides gilt jedoch als dauernde Verpflichtung: Treten im Verlauf der Geschäftsbeziehung Zweifel auf, ob die Identifikation korrekt ist oder ob der richtige wirtschaftlich Berechtigte festgestellt ist, so hat die Bank diese Schritte nachzuvollziehen (VSB 98 Art. 6).

4. Verbot der aktiven Beihilfe zu Kapitalflucht und Steuerhinterziehung
Die VSB verbietet den Banken ausserdem aktive Beihilfe zu ↑Kapitalflucht aus Ländern, deren Gesetzgebung die Anlage von Geldern im Ausland einschränkt, sowie aktive Beihilfe zu ↑Steuerhinterziehung durch Abgabe irreführender Bescheinigungen. Diese beiden Themen stehen nicht im Zusammenhang mit der Geldwäschereibekämpfung, sondern sind als Standesregeln im Interesse integrer Bankführung entstanden, vornehmlich für das Verhältnis zum Ausland (VSB 98 Art. 7 und 8).

5. Sanktionssystem
Verletzungen der Sorgfaltspflichtvereinbarung werden von einer Aufsichtskommission mit Bussen als Vertragsstrafe geahndet, die bis zu CHF 10 Mio. gehen können. Drei unabhängige Rechtsanwälte sind als Untersuchungsbeauftragte eingesetzt, welche die nötigen Untersuchungen führen und der Aufsichtskommission Antrag auf Eröffnung oder Schliessung eines Verfahrens und auf Ausfällung einer Busse oder eines Verweises oder auf Freispruch stellen. Jedes Jahr werden von der Aufsichtskommisson in ein bis zwei Dutzend Fällen Bussen ausgesprochen, die sich – da zumeist Formfehler und Nachlässigkeiten und kaum vorsätzlich begangene Verstösse festzustellen sind – im Bereich von ein paar tausend Franken bis zu einer halben Million bewegen. Bei der Bemessung der Vertragsstrafe sind die Schwere der Verletzung, der Grad des Verschuldens und die Vermögenslage der Bank zu berücksichtigen. Die Bussgelder werden regelmässig dem Internationalen Komitee vom Roten Kreuz überwiesen. Periodisch erstattet die Aufsichtskommission den Banken und der Öffentlichkeit Bericht über ihre Tätigkeit (in der Schweizerischen Zeitschrift für Wirtschaftsrecht).

6. Entstehung und Umfeld
Die Sorgfaltspflichtvereinbarung ist erstmals 1977 zwischen der Schweizerischen ↑Nationalbank,

der Bankiervereinigung und den Banken in der Schweiz abgeschlossen worden. In den Jahren davor sind von der Nationalbank mehrfach Kreditrestriktionen auf dem Weg von ↑Gentlemen's agreements mit den Banken abgeschlossen worden, weil die ↑Notenbank für die Bekämpfung der Hochkonjunktur über unzureichende Instrumente verfügt hatte. In Anlehnung an diese Praxis ist nach dem «Chiasso-Skandal» der Schweizerischen Kreditanstalt die Vereinbarung abgeschlossen worden. 1987 zog sich die Notenbank aus der Vereinbarung zurück, weil diese Aufgabe ausserhalb ihres monetären Kernauftrags lag. In den Jahren 1982, 1987, 1992 und 1998 wurde die Vereinbarung erneuert, und es steht zu erwarten, dass auch 2003 eine weitere Version in Kraft treten wird. Im Bereich Kundenidentifikation und Festellung des wirtschaftlich Berechtigten hat 1997 das ↑Geldwäschereigesetz nachträglich die in der Selbstregulierung der VSB enthaltenen Pflichten übernommen. Seither besteht ein gesetzlicher Auftrag, und es kann bei den Identifikationsvorschriften nicht mehr von reiner Selbstregulierung gesprochen werden.

Andreas Hubschmid
Links: www.swissbanking.org

Verein für Finanzgeschichte (Schweiz und Fürstentum Liechtenstein)
Der Verein für Finanzgeschichte (Schweiz und Fürstentum Liechtenstein) fördert die finanzgeschichtliche Forschung in der Schweiz und im Fürstentum Liechtenstein, indem er mit seiner eigenen Schriftenreihe «Beiträge zur Finanzgeschichte» und mit Veranstaltungen aktuelle historische Fragestellungen einem breiteren Publikum bekannt macht, für die Erhaltung wertvoller Unterlagen und ein professionelles Archivmanagement der Finanzinstitute eintritt sowie Kontakte und Erfahrungsaustausch zwischen Finanzfachleuten und Wissenschaftlern im In- und Ausland unterstützt. Der Verein wurde 1990 von 22 Banken und interessierten Institutionen gegründet und konzentrierte sich vorerst auf bankgeschichtliche Aspekte. Seit der im Jahr 2000 erfolgten Erweiterung um die Versicherungsbranche widmet er sich umfassend historischen und archivbezogenen Fragestellungen des Finanzwesens in der Schweiz und im Fürstentum Liechtenstein.
Links: www.finanzgeschichte.ch

Vereinigung schweizerischer Effektenbörsen
Gegründet 1938 im Hinblick auf die Schaffung der Schweizerischen Zulassungsstelle (↑Zulassungsstelle, SWX). Sie ging Ende des 20. Jahrhunderts in der Schweizer ↑Börse beziehungsweise in der ↑SWX Swiss Exchange auf. Die Vereinigung umfasste die Effektenbörsen von Zürich, Genf, Basel, Lausanne, Bern, Neuenburg, St. Gallen und – nachdem sie gegründet wurde – auch die ↑SOF-FEX. Zweck war die Wahrung gemeinsamer Interessen auf dem Gebiet des Börsenwesens. Über die Vereinigung schweizerischer Effektenbörsen wurde eine weit gehende Vereinheitlichung der schweizerischen Börsenreglemente erzielt. Sie war auch Trägerin der Schweizerischen ↑Courtage-Konvention, der einheitlichen Tarifordnung der ↑Börsenmitglieder.

Vereinigung schweizerischer Privatbankiers
↑Privatbankiers, Vereinigung schweizerischer.

Verfall
In der ↑Banksprache Bezeichnung für:
1. ↑Fälligkeit, Ablauf; vor allem von Forderungen, ↑Wertpapieren usw.
2. Rückzahlungstermin von ↑Obligationen und andern Verbindlichkeiten, auch von Forderungen.

Verfallrendite
↑Bewertung von Anleihensobligationen; ↑Rendite auf Verfall; ↑Yield to maturity.

Verfalltag
Im Optionsgeschäft das Ende der ↑Optionsfrist, d. h. der (letzte) Tag, an dem eine ↑Option ausgeübt werden kann. ↑Optionsgeschäft.

Vergessene Guthaben der zweiten Säule
Als vergessene Guthaben bezeichnet das BG über die Freizügigkeit in der beruflichen Alters-, Hinterlassenen- und Invalidenvorsorge vom 17.12.1993 (FZG) «die Ansprüche von Personen im Rentenalter im Sinne von Art. 13 Abs. 1 BVG, die noch nicht geltend gemacht worden sind». Die Vorsorge- und Freizügigkeitseinrichtungen melden diese vergessenen Guthaben der ↑*Zentralstelle zweite Säule*. Ausserdem sind sie verpflichtet, regelmässigen Kontakt mit ihren Versicherten zu pflegen. Misslingt ihnen das, müssen sie der Zentralstelle davon Kenntnis geben. Ersatzweise können die Vorsorge- und Freizügigkeitseinrichtungen (↑Vorsorgeeinrichtungen) diese Verpflichtung auch erfüllen, indem sie regelmässig alle Daten ihrer Versicherten an die Zentralstelle übermitteln. Für jeden Versicherten sind der Name und der Vorname, die AHV-Nummer, das Geburtsdatum und die konto- bzw. policenführende Vorsorge- oder Freizügigkeitseinrichtung zu melden. Die Zentralstelle soll die Verbindung der Vorsorge- und Freizügigkeitseinrichtungen mit ihren Versicherten gewährleisten. Sie verwaltet die ihr von diesen Einrichtungen übermittelten Daten und gibt Versicherten auf der Suche nach möglicherweise vergessenen Guthaben Auskunft. Die Aufgaben der Zentralstelle werden durch den Sicherheitsfonds für die berufliche Vorsorge wahrgenommen. Dessen Aufgaben sind im Übrigen die Entrichtung von Zuschüssen an

Vorsorgeeinrichtungen mit ungünstiger Altersstruktur, die Sicherstellung gewisser Leistungen zahlungsunfähig gewordener Vorsorgeeinrichtungen und die Entschädigung der Auffangeinrichtung der beruflichen Vorsorge für nicht auf den Verursacher überwälzbare Kosten (BG über die berufliche Alters-, Hinterlassenen- und Invalidenvorsorge vom 25.06.1982, BVG).

Vergütung
↑Swiss Interbank Clearing (SIC); ↑Bankgiro; ↑Banküberweisung; ↑Bargeldloser Zahlungsverkehr; ↑Giroverkehr der Schweizerischen Nationalbank.

Verhaltenskontrolle
Teil der internen Kontrolle (↑Kontrolle, interne bei Banken), die an Stelle von erreichten Resultaten das Verhalten von Individuen und organisatorischen Einheiten überprüft.

Verhaltensregeln für Effektenhändler
Das *Bundesgesetz über die Börsen und den Effektenhandel* vom 24.03.1995 auferlegt den Effektenhändlern dreierlei Verhaltensregeln (BEHG 11 I):
– Sie müssen ihre Kunden «insbesondere auf die mit einer bestimmten Geschäftsart verbundenen ↑Risiken» hinweisen (↑Informationspflicht des Effektenhändlers).
– Sie müssen die «bestmögliche Erfüllung» der Aufträge (↑Best execution) und die Nachvollziehbarkeit der Abwicklung für die Kunden sicherstellen (↑Sorgfaltspflicht des Effektenhändlers).
– Sie müssen gewährleisten, dass die Kunden durch Interessenkonflikte keine Nachteile erleiden (↑Interessenkonflikte im Bank- und Effektenhandelsgeschäft; ↑Treuepflicht des Effektenhändlers).

Bei der Erfüllung dieser Pflichten sind die *Geschäftserfahrenheit und die fachlichen Kenntnisse der Kunden* zu berücksichtigen (BEHG 11 II). Die Bestimmung ist – als Teil der Börsengesetzgebung – aufsichts- und somit *öffentlich-rechtlicher* Natur. Ihr Inhalt stimmt aber mit der privatrechtlichen Ordnung des Auftrags überein (OR 394ff., zur Kommission OR 425ff.). Die Frage, ob BEHG 11 eine öffentlich- und privatrechtliche «Doppelnorm» sei, kann deshalb offen bleiben.

Wegen seiner allgemeinen, unbestimmten Formulierung bedarf BEHG 11 der *Konkretisierung*. Eine solche hätte erfolgen können durch Reglemente der einzelnen Effektenhändler, durch Standesregeln ihres Wirtschaftszweigs, durch ein ↑EBK-Rundschreiben oder durch eine Verordnung des Bundesrats. Der Entscheid fiel zugunsten der Standesregeln.

Am 22.01.1997 erliess der Verwaltungsrat der *Schweizerischen* ↑*Bankiervereinigung (SBVg) die Verhaltensregeln für Effektenhändler (VfE)*. Es handelt sich dabei um mit der EBK ausgehandelte Standesregeln, deren Einhaltung, im Auftrag der EBK, durch die bankengesetzlichen Revisionsstellen überwacht wird (↑Selbstregulierung). Weil die Verhaltensregeln mit Zustimmung der EBK ergangen sind, kommen sie einer *amtlichen Auslegung* von BEHG 11 nahe. Sie beinhalten im Einzelnen die im Folgenden beschriebenen Grundsätze.

1. Informationspflicht
Wichtigster Inhalt der Verhaltensregeln ist die Pflicht des Effektenhändlers, seine Kunden über *die Risiken bestimmter Geschäftsarten* zu informieren. Diese Informationspflicht gilt nicht jedem Risiko, das mit einer ↑Transaktion verbunden sein kann (z.B. nicht dem Bonitätsrisiko beim ↑Emittenten). Sie beschränkt sich auf die Risiken besonders komplizierter oder komplexer Geschäftsarten, also verschiedener Typen von ↑Derivaten, die das gemeinhin bekannte Mass an Risiko übersteigen.
– Die Informationspflicht des Effektenhändlers ist je nach Geschäftserfahrenheit und fachlichen Kenntnissen der Kunden zu erfüllen (VfE 3 I).
– Grundsätzlich darf der Effektenhändler davon ausgehen, dass jeder Kunde die Risiken kennt, die üblicherweise mit dem Kauf, Verkauf und Halten von ↑Effekten verbunden sind. Dazu gehören insbesondere die Bonitäts- und ↑Kursrisiken von ↑Aktien, ↑Obligationen und Anlagefondsanteilen (VfE 3 II).
– Die Informationspflicht bezieht sich auf die besondere Risikostruktur bestimmter Geschäftsarten und nicht auf die spezifischen Risiken einzelner Effektenhandelstransaktionen (VfE 3 III).
– Für Geschäftsarten, deren Risikopotenzial über das für Kauf, Verkauf und Halten von Effekten übliche Mass hinausgeht, kann der einzelne Effektenhändler seine Informationspflicht standardisiert oder individualisiert wahrnehmen. Erfüllt er sie standardisiert, hat die Information in allgemein verständlicher Form und für alle Kunden gleich zu erfolgen. Erfüllt er sie individualisiert, soll er den Grad der Geschäftserfahrenheit und die fachlichen Kenntnisse des einzelnen Kunden mit der nach den Umständen zumutbaren Sorgfalt feststellen und seiner Information zugrunde legen (VfE 3 IV).
– Den Effektenhändler trifft keine Pflicht, über Risiken bestimmter Geschäftsarten zu informieren, wenn ein Kunde in einer besonderen schriftlichen Erklärung angibt, die Risiken einzelner Geschäftsarten, welche genau zu bezeichnen sind, zu kennen und auf zusätzliche Informationen zu verzichten (VfE 3 V).

Zur standardisierten Erfüllung der Informationspflicht nach VfE 3 IV hat die SBVg im Jahr 2001 die Broschüre «Besondere Risiken im Effektenhandel» veröffentlicht. Sie enthält die von BEHG 11 vorgeschriebenen Informationen zu ↑Options- und ↑Termingeschäften (↑Option [Allgemeines]), ↑strukturierten und synthetischen Produkten. Weitere Hinweise betreffen Anlagen in ↑Hedge funds, ↑Offshore funds und ↑Emerging markets. Die Effektenhändler sind aber frei, ihre eigenen Broschüren zu verwenden oder die Kunden gemäss VfE 3 IV individuell zu informieren. Die Information des Kunden hat aber in jedem Fall rechtzeitig *vor Ausführung der ersten Transaktion* zu erfolgen (VfE 4).

2. *Sorgfaltspflicht*
Die Sorgfaltspflicht bedeutet für den Effektenhändler, das Geschäft für seine Kunden *an einem allgemein anerkannten und für eine ordentliche Durchführung der Transaktion Gewähr bietenden Markt* auszuführen (VfE 5 I). «An Märkten, wo dies zulässig ist» (vgl. für die Schweiz OR 436), darf er eine Transaktion «durch Selbsteintritt ausführen, wenn dies nicht zum Nachteil des Kunden geschieht» (VfE 5 II).
Sodann muss der Effektenhändler seine Transaktionen *unverzüglich zuordnen, aufzeichnen, innert marktüblicher Frist abrechnen und entsprechend dokumentieren* (VfE 6). Seine Abrechnung muss transparent sein, also «mindestens Angaben hinsichtlich Anzahl der gehandelten Effekten, Ort der Ausführung, ↑Kurs sowie ↑Transaktionskosten (Kommissionen, Gebühren, Abgaben, Spesen usw.)» enthalten (VfE 7 I). Statt einer detaillierten Abrechnung in diesem Sinn kann der Effektenhändler mit dem Kunden die vollständig oder teilweise pauschale Abrechnung vereinbaren (VfE 7 II).

3. *Treuepflicht*
Der Effektenhändler hat *Interessenkonflikte mit organisatorischen Massnahmen zu vermeiden* oder, wenn das unmöglich ist, auszuschliessen, dass sich ein Interessenkonflikt zum Nachteil der Kunden auswirken kann (VfE 8 I). Lässt sich eine Benachteiligung von Kunden ausnahmsweise nicht vermeiden, «soll der Effektenhändler dies in geeigneter Form offen legen» (VfE 8 II).
Alle Kunden «sind fair und gleich zu behandeln» (VfE 9), ihre Aufträge «nach Massgabe des Weisungseingangs» zu bearbeiten (VfE 10). Der Grundsatz der Zeitpriorität gilt soweit, als die Gefahr von Interessenkonflikten nicht durch funktionale Trennungen (z. B. zwischen Kundenhandel und Eigenhandel) vermieden wird. Der Effektenhändler kann ausnahmsweise von der chronologischen Ausführung der Transaktionen abweichen, wenn dies im Interesse des Kunden geschieht (VfE Kommentar Ziff. 24). Organisation und Kriterien des Betriebsablaufs haben die willkürliche Privilegierung oder Diskriminierung einzelner Kunden auszuschliessen. «Der Effektenhändler muss dem Kunden gegenüber offen legen können, nach welchen Kriterien vorgegangen wurde, wenn konkurrierende Kundentransaktionen aufgrund der gegebenen Marktsituation (hinsichtlich Preis, Menge oder Zeit) nicht weisungsgemäss ausgeführt werden konnten» (VfE Kommentar Ziff. 23).
Verboten sind dem Effektenhändler das ↑Front running (VfE 11), der ↑Kursschnitt (VfE 12) und das Borgen von Kundenbeständen ohne Zustimmung des Kunden, das sog. ↑Securities lending and borrowing (VfE 13). *Christoph Winzeler*
Lit.: *Winzeler, Ch.: Von der Interessenvertretung zur Wirtschaftspolizei, Thematik und Problematik der Selbstregulierung am Beispiel der Verhaltensregeln für Effektenhändler*, in: Freiheit und Ordnung im Kapitalmarktrecht, FG Jean-Paul Chapuis, Zürich 1998. – *Wyss, A.: Verhaltensregeln für Effektenhändler*, Lachen und St. Gallen 2000.

Verjährung

Untergang einer Forderung infolge von Zeitablauf. Die Verjährungsfrist beträgt im Vertragsrecht:
– 10 Jahre für alle Forderungen, für das Gesetz keine kürzere Frist bestimmt (OR 127)
– 5 Jahre für periodische Verpflichtungen wie z. B. Miet- und Kapitalzinsen sowie für einige der im täglichen Leben besonders häufig vorkommenden Forderungen aus Detailhandelsgeschäften und Arbeitsleistung (OR 128)
– 3 Jahre für den wechselmässigen Anspruch gegen den Akzeptanten des ↑gezogenen Wechsels und den Aussteller ↑Eigenwechsels (OR 1069)
– 1 Jahr für die Regressansprüche des Wechselinhabers gegen die Indossanten und den Aussteller (OR 1069)
– 6 Monate für die Regressansprüche des Indossanten gegen andere Indossanten und gegen den Aussteller eines Wechsels und für sämtliche Regressansprüche im Checkrecht (OR 1069 und 1134).

Die Verjährungsfrist beginnt im Vertragsrecht normalerweise mit der ↑Fälligkeit der Forderung (OR 130 I). Ist eine Forderung auf ↑Kündigung gestellt, so beginnt die Frist nach dem Gesetz mit dem Tag, auf den die Kündigung erstmals zulässig ist (OR 130 II). Abweichend von dieser Vorschrift beginnt nach der Rechtsprechung des Bundesgerichts die Verjährung des Rückerstattungsanspruchs des Auftraggebers oder Hinterlegers (↑Bankguthaben!) nicht schon mit der Übergabe der Vermögenswerte an den Beauftragten oder Aufbewahrer zu laufen, sondern grundsätzlich erst mit der Beendigung des Vertragsverhältnisses infolge gegenseitiger Übereinkunft, Ablaufs der vereinbarten Dauer, Widerrufs oder tatsächlicher Kündigung (BGE 91 II 442 ff.). Das ↑Eigentum des

Hinterlegers einer Sache (z. B. eines ↑Wertpapiers) und die daraus fliessenden Rechte gegen den Aufbewahrer verjähren nicht; hingegen unterliegen allfällige Schadenersatzansprüche des Kunden gegen die ↑Bank aus Vertragsverletzung (z. B. unsorgfältiger Aufbewahrung) der ordentlichen Verjährungsfrist von 10 Jahren.

Forderungen aus unerlaubter Handlung verjähren grundsätzlich ein Jahr nach dem Tag, an dem der Geschädigte vom Schaden und von der Person des Ersatzpflichtigen Kenntnis hat, jedenfalls aber nach Ablauf von 10 Jahren seit dem Tag der schädigenden Handlung (OR 60). Ähnliches gilt für die Verjährung von Forderungen aus ungerechtfertigter Bereicherung (OR 67). Liegt gleichzeitig eine Vertragsverletzung oder eine strafbare Handlung vor, so können die dafür geltenden und unter Umständen längeren Fristen massgebend sein.

Unverjährbar sind alle durch direktes ↑Grundpfandrecht gesicherten Forderungen (ZGB 807). Ein ↑Fahrnispfandrecht schliesst die Verjährung nicht aus; die Verjährung hindert aber den ↑Gläubiger nicht daran, das ↑Pfandrecht geltend zu machen und sich aus dem Erlös des Pfandes zu befriedigen (OR 140). Die früher geltende Unverjährbarkeit von Verlustscheinforderungen wurde per 01.01.1997 aufgehoben. Seither verjähren Verlustscheine nach 20 Jahren und gegenüber den Erben des Schuldners spätestens ein Jahr nach der Eröffnung des Erbgangs (SchKG 149a).

Die Verjährung kann unterbrochen werden. Mit der Unterbrechung beginnt eine neue Verjährungsfrist (OR 137). Die Unterbrechung kann vom Schuldner oder vom Gläubiger ausgehen: Der Schuldner unterbricht die Verjährung durch Anerkennung seiner Schuldpflicht. Als Anerkennung gilt nicht nur die ausdrückliche Anerkennungserklärung des Schuldners, sondern jedes Verhalten, das nach Treu und Glauben als Bestätigung seiner rechtlichen Verpflichtung aufgefasst werden darf, wie Zinszahlung, ↑Abzahlung an die Schuld, ↑Pfand- oder Bürgschaftsbestellung, Erlass- oder Stundungsgesuch und dergleichen (OR 135, Ziff. 1).

Der Gläubiger unterbricht die Verjährung nicht schon durch eine blosse Mahnung an den Schuldner. Vielmehr sind hiefür entweder die Anhebung der Betreibung am richtigen Ort, die Eingabe im Konkurs des Schuldners, die Vorladung zu einem amtlichen Sühneversuch, die Klageanhebung oder die Einrede vor Gericht oder Schiedsgericht erforderlich (OR 135, Ziff. 2 und OR 138). Der Schuldner braucht nach Eintritt der Verjährung nicht mehr zu erfüllen, er kann aber noch erfüllen. So lösen die Banken etwa verjährte ↑Coupons ihrer ↑Kassenobligationen und ↑Aktien ein; ebenso zahlen sie Guthaben auf ↑Spar-, ↑Depositen- und ↑Einlagekonti, -hefte, die sehr lange nicht mehr vorgewiesen wurden und deshalb zur Herbeiführung der Fälligkeit und des Beginns der Verjährungsfrist öffentlich, z. B. in Amtsblättern, gekündigt wurden, auch nach Ablauf der zehnjährigen Verjährungsfrist in der Regel zurück.

Verkäufermarkt
Marktsituation, bei der sich die Verkäufer (Anbieter) in einer stärkeren Position befinden als die Käufer (Nachfrager). Im Wertpapiergeschäft an der ↑Börse ist ein Verkäufermarkt mit Kurssteigerungen verbunden. Der Bankenmarkt ist in Teilbereichen, z. B. im Individualkundengeschäft mit seinen Kunden ohne Verhandlungsmacht, ein Verkäufermarkt. Gegenteil: ↑Käufermarkt.

Verkaufsförderung bei Banken
↑Sales promotion bei Banken.

Verkaufssignal
Was als Verkaufssignal gilt, hängt von der Methode der Analyse ab. In der konventionellen ↑Chart-Analyse entstehen Signale mechanisch. In der ↑Intermarket technical analysis erfolgen sie aus der Vernetzung einer grossen Zahl technischer Daten. Mechanische Signale sind unzuverlässig.

Alfons Cortés

Verkehrswert
↑Marktwert von Sachen (Mobilien und ↑Immobilien). ↑Hypothekargeschäft; ↑Status; ↑Unternehmensbewertung.

Verlustbegrenzungsauftrag
↑Stop loss order, Verlustbegrenzungsauftrag.

Verlustschein
Urkunde, in welcher das Betreibungs- oder Konkursamt den Betrag angibt, der in einer Betreibung auf Pfändung oder in einem Konkurs ungedeckt geblieben ist. Verlustscheinforderungen sind von Gesetzes wegen unverzinslich. Seit der Revision des SchKG (01.01.1997) verjährt der Verlustschein gegenüber dem Schuldner 20 Jahre nach der Ausstellung, gegenüber den Erben des Schuldners spätestens ein Jahr nach Eröffnung des Erbgangs. Der Verlustschein gilt als Schuldanerkennung, derjenige aus Konkurs allerdings nur, wenn darin festgehalten ist, dass der Gemeinschuldner die Forderung anerkannt hat. Aufgrund eines Konkursverlustscheins kann eine neue Betreibung nur angehoben werden, wenn der Schuldner zu neuem Vermögen gekommen ist (SchKG 149a, 265).

Vermögenseffekt
Oberbegriff für die Auswirkungen von Vermögensänderungen auf gesamtwirtschaftliche Grössen wie Produktion, Beschäftigung, ↑Zins- und Preisniveau. Im Mittelpunkt stehen die Wirkungen von Wertveränderungen der Elemente des Vermögens der privaten Haushalte (↑Bargeld, ↑Bankeinlagen, Edelmetalle, Zinspapiere, Dividendenpa-

piere, ↑Gegenwartswert von ↑Versicherungspolicen und Pensionsansprüchen, ↑Immobilien).
Der Vermögenseffekt des Geldes wurde als Erstes in die Volkswirtschaftslehre eingeführt. Er wird auch als *Pigou- oder Realkasseneffekt* bezeichnet und beruht darauf, dass im Falle einer ↑Deflation der ↑Realwert von Geldbeständen (= Realkasse, das ist der ↑Tauschwert von Geld relativ zu Waren und Dienstleistungen) steigt. (Diese Überlegung liesse sich auf Zinspapiere übertragen.) Unter der Annahme, dass private Haushalte immer einen bestimmten realen Kassenbestand anstreben und folglich ein deflationsbedingter Anstieg der Realkasse ihren Präferenzen zuwiderläuft, behauptet der Pigou-Effekt, dass Haushalte den Überschuss in ihrer Realkasse gegen Güter und Dienstleistungen eintauschen werden. Die so induzierte Zusatznachfrage könne – und hierin liegt die theoretische Bedeutung des Pigou-Effekts – die Wirtschaft aus einer Liquiditätsfalle (das ist eine Situation, in der ein Anstieg der Geldmenge die Zinsen nicht zu senken vermag) befreien und zu einem Vollbeschäftigungsgleichgewicht führen.
In jüngerer Zeit wird vor allem dem Vermögenseffekt von Änderungen des Preisniveaus von ↑Wertpapieren (insbesondere ↑Aktien) und Immobilien Aufmerksamkeit geschenkt. Die Grundannahme ist wiederum, dass das reale Haushaltsvermögen ein Argument mit positivem Vorzeichen in der privaten Konsumfunktion ist. ↑Asset price inflation erhöht den nominellen Wert der Wertpapiere und Immobilien im Haushaltsportfolio. Wenn die Konsumentenpreise stabil bleiben, führt Asset price inflation auch zu einer Erhöhung des realen Haushaltsvermögens und stimuliert so den privaten Verbrauch. Der oben beschriebene Realkasseneffekt wäre also dahingehend zu ergänzen, dass er sowohl eine Steigerung des Realvermögens durch Deflation der Güterpreise (im Nenner) als auch durch Asset price inflation (im Zähler) umfasst. Umgekehrt haben Inflation der Güterpreise und rückläufige Aktienkurse einen negativen Vermögenseffekt zur Folge und dämpfen den privaten Verbrauch.
Seit Mitte der 90er-Jahre wird versucht, die Grenzneigung zum Verbrauch aus Finanzvermögen empirisch abzuschätzen. Für die USA wird sie zumeist im Bereich 3–5% angesiedelt; für Kontinentaleuropa wesentlich niedriger. Studien zufolge würde ein 20%iger Rückgang der ↑Aktienindizes der jeweiligen Länder zu einem Rückgang des privaten Verbrauchs von 1,1% in den USA, 1,0% in Grossbritannien, 0,8% in Japan, 0,4% in Deutschland und 0,2% in Frankreich und Italien führen. Sowohl in den USA als auch in Europa scheint der Vermögenseffekt von Veränderungen der Immobilienpreise auf den Konsum stärker ausgeprägt zu sein als derjenige von Finanzvermögen. Nach ersten, vorläufigen Schätzungen könnte er im Bereich 10–15% liegen.

Franz Jaeger, Jochen Hartwig

Vermögensstatus
↑Status.

Vermögensverwalter
Die Aufgaben des Vermögensverwalters umfassen jede Art von Beratung sowie die wirtschaftliche und technische Verwaltung von Kundenvermögen. Anders als in der ↑Anlageberatung wird in der ↑Vermögensverwaltung der Anlageentscheid vom Vermögensverwalter gefällt. Damit die Anlageentscheide im Sinne des Kunden gefällt werden, bestehen hohe Anforderungen an die Qualität der Informationen. Ein Telefongespräch oder ein Briefwechsel, selbst ein kurzes persönliches Gespräch genügt als Basis für die Anlageentscheide nicht. Notwendig ist dafür ein ausführliches, persönliches Gespräch. Der Vermögensverwalter stellt im Gespräch mit dem Kunden ein Profil mit allen relevanten Informationen zusammen. Es umfasst die wirtschaftlichen Verhältnisse, die berufliche Position, die Börsenerfahrung, die Nationalität, aber auch das Alter und die Familienverhältnisse. Um einer langfristigen Finanzplanung gerecht zu werden, kann ein Lebenszyklusmodell mit einbezogen werden.
Von grosser Wichtigkeit für die Vermögensverwaltung sind auch die Höhe des Anlagekapitals sowie Zweck und Horizont der Anlage. Speziell diskutiert werden muss die Risikotoleranz und die ↑Risikofähigkeit des Kunden (↑Anlageziele). Unerfahrene Kunden sollten vom Vermögensverwalter auch über die ↑Risiken und Grenzen der Vermögensverwaltung aufgeklärt werden. Aufbauend auf der persönlichen Situation und den Absichten des Kunden wird ein Anlagekonzept (Anlageziel) erarbeitet, anschliessend wird ein auf ihn zugeschnittenes ↑Portfolio zusammengestellt (↑Anlagepolitik, ↑Asset allocation). Verändern sich einzelne Komponenten der Kundenbedürfnisse, so muss vom Vermögensverwalter das Anlagekonzept und das Portfolio angepasst werden.
An den Vermögensverwalter werden ähnliche Anforderungen wie an den Anlageberater gestellt. In fachlicher Hinsicht muss der Vermögensverwalter über gute allgemeine Bankkenntnisse und über profunde Anlagekenntnisse verfügen. Das Verfolgen aktueller politischer und wirtschaftlicher Entwicklungen wird vorausgesetzt. Die fachlichen Anforderungen machen das Studium verschiedenster gedruckter und elektronischer Medien nötig. Neben der fachlichen Kompetenz sollte der Vermögensverwalter im Umgang mit dem Kunden auch Sozialkompetenz besitzen.
Meist ist ein Vermögensverwalter Mitarbeiter einer Bank oder einer ↑Finanzgesellschaft, er kann aber auch selbstständig tätig sein. Ein solcher unabhängiger Vermögensverwalter ist in den meisten Fällen nur für die wirtschaftliche Verwaltung des Vermögens zuständig, die technische Verwaltung

wird von einer Drittbank übernommen (↑Verwaltungsvollmacht im Depotgeschäft).
Werden die Gelder nur verwaltet, die Guthaben nicht verzinst und kein Bankbetrieb geführt, so untersteht der Vermögensverwalter nicht dem Bankengesetz. Wird ↑Effektenhandel betrieben, so untersteht er dem BEHG. Die Bezeichnung des selbstständigen oder unabhängigen Vermögensverwalters ist kein staatlich geschützter Berufstitel. Um das Ansehen dieser Berufsgruppe zu fördern, wurde 1986 der Verband Schweizerischer Vermögensverwalter gegründet. Dessen Mitglieder unterziehen sich strengen Aufnahmebedingungen und einem umfassenden Verhaltenskodex. Seit 01.01.1997 sind – zwecks besserer Vergleichbarkeit der Vermögensverwalter – von der Schweizerischen Bankiervereinigung Richtlinien (↑Richtlinien der Schweizerischen Bankiervereinigung) für mehr Transparenz in der Präsentation der ↑Performance von Vermögensverwaltern in Kraft.

Hans-Dieter Vontobel

Lit.: Bassi, M.: *Der bankunabhängige Vermögensverwalter*, Zürich 1996. – Bertschinger, U.: *Sorgfaltspflichten der Bank bei Anlageberatung und Verwaltungsaufträgen*, Zürich 1991. – Cimarolli, S.: *Anlagebetrug*, Zürich 2000. – Kissling, P.: *Qualitätsstandard für Vermögensverwalter*, Bern 2000.

Vermögensverwaltung (Allgemeines)

Die Vermögensverwaltung umfasst jede Art von Beratung sowie die wirtschaftliche und technische Verwaltung. Die technische Verwaltung bezieht sich auf die Verwaltungshandlungen, die bei der Bewirtschaftung eines ↑Depots getätigt werden (↑Depotgeschäft); die wirtschaftliche Verwaltung dagegen ist Vermögensverwaltung im engeren Sinn. Die Vermögensverwaltung beruht auf einem Vermögensverwaltungsauftrag. Im Gegensatz zur ↑Anlageberatung wird der definitive Anlageentscheid nicht vom Kunden selbst, sondern vom ↑Vermögensverwalter getroffen. Innerhalb der Vermögensverwaltung kann zwischen ↑Portfolio management und ↑Asset management unterschieden werden. Beide beziehen sich auf ein individuelles Anlegerprofil; das Portfolio management berücksichtigt zusätzlich kundenspezifische Restriktionen und führt zu einer individuellen ↑Asset allocation. Im Asset management wird eine globale Asset allocation umgesetzt, dies ermöglicht eine einheitliche Verwaltung der Portfolios innerhalb einer ganzen Kundengruppe.

Die Vermögensverwaltung ist entgeltlich. Für die technische Verwaltung und die Börsentransaktionen bezahlt der Kunde Depotgebühren und ↑Courtagen. Für die wirtschaftliche Verwaltung muss der Kunde eine Gebühr entrichten, die so genannte Vermögensverwaltungsgebühr. Die festen Gebühren hängen von der Höhe des Depotwerts ab und bewegen sich in der Regel zwischen 0,3% und 1%.

Die Gebühren können aber auch erfolgsabhängig ausgestaltet sein.

1. Kunden
Die Vermögensverwaltung soll nicht nur vermögenden Kunden zuteil werden. Zwecks bedürfnisoptimierter Betreuung der Kunden haben die Banken verschiedene Kundensegmente geschaffen. So etwa das Privatkundengeschäft für das untere Segment, das Anlagekundengeschäft für das mittlere und das ↑Private banking für das obere Segment. Besonders wichtige Kunden in der Vermögensverwaltung sind die ↑institutionellen Anleger (insbesondere die Fonds- und Versicherungsgesellschaften sowie die Pensionskassen). Um diesen Grosskunden eine marktnahe Betreuung zu bieten, werden dafür oft spezialisierte Teams zusammengestellt.

2. Vertragsparteien
Anders als in der Anlageberatung (↑Anlageberatung [Haftung]) wird in der Vermögensverwaltung zwischen Kunde und Bank ein Vertrag abgeschlossen. Von Gesetzes wegen ist der Vermögensverwaltungsauftrag formlos gültig; gemäss den weiter gehenden ↑Richtlinien der Schweizerischen Bankiervereinigung SBVg muss er aber in schriftlicher Form erteilt werden.
Der Vertrag besteht zwischen dem Kunden und der Bank; er wird nicht mit dem einzelnen Vermögensverwalter abgeschlossen. Wird der Kunde von einem unabhängigen Vermögensverwalter und nicht von einer Bank betreut, bestehen mehrere Verträge: Einmal ein Vermögensverwaltungsauftrag zwischen Kunde und unabhängigem Vermögensverwalter; dann ein Depotvertrag, den der Kunde mit der Bank abschliesst, wobei letztere in diesem Fall nur für die technische Verwaltung zuständig ist. Bei der Bank wird für den Kunden ein Konto und Depot geführt zur Abwicklung der ↑Transaktionen. Der unabhängige Vermögensverwalter erhält für den Verkehr mit der Bank vom Kunden eine ↑Vollmacht (↑Verwaltungsvollmacht im Depotgeschäft).

3. Umfang des Vermögensverwaltungsauftrags
Allgemeiner Vermögensverwaltungsauftrag: Werden vom Kunden keine speziellen Weisungen gegeben, ist die Bank ermächtigt, sämtliche Handlungen auszuführen, die sie im Rahmen der üblichen bankmässigen Vermögensverwaltung als zweckmässig erachtet. Die Bank muss ihren Auftrag im Sinne des Kunden ausführen. Sie darf das Portfolio des Kunden nicht für ihre eigenen Interessen nutzen. Die möglichen Anlageinstrumente, die innerhalb der Vermögensverwaltung Verwendung finden, sind in den Richtlinien der Bankiervereinigung festgelegt. Der Vermögensverwaltungsauftrag ist beschränkt auf bankübliche Geschäfte wie Kauf und Verkauf von ↑Wertpapieren

oder Edelmetallen, Festgeldanlagen, Anlagen auf Spar- und Einlagekonti, Treuhandanlagen, Unterbeteiligungen an Darlehen usw. Nicht dazu zählen Direktanlagen in ↑Immobilien, Kauf und Verkauf von Nichtedelmetallen, Rohstoffen usw. Dafür ist ein besonderer schriftlicher Auftrag des Kunden notwendig.

Zur ↑Diversifikation des Portfolios können auch nichttraditionelle Anlagen wie ↑Hedge funds eingesetzt werden. Auch ↑Optionsgeschäfte sind unter Umständen zulässig, ebenso wie standardisierte und nichtstandardisierte Termingeschäfte. Kredite oder potenzielle Sollpositionen dürfen nicht eingegangen werden. Bei der Wahl der Anlagen hat sich die Bank auf zuverlässige Informationen zu stützen. ↑Klumpenrisiken müssen vermieden werden.

Spezieller Vermögensverwaltungsauftrag: Innerhalb des speziellen Vermögensverwaltungsauftrags hat der Bankkunde die Möglichkeit, besondere Weisungen zu erteilen. So kann das Spektrum der möglichen Geschäfte eingeschränkt oder erweitert werden. In der Praxis kommt es vielfach vor, dass die Banken den Kunden entsprechend dem Anlegerziel verschiedene Verwaltungstypen offerieren.

4. Beendigung des Vermögensverwaltungsauftrags
Grundsätzlich wird der Vertrag durch den Tod oder den Eintritt der Handlungsunfähigkeit des Auftraggebers beendet. Regelmässig wird allerdings zwischen den Vertragsparteien vereinbart, dass der Auftrag in diesen Fällen nicht erlischt. Kündbar ist der Vertrag von beiden Parteien jederzeit mit sofortiger Wirkung (OR 404).

5. Wirtschaftliche Bedeutung
Die Vermögensverwaltung gehört zusammen mit der Anlageberatung zu den wichtigsten Geschäftszweigen der Schweizer Banken. Schätzungen gehen davon aus, dass der Markt für grenzüberschreitendes Private banking weltweit zwischen CHF 8000 bis 9000 Mia. beträgt. Davon werden 27% in der Schweiz verwaltet. Damit behauptet der ↑Finanzplatz Schweiz, wenn auch zunehmend attackiert, auf dem Gebiet der Vermögensverwaltung weltweit weiterhin die führende Stellung.

Hans-Dieter Vontobel

Vermögensverwaltung (Rechtliches)

Die Vermögensverwaltung durch die Bank beruht auf einem Vermögensverwaltungs-Auftrag des Kunden an die Bank. Darin verpflichtet sich die Bank gegenüber dem Kunden, ein bei ihr durch diesen hinterlegtes Vermögen sowohl in technischer als auch in wirtschaftlicher Hinsicht zu verwalten. Demgegenüber beschränkt sich die Aufgabe der Bank beim offenen ↑Depot auf die technische Überwachung (↑Depotgeschäft). Als Entgelt für die Tätigkeit der Bank hat der Kunde dieser eine Gebühr zu bezahlen, welche wegen des umfassenderen Auftrages sowie des grösseren ↑Risikos höher angesetzt wird als beim offenen Depot.

1. Rechtsnatur und anwendbare Bestimmungen
Der Vermögensverwaltungs-Auftrag stellt in erster Linie einen einfachen Auftrag (OR 394ff.) dar; daneben kommen die Bestimmungen über die Kommission (OR 425ff.) zur Anwendung. Soweit diese Vorschriften nicht zwingender Art sind, geht die zwischen Bank und Kunde getroffene Individualvereinbarung über die Vermögensverwaltung (Vermögensverwaltungs-Auftrag) vor. Diese hat sich im Rahmen der ↑Richtlinien der Schweizerischen Bankiervereinigung für Vermögensverwaltungsaufträge vom 24.07.2000 zu halten. Die darin enthaltenen Regeln werden von der Eidg. ↑Bankenkommission als Mindeststandard betrachtet und sind von den Revisionsstellen auf deren Einhaltung zu kontrollieren. Im Regelwerk sind sowohl allgemeine Grundsätze als auch Richtlinien für die Durchführung der Verwaltungsaufträge enthalten, welche Missbräuche ausschliessen sollen. Der Vermögensverwaltungs-Auftrag ist von Gesetzes wegen formlos gültig. Nach den Richtlinien der Schweizerischen ↑Bankiervereinigung muss er aber in schriftlicher Form nach dem von der Bank festgelegten Text erteilt werden.

2. Vertragsparteien
Vertragsparteien des Vermögensverwaltungsauftrages sind der Kunde als Auftraggeber einerseits und die Bank als Beauftragte andererseits. Nach den Richtlinien der Schweizerischen Bankiervereinigung wird festgelegt, dass als Beauftragte nur die Bank und nicht etwa ein leitendes Bankorgan oder ein Bankangestellter persönlich in Betracht kommt. Dagegen können mit der Vermögensverwaltung andere Drittpersonen beauftragt werden. Diese benötigen dann gegenüber der konto- und depotführenden Bank eine Verwaltungsvollmacht (sog. externe Vermögensverwaltung).

3. Umfang des Vermögensverwaltungs-Auftrages
Der Vermögensverwaltungs-Auftrag lässt sich in zwei Bereiche aufteilen:
1. Allgemeiner Vermögensverwaltungs-Auftrag: Bestimmt der Kunde nichts anderes, so wird die Bank durch den Vermögensverwaltungs-Auftrag ermächtigt, alle Handlungen auszuführen, die sie im Rahmen der üblichen bankmässigen Vermögensverwaltung als zweckmässig erachtet. Die Bank übt den Auftrag nach bestem Wissen und Gewissen aus, unter Berücksichtigung der persönlichen Verhältnisse des Kunden, soweit sie ihr bekannt sein können. Sie handelt nach ihrem freien Ermessen im Rahmen der mit dem Kunden festgelegten ↑Anlageziele und unter Berücksichtigung von allfälligen speziel-

Vermögensverwaltungsaufträge, Richtlinien für

len Weisungen des Kunden. Dagegen erlaubt der Verwaltungsauftrag nicht, Aktiven zurückzuziehen. Der Verwaltungsauftrag ist auf die üblichen bankmässigen Anlageinstrumente ↑Wertpapiere, davon abgeleitete Instrumente und deren Kombinationen (↑Derivate, ↑Hybride), Edelmetalle, Festgeldanlagen, Anlagen auf ↑ Spar- und Einlagekonti, Treuhandanlagen, Unterbeteiligung an ↑Darlehen usw. beschränkt. Für alle anderen ↑Transaktionen wie Immobiliengeschäfte, Kauf und Verkauf von Nichtedelmetallen, Rohstoffen usw., ist für jede Transaktionsart ein besonderer schriftlicher Auftrag des Kunden notwendig. Standardisierte Optionsgeschäfte (↑Traded options) und ↑Financial futures dürfen unter besonderen Voraussetzungen (insbesondere wenn sie keine Hebelwirkung haben und im Rahmen der ↑Anlagepolitik liegen) getätigt werden. Es dürfen weder Kredite aufgenommen noch potenzielle Sollpositionen eingegangen werden. Bei der Wahl der Anlagen hat die Bank sich auf Informationen aus zuverlässigen Bezugsquellen zu stützen. Sie vermeidet ↑Klumpenrisiken infolge unüblicher Konzentration auf eine zu kleine Anzahl von Anlagen. Schliesslich beschränkt sich die Vermögensanlage auf leicht handelbare Anlagewerte.

2. *Spezieller Vermögensverwaltungs-Auftrag:* Im Rahmen eines speziellen Vermögensverwaltungs-Auftrages kann der Kunde der Bank besondere Weisungen erteilen. Diese können darin bestehen, dass der Kreis der aufgrund eines allgemeinen Vermögensverwaltungs-Auftrages möglichen Geschäfte eingeschränkt oder erweitert wird. In der Praxis kommt es vielfach vor, dass die Banken den Kunden entsprechend dem Anlegerziel verschiedene Verwaltungstypen offerieren.

4. Beendigung des Vermögensverwaltungs-Auftrages
Entgegen der gesetzlichen Regelung wird zwischen Kunde und Bank regelmässig vereinbart, dass der Auftrag mit dem Tode oder dem Eintritt der Handlungsunfähigkeit des Auftraggebers nicht erlischt. Dagegen ist er von beiden Parteien jederzeit mit sofortiger Wirkung kündbar (OR 404).

5. Haftung der Bank
Die Haftung der Bank richtet sich nach Auftragsrecht (OR 398). Nach den standardisierten Vermögensverwaltungs-Aufträgen der meisten Banken besteht eine Haftung der Bank nur bei Missachtung der vom Kunden festgelegten Anlagerichtlinien sowie für grobe Fahrlässigkeit in der Auswahl der Anlagen. *Dieter Zobl*

Lit.: Bertschinger, U.: Sorgfaltspflichten der Bank bei Anlageberatung und Verwaltungsaufträgen, Diss. St. Gallen, Zürich 1991. – Bizzozzero, A.: Le contrat de gérance de fortune, Fribourg 1992. – Gutzwiller, P. Chr.: Der Vermögensverwaltungsvertrag, Zürich 1989. – Lombardini, C.: La gestion de fortune, Basel 1998. – Spälti, D.: Die rechtliche Stellung der Bank als Vermögensverwalterin unter Berücksichtigung der Anlageberatung, Diss. Zürich 1988.

Vermögensverwaltungsaufträge, Richtlinien für
↑Richtlinien für Vermögensverwaltungsaufträge.

Verpfändung
↑Wertpapierverpfändung; ↑Warenverpfändung.

Verpflichtungen gegenüber Banken
Analog der Aktivseite der Bankbilanz erfolgt ein getrennter Ausweis der Verpflichtungen gegenüber Banken und Nichtbanken auch auf der Passivseite. Unter der Bilanzposition *Verpflichtungen gegenüber Banken* sind zu verbuchen:
– Alle Verpflichtungen gegenüber in- und ausländischen Banken
– Verpflichtungen gegenüber ↑Notenbanken, Clearinginstituten und ausländischen Postverwaltungen
– Verpflichtungen aus Securities borrowing, sofern die Bank als ↑Principal auftritt
– Verpflichtungen aus Repo-Transaktionen, sofern die ↑Transaktion als Verpflichtung gegen Verpfändung durch ↑Wertschriften verbucht wird
– Passivierte Leasingraten aus von Banken geleasten Objekten.

Die Aussagekraft dieser Bilanzposition wird durch Unterschiede in der Fristigkeit und des Charakters der einzelnen Geschäfte deutlich eingeschränkt. Die Banken sind deshalb verpflichtet, im ↑Anhang zur Jahresrechnung folgende Zusatzinformationen bekannt zu geben, die dem Bilanzleser eine verbesserte Einschätzung der Risikolage ermöglichen:
– Bilanzierungs- und Bewertungsgrundsätze
– Fälligkeitsstruktur des ↑Fremdkapitals
– Verpflichtungen gegenüber ↑verbundenen Gesellschaften
– Bilanz nach In- und Ausland
– Bilanz nach ↑Währungen.

↑Forderungen gegenüber Banken. *Robert Bareder*

Verpflichtungskredit
Ein Kredit, bei welchem die Bank nicht eigene Geldleistungen erbringt, sondern lediglich ihren eigenen Kredit verwendet, sich also zugunsten des ↑Kreditnehmers verpflichtet. Dies ist der Fall beim ↑Akzeptkredit und beim ↑Kautionskredit (↑Bankgarantie; ↑Rembourskredit). Der Verpflichtungskredit steht im Gegensatz zum ↑Geldkredit.

Verpflichtungsschein
↑Non-versé.

Verrechnung

Durch die Verrechnung oder Kompensation sollen unnötige Zahlungen unter denselben Parteien vermieden werden. Das Gesetz gibt daher einem Schuldner das Recht, seine Schuld mit einer Gegenforderung gegen den ↑Gläubiger zu verrechnen und sie so zu tilgen. Dies geschieht durch einseitige Erklärung der Verrechnung gegenüber dem Gläubiger. Die Wirkung der Verrechnung besteht im Untergang der beiden Forderungen, wenn zufälligerweise beide von der gleichen Höhe sind, meistens aber im Untergang der kleineren Forderung, während von der andern noch ein Restbetrag geschuldet bleibt. Neben der Verrechnungserklärung einer der beiden Vertragsparteien muss in der Regel eine Reihe weiterer Voraussetzungen gegeben sein (OR 120):
– *Gegenseitigkeit.* Die beiden Forderungen müssen unter denselben Parteien bestehen; jede Partei muss Gläubiger und Schuldner der andern sein.
– *Gleichartigkeit.* Die beiden Forderungen müssen gleichartig sein. Damit wird die Verrechnung praktisch auf Geldforderungen beschränkt. Kontokorrentforderungen in verschiedener ↑Währung gelten im Allgemeinen als gleichartig, nicht aber Geldforderungen mit Effektivschuldcharakter, insbesondere Geldsorten- oder Devisenschulden (↑Geldsortenschuld).
– ↑*Fälligkeit.* Die beiden Forderungen müssen fällig sein. Von Bedeutung ist in diesem Zusammenhang die Bestimmung, dass im Konkurs sämtliche Schulden des Gemeinschuldners mit Ausnahme der grundpfandversicherten fällig werden (OR 123, SchKG 208).

Ausgeschlossen ist die Verrechnung, wenn der Schuldner zum Voraus darauf verzichtet hat (z. B. «Zahlung nur in bar», OR 126) oder wenn die Natur der Verpflichtung, die durch Verrechnung getilgt werden soll, der Verrechnung entgegensteht (OR 125). Dies ist nach dem Gesetz etwa der Fall für die Verpflichtungen des Aufbewahrers unter einem regulären und irregulären Hinterlegungsvertrag (z. B. Sparguthaben) und für die Verpflichtungen des Treuhänders unter einem Treuhandverhältnis. Durch vertragliche Vereinbarung kann aber der Kreis der zur Verrechnung geeigneten Forderungen auch erweitert werden. Dies ist nicht zuletzt der Sinn der sog. Verrechnungsklausel in den ↑Allgemeinen Geschäftsbedingungen (AGB) der Banken. Diese wollen klarstellen, dass die Rechtsnatur eines Guthabens bei der Bank (Hinterlegungsvertrag; ↑Treuhandkonti) der Verrechenbarkeit nicht entgegensteht; ferner dass sich das Verrechnungsrecht der Bank auch auf noch nicht fällige Forderungen erstreckt und dass Kontokorrentforderungen in verschiedener Währung unter allen Umständen als gleichartig gelten.

Von mehr als nur praktischer Bedeutung ist die Verrechnungsmöglichkeit für einen Gläubiger, wenn sein Schuldner zahlungsunfähig wird. Sind zwei Parteien einander die gleichen Beträge schuldig, und gerät eine von ihnen in Konkurs, so verschafft die Verrechnungsmöglichkeit dem solventen Vertragspartner die volle Befriedigung. Ohne die Verrechnung müsste er den vollen Betrag seiner Schuld bezahlen, für seine Gegenforderung würde er aber als Konkursgläubiger nur zum Teil oder überhaupt nicht befriedigt. Das gesetzliche Verrechnungsrecht hat hier in einem gewissen Sinn den Charakter eines Sicherungsrechts. Dieses ist aber – anders als etwa ein spezifisches ↑Pfandrecht der Bank am Guthaben des Kunden – prekärer Natur, denn ein Konkursgläubiger kann auf dem Verrechnungsweg nur dann volle Befriedigung für seine Forderung erhalten, wenn er im Zeitpunkt der ↑Zahlungsunfähigkeit seines Vertragspartners selbst (noch) dessen Schuldner ist. Nun gibt das Gesetz einem Schuldner unter den erwähnten Bedingungen zwar das Recht zur Verrechnung mit Gegenforderungen; es gibt ihm aber kein Recht, fällige Schulden nicht zu erfüllen, um sich die Möglichkeit einer erst späteren Verrechnung offen zu halten. Auch die allgemeine Pfand- und Verrechnungsklausel in den AGB der Banken ist nicht so zu verstehen, dass einer Bank das Recht zustehen soll, Sichtguthaben des Kunden, über die sie den Kunden trotz eigener Forderungen frei hat verfügen lassen, zur Sicherstellung einer späteren Verrechnung ohne weitere Voraussetzungen zu blockieren (↑Kontosperre).

Vertragspartner können vereinbaren, dass die Verrechnung der gegenseitig zur Entstehung gelangenden Forderungen von bestimmter Natur (meistens Geldforderungen) automatisch, sei es laufend oder periodisch, stattfinden soll, ohne dass es für den Eintritt der Verrechnungswirkungen noch der ausdrücklichen Erklärung einer Partei bedürfte. Der ↑Kontokorrentvertrag ist eine solche Vereinbarung.

Verrechnungsvereinbarungen können auch unter mehr als zwei Parteien getroffen werden. Solche Vereinbarungen (Clearing-Vereinbarungen) dienen in der Regel der Vereinfachung des Zahlungs- oder Wertschriftenverkehrs zwischen einer Mehrzahl von Banken und führen dazu, dass jede Bank in Bezug auf eine bestimmte Währung oder einen bestimmten Titel der Clearing-Zentrale periodisch nur die Anzahl von Einheiten einliefern muss (bzw. von der Zentrale erhält), die sich aus der Verrechnung ihrer sämtlichen Lieferverpflichtungen mit ihren sämtlichen Lieferansprüchen gegenüber allen Teilnehmern in der betreffenden Periode ergibt. Ein echtes Clearing-System ist in diesem Sinne das New Yorker CHIPS (Clearing house interbank payment system). Andere Einrichtungen mit ähnlicher Zweckbestimmung verzichten auf die Verrechnung als Instrument der Reduktion der Zahlungsströme und führen daher den Titel einer

Clearingstelle nicht ganz zu Recht, so z.B. das ↑Swiss Interbank Clearing (SIC).

Christian Thalmann

Verrechnungscheck

Wird auf der Vorderseite des ↑Checks der Vermerk «nur zur Verrechnung» angebracht, darf die bezogene Bank die Checksumme nicht ↑bar auszahlen, sondern nur einem Konto gutschreiben (OR 1125 I).

Verrechnungspreis

Verrechnungspreise werden gebraucht zur Verrechnung unternehmungsinterner Leistungen. Sie dienen der Kalkulation, der Kontrolle und der Erfolgsermittlung, insbesondere aber der Lenkung und Steuerung. Sie können auch Motivationsfunktion haben. Für Profit-Center-Organisationen sind sie unverzichtbar. Grundlage für Verrechnungspreise können sein: ↑Marktpreise, Kostenpreise, Verhandlungspreise.

Verrechnungssteuer

Die seit dem 01.01.1944 erhobene Verrechnungssteuer erfasst als ↑*Quellensteuer* vor allem ↑Zinsen und ↑Dividenden. Sie dient in erster Linie der Bekämpfung der ↑Steuerhinterziehung. Deshalb wird sie denjenigen Steuerpflichtigen zurückerstattet, welche die ihnen in Form von Zinsen und von Dividenden zugeflossenen (und um 35% gekürzten) Vermögenserträge ordnungsgemäss als Einkommen deklarieren.

Für *Defraudanten* stellt die Verrechnungssteuer (der keine Abgeltungswirkung zukommt) eine definitive Belastung dar. Dasselbe gilt für im *Ausland ansässige Anleger,* denen ein Anspruch auf Rückerstattung nur zusteht, wenn die Schweiz mit ihrem Wohnsitzstaat ein ↑Doppelbesteuerungsabkommen abgeschlossen hat. Der dem Bund verbleibende Ertrag der Verrechnungssteuer lässt (da die Steuer anonym erhoben wird) keine Rückschlüsse auf die Höhe der von den inländischen Steuerpflichtigen nicht deklarierten Vermögenswerte (und Vermögenserträge) zu.

Zur Erhebung und zur Rückerstattung der Verrechnungssteuer hat die Eidg. Steuerverwaltung verschiedene Merkblätter herausgegeben.

1. Zinsen von Obligationen

Die Verrechnungssteuer von 35% erfasst einmal die Erträge der von inländischen Schuldnern ausgegebenen ↑Obligationen. Dazu gehören insbesondere die ↑*Anleihensobligationen,* die ↑*Kassenobligationen* (inkl. die Kassen- und Depositenscheine) sowie die ↑*Pfandbriefe*. Wechselähnliche Schuldverschreibungen und andere ↑Diskontpapiere gelten ebenfalls als Obligationen, sofern sie in Mehrzahl ausgegeben werden und zur Unterbringung im Publikum bestimmt sind. Für die Steuerpflicht des Obligationenschuldners spielt es keine Rolle, ob der Zins periodisch oder in Form eines ↑*Diskonts* vergütet wird. Auch ein Emissionsdisagio sowie das bei vorzeitiger Rückzahlung allfällig vergütete ↑*Rückzahlungsagio* unterliegen der Verrechnungssteuer.

2. Zinsen von Bankguthaben

Die Verrechnungssteuer wird sodann erhoben auf den Zinsen und sonstigen Erträgen der bei den inländischen Banken und ↑Sparkassen begründeten Kundenguthaben. Als Bank oder Sparkasse gelten neben den dem Bankengesetz unterstellten Instituten (samt den inländischen Filialen ↑ausländischer Banken) auch Unternehmen, die (ohne öffentliche Empfehlung und ohne dem Bankengesetz zu unterstehen) fortgesetzt Gelder gegen Zins entgegennehmen (VStG 9 II).

Grundsätzlich unterliegen die Zinsen sämtlicher ↑Bankguthaben der Verrechnungssteuer. Ausgenommen sind aufgrund der in VStG 5 I c geregelten Freigrenze die Zinsen von auf den Namen lautenden *Spar-, Einlage- oder Depositenheften* und ↑*Spareinlagen,* wenn der Zinsbetrag für ein Kalenderjahr CHF 50 nicht übersteigt. Die zweite Ausnahme von der Erhebung der Verrechnungssteuer gilt für die Zinsen von *Interbankguthaben:* Diese werden nicht zu den in VStG 4 I d genannten Kundenguthaben gezählt, sofern es sich beim ↑Gläubiger um eine in- oder ausländische Bank im Sinne der an ihrem Sitz geltenden ↑Bankengesetzgebung handelt, die das betreffende Guthaben für eigene Rechnung begründet hat. Die dritte Ausnahme betrifft die ↑Treuhandkonten. Treuhandkonten bzw. Treuhandguthaben werden nach der Verwaltungspraxis ebenfalls nicht als Kundenguthaben behandelt, da die mit der Vornahme der Treuhandanlage betraute inländische Bank dem Kunden gegenüber nicht Schuldnerin der durch ihre Vermittlung angelegten Gelder ist.

3. Dividenden von inländischen Gesellschaften und Genossenschaften

Nach VStG 4 I b erfasst die Verrechnungssteuer die Erträge der von einem Inländer ausgegebenen ↑Aktien, Anteile an Gesellschaften mit beschränkter Haftung, Genossenschaftsanteile, ↑Partizpationsscheine und ↑Genussscheine. Der Steuer von 35% unterliegen nicht bloss die *Dividenden,* sondern auch die ↑*Gratisaktien* sowie der bei der Auflösung einer inländischen Gesellschaft oder Genossenschaft erzielte *Liquidationsüberschuss.* Von der Verrechnungssteuer erfasst werden auch sonstige geldwerte Leistungen, die gemeinhin als ↑*verdeckte Gewinnausschüttungen* bezeichnet werden. Von der Steuer ausgenommen sind nach VStG 5 Ia die Reserven und Gewinne einer Gesellschaft oder Genossenschaft, die bei einer ↑Fusion, Umwandlung oder Aufspaltung in die Reserven der aufnehmenden oder umgewandelten inländischen Gesellschaft oder Genossenschaft übergehen.

4. Ausschüttungen von inländischen Anlagefonds
Nach VStG 4 I c erfasst die Verrechnungssteuer von 35% auch die Erträge von Anteilen an inländischen ↑Anlagefonds. Als *steuerbarer Ertrag* gilt jede auf dem Anteil beruhende geldwerte Leistung, die nicht über einen ausschliesslich der Ausschüttung von Kapitalgewinnen oder der Rückzahlung der Kapitaleinzahlung dienenden ↑Coupon ausgerichtet wird (VStG 5 I b). Die für Kapitalgewinne geltende Ausnahme kann seit dem 01.01.2000 von den *Immobilien-Anlagefonds* zusätzlich für die *Erträge aus direktem Grundbesitz* beansprucht werden, sofern diese Erträge über einen separaten Coupon ausgeschüttet werden.
Sind die Gelder eines inländischen Anlagefonds in *ausländischen Werten* angelegt, und stammen die zur Ausschüttung gelangenden Erträge demgemäss zu mindestens 80% aus ausländischen Quellen, so haben die im Ausland ansässigen Anteilsinhaber Anspruch auf Rückerstattung der Verrechnungssteuer (VStG 27). In Ausführung von VStG 11 II sieht die Verordnung vor, dass der steuerpflichtigen ↑Fondsleitung gestattet werden kann, die Verrechnungssteuer insoweit nicht zu entrichten, als der Ertrag gegen *Bankenerklärung (Affidavit)* an Ausländer ausgerichtet wird.

5. Erwerb eigener Aktien
Für den Erwerb von ↑eigenen Aktien gelten nach VStG 4a die folgenden Grundsätze: Fusst der Erwerb eigener ↑Beteiligungsrechte auf einem Beschluss über die *Herabsetzung des Kapitals* oder im Hinblick auf eine geplante ↑Kapitalherabsetzung, so ist die Verrechnungssteuer – auf der Differenz zwischen dem Erwerbspreis und dem einbezahlten ↑Nennwert – unverzüglich geschuldet. Kauft eine Gesellschaft oder Genossenschaft im Rahmen der Limite von OR 659 eigene Beteiligungsrechte, ohne danach ihr Kapital zu reduzieren, so fällt die Verrechnungssteuer nur an, wenn die Gesellschaft oder Genossenschaft die eigenen Beteiligungsrechte *nicht innerhalb von 6 Jahren weiterveräussert*. Kauft eine AG ↑eigene Aktien aus Anlass von Verpflichtungen, die auf einer ↑*Wandelanleihe*, einer ↑*Optionsanleihe* oder auf einem *Mitarbeiterbeteiligungsplan* beruhen, so steht die sechsjährige Frist zur Weiterveräusserung der eigenen Aktien bis zum Erlöschen der entsprechenden Verpflichtungen (im Fall des Mitarbeiterbeteiligungsplans jedoch längstens 6 Jahre) still, um erst danach weiterzulaufen.

6. Lotteriegewinne
Die Verrechnungssteuer von 35% erfasst auch Geldtreffer von über CHF 50 aus Lotterien, die im Inland zur Durchführung gelangen. Den Lotterien gleichgestellt sind gewerbsmässige Wetten und lotterieähnliche Veranstaltungen (Sport-Toto usw.).

7. Versicherungsleistungen
Neben Kapitalerträgen und Lotteriegewinnen erfasst die Verrechnungssteuer auch *Kapitalleistungen aus Lebensversicherung* sowie ↑*Leibrenten und Pensionen*. Die Verrechnungssteuer auf Versicherungsleistungen ist als reine *Sicherungssteuer* konzipiert und soll allein der Erhebung der direkten Steuern dienen; sie greift daher nur, wenn der Versicherungsnehmer oder ein Anspruchsberechtigter im Inland wohnhaft ist. Der steuerpflichtige Versicherer erfüllt die Steuerpflicht normalerweise durch Meldung der steuerbaren Versicherungsleistung. Er muss die Steuerpflicht nur dann durch Entrichtung der Steuer erfüllen, wenn der Versicherungsnehmer oder ein Anspruchsberechtigter bei ihm schriftlich gegen die Meldung der Versicherungsleistung opponiert (VStG 19). Die Steuersätze betragen:
– 8% für Kapitalleistungen aus Lebensversicherung
– 15% für Leibrenten und Pensionen.

8. Voraussetzungen für die Rückerstattung
Die Rückerstattung der Verrechnungssteuer setzt stets voraus, dass der Antragsteller *Beneficial owner* der von ihm gehaltenen Vermögenswerte ist (VStG 21 I a spricht vom «Recht zur Nutzung»). Wer als ↑*Vermögensverwalter* oder Treuhänder Vermögenserträge für fremde Rechnung vereinnahmt, ist zur Rückforderung der Verrechnungssteuer folglich nicht berechtigt. Des Weitern setzt die Rückerstattung den *Ausschluss der Steuerumgehung* voraus (VStG 21 II). Die Rückerstattung ist daher zu verweigern, wenn ein (nicht rückerstattungsberechtigter) ausländischer ↑Investor oder ein inländischer Defraudant mittelbar in den Genuss der Rückerstattung gelangen würde.

9. Rückerstattung an natürliche Personen
Die Rückerstattung der Verrechnungssteuer setzt voraus, dass der Antragsteller bei ↑Fälligkeit der steuerbaren Leistung seinen Wohnsitz im Inland hat (VStG 22). Zudem muss der Antragsteller die mit der Verrechnungssteuer belasteten Einkünfte (und die Vermögenswerte, welche diese Einkünfte abwerfen) in seiner Steuererklärung ordnungsgemäss und fristgerecht als Einkommen bzw. als Vermögen deklarieren (VStG 23). Die natürlichen Personen haben den Rückerstattungsantrag – normalerweise mit dem Formular Wertschriftenverzeichnis – beim Wohnsitzkanton einzureichen. Die Rückerstattung erfolgt in der Regel durch *Verrechnung mit den vom Antragsteller geschuldeten Kantons- und Gemeindesteuern;* die Kantone können aber auch die Barrückerstattung gewähren.

10. Rückerstattung an juristische Personen
Die ↑juristischen Personen sowie die Kollektiv- und Kommanditgesellschaften haben den Rückerstattungsantrag (unter Verwendung des Formu-

lars 25) bei der Eidg. Steuerverwaltung einzureichen. Der Rückerstattungsanspruch wird jeweils durch *Barzahlung* (bzw. Überweisung des Verrechnungssteuerbetrags an den Antragsteller) befriedigt. Eine juristische Person, eine Kollektiv- oder Kommanditgesellschaft hat Anspruch auf Rückerstattung der Verrechnungssteuer:
- Wenn sie bei Fälligkeit der steuerbaren Leistung ihren Sitz im Inland hat und
- Wenn sie die mit der Verrechnungssteuer erfassten Einkünfte ordnungsgemäss als Ertrag verbucht hat (VStG 25 I).

Wer einen Rückerstattungsanspruch von mindestens CHF 4000 pro Jahr besitzt, erhält von der Eidg. Steuerverwaltung auf Gesuch hin vierteljährliche *Abschlagsrückerstattungen*.

11. Weitere Berechtigte
Neben den erwähnten inländischen Berechtigten können folgende Personen und Organisatonen die Verrechnungssteuer (ganz oder teilweise) bei der Eidg. Steuerverwaltung zurückfordern:
- Die *ausländischen Inhaber von Anteilen an inländischen Anlagefonds,* deren Erträge zu mindestens 80% ausländischen Quellen entstammen
- Die *im Ausland ansässigen Anleger* für die Verrechnungssteuer auf Kapitalerträgen, sofern sie die Voraussetzungen eines von der Schweiz abgeschlossenen Doppelbesteuerungsabkommens erfüllen
- Die *ausländischen Staaten* für die Verrechnungssteuer auf Zinsen von Guthaben, die sie ausschliesslich für die Bedürfnisse ihrer diplomatischen und konsularischen Vertretungen bei inländischen Banken unterhalten
- Die *in der Schweiz niedergelassenen internationalen Organisationen und ihre Beamten,* die Mitglieder der bei der Eidgenossenschaft beglaubigten diplomatischen Missionen sowie die Berufskonsuln und Berufskonsularbeamten für die Verrechnungssteuer auf Kapitalerträgen
- Die *Bundesbediensteten mit Wohnsitz oder Aufenthalt im Ausland,* die nach DBG 3 V an ihrem Heimatort steuerpflichtig sind, für die Verrechnungssteuer auf Kapitalerträgen und auf Lotteriegewinnen. *Conrad Stockar*

Lit.: Stockar, C.: Übersicht und Fallbeispiele zu den Stempelabgaben und zur Verrechnungssteuer, Basel 2000. – Stockar, C.: Schweizerisches Steuerlexikon, Bd. 2, Zürich 1999.
Links: www.estv.admin.ch

Versatzpfand
Eine Art des Fahrnispfandrechtes, das nur im Zusammenhang mit der ↑Pfandleihe begründet werden kann. Zahlt der Verpfänder das gewährte ↑Darlehen auf den vereinbarten Termin nicht zurück, kann der Pfandleiher den Pfandgegenstand nach vorgängiger öffentlicher Aufforderung zur Einlösung öffentlich versteigern lassen. Deckt der Erlös die geliehene Summe nicht, so trägt der Pfandleiher den Ausfall; einen Überschuss muss er dem Verpfänder vergüten. Wer das Pfandleihgewerbe betreiben will, bedarf einer Bewilligung der kantonalen Regierung. In der Regel sind öffentliche oder gemeinnützige Institutionen Träger der Bewilligung. Im Kanton Zürich bildet seit 1872 die Pfandleihkasse einen selbstständigen Geschäftszweig der Zürcher ↑Kantonalbank. Durch die Schaffung von Pfandleihanstalten versucht man dem privaten ↑Wucher entgegenzutreten und für Gegenstände, die nicht bankmässig bevorschusst werden können (z.B. Möbel, Bilder, Haushaltungsgegenstände, Kleider, Schmuckgegenstände) eine Belehnungsmöglichkeit zu schaffen (ZGB 907–915).

Verschachtelung
Bezeichnung für einen Konzernaufbau, der sich durch wechselseitige Beteiligungen und den Einsatz von zahlreichen Rechtsträgern, insbesondere von Offshore-Gesellschaften (zum Teil bewusst ausserhalb des Konsolidierungskreises), auszeichnet, um Aussenstehenden den Einblick in die wirtschaftliche Lage des ↑Konzerns erheblich zu erschweren. Aus der Wirtschaftsgeschichte kann als extremes Beispiel der Verschachtelung der Kreuger-Konzern in den 20er-Jahren des letzten Jahrhunderts erwähnt werden. Auch die schweizerische Finanzgeschichte aus den 90er-Jahren kennt verschiedene Beispiele missbräuchlicher Konzernverschachtelungen.

Verschiffungsdokumente
Dokumente, deren ordnungsgemässer Besitz erforderlich ist, um das Eigentums- oder ein anderes Recht an der verschifften Ware geltend zu machen. ↑Konnossement.

Verschlossenes Depot
↑Depotgeschäft.

Verschlüsselung im Bankverkehr
↑Digitale Zertifikate und digitale Signatur.

Verschränkte Beteiligung
↑Aktienumtausch.

Verschuldungsfaktor
↑Cashflow.

Verschuldungspotenzial
↑Debt capacity.

Versicherungspolice
Die Versicherungspolice ist eine Beweisurkunde (kein ↑Wertpapier) über den Abschluss eines Versicherungsvertrages; sie wird vom Versicherer

zuhanden des Versicherten ausgestellt und enthält die Angaben über die Rechte und Pflichten der Vertragsparteien (↑ Lebensversicherungsanspruch, [Verpfändung]; ↑ Valorenversicherung). Werden der Bank Waren verpfändet, sei es direkt oder indirekt (↑ Warenverpfändung; ↑ Konnossement), so verlangt sie, dass diese vom Kunden gegen alle üblicherweise versicherbaren ↑ Risiken gedeckt werden. Vielfach lassen sich die Banken die Ansprüche aus solchen Sachversicherungsverträgen als zusätzliche Deckung besonders abtreten; an sich ist dies nicht erforderlich, da gemäss Art. 57 des BG über den Versicherungsvertrag (VVG) vom 02.04.1908 die Versicherungssumme von Gesetzes wegen ohne weiteres anstelle des versicherten Pfandobjektes tritt. Es empfiehlt sich jedoch, das ↑ Pfandrecht beim Versicherer anzumelden, da in diesem Fall der Versicherer die Entschädigung nur mit Zustimmung des Pfandgläubigers oder gegen Sicherstellung desselben an den Versicherten ausrichten darf. Wird im Dokumentarakkreditiv-Geschäft (↑ Dokumenten-Akkreditiv) eine Versicherung verlangt, so wird die Police bzw. das ↑ Zertifikat ↑ blanko indossiert (↑ Akkreditiv, ↑ Remboursk redit).

Versicherungssparen
Unter Versicherungssparen versteht man im engeren Sinne Prämienzahlungen für ↑ gemischte Lebensversicherungen. Im weiteren Sinne fallen darunter alle bei Versicherungsgesellschaften, Banken oder Personalvorsorgeeinrichtungen im Hinblick auf die Personalvorsorge einbezahlten ↑ Prämien. ↑ Dritte Säule; ↑ Sparen (Volkswirtschaftliches).

Versteckte Menge
↑ Hidden size order.

Vertical spread
Eine Optionsstrategie, bei welcher eine ↑ Option gekauft wird und gleichzeitig eine Option gleichen Typs mit gleicher ↑ Laufzeit aber unterschiedlichem ↑ Ausübungspreis kombiniert wird. Je nachdem, ob eine Ausrichtung auf steigende oder sinkende ↑ Kurse angestrebt wird, nennt man die Struktur Bull spread oder ↑ Bear spread.

Vertragstypus
Bezeichnet ↑ Anlagefonds, die aufgrund eines Vertrages (in der Schweiz: ↑ Kollektivanlagevertrag) verwaltet werden. Der Vorteil besteht in der steuerlichen Transparenz, da der Anlagefonds selber kein Steuersubjekt ist. In der Schweiz, Deutschland und Österreich können zurzeit nur Anlagefonds dieses Typus aufgelegt werden, während in den meisten anderen Ländern die körperschaftliche Form der kollektiven ↑ Kapitalanlage (Société d'investissement à capital variable [SICAV]) dominiert.

Vertrauensschutz
Die Banken sind für ihre Tätigkeit auf das Vertrauen der aktuellen und potenziellen Kunden – des «Publikums» – angewiesen. So ist Vertrauensschutz der Inbegriff aller Massnahmen der Banken, ihrer Aufsichtsbehörde (↑ Aufsicht) und des Gesetzgebers, die den Schutz dieses Vertrauens bezwecken. Bei den Vorarbeiten zur schweizerischen ↑ Börsengesetzgebung wurden deren Zwecke unter die Begriffe «Vertrauensindividualschutz» (Schutz der Anleger bzw. Einleger) und «Vertrauenskollektivschutz» (Schutz des guten Funktionierens des Systems) zusammengefasst. Diese lassen sich – mit den nötigen Abänderungen – auch auf das Bankengesetz anwenden.
Christoph Winzeler
Lit.: *Botschaft des Bundesrates vom 24. Februar 1993 zu einem Bundesgesetz über die Börsen und den Effektenhandel in: Bundesblatt 1993 I. – Zulauf, U.: Gläubigerschutz und Vertrauensschutz – zur Sorgfaltspflicht der Bank im öffentlichen Recht, in: Zeitschrift für Schweizerisches Recht 1994 II.*

Vertretbar
↑ Fungibel, vertretbar.

Vertretung
↑ Depotstimmrecht; ↑ Repräsentanz; ↑ Vollmacht.

Vertretungsbeiratschaft
↑ Bevormundete und Verbeiständete im Bankverkehr.

Verwahrung
↑ Drittverwahrung; ↑ Heimverwahrung; ↑ Pfandverwahrung; ↑ Sammelverwahrung.

Verwaltungsauftrag
↑ Vermögensverwaltung (Allgemeines); ↑ Vermögensverwaltung (Rechtliches); ↑ Richtlinien für Vermögensverwaltungsaufträge.

Verwaltungsbeiratschaft
↑ Bevormundete und Verbeiständete im Bankverkehr.

Verwaltungsgebühr
↑ Management fee.

Verwaltungsreserven
↑ Stille Reserven.

Verwaltungsvollmacht (Rechtliches)
↑ Vollmacht, die vom Bankkunden unterzeichnet und der Bank übergeben wird, und mit der der Kunde einen Dritten für eine unbestimmte Dauer ermächtigt, seine bei der Bank liegenden Vermögenswerte zu verwalten. Der Dritte kann insbesondere Käufe und Verkäufe von ↑ Wertpapieren

und anderen Anlagen veranlassen. Im Gegensatz zur umfassenden Bankvollmacht (↑Konto- und Depotvollmacht) ist der Dritte aber nicht berechtigt, Vermögenswerte von der Bank abzuziehen. Für die Verwaltungsvollmacht kommen regelmässig die von der Bank vorformulierten Formulare zur Anwendung. Das Formular hält in der Regel ausdrücklich fest, ob der Dritte bei der Bank zulasten des Kunden Kredit aufnehmen und der Bank Vermögenswerte des Kunden verpfänden darf oder nicht. Beim ↑Bevollmächtigten kann es sich um eine gefälligkeitshalber oder um eine beruflich tätige Person oder Firma handeln. Im letzten Fall wird das Verhältnis zwischen dem Bankkunden und dem Bevollmächtigten regelmässig durch einen Verwaltungsauftrag geregelt. Von diesem Auftrag, der den Bevollmächtigten intern im Verhältnis zum Kunden an strengere Richtlinien binden kann, wird der Bank normalerweise keine Kenntnis gegeben; solche Richtlinien sind in diesem Fall im Verhältnis zur Bank nicht verbindlich. Beauftragt der Kunde die Bank selbst mit der Verwaltung seines Vermögens, so stützt sich die Bank auf einen schriftlichen Verwaltungsauftrag des Kunden (↑Vermögensverwaltung; ↑Richtlinien für Vermögensverwaltungsaufträge); eine Verwaltungsvollmacht muss in diesem Fall nicht unterzeichnet werden. *Christian Thalmann*

Verwaltungsvollmacht im Depotgeschäft

Mittels Bankvollmacht wird ein Dritter (der ↑Bevollmächtigte) von einem Kunden (dem Vollmachtgeber) dazu ermächtigt, ihn gegenüber der Bank zu vertreten. Bei der Verwaltungsvollmacht handelt es sich um eine Sonderform der Bankvollmacht. Die Verwaltungsvollmacht (auch: Spezialvollmacht) ist eine beschränkte ↑Vollmacht, die dem Bevollmächtigten nur Verwaltungshandlungen erlaubt, Verfügungshandlungen hingegen ausschliesst. Dem Bevollmächtigten wird die Aufgabe erteilt, sämtliche Rechtshandlungen vorzunehmen, welche die ↑Vermögensverwaltung mit Bezug auf ein Wertschriften- oder Edelmetalldepot bei einer Bank mit sich bringt.

Innerhalb der Vermögensverwaltung muss unterschieden werden, ob sie von einer Bank oder einem unabhängigen ↑Vermögensverwalter (External asset manager) ausgeführt wird. Die Beziehung zwischen Anleger und Bank wird durch den Vermögensverwaltungsauftrag umfassend geregelt. Zwischen einem Anleger und einem unabhängigen Vermögensverwalter besteht ebenfalls ein Vermögensverwaltungsauftrag. Der unabhängige Vermögensverwalter ist in der Regel aber nur für die wirtschaftliche Verwaltung des Vermögens zuständig, die ↑Wertschriften und Edelmetalle werden im ↑Depot der Bank des Kunden aufbewahrt. Aus diesem Grund muss auch die Beziehung zwischen dem unabhängigen Vermögensverwalter und der Bank vertraglich geregelt sein. Dazu muss der Anleger den unabhängigen Vermögensverwalter gegenüber der Bank bevollmächtigen, über sein ↑Konto und sein Depot zu verfügen. Trotz der Gültigkeit von mündlichen Vollmachtserteilungen bestehen die Banken auf Schriftlichkeit. Der Vollmachtgeber wie auch der Bevollmächtigte müssen die Verwaltungsurkunde unterschreiben. Diese ist meistens ein vorgedrucktes Vollmachtsformular der Bank, welche die Befugnisse des Bevollmächtigten umschreibt.

Die Verwaltungshandlungen im ↑Depotgeschäft umfassen in der Regel Kauf und Verkauf von Devisen, ↑Effekten oder Edelmetallen per Kasse oder auf Termin, Anlage und Rücknahme von ↑Festgeldern, Vornahme von ↑Konversionen, Umwandlung von Spar- und Kontoguthaben in andere Anlageformen, ↑Wiederanlage fälliger Titel. Barabhebungen für sich oder Dritte, Titelrückzüge, die in keinem Zusammenhang mit der Verwaltung (z.B. mit Titeltransaktionen) stehen, sind nicht gestattet. Ohne die ausdrückliche Ermächtigung des Vollmachtgebers ist die Aufnahme von Krediten oder die Verpfändung von Vermögenswerten und Guthaben des Kunden ebenfalls nicht erlaubt. Durch die Ausweitung der Spezialvollmacht zu einer Generalvollmacht können diese Einschränkungen aufgehoben werden. Dies muss in einem Zusatzformular geregelt werden.

Der Vertrag zwischen dem Kunden und seinem Vermögensverwalter ist der Bank nicht bekannt. Mit einem Standardformular entbindet sie sich deshalb von jeder Verantwortung und Haftung, die aus Handlungen oder Unterlassungen des Vermögensverwalters entstehen. Ihr obliegt nur die Aufbewahrung und die technische Verwaltung der Vermögenswerte; Aufsichts-, Kontroll- und Informationspflichten, die über die technische Verwaltung hinausgehen, können ihr nicht auferlegt werden. Aus dem Depot- und ↑Kontokorrentvertrag mit dem Kunden entsteht ihr aber eine Sorgfalts- und Treuepflicht.

Es kann zudem festgelegt werden, dass die Verwaltungsvollmacht mit dem Tod oder dem Eintritt der Handlungsunfähigkeit des Vollmachtgebers nicht erlischt. In diesem Fall wird der Bevollmächtigte zum Vertreter der Erben. Die Möglichkeit einer Vollmacht mit Wirkung über den Tod hinaus wird häufig genutzt, dazu muss lediglich eine entsprechende Erklärung in die Verwaltungsurkunde aufgenommen werden.

Hans-Dieter Vontobel

Verwässerung

Schmälerung des Vermögens-, Gewinn- und Stimmrechtsanteils eines Aktionärs durch Ausgabe ↑neuer Aktien zu einem unter dem ↑inneren Wert liegenden Preis. Die Praxis spricht vereinfachend von ↑Kapitalverwässerung. Um den mit einer Verwässerung verbundenen Verlust zu vermeiden, ist es wichtig, dass die Aktionäre bei der ↑Emission von ↑Aktien ein ↑Bezugsrecht, bei ↑Wandel- und ↑Optionsanleihen ein ↑Vorwegzeichnungsrecht erhalten.

Verwässerungsschutzklausel
↑Kapitalverwässerung; ↑Optionsanleihen; ↑Wandelpreis.

Verwertungsrecht, freihändiges
↑Wertpapierverpfändung.

Verzeichnis der Banken, öffentliches
Die Eidgenössische ↑Bankenkommision (EBK) in Bern führt ein öffentliches Verzeichnis der dem BankG voll oder teilweise unterstellten ↑Banken und ↑Finanzgesellschaften, das bei ihr bezogen werden kann (BankV 2).

Verzögerte Eröffnung
Vom ↑Börsensystem der Schweizer Börse ↑SWX Swiss Exchange ausgelöste kurzfristige Verzögerung der Eröffnung des Handels in einem bestimmten Wertpapier. Die verzögerte Eröffnung wird ausgelöst, wenn vor der Eröffnung des Handels eine Situation vorliegt, die während des laufenden Handels zu einer Handelsunterbrechung (↑Stop trading) führen würde. Gemeint ist die Verletzung der erlaubten Abweichung vom Referenzpreis (d.h. in der Regel: vom letztbezahlten ↑Kurs).

Verzugszins
Verzugszinsen nennt man ↑Zinsen, die der ↑Gläubiger einer Geldforderung vom Eintritt des Verzuges an von Gesetzes wegen fordern kann. Ist die Schuld bei ↑Fälligkeit nicht bezahlt worden, so führt im Allgemeinen die Mahnung des Gläubigers den Verzug herbei; bei sog. ↑Fixgeschäften tritt der Verzug bei Fälligkeit automatisch und ohne Mahnung ein (OR 102). Der Verzugszins beträgt 5% p.a., selbst wenn die vertraglich geschuldeten Zinsen weniger betragen. Sind die vertraglichen Zinsen höher als 5% p.a., so entspricht der Verzugszins diesem höheren Zinsfuss. Es ist zulässig, im Vertrag für den Verzugszins einen höheren Satz festzulegen als für die vertraglichen Zinsen (↑Strafzins). Unter Kaufleuten können, falls der «übliche Bankdiskont» am Zahlungsort 5% p.a. übersteigt, die Verzugszinsen von Gesetzes wegen zu diesem höheren Zinsfuss berechnet werden (OR 104); weil aber dem ↑Diskontsatz bei der geringen Bedeutung des Wechsels kaum mehr repräsentative Bedeutung zukommt, wird heute in der Praxis an dessen Stelle oft der bankübliche ↑Zinssatz für ungedeckte ↑Kontokorrentkredite oder der von den Banken für unautorisierte Überziehungen eines Kontos belastete Zins als Referenzsatz angewendet. Beim Wechselregress ist der Wechselinhaber berechtigt, einen Zins von 6% zu berechnen (OR 1045). ↑Garantiefunktion des Indossaments.

Videotex
↑Electronic banking.

Viehverpfändung
Die Viehverpfändung ist in ZGB 885 unter den Bestimmungen über das ↑Faustpfand aufgeführt, obwohl der Besitz der Pfandsache nicht auf den ↑Gläubiger übergeht. Es handelt sich demnach um eine Fahrnisverschreibung, um eine ↑Mobiliarhypothek. Die Besitzesübergabe wird ersetzt durch die Eintragung in ein Register. Einzelheiten sind geregelt in der Verordnung des Bundesrates betreffend die Viehverpfändung vom 30.10.1917. Obschon der Gesetzgeber diese besondere Pfandart begünstigt hat, wird von ihr in eher bescheidenem Umfang Gebrauch gemacht.

Vieraugenprinzip
↑Aufbauorganisation; ↑Ablauforganisation.

Vinkulierte Aktie
Das Gesetz gibt die Möglichkeit, durch statutarische Bestimmungen die freie Übertragbarkeit von ↑Namenaktien zu beschränken (OR 685a), sodass die ↑Aktie zur vinkulierten Namenaktie wird und der Erwerb und die Ausübung der Mitgliedschaftsrechte von der Genehmigung der Gesellschaft abhängt. Die gesetzlichen Vorschriften über die Vinkulierung unterscheiden zwischen börsenkotierten und nicht börsenkotierten Namenaktien. Bei *börsenkotierten Namenaktien* kann die Gesellschaft dem Erwerber die Anerkennung als Vollaktionär nur aus folgenden Gründen verweigern:
– *Prozentklausel:* Die Gesellschaft kann einen Erwerber ablehnen, wenn er eine in den Statuten festgelegte Beschränkung des Eigentums an Namenaktien (z.B. 5% der ausstehenden Aktien) überschreitet
– *Ausländerklausel:* Eine Ablehnung ist möglich, wenn der Erwerber die Gesellschaft daran hindern könnte, den durch gewisse Bundesgesetze (z.B. Lex Friedrich, Bankengesetz) geforderten Nachweis über die Zusammensetzung des Aktionärskreises zu erbringen.

Für die *nicht börsenkotierten Namenaktien* ist eine weiter gehende Beschränkung möglich, indem die Statuten zur Sicherung des Gesellschaftszweckes «wichtige Gründe» für die Ablehnung des Erwerbers festlegen können, z.B. Erhaltung der wirtschaftlichen Selbstständigkeit, Ausschluss von Konkurrenten, Erhalt einer bestimmten Aktienverteilung (Prozentklausel). Ohne Grundangabe kann die Gesellschaft die Eintragung im Aktienbuch verweigern, wenn sie dem Veräusserer anbietet, die Aktien zum wirklichen Wert im Zeitpunkt des Erwerbs zu übernehmen. Diese sog. *Escape-Klausel* gewährt einem verkaufswilligen Aktionär de facto ein «Austrittsrecht».
Eine Ablehnung ist in allen Fällen möglich aufgrund der *Nicht-Fiduziar-Erklärung,* wenn der

Erwerber auf Verlangen nicht ausdrücklich erklärt, er habe die Aktien im eigenen Namen und auf eigene Rechnung erworben.
Lit.: Kläy, Hp.: Die Vinkulierung, Basel 1997.

Vinkuliertes Konto
Festgeldkonto mit einer beidseitig auf eine bestimmte Frist (i.d.R. 3 Monate) jederzeit freistehenden Kündigung.

Virtual banking
↑Electronic banking.

Virtuelle Bank
Virtuelle Banken sind kooperative, flexible und temporäre Netzwerke rechtlich unabhängiger Unternehmen, Institutionen und/oder Einzelpersonen auf Basis eines gemeinsamen Geschäftsverständnisses, die bei der Leistungserstellung gegenüber Dritten wie ein einheitliches Unternehmen wirken (Virtualität). Virtuelle Banken konzentrieren sich auf jene Segmente der Wertschöpfungskette mit dem maximalen Wertschöpfungsbeitrag und lagern gleichzeitig diejenigen Segmente aus, welche die Kernkompetenz(en) verwässern. Dabei verzichten sie auf die Institutionalisierung zentraler Managementfunktionen und nutzen modernste Informations- und Kommunikationstechnologien für das Zustandekommen der Geschäftsbeziehung. Sie bieten den Kunden über die jeweiligen Wertschöpfungsketten der beteiligten Unternehmen die optimale Leistung an (Wertschöpfungsnetze).
Virtuelle Banken weisen grundsätzlich dieselben konstituierenden Charakteristika auf, die auch konventionelle Banken mit physischem Standort aufweisen. Im Wesentlichen sind das die Bankfunktionen, über die Banken per gesetzliche Vorschriften definiert werden. Bestimmte physikalische Attribute konventioneller Banken fehlen. Typische Attribute konventioneller Banken sind beispielsweise physisch vorhandene Zweigstellen inklusive deren Ausstattung mit Schaltern, Beratungszonen, Tresorräumen und mit Kundenbetreuern vor Ort. Dennoch werden mithilfe entsprechender Zusatzspezifikationen, wie beispielsweise dem Einsatz von Informations- und Kommunikationstechnologien oder bestimmten Koordinationsmechanismen, die ursprünglich vorhandenen Verhaltensmerkmale realisiert. Das Ergebnis ist ein klar definierbarer Nutzenvorteil für den Bankkunden, der darin liegen kann, dass die Leistungen hinsichtlich der Kriterien Preis, Qualität, Individualität und Flexibilität herkömmlichen Leistungen weit überlegen sind und diese zudem ohne zeitliche oder räumliche Barrieren angeboten werden können.
Eine virtuelle Bank besteht idealtypischerweise aus einem Rechnersystem ohne notwendigen konkreten physischen Standort und entsprechenden elektronischen Vernetzungen sowohl zu den Rechnersystemen der Kooperationspartner als auch zu denen der Bankkunden. Die Leistungserstellung resultiert damit aus der Bündelung von Bankfunktionen innerhalb solcher Kommunikationsnetze und ist nicht mehr lokalisierbar. Voraussetzung für das Zustandekommen einer Geschäftsbeziehung zwischen den Marktteilnehmern stellt deren Anbindung an dieses Kommunikationsnetz dar.
Beat Bernet

Virt-x
Durch die Elektronisierung des Handels und die Einführung des ↑Euro wurde die Konsolidierung der europäischen ↑Kapitalmärkte und somit auch der ↑Börsen ein aktuelles Thema in der EU. Über 50 Börsen in Europa sowie Dutzende von Clearing- und Settlement-Systemen (↑Clearing and settlement) in Kombination mit zahllosen protektionistischen Massnahmen führen zu überhöhten Kosten vor allem im grenzüberschreitenden Handel. Gerade dieser grenzüberschreitende Handel dürfte in Europa noch ganz wesentlich an Bedeutung gewinnen.
Die Börsen suchten ihr Heil vorerst in Allianzen. Diese waren allerdings weniger auf ↑effizientere Märkte ausgerichtet als auf das eigene Überleben der nationalen Börsen. Unter anderem hatte es auch den Versuch einer grossen Allianz unter acht europäischen Börsen gegeben. Die meisten dieser Allianz-Verhandlungen blieben ohne greifbare Resultate. Als später die ↑Deutsche Börse und die ↑Londoner Börse aus der grossen Allianz ausscherten, um zur iX zusammenzufinden, und dann auch dies misslang, bedeutete dies das Ende der grossen Allianzeneuphorie unter Europas Börsen. Seither formierten sich immerhin einige Kooperationen und Zusammenschlüsse, insbesondere ↑Euronext, NOREX und eben Virt-x.

1. Entstehung
Bei der ↑SWX Swiss Exchange ist man der Überzeugung, dass mittel- und längerfristig London das Zentrum des europäischen Wertpapierhandels sein wird, während der Finanzplatz Schweiz sich immer mehr auf seine Kernkompetenz, die ↑Vermögensverwaltung konzentrieren wird. Die SWX erachtet es als Vorteil für die Schweizer Banken, wenn sie mit dem eigenen ↑Handelssystem auf dem Platz London tätig sein können. Als Trumpf sieht die SWX vor allem ihre Technologiekompetenz und die hoch integrierte Wertschöpfungskette (Auftragserfassung, Handel, Abwicklung), die in enger Zusammenarbeit zwischen den schweizerischen Marktteilnehmern erarbeitet worden ist. SWX und ↑SIS SegaIntersettle waren zudem die ersten Organisationen, die in Europa echte grenzüberschreitende Vernetzungen zu Stande brachten.
Virt-x entstand aus der engen Zusammenarbeit von drei Parteien: Die SWX brachte als treibende Kraft ihr Handelssystem und ihr technisches Know-how

ein. Dazu gehören auch die Systeme und das Know-how der SIS in Belangen des ↑Clearing and settlement. Die englische Börse Tradepoint wurde 1995 gegründet mit dem Ziel, in London ein elektronisches Handelssystem einzuführen und damit eine effizientere Alternative zur Londoner Börse anzubieten. Das Tradepoint-Konsortium ist eine Gruppe von elf führenden Investmenthäusern und Grossanlegern, die an einer Verbesserung der europäischen Wertpapierhandelsstrukturen ein dringendes Interesse haben. Zum Konsortium gehören die beiden Schweizer ↑Grossbanken.

2. Teilnehmer und gehandelte Wertpapiere
Virt-x hat am 25.06.2001 ihren Betrieb aufgenommen. Sie ist als paneuropäische Blue-chip-Handelsplattform konzipiert. Im Dezember 2001 hatte Virt-x über 110 Teilnehmer, davon 65 aus der Schweiz, die übrigen aus England und sieben andern Ländern.
Um die an der Virt-x zu handelnden ↑Blue chips zu bestimmen, ging man einerseits von den paneuropäischen, anderseits von den nationalen Blue-chip-Indizes aus. Zur ersten Gruppe gehören der DJ STOXX 50 und DJ EUROSTOXX 50, ferner der FTSE Eurotop 300, der MSCI Europe und MSCI Pan Euro, sowie der S&P 350 Europe. Die berücksichtigten Länderindizes sind ↑Swiss Market Index SMI, ↑DAX 30, CAC 40, ↑MIB 30, AEX sowie IBEX 35. Daraus ergeben sich rund 600 an Virt-x handelbare Titel aus 17 Ländern. Mit dieser Zusammensetzung soll den aktuellen Trends zur passiven, indexbezogenen Vermögensverwaltung, aber auch der wachsenden Bedeutung des paneuropäischen Branchenansatzes Rechnung getragen werden.
Die Auslagerung des Handels mit den schweizerischen Blue chips, den SMI-Titeln, auf die neue Londoner Börse hat den Start von Virt-x erleichtert. Dazu waren einige reglementarische Vorkehrungen erforderlich. Auch die Stempelgesetzgebung musste angepasst werden.

3. Handel und Abwicklung
Der Handel spielt sich vollautomatisch ab, praktisch gleich wie an der SWX. Er fängt an mit einer Eröffnungsauktion. Darauf folgt der laufende Handel auf der Basis der Orderbücher. Zum Schluss gibt es eine Schlussauktion. Weggefallen ist der Börsenzwang. Die Titel werden auf der Virt-x in ihrer Heimatwährung gehandelt, also in Schweizer Franken, Euro, englischen Pfund, schwedischen, dänischen und norwegischen Kronen. Das Handelsvolumen von EUR 373 Mia. in den ersten sieben Betriebsmonaten macht die Virt-x zur fünftgrössten Börse Europas.
Ein Novum ist die mit Virt-x verbundene Clearing- und Settlement-Lösung. Börsen sind normalerweise mit einem einzigen Abwicklungssystem verbunden, die SWX beispielsweise mit SIS. Alle ↑Transaktionen werden über dieses System abgewickelt. Die SWX beschritt bereits im Zusammenhang mit dem Eurobondhandel neue Wege. Bei der Virt-x nun wurde dies perfektioniert. Virt-x-Abschlüsse können über SIS, ↑CrestCO oder ↑Euroclear abgewickelt werden. Die drei Settlementsysteme sind miteinander vernetzt. Die SIS hat eine «Transaction engine» entwickelt, welche die Verbindung und die Prozesse zwischen den drei Systemen sicherstellt. Jeder Teilnehmer von Virt-x kann für jeden von ihm gehandelten Titel individuell festlegen, welche Titel er bei welcher Settlementorganisation verwahren will. In der nächsten Ausbaustufe soll auch eine zentrale Gegenpartei aufgeschaltet werden. Damit wird dann die volle Anonymität und die Minimierung des ↑Gegenparteienrisikos erreicht. Auch dafür sind wieder zwei Organisationen vorgesehen: das London Clearing House (LCH) und die SIS, die zu diesem Zweck die Funktion der ↑Central counterparty entwickelt. Virt-x schafft also einen einmalig hohen Integrationsgrad von Handel, Clearing und Settlement – echtes paneuropäisches ↑Straight through processing – und dies zu günstigen Konditionen.

4. Regulierung und Aufsicht
Virt-x ist eine Börse nach englischem Recht. Sie ist zwar eine virtuelle Börse in dem Sinne, als sie technisch keinen bestimmten Standort benötigen würde. Die zentralen Computer stehen in Zürich, die Clearing- und Settlement-Organisationen befinden sich in drei verschiedenen Ländern – Belgien, England und der Schweiz – und das Netzwerk sowie die Standorte der Händlerstationen erstrecken sich über mehrere Länder. Nur Regulierung und Aufsicht erfordern einen eindeutig definierten Standort. Der Handel an der Virt-x unterliegt der englischen Regulierung und damit der englischen Wertpapieraufsichtsbehörde, der ↑Financial Services Authority FSA. Im Fall von Verstössen durch nichtenglische Teilnehmer wird eine Zusammenarbeit zwischen FSA und der betreffenden nationalen Aufsichtsbehörde (z.B. der Eidg. ↑Börsenkommission EBK in der Schweiz) notwendig.
Virt-x bietet keine ↑Kotierung, sondern basiert auf der Kotierung der gehandelten Titel im Heimmarkt. So sind die an der Virt-x gehandelten Schweizer Blue chips weiterhin an der SWX kotiert, und die ↑Emittenten dieser Titel unterliegen in jeder Hinsicht den schweizerischen Kotierungsregeln und der diesbezüglichen Aufsicht durch die SWX.

5. Verbreitung von Börsendaten
Im Zusammenhang mit Virt-x wurde eine neue Gesellschaft, ↑EXFEED, für die gemeinsame Verbreitung von SWX- und Virt-x-Daten gegründet. Der Betrieb wird durch die SWX besorgt.

EXFEED vertreibt den herkömmlichen Datenstrom der SWX, den ↑Swiss market feed SMF, dazu den neuen Datenstrom PEX-MF mit den Kursen und anderen Daten der Virt-x.

6. Ausblick
Virt-x hat bereits in den ersten Monaten der Einführungsphase wesentliche Ziele erreicht. Die technische Migration der Liquidität der SMI-Titel auf eine Börse im europäischen Raum erfolgte einwandfrei. Die Teilnehmer erhielten die freie Wahl und automatischen Zugang zu mehreren Abwicklungsorganisationen. Virt-x hat Marktanteile in Schweizer Aktien von der London Stock Exchange gewonnen. Die Entwicklung des Handels mit Nicht-SMI-Titeln dürfte vom Druck bei den Teilnehmern abhängen, ihre internen Prozesse zu optimieren und die Produktionskosten zu senken.

Antoinette Hunziker-Ebneter, Richard T. Meier

VISA
↑Kreditkarten.

Visabuchhaltung
↑Bankbuchhaltung (Betriebliche Erfordernisse).

VISECA
VISECA ist ein Gemeinschaftsunternehmen der ↑*Kantonalbanken*, ↑*Raiffeisenbanken*, ↑*Regionalbanken* sowie der *Migrosbank*, der *Bank Coop* und der *Schweizer Auslandbanken*, welches die Herausgabe (↑Issuing, ↑Issuer) der ↑Kreditkarten VISA und EUROCARD/MasterCard für diese Institute wie auch direkt an natürliche und auch ↑juristische Personen vornimmt. VISECA wurde nach dem Verkauf des Kreditkarten-Issuing-Geschäfts von MasterCard durch die EUROPAY Switzerland S.A. am 01.01.2000 gegründet. Die VISECA entwickelte sich in der Folge mit dem Vertrieb der VISA Card in ihrem ersten Jahr zum Dual brand issuer.

1. Zweck und Ziele
Die Kreditkarte hat sich im Laufe der letzten Jahrzehnte von einem *Luxus-* zu einem *Convenience-Produkt* gewandelt. Entsprechend muss sich das Geschäftsmodell von Kreditkarten-Issuern zunehmend auf ein *Massengeschäft* ausrichten. Ein Zweck der VISECA ist somit die Schaffung von *Volumenvorteilen* (Economies of scales, Economies of scope) für die angeschlossenen Partnerbanken im herkömmlichen Kreditkarten-Issuing. Im Zuge der digitalen Revolution wird die weitere Entwicklung, unter Nutzung von Grössenvorteilen, absehbar in Richtung Fertigung individuell angepasster Produkte gehen (Massen-Massschneiderung). VISECA tätigt auch *Entwicklungen* in diesem oder in anderen Bereichen (m-commerce, ↑e-commerce, ↑Smartcards) namens oder zugunsten ihrer Partnerbanken sowie in ihrem eigenen Interesse als *betriebswirtschaftlich orientiertes Unternehmen*. VISECA verfolgt mit ihren Produkten einen leistungs- und qualitätsorientierten Kurs.

2. Marktsituation Schweiz
Der Schweizer Markt «Kreditkarten-Issuing» wird neben VISECA von den ↑*Grossbanken* als auch von der Cornèr Banca bearbeitet; d. h., über diese Institutionen gelangen Kunden zu einer international einsetzbaren Kreditkarte wie VISA, MasterCard, American Express oder andere. Bei allen Karten-Schemata wird grundsätzlich zwischen dem Issuing und dem Acquiring (↑Acquirer) unterschieden. Das Acquiring deckt die Vertragspartnerseite (Detail- und Fachhandel, Hotels, Restaurants, Fluggesellschaften, Autovermietungen usw.) ab. Die Mechanismen und die Zielgruppen zwischen Issuing und Acquiring unterscheiden sich grundlegend und werden von verschiedenen Unternehmungen oder mindestens verschiedenen Geschäftsbereichen abgedeckt; so wird der Schweizer Kreditkarten-Acquiring-Markt für VISA durch UBS Card Center und Cornèr Banca, für Eurocard/MasterCard durch Europay Switzerland bearbeitet.
Als dritte Partei ist bei Schweizer Issuern immer auch ein in- oder ausländischer *Kartenprocessor* involviert (↑Kreditkartenprocessing), der wiederum auch *Volumenvorteile im Basisprocessing* (↑Autorisierung, ↑Clearing and settlement) generiert.

3. Produktelinien
Der Grundnutzen beim unbaren ↑Zahlungsverkehr liegt v. a. seitens Banken und Handel in der *Substitution von* ↑*Bargeld* (↑Bargeldloser Zahlungsverkehr) und seitens der Karteninhaber in der *Einfachheit und Sicherheit*. Dieser Grundnutzen wird von allen unbaren Zahlungsmitteln mit oder ohne weitere Added values (Zusatznutzen) abgedeckt. Das effektive Produkt bei Zahlkarten ist damit nicht die ↑Plastikkarte, sondern das *Settlement der Zahlungstransaktionen* und der damit verbundene Dienst an den Kunden.
VISECA deckt Bedürfnisse mit Kreditkarten innerhalb der folgenden Produktelinien ab:
– Privatkarten (ohne Banklogo)
– Firmenkarten (ohne Banklogo)
– Fremdwährungskarten (ohne Banklogo)
– Bank-Branding-Karten (mit Banklogo)
– Co-Branding-Karten (mit Logo von einem dritten Brand).
Mittels Bank- und Co-Brandings soll eine Verbindung zwischen dem jeweiligen Bank- oder Co-Brand (Mercedes, ↑Postfinance usw.) und dem internationalen Kreditkarten-Brand (VISA, MasterCard) geschaffen werden, die eine *Affinität* beim Karteninhaber erreicht, *Zusatznutzen* für den Karteninhaber generiert und/oder *Zugang zu den Ver-*

triebskanälen der entsprechenden Institutionen schafft.
Die Bank- und Co-Brander der VISECA werden beim Vertrieb und der Weiterentwicklung der VISECA-Produkte einbezogen. Eigentlicher Issuer der Kreditkarten bleibt jedoch im juristischen Sinn auf jeden Fall VISECA, d. h.. der *Vertrag* über die Nutzung der Kreditkarte wird immer zwischen VISECA und dem Karteninhaber abgeschlossen.
Bei Produkten einzelner Linien können über den Einsatz und damit den Umsatz der Karte *webmiles-Punkte* gesammelt und danach in einem Online-Prämienshop gegen Prämien aller Art eingetauscht werden. Teilweise können die Webmiles auch in Punkte anderer Prämien-Programme konvertiert werden. Dadurch entsteht ein breites Angebot mit relativ tiefen Betriebskosten und ein Anreiz für den Karteneinsatz.
Andere Issuer bieten andere Prämien-/Bonusprogramme an.

4. Leistungserbringung
VISECA deckt primär Marketing- und Entwicklungsfunktionen ab und poolt das erforderliche spezifische Know-how im Kreditkartengeschäft. Weiter wird die Schnittstelle zu bestehenden Kunden und das Beziehungsmanagement im Normalfall von VISECA, im Ausnahmefall von den Bank-Brandern unterhalten. Die Leistungen im Bereich Basisprocessing werden im Outsourcing erbracht. Das Bonusprogramm Webmiles wird in Zusammenarbeit mit *webmiles(Deutschland)AG* betrieben.
Barend Fruithof

VIX
↑Volatilität-Indizes.

VLEU
↑Volatilität-Indizes.

Vola
Kurzbezeichnung für ↑Volatilität.

Volatilität
Allgemein umschreibt der Begriff der Volatilität das allgegenwärtige Phänomen von Marktpreisschwankungen auf Finanzmärkten. In einem spezifisch statistischen Sinne wird die Volatilität als Standardabweichung des Zuwachses logarithmierter Wertpapierpreise pro Zeiteinheit gemessen. Üblicherweise wird diese Standardabweichung auf der Basis historischer Kursbeobachtungen geschätzt. Beziehen sich die n Beobachtungen auf Zeiteinheiten mit einer Länge von t Börsentagen und bezeichnet man r als den Kursänderungsfaktor pro Zeiteinheit, dann gilt für die annualisierte Volatilität:

$\sqrt{250}$

Zu beachten ist hier, dass eine beispielsweise auf der Basis von Tageskursen ermittelte Volatilität durch die Multiplikation mit dem Faktor

$$\sigma = \sqrt{\frac{250}{t(n-1)} \sum_{i=1}^{n} \left[\ln r_i - \frac{1}{n} \sum_{i=1}^{n} \ln r_i \right]^2}$$

in eine annualisierte Volatilität umgerechnet wird. Diese Umrechnungsregel basiert auf dem Gauss'schen Wurzelgesetz und ist nur gültig, wenn unterstellt wird, dass die zugrunde liegenden logarithmierten Kursänderungen statistisch unabhängig sind. Da die tägliche Kursänderungen häufig eine positive ↑Korrelation aufweisen, sind historische annualisierte Volatilitäten, die auf der Basis von Tagesrenditen berechnet werden, in der Regel höher als annualisierte Volatilitäten, die auf der Basis von Monats- oder Jahreskursen berechnet werden. Die Volatilität ist ein zentraler Parameter im ↑Risikomanagement und bei der Optionsbewertung. In der Literatur sind eine Vielzahl von ökonometrischen Modellen bekannt, die zur Beschreibung des zeitlichen Verhaltens von Volatilitäten herangezogen werden können. Vertreter sind die so genannten ARCH-Modelle nach Engle sowie ihre zahlreichen Erweiterungen. Eine weitere Modellklasse sind die Stochastic-volatility-Modelle, zu deren Entwicklung Taylor beigetragen hat. Modelle, die das Handelsvolumen zur Erklärung der Volatilitätsschwankungen einbeziehen, stammen beispielsweise von Clarke und Tauchen und Pitts.
Christoph Kaserer, Niklas Wagner

Volatilität-Indizes
↑Optionsmärkte ergänzen den Markt für die ↑Basiswerte, indem, basierend auf den Preisinformationen, ↑Volatilitäten gehandelt werden. Diese stellen neben der Erwartung zukünftiger Preise den zweiten zentralen Aspekt der Bewertung auf ↑Finanzmärkten sicher. Auf den Optionsmärkten lassen sich somit die Höhe und die Erwartung der Unsicherheit im Markt feststellen.
Als Mass dienen implizite Volatilitäten, die aus der Optionsbewertung (↑Option pricing model, ↑Black/Scholes) extrahiert werden können. Diese stellen den einzigen nicht direkt beobachtbaren Parameter bei der Bewertung von ↑Optionen dar. Ein Volatilität-Index kann somit nicht nur dazu genutzt werden, sich einen Überlick der momentanen Unsicherheit auf dem Markt zu machen, sondern auch, um direkt bewertungsrelevante Angaben für die Bewertung von ↑Aktien- und ↑Indexoptionen zu errechnen.
Entsprechend den Spezifikationen berücksichtigen Volatilität-Indizes einen gewichteten Durchschnitt von Volatilitäten über eine bestimmte Anlagedauer. Dies gibt somit Auskunft über eine Art mittlere Volatilität, die derzeit im Markt herrscht. Bekannte Volatilität-Indizes sind in der Schweiz der VLEU, der einen gewichteten Durchschnitt von

impliziten Volatilitäten von Eurex-Optionen für eine fiktive Laufzeit von 45 Tagen angibt. In Deutschland wird auf der Basis von DAX-Optionen der so genannte VDAX errechnet. Am ↑Chicago Board Options Exchange (CBOE) wird der VIX als Index für den US-Markt auf der Basis von S&P-100-Index-Optionen errechnet.

Volatilität-Indizes sind ein wichtiges Element des ↑Risikomanagements. Als quantifiziertes Mass der Unsicherheit eines Marktes ist der Stand des Index' eine wichtige Information für die Risikoanalyse. Im Anlageprozess spielen Volatilitätsinformationen eine wichtige Grundlage für die ↑Asset allocation von ↑Investoren und Portfoliomanagern. Für ↑Trader und ↑Broker ist es schliesslich eine wichtige Information für die Bewertung von ↑Finanzinstrumenten und der Bewertung des Volatilitätsrisikos (↑Vega) einer Anlage oder eines ↑Portfolios. *Heinz Zimmermann*

Volcker-Committee
↑Nachrichtenlose Vermögenswerte.

Volksaktie
Bezeichnung für ↑Aktien, die in Deutschland im Rahmen der ↑Privatisierung von Bundesvermögen geschaffen und zu Vorzugsbedingungen in einem breiten Personenkreis platziert worden sind. In der Schweiz wird der Begriff bildlich für Aktien mit sehr breiter Streuung verwendet.

Vollgeld
↑Zahlungsmittel.

Vollmacht
Unter Vollmacht versteht man die dem ↑Bevollmächtigten durch Rechtsgeschäft des Vollmachtgebers erteilte Vertretungsmacht. Die Erteilung der Vollmacht stellt ein einseitiges, empfangsbedürftiges Rechtsgeschäft dar. Das bedeutet, dass die Vollmacht erst dann rechtswirksam wird, wenn sie dem Bevollmächtigen zugegangen ist. Das zwischen diesem und dem Vollmachtgeber bestehende Rechtsverhältnis, welches der Vollmachtserteilung zu Grunde liegt, ist bei der bürgerlichen Stellvertretung in der Regel ein einfacher Auftrag (OR 394ff.), bei der kaufmännischen Stellvertretung dagegen ein Arbeitsvertrag (OR 319ff.). Die gesetzlichen Grundlagen der Vollmacht befinden sich in OR 32ff. (bürgerliche Vollmacht) und OR 458ff. (kaufmännische Vollmacht).

1. Wirkung
Der Bevollmächtigte handelt im Namen und auf Rechnung des Vollmachtgebers (direkte Stellvertretung). Das bewirkt, dass die Rechtsfolgen des vom Bevollmächtigten mit einem Dritten (z.B. Bank) abgeschlossenen Rechtsgeschäftes direkt beim Vollmachtgeber eintreten. Bei der indirekten Stellvertretung (z.B. bei der Kommission, OR 425; ↑Kommissionsgeschäft) handelt der Vertreter dagegen in eigenem Namen, aber mit Ermächtigung und auf Rechnung des Vertretenen. Die Rechtsfolgen treten daher in diesem Fall vorerst beim Vertreter ein. Dieser ist aber auftragsrechtlich verpflichtet, die in eigenem Namen erworbenen Rechte bzw. eingegangenen Pflichten auf den Vertretenen zu übertragen.

Trotz Erteilung der Vollmacht behält der Vollmachtgeber seine Verfügungsmacht (z.B. über ein ↑Depot oder ↑Konto) bei. Ein Verzicht auf die Verfügungsmacht zugunsten des Bevollmächtigten ist im schweizerischen Recht ausgeschlossen.

2. Form
Die Vollmacht bedarf grundsätzlich keiner besonderen Form. Allerdings gibt es einige Ausnahmen. Eine solche besteht einmal bezüglich der Vollmacht zur Eingehung von Bürgschaften: Diese unterliegt der gleichen Form wie die ↑Bürgschaft selber (OR 493 VI). Ferner ist zur Vertretung von Namenaktien (OR 689a I) sowie für Grundbuchgeschäfte (GBV 16) eine schriftliche Vollmacht notwendig. Die Banken pflegen aus Beweissicherungsgründen in allen Fällen nur schriftliche, durch die Bank vorgeschriebene Vollmachtsurkunden entgegenzunehmen, die bei ihnen zu deponieren sind. Meistens hat auch der Bevollmächtigte darauf zu unterzeichnen. Damit wird sichergestellt, dass die Bevollmächtigung tatsächlich auch erfolgt ist.

Da die Vollmacht grundsätzlich formlos eingeräumt werden kann, kann sie nicht nur ausdrücklich, sondern auch stillschweigend durch konkludentes Verhalten erteilt werden. Dies gilt nicht nur für die bürgerliche, sondern auch für die kaufmännische Stellvertretung. Die Eintragung der Prokura im Handelsregister hat bloss deklaratorische Bedeutung.

3. Arten und Umfang von Vollmachten
Die Vollmachten lassen sich wie folgt gliedern:
– *Spezial- und Generalvollmacht:* Während die Spezialvollmacht nur zur Vornahme eines bestimmten Rechtsgeschäftes berechtigt (z.B. einmaliger Kontobezug), ermächtigt die Generalvollmacht zum Abschluss einer Vielzahl von Geschäften des Vollmachtgebers. Einer besonderen Ermächtigung bedarf der Generalbevollmächtigte allerdings für die in OR 396 III genannten Rechtshandlungen (z.B. Anhebung eines Prozesses, Abschluss eines Vergleiches, Veräusserung und Belastung von Grundstücken, Schenkungen). Im Bankverkehr wird üblicherweise von der Generalvollmacht Gebrauch gemacht.
– *Bürgerliche und kaufmännische Vollmacht:* Bei der bürgerlichen Stellvertretung ergibt sich der Umfang der Vertretungsmacht aus der konkreten Vollmacht als solcher. Demgegenüber wird die

Vertretungsmacht bei den kaufmännischen Vollmachten (Prokura, Handlungsvollmacht) durch das Gesetz umschrieben (OR 458 ff.). Besonderheiten ergeben sich dann, wenn im Bankverkehr mit ↑juristischen Personen oder Personengesellschaften Firmen-Unterschriftenkarten verwendet werden. In solchen Fällen können sich Abweichungen zwischen Unterschriftenkarte und Handelsregistereintrag ergeben. Da die Unterschriftenkarte als Spezialvollmacht zu qualifizieren ist, geht sie den Handelsregistereinträgen vor. Auf den vorformulierten Unterschriftenkarten der Banken wird regelmässig festgehalten, dass der Bank bekannt gegebenen Unterschriften bis zum schriftlichen Widerruf gelten, und zwar auch dann, wenn die Zeichnungsberechtigten im Handelsregister eingetragen sind und eine Löschung veröffentlicht wird. Die Frage, ob die auf der Unterschriftenkarte nicht aufgeführten, nach Handelsregister jedoch vertretungsberechtigten Personen gegenüber der Bank auch verfügungsberechtigt sind, ist differenziert zu beantworten. Wird die Unterschriftenkarte durch den Firmeninhaber bzw. durch die Organe der Gesellschaft (z.B. Verwaltungsrat einer AG) unterzeichnet, so gelten alle diesen hierarchisch untergeordneten Zeichnungsberechtigten, soweit auf der Unterschriftenkarte nicht aufgeführt, als gegenüber der Bank nicht vertretungsberechtigt. Von der Vertretung nicht ausgeschlossen sind dagegen jene Personen, welche den die Unterschriftenkarte unterzeichnenden Organen gleich- oder übergeordnet sind. Wird z.B. ein Konto von Prokuristen einer Firma eröffnet, so sind dadurch die diesen hierarchisch übergeordneten Funktionäre (wie z.B. Verwaltungsräte, Direktoren) von der Vertretung gegenüber der Bank nicht ausgeschlossen.

– *Einzel- und Kollektivvollmacht:* Bei der Einzelvollmacht kann jeder von mehreren Bevollmächtigten die Vertretung allein ausüben, wogegen bei der Kollektivvollmacht zwei, drei oder mehr Vertreter gemeinsam handeln müssen, je nachdem, ob eine Kollektivvollmacht zu zweien, dreien oder mehreren vorliegt (Kollektiv-Unterschrift). Vielfach vermerken die Banken in ihren Vollmachtsformularen, dass sie, sofern nähere Angaben fehlen, jede einzelne bevollmächtigte Person als zur rechtsgültigen ↑Zeichnung berechtigt ansehen. Bei der Kollektivvollmacht wird sehr oft bestimmt, dass beim Ableben eines Kollektivbevollmächtigten der Verbleibende die Vertretung allein ausüben kann.

– *Vollmacht und gesetzliche Vertretungsmacht:* Während die Vollmacht eine rechtsgeschäftliche Ermächtigung darstellt, beruht die gesetzliche Vertretungsmacht entweder auf der Anordnung einer Behörde oder direkt auf Gesetzesvorschrift. Zu erwähnen sind hier etwa die Vertretungsmacht des Vormundes einerseits und der Eltern andererseits. (↑Bevormundete und Verbeiständete im Bankverkehr; ↑Minderjährige im Bankverkehr). Zur gesetzlichen Vertretungsmacht gehört auch die Organvertretung bei juristischen Personen (z.B. Verwaltungsrat, Direktoren), die ihre Grundlage im Gesetz (z.B. ZGB 55, OR 707 ff., 894 ff.) oder in den Statuten hat.

– *Vollmacht mit Substitutionsbefugnis:* Ohne gegenteilige Anordnung des Vollmachtgebers kann die Vollmacht nur durch den Bevollmächtigten persönlich ausgeübt werden. Eine Vollmacht kann nur dann an einen Dritten weitergegeben werden, wenn der Bevollmächtigte dazu ausdrücklich ermächtigt worden ist (OR 398 III). Es liegt dann eine Vollmacht mit Substitutionsbefugnis vor. Da die Erteilung einer Vollmacht für Bankgeschäfte eine Vertrauensangelegenheit ist, dürfte das Substitutionsrecht i.d.R. vom Bankkunden aus unerwünscht sein.

– *Verwaltungsvollmacht:* Sie ist eine beschränkte Vollmacht im Bankverkehr, die den Bevollmächtigten nur zur Erteilung von Anlageinstruktionen an die Bank ermächtigt (↑Verwaltungsvollmacht im Depotgeschäft, ↑Verwaltungsvollmacht [Rechtliches]).

4. Selbstkontrahieren und Doppelvertretung (Insichgeschäfte)

Das Selbstkontrahieren (der Bevollmächtigte schliesst als Vertreter des Vollmachtgebers mit sich selber einen Vertrag ab) und die Doppelvertretung (Vertragsabschluss zwischen zwei Personen, die durch den gleichen Bevollmächtigten vertreten sind) sind grundsätzlich unzulässig, weil dadurch die vertretene bzw. eine der vertretenen Parteien benachteiligt werden könnte. Zulässig sind diese Vertretungsarten aber dann, wenn dies dem Bevollmächtigten in der Vollmacht ausdrücklich gestattet ist oder wenn keine Gefahr der Übervorteilung des Vertretenen besteht. In den Bankvollmachten ist gewöhnlich eine ausdrückliche Ermächtigung zum Selbstkontrahieren und zur Doppelvertretung enthalten. Diese Grundsätze gelten auch im Gesellschaftsrecht; jeder einzelne Verwaltungsrat ist nach Massgabe seiner Zeichnungsberechtigung befugt, Insichgeschäfte anderer Mitglieder des Verwaltungsrates zu genehmigen (BGE 127 III 332). Fehlt es an nebengeordneten Verwaltungsratsmitgliedern, ist für die Genehmigung die Generalversammlung zuständig (BGE 127 III 335).

5. Erlöschen der Vollmacht

Eine Vollmacht kann entweder durch Widerruf oder Tod, Handlungsunfähigkeit und Konkurs des Vollmachtgebers erlöschen:

– *Widerruf:* Die Vollmacht kann durch den Vollmachtgeber jederzeit widerrufen werden (OR 34). Ein vom Vollmachtgeber zum Voraus erklärter Verzicht auf dieses Recht ist ungültig. Im Gegensatz zum deutschen Recht kennt die schweizerische Rechtsordnung die unwiderrufliche Vollmacht nicht. Hat der Vollmachtgeber die Vollmacht ausdrücklich oder tatsächlich kundgegeben, so kann er deren Widerruf gutgläubigen Dritten dann nicht entgegenhalten, wenn er ihnen diesen Widerruf nicht mitgeteilt hat.

– *Tod, Handlungsunfähigkeit und Konkurs:* Die bürgerliche Vollmacht erlischt sodann mit dem Tod, der Verschollenerklärung, dem Verlust der Handlungsfähigkeit oder dem Konkurs des Vollmachtgebers oder des Bevollmächtigten (OR 35, 405). Das Gesetz schliesst jedoch nicht aus, dass eine Vollmacht ausdrücklich über den Tod des Vollmachtgebers hinaus (post mortem) erteilt werden kann. Von der Vollmachterteilung über den Tod hinaus wird im Bankverkehr häufig Gebrauch gemacht. Sie ist für beide Teile von Vorteil. Denn beim Tode des Vollmachtgebers kann der Bevollmächtigte ohne jegliche Erbenformalität über den bei der Bank sich befindenden Nachlass verfügen. Für die Bank liegt der Vorteil darin, dass sie das Dahinfallen einer Vollmacht wegen Todes des Vollmachtgebers nicht anhand der Publikationen in ihr zugänglichen öffentlichen Blättern zu verfolgen hat. Denn bei Vollmachten, die nicht mit Wirkung über den Tod hinaus erteilt werden, obliegt der Bank grundsätzlich die Pflicht, im Todesfalle von Vollmachtgebern die Vollmacht sogleich aufzuheben. Bei Vollmachten über den Tod hinaus entfällt des weiteren die Pflicht der Bank, die Erbenausweise einzufordern, was zumal bei ausländischen Erblassern Schwierigkeiten bereiten kann. Wenn die Bank allerdigs weiss oder wissen muss, dass die Verfügungen des Bevollmächtigten gegen die Interessen der Erben verstossen, hat sie deren Ausführung von der Zustimmung der Erben abhängig zu machen, denn mit dem Tode des Kunden sind die Erben als Universalsukzessoren in das Vertragsverhältnis mit der Bank eingetreten, und die Interessenwahrungspflicht der Bank besteht nun ihnen gegenüber. Übrigens kann nur eine schon zu Lebzeiten des Vollmachtgebers wirksame Ermächtigung über dessen Tod hinaus formlos erstreckt werden. Eine Vollmacht, die erst im Zeitpunkt des Todes des Vollmachtgebers in Kraft treten soll, könnte nur in Form einer letztwilligen Verfügung eingeräumt werden, da es sich materiell um eine Verfügung von Todes wegen handelt. In der Doktrin ist diese Frage allerdings streitig. Die an keine Formvorschriften gebundene Vollmachterteilung über den Tod hinaus ist praktischer als die Einsetzung eines Willensvollstreckers, zumal die Eröffnung eines Testamentes eine Publizität erheischt. Allerdings können die Erben des Vollmachtgebers (alle oder nur einzelne) eine Vollmacht über den Tod hinaus nach dessen Ableben widerrufen, wogegen das ↑Mandat eines Willensvollstreckers seitens der Erben nicht zurückgezogen werden kann. Konkurriert ein Bevollmächtigter über den Tod hinaus gleichzeitig mit einem Willensvollstrecker, so ist der Bevollmächtigte berechtigt, von seiner Vollmacht Gebrauch zu machen, solange sie nicht durch den Willensvollstrecker widerrufen wird. Die gleiche Wirkung wie mit einer Vollmacht über den Tod hinaus kann auch mit einer ↑Solidaritätsvereinbarung (↑Compte-joint, ↑Depotgeschäft) erzielt werden, wobei dort der Vorteil besteht, dass die Verfügungsbefugnis des überlebenden Solidargläubigers durch die Erben nicht widerrufen werden kann.   *Dieter Zobl*

Lit.: Erb, F.: *Die Bankvollmacht*, Diss. Freiburg, Zürich 1974. – Von Tuhr, A./Peter, H.: *Allgemeiner Teil des Schweizerischen Obligationenrechts*, Bd. I, Zürich 1979. – Zobl, D.: *Probleme im Spannungsfeld von Bank-, Erb- und Schuldrecht*, Archiv für die juristische Praxis 2001.

Vollmachtsindossament
↑Inkasso-Indossament.

Vollständigkeitsbescheinigungen
Als Vollständigkeitsbescheinigung bezeichnet man im Bankverkehr die von der Bank gegenüber einem Kunden im Zusammenhang mit einer Bestätigung über den Stand seiner Guthaben und Schulden abgegebene Erklärung, dass die Bestätigung alle Konten erfasst, die der Kunde bei der betreffenden Bank (oder bei der betreffenden Geschäftsstelle der Bank) unterhält. Bestätigungen über den Stand der Guthaben und Schulden muss die Bank dem Kunden zuhanden der Steuerbehörde abgeben, wenn der Kunde dies auf Geheiss der Steuerbehörde von der Bank verlangt (DBG 127 I b; vgl. dazu das Rundschreiben Vollständigkeitsbescheinigung der Eidg. Steuerverwaltung vom 15.05. 1996 und das Zirkular Nr. 6837 der SBVg vom 13.06.1996).

Volumen
Umsatz, ausgedrückt in Stückzahlen oder Geldeinheiten.

Volumentransformation
Behebung der Divergenz von Angebots- und Nachfragevolumen durch Bündelung vieler kleiner Kundengeldeinlagen (↑Kundengelder) zu einem grossen Kredit oder zu einer Mehrzahl von grossen Krediten. Die Transformation von Betragsvolumen ist eine wichtige Funktion von ↑Finanzintermediären und wird durch die ↑Zinsmarge entschädigt. Weil die ↑Laufzeiten der einzelnen Kundengeldeinlagen in der Regel von jenen der Kredite abweichen, entsteht eine Inkongruenz der ↑Fälligkeiten auf der Aktiv- und Passivseite der

↑Bankbilanz. Dadurch entstehen ↑Zinsänderungsrisiken, die mit den Instrumenten des ↑Asset and liability managements (ALM) gesteuert und bewirtschaftet werden können. ↑Fristentransformation; ↑Risikotransformation. *Kurt Aeberhard*

Vorauszahlungsvertrag

Die Bestimmungen über den Vorauszahlungsvertrag (OR 227a–227i) wurden 1963 gleichzeitig mit denjenigen über den Abzahlungsvertrag in das Gesetz aufgenommen (↑Abzahlungsgeschäft). Es handelt sich in beiden Fällen um Sozialschutzregeln, die auf besondere Formen des Kaufvertrages (Teilzahlungsgeschäft) anwendbar sind. Während beim Abzahlungsvertrag der Verkäufer dem Käufer Kredit gewährt, ist es beim Vorauszahlungsvertrag umgekehrt. Hier verpflichtet sich der Käufer zu Teilzahlungen im Voraus; der Verkäufer muss erst liefern, wenn der Kaufpreis bezahlt ist. Man spricht darum auch von einem Sparkaufvertrag. Wegen ihrer besonderen Zielsetzung sind die Bestimmungen über den Vorauszahlungsvertrag nicht anwendbar, wenn der Käufer Kaufmannseigenschaft besitzt oder als Zeichnungsberechtigter einer Einzelfirma oder einer Handelsgesellschaft im Handelsregister eingetragen ist und sich der Kauf auf Gegenstände bezieht, die nach ihrer Beschaffenheit vorwiegend für einen Gewerbebetrieb oder vorwiegend für berufliche Zwecke bestimmt sind (OR 227i).

Der Vertrag muss in schriftlicher Form abgeschlossen werden und zum Schutz des Käufers bei Strafe der ↑Nichtigkeit zwingend eine Reihe von Angaben enthalten, darunter einen Hinweis auf das Recht des Käufers, innerhalb von sieben Tagen (so die neue Frist gültig ab 01.01.2003) den Verzicht auf den Vertragsabschluss zu erklären (OR 227a II). Eine Reihe von Vorschriften will den Käufer vor allem bei Verträgen mit unbestimmter ↑Laufzeit oder mit einer Laufzeit von mehr als einem Jahr schützen: z. B. ↑Kündigungsrecht des Käufers gegen Bezahlung eines knapp bemessenen Reugeldes (OR 227f); Pflicht zur Einzahlung bei einer dem BankG unterstehenden ↑Bank, und zwar auf ein auf den Namen des Käufers lautendes ↑Konto, über welches Käufer und Verkäufer nur gemeinsam verfügen können (OR 227b). Wird der Verkäufer insolvent, so fallen die auf diesem Konto angehäuften Beträge also nicht in dessen Konkursmasse. Leistet der Käufer die Teilzahlungen nicht auf ein solches Konto, sondern an den Verkäufer, so steht ihm bei dessen ↑Insolvenz nur eine Konkursforderung zu. Das frühere ↑Konkursprivileg gemäss OR 227b III wurde per 01.01.1997 aufgehoben.

Die Verwendung von Vertragsformularen für Vorauszahlungsverträge mit unvollständigen oder unrichtigen Angaben ist als unlauterer Wettbewerb strafbar (UWG 3 lit. m).

Vordatierter Check

↑Check, der mit einem späteren als dem tatsächlichen Ausstellungstag datiert wird, in der Erwartung, der Empfänger warte mit dem ↑Inkasso bis zum Ausstellungsdatum zu. Auch ein vordatierter Check ist am Tag der Vorlegung zahlbar (OR 1115).

Voreröffnung

↑Preopening.

Vorgang

Abgekürzter Ausdruck für im Rang vorgehendes ↑Grundpfandrecht. ↑Nachrückungsrecht.

Vorkaufsrecht

Das Vorkaufsrecht gibt dem Berechtigten die Befugnis, durch einseitige Erklärung gegenüber dem Verpflichteten eine Sache, z.B. ein ↑Aktienpaket oder ein Grundstück, zu erwerben, wenn der Verpflichtete diese Sache einem Dritten verkauft. Als Vorkaufsfall gilt, jedenfalls bei Grundstückkäufen, auch jedes andere Rechtsgeschäft, das wirtschaftlich einem Verkauf gleichkommt (OR 216c II). Der Vertrag über die Begründung des Vorkaufsrechts kann den Kaufpreis, zu dem der Berechtigte die Sache erwerben kann, zum Voraus bestimmen (limitiertes Vorkaufsrecht); andernfalls gelten derjenige Preis und diejenigen Kaufbedingungen, die der Verpflichtete mit dem Dritten abgemacht hat (unlimitiertes Vorkaufsrecht, OR 216d III, betr. Grundstückkäufe). Die Frist für die Abgabe der Erklärung kann vertraglich umschrieben werden; bei Grundstückkäufen wird diese Frist vom Gesetz auf drei Monate festgesetzt, gerechnet ab Kenntnis vom Abschluss und Inhalt des Vertrages (OR 216e).

Der Vertrag über ein limitiertes Vorkaufsrecht an einem Grundstück bedarf seit dem 01.01.1994 der öffentlichen Beurkundung; für das unlimitierte Vorkaufsrecht genügt wie bisher die Schriftform (OR 216 II und III). Das neue Recht begrenzt die Dauer des Vorkaufsrechts an einem Grundstück auf 25 Jahre; diese Höchstdauer gilt nun auch für die Vormerkung im ↑Grundbuch, die dem Vorkaufsrecht Wirkung gegenüber Dritten, insbesondere gegenüber dem Erwerber des Grundstücks, verleiht (OR 216a, ZGB 959).

Von Gesetzes wegen, jedoch mit Vertrag in öffentlicher Urkunde wegbedingbar, besteht ein unlimitiertes Vorkaufsrecht unter Miteigentümern eines Grundstücks in Bezug auf die Miteigentumsanteile sowie gegenseitig zwischen dem Grundeigentümer und dem Inhaber eines selbstständigen und dauernden ↑Baurechts am Grundstück in Bezug auf das Baurecht resp. das belastete Grundstück (ZGB 681b, 682). Ein gesetzliches Vorkaufsrecht steht auch bestimmten Verwandten des Verkäufers bei der Veräusserung eines landwirtschaftlichen Grundstücks oder Gewerbes zu (Art. 42 ff. Bundesgesetz über das bäuerliche Bodenrecht, SR 211.412.11).

In personenbezogenen (z. B. Familien-)Aktiengesellschaften werden unter Aktionären häufig Vorkaufsrechte (auch Kaufsrechte) an ↑Aktien vereinbart; oft genereller als «Zugsrechte» bezeichnet, weil sie meistens auch für andere Veräusserungsfälle gelten. Ob diese Rechte im Zusammenhang mit der Vinkulierung von ↑Namenaktien (OR 685a–c) auch in den Statuten und damit für die Gesellschaft verbindlich verankert werden dürfen und gegebenenfalls mit welchen Modalitäten, ist auch unter dem neuen, seit 1992 geltenden Aktienrecht umstritten und höchstrichterlich noch nicht entschieden. In der Praxis werden sie häufig sowohl vertraglich als auch statutarisch festgelegt (↑Aktionärsbindungsvertrag).

Christian Thalmann

Vorlaufen
↑Front running.

Vorlegen
↑Securities lending and borrowing (SLB).

Vormerkung im Grundbuch
↑Grundbuch.

Vormundschaft
↑Bevormundete und Verbeiständete im Bankverkehr.

Vor-Ort-Kontrolle
Amtshandlungen einer Aufsichtsbehörde (↑Aufsicht) gegenüber Zweigniederlassungen und Tochtergesellschaften der ihr unterstellten Banken oder ↑Effektenhändler im Ausland, also jenseits ihrer Gebietshoheit. Die Vor-Ort-Kontrolle ist Ausfluss des Grundsatzes der Herkunftslandaufsicht und ergänzt die Amtshilfe der zuständigen Behörde am Ort der Zweigniederlassung bzw. Tochtergesellschaft, sollte im Verhältnis zu ihr jedoch die Ausnahme sein.

In der Schweiz ist die Vor-Ort-Kontrolle seit 1999 unter gewissen Voraussetzungen und Einschränkungen zulässig (↑Amtshilfe).

Vorquote
↑Emissionsgeschäft.

Vorratsaktien
Vorratsaktien waren unter dem alten Aktienrecht durch Publikumsgesellschaften ausgegebene und unter Ausschluss des ↑Bezugsrechts der bisherigen Aktionäre von einer Bank oder befreundeten Gesellschaft treuhänderisch gezeichnete und liberierte Aktien, die vom Treuhänder gehalten wurden, aber vertraglich dem Verwaltungsrat der emittierenden ↑Publikumsgesellschaft zur Verfügung standen. Man unterschied dabei die sog. «freien Vorratsaktien» und die «gebundenen Vorratsaktien». Die ersten standen dem Verwaltungsrat «für Zwecke im Interesse der Gesellschaft» zur Verfügung. Sie konnten im geeigneten Zeitpunkt bzw. bei günstigem Aktienmarkt nach Gutdünken für Akquisitionen gegen Titel oder zur Sicherstellung von ↑Wandel- oder ↑Optionsanleihen oder von Aktionärsoptionen eingesetzt werden. Die gebundenen Vorratsaktien wurden für einen im Voraus genau definierten Verwendungszweck bereitgestellt (z. B. Unternehmensübernahmen oder Beteiligungen, Sicherstellung einer bestimmten Wandelanleihe). Mit dem Inkrafttreten des neuen Aktienrechts im Jahre 1992 verloren diese Vorratsaktien ihre Bedeutung, weil für die Sicherstellung von Optionsrechten und für die Durchführung von Akquisitionen nunmehr das genehmigte (OR 651) oder bedingte (OR 653) Kapital als Instrument zur Verfügung steht und anderseits der Ausschluss des Bezugsrechts auf «Vorrat» an engere gesetzliche und statutarische Bedingungen geknüpft ist (OR 652b II und OR 653b II sowie BGE 121 III 219 ff.).

Heute versteht man unter Vorratsaktien meistens von der Gesellschaft direkt gehaltene eigene Aktien, über deren Verwendung der Verwaltungsrat bestimmen kann. Die Schaffung solcher Vorratsaktien ist nur noch beschränkt zulässig, etwa wenn die Gesellschaft aufgrund eines entsprechenden Beschlusses der Generalversammlung Aktien aus ↑Emission, auf deren Bezug verzichtet wurde, selbst zeichnet und liberiert und dem Verwaltungsrat für bestimmte Zwecke zur Verfügung stellt, oder wenn sie eigene Aktien im Markt erwirbt und sie als sog. «Treasury stocks» für ↑Kapitalmarkttransaktionen bereithält. In beiden Fällen ist zu beachten, dass OR 659 ff. den Erwerb und das ↑Halten eigener Aktien an einschränkende Bedingungen knüpft. ↑Eigene Aktien.

Christian Thalmann

Vorschuss
↑Darlehen.

Vorschüssige Zinszahlung
Auch Praenumerando-Zahlung des ↑Zinses. ↑Postnumerando.

Vorsorge
↑Risikovorsorge (Kreditgeschäft).

Vorsorgeeinrichtungen
Unter Vorsorgeeinrichtungen (Begriff des BVG, in der Praxis auch Personalvorsorgeeinrichtungen oder Pensionskassen genannt) werden die Träger der beruflichen Vorsorge verstanden, die als rechtlich selbständige Organisationen (in der Regel Stiftungen) die betriebliche Alters-, Invaliden- und Hinterbliebenenvorsorge durchführen.

1. Arten von Vorsorgeeinrichtungen
Nach OR 331 I müssen Zuwendungen des Arbeitgebers und Beiträge der Arbeitnehmer für Zwecke der beruflichen Vorsorge auf eine Stiftung, eine Genossenschaft oder eine Einrichtung des öffentlichen Rechtes übertragen werden. Dasselbe schreibt BVG 48 II für registrierte Vorsorgeeinrichtungen vor. Nach der Pensionskassenstatistik 1996 gab es damals 11 375 Stiftungen (für Vorsorgezwecke), 29 Genossenschaften (davon einige grosse, sonst aber vernachlässigbar) und 168 öffentlich-rechtliche Einrichtungen (für das Personal von Gemeinwesen). Insgesamt gab es somit 11 572 Vorsorgeeinrichtungen, wovon 3 075 bei einer Aufsichtsbehörde zur Durchführung des BVG-Obligatoriums registriert waren. Rein patronale Einrichtungen (ohne Reglemente und Versicherte) gab es 7 287, und die restlichen 1 210 Einrichtungen waren im überobligatorischen Bereich mit reglementarischen Leistungen tätig. (↑Sammel- und Gemeinschaftsstiftungen als Vorsorgeeinrichtungen).
Nach den *Risikoträgern* können die Vorsorgeeinrichtungen eingeteilt werden in autonome Pensionskassen, teilautonome Pensionskassen, Kollektivversicherungen, Spareinrichtungen, Wohlfahrtsfonds, Finanzierungsstiftungen.

2. Verwaltung und Organisation
Für die Verwaltung einer Vorsorgeeinrichtung hat das BVG detaillierte Normen erlassen. Als Grundlage für die ↑Aufbau- und ↑Ablauforganisation sind die *Stiftungsurkunde* (bei einer Genossenschaft die Statuten) und das *Reglement* sowie allfällige interne Weisungen zu betrachten. Das Reglement enthält Bestimmungen zum Kreis der versicherten Personen, zu Leistungen, Beiträgen, zur Vermögensanlage (nur Grundsätze) und eventuell besondere Bestimmungen für einzelne Versichertengruppen, Organisation und Verwaltung usw.
Gemäss BVG 51 wird für registrierte Vorsorgeeinrichtungen die paritätische Verwaltung verlangt, d. h., das oberste Organ (Stiftungsrat) muss gleichviel Arbeitnehmer- wie Arbeitgebervertreter aufweisen. Offen bleibt die Wahl des Präsidenten; dazu müssen Regeln aufgestellt werden.
Nach dem Stiftungsrecht ZGB 89bis III gilt für nichtregistrierte Stiftungen, dass, falls Arbeitnehmer Beiträge an die Stiftung leisten, sie nach Massgabe dieser Beiträge an der Verwaltung zu beteiligen sind, d. h. im Stiftungsrat vertreten sein müssen.
Nach ZGB 89b II und OR 331 IV sind den Begünstigten (Versicherten) bzw. den Arbeitnehmern über die Tätigkeit der Stiftung, die Vermögenslage und die Ansprüche der Versicherten die *erforderlichen Aufschlüsse* zu erteilen. Diese Bestimmungen sollen im Rahmen der anstehenden 1. Revision des BVG ausgebaut werden.

3. Vermögensanlage
Die Vermögensanlage und -verwaltung spielt bei den nach dem ↑Kapitaldeckungsverfahren aufgebauten Versicherungseinrichtungen eine sehr wichtige Rolle. Nach BVV 2, 49 a (in Kraft seit 01.07.1996) müssen die Ziele und Grundsätze, die Durchführung und Überwachung der Vermögensanlage nachvollziehbar so festgelegt werden, dass die Führungsaufgabe voll wahrgenommen werden kann. Dazu wird in der Regel ein ↑Anlagereglement mit klaren Anlagevorschriften zu erlassen sein.
Carl Helbling

Vorsorgesparen
↑Altersvorsorge; ↑Risikovorsorge (Allfinanz); ↑Dritte Säule.

Vorsparvertrag
↑Vorauszahlungsvertrag.

Vorwegzeichnungsrecht
Bei der ↑Emission von ↑Wandelanleihen und ↑Optionsanleihen müssen in der Regel die zur Erfüllung der Wandel- bzw. Optionsrechte nötigen neuen Titel im Rahmen einer Kapitalerhöhung bereitgestellt werden, wobei dem Aktionär naturgemäss das ↑Bezugsrecht entzogen werden muss. Die mit dem Verzicht auf das Bezugsrecht verbundene wirtschaftliche Einbusse soll durch das Vorwegzeichnungsrecht auf die Wandel- oder Optionsanleihe kompensiert werden. Das Vorwegzeichnungsrecht kann jedoch wegbedungen werden, wenn die Wandel- und Optionsanleihen zu Marktbedingungen ausgegeben werden, denn in diesem Fall weist das Vorwegzeichnungsrecht – zum Mindesten theoretisch – keinen ↑Marktwert auf. Deshalb werden Vorwegzeichnungsrechte – im Gegensatz zu Bezugsrechten – nicht gehandelt.

Vorzugsaktien
Vorzugsaktien gewähren gegenüber gewöhnlichen Aktien (↑Stammaktien) gewisse vermögensrechtliche Vorteile, namentlich bei der ↑Gewinnverwendung, ferner bei der Auflösung und Liquidation der Gesellschaft, bei der Ausübung der ↑Bezugsrechte usw. Das übliche Vorrecht besteht darin, dass es den Prioritätsaktionären eine Vorzugsdividende sichert, bevor an die Stammaktionäre Gewinn ausgeschüttet wird. Es gibt zwei Arten von Vorzugsaktien:
1. *Nicht kumulative Vorzugsaktien.* Man unterscheidet in solche mit einer festen ↑Dividende, z. B. 6%, und solche mit einem Zusatzdividendenrecht, nachdem die Stammaktionäre eine bestimmte Mindestdividende erhalten haben, z. B. insgesamt 5 + 2%. Es ist also möglich, dass Vorzugsaktien, deren Gewinnanspruch auf eine bestimmte Maximalhöhe beschränkt ist, unter Umständen weniger Dividende erhalten als die Stammaktien, und zwar dann, wenn der Bilanz-

gewinn die Ausschüttung höherer Dividenden an die Stammaktionäre gestattet. Bei den nicht kumulativen Vorzugsaktien fällt der Anspruch auf die Vorzugsdividende dahin, falls das Jahresergebnis nicht genügt, um sie ganz oder teilweise zu zahlen, d.h. Dividendenrückstände erlöschen.
2. *Kumulative Vorzugsaktien,* d.h. Vorzugsaktien mit Nachzahlungsanspruch für nicht bezahlte Dividenden. Die Stammaktionäre werden erst dividendenberechtigt, nachdem die Besitzer der kumulativen Vorzugsaktien die ausgefallenen Dividenden früherer Jahre und die statutengemässe Dividende für das abgeschlossene Geschäftsjahr erhalten haben. Der kumulative Dividendenanspruch kann zeitlich unbeschränkt oder aber auf einige Jahre befristet sein. Im letzteren Fall spricht man von limitierten kumulativen Vorzugsaktien.

In der schweizerischen Finanzierungspraxis werden Vorzugsaktien eher selten verwendet, kaum je bei Banken. Es ist jedoch zu beachten, dass Vorzugsaktien entgegen einer weit verbreiteten Meinung nicht nur bei einer ↑Sanierung ausgegeben werden können.

In England und den USA gibt es zusätzliche Spielarten von Vorzugsaktien (Preference oder Preferred share). Eine besondere Form stellt die wandelbare Vorzugsaktie dar (Convertible preferred stock): Die Vorzugsaktionäre haben das Recht, ihre Vorzugsaktien in Stammaktien zu wandeln. Dies kann von Vorteil sein, wenn die Dividende aus den Vorzugsaktien nach oben begrenzt ist, auf Stammaktien jedoch ein die Vorzugsdividende übersteigender Dividendenbetrag ausgeschüttet wird.

Max Boemle

Vorzugsdividende
↑Vorzugsaktien.

Vostro
↑Loro.

Voting trust
↑Trust.

Vreneli
Schweizerisches 10-, 20- und 100-Franken-Goldstück.

VSB
Abk. f. ↑Vereinbarung über die Standesregeln zur Sorgfaltspflicht der Banken (VSB).

VSKF
Abk. f. Verband Schweizerischer Kreditbanken und Finanzierungsinstitute. ↑Konsumkredit.

Vulture fund
Auf dem amerikanischen ↑Finanzmarkt Bezeichnung für ↑Anlagefonds, die vor allem in tief bewertete ↑Effekten von ↑Emittenten in finanziellen Schwierigkeiten investieren. Vulture (engl.) heisst Geier und meint figurativ «raubgierige Person».
↑Distressed securities.

WACC

Wichtige Investitionsentscheidungen und Unternehmensbewertungen basieren in der Regel auf der ↑*Discounted-Cashflow-Methode (DCF)*, der aus der Investitionsrechnung stammenden Barwert-Methode. Dabei wird der ökonomische Wert von Investitionen oder Unternehmen bestimmt, indem alle zukünftigen, frei verfügbaren Zahlungsströme prognostiziert und abgezinst werden. Da der *Bruttowert* für alle Kapitalgeber bestimmt wird, muss für die Abzinsung ein gewichteter Kapitalkostensatz (↑WACC – Weighted average cost of capital) geschätzt werden, der sich aus Fremd- und ↑Eigenkapitalkosten zusammensetzt:

$$WACC = w_{Fk} \cdot r_{Fk} \cdot (1-t) + w_{Ek} \cdot r_{Ek}$$

Dabei bezeichnen
- WACC die gewichteten Kapitalkosten
- w_{Fk} den geplanten relativen Anteil der Fremdfinanzierung
- w_{Ek} den geplanten relativen Anteil der Eigenfinanzierung
- t den relevanten Steuersatz
- r_{Fk} die Fremdkapitalkosten und
- r_{Ek} die Eigenkapitalkosten

Der WACC bestimmt die *minimale* ↑*Rendite,* die eine Investition abwerfen muss, damit sie zur Wertsteigerung beiträgt. Da die Unternehmung auf die aktuellen ↑*Marktwerte* des Eigen- und Fremdkapitals eine konkurrenzfähige Rendite erwirtschaften muss, sind bei der Gewichtung der einzelnen Finanzierungsarten Markt- und nicht ↑Buchwerte zu verwenden.

Der WACC stellt eine kritische Variable dar, da der resultierende ↑Barwert sehr stark davon beeinflusst wird. Wenn die ↑Duration der erwarteten Zahlungsströme beispielsweise zehn Jahre beträgt, so führt eine Unterschätzung der Kapitalkosten um nur einen Prozentpunkt zu einer Überschätzung des Barwerts um rund 9%.

Die *Fremdkapitalkosten* können relativ einfach festgestellt werden. Wichtig ist, dass für die Beurteilung die zukünftigen Kosten entscheidend sind, die sich aus den *aktuellen Kapitalmarktzinsen* für bonitätsmässig vergleichbare Schuldner ergeben, und nicht letztlich zufällige, historische Kosten. Die nominellen Fremdkapitalkosten werden schliesslich um den Steuersatz korrigiert, da sie den Gewinn und damit die Steuerlast vermindern. Schwieriger ist die Ermittlung der Eigenkapitalkosten.

Roger M. Kunz

Wachstumsaktien

Verfügt ein Unternehmen über eine ausserordentliche ↑Ertragskraft, spiegelt sich dies im stark steigenden ↑inneren Wert ihrer ↑Aktien. In einer solchen Situation wird von Wachstumsaktien (engl. ↑Growth stocks) gesprochen. Die hohe Ertragskraft des Unternehmens resultiert aus einem überdurchschnittlichen Branchenwachstum und/oder bestimmten Entscheidungen in der Unternehmenspolitik. Dazu gehören beispielsweise die Entscheidungen, verstärkt auf Forschung und Entwicklung zu setzen, ein aggressives Marketing zu betreiben oder Akquisitionen zu tätigen. Es ist ein häufiges Merkmal der Wachstumsaktien, dass im Laufe der Zeit die Zahl der umlaufenden Aktien durch Aufsplittungen vervielfacht wird (Aktiensplit). Dabei werden hohe Gewinnanteile zurückbehalten und Kapitalgewinne geschaffen.

Die Wachstumsaktie zeichnet sich durch ein hohes Kurs/Gewinn-Verhältnis aus. Diese Bewertung soll durch die positiven längerfristigen Wachstumspotenziale wettgemacht werden. Die Gefahr der Wachstumsaktie liegt allerdings darin, dass sich der hohe Preis erst nach Jahren auszahlt. Idealerweise werden deshalb die Wachstumsaktien gekauft, bevor sie vom Markt als solche erkannt werden. Den Gegensatz zu den Wachstumsaktien bilden die wertorientierten Aktien (↑Value stocks).

Hans-Dieter Vontobel

Wachstumsfinanzierung
Mittelbereitstellung im Rahmen der ↑Venture-Finanzierung in der Expansionsphase, welche sich nach dem Erreichen des ↑Break even point durch eine intensive Markterschliessung und eine Ausweitung des Vertriebsnetzes kennzeichnet. Auf die Phase der Wachstumsfinanzierung folgt der ↑*Exit* der Venture-Kapitalgeber.

Wachstumsfonds
↑Anlagefonds, welche mit dem Ziel eines möglichst hohen Kapitalgewinnes in ↑Wachstumsaktien (↑Growth stocks) investieren.

Wagnisfinanzierung
↑Venture capital.

Wagniskapital
↑Venture capital.

Wahldividende
Vor allem holländische und französische Gesellschaften überlassen ihren Aktionären nach dem Gewinnverwendungsbeschluss des zuständigen Organs die Wahl, ob sie die ↑Dividende als ↑Barauschüttung oder in Form von ↑Gratisaktien beziehen möchten. Das Bezugsverhältnis der Gratisaktien hängt vom jeweiligen Börsenkurs ab, wobei der Wert der Gratisaktien ungefähr dem Betrag der Bardividende entsprechen soll. Der Bezug der Gratisaktien entspricht aus der Sicht des Anlegers einem Dividend reinvestment plan.

Währung
Geld eines Landes oder einer Ländergruppe. Je nach dem internationalen Vertrauen, das eine Währung geniesst, spricht man einerseits von einer ↑harten (starken oder stabilen) Währung; anderseits von einer ↑weichen (schwachen) Währung. ↑Dollar-Block.

Währungsanbindung
↑Fester Wechselkurs gegenüber einer anderen ↑Währung. Die ↑Notenbank garantiert ein fixes Umtauschverhältnis zu einer anderen, von der entsprechenden Notenbank unabhängigen Währung.

Währungsartikel
↑Währungs- und Zahlungsmittelgesetz (WZG).

Währungseinheit
↑Franken.

Währungsfonds
↑Internationaler Währungsfonds (IWF).

Währungshoheit
↑Geldhoheit.

Währungskorb
Rechnerisches Währungsportfolio, bestehend aus verschiedenen ↑Währungen, welche mit einem bestimmten Anteil (Gewichtung) in die Berechnung des Korbes einfliessen.

Währungskrise
Rapider und starker Zerfall des Aussenwertes (↑Geldwert) einer ↑Währung, oft verbunden mit einer ↑Finanz- oder ↑Bankenkrise im Inneren des Landes.

Währungsmetalle
Der Wert einer ↑Währung war seit Einführung des Münzgeldes bis in die Neuzeit an den Metallwert des ↑Geldes gebunden. Als Währungsmetalle dienten hauptsächlich Gold und Silber. Nach und nach ersetzten ↑Scheidemünzen aus Metalllegierungen und Papiergeld die alten Gold- und Silbermünzen, wobei die ↑Notenbanken in vielen Ländern bis ins 20. Jahrhundert verpflichtet waren, das Papiergeld auf Verlangen gegen das Währungsmetall (in der Regel Gold, seltener Silber) umzutauschen.

Währungsordnung
Institutionelle Strukturen und Politik bezüglich der Geldwährung eines Landes, insbesondere auch bezüglich des Aussenwertes (↑Geldwert) der ↑Währung. Währungsordnungen können auf verschiedenen Grundsätzen basieren, z.B. auf dem Prinzip fixer (↑Feste Wechselkurse) oder flexibler Wechselkurse (↑Floating).

Währungsparität
Aufgrund internationaler Vereinbarungen oder inländischer Bestimmungen festgelegtes, bestimmtes Austauschverhältnis zwischen einer ↑Währung und Gold (Goldparität), zwischen zwei Währungen (z.B. ↑Dollarparität) oder zwischen einer Währung und einer künstlichen Währungseinheit (z.B. ↑Sonderziehungsrechte [SZR]).

Währungspolitik, interne
↑Geldpolitik; ↑Geldpolitik (Umsetzung). ↑Notenbankpolitik.

Währungspolitisches Instrumentarium der SNB
↑Instrumentarium der SNB.

Währungsposition
Eine Währungsposition ist der ↑Saldo zwischen Forderungen und Verbindlichkeiten in einer fremden Währung. Überwiegen die Forderungen, spricht man von einer ↑Long position, überwiegen

die Verpflichtungen, von einer ↑Short position. Die Währungsposition kann per Kasse, per Termin oder in einer Kombination von beiden bestehen. Eine offene Währungsposition (↑Offene Devisenposition) beinhaltet ein ↑Währungsrisiko.
Synonyme: Devisenposition, Valutaposition.

Währungsraum
Der Währungsraum bezeichnet das Land oder das Gebiet, in dem eine ↑Währung als gesetzliches ↑Zahlungsmittel gilt. Häufig wird der Begriff auch auf jene Länder ausgeweitet, deren Währungen durch einen ↑festen Wechselkurs mit dieser Währung verbunden sind und volle ↑Konvertibilität gegenüber dieser Währung gewährleisten.

Währungsreform
Grundlegende Neuordnung der ↑Währung, bei der die alte, in der Regel entwertete Währung durch eine neue abgelöst wird. Ein Beispiel ist die deutsche Währungsreform von 1948, in der die Reichsmark durch die Deutsche Mark ersetzt wurde.

Währungsreserven
Währungsreserven sind international akzeptierte ↑Zahlungsmittel einer ↑Zentralbank, welche nicht in der nationalen ↑Währung ausgedrückt sind. Die traditionellen Formen der Währungsreserven sind Gold und Devisen (↑Devisengeschäft). Zu den Währungsreserven zählen ausserdem gewisse Anlageformen, die im Zusammenhang mit dem ↑Internationalen Währungsfonds (IWF) geschaffen wurden.
Währungsreserven erfüllen verschiedene *Funktionen*. Sie schaffen Vertrauen in die Währung, erhöhen den Handlungsspielraum der Währungsbehörden und dienen zu ↑Interventionen auf dem Devisenmarkt. Zudem stellen sie die ↑Zahlungsfähigkeit einer Volkswirtschaft gegenüber dem Ausland sicher. Dies gilt insbesondere für Notlagen. In einer Krise können sie Verpflichtungen zahlungsunfähiger Schuldner gegenüber dem Ausland decken. Diesen geld- und währungspolitischen Aufgaben untergeordnet ist einerseits die Erzielung von Erträgen und anderseits die ↑Diversifikation des ↑Risikos, das mit den inländischen Finanzaktiven verbunden ist. In der Zeit von 1880 bis 1914 bestanden die Weltwährungsreserven aus Gold. Dies war die Zeit des Goldstandards (↑Währungsordnung). Unter dem Goldstandard waren die Zentralbanken verpflichtet, Gold zu einem festen Preis zu kaufen und zu verkaufen. Dadurch standen auch alle Währungen untereinander in einem festen Verhältnis. Von 1945 bis 1973 fixierten viele Länder ihre Währungen gegenüber dem Dollar in dem so genannten System der ↑festen Wechselkurse von Bretton Woods (↑Internationaler Währungsfonds). Der Dollar war seinerseits zu einem festen Kurs in Gold einlösbar. Dadurch wurde er zur weltweiten ↑Reservewährung. In der Folge anhaltender Zahlungsbilanzdefizite der USA stiegen die Dollarbestände der anderen Zentralbanken massiv. Seit der Aufgabe der Goldkonvertibilität (↑Konvertibilität) des Dollars und dem Zusammenbruch des Systems fester Wechselkurse unterliegt der Dollar einem Wechselkursrisiko (↑Währungsrisiko). Dollaranlagen werden deshalb im Sinne einer besseren Streuung des Risikos zunehmend durch andere Währungen ergänzt.

Im Zusammenhang mit dem *IWF* gibt es zwei verschiedene Arten von Währungsreserven: die Reserveposition und die ↑Sonderziehungsrechte (SZR). Die *Reserveposition* wird beim Beitritt eines Landes zum IWF gebildet. Sie ist der in Gold oder Devisen eingezahlte Beitrag eines Landes zum Kapital des IWF. Mit anderen Worten: die Differenz zwischen der ↑Quote des betreffenden Landes und dem durch den IWF noch nicht bezogenen Anteil daran. Somit stellt sie die Übertragung von Devisen und Gold an den IWF dar. Der weltweite Bestand an Gold und Devisen wird folglich durch die Reservepositionen nicht beeinflusst. Die Reserveposition ist von der Zentralbank für Zahlungsbilanzzwecke jederzeit vom IWF in ↑konvertiblen Währungen mobilisierbar. Bezieht das Land darüber hinaus Kredite vom IWF, so wird aus der Reserveposition eine Verbindlichkeit gegenüber dem IWF.

Die *Sonderziehungsrechte (SZR)* sind vom IWF nach einem bestimmten Verteilschlüssel an seine Mitgliedsländer abgegebenes Buchgeld (↑Giralgeld). Sie wurden in den Jahren 1969 und 1978 geschaffen, um einem befürchteten weltweiten Mangel an internationalen Zahlungsmitteln entgegenzuwirken. Ihre quantitative Bedeutung blieb jedoch bescheiden. Die SZR können im Falle von Zahlungsbilanzschwierigkeiten bei gewissen Zentralbanken in Devisen umgetauscht werden. Für diesen Austausch von SZR gegen Devisen schloss der IWF mit mehreren Staaten bzw. Zentralbanken Abkommen ab. Die Schweizerische ↑Nationalbank (SNB) verpflichtete sich in einem solchen Vertrag, SZR bis zu einem Bestand von 400 Mio. SZR zu kaufen. Deshalb hält die Nationalbank SZR, obschon die Schweiz bei der Schaffung der SZR noch nicht Mitglied war. Der Begriff SZR dient ferner als Rechnungseinheit für ↑Transaktionen mit dem IWF. Der Wert eines SZR wird anhand eines ↑Währungskorbes bestimmt. Die ↑Korbwährungen sind der Dollar, der ↑Euro, der japanische Yen und das Pfund Sterling.

In der Schweiz steckt das ↑Nationalbankgesetz (NBG) den Rahmen der Währungsreserven ab. Es bestimmt sowohl den Kreis der Aktiven, welche die Nationalbank erwerben darf, als auch die Instrumente, die sie zu deren Bewirtschaftung einsetzen kann. Die am 01.11.1997 in Kraft getretene Teilrevision des NBG ermöglicht eine stärker auf den Ertrag ausgerichtete Anlage der Währungsreserven.

Die Höhe der benötigten Währungsreserven hängt unter anderem vom Wechselkursregime und den Verflechtungen der Volkswirtschaft mit dem Ausland ab.

In einem Regime mit festem Wechselkurs sind hohe Währungsreserven nötig, weil die Zentralbank sich verpflichtet, das von ihr ausgegebene Geld zum festgelegten ↑Kurs zurückzukaufen. Die Währungsreserven werden mit Vorteil hauptsächlich in Form von Devisen in der Reservewährung gehalten, sodass ein direkter Umtausch möglich ist. Unter festen Wechselkursen resultiert die Veränderung der Devisenreserven aus dem Saldo der ↑Zahlungsbilanz. Unter vollkommen flexiblen Wechselkursen werden Zahlungsbilanzungleichgewichte dagegen automatisch über eine Anpassung des Wechselkurses ausgeglichen und gemäss Theorie sind überhaupt keine Devisenreserven erforderlich. In der Praxis verlassen sich die Währungsbehörden allerdings nicht darauf, dass der Devisenmarkt jederzeit befriedigend funktioniert. Sie halten deshalb Devisenreserven, um übermässigen Wechselkursbewegungen entgegenwirken zu können.

Ein Land, das wenig mit dem Ausland verflochten ist, benötigt bloss geringe Währungsreserven. Je stärker eine Volkswirtschaft Aussenhandel treibt und je stärker sie an den ↑internationalen Kapitalmärkten Teil hat, desto eher benötigt sie Währungsreserven und desto höher sollten die Währungsreserven sein. Die Höhe der Währungsreserven, welche die Zentralbank zur Erfüllung ihres geld- und währungspolitischen Auftrags halten sollte, lässt sich allerdings nicht mit wissenschaftlicher Genauigkeit festlegen. Sie ist in einem strategischen Entscheid zu bestimmen. Bei gegebenem Wechselkursregime sollten die Währungsreserven mindestens im Ausmass des Wachstums der Wirtschaft und ihrer Auslandverflechtung aufgestockt werden. Dies verlangt, einen Teil des ↑Reingewinns der Zentralbank in Form von Rückstellungen einzubehalten und in Devisen anzulegen. Rückstellungen haben somit eine volkswirtschaftliche Funktion, indem sie die für die Geld- (↑Geldpolitik) und Währungspolitik notwendigen Währungsreserven aufbauen. Daneben haben sie auch eine betriebswirtschaftliche Funktion, indem sie den Wechselkurs- und Zinsrisiken (↑Zinsänderungsrisiko) auf den Aktiven der Zentralbank entgegenstehen.

In der Schweiz schmälern die Rückstellungen jenen Anteil des Reingewinns, den die Schweizerische Nationalbank (SNB) an Bund und Kantone abführen kann. Die Zurückbehaltung des Reingewinns zur Aufstockung der Währungsreserven ist verfassungsmässig abgestützt. Art. 99 Abs. 3 der Bundesverfassung vom 01.01.2000 verpflichtet die SNB, aus ihren Erträgen ausreichende Währungsreserven zu bilden. Im geltenden Nationalbankgesetz (NBG) fehlt allerdings eine Regelung der Gewinnermittlung zur Konkretisierung dieser verfassungsmässigen Pflicht. Der Entwurf zum neuen NBG sieht aber entsprechende Dispositionen vor. Dabei soll die SNB die Kompetenz erhalten, die Höhe der notwendigen Währungsreserven zu bestimmen. Bei ihrem Entscheid soll sie die Entwicklung der Wirtschaft berücksichtigen. Somit wird sichergestellt, dass Währungsreserven in einer Höhe gehalten werden, die unter anderem der internationalen Verflechtung der Schweizer Wirtschaft angemessen ist. Gleichzeitig werden Bund und Kantone als Empfänger des Reingewinns gegen eine übermässige Reservebildung durch die SNB geschützt. Die Aufhebung der gesetzlichen Goldbindung (↑Banknotendeckung) des Frankens im Jahre 2000 erlaubte es der Schweizerischen Nationalbank (SNB), Gold zum ↑Marktpreis zu kaufen und zu verkaufen. Dies zog eine Aufwertung des Goldbestandes der SNB nach sich. Rund die Hälfte des Goldbestands von 2 590 Tonnen per Ende 1999 wird für geld- und währungspolitische Zwecke nicht mehr benötigt. 1 300 Tonnen Gold werden daher sukzessive verkauft und der Erlös anderen Zwecken zur Verfügung gestellt (↑Solidaritätsstiftung).

Seit der Aufhebung der Goldbindung kann die Schweizerische Nationalbank (SNB) auch stärker selbstständig auf die Struktur der Währungsreserven Einfluss nehmen. Die Struktur der Währungsreserven unterliegt wie ihre Höhe einem strategischen Entscheid. Wichtige Kriterien dieses Entscheids sind der Ertrag, das Risiko und die Liquidität (↑Liquidität [Betriebswirtschaftliches]) der zur Verfügung stehenden Anlagen. Die SNB hält ihre Währungsreserven zurzeit vor allem in Gold, Euro und Dollar. Die Anlagen in Euro übertrafen im Jahr 2000 erstmals die Dollaranlagen, während der Goldbestand nach dem Verkauf von 1 300 Tonnen auf 1 290 Tonnen gehalten wird.

Jean-Pierre Roth

Währungsrisiko
Bezeichnet das Risiko, durch adverse Veränderungen des ↑Wechselkurses Verluste auf Vermögenswerten zu erleiden, welche in einer anderen ↑Währung denominiert sind. Beispiel: Der Wert eines ↑Portfolios, bestehend aus amerikanischen ↑Aktien, reduziert sich aus der Sicht eines ↑Investors mit der ↑Referenzwährung CHF, wenn der Wechselkurs CHF/USD fällt.

Währungsswap
Bei einem Swap tauschen zwei Vertragspartner ihre Finanzierungskonditionen aus und profitieren von Kostenvorteilen des jeweils anderen. Ein Währungsswap stellt den Tausch eines Kapitalbetrags und der resultierenden Zinsbeträge in einer ↑Wäh-

rung in einen Kapitalbetrag und der resultierenden Zinsen in einer anderen Währung dar. Damit kann ein Währungsswap beispielsweise folgendermassen abgeschlossen werden: Ein deutsches und ein US-amerikanisches Unternehmen verschulden sich jeweils an ihren Heimatmärkten; die aufgenommenen Mittel werden zum ↑Kassakurs getauscht, die jährlichen Zinsverpflichtungen werden gegenseitig beglichen und am Ende der ↑Laufzeit werden die Kapitalbeträge zum ursprünglichen Kassakurs zurückgetauscht. Neben einer Absicherung des ↑Währungsrisikos ermöglicht der Währungsswap den Parteien auch einen kostengünstigeren Zugang zum jeweiligen Fremdwährungsmarkt. *Stefan Jaeger*

Währungssystem
↑Währungsordnung.

Währungs- und Finanzausschuss, internationaler
↑Internationaler Währungs- und Finanzausschuss.

Währungs- und Indexderivate
Unter Währungs- und Indexderivaten versteht man ↑Finanzinstrumente, welche es einem ↑Investor ermöglichen, ein international diversifiziertes Aktienportfolio gegenüber ↑Währungs- und Preisrisiken abzusichern.

Währungs- und Zahlungsmittelgesetz (WZG)
Das Bundesgesetz über die ↑Währung und die ↑Zahlungsmittel (Währungs- und Zahlungsmittelgesetz, WZG) wurde von der Bundesversammlung am 22.12.1999 verabschiedet und trat am 01.05.2000 in Kraft. In systematischer Hinsicht drängte sich die Schaffung eines neuen Währungs- und Zahlungsmittelgesetzes auf, weil der Verfassungsartikel 99 nBV (betitelt: «Geld- und Währungspolitik») die Bargeldmonopole des Bundes in einer vereinheitlichten Bestimmung normiert und sie nicht mehr – wie dies früher geschah – nach der stofflichen Ausprägung des ↑Bargeldes auf einen Münzartikel und einen Notenbankartikel aufteilt. Entsprechend regelt das Währungs- und Zahlungsmittelgesetz nun alle publikumsrelevanten Eigenschaften von Währung und staatlichem Geld (↑Geld [Begriff]) in einem einzigen Erlass. Das frühere Münzgesetz ging vollständig im neuen Bundesgesetz auf; aus dem ↑Nationalbankgesetz (NBG) wurden die Bestimmungen über die ↑Banknoten in das WZG übertragen.

Das Währungs- und Zahlungsmittelgesetz bestimmt den ↑Franken als schweizerische ↑Währungseinheit und legt seine Einteilung in 100 Rappen fest. Gleichzeitig werden die vom Bund ausgegebenen ↑Münzen, die von der Schweizerischen ↑Nationalbank (SNB) ausgegebenen Banknoten sowie neu auch die auf Franken lautenden Sichtguthaben bei der SNB zu gesetzlichen Zahlungsmitteln (↑Zahlungsmittel, gesetzliche) erklärt. Mit diesen Zahlungsmitteln kann der Schuldner eine Geldschuld mit befreiender Wirkung erfüllen. Banknoten müssen dabei von jedermann unbeschränkt an Zahlung genommen werden; sie sind das einzige gesetzliche Zahlungsmittel mit voller Zahlungskraft. Sichtguthaben bei der Nationalbank sind nur von Personen, die über ein Konto bei der SNB verfügen, unbeschränkt an Zahlung zu nehmen. Einen gesetzlichen Anspruch auf Eröffnung eines Sichtkontos bei der SNB haben die Träger des ↑Zahlungsverkehrs (Banken und einzelne ihrer Gemeinschaftswerke, Post, Werttransportunternehmen). Bei den Münzen wird zwischen Umlauf- sowie ↑Gedenk- und Anlagemünzen unterschieden. Die für den Bargeldverkehr bestimmten ↑Umlaufmünzen müssen bis zu 100 Stück an Zahlung genommen werden. Der Annahmezwang für Gedenk- und Anlagemünzen dagegen ist auf die Nationalbank und die öffentlichen Kassen des Bundes beschränkt; für solche Münzen besteht eine Rücknahmegarantie zum ↑Nennwert.

Mit dem Währungs- und Zahlungsmittelgesetz wurde die Lösung der Goldbindung (↑Banknotendeckung) des Frankens, die auf Verfassungsstufe mit der neuen Bundesverfassung per 01.01.2000 erfolgt war, umgesetzt. Das Gesetz hob die Pflicht der Nationalbank zur Einlösung der Banknoten in Gold, die bereits seit Jahrzehnten suspendiert war, definitiv auf. Es beseitigte ferner die Mindestgolddeckung des ↑Notenumlaufs und die Goldparität (↑Geldwert) des Frankens.

Schliesslich enthält das Währungs- und Zahlungsmittelgesetz verwaltungsstrafrechtliche Normen zum Schutz der Bargeldmonopole. Der Bund soll sein Münzmonopol (↑Münzhoheit), die Nationalbank ihr ↑Banknotenmonopol ungehindert von Einwirkungen Dritter ausüben können. Ob der Täter mit Fälschungsabsicht handelt oder ob eine Verwechslungsgefahr mit echten Zahlungsmitteln besteht, ist dabei unerheblich. Diese Strafnormen sind von den Geldnachahmungsdelikten (Art. 243 StGB) und den Geldfälschungsdelikten (Art. 240–242, 244 StGB) des Strafgesetzbuches zu unterscheiden, bei denen der Schutz der Sicherheit im Bargeldverkehr und des individuellen Vermögensinteresses im Vordergrund steht (↑Gelddelikte). *Peter Klauser*

Währungsunion
Eine Währungsunion zeichnet sich dadurch aus, dass die beteiligten Länder über eine einheitliche ↑Währung und über eine einheitliche ↑Zentralbank verfügen (↑Europäische Währungsunion [EWU]). Insofern kann eine Währungsunion als extremste Form eines Systems ↑fester Wechselkurse gesehen werden. Die Vorteile einer einheit-

lichen Währung und damit einer Währungsunion liegen in der Eliminierung der währungsbedingten Risiken und Kosten. In einer Währungsunion können sich die nominalen ↑Wechselkurse zwischen den teilnehmenden Ländern nicht mehr ändern, wodurch das entsprechende Wechselkursrisiko (↑Währungsrisiko) und die Kosten der Absicherung des Wechselkursrisikos entfallen. Zudem erübrigen sich für ↑Transaktionen innerhalb des gemeinsamen Währungsraums die Notwendigkeit des Währungsumtausches und der damit zusammenhängenden Kosten. Die Nachteile einer Währungsunion ergeben sich für die beteiligten Länder aus der Tatsache, dass sie auf ihre geld- und wechselkurspolitische Autonomie verzichten. In einer Währungsunion ist die gemeinsame ↑Geldpolitik auf den gesamten ↑Währungsraum ausgerichtet, länderspezifische Entwicklungen können nur insofern berücksichtigt werden, als sie sich auf den gesamten Währungsraum auswirken. Zudem entfällt die Möglichkeit, dass der nominale Wechselkurs beim Auftreten von länderspezifischen Schocks die notwendige Änderung der relativen nationalen Preisniveaus erleichtert, indem er als Ersatz für die – insbesondere in der kurzen Frist – mangelnde Flexibilität der ↑Nominallöhne und Preise dient. In einer Währungsunion müssen im Falle länderspezifischer Schocks entweder die Arbeitskräftemobilität oder die Haushaltspolitik (länderspezifische Fiskalpolitik auf nationaler Ebene, Transferzahlungen auf zentraler Ebene) als Anpassungsmechanismen an die Stelle des nominalen Wechselkurses treten. *Thomas Moser*

Währungsverlust
Verlust, der sich aus einer Verschiebung der Währungsumrechnungskurse ergibt. Von grosser Bedeutung ist der Währungsverlust insbesondere bei der ↑Konsolidierung von Einzelbilanzen ausländischer Tochtergesellschaften in die ↑Konzernrechnung. Gegenteil: Währungsgewinn.

Währungsvertrag (Schweiz–Fürstentum Liechtenstein)
↑Liechtenstein, Bankwesen im Fürstentum Liechtenstein.

Waiting to invest option
↑Realoptionen.

Waiver
Englisches Wort für Verzicht, Verzichtserklärung. Mit *Waiver of liability* ist eine Vertragsklausel gemeint, mit der der Schuldner einer vertraglich vereinbarten Leistung seine Haftung für Vertragsverletzungen ganz oder teilweise wegbedingen will (Haftungsausschlussklausel). Auch die ↑Allgemeinen Geschäftsbedingungen (AGB) der Schweizer Banken sehen solche Klauseln vor. Am bekanntesten ist wohl diejenige über die Haftungsbeschränkung im Zusammenhang mit dem Nichterkennen von Legitimationsmängeln (↑Legitimationsprüfung). Als *Waiver of banking secrecy* bezeichnet man den (in der Regel erzwungenen) Verzicht auf den Schutz des ↑Bankkundengeheimnisses. Es kommt vor, dass ausländische Behörden Kunden schweizerischer Banken unter Androhung prozessualer Nachteile dazu zwingen, von der Bank die Preisgabe von Informationen an die ausländische Behörde zu verlangen. Oft handelt es sich dabei um Auskünfte, welche die ausländische Behörde nicht auf dem ordentlichen Weg (↑Rechtshilfe in Strafsachen, ↑Amtshilfe) erhältlich machen könnte. Es besteht Einigkeit darüber, dass solche Begehren des Kunden nicht als routinemässiger Akt, wie z.B. das Begehren des Kunden um Überlassung von Kontoauszügen an seine Revisionsstelle, behandelt werden dürfen. In der Regel kommt das Handeln aufgrund eines erzwungenen Waiver of banking secrecy einer Verletzung des Bankkundengeheimnisses gleich; es erfüllt evtl. auch den Straftatbestand der verbotenen Handlung für einen fremden Staat (StGB 271) oder des wirtschaftlichen Nachrichtendienstes (StGB 273). *Christian Thalmann*

Wallstreet
Bezeichnung für das Finanzzentrum von New York im engeren und der USA im weiteren Sinn. Wallstreet selbst ist eine kleine Strasse im New Yorker Stadtteil Manhattan, an welcher oder in deren Nähe sich die grossen New Yorker Banken, die New Yorker Effektenbörse, aber auch die Tochtergesellschaften und Filialen praktisch aller grossen Banken und ↑Finanzgesellschaften der Welt befinden. Unter Wallstreet versteht man vielfach, regelmässig aber in ↑Börsenberichten und -kommentaren, auch nur die New York Stock Exchange (Big Board). In Wallstreet-Kreisen gebildete Ansichten zu bestimmten Finanz- und Wirtschaftsfragen finden schlechthin in der Bezeichnung «Wallstreet-Meinung» ihren Niederschlag. Wallstreet (New York) wird heute immer noch als das führende Finanzzentrum der Welt angesehen, gefolgt von London, Tokio, Frankfurt, Hongkong, Singapore, Zürich und Paris.

Wandelanleihe
Wandelanleihen sind ↑festverzinsliche Wertpapiere mit einer mittel- bis langfristigen ↑Laufzeit, die nach freier Wahl ihres Inhabers während einer bestimmten Zeit (Wandelfrist) zu im Voraus festgelegten Wandelbedingungen in ↑Beteiligungspapiere des Schuldners oder einer ihm nahe stehenden Gesellschaft gegen Bezahlung des ↑Wandelpreises umgetauscht werden können. Die Wandelfrist stimmt in der Regel mit der Laufzeit der Anleihe überein. Wandelanleihen werden in der Regel von grossen Unternehmen ausgegeben,

deren ↑Aktien eine hohe ↑Liquidität aufweisen, sind aber in der jüngeren Schweizer Kapitalmarktpraxis selten geworden. Meistens werden Wandelanleihen ohne ↑Vorwegzeichnungsrecht (OR 653, 653b und 653c) ausgegeben.

Die Wandelanleihe ist eine ↑Anleihensobligation, welche neben den üblichen Rechten des Obligationärs wie Verzinsung der Forderung und ↑Rückzahlung des Kapitals zusätzlich ein Wandelrecht einräumt. Macht der Wandelobligationär von seinem Wandelrecht Gebrauch, so gehen seine Gläubigerrechte zu Gunsten der ↑Beteiligungsrechte unter. Das Wandelrecht kann im Rahmen der Vertragsfreiheit vielfältig ausgestaltet werden. Gegenstand des Wandelrechts sind normalerweise Aktien oder Partizipationsscheine des ↑Emittenten der ↑Obligation. Bei Wandelanleihen, die auf dem ↑Euromarkt platziert werden (↑Auslandanleihen oder ↑Eurobonds), wird die Anleihe im Allgemeinen von einer besonders zu Finanzierungszwecken gegründeten Tochtergesellschaft ausgegeben, wobei sich das Wandelrecht jedoch auf Aktien der ↑Muttergesellschaft erstreckt. Mehrere grosse schweizerische ↑Konzerne haben diesen Weg gewählt, insbesondere auch um vom Vorteil der Verrechnungssteuerfreiheit von Eurobonds profitieren zu können.

Die mittels ↑Wandlung beziehbaren Beteiligungsrechte werden meistens durch vorher geschaffenes, ↑bedingtes Kapital sichergestellt, seltener durch ↑eigene Aktien des Emittenten. Bei Wandelanleihen erfolgt die ↑Liberierung der Beteiligungsrechte durch ↑Verrechnung der Schuld der Gesellschaft mit der Einzahlungsschuld des Wandelobligationärs. Auf Seiten der Gesellschaft wirkt sich die Ausübung des Wandelrechts durch den Wandelobligationär dahingehend aus, dass sich das ↑Fremdkapital im Nennbetrag der gewandelten Schuld vermindert und das ↑Eigenkapital im gleichen Betrage erhöht. Es ist in Anleihensbedingungen festzulegen, in welchem Verhältnis der Betrag dem Nennkapital und in welchem er dem ↑Agio (d.h. dem auf allgemeine gesetzliche Reserve zu buchenden eingezahlten Eigenkapital) zuzuweisen ist. Der Wandelobligationär kann rechtlich nicht zur Ausübung seines Wandelrechts verpflichtet werden.

Aus Sicht des Anlegers ist eine lange Umtauschfrist und keine vorzeitige ↑Kündigung der Wandelanleihe durch den Schuldner erwünscht, weil dadurch der Wert seines Wandlungsrechts und damit die ↑Wandelprämie steigt. In der Praxis sind bei der Beurteilung von Wandelanleihen die folgenden drei Gesichtspunkte wesentlich:

1. Die Qualität des Emittenten. Wandelanleihen werden meistens von grossen, bonitätsmässig sehr guten Unternehmen ausgegeben, deren Aktien eine hohe Liquidität aufweisen. Dennoch sind Wandelanleihen in der jüngeren Kapitalmarktpraxis selten geworden.

2. Die ↑Rendite. Wegen des Wandelrechts kann der Schuldner eine Wandelanleihe mit einem niedrigeren Zinssatz ausstatten als eine gewöhnliche Anleihe, weil sie einen Aktienanteil («equity content») beinhalten. Daher ist bei der Beurteilung der Rendite von Wandelanleihen auch der Wert des Wandelrechts zu berücksichtigen. Bei hohen Wandelprämien (etwa über 20%) ist der Wert des Wandelrechtes geringer und die Wandelanleihe kommt wirtschaftlich einer gewöhnlichen Anleihe gleich.

3. Die Kursgewinnchancen. Die Aussichten auf einen Kursgewinn sind bei Wandelanleihen mit kleiner Wandelprämie am grössten, weil ein ↑Anziehen des Aktienkurses sogleich auch zu einer Kurssteigerung der Wandelanleihe führt. Bei hohen Wandelprämien hat dagegen eine Aktienhausse im Allgemeinen nur eine Verminderung der Wandelprämie ohne entsprechende Kurssteigerung der Wandelanleihe zur Folge. Ob bei angemessener Wandelprämie echte Chancen auf einen Kapitalgewinn bestehen, hängt natürlich weit gehend von der allgemeinen Verfassung des Aktienmarktes und den Zukunftsaussichten des Emittenten ab.

Aus Sicht des Emittenten bringt die ↑Emission einer Wandelanleihe mehrere Vorteile:

— Es wird ein wesentlich höheres Agio als bei einer direkten Aktienausgabe erzielt, sodass Wandelanleihen eine kostengünstige Variante der Eigenmittelbeschaffung darstellen

— Selbst wenn nicht im erwarteten Umfang vom Wandelrecht Gebrauch gemacht wird, profitiert die Gesellschaft vom niedrigeren ↑Zinssatz, mit dem eine Wandelanleihe im Vergleich zu gewöhnlichen Obligationen ausgestattet werden kann

— Die Wandelanleihe ist auch ein geeignetes Instrument zur Platzierung von Beteiligungspapieren im Publikum und damit zur Vergrösserung des Aktionärskreises. Auch Übernahmen werden hin und wieder mit Wandelobligationen oder Wandeldarlehen finanziert. Im Gegensatz zur ↑Optionsanleihe untersteht die ↑Kotierung von Wandelanleihen ausschliesslich den Bestimmungen des KR zur Kotierung von Forderungsrechten. Das Wandelrecht kann nicht als selbstständige Option abgetrennt und gehandelt werden. Auch bei der Ausgabe von Wandelanleihen ist ein vollständiger Emissions- und Kotierungsprospekt gemäss OR 1156 i.V.m. OR 652a sowie KR 32 ff. zu erstellen.

Mit der Wandelanleihe verwandt ist der Reverse exchangeable, bei dem das Wahlrecht zur Ausübung der Wandlung nicht beim Anleger, sondern beim Emittenten liegt. Die Bedingungen, zu welchen das Forderungsrecht in Beteiligungsrechte gewandelt wird, werden im Voraus festgelegt. Der Zinssatz liegt bei *Reverse exchangeables* in der Regel weit über den Zinssätzen herkömmlicher

Wandelparität

Anleihen, um den Anleger für eine mögliche, für ihn unter Umständen nicht attraktive Wandlung in Beteiligungsrechte zu kompensieren. Bei klassischen Wandelanleihen wird der Anleihebetrag bei ↑Verfall zum Nominal zurückbezahlt, während der Anleger bei Reverse exchangeables Gefahr läuft, bei Verfall statt dem eingesetzten Kapital Beteiligungsrechte mit einem niedrigeren Wert zu erhalten. Für die Kotierung von Reverse exchangeables sind auch die Bestimmungen des KR zur Kotierung von Forderungsrechten, allenfalls zusätzlich die Richtlinie der ↑SWX Swiss Exchange betr. Kotierung von ↑Derivaten massgebend. Mit den Wandelanleihen nicht zu verwechseln sind *Exchangeable bonds*, welche in Beteiligungspapiere gewandelt werden können, die nicht vom Anleihensschuldner, sondern von einem Dritten ausgegeben worden sind. *Felix M. Huber*

Wandelparität
↑Wandelprämie.

Wandelprämie
Preisunterschied (meistens in Prozent ausgedrückt) zwischen dem Erwerb einer ↑Aktie via ↑Wandlung einer Wandelobligation und dem direkten Erwerb der entsprechenden Anzahl Aktien an der ↑Börse zum Aktienkurs. Die Wandelprämie bringt zum Ausdruck, um wie viele Prozent teurer die entsprechenden Aktien zu stehen kommen, wenn sie durch Kauf und anschliessende Umwandlung von Wandelobligationen erworben werden.

Wandelpreis
In Zeitpunkt der ↑Emission einer Wandelobligation wird vertraglich kraft den Anleihensbedingungen festgelegter ↑Wandelpreis für den entgeltlichen Bezug von ↑Aktien oder Partizipationsscheinen anlässlich der ↑Wandlung.

Wandlung
Ausübung des ↑Wandlungsrechts durch den Inhaber der Wandelobligation.

Wandlungsrecht
Vertraglich kraft den Anleihensbedingungen (dem Anleihensobligationär) durch den Schuldner eingeräumtes und mit der Wandelobligation untrennbar verbundenes Recht zum entgeltlichen Bezug von ↑Aktien oder Partizipationsscheinen der betreffenden Gesellschaft während der Wandelfrist (meist zugleich die ↑Laufzeit der Anleihe) zu einem im Voraus festgelegten ↑Wandelpreis.

Warehousing
Übernahme und/oder Management bestimmter ↑Finanzinstrumente, v. a. Swaps und ↑Optionen in einem Bank-Portfolio. Die Bank tritt als Intermediär (Vermittler) und zeitweilig als (Swap-)Partner auf.

Warenakkreditiv
↑Akkreditiv; ↑Dokumenten-Akkreditiv.

Warenbörsen
↑Warenterminbörsen.

Warenterminbörsen
Warenterminbörsen sind Orte, wo standardisierte Terminkontrakte (↑Futures) und ↑Optionen (↑Traded options) auf Handelswaren offiziell und unter staatlicher Aufsicht gehandelt werden. Handelsobjekte sind Commodities, d. h. landwirtschaftliche Grundnahrungsmittel und andere Landwirtschaftsprodukte wie Sojabohnen, Mais, Weizen, Baumwolle, Kaffe, Zucker, aber auch Rinder und Schweinebäuche, weiter Rohstoffe wie Kupfer, Kohle, Gummi, Salz, Rohöl, Heizöl, ferner Industrieprodukte wie Zement, Stahl und Papier. Traditionelle, spezifische ↑Usanzen, die je nach Produkt und Domizil der Warenbörsen verschieden sein können, regeln den korrekten Abschluss und die reibungslose Abwicklung der einzelnen Kontrakte. Die Handelseinheiten richten sich nach den Usanzen, wie sie auch am ↑Kassamarkt geläufig sind.
Warenterminkontrakte bringen Produzenten, Verarbeitern, Verbrauchern und Spekulanten Vorteile. An der Warenbörse können Produzenten, Verarbeiter und Verbraucher Geschäfte abschliessen, um das Risiko unerwünschter Preisschwankungen zu vermindern (↑Hedge). Da Rohstoffpreise erfahrungsgemäss erheblich schwanken, sind Warenbörsen für Spekulanten interessante Märkte. Kontrakte können erst nach Leistung eines Einschusses in Prozenten des Kontraktwertes (↑Marge; ↑Margin) erworben werden.
Die grösste und älteste Warenbörse ist die ↑Chicago Board of Trade (CBOT), gegründet 1848. In den USA sorgt die ↑Commodity Futures Trading Commission (CFTC) für die Einhaltung der strengen Gesetze und die Überwachung der Märkte. ↑Chicago Mercantile Exchange (CME); ↑COMEX.

Warentermingeschäfte
↑Termingeschäfte mit Commodities, bei denen die Abwicklung (Lieferung, Abnahme, Bezahlung) zu einem späteren Zeitpunkt vereinbart wird.
Die Abwicklung von Warentermingeschäften an Warenbörsen erfolgt unter staatlicher Aufsicht und nach ↑Usanzen. Mit Warentermingeschäften können einerseits Produzenten, Verarbeiter und Verbraucher das Risiko unerwünschter Preisschwankungen vermindern (↑Hedge). Andererseits können aggressive Investoren (Spekulanten) Geschäfte tätigen, mit denen hohe Gewinne, aber auch

entsprechende Verluste erzielt werden können. ↑Chicago Board of Trade (CBT); ↑Chicago Mercantile Exchange (CME).

Warenverpfändung

Die Bedeutung des Warenkredites ist im Vergleich zu früher gesunken. Hauptgründe dafür sind einerseits das anzuwendende Faustpfandprinzip (↑Faustpfand) und die damit zusammenhängenden Inkonvenienzen und andererseits eine Praxisänderung bei der Importfinanzierung, indem der ↑Rembourskredit weit gehend durch das Deferred payment (Dokumenten-Akkreditiv) abgelöst worden ist, welches nur sehr selten durch Waren gesichert wird.

Für eine ↑Belehnung eignen sich insbesondere Rohstoffe, die über einen funktionsfähigen Markt und einen ↑Marktwert verfügen sowie wenig verderbliche Lebens- und Futtermittel. Halbfabrikate eignen sich wenig für diese Finanzierungsart. Bei Fertigfabrikaten ist der allenfalls raschen Demodierung wie auch der Wertverminderung wegen technischer Überholung gebührend Rechnung zu tragen. Ungeeignet sind auch Schmuck, Kunstgegenstände und Teppiche, wegen der problematischen Bewertung. Der Belehnungssatz (↑Marge) richtet sich primär nach der Wertbeständigkeit und Handelbarkeit des Pfandgutes und beträgt in der Regel 50%. Die Warenverpfändung erfolgt in der Schweiz nach dem Faustpfandprinzip (ZGB 884), vorbehältlich der Ausnahmen durch Registerpfandrecht (↑Viehverpfändung; ↑Schiffspfandrecht; ↑Luftfahrzeugverschreibung; ↑Pfandbrief). Dies bedeutet, dass das Pfandrecht erst dann tatsächlich bestellt ist, wenn die Pfandwaren in den Besitz der Gläubigerbank übergegangen sind und diese die uneingeschränkte Verfügungsgewalt darüber ausübt. Da die Banken in der Regel nicht über ausreichende eigene Räumlichkeiten für die Einlagerung verfügen, verbleiben die folgenden Möglichkeiten:
– Einlagerung in einem Lagerhaus und Ausgabe von Warenwertpapieren
– Einlagerung der Waren auf den Namen der Bank in einem Lagerhaus
– Einlagerung beim Verpfänder oder bei Dritten (Raumgewahrsam)
– Verpfändung schwimmender Ware auf der Basis von Warenwertpapieren (hauptsächlich im Zusammenhang mit der Sicherstellung von Akkreditivverpflichtungen).

In der Regel wird das ↑Pfandrecht nicht an einzelnen bestimmten Waren bestellt, sondern an einem so genannten Warenlager, d.h. das Pfandrecht erfasst alle in dem durch die Bank beherrschten Raum befindlichen Waren.

Aus Beweisgründen wird ausnahmslos ein schriftlicher Pfandvertrag abgeschlossen, der folgende wesentliche Bestimmungen enthält:
– Umfang der Pfandhaft

– ↑Abtretung von Versicherungs- und Schadenersatzansprüchen
– Pflichten des Verpfänders zur Erhaltung des Pfandwertes
– Nachdeckungspflicht
– Recht auf freihändige Verwertung, Recht zum Selbsteintritt
– ↑Gerichtsstand.

Die gleichzeitige Gewährung eines Warenkredites und eines ↑Pflichtlagerkredites an denselben Schuldner ist zu vermeiden, kann doch das Aussonderungsrecht des Bundes in Konkurrenz zu einem vertraglich erworbenen Pfandrecht geraten, sofern der Pflichtlagerhalter eine Vertragsverletzung begeht. Es muss aufgrund des BG über die wirtschaftliche Landesversorgung vom 08.10.1982 damit gerechnet werden, dass das Aussonderungsrecht des Bundes auch einem gutgläubig erworbenen Pfandrecht vorgehen würde.

1. Einlagerung in einem Lagerhaus und Ausgabe von Warenwertpapieren

Nach OR 482 kann jeder Lagerhalter, der sich öffentlich zur Aufbewahrung von Waren anbietet, von der zuständigen kantonalen Behörde die Bewilligung erhalten, für die bei ihm eingelagerten Güter Warenpapiere auszugeben, denen die Eigenschaft eines ↑Wertpapieres zukommt. Die Formvorschriften über die Ausgestaltung von Warenpapieren sind in OR 1153 ff. geregelt, und deren Verpfändung richtet sich nach den allgemeinen Verpfändungsnormen über die Wertpapiere (↑Wertpapierverpfändung). In der Praxis geben die Lagerhäuser für die eingelagerten Güter jedoch nur reine Empfangsbestätigungen, so genannte Lagerempfangsscheine, ab, welche ausschliesslich Beweismittel-, nicht aber Wertpapiercharakter aufweisen. Bei den häufig vorkommenden Einlagerungen in Zollfreilagern befindet sich die Ware rechtlich noch im Ausland und ist somit noch nicht verzollt. Dies ist bei der Festlegung der Belehnung zu berücksichtigen.

2. Einlagerung der Waren auf den Namen der Bank in einem Lagerhaus

Sollen Waren verpfändet werden, die in einem Lagerhaus liegen, so wäre an sich eine Verpfändung dadurch möglich, dass der Lagerhalter den Pfandbesitz für die Bank ausüben würde. Weil die schweizerischen Lagerhäuser es aber einerseits ablehnen, die Funktion des Pfandhalters zu übernehmen und andererseits auch keine Warenpapiere ausstellen, wird die Ware auf den Namen der Bank selbst eingelagert. Die Bank schliesst den Lagervertrag ab oder tritt in den schon bestehenden Vertrag ein, und auf ihren Namen wird der Lagerempfangsschein ausgestellt oder übertragen. Die Bank wird damit fiduziarisch Eigentümerin der Ware. Wirtschaftlich bleibt der Verpfänder Eigen-

Warenverpfändung

tümer, weshalb er auch Nutzen und Gefahr sowie die Lagerkosten zu tragen hat.

3. Einlagerung beim Verpfänder oder bei Dritten (Raumgewahrsam)

Eine weitere Form der Warenverpfändung besteht darin, dass sich die Bank den Gewahrsam an einem dem Verpfänder oder einem Dritten gehörenden Raum sichert, in dem die Pfandware eingelagert wird. Voraussetzung dazu ist stets, dass der Raum verschlossen und sämtliche Schlüssel des Lagerraumes und mindestens ein Schlüssel des Gebäudes, in welchem sich der Lagerraum befindet, der Bank übergeben werden. Ist der Verpfänder allerdings nicht selber Eigentümer der Pfandräume, sondern nur Mieter, so ist der Vermieter vom Pfandrecht der Bank in Kenntnis zu setzen, damit das ↑Retentionsrecht des Vermieters dem Pfandrecht der Bank nachgeht. Um sicher zu sein, dass die Pfandgläubigerin tatsächlich sämtliche Schlüssel zum Raum besitzt, lassen Banken an auswärtigen Pfandräumen oftmals neue Schlösser anbringen. Selbstverständlich wird das Pfandrecht der Bank rechtlich gesehen nicht beeinträchtigt, wenn der Verpfänder sich widerrechtlich Zutritt zum Pfandlager verschaffen sollte.

Das Pfandrecht ist auch gültig bestellt beim so genannten Mitbesitz durch Mitverschluss (Verpfänder und Pfandgläubiger besitzen je einen der zwei Schlüssel), bei welchem der Verpfänder allein nicht mehr über die Ware verfügen kann. Wesentlich ist, dass der Verpfänder keinen selbstständigen Zutritt zum Pfandlager hat. Die Gläubigerbank muss unbedingt darauf achten, dass sie den Pfandbesitz auch tatsächlich ausübt, um nicht im Konkursfall des Schuldners eine Anfechtung ihres dinglichen Rechtes zu riskieren. Mit ein Grund für das beschränkte Vorkommen des Warenkredites ist der durch die strenge Auslegung des Pfandbesitzes verursachte Aufwand bei der Kreditüberwachung. Es ist in der Praxis nämlich keinesfalls so, dass sich der Verpfänder während der Kreditdauer Verfügungen über die Pfandwaren gänzlich enthalten kann, benötigt er diese doch unter Umständen für seine Produktion. Bei der nachträglichen Absicherung von Debitorenpositionen wird oftmals zum Mittel der Warenverpfändung gegriffen, wobei allerdings bei einer längeren Weiterführung des schuldnerischen Betriebes der Aufwand durch die laufenden Lagermutationen für die Gläubigerbank erheblich ist. Die Bank hat allerdings die Möglichkeit, die Schlüssel dem Verpfänder gelegentlich herauszugeben, damit er notwendige Vorkehrungen treffen kann. Das Pfandrecht würde erst dann erlöschen, wenn die Bank nicht mehr in den Besitz der Ware gelangen könnte. Die Bank muss bei solchen gelegentlichen Schlüsselaushändigungen stets dafür sorgen, dass der Raum wiederum verschlossen wird und ihr sämtliche Schlüssel zurückgegeben werden. Üblicherweise wird aber dem Verpfänder der Zutritt zum Pfandlager nur im Beisein eines Vertreters der Bank gestattet. Gestattet die Bank dem Verpfänder durch Aushändigung der Schlüssel jederzeit das Betreten des Pfandraumes, so wird damit das Pfandrecht hinfällig. Um den Aufwand bei der Überwachung eines Warenkredits in Grenzen zu halten, helfen sich Banken oftmals mit der Bestellung eines Faustpfandhalters. Handelt es sich beim Verpfänder um eine ↑juristische Person, so kommen deren Organe als Stellvertreter des Pfandgläubigers nicht in Betracht, weil eine Interessenkollision zwischen Verpfänder und Pfandgläubiger vorliegt. Bei Angestellten des Verpfänders, also nicht bei Organen, wurde es früher als grundsätzlich möglich angesehen, den Pfandbesitz durch diese ausüben zu lassen. Voraussetzung war eine äusserlich erkennbare Veränderung in Bezug auf das Besitzverhältnis. Aufgrund der hierzu erfolgten Rechtsprechung muss aber auch diese Form der Pfandhalterschaft als untauglich erachtet werden. Als Faustpfandhalter müsste gegebenenfalls somit eine unabhängige Person bezeichnet werden.

Die Banken verlangen allgemein, dass die verpfändeten Waren vom Verpfänder gegen alle in Betracht kommenden ↑Risiken versichert werden. Die Abtretung der Ansprüche aus solchen Sachversicherungsverträgen ist in der Regel ebenfalls Gegenstand des Pfandvertrages. An sich ist eine separate Abtretung allerdings nicht erforderlich, da gemäss Art. 57 Abs. 1 des Versicherungsvertragsgesetzes die Versicherungssumme im Schadenfalle von Gesetzes wegen an die Stelle des versicherten Pfandobjektes tritt. Üblich ist hingegen die ↑Notifikation des Pfandrechts an die Versicherungsgesellschaft.

4. Die Verpfändung verfrachteter Waren

Im Zusammenhang mit der Eröffnung von Dokumenten-Akkreditiven kommt es vor, dass sich Banken die den ↑Akkreditiven zu Grunde liegenden Warenpartien zur Sicherung ihrer Ansprüche generell verpfänden lassen, oftmals in Verbindung mit einer Vorauszession der aus dem Weiterverkauf der Waren entstehenden Forderungen. Da in der Praxis jedoch immer mehr Importgüter aus Akkreditiven per Flugzeug, Bahn, Strassen- oder Container-Sammeltransport eingeführt werden, ist es nicht einfach, die notwendige, lückenlose Verfügungsberechtigung über die Waren sicherzustellen, weil die vorgenannten Transportarten normalerweise keine Transportdokumente mit Wertpapiercharakter kennen. Die Tatsache, dass die Transportzeiten damit teilweise wesentlich verkürzt werden, hat keinen Einfluss auf ein allfälliges Sicherungsbedürfnis der Bank, hängt doch die Laufzeit einer Akkreditivverpflichtung nicht von der gewählten Transportart ab. Wenn die Akkreditivbedingungen ein ↑Konnossement vorsehen, so muss dieses ↑blanko indossiert sein. Würde das

Warenpapier zu Gunsten der Bank lauten, so könnte die wertpapierrechtliche Verpfändung deshalb in Frage gestellt werden, weil das Indossament nicht durch den Verpfänder, sondern durch den Aussteller des Papiers angebracht wurde; damit wären die Voraussetzungen von ZGB 901 II nicht erfüllt. Genügender Pfandbesitz der kreditgewährenden Bank kann bereits dann angenommen werden, wenn sich das Warenpapier bei der bestätigenden oder negoziierenden Bank befindet. Das Pfandrecht der Bank ist auch dann geschützt, wenn die Aufnahme der Dokumente durch die Bank erst nach einer Konkurseröffnung über den Akkreditiv-Auftraggeber oder -Kreditnehmer erfolgen sollte. In denjenigen Fällen, in denen für die Waren keine Warenwertpapiere ausgestellt werden, entsteht das Pfandrecht erst dann, wenn die Bank neben einem gültigen Pfandvertrag über rechtsgenügenden Pfandbesitz an den Waren selbst verfügt. Mangels eines gültigen Pfandvertrages kann in derartigen Fällen auch vom ↑Retentionsrecht gemäss ZGB 895 ff. Gebrauch gemacht werden. Will sich die Bank dennoch von vornherein für ihre Ansprüche sichern, muss in die Akkreditivbedingungen die Bestimmung aufgenommen werden, dass die Waren ausschliesslich an die Adresse der Bank oder an einen Spediteur zur freien Verfügung der Bank zu senden sind (↑Frachtbrief). Nur dadurch ist sichergestellt, dass die Bank den für das Faustpfandrecht erforderlichen Besitz an den Waren erlangen kann. Auch in diesem Falle wäre das Pfandrecht der Bank geschützt, selbst wenn die Auslieferung der Warenpartien und damit die Inbesitznahme durch die Bank erst nach Konkurseröffnung über den Akkreditiv-Auftraggeber oder -Kreditnehmer erfolgen sollte. Warenfreigaben lassen sich ohne grossen Aufwand für die Bank über den beauftragten Spediteur vornehmen. *Walter Fluck*

Warenwechsel, Handelswechsel
↑Wechsel, denen eine tatsächlich vollzogene Warentransaktion zu Grunde liegt, im Gegensatz zu den sog. ↑Finanzwechseln. ↑Diskontkredit.

Warnklausel
↑Fonds mit besonderem Risiko.

Warrant
↑Option (Allgemeines); ↑Optionsanleihen.

Warrant strike price
Zum Warrant strike price als Optionspreis kann der jeweilige Erwerber die Option (↑Optionen, ↑Traded options) ausüben, d. h. die dem Warrant zu Grunde liegenden ↑Aktien, ↑Bonds, Devisen u. a. m. kaufen bzw. verkaufen.

Warsaw Stock Exchange
Links: www.wse.com.pl

Wartegelder
Wartegelder sind Mittel, die von Kunden bei Banken in einem kurzfristigen Finanz- oder Anlagesegment an Zins gehalten werden. Es ist nicht beabsichtigt, sie dort zu belassen, sondern sie bei Gelegenheit einer andern Anlage, der Zielanlage, zuzuführen. Wartegelder gibt es vor allem in Zeiten unattraktiver Anlagemöglichkeiten am ↑Kapitalmarkt, während ↑Börsenflauten oder bei sehr tiefen Zinsen, aber auch in Zeiten steigender Zinsen, wenn die Zielanlage in langfristigen, möglichst hochverzinslichen Kapitalmarktanlagen erfolgen soll.

Wash trades
↑Codes of conduct.

WATCH
Abk. f. Worldwide Automated Transaction Clearing House.

Watch list
Verzeichnis von Ratingagenturen, welches jene Gesellschaften enthält, die mit einer Verschlechterung des ↑Ratings rechnen müssen.

Waybill
↑Frachtbrief.

Wealth management
↑Vermögensverwaltung (Allgemeines).

Wechsel
Der Wechsel ist eine schriftliche, unbedingte, befristete, abstrakte Zahlungsverpflichtung, die auf Zahlung einer bestimmten Summe Geldes lautet und die in einer besonderen, gesetzlich bestimmten Form eingegangen wird und Wertpapiercharakter hat. Der Inhalt des Wechsels, sei er ein ↑gezogener oder ein ↑Eigenwechsel, ist gesetzlich vorgeschrieben (OR 991, 1096). Fehlt einer der gesetzlich bezeichneten Bestandteile, so gilt die betr. Urkunde, einige Ausnahmen vorbehalten (OR 992 und 1097), nicht als Wechsel. Verpflichtet aus dem Wechsel ist zunächst der Aussteller; er haftet regressweise dafür, dass der ↑Bezogene den Wechsel bei ↑Fälligkeit (↑Verfall) bezahlt (OR 999, 1033). Mit der Annahme des Wechsels wird auch der Bezogene aus dem Wechsel verpflichtet (↑Akzept). Die Wechselverpflichtung ist insofern eine abstrakte, als Einwendungen aus dem der Wechselhingabe zu Grunde liegenden Geschäft dem gutgläubigen Wechselerwerber nicht ent-

gegengehalten werden können (OR 1007). Mit der Wertpapiernatur des Wechsels hängt es zusammen, dass die darin verbrieften Ansprüche derart mit der Urkunde verknüpft sind, dass sie ohne Urkunde weder geltend gemacht noch auf andere übertragen werden können (OR 965). Der Wechsel ist von Gesetzes wegen ein ↑Ordrepapier und kann durch ↑Indossament übertragen werden, es sei denn, der Aussteller habe im Text den Vermerk «nicht an Ordre» aufgenommen (OR 1001). Das Indossament überträgt alle Rechte aus dem Wechsel (Übertragungsfunktion, OR 1004); es hat überdies Garantiefunktion, weil der Indossant mangels eines entgegenstehenden Vermerkes die Haftung für Annahme und Zahlung übernimmt (OR 1005); es hat ferner Legitimationsfunktion, weil gegenüber einem Wechselverpflichteten als rechtmässiger Inhaber des Wechsels gilt, wer sein Recht durch eine ununterbrochene Reihe von Indossamenten nachweist (OR 1006). Der aus einem Wechsel Verpflichtete, der im Handelsregister eingetragen ist, unterliegt, sofern er seinen Verpflichtungen nicht nachkommt, der Wechselstrenge, d.h. einem besonders strengen Vollstreckungsverfahren, der sog. Wechselbetreibung (SchKG 177ff.).

Der Wechsel ist im Mittelalter als Zahlungsinstrument für Handelsgeschäfte auf fremden Messeplätzen entstanden. Im heutigen Handelsverkehr ist der Wechsel vor allem Kreditinstrument. Er dient dazu, dem Käufer einer Ware Stundung des Kaufpreises zu verschaffen, bis zu dem Zeitpunkt, zu dem die Ware nach der Erwartung des Käufers weiterverkauft und bezahlt sein wird. Dank seiner rechtlichen Ausgestaltung kann der Wechsel vom Verkäufer der Ware vor der Fälligkeit durch Diskontierung bei einer Bank in ↑Bargeld umgewandelt werden (↑Diskontgeschäft). Der Wechsel ist aber auch Sicherungsmittel; denn wer einen Wechsel an Stelle einer Barzahlung annimmt und damit seine Forderung bis zum Fälligkeitstag des Wechsels kreditiert, erhält eine besondere Sicherheit, weil der Wechsel eine abstrakte Schuldverpflichtung darstellt und der Wechselstrenge unterworfen ist. Infolge der ↑Garantiefunktion des Indossamentes tritt mit jeder weiteren Übertragung des Wechsels eine Verstärkung der darin verkörperten Forderung ein. Als ↑Zahlungsmittel kann man den Wechsel auch heute noch insofern bezeichnen, als die Hingabe eines Wechsels zwar keine Barzahlung bedeutet, im Wirtschaftsleben aber als vorläufige Zahlung gewertet wird, selbstverständlich vorbehältlich des Rückgriffs auf den Aussteller, wenn die Einlösung unterbleibt. Infolge einer allgemeinen Änderung der Zahlungssitten hat der Wechsel in den letzten Jahrzehnten seine Bedeutung stark eingebüsst, womit das Aufkommen des ↑Zessionskredits an Stelle des ↑Diskontkredits zusammenhängt. ↑Protest; ↑Wechselportefeuille.

Lit.: Meier-Hayoz, A./van der Crone, H. C.: Wertpapierrecht, Bern 2000.

Wechselbetreibung
↑Wechselfähigkeit.

Wechselbevorschussung
↑Wechselpension.

Wechselbürgschaft
↑Aval.

Wechseldiskont
↑Diskontkredit.

Wechselduplikat
↑Primawechsel.

Wechselfähigkeit
Fähigkeit, Wechselverbindlichkeiten durch Unterschrift auf einem ↑Wechsel einzugehen. Wechselfähig ist nach schweizerischem Recht jedermann, der sich durch Verträge verpflichten kann (OR 990). Dem raschen summarischen Verfahren der Wechselbetreibung (Wechselstrenge SchKG 177) unterworfen sind aber nur die in selbstständiger Eigenschaft im Handelsregister Eingetragenen, wie sie SchKG 39 aufführt. ↑Protest.

Wechselfälschung
Eine Wechselfälschung liegt vor, wenn bei einem ↑Wechsel Unterschriften figurieren, die nicht von Personen stammen, von denen sie herzurühren scheinen, oder wenn der Wortlaut des Wechsels von Personen, die dazu nicht berechtigt waren, verändert wurde. Die Personen, deren Unterschriften nicht von ihnen selbst oder mit ihrer Ermächtigung von Dritten auf dem Wechsel angebracht wurden, haften nicht wechselmässig; das hat aber auf die Gültigkeit der übrigen Unterschriften keinen Einfluss (OR 997).

Wechselinkasso
↑Inkassogeschäft.

Wechsel-Intervention
↑Ehreneintritt.

Wechselkredit
↑Diskontkredit; ↑Akzeptkredit; ↑Rembourskredit; ↑Wechselportefeuille; ↑Wechselpension.

Wechselkurs
Austauschverhältnis zwischen zwei ↑Währungen. Der Wechselkurs, beispielsweise des Schweizer Frankens, wird in der sog. Mengennotierung formuliert, d.h., er gibt an, wie viele (Mengen-)Einheiten einer Fremdwährung man für einen Schweizer ↑Franken hergeben muss. Dagegen wird der

*Devisen*kurs (↑Wechselkurs) (des Schweizer Frankens) in der sog. Preisnotierung angegeben: «Wie viel kostet eine Einheit Fremdwährung in Schweizer Franken?» Beide ↑Notierungen stehen in einem umgekehrten Verhältnis zueinander. Eine Erhöhung des Wechselkurses in der Mengennotierung entspricht einer Aufwertung (↑Aufwertung, Abwertung) der heimischen Währung. Von ↑Kassakurs spricht man, wenn man den Wechselkurs zum gegenwärtigen Zeitpunkt meint. Wird dagegen heute ein Devisentausch in der Zukunft vereinbart, kommt der ↑*Terminkurs* zur Anwendung, der vom Kassakurs i.d.R. abweicht und von Erwartungen hinsichtlich der zukünftigen Wechselkursentwicklung beeinflusst wird.

Verschiedene bilaterale Wechselkurse der Heimwährung gegenüber Währungen wichtiger Handelspartner werden zum sog. *nominalen* ↑Wechselkurs*index* zusammengefasst. Wertet sich die Heimwährung im Durchschnitt auf, so steigt dieser Index. Multipliziert man ihn mit dem Quotienten der relevanten in- und ausländischen Preisindizes, so gelangt man zum *realen* Wechselkursindex, der ein Mass für die ↑Terms of trade eines Landes ist.

Wechselkursabsicherung

Absicherung eines Devisenguthabens oder einer ↑Devisenschuld gegen Wechselkursschwankungen. Das einfachste Instrument zur Wechselkursabsicherung ist ein Devisentermingeschäft (↑Devisengeschäft). Hat beispielsweise eine Unternehmung eine Devisenschuld in 30 Tagen zu leisten, so kann sie den geschuldeten Devisenbetrag bereits heute auf Termin (mit ↑Fälligkeit in 30 Tagen) kaufen. Das ↑Termingeschäft wird in 30 Tagen zum heute vereinbarten (Termin-)Wechselkurs abgewickelt. Die Unternehmung vermeidet damit die Unsicherheit über den in einem Monat herrschenden (Kassa-)Wechselkurs (↑Kassakurs).

Wechselkursindex, nominal/real

Unter einem ↑Wechselkurs versteht man den Preis einer ausländischen ↑Währung in einheimischer Währung ausgedrückt. Mit einem Wechselkursindex wird der Aussenwert einer Währung beispielsweise gegenüber den Währungen der wichtigsten Handelspartner des Landes durch eine einzige Masszahl (Index) charakterisiert. Mit dem nominellen und exportgewichteten Wechselkursindex des Schweizer Frankens wird der Aussenwert des Frankens gegenüber den Währungen der wichtigsten Handelspartner der Schweiz gemessen. Nimmt der Index zu, so zeigt dies eine Verteuerung des Schweizer Frankens gegenüber den fremden Währungen. Der reale und exportgewichtete Wechselkursindex misst den um die Preisentwicklung im In- und Ausland bereinigten Aussenwert des Frankens (↑Geldwert). Der reale exportgewichtete Wechselkursindex wird als ↑Indikator für die preisliche Wettbewerbsfähigkeit eines Landes benutzt.

Wechselkursmechanismus

Der Wechselkursmechanismus war das Herzstück des 1979 gegründeten ↑Europäischen Währungssystems (EWS), das eine Zone der Wechselkursstabilität in der EU schaffen und den Weg zur Währungsunion (↑Europäische Währungsunion [EWU]) vorbereiten sollte. Vereinbart wurden die Leitkurse der verschiedenen ↑Währungen gegenüber dem ↑ECU und die ↑Interventionspunkte, die ursprünglich 2,25% (für Länder im weiten Band 6%, ab 1993 15%) über bzw. unter dem Leitkurs gegenüber dem ECU lagen. Seit dem 01.01.1999 regelt der Wechselkursmechanismus II die Wechselkursbeziehung der EU-Länder, die den ↑Euro nicht eingeführt haben, zum Euro.

Wechselkursrisiko
↑Währungsrisiko.

Wechselkursziel
↑Geldpolitik.

Wechsellombard
↑Wechselpension.

Wechselnehmer
↑Remittent.

Wechselobligo
Haftung aus der Unterschrift auf einem ↑Wechsel.
↑Obligo, Verpflichtung.

Wechselpension

Als Wechselpension bezeichnet man die ↑Belehnung von ↑Wechseln, wobei die Pensionsnehmerin (Bank) vom Pensionsgeber (Kunde oder Korrespondenzbank) ↑blanko indossierte Wechsel zur Sicherstellung ihres Vorschusses erhält. Im Gegensatz zur Wechseldiskontierung (↑Diskontkredit) erwirbt die Bank die Wechsel nicht zu ↑Eigentum; sie nimmt sie nur in Pfand. Der für diesen Kredit verlangte ↑Zinssatz wird als Pensionssatz bezeichnet. Er richtet sich nach dem ↑Lombardsatz oder dem ↑Diskontsatz der Banken. Bei fester Vorschussdauer wird der Zins gleich wie der ↑Diskont oft vom Vorschussbetrag sofort abgezogen. Üblicherweise wird der Kredit vor ↑Verfall der Wechsel zurückbezahlt. So gelangt der Pensionsgeber wieder in den Besitz der Wechsel und kann sie selbst zur Einlösung vorweisen. Die Wechselpension ist eine Geschäftsart, die vorwiegend zwischen Banken verschiedener Länder abgewickelt wird. Die Wechselpension war früher auch im Verkehr mit der Schweizerischen ↑Nationalbank (SNB) möglich; sie betreibt aber diese Geschäftsart heute nicht mehr.

Zweck der internationalen Wechselpension ist einerseits die Ausnützung der Zinssatzunterschiede in verschiedenen Staaten (↑Zinsarbitrage), d.h. die Banken in Ländern mit teurem Geld geben Wechsel in Pension bei Banken im Ausland, die über billigeres Geld verfügen, sowie andererseits die Vermeidung von Kursrisiken bei der Hereinnahme von Fremdwährungswechseln, wenn diese Risiken nicht oder nur zu relativ hohen Kosten gedeckt werden können.

Wechselportefeuille

Als Wechselportefeuille wird der Gesamtbestand der von einer Bank gehaltenen ↑Wechsel bezeichnet. Der gleiche Ausdruck wird auch für die Abteilung einer Bank, die sich mit der Diskontierung (Ankauf), dem ↑Inkasso (Einzug mit sofortiger Gutschrift unter Eingangsvorbehalt) und dem Inkasso «nach Eingang» (Einzug mit Gutschrift erst nach erfolgter Bezahlung) von Wechseln, ↑Anweisungen und ↑Checks befasst.

Die Banken begrenzen das Engagement, das sie für Rechnung eines Einreichers mit der Diskontierung von Wechseln eingehen und setzen dafür Diskontlimiten aus, deren Höhe sich nach der ↑Bonität des Einreichers und der Qualität des Wechselmaterials richten (↑Diskontkredit). ↑Wechselpension.

Um die mit der Unterzeichnung der ↑Indossamente verbundene Arbeit beim Wechsel- und Checkeinzug weit gehend zu vermeiden, haben die Schweizer Banken im Rahmen der Schweizerischen ↑Bankiervereinigung die Konvention XIII betreffend Vereinfachung des Inkassos von Wechseln und Checks abgeschlossen, wonach ein blosser Stempelaufdruck die gleiche rechtliche Wirkung hat, wie das rechtsgültig unterschriebene Indossament.

Paul Nyffeler

Wechselprolongation

Hinausschieben des ↑Verfalls (der ↑Fälligkeit) eines ↑Wechsels. Die Prolongation setzt eigentlich voraus, dass ein neuer Wechsel errichtet wird oder dass der Verfalltermin auf dem Wechsel neu festgesetzt wird, und alle bisher aus dem Wechsel verpflichteten Personen die Änderung durch eine neue Unterschrift auf dem Wechsel bestätigen. Ist der Wechsel protestabel (d.h. liegt kein Protesterlass vor, OR 1043), so sollte dies vor dem ursprünglich festgelegten Verfall geschehen, denn die Wechselverpflichteten haften nach dem Text, der ihnen bei der Unterzeichnung vorlag, und wenn im Anschluss an den ursprünglichen Verfall nicht rechtzeitig ↑Protest erhoben wird, verliert der Inhaber des Wechsels seine Rechte gegen die Regressschuldner, die der Änderung nicht zugestimmt haben.

In der Praxis stösst die Beibringung neuer Unterschriften oft auf Schwierigkeiten. Liegt der Wechsel im Zusammenhang mit einem Inkassoauftrag oder einer Wechseldiskontierung bei einer Bank, so wird häufig so vorgegangen, dass die Bank gestützt auf ein Prolongationsgesuch des ↑Bezogenen oder ↑Akzeptanten und gestützt auf einen Prolongationsauftrag ihres Kunden auf der Vorderseite des Wechsels meist mit roter Schrift den Vermerk anbringt: «Prolongiert auf den ...». Unterbleibt in der Folge die rechtzeitige, d.h. am ursprünglichen Verfalltermin vorzunehmende Protesterhebung, so gehen, wenn es sich um einen protestablen Wechsel handelt, die Regressansprüche gegen die Wechselverpflichteten (insb. den Aussteller, die Indossanten und allfällige für diese Personen eintretenden Wechselbürgen, nicht aber der wechselrechtliche Anspruch gegen den Akzeptanten, OR 1050 I) verloren. Die Protesterhebung nach Ablauf der Prolongationsfrist heilt den Mangel nicht. Nur der Einreicher, der den Prolongationsauftrag erteilt hat, bleibt der Bank aus Auftragsrecht, nicht aus Wechselrecht, haftbar, wenn der Wechsel nicht bezahlt wird. Er selber verliert seine Regressansprüche gegen die Indossanten und den Aussteller. Die Bank, die in dieser Weise prolongiert, sollte ihren Kunden auf die Risiken aufmerksam machen und aufgrund der Prüfung des ↑Bonität ihres Kunden entscheiden, ob sie den Verlust ihrer wechselrechtlichen Regressrechte verantworten kann.

Wechselprotest
↑Protest.

Wechselreiterei
Bei der Wechselreiterei ziehen zwei Personen oder Firmen zur Kreditbeschaffung gegenseitig ↑Wechsel aufeinander, ohne dass ein Schuldverhältnis vorliegt. Die Wechsel werden bei verschiedenen Banken zum ↑Diskont eingereicht, damit diese nicht als sog. Reitwechsel erkannt werden. Bei Verfall werden neue Wechsel ausgestellt, um die alten abzulösen (↑Kellerwechsel).

Wechselstrenge
↑Wechselfähigkeit.

Wechselstube
Abteilung der ↑Bank, welche den ↑Banknotenhandel, d.h. den *Geldwechsel* (Change) besorgt und früher auch den An- und Verkauf von Goldmünzen pflegte. Der Wechselstube obliegen u.a. auch der Verkauf und das ↑Honorieren von ↑Reisechecks.

WEG
Abk. f. ↑Wohnbau- und Eigentumsförderungsgesetz des Bundes.

Weiche Patronatserklärung
↑Patronatserklärung.

Weiche Währung
Gegenteil einer ↑harten Währung. Symptome einer weichen Währung sind: geringe Binnenstabilität (↑Geld [Begriff]; ↑Geldwert) der Kaufkraft (hohe ↑Inflationsrate), Abwertungsdruck (↑Aufwertung, Abwertung) gegenüber Konkurrenzwährungen, geringe Vermögenssicherungsqualität und i.d.R. ein relativ hohes ↑Zinsniveau im ↑Währungsraum.

Weichwährungsländer
Länder mit chronisch hoher ↑Inflation, welche sich unter flexiblen ↑Wechselkursen in einem Zerfall des nominellen Aussenwerts (↑Geldwert) der ↑Währung und unter ↑festen Wechselkursen in häufigen Währungsabwertungen (↑Aufwertung, Abwertung) niederschlägt. Das Gegenteil von Weichwährungsländern sind ↑Hartwährungsländer.

Weiter Markt
Von einem weiten Markt (gleichbedeutend breiter Markt) spricht man, wenn bestimmte ↑Effekten eine hohe ↑Marktliquidität aufweisen. Diese wird durch vier Dimensionen geprägt:
– *Tiefe*. Geld- und Briefkurs liegen nahe beim ↑Marktpreis
– *Breite*. Auch grössere Aufträge können rasch ohne nennenswerten Einfluss auf den Marktpreis abgewickelt werden
– *Erneuerungskraft*. Briefkursausschläge werden rasch durch neue Aufträge wieder ausgeglichen
– *Zeit*. Auch grössere Aufträge können innert kurzer Zeit vollständig abgewickelt werden.

Weiterverpfändung
Eine Weiterverpfändung liegt vor, wenn der ↑Gläubiger das zur Sicherheit für seine Forderung erhaltene Pfand seinerseits als Schuldner zur Geldbeschaffung an einen Drittgläubiger weitergibt (↑Refinanzierung). Die Weiterverpfändung ist nur mit Zustimmung des Verpfänders (Eigentümers) zulässig (ZGB 887). Nach BankG 17 in Verbindung mit BankV 33 gilt für Banken eine noch strengere Regelung. Die Bank muss sich die schriftliche Ermächtigung zur Weiterverpfändung vom Kunden auf besonderer Urkunde erteilen lassen und darf das Pfandobjekt für keinen höheren Betrag weiterverpfänden als sie selbst von ihrem Schuldner zu fordern hat. Die Bank hat ferner dafür zu sorgen, dass auch sonst keine Rechte (z.B. ↑Retentionsrechte) Dritter für einen höheren Betrag am weitergegebenen ↑Faustpfand begründet werden. Diese Regelung der Weiterverpfändung, die in der Praxis fast ausschliesslich ↑Wertschriften zum Gegenstand hat, gilt auch für die Weitergabe von verpfändeten Kundentiteln in ↑Report (↑Repo). Die besondere schriftliche Ermächtigung muss in diesem Fall den Zeitpunkt angeben, auf den die Bank dem Kunden das ↑Eigentum an einer gleichen Titelmenge wieder verschaffen muss.
BankV 33 III verbietet die gesamthafte Weiterverpfändung verschiedener Faustpfanddepots. Somit ist für jedes weiterverpfändete Faustpfanddepot eine eigene Refinanzierung notwendig. Dadurch wird für die refinanzierende Bank erkennbar, dass ihr nicht Nostro-, sondern Kundentitel verpfändet werden. Dies dürfte ein wesentlicher Grund dafür sein, dass die Schweizer Banken von der Weiterverpfändung kaum mehr Gebrauch machen – ausgenommen allenfalls für die kurzfristige Liquiditätsbeschaffung über die Spitzentermine des ↑Zahlungsverkehrs (wie es dem legitimen Zweck des Instituts der ↑Wertpapierverpfändung entspricht). Keine Weiterverpfändung liegt vor, wenn die Bank nicht am Pfandobjekt als solchem, sondern an ihrer durch das Pfandobjekt gesicherten Forderung ein Sicherungsrecht zu Gunsten eines Dritten begründet (dies ist z.B. der Fall, wenn die Bank an ihrer Forderung ein Registerpfandrecht zu Gunsten einer ↑Pfandbriefzentrale bestellt), oder wenn sie ihre pfandgesicherte Forderung an einen Dritten verkauft.

Weltbank
Gängiger Name für die International Bank for Reconstruction and Development. Ihre Gründung wurde auf der Weltwirtschafts- und Währungskonferenz in Bretton Woods (USA) im Juli 1944 beschlossen. Am 25.06.1946 nahm sie in Washington D.C. ihre Arbeit auf. Anfang 2002 gehörten ihr 183 Mitgliedsländer an. Voraussetzung für die Mitgliedschaft ist die Mitgliedschaft beim ↑Internationalen Währungsfonds (IWF). Die Weltbank verfolgt das Ziel, die wirtschaftliche Entwicklung weniger entwickelter Staaten durch finanzielle Hilfen (i.d.R. projektbezogene ↑Darlehen mit Laufzeiten zwischen 15 und 30 Jahren), aber auch technische Beratung zu fördern. Die Kreditvergabe wird seit den 80er-Jahren zunehmend an die Verpflichtung der Nehmerländer zur «Strukturanpassung» (Liberalisierungsauflagen) geknüpft.
Links: www.worldbank.org

Weltwährungsfonds
↑Internationaler Währungsfonds (IWF).

Werbung
↑Marketing der Banken; ↑Public relations der Banken.

Werkgarantie
↑Kautionskredit.

Wertberichtigung
↑Wertberichtigungen und Rückstellungen.

Wertberichtigungen und Rückstellungen
Wertberichtigungen sind nach der neuzeitlichen Rechnungslegungsterminologie bereits eingetretene oder zu erwartende Werteinbussen auf dem Umlaufvermögen und den ↑Finanzanlagen.
Rückstellungen sind dem Grunde nach, nicht aber in ihrer Höhe bekannte Verpflichtungen oder andere zu erwartende Vermögensabgänge, deren Berücksichtigung für die korrekte Festlegung des Aufwandes des Rechnungsjahres notwendig ist. Rückstellungen sind deshalb von den Wertberichtigungen klar zu unterscheiden, handelt es sich doch nicht um Korrekturposten zu einem Aktivum, sondern um Verpflichtungen und deshalb um ↑Fremdkapital. In der Bankenrechnungslegung wird auf diese Unterscheidung verzichtet, indem im Gliederungsschema der Bilanz (BankV 25) beide Positionen zusammengefasst werden. Nicht oder nicht mehr benötigte Rückstellungen stellen ↑stille Reserven dar (OR 669 II).
In der Tabelle E im Anhang gem. RRV-EBK sind jedoch die Rückstellungen für Steuern sowie «übrige» getrennt auszuweisen. Im Einzelabschluss können die übrigen Rückstellungen auch stille Reserven enthalten, womit in dieser Rubrik – in Abweichung zum Grundsatz der Klarheit – Fremdkapital und ↑Eigenkapital vermengt wird.

Wertbeständigkeitsklausel
↑Indexklausel.

Werteffekt
↑Zinsänderungsrisiko.

Wertkarte (Electronic purse)
Allgemeine Bezeichnung für Zahlungsprodukte, bei denen das ↑Konto des ↑Karteninhabers schon vor der eigentlichen Produktnutzung belastet und ein entsprechender Wert auf einem Datenträger (meist Chip) gespeichert wird. ↑Pay before; ↑Elektronisches Portemonnaie CASH.

Wertkosten
Kosten für die Abwicklung von ↑Bankgeschäften, welche durch die Überlassung und Nutzung von Werten entstehen, z. B. die Zinskosten.

Wertpapier
Als Wertpapier wird eine Schuldurkunde bezeichnet, woraus das Versprechen und die Pflicht des Schuldners hervorgehen, nicht ohne Vorweisung der Urkunde zu erfüllen. Der Schuldner wird regelmässig nur durch die bei ↑Fälligkeit erfolgte Leistung an den durch die Urkunde ausgewiesenen ↑Gläubiger befreit. Das Wertpapier ist an keine besondere Form hinsichtlich der Beschaffenheit der Urkunde, der Schrift (handgeschrieben oder Druck) usw. gebunden. Hingegen verlangt das Gesetz für bestimmte Wertpapierarten (wie ↑Wechsel, ↑Check, Warenpapiere) die Einhaltung bestimmter Formerfordernisse. Die Bezeichnung der Urkunde ist nicht wesensnotwendig; sie allein vermag auch nicht eine Urkunde zum Wertpapier zu stempeln. Ob eine gewöhnliche Schuldurkunde oder ein Wertpapier im Sinne des Gesetzes vorliegt, muss also im Einzelfall geprüft werden, sofern es sich nicht um einen verkehrsüblichen Typus wie ↑Anleihensobligation, ↑Aktie, Wechsel, Check, ↑Schuldbrief, ↑Pfandbrief handelt. Zur rechtsgeschäftlichen Übertragung des Wertpapiers, sei es zu ↑Eigentum oder zu einem beschränkten dinglichen Recht (↑Pfandrecht oder ↑Nutzniessung) bedarf es der Übertragung des Besitzes an der Urkunde im Sinne des Sachenrechtes (ZGB 922ff.). Bei ↑Ordre- und ↑Namenpapieren bedarf es überdies einer schriftlichen Übertragungserklärung. Im Bereich der ↑Kapitalmarktpapiere ist das Wertpapier als Urkunde weit gehend bedeutungslos. ↑Wertrechte haben die Wertpapiere abgelöst.

Max Boemle
Lit.: Meier-Hayoz, A./van der Crone, H. C.: Wertpapierrecht, Bern 2000.

Wertpapieranalyse
Wertpapieranalyse ist die Beurteilung von ↑Effekten (↑Aktien, ↑Anleihensobligationen, Wandel- und ↑Optionsanleihen) im Hinblick auf die Bedürfnisse der ↑Kapitalanleger. Nachdem die ↑Wertpapiere durch ↑Wertrechte ersetzt worden sind, ist der Begriff der Wertpapieranalyse zu eng, weshalb sich immer mehr der umfassendere Ausdruck der ↑Finanzanalyse durchsetzt.

Wertpapierarbitrage, Effektenarbitrage
Man versteht darunter das Ausnützen örtlicher Preisdifferenzen durch gleichzeitigen Kauf am billigeren Ort und Verkauf auf dem teureren Markt. Arbitrage-Geschäfte bringen solche Differenzen zum Verschwinden. Arbitrage-Geschäfte spielten früher eine zentrale Rolle für den Ausgleich der ↑Kurse zwischen verschiedenen ↑Börsen. Mit der Entstehung leistungsfähiger elektronischer Informationssysteme glichen sich solche Kursdifferenzen immer rascher aus, sodass die Rolle der ↑Arbitrage immer kleiner wurde.

Wertpapierbilanzierung
↑Jahresrechnung bei Banken; ↑Wertschriftenanlagen der Banken.

Wertpapierbörse
↑Börse.

Wertpapierdepot
↑Depotgeschäft.

Wertpapierhandel
Auch ↑Effektenhandel. ↑Börsenhandel; ↑Ausserbörslicher Effektenhandel.

Wertpapierleihe
↑Securities lending and borrowing.

Wertpapiermärkte
Sammelbezeichnung für die Gesamtheit der Effektenbörsen (↑Börse) einschliesslich des ↑ausserbörslichen Wertpapierhandels. Die Wertpapiermärkte sind zu unterscheiden vom Devisenmarkt (↑Devisengeschäfte) und von den Warenmärkten. Die Wertpapiermärkte sind Teile der Finanzmärkte (↑Finanzmarkt) und des ↑Kapitalmarktes.

Wertpapierpensionsgeschäfte
↑Repo; ↑Repo-Geschäft der SNB; ↑Repo-Markt Schweiz.

Wertpapiersammelbank
↑SIS Segantersettle AG; ↑Sammelverwahrung.

Wertpapiersparen
Wertpapiersparen bezweckt, wie «Sparen» schlechthin, Geldmittel im Hinblick auf ein definiertes Ziel auf die Seite zu legen, anstatt sie dem direkten Konsum zuzuführen.
Die traditionelle ↑Sparform ist das Sparkonto (↑Sparkonto, Sparheft). Dieses gilt als sehr sichere, kapitalerhaltende Anlage, die einen dem Markt entsprechenden, dem hohen Sicherheits- und praktisch jederzeitigen Verfügungsgrad Rechnung tragenden, vergleichsweise tiefen Zinsertrag bringt. Insbesondere im Kontext der Vorsorgeplanung mit ihrem inhärenten langen ↑Anlagehorizont hat sich gezeigt, dass das Kontosparen eine suboptimale Anlageform ist und dass richtig strukturierte Anlagen in ↑Effekten zu deutlich besseren Resultaten führen. Der gegebenen ↑Risikofähigkeit des Anlegers und dem Anlagehorizont kann spezifisch Rechnung getragen werden. Als Faustregel gilt, dass der Aktienanteil gesteigert werden kann, je länger der Anlagehorizont ist. Entsprechend sind in diesem Bereich neue Produkte entwickelt worden, die risikooptimierte Effektenanlagen beinhalten, die auf den Anlagehorizont bezogen mehr als bloss den inflationsbereinigten Werterhalt, sondern eine echte Wertsteigerung zu erbringen in der Lage sind.

Wertpapierverpfändung
Die Verpfändung von ↑Wertpapieren ist eine wichtige Kreditsicherungsform im Bankverkehr, einerseits, weil ein grosser Teil der meisten Vermögen in Wertpapieren angelegt ist, andererseits, weil die Banken Wertpapiere wegen deren leichter Realisierbarkeit als Pfand bevorzugen. Sie kommt vorwiegend im Zusammenhang mit einem ↑Kontokorrentkredit oder einem ↑Darlehen, seltener im ↑Hypothekargeschäft, beim ↑Akzeptkredit und beim ↑Kautionskredit vor. Die Kreditgewährung gegen Verpfändung von Wertpapieren nennt man Wertschriftenkredit oder Lombardkredit (Lombardgeschäft). Wertpapiere werden manchmal auch als zusätzliche Sicherheit für primär anderweitig gesicherte Kredite verpfändet. Soweit bei herkömmlicherweise in der Form von Wertpapieren verkörperten ↑Beteiligungs- und Forderungsrechten (↑Aktien, ↑Anleihensobligationen) auf den Ausdruck von Wertpapieren verzichtet wurde, bilden die an deren Stelle tretenden ↑Wertrechte Gegenstand des ↑Pfandrechts.

Da die gesetzlichen Bestimmungen über das Pfandrecht an Forderungen und Wertpapieren (ZGB 899 ff.) sehr knapp gehalten sind, umschreiben die Banken den Inhalt des ↑Pfandvertrages in ihren Verpfändungsformularen näher. Von Gesetzes wegen ist die Voraussetzung jeder rechtsgültigen Pfandnahme der ↑gute Glaube der Bank, dass dem Verpfänder die Verfügungsberechtigung über die zu verpfändenden Wertpapiere zusteht.

1. Form der Verpfändung
Für die Verpfändung von Wertpapieren ist ZGB 901 massgebend. Bei ↑*Inhaberpapieren* genügt die Übergabe der Urkunde an die Bank; ein schriftlicher Pfandvertrag ist im Bankverkehr üblich, an sich aber nicht notwendig. ↑*Ordre- und* ↑*Namenpapiere* müssen mit einem Indossament oder einer Abtretungserklärung versehen werden; an sich braucht die Abtretungserklärung nicht auf dem Titel selbst angebracht zu werden, sondern sie kann in einem schriftlichen Pfandvertrag enthalten sein; erfolgt die Verpfändung aber nicht skripturmässig, d. h. durch ↑Blankoindossament, sondern nur aufgrund der im schriftlichen Pfandvertrag enthaltenen Abtretungserklärung, so kann die Bank das freihändige Verwertungsrecht nicht ausüben; denn sie selbst ist nicht legitimiert, das Wertpapier zu indossieren; erklärt sich der Verpfänder nicht freiwillig zur Indossierung bereit, so muss die Bank das Pfand betreibungsrechtlich versteigern lassen, wobei der Betreibungsbeamte die Indossierung von Amtes wegen vornehmen kann.
Bei den sog. ↑*Namenaktien mit aufgeschobenem und aufgehobenem Titeldruck* sind die Rechte des Aktionärs nicht wertpapiermässig verbrieft. Die Bank übt an diesen Rechten keine Sachherrschaft aus; sie verbucht, ohne Schuldnerstellung zu haben, diese Wertrechte im Auftrag des Kunden und der Gesellschaft. Die Verpfändung erfolgt hier in schriftlicher Form (ZGB 900 III, OR 165), meistens in der Weise, dass das verwendete Formular ausdrücklich auch die jeweils bei der Bank «liegenden» (gemeint ist: die jeweils im Depotauszug der Bank verbuchten) Wertrechte des Kunden als

Pfandobjekt bezeichnet. Die Statuten der Gesellschaften verlangen für die Übertragung der Wertrechte die Mitwirkung der verbuchenden Bank und lassen eine Verpfändung nur zu deren Gunsten zu; die Bank soll dadurch vor hinter ihrem Rücken vorgenommenen Zessionen der Wertrechte geschützt werden. Das freihändige Verwaltungsrecht kann von der Bank problemlos ausgeübt werden.

Im Bankverkehr werden nur selten Wertpapiere verpfändet, die mit dem *Nutzniessungsrecht* (↑Nutzniessung) eines Dritten belastet sind, denn solche Pfänder können, wenn der Nutzniesser nicht den Nachgang zum Pfandrecht erklärt, nur mit der Nutzniessung belastet verwertet werden. Abgesehen davon ist die Mitwirkung des Nutzniessers für die ↑Pfandbestellung nicht erforderlich. Der Eigentümer schliesst mit der Bank den Pfandvertrag ab; er oder die Bank muss den Nutzniesser über die Verpfändung benachrichtigen und ihn anweisen, das Pfandobjekt nach Erlöschen der Nutzniessung der Bank herauszugeben (ZGB 924). Für die Benachrichtigung ist die Schriftform unbedingt zu empfehlen; sie ist obligatorisch, wenn der Nutzniesser der Bank im Rang vorgeht (ZGB 903).

2. Umfang der Pfandhaft
Das Pfandrecht erstreckt sich im Bankverkehr gemäss Pfandvertragsformular auf sämtliche verfallenen, laufenden und zukünftigen Erträgnisse (Zinsen und ↑Dividenden). Bestehen für solche Nebenrechte besondere Wertpapiere (Inhabercoupons), so müssen sie der Bank mit übergeben werden. Bei Wertpapieren, deren Zinsen bzw. Dividenden nicht in ↑Coupons verkörpert sind, wie ↑Grundpfandtitel, Namenaktien oder amerikanische Shares, erfolgt die Einbeziehung der Erträgnisse in den Pfandnexus aufgrund einer entsprechenden Klausel des Pfandvertrages. Im Allgemeinen verzichten die Banken aber, so lange der ↑Kreditnehmer seine Verpflichtungen erfüllt, auf das Pfandrecht an den Erträgnissen.

3. Ausübung der Rechte aus den verpfändeten Wertpapieren
Von Gesetzes wegen steht dem Verpfänder die Verwaltung der verpfändeten Wertpapiere zu, d.h. das Recht zur ↑Kündigung und Einziehung der im Wertpapier verkörperten Forderung bleibt beim Verpfänder. Die Banken lassen sich aber als Pfandgläubiger regelmässig das Recht einräumen, die Forderung nach aussen geltend zu machen. Verpfändete Aktien werden in der Generalversammlung, vorbehältlich besonderer ↑Vollmacht (↑Depotstimmrecht) durch den Aktionär und nicht durch den Pfandgläubiger vertreten (ZGB 905/06).

4. Spezielle und generelle Verpfändung
Im Bankverkehr haben sich zwei Verpfändungsarten herausgebildet. Bei der *speziellen* Verpfändung werden nur die im Verpfändungsformular aufgeführten Wertpapiere vom Pfandrecht erfasst. Bei der *generellen* Verpfändung, auch Depotbevorschussung genannt, erstreckt sich das Pfandrecht auf alle Wertpapiere des Verpfänders, die gegenwärtig oder künftig bei der Bank liegen oder auf ihren Namen bei einer dritten Bank deponiert sind (↑Generalpfandklausel i. S. der generellen Umschreibung des Pfandgegenstandes). Mit den bei einer dritten Bank deponierten Wertpapieren sind in der Regel die im Depotauszug aufgeführten ↑Effekten gemeint, die von der Bank für Rechnung des Kunden über eine ↑Börse im Ausland gekauft wurden und auf den Namen der Bank bei der ausländischen ↑Korrespondenzbank deponiert bleiben (↑Drittverwahrung). Weil die generelle Verpfändung sämtliche Wertpapiere des Schuldners, die sich jeweils im Besitze der Bank befinden, erfasst, muss nicht bei jeder Veränderung des Depotbestandes ein neuer Pfandvertrag abgeschlossen werden. Dem Verpfänder wird in der Regel das Recht zur Auswechslung der verpfändeten Wertpapiere in der Form des Verkaufs alter und des Zukaufs neuer Papiere zugestanden. Allerdings wahrt sich die Bank das Recht der Überprüfung der eingetauschten Wertpapiere, da es ihr nicht gleichgültig sein kann, ob sie z. B. ↑Obligationen der Eidgenossenschaft oder ausländische Aktien belehnt.

5. Gesicherter Forderungskreis
Die Pfandverträge der Banken enthalten jeweils eine generelle Pfandklausel auch in dem Sinne, dass die Pfänder für alle gegenwärtigen und zukünftigen, direkten und indirekten Forderungen der Bank gegen den Schuldner haften sollen. Das Pfandrecht wird somit nicht für eine bestimmte Forderung bestellt, sondern für alle während der Dauer der Kreditbeziehung entstehenden Forderungen der Bank. So haftet das für einen Kredit bestellte Pfand auch für später eingeräumte Kredite, und die für weitere Kredite eingesetzten Pfänder sichern auch die bisherigen Kreditforderungen. Dabei sind auch die sog. indirekten Forderungen, z. B. aus ↑Bürgschaft, in den gesicherten Forderungskreis einbezogen. Allerdings wäre es der Bank nicht erlaubt, Pfänder als Sicherheit für eventuell in einem späteren Zeitpunkt entstehende indirekte Forderungen zurückzubehalten, wenn das Kreditverhältnis liquidiert und die Bank für ihre sämtlichen daraus fliessenden Forderungen befriedigt ist.

6. Krediteindeckungs- und Nachdeckungspflicht
Zu den wichtigsten Klauseln in den Pfandverträgen der Banken gehören diejenigen über die Krediteindeckungs- und Nachdeckungspflicht des Kreditschuldners und das Recht der Bank zum freihändigen Verkauf der ihr verpfändeten Titel. Ohne diese Klauseln wäre die Kreditgewährung gegen ein Pfandrecht an spekulativen Wertpapie-

ren praktisch kaum denkbar, denn ohne sie wäre die ständige Aufrechterhaltung der vollen ↑Deckung des Kredits unter Berücksichtigung der üblichen ↑Marge nicht möglich. Unter Marge versteht man den die Kreditschuld übersteigenden Wert der Pfänder, der je nach Art zwischen 10% und 50% schwanken kann und den sog. *Deckungsüberschuss* bildet. Dieser Deckungsüberschuss stellt die Sicherheit der Bank gegen Kursrückgänge in normalem Ausmass dar. Bei der rechnerischen Überprüfung dieses Deckungsüberschusses hält sich die Bank bei kotierten Papieren an die Börsenkurse, bei nichtkotierten an die Preise des ↑ausserbörslichen Wertpapierhandels; auf ↑innere Werte kann nicht Rücksicht genommen werden. Gehen verpfändete Wertpapiere im Kurs zurück, d.h. wird die genannte übliche Marge unterschritten, oder wird ein Kurseinbruch als möglich angesehen, so wird der Kreditnehmer von der Bank aufgefordert, den Kredit durch eine von ihr bestimmte Abzahlung «einzudecken» *(Krediteindeckungspflicht)* oder aber in Form weiterer Pfänder Nachdeckung zu leisten *(Nachdeckungspflicht)*. Kommt der Kreditschuldner innerhalb der im Pfandvertrag gewöhnlich sehr kurz bemessenen Frist dieser Aufforderung nicht nach, so ist die Bank berechtigt, die Wertpapiere zu verwerten. Richtschnur für die Höhe der Abzahlung bzw. der Nachdeckungsleistung ist die Wiederherstellung der üblichen Marge.

7. Freihändiges Verwertungsrecht und Selbsteintritt

In den Pfandverträgen lässt sich die Bank regelmässig das Recht zur freihändigen Verwertung einräumen. Die Wertpapiere werden somit beim Verzug des Kreditnehmers nicht auf dem Wege der Betreibung auf ↑Pfandverwertung, sondern durch privaten Verkauf, meistens über die Börse, verwertet. Dies setzt die tatsächliche Verfügungsgewalt der Bank über die Pfandsache voraus; sie muss nach aussen hin wie ein Eigentümer der Pfandsache auftreten können (Besitz plus ↑Blankozession oder Blankoindossament). Weil das Gesetz Vereinbarungen, wonach ein Pfand dem Pfandgläubiger beim Verzug des Schuldners automatisch zu ↑Eigentum verfällt, verbietet (Verbot des Verfallsvertrages, ZGB 894), muss die Bank bei der freihändigen Verwertung immer eine Abrechnung über die Verwertung erstellen, den Pfanderlös auf die Forderung anrechnen und dem Verpfänder einen allfälligen Mehrerlös gutschreiben.

Für das *freihändige Verwertungsrecht* sprechen vor allem Gründe der Zweckmässigkeit. Weil es bei einer Faustpfandbetreibung mindestens einen Monat dauert, bis die Verwertung verlangt werden kann, besteht die Gefahr, dass die Papiere bis zum Zeitpunkt der Versteigerung noch mehr an Wert verlieren.

Die Befugnis zur freihändigen Verwertung schliesst auch das Recht der Bank zum Selbsteintritt ein, wenn die Wertpapiere einen ↑Marktpreis haben. Der Selbsteintritt die Bank muss zu diesem Preis erfolgen. Beim Freihandverkauf ist die Bank dem Verpfänder für eine sorgfältige Verwertung verantwortlich. Bei Papieren mit einem Markt- oder Börsenpreis liegt die Beweislast für eine unsorgfältige Verwertung beim Verpfänder; bei Wertpapieren ohne Markt- oder Börsenpreis muss die Bank beweisen, dass sie sorgfältig verwertet hat. Aus diesen Gründen wird eine Bank bei nichtkotierten Papieren eher von einer freihändigen Verwertung Abstand nehmen, es sei denn, es würden ihr von unabhängiger dritter Seite genügend viele Offerten eingereicht.

Trotz freihändigem Verwertungsrecht ist es der Bank freigestellt, die Verwertung über das Betreibungsamt einzuleiten oder von der Verwertung abzusehen bzw. damit zuzuwarten. Aus der Nichtausübung ihrer Rechte kann der Kunde keine Schadenersatzansprüche ableiten. Es kommt vor, dass Kunden die Bank wegen ihres durch die Verwertung erlittenen Schadens zu belangen suchen, wenn die Kurse sich wieder erholen. Die nachträgliche Erholung der Kurse reicht aber regelmässig nicht aus, den Vorwurf des unsorgfältigen Handelns gegen die Bank zu begründen.

8. Die als Pfand geeigneten Wertpapiere

Am höchsten werden *Obligationen* (einschliesslich ↑Kassenobligationen und ↑Pfandbriefe) bevorschusst. Massgebend für die Höhe der ↑Belehnung ist der ↑Kurswert. Je nach Art und Schuldner der Obligationen erfolgt die Belehnung zum vollen Kurswert oder unter Einrechnung einer angemessenen Marge. Bei *kotierten Aktien,* Partizipationsscheinen und Genossenschafts-Anteilscheinen ist für die Höhe der Belehnung ebenfalls der Kurswert massgebend; die Marge ist aber in der Regel höher als bei Obligationen. Sie kann bis 50% oder mehr betragen. Bei nichtkotierten Papieren wird auf die Steuerkurse abgestellt, die von den Steuerbehörden aufgrund von Richtlinien der Eidg. Steuerverwaltung errechnet werden. Handelt es sich um Aktien einer kleineren Aktiengesellschaft (AG), etwa einer Familien-AG, so verlangt die Bank deren Jahresabschluss, um den Aktienwert selbst errechnen zu können. Solche Aktien kommen aber nur ausnahmsweise als Pfand in Frage und nur mit großer Marge, da sie nur schwer realisierbar sind. Dies gilt besonders für *nichtbörsenkotierte Namenaktien.* Die Bank tut in diesem Fall gut daran, die Statuten der betreffenden AG einzusehen, um festzustellen, ob es sich um ↑vinkulierte Aktien handelt, und, wenn dies zutrifft, ob die Gesellschaft im Falle der freihändigen Verwertung ihr oder einem anderen Erwerber die Eintragung als Aktionär verweigern könnte (bei der Zwangsverwertung kann die Gesellschaft in diesem Fall dem Erwerber die Eintragung nur verweigern, wenn sie ihm die Übernahme der Aktien zum wirklichen Wert anbietet,

OR 685b IV). Ist die Übertragung statutarisch von der Zustimmung des Verwaltungsrates oder der Generalversammlung abhängig, so ist es ratsam, deren Zustimmung schon für die Verpfändung einzuholen. Auf alle Fälle darf sich die Bank nicht auf den Text der Aktienurkunden allein verlassen. Werden von einer AG bis zur definitiven Ausstellung der Aktientitel ↑Interimsscheine ausgegeben, sei es auf den Namen oder auf den Inhaber, so unterliegen diese hinsichtlich der Verpfändung den gleichen Grundsätzen, die für die betreffenden Aktien gelten würden. Es kommt auch vor, dass von einer AG weder Aktientitel noch Interimsscheine ausgestellt werden, was von Gesetzes wegen zulässig ist. In diesem Falle können die Aktienrechte als solche verpfändet werden, wobei der Pfandvertrag immer schriftlich abgefasst werden muss (ZGB 900). Banken dürfen sich auch ↑eigene Aktien verpfänden lassen. Eine Bank sollte aber eigene Aktien nur im Ausmass üblicher Kreditgewährung in Pfand nehmen; denn in einer weiter gehenden Bevorschussung eigener Aktien könnte eine Umgehung des Rückkaufsverbotes liegen. Deshalb wird denn auch in BankV 45 I c vorgeschrieben, dass der ↑Revisionsbericht über den Gesamtnominalbetrag der belehnten eigenen Aktien oder Anteilscheine sowie der für den Ankauf solcher Aktien oder Anteilscheine gewährten Kredite Aufschluss geben muss, soweit es für die Beurteilung der Vermögenslage der Bank von Bedeutung ist.
Nach der starken Verbreitung der ↑Anlagefonds sind auch deren ↑Zertifikate ein beliebtes Pfandobjekt geworden. Da sie auf den Inhaber lauten, bereitet ihre Verpfändung keine Schwierigkeiten. Für die Berechnung der Marge ist vom ↑Rücknahmepreis oder vom Geldkurs auszugehen.

9. Verpfändung von Grundpfandtiteln
Im Hypothekarwesen unterscheidet man das direkte vom indirekten ↑Hypothekargeschäft; Letzteres besteht darin, dass der Kreditnehmer der Bank ein Faustpfandrecht an einem ↑Grundpfandtitel einräumt. ↑Eigentümertitel.

10. Verpfändung von Sparheften usw.
Die Banken können auch eigene Spar-, Depositen- und Einlagehefte oder solche Hefte anderer Banken zu Pfand nehmen. Da solche Hefte oft nicht Wertpapiercharakter haben, sollte die Verpfändung nach den Regeln über die Verpfändung von Forderungen erfolgen, also durch schriftlichen Pfandvertrag und Übergabe des Heftes. Handelt es sich um das Heft einer andern Bank, so empfiehlt es sich, ihr das Pfandrecht zu notifizieren. Damit wird dem Verpfänder die Möglichkeit genommen, seine Bank mit einer vereinfachten Kraftloserklärung (↑Entkräftung des Schuldscheins) zur Auszahlung des Guthabens zu veranlassen, ohne dass die Pfandgläubigerin davon Kenntnis erlangt.

Christian Thalmann

Wertquote
↑Innerer Wert.

Wertrechte
Wertrechte sind Rechte, welche herkömmlicherweise in ↑Wertpapieren verurkundet waren, heute aber aus Rationalisierungsgründen entmaterialisiert sind (↑Entmaterialisierung von Wertpapieren) und deshalb als unverbriefte Rechte buchmässig erfasst und übertragen werden. Im Sinne dieser Definition werden heute gelegentlich schon die bei vielen Banken nur noch buchmässig geführten ↑Kassenobligationen und manchmal auch entsprechende Spargutthaben als Wertrechte bezeichnet. In der Regel aber verbindet man mit dem Wort den Gedanken an die im Börsengesetz erwähnten Wertrechte mit *Effektencharakter* (↑Bucheffekten). Unter diesen engeren Begriff des Wertrechts fallen nur Rechte, denen die gleiche Funktion zukommt wie den «vereinheitlichten und zum massenweisen Handel geeigneten Wertpapieren» (BEHG 2 lit. a; ähnlich AFG 32). Wertrechte mit Effektencharakter sind also namentlich die zum Handel an der ↑Börse zugelassenen, nicht wertpapiermässig verurkundeten Forderungs- und Mitgliedschaftsrechte, insbesondere die sog. ↑Namenaktien mit aufgeschobenem Titeldruck.
Wertrechte werden von der schweizerischen Rechtsordnung nach allgemeiner Auffassung nicht anders behandelt als gewöhnliche Forderungen. Sie werden durch Zession übertragen (↑Abtretung). Dabei gehen zwei wesentliche Vorteile verloren, die mit der wertpapiermässigen Verbriefung verbunden waren: die Gewissheit, dass das Recht existiert und – bei ↑Ordre- und ↑Inhaberpapieren – die Gewissheit, dass der Erwerber bei ↑gutem Glauben in seinem Erwerb auch dann geschützt wird, wenn der Veräusserer zur Veräusserung des Rechtes nicht befugt war. Damit Wertrechte wie Wertpapiere problemlos im Publikum zirkulieren können, muss der Verlust der bisher mit der wertpapiermässigen Verbriefung verbundenen Vorteile durch organisatorische Vorkehren kompensiert werden. Dies geschieht durch buchmässige Erfassung der Rechte bei einer vertrauenswürdigen, zentralen ↑Stelle, die auch bei der Übertragung mitwirken muss (↑Effektengirostelle, ↑Effektengiroverkehr). Die Funktion der zentralen Stelle wird oft von einem System miteinander verbundener Buchungsstellen wahrgenommen (z.B. beim ↑SIS Namenaktien-Modell).
Bei den Schuldbuchforderungen (eigentlich: Schuldbuchschulden) der Eidgenossenschaft liegt die Schuldbuchverwaltung kraft gesetzlicher Vorschrift bei der Schweizerischen ↑Nationalbank (Art. 10 Bundesgesetz über das Eidg. ↑Schuldbuch; vgl. auch Schuldbuchverordnung, SR 612.1; 612.11).
Bei den Namenaktien mit aufgeschobenem Titeldruck erfolgt die buchmässige Erfassung der

Rechte nach dem vertraglich verankerten ↑*SIS Namenaktien-Modell* auf drei Stufen; die Übertragung bedarf der Mitwirkung aller drei Stellen des Systems. Diese Stellen sind: erstens die Gesellschaft als eigentliche Schuldnerin aus dem Wertrecht, zweitens die ↑SIS SegaIntersettle AG als zentrale Verbuchungsstelle, die als Scharnierstelle den Kontakt der Banken zur Gesellschaft sicherstellt und drittens die Bank, die das Wertrecht für den Kunden «verwaltet», d. h. buchmässig erfasst; letzteres geschieht, indem die Bank die ↑Aktie gleich wie die nach herkömmlicher Weise in Wertpapierform verurkundeten und von der Bank physisch verwahrten ↑Effekten im Depotauszug des Kunden aufführt. Das System muss sicherstellen, dass weder die Gesellschaft noch die Banken Aktienrechte verbuchen, die dem Titular nicht (mehr) zustehen. Das SIS-Namenaktien-Modell sucht dieses Ziel dadurch zu erreichen, dass der Inhaber der Aktienrechte daran gehindert wird, seine Rechte hinter dem Rücken der Gesellschaft und des Systems formlos (d. h. durch blosse schriftliche Vereinbarung) an einen Dritten abzutreten. Die Gesellschaft hält daher in ihren Statuten verbindlich fest, dass Rechte aus nicht verurkundeten ↑Namenaktien nur gültig übertragen werden können, wenn die Gesellschaft (und über die Gesellschaft auch das ↑Bankensystem) über die Zession in Kenntnis gesetzt wird (↑Notifikation). Zur weiteren Absicherung der Geschlossenheit des Systems sehen die Statuten in der Regel auch vor, dass eine Zession der Aktienrechte nur gültig zu Stande kommt, wenn die Bank, die die Aktien für den Kunden verbucht, bei der Zession mitwirkt. Die Verbindlichkeit derartiger Statutenbestimmungen wird gelegentlich in Frage gezogen, etwa weil sie dem das revidierte Aktienrecht leitenden Grundsatz der freien Übertragbarkeit der Aktie widerspreche. Solche Verfahrensvorschriften auf vertraglicher Basis sind aber zur Herstellung der Geschlossenheit des Systems so lange unabdingbar, als für die Giroverwaltung von Wertrechten in der Schweiz nicht eine besondere gesetzliche Regelung zur Verfügung steht. ↑Sammelverwahrung.

Christian Thalmann

Wertschriften
Schweizerische Bezeichnung für ↑Wertpapiere oder ↑Effekten.

Wertschriftenanlage
↑Kapitalanlage.

Wertschriftenanlagen der Banken
Jede ↑Geschäftsbank verfügt heute über erhebliche Eigenbestände an ↑Wertschriften und ↑Wertrechten, um damit Anlagen zu tätigen und so ihr Finanzergebnis im Hinblick auf die Zwischen- bzw. Quartalsberichte oder den Jahresabschluss verbessern sowie operative Verluste kurzfristig decken zu können. Diese aus ↑Aktien, ↑Obligationen und ↑Notes, teilweise auch aus ↑Derivaten sich zusammensetzenden Wertschriftenbestände entstehen unterschiedlich, sei es durch *Handelsaktivitäten* (Short term profit taking und Market making), durch *Absicherungsgeschäfte* (↑Hedges), durch die Umwandlung von *Liquiditätsreserven* oder durch die Anlage von *Überschussqualität*. Als weitere Quelle kommen ausserdem strategische Beteiligungen in Frage, die innerhalb des – allerdings meist sehr offen formulierten – statutarischen Zwecks des ↑Bankkonzerns und seiner Geschäftsstrategie liegen müssen. Diese Eigenpositionen werden in der Regel durch die bankeigene Handelsabteilung generiert. Insbesondere die Liquiditätsreserve sowie die Anlagen von Überschussliquidität werden im Rahmen des modernen ↑Risikomanagements durch die Finanzabteilung der Bank (Corporate-Center) laufend auf die Einhaltung der massgebenden bankeninternen und gesetzlichen Bestimmungen kontrolliert. Dabei wird auch die Einhaltung der allenfalls bankspezifischen Vorgaben der zuständigen Aufsichtsbehörden, wie etwa der Eidgenössischen ↑Bankenkommission (EBK) oder der englischen ↑Financial Services Authority (FSA), überprüft. Die Finanzabteilung ist auch zuständig für das Eingehen und die Bewirtschaftung (einschliesslich eines Verkaufs) der strategischen Beteiligungen. Grosse Banken haben in ihrer Finanzabteilung Spezialisten, die diese Wertschriftenanlagen professionell bewirtschaften und damit aktiv handeln, ja sogar in den ↑eigenen Aktien der Bank ein «Market making» betreiben bzw. öffentliche Aktienrückkäufe veranlassen, um so den Aktienkurs zu stützen bzw. nachhaltig zu verbessern. Angesichts dieser vielfältigen, auf ↑Performance ausgerichteten, bankinternen Handelstätigkeit sind diese Sektionen der Finanzabteilung organisatorisch und personell gemäss dem Konzept der ↑Chinese walls von den Entscheidträgern der langfristigen Unternehmensstrategie zu trennen, um Insiderhandel durch das Ausnützen der Kenntnis vertraulicher Tatsachen (StGB 161) zu verunmöglichen.

Wegen des direkten Einflusses der Wertschriftenanlagen auf das Finanzergebnis der Bank spielt die Bewertung der einzelnen ↑Positionen eine wichtige Rolle. Generell hat die Bewertung von Wertschriftenanlagen zum Realisationswert am ↑Bilanzstichtag zu erfolgen. Für die konkrete Bewertung der Wertschriften ist von entscheidender Bedeutung, ob diese den Handelsbeständen (BankV 25 I 1.6) oder den ↑Finanzanlagen (BankV 25 I 1.7) zugehören. Primär hängt die Zuordnung von Wertschriften zu der einen oder anderen Kategorie vom spezifischen Zweck ab, den eine Bank mit dem Erwerb eines ↑Titels verfolgt. Für die Zuordnung von Wertschriften zu den Finanzanlagen sind bankintern schriftliche Richtlinien zu erlassen. Indiz für die Zuordnung können die Umsätze sein, die in einem bestimmten Titel getätigt werden. Selbstverständlich kann der Gesamtbestand eines Titels auf die zwei Kategorien aufgeteilt werden. Entscheidend ist heute im In- und Ausland vollständige Transparenz über alle Details der Wertschriftenanlagen im ↑Jahresbericht wie auch in den Zwischen- bzw. Quartalsberichten (sog. ↑gläserne Bilanz).

Für die Bewertung von Wertschriften im ↑Handelsbestand ist OR 667 anzuwenden. Er unterscheidet bezüglich der Bewertung zwischen Papieren mit ↑Kurswert (Abs. 1) und solchen ohne Kurswert (Abs. 2). Unter die ersten fallen Wertschriften, für die ein rechtlich organisierter oder doch faktisch liquider Markt besteht. Für sie gilt als Höchstwert der Kurs, den sie im Durchschnitt während des letzten Monats vor dem Bilanztermin gehabt haben. Wertschriften, die einen solchen Markt nicht haben, sind höchstens zum Anschaffungspreis zu bilanzieren. Wertschriften ohne Kurswert dürfen höchstens zu den Anschaffungskosten bewertet werden, unter Abzug der notwendigen ↑Wertberichtigungen. Wenn Titel aus Gründen der Kapitalmarktsituation unter dem Nominalwert erworben werden, stellt die Differenz zwischen Nominalwert und Erwerbspreis eine eigene Erfolgskomponente dar, die im Umfang der auf die einzelnen Jahre der ↑Restlaufzeit bezogenen Differenz zwischen Barwerten am Anfang und am Ende einer Rechnungsperiode durch ↑Aufwertung der Titel vereinnahmt werden darf, jedoch steuerbar ist. Wird auf die Aufwertung verzichtet, so bedeutet das die zulässige Bildung von ↑stillen Reserven (BankG 6 II).

Die eigentlichen Wertschriftenanlagen erfüllen eine Doppelfunktion: Die eine wichtige Funktion besteht in ihrer Bedeutung als sekundäre Liquidätsreserve. Die Umwandlung der Wertschriftenanlagen in flüssige Mittel kann entweder durch Verpfändung oder durch Verkauf erfolgen. Obligationen mit einer restlichen ↑Laufzeit von höchstens 90 Tagen können auch rediskontiert werden. Schuldbuchforderungen sind weniger leicht verkäuflich als die entsprechenden ↑Bundesobligationen, weshalb sie bei den Banken nicht sonderlich beliebt sind. Werden Wertschriftenanlagen aus Liquidationsgründen vorgenommen, so ist nicht nur auf die Lombardfähigkeit, sondern auch auf die Handelbarkeit und vor allem auf eine zweckmässige Staffelung der ↑Fälligkeit zu achten. Längerfristige Obligationen sind grösseren Kursschwankungen im Zusammenhang mit Zinsfussänderungen auf dem ↑Kapitalmarkt ausgesetzt, ein Risiko, das für kurzfristige kaum besteht. Ihre zweite Funktion erfüllen die Wertschriftenanlagen als Ersatzanlage, wenn die Banken für die ihnen zufliessenden Einlagen im Kreditgeschäft keine ausreichende Verwendung finden.

Wertschriften in den ↑*Finanzanlagen* haben eine eigene Bewertungsregel. So wird in OR 665 unter Verzicht auf einen Hinweis auf die allfälligen Börsenkurse als Obergrenze der Bewertung der Anschaffungspreis genannt. In den am 14.11.1996 geänderten RRV-EBK Ziffer I/7, Rz. 18, verlangt die EBK, dass die Finanzanlagen zum Niedrigstwertprinzip, d. h. zum Anschaffungswert oder dem allenfalls tieferen Marktwert eingesetzt werden, wobei für den Fall, dass in der Folge der Marktwert wieder steigt, die Wertberichtigung in entsprechendem Umfang unter Erkennung des Kontos «anderer ordentlicher Ertrag» rückgängig gemacht werden muss. Bei dieser Regelung ist die Bildung stiller Reserven auf dem Anlagezwecken dienenden Bestand nicht mehr zulässig.

Felix M. Huber

Wertschriftenclearing

Das Wertschriftenclearing bezeichnet die titel- und geldmässige ↑Verrechnung und Abwicklung der an der Effektenbörse getätigten Käufe oder Verkäufe. Verrechnung und Verbuchung erfolgen dabei über eine zentrale Abrechnungsstelle. Seit der Einführung der ↑elektronischen Börse Schweiz (EBS) wird, im Gegensatz zu früher, nicht mehr zwischen einem Ausgleich von Kassageschäften (Comptantclearing) und Termingeschäften (↑Terminclearing) unterschieden.

Die Schweizer Börse, ↑SWX Swiss Exchange, die ↑SIS SegaIntersettle AG mit dem Titelclearing- und Settlementsystem ↑SIS SegaIntersettle communication system (SECOM) und die ↑Telekurs mit dem Geldclearingsystem ↑Swiss Interbank Clearing (SIC) bilden zusammen die ↑Swiss value chain, die sich durch eine Echtzeitverarbeitung und eine tiefe Fehlerrate auszeichnet. Seit der Einführung der elektronischen Börse Schweiz werden für einen Handel zwei anonyme Parteien automatisch zusammengeführt. Die SWX schickt ihnen eine Bestätigung des Handels und leitet die relevanten Informationen ans SECOM, wo diese Daten bis zum ↑Settlement aufbewahrt werden. Dies geschieht auf Basis ↑T+3, also drei Tage nach Abschluss des Handels. Am Tag des Settlements prüft die SECOM, ob der Verkäufer im Besitz der ↑Wertschriften ist. Befinden sich die Wertschriften im ↑Depot des Verkäufers bei der SIS Olten, wo die Wertschriften zentral verwahrt werden, wird eine Zahlungsaufforderung an das SIC geschickt. Dieses prüft, ob der Käufer auf seinem SIC-Konto über das verlangte Geld verfügt. Wenn ja, wird es dem Konto des Verkäufers gutgeschrieben. Gleichzeitig informiert das SIC das SECOM, dass die Zahlung ausgeführt wurde. Das SECOM überträgt dann die Wertschriften vom Depot des Verkäufers auf das Depot des Käufers und informiert beide Parteien über den erfolgreichen Abschluss des Settlements. Die Wertschriftenlieferung erfolgt also

erst, nachdem die Zahlung ausgeführt wurde (Prinzip ↑Lieferung gegen Zahlung [LGZ]).
Etwas anders ist der Ablauf bei der europäisch ausgerichteten Börsenplattform ↑ Virt-x, die ein ↑Joint venture der Schweizer Börse und des elektronischen britischen Handelssystems Tradepoint ist. Im Gegensatz zur SWX verfügt die Virt-x über eine zentrale Clearingstelle. Das London Clearing House bildet für jede ↑Transaktion die Gegenpartei. Dadurch wird die Anonymität im Handel sichergestellt und das ↑Marktrisiko minimiert. Mittels Settlement-Netting werden am Erfüllungstag pro Titel und Partei verschiedene Titelbewegungen zu einem Settlement zusammengefasst. Das London Clearing House operiert nach britischem Recht; eine zentrale Clearingstelle nach schweizerischem Recht ist unter dem Namen ↑Xclear in Planung und soll 2002 eingeführt werden.

Hans-Dieter Vontobel

Lit.: *Heller, D./Nellen, Th./Sturm, A.: The Swiss Interbank Clearing System*, in: Finanzmarkt und Portfolio Management, Heft 4, 2000. – *Ransome, O.: Electronic Trade Confirmation and Beyond*, Bern 1997. – *Wechsler, R.: Die Abwicklung von Effektenhandelsgeschäften*, Bern 1996.

Wertschriftendepot
↑Depotgeschäft.

Wertschriftenfonds
↑Effektenfonds.

Wertschriftengeschäft
↑Effektengeschäft.

Wertschriftengiroverkehr
↑Effektengiroverkehr.

Wertschriftenkredit
↑Wertpapierverpfändung.

Wertschriftenportefeuille
↑Kapitalanlage.

Wertschriften-Transaktionsbank
↑Transaktionsbank.

Wertschriftenverpfändung
↑Lombardkredit; ↑Lombardieren.

Wertschriftenverwaltung
↑Vermögensverwaltung (Allgemeines); ↑Vermögensverwaltung (Rechtliches); ↑Depotabteilung.

Wertsicherungsklausel
↑Indexklausel; ↑Währungsklauseln.

Wertstellung
↑Valutierung.

W-Formation
Eine W-Formation entsteht dadurch, dass nach einem Abwärtstrend (↑Trend) eine Erholung einsetzt und die Kurse danach langsam bis etwa zum vorangegangenen Tiefstkurs ↑abbröckeln, danach stagnieren oder wieder ↑anziehen.

When issued
Handel mit noch nicht ausgegebenen ↑Effekten unter dem Vorbehalt, dass die ↑Emission zu den vorgesehenen Bedingungen und auf den vorgesehenen Zeitpunkt zu Stande kommt.

White knight
Englischer Ausdruck für «Weisser Ritter». Unternehmung (oder ↑Investor), welche einem von einer ↑feindlichen Übernahme bedrohten Unternehmen «als Retter zur Hilfe» eilt, indem sie ein Angebot zur freundlichen Übernahme (↑Übernahme, wirtschaftliche) unterbreitet. Der White knight befreit damit das bedrohte Unternehmen vom Angriff des Black knight. Als White knight wird in der Regel diejenige Unternehmung (Investor) angesehen, deren Absichten voraussichtlich am weitest gehenden mit den Plänen des Managements übereinstimmen.

Wholesale banking
Bezeichnung für das ↑Geschäftsfeld des Grosskundengeschäfts, auch Firmenkundengeschäfts (↑Firmenkunden, Firmenkundengeschäft). Der Gegensatz ist das ↑Retail banking. Typischerweise sind es grosse, international tätige ↑Universalbanken, welche in diesem Geschäftsfeld dominieren. Die Betreuung von Firmenkunden umfasst Leistungen wie die Abwicklung von internationalen Zahlungen, Foreign exchange, ↑Akkreditiven, ↑Dokumentarinkassi, Garantieleistungen und auch Grosskredite.

Widerrufgültig
Widerrufgültig wird ein limitierter ↑Börsenauftrag (↑Limitierung von Aufträgen) genannt, den die Bank unter Vorbehalt des Widerrufs bei erster Gelegenheit an irgendeinem, dem Tag der Auftragserteilung folgenden Datum ausführen muss, wenn ein Abschluss an der ↑Börse zu den festgesetzten Bedingungen nicht sofort zu Stande kommt. An der ↑SWX Swiss Exchange sind Eingaben ohne klare Begrenzung der Gültigkeitsdauer nicht möglich. Daher nehmen auch die Banken Aufträge zum Handel an der SWX ohne klare zeitliche Begrenzung nicht entgegen. An der ↑Eurex können widerrufgültige Aufträge eingegeben werden (↑Good till cancelled).

Widerrufliches Akkreditiv
↑Dokumenten-Akkreditiv.

Widerstandslinie
↑Unterstützung und Widerstand.

Wiederanlage
Wiederanlage bedeutet die erneute Anlage frei gewordener Geldmittel aus bisherigen Anlagen. Von Wiederanlage spricht man auch, wenn Erträge oder Gewinne sofort reinvestiert werden. ↑Thesaurierungsfonds. Synonyme: Reinvestition, Reinvestment.

Wiederaufbaubank
↑Weltbank.

Wiederbeschaffungswert
↑Replacement value.

Wiener Börse
Links: www.wienerborse.at

Wild cat
Risikoreiches Explorationsvorhaben zur Gewinnung von Bodenschätzen.

Willensvollstreckung
↑Testamentsvollstreckung.

Wilshire 5000
Der *Wilshire 5000 Index* enthält alle Gesellschaften, die ihr Domizil in den USA haben und deren ↑Aktien in den USA gehandelt werden. Die Gewichtung der etwa 6500 ↑Titel erfolgt nach deren ↑Börsenkapitalisierung. Neben dem Wilshire 5000 wird der Wilshire 4500 berechnet. Dieser Index enthält die Titel des Wilshire 5000, ohne die Titel des ↑Standard & Poor's 500 Index.

Wimpel
Wimpelförmige ↑Formation in ↑Bar-Charts und ↑Candlestick-Charts. Der Wimpel gilt als Hinweis auf eine Fortsetzung des bisherigen ↑Trends. Daher wird der Wimpel auch als Fortsetzungsformation bezeichnet.

Windfall profits
Anschaulicher Ausdruck für unerwarteten, nicht geplanten, «glücklichen» Gewinn («Windfall»: engl. Bezeichnung für «Fallobst», «vor die Füsse gefallene Früchte»). Windfall profits sind also Erträge und Gewinne, die nicht durch betriebliche Geschäftstätigkeit entstehen, sondern durch bestimmte allgemeine Situationsveränderungen. Beispiel: Wenn eine Unternehmung Rohstoffreserven besitzt, deren Förderungskosten bei einem Anstieg der Weltmarktpreise nicht steigen, entstehen Windfall profits. Sie sind ein Beurteilungskriterium in der ↑Aktienanalyse.

Window dressing
Anschaulicher Ausdruck für «ins Schaufenster (window) stellen», «beschönigen», «aufpolieren». Window dressing hat verschiedene Bedeutungen:
1. In der Bankbilanzpolitik bedeutet Window dressing, auf einen Stichtag hin die ↑Bilanzsumme durch Aufnahme von Interbankgeld erhöhen und damit eine höhere ↑Liquidität ausweisen
2. Im Fondsgeschäft und in der ↑Vermögensverwaltung spricht man von Window dressing, wenn ↑Wertschriften, die in einer Abrechnungsperiode schlecht performt haben, vor einem «Präsentationstermin» zwecks Verschönerung der Asset-Qualität (↑Asset quality) verkauft und durch erfolgreiche Qualitätspapiere ersetzt werden
3. Bei ↑Aktien mit ↑engem Markt kann Window dressing betrieben werden, indem durch Kaufaufträge vor wichtigen Terminen (z.B. Jahresende) der Börsenkurs nach oben beeinflusst wird.

Window dressing ist teuer und bringt ökonomisch nichts, ist aber nicht verboten.

WIR-«Geld»
Gängige Bezeichnung für Guthaben im WIR-Verrechnungsverkehr, der von der WIR-Bank (gegründet 1934 als ↑Genossenschaftsbank) organisiert und ihren Kunden des selbständigen Mittelstands angeboten wird. Zentrales Anliegen der Genossenschaft ist es, die Klein- und Mittelbetriebe in der Schweiz zu fördern und ihnen zu wirtschaftlichem Erfolg zu verhelfen. Über den WIR-Verrechnungsverkehr haben die dem System angeschlossenen Klein- und Mittelbetriebe die Möglichkeit, mehr Umsatz und Gewinn zu erzielen. Dies ist möglich, da WIR-«Geld» gebundene Kaufkraft darstellt. Die Guthaben können nur im Kreis der WIR-Teilnehmer ausgegeben werden, wodurch eine gegenseitige Berücksichtigung erzielt wird. Im Jahr 2001 zählte die WIR-Verrechnung über 60 000 WIR-Teilnehmer, die im gegenseitigen Geschäftsverkehr einen reinen WIR-Umsatz von CHF 1,7 Mia. erwirtschaftet haben. Der zusätzliche Umsatz, den die Teilnehmer dank dem WIR-Verrechnungsverkehr erzielen, beinhaltet aber nicht nur WIR-Guthaben, sondern auch Schweizer Franken, da in der Regel ein bedeutender Teil der getätigten WIR-Geschäfte in Schweizer Franken beglichen wird.

Das WIR-Verrechnungssystem funktioniert als ↑bargeldloser Zahlungsverkehr unter den WIR-Teilnehmern. Guthaben und Belastungen werden am Hauptsitz der WIR-Bank in Basel auf den WIR-

Kontokorrentkonten verbucht. WIR-Franken werden paritätisch zum Schweizer Franken gehandhabt. Als aktives Geld tragen WIR-Guthaben keine Zinsen, denn sie sollen immer wieder rasch in Zirkulation gebracht werden. Dem Verkäufer wird auf dem WIR-Teil einer ↑Transaktion eine Umsatzprovision verrechnet. Als Zahlungsmittel dienen der so genannte Buchungsauftrag (ein checkartiges Papier, das aber keinen Wertpapiercharakter aufweist), der WIR-Zahlungsschein (analog zum Einzahlungsschein im Schweizer-Franken-Verkehr) sowie die WIR-Karte. Mit der WIR-Karte können reine WIR-Zahlungen, kombinierte Zahlungen WIR–Schweizer-Franken sowie reine Schweizer-Franken-Zahlungen an den Verkaufspunkten vorgenommen werden (auch über ↑Electronic funds transfer at the point of sale [EFT/POS], sofern der Verkaufspunkt entsprechend ausgerüstet ist). Die WIR-Karte ist im WIR-Bereich eine ↑Debitkarte, im Schweizer-Franken-Bereich eine klassische ↑Kreditkarte mit von der WIR-Bank festgelegten persönlichen ↑Limiten.

Die WIR-Bank erteilt den WIR-Teilnehmern auch Kredite in WIR zu besonders günstigen Zinskonditionen (↑Bau-, Hypothekar-, Investitions- und ↑Kontokorrentkredite) sowie kombinierte Kredite WIR-Schweizer-Franken im Bau-, Renovations- und Umbaubereich. Im Jahr 2001 betrug das gesamte Kreditvolumen CHF 1,3 Mia. (davon 824 Mio. in WIR). Während die WIR-Verrechnung und die Kreditvergabe den WIR-Teilnehmern (Klein- und Mittelbetriebe) vorbehalten sind, steht der Anlagebereich (ausschliesslich in Schweizer Franken) der Allgemeinheit offen.

Die WIR-Bank ist dem BankG unterstellt und Mitglied der SBVg.   *Hervé Dubois*

Wirtschaftlich Berechtigter

Englische Bezeichnung: Beneficial owner. Der Begriff des wirtschaftlich Berechtigten wird in zwei verschiedenen Bedeutungen verwendet, die eng miteinander zusammenhängen. Genau genommen bezeichnet er denjenigen, der – ohne selbst Kunde einer Bank (eines ↑Finanzintermediärs) zu sein – aufgrund einer besonderen Rechtsbeziehung zum Kunden den ausschliesslichen oder überwiegenden wirtschaftlichen Nutzen aus den der Bank übergebenen Vermögenswerten zieht. In diesem Sinn verstanden setzt der Begriff voraus, dass der wirtschaftliche Nutzen an einem ↑Bankkonto nicht dem Kunden, sondern einem Dritten zusteht. Im Normalfall, wenn die bei der Bank deponierten Werte auch wirtschaftlich dem Kunden selbst zustehen, wird oft der Kunde selbst als wirtschaftlich Berechtigter bezeichnet (so etwa im Formular A gemäss Art. 3 und 4 VSB). Kunde und wirtschaftlich Berechtigter sind in diesem Fall identisch.

1. Entwicklung und Funktion

Der Begriff des wirtschaftlich Berechtigten wurde im schweizerischen Bank- und Finanzwesen erstmals heimisch, als 1977 mit der Vereinbarung über die Sorgfaltspflicht bei der Entgegennahme von Geldern und über die Handhabung des ↑Bankkundengeheimnisses (heute: ↑Vereinbarung über die Standesregeln zur Sorgfaltspflicht der Banken [VSB]) die Pflicht zur Feststellung des wirtschaftlich Berechtigten eingeführt wurde (VSB 3–6). Das Strafgesetzbuch dehnte die Pflicht mit Wirkung ab 01.08.1990 auf alle Finanzintermediäre aus («Wer berufsmässig fremde Vermögenswerte annimmt, aufbewahrt, anlegen oder übertragen hilft...», StGB 305ter; seit 01.10.1998 auch das ↑Geldwäschereigesetz, GwG 4 und 5). Die vor 1977 herrschende Ansicht, dass sich Banken und andere Finanzintermediäre nicht um die wirtschaftlichen Hintergründe ihrer Geschäfte kümmern müssen, ist überholt. Während StGB 305ter nur verlangt, dass die Feststellung des wirtschaftlich Berechtigten *mit der nach den Umständen gebotenen Sorgfalt* vorgenommen wird, präzisieren das GwG und die VSB, was zu tun ist: die Bank muss keine eigenen Abklärungen treffen, aber sie muss von ihrem Kunden eine schriftliche Erklärung über die Identität des wirtschaftlich Berechtigten einholen, und sie muss diese Erklärung auf ihre Plausibilität überprüfen; sie muss dies nach GwG und VSB aber nur dann tun, wenn Zweifel darüber bestehen, ob der Kunde mit dem wirtschaftlich Berechtigten identisch ist. Nach der Auffassung des Bundesgerichts ist diese Einschränkung auf den Zweifelsfall mit StGB 305ter nicht vereinbar (BGE 125 IV 139ff.). Dies wird wohl dazu führen, dass Banken und andere Finanzintermediäre die Erklärung des Kunden in Zukunft in jedem Fall einfordern werden. Im besonderen Fällen ist die Einholung der Erklärung auch nach GwG und VSB obligatorisch, so bei ↑Sitzgesellschaften, oder wenn grössere Geschäfte ausserhalb einer dauerhaften Geschäftsbeziehung abgewickelt werden (sog. Kassengeschäfte). Ist die Erklärung des Kunden nicht plausibel, müssen weitere Schritte folgen. ↑Geldwäscherei.

Dem schweizerischen Beispiel folgend sind auch auf internationaler Ebene Vorschriften über die Pflicht der Finanzintermediäre zur Feststellung des wirtschaftlich Berechtigten aufgestellt worden; so etwa die Empfehlung Nr. 11 der ↑Financial Action Task Force on Money Laundering (FATF) vom 07.02.1990 («Angaben über die wahre Identität der Personen ... für deren Rechnung ein Konto eröffnet oder eine Transaktion durchgeführt wird»; ferner Art. 3 (5) der EG-Richtlinie vom 10.06.1991 zur Verhinderung der Nutzung des Finanzsystems zum Zwecke der Geldwäsche («Identité réelle des personnes pour le compte desquels ces clients agissent»).

Wirtschaftsauskünfte

2. Erscheinungformen
Die beim Auseinanderfallen von wirtschaftlich Berechtigtem und Kunden vorausgesetzte, besondere rechtliche Beziehung, die dem wirtschaftlich Berechtigten den ausschliesslichen oder überwiegenden wirtschaftlichen Nutzen an den fraglichen Vermögenswerten verschafft, ist häufig ein *Auftrags- oder Treuhandverhältnis*. In diesem Fall ist der Vertragspartner (Kunde) der Bank im internen Verhältnis verpflichtet, die Weisungen seines Auftraggebers zu befolgen; dieser gilt demzufolge als der wirtschaftlich Berechtigte.
Etwas anders liegt der Fall, wenn der Kunde der Bank als ↑*Trustee unter einem anglo-amerikanischen* ↑*Trust* tätig wird. Der Trustee muss sich nach der Trusturkunde (Trust deed) richten. Ein eigentliches Weisungsrecht Dritter ist in der Regel nicht gegeben. Trotzdem lassen sich bei vielen Trusts eine oder mehrere vom Trustee verschiedene Personen ausmachen, die nach anglo-amerikanischem Recht als «Holder of a beneficial interest in the trust property» gelten. Sie werden in der Wirtschafts- und Finanzsprache «Beneficial owners» genannt und gelten nach schweizerischer Terminologie als wirtschaftlich Berechtigte. Es kann sich dabei um den Errichter oder um ↑Begünstigte des Trusts handeln. Kennt der Trust keine bestimmten Personen als «Holders of a beneficial interest», ist also der Kreis der Begünstigten nicht individuell bestimmt, so lässt sich kein wirtschaftlich Berechtigter ausmachen. Nach VSB Rz. 39 sind in diesem Fall ersatzweise besondere Vorkehren zu treffen.
In anderen Fällen beruht das Auseinanderfallen von Kundenstellung gegenüber der Bank und wirtschaftlicher Berechtigung auf der Tatsache, dass als Kunde der Bank eine *Sitzgesellschaft* auftritt (VSB 4). In diesem Fall kommt regelmässig einer von der Sitzgesellschaft verschiedenen Person oder Unternehmung die Stellung eines wirtschaftlich Berechtigten zu. Wirtschaftlich berechtigt ist in diesem Fall, wer die Sitzgesellschaft über die ↑Beteiligungsrechte beherrscht. Ist diese Person selbst Treuhänder, so ist wirtschaftlich Berechtigter, wer dem Treuhänder gegenüber weisungsberechtigt ist. Ist der Inhaber der Beteiligungsrechte Trustee unter einem Trust, so gilt das oben zum Trust Gesagte. Eine ↑juristische Person kann nur wirtschaftlich Berechtigte sein, wenn sie ein Handels-, Fabrikations- oder ein anderes nach kaufmännischer Art geführtes Gewerbe betreibt. Eine Sitzgesellschaft kann selbst nicht wirtschaftlich Berechtigte sein (VSB Rz. 36).

3. Durchgriff auf den wirtschaftlich Berechtigten?
Zivilrechtlich ist weiterhin davon auszugehen, dass die Bank auch bei Kenntnis der wirtschaftlichen Berechtigung eines Dritten vertraglich nur mit dem Kunden verbunden ist, auf den das Konto lautet. Die Bank braucht also in Anwendung von OR 479 auf formlose Interventionen Dritter, zu denen auch der wirtschaftlich Berechtigte zählt, nicht einzugehen. Doch ist dieser Grundsatz nicht mehr ganz unbestritten. So wird etwa die Meinung vertreten, dass die Bank auch den Erben eines wirtschaftlich Berechtigten unter besonderen Umständen Auskünfte über das Konto schuldet. Einer auskunftsberechtigten Strafverfolgungsbehörde gegenüber ist die Bank auch Auskunft über den wirtschaftlich Berechtigten schuldig. Im Arrestverfahren (↑Arrest, Arrestverfahren) hat die Frage zur Diskussion geführt, ob die Bank von sich aus zur Sperrung eines Kontos verpflichtet ist, das nicht auf den Arrestschuldner lautet, bei dessen wirtschaftlich Berechtigtem es sich aber um den Arrestschuldner handelt.
Christian Thalmann

Wirtschaftsauskünfte

Unter dem Begriff Wirtschaftsauskünfte werden alle für unternehmerische Entscheidungsprozesse relevanten Informationen zusammengefasst. Es handelt sich dabei um Informationen über natürliche und ↑juristische Personen, also Unternehmen. Wirtschaftsauskünfte enthalten, neben unternehmens- und branchenbezogenen Daten, Angaben zur ↑Bonität von Unternehmen und Privatpersonen (↑Scoring-Systeme, Konsumentendaten). Wirtschaftsauskünfte haben eine unterstützende Funktion bei betriebsinternen Entscheidungen, insbesondere in den Bereichen Finanz- und Rechnungswesen, aber auch bei Marketing- und Managemententscheidungen. Wirtschaftsauskünfte stellen Entscheidungshilfen dar.
Wirtschaftsauskünfte sind ein Instrument des ↑Risikomanagements und erhöhen die Transparenz wirtschaftlicher Beziehungen. Als Entscheidungshilfe bei der Kreditvergabe tragen sie dazu bei, Kreditrisiken (↑Kreditrisiko) zu minimieren und so den Finanzierungsspielraum und die Liquidität (↑Liquidität [Betriebswirtschaftliches]) von Unternehmen zu vergrössern. Entscheidend bei der Kreditvergabe sind die hausinternen Richtlinien des jeweiligen Unternehmens. Wirtschaftsauskünfte spiegeln dynamisch Zahlungserfahrungen wider und basieren ausschliesslich auf sachlichen Informationen über die ↑Kreditwürdigkeit von Unternehmen oder Konsumenten.
Willy Egeli

Wirtschaftsauskunftei

Wirtschaftsauskunfteien, auch Handels- oder Kreditauskunfteien genannt, sind Dienstleistungsunternehmen, die Informationen über die wirtschaftlichen Aktivitäten, die ↑Kreditwürdigkeit und die ↑Zahlungsfähigkeit von Unternehmen zusammentragen und aufarbeiten, in Datenbanken speichern und in Form von ↑Wirtschaftsauskünften gegen Entgelt zur Verfügung stellen. Die Zielfunktion der Wirtschaftsauskunfteien ist der Schutz vor Forderungsausfällen und damit die Minimierung von Kreditrisiken (↑Kreditrisiko). Die Wirtschaftsauskunfteien treffen keine Entscheidungen für das anfragende Unternehmen, sondern sie sind lediglich Informationsvermittler. Gemäss dem Schweizerischen Datenschutzgesetz dürfen Wirtschaftsauskünfte nur abgegeben werden, wenn eine Rechtfertigung vorliegt. Beispielsweise Kreditprüfung (↑Credit rating), Geschäftsanbahnung usw. *Willy Egeli*

Wirtschaftsberichterstattung
↑Finanzpresse.

Wirtschaftssektoren
↑Finanzierungsrechnung.

Wirtschaftsstudien
↑Anlagestudien.

Wissensbasierte Systeme
↑Expertensysteme.

Withholding tax
↑Quellensteuer in den USA und Kanada. Die Withholding tax weist, soweit sie Zinsen und ↑Dividenden erfasst, ähnliche Züge auf wie die schweizerische ↑Verrechnungssteuer.

Wohnbaufinanzierung
Wohnen ist ein Primärbedürfnis in unserer Gesellschaft. Entsprechend hoch ist dessen Stellenwert. Unter Wohnraum werden alle Gebäudetypen verstanden, welche sich vorwiegend für Wohnzwecke eignen. Primär sind es Mehrfamilienhäuser bzw. Renditeobjekte, weiter zählt man darunter Einfamilienhäuser und Wohnungen im ↑Stockwerkeigentum sowie Ferienhäuser. Als besondere Kategorie gelten Objekte, welche gleichzeitig dem Wohnen und dem Arbeiten dienen. Typische Vertreter sind landwirtschaftliche Liegenschaften und Wohnliegenschaften mit einem Gewerbeanteil. Mindestens die Hälfte der schweizerischen ↑Immobilien sind Wohnbauten. Bei der Finanzierung von Wohnbauten sind zwei Haupttypen zu unterscheiden: das Miet- oder Renditeobjekt sowie das Eigenheim.

1. Miet- oder Renditeobjekte
Rund zwei Drittel der Wohnbevölkerung in der Schweiz sind Mieter. Im Vergleich zu den meisten europäischen Ländern ist dieser Anteil sehr hoch. Noch überwiegen Private als Eigentümer und ↑Investoren von Renditeobjekten. Der Anteil ↑institutioneller Anleger, von ↑Immobilienfonds, professioneller Bau- und Immobilienfirmen und Versicherungen sowie anderer ↑juristischer Personen nimmt aber stetig zu. Baugenossenschaften, welche besonders in städtischen Gebieten namhaften Mietwohnraum anbieten, konnten ihren Anteil halten. Die öffentliche Hand dagegen hat ihren bisher hohen Liegenschaftenbestand etwas abgebaut.

Hauptinvestoren in Mietobjekte sind heute institutionelle Anleger, Versicherungsgesellschaften und Immobilienfonds. Daher ist der Eigenmittelanteil bei Renditeobjekten traditionell höher als bei Eigenheimen. Entscheidend für diese Investoren ist die nachhaltige Rendite, welche ein solches Objekt erzielen kann. Daher ist der Kapitalisierungszinssatz von entscheidender Bedeutung. Je tiefer dieser ist, desto sicherer ist die Anlage, entsprechend geringer jedoch auch die Rendite. Den Fremdkapitalanteil stellen primär Banken, aber auch Versicherungsgesellschaften und andere ↑Kreditgeber zur Verfügung. Von den verschiedenen Marktteilnehmern werden diverse Hypothekenmodelle (↑Hypothekargeschäft) angeboten. Die maximale ↑Belehnung, fast immer basierend auf einem nachhaltigen ↑Ertragswert, liegt bei etwa 80–85%. Diese Schulden sind in der Regel bis auf die ↑erste Hypothek (d.h. rund $^2/_3$ des ↑Verkehrswertes) zu amortisieren.

Die öffentliche Hand hat grosses Interesse an einer ausreichenden und attraktiven Versorgung mit Wohnraum. Sie sorgt auf den Ebenen Bund, Kantone und Gemeinden für eine gezielte Unterstützung. Diese erfolgt teilweise durch Steuererleichterungen, direkte und indirekte Subventionen. Schwergewichtig wird dabei die Schaffung und Erhaltung von preisgünstigem Wohnraum (Baugenossenschaften) unterstützt. Gelegentlich stellt die öffentliche Hand Bauparzellen zu günstigen Konditionen, beispielsweise im ↑Baurecht, zur Verfügung. Eine wesentliche Bedeutung hatte in den letzten Jahren die Förderung des Bundes durch das Bundesgesetz für die Wohnbau- und Eigentumsförderung (WEG) vom 04.10.1974. Dieses soll ab 2002 durch das Bundesgesetz über die Förderung von preisgünstigem Wohnraum (BFW) ersetzt werden. ↑Wohnbau- und Eigentumsförderungsgesetz des Bundes; ↑Wohneigentumsförderung.

2. Eigenheime
Rund ein Drittel der Wohnbevölkerung ist Eigenheimbesitzer. In Städten und Ballungszentren ist dieser Anteil deutlich tiefer. In den letzten Jahren hat sich das Verhältnis zulasten der Mieter etwas verschoben. Nach wie vor erfahren Bau und Kauf von Eigenheimen Unterstützung von verschiedenen Seiten.

Selten wird ein Eigenheim voll mit ↑Eigenkapital finanziert. Je nach Wirtschaftslage und Liegenschaftsmarkt wird erwartet, dass der Eigentümer mindestens 10%, meist aber eher 20% des Bau- bzw. Kaufpreises an Eigenmitteln aufbringt. Die Restfinanzierung erfolgt via ↑Fremdkapital. Im Vordergrund stehen dabei Hypotheken von Banken, gefolgt von jenen von Versicherungsgesellschaften und seltener von institutionellen Anlegern. Dann und wann wird ein Teil des erforderlichen Kapitals durch die Verwandtschaft aufgebracht, meist in Form von Erbvorbezügen oder zinsgünstigen bzw. zinslosen, nicht oder im Nachgang zur Bankfinanzierung pfandgesicherten ↑Darlehen. Von den Banken wird eine Vielzahl von Hypothekarmodellen angeboten.

Traditionell werden Bau und Erwerb von Wohneigentum von mehreren Seiten gefördert. Die öffentliche Hand beispielsweise tut dies auf verschiedenen Ebenen: Der Bund förderte seit vielen Jahren den Eigenheimerwerb massgeblich (WEG). Viele Kantone kennen entweder eigene oder sich an die Bundesförderung anschliessende Modelle. Ein besonders weit gehendes Angebot unterhält der Kanton Baselland mit der steuerlichen Begünstigung des ↑Bausparens. Auch auf Gemeindeebene gibt es verschiedene Initiativen. Die Banken bieten verschiedene Hypothekenmodelle an, welche Vergünstigungselemente aufweisen. Indirekt beteiligen sich auch viele Pensionskassen an der Eigentumsförderung, indem sie ihren Versicherten Hypothekarkredite zu günstigeren Konditionen gewähren.

Einen grösseren Einfluss auf die Eigenheimförderung hat das am 01.01.1995 in Kraft getretene Bundesgesetz über die Wohneigentumsförderung mit Mitteln der ↑Beruflichen Vorsorge. Unter bestimmten Voraussetzungen können Mittel aus der Vorsorge, zweite und ↑dritte Säule, entweder bezogen oder als Zusatzsicherheit für eine Hypothek verpfändet werden.

3. Ferienhäuser und Wohnobjekte im Ausland
Ferienobjekte werden in ähnlichem Rahmen finanziert wie Eigenheime, oft aber mit etwas tieferem Belehnungsausmass und zu einem leicht höheren ↑Zinssatz. Die Nachfrage zur Finanzierung von Objekten im Ausland nimmt stark zu. Nebst ausländischen Arbeitskräften, die von der Schweiz aus ein Wohnobjekt in ihrem Heimatland erwerben und finanzieren lassen, steigt die Zahl der Schweizer, welche Liegenschaftsbesitz im Ausland erwerben. Am häufigsten handelt es sich um Feriensitze. Ausserdem verlegen Schweizer nach der Pensionierung ihren Wohnsitz zunehmend ins (südliche) Ausland. Renditeobjekte sind vor allem von Privaten weniger gefragt. Die Finanzierung gestaltet sich häufig etwas schwieriger. Mittlerweile gibt es aber einzelne Modelle, mit welchen von der Schweiz aus Wohneigentum im Ausland finanziert werden kann. Im Vordergrund steht dabei die Höherbelehnung einer Liegenschaft in der Schweiz, sofern sich dies sicherungstechnisch verantworten lässt. Aber auch Lösungen in Zusammenarbeit mit einer ↑ausländischen Bank kommen vor, beispielsweise Gewährung einer Finanzierung in Schweizer Franken gegen Garantie durch eine Bank am Standort des Kaufobjekts.

Claudio Müller

Wohnbau- und Eigentumsförderungsgesetz des Bundes

Das Wohnbau- und Eigentumsförderungsgesetz (WEG) datiert vom 04.10.1974. Es beinhaltet Massnahmen zur Verbesserung der allgemeinen Voraussetzungen des Wohnungsbaus wie z. B. die Unterstützung der Erschliessung und des vorsorglichen Erwerbs von Bauland sowie die Wohnungsmarkt- und Bauforschung. Mit ↑Darlehen, Kapitalbeteiligungen und der Verbürgung von Anleihen werden gezielt die gemeinnützigen Wohnbauträger und ihre Dachorganisationen gefördert. Ferner enthält das WEG als wichtigstes Element Finanzierungshilfen und Zuschüsse zur Verbilligung der Wohnkosten in Miet- und Eigentumsobjekten. Dazu gehören die Verbürgung nachrangiger Hypotheken bis zu 90% der Anlagekosten, rückzahlbare verzinsliche Vorschüsse zur Reduktion der anfänglichen Wohnkosten (Grundverbilligung) sowie zusätzliche nichtrückzahlbare Beiträge für wirtschaftlich schwächere Haushalte (Zusatzverbilligung).

Das hervorstechendste Merkmal des Wohnbau- und Eigentumsförderungsgesetzes ist das System der *Grundverbilligung*. Ihm liegt die Überlegung zu Grunde, dass die Mietzinse und Eigentümerlasten im geförderten Wohnungsbau grosso modo der effektiven Entwicklung der realen Kosten und den zu erwartenden Einkommenssteigerungen der Bewohnerschaft folgen können. Dies erlaubt im Idealfall die Ansetzung tiefer Anfangsmieten, die Senkung des Subventionsaufwands, die Verminderung von Fehlbelegungen und die Verkleinerung der Schere zwischen Alt- und Neuwohnungsmieten. Im Verbilligungsmodell des Wohnbau- und Eigentumsförderungsgesetzes werden daher die Mietzinse zu Beginn unter den tatsächlichen nominellen Kosten angesetzt. Dafür sind im Zeitablauf steigende Belastungen in Kauf zu nehmen.

Die anfängliche Lücke zwischen den effektiven Kosten des Vermieters und den tieferen Mietzinseinnahmen wird durch die erwähnten Vorschüsse überbrückt, die für Eigentumsobjekte von den hypothezierenden Banken geleistet und vom Bund durch eine Schuldverpflichtung sichergestellt werden. Für die Mietwohnungen werden die Vorschüsse seit dem 01.01.2001 direkt vom Bund ausgerichtet. Sobald die Mieterträge die effektiven Kosten übersteigen, beginnt die Rückzahlung der Vorschüsse. Im Modellfall ist die Schuld innert 25–30 Jahren nach Beginn der Bundeshilfe getilgt. In der Realität haben die Immobilienkrise und die gesamtwirtschaftlichen Schwierigkeiten der 90er-Jahre den programmierten Mietzinsanstieg und damit auch den Rückzahlungsrhythmus ins Stocken gebracht. Schon der Gesetzgeber hat jedoch mit der Möglichkeit solcher Marktstörungen gerechnet und deshalb vorgesehen, dass die noch ausstehenden Vorschüsse nach 30 Jahren vom Bund erlassen werden können.

Die Veränderung der wirtschaftlichen Rahmenbedingungen, ihre Auswirkungen auf die Wohnbauförderung und die geplante Neugestaltung des Finanzausgleichs und der Aufgaben zwischen Bund und Kantonen haben den Bundesrat Ende der 90er-Jahre veranlasst, die Wohnungspolitik des Bundes grundsätzlich zu überdenken. Im Sommer 2001 wurde das Projekt für ein neues Bundesgesetz zur Förderung von preisgünstigem Wohnraum in die Vernehmlassung gegeben. Ab 01.01.2002 werden keine neuen Zusicherungen mehr für die Förderung von WEG-Objekten erteilt. Deshalb wird ab diesem Zeitpunkt das Wohnbau- und Eigentumsförderungsgesetz für die Bankinstitute bezüglich der Finanzierung neuer Geschäfte obsolet. Hingegen laufen die bisherigen Geschäfte und die dafür eingegangenen Bürgschafts- und Finanzierungsverpflichtungen von Bund und Darlehensgebern bis zum jeweiligen Ablauf der Bundeshilfe weiter. Das betrifft bankseitig insbesondere die Einhaltung des so genannten ↑Referenzzinssatzes des Bundesamtes für Wohnungswesen und der Amortisationsbedingungen; ferner die Unkündbarkeit der Hypotheken, es sei denn, der ↑Kapitaldienst werde vom Schuldner definitiv nicht mehr geleistet oder das Objekt nach vorheriger Rücksprache mit dem Bürgen als Not leidend erklärt.

Ein Informationsblatt für Darlehensgeber ist beim Bundesamt für Wohnungswesen in Grenchen erhältlich. *Peter Gurtner*

Wohneigentumsförderung

Im Jahre 1972 wurde die Förderung des Wohnungs- und Hauseigentums sowie der Selbstvorsorge in der Bundesverfassung in den heutigen Art. 108 und 111 verankert. Damit entsprach der Souverän einem weit verbreiteten Bedürfnis nach dem Besitz der eigenen vier Wände. Wohneigentum bietet Schutz vor Kündigung und kostenfremden Mietzinserhöhungen, lässt Spielraum für die Verwirklichung individueller Wohnwünsche, erhöht die Unabhängigkeit und dient der ↑Altersvorsorge, der Vermögensbildung und dem sorgfältigen Umgang mit der Wohnung und dem Wohnumfeld. Aus diesen und anderen Gründen unterstützt die Rechtsordnung den Zugang zum Wohneigentum. Dabei verkennt man nicht, dass die breite Eigentumsstreuung die Zersiedelung, den Boden- und Energieverbrauch verstärkt und die Mobilität beeinträchtigen kann. Demzufolge wird häufig postuliert, die Förderung auf das ↑Stockwerkeigentum und andere verdichtete Wohnformen im bestehenden Angebot und in gut erschlossenen Gebieten zu konzentrieren und institutionelle Vorkehren zur Vereinfachung der Handelbarkeit von Wohnobjekten zu treffen.

1. Geringe Eigentumsstreuung mit regionalen Unterschieden

Mit etwas über 30% aller Haushalte, die in ihrem eigenen Haus oder ihrer eigenen Wohnung leben, liegt die Wohneigentumsquote in der Schweiz am Schluss aller vergleichbaren Länder. Der tiefe Durchschnittswert verdeckt allerdings die Tatsache, dass die Eigentumsstreuung regional sehr verschieden ist. Ferner werden Zweitwohnungen nicht mitgezählt, und Hauseigentümer, die selber in Miete wohnen und ihr Haus vermieten, gelten statistisch als Mieterhaushalte. Zudem differiert die Eigentumsquote stark nach einzelnen Haushaltkategorien. Besonders bei Familien mit Kindern und in oberen Alters- und Vermögensklassen liegt sie erheblich über dem Durchschnitt. Im Vergleich zu wirtschaftlich ähnlich entwickelten Ländern liegt daher die Schweiz nicht derart abseits, wie das gemeinhin dargestellt wird, doch bleiben signifikante Unterschiede bestehen.

2. Gründe der tiefen Wohneigentumsquote

Die Gründe für die gesamthaft geringe Verbreitung von Wohneigentum sind vielfältig. Eine erste Ursache liegt in der relativ späten Einführung des Stockwerkeigentums. Vor 1965 war es ausser im Kanton Wallis nicht möglich, in Mehrfamilienhäusern ↑Eigentum zu bilden. Deshalb ist die tiefe Eigentumsquote vor allem ein Phänomen urbaner Gebiete, in denen diese Wohngebäude dominieren. Zweitens spielen das im internationalen Vergleich ungünstige Verhältnis zwischen den Kosten des Eigentumserwerbs und den durchschnittlichen Einkommen und Vermögen sowie das knappe Bodenangebot eine Rolle. Drittens besteht in der Schweiz ein qualitativ hoch stehendes und preislich tragbares Angebot an Mietwohnungen, was u.a. eine Folge der hohen Investitionsneigung und diese wiederum ein Zeichen befriedigender Ertragserwartungen und relativ liberaler Rahmenbedingungen ist. Eine hohe Eigentumsquote deutet nämlich häufig auf rigide Märkte und überholte Wirtschaftsstrukturen hin. Viertens drückt der überdurchschnittlich hohe Anteil ausländischer Haushalte auf die Eigentumsquote. Fünftens besteht ein eigentumspolitisches Dilemma, indem der starke Schutz des Eigentums dessen breitere Streuung behindern kann. Das zeigt sich zum Beispiel im Planungsrecht oder bei der Frage eines ↑Vorkaufsrechts für Mieter und Mieterinnen. Sechstens lässt sich eine nachhaltige Erhöhung der Eigentumsquote schon rein rechnerisch nicht über den Neubau, sondern nur über die Umwandlung bestehender Mietwohnungen erzielen. Für ungeeignete Objekte besteht jedoch diesbezüglich keine Nachfrage, und die brauchbaren Liegenschaften geben die ↑Investoren nur ungern aus der Hand. Siebtens ist das staatliche Engagement zur Förderung des Wohneigentums im Vergleich zu einzelnen ausländischen Beispielen relativ zurückhaltend. Die bestehenden Anreize werden jedoch oft unterschätzt, auch wenn sie die Eigentumsquote aus den genannten Gründen nicht wesentlich anzuheben vermochten.

3. Förderungsinstrumente
Für die Förderung des Wohneigentums gibt es viele Möglichkeiten. Im *Finanzierungsbereich* stehen Massnahmen zur Schliessung der Eigenkapitallücke und zur Senkung oder Staffelung der Kapitallasten im Vordergrund. Dazu gehören Bauspar-, Hypothekar- und Anleihensmodelle, ↑Bürgschaften und Verbilligungsbeiträge der öffentlichen Hand oder die Nutzbarmachung von Vorsorgegeldern. Im *Fiskalbereich* geht es um die zurückhaltende Ausgestaltung oder die Befreiung von Einkommens- und Vermögens-, Liegenschafts- und Gewinnsteuern; ferner um die Abzugsfähigkeit der Kapitalzinsen, Unterhaltskosten und ↑Spareinlagen. Im *Bau- und Planungsbereich* kann die Förderung über eigentumsfreundliche Baureglemente und Zonenvorschriften, einfachere Verfahrensabläufe, die Unterstützung der Erstellung bewohnerfreundlicher Siedlungsformen, die Gründung spezialisierter Bauträger oder die Verbreitung von exemplarischen Lösungen geschehen. Daneben gibt es Möglichkeiten zur Verbesserung der ↑Markttransparenz und zur Senkung der ↑Transaktionskosten. Zudem lassen sich durch geeignete Rechtsgrundlagen bestehende Eigentumsformen optimieren und Mischformen schaffen zwischen Miete und Eigentum.

Das Förderungsinstrumentarium wird in der Schweiz selektiv gehandhabt. Der Bund und verschiedene Kantone haben Gesetze, welche mit Bürgschaften und/oder Lastenzuschüssen vor allem wirtschaftlich schwächeren Haushalten den Eigentumserwerb erleichtern. Daneben werden die Anfangsbelastungen aufgrund des weit gehenden Schuldzinsenabzugs vom steuerbaren Einkommen wesentlich reduziert, da für die Mehrzahl der Eigentumserwerber trotz Anrechnung eines Eigenmietwerts während vielen Jahren ein negativer Saldo resultiert. Ferner kann seit einigen Jahren jede Person das im Rahmen der obligatorischen ↑beruflichen Vorsorge angesparte Guthaben vorbeziehen oder verpfänden und so als ↑Eigenkapital für den Eigentumserwerb oder die Rückzahlung von Hypothekardarlehen verwenden. Grundlage und Mass für den Vorbezug ist der individuelle Freizügigkeitsanspruch der versicherten Person. Das Gleiche gilt für die über die freiwillige Vorsorge gesparten steuerbegünstigten Mittel. Sodann wurde mit dem Steuerharmonisierungsgesetz der Aufschub der Besteuerung von Grundstückgewinnen im Fall einer Ersatzbeschaffung eingeführt. Schliesslich kennen einzelne Kantone eine bescheidene Bausparförderung sowie eine bewusst massvolle Besteuerung des Eigenmietwerts, oder sie lassen bei der Umwandlung von Miet- in Eigentumswohnungen einen Abzug bei der Besteuerung der Grundstückgewinne zu.

Im Anschluss an die im Jahre 1999 verworfene Volksinitiative «Wohneigentum für alle» schlug der Bundesrat dem Parlament im Rahmen des «Steuerpakets 2001» einen *steuerlichen Systemwechsel* vor. Danach sollte auf die Besteuerung des Eigenmietwerts verzichtet und als Gegenstück der Abzug von Zinsen und Unterhaltskosten weit gehend abgeschafft werden. Zudem beantragte er statt der Einführung eines steuerbegünstigten ↑Bausparens einen Mehrabzug im Rahmen der Säule 3a für Personen bis zum 45. Altersjahr.

In der parlamentarischen Beratung widersetzte sich die zuständige Kommission des Nationalrates dem Systemwechsel. Nach ihr müsste der Eigenmietwert generell auf 60% des ↑Marktwerts festgesetzt und in den ersten sechs Jahren zusätzlich um 50% reduziert werden. Beim Bausparen wäre den Steuerpflichtigen unter 45 Jahren zu erlauben, unabhängig vom steuerbegünstigten Alterssparen während 10 Jahren Bausparleistungen bis zu jährlich CHF 12 000 vom Einkommen abzuziehen. Entgegen diesem Beschluss entschied sich das Plenum des Nationalrats für den Systemwechsel. Allerdings entschied es sich bei den Unterhalts- und Zinskosten für grosszügigere Abzugsmöglichkeiten als der Bundesrat. Zudem übernahm es das Bausparmodell seiner Kommission, was die potenzielle Steuerausfälle gesamthaft wesentlich erhöht.

Der Ständerat hat bis Mitte 2002 über die Vorlage noch nicht entschieden. Die Rechtskommission verhielt sich jedoch gegenüber dem Systemwechsel in den ersten Beratungen äusserst skeptisch. Es ist abzusehen, dass sie sich vor allem aus finanziellen Gründen eher für eine Optimierung der geltenden Regelung aussprechen wird, weshalb das Schicksal des seit Jahren diskutierten steuerlichen Systemwechsels im Zeitpunkt der Fertigstellung dieses Berichtes noch in den Sternen stand.

Peter Gurtner

Wohnungseigentum
↑Stockwerkeigentum.

Wolfsberg anti money laundering (AML) principles
Die Wolfsberg anti money laundering principles basieren auf einer privaten Initiative von elf weltweit tätigen, führenden Banken, global anwendbare Grundsätze zur Bekämpfung der ↑Geldwäscherei für international tätige Privatbanken zu formulieren.

Die elf Institute ABN AMRO Bank, Barclays Bank, Banco Santander Central Hispano S.A., Chase Manhattan Private Bank, J.P. Morgan (Chase und J.P. Morgan haben in der Zwischenzeit fusioniert), Citibank N.A., Credit Suisse Group, Deutsche

Bank AG, HSBC, Société Générale und UBS AG wurden in ihrem Unterfangen von «Transparency International» (einer gemeinnützigen Nichtregierungsorganisation, die sich weltweit für die Bekämpfung der Korruption einsetzt) und Experten in der Geldwäschereibekämpfung unterstützt. Im Jahre 2001 ist zudem Goldman Sachs zur Gruppe der Banken gestossen. Eine für die Formulierung der Prinzipien wichtige Sitzung fand im UBS-Ausbildungszentrum «Wolfsberg» (Ermatingen, Kanton Thurgau) statt, woraus sich der Name Wolfsberg anti money laundering principles ergeben hat.

Die Wolfsberg anti money laundering principles, welche am 30.10.2000 der Öffentlichkeit vorgestellt wurden, regeln einerseits diverse *Aspekte der* ↑*Know your customer rules,* wie
– Identifikation des Vertragspartners
– Feststellung des ↑wirtschaftlich Berechtigten
– Erkennen und die Verfolgung ungewöhnlicher Aktivitäten und
– Erhöhte Sorgfaltspflicht bei besonderen Gegebenheiten, wie z.B. bei der Eingehung von Geschäftsbeziehungen mit Personen mit bedeutenden öffentlichen Funktionen

und andererseits *Pflichten,* wie
– Erstellen eines Überwachungsprogramms
– Festlegen der Kontrollpflichten in einer schriftlichen Weisung
– Regelmässige Berichterstattung betreffend Geldwäscherei-Fragen und -Themen zuhanden des Managements
– Festlegen eines Ausbildungs-, Trainings- und Informationsprogramms
– Aktenaufbewahrungspflicht von 5 Jahren und
– Errichtung einer Geldwäscherei-Fachstelle.

Die beteiligten Institute haben klar bekundet, dass die Prinzipien globale Gültigkeit für ihr Private banking business haben. Damit machen die beteiligten Institute deutlich, dass sie sich nicht aufgrund laxerer Regionalstandards in der Geldwäschereibekämpfung Wettbewerbsvorteile verschaffen wollen. *Martin Peter*
Links: www.wolfsberg-principles.com

Working capital
Umlaufvermögen. ↑Net working capital.

Work out
↑Notleidender Kredit.

Workout-Management
↑Credit pricing.

World Federation of Exchanges (WFE)
Die WFE ist die internationale Vereinigung der Wertpapierbörsen. Bis ins Jahr 2001 nannte sie sich FIBV gemäss der auf den französischen Ursprung zurückgehenden Bezeichnung ↑Fédération Internationale des Bourses de Valeurs. Die WFE umfasst rund 55 ↑Börsen aller 5 Kontinente. Sie dient dem Erfahrungsaustausch zwischen leitenden Vertretern der Börsen, organisiert Workshops zu spezifischen Börsenthemen und publiziert Börsenstatistiken.
Links: www.world-exchanges.org

Worldwide automated transaction clearing house
↑Gemeinschaftswerke der Banken.

Write-off
↑Private equity.

Wucher
Wucher bedeutete ursprünglich das Ausleihen von Geld gegen Zins. Das kirchliche Recht des Mittelalters untersagte die Annahme von Zinsen. Seit dem Aufkommen der Geldwirtschaft im ausgehenden Mittelalter gilt nur noch das Erheben übersetzter Zinsen als Wucher.

1. Wucher und Übervorteilung allgemein
Das heutige schweizerische Recht regelt den Wucher zunächst im Obligationenrecht (Übervorteilung, OR 21) und im Strafgesetzbuch (Wucher, StGB 157). In beiden Fällen geht das Gesetz bei der Umschreibung des Tatbestandes weit über die herkömmliche Bedeutung des Wuchers als Zinswucher hinaus. Übervorteilung im Sinne von OR 21 liegt vor, wenn ein Vertrag, der ein offenbares Missverhältnis zwischen Leistung und Gegenleistung vorsieht, von der einen Partei durch Ausbeutung der Notlage, der Unerfahrenheit oder des Leichtsinns der andern Partei herbeigeführt wird. Ähnlich bestraft StGB 157 nach der seit 01.01.1995 in Kraft stehenden Fassung wegen Wucher denjenigen, der die Zwangslage, die Abhängigkeit, die Unerfahrenheit oder die Schwäche im Urteilsvermögen einer Person dadurch ausbeutet, dass er sich oder einem andern für eine Leistung Vermögensvorteile gewähren oder versprechen lässt, die zur Leistung wirtschaftlich in einem offenbaren Missverhältnis stehen; ebenso wird wegen Wucher bestraft, wer eine wucherische Forderung erwirbt und sie weiterveräussert oder geltend macht. Die Tatbestände der Übervorteilung und des Wuchers erfassen somit beispielsweise auch das Fordern übersetzter Preise für besonders knappe Waren oder das Fordern übersetzter Mietzinse und Honorare. So wurde von den Gerichten z.B. ein um etwa 25% übersetzter Mietzins oder ein Wechseldiskontsatz, der einem Jahreszins von 25,7% bis 38,8% entsprach, als wucherisch angesehen. Immer ist die Ausnützung einer spezifischen Unterlegenheit der Gegenpartei (Zwangslage, Abhängigkeit usw.) vorausgesetzt, die dem Täter erkennbar sein muss.

Die Rechtsfolge der Übervorteilung besteht nach OR 21 in der einseitigen Unverbindlichkeit des Vertrages. Der Übervorteilte kann innerhalb Jahresfrist erklären, dass er den Vertrag nicht halten will, und er kann das bereits Geleistete zurückverlangen. StGB 157 sieht als Strafe für den Wucherer Zuchthaus oder Gefängnis vor.

Obligationenrecht und Strafgesetzbuch verzichten also auch im Bereich der Darlehenszinsen darauf, das als Wucher geltende Missverhältnis zwischen Leistung und Gegenleistung zahlenmässig festzulegen. Der Richter hat also die Aufgabe, in jedem einzelnen Fall zu ermitteln, ob «bei objektiver Betrachtung» eine solche Diskrepanz besteht. Er wird berücksichtigen, wie hoch das Risiko für den Darleiher ist, welche ↑Passivzinsen er aufzuwenden hat und welche Sicherheiten für die Forderung bestehen.

2. Spezielle Höchstzinsvorschriften
Nach OR 73 II steht den Kantonen das Recht zu, Bestimmungen gegen Missbräuche im Zinswesen aufzustellen. Nach ZGB 795 II kann die kantonale Gesetzgebung ausserdem Vorschriften über den Höchstbetrag des Zinsfusses für grundpfandgesicherte Forderungen aufstellen. Im Bereich des Konsumkredits ist ab 01.01.2003 ausschliesslich der Bund zum Erlass von Höchstzinsvorschriften zuständig. Solche Vorschriften sind *nicht* als Konkretisierungen des Tatbestandes der Übervorteilung oder des Wuchers zu verstehen, sondern sie sind gegebenenfalls zusätzlich zu beachten (↑Höchstzins; ↑Höchstzinsvorschriften).

Christian Thalmann

Wuchsaktie
↑Wachstumsaktien.

WZG
Abk. f. Bundesgesetz über Währung und Zahlungsmittel. ↑Währungs- und Zahlungsmittelgesetz.

X-clear
Beim Handel von Wertschriften über eine Börse werden immer häufiger zentrale Gegenparteien (↑Central counterparty [CCP]) eingeschaltet. Bei X-clear handelt es sich um eine Bank der ↑SIS Swiss Financial Services Group AG, die zusammen mit dem London Clearing House (LCH) als zentrale Gegenpartei bei Handelsabschlüssen auf der Virt-x-Handelsplattform auftritt. Die X-clear agiert einerseits als schweizerische zentrale Gegenpartei und andererseits im grenzüberschreitenden Geschäft der ↑Virt-x als «Sub-CCP» von LCH.
Links: www.ccp.sisclear.com

Xemac
↑Swiss Euro Clearing Bank (SECB).

Xetra
Bei *Xetra* handelt es sich um das elektronische ↑Handelssystem der Deutschen Börse. Xetra wurde im November 1997 schrittweise eingeführt. Inzwischen können sämtliche an der Frankfurter Wertpapierbörse notierten ↑Aktien auf Xetra gehandelt werden.

Yankee bonds, Yankeeanleihen

Yankee bonds, Yankeeanleihen
Von ausländischen Schuldnern weltweit platzierte USD-Anleihen, die bei der SEC (↑Securities and Exchange Commission) registriert sind. ↑Domestic bonds.

Yield
↑Compound yield.

Yield curve
Englische Bezeichnung für ↑Zinsertragskurve. ↑Zinsstrukturkurve.

Yield enhancement
Yield enhancement heisst Verbesserung der ↑Rendite. ↑Strukturierte Produkte.

Yield fund
↑Anlagezielfonds.

Yield or share (YOS)
↑Strukturierte Produkte.

Yield spread
↑Price spread; ↑Kursspanne.

Yield to maturity (YTM)
↑Rendite auf Verfall. Diese ergibt sich durch Aufsummierung der ↑Cashflows eines Zinspapiers oder Zinsinstruments bis zum Rückzahlungstermin. Die Summe der diskontierten Cashflows (↑Barwert) muss dem ↑Dirty price entsprechen. ↑Bewertung von Anleihensobligationen.

YOS
Abk. f. Yield or share. ↑Strukturierte Produkte.

YTM
Abk. f. ↑Yield to maturity.

Zahlkarten
↑Kartenbasierte Zahlungsmittel.

Zahlstelle
Als Zahlstelle bezeichnet man die vom ↑Emittenten von ↑Aktien oder ↑Obligationen beauftragte Stelle, die ohne Kosten für den Aktionär oder Obligationär alle aus der Ausgabe und dem Umlauf des betreffenden ↑Wertpapiers sich ergebenden ↑Transaktionen durchführt, vornehmlich die Auszahlung fälliger ↑Dividenden- bzw. ↑Zinscoupons. Die Zulassung eines Wertpapiers zum ↑Börsenhandel hat zur Bedingung, dass für den betreffenden ↑Titel eine Zahlstelle bezeichnet ist. ↑Couponsdienst.

Zahlstellensteuer
↑Anleihensobligation.

Zahlstellenvereinbarung
↑Couponsdienst.

Zahlungsanweisung
Heute Postanweisung. Auftrag an die Post (↑Postfinance), einem Dritten einen bestimmten Betrag in bar auszuzahlen. Eine Dienstleistung, die von der Post, nicht aber von den Banken angeboten wird. Im Gegensatz dazu spricht man von einem Überweisungsauftrag oder ↑Zahlungsauftrag, wenn eine Bank oder die Post beauftragt wird, einem Dritten einen Betrag auf seinem Konto gutzuschreiben.

Zahlungsaufschub
↑Bankenstundung.

Zahlungsauftrag
Der Auftrag des Kunden an die Bank, aus seinem Guthaben oder zulasten seines Kredits eine Zahlung zu leisten. Der Zahlungsauftrag kann schriftlich, mündlich oder elektronisch (↑Electronic banking) erteilt und von der Bank so entgegengenommen werden, wenn sie über den Auftraggeber keinen Zweifel hat. ↑Banküberweisung; ↑Laufender Auftrag; ↑Swiss Interbank Clearing (SIC); ↑Zahlungsverkehr.

Zahlungsbereitschaft
↑Liquidität (Betriebswirtschaftliches).

Zahlungsbilanz
Die Zahlungsbilanz ist eine systematische Aufstellung des Handels- und Kapitalverkehrs eines Wirtschaftsgebietes mit dem Ausland während eines bestimmten Zeitraumes. Dazu gehören der Austausch von Waren und Diensten, die Entgelte für Arbeit und Kapital (↑Kapital [Volkswirtschaftliches]), die Übertragungen und die grenzüberschreitenden ↑Investitionen. Ergänzend zur Zahlungsbilanz werden im ↑Auslandvermögen die Bestände der Forderungen und Verpflichtungen gegenüber dem Ausland ausgewiesen. Als statistischer ↑Indikator dient die Zahlungsbilanz vor allem der Wirtschaftpolitik und -forschung. Im System der Volkswirtschaftlichen Gesamtrechnung (VGR) zeigt die Zahlungsbilanz den Einfluss der Aussenwirtschaft auf Wertschöpfung, Sparverhalten und Finanzierungsströme einer Volkswirtschaft.
In der Ertragsbilanz – in Deutschland und Österreich als Leistungsbilanz bezeichnet – sind die so genannten realen ↑Transaktionen Waren, Dienste, Einkommen und laufende Übertragungen enthalten. Zur Kategorie Vermögensübertragungen gehören Kapitalübertragungen sowie der Handel mit immateriellen Vermögenswerten (z.B. Patente). Der Kapitalverkehr wird nach dem Investitionsmotiv in ↑Direktinvestitionen (Investitionen mit Beteiligungscharakter), ↑Portfolioinvestitionen (Investitionen in ausländische ↑Wertpapiere aus Anlagemotiven), Finanzderivate, ↑Währungsreserven und übrige Investitionen (hauptsächlich

Kredite der Banken und der übrigen Sektoren) gegliedert. Als Währungsreserven gelten leicht verwertbare Auslandaktiven der Währungsbehörden, die für internationale Zahlungen und Devisenmarktinterventionen benützt werden können.
In der Zahlungsbilanz werden alle Transaktionen doppelt verbucht. Die Zahlungsbilanz ist deshalb im Prinzip rechnerisch immer ausgeglichen. Fehler und statistische Lücken in den Erhebungen führen allerdings in der Regel zu einer Differenz zwischen eingehenden und ausgehenden Leistungen, die als Restposten der Zahlungsbilanz bezeichnet wird. Die Höhe des Restpostens weist folglich auf Mängel in der Zahlungsbilanzstatistik hin.

Für analytische Zwecke wird die Zahlungsbilanz in verschiedenen Teilbilanzen (Saldo des Waren- und Dienstleistungsverkehrs, Ertragsbilanz, Kapitalverkehrsbilanz usw.) dargestellt. Im Gegensatz zur Zahlungsbilanz als Ganzes können Teilbilanzen einen positiven oder negativen Saldo ausweisen. Zählt man die Saldi aus Waren- und Dienstleistungsverkehr zusammen, so erhält man den Beitrag der Aussenwirtschaft zum Bruttoinlandprodukt, der vor allem in der Konjunkturanalyse verwendet wird. Wird der Aussenbeitrag um die Saldi der Einkommen und laufenden Übertragungen ergänzt, ergibt sich der Saldo der Ertragsbilanz. Ein Ertragsbilanzüberschuss (einschliesslich Vermögensübertragungen) entspricht im Kapitalverkehr einem Nettokapitalexport (↑Kapitalexport) und im Auslandvermögen einer transaktionsbedingten Zunahme der Nettoforderungen gegenüber dem Ausland. In Verbindung mit der VGR bedeutet ein Ertragsbilanzüberschuss, dass die volkswirtschaftlichen Ersparnisse (↑Sparen [Volkswirtschaftliches]) im Inland grösser sind als die Investitionen. Die nebenstehende Übersicht zeigt wichtige Teilbilanzen und ihre Bedeutung in der VGR.

Wichtige Teilbilanzen in der VGR

Zahlungsbilanz	VGR
Ertragsbilanz	

Waren
  Warenexporte
  Warenimporte
  Saldo
	Aussenbeitrag zum BIP (Bruttonationaleinkommen)

Dienstleistungen
  Dienstleistungsexporte
  Dienstleistungsimporte
  Saldo	

Saldo aus dem Waren- und Dienstleistungsverkehr	

Einkommen
  Einnahmen
  Ausgaben
  Saldo
	Aussenbeitrag zum Volkseinkommen

Saldo aus dem Waren- und Dienstleistungsverkehr und den Einkommen	

Laufende Übertragungen
  Einnahmen
  Ausgaben
  Saldo
	Saldo der inländischen Investitionen und Ersparnisse / Finanzierungssaldo

Saldo der Ertragsbilanz	

Vermögensübertragungen
  Aus dem Ausland
  An das Ausland
  Saldo	

Saldo Ertragsbilanz und Vermögensübertragungen	

Kapitalverkehr einschliesslich Währungsreserven
  Kapitalexporte
  Kapitalimporte
  Saldo
	Finanzierungssaldo

1. Die Grundlagen der schweizerischen Zahlungsbilanzstatistik

Die schweizerische Zahlungsbilanz wird seit 1985 jährlich erstellt und im Bericht «Die Zahlungsbilanz der Schweiz» veröffentlicht. Seit 1999 werden ausserdem Quartalsschätzungen der Zahlungsbilanz publiziert. Jährliche Daten der Ertragsbilanz sind bereits seit 1947 und Quartalsdaten seit 1972 verfügbar. Die Zahlungsbilanz wird von der Schweizerischen ↑Nationalbank (SNB) gemäss der Zahlungsbilanzmethodik des ↑Internationalen Währungsfonds (IWF) erstellt. Rechtsgrundlage ist das Bundesstatistikgesetz von 1992.

Die Daten der schweizerischen Zahlungsbilanzstatistik stammen aus verschiedenen Quellen, überwiegend aus Erhebungen der Nationalbank. Auch Schätzungen spielen für die Ermittlung der Daten eine wichtige Rolle, wobei hier vor allem der Auslandtourismus sowie die grenzüberschreitenden Arbeits- und Kapitaleinkommen der privaten Haushalte zu erwähnen sind. Angaben über den Güterverkehr werden der Handelsstatistik der Oberzolldirektion entnommen. Weitere Bundesstellen, insbesondere das Bundesamt für Statistik (BfS), tragen ebenfalls wesentlich zur Datenbasis der Zahlungsbilanz bei. In Anbetracht der vielfältigen Verflechtung der Schweiz mit dem Ausland ist eine vollständige Aufzeichnung der internationalen Handels- und Finanzströme praktisch nicht möglich. Bekannterweise bestehen bei den Dienstleistungen und bei den derivativen Finanzinstrumenten (↑Derivate) in der schweizerischen Statistik noch Lücken. Auf Mängel in der Zahlungsbilanzstatistik weist auch der Restposten, der im Zeitablauf stark schwanken kann. Vergleiche auf internationaler Ebene zeigen ausserdem, dass zwischen den weltweiten Exporten und Importen für verschiedene Komponenten der Zahlungsbilanz teilweise beträchtliche Differenzen bestehen, obwohl sich die Saldi der nationalen Statistiken in der Weltzahlungsbilanz ausgleichen sollten.

2. Die Entwicklung der schweizerischen Zahlungsbilanz

Die Ertragsbilanz wies in den letzten Jahrzehnten mehrheitlich Überschüsse aus. Aufgeschlüsselt nach Teilbilanzen zeigte die Einkommensbilanz mit den Entgelten für Arbeit und Kapital einen steten, tendenziell ansteigenden Überschuss, der auf das wachsende Nettovermögen im Ausland zurückzuführen war. Der Aussenbeitrag zum BIP (Bilanz der Waren und Dienste) war bis in die 80er-Jahre ausgeglichen. Der Passivsaldo im Warenverkehr wurde durch den Überschuss in der Dienstleistungsbilanz kompensiert. Seit den 90er-Jahren weist auch der Aussenbeitrag wegen der gegenüber den Warenexporten schwächeren Importen einen ↑Aktivsaldo aus. Die Kapitalverkehrsbilanz, für die seit 1984 offizielle Daten vorliegen, wies spiegelbildlich zu den Überschüssen der Ertragsbilanz Nettokapitalexporte aus. Rund 95% davon entfielen auf die Direkt- und Portfolioinvestitionen. Der Saldo des übrigen Kapitalverkehrs – zur Hauptsache ↑Bankkredite – schwankte von Jahr zu Jahr stark, blieb jedoch über einen längeren Zeitraum betrachtet praktisch ausgeglichen. Die Währungstransaktionen der Nationalbank hatten bei längerfristiger Betrachtung mit 4% einen eher geringen Anteil am gesamten Nettokapitalexport. Interventionen zur Stabilisierung des Frankens tätigte die Nationalbank in grösserem Umfang letztmals im Jahre 1978. Die Nationalbank übte ausserdem in den 70er-Jahren einen starken Einfluss auf die Zahlungsbilanz aus, indem sie als Reaktion auf die massiven Kapitalzuflüsse die Bewilligungspflicht für Auslandsemissionen und -kredite (↑Auslandkredite) zur Förderung des Kapitalexports einsetzte. Im Zuge der Liberalisierung der Kapitalmärkte wurde die Bewilligungspflicht im Jahre 1995 durch eine statistische Meldepflicht ersetzt. Die Reservebilanz wird seither im Wesentlichen durch die Reinvestition der Deviserträge und bis Ende 1999 durch die Devisenswaps (↑Devisengeschäft) zur ↑Geldmengensteuerung beeinflusst. Wirkungen auf die Zahlungsbilanz entstehen auch durch andere wirtschaftliche Massnahmen und Gesetze. Darunter fallen Importbeschränkungen, die Einwanderungspolitik, staatliche Monopole, die Einschränkungen von ausländischen Beteiligungen an inländischen Unternehmen sowie Beschränkungen des Grundstückerwerbs durch Ausländer.
Thomas Schlup

Zahlungsdepositen
↑Bank (Begriff und Funktionen).

Zahlungsfähigkeit
Synonym: Solvenz. Fähigkeit, die fälligen Verbindlichkeiten termingerecht zu erfüllen.

Zahlungsgarantie
↑Bankgarantie.

Zahlungshalber
Der Schuldner hat kein Recht, dem ↑Gläubiger eine andere Leistung (z.B. ↑Abtretung einer Forderung anstatt Barzahlung) zu erbringen als diejenige, die Gegenstand des Schuldverhältnisses ist. Der Gläubiger kann aber eine Ersatzleistung annehmen. Ist dabei gemeint, dass der Schuldner aus dem ursprünglichen Schuldverhältnis verpflichtet bleiben soll, soweit sich der Gläubiger nicht aus der Verwertung der ihm überlassenen Sache oder Forderung befriedigen kann, so erfolgt die Ersatzleistung zahlungshalber. Ein Mehrerlös gehört in diesem Fall dem Schuldner. Die Entgegennahme von ↑Checks oder ↑Wechseln erfolgt in der Regel zahlungshalber. Gegensatz zur Leistung zahlungshalber: Die Ersatzleistung wird vom Gläubiger an ↑Zahlungsstatt angenommen.

Zahlungsinstrumente
Körperliche Instrumente, mit Ausnahme gesetzlicher ↑Zahlungsmittel (↑Banknoten und ↑Münzen), die aufgrund ihrer besonderen Beschaffenheit allein oder in Verbindung mit einem anderen (Zahlungs-)Instrument den Inhaber/Benutzer in die Lage versetzen, ↑Geld oder einen ↑monetären Wert zu übertragen. Zahlungsinstrumente sind beispielsweise ↑Kreditkarten, ↑Debitkarten, ↑Wertkarten oder andere von Finanzinstituten herausgegebene Karten, ↑Reisechecks oder andere ↑Checks sowie ↑Wechsel. Sie sind beispielsweise durch ihr Design, eine Codierung (↑Code, Codierung) oder eine Unterschrift gegen Fälschung oder betrügerische Verwendung geschützt. *Jacques Bischoff*

Zahlungsmittel
Zahlungsmittel treten in zwei Formen auf. Noten (↑Banknoten) und ↑Münzen stellen die baren Zahlungsmittel oder ↑Bargeld dar. Buch- oder ↑Giralgeld werden als unbare oder bargeldlose Zahlungsmittel betrachtet. Im Gegensatz zu früher weisen heutige Zahlungsmittel nur noch einen Verwendungszweck auf, das heisst, sie sind stoffwertlos. Ihre Funktion besteht einzig darin, die Abwicklung von ↑Transaktionen so effizient und kostengünstig wie möglich zu gestalten. Frühere Geldformen – beispielsweise Naturalien oder Gold – konnten neben ihrer Tauschfunktion noch für andere Zwecke verwendet werden.
Kleinere ↑Denominationen von Bargeld werden in der Regel als Münzen geprägt. Mittlere und grös-

sere Beträge werden als Noten oder Scheine herausgegeben. Bargeld wird vom Staat, meistens der ↑Notenbank, emittiert. Diese garantiert die Rückzahlung zum Nominalwert (↑Nennwert). Bargeld wird insbesondere bei Transaktionen verwendet, bei denen die Beteiligten im direkten Kontakt zueinander stehen. Bargeldtransaktionen können anonym abgewickelt werden. Eine Geldschuld gilt mit der Bargeldzahlung unverzüglich als erfüllt (final), und der Empfänger kann den erhaltenen Betrag sogleich weiter verwenden. Bargeld weist in den meisten Ländern den Status eines gesetzlichen Zahlungsmittels auf. Dies bedeutet, dass alle Personen zur Entgegennahme von Bargeld verpflichtet sind.

Unbare Zahlungsmittel, d. h. Buchgeld oder Giralgeld, sind Umbuchungen von einem Konto auf ein anderes. Die Konti werden von einer zentralen Institution, meistens einer Bank geführt. Halten beide Transaktionspartner ein Konto bei derselben Bank, findet die Umbuchung intern statt. Unterhalten sie zu unterschiedlichen Banken Kontobeziehungen, wird entweder eine ↑Korrespondenzbank oder ein ↑Zahlungssystem eingeschaltet. Die Sichtguthaben (↑Girokonto) bei der Schweizerischen ↑Nationalbank (SNB) weisen zusätzlich die Eigenschaft auf, dass sie gesetzliches Zahlungsmittel sind.

Die Übertragung von Buchgeld kann auf verschiedene Arten ausgelöst werden. Ein ↑Check zum Beispiel ist eine papiergebundene Instruktion, die es der Bank des Begünstigten erlaubt, auf das Konto des Zahlenden zuzugreifen (↑Checkverkehr). Checks können sowohl im direkten Kontakt als auch über Distanz verwendet werden. Die Beträge sind in der Regel nicht limitiert. Zur Reduktion des Betrugsrisikos werden verschiedene Massnahmen eingesetzt, beispielsweise die Firmierung oder die Überprüfung der Identität des Ausstellers. Eine ebenfalls papiergebundene Zahlungsinstruktion ist der Einzahlungsschein. Im Gegensatz zum Check ist dieser jedoch ein Kreditinstrument, da der Schuldner die Buchungsvorgänge initiiert.

Stark verbreitet haben sich in den letzten Jahren auch ↑Kreditkarten. Bei einer Kreditkartentransaktion kommt es zu einer Intermediation (↑Intermediationsfunktion der Banken), indem sich das Kreditkartenunternehmen zwischen Käufer und Verkäufer schaltet. Der Herausgeber der Karte vergütet zunächst dem Verkäufer den ausstehenden Betrag wenige Tage nach der Transaktion. Die mit der Kreditkarte getätigten Transaktionen werden über die Dauer der Rechnungslegungsperiode (in der Regel einen Monat) akkumuliert. Am Ende dieser Periode wird eine aggregierte Zahlung an den Herausgeber fällig. Wird diese nicht fristgerecht geleistet, müssen dem Herausgeber der Karte Zinsen bezahlt werden. Kreditkarten werden sowohl im direkten Kontakt als auch über Distanz eingesetzt. Die Beträge, die während der Rechnungsperiode der Karte belastet werden können, sind begrenzt. Ob die Belastungslimite schon erreicht ist, wird meistens vor jeder Transaktion elektronisch überprüft.

↑Debitkarten funktionieren in mancher Hinsicht anders als Kreditkarten. Bei Debitkarten wird jede Zahlung einzeln ausgelöst, d. h. es findet keine Aufrechnung statt. Die Abwicklung in Form einer Übertragung von Buchgeld erfolgt entweder gleichentags oder am Tag danach. Das Konto des Inhabers wird direkt belastet, d. h., dieser kann nicht steuern, wann ein Betrag überwiesen wird. Wie bei Kreditkarten bestehen bei Debitkarten Bezugsgrenzen, die bei jeder Transaktion elektronisch an einer zentralen Stelle überprüft werden.

Banken verwenden zur Erfüllung ihrer monetären Forderungen ihre eigenen Kreisläufe. Die Instruktionen werden meistens in elektronischer Form an ein ↑Clearing- und Abwicklungssystem (↑Swiss Interbank Clearing [SIC]) übermittelt. Ein wichtiger Anbieter in diesem Bereich ist ↑S.W.I.F.T. Die technologischen Fortschritte führen zu raschen Veränderungen in den Möglichkeiten, wie Zahlungsmittel transferiert und wie diese Übertragungen ausgelöst werden. Eine Innovation besteht beispielsweise darin, dass Werteinheiten nicht mehr physisch wie Bargeld, sondern auch elektronisch übertragen werden können (↑Electronic cash). Andere Neuerungen sind, dass die Übertragung von Buchgeld über neue Kanäle wie das ↑Internet oder das mobile Telefonnetz ausgelöst werden kann.

Daniel Heller

Zahlungsort
↑Zahlstelle.

Zahlungsstatt
Nimmt der ↑Gläubiger vom Schuldner an Stelle der geschuldeten Leistung (z. B. ↑Geld) eine Ersatzleistung (z. B. die ↑Abtretung einer Forderung) an Erfüllungsstatt oder an Zahlungsstatt an, so geht die Schuld mit der Entgegennahme dieser Ersatzleistung unter. Ist die Ersatzleistung mehr wert als die geschuldete Leistung, so hat der Gläubiger den Vorteil; andernfalls trägt er den Ausfall. Anders bei der Leistung ↑zahlungshalber. Im Zweifel erfolgt die Entgegennahme einer Ersatzleistung zahlungshalber und nicht an Zahlungsstatt.

Zahlungssystem, internationales
↑Internationaler Zahlungsverkehr.

Zahlungssysteme
Zahlungssysteme gewährleisten die Zirkulation von ↑Geld. Zu den heute in der Schweiz bekannten Betreibern von systemisch bedeutsamen Zahlungssystemen zählen die ↑Swiss Interbank Clearing AG (als Betreiberin des Schweizer-Franken-

Zahlungssystems SIC und des primär von Schweizer ↑Banken zur ↑Abwicklung von Euro-Zahlungen benutzten System (↑euro SIC), die ↑SIS SegaIntersettle AG (Wertschriftenabwicklungssystem Secom) sowie die Post (schweizerisches Postzahlungssystem). ↑Internationaler Zahlungsverkehr.

Zahlungsunfähigkeit
Die Zahlungsunfähigkeit (Insolvenz) einer Unternehmung (Illiquidität) ist gegeben, wenn diese nicht mehr in der Lage ist, ihre finanziellen Verpflichtungen zu erfüllen. Die Zahlungsunfähigkeit führt zum Konkurs, sofern keine Nachlassstundung möglich ist.

Zahlungsunfähigkeit bei Banken
↑Bankensanierung.

Zahlungsverkehr
Eine der Funktionen des Geldes in einer arbeitsteiligen Volkswirtschaft ist die Bezahlung, der Ausgleich fälliger Forderungen, die sich aus dem Kauf von Gütern und dem Bezug von Dienstleistungen ergeben. Dazu kommen Zahlungen, welche die Übertragung von ↑Wertpapieren begleiten, und diese sind bei einem ausgeprägten Finanzsystem (↑Systemstabilität, Förderung der) bedeutend. In offenen Wirtschaften lösen auch Devisengeschäfte Zahlungsvorgänge aus. Der Begriff Zahlungsverkehr steht für die Gesamtheit dieser Zahlungsvorgänge und die Systeme zu ihrer Abwicklung. In einem allgemeineren Sinn werden zum Zahlungsverkehr auch Dienste gerechnet, die den Zahlungsvorgang ergänzen und begleiten.

1. Definition
Eine Zahlung ist die unwiderrufliche, endgültige und daher *finale* Weitergabe von Geld. Das heisst, der Vorgang der Übertragung der Verfügbarkeit über das Geld muss vollständig abgeschlossen sein, und der Zahlungsempfänger muss dann bedingungslos über das Geld verfügen können. Finalität verlangt letztlich, dass der Empfänger entweder ↑Bargeld erhalten hat oder über sein ↑Bankkonto oder Postkonto indirekt auf *Zentralbankgeld* zugreifen kann. So ist beispielsweise das Eintreffen der Mitteilung einer Zahlung von der wirklichen Übertragung der Verfügbarkeit über Geld zu unterscheiden. Auch gibt es Systeme, bei denen die Finalität erst in einem späteren *Clearing* (Erzielen von Übereinstimmung über Forderungen) und *Settlement* (Ausgleich der Forderungen) erreicht wird, und erst dann ist die Zahlung vollzogen. (↑Clearing and settlement).
Eine Zahlung erfolgt umso schneller, je zügiger die Abwicklung nach der Auftragserteilung abgeschlossen und Finalität erreicht ist. Im Kern der damit verbundenen Teilschritte steht die Übertragung von *Zentralbankgeld* von einem Konto zu einem anderen Konto, das Banken bei der Zentralbank (↑Notenbank) unterhalten. Dazu muss die Bank, die eine solche Überweisung vorhat, einen hinreichenden Kontostand haben. Die Banken wollen den Zahlungsverkehr mit geringen Guthaben bei der Zentralbank (mit geringer Liquidität) bewältigen, weil diese nicht verzinst werden. Doch sind die Transaktionsvolumina enorm und daraus entstehen Probleme: Die Banken wollen am liebsten Zahlungseingänge abwarten, bevor sie ihre eigenen Aufträge initiieren, niemand möchte beginnen. Daher steht im Kern des Zahlungsverkehrs die *Organisation* der Abfolge und das Management der *Warteschlange* bei Überweisungen von Zentralbankgeld.
Hier sind verschiedene Systemvarianten realisiert worden. Insbesondere wird unterschieden, ob Banken, die gegenseitig Forderungen haben, nur noch den *Nettobetrag* ausgleichen müssen, oder ob eine der Banken eben beginnen muss, den *Bruttobetrag* voll zu zahlen *(Gross settlement)*. Ebenso ist wichtig, ob ein einzelner Auftrag sofort nach Bearbeitung, also in Echtzeit *(Realtime)*, dem Empfänger Verfügbarkeit über Zentralbankgeld bringt, oder ob die Aufträge im System erst gesammelt und später, vielleicht mit Tagende, abgeschlossen werden. Da Banken pro Tag zahlreiche Aufträge eingeben, sinkt ihr Liquiditätsbedarf, wenn die Systemarchitektur eine geringere Abwicklungsverzögerung aufweist und eine Bank daher bei den eingehenden Zahlungen aufgrund der früheren Finalität auf das Zentralbankgeld zugreifen kann, um die nächsten Überweisungen zu tätigen. Systeme mit einer Architektur des *Realtime gross settlement* (↑Realtime gross settlement system [RTGS]) werden als qualitativ hochstehend beurteilt. Das ↑Swiss Interbank Clearing (SIC) ist zentralisiert, ein Bruttosystem, und es läuft in Echtzeit ab (RTGS). SIC wird im Auftrag und unter Überwachung der Schweizerischen ↑Nationalbank (SNB) von der ↑Telekurs AG, einem Gemeinschaftswerk der Banken, betrieben.

2. Ergänzungen
Dieses Kernstück des Zahlungsverkehrs – Transfers zwischen den bei der Zentralbank gehaltenen Konti – ist um weitere Verarbeitungsschritte ergänzt, sodass insgesamt die Zahlung von Nichtbank-Kunde zu Nichtbank-Kunde führen kann. Die weiteren Verarbeitungsschritte sind auf die Beziehung zwischen Kunden und Bank fokussiert und so gestaltet, dass sie deren Besonderheiten berücksichtigen. Aufgrund der Verschiedenheit der Kundenbeziehungen gibt es hier eine entsprechende Vielfalt von Teilprozessen. Die ergänzenden Verarbeitungsschritte führen so zu einer *Pluralität* der Arten und Systeme im Zahlungsverkehr, die beispielsweise die ↑Kontoführung, Daueraufträge, EFT-POS (↑Electronic funds transfer at the point of sale) und vieles andere mit einschliessen.

Zahlungsverkehr

Eine wichtige Unterscheidung in dieser Vielfalt betrifft das Ausmass der Verwendung von *Bargeld* und von *Papier* und somit die Bedeutung der *Elektronik*. Frühe Formen des Transports von Bargeld von Ort zu Ort mit einer Kutsche und das Mitführen von Münzen sind durch Formen des bargeldlosen Zahlungsverkehrs zu einem grossen Teil verdrängt. Hybride Systeme, bei denen die Übertragungskette teils Bargeld verwendet, in Teilschritten bargeldlos funktioniert, kamen mit den ↑*Korrespondenzbanken* sowie den *Postscheckämtern* auf. In der weiteren Entwicklung nahmen Papierträger (↑Checks, Zahlungsscheine, Überweisungsträger) grossen Raum ein, doch auch sie verursachen in ihrer Verarbeitung hohen Aufwand, vor allem weil trotz maschineller Lesung Korrekturen und Nachbearbeitungen erforderlich sind, die den Einsatz menschlicher Arbeit verlangen. Das Bestreben ist daher, alle Schritte des Zahlungsverkehrs *bargeldlos* und *papierlos* abzuwickeln. Zunehmend sind Zahlungen von sich im Raum bewegenden Zahlungsauftraggebern zu verzeichnen, zum Beispiel bei Gebühren für die Benutzung von Autobahnen, sodass für die gewünschte Schnelligkeit, Bequemlichkeit und Mobilität neue technische Lösungen gesucht werden.

3. System

Die allerorts angestrebte Aufgabe, den Zahlungsverkehr zu erleichtern – um die Arbeitsteilung, Spezialisierung, Beweglichkeit in der Realwirtschaft zu fördern und die Attraktivität des Finanzsystems zu stärken –, wird in allen Währungsgebieten der Zentralbank zugewiesen. Die *Leichtigkeit* des Zahlungsverkehrs drückt sich erstens in den volkswirtschaftlichen Kosten aus. Im Bereich der Realwirtschaft werden die Kosten für den Zahlungsverkehr auf 1% bis 2% des gesamten Umsatzes an Waren und Dienstleistungen geschätzt. Zweitens verlangt Leichtigkeit oder Effizienz des Zahlungsverkehrs Störungsfreiheit. Beispielsweise treten in hybriden Systemen an Medienbrüchen (etwa Telefon – Papier – Computer) immer wieder Fehler auf. Neben operativen ↑Risiken steht der Betrug. Mit all solchen Risiken sind Kosten verbunden, die oft übersehen werden. Risiken im Zahlungsverkehr können eventuell sogar die Stabilität des Finanzsystems gefährden. Im Hinblick auf Kosten und Risiken werden die Beträge nach ihrer Grösse unterschieden. Bei Zahlungen zwischen Privatpersonen und Firmen (Einkauf, Lohn, Miete usw.) geht es um Beträge, die regelmässig geringer sind als die Beträge, die aufgrund von Finanztransaktionen (↑Geldmarktinstrumente, Swaps) und von Devisengeschäften zwischen Banken gezahlt werden. Hierbei lösen einzelne Geschäfte Zahlungen von mehr als CHF 100 Mio. (bzw. Euro, Dollar) aus. Störungen bei der Abwicklung können eine Bank und mit ihr das Finanzsystem gefährden. Im *Grossbetrags-Zahlungsverkehr* ist daher wichtig, ein Abwicklungssystem zu wählen, das vor allem die *Sicherheit* des Systems betont.

Die Systemwahl und die Beaufsichtigung des Betriebs übernehmen der Staat oder die Zentralbank, denn sie sind letztlich der Garant für ein stabiles Finanzsystem und müssten bei Krisen einspringen. Typischerweise entscheidet sich die Zentralbank für ein *einziges* System mit hoher Sicherheit. Da sie mit der zeitlichen Verzögerung zusammenhängt, mit der Finalität erreicht wird, werden Realtime-Architekturen bevorzugt.

4. Kleinbetrags-Zahlungssysteme

Anders im Kleinbetrags-Zahlungsverkehr. Bei kleinen Beträgen steht die Gefährdung des Finanzsystems nicht im Vordergrund. Die Leichtigkeit des Zahlungsverkehrs verlangt bei kleinen Beträgen Kosteneffizienz und Bequemlichkeit oder Kundennutzen. Hier hält sich der Staat mit Vorgaben zurück und erlaubt einen Markt der Anbieter. Im Wettbewerb schälen sich dann einige Systeme heraus, die nebeneinander Platz finden. Besonders populär sind Karten (mit Magnetstreifen oder ↑Chips) als Schlüssel für den ↑Zahlungsauftrag. Die Karten werden unterteilt nach ↑*Pay before* (Aufladen von CASH), ↑*Pay now* (Online-Abbuchung) und ↑*Pay later* (↑Kreditkarten). Jede Kategorie bietet Vor- und Nachteile, die mit dem Zahlungsumstand variieren. Die Verwendung dieser Karten hängt natürlich auch von der Preispolitik ab, hier spielt der *Anbieter* der Karte hinein, der sie entgegennehmende *Händler* und der *Verarbeiter*, der die Abwicklungen ausführt. Da Chips immer leistungsfähiger werden, können sie in Zukunft weitere Dienstleistungen tragen (Smartchips). Daher gehören die Karten nicht nur zum operativen Betrieb im Zahlungsverkehr, sondern besitzen eine strategische Funktion für die Innovation im Sortiment der Angebote.

5. Internationalisierung und Weiterentwicklung

Es fällt auf, dass trotz der heutigen internationalen Verflechtung von Wirtschaft und Finanzwelt der Zahlungsverkehr noch betont national organisiert ist, im Gegensatz zu ↑Börsen und Zentralverwahrern von Wertpapieren. Doch langsam dürfte sich der Fokus auf die Heimwährung ändern, wodurch neue Herausforderungen für die ↑Regulierung und Aufsicht entstehen. Versuche, den Zahlungsverkehr «global» zu organisieren, scheitern allerdings oft an den nationalen Interessen jener Länder, die zu einer Mitwirkung eingeladen werden. Mit dem Sprung auf eine neue Technologie kommt es immer zu *Grössenvorteilen,* was bedeutet, dass mit jeder neuen Technologie eine stärkere Zentralisierung des Zahlungsverkehrs verbunden ist. Kein Land möchte am Ende lediglich zum Nutzer eines globaleren Systems werden, das irgendwo anders konzentriert ist und das heimische System verdrängt. Deshalb schreitet die Internationalisierung des Zahlungsverkehrs nur langsam voran. Andererseits verlangen die Entwicklungsarbeiten und Investitionen in neue Technologien einen so hohen Einsatz, der auf einer rein nationalen Ebene wirtschaftlich nicht vertretbar ist, weshalb grosse Anbieter und Systemhäuser als Träger und Koordinatoren neuer Systeme in Erscheinung treten.

Die von ihnen angebotenen Weiterentwicklungen im Zahlungsverkehr gehen in verschiedene Richtungen. Ein wichtiger Punkt ist die Ergänzung von Dienstleistungen im Zahlungsverkehr mit Funktionen, die jeder Kunde derzeit noch für sich ausführt, und die besser zusammen mit dem Zahlungsverkehr gekoppelt ausgeführt werden können. Im Kleinbetragszahlungsverkehr ist hier das ↑Electronic bill presentment and payment zu nennen, das Buchhaltungsfunktionen des Kunden in den Zahlungsverkehr integriert. Weitere Punkte sind die Anreicherung der Chip-Funktionen in den Karten, der Ausbau von Automaten und die Ermöglichung mobiler Zahlungen. Im Grosszahlungsverkehr, besonders bei Devisengeschäften, wird mit ↑ *Continuous linked settlement (CLS)* eine Entwicklung eingeleitet, die eine Zahlung an die Lieferung der Devise oder des Wertpapiers koppelt und gleichsam Zug um Zug zahlt und liefert.

Insgesamt ist der Zahlungsverkehr als ein volkswirtschaftlich bedeutender Bereich zu beurteilen, der Fragen im Umkreis von Geld und Bank mit Systemtechnik verknüpft, und der aufgrund der dynamischen Weiterentwicklung fasziniert, Chancen bietet und strategisch herausfordert.

Klaus Spremann

Lit.: *Bank für Internationalen Zahlungsausgleich (BIZ): Zahlungsverkehrssysteme in elf entwickelten Ländern, Frankfurt 1989.* – *Hartmann, W. et al.: Zentralbanken und Zahlungsverkehr. Zeitschrift für Kreditwesen, Vol. 16, 1996.* – *Spreemann, K.: Wettbewerb und Technologie im Zahlungsverkehr, Bern 1997.* – *Zwahlen, J.: Nationalbank und Zahlungsverkehr, Der Bund, Sonderbeilage zu Nr. 97, Bern 1991.*

Zahlungsverkehr, internationaler
↑Internationaler Zahlungsverkehr.

ZEBRAS
Abk. f. Zero coupon eurosterling bearer of registered accruing securities. Bezeichnung für auf den Namen oder den Inhaber ausgestellte Eurosterling-zero-coupon-Bonds. ↑Zerobonds; ↑Stripped bonds.

Zedent
↑Abtretung.

Zehnergruppe
Bezeichnung der Ländergruppe, die 1962 (in den «Allgemeinen Kreditvereinbarungen») beschloss, ihre ↑Währungen zur Verfügung des ↑Internationalen Währungsfonds (IWF) zu halten (Belgien, Deutschland, Frankreich, Grossbritannien, Italien, Japan, Kanada, Niederlande, Schweden, USA). Die Schweiz wurde 1984 Vollmitglied der Zehnergruppe. Anlass für ihre Gründung war die Verknappung des US-Dollars für internationale Reservezwecke (↑Reservewährung), woraufhin 1967 die ↑Sonderziehungsrechte (SZR) als zusätzliche internationale ↑Währungsreserve eingeführt wurden. In den 60er-Jahren waren Treffen der Zehnergruppe wichtige weltwirtschaftliche Foren, ähnlich wie heute die Treffen der ↑G 07.

Zeichnung
Auch Subskription. Durch die Zeichnung verpflichtet sich ein ↑Investor, aufgrund eines Emissionsprospektes (↑Emissionsgeschäft; ↑Prospektpflicht) neue ↑Wertschriften (↑Obligationen, ↑Aktien, ↑Partizipationsscheine usw.) für einen bestimmten Betrag zu übernehmen. Dabei unterzieht er sich den im ↑Prospekt formulierten Bedingungen, im Besonderen was die ↑Liberierung der gezeichneten ↑Titel anbelangt. Die Zeichnung stellt für den Zeichner eine unbedingte Zahlungsverpflichtung dar, während der ↑Emittent sich im Falle einer Überzeichnung meistens eine Herabsetzung der eingegangenen Zeichnungsbeträge vorbehält (↑Repartierung). ↑Freie Zeichnung; ↑Konzertzeichner; ↑Majorisierung.

Zeichnungsbedingungen
Unter Zeichnungsbedingungen versteht man die Modalitäten einer Neuemission (↑Initial public offering). Zeichnungsbedingungen bei ↑Obligationen sind z.B. der Nominalzinsfuss, der ↑Ausgabepreis, das Liberierungsdatum, die ↑Laufzeit, die Kündigungsbestimmungen. Die Zeichnungsbedingungen werden im Emissionsprospekt (↑Emissionsgeschäft) und in der Presse bekannt gegeben. ↑Zeichnung.

Zeichnungsfrist
Periode für die ↑Zeichnung von ↑Effekten aus ↑Emission.

Zeichnungsschein
Im Zeichnungsschein verpflichtet sich der Zeichner bei einer ordentlichen oder genehmigten ↑Kapitalerhöhung zur bedingungslosen Übernahme einer Anzahl ↑Aktien.

OR 652 II regelt den Inhalt des Zeichnungsscheines. Falls der Zeichnungsschein selbst keine Befristung enthält, endet die Verpflichtung des Zeichners drei Monate nach der Unterzeichnung. Bei der Gründung sind keine Zeichnungsscheine erforderlich. Bei der bedingten Kapitalerhöhung ersetzt die schriftliche Erklärung nach OR 653e den Zeichnungsschein. Nicht erforderlich sind Zeichnungsscheine bei der Kapitalerhöhung aus ↑Eigenkapital (Ausgabe von ↑Gratisaktien).

Zeichnungsstelle
Bank, welche bei einer ↑Emission ↑Zeichnungen entgegennimmt. Dadurch wird ein Rechtsverhältnis zwischen der Bank und dem Zeichner, nicht aber gegenüber dem ↑Emittenten geschaffen.

Zeitgelder
↑Kreditoren auf Zeit; ↑Verpflichtungen gegenüber Banken.

Zeitrente
↑Rentenversicherung.

Zeittratte
↑Dokumentarinkasso.

Zeitwert
Der Begriff Zeitwert hat drei Bedeutungen:
1. Wert der einem Vermögensgegenstand auf einen bestimmten Zeitpunkt z.B. ↑Bilanzstichtag auf dem Beschaffungs- oder Absatzmarkt zukommt. Andere Bezeichnung: ↑Tageswert
2. Bei ↑Optionen der Unterschied zwischen dem inneren Wert der Option und dem aktuellen ↑Kurs der Option. Ist der innere Wert der Option null, ergibt sich der Preis einer Option ausschliesslich aus dem Zeitwert
3. Synonym für den Zukunftswert (Future value).

ZEK
Abk. f. ↑Zentralstelle für Kreditinformation (ZEK).

Zentralbank
Als Zentralbank wird das Institut bezeichnet, welches die spezifischen Aufgaben der Geld- und Währungspolitik sowie die Regulierung des ↑(bargeldlosen) Zahlungsverkehrs eines Landes bzw. einer Währungsunion wahrnimmt. Die Erfüllung währungspolitischer Aufgaben erfolgt im Einklang mit den Erfordernissen einer gesunden Entwicklung der Volkswirtschaft unter Einhaltung eines stabilen Geldwertes im Inland. Zentralbank ist, vorab in der Schweiz, synonym mit Notenbank. ↑Notenbanken; ↑Nationalbank, Schweizerische (SNB); ↑Europäische Zentralbank (EZB).

Zentralbanken-Goldpool
↑Edelmetallhandel.

Zentralbankgeldmenge
↑Notenbankgeldmenge.

Zentrale Gegenpartei
↑Central counterparty (CCP).

Zentralstelle für Kreditinformation (ZEK)
Die Zentralstelle für Kreditinformation (ZEK) ist eine Datenbank über Kredit- und Leasinginteressenten sowie über Verpflichtungen und die ↑Bonität von Kreditnehmern, ↑Leasing-Nehmern und Karteninhabern (↑Kartenbasierte Zahlungsmittel). Sie wird geführt durch den Verein zur Führung einer Zentralstelle für Kreditinformation (ZEK) mit Sitz in Zürich. Datenzugang haben nur die Vereinsmitglieder. Als solche werden Unternehmungen aufgenommen, die in den Geschäftsbereichen ↑Konsumkredit, ↑Leasing sowie ↑Kredit- und ↑Kundenkarten tätig sind. Zurzeit sind 85 Mitgliedfirmen mit rund 600 Geschäftsstellen an die Datenbank angeschlossen. Die Zentralstelle für Kreditinformation (ZEK) dient als Entscheidungsgrundlage bei der Prüfung von Kredit- und Leasinggesuchen sowie von Kartenanträgen. Sie bildet ein entscheidendes Instrument zur Verhinderung der Überschuldung von Konsumenten und erfüllt damit eine wirtschafts- und sozialpolitisch wichtige Aufgabe. In der Datenbank werden über die vermerkten Personen folgende Informationselemente gespeichert: Offene und abgelehnte Konsumkredit- und Leasinganträge; laufende und erfüllte Verpflichtungen aus Konsumkredit- und Leasingverträgen; Kreditkartenengagements und Überziehungskredite (↑Kontoüberziehung), wenn die Kreditoption während drei Abrechnungsperioden oder – bei Überziehungskrediten – während 90 Tagen mit einem Sollsaldo per Saldostichtag von mindestens CHF 3 000 benutzt wird; Angaben zum Zahlungsverhalten bei Konsumkredit- und Leasingverträgen (Positiv- und Negativdaten); gesperrte oder zurückgezogene Kredit- und Kundenkarten; öffentlich publizierte Daten über Konkurse, Nachlassstundungen, Bevormundungen usw.
Die Zentralstelle für Kreditinformation (ZEK) bearbeitete im Jahre 2001 2 270 797 Anfragen. Ende 2001 waren bei ihr 1 284 604 Personen mit 2 207 940 Informationselementen gespeichert. Eingetragen waren 390 007 laufende Konsumkreditverträge mit Ausständen von CHF 5,449 Mia., 417 590 laufende Leasingverträge mit einem Gesamtvolumen von CHF 6,904 Mia. sowie 16 177 Karten-Negativinformationen. *Robert Simmen*

Zentralstelle zweite Säule
Die dem Sicherheitsfonds BVG angegliederte «Zentralstelle zweite Säule» ist eine Verbindungsstelle für die ↑Vorsorge- und Freizügigkeitseinrichtungen zu ihren Versicherten. Diese Einrichtungen melden der Zentralstelle jene Versicherten, zu denen sie den Kontakt verloren haben. Ebenfalls melden sie ihr die «↑vergessenen Guthaben der zweiten Säule», deren Berechtigte das ordentliche Rentenalter erreicht, aber noch keine Ansprüche geltend gemacht haben. Versicherten auf der Suche nach ihren Vorsorgeguthaben gibt die Zen-

tralstelle Informationen über die in Frage kommenden Einrichtungen. Diese Lösung für das Problem der «vergessenen Guthaben» kam durch eine Revision des Freizügigkeitsgesetzes zustande und ist am 01.05.1999 in Kraft getreten.

Zentralzahlstelle
↑Couponsdienst.

Zerobonds
Ein Zerobond ist eine ↑Obligationenanleihe, die dadurch charakterisiert wird, dass sie während ihrer ↑Laufzeit keine Zinszahlungen abwirft. Es existieren zwei Arten von Zerobonds: Diskontobligationen (↑Discount-Bonds) und globalverzinsliche ↑Obligationen (Globalbonds).

1. Merkmale
Bei der reinen *Diskontobligation* erfolgt anstelle einer laufenden Verzinsung die ↑Emission weit unter pari und die ↑Rückzahlung am Ende der Laufzeit zum ↑Nennwert. Der Emissionspreis ist dabei abhängig von der Laufzeit, der Schuldnerbonität und dem Renditeniveau; der Nennwert wird mit einem festgelegten, marktgerechten Zinssatz abdiskontiert. Beispielsweise kann ein Unternehmen eine zwölfjährige Zerobond-Anleihe mit einem Nennwert von CHF 100000 begeben zu einem ↑Ausgabepreis von CHF 25000, was einer Rendite von 12,25% entspricht. Die Laufzeit einer Diskontobligation kann bis zu 20 oder 30 Jahre betragen.
Die reine *globalverzinsliche Obligation* wird zum Nennwert emittiert. Anstelle periodischer Zinsvergütung ist der Rückzahlungspreis entsprechend höher. Die Republik Österreich beispielsweise emittierte im Frühjahr 1985 eine solche Null-Coupon-Anleihe zu einem Nennwert von DM 100 Mio., mit einer Laufzeit von 10 Jahren, einer Rendite von 7,16% und einem Rückzahlungspreis von DM 200 Mio. Ähnlichkeit mit den Zerobonds weisen auch die Geldmarktbuchforderungen des Bundes, der Kantone und der Gemeinden auf, die auch als ↑Treasury bills und ↑Bankers' acceptances bezeichnet werden. Allerdings beträgt deren Laufzeit nicht mehr als zwölf Monate.
Mit Zerobonds erhält der Anleger einerseits die Garantie eines über längere Zeit fixen Zinssatzes. Dies ist besonders interessant, wenn mit einem Zinsrückgang gerechnet wird. Anderseits kann der Anleger davon ausgehen, dass der ↑Emittent die Anleihe kaum kündigen wird, solange der Rückzahlungspreis erheblich über dem Ausgabepreis liegt. Ferner trägt der Anleger mit Zerobonds kein Wiederanlagerisiko für den Zins. Ein Käufer von gewöhnlichen Obligationen kann keine konstante Rendite erwarten, wenn er seine anfallenden Couponzahlungen reinvestieren möchte. Allerdings sind die Kurse von Zerobonds von einer höheren ↑Volatilität geprägt als die gewöhnlicher Obligationen; mit ihnen ergeben sich grössere Gewinne oder auch Verluste. In Ländern, in denen der vom Zerobond generierte Kapitalgewinn steuerfrei ist, wird dessen Rendite tiefer angesetzt als bei den gewöhnlichen Obligationen, deren Rendite versteuert werden muss. In der Schweiz werden Zerobonds und Geldmarktbuchforderungen steuerlich gemäss Kreisschreiben Nr. 4 der ESTV vom 12.04.1999 behandelt. Dieses unterscheidet zwischen Obligationen mit ausschliesslicher Einmalverzinsung (reine Diskontobligationen) und Obligationen mit überwiegender Einmalverzinsung (gemischte Diskontobligationen [Discount-Bond]). Wird der Zins als Einmalentschädigung bei der Rückzahlung vergütet, ist diese bei der Rückzahlung bzw. die Differenz zwischen Kaufpreis und Verkaufspreis bei einer allfälligen Handänderung als Vermögensertrag steuerbar.

2. Herkunft und Entwicklung
1981 emittierte in den USA die amerikanische Firma Martin Marietta die erste öffentliche Zerobond-Anleihe. Mit dieser Anleihe nutzte Martin Marietta das damalige Steuergesetz aus, um die Kapitalkosten zu verringern. Es war damals möglich, den ↑Diskont in jährlichen Raten von der Steuer abzuziehen. Zudem bot der tiefe Ausgabepreis beim damaligen hohen ↑Zinsniveau die Möglichkeit, dem Anleger eine niedrigere Verzinsung als bei herkömmlichen Obligationen schmackhaft zu machen. Im Jahre 1982 wurde in den USA die Tax equity and fiscal responsibility act erlassen, die den Steuervorteil für Emittenten von Zerobonds abbaute. Diese Angebotslücke wurde mit den Quasi-Zerobonds (Serial zero coupon bonds) geschlossen. Brokerhäuser wie Merrill Lynch oder Salomon Brothers begannen, in grossem Umfang ↑Treasury bonds oder ↑Notes mit langen Laufzeiten zu kaufen und ↑Mantel und ↑Couponbogen mittels so genanntem Coupon stripping voneinander abzutrennen. Für die einzelnen ↑Coupons und Mäntel wurde daraufhin ein Zerobond herausgegeben, wobei der Zinssatz, der dem Treasury bond mit entsprechender Laufzeit zu Grunde lag, berücksichtigt wurde. Die so geschaffenen Produkte erhielten Namen wie TIGRs (Treasury income growth receipts), ↑CATS (Certificates of accrual on treasury securities), ↑ZEBRAS (Zero coupon eurosterling bearer of registered accruing securities) oder ↑LIONS (Lehman investment opportunities notes). Solche Quasi-Zerobonds werden heute nicht mehr herausgegeben. Immer noch erfolgreich sind jedoch die ab 1985 vom amerikanischen Schatzamt im Rahmen des STRIPS-Programm (Separate trading of registered interest and principal of securities) emittierten Quasi-Zerobonds. Im Gegensatz zu den Produkten der Brokerhäuser verfügen diese Titel durch die ↑Staatsgarantie über maximale ↑Bonität. Auch in anderen

Ländern wie Australien und Italien sind solche Quasi-Zerobonds auf Staatspapiere erhältlich.

Hans-Dieter Vontobel
Links: www.admin.ch – www.estv.admin.ch

Zertifikat

Jede Bescheinigung kann im weitesten Sinne als Zertifikat bezeichnet werden; so werden z. B. im Warenverkehr (↑Dokumenten-Akkreditiv) Ursprungszeugnisse und ähnliche Urkunden als Zertifikate bezeichnet. Im Bankverkehr wird unter einem Zertifikat ein Sammeltitel über eine Vielzahl von ↑Aktien, ↑Partizipationsscheinen oder Anteilen von ↑Anlagefonds verstanden. Zertifikate werden entweder von den Gesellschaften oder Anlagefonds selbst oder von ↑Banken oder sog. Nominee-Gesellschaften (↑Nominee) ausgegeben. Vor der Einführung der ↑*Namenaktie mit aufgeschobenem Titeldruck* war bei börsenkotierten Gesellschaften die Ausgabe von Zertifikaten an Stelle von Einzeltiteln für ↑Namenaktien zur Regel geworden (Einweg-Namenaktienzertifikat; auf dieser Praxis baut das heutige System der wertpapierlosen Namenaktie mit aufgeschobenem Titeldruck auf). Während Jahrzehnten setzten schweizerische ↑Grossbanken Zertifikate für Namenaktien ausländischer, namentlich US-amerikanischer, kanadischer, britischer und italienischer Gesellschaften in der Schweiz in Umlauf. Diese Zertifikate verkörperten einen Herausgabeanspruch auf die von der Bank im Ursprungsland gehaltenen Originalstücke. Es ging darum, die Handelbarkeit ausländischer Namenaktien in der Schweiz zu erleichtern. Die auf die Nominee-Gesellschaft eingetragenen und von ihr blanko indossierten (↑Blankoindossament) Namen-Zertifikate waren in der Schweiz kotiert und galten als gute Lieferung. Per 02.10.2000 wurde diese Praxis für Namenaktien US-amerikanischer und kanadischer Gesellschaften aufgegeben. Die Zertifikate wurden durch die im Ursprungsland liegenden Originaltitel ersetzt. Japanische Aktien werden in der Schweiz in der Form von Inhaber-Depotzertifikaten der SEGA (↑SIS SegaIntersettle AG) gehandelt. ↑American depositary receipts (ADR).

Christian Thalmann

Zession
↑Abtretung.

Zessionar
↑Abtretung.

Zessionskredit

Ein Zessionskredit liegt vor, wenn ein ↑Bankkredit durch die fiduziarische ↑Abtretung einer oder mehrerer bestehender oder zukünftiger Forderungen sichergestellt wird. Er ist insofern ein ↑gedeckter Kredit, als der Bank neben dem ↑Kreditnehmer der oder die Schuldner der abgetretenen Forderungen haften. Deshalb wird deren ↑Bonität von den Banken bei der Bevorschussung von Forderungen regelmässig geprüft.

Man spricht von fiduziarischer Abtretung (↑Fiduziarisches Rechtsgeschäft), weil nach der internen Abmachung zwischen Bank und Kreditnehmer zwar eine Abtretung gewollt ist, die Bank als Zessionar gegenüber dem Kreditnehmer und Zedenten aber verpflichtet bleibt, von der Abtretung nur zum Zwecke der Sicherstellung ihrer Forderung aus dem Kreditgeschäft Gebrauch zu machen. Sie kann infolgedessen z. B. den Erlös aus der fiduziarisch abgetretenen Forderung nur bis zur vollen Deckung ihrer Kreditforderung beanspruchen und muss den Rest dem Kreditnehmer und Zedenten zur Verfügung halten. Nach aussen wählt man jedoch eine Rechtsgestalt, die der Bank eine stärkere Rechtsstellung verschafft, als es zur Erzielung der Sicherstellung nötig wäre. Die Bank kann deshalb beim ↑Drittschuldner die Forderung direkt einziehen und braucht nicht auf dem Wege der Betreibung auf ↑Pfandverwertung gegen den Kreditnehmer vorzugehen.

Der Zessionskredit ist wegen der schwindenden Bedeutung des ↑Wechsels als ↑Zahlungsmittel weit gehend an die Stelle des ↑Diskontkredites getreten, verliert aber selbst weiterhin an Bedeutung, da vermehrt wegen der grossen Umtriebe in der Abwicklung anstelle des Zessionskredites ein ↑Blankokredit ausgesetzt wird, sofern die Bonität des Schuldners dies zulässt.

Ein Zessionskredit kann aufgrund der Abtretung einer einzigen Forderung bewilligt werden; in diesem Falle fällt er mit dem Eingang dieser Forderung dahin. Er kann aber auch als revolvierender Kredit gewährt werden in dem Sinne, dass der Kreditnehmer an Stelle eingehender Forderungen neue zediert, und zwar immer in einem so hohen Betrage, als zur Aufrechterhaltung der ↑Kreditlimite unter Einrechnung der vereinbarten Sicherheits-Marge notwendig ist. Dabei werden Forderungen in der Regel im Rahmen von 50 bis 80% des Nominalbetrages bevorschusst. Wird ein Zessionskredit gegen Abtretung sämtlicher Aussenstände des Kreditnehmers eröffnet, spricht man von einer ↑Globalzession. Vom Standpunkt des Kreditnehmers aus ist eine Globalzession eine starke Einschränkung seiner geschäftlichen Dispositionsfreiheit, da er über gar keine freien Forderungseingänge mehr verfügt.

Abgetreten werden entweder bestehende Forderungen (↑Buchforderungen), sei es aus Warenlieferungen oder aus irgendwelchen Arbeitsleistungen, oder zukünftige Forderungen. Auf der Zession von zukünftigen Forderungen beruht der ↑Unternehmerkredit als besondere Art des Zessionskredites. Gemäss RRV-EBK RZ 152 gelten Zessionskredite gegen Abtretungen künftiger Forderungen als nicht gedeckt. Da die Abtretbarkeit einer Forderung durch Abrede zwischen Gläubiger und

Schuldner ausgeschlossen werden kann, und die Abtretung in diesem Falle ungültig ist, muss sich die Bank durch Einsichtnahme in den der Forderung zu Grunde liegenden Vertrag vergewissern, dass die Forderung abtretbar ist. In Werkverträgen, die eidgenössische oder kantonale Amtsstellen abschliessen, wird oft die Abtretbarkeit der Forderung des Unternehmers ausgeschlossen.

Die Abtretung zu Gunsten der Bank erfolgt auf einem besonderen Zessionsformular; zur Rechtsgültigkeit der Zession ist die Schriftlichkeit, d. h. die Unterschrift des Zedenten, erforderlich. Kein Gültigkeitserfordernis ist dagegen die Anzeige (↑Notifikation) der Abtretung an den Schuldner der zedierten Forderung (Drittschuldner). Oft verzichtet die Bank auf Wunsch des Kreditnehmers auf die Notifikation (Stille Zession).

Zweck der Notifikation ist einmal, festzustellen, ob die abgetretene Forderung überhaupt besteht. Dieser Zweck kann allerdings nicht immer erreicht werden. Denn der Drittschuldner ist nicht verpflichtet, der Bank die Notifikation mit dem ihm zugestellten Formular zu bestätigen. Tut er es, so anerkennt er damit nicht etwa die abgetretene Forderung vorbehaltlos; er kann der Bank trotzdem alle Einreden entgegenhalten, die er dem Zedenten hätte entgegenhalten können, es sei denn, er verzichte ausdrücklich auf diese Einreden. Reagiert er auf die Notifikation überhaupt nicht, so bedeutet das nicht etwa eine stillschweigende Anerkennung der abgetretenen Forderung. Sodann bewirkt die Notifikation, wenn sie dem Drittschuldner zugekommen ist, dass dieser mit befreiender Wirkung nur noch an die Bank zahlen kann, während er, solange die Notifikation der Abtretung nicht erfolgt, dem Zedenten zahlen wird, wobei dieser allerdings verpflichtet ist, den eingegangenen Betrag an die Bank abzuführen. Verzichtet die Bank auf die Notifikation, so verlangt sie in der Regel vom Kreditnehmer, dass er auf seinen Fakturen den Vermerk anbringe: Zahlbar auf mein Konto Nr. .... bei der Bank X. Das hat zur Folge, dass der Drittschuldner normalerweise an die Bank bezahlt, womit faktisch eine ähnliche Wirkung erzielt wird, wie mit der Notifikation. Gegen das Risiko von Doppelabtretungen kann sich die Bank durch die Notifikation nur bedingt schützen, nämlich nur dann, wenn dem Drittschuldner schon von anderer Seite die Notifikation einer Abtretung der gleichen Forderung zugekommen ist. Hat die Bank, an welche der Kreditnehmer die Forderung bereits früher abgetreten hatte, nicht notifiziert, so ist die Bank, zu deren Gunsten die Zession widerrechtlich zum zweitenmal erfolgt, auch dann nicht geschützt, wenn sie notifiziert; denn im Falle einer mehrfachen Zession richtet sich der Erwerb der Forderung durch den Zessionar nach dem Datum der Zession.

Daraus ergibt sich, dass der Zessionskredit, selbst wenn die Bank die zedierten Forderungen notifiziert, ein typischer Vertrauens-Kredit ist, bei dem die Bank weit gehend auf die Ehrlichkeit des Kreditnehmers angewiesen ist. Deshalb empfiehlt es sich, vom Zessionskredit-Nehmer zu verlangen, dass er nur eine Bankverbindung unterhalte und nicht bei mehreren Banken gleichzeitig Zessionskredite beanspruche. Eröffnen mehrere Banken dem gleichen Schuldner Zessionskredite, was etwa bei ↑Sanierungen aufgrund einer Globalzession zu Gunsten aller Zessionskredit gebenden Banken vorkommt, schliessen die Banken unter sich eine Vereinbarung ab, wonach sie sich verpflichten, wenn nötig ihre Kreditsaldi gegenseitig prozentual zu den Zessionskredit-Limiten anzupassen. Vom Zessionskredit-Nehmer wird im Voraus die Zustimmung zu diesem Vorgehen verlangt, und die Banken lassen sich durch den Zessionskredit-Schuldner vom ↑Bankkundengeheimnis unter sich entbinden. Die Banken sichern sich überdies – insbesondere, wenn auf die Notifikation verzichtet wird – dadurch, dass sie sich die jederzeitige Einsichtnahme in die Bücher des Kreditnehmers vorbehalten und periodisch kontrollieren, ob die bei ihm direkt eingehenden Forderungsbeträge richtig abgeliefert werden. ↑Factoring; ↑Abzahlungsgeschäft.

Paul Nyffeler

Zibor

Abk. f. Zürich interbank offered rate. Am Zürcher (Schweizer) ↑Geldmarkt ermittelter repräsentativer Geldmarktzinssatz (↑Brief, Briefkurs), der als Referenzinssatz oder als Basis für zinsvariable Anleihen oder Kredite dient. Wird analog zu ↑Libor (Abk. f. London interbank offered rate) und Nibor (Abk. f. ↑New York interbank offered rate) gebildet. Die weitaus grösste Bedeutung unter allen Interbank offered rates hat Libor.

Ziehungsrechte

↑Internationaler Währungsfonds (IWF); ↑Sonderziehungsrechte (SZR).

Zielband Dreimonatssatz

Im Rahmen des neuen geldpolitischen Konzeptes (↑Geldpolitik [Umsetzung]) setzt die Schweizerische ↑Nationalbank (SNB) ihre geldpolitischen Absichten operativ um, indem sie das ↑Zinsniveau auf dem Geldmarkt (↑Geldmarkt [Volkswirtschaftliches]) beeinflusst. Sie legt dabei für den Dreimonate-Libor (↑Libor), den wirtschaftlich bedeutendsten Geldmarktsatz (↑Geldmarktsätze, -zins) für Frankenanlagen, ein Zielband mit einer Breite von einem Prozentpunkt fest und publiziert es jeweils. Die SNB überprüft die Konformität dieses operativen Zielbandes mit der Aufrechterhaltung der Preisstabilität anlässlich der vierteljährlichen Lagebeurteilung. Falls es die Umstände erfordern, kann sie das Zielband für den Dreimonate-Libor auch ausserhalb dieser Termine anpassen. Die Nationalbank beeinflusst den Dreimonate-Libor hauptsächlich über kurzfristige Repo-Geschäfte (↑Repo-Geschäft der SNB). Sie kann einen unerwünschten Anstieg des Dreimonate-Libors verhindern, indem sie den Banken mittels Repo-Geschäften vermehrt ↑Liquidität zuführt und ihre ↑Repo-Sätze tendenziell reduziert. Umgekehrt bewirkt sie durch eine Verknappung der Liquiditätsversorgung bzw. eine Erhöhung der Repo-Sätze einen Zinsanstieg. Kurzfristige Schwankungen der Repo-Sätze haben nichts mit einer Änderung des geldpolitischen Kurses zu tun. Sie widerspiegeln vielmehr die Reaktion der SNB auf Störungen bei der Liquiditätsverteilung im Bankensystem (↑Bankensystem [Allgemeines]) und auf andere kurzfristig wirkende Einflüsse. *Thomas Jordan*

Zielfonds
↑Anlagezielfonds.

Zielgesellschaft
Gesellschaft, deren ↑Beteiligungspapiere Gegenstand eines öffentlichen Kaufangebotes bilden (↑öffentliches Kaufangebot, ↑Übernahmegesetzgebung). Eine Zielgesellschaft im Sinne des im BEHG verwendeten Begriffs ist eine ↑juristische Person mit Sitz in der Schweiz, deren Beteiligungspapiere mindestens teilweise an einer ↑Börse in der Schweiz kotiert sind (BEHG 22 I). In der Praxis sind Zielgesellschaften meistens Aktiengesellschaften, da diese die Mehrheit der an der ↑SWX Swiss Exchange kotierten ↑Emittenten bilden. Nachdem aber früher auch Genossenschaften (Rentenanstalt, Schweizerische Volksbank) kotiert waren und Beteiligungspapiere an Genossenschaften (↑Partizipationsscheine) weiterhin an der SWX kotierbar sind, kann der Begriff nicht auf eine einzelne Rechtsform beschränkt werden.

Zinsänderungsrisiko
Gemäss dem Rundschreiben der Eidgenössischen ↑Bankenkommission (EBK) über die Messung, Bewirtschaftung und Überwachung der Zinsrisiken vom 25.03.1999 (EBK-RS 99/1), lassen sich drei Formen von Zinsrisiken identifizieren, nämlich das Zinsneufestsetzungsrisiko, das Basisrisiko und das Risiko impliziter Optionen:
– Das *Zinsneufestsetzungsrisiko* ergibt sich aus zeitlichen Inkongruenzen der ↑Endfälligkeit (im festverzinslichen Bereich) bzw. der Zinsneufestsetzung (im zinsvariablen Bereich) von Aktiva, Passiva und ausserbilanziellen Positionen. Es äussert sich darin, dass sich bei Veränderungen der ↑Zinssätze zukünftige Erträge und aktuelle ↑Barwerte für die ↑Bank ändern. Neben parallelen Verschiebungen der Zinskurve kann diese auch ihre Neigung und Gestalt ändern.
– Selbst wenn verschiedene Instrumente ähnliche Zinsneufestsetzungs-Merkmale aufweisen, bewirkt eine Veränderung der Zinssätze bei einer nicht vollkommenen ↑Korrelation der Zinssätze dieser Instrumente unterschiedliche Veränderungen ihrer Erträge und Barwerte. Dies wird als *Basisrisiko* bezeichnet. Eine besondere Form des Basisrisikos lässt sich bei Produkten – wie z.B. variablen Hypotheken oder Spar- und Einlagegeldern – identifizieren, deren Zinsen zwar der Entwicklung eines ↑Referenzzinssatzes oder einer Kombination von Referenzzinssätzen folgen, wobei jedoch in zeitlicher Hinsicht keine vollständige Synchronität der Zinsänderungen besteht.
– Zinsrisiken ergeben sich auch *durch implizite (eingebettete) Optionen* in den Instrumenten. Dazu gehören u.a. verschiedene Arten von Anleihen und ↑Notes mit Kündigungsmöglichkeit des Schuldners oder des ↑Gläubigers, Kredite, bei denen der Kreditnehmer das Recht zur vorzeitigen Tilgung hat, sowie verschiedene Einlageinstrumente ohne bestimmten ↑Fälligkeitstermin, bei denen die Einleger jederzeit Mittel abziehen dürfen, oft ohne dafür Strafzinsen entrichten zu müssen. Werden solche Instrumente mit impliziten Optionen nicht angemessen gehandhabt, können ihre asymmetrischen Zahlungsmerkmale insbesondere für ihre Verkäufer ein erhebliches Risiko darstellen, da sie in der Regel zum Vorteil des Käufers und damit zum Nachteil des Verkäufers ausgeübt werden.

Bestimmungsgrössen für das Zinsänderungsrisiko sind:
– Der *Duration gap*, welcher durch das Ausmass der ↑Fristentransformation (↑Duration Aktiva bzw. Passiva) bestimmt wird.
– Die *Bilanzstruktur*, wobei vor allem der ↑Leverage, also das Verhältnis von ↑Fremdkapital zu ↑Eigenkapital entscheidend ist.

Zinsänderungsrisiken besitzen die folgenden Wirkungsmechanismen:
– *Struktureffekt:* Der Struktureffekt umfasst die durch Zinsänderungen ausgelösten Umschichtungen zwischen Bilanzpositionen. So sind z.B. in einer Hochzinsphase Verschiebungen von Spargeldern zu Termineinlagen verstärkt zu beobachten oder in einer Niedrigzinsphase Umschichtungen von variablen Hypotheken in Festhypotheken. Diese Volumenveränderungen sind das Ergebnis der in verschiedenen Bankprodukten enthaltenen impliziten Optionen in der Form von Kündigungs- bzw. Rückzahlungs- und Rückzugsmöglichkeiten.
– *Werteffekt:* Die Barwertperspektive zielt auf die potenziellen Auswirkungen von Zinsänderungen auf den Barwert zukünftiger ↑Cashflows und damit auf den Barwert des Eigenkapitals einer Bank (ökonomischen Wert des Eigenkapitals bzw. inneren Wert einer Bank) ab. Veränderungen der zur Diskontierung zu verwendenden Zinssätze führen zu Veränderungen des Barwertes der in der Zukunft anfallenden Cashflows. Im

Gegensatz zum periodenbezogenen Einkommenseffekt erfasst der ↑Vermögenseffekt die über die gesamte ↑Laufzeit einer ↑Position aggregierten Auswirkungen auf den Barwert des Eigenkapitals. Dadurch wird ein Bild über die langfristigen Effekte von Zinsänderungen vermittelt. Hat also eine Bank Passiva, deren Zinssätze sich rascher ändern als die ihrer Aktiva, so vermindert sich der Barwert des Eigenkapitals, wenn die Zinssätze steigen.

– *Einkommenseffekt:* Bei dieser eher kurzfristigen Betrachtungsweise liegt der Schwerpunkt der Analyse auf den Auswirkungen von Zinsänderungen auf die laufenden Erträge. Müssen in einer Bank z. B. auf der Passivseite die Zinssätze früher erhöht werden als auf der Aktivseite, kann ein Zinsanstieg den Nettozinsertrag vermindern, indem die Finanzierungskosten der Bank im Vergleich zu den Erträgen aus den Aktiva steigen. Da Provisionen und sonstige Nicht-Zinseinnahmen – z. B. Gebühren für die Verwaltung von Krediten und verbriefte Forderungen – ebenfalls auf Zinsänderungen reagieren, könnte sich eine erweiterte Betrachtung der gesamten Nettoerträge anbieten, die sowohl Zins- als auch Nicht-Zinseinnahmen und -ausgaben einschliesst.

– *Bonitätseffekt:* Der Bonitätseffekt (↑Bonität) bringt die durch Zinsänderungen hervorgerufenen Veränderungen der ↑Zahlungsfähigkeit von Bankschuldnern zum Ausdruck und zeigt, das Zinsrisiken und Bonitätsrisiken miteinander verknüpft sind. *Stefan Jaeger*

Zinsänderungsrisiko (Absicherung)
Absicherung von Zinsrisiken durch den Einsatz von Absicherungsinstrumenten, insbesondere von Zinsderivaten oder synthetischen Produkten. ↑Strukturierte Produkte.

Zinsänderungsrisiko im Bankenbuch
↑Asset and liability management (ALM); ↑Zinsänderungsrisiko.

Zinsänderungsrisiko-Management
↑Asset and liability management (ALM).

Zinsanpassungsklausel
Englische Bezeichnung: Interest (rate) adjustment clause. Klausel in Kredit- oder Anleihensverträgen (↑Kreditvertrag; ↑Emissionsgeschäft), wonach der Zinssatz in regelmässigen Abständen dem ↑Marktzins angepasst wird. Mit der Vereinbarung von Zinsanpassungsklauseln wird das ↑Zinsänderungsrisiko stark eingeschränkt, indem der Zinssatz für die Geldausleihung dem Zinssatz für die Geldbeschaffung angepasst wird. Der Schuldner profitiert gleichermassen von der Zinsanpassungsklausel, wenn das Marktzinsniveau sinkt.

Zinsarbitrage
Unter Zinsarbitrage wird das systematische Ausnützen von Zinsdifferenzen zwischen zwei ↑Währungsräumen oder verschiedenen Märkten innerhalb eines Währungsraumes verstanden. ↑Arbitrage ist allgemein als gewinnbringendes, risiko- und kostenloses Ausnützen von Marktungleichgewichten definiert. Falls jedoch durch Inkaufnahme von ↑Marktrisiken ein Gewinn erwirtschaftet werden soll, handelt es sich nicht um Arbitrage sondern um ↑Spekulation.

1. Zinsarbitrage zwischen zwei Währungsräumen
Bei unterschiedlichem Zinsniveau im In- und Ausland orientieren die Wirtschaftssubjekte ihre Anlagen und Aufnahmen am ↑Geld- und ↑Kapitalmarkt an den internationalen Zinsunterschieden. Ist beispielsweise das ausländische Zinsniveau deutlich höher als das inländische, ist es unter Vernachlässigung der zukünftigen Wechselkursentwicklung gewinnbringend, inländische in ausländische Guthaben zu wechseln und diese am ausländischen Markt anzulegen. Umgekehrt ist es für ausländische Schuldner interessant, im Inland Kredite aufzunehmen und den Betrag in die ausländische ↑Währung zu transferieren. Stanley Jevons «Law of one Price» definiert, dass bei vollständiger Markttransparenz und risikofreier, kostenloser Arbitragemöglichkeit zwischen einzelnen Märkten keine noch so kleine Preisdifferenz bestehen kann, da diese unmittelbar durch Arbitrage wieder eliminiert würde. In dem genannten Beispiel wurde bislang vernachlässigt, dass die ausländischen Kreditnehmer und die inländischen Anleger am Ende der vereinbarten ↑Laufzeit ihren Ausleihungs- bzw. Anlagebetrag wieder in die inländische Währung zu transferieren haben. Der dann gültige ↑Wechselkurs ist bereits zum Laufzeitbeginn mittels Abschluss eines ↑Termingeschäftes fixierbar. In welchem Verhältnis dabei der ↑Kassa- und ↑Terminkurs bzw. die relevanten ↑Zinssätze im In- und Ausland stehen, wird durch die (gedeckte) ↑Zinsparitätentheorie definiert: Der inländische dividiert durch den ausländischen Zinsmultiplikator entspricht im Marktgleichgewicht dem Verhältnis Terminkurs über Kassakurs (bei direkter ↑Kotierung, d. h. der Wechselkurs ist definiert als inländische über ausländische Währung). Damit wird ausgedrückt, dass bei höheren ausländischem Zinssatz das Zinssatzdifferential (Verhältnis inländischer über ausländischer Zinssatz) durch eine erwartete, im Terminkurs implizite Aufwertung der inländischen Währung ausgeglichen wird. Ist diese Gleichung zu einem gewissen Zeitpunkt verletzt, wird in einem ↑effizienten Markt mit dem Instrument der Zinsarbitrage durch die Marktteilnehmer das Marktgleichgewicht unmittelbar wieder erreicht. Ist beispielsweise das Zinssatzdifferential zwischen dem ausländischen und inländischen Zinssatz tiefer als das Verhältnis Ter-

minkurs über Kassakurs, werden die Anleger im Inland solange inländische in ausländische Guthaben wechseln und diese am ausländischen Markt anlegen bzw. umgekehrt ausländische Schuldner im Inland Kredite aufnehmen und den Betrag in die ausländische Währung transferieren, bis sie den Terminkurs noch unter dem Gleichgewichtspreis fixieren können (falls sie den Terminkurs nicht fixieren, würde es sich nicht um eine Arbitrage-Transaktion, sondern um ein Spekulationsgeschäft handeln). Das Marktgleichgewicht kann dabei auf verschiedene Weise wieder erreicht werden: Erhöhung des Zinssatzes im Inland, sinkendes Niveau des ausländischen Zinssatzes, Erhöhung des Terminkurses, Senkung des Kassakurses oder eine Entwicklung einer Mehrzahl der Variablen, welche zu einem Erreichen des Marktgleichgewichts führt.

2. Zinsarbitrage zwischen verschiedenen Märkten innerhalb eines Währungsraums
Im Zentrum stehen in diesem Fall die Beziehungen zwischen den Kassa- und Terminmärkten im Zinsenbereich.

Bei Gültigkeit der Zinsstrukturtheorie von Irving Fisher (↑Zinsstruktur) ist der Zinssatz für ein Termingeschäft mit Laufzeitbeginn in einem Monat und Laufzeitdauer von einem Monat bei Bekanntsein der Kassazinssätze für die Laufzeiten von einem und zwei Monaten implizit determiniert. Durch das Instrument der Zinsarbitrage können etwaige Marktungleichgewichte gewinnbringend ausgenützt werden. Sind beispielsweise der 1-Monats-Kassazinssatz 2% und der 2-Monats-Kassazinssatz 4% hoch, so lässt sich der Forward-Zinssatz (Terminsatz) für ein Geschäft mit Laufzeitbeginn in einem Monat und Laufzeitdauer von einem Monat auf rund 6,04% errechnen. Dies ist der Zinssatz, zu dem ein Anleger indifferent ist zwischen einer zweimonatigen Anlage oder einer einmonatigen Anlage, welche bei ↑Fälligkeit um einen Monat zu dem fixierten Forward-Zinssatz verlängert wird. Wäre der am Markt fixierbare Terminsatz höher, wäre eine risikofreie und kostenlose Zinsarbitrage-Strategie lohnend, bei welcher Mittel in der zweimonatigen Laufzeit aufgenommen würden, um diese zum einmonatigen Zinssatz anzulegen und den Zinssatz für die nächste Monatsperiode zum überhöhten Forward-Zinssatz zu fixieren. Diese Strategie wäre solange gewinnbringend, bis dadurch die Marktkräfte den Termin-Zinssatz auf das Niveau des Marktgleichgewichtes gesenkt haben.

Bei der klassischen ↑Fristentransformation, welche die ↑Banken im Rahmen ihres ↑Asset and liability managements (ALM) betreiben, handelt es sich nicht um Zinsarbitrage, da hier Marktrisiken bezüglich Änderung des Zinsniveaus eingegangen werden und somit keine risikoneutrale Strategie gefahren wird. Betreibt eine Bank beispielsweise positive Fristentransformation, d.h., sie refinan-ziert ihre Ausleihungen mit Mitteln von kürzerer ↑Zinsbindungsdauer, so spekuliert sie auf fallende ↑Zinsen, bzw. auf zukünftige Kassazinssätze die unter den in der Gegenwart fixierbaren Terminzinssätzen liegen werden. *Pascal Koradi*

Zinsberechnungsusanzen
↑Zinsrechnung.

Zinsbewegungen, internationale
↑Zinszusammenhang, internationaler.

Zinsbildung
↑Zinskurve.

Zinsbindung
Die Zinsbindung umschreibt die Festsetzung des vereinbarten ↑Zinssatzes über eine bestimmte Zeitperiode.

Zinsbindungsbilanz
Die Zinsbindungsbilanz ist eine Aufstellung aller offenen Aktiv- und Passivpositionen, aufgeteilt jeweils nach der Zinsanpassungsfrist des entsprechenden Guthabens beziehungsweise der entsprechenden Verpflichtung. Die Positionen werden so genannten Time bands nach ihrer ↑Zinsbindung zugeordnet. Es ergibt sich daraus eine Übersicht, welche Beträge wie lange zinsgebunden (das heisst an vereinbarte Zinskonditionen gebunden) sind. Dies ermöglicht die Errechnung von Zinsbindungslücken (so genannte ↑Gaps), welche ↑Exposures im jeweiligen Time band bedeuten und somit Quelle von ↑Zinsänderungsrisiken sind. Die Zinsbindungsbilanz ist die Grundlage für Berechnungen von Key rate durations (↑Duration), Sensitivitäten (↑Beta-Faktor) sowie von Value-at-risk- und Stress-Tests (↑Value at risk). *Stefan Jaeger*

Zinsbindungsdauer
Unter Zinsbindungsdauer (Zinsbindungsfrist, Repricing-Frist) versteht man die Zeitperiode, innerhalb derer die einmal gewährten Zinskonditonen fest gelten.

Zinsbonus
↑Zinsen, Zinsentwicklung Schweiz.

Zinscoupon
Früher wertpapierrechtliche Verbriefung (↑Wertpapier) des Zinsanspruches aus einer ↑Anleihensobligation. Nach der ↑Entmaterialisierung von Wertpapieren Bezeichnung für den ↑Zinssatz oder Zinsbetrag.

Zinsdifferenzgeschäft
↑Zinsmarge, -spanne; ↑Zinsensaldo.

Zinsdifferenzial
↑Zinsgefälle.

Zinselastizität

Die Zinselastizität ist der Quotient der Veränderung einer Zinsgrösse mit der relativen Veränderung einer funktional verknüpften Grösse. Die Zinselastizität stellt ein wichtiges formales Hilfsmittel der ökonomischen Analyse innerhalb der Volks- und Betriebswirtschaftslehre dar. Im Rahmen der ↑Bankbetriebslehre ist die Zinselastizität als Element zur Abbildung der Reagibilität variabel verzinslicher Positionen bezüglich der Veränderung von ↑Marktzinsen definiert.

Die Zinselastizität ist ein vor allem in Deutschland weit verbreitetes Konzept des Bilanzstrukturmanagements (↑Asset and liability management), welches das ↑Zinsänderungsrisiko einer Bankbilanz als ↑Risiko der Verringerung der Bruttozinsspanne aufgrund unterschiedlicher Zinsreagibilitäten der Aktiv- und Passivseite auf Marktzinsänderungen definiert. Dabei wird von einem aktivischen (passivischen) Zinsänderungsrisiko gesprochen, wenn die Zinsreagibilität der Aktiv-(Passiv-)Positionen höher ist.

Pascal Koradi

Zinsen, Zinsentwicklung Schweiz

Zinsen sind als Knappheitsindikatoren auf den ↑Geld- und ↑Kapitalmärkten für die Funktion einer Marktwirtschaft von herausragender Bedeutung. Dies gilt für die Schweiz nicht weniger als für andere Staaten. Hohe (Real-)Zinsen bedeuten – ceteris paribus – geringere Investitionstätigkeit und damit in aller Regel auch geringere Beschäftigung. Für die Schweiz sind zusätzlich die Hypothekarzinsen von besonderer Bedeutung, da sie eng mit den Mieten verknüpft sind: Ihre Erhöhungen führen (im bisherigen System) zu Mieterhöhungen. Soweit sie direkte und indirekte Auswirkungen auf die Lebenshaltungskosten haben, führen sie in Bereichen wie dem öffentlichen Dienst, deren Einkommen sich über den «Teuerungsausgleich» am ↑Landesindex der Konsumentenpreise orientieren, zu zusätzlichen Lohnerhöhungen, die ihrerseits wieder zu einer weiteren Erhöhung dieses Indexes führen können.

Nun waren, wie die Abbildungen im Vergleich mit den deutschen Zinsen zeigen, in den letzten Jahrzehnten in der Schweiz die langfristigen Zinsen durchwegs und die kurzfristigen Zinsen über weite Strecken tiefer als in den anderen Industrieländern. Im Durchschnitt waren zwischen 1975 und 2001 in der Schweiz die langfristigen Zinsen um 2,4 Prozentpunkte und die kurzfristigen Zinsen um 1,6 Prozentpunkte niedriger als in der Bundesrepublik Deutschland, wobei die deutschen Zinsen in aller Regel niedriger als die Zinsen der anderen europäischen Staaten waren. Der Abstand zwischen den deutschen und den schweizerischen Zinsen ist im Zeitablauf jedoch deutlich geringer geworden. So betrug er bei den langfristigen Zinsen im Durchschnitt der 60er-Jahre 2,9 Prozentpunkte, zwischen 1992 und 2001 jedoch nur noch 1,6 Prozentpunkte. Eine ähnliche Entwicklung vollzog sich bei den kurzfristigen Zinsen: Zwischen 1975 und 1984 betrug die durchschnittliche Differenz 2,4 Prozentpunkte, zwischen 1992 und 2001 ebenfalls nur noch 1,6 Prozentpunkte. (Die kurzfristigen Sätze sind ab dem Jahr 1999 Geldmarktsätze für den ↑Euro und nicht mehr für die DEM.) Diese Abnahme kann auf die inzwischen erfolgte Liberalisierung der Geld- und Kapitalmärkte zurückzuführen sein. Dennoch hat die Schweiz heute immer noch einen *Zinsbonus* bzw. sie kann immer noch als «Zinsinsel» in Europa betrachtet werden. Dabei fällt auf, dass die Abnahme bei den langfristigen Zinsen eher gleichmässig erfolgte, während sich die kurzfristigen schweizerischen Zinsen zwischen 1985 und 1990 den deutschen Zinsen weitgehend angenähert hatten und sich erst danach wieder nach unten von ihnen absetzen konnten.

Langfristige Zinssätze in der Schweiz und der Bundesrepublik Deutschland, 1960–2001

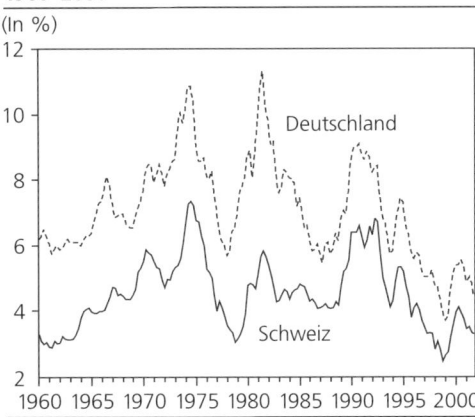

3-Monats-Euromarkt-Zinssätze in der Schweiz und der Bundesrepublik Deutschland, 1975–2001

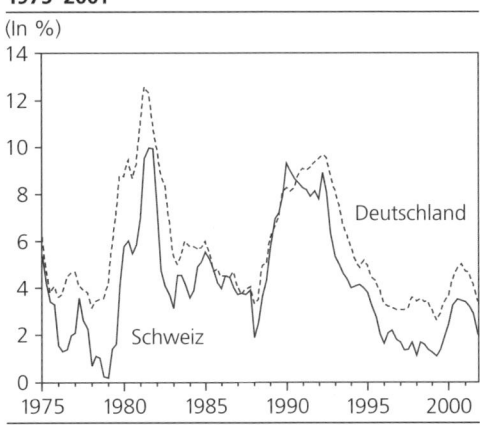

Ein Grund für diese Differenz dürfte die (im internationalen Vergleich) hohe Sparneigung der Bevölkerung sein. Da diese Ersparnis nicht vollständig im Inland investiert wird, ergibt sich ein Leistungsbilanzüberschuss (↑Zahlungsbilanz), dem ein Kapitalexport gegenübersteht. Er ist eine mögliche Ursache dafür, dass die Schweiz niedrigere ↑Realzinsen als das Ausland hat.

Die Zinsdifferenz könnte auch durch unterschiedliche Preisentwicklungen bewirkt sein. Dies würde bedeuten, dass sich zwar die Nominalzinsen, nicht aber die Realzinsen unterscheiden. Tatsächlich wird die Entwicklung der Nominalzinsen erheblich durch die Preisentwicklung beeinflusst; die ↑Korrelation zwischen den Nominalzinsen und der ↑Inflationsrate betrug zwischen 1975 und 2001 in der Schweiz 0,62. Anderseits ist die Preisentwicklung insbesondere in den letzten Jahrzehnten in Deutschland und der Schweiz weit gehend parallel verlaufen. So betrug – gemessen am impliziten Deflator des Bruttoinlandsprodukts – die Korrelation zwischen beiden Inflationsraten in diesem Zeitraum 0,57, und die schweizerische lag zwischen 1975 und 2001 im Durchschnitt nur um 0,15 Prozentpunkte unter der deutschen Inflationsrate. (Nach 1980 war dieser Zusammenhang noch enger). Der Zinsbonus der Schweiz kann daher kaum auf unterschiedliche Erfolge der SNB (↑Nationalbank, Schweizerische) bzw. der Deutschen Bundesbank bei der Inflationsbekämpfung zurückzuführen sein.

Geht man von der ↑*Zinsparitätentheorie* aus, dann sollten Unterschiede in den Zinssätzen zweier Länder erwartete Veränderungen des ↑Wechselkurses und/oder Unterschiede in den ↑Risikoprämien widerspiegeln. Tatsächlich hat der Schweizer Franken gegenüber der DEM bzw. dem Euro seit 1975 eine gewisse Aufwertung erfahren, aber zum einen ist diese Aufwertung viel zu gering, um die Zinsdifferenz erklären zu können, und zweitens hat der Wechselkurs erhebliche Schwankungen vollzogen, die sich (auch bei den kurzfristigen Zinsen) nicht in der Entwicklung der Zinsdifferenz widerspiegeln. Insofern kann die Wechselkursentwicklung allenfalls eine partielle Erklärung liefern.

Eine letzte mögliche Erklärung ist die Existenz unterschiedlich hoher *Risikoprämien:* Aufgrund der hohen politischen und wirtschaftlichen Stabilität scheinen ausländische ↑Investoren bereit zu sein, bei Anlagen in Schweizer Franken einen Zinsabschlag in Kauf zu nehmen. Dabei mag auch das ↑Bankkundengeheimnis eine Rolle spielen; es erleichtert Steuerhinterziehung und führt in diesem Fall dazu, dass (z.B. für Einwohner von Mitgliedstaaten der Europäischen Union) die ↑Rendite schweizerischer ↑Anleihensobligationen ohne Steuer in vielen Fällen höher ist als die Rendite von ↑Obligationen aus dem jeweiligen EU-Land nach Steuern.

Inwieweit der Zinsbonus in Zukunft noch existieren wird, ist eine offene Frage. Es ist unbestritten, dass er insbesondere bei den kurzfristigen Zinsen rasch verschwinden würde, wenn die SNB den Wechselkurs des Frankens fest an den Euro binden oder gar der ↑Europäischen Währungsunion (EWU) beitreten würde. Beides ist jedoch für die nähere Zukunft nicht beabsichtigt und dürfte auch auf mittlere Sicht nicht geschehen; die SNB wird weiterhin eine eigenständige ↑Geldpolitik betreiben, auch wenn sie dabei den Wechselkurs zum Euro im Auge behalten muss. Da sich anderseits die ↑Europäische Zentralbank (EZB) in ihrer Geldpolitik genauso wie die SNB der Preisstabilität verpflichtet fühlt, wird es vermutlich keine signifikanten dauerhaften Unterschiede in den Inflationsraten geben. Damit fällt dieses Argument gegenüber dem Euro – genauso wie in der Vergangenheit gegenüber der DEM – als Begründung für einen Zinsbonus weg. Anderseits dürfte der Schweizer Franken als Anlagewährung durch die Einführung des Euro eher an Bedeutung gewonnen haben; schliesslich sind damit einige andere ↑Währungen, die zur ↑Diversifikation von ↑Portfolios zur Verfügung standen, weggefallen. Solange die hohe Sparneigung der schweizerischen Bevölkerung anhält und solange die hohe wirtschaftliche und politische Stabilität der Schweiz in den Augen der internationalen Anleger weiterhin gegeben ist, ist daher nicht damit zu rechnen, dass der Zinsbonus in Zukunft wegfallen wird. Dafür spricht auch, dass die Zinsdifferenz zwischen den schweizerischen und den deutschen (bzw. den Euro-)Zinsen in den letzten 10 Jahren weit gehend stabil geblieben ist. Ein abnehmender Trend ist zumindest in jüngster Zeit nicht mehr erkennbar.
Gebhard Kirchgässner

Zinsendienst

Unter Zinsendienst versteht man die Summe aller Aufwendungen zur Verzinsung des gesamten ↑Fremdkapitals eines Schuldners bzw. Rechtssubjekts. In der Praxis wird der Begriff Zinsendienst unterschiedlich verwendet.

Einerseits ist der Zinsbelastungsanteil (Nettozinsen in Prozent des Finanzertrages) eine wichtige Finanzkennzahl zur Beurteilung einer Gemeinde, eines Kantons oder eines Staates. Diese Kennzahl zeigt denjenigen Anteil des Finanzertrages, der für den Zinsendienst verwendet wird. Eine steigende Kennzahlreihe weist auf eine Verringerung der finanziellen Flexibilität der betreffenden Institution hin.

Der Zinsendienst ist anderseits ein ratingbestimmender Faktor (↑Rating). Die international bekannten Ratingagenturen Standard & Poor's oder Moody's beurteilen die Schuldnerqualität grosser Gesellschaften und Institutionen. Der Begriff Zinsendienst hat hier die Bedeutung der Zuverlässigkeit der Zinszahlung. Ein AAA bzw. Aaa um-

schreibt die beste Schuldnerqualität; entsprechend sind der Zinsendienst und die ↑Rückzahlung des Kredites ausserordentlich sicher.
Schliesslich wird der Zinsendienst zur Kreditbeurteilung bei der Eigenheimfinanzierung herangezogen. Im Mittelpunkt einer jeden Finanzierung steht die Tragbarkeit. Als Praktikerregel bei der Eigenheimfinanzierung gilt, dass die Tragbarkeit dann gegeben ist, wenn die Aufwendungen des ↑Kreditnehmers für das Wohnen ein Drittel des Bruttoeinkommens nicht übersteigen. Der Zinsendienst ist ein wichtiges Element der Tragbarkeitsrechnung. Die Aufwendungen für das Wohnen umfassen die Elemente Zinsendienst, Nebenkosten (etwa 1% des ↑Verkehrswertes) sowie die Amortisationsleistungen.
Die Banken legen grossen Wert auf die pünktliche Bezahlung der vereinbarten Zinsfälligkeiten. Die Einhaltung wird dementsprechend eng überwacht. Ein Nichterfüllen des Zinsendienstes ist für das Geldinstitut ein Alarmzeichen und führt zu einer Kreditüberprüfung. Länger als 90 Tage ausstehende Zinsen müssen gemäss BankV wertberichtigt werden. *Hans-Mathias Käppeli-Gebert*

Zinsensaldo
In der ↑Banksprache Bezeichnung für die Differenz zwischen den ↑Aktivzinsen, welche die ↑Bank für ihre Ausleihungen erhält, und den ↑Passivzinsen, die sie für die Fremdgelder bezahlt. Synonyme: ↑Erfolg aus dem Zinsengeschäft; Erfolg aus dem Zinsdifferenzgeschäft.

Zinsentwicklung Schweiz
↑Zinsen, Zinsentwicklung Schweiz.

Zinsertragskurve
Die Zinsertragskurve stellt den Zusammenhang zwischen den ↑Laufzeiten der im Markt gehandelten Anleihen und ihrer ↑Rendite auf ↑Verfall dar. Die Zinsertragskurve wird allgemein in drei Zeit-Segmente aufgeteilt: in ein kurzes, mittleres und ein langes Laufzeiten-Segment. Die Form dieser Kurve erlaubt Rückschlüsse auf den gegenwärtigen «Zustand des Anleihenmarktes». Im Normalfall steigt die Kurve für längere Laufzeiten an: Der Anleger bekommt für eine längerfristige Anlage ein höhere Rendite, d.h. eine höhere Risikoentschädigung. Sind die Renditen im kürzeren Laufzeitenbereich höher als am langen Ende (↑langfristig), so spricht man von einer ↑inversen Zinsstruktur. Synonym: Renditekurve. ↑Zinsstrukturkurve.

Zinseszins
Der Zinseszins entsteht, wenn der ↑Zins für eine Zinsabrechnungsperiode (z.B. 1 Jahr) zum Kapital geschlagen (kapitalisiert, ↑Kapitalisierung) und mit diesem zusammen weiter verzinst wird. Beim ↑Darlehen ist eine solche vorherige Abrede untersagt (OR 314 III). Die Lasten des Schuldners sollen durch den Zinseszins nicht automatisch vergrössert werden. Das Gesetz sieht jedoch für das Bankgeschäft wichtige Ausnahmen vor: So gilt das Verbot nicht beim Kontokorrent und im ↑Sparkassengeschäft. Hier ist die Berechnung von Zinseszins durchaus üblich.

Zinsfuss
↑Zinssatz.

Zins-Futures
Ein Zins-Future ist die Verpflichtung, einen Zinstitel bestimmter Qualität und Quantität zu einem börsenmässig zustande gekommenen Preis an einem bestimmten Termin zu kaufen oder zu verkaufen. Bei dem zugrunde liegenden Zinstitel kann es sich um ein effektives Geld- oder ↑Kapitalmarktpapier, um eine Einlage oder um eine synthetische Konstruktion handeln. Da diese Verpflichtungen in Form standardisierter ↑Kontrakte an den ↑Terminbörsen gehandelt werden, können Kauf- und Verkaufspositionen jederzeit vor dem ↑Fälligkeitstermin durch entsprechende Gegengeschäfte ↑glattgestellt werden.
Dieses standardisierte Instrument ermöglicht die Fixierung künftiger Zinszahlungen auf einem bestimmten Zinsniveau. ↑Futures; ↑Financial futures.

Zinsgefälle
↑Devisenarbitrage; ↑Zinsparitätentheorie; ↑Zinsen, Zinsentwicklung Schweiz; ↑Zinszusammenhang, internationaler; ↑Zinsstruktur.

Zinsinsel Schweiz
↑Zinsen, Zinsentwicklung Schweiz.

Zinsinversion
↑Zinsstruktur.

Zinskurve
↑Zinsstrukturkurve; ↑Zinsstruktur.

Zinsmanagement
Zinsmanagement bedeutet, die Chancen, die sich aus den Veränderungen der ↑Zinssätze ergeben, bewusst und gezielt zum eigenen Vorteil zu nutzen. Zinsmanagement-Instrumente wie ↑Forward rate agreements (FRAs), Swaps (↑Swappen), ↑Caps und ↑Floors bieten vielfältige Möglichkeiten, Risiken zu begrenzen.
Gleichzeitig können durch den gezielten Einsatz entsprechender ↑Derivate und ↑strukturierter Produkte zusätzliche Einnahmen bzw. Gewinne erwirtschaftet werden.

Zinsmarge, -spanne

Im Rahmen von *Return-on-investment-Analysen* werden absolute Ergebnisgrössen der ↑Erfolgsrechnung in Relation zum Geschäftsvolumen, der durchschnittlichen ↑Bilanzsumme oder zu anderen Bezugsgrössen gesetzt. Die Verwendung von Relativzahlen ermöglicht den Erfolgsvergleich von ↑Banken unterschiedlicher Grösse, die bessere Überwachung des Bankergebnisses im Zeitablauf und im Soll-Ist-Vergleich. Diese Kennzahlen auf Gesamtbankebene tragen die Bezeichnung *Spanne*, während sie auf Ebene von Einzelgeschäften oder auch ↑Geschäftsfeldern als ↑*Marge* bezeichnet werden.

Der *Zinsüberschuss* ermittelt sich aus der Korrektur des *Zinsertrages* (Aktivzinsen, als Zinsbestandteil geltende Kreditkommissionen, Ertrag aus Wechseldiskont und Refinanzierungserfolg aus Handelspositionen, sofern dieser mit dem Finanzierungserfolg verrechnet wird) um den *Zinsaufwand* (Passivzinsen, übrige zinsähnliche Aufwendungen, Verzinsung von nachrangigen ↑Darlehen sowie Zinsen für Hypotheken Dritter auf eigenen Liegenschaften). Der Überschuss im zinsindifferenten Geschäft *(Provisions- bzw. Kommissionsüberschuss)* ist definiert als Saldo von Provisions- bzw. Kommissionserträgen (Couponerträge und Kommissionserträge aus dem Kredit-, dem Wertschriften- und dem Anlagegeschäft) und Provisions- bzw. Kommissionsaufwendungen (↑Retrozessionen, bezahlte ↑Depotgebühren und ↑Courtagen). Die Nettoerträge aus dem Handelsgeschäft bzw. aus dem Eigenhandel *(Handelsergebnis)* ergeben sich als Saldo von Erträgen und Aufwendungen aus Geschäften mit ↑Wertpapieren des ↑Handelsbestandes, ↑Finanzinstrumenten (↑Derivaten) sowie Devisen und Edelmetallen. Das *ausserordentliche und sonstige betriebliche Ergebnis* enthält zunächst jene Erträge und Aufwendungen, die dem *Zinsüberschuss*, dem *Provisionsüberschuss* und dem *Handelsergebnis* nicht zugewiesen werden können sowie sämtliche Aufwendungen und Erträge mit ausdrücklichem Ausnahmecharakter.

Sinngemäss werden die genannten vier Ergebniskomponenten in Form relativer Grössen als *Bruttozinsspanne*, *Provisions- bzw. Kommissionspanne*, *Handelsspanne* und *AOSE-Spanne* bezeichnet. Ihre Saldierung führt zur *Bruttoertragsspanne*.

Betriebsaufwendungen (in relativer Form als *Bruttobedarfsspanne* bezeichnet) setzen sich aus den Personalaufwendungen (einschliesslich Sozialabgaben), den Verwaltungsaufwendungen (wie Mietaufwendungen, Bürobetriebskosten, Werbekosten, Kosten für Fremddienste und dergleichen) sowie den ↑Abschreibungen und ↑Wertberichtigungen auf immaterielle Anlagenwerte und Sachanlagen zusammen. Somit resultiert die Bruttobedarfs-

ROI-Kennzahlenschema

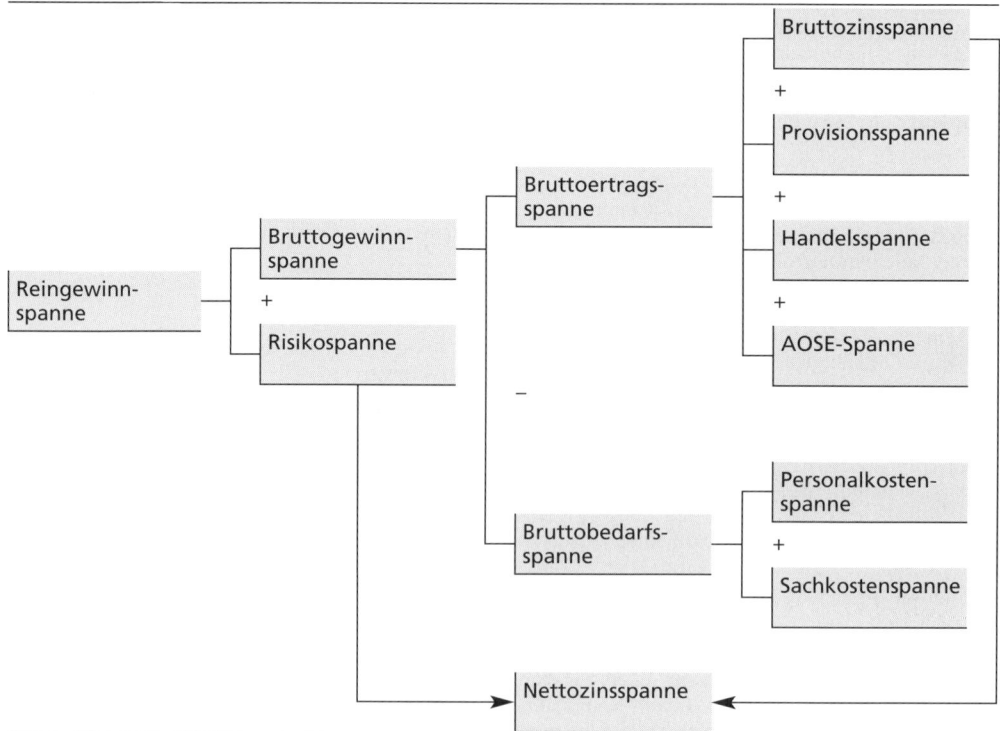

spanne aus der Zusammenfassung von *Personalkostenspanne* und *Sachkostenspanne*.
Die Differenz von *Bruttoertrags- und Bruttobedarfsspanne* ergibt die *Bruttogewinnspanne*. Die Risikoaufwendungen (als Relativzahl: *Risikospanne*) beinhalten die ausgewiesenen Abschreibungen und Wertberichtigungen auf Forderungen und Wertpapiere (soweit sie weder dem Handelsbestand noch dem Anlagevermögen zugeordnet sind) sowie Zuführungen zu ↑Rückstellungen im ↑Kreditgeschäft. Saldiert werden in dieser ↑Position in der Regel die spiegelbildlichen Vorgänge im Zusammenhang mit Erträgen und Zuschreibungen und der Auflösung von Rückstellungen.
Die Bereinigung der Bruttogewinnspanne um die Risikospanne führt zur Reingewinnspanne, während allgemein die Bruttozinsspanne bzw. -marge saldiert mit der Risikospanne resp. -marge als Nettozinsspanne bzw. -marge bezeichnet wird.
Die nebenstehende Abbildung stellt die Kennzahlenzusammenhänge in Form eines ROI-Kennzahlenschemas dar. Henner Schierenbeck
Lit.: Schierenbeck, H.: Ertragsorientiertes Bankmanagement, Wiesbaden 2001.

Zinsmethode
↑Deutsche Zinsmethode.

Zinsniveau
Das allgemeine Zinsniveau wird bestimmt durch die Höhe der Zinssätze für unterschiedliche Anlagelaufzeiten. In der Regel bezieht sich der Begriff des Zinsniveaus auf nominelle Zinssätze, kann aber auch auf reale Zinssätze bezogen werden. Das Zinsniveau kann mit verschiedenen Benchmark-Zinssätzen charakterisiert werden, z. B. ↑LIBOR, ↑Swap-Satz.

Zinsoption
Als Zinsoption bezeichnet man eine ↑Option, deren ↑Basiswert ein ↑Zinssatz ist.

Zinsparität
↑Zinsparitätentheorie.

Zinsparitätentheorie
Man spricht von der Zinsparität, wenn – unter sonst gleichen Bedingungen – Anlagen in inländischer ↑Währung den gleichen Zinsertrag abwerfen wie Anlagen in ausländischer Währung. Dabei wird zwischen der *gedeckten* (gesicherten) und der *ungedeckten* (ungesicherten) Zinsparität unterschieden, je nachdem, ob das Wechselkursrisiko (↑Währungsrisiko) über Terminverträge abgedeckt ist oder nicht.
Betrachtet werden zwei Anlagen mit der gleichen Fristigkeit. Seien i der Zinssatz im Inland, i^* der Zinssatz im Ausland, e der heutige ↑Wechselkurs, e^e der erwartete Wechselkurs und e^τ der ↑Termin-

kurs. Die erwartete Rendite einer Anlage im Ausland (r^{e*}) beträgt dann:

$$r^{e*} = (1 + i^*) \cdot \frac{e^e}{e} - 1$$

Wenn sie gleich dem Zinssatz i ist, gilt die ungedeckte Zinsparität:

$$\frac{1+i}{1+i^*} = \frac{e^e}{e}$$

Da für kleine Werte von x $ln(1 + x) \approx x$ gilt, lässt sich für kleine Werte von i bzw. i^* diese Beziehung auch in der folgenden, üblicherweise verwendeten Form schreiben:

$$i - i^* = \frac{e^e - e}{e}$$

Die Zinsdifferenz entspricht damit der erwarteten relativen Änderung des Wechselkurses. Wird die ausländische Anlage durch einen Terminkontrakt (↑Termingeschäft) gesichert, ergibt sich als Beziehung für die gedeckte Zinsparität:

$$i - i^* = \frac{e^\tau - e}{e}$$

d.h. die Zinsdifferenz zwischen zwei Ländern entspricht dem ↑Swap-Satz zwischen ihren Währungen.
Voraussetzungen für die Gültigkeit der Zinsparitätentheorie sind, dass die Kapitalmärkte frei von Kapitalverkehrskontrollen (↑Kapitalbewegungen, internationale) sind und dass die Anleger Anlagen im In- und Ausland als perfekte Substitute betrachten, was vor allem voraussetzt, dass durch die Besteuerung keine Unterschiede in den Nettorenditen der Anlagen im In- und Ausland hervorgerufen werden. Unter diesen Bedingungen gilt die gedeckte Zinsparität (fast) immer exakt, da ansonsten durch ↑Arbitrage risikolos sichere Gewinne erzielt werden könnten.
Sieht man von Zeiten sehr starker ↑Inflation ab, dann folgt der Wechselkurs in der kurzen Frist einem Random-walk (↑Random-walk-Theorie), d. h. es gilt

$$e_t = e_{t-1} + \varepsilon_t$$

wobei ε_t ein reines Zufallsglied mit Erwartungswert null ist. Die beste Prognose für den Wechselkurs von morgen ist damit der heutige ↑Kassakurs. Bei Gültigkeit der ungedeckten Zinsparität müssten daher inländische und ausländische Zinsen für Anlagen mit kurzen ↑Laufzeiten gleich sein. Tatsächlich aber sind auch die kurzfristigen Zinsen in den einzelnen Währungen sehr unterschiedlich. Dies gilt auch auf dem Euromarkt (↑Euromärkte), auf welchem keine Kapitalverkehrskontrollen existieren und steuerliche Erwägungen keine Rolle spielen. So sind z. B. die schweizerischen Zinsen auf dem Euromarkt für Drei-Monats-Geld in den vergangenen Jahrzehnten regelmäßig niedriger gewesen als diejenigen ihrer europäischen Nachbarn, und auch heute sind diese Zinsen für Anlagen in Schweizer Franken niedriger als für Anlagen in ↑Euro. Die ungedeckte Zinsparität ist damit verletzt. Dies bedeutet, dass Anlagen im In- und Ausland von den Anlegern nicht als perfekte Substitute betrachtet werden, sondern dass sie diese als mit unterschiedlichem ↑Risiko behaftet ansehen. Tatsächlich gilt daher für das Verhältnis zwischen in- und ausländischen Zinsen nur noch

$$i - i^* = \frac{e^e - e}{e} + \rho$$

wobei ρ eine ↑Risikoprämie (bzw. die Differenz der Risikoprämien im In- und Ausland) darstellt, die im Zeitablauf variieren kann.

Da der Wechselkurs kurzfristig einem Randomwalk folgt und seine Veränderung damit kurzfristig kaum prognostizierbar ist, ist auch, wie sich in vielen empirischen Untersuchungen gezeigt hat, der Swap-Satz kein guter Prediktor für die Wechselkursänderung. Er reflektiert sehr viel mehr die Risikoprämie, d.h. die Differenz in den Risiken zwischen den einzelnen Währungen, als die erwartete Wechselkursänderung.

Gebhard Kirchgässner

Zinsperiode
Periodisch bedeutet, sich in gleichen Zeitabständen wiederholend. Unter Zinsperioden versteht man die Zeitabschnitte, nach welchen sich Zinsleistungen wiederholen. Die Periodizität der Zinszahlungen hat auf die Höhe der tatsächlichen Verzinsung insofern einen Einfluss, als bei mehrmaliger Zinsfälligkeit im Laufe eines Jahres die tatsächliche Verzinsung etwas höher zu stehen kommt als der nominelle Zinsfuss (↑Zinssatz), der auf einem Jahr basiert. Wenn z.B. eine Schuld zu 5% verzinslich ist und die Zinsen vierteljährlich zu entrichten sind, so ergibt sich eine ↑Effektivverzinsung von etwa 5,0945%. Erfolgt die Zinsabrechnung am Ende einer Zinsperiode, spricht man von nachschüssiger Zinsberechnung. Vorschüssige Zinsberechnung bedeutet, dass der Zins am Anfang der Periode abgerechnet wird. Im Bankgeschäft ist die nachschüssige Zinsberechnung üblich.

Zinspolitik (Allgemeines)
Unter Zinspolitik versteht man im Allgemeinen die Ausrichtung der ↑Geldpolitik auf die Erreichung eines bestimmten ↑Zinsniveaus.
Eine ↑Zentralbank betreibt eine Strategie der Zinspolitik, wenn ihr geldpolitisches Ziel darin besteht, einen kurzfristigen nominalen Zinssatz (↑Nominalzinssatz) auf Dauer auf einem bestimmten Niveau zu fixieren. Eine solche Strategie darf nicht mit der Festlegung eines operativen Ziels für einen Zinssatz verwechselt werden. ↑Notenbanken setzen ihre Geldpolitik oft um, indem sie operative Ziele für einen kurzfristigen Geldmarktsatz (↑Geldmarktsätze, -zins) festlegen (↑Leitzins). In diesem Fall besteht aber nicht die Absicht, den Zinssatz auf einem bestimmten Niveau zu fixieren. Vielmehr geht es darum, das jeweils richtige Zinsniveau zu wählen, um ein Zwischenziel wie die Geldmenge (↑Geld [Begriff]; ↑Geldschöpfung) oder das Endziel der Preisstabilität zu erreichen.

Die Verfolgung einer Strategie der Zinspolitik ist problematisch. Ein erstes ↑Risiko besteht darin, geldpolitische Fehler zu begehen. Das nominale Zinsniveau hängt nicht nur von der ökonomischen Situation ab, sondern auch von den Erwartungen über die zukünftige Entwicklung der Zinssätze und der ↑Inflation. Die Konzentration auf die Entwicklung des nominalen Zinsniveaus kann die Notenbank dazu verleiten, Fehler zu begehen. Ein Beispiel stellt die folgende Situation dar: Wenn die Marktteilnehmer mit einem steigenden Preisdruck rechnen, so steigen die nominalen Zinssätze. Wenn die Zentralbank nun diesen Anstieg der nominalen Zinssätze als Zeichen einer ungenügenden Liquiditätsversorgung der Wirtschaft betrachtet, so riskiert sie, die geldpolitischen Zügel zu Unrecht zu lockern und provoziert damit schliesslich selbst den Inflationsanstieg. Ein zweites Risiko einer Strategie der Zinspolitik liegt in der theoretischen Unbestimmbarkeit der nominalen Grössen der Volkswirtschaft, insbesondere des Preisniveaus. Bis vor kurzem ist die Wirtschaftstheorie davon ausgegangen, dass unter der Annahme rationaler Erwartungen (d.h. keine systematischen Prognosefehler der Wirtschaftsteilnehmer) die Gefahr der Unbestimmbarkeit des Preisniveaus und der übrigen nominalen Grössen der Volkswirtschaft besteht, wenn die Zentralbank als geldpolitisches Ziel ein bestimmtes nominales Zinsniveau anstrebt. Der Grund für dieses Ergebnis liegt darin, dass ein einziges nominales Zinsniveau mit verschiedenen Preis- und Geldmengenniveaus kompatibel sein kann. Dieses Argument wurde von Michael Woodford in einer Serie von wissenschaftlichen Abhandlungen angezweifelt. Nach Woodford vernachlässigen die Modelle, die eine Unbestimmbarkeit des allgemeinen Preisniveaus vorhersagen, eine Gleichgewichtsrestriktion. Woodford argumentiert, dass die Berücksichtigung von Fiskalvariablen dazu führt, dass das Preisniveau dann eindeutig bestimmt ist, wenn die Zentralbank den nominalen Zinssatz fixiert.

Neben diesem diskutierten Konzept der Zinspolitik existiert auch noch ein anderes Konzept der Zinspolitik, das eher von historischem Interesse ist. Dabei wird unter Zinspolitik die Aufrechterhaltung eines bestimmten Zinsniveaus (kurz- wie auch langfristige Sätze) aus sozialpolitischen Gründen verstanden. Hierzu lässt sich beispielsweise die Praxis zählen, Zinssätze für ↑Konsumkredite zu fixieren oder zu limitieren oder Vorzugssätze für bestimmte Kundenkategorien der Banken zu bestimmen. Konstant unter den Marktsätzen (↑Marktzins) wurden beispielsweise die ↑Kreditkonditionen zur Förderung von Wohneigentum

(↑Wohneigentumsförderung) oder für Exportkredite (↑Exportfinanzierung) festgesetzt. Diese Praxis, die noch vor wenigen Jahren populär war, ist inzwischen zu Gunsten der freien Bestimmung der Zinssätze auf den Geld- (↑Geldmarkt [Volkswirtschaftliches]) und Kapitalmärkten (↑Kapitalmarkt [Volkswirtschaftliches]) verschwunden.

Michel Peytrignet

Lit.: Woodford, M.: Price-level determinacy without control of a monetary aggregate, Carnegie-Rochester Conference Series on Public Policy, 43, 1995.

Zinspolitik der SNB

Der Zusammenbruch des Bretton-Woods-Systems und der Übergang zu flexiblen Wechselkursen (↑Floating) zu Beginn des Jahres 1973 erlaubten es der Schweizerischen ↑Nationalbank (SNB), eine unabhängige ↑Geldpolitik zu betreiben. Seit diesem Zeitpunkt übt die SNB einen bestimmenden Einfluss auf die Entwicklung der ↑Zinssätze in der Schweiz aus, ohne jedoch eine eigentliche Zinspolitik zu betreiben, d.h. ohne jemals ein bestimmtes nominales ↑Zinsniveau (↑Nominalzinssatz) als Endziel der Geldpolitik zu deklarieren. Die Beeinflussung der Zinsen erfolgt vielmehr im Rahmen der operativen Umsetzung der Geldpolitik (↑Geldpolitik [Umsetzung]) im Hinblick auf die Erhaltung der Preisstabilität.

Von 1975 bis 1999 betrieb die SNB eine Geldpolitik, die auf die Erreichung eines monetären Zwischenziels ausgerichtet war. Diese Zwischenziele wurden derart definiert, dass mittelfristig die Aufrechterhaltung der Preisstabilität in der Schweiz gewährleistet war. Zwischen 1975 und 1978 verwendete die SNB die ↑Geldmenge M 1 und danach bis 1999 die ↑Notenbankgeldmenge als Zwischenziel. Ausgehend von der jeweils veröffentlichten Zielgrösse, leitete die SNB eine operationelle Zielgrösse für die Giroguthaben der ↑Geschäftsbanken ab. Diese operationelle Zielgrösse stellte die Leitplanke für die praktische Umsetzung der Geldpolitik dar. Bei einer gegebenen Nachfrage des Bankensystems (↑Bankensystem [Allgemeines]) nach Giroguthaben übte die SNB einen bestimmenden Einfluss auf die Entwicklung der ↑Geldmarktsätze aus, indem sie das Angebot an Giroguthaben modifizierte. Gleichzeitig hingen die Zinssätze jedoch auch von den autonomen Bewegungen der Nachfrage nach Giroguthaben ab. Die SNB beabsichtigte nicht, die Zinssätze auf dem ↑Geldmarkt direkt zu fixieren und alle Nachfrageschwankungen nach Giroguthaben systematisch auszugleichen. Vielmehr hat sie das Angebot an Giroguthaben jeweils so gewählt, dass sie ihre geldpolitische Zwischenzielgrösse erreichen konnte. Die Zinsbestimmung überliess sie dem Markt.

Seit Ende des Jahres 1999 verzichtet die SNB darauf, ein Zwischenziel für ein Geldaggregat zu definieren. Die SNB hat zu Beginn des Jahres 2000 ihr geldpolitisches Konzept tief greifend geändert. Unter Beibehaltung des übergeordneten Ziels der Preisstabilität verwendet die SNB nun an Stelle eines Geldmengenzwischenziels eine Inflationsprognose als Hauptindikator. Gleichzeitig beschloss die SNB, auf die interne operationelle Zielgrösse für das Angebot an Giroguthaben zu verzichten. Dafür legt sie nun ein Zielband (↑Zielband Dreimonatssatz) für einen Zinssatz des Geldmarktes fest und macht dieses öffentlich bekannt. Als ↑Referenzzinssatz wählte die SNB den Schweizer-Franken-Dreimonate-Libor (↑Libor). Dieser Interbankensatz (↑Interbanksätze) verkörpert den repräsentativsten Zinssatz auf dem Schweizer-Franken-Geldmarkt. Die SNB wählte ein relativ breites Zielband von 100 Basispunkten, um eine gewisse Flexibilität zu wahren. Diese Flexibilität ist nötig, da die Schweiz als kleine offene Volkswirtschaft oft von externen Schocks betroffen ist. Die SNB kann den Libor nicht direkt fixieren. Vielmehr beeinflusst die SNB den Libor über Repo-Geschäfte (↑Repo-Geschäft der SNB) mit Geschäftsbanken (mittels Overnight-Geschäften [↑Overnight money] und ein- bis dreiwöchigen Repo-Geschäften). Der Dreimonate-Libor bleibt also ein Marktzinssatz, der von der Interaktion zwischen Geldangebot und -nachfrage wie auch den Erwartungen der Marktteilnehmer über die Entwicklung der Zinssätze in den zukünftigen drei Monaten bestimmt wird. Da der Libor ein ↑Marktzins bleibt, hilft er mit, kurzfristige Schocks zu absorbieren. Gleichzeitig kommt ihm damit auch eine Indikatorfunktion (↑Indikator) zu. Veränderungen des Libor, die nicht direkt auf geldpolitische Handlungen zurückzuführen sind, geben aufschlussreiche ↑Signale über die Erwartungen der ↑Finanzmärkte über die zukünftige Zinsentwicklung. Mit der Durchführung von Repo-Geschäften übt die SNB einen bestimmenden Einfluss auf den Libor aus. Dieser Einfluss auf die Zinsen ist heute viel stärker und direkter als zur Zeit, als die SNB ihre Geldpolitik mit Hilfe von internen operationellen Zielen für die Höhe der Giroguthaben umgesetzt hat.

Obwohl die SNB den Libor beeinflusst und ein Zielband für den Libor definiert, strebt die SNB nicht ein bestimmtes nominales Zinsniveau als Zielgrösse für die Geldpolitik per se an. In diesem Sinne betreibt die SNB auch weiterhin keine Zinspolitik. Das Zielband für den Libor wird jeweils so festgesetzt, dass die ↑Inflation mittelfristig im Bereich der Preisstabilität bleibt. Zeigt sich, dass die prognostizierte Inflation dauerhaft vom Bereich der Preisstabilität abzuweichen droht, so wird eine Anpassung des Zielbandes nötig. Damit stellt die SNB die monetären Rahmenbedingungen wieder her, um die Preisstabilität sicherzustellen. Die Anpassung des Zielbandes erfolgt jedoch weder mechanisch noch automatisch. Nur eine komplette Analyse der Situation erlaubt es, die Zweckmässigkeit einer Anpassung der Geldpolitik zu überprüfen. *Michel Peytrignet*

Zinsrechnung

Die massgeblichen Faktoren für die Zinsrechnung sind Kapital, Zinsfuss und Zeit.
Der Zinsfuss wird in Prozenten pro Jahr ausgedrückt. In Bezug auf die Zählung der Tage werden neben der bürgerlichen Zinsrechnung (volle Tagesanrechnung nach Kalender) drei ↑Usanzen der kaufmännischen Zinsrechnung (im Handels- und Bankverkehr) unterschieden:
- Deutsche Usanz: Jahr = 360 Tage, Monat = 30 Tage; Bezeichnung 360/360. Sie wird angewendet in der Bundesrepublik Deutschland, in Belgien, der Schweiz und in Skandinavien.
- Englische Usanz: Jahr = 365 Tage, Monat = genaue Anzahl der Tage nach Kalender; Bezeichnung = 365/365. Sie wird angewendet im Vereinigten Königreich (UK).
- Französische Usanz: Jahr = 360 Tage, Monat = genaue Anzahl der Tage nach Kalender; Bezeichnung = 365/360. Wird angewendet in Frankreich, den USA und in verschiedenen anderen Ländern. Am Euromarkt wird ebenfalls die französische Usanz (unter der Bezeichnung «internationale Usanz») angewendet.

Die Zinsabrechnung kann am Ende einer ↑Zinsperiode (nachschüssige Zinsrechnung) oder (selten) am Anfang (vorschüssige Zinsrechnung) erfolgen. Für die Entwicklung eines zu verzinsenden Kapitals über mehrere Perioden hinweg ist es von Bedeutung, ob die ↑Zinsen am Ende einer jeden Periode ausbezahlt bzw. einem anderen Konto gutgeschrieben werden oder ob sie dem weiter zu verzinsenden Kapital zugeschlagen und mit diesem verzinst werden. Im ersten Fall liegt einfache oder lineare Verzinsung vor, im zweiten Zinseszinsrechnung.

Zinsrisiko

↑Zinsänderungsrisiko.

Zinssatz

Auch: Zinsfuss. Der Zinssatz ist der in Prozenten vom Nennwert, vom Kapital, der Schuld, ausgedrückte Preis für ausgeliehenes oder aufgenommenes Geld pro Jahr (% p. a.). Die Höhe des Zinssatzes kann zwischen den Parteien frei ausgehandelt werden. ↑Höchstzinsvorschriften.

Zinsspread

Differenz zwischen einem einzelnen und mehreren Aktiv- und Passivzinssätzen. ↑Zinsmarge, -spanne.

Zinsstruktur

Als Zinsstruktur (grafische Darstellung: Zinskurve) wird der Zusammenhang zwischen den ↑Renditen von Anleihen (↑ Obligationen) und ihren (Rest-) ↑Laufzeiten bezeichnet. Anleihensrenditen unterscheiden sich nicht nur nach der Laufzeit, sondern insbesondere auch nach dem ↑Kreditrisiko. Die miteinander verglichenen Anleihen müssen deshalb der gleichen Schuldnerkategorie angehören, damit Bonitätseinflüsse (↑Bonität) auf die Renditen keine Verzerrung der Zinsstruktur herbeiführen. Schwieriger zu behandeln sind Verzerrungen der Preise einzelner Anleihen, die als Folge unterschiedlicher ↑Marktliquidität auftreten. Ausserdem kann die Abhängigkeit der Verzinsung von der Laufzeit nur anhand von Diskontanleihen (Nullcouponanleihen [↑Zerobonds]) präzis aufgezeigt werden. Die Renditen von Diskontanleihen, die so genannten Kassazinssätze (↑Bewertung von Anleihensobligationen) sind an den Märkten für die meisten Laufzeiten und Anleihensschuldner nicht verfügbar, da in der Praxis Couponanleihen (↑Coupon) mit periodischen Zinszahlungen bei weitem überwiegen. Häufig wird deshalb eine einfache Renditekurve berechnet, welche statt der Kassazinssätze die ↑Renditen auf Verfall von Couponanleihen zu ihren ↑Restlaufzeiten in Beziehung setzt. Dies führt indes zu Ungenauigkeiten, weil bei der Berechnung der Renditen nach der Methode des ↑internen Zinsfusses angenommen wird, die anfallenden Couponzahlungen könnten zu denselben Renditen bis zum Verfall der Anleihe wieder angelegt werden. Dabei werden für Anleihen unterschiedlicher Laufzeit implizit unterschiedliche – einander widersprechende – Annahmen über die Wiederanlagemöglichkeiten (↑Wiederanlage) unterstellt. Ein besseres Bild ergibt sich, wenn die nicht verfügbaren Kassazinssätze aus den Renditen von Couponanleihen geschätzt werden, wofür es verschiedene Verfahren gibt. Sehr verbreitet ist die zuverlässige und robuste «erweiterte Nelson-Siegel-Methode». Die Schweizerische ↑Nationalbank (SNB) berechnet und veröffentlicht in ihrem statistischen Monatsheft regelmässig Kassazinssätze für Schweizer-Franken-Anleihen einer Reihe von Schuldnerkategorien. Die Zinsstruktur für ↑Staatsanleihen (Schweiz: eidgenössische Anleihen) dient auf den meisten ↑Kapitalmärkten als Referenzstruktur. In der Regel decken Staatsanleihen ein breites Fälligkeitsspektrum ab und weisen eine gute Marktliquidität mit aussagekräftigen gehandelten ↑Kursen sowie ein vernachlässigbares Kreditausfallrisiko (↑Ausfallrisiko) auf.

1. Eigenschaften

Die ↑Zinsstrukturkurve steigt empirisch meist an (normale Zinsstruktur). Sie kann aber auch flach oder invers (abnehmende Zinssätze mit zunehmender Laufzeit) verlaufen. Gemäss der Erwartungstheorie der Zinsstruktur sollte der ↑Zinssatz einer ↑langfristigen Anleihe dem Durchschnitt der bis zu ihrem Verfall erwarteten, aufeinander folgenden, ↑kurzfristigen Kassazinssätze entsprechen. Unterschiede zwischen der Verzinsung der langfristigen Anlage und einer Folge kurzfristiger Anlagen würden andernfalls systematische Gewinnmöglichkeiten eröffnen. Die reine Erwartungstheorie vermag allerdings nicht zu erklären, weshalb die Zinsstruktur normalerweise ansteigt. Dies gelingt erst, wenn gemäss der so genannten Liquiditätspräferenztheorie ergänzend angenommen wird, dass die Anleger für längere Anleihen eine ↑Risikoprämie und damit eine etwas höhere Rendite fordern als der Erwartungstheorie entspricht. Die Risikoprämie wird damit begründet, dass unvorhergesehene Zinssatzänderungen bei längeren Anleihen stärkere Kursausschläge hervorrufen als bei kürzeren.

2. Verwendung
Eine optimal geschätzte Zinsstruktur ist wichtig zur Beurteilung der Bewertung von Obligationen, insbesondere zum Vergleich neu emittierter und ausstehender Anleihen. Die einzelnen Coupons und der Rückzahlungsbetrag jeder Couponanleihe können als ein ↑Portfolio von Diskontanleihen mit unterschiedlichen Laufzeiten dargestellt werden und im Gleichgewicht muss der Preis einer Couponanleihe dem ↑Barwert der Coupon- und Tilgungszahlungen entsprechen, wenn diese Zahlungen mit den zu ihren Fälligkeitsterminen gehörenden Kassazinssätzen diskontiert (↑Diskont) werden. Andernfalls besteht eine Fehlbewertung, die Arbitragegeschäfte (↑Arbitrage) erlaubt.

Aus der Struktur der Kassazinssätze lassen sich zudem implizite Terminzinssätze (Forward interest rates) ableiten. Mittels der Renditen zweier Diskontanleihen unterschiedlicher Laufzeit kann der implizite Zinssatz ermittelt werden, der zwischen dem Verfallzeitpunkt der kürzeren und jenem der längeren Anleihe gelten müsste, wenn Arbitragemöglichkeiten zwischen zwei aufeinander folgenden kürzerfristigen und der längerfristigen Anlage ausgeschlossen sein sollen. Solche impliziten Terminsätze lassen sich für verschiedene, zu künftigen Zeitpunkten beginnende Laufzeiten ermitteln. Die Abfolge von Terminzinssätzen mit kurzer Laufzeit liefert Anhaltspunkte über die Marktwartungen hinsichtlich der künftigen Entwicklung der kurzfristigen Zinssätze. Bei dieser Interpretation ist indessen Vorsicht geboten, weil die in den Terminzinssätzen enthaltenen Risikoprämien oft starke kurzfristige Schwankungen aufweisen.

Die aktuelle Form der Zinsstruktur gibt Hinweise auf die zu erwartende makroökonomische Entwicklung. Eine deutlich ansteigende Zinskurve deutet in der Regel auf eine kommende Belebung des Wirtschaftswachstums und – möglicherweise – auf erhöhte Inflationsgefahren (↑Inflation) hin. Umgekehrt gilt eine ↑inverse Zinsstruktur – mit hohen Sätzen in den kurzen und niedrigen in den langen Laufzeiten – als ↑Signal für eine wirtschaftliche Abschwächung. Den meisten ↑Rezessionen ging eine Phase mehr oder weniger stark inverser Zinsstruktur voraus. *Erich Spörndli*
Lit.: Heller, D.: Zinskurven und ihr Informationsgehalt für die Geldpolitik der SNB. Quartalsheft der Schweizerischen Nationalbank 2/1997.

Zinsstrukturkurve
Unter der Zinsstruktur(-kurve) versteht man eine Funktion (Kurve), welche den ↑Zinssatz einer reinen Diskontanleihe in Abhängigkeit der ↑Restlaufzeit angibt. In diesem Zusammenhang wird der Zinssatz gelegentlich auch als ↑Rendite und die Zinsstrukturkurve als Renditekurve bezeichnet. Der Käufer einer reinen Diskontanleihe bezahlt zum Zeitpunkt t den Preis $P(t, T)$, wobei T den Verfallstag (↑Verfall) bezeichnet, und erhält im Gegenzug dafür die Diskontanleihe zum gleichen Zeitpunkt t. Während der Restlaufzeit der Diskontanleihe, $T - t$, erhält der Käufer keine ↑Coupons, jedoch am Verfallstag eine Geldeinheit, z. B. CHF 1. Der Coupon wird gelegentlich auch als Nominalzins (↑Nominalzinssatz) bezeichnet. Der Zinssatz beziehungsweise die Rendite der reinen Diskontanleihe entspricht jener Diskontierungsrate (↑Diskontrate), bei welcher der ↑Gegenwartswert der Auszahlung der Diskontanleihe am Verfallstag gleich dem gegenwärtigen Preis der Diskontanleihe ist. Die Rendite der Diskontanleihe ist eindeutig bestimmt, weil nur eine einzige zukünftige Auszahlung vorkommt. Bezeichnet man mit
$R_m(t, T)$
die Rendite der reinen Diskontanleihe bei m-maliger Verzinsung im Jahr und mit
$R_s(t, T)$
die Rendite der reinen Diskontanleihe bei stetiger Verzinsung, dann lässt sich dieser Zusammenhang folgendermassen schreiben (1):

$$P(t, T) = \left[1 + \frac{R_m(t, T)}{m}\right]^{-m[T-t]}$$
$$= \exp\left(-R_s(t, T)[T-t]\right)$$

In der Gleichung (1) bezeichnet exp die Exponentialfunktion. Die Rendite bei stetiger Verzinsung erhält man aus der Rendite bei m-maliger Verzinsung im Jahr, indem man die Anzahl der Verzinsung je Jahr unendlich gross werden lässt (m = ∞). Aus dieser Gleichung erhält man die folgende Umrechnung zwischen den beiden Darstellungen der Rendite (2):

$$R_s(t, T) = m \, ln\left(1 + \frac{R_m(t, T)}{m}\right)$$
$$R_m(t, T) = m\left[exp\left(\frac{R_s(t, T)}{m}\right) - 1\right]$$

Durch Auflösung der Gleichung (1) erhält man schliesslich die gesuchte Rendite der reinen Diskontanleihe wie folgt (3):

$R_m(t, T) = m [P(t, T)^{-1/(m[T-t])} - 1]$

$R_s(t, T) = - \dfrac{\ln[P(t, T)]}{T - t}$

Können zu einem bestimmten Zeitpunkt t die Preise von reinen Diskontanleihen mit verschiedenen Verfallstagen
$\{T_1, T_2, T_3, ...\}$
beobachtet werden, dann lassen sich mithilfe der Gleichung (3) die entsprechenden Renditen
$\{R_m(t, T_1), R_m(t, T_2), R_m(t, T_3), ...\}$
berechnen. Für eidgenössische Diskontanleihen sind diese Renditen in Abhängigkeit der Restlaufzeiten
$\{(T_1 - t), (T_2 - t), (T_3 - t), ...\}$
in der Abbildung Renditekurve von eidgenössischen Anleihen für drei verschiedene Stichtage, $t \{30.12.1991, 04.01.2000, 11.09.2001\}$, aufgetragen.

Renditekurve von eidgenössischen Anleihen

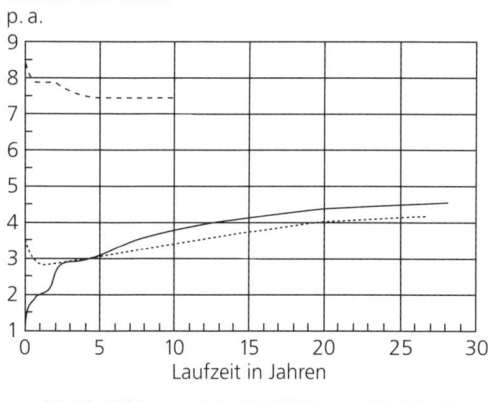

Rendite in Prozent p. a.

Laufzeit in Jahren

--- 30. 12. 1991   —— 04. 01. 2000   ······ 11. 09. 2001

Weil die Schuldner in der Regel Diskontanleihen nur für kurze ↑ Laufzeiten begeben, sind in der Praxis verschiedene Verfahren entwickelt worden, um die Renditekurve aus den Preisen von coupontragenden Anleihen zu berechnen. Die in der Abbildung dargestellten Renditekurven stützen sich auf ein solches Verfahren.
Wenn die Renditen mit zunehmender Laufzeit steigen, dann spricht man von einer normalen Renditekurve. Die am 04.01.1999 beobachtete Renditekurve in der Abbildung ist in dem Sinne eine normale Renditekurve. Wenn die Renditen mit zunehmender Laufzeit hingegen sinken, spricht man von einer ↑inversen Zinsstruktur. Die am 30.12.1991 beobachtete Zinsstruktur in der Abbildung ist deshalb eine inverse Renditekurve. Steigen (sinken) die Renditen zunächst mit zunehmender Laufzeit und sinken (steigen) später wieder ab (an), dann spricht man von einer buckligen (umgekehrt buckligen) Renditekurve. Jene vom 11.09.2001 in der Abbildung ist eine umgekehrt bucklige Zinsstruktur. Befindet sich eine Volkswirtschaft in einem konjunkturellen Aufschwung, dann werden in der Regel normale Renditekurven zu beobachten sein. Begegnet eine ↑Zentralbank der Gefahr konjunktureller Überhitzung mit einer restriktiveren ↑Geldpolitik, dann werden die von der Zentralbank mittel- oder unmittelbar steuerbaren kurzfristigen Zinssätze steigen, und es werden in der Regel bucklige Renditekurven zu beobachten sein. Ist die Zentralbank gar zu einer massiven geldpolitischen Bremsung gezwungen, dann werden neben den kurzfristigen auch die mittelfristigen Zinssätze deutlich ansteigen, und es werden in der Regel inverse Renditekurven zu beobachten sein.
Falls der Käufer einer Diskontanleihe gezwungen ist, seine Anleihe zu verkaufen, um sich Liquidität zu verschaffen, dann ist er einem grösseren Kursrisiko (↑Risiko) ausgesetzt, wenn er eine langfristige anstatt eine kurzfristige Anleihe hält. Aus diesem Grund wird der risikoscheue Anleger für den Kauf einer langfristigen im Vergleich zu einer kurzfristigen Anleihe eine ↑Prämie, die so genannte Fristigkeitsprämie, verlangen. Der Unterschied zwischen dem lang- und kurzfristigen Zinssatz ist deshalb gleich dieser Fristigkeitsprämie. Aus diesem Grund ist es kaum möglich, dass eine inverse Renditekurve während eines ganzen Konjunkturzyklus zu beobachten sein wird. Im langfristigen Durchschnitt können nur normale Renditekurven auftreten, so lange die Anleger risikoscheu sind.

Hans-Jürg Büttler

Zinsswap

Bei einem Zinsswap verpflichten sich zwei Parteien zum Tausch von variablen gegen feste Zinszahlungen, bezogen auf einen bestimmten Nominalwert, in regelmässigen zeitlichen Abständen während einer bestimmten ↑Laufzeit. Die variablen Zinszahlungen basieren meistens auf ↑Libor (London interbank offered rate) und die festen Zinszahlungen ergeben sich aus dem ↑Swap-Satz. Der Swap-Satz lässt sich also als Termin-Zinssatz (↑Forward rate) mit mehreren Erfüllungszeitpunkten charakterisieren.
Die Partei A leistet variable Zinszahlungen und erhält feste Zinszahlungen. Dies bezeichnet man als ↑Receiver swap (aus der Sicht von Partei A). Die Gegenpartei leistet feste Zinszahlungen und erhält variable. Man bezeichnet dies als ↑Payer swap (aus Sicht der Gegenpartei). Der Käufer eines Receiver swap profitiert von fallenden ↑Zinssätzen, während der Käufer eines Payer swap von steigenden Zinssätzen profitiert. Im Rahmen des Bilanzstrukturmanagements (↑Asset and liability

management [ALM]) eignet sich demzufolge ein Receiver swap als Absicherung gegenüber steigenden Zinssätzen für eine ↑Bank mit negativer ↑Fristentransformation (einem negativen Duration gap), während eine Bank mit positiver Fristentransformation das Risiko steigender Zinssätze durch einen Payer swap absichern kann.

Stefan Jaeger

Zinstermin
Der Zeitpunkt, zu dem eine Zinsleistung aufgrund einer Zinsabrechnung erbracht werden muss. Zinstermine sind in der Regel der 30. Juni und der 31. Dezember. Debitorenrechnungen werden seitens der ↑Bank gewöhnlich auch auf Quartalsende abgeschlossen. Aktivkonti werden in der Regel viermal jährlich, Passivkonti ein- oder zweimal jährlich abgeschlossen bzw. abgerechnet. Abrechnungstermine sind Quartals-, Semester-, Jahresende.

Zinstermingeschäfte
↑Forward rate agreement (FRA).

Zinstheorie
↑Zinsen, Zinsentwicklung Schweiz; ↑Zinszusammenhang, internationaler.

Zinsüberschuss
Saldo aus dem Zinsertrag und dem Zinsaufwand einer Bank. Nach internationalen Rechnungslegungsnormen sind dem Ergebnis aus dem Zinsengeschäft auch die ↑Wertberichtigungen für ↑Ausfallrisiken zu belasten.

Zinsuntergrenze
↑Floor.

Zinsusanz
↑Deutsche Zinsmethode.

Zinsvariabilität
Veränderung von Zinssätzen im Zeitablauf. ↑Zinsänderungsrisiko.

Zinsvariable Anleihe
↑Floater; ↑Floating rate notes (FRN).

Zinszusammenhang, internationaler
Geht man davon aus, dass die ↑Realzinsen in einer Wirtschaft zwar nicht konstant sind, aber im Zeitablauf keine grösseren Bewegungen aufweisen, dann hängt die Entwicklung der Nominalzinsen weit gehend von der erwarteten ↑Inflationsrate und – bei rationalen Erwartungen – auch von der tatsächlichen Inflationsentwicklung ab. In einem System ↑fester Wechselkurse, wie es das zwischen 1947 und 1972 herrschende System von Bretton Woods darstellte, gleichen sich die Inflationsraten der verschiedenen daran beteiligten Länder einander an: Eine unabhängige ↑Geldpolitik und damit eine Abkopplung von internationalen Inflationsentwicklungen ist nicht möglich.

3-Monats-Euromarktzinssätze (in Prozent), 1975–2001

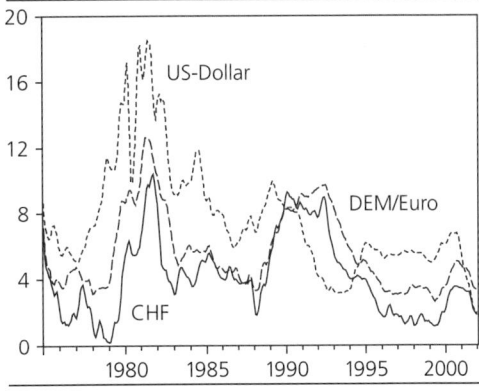

Mit der Abkehr vom System fester Wechselkurse im Jahr 1972 hoffte man, der nationalen Geldpolitik der einzelnen Staaten wieder mehr Spielraum verschaffen zu können. Tatsächlich aber beobachtete man weiterhin einen Gleichlauf der ↑Zinssätze der verschiedenen Länder: Wie in der Abbildung anhand der Dreimonats-Euromarktsätze (↑Euromarktsätze) sichtbar wird, waren insbesondere zu Beginn der 80er-Jahre die Zinsen nicht nur in den Vereinigten Staaten, sondern auch in Europa recht hoch. Damit stellte sich die Frage, ob ein dominanter Einfluss der Vereinigten Staaten auf die anderen westlichen Industrieländer vorlag oder ob in den verschiedenen Ländern ähnliche, aber voneinander prinzipiell unabhängige Entwicklungen zu einer parallelen Entwicklung der Zinsen geführt hatten.

Die Erwartung, mit der Freigabe der ↑Wechselkurse eine unabhängige Geldpolitik durchführen zu können, basierte auf dem Vertrauen darauf, dass die Kaufkraftparitätentheorie (↑Geldwert) auch kurzfristig gültig sei. Gemäss dieser Theorie wird die Entwicklung des nominalen Wechselkurses zwischen zwei Ländern durch die Entwicklungen der Preisniveaus in diesen Ländern bestimmt. Nach der Freigabe der Wechselkurse stellte sich jedoch bald heraus, dass diese Theorie zwar langfristig (bzw. bei sehr starken Unterschieden in den Preisentwicklungen von zwei Ländern) gelten mag, dass sie aber kurzfristig nicht gilt: Die kurzfristigen Veränderungen der Wechselkurse sind häufig sehr viel stärker, als durch die unterschiedlichen Entwicklungen der Preisniveaus erklärt werden kann. Der Übertragungsmechanismus läuft über die ungedeckte Zinsparität (↑Zinsparitätentheorie). Werden Anlageformen im In- und Ausland als Substitute angesehen, ergibt sich – unter bestimmten

Bedingungen – eine Gleichheit in- und ausländischer Zinssätze mit gleicher Fristigkeit bzw. zumindest, falls die ↑Risikoprämien unterschiedlich sind, eine parallele Entwicklung. Aber auch wenn die Zinsparität nicht exakt gilt, kann sich ein Gleichlauf der Zinsen verschiedener Länder ergeben.

Während es zu Beginn der 80er-Jahre in der Phase sehr hoher Zinsen vor allem darum ging, ob die US-Zinsen einen Einfluss auf Europa hatten, drehte sich die Diskussion später vor allem um die Frage einer möglichen deutschen Dominanz im ↑Europäischen Währungssystem (EWS). Da sich die Mitgliedsländer dieses Systems verpflichtet hatten, die Wechselkurse innerhalb einer bestimmten ↑Bandbreite zu halten, konnten ihre Zinsentwicklungen nicht unabhängig voneinander sein. Es war jedoch offen, ob sich diese Länder passiv an die Geldpolitik der deutschen Bundesbank anlehnten oder ob sie zumindest teilweise eine eigenständige Politik betrieben, die dann auch Rückwirkungen auf Deutschland haben musste. Darüber hinaus stellte sich die Frage, ob die Zinsentwicklung in anderen Ländern, insbesondere in den Vereinigten Staaten, neben dem Einfluss auf die Entwicklung in Deutschland und dem damit gegebenen indirekten Einfluss auch einen direkten Einfluss auf die Entwicklung in den anderen EWS-Mitgliedsländern hatte.

Für die Schweiz stellte (und stellt sich heute immer noch) die Frage, inwieweit ihre Entwicklung von derjenigen im Ausland, insbesondere in den Vereinigten Staaten und in Deutschland (bzw. seit 1999 im Währungsgebiet des ↑Euro) abhängig ist. Dies ist deshalb wichtig, weil die Schweiz als «Zinsinsel» nach wie vor niedrigere Zinsen hat als die anderen europäischen Länder und weil sie in der Vergangenheit auch fast immer niedrigere Zinsen hatte als die Vereinigten Staaten.

Empirisch ist zwischen der langfristigen und der kurzfristigen Betrachtung zu unterscheiden. Um den kurzfristigen Zusammenhang zu erfassen, wird mithilfe von Kausalitätstests untersucht, wie sich neue Information im System der verschiedenen Zinssätze ausbreitet. Wenn z.B. eine einfache Beziehung von den Vereinigten Staaten hin zur Schweiz besteht, so müsste man die Entwicklung in der Schweiz besser prognostizieren können, wenn neben der vergangenen Entwicklung in der Schweiz auch diejenige in den Vereinigten Staaten berücksichtigt wird. Umgekehrt dürfte die Entwicklung in der Schweiz keine zusätzliche Information über die Entwicklung in den Vereinigten Staaten enthalten. Bei der langfristigen Betrachtungsweise wird danach gefragt, wie viele langfristige Trends in den Daten enthalten sind und welche Länder diese Trends dominieren. Folgen z.B. die Schweiz und die Vereinigten Staaten zwei voneinander unabhängigen langfristigen Trends, so besteht trotz einem möglicherweise existierenden kurzfristigen kein langfristiger Zinszusammenhang.

Bei den empirischen Untersuchungen mit Dreimonats-Euromarktsätzen hat sich gezeigt, dass ein solcher Zusammenhang auch bei flexiblen Wechselkursen (↑Floating) existiert, auch wenn seine Stärke im Zeitablauf variiert. Insbesondere beeinflusst die Zinsentwicklung in den Vereinigten Staaten jene in den europäischen Ländern. Ausserdem findet man für die Periode des Europäischen Währungssystems einen starken Einfluss der deutschen Entwicklung auf die Zinsen in den anderen europäischen Staaten, auch wenn sie diese nicht vollständig dominiert hat. Der internationale Trend wurde in dieser Zeit wesentlich von den amerikanischen und den deutschen Zinsen bestimmt, wobei auch eine Rückwirkung der deutschen auf die amerikanische Entwicklung festgestellt werden kann. Die schweizerischen Zinsen werden ebenfalls durch die internationale Entwicklung beeinflusst, wenn auch in schwächerem Masse als diejenigen anderer europäischer Staaten. So konnte z.B. für die 80er-Jahre ein signifikanter kurzfristiger Einfluss von den Vereinigten Staaten, den Niederlanden und der Bundesrepublik Deutschland auf die Schweiz festgestellt werden, nicht aber vom Vereinigten Königreich, Frankreich, Italien oder Japan. Langfristig hatten nur die deutschen Zinsen einen direkten Einfluss; der entsprechende amerikanische Einfluss lief indirekt über die deutschen Zinsen. Wieweit sich dies in Zukunft wegen der Einführung des Euros als gemeinsamer europäischer Währung ändert, bleibt abzuwarten. Die Zeit seit dessen Einführung ist noch zu kurz, um heute schon statistisch zuverlässige Aussagen machen zu können.

Die vorliegenden Ergebnisse zeigen aber in jedem Fall, dass auch in einem System flexibler Wechselkurse die nationalen Notenbanken in ihrer Geldpolitik nicht so unabhängig und/oder so einflussreich bezüglich der monetären Entwicklung im Inland sind, wie man sich dies bei der Ablösung des Systems von Bretton Woods zu Beginn der 70er-Jahre vorgestellt hatte.

Gebhard Kirchgässner

Lit.: Fratiani, M./Hagen, J. v.: German Dominance in the EMS: The Empirical Evidence, Open Economies Review 1, 1990. – Kirchgässner, G./Wolters, J.: Die Abhängigkeit der schweizerischen von der europäischen und amerikanischen Zinsentwicklung, Empirische Ergebnisse für die achtziger Jahre, Schweizerische Zeitschrift für Volkswirtschaft und Statistik 127, 1991. – Kirchgässner, G./Wolters, J.: Does the DM Dominate the Euro Market? An Empirical Investigation, The Review of Economics and Statistics 75, 1993. – Kirchgässner, G./Wolters, J.: Interest Rate Linkages in Europe Before and After the Introduction of the European Monetary System, Empirical Economics 20, 1995.

Zufallsschwankungen
↑Random-walk-Theorie.

Zugehör
↑Grundpfandrecht.

Zugehörverpfändung
Zugehör sind bewegliche Sachen, die nach der am Orte üblichen Auffassung oder nach dem klaren Willen des Eigentümers der Hauptsache dauernd für die Bewirtschaftung, Benutzung oder Verwahrung einer andern Sache (der Hauptsache) bestimmt sind und durch Verbindung, Anpassung oder auf andere Weise dauernd zu ihr in einer äusseren Beziehung stehen. Beispiele für Zugehör zu einem Grundstück: Hotelmobiliar, Maschinenanlagen in einer Fabrik. Die Verfügung über die Hauptsache bezieht sich im Zweifelsfall auch auf ihre Zugehör (ZGB 644). Bewegliche Sachen, welchen die Eigenschaft einer Zugehör zu einem Grundstück zukommt, erhöhen somit den Wert eines Grundpfandes und beeinflussen deshalb die Höhe der Belehnbarkeit eines Grundstücks. Der für die Zugehöreigenschaft in vielen Fällen entscheidende klare Wille des Eigentümers der Hauptsache wird bei der Verpfändung von Zugehör zu einer Liegenschaft in der Regel durch die Anmerkung im ↑Grundbuch dokumentiert. Diese erfolgt auf schriftliches Begehren des Grundeigentümers an das Grundbuchamt. Es hat sich in der Praxis als Vorteil erwiesen, wenn der Grundeigentümer in dem beim Grundbuchamt einzureichenden Zugehörverzeichnis ausdrücklich erklärt, dass später alle als Ersatz oder neu anzuschaffenden beweglichen Sachen ebenfalls Zugehör bilden sollen, sofern sie den gesetzlichen Voraussetzungen entsprechen. Diese Erklärung macht eine periodische Ergänzung und Nachführung des Zugehörverzeichnisses überflüssig.

Die Zugehör haftet den Grundpfandgläubigern unabhängig vom Zeitpunkt der ↑Pfandbestellung in der Reihenfolge des Ranges ihrer ↑Pfandrechte. Den Pfandgläubigern gehen jedoch nach herrschender Auffassung und im Einklang mit ZGB 805 III allfällige Rechte (insb. Eigentumsrechte) Dritter vor. Es empfiehlt sich deshalb, bei der Belehnung von Liegenschaften mit angemerkter Zugehör abzuklären, ob die Zugehör mit einem ↑Eigentumsvorbehalt belastet ist. Veräussert oder verpfändet der Eigentümer die Zugehör abredewidrig an einen gutgläubigen Dritten, so geht das Recht des Dritten vor.

In neuerer Zeit hat die Zugehörverpfändung bei der Kreditgewährung an Seilbahnunternehmungen vermehrte Bedeutung gewonnen. ↑Grundpfandrechte lassen sich dabei in der Regel nur auf den Grundstücken der Tal- und/oder Bergstationen errichten. Da der Wert der Gondeln, Zugseile und Antriebseinrichtungen denjenigen der Stationsgrundstücke oft erheblich übersteigt, werden diese Objekte als Zugehör der Stationsgrundstücke im Grundbuch angemerkt und erhöhen damit deren Belehnbarkeit. Auch die auf den überquerten fremden Grundstücken installierten Masten und Tragseile sind nach verbreiteter Ansicht Zugehör der Stationsgrundstücke, und zwar von Gesetzes wegen (ausdehnende Interpretation von ZGB 676 und 691), dies nach dieser Ansicht jedenfalls dann, wenn die betroffenen Grundstücke vertraglich mit einer ↑Grunddienstbarkeit (Durchleitungsdienstbarkeit, ↑Baurecht) zu Gunsten der Stationsgrundstücke belastet worden sind.

Christian Thalmann

Zug-um-Zug-Geschäft
Zweiseitiger Vertrag, bei dem die beiden Leistungen gleichzeitig erfüllt werden müssen, z.B. beim Kaufvertrag die Leistungen des Käufers und des Verkäufers, sofern nicht Vereinbarung oder Übung etwas anderes bestimmen. Im internationalen Warenhandel lässt sich die gleichzeitige Erfüllung der beiden Leistungen durch das ↑Dokumentarinkasso oder das ↑Dokumenten-Akkreditiv sicherstellen. Der Sicherstellung der gleichzeitigen Erfüllung im Devisenhandel dient das ↑Continuous linked settlement (CLS).

Zukunftserfolgswert
Ertragswert, der aus dem zukünftigen Gewinn abgeleitet wird. In der Praxis wird hin und wieder ein Durchschnitt aus vergangenem und zukünftigem Gewinn berechnet.

Zulassung
↑Kotierung.

Zulassungsstelle, SWX
Die Zulassungsstelle nimmt eine wichtige gesamtwirtschaftliche Aufgabe wahr. Sie ist das für die Regelsetzung im Bereich der ↑Kotierung und ↑Emittenten zuständige Organ der ↑SWX Swiss Exchange (Art. 19 Ziff. 1 Statuten SWX). Das Gremium steht hierarchisch auf gleicher Ebene wie der Verwaltungsrat der SWX. Es setzt sich aus fünfzehn Mitgliedern zusammen, von denen sechs von der economiesuisse und neun vom Verwaltungsrat der SWX gewählt werden. Nach ihrer Geschäftsordnung tagt sie ein- bis zweimal pro Jahr.

Einen Teil ihrer Kompetenzen delegiert die Zulassungsstelle an einen Ausschuss, der drei- bis viermal pro Jahr unter Leitung des Präsidenten zusammentritt. Die praktische Umsetzung der Bestimmungen der Reglemente, namentlich die Zulassung neuer Emittenten und Produkte, liegt weitgehend in der Verantwortung des Ausschusses.

Das Generalsekretariat, die Vorbereitung sämtlicher Geschäfte von Zulassungsstelle und Aus-

schuss sowie ein Grossteil der praktischen Tätigkeit im Zusammenhang mit Kotierung, Emittentenpublizität und Überwachung der Bestimmungen des ↑Kotierungsreglements obliegt der Geschäftsstelle, die von der Geschäftsleitung der SWX organisiert und faktisch im ↑Geschäftsbereich Emittenten geführt wird.
Links: www.swx.ch

Zürcher Effektenbörse, Zürcher Börse

Mitte des 17. Jahrhunderts lässt sich in Zürich die Tätigkeit von Sensalen (Geschäftsvermittlern) belegen. Eine erste zürcherische Sensalenordnung ist aus dem Jahr 1663 überliefert; diese regelte die Zulassung zum Sensalenamt und legte die Pflichten und Verhaltensregeln für die Sensale fest. Die Geschichte der Zürcher Börse begann also im internationalen und schweizerischen Vergleich relativ spät.

1. Geschichtlicher Überblick
1852 erschien für kurze Zeit ein offizielles Kursblatt. 1855 wurde der Börsenverein gegründet und die «Freitagsbörse» als Treffpunkt von Vertretern der Textilindustrie und des Seidenhandels institutionalisiert. Im offiziellen Gründungsjahr, 1873, wird erstmals ein «Komitee für das öffentliche Wechsel- und Effektenkursblatt von Zürich» erwähnt.
Die ersten Statuten gab sich der Effektenbörsenverein 1876, den Betrieb der Börse nahm er 1877 auf. Als erstes Börsenlokal diente die damalige Tonhalle. Ein eigenes Börsengebäude wurde 1880 an der Bahnhofstrasse bezogen; Umzüge in neue Börsengebäude erfolgten 1930 (Talstrasse) und 1992 an die Selnaustrasse, wo heute noch die ↑SWX Swiss Exchange ihren Sitz hat.
Ein Markstein war die Annahme eines ersten kantonalen Börsengesetzes in der Volksabstimmung von 1883. Darin wurde die Stellung der Börsenagenten geregelt und für die Aufsicht ein kantonaler Börsenkommissär eingesetzt. Die ↑Börsenmitglieder reagierten gegen die staatliche Aufsicht mit einem «Börsenstreik» von Januar bis März 1884, allerdings ohne Erfolg. Ein neues Börsengesetz von 1896 gewährte den ↑Banken (neben den Sensalen und Agenten) formell den Zugang zur Zürcher Effektenbörse. Aus der Totalrevision von 1912 ging das Börsengesetz hervor, das – mit kleinen Teilrevisionen – bis 1997 in Kraft blieb.
Zu Beginn des Ersten Weltkrieges wurde der ↑Börsenhandel für fast zwei Jahre eingestellt. Darauf folgten die «Goldenen Zwanzigerjahre». 1928 überstieg der Wertpapierumsatz erstmals die 10-Milliarden-Grenze. Der New Yorker Crash (↑Börsenkrach) am 29.10.1929 brachte ein jähes Ende. Es folgte die Krise der Dreissigerjahre. Im Zweiten Weltkrieg machten die Affidavits (Nicht-Feindbesitzerklärung, d.h. Erklärung, wonach die ↑Titel ständig in der Schweiz gehalten worden waren) den Börsianern das Leben schwer. Erst 1954 wurde der Umsatz von 1928 wieder übertroffen.

2. Der Ringhandel à la criée
Mittelpunkt der Zürcher Börse waren die Ringe, runde Abschrankungen, um die sich die Händler zum täglichen Handel versammelten. Man sprach deshalb vom ↑Ringhandel, von Ringbanken, Ringhändlern usw. Rund um die Ringe befanden sich die Telefonzimmer (oder Ringzimmer) der Banken. Von hier aus standen die Börsentelefonisten in Kontakt mit der Kundschaft und mit anderen Banken in der Schweiz und im Ausland.
↑Wertpapiere wurden von den Händlern an den Ringen durch prägnante, kurze Zurufe gehandelt. Kursfestsetzung und Geschäftsabschlüsse erfolgten nach dem System «à la criée». In der ↑Börsenordnung hiess es: «die Lesung muss laut und .... deutlich vernehmbar vorgenommen werden». Daraus ergab sich das scheinbar ungeordnete Stimmengewirr an den Ringen. In der Mitte des Rings hatten der kantonale Börsenkommissär (Aufsicht), der Börsenschreiber (Leitung des Handels und Notiz der Kurse) und der Kursreporter der ↑Telekurs AG (Kurserfassung) ihren Platz.
Bis in die 80er-Jahre war die Zürcher Börse das Zentrum des Schweizerischen Wertpapierhandels. Die obersten Börsenchefs der Ringbanken hielten sich während der ↑Börsenzeit im Börsensaal auf und fällten hier ihre Entscheide. Dies änderte sich mit der zunehmenden internationalen Verflechtung und den immer besseren technischen Kommunikationsmitteln. Der Börsensaal mutierte von der «Kommandozentrale» zur «Ausführungsstelle». Auch dies ebnete den Weg für die Automatisierung des Handels.
Während fast fünfzig Jahren genügten der Zürcher Börse zwei Ringe. Von 1975 bis 1994 wurde die Zahl der Ringe als Folge der steigenden Handelsvolumina durch Um- und Ausbauten der Börse sukzessive von zwei bis auf sieben erhöht. Die Titel wurden gemäss Entwicklung der Handelstätigkeit auf die Ringe aufgeteilt (Schweizer Aktien, Schweizer Obligationen, ausländische Aktien, ausländische Obligationen, Warrants).
Die Anforderungen an die Börsenorganisation nahmen zu. Als Vorboten der ↑Derivate wurden 1986 die ersten ↑Stillhalteroptionen kotiert. Der Londoner ↑Big bang (1986) löste zunehmende Konkurrenz in Europa, insbesondere zwischen der Londoner Börse einerseits und allen andern europäischen Börsen andererseits, aus. Im Jahre 1986 wurde der Handelsablauf um den «permanenten Handel» für die ↑Blue chips ergänzt, insbesondere auch, um den Bedürfnissen des ↑Optionenhandels an der ↑SOFFEX (Betriebsaufnahme 1988) zu entsprechen. Vorher waren die Titel in Sequenzen («Lesungen») gehandelt worden. Ebenfalls im Zusammenhang mit der SOFFEX

wurde das laufende Reporting über Wertpapiertransaktionen und die entsprechende Publizität eingeführt. Der Derivatehandel erforderte eine bessere Transparenz über den Handel der ↑Basiswerte. Bis dahin hatte man lediglich die totalen ↑Börsenumsätze pro Monat für alle Titel zusammen gekannt.

3. Keine Börse ohne Kommunikation
Börsen waren immer auch führend in der Anwendung neuester kommunikationstechnologischer Errungenschaften. «Zeit ist Geld» gilt für Börseninformation ganz besonders. Im Jahre 1883 erhielt die Zürcher Börse einen der ersten Telefonanschlüsse der Stadt Zürich. Im Jahre 1931 bekam sie eine Rohrpostverbindung zum Telegrafenbüro. Der erste ↑Ticker Europas für die Kursübermittlung wurde 1931 durch die Ticker AG installiert. Diese wurde später in die Telekurs AG umgewandelt, welche im Jahr 1961 das damals revolutionäre Börsenfernsehen an der Börse und bei den Banken installierte.
In den 70er-Jahren des 20. Jahrhunderts kündigten sich grössere Veränderungen des schweizerischen Börsenwesens an. Triebfeder war die Entwicklung in der Computer- und Kommunikationstechnologie. Erst sie ermöglichte die revolutionären Entwicklungen im Bereich der derivativen Instrumente, aber auch den vollautomatisierten Handel. Im Jahre 1982 gründeten die drei Börsen von Basel, Genf und Zürich die Commission Tripartite Bourses (CTB). Unter dieser Organisation wurden – vorerst in enger Zusammenarbeit mit der Telekurs AG – wegweisende Projekte lanciert: RIS (Ringinformationssystem) zur kommunikationstechnischen Unterstützung des Ringhandels, AV (Automatisierte Abschlussverarbeitung) zur Verknüpfung von Handel und Back office, TOFF (Traded options and financial futures), woraus die SOFFEX entstand, und schliesslich CHS (Computerunterstütztes Handelssystem). 1986 wurde die CTB in einen Verein (mit Sitz in Genf) und mit eigener Geschäftsstelle in Zürich, die ATB (Association Tripartite Bourses), umgewandelt.
Im Hinblick auf den Handel von ↑Indexoptionen an der SOFFEX entwickelten die Börsen eine umfassende eigene Indexfamilie, damals SwissIndex genannt, heute SWX Indizes. Die wichtigsten beiden Indizes waren der SMI (↑Swiss Market Index), der Blue-chip-Index, auf dem Kontrakte gehandelt wurden, und der SPI (↑Swiss Performance Index), ein breit angelegter Performanceindex mit zahlreichen Unterindizes, der vor allem als ↑Benchmark für die Vermögensverwaltung dient. Im Jahre 1987 wurde mit der Berechnung der Swissindizes begonnen. Die gleiche technische Basis diente später der Berechnung der europäischen Indexfamilie ↑STOXX.
Im Rahmen der ATB wurde die Zusammenarbeit zwischen den drei Börsen immer enger. Als 1993 die Schweizer Börse formell gegründet wurde, verwischten sich in der Praxis die Grenzen zwischen den bestehenden Börsenorganisationen, der ATB und der Schweizer Börse. Im Dezember 1995 begann mit der Umstellung des Handels in ausländischen Aktien die Ablösung des traditionellen Ringhandels an den Börsen von Basel, Genf und Zürich durch den gesamtschweizerischen elektronischen Handel. Am 02.08.1996 folgt mit der Umstellung der Schweizer Aktien und der Optionen der entscheidende grosse Schritt. Am 15.08.1996 schliesslich ging nach 120 Jahren der Ära des Ringhandels mit den letzten Abläuten des Obligationenhandels zu Ende. Die Zürcher Börse stellte den Betrieb ein und wurde etwas später aufgelöst.
Richard T. Meier

Zürcher Goldpool
↑Edelmetallhandel.

Zusammenlegung von Aktien
↑Aktienzusammenlegung.

Zusatzdividende
↑Bonus.

Zusatzkapital
↑Ergänzendes Kapital bei Banken; ↑Kernkapital bei Banken.

Zuteilung
↑Repartierung, Zuteilung; ↑Emissionsgeschäft.

Zwangsanleihe
Anleihen, deren ↑Zeichnung in einer nach bestimmten Kriterien (z.B. Steuerfaktoren) festgelegten Höhe natürlichen oder ↑juristischen Personen vom Staat aufgezwungen wird. Zwangsanleihen werden auch zu konjunkturpolitischen Zwecken (Kaufkraftabschöpfung) eingesetzt. Die schweizerische Finanzgeschichte kennt keine Zwangsanleihen.

Zwangskonversion
↑Konversion.

Zwangskurs
↑Annahmepflicht; ↑Zahlungsmittel; ↑Banknoten.

Zwangsreserven
↑Stille Reserven.

Zwangssparen
Sparen unter Zwang, d.h. durch staatliche Massnahmen erzwungene Beschränkung der Konsumausgaben, wobei die gesparten Gelder dem Staat für gewisse seiner Investitionen (z.B. Rüstungsinvestitionen in Kriegszeiten) zur Verfügung gestellt werden müssen.

Die Beiträge an die staatliche ↑Altersvorsorge (AHV) und die obligatorische ↑berufliche Vorsorge stellen ebenfalls Zwangssparen dar. ↑Sparen (Volkswirtschaftliches).

Zwanzigerausschuss
Im Herbst 1972 gebildeter, aus zwanzig Mitgliedern bestehender Ausschuss des IWF-Gouverneursrats (↑Internationaler Währungsfonds [IWF]), mit dem Auftrag, angesichts der Probleme mit dem System ↑fester Wechselkurse eine umfassende Reform des internationalen Währungssystems vorzubereiten. Einen offiziell gebilligten Reformplan hat der Zwanzigerausschuss allerdings nicht erarbeitet.

Zwecksparen
Die (regelmässige) Einzahlung von Sparbeträgen mit dem Ziel, bei Erreichen einer bestimmten Summe oder nach Ablauf einer gewissen Zeit den angesammelten Betrag für einen gewissen Zweck zu verwenden, z.B. für eine grosse Reise, den Kauf eines Autos oder eines andern langlebigen Konsumgutes. Auch das Versicherungssparen (↑Gemischte Lebensversicherung) und das Sparen für ein Haus gelten als Zwecksparen.

Zweigstelle
↑Bankstelle.

Zweite Hand
↑Mitläufer.

Zweite Hypothek
Grundpfändlich sichergestellte Ausleihung im Nachgang zur ↑ersten Hypothek, deshalb auch die Bezeichnung Nachgangshypothek. Oftmals werden für Nachgangshypotheken bei hohen Belehnungen Zusatzsicherheiten (andere ↑Realsicherheiten des Schuldners oder Dritter oder ↑Bürgschaften) verlangt. Nachgangshypotheken sind höher verzinslich als erste Hypotheken und in der Regel amortisationspflichtig.
Die Begriffe erste und zweite Hypothek sind nicht identisch mit der Rangordnung der ↑Grundpfandrechte im ↑Grundbuch. ↑Hypothekargeschäft.

Zweite Säule
↑Berufliche Vorsorge.

Zweitplatzierung
↑Sekundärplatzierung; ↑Emissionsgeschäft.

Zweitranchen-Emission
Anleihen desselben Schuldners, die gleichzeitig aber zu unterschiedlichen Konditionen, z.B. bezüglich ↑Zinssatz, ↑Laufzeit, angeboten werden.

Zwillingsaktien
Zwillingsaktien sind ↑Aktien von zwei rechtlich unabhängigen, aber in enger wirtschaftlicher Verbindung stehenden Aktiengesellschaften, deren Aktionäre identisch sein müssen. Sie entstehen durch Zusammenlegung der Aktien der beiden Gesellschaften in einen untrennbar verbundenen ↑Titel. Die Erfahrung zeigt, dass die aufgrund von Zwillingsaktien erfolgten Unternehmungszusammenschlüsse nicht den gewünschten Erfolg gezeigt haben und durch andere Formen des Unternehmungszusammenschlusses abgelöst worden sind.

Zwingendes Recht
Gesetzliche Bestimmungen des Privatrechts, die nicht durch Vertrag abgeändert oder aufgehoben werden dürfen. Beispiel: die Formvorschriften im Bürgschaftsrecht. Gegensatz: Dispositives Recht.

Zwischenabschluss
Grössere Banken erstellen zwischen den jährlichen Rechnungsabschlussterminen Zwischenabschlüsse. Es gibt Halbjahres-, Vierteljahres- und Monatszwischenabschlüsse. Halbjahresabschlüsse sind für Banken mit einer ↑Bilanzsumme von wenigstens CHF 100 Mio. zwingend.

Zwischendividende
↑Interimsdividende.

Zwischenfinanzierung
↑Betriebskredit.

Zyklische Werte (Aktien)
↑Aktien von Unternehmungen, deren Tätigkeit stark von den Konjunkturschwankungen beeinflusst wird. Die Kursbewegungen widerspiegeln, allerdings mit einer zeitlichen Verschiebung im Sinne eines Vorauseilens, den Verlauf der Konjunkturentwicklung. Typische zyklische Aktien sind ↑Titel von Gesellschaften, die sich mit der Gewinnung und Verarbeitung von Rohstoffen befassen, der Bau- und Investitionsgüterindustrie usw. Auch unter den zyklischen Aktien gibt es typische ↑Blue chips.